dictionnaire des écrivains de langue française

Jean-Pierre de Beaumarchais, ancien élève de l'École normale supérieure, agrégé de l'Université, est l'éditeur du théâtre de Beaumarchais, son aïeul, et spécialiste de la littérature du XVIIIe siècle français. Il a notamment publié chez Larousse *les Grandes Répliques du théâtre français*.

Daniel Couty, romanticiste et nervalien, enseigne à l'université de Rouen. Il est à l'origine d'ouvrages de référence publiés chez Larousse et consacrés à la littérature française (*Histoire de la littérature française*) ou au théâtre (*le Théâtre*, avec Alain Rey).

Alain Rey, lexicographe, auteur de plusieurs dictionnaires de langue française et d'ouvrages de lexicologie, est directeur de la rédaction des dictionnaires Le Robert. Il est aussi, depuis 1994, chroniqueur « langue française » à France Inter.

Les trois directeurs d'ouvrage ont bénéficié des conseils, pour la littérature contemporaine, de **Pierre Lepape**, longtemps chroniqueur au *Monde des livres* et fin connaisseur de l'actualité littéraire.

dictionnaire des écrivains de langue française

JEAN-PIERRE DE BEAUMARCHAIS

DANIEL COUTY

ALAIN REY

M-Z

LAROUSSE

21 RUE DU MONTPARNASSE 75283 PARIS CEDEX 06

Édition
Frédéric Haboury,
assisté de Maud Taïeb
et Jeanne Maënhaut

Correction
Jacques Barbaut,
Frédérique Gest,
Édith Zha

Conception maquette intérieure
Carole Berthélémy

Maquette et mise en page des annexes
Tatum

Informatique éditoriale
Karine Gurtner

Fabrication
Nicolas Perrier,
Anne Raynaud

Le présent ouvrage est une édition abrégée, entièrement revue et mise à jour du *Dictionnaire des littératures de langue française* (première édition : 1984). Des articles ou des extraits d'articles ont aussi ponctuellement été repris du *Dictionnaire des œuvres littéraires de langue française* (1994).

Distributeur exclusif au Canada :
Messageries ADP, 1751
Richardson, Montréal, Québec

Dépôt légal : octobre 2001

ISBN 2 03 505174 6
(volume 2)
ISBN 2 03 505198 3
(édition complète)

Ont collaboré à cet ouvrage :

Robert Abirached
Lionel Acher
Peter Ainsworth
Nelly Andrieux-Reix
Véronique Anglard
Annie Arnaudiès
Michel Arrivé
Françoise Bagot-Mignonnat
E. Ballaguy
Olivier Barbarant
Christine Barbé
Pierre Barillet
Alain-Marie Bassy
Emmanuèle Baumgartner
Marie-Alice de Beaumarchais
Colette Becker
Roger Bellet
Marie-Christine Bellosta
Daniel Bergez
Simone Bernard-Griffiths
Patrick Besnier
Roland Beyen
Odile Biyidi
Nathalie Blaise
André Blanc
Pascale Boisseau
Yves Bolduc
Joseph Bonenfant
Charles Bonn
Henri Bonnet
Dominique Boutet
Herman Braet
André Brochu
Pierre Brunel
Annie-Claude Bruneval
Jane Burin des Roziers
Emmanuel Bury
Évelyne Capiau-Laureys
Christophe Carlier
Jean Céard
Jacqueline Cerquiglini
Jacqueline Chenieux-Gendron
Sylvie Chesnier
Michel Chopard
André Clavel
Michel Clément
Gérard Cogez
Jean-Paul Colin
Dominique Combe
Antoine Compagnon
Benoît Conort
Françoise Court-Perez
Florence Crépin
Claire de Croix
Michel Crouzet
Jean-Pierre Damour
Robert Dawson
Jacques De Caluwé
Alain Déchamps
Gilles Declercq
Jean Déjeux
Christian Delacampagne
Philippe Delaveau
Paul Delbouille
Christian Delcourt
Michel Delon
Marie-Luce Demonet
Mireille Dereu
François Desplanques
Amélie Djourachkovitch
Jacques Dubois
Bernard Duchâtelet
Jean Dufournet
Guy Dumur
Paul Émond
Jean-Louis Fabiani
Claire Fargeot
Marcel Faure
Gérard Ferreyrolles
Marie Madeleine Fontaine
Charles Foulon
Pierre Frantz
Michèle Gally
Christian Gambotti
Jérôme Garcin
Jean-Charles Gateau
Patricia Gauthier
Michèle Gazier
Gérard Gengembre
Mireille Gérard
Marie-Odile Germain
Henri Gidel
Dominique Giovacchini
Martine Giovacchini
Jean Goldzink
Marie-Christine Gomez-Géraud
Claudine Gothot-Mersch
Jean-Paul Goujon
Patrick Gourvennec
Arthur Greenspan
Karen Haddad-Wotling
Franck Hamel
Laurence Harf-Lancner
Philippe Hédouin
Henrik Heger
Armelle Héliot
Hélène Himelfarb
Jean-Claude Huchet
Valéry Hugotte
Geneviève Idt
Marcel Israël
Gilbert Kahn
Claudine Lacoste

Robert Lafont
Alain Lanavère
Rémy Landy
Jean-Marc Lantéri
Daniel Laroche
Chantal Lavigne
Yvan Leclerc
Hélène Lefebvre
Yves Le Gars
Alain Le Pichon
Renée Leduc-Park
Michel Lemaire
Pierre Lepape
Claude Lesbats
Frank Lestringant
Françoise Lioure
Michel Lioure
Hans Peter Lund
Daniel Madelénat
André Magnan
Jean-François Maillard
Jean-Louis Major
Pierre Malandain
Dominique Malézieux-Pastol
André Maraud
Pierre Mari
Claude Martin
Jean Maurice
Marie-Thérèse de Medeiros
Nicole Mêdjigbodo
A. Méline
Daniel Ménager
Sylvain Menant
Christiane Mervaud
Yves Mézières
Dominique Moncond'hui
Jacques Monge
Jacques Morel
Daniel Mortier
Bernard Mouralis
François Moureau
Suzanne Mühlemann
Vincent Nadeau
Franklin Nassery-Warburg
Roger Navarri
Pierre Nepveu
Alain Niderst
Jean-Thomas Nordmann
Adolphe Nysenholc
Yves Olivier-Martin
Georges Pascal
Jean-Noël Pascal
Jean-Charles Payen
Aimé Petit
Dominique Pety
Anne Pierrot-Herschberg
Luc Pinhas
Alain Pons
Catherine Pont-Humbert
Axel Preiss
Thierry Prieur
Marc Quaghebeur
Lise Queffélec
Bernard Raffalli
Philippe Ratte
Pierrette Renard
Michel Rendu
John Renwick
Pierre-Louis Rey
Dominique Rincé
Christian Robin
Jean-Marc Rodrigues
Guy Rosa
Corrado Rosso
Jean-Jacques Roubine
Jean-Pierre Ryngaert
Jean-Pierre Salgas
Monique Santucci
Alain Schaffner
Kurt Schärer
Michel P. Schmitt
Jacques Seebacher
Philippe Sellier
Michel Simonin
Georges Sion
Brigitte Siot
Valérie Stemmer
Armand Strubel
François Suzzoni
Norman David Thau
Jean-Marie Thomasseau
Anne Ubersfeld
Bernard Valette
Gilles Vannier
Nadine Vasseur
Hélène Védrine
Gilles Veinstein
Paul Vernois
Alain Viala
Roland Virolle
Bertrand Visage
Paul Zumthor

M

MABLY Gabriel BONNOT de

(1709-1785)

Issu d'une vieille famille de magistrats du Dauphiné (il était le frère utérin du philosophe Condillac), il entra au séminaire, mais n'alla pas au-delà du sous-diaconat. Il resta cependant, pour son siècle, « l'abbé de Mably ». À Paris, il fréquenta le salon de Mme de Tencin, sa parente, et travailla auprès du cardinal de Tencin, secrétaire d'État aux Affaires étrangères. C'est ainsi qu'il eut à préparer les négociations du traité de Breda et qu'il acquit une connaissance approfondie des problèmes politiques et diplomatiques, dont témoigne son grand ouvrage *le Droit public de l'Europe, fondé sur les traités, depuis la paix de Westphalie jusqu'à nos jours* (1748). S'étant brouillé avec le cardinal de Tencin, il se retira des affaires et mena une vie simple et discrète, à l'écart des honneurs et des agitations d'un siècle qu'il méprisait. Respecté de tous pour son indépendance, il était aussi célèbre à l'étranger qu'en France et entretenait des relations suivies avec Hume, Walpole, Benjamin Franklin, John Adams, entre autres.

De cette célébrité, il reste aujourd'hui peu de chose. Sait-on encore que Mably fut, avec Rousseau et l'abbé Raynal (autre oublié), un des grands inspirateurs des révolutionnaires français, qu'il s'agisse des constituants de 1789 ou de Babeuf qui se réclamait de lui pour défendre ses idées communistes devant la haute cour de Vendôme ?

L'opposition de Mably à son siècle a une origine essentiellement morale. Il admire les Anciens, surtout les Spartiates et les Romains, et rêve d'une république vertueuse et égalitaire (*Parallèle des Grecs et des Romains,* 1740 ; *Parallèle des Romains et des Français,* 1740 ; *Observations sur les Grecs,* 1749 ; *Observations sur les Romains,* 1751). Avec *Des droits et des devoirs du citoyen* (1758, publié en 1789), la critique se radicalise, et les *Entretiens de Phocion sur le rapport de la morale avec la politique* (1763) dénoncent dans la propriété l'origine de toutes les injustices sociales. Les *Doutes proposés aux philosophes économistes sur l'ordre naturel et essentiel des sociétés politiques* (1768) s'en prennent aux physiocrates et à leur porte-parole, Mercier de La Rivière : il est faux de prétendre que les États ne reposent que sur l'économie, le commerce et l'argent, et que le droit se réduit au droit de propriété. On doit lutter contre les accapareurs et réduire les différences entre les classes en supprimant la transmission héréditaire des patrimoines. Ces idées, défendues encore dans *De la législation ou Principe des lois* (1776), vaudront à Mably d'être traité de « communiste » et d'« utopiste ».

Les *Observations sur l'histoire de France* (1765), qui susciteront de nombreuses discussions et seront rééditées dix fois, ne relèvent cependant pas de l'utopie. Elles tendent, au contraire, à donner un fondement historique à un vaste projet de réformes politiques qui allaient bientôt être à l'ordre du jour. La « monarchie républicaine » dont rêve Mably, et dont il prétend trouver le modèle dans le règne de Charlemagne, reposera sur les états généraux, définis comme « assemblée de la nation », qui détiendront les principaux pouvoirs dans le cadre d'une Constitution écrite. Par un singulier paradoxe, Mably, ennemi de la propriété, propose d'instituer un suffrage censitaire, et, contrairement à Rousseau, dont on le rapproche souvent, il admet l'existence de partis politiques. Ces projets seront au centre de toutes les discussions à partir de 1788 et de la convocation des états généraux, et l'on retrouve leur influence dans les travaux de la Constituante.

Celui que l'on appelait le « prophète de malheur » était attentif aussi aux affaires des autres pays. Il avait suivi avec sympathie la naissance des États-Unis, mais ses *Observations sur le gouvernement et les lois des États d'Amérique* (1784) sont sévères : le jeune État risque d'être bientôt en proie aux divisions à cause de son caractère trop exclusivement commerçant. Aux préoccupations sociales et politiques (que l'on retrouve dans des textes posthumes : *Du cours et de la marche des passions dans la société, De l'étude de la politique, Du développement, des progrès et des bornes de la raison*...), il faut ajouter enfin, chez Mably, un intérêt particulier pour la théorie et la méthodologie de l'histoire, intérêt qui se révèle dans *De l'étude de l'histoire* (1777), et *De la manière d'écrire l'histoire* (1783), où Voltaire, Hume et Gibbon sont vivement critiqués.

A. Pons

MACHAUT Guillaume de *v.* GUILLAUME DE MACHAUT

MAC ORLAN Pierre

Pseudonyme de **Pierre DUMARCHEY** *(1882-1970)*

Mac Orlan est né à Péronne (Somme). Arrivé à Paris en 1900, il connaît une jeunesse pauvre et, jusqu'en 1914, subit des fortunes diverses. Il se lance sur les routes, sillonne l'Europe, tout en écrivant des contes humoristiques, notamment pour *le Journal.* À la suite de la guerre, il écrit *le Chant de l'équipage* (1918), qui est son premier succès. L'essentiel de ses romans paraîtront dans l'entre-deux-guerres. Plusieurs d'entre eux inspireront des films, dont certains compteront parmi les chefs-d'œuvre du cinéma parlant : *Marguerite de la nuit* (1925), *le Quai des brumes* (1927), *la Bandera* (1931). Membre de l'académie Goncourt, Mac Orlan a aussi écrit de nombreux essais, réunis dans *Masques sur mesure* (1937) et *Villes* (1966), des poèmes en prose et des chansons qu'ont interprétées Catherine Sauvage, Germaine Montero, Monique Morelli, Juliette Gréco… On lui doit aussi divers recueils de souvenirs (*la Lanterne sourde,* 1953 ; *le Mémorial du petit jour,* 1955, etc.). Depuis 1925, il s'était retiré à Saint-Cyr-sur-Morin, où il mourut à quatre-vingt-huit ans.

En tant que romancier, Mac Orlan est assez représentatif de l'imaginaire des « années folles ». À mi-chemin entre l'expressionnisme hérité de Barbey d'Aurevilly, le populisme et le surréalisme naissants, Mac Orlan crée des personnages symboliques au destin extraordinaire (et pathétique). Aussi ne recule-t-il pas devant les images grandioses, riches en connotations fantasmatiques multiples, comme la scène des pendus sur laquelle s'ouvre l'histoire de *la Cavalière Elsa* (1921). Le terme de « fantastique social » convient bien pour caractériser une œuvre où les mythes du monde moderne (la dactylographie, notamment) jouent un rôle prépondérant. Néanmoins, Mac Orlan n'atteint jamais une dimension épique. La narration progresse de façon très linéaire, à partir d'une histoire ou d'un épisode généralement sentimentaux, voire mélodramatiques (*le Quai des brumes*), où la mort du « héros », auquel le lecteur s'est attaché, est de rigueur. Le style lui-même, qui a le ton du témoignage « objectif » au sens classique du terme, n'est pas exempt de naïvetés.

Mais la véritable originalité de Mac Orlan réside ailleurs. Il excelle à peindre la solitude, la misère de personnages en marge, de vagabonds à la sensibilité parfois exacerbée. L'inquiétude qui pousse d'humbles marins, des légionnaires, voire des truands, à toujours fuir en avant, en quête d'un bien idéal, d'une illusoire liberté, n'est pas exempte de poésie. C'est donc l'aventure intérieure, le goût de l'inconnu, l'aspiration au dépassement que décrit Mac Orlan sous le couvert d'une intrigue romanesque mouvementée sinon violente et parfois à la limite du pathos. Ainsi le browning que le héros de *la Bandera,* un demi-solde famélique et sans grande moralité, serre constamment contre lui est-il à la fois l'image du plus profond dénuement et de l'unique espoir qui soit donné à l'homme : « Gilieth savait aussi qu'il tenait en réserve dans son portefeuille une balle qu'il appelait : la belle… la liberté des bagnards. Car il savait également, à cause de cette présence, qu'il ne se laisserait pas prendre vivant ». Mac Orlan a su donner à l'héroïsme des plus humbles une chance de s'exprimer.

B. Valette

MAETERLINCK Maurice

(1862-1949)

Écrivain belge d'expression française. À l'époque où naît Maeterlinck, Gand, sa ville natale, semble engourdie dans la splendeur médiévale qui l'a chargée d'histoire. Aisée et comblée, l'enfance du jeune Maurice se déroule donc entre une ville un peu fantomatique où il fréquente des institutions socialement sélectives, et la propriété campagnarde d'Oostakker, d'où il peut apercevoir les paquebots qui remontent le canal Gand-Terneuzen. À ce cadre propice aux songes, à la suspension du temps et à la contemplation des merveilles de la nature, les jésuites du collège Sainte-Barbe ajouteront le sérieux d'humanités un peu morbides, imprégnées de morale victorienne. Dès cette époque, Maeterlinck se lie d'amitié avec le futur poète de *la Chanson d'Ève,* Charles Van Lerberghe. À partir de 1881, le jeune homme poursuit ses études de droit à Gand, tout en publiant ses premiers vers dans *la Jeune Belgique.* L'année 1885 le voit obtenir son diplôme de docteur en droit et s'inscrire comme stagiaire chez l'avocat Edmond Picard, plaque tournante du monde culturel belge progressiste. En même temps, le jeune auteur rencontre Rodenbach et découvre les textes du mystique flamand Ruysbroeck l'Admirable, qu'il traduira six ans plus tard. En 1889, c'est la parution, à tirage limité, du recueil *Serres chaudes,* ainsi que d'une pièce, *la Princesse Maleine,* à laquelle Octave Mirbeau consacre l'année suivante, dans *le Figaro,* un article dithyrambique.

Subitement, Maeterlinck, qui publie deux autres pièces en 1890 (*l'Intruse* et *les Aveugles*), se trouve projeté sur la scène internationale. Ses textes, perçus comme l'expression de la sensibilité d'une époque, sont systématiquement traduits dans les principales langues européennes. Tout en traduisant Ruysbroeck et Novalis, il donne coup sur coup *les Sept Princesses* (1891), *Pelléas et Mélisande* (1892), *Alladine et Palomides, Intérieur* et *la Mort de Tintagiles* (1894). En cinq ans, ces huit pièces et le recueil *Serres chaudes* donnent au symbolisme de langue française forme et renom : ils en deviennent la quintessence. À l'instar de la phrase du poète, tout s'est passé comme en un souffle.

C'est l'heure (1895) où la destinée fait rencontrer à Maeterlinck l'actrice française Georgette Leblanc, qui sera durant quelque vingt ans sa compagne, son égérie et l'impétueuse propagatrice de ses textes. C'est aussi l'heure où l'œuvre entame un mouvement vers des formulations plus positives. Que Georgette Leblanc y ait joué un rôle est indiscutable… On doit toutefois mettre le phénomène en rapport avec des démarches analogues chez, par exemple, Claudel et Verhaeren ; considérer également le fait comme un symptôme d'époque et le relier à la disparition successive des Verlaine, Rodenbach et Mallarmé. En France, l'affaire Dreyfus est proche. En Belgique, Maeterlinck collabore au *Coq rouge !…*

Dès 1896 paraissent, dans les trois genres que cultive l'auteur de *Pelléas,* trois textes-charnières. Les *Douze Chansons* (qui deviendront *Quinze Chansons* en 1900) délaissent une partie de l'appareil imaginaire du symbolisme et sa langueur rythmique pour retrouver le mètre des berceuses populaires, utiliser une langue presque blanche et se concentrer, dans un étrange mélange d'angoisse et de sérénité, sur l'énigme de l'absence et de la mort. Dans l'ordre du théâtre, *Aglavaine et Sélysette* (1896) marque également une transformation puisque les personnages cherchent concrètement une issue à l'impasse dans laquelle ils sont enfermés et qui finit par triompher d'eux. Enfin *le Trésor des humbles,* qui connaîtra d'emblée un grand succès, entraîne, par le biais de l'essai, le processus d'élaboration discursive d'une sagesse concrète assimilable par un large public. Directement issues de l'interrogation tragique que les fictions avaient creusée de façon lancinante, ces proses limpides visent à permettre à l'homme moderne, sevré du secours boiteux des religions, de se situer dans le monde, devant lui-même et devant la mort. Elles le font en cherchant à dégager un avenir pour l'homme à partir de ce qui, en lui, échappe aux fanfaronnades aveugles de la maîtrise rationnelle ou de l'immédiateté sensuelle. C'est pourquoi les différents textes qui composent le volume insistent tous sur la vertu du silence, capable de faire apparaître entre les êtres et les choses ce qui dépasse leur concret immédiat : Maeterlinck nomme « âme » cette insaisissable béance. Pour créer chez le lecteur le sentiment de vide presque mystique, l'auteur recourt à une langue simple et à une phrase fluide, sans accrocs, et sans véritable fin. Tant il est vrai qu'il s'agit pour lui de laisser affleurer ce monde inconnu à travers « les doubles et pauvres vitres de corne des mots et des pensées » conçus pour un autre usage.

Le temps délétère, dont le songe de la ville natale avait forgé l'image, s'estompe peu à peu. Georgette Leblanc, de son côté, n'a de cesse d'éloigner de Gand Maeterlinck. L'ère s'ouvre alors des domaines qui l'en écarteront de plus en plus et seront de plus en plus vastes et retirés. De 1898 à 1906, c'est l'ancien presbytère de Gruchet-Saint-Siméon ; puis, de 1907 à 1919, l'ancienne abbaye normande de Saint-Wandrille, avec, entre-temps, la découverte à Grasse, puis à Nice, des féeries méditerranéennes. L'œuvre continue d'abondance ; le succès la suit ; les musiciens (Fauré, Debussy... – ils seront seize –) s'en emparent. Dès 1898, *la Sagesse et la Destinée* donne une synthèse de la vision du monde de l'auteur, tandis que *la Vie des abeilles* (1901) et *l'Intelligence des fleurs* (1907) explorent, en se servant des connaissances du temps renforcées par des observations personnelles, diverses faces du monde naturel susceptibles d'illustrer notre insertion cosmique, de conduire le lecteur à porter un regard moins barbare sur la nature et à jouir des raffinements heureux d'un parfum végétal qui, tout en étant « stable », « vaste », « permanent » et « généreux », resterait ouvert au mystère.

Les pièces connaissent une semblable évolution vers cette quête d'un bonheur fluide mais inaliénable. *Ariane et Barbe-Bleue* (1901) voit ainsi diverses femmes, issues de la fatalité maeterlinckienne, triompher du monstre (qui, d'ailleurs, a cette fois un visage) par la grâce de l'une d'entre elles, qui ne porte le nom d'aucune héroïne des précédentes pièces. Mais ce triomphe, auquel les paysans du coin ont prêté main-forte, est une victoire sans possession puisque Ariane non seulement libère Barbe-Bleue vaincu, mais propose en outre à ses sœurs (qui ne l'accompagneront pas) de la suivre « là-bas, où l'on [l'] attend encore »... Lieu d'azur, toujours plus lointain, dont on ne revient pas, et qui est l'horizon de l'âme... Cette esthétique débouche très naturellement sur la féerie de *l'Oiseau bleu,* que l'auteur compose entre 1905 et 1908 et qui est immédiatement créée à Moscou. Fait d'innombrables tableaux, comme *le Soulier de satin,* et comme lui quête initiatique, cet ultime chef-d'œuvre marque le triomphe du souriant don d'enfance sur les traquenards des jours emplis de mort et de fausses raisons. Si le douzième tableau retrouve le décor du premier, l'atmosphère y est toutefois plus lumineuse. Car, pour n'être pas absolument de ce monde, la vision n'en est pas moins ce qui le signifie, au point d'en transformer le cours des jours. Ceux-ci n'ont finalement d'autre but que cette ascèse heureuse en forme de cycle permanent.

Parallèlement, les tragédies de Maeterlinck connaissent une évolution qui les rapproche du drame historique classique mais leur ôte l'inéluctable pouvoir d'écoulement mystérieux que sa langue avait porté à la perfection. Tandis que le dialogue perd son obsédant pouvoir de complainte, l'action se structure en intrigue, et les personnages acquièrent une consistance psychologique : *Monna Vanna* (1902) est l'archétype de cet autre versant de l'activité dramatique de Maeterlinck. L'énigme des comportements, les jeux ambigus du pouvoir et du désir, les divers registres de paroles, l'obsédante jalousie et la mystique possession s'incarnent ici dans des personnages typés qui laissent moins directement percevoir les « sphères où les aventures se décident », les « forces inconnues » qui modifient d'un coup l'ordre normal des réactions. Cette évolution, que l'on retrouve chez Gide, Claudel ou Verhaeren, convenait cependant peu à l'art de l'homme de la féerie – morbide puis lumineuse – dans l'œuvre duquel l'Occident de la fin du XIXe siècle avait découvert sa double faille par rapport au cosmos et par rapport au destin. C'est cette œuvre que les jurés du prix Nobel couronnent le 9 novembre 1911.

Déjà grande, la gloire de l'écrivain devient immense ; elle lui assure à tout jamais l'aisance. Pourtant plus que jamais, sa vie, où tout advient comme par surcroît, est ailleurs, dans la quête d'un équilibre personnel et métaphysique. Non que cette recherche le laisse indifférent aux problèmes sociaux... Maeterlinck aidera Vandervelde et sera profondément traumatisé par la déclaration de guerre. On le voit d'ailleurs chercher à s'engager – tentative que Georgette Leblanc parvient à déjouer – ; puis mener, avec Destrée et d'autres, une activité internationale de propagande en faveur de la Belgique ; enfin écrire quelques drames comme *le Bourgmestre de Stilmonde* et *le Sel de la vie* (1917), qui seront interdits par la censure française. En dépit du canevas « réaliste » qui détruit le génie du poète et de la cause qu'il s'agit de défendre, Maeterlinck n'a pu s'empêcher en effet, comme il l'avait déjà fait dans *Monna Vanna,* de plaider discrètement pour l'universalisme, menacé par la folie nationaliste. Cette césure du sujet, capable de se situer correctement dans la symbolique de son temps (Maeterlinck défend la Belgique occupée) et de poursuivre en même temps un autre rêve, va toutefois s'atténuer progressivement. La guerre n'a-t-elle pas mis fin au monde qui l'avait produite et qu'il avait contesté sur un plan métaphysique ? Maeterlinck, qui aborde la soixantaine, rompt en décembre 1918 avec Georgette Leblanc et, en 1919, épouse Renée Dahon, comédienne plus proche de lui et d'un type féminin paré des grâces de l'enfance. Après avoir voyagé aux États-Unis, puis dans le Bassin méditerranéen, il découvre un nouvel asile, le château de Médan, qu'il occupe de 1924 à 1930. Outre des pièces, il publie *la Vie des termites* (1926), *la Vie de l'espace* (1928) et *la Vie des fourmis* (1930), qui connaissent d'importants tirages et perpétuent l'aura du poète sans correspondre pour autant aux nouveaux enjeux de l'époque. C'est le moment où Maeterlinck découvre et achète près de Nice un casino fantastique et inachevé qui surplombe la mer. Le site imaginaire que les pièces ont si souvent décrit, le voilà. Maeterlinck en fait significativement le palais d'Orlamonde. Défendu par des colonnades et des parfums de fleurs, l'auteur poursuit devant la mer, parmi les murs fastueux mais inachevés, sa perpétuelle interrogation du destin – interrogation qu'il continue de consigner par écrit (*l'Araignée de verre* en 1932 ; *la Grande Porte* en 1939...). La guerre interrompt une nouvelle fois cet impossible et inlassable face à face ; elle contraint l'auteur à un exil aux États-Unis. En 1947, il regagne Orlamonde, où il meurt, deux ans plus tard, après avoir pu donner dans *Bulles bleues* la quintessence heureuse de ses souvenirs d'enfance. La boucle est close : la grande purification personnelle a eu lieu. Les cendres de celui qui nous considérait avant tout comme des « êtres aériens » sont ramenées et déposées à Orlamonde. Dans une simple cassette de bois.

Accomplissement tangible des songes d'une enfance marquée par la ville de « l'Agneau mystique », cette œuvre a laissé surgir sans arrêt des textes qui ne forment point architecture, mais plutôt ressemblent à des repères déposés au long des chemins qui conduisent vers une transparence accrue entre le sujet qui écrit et l'inaccessible objet de sa quête. La fluidité de la phrase des proses, les blancs enchaînements des répons de son théâtre ou les longs versets mous de *Serres chaudes* formalisent – sans la raccorder jamais à une transcendance concrète – cette démarche qui vise l'inconnu des mystiques et qui s'origine dans la perception de l'épreuve majeure de notre condition : le drame du « désir, l'inaccessible que l'on touche, la fatalité transparente, l'impossible sans obstacle visible !... » C'est de cette même problématique obstinée que découlent la notion d'âme ; l'obsession du silence, plus éloquent que la parole et qu'il s'agit de rendre au sein même de celle-ci ; la volonté de faire ressortir le tragique du quotidien comme celle de récuser à l'être humain son caractère miraculeux pour le réinscrire, au contraire, humblement, au sein des processus naturels – n'était cependant son « rêve spécifique de justice et de piété »...

On ne saurait comprendre le parcours global de ces milliers de pages en dehors de leur projet central, proche, à bien des égards, des réflexions les plus contemporaines sur l'espace littéraire. Reste qu'il dut se formuler à une époque charnière, en des termes encore largement marqués par l'humanisme. Est-ce pour cela que ces essais de laisser retentir l'insaisissable se sont parfois dilués dans un ressassement anémié auquel manque la relance de la césure ? Demeure toutefois le fait que, dès la fin du XIXe siècle, Maeterlinck rejette l'écriture ornementale et s'écarte de l'humanisme – qui fera bientôt les beaux jours de *la Nouvelle Revue française* – pour désigner les zones de l'inconscient, du subconscient et du cosmique ; pour cheminer du côté des eaux où l'écriture n'affirme pas l'identité mais un avers, certes lié, certes essentiel à l'existence. D'être né aux abords du monde industriel, en un univers privilégié et en un site hanté par le passé, contribua probablement à sa capacité de saisie du malaise occidental comme à sa transmutation rapide en un univers imaginaire qui s'accordait aux goûts d'une époque cherchant à compenser sa course à l'abîme par un retour aux formes architecturales du Moyen Âge. Une telle aisance, si elle suscita très vite l'accord avec une époque, limita en même temps la capacité de l'œuvre à continuer à se dépasser pour atteindre en prose à un langage nouveau. Ce sera le travail d'Artaud, de Bataille, de Beckett et de Blanchot.

Au théâtre, en revanche, comme en poésie, les textes qui vont de *Serres chaudes* aux *Quinze Chansons* constituent le symbolisme comme une réponse à la vie (et non comme un décor), et une trace essentielle de la modernité littéraire. Rarement avec autant d'apesanteur notre langue aura-t-elle éliminé la métaphore pour plonger dans l'analogie souple et rendre les mouvements qui sont en deçà du langage. Aussi ce monde autre que l'auteur vise à désigner, nous le rend-il physiquement par les associations libres – mais savamment pesées ! – des grands versets de *Serres chaudes* comme par les reprises infinitésimales des dialogues de ses drames ou de ses pièces pour marionnettes. Dans un flot lent mais continu où tout fait image se dessine ainsi un monde hanté jusqu'à l'angoisse par la paranoïa douce de ce qui le mine : elle prend le plus souvent le visage de la mort. Les mots seront donc sans apprêt ; leur musicalité sans trémolo ; leur débit ralenti. La tristesse se mêlera sans cesse au bonheur.

Si les poètes ont depuis longtemps reconnu leur dette à l'égard du précurseur qui sut ne point bavarder dans leur forme, les gens de théâtre, toujours hantés par les bruits et les frasques de la représentation, n'ont que très rarement su se situer devant ses premières pièces. Ne les contraignent-elles pas, sans jamais s'abriter sous l'armure du discours théorique, à renoncer au jeu exhibitionniste de l'acteur ? Et n'exigent-elles pas du metteur en scène un sens presque oriental de la rigueur où la conjonction de la musicalité et de la mathématisation serait apte à laisser entendre ce qu'il faut bien appeler l'indicible ? Nul doute ainsi que la mièvrerie ou l'évocation de type historique où l'on s'est complu à réduire Maeterlinck constituent le pire contresens pour cette première partie de l'œuvre, heureusement inaltérée dans sa langue ! Souriante et impassible, la « Monna Lisa » du théâtre de langue française continue d'attendre. Son regard ne sort-il pas du labyrinthe intérieur d'un enfant venu d'un monde où l'histoire, apparemment arrêtée, laissait pourtant percevoir la mort qui pousse les sociétés à la vie, les traverse et les mine sans cesse ?

M. Quaghebeur

MAGNON Jean

(1620-1662)

Né à Tournus, avocat, poète et dramaturge, il était fort estimé de Molière, qui fit jouer toutes ses œuvres. On lui doit une dizaine de pièces, de facture régulière et classique, moralisant les sources antiques : *Artaxerce* (1645), tragédie perse inspirée de Plutarque ; *Sejanus* (1646), tragédie (Livia, héroïne très cornélienne par son patriotisme et sa vertu, y triomphe de Séjan) ; *Josaphat* (1646), tragi-comédie, drame de la conversion influencé par *Polyeucte* (1642) ; *le Mariage d'Oroendate et de Statira ou la Conclusion de Cassandre* (1648), tragi-comédie d'après le livre X du roman *Cassandre* de La Calprenède. Après *Jeanne, reine de Naples* (1656) et *Zénobie, reine de Palmyre* (1660), Magnon porte le premier à la scène les amours de Bérénice dans *Tite*, tragi-comédie (1660).
Mais, entre-temps, Magnon a décidé d'abandonner le théâtre et de « consacrer [sa] plume à la gloire de Celui qui nous fait agir » ; d'où *les Heures du chrétien* (1654), ouvrage de piété (dans lequel il prend le titre d'historiographe du roi), et surtout *la Science universelle*, appelée à remplacer toute bibliothèque (200 000 vers sont prévus) ! Projet d'une ambition et d'une naïveté vertigineuses : « Dis-moi, ne suis-je pas un des verbes du Verbe ? » (Adresse au lecteur, livre I). Mais l'assassinat de Magnon sur le Pont-Neuf interrompt cet élan « digne du Tasse » (Loret) ; il nous reste environ 10 000 de ces « vers héroïques ».
Dès la fin du XVIIe, Magnon est oublié ; dans ses pièces, les récits trop nombreux, les longues discussions et les intrigues très complexes ont découragé le public. L'Adresse de *Josaphat* présentait pourtant un audacieux projet : mettre l'histoire française sur scène (en la personne du dédicataire, le duc d'Épernon), en lieu et place des sujets grecs et latins « qui ont si longtemps occupé notre scène » ! *Tite* semble avoir inspiré Corneille ; exceptons cependant le dénouement : le Tite de Magnon épouse Bérénice. Liberté typique de celles que pouvait prendre la tragi-comédie à l'égard de l'histoire.

G. Declercq

MAGNY Olivier de

(vers 1527 ?-1561)

Poète quercynois, comme Marot et Salel, c'est sous la protection de ce dernier qu'Olivier de Magny se lance en littérature ; il devient rapidement un ami de Jodelle, alors au faîte de sa gloire, et des poètes de la Pléiade naissante. Affectueux, reconnaissant, bien entouré, il partage aisément les idéaux de ses compagnons, gai de leurs « folastries », savant de leurs recherches, triste des larmes de Du Bellay, dont il accompagne l'« exil » romain de ses *Soupirs*.

Le culte de l'amitié

Né à Cahors, d'un père ni riche ni pauvre, dont il vantera la modestie et la « santé de corps et d'esprit », et d'une mère charmante qui lui jette des cerises en lui faisant répéter ses leçons et qui défend qu'on le rudoie pour lui donner l'« esprit plus ardent à l'étude », Magny suit les cours de l'université de sa ville. Il devient secrétaire de Hugues Salel en 1547 (Salel vit alors à Chartres, tout préoccupé de sa traduction de *l'Iliade*). Il obtient tout naturellement l'appui des protecteurs de son maître : outre le roi, de grands serviteurs de l'État, tels Jean d'Avanson, Du Thier ou Bertrandi, qui, après la mort de Salel (1553), relaieront celui-ci dans le soutien qu'il apportait au poète. Après un court passage chez Jean de Bourbon, il entre au service de d'Avanson en 1553 et suit le diplomate à Rome en mars 1555, pour en revenir en novembre 1556 : exil moins long que celui de Du Bellay, et d'ailleurs interrompu au printemps 1556 par un séjour en France. Sur le chemin de Rome, il a rencontré à Lyon Louise Labé, et entre eux l'attirance est réciproque ; il en reste, trace fragile, un poème écrit en commun, mais aussi un texte vengeur de Magny sur les complaisances du mari de Louise...
Par son maître d'Avanson, Magny appartient au clan de Diane de Poitiers ; ce n'est pas celui de Ronsard ou de Du Bellay, mais tous trois restent, au-dessus des clans politiques, en rapport d'amitié, se dédiant entre eux bien des poèmes. Malgré des charges importantes (contrôleur extraordinaire des guerres en Périgord et Quercy, sur la demande de d'Avanson en 1557, puis secrétaire du roi de 1559 à sa mort), Magny écrit beaucoup, avec, apparemment, une grande facilité. L'œuvre est, pour une grande part, d'inspiration amoureuse et libertine, mais elle dit aussi très profondément son culte de l'amitié : d'un côté la revendication d'« aymer en plusieurs lieux », de l'autre la fidélité – et la complicité – dans les idéaux communs. Et toujours un ton d'élégance et d'humour, propre à celui qui ne souhaite pas plus peser sur les autres que dépendre d'eux.

Mais de n'en aymer qu'une, et pour elle ma vie
Veoir à mille tourmentz pour jamais asservie,
Je ne le sçaurois faire, aymant mieux dire adieu
Pour aller chercher mieux en quelque autre bon [lieu.

La Nature m'a faict, et la Nature est belle
Pour la diversité que nous voyons en elle :
Je suis donc naturel, et ma félicité
En matière d'amour c'est la diversité...

On ne dira pas mieux sous Louis XIII.

Une aisance mal entendue

En moins de dix ans, Magny publie quatre recueils importants : *les Amours* de 1553, correspondant aux recueils d'odes et de sonnets amoureux de la Pléiade ; *les Gayetez* de 1554, que l'on a comparées aux *Folastries* de Ronsard ; *les*

Souspirs de 1557, écrits comme en écho des *Regrets* de Du Bellay qui ne seront pourtant publiés qu'en 1558 ; enfin les *Odes* (en cinq livres) de 1559, les plus diverses et les plus libres. On peut penser que, comme Du Bellay, il a regroupé, dans ces recueils, des pièces composées à des périodes différentes, et qu'il a réunies suivant un plan concerté. Il avait commencé en publiant un poème de circonstance sur la naissance de Marguerite de Valois, fille de Henri II ; et l'on éditera au XIXe siècle un manuscrit contenant des sonnets adressés à Catherine de Médicis et Charles IX, sur les devoirs des rois, à la manière des textes politiques de Ronsard, mais de forme plus légère. Restent aussi quelques odes et sonnets épars. Malgré tout cela, l'œuvre est très homogène, sous les intentions qui s'avouent proches de celles de ses amis.

On a décrit, dans l'œuvre de Magny, l'abus de l'imitation (jusqu'au plagiat), l'abus des références mythologiques, ou des diminutifs à la mode de Ronsard, le ressassement des thèmes pétrarquistes, l'absence de sincérité de la poésie amoureuse, le caractère lâche et prolixe du style. En fait, pour Magny et ses amis, comme ils l'ont souvent dit, la poésie est dans le plaisir des lectures et dans le plaisir d'écrire, inséparables ; Magny a souvent évoqué la liberté de ces échanges entre poètes : dans l'enthousiasme d'une lecture italienne, ou grecque, ou latine, on se communique des trouvailles, on apprend par cœur des vers, puis l'on crée sa propre variation musicale. Que cela vienne de Pétrarque, de Sannazar, de Bembo ou de l'Arioste, qu'importe : tous, en même temps, travaillent sur un poème, et l'essentiel est d'imiter la dynamique complètement nouvelle de la syntaxe de Ronsard, lui qui a su, grâce aux appuis logiques forts, à la manière italienne, et par le travail de l'enjambement, modifier définitivement la structure rythmique du sonnet. Or, dès 1553, et malgré l'influence persistante des structures immobiles de Scève, Magny est passé maître en mouvement dans ses sonnets décasyllabiques et ses odes, et cela comme sans effort.

Quant à la surcharge mythologique, il semble que l'accusation soit injuste ; Magny le dit expressément, et le prouve : la mythologie ne l'intéresse pas, et sa poésie est strictement métaphorique. Rares même les interventions de Vénus ou d'Amour. En cela, son humeur le rapproche de son cher Rémy Belleau, plus que de Ronsard, de Baïf, voire de Du Bellay. Il ne s'est par ailleurs amusé aux diminutifs que dans certaines chansons des *Gayetez,* où l'amour n'est pas chose trop sérieuse.

Construisant avec la Pléiade les genres poétiques nouveaux (le sonnet, qui passe du décasyllabe à l'alexandrin, qu'il mêle encore l'un à l'autre dans ses *Souspirs ;* l'ode, si voisine de la chanson encore dans *les Gayetez,* mais qui varie souvent de mètres et s'amplifie sans cesse dans les *Odes* de 1559), il a néanmoins des goûts très personnels en matière de musique du vers : on sent comme une nostalgie de la ballade et du rondeau dans ce plaisir à écrire des refrains, à reprendre des hémistiches entiers comme éléments rythmiques, jusque dans ses sonnets. Assurément, sa poésie était faite pour être lue et chantée entre amis – et devant d'Avanson. C'est de telles cadences, servies par un vocabulaire sobre et fluide, qu'elle est faite.

Quant aux sujets, il y a plus à trouver qu'on y cherche. Outre un art de vivre libertin, un goût affiché pour le vin inspirateur, pour un érotisme qu'on se plaît à partager, pour les joies de se retrouver dans les promenades nocturnes le long de la Seine, etc., il y a chez lui une manière franche de parler de l'éducation des grands, des devoirs des rois, et surtout du travail commun aux poètes et des constants échanges amicaux, qui fait de Magny tout autre chose qu'un plagiaire. Le recueil des *Souspirs,* écrit en solidarité complète avec *les Regrets* de Du Bellay, et qui parle des mêmes faits aux mêmes personnages, prouve assez bien qu'il s'agit de tempéraments très différents, et qu'il existe, de fait, un « ton » propre à Magny.

Comme ces créateurs qui expriment trop uniment les visées et les goûts d'un groupe, Magny n'en est pas vraiment récompensé par les compliments de la postérité.

M. M. Fontaine

MAILLET Antonine

(née en 1929)

Antonine Maillet, qui se proclame à la fois acadienne, québécoise et canadienne, est née à Bouctouche (Nouveau-Brunswick). Elle a fait ses études universitaires à Montréal et à Québec ; sa thèse sur *Rabelais et les traditions populaires en Acadie* (publiée en 1971) témoigne de l'intérêt que, très tôt, elle a marqué pour les phénomènes interculturels induits par la littérature. Son œuvre d'écrivain, que ce soit par le roman (*Mariaagélas,* 1973 ; *les Cordes-de-bois,* 1977 ; *Pélagie-la-Charrette,* prix Goncourt 1979 ; *la Gribouille,* 1982 ; *Crache à pic,* 1984 ; *le Chemin Saint-Jacques,* 1997 ; *Chronique d'une sorcière de vent,* 2000) ou par le théâtre (*les Crasseux,* 1968 ; *la Sagouine,* 1971 ; *la Veuve enragée,* 1977), affirme une volonté constante de recréer d'une manière nouvelle et personnelle la terre et l'histoire acadiennes. La voix étonnante de la « Sagouine » s'est entourée d'échos : voix de femmes criant dans le vent venu de la mer ; voix des « crasseux » revendiquant avec autant de véhémence leur baril de mélasse et l'honneur de vivre. De la cuisine de la Sagouine, l'univers de l'œuvre s'est élargi à la côte, à la mer, à la terre néo-brunswickoise. L'Acadie s'est transformée en terre promise brillant au bout du regard, au terme de la longue marche du retour conduite par Pélagie-la-Charrette. On comprendrait mal Antonine Maillet si on ne tenait pas compte de cette distillation littéraire de son Acadie quotidienne : « Le travail de l'écrivain, c'est uniquement de raconter ce qu'il voit, mais de le raconter en le digérant, en le passant par l'alambic intérieur qui est le sien, qui passe par l'estomac, aussi bien que par les reins, par les tripes, le cerveau et le cœur. »

De tous les éléments d'un usage acadien remontant au XVIe siècle, l'auteur se compose une langue où s'accumulent les tournures archaïques encore utilisées, le retour d'expressions typiques, les rythmes vifs et spontanés, les sonorités favorites.

L'ensemble des romans d'Antonine Maillet, qui tous pourtant ne sont pas convaincants, possède un charme qui entraîne l'adhésion du public plus encore que ne le fait son théâtre. Car Antonine Maillet est essentiellement une conteuse. On en trouve la preuve non seulement dans la présence insistante du narrateur, dans cet élan du langage qui parfois se développe pour le seul plaisir qu'il engendre, mais aussi dans la stature des personnages, qui sont des types, engagés dans des aventures aux lignes simples, et non des caractères complexes et fouillés. Des figures se détachent, agrandies par leur rôle et la portée de leur voix. Les personnages d'Antonine Maillet parlent beaucoup ; leurs principales actions sont les mots mêmes qu'ils prononcent, accompagnés de gestes dont la description amplifie l'aspect grandiose, énorme ou pittoresque.

Personnages, actions, écriture sont, dans cette œuvre, plus grands que nature, plus ornés peut-être qu'il ne faudrait. La romancière aime se dire proche de Rabelais, dont elle partage l'état d'esprit, la générosité, la verve. Scrutant avec ferveur le passé acadien pour y trouver une matière qui lui permette de créer un univers fabuleux, tumultueux, déchiré mais heureux, Antonine Maillet atteint parfois à une grandeur épique.

Y. Bolduc

MAINARD *ou* MAYNARD François

(1582-1646)

Malgré une carrière discrète, Mainard fut tenu parmi les poètes de son temps pour le meilleur disciple, voire l'égal, de Malherbe.

Il naquit à Toulouse, dans une famille parlementaire de rang moyen, où un savoir solide était de tradition, et qui avait, durant les guerres de Religion, montré une loyauté indéfectible au pouvoir royal. Il pouvait espérer une belle carrière et, après des études de droit (il fut reçu avocat en 1603), tenta sa chance à Paris et à la Cour.

Il devint secrétaire et lecteur de la reine Marguerite (1605), et, dans le cercle d'écrivains dont elle s'entourait, apparut comme un de ses poètes en titre. Chez elle, il se lia avec Bertaut, Desportes, Régnier. Mainard versifiait dans le goût pastoral alors en vogue. C'est ainsi qu'il composa un poème dans la manière du *Sireine* de D'Urfé : *Silvandre* (écrit en 1606, édité seulement en 1619). Mais en 1607, il se brouilla avec sa protectrice.

Il tente alors vainement de trouver un emploi à la Cour, où il comptait des appuis (notamment Cramail). Il fréquenta aussi les réunions que tenait Malherbe, dont la gloire commençait à s'imposer, et ses premiers vers publiés figurèrent dans le recueil du *Parnasse* de 1607 auprès de ceux du nouveau « prince des poètes ». En adhérant aux vues de Malherbe, il changea de manière d'écrire ; il changea aussi ses amitiés et, comme son modèle, se brouilla avec Desportes, Bertaut et Régnier. Il composa des pièces d'éloges pour Henri IV, mais la mort de celui-ci ruina ses espoirs de réussite.

Il acheta donc la charge de premier président au présidial d'Aurillac (1612), et sa vie allait désormais être, pour l'essentiel, celle d'un bourgeois de province. Non qu'il ait renoncé à ses ambitions poétiques : il continuait à publier dans les recueils parisiens et à suivre les mouvements de la mode. Il avait des contacts avec les libertins et participa anonymement au recueil du *Parnasse satyrique* (1622) de Théophile de Viau. Il s'efforça, mais en vain, d'obtenir la protection de Richelieu, abandonna son poste à Aurillac et, après une tentative malheureuse de secrétariat d'ambassade à Rome (1635-1636), dut se résigner à vivre dans une sorte d'exil provincial, comme son ami Guez de Balzac. Sa réputation était pourtant de mieux en mieux établie : il fut de l'Académie dès la fondation, et les jeux Floraux lui décernèrent un prix spécial (1639). La publication de ses poèmes en recueils personnels – d'abord ses *Œuvres nouvelles* (trente-quatre épigrammes, 1638), puis ses *Œuvres complètes* (1644) – lui valut le succès. Dans le même temps, grâce à une intervention de Priezac, Séguier le fit conseiller d'État (1644 ; cette charge conférait la noblesse), et il revint à Paris et à la Cour, pour ses dernières années.

Sa production est, au total, assez peu abondante. Ses *Œuvres complètes* se composent de trois parties qui rassemblent : la première cinquante-huit sonnets, la seconde cent soixante-sept épigrammes, la troisième diverses odes et chansons et onze sonnets. De façon significative, il pratique aussi bien des formes brèves, qui plaisaient au public noble et aux bourgeois aisés, et des poèmes plus amples, en particulier des odes, visant à obtenir l'assentiment des « doctes » tout en flattant les puissants. Ses poèmes brefs furent les plus goûtés. Il acquit ainsi la réputation d'être le meilleur épigrammatiste de France. Les épigrammes qu'il a composées, le plus souvent en dix ou en quatorze vers ne visent pas tant à la critique personnelle qu'à la réalisation d'exercices de virtuosité ironique. De même, ses sonnets ont pour thèmes préférés des peintures de « caractères » : le poltron, le théologien, le nouvelliste... Sa verve satirique est donc peu agressive et, avant tout, tend au jeu d'esprit, même quand elle se teinte d'amertume comme dans cette critique des parvenus :

[...] ces âmes de boue,
Que la Fortune élève sur sa roue,
Lorsqu'elle est en humeur de se moquer de nous.

Le plus souvent, elle manifeste l'épicurisme d'un poète qui composait volontiers des chansons bacchiques et gauloises. Ce trait persiste jusque dans l'évocation de la mort :

La mort nous guette ; et quand ses lois
Nous ont enfermés une fois
Au sein d'une fosse profonde,
Adieu bons vins et bons repas :
Je t'apprends qu'on ne trouve pas
De cabarets dans l'autre monde.

Mainard avait lu et relu Juvénal et Horace, et il les imite constamment. Mais, formé par les conseils de Malherbe, il retravaille souvent ses textes et s'éloigne ainsi de ses modèles vers des trouvailles plus personnelles.

Son style ne manque pas d'un certain maniérisme et de tours « précieux », surtout dans ses poésies amoureuses, où il s'inspire volontiers des recherches de l'Italien Testi – par exemple dans son élégie de « la Belle Veuve ». Cependant l'influence de Malherbe est sensible dans son écriture, où il évite les figures outrées, les termes impropres ou équivoques. Ce purisme va de pair avec un effort tout particulier pour faire coïncider l'unité syntaxique de la phrase ou de la proposition et l'unité prosodique de l'alexandrin. À cet égard, il apparaît comme un équivalent en poésie du modèle qu'est en prose Guez de Balzac pour l'écriture classique.

Mainard, tant par conformité aux tendances malherbiennes que par tempérament personnel, n'est pas un poète imaginatif. Mais lorsque son travail de versification s'associe à un mouvement d'affectivité personnelle, il obtient un ton qui lui est propre, mêlé de tristesse et d'humour, d'une mélancolie qui représente son expression la plus originale :

Mon âme il faut partir. Ma vigueur est passée.
Mon dernier jour est dessus l'horizon.
Tu crains ta liberté. Quoi ? N'es-tu pas lassée
D'avoir souffert soixante ans de prison ?

Œuvres de goût classique, mais riches de nuances, les poèmes de Mainard justifient le regain d'intérêt qui semble se dessiner aujourd'hui à leur sujet.

A. Viala

MAINE DE BIRAN

Pseudonyme de ***François Pierre GONTIER de BIRAN***
(1766-1824)

Homme politique et philosophe. À sa mort, Maine de Biran laisse une œuvre imprimée plutôt mince : de brillants Mémoires, quelques articles, et quelques écrits politiques. L'*Essai sur les fondements de la psychologie* (posthume, 1859) et un important *Journal* intime (posthume, 1927-1931) reposent, alors inédits, dans la masse considérable d'archives confiées à Joseph Lainé, son exécuteur testamentaire.

En revanche, on connaît bien sa carrière qui se déroule sous trois régimes. Fils d'un médecin de Bergerac, il est garde du corps de Louis XVI mais la Révolution le ramène à sa gentilhommière périgourdine de Grateloup. Successivement avocat à Bergerac, membre du conseil général de son département, sous-préfet de Bergerac (1806), il occupera à Paris des charges parfois ingrates (en 1813 il est membre de la Commission des Cinq qui adresse des remontrances à l'Empereur). Anobli sous la Restauration, plusieurs fois député de la Dordogne, conseiller d'État, commandeur de la Légion d'honneur, Maine de Biran aura entassé « titres et galons ».

Son trajet intellectuel épouse d'abord celui des Idéologues : dès 1797, il fréquente le salon de madame Helvétius ; Destutt de Tracy et Cabanis sont ses amis et il passe l'Idéologie au crible de ses premiers Mémoires (*De l'influence de l'habitude sur la faculté de penser*, 1802 ; *Essai sur la décomposition de la pensée*, 1805).

Mais son *Journal*, depuis le « vieux cahier » (1794-1798) jusqu'à ces pages que le philosophe appelle proprement « mon journal » (1814-1824) auxquelles il faut ajouter les notes intimes prises sur des feuilles volantes et divers carnets, révèle un homme tourmenté par sa gaucherie et les défaillances de sa volonté. Douloureusement, il ne cesse de se reprocher l'abandon de ses « résolutions antérieures » et son absence de « sang-froid », admirant en contrepartie la sagesse stoïcienne qui lui paraît une enviable école de maîtrise de soi. Sa réflexion sur l'Idéologie et l'examen minutieux de ses expériences intimes se traduisent, dans l'*Essai sur les fondements de la psychologie*, par un renouvellement de la doctrine sensualiste. À l'origine de la vie mentale, là où Condillac ne voyait qu'un élément simple, la sensation, Maine de Biran aperçoit une dualité : sentir, agir. Sans « l'effort moteur volontaire », note-t-il, la « statue » de Condillac, prisonnière de ses sensations, ne s'éveillerait jamais à la conscience réfléchie : « Dans l'effort, ce fait primitif, le moi se saisit dans une opposition au non-moi, et par suite se pose lui-même en s'opposant à ce qui n'est pas lui ». Écartant toute conclusion ontologique, ce *cogito* d'un nouveau genre fonde l'existence phénoménale d'un moi s'éprouvant, même dans ses défaites, comme « force agissante », c'est-à-dire tout ensemble comme conscience, volonté, effort. À partir de ces fondements, Maine de Biran entreprend l'exploration du moi profond générateur d'états de conscience que l'introspection s'emploie à analyser méthodiquement. Dans une nouvelle série de Mémoires (*Mémoire sur les perceptions obscures*, 1807 ; *Considérations sur le sommeil, les songes et le somnambulisme*, 1809 ; *Sur les rapports du physique et du moral de l'homme*, 1811, prolongé par des *Considérations sur le même sujet*, 1820), il se dégage de la philosophie du XVIIIe siècle pour évoluer vers une psychologie de la subjectivité. En même temps, aussi bien dans ces textes que dans les pages inquiètes du *Journal* où il convoque la physiologie, voire la pathologie dans une sorte de poème de la « fluidité intérieure », il esquisse un art de vivre scientifiquement établi qui, plus sûrement que la technique stoïcienne, ferait accéder le moi à la sérénité du sage.

Sur la fin de sa vie, Maine de Biran découvre avec l'introspection une nouvelle expérience intérieure qu'il rattache aux « effets de la grâce ». Mais comment concilier cette révélation avec une anthropologie qui se veut agnostique ? C'est alors qu'un traité resté inachevé, les *Nouveaux Essais d'anthropologie*, développe la doctrine des « trois vies ». L'édifice humain se décomposerait en vie animale, vie de la conscience et de la volonté et vie de l'esprit. Certains états de ravissement (naguère éprouvés à Grateloup et décrits dans une prose qui rappelle l'écriture du Rousseau des *Rêveries*) ne tiendraient, sans participation de la volonté, qu'à des « conditions organiques » propices. En revanche, faisant irruption lors même que le corps est affligé de maux, les extases de la vie de l'esprit émaneraient d'une source spirituelle. Maine de Biran délaisse alors les stoïciens pour Platon, Plotin, les mystiques chrétiens. Les *Nouveaux Essais* deviennent un commentaire de l'Évangile de saint Jean, des Épîtres de saint Paul, des *Maximes des saints* de Fénelon. Délivré des « agitations » intérieures, dans une certaine démission de la volonté, l'auteur s'abandonne lyriquement aux « inspirations de la grâce ». Ces pages si libres récusent cependant « les excursions ontologiques », se satisfaisant d'accueillir « l'esprit-amour qui souffle où il veut ».

Réelle parmi ses contemporains (Royer-Collard, Cousin, Ampère, Cuvier, Guizot...), l'influence de Maine de Biran fut éclipsée par le cousinisme, qui privilégia les thèmes mystiques de la philosophie biranienne au détriment de sa contribution à la psychologie. On a souligné une parenté spirituelle entre Bergson et Maine de Biran : sans recours à une démonstration, tous deux rencontrent Dieu dans l'expérience mystique. Mais la vie de l'esprit est pour l'un l'ultime étape d'une philosophie de la nature, le couronnement de « l'élan vital » ; pour l'autre, le réceptacle d'une inspiration venue d'en haut. Enfin, la psychologie biranienne se retrouve dans les courants qui prônent une morale de l'effort volontaire comme chez Charles Du Bos et Saint-Exupéry. [Voir **Idéologues (les)**.]

G. Gengembre

MAIRET Jean

(1604-1686)

Jean Mairet eut une carrière de dramaturge aussi brillante que brève. En l'espace d'une dizaine d'années (1625-1635), il s'essaya à tous les genres. Il donna un des chefs-d'œuvre de la pastorale avec *la Sylvie* (publ. en 1628) et, avec *la Silvanire* (publ. en 1631) et sa préface, annonça l'apparition des règles de la dramaturgie classique en France. *Les Galanteries du duc d'Ossonne* (publ. en 1636) furent l'une des comédies les plus curieuses et les plus osées d'une époque pourtant encore peu préoccupée par les lois de la bienséance. Avec *la Sophonisbe* (publ. en 1635), Mairet ouvrit le chemin à un genre tragique fort et direct, libéré des abstractions et des excès rhétoriques. Il lui restait plus d'un demi-siècle à vivre, qu'il n'occupa guère à écrire, en tout cas jamais avec autant de bonheur.

Un auteur précoce

Jean Mairet est né à Besançon d'une mère bourgeoise, originaire de Troyes, et d'un père issu d'une famille de catholiques allemands émigrés au temps de la Réforme. Il fut orphelin très jeune, ce qui ne l'empêcha pas de recevoir, dans sa ville natale puis à Paris, une bonne éducation.

Mairet a la réputation d'avoir été un écrivain précoce, et, à la suite d'une confusion de dates, on a fait parfois de lui le portrait peu vraisemblable d'un dramaturge débutant à seize ans. Ce qui est sûr, c'est qu'il eut la chance de gagner très tôt la faveur du duc de Montmorency, chez qui il rencontra des écrivains importants (il devint l'ami de Théophile de Viau). On pense que c'est par l'intermédiaire de la duchesse de Montmorency, d'origine italienne et souvent en contact avec les milieux littéraires italiens, qu'il s'intéressa aux règles de l'écriture dramatique, déjà bien connues chez nos voisins. En 1625, le duc de Montmorency le prend comme secrétaire et lui attribue une pension importante ; il peut en toute liberté écrire pour le théâtre, jusqu'en 1632, date de l'exécution de son protecteur, accusé de rébellion. Il trouve un autre mécène, le comte de Belin, qui protège déjà plusieurs auteurs (dont Jean Rotrou), et il travaille alors pour le théâtre du Marais, relativement ouvert aux innovations dramatiques.

En 1634, peu d'écrivains peuvent rivaliser avec Mairet. Quelques années plus tard, il cesse pourtant d'écrire. *Sidonie,* jouée en 1640, publiée en 1643, est sa dernière pièce. Est-ce parce que le comte de Belin est mort depuis 1637 ? Est-ce parce que Mairet supporte mal la nouvelle gloire de Corneille, auquel il s'est violemment opposé au moment de la querelle du *Cid,* au point que Boisrobert vint lui ordonner de se taire, au nom de Richelieu ?

Pendant le reste de sa vie, Mairet ne semble plus s'intéresser au théâtre. La protection du roi d'Espagne lui vaut d'être nommé résident (c'est-à-dire représentant diplomatique) de la Franche-Comté auprès de la cour de France. De 1648 à 1651, il dirige les négociations de neutralité – rendues nécessaires par le traité de Westphalie – entre la France et la Franche-Comté. En 1653, Mazarin le fait expulser de France, mais il peut revenir à Paris à l'occasion de la paix des Pyrénées (1659). Il meurt à Besançon en 1686, sans que rien de notable soit à signaler dans les trente dernières années de sa vie.

Le goût de l'expérimentation

Il n'y a pas de continuité dans l'œuvre de Mairet, ni de réelle persistance de thèmes dominants. Sur les douze œuvres dramatiques qu'il a écrites, on dénombre six tragi-comédies, trois tragédies, deux pastorales et une comédie. Un tel éclectisme correspond partiellement au goût du temps. Mais il révèle aussi un véritable souci d'expérimentation chez un dramaturge qui passe alternativement d'œuvres à l'inspiration libre ou baroquisante à des œuvres répondant au goût classique en voie de constitution. Comme beaucoup de jeunes auteurs, Mairet s'essaye aux genres à la mode, mais il est un des rares à connaître une réussite aussi immédiate.

On chercherait vainement une logique dans la chronologie de l'œuvre. Ses dernières pièces marquent un retour à la tragi-comédie, peut-être à cause du demi-échec des tragédies qui suivirent *la Sophonisbe* (*Marc-Antoine ou la Cléopâtre,* écrite en 1635, publiée en 1637 ; *le Grand et Dernier Solyman ou la Mort de Mustapha,* écrite en 1637-1638, publiée en 1639). Peut-être s'agit-il aussi d'une réaction à la gloire montante de Corneille, qui impose avec autorité sa conception de la tragédie. En tout cas, Mairet n'avait jamais vraiment renoncé à son goût pour les péripéties et les retournements de situation, qui abondent dans ses premières œuvres. Ainsi, malgré le succès de *la Sophonisbe,* il préfère *Virginie,* la tragicomédie qui précède, puisqu'il écrit dans l'*Avis au lecteur* de l'édition de 1635 : « *Sophonisbe* a des passions plus étendues, mais *Virginie* la surpasse de beaucoup en la diversité de sa peinture et de ses incidents. »

Cette étrange carrière rend difficile un classement de Mairet du côté des « classiques » ou du côté des « baroques ». Le classicisme naissant semble avoir été pour lui une voie à suivre comme il en a suivi d'autres, et l'on aurait tort de voir dans ses prises de position théoriques le reflet d'un engagement définitif. Ce qui l'intéresse au premier chef, même s'il se laisse tenter par des recherches de formes, c'est un « théâtre de la vie » qui saisit les richesses et les contradictions du monde, un monde où règne un hasard qui n'est cependant jamais contraignant.

Un maître de la pastorale

Mairet demeure connu surtout à cause de deux pastorales, *la Sylvie* et *la Silvanire*. Après un bref essai, *Chryséide et Arimant* (1625, publ. 1630), tragi-comédie à caractère pastoral, Mairet, encouragé par l'accueil reçu, donne une pastorale, *la Sylvie*, qui vise à plaire et qui y réussit totalement. Le succès de la pièce dura bien plus longtemps que la vogue du genre. Elle fut imprimée quatorze fois de 1628 à 1635, eut deux éditions en 1654 et sept autres entre 1667 et 1716. Rien de bien original pourtant dans le sujet. La jeune bergère Sylvie est aimée à la fois de Florestan, prince de Candie, qui brûle pour elle depuis le jour où il a vu son portrait, et de Thélame, prince de Sicile, qui doit vaincre l'opposition du roi, son père, pour l'épouser. Elle repousse d'autre part les avances de Philène, riche berger qui a l'agrément des parents de la jeune fille. Ni la très provisoire jalousie de la bergère, provoquée par un stratagème de Philène, ni l'opposition des parents ne sont des menaces sérieuses pour l'amour de Thélame et de Sylvie. C'est l'intervention royale qui met vraiment les amants en péril, à cause d'un « sortilège » (la nécessaire présence du merveilleux), dont Florestan viendra les délivrer. Un triple mariage au dénouement, selon la tradition du genre, satisfera tous les protagonistes.

Mairet réussit à maintenir habilement un équilibre entre les différentes composantes de l'œuvre : le dépaysement (la Candie et, surtout, une Sicile exotique et faussement réaliste), le lyrisme tendre, les jeux de l'amour et de la galanterie, la menace du pouvoir royal, le plaisir du spectaculaire au dernier acte qui a pour décor un « palais enchanté ».

La Sylvie, qui se lit toujours avec plaisir, fut l'épanouissement suprême du genre pastoral en France peu avant sa disparition définitive. Par la suite, *la Silvanire* afficha dans sa préface une volonté de régularité qui ne fut que partiellement suivie. Se posant comme modèle d'ouvrage régulier au début de l'influence italienne, l'œuvre est en partie victime de ses contradictions.

Mairet et le jeu des formes

L'intérêt de Mairet pour l'écriture dramatique s'est manifesté dans sa recherche en direction des unités, recherche qu'il a parfois poussée jusqu'aux limites de l'artifice. Ainsi, dans *Virginie*, les épisodes s'entassent et se succèdent à un rythme accéléré et malgré tout entrent dans le strict cadre des unités. Mais la force de Mairet réside aussi dans son souci du bon déroulement scénique des œuvres, ainsi que dans la recherche d'une écriture concrète et imagée.

On trouve chez Mairet des didascalies précises qui révèlent une grande attention portée à la réalisation théâtrale. Ainsi dans *la Sylvie*, l'espace magique du sortilège où sont enfermés les amants s'inscrit nettement dans le texte. Florestan accède à ce lieu par des degrés montés marche par marche, et son monologue est comme rythmé par son déplacement. Dans la scène des *Galanteries du duc d'Ossonne* où le duc utilise une échelle de soie pour accéder à la chambre des femmes, Mairet définit avec précision un espace intérieur et un espace extérieur.

Enfin, dans l'écriture, Mairet n'hésite pas à employer un langage varié, un vocabulaire coloré. Il joue fréquemment des effets de réalisme (ou de faux réalisme) et mêle aux traditions lyriques et rhétoriques des tableaux précis et des situations clairement désignées. On trouve dans *la Sylvie* les habituelles références à la nature :

Ce bocage prochain nous invite à propos
À la commodité du frais et du repos.
Couchons-nous sur ces fleurs, l'herbe et la feuille verte
S'offrent à nous servir de lict et de couverte.

(vers 435-438)

Mais dans le *Duc d'Ossonne*, ce monologue de Flavie offre un bon échantillon d'un langage vert et direct :

Tu vas le recevoir jusque dedans ta couche,
Ce duc dont les attraits toucheraient une souche.
Ô mes sens ! si déjà ce penser seulement
Me cause tant de trouble et de contentement,
Au milieu de l'effet et de la chose même,
Jugez si mon transport ne sera pas extrême.

(Acte III, sc. I)

Exemplaire de la dramaturgie baroque – diverse, en quête de formes nouvelles, mais toujours sensible au spectaculaire et aux problèmes de la mise en espace –, l'œuvre de Mairet mériterait aujourd'hui d'être lue et surtout représentée.

La Silvanire ou la Morte vive

SYNOPSIS

Aglante, un berger, brûle pour Silvanire, qui se montre indifférente (acte I). Elle refuse de révéler qu'elle l'aime et redoute le projet paternel de la marier à Théante. Tirinte, un autre berger, lui dit sa flamme ; elle le repousse, se jouant de lui en affirmant qu'« on » l'aime, avant d'avouer qu'elle parle de son amie Fossinde (acte II). Celle-ci se déclare à Tirinte, qui use des mots qu'elle emploie pour s'adresser à Silvanire ; elle rejette ses avances, et il emprunte cette fois les expressions de Silvanire pour repousser Fossinde. Puis il donne à Silvanire un miroir magique qui doit susciter son amour (acte III). Prise de langueur, Silvanire est au bord du trépas ; Aglante s'évanouit. Elle avoue enfin ses sentiments et obtient de ses parents de pouvoir l'épouser (acte IV). On croit Silvanire morte, et Aglante se rend à son tombeau en parlant de suicide. Tirinte s'en prend à Alciron, qui lui avait fourni le miroir, mais Alciron annonce que Silvanire n'est qu'endormie et il brise le charme. Réveillée, elle rejette Tirinte, qui veut l'enlever ; Aglante l'en empêche. Un chœur de bergers condamne les agissements de Tirinte. Il sera jugé. Théante renonçant à Silvanire, elle épousera Aglante. Tirinte est condamné à mort. Un mariage peut le sauver : Fossinde s'avance, il finit par accepter. Un chœur de bergères entonne un chant nuptial (acte V).

J.-P. Ryngaert et D. Moncond'huy (synopsis)

MAISTRE Joseph de

(1753-1821)

Joseph de Maistre a vécu aux marges de la France ; sa position littéraire en est restée marginale et presque suspecte. Théoricien contre-révolutionnaire, il attaque le rationalisme des Lumières avec l'arme même qu'employaient les Philosophes pour saper l'ancienne société : une vive dialectique, qui inspire des pages graves ou condense la logique d'une pensée catégorique en aphorismes, formules ou pointes d'une ironie meurtrière.

Né à Chambéry, au cœur d'une Savoie alors possession des rois de Piémont et de Sardaigne, dans une famille de petite noblesse de robe, Joseph de Maistre – frère aîné de Xavier de Maistre – entre dans la magistrature. Franc-maçon, libéral, attiré par l'illuminisme du philosophe lyonnais Saint-Martin, il se désabuse devant les premiers excès de la Révolution et, surtout, quand les armées de la Convention envahissent la Savoie.

Il s'exile et joint la réflexion théorique à la polémique (*Lettres d'un royaliste savoisien à ses compatriotes,* 1793 ; *Étude sur la souveraineté,* 1794-1796, inédit jusqu'en 1870 ; *Considérations sur la France,* anonyme, 1797). Ambassadeur en Russie, il poursuit ses recherches, qui aboutissent, en 1814, à l'*Essai sur le principe générateur des constitutions politiques*. Ministre d'État à Turin après 1815, il devient un des maîtres à penser de l'ultraroyalisme et donne à l'ultramontanisme ses manifestes (*Du pape,* 1819 ; *De l'Église gallicane,* 1821). Le livre qui résume en traits frappants sa doctrine, *les Soirées de Saint-Pétersbourg* (1821), paraît peu de temps après sa mort, comme une protestation d'outre-tombe contre les compromissions et les timidités des restaurations.

Homme vertueux, aimable, indulgent aux faibles ou aux égarés, Joseph de Maistre garde la nostalgie des douces et immémoriales traditions ; il s'écrie, dès 1793 : « Heureux les peuples dont on ne parle pas ! Le bonheur politique, comme le bonheur domestique, n'est pas dans le bruit ; il est le fils de la paix, de la tranquillité des mœurs, du respect pour les anciennes maximes du gouvernement et de ces coutumes vénérables qui tournent les lois en habitudes et l'obéissance en instinct ». Pour restaurer cette tendre paix, trente années de lutte contre l'esprit des Lumières, ses racines lointaines, ses incarnations cachées : Voltaire, Rousseau, mais aussi Francis Bacon, père de la méthode expérimentale (*Examen de la philosophie de Bacon,* posth., 1836), le jansénisme et Port-Royal, qui bravent, au nom de la raison, l'autorité papale (*De l'Église gallicane*)... Au service de ces combats, un style limpide, alerte, sarcastique, voltairien, avec des éclairs de poésie et de sublime ; le ton de la conversation, avec ce charme de l'entretien amical qui s'épanouit dans les *Soirées,* avec sa démarche faussement nonchalante, prompte soudain à accabler l'adversaire jusqu'à l'injure, à pousser à outrance le paradoxe, comme l'apologie de l'Inquisition ou l'éloge du bourreau.

Ce censeur intraitable, qui porte le fer contre déviations et hérésies, est animé par une volonté : celle de combattre toute prétention à connaître rationnellement une nature humaine qui serait le fondement d'un droit naturel et d'une politique idéale. À la recherche abstraite des principes et aux reconstructions utopiques qui caractérisaient Philosophes et révolutionnaires, Joseph de Maistre substitue l'observation des faits dans leur foisonnante diversité, dans leur apparente irrégularité, voire leur absurdité : il remplace un modèle mécaniste et rationaliste, qui commandait une démarche réductionniste, simplificatrice, par un modèle organique qui respecte l'imprévisible émergence des formes de la vie. Par ce renversement, il indique la voie d'une science sociale qui génère sa propre épistémologie et qui respecte l'autonomie des systèmes complexes : Comte, Proudhon, Tocqueville pourront se réclamer de lui.

Mais, en dernier ressort, la politique renvoie à la métaphysique. Maistre ne s'en tient pas à l'apologie de la différence. Visionnaire et prophète, à la suite de Bossuet il lit, sous les stabilités, les accidents ou les séismes de l'Histoire, l'intervention constante de Dieu, le « gouvernement temporel de la providence ». L'infinie variété de circonstances ne se comprend et ne se justifie qu'à la lumière de la Révélation : au début du drame, le péché originel, qui entraîne l'humanité dans la déchéance ; à la fin, la rédemption, nécessaire et sanglante expiation de la première faute. D'où la suite des temps vue comme une cérémonie sacrificielle où les princes, les prêtres et les bourreaux officient ; d'où la Révolution comprise comme une funèbre leçon. Mais les guerres et les supplices sont les douleurs d'un enfantement ; la geste de l'Histoire est gestation, en même temps que théodicée providentielle : par les obéissances (monarchiques et catholiques) comme par les désobéissances (républicaines et rationalistes) se prépare une cité de Dieu, une théocratie hiérarchisée (du pape au peuple, en passant par les rois et la noblesse). Ce surnaturalisme qui révèle une « intelligence platonique, vivant au pur soleil des idées » (selon l'expression de Sainte-Beuve) sépare Maistre de Bonald, théoricien rigoureusement déductif ; il le rapproche, paradoxalement, de Hegel et de Marx, pour lesquels l'homme se révèle et s'accomplit douloureusement dans l'Histoire jusqu'à la conquête d'une heureuse unité. Mais la pensée maistrienne, bien que totaliste, reste tragique ; elle maintient, jusqu'à l'eschatologie, la tension entre une vertigineuse transcendance divine et l'immanence de la providence ; entre l'appel ou la vocation d'une « christocratie » et les sortilèges du mal ; entre les illuminations originelles des traditions et les obscurcissements où s'enfonce le siècle du progrès.

D. Madelénat

MAISTRE Xavier de

(1763-1852)

On ne saurait imaginer contraste plus vif entre deux frères – et entre deux œuvres : le sévère et sarcastique Joseph de Maistre, tout entier voué à la lutte contre-révolutionnaire ; le cadet, Xavier, aimable et nonchalant, grand seigneur dilettante, qui arrache à sa paresse cinq courts récits et, grâce à quelques pages où s'harmonisent l'élégante pureté de l'âge classique et les frémissements sentimentaux du premier romantisme, s'est fait un prénom et un renom.

Le sabre et la plume

Né à Chambéry dix ans après son frère Joseph, Xavier de Maistre, après des études médiocres, entre, en 1781, comme officier dans l'armée sarde, connaît les garnisons solitaires, la bonne société de Turin et, surtout, complète par des lectures variées une instruction anarchique. En 1792, refusant de servir l'occupant français, il suit la retraite des troupes sardes dans le val d'Aoste, puis se réfugie à Lausanne, où il publie en 1795 le *Voyage autour de ma chambre,* œuvre qui respire la nostalgie du pays natal et du bonheur perdu. Privé d'emploi et d'espoir par l'effrondrement du Piémont, il s'engage au service du maréchal russe Souvarov, qu'il accompagne dans sa disgrâce et assiste dans ses derniers instants (1800). Il exerce alors à Moscou le métier de peintre portraitiste, obtient en 1805 la direction de la bibliothèque et du musée de l'Amirauté à Saint-Pétersbourg ; puis, reprenant les armes, il se distingue dans le Caucase et dans les grandes campagnes européennes de 1813-1815, à l'issue desquelles il obtient le grade de général. En 1811, il a publié *le Lépreux de la cité d'Aoste.* En 1813, il a épousé Sophie Zagriatzky, demoiselle d'honneur de l'impératrice, et semble fixé dans sa nouvelle patrie ; mais, après avoir donné, en 1825, trois récits (*les Prisonniers du Caucase, la Jeune Sibérienne, Expédition nocturne autour de ma chambre*), il part pour un long séjour en Italie et en France ; il ne regagne la Russie qu'en 1839. Il meurt à Saint-Pétersbourg en 1852, attristé par les deuils et les révolutions, mais fidèle à ce caractère d'insouciance amusée qui lui avait valu, à dix ans, les surnoms de *pococurante* et de *baban* (« flâneur malicieux », en patois savoyard).

Les armes du conteur

Le *Voyage autour de ma chambre* apparaît d'abord comme un badinage dans le goût du *Voyage sentimental* de Sterne : aux arrêts dans sa chambre pendant plus de quarante jours, l'auteur se livre, à propos de chaque meuble et de chaque bibelot, à d'humoristiques et vagabondes rêveries. Rien, ici, des impudeurs, du cynisme ou des charges caricaturales qui ont fait le succès du romancier anglais ; comme l'a écrit Anatole France, c'est « du Sterne un peu trop innocent. L'on n'est point abeille si l'on n'a point d'aiguillon » ; mais ce pastel délicat, aux couleurs fondues, où l'on glisse de l'euphorie à la mélancolie, traduit, en pleine tourmente révolutionnaire, la tentation de l'évasion imaginaire et la douce utopie de la retraite. L'*Expédition nocturne autour de ma chambre* reprend la même liberté de composition, tout en se dramatisant et en se chargeant de plus d'événements : Stendhal en préférait l'esprit plus vif. En comparant au *Voyage autour de ma chambre* le malicieux mais diffus *Voyage autour de mon jardin* (1845) qu'il a inspiré à Alphonse Karr, on voit ce que la manière de De Maistre a d'impondérable : il n'est pas possible de l'imiter sans en diluer et en affadir le charme.

Le Lépreux de la cité d'Aoste est un dialogue entre un militaire (l'auteur lui-même) et un lépreux reclus près d'Aoste, dans la tour de la Frayeur ; le malheureux, avec naïveté, dit ses souffrances, ses révoltes, mais aussi son apaisement, sa foi en l'éternité. Sur les thèmes tragiques de l'enfermement et de l'exclusion par la déchéance physique, Xavier de Maistre a composé un chef-d'œuvre de suggestion, d'émotion contenue, qui tranche sur les violences et les outrances mélodramatiques dont le romantisme enrobera de tels sujets. Avec la même économie de moyens, *la Jeune Sibérienne* évoque l'héroïsme de Prascovia, qui obtient de l'empereur la grâce de son père injustement condamné et se consume au service de Dieu ; *les Prisonniers du Caucase,* au fil d'une évasion pathétique et fertile en péripéties cruelles, respirent la vie fruste des espaces indomptés : aux antipodes du byronien *Prisonnier du Caucase* (1824) de Pouchkine, ils annoncent les nouvelles que son séjour dans la même région inspirera à Tolstoï.

Le charme attique

« Heureux homme, s'écrie Sainte-Beuve, et à envier, dont l'arbuste attique a fleuri, sans avoir besoin en aucun temps de l'engrais des boues de Lutèce ! » Cette légère et subtile puissance de séduction qu'admiraient Stendhal et Mérimée se prête mal à l'exégèse : « On relit le *Lépreux,* on ne l'analyse pas, on verse une larme, on ne raisonne pas dessus. » Il faut prendre garde, toutefois, que le style de Xavier de Maistre évolue, depuis le maniérisme parfois appuyé, l'anglomanie trop appliquée du *Voyage autour de ma chambre,* jusqu'au réalisme psychologique tout à fait dépouillé des récits russes ; et la simplicité du classicisme maistrien intègre et harmonise mainte complexité d'une époque de transition : la sombre sentimentalité du second XVIIIe siècle (de la *Julie* de Rousseau au *Jacopo Ortis* de Foscolo en passant par *Werther*), le goût du pittoresque et de l'exotisme, la quête d'un romanesque moins conventionnel et plus vraisemblable (on pense à *Caliste* de Mme de Charrière, aux nouvelles de Mme de Souza, à *Adolphe* de Benjamin Constant...). Le thème unique des contes est déjà romantique : évasion, délivrance et salut, par les pouvoirs magiques de l'imagination dans le *Voyage* et l'*Expédition,* par l'énergie véhémente de grandes âmes dans *les Prisonniers,* par le dévouement, l'abnégation et la foi dans le *Lépreux* et *la Jeune Sibérienne* ; ces lieux clos et oppressants prendront bientôt les figures de la prison, de l'enfer, des grottes ou des abîmes souterrains : ils restent ici simplement suggérés. Mais « le naïf, le sensible et le charmant », « la délicatesse du trait », « un certain ton humain et pieux », qui caractérisent, selon Sainte-Beuve, le talent de l'auteur savoyard, s'en approfondissent d'harmoniques plus inquiétants. Les paroles d'espérance qui ont triomphé du désespoir n'en gardent pas moins une secrète angoisse, une palpitation qui animent les mots les plus limpides, les récits les plus calmes.

D. Madelénat

Mal du siècle *v.* Romantisme

MALEBRANCHE Nicolas de

(1638-1715)

Philosophe, né à Paris. Fils d'un secrétaire du roi, Nicolas de Malebranche reçut au collège de la Marche et à la Sorbonne un enseignement de type scolastique. En 1660, il entra à l'Oratoire, qui, dans la tradition de Bérulle, associait apostolat et liberté d'esprit. Passant auprès de ses maîtres pour « médiocre, boutif [qui agit par boutades] et pieux », Malebranche fut ordonné prêtre en 1664, année où il découvrit chez un libraire le traité de *l'Homme* de Descartes : ce fut pour lui une illumination. Le « mécanisme », en effet, lui fournit un langage capable de véhiculer jusqu'au « bel esprit » le message chrétien. Son premier ouvrage, *De la recherche de la vérité* (1674), pénétré de cartésianisme, remporta un vif succès, faisant naître des polémiques, auxquelles répondirent des *Éclaircissements* qui furent intégrés aux éditions ultérieures. Désormais, écrivain prolifique, l'oratorien se jeta dans la mêlée scientifique (il travaillera aux applications du calcul infinitésimal), philosophique et religieuse, se heurtant à Antoine Arnauld, à Fénelon, puis à Bossuet, avec son *Traité de la nature et de la grâce* (1680), consacré notamment à la critique des miracles ; enfin aux jésuites, à la suite de son *Entretien d'un philosophe chrétien et d'un philosophe chinois sur l'existence de Dieu* (1708).

À l'inverse de Descartes, Malebranche affirme que « la religion est la vraie philosophie », celle-ci demeurant la « servante » de celle-là (*Traité de morale,* 1684). D'où un discours rationnel articulé sur de constantes références aux Écritures et aux Pères. Partant du *cogito* cartésien, Malebranche fait sienne la doctrine de la séparation des substances, mais il nie la possibilité de toute communication entre elles. S'appuyant sur l'autorité de saint Augustin, il estime que nos idées sont en Dieu, où nous les voyons (théorie de la « vision en Dieu »). Ainsi des corps matériels nous saisissons l'essence dans l'« étendue intelligible » qui représente, en Lui, leur archétype. Et Il nous instruit de leurs qualités par des « modifications » de l'âme, sentiments fort utiles à la conservation de notre corps. Conséquence : le monde matériel, insaisissable par observation directe, est « invisible en lui-même » (*Entretiens sur la métaphysique et la religion,* 1688). D'où la question de son statut ontologique, qu'aucune preuve rationnelle, estime l'oratorien, ne saurait régler. Il se tourne alors vers la Révélation, seule garante de l'existence d'un monde dont la Genèse rapporte la création.

Hétérogénéité des substances, donc impuissance de la substance spirituelle et de la substance corporelle à agir l'une sur l'autre : l'âme ne peut pas plus remuer le corps que le corps émouvoir l'âme. Élargissant un débat familier à ses contemporains (Cordemoy), Malebranche met en question la causalité dans son ensemble et formule la doctrine de l'« occasionnalisme » : Dieu est la seule cause de tous les mouvements, l'antécédent n'étant jamais que l'« occasion » d'une action divine produisant le conséquent. Mais cette réduction, qui annonce, du côté de la science, la prédominance moderne des lois relationnelles, a, du côté moral, pour les contemporains de Malebranche, des prolongements inattendus : unique efficace, Dieu « fait tomber les ruines d'une maison sur le juste qui va secourir un misérable aussi bien que sur le scélérat qui va égorger un homme de bien... » Mais Malebranche appartient à la génération de Spinoza et de Bossuet, qui prétendent déchiffrer les raisons de la conduite divine dans la totalité du monde ou de l'histoire. Il tient ainsi pour « évident » que Dieu « ne peut agir que pour Lui-même » ; « infiniment parfait, Il s'aime infiniment » et ne cherche que Sa gloire. Gloire ternie, semblerait-il, par un égoïsme qui laisse subsister monstres, injustices, souffrances. Mais, en cette fin de siècle, on s'émerveille tant qu'une formule unique (Newton a généralisé les lois de Galilée en 1687) puisse engendrer un monde divers et ordonné, qu'aux yeux de Malebranche la constance, la fécondité et la « simplicité des voies » choisies par Dieu pour régler l'univers suffisent à proclamer Sa gloire. Peu importent quelques effets fâcheux, pour l'homme, de lois aussi dignes de la sagesse divine.

La Création néanmoins resterait un chef-d'œuvre profane si Dieu ne le sanctifiait pas. Malheur pour l'homme, la Chute, à y bien réfléchir, fait l'affaire de Dieu. Avec l'Incarnation, séquelle du péché, Il trouve le « secret » d'unir « une Personne divine aux deux substances », faisant ainsi briller Son ouvrage d'un « éclat infini ». L'Incarnation serait même le dessein majeur de Dieu, la clef de Sa conduite. En revanche, l'homme se trouve écartelé entre un monde divinisé et le modèle chrétien du Fils, c'est-à-dire du corps crucifié. Longue exhortation à mortifier le corps, le *Traité de morale* enseigne que Dieu « a voulu nous donner comme à Son fils une victime que nous puissions Lui offrir », la principale fonction de la sensibilité étant de conserver en vie le malheureux souffre-douleur.

La première partie du XVIIe siècle proposait à travers l'amour un idéal de noblesse et de générosité. Plus tard, les moralistes, tel La Rochefoucauld, insisteront sur le côté possessif et égoïste de ce sentiment : ce que Paul Bénichou appelle la « démolition du héros ». Involontairement, Malebranche a travaillé à la démolition de Dieu : le Tout-Puissant symbolise cette forme dégradée et intéressée de l'amour, aimant pour être aimé, usant de stratagèmes pour se procurer des victimes dont le mérite est proportionné aux souffrances endurées. Sade n'est pas loin. En se plaçant du point de vue de Dieu, l'oratorien n'a-t-il pas compromis Celui auquel il voulait ramener le « bel esprit » ? N'a-t-il pas divinisé une aveugle nature ? Cela expliquerait la faveur dont il jouit au siècle des Lumières quand le cartésianisme est décrié de toutes parts.

M.-A. de Beaumarchais

MALET Léo

Pseudonyme de **Léon MALET** *(1909-1996)*

Poète et romancier, né à Montpellier. Orphelin très tôt, il est élevé par un grand-père ouvrier qui le pousse à lire. Il est rapidement attiré par l'écriture puis par l'anarchie et à seize ans monte à Paris, où, pour vivre, il va tâter d'une multitude de petits métiers et côtoyer ainsi une humanité hétéroclite et pittoresque qu'il utilisera dans ses romans. Vers 1930, il découvre le surréalisme et rencontre Breton. Intégré dans le groupe surréaliste, il participera à toutes ses activités jusqu'à la guerre. De cette période, il faut retenir d'une part ses inventions plastiques (le « décollage » d'affiches et les « objets reflets », évoqués dans son poème « Miroir »), et une œuvre poétique trop peu connue : *Ne pas voir plus loin que le bout de son sexe* (1936), *J'arbre comme cadavre* (1937), *Vie et survie du vampire* (1939), *Hurle à la vie* (1940), *le Frère de Lacenaire* (1943) et autres textes rassemblés pour la première fois en 1975.

Textes automatiques, poèmes en vers ou en prose, parfois aussi brefs que des *haïkaï*, servent de tremplin à une plongée dans un univers nostalgique et angoissé, traversé d'éclats libertaires et empli d'un érotisme fantasmatique, nocturne et désolé. Les thèmes récurrents du vampire, de la nécrophilie, des sous-vêtements féminins ou du *sex-appeal* des actrices, du meurtre et de l'asphyxie sous-tendent l'idée d'un désir inassouvi et impossible, qui ne peut que se dissoudre dans le sommeil ou dans la tentation doucereuse de la mort. Cette œuvre poétique, quoique mince, forme un ensemble lyrique et simple, d'une délicatesse troublante.

En 1941, on lui propose d'écrire des romans policiers « américains », sous pseudonyme, la France étant privée alors de ce genre en vogue. Devant le succès, Malet décide d'écrire un roman policier français, signé de son nom, mais qui resterait plus proche de Dashiell Hammett que de Gaston Leroux. Ce sera *120, rue de la Gare* (1943), œuvre qui lance le détective privé Nestor Burma, « l'homme qui met le mystère K.O. ». Lâché par les surréalistes et considérant lui-même son activité inconciliable avec leurs objectifs artistiques, il ne créera pratiquement plus de poèmes après la guerre, se consacrant à l'élaboration de romans policiers : 55 environ de 1941 à 1972, dont 29 consacrés à Burma, les meilleurs, avec *Trilogie noire* (qui regroupe *La vie est dégueulasse*, 1948 ; *Le soleil n'est pas pour nous*, 1949 ; *Sueur aux tripes*, 1969), et quelques nouvelles.

C'est peu de dire que Malet a adapté au français l'atmosphère des romans noirs américains (*hard-boiled novels*) – Marcel Duhamel n'inventera la « Série noire » qu'en 1945 –, il a surtout réussi à créer une forme originale, née de sa vie et de ses engagements, carrefour du roman populaire du XIXe, du roman noir et du surréalisme. Du premier, Malet a conservé ce goût des écheveaux embrouillés mais cohérents d'où toute désinvolture vis-à-vis du lecteur est absente, si chers à Féval et à Zévaco. Quant aux enquêtes de Burma, elles procèdent bien du surréalisme parce que conduites moins par un rationalisme glacé, celui du roman policier « scientifique », que par une plongée dans l'inconscient (Burma reçoit force coups sur la tête et rêve beaucoup), par un abandon à cet automatisme qui ouvre aux rencontres du hasard et dirige son action. Comment s'étonner alors de son amour pour Paris, ses ruelles et ses passages ouverts sur le quotidien et le mystérieux où il se révèle, comme Nadja, « à portée d'interrogation des êtres » ? Ainsi Burma s'affirme-t-il comme noyau vital de tous les événements et de tous les signes puisqu'en même temps il les attire, les rassemble dans l'histoire et leur donne vie par son discours. Il s'avère donc quasi impossible de découvrir, hors Burma, le ou les coupables, malgré la logique de l'intrigue. Cette rupture discrète et pourtant profonde avec le roman-problème est encore accentuée par la narration à la première personne, extérieure et descriptive, par une utilisation sans tapage de l'argot et par le sens de l'âpreté de la vie. Le vrai mystère, caché sous la désinvolture, devient celui du rouge et du noir, de l'amour et de la mort, non du meurtre. Les cadavres sur lesquels bute Burma sont aussi les signes d'une énigme hors de sa portée tandis que l'érotisme, fortement teinté de fétichisme, fait la part belle à tout ce qui dévoile partiellement mais cache l'essentiel. Rien d'emphatique, d'insistant dans cette anxiété distillée, au rebours de nombre de *thrillers*, mais la sourde plainte des hommes aux prises avec un monde dur, celui des années 1930 à 1950, éclairé spasmodiquement par le désir, et qui rejoint par là son œuvre poétique. Il faut suivre Burma dans *les Nouveaux Mystères de Paris* (1954-1959, 15 vol.), hommage empreint d'humour à une ville pleine de « souvenirs sanglants, voluptueux et sordides ».

T. Prieur

MALHERBE François de

(vers 1555-1628)

Malherbe est méconnu : « Quand j'ai eu l'idée de proposer une monographie sur lui, [...] on a commencé par m'objecter qu'il n'était pas assez célèbre » (Francis Ponge). Malherbe est méprisé : « Ce n'est pas un poète, mais un versificateur... Il n'est pas question de l'admirer » (Brunetière). L'éloge de Boileau lui a beaucoup nui ; les romantiques ont critiqué et raillé sa poésie. Malherbe est loin de nous. Pourtant, en imposant au travail poétique une discipline fondée sur la clarté et la logique, il transmet à la langue française ce qui, dans l'héritage humaniste, va permettre l'épanouissement de l'époque classique. Malherbe est plus soucieux sans doute de fixer les formes poétiques que d'innover par ses trouvailles : mais, prêtant sa voix à une nation française préoccupée de paix et d'unité, dans la rigueur même de sa poésie oratoire, il atteint au grand lyrisme.

Un commandeur ès lettres

Caen, Aix et Paris sont les villes étapes de la carrière assez tardive de ce petit noble, peu fortuné, mais qui s'imposa comme premier poète à la Cour par sa fierté et sa force de caractère.

Fils aîné d'un conseiller au présidial de Caen, de la même génération que Bertaut et Du Perron, il reçoit une solide instruction (complétée dans les universités de Bâle et de Heidelberg) et participe aux exercices poétiques des professeurs et magistrats (tels Charles de Bourgueville, Vauquelin de La Fresnaye, Jean Rouxel) qui animent la vie intellectuelle de Caen, foyer humaniste de vieille tradition. *Les Larmes sur la mort de Geneviève Rouxel,* élégie à rimes plates qu'il composa en 1575 mais ne publia jamais, rendent hommage à la fille de l'universitaire normand. En 1577, rejetant la carrière et le protestantisme de son père, il va à Aix se mettre au service du gouverneur de la Provence, Henri d'Angoulême, qui s'entoure de gentilshommes poètes (La Ceppède, César de Nostredame, S.G. de La Roque) et de magistrats humanistes – Madeleine de Coriolis, jeune veuve que Malherbe épousera en 1581, est la fille d'un de ces derniers. De cette époque datent *Aux ombres de Damon* (première des *Consolations*), *la Victoire de la constance* et, dédiées à Henri III, *les Larmes de saint Pierre* : l'esprit de la Contre-Réforme imprègne ces soixante-dix stances, imitées de Tansillo, qui charrient images et hyperboles dans une profusion baroque que reniera bientôt leur auteur. Les menées de la Ligue en Provence, le double assassinat de son protecteur et d'Henri III ramènent Malherbe à Caen (1586-1595), où il est élu échevin. Il écrit alors la *Consolation à Cléophon,* première version de la *Consolation à M. du Périer* (1598-1599) : la logique du poème, la densité du style témoignent déjà d'une maîtrise que confirment les corrections qu'il apporte à la *Sophonisbe* de Montchrestien ; dès 1600, sa doctrine semble fixée. Revenu à Aix (1595-1605), il compose ses premières grandes odes, célébrant la prise de Marseille par Guise (*Au roy Henry le Grand...,* 1596) ; il devient l'ami du président du parlement de Provence, Guillaume du Vair, et du juriste érudit Peiresc. Il prend place peu à peu dans les recueils collectifs (Rouen, 1597 ; Paris, 1598).

La notoriété vient avec l'*Ode de bienvenue* à la reine Marie de Médicis (1600) ; Du Perron fait son éloge au roi et, en 1605, Malherbe se rend à Paris ; pris en charge par le garde des Sceaux (*Ode à Bellegarde,* 1608), il va assumer jusqu'à sa mort les tâches d'un poète de cour. Il fait l'éloge des grands : Henri IV (*Au feu roy, sur l'heureux succez du voyage de Sedan,* 1606) ; Marie de Médicis (*À la reine, sur les heureux succez de sa régence,* 1610) ; Louis XIII (*Pour le roy allant chastier la rébellion des Rochelois,* 1627). Il prête sa plume aux amours du roi (« O beauté non pareille,/Ma chère merveille », 1610), collabore aux carrousels et ballets. Profitant du retrait de Bertaut et de Du Perron et ridiculisant le vieux Desportes par un commentaire impitoyable, il s'assure rapidement le premier rang à la Cour et dans les recueils collectifs. Le recueil de 1627 indique que « ces pièces sont sorties de M. de Malherbe et de ceux qu'il avoue pour ses écoliers » : autorité en matière de grammaire et de style, il instruit chez lui ses disciples, tels Racan et Mainard. *L'Académie de l'art poétique* (1610) de Deimier reflète sa doctrine et atteste son succès. Mais la rigueur croissante de cette doctrine restreint sa production et le pousse vers la prose (*Lettre de consolation à la princesse de Conti,* 1614) et vers la traduction (livre XXXIII de l'*Histoire de Rome* de Tite-Live, 1616). La régence marque son apogée : admis dans les Hôtels de Guise, de Condé, il est le favori de la reine ; néanmoins sa fortune n'est jamais assurée, et il sollicitera toujours des pensions.

La fin de sa vie est assombrie par la mort de son fils Marc-Antoine (ce dernier, condamné pour meurtre dans un premier duel en 1624, périt dans un second en 1627). Malherbe crie vengeance, supplie vainement le roi ; son amertume transparaît dans la *Paraphrase du Psaume CXLV* (« N'espérons plus mon âme... »). Il mourra d'épuisement l'année suivante, à soixante-treize ans.

Fier, tenace, énergique jusqu'à la brutalité, Malherbe a les qualités et les défauts d'un chef d'école. Ami fidèle, père et époux soucieux de ses devoirs (la mort de sa fille Jourdaine, en 1599, le frappe durement), il est pragmatique, et sa vision de l'amour est teintée d'épicurisme (*Dessein de quitter une dame qui ne le contentait que de promesses)* ; mais le stoïcisme domine dans les *Consolations.* Conformiste en religion, flatteur envers les puissants, Malherbe n'en est pas moins un patriote fervent, très attaché à la paix. Ses goûts, sa curiosité intellectuelle sont plus étroits que ceux de Ronsard, mais il met toute son énergie à formuler une doctrine poétique et à l'illustrer par son œuvre.

« Un docteur en langue vulgaire » (Balzac)

Avant Richelieu et l'Académie française, Malherbe est le législateur des lettres ; il inaugure le « siècle des règles ». Mais en vain cherchons-nous dans son œuvre une grammaire ou un art poétique : à l'exemple de Montaigne, il forge sa doctrine en marge des textes qu'il lit ou écrit (Racine fera de même). Trois pièces donc au dossier : un récit de Racan (*Mémoires pour la vie de M. de Malherbe*), propos relevés sous forme de boutades ; sur un exemplaire de Desportes, des annotations critiques dont la rigueur et la cohérence ont été mises en valeur par Ferdinand Brunot ; enfin la sélection (toujours plus sévère) des pièces jugées dignes de figurer dans des recueils.

La doctrine ne concerne pas la seule poésie, mais tout le domaine de l'éloquence. C'est pourquoi la doctrine – essentiellement éthique – de Du Vair, réformateur érudit de la prose du Palais, trouve sa correspondance esthétique chez Malherbe : sur les conseils du magistrat, le poète traduit Sénèque et Tite-Live avec le souci d'adapter le texte français aux bienséances et au goût du temps et, en conférant au langage vigueur, dignité et beauté, de contribuer au progrès de la prose française. Malherbe est un classique au sens que donnera à ce terme Paul Valéry : « Classique est l'écrivain qui porte un critique en lui-même et qui l'associe intimement à ses travaux. [...] Tout classicisme suppose un romantisme antérieur. [...] L'essence du classicisme est de venir après » (*Variété II,* « Situation de Baudelaire »). La doctrine malherbienne s'édifie sur le constat de l'échec de la Pléiade. L'État monarchique, l'Église de la Contre-Réforme ont affermi leur pouvoir sur les personnes et sur les esprits : le poète n'est pas plus roi que prophète : contre la doctrine de l'inspiration enthousiaste est prôné un esprit d'artisanat méthodique. Ronsard raillait l'« ignorant versificateur », attaché, selon Régnier, à « proser de la rime et rimer de la prose ». Or

Malherbe s'est voulu tel : « On dira que nous avons été deux excellents arrangeurs de syllabes [...]. Un bon poète n'est pas plus utile à l'État qu'un bon joueur de quilles » (récit de Racan). Malherbe « désaffuble la poésie » (Ponge), dont la grandeur n'est plus mystique mais historique : elle seule peut assurer les grands de la postérité (« ce que Malherbe écrit dure éternellement »). En cela, il participe au mouvement de cohésion nationale qui se forme autour d'Henri IV et s'affermit sous Richelieu.

Malherbe est aussi un Moderne, soucieux de libérer langue et poésie de toute tutelle antique ou étrangère : rejet nuancé, car il recourt, en érudit subtil, aux légendes et figures mythologiques. Mais il est guidé par un souci de correction et de pureté linguistiques qu'il partage, en accord avec l'évolution littéraire et philosophique du temps, avec les deux élites du royaume : les magistrats érudits (L'Hôpital, Pibrac, de Thou, Harlay), la noblesse formée par les jésuites. L'époque était propice : la société, dégoûtée de l'esprit d'aventure – y compris dans le domaine littéraire – était « prête en un mot à l'esclavage pourvu qu'on lui rendît le repos avec des distractions élégantes » (F. Brunot).

La révolution qu'il propose est d'ordre rhétorique : l'invention cède le pas à la disposition et à l'élocution. L'inspiration ne livre qu'un matériau (« les belles feuilles toujours vertes ») ; « en faire des couronnes » *(Ode à la reine)* nécessite une technique : développement ordonné, élégance et justesse des termes. La doctrine de Malherbe est un stoïcisme littéraire qui, par un effort ascétique contre la « poltennerie », entend discipliner la création. Le premier effort porte sur la langue : Malherbe rejette l'aristocratisme de la Pléiade, fait de l'usage – celui de la Cour, mais aussi celui de la Ville – la règle ; une poésie nationale doit être comprise des « crocheteurs » : non pas vulgaire, mais simple. D'où la suppression des archaïsmes, néologismes, provincialismes (*mais* remplace *ains*, *consommé* devient *consumé*) ; le refus des omissions de l'article, du pronom sujet ; la précision des termes ; l'adoption d'un ordre « naturel » des mots, évitant l'anacoluthe et les ambiguïtés. L'effort porte aussi sur le style : images brèves et motivées (évitant la « bourre ») ; sur la distinction du propre et du figuré, négligée par Desportes ; sur le refus de l'hermétisme mythologique et le respect des bienséances. Un dernier effort porte enfin sur la versification, où la difficulté devient principe heuristique : « Il s'étudiait fort à chercher des rimes rares et stériles, sur la créance qu'il avait qu'elles lui faisaient produire quelques nouvelles pensées » (Racan). En prosodie aussi, la rigueur est à l'ordre du jour : refus du hiatus visuel et phonique (il y a), d'où le rejet des cacophonies, comme le « parablamafla » reproché à Vauquelin des Yveteaux (« comparable à ma flamme »). Pour le rythme, Malherbe préconise la stricte réglementation des pauses (au troisième vers pour le sizain), le refus des enjambements, l'exigence d'une césure nette (refus des rimes intérieures et des vers léonins). À la rime enfin, refus des rimes plates et refus de l'identité lexicale ou grammaticale des termes (les noms propres, le simple, le composé, les mots de même suffixe, tels *pire* et *empire*). Le primat accordé à la logique apparente la poésie à un art du discours : à une expression précise correspond une syntaxe rigoureuse, dont la strophe est le cadre général et le vers l'unité sémantique de base (reproche fait par Malherbe à Desportes : « le premier vers achève son sens à la moitié du second »). Les particules logiques doivent exhiber les articulations d'une pensée dont les mouvements (objections, réfutations, interrogations) sont nettement soulignés.

Toutes ces règles, dans leur ensemble, s'imposent rapidement et, dès 1630, sont admises même des poètes peu favorables à Malherbe.

« Un monument qui résonne »

L'édifice est harmonieux, poli par le travail d'une vie, mais ne peut abolir tout vestige du passé – l'esthétique baroque des premières œuvres par exemple, telle qu'elle s'exprime dans l'image morbide d'une belle au tombeau : « Ce tout pudique sein, cette main blanchissante/Flétrissent maintenant au sépulchre, serrez » *(les Larmes sur la mort de Geneviève Rouxel)* ; en 1610, la maladie d'amour sera évoquée par un squelette et par une peau semblable pour la couleur à une violette desséchée (*Sur le même sujet, Stances*). Quant aux adjectifs composés, ils fleurent bon la Pléiade : « La cruelle ennemie, au long crin couleuvreux,/Sur la rive du Styx, d'un flambeau noir fumeux » (*les Larmes*...). En 1627, l'éloge de Richelieu sous les traits de Tiphys, le nautonier des Argonautes, est un trait érudit digne d'un Ronsard. Ailleurs, le ton âpre et douloureux, les thèmes galants, la généralité de l'expression sont autant d'emprunts respectifs à Bertaut, à Desportes et à Du Perron. Pourtant l'œuvre tend vers son unité ; peu à peu l'effort porte ses fruits, l'harmonie s'instaure et règne au travers des trois genres dans lesquels Malherbe s'est illustré : la poésie officielle, la poésie amoureuse, la poésie religieuse.

Quel qu'en soit le registre, cette poésie a une ambition : la grandeur. Le ton, le style et les thèmes convergent pour produire une commune impression de dignité, réalisée en premier lieu par un mouvement de généralisation et d'abstraction qui confère à l'événement (exploit guerrier ou mort d'un être) sa valeur intemporelle ; ainsi de la victoire du roi sur le duc de Bouillon en révolte : « O Dieu, dont les bontez, de nos larmes touchées,/Ont aux vaines fureurs les armes arrachées » (*Prière pour le roy*, 1605). L'événement, ainsi réduit à son essence (« vaines fureurs »), révèle une vertu royale, l'invincibilité du monarque « où que [ses] bannières aillent »...

L'usage métaphorique, proche du symbole, de la mythologie, confère noblesse antique et dignité culturelle : Sedan est une nouvelle Troie (*Au feu roy*...). L'intervention de personnages mythologiques donne à l'action une grandeur épique ; ainsi Neptune et ses Tritons aident-ils le roi contre les Rochelais (*Pour le roy*...). La parole malherbienne a la solennité du lyrisme collectif, prêtant voix à la Nation qui apostrophe son roi ou s'adresse à Dieu :

Nos paroles sont ouyes
Tout est réconcilié,
Nos peurs sont évanouyes
Sedan s'est humilié.

(*Au feu roy*)

Exaltant l'idéal de paix et de prospérité, la poésie de Malherbe coïncide avec les aspirations nationales et la politique royale ; d'où l'annonce répétée d'un âge d'or à venir : « Que vivre au siècle de Marie/Sans mensonge et sans flatterie,/Sera vivre au siècle doré » (*À la reine,* 1610), tandis que des arguments stoïciens donnent leur solennité aux paroles de résignation et d'effort : « Croy moy, ton deuil a trop duré » (*Consolation au premier président*), car le magistrat est rappelé à ses devoirs : « Aime ton prince [...]/Il faut que ton labeur accompagne le sien ». L'effort réclamé vise à rétablir une vie normale dans laquelle un deuil trop prolongé apporterait un désordre. Cette angoisse du trouble marque également les odes et les poésies amoureuses ; en tout lieu, la paix est désirée : « Au repos où je suis, tout ce qui me travaille,/C'est le doute que j'ay qu'un malheur ne m'assaille » (*Victoire de la constance*).

La menace de troubles appelle la lutte, la paix est une conquête ; la poésie de Malherbe est animée par une dynamique vigoureuse, et soutenue par une poétique de la tension. Cette poésie oratoire possède les fermes articulations du discours ; elle en emprunte la forme (cf. le discours des paladins dans *Pour les pairs de France*), l'aspect didactique :

Les dieux, longs à se résoudre
Ont fait un coup de leur foudre
Qui montre aux ambitieux
Que les fureurs de la terre
Ne sont que paille et que verre
À la colère des cieux.

(*Psaume CXXVIII*)

Elle en prend aussi les figures. Pour la clarté et la vigueur, l'antithèse est ici la figure clé. Témoin cette confrontation du dieu infernal aux Olympiens : « Pluton est dénué d'oreilles et d'yeux ». Quant à l'hyperbole, forte par sa densité même, toute tendue vers l'éloge, elle exprime l'essence suprême des êtres : « O toute parfaite princesse/L'étonnement de l'univers » (*À la reine,* 1600).

La vigueur rythmique vient appuyer la rigueur démonstrative : l'élan initial (« Donq un nouveau labeur à tes armes s'appreste ») est suivi d'élans de reprise : « Marche, va les détruire ; esteins-en la semence » (*Pour le roy...*). À cette scansion vient s'ajouter, pour certains poèmes, la contrainte musicale (adaptations de Boësset et Guédron) : doivent alors coïncider le rythme de la strophe et du vers, et celui de la mélodie ; d'où de nouvelles exigences de régularité et de symétrie :

Houlete de Louys, Houlete de Marie,
Dont le fatal appuy met nostre bergerie
Hors du pouvoir des loups.

(*Récit d'un berger*)

On constate ici le double jeu des termes répétés et du retour de l'hexasyllabe, la présence d'un refrain prosodique et lexical. Mais l'inspiration pastorale s'exprime aussi, parfois, en des vers impairs de cinq ou neuf syllabes : « Sus debout la merveille des belles » (*Chanson*). Malherbe joue en expert des rythmes et des vers mêlés ; et ces chansons laissent parfois place à une fraîcheur florale, à une tonalité mineure inattendue :

Et, couchez sur les fleurs comme estoilles semées,
Rendre en si doux ébat les heures consommées,
Que les soleils nous seroient cours.

(*Aux ombres de Damon*)

Une certaine idée de la poésie

La doctrine l'emporte-t-elle sur l'œuvre ? Dans son souci d'illustrer sa doctrine, Malherbe a-t-il sacrifié sa poésie ? Quatre mille vers tissés de lieux communs : « un beau bouillon d'eau claire », affirment Mlle de Gournay et, à sa suite, Régnier, Berthelot, Motin... Mais c'est précisément l'idée de poésie qui oppose Malherbe à Ronsard, au sens où Valéry oppose le classique au romantique. Face à certaines logorrhées poétiques (à vingt ans, le poète La Ceppède avait déjà produit 30 000 vers), Malherbe prône ordre et patience. Au-delà du classicisme historique, il incarne une tentation permanente de la poésie française : la séduction de la perfection formelle ; d'où l'hommage de Chénier, de Baudelaire, de Valéry, de Ponge enfin. Il serait profondément injuste d'écrire qu'il ne fait que tendre vers cette perfection ; il l'atteint, moins peut-être à l'échelle d'une pièce entière qu'à celle d'une strophe ou d'un groupe de vers. Ce fou de la raison a sa grandeur : on ne peut « faire bon marché de son éclat et de sa violence, de sa haute tenue, de sa plénitude formelle et de sa parfaite architecture » (Arland). [Voir aussi **Classicisme**.]

G. Declercq

Mallarmé

MALLARMÉ Stéphane

*Pseudonyme d'**Étienne MALLARMÉ** (1842-1898)*

L'œuvre de Mallarmé représente l'apogée d'une certaine évolution des principes et des formes littéraires du XIXe siècle : celle qui, commençant en plein romantisme avec le Hugo des années 1830, continue avec la tendance surnaturaliste et l'imagination chez Baudelaire, pour aboutir à la rupture mallarméenne entre l'existence littéraire et le social, entre l'écriture poétique et le monde référentiel. Cette rupture est vécue existentiellement d'abord, métaphysiquement par la suite, résolue enfin dans l'élaboration lente d'une esthétique selon laquelle l'œuvre poétique constitue la forme suprême du sens du monde. En cette fin du siècle, Mallarmé est le seul à avoir formulé en clair une telle sacralisation de la littérature et à en avoir tiré les conséquences pour la poésie, quitte à risquer la mort de celle-ci, tant par le caractère hermétique de ses propres poèmes que par la postulation radicale impliquée dans les idées esthétiques sous-jacentes. Sa visée poétique pouvait avoir, aux yeux des contemporains, quelque chose d'obscur et d'abstrait (lui-même était d'une « aristocratique réserve », notait Charles Morice). Mais l'idée que « tout, au monde, existe pour aboutir à un livre » nous rappelle simplement que le sens du monde passe par l'interprétation artistique : « Quel génie pour être un poète ! quel foudre d'instinct renfermer, simplement la vie, vierge, en sa synthèse et loin illuminant tout ! » D'avoir vu ce principe clairement, c'est là le secret de Mallarmé.

L'existence littéraire

« L'existence littéraire [...] a-t-elle lieu, avec le monde ; que comme inconvénient », se demande Mallarmé parvenu au sommet de la gloire... littéraire. La question révèle l'hésitation du poète devant les faits sociaux, son « manquement social ». On peut, dans le cas de Mallarmé, parler d'une véritable existence littéraire, celle-ci étant la seule digne d'être retenue. « Pour moi, précise-t-il, le cas d'un poète, en cette société qui ne lui permet pas de vivre, c'est le cas d'un homme qui s'isole pour sculpter son propre tombeau ». Dès lors, la création poétique devient un acte exclusif, et « qui l'accomplit, intégralement, se retranche ». Dans son existence, Mallarmé, professeur d'anglais dans les lycées, a des raisons concrètes pour exempter sa vocation littéraire de devoirs sociaux accablants ; il peut prétendre vivre « antérieurement selon un pacte avec la Beauté ». Or, cette attitude, comme il sera démontré par la suite, provoque une rupture plus radicale encore entre le monde et la littérature, littérature dont Mallarmé peut dire qu'elle existe seule, « à l'exception de tout ».

Cela dit, il faut retenir de la vie de Mallarmé certains faits non négligeables pour son travail d'écrivain. À son « gagne-pain », aux cours d'anglais, il ne réserve que deux lignes dans son « Autobiographie » envoyée à Verlaine en 1885 ; « le misérable collège » qui dévore son temps de 1863 à 1893 ne lui cause que des ennuis, d'autant plus qu'il n'est pas bon pédagogue, qu'il arrive à ses inspecteurs de se demander « si l'on n'est pas en présence d'un malade », et que ce gagne-pain ne lui assure qu'un niveau de vie fort médiocre.

Mallarmé, ayant perdu sa mère dès l'âge de cinq ans, en 1847, a encore la douleur de voir mourir sa sœur en 1857. Son père, simple fonctionnaire de l'État, meurt en 1863, et Mallarmé se marie quatre mois après, l'année même où il passe le certificat d'aptitude à l'enseignement de l'anglais et obtient un poste à Tournon. Ensuite, c'est le lycée de Besançon, celui d'Avignon, et enfin Paris, après la Commune, en 1871. Si la vie de province, d'après la correspondance de Mallarmé, semble être une longue épreuve, elle lui donne pourtant l'occasion de lier amitié avec des poètes tels que Théodore Aubanel et Frédéric Mistral et d'échanger une longue série de lettres avec d'anciens amis tels que Cazalis et Lefébure, lettres confidentielles et très révélatrices en ce qui concerne l'évolution du poète, qui traverse justement, à Tournon et à Besançon, une longue crise d'abord métaphysique, ensuite poétique. C'est au cours des années 1860 que Mallarmé commence à publier ses poèmes, dans *le Parnasse contemporain,* où paraissent « les Fenêtres », « Soupir », « l'Azur » et d'autres, qui lui assurent une première notoriété de poète. D'autres sont commencés, tels qu'*Hérodiade* et *le Faune,* alors que le fragment en prose d'*Igitur* nous révèle le drame métaphysique du hasard et de l'absolu qui devait jouer un rôle déterminant pour l'œuvre à venir.

Les années 1870 sont marquées par la publication de quelques ouvrages qui semblent annoncer un Mallarmé moins épris d'absolu poétique. *La Dernière Mode,* huit livraisons d'une revue mondaine qu'il rédige pratiquement seul (1874), est une première – et dernière – tentative pour entrer en contact avec le public, au demeurant fort restreint, puisqu'il s'agissait de la classe privilégiée de l'aristocratie ou de la haute bourgeoisie. *Les Mots anglais* (1878), « petite philologie à l'usage des Classes et du Monde », sont composés dans un dessein utilitaire, mais témoignent de l'intérêt du professeur d'anglais pour le rapport poétique entre la forme et le sens des mots. Beaucoup d'écrivains ont réfléchi sur ce rapport, tous s'efforçant de le fonder sur l'idée d'une correspondance nécessaire entre la forme et le fond. De cette série de réflexions, Mallarmé tirera profit, sans doute, pour ses traductions des *Poèmes d'Edgar Poe,* dont quelques-unes paraissent en 1872 et 1877 avant d'être réunies en volume en 1888. En tout cas, le travail du traducteur et du philologue (Mallarmé projette, en 1869, d'écrire une thèse sur la langue) annonce celui du théoricien d'esthétique qui domine les années 1880 et 1890, où – tant par écrit qu'oralement, à ses fameux « mardis » qui rassembleront nombre des poètes contemporains dans le petit appartement des Mallarmé, 89, rue de Rome – le poète, devenu le « maître » des symbolistes, communiquera à ceux-ci sa conception de la poésie. L'exclusivité qui imprègne *la Dernière Mode, les Poèmes d'Edgar Poe* ainsi que *l'Après-midi d'un faune* (1876, tiré à très peu d'exemplaires, et que Manet a illustré), témoigne d'un effort pour distinguer l'œuvre esthétique de « l'emploi élémentaire du discours », lequel cherche simplement à assurer les échanges de pensée. Rehaussant ainsi l'existence littéraire proprement dite, seule capable de « produire sur beaucoup un mouvement qui te donne en retour l'émoi que tu en fus le principe », Mallarmé répudie le journalisme « avec l'immunité du résultat nul ». Pourtant, point n'est besoin de le juger avec la véhémence d'un Sartre (dans « l'Engagement de Mallarmé », essai non terminé publié par la revue *Obliques*), qui accuse les poètes de se faire « une fois de plus les agents de la contre-révolution précieuse » et d'établir « un ordre de l'incommunicable ». Il est vrai que Mallarmé a proféré, dans un essai de jeunesse, *l'Art pour tous,* que la poésie est l'apanage des poètes seuls ; mais son projet principal, le « Livre », s'il avait été mené à son terme, aurait donné du monde une interprétation systématique, dont la lecture n'aurait pas été réservée aux seuls initiés, mais à tous, afin d'éviter l'éparpillement du sens du monde moderne (cf. Julia Kristeva).

L'existence de Mallarmé, littéraire, donc, du fait d'être dominée par ces réflexions et travaux, fut brisée subitement en 1898, quand il fut terrassé par une laryngite dans sa maison de Valvins. Cette maison était d'ailleurs comme la réalisation du rêve de ce grand amoureux de la nature, bucolique lui-même comme le faune, aimant autant qu'il aime sa femme et sa fille, cette Méry Laurent qui est à l'arrière-plan de bien des poèmes de Mallarmé sur la femme. Ce Sisyphe, il ne faut pas l'imaginer malheureux.

Principes d'une écriture nouvelle

« La littérature existe seule », déclare Mallarmé. Cet idéalisme, il le professe au nom de ses contemporains symbolistes tout en exprimant, dans l'essai *Crise de vers,* son implication esthétique fondamentale : « Un Idéalisme qui (pareillement aux fugues, aux sonates) refuse les matériaux naturels et, comme brutale, une pensée exacte les ordonnant ; pour ne garder de rien que la suggestion. Instituer une relation entre les images exacte, et que s'en détache un tiers aspect fusible et clair présenté à la divination. » C'est par le sens multiple des mots, en particulier des mots-images suggérant l'idée des choses absentes, que le poète opère cette TRANSPOSITION si importante pour la pratique poétique de Mallarmé. Or, cette opération n'est pas seulement d'ordre esthétique – elle est aussi un devoir existentiel de l'homme : « La divine transposition, pour l'accomplissement de quoi existe l'homme, va du fait à l'idéal. »

On conçoit que Mallarmé devait s'éloigner du naturalisme, pourtant contemporain de cette théorie symboliste où l'emporte l'image suggestive au dépens de la description. Il avait pour Zola « une grande admiration », mais voyait plutôt dans les romans naturalistes, en même temps qu'un mouvement pour se rapprocher de l'Histoire, un éloignement de la littérature qui, elle, « a quelque chose de plus intellectuel que cela ». Ne conserver des choses que l'Idée était pour Mallarmé une nécessité évidente : « Les choses existent, nous n'avons pas à les créer » ; bien plus, « la Nature a lieu, on n'y ajoutera pas [...] ». Alors pourquoi la poésie ? Il reste à rendre l'impression (au sens des impressionnistes : Manet et Berthe Morisot étaient parmi les amis proches de Mallarmé) et à saisir les rapports entre les choses. Mallarmé avait trouvé ces principes dès 1864-1865 en travaillant à *Hérodiade* ; il voulait en effet « peindre non la chose, mais l'effet qu'elle produit » et faire de son héroïne « un être purement rêvé et absolument indépendant de l'histoire ».

En séparant ainsi radicalement le sens obtenu par le langage poétique et la réalité référentielle, le poète peut concentrer son travail sur la STRUCTURE immanente au texte poétique. La cohérence interne de l'« œuvre pure » permet au poète de disparaître et de « céder l'initiative aux mots », qui, désormais, « s'allument de reflets réciproques ». À un niveau plus élevé on obtient par là un résultat esthétiquement et existentiellement important : « Une ordonnance du livre de vers poind innée ou partout, élimine le hasard. » Cet instant consacre la FICTION, dont la BEAUTÉ est un trait constitutif, le royaume absolu de la poésie qui subsume celui de la réalité. Exclusivité ? Sans doute, mais Mallarmé incluait dans ses principes poétiques tout un projet de communication qui, par ailleurs, ne concernait pas seulement la poésie, mais aussi le drame et le ballet. Comme le livre, le ballet est un drame visible et lisible et, face à la scène du théâtre ou à un orchestre, comme face aux pages d'un livre, l'individu interpellé par quelque chose d'extérieur à lui, comme on peut l'être par une « scène » de nature, est maintenu en haleine dans un effort pour comprendre. « Loin de tout, la Nature, en automne, prépare son théâtre », mais le texte, de son côté, peut apparaître également comme un théâtre : « Quelle représentation ! le monde y tient ; un livre, dans notre main, s'il énonce quelque idée auguste, supplée à tous les théâtres, non par l'oubli qu'il en cause mais les rappelant impérieusement, au contraire ». Bien plus que l'existence immédiate, déterminée par le hasard, c'est le Livre qui ouvre vers le monde, comme, inversement, le poète a le « devoir de tout recréer, avec des réminiscences, pour avérer qu'on est bien là où l'on doit être ». L'esthétique mallarméenne répond, finalement, à un besoin existentiel et social, ce que Mallarmé a exprimé lui-même dans une interview célèbre : « De cette organisation sociale inachevée, qui explique en même temps l'inquiétude des esprits, naît l'inexpliqué besoin d'individualité dont les manifestations littéraires présentes sont le reflet direct. »

Mallarmé nous invite ainsi à lire ses poésies à la lumière de sa théorie esthétique. La « poésie pure et subjective » qui refléterait « la sérénité et le calme de lignes nécessaires à la Beauté », il la rêva du début à la fin de sa carrière – notamment à propos du « mystère » d'*Hérodiade,* qui concentre presque toutes les images exploitées dans les autres poèmes. Aller du fait à l'idéal, du concret à la notion pure, c'est accepter, au niveau de l'écriture, l'isolement du poète, de ce « solitaire ébloui de sa foi » (sonnet « Quand l'ombre menaça... »).

Condition de la poésie

« La poésie consistant à *créer,* il faut prendre dans l'âme humaine des états, des lueurs d'une pureté si absolue que, bien chantés et bien mis en lumière, cela constitue en effet les joyaux de l'homme : là, il y a symbole, il y a création, et le mot poésie a ici son sens : c'est, en somme, la seule création humaine possible. » Nul doute que le poète était conscient d'écrire à contre-courant, et la structure sociale de son temps, encore moins cohérente que ne l'est la nôtre, s'opposait en fait à son idée de contribuer à une nouvelle religion, à « l'amplification à mille joies de l'instinct de ciel en chacun ». Exclu de la communauté en tant que poète et considéré, en tant que poète symboliste, comme décadent par rapport aux grands courants « réalistes » de la littérature,

Mallarmé parle de son époque comme d'un « temps où le devoir qui lie l'action multiple des hommes existe mais à ton exclusion ». On a donc pu parler d'un échec à propos de Mallarmé. Si échec il y avait, c'était celui de la société ; l'époque était « trop en désuétude et en effervescence préparatoire pour que [le poète] ait autre chose à faire qu'à travailler avec mystère en vue de plus tard […] ». Ce travail devait être le « Livre », longuement rêvé, finalement abandonné, fragmentaire comme le monde même auquel il aurait dû s'adresser. Il nous reste donc une œuvre éparpillée, des poésies rassemblées en volumes ne présentant aucune structure d'ensemble et des morceaux de prose dont le titre, « Divagations », révèle la futilité aux yeux de celui qui se voulait un Orphée moderne.

VIE		ŒUVRE	
1842	**18 mars :** naissance d'Étienne, dit Stéphane, Mallarmé, à Paris.		
1847	**2 août :** mort de la mère de Mallarmé. L'enfant sera élevé par sa grand-mère.		
1850	Mallarmé en pension à Auteuil.		
1852	Entre dans une pension religieuse à Passy.		
1855	Renvoyé de la pension de Passy pour « insoumission ».		
1856	Mallarmé habite à Sens, chez son père, et fréquente le lycée.		
1857	Mort de Maria, sœur cadette de Mallarmé (née en 1844).		
		1859	Cette année et l'année suivante, Mallarmé compose un recueil de soixante-quatre poèmes : « Entre quatre murs ».
1860	Mallarmé devient surnuméraire chez un receveur de l'Enregistrement à Sens.		
1861	Il se lie d'amitié avec Emmanuel des Essarts qui lui présente Henri Cazalis (poète, qui publie sous le pseudonyme Jean LAHOR). Lecture de Baudelaire.		
1862	Mallarmé rencontre Eugène Lefébure, qui sera le grand ami des années 1860. **Nov.-janv. 1863 :** fugue à Londres avec Marie Gerhard, jeune Allemande rencontrée à Sens.	**1862**	**10 janv. :** première publication, étude des *Poésies parisiennes* de E. des Essarts dans *le Papillon*, à Sens. **15 sept. :** « Hérésies artistiques. L'Art pour tous », essai, dans *l'Artiste*.
1863	**Avr. :** mort du père de Mallarmé. **10 août :** mariage de Mallarmé et de Marie Gerhard, au cours d'un nouveau voyage à Londres. **Déc. :** Mallarmé est nommé suppléant au collège de Tournon (cours d'anglais).		
1864	Mallarmé rencontre, à Avignon, Théodore Aubanel et Frédéric Mistral ; et, à Paris, Catulle Mendès et Villiers de L'Isle-Adam. **19 nov. :** naissance de Geneviève Mallarmé.	**1864**	Mallarmé commence *Hérodiade.* Une longue correspondance importante avec Cazalis, Lefébure, Aubanel... commence. Il écrit les poèmes « l'Azur », « les Fleurs », « Las de l'amen repos… ».
		1865	**1er févr. :** *l'Artiste* publie la « Symphonie littéraire » de Mallarmé, sur Gautier, Baudelaire et Banville. Mallarmé travaille sur le « Monologue d'un faune ».
1866	Mallarmé, renvoyé du lycée de Tournon, est nommé au lycée de Besançon.	**1866**	Publication de onze poèmes dans le *Parnasse contemporain.*
1867	Mallarmé est nommé au lycée d'Avignon.	**1867-1868**	Publication des premiers poèmes en prose dans la *Revue des lettres et des arts.* Premières versions (non publiées) de « Tout orgueil », « Surgi de la croupe », « Une dentelle s'abolit », « Quand l'ombre menaça », « le Vierge, le vivace... ».
		1869	Composition d'*Igitur.*

VIE

1871 **16 juill. :** naissance d'Anatole Mallarmé.
Mallarmé est nommé chargé de cours au lycée Condorcet, à Paris.

1873 Début de l'amitié avec Manet.

1874 Premier séjour à Valvins, près de Fontainebleau.
Première lettre à Zola.

1875 Installation rue de Rome.

1876 Portrait de Mallarmé, par Manet.

1877 Les « mardis » commencent, rassemblant, rue de Rome, les jeunes poètes.

1879 Mort d'Anatole Mallarmé.

1882 Début des relations avec Méry Laurent, que le poète a rencontrée chez Manet.
Début de l'amitié avec Huysmans.

1883 Mort de Manet.
Années suivantes : correspondance et rencontres aux « mardis » avec Rodenbach, Charles Morice, Verhaeren, Maeterlinck, Whistler, Odilon Redon...

1889 Mort de Villiers de L'Isle-Adam.
Revirements dans les relations entre Méry Laurent et Mallarmé.

1890 Voyage de conférences en Belgique.

ŒUVRE

1871 La « Scène » d'*Hérodiade* paraît dans le *Parnasse contemporain.*

1872 Traductions d'Edgar Poe dans la *Renaissance artistique et littéraire.*

1873 « Toast funèbre » paraît dans *le Tombeau de Théophile Gautier.*

1874 « Le Démon de l'analogie », poème en prose,
« Le Jury de peinture pour 1874 et M. Manet », essai.
La Dernière Mode, 6 septembre-20 décembre.

1875 Publication en volume du *Corbeau,* poème d'Edgar Poe, traduction de Mallarmé, illustrations de Manet.
« Les Gossips », essais sur l'art et la littérature, dans l'*Athenaeum* de Londres.

1876 *L'Après-midi d'un faune,* illustrations de Manet.
Essai sur « The Impressionists and Edouard Manet » dans *The Art Monthly Review,* Londres.
« Le Tombeau d'Edgar Poe » paraît dans *The Poe Memorial,* Baltimore.

1878 *Les Mots anglais.*

1879 Notes pour un « tombeau » d'Anatole.

1880 Traduction de G.W. Cox : *les Dieux antiques.*

1881 Traduction de W.C. Elphinstone Hope : *l'Étoile des fées.*

1885 « Prose pour Des Esseintes ».
« Richard Wagner, rêverie d'un poète français », dans *la Revue wagnérienne.*
Favourite Tales for Very Young Children (recueil de lectures anglaises à l'usage des classes...).

1886 « Hommage à Wagner », poème.
Lettre (autobiographique) à Verlaine.
Début de la publication des « Notes sur le théâtre », devenues *Crayonné au théâtre.*

1887 La trilogie « Tout orgueil », etc. (voir 1867), paraît dans *la Revue indépendante.*
Album de vers et de prose.
Les Poésies de Stéphane Mallarmé.

1888 Publication en volume des *Poèmes d'Edgar Poe.*

1890 Publication de la conférence sur Villiers, dans *l'Art moderne,* Bruxelles.

	VIE		ŒUVRE
1891	Oscar Wilde et Paul Valéry viennent aux « mardis » de Mallarmé. Mallarmé répond à l'enquête de Jules Huret sur l'évolution littéraire [voir **Naturalisme**].	**1891**	*Pages,* avec des textes de prose (et frontispice de Renoir).
		1892-1893	Plusieurs essais, qui seront repris dans *Divagations,* paraissent dans *The National Observer.* *Vers et prose.*
1893	Mallarmé obtient sa mise à la retraite.	**1893**	Traduction des *Contes indiens,* de Mary Summer (publiés en 1927).
1894	Voyage de conférences en Angleterre. Première audition du *Prélude à l'Après-midi d'un faune* de Claude Debussy.	**1894**	« La Musique et les Lettres » paraît dans *la Revue blanche.*
1895	Mort de Berthe Morisot, amie du poète. Mallarmé devient tuteur de sa fille, Julie Manet.	**1895**	« Le Tombeau de Charles Baudelaire », sonnet, dans *la Plume.* Publication de « Variations sur un sujet », dans *la Revue blanche.*
1896	Mallarmé est élu « prince des poètes », après Leconte de Lisle et Verlaine.	**1896**	« Hamlet et Fortinbras », essai, dans *la Revue blanche.* L'essai « le Mystère dans les Lettres », dans *la Revue blanche.*
		1897	**Janv. :** *Divagations.* **Mai :** *Un coup de dés,* dans la revue internationale *Cosmopolis.*
1898	**9 sept. :** mort de Mallarmé, à Valvins.		
		1899	*Les Poésies de Stéphane Mallarmé,* chez Deman, Bruxelles.
		1913	Stéphane Mallarmé, *Poésies,* éd. de la N.R.F.
		1925	*Igitur ou la Folie d'Elbehnon,* éd. de la N.R.F.
		1926	« Ouverture ancienne d'Hérodiade », *la Nouvelle Revue française,* 1er novembre.
		1945	*Œuvres complètes,* Bibliothèque de la Pléiade, éd. H. Mondor.
		1998	*Œuvres complètes,* tome I, Bibliothèque de la Pléiade, éd. B. Marchal.

Les *Poésies*

Quand, en 1887, paraissent les *Poésies de Stéphane Mallarmé,* le tirage en est de 40 exemplaires seulement. La même année, un *Album de vers et de prose* voit le jour ; en 1893, c'est encore un volume de *Vers et prose* et, avant de mourir, l'auteur rédige un recueil d'ensemble, qui sera édité en 1899 sous le titre : *Poésies de Stéphane Mallarmé* (édition que l'on complétera de quelques poèmes en 1913). En tout, une soixantaine de poèmes, auxquels il convient d'ajouter plus de quatre cents vers de circonstance, la plupart d'une strophe de quatre vers, qui démontrent une facilité d'écrire qu'on a la fâcheuse habitude de refuser à Mallarmé. En fait, bien de ses « vrais » poèmes étaient des « vers de circonstance », tels les sonnets pour Méry Laurent, les « tombeaux » écrits à la mémoire de Gautier, de Poe, de Baudelaire et de Verlaine, ou encore les « hommages », « toasts », « éventails » et « feuillets d'album » (« poèmes, ou études en vue de mieux, comme on essaie les becs de sa plume avant de se mettre à l'œuvre », dit l'auteur).

Après les poèmes publiés dans *le Parnasse contemporain* de 1866 et écrits sous l'influence de Baudelaire, les grands symboles mallarméens se dégagent dès les années 1860 – avant tout, celui de l'oiseau qui, sous diverses formes (cygne, aile, éventail, envol, chevelure dénouée), se retrouvera dans un grand nombre de poèmes. La femme-cygne d'*Hérodiade,* ce Narcisse féminin, revient ainsi dans le petit poème de « Sainte Cécile jouant sur l'aile d'un chérubin » comme une « Musicienne du silence », sainte figure sur un vitrail d'église, évoquant par une imagerie vague d'instruments de musique tous les fastes du passé, dont elle reste comme la seule survivance. Poème évocateur donc, ayant ceci de particulier qu'il précise les connotations liées à une impression visuelle et qu'il suggère les objets absents. Toute la poétique de Mallarmé est là, et nous la retrouvons dans le dernier poème du recueil des *Poésies,* le sonnet « Mes bouquins refermés », qui démontre cette création dans l'absence. Pensant à l'île antique de Paphos, le poète construit, « avec le seul génie », un paysage plus vrai parce que mental, une nourriture « de chair » d'autant plus riche que son image mentale est plus proche que l'« antique amazone » de Paphos. Évoquer ainsi, par « le mystère d'un nom » (« Toast funèbre »), une « région où vivre » (sonnet du Cygne : « Le vierge, le vivace et le bel aujourd'hui… »), tel est le projet général du poète, tel est l'enjeu de la poésie mallarméenne.

Tempérées par les formes fixes, que préfère Mallarmé (sonnet à douze ou huit syllabes, jamais de vers libres), les images de l'oiseau et de l'envol donnent lieu à une thématique du désespoir ou de la jubilation d'une extrême richesse, depuis le sonnet du Cygne (« Le transparent glacier des vols qui n'ont pas fui ») jusqu'à l'avant-dernier poème, « À la nue accablante tu… ». Dans un poème sur Vasco de Gama, « Au seul souci de voyager… », un oiseau, d'une forme analogue à l'une des vergues du navire, accompagne l'explorateur dans un vol qui ne s'arrête à aucune « Nuit », à aucun « désespoir », à aucune fixation sur quelque beauté trompeuse qui s'opposerait aux « ébats » perpétuels du navire et de la mer. Comme un « messager du temps », le poème, d'une sérénité remarquable chez Mallarmé, salue le voyageur éternel qui dépasse le temps.

Autre thème important : le temps vaincu, le hasard momentanément éliminé. Le sonnet « Quand l'ombre menaça… » est une illustration du drame au terme duquel le poète voit avec confiance comment « la Terre/Jette d'un grand éclat l'insolite mystère » en dépit d'un monde noyé dans les ténèbres. Deux voies s'ouvrent pour qui veut sortir vainqueur de ce drame. D'abord l'amitié et l'amour, comme dans le sonnet « Remémoration d'amis belges », qui fête « l'amitié neuve », « l'aube » multipliée dans les reflets de lumière des canaux de Bruges, et le « vol » d'ailes des cygnes ou de l'esprit. Mais c'est dans la luisante chevelure blonde de la femme (Méry Laurent) que Mallarmé trouve le bonheur le plus sûr : cette « joyeuse et tutélaire torche » continue la lumière du soleil, de même que la beauté de la femme défie le temps : «… voici/Toujours que ton sourire éblouissant prolonge/La même rose avec son bel été… » (le sonnet « Ô si chère de loin et proche… »). L'autre voie, c'est la modulation de ce thème dans les « tombeaux ». Dans le « Toast funèbre » sur Gautier, les paroles poétiques survivent à la mort du poète, lequel resurgit, « magnifique, total et solitaire », de « l'avare silence » de la mort. Chez Mallarmé lui-même, poète vivant, c'est « l'hymne des cœurs spirituels » qui demeure, résultat de la transposition du fait à l'idéal (« Prose pour Des Esseintes »), et qui assigne au vers une fonction d'idéal, constamment cherché comme un bonheur.

L'Après-midi d'un faune

Le sujet du *Faune* s'était d'abord présenté à Mallarmé, en 1865-1866, comme le contraire d'*Hérodiade,* comme une œuvre de lumière et de mouvement, de sensualité, naturellement destinée à la scène. Mais cet « acte en vers » – forme inspirée par certaines œuvres de Banville – échoua. Cependant, cette première version, nommée « Monologue d'un faune » (cent six vers), était déjà presque parfaite, puisque tous les éléments étaient en place qui allaient constituer, une dizaine d'années plus tard, le fameux *Après-midi d'un faune* – le décor « antique » qui en fait une églogue, le monologue tournant autour de la question : illusion ou réalité des nymphes –, mais sans le rythme essentiellement léger qui caractérise le texte définitif (1876) et qui a pu inspirer les compositeurs. Voici le début du « Monologue » :

J'avais des nymphes !
Est-ce un songe ? Non : le clair
Rubis des seins levés embrase encore l'air...

et voici celui de *l'Après-midi* :

Ces nymphes, je les veux perpétuer.
Si clair,
Leur incarnat léger, qu'il voltige dans l'air...

Changement de rythme, mais glissement de thème aussi : perpétuer les nymphes, ou les maintenir en esprit, devient le sujet essentiel. Devant un paysage vague et trompeur, une rencontre – réelle ou rêvée ? – d'un faune avec deux nymphes appelle des réflexions sur la force fantasmagorique des désirs et la force suggestive de l'art, plus précisément de l'art musical. De ce fait, le poème devient un poème sur l'art, un résumé de l'art poétique de Mallarmé.

Le texte, qui insiste donc sur la force créatrice de l'imagination, a pour thème principal la projection des désirs dans le paysage. En l'absence des nymphes réelles, le faune-musicien veut les recréer en esprit ou en retenir le souvenir ; l'art – ou la flûte – se présente comme le maître de la réalité, d'un paysage devenu fondamentalement significatif (« L'illusion s'échappe des yeux bleus/Et froids, comme une source en pleurs, de la plus chaste » [des nymphes]) ; l'esprit s'approprie cette signification par l'art, où elle devient essentielle : « Moi, de ma rumeur fier, je vais parler longtemps/Des déesses ; et par d'idolâtres peintures,/À leur ombre enlever encore des ceintures. »

Rien d'étonnant à ce que, comme le rapporte un poète symboliste danois en visite à Paris vers 1890, les poètes élèves de Mallarmé aient récité partout cette églogue. Elle est au centre de l'esthétique mallarméenne, montrant le surgissement d'un symbole – les nymphes – qui est l'absorption d'une réalité extérieure devenue absente, et la forme poétique que revêt le symbole avec toutes les suggestions auxquelles il invite le poète comme le lecteur. Les symbolistes vident le réel de sa substance, « ils en font la projection de leur esprit » (R. Pouilliart). Rien de plus vrai quand il s'agit du *Faune* de Mallarmé.

Hérodiade

L'idée d'un long poème sur Salomé occupa Mallarmé de 1864 à 1867 et de nouveau de 1887 environ à sa mort. Il l'intitula « les Noces d'Hérodiade – mystère » pour distinguer son héroïne de la figure biblique, projetant une œuvre rêvée, absolue et absolument belle, qui refléterait la hantise de l'immatérialité et de l'idéal dans une figure féminine insensible, jalouse de sa pureté et narcissique dans son reniement de la sensualité. Le poème, dont il publie, en 1871, une « Scène » de cent trente-quatre vers, tout en rejetant une longue « Ouverture », correspond aux premières idées de l'Œuvre, dont *Hérodiade* aurait formé une première partie si l'auteur n'avait pas très vite vécu cette poésie pure comme une expérience de la mort.

En effet, l'héroïne de la « Scène » et de l'« Ouverture » prononce devant sa Nourrice que la beauté est une espèce de mort, et que, dans la « monotone patrie » où elle s'isole comme une fleur d'améthyste, elle garde pour elle-même « la splendeur ignorée » de son être. Ces images correspondent non seulement au drame existentiel de Mallarmé que celui-ci tente de surmonter à la même époque dans *Igitur,* autre « ombre » se reflétant dans un miroir, mais aussi à une certaine conception de la poésie, réservée à un univers spirituel et non personnel. Avec *Hérodiade,* Mallarmé avait voulu créer une œuvre « d'une pureté que l'homme n'a pas atteinte et n'atteindra peut-être jamais », et il avoue, en 1868, qu'il a « commis le péché de voir le Rêve dans sa nudité idéale », vision mortelle pour tout être humain, alors qu'il aurait dû « amonceler entre lui et moi un mystère de musique et d'oubli ».

Vingt ans plus tard, il reprend l'œuvre et ajoute un « Cantique de saint Jean » ; à sa mort, il laisse des fragments d'un « Prélude » et d'un « Finale ». Les explications minutieuses de Gardner Davies ont permis non seulement de bien comprendre ces fragments, mais aussi de mesurer combien l'art mallarméen évolue de la « Scène » aux derniers fragments. Dans les premières parties, c'est la « cristallisation des images » et « le réseau de métaphores » (Guy Michaud) qui dominent, alors que, dans les fragments tardifs, l'équivoque syntaxique contribue à écarter toute action concrète et à ne laisser subsister que l'hypothétique d'une évolution intérieure chez le protagoniste. Cette suite de l'œuvre suggère l'écroulement du rempart de symboles défendant le monde d'Hérodiade, en particulier au moment de la mort de saint Jean, ordonnée par elle. Une synthèse s'esquisse au niveau thématique du génie (poétique), qui dans la mort accède à l'idéal, et de la femme « féconde de la splendeur par la mort précoce » de Jean. Dans des mouvements inversés, les deux personnages convergent l'un vers l'autre. Par l'introduction de la mort réelle, de la mort de sang, un autre sang, « déshonorant le lys » de la vierge, signifie une renaissance de la personnalité figée dans le néant. Le dépassement du conflit entre la mort et la vie, la stérilité et la fertilité, l'ombre et la lumière, est décisif pour la création mallarméenne, qui y trouve son mobile fondamental.

Divagations et œuvres en prose

Les textes en prose de Mallarmé – il n'est pas question d'œuvre à proprement parler – sont publiés dans des revues, dans les recueils *Album de vers et de prose* (1887-1888) et *Pages* (1891), finalement dans *Divagations* (1897), accompagnés par ce regret exprimé par l'auteur : « Un livre comme je ne les aime pas, ceux épars et privés d'architecture ». Les textes principaux sont présents ici, les premiers poèmes en prose inclus, tels que « Plainte d'automne » et « le Démon de l'analogie ». Si la thématique de ces poèmes est bien celle du jeune Mallarmé, la forme et le style adoptés sont inspirés par les *Petits Poèmes en prose* de Baudelaire, qu'il avait pu lire dès 1861 dans la *Revue fantaisiste.* Mais dans l'édition des *Divagations,* Mallarmé ne réserve que quelques lignes au maître du symbolisme, avec ce titre significatif « Autrefois, en marge d'un Baudelaire » et une brève description d'un paysage baudelairien, hanté par « le crime, le remords et la mort ».

Cette réserve à l'égard de Baudelaire est logique, puisque les *Divagations* montrent une ouverture chez Mallarmé vers la communication au sens le plus large : théâtre, imprimé, images de « confrontations » plus directes comme dans les poèmes en prose « la Déclaration foraine » et « Conflit ». Cette tendance se manifeste dans les traductions des poèmes d'Edgar A. Poe (1872, 1876-1877), dans *les Mots anglais,* « petite philologie à l'usage des Classes et du Monde » (1877), mais avant tout dans les huit livraisons de *la Dernière Mode* (1874), revue mondaine que Mallarmé rédige pour un public privilégié, comme une mise en pratique de la création artistique, simplement dans un autre domaine. C'est ainsi que, décrivant une robe, avec la chevelure et les bijoux qui y correspondent, l'auteur glisse cette phrase révélatrice : « Quelle vision miraculeuse, tableau à y songer plus encore qu'à le peindre : car sa beauté suggère certaines impressions analogues à celles du poète, profondes et fugitives ». L'effet d'une robe est donc à l'égal de celui de tout vers qui attire « les mille éléments de beauté pressés d'accourir et de s'ordonner dans leur valeur essentielle ».

Dans les textes de *Crayonné au théâtre* sur le ballet et l'art dramatique, genres essentiellement symboliques, nous pouvons observer la même idée d'une concentration de sens et d'impressions. Sur la scène, tout se passe « figurativement », le ballet est une « incorporation visuelle de l'idée », rien n'a véritablement lieu, sauf que le spectacle, comme le tableau de la robe ou l'ordonnance du vers, évoque des sentiments intimes chez ceux qui regardent.

Voici donc l'essentiel des essais de Mallarmé, en particulier de la section « Variations sur un sujet » : libérer, par les effets de la production artistique, ce « quelque chose d'abscons, signifiant fermé et caché, qui habite le commun » ; et faire de cette libération une fête, où chacun puisse se reconnaître le héros du drame auquel il assiste en spectateur. Qu'il se manifeste dans la mode, dans le texte littéraire, dans le ballet ou dans un drame (Mallarmé se réfère toujours à *Hamlet*), l'art, c'est « l'ordonnateur de fêtes en chacun ».

Le « Livre » — d'*Igitur* à *Un coup de dés...*

Le « Livre », cet « Œuvre » que Mallarmé n'a pas écrit, il le rêvait « architectural et prémédité », comme « l'explication orphique de la Terre ». Considéré de cette façon, le « Livre » n'est que l'idée d'une somme idéale, chimère de tout grand écrivain, et « tenté à son insu par quiconque a écrit, même les Génies ». Mais Mallarmé, lui, essayait effectivement de réaliser l'idée, et il nous reste, de sa main, tant des réflexions sur la poétique du « Livre » (ce sont les essais « Quant au Livre ») que des notes éparses (publiées par Jacques Scherer), à quoi on peut ajouter le fragment d'*Igitur* (1869) et *Un coup de dés jamais n'abolira le hasard* (publié en 1897).

L'idée d'une œuvre impersonnelle remonte aux années 1860, où, à la suite de son travail sur *Hérodiade,* l'auteur a la vision d'« une œuvre magnifique », d'« une cassette spirituelle ». Mais cette découverte le jette dans une crise métaphysique dont témoigne *Igitur,* sorte de conte relatant l'expérience du néant et l'abolition du hasard inclus dans toute vie indéfinie. Le texte décrit quasiment l'étape préliminaire à l'Œuvre, en particulier le processus d'abstraction par lequel celui-ci aurait dû être distingué du temps et de l'espace, processus symbolisé par le coup de dés jeté par le protagoniste, acte créateur qui fixe l'infini et établit l'absolu. Sans s'apercevoir que l'impersonnalité ainsi obtenue équivaut à une mort spirituelle, Mallarmé – à en juger d'après sa correspondance – persiste dans ses réflexions pendant de longues années.

Vers 1886, il devait être stimulé par sa passion du théâtre, dont témoigne sa vénération pour Wagner. En tant qu'illusion et représentation imaginaire, l'art de la scène correspond à un autre théâtre, « inhérent à l'esprit, quiconque d'un œil certain regarda la nature, le porte avec soi ». Libérer ce théâtre intime et assurer par là la communication entre l'artiste et la foule, cela pouvait être le but du « Livre » qui, « s'il énonce quelque idée auguste, supplée à tous les théâtres, non par l'oubli qu'il en cause mais les rappelant impérieusement ». Mallarmé entendait profiter des effets de la représentation scénique en créant un volume aux pages interchangeables destinées à être lues devant un auditoire peu nombreux ; mais les fragments du « Livre » ne nous permettent aucune conjecture en ce qui concerne le message : l'auteur a été pris par des questions de technique. On peut seulement affirmer de cette tentative qu'elle aurait eu une fonction pareille à celle des offices religieux, donc vraisemblablement difficile à faire admettre : « Notre seule magnificence, la scène, à qui le concours d'arts divers scellés par la poésie attribue selon moi quelque caractère religieux ou officiel [...], je constate que le siècle finissant n'en a cure, ainsi comprise ». Mallarmé avouait qu'il n'avait que « quelques idées encore incomplètes ou troubles, oui, malgré toute une vie ! » sur cet Œuvre, et les fragments publiés de nos jours ne témoignent pas d'autre chose.

D'après le témoignage de Claudel et de Gide, *Un coup de dés...* aurait constitué la première partie du « Livre ». Quoi qu'il en soit, Mallarmé réussit, avec ce texte, à créer une forme littéraire absolument nouvelle, éloignée à la fois du vers libre et du vers traditionnel, mais composée, dans une orchestration inspirée de la musique (cf. la Préface), des « subdivisions prismatiques de l'Idée ». Une idée capitale (UN COUP DE DÉS JAMAIS N'ABOLIRA LE HASARD) est exposée sur un espace de douze pages doubles, les mots qui l'expriment sont scandés par des images séparées ; le vers ne dicte plus rien, le tout est ordonné selon les étapes d'une pensée. Les images essentielles de ces étapes figurent la Pensée et la Matière (un capitaine et la mer), la Conscience se voulant absolue et le Hasard de la condition de l'homme (ou « l'antagonisme du rêve chez l'homme avec les fatalités à son existence départies par le malheur », comme Mallarmé disait de *Hamlet*). Conflit fondamental chez l'auteur, en même temps que témoignage sur le « Livre » lui-même qui devait vaincre le hasard « mot par mot ». La fin du texte énonce que « Toute pensée émet un coup de dés », en même temps que, parallèlement à la même page, se forme une « constellation », symbole cosmique de cette pensée. On peut en conclure que ce *Coup de dés* n'est pas encore le « Livre », mais qu'il marque, comme *Igitur,* une réflexion avant sa réalisation définitive, une constellation attestant le magistère de la pensée et parfaitement en accord avec ce que Mallarmé se proposait dans l'essai « Solennité » : « Quelque chose de spécial et complexe résulte : aux convergences des autres arts située, issue d'eux et les gouvernant : la Fiction ou Poésie. »

H. P. Lund

MALLET-JORIS Françoise

(née en 1930)

D'origine belge, née à Anvers, Françoise Mallet-Joris est la fille de Suzanne Lilar. Elle publie à dix-sept ans une plaquette de vers, *Poèmes du dimanche,* lit beaucoup Tolstoï, Balzac, Nerval, Rilke. L'influence de Proust est sensible dans son premier roman, *le Rempart des béguines* (1951), récit rétrospectif d'un apprentissage à la fois de l'âge adulte et de l'homosexualité féminine, dont les descriptions, ponctuées d'adjectifs en trio, reflètent les états de conscience de l'héroïne ou l'ironie de la narratrice face à l'innocente qu'elle fut, engoncée dans son manteau « brun, raide et rugueux... comme une écorce d'arbre ». Sacrée par Émile Henriot « la meilleure des jeunes romancières de ce temps », Françoise Mallet-Joris donne une suite à son roman, *la Chambre rouge* (1955), des nouvelles, *Cornélia* (1956), restant fidèle à une même technique romanesque aussi bien dans les *Mensonges* (1956), tableau de la société anversoise, que dans *le Jeu du souterrain* (1973), assemblage de saynètes et de portraits où « un couple médiéval », « l'écrivain modèle », etc., sont tour à tour « herborisés » et analysés pour y repérer le décalage entre personne et personnage. Écart que l'on retrouve entre la vie d'un musicien médiocre et l'image embellie qu'en présente son journal intime (*l'Empire céleste,* prix Femina 1958) ou dans la marge d'illusion qui entoure la carrière d'une vedette de la chanson (*Dickie roi,* 1980). De même dans *les Personnages* (1961), roman historique, l'intrigue de cour dont est victime Louise de Lafayette se nourrit de calculs dissimulés autour d'elle sous la noblesse des belles manières. Dans ses biographies, *Marie Mancini* (1964), *Madame Guyon* (1978), l'auteur réhabilite des figures féminines passablement malmenées par les historiens, prisonnières d'un « personnage » de femme qui brise leur essor, lorsqu'il n'attire pas sur elles de grandes fureurs (cf. *Trois Ages de la nuit,* 1968). Enfin, dans ses essais, s'acharnant plus que jamais à débusquer « la parcelle de vérité que chacun porte en soi » (*Lettre à moi-même,* 1963), Françoise Mallet-Joris se livre à une exigeante introspection, cherchant à atteindre une parfaite coïncidence avec soi-même qui abolirait – sous le regard de Dieu – l'ordre établi au profit de l'ordre de la grâce. Mais ce renversement engendre une méfiance à l'égard de l'écriture, des « sujets », des « personnages », voire du personnage même de l'écrivain. D'où la constante mobilité, sous l'unicité du message, d'une œuvre qui deviendrait culpabilisante si elle était trop voulue, et le souci de varier les genres, de céder la parole à l'autre – comme les enfants ou la bonne espagnole de *la Maison de papier* (1973) –, en définitive d'atomiser sa propre image. Telle Mme Guyon, dont les cantiques naïfs laissent filtrer le « pur amour » à l'abri de toute littérature, l'académicienne Goncourt (depuis 1970) compose alors pour Marie-Paule Belle des chansons où se consomme le sacrifice de l'écriture : « Être ensemble/C'est facile/Tout peut arriver,/Être ensemble/C'est fragile/Tout peut se briser »... Bouts-rimés sur lesquels Françoise Mallet-Joris fredonne le « petit air » insolite qui accompagne toute son œuvre, en contrepoint d'une exigence de sincérité (cf. les sept nouvelles du *Clin d'œil de l'ange*, 1983) alliée à une acceptation sereine des ambiguïtés, voire du tragique de la vie (*le Rire de Laura*, 1985 ; *la Tristesse du cerf-volant,* 1988 ; *Adriana Sposa,* 1990). Mais toujours soucieuse de pousser l'introspection plus avant, l'auteur est amené à analyser la relation de l'être et de l'apparence : après une cure d'amaigrissement qui a transformé son aspect physique, l'héroïne de *Divine* (1991) constate qu'autour d'elle le monde a changé. Au simple « qui suis-je ? » succède alors l'angoissante distance entre le moi immobile et la changeante image créée par le regard de l'autre. On retrouve ce même écart, mais inversé, entre le pieux univers conventuel d'une jeune novice, au début du siècle (*la Maison dont le chien est fou*, 1997), et la société où, s'aperçoit-elle en y retournant, même innocent, tout homme est coupable. Ainsi, pour Françoise Mallet-Joris, « l'univers du mal » tour à tour défait l'individu et recompose sa personnalité, brouillant en définitive son image par le reflet qu'en renvoie le regard multiple des autres. *Sept démons dans la ville* (1999), un roman inspiré par les scandales de pédophilie qui frappèrent la Belgique à la fin des années 1990, évite le piège du fait divers et s'acharne, par sa complexité même, à fondre le héros, Maurice Desroches, dans la culpabilité ambiante, puis à l'en arracher tandis que la société elle-même passe de l'état de péché à une conscience de son mal qui semble l'en absoudre.

Romancière ou historienne, Françoise Mallet-Joris continue à s'avancer au plus profond du drame humain : *volens nolens*, semble-t-elle dire, nous appartenons intimement au grand corps social, nous portons ses fautes, y compris celles que nous n'avons pas commises. Et l'écriture peut se penser comme un acte de contrition régénérateur.

M.-A. de Beaumarchais

MALLEVILLE Claude de

(1597 ?-1647)

Fils d'un officier de la maison de Retz, Claude de Malleville naquit à Paris. Suivant une carrière du même type que celle de son père, il entra au service du maréchal de Bassompierre, qu'il accompagna, en qualité de secrétaire, dans ses nombreux voyages et campagnes à travers l'Europe et la France. Quand Bassompierre fut disgracié, puis embastillé (1631), il lui resta fidèle et, n'ayant plus de perspectives de carrière, se consacra surtout à la vie littéraire et mondaine.

Il se fit connaître à partir de 1620 par ses *Héroïdes,* imitées d'Ovide, qui circulèrent en manuscrit d'abord et eurent ainsi du succès avant même leur publication (en 1624). Ce genre était en vogue (l'abbé de Crosilles publia ses *Héroïdes* en 1619), et Malleville fut dès lors tenu pour un maître de la poésie et de l'écriture épistolaire amoureuses. En 1623 et 1624, il collabora à des ballets de cour. En 1625, il se joignit au groupe des « Illustres Bergers », poètes mondains rassemblés autour de Colletet. Il fut ensuite du groupe des premiers académiciens. Assidu dans les salons, en particulier à l'Hôtel de Rambouillet, il composa de nombreux poèmes de circonstance, dont une partie fut recueillie après sa mort dans le volume de ses *Poésies* (1649). Il traduisit des romans italiens (*Stratonice,* 1641 ; *Almehinde,* 1646). Son style, abondant en images et en pointes, fut très admiré des précieux. En fait, il représente un effort original pour tenter de concilier le purisme de l'école de Malherbe (pour qui les « Illustres Bergers » affichaient leur admiration) et les subtilités du marinisme : cas exemplaire d'association de ces deux courants omniprésents et concurrents dans la poésie du XVIIe siècle.

A. Viala

MALOT Hector

(1830-1907)

Né à La Bouille (Seine-Maritime), Hector Malot quitta Rouen pour Paris, où il poursuivit des études de droit, avant de collaborer à divers journaux. Critique littéraire à *l'Opinion nationale,* il travailla à la *Biographie générale* de Firmin Didot. En 1859, il publia son premier roman, *les Amants,* dont le vif succès fit voir dans le jeune auteur un nouveau Balzac. Deux œuvres : *les Époux* (1865) et *les Enfants* (1866), constituèrent, à la suite de la première, la trilogie des *Victimes d'amour,* qui sut conquérir un large public après avoir retenu l'attention de critiques aussi différents que Taine et Vallès.

Dès lors, la verve du romancier ne tarit plus. De 1859 à 1896, Hector Malot écrit en effet soixante-dix romans, dont quelques-uns en plusieurs volumes. Parmi eux, citons : *Romain*

Kalbris (1869) ; *Madame Obernin* (1870) ; *Un mariage sous le second Empire* (1873) ; *l'Auberge du monde* (4 vol., 1876) ; *les Batailles de mariage* (3 vol., 1877) ; *Sans famille* (1878), couronné par l'Académie française ; *le Docteur Claude* (2 vol., 1879) ; *la Bohème tapageuse* (3 vol., 1880) ; *Zyte* (1886) ; *En famille* (2 vol., 1893) ; *Amours de jeunes, amours de vieux* (1894). En 1896, il fit paraître le *Roman de mes romans*, sorte d'autobiographie de sa vie littéraire.

Hector Malot s'éteignit à Fontenay-sous-Bois, laissant derrière lui une œuvre abondante à caractère naturaliste, volontiers didactique, discrètement moralisatrice, qui utilise toutes les recettes du mélodrame : invraisemblance des situations ; convention des personnages ; manichéisme primaire ; ton mi-héroïque, mi-larmoyant. *Romain Kalbris, l'Auberge du monde, Sans famille, En famille* présentent ainsi un schéma thématique et structurel identique : drame familial, récit de type picaresque, réinsertion finale du héros-victime dans la société.

L'œuvre de Malot s'inscrit donc dans le cadre plus général du roman de mœurs édifiant, dit « roman de la victime », qui connut son apogée sous le second Empire. Le caractère naïf de certains romans les destinait plus particulièrement à la lecture enfantine : *En famille* et *Sans famille* ont gardé aujourd'hui encore cette vocation.

A. Preiss

Malraux

MALRAUX André

(1901-1976)

Mêlant fiction, histoire, esthétique et autobiographie, renvoyant l'écho des convulsions du siècle (la guerre d'Espagne, les deux guerres mondiales, la Résistance, etc.), l'œuvre de Malraux est animée par une imagination fabulatrice d'une grande puissance lyrique. Libérés de tout code formel, ses ouvrages restent en revanche fidèles à une même structure métaphysique. En arrière-plan, le vide angoissant du monde postnietzschéen. Au-devant de la scène, des héros lucides poursuivant, dans les espaces souvent confondus de la fiction et de l'histoire, la reconquête d'une noblesse dont les titres ne peuvent dorénavant ne leur venir que d'eux-mêmes.

De l'aventure à l'admiration

Détestant parler de son enfance, Malraux n'a évoqué les figures de son père et de son grand-père que dans l'imaginaire (*les Noyers de l'Altenburg,* 1948). Après le divorce de ses parents, sa mère et sa grand-mère l'élèvent dans le logement surplombant l'épicerie familiale de Bondy. Il fréquente le collège, puis, à dix-sept ans, décide de prendre en main sa propre éducation. Passionné d'art, élève au musée Guimet et à l'école du Louvre, ce lecteur insatiable apprend le sanskrit. Il gagne sa vie dans le commerce des livres d'occasion, et cette activité l'introduit auprès d'intellectuels chevronnés (Gide, Max Jacob, Reverdy) qui l'encouragent à écrire : la revue *la Connaissance* publie son premier texte critique (« Des origines de la poésie cubiste », 1920), et l'éditeur Kahnweiler, un récit fantastique que Malraux qualifie de « farfelu » : *Lunes en papier* (1921), illustré par Léger. Vlaminck, Derain et surtout Picasso deviennent ses amis, le convertissant au principe d'une liberté formelle de l'imaginaire (cf. « Des lapins pneumatiques dans un jardin français », 1922).

Accordant son credo artistique (« Nous ne sentons que par comparaison », préface du catalogue de l'exposition Galanis, 1922) à son goût de l'aventure, avec Clara Goldschmidt, sa jeune épouse, il s'embarque pour l'Indochine chargé d'une mission archéologique et lance, sous l'œil réprobateur de l'École française d'Extrême-Orient, une expédition à travers la jungle en pays khmer. À Banteaï-Srey, Malraux prélève quelques fragments d'un temple, mais, revenu à Phnom Penh, il est inculpé de vol. Une action en justice s'engage (elle se terminera par un non-lieu en 1930), retenant l'écrivain trois ans en Extrême-Orient. Scandalisé par l'asservissement du peuple khmer, il se jette dans l'action politique, organisant avec Nguyên-Pho le mouvement Jeune Annam et publiant avec le libéral Paul Monin le journal *Indochine,* qui deviendra *l'Indochine enchaînée.* Ses éditoriaux prônent une évolution non-violente vers une société préservant l'égalité des chances. En 1926, après maintes pérégrinations qui le mettent en contact avec des révolutionnaires chinois, il regagne Paris.

La clôture du cycle « farfelu » (*l'Expédition d'Ispahan,* 1925 ; *Royaume farfelu,* 1928) marque une bifurcation dans la vie de Malraux : d'un côté, vers un engagement politique qui le rapproche, avec Gide, Nizan, Ilya Ehrenbourg, de la IIIe Internationale, le point d'ancrage se trouvant dans l'Association des écrivains et artistes révolutionnaires (1932) animée par Paul Vaillant-Couturier ; de l'autre, vers la création d'une œuvre romanesque inspirée de son expérience asiatique (*les Conquérants,* 1928 ; *la Voie royale,* 1930 ; *la Condition humaine,* prix Goncourt 1933).

Mais bientôt la figure de l'auteur rejoint celle de ses personnages « en qui s'unissent l'aptitude à l'action, la culture et la lucidité » (postface des *Conquérants,* La Pléiade, 1957). Initié aux cultures mondiales par ses voyages, ses expéditions (survol du désert de Dhana à la recherche de la capitale de la reine de Saba, 1933), ses rencontres avec l'élite intellectuelle internationale (Claudel, Heidegger, Eisenstein, Gorki, Trotski, etc.), il dénonce lucidement le péril fasciste (*le Temps du mépris,* 1935), puis, s'engageant aux côtés des républicains espagnols, organise et commande l'escadrille España, qui combattra jusqu'à l'arrivée de l'aviation soviétique (cf. *l'Espoir,* 1937, porté à l'écran par l'auteur, 1938 ; prix Louis-Delluc, 1945).

Avec la guerre, l'aventure continue : engagé en 1939, prisonnier en 1940 (cf. *les Noyers de l'Altenburg*), évadé, Malraux dirige un réseau de résistance en zone Sud. Blessé en 1944, capturé, soumis à un simulacre d'exécution, libéré par les F.F.I., il commande jusqu'à la fin des hostilités la brigade Alsace-Lorraine. Mais, tandis que son nom de guerre, « colonel Berger », devient illustre, sa famille est décimée : ses deux demi-frères sont Morts pour la France (1944-1945) ; Josette Clotis, qui lui a donné deux fils, périt de mort violente. Ces deux fils, eux-mêmes, se tueront en voiture (1961).

Auréolé des prestiges de l'action et de la culture, Malraux rencontre le général de Gaulle (1945), en qui il reconnaît aussitôt son « héros » ; ministre de l'Information (1945), militant R.P.F. pendant la « traversée du désert », enfin ministre d'État chargé des Affaires culturelles (1959-1969), le Malraux qui a « épousé la France » (cf. *Antimémoires,* 1967) partage les fortunes du gaullisme. Chantre des gloires nationales à la « prédication haletante » (cf. *Oraisons funèbres,* 1971), s'entretenant avec les dirigeants mondiaux, créant les Maisons de la culture, s'intéressant à la communication audiovisuelle, rénovant les monuments de Paris dont il décide de « changer la couleur », Malraux sera un des seuls visiteurs admis à Colombey-les-Deux-Églises après la retraite du Général (cf. *les Chênes qu'on abat...,* 1971).

Mais, parallèlement à cette activité politique, Malraux compose d'importants textes sur l'art, s'interrompant seulement pendant la période ministérielle : *le Musée imaginaire* (1947), *les Voix du silence* (1951), *la Métamorphose des dieux* (tome I, 1957) introduisent dans l'esthétique le concept novateur de « métamorphose », tandis que, annoncée par *les Noyers de l'Altenburg,* la réflexion malrucienne s'oriente vers une mutation formelle de l'autobiographie qui donnera naissance aux *Antimémoires* (1967).

Retiré à Verrières-le-Buisson, auprès de Louise de Vilmorin (décédée en 1969), Malraux retourne cependant en Inde, au Bangladesh, au Japon, aux États-Unis, ajoutant encore deux tomes à *la Métamorphose des dieux* (1974 et 1976). Puis, profitant des répits que lui laisse son dernier combat avec la mort (cf. *Lazare,* 1974), il complète son œuvre par de lyriques et nostalgiques hommages en forme d'entretiens avec de Gaulle (*les Chênes qu'on abat...*) et avec Picasso (*la Tête d'obsidienne,* 1974), pratiquant ainsi la vertu d'admiration, qu'il place parmi « les plus hautes qualités de l'homme » (cf. *Antimémoires*).

L'homme est ce qu'il fait

Malraux affectionne la phrase binaire : une première proposition négative préludant à l'affirmation contenue dans la seconde. C'est le mouvement même d'une pensée qui s'éclaire par l'opposition : l'Indochine révèle au jeune auteur l'Extrême-Orient – un monde installé dans l'éternel, une humanité accordée au cosmos – ; à l'inverse, le monde occidental (cf. *la Tentation de l'Occident,* 1926) se débat dans les pièges du temps et d'un individualisme qui a mis en déroute les valeurs traditionnelles : « La réalité absolue a été pour vous Dieu, puis l'homme », écrit à son correspondant français un jeune Chinois séjournant en Europe, « et vous cherchez avec angoisse celui à qui vous pourriez confier son étrange héritage » (*id.*). D'où une violence latente, la promesse d'un « sanglant avenir » et, sur le plan philosophique, une remise en question tragique des rapports de l'homme avec un Destin précaire, limité par une mort sans perspective eschatologique. Reprenant ces thèmes, chacune des œuvres de Malraux dépeint à sa manière la révolte de l'homme occidental contre une Création qui lui est devenue étrangère, et elle tente de répondre – bien avant l'existentialisme sartrien – à l'interrogation laissée en suspens par la mort de Dieu : si « l'humanité a été créée pour le néant par quelque puissance aveugle » (*id.*), quelle chance une conscience contingente, et par surcroît engagée dans une Histoire catastrophique, garde-t-elle d'arracher sa vie à l'insignifiance ?

Au Destin, Malraux oppose d'abord une littérature de la dérision. Considérés à tort comme une évasion dans le fantastique, ses contes farfelus, influencés par le goût à la fois surréaliste et symboliste des années 20, transposent dans le registre parodique la problématique formalisée dans la *Tentation. Lunes en papier,* notamment, fait de « l'empire de la mort » – c'est-à-dire de notre monde – le « domaine farfelu » par excellence, espace angoissant de l'absurde où des péchés mués en ballons, dans un environnement imité des toiles cubistes (le tronc de leur chef est une mandoline...), s'attaquent à la Mort, sorte de Fantômas, qui succombe à leurs ruses. Destin vaincu dans l'imaginaire... Mais, sous l'allégorie, le message affleure : il ne suffit pas de tuer la Mort. Encore faut-il donner un sens à la vie. Victorieux, les péchés-ballons échangent des regards mornes : « Pourquoi avaient-ils tué la Mort ? Ils avaient tous oublié... »

Ce sens, les héros des deux premiers romans malruciens croient l'apercevoir dans une exaltation de l'action individuelle (« sa vie unique. Ne pas la perdre. Voilà »). À la subversion ou à l'aventure ils demandent le sentiment de vivre intensément : « jouer sa vie sur un échiquier plus grand que soi » – la Révolution, par exemple, voulue pour elle-même par un personnage comme Garine (*les Conquérants*). Antithèse de Borodine, bolchevik discipliné et prosaïque (« La Révolution, c'est payer l'armée »), Garine ne s'attarde guère au « fatras doctrinal » d'une idéologie : le besoin d'imposer sa pensée en révolte contre toutes les atteintes à la dignité humaine surgit d'une « volonté d'être » anxieuse de s'objectiver avant de retourner au néant. De même, l'expédition que lance Perken dans la jungle (*la Voie royale*), sa frénésie de « laisser une cicatrice sur cette carte » répondent à la hantise du vieillissement, figure rampante de la Mort.

Auprès de ces héros solitaires (« exister séparé des autres... ») dont la pensée se traduit aussitôt en actions impérieusement imposées par des ordres brefs lancés en style télégraphique, Malraux place des « témoins » : par le dialogue, le regard, le narrateur des *Conquérants,* ou Vannec, le compagnon de Perken, métamorphose les aventuriers en figures symboliques, les profilant contre la toile de fond d'un Orient dont l'exotisme découpé en flashes cinématographiques sonorisés (« claquement assourdi de socques solitaires » ; « crépitement de dominos » ; « coups de gong et, de temps en temps, le miaulement du violon monocorde ») compose un décor étranger à la vie intérieure du héros, avec des plages de silence qui accusent l'irrémédiable solitude de celui-ci au sein d'un cosmos muet. Décor insolite aussi que cette jungle « farfelue », avec ses formes bizarres, où erre Perken « hors du monde dans lequel l'homme compte ».

« Héros sans cause », dira de Perken le Malraux des *Antimémoires* : à l'instar de Garine, ce personnage représente, dans l'œuvre achevée de l'écrivain, un type de héros prêt à tout risquer « pour une sorte de saisie fulgurante de son destin » (*Antimémoires*). Malgré leur échec final, la présence du « témoin » transfigure par le discours l'action de ces êtres asociaux, leur apportant une amitié virile annonciatrice d'une plus vaste solidarité : car les romans de Malraux progressent par avancées successives, intégrant l'acquis du roman antérieur orchestré de nouvelles harmoniques. Ainsi *la Condition humaine* et *l'Espoir,* romans du salut par le « faire », comme les précédents, exaltent désormais une action devenue fraternelle et collective, chacune de ces œuvres enrichissant ce thème majeur d'adjonctions originales.

Couronnant le cycle d'Extrême-Orient, *la Condition humaine* accomplit les promesses des *Conquérants* : mêmes « héros en qui s'unissent l'aptitude à l'action, la culture et la lucidité », même violence, même exotisme (« petits marchands semblables à des balances avec leurs deux plateaux au vent et leurs fléaux affolés ») s'effaçant soudain pour nier, dans la sérénité éternelle de quelque paysage nocturne, « toutes les inquiétudes, toutes les douleurs des hommes ». Mais *la Condition humaine* introduit sa révélation propre : en affrontant une mort de leur choix, les personnages trouvent un moyen de vaincre le Destin sur le terrain de sa plus accablante puissance. En même temps, l'exemplarité de leur trépas, par un mouvement de reflux, confère enfin à leur vie ce « sens » contesté par le silence de Dieu. Aussi les protagonistes porteurs du message malrucien (Occidentaux ou, comme Kyo, de sang-mêlé) vont-ils périr d'une mort volontaire et signifiante (« Mourir est passivité, mais se tuer est un acte ») tandis que l'écrivain laisse le bouffon Clappique patauger dans l'indécision (symbolisée par les « hésitations » de la boule entre les alvéoles rouges et noirs de la table de jeu), puis le sauve, pour mieux l'abandonner au monde farfelu de l'absurde. Dans une tension ascendante, la mort la plus chargée de symboles, celle de Katow acceptant lucidement la torture pour l'épargner à son prochain, clôt une série héroïque, incarnant à la fois une surhumanité cornélienne et la compassion johannique.

L'Espoir obéit à une même structure : amplification de l'acquis (l'action, la solidarité, la signification de la mort) ; dichotomie de l'environnement (décor familier des « cheminées qui fument », loin des combats, et, soudain, ciel pascalien où tourne un avion « comme une minuscule planète perdue dans l'indifférente gravitation des mondes ») ; adjonction d'un thème original : par son titre, par son dénouement qui épargne les héros principaux (Magnin, Manuel, Garcia), *l'Espoir* annonce un salut autre qu'une sublimation de la mort. Comme dans *les Noyers de l'Altenburg,* le thème de la germination, introduit par la métaphore répétitive de l'arbre fruitier (« vergers aux inépuisables renaissances », « vagues de vignes », noyers, pommiers entourés de leurs fruits morts mais « pleins de germes »), donne à penser que la solidarité pourrait dépasser les limites d'une génération pour féconder la suivante. Parallèlement, les dialogues sur l'art, déjà présents dans les romans antérieurs, ne se déroulent plus en marge de l'action. Une fusion s'opère – en des personnages comme Manuel, le milicien-ingénieur du son, et Scali, l'aviateur, spécialiste de Piero Della Francesca – entre l'action et la réflexion esthétique, l'écrivain-combattant lui-même quittant parfois le masque de la fiction pour interpeller le lecteur, en tête d'un paragraphe : « Y a-t-il un style des révolutions ? »... La méditation sur le Destin aborde le seuil d'une révélation formulée dans *les Noyers de l'Altenburg,* en même temps qu'avec ce dernier texte s'achève le cycle romanesque malrucien. Riche de tous les thèmes antérieurs modulés dans un ample lyrisme comparable à l'éloquence des dernières pages de *l'Espoir* (en particulier le thème de la solidarité, dans le célèbre épisode de la première attaque allemande par les gaz à Bolgako sur la Vistule, en 1916, passage reproduit textuellement dans *Lazare*), ce roman inachevé mêle à des dialogues philosophiques la saga d'une famille alsacienne, les Berger. Mais il relate aussi l'expérience subjective du phénomène de « métamorphose », qui, conceptualisé, focalise la doctrine malrucienne de l'art. Sous le coup du « fléau » millénaire qui prend en 1940 la figure de la débâcle, des prisonniers aux visages moyenâgeux d'hommes mal rasés sont entassés sous la nef de la cathédrale de Chartres, évoquant soudain, aux yeux du narrateur, les foules chrétiennes qui naguère y cherchaient déjà refuge. La foi d'antan, âme de la cathédrale, est à jamais disparue, mais le vaisseau, d'abri devenu prison, subsiste dans sa splendeur gothique. Le même sentiment de dérive saisit Vincent Berger émergeant de la fosse où s'est abîmé son char, traversant des villages vidés par l'exode mais jonchés de modestes outils fabriqués de main d'homme, seuls vestiges d'une présence humaine volatilisée avec l'avance de l'ennemi. Dans ces formes abandonnées, dans la cathédrale, comme dans telle statue gothique circule une vie sous-jacente, « métamorphosée » en ces œuvres projetées dans un monde sur lequel le temps, semble-t-il, a perdu prise.

Cette expérience prélude à la lutte que Malraux, pendant les vingt années suivantes, poursuivra contre les contraintes du Destin, mais en se plaçant dorénavant sur le terrain de l'art.

Le mythe rédempteur

De même que *le Musée imaginaire* n'est en aucune façon une anthologie de la peinture et de la sculpture mondiales, de même la grande épopée des formes développée dans *les Voix du silence* et *la Métamorphose des dieux* ne constitue nullement une histoire de l'art : dans ces textes, Malraux scrute l'aventure humaine commencée avec les images de Lascaux, cherchant par le jeu de la « métamorphose » à reconquérir cette « part d'éternité » que l'homme a perdue depuis la mort de Dieu. Dite en un vocabulaire « parareligieux », c'est toute l'eschatologie d'un mythe rédempteur que dévoilent progressivement ces écrits. Comme l'eschatologie chrétienne, cette doctrine des fins dernières s'appuie sur l'opposition entre deux mondes. Contestant l'esthétique pascalienne, Élie Faure enseignait déjà qu'une œuvre d'art ne se borne pas à l'imitation du réel : radicalisant cette idée, Malraux met un véritable acharnement à prouver que l'artiste cherche seulement « dans ce qu'il élit de l'apparence » un mode d'expression de ce qu'elle ne contient pas : le sacré, le divin, la beauté… D'où l'antagonisme qui sépare le monde des sens et le monde des « images » : peinture, sculpture, etc. Antagonisme que Malraux dit aussi dans une relation au temps : le monde des sens, soumis au Destin et à la mort, baigne dans la temporalité ; le « monde de l'art », en revanche, dont notre époque est la première à prendre conscience en tant que tel, présente un éventail de formes isolées de leur contexte culturel, mais ressuscitées par le regard contemporain qui les « métamorphose » en « objets d'art » : « Notre monde de l'art, c'est le monde dans lequel un crucifix roman et la statue égyptienne d'un mort pouvaient devenir des œuvres présentes » (la *Métamorphose*). Surgies de leur temps et en leur temps, ces formes appartiennent aussi au nôtre ; autant dire que, mettant le temps « hors de ses gonds », elles échappent à la tyrannie de Chronos.

Mais une « référence commune » restitue sa cohérence au monde où voisinent la cathédrale et le Sphinx : Malraux perçoit cette cohérence dans le millénaire « geste créateur » de l'artiste « arrachant les formes au monde que l'homme subit pour les faire entrer dans celui qu'il gouverne » (les *Voix*). Hier inconsciemment, aujourd'hui dans la lucidité (cf. les portraits respectifs de Goya dans *Saturne, essai sur Goya* et de Picasso dans *la Tête d'obsidienne*), le peintre, le sculpteur élaborent un monde qu'ils dressent contre le cosmos où les relègue le Destin : « Derrière chaque chef-d'œuvre rôde ou gronde un destin dompté » (les *Voix*) ; de même, tout grand art du passé élève contre l'angoisse de la mort les formes de ses temples, de ses fresques, de ses fétiches comme autant de défenses contre l'irrémédiable. D'où l'unité de la procession des œuvres d'art, fondée sur un pouvoir dont toutes apportent le témoignage, la victoire de « chaque artiste sur sa servitude » rejoignant « celle de l'Art sur le Destin de l'Humanité ». D'où aussi la fameuse formule de Malraux : « l'art est un anti-destin » (*ibid.*).

De prime abord, le mythe malrucien semble inverser l'eschatologie chrétienne : si le « monde de l'art » est le lieu du salut dans l'intemporel, seule paraît y accéder la matérialité d'objets (le crucifix, la statue égyptienne) isolés de la totalité qui leur insufflait une âme. Mais ces objets proviennent tous du « geste créateur », et, à travers eux, c'est le principe spirituel guidant la main de l'artiste que glorifie leur résurrection : « Semblable à lui-même depuis Sumer jusqu'à l'école de Paris, l'acte créateur maintient au long des siècles une reconquête aussi vieille que l'homme » (les *Voix*). En définitive, ne seraient exclus du paradis malrucien, c'est-à-dire de la résurrection par la « métamorphose », que les artistes dont la maigre créativité se limite à « copier des spectacles » (*id.*), ou ces hommes qui, dans la vie, préfèrent l'ordre établi à la rupture avec les valeurs du monde. Les plagiaires et les lâches, antithèses des héros malruciens.

Car ce mythe parareligieux structure aussi l'œuvre de Malraux dans son ensemble. Au sein de l'espace littéraire qui est celui de sa propre créativité se presse une Église militante rassemblant ces hommes qui ont, contre le Destin, donné lucidement un sens à leur vie, « saints, sages, héros » (les *Voix*), tels Katow, Gisors, Manuel, Magnin, récupérés dans la fiction sous forme de personnages exemplaires. Rassemblant aussi les grands hommes de l'Histoire qui symbolisent chacun, dans leur être formalisé en héros légendaire, une figure possible, puisque vécue de la résistance au Destin. Les *Oraisons funèbres, les Chênes qu'on abat, la Tête d'obsidienne* font avancer la cohorte plutarquienne des héros du non, le « non » de De Gaulle « qui dès le premier jour avait pris la résonance des grands 'non'historiques », répondant à celui de Victor Hugo « pendant vingt ans à l'Empire » et à celui de Goya… Dans l'œuvre malrucienne prend encore place une Église souffrante, celle du purgatoire chrétien, dont les tourments n'excluent pas l'espérance : coolies misérables, paysans espagnols, et surtout les femmes, que Malraux réunit habituellement en cortège : « cortège des femmes de l'Inde » (*Antimémoires*), prisonnières hurlant *la Marseillaise* au départ pour le camp d'extermination (*id.*) ; « femmes noires de la Corrèze » veillant sur le cimetière où l'on vient d'ensevelir des maquisards (*Oraisons funèbres*) : pleureuses antiques, ou suppliciées, Malraux entend monter d'elles l'écho de l'héroïsme masculin.

Mais plus l'œuvre qui totalise cette surhumanité progresse, plus son auteur l'assujettit à l'esthétique impliquée par les écrits sur l'Art, le procédé de la « déformation cohérente » (cf. *l'Homme précaire et la Littérature*) – que l'on a confondu avec la mythomanie supposée de Malraux –, faisant dériver les textes en apparence les plus « illusionnistes » vers un univers propre à l'auteur et qui diffère des apparences « pour rivaliser avec elles ». Déjà une querelle avait opposé Trotski lisant *les Conquérants* comme un document, à Malraux lui répliquant que son livre, soumis « aux conditions d'une création artistique », n'était pas « une chronique romancée ». L'« illusionnisme » des romans n'est que de façade : agissant en artiste, Malraux sélectionne dans l'apparence les éléments permettant d'y insérer l'interrogation métaphysique. Ce qui explique le penchant de l'auteur pour ces situations révolutionnaires condamnant les héros à un inévitable affronte-

ment avec le Destin, ces dialogues indécis, ces méditations « en entonnoir », ces paysages dont la finalité est plus métaphysique que descriptive, ces morts spectaculaires « entièrement inventées » mais symbolisant le tragique de la condition humaine. Avec l'entrée des personnages historiques et des figures d'artistes qui peuplent les écrits esthétiques, le discours malrucien écarte aussi résolument le portrait qu'il a banni le reportage. La vérité selon les apparences, le mot à mot d'un dialogue, la sincérité ponctuelle sont concurrencés par une autre vérité, où le personnage « devient un mythe suscité par ses œuvres » (*Antimémoires*). D'où cette chanson de geste dans laquelle Malraux exerce par le questionnement et le regard une maïeutique qui délivre les héros de leur légende, l'envol de l'imaginaire ne perdant jamais ce point d'ancrage dans la réalité quotidienne (cf. l'épisode du déjeuner avec Mme de Gaulle dans *les Chênes qu'on abat*...) sans lequel l'épopée se diluerait dans la fable. Ainsi dans l'espace littéraire où Malraux inscrit leur histoire, les héros historiques se dressent comme les statues d'une cathédrale : Mao, « raide comme s'il ne pliait pas les jambes [...] a l'équilibre mal assuré de la statue du Commandeur » (*Antimémoires*) ; de Gaulle, « dressé comme un menhir » (*les Chênes*...) – l'exactitude de l'observation dissimulant à peine le message légendaire que capte la métaphore. Désormais, soustraits hiératiquement à la temporalité, distanciés de l'apparence dans une œuvre qui émane d'une force de création puissante et délibérée, les héros sont « métamorphosés » en objets d'art : l'œuvre de Malraux est un musée imaginaire.
Elle renvoie de son auteur un reflet ombré par la même esthétique : il n'y livre de lui-même qu'une image sélective, voire immatérielle – comme ce « fantôme de chat » rival de celui d'Alice « qui ne se matérialisait jamais et dont on ne voyait jamais qu'un ravissant sourire de chat » (*la Condition humaine*). Largement écrite à la première personne, nourrie des aventures d'une existence hors du commun, l'œuvre malrucienne se détourne délibérément du « monstre incomparable, préférable à tout, que tout être est pour soi » (*id.*), ne laissant filtrer que de rares aveux ; allusion cursive aux tragédies qui ont ravagé la vie de l'auteur (« presque tous ceux que j'aime ont été tués dans des accidents », *Lazare*) ; aucune à ses amours ; peu d'allusions à l'amour en général ; peu de couples – à l'exception de celui de Kyo et de May, dont Malraux retient surtout la relation exemplaire de partenaires égaux, trouvant sa vérité dans la « fraternité de la mort ». Un acharnement même, dans la nuit solitaire de la Salpêtrière (*Lazare*), à chasser le « je-sans-moi », le « bilan de la vie », le « vertigineux passé de la noyade ». Le malade se répète : « Qu'importe ce qui n'importe qu'à moi ? », le « Qui suis-je ? » s'effaçant résolument derrière le « Qu'est-ce qu'une vie ? ». Seule confession que Malraux s'autorise : la description du sentiment éprouvé à plusieurs reprises de « revenir sur la terre » (« Ce matin, je ne suis que naissance... », les *Noyers*) dont *Lazare* est l'ultime et bouleversante version. Mais la fascination que ces épiphanies exercent sur l'auteur surgit de l'« envoûtante conscience des siècles », cette intuition de l'infinité du temps que l'homme frôle aux deux frontières de sa vie : la naissance, la mort... Entre ces deux termes dramatisés par l'individualisme occidental qu'assume pleinement Malraux, sans doute son message le plus personnel se trouve-t-il dans ses paraphrases de la parole johannique : « Que Dieu fasse à chacun d'entre nous la grâce de consoler son compagnon » (*Antimémoires*). La fraternité demeure pour lui, avec le courage qu'elle implique, la seule parade aux désastres de notre civilisation, à défaut de cette sérénité dans la communion avec le cosmos dont l'Inde lui apporte la nostalgie (cf. *id.*). Fraternité qui enjambe les siècles et fait de Malraux l'interlocuteur de tous ceux qui ont dominé l'irrémédiable souffrance humaine par leurs actes et par leurs œuvres.

	VIE		**ŒUVRE**
1901	**3 nov. :** naissance, à Montmartre, de Georges André Malraux. Suicide, resté inexpliqué, de son grand-père.		
1914	**Première Guerre mondiale.**		
1919	Suit des cours au musée Guimet et à l'école du Louvre. Fait la connaissance de Mauriac.		
1920	Fait la connaissance de Max Jacob, Vlaminck, James Ensor, Derain, Léger. « Le Cimetière marin », de Valéry.	**1920**	Publication de son premier article : « Des origines de la poésie cubiste » dans la revue *la Connaissance*.
1921	Voyage en Italie. Mariage avec Clara Goldschmidt.	**1921**	*Lunes en papier* (Éditions des Galeries Simon). « Les Hérissons apprivoisés », dans la revue *Signaux de France et de Belgique*. « Journal d'un pompier du jeu de massacre », dans la revue *Action*. « Écrit pour une idole à trompe » (ronéotypé).
1922	Fait la connaissance de Picasso.	**1922**	« Des lapins pneumatiques dans un jardin français », dans la revue *Dés*. Collabore à *la Nouvelle Revue française*. Préface du catalogue de l'exposition Galanis.

	VIE		ŒUVRE
1923	Départ pour l'Indochine. Expédition à Banteaï-Srey (Cambodge). Arrestation à Phnom Penh. Procès.	**1923**	Préface de *Mademoiselle Monk,* de Maurras (Stock).
1924	Sursis. Retour en France. **Hitler rédige *Mein Kampf*.**	**1924**	« Écrit pour une idole à trompe », dans la revue *Accords.*
1925	Retour en Indochine. Participe au mouvement Jeune Annam. Fonde avec Paul Monin le journal *Indochine.*	**1925**	« L'Expédition d'Ispahan », dans *Indochine.*
		1926	*La Tentation de l'Occident* (Grasset).
1927	Retour en France.	**1927**	« Écrit pour un ours en peluche ». « Le Voyage aux îles Fortunées », dans la revue *Commerce.* « D'une jeunesse européenne », dans *Écrits* (Grasset).
1928	Voyage en Perse.	**1928**	*Les Conquérants* (Grasset), d'abord publié dans la *N.R.F.* *Royaume farfelu* (Gallimard), publié en 1925 dans *Indochine* sous le pseudonyme Maurice SAINTE-ROSE, et dans *Commerce,* 1927.
1930	Voyage en Afghanistan ; aux Indes. Fait la connaissance de Paul Valéry. Suicide de son père.	**1930**	*La Voie royale* (Grasset).
1931	Voyage aux États-Unis ; au Japon...	**1931**	Préface de *Méditerranée* de Charles Clément.
1932	Fait la connaissance de Paul Claudel ; de Heidegger.	**1932**	Préface de *l'Amant de Lady Chatterley* de D.H. Lawrence (Gallimard).
1933	Naissance de sa fille Florence. Survol du désert de Dhana (Yémen), en compagnie de Corniglion-Molinier. **30 janv. : Hitler devient chancelier.** **Incendie du Reichstag.**	**1933**	Préface de *Sanctuaire* de Faulkner (Gallimard). *La Condition humaine.* Prix Goncourt (d'abord publiée en extraits dans la *N.R.F.* et *Marianne*). « Récit du survol du désert de Dhana », dans *l'Intransigeant.*
1934	Se rend à Moscou au Congrès international des écrivains ; il s'élève contre l'expulsion de France de Trotski. Président du Comité mondial de libération de Dimitrov. Président du Comité mondial de libération de Thaelmann. Se rend à Berlin pour présenter une pétition en faveur de Dimitrov. Membre du présidium de la L.I.C.A. **Hitler nommé Führer.**	**1934**	Récit de sa rencontre avec Trotski, dans l'hebdomadaire *Marianne.* « L'Art est une conquête », discours prononcé au Congrès des écrivains soviétiques (*Commune,* XIII-XIV). « L'Attitude de l'artiste » (*Commune,* XV).
		1935	*Le Temps du mépris* (Gallimard). Extraits dans la *N.R.F.* Préface de *Indochine S.O.S.* d'Andrée Viollis (Gallimard).
1936	**Gouvernement du Front populaire.** **Début de la guerre d'Espagne.** Création et commandement de l'escadrille « España », auprès des forces républicaines espagnoles. Combat à Medellin, Madrid, Tolède, Teruel. Fait la connaissance, en Espagne, de J. Nehru. Rencontre, à Paris, Léon Blum. *Retour d'U.R.S.S.* de Gide.	**1936**	« Sur l'héritage culturel » (*Commune,* XXXVII).
1937	Voyage aux États-Unis pour défendre la cause des républicains espagnols. Fait la connaissance d'Hemingway à Princeton ; d'Einstein ; d'Oppenheimer ; de Bernanos.	**1937**	*L'Espoir* (Gallimard). Extraits dans la *N.R.F.* et *Ce soir.* « Psychologie de l'art », dans la revue *Verve.*

	VIE		ŒUVRE
1938	**L'Anschluss.** Tournage du film *l'Espoir (Sierra de Teruel).*		
1939	**Fin de la guerre civile en Espagne.** **Seconde Guerre mondiale.** S'engage dans les chars.	1939	« Laclos », in *Tableau de la littérature française (XVIIe-XVIIIe siècles),* préfacé par André Gide (Gallimard). Ce texte sera également publié en préface aux *Liaisons dangereuses* (Lausanne, éd. Rencontre, 1953).
1940	Fait prisonnier. Évasion grâce à son demi-frère Roland. Gagne la zone libre.		
1941	Revoit Gide ; Drieu La Rochelle. Rencontre Sartre, Lacan.	1941	« La Fosse à tanks », dans *les Lettres françaises,* à Buenos Aires.
1942	La Gestapo détruit par le feu le manuscrit de *la Lutte avec l'ange,* dont ne subsistera que la Ire partie : *les Noyers de l'Altenburg.*	1942	*La Lutte avec l'ange.* Ire partie : *les Noyers de l'Altenburg* (Lausanne, 1943). Extraits précédemment publiés dans *les Lettres françaises* (Buenos Aires, 1941) et dans *Fontaine* (1943).
1943	Premiers contacts avec la Résistance en Corrèze et en Dordogne.	1943	*Les Noyers de l'Altenburg* (Lausanne).
1944	Sous le nom de « colonel Berger », commande les F.F.I. du Lot. Capturé, blessé à Gramat. Prisonnier à Saint-Michel (Toulouse). Mort de son demi-frère Claude. Mort accidentelle de Josette Clotis, mère de ses deux fils. Crée la brigade Alsace-Lorraine. Se bat dans l'est de la France jusqu'à Strasbourg. Rencontre le général Leclerc.		
1945	Légion d'honneur, remise par le général de Lattre. Mort de son demi-frère Roland. Fait la connaissance de Koestler. Revoit Picasso. Rencontre le général de Gaulle. Le film *l'Espoir* reçoit le prix Louis-Delluc. **Capitulation allemande.** **Bombes atomiques sur Hiroshima et Nagasaki.** **Gouvernement de Gaulle.** Ministre de l'Information.	1945	Préface du catalogue *Peintures et sculptures de Fautrier.* *Œuvres complètes* (Genève, Skira).
1946	**Départ de De Gaulle.**	1946	*N'était-ce donc que cela ?* (Éditions du Pavois). *Scènes choisies* (Gallimard). *Esquisse d'une psychologie du cinéma* (Gallimard).
1947	Membre du R.P.F. Nombreux discours.	1947	Préface de *Dessins de Goya au musée du Prado.* *Le Musée imaginaire* (Skira). Entrée de Malraux dans la Bibliothèque de la Pléiade (Gallimard) : *Romans,* rassemblant *les Conquérants, la Condition humaine, l'Espoir.*
1948	Épouse Madeleine Lioux, la veuve de son demi-frère Roland.	1948	*La Création artistique* (Skira). *Les Noyers de l'Altenburg* (Gallimard).
		1949	*La Monnaie de l'absolu* (Skira).
		1950	*Saturne, essai sur Goya* (Gallimard).
1951	Membre du Conseil des musées de France.	1951	*Les Voix du silence* (Gallimard).
		1952	Préface de *Van Gogh et les peintres d'Auvers,* de M. Florissoone. Préface de *Qu'une larme dans l'Océan* de Manès Sperber (Calmann-Lévy). *Tout l'œuvre peint de Léonard de Vinci* (Skira) sous la direction de A. Malraux.

	VIE		ŒUVRE
			(suite 1952) *Tout Vermeer de Delft* (*id.*). « La Statuaire » (tome I du *Musée imaginaire de la sculpture mondiale*) [Gallimard]. « Occidentaux, quelles valeurs défendez-vous ? » (journal *Carrefour*).
1954	Discours à New York. **Début de la guerre d'Algérie.**	**1954**	Préface de *Saint-Just ou la Force des choses* d'Albert Ollivier (Gallimard). « Des bas-reliefs aux grottes sacrées » (tome II du *Musée imaginaire de la sculpture mondiale*) [Gallimard].
1955	Fonde la collection « l'Univers des formes » (Gallimard).	**1955**	Préface des *Manuscrits à peintures en France* (catalogue exposition B.N.). Préface du *Sang noir* de Louis Guilloux (Club du Meilleur Livre). Préface de *Israël* de Lazar et Izis (Lausanne, La Guilde du Livre). « Le Monde chrétien » (tome III du *Musée imaginaire de la sculpture mondiale*).
		1957	*La Métamorphose des dieux,* tome I.
1958	**Mai : retour au pouvoir de De Gaulle.** Ministre-délégué auprès de la présidence du Conseil. Conférences de presse, nombreux discours en France, en Iran, aux Antilles, au Japon. Revoit Nehru. Rencontre l'empereur du Japon.	**1958**	« Commémoration de la Libération de Paris » (dans *Oraisons funèbres*).
1959	Ministre d'État chargé des Affaires culturelles. Discours en Algérie, au Brésil, en Grèce. Rencontre Saint-John Perse.	**1959**	« Hommage à la Grèce » (dans *Oraisons funèbres*).
1960	Voyage au Mexique. Prend part à la campagne de sauvegarde des monuments de Nubie (discours à l'Unesco). Fait la connaissance du docteur Schweitzer à Lambaréné. Discours à l'occasion de l'indépendance du Tchad, du Gabon, du Congo, de la République centrafricaine.	**1960**	Préface du catalogue *les Trésors de l'Inde.* Préface de *Sumer* d'André Parrot. « Pour sauver les monuments de Haute-Égypte » (dans *Oraisons funèbres*).
1961	Mort accidentelle de ses deux fils.	**1961**	Préface du catalogue *Sept Mille Ans d'art en Iran* (exposition Grand Palais, Paris).
1962	Attentat de l'O.A.S. contre Malraux. **Fin de la guerre d'Algérie.**		
1963	*La Joconde* à Washington. Funérailles de Georges Braque (discours). Voyage au Canada.	**1963**	« Funérailles de Georges Braque » (dans *Oraisons funèbres*).
1964	Commémoration de la mort de Jeanne d'Arc (discours). Transfert des cendres de Jean Moulin (discours, en présence du général de Gaulle). Inauguration de la Maison de la culture de Bourges (discours).	**1964**	« Commémoration de la mort de Jeanne d'Arc » (dans *Oraisons funèbres*). « Transfert des cendres de Jean Moulin au Panthéon » (dans *Oraisons funèbres*).
1965	Voyage en Chine. Rencontre Mao Tsé-toung et Chou En-lai. Retour par l'Inde. Funérailles de Le Corbusier (discours).	**1965**	« Funérailles de Le Corbusier » (dans *Oraisons funèbres*).
1966	Inauguration du Ier Festival mondial des arts nègres (Dakar).		

VIE		ŒUVRE	
1967	Entretiens télévisés avec R. Stéphane.	**1967**	*Antimémoires* (Gallimard).
1968	Voyage en U.R.S.S.		
1969	**Démission du général de Gaulle.** **Georges Pompidou élu président de la République.** Malraux habite désormais Verrières-le-Buisson. Mort de Louise de Vilmorin. Dernière visite au général de Gaulle retiré à Colombey-les-Deux-Églises.		
1970	**Mort du général de Gaulle.**	**1970**	*Le Triangle noir* (Gallimard). Préface des *Poèmes* de Louise de Vilmorin.
1971	Appel en faveur des victimes des massacres du Bangladesh. Président-fondateur de l'Institut Charles-de-Gaulle.	**1971**	*Oraisons funèbres* (Gallimard). *Les Chênes qu'on abat...* (Gallimard). Préface de *la Querelle de la fidélité* d'Edmond Michelet.
1972	Voyage à Washington. (Séjourne à la Maison-Blanche chez le président Nixon.) Hospitalisation.	**1972**	Préface du *Clou brûlant* de José Bergamin (Plon). Préface de *Céramiques. Sculptures de Chagall.* *Antimémoires*, nouvelle édition.
1973	Voyage en Inde. Voyage au Bangladesh. Inauguration de l'exposition André Malraux à la Fondation Maeght. Oraison funèbre au plateau des Glières.	**1973**	Préface du *Livre du souvenir* consacré à Charles de Gaulle (Club Iris). Préface du tome IV des *Cahiers* d'André Gide (Gallimard). Préface de *l'Enfant du rire* de Pierre Bockel (Grasset). Préface de *la Revue de l'art*, numéro consacré à Fontainebleau. *Roi, je t'attends à Babylone* (Skira), illustré par Dali.
1974	**Mort du président Pompidou.** Soutient la candidature à l'Élysée de J. Chaban-Delmas. **Valéry Giscard d'Estaing élu président de la République.** Voyage à New Delhi. Reçoit le prix Nehru de la paix. Discours sur la biologie, adressé au professeur Hamburger lors de la remise d'épée d'académicien à celui-ci.	**1974**	*La Tête d'obsidienne* (Gallimard). *Lazare* (Gallimard). « L'Irréel » (tome II de *la Métamorphose des dieux*) [Gallimard]. Préface du *Journal d'un curé de campagne* de Bernanos (Plon).
1975	Discours devant la cathédrale de Chartres à l'occasion du 30e anniversaire de la libération des déportés. Discours sur le général de Gaulle (5e anniversaire de sa mort). Voyage en Haïti.	**1975**	*Hôtes de passage* (Gallimard). Préface de *l'Indépendance de l'esprit*, correspondance Guéhenno-Rolland (Gallimard).
1976	**23 nov. :** Malraux meurt à l'hôpital Henri-Mondor (Créteil).	**1976**	Préface du catalogue de l'exposition *les Oiseaux et l'Œuvre de Saint-John Perse.* Postface de *Malraux, Être et dire,* ouvrage collectif dirigé par Martine de Courcel (Plon). *La Corde et les Souris* (Gallimard). *Le Miroir des limbes* (Gallimard, La Pléiade), ouvrage rassemblant : I, *Antimémoires* ; II, *la Corde et les Souris.* Sous ce dernier titre, on retrouvera : *Hôtes de passage ; les Chênes qu'on abat ; la Tête d'obsidienne ; Lazare.* Sont ajoutées, en appendice, *les Oraisons funèbres.* « L'Intemporel » (tome III de *la Métamorphose des dieux*) [Gallimard].
		1977	*Et sur la Terre...* (Maeght), illustré par Chagall. *L'Homme précaire et la littérature* (Gallimard). *Le Surnaturel* (réédition du Ier tome de *la Métamorphose des dieux* dans le même format que « l'Irréel » et que « l'Intemporel ») [Gallimard].
		1978	*Saturne, le Destin, l'Art et Goya* (texte de 1950, revu en 1975) [Gallimard].
1996	**23 nov. :** transfert des cendres au Panthéon.		

La Condition humaine

Troisième volet du cycle d'Extrême-Orient, *la Condition humaine* (1933) se développe sur deux plans : le plan horizontal est celui du récit événementiel, dit à la troisième personne, coupé de dialogues rapides (rappelant ceux des *Conquérants*), où s'échangent mots d'ordre et renseignements tactiques. L'autre plan, vertical, introduit la dimension métaphysique : élargi, le rythme des dialogues s'accorde alors à une méditation sur le Destin, le courant de la conscience, toujours rapporté à la troisième personne, se creusant soudain en spirale sous l'effet d'une vision tragique de la condition humaine. Symbolisée par l'image persistante du cercle, la situation où l'insurrection enferme les héros n'offre d'autre issue qu'une mort héroïque authentifiant pour chacun ses valeurs suprêmes. Mais, sous le poids du deuil ou du danger, le sentiment de la précarité humaine gagne les personnages de second rang (May, épouse de Kyo ; Gisors, père de celui-ci) ou situés en coulisse (Clappique), les contraignant à des réajustements, les uns cherchant « de nouvelles raisons de supporter et d'agir », les autres, à sauver leurs intérêts ou leur peau.

SYNOPSIS

À Chang-hai, au printemps de 1927, une insurrection communiste se prépare tandis que les forces du Kouo-min-tang marchent sur la ville, encore tenue par la bourgeoisie nordiste. Les communistes apprennent qu'aussitôt Chang-hai prise, Chang Kai-chek les lâchera. Mais le parti, décidé à ménager momentanément le chef du Kouo-min-tang, interdit aux militants de s'opposer à celui-ci : ils devront rendre leurs armes, s'offrant ainsi à la répression, les rescapés des exécutions subissant le supplice d'être jetés vifs dans le foyer d'une locomotive.

Le roman est composé de deux séquences courtes – naissance et triomphe de l'insurrection (Ire et IIe parties) ; répression et attente des condamnés dans un préau, d'où ils seront conduits au supplice (IVe, Ve et VIe parties) – séparées par le récit de la mission du communiste Kyo à Han-k'eou, où se décide le sort des insurgés (IIIe partie). Un bref finale (VIIe partie) transporte le lecteur à Paris et au Japon, d'où les événements de Chang-hai commencent à s'estomper. Parmi les scènes les plus célèbres : le meurtre par l'anarchiste Tchen d'un marchand d'armes endormi sous une moustiquaire (Ire partie) ; l'attentat contre la voiture de Chang Kai-chek (IVe partie) ; la partie de boule du baron de Clappique (Ve partie) ; l'attente des condamnés dans le préau avec le suicide de Kyo et le départ de Katow vers le supplice (VIe partie).

L'habile insertion de l'imaginaire dans le contexte historique pourrait faire penser à un reportage. Mais *la Condition humaine* est surtout un texte initiatique. Écoutant, au début du récit, un message enregistré, Kyo s'étonne de ne pas reconnaître sa propre voix. Sous l'effet cathartique de la violence révolutionnaire, chacun aura le tragique privilège de « s'entendre soi-même », délivré de cette part de la condition humaine que le narrateur le charge d'incarner : irresponsabilité d'un Clappique laissant passer, dans une maison de jeu, l'heure d'un rendez-vous vital ; ivresse de la « possession complète de soi-même » (Tchen) ; lucidité de Kyo ; mais surtout fraternité d'un Katow faisant don à un jeune militant du cyanure qui lui épargnerait la torture.

La réussite du roman tient à un jeu subtil entre l'illusion réaliste et les références symboliques. Divers procédés favorisent la première : le cumul de traits contradictoires accusant la vérité d'un caractère (jalousie masculine de Kyo ; dureté de l'homme d'affaires Ferral, alliée au dépit de l'amoureux, etc.) ; le comique de certaines anecdotes (la fuite de Clappique se glissant à bord d'un paquebot à la faveur d'un déguisement) ou le vécu subjectif d'épisodes dont la violence s'intensifie par la minutie des observations (attentat de Tchen). Mais, si la vérité des caractères et des situations s'impose fortement, le discours principal médiatise, sous ses différentes figures, l'angoisse humaine devant l'inéluctabilité de la souffrance et de la mort.

L'Espoir

Ordonné par la conjoncture historique, *l'Espoir* (1937), pas plus que *la Condition humaine,* ne comporte d'intrigue. Le découpage du récit en brefs épisodes est déjà l'œuvre d'un cinéaste filmant à chaud une aventure décentrée d'où se détachent des personnages ambivalents (comme tous les héros malruciens), engagés dans l'Histoire mais la transcendant par une réflexion éthique (« transformer en conscience une expérience aussi large que possible ») ; décalage perceptible dans les dialogues. Lorsqu'ils font la guerre, oublieux de leurs différences idéologiques, les héros s'accordent sur la primauté de l'action, la discutant en termes d'efficacité technique. Mais, dans l'intervalle des combats, chacun retrouve ses convictions et son tempérament propre, l'imminence du danger produisant de vertigineuses prises de conscience où sont remises en question les valeurs morales, esthétiques, religieuses : que valent un tableau « à côté de grandes taches de sang », « les mots, en face d'un corps déchiqueté », l'Évangile, pour des paysans affamés ? Dialogues sans conclusion, atteignant la tension des insolubles interrogations platoniciennes sous la lumière crue de la souffrance et de la mort.

SYNOPSIS

L'Espoir reflète l'évolution des premiers mois de la guerre civile entre Franco et les républicains espagnols, auprès desquels Malraux combat. « L'Illusion lyrique » (Ire partie) ressuscite l'atmosphère initiale de fête violente et fraternelle (« les poings levés et les *salud* : la nuit n'était que fraternité »), l'enthousiasme des volontaires étrangers, dont le narrateur trace les portraits fortement individualisés face à un ennemi fasciste sans figure (« les Maures »), l'horreur des premiers massacres. Mais l'expérience transforme bientôt les idéalistes de la liberté (l'ingénieur Magnin, l'ethnologue Garcia, l'historien d'art Scali...) en techniciens de la guerre moderne : une force disciplinée organise l'« apocalypse », livrant de durs combats, notamment devant Tolède. La IIe partie, « le Manzanarès » (du nom du cours d'eau reconquis par les républicains avec le soutien des internationaux), tire la leçon de ces coûteuses batailles : la fraternité n'a de sens que dans l'action concrète. Mais la « cohue affolée » du peuple espagnol continue à subir, comme du temps de Goya, les « désastres » de la guerre. Intitulée « l'Espoir », la IIIe partie se place dans la perspective de la victoire républicaine de Guadalajara (mars 1937). Magnin a rempli sa tâche : des avions modernes remplacent les machines rafistolées des premiers combats. Le roman se termine sur une espérance qui dépasse celle du succès des armes : les liens de camaraderie héroïque noués entre des hommes très divers laissent entrevoir une conciliation possible entre une vocation personnelle et le service d'une noble cause.

Immortalisée par une séquence du film, une des dernières scènes atteint une grandeur épique : les civières où reposent des aviateurs blessés progressent le long de la gorge de Linarès, avec les montagnards accourus à leur secours. L'image du « pommier debout au centre de ses pommes mortes » disposées « en anneau pourrissant et plein de germes » évoque l'éternel retour du tragique millénaire, mais aussi l'invincible espérance humaine.

Le tragique de ce questionnement ressort violemment contre les horizons dénudés de l'Espagne – plateau « couleur de sable », « sérénité de roche » d'où l'homme se sent exclu. Certaines scènes baignent dans un onirisme souligné par une écriture surréaliste (« petit chat mousseux » frôlant de ses moustaches un cadavre ensanglanté ; « taureaux nonchalants », « sanglots clandestins », etc.) et par le procédé des vues d'avion combinées avec des métaphores déréalisantes : « Il ne voyait que des taches kaki fuyant la route sous les points blancs des turbans comme des fourmis affolées emportant leurs œufs ».

L'Espoir occupe une position charnière entre le cycle d'Extrême-Orient et *les Noyers de l'Altenburg,* lesquels marquent la conversion de Malraux à l'idée nationale. Après *la Condition humaine,* roman de l'échec, dont les héros ne peuvent dominer le Destin qu'en choisissant leur mort, dans *l'Espoir* en revanche l'auteur, enrichi par l'expérience, humanise ses personnages, amplifiant et diversifiant les thèmes de leurs débats, dénonçant, par son approche perspectiviste, la vanité des idéologies, mais laissant pressentir que l'audace étayée de maîtrise technique accorde une chance à l'homme dans sa lutte contre le Destin.

Le Musée imaginaire

Plus de 175 reproductions en noir et en couleur. Des chefs-d'œuvre photographiés dans le monde entier. Et pourtant ce recueil (1947) n'est pas une anthologie. Texte théorique où alternent envolées lyriques et formules concises, relativement court par rapport à l'abondante iconographie, il introduit les thèmes essentiels des écrits esthétiques de Malraux, s'ordonnant autour de trois événements : l'apparition des musées au XIXe siècle ; la vulgarisation de la reproduction photographique ; l'avènement de l'art moderne ; les deux premiers, par la transformation de la notion d'« art », préparant le surgissement du troisième.

Apparition des musées : à cette occasion s'établit une relation nouvelle entre le visiteur et les collections exposées. En arrachant « leur fonction aux œuvres qu'il réunissait » (la Vierge gothique à la cathédrale, etc.), le musée les « métamorphose » en objets d'art. Exclues de l'ensemble dont elles tiraient leur signification primitive (représentation du sacré, du divin, etc.), elles sont intégrées à un univers autonome, situé hors du temps qui engloutit les cultures : le « monde de l'art ».

Mais l'essor de la photographie, en diffusant largement les reproductions (« les arts plastiques ont inventé leur imprimerie »), étend bientôt la « métamorphose » aux chefs-d'œuvre de toutes les cultures qu'absorbe, en relativisant la nôtre, un « monde de l'art » à l'échelle planétaire : grâce à d'innombrables albums, « un musée imaginaire sans précédent s'est ouvert », métamorphosant sous le regard de notre génération « l'héritage du monde ». Métamorphose où l'auteur aperçoit une des innovations majeures de notre temps : la première à prendre conscience de l'art en tant que tel, dégagé de toute autre signification, notre époque privilégie dans tout chef-d'œuvre le « geste créateur » de l'artiste élaborant, hors du monde de la nécessité, un univers de liberté.

L'art moderne naît le jour où l'artiste « indépendant » de tout académisme (Manet, avec l'*Olympia*...) revendique ce geste créateur, prenant la décision délibérée de « tout soumettre à son style ».

En définitive, du *Musée imaginaire* rayonnent plusieurs sens. L'ouvrage peut être feuilleté comme un recueil d'images éclectique. Mais son titre provocant définit aussi le schème médiateur qui fonde tout à la fois la notion d'art moderne et sa pratique (Picasso). Enfin, ni inventaire ni surtout « palmarès », il raconte une aventure humaine : sous la multiplicité des formes arrachées au temps par la « métamorphose », *le Musée imaginaire,* sans égard pour les styles ou les époques, dit une même conquête de l'homme sur le Destin.

Écrits sur l'art

« **C**e qui compte essentiellement pour moi, c'est l'art. Je suis en art comme on est en religion », confie Malraux à Roger Stéphane (2 février 1945). Et, de fait, l'art se trouve au centre des préoccupations, voire des aventures de l'auteur. Pas un de ses ouvrages, essai ou roman, qui n'aborde les problèmes d'esthétique : à travers les dialogues de ses héros de fiction (Kama et Gisors dans *la Condition humaine,* Alvear, Scali et bien d'autres dans *l'Espoir,* Kassner et Anne dans *le Temps du mépris*...), s'opère progressivement une mise au point de la doctrine malrucienne. Mais c'est dans *les Noyers de l'Altenburg* que le projet du romancier coïncide le plus fidèlement avec celui de l'esthéticien : par le discours sur les cultures, leur signification et leur renaissance, mais surtout par une adhésion explicite à la liberté formelle de la composition romanesque répondant à celle de l'artiste moderne tel que le définit Malraux.

En 1937, l'auteur publie une « Psychologie de l'art » (revue *Verve*), titre sous lequel il rassemble ensuite *le Musée imaginaire* (1947), qui contient la formulation la plus concise des concepts commandant la doctrine ultérieure, *la Création artistique* (1948) et *la Monnaie de l'absolu* (1949). Plusieurs études, notamment *Saturne, essai sur Goya* (1950), un Goya précurseur de l'esthétique malrucienne, s'intercalent entre la première trilogie et *les Voix du silence* (1951), recueil des textes de la *Psychologie*, revus et augmentés des *Métamorphoses d'Apollon* (édition définitive en 1964). Malraux dirige aussi la publication d'albums chez l'éditeur Skira (*Tout l'œuvre peint de Léonard de Vinci*, 1952 ; *Tout Vermeer de Delft*, 1952, etc.), publiant simultanément chez Gallimard *le Musée imaginaire de la sculpture mondiale*, en trois tomes : « la Statuaire » (1952), « Des bas-reliefs aux grottes sacrées » (1954) et « le Monde chrétien » (1955), avec une iconographie classée chronologiquement par régions culturelles – le plus pédagogique des ouvrages de Malraux mais fidèle, doctrinalement, à l'introduction du *Musée imaginaire*.

Fondateur de la collection « l'Univers des formes » (Gallimard), Malraux commence chez le même éditeur la publication d'une nouvelle trilogie, *la Métamorphose des dieux* (tome I, 1957, réédité sous le titre « le Surnaturel » 1977), toujours somptueusement illustrée, complétée, après l'interruption des années de participation au gouvernement, par « l'Irréel » (tome II, 1974) et « l'Intemporel » (tome III, 1976). Dans le sillage du *Musée imaginaire, la Métamorphose des dieux* développe, à travers une histoire des styles confrontés en de fulgurantes antithèses, la théorie de l'artiste-démiurge dont l'acte créateur fait surgir, partout où il se manifeste, un monde autonome transcendant celui des apparences. Histoire discontinue aux brusques mutations telles que l'avènement de l'art moderne marqué par une prise de conscience de ce pouvoir millénaire que l'artiste assume désormais.

Ministre d'État chargé des Affaires culturelles, Malraux préface maints catalogues (*les Trésors de l'Inde*, 1960 ; *Sept Mille Ans d'art en Iran*, 1961, etc.), prononce, dans la fidélité à ses thèmes majeurs, discours et oraisons funèbres (Braque, 1963 ; Le Corbusier, 1965…). Après la mort de Picasso, *la Tête d'obsidienne* (1974) rend un émouvant hommage au « dieu » de l'art moderne (« Dieu a fait ce qui n'existe pas. Moi aussi »), ressuscitant des entretiens où les personnalités des deux hommes s'entremêlent dans une même vision de l'art. Nourries d'une érudition et d'une mémoire plastique fabuleuses, les intuitions de Malraux émerveillent lorsqu'elles ne déconcertent pas le lecteur. Sculptures, fétiches, tableaux, vitraux, mosaïques se côtoient dans le déploiement de cet « immense éventail des formes inventées », subtilement observées (Piero Della Francesca : « l'inventeur de l'indifférence comme expression dominante des personnages ») et finalement ramenées à leur commune signification. Les écrits sur l'art proposent le plus lyrique des « dialogues » malruciens entre des milliers d'œuvres et cette voix de l'auteur qui les interroge inlassablement. Soutenu par l'emportement d'une éloquence qui rappelle parfois Chateaubriand, leur contenu théorique n'appartient qu'à l'ordre de la foi (« ils appellent une adhésion, persuadent parfois et ne prouvent point », *les Voix du silence*). Mais Malraux a sans doute composé le plus grand hymne à l'art mondial jamais écrit en langue française.

Antimémoires

Les *Antimémoires* (1967) marquent le retour à une osmose entre l'action et l'œuvre dont le Malraux de *l'Espoir* tira son prestige, intégrant, après la rupture avec le communisme, l'engagement dans la Résistance, l'adhésion au gaullisme et la participation au pouvoir. Mais elles assument en même temps la totalité de la vie et du discours de l'auteur par un réseau de références liant à l'actualité les premiers romans, les expériences de jeunesse, incluant même la dimension « farfelue » avec la réapparition de Clappique. Par leur structure formelle, les *Antimémoires* se plient à l'esthétique malrucienne : de même que l'art est un « anti-destin » rivalisant avec le monde de la nécessité, de même les *Antimémoires* créent un univers propre dont les interrogations rivalisent avec les affirmations de l'Histoire : « L'homme qu'on trouvera ici, c'est celui qui s'accorde aux questions que la mort pose à la signification du monde. »

SYNOPSIS

« J'appelle ce livre *Antimémoires* parce qu'il répond à une question que les Mémoires ne posent pas et ne répond pas à celles qu'ils posent », déclare Malraux dans une introduction (Ire section) consacrée à une réflexion sur l'autobiographie : ni confession rousseauiste ni Mémoires gaulliens (« l'exécution d'un grand dessein »), ce texte formulera les interrogations qui ont hanté une vie visitée par la violence et la mort. La narration se développe selon deux axes : d'une part, l'axe d'un voyage en Orient (1965) dont les escales répètent celles d'un voyage antérieur (1925) – Égypte, Aden, Ceylan, Inde, Singapour, Hongkong, retour en France – ; d'autre part, l'axe de l'œuvre, qui prête ses différents titres aux sections de ce nouvel ouvrage, chacune étant, par le jeu des associations, liée soit à la filiation intellectuelle et politique du narrateur, soit au pays revisité et à la réflexion qu'il suscite. Les titres attribués aux sections suivent donc une chronologie souvent à rebours du déroulement réel de l'œuvre malrucienne. Ainsi la IIe section, intitulée *les Noyers de l'Altenburg,* reproduit intégralement un fragment de ce roman de 1943 qui évoque, à travers la figure du père, celle de Nietzsche, « aimé plus que tout autre écrivain » ; de même, la IIIe section, titrée en abyme *Antimémoires,* relie Malraux à sa double filiation politique en relatant ses premières entrevues avec un de Gaulle comparé à Trotski et avec Nehru, le de Gaulle de l'Inde. La IVe section, *la Tentation de l'Occident,* correspond à l'étape indienne et au dialogue sur la réconciliation entre les valeurs de l'action et de la contemplation, confrontées dans l'essai de 1926 ; *la Voie royale,* V^e^ section, évoque Singapour et la légende de l'aventurier Mayrena ; *la Condition humaine,* VIe section, consacrée à la Chine, aux dialogues avec

Chen-yi, Chou En-lai et Mao, évoque, en conclusion, les thèmes de la violence paroxystique (la déportation) et de la fraternité. La composition de l'ouvrage se complique de récits d'aventures (épisode du survol de la capitale de la reine de Saba), de Résistance (épisode du simulacre d'exécution) ou de guerre (l'attaque des chars de 1940, transposée des *Noyers de l'Altenburg*) intercalés en sous-divisions, retraçant tous de miraculeux sauvetages. Enfin d'innombrables « je me souviens de », « je pense à » introduisent dans la narration principale des retours en arrière dans le temps ou des rapprochements dans l'espace entre lieux, paysages, personnes, œuvres d'art, etc. D'où cette structure en vagues au flux et au reflux calculés, traversés d'innombrables courants.

La variété des discours (méditations, récits, notes de voyage, fiction, entretiens, etc.) met en jeu tous les procédés de l'écriture : éloquence évoquant le lyrisme d'un Chateaubriand désabusé de la gloire (« l'éclatant poudroiement du triomphe de Ramsès » confronté à la « triste poussière qui retombe derrière les armées vaincues ») ; pittoresque, à Catayée, des fenêtres « emplies de madras » ; humour des portraits (de Gaulle : « un reflet courtois de son personnage légendaire » ; Mao, « aux paumes roses comme si elles avaient été ébouillantées ») ; formules impertinentes (les tombeaux Ming : « un Père-Lachaise confié au facteur Cheval ») ou qui conjurent l'invisible (« notre vie, comme le livret d'une musique inconnue »). Mais l'écriture est à son meilleur dans le dialogue. Sans doute parce qu'il sied à la mobilité d'une pensée qui se définit par l'interrogation (« L'homme trouve une image de lui-même dans les questions qu'il pose ») : dialogues de l'auteur avec sa propre mémoire, privilégiant les souvenirs crépusculaires des approches de la mort ; dialogue avec des hommes d'État ayant pouvoir de vie et de mort sur des millions d'hommes ; dialogue avec une survivante de la déportation, etc. À ses interlocuteurs comme à lui-même, le narrateur ne cesse de tendre « le Miroir des limbes ».

Et cependant, ce livre où rôde la mort est un hymne à la vie qui éclate dans une constante référence aux arbres (« la séculaire poussée du bois vivant ») célébrés dans la luxuriance des végétations tropicales ou la fragilité des « jeunes pousses » autour d'un noyer. Qui éclate aussi dans l'attirance de l'auteur pour cette Inde qui « ne croit pas à la vie » et pour laquelle « ce qui est sacré », pourtant, c'est la vie.

Mais le message ultime que ce livre d'une somptueuse richesse adresse aux Occidentaux se trouve sans doute dans le commentaire poignant dont, le jour de Noël, l'aumônier de Ravensbrück accompagne l'Évangile de la Naissance, prélude de l'inévitable Croix : la compassion reste la seule réponse à une question qui n'en comporte pas, car « le fond de tout, c'est qu'il n'y a pas de grandes personnes ».

Oraisons funèbres

Préfaçant le volume titré *Oraisons funèbres* (1971), où sont rassemblés, en fait, tous les discours funéraires et commémoratifs (Braque, 1963 ; transfert des cendres de Jean Moulin au Panthéon, 1964 ; etc.) prononcés pendant sa vie ministérielle, Malraux définit son esthétique de l'éloquence. En premier lieu, sacrifier l'imaginaire : « Un discours imaginaire sur la Libération de Paris, une oraison funèbre imaginaire de Jean Moulin ressembleraient-elles aux textes que voici ? ». Soigner en revanche les inflexions de la voix : l'orateur ne s'adresse plus au « lecteur » isolé, mais à une « foule ». Il doit se faire tribun. D'où ces fameux vibratos, accentués dans les dernières années par les tics faciaux, le glissement des lunettes, le ton haletant.

La composition du discours obéit aussi à une structure à peu près constante. Une première envolée lyrique enflamme l'auditoire. Puis un historique rappelle que le sujet traité échappe à l'imaginaire (cf. la « Commémoration de la Libération de Paris », 1958), mais installe dans le récit un suspense tragique qui tient le public en haleine : « Pendant les quelques jours où il pourrait encore parler ou écrire, le destin de la Résistance est suspendu au courage de cet homme » (« Jean Moulin »). Aussitôt donnés ces gages à l'événement, renaissent les thèmes chers à l'auteur. Dans le domaine de l'action, l'affinité entre héroïsme et efficacité : la Résistance est « ce monde de limbes où la légende se mêle à l'organisation » (*id.*). Dans le domaine de l'art, l'accent mis sur la liberté de l'artiste : « Il inventait des formes [...] admirablement arbitraires » (« Funérailles de Le Corbusier », 1965). Mais surtout la nécessaire transformation par le mythe de toute histoire en Histoire dont la vérité propre est la légende : « Le véritable objectif de ces combats fut bien moins de reconquérir la ville que de retrouver la France. Pour retrouver une fierté mystérieuse » (« Commémoration de la Libération de Paris »). Enfin l'envolée finale, qui emprunte souvent la figure de la prosopopée : « Cortège des ombres qui survivaient » se levant « sur ses jambes flageolantes » (*id.*) ; cohorte des « huit mille femmes françaises qui ne sont pas revenues des bagnes » marchant avec les soldats de l'an II, Carnot, Hugo, Jaurès, et Jean Moulin qui résume à lui seul « le visage de la France » (« Jean Moulin »).

Jamais l'éloquence de Malraux n'atteignit un tel éclat que dans ces décors privilégiés évoquant ses obsessions fondamentales, le passage des siècles, la mort : l'Acropole (« Hommage à la Grèce », 1959), la Cour carrée du Louvre (« Funérailles de Braque », « Funérailles de Le Corbusier »), le Panthéon enfin pour Jean Moulin.

M.-A. de Beaumarchais

MALRIEU Jean

(1915-1976)

De même que Paul Eluard, auquel il s'apparente, Jean Malrieu, qui naquit au cœur du pays cathare, pouvait inscrire au fronton de sa maison : « l'Amour, la Poésie ». Ses premiers recueils (*Préface à l'amour*, 1953 ; *Hectares de soleil*, 1971) chantent la passion et la femme, qu'ils présentent comme les intercesseurs nécessaires au poète pour restituer un ordre dans le chaos apparent du monde, renouer les liens entre le sensible et l'inerte et, contre la résignation, « allumer un feu nouveau », qui est feu de joie et de liberté. La confiance ainsi manifestée en la nature, les noces célébrées des êtres et de la terre conduisent vers, tout à la fois, une noblesse et une sagesse subversive et concrète (« La poésie doit avoir pour but la vérité pratique », est la devise de la revue *Action poétique*, que Jean Malrieu crée avec Gérald Neveu avant de fonder *Sud*) qui se déploient dans une langue simple et charnelle, aux images toujours très sûres, d'inspiration souvent surréaliste. Le lyrisme de Malrieu, rigoureux, ne laisse pas cependant d'être teinté d'un certain moralisme ; mais celui-ci ne semble jamais hautain et signale plutôt une défense face à une menace innommée qui imprègne déjà *Vesper* (1963) : du plein soleil méditerranéen à l'étoile du soir se jouent, en effet, l'approche difficile de nouvelles contrées et l'imminence d'une déchirure que la conscience aiguë de l'écoulement temporel vient aggraver. L'hymne à l'été cache ainsi un exorcisme, une conjuration – mais non une fuite, car Jean Malrieu ne cesse pas d'accepter l'éphémère, la fragilité. L'infléchissement qui se produit dans *la Vallée des rois* (1968) et dans *le Château cathare* (1971), qui amène le poète à se pencher sur son passé proche et lointain et à méditer sur les « parfaits », doit être compris non comme une rupture avec ses écrits antérieurs, mais comme une préparation, une nouvelle préface à la mort, cette fois. *Possible Imaginaire* (1975), débarrassé de tout vouloir-dire, émondé à l'extrême, rassemble les textes les plus purs, les plus douloureux et pourtant les plus sereins.

L. Pinhas

MAMMERI Mouloud

(1917-1989)

Écrivain algérien né à Taourirt-Mimoun, en Grande Kabylie. De son père, *amin* du village, il a recueilli les trésors de la tradition orale. Il apprend le français à l'école primaire, poursuit des études secondaires à Rabat puis à Alger. La guerre de 1939 le surprend au lycée Louis-le-Grand où il préparait le concours de l'École normale supérieure. Démobilisé en 1940, il est rappelé en 1942 et se bat jusqu'en 1945. Il rentre en Algérie en 1947 comme professeur de lettres classiques. Pendant la guerre de libération, il est obligé de se réfugier au Maroc. Il regagne son pays en 1962, enseigne à l'Université d'Alger et dirige le Centre de recherches anthropologiques, préhistoriques et ethnographiques du Bardo. Spécialiste de la culture berbère, il a présenté et traduit *les Isefra, Poèmes de Si Mohand ou Mhand* (1969), *Poèmes kabyles anciens* (1980) et deux volumes de contes, *Machalo* et *Tellem Chaho* (1980). Il est en outre l'auteur d'une *Grammaire berbère* (1976).

Doyen des écrivains algériens de langue française, Mammeri est l'auteur de quatre romans qui retracent l'histoire de l'Algérie contemporaine, à quatre moments successifs. L'action de *la Colline oubliée* (1952) se situe à Tasga, village de Kabylie, au début de la Seconde Guerre mondiale. Les jeunes sont divisés en deux clans : « ceux de Tasast », relativement aisés, et « la bande à Ouali », bergers ou sans travail. Le narrateur aime Aazi. Mais l'horizon est bouché, la coutume pesante, l'amour condamné. La guerre disperse ce petit monde. Dans *le Sommeil du juste* (1955), la guerre a secoué la torpeur. Le héros, Arezki, prend conscience de la situation coloniale et découvre que la France pour laquelle il s'est battu n'est pas celle qu'on lui avait enseignée. L'humanisme est une imposture qui ignore les « Indigènes ». Le vent du nationalisme commence à courir à travers les montagnes. *L'Opium et le bâton* (1965) raconte l'histoire d'une prise de conscience, celle du docteur Lazrak, au temps de la guerre de libération. Le héros abandonne sa vie bourgeoise pour rejoindre le maquis. Il voit mourir ses compagnons et raser son village : « Il n'y avait pas besoin de forcer avec les mots : la réalité passait les phrases de si loin. » *La Traversée* (1982) est une peinture sans concession de l'Algérie indépendante. Mourad, journaliste, préfère démissionner plutôt que de modifier un article jugé trop critique. Il entreprend un ultime reportage au Sahara, en pays touareg. Une traversée du désert, au propre comme au figuré. Il rentre mourir à Tasga. Mammeri est aussi l'auteur de deux pièces : *le Fœhn*, joué par le T.N.A. en 1967 (non publié), a pour thème la guerre d'Algérie ; *le Banquet* (1973) met en scène la fin des Aztèques.

Mammeri utilise le français sans complexe : « La langue française est pour moi, confiait-il en 1965, non pas du tout la langue honnie d'un ennemi, mais un incomparable instrument de libération, de communion ensuite avec le reste du monde. Je considère qu'elle nous traduit infiniment plus qu'elle ne nous trahit. » Son style est sobre, classique, au service d'une pensée. Sa vision du monde est marquée par le tragique. Il porte sur sa société un regard aigu. Les héros de ses romans sont des intellectuels qui savent analyser une situation et s'analyser eux-mêmes. Ils n'esquivent pas leurs responsabilités mais refusent tout embrigadement, comme Mammeri lui-même qui déclarait en 1967 : « L'écrivain n'est pas un fonctionnaire de l'État. »

F. Desplanques

MANCHETTE Jean-Patrick

(1942-1995)

Cet universitaire a commencé par traduire des récits américains (policiers, science-fiction) avant d'écrire lui-même, à partir de 1971, des romans noirs qui lui valent une place privilégiée parmi les auteurs de sa génération. Phénomène littéraire et sociologique, le genre policier, après la crise de 1968, semble le plus apte à manifester le scandale du quotidien, à traduire les aspirations nouvelles. Résolument moderniste, le roman noir de Manchette tire à vue sur les hommes, les idées et l'histoire, sur le genre aussi par le déploiement d'une écriture rigoureuse, protéiforme, soucieuse de son expression.

En effet, sur la base d'arguments délibérément conventionnels, il structure son récit par un jeu de correspondances, qui font éclater le sujet, sans jamais attenter à la fonction première de divertissement. On peut trouver son content dans ces intrigues socio-politiques, développées par une narration rapide, assez sèche, où ne manquent ni la violence ni l'humour. Il est aussi séduisant de répondre aux sollicitations de ces textes essentiellement référentiels : non par goût d'une connivence intellectuelle, mais parce que la quête d'une vérité menée par le lecteur passe par cette pluralité de lectures.

Honneur aux prédécesseurs, les références sont d'abord internes au genre (Hammett, Chandler...). Puis on multiplie les pistes : Baudelaire, Leiris, Reich sont les zones d'ombre et de lumière de *Laissez bronzer les cadavres* (1971, avec J.-P. Bastid) ; la bourgeoisie d'affaires de Bléville (*Fatale*, 1977) a sa filiation dans celle du XVIIIe siècle et le baron Jules renvoie au baron d'Holbach (1723-1789). La philosophie allemande est une clef de voûte de l'œuvre : Stirner, Schopenhauer surtout, donnant ainsi à l'humanité l'aspect d'une taverne d'ivrognes, d'un repaire de brigands, d'un asile d'aliénés (*Ô dingos, ô châteaux !* 1975). Il joue de toutes les techniques : multiplicité des narrateurs (*l'Affaire N'Gustro*, 1971) ; symbolique des noms propres, des tableaux (Pollock, Mondrian, etc.), de la musique jazz et classique ; grossissement d'un personnage (l'infamie du commissaire Goémond), d'un sujet comme le terrorisme d'État (*Nada*, 1973, et *la Position du tireur couché*, 1981) ; récurrence du « privé » E. Tarpon (*Morgue pleine*, 1973 ; *Que d'os !*, 1976), seule figure réellement positive. Ce faisant il interdit toute lecture radicale de ses personnages, malgré leur rôle de victime ; il renvoie chacun à l'Histoire (l'affaire Ben Barka, l'assassinat de Kennedy), ou à son histoire (ex. : les cadres dans *le Petit Bleu de la côte Ouest*, 1976). Manchette cultive la démesure et la dérision pour provoquer chez le lecteur le recul et la fascination nécessaires à une longue méditation sur la mort.

Multiplicité des voix dans le roman et recherche de différentes voies vont de pair : il est aussi dialoguiste et scénariste de films policiers, auteur d'une bande dessinée (*Griffu*, dessins de Tardi), d'un récit de science-fiction pour la jeunesse et d'une comédie musicale (*Cache ta joie*, 1979). L'œuvre témoigne d'un auteur « de son temps et aussi de son espace ».

B. Siot

MANDIARGUES André PIEYRE DE
v. PIEYRE DE MANDIARGUES André

MANET Eduardo

(né en 1930)

En 1946, Eduardo Manet, qui habite alors Cuba où il est né, publie ses premiers poèmes dans des revues de La Havane. Dès lors son activité créatrice ne cessera plus. Poésie, récits, pièces de théâtre, films, scénarios, comédies musicales, romans, Manet s'essaye avec talent à toutes les formes d'écriture, pris par la ferveur d'une époque qui, de 1939 à 1950, grâce à l'arrivée de nombreux exilés ayant fui l'Espagne franquiste et plus tard l'Europe en guerre, s'enthousiasme pour la création. En 1960, il assure la direction de l'ensemble dramatique national de La Havane. Puis, en 1964, il se tourne vers le cinéma. Il accepte la direction de l'Institut d'art et d'industrie cinématographiques et réalise lui-même plusieurs films aujourd'hui inaccessibles.

Son esprit inventif et de liberté, peu compatible avec l'austérité du régime castriste, le conduit à quitter Cuba en 1968. Il s'installe à Paris, où il vit désormais. Sa pièce *les Nonnes*, écrite à Cuba, est mise en scène à Paris en mai 1969 par Roger Blin, ami de Samuel Beckett et de Jean Genet. Elle obtient un immense succès et n'a jamais cessé depuis d'être jouée à travers le monde. Pièce métaphorique, satire de la superstition et de la religiosité, *les Nonnes* est une œuvre vaste, aux multiples lectures et interprétations. D'autres pièces suivront, fidèles à cet univers de poésie entre fantastique et merveilleux que l'on découvrait déjà dans ses poèmes d'adolescence : *Eux ou la Prise du pouvoir* (1972), *Holocaustum ou le Borgne* (1972), *l'Autre Don Juan* (1974). Après trois romans de jeunesse, écrits en français, très autobiographiques et désormais disparus, Eduardo Manet publie successivement *la Mauresque* (1982), *Zone interdite* (1984), *l'Île du lézard vert* (1992), *Habanera* (1994), *Rhapsodie cubaine* (prix Interallié 1996), *D'amour et d'exil* (1999).

Ces œuvres tournent toutes autour de l'île de Cuba dont Manet reparcourt l'Histoire à travers sa propre histoire et ses souvenirs. Mais, au-delà de la part d'autobiographie qu'ils contiennent, ces romans sont tous de merveilleuses fictions. Manet y évoque le monde disparu de son enfance, celui d'une île métisse où les cultures se mêlent et s'exaltent. Il y parle du Cuba de Batista, de celui de Castro, de l'univers envoûtant des femmes, de l'intimité d'un monde qui fait de la démesure sa norme. Au-delà de la beauté des images, de la richesse sensuelle d'un français qui garde avec charme une pointe d'accent cubain, les romans de Manet, à la construction rigoureuse et savante, témoignent de ses talents de poète, de romancier, de cinéaste, d'homme de théâtre et de spectacle. D'artiste.

M. Gazier

Manifeste des Cinq contre « la Terre »
v. Naturalisme

MANSOUR Joyce

(1928-1986)

D'origine égyptienne, née à Bowden (Grande-Bretagne), Joyce Mansour se définit d'emblée comme une « étrange demoiselle » (*Cris*, 1952). Elle appartient à cette lignée de surréalistes femmes, hantées, de Léonor Fini à Unica Zürn, par un érotisme funèbre, quasi morbide, en lequel on peut voir la manifestation la plus explicite d'une situation en porte à faux dans un mouvement, d'origine essentiellement masculine, qui idéalise la Femme. En ce sens, l'itinéraire poétique de Joyce Mansour retrace la recherche d'une place et d'une parole propres. En effet, si, dans un premier temps, Joyce Mansour intériorise l'univers surréaliste, c'est pour, ensuite, crier, aux antipodes apparents de l'« amour fou », la blessure (ses premiers titres, *Déchirures*, 1955 ; *Rapaces*, 1960, sont significatifs à cet égard) d'un rejet qui affecte tant l'homme que la femme. Celle-ci en particulier est l'objet d'une haine ambiguë, qui participe d'un processus d'autodestruction et de fantasmes de mutilation : mère, sœur ou rivale – double ennemie en tous les cas –, la femme apparaît ici comme un être pervers et sournois, profondément sadomasochiste, que menacent malformations et putréfaction. Aussi a-t-on rapproché, à plusieurs reprises, *Jules César* (1956) de l'*Histoire d'O*, et André Breton lui-même a conféré aux *Gisants satisfaits* (1958) l'honneur de représenter « le Jardin des délires de ce siècle ».

L'obsession sexuelle de Joyce Mansour se traduit par une imagerie débridée et cauchemardesque qui module et ressasse le suintement, la moiteur, la viscosité. Son inquiétant bestiaire, l'animisme universel d'un monde-charnier et jusqu'à son humour macabre révèlent l'avancée de la décomposition. Et pourtant cette sexualité maudite doit sans doute être comprise comme l'envers d'une pureté et d'une innocence rêvées, perdues, impossibles.

On aurait pu craindre la monotonie d'un tel univers, mais, avec *Carré blanc* (1965), *Ça* (1970) et *Faire signe au machiniste* (1977), Joyce Mansour est parvenue, dans des textes plus amples et plus denses, à éviter en partie l'écueil du procédé et de la gratuité du jeu verbal et à explorer plus fortement ses fantasmes.

L. Pinhas

MARAN René

(1887-1960)

On décrirait volontiers le Martiniquais René Maran comme il le fait de l'un de ses héros, « fin, délicat, cultivé, loyal ». On discernerait sans peine, chez cet écrivain disert et discret, une tenace mélancolie intime, une crainte effarée devant la vie. Les vacances solitaires que passe dans un lycée de Bordeaux l'enfant très tôt exilé ont imprimé à sa sensibilité une tristesse précoce. Passionné de lecture et de littérature, il s'applique à des exercices poétiques qu'il publiera en 1909 (*la Maison du bonheur*) et en 1912 (*la Vie intérieure*).

Devenu en 1912 administrateur des colonies, René Maran part pour l'Oubangui. En lui, l'âme sensible et la solidarité d'une origine qu'il ne renie pas le font compatir aux souffrances imposées aux populations par la colonisation. Celle-ci est le fait d'une culture à laquelle il s'identifie pourtant d'autant plus qu'elle lui a procuré le plaisir de l'esprit, qui est le meilleur de son existence. René Maran est tout entier dans cette contradiction. En 1921, il publie *Batouala*, « véritable roman nègre », chronique pittoresque d'une humanité sauvage, différente par ses mœurs – mais non par ses passions. Le roman est précédé d'une préface dont la véhémence contraste avec le caractère et l'œuvre de Maran. Les timides ont de ces folles audaces ! « Civilisation, civilisation, orgueil des Européens et leur charnier d'innocents, tu bâtis ton royaume sur des cadavres. Tu es la force qui prime le droit, tu n'es pas un flambeau mais un incendie. » Maran reçut le prix Goncourt pour le livre, mais la préface suscita une campagne haineuse qui surprit et blessa cet idéaliste, et l'incita à démissionner de ses fonctions (1923). Il vécut alors modestement de sa plume, produisant une œuvre abondante et variée : des recueils de poèmes (*le Visage calme*, 1922 ; *les Belles images*, 1935) ; des biographies (*Livingstone*, 1938 ; *les Pionniers de l'Empire*, 1943-1946 ; *Savorgnan de Brazza*, 1951).

Derrière ces sujets se lit d'une part le goût de la confidence intime, d'autre part le souci d'apporter une contribution capitale à la constitution de documents d'érudition sur l'histoire de l'Afrique, par exemple telle reproduction du traité d'établissement français au Gabon, où, en échange d'une cession à perpétuité de territoire, le potentat local « s'en rapporte tout à fait à la générosité du gouvernement français ».

Mais, en dehors du lyrisme et de l'érudition, tout un aspect de la création de Maran mériterait d'être réexaminé : celui de l'écrivain animalier. Après La Fontaine, à la recherche de la liberté de parole par le truchement de la fable, Maran présente une vision cruelle du monde des hommes, observé ou mimé par le monde animal. Après *Djouma, chien de brousse* (1927), prolongement de *Batouala*, *le Livre de la brousse* (1934), *Bêtes de la brousse* (1941), *Mbala l'éléphant* (1942), *Bacouya le cynocéphale* (1953) viennent confirmer le pessimisme amer du regard porté sur la jungle morale qu'est la société. Youmba la mangouste (*Youmba*, 1938), qui finira tuée et mangée par l'homme qui l'avait apprivoisée, dit des humains : « S'entre-détruire est leur principale occupation. Ils y dépensent tout leur savoir, c'est-à-dire toute leur fourberie. » Dans *Un homme pareil aux autres* (1947), Maran revient, avec un récit très autobiographique et, à nouveau, une préface amère – mais plus allusive –, sur la blessure originaire de la tendresse déçue : « Pourquoi n'a-t-on pas le droit de dire à tous la vérité que l'on détient ? ».

O. Biyidi

MARCEAU Félicien

Pseudonyme de **Louis CARETTE** *(né en 1913)*

Romancier, dramaturge et essayiste d'origine belge, né à Cortemberg. Fils de fonctionnaire, Félicien Marceau poursuit ses études aux collèges religieux de Bruxelles et de Louvain, puis à la faculté de droit de Louvain. Il devient ensuite, de 1936 à 1942, chroniqueur à la Radiodiffusion belge. En 1944, il s'établit en France, où il réside depuis lors. Ce sont d'abord ses romans qui le font connaître ; ils seront, à différentes reprises, consacrés par les prix littéraires (prix Interallié 1953 pour *les Élans du cœur*, prix Goncourt 1969 pour *Creezy*). Son théâtre s'imposera ensuite, qui souvent reprend et approfondit les thèses développées par les récits : ainsi de *l'Œuf* (1956), illustration scénique du roman *Chair et cuir* (1951).

Naturalisé français, Félicien Marceau est membre de l'Académie française depuis 1975.

Ses principaux essais (*Balzac et son monde,* 1955 ; *le Roman en liberté,* 1977) ne renouvellent guère la démarche critique du XXe siècle : ces écrits s'embarrassent volontiers dans les problèmes de la narration subjective (qui est « je » ? qui parle derrière le « je », etc.), de la « crédibilité » romanesque et s'acharnent à rechercher l'« authenticité » de la littérature ; toutes questions qui, après Proust et avec les études précises de la linguistique et de la sémiologie, paraissent aboutir à des lieux communs – mais qui, au demeurant, trahissent dans le domaine de la critique les obsessions essentielles de Marceau.

Tout son théâtre, en effet, tous ses romans – si l'on excepte quelques récits sur l'Italie (*Capri, petite île,* 1951 ; *En de secrètes noces,* 1953) – expriment le besoin d'une quête fondamentale : celle de la vérité. La démarche que suivent les héros et narrateurs de Marceau – le Magis de *Chair et cuir* et de *l'Œuf,* l'antiquaire des *Élans du cœur,* le député de *Creezy,* les personnages du *Corps de mon ennemi* (1975), d'*À nous de jouer* (1978), d'*Appelez-moi mademoiselle* (1984), des *Passions partagées* (1987), d'*Un oiseau dans le ciel* (1989), de *la Terrasse de Lucrezia* (1993), de *la Grande Fille* (1997) et de *l'Affiche* (2000) – est généralement identique : se livrant dès le début de l'œuvre à une introspection passant en revue les étapes de leur existence, ils découvrent qu'ils ont été les victimes des faux-semblants construits par les proches, la famille, la société – mécanique inusable que Magis appelle le « système ». Alors, il s'agit, par l'exigence de lucidité, par la « volonté », de se libérer des illusions sur soi et sur autrui, de « se hâter de vivre. Se hâter de prendre » (*la Grande Fille*). Comprendre, saisir ce que dissimule l'apparence est le véritable aboutissement de l'introspection ; la découverte de l'essence prime donc l'existence, qui échappe au pouvoir du héros. Et, de fait, les personnages de Félicien Marceau ne ressemblent pas à ceux de Malraux, de Sartre ou de Camus : jamais ils ne « changent de vie », jamais ils ne se révoltent contre le « système ». Ils jouent avec lui, le tournent en dérision, pour mieux le rejoindre après. Ainsi, Magis réintégrera son « œuf », son cocon familial. Robert et Gladys, dans « la Coupe » (*les Ingénus,* 1992, nouvelles), s'apprêtent à divorcer mais remportent le prix du meilleur couple : « nous allons avoir l'air malin », ironise le mari. Le héros de *Creezy* revient, à la fin du roman, sur la place ronde où, au début du livre, il réfléchissait. La société ne varie pas, mais son univers aberrant devient clair ; il n'est plus le cercle étouffant qui opprime l'individu, mais le microcosme dont les règles, percées à jour, peuvent être exploitées – tel l'immeuble bourgeois finalement régenté par son énergique gardienne de *la Terrasse de Lucrezia.* À ce jeu, un personnage « réel » est passé maître : Casanova, dont Marceau scrute passionnément la trajectoire (*Casanova ou l'Anti-Don Juan,* 1954 ; *Une insolente liberté,* 1983) et qui reparaîtra parmi quelques-uns de ses plus célèbres contemporains, sans compter un perroquet, dans *le Voyage de noces de Figaro* (1994).

Pour mener à bien une quête si essentialiste, Félicien Marceau utilise de préférence les formes littéraires les plus usées, comme le vaudeville, car les lieux communs, les codes, les conventions de l'écriture reflètent parfaitement les rites absurdes et ordonnés de la société : « Qu'un homme puisse se trouver dans une situation absurde, je trouve cela insultant. C'est ce qui me fâche dans les vaudevilles. Il y a là toute une mécanique. On en rit. On a tort. Cette mécanique est infernale » (*les Élans du cœur*). Une telle écriture étaye donc le mensonge social par la vraisemblance des situations dramatiques ou romanesques. Or « le mensonge doit être vraisemblable, parce que, lui, il est dans l'ordre, il respecte l'ordre [...] Tout alors redevient logique, cohérent » (*Un jour j'ai rencontré la vérité,* comédie, 1966).

Aussi appartient-il à l'écrivain de rendre dérisoire cette parole codée, de pousser jusqu'au bout la logique absurde et conventionnelle du roman, du théâtre – du monde. Au terme de cette dérision, les personnages se retrouvent libres, dans la solitude, dans le « désert » de l'écriture : « Je suis libre [...] Je vois mes mots devant moi. Ils sont libres maintenant, et brillants, et carrés comme des briques » (*Un jour j'ai rencontré la vérité*) ; et, ailleurs : « Tout ce qui me paraissait absurde n'est plus absurde [...] Je cherche un signe. Il n'y a jamais de signe » (*Creezy*).

Les derniers livres de Félicien Marceau laissent espérer quelques échappatoires – amoureuses, notamment : « Il arrive que la liberté ait un visage. Il arrive qu'il faille peiner pour le trouver. Il arrive aussi qu'il ne soit pas le dernier » (*Un oiseau dans le ciel*). Pourtant, la volonté de lucidité aboutit, dans la littérature comme dans la vie, au nihilisme : « On s'aperçoit alors que, devant soi, on n'a rien [...] La vie, la mort, tout est pareil » (*l'Étouffe-chrétien,* comédie, 1960). Et c'est là sans doute tout le paradoxe de Félicien Marceau, qui perpétue, d'œuvre en œuvre, une littérature traditionnelle pour en mieux signifier le néant. Le moraliste n'a vaincu l'absurdité du « système » social qu'en découvrant le « non-sens » irréductible de la vie et du verbe. Au terme de cette quête négative, l'extase et l'amertume se mêlent étroitement : « La vérité n'est peut-être qu'une maladie, une passion qui ronge plus qu'elle ne sert. Mais je ne peux plus m'en passer » (*Un jour j'ai rencontré la vérité*).

J.-P. Damour

MARÉCHAL Pierre Sylvain

(1750-1803)

Issu de la petite bourgeoisie parisienne (son père était marchand de vin), Sylvain Maréchal est l'auteur de la pièce de théâtre que l'on considère aujourd'hui – et c'est justice – comme le chef-d'œuvre du théâtre sans-culotte, *le Jugement dernier des rois,* et qui fut enveloppée à travers le XIXe siècle dans le discrédit jeté sur toute la littérature de la Révolution française. Après des études de droit, il devint avocat au parlement de Paris ; mais ce métier ne convenait guère à un bègue, et, en 1777, il obtint un emploi à la bibliothèque Mazarine qui lui permit de subsister et lui fournit les moyens d'acquérir une immense culture. Influencé par Rousseau, il écrit une série de pastorales et d'œuvres anacréontiques dont l'aspect conventionnel ne doit pas dissimuler l'importance : Maréchal y est à la quête de son identité paradoxale d'auteur, « le berger Sylvain ». Devenu républicain et athée, il écrit *le Livre échappé au Déluge* (1784), parodie de la Bible, et perd son emploi. Il est incarcéré durant quatre mois en 1788, pour avoir préconisé, dans son *Almanach des honnêtes gens* (1788), une laïcisation du calendrier. Il salue la Révolution avec enthousiasme et, tout en se tenant à l'écart du jeu des coteries, collabore au journal jacobin *les Révolutions de Paris* et fonde *le Tonneau de Diogène* (autre périodique) en 1790. Ses œuvres sont d'inspiration jacobine avant Thermidor (*Dame Nature à la barre de l'Assemblée nationale,* 1791). Après la chute de Robespierre, il traverse une période d'incertitude politique avant d'adhérer aux thèses de Babeuf. C'est lui qui rédigea le *Manifeste des Égaux*, où se trouve exposée l'idée maîtresse du babouvisme : la revendication, au-delà d'une égalité purement juridique, d'une égalité de fait, fondée sur une sorte de communisme agraire. Curieusement, il échappera au procès de 1796-1797. Il dénoncera Bonaparte, continuera de mener le combat pour la république et l'athéisme, et, en 1800, publiera son *Dictionnaire des athées anciens et modernes.*

Son opéra *la Fête de la Raison* (1793), sur une musique de Grétry, qui montre notamment l'abjuration d'un curé patriote, tente une fusion entre l'opéra et la fête révolutionnaire. Mais son ouvrage majeur est *le Jugement dernier des rois.* Dès sa création, le 17 octobre 1793, au théâtre de la République, à Paris, la pièce connut un très grand succès qui se prolongea au cours de ses représentations en province. Dans cette « prophétie », Maréchal imagine que tous les peuples d'Europe se sont débarrassés des rois et des tyrans qui les gouvernent. Conduits, avec le pape Braschi, par un sans-culotte de chaque nationalité, ces potentats déchus débarquent dans une île où vit, au milieu des sauvages, un vieillard français exilé par le despote. Abandonnés et couverts de sarcasmes par les vertueux républicains, « les scélérats couronnés » se battent comme des chiffonniers avant d'être détruits, dans une éruption volcanique, par la nature justicière. La pièce est loin d'être écrite dans le style grossier qu'on lui a reproché ; elle témoigne, au contraire, du langage plutôt soutenu de la rhétorique révolutionnaire. Son intérêt réside dans sa dimension spectaculaire de cortège carnavalesque ; cette pièce populaire, plus par son appel à détrôner des rois de carnaval que par sa représentation du peuple (que n'incarnent véritablement ni les sauvages muets ni les délégués sans-culottes) est aussi d'une modernité surprenante : on a pu évoquer à son propos Adamov ou Maïakovski.

P. Frantz

Marguerite de Navarre

MARGUERITE DE NAVARRE

***Marguerite de NAVARRE**, dite aussi **de VALOIS**,*
*ou **d'ANGOULÊME, duchesse d'ALENÇON et de BERRY**,*
***reine de NAVARRE** (1492-1549)*

Les curieux qui, attirés par le bruit de l'Histoire, s'adressent à l'œuvre de Marguerite de Navarre sont bien surpris : toujours ailleurs, au-delà de ce que l'on attend d'elle, la sœur de François Ier ne répond à aucune des questions essentielles sur sa personne (qui fut l'objet des regards de ses contemporains), sur son rôle dans la politique et la pensée de son temps. Du besoin qui la fit écrire, elle nous assure qu'il fut étranger à la volonté de faire œuvre d'écrivain. Femme, et modeste, elle n'emploie le verbe « travailler » que pour les tapisseries auxquelles elle participe en compagnie de ses dames ; mais elle couvre des centaines de pages de vers attentifs, épris des mystères de la pensée et de la douceur des hommes ; elle dicte aussi le plus grand recueil de nouvelles de son temps, tout mêlé d'histoires exemplaires et de violence. Toujours par monts et par vaux, au milieu des guerres, des dissensions religieuses et des morts, cette figure de la sérénité et du sourire ne s'abstient de rien, et surtout pas d'écrire.

Sous le signe de la marguerite et du souci

Des « Enfances Marguerite et François », on sait assez pour écrire des romans (à quoi ressemblent bon nombre de textes d'historiens), et trop peu pour dire avec exactitude la piété et le raffinement, les jeux et les livres, l'atmosphère de surveillance un peu militaire et la liberté d'esprit ou – peut-être – d'humeur qui les marquent. Excès de détails : la silhouette de la princesse est difficile à camper et le restera. Sur une enluminure offerte à sa mère, la sage et frivole Louise de Savoie, on voit la petite Marguerite regarder son frère qui joue aux échecs ; on l'imagine aussi le regardant chasser et lutter avec ses compagnons d'âge : ce seront les plus hauts personnages du futur règne, les Montmorency, les Bourbons (l'ami, avant de devenir le traître connétable) et Bonnivet, mort à Pavie avec beaucoup d'autres. Le réseau des familles est serré, le clan fermé. Marguerite passera une grande partie de sa vie – sa correspondance l'atteste – à marier ces familles entre elles, simplement un peu plus soucieuse des frontières du royaume que l'habitude ne le veut dans cette aristocratie européenne.

Il faut aussi lui trouver un époux. Certains ne veulent pas d'elle ; elle en refuse d'autres, tel Henri VIII d'Angleterre : elle ne voudrait pas avoir à « passer la mer ». Alençon fait l'affaire en 1509, lui dont elle écrira plus tard qu'il n'avait « jamais leu ny appris » et « qu'on n'eust pas pour un orateur pris ». Il lui apportait un duché ; un peu plus tard, il fallut régler la succession d'Armagnac, et les largesses du frère donnèrent au couple le duché de Berry. De princesse pauvre, Marguerite devenait riche. Mais l'essentiel n'est pas là.

En 1515, la mort de Louis XII, qui ne laissait aucun héritier mâle, fait du frère bien-aimé le roi de France, et d'elle ainsi que de sa mère les inspiratrices du règne, et pour longtemps. Tous trois vont former cette « Trinité » glorieuse – à l'instar de la divinité – que rien n'arrêtera vraiment avant 1524 ; cette dynastie de parvenus se voit consacrée par les succès militaires en Italie et par l'épanouissement rapide des arts, des sciences et des lettres dans une France encore prospère. Même quand surviendront les malheurs, ce halo de gloire et de bonheur encadrera toujours François Ier aux yeux de sa sœur, éperdue dès qu'elle le voit, qu'elle l'entend, ou qu'elle lit ses lettres.

Pourtant, il y a les deuils : la mort de la reine Claude en 1524, de Louise de Savoie, la mère toute-puissante, en 1531, et celle, déconcertante, des enfants du roi : Charlotte en 1524, dont la disparition suscite chez Marguerite le premier long poème d'inquiétude religieuse et de renoncement, écrit par une main plus habituée jusque-là aux « devises » faciles et à la correspondance ; le dauphin François, Charles d'Orléans, le préféré, Louise et Madeleine, qui s'en va mourir en Écosse. Il y a aussi la mort de son propre fils Jean, à peine né (en 1530), et les grossesses sans succès. Lorsque François Ier sera mort, en 1547, il ne restera à Marguerite, qui ne se sent pas très proche du nouveau roi – son neveu, Henri II –, que son époux Henri d'Albret, roi de Navarre (qu'elle a choisi après Pavie et son veuvage), et une fille : Jeanne d'Albret, cause de bien des soucis quand François Ier était parvenu à la marier contre son gré ; Marguerite ne dispose pas plus de cet esprit assurément têtu lorsque, le premier mariage étant enfin annulé en 1545, la jeune princesse préfère Antoine de Bourbon aux partis envisagés par sa mère et l'épouse (1548). Mais depuis longtemps la « Marguerite des princesses » a pris pour devise la fleur du souci, tournée vers le soleil dans son malheur, et elle s'est préparée au cri final :

Je n'ay plus ny Père, ny Mère,
Ny seur, ny frère,
Sinon Dieu seul auquel j'espère...

Mais la seule vraie solitude, c'est la mort de son frère ; on a beau avoir essayé de la lui cacher, elle en rêve la nuit dans sa retraite du monastère de Tusson, et il faut une religieuse folle pour lui apprendre ce qu'elle savait déjà. Elle-même meurt seule, en 1549, à Odos, près de Tarbes.

Le rôle de Marguerite fut certainement considérable ; auxiliaire de son frère, elle a reçu les ambassadeurs, rencontré Charles Quint, Henri VIII, le pape, les plus grands personnages qui ont traversé la France, s'entendant souvent assez bien avec eux ; par ses échanges de vues ou par sa correspondance, elle a tenté – parfois avec succès – d'infléchir la politique, de diriger les responsables du royaume, voire de l'Europe. Elle a établi des relations épistolaires intenses avec des personnes qu'elle ne devait jamais rencontrer, telle la Milanaise Vittoria Colonna. Son rôle de médiateur et de protecteur pour tous ceux, de quelque bord religieux qu'ils fussent, qui risquaient l'exil et la mort, est trop connu pour qu'on entre ici dans le détail ; si elle n'a pu sauver Berquin ou Dolet, elle en a aidé beaucoup d'autres, dont Marot, son cher valet de chambre. Enfin, aucune des reines, aucune des favorites royales, n'a reçu plus qu'elle les hommages et dédicaces des écrivains qui voyaient en elle à la fois le mécène et le complice.

« L'odeur de mort est de telle vigueur »

Marguerite a fait les expériences les plus extrêmes, celles où l'esprit se découvre des pouvoirs qu'il ne concevait même pas auparavant. La première, peut-être, qu'elle considéra comme tout à fait extraordinaire, fut la guérison de son frère prisonnier, mourant à Madrid, qu'elle sauve par sa présence et ses prières. Il y eut ensuite la guérison de sa fille Jeanne, que, malgré tous ses efforts, elle ne réussit pas à rejoindre près de Tours : au cours d'une nuit de veille, à Bourg-la-Reine, on vient apprendre à Marguerite que Jeanne est sauvée. Chaque fois, elle trouve insupportables les distances et s'émerveille de leur franchissement. Elle voudrait tant resserrer le monde, comme elle y parviendra dans sa petite cour de devisants, au moment de l'*Heptaméron* ! Elle a toujours espéré et craint l'arrivée des courriers à cheval, et le heurt contre la porte de celui qui va vous rendre présente la réalité éloignée : ainsi apprit-elle, au cours d'une nuit qu'elle évoquera plus tard, la défaite de Pavie et la captivité du roi. Menacée et tendue, Marguerite a toujours senti la distance que seule, à ses yeux, l'extrême douleur peut franchir en basculant dans le bonheur.

Ô qu'elle est longue la carrière
Où à la fin gist mon plaisir !

dit-elle en avançant à marches forcées vers Madrid.

Rien d'étonnant alors à ce qu'elle reprenne à Briçonnet ou à une mystique du Moyen Âge le terme de « Loin Près », qui devient chez elle le « Gentil Loin Près » : Dieu si proche et si inaccessible, mais également – n'en doutons pas – son frère, loin et proche dans sa vie – et aussi dans la mort, qu'elle vient à désirer. De là cette attention clinique avec laquelle elle observe l'instant fatal, celui du « prompt passage » : elle guette sur une suivante son dernier soupir, la trace de l'âme à son départ. Mais quand il s'agira pour elle de mourir à son tour, elle se plaindra, comme le rapporte Brantôme, de ce « mot amer » de la mort, et de la longue attente avant la résurrection : « Nous demeurons si longtemps morts soubs terre avant d'en venir là ! » Terrienne Marguerite...

La plus grande et la plus belle partie de ses poèmes et de son théâtre a été écrite – très vite – sous l'emprise de cette expérience de la mort de son frère. On ridiculise trop facilement Michelet pour avoir compris cette passion : « Cette fixité terrible, pendant cinquante ans, qui y tiendrait ? » On peut s'amuser sans doute des erreurs matérielles de Michelet, qui fit de François Ier un frère incestueux et de Marguerite la femme passionnée la plus sublime ; mais il reste à souhaiter qu'un historien de sa trempe s'intéresse un jour au personnage de la reine et à sa passion si tenace : cette passion qui fut sans doute le vrai moteur de toute son écriture, et qui la retint peut-être de devenir une Catherine de Sienne ou une Thérèse d'Ávila.

À l'escriture véritable
Defaudroit la force à ma main.
Le taire me seroit louable,
S'il ne m'étoit tant inhumain.

VIE		ŒUVRE	
1492	**11 avr. :** naissance, à Angoulême, de Marguerite de Valois, fille de Charles d'Angoulême et de Louise de Savoie, et petite-nièce du poète Charles d'Orléans.		
1494	Naissance de son frère François, futur François Ier.		
1496	Mort du père. Louis d'Orléans (futur Louis XII) devient tuteur de Marguerite, avec Louise de Savoie. Éducation des deux enfants à Romorantin et Amboise, sous la surveillance du maréchal de Gié. Blanche de Tournon, dame de Châtillon, est choisie pour être la gouvernante de Marguerite. Louise s'entoure d'un milieu brillant et cultivé.		
1506	Fiançailles de François et de Claude de France, fille de Louis XII et d'Anne de Bretagne.		
1508	Marguerite et François à la cour de Louis XII.		
1509	Marguerite épouse le duc Charles d'Alençon.		
1514	Mariage de François et de Claude de France.		
1515	**François Ier roi.** Marignan. Les Alençon reçoivent le comté d'Armagnac et le duché de Berry. Louise et Marguerite à Lyon.	**1515**	Relations avec Lefèvre d'Étaples.
1516	Fêtes d'entrées royales à Marseille, Amboise, Rouen, etc. Période glorieuse à la Cour.		
1519	Début du mécénat de Marguerite : Marot devient son valet de chambre.		
1520	**Camp du Drap d'or.**		
		1521-1524	Correspondance avec Guillaume Briçonnet.
1524	Mort de Claude de France ; Marguerite assure l'éducation des enfants royaux. Mort de Charlotte, fille de François Ier.		
1525	**24 févr. : défaite de Pavie.** François Ier prisonnier, emmené à Madrid. Louise, régente, à Lyon avec Marguerite. Marguerite fait le voyage d'Espagne, pour tenter de délivrer son frère ; échec des négociations, mais elle assiste François dans une très grave maladie.	**1525**	Marguerite écrit le *Dialogue en forme de vision nocturne* à la suite de la mort de Charlotte (publié en 1533 ; *Le Pater Noster,* en 1525).
1526	Délivrance du roi ; les enfants royaux en otage, jusqu'en 1529.	**1526**	Écrit le *Petit Œuvre dévot, l'Oraison de l'âme fidèle, l'Oraison à N.S. Jésus-Christ.*
1527	Marguerite, veuve depuis 1525, épouse Henri d'Albret, roi de Navarre.		
1528	Naissance de Jeanne d'Albret, future mère d'Henri IV.		
1529	**Paix des Dames** (Louise, Marguerite d'Autriche, Marguerite) à Cambrai : délivrance des enfants royaux. Marguerite défend, en vain, Berquin.		

VIE		ŒUVRE	
1530	Naissance (et mort, cinq mois après) de son fils Jean.	**Vers 1530**	« Tétralogie biblique » : *la Nativité, les Trois Rois, les Innocents, le Désert.*
1531	Mort de Louise de Savoie.	**1531**	*Le Miroir de l'âme pécheresse,* publié à nouveau en 1533, et condamné alors par la Sorbonne, mais intervention du roi. *Le Discord estant en l'homme par la contrariété entre l'esprit et la chair,* 1531, 1533, 1535 ; *le Malade* (farce).
1533	G. Roussel, sur l'invitation de Marguerite, prêche le carême à Paris, malgré la Sorbonne (Béda).		
1534	**Affaire des Placards.** Marot et Calvin à Nérac chez Marguerite. Marguerite, à Lyon, prend Des Périers à son service.		
1536	Dolet est présenté à Marguerite ; elle le défendra à plusieurs reprises. Lefèvre d'Étaples meurt à Nérac, près de Marguerite. Affaire Sagon-Marot. Mort du dauphin.	**Vers 1536**	*L'Inquisiteur* (farce).
1537	Marguerite en Gascogne et à Paris ; affaire du *Cymbalum mundi* de Des Périers. Depuis 1534, période de difficultés avec François Ier. Marguerite à Fontainebleau, Blois, Toulouse, etc.		
1538	Marguerite à Nice lors de l'entrevue du roi avec le pape et Charles Quint. Rencontre Sadolet... **Entrevue d'Aigues-Mortes entre François Ier et Charles Quint :** Marguerite y assiste. Jeanne enfermée par François Ier au Plessis-lez-Tours. Marguerite rompt avec le connétable de Montmorency. Voyages avec la Cour (1539).		
		Vers 1540	Commence à écrire *l'Heptaméron.*
1541	Sur l'ordre du roi, mariage de Jeanne d'Albret avec le duc de Clèves, malgré les refus de la petite fille et le désaccord de ses parents.	**Vers 1541**	*La Coche,* dédiée à la duchesse d'Étampes.
1542-1544	Marguerite en Navarre. Naissance du futur François II.	**1542**	*Les Quatre Femmes.*
1545	Mort de Charles d'Orléans, fils préféré de François Ier. Annulation du mariage de Jeanne.		
1546	François Ier, malade, réclame sa sœur. Dernière entrevue.	**1546 (?)**	Prologue de *l'Heptaméron.*
1547	**31 mars : mort de François Ier.** Marguerite l'apprend au monastère de Tusson. Marguerite défavorable au projet de mariage de Jeanne avec Antoine de Bourbon, duc de Vendôme, projet qu'appuie Henri II ; mésentente entre la fille et la mère.	**1547**	À Lyon, chez J. de Tournes, *Marguerites de la Marguerite des princesses.* Après la mort du roi : nouvelles *Chansons spirituelles, le Navire, la Comédie sur le trépas du roi, les Prisons.*
1548	**Oct. :** Marguerite à Lyon, puis à Moulins, pour le mariage de sa fille.	**1548**	*La Comédie de Mont-de-Marsan ; la Comédie du Parfait Amant.* Poursuite de *l'Heptaméron.*
1549	Jeanne et son mari viennent la voir à Pau, en mars. Voyages à Cauterets, puis à Mont-de-Marsan. **Sept. :** Marguerite à Odos, près de Tarbes. Son mari, Henri d'Albret, séjourne à Paris en décembre. **21 déc. :** Marguerite meurt à Odos, seule.		
		1558	Publication, par Boaistuau, de la première édition, très incomplète et modifiée, de *l'Heptaméron,* sous le titre *Histoire des amans fortunez.*
		1559	Publication, par Claude Gruget, de *l'Heptaméron,* titre définitivement adopté pour le recueil de nouvelles de la reine.

La reine en ses Écritures

Écrire, pour elle, revient bien souvent à une méditation sur les Saintes Écritures. Mais la position religieuse de Marguerite doit-elle être définie ? On l'a voulu luthérienne (Lefranc), érasmienne (Renaudet) ; on la rapproche souvent – et à juste titre, semble-t-il – des libertins spirituels, qu'elle accueillit à Nérac ; mais elle y accueillit également Calvin, dont elle était assez éloignée. La confronter à Érasme a-t-il tant de sens ? De l'aveu même de celui-ci, la reine n'a jamais répondu aux deux lettres pourtant engageantes qu'il lui envoya. Elle fut séduite par des formules diverses, tentée par tous les réformateurs. « Elle s'est prise un peu, verbalement, jour après jour, à chaque mirage », dit justement V.L. Saulnier. Sa foi s'est formée auprès de Lefèvre d'Étaples et du groupe de Meaux, et elle ne fera jamais que répéter les leçons d'évangélisme apprises de Briçonnet. Mais surtout, Marguerite est simple, et elle écrit de la poésie. Il est facile de lire dans ses vers des pensées qu'elle répète inlassablement, et le système se tient, qu'il soit d'elle ou d'un autre ; mais il ne faut pas exiger d'elle la rigueur de principes d'un docteur en théologie : elle ne prend pas position sur la prédestination, les sacrements, la Vierge ou les saints (que pourtant elle invoque parfois). Elle n'entre pas de front dans les débats, mais ses longs poèmes ne sont pas pour autant inorganisés ; elle a, au contraire, gardé de la Rhétorique le goût pour les vastes compositions symboliques ou allégoriques, que manifestent ses textes poétiques du début, comme les *Prisons* des dernières années.

Ainsi le *Dialogue en forme de vision nocturne,* où sa nièce Charlotte répond du haut du ciel à ses larmes et à ses questions, est-il une profession de foi touchante, inquiète, mais impeccablement progressive, qui mène, en 1 300 vers, de l'évidence de la foi à la leçon de charité. Marguerite y affirme que la joie de l'âme « tire au ciel, par plaisir », que le salut vient du Christ, fleuve d'amour, dont les saints ne sont que les ruisseaux ; à la question sur le franc arbitre, la petite Charlotte répond, à la manière de saint Augustin, par les trois grâces (« preveniente, illuminante et perficiente »), mais réserve à l'homme le pouvoir de préparer la grâce et de se rendre agréable à Dieu : système complexe qui permet au pécheur de trouver la Franche Liberté et de vaincre le péché. Dans cet univers baigné d'amour divin, la charité devient une loi de nature et l'homme un membre du grand corps de l'Église, dans l'attente joyeuse de la mort. Si, à l'intérieur du dédoublement commode que lui procurait le dialogue, Marguerite toute attachée à ses passions terriennes accepte encore mal une telle abnégation, elle n'aura de cesse, pourtant, de l'affirmer. « Ce qu'on eût le moins attendu d'un esprit naturellement aiguisé et raisonneur – dit justement Michelet –, elle entreprit d'être mystique. Pour elle, c'est un travail », qu'elle continue, à la mort de sa mère, dans le *Miroir de l'âme pécheresse,* et à la mort de son frère, dans le testament poétique des *Prisons.*

L'Amant symbolique des *Prisons* (dont l'humeur sereine et douce est bien à l'image de celle de la reine) serait heureux de ses trois prisons successives, si à chaque fois l'on ne venait lui en révéler la vanité : la première est celle de l'Amant lui-même, captif volontaire, qui fonde tout en l'aimée ; la deuxième, celle du monde, « chef-d'œuvre de Dieu » qu'il admire, mais qui lui apprend l'ambition et la recherche de Plaisir, Honneur et Richesse ; dans la troisième, qui est le temple du Savoir, l'Amant s'enferme dans un cercle de livres dont toutes les disciplines forment les piliers et la Bible le couronnement. Si belle que soit cette dernière prison, elle doit aussi disparaître, incendiée par le feu divin. L'âme, tout à coup ravie à Dieu qui est Tout, elle qui n'est rien, reçoit la grande leçon augustinienne des *Prisons* : « Où est l'Esprit, là est la Liberté ». Mais ce n'est pas sans peine que la reine s'est détachée de la beauté des prisons, décrites avec complaisance dans leurs charmes concrets, avant l'envol final des litanies psalmodiées.

Car la reine ne conçoit pas autrement ses oraisons qu'en vers. C'est par l'écriture qu'elle cherche à abolir tous ses autres intérêts. On dirait qu'elle écrit comme certains dansent, pour s'étourdir, si elle ne faisait pas sans cesse appel à la raison pour prouver la vanité des choses humaines, dans le plus scrupuleux des récapitulatifs. Scrupuleux aussi, et souvent austères, sont ces vers tendus par la contradiction d'un esprit à la fois inquiet et fondamentalement gai, prêt à chanter (comme son temps, d'ailleurs) son malheur sur des airs connus depuis l'enfance et, sur l'air du « Pont d'Avignon », « Sur l'arbre de la Croix ».

Outre qu'elles font écho aux *Psaumes* de Marot, les *Chansons spirituelles* de Marguerite, simples et profondes, annoncent de loin le lyrisme des *Cantiques spirituels* de Racine. Ce sont elles, en tout cas, qui lient le mieux ses amours humaines à la sublimation par la Foi, la Raison et la Charité.

Les comédies « profanes »

Le théâtre de Marguerite dans son ensemble, et pas seulement la « tétralogie biblique » (*la Nativité*, *les Trois Rois*, *les Innocents*, *le Désert*), reprend toute sa pensée intime, toute l'inspiration religieuse de la poésie qui lui est parallèle ; il est également marqué, de la manière la plus profonde, par la mort du frère de la reine. Ainsi, *la Comédie sur le trépas du roy* et *la Comédie de Mont-de-Marsan* disent-elles l'insupportable éloignement, mais aussi la sublimation de l'âme « ravie » vers Dieu après s'être égarée dans les attitudes mondaines, superstitieuses et même dans la sagesse raisonnable. Mais ce théâtre est aussi d'une actualité constante, difficilement perceptible au lecteur moderne. On peut supposer que ces pièces furent toutes représentées avec la volonté, chez Marguerite, de correspondre à des cycles de la pratique religieuse et aux fêtes, de distraire et de guider une petite société de cour intime et réconfortante, mais aussi de s'adapter – avec toute la discrétion et l'humour de son esprit aristocratique – à la polémique religieuse la plus immédiate. Sans doute a-t-elle défendu ainsi Marot dans *l'Inquisiteur* et Dolet dans *Trop, Prou, Peu, Moins*, de façon indirecte. Mais plus la pièce est d'actualité, plus elle a des chances d'être énigmatique, et plus elle s'allonge et déroute, par ses nuances mêmes.

Marguerite intitule ces pièces « farce » ou « comédie » (mot encore très humaniste, et qui contraste avec le premier), mais elles se rapprochent, par leur type de personnages, de l'allégorie et, par l'intention morale évidente, des « moralités ». Cependant, comme dans toutes ses créations, la reine veut tout dire, faire éclater tous les cadres rigides en même temps qu'elle se les impose ; le charme réel de son œuvre tient à ces sautes brusques de ton et de personnages, à de constantes notations précises et amusantes : dans *le Malade,* la psychologie du malade, celle de son entourage, celle du médecin, ainsi que leurs manies, sont analysées avec gaieté ; et le petit enfant qui détient la vraie sagesse, dans *l'Inquisiteur,* répond au maître sévère et stupide par « papa », « dodo » et « bon bon », pendant que ses compagnons l'entourent de « hon hon » injurieux. Enfin, ce rire de la reine, qui lui est si constitutif, anime les personnages les plus sublimes, la servante qui sauve humblement le malade, les deux jeunes filles des *Quatre Femmes* et surtout, la Ravie de *Mont-de-Marsan.*

Pour tenir compagnie : *l'Heptaméron*

Le théâtre de Marguerite resta à l'état de manuscrit jusqu'à notre époque : il n'intéressait certainement pas sa fille. *L'Heptaméron* aurait certainement connu le même sort si le XVIe siècle n'avait pas été si affamé de contes et de nouvelles, et si plusieurs ébauches du texte n'avaient pas déjà circulé, avant et après la mort de la reine. En 1558, Boaistuau interrompait cette circulation libérale en décidant de faire son profit du texte, mais il devait, dit-il, se fatiguer beaucoup à « servir d'esponge et nettoyer » : paraissent ainsi les *Histoires des amans fortunez.* Devant ce massacre, Jeanne d'Albret est contrainte de demander à l'honnête et savant Gruget de remettre de l'ordre dans l'ouvrage, ce qu'il fait en 1559, en donnant au recueil le titre d'*Heptaméron* (« sept jours », puisque la reine, qui avait envisagé dix journées, n'avait franchi le cap de la septième que de deux nouvelles). Gruget ajoute aussi le titre particulier à chaque nouvelle, et qui en constitue comme un sommaire, assez étranger au principe de composition que la reine avait peu à peu élaboré. Car des études récentes nous montrent de mieux en mieux que, si la reine avait bien, au départ, conçu d'écrire un *Décaméron* français à la manière de Boccace, qu'elle venait de faire traduire par Antoine Le Maçon (1545), c'est seulement progressivement qu'elle songea à lui donner la structure complexe que nous connaissons. La mort a saisi Marguerite en plein travail, sans que l'on sache si elle comptait publier un jour son œuvre, comme elle l'avait fait pour la seule poésie.

Tel qu'il est, *l'Heptaméron* suscite actuellement les analyses les plus diverses, et il leur résiste, par sa richesse même et son ambiguïté. Œuvre de divertissement, qui se refuse à entrer dans la littérature de métier, il possède la qualité des plus grandes créations : celle de livrer une vision du monde, et de devenir un livre de chevet, un guide de bonne compagnie. Ce dernier objectif, la reine se l'était fixé à l'usage exclusif de sa petite compagnie de devisants, sertis avec amour dans la trame des récits dont ils deviennent à la fois les narrateurs et les commentateurs partiaux et multiples. Contentons-nous de décrire le plus visible : après un Prologue dans lequel Marguerite met littéralement en place ses devisants, réunis par le hasard des orages dans une abbaye près de Cauterets, et leur fait promettre de ne dire que du vrai, qu'ils auraient vécu ou dont ils pourraient certifier l'origine, elle divise leur temps en journées, dont on ne dira jamais assez l'invraisemblance. Dur et long programme que celui qui consiste quotidiennement à se lever tôt le matin, pour prier et lire les Saintes Écritures, avant de raconter, enchaînées par un propos moral des plus apparents (mais peu efficace dans la réalité du déroulement), dix histoires dont certaines peuvent s'inscrire sur une trentaine de pages ! Marguerite, elle, semble les avoir dictées à ses dames, comme en témoigne le fils de l'une d'entre elles, Brantôme, et elle s'y est attachée pendant un assez long temps pour que le caractère symbolique (et non réaliste) du système soit, de toute évidence, voulu. Elle déborde l'histoire-cadre italienne par l'institution, dans la structure de la nouvelle, du dialogue-commentaire des devisants, lequel vient tenir lieu de morale à la fable, tout en s'inspirant du grand genre italien du dialogue (souvent axé, précisément, sur le débat amoureux) pour multiplier les points de vue ; effet déjà amorcé par la pluralité des narrateurs. L'idée en vint d'autant plus facilement à Marguerite que ses histoires traitent de manière privilégiée des aventures amoureuses exemplaires (dans la beauté ou l'horreur), et dressent progressivement une éthique du mariage, dans laquelle la société exerce un pouvoir de plus en plus contraignant. De ces contradictions internes si vivaces entre l'amour fou auquel elle aspire et la nécessité sociale et religieuse du mariage tel qu'elle le rêve, naissent les nouvelles les plus belles et les plus originales : la longue et fine histoire de Floride et Amadour, condamnés par le protocole de l'aristocratie à entrer dans le péché (nouvelle X), comme le récit fantastique de Bernage (nouvelle XXXII), dans lequel une femme jeune, belle, vêtue de noir et les cheveux rasés, est condamnée à venir boire en silence dans le crâne de son amant mort. Ces amoureux, ces prisonnières étranges ne sont pas issus du roman courtois ; ils ne ressemblent pas davantage aux princes et aux princesses féeriques des contes de Perrault : ils sont là crûment, comme les membres réels d'une société violente et protocolaire par laquelle Marguerite se sent intimement menacée. Si elle s'éloigne, par moments, de sa propre caste, ce n'est que pour jeter le même regard lucide jusqu'à la verdeur sur tous les êtres humains.

Cependant cette vision noire du monde est perpétuellement équilibrée par l'indulgence, le sourire à l'égard de soi-même et des autres, voire le jeu le plus « gratuit » : jeux de cache-cache dans un palais, jeux d'optique dans une chambre ; en fait, jeux parfaitement admis de la sexualité toujours présente, et, par-dessus tout, lié à ceux-là, le jeu d'écrire, de conter, d'atteindre l'autre, pour en rire.

Le destin de l'œuvre

L'omniprésence de ce rire – ou de ce sourire – justifie bien, quoi qu'on en dise, que l'œuvre soit demeurée par la suite sur les rayons des bibliothèques consacrés à la littérature gauloise et polissonne. C'est la vigueur même du regard de la reine, le caractère provocant et libre d'une écriture qui cherche à dire complètement, même si c'est au prix de maladresses apparentes (le lecteur superficiel prend l'effort pour de la naïveté, et la « naïveté » pour une absence de projet), qui ont longtemps « démodé » son texte, tout accaparé par les réalités contemporaines.

Présente-absente, se racontant mais obligée de biaiser avec ses passions, la reine la plus mystique et la plus raisonnable de « l'histoire de France », en tout cas la seule qui ait écrit et qui en ait fait l'activité la plus absorbante, continue à intriguer comme l'une des figures les plus énigmatiques de la littérature de son siècle. C'est à ses pairs qu'il faut faire confiance, à Marot, à Des Périers, ou à Rabelais qui l'invite à rire du *Tiers Livre,* et voit en elle un « Esprit abstraict, ravy, et ecstatic » qu'il respecte avec humour.

M. M. Fontaine

MARGUERITTE Paul

(1860-1918)

Né à Laghouat (Algérie), ce fils de général fait ses études au prytanée de La Flèche ; mais, peu attiré par la carrière militaire, il prend un emploi en 1881 au ministère de l'Instruction publique, qu'il quittera plus tard pour se vouer entièrement à la littérature. Il consacre son premier livre (1884) à la biographie de son père mortellement blessé lors de la charge du plateau d'Illy, à Sedan, en 1870, avant de publier plusieurs romans qui témoignent de son engagement dans le mouvement naturaliste : *Tous quatre* (1885), *la Confession posthume* (1886), *Pascal Géfosse* (1887). Mais en 1887, Paul Margueritte signe *le Manifeste des Cinq contre « la Terre » de Zola* [voir **Naturalisme**], et son réalisme évolue dès lors vers une écriture plus « artiste », influencée par les Goncourt : *Jours d'épreuve* (1889), *Amants* (1890), *la Force des choses* (1891), *l'Essor* (1896).

C'est en collaboration avec son jeune frère **Victor** (1866-1942), alors officier, qu'il entreprend ensuite de brosser la fresque des années de guerre 1870-1871, dans *Une époque,* cycle romanesque en quatre tomes : *le Désastre* (1898), *les Tronçons du glaive* (1901), *les Braves Gens* (1901), *la Commune* (1904). C'est aussi avec Victor qu'il écrit deux livres pour enfants : *Poum, aventures d'un petit garçon* (1897) et *Zette* (1903).

Après 1908, date à laquelle les deux frères reprennent leur indépendance, Paul Margueritte continue à écrire, sous sa seule signature, souvenirs : *les Pas sur le sable* (1906), *Les jours s'allongent* (1908) et romans : *la Faiblesse humaine* (1908), *la Maison brûlée* (1913), *l'Embusqué* (1916), *Jouir* (1918).

Victor, qui a quitté l'armée en 1896, s'orientera pour sa part dans une voie plus militante (surtout après 1918), consacrant romans et essais à l'émancipation de la femme (*la Garçonne,* 1922 ; *Nos égales,* 1933) et à la cause du pacifisme (*le Bétail humain,* 1928 ; *la Patrie humaine,* 1931).

En dépit de son adhésion au *Manifeste des Cinq,* Paul Margueritte est toujours resté fidèle à ses premiers engouements littéraires et à son admiration pour le réalisme de Zola. Également marqué par l'exemple des Goncourt, il est de ceux qui, une fois les maîtres disparus, maintiennent une présence naturaliste dans la production romanesque du début de ce siècle. Il y élabore une œuvre vigoureuse, plus démonstrative que nuancée, prônant l'universalité du désir et une pitié toute tolstoïenne pour l'humanité.

Son attention aux réalités contemporaines, son ambition de dépasser la peinture de destinées individuelles pour accéder à une dimension collective, le poussent vers le roman social : la tétralogie historique d'*Une époque* en laisse entrevoir les limites et les enjeux. L'éclatement de l'intrigue, à travers les aventures de nombreux personnages, témoigne de la difficile insertion de la matière romanesque dans le déroulement historique ; la juxtaposition tend à l'emporter sur la composition, d'autant que l'accumulation des détails censés évoquer la réalité empêche que ne se dégagent de véritables lignes de force. Chargés de confronter les idées ou de permettre l'exposition des événements, les personnages sont d'ailleurs plus choisis pour leur fonction représentative que pour leur vraisemblance psychologique.

L'ensemble, qui ne manque ni d'émotion ni de puissance, est révélateur de la crise des modèles narratifs ainsi que des recherches menées dans le sillage du naturalisme.

M.-O. Germain

MARGUERITTE Victor
v. MARGUERITTE Paul

MARIE DE FRANCE

(seconde moitié du XIIe siècle)

Peut-être Marie de France est-elle notre premier *écrivain,* si l'on entend par là quelqu'un qui est conscient que son travail mérite de passer à la postérité (« À la fin de ce texte, que j'ai composé en langue romane, je me nommerai pour ne pas être mise en oubli », écrit-elle à la fin d'un *Ysopet*) et, donc, que ce qu'elle *écrit* (notion qui s'oppose alors à l'oralité d'une production vouée la plupart du temps à l'oubli) est une œuvre que nous appelons depuis « artistique ». Contemporaine – ou presque – de Chrétien de Troyes, elle affirme comme l'auteur de *Lancelot* et d'*Yvain* que l'écriture de l'aventure compte autant que l'aventure elle-même.

De Marie on ne sait rien sinon qu'elle est « de France », c'est-à-dire d'Île-de-France, qu'elle vécut probablement à la Cour d'Henri II Plantagenêt, et qu'elle composa des *Fables* – les premières qui nous soient conservées –, un récit traduit du latin, l'*Espurgatoire saint Patrice*, et surtout une douzaine de lais qui adaptent les légendes orales bretonnes et qui sont l'un des chefs-d'œuvre de notre littérature médiévale.

D. Couty

Lais

Récits en vers octosyllabiques composés vers 1170-1175 et transmis par cinq manuscrits du XIIIe et du XIVe siècle. Le plus court, « le Chèvrefeuille », compte 118 vers, le plus long, « Éliduc », 1 184.

Histoires d'amour et de mort, récits féeriques, contes folkloriques, nouvelles courtoises, les douze lais de Marie de France représentent à la fois le modèle et l'apogée du genre. Mêlant sources orales et écrites, Marie se pose en auteur, consciente de son importance : « Écoutez donc, seigneurs, les récits de Marie qui tient sa place parmi les auteurs de son temps » (« Guigemar », v. 3-5). Son entreprise, il est vrai, est originale. Renonçant à traduire une œuvre latine, comme nombre de ses contemporains, elle se propose de transcrire une tradition orale sur le point de disparaître : celle des poèmes d'amour et d'aventures que les jongleurs originaires de Bretagne chantaient dans les cours, et qu'elle a entendus. L'œuvre se construit autour d'un jeu subtil entre oralité et écriture, et du désir d'allier « la musique et les lettres » (R. Dragonetti). Mais les lais ressortent de l'alambic de l'écriture si transformés qu'il ne reste d'eux, en souvenir de leur origine, que leurs titres, soigneusement traduits et commentés. Marie forge ainsi des contes neufs dans une forme poétique inédite et fait coïncider, sous le nom de lai, la chanson originelle et son propre récit. Aussi faut-il, pour goûter la séduction de cette « poétisation de la réalité » (J. Rychner), se dépouiller d'un rationalisme trop rigide et écouter Marie, lorsqu'elle nous dit que la variété est la principale des qualités d'un bon conteur : « Qui veut composer des contes variés/doit varier le début de ses récits/et veiller par son art/à plaire au public » (« Milon », v. 1-4).

GUIGEMAR

Guigemar n'a qu'un seul défaut : il est indifférent à l'amour. Grand chasseur, il blesse une biche blanche au front ; la flèche rebondit et se fixe dans sa cuisse. L'animal lui prédit que sa blessure ne guérira que de la main d'une femme qu'il aimera d'un amour douloureux. Guigemar se traîne jusqu'à un port, aperçoit un navire luxueux dans lequel il monte. Tandis qu'il s'endort épuisé, le navire l'emporte jusqu'à une terre dont le seigneur, vieux et jaloux, séquestre sa femme dans une tour. C'est au pied de cette tour qu'échoue l'embarcation. La dame et sa servante l'aperçoivent, recueillent le chevalier et le soignent. Guigemar et la dame tombent amoureux l'un de l'autre au premier regard. Après un an et dem de bonheur, on les découvre : Guigemar repart sur le même navire mystérieux. Mais les amants ont échangé des gages de fidélité : la dame noue un pan de chemise, qu'aucune femme ne saurait déplier ; Guigemar ceint les hanches de son amie d'une ceinture impossible à délier. Au bout de deux années de désespoir, la dame décide de s'enfuir ou de mourir : les portes de sa prison s'ouvrent d'elles-mêmes ; elle retrouve au port la nef de Guigemar, y monte, s'endort et aborde en Bretagne. Le seigneur du lieu, Mériaduc, s'empare d'elle et la confie à sa sœur. La dame refuse son amour, et s'évanouit en entendant parler de Guigemar. Soupçonnant la vérité, Mériaduc invite celui-ci à un tournoi : les amants se reconnaissent et dénouent facilement chemise et ceinture. Mériaduc refuse de libérer la dame. Guigemar assiège son château, le tue et emmène enfin son amie.

Ce premier conte est un bon exemple de syncrétisme : Marie y combine la figure du chasseur vierge et farouche – nouvel Hippolyte – et le motif mythique de la chasse au blanc cerf. La deuxième partie répète sur le mode féodal et chevaleresque l'aventure du début : la dame est de nouveau séquestrée par un maître – sinon un mari – jaloux, mais, après sa traversée, elle a rejoint le monde de Guigemar, guerrier et masculin. Si elle reste « belle comme une fée », elle n'est plus que l'enjeu d'un combat féodal et c'est les armes à la main que son amant la reconquiert. À l'inverse, le jeune homme, de passif qu'il était, est devenu maître de son désir et de son destin. Abandonnant les jeux du tournoi, il mène une véritable guerre contre un seigneur puissant. Ainsi le conte retrouve, de façon voilée, les mythes celtiques de la souveraineté, où le statut de roi s'associe à la conquête d'une femme de l'autre monde. Cependant, Marie, comme plus tard Chrétien de Troyes, substitue à la question du pouvoir celle de l'amour, alors même qu'elle passe du monde des légendes au monde féodal.

Avec « Équitan », Marie suit une autre piste, celle qui conduit un roi brillant et courtois à une mort ignominieuse digne d'un fabliau.

ÉQUITAN

Équitan, roi breton, s'adonnait à l'amour et à la chasse, confiant l'administration de son royaume à son sénéchal « preux et loyal ». Celui-ci avait une femme si belle que le roi en tomba amoureux. Partagé un moment entre son désir et la loyauté due à son vassal, il convainc la dame de se donner à lui. Ils s'aiment ainsi jusqu'au jour où ses barons le pressent de se marier : la dame craint d'être abandonnée pour une femme de haut rang. Son amant la rassure et lui jure de n'avoir d'autre femme qu'elle. Elle décide alors de tuer son mari à l'aide d'un stratagème : elle préparera deux bains pour Équitan et son mari, dont l'un bouillant. Équitan vient chasser dans le pays de son sénéchal et demande à se baigner avec lui. La dame prépare les cuves, mais, profitant d'une brève absence du sénéchal, les amants s'enlacent. Le sénéchal revient et les surprend. Le roi, honteux, saute dans la cuve d'eau bouillante et meurt aussitôt ; le sénéchal précipite sa femme dans la même cuve.

Ce deuxième lai est comme l'opposé exact du premier, dans son ton, sa fin tragique, son réalisme. Sa qualité de roi aggrave la faute d'Équitan et rend la leçon plus parlante.

Perdant tout sens de la mesure, livré aux feux de sa sensualité, Équitan, cependant, applique à la lettre les préceptes courtois selon lesquels la dame est suzeraine et l'amant vassal : « Soyez la maîtresse et moi le serviteur : soyez hautaine et moi suppliant ! » (v. 179-180). Mais en brouillant les hiérarchies, l'amour pervertit la loi. Face à un roi déchu, le texte ne cesse de revenir sur l'intégrité du sénéchal : c'est lui qui, véritablement, assume les fonctions royales, y compris à la fin, celle de la justice qui rétablit l'ordre moral. La logique de l'amour est incompatible avec l'ordre féodal et le modèle de la *fin'amor* des poètes – *a fortiori* s'il s'incarne dans la personne du roi – aboutit au désordre, à la honte et à la mort.

LE FRÊNE

La femme d'un chevalier se moque imprudemment de sa voisine qui a accouché de jumeaux. L'année suivante, elle-même met au monde deux filles : désespérée, elle décide d'abandonner l'un des enfants. Le bébé, richement paré et orné d'une bague de prix, est confié à une servante qui le dépose dans un frêne à la porte d'une abbaye. L'abbesse l'adopte et l'élève comme sa nièce. Frêne grandit en beauté et en sagesse et s'attire les suffrages des seigneurs alentour, en particulier ceux de Goron de Dol, qui devient son amant et l'enlève. Malgré l'affection qu'elle suscite, les vassaux du seigneur engagent celui-ci à prendre une épouse légitime et à renvoyer Frêne. Il cède à leurs prières et demande la main de la sœur de Frêne, Coudrier. Pour la nuit de noces, Frêne pare elle-même le lit avec l'étoffe dans laquelle, enfant, elle avait été enveloppée. La mère de l'épousée remarque la soierie, interroge Frêne et la reconnaît comme sa fille autrefois abandonnée. Elle avoue son crime à son époux ; le premier mariage est annulé et Frêne épouse son amant.

Contrairement à Équitan, Goron ne se laisse pas emporter par l'amour au point d'y sacrifier son devoir de fonder une lignée légitime. C'est la résignation et la douceur « merveilleuses » de l'enfant abandonnée – répondant à l'acrimonie et à la méchanceté de sa mère – qui opèrent le miracle de la reconnaissance et sa métamorphose en fille dotée et en épouse légitime. L'amour qu'elle suscite est paisible à son image et ne saurait concurrencer ou troubler l'ordre social. Marie reste ici très près de l'écriture des contes folkloriques, et en deçà de la réflexion sur la nature de l'amour qui s'opérait dans les lais précédents.

Le lai de « Bisclavret » est, au contraire, un conte noir qui reprend le motif légendaire du loup-garou de façon originale en le liant à celui de l'amour.

BISCLAVRET

L'épouse d'un baron s'inquiète des absences régulières de son mari. Elle redoute une rivale et l'interroge un jour à son retour. Refusant d'abord de répondre, il lui avoue finalement ses métamorphoses en loup [un Bisclavret] et lui révèle même le lieu où il cache ses vêtements. Celle-ci, épouvantée, décide de le perdre. Elle s'allie à un chevalier amoureux d'elle, qui subtilise les vêtements de l'époux. Le Bisclavret ne peut retrouver son apparence humaine. La dame épouse son amant. Un jour que le roi chasse dans la forêt, sa meute poursuit le Bisclavret : celui-ci multiplie les signes de soumission et le roi l'emmène avec lui, défendant qu'on lui fasse du mal. Toujours doux et soumis, le loup ne devient agressif que lorsqu'il aperçoit son rival au cours d'une fête, et quelque temps après sa propre épouse : il se jette sur elle et lui arrache le nez. Étonné de cette réaction, le roi soumet la dame à la torture et elle avoue son crime. Retrouvant ses habits, Bisclavret reprend sa forme humaine et récupère son domaine tandis que sa femme et son second époux sont bannis.

La comparaison avec le lai anonyme de « Mélion », construit sur le même thème, montre la façon dont Marie transforme ses sources. Bisclavret ne se livre à aucune des rapines communes aux loups-garous ; il ne devient pas comme Mélion le chef d'une bande de loups féroces. L'horreur de la lycanthropie est éludée : sous la bête sauvage transparaissent des qualités humaines d'intelligence et d'amour. À l'inverse, la dame défigurée porte à jamais, elle et sa descendance féminine dépourvue de nez, la marque de la monstruosité à laquelle elle a voulu livrer son époux. Sa laideur témoigne de son crime contre l'amour. Le rôle de rédempteur, traditionnellement dévolu à la femme, est ici assumé par le roi comme si le lien féodal devenait la forme supérieure de l'amour.

Le lai de « Lanval » est le plus féerique des lais du recueil, le seul à raconter clairement la séduction d'un mortel par une fée.

LANVAL

Lanval, chevalier étranger de la cour d'Arthur, est oublié au cours de la distribution des biens. Triste et sans le sou, il chevauche, un jour, près d'une forêt. Il y rencontre deux jeunes filles qui le conduisent jusqu'à leur maîtresse. Celle-ci, merveilleusement belle, est étendue dans un somptueux pavillon. Elle déclare son amour à Lanval, qui en tombe aussitôt amoureux. Avec le don de sa personne, elle lui assure des richesses inépuisables, à condition qu'il ne trahisse pas le secret de leur liaison. Lanval mène alors une vie de luxe et de plaisir, car il peut voir son amie autant qu'il le désire. À la Saint-Jean, la reine offre son amour à Lanval, qui le refuse ; la reine l'accuse de n'aimer que les hommes : Lanval avoue, par dépit, qu'il aime une femme mille fois plus belle que la reine. Celle-ci l'accuse auprès du roi de l'avoir insultée et déshonorée. Lanval est accablé car ses paroles imprudentes lui ont fait perdre son amie. Un procès est organisé : pour se défendre Lanval doit montrer son amie. Précédée par quatre magnifiques jeunes filles, elle arrive enfin, et tous accourent pour la voir : jamais personne n'a vu plus belle femme. Le roi acquitte Lanval, mais celui-ci saute sur le cheval de son amie et disparaît avec elle en Avalon, l'île des fées.

La rencontre de la féerie et du monde féodal, loin d'être une intégration du merveilleux dans le monde réel, aboutit à un conflit illustré par le procès qui scelle l'impossible conciliation des deux univers. Une série d'indices – l'eau, le tremblement du cheval, les messagères et leurs bassins d'or – annonce la rencontre avec l'être merveilleux qui se produit à la lisière des terres civilisées et sauvages. Mais Marie gomme la violence qui, ailleurs, préside aux relations avec l'autre monde : pas de viol, pas d'épreuve de noyade. S'il y a violence, elle est du côté féodal : insultes et mensonges de la reine, condamnation du jeune homme. Or si la fée s'est humanisée, Lanval a aussi un statut marginal au sein de la cour : étranger oublié du roi, il n'entretient avec les autres chevaliers que des rapports superficiels et mondains, et rejoint, sans hésitation, le monde pour lequel il était fait (on a rapproché les noms de « Lanval » et d'« Avalon ») ; il consacre ainsi le caractère asocial mais aussi élitiste du véritable amour. Le choix, enfin, de l'autre monde inverse la leçon de « Guingamor » et signe, quoique de manière voilée, la relation mystérieuse du désir à la mort, lien qu'illustrent de façon éclatante « les Deux Amants ».

LES DEUX AMANTS

Un roi aimait tant sa fille qu'il ne voulait la marier à personne. Pour mettre fin aux critiques, il proclama qu'il la donnerait à celui qui la porterait d'une seule traite au sommet de la colline voisine. Personne ne réussit. Mais la princesse accorda, en secret, son amour à un jeune comte. Elle envoya son amant chercher chez une parente à Salerne un philtre qui lui rendît ses forces en cas de défaillance. Muni du breuvage, le jeune homme tente l'épreuve sous les yeux de la foule. La jeune fille le presse à plusieurs reprises de boire le remède ; il refuse, mais, parvenu au sommet, il meurt d'épuisement. Désespérée, la jeune fille jette la fiole dont le contenu, en se répandant, fertilise toute la colline ; puis elle s'étend auprès de son amant et meurt. Le roi et les spectateurs découvrent les corps et les ensevelissent dans un cercueil de marbre.

Jouant avec le symbolisme et le mythe de Tristan (le philtre, la mort des amants), le récit illustre le thème de Peau-d'Âne, mais Marie masque le désir incestueux du père et centre ses propos sur la démesure du jeune homme qui lui fait refuser l'auxiliaire magique : l'exaltation amoureuse remplace le breuvage aphrodisiaque. Le philtre n'est plus alors que le symbole de la force surhumaine de l'amour, dont la fécondité ici se disperse, faute d'être reconnue dans sa légitimité. L'amour excessif du père, en revanche, est facteur de mort et de stérilité, car, en provoquant la mort de sa fille, il condamne son lignage. En dissociant le héros de la « merveille », Marie se détache du conte merveilleux et transforme le récit en exemple attendrissant – l'histoire de deux enfants –, renouant ainsi avec la tradition littéraire des romans « idylliques ». Mais à l'inverse de ceux-ci, l'idylle tourne à la tragédie, et l'amour du jeune homme ne parvient à vaincre que dans la mort, où il entraîne son amie, les obstacles que le pouvoir du père lui oppose.

« Yonec » inaugure la série des lais où intervient le motif de l'oiseau (l'autour, le rossignol et le cygne) qui, sous des formes différentes, cristallise en lui l'image symbolique de la sexualité et de la communication amoureuse.

YONEC

Le seigneur de Caerwent, déjà vieux, épousa une jeune fille très belle, qu'il enferma dans une tour sous la garde de sa sœur. Elle y resta sept ans, n'attendant que la mort. Un matin de printemps, elle souhaita que, comme dans les contes d'autrefois, un amant, vu d'elle seule, vînt la visiter. Aussitôt, un autour pénétra dans sa chambre et se transforma en élégant chevalier qui déclara l'aimer depuis longtemps sans pouvoir la rejoindre tant qu'elle ne l'appelait pas. La dame l'accepta pour amant après l'avoir fait communier. Le chevalier revenait dès qu'elle l'appelait et la dame vécut dans le bonheur, retrouvant l'éclat de sa beauté. Mais une vieille surprit la métamorphose de l'homme-oiseau ; le mari fit disposer des broches de fer sur la fenêtre et l'oiseau se blessa profondément : il annonça à la dame la naissance prochaine de leur fils et s'enfuit. Éperdue, la dame sauta par la fenêtre et suivit les traces de sang. Elle pénétra ainsi sous une colline, y découvrit une ville et un palais où gisait son amant dans un lit somptueux. Il la pressa de repartir, lui donna un anneau qui ôterait la mémoire à son mari, dit que leur fils les vengerait avec une épée qu'il lui remit. L'année de l'adoubement de son fils Yonec, la dame et son mari visitèrent une abbaye où se trouvait une tombe richement parée : on leur expliqua que c'était la tombe de l'ancien roi du pays tué pour l'amour d'une dame. Comprenant qu'il s'agissait de son amant, la dame appela son fils, lui révéla son origine et lui donna l'épée de son père avant de tomber morte sur la tombe. Yonec trancha la tête de son beau-père et devint le roi du pays.

« Yonec » est la plus ancienne version d'un conte connu sous le nom de « l'Oiseau bleu » (voir Mme d'Aulnoy au XVIIe siècle), qui met en scène l'habileté d'une femme à s'approprier un être surnaturel pour jouir de ses pouvoirs magiques. C'est cependant l'enfant illégitime qui donne son nom au lai, l'aventure extraordinaire de sa naissance qui en constitue le sujet. En tuant son père putatif, il prouve ses droits à régner sur le royaume féerique de son père, mais aussi justifie avec éclat l'adultère de sa mère à l'origine d'un lignage prestigieux. La femme est donc bien ici le personnage central, et le désir féminin est au cœur du récit : le vœu de la jeune femme suffit à faire apparaître l'amant merveilleux qui lui est entièrement soumis. C'est elle, enfin, qui recueille les armes de la vengeance, un fils et une épée. Néanmoins, contrairement aux contes du même type, elle ne peut guérir son amant et ne le rejoint que dans la mort. L'amour se vit en rupture avec la société et l'ombre tragique de Tristan et Iseut plane, une fois de plus, sur ce tombeau où la dame exhale son dernier soupir.

Le lai du « Laostic » [ou du Rossignol] abandonne le merveilleux pour le monde quotidien.

LE LAOSTIC

Dans la ville de Saint-Malo vivaient deux puissants seigneurs, l'un marié, l'autre célibataire. Celui-ci aimait l'épouse de son voisin. Les amoureux se voyaient et se parlaient d'une maison à l'autre, seul un mur de pierre grise les séparait.
Au printemps, la dame se levait chaque nuit pour voir son ami à la fenêtre. Son mari lui demanda la cause de ses insomnies : elle préférait écouter le chant du rossignol. Le mari attrapa l'oiseau, l'étrangla et jeta le corps sanglant sur le corsage de la dame. Cachant son chagrin, elle enveloppa l'oiseau dans un tissu précieux sur lequel elle broda l'histoire de ses amours et l'envoya à son amant. Celui-ci enferma le corps dans une châsse.

Ce lai est peut-être avec « le Chèvrefeuille » le plus subtil, le plus poétique aussi, celui sans doute où Marie va le plus loin dans la transformation des contes qui lui servent de modèles : elle abandonne l'écriture mythique tout en reprenant les thèmes centraux de « Yonec ». Mais, en même temps, elle commue la féerie et la magie en image symbolique. Le rossignol est, dans la lyrique, l'oiseau emblématique de l'amour. La dame, en le prenant pour prétexte de ses insomnies, révèle à son mari son amour adultère. Mais l'amour est plus fort que la mort et il ne suffit pas de tuer le « laostic » pour que cesse la passion : l'amant transforme le rossignol en une relique sacrée, enfermée, comme les dépouilles des saints, dans une châsse. Marie aboutit au paradoxe de placer l'amour profane et adultère au rang du sacré, dévoilant ainsi le modèle de symbolisation offert par la religion pour proclamer avec éclat la beauté et la légitimité de l'amour humain.

Le lai de « Milon » revient, en partie, sur cette tentative et renoue avec un espace et un temps plus vastes.

MILON

Une noble demoiselle s'éprend du chevalier Milon sur sa seule réputation. Enceinte de lui, elle accouche en secret et confie son fils à sa sœur déjà mariée. Elle attache au cou de l'enfant l'anneau de son père et une lettre relatant les circonstances de sa naissance. Milon quitte le pays pour louer ses services. Pendant son absence, son amie est mariée, malgré elle, à un puissant baron. Après le retour de Milon, les amants reprennent pendant vingt ans leur liaison secrète, en communiquant par l'intermédiaire d'un cygne. Leur fils, devenu chevalier, acquiert une réputation égale à celle de son père. Celui-ci, ignorant l'identité du jeune homme, décide de se mesurer à lui : Milon est jeté à terre, mais le jeune chevalier apercevant ses cheveux blancs, le relève. Milon reconnaît son anneau : le père et le fils tombent dans les bras l'un de l'autre. Le fils décide de réunir son père et sa mère. Mais un messager leur annonce la mort du mari de celle-ci : Milon épouse aussitôt son amie.

L'oiseau occupe, dans ce lai, une nouvelle fonction : ni amant ni symbole, il sert de messager. Mais le choix du cygne constitue un arrière-plan mythique proche de celui de « Yonec ». La tradition antique en fait un symbole sexuel en relation avec le thème de la métamorphose (histoire de Léda), tandis que la légende des enfants-cygnes et sa version médiévale la plus connue, celle de la *Chanson du Chevalier au cygne et de Godefroi de Bouillon*, l'oriente du côté des origines fabuleuses des grandes familles. Oiseau royal : « C'est bien un présent royal : voyez comme il est noble et beau » (v. 213-214), il est pourtant considéré dans les bestiaires comme duplice, blanc au dehors, noir au dedans. Marie a-t-elle voulu, dans un renversement de valeurs, en faire le « signe » de la relation amoureuse, visible à tous et inaperçue de ceux qui en ignorent le secret ?

« Le Chaitivel » [le Malheureux] nous ramène à une histoire plus simple, caractéristique de l'esprit courtois et d'un style qui sera celui de la nouvelle jusqu'au XVIe siècle.

LE CHAITIVEL

Quatre barons, beaux et valeureux, sont amoureux de la même dame, qui ne parvient pas à choisir entre eux. Au cours d'un tournoi, ils rivalisent d'audace et d'ardeur, s'exposant aux coups les plus dangereux : trois sont tués, le quatrième gravement blessé. La dame ne se console pas de la mort de ses prétendants, mais le survivant lui démontre que sa situation est bien pire car sa blessure l'empêche de goûter avec la dame d'autre plaisir que celui de la conversation.

La question posée ici – à savoir si une dame doit être aimable avec tous ceux qui l'aiment – traverse toute la tradition courtoise jusqu'à Alain Chartier et sa *Belle Dame sans merci*. Incapable de choisir, ne maintenant en fait que les conventions de la courtoisie, la dame n'aime peut-être aucun de ses soupirants, mais elle est flattée par leurs hommages. Ce narcissisme transparaît dans le premier titre du lai qu'elle veut composer en leur souvenir : « Je veux que l'on garde le souvenir de mon deuil/je vais composer un lai sur vous quatre/et je l'appellerai "les Quatre Deuils" » (v. 202-204). Le survivant ne peut supporter d'être assimilé aux morts : donner son nom au récit, c'est donc à la fois pour lui être reconnu comme un martyr de l'amour, et éclipser la dame et ses rivaux. Ce lai est sans doute le plus désespéré de tous : alors qu'aucun obstacle social ne semble s'opposer à l'amour, celui-ci demeure impossible et s'ouvre de nouveau sur la mort ou, pire, sur cette mutilation avouée à demi-mot qui offre une image saisissante de son échec.

Le lai du « Chèvrefeuille » reprend la légende de Tristan mais pour la plier au projet de l'auteur à la faveur d'un épisode inédit.

LE CHÈVREFEUILLE

Tristan a été chassé de la cour par le roi Marc. Après un an d'exil, il retourne en secret en Cornouailles où vit Iseut et se cache dans une forêt. Il apprend que le roi et la reine se rendront à Tintagel pour la Pentecôte. Il se poste sur le chemin du cortège et met en travers de la voie une baguette de noisetier où sont gravés son nom et un message amoureux. Iseut aperçoit le bâton, comprend le signal et s'éloigne seule dans la forêt : elle y retrouve Tristan et lui explique comment se réconcilier avec Marc. Les amants se séparent en pleurant mais sur l'espoir d'un rappel prochain de Tristan à la cour.

Avant-dernier lai du recueil, « le Chèvrefeuille » répète la thématique qui court dans tous les récits (l'amour et la loi), mais pour la dépasser en laissant entrevoir un espoir de conciliation. Alors que, dans le Prologue, Marie résume la légende en termes d'amour et de mort, elle oriente son récit vers la joie et l'attente des retrouvailles. Elle s'inscrit ainsi à contre-courant de la tradition – Tristan, chez elle, passe de la mort à la vie –, modelant à son habitude une matière traditionnelle selon ses vues personnelles. En même temps, elle affine cette « écriture symbolique » (D. Poirion), dont « le Laostic » traçait la voie. L'union indissoluble des amants est parfaitement représentée par cet enroulement du chèvrefeuille autour du coudrier : symbole du féminin autour duquel gravite l'homme, mais aussi image de l'échange nécessaire dans l'amour entre le masculin et le féminin. Si clair soit-il, l'objet symbolique cependant ne suffit pas et doit s'accompagner d'un écrit : brodé en lettres d'or sur le linceul du rossignol ou gravé dans le bois, le message double le récit et en révèle le sens. Cette « sume de l'escrit » (v. 61), qui est ici au centre de la nouvelle, se conclut sur deux vers au style direct : « Belle amie, ainsi en va-t-il de nous :/ni vous sans moi, ni moi sans vous » (v. 77-78) qui font écho à la mort des amants chez Thomas : « Vus ne poez senz moi murrir/ne jo senz vus ne puis perir » (v. 1 641-1 642).

En reprenant dans « Éliduc » la légende d'origine celtique du mari entre deux femmes, Marie propose une solution au « scandale » de l'amour humain en le transcendant dans l'amour divin.

ÉLIDUC

Homme de confiance du roi de Petite Bretagne, Éliduc est calomnié auprès de son maître et contraint de s'exiler en Angleterre : il laisse son épouse à laquelle il jure d'être fidèle. Il repousse les ennemis du roi d'Exeter, dont la fille, Guilladon, tombe amoureuse de lui. Éliduc est sensible à sa beauté mais son cœur est déchiré entre ce nouvel amour et la fidélité jurée à sa femme. Son premier suzerain le rappelle car son royaume est en danger. Éliduc promet à Guilladon de revenir la chercher au jour qu'elle fixera. Il chasse les ennemis de son pays puis repasse la mer pour enlever la princesse. Une tempête se lève : un matelot l'accuse de bafouer la loi en amenant une nouvelle épouse alors qu'il est marié. Éliduc le tue, mais Guilladon s'évanouit. Une fois à terre, Éliduc la transporte, sans connaissance, dans une chapelle. Chaque jour il y retourne et s'étonne de voir son amie, quoique inanimée, garder ses fraîches couleurs. Sa femme le fait épier, se rend à la chapelle, découvre la jeune fille et, devant sa beauté, compatit à la douleur de son mari. Ayant vu une belette ressusciter Guilladon en lui mettant une fleur dans la bouche, elle s'empare de la fleur, « réveille » la jeune femme, la ramène puis déclare vouloir prendre le voile et libérer son mari pour qu'il épouse son amie. Elle se retire dans une abbaye tandis qu'on célèbre le mariage. Après des années de bonheur, Éliduc et Guilladon suivent son exemple et Guilladon rejoint Guildeluec, la première épouse.

À l'ancien titre du lai « Éliduc », Marie préfère celui de « Guildeluec et Guilladon », car « les dames sont bien les héroïnes/de l'aventure qui a donné naissance au lai » (v. 25-26). Elle relègue ainsi à la seconde place le personnage masculin et oppose à une première partie épique et guerrière une seconde amoureuse et féminine. Alors qu'Éliduc, comme Équitan, est incapable d'accorder la loi morale et le désir, son épouse résout le conflit en faisant renaître la seconde femme – sa fille ou sa « sœur » (v. 1167) –, presque son homonyme. À la version mythique du héros étranger gagnant le cœur de la fille du roi, Guildeluec substitue – au-delà du dilemme courtois – la version chrétienne de son abnégation. Retirée dans un couvent, elle continue, cependant, à peser sur la destinée du jeune couple, au point d'attirer à elle Guilladon. Le couple à trois peut alors vivre sans scandale et même devenir exemplaire : l'amour profane s'est fondu dans l'amour de Dieu. « Tous les trois ne pensaient plus/qu'à aimer Dieu de tout leur cœur » (v. 1177-1178).

Le dernier vers du recueil est donc pour Dieu, comme l'était le premier : la boucle est refermée pour enclore comme dans une châsse les turbulences du désir et son conflit mortel avec les lois sociales et morales. Marie peut bien offrir les « fleurs » (v. 8) de son travail à son roi « preux », « courtois » et « dont le cœur donne naissance à toutes les vertus » (v. 44-46), elle ne peut empêcher qu'émane de ses contes un sentiment de nostalgie, et que la conclusion nous paraisse plus amère, moins lumineuse : la société demeure contre les amants et la transgression de l'interdit ne se fait que dans l'espace d'un rêve toujours interrompu, au prix du renoncement au plaisir immédiat ou de la souffrance. Mais l'ambiguïté de l'œuvre, la difficulté à saisir les intentions profondes de la conteuse prouvent sa réussite poétique. Marie a su à la fois conserver et dépasser le cadre du conte merveilleux, traditionnellement attaché à la matière de Bretagne, dans un mouvement de « désenchantement du monde » : par là, elle ouvre la voie à la nouvelle psychologique. Son style reste sobre : la régularité de ses vers, la pauvreté de la rime procurent « une impression de simplicité et de calme » telle qu'on a pu parler du « silence de Marie de France ».

M. Gally

Marivaux

MARIVAUX Pierre CARLET de CHAMBLAIN de

(1688-1763)

Les documents réunis jusqu'à ce jour sur Marivaux sont peu nombreux et souvent très laconiques. De ce fait, une connaissance approfondie de l'homme et de sa vie n'est pas aisée à obtenir. L'auteur est resté très discret sur lui-même et il ne subsiste de sa correspondance que quelques lettres. C'est donc à partir de son œuvre et de ses personnages qu'on a pu dessiner peu à peu un portrait littéraire de l'écrivain.

Moraliste et psychologue, Marivaux fut célèbre à son époque aussi bien comme romancier et journaliste que comme auteur de théâtre. Un jugement contemporain le définit comme « le Racine du théâtre comique, habile à saisir les situations imperceptibles de l'âme, heureux de les développer [...] », concluant que « [...] personne n'a mieux connu la métaphysique du cœur, ni mieux peint l'humanité ».

Dans sa conception de l'homme et de la vie et dans ses idées philosophiques, Marivaux exprime l'attitude intellectuelle d'un disciple indépendant et original de Houdar de La Motte et de Fontenelle. Cartésien, il est aussi imprégné de Malebranche, dont les leçons avaient dû lui être enseignées dès le collège. Se rangeant du côté des Modernes, il prit vigoureusement part à la querelle qui opposa ceux-ci aux Anciens.

L'importance que Marivaux attache à l'expérience et au sentiment fait de lui un précurseur des Lumières. On ne saurait pour autant rattacher ses conceptions à la philosophie sensualiste d'un Locke ; elles seraient plutôt dues à un empirisme proche de celui de Fontenelle : un certain nombre de définitions et de classements lui permettant de cerner ce qu'étaient l'homme et son monde pour découvrir qu'il s'agissait de facultés et de fonctions universelles régissant un ensemble. Mais ce cartésianisme ne l'a pas empêché de ressentir la fragilité d'un moi livré à la sensation et à l'imagination, à l'instant toujours insaisissable : l'être se forme en assimilant ses « états successifs » et, pour Marivaux, l'existentiel sous ses nombreuses formes a priorité sur l'essentiel unique.

Un provincial à Paris

Marivaux naquit à Paris, où il vécut les dix premières années de sa vie. Son père, Nicolas Carlet, alors trésorier des vivres en Allemagne pendant la guerre de la Ligue d'Augsbourg, ne s'installa qu'au début de 1699, avec sa femme et son fils, à l'Hôtel de la Monnaie, à Riom, où il avait acquis la charge de contrôleur-contre-garde. Marivaux entra au collège des Oratoriens de Riom, où il reçut, contrairement à la légende, une solide formation de latiniste. La connaissance de l'Antiquité devait être pour lui un apport culturel essentiel à l'illustration, au prolongement et à l'approfondissement de sa méditation sur les problèmes et les ressources de l'homme. À Riom, Marivaux eut certainement aussi d'autres lectures que celles des programmes scolaires de l'époque : ses premiers romans trahissent l'influence de La Calprenède, de Cervantès, de Mlle de Scudéry ; sa première comédie, *le Père prudent et équitable,* rappelle la manière de Regnard dans *le Légataire universel* et celle de Molière dans *Monsieur de Pourceaugnac.*

Marivaux termina ses études au collège vers 1707, mais ne s'inscrivit à l'école de droit de Paris qu'en 1710. Où passa-t-il ces trois ans ? Son oncle maternel, le célèbre architecte Pierre Bullet, dont l'influence sur le jeune Pierre Carlet fut très grande, l'a peut-être reçu chez lui pour des séjours plus ou moins longs. En 1712, il s'établit définitivement à Paris ; son inscription à l'école de droit, où il se désigne comme *parisiensis,* semble en faire foi. C'est peut-être vers cette époque (1712-1713) qu'il décida de se consacrer entièrement à la littérature, car il ne semble pas s'être particulièrement adonné à des études de droit. Mais il aura à supporter les nombreuses épreuves d'années difficiles avant de réussir et de devenir l'auteur dont les comédies à succès sont jouées à la Cour, qui compte parmi ses amis d'illustres écrivains et qui est reçu dans les salons les plus brillants de l'époque, ceux de Mme de Lambert, de Mme de Tencin et de Mme Geoffrin. De fait on ne trouve trace de la présence de Marivaux dans aucun salon avant 1730.

Une expérience féconde

Une expérience des plus importantes pour le jeune auteur fut sa participation, avec d'autres jeunes intellectuels, à un mouvement littéraire d'avant-garde. Il fut rapidement l'un des partisans les plus passionnés des Modernes dans la querelle qui opposa, de 1714 à 1716, les « dévots d'Homère » aux admirateurs de La Motte. Les « Avant-propos » du *Télémaque travesti* et de l'*Homère travesti* sont parmi les quelques bonnes pages qu'a produites cette querelle [voir **Querelle des Anciens et des Modernes**].

L'œuvre de Marivaux forme un ensemble vaste et cohérent. Aussi n'y a-t-il rien d'étonnant à ce que ses œuvres de jeunesse recèlent les germes de son œuvre future : c'est une théorie du roman fondée sur la sensibilité et les « réflexions » que Marivaux, débutant, expose dans l'« Avis au lecteur » des *Effets surprenants de la sympathie.* Ce « programme » sera réalisé dans *la Vie de Marianne,* mais il le sera également dans *la Nouvelle Héloïse* – et dans le roman proustien.

C'est aussi dans les romans de jeunesse de Marivaux que l'on trouve de nombreuses situations, des détails, des caractères d'où sortiront les personnages ou les intrigues de ses pièces les plus célèbres. L'âpre réalisme du *Télémaque travesti* et de l'*Homère travesti* ne doit pas cacher la portée de ces deux œuvres burlesques dont la vraie signification se place au niveau d'une attitude humanitaire de l'auteur, s'élevant contre l'injustice d'un certain ordre social : le *Télémaque* renferme une critique courageuse de la persécution des protestants en France, et l'*Homère* est la satire la plus féroce qu'on ait faite de la guerre au XVIIIe siècle. Ce n'est que le travestissement burlesque qui permit à la censure de tolérer la très grande audace de ces textes.

Dans ses romans de jeunesse, l'auteur se révèle aussi sous un jour très personnel. Il y a des passages dans lesquels Marivaux semble dévoiler son être sentimental ; il n'a pas encore pris le masque du « spectateur » ou du « philosophe » de ses œuvres de maturité.

L'expérience intellectuelle vécue par Marivaux entre 1714 et 1725 fut celle aussi d'autres jeunes gens qui s'étaient attachés au parti des Modernes : La Motte, Crébillon et Fontenelle leur avaient apporté la même révélation pour la littérature que Descartes et Malebranche pour la philosophie. Ce qui comptait, pour eux, c'était la liberté de pensée, l'ingéniosité, les discussions, les exercices de la raison et de l'esprit ; c'était la recherche d'une vérité que l'on ne trouverait pas par des emprunts aux Anciens, mais par ses propres forces.

Parmi les différents écrivains ayant fait partie du même groupe littéraire, il y a bien des analogies de pensée et d'écriture : il faut donc replacer à un moment précis de l'histoire littéraire et de l'histoire des idées, des articles comme les « Pensées sur différents sujets » ou des journaux comme *le Spectateur français,* dans lesquels Marivaux défend et illustre sa conception des devoirs de l'écrivain en laissant deviner toute sa passion pour la littérature.

Les premiers succès

En 1717, Marivaux se marie, et des problèmes matériels, qu'il semble avoir ignorés jusque-là, se posent soudain à lui. Lorsque son père meurt, en 1719, il tente de lui succéder dans sa charge à la Direction de la monnaie de Riom : il semble qu'il ait été, à ce moment-là, prêt à sacrifier sa carrière littéraire que la vie en province l'aurait évidemment obligé à interrompre. Mais sa demande n'ayant pas abouti, il reprendra son activité d'écrivain dès 1719, avec la publication, dans *le Nouveau Mercure,* des « Lettres contenant une aventure ».

Une période de doutes et de tâtonnements se prolongera jusqu'au début de 1722. L'auteur se cherche, et, finalement, il se découvrira dans la nouveauté et l'originalité : les *Lettres sur les habitants de Paris* (1717) sont le premier essai de Marivaux journaliste. Les *Pensées sur différents sujets* (1719) posent le problème du langage (déjà soulevé dans l'*Homère travesti*), auquel Marivaux s'attachera jusque dans ses derniers écrits. Sa tragédie, *la Mort d'Annibal* (1720), est une preuve de plus de sa recherche de différents et multiples moyens d'expression.

Mais les difficultés financières de Marivaux, ruiné par la faillite de Law, deviennent si grandes vers 1720 qu'il se voit contraint d'interrompre ses activités littéraires pour se trouver une carrière plus lucrative, celle d'avocat. Il se réinscrit à la faculté de droit ; il y obtient, le 31 mai 1721, le grade de bachelier et, le 4 septembre de la même année, celui de licencié.

Sur les trois pièces qu'il avait fait jouer l'année précédente, une seule fut bien accueillie, *Arlequin poli par l'amour* ; *l'Amour et la Vérité* eut une représentation, *Annibal* trois.

Ces recherches successives, ces tâtonnements littéraires aboutirent finalement, pour Marivaux, au choix définitif de ce qu'il devait écrire et de l'écriture qui allait être la sienne : critique sociale et réalisme satirique dans ses journaux, peinture de l'âme féminine et de l'amour dans ses réflexions psychologiques et morales, réflexion de l'auteur sur son art, création de moyens d'expression plus personnels, mieux adaptés à sa liberté d'invention et, enfin, conception et élaboration d'un théâtre poétique et psychologique.

Son œuvre reflète une vaste culture littéraire. Ses lectures s'étendent de Molière, Corneille, Racine (lus et relus) aux poètes antiques, d'Homère à Lucain, aux dramaturges de la Restauration anglaise, à Milton, au Tasse, à Sorel, à Dufresny, à Regnard. Même de petites comédies sans intérêt des années 1725 ou 1733, des récits découverts dans des journaux français ou hollandais lui inspirent des trouvailles littéraires et des réussites théâtrales.

L'étude du cœur humain

C'est dans les vingt années qui vont suivre que se situe la période la plus féconde de Marivaux : il s'attache à la création de plusieurs œuvres conjointement – ce qui rend difficile l'établissement de dates précises concernant la mise en chantier, la rédaction et l'achèvement de chacune. Celles-ci se situent dans le domaine du journalisme, dans celui du roman et dans celui du théâtre.

Le journalisme, chez Marivaux, prend une forme particulière : *le Spectateur français* (1717-1734), *l'Indigent philosophe* (1727) et *le Cabinet du philosophe* (1734) expriment les réflexions morales de l'auteur, lesquelles feront également l'objet des articles publiés par Marivaux dans *le Nouveau Mercure.*

L'observation, la réflexion, l'analyse psychologique et morale trouvent également leur place dans ses romans. Marivaux passera plusieurs années à écrire *la Vie de Marianne* : la rédaction et la publication de cette œuvre s'étendent sur plus de dix ans (1731-1741). Ce roman « de sentiment », dont la nouveauté et l'originalité furent mal senties, peu remarquées et peu comprises à l'époque, unit au romanesque un réalisme poétique. Dans *le Paysan parvenu,* qui fut d'une rédaction plus rapide (1734-1735), l'auteur laisse libre cours à sa veine satirique. Les thèmes développés dans ces deux romans rappellent certains sujets de ses œuvres de jeunesse. Les personnages et les situations des *Effets surprenants de la sympathie* ébauchent le romanesque de *la Vie de Marianne* ; les expériences burlesques ou picaresques auxquelles donnèrent lieu des romans comme *le Télémaque travesti* ou comme *Pharsamon* ne furent pas sans influence sur la conception du *Paysan parvenu,* dans lequel Marivaux s'efforce de retenir, avec le plus de précision possible, la réalité des êtres et des sentiments.

Les tentatives théâtrales de Marivaux furent assez rapidement couronnées de succès. *Arlequin poli par l'amour* fut merveilleusement bien joué par les Comédiens-italiens qui avaient été rappelés, à peine cinq ans auparavant, par le Régent. Ils avaient ainsi eu le temps de s'accoutumer au public français, tout en pratiquant un art fondé sur une excellente formation d'acteur, de chanteur et même d'acrobate due à la tradition de la *commedia dell'arte.* L'univers raffiné et spirituel des pièces de Marivaux leur fit découvrir un théâtre entièrement nouveau et pourtant à leur mesure. La collaboration de Marivaux et des Comédiens-italiens fut, dès lors, féconde : l'un apportait la poésie, l'originalité, la nouveauté psychologique et dramatique des situations et des caractères ; les autres, la fantaisie, la gaieté, le mouvement, une vive sensibilité, la mimique, le geste. Les Italiens étaient aussi en mesure de faire deviner et de suggérer des sentiments, de créer une atmosphère de féerie, de donner vie et expression à des situations que la psychologie seule reliait à des réalités contemporaines. Sensible au jeu de ces excellents acteurs, Marivaux découvrit progressivement des possibilités théâtrales nouvelles, insoupçonnées. Il écrivit ses rôles pour des interprètes précis (Gianetta Benozzi, dite Silvia, ou Thomassin), respectant leur personnalité et leur faisant découvrir des aspects de leur talent qu'ils ignoraient peut-être eux-mêmes. Ces rôles leur convenaient à tel point que le public en arrivait à confondre l'interprète avec son personnage sur scène.

Cette période d'intense création fut aussi une période de rencontres, d'amitiés. Mme de Lambert, Mme de Tencin, qui contribua à le faire élire à l'Académie française, Fontenelle, Crébillon père, témoin à son mariage avec Colombe Bollogne, furent de ses amis. En 1742, il prêta son concours à Jean-Jacques Rousseau, qu'il aida à revoir une pièce, *Narcisse.*

Mais ses succès lui valurent aussi de nombreux ennemis, dont la malveillance et les méchancetés se reflètent dans certains jugements portés sur son œuvre, jugements qui furent repris et répétés longtemps encore après la disparition de Marivaux.

L'académicien

Élu à l'Académie le 10 décembre 1742, Marivaux fit, le 4 février 1743, son discours de réception. Insolite et original, celui-ci fut très différent de ceux qui l'avaient précédé. Marivaux y remarquait (bien avant Rivarol) le rôle dominant du français en Europe, importance qu'il attribue à l'exceptionnelle qualité de l'esprit et des sentiments des écrivains ayant formé et formant l'Académie, ces esprits éclairés étant responsables du progrès présent et à venir de la culture et transmettant une tradition sans prix : « N'est-ce pas d'ici, en effet, que sont partis tant de rayons de lumière qui ont éclairé les ténèbres de cet esprit autrefois égaré dans de mauvais goûts et dans l'ignorance de toute règle et de toute méthode ? »

Les œuvres que Marivaux écrivit dans cette dernière période de sa vie sont en majeure partie des réflexions ou des essais sur des questions de morale et de littérature. Parmi celles-ci, les *Réflexions sur l'esprit humain à l'occasion de Corneille et de Racine,* dont Marivaux fit des lectures à l'Académie, sont significatives à différents points de vue : elles constituent une défense de l'écrivain, de son utilité pour la diffusion de la « science du cœur humain » et de la « langue nationale », mais aussi une mise en garde devant la montée irréversible des philosophes, de plus en plus « scientifiques » et beaucoup plus appréciés que les hommes de lettres. L'essai de Marivaux est donc révélateur d'une évolution précise des intérêts intellectuels et des goûts de l'époque, auxquels il n'est pas resté étranger.

S'il ne revint pas au roman, Marivaux écrivit encore quelques comédies en un acte qui constituent la quintessence de sa pensée et de son art théâtral.

Marivaux mourut à Paris, à soixante-quinze ans, après avoir montré des signes d'affaiblissement dans les mois qui précédèrent sa fin. Certains documents retrouvés laissent imaginer aujourd'hui, du moins jusqu'à un certain point, ce qu'ont pu être les dernières années de sa vie. Même célèbre et élu à l'Académie, il n'avait guère fait fortune en vivant de sa plume ; son œuvre n'avait cessé d'être controversée. L'édition erronée qu'en donna Duviquet, au XIXe siècle, ne contribua pas peu à défigurer davantage encore celui qu'une critique malveillante n'avait en son temps guère ménagé. Il aura fallu attendre le XXe siècle pour restituer à Marivaux son originalité et à son œuvre son excellence.

Masques et visages : le théâtre

Les contemporains de Marivaux ont cru voir dans ses pièces un seul sujet toujours répété : la surprise de l'amour. L'auteur s'élève contre cette erreur d'appréciation dans l'« Avertissement » des *Serments indiscrets* (1732) en soulignant les différences qui séparent cette dernière de *la Surprise de l'amour* (1727) : « [...] c'est qu'on y a vu le même genre de conversation et de style ; c'est que ce sont des mouvements du cœur dans les deux pièces ; et cela leur donne un air d'uniformité qui fait qu'on s'y trompe ». L'erreur que souligne Marivaux n'a pas été le fait de ses seuls contemporains : l'on retrouve ce jugement sommaire sous la plume de critiques plus récents.

En même temps que sa recherche de la vérité et des réalités psychologiques, Marivaux poursuit celle d'une forme, d'un langage qui soient « vrais », qui correspondent à la réalité de l'expression. Un autre passage de l'« Avertissement » cité expose cette idée : « [...] ce n'est pas moi que j'ai voulu copier, c'est la nature, c'est le ton de la conversation en général que j'ai tâché de prendre : ce ton-là a plu extrêmement et plaît encore dans les autres pièces, comme singulier, je crois ; mais mon dessein était qu'il plût comme naturel, et c'est peut-être parce qu'il l'est effectivement qu'on le croit singulier, et que, regardé comme tel, on me reproche d'en user toujours ». Plus loin, Marivaux se justifie de la critique formulée à l'endroit de sa langue de théâtre par le fait que l'on a pris pour un style d'auteur ce qui n'était que le ton naturel de la conversation, « le langage des hommes ».

Quant aux « mouvements du cœur », centre d'intérêt de ses pièces, ils comprennent ces instants psychologiques privilégiés qui correspondent à une prise de conscience de soi, à une évolution, à une transformation de l'être pris dans l'existence ; mais aussi des instants de vérité dans les relations sociales, quand les conventions et les illusions font place aux réalités humaines, quand les masques tombent et laissent apparaître les visages.

Être et exister : le roman

Fort de son expérience littéraire et humaine, observateur sensible et intelligent, Marivaux crée un type de roman original dans ses deux œuvres de maturité, *la Vie de Marianne* et *le Paysan parvenu.* Les personnages traditionnels du roman baroque et du roman picaresque s'y trouvent renouvelés, et l'on retrouvera jusqu'à la fin du XVIIIe siècle, dans les romans, des personnages, des situations et des scènes empruntées à son œuvre romanesque.

C'est dans un « Avis au lecteur » placé en tête de son premier roman de jeunesse, *les Aventures de *** ou les Effets surprenants de la sympathie* (1712-1714), que Marivaux expose ses convictions théoriques concernant l'écriture romanesque. Il s'agit d'un véritable plaidoyer en faveur du roman. L'auteur y conteste – contre les disciples de Boileau – le rôle conjoint de la nature et de la raison, accordant beaucoup plus d'importance à la sensibilité dans la création d'une œuvre non seulement vraisemblable, mais qui réponde à des données psychologiques réelles. C'est au goût et au « sentiment intérieur presque toujours aussi noble que tendre, et qui seul fait juger sainement des faux et des vrais mouvements qu'on donne au cœur », indépendants « des lois stériles de l'art », que l'auteur exprime l'intention de conformer le langage et les actions de ses personnages. Il s'attaque aussi à des problèmes fondamentaux propres au genre romanesque, cherchant à établir un lien entre l'art et la vérité, entre la raison et la connaissance intuitive (le cœur) ; enfin, proposant de définir des critères esthétiques valables pour une critique du roman, il émet l'idée d'une vérité propre à la fiction : « La pitié qu'excite l'objet présent, les inquiétudes qu'il nous cause affligent l'âme et font des impressions fâcheuses. Elle est attendrie ; mais elle souffre réellement. Le sentiment est triste, au lieu que le simple récit, quelque affreux qu'il soit, s'il excite la pitié, ne porte dans l'âme qu'un intérêt compatissant sans douleur [...]. L'âme émue se fait un plaisir de sa sensibilité, en se garantissant par la raison d'une tristesse véritable, qui ne doit la saisir qu'à la réalité des malheurs ».

L'« Avis au lecteur » nous révèle aussi que, dès le départ, le roman a été pour Marivaux « un ouvrage dont le sujet est le cœur » : ce qui lui importe, ce ne sont pas des aventures extérieures, sociales ou libertines, comme l'ont cru nombre de ses imitateurs, mais des « aventures » psychologiques touchant à la sensibilité, à la connaissance de soi et des autres et se traduisant dans l'émotion, dans la souffrance et dans la découverte de l'être intime.

Dans un deuxième roman, intitulé *Pharsamon ou les Nouvelles Folies romanesques,* et très rapidement dans un troisième, *la Voiture embourbée,* Marivaux cherche à mettre en pratique ses idées sur le roman, ce qui explique la composition de ces œuvres de jeunesse ; leur structure trouve son point d'accomplissement dans une forme originale du roman réaliste, celle du *Télémaque travesti.* Autant son premier roman était dédié à l'âme féminine et se caractérisait par l'importance accordée à la sensibilité, à l'intuition et au « génie natif », autant les trois suivants sont définis par l'accent mis sur la sensualité, la réflexion et l'apprentissage de la vie. C'est dans cette même perspective que Marivaux situe *la Vie de Marianne* et *le Paysan parvenu.*

Dans ces romans, un certain réalisme ne caractérise pas seulement les situations et les caractères, mais aussi l'espace et le temps. L'époque historique est précisée ; les lieux sont dessinés par petites touches et avec le souci du détail correct. Jacob, le futur « paysan parvenu », arrive à Paris et entre, dans un hôtel particulier parisien, au service d'un financier. Il passe, par la suite, de l'appartement de dévotes à la demeure d'une veuve de procureur, du logis d'un président à la prison, de Versailles à la maison d'une entremetteuse, de la rue au lieu le plus élégant de Paris, le « chauffoir » du Théâtre-Français.

Il y a également un lien solide avec la réalité dans les situations romanesques : l'individu est obligé d'affronter la société. Dans ses romans de maturité, Marivaux a décrit cet affrontement sous forme « d'aventure » pour trois de ses personnages, Marianne, Mlle de Tervire (dans *la Vie de Marianne*) et Jacob. Il présente ainsi des expériences parallèles : l'individu se trouve placé seul devant les membres d'une communauté qui, en refusant de l'accepter parmi eux, le contraignent à se défendre, à se définir et à revendiquer le droit d'être lui-même – ce qu'il finit par obtenir. Jacob, le roturier, doit acquérir des qualités qui sont naturelles à Marianne. Il lui faut se transformer sans se renier, en restant fidèle à lui-même. Marianne et Mlle de Tervire sont exposées à la souffrance en raison de leur délicatesse innée. Jacob subit plutôt des accidents que des malheurs, et, comme il ne possède rien, il saisit toute occasion favorable sans se préoccuper exagérément de scrupules ou de cas de conscience, jouissant de tout ce que le destin peut lui apporter. Si, pour Marianne, le mobile psychologique est l'honneur, et pour Mlle de Tervire la charité, pour Jacob c'est le plaisir, ce qui permet à l'auteur de tracer dans *le Paysan parvenu* un tableau sans illusion de la société de son époque.

L'œuvre en mouvement : les journaux

Une grande partie des textes écrits par Marivaux « journaliste » s'inscrivent dans le cadre de son apprentissage littéraire. Il donne au *Nouveau Mercure,* à partir de 1717, des « Lettres » (dont la première a été intitulée par l'éditeur « Lettre sur les habitants de Paris »), dans lesquelles il se livre pour la première fois à la description directe du monde qui l'entoure en y ajoutant les réflexions que ce spectacle lui suggère. Il ne se pose pas en moraliste sévère, mais plutôt en observateur ironique : « Ce qui gâte l'esprit des bourgeoises, c'est le faste continuel qui s'offre à leurs yeux : chaque équipage que rencontre en chemin une femme à pied porte en son cerveau une impression de douleur et de plaisir ; de douleur, en se voyant à pied ; de plaisir, en se figurant celui qu'elle aurait si elle possédait une pareille voiture. Le moyen que le cerveau d'une femme tienne à cela ? »

D'autres articles publiés dans *le Nouveau Mercure* indiquent ses préoccupations esthétiques et littéraires, telles les « Pensées sur différents sujets » (1719), qui sont d'une importance capitale pour la compréhension de la pensée de Marivaux et également pour l'histoire de la critique en France. L'auteur y attaque le principe de la clarté et esquisse une esthétique de la suggestion : toute formule qui « met en image courte et vive » la pensée à exprimer paraît justifiée à Marivaux, qui remet ainsi en question la doctrine classique suivant laquelle l'image doit être du même ordre que l'objet auquel elle s'applique et former par elle-même un système cohérent.

Avec *le Spectateur français* (1721-1724), Marivaux se donne un cadre, et une forme originale susceptible d'une entière liberté d'expression : aucune contrainte de genre n'est imposée à la pensée, aux velléités du romancier, à l'observation et aux réflexions morales, qui se juxtaposent dans le texte et prennent une allure de chronique. Marivaux, tour à tour témoin et dilettante, y fait alterner le sérieux et le plaisant, puis, sensible et détaché, il frappe, insinue, instruit – et pourtant « s'amuse ». Certaines feuilles relatent l'expérience de toute une vie, tandis que d'autres ne décrivent que l'espace d'une soirée, utilisant subtilement toutes les nuances perceptibles dans le domaine du sentiment et de l'expérience humaine. S'il évoque avec humour de petites histoires de tous les jours (lettres de la fille dévote ou du mari de la femme avare), il décrit ailleurs, sur le mode romanesque, des moments où se joue le destin d'un être. La vie sociale lui donne l'occasion d'analyser les aspects qu'y revêt l'amour-propre. Marivaux accorde une très grande importance à la morale, qui, selon lui, est fondée sur la nécessité de la vie sociale et sur la conscience guidée par la réflexion. Ses pensées sur l'éducation des enfants, sur les rapports humains entre maris et femmes, sur la détresse des jeunes filles abandonnées, sur le rôle corrupteur de l'argent, sur le pacte des riches protégés par la loi et méprisant les pauvres, font preuve d'une générosité, d'une discrétion et d'une hauteur de vue auxquelles un lecteur, même aujourd'hui, ne peut rester insensible.

Dans *l'Indigent philosophe,* rédigé au printemps 1727, Marivaux choisit un gueux comme porte-parole, et la réflexion de l'auteur se situe à trois niveaux différents qui reflètent ou l'attitude, ou le tempérament, ou l'idéal secret de son personnage. Ses propos rendent souvent un son nouveau lorsqu'ils s'appliquent à l'esthétique, à la métaphysique ou à la morale, qu'il enrichit d'observations qui pourraient anticiper quelques-unes des découvertes modernes de la psychologie et même de la psychanalyse des névroses. La verve quelquefois amère et puissamment satirique de *l'Indigent philosophe* le distingue des autres œuvres de Marivaux et lui confère une place unique parmi celles-ci.

Le Cabinet du philosophe (1733-1734) a été conçu par Marivaux comme une série d'articles devant d'emblée former un tout. Les réflexions du philosophe se rapportent au « train du monde », aux femmes et à l'amour, à l'homme et à son destin, aux moyens d'expression et au rôle de l'écrivain (ces dernières réflexions étant complémentaires de celles qui parurent dans *le Mercure* et dans certains numéros du *Spectateur français*). Elles s'attachent aux rapports entre le fond et la forme, et aux objets de la création littéraire et de la critique. Marivaux s'abrite derrière un narrateur détaché, jovial, bon vivant, délicat ou alors franchement comique, indigent et philosophe, spectateur et observateur dont les propos reflètent les sujets de l'actualité intellectuelle, morale, littéraire de l'époque : «... réflexions gaies, sérieuses, morales, chrétiennes, beaucoup de ces deux dernières ; quelquefois des aventures, des dialogues, des lettres, des mémoires, des jugements sur différents auteurs, et partout un esprit de philosophe ; mais d'un philosophe dont les réflexions se sentent des différents âges où il a passé. » C'est en ces termes que, dans la première feuille du *Cabinet du philosophe,* l'auteur définit son propos. Les « réflexions chrétiennes » présentent un intérêt tout particulier. Marivaux y critique les athées et les déistes, parle des effets de la « Chute », prend position par rapport au mysticisme, met en valeur le rôle du cœur dans la conversion religieuse et fonde sa foi sur l'exigence d'ordre qu'il y a en l'homme. C'est le seul texte qui donne accès à la pensée religieuse de Marivaux.

Œuvre en mouvement, les « journaux » de Marivaux sont un écho du dialogue de l'auteur avec son temps.

Marivaudage

Violemment critiqué par ses contemporains, accusé de « courir après l'esprit », de « n'être point naturel », Marivaux s'est expliqué à plusieurs reprises sur sa manière d'écrire. Il revendique le droit à l'originalité, au « naturel de l'auteur » en s'appuyant sur le principe que, pour un écrivain qui sait sa langue, il n'y a pas de distinction possible entre le style et la pensée et même qu'à un certain niveau toute pensée est inséparable du langage. Mais il eut beau revenir avec insistance sur ces points, il ne fut pas compris par ses contemporains. Ceux-ci continuèrent à lui reprocher ses « néologismes », dont l'abbé Desfontaines établit même un dictionnaire qui puisait à tort et à travers dans l'œuvre de Marivaux à seule fin de le ridiculiser. C'est à ces critiques injustifiées que l'on doit les significations successives et souvent péjoratives du terme de « marivaudage ».

Le XXe siècle a découvert en Marivaux un grand prosateur. Il appartenait à une société qui parlait le mieux la langue de son temps, et il a su traduire dans son œuvre toute la vivacité de ce langage, sans crainte de l'enrichir encore par des apports populaires.

Marivaux n'est pas seulement un auteur novateur et original en matière de style. Il a créé une forme d'analyse psychologique et morale. Les observations que celle-ci comportait exigeaient des termes nouveaux. Marivaux a donc complètement renouvelé non seulement le vocabulaire psychologique, mais aussi la syntaxe : la phrase qu'il a imaginée représente une innovation offrant à l'avenir d'infinies ressources au roman d'analyse.

VIE		ŒUVRE	
1688	**4 févr. :** naissance à Paris de Pierre Carlet (qui prendra en 1717 le nom de Marivaux), fils de Nicolas Carlet et de Marie Bullet, sœur de l'architecte du roi Pierre Bullet.		
1699	Nicolas Carlet s'installe avec sa famille à Riom, où il exerce les fonctions de contrôleur-contre-garde de la Monnaie. Pierre Carlet entre au collège des Oratoriens de Riom.		
1710-1713	Pierre Carlet étudie le droit à Paris.	**1712**	*Le Père prudent et équitable,* comédie jouée à Limoges, publiée à Limoges et à Paris. *Les Effets surprenants de la sympathie,* t. I et II, roman publié à Paris.
		1713	*Pharsamon,* roman, reçoit approbation et privilège (publié en 1737). *Le Bilboquet,* essai satirique.

	VIE		ŒUVRE
1714-1716	Lors de la « Querelle d'Homère », Marivaux s'engage résolument dans le parti des Modernes.	**1714**	*La Voiture embourbée,* roman. *Les Effets surprenants de la sympathie,* t. III, IV et V.
1715	**Mort de Louis XIV.**		
1716	Retour à Paris des Comédiens-Italiens, expulsés sous Louis XIV.		
1717	Marivaux épouse Colombe Bollogne, d'une riche famille de Sens.	**1717**	*L'Iliade travestie,* parodie burlesque, signée « Carlet de Marivaux ». « Lettres sur les habitants de Paris », dans *le Nouveau Mercure.*
1719	Mort de Nicolas Carlet : Marivaux tente, en vain, de lui succéder dans sa charge. Naissance d'une fille, Colombe-Prospère.	**1719**	« Pensées sur différents sujets » (*le Nouveau Mercure*). « Lettres contenant une aventure » (*le Nouveau Mercure*).
1720	**Banqueroute de Law.** Marivaux est ruiné ; il hésite à abandonner la littérature.	**1720**	*L'Amour et la Vérité,* comédie jouée à la Comédie-Italienne. *Arlequin poli par l'amour,* comédie (Com.-Ital.). *La Mort d'Annibal,* tragédie jouée à la Comédie-Française.
1721	Marivaux obtient sa licence en droit ; il est reçu avocat au Parlement de Paris.	**1721**	Début de la publication du *Spectateur français,* sur le modèle du *Spectator* anglais. Le journal paraîtra jusqu'en 1724.
1722	Le *Spectateur français* obtient un « privilège général ».	**1722**	*La Surprise de l'amour,* comédie (Com.-Ital.)
1723	**Mort du Régent ; règne personnel de Louis XV.** Mort de Mme de Marivaux.	**1723**	*La Double Inconstance,* comédie (Com.-Ital.).
		1724	*Le Prince travesti,* comédie (Com.-Ital.). *La Fausse Suivante,* comédie (Com.-Ital.). *Le Dénouement imprévu,* comédie (Com.-Fr.).
		1725	*L'Île des esclaves,* comédie (Com.-Ital.). *L'Héritier de village,* comédie (Com.-Ital.).
		1727	*L'Indigent philosophe,* journal. *L'Île de la raison,* comédie (Com.-Fr.). *La Seconde Surprise de l'amour,* comédie (Com.-Fr.).
		1728	*Le Triomphe de Plutus,* comédie (Com.-Ital.).
		1729	*La Nouvelle Colonie,* comédie (Com.-Ital.).
1730	Marivaux commence à fréquenter le salon littéraire et mondain de Mme de Lambert. Après la mort de celle-ci (1733), on le verra chez Mme de Tencin, puis chez Mme du Deffand ; enfin, dans les années 1750, il deviendra un habitué de Mme Geoffrin.	**1730**	*Le Jeu de l'amour et du hasard,* comédie (Com.-Ital.).
		1731	Début de la publication de *la Vie de Marianne,* roman (première partie). Au total, onze « parties » de l'ouvrage paraîtront successivement jusqu'en 1741. *La Réunion des amours,* comédie (Com.-Fr.).
		1732	*Le Triomphe de l'amour,* comédie (Com.-Ital.). *Les Serments indiscrets,* comédie (Com.-Fr.). *L'École des mères,* comédie (Com.-Ital.).
		1733	*L'Heureux Stratagème,* comédie (Com.-Ital.).
		1734	*Le Cabinet du philosophe,* journal. *Le Paysan parvenu,* roman. La publication s'achèvera l'année suivante. *Le Petit-Maître corrigé,* comédie (Com.-Fr.).
		1735	*La Mère confidente,* comédie (Com.-Ital.).
		1736	Publication, désavouée par Marivaux, du *Télémaque travesti* (parodie, rédigée en 1717). *Le Legs,* comédie (Com.-Fr.).

VIE		ŒUVRE	
		1737	*Les Fausses Confidences,* comédie (Com.-Ital.).
		1738	*La Joie imprévue,* comédie (Com.-Ital.).
		1739	*Les Sincères,* comédie (Com.-Ital.).
		1740	*L'Épreuve,* comédie (Com.-Ital.).
1741-1748	**Guerre de la Succession d'Autriche.**	1741	*La Commère,* comédie. La pièce ne sera découverte que deux siècles plus tard (1965 ; création Com.-Fr. 1967).
1742	Marivaux est élu à l'Académie française. Il aide J.-J. Rousseau à « retoucher » sa comédie de *Narcisse.*		
		1744	*La Dispute,* comédie (Com.-Fr.).
1745	Colombe-Prospère de Marivaux entre en religion.		
		1746	*Le Préjugé vaincu,* comédie (Com.-Fr.).
		1748	Lecture à l'Académie des *Réflexions en forme de lettre sur l'esprit humain.*
		1749-1750	Lecture à l'Académie des *Réflexions sur l'esprit humain à l'occasion de Corneille et de Racine.*
		1751	Lecture à l'Académie des *Réflexions sur les Hommes,* et des *Réflexions sur les Romains et sur les anciens Perses.*
		1754	*L'Éducation d'un prince,* dialogue publié dans *le Mercure.*
		1755	*La Femme fidèle,* comédie jouée au château de Berny.
1756-1763	**Guerre de Sept Ans.**		
		1757	*Les Acteurs de bonne foi,* comédie publiée par *le Conservateur ; Félicie,* comédie publiée par *le Mercure.*
		1761	*La Provinciale,* comédie, publiée dans *le Mercure ;* attribuée à Marivaux.
1763	**12 févr. :** mort de Marivaux. Il institue sa légataire universelle Mlle de Saint-Jean, qui l'avait hébergé durant ses dernières années.		

THÉÂTRE

Arlequin poli par l'amour

Le premier succès de Marivaux au théâtre fut une féerie, une comédie en un acte et en prose, présentée par les Comédiens-Italiens le 17 octobre 1720, *Arlequin poli par l'amour.* C'est la gracieuse Gianetta Benozzi, à peine âgée de vingt ans, qui incarna la bergère Silvia. La fée fut interprétée par l'actrice Flaminia (Elena Balletti), la femme de Luigi Riccoboni, directeur de la nouvelle troupe des Comédiens-italiens. Femme d'esprit plutôt que coquette, Flaminia prêta au personnage des traits de sa forte personnalité. Le commentateur ironique des agissements de la fée, Trivelin, était joué par Biancolelli, né à Paris, parlant couramment le français, et le seul acteur de l'ancienne troupe italienne à se retrouver dans la nouvelle. Pour les autres comédiens, Marivaux tint compte de leurs possibilités linguistiques, et c'est un texte en général très simple qu'il écrivit pour eux. Il donna un grand nombre d'indications scéniques très précises pour le personnage d'Arlequin, joué par un acteur qui ne possédait pas, à ce moment-là, suffisamment le français : un certain nombre de répliques étaient ainsi remplacées par un jeu de mimiques expressives.

Pour cette pièce, Marivaux s'inspira vraisemblablement, selon Shirley E. Jones, d'un conte de fées de Mme Durand intitulé *le Prodige de l'amour.* La comparaison des deux œuvres permet de souligner la conception originale de Marivaux – présente également dans d'autres pièces – concernant l'instantanéité du mouvement psychologique et de ses effets. La naissance d'un sentiment (guetté par le personnage central de la fée : «… tous les jours je touche au moment où il peut me sentir et se sentir lui-même ») est à l'origine d'une prise de conscience de soi et du monde social. Mme Durand présentait la transformation du jeune homme amoureux comme lente et progressive, tandis que pour Marivaux elle est immédiate et radicale. Ainsi, ce qui est inhabituel pour une comédie, l'aspect psychologique des personnages est traité avec finesse et sérieux.

SYNOPSIS

Une fée, tombée amoureuse d'un jeune homme (Arlequin) endormi dans un bois, l'enlève. L'esprit sot et niais du jeune homme n'étant pas en rapport avec sa figure, la fée espère lui donner de l'esprit en l'éveillant à l'amour. La bergère Silvia, qui refuse l'amour d'un berger, tombe amoureuse d'Arlequin, qui passe par hasard et, dans le même temps, découvre les mêmes sentiments.
Arlequin, transformé, acquiert soudain l'esprit qui lui faisait défaut. La fée assiste à une scène de badinage amoureux entre les deux jeunes gens, ce qui lui déplaît tellement qu'avec sa baguette magique elle contraint Arlequin à la suivre et Silvia – enlevée par des lutins – à devenir sa prisonnière. Arlequin se tire assez bien d'une scène de jalousie que lui fait la fée, qui cherche par ailleurs à intimider Silvia, la forçant à faire croire à Arlequin qu'elle s'est moquée de lui. Arlequin réussit à savoir la vérité sur les sentiments de Silvia. Finalement, Trivelin les sauve en leur donnant le moyen de s'emparer de la baguette magique de la fée.

Quatre changements de lieu avec deux décors, deux divertissements, une dizaine d'airs à danser et de chansons sur une musique de Mouret contribuèrent à faire pleinement apprécier ce spectacle par le public. Pourtant l'auteur ne se fit pas connaître, car une pièce qui restait dans le domaine de la féerie et dans laquelle la peinture des mœurs et des caractères tenait si peu de place ne pouvait prétendre, au XVIIIe siècle, qu'à un statut de simple divertissement.

Arlequin poli par l'amour eut douze représentations consécutives et fut joué, ensuite, à plusieurs reprises, à l'Hôtel de Bourgogne. Pendant tout le XVIIIe siècle, il se trouva au programme de nombreuses fêtes de château. Ce n'est qu'en 1892 que la pièce entra au répertoire de la Comédie-Française, « adaptée » et jouée par Jules Truffier. En 1920, elle est présentée à l'Odéon, et, à partir de 1931, ses apparitions à l'affiche du Français se répètent. En 1950, Jacques Charon y joue le rôle d'Arlequin ; en 1955, la pièce triomphe lors d'une tournée en Amérique ; en 1965, dix ans plus tard, la Comédie-Française en aura déjà donné cent quinze représentations.

L'évolution des formes et la diversité dans le choix des sujets de ces premières comédies s'inscrivent dans un itinéraire intellectuel : la pensée de l'auteur se précise, devient plus concise, gagne en profondeur. En même temps, ses pièces reflètent certains épisodes de sa vie : son premier contact avec la Cour lui inspirera des personnages comme ceux du *Prince travesti*. Dans les pièces qui marquent ses débuts au théâtre s'exprime la rencontre heureuse de l'être plein de promesses et de ressources avec une société à son image qui ne demande qu'à remplir ses vœux et ses désirs : rencontre avec lui-même et révélation de son moi profond.

La Surprise de l'amour

L'emprise grandissante de la société sur l'individu constitue comme une menace à laquelle il échappe toujours plus difficilement, ne sauvant son identité qu'en subissant épreuves et souffrances : ce sera le thème, en 1722, de *la Surprise de l'amour*.

SYNOPSIS

Lélio et son valet se sont réfugiés à la campagne pour oublier l'infidélité de leurs maîtresses respectives. La Comtesse vient voir Lélio pour régler des détails du projet de mariage entre Jacqueline, servante de Lélio, et Pierre, jardinier de la Comtesse. Celle-ci a très mauvaise opinion des hommes, Lélio des femmes, et leur rencontre donne lieu à de vives discussions ; ils n'en finissent pas de se provoquer. Ils tombent amoureux l'un de l'autre, mais refusent de se l'avouer. Arlequin et Colombine, en leur faisant découvrir le fond de leur cœur, réussissent à obtenir un aveu réciproque des jeunes gens, qui réintègrent ainsi l'ordre social.

Plus littéraire que la précédente, la pièce prétend cette fois dire la réalité des sentiments. Le dialogue, plus brillant, gagne en subtilité, et l'on y trouve des réflexions dignes de figurer dans le contexte philosophique des journaux de l'auteur. Ainsi la protestation de la Comtesse contre la situation faite à la femme dans la société par rapport à celle de l'homme : « Oh, l'admirable engeance qui a trouvé la raison et la vertu des fardeaux trop pesants pour elle, et qui nous a chargées du soin de les porter : ne voilà-t-il pas de beaux titres de supériorité sur nous ?… » (I, VII).

Lors de la création de la pièce, Flaminia assura, avec une vivacité que remarqua la critique, le rôle de Colombine. Arlequin, s'étant affiné depuis ses débuts, joua son rôle avec une balourdise non exempte de grâce. Luigi Riccoboni marqua certainement le rôle de Lélio, amoureux déçu, auquel il prêta des traits sombres, et qu'il rendit très vraisemblable grâce à son expérience de tragédien venu au comique malgré lui. Silvia, qui pendant plus de vingt ans (1720-1740) créa presque toutes les grandes pièces de Marivaux, interpréta le rôle de la Comtesse. Cette comédie, en trois actes et en prose, était accompagnée d'un divertissement placé à la fin.

L'accueil du public fut très favorable, et les registres du Théâtre-Italien indiquent qu'elle eut seize représentations. Avant *le Jeu de l'amour et du hasard*, c'est la première pièce de Marivaux devenue classique. Elle disparut pourtant de la scène pendant tout le XIXe siècle, après avoir été jouée sous la Révolution dans plusieurs théâtres. En 1911, elle fut montée – réduite à un acte – à la Comédie-Française, et, en 1922, à l'occasion du bicentenaire de sa création, elle fut reprise à l'Odéon et au théâtre du Vieux-Colombier. Enfin, en novembre 1938, *la Surprise de l'amour* retrouva au Théâtre-Français la mise en scène de sa version originale, sort que méritait cette pièce considérée à juste titre comme une œuvre capitale de Marivaux.

La Fausse Suivante

Dans une deuxième période de création (dont le début coïncide avec la décision de l'écrivain de vivre de sa plume), Marivaux développe une autre forme dramatique dont le centre n'est plus une rencontre, mais un jeu. Dans *la Fausse Suivante ou le Fourbe puni* (1724) [ou dans *l'Héritier de village*] apparaissent la mascarade universelle et l'hypocrisie qu'il s'agit de démasquer.

SYNOPSIS

Une jeune fille riche et belle, « maîtresse d'elle-même », a rencontré, à l'occasion du carnaval, celui (Lélio) que son beau-frère lui destine pour époux. Un travestissement masculin lui sert à se lier d'amitié avec lui pour le suivre à la campagne chez la Comtesse et apprendre à le connaître. Lélio et la Comtesse se sont engagés réciproquement à se verser, au cas où ils ne s'épouseraient pas, un dédit de 10 000 écus. Lélio pense faire un meilleur mariage en épousant la jeune fille, plus riche que la Comtesse, et propose, à celle qu'il prend pour un jeune chevalier sans fortune, d'épouser la Comtesse à sa place. Mais Lélio doit 10 000 écus à la Comtesse qui les lui a prêtés. La jeune fille se rend compte à quelle espèce d'individu elle a affaire, décide de « punir ce fourbe-là » et d'en débarrasser la Comtesse, ce à quoi elle réussit.

Bien écrite, spirituelle, cette pièce, intéressante pour l'histoire des mœurs, est plus une peinture réaliste qu'un exposé de beaux sentiments. Lélio, sorte d'homme à bonnes fortunes, marque beaucoup de cynisme dans la manière dont il pense traiter sa femme après le mariage (I, VIII). Pour l'histoire des mœurs et du théâtre, le personnage le plus intéressant est celui de Trivelin (valet du faux chevalier). Marivaux lui prête une hardiesse de parole inhabituelle dans ce rôle : il exprime des revendications assez crues en faveur du mérite et réclame des droits (propres à sa classe), qu'il présente en philosophe ; le caractère polémique de cette scène est évident et annonce le Figaro de Beaumarchais.

Jouée pour la première fois le 8 juillet 1724, cette comédie en trois actes et en prose eut treize représentations et fut « très bien reçue » par le public (selon le *Mercure*). Elle fut même donnée devant la Cour, à Fontainebleau, en novembre de la même année ; Silvia plut beaucoup dans le rôle principal. Les divertissements accompagnant la pièce furent écrits par Marivaux en collaboration, sans doute, avec l'aîné des frères Parfaict, sur une musique de Jean-Joseph Mouret. Puis cette comédie fut oubliée pendant plus de deux siècles. Elle ne fut redécouverte que vers le milieu du XXe siècle. Le T.N.P. la joua au palais de Chaillot au cours de la saison théâtrale de 1963-1964, et elle déconcerta d'abord ceux qui s'étaient fait une idée traditionnelle du théâtre de Marivaux : il ne s'agit ni d'une comédie romanesque ni d'une « surprise de l'amour », mais bien d'un jeu de masques.

Les masques, conventions et simagrées sociales que Marivaux dénonce sont le propre d'une société qui se veut immuable et dans laquelle règnent une hiérarchie et un ordre maintenus par des lois sévères. Obéissant à la règle du jeu collectif, l'individu s'y soumet. Brusquement, une réflexion, une ruse innocente révèle une vérité insoupçonnée qui se trouvait comme en attente de l'autre côté de cette façade lisse et policée de l'ordre social. Rien ne sera changé à ce dernier, certes, mais il y aura eu ce « moment de vérité » qui donnera sa juste valeur à ce qui semblait absolu et n'était que convention. *L'Île des esclaves, la Nouvelle Colonie, le Jeu de l'amour et du hasard* illustreront cet autre aspect du « système dramatique » de Marivaux.

S. Mühlemann

L'Île des esclaves

Créée à Paris par les Comédiens-Italiens le 5 mars 1725, *l'Île des esclaves* n'est pas la première incursion de Marivaux dans le genre utopique. *Les Effets surprenants de la sympathie* (1712-1713), son roman de jeunesse, conte l'histoire d'Emander, naufragé dans une île qu'il civilise. Il n'est pas non plus le premier à porter sur la scène italienne la revendication philosophique et sociale : *Arlequin sauvage* (1721) et *Timon le Misanthrope* (1722), de Delisle de La Drevetière, comptent parmi les grands succès du Théâtre-Italien, en compagnie de *l'Île des esclaves*.

SYNOPSIS

Iphicrate et son valet Arlequin ont fait naufrage dans une île fondée il y a cent ans par des esclaves révoltés. Comme Iphicrate lui explique que la coutume dans cette île est de tuer les maîtres ou de les rendre esclaves, Arlequin refuse désormais de lui obéir. Trivelin désarme Iphicrate, qui menaçait son esclave de son épée, et ordonne l'échange, pour trois ans au moins, des noms et des rôles ; car on ne tue plus les maîtres, on veut les guérir. Trivelin demande à la servante Cléanthis de tracer le portrait de sa maîtresse Euphrosine – elles aussi naufragées du même vaisseau – et il promet d'abréger l'épreuve thérapeutique si Euphrosine reconnaît la vérité de ce portrait ; il soumet Iphicrate au même traitement. Nouveaux maîtres, Cléanthis et Arlequin singent une scène de séduction mondaine. Arlequin entreprend la conquête d'Euphrosine, qui le désarme par sa souffrance, et il rend ses habits à un Iphicrate en larmes, avant de pousser Cléanthis au même pardon. Sans cette pitié attendrie, déclare Trivelin, « nous aurions puni vos vengeances, comme nous avons puni leurs duretés ».

Tempête, naufrage, île, constitution politique régie par la raison en vue de remédier aux tares des sociétés réelles, intercesseur entre indigènes et visiteurs : on reconnaît sans peine les signes du genre utopique de l'ère classique, qui appelle ici un agréable dosage d'éléments antiques (esclaves et noms propres), de traits satiriques contemporains (la coquette, le petit-maître, le traitement des domestiques) et du code comique italien (Arlequin plutôt que Trivelin). Mais la pièce ne se propose pas la description émerveillée d'un monde idéal : Marivaux n'est pas homme à se laisser fasciner par la toute-puissance de la raison législatrice. Sa pente philosophique transforme les voyageurs, de voyeurs d'un monde régénéré, en acteurs de leur propre transformation. En passant du récit au théâtre, le site utopique devient nécessairement le siège d'une expérience qui vise le visiteur (et donc le spectateur, naufragé volontaire) : le travail du voyageur n'est pas de se porter en rêvant vers un ailleurs idéal, mais de descendre en soi-même pour réconcilier « Athènes », notre cité divisée. C'est pourquoi peut-être l'action se déroule entre la mer et quelques maisons, au bord de l'eau purificatrice. Sur cette plage entre deux mondes, qu'on appelle une scène, seule cité où nos rêves s'incarnent.

Le salut ne vient pas d'une réorganisation rationnelle de l'espace et du temps social, mais de la libre expression des cœurs, brusquement sensibles, grâce à l'inversion des positions, à la pitié et au pardon chez les serviteurs, à un remords un peu plus embarrassé chez les maîtres. L'expérience inattendue de la servitude et de la maîtrise, en réveillant la sensibilité engourdie par l'habitude et les préjugés, permet à l'homme de parler à l'homme en dépit de l'inévitable inégalité. Il est donc vain de chercher ici un programme de réformes, ou de s'étonner de sa timidité. L'expérience de l'humiliation, aussi douloureuse soit-elle, ouvre le cœur des maîtres et leur permet un retour sur soi devant le miroir qu'on leur tend, tandis que les esclaves doivent apprendre à ne pas s'endurcir dans leur vengeance.

Qu'est-ce qui s'agence dans l'île thérapeutique ? Pour les maîtres, une épreuve ; pour les serviteurs, une surprise (celle de la pitié). Pour tous (spectateurs compris), l'occasion de jouer avec les masques qui nous cachent le visage et figent les élans surprenants de la sympathie. Aussi furtifs et fictifs soient-ils.

J. Goldzink

Le Jeu de l'amour et du hasard

Représenté pour la première fois par les Comédiens-Italiens le 23 janvier 1730, ce chef-d'œuvre de Marivaux est le résultat d'une longue tradition de théâtre. Sa célébrité est le fait de la qualité de son écriture, de l'émotion qui l'anime et de sa franche verve comique ; l'auteur exploite très habilement le procédé du double travestissement, tirant des effets dramatiques et psychologiques de l'échange des rôles entre les maîtres et les valets.

SYNOPSIS

Dorante et Silvia sont fiancés par leurs pères, sans s'être jamais vus. Chacun de son côté décide d'étudier le caractère de l'autre, sans se faire connaître. Dorante endosse la livrée de son valet Arlequin, et Silvia procède à un échange de robes avec Lisette, sa femme de chambre. Il s'ensuit une série de quiproquos. Silvia, à qui déplaît le faux Dorante, se croit amoureuse d'Arlequin, tandis que Dorante se croit amoureux de Lisette. La première, Silvia découvre le subterfuge, mais n'en continue pas moins son jeu, au risque de tout perdre. Ce qu'elle veut, c'est obtenir la certitude que Dorante l'aime pour elle-même.

Elle réussit à arracher à Dorante l'aveu qu'il l'épousera, même femme de chambre, et c'est alors seulement qu'elle lui dévoile la vérité sur son identité. Ainsi les deux jeunes gens sont sûrs de leurs sentiments et convaincus d'être faits l'un pour l'autre puisqu'ils ont su se reconnaître en dépit des apparences.

Dans cette pièce, Marivaux touche à une réalité humaine : la peur de la jeune fille devant un prétendant inconnu et l'aliénation sans retour que peut représenter un mariage mal assorti. Mais il l'adoucit en proposant un personnage de père généreux, tolérant et bon : «... dans ce monde, il faut être un peu trop bon pour l'être assez », lui fait dire l'auteur (I, II) ; la crise qu'éprouve le personnage désobéissant aux conventions et aux lois sociales, Dorante, est la plus violente de toutes celles que l'on trouve dans les pièces de Marivaux. Et c'est vainement que l'on chercherait dans le théâtre de cette époque d'autres exemples de preuves d'amour aussi fortes que celle qu'il donne à Silvia. Selon l'esprit qui régnait alors, la situation était pratiquement sans issue pour Dorante, puisque (la fausse) Lisette n'était pas seulement sans fortune, mais qu'elle « servait ».

La pièce reçut un accueil honorable et connut quinze représentations la première année. Fin janvier, elle fut avec succès jouée à Versailles, et, jusqu'en 1761, elle eut chaque année entre deux et dix représentations. Elle en eut bien plus à partir de 1779, moment où s'effectua la francisation de cette comédie (qui n'était, au départ, qu'une simple comédie italienne en trois actes et en prose), lorsque la troupe, qui avait fusionné avec celle de l'Opéra-Comique (1761), se sépara de ses éléments italiens. *Le Jeu de l'amour et du hasard* deviendra l'une des pièces le plus fréquemment jouées du répertoire français.

Pour rendre sa liberté à l'être soumis aux lois sévères de l'ordre et de la hiérarchie, Marivaux invente une « surprise » tout intérieure, destinée à faire découvrir les vraies valeurs et à révéler les vains préjugés de la société en ce qui concerne le bonheur et le mérite.

L'École des mères

L'École des mères fut créée le 25 juillet 1732 au Théâtre-Italien. Elle rappelle par de nombreux traits *la Parisienne* de Dancourt, que les Comédiens-français avaient reprise quelque temps auparavant (1725). Si Marivaux s'est inspiré des personnages de cette comédie sans presque en changer les noms, il a par contre transformé l'intrigue en la simplifiant radicalement. Il garde l'idée de la rivalité fortuite du père et du fils, mais supprime les coups du hasard qui mettent les personnages en présence les uns des autres.

SYNOPSIS

Éraste, qui aime Angélique, s'introduit sous un déguisement de valet dans la maison de la mère de celle-ci, Mme Argante, avec la complicité de Lisette, la suivante d'Angélique, le matin du jour de la signature du contrat de mariage entre la jeune fille, qui a dix-sept ans, et Damis (*alias* Orgon), le père d'Éraste, qui en a soixante. Le mariage, arrangé par Mme Argante, semble convenable à celle-ci, parce que Damis est riche. Frontin se laisse gagner à la cause d'Éraste, car, valet de Mme Argante, il veut contribuer à sauver Angélique d'une situation qui lui répugne. Angélique, en fille soumise, ne marque pas sa répulsion à sa mère, qui, très autoritaire, aurait tôt fait de l'empêcher de parler. Éraste, toujours déguisé, rencontre Angélique et apprend les sentiments de celle-ci à son égard. Mme Argante donne un petit bal masqué en l'honneur du mariage de sa fille. Damis obtient de Mme Argante la permission d'avoir un entretien (le premier) avec Angélique. Au cours de ce tête-à-tête, la jeune fille naïvement fait part à Damis de son aversion pour l'union projetée et lui apprend qu'elle aime ailleurs. Damis paie Frontin pour en savoir plus et obtient d'assister, déguisé, dans une salle où le valet aura éteint les lumières, à l'entrevue d'Angélique et d'Éraste, dans lequel il reconnaît son fils et auquel il cède Angélique une fois obtenu le consentement de Mme Argante, qui a aussi assisté à l'entretien.

Ce qui n'était qu'écriture rapide chez Dancourt devient, chez Marivaux, une pièce traitant du problème de l'éducation des enfants, et en particulier de celle des filles. C'est un sujet auquel l'auteur tenait : nous en retrouvons des échos dans *le Spectateur français*. Pour lui, la communication entre parents et enfants est fondamentale dans l'éducation. Alors même que, dans cette pièce, tous les arrangements conventionnels sont dérangés par la « surprise » que constitue l'apparition soudaine d'une volonté propre du personnage principal, Marivaux montre très finement comment, par sa faute, Mme Argante a perdu la confiance de sa fille, qui n'ose, devant elle, s'exprimer librement. Le souci pédagogique de l'auteur est évident également à d'autres moments de la pièce.

Cette comédie en un acte comportait un vaudeville de Panard, des danses et des divertissements sur une musique de Mouret. Elle fut bien accueillie par le public et eut quinze représentations la première année et de fréquentes reprises par la suite. Dès le XVIIIe siècle, elle fut traduite en plusieurs langues européennes.

En France, cette comédie fut représentée près de deux cents fois entre 1732 et 1769. Lors de sa reprise, en 1779, elle n'eut plus que quatre représentations, et, en 1809, à la Comédie-Française, elle n'en eut plus que deux. Au contraire, la création de la pièce, le 18 décembre 1878, à l'Odéon, connut un succès exceptionnel, et elle resta au répertoire de ce théâtre, où elle fut jouée très souvent, jusqu'à la fusion de l'Odéon et de la Comédie-Française.

ROMANS

*La Vie de Marianne ou les Aventures de Mme la comtesse de ****

En mai 1731 paraît la première partie de *la Vie de Marianne* et, jusqu'en 1741, seront publiées en France et en Hollande onze parties de ce roman inachevé, qui, dans une édition de 1745, faite à Amsterdam « aux dépens de la Compagnie », est pourvu d'une suite apocryphe, due à la plume de Mme Riccoboni.

La structure du roman n'est pas soumise à un ordre rigoureux. Marivaux donne libre cours à son imagination, soulignant ses analyses psychologiques et philosophiques, ses réflexions de moraliste par une écriture quelquefois détachée, en apparence, de l'objet romanesque, captant par surprise l'intérêt du lecteur.

SYNOPSIS

Le récit, confidences d'une dame à l'une de ses amies sur sa vie fort mouvementée, commence par l'attaque d'un carrosse : des brigands tuent tous les occupants de la voiture, sauf Marianne, qui a deux ans, et un chanoine, qui parvient à s'enfuir. Recueillie puis élevée par un curé et sa sœur, Marianne, durement éprouvée par le destin, les perd peu après son arrivée à Paris. Elle est placée en apprentissage chez une lingère, Mme Dutour, par les soins d'un dévot d'un certain âge, M. de Climal, qui se révèle être un hypocrite et devient rapidement pressant. Marianne, innocente d'abord, s'aperçoit vite de ses desseins. Un hasard lui fait rencontrer le jeune M. de Valville, qui aussitôt tombe amoureux d'elle. Pour échapper aux assiduités de M. de Climal, Marianne se réfugie dans une église, où, remarquée par une dame, elle voit momentanément ses problèmes résolus puisque celle-ci la met en pension dans un couvent et se charge de son avenir. Cette dame, Mme de Miran, est la mère de Valville. Devant le désintéressement et la vertu de Marianne, Mme de Miran consent au mariage de son fils avec la jeune fille. Ce mariage déplaît à la famille de Mme de Miran qui, appuyée par un ministre, fait enlever Marianne et lui propose un mariage qui n'est pas à son goût. L'arrivée inopinée de Mme de Miran et de son fils sauve Marianne de sa situation inconfortable. Rien ne semble plus s'opposer à son mariage avec Valville. Mais celui-ci tombe amoureux d'une autre jeune fille, Mlle Varthon, qu'il a rencontrée dans des circonstances romanesques. Il n'est plus question d'épousailles. Marianne reçoit une proposition de mariage d'un officier sensiblement plus âgé qu'elle, mais, profondément blessée par l'infidélité de Valville, elle envisage de se retirer au couvent. Une religieuse qu'elle y avait rencontrée et qui est devenue une amie, Mlle de Tervire, lui raconte sa vie pour essayer de la dissuader d'entrer dans les ordres. Ce second récit forme comme une espèce de contrepoint par rapport à celui de *la Vie de Marianne* et fait l'objet du dernier tiers du roman.

La perspective choisie par Marivaux pour son récit est double, puisque la narratrice raconte sa vie de jeune fille, interprétant à la faveur de son expérience d'adulte les faits et gestes qu'elle a vécus dans sa jeunesse. Une réflexion lucide, une analyse subtile font ainsi apparaître, non sans une légère et très spirituelle touche d'ironie propre à l'auteur, la portée morale d'un vécu sensible et frémissant, celui-ci s'insérant dans la description d'une entité sociale plus vaste. Cette autobiographie fictive se constitue, à mesure, de faits recréant une réalité poétique, mais quotidienne, non exempte de coups de théâtre spectaculaires, qui révèlent en entier le personnage principal. L'action naît de la tension entre des situations relevant d'une société hiérarchique aux règles figées, et l'image qu'a d'elle-même l'héroïne, dans un jaillissement momentané de tout son être. Marianne trouve en elle-même ressources et énergie pour défendre son image et en devenir digne. Ainsi Marivaux lui fait-il dire : « Je n'étais rien, je n'avais rien qui pût me faire considérer, mais à ceux qui n'ont ni rang ni richesse qui en imposent, il leur reste une âme, et c'est beaucoup ; c'est quelquefois plus que le rang et la richesse, elle peut faire face à tout ».

C'est donc dans une dialectique continuelle entre le caractère du personnage, ses aspirations, ses besoins affectifs, spirituels et sa situation sociale, qui est celle d'une orpheline sans nom ni fortune, que se forme le personnage qui évolue au cours du roman. Il gagne en expérience tout en cherchant à rester fidèle au choix qu'il a fait de lui-même. On sera frappé par la modernité de l'analyse existentielle esquissée par l'auteur : «... notre vie, pour ainsi dire, nous est moins chère que nous, que nos passions [...], on dirait que, pour être, il n'est pas nécessaire de vivre, que ce n'est que par accident que nous vivons, mais que c'est naturellement que nous sommes ». Cette citation, qui, dans le texte, se rapporte à une réflexion sur le suicide, est également significative pour l'attitude du personnage marivaudien, pris souvent entre deux aspects du vécu dont la congruence n'est pas atteinte. Il est sujet alors à une scission entre sa manière d'être et sa manière d'exister, situation intolérable mais, par excellence, motif et texture du roman.

La Vie de Marianne eut de nombreux imitateurs, tels l'abbé Lambert ou le chevalier de Mouhy, pour ne nommer qu'eux. Ce roman fut lu en Europe et eut également du succès en Angleterre. Son influence est indéniable sur la création romanesque au XVIIIe siècle.

*Le Paysan parvenu ou les Mémoires de M. de ****

Publié de 1734 à 1735, en cinq parties, chez Prault, à Paris, *le Paysan parvenu* semble être en opposition totale avec *la Vie de Marianne*. Le personnage principal, Jacob, est un paysan obscur, jeune et joli garçon, sortant pour la première fois, mais définitivement, du village champenois de son père. Comme l'orpheline Marianne, il relate, à la première personne, les expériences par lesquelles passe un individu qui s'est découvert et est devenu lui-même. « Mémoires » factices que cet autre roman, réunissant, comme le premier, les temps forts d'une existence – même si nous n'assistons ici qu'au début de l'ascension sociale du héros-narrateur – et offrant au romancier la possibilité de créer un personnage mûri par la vie, interprétant lucidement des sentiments et des faits de conscience que, jeune, il n'avait su ni comprendre ni expliquer : tant il est vrai que « l'âme se raffine à mesure qu'elle se gâte ». Ce regard rétrospectif devient quelquefois ironique et, pour ce second des romans de maturité de l'auteur, fait surgir un comique savoureux dû à la manière dont Jacob parle de lui-même. Pourtant cette distance entre le personnage d'autrefois et le narrateur présent ne s'érige pas ici en structure permanente. Henri Coulet l'a fort bien analysé : « le rapport entre le narrateur actuel et le héros des années d'apprentissage n'est pas si simple, la distance qui les sépare tend à se réduire et même à s'annuler, si l'on remarque que le jeune rustre surpris par son ascension rapide est aussi sceptique que l'homme vieilli, et qu'en revanche l'homme vieilli souscrit avec sérieux à des jugements du jeune rustre qu'un ironiste devrait dénoncer comme des sophismes ».

SYNOPSIS

Jacob, devenu M. de La Vallée, puis M. de ***, seigneur du village champenois qui l'a vu naître, évoque les premières étapes de sa fortune et de son ascension sociale. Arrivé à Paris à dix-huit ans, Jacob a vite découvert qu'il plaisait aux femmes. C'est d'elles qu'il va se servir pour « parvenir ». Le récit de sa réussite, fait par un esprit honnête mais peu scrupuleux, pourrait sembler immoral. Pourtant la franchise et la bonhomie satirique de Jacob font qu'on lui pardonne sa morale facile. Jacob a appris chez son premier maître à juger le monde et à s'y mouvoir. Il se retrouve à la rue lorsque le financier meurt ; plus riche seulement d'une certaine expérience, il porte secours à une demoiselle et entre à son service : Mlle Habert n'est plus toute jeune. Bientôt elle s'éprend de Jacob et l'épouse. Il l'aime à sa façon, mais n'hésite pas à la tromper. Par la suite, il continue à être la coqueluche des dames sur le retour, comme Mme de Fécour ou Mme de Ferval. Il porte secours à un gentilhomme attaqué par trois adversaires. L'homme qu'il sauve est le comte de Dorsan, neveu du Premier ministre ; il lui offre sa protection et permet ainsi à Jacob de franchir un degré supplémentaire de l'échelle sociale.

Les nombreuses rééditions du *Paysan parvenu* prouvent que ce roman reçut un accueil favorable du grand public. La critique, elle, fut assez sévère, reprochant à l'auteur le choix de son sujet et de son personnage principal. Le succès européen du *Paysan parvenu*, pendant tout le XVIIIe siècle, est aussi attesté par une demi-douzaine de traductions. Son influence est reconnaissable dans le choix de sujets similaires par d'autres romanciers de l'époque, dans leur manière de traiter des « tableaux de la société » et par l'accent que, dans leurs romans, des auteurs comme Fielding mirent sur l'« éducation sentimentale » du personnage masculin.

S. Mühlemann

MARMONTEL Jean-François

(1723-1799)

La fortune de Marmontel – sujet de réflexions utiles – se résume en peu de mots : le public s'est conduit à son égard d'une manière digne de Bouvard et Pécuchet. De son vivant, il jouissait d'une réputation éclatante : éditeur original et distingué du *Mercure* (1758-1760), l'un des Quarante (1763), historiographe de France (1772) et secrétaire perpétuel de l'Académie (1783), il fut répandu partout, traduit, imité et glorifié comme un maître de libre pensée, de morale et de style. Peu après sa mort, cette gloire parut excessive, et la réaction là-contre ne fut pas moins immodérée : victime de préjugés politiques et personnels et, plus tard, de l'évolution du goût, Marmontel sombra par degrés dans l'oubli.

Marmontel témoin de son temps

Le futur secrétaire perpétuel de l'Académie, fils de tailleur, naquit à Bort-les-Orgues, en Limousin. Rien n'indiquait alors qu'il dût devenir un jour celui qu'on a appelé « l'enfant gâté de l'Ancien Régime » (F. Aulard). La carrière qu'il parcourut démontre – plus clairement qu'aucune autre – quels étaient les chemins ouverts sous l'Ancien Régime à un sujet d'élite de basse extraction. C'est Marmontel, plus encore que Voltaire, son ami et maître (celui-là même qui l'avait remarqué et appelé de Toulouse à Paris en 1745), qui devait faire de la pratique de la littérature un métier, préfigurant la métamorphose de l'homme de lettres du XVIIIe siècle et annonçant l'ascension de bon nombre d'écrivains d'aussi obscure condition : Chamfort, La Harpe, Thomas, Delille.

La lecture des *Mémoires* (voir plus loin) laisse entendre que cet écrivain universel est précisément le mieux placé pour nous donner une idée plus exacte de son siècle. Il livre sur son époque un précieux témoignage et aide à raviver l'étoffe, depuis longtemps passée, du véritable climat intellectuel où évoluait l'énorme majorité de ses contemporains. Une enquête plus large, embrassant l'ensemble de sa carrière, ne fait que confirmer ce point de vue. Cette enquête même a ménagé aux chercheurs de jolies découvertes : partis à la recherche d'un témoin de son temps, les dix-huitiémistes devaient fatalement définir en cours de route quelle était la partie de cette carrière littéraire qui méritait de survivre, voire de revivre.

Théorie littéraire et esthétique

De cette enquête il ressort que la première – et la dernière – vocation de Marmontel était l'étude de la littérature et de sa théorie. Initié à cette discipline vers 1735, à l'âge de douze ans, au collège de Mauriac, Marmontel y conçoit pour elle « cette soif que soixante ans d'étude n'ont pas encore éteinte ». C'est le mémorialiste qui nous fait cette confidence (1793), et, comme preuve de sa bonne foi, il composera vers 1797 un *Traité de grammaire*. En effet sa réflexion sur la littérature et l'esthétique, ainsi que sur les problèmes du langage – exprimée très tôt dans des articles de l'*Encyclopédie* (1753-1758), remaniée et complétée dans sa *Poétique françoise* (1763, 2 volumes), considérablement élargie dans ses articles du *Supplément de l'Encyclopédie* (1776-1777) et de l'*Encyclopédie méthodique* (1782), rassemblée enfin dans ses *Éléments de littérature* (1787, 3 volumes) –, ne devait cesser de se préciser, de se nuancer, de s'approfondir.

Elle trouve son expression la plus développée et cohérente dans les *Éléments,* où la forme alphabétique de l'ouvrage « garantit une souplesse éclectique qui était tout à fait favorable à l'exposé des problèmes délicats de l'esthétique » au seuil du monde moderne (Annie Becq). Cette méthode de présentation – alors très répandue (le siècle aime la pensée anthologique) – était par ailleurs parfaitement adaptée pour traiter et exprimer à la fois les hésitations et les contradictions de son époque. Dans ces *Éléments,* nous discernons un corpus d'articles qui constitue une contribution majeure à la pensée esthétique du XVIIIe siècle, laquelle est déjà si vigoureuse et féconde. D'autre part, Marmontel y annonce sans conteste (mais ses idées les plus fécondes, certaines hardiesses possibles, certains prolongements « scandaleux » sont freinés par son tempérament) les temps nouveaux et les valeurs modernes. Qui aurait deviné que dans les *Éléments* existent des passages – et non en petit nombre – que n'auraient pas désavoués un Baudelaire ou un Valéry ?

Marmontel philosophe

Théoricien d'importance, Marmontel ne néglige toutefois ni la pratique ni l'action. Partisan des Lumières, il s'intéresse à la politique, à l'économie, à l'éducation, à la manière de bien vivre, de procurer le bonheur au plus grand nombre de ses concitoyens. Comme il sait rendre la vertu facile et la philosophie rassurante, son influence n'est pas négligeable. Déjà les *Contes moraux* – publiés dans *le Mercure de France* de 1755 à 1759, augmentés deux fois en 1761, et une troisième fois encore en 1765 – le font connaître sous cet aspect-là. Leur succès sera prodigieux. Traduits bientôt dans toutes les langues de l'Europe, ils connaîtront des dizaines d'éditions et seront mis en scène ou adaptés pour le théâtre lyrique jusqu'à la fin du siècle (même au-delà) partout où la culture française trouve des adeptes.

Mais la philosophie qu'il y exprime, une philosophie « parée de rubans », le laisse vite insatisfait. En 1765-1766, dans un climat douloureux, Marmontel rédige *Bélisaire.* Ce roman, dont le but était d'inciter Louis XV à adopter une conduite de roi-philosophe, a été – est encore – jugé comme « insipide », « ennuyeux », « pesant » et « illisible ». Ces critiques visant la valeur littéraire de l'ouvrage, malgré leur justesse n'enlèvent rien à son importance historique : fidèle témoignage de son temps, *Bélisaire* démontre en un fulgurant raccourci l'étendue du malaise dans l'opinion éclairée moyenne devant l'évidente faillite du gouvernement, et son XVe chapitre – plaidoyer en faveur de la tolérance civile – fut à l'origine de la contribution la plus efficace que Marmontel devait jamais faire aux Lumières : à savoir l'affaire de *Bélisaire.* C'est cette bataille-là, entre les Philosophes et la Sorbonne, qui se révèle le véritable point culminant de la Philosophie militante. Si l'on veut parler de la stratégie globale des années de lutte, on peut se référer à *Bélisaire,* car tout y est, condensé et sous une forme maniable. Mais veut-on désigner la confrontation décisive ? C'est du côté de *Bélisaire* qu'il faut regarder. Pour comprendre enfin la question huguenote devant l'opinion éclairée ou réactionnaire, ainsi que le problème de la tolérance, suffit-il d'étudier les cas Calas et Sirven ? Aucunement. *Bélisaire,* évoluant sur un tout autre plan, est à maints égards plus révélateur.

Mais que l'on n'oublie pas *les Incas* (1777), dont certains chapitres devaient exercer une forte influence sur deux géants de la littérature : Chateaubriand et Mickiewicz ; cette épopée en prose – commencée pendant le tumulte de l'affaire de *Bélisaire*, et dans laquelle Marmontel reprend les armes en faveur de la tolérance – nous convie également à sa redécouverte. *Bélisaire* et *les Incas*, tous les deux de grandes machines au service de la philosophie, ont porté leurs fruits ; à ce titre, dit Jean Fabre, « ils restent de grands ouvrages ».

Marmontel mémorialiste

Si donc la carrière de Marmontel et une bonne partie de son œuvre ont une indéniable valeur pour l'historien, on ne lit plus guère toutefois de sa production totale, et pour le seul plaisir de la lecture, qu'une infime partie. On commence à se demander si certains contes moraux ne mériteraient pas de revivre, si les *Éléments de littérature* (si souvent pillés au XIXe siècle… mais subrepticement) ne devraient pas faire l'objet d'une édition critique et si *la Neuvaine de Cythère* n'est pas, après tout, un petit chef-d'œuvre du genre érotique ; mais depuis toujours on lit ses agréables et piquants *Mémoires*. Ceux-ci ont évidemment une valeur historique, car ils révèlent ce XVIIIe siècle que Marmontel connut tout entier : le monde des salons, l'ordre établi, les attributs de l'« homme sociable », les chemins de l'ambition, la personnalité de tant de femmes et d'hommes illustres surprise dans l'intimité… Mais on reconnaît depuis peu que les *Mémoires* ont, dans une plus grande mesure encore, une valeur profondément humaine : ils ont le mérite de reproduire à différents niveaux la complexité du monde et de faire miroiter – par leur forme et leur langage – les contrastes du temps et de l'« humaine condition ».

J. Renwick

Marot

MAROT Clément

(1496-1544)

Madeleine de Scudéry s'étonnait déjà que, avec le visage de philosophe austère que lui ont donné les peintres, Marot pût être si « ingénieusement badin ». C'était s'étonner, mais avec beaucoup de finesse, de l'esprit de ces années 1530 que Marot exprima peut-être le mieux : Rabelais n'a-t-il pas cette même sévérité, alors que la grave Marguerite, leur bonne protectrice, sourit sur tous les crayons et tableaux ? Humour et angoisse, voilà bien le lot du moment, et c'est difficile à admettre s'agissant de celui qui est resté jusqu'à la Révolution française le plus gai et le plus « populaire » de tous les poètes français.

La meilleure « maîtresse d'école » ou les meilleurs mécènes

« Prédestiné », dit-il assez souvent de lui-même sans attacher à ce terme un sens trop religieux, mais autant aux plus rapides succès qu'aux plus injustes malheurs, aimant la Cour la plus brillante, celle qui a son âge, et s'offrant sans prudence aux coups de ces institutions qu'il semble toujours oublier : la Sorbonne et le parlement de Paris. Avec l'appui des plus grands princes, il ne saura pas mieux se protéger à Genève ou en Italie.

Né deux ans après son roi, il a la chance d'avoir pour père un aimable Normand installé à Cahors, porté naturellement vers la poésie – dont il fait son dernier métier – et lié à tout ce que la Grande Rhétorique compte d'important dans ses flamboiements ultimes : auprès d'Anne de Bretagne, Clément écoute Guillaume Crétin ou Lemaire de Belges. Il se souviendra aussi des efforts que faisait son père en lui donnant de véritables leçons particulières : tout ce métier dont il est nourri, et qu'il pourra oublier avec d'autant plus d'élégance. Tout naturellement, en même temps qu'il participe aux fêtes de la Basoche, il prolonge l'engouement des Rhétoriqueurs pour les traductions de textes latins – voire grecs, qu'il connaît par des traductions antérieures. Protégé par Nicolas de Neufville, le seul de ses mécènes qui ne fût pas « prince », il compose, à la manière de Lemaire, son vaste *Temple de Cupido* : il n'a pas vingt ans qu'il sait déjà construire tout un ensemble symbolique, mêlé de détails heureux et sensuels, en l'honneur du mariage. L'œuvre est offerte au futur François 1er – qui épouse dans la joie générale la fille de Louis XII – et connaît déjà la gloire de l'impression (en 1515 ?). De cette période féconde date aussi l'*Épistre de Maguelonne*, réécriture romanesque d'une histoire connue ; on a tort d'en souligner les invraisemblances, comme celle de Maguelonne se décrivant endormie, car elles montrent chez Marot ce goût inlassable pour la technique des points de vue, alors en pleine élaboration. Sans doute écrit-il dès ce moment beaucoup de ces pièces plus courtes qui font sa réputation et sont rapidement mises en musique : rondeaux et ballades, où, se libérant sans heurts des règles trop strictes des rhétoriqueurs, il retrouve souvent, comme on l'a souligné, la tradition des troubadours plus qu'il ne s'inspire du nouveau pétrarquisme italien, qu'il connaît à travers Serafino ou Chariteo. Il reste par-dessus tout fidèle au *Roman de la Rose*, à Villon et à Lemaire : s'il n'a vraiment signé que l'édition de Villon (1533), le XVIe siècle lui attribuait, sans doute avec quelque raison, l'édition des deux autres.

Tout cela plaît beaucoup à François Ier : il y a entre le roi et son poète un esprit de connivence, presque d'égalité, que l'on ne retrouvera qu'avec Marguerite ou Renée de France. François le « donne » à Marguerite en 1519, Marguerite l'enverra vers Renée en 1535 ; il passe au service du roi après la mort de son père, en 1527, et obtient la charge de « valet de chambre ». Exilé par force en 1534, sans avoir pu prendre congé du roi, il est immédiatement repris par celui-ci dès qu'il a abjuré à Lyon en 1536. Marot doit à François 1er sa maison, son entretien et celui de ses petits « maroteaux », auxquels il a sincèrement appris à prier pour le roi chaque soir avant de se coucher. Cette aisance du cœur que le poète manifeste dans chacune des pièces (notamment les épîtres) adressées à ses trois protecteurs disparaît presque entièrement lorsqu'il lui faut supplier les sombres personnages dont dépendent plus directement le versement de ses pensions – même sa liberté et sa vie –, tels le connétable de Montmorency, l'avocat de la Sorbonne Bouchart, ou n'importe quel trésorier. Quand l'entourage d'Hercule d'Este, à Ferrare, lui devient par trop hostile, il avoue à Renée :

Mon cueur qui ayme estre franc et delivre
Ne pourroit plus parmy telles gens vivre.

De fait, la cour de France est le seul lieu auquel il aspire ; il en aime les dames, les jeux, les poètes, les échanges amicaux. Il y aime Anne d'Alençon, nièce par alliance de Marguerite : il a fait d'elle sa « Pensée », sa « Grande Amye », sa « Sœur ». Il y a entre eux un « baiser volé », des « baisers donnés », beaucoup de ces poèmes délicats ou francs qui restent dans toutes les mémoires. Quand Anne épouse M. de Bernay et craint les critiques de son milieu, Marot réunit pour elle ses poèmes amoureux en un *Second Livre d'épigrammes* et les lui offre comme le premier *canzoniere* français, célébrant cette toute particulière « alliance » :

Puis que les vers que pour toy je compose
T'ont faict tancer, Anne, ma sœur, m'amye,
C'est bien raison que ma main se repose...
Mais mon esprit reposer ne peult mye...
Pardonne doncq à mes vers le tourment
Qu'ilz t'ont donné, et, ainsi que je pense,
Ilz te feront vivre éternellement :
Demandes-tu plus belle recompense ?

Les imprudences

L'un des plus grands mystères de Marot, ce poète dont les grâces ont charmé près de trois siècles après avoir séduit le sien, est de n'avoir pu rester dans ce rôle de poète de Cour, mais d'avoir affronté, comme par mégarde, tous les dangers de son époque tourmentée. Les pesanteurs, les haines qu'il rencontrait ont été telles qu'elles se perpétuent dans la critique contemporaine, héritière plus souvent de ses adversaires que de son art. Il semble bien, pourtant, que la plus grande provocation de Marot fut de jouer et d'avouer ses peurs, non de cacher ou de mentir ; mais sans doute la langue est trop facile, l'aveu des faiblesses trop simple ! Devant un personnage aussi mobile, plus soucieux de « faire des amis » que de fixer quoi que ce soit, tout adversaire qui lui donne une étiquette – celle, particulièrement, de « luthérien » – semble, dogmatiquement, avoir raison.

Les persécutions ne sont pas une preuve : Marot est de ceux qui s'en occupent trop tard. Il délivre un prisonnier et s'étonne d'être emprisonné pour ce fait : il a tort de jouer ainsi, mais comment s'en empêcher ? En 1526, on l'accuse d'« avoir mangé lard en carême » ; on discutera longtemps du sens de ces termes, repris contre lui en 1532, et de la valeur de sa défense (ce serait vengeance de femme), mais il est certain qu'en 1527, dans la *Déploration de Florimond Robertet,* le texte « religieux » le plus explicite en dehors des *Oraisons,* fort orthodoxes (on en parle donc peu...), sa foi et ses principes sont absolument conformes à l'évangélisme de Marguerite tel qu'il s'exprime en 1524 dans le *Dialogue en forme de vision nocturne.* Ensuite...

Le malheur de Marot a été de trop bien écrire : ou bien il fait des jaloux, qui sauront toujours où trouver des appuis, tel Sagon auprès des institutions que sont la Sorbonne et le Parlement ; ou bien on lui attribue des œuvres qui ne sont pas de lui, et qui, sous des airs de conformité, utilisent un nom pour des causes qui ne sont pas les siennes ; ou bien encore, le succès même de certaines de ses œuvres, comme ses traductions des *Psaumes,* pourtant d'abord chantés à la Cour et offerts à Charles Quint, mais répandus ensuite avec l'aide de Calvin chez tous les réformés, provoque leur interdiction. Son expression est trop adéquate à son temps. « La belle Christine », son Église idéale, qui apprend à danser à son « Baladin » mourant, lui a joué de bien mauvais tours. On voudrait du moins que l'éditeur ne nous ait pas trompés en écrivant « Icy mourut » au bas de ces derniers vers :

Je traversay les boys où a esté
Ourson d'ung ours en enfance allecté.
Là traversay la beaulté spatieuse
En la vallée humble et délitieuse.

Marot a toujours été le premier à se plaindre des rançons de sa gloire, mais il se savait en même temps (et avant la Pléiade) immortel, ayant choisi pour devise cette presque anagramme : « La Mort n'y mord. »

Naissance de la littérature du moi

L'ensemble de ses textes, et surtout les *Epistres,* lui est apparu peu à peu comme une longue narration libre de ses émotions, de ses impatiences, de ses souffrances et de ses amitiés, au fur et à mesure que, dans sa relation voulue intime avec son dédicataire, il percevait l'originalité extrême de son parti pris : il ne s'agissait plus de se vendre, comme les Rhétoriqueurs, mais de se faire accepter, avec toute la retenue et l'humour souhaitables. Dans cette voie, il n'a pas hésité.

Il dit très tôt, en 1521, et à l'épouse du chef d'armée, sa haine de la « boucherie » des guerres, la misère des « povres femmes errantes, leurs enfans au col » dans l'hiver et les incendies ; plus tard – c'est assez connu, avant Montaigne – l'horreur physique des interrogatoires et tortures du Châtelet ; ou bien, dans l'opulente Venise de 1536, « les pouvres nuds, palles et languissants », qui le côtoient, lui, cerf traqué. Voilà les « ymaiges vives » (au sens où Rabelais dira « pierres vives, ce sont hommes ») qu'il évoque en mots rapides et efficaces, jusqu'à pleurer. Son « cœur » et son humour jouent le balancier de sa présence, surtout lorsqu'il s'agit de ses amis, aussi bien « les froids amis que j'ai en France » que les disparus :

Ils ont été si bien rôtis
Qu'ils sont tous convertis en cendres...

Au roi, qui pourrait le rappeler, il exprime le désir de revoir ses « petits maroteaux » et « la maison désolée/De [son] petit et povre parentage ». À deux sœurs savoisiennes, fidèles croyantes, il avoue ses faiblesses :

De tant de croix que j'ay nommées
Le Seigneur Dieu m'en a plusieurs offertes
Que je n'ay pas comme devois souffertes.

Ailleurs il dit ses peurs et insomnies :

Aucunesfoys je dy : la nuict viendra,
Je dormiray, lors ne m'en souviendra.

ou il accorde son pardon à Sagon :

Mais que Dieu veuille qu'on oublie
Ce que souffrons par sa follie.

Ces aveux constants, ces confidences, ont complètement séduit ses contemporains, comme ils continuent à nous attacher à sa lecture. Le courant d'amitié qui s'est établi entre lui et Des Périers, Fontaine, Habert, Dolet, Charles de Sainte-Marthe et bien d'autres a inspiré à ceux-ci les remarques les plus intuitives, les plus fines sur son style et sur sa langue : phénomène bien rare de réception d'une œuvre, si l'on y songe.

Éditions, genres et structure de l'œuvre

Tant de facilité chez le poète cache des problèmes d'édition très complexes, d'abord parce que Marot a laissé pendant un certain temps publier des textes à son insu ; lorsqu'il en a contrôlé par la suite l'édition, comme ce fut le cas de l'*Adolescence clémentine* de 1532 ou des *Œuvres* sorties en 1538 chez Dolet, puis chez Gryphe, il a souvent publié des textes corrigés, différents en tout cas des éditions non contrôlées, qui donnent parfois un meilleur état du texte antérieur. L'abondance de sa production imprimée (sans compter les recueils où paraissent certains de ses textes, deux cent trente-trois éditions sont sorties au XVIe siècle) ne simplifie rien, non plus que l'existence de nombreux manuscrits, parfois antérieurs aux éditions : Marot lui-même modifie son texte selon qu'il l'adresse à Renée de France ou à Montmorency.

Marot s'est efforcé de contrôler tout cela, non seulement pour être sûr des attributions (« N'y adjoustez rien sans m'advertir, et vous ferez beaucoup pour vous », ordonne-t-il aux imprimeurs), mais aussi parce que, avec les années, il veut son œuvre « plus ample et mieux ordonnée » : en 1534, dans la *Suite de l'Adolescence,* il est le premier poète français à concevoir un recueil où les poèmes soient classés par genres ; à côté des deux grands genres qu'il a développés, élégies et épîtres, il regroupe des « chants », puis, sous le titre « Cymetière », des épitaphes, enfin des pièces courtes, pour la plupart dizains ou huitains, qu'il appellera plus tard épigrammes, et que, sensible au charme du trop peu, il nomme « le Menu ». En 1538, il invente l'épigramme, qui peut être satirique ou amoureuse, s'accorder ou non aux circonstances, mais qui représente tout son travail antérieur sur l'accord entre certains systèmes du rythme et de la rime et les formes brèves dans lesquelles l'économie de son style se révèle si fortement.

Accorder rime et raison est son grand travail : celui que l'aisance du résultat fait oublier. Aussi est-il, derrière Lemaire, l'un des plus conséquents lorsqu'il lui faut briser l'adéquation du sens au vers et, avec une grande variété rythmique, enchaîner vivement la syntaxe d'un vers sur l'autre pour suivre une pensée. Peu lui chaut alors que la rime soit riche (et elle ne l'est pas toujours !), puisqu'elle n'est qu'une manière de frapper la mesure. Encore moins se soucie-t-il de garder aux rondeaux et ballades leurs formes fixes : il est caractéristique que, tout en bouleversant – sans théoriser ni supprimer – le vieil ordre préconisé par les rhétoriqueurs, Marot n'ait pas pu introduire le sonnet en France ; et cependant il écrit des « quatorzains ». Les genres qu'il a bien développés, comme l'élégie et l'épître, sont précisément les formes longues dans lesquelles la syntaxe a le temps de pivoter plusieurs fois selon la pensée ; le coq-à-l'âne en représente l'exploitation extrême. Mais il excelle aussi dans les épigrammes parce que ce genre facétieux, ironique, ou pudique, ne trouve son achèvement que dans l'impression qu'en retient un lecteur inassouvi.

Marot et les mots

Quand un savant lecteur du roi reprend Marot sur l'usage qu'il fait du mot ancien *viser,* le poète défend ce terme comme étant « plus aigu » que le verbe *regarder*, et plus adapté en tout cas au métier des arquebusiers. Au pire, dit-il, sachant comme poète ruse, on en peut user comme d'une « métaphore » – mais il est bien clair que, pour lui, le mot est directement intéressant par sa précision.

Si la pensée de Marot emprunte souvent aux *concetti* pétrarquistes, son style en entretient rarement les figures rhétoriques : peu de métaphores ou d'antithèses, même dans sa poésie amoureuse ; à peine les jeux du feu et de la glace, un peu de corail sur les lèvres, très peu d'yeux brillants comme des astres, encore moins de diamants. L'un des charmes du « Dixain de neige » est bien dans l'exactitude des sensations initiales et dans l'économie de leur transcription. De fait, la phrase de Marot est plus axée sur le verbe, sur la logique de l'action et du sentiment, et, quand il donne toute leur charge aux mots, c'est avec un sens aigu de ceux que l'évolution de la langue va reprendre jusqu'à l'usure (ceux qu'il a largement contribué à user, comme « mélancolie » ou « fantaisie »). Rien de plus facile que le fameux rondeau « Dedans Paris, ville jolie » ; et pourtant, celui qui connaît cette époque sait à quel point les termes de « mélancolie », « fantaisie », « honnêteté » et « alliance » ne s'allient pas aussi naturellement à « beauté » et à « gaieté ». Le pouvoir de Marot ne vient d'aucune affectation – comme si son père avait fait pour lui tout le travail d'éliminer les tensions inhérentes à la langue de son temps –, mais de la posture générale dynamique, celle de la « voie oblique » qu'utilisera plus tard, et pour les mêmes raisons d'humour sentimental, un Stendhal.

Il n'est pas étonnant qu'on ait pu souligner chez Marot la diversité des voix narratives, la technique des points de vue, la variété du système du dialogue interne. Il aime faire parler, se dédoubler (ou fabriquer de merveilleuses tautologies, ce qui revient au même), puis feindre :

Que dys je ? où suys je ? O noble roy François
Pardonne moy car ailleurs je pensoys

après que sa logique a mené de biais le lecteur là où il l'entendait. Passé maître, avant son disciple La Fontaine, dans ces jeux d'esquive, il est si attentif à cet art qu'il n'est pas rare de trouver une pièce brève tout entière absorbée par la description de sa propre élaboration : jeu littéraire, mais aussi souvent enjeu d'un pari mondain. Dans ce type d'écriture, Marot n'oublie en tout cas jamais le lecteur qu'il veut atteindre, et qu'il invite, se connaissant « bon persuadeur » et séducteur :

Qu'en dictes vous, Madame, y dois je aller ?
Non, je y courray...
Comment courrir ? Je y pourray bien voller.

Ces feintes et parades ne masquent pas le poète : elles le livrent. Curieux pouvoir des mots, menaces perpétuelles ; il suffit à Marot de moquer son valet de Gascogne pour que se dresse contre lui un Gascon mécontent. Il faut dire que Marot abandonne rarement la lutte contre les imposteurs ; il ne comprend tout simplement pas qu'une langue qui cherche à plaire par les mots justes ne soit pas laissée en liberté. Quand, en 1534, on lui arrache ses livres (il admettra, sans doute pour faire rire la Cour, que ses lectures le portaient à « la cabale, [à] la nigromancie et [à] la magie »), il défend tout, en bloc :

Et d'autre part, que me nuist de tout lire ?

Continuateur de la sensualité et du tempérament artiste de Lemaire, des raffinements et libertés du *Roman de la Rose,* des audaces de Villon qu'il tempère des grâces de la Cour, Marot deviendra, pendant les années qui suivent sa mort, un modèle pour tous ses amis. À la veille de la *Défense et Illustration,* c'est à sa conception de la poésie que se réfère toujours Sébillet. Ronsard et Du Bellay, qui vont momentanément limiter son influence, lui reprendront des mots (« Si ne suis-je pourtant le pire du troupeau »), des thèmes (« Heureux qui comme Ulysse »), parfois même un genre, puisque l'ode ronsardienne – Aneau l'avait vu – doit à la fois à ses chansons et à ses *Psaumes.* Les poèmes de Marot demeurent aussi dans les recueils de musique, plus présents à la mémoire.

Destin de l'œuvre

Le sort de l'œuvre est très particulier, puisqu'il y a eu deux écoles « marotiques » avouées : l'une du temps des Précieux, l'autre qui a duré jusqu'aux années 1770, et qui s'est illustrée dans *le Mercure galant* et *le Mercure de France,* pour finir dans les gazettes helvétiques. Au XVIIIe siècle, Marot est le plus lu dans les bibliothèques, après Bayle, et avant Voltaire – celui-ci ne l'aime guère mais l'a imité dans la concision des épigrammes vengeresses. Ce que l'on goûte, au XVIIe siècle, chez Marot, c'est cette apparente facilité, cette galanterie fine et sentimentale, ce fameux et bien réel « badinage » ainsi que la « naïveté » que l'on prête à son époque. Au XVIIIe siècle, c'est son économie de moyens, ses audaces, ses effets. Et toujours, on imite ses tours, sa syntaxe, son vocabulaire, confondant les archaïsmes de sa langue et son style pour les mêler dans de bien amusants pastiches. Mais on ne pastiche vraiment que les créateurs inimitables. Marot est de ceux-là. Les romantiques ont préféré pasticher le Moyen Âge, et notre époque les romantiques. Le temps de l'humour sentimental n'est pas revenu sous cette forme.

VIE		ŒUVRE	
1496 (fin)	Naissance, à Cahors, de Clément Marot, fils d'une Quercynoise et de Jean Des Mares, ou Des Marets, ou Marot, originaire de Caen et installé comme négociant à Cahors.		
Vers 1505-1506	Jean Marot, appuyé auprès de la reine Anne de Bretagne par Michelle de Saubonne (qui aidera aussi le fils plus tard à Ferrare), devient secrétaire de la reine. Clément rejoint son père, qui lui donne des leçons de poésie et confie son éducation à des régents.		
		1507	*Voyage de Gênes,* composé par son père pour Louis XII.
Vers 1511-1514	Rencontre à la Cour Lemaire de Belges, qui lui donne des conseils.	**Vers 1511-1514**	Traduction de *la Première Églogue des Bucoliques* de Virgile et du *Jugement de Minos* de Lucien.
1514	Clément Marot devient page d'un secrétaire du roi, Nicolas de Neufville, seigneur de Villeroy, auquel il dédiera avec reconnaissance son édition du *Temple de Cupido* (1538). Il trouve sans doute appui auprès de Florimond Robertet et poursuit lectures et composition poétiques. Il est clerc à la chancellerie de Paris.	**Vers 1514**	Compose *le Temple de Cupido,* offert pour le mariage de François Ier et de Claude de France. Première édition. *Épistre de Maguelonne,* s.l.n.d.

	VIE		ŒUVRE
Vers 1519	François Ier, auquel il a présenté plusieurs poèmes, le recommande à sa sœur Marguerite d'Alençon, par l'intermédiaire du sénéchal d'Agenais, Antoine Raffin. On ignore alors ses fonctions.	**1519**	*Petite Épistre au roy.*
1520	Clément Marot au Camp du Drap d'or.		
1521	**Juin :** Clément Marot suit le duc d'Alençon dans la campagne militaire de Flandres ; camp d'Attigny et Hainaut.	**1521**	*Épistre du Camp d'Attigny,* s.l.n.d. Compose une grande partie des pièces qui figureront dans *l'Adolescence clémentine* de 1532.
1521-1526	Clément Marot réside surtout à Paris, mais suit parfois la Cour ; voyages à Orléans, à Lyon. Lié aux amis de Marguerite, dont son serviteur Lyon Jamet, qui passera ensuite au service de Renée de France à Ferrare. Il ne prend pas part à la bataille de Pavie.		
1526	**Mars :** premières persécutions ; il est incarcéré au Châtelet pour avoir « mangé lard en carême ». Marguerite est occupée au loin par la captivité de François Ier à Madrid. Sur la demande de l'évêque de Chartres – ou d'un de ses secrétaires ? – Marot est transféré à Chartres. Il est délivré au moment du retour du roi.	**1526**	Compose *l'Enfer* et l'*Épistre à son ami Lyon.* Édition (non signée) du *Roman de la Rose.*
1527 (ou fin 1526)	Son père meurt dans ses bras en lui conseillant de réclamer sa charge de valet de chambre du roi, qu'il obtient en effet. « Alliance » avec Anne d'Alençon.	**Vers 1527**	*Déploration de Florimond Robertet,* publiée à Lyon, vers 1527. *Complainte de Semblançay,* s.l.n.d. *Au roy pour le délivrer de prison.*
1527	**Oct. :** il aide un prisonnier à s'évader et est emprisonné à son tour. Délivré aussitôt par une lettre du roi. Affaire Semblançay.		
1528-1529	Période de succès à la Cour, mais il est détesté par « six dames » parisiennes, proches des idées de la Sorbonne. Affaire des *Gracieux Adieux aux dames de Paris.* Se marie sans doute vers 1529 : il aura une fille et un garçon, Michel, poète à son tour.		
1531	Marot est atteint de la peste et volé par son valet.	**1531**	*Épistre au roy pour avoir été dérobé.* Les *Opuscules* sont publiés à Lyon, à son insu.
1532	Reprise des accusations d'avoir fait gras en carême. Marot mêlé à la condamnation du financier Meigret, en butte aux tracasseries du connétable de Montmorency. Délivré sur l'intervention de Marguerite. Succès considérable de la première édition de *l'Adolescence* (six éditions en deux ans).	**1532**	Le *Petit Traicté* est publié à Paris, à son insu. **12 août :** *l'Adolescence clémentine* est imprimée à Paris, chez Roffet, avec privilège royal.
		1533	**Sept. :** éd. des *Œuvres de Françoys Villon* à Paris. *Psaume VI* inséré dans *le Miroir de l'âme pécheresse* de Marguerite de Navarre.
1534	Année très dure pour Marot. **Août :** première dispute avec Sagon lors des fêtes du mariage d'Isabeau d'Albret. **Oct. :** Marot à Blois, obligé de fuir sans voir le roi, après l'affaire des Placards. Le parlement de Paris perquisitionne à son domicile parisien. **Nov. :** arrêté à Bordeaux, Marot s'échappe en se faisant passer pour un autre (?). À Nérac en déc.	**1533 (fin) [ou janv. 1534]**	*La Suite de l'Adolescence clémentine,* Roffet. *Premier Livre de la Métamorphose d'Ovide.*
1535	Condamné par contumace à Paris, septième sur la liste des suspects. Marguerite lui conseille de partir pour l'Italie auprès de Renée de France, duchesse de Ferrare. Passage par Genève ? Arrivée à Ferrare en avril ?	**Vers 1535-1536**	*Épistre au roy du temps de son exil à Ferrare.*

	VIE		ŒUVRE
1536	Marot est secrétaire et poète de Renée de France, dont l'entourage est suspecté de luthéranisme. Marot, poursuivi par l'Inquisition de Ferrare, fuit à Venise (juin). Écrit au roi et au dauphin pour obtenir un sauf-conduit et regagner la France. **Fin oct. :** quitte Venise, passe par Genève. **Déc. :** cérémonie d'abjuration à Lyon, devant le cardinal de Tournon.	1536	Composition du blason du *Beau Tétin* et « concours » des Blasons anatomiques.
1537-1541	Période de gloire pour Marot. En févr. 1537, participe au banquet pour la libération de Dolet. Accompagne la Cour dans ses déplacements. Reprise de la dispute avec Sagon.	1537	*Le Dieu gard de Marot à son retour,* à Rouen, puis à Paris. *Épistre de Frippelippes,* à Paris, puis à Lyon. Édition de *l'Amand vert* de Lemaire ?
1538	Marot offre un manuscrit de ses œuvres à Montmorency. Accord avec Dolet pour la publication de ses œuvres ; puis rupture en été ; Marot redonne son texte à Gryphe et écrit contre Dolet.	1538	*Les Œuvres de Clément Marot,* à Lyon, chez Dolet ; puis chez Gryphe, quelques mois plus tard.
1539	Le roi lui donne la maison du Clos Bruneau, près de St-Germain-des-Prés (juil.). Vie paisible en famille. Marot offre à Charles Quint, qui traverse la France, *Trente Psaumes.* Il traduit six poèmes de Pétrarque.	1539	*Psaulmes de Clément Marot,* à Genève. *Églogue au roy sous les noms de Pan et Robin.* *Six Sonnets de Pétrarque*, à Paris.
		1541	**Déc. :** *Trente Psaumes,* à Anvers. *Histoire de Leander et Hero,* à Paris.
1542	Dolet publie *l'Enfer,* sans son accord. Les *Psaumes* sont interdits. Marot s'exile à Genève. Difficultés : affaires de jeux, etc.		
1543	**Déc. :** Marot fuit en Savoie, cherche à rentrer en France.	1543	*Églogue sur la naissance du filz du Daulphin.* *Épistre à Monsieur d'Enghien.*
1544	Annecy, puis Chambéry, puis Turin, où il meurt. Enterré, par les soins de Lyon Jamet, dans l'église Saint-Jean-Baptiste.	1544	Il serait mort en écrivant *le Baladin.* Publication des *Œuvres,* chez Constantin, à Lyon.

M. M. Fontaine

MAROT Jean

Jean DES MARES** ou **DES MARETS,** dit **Jean MAROT

(vers 1450-1526 ou 1527)

Né à Mathieu, près de Caen, il s'essaie d'abord au commerce dans sa province natale. Venu s'établir à Cahors en qualité de chapelier, il y prend femme en 1471. Après avoir été révoqué par sa corporation pour banqueroute, il quitte le Quercy vers la fin de 1505, accompagné de son épouse et de leur jeune fils Clément né en 1496, pour monter en « France », c'est-à-dire dans les pays de langue d'oïl. Ses talents de poète autodidacte suscitent l'intérêt d'une dame d'honneur de la Reine, Michelle de Saubonne, dite Madame de Soubise. Grâce à son entremise, le chapelier-poète est introduit à la Cour et devient en 1506 le valet de chambre de la reine Anne de Bretagne. Il exercera dès lors une sorte de « secrétariat poétique » (V.-L. Saulnier), chantant les fastes et les hauts faits du règne de Louis XII. C'est ainsi que pour célébrer les deux campagnes d'Italie de 1507 et de 1509, il compose *le Voyage de Gênes* (1507) et *le Voyage de Venise* (1509), amples poèmes narratifs entremêlés de prose où l'exactitude du détail historique va de pair avec la violence polémique à l'encontre des traîtresses cités d'outre-monts. À côté de ce double chef-d'œuvre de poésie officielle, il versifie, à la demande de la Reine, une apologie des femmes (*la Vray disant advocate des Dames,* 1506) et un poème didactique sur leurs devoirs de société (*le Doctrinal des Princesses et nobles Dames,* 1510-1511). À la mort de sa maîtresse, le « facteur » – autrement dit, le rimeur patenté – passe au service du comte d'Angoulême (1514), lequel, devenu roi sous le nom de François Ier (janvier 1515), le garde comme valet de chambre. Jean Marot accompagne le roi en Italie, lors de la victorieuse campagne qui ouvre le règne, et chante Marignan. En 1524, il se fait l'interprète du deuil royal en composant la *Déploration et Épitaphe de Claude de France,* épouse de François Ier. Cependant il a lui-même formé au métier poétique son fils Clément, qui lui succédera à sa mort, à la fin de l'année 1526, dans les fonctions de valet de chambre du roi. Fidèle à la mémoire de celui qui l'a initié à l'école de la Grande Rhétorique, Clément Marot associera à plusieurs reprises l'œuvre de son père à la sienne dans les éditions collectives qu'il donnera de ses propres poèmes. Au

XVIIIe siècle encore, Lenglet du Fresnoy publiera les œuvres de Jean en annexe de celles de Clément.

Rhétoriqueur au registre étendu, Jean Marot, qui de son vivant a quelque peu retardé la carrière de sa brillante progéniture, a pâti à l'inverse depuis sa mort de la gloire exclusive réservée à son fils. En fait, comme suffisent à en témoigner les deux *Voyages* (au sens d'« expéditions militaires »), tout oppose les deux poètes. L'effort constant de Clément sera de dégager une parole singulière du lourd et somptueux héritage reçu de la Grande Rhétorique. L'affirmation progressive de cette voix personnelle se fera au détriment des « grands » genres et notamment du prosimètre long, mélange savamment dosé de prose et de vers distribués en des formes variées, telles que rondeaux, douzains, complaintes et prières. En ce sens, le chef-d'œuvre rhétorique que constitue le *Voyage de Venise,* dont les quatre mille vers sont signés de la devise bien normande « Ne trop ne peu » (Ni trop ni peu), serait la parfaite antithèse des pièces, vives et courtes pour la plupart, rassemblées dans *l'Adolescence clémentine.* Sans tomber pour autant dans la raideur et tout en cultivant les rimes équivoquées et l'acrobatie verbale avec plus de discrétion que son fils à ses débuts, Jean emploie son métier au service d'une politique dont il est le chantre officiel et inspiré. Volontiers didactique, sa poésie formulaire multiplie les sentences morales et les maximes politiques qui ponctuent à la façon de *leitmotive* le déroulement narratif. Mais dans l'intervalle de ces leçons d'honneur et de générosité chevaleresques, on découvre une verve acide qui fustige les Génois affamés de vengeance jusqu'à l'anthropophagie ou qui stigmatise la vénalité des Vénitiens, lesquels « Autre Dieu n'ont que l'or ». Le morceau de bravoure qui, dans le *Voyage* de 1509, évoque en des termes bien sentis la fondation de Venise, ramassis de lâches échappés en plein marais aux hordes d'Attila, et qui narre ensuite sa croissance, fondée sur la rapine et la trahison, annonce l'inspiration satirique des dernières années de Clément, lorsque celui-ci, en exil dans la cité des Doges à l'été de 1536, adresse à la duchesse Renée de Ferrare une virulente *Épître.*

L'admiration est chez Jean la contrepartie nécessaire de la polémique. Les deux *Voyages* abondent en triomphes et en entrées royales, prétexte à déployer en chatoyantes énumérations de personnages et de parures la magnificence du prince français. Faisant revivre par instants la grande poésie épique et chevaleresque du Moyen Âge, Jean Marot célèbre les fêtes nostalgiques d'une monarchie encore tributaire de la morale et de l'esthétique féodales. Dans ces panégyriques qui retracent les campagnes d'Italie, ce n'est nullement l'esprit nouveau venu du Midi qui domine, mais les vieilles et rudes vertus gauloises des chevaliers accourus du Septentrion pour rétablir les règles du jeu féodal au sein de cités en proie à la fièvre mercantiliste.

F. Lestringant

Martin du Gard

MARTIN DU GARD Roger

(1881-1958)

Figure prestigieuse du monde des lettres, prix Nobel de littérature en 1937, Roger Martin du Gard est un peu oublié. Bien sûr, on se souvient de ses deux principales œuvres romanesques : *Jean Barois* et *les Thibault,* mais elles semblent appartenir à une autre époque, révolue. Martin du Gard lui-même, sensible aux critiques qui lui avaient été faites, en particulier par Claude-Edmonde Magny dans son *Histoire du roman français depuis 1918,* écrivait à Gide le 9 juin 1950 : « C'est un bel éloge funèbre, que suit une exécution capitale... Me voilà prévenu : je comparaîtrai les mains vides, en somme, au tribunal de la postérité [...]. Tout cela correspond trop bien à ce que je pense moi-même – à ce que je vous répète depuis dix ans – pour que j'en sois affecté. »

En fait, le pessimisme de Martin du Gard n'était pas fondé : on commence à redécouvrir son œuvre. D'ailleurs il avait pris soin de « nourrir » son dossier : la découverte de sa correspondance et celle de son *Journal,* qu'il a confiée à cette « postérité » si redoutée, renouvellent l'intérêt pour une œuvre qu'on voit déjà d'un regard neuf : tant par sa forme que par les thèmes qu'elle aborde, l'œuvre de Martin du Gard apparaîtra de plus en plus proche de nous.

L'univers de l'enfance et de l'adolescence

La façon dont Martin du Gard a su entrer en littérature est significative de sa personnalité : sans rupture avec son milieu d'origine, il a peu à peu affirmé sa volonté d'écrire, dans un curieux mélange d'indolence et de volonté obstinée, d'acceptation des valeurs familiales et de recherche novatrice.

Martin du Gard est né à Neuilly. Sa famille paternelle est originaire du Bourbonnais, sa famille maternelle du Beauvaisis. Mais, comme il l'écrit dans ses souvenirs, « l'une et l'autre comptait dans son ascendance une majorité de gens de robe – magistrats, avocats, notaires, financiers ; quelques propriétaires terriens ; pas de commerçants ; pas de militaires ; pas d'artistes ». Son père possédait une propriété dans le Berry, le château d'Augy, où Roger se lia avec son cousin Pierre Margaritis, le futur dédicataire des *Thibault,* et surtout où il put observer la vie et le parler du monde paysan qu'il devait présenter dans *Vieille France* et dans deux farces savoureuses : *le Testament du Père Leleu* et *la Gonfle.*

Durant son séjour à l'école Fénelon et au lycée Condorcet, Martin du Gard ne fut pas un élève brillant : Gaston Gallimard, qui fut avec lui à Condorcet, a gardé de lui le souvenir d'un cancre, préoccupé de ses cravates et passant son temps à lire. Ce qu'il lisait ? Octave Mirbeau, Jean Lorrain, Zola, c'est-à-dire des auteurs que son milieu familial, catholique et bien-pensant, réprouvait. Ce seront là les lectures clandestines de Jacques Thibault. Il découvre également à cette époque l'œuvre de Tolstoï, qui devait avoir tant d'importance pour lui en lui révélant ce que devait être le travail du romancier. Inquiet, son père le mit en pension chez un ancien normalien, professeur à Janson-de-Sailly, Louis Mellerio, qui s'occupa de lui comme Antoine Thibault s'occupera de son frère. Martin du Gard insiste lui-même sur tout ce que Mellerio lui apporta : une culture classique (l'adolescent puisait librement dans l'abondante bibliothèque de son maître) et surtout l'habitude de faire des plans : Mellerio imposait quotidiennement à son disciple l'établissement de plans rapides sur les sujets les plus divers, et, devenu romancier, Martin du Gard devait tirer le plus grand parti de cette pratique.

Parmi les éléments qui allaient constituer l'univers de Martin du Gard, il faut enfin retenir les séjours qu'il fit dans la propriété de Clermont-de-l'Oise, dont il devait faire passer l'atmosphère dans *Jean Barois,* et à Maisons-Laffitte, où ses parents louaient chaque été une villa. C'est dans ce cadre fleuri et aéré qu'il situera en particulier le début de la liaison entre Jacques Thibault et Jenny de Fontanin.

Le chartiste

Après un échec à la licence ès lettres, Martin du Gard entra à l'École des chartes, et il lui fallut, avant d'obtenir son diplôme avec une thèse sur *l'Abbaye de Jumièges,* redoubler sa seconde année. Mais c'est à l'École des chartes qu'il prit le goût de l'histoire et l'habitude de la « probité » qui ont marqué son activité littéraire ultérieure. Il l'écrit le 8 avril 1935, dans une lettre à son ami Jean-Richard Bloch : « Notre formation d'historien et de chartiste est quelque chose de fort, de durable, qui explique une part de nous. Je l'éprouve pour moi. J'ai été un mauvais chartiste. J'y ai, du moins, appris des méthodes de travail, une "probité" qui m'ont servi énormément, me servent encore chaque jour. Libre aux couillons d'en rigoler ! » Son passage à l'École des chartes explique sans doute la place importante, et parfois démesurée, comme dans *Jean Barois,* des événements historiques au sein de son œuvre. D'un autre côté, les habitudes prises aux Chartes, venant après celles que lui avaient inculquées Mellerio, bridaient sans doute une indolence naturelle et un goût pour le plaisir et la fantaisie qui dès lors n'allaient pouvoir s'exprimer que dans l'imaginaire et aussi dans la fascination pour les audaces de son ami Gide... Cette opposition est l'une des clefs de la création chez Martin du Gard. Par là se trouve en partie expliquée la réception de son œuvre, dans laquelle on voulut surtout voir le témoignage d'une époque – ce qui n'est qu'un de ses aspects – et qu'on jugea selon les critères apparents que l'auteur s'était imposés : la précision du plan et la rigueur de la construction.

Le roman dialogué

En 1910, à vingt-neuf ans, Martin du Gard sait définitivement ce qu'il veut, et il a sa voie tracée. Il s'est marié, s'est offert un peu d'exotisme en visitant l'Afrique du Nord pendant son voyage de noces, puis s'est installé à Paris. Il fait des séjours dans la propriété du Tertre, à Bellême, qui appartient à son beau-père et qu'il achètera plus tard. Une fille lui est née, Christiane. S'il n'exerce pas de métier, c'est parce qu'il n'a pas de soucis financiers – plus tard, en revanche, les avances sur droits d'auteur que lui versera généreusement Gaston Gallimard lui seront nécessaires – et parce qu'il sait qu'il pourra vivre en réalisant sa vocation : écrire.

À vrai dire, Martin du Gard a été un écrivain précoce, même s'il a longtemps tâtonné. Ses premières tentatives sérieuses remontent à l'année qui suit son entrée à l'École des chartes, 1901 : c'est d'abord un premier essai romanesque, *la Chrysalide.* En 1909, il publie, à compte d'auteur, son premier roman achevé, *Devenir !*, dont justement le personnage principal, André Mazerelles, rêve d'échapper à la carrière de notaire et veut s'écarter de la trajectoire familiale pour devenir écrivain. Bien que, dans cette œuvre qui s'est assez mal vendue mais qui a reçu les encouragements de la critique, Martin du Gard rode une technique de composition par tableaux qui sera plus tard celle des *Thibault,* en fait il est en train de songer à quelque chose d'original : le roman dialogué. Il a été très tôt passionné par le théâtre, et il lui semble que, transposée dans le récit, la forme dialoguée, simplement interrompue par quelques indications scéniques, créerait un nouveau style. Celui-ci, comme il l'écrira le 1er septembre 1918 à Pierre Margaritis, s'adapterait « intelligemment à la vie moderne qu'il décrit, laquelle est rapide, changeante, pressée, cinématographique ». En 1903, il avait donc écrit, au retour de son service militaire, deux nouvelles dialoguées : *Jean Flers,* d'abord, et *la Méprise,* ensuite. Il récrira cette dernière en 1913 avant de la publier en 1930 sous le titre *Dialogue.* Et si l'échec d'*Une vie de saint,* en 1906, lui fait abandonner provisoirement cette technique pour écrire *Devenir !,* en fait, il n'a pas renoncé à son obsession, et, en 1910, il commence le long roman qui allait le faire connaître : *Jean Barois.* C'est en 1913, année faste pour les lettres françaises, que paraît ce roman qui devait constituer un tournant décisif dans la carrière de Roger Martin du Gard : d'abord parce qu'il connut un grand succès public (et son auteur acquit la certitude qu'il était un véritable écrivain, pouvant vendre ses livres), ensuite parce qu'il permit à Martin du Gard d'être accueilli au sein de l'équipe de *la Nouvelle Revue française.* Il est d'ailleurs amusant de constater, en cette année 1913, un curieux chassé-croisé : les Éditions de *la Nouvelle Revue française* avaient refusé *Du côté de chez Swann,* que Proust s'était résigné à confier à Grasset ; ce dernier, en revanche, qui s'était engagé par contrat en 1910, en publiant *l'Une de nous* – une étude que Martin du Gard fit par la suite mettre au pilon –, à prendre le manuscrit suivant de l'auteur, souleva des difficultés devant *Jean Barois,* qui était encore intitulé *S'affranchir* : « *S'affranchir* n'est pas un roman, c'est un dossier ; vous avez voulu jouer la difficulté, et vous ne m'en voudrez pas de vous dire que vous avez été absolument battu. Mon avis très net [...] est que votre livre est absolument raté [...] et je défie un lecteur d'aller au-delà de la centième page » (lettre du 17 juin 1913). Dépité, Martin du Gard se souvint de son condisciple de Condorcet et confia son livre à Gaston Gallimard. Ce fut l'enthousiasme dans l'équipe de *la Nouvelle Revue française,* en particulier de la part de Gide et de Schlumberger : ce qui n'empêcha pas Gide de mettre plus tard Martin du Gard en garde contre l'« esprit N.R.F », trop « artiste », trop soucieux de style, et d'inciter son ami à conserver la force de son tempérament. Effectivement, tout en entretenant des liens d'amitié avec les gens de la N.R.F., Martin du Gard, pendant toute sa vie, prit soin de se tenir un peu à l'écart et de mener une carrière avant tout personnelle.

Le théâtre et l'amitié avec Jacques Copeau

On peut dire que Martin du Gard fut un véritable homme de théâtre, et c'est à tort que l'on méconnaît cet aspect de sa personnalité, même si, en tant qu'auteur, il n'obtint pas le succès qu'il aurait désiré. Son goût pour le théâtre remonte à l'époque où il était encore lycéen, et il a lui-même raconté que, s'il n'avait pas subi l'influence de Tolstoï, c'est vers l'art dramatique qu'il aurait tourné toutes ses forces.

En 1912, il s'était mis à écrire une farce paysanne, *le Testament du père Leleu,* et, admis dans le cercle des amis de *la Nouvelle Revue française,* il allait tout naturellement confier cette première pièce à celui qui à l'époque exerçait distraitement les fonctions de directeur de la revue tant il était accaparé par l'ouverture, en 1913, de son théâtre du Vieux-Colombier : Jacques Copeau. C'est dans ce théâtre que le 7 février 1914 la pièce fut créée, la mise en scène étant due à Copeau ; Charles Dullin, Gina Barbiéri et Antoine Cariffa interprétaient les trois rôles. Le succès fut énorme, sans doute parce que, dans cette farce en trois actes, Martin du Gard réalisait la synthèse harmonieuse d'une tradition comique remontant au Moyen Âge et d'une peinture de mœurs dans le goût provincialiste de l'époque : il avait observé le caractère des paysans berrichons, avait su rendre leur langage pittoresque et fort, qui ajoutait à la drôlerie de l'intrigue. La pièce resta inscrite au répertoire de Copeau jusqu'en 1923, date à laquelle elle fut reprise par Louis Jouvet à la Comédie des Champs-Élysées.

Le milieu N.R.F. était acquis au théâtre, et Gide, Schlumberger, Henri Ghéon, Jules Romains, Georges Duhamel ne pouvaient que conforter les tendances de Martin du Gard. Mais celui-ci fut surtout marqué à cette époque par une profonde amitié pour Copeau, qui devint son compagnon quotidien et lui fit découvrir Tchekhov (Martin du Gard eut ainsi l'idée d'adapter *les Trois Sœurs* et *la Cerisaie*). Ce n'était pas assez d'écrire : Martin du Gard passait son temps au Vieux-Colombier, s'intéressait à tous les métiers du théâtre, et il amena sa femme à exercer les fonctions de costumière. En mars 1914, il accompagna même la troupe de Copeau en tournée en Angleterre, et là peut-être est-il allé jusqu'à faire de la figuration. Il fallut la guerre pour mettre un terme à cette frénésie. Pourtant, en 1919, lorsque Copeau rentra des États-Unis, Martin du Gard aida son ami à la réouverture du Vieux-Colombier.

À partir des années 1920, c'est à Louis Jouvet qu'il confie le sort de sa production théâtrale, qui n'aura pas, dans cette période, le succès de son œuvre romanesque, tant s'en faut. En 1922, il tente de renouveler son succès du *Testament du père Leleu* en commençant d'écrire une nouvelle farce de la même veine, *la Gonfle* : mais, à vrai dire, en écrivant les longs monologues du rôle d'Andoche, il songe à Lucien Guitry, et, à la mort de ce dernier, Louis Jouvet, sollicité par Martin du Gard, ne se sent pas disposé à endosser le personnage. En 1924, la pièce est finie, mais elle ne sera pas montée, et Martin du Gard se résignera à la publier en 1928. Cependant, Jouvet devait pousser Martin du Gard à sa dernière tentative théâtrale, qui ne fut pas un succès : en 1931, pour oublier les tracas que lui cause la rédaction des *Thibault,* il écrit une pièce que Jouvet crée la même année, *Un taciturne.* Ce « drame moderne » connut un accueil très mitigé : le public fut sans doute gêné par la faible théâtralité de cette pièce construite autour de nuances psychologiques, défaut que souligne l'abondance des indications de scène ; quant à la critique, elle retint surtout le sujet, et, si certains admirèrent le courage de l'auteur, plus nombreux furent ceux qui, tels Paul Souday ou Paul Claudel, crièrent au scandale. C'est que Martin du Gard portait à la scène un thème difficile, celui de l'homosexualité (qui correspondait, chez lui, à des tendances qu'il a toute sa vie tenu à dissimuler) : la pièce raconte, sur un ton un peu trop mélodramatique, le tourment de Thierry qui découvre peu à peu qu'il est amoureux de Joe, le fiancé de sa sœur, et qui, ne supportant pas la vérité, se suicide.

Gloire et difficultés du romancier

En 1932, dépité par l'échec du *Taciturne* et en proie à la gêne financière, Martin du Gard revient au roman en même temps qu'au monde paysan, qu'il affectionne et qui lui a si bien réussi, et rédige *Vieille France,* où, en une suite de tableaux commandée par les nécessités de la tournée du facteur, il nous présente la vie d'un village et l'égoïsme paysan.

Mais la réussite de *Vieille France* ne le satisfait pas : sa grande œuvre est ailleurs, et elle lui cause bien du souci. En 1920, Martin du Gard avait conçu l'œuvre de sa vie, *les Thibault,* et, en bon chartiste, sur les treize tables du Verger d'Augy, il avait mis côte à côte les fiches et dressé le plan complet de l'histoire monumentale d'une famille qu'il projetait de suivre à travers plusieurs générations. La tâche était démesurée. Tout commença très bien : guidé par son plan, et convaincu que l'œuvre était faite pour l'essentiel, puisqu'il ne restait plus qu'à l'écrire, il alignait les volumes – et les succès de librairie – : *le Cahier gris* et *le Pénitencier* (1922), *la Belle Saison* (1923), *la Consultation* et *la Sorellina* (1928), *la Mort du père* (1929). C'est alors que le doute s'installa dans son esprit. La chronologie du roman s'étalait de 1904 à 1940, c'est-à-dire que le temps de la fiction devait rattraper le temps réel : or, Martin du Gard ne pouvait préjuger de l'arrière-plan historique, et son intrigue avait dévié, de ce fait, vers l'anecdote ; *les Thibault* risquaient de tourner au roman-feuilleton. En outre, l'œuvre ne pouvait pas être close : à suivre ainsi une famille à travers les générations il n'y aurait eu aucune raison de s'arrêter à telle ou telle année. En 1931, profitant du temps de réflexion qui lui était imposé par un accident d'automobile, Martin du Gard brûla le manuscrit de *l'Appareillage,* qui devait suivre *la Mort du père,* et décida de modifier son projet. On sait ce que fut cette décision : il boucla son roman en ajoutant deux parties, *l'Été 1914,* qui finit de paraître en 1936, et *l'Épilogue,* qui fut publié au début de l'année 1940. Ce qu'il perdait en équilibre et en rigueur de composition, l'ouvrage le gagnait sur un plan esthétique : l'aventure individuelle des personnages se fondait dans l'aventure collective de la guerre, et l'*Épilogue,* situé en 1918, permettait, à travers le personnage d'Antoine, un retour en arrière, un bilan, faisait sentir les changements du monde en donnant au livre la domination du souvenir.

L'Été 1914 fut un succès ; et le modeste Martin du Gard, qui depuis 1922 assistait chaque année aux décades de Pontigny sans oser y prendre la parole, impressionné qu'il était par le renom des autres écrivains, reçut en 1937 le prix Nobel de littérature. Sans doute, en cette période de montée des périls, l'académie de Stockholm avait-elle voulu couronner une œuvre dont le pacifisme pouvait inciter à la réflexion. La critique de droite ne manqua d'ailleurs pas de relever cet aspect des choses et attaqua violemment l'auteur de *l'Été 1914.* Il n'empêche que se trouvait récompensé le talent d'un homme qui n'avait pas hésité à se remettre en question et qui avait su surmonter ses doutes : son prestige devint alors très grand et s'exerça jusque sur la génération suivante, celle de Jean-Paul Sartre – qu'il n'aimait pas beaucoup, mais qui lui témoignait pourtant une grande admiration.

Les dernières années

Martin du Gard passa à Nice l'essentiel des années d'Occupation. Pendant cette période, il essaya de donner un tour nouveau et plus personnel à sa carrière en se mettant à la rédaction des *Mémoires du lieutenant-colonel de Maumort,* personnage qui le hantait déjà depuis le plan initial des *Thibault.* Il renonça finalement à terminer cette œuvre où un homme, ayant détruit son Journal à l'arrivée des troupes allemandes, s'efforçait de reconstituer son passé : la matière brute des prétendus documents accumulés se trouvait ainsi filtrée par le jeu de la mémoire. Deux des neuf parties prévues ont toutefois été achevées et nous indiquent le caractère intime de l'œuvre, qui a pu gêner Martin du Gard : elles posent le problème de la sexualité des adolescents, et particulièrement celui de l'homosexualité. Martin du Gard avait senti très tôt que là se trouvait un pan important de la psychologie humaine, surtout depuis les jours de l'hiver 1922, où, chez Gide, il assistait aux causeries de Mme Sokolnika sur le freudisme.

En fait, depuis la Libération, à l'époque où la majorité des écrivains prônaient l'engagement, il s'était, lui, désengagé (il ne devait sortir de sa réserve qu'en 1958, pour soutenir en compagnie de Malraux, Mauriac et Sartre, Henri Alleg, dont on avait saisi le livre *la Question*). Mais on ne peut parler à son propos de repliement : il retrouvait les problèmes fondamentaux du sexe et de la mort, problèmes qui dominaient déjà son œuvre antérieure, même si cela ne fut pas toujours remarqué par ses lecteurs. Et depuis que l'on connaît le *Journal* (1992-1993) qu'il a tenu depuis 1919 jusqu'en 1949, et qu'il a confié, avec l'ensemble de ses papiers et dossiers personnels, à la Bibliothèque nationale avant de mourir, on peut observer d'un œil nouveau un homme et une œuvre encore un peu énigmatiques, en tout cas moins simples qu'ils ne semblent au premier abord.

	VIE		ŒUVRE
1881	**23 mars :** naissance, à Neuilly-sur-Seine, de Roger Martin du Gard.		
1884	Naissance de son frère Marcel.		
1892	Classe de cinquième à l'école Fénelon. Suit les cours du lycée Condorcet.		
1896	**Févr.-juill. :** en pension chez Louis Mellerio. Lectures. **Oct. :** rhétorique à Janson de Sailly.		
1898	**Juill. :** baccalauréat de philosophie.		
1898-1900	Études à la Sorbonne. Prépare une licence ès lettres.		
1900	**Oct. :** entre à l'École des chartes.		
		1901	Écrit *la Chrysalide,* roman. Renoncera à le publier, et détruira le manuscrit en 1937.

	VIE	ŒUVRE
1902	Recalé aux examens de fin de seconde année de l'École des chartes. Service militaire à Rouen, parmi les « dispensés».	
1903	Libéré de ses obligations militaires, il reprend la seconde année de l'École des chartes.	Écrit *Jean Flers,* nouvelle dialoguée, et *la Méprise,* qui, remaniée, sera publiée en 1930 sous le titre de *Dialogue.*
1904		Autre tentative, qui échoue : *Il est d'exquises fleurs.*
1906	Diplôme d'archiviste-paléographe. **19 févr. :** épouse Hélène Foucault. Voyage de noces en Afrique du Nord. **Oct. :** s'installe rue du Printemps, à Paris, dans le XVIIe arr.	Commence, en Afrique du Nord, un roman en plusieurs volumes, *Une vie de saint.*
1907	**22 juill. :** naissance de sa fille Christiane.	
1908	**Mai :** séjour à Barbizon.	Commence *Devenir !*
1909	**Nov. :** emménage au Verger-d'Augy (Cher).	**Juin :** *Devenir !,* publié à compte d'auteur chez Ollendorff. **Août-oct. :** commence *Marise,* au Tertre. **Nov. :** publication de sa thèse, *l'Abbaye de Jumièges, étude archéologique des ruines.*
1910		**Avr. :** commence *Jean Barois.* Parution chez Grasset de *l'Une de nous,* seule partie publiée de *Marise.*
1913		**Août :** écrit *le Testament du Père Leleu.* **Nov. :** publication de *Jean Barois* aux éditions de la N.R.F.
1914	**Mars :** en tournée en Angleterre avec la troupe de Jacques Copeau. **3 août :** affecté au « Service de transport matériel 21 ».	**Févr. :** *le Testament du père Leleu* est joué au théâtre du Vieux-Colombier.
1916		À Auxi-le-Château, il adapte *la Cerisaie* et *les Trois Sœurs* de Tchekhov.
1919	Démobilisé en Rhénanie. S'installe rue du Cherche-Midi. Aide Copeau à la réouverture du Vieux-Colombier.	**Juill. :** commence à tenir son *Journal.*
1920	Achète une maison à Clermont (Oise) pour travailler aux *Thibault.*	**Mai :** établit le plan des *Thibault.*
1922	**Juill. :** séjour à Porquerolles avec Gide. **Août :** premier séjour aux décades de Pontigny, qu'il fréquentera par la suite régulièrement.	**Avr. :** publication du *Cahier gris.* **Mai :** publication du *Pénitencier.* **Juill. :** rédaction de la première version de *la Gonfle.*
1923		**Oct. :** publication de *la Belle Saison.*
1924	**Mars :** séjour à Hyères. **Avr. :** son père meurt à soixante-huit ans. **Oct. :** achète le château du Tertre à son beau-père.	**Mars :** rédaction de la version définitive de *la Gonfle.*
1925	Sa mère meurt à soixante-cinq ans.	
1926	S'installe au Tertre, à Bellême (Orne).	Travaille aux *Thibault.*
1928		**Avr.-mai :** publication de *la Consultation* et de *la Sorellina.*
1929	**Déc. :** mariage de sa fille avec Marcel de Coppet.	**Mai :** publication de *la Mort du père.* Mise en chantier de *l'Appareillage.*
1930		Travaille à *l'Appareillage.* Écrit *Confidence africaine.*
1931	**1er janv. :** accident d'automobile. Hospitalisé deux mois dans une clinique du Mans, avec sa femme.	Renonce à *l'Appareillage.* **Févr. :** parution de *Confidence africaine* dans *la Nouvelle Revue française.* **Avr. :** rédaction de *Un taciturne.* **Oct. :** création de *Un taciturne* à la Comédie des Champs-Élysées.

	VIE	ŒUVRE
1932	**Oct.-nov. :** voyage à Berlin avec Gide.	**Janv. :** détruit le manuscrit de *l'Appareillage.* **Mai :** rédige *Vieille France.*
1933	Naissance de son petit-fils, Daniel de Coppet.	Conçoit un nouveau plan pour finir *les Thibault* et se documente en vue de la rédaction de *l'Été 1914.* **Mars :** publication de *Vieille France.*
1934	S'installe à Nice.	
1935	Naissance de sa petite-fille, Anne-Véronique de Coppet.	Achève le 1er tome de *l'Été 1914.*
1936	**Déc. :** séjour à Rome.	**Mars :** achève les deux autres tomes de *l'Été 1914.* **Nov. :** publication des trois tomes de *l'Été 1914.*
1937	**Mars-mai :** second séjour à Rome. **10 nov. :** apprend, à Nice, que le prix Nobel de littérature lui a été décerné. **Déc. :** se rend à Stockholm, avec sa femme, pour recevoir le prix Nobel.	**Été :** prépare l'*Épilogue.*
1938	**Janv. :** au retour de Suède, voyage en Europe.	Travaille à l'*Épilogue.* **Oct. :** *le Testament du père Leleu* au répertoire du Théâtre-Français.
1939	**Mars :** part avec sa femme pour les Antilles. S'installe près de Fort-de-France. **Été :** croisière dans le golfe du Mexique. **Sept. : déclaration de guerre.** Est obligé de passer par les États-Unis et l'Italie pour rentrer à Nice.	Achève l'*Épilogue.*
1940		**Janv. :** publication de l'*Épilogue.*
1941		Commence les *Mémoires du lieutenant-colonel de Maumort.*
1942	Séjour à Nice, sous l'occupation italienne, et au cap d'Antibes.	
1943	À Nice, sous l'occupation allemande.	
1944	Apprend que son nom est sur une liste de suspects. Se réfugie à Roquefort (Lot-et-Garonne), où se trouve sa fille. **Déc. :** revient à Nice.	
1945	Remise en état du Tertre, qui a souffert de la présence des Allemands.	Rédaction de *la Baignade.*
1949	**28 nov. :** mort de sa femme.	**28 nov. :** interruption du *Journal.* Traduit, avec l'auteur, le roman de Dorothy Bussy, *Olivia.*
1950		**Déc. :** écrit, avec Pierre Herbart, un scénario de film tiré du *Cahier gris* et du *Pénitencier.*
1951	**Févr. :** assiste aux derniers moments de Gide.	Fait paraître ses *Notes sur André Gide.*
1955		Publication des *Œuvres complètes* dans la « Bibliothèque de la Pléiade ».
1957	**Oct. :** dépose à la Bibliothèque nationale les cantines contenant ses inédits et en particulier le *Journal* et les correspondances.	
1958	**Avr. :** signe l'adresse au président de la République pour protester contre la saisie du livre d'Henri Alleg, *la Question.* **22 août :** meurt au Tertre d'un infarctus du myocarde.	
1983		Publication de *Maumort,* dans la « Bibliothèque de la Pléiade ».
1992-1993		Publication du *Journal* (3 vol.).

Jean Barois

Jean Barois est l'œuvre qui a attiré l'attention sur Martin du Gard. Sans être une innovation, sa technique (il s'agit d'un roman entièrement dialogué, avec seulement quelques indications de « mise en scène ») a impressionné, surtout eu égard à la longueur de l'ouvrage. Même si aujourd'hui on peut trouver monotone cette succession de 350 pages de dialogues, il faut reconnaître qu'il fallait de l'habileté pour raconter par ce moyen l'histoire d'un homme, Jean Barois, qui se dégageait de l'emprise de la foi dans laquelle il avait vécu jusqu'à l'âge adulte, s'enthousiasmait pour la science, quittait sa femme et sa fille, s'engageait dans l'affaire Dreyfus et la libre pensée, avant d'être « récupéré », malade et sur le point de mourir, par sa famille et par l'Église.

Ce roman a aussi valeur de témoignage ; Martin du Gard, étant donné la destinée de son héros, a pu faire entrer dans un ouvrage romanesque toute une époque, celle des affrontements entre l'Église et le scientisme, de la lutte pour la laïcisation de la société, de la recherche d'un nouvel humanisme qui ne serait plus fondé sur une religion. De ce point de vue, ce roman reflétait les préoccupations et l'évolution personnelles de l'auteur.

Mais on voit également poindre dans l'œuvre ce qui sera la thématique ultérieure de Martin du Gard. Derrière les certitudes scientistes de Jean Barois, subsistent en effet des zones d'ombre : la difficulté de rompre avec son milieu et avec la tradition, d'assumer sa solitude ; l'impossibilité d'éliminer au moins un mystère, celui de la sexualité ; la présence, finalement victorieuse, de la maladie, avec la déchéance qu'elle entraîne. Là est, pour un lecteur contemporain, le principal intérêt du roman ; il est fondé sur un déséquilibre, une lutte inégale, puisqu'il nous présente un héros du XIXe siècle qui triomphe des problèmes de son époque, mais qui vient buter sur ceux du monde moderne.

SYNOPSIS

PREMIÈRE PARTIE. « Le Goût de vivre » : 1878. Jean est gravement malade. À son chevet, son père essaie de lui insuffler la volonté de guérir. Trois ans plus tard, Jean est un adolescent en pleine santé. « Le Compromis symboliste » : les études de médecine que Jean poursuit à Paris achèvent d'ébranler une foi chancelante. « L'Anneau » : son père meurt ; Jean se fiance à Cécile, une amie d'enfance. « La Chaîne » : l'antagonisme entre la jeune femme pieuse et l'homme libre penseur va croissant dès les premières années du mariage. « La Rupture » : bientôt les époux doivent se séparer. Cependant une fille est née : Marie.

DEUXIÈME PARTIE. « Le Semeur » : tel est le titre de la revue dont Jean Barois est le cofondateur. « Le Vent précurseur » : juin 1896. Ce sont les premiers souffles du scandale soulevé par l'injuste condamnation de Dreyfus. « La Tourmente » : 1898-1900. Procès Zola, émeute, suicide du colonel Henry. L'affaire Dreyfus atteint son point culminant. *Le Semeur* s'engage à fond en faveur de la vérité. « Le Calme » : Jean Barois prononce une conférence sur « l'avenir de l'incroyance », puis il est victime d'un grave accident de la circulation. Ayant frôlé la mort, il rédige un testament philosophique où son athéisme apparaît sans détours.

TROISIÈME PARTIE. « La Fêlure » : cinq ans plus tard, alors que les cendres de Zola sont transférées au Panthéon, le doute, ou la foi, ressaisit Jean Barois. « L'Enfant » : élevée par sa mère, Marie qui a maintenant dix-huit ans, vient trouver Jean et lui révèle son désir d'entrer au couvent. « L'Âge critique » : Jean Barois abandonne la direction de la revue. Il est ébranlé par les convictions religieuses des jeunes générations et subit de nouveau les atteintes de la tuberculose. « Le Crépuscule » : au seuil de la mort, tandis que sa fille est admise comme novice et que son épouse revient auprès de lui, Jean Barois semble proche de la conversion. La présence d'un prêtre vient adoucir son agonie. Son testament sera brûlé.

Les Thibault

Il serait difficile de résumer en quelques lignes cette œuvre monumentale qui popularisa ce que l'on a appelé le « roman cyclique », très prisé en France pendant l'entre-deux-guerres. Sa structure est pourtant simple : elle repose sur une double opposition. Deux frères, Jacques et Antoine Thibault, sont aux prises avec les valeurs de l'ancien monde, celui d'avant 1914, symbolisé par la figure autoritaire de leur père, Oscar Thibault. Jacques est, au début, encore adolescent, et il va incarner la révolte, le refus de se soumettre. Antoine, de neuf ans son aîné, est déjà entré dans la vie. Et s'il ne se fait aucune illusion sur la société qui l'entoure, il s'y est fait une place : il est médecin – précisément pédiatre – et il peut s'imaginer qu'il prépare ainsi l'avenir. Dans les six premiers tomes de l'ouvrage, jusqu'à *la Mort du Père*, on le voit, quoique troublé par la révolte de son frère, s'efforcer de la canaliser.

L'Été 1914 introduit une rupture – souvent étudiée – dans le déroulement de l'œuvre et amène une seconde opposition. Cet ancien monde, il s'était condamné lui-même. Les individus sont de peu de poids : Jacques mourra sous les balles d'un gendarme, alors qu'il milite dans une organisation pacifiste pour essayer d'empêcher la guerre. Et Antoine lui-même se verra rappeler qu'on ne peut pas, dans les temps modernes, assurer son avenir tout seul. Il reviendra gazé du front, et son journal, dans l'*Épilogue*, achèvera le cycle romanesque sur sa prise de conscience.

L'écriture de Martin du Gard est d'une déconcertante simplicité. Si, de ce point de vue, *Jean Barois* semblait être né d'un pari, en revanche c'est la volonté d'effacer toute préoccupation technique qui semble dominer *les Thibault*. Le respect de l'ordre chronologique symbolise assez bien cette soumission au réel du chartiste Martin du Gard. Mais la qualité des dialogues confirme que l'auteur, passionné par le théâtre, avait le sens de la scène, et la virtuosité dans l'expression de la simultanéité, qualités qu'avant Sartre on a souvent cru en France être l'apanage des romanciers américains.

Leur apparente simplicité ne doit pas faire prendre *les Thibault* pour une œuvre platement naturaliste. La richesse et la complexité de leurs thèmes sont inépuisables, car

Martin du Gard y affronte souvent l'insondable. Deux exemples sont caractéristiques. D'abord, celui de la sexualité. C'est là un des aspects les plus importants de l'œuvre. Martin du Gard était passionné par Freud, et cela se sent. Toutes les nuances apparaissent dans ce roman : rapports ambigus des adolescents (Jacques et son ami Daniel de Fontanin) ; relation au père ; sentiments proches de l'inceste (Daniel et sa cousine Nicole, Jacques et sa « sorellina » Gise) ; donjuanisme (Jérôme de Fontanin) ; affrontement entre l'amour et l'amour-propre (Jacques et Jenny). Même Antoine, qui semblait si assuré, finit par vaciller, troublé par sa liaison avec Rachel, liaison qui, au bout du compte, aura été sa seule expérience humaine. Ce qui ressort finalement de cet enchevêtrement infini, c'est l'idée de la sexualité, lieu où s'exprime mystérieusement la complexité de l'être humain.

Le second thème obsédant est celui de la souffrance et de la mort. Et si Martin du Gard nous présente des médecins, s'il y a tant de scènes « médicales » dans son œuvre, c'est parce qu'il lie le mal physique et le mal moral. La médecine soigne les âmes en soignant les corps. Car le mal suprême, c'est le mal physique, comme l'enseigne l'expérience de la maladie, de la guerre, de la mort. La maladie et la mort sont les deux obstacles au progrès, les deux adversaires de l'homme moderne. C'est presque déjà la philosophie de l'absurde, et il n'est pas surprenant que Camus se soit intéressé autant à cette œuvre.

SYNOPSIS

I. LE CAHIER GRIS. Jacques Thibault et Daniel de Fontanin sont deux collégiens de quatorze ans. Une grande amitié les unit, mais leur correspondance est découverte par leurs maîtres et provoque un scandale : les jeunes gens font une fugue. Le père de Jacques appartient à la grande bourgeoisie parisienne. Catholique intransigeant, veuf, d'un naturel autoritaire, il consacre sa vie aux œuvres caritatives où l'exigence morale l'emporte parfois sur la philanthropie. Le fils aîné, Antoine, est médecin. Il a dix ans de plus que Jacques. La « famille » Thibault comprend aussi la gouvernante, Mlle de Vaize, et sa nièce, la petite Gise. Les parents Fontanin appartiennent à un milieu plus libéral. Le mari vit dans l'inconduite, et son épouse trouve dans la mystique protestante une sérénité qui lui permet d'accepter son infortune conjugale. Leur fille, Jenny, a un an de moins que Daniel. Arrêtés à Marseille cinq jours après leur départ, les enfants prodigues sont rendus à leur famille. Daniel est accueilli avec bienveillance ; Jacques est vivement tancé par son père, qui décide de le mettre en pension dans la maison de redressement qu'il a fondée à Crouy.

II. LE PÉNITENCIER. Plusieurs mois s'écoulent. À l'insu de leur père, Antoine contacte son frère au « pénitencier » et découvre les dangereux effets d'un châtiment disproportionné à la faute. Grâce à l'abbé Vécard, confesseur de M. Thibault, il obtient, non sans difficulté, la libération de Jacques. Celui-ci s'installe à Paris auprès de lui pour terminer ses études. Malgré l'interdiction de son père, Jacques continue à fréquenter la famille Fontanin.

III. LA BELLE SAISON. Cinq ans plus tard (1910) : la saison des amours. Daniel est étudiant aux Beaux-Arts. Jacques vient d'être admis à l'École normale supérieure. Antoine vit avec Rachel, une aventurière, une passion brûlante et sans lendemain. Jacques, adolescent tourmenté, est attiré par Jenny pour laquelle il éprouve des sentiments ambigus. Mais Gise, qui a maintenant quinze ans, ne le laisse pas non plus indifférent.

IV. LA CONSULTATION. Trois ans plus tard. Durée : une seule journée. Les malades se succèdent dans le cabinet d'Antoine, qui les examine scrupuleusement. Parmi eux, son propre père. Il est atteint d'une maladie incurable dont Antoine s'efforce de lui cacher la gravité. Jacques a, pour le moment, mystérieusement disparu.

V. LA SORELLINA. C'est le titre d'une nouvelle publiée dans une revue, et que tout désigne, même le pseudonyme de son auteur, comme écrite par Jacques. Antoine retrouve sa trace en Suisse. C'est là qu'il s'est exilé, soit pour échapper aux contradictions de ses sentiments amoureux, soit pour s'opposer encore à son père qui lui défend d'épouser Jenny, soit enfin pour réaliser son vieux fantasme de fuite. Antoine part rejoindre son frère à Lausanne, où il le retrouve dans un groupe de révolutionnaires internationaux. Il le convainc de rentrer à Paris et de se rendre au chevet de leur père mourant.

VI. LA MORT DU PÈRE. Antoine, face à la souffrance de son père, décide d'en abréger l'agonie. Jacques ne supporte ni l'ambiance de la maison familiale, ni la présence de Gise. Alors que son frère découvre, *post mortem*, des papiers qui lui révèlent la richesse de la vie intérieure de son père, Jacques ne songe qu'à s'expatrier au plus vite. Cette partie s'étend, comme la précédente, sur une semaine environ.

VII. L'ÉTÉ 1914. Juin-août 1914. Antoine, devenu un brillant pédiatre, juge la guerre impossible. Jacques est à Genève parmi les militants de la paix. Plusieurs missions qui lui sont confiées l'amènent à sillonner l'Europe. De passage à Paris, il retrouve Jenny. Leur passion éclate enfin. Elle devient sa maîtresse. De leur liaison naîtra un enfant : Jean-Paul. Au moment de la mobilisation, et après avoir assisté à l'assassinat de Jaurès, Jacques regagne seul la Suisse, espérant y poursuivre son combat contre la guerre. Il s'embarque dans un avion d'où il compte jeter des tracts pacifistes sur le front des deux armées. L'avion a un accident. Jacques est fait prisonnier par les troupes françaises. Un gendarme, qui le prend pour un espion, l'abat d'un coup de revolver.

VIII. ÉPILOGUE. Quatre ans plus tard : les conséquences de la guerre. Daniel est affreusement mutilé. Antoine est grièvement atteint par les gaz ; il se sait condamné. Il propose à Jenny de l'épouser pour que Jean-Paul porte le nom des Thibault. Jenny refuse et assume les conséquences de son amour hors des conventions bourgeoises. Huit jours après la victoire, Antoine, submergé par la souffrance, met fin à ses jours par une piqûre.

Confidence africaine

Ce court récit, écrit en 1930, au moment où Martin du Gard a interrompu, assailli par le doute, la rédaction des *Thibault*, et publié dans *la Nouvelle Revue française* de février 1931, a suscité bien des curiosités. C'est le thème de l'œuvre qui a longtemps arrêté les commentateurs. Dans cette *Confidence africaine*, on voyait avant tout la confidence de Leandro recueillie par le narrateur sur le paquebot qui les ramène tous deux d'Afrique du Nord à Marseille : pendant quatre ans, Leandro a eu des relations incestueuses avec sa sœur Amalia ; un fils est né de cette union, Michele. C'est à l'occasion de la mort de Michele à Font-Romeu que, quelques années auparavant, Leandro et le narrateur avaient fait connaissance.

Mais dans un article publié en 1981, « le Procès de la littérature dans *Confidence africaine* », Maurice Rieuneau a montré que c'est sa structure qui révèle le sens profond de l'œuvre. La confidence de Leandro, notée « sans aucun souci de littérature » par le narrateur, est censée faire partie d'une lettre, écrite en mai 1930 par l'auteur des *Thibault* au directeur d'une revue qui lui a demandé « quelque chose ». Mais, entre le récit de Leandro et celui de Roger Martin du Gard auteur de l'ensemble, s'intercalent deux autres instances narratives : le récit du narrateur-confident, appelé « Monsieur du Gard » par Leandro, et le récit « littéraire » que ce narrateur aurait pu tirer de la confidence. Est mise ainsi en évidence, selon le mot de M. Rieuneau, la « dialectique du vrai et du faux, du fictif et du réel, du littéraire et du brut » qui s'établit grâce à ces quatre instances narratives. Le réel et l'imaginaire échangent leurs statuts, dans un infini jeu de miroirs. On retrouve bien l'idée de Martin du Gard selon laquelle la littérature a besoin d'être gagée sur le réel. Mais, fait nouveau, ce qui est présenté ici comme la réalité brute, c'est la donnée imaginaire. Ainsi, en montrant que pour lui la narration ne va pas toujours de soi, *Confidence africaine* nous invite à étudier Roger Martin du Gard d'un regard neuf.

C. Lesbats et B. Valette (synopsis)

Le Lieutenant-colonel de Maumort

Cette œuvre, rédigée de 1941 à 1958 et pour laquelle Roger Martin du Gard avait songé un temps au titre : « À brûler sans lire », est délibérément posthume. Elle est aussi inachevée. Tel qu'il nous est parvenu, *Maumort* se compose d'un texte romanesque tantôt simplement ébauché, tantôt presque définitivement rédigé (les trois premières parties), d'un ensemble impressionnant de notes, documents et lettres fictives : le tout est déposé à la Bibliothèque nationale. Pour certains dossiers (contenus dans la « boîte noire »), Roger Martin du Gard avait exigé qu'un délai de trois ans après sa mort soit respecté avant qu'on y ait accès. Le texte de la « Pléiade », établi par André Daspre, s'efforce de suivre les indications de l'auteur lui-même, notamment en ce qui concerne la subdivision en parties et en chapitres.

SYNOPSIS

PREMIÈRE PARTIE. « La Jeunesse » (1870-1887). Bertrand de Maumort naît en 1870 au château de Saillant, dans l'Orne. Sa mère meurt en le mettant au monde. L'enfance de Bertrand se passe dans la solitude du château normand, entre son père et sa sœur Henriette, son aînée de neuf ans. L'installation de Guy Chambost-Lévadé, un cousin de son âge, crée une agréable diversion dans la demeure familiale. Bertrand l'admire et s'en éprend. Mais Guy meurt en 1884. Bertrand entre comme interne au collège Saint-Léonard. Davantage sollicité par sa curiosité sexuelle qu'intellectuelle, il partage les mœurs des collégiens et échoue au baccalauréat. Il est placé en pension chez les Nacquot qui lui donnent un enseignement de qualité. La sensualité de Bertrand se déplace alors sur les femmes (dont il a la révélation, notamment avec l'épouse de son hôte). Sa réussite au baccalauréat lui ouvre les portes de la capitale.

DEUXIÈME PARTIE. « L'Adolescence » (1887-1891). À dix-sept ans, le jeune provincial découvre Paris avec éblouissement. Installé chez les Chambost-Lévadé qui deviennent sa famille d'adoption, il prépare simultanément Saint-Cyr et une licence de lettres. Grâce à son oncle, lui-même professeur de renom, membre de l'Institut, il fréquente les intellectuels les plus brillants. En 1889, Bertrand rencontre une Martiniquaise, Doudou, qui sera sa maîtresse jusqu'en 1891.

TROISIÈME PARTIE. « Les Débuts dans l'armée ». « Le Mariage » (1891-1907). Saint-cyrien, Bertrand est nommé sous-lieutenant à Versailles. Il épouse Claire Saint-Gall, la sœur d'un de ses amis.

[Lacune. Le « résumé de la biographie de Maumort », donné par Roger Martin du Gard, permet d'imaginer les faits suivants : de cette union naîtront deux enfants. Mais la vie de garnison, les séparations, l'affaire Dreyfus altéreront les relations de Bertrand et de son épouse. Celle-ci meurt en 1904.]

QUATRIÈME PARTIE. « Les Campagnes du Maroc » (1907-1914). Engagé auprès de Lyautey, Maumort participe à la pacification du Maroc.

[LACUNE. CINQUIÈME PARTIE. La Première Guerre mondiale lui enlève ses deux fils. Maumort lui-même est blessé.]

SIXIÈME PARTIE. Retiré dans le château familial, alors que son père et sa sœur sont morts eux aussi, Maumort atteint la cinquantaine. Il partage sa vie entre l'exploitation de son domaine, la lecture et la rédaction de ses Mémoires.

SEPTIÈME PARTIE. « Seconde Guerre mondiale » (1939-1945). La Normandie est envahie. Le Saillant est occupé par les Allemands. Maumort rejoint la Résistance.

ÉPILOGUE. Réflexions de Maumort dans son journal. Terrassé par une attaque, il meurt en 1950 à l'âge de quatre-vingts ans.

Somme romanesque, *Maumort* narre la vie d'un individu, de sa naissance à sa mort. C'est aussi l'histoire de la IIIe République qui se lit en arrière-plan : officier de carrière, fin lettré, Maumort est un soldat et un intellectuel. Son destin l'a amené à connaître les soubresauts de l'affaire Dreyfus, à parcourir le Maroc en compagnie de Lyautey, à traverser deux guerres. C'est enfin le testament philosophique de Roger Martin du Gard.

Écrit à la première personne, *Maumort* s'apparente à une biographie fictive qui suit, comme une chronique, l'ordre strict de la chronologie événementielle. L'auteur a cependant hésité entre la forme du journal, du roman par lettres ou du recueil de souvenirs (qui eût alors commencé, *in medias res*, en juin 1940, lors de la défaite des armées françaises). S'il semble retenir le principe des Mémoires, c'est parce que l'ampleur du projet, tout en maintenant la subjectivité d'un point de vue romanesque, autorise une réflexion générale sur la politique et l'Histoire du monde contemporain. De nombreux thèmes sont en effet abordés : problèmes de société comme la religion, le racisme ou le progrès ; problèmes éthiques (individu et collectivité, esprit révolutionnaire, idéal de non-violence) ; questionnement métaphysique sur le cosmos et le néant, la foi en l'homme, l'agnosticisme. Mais l'exigence rationnelle est omniprésente : le positivisme, la méthode scientifique demeurent les fondements de l'esthétique propre à Martin du Gard. Son art du roman, à la fois modeste et studieux, s'efforce de saisir « le *sens de la vie*, ce je-ne-sais-quoi d'humain, de général, qui est et restera valable pour chaque homme, en tous temps et lieux ». Il donne ainsi à la tradition réaliste la portée d'un humanisme classique.

L'unité du livre se bâtit autour de la personnalité de Bertrand de Maumort dont les origines géographiques et ancestrales, le milieu culturel sont décrits avec précision. Le personnage central apparaît comme déterminé par son conditionnement familial, voire par son hérédité. Mais le hasard des rencontres (Guy, Doudou, et surtout Lyautey) ou les situations nouvelles (à l'enfance provinciale succèdent les années d'apprentissage parisien puis l'expérience de l'armée d'outre-mer) favorisent une structuration de l'individu où la volonté, l'ouverture d'esprit, la curiosité scientifique témoignent d'une grande richesse intérieure et d'une attirance spontanée pour la liberté. L'éducation, la morale, les valeurs transmises par la famille, d'abord transgressées sur le plan de la vie privée (une très large place est donnée à l'étude du désir, de l'onanisme, des premiers émois amoureux homo- puis hétérosexuels) concourent finalement à la maturation harmonieuse d'un être exemplaire, solide, à l'image du château Louis XIII où il est né.

L'analyse psychologique, qui tient compte de ces deux facteurs antagonistes – les déterminismes sociaux et le libre jeu de l'individu –, est originale et novatrice. Elle rend l'histoire du héros très attachante, et trouve une parfaite mesure entre les nécessités de l'anecdote et une signification universelle. Profondément humain, Maumort se présente avec ses défauts. Sans doute ses tendances conservatrices, son goût pour la solitude, sa « disposition à l'aristocratisme » paraissent-ils exagérés ; son amour de la vie joint à un pessimisme excessif semble parfois contradictoire. Force est cependant de reconnaître que se trouvent extériorisés, une fois encore, quelques-uns des aspects antinomiques sur lesquels reposent l'équilibre de la création romanesque chez Roger Martin du Gard, sa quête perpétuelle du « juste milieu », qu'il s'agisse de la justesse en art ou de la justice morale.

B. Valette

MAUBERT DE GOUVEST Jean Henri

(1721-1767)

Né à Rouen, il fut capucin ; bientôt défroqué, il dut s'exiler, vécut en Saxe comme précepteur, puis comme soldat, fut enfermé à Königstein (1748-1752), où mûrirent ses célèbres *Lettres iroquoises* (1752), remaniées en 1769 sous le titre de *Lettres chérakéesiennes*. On le retrouve en Suisse (1753), converti à la Réforme, impliqué avec La Beaumelle dans l'édition de *la Pucelle* de Voltaire (1755), en Hollande comme agent autrichien, en Angleterre. Installé à Bruxelles, il se lance dans le journalisme en créant notamment *le Mercure historique et politique des Pays-Bas*. Mais sa vie scandaleuse le contraint à de nouvelles pérégrinations, en France, en Allemagne comme entrepreneur de spectacles, en Hollande où, de nouveau, il connaît la prison. Il y publie *le Temps perdu ou les Écoles publiques* (1765), suggérant qu'on profite de la récente dispersion des jésuites pour repenser le système éducatif et « ôter à l'éducation nationale le gothique qui la défigure ». Selon Maubert, le latin, survivance d'une époque révolue, doit être remplacé par un enseignement utilitaire, payant, et choisi à la carte selon les dons, les ambitions et les moyens financiers de chacun : langues vivantes, logique, arithmétique, conçue comme « la manière de tenir les livres de banque, de commerce, d'économie ». Il donna ensuite les *Lettres de M. Robert Talbot* (1766), recueil d'anecdotes de seconde main sur la vie parisienne, *Trop est trop* (1767), pamphlet antimonastique. Nouveau départ, nouvel exil, cette fois en Allemagne ; il mourut à Altona.

Cet aventurier souvent famélique, pourchassé par la police et les libraires, laissa un chef-d'œuvre : les *Lettres iroquoises*. Un point de départ classique depuis les *Lettres persanes* : envoyé par les « Vénérables » de son pays pour vérifier sur place les dires d'un missionnaire, l'Iroquois Igli débarque en France et découvre les dures réalités d'une civilisation d'abord séduisante et apparemment vouée au plaisir : inégalité sociale, égoïsme, hypocrisie des prêtres, intrigues des femmes, cléricalisme et fanatisme. Mais pas plus que ne le fera Diderot dans son *Supplément au Voyage de Bougainville*, Maubert de Gouvest ne propose de modèle et ne prêche un impossible ou illusoire retour à la nature : « Je ne cherche pas à vous corriger, il faudrait recommencer votre monde [...] Votre folie est systématique, vos vices mêmes servent à vous aiguiser l'esprit. » D'abord ironique et badin, semé d'images et de métaphores propres, par convention, à signifier la langue « sauvage », le texte tourne progressivement au débat théologique. Maubert de Gouvest – que Roland Desné a classé parmi les « matérialistes du XVIIIe siècle » – utilise une dialectique toute européenne pour dénoncer les dogmes chrétiens, les thèses cartésiennes sur les « animaux-machines » : « Je lui prouvai par ses propres armes que les bêtes avaient des âmes. » Mais Igli se fait parfois théiste, et se moque de ceux qui divinisent la matière ; seule, finalement, la morale peut clore la querelle métaphysique : « Nous ne sommes pas faits pour approfondir notre sort, mais pour en jouir. » L'audace ou la nouveauté des *Lettres iroquoises* est à chercher dans ce scepticisme généralisé qui atteint aussi bien la foi que la raison, et se résout en un hédonisme que la « civilisation » européenne a rendu à son tour impraticable...

J.-P. de Beaumarchais

MAUCROIX François de

(1619-1709)

Né à Noyon, fils d'un procureur, Maucroix fit ses études au collège de Château-Thierry et devint avocat. Mais il ne plaida guère, s'employa un moment au service de la puissante famille de Joyeuse, puis se fit chanoine à Reims, comme l'était déjà son frère aîné. Ecclésiastique mondain, il a laissé une œuvre littéraire modeste : des poésies éparses – la plupart galantes –, des lettres, quelques travaux de traduction et pièces de circonstance. Cela ne suffirait pas à justifier sa place dans l'histoire littéraire de ce temps s'il ne s'était trouvé au centre de groupes où se dessinaient des traits essentiels de celle-ci. En premier lieu, il fut l'ami intime de La Fontaine, son condisciple de collège, sur la formation et l'œuvre duquel il exerça une influence sensible. Son admiration pour *l'Astrée* aussi bien que pour les *Odes* de Malherbe retentit sur le goût du fabuliste. La Fontaine inséra d'ailleurs des pièces de son ami dans ses propres recueils (en particulier une « Ode au roi » dans celui de 1671) ; certaines fables et plus encore les *Contes* portent la marque de leurs conversations et échanges. Par ailleurs, Maucroix fut lié avec tout un groupe d'écrivains à la fois sensibles à la galanterie et soucieux d'esthétique et de culture solide, autour de Patru, d'Ablancourt, Tallemant, ainsi qu'avec Pellisson… Or ce milieu, où le sens du raffinement et de l'humour, l'art de la mondanité s'allient avec un savoir discret mais bien établi, apparaît dans les années 1650 et 1660 comme promoteur de ce qui fera la qualité propre du goût classique, une génération durant.

A. Viala

Maupassant

MAUPASSANT Guy de

(1850-1893)

Plus que toute autre, la vie de Guy de Maupassant semble une peau de chagrin ; en dix ans seulement s'édifie toute l'œuvre, abondante et variée : trois cents contes, six romans, une pléiade de nouvelles. Puis la folie et la mort emportent celui qu'on a appelé « un météore », le préservant de cette dégradation perfide évoquée avec angoisse dans bon nombre de ses écrits.

Une biographie comme écartelée oppose deux aspects antithétiques : Maupassant aurait été, d'une part, le « taureau normand » – l'image est de Paul Morand –, l'homme fort, épris de canotage, l'écrivain à succès, l'homme à femmes, reçu dans le monde, et, d'autre part, le névrosé (avec un zeste de paranoïa lors d'un procès intenté à un journal), éthéromane, syphilitique, anxieux, fasciné par le morbide, condamné par son hérédité (une mère étrange, un frère dément), voué à un don juanisme pathologique et, de surcroît, suicidaire… Faut-il voir deux périodes successives, ou bien deux veines simultanées – quoique divergentes – dans cette existence à la fois banale et maudite, partagée entre le succès et l'échec ? L'œuvre porte la marque de toutes ces tensions, aspirations aux paradis (naturels et artificiels), fascination des enfers ; sa limpidité est faite de « ciels brouillés » (selon l'expression de Baudelaire, que Maupassant aimait et, à l'occasion, citait).

L'homme, lui, n'aura pu survivre à cette lutte pour laquelle il avait été bien peu préparé. Sa mère, Laure de Maupassant, l'avait élevé seule, dès le départ d'un mari frivole à qui la cité parisienne convenait mieux qu'un manoir normand. Cultivée, dépressive (elle aurait tenté de se suicider avec sa longue chevelure), elle lui permit de jouer librement dans la campagne normande ; l'enfant souffrira d'autant plus de la vie terne des lycées, de la discipline rigoureuse des jésuites, et il sera exclu du petit séminaire d'Yvetot. Avant qu'il n'ait le temps de faire son droit, éclate la guerre ; en 1870, ce ne sont pas le combat et la gloire qu'il rencontre mais la défaite et l'absurdité, à goût de nausée. Dans les contes de la guerre, la veulerie des bourgeois, la bêtise ignoble des occupants, les crimes gratuits des soldats en proie à la panique, et même l'héroïsme des paysans, trop souvent cruels et sadiques, tout renvoie à l'horreur d'un monde grotesque, sans espoir de salut. Mais l'apprentissage difficile de la vie n'est pas terminé ; employé au ministère de la Marine, Maupassant, enfermé dans une existence trop feutrée, s'ennuie.

Heureusement, les dimanches permettent les parties de canotage sur la Seine avec de joyeux amis ; et il y a la littérature, avec ce maître paternel, un ami de la famille, un modèle aussi, Flaubert, qui le soutient, le corrige, l'aide, lui apprend à aiguiser son regard, à acérer son expression, un Flaubert qui pendant dix ans le retient de rien publier, l'oblige à travailler pour lui lâcher enfin la bride vers le succès, et cette fois sans lui ménager ses éloges. D'être passé par cette rude école, Maupassant sut peut-être mieux amorcer puis mener une brillante carrière littéraire. *Boule-de-Suif,* un « chef-d'œuvre », selon Flaubert, le lance ; les portes des journaux, qui paient bien (et il s'entend à se faire bien payer), s'ouvrent devant lui ; il publie des chroniques sur des sujets politiques, sociaux ou littéraires – non sans courage parfois – ou des contes, qu'il assemblera par la suite en recueils. Il voyage, s'achète un yacht, paraît à des soirées mondaines, dévore à pleines dents tous les plaisirs. Pourtant les voyages sont aussi des fuites, le Normand fidèle à son terroir est voué à l'errance, le mondain reste un solitaire, le naturaliste (il est d'abord proche de Zola) se sépare des écoles, le canotier musclé chancelle : troubles de la vue, migraines, hallucinations (autoscopie, c'est-à-dire dédoublement), chute des cheveux, tout le corps s'abîme. Le pessimisme, si souvent noté, est aussi là : dans ce corps qui se détériore, dans cette conscience qui se voit mourir. Il faudra assumer en outre l'internement du frère Hervé, qui lance : « Le fou, c'est toi ! » L'écriture exorcise un temps les démons en les disant ; mais bientôt elle ne suffit plus, et les démences, celles de son temps (paralysie générale, syphilis), et la sienne propre (venue de quelle hérédité ou de quel mal ?) l'emportent. Après la tentative de suicide du 1er janvier 1892, à Cannes, tout est joué et balayé par le délire, ce flux irrésistible.

Le problème des genres

Reste une œuvre éclatée, diverse. Après *Boule-de-Suif*, Maupassant publie un recueil, *Des vers*, qui fait scandale à cause d'un passage un peu trop cru. Le théâtre l'attire aussi, et la forme dramatique (dialogues, certes, mais aussi scénettes, coups de théâtre) marque toute l'œuvre. Maupassant écrira quelques pièces légères (*Histoire du vieux temps, Musotte, la Paix du ménage*) ; rien de bien original dans cette double tentation de la poésie et du théâtre.

Boule-de-Suif inaugure une veine infiniment plus intéressante, et Maupassant excelle bientôt dans ce genre de la nouvelle – qu'il reprendra vers la fin de sa vie –, la nouvelle qui permet une analyse relativement élaborée, quoique concise, et annonce le roman. Il a l'art de la litote, du détail, de la distance, de la cruauté presque indifférente. Le narrateur griffe le texte de son humour acide. La description, le dialogue et le récit sont savamment dosés, la composition est impeccable. S'il a moins de raffinement et d'élégance que Mérimée, Maupassant, qui vise parfois à l'effet, a aussi plus de puissance.

Dans la chronique, l'écrivain semble ancré dans son époque et cependant distant de ses contemporains. Il dénonce les maux de son temps et, par exemple, la situation des femmes mariées sans leur consentement, vendues à des rustres indélicats, condamnées par une société hypocrite à la procréation. Il dénonce encore le colonialisme, l'affairisme, la guerre, sans vraiment songer pour autant à une possible révolution, voire évolution. La misère, contre laquelle il se révolte, il la conçoit comme un mal inéluctable. Et si ce naturaliste était, en fait, obsédé par le problème métaphysique du mal… et de l'être ? Il ne croit pas à de quelconques vertus politiques et se fait publier par des journaux aussi bien conservateurs, comme *le Gaulois*, que républicains, comme *le Dix-Neuvième Siècle*, et aussi bien sérieux, comme *le Figaro*, que potiniers et mondains, comme le *Gil Blas*. Les chroniques, fins tentacules qui explorent le monde extérieur, montrent combien Maupassant, homme de son temps, hait en fait son époque et veut s'en éloigner.

Maupassant se rallie bien vite au genre qui a alors ses lettres de noblesse, le roman grâce auquel il allait pouvoir brosser un itinéraire complet, celui d'une existence (*Une vie*), d'une carrière savamment orchestrées (*Bel-Ami*), d'un adultère (*Mont-Oriol*), d'une jalousie (*Pierre et Jean* de même que *Fort comme la mort*) ou d'une passion non partagée (*Notre cœur*). Sans avoir la souplesse flaubertienne, le roman chez Maupassant parvient à évoquer un microcosme ; ponctué d'une succession de moments forts, conduit sur une ligne mélodique tranchée, crescendo ou decrescendo, il a des accents dramatiques ou tragiques plutôt que musicaux et symphoniques.

Le journal de voyage, à mi-chemin entre le récit fictif et l'autobiographie, dévoile les accents les plus pathétiques, cri de détresse ou affolement devant la solitude. La réflexion, la méditation sont probablement, en même temps que la recherche de l'altérité (dans le paysage, l'exotisme), l'objet de ces journaux aux titres évocateurs comme *Au soleil* ou *la Vie errante*. Journaux où un moi se cherche ou se fuit dans une quête de l'ailleurs (« Mais ne voit-on pas que nous sommes toujours emprisonnés en nous-mêmes, sans parvenir à sortir de nous, condamnés à traîner le boulet de notre rêve sans essor ! »), une course vaine où c'est toujours soi qu'on trouve en l'autre ; témoin l'angoisse, ou la terreur qu'il ressent devant l'asile de Tunis ; Maupassant a atteint dans la fascination pour le malade mental – on dit alors plus crûment le fou –, personnage central de son œuvre, un point de non-retour, de perte de soi, d'impossible accès à la distance et à l'échappatoire ; cette attitude de distanciation sinon de schizophrénie s'ébauchait pourtant dans l'utilisation des pseudonymes (par exemple il signe MAUFRIGNEUSE, du nom d'un personnage de Balzac, ses articles de *Gil Blas*).

Dans le conte, la torturante oscillation entre le « je » et le « il » entreprise dans le journal de voyage sur un autre mode (par la fuite dans l'ailleurs) s'exprime et se module dans les multiples modalités du travail narratif. Le scripteur ne s'y confond pas avec le narrateur, et l'humour en est souvent la marque ; le narrateur premier s'évanouit dans la parole d'un autre narrateur, et l'on peut souvent se demander quelle est, derrière l'éternel chasseur-gentilhomme provincial – sempiternel quinquagénaire confit dans de sages expériences – la source originaire du récit. D'autant que la fiction qui met en avant l'homme de science, le médecin objectif, le hobereau tranquille est trop codée pour rendre vraiment plausible l'illusion ; et c'est un des paradoxes de cette écriture, dont une des bases théoriques est la vraisemblance.

Pas plus qu'on ne pourra parler d'un narrateur unique, on ne pourra définir une seule sorte de conte chez Maupassant. La notion de genre éclate sous la multiplicité de ces courts écrits : le récit peut s'amenuiser devant une réflexion dévorante, l'anecdote n'être plus que le point de départ d'une rêverie réflexive. Au cœur du récit un objet ou un événement, tragique ou anodin, peut ainsi se constituer. Le conte se meut aussi bien dans un univers angoissant ou sordide, que médiocre ou léger. Il y a du Racine et du Courteline, du tragique et du vaudevillesque chez Maupassant. S'il faut trouver une unité dans l'œuvre, ce serait moins dans une impossible structure, moins dans une série de thèmes (qui existent, bien entendu : et la folie destructrice, et la Normandie apaisante, et le type du paysan avare ou du bourgeois médiocre, avec même des motifs ambivalents comme l'eau ou la femme), moins dans ce faisceau thématique que dans une lutte constante – à travers l'immense diversité des genres ou des tonalités – contre la récurrence, un combat cent fois repris contre le principe de la répétition, contre l'obsession.

Le déchirement des voiles

Voir, tout voir et, à travers le regard, savoir, comprendre, déchiffrer les énigmes : c'est de là que part Maupassant, c'est là que Flaubert intervient, et c'est pour cela que Maupassant, tout naturellement, aboutit à la participation au recueil des *Soirées de Médan* avec *Boule-de-Suif*. De l'écrivain naturaliste il possède la curiosité à l'égard de tous les milieux, avec une prédilection pour la prostituée (*Mademoiselle Fifi*, *la Maison Tellier*, *les Sœurs Rondoli*...), avec une fidélité toute particulière pour le monde de son enfance. Il doit en effet une large part de sa notoriété à ses personnages de paysans normands, roublards, un peu ivrognes mais de bonne humeur. Ce paysan est souvent vu grand escogriffe ridicule (*la Bête à Maît'Belhomme*) ou bon obèse réjoui (*Toine*), avec ses expressions patoisantes savoureuses, généralement flanqué d'une épouse desséchée et acariâtre (pour faire plus vrai ou plus drôle), restitué dans des situations souvent dérivées de simples faits divers. Le regard perd de sa malice et devient, si l'on tient compte du pessimisme accru de l'auteur, plus naturaliste encore lorsqu'il se pose sur le monde des employés – peut-être parce que là l'individualité souffrante remplace une société – et se teinte de pitié dans l'observation des jolies épouses des petits employés, qui rêvent bals et bijoux (*la Parure*, *les Bijoux*...) et qui apparaissent comme les attachantes victimes de leur bovarysme. Maupassant scrute le monde des paysans, des petits-bourgeois, des gentilshommes campagnards, des notables, des riches ou des pauvres, et l'interprète implicitement. Il opère un déchirement des voiles. Ce réaliste ne se satisfait pas du monde des apparences. Ce qu'il lui faut, c'est la vérité des êtres. Son regard sait discerner toute une philosophie de la vie dans un geste anodin, une loi générale dans un détail infime, intonation ou sourire ébauché ; le geste qui révèle, parfois trahit, est toujours signe d'une intériorité et renvoie à une psychologie du comportement. Le narrateur joue souvent un grand rôle dans cette entreprise de dévoilement en déclenchant l'aveu ou la crise ; car il est nécessaire qu'un jour la vérité apparaisse ; mais dans l'éclat de la révélation, la catastrophe est souvent présente. L'aveu de bien des personnages (*Mademoiselle Perle*, *Alexandre*...) explicite leur ratage ; ils sont bel et bien passés à côté du bonheur. Le suicide n'est donc plus, parfois, qu'une conséquence logique. Le sadisme, la cupidité, dissimulés sous le voile des mornes apparences bourgeoises, ou sous la bonhomie des manières paysannes, peuvent également amener la mort. D'où l'importance, dans ce processus de mise à nu, d'une satire très cruelle ; voir ce que l'apparence dément, ce peut être aboutir au tragique, c'est aussi s'amuser de l'apparence. L'humour prend sa source dans le plaisir du déchiffrement des signes mondains, bourgeois ou paysans ; dans ce goût de démonter les mécanismes du jeu social, de démanteler les stratégies (comme dans *Bel-Ami*, où toute la vie d'un journal est analysée). On décèlera quelque chose de destructeur dans ce repérage des alibis, cet arrachage des voiles pudiques ; une attitude cynique se profile, avec désespoir. De l'humour (ou l'ironie) à l'angoisse, du réalisme à la métaphysique, il n'y a qu'un pas. Entre les deux prend place la veine – essentielle chez Maupassant – du fantastique.

Le fantastique

Quoi de plus réel qu'un objet ? de plus défini, de plus rassurant qu'un bout de ficelle ou qu'un collier ? Dans les contes, ces objets se chargent pourtant, après un passage dans l'ambivalence, d'un pouvoir exclusivement maléfique et entraînent les êtres humains dans l'échec, le ressassement ou la mort. L'objet devient une sorte de vampire et fait basculer le personnage hors du réel, lui prenant sa raison et parfois sa vie. Le narrateur de *Qui sait ?* se voit ainsi dépouillé de son existence par ses meubles. Leur danse provoque l'anéantissement de leur propriétaire, qui se trouve, en quelque sorte, « dépossédé » de lui-même.

Devant la levée des forces agressives extérieures, face à la force maudite des objets, le seul recours est la fuite. Le voyage apparaît alors comme une tentative de récupération de soi ; il se transforme cependant bientôt en une errance, un déracinement définitif, une perte du moi. Car, bien sûr, c'est soi-même que l'on fuit – en vain ; c'est sa propre image que l'on veut reconstruire à travers une quête qui n'arrache que bribes et morcellements.

La rationalité, appelée à la rescousse, ménage des moments de répit, qui n'empêcheront pas l'engloutissement définitif. Le conte fantastique, chez Maupassant, est moins le passage de l'autre côté du miroir que le récit d'une atroce, lente et inévitable dévoration. De là ces accents frémissants de répulsion (*le Horla*). Une identité qui semblait établie fermement s'est trouvée ébranlée. Et c'est bien, d'ailleurs, le propre du fantastique que cette rationalité étrangement mise à mal, qui s'affole pour resurgir triomphante avant de s'effondrer enfin. Rappelons que, selon la thèse de Marie-Claire Bancquart, le fantastique de Maupassant est un phénomène intérieur ; ni monstres, ni sylphes, ni dragons, ni revenants avec l'attirail du roman noir. Processus intérieur donc, mais aussi projectif, ce fantastique naît bien de la réalité, et c'est la réalité qui s'effrite en mille morceaux ; un miroir se brise, et le visage reflété se déconstruit. Le nom du Horla est trompeur ; c'est « en-soi » qu'il aurait fallu dire, et cet écart de langage, cette inversion, est comme un rejet terrorisé de l'évidence : le hors-là, c'est cette part du moi qu'on se refuse à assumer et qui, d'être ainsi refoulée, resurgit dans l'objet persécuteur. Cette intériorité terrifiante et niée, cette force irrépressible et conçue essentiellement comme mauvaise, ressemble bien à ce que plus tard, et avec moins de négativisme et de peur, on appellera la pulsion.

L'obsession et le piège

Les psychiatres y ont trouvé leur pâture : la description clinique de la maladie mentale, sous ses diverses modalités, est remarquable dans l'œuvre. De la débilité à la démence, de l'hallucination à la perversion, presque tout y est, et bien décrit. Dominante, l'obsession, qui s'étaye de philosophie.

L'univers de Maupassant a la couleur du sang, car il est essentiellement tragique, et les personnages sont des condamnés à mort qui ressassent leur mal. Ce qui les détruit n'est pas tant la mort que l'obsession de la mort qui les mine de l'intérieur. Les accents nihilistes se retrouvent partout, comme dans la bouche de Norbert de Varenne (*Bel-Ami*) : « Je la sens qui me travaille, dit-il de la mort, comme si je portais en moi une bête rongeuse. Je l'ai sentie peu à peu, mois par mois, heure par heure, me dégrader ainsi qu'une maison qui s'écroule [...]. Elle m'a pris ma peau ferme, mes muscles, mes dents, tout mon corps de jadis, ne me laissant qu'une âme désespérée qu'elle enlèvera bientôt aussi. » Une telle vie est vécue comme une agonie.

L'obsession de la mort fait basculer dans le monde de la folie ou de la perversion ; nul écran n'empêche le passage à l'acte, et le tombeau n'a pas plus de pouvoir que la raison ; la nécrophilie (*la Morte*, *la Tombe*) est une obsession devenue acte et manifeste l'échec d'une distance maintenue ; le nécrophile croit la mort vivante, et sa folie ou sa perversion consiste à ne pas se tenir sur le seuil de l'interdiction. Refus du deuil, de son « travail » et perte du tabou, cette faculté à entrer dans le monde de l'autre (vivant ou mort) explique que la transgression soit destructrice ; on croit dialoguer avec une morte, et l'on est corrompu par les miasmes d'un cadavre.

Cet attrait pour le corps qui pourrit, corps féminin, est vertigineux : horreur glacée devant le cadavre de Miss Harriett, la noyée par amour impossible. Étrange baiser de compassion, d'un narrateur qui n'eût pas embrassé vivante son involontaire victime ! Fascination sensuelle devant le corps sans tête (celle-ci est cachée par un mouchoir) de la petite Roque, mi-femme, mi-enfant, avec cette cuisse où court une mouche ; c'est le substitut qui, cyniquement, lie le cadavre à l'*eros* : « Comme c'est joli, dit le médecin, une mouche sur la peau ! Les dames du dernier siècle avaient bien raison de s'en coller sur la figure. Pourquoi a-t-on perdu cet usage-là ? » L'érotisme et la mort se confondent, comme si un relent de morbidité surgissait du tombeau pour contaminer la vie, comme si, parfois, Maupassant ne parvenait à érotiser la femme que morte ou morcelée. La femme morte est d'ailleurs plus aisément objet de possession (car il importe à qui se sent dépossédé de retenir, d'étreindre des sujets-objets) ; dans la vie, la femme chasseur qui a guetté sa proie masculine (le jeu traditionnel doit se lire à l'envers) reste toujours séparée de son partenaire. Aucun indice de communication entre les sexes n'existe, et même dans l'amour physique. Ce qui veut dire que la passion est un leurre où l'homme est toujours perdant. Il ne peut cependant se défendre d'y croire et de renouveler, après chaque échec, sa quête de l'âme sœur, de la femme idéale sans savoir que son rêve est impulsé par une force aveugle.

L'influence de Schopenhauer intervient là, alors que l'homme ne peut résister à cette force, à ce flux (Schopenhauer dit cette « volonté », ce « vouloir-vivre », ce « désir ») en lui qui le jette vers la femme, et où cette tension irrépressible est une force aliénante et trompeuse. « Toute passion, écrit le philosophe, quelque apparence éthérée qu'elle se donne, a sa racine dans l'instinct sexuel... », et l'individu devient le jouet misérable d'une nature qui lui tend un piège, « en faisant naître [...] une certaine illusion, à la faveur de laquelle il regarde comme un avantage personnel ce qui en réalité n'en est un que pour l'espèce ». Le désir masculin, qui rend la femme nécessaire et l'idéalise, est semblable à l'instinct animal. Il n'est en aucune façon fondateur d'une fusion entre l'homme et la femme ; l'homme est manipulé par lui et le subit comme une malédiction (n'est-ce pas lui qui incite le maire à violer la petite Roque ?). Maupassant reste pétrifié d'horreur devant la violence de ce qui peut surgir en l'homme, hors de son vouloir. Cette puissance de l'inconscient, pressentie négativement par Schopenhauer, va marquer toute une époque, et Maupassant, comme avant lui le philosophe du néant, découvre avec anxiété les forces pulsionnelles, monstres terrifiants et dévorateurs.

Mais n'y aurait-il aucun moyen de tromper à son tour cette puissance aliénante, dépossédante, d'être plus fort que cette nature, mauvaise mère qui domine et se moque perversement ?

Une stratégie de la perversion

Contre l'omnipotence de la nature, Maupassant construit une sorte d'anti-*physis* protéiforme qui permettra, sous divers modes, de canaliser ou d'utiliser l'intensité des forces internes.

Une lutte passive contre le vouloir-vivre qui pousse l'homme vers la femme amène à rejeter ce désir et à vivre dans la solitude, comme le font les protagonistes de *Un fou ?*, *Qui sait ?* ou *le Horla*, qui résistent ainsi aux pressions conjuguées de la loi naturelle et de la loi sociale. Mais si la société tolère le célibat, la nature se venge en perturbant la santé mentale de celui qui se rebelle contre elle. La solitude, qui est d'ailleurs souvent le premier pas vers la folie, ne saurait donc constituer une véritable solution.

L'égoïsme naturel sera, lui, battu en brèche par l'accession à la position morale, une forme de sublimation qui entraîne l'oubli de soi au bénéfice des autres, grâce à la pitié et à la charité. Les accents de compassion pour les faibles, en particulier les enfants, les infirmes ou les animaux, vont dans ce sens.

Pour déjouer la pulsion maudite, une autre tentative – non plus morale mais esthétique – est fournie par l'art, qui protège du désespoir, de la mondanité, de la mort et qui se trouve du côté de l'authentique. Exemplaire, le seul personnage vrai de *Notre cœur*, le sculpteur, qui dédaigne les robes sophistiquées des femmes du monde pour ne se soucier que de la ligne pure, montre la voie vers ce qui est à la fois la sublimation la plus élaborée et peut-être aussi le salut.

Mais le triomphe le plus sûr, en même temps que le plus facile, nous est donné par le plaisir sexuel ; si la nature se joue de nous en nous incitant à l'acte charnel en vue de la procréation nécessaire à l'espèce, nous pouvons la duper à notre tour en refusant la finalité sans renoncer au plaisir. Il y aurait même là une certaine sagesse, nous dit un Maupassant paisible, libertin influencé par le XVIIIe siècle. Cependant, pour lui, le culte de l'érotisme est conçu essentiellement comme pervers en ce sens qu'il témoigne d'une révolte contre le naturel. Des contes comme *la Moustache*, *les Caresses*, auxquels on pourrait rattacher bien des contes lestes sur l'impuissance, le voyeurisme, la nymphomanie, sont comme des pirouettes qu'un astucieux Pierrot esquisserait devant une nature rusée. Celle-ci, ironie suprême, se verra reniée par ses propres créatures, ses instruments privilégiés, les femmes, qui, chez Maupassant, sont des coquettes (qui ont raison de l'être) plus que des mères. Le refus de l'enfant est fréquent, il s'exprime de façon viscérale et avec violence, et les infanticides, assez nombreux dans l'œuvre (*l'Enfant*, *la Confession*, *Rosalie Prudent*…), sont, contre la morale sociale, pratiquement justifiés. D'ailleurs, si le nourrisson survit, il deviendra inexorablement un raté (*Un fils*, *l'Abandonné*), voire un monstre criminel (*Un parricide*, *l'Orphelin*…). Pas de maternité ni de paternité heureuses. De plus, sur quoi fonder la paternité ? Le thème tragique du bâtard, condamné au malheur, rejoint la veine désabusée de la paternité incertaine, torturante et destructrice (*Pierre et Jean*, *le Père*, *le Petit*, *Monsieur Parent*…).

Il reste une méthode d'évitement de la fatalité – qu'on l'appelle « destin », « vouloir-vivre » ou « pulsion » – ; contre la vie aveugle, on usera de la mise à mort cynique : du meurtre. C'est encore une façon de poser le problème du mal. Moiron, l'instituteur, tue insidieusement ses élèves préférés (c'est dans la mort qu'il les aime) et le juge de *Fou ?*, parfait assassin, rivalise lui aussi avec un dieu vague qui s'assimilerait plutôt à une *physis* bêtement proliférante.

Quand on échoue, quand on ne sait pas jouer d'une de ces touches qui constituent un système de perversions, quand on a perçu le fond des choses (à savoir que la vie est mauvaise et aliénante) et qu'on n'a su ni devenir artiste (pôle esthétique), ni s'oublier dans l'amour des autres (pôle moral), ni accéder au libertinage (pôle libidinal), ni triompher de la vie (pôle criminel sadique), il ne reste que l'ennui – jusqu'à mourir – ou le suicide.

La violence de l'expression

Si l'écriture n'a pu exorciser longtemps la plongée aux abîmes de la folie, nettement marquée par la tentative de suicide de 1892, c'est peut-être qu'elle porte en elle la possibilité de se fondre dans cet univers où, d'atteindre un noyau pur de violence, le monde et le sujet se brisent.

L'acuité de la vision de Maupassant, si forte, peut devenir vrillante d'intensité : du naturalisme on passe alors à l'horreur de la dépossession et à l'angoisse. Transfiguration du paysage breton qui devient lieu de torture dans *la Vie errante*, où les arbres dont on vient d'ôter l'écorce présentent « un tronc rouge, d'un rouge de sang comme un membre d'écorché ». Ils ont pour le narrateur « des formes bizarres, contournées, des allures d'êtres estropiés, épileptiques qui se tordent » ; et d'ajouter : « Je me crus soudain jeté dans une forêt de suppliciés… » La force du regard, pathologique, provient de la volonté d'entrer au cœur des choses, des êtres, au cœur du désir sexuel comme au cœur de l'angoisse de la mort. Ce regard, devenu violence, se retourne contre lui-même, et installe une sorte de frénésie, atroce, inapaisable, qui appelle la destruction. Cette simplicité, cette crudité qu'on a souvent reprochées à Maupassant, comment ne pas voir qu'elles sont en réalité une sorte de gloutonnerie, d'hystérie : s'identifier à l'autre – conscience ou objet – pour le saisir. Mais c'est lui qui vous saisit. Les choses ont tant de puissance qu'il ne peut subsister entre elles et celui qui les dit nul écran, nulle protection. Maupassant, directement branché sur les forces de la vie, s'y abolit. Il semble subir cette capacité tout à la fois comme une malédiction existentielle et comme une bénédiction littéraire : « Pourquoi cette torture inconnue qui me ronge, écrit-il dans *Sur l'eau*… C'est que je porte en moi cette seconde vue qui est en même temps la force et toute la misère des écrivains. J'écris parce que je comprends, et je souffre de tout ce qui est parce que je le connais trop… »

Cette oscillation souffrante des limites est parfois endiguée par l'élaboration d'une esthétique. Ce naturaliste, cet observateur méticuleux met la beauté au centre de son œuvre, et cela jusqu'à la fin puisque le dernier recueil de contes prend un titre typiquement parnassien : *l'Inutile Beauté*. Beauté corporelle (le corps de la femme) et beauté formelle de la phrase, à la Flaubert. Les contes de Maupassant se tiennent d'eux-mêmes, comme les romans du maître, bien que l'anecdote y semble souvent primordiale. Seulement, du maître au disciple, un déplacement s'est opéré : le travail sur le style devient travail sur la composition chez Maupassant ; la subtilité devient puissance. Maupassant a pris des leçons de rigueur avec Flaubert : netteté de l'écriture, netteté de la structure – ce qui donne à ses écrits leur force. La sobriété, aux antipodes de l'« écriture artiste », ne manque pourtant pas – avec la prédilection de Maupassant pour la litote – d'une certaine souplesse. Elle lui permet de dire le fantasme et l'obsession comme le réel, et les contes fantastiques sont bien de la même plume que les contes réalistes, style qui n'est pas entièrement dominé par les impératifs naturalistes et se laisse infléchir parfois par la langueur du décadentisme pour évoquer les orchidées, l'éther, les bienfaits d'un dandysme désabusé.

Fausse limpidité de cette œuvre qui évoque la surface trompeuse des marais ou des étangs qu'aimait tant Maupassant. Un miroir paisible et perfide.

VIE		ŒUVRE
1846	Mariage de Laure Le Poittevin et de Gustave de Maupassant. Mariage d'Alfred Le Poittevin, frère de Laure et grand ami de Flaubert, avec Louise, sœur de Gustave de Maupassant.	
1850	Naissance de Guy de Maupassant, probablement à Fécamp et non, comme l'indique l'acte de naissance, au château de Miromesnil.	

	VIE		ŒUVRE
1851	**2 déc. : coup d'État de Louis Napoléon Bonaparte.**		
1854	Les Maupassant s'installent au château de Grainville-Ymauville.		
1856	Naissance d'un frère, Hervé.		
1859	La famille Maupassant quitte la Normandie pour Paris, où Gustave a dû prendre un emploi à la banque. Ses liaisons entraînent la séparation des époux, et Laure se retirera bientôt dans sa villa des Verguies, à Étretat, avec ses deux fils.		
1863	Guy entre au petit séminaire d'Yvetot, dont la tristesse lui pèse ; il compose ses premiers poèmes.		
1866	Guy sauve de la noyade le poète anglais Swinburne, qui l'invite dans sa chaumière de Dolmancé. Cette rencontre lui inspirera quelques contes.		
1868	Exclu du petit séminaire pour un poème impertinent, Guy achève sa rhétorique au lycée de Rouen et il a pour correspondant le poète Louis Bouilhet qui, avec Flaubert, corrige ses premiers essais.		
1869	Mort de Louis Bouilhet. Bachelier, Guy s'inscrit en droit à Paris.		
1870	**Guerre franco-allemande.** Guy est mobilisé, attaché à l'intendance et, pendant la débâcle, manque d'être fait prisonnier.		
1871	**Avr. : Armistice.** **Mars : les Prussiens à Paris.** **Mars-mai : la Commune.** **Sept. :** Guy parvient à se faire remplacer et quitte l'armée.		
1872	Obtient un emploi subalterne au ministère de la Marine et s'inscrit en deuxième année de droit.		
1873	Parties de canotage sur la Seine le week-end. Il rédige des contes, et Flaubert le guide.		
1875	Il fréquente les « mardis » de Mallarmé, et Flaubert lui fait connaître Tourgueniev et Zola.	**1875**	Publication d'un conte macabre, « la Main d'écorché », dans *l'Almanach lorrain de Pont-à-Mousson.* Représentation d'une pièce pornographique : *À la feuille de rose, maison turque.*
1876	Guy fréquente quelques parnassiens, ainsi que Zola et Huysmans. Il voit surtout très fréquemment Flaubert.	**1876**	Le *Bulletin français* publie un conte et *la République des lettres* un poème (« Au bord de l'eau »), *la Nation* un article sur Balzac.
1877	Guy obtient un avancement. Problèmes de santé dus à la syphilis. Cure à Loèche-les-Bains.	**1877**	Il donne à *la Mosaïque* « le Donneur d'eau bénite » (conte) sous la signature de Guy de VALMONT.
1878	Migraines et canotage. Il fréquente les Hydropathes et le salon de Nina de Villard.	**1878**	*La Trahison de la comtesse de Rhune,* drame, est refusé au Français.
1879	Voyage en Bretagne en septembre.	**1879**	Une pièce, *l'Histoire du vieux temps,* est jouée chez Ballande et publiée chez Tresse. *La Réforme* publie « le Papa de Simon » (conte).
1880	Guy doit comparaître devant le juge d'Étampes pour outrage à la morale publique à cause de son poème *Une fille.* Flaubert intervient en sa faveur. Troubles oculaires et cardiaques. Mort de Flaubert. Guy quitte le ministère et voyage en Corse. Il lit Schopenhauer.	**1880**	*La Revue moderne* publie « Une fille », et Charpentier un recueil : *Des vers. Boule-de-Suif,* publiée dans *les Soirées de Médan,* rend Guy célèbre.
1881	Séjours à Paris, Étretat et Sartrouville. Voyage de deux mois en Algérie, troublée politiquement. Maupassant écrit des chroniques engagées.	**1881**	Collabore à diverses revues, en particulier au *Gil Blas,* où il signe MAUFRIGNEUSE. Havard publie *la Maison Tellier.*

	VIE		ŒUVRE
		1882	*Mademoiselle Fifi,* chez Kistemaeckers, et un fragment d'*Une vie* dans la revue *Panurge.*
1883	Santé chancelante ; problèmes de vue. Naissance du premier enfant de Joséphine Litzelmann, très probablement enfant illégitime de Maupassant (il en aura trois).	1883	Publication d'*Une vie* en feuilleton au *Gil Blas,* puis en volume chez Havard. *Contes de la bécasse,* chez Rouveyre et Blond, et *Clair de lune,* chez Monnier.
1884	Correspondance avec Marie Bashkirtseff et avec la comtesse Potocka. Grande amitié avec Herminie Lecomte de Noüy. Séjours à Cannes.	1884	*Au soleil,* journal de voyage, chez Havard, ainsi que *Miss Harriet. Les Sœurs Rondoli,* chez Ollendorff. Préface aux lettres de Flaubert à George Sand.
1885	Voyage en Italie et en Sicile. Été à Châtelguyon. Achat du yacht le *Bel-Ami.*	1885	*Bel-Ami,* d'abord en feuilleton au *Gil Blas,* puis chez Havard. *Monsieur Parent,* chez Ollendorff, et *Contes du jour et de la nuit,* chez Havard (recueils).
1886	Amorce de duel avec Jean Lorrain, qui l'a raillé dans un roman. Voyage en Angleterre ; invité par le baron de Rothschild. Séjour à Étretat.	1886	*Toine,* chez Marpon et Flammarion. *La Petite Roque,* chez Havard. Le *Gil Blas* publie la première version du *Horla* (26 oct.).
1887	Troubles mentaux d'Hervé de Maupassant, son frère, que Guy fait examiner avant de partir pour l'Afrique du Nord.	1887	*Mont-Oriol,* roman, chez Havard. Ollendorff publie *le Horla,* recueil qui contient la seconde version de la nouvelle.
1888	Croisière à bord du *Bel-Ami.* Séjourne quelques jours chez la princesse Mathilde. Voyage à Alger et Tunis.	1888	*Pierre et Jean,* roman, précédé de l'étude « le Roman », son écrit théorique le plus important, paraît chez Ollendorf. *Sur l'eau,* journal, chez Marpon et Flammarion. *Le Rosier de Mme Husson,* recueil, chez Quantin.
1889	Il aide financièrement Villiers de L'Isle-Adam. Correspondance passionnée avec la comtesse Potocka. Séjours près de Vaux, à Paris ou à Étretat. Hervé est interné et meurt trois mois après. Fête dans la maison d'Étretat avec représentation du *Crime de Montmartre.* Croisière à bord du *Bel-Ami.* Visite à Tunis d'un asile d'aliénés. Voyage en Italie. Graves problèmes de santé.	1889	*La Main gauche* et *Fort comme la mort* (roman), chez Ollendorff. Une étude, « l'Évolution du roman du XIXe siècle », dans la *Revue de l'Exposition universelle de 1889.*
1890	Aggravation de ses troubles de santé. Projette des voyages en Espagne, en Égypte ; il ne les entreprendra pas. Reçoit les visites d'une mystérieuse « dame en gris ». Cure à Plombières et à Aix-les-Bains, où il se lie d'amitié avec le docteur Henry Cazalis (en littérature Jean Lahor).	1890	*La Vie errante,* journal de voyage, chez Ollendorf. *L'Inutile Beauté,* recueil de nouvelles, chez Havard. *Notre cœur,* roman, chez Ollendorff.
1891	Guy ne peut plus écrire, tant sa santé se détériore. Dépression et grandes périodes de fatigue. Les premières atteintes de la paralysie générale lui causent de véritables tortures, et son comportement en souffre (démêlés avec un romancier, avec un journal de New York). **Déc. :** atroces souffrances ; dernières lignes à Cazalis : « C'est la mort imminente et je suis fou. »	1891	Une pièce, *Musotte,* jouée au Gymnase, remporte du succès.
1892	**Nuit du 1er au 2 janv. :** tente de se trancher la gorge. Est soigné par le docteur Blanche dans la maison de santé de Passy. Sa santé mentale et physique sombre rapidement : crises, convulsions.		
1893	**6 juill. :** mort de Guy de Maupassant.		

Boule-de-Suif

La nouvelle fut publiée en 1880 dans le recueil collectif des *Soirées de Médan,* qui, associant au nom de Zola ceux de Maupassant, Huysmans, Céard, Hennique et Alexis, parut comme un manifeste de la nouvelle école naturaliste. Brusquement Maupassant devint célèbre. Le volume fut largement commenté, son thème directeur, la guerre de 1870, suscitant bien des controverses dans la mesure où les naturalistes rejetaient le patriotisme enthousiaste, vertueux et sentimental qui était alors de rigueur. « Ce ne sera pas anti-patriotique, écrivait Maupassant à Flaubert, mais simplement vrai. » Le succès de *Boule-de-Suif* ne fut pas assuré uniquement par son insertion dans un recueil qui fit du bruit : la nouvelle se suffisait à elle-même, et les remarques de Flaubert valent tous les commentaires critiques.

Pour lui, le récit est un « chef-d'œuvre de composition, de comique et d'observation. C'est bien original de conception, entièrement bien construit et d'un excellent style. Le paysage et les personnages se voient, et la psychologie est forte ». Ses quelques conseils sur des retouches de détail avaient été suivis, et il put prédire à l'œuvre la postérité.

SYNOPSIS

Après la débâcle, les Prussiens envahissent Rouen, où les bourgeois ne leur font pas trop mauvaise figure ; rapidement la vie reprend son cours normal, et une diligence peut même partir pour Le Havre avec, à son bord, deux couples d'aristocrates financiers, un marchand de vin roublard accompagné d'une épouse acrimonieuse, deux religieuses marmonnant leur chapelet, un républicain virulent et une prostituée un peu trop grasse surnommée Boule-de-Suif. La faim tenaille bientôt le groupe, et les victuailles apportées par la fille sont acceptées, après quelques réticences, par tous. À Tôtes, la diligence est retenue par un officier prussien qui a décidé d'obtenir les faveurs de Boule-de-Suif. Le refus de celle-ci plonge ses compagnons de voyage d'abord dans l'admiration vertueuse, puis dans la consternation. Une fine stratégie d'influences sournoises est mise en œuvre pour venir à bout de cette obstination, et Boule-de-Suif cède enfin. La voiture repart, chacun mange ses provisions dans son coin, pendant que la jeune femme, rejetée de tous, ne peut ravaler ses larmes.

Naturaliste par sa fidélité au réel, *Boule-de-Suif* dépasse le souci d'école grâce à un système de narration très souple (l'humour, en particulier, y joue un grand rôle) et un système de composition à la fois strict et nuancé. Plus qu'une anecdote réelle, ou que la peinture de personnages renvoyant à des modèles aisément identifiables (rappelons seulement que Maupassant rencontra plus tard l'incarnation de son héroïne, une prostituée rouennaise), c'est l'esprit d'une époque, dans ses diverses variations, selon la gradation sociale, qui resurgit là. La satire, féroce et pénétrante, n'aboutit jamais au manichéisme ; nul héros parfait chez Maupassant, où les meilleurs n'accèdent qu'à un héroïsme un peu ridicule et souvent désespéré, précisément comme cette Boule-de-Suif, prostituée un instant vertueuse, qui, si elle est rejetée par le parti de l'ordre (notabilités aristocrates et bourgeoises alliées au clergé) et de la morale, ne peut que le soutenir (elle est effarouchée par le républicanisme purement verbal de Cornudet et reste sentimentalement orléaniste). Contre l'hypocrisie des uns et des autres, le mouvement de révolte d'une fille perdue ne peut rien. Mais, dans le pessimisme de l'œuvre, une singulière gaieté se fait jour, celle d'une malice toujours en éveil qui traduit un jeu mouvant de distance du narrateur par rapport à son récit.

En un parallélisme inversé, la structure claire de la nouvelle, qui s'articule en trois moments (voyage jusqu'à Tôtes, séjour forcé, départ pour Le Havre), s'appuie sur une série d'oppositions (acceptation puis rejet de la prostituée, neige puis soleil, partage puis exclusion) en dissimulant sa solide armature sous un habile système de transitions.

F. Court-Perez

Une vie

Premier roman de Maupassant, *Une vie* est aussi celui dont la maturation et la genèse furent les plus longues. Vraisemblablement entreprise au printemps 1878, la rédaction initiale prévoyait une intrigue plus complexe, des personnages plus nombreux ; Maupassant se rendit très vite compte de la difficulté à « mettre en place quelque chose » et à ménager « les transitions » : aussi, après une phase d'abandon du projet (fin 1878-début 1881), concentra-t-il plus rigoureusement l'action autour du seul personnage de Jeanne, évinçant tout ce qui pouvait nuire à l'unité de son récit. À partir du printemps 1881, la rédaction du roman se fait en parallèle avec celle de nouvelles que Maupassant essaime dans les journaux et dont les sujets – voire la forme même – apparaissent comme des « brouillons » de chapitres d'*Une vie* : « Par un soir de printemps » (7 mai 1881 dans *le Gaulois*, repris dans *le Père Milon*, 1899) évoque la promenade de Jeanne et de Julien au chapitre 4 ; « Histoire corse » (1er décembre 1881 dans *le Gaulois*) contracte le récit de Paoli Palabretti au chapitre 5 ; « le Saut du Berger » (9 mars 1882 dans *Gil Blas*, repris dans *le Père Milon*) présente un « jeune prêtre austère et violent », véritable préfiguration de l'abbé Tolbiac, qui accomplit à la fois le meurtre des amants confié au comte de Fourville et le massacre de la chienne en gésine par l'ecclésiastique dans le roman (chapitre 10) ; « Vieux Objets » (29 mars 1882 dans *Gil Blas*) apparaît comme une esquisse de la rêverie de Jeanne au chapitre 12, de même que « la Veillée » (7 juin 1882 dans *Gil Blas*, repris dans *le Père Milon*) annonce celle du chapitre 10... Des nouvelles au roman (ou *vice versa*) l'échange apparaît constant, traduction à la fois de l'unité d'inspiration de l'écrivain et de sa volonté de parvenir à une parfaite adéquation de la forme et du fond. Un tel « chantier » n'est d'ailleurs pas original chez Maupassant et l'étude du *Horla* permet de mettre en évidence le même phénomène.

SYNOPSIS

Sortie du couvent où vient de s'achever son éducation, Jeanne, fille unique du baron Le Perthuis des Vauds, convainc ses parents de s'installer dans leur château des Peuples, sur la falaise d'Yport (chap. 1) : une vie charmante et libre commence (2) jusqu'au mariage avec Julien de Lamare. Après une décevante nuit de noces (3-4), Jeanne connaît pourtant le plaisir lors d'une excursion pendant leur lune de miel en Corse (5). Après le retour aux Peuples, la vie devient mélancolique : Julien et Jeanne font chambre à part (6). Puis l'ennui s'installe, rompu par l'accouchement inattendu de la fille de chambre, Rosalie, la sœur de lait de Jeanne que celle-ci trouve, une nuit, dans le lit de Julien. Elle s'enfuit, s'évanouit, puis après une brève convalescence, apprend qu'elle est enceinte (7). Pendant que sa grossesse se déroule douloureusement, Julien fréquente des hobereaux du voisinage, les Fourville. Enfin Jeanne est délivrée prématurément d'un fils : Paul (8). Peu après elle découvre la nouvelle liaison de Julien avec Gilberte de Fourville, puis, à l'occasion de la veillée funèbre de sa mère, elle trouve dans les papiers de la défunte les preuves d'un ancien adultère avec un ami de son père (9). Mis au courant de l'infidélité de sa femme par le fanatique abbé Tolbiac, le comte de Fourville précipite furieusement, du haut de la colline, la roulotte qui abrite les amants. Le soir même, Jeanne accouche d'un second enfant mort-né (10). Il ne lui reste plus qu'à reporter son affection sur le petit Paul qu'elle couve jusqu'à refuser de s'en séparer pour l'envoyer à l'école. Lorsqu'il a dix-sept ans, pourtant, elle accepte de le mettre en pension au Havre. Trois ans plus tard il s'enfuit avec une fille, endetté, demandant l'aide financière des siens. On hypothèque bientôt les Peuples. Puis le baron meurt. Rosalie s'en revient vivre avec Jeanne (11), prenant en main « le gouvernement des choses et des gens du château ». C'est elle qui fait vendre les Peuples, emménager Jeanne dans une petite maison à l'intérieur des terres, qui gère le peu d'argent qui reste (12). Jeanne pense jalousement à son fils, puis part à sa recherche dans Paris. Errance vaine qui ne lui sert qu'à éponger les dettes de Paul (13). Alors elle s'installe dans une névrose de souvenirs et ne retrouve sa joie qu'au reçu d'une lettre de son fils lui apprenant que sa maîtresse est mourante après avoir donné naissance à une petite fille : Rosalie ramène l'enfant chez Jeanne, annonçant le retour de Paul pour le lendemain. Finalement « la vie ça n'est jamais si bon ni si mauvais qu'on croit » (14).

Une vie. Par sa platitude extrême (pas même, comme dans *Une belle journée* de Céard, d'adjectif pour faire un clin d'œil au lecteur), le titre inscrit le roman dans le naturalisme ambiant qu'il évoque de-ci, de-là : « Et leur vie était lamentable » (chap. 11). *Une vie* et non « la Vie » ni même « la Vie de Jeanne » comme il y a *la Fin de Lucie Pellegrin* de Paul Alexis ou *le Calvaire d'Héloïse Pajadou* de Lucien Descaves : « une vie », donc, car cette existence est tout à la fois unique et exemplaire.

En effet, tout est vécu à travers la perception particulière des événements et la sensibilité de Jeanne : sa nuit de noces ne confirme-t-elle pas ses rêves ? elle est « désolée » (4) ; n'est-elle pas d'accord avec les agissements mesquins de Julien ? elle « ne dit rien » (5) ; surprend-elle sa sœur de lait dans le lit de son mari ? elle s'enfuit « l'esprit perdu » (7) ; découvre-t-elle la liaison de Julien et de la comtesse de Fourville ? « des larmes lui viennent aux yeux »... Nulle révolte chez elle, mais une résignation « pareille au revêtement de calcaire que certaines eaux déposent sur les objets » (6) et qui va bien vite la réduire à une passivité totale, faisant d'elle un être végétatif : « Alors elle ne sortit plus, ne remua plus » (14). Une telle attitude n'est en fait que la traduction du refus du présent : d'abord ignoré au profit des rêves d'avenir – et son mariage ne devait être, pour elle, qu'une « entrée dans l'Attendu » (4) – Jeanne ne peut, une fois ses espoirs déçus, que se rappeler le passé, qu'il s'agisse des rares instants de bonheur comme celui du val d'Ota (5), contrepoint des nombreux moments douloureux ou déceptifs, ou de véritables strates temporelles, tels ces souvenirs qui affleurent lors des préparatifs du déménagement (12), les uns et les autres s'associant *in fine* en un véritable syndrome névrotique dans lequel l'héroïne paraît définitivement installée : « Elle revivait surtout dans le passé, dans le vieux passé, hantée par les premiers temps de sa vie et par son voyage de noces, là-bas en Corse » (15). On constate alors que le « bovarysme » de Jeanne n'est en rien comparable à celui d'Emma : raison d'agir pour celle-ci dès lors qu'il s'agit de forcer le réel à prendre les couleurs du rêve, il pousse en revanche celle-là à la résignation, dès la première déception venue : « Oui, c'était fini d'attendre » (6).

Mais, dans le même temps, la vie de Jeanne est aussi celle de tout un chacun : les adultères de Julien ? absous par l'abbé Picot au motif « qu'il a fait comme le monde » (7) ; l'éloignement de Paul ? « Il y a toujours un moment où il faut se séparer », constate Rosalie avec son bon sens paysan (14). Rien que de normal, finalement, dans cette existence que jalonnent les incidents de toute sorte (sept décès dont deux par meurtre, des adultères comme s'il en pleuvait, etc.) et qui, pourtant, donne l'impression d'une non-vie, arrêtée aussitôt que commencée : « Plus rien à faire, aujourd'hui, ni demain, ni jamais » (6). Vision pessimiste du monde, dira-t-on, mais peut-être à tort. Car le mot de la fin, s'il n'ouvre pas sur un bonheur radieux, entérine du moins la perspective d'une « chaleur de vie » nouvelle avec l'arrivée de la fille de Paul. Mais qui n'imagine que ce bonheur ne durera pas, ouvrant sous peu un nouveau cycle de désillusions, tant il est vrai que le rythme répétitif du roman a imposé au lecteur une vision désespérante de la vie de Jeanne...

Bel-Ami

Maître du récit court, Maupassant ne pouvait se contenter du conte ou de la nouvelle dès lors qu'il voulait « raconter la vie d'un aventurier » (« Aux critiques de *Bel-Ami* », *Gil Blas* du 7 juin 1885) : le projet exigeait de l'espace, et, même en réduisant la durée de la narration par rapport à son premier roman (voir *Une vie*), la concision de la forme brève aurait interdit l'étude parallèle de l'homme et du milieu. Sans sombrer dans le naturalisme ambiant, Maupassant n'en adopte pas moins une perspective conforme à l'esthétique en vogue, inscrivant ses personnages dans un monde d'autant plus proche du réel qu'il est celui-là même que fréquente l'écrivain : chroniqueur réputé, il a couvert en 1881 pour *le Gaulois* la campagne coloniale de Tunisie et Duroy ne sera que son porte-parole lorsqu'il traitera de l'« affaire marocaine » : journaliste arrivé, il connaît tous les dessous de la presse et de ces milieux politico-financiers qu'il a maintes fois attaqués dans les colonnes du *Gil Blas* ou du *Gaulois*.

SYNOPSIS

PREMIÈRE PARTIE. Ancien du 6e hussards, le beau Georges Duroy erre sur les boulevards, son dernier sou en poche. Il rencontre un ancien ami de régiment, Forestier, rédacteur politique à *la Vie française*, qui l'invite à dîner chez lui (chap. 1), le présente à son directeur, M. Walter, qui lui propose des piges (2) que Duroy rédige grâce à l'aide de Madeleine Forestier, l'épouse de son ami. Engagé au journal (3), il débute comme reporter (4), fait la conquête d'une amie des Forestier, la charmante Mme de Marelle, dont la fille le surnomme Bel-Ami (5). Sa carrière journalistique progresse : il tente de séduire Madeleine Forestier, puis Mme Walter (6), doit se battre en duel contre un confrère (7) et passe un « pacte » d'entraide avec Madeleine au chevet de Forestier mourant.

DEUXIÈME PARTIE. Quelque temps après, Duroy épouse Madeleine et poursuit grâce à elle son initiation journalistique et politique (1) : il devient, sous le nom de Du Roy de Cantel, le directeur politique de *la Vie française* (2), et un personnage influent fort utile à M. Walter. Tandis que sa femme complote des affaires politico-financières, il entreprend le siège de Mme Walter (3), qui se rend sans gloire (4) et le lasse bien vite. Pour tenter de le retenir, elle trahit les combines de son mari, permettant à Du Roy de réussir un joli coup de Bourse (5). Début d'une aisance que l'arriviste augmente en soutirant habilement à Madeleine la moitié de l'héritage Vaudrec (6). Mais Du Roy, insatiable, ne rêve plus que d'égaler Walter et jette son dévolu sur Suzanne, la fille cadette de son patron (7). Pour se libérer de Madeleine il fait dresser un flagrant délit d'adultère entre celle-ci et le ministre des Affaires étrangères (8), créature de Walter qu'il tient désormais dans sa main. Puis il enlève Suzanne (9), obtenant ainsi le consentement forcé du père à ce mariage, promesse de triomphes futurs (10).

Dès les premières pages, Maupassant orchestre en mineur tous les thèmes de son roman : l'argent (celui qu'on rend à Duroy, menue monnaie, et celui qu'il soupçonne envieusement dans le « gilet » des bourgeois), les femmes (celles possédées un soir à la hussarde comme cette Rachel que l'on retrouvera incidemment et les autres, espérées pour « plus et mieux »), la séduction (le port, la moustache, les yeux). À partir de là, deux longs mouvements équilibrés entremêlent ces trois fils : le premier, sur le mode de l'*adagio*, introduit le héros dans un nouveau milieu – le journal *la Vie française* – où, faisant ses gammes, il débute comme pigiste, devient reporter (I, 4), accède au rang de « chef des échos » (I, 6), signe quelques « articles de fond » (I, 7), pénètre les cercles mondains et devient l'amant de Mme de Marelle (I, 5). Le tout n'a pris que six mois ! Accélération du rythme dans le second mouvement, emporté comme un *allegro* : sans pour autant oublier Mme de Marelle (II, 1, 3, 5 et 10), Bel-Ami enlève les femmes – mariage avec Mme Forestier (II, 1), conquête de la vertueuse Mme Walter (II, 4), de Suzanne (II, 9), prélude aux triomphales épousailles (II, 10) –, poursuit son ascension journalistique – il terminera rédacteur en chef –, augmente son magot – détournement de la moitié de l'héritage Vaudrec en faveur de sa femme (II, 6), coup boursier réussi grâce à Mme Walter (II, 5 et 7), enfin accession au Gotha de la fortune par son mariage final – et acquiert une respectabilité que consacre une Légion d'honneur (II, 7), que traduit l'accroche d'un titre factice à un nom trafiqué (Duroy devient… baron Du Roy de Cantel, II, 1) et que symbolise la « reconnaissance du peuple de Paris [qui] le contempl [e] et l'envi [e] » (II, 10).

Bel-Ami est donc, d'abord, un roman de l'arrivisme : arrivisme du héros, mais aussi arrivisme d'une société où « le monde est aux forts, [où] il faut être au-dessus de tout » (II, 2). Et tout est bon pour arriver, pour forcer les portes du succès, depuis la séduction des femmes « parce qu'il faut s'en servir et ne rien donner de soi » (II, 2) en passant par les nouvelles et bruits qu'on lance « pour agir sur le public et sur la rente » (I, 6), jusqu'aux hommes politiques qu'on « place au milieu des déclassés et des avortés dont on fait les députés » (II, 2). Il en va donc de Bel-Ami et de la presse comme de l'huître et du rocher : « Voulant analyser une crapule je l'ai développée dans un milieu digne d'elle », dira Maupassant pour défendre son livre attaqué par une presse chatouilleuse de son honneur. Car ce que le héros fait dans sa sphère (« Tu trompes tout le monde, tu exploites tout le monde, tu prends du plaisir et de l'argent partout », lui dira Mme de Marelle), *la Vie française* le fait à une plus grande échelle : Mme Walter dévoilant à son amant les mécanismes d'un coup de Bourse ne dira pas autre chose en évoquant la ruine de « petits rentiers qui ont placé leurs économies sur des fonds garantis par des noms d'hommes honorés, respectés, hommes politiques ou hommes de banques » (II, 5).

Un homme, un milieu projetés dans une course effrénée au pouvoir et à l'argent : depuis Balzac, le XIXe siècle semble avoir trouvé là une recette romanesque. Pourtant, de *la Comédie humaine* à *Bel-Ami*, bien des choses ont changé, et le regard de Du Roy à la fin du roman, jeté de moins haut que le défi de Rastignac (voir *le Père Goriot*), traduit le passage d'une vision romantique du monde à une ambition fin de siècle, une ambition qui prend le masque d'un affairisme dans lequel la haute bourgeoisie républicaine voit l'incarnation de ses valeurs sinon de sa morale. De ce point de vue, *Bel-Ami* est bien le reflet de son époque (les clés ne manquent d'ailleurs pas) et Duroy le « seul type qui soit sorti de l'école de Médan » comme le notait Thibaudet, aventurier d'un monde nouveau où le « fumier populaire du suffrage universel » (II, 2) autorise tous les coups, dès lors qu'ils sont réussis (« monter haut en volant bas », résume excellemment Jean-Louis Bory), où l'on brasse indifféremment les opinions et les monnaies, où emplois et femmes ne sont que des étapes, jamais une fin : de ce point de vue, la dernière page du roman n'est pas une conclusion mais l'amorce d'une future aventure. Roman, non des illusions perdues mais des paris gagnés, à l'opposé des destins misérabilistes qu'étalent au même moment les naturalistes (voir, par exemple, *À vau-l'eau*), de ces destins sans lesquels l'accession d'un Duroy à une « vie nouvelle » ne pourrait se réaliser. Et pourtant, malgré le triomphe final et les promesses de jours plus glorieux encore, *Bel-Ami* ne cesse d'être traversé d'un pessimisme (que l'on réduit trop souvent, s'agissant de Maupassant, à l'influence de Schopenhauer) qui montre tout à la fois cette vanité des apparences (voir le sermon sur la mort de Norbert de Varenne [I, 6]) et le vide intellectuel et spirituel d'une époque qui n'offre plus que des mirages ridiculement bovaryens (tel le romanesque de Suzanne [II, 9]) ou des aventures d'alcôves à répétition : ce n'est pas un hasard si le roman s'achève sur le mot « lit ».

Le Horla

Un premier « Horla » fut publié à Paris dans le *Gil Blas* le 16 octobre 1886, repris dans *la Vie populaire* le 9 décembre 1886, mais ne fut intégré à aucun recueil du vivant de l'auteur ; une seconde version de ce récit fut publiée directement dans un recueil auquel elle donna son titre chez Ollendorff en mai 1887, avant d'être reprise en feuilleton dans les *Annales politiques et littéraires* du 29 mai au 12 juin 1887.

La traque du Horla est double : il y a celle du héros à l'écoute angoissée d'un insaisissable double et celle de Maupassant à la recherche d'un texte parfait. C'est que le sujet est de ceux qui lui tiennent à cœur : comme le narrateur de sa « Madame Hermet » (*Gil Blas*, janvier 1887), il pourrait dire « que les fous [l']attirent ». Et, de fait, à s'en tenir aux seuls titres, on ne trouve pas moins de cinq récits faisant référence à cette attirance : « Fou ? » (*Gil Blas*, août 1882, repris dans *Mademoiselle Fifi*) ; « la Folle » (*le Gaulois*, décembre 1882, repris dans *Contes de la bécasse*) ; « Un fou ? » (*le Figaro*, septembre 1884) ; « Lettre d'un fou » (*Gil Blas*, février 1885) ; enfin « Un fou » (*le Gaulois*, septembre 1885, repris dans *Monsieur Parent*). Quant aux contes dont les protagonistes voient leur raison chanceler, ils pourraient à eux seuls occuper un recueil entier. Une telle attirance trouverait sans doute sa justification dans l'hérédité maternelle et la maladie ; tout comme celle-ci et l'attrait du naturalisme ambiant pour le médical expliqueraient la fréquentation, deux années durant (1882-1884), des cours de Charcot sur l'hystérie à la Salpêtrière. Mais, plus que l'enquête biographique, qui ne pourrait qu'aboutir à une lecture autobiographique, il importe de suivre la lente maturation de la forme à travers trois textes thématiquement proches, jusqu'à l'accomplissement de ce *Horla* de 1887 dans lequel on a pu voir tout à la fois le chef-d'œuvre du conteur et l'un des sommets du récit fantastique.

C'est dans la « Lettre d'un fou » (1885) que se trouve pour la première fois rapporté l'épisode du reflet perdu.

LETTRE D'UN FOU

En proie aux hallucinations et aux souffrances », un patient adresse à son médecin une lettre pour lui raconter l'histoire du « mal singulier de [son] âme ». Troublé par une phrase de Montesquieu – « Un organe de plus ou de moins dans notre machine nous aurait fait une autre intelligence » –, il s'est mis à douter de l'efficacité des sens à nous transmettre le monde sensible ; ainsi en est-il venu à éprouver le surnaturel jusqu'à le voir, comme en cette nuit où « l'Invisible » lui déroba son ombre dans une glace ! Depuis, il quête en vain son retour ; mais le miroir est désormais peuplé de monstres « qui doivent hanter l'esprit des fous ».

Une réflexion théorique conduite à la manière d'un rapport scientifique (on notera l'anaphore des « donc » en début de paragraphe) et qu'exemplifie un bref épisode narratif final : ainsi se présente cette « Lettre » plus soucieuse de convaincre la raison du lecteur que de frapper son imagination.

Avec la première version du « Horla » (1886), le rapport analyse/récit s'inverse : un véritable conte s'organise avec une structure typée (l'inscription d'un récit rétrospectif dans un récit-cadre), des personnages campés, une logique événementielle et non plus seulement intellectuelle. Et au « que dois-je faire ? » somme toute assez plat qui concluait la « Lettre » succède l'ambiguïté finale énoncée par le docteur Marrande.

LE HORLA (PREMIÈRE VERSION)

Dans la maison de santé qu'il dirige, le Dr Marrande a réuni « trois de ses confrères et quatre savants » pour écouter la confession d'un malade qu'il qualifie de cas « le plus bizarre et le plus inquiétant qu'[il] ait jamais rencontré ».

La patient raconte alors sa vie dans sa propriété normande des bords de Seine, son existence calme et sereine jusqu'à ce jour d'automne de l'an passé où il fut pris de « malaises bizarres et inexplicables ». Des cauchemars s'ensuivirent, entraînant fatigue et amaigrissement ; puis survinrent des faits inexplicables : une carafe d'eau fut bue de nuit, dans sa chambre verrouillée ; une rose fut cueillie par une invisible main au cours d'une promenade ; un verre se brisa tout seul ; une page fut tournée pendant une lecture. Ainsi en vint-il à la certitude qu'il existait à ses côtés un être invisible et maléfique. L'épiant sans cesse, il le surprit un soir alors que l'être venait de lui dérober son reflet dans une glace. Depuis, il s'est retiré ici, dans la maison de santé. Sans vraiment expliquer son mal, il peut au moins le relier au passage (peu avant l'apparition des premiers troubles) d'un trois-mâts en provenance du Brésil où sévissait une épidémie de folie.

Le récit de son patient achevé, le Dr Marrande conclut : « Je ne sais si cet homme est fou ou si nous le sommes tous les deux... ou si... si notre successeur est réellement arrivé. »

L'incertitude qu'engendrent les dernières lignes s'étend à toute la version de 1887, la plus célèbre et la plus longue. Recourant à la forme du journal intime, Maupassant supprime tout intermédiaire entre le diariste et le lecteur : par là même celui-ci devient le seul juge de l'aventure vécue par le héros.

LE HORLA (SECONDE VERSION)

8 mai. – « Quelle journée admirable ! [...] J'aime ma maison. » 12 mai. – « J'ai un peu de fièvre. [...] Je me sens triste. [...] Comme il est profond ce mystère de l'Invisible ! » 16 mai. – « Je suis malade, décidément ! » 25 mai. – « Mon état, vraiment, est bizarre » (épisode de vampirisation nocturne). 2 juin. – « Mon état s'est encore aggravé » (épisode de la forêt de Roumare : « Il me sembla que j'étais suivi »). 3 juin. – « Je vais m'absenter. [...] Un petit voyage, sans doute, me remettra. » 2 juillet. – « Je rentre. Je suis guéri » (récit du voyage au Mont-Saint-Michel ; la conversation avec le moine : « Le vent [...] l'avez-vous vu, et pouvez-vous le voir ? Il existe pourtant »). 4 juillet. – « Décidément, je suis repris. » 5 juillet. – « Ai-je perdu la raison ? » (épisode de la carafe bue pendant le sommeil). 6 juillet. – « Je deviens fou. » 10 juillet. – « Décidément, je suis fou ! » (récit des expériences avec l'eau, le lait, le vin). « Je vais partir tout à l'heure pour Paris. » 12 juillet. – « Paris ! J'avais donc perdu la tête les jours derniers. » 16 juillet. – « J'ai vu hier des choses qui m'ont beaucoup troublé » (la

séance d'hypnose du Dr Parent). 30 juillet. – « Je suis revenu dans ma maison depuis hier. Tout va bien. » 6 août. – « Cette fois, je ne suis pas fou. J'ai vu... J'ai vu... Je ne puis plus douter » (épisode de la cueillette magique du Géant-des-batailles). 7 août. – « Je me demande si je suis fou. » 9 août. – « Rien, mais j'ai peur. » 13 août. – « Je ne peux plus vouloir ; mais quelqu'un veut pour moi, et j'obéis. » 14 août. – « Je suis perdu. Quelqu'un possède mon âme et la gouverne » (lecture du philosophe Hermann Herestauss ; épisode de la page qui se tourne toute seule). 19 août (1). – « Je sais... je sais... je sais tout » (lecture d'un article de la *Revue du monde scientifique* sur l'épidémie de folie au Brésil). « Malheur à nous. Il est venu le... le... le Horla. » 19 août (2). – « Je le tuerai ! Je l'ai vu » (épisode du reflet volé). 20 août. – « Le tuer, comment ? puisque je ne peux l'atteindre ? » 10 septembre. – « Rouen. Hôtel Intercontinental. C'est fait... c'est fait... mais, est-il mort ? » (récit de l'incendie volontaire de la maison du narrateur). « Non... non... sans aucun doute... il n'est pas mort. Alors... alors... il va donc falloir que je me tue, moi !... »

Plus d'asile, mais la maison de tout un chacun (le décor, inexistant dans la première version, est ici soigneusement mis en place le 8 mai, puis rappelé de ci, de là) ; plus de médecin comme interlocuteur privilégié, mais l'entourage du quotidien (les domestiques, la famille) ; plus d'ample rétrospection qui réorganise le passé, mais des événements vécus au jour le jour dans une chronologie précise et resserrée (cinq mois du 8 mai au 10 septembre au lieu des douze mois de la première version) ; plus de savoir lié à une réflexion déjà maîtrisée, mais des interrogations réitérées, formulées à la suite de ce qui les suscite : tous ces effets de réel n'ont d'autre objet que de faire du narrateur-héros un personnage comme le lecteur, inscrit dans un univers semblable, et troublé par l'apparition de phénomènes inexplicables. Seule différence, mais de taille : la logique. Tandis que celle du lecteur demeure identique du début à la fin du récit, celle du héros vacille au fur et à mesure que progresse le mal : la multiplication des interrogations, le halètement de l'écriture (répétitions, points de suspension) traduisent l'entrée puis l'immersion dans la folie. Si bien qu'à la question maintes fois réitérée du narrateur – « Suis-je fou ? » –, deux réponses contradictoires sont apportées : *non* par le héros qui, suivant une logique « merveilleuse », achève son journal sur le triomphe du Horla (dont le nom se révèle alors pleinement signifiant : « Hors-là », ordre d'expulsion intimé au héros, de chez lui, de son corps, de la vie...) ; *oui* par le lecteur convaincu des troubles psychiatriques du héros. Explication rationnelle ici, acceptation de l'irrationnel là : tel est bien l'espace du fantastique pur, celui-là même qui s'inscrit entre les paroles du moine du Mont et celles du Dr Parent.

D. Couty

Pierre et Jean

Dans la Préface de *Pierre et Jean* au titre simple et ambitieux – « Le Roman » –, Maupassant pose quelques jalons esthétiques, énonce avec sa force habituelle son propos – « Je veux m'occuper du Roman en général » – et tente de cerner tout un genre littéraire : « Existe-t-il des règles pour faire un roman ? » Enfermés dans leurs conceptions trop étroites, les critiques seront jugés incompétents pour en décider et la notion d'école se trouvera supplantée par la liberté totale des écrivains qui ont « le droit absolu, indispensable de composer, c'est-à-dire d'imaginer ou d'observer suivant leur conception personnelle de l'art ». C'est là mettre en avant l'originalité – Maupassant dit aussi « le tempérament » ou la « manière nouvelle » – issue de l'enseignement du maître, Flaubert, longuement remercié ici et dont un des conseils aurait été : « La moindre chose contient un peu d'inconnu. Trouvons-le ». Mais, parce que le regard de chaque créateur doit être personnel, le pessimisme pointe ; l'écriture sépare des autres et du monde : « l'objectivité (quel vilain mot) » n'existe pas ; « quel enfantillage, d'ailleurs, de croire à la réalité ». N'est-ce pas là déboucher sur le solipsisme et se séparer du réalisme ?

Même s'il témoigne d'une absence complète de dogmatisme, même s'il dévoile une attitude mitigée envers le symbolisme (en 1887, Verlaine, Mallarmé et Laforgue sont connus), jugé « respectable » et intéressant par sa proclamation de « l'extrême difficulté de l'art », égratigné implicitement pourtant au niveau stylistique à côté de l'écriture artiste pour son manque de clarté, Maupassant ne s'en réfère pas moins au réalisme, cette école qui veut « faire vrai ». Est-ce renoncer à la vision personnelle de l'écrivain ?

Maupassant répond, cultivant le paradoxe, que « les Réalistes de talent devraient plutôt s'appeler des Illusionnistes » qui dissimulent la structure de leur œuvre et même, à l'inverse des romanciers « d'analyse pure », « la psychologie, au lieu de l'étaler ». Tout en sachant donner l'illusion du réel, « les grands artistes sont ceux qui imposent à l'humanité leur illusion particulière ». On ne saurait rêver meilleure conciliation de l'objectif et du subjectif, plus claire définition de cet écrivain idéal auquel se réfère Maupassant, et qu'il tente d'être : un artiste réaliste.

F. Court-Perez

SYNOPSIS

Une partie de pêche en barque, au large du Havre, réunit le père Roland, bijoutier parisien à la retraite, sa femme, « une économe bourgeoise un peu sentimentale », leurs deux fils, Pierre et Jean, unis et opposés par « une fraternelle et inoffensive inimitié » qui rivalisent à la rame devant une jeune veuve, Mme Rosémilly. Au retour, les Roland apprennent que Jean hérite seul de Maréchal, un ancien ami de la famille (chap. 1). Sur le port, Pierre venu réfléchir à cet événement, croise Jean et le félicite pour sa nouvelle fortune ; puis il rend visite au pharmacien Marowsko, un réfugié polonais, qui éveille un doute dans son esprit jaloux à propos de l'héritage : « Ça ne fera pas bon effet » (2). Une fille de brasserie renforce le soupçon : « Ça n'est pas étonnant qu'il te ressemble si peu. » Pierre, très choqué, trouble le repas de famille où l'on fête l'heureux événement (3). Il sort en mer, mais la brume l'oblige à rentrer. Il commence alors une « enquête minutieuse » pour découvrir la vérité. Un souvenir lui revient : Maréchal « avait été blond, blond comme Jean » (4). Pierre demande à sa mère le portrait de Maréchal. Une excursion à Trouville, dont il attend une diversion, lui dévoile la « perversité féminine ». Le trouble de sa mère à propos du portrait, ajouté à la ressemblance, transforme le doute en « intolérable certitude » (5). Torturé lui-même par l'« infâme secret », Pierre persécute sa mère. À l'occasion d'une sortie sur la plage de Saint-Jouin, Jean se déclare à Mme Rosémilly, adroite en amour comme à la pêche. Pierre passe par une mort symbolique : « Un corps étendu sur le ventre, comme un cadavre, la figure dans le galet : c'était l'autre, Pierre, qui songeait, désespéré » (6). Dans le nouvel appartement de Jean – convoité par l'aîné –, les deux frères se querellent. Pierre, sous le coup de la fureur, lâche son terrible secret : « Tu es le fils d'un homme qui t'a laissé sa fortune. » La mère se confesse alors à Jean : « Tu n'es pas le fils de Roland. » Jean et sa mère se réconcilient dans le même amour (7). Ils cherchent à écarter Pierre, qui décide de s'embarquer comme médecin sur un paquebot (8). Le groupe du début, moins un, est réuni dans la même barque, pour saluer le départ de la *Lorraine*, à bord de laquelle Pierre commence une nouvelle « vie de forçat vagabond » (9).

Y. Leclerc

Le drame familial qui se déploie dans *Pierre et Jean* montre les remous créés au sein d'un paisible foyer par la révélation de l'adultère maternel. Le manichéisme n'est pas évité qui fait s'opposer deux frères ennemis ; l'aîné, brun, amer, cruel, et le second, blond, doux, compatissant et partageant avec sa mère un sentimentalisme un peu fade. Si l'analyse de la rivalité fraternelle ne manque pas d'acuité, l'intrigue n'en est pas moins très simple : Pierre, jaloux de l'héritage légué à Jean par un ancien ami de ses parents, découvre l'évidente vérité : que son frère est le fruit de l'adultère. Il se torture et tourmente sa mère tandis que le cadet pardonne.

Les abîmes de la destruction sont effleurés mais le lecteur ne sombre pas vraiment et le vertige ne lui vient parfois que de l'évocation d'un décor toujours ample et si richement symbolique chez Maupassant, la mer. Dans la passion de l'eau, de ce qui n'est ici que le décor, pourrait s'engouffrer la trame trop linéaire d'un drame trop bourgeois, les dialogues dont la limpidité quotidienne frôle la platitude, le personnage de la posée et ménagère Madame Rosémilly, convoitée mollement par les deux frères...

Peut-être verra-t-on surtout avec quelque intérêt se profiler cette figure si souvent et si étrangement absente de l'œuvre de Maupassant, ambivalente, celle du père qui d'abord apparaît comme un solitaire, un misanthrope passionné de pêche, puis comme un homme grossier, bafoué avec justice par sa femme et celui qu'il prendra toujours pour son fils. Sous leur douceur bonasse, faussement niaise, on sent chez la mère et son fils adultérin percer une haine pour le grand mâle abhorré, un désir d'humiliation féroce ; on sent sourdre, venu de si loin, ce besoin terrible, qui ne peut vraiment se dire, qui n'a jamais pu vraiment se dire, de ricaner et de détruire.

F. Court-Perez

Mauriac

MAURIAC François

(1885-1970)

Homme de plume, homme de foi, homme de bien et de biens, Mauriac est aussi l'homme des déchirements. Chrétien, le romancier est en rupture avec une Église et des fidèles « pharisiens », qu'il accuse d'avoir perdu le message du Christ ; bourgeois, il dénonce impitoyablement les tares de sa classe ; journaliste, il exprime ses humeurs, polémiquant avec des adversaires, souvent alliés d'hier ou de demain. Mais, en même temps, il peut difficilement déserter ce qui le modela : « J'ai toujours rompu avec prudence » – et il nous est difficile d'admettre qu'il y ait eu « rupture ».

« Je ne suis pas fait pour l'insuccès »

En François Mauriac, né à Bordeaux, se rencontrent deux traditions familiales : celle de la bourgeoisie d'affaires et celle des grands propriétaires terriens. Il reçoit une éducation catholique dont, plus tard, il conciliera malaisément les enseignements avec son statut de « nanti ». Si l'on en croit ses *Écrits intimes*, son enfance ne fut pas aussi solitaire qu'il le suggère dans *Un adolescent d'autrefois* (XII). Mais il eut alors l'occasion de développer, à côté d'un profond enracinement dans son terroir, des dons d'observateur : « Tout entrait en moi, et rien n'en sera perdu. » À seize ans, il découvre Barrès avec « émerveillement » ; à dix-huit, suite à une conférence de Marc Sangnier, « une lumière du côté du *Sillon* : le problème social se découvrait à l'enfant bourgeois ». « Monté » à Paris, il opte pour une carrière littéraire qu'encouragent immédiatement plusieurs auteurs en renom, dont Barrès, dès 1910. D'abord tenté par la poésie (*les Mains jointes*, 1909 ; *Adieu à l'adolescence*, 1911), il choisit bientôt le roman, et, dans les années 1920, il produit ses œuvres les plus marquantes : *le Baiser au lépreux, Genitrix, le Désert de l'amour, Thérèse Desqueyroux*… Parallèlement, il publie nombre d'essais (*la Rencontre avec Pascal, la Vie de Jean Racine, Dieu et Mammon*…) et de chroniques littéraires. Atteint d'un cancer des cordes vocales à la fin de 1931, il doit subir une opération qui lui laissera pour toujours sa célèbre « voix d'archange ». Cette maladie hâte son élection à l'Académie française (1933). Les années 1930, durant lesquelles il publie *le Nœud de vipères, le Mystère Frontenac, la Fin de la nuit* et *Asmodée,* son œuvre théâtrale la plus réussie, sont aussi marquées par une réflexion théorique, *le Romancier et ses personnages,* que prolonge « la » polémique avec Sartre dont *la Pharisienne* porte la trace.

La guerre venue, il s'engage aux côtés de la Résistance en utilisant, dans *le Cahier noir* (publié sous le pseudonyme de FOREZ), ses armes spécifiques d'écrivain. À la Libération, manifestant son esprit de charité, il réagit contre les excès de l'épuration et, bien que très attaché au général de Gaulle, il critique le R.P.F. « J'étais alors avec de Gaulle contre de Gaulle. » Sa fidélité au général ne se démentira jamais. Simultanément à une intense activité journalistique (il lutte contre le colonialisme), il continue sans aucune trace de faiblesse son œuvre de romancier (*le Sagouin,* 1951 ; *Galigaï,* 1952 ; *l'Agneau,* 1954) et d'essayiste. Après 1958, il soutient inconditionnellement de Gaulle. Son *Nouveau Bloc-notes,* qu'il poursuivra jusqu'à sa mort, en est un témoignage.

Un romancier catholique

« Toutes les années de ma vie auront été pascaliennes. » La référence à Pascal est constante chez Mauriac depuis l'adolescence : « Je suis entré en Pascal » (*Un adolescent d'autrefois*). Cette vision sombre du monde, qui, dans sa dimension tragique, le rend « allergique au thomisme », influence sa création. La majorité de ses personnages sont en effet des êtres déchirés parce que la Grâce leur a manqué : Raymond Courrèges, dans *le Désert de l'amour*, cherche en vain à se sauver dans le « divertissement », Thérèse Desqueyroux meurt un peu avant de goûter la paix de Dieu, tandis que le narrateur du *Nœud de vipères,* Louis, parvient ultimement « à cet amour dont [il] conna[ît] enfin le nom ador… » Une atmosphère de mystère baigne l'œuvre ; elle est soustendue par le Mystère, l'importance du débat intérieur, et de lents cheminements vers la révélation rédemptrice de « ceux qui cherchent en gémissant ». Ainsi, dans sa vie comme dans ses romans, « l'un des grands bienfaits du christianisme est d'avoir donné un sens à la douleur humaine », poussée jusqu'au sacrifice (cf. *l'Agneau*). C'est pourquoi, au-delà de la psychologie, son œuvre s'inscrit dans une perspective racinienne : le secret enfoui en chaque être et guetté, dans une moiteur caractéristique, par certains héros, tel le Couture d'*Asmodée,* n'est qu'une réfraction du secret divin ; et la crise se trouve concentrée sur le moment où, au fond de l'abîme, « les personnages entrevoient le ciel ».

Mais ce « témoignage du chrétien » n'implique pas une adhésion à l'appareil clérical. Mauriac déteste les « pharisiens », quelque justification qu'ils invoquent, et il ne peut admettre que l'Église pactise avec l'injustice (« Il n'est pas d'œuvre plus urgente que de libérer l'Église gallicane, enchaînée à la droite la plus aveugle, et, depuis l'affaire Dreyfus, la plus criminelle ») ou avec les puissances d'argent (« Que l'argent fût à ce degré chez des chrétiens ce qui ne se conteste pas […], je m'en étonnais déjà dans mon enfance »). C'est donc un catholicisme tout intérieur, produit du « mystère de la foi, indestructible en ceux qui en ont reçu la grâce », qui l'inspire et nourrit sa lutte contre « les puissances trompeuses ».

« Souffrances du chrétien »

Mauriac emploie souvent les mêmes formules pour stigmatiser l'argent, la propriété (« Ce qui avilit, ce qui dégrade ») et – comme Julien Green – la sexualité (« L'érotisme met l'infini dans ce qui avilit et dans ce qui souille »), qui éloignent l'homme de l'amour de Dieu. Ses héros sont écartelés entre leurs pulsions et leurs scrupules, leurs remords et leurs regrets, l'idée de leur faute et celle de leur salut. À cet égard, le couple antithétique et typiquement mauriacien, qui oppose un être malade et consumé et un brillant nietzschéen éclatant de puissance ; un intellectuel rabougri et un paysan plein de force animale ; un provincial timide et un Parisien couvert de femmes, est la matérialisation, projetée en deux personnages, des débats intérieurs du chrétien. Car rien n'est plus difficile que de résoudre « le problème posé par la chair, par la cohabitation de l'âme, capable de Dieu, et de l'instinct le plus bestial ». Les héros de Mauriac n'en finissent pas d'assister en eux au combat de l'Ange et de la Bête, de la spiritualité et de la « chiennerie ». Les œuvres de Mauriac ignorent le bonheur du corps célébré (cf. la métaphorisation du désir dans le paysage mauriacien typique : solitude sous un soleil brûlant, dans une sécheresse étouffante), et il n'est de moments heureux que dans les extases mystiques : amour de la famille, grâce d'une rencontre, communion avec Dieu…

« Ne pas se renier »…

« Quelle grande œuvre est sortie d'un cœur et d'un esprit indifférents à l'histoire des hommes ? » Né « du côté des injustes », Mauriac trouve dans le journalisme, en réponse à sa question, le moyen de rejoindre les justes. Ayant collaboré au *Gaulois,* à *l'Écho de Paris* (« plus réactionnaire que conservateur »), puis à *Sept,* le journal des dominicains, il devient, dans les années 1950, le type même du chroniqueur polémiste. Le « bretteur gascon » est alors, grâce au *Bloc-notes,* puis au *Nouveau Bloc-notes,* intimement lié à la vie littéraire et, surtout, politique, de la décolonisation aux côtés de Mendès-France avec *l'Express,* et au « renouveau gaulliste ». Mais s'il s'affirme comme l'un des meilleurs polémistes du siècle, il se refuse certaines facilités : « la plupart des grands polémistes ont été de faux témoins ». Il revendique une démarche plus vraie et plus charitable, n'étant pas de ceux qui « ne font jamais que cribler de leurs flèches les fantoches qu'ils ont eux-mêmes fabriqués ». C'est de l'intérieur qu'il attaque ses adversaires, exploitant la moindre contradiction ou le moindre reniement. Pourtant, et comme à son insu, une cruauté malicieuse investit sa rhétorique à l'égard d'adversaires que, comme malgré lui, mais visiblement, il méprise. C'est pourtant dans l'intériorité du propos critique qu'on retrouve une des caractéristiques de son univers romanesque, généralement construit autour de la fêlure d'un être en perpétuel porte-à-faux. En polémique aussi, « l'histoire d'un être, c'est celle de sa blessure », rouverte par le style, dont Mauriac souligne lui-même le sens étymologique de « poignard ». Il est donc, en continuité avec ses « fictions », « tout entier dans le moindre article », modulant, jusque dans ses écrits les plus liés au quotidien, pour lui-même et pour les autres, le motif du déchirement.

	VIE		ŒUVRE
1885	**11 oct. :** naissance de François Mauriac à Bordeaux, 86, rue du Pas-St-Georges, cinquième enfant de Claire et de Jean-Paul Mauriac. Famille maternelle : négociants bordelais ; paternelle : propriétaires terriens.		
1887	**11 juin :** son père meurt d'un abcès au cerveau.		
1892	François entre au collège des Marianistes.		
1896	**12 mai :** première communion.		
1898	Entre en cinquième, au collège Grand-Lebrun de Caudéran. Amitié avec André Lacaze, qui influencera ses tendances « modernistes ». **Févr. :** procès et condamnation de Zola à propos de l'affaire Dreyfus.		
1901	Découverte de Barrès.		
1903	Va au lycée où il a comme professeur Marcel Drouin (Michel ARNAULD, l'un des fondateurs de *la Nouvelle Revue française)*, beau-frère d'André Gide. Lit *l'Histoire contemporaine* d'Anatole France.		
1905	**Séparation de l'Église et de l'État.**		
1906	Licence ès lettres. Adhère au *Sillon* de Marc Sangnier, qui sera condamné par Pie X en 1910.		
1907	**Sept. :** prépare à Paris l'École des chartes, logeant dans la maison des Maristes, 104, rue de Vaugirard. Quitte le *Sillon.*		
1908	**Nov. :** entre à l'École des chartes ; participe aux affrontements Sillon/Action française.		
1909	**Pâques :** démissionne de l'École des chartes pour « se consacrer à la littérature ».	**1909**	**Nov. :** *les Mains jointes,* « Bibliothèque du Temps présent », Falque, « à compte d'auteur ».
1910	Article élogieux de Barrès sur *les Mains jointes* dans *l'Écho de Paris.* Fréquentation des « salons ». Été, voyage en Italie.	**1910**	Activités journalistiques (depuis 1908) à *la Revue du Temps présent,* au *Mercure de France,* à la *Revue hebdomadaire...*
1911	« Mésaventure sentimentale ». Été : voyage avec André Lafon, « reçus à Orthez par Jammes ».	**1911**	**Juin :** *Adieu à l'adolescence,* poèmes, chez Stock.
1912	**6 juill. :** rencontre Mlle Jeanne Lafon à la Fresne.	**1912**	**Juin-juill. :** *l'Enfant chargé de chaînes,* au Mercure de France.
1913	**3 juin :** mariage avec Mlle Jeanne Lafon. **Nov. :** lit Proust, *Du côté de chez Swann.*	**1913**	**Mai :** *l'Enfant chargé de chaînes* chez Grasset.
1914	**25 avr. :** premier fils, Claude. **Août : déclaration de guerre à l'Allemagne.** **13 août :** brancardier au grand séminaire, « en attendant le conseil de révision ».	**1914**	Articles de polémique politique dans *la Voix de Clichy,* sous le pseudonyme de François STUREL. **Juin :** *la Robe prétexte,* roman, chez Grasset. **Juill. :** commence *la Chair et le Sang.*
1915-1916	Engagé dans « les formations du front de la Croix-Rouge ». **2 déc. 1916 :** part pour Salonique.		

	VIE		ŒUVRE
1917	Rapatrié fin mars, à la suite d'une fièvre. **Juin :** retour à Paris après convalescence. **5 août :** première fille, Claire.		
1918	**4 févr. :** rencontre Proust.		
1919	**17 avr. :** seconde fille, Luce. Collabore au *Gaulois.*		
		1920	*Petits essais de psychologie religieuse,* Paris, à la Société littéraire de France. *La Chair et le Sang,* roman, chez Émile-Paul.
1921	**Juill.-sept. :** compose *le Baiser au lépreux.* **Déc. :** commence *le Fleuve de feu.*	**1921**	**Janv. :** « la Paroisse morte », dans *la Revue des jeunes.* **Mai :** « Dialogue d'un soir d'hiver », dans *les Écrits nouveaux.* **Juill. :** *Préséances,* roman, chez Émile-Paul.
1922	Fréquente *le Bœuf sur le Toit,* rue Boissy-d'Anglas : « Bacchanale »..., « ma période la moins chrétienne... ».	**1922**	*Le Baiser au lépreux,* roman, chez Grasset.
		1923	**Mai :** *le Fleuve de feu,* roman, chez Grasset. **Déc. :** *Genitrix,* roman, chez Grasset.
1924	**15 août :** second fils, Jean.	**1924**	**1er avr. :** *le Mal* dans la revue *Demain* et chez Grasset, roman. *La Vie et la Mort d'un poète,* chez Bloud et Gay (sur son ami André Lafon).
1925	Participe aux décades de Pontigny. Amitié naissante avec Charles Du Bos.	**1925**	**Févr. :** *le Désert de l'Amour,* chez Grasset. Grand prix du roman de l'Académie française. **Sept. :** *Orages,* poèmes, chez Champion.
1926	Activité de critique dramatique.	**1926**	*Le Jeune Homme* et *la Province,* chez Hachette.
		1927	*Thérèse Desqueyroux,* chez Grasset.
1928	Crise religieuse à la suite de sa lecture du *Traité de la concupiscence* de Bossuet : « tout un destin cristallisait ». Rencontre l'abbé Altermann.	**1928**	**Févr. :** *Destins,* roman, chez Grasset. **Mars :** *la Vie de Jean Racine,* essai, chez Plon. **Mai :** *le Roman,* aux éditions l'Artisan du livre. **Oct. :** *Souffrances du chrétien,* à la N.R.F.
1929	**Mai :** voyage en Espagne. **Juin :** mort de sa mère.	**1929**	*Dieu et Mammon,* essai, aux éditions Le Capitole. *Trois Récits,* nouvelles, chez Grasset. **Avr. :** *Bonheur du chrétien,* à la N.R.F.
		1930	*Ce qui était perdu,* roman, chez Grasset.
		1931	*Souffrances et Bonheur du chrétien,* essai, chez Grasset. *L'Affaire Favre-Bulle,* chez Grasset. *Blaise Pascal et sa sœur Jacqueline,* chez Hachette. *Le Jeudi Saint,* chez Flammarion.
1932	Cancer des cordes vocales, Mauriac doit être opéré.	**1932**	**Janv.-mars :** *le Nœud de vipères,* roman, chez Grasset.
1933	**1er juin :** élection à l'Académie française : « une élection de maréchal ». **16 nov. :** réception à l'Académie.	**1933**	**Févr. :** *le Mystère Frontenac,* roman, chez Grasset. **Juill. :** *le Romancier et ses personnages,* essai, chez Corrêa.
1934	**Juin :** entre au *Figaro.*	**1934**	*Journal I,* chez Grasset.
		1935	**Janv. :** *la Fin de la nuit,* roman, chez Grasset.
1936	**Guerre d'Espagne.** Mauriac évolue vers un catholicisme de gauche.	**1936**	**Janv. :** *les Anges noirs,* roman, chez Grasset. **Févr. :** *la Vie de Jésus,* chez Flammarion.
1937	Collabore à *Temps présent,* journal catholique de gauche.	**1937**	*Journal II,* chez Grasset. *Asmodée,* jouée le 22 nov. à la Comédie-Française, publiée chez Grasset, « grand succès ».
1938	Articles polémiques antifascistes.	**1938**	*Plongées,* recueil de nouvelles, chez Grasset.

VIE	
1939	**Févr. :** Sartre publie « M. François Mauriac et la liberté » dans *la Nouvelle Revue française*. **3 sept. : déclaration de guerre à l'Allemagne.**
1940-1944	Mauriac est l'objet d'attaques constantes de *Je suis partout*. Perquisition allemande à Malagar (juin 1941). Résistance de plume.
1944-1945	S'efforce de modérer « les excès de l'épuration », essaie d'intervenir pour sauver Brasillach... Polémique avec Camus sur ce sujet. **1er sept. 1944 :** première rencontre avec de Gaulle.
1946	**21 janv. : démission de De Gaulle.** Mauriac au M.R.P.
1947	**13 mars :** réception de Claudel à l'Académie française par Mauriac.
1952	**Nov. :** prix Nobel de littérature. **Déc. :** début de la série des « Blocs-notes » à *la Table ronde*.
1953	Sensibilisé au problème marocain, Mauriac fonde, avec d'autres intellectuels amis, l'association France-Maghreb. **Nov. :** le « Bloc-notes » paraîtra dorénavant (jusqu'en avril 1961) dans *l'Express*.
1954	**Juin :** Mauriac soutient Mendès France.
1955	Quitte *le Figaro* quotidien mais continue à écrire pour le *Figaro littéraire*.
1958	**13 mai : putsch d'Alger.** Ralliement de Mauriac à de Gaulle.
1961	Rupture avec *l'Express* en avril, le « Bloc-notes » paraîtra dans le *Figaro littéraire*.
1962	**Mars : accords d'Évian.**
1966	**Janv. : affaire Ben Barka.** Démission de Mauriac de l'Association France-Maghreb.

ŒUVRE	
1939	**Janv. :** *les Chemins de la mer*, roman, chez Grasset. **Déc. :** *les Maisons fugitives*, essais, chez Grasset.
1940	*Journal III*, chez Grasset. *Le Sang d'Atys*, poème, chez Grasset.
1941	*La Pharisienne*, roman, chez Grasset.
1943	*Le Cahier noir*, essai, aux Éditions de Minuit, sous le pseudonyme de FOREZ.
1945	**1er mars :** *les Mal Aimés*, à la Comédie-Française. *Sainte Marguerite de Cortone*, essai, chez Flammarion. *Le Bâillon dénoué*, recueil d'articles, chez Grasset. *La Rencontre avec Barrès*, à la Table ronde.
1947	*Du côté de chez Proust*, à la Table ronde. **9 déc. :** création de *Passage du Malin* au théâtre de la Madeleine.
1948	*Passage du Malin*, chez Grasset. *Journal d'un homme de trente ans*, chez Egloff.
1949	*Mes grands hommes*, aux Éditions du Rocher.
1950	Début des *Œuvres complètes*, chez Fayard (tomes I, II). **12 oct. :** *le Feu sur la terre*, création à Lyon par le théâtre Hébertot.
1951	*Journal IV*, chez Flammarion. *La Pierre d'achoppement*, aux Éditions du Rocher. *Le Sagouin* (retour au roman), aux Éditions de La Palatine. *Le Feu sur la terre*, théâtre, chez Grasset. *Œuvres complètes* (tomes III à VII). *Journal V*, chez Flammarion.
1952	*Galigaï*, roman, chez Flammarion.
1954	**Juin :** *l'Agneau*, roman, chez Flammarion.
1955	*Le Pain vivant*, scénario de film, chez Flammarion.
1958	*Bloc-notes* (1952-1957), chez Flammarion. *Le Fils de l'homme*, essai, chez Grasset.
1959	*Mémoires intérieurs*, chez Flammarion.
1961	*Le Nouveau Bloc-notes* (1958-1960), chez Flammarion.
1962	*Ce que je crois*, essai, chez Grasset.
1964	*De Gaulle*, essai, chez Grasset.
1965	*Nouveaux Mémoires intérieurs*, chez Flammarion.
1967	*Mémoires politiques*, chez Grasset.

VIE		ŒUVRE	
		1968	**Juill. :** *le Nouveau Bloc-notes* (1961-1964), chez Flammarion.
		1969	**Mars :** *Un adolescent d'autrefois*, roman, chez Flammarion.
1970	**1er sept. :** mort de François Mauriac. Hommage national, le vendredi 4, avec deux discours : l'un de Pierre Gaxotte, l'autre d'Edmond Michelet. Enterrement à Vémars.	1970	**15 août :** dernière page du *Bloc-notes*. **Déc. :** *le Nouveau Bloc-notes*, chez Flammarion.
		1971	*Le Dernier Bloc-notes*, chez Flammarion.
		1972	*Maltaverne* (suite inachevée d'*Un adolescent d'autrefois*), chez Flammarion.

Le Baiser au lépreux

« *Le Baiser au lépreux* fixe le moment de ma carrière où, en même temps que mon style, j'ai trouvé mes lecteurs », déclare Mauriac dans la préface à ses œuvres complètes (1950). Il y trouve aussi des thèmes, des personnages et une atmosphère caractéristiques.

SYNOPSIS

Riche héritier, mais laid et complexé (I), Jean Péloueyre doit épouser la jeune Noémi d'Artiailh (II). Malgré sa répugnance, Noémi, influencée par le curé, accepte cette union, car « on ne refuse pas le fils Péloueyre » (III). Mais aucun accord sensuel n'est possible entre « ce petit mâle noir et apeuré » et cette « femelle merveilleuse » (IV, V), malgré tous les efforts de Noémi (VI). Dévoré par le remords (VII, VIII), Jean décide de s'éloigner (IX) et part pour Paris (X-XI). Noémi est alors attirée par un jeune médecin, et le curé rappelle Jean. À son retour (XII), il décide de se suicider lentement en allant veiller un tuberculeux à l'agonie, le fils du docteur Pieuchon (XIII), et meurt discrètement (XIV-XV). Noémi se consacre alors à son beau-père, aussi souffreteux et mal aimé que Jean, et résiste à une dernière tentation (XVI).

L'un des enjeux du roman apparaît dans le balancement entre la vie et la mort, induit dans le titre même, où le baiser renvoie à la vie et la lèpre à la mort. En acceptant Noémi, Jean la tue symboliquement. Durant la nuit de noces, il doit se battre « contre une morte » (V), et, non seulement il n'aura « jamais tenu entre ses bras qu'un cadavre » (X), mais encore, « par sa seule présence, il assassine » Noémi (VII). C'est pourquoi, lors de son départ pour Paris, « il assiste à la résurrection » de sa femme (IX). Mais, inversement, Jean dépérit loin d'elle, se consumant à ne la bien posséder qu'en rêve (X).

Cette incompatibilité tragique est modulée sur le roman entier. Noémi ne peut aimer Jean que s'« il touche à son heure dernière », « se disant en elle-même : "il était beau" » ; et celui-ci, agonisant, vit le même paradoxe : « Voici qu'ayant vécu comme un mort, il mourait comme s'il renaissait » (XIV).

C'est pourquoi Jean n'a de choix qu'entre la mort de Noémi et sa propre mort. D'où sa première disparition, lors de son voyage à Paris, voulu par un curé qui, après avoir bloqué la situation en favorisant le mariage, semble offrir une solution : Jean dépérit, Noémi connaît enfin la tentation de la chair. Mais la disparition doit être définitive, et c'est précisément à son retour que Jean décide de refuser la mort que s'inflige Noémi dans « ces baisers qu'autrefois les lèvres de saints imposaient aux lépreux » (XIII).

De fait, c'est « poussé par le désir de la mort » (XV) que Jean va veiller le fils Pieuchon, autrefois disciple de Nietzsche. Or, c'est « dix pages de Nietzsche mal comprises » qui l'avaient décidé à épouser Noémi (II). Chercher la mort au chevet de Pieuchon, c'est donc tuer le sursaut nietzschéen, la révolte des sens qui avaient porté Jean à se vouloir dominateur. C'est détruire le mari de Noémi. Mais cela ne la délivre pas, puisqu'elle doit, sans se remarier, soigner cet autre Jean, son beau-père Jérôme. Elle meurt ainsi définitivement au monde, comme l'indique la scène finale. « Fleur déjà coupée » (III) à peine fiancée, Noémi « refleurit » (X) au départ de Jean.

Enfin pourtant, se livrant à la mort, elle finit par « enserrer un chêne rabougri sous la bure de ses feuilles mortes mais toutes frémissantes d'un souffle de feu – un chêne qui ressemblait à Jean Péloueyre » (XVI), en un dernier baiser au lépreux.

Genitrix

Le Baiser au lépreux évoque fugitivement un quinquagénaire, Fernand Cazenave, que sa mère Félicité aime d'un amour si dévorant qu'elle déclare : « Si Fernand se marie, ma bru mourra » (II).

Genitrix (1923) développe ce thème : « la vieille mère louve » (X), « Genitrix » (XVI), ne vit que pour son fils, mais elle lui voue un amour qui ne ressemble pas « à celui des autres mères, qui n'exige rien en échange de ce qu'il donne » (X). Cet amour exclusif, qui fait apparaître la mort du mari (V, XII) et celle du fils puîné (XII) comme des délivrances, ne s'exprime que dans un « besoin insatiable de domination, de pression spirituelle » (XII), et même physique : « Elle se le mange des yeux » (XIV). C'est pourquoi la bru Mathilde ne peut être tolérée. Prétendant avoir « fait son devoir », Félicité l'assassine en lui refusant tout secours (I, II). L'agonie de Mathilde la remplit même d'« étonnement », d'« espoir », puis d'« une immense joie criminelle » (VII).

Mais son triomphe est sa perte. En effet, « Genitrix » doit aussi être la mère fondatrice, comme Fernand le signale lui-même : « Tu es le type achevé d'une fondatrice de race » (II). En tuant la mère qu'aurait pu être Mathilde, Félicité trahit sa mission. « Née Péloueyre », elle brise la caste, alors même que Fernand « crevait d'orgueil parce qu'il y aurait peut-être un Cazenave de plus dans le monde » (II). Pourtant, Mathilde était peu redoutable. Cette « pauvre fille », dont Mauriac prend souvent le parti (II, III, IV, IV, IX), n'adhérait ni à la famille Cazenave ni à son idéologie (II). Elle prenait ses distances grâce à « son humeur moqueuse » (III). Étrangère à la caste, elle rêvait d'une fille et non d'un fils (II).

SYNOPSIS

Seule dans un pavillon désert, Mathilde Cazenave se meurt, après une fausse couche (I à IV). Son époux, Fernand, complètement dominé par sa mère Félicité, laisse s'accomplir ce véritable assassinat. Mais, rongé de remords, il accuse sa mère de cette mort (V) et se détache d'elle (VII), passant ses nuits dans la chambre mortuaire (VIII, IX), et menaçant même de la frapper (X). Félicité est dès lors condamnée, malgré quelques jours de détente trompeurs (XI, XII) et, victime d'une attaque (XIII), meurt à la fin de l'hiver (XIV). Fernand mesure alors le vide de sa vie (XV) et, excédé, chasse la famille envahissante de Marie de Lados, la vieille servante (XVI, XVII). Mais, au moment où il pense mourir seul, Marie revient le toucher de sa « main usée » (XVIII)...

On retrouve donc la dialectique vie/mort chère à Mauriac : Fernand choisit Félicité contre Mathilde vivante, et Mathilde morte contre Félicité. C'est que, alors même qu'il a toujours pris plaisir à faire souffrir sa mère (VII), il est de « ces hommes qui ne sont capables d'aimer que contre quelqu'un » (XV). L'infantilisation dans laquelle Félicité l'a toujours tenu se retourne alors contre elle : « Il demeurait ce même petit garçon trépignant qu'elle avait nourri ; il ne voulait pas que Mathilde fût morte. La mort même ne déconcertait pas son exigence forcenée » (VII). Quant à sa « chair vigilante » (IX), face au souvenir sublimé de son « jouet cassé », elle lui fait mesurer la misère sexuelle qui fut toujours la marque de sa race (VI, VII, IX).

Ainsi donc, des thèmes chers à Mauriac (esprit de caste, refoulement sexuel, mère abusive) forment la trame d'une situation romanesque complètement bloquée, que seule la mort des protagonistes peut résoudre. Félicité disparaît la première, « crucifiée » à son tour, éprouvant « obscurément qu'il était bon qu'elle souffrît pour son fils » (XIV). C'est toute la maison qui s'endort alors, en un rétrécissement symbolique (XVI) annonçant la mort de Fernand, malade depuis longtemps (III, XI, XVI). À cet égard, Marie de Lados semble être un personnage clef du roman. Comme le suggère Jacques Petit en citant Freud (La Pléiade, p. 1221), elle représente, à la fin du roman, l'image de la mort se penchant sur Fernand. Mais cette identification vaut pour l'ensemble du texte : « vierge noire » (XII), « vieille figure décomposée » (XVII), elle est toujours liée à la mort, semblant surgir de nulle part pour coiffer (V) ou veiller le cadavre de Mathilde. Et son activité de fileuse, le soir, au coin du feu (V), n'évoque-t-elle pas les Parques ? C'est donc la mort qui triomphe dans ce roman très sombre, d'où le bonheur paraît exclu, puisque « les absents ont toujours raison » (XI).

L. Acher et J. Maurice

Le Désert de l'amour

SYNOPSIS

Soir de désœuvrement dans un bar parisien. Raymond Courrèges, trente-cinq ans, voit apparaître au bras de Larouselle, un notable bordelais, une femme qui l'a jadis « humilié » : Maria Cross, à présent âgée de quarante-quatre ans (chap. I).
Les souvenirs affluent, ceux d'une adolescence tourmentée au sein d'une famille où régnait l'incompréhension ; le père, le docteur Courrèges – dont le lecteur pénètre aussi progressivement le passé –, considéré comme un « saint », était secrètement miné par sa passion pour Maria Cross, une femme déjà entretenue par Larouselle, qui ne voyait dans le médecin qu'un respectable « directeur de conscience » (II-III). À son insu, son fils Raymond a fait la connaissance de Maria ; une liaison s'est esquissée, un rendez-vous fut fixé (IV-VII). Épouvantée par la « puissance corruptrice » qu'elle pensait être sienne, Maria essaya d'annuler la rencontre ; cette dernière eut pourtant lieu, mais resta innocente. La passion de la jeune femme s'exacerba alors, alimentée par le silence de Raymond – averti qu'on doit laisser une femme « cuire dans son jus » –, mais se brisa brusquement lorsque le jeune homme, trop sûr de lui, tenta de la forcer (VIII-IX). Le soir même, pourtant, le docteur était appelé au chevet de Maria qui, après une mauvaise chute (volontaire ?), était en proie au délire (X).
Retour au présent et au décor parisien : Raymond et Maria, devenue Mme Larouselle, se retrouvent face à face. Resurgissent la fascination et la maladresse de l'« adolescent honteux » d'autrefois ; de son côté, elle, n'est qu'agacement et indifférence. Indifférence qui persistera alors même que Raymond devra l'aider à raccompagner Larouselle, qui s'est blessé dans son ivrognerie, et appeler son père, de passage à Paris. Père et fils s'en reviennent par le même taxi, songeant à « cette Maria » qui les a pourtant presque éconduits. Le docteur conseillera à Raymond, dont il pressent le désarroi sans en connaître tous les fondements, de se marier au plus vite et de trouver l'apaisement « au plus épais d'une famille » (XI-XII).

E. Ballaguy

Comme souvent dans les œuvres de Mauriac, l'enjeu de ce roman tient en une conviction psychologique, concernant ici « la fatalité qui nous condamne au choix exclusif, immuable, qu'une femme fait en nous de certains éléments, et elle ignorera éternellement tous les autres » (XI). Ainsi, le docteur Courrèges sera à jamais pour Maria un savant, un saint asexué (VIII, X), et Raymond un « enfant farouche » (VII) et pur (VIII), qu'il ne faut approcher « qu'avec une ardente pudeur » (IX). Raymond est situé hors du désir :

« un rire, une allusion, un regard en dessous eussent pu la mettre en garde ; mais elle tenait à son ange » (VII). Devenant mâle, il prend immédiatement pour Maria une épaisseur physique intolérable (la sueur, IX) et rejoint le troupeau des hommes qui ne provoquent que le dégoût (VII, IX, X).

Or, tout recommence sur le même schéma dix-sept ans après, comme le souligne le fameux retour en arrière effectué dans la conscience de Raymond (I, II). Se rappeler son passé équivaut pour lui à lire son immédiat avenir ; et il semble que le but de Mauriac ne soit pas tant de faire un exercice de style sur la technique du point de vue (cf. les multiples entorses qu'elle subit : III, IV) que d'illustrer par cet artifice temporel la « fatalité » qui régit Maria. Alors que le docteur reste le « médecin savant » (XI), Raymond, à jamais marqué par son échec (IX), redevient dans le bar le mâle menaçant et conquérant (XI), « chèvre-pied » (VII) et « bouquetin » (VIII). Mais s'interpose toujours l'image d'un enfant, symbolisé maintenant par Bertrand, le seul pour qui Maria ait un geste d'amour (XI), le motif primitif de Phèdre rejoignant l'enjeu du texte actuel.

Cette fatalité qui pèse sur les êtres ne peut, bien sûr, que les rejeter dans le « désert de l'amour ». Autre sexe, autre race (IV) avec laquelle on ne peut ni communiquer (Préface) ni connaître le plaisir (III). Un « désert sépare les êtres », hommes et femmes, père et fils (IV, V, X), toute douleur d'amour est elle-même un désert (IX), indéfiniment continué, malgré ce vide de dix-sept ans suggéré par la narration. Pas de bonheur charnel possible pour ceux qui ignorent « celui qui à leur insu appelle, attire, du plus profond de leur être, cette marée brûlante » (XII).

Le « cycle » Desqueyroux

Né d'un souvenir d'adolescence – l'affaire Canaby, jugée à Bordeaux en 1905 –, le personnage de Thérèse Desqueyroux est l'un de ceux qui hantèrent le plus Mauriac. Et, chez ce grand lecteur de Balzac, c'est véritablement autour de Thérèse que se constitua l'amorce de ce qui aurait pu être sa « comédie humaine ».

THÉRÈSE DESQUEYROUX

Thérèse Desqueyroux, née Larroque, vient de bénéficier d'un non-lieu à propos d'une tentative d'empoisonnement de son mari Bernard (I). Dans le train qui l'emporte vers Saint-Clair, elle se remémore les circonstances antérieures qui la menèrent à son geste : son enfance, son mariage, la naissance de sa fille Marie, l'amitié d'Anne de La Trave, son rôle auprès de Jean Azévédo (II à VIII). Rentrée à Argelouse, elle retrouve son mari ; la tentative d'explication tourne court et creuse encore le fossé entre les époux (IX). Sur ordre, elle vivra dorénavant recluse en sa chambre, seule avec sa douleur (X, XI). Jusqu'au jour où, après les fiançailles d'Anne avec le fils Deguilhem (XII), son mari décide de « libérer » Thérèse à Paris. Pas de divorce ni de séparation, mais un éloignement discret. Leur dernière conversation (XIII) à la terrasse d'un café parisien, ultime essai de Thérèse pour justifier sa tentative criminelle, manifestera définitivement l'incompréhension réciproque des époux.

Antérieurement à *Thérèse Desqueyroux* (1927), Mauriac avait composé *Conscience, instinct divin* (publié en 1927), longue confession écrite adressée à un prêtre, dans laquelle une femme avouait un crime justifié en grande partie par son horreur de la sexualité. *Thérèse Desqueyroux*, plus complexe, est dominé par cette question fondamentale : pourquoi Thérèse a-t-elle tenté d'empoisonner son mari ? Même si le narrateur, par le truchement du monologue intérieur de Thérèse, analyse la genèse événementielle de ce drame, même si le « monstre » naît sous nos yeux, même si Bernard, son mari, propose, « entre mille sources secrètes de son acte » (IX), le mobile sordide de la cupidité (les pins de la propriété), cela ne nous satisfait aucunement. En fait, c'est dans la sensation d'étouffement, dans la tenaille de « l'esprit de famille » (titre premier abandonné), que réside la justification : Thérèse a voulu sauver en elle « l'autre » Thérèse qu'elle ne sait pourtant définir (XIII). Cela est corroboré par des formules de *la Fin de la nuit* où Thérèse analyse son passé : « Son crime, qui a précédé tous les autres, fut sans doute de se lier à un homme, d'enfanter, de se soumettre à la loi commune, alors qu'elle était née hors la loi » (III). « Enterrée vive… », elle a cru se libérer de « l'homme qui était [s]on geôlier au fond d'une prison pire qu'aucune prison de pierre » (VII).

Les tentatives de Thérèse pour trouver la paix sont autant de tentatives de mort, de tentatives d'empoisonnement. Apparue dans un autre récit – *Ce qui était perdu* (1930) –, Thérèse avait cherché en vain le repos par la psychanalyse (« Thérèse chez le docteur »), par la séduction (« Thérèse à l'hôtel »), nouvelles publiées en 1938 dans *Plongées*. Quinze ans après avoir empoisonné son mari, après avoir joué un rôle ambigu dans l'histoire d'amour entre Anne de La Trave et Jean Azévédo, Thérèse, dans *la Fin de la nuit*, entre en rivalité avec sa fille Marie, amoureuse d'un Georges Filhot guère pressé de se marier et découvre avec « évidence, certitude qu'elle n'accomplissait rien d'autre… que d'empoisonner le bonheur de Marie ! Et cette fois, quelle excuse invoquer ? » (VI). Il faudra l'épreuve du délire paranoïaque pour que Thérèse, revenue à Saint-Clair, puisse enfin attendre dans une paix relative « la fin de la vie, la fin de la nuit ».

Thérèse, « image brouillée de mes complications » (*le Nouveau Bloc-notes*), est le parangon de ces créatures de Mauriac que la vie, longue descente aux enfers, laisse « épuisées par cette lutte interminable contre elles-mêmes », dans l'affrontement d'une liberté qui cherche à s'accomplir et d'une fatalité venue des autres et d'elles-mêmes, au seuil d'une paix dont le jansénisme de l'auteur n'ose pas toujours leur faire la Grâce.

Le Nœud de vipères

Sans doute parce qu'il considérait cette œuvre comme l'une de celles qui atteint « l'espèce de perfection qui [lui] est propre » et parce qu'il en mesura l'influence, Mauriac a abondamment commenté ce roman, qu'il définissait ainsi dans *le Romancier et ses personnages* : « *Le Nœud de vipères* est, en apparence, un drame de famille, mais, dans son fond, c'est l'histoire d'une remontée. Je m'efforce de remonter le cours d'une destinée boueuse et d'atteindre à la source toute pure. Le livre finit lorsque j'ai restitué à mon héros, à ce fils des ténèbres, ses droits à la lumière, à l'amour et, d'un mot, à Dieu. »

SYNOPSIS

Louis ***, vieil avocat bordelais, dans une lettre à sa femme Isa, exprime toute sa rage de n'avoir été aimé ni d'elle ni de ses enfants et d'avoir perdu ceux qui lui manifestaient quelque tendresse : la petite Marie, sa fille morte ; Marinette, sa belle-sœur ; Luc, son neveu. Dévoré par l'instinct de possession et animé d'une ardeur antireligieuse en réaction à l'esprit de sa famille, il entreprend de déshériter ses enfants au profit d'un fils adultérin, Robert, qui vit à Paris. Mais, celui-ci ayant prévenu Hubert, le fils légitime, le projet avorte. La mort d'Isa, sa femme, le laisse tout étonné de lui survivre. Il décide alors, métamorphosé, de donner sa fortune à ses enfants, ne se réservant que la jouissance de sa propriété de Calèse et une rente mensuelle. Il meurt réconcilié avec les siens, au seuil de la Révélation de « cet amour dont [il] connaî[t] enfin le nom ador... »

Se présentant d'abord comme la lettre adressée par un vieillard, qui « achève de vivre », à sa femme, le récit se poursuit sous la forme d'« un journal interrompu, repris ». Par le biais de cette rétrospection autobiographique, à l'intérieur de laquelle interfère de plus en plus souvent le présent, Louis *** apparaît comme un « ennemi des siens », un « cœur dévoré par la haine et par l'avarice », un de ces êtres que « certains bien-pensants » (« leur médiocrité, leur avarice, leur injustice, et surtout leur malhonnêteté intellectuelle ») « détournent de la source d'eau vive ». Monstre parmi les monstres, Louis, sans le savoir, « cherche Dieu en gémissant » et il ne le découvre qu'au seuil de la mort...

« Le scandale de cet accaparement du Christ par ceux qui ne sont pas de son esprit, voilà, il me semble, le thème essentiel du *Nœud de vipères*... L'auteur [...] ne saurait, sans mensonge, récuser la qualité de "romancier catholique" » (Préface des *Œuvres complètes*, 1951).

Le Mystère Frontenac

En désignant comme « le thème même du *Mystère Frontenac* (1933) cette union éternellement indissoluble de la mère et de ses cinq enfants », Mauriac invite le lecteur à projeter sur le roman un éclairage métaphysique, qui en explique les motifs et les techniques.

SYNOPSIS

Veuve depuis huit ans, Blanche Frontenac ne vit que pour ses cinq enfants (I), aidée par le frère de son mari Michel, Xavier, qui cache fébrilement une « liaison » culpabilisante avec Josépha (II, III). L'aîné, Jean-Louis, qui rêve d'étudier la philosophie, découvre un jour les talents poétiques de son jeune frère Yves (IV) et le pousse à se faire éditer (V), pour la plus grande joie de ce dernier (VI, VIII). Les enfants connaissent alors des jours heureux, sous la garde de Xavier (VII), en l'absence de leur mère (IX). Mais ils deviennent adultes, et Jean-Louis doit renoncer à ses rêves pour reprendre l'affaire familiale (X) et se marier (XI). C'est la fin d'une ère pour les Frontenac, et notamment pour Yves (XII).

Alors que José est « exilé » (XIII), et que Jean-Louis se perd dans son idéalisme (XIV), Yves manque un dernier rendez-vous avec sa mère (XV), qui meurt et est enterrée peu après (XVI). Il s'aigrit, miné par la jalousie (XVII), mais assiste tout de même aux derniers moments de Xavier (XVIII, XIX). Inquiet pour Yves (XX), averti par son instinct « Frontenac » (XXI), Jean-Louis vole au secours de son frère, faisant agir une fois encore « le mystère Frontenac », « le groupe éternellement serré de la mère et de ses cinq enfants » (XXII).

Il faut ainsi donner à « mystère » son sens le plus religieux, c'est-à-dire celui d'une série de faits et de croyances inaccessibles à la raison (IX, XIV, XX). Les Frontenac ont, certes, l'« esprit de famille », préservant une tradition morale (III) et des intérêts financiers (II, III, X, XVI, XX). Mais, au-delà, ils constituent une caste élue, s'élevant à la dignité d'une race : « Le mystère Frontenac échappait à la destruction, car il était un rayon de l'éternel amour réfracté à travers une race » (XXII).

Ainsi s'expliquent les multiples manifestations de mysticisme dont le roman est empreint : foi profonde de Blanche (I) et de Jean-Louis (XIII) ; tonalité des premiers poèmes d'Yves (XIII), auxquels font écho de véritables dialogues avec Dieu (XII) ; attachement de l'oncle Xavier au souvenir de son frère Michel (I, II, III), malgré son matérialisme (II) ; enfin, surtout, enracinement dans une terre où tout porte la trace d'une indestructible permanence (II, III, V, XV, XVI, XXII), sous le double signe des allusions à Barrès et de l'épigraphe de Maurice de Guérin.

Les non-Frontenac sont donc rejetés, puisqu'ils sont extérieurs au peuple élu. Tout au plus, peuvent-ils lentement accéder à la « grâce » Frontenac. Certes, les meilleurs moments du roman se passent strictement entre Frontenac (les enfants et oncle Xavier), sans Blanche, redevenue une Arnaud-Miqueu au chevet de sa mère (IX). Mais, ne vivant que pour ses enfants, Blanche est, malgré tout, « gardienne des derniers Frontenac » (II), défendant le nom sacré contre sa propre famille (III). C'est pourquoi, comme l'indique un habile « montage critique » (XVI), elle connaît à son enterrement une consécration élective et sélective : elle n'est comprise que par les membres du clan. De même, contrairement à M. Cazavieilh (XIV), « l'humble Josépha », sorte de « fille repentie » (II) que sa fidélité rachète, finit par entrer dans le « mystère Frontenac » (XXII), malgré l'« intégriste » Xavier (XVIII, XIX), dont Dieu lui-même corrige la volonté (XIX).

Ce mysticisme, caractéristique des œuvres de Mauriac, mais manifesté ici très clairement, est mis en valeur, dans la narration, par les secrets (de Xavier : II, III et d'Yves : III, IX, XII) et les prémonitions des protagonistes (XV, XX, XXI), ainsi que par les projections dans l'avenir que l'auteur prend à son compte, transformant la vie des Frontenac en un destin (Jean-Louis sera ruiné : XI ; l'inspiration d'Yves tarira : XII ; José mourra : XIII, XVII).

Mais, au-delà des aventures individuelles, c'est le bloc uni de la « communauté » (XXII) qui importe, sorte de corps vivant dont la pérennité est illustrée par la division du roman en deux parties. Alors que la première traite équitablement des « jeunes et vieux Frontenac », la seconde se centre sur Yves et Jean-Louis ; cette focalisation, qui reproduit le mouvement des générations, renvoie à la permanence des Frontenac : les filles ont une vie semblable à celle de leur mère ; Yves « continue » son père Michel ; et Jean-Louis, devenu chef de famille, fait la synthèse des tendances familiales. Les individus échouent, ne pouvant mener à bien un amour humain, mais le mystère qui les transcende, la « filiation divine » (XXII) demeurent. Ultime vision métaphysique, qui fait du *Mystère Frontenac* l'archétype d'une tendance fondamentale de l'œuvre romanesque de Mauriac.

La Pharisienne

La Pharisienne (1941) témoigne de la sensibilité de Mauriac, en tant que chrétien, en tant qu'écrivain. Brigitte Pian, la pharisienne, représente tout ce contre quoi il n'a cessé de lutter : une religion de conformité à la lettre et non à l'esprit de l'Évangile, un conformisme altérant la charité du Christ en un rigorisme pointilleux, oubliant « que ce n'est pas de mériter qui importe, mais d'aimer ». La vertueuse intransigeance de Brigitte Pian, « ce tissu serré de perfection et de mérite dont elle s'enveloppait tout entière », bride constamment Louis Pian, son beau-fils ; multiplie les obstacles à l'amour de Michèle, sa belle-fille, et de Jean de Mirbel ; dénonce l'abbé Calou à ses supérieurs ; mène avec machiavélisme son mari à une déchéance mortelle ; accule à une misère fatale le couple M. Puybaraud/Octavie. La mort de celle-ci révèle à Brigitte Pian combien elle est coupable, mais elle ne parviendra – et non sans sursauts – à la véritable humilité qu'au soir de sa vie.

Mauriac tient manifestement compte, dans *la Pharisienne,* des remarques de Sartre (voir infra : « Mauriac et la liberté de ses personnages »). Plus de « point de vue de Dieu », la narration, confiée à Louis Pian, ne formule que ce qu'il est censé savoir. Pour cela, Mauriac multiplie – non sans artifice parfois – les notations qui limitent l'information de Louis Pian du fait des lieux, de l'âge, des souvenirs, de l'oubli…, en même temps qu'il fournit ses sources : lettres de Mme La Mirandieuze-Mirbel, d'Hortense Voyod, carnet de l'abbé Calou, journal de M. Puybaraud… Jamais, sans doute, Mauriac n'a pris autant de précautions pour user de son « droit d'ordonner cette matière, d'orchestrer ce réel » et, en réponse à cette phrase de Sartre, ne pas être Dieu, mais un artiste.

En 1954, dans *l'Agneau,* Brigitte Pian réapparaît, devenue un personnage plus discret, de rigueur moins ostentatoire, mais tout aussi soucieuse du devenir et de la moralité des autres. C'est ainsi que, pour de pieux motifs, elle contrariera l'amour naissant de Dominique, sa jeune secrétaire, et de Xavier Dartigelongue, qui se destinait à la prêtrise. Xavier, l'Agneau, se sacrifiera, « tout entier à tous et à chacun », pour sauver l'amour vieilli du couple Michèle/Jean de Mirbel et confier le petit Roland, enfant de l'Assistance, à Dominique. Xavier est l'incarnation même de l'« esprit du Christ », celui qui a choisi entre « tuer ce que nous aimons ou mourir pour ce que nous aimons » ; c'est l'anti-pharisien par excellence.

Mauriac et la liberté de ses personnages

Si, dans *Dieu et Mammon* (1929), titre dû à André Gide, Mauriac s'interroge surtout sur le problème moral, religieux, du romancier catholique, romancier et catholique, sa réflexion, dans *le Roman* (1928) et dans *le Romancier et ses personnages* (1933), concerne les aspects théoriques du genre romanesque, considéré comme point de rencontre de deux exigences : « d'une part, écrire une œuvre logique et raisonnable – d'autre part, laisser aux personnages l'indétermination et le mystère de la vie ».

« Singe de Dieu », le romancier crée des hommes et des femmes vivants, empruntés au réel, mais qu'il restitue après avoir usé de son « formidable pouvoir de déformation et de grossissement ». Amplifiées, simplifiées, ses créatures « forment une humanité qui n'est pas une humanité de chair et d'os, mais qui en est une image transposée et stylisée » : « des planches d'anatomie morale ». Tant il est vrai « que le roman n'est rien s'il n'est pas l'étude de l'homme, et qu'il perd toute raison d'exister s'il ne nous fait avancer dans la connaissance du cœur humain » (raison essentielle du refus par Mauriac, plus tard, du Nouveau Roman « qui ne comporte ni caractères, ni types, ni figures dessinées d'un trait appuyé »). Mais pour que vivent ces personnages du roman, encore faut-il que le romancier n'intervienne pas arbitrairement dans leur destinée ; que ces êtres, comme chez Dostoïevski, entretiennent l'inquiétude ; qu'ils aient de la résistance et se défendent âprement, obligent l'écrivain à changer la direction du livre vers des horizons non entrevus. Ainsi seulement seront conciliées « la liberté de la créature et la liberté du Créateur ».

Or, c'est précisément à l'application de ces idées dans *la Fin de la nuit* que Sartre s'en prit en son article fameux « M. Mauriac et la liberté », dans *la Nouvelle Revue française* de février 1939 (repris dans *Situations I,* 1947). Tous les reproches – temps du lecteur non captivé, technique théâtrale « plus tragique que romanesque », « va-et-vient de Thérèse-sujet à Thérèse-objet » participant d'une lucidité divine du romancier, de l'omniscience de Dieu… – s'organisent autour de la conception même de la liberté de Thérèse : pour Sartre, « M. Mauriac assassine la conscience de ses personnages » ; « avant d'écrire il forge leur essence, il décrète qu'ils seront ceci ou cela » ; « en ciselant sa Thérèse *sub specie æternitatis* [il] en fait d'abord une chose ». Pour Sartre, Mauriac enferme son personnage dans un Destin « qui représente, au sein de la Nature […] la puissance du Surnaturel » : « Thérèse est prévisible jusque dans sa liberté », laquelle « diffère de la servitude par sa valeur, non par sa nature ». « Est libre toute intention dirigée vers le haut, vers le Bien ; est enchaînée toute volonté vers le Mal ». « Ainsi *la Fin de la nuit,* qui, dans la pensée de M. Mauriac, doit être le roman d'une liberté, nous apparaît surtout comme l'histoire d'une servitude ».

Ce réquisitoire émut fortement Mauriac. Pour lui, qui avait cru manifester « le pouvoir départi aux créatures les plus chargées de fatalité – ce pouvoir de dire non à la loi qui les écrase », cet article apparut comme le constat d'échec de toute son activité de romancier. Mauriac n'entretint pas la polémique… mais il tint compte de ces remarques dans sa production romanesque ultérieure (cf. *la Pharisienne*).

L. Acher et J. Maurice

MAUROIS André

*Pseudonyme puis patronyme d'**Émile HERZOG** (1885-1967)*

Né à Elbeuf dans une famille d'industriels originaires d'Alsace et repliés en France après 1871, brillant élève du philosophe Alain au lycée de Rouen, André Maurois, après avoir participé à la gestion de l'entreprise familiale et, pendant la guerre, servi comme officier de liaison auprès des forces anglaises, entre dans la carrière littéraire en 1918 avec *les Silences du colonel Bramble,* que suivront, en 1922, *les Discours du docteur O'Grady* ; en s'y peignant sous les traits de l'interprète Aurelle, il traduit, avec une élégance et une retenue toutes classiques qui le situent dans la lignée d'Anatole France, son expérience du caractère britannique : flegme, humour froid. Le succès de ces récits agréables et fins l'incite à abandonner définitivement les affaires pour les lettres.

Romancier, après s'être essayé sans grand bonheur à la fiction historique dans *Ni ange ni bête* (1919) – les aventures politiques et sentimentales de l'ingénieur Viniès pendant la révolution de 1848 –, il trouve, avec *Bernard Quesnay* (1926 ; première version en 1922, sous le titre *la Hausse et la Baisse*), la voie de la peinture de mœurs et du roman psychologique qu'il suivra désormais ; il confronte les expériences contrastées de deux industriels associés, les frères Quesnay : Bernard, généreux mais positif, qui sacrifie toute vie personnelle et sentimentale à sa profession ; Antoine, inquiet, rêveur, qui finit par quitter l'usine pour préserver son bonheur privé.

Climats (1929) est généralement considéré comme le chef-d'œuvre de Maurois : l'impossibilité d'atteindre à un équilibre heureux, l'absence fatale de synchronie entre les passions des personnages colorent de tragique cette représentation de l'existence bourgeoise. Philippe, industriel introverti et méditatif, raconte d'abord son amour pour la fantasque Odile, son mariage, et l'irrémédiable dégradation de cette union ; dans une seconde partie, la tendre et soumise Isabelle rappelle ses difficiles amours avec Philippe, qui, s'ennuyant auprès d'elle, adopte les conduites de fuite qui l'avaient tant fait souffrir chez Odile.

Le Cercle de famille (1932) revient à une construction plus traditionnelle, comme le feront *l'Instinct du bonheur* (1934) et *les Roses de septembre* (1956) : repli sur un réalisme psychologique où la description des milieux s'allie harmonieusement à l'évocation des sentiments.

Ces œuvres révèlent un observateur moraliste, socialement conservateur, plus qu'un créateur d'atmosphères et de mondes nouveaux : aussi n'est-il pas étonnant que l'essayiste (*Dialogues sur le commandement,* 1925 ; *Mes songes que voici,* 1932), le critique (*Études anglaises,* 1928 ; *Aspects de la biographie,* 1929 ; *Cinq visages de l'amour,* 1942 ; *Alain,* 1949) et surtout l'historien aient bientôt pris le pas sur le romancier. *Édouard VII et son temps* (1933), *l'Histoire d'Angleterre* (1937), *l'Histoire des États-Unis* (1943-1944), *l'Histoire de la France* (1947) sont des ouvrages de vulgarisation précis, utiles, mais imperméables aux mutations de l'historiographie, qui réévalue l'économie et le social. Dans ses biographies, Maurois déploie la finesse intuitive de ses analyses et les subtilités formelles de sa narration ; les premières empruntent beaucoup aux procédés du roman, jusqu'à donner parfois dans le romancé (*Ariel ou la Vie de Shelley,* 1923 ; *Vie de Disraëli,* 1927 ; *Byron,* 1930 ; *Tourgueniev,* 1931). La manière évolue ensuite vers plus de sobriété, sans perdre ni charme ni pouvoir de suggestion (*Chateaubriand,* 1938 ; *À la recherche de Marcel Proust,* 1949 ; *Lélia ou la Vie de George Sand,* 1952 ; *Olympio ou la Vie de Victor Hugo,* 1954 ; *Robert et Elizabeth Browning,* 1957 ; *Adrienne ou la Vie de Mme de La Fayette,* 1961 ; *Prométhée ou la Vie de Balzac,* 1965). Hors du domaine littéraire, Maurois a publié, outre son *Disraëli,* des biographies de Lyautey (1931), d'Alexander Fleming, etc.

Élu à l'Académie française en 1938, aimé du public féminin bourgeois, conférencier international, spirituel et souriant, prodiguant des lignes légères dans de nombreux magazines, André Maurois, fidèle au rationalisme d'Alain, a toujours résisté au modernisme, du bergsonisme à la psychanalyse ou à l'existentialisme, refusant d'embrasser les anciennes comme les nouvelles religions. Sa pensée et son art sont tout apolliniens : leur mesure comporte ses limites ; c'est le prix que doivent payer toute idée et toute forme pour échapper aux troubles de l'ambiguïté qui ont séduit tant de romanciers et de biographes modernes.

D. Madelénat

Médan (groupe de) *v.* Naturalisme

MEILHAC Henri *et* HALÉVY Ludovic

(Respectivement 1831-1897 et 1834-1908)

Meilhac et Halévy eurent d'abord des destinées séparées ; leur rencontre fut un événement et commença à créer l'entité Meilhac-Halévy ; la rencontre de Meilhac-Halévy avec Jacques Offenbach fut un autre événement, transformant le duo en un trio célèbre.

Henri Meilhac était employé de librairie quand il se mit à écrire : en 1855, il débuta par deux vaudevilles, *Garde-toi, je me garde* et *Satania.* Puis il fait jouer diverses comédies : *la Sarabande du Cardinal* (1856), *Un petit-fils de Mascarille* (1859), *la Vertu de Célimène* (1861) et une opérette : *le Café du roi* (1861). En 1860, Meilhac, employé de librairie et écrivain, rencontre Ludovic Halévy, secrétaire de ministère, déjà mémorialiste et écrivain. Ils écrivent une comédie, *Ce qui plaît aux hommes* (1860). C'est le début du couple Meilhac-Halévy : une collaboration qui s'étale sur cinquante pièces, de 1860 à 1880.

Halévy avait écrit de nombreux livrets d'opérettes, publié de nombreux récits humoristiques dans le journal *la Vie parisienne* (ils seront réunis, plus tard, sous les titres *Madame et Monsieur Cardinal,* 1873 ; *les Petites Cardinal,* 1880 ; *la Famille Cardinal,* 1883), composé avec Hector Crémieux divers vaudevilles : le couple théâtral Crémieux-Halévy est antérieur au couple Meilhac-Halévy ; il continue après la rencontre de Meilhac et Halévy.

En 1855, Halévy avait collaboré avec Offenbach à une pièce en un acte, donnée aux Bouffes-Parisiens, *Ba-ta-clan.* En 1858, Crémieux remet à Offenbach le livret d'*Orphée aux enfers* : le 21 octobre 1858, surgit, aux Bouffes-Parisiens, l'opéra bouffe *Orphée aux enfers.* Événement capital. Devant le public du second Empire éclate, en musique et en calembours, une parodie de l'Antiquité ; cette parodie ne prenait sa source qu'à l'intérieur d'une culture : il fallait que le public du second Empire fût un public « bourgeois », assez familier de la culture antique, quelque peu habitué à Homère et à l'Olympe. La bouffonnerie lyrique, nouveau genre, subvertit le mythe d'Orphée : Orphée, devenu professeur de violon, déteste Eurydice ; il l'abandonnerait volontiers à Jupiter (« Jupin ») ou à Pluton, qu'escorte son « domestique », John Styx. Pluton se travestit en marchand de miel, Jupiter se déguise en mouche… Le tout assorti de couplets et d'hymnes divers, parfois d'airs inspirés par *la Marseillaise.* Le personnage de l'« Opinion publique » remplaçait le chœur antique. Le succès fut immense. De fait, la société qui applaudissait à *Orphée* se reconnaissait dans une sorte d'image, un peu déformée, d'elle-même, assoiffée de danse et de joie. Jules Janin, dans *le Journal des débats,* attaque violemment *Orphée* ; Crémieux révèle alors que Jupiter, à l'entrée de l'Olympe, prononce une phrase… tirée d'un feuilleton de Janin dans *les Débats* : le rire cascadait. Daudet salua la blague nouvelle. Il y eut 228 représentations du 21 octobre 1858 au 5 juin 1859.

Cependant, le couple Crémieux-Halévy continuait sa carrière, elle-même brillante : en 1861, aux Bouffes-Parisiens, *la Chanson de Fortunio*, *le Pont des Soupirs*, *Monsieur Choufleury restera chez lui* (l'auteur du texte était, ni plus ni moins, Morny, sous pseudonyme), *le Roman comique.*

La collaboration Meilhac-Halévy-Offenbach commence, en vérité, avec *le Brésilien,* opéra bouffe donné au Palais-Royal en 1863. Alors, seconde grande date de l'époque, 1864 : *la Belle Hélène.* Offenbach avait demandé à Halévy des chansons pour Pâris, des calembours pour Agamemnon ; la parodie de l'Olympe gagnait en bouffonnerie : les rois grecs évoluaient en pantoufles ; tous des viveurs. Dans ce carnaval de l'Olympe, Pâris, Hélène, Oreste, Calchas jouant notamment au jeu de l'oie, où Hortense Schneider en Hélène avait fait un triomphe, une « Belle Époque » se reconnaissait encore et voyait allégrement piétiner tout un sacré culturel. Jules Janin maudit « ce perfide Meilhac, ce traître d'Halévy, ce misérable d'Offenbach » ; Banville salua la parodie ; Jules Vallès se moqua : « Junon, Jupin, Athénée, Zeus, est-ce qu'on s'appelle comme cela ? » et conclut : « Et toi, *Vieil Homère,* aux Quinze-Vingts ! »

Bientôt, grâce au trio Meilhac-Halévy-Offenbach, la « société » n'eut plus besoin d'applaudir sa propre image déguisée dans le miroir mythologique : l'image fut directe. En octobre 1866, *la Vie parisienne* fut donnée aux Bouffes-Parisiens : l'actualité se reflétait elle-même, grisante et dérisoire, sans Olympe ni noms grecs. Précédemment, en février 1866, aux Variétés, *Barbe-Bleue,* en trois actes, avait proposé un léger travestissement du conte de fées. En avril 1867, toujours aux Variétés, en pleine année de l'Exposition universelle, *la Grande-Duchesse de Gérolstein* projette, Hortense Schneider régnant encore, la société du second Empire dans un petit royaume mythique qui sort tout droit des *Mystères de Paris* d'Eugène Sue. Alors se succèdent *la Périchole* (1868), opéra bouffe tiré de Mérimée, *la Diva* et *les Brigands* (1869) ; après la guerre, *Tricoche et Cacolet* (1871), une nouvelle version de *la Périchole* (1874), puis *la Boulangère et ses écus* (1875), *le Mari de la débutante* (1879). Cependant Meilhac et Halévy écrivent, à deux, un drame, *Froufrou* (1869), et adaptent *Carmen* pour l'opéra de Bizet (1875) ; Halévy lance, avec Busnach, *Pomme d'api* (1873) ; avec Ferrier, *Belle-Lurette* (1880) ; Meilhac, quant à lui, donne avec A. Millaud un drame, *Mam'zelle Nitouche* (1886). Offenbach meurt en 1880 ; Halévy entre à l'Académie en 1884, Meilhac en 1888. Les huit volumes du *Théâtre* de Meilhac et Halévy paraissent entre 1900 et 1902.

R. Bellet

Mélusine

(composé en 1392 et 1393)

Roman en prose de **Jean d'Arras** (seconde moitié du XIVe siècle) conservé par dix manuscrits du XVe siècle, et publié à Genève en 1478.

Rédigé à la demande du fastueux duc Jean de Berry, frère du roi de France Charles V et oncle de Charles VI, le roman de *Mélusine*, intitulé aussi dans certains manuscrits *la Noble Histoire de Lusignan*, reprend un type de conte bien attesté dans le folklore universel et présent dans la littérature médiévale savante dès la fin du XIIe siècle et au début du XIIIe ; mais c'est seulement à partir du roman de Jean d'Arras que l'on voit la fée fondatrice porter le nom de Mélusine.

SYNOPSIS

I. Élinas, roi d'Albanie [Écosse] rencontre et épouse une femme d'origine surnaturelle, Présine. Il s'engage à ne pas chercher à la voir durant ses couches. Mais lors de la naissance de leurs trois filles – Mélusine,

Mélior, Palestine –, il oublie sa promesse et la fée disparaît, emportant ses enfants dans l'île d'Avalon. Quand, plus tard, les trois sœurs apprennent la trahison de leur père, elles l'enferment dans une montagne du Northumberland. Présine, indignée, leur inflige à chacune un sort cruel. Mélusine se transformera en serpent « depuis le nombril jusqu'aux pieds » chaque samedi, et ne deviendra mortelle que si un homme accepte de l'épouser, sans chercher à la voir ce jour-là, ou du moins sans dire ce qu'il aura vu. Mélior sera enfermée dans le château de l'Épervier en Arménie ; elle punira tout chevalier qui, vainqueur de l'épreuve de l'Épervier, osera lui demander son amour, et sa descendance sera maudite durant neuf générations. Palestine gardera dans le Canigou le trésor de leur père pour le remettre à un chevalier de son lignage désireux de conquérir la Terre promise.

II. Ayant tué le neveu du roi de Bretagne, un chevalier doit s'exiler. Réfugié dans le Forez, il en fait, avec l'aide d'une belle dame, une région prospère, et épouse, pour finir, la sœur du comte de Poitiers. Le troisième de leurs fils, Raymondin, vit chez son oncle maternel et le tue accidentellement au cours d'une chasse. À la Fontaine de Soif il rencontre Mélusine qui lui promet honneurs et richesses s'il accepte de l'épouser sans chercher à la voir le samedi. S'ouvre alors un temps de grande prospérité pour le couple. Mélusine défriche, construit villes et châteaux, et en tout premier Lusignan. Dix fils naissent de cette union et les huit premiers portent tous une tare physique au visage. Le fils aîné et le troisième se portent au secours du roi de Chypre, attaqué par les Sarrasins. Ils épouseront des héritières et deviendront respectivement roi de Chypre et roi d'Arménie. Le quatrième et le cinquième gagneront aussi par leur bravoure le cœur de deux héritières et deviendront l'un duc du Luxembourg, l'autre roi de Bohême. Le sixième, Geoffroi à la Grande Dent, après avoir châtié en Irlande des vassaux rebelles de son père, s'embarque pour Chypre où il va prêter main-forte à ses frères contre les Sarrasins. À son retour, il affronte le géant de Guérande.

III. C'est alors que Raymondin, qui conçoit des doutes sur les disparitions chaque samedi de Mélusine, cède à la jalousie et la voit sous forme de « serpente » en train de se baigner. Il ne dit rien à personne et Mélusine feint de ne rien savoir. Mais quand il apprend que leur fils Geoffroi vient de brûler, sous l'empire de la colère, tous les moines de l'abbaye de Maillezais sans épargner son propre frère, Raymondin déclare à Mélusine que l'on ne saurait attendre quelque bien d'une « fausse serpente » et de sa descendance. L'interdit est transgressé, Mélusine s'envole sous forme de serpent ailé. Geoffroi tue un autre géant dans le Northumberland, et découvre à cette occasion ses racines familiales du côté maternel. Puis il succède à Raymondin, retiré dans un ermitage, comme seigneur de Lusignan.

IV. En Arménie, le jeune roi Mélior, descendant de Mélusine et de Raymondin, triomphe de l'épreuve de l'Épervier, mais enfreint l'interdit. La malédiction s'abat sur lui et sur sa descendance.

V. Divers témoignages attestent que Mélusine continue à apparaître quand la forteresse de Lusignan doit changer de maître, ou quand un membre du lignage va mourir.

Un roman généalogique…

On retrouve dans le récit de Jean d'Arras les grandes articulations : la rencontre d'un mortel et d'une fée, puis le pacte, enfin la transgression de l'interdit. Ces trois séquences sous-tendent l'histoire de Raymondin et de Mélusine, celle d'Élinas et de Présine, et, de façon plus allusive, celle du père de Raymondin avec la belle dame du Forez. Mais le développement en diachronie sur trois générations (parents des héros fondateurs, Mélusine et Raymondin, leurs enfants), l'amorce d'un autre mouvement ternaire (Mélusine, Mélior, Palestine) montrent que ce récit est plus qu'une simple amplification d'un conte merveilleux. La place qu'occupe la relation des exploits chevaleresques accomplis par les fils de la fée le prouve également : le roman n'a pas seulement partie liée avec le merveilleux, mais aussi avec l'Histoire et le roman généalogique. Du reste cette double appartenance, que soulignent les fluctuations des titres des manuscrits, est annoncée dès le prologue : Jean d'Arras déclare qu'il veut rapporter comment « la noble et puissante forteresse de Lusignan en Poitou fut fondée par une fée », et qu'il fera « aussi connaître la noble lignée qui est issue de la fondatrice de cette forteresse ». Mais établir un rapport avec l'Histoire ne signifie pas ici se livrer au petit jeu de ce que Jacques Le Goff appelle l'« épinglage historiciste » en identifiant à travers les personnages du roman des personnages historiques. Seul, Geoffroi à la Grande Dent pourrait, à la rigueur, être rapproché d'un Geoffroi de Lusignan qui dévasta en 1232 les domaines de l'abbaye de Maillezais, et alla ensuite quêter son pardon à Rome. Ce sont le rôle de commanditaire assumé par Jean de Berry, l'épisode du château d'Arménie, la fréquence des affrontements entre chrétiens et Sarrasins, et même une curieuse défaillance dans la construction du roman – puisque l'un des fils de l'intrigue, l'histoire de Palestine, n'est pas exploité – qui révèlent le lien de ce récit avec l'Histoire, et prioritairement l'histoire contemporaine – guerre de Cent Ans, rêves et projets de croisade. En 1392, lors des conférences d'Amiens visant à ramener la paix entre la France et l'Angleterre, les Anglais revendiquent le Poitou, reconquis en 1372 par le duc de Berry qui, deux ans plus tard, rachètera la forteresse de Lusignan à prix d'or. Rien d'extraordinaire, dès lors, si l'oncle du roi songe, fût-ce par le biais de l'imaginaire, à souligner la légitimité de son pouvoir. Car Jean de Berry descend par sa mère, Bonne de Luxembourg, de Jean l'Aveugle, duc de Luxembourg et roi de Bohême ; il peut donc apparaître comme l'héritier des fils de Raymondin et de Mélusine, installés dans ces deux pays. Or, dans l'épilogue, Jean d'Arras rapporte que, selon la tradition, la forteresse de Lusignan ne restera pas plus de trente ans au pouvoir « de quelqu'un qui n'appartiendrait pas, par son père ou par sa mère, à la lignée des Lusignan ». D'autre part, l'histoire de Mélior (IV) est indubitablement liée à celle de Léon de Lusignan, infortuné roi d'Arménie, chassé de son royaume, captif pendant sept ans au château du Caire et qui ne rêve, depuis son arrivée à la cour de France, que de reconquérir son royaume sur les Sarrasins (d'où sans doute l'inachèvement de l'histoire de Palestine). Enfin l'abondance des combats entre chrétiens et « infidèles » est à mettre en rapport avec le regain d'enthousiasme que suscite la croisade en cette fin du XIVe siècle, enthousiasme qui entraînera la fleur de l'aristocratie française et européenne au secours du roi de Hongrie contre les Turcs et à la sanglante défaite de Nicopolis (1396).

... et merveilleux

Dans ce roman la chronique l'emporte largement sur le récit merveilleux : d'autant plus que le merveilleux est ici récupéré à des fins politiques, en contribuant au prestige d'une famille à laquelle il donne un fondement mythique. Mais le surnaturel est loin de n'être qu'un simple et commode accessoire : il est à l'origine des scènes les plus maîtrisées (rencontre d'Élinas et de Présine, de Raymondin et de Mélusine, transgressions) où Jean d'Arras sait user de la tradition du récit merveilleux et la renouveler, notamment par des effets d'échos décalés (voir la transgression en deux temps de l'interdit). L'auteur joue aussi avec virtuosité de l'inquiétante étrangeté inhérente à ses personnages féeriques et qui réapparaît dans les tares physiques qui affectent huit des fils de Mélusine, dans l'absolue méchanceté de l'un d'entre eux (Horrible) et dans la violence démesurée de Geoffroi. Cet univers surnaturel est, d'autre part, marqué par la faute ou le crime : meurtre du père – symbolique ou effectif – pour Mélusine et Raymondin, meurtre du frère pour Geoffroi, mise à mort d'Horrible, le fils monstrueux. Jean d'Arras ne se contente pas d'user du merveilleux comme d'un subterfuge facile (explication implicite de l'incroyable fortune des Lusignan), comme d'un horizon de rêve (gagner honneurs et richesses, échapper au châtiment par l'intervention d'une fée), ou comme ingrédient du « plaisir du texte » : il pose à travers lui le problème de la violence et de sa présence dans la mise en place d'un pouvoir. Mais en même temps, il s'emploie tout au long de son récit à faire de son héroïne une chrétienne exemplaire pour effacer tout soupçon de puissance diabolique... Précaution qui n'est pas inutile en un temps où fleurissent les accusations de sorcellerie, qui n'épargnent ni Valentine Visconti ni Louis d'Orléans. Enfin le merveilleux est dès le prologue reconnu comme objet de vérité. En effet, avant d'évoquer les sources orales et écrites qui sont à l'origine de son récit, Jean d'Arras rassemble des témoignages qui font autorité pour montrer que des phénomènes qui échappent à l'entendement humain « comme ceux entre autres qui ont trait à ce que l'on appelle des fées sont des plus réels ». Et ce récit, prétendant à la vérité, use, comme gage de véracité, de la prose et de formules du type « or dit l'histoire » qui, comme dans le roman en prose du XIIIe siècle, visent à présenter l'information comme objective.

Une dizaine d'années plus tard, un certain Coudrette achève un roman en vers sur le même sujet : *le Roman de Parthenay ou Histoire de Lusignan*. Il écrit à la demande de Guillaume Larchevêque, seigneur de Parthenay, puis de son fils Jean. Les seigneurs de Parthenay, en effet, se réclament eux aussi de la prestigieuse ascendance féerique, des Larchevêque ayant, par deux fois, épousé des descendantes des Lusignan. Bien que la trame narrative soit sensiblement la même que celle de Jean d'Arras, il est probable que Coudrette ne s'inspire pas directement ou exclusivement du roman en prose. Le récit présente un certain nombre de divergences par rapport à celui de Jean d'Arras : déplacement de l'histoire d'Elinas et Présine, qui n'apparaît que lorsque Geoffroi va tuer le géant du Northumberland ; mention du roi Léon IV d'Arménie et de sa mort (novembre 1393) à la fin de l'épisode du château de l'Épervier ; développement de l'histoire de Palestine ; évocation de l'influence de Mélusine sur la fertilité agraire du pays. Coudrette rejette la responsabilité du choix du vers sur son premier commanditaire, qui souhaite que l'histoire soit mise en rimes afin d'être mieux entendue. Le besoin de justifier le recours au vers laisse entrevoir que cette forme va à contre-courant de l'usage. Il est possible, si on la met en rapport avec une certaine maladresse de la narration, que, par là, l'œuvre de Coudrette s'inscrive dans une tendance au « conservatisme popularisant » dont Michel Zink relève d'autres exemples à la même époque.

M.-T. de Medeiros

MEMMI Albert

(né en 1920)

Né à Tunis, Albert Memmi est le plus grand écrivain tunisien d'expression française (dans un pays où, cependant, l'essentiel de la production littéraire est en arabe) ; il est également une sorte de symbole culturel dont l'importance dépasse les frontières de sa patrie ; de plus, les études littéraires et sociologiques contemporaines sur le Maghreb lui doivent une grande part de ce qu'elles sont.

Symbole, Memmi l'est d'une double acculturation, dans une triple culture, puisqu'il est de famille juive, de langue maternelle arabe, et de culture en grande partie française. Il l'est aussi de la plupart des formes de dépendance (ou d'aliénation) culturelle et économique du Maghrébin, puisque, aux expériences de la plupart des intellectuels maghrébins plus jeunes il ajoute celle qu'il a connue dans les camps de travail forcé en 1943.

Aussi Memmi est-il d'abord le théoricien de l'aliénation – assez proche, en cela, de Sartre, qui a préfacé son *Portrait du colonisé*, précédé du *Portrait du colonisateur* (1957). Il poursuit obstinément cette veine de l'essai avec le *Portrait d'un juif* (I et II, 1962 et 1966), *l'Homme dominé* (1968), *Juifs et Arabes* (1975), ouvrage qui s'inscrit dans une virulente polémique avec le Marocain Abdelkebir Khatibi, auteur du pamphlet *Vomito Blanco* ; avec enfin *la Dépendance* (1979), *le Racisme* (1982) et *Bonheurs* (1992), qui rassemble ses billets écrits pour *le Monde*.

C'est autour d'Albert Memmi et de son enseignement à l'École pratique des hautes études que sont nées les recherches contemporaines sur le Maghreb, et particulièrement sur ses littératures, dans l'optique sociologique de leurs débuts. Il a ainsi dirigé les collecteurs de l'*Anthologie des écrivains maghrébins d'expression française* (1964), que suivra un second recueil, fondé sur le même principe, *Écrivains francophones du Maghreb* (1985).

Son roman le plus connu reste *la Statue de sel* (1953), récit en grande partie autobiographique. *Agar* (1955) s'interroge sur le ménage mixte dans une relation de dominance. Dans *le Scorpion* (1969), c'est, par le biais d'une « confession imaginaire », une réflexion indirecte sur les mécanismes de la dépendance de l'« homme dominé », réflexion que Memmi étendra par la suite à toutes les formes de sujétion : à l'alcool, aux médecins, à l'amour, au « groupe » (*le Buveur et l'Amoureux*, 1998). Publié en 1977 comme une suite du *Scorpion*, *le Désert* est le récit romancé de la quête d'un ancêtre mythique. *Le Pharaon* (1988) est le récit picaresque d'un égyptologue qui décide subitement de tout abandonner et de partir à l'aventure. Albert Memmi a publié en 1990 un recueil de poèmes, *le Mirliton du ciel*.

En 1975, ses positions tranchées sur la Palestine ont coupé Memmi des intellectuels maghrébins. La marginalité discrète dans laquelle il semble se réfugier n'est peut-être, à tout prendre, qu'une manifestation supplémentaire de cette « dominance » qu'il aura toute sa vie décrite pour mieux y vivre et qui hante encore ses textes autobiographiques, *le Juif et l'Autre* (1995) et *le Nomade immobile* (2000).

Ch. Bonn

Mémoires de Trévoux

(XVIIIe siècle)

Connu aussi sous le nom de *Journal de Trévoux*, ce périodique portait en réalité le titre de : *Mémoires pour servir à l'histoire des sciences et des arts*. Il parut de 1701 à 1768, en 878 parties, et fut continué par le *Journal des sciences et des beaux-arts* de l'abbé Aubert (1768-1773) et, en 1774, par le *Journal des beaux-arts et des sciences* des frères Castilhon, qui le firent renaître sous son précédent titre de 1775 à 1777. En 1779, et jusqu'en 1782, c'est sous le titre de *Journal de littérature, des sciences et des arts* que s'acheva la carrière de ce grand périodique.

Les *Mémoires de Trévoux*, mensuels, passaient pour l'émanation de la Compagnie de Jésus. Au moment où ils virent le jour, l'ultramontanisme n'était guère goûté en France par le pouvoir : c'est pourquoi leur lieu d'impression fut la principauté autonome de Dombes, propriété du duc du Maine, bâtard de Louis XIV, qui fut compromis sous la Régence dans la conjuration pro-espagnole de Cellamare. En fait, ce lieu d'impression permettait aux *Mémoires* d'échapper à la censure royale ; leurs rédacteurs étaient, pour l'essentiel, des jésuites parisiens : à l'origine, les PP. Buffier, Catrou, Despineul et Hardouin. Leur ambition n'était pas tant de faire concurrence au *Journal des savants* que de lutter avec les mêmes armes contre la presse militante hollandaise qui, du Refuge, critiquait les positions idéologiques de la monarchie française et surtout la religion catholique. Les *Mémoires* furent les adversaires les plus acharnés des journalistes successeurs de Bayle (J. Bernard, J. Le Clerc...).

Les jésuites avaient compris la force de la presse : ils s'appliquèrent à n'être inférieurs en rien à leurs concurrents. Ils utilisèrent à cette tâche, et dans l'anonymat des articles, les esprits les plus vifs de la Compagnie et eurent l'ambition de couvrir à peu près tous les domaines de la connaissance, à l'exclusion de la littérature, à l'égard de laquelle ils manifestèrent un certain dédain (condamnation du roman), sans cependant la négliger totalement. Ils surent se faire d'illustres ennemis ; les passes d'armes entre Voltaire et le P. Berthier, responsable des *Mémoires* entre 1745 et 1762, ont laissé de très considérables échos et suscité quelques « rogatons » voltairiens.

Les *Mémoires* ont du style, et ils sont empreints de cette bénignité ferme qui caractérise la Compagnie dans ses meilleurs moments. Sachant rendre agréables et utiles les débats les plus érudits, marquant une réelle sympathie personnelle pour l'adversaire dont ils attaquent les idées (Rousseau), les *Mémoires* ne furent pas indignes de leurs rivaux hollandais. À la suite de Voltaire, on a eu trop souvent tendance à voir en eux le symbole de « l'Infâme » (anti-cartésianisme, anti-newtonianisme) : ils firent cependant, à leur manière, avancer les Lumières en donnant, surtout au cours des premières décennies, de l'activité religieuse, scientifique ou philosophique une image relativement juste. Par la suite, avec le P. Berthier, leurs positions se durcirent. Mais ils sont très en avance sur le siècle dans des domaines comme l'économie politique, et se montrent les adeptes du libre examen, comme dans la question de l'inoculation. Ils ont de l'intellectuel une vision haute, débarrassée des préjugés pédants, qui les classe très loin devant leurs adversaires protestants du Refuge, longtemps passionnés de critique biblique. Les jésuites de Trévoux sont singulièrement laïques, « modernes » – au sens donné à ce mot lors de la fameuse Querelle ; et un esprit libre comme Fontenelle le reconnaissait. Voltaire lui-même éprouvait pour les journalistes de Trévoux, dont certains avaient été ses maîtres, une attirance œdipienne.

Avec l'interdiction des jésuites en France (1762), les *Mémoires* perdirent à peu près tout intérêt, même si, par une ironie de l'histoire, les jansénistes en eurent pendant quelques années la direction.

F. Moureau

MÉNAGE Gilles

(1613-1692)

Ménage n'est guère connu, de nos jours, que comme l'original de Vadius, le pédant ridicule des *Femmes savantes*. Mais, dans sa pièce, Molière caricature et s'amuse ; la réalité est autrement complexe.

La carrière sociale de Ménage fut banale : fils d'un avocat d'Angers, il devint avocat à son tour, mais quitta vite le barreau pour se mêler à la vie littéraire parisienne. Il obtint des bénéfices ecclésiastiques et vécut en abbé mondain. Sans s'engager dans une action effective à leur service, il sut se maintenir dans la mouvance des puissants : de Gondi (le futur cardinal de Retz) d'abord, qu'il quitta en 1652 pour rallier Mazarin, de Servien, de Fouquet enfin ; après la chute de celui-ci, il se montra très réservé à l'égard du nouveau ministère et du clan Colbert.

La vie littéraire, où il acquit une autorité indéniable, fut donc le lieu de toute son activité. Lié – quitte à avoir avec certains des brouilles féroces – avec Guez de Balzac, Chapelain, Perrot d'Ablancourt, Pellisson, il fut aussi un maître et un ami de Mme de La Fayette. Il était en relation avec la plupart des érudits de son temps et avait ses entrées dans le cercle savant des frères Dupuy. Il tenait chez lui des réunions littéraires. On lui reconnaissait de l'érudition, des connaissances solides de philologue. Il donna diverses études sur des questions de linguistique, en particulier un traité des *Origines de la langue française* (1650), qui fait de lui l'un des premiers historiens en ce domaine et qui, malgré quelques étymologies aberrantes, représentait un apport considérable. Des *Observations sur la langue française* (1672) complétèrent cet ouvrage par une étude de la grammaire et de l'usage présent.

Mais son œuvre présente aussi un caractère mondain et galant, où la poésie de circonstance est à l'honneur. Familier de l'Hôtel de Rambouillet, puis du salon de Mlle de Scudéry, il composa des poésies (*Poemata*, 1656) en français, en latin et en italien, qui furent souvent critiquées – à juste titre.

Enfin, il fut un polémiste virulent et redouté. Il se rendit célèbre par sa *Requête des dictionnaires* (composée dès 1636, publiée en 1649), où il ridiculisait la prétention des académiciens à régenter la langue. Parmi les nombreuses querelles où il s'engagea (contre d'Aubignac, à propos de l'unité de temps au théâtre, contre Montmaur, professeur de grec, plus tard contre Baillet...), la plus féroce l'opposa aux amis de Chapelain, à la fin des années 1650. Gilles Boileau avait raillé l'églogue « Christine » de Ménage, et, de répliques en répliques, l'affaire s'envenima, suscitant la publication de la violente *Ménagerie* de Cotin (1659) ; Molière se souvint de ces passes d'armes. Dans ces polémiques, la vanité et l'humeur mordante du personnage ont une part, tout comme les querelles de personnes et de clan. Mais on y discerne aussi un conflit entre mondains et traditionalistes qui amorce la Querelle des Anciens et des Modernes.

Si l'œuvre de Ménage ne se lit plus – sauf le *Menagiana*, recueil posthume (1693) de ses souvenirs, document utile aux historiens de la littérature –, son rôle littéraire révèle les paradoxes et contradictions qui agitent le monde lettré parisien en ce temps où le classicisme s'impose.

A. Viala

MENDÈS Catulle

(1841-1909)

Poète habile et brillant, romancier prolixe, Catulle Mendès, en tacticien avisé de la vie littéraire parisienne, sut occuper pendant un tiers de siècle le devant d'une scène peuplée de précieux talents. Mais cet « étonneur » semble avoir épuisé, au service de ses contemporains, ses capacités de séduction, et il n'a laissé à la postérité que le souvenir d'une ingéniosité éclectique.

Les prouesses de Protée

On pourrait placer la sémillante carrière de Mendès sous l'invocation de Protée, dieu des métamorphoses. Né à Bordeaux, Mendès appartient à la génération de Verlaine, de Mallarmé et de Zola, celle du premier symbolisme et du naturalisme ; protégé par Théophile Gautier, il fonde, en 1859, *la Revue fantaisiste*, qui regroupera les initiateurs du mouvement parnassien, et publie des vers (*Philoméla*, 1863) que la critique accueille favorablement. Il épouse en 1866 Judith Gautier, la fille de son maître, et accomplit avec elle un voyage en Allemagne, d'où il revient enthousiaste du wagnérisme. Plein d'activité et d'entregent, il est la cheville ouvrière du *Parnasse contemporain* (1866), recueil collectif qui rassemble, autour de Leconte de Lisle, de grands aînés (Baudelaire, Gautier, Banville, Heredia), et de jeunes disciples (Coppée, Verlaine, et Mendès lui-même, entre autres), tous unis par un amour exigeant de l'art et de la forme sévère ; il en a raconté la genèse dans sa *Légende du Parnasse contemporain* (1884), où il n'oublie pas de souligner son rôle personnel [voir **Parnasse**]. Assez vite rebelle à l'idéal de rigueur qui distingue la nouvelle école, il contribue peu aux livraisons suivantes du *Parnasse*, se lance dans une épopée mystique swedenborgienne, *Hespérus* (1869), qui annonce les poèmes philosophiques de Sully Prudhomme, donne dans la poésie patriotique après la guerre (*Contes épiques*, 1870 ; *Odelette guerrière, la Colère d'un franc-tireur*, 1871) et publie encore quelques recueils lyriques, comme *le Soleil de minuit* et *Soirs moroses* (1876).

Après avoir rassemblé ses *Poésies*, en 1872 et en 1876, Mendès tente sa chance au théâtre et se lance dans la prose : sa première pièce, donnée au Français, *la Part du roi* (1872), est suivie de beaucoup d'autres (*les Frères d'armes*, 1873 ; *la Justice*, 1877 ; *les Mères ennemies*, 1882 ; *la Reine Fiammette*, 1889 ; *Médée*, 1898 ; *Scarron*, 1905). Il adapte pour la scène de l'Opéra-Comique *le Capitaine Fracasse* de Gautier (1878), fournit à Emmanuel Chabrier le livret de *Gwendoline* (1886) et à André Messager celui d'*Isoline* (1888). Il publie sans relâche contes, nouvelles ou romans, spirituels, légers, et même fort lestes pour la plupart (*les Folies amoureuses*, 1877 ; *la Vie et la Mort d'un clown*, 1879 ; *le Roi vierge*, 1881 ; *Monstres parisiens*, 1882 ; *Zo'har*, 1886 ; *l'Homme tout nu*, 1887 ; *la Première Maîtresse*, 1887...). Critique dramatique et musical, il se fait l'apôtre de l'art wagnérien (*Richard Wagner*, 1886 ; *l'Œuvre wagnérienne en France*, 1899). Il ne craint pas d'aborder la traduction (celle des *Confessions* de Cagliostro, 1881) ou les disciplines austères de l'histoire littéraire (*le Mouvement poétique français de 1867 à 1900*, 1903).

Les faiblesses de l'opulence

Le succès dont a joui cet habile faiseur étonne aujourd'hui, et que cette littérature de consommation ait pu passer pour de l'invention stupéfie quand on pense aux œuvres qui paraissaient à la même époque : les poèmes de Mallarmé, de Laforgue, les nouvelles de Barbey d'Aurevilly, les contes de Maupassant ou de Marcel Schwob. Sans doute, Mendès regorge d'un talent délié, parisien, expert dans le cliquetis des mots, la pointe et l'effet ; ses premiers poèmes le classent parmi les bons parnassiens, disciples de Gautier et de Banville, admirateurs de Baudelaire et de Leconte de Lisle : une inspiration érotique rêveuse et trouble y voisine avec les froideurs esthétiques et les rimes impeccables propres à l'école ; un drame comme *Scarron* (1905) évoque l'âge tumultueux de la Fronde avec un charme qui n'est pas sans rappeler *Cyrano de Bergerac* (1897) d'Edmond Rostand : le poète infirme, torturé par la jalousie, pétillant d'esprit à travers ses larmes, épigrammatiste impénitent, y meurt après un dernier sursaut d'honneur et mainte grimace ; la féerie d'*Isoline,* sa Grèce de fantaisie s'accordent à merveille aux sourires de Messager ; et les chroniques ou les ouvrages de Mendès sur Wagner ont joué un rôle essentiel pour favoriser en France la réception et la compréhension d'un spectacle total, étranger à la tradition nationale.

Mais l'abondance roule dans ses flots mêlés trop de facilités ; Mendès compense un manque évident d'idées et de convictions par des emprunts multipliés et intempérants : l'ange du bizarre le visite, et il s'inspire de Swedenborg ; le démon de midi, associé au désir de plaire et de piquer, l'aiguillonne, et il se livre à une imagination salace, plus ou moins réveillée par la lecture des petits-maîtres licencieux du XVIIIe siècle : initiations à l'amour, scènes de boudoir, péripéties des sens et du cœur sont la matière privilégiée de ses romans et de ses contes. Au théâtre, la recherche d'une efficacité assez grossière tire souvent la tragédie ou le drame du côté du mélodrame : la liaison de la reine Fiammette avec son assassin désigné, le dominicain Danielo, nous introduit dans une Renaissance italienne de convention, avec ses bals masqués où rôde le spadassin, ses passions exacerbées et ses ténébreuses intrigues. Partout un style clinquant, tendant à l'étrange, à l'aigu plus qu'à l'énergique, recherchant le flou « esthétique », ce poncif qui poétise à bon compte : on comprend l'éloignement des symbolistes pour cette dégénérescence des ambitions parnassiennes, ces grâces faisandées, et les réactions violentes qui s'exprimèrent alors contre la décadence et les compromissions d'un art exténué, contre une aisance vide dont Catulle Mendès fait jaillir les étincelles et démontre les limites.

D. Madelénat

MERCIER Louis-Sébastien

(1740-1814)

« Monsieur l'âne comme il n'y en a point », dit une image du temps : Louis-Sébastien Mercier n'a pas échappé à la caricature ; pas plus qu'aux jugements les plus opposés : « exagéreur » (*sic*), selon Métra, « infatigable barbouilleur », selon Grimm, « extravagant », selon Dussault, « reporter », selon Jules Lemaitre, « phrasier sentencieux », selon Nodier – tous ces auteurs lui reconnaissant par ailleurs vertu et courage. Mercier est bien, comme le dit Geneviève Bollème, qui a fait de lui le plus chaleureux des portraits dans son *Dictionnaire d'un polygraphe* (1978), un auteur qui « n'écrit qu'à l'extrémité », qui « a tout dit, tout écrit, au nom du bonheur que les hommes se doivent les uns les autres et à eux-mêmes ». Avec lui, nous sommes devant le paradoxe d'un homme à qui toute la critique, depuis le XIXe siècle, reconnaît (sans parfois l'avoir lu) une influence énorme, une présence incontournable, sans lui accorder le moindre « génie ». Voilà pourquoi sa fortune est plus connue que son œuvre. Mercier, comme Sade, est inclassable, donc « refoulé ». Ce « polygraphe » publia plus d'une centaine d'ouvrages, et tant d'articles qu'il parvenait avec peine à établir sa propre bibliographie ; et l'on possède encore de lui dix mille pages inédites.

Un original

Seule la première partie de la vie de Mercier est bien connue. Né à Paris, il devient professeur de rhétorique à Bordeaux. Introduit dans la littérature par quelques œuvres fort conventionnelles (notamment quelques *Héroïdes* et une traduction de *l'Homme sauvage* de Pfeil), il écrit des *Songes philosophiques* (Londres et Paris, 1768). Enthousiasmé par l'œuvre de Rousseau, il rencontre celui-ci à Paris autour de 1770. Il se lie avec Crébillon fils, Rouelle, Diderot, Letourneur (le traducteur de Shakespeare et de Richardson) et écrit de nombreux drames dans le style de « l'avant-garde » théâtrale des années 1760 (Diderot, Sedaine, Saurin) et inspirés des Anglais (Edward Moore, Lillo) : *Jenneval ou le Barnevelt français* (1769), *le Déserteur* (1770), *Olinde et Sophronie* (1771), *Jean Hennuyer, évêque de Lisieux* (1772), *l'Indigent* (1772). Il fait suivre ces drames historiques d'un ouvrage théorique et polémique qui a un énorme retentissement et qui lui vaut de nombreux ennemis : *Du théâtre ou Nouvel Essai sur l'art dramatique* (1773). L'hostilité des Comédiens-Français (dont il attaque violemment les traditions) ne devait désarmer qu'en 1787 lorsque Mercier leur confia *la Maison de Molière,* pièce imitée de Goldoni. Mais les pièces qu'il a écrites entre-temps (notamment *la Brouette du vinaigrier,* 1775) rencontrent un énorme succès au théâtre des Associés et en province. Ce sont tantôt des drames historiques (*la Destruction de la Ligue ou la Réduction de Paris,* 1782 ; *la Mort de Louis XI,* 1783), tantôt des drames qui montrent un être humain aux prises avec les difficultés et les devoirs de son état dans la société (*le Juge,* 1774) ; Mercier mène de front constamment l'écriture dramatique et la réflexion théorique sur le théâtre et son public, que ce soit dans les préfaces de ses pièces ou dans *De la littérature et des littérateurs, suivi d'un Nouvel Examen de la tragédie française* (1778).

Il commence à publier en 1781 son *Tableau de Paris,* étrange et irremplaçable document sur la France d'avant 1789, qui connaît un succès considérable (jusqu'au XIXe siècle) en France et en Europe, mais que la censure fait saisir. Mercier s'enfuit à Neuchâtel, où il achève son ouvrage (12 volumes) et écrit *Mon bonnet de nuit* (1784). C'est que, depuis 1771, avec son roman utopique *l'An 2440, rêve s'il en fut jamais,* Mercier se situe dans la fraction la plus radicalement politique de l'élite des Lumières. À l'approche de la Révolution, il revient d'Allemagne, se lance dans l'activité journalistique (il collabore aux *Annales patriotiques et littéraires de la France* et à divers autres journaux), puis est élu à la Convention en 1793. Il refuse de voter la mort du roi, alors même qu'il a menacé les rois, dans *l'An 2440* et dans *Charles II* (1789), du sort de Charles Ier. Arrêté avec les Girondins, il a la chance de se faire oublier dans sa prison, dont il ne sort qu'après le 9-Thermidor. Membre du Conseil des Cinq-Cents, il fait des interventions saugrenues et contradictoires (contre le transfert des cendres de Descartes au Panthéon, contre le divorce, etc.), puis devient professeur d'histoire à l'École centrale. Pendant toute la Révolution, son œuvre s'est poursuivie (essais, comédies). Il écrit une *Histoire de la France* (1800), *Néologie ou Vocabulaire de mots nouveaux* (1801), *Nouveau Paris* (1798). Il se lie avec Rétif et Cubières-Palmézeaux. Resté un républicain intraitable, il est marginalisé et peu à peu oublié sous l'Empire. Son succès fut considérable jusqu'à la fin du XVIIIe siècle, et des études récentes montrent que son influence fut durable, notamment à l'étranger. Non seulement son théâtre fut joué parfois jusqu'au milieu du XIXe siècle en Allemagne, à Venise, à Amsterdam, en Russie, mais des auteurs comme Lenz, Jean-Paul, Büchner, Victor Hugo et les romantiques français lui ont rendu hommage explicitement ou par leurs emprunts.

De l'utopie au réel

Il n'est pas possible d'embrasser d'un seul regard un ensemble aussi confus, aussi immense, et qui n'a cessé de se modifier. Mercier dirige son œuvre dans une direction unique mais reprend, réévalue constamment ses propres idées, ses ouvrages passés (qu'on se reporte, par exemple, aux éditions successives et augmentées de *l'An 2440*) au fur et à mesure des événements. C'est qu'il veut être (avoir été) toujours actuel et engagé ; ce qui donne à son écriture une allure protéiforme et l'empêche de s'immobiliser dans la totalité monumentale de l'œuvre littéraire. Le travail de Mercier n'est jamais séparable de la société en mouvement à qui il la destine ; il est toujours transformateur et transformé. *L'An 2440*..., que Mercier écrivit à la fin de 1770, présente l'image rationalisée d'un accomplissement futur du progrès et du mouvement des Lumières auquel l'auteur s'associe. Le narrateur, après une conversation déprimante avec un vieil Anglais, s'endort pour se réveiller dans un songe, il se retrouve à Paris six cent soixante-douze ans plus tard. « Tout était changé », le bonheur enfin réalisé. Paris est une ville hygiénique et magnifique, débarrassée du désordre et de l'obscurité de l'Ancien Régime, rendue à la transparence d'un urbanisme rationnel à la Ledoux. Ses habitants vivent conformément à la morale de l'*Émile*. La science et une instruction moderne et pratique leur ont permis d'étendre le règne de l'humanité. L'égalité et la liberté triomphent. La religion est simplifiée ; la culture littéraire, débarrassée d'auteurs inutiles pour l'avenir (leurs enseignements les plus utiles ont été conservés dans un petit volume), est réorganisée autour de quelques écrivains : Fénelon, Beccaria, Rousseau, Shakespeare. Le roi est un sage lié par des lois démocratiques. Le pays vit surtout de son agriculture. Le luxe en a disparu, de même que la guerre et l'esclavage... Cette utopie, dont le succès fut grand (malgré les critiques qui lui furent adressées), ressemble, bien sûr, dans sa structure et dans son projet, à l'immense littérature utopique qui, après More ou Bacon, après *la Cité du soleil* (1602) de Campanella ou *l'Histoire des Sévarambes* (1677) de Veiras d'Alois, devait se poursuivre au XVIIIe siècle avec une égale fortune (*la Basiliade* de Morelly, *la Découverte australe* de Rétif). Comme les autres mondes utopiques, le Paris de 2440 vit dans la transparente froideur de l'évidence rationnelle ; ce serait une image de refoulement si Mercier n'y introduisait un élément déstabilisateur. Certes, Mercier y « réalise » les idées de Turgot, de Montesquieu, de Beccaria ou de Rousseau, mais, passant de l'u-topie à l'u-chronie, il livre son image au devenir historique : la perfectibilité (que Rousseau inscrit au cœur de l'essence de l'homme) continuera à faire progresser les heureux habitants de *l'An 2440*. L'uchronie est débarrassée de cette condition qui fige l'univers utopique et qu'énonce Morelly dans le *Code de la nature* : « Trouver une *situation* dans laquelle il soit presque impossible que l'homme soit dépravé ou méchant ou, du moins, *minima de malis* ». S'expliquent alors les retouches que Mercier apporta à ce roman au fil des éditions successives, ses prétentions à y voir « prophétisée » la Révolution française.

La véritable dimension de *l'An 2440* s'accomplit en réalité dans les volumes du *Tableau de Paris*. Cette libération de la puissance critique de l'écriture, qui valut à son auteur un tel succès, résulte de l'abandon des contraintes formelles et rationnelles des genres. Au fil d'un texte bigarré où se mêlent anecdotes, descriptions, jugements et propositions de réformes, Mercier livre au feu de la critique toute la société de l'Ancien Régime. Il la saisit, la décrit dans toutes les couches de sa hiérarchie ; il évoque toutes ses divisions, toutes ses instances : les nobles, les bourgeois, le peuple mais aussi la misère, la prostitution, les aigrefins, les agioteurs, les capitalistes. Il sait découvrir les clivages les plus fins, les solidarités les plus secrètes, entre « états », corps de métier, la signification du moindre geste de la vie quotidienne, de la moindre pratique. Il sourit devant la morgue d'un secrétaire du roi que cette charge anoblit : « Le fils d'un secrétaire du roi sera plus noble que son père ; aussi l'acheteur de la charge n'envisage-t-il qu'avec un certain respect ce fils qui, épurant la race, devient la tige d'une famille de gentilshommes. Son imagination ravie se prosterne devant ses petits-fils, qui seront décorés de titres et n'auront rien de commun avec la souche originelle ». Mercier s'indigne, vitupère la noblesse avec la rhétorique ampoulée des Philosophes mais, rendant à chacun sa parole, laisse arriver sous sa plume les mots des autres, le monde de ceux qui sont absents des livres. Il assume cette vulgarité qu'on lui a reprochée : « Les rameurs ont les bras nerveux, mais ils ne savent pas marcher sur leurs jambes. J'ai tant couru pour faire *le Tableau de Paris* que je puis dire l'avoir fait avec *mes jambes* ». C'est dire que l'écriture est emportée dans une pratique carnavalesque qui devait amener Mercier à écrire sa *Néologie ou Vocabulaire de mots nouveaux, à renouveler ou pris dans des acceptions nouvelles* (1801). Avant Hugo, Mercier avait compris qu'il était désormais nécessaire de mettre « un bonnet rouge au dictionnaire ».

Néologie ou Vocabulaire des mots nouveaux

PROLÉTAIRE. – *C'est celui qui ne possède aucune propriété. Dieu du ciel ! naître ! et n'avoir pas à soi sur le globe la place de son berceau ! Ô lois humaines !*

pour que toute république fleurisse, il faudrait que chaque citoyen fût propriétaire et se montrât jaloux des devoirs et des droits que ce titre suppose ; car il n'y a point de patrie pour quiconque n'a aucun lien qui l'attache au sol qu'il habite. Ma tête tournera quand je creuse le mot gouvernement. Ô magie ! Malheur ! malheur à une nation divisée en deux classes nécessairement ennemies, celle des propriétaires et celle des prolétaires !
Prolétaire, c'est le mot le plus repoussant de la langue ; aussi tous les dictionnaires l'ont-ils rejeté. Jean-Jacques Rousseau n'avait pas en propriété un carré de choux ; mais sa tête valait bien un carré de choux : je veux dire qu'il a imprimé, par ses écrits et sa musique, un mouvement commercial et productif qui ne le rangeait plus dans la classe des prolétaires. Il en est de même d'un médecin qui n'a pas une pomme et qui fait payer ses ordonnances à des électeurs ; ou d'un peintre qui fait entrer en France dix mille écus pour une toile et des couleurs qui n'ont pas coûté cent francs.

Alors que, chez Thomas More, le texte va de la critique du réel à la solution (utopique), il va, chez Mercier, crevant l'écran de l'utopie, du rêve à la réalité, puis à la réalité de l'écriture.

Le théâtre et le peuple

Comme Diderot et comme Beaumarchais, Mercier se bat pour une réforme du théâtre, pour le drame, sans jamais dissocier l'écriture dramatique de la théorie du théâtre érigée en manifeste, en pamphlet. Pour lui, comme pour les autres, le drame est bien, selon la définition de Félix Gaiffe (*le Drame en France au XVIIIe siècle,* 1910), « un spectacle destiné à un auditoire bourgeois ou populaire et lui présentant un tableau attendrissant de son propre milieu ». On trouve, dans sa théorie et dans sa pratique du drame, la critique et le refus des règles classiques, de la traditionnelle opposition entre comédie et tragédie, le souci de montrer des héros positifs bourgeois, de faire la « peinture des conditions », d'élaborer des caractères mixtes, d'ôter au personnage principal son rôle de pivot. Avec Mercier le théâtre a une valeur pédagogique et morale : « Le spectacle est un mensonge, il s'agit de le rapprocher de la plus grande vérité. Le spectacle est un tableau ; il s'agit de rendre ce tableau utile, c'est-à-dire de le mettre à la portée du plus grand nombre, afin que l'image qu'il présentera serve à lier entre eux les hommes par le sentiment victorieux de la compassion et de la pitié », écrit-il dans *Du théâtre. Le Juge, l'Indigent, la Brouette du vinaigrier* offrent au spectateur un tableau des vertus de la bourgeoisie ou du peuple, allocutaires idéaux du théâtre. Le recours au pathétique, comme dans *le Fils naturel* de Diderot, correspond à un appel à la sensibilité morale. Les textes dramatiques de Mercier présentent donc une synthèse des théories de Diderot et des idées contenues dans l'*Essai sur le genre dramatique sérieux* (1767) de Beaumarchais ; c'est l'une des raisons de leur succès, en Allemagne notamment.

L'originalité de Mercier est ailleurs : sa réflexion repose sur une analyse profondément novatrice de l'ensemble du phénomène théâtral dans ses rapports avec la société. Sa réforme est une politique. S'il critique la tragédie, par exemple, c'est parce qu'elle sidère le spectateur et le rend passif devant le déroulement de l'histoire. Or, Mercier veut éclairer le peuple-spectateur, c'est-à-dire lui restituer la possibilité d'initiative historique. C'est la fin qu'il assigne à ses drames historiques. Cette préoccupation, toujours présente, aussi bien dans *Du théâtre* que dans ses longues préfaces, le conduit à une tentative vouée à l'échec : montrer le peuple sur la scène (dans *l'Indigent, la Brouette du vinaigrier, la Destruction de la Ligue, Jean Hennuyer, la Mort de Louis XI*). Mais dans tous ces drames le peuple n'est jamais actant, il est toujours objet : le peuple-acteur est une notion aussi ambiguë que le peuple allocutaire idéal. Dès que Mercier le représente – se le représente – comme agent historique (cela apparaît aussi dans *le Tableau de Paris*), il en fait un enfant à éduquer (du point de vue de l'idéologie bourgeoise) ou une force menaçante : il n'est de représentation idéologique du peuple que bourgeoise ou aristocratique.

La Brouette du vinaigrier

Ce drame en trois actes (1775), que Mercier appelle parfois comédie et qui valut à son auteur les plus vives critiques et le plus grand succès, offre un sujet tout à fait nouveau au XVIIIe siècle : jamais héros n'avait été de condition sociale plus modeste. Le fils de Dominique (le vinaigrier), commis de M. Delomer, un commerçant aisé, s'éprend de la fille de celui-ci. La ruine du commerçant fait fuir l'autre soupirant de Mlle Delomer. À l'acte III, le père Dominique apparaît dans le salon, poussant la brouette et le tonneau, qui contient, non du vinaigre, mais des pièces d'or, fruit de son travail : son fils pourra épouser la fille du patron. Le drame dissimule, derrière un très bourgeois éloge du travail des humbles et de l'économie la plus parcimonieuse, une sévère critique de la fonction sociale de l'argent. Toute la pièce est construite en fonction du tableau du IIIe acte (dans lequel Mercier voit une peinture de Teniers) et d'un effet de réel qui bouscule déjà les nouveaux codes de la mimésis tels que le drame les a conçus, en introduisant un objet incongru au centre du salon bourgeois.

Mais les drames de Mercier dessinent les contours d'une telle absence, font surgir le peuple comme excès. Dans un effort pour s'inspirer du peuple, Mercier laisse pénétrer sur la scène des pratiques carnavalesques, traces directes de culture populaire. Quand il s'en prend à la royauté, à travers les images de Philippe II, de Louis XI, de Charles II, d'Henri III ou même d'Henri IV, il découvre la cible même du peuple et s'y attaque avec une joie grotesque qui annonce celle du *Jugement dernier des rois* de Sylvain Maréchal ou du *Père Duchêne*. Ces pratiques viennent fracturer le protocole même de la représentation dramatique bourgeoise.

Cette absence d'unité repérable dans les textes de Louis-Sébastien Mercier, l'opposition irréductible entre l'idéologie bourgeoise des Lumières et l'apparition de pratiques du signe qui la remettent profondément en question expliquent largement les malentendus de la critique : dénigrement en France ; acceptation à l'étranger, une fois payé le prix de la traduction. Le texte de Mercier est (selon la notion de M. Bakhtine) profondément dialogique.

P. Frantz

MÉRÉ, chevalier de

Antoine Gombaud, chevalier de Méré *(1607-1684)*

Issu d'une famille noble du Poitou, formé chez les jésuites, Méré se consacra à la vie mondaine. Familier des salons de Mmes de Rambouillet, de Lesdiguières, de Sablé, ami de Guez de Balzac, de Ménage, de Mme de La Fayette, il fut aussi celui de Pascal : il était joueur, et l'argument pascalien du « pari » est en partie le fruit de leurs conversations. Surtout, Méré passait pour le modèle de l'« honnête homme ». Lorsque, après 1660, il se retira sur ses terres, c'est à l'« honnêteté » qu'il consacra pour l'essentiel sa production littéraire. Il affectionne la forme souple du dialogue d'idées ou ses substituts : *Conversations* (1669), *Lettres* (1682), discours (*De la justesse,* 1671 ; *Des agréments,* 1676 ; *De l'esprit,* 1677 ; *De la conversation,* 1677 ; et, posthumes, *De la vraie honnêteté* et *De l'éloquence*). Pour lui, la « vraie honnêteté » est une qualité foncière et se distingue de la galanterie, plus brillante mais moins durable. Il la fonde sur une théorie du jugement et du langage : « il faut s'attacher principalement à bien penser » et « c'est la délicatesse du sentiment qui fait celle du langage » (Cinquième *Conversation*). Le juste raisonnement fuit les extrêmes et cherche l'adéquation de la démarche à l'objet (c'est déjà la notion de pertinence). Enfin, l'honnêteté ne doit pas se borner à la civilité ni s'encombrer d'un savoir affiché ; elle doit consister « en je ne sais quoi de noble qui relève toutes les bonnes qualités, et qui ne vient que du cœur et de l'esprit » (*id.*). Méré théorise donc les modèles du goût et de la distinction, qui, dans le public mondain et cultivé, sont les fondements de l'esthétique classique.

A. Viala

Mérimée

MÉRIMÉE Prosper

(1803-1870)

Narré, mis en scène ou représenté – à plus forte raison vécu –, le destin effraie Prosper Mérimée. L'homme – comme l'écrivain – répugne à suivre tout ce qui est tracé de manière absolument rectiligne, à assumer le poids entier de ses engagements, à pousser chaque entreprise jusqu'à son total accomplissement. L'œuvre tout entière traduira cette hésitation persistante, refusant de boucler la geste de ses mythes, de définir les formes de son art, de trancher les incertitudes qu'elle développe. Personnage ou narrateur, au moment de conclure, d'affirmer ou de révéler, se dérobent ou s'anéantissent.

Je, il, etc.

Au-dessus de toutes les manières possibles d'être ou de paraître, Mérimée semble toujours placer celles que lui prête la mystification. Le véritable auteur du *Théâtre de Clara Gazul* aime la quiétude qu'on goûte à l'abri d'un masque ou d'un pseudonyme. Écrire et exister comme un être unique, voilà ce qu'il ne saurait assumer, car, pour lui, la personne ne peut vivre sans se fragmenter dans la multitude de ses désirs ; le personnage ne devient racontable qu'au prix de ses métamorphoses, de ses reniements, de sa dispersion dans les ombres des choses de sa quête. *Les Âmes du purgatoire* (1834) promeuvent en don Juan l'image d'un héros hétérogène en son essence : « J'ai tâché de faire à chaque don Juan la part qui lui revient dans leur fonds commun de méchancetés et de crimes »..., déclare le narrateur pour situer son personnage dans les innombrables et contradictoires traditions de sa légende. Sa vérité luciférienne, écrite et proférée sur le mode dérisoire d'une inscription funéraire (« *Aqui yace el peor hombre que fué en el mundo* »), le héros a depuis longtemps renoncé à s'y tenir.

Quant au narrateur, après avoir pris une distance ironique vis-à-vis de la confusion érudite qui a canonisé les images dont il joue, il met en place, à la faveur d'un étourdissant ballet pronominal où JE, IL, ON et VOUS s'intervertissent à loisir, une instance aussi problématique que le personnage lui-même – le lecteur –, qui peut encore bouleverser les choix de l'écrivain au gré de son humeur, de son tempérament : « Mergy se consola-t-il ? Diane prit-elle un autre amant ? Je le laisse à décider au lecteur, qui, de la sorte, terminera toujours le roman à son gré » (*Chronique du règne de Charles IX*).

Personne et personnage, en somme, paraissent subir une crise rigoureusement analogue, toujours dépassés par leurs options, fragmentés, déchirés dans leurs êtres, moins désireux, à coup sûr, d'accomplir ce qu'ils entreprennent que de conjurer les représentations imaginaires qu'ils en projettent, d'échapper à une mission qui les écrase et les condamne. Le thème de la « vision » prémonitoire, menaçante, barrant à l'horizon du héros tous les chemins de la révolte ou du bonheur prend alors une place prépondérante, et ses nombreuses récurrences dans le corps de l'œuvre sont bien là pour en témoigner. Image énigmatique et obsédante, apparition surnaturelle ou simple rencontre, hasard significatif, coïncidence troublante et fondatrice de doutes, d'interrogations sans trêve : quelle que soit sa forme, la vision replonge le personnage dans ses ténèbres initiales, le forçant à se renier, à revenir sur lui-même, à ne plus exister que pour se raconter, s'offrir comme sujet de récit.

Ainsi don Juan, hanté depuis son enfance par l'effrayant tableau des *Âmes du purgatoire,* « faisant le récit de chacun de ses crimes ». Ainsi Charles XI, oubliant son pouvoir d'autocrate pour s'investir tout entier dans l'humble relation de sa « vision » : « Et si ce que je viens de relater, dit le roi, n'est pas l'exacte vérité, je renonce à tout espoir d'une meilleure vie, laquelle je puis avoir méritée pour quelques bonnes actions, et surtout pour mon zèle à travailler au bonheur de mon peuple, et à défendre la religion de mes ancêtres » (*Vision de Charles XI*).

Narrateur et personnage finissent par habiter le même non-être textuel, à la lisière des faits, plus présents pour la syntaxe que pour les événements.

Sans cesse épouvantée par le fantasme de ce qu'elle pourrait ou aurait pu être, la conscience se réfugie dans l'univers narratif comme dans un espace balisé dont elle connaît et éprouve les limites sécurisantes, où tout contribue à neutraliser, contrôler, domestiquer les mythes à l'intérieur de vérités admissibles et récupérables, épurées et socialisées. Colomba n'atteindra jamais à l'incestueuse fureur d'une Électre, Miss Lydia vient à point pour le lui interdire et ramener Orso de la tragédie à l'idylle. Tout à la fois fasciné et repoussé par son autre, dont l'espace littéraire lui tend perpétuellement l'image, double ou simulacre, le personnage de Mérimée demeure prisonnier de hantises dont il ignore comment se libérer, s'il faut les assouvir ou les exorciser.

Pour le héros comme pour le narrateur, pour l'écrivain lui-même, l'autre apparaît le plus souvent sous les traits d'une femme au rayonnement subjuguant, mais démoniaque et dévastatrice ; une féminité satanique en laquelle on brûle de se perdre, mais dont on n'ose jamais revendiquer pleinement la passion dévorante, la magie créatrice, l'impérieuse supériorité. Clara Gazul, l'actrice aux prunelles de feu, auteur prétendu des œuvres dramatiques de Mérimée, n'est finalement que le prototype de Mariquita (*Une femme est un diable*), de la Périchole (*le Carrosse du Saint Sacrement*), de Colomba, de Carmen et d'autres terribles Vénus marquées au front de l'inquiétant « *Cave amantem* » (*la Vénus d'Ille*).

Un siècle plus tôt, Des Grieux hésitait entre la sérénité de l'âme d'un Tiberge et les félicités terrestres promises par Manon. Voilà Mérimée récrivant sa Régence, érigeant en art son incertitude, tandis qu'autour de lui les doctrines s'affermissent, les genres se fondent, l'Histoire impose des choix. Longtemps après que Marion Delorme a triomphé, Carmen doit encore expier.

Poétique de l'inachèvement

Entrer dans une telle œuvre revient à accepter l'indécision pour règle : c'est la nouvelle qui va bâtir l'essentiel de la gloire de Mérimée. À y regarder de près, on constate qu'elle participe plus d'une hésitation sur les formes que d'un parti pris esthétique. Tantôt dramaturge, tantôt conteur, l'écrivain paraît user indifféremment des ressources de la mise en scène ou de l'économie du récit.

Habile à nouer des combinaisons dramatiques serrées, pleines de vivacité et strictement découpées, donnant sa mesure dans la saynète (*le Carrosse du Saint Sacrement*) plutôt que dans l'acte, Mérimée, de même, ne semble appréhender le matériau narratif que sous la forme de séquences signifiantes, de courts chapitres jouant de toute la magie de l'ellipse, rigoureusement enfermés dans le temps des « faits », dans l'espace des « scènes » et dans le strict dénombrement des présences des « rôles » indispensables :

« Par une belle matinée d'avril, le colonel sir Thomas Nevil, sa fille mariée depuis peu de jours, Orso et Colomba sortirent de Pise en calèche… » (*Colomba,* XXI).

Si l'on remarque encore le goût manifesté par l'écrivain pour les formes « défaites » – lettres (*Lettres d'Espagne*) ; chroniques (*Chronique du règne de Charles IX*), assez comparables aux hybrides « scènes historiques » conçues par Vitet – ou éclatées – brouillons romanesques fragmentés en une poussière de chapitres, tantôt pointilleusement numérotés, tantôt séparés par des blancs (*Arsène Guillot*, *la Double Méprise*…) –, force est d'admettre que l'œuvre s'obstine en des états suggérant toujours son inachèvement.

Rarement résolues, au moins en apparence, les crises restent le plus souvent ouvertes, à la faveur de dénouements ambigus, où l'indécision n'est jamais un accident de l'art mais sa substance même. Tout est réuni, dans *la Vénus d'Ille*, pour que le fantastique ne parvienne pas à l'emporter sans conteste sur le vraisemblable. « Nous en restons au "semble" et n'atteignons jamais à la certitude », note judicieusement Todorov. De même, *la Partie de trictrac* peut se conclure sans que soit élucidée la moindre énigme : « Je ne pus savoir comment mourut le pauvre lieutenant Roger. »

Dès lors que la raison, la morale, les normes vacillent, l'auteur ne conçoit pas de meilleure façon d'endiguer ces dérèglements que le renoncement à tout ce qui leur a donné corps, minant ce qu'il a édifié pour en conserver la maîtrise. Les passions ont tout pour inquiéter Mérimée. Ce voltairien bourgeois a tôt fait de contenir tout épanchement du cœur, toute aventure de l'esprit dans les bornes d'un néo-classicisme de bon aloi. L'impétuosité de ses plus romanesques créatures se trouvera à tout moment bridée par un efficace système de notations ironiques, d'apartés lourds de jugements, de révélations violant aux moments opportuns l'intimité des consciences et refoulant leurs élans. Carmen, héroïne dont Bizet saura exalter toute la ferveur anticonformiste, se voit soigneusement exorcisée par Mérimée, qui insiste sur chaque élément capable de souligner sa marginalité – sa particularité ethnique, notamment ; qui fait artificiellement de José, promu narrateur, un sujet, quand il n'a jamais cessé d'être objet ; qui ne saurait avoir la conscience en repos avant d'avoir banalisé le sortilège de la séduction de sa sémillante bohémienne : « Une jolie fille vous fait perdre la tête, on se bat pour elle, un malheur arrive, il faut vivre à la montagne ; et de contrebandier on devient voleur avant d'avoir réfléchi. »

Au théâtre, Mérimée excelle dans le huis clos. Exilés dans un lieu coupé du reste du monde, en marge du temps, évoluant dans un espace imaginaire jalousement calfeutré au plus lointain des poncifs de l'exotisme (*l'Amour africain*), oubliés dans une île où la raison ignore ce que l'Histoire les envoie faire (*les Espagnols en Danemark*), figés dans les étroites limites d'une situation dramatique symbolique et conventionnelle – d'un procès, par exemple (*Une femme est un diable*) –, les personnages épuisent toutes leurs virtualités au sein d'un ailleurs, d'un là-bas radicalement hermétique. Tandis qu'ils se consument dans leur vérité d'un jour et d'un lieu, seul l'auteur parvient à s'échapper, à aller et venir librement de la fiction à la réalité, de l'ailleurs à l'ici. Tantôt voyageur et témoin, fondant en souvenirs et en clichés les drames qu'il traverse, tantôt savant érudit et raisonneur, autopsiant les choses, préférant les connaître par leurs vestiges plutôt que par expérience vécue (*Carmen*, *la Vénus d'Ille*), l'écrivain ramène de chacune de ses descentes aux enfers de la passion la certitude tranquille d'un présent à jamais affranchi des désordres : « Il est curieux, ce me semble, de comparer ces mœurs avec les nôtres et d'observer dans ces dernières la décadence des passions énergiques au profit de la tranquillité et peut-être du bonheur » (*Chronique du règne de Charles IX*, Préface).

Béante de son inachèvement ou étouffée par ses propres structures, l'œuvre proclame à tout moment la préoccupation majeure de Mérimée : au-dessus de la cohérence de l'univers littéraire, il importe de placer la nécessité d'un retour toujours possible à l'ordre, à la norme, au réel. L'étrange ne doit faire courir au quotidien qu'un risque calculé. N'ayant d'autre ambition que de permettre à notre paisible banalité de s'éprouver un instant dans les délicieux vertiges de l'insolite, le texte autorise le lecteur à se cramponner dès qu'il le désire à l'intime protecteur qui accompagne et guide fidèlement ses pas, l'auteur, qui a vite fait de rééquilibrer les choses dans leur relativité et de soumettre les pires délires à l'aune de la froide raison et de l'objective connaissance : « En voilà bien assez pour donner aux lecteurs de *Carmen* une idée avantageuse de mes études sur le romani. Je terminerai par ce proverbe qui vient à propos : *En retudi panda nasti abela macha.* En close bouche, n'entre point mouche. »

Inachevée, d'une façon ou d'une autre, l'œuvre se résout à l'être, dès lors qu'il est urgent de couper les ponts entre le passé qu'elle raconte et le présent qui la lit.

Un romantisme ?

Bâti pour la dérision, l'univers de Mérimée laisse toujours planer sur la moindre envolée sublime un soupçon narquois. On ne s'étonnera pas d'y trouver les éléments constitutifs et traditionnels de l'épique singulièrement dévalués. Héros fatigué, traînant sa demi-solde comme une malédiction, mal éveillé dans une vie civile encore plus fertile en surprises et en fureurs que la plus mouvementée des campagnes (Orso), soldat déclassé, égaré dans le monde de la passion, où la chiquenaude d'une cigarière suffit à le faire crouler de toute la hauteur de son orgueil et de ses pâles ambitions (José), les personnages rencontrent le narrateur déjà dépouillés de tout le prestige dont les auréolait la fiction. Le malentendu qui pousse le colonel Nevil à honorer Orso du grade de « caporal » bafoue tout à la fois le lieutenant de Waterloo, le chef de clan corse, et même l'idole qu'il révère encore, dont il croyait partager la gloire, et qui l'anéantit, de fait, dans sa chute : Napoléon, le « Petit Caporal ». Quand le narrateur de *Carmen* croise enfin la route du « fameux bandit nommé José-Maria, dont les exploits étaient dans toutes les bouches », et qu'il découvre « ce héros » dont il admirait la « bravoure et la générosité », il remarque désabusé : « C'était un voyageur comme moi, moins archéologue seulement » (*Carmen*, I).

Stendhal n'aurait peut-être pas désavoué ces figures évanescentes, incapables d'aller jusqu'au bout de leurs quêtes, gaspillant leur destinée au lieu de l'accomplir, intimidées par leurs désirs aussi bien que par leurs actes, contraintes enfin d'être les bourreaux de leurs rêves, de détruire ce en quoi elles ont cru, de tuer ce qui les faisait espérer, convoiter et agir. Mais si Julien Sorel n'est pas allé au terme d'une seule de ses promesses, il en tient mille autres par son échec. L'héroïsme romanesque d'une Mathilde ou d'une Sanseverina est toujours prêt à relever de leur ruine les rêves de grandeur des hommes qui ne voyaient en elles que des objets ou des moyens. L'inachèvement stendhalien, en somme, est peut-être moins lourd pour qui échoue, plus inquiétant pour tout ce qui triomphe.

Rien de tel chez Mérimée, où l'œuvre, close ou ouverte, se trouve toujours conçue comme forme résolutive. Dans le conflit où il s'est fourvoyé, le personnage est soudain confronté à des choix trop grands pour lui, et sommé de se hausser aux dimensions de l'autre. Le fantastique, au demeurant, réside presque tout entier dans le mode d'existence propre de l'autre et dans la terreur qu'inspire cette image de ce qu'on ne peut se résoudre à être, à élire, à aimer ou à conquérir comme un nouveau soi-même.

Ne sachant plus être un avec sa hantise s'il ne lui cède ni ne parvient à l'abolir, le héros doit à toute force se précipiter dans un acte capable de mettre fin à ses épreuves, de le ramener au moins à l'indifférente quiétude du néant de ses origines. L'odyssée lamentable de Tamango est tout entière dominée par cette loi : roitelet pétri de vanité et d'inconsistance, le rôle de chef rebelle que le hasard lui offre, au lieu de le transfigurer, le révèle dans toute sa médiocrité. Au terme de son aventure, il n'est plus qu'« un nègre si décharné et si maigre qu'il ressemblait à une momie ». Il n'a qu'à s'alléger du peu de substance qui lui reste, son récit, pour gagner le droit d'assumer sa nullité (*Tamango*).

Arrêté dans sa course, le héros stendhalien laisse la conviction qu'il aurait pu poursuivre son envol si le monde ne lui avait fixé des bornes. Chez Mérimée, le personnage n'abdique qu'au moment où il se reconnaît lui-même limité, fini en son être, dépassé par l'infinité des choses qui se dérobent à son contrôle et à son expérience.

Seul le narrateur paraît toujours conscient du caractère dérisoire et décevant de toute recherche de l'absolu. Lui qui n'a cure de régner sur les choses, se contentant, sous l'identité commode du savant polyglotte ou du philologue, de répertorier les mots comme autant de vestiges des faits, d'en déchiffrer par bribes la ténébreuse syntaxe, de s'initier à l'étrange en commençant par en balbutier les idiomes de prédilection : latin (*la Vénus d'Ille*), romani (*Carmen*), corse (*Colomba*) ou lituanien (*Lokis*).
Une créature de Manzoni ou de Hugo n'a besoin que d'elle-même pour savoir dès le début ce que comporte de désespéré sa recherche. Sa chute ne l'abaisse jamais au-dessous de ce qu'elle n'a pu atteindre. Lokis, au contraire, se croyait un homme. Son histoire n'est fantastique que sur le fond de cette méprise qu'il fait partager au lecteur avant que le docte professeur ne la dissipe totalement : il n'a jamais cessé d'être animal ; Lokis veut dire « ours », « ce n'est pas un nom d'homme », et, on aurait dû le noter, « pas un seul des personnages ne s'appelle ainsi ». Plat travestissement de notre bon vieux loup-garou ? Pas même : on cherchait un personnage, et il n'existait pas. *Lokis*, dernière œuvre de Mérimée, tend ainsi à achever un système où se tramait depuis toujours la mort du personnage comme entité problématique et autonome.

VIE		ŒUVRE	
1803	**28 sept. :** Prosper Mérimée naît à Paris, fils de Jean-François Léonor Mérimée, professeur de dessin à l'École polytechnique, peintre et esthète, et d'Anne-Louise Mérimée, née Moreau, dont l'aïeule, Marie Leprince de Beaumont, entre autres œuvres narratives et didactiques, adapta un conte célèbre : *la Belle et la Bête*.		
1812-1819	Élève du lycée Napoléon (Henri-IV), il poursuit ses études avec conscience et efficacité, trouvant dans ses lectures assez de rêve et d'évasion. L'anglophilie de son milieu familial ouvre sa sensibilité aux charmes de la langue et de la littérature anglaises.		
1820-1823	Tout en travaillant à sa licence de droit, il traduit Ossian et ébauche peut-être ses premières œuvres, *les Espagnols en Danemark* et *Une femme est un diable*, comédies, révélées plus tard et intégrées au *Théâtre de Clara Gazul* ; *la Bataille*, récit dont la forme séquentielle, presque dramaturgique, et l'extrême concision annoncent ce qui constituera l'originalité de l'écrivain. Auparavant, il a déjà donné lecture d'un *Cromwell* dont il n'est rien resté.		
1824-1830	La vie mondaine l'accapare. Entre un épisode libertin, une idylle ou un duel, Mérimée fréquente les salons littéraires, se liant avec Delécluze, Victor Hugo, Musset. Il s'affirme comme romantique, lit ses œuvres et les publie. Il voyage et découvre l'Angleterre (1825, 1826) et l'Espagne (1830). Libéral, il accueille favorablement le régime de Juillet, qui va l'en remercier rapidement par ses protections et faveurs. L'histoire veille déjà sur la quiétude de Mérimée : à Madrid, il est devenu un intime du comte de Montijo, dont la fille cadette, Eugénie, deviendra en 1853 impératrice des Français.		
		1825	*Théâtre de Clara Gazul.*
		1827	*La Guzla ou Choix de poésies illyriques, recueillies dans la Dalmatie, la Croatie et l'Herzégovine* (nouvelle mystification).
		1828	*La Jacquerie, scènes féodales*, suivie de *la Famille de Carvajal*, drame.
		1829	*Chronique du règne de Charles IX*, puis, dans la *Revue de Paris*, les nouvelles : « Mateo Falcone » ; « Vision de Charles XI » ; « Tamango » ; « le Fusil enchanté » ; « Federigo » ; « le Ban de Croatie » ; « le Heyduque mourant » ; « la Perle de Tolède ». Dans *la Revue française :* « l'Enlèvement de la Redoute ».
		1830	« Histoire de Rondino » ; « le Vase étrusque » ; « les Mécontents » ; « la Partie de trictrac ».
1831-1840	N'osant compter sur son seul talent pour assurer son avenir, il joue de ses relations pour s'ouvrir les portes d'une plus sûre carrière : après avoir occupé des fonctions de second plan aux ministères de la Marine, du Commerce et de l'Intérieur, il est nommé inspecteur général des monuments historiques (27 mai 1834). Il est ainsi amené à effectuer à travers la France une série de tournées, dont il va publier les notes.		

	VIE		ŒUVRE
		1832	*Les Voleurs en Espagne.*
		1833	*Les Sorcières espagnoles.* Mosaïque.
		1834	*Les Âmes du purgatoire.*
		1835	*Notes d'un voyage dans le midi de la France.*
		1836	*Notes d'un voyage dans l'ouest de la France.*
		1837	*La Vénus d'Ille.*
		1838	*Notes d'un voyage en Auvergne.*
		1840	*Notes d'un voyage en Corse ; Colomba.*
1841-1851	Il se détourne presque totalement des lettres pour se consacrer à sa tâche d'inspecteur des monuments. À peine trouve-t-il le temps, au retour d'un voyage, entre deux recherches érudites sur l'archéologie, l'Histoire ou l'architecture, de s'intéresser à la littérature russe, de traduire Pouchkine ou d'écrire *Arsène Guillot* (1844) et *Carmen* (1845), donnant ainsi de plus vifs regrets à ceux qui l'ont élu à l'Académie française. Pour cet homme arrivé, 1848 aurait dû être le signal de la chute. Ce ne sera qu'une chaude alerte. On le maintient dans ses fonctions, et l'Empire vient vite dissiper ses frayeurs conservatrices. Tout de suite rallié à Louis Napoléon Bonaparte, il voit désormais pleuvoir sur sa personne les faveurs du régime (officier de la Légion d'honneur dès janvier 1852, sénateur en juin 1853, familier de la Cour) et les vitupérations de Rochefort, de Hugo et de tout ce que l'opposition à Badinguet compte de plumes. On ne lui sait pas gré de son courage quand il prend la défense de Guillaume Libri, contre toute raison (comment justifier un concussionnaire ?) et par pure générosité. Cette intervention lui vaut, malgré ses fonctions et son crédit, quinze jours de prison (1852). Le repli dans l'étude favorise alors un effacement salutaire.	1841-1851	Quelques œuvres mineures ne suscitent qu'indifférence (*Arsène Guillot*, 1844 ; *l'Abbé Aubain*, 1846 ; *les Deux Héritages ou Don Quichotte, moralité à plusieurs personnages*, 1850), voire restent inédites (*Il Viccolo di Madama Lucrezia*, 1846).
		1845	*L'Inspecteur général. Débuts d'un aventurier.* *Carmen.*
		1855	*Mélanges historiques et littéraires.* Publication des *Aventures du baron de Faeneste*, d'Agrippa d'Aubigné.
		1856	Traduction du *Coup de pistolet* de Pouchkine.
1860-1870	Se livre à des recherches pour le compte de l'empereur, qui projette d'écrire (?) une *Histoire de Jules César* afin de s'ouvrir les portes de l'Académie. Mais sa santé, depuis 1862, se dégrade au point de devenir l'objet d'une exclusive et obsédante angoisse. Asthme et bronchite le tourmentent sans relâche, malgré de nombreuses cures. Les errements politiques de la fin du règne l'inquiètent tout autant. Il épuise ses dernières forces pour essayer de sauver un régime qui, depuis Sedan, ne peut plus l'être. Mérimée ne survit pas à son échec, et il s'éteint le 23 septembre 1870.	1863-1864	Publication d'articles sur « Bogdan Chmielnicki » et l'« Histoire du règne de Pierre le Grand », dans *le Journal des savants* (il reprendra ce dernier sujet en 1867).
		1866	*La Chambre bleue.*
		1869	*Le Journal des savants* publie deux articles sur l'« Histoire de la fausse Élisabeth II ». *Lokis.*

La Jacquerie

Publiée en 1828, au moment où Mérimée commence la rédaction de la *Chronique, la Jacquerie* procède, comme le roman, d'une juxtaposition plus que d'une subordination d'épisodes : suite de « scènes féodales » (trente-six en tout), la pièce, sous couvert de montrer la révolte paysanne du printemps 1358, s'attache surtout à « donner une idée des mœurs atroces du quatorzième siècle » (Préface).

Car montrer importe ici plus que démontrer : l'action se dilue en intrigues aussi diverses que les amours de l'écuyer Pierre pour la noble Isabelle d'Apremont, l'ambition du frère Jean, les excès nobiliaires ou les malheurs paysans, etc., subordonnant ainsi l'Histoire à une conjonction de vengeances personnelles. Peu ou pas de psychologie, donc, mais du mouvement, des foules (troupes d'aventuriers, hordes paysannes, armées seigneuriales, groupes de brigands), des lieux dignes du mélodrame (le château féodal, la forêt, les champs de bataille), une succession de « tableaux » où la violence s'étale avec complaisance (le sénéchal tué à coups de hache [sc. XI], l'enfant d'Apremont poignardé dans le dos [sc. XVII], la tête fracassée de l'abbé sur la châsse de saint Leufroy [sc. XVIII]) : œuvre bien de son temps, « œuvre de combat, œuvre libérale aussi bien du point de vue politique que littéraire » (P. Jourda), *la Jacquerie* offre une parfaite illustration des ruptures voulues par les romantiques à la scène, tant par le refus des règles ou des bienséances classiques que par la promotion des obscurs au rang de héros. Mais, par son schématisme et ses excès, la pièce de Mérimée montre les ambitions et les limites d'une dramaturgie conçue contre la parole, d'un théâtre où l'image voulue par l'auteur ne laisse aucune place à l'imagination du spectateur.

La Vénus d'Ille

Publiée dans la *Revue des Deux Mondes* en 1837, *la Vénus d'Ille* fut imprimée en volume avec *Colomba* et *les Âmes du purgatoire* en 1841. « C'est, suivant moi, mon chef-d'œuvre », confessait Mérimée ; chef-d'œuvre du fantastique, précisa la critique.

SYNOPSIS

Deux nouvelles accueillent le narrateur, archéologue parisien, à son arrivée à Ille : le mariage prochain de M. Alphonse, le fils de son hôte, et la découverte d'une Vénus romaine. Pour être tombée sur l'ouvrier qui l'a découverte, la statue jouit d'une mauvaise réputation, et, s'il rit de la punition du vandale qui, lui ayant jeté une pierre, la reçoit par ricochet, le savant ne peut réprimer son trouble devant l'expression méchante du visage de bronze – d'autant que, sur la stèle, figure une inscription invitant peut-être à se méfier de son amour. Vendredi, « jour de Vénus » choisi pour les noces, le fiancé se lance dans une partie de paume et, gêné par l'alliance, la passe au doigt de la statue… où il l'oublie. Afin d'échapper aux moqueries, il ne dit mot, offrant à sa jeune épouse un autre anneau. Écœuré par les rires gras, les plaisanteries et les beuveries de la fête campagnarde, le narrateur va se coucher sans vérifier les dires du marié qui, se déclarant ensorcelé, prétend que la Vénus a refermé la main sur son alliance. C'est qu'il voit là l'effet du vin, comme, bientôt, dans la lourdeur des pas se rendant à la chambre nuptiale. Au réveil, il trouvera la maison en effervescence, l'époux tué par quelque étreinte de fer, la bague sur le tapis et l'épouse, devenue folle, sans doute, répétant que la statue les a rejoints au cours de la nuit… Son mari mort peu après leur fils, l'hôtesse a fait fondre la Vénus pour doter l'église d'une cloche ; depuis, les vignes ont gelé deux fois.

Et de fait, le récit procède par contamination réciproque du réel et du merveilleux : ainsi la statue, objet d'admiration esthétique – « un antique admirable » – pour M. de Peyrehorade, mais que les habitants d'Ille – qui l'appellent « l'idole » – ont investie de pouvoirs maléfiques, est-elle aux yeux du narrateur dotée « d'une merveilleuse beauté » mais aussi d'un « caractère étrange ». Étrangeté qui se précise au fil du texte et fait de la Vénus une créature infernale : M. Alphonse ne se croit-il pas « ensorcelé » par « cette diable de Vénus » ? Et le narrateur, « désespérant de rendre cette diabolique figure », n'a-t-il pas l'impression d'y voir les traits « d'une divinité infernale applaudissant au malheur qui frappait cette maison » ?

Reste que, si l'essence de la statue se dévoile progressivement, son existence demeure mystérieuse, à l'image de l'énigmatique formule latine – *cave amantem* – qui orne son socle ; et le narrateur peut bien rationaliser certains épisodes – « il était évident que la pierre avait rebondi sur le métal », « je le crus tout à fait ivre » –, la mort violente de M. Alphonse échappe à toute explication. Si bien que le récit, qui aurait pu basculer vers la fiction policière – le narrateur accumule les indices pour tenter d'éclairer logiquement le mystère –, s'achève par le triomphe du fantastique. Un fantastique fait de mots et de signes qui tracent à travers la nouvelle un réseau de correspondances installant la Vénus au rang de suspecte sans jamais en faire une accusée. Ainsi le meurtre n'a-t-il d'autre explication que… sémantique : car, s'il est vrai que l'inscription du socle signifie bien : « Prends garde à toi si elle t'aime », passer au doigt de la statue, comme l'a fait imprudemment M. Alphonse, une bague de mariage où s'inscrit un serment d'amour éternel – *Sempr'ab ti* –, c'est signer son arrêt de mort, et cette mort n'est autre qu'un crime passionnel. Mais, de même que le récit enregistre les signes sans les interpréter – ainsi l'histoire de l'idole s'inscrit-elle entre l'olivier gelé qui préside à sa découverte et le gel des vignes qui suit sa fonte en cloche –, de même la statue détient-elle seule l'explication d'un mystère que le texte expose sans jamais le dévoiler.

Chronique du règne de Charles IX

Rédigé dans l'année 1828, l'ouvrage fut publié en 1829 sous le titre initial de *1572, Chronique du règne de Charles IX, par l'auteur du Théâtre de Clara Gazul* ; ce n'est qu'à l'occasion de la deuxième édition (1832-1833) que le livre reçut son titre définitif et que Mérimée imprima son nom sur la couverture.

SYNOPSIS

En 1572, un jeune noble protestant, Bernard de Mergy, rejoint son frère à Paris. Après un voyage troublé par le conflit religieux latent (I, II), il retrouve le capitaine Georges de Mergy (III) converti, sinon à la foi, du moins aux manifestations extérieures du culte catholique (IV). La capitale promet au héros amour (V) et gloire (VI) en le faisant remarquer de Diane de Turgis, belle comtesse catholique fort dévote, et du chef des protestants, l'amiral de Coligny. Déjà, le voilà invité à la chasse du roi (VII), occasion dont Mérimée se saisit pour affirmer sa poétique contre celle du roman historique alors en vogue (VIII), occasion, surtout, pour Bernard, d'être présenté à la comtesse ainsi qu'à Comminges, « amant » jaloux qui le provoque en duel (IX). Aussitôt, Diane marque sa préférence au jeune provincial qu'elle espère convertir, lui offrant une relique (X) à laquelle le novice doit la victoire sur le bretteur éprouvé (XI). Vainqueur, Bernard s'expose aux poursuites judiciaires. Dans le refuge qu'un ami de son frère, Béville, lui procure, il surprend Mme de Turgis demandant à la magie sa santé et son amour (XII). Elle obtient pour lui la grâce que Coligny ne veut pas solliciter du roi (XIV) et, déguisée en Espagnole, se donne à lui (XIV, XV) avant de se démasquer (XVI). Prétextant son refus d'intervenir en faveur de Bernard, Charles IX invite Georges à assassiner l'amiral. Furieux de n'être pas obéi, il renvoie le capitaine à son armée (XVII). Cependant, Diane s'acharne vainement à faire abjurer Bernard (XVIII) alors qu'un attentat contre Coligny accroît la tension entre catholiques et réformés (XIX). Le 24 août, Georges, à la tête de sa compagnie de chevau-légers, désobéit à l'ordre d'exterminer les huguenots (XX) ; de même, impuissante à convertir son amant, Diane lui avoue quel massacre commence (XXI). En dépit du carnage, Georges parvient à les rejoindre, mais il est bientôt incarcéré. Pour Bernard, l'ultime chance de salut réside dans la fuite (XXII). C'est sous un habit de moine que, en compagnie du chef des reîtres rencontré au début du livre, il parvient à La Rochelle, place forte de la Réforme (XXIII). Le roi y a envoyé un ancien lieutenant de Coligny en ambassade, La Noue, qui consent à prendre la tête des protestants, espérant les amener à la paix, quand une armée royale vient assiéger la ville (XXIV). Contre un pasteur, qui prêche la guerre sainte, La Noue exprime l'horreur de la guerre civile ; pourtant, il prépare une attaque qu'il sait devoir être meurtrière. Bernard, sur le point de tuer un assiégeant, s'émeut à la pensée que ce pourrait être son frère (XXV) ; le lendemain, cependant, l'apercevant à nouveau, il le fait abattre… C'était Georges. Autre victime de la sortie des Rochelais : Béville, leur ami, qui fit longtemps profession d'athéisme (XXVI). Prêtre et pasteur se disputent les derniers instants des prisonniers mais si Béville, cédant à la peur de l'enfer, se confesse, Georges, fidèle à lui-même, refuse toute religion et meurt en paix avec ce frère qui, comme le lui avait prédit une bohémienne, a versé « [s] on propre sang » (XXVII).

Bien accueillie par le public, la *Chronique* suscita nombre de réserves de la part de la critique, qui s'attacha à en contester l'exactitude historique : dès la sortie, Magnin remarquait dans *le Globe* que le « livre, daté en gros caractères *1572* [évoque] des mœurs de trente ans postérieures ». Ce procès devait être rouvert par Maurice Maindron dans un article du *Gaulois* (1909) où étaient relevés les anachronismes dans le vocabulaire, dans les détails vestimentaires, dans les attitudes idéologiques, et qui condamnait « l'érudition de mauvais aloi » et « l'archéologie nulle » de Mérimée ! Faux procès, en vérité, qu'avait prévenu l'écrivain tant dans sa « Préface » – « Il n'appartient pas à un faiseur de contes comme moi de donner dans ce volume le précis des événements historiques de l'année 1572 » – que dans le « Dialogue entre le lecteur et l'auteur » qui constitue l'ensemble du chapitre VIII – « Je voudrais bien avoir le talent d'écrire une Histoire de France ; je ne ferais pas de contes ».

C'est qu'ici l'Histoire n'est que prétexte à raconter une histoire – et les sources revendiquées par Mérimée (« Ce n'est point dans Mézeray, mais dans Monluc, Brantôme, d'Aubigné, Tavannes, La Noue…, que l'on se fait une idée du *Français* au seizième siècle ») indiquent clairement qu'il recherche moins l'exactitude des faits que la vraisemblance d'une atmosphère, élément d'illusion (la « couleur locale » chère aux romantiques) au service d'une œuvre d'imagination qui veut « donner le sentiment de relater des faits réels » (R. Mathé). Faits dont l'enchaînement ne procède d'aucune dialectique ni d'aucun déterminisme, mais dont la juxtaposition permet de brosser des portraits types – les jeunes courtisans (chap. III), les religieux fanatiques (chap. XXVII), etc. –, d'évoquer des scènes pittoresques – une beuverie (chap. I), une chasse royale (chap. X), un duel (chap. XI), etc. – ou franchement romanesques – la « magie blanche » (chap. XII), le rendez-vous masqué (chap. XIV-XV). Évacuée au profit de l'imaginaire, l'Histoire n'en demeure pas moins un cadre doublement utile : pour l'insertion de personnages fictifs dont les aventures galantes ou les débats théologiques forment la véritable trame du récit ; pour l'établissement d'un incessant va-et-vient d'hier à aujourd'hui qui permet au narrateur de dégager les sentiments permanents de l'humanité : l'amour comme la haine, la fraternité comme l'intolérance, etc. Dès lors, l'Histoire rejoint le quotidien, et le dernier mot reste au lecteur, « qui terminera toujours le roman à son gré » (chap. XXVII).

Carmen

Au retour d'un premier voyage *tra los montes* en 1830, Mérimée publia dans la *Revue de Paris* quatre « Lettres d'Espagne » qui tiennent à la fois du récit de voyage et de la fiction, et dont les trois premières furent insérées à la fin du recueil *Mosaïque* (1833). Le sujet de ces « Lettres » – les courses de taureaux, une exécution, l'histoire du « brigand » José-Maria, les sorcières espagnoles – se retrouve dans *Carmen*, publiée, après un second voyage, dans la *Revue des Deux Mondes* (1845). Mais, dans l'intervalle, Mérimée s'est attaché à « l'étude des bohémiens avec beaucoup de soin » : aussi a-t-il fait d'une *zingara* son héroïne, tout en lui conservant le nom de la sorcière de la quatrième « Lettre » : Carmencita. Travail de contamination des sources qui donne à la nouvelle cette structure complexe où se mêlent les voix narratives, le récit que fait don José de ses amours tumultueuses avec Carmen (chap. III) venant s'enclaver entre la double rencontre du narrateur avec le brigand José-Maria (I) et la bohémienne Carmen (II) d'une part, et la digression finale sur l'histoire, les mœurs, le caractère et la langue des bohémiens, d'autre part (IV). Il naît ainsi un effet stéréoscopique dans la présentation des personnages : à la vision externe du narrateur, qui voit en Carmen « une beauté étrange et sauvage » (II), répond le regard de don José, qui, saisissant « cette diable de fille » de l'intérieur, y décèle « un démon » (III), tandis que le chapitre IV permet de comprendre ce qui, chez l'héroïne, ressortit à ses origines ; de même don José, dont « les exploits sont sur toutes les bouches », et que le narrateur compare à un « Satan de Milton » (I), s'attire-t-il les méprisants propos de Carmen : « Va, tu as un cœur de poulet » (III). Poulet, canari, mouton..., les animaux qui désignent don José ne sont que proies faciles pour la « bête fauve » (IV) qu'est Carmen ; et celle-ci peut d'ailleurs prédire : « Chien et loup ne font pas longtemps bon ménage [...]. Ne pense plus à Carmencita ou elle te fera épouser une veuve à jambe de bois » (III).

SYNOPSIS

En attendant la publication d'un mémoire archéologique, le narrateur relate comment, à l'occasion de recherches menées en Espagne, il a sauvé un bandit (I) à la reconnaissance duquel il doit sans doute de n'avoir laissé que sa montre chez la Carmencita, belle bohémienne qui lui tirait la bonne aventure. Quand il revient à Cordoue après plusieurs mois d'absence, le bandit est en prison. En attendant l'exécution, celui-ci, don José, lui fait le récit de son aventure (II). Engagé dans l'armée à la suite d'un combat où il avait tué son adversaire, il a été dégradé pour avoir laissé s'échapper Carmen, une gitane qu'il devait mener en prison. Après les plaisirs d'une journée merveilleuse, il manque à l'appel. Peu après, il consent, sur sa demande, à laisser passer des contrebandiers, en échange d'une autre journée. Mais quand il vient chercher sa récompense, il trouve la « Gitana » en compagnie d'un lieutenant. Nouveau combat, nouvelle victoire, au terme de laquelle il ne lui reste qu'à déserter. Commence alors pour lui la vie errante qui lui fait accumuler forfaits – il se charge notamment d'une troisième mort en débarrassant la gitane de son ancien compagnon – et souffrances : éprise de liberté avant tout, Carmen se détache peu à peu de lui. Moins pour un *picador,* qu'elle n'aime déjà plus, qu'au nom de sa liberté de « Calli », elle refuse de rester avec don José, lui préférant cette mort que le marc de café lui a prédite (« Moi d'abord, toi ensuite »). Il l'emmène à l'écart, la poignarde, l'ensevelit et se livre (III). La nouvelle s'achève sur une brève étude de la physionomie, des mœurs, de l'histoire et du langage des bohémiens (IV).

Mais, au-delà du heurt de deux caractères et de l'intrigue amoureuse, nouvelle variation sur le thème mélodramatique de la déchéance par l'amour – « C'est toi qui m'as perdu ; c'est pour toi que je suis devenu un voleur et un meurtrier » –, *Carmen* est avant tout une tragédie – Peter Brook, dans l'adaptation qu'il proposait du texte-opéra, avait choisi le titre de *la Tragédie de Carmen* (1981) – qui naît de la tension entre deux univers mentaux : « Pauvre enfant ! » confie don José à la fin de son récit, « ce sont les *Calés* qui sont coupables pour l'avoir élevée ainsi » (III). Dès lors se justifie le rôle du chapitre IV, antithèse de la vie sociale que symbolisent l'armée et l'Église. Et autant que l'envoûtement du brigadier par la bohémienne, la nouvelle conte la fascination de don José pour la liberté : « La vie de contrebandier me plaisait mieux que la vie de soldat ». Fascination pour l'impossible, car on ne *devient* pas bohémien – « cela ne se peut pas », dit Carmen –, et qui contraint le héros à une errance au bout de laquelle il trouvera le lieu le plus clos de l'ordre social : la prison.

Histoire d'une illusion et de son échec, *Carmen* est, d'une certaine façon, la condamnation d'un romantisme qui se plaisait à exalter la rupture de l'ordre et la marginalité.

Colomba

Écrite au retour d'une mission d'inspection archéologique (16 août-7 octobre 1839) d'où allaient sortir les *Notes d'un voyage en Corse* (avril 1840), la plus longue nouvelle de Mérimée fut d'abord publiée dans la *Revue des Deux Mondes* (juillet 1840) et ne connut la consécration du volume qu'un an plus tard.

SYNOPSIS

Le colonel Nevil et sa fille, Lydia, séduits par la réputation de la Corse (I), acceptent à leur bord un jeune lieutenant en demi-solde, Orso della Rebbia, avec lequel ils ne tardent pas à se lier (II). Mais son père a été assassiné. Serait-ce pour le venger qu'il retourne à Pietranera ? (III). Son silence impénétrable suscite l'intérêt de la jeune Anglaise qui entreprend de le séduire (IV). À Ajaccio, ils voient arriver la farouche Colomba, sœur d'Orso, bien décidée à lui faire prendre les armes (V). En fait, bien que la mort de della Rebbia s'inscrive dans une longue tradition de *vendette,* les coupables en demeurent inconnus. Colomba accuse les Barricini ; les présumant innocents, c'est pour marier sa sœur, et non pour tuer, qu'Orso est revenu (VI). Il fait part de sa tension intérieure à miss Nevil (VII) qui succombe au charme romanesque (VIII). Il trouve le village prêt pour une guerre (IX) qu'il a bien du mal à ne pas souhaiter (X), d'autant que Colomba, assistée de « bandits », met tout en œuvre pour réveiller son âme corse (XI). Ce sont les Barricini qui y parviendront, en troublant une veillée funèbre tout d'abord (XII), puis en l'agressant dans sa propre demeure où Colomba, qui refuse de croire en la preuve de leur innocence détenue par le préfet (XIII), profitant de l'inattention de son frère (XIV), a su les attirer : un « bandit » ayant témoigné de la complicité des Barricini et d'un faussaire, l'un des frères se précipite sur Orso qui le provoque en duel (XV). Orso part avertir de la situation Lydia, qui vient d'annoncer sa venue (XVI). En chemin, il tombe dans une embuscade dressée par les frères, mais ce sont eux qui en sont les victimes. Il prend le maquis (XVII). Au village, Colomba devine les sentiments de Lydia en attendant avec elle des nouvelles du jeune homme (XVIII). Prétextant une promenade, elle l'emmène auprès d'Orso blessé, et obtient d'eux une mutuelle déclaration (XIX). Innocenté par le tribunal, il quitte la Corse, non sans un adieu à ses amis « bandits » (XX). Peu après, le jeune couple visite Pise. Colomba semble métamorphosée, mais la rencontre du père Barricini, pitoyable vieillard, révèle sa nature inaltérable (XXI).

En raison de la multiplicité et de la variété des sources – relations orales, archives judiciaires, ouvrages historiques, etc. –, l'écrivain a d'abord fait œuvre d'organisateur : « J'ai tâché de faire une *mosaïque* avec les récits que j'ai recueillis à gauche et à droite » (lettre à E. Conti du 12 novembre 1840). D'où, afin d'éviter au récit de se diluer dans une couleur locale gratuite ou dans l'anecdotique, le centrage de l'intérêt non sur la réalisation de la *vendetta* (celle-ci n'occupe que le chapitre XVII), mais sur les clivages qu'elle révèle entre les personnages : détermination farouche de Colomba, refus moral et social de miss Nevil, incertitude d'Orso. Dès lors que le problème était intériorisé, il devenait normal que le débat d'Orso fût au cœur de la nouvelle ; mais de ce conflit d'où pouvait naître un héros tragique – «… il lui semblait entendre un oracle fatal, inéluctable, qui lui demandait du sang » (XI) – Mérimée a fait un récit d'où émerge un « héros de roman » (VIII et XVIII) en qui viennent se fondre la veine dramatique qu'incarne Colomba et la veine sentimentale que représente miss Nevil. Reste que si l'unité psychologique des deux héroïnes tranche avec l'ambiguïté d'Orso, c'est que les caractères comptent sans doute moins que les idées qu'ils symbolisent : Colomba est moins une « Électre rustique » (P. Josserand) que le symbole de l'attachement aux traditions et au passé, la représentante d'une société archaïque ; de même miss Nevil apparaît-elle moins comme le porte-parole du romanesque que comme la prosélyte de la civilisation moderne à laquelle « il serait glorieux de convertir un Corse » (IV). Ainsi, fidèle à son habitude, Mérimée élargit-il le problème du particulier au général en faisant de son récit, à travers quelques figures emblématiques, le portrait d'un pays ou d'un peuple autant que l'histoire de héros privilégiés ; et même si le narrateur ne s'affuble ici ni du savoir de l'ethnologue ni des connaissances de l'historien, il n'en décrit pas moins, au travers du drame d'Orso, « sauvage trop civilisé » (VII) sans cesse « agité de résolutions contraires » (XVII), le déchirement d'une île tentée par la culture continentale mais incapable de renoncer à sa propre nature.

D. Couty et D. Giovacchini

MERLE Robert

(né en 1908)

Né à Tébessa (Algérie), agrégé d'anglais, docteur ès lettres, il a été professeur dans plusieurs facultés et termina sa carrière universitaire à Paris-X. Sa production littéraire est éclectique. Il consacre deux essais à Oscar Wilde ; *Oscar Wilde,* en 1984, reprend et complète le texte de sa thèse achevée en 1948. Il écrit aussi pour le théâtre, traduit quelques grandes œuvres classiques de langue anglaise, puis, en collaboration avec son épouse, des écrits de « Che » Guevara et des œuvres américaines contemporaines. Il est aussi l'un des biographes de Fidel Castro et de Ahmed Ben Bella.

Mais, depuis *Week-end à Zuydcoote* (1949, prix Goncourt ; porté à l'écran par Henri Verneuil), puis *La mort est mon métier* (1953), c'est surtout son œuvre romanesque que recherche un large public épris d'idées généreuses, qui apprécie ses récits à la fois imaginaires et vraisemblables. Ceux-ci, en se fondant le plus souvent sur un fait réel, entraînent des personnages types à confronter leurs caractères, leurs cultures, leur vécu quotidien et leurs tabous aux grands problèmes de notre temps : l'asservissement des colonisés (*l'Ile,* 1962), l'exploitation des dauphins à des fins militaires (*Un animal doué de raison,* 1967), la survie de l'espèce (*les Hommes protégés,* 1974), etc. À l'intérieur de petits mondes clos (la faculté de Nanterre de *Derrière la vitre,* 1970 ; le charter sans équipage de *Madrapour,* 1976 ; le sous-marin nucléaire de *Le jour ne se lève pas pour nous,* 1986…), l'événement exceptionnel sert de révélateur aux problèmes de la solitude, de l'incommunicabilité ou de la « roue du temps ». La sympathie de l'auteur est manifeste pour le révolutionnaire qui rêve d'une société fraternelle, pour « tous les manants de ce val de misère [qui] entendent un jour […] que zèle à Église sans amour de l'homme n'est que ruine de l'âme ». Merle a préfacé nombre d'œuvres qui dénoncent, comme ses propres romans, la guerre, le racisme, la torture, l'abus de pouvoir. Son style utilise tous les niveaux et tics de langage, y compris ceux des hommes du XVIe siècle dans ses romans historiques. Une saga, *Fortune de France* (12 vol. parus depuis 1977), qui s'étend des guerres de Religion au règne de Louis XIII, l'a consacré comme l'un des maîtres contemporains de ce genre.

M. P. Schmitt

Merlin v. ROBERT DE BORON

MERTENS Pierre

(né en 1939)

Écrivain belge d'expression française. Directeur du centre de sociologie littéraire de l'université de Bruxelles, spécialiste de droit international, auteur d'un traité sur *l'Imprescriptibilité des crimes de guerre et contre l'humanité* (1974), observateur humanitaire pour l'Organisation des Nations unies au Proche-Orient et en Europe de l'Est, membre de l'Académie royale de Belgique, Pierre Mertens est une figure intellectuelle marquante de la société belge. C'est un écrivain profondément et pratiquement engagé dans les problèmes de son temps, sans oublier ceux de son pays : *Une paix royale* (1995), qui évoque sans fard la « question royale » belge et le rôle de la monarchie pendant la Seconde Guerre mondiale, a soulevé de violentes polémiques.

Tout naturellement, Pierre Mertens a fait de l'engagement de l'écrivain l'axe central de son œuvre littéraire. La fiction chez lui doit, sous peine de se perdre dans le bavardage ou l'esthétisme vide, s'ancrer dans une réalité et dans une histoire à qui elle donne sens. Dans les premiers romans de Mertens, *l'Inde ou l'Amérique* (1969), *le Niveau de la mer* (1970), *la Fête des anciens* (1971), l'autobiographie prend le pas sur le travail de l'imagination. Avec *les Bons Offices* (1974), *Terre d'asile* (1978) et *Perdre* (1983), la thématique devient plus complexe. L'écrivain se trouve soumis aux effets d'une double angoisse née d'une double impuissance. Comme spectateur des horreurs de l'Histoire, il éprouve son incapacité à changer le cours des choses, l'inefficacité des interventions humanitaires, l'inanité des dénonciations. Comme écrivain, il éprouve la distance infinie du vécu et de l'écrit, la nécessité et la dérision de la fiction, la tentation permanente du découragement et du refuge dans le cocon des mots. L'écrivain n'écrit qu'au risque de se perdre.

Amplifiés, développés, ces thèmes se retrouvent dans le plus célèbre des romans de Mertens, *les Éblouissements* (prix Médicis et prix Paul-Celan 1987). L'écrivain y recrée quelques épisodes de la vie de Gottfried Benn (1886-1956), grand poète expressionniste allemand, rallié avec enthousiasme au nazisme de 1933 à 1936. Un scandale spirituel pour le poète lui-même, dont Mertens explore les gouffres, les aveuglements, les éblouissements. La vie de Benn est à la fois une réalité historique et un symbole universel, celui des errements qui menacent les chercheurs de vérité et d'absolu.

Les mêmes angoisses se retrouvent dans les nouvelles de Mertens (*Nécrologies*, 1977 ; *Ombres au tableau*, 1982 ; *les Chutes centrales*, 1990), ses essais littéraires (*Uwe Johnson, le scripteur de mur*, 1989), ses pièces de théâtre (*Collision*, 1988 ; *Flammes*, 1993) ainsi que dans son opéra *la Passion de Gilles* (1982).

P. Lepape

MESCHINOT Jean

(1420-1491)

Ce poète de la cour de Bretagne, d'une famille de petite noblesse, servit à partir de 1442, en qualité d'écuyer, quatre ducs successifs. Il connut une période brillante sous Artus III, connétable de Richemont, puis une disgrâce de deux ans qui marqua son œuvre d'un pessimisme prolixe. Gentilhomme de la garde (1461-1467), puis maître d'hôtel d'Anne de Bretagne, il fut le poète de la cour ducale et, comme tel, composa des pièces amoureuses (quatre rondeaux, une ballade) sophistiquées dans lesquelles il joue le « banny de liesse » (« plus ne voy rien qui reconfort me donne/Plus dure un jour que ne souloient cent », sur le refrain « puis que de vous approucher ne puis ») ; répétitions, antithèses, jeux de rimes caractérisent son style, proche des « Rhétoriqueurs » bourguignons (« Je suis gary de santé langoureuse/J'ai liesse pénible et douloureuse/Et doulx repos plein de melancolie »). Il participe aux échanges poétiques du temps, écrivant des lettres-poèmes, visitant d'autres cours, dont celle de Charles d'Orléans, à Blois. En réponse aux *Princes* de Chastellain, il rédige sous le même titre vingt-cinq ballades, chacune construite sur le premier vers des vingt-cinq strophes de Chastellain. Dans *les Princes* de Meschinot se lit en filigrane une théorie du prince-berger, maintenant la paix, la justice, plein de pitié pour les faibles, incarnant la largesse, né pour « labourer » dans le gouvernement ; tel est le portrait idéal tracé par Tempérance. Faut-il voir dans les attaques contre les « mauvais princes » une satire de Louis XI (« Prince menteur, flatteur en ses paroles... ») ou simplement les lieux communs de l'« enseignement des princes » ? Une ballade pour la duchesse de Foix, une ode funèbre sur Isabelle de Portugal pour le Téméraire forment la partie officielle de l'œuvre. Une prière (« O pere par creation »), deux poèmes à la Vierge, deux ballades satiriques sur l'argent, une ballade dialoguée entre « destruicte France » et son roi, une *Supplication* au duc François II, en 1473, où l'on trouve « lac d'amertume, ruisseau de larmes courant par la vallée de Vergogne trop près de la dolente demeure à celuy Banny de Liesse », montrent la diversité d'une inspiration qui donne avec *les Lunettes des princes* (1493) son *opus magnum*.

Des *Lunettes*... déformantes

Succès de librairie comme le *Testament* de Villon, ce texte est une autobiographie allégorique en trois parties, dont une, centrale, en prose. Quatre-vingt-six douzains de décasyllabes sur deux rimes tracent d'abord une fresque où triomphe la Mort. L'entrée de Désespoir dans la maison du poète est compensée par une visite de Raison, munie des lunettes de Prudence et de Justice, et d'un livret de Conscience ; la séquence en prose développe le contenu de ce livret et l'explication des lunettes ; enfin un dernier morceau, de « rhétorique versifiée », offre quatre discours : ceux de Prudence (misère humaine), de Justice (appel aux puissants), de Force et de Tempérance. Œuvre calquée sur le *De consolatione* de Boèce, les *Lunettes* s'articulent autour de cinq grands thèmes : Fortune, le prince, la compassion pour les petits, la satire de la Justice et la Mort. C'est le dernier qui donne le ton, faisant apparaître Meschinot comme un poète à la tristesse sentencieuse, au pessimisme grognon, qui se complaît dans la contemplation de la misère de l'homme (« Je m'esmerveille comme sur pieds me porte/Et que la mort a tout coup ne m'emporte »), plein de ressentiment contre sa « miserable et tres dolente vie/Qu'en nul temps ne peult estre assouvye ». La situation individuelle ne fait que refléter la situation collective : « La guerre avons, mortalité, famine/Le froit, le chaut, le jour, la nuyt nous mine » ; la loi de la jungle règne partout : « Les grans pillent leur moyens et plus bas/Les moyens font aux moindres maints cabas/Et les petis s'entreveulent destruyre ». Omniprésence de la mort, sentiment du vieillissement inéluctable, impression que l'univers entier se ligue contre l'homme, voilà les ingrédients d'une mélancolie qui semble plus enracinée dans le personnage de Meschinot que chez des poètes à la tristesse élégante comme Charles d'Orléans. Du jeu poétique on glisse à la pathologie, et le nœud du texte est ce passage où s'offre la tentation du suicide : « Des biens mondains n'ay vaillant une plaque/Mais de doleurs plus de plain une caque/Sens en mon cueur : de ce point ne me moque/Je voys aux champs sur ma petite hacque ;/La conviendra qu'a la dague je sacque/À celle fin que ma vie desroque ». De la soumission masochiste à une belle dame sans merci d'un amant qui porte son martyre comme une élégance, on a passé au désenchantement existentiel ; l'amour de la belle lointaine va de pair avec l'amour de la mort, comme le montre ce renversement ironique qui clôt la ballade du « Banny de Liesse » : « Advisez donc se ma vie est jolye/ Mais que la Mort soit de moy amoureuse » ; la mélancolie revient à ses sources physiologiques, l'« humeur noire » ; les *Lunettes* sont des verres déformants à travers lesquels rien ne trouve grâce.

A. Strubel

MESLIER Jean

***Jean* MESLIER, *dit* le curé MESLIER** *(1664-1729)*

Loin des cercles intellectuels parisiens, seul dans son presbytère avec quelques livres, un curé de village écrit au fil des jours un mémoire-testament matérialiste, athée, dans lequel il démontre à ses « chers amis », ses paroissiens « et leurs semblables », c'est-à-dire tous les paysans opprimés, la « vanité et fausseté » de la religion, complice et soutien des nobles et des seigneurs qui les oppriment. Manuscrit massif de 349 feuillets, dont l'auteur laissera à sa mort trois copies. Texte âpre, véhément, transposition intellectuelle des émeutes paysannes, appel à la révolte et rêve de communisme primitif ; texte d'un style plus souvent rustique que savant, et qui va pourtant, dès 1730, séduire ou inquiéter toute l'Europe éclairée ; texte qui touche et qui trouble aujourd'hui encore ; étape importante dans l'histoire de la libre pensée.

Jean Meslier est né dans un village des Ardennes françaises, Mazerny, en un temps où l'Église persécutait Molière à cause de *Tartuffe*. Il eut vingt ans quand le Roi-Soleil décadent révoqua l'édit de Nantes. Mort en 1729, il n'aura connu que la longue fin de règne désastreuse d'un vieillard et le début du règne d'un roi enfant. Vivant près de Sedan, bastion calviniste, et dans les Ardennes, riches en foyers jansénistes, il a vu les persécutions ; dans cette province frontière, il a vu aussi les continuels ravages causés par les soldats ; il a connu les grandes famines de 1709 et 1725. De la lointaine et quasi mythique monarchie centralisée à Versailles, on ne connaissait au village que les collecteurs d'impôts, « fiers et arrogants ». Le père de Jean Meslier, marchand-fabricant de serge et cultivant quelques terres, se situait dans la petite bourgeoisie. Trois filles à doter. Jean suivit, sans vocation, le conseil de ses parents de se faire prêtre pour avoir, sans mise de fonds, une situation confortable. Vie sans aventure : le séminaire de Reims en 1684 ; la paroisse d'Étrépigny, village proche du sien, de 1689 jusqu'à sa mort.

Le seul événement important se produisit en 1716, le jour où il fustigea en chaire le seigneur local pour avoir maltraité quelques paysans. Cet éclat valut au curé une sévère remontrance de l'archevêque de Reims. C'est alors, peut-on croire, qu'il commença la rédaction secrète de son « mémoire ». Il imitait en cela, dans un esprit différent, ces nombreux prêtres jansénistes qui ne s'opposaient pas de front à la bulle *Unigenitus,* mais laissaient à leur mort un testament révélant leurs vrais sentiments. Dans les deux *Lettres à Messieurs les Curés du voisinage* jointes à son mémoire, il leur conseille de « demeurer maintenant dans le silence » comme lui, mais de dire la vérité à l'heure de leur mort. Leur mission est d'apporter au peuple la vraie délivrance : foin de la « prétendue rédemption spirituelle » des âmes ; « le vrai péché originel pour les pauvres peuples est de naître, comme ils font, dans la pauvreté, dans la misère, dans la dépendance et sous la tyrannie des grands ; il faudrait les délivrer de ce détestable et maudit péché ». Tout le reste est imposture.

S'il conseille le silence plutôt que la démission, c'est que, pour lui, le curé et le prêtre sont deux ; le curé a une mission à remplir, de charité, d'assistance ; il est indispensable au village pendant sa vie ; à l'heure de la mort, le prêtre, non moins indispensable, doit crier sa vérité. La démission annulerait tout. Toute sa contestation et son matérialisme sont à base de pitié et de colère ; il a mis son érudition au service de ses paysans dans l'espoir qu'après sa mort son texte contribuerait à leur délivrance.

Une jacquerie philosophique

Son texte, il l'a tiré uniquement de son expérience paysanne et de la méditation solitaire de ses quelques livres – les œuvres de Malebranche et de Montaigne surtout, de Fénelon, dont il annote en marge la *Démonstration de l'existence de Dieu,* pour la réfuter, et la Bible, évidemment, qu'il condamne, sauf les livres plus réalistes de sagesse humaine : les « Proverbes », « Job », « l'Ecclésiaste ». Il rend à ces livres leur vérité déjà paysanne d'origine, il les retourne contre l'Église, qui les a déformés à son profit. Chez lui, aucune référence à Gassendi, à Spinoza, ni au *Dictionnaire* de Bayle. Nulle part le nom de Newton, dont il a dû même ignorer l'existence. Paradoxalement, c'est à partir de la Bible et de Descartes revu par Malebranche que Meslier forge son matérialisme athée. Matérialisme à la fois métaphysique et rural, très différent du matérialisme scientifique et biologique de Diderot ou de d'Holbach.

Le *Mémoire* est organisé en huit « preuves » de la fausseté de toute religion et de leur danger. En un style oral, rocailleux, volontairement lourd de répétitions pour bien faire entrer les idées dans des esprits frustes, sermon sacrilège tantôt goguenard, tantôt violemment polémique, truffé d'anathèmes, d'images brutales, illustré d'exemples historiques, Meslier commence (preuves 1 à 5) par réduire les religions à des « inventions humaines », dénonçant longuement l'imposture des miracles, de la divinité du Christ, « misérable fanatique » et « malheureux pendard ».

La sixième preuve, la plus pathétique, expose la misère paysanne, dénonce les vrais « diables et diablesses » : non les monstres grimaçants des prédicateurs ou des peintres, mais les beaux seigneurs et « toutes ces belles dames et damoiselles que vous voyez si bien parées, si bien mises, si bien frisées, si bien poudrées, si bien musquées [...] Ce sont ceux-là mêmes qui sont vos plus grands ennemis », ceux qui empêchent l'avènement d'une communauté fraternelle dans la justice et le partage égal des terres et des biens de subsistance.

Mais, pour Meslier, le renversement de l'ordre social passe d'abord par le renversement de la religion. C'est pourquoi les septième et huitième preuves reviennent, de façon plus érudite, sur la matérialité absolue de l'Univers, de l'âme, de la pensée, avant qu'apparaisse, dans la terrible conclusion, le prophétisme révolutionnaire, l'appel au tyrannicide. « Il est dit dans un de nos prétendus saints et divins Livres que Dieu renversera de leurs trônes les princes orgueilleux et superbes... » Dieu n'ayant pas tenu ses promesses, c'est aux peuples opprimés de les tenir à sa place, de renverser les princes, les « fiers receveurs de tailles et d'impôts », les « superbes prélats » et tous les parasites qui vivent de la sueur des paysans pauvres. Meslier blâme la passivité des opprimés, compte sur le dynamisme de son discours pour éveiller les masses misérables, les convertir à l'athéisme, première étape de leur délivrance sociale. Une nouvelle forme d'éloquence est née, celle d'un « Bossuet du pauvre » (R. Desné).

Destin d'un texte

Dès la mort de Meslier, son *Mémoire*, recopié, est diffusé dans les circuits de manuscrits clandestins. En 1740, une centaine d'exemplaires circulent à Paris ; le texte est connu jusqu'à la cour de Prusse. Des extraits apparaissent ensuite, qui ne retiennent guère que les arguments contre le christianisme. Voltaire connaissait-il le manuscrit intégral ? C'est en tout cas un de ces extraits qu'il utilise pour en tirer son propre *Extrait des Sentiments de Jean Meslier*, précédé d'un abrégé de sa vie ; on était en 1762, l'offensive contre les jésuites faisait espérer la fin prochaine de l'Église catholique romaine, le testament du curé Meslier devenait un instrument polémique précieux pour achever l'« Infâme ». Mais Voltaire n'appréciait ni l'athéisme du texte, ni son appel à la révolte paysanne, ni son style de « cheval de carrosse », même si ce cheval « rue bien à propos » : il efface donc toute trace de jacquerie, change le style oral en style écrit, et, pour comble, travestit le curé athée en déiste voltairien.

Dix ans plus tard, d'Holbach à son tour publie des textes de Meslier, mais, étrangement, c'est son propre *Bon Sens* qui est pris pour une œuvre du curé et qui, en 1791, sera publié comme tel : Meslier, cette fois, devenait défenseur d'une éthique bourgeoise de la propriété ! *Le Bon Sens du curé Meslier* fut fréquemment réédité jusqu'en 1939, bien qu'un excentrique libraire hollandais autodidacte, Rudolf Charles d'Ablaing Van Gissenburg, ayant en main l'un des douze manuscrits subsistants actuellement recensés, ait publié pour la première fois le texte intégral du *Mémoire* en 1864, l'année justement du bicentenaire de la naissance de Meslier, et l'année de la fondation de la Ire Internationale.

« Unissez-vous donc, peuples, unissez-vous tous, pour vous délivrer de toutes vos misères communes », écrivait Meslier. Le *Mémoire* fut récupéré par le communisme naissant, et le nom de Meslier fut gravé à Moscou, en 1919, sur l'obélisque honorant les précurseurs du marxisme-léninisme. Meslier était pourtant bien étranger aux notions de devenir historique et de lutte des classes, bien loin de l'analyse de l'aliénation économique, sensibilisé comme il l'était à l'aliénation religieuse. Son communisme agraire, rêvant de collectivités paysannes closes gouvernées par de sages anciens, sans idées d'échange ni de progrès, était plutôt retour vers le mythe primitif de l'âge d'or qu'évolution vers une organisation démocratique. Il n'en reste pas moins qu'en invitant « les peuples » à se lever et à renverser les forces d'oppression, il s'inscrivait dans la ligne du socialisme révolutionnaire en même temps que, littérairement, dans celle des plus violents satiriques, de Juvénal à d'Aubigné et à Hugo.

Malgré la faiblesse de sa réflexion politique et économique, malgré la contradiction entre l'appel à la révolte pour un monde nouveau et la conception pessimiste d'une histoire statique où les riches sont toujours riches, les pauvres toujours pauvres, le rude mémoire-testament de Meslier est un de ces « phares » qui éclairent la nuit des pauvres et tonifient l'éternelle espérance des opprimés. Sa réception universelle, aujourd'hui encore, en est la preuve. Le colloque d'Aix-en-Provence en 1964, pour le tricentenaire de la naissance du curé, la première édition critique de ses œuvres en 1970-1972, un autre colloque international, à Reims, en 1974 ont ouvert enfin l'ère d'une approche plus sûre, plus méthodique de Meslier et de son œuvre insolite, insolente.

R. Virolle

MÉZIÈRES Philippe de
v. PHILIPPE DE MÉZIÈRES

MICHAUX Henri

(1899-1984)

D'origine belge, ce poète à qui « son siècle portait ombrage » s'est toujours voulu « ailleurs », hors cadre et en marge des mouvements qui défrayèrent la chronique littéraire, refusant la consécration officielle du grand prix national des Lettres qui lui fut décerné en 1965. Tenace et rigoureuse, l'œuvre née de cette solitude à contre-jour laisse, d'un auteur si peu sûr de son visage qu'il tenta longtemps d'empêcher la reproduction et la publication d'une ou deux photos de lui, l'image d'un homme qui eut, selon le mot de Cioran, « la passion de l'exhaustif » : cherchant sans cesse, en lui et hors de lui, à ses risques et périls et par tous les moyens possibles (poésie, peinture, musique, observation clinique), de l'inconnu, sans préjuger jamais de sa découverte.

Sous la faiblesse, la force

Michaux a regroupé sous le titre volontairement objectif « Quelques renseignements sur cinquante-neuf années d'existence » (1958) les données principales de sa biographie. Naissance à Namur « dans une famille bourgeoise » à la « lointaine ascendance espagnole ». Lui l'« insoumis », l'irréductible, on s'efforce en vain de le briser en l'envoyant (pour sa santé, sûrement) dans un pensionnat « pauvre, dur et froid » de petits paysans flamands. Dépaysement moins grand que celui d'être au monde : la résistance passive s'organise, il devient cet émigré de l'intérieur qu'il ne cessera d'être toute sa vie. Il rentre à Bruxelles, où il va poursuivre ses études chez les jésuites. Plus tard, en 1920, il abandonne sa médecine et embarque à Boulogne-sur-Mer comme matelot sur un schooner. Mais avec le désarmement international des bateaux, la « grande fenêtre se referme », il doit revenir « à la ville et aux gens détestés » : c'est en 1921 ce qu'il ressent comme le « sommet de la courbe du raté ». Retour au pays natal – si peu aimé pour y avoir été mal aimé – qu'il quitte définitivement pour se fixer à Paris. Il part pour l'Équateur « avec et chez son ami le poète Alfredo Gangotena ». Après la mort de ses parents, on le retrouve en Turquie, en Italie et en Afrique du Nord, où il voyage « contre », pour « expulser de lui sa patrie, ses attaches de toutes sortes et ce qui s'est, en lui et malgré lui, attaché de culture grecque ou romaine ou germanique ou d'habitudes belges ». Mais, le refus cédant au « désir d'assimilation », il découvre en Asie « enfin son voyage » (1930-1931). D'autres voyages suivront, et c'est l'Occupation allemande, « la seconde pour lui ». Après la mort de sa femme, « il écrit de moins en moins, il peint davantage » et, en 1956, fait sa première expérience de la mescaline. En 1957, une fracture du coude droit rend sa main inutilisable : c'est la « découverte » en lui de l'« homme gauche ».

Plus que par ses dates et les renseignements organisés en fiche d'état civil, l'autobiographie d'Henri Michaux, écrite à la troisième personne, vaut par les précisions qu'elle donne sur ce que R. Dadoun appelle ses « états énergétiques ». L'existence bruxelloise concentre les traits d'une enfance « qui n'a pas eu son compte ». « Indifférence. Inappétence. Résistance... Sa moelle ne fait pas de sang, son sang ne fait pas d'oxygène. Anémie ». Déterminant son existence, l'axe de la faiblesse et de la déficience traverse tout le texte jusqu'à l'indication finale, signalant l'apparition d'une « ostéoporose », comme si les os eux-mêmes se faisaient complices du manque, de l'évidement, chez celui qui, dans *Ecuador* (1929), s'écrie : « Je suis né troué ». D'où la difficulté d'exister évoquée en plusieurs points de cette vie qu'habite la nostalgie beckettienne de « l'anti-vie » (cf. l'éloge de la paresse, le désir d'« hiberner » et le rêve « d'être agréé comme plante »). Même lorsqu'il écrit, il se voit « toujours réticent », « partagé » : « ça empêche de rêver. Ça le fait sortir », car « il préfère rester lové ». Ce peu d'être, honteux de n'être que ce qu'il est, Henri Michaux l'entend sonner creux jusque dans son nom alors qu'il rêve « d'un pseudonyme qui l'englobe, lui, ses tendances et ses virtualités ». Mais « il continue à signer de son nom vulgaire... », pareil à une étiquette qui porterait la mention « qualité inférieure », trouvant dans la fidélité au « mécontentement et à l'insatisfaction » le moyen de se préserver « du sentiment même réduit de triomphe et d'accomplissement ». Rien d'étonnant alors si l'œuvre se donne à voir sous la menace de son propre effondrement, dans la hantise de sa propre ruine : « Je me suis bâti sur une colonne absente ».

Or, contredisant l'asthénie, l'atonie, le repli sur soi, voici les moments « chocs », les passages de lumière et de fulguration : vers douze ans, « découverte » du dictionnaire et des « mots qui n'appartiennent pas encore à des phrases, pas encore à des phraseurs, des mots et en quantité et dont on pourra se servir soi-même et à sa façon ». Lui, l'« inintéressé », il s'intéresse au latin, « belle langue qui le sépare des autres, le transplante ; son premier départ... le premier effort qui lui plaise ». Quelques années plus tard, « première composition française : un choc pour lui qui a fait ses études en flamand », et bientôt « lectures en tous sens pour découvrir... ceux qui peut-être savent » (Hello, Ruysbroeck, Tolstoï, Dostoïevski). En 1922, la lecture des *Chants de Maldoror*, prolongée en 1925 par une étude, « le Cas Lautréamont », publiée dans la revue belge *le Disque vert*, « déclenche en lui le besoin longtemps oublié d'écrire ». Prolongeant le choc scriptural, le choc pictural de 1925 (« Klee, puis Ernst, Chirico... ») ouvre à Michaux la voie de plus en plus efficace et glorieuse de la peinture. « Sursaut », « surprise », déclenchement : ainsi, la découverte des signes agit comme appel dynamogène de l'énergie, qui, mobilisée, va se mettre à produire. Du coup, cette vie appauvrie est comme soulevée par une envie à la mesure de son vide : appel d'air, appel d'être, les forces de dessaisissement (« vent terrible », « effroi », « rage », « haine », dont le forage à froid fore « inlassablement », « comme sur une solive de hêtre deux cents générations de vers ») s'entendent comme effort battant l'aire où se libèrent les formes, immenses forêts de l'être, étranges forêts de lettres.

Carnets de voyages

Lorsque, dans *Passages* (1950), Michaux s'interroge sur ce qui unifie la diversité de sa pratique créatrice, il recourt à des termes spatiaux pour signifier le trajet jamais achevé où, se fiant au mouvement pour mieux fuir l'acquis d'un résultat, se réalise la fusion d'un faire et d'un vivre : « J'écris pour me parcourir. Peindre composer écrire : me parcourir. Là est l'aventure d'être en vie... je fais surtout de l'occupation progressive ». L'écriture comme parcours exigeant, pour se déployer, du temps et de l'espace, entre 1920 et 1957 toute une série de voyages réels ou imaginaires et, à partir de 1956, l'exploration d'un autre monde, celui de la mescaline, témoignent de cette recherche de l'« essentiel, le secret qu'il a depuis sa première enfance soupçonné d'exister quelque part ». Les livres qui en résultent, en porte à faux sur la littérature, se présentent d'abord comme des comptes rendus d'exploration, des journaux de bord dont l'objet est de faire le point, d'inscrire les étapes d'une découverte. Dès *Qui je fus* (1927), malgré son cœur frêle, pompant mal, Michaux apparaît en voyageur, « la valise faite en un tournemain », choisissant, comme Rimbaud, le départ, la déliaison, même si c'est au prix d'un déchirement (« Adieu à une ville et à une femme »). Suivent des livres dont le titre renvoie à des pays réels, dont on peut lire le nom sur les cartes : *Ecuador* (1929), *Un barbare en Asie* (1933). Le premier porte le sous-titre « Journal de voyage », aussitôt contredit par la préface : « Un homme qui ne sait ni voyager ni tenir un journal a composé ce journal de voyages ». Aussi, même si elle correspond à un séjour effectué en 1927, cette découverte de l'Équateur est essentiellement une découverte de soi. Passé l'exaltation du départ, Michaux dit sa désillusion à propos du voyage : « Je n'ai écrit que ce peu qui précède et déjà je tue ce voyage » ; sa déception devant l'Équateur : « l'Équateur est grand, qu'il le montre ! » ; son découragement face à l'effrayant duo, duel andin, sur fond nu, noir, massif de montagnes en surplomb qu'affronte quotidiennement le « pèlerinage voûté » des Indiens écrasés, « trapus, brachycéphales », dans un mouvement d'épuisement généralisé : « voix basse, petit pas, petit souffle,/Peu se disputent les chiens, peu les enfants, peu rient » ; son dépit de ne trouver que « vallée riante », « jardins japonais », « douceur d'intérieur », « abri », « site pour pique-nique », quand, galvanisé par le défi, il était « venu pour chercher du volcan » en entreprenant l'ascension de l'Atacatzho (4 536 mètres). Sous l'observateur veille un moraliste qui, dans le voyageur, condamne le touriste : « Ce voyage est une gaffe. Le voyage ne rend pas tant large que mondain “au courant”, gobeur de l'intéressant coté, primé avec le stupide air de faire partie d'un jury de prix de beauté. On trouve aussi bien sa vérité en regardant quarante-huit heures une quelconque tapisserie de mur. » Pressentant, comme Lévi-Strauss, « la fin des voyages », Michaux, cet « affamé de plus grand », voit la terre « rincée de son exotisme », « misérable banlieue » prisonnière de la « crise de la dimension ». Enfin le lecteur des « Vies » des saints, « des plus surprenants, des plus éloignés de l'homme moyen », tenté, au seuil de l'adolescence, par la vie monastique, découvre, à travers l'Indien, « un homme comme tous les autres, prudent, sans départs, qui n'arrive à rien, qui ne cherche pas, l'homme comme ça ».

Il faut attendre le voyage en Inde pour que la rencontre exaltante ait lieu. Michaux voit dans les Hindous « le premier peuple qui en bloc paraisse répondre à l'essentiel, qui dans l'essentiel cherche l'assouvissement ». Né de ce contact, *Un barbare en Asie* semble accorder plus de réalité au pays observé qu'à l'observateur : « Quand je vis l'Inde et quand je vis la Chine, pour la première fois des peuples sur cette terre me parurent mériter d'être réels ». Pourtant l'attention de cet observateur, qui, dans la préface de 1967, regrettera d'avoir laissé de côté « ce qui allait faire dans plusieurs de ces pays de la réalité nouvelle : la politique », révèle la même préoccupation : au-delà des faits, rejoindre l'être, remonter l'histoire à partir de « l'homme de la rue, l'homme qui joue de la flûte, l'homme qui joue dans un théâtre, l'homme qui danse et qui fait des gestes ». Déchiffrés comme autant de gestes signifiants, langues, musique, peinture, théâtre, vêtement se prêtent à la sémiologie expérimentale de Michaux. Paradoxalement, la haine de la figure, qui, dans le tatouage des Indiens, apprécie le moyen de la « faire disparaître », fait place à la fascination du visage : visages de Chinois « huilés de sagesse », par rapport auxquels les Européens paraissent asservis à la bestialité de leurs « groins de sangliers » ; visages de vieillards hindous « véritables pères de l'humanité » ; visage de la jeune Népalaise aperçue à Darjeeling, offrant au « voyageur émerveillé » le « premier sourire de la race jaune, le plus beau du monde », et préfigurant le visage des jeunes filles chinoises « où la Chine a toujours quinze ans… visage fragile… musical, qu'une lampe intérieurement compose plus que les traits » (*Passages*). Mais, dans cet Orient extrême où se situe le Japon, sans fleuve et sans espace, sagesse, spiritualité, beauté deviennent l'agressivité d'un pays qui rivalise avec l'Occident pour coloniser, conquérir, industrialiser, battre des records ; la médiocrité d'une « religion d'insectes » impersonnelle et ritualisée à l'extrême ; l'artifice et la sophistication d'un vêtement qui fait de la femme « cette création malheureuse d'un peuple d'esthètes et de sergents ». L'Europe encore, celle de Kant et de la Loi morale, inspire la critique du théâtre japonais, perverti par la « Voix du Peuple, sentant à mille lieues le préjugé et la vie prise par le mauvais bout… voix de l'impératif catégorique ». Pratiquant le voyage avec le décentrement des philosophes du XVIIIe siècle, Michaux voit dans le Japon la plaque sensible de « notre mal et de notre civilisation ». L'Orient du refuge et du refus de l'Occident incite donc au retour sur soi selon la prescription bouddhique qui clôt le livre : « Tenez-vous bien dans votre île à vous, COLLÉS À LA CONTEMPLATION. »

« Cet horrible en dedans-en dehors qu'est le vrai espace »

Se repliant sur ses « propriétés » (*Mes propriétés*, 1929), Michaux revient à la question liminaire de son premier livre, où, loin de se poser en un moi central et cohérent, le *je* glisse, happé par l'ouverture d'un *qui* indéfini (*Qui je fus*), de même dans la postface de *Plume* (1938) : « Il n'est pas un moi. Il n'est pas dix moi. Il n'est pas de moi. Moi n'est qu'une position d'équilibre ». À l'origine du moi insaisissable sinon comme support de rapports, on découvre l'expérience que Michaux fait de son corps : corps impropre, dont on chercherait en vain « la conscience réjouissante ». Parmi les signes de « trahison », la fatigue, qui expose l'être au morcellement : « une fatigue, c'est le bloc moi qui s'effrite ». Fatigue « fatidique », selon le mot de Leiris, parce qu'elle résulte d'une déficience insurmontable : celle du cœur, innommable sauf par métaphore (« le honteux interne »). Sans prise sur l'espace, le corps est la proie de toutes sortes de maladies qui le désignent comme « maudit ». Là où il s'amincit, s'amenuise et s'exténue (cf. « Portrait des Meidosems »), elles veillent, prêtes à se déclarer, envahir, proliférer, perforer, vérifiant cette loi de l'univers michaudien : « Impuissance, puissance des autres ». Mais la dépersonnalisation atteint son plus haut degré avec la douleur – « à force de souffrir, je perdis les limites de mon corps » –, dans une série de métamorphoses qui, sur le plan du discours, se traduisent par la disparition progressive du sujet de l'énonciation. Resterait la libération par la mort qui, dans ce monde du cauchemar sans fin, n'arrive jamais. Ainsi, le corps comme manque est aussi un corps en trop, éveillant le désir de pouvoir « marcher à côté » de lui au lieu d'avoir à le « faire marcher », de ne plus l'« occuper » au lieu d'avoir à s'en occuper.

Mais ce qui passerait à tort pour le compte rendu d'une expérience morbide est constamment traversé par l'humour, et la distance subie par celui qui ne peut se rejoindre se transforme en distance voulue par l'écrivain, qui ne perd pas de vue (ce) qu'il écrit. À cette distanciation contribuent la composition par juxtaposition, les arrêts avec chutes de tension, le passage du discours au récit où c'est l'autre, « personnage-tampon », qui reçoit les coups, mais aussi le jeu que, par fidélité à ses « principes d'enfant », Michaux pratique sur le signifiant. Ainsi, le délit de Plume, l'« homme paisible », n'est autre que d'avoir été délogé de son lit ; léger comme une plume, il voyagerait sans cesse, si les autres n'étaient toujours déjà là, devant et avant lui. Néanmoins il résiste à la pression d'un pluriel dévastateur, et la distraction qui l'expose au risque d'une chute mortelle parce qu'il n'a pas les pieds sur terre (cf. « Plume au plafond ») se renverse soit en verticalité difficile où, « taupe de plafond », héroïquement il s'obstine, soit en distance étonnée par laquelle, en s'excusant, il se met hors de cause ; tel Charlot, ce « héros antiromantique », il se maintient être de « passages », mobile et nomade, « entre centre et absence », dans l'intervalle de son indétermination : « un certain [incertain] Plume ».

Connaissance « musicienne de la vérité »

Parce qu'il permet à Michaux de décoller de son mal, Plume représente la tentation de la littérature, alors que l'écriture tâche de garder « le contact » avec le « trouble », la « région vicieuse jamais apaisée ». Car il n'y a pour l'écrivain d'autre « aventure d'être en vie » que la recherche de ce dont la révélation se dérobe à la fin du poème « Vieillesse » : « Et le blême sillage de n'avoir pu savoir ». Certes, la visée scientifique n'est pas absente des textes antérieurs à 1956, où elle s'exprime dans un cadre fictif. Dans *Ailleurs* (1948), de pseudo-reportages, d'étranges encyclopédies s'organisent en bestiaires, traités, classifications, et le fantastique y devient le miroir des sciences (géographie, ethnologie, histoire naturelle). Mais, comme chez Lautréamont, où beaucoup de mots sont empruntés au registre scientifique, ces reflets sont de pures provocations. Quant aux aphorismes de « Tranches de savoir », ils parodient et répudient un savoir qui n'est là que « pour renseignements », débité en « tranches » et bouclé sous les « verrous ».

La parution de *Misérable Miracle* (1956), dont le titre évoque le nom même de la mescaline (Mis [...] acle/Mescali), semble introduire une rupture : c'est en savant curieux de l'« immense inexploré » (le fonctionnement de la pensée) que Michaux aborde les drogues, auxquelles il s'était intéressé dès 1923. Avant le texte proprement dit, la formule développée de l'alcaloïde succède à un texte fragmentaire, issu de points de suspension, où se dit la difficulté d'exprimer l'inexprimable. Ce qu'offrent au lecteur les « livres sur la mescaline » (*l'Infini turbulent*, 1957 ; *Connaissance par les gouffres*, 1961 ; *les Grandes Épreuves de l'esprit et les innombrables petites*, 1966), ce ne sont plus les promesses du plaisir de la fiction, de l'émotion poétique, mais celles de l'explication, de l'élucidation : intitulés de chapitres, questions posées, tout éveille en lui l'attente d'investigations objectives, d'exposés rigoureux : « Comment agissent les drogues ? » ; « les Effets de la mescaline » ; « Aliénations expérimentales ». De plus, en affirmant, au seuil de *Connaissance par les gouffres* : « Les drogues nous ennuient avec leurs paradis/Qu'elles nous donnent plutôt un peu de savoir/Nous ne sommes pas un siècle à paradis », Michaux refuse l'évasion hédoniste pour mettre en relief, dès le titre, son désir de (se) savoir garanti par la volonté de contrôle ; car là où Burroughs perd l'initiative, Michaux maîtrise ses expériences : il en calcule le moment, la durée, la dose. Aussi tendent-elles à s'organiser en une série d'investigations tenaces.

D'où, cependant, la violence n'est pas exclue. Réapparaît le rapport antagoniste fondamental dans cet univers régi par « la loi de domination-subordination », où l'observation se change en espionnage. Surgies de *La nuit remue* (1935), les images agressives, oppressantes traversent les visions mescaliniennes, plus radicales dans leur contingence. En fait, plus que d'expériences, il s'agit d'« épreuves » où le sujet s'engage et s'expose, cherchant en lui ce qui se manifeste chez d'autres, « des centaines de ceux-là auxquels on donne le nom de schizophrènes, des milliers auxquels on n'a pas encore donné de nom ». Aussi, loin de se conformer à l'objectivité sèche d'un exposé scientifique, et tout en évitant les pièges de l'autobiographie complaisante, l'écriture poétique de la « clairvoyance » se déploie « nerveusement et non constructivement », trouée de silences, secouée de saccades, attentive à l'urgence vitale d'un sujet qui, entre la misère et le « miracle » de cet infini qui l'aspire – et auquel il aspire parce qu'il en vient –, tente de se situer, « pilote tant qu'il pourra/pilote ou plus rien » (*Moments*, 1973). Parvenu à une expérience limite où il vacille, l'auteur ne manque pas de recourir à quelque formule familière ou cocasse pour signifier qu'il est encore lui-même au milieu de ses « rafales intérieures », qu'il ne s'identifiera jamais à aucun des instants de sa quête. Mystique doublé d'un Swift, Michaux soumet les débordements de l'extase aux sarcasmes de l'ironie.

Volonté de ne pas être dupe, prise de conscience exhaustive de soi : c'est à partir de cette passion de « saisir » qu'il faut comprendre le défi lancé aux emballements de l'époque, l'insurrection contre les rêves (*Façons d'endormi, façons d'éveillé*, 1969), la nécessité qu'il éprouve, en dépit de l'hégémonie de la psychanalyse, de les minimiser, de les dénoncer, de les tourner en ridicule. Déçu par eux, il s'acharne à en proclamer le vide, mais leur nullité est la preuve même de leur souveraineté.

« Ce magicien de l'insécurité »

Apprentissage de l'improbable, école de vertige, les livres de Michaux n'apportent pas l'oubli du rude tourment d'être. Ayant tiré de ses incursions dévastatrices une conscience plus aiguë des perceptions déroutantes d'un corps en perpétuel déséquilibre, des perturbations d'un moi toujours au bord de la perte d'identité, ayant aussi découvert, dans le dédoublement de « l'homme droit » et de « l'homme gauche », ce que Caillois appelle la « dissymétrie féconde », Michaux revient, avec *Poteaux d'angle* (1981), à cette Asie qui l'avait subjugué, pour nous dire l'essentiel : paroles de vie dont la portée s'accroît du fait qu'elles s'adressent à la deuxième personne ; incitation non à la sagesse, mais au travail intérieur, ce « combat sans corps auquel il faut te préparer », nous rappelant que la force du faible c'est sa faiblesse, parce qu'elle est infinie, et que la seule occupation fertile, c'est la « pelote inextricable de l'intime ».

Rassemblant des textes d'abord publiés séparément, les deux derniers recueils inscrivent jusque dans leur titre, *Chemins cherchés. Chemins perdus. Transgressions* (1981), *Déplacements. Dégagements* (1985), le cheminement de cette quête inapaisée, mais jamais découragée. Éprouvant la connivence qui rapproche son monde solitaire et lointain de celui des « Ravagés », ces « exilés de la parole », Michaux recrée dans une langue aiguë, fragmentaire, celle du salut de la conscience, les images exorcisantes de ceux qui ont perdu leur être, « hommes et femmes en difficulté qui ne purent surmonter l'insurmontable. Internés la plupart ». Ou bien redonnant vie à une *sanzas* africaine jugée hors d'usage, il maltraite le chant, son pouvoir d'enchantement, d'enchaînement, pour libérer le « cracra » perturbateur du « moins dupe des oiseaux », le « vieux corbeau cynique », et le « criaillement » de la désolation : « sons orphelins », « torchons musicaux » d'« orchestre intempestif ». Comme le savoir de la folie, la musique hors concert, sans virtuosité, témoigne de l'insatiable désir d'infini, contre la tyrannie du « Nombre » et de la « mathématique mesure », contre la veulerie du sensé et l'asphyxie d'une époque de « latrines sacrées » où « la crasse s'épaissit ».

Or voici que, dans ce monde où tant de choses se passent et où plus rien n'arrive, Michaux ne cesse d'intervenir, se tenant à l'affût de ce qui peut encore nous mettre « en route vers l'homme » et rendre possible l'aventure d'être. Moins que jamais soucieux de rassurer le bourgeois avide de métaphysique heureuse et de solutions confortables qui sommeille en nous, le plus chinois des poètes français nous éveille à la nostalgie par la confrontation de l'Occident et de la primitivité perdue (cf. « La Messagère partie en avant ») ; au départ en aventurier chez l'enfant qui commence à dessiner (« Essais d'enfants, Dessins d'enfants ») ; au ravissement dans l'ivresse contemplative d'un vieil arbre, qui enlève le rêveur à la terre, l'entraîne vers le ciel, dans la voie de l'ultime transparence, et l'accorde enfin au rythme intérieur et universel d'« un cœur qui aurait été musical, cœur venu aux arbres… issu d'un grand cœur végétal (on eût dit planétaire), cœur participant à tout, retrouvé, enfin perçu, audible aux possédés de l'émotion souveraine, celle qui tout accompagne, qui emporte l'univers » (cf. « le Jardin exalté »). Dès lors qu'il ne résiste plus mais consent à cette fusion du dehors et du dedans, Michaux retrouve le langage du don et de l'oubli éperdu de soi : langage qui ne s'adresse à personne, n'est sensible qu'à l'emportement renouvelé par lequel l'être s'arrache à lui-même, comme dans *Jours de silence* (1978) où le Je, purifié de tout souci d'identité, se faisait accueil, ouverture : « Je ne suis plus cerné/Personnage devenu rivage ». Ainsi libérée des limites de la représentation, l'écriture ne met plus en scène les affres du réel, elle devient modulation, passage du souffle, affleurement non visuel, mais rythmé des mouvements de l'être, « poésie pour ausculter le problème d'être ».

Langages de Michaux

Rendus à leur fonction la plus immédiate et la plus agressive, qui est d'ouvrir un passage, les mots redeviennent des instruments, des prolongements de la main, de l'oreille, de la pensée, grâce au déplacement des activités créatrices. Parce qu'elles visent à déverrouiller le langage contraint de définir, donc de séparer, la musique et la peinture constituent en effet les « passages » libérateurs de la poésie. « Né, élevé, instruit dans un milieu et une culture du verbal » (*Émergences-Résurgences,* 1972), Michaux trouve dans la création picturale, comme dans les voyages d'« expatriation », le moyen de se « déconditionner », l'occasion d'un nouveau départ, d'une nouvelle naissance. Aventure marquée par des ruptures autant que par des rencontres (contre la « perspective de carcan » héritée de la Renaissance, pour l'espace souple, aéré des peintures rupestres, contre le cubisme, pour Paul Klee) ; aventure explorée en créateur conscient de sa création : répétant la Genèse, quand il commence à peindre « sur des fonds noirs, hermétiquement noirs » ; inventant son théâtre de la transgression quand, sous la pression d'« une fièvre de visages » et de « démons effrénés », il affronte ce « miroir de la conscience réfléchissante », la feuille de papier ; prodige, « Protée par les mouvements », quand il multiplie les « gestes de dépassement » et peuple l'espace de signes « non d'archives et de dictionnaire du savoir mais de torsion, de violence, de bousculement… d'envie cinétique », pour reconquérir son être, s'approprier son territoire.

Celui dont l'enfance fut privée de jeu avec « le sable des plages » découvre, l'âge venant, le plaisir de jouer avec les sons, cet « inattendu liquide, ce passage porteur, en soi, toujours et qui était », cet « art de l'élan », véritable passe-temps. Devenu « capitaine d'un fleuve », il peut enfin, en créant sa musique, liquider tout ce qui pour lui résume le mal, « tueuses géométries », morale durcie en impératifs, réel-obstacle, pour s'ouvrir à un monde autre, au « fluide des choses » (couleur et parfum), au « passage des choses » et des êtres, monde allégé et transitoire qui est aussi le monde de l'Autre.

Peinture, musique, idéogrammes chinois où la vie buissonnante met en évidence le plaisir du signe : ce passage par d'autres langages, d'autres écritures, permet de saisir l'enjeu d'une poésie qui tire sa beauté du pouvoir incessant de créer des formes, autant que de la tension exigeante vers la conscience d'exister.

M. Fondo-Valette

MICHEL Jean *v.* JEAN MICHEL

MICHEL Louise

(1830-1905)

Militante révolutionnaire, femme de lettres, cette fille naturelle d'une servante reste dans la mémoire collective comme la « Vierge rouge » de la Commune. Sa vie s'identifie avec la cause républicaine : institutrice, mais refusant de prêter le serment à l'Empereur, elle ne peut enseigner que dans les établissements libres ; elle milite dans l'opposition républicaine à Paris, puis adhère à la Ire Internationale.
Elle préside le Comité de citoyennes de Montmartre pendant le siège de Paris et, amie de Théophile Ferré, elle se fait conférencière, ambulancière et combattante sur les barricades pendant la Commune. Condamnée à mort par les versaillais, elle voit sa peine commuée en travaux forcés (déc. 1871), puis en déportation en Nouvelle-Calédonie (1873). Bénéficiant de l'amnistie de 1880, elle rentre à Paris et participe au mouvement anarchiste, d'où plusieurs condamnations (1883, 1886). En 1890, elle gagne Londres, où, jusqu'en 1895, elle gérera une sorte d'école libertaire. De retour en France, elle va, durant des mois, de ville en ville, menant son combat politique. Elle mourra à Marseille, au cours d'une tournée de conférences. Louise Michel a poursuivi son militantisme en littérature : sont encore lisibles ses *Mémoires* (1886) et *la Commune, histoire et souvenirs* (1898). Elle écrivit aussi des romans (*la Misère*, 1881, et *les Méprisées*, 1882, avec J. Guêtré ; *la Fille du peuple*, 1883) et des pièces de théâtre, ainsi que des poèmes, parfois publiés sous le pseudonyme d'ENJOLRAS (*À travers la vie*, 1894 ; *Fleurs et ronces*, 1913), où surgissent, au détour de vers assez insipides, des images saisissantes portées par une respiration tout épique :

Nous reviendrons, foule sans nombre,
Nous viendrons par tous les chemins ;
Spectres vengeurs sortant de l'ombre,
Nous viendrons, nous serrant les mains,
Les uns pâles dans les suaires,
Les autres encore sanglants...

(*la Révolution vaincue*)

En une occasion mal connue, Louise Michel sut encore montrer cette attitude digne et courageuse qui lui était coutumière. Lors de sa déportation en Nouvelle-Calédonie, elle affirma sa solidarité à l'égard des Canaques, reprochant vivement à ses propres compagnons (dont Rochefort) leur indifférence : « Comment, vous n'êtes pas avec eux, vous les victimes de la réaction, vous qui souffrez de l'oppression et de l'injustice ? Est-ce que ce ne sont pas nos frères ? Eux aussi luttent pour leur indépendance, pour leur vie, pour leur liberté, comme j'étais avec le peuple de Paris, révolté, écrasé, vaincu » (cité par Jean Bruhat dans son article « les Communards contre les Canaques », *le Monde-Dimanche,* 22 févr. 1981).

G. Gengembre

Michelet

MICHELET Jules

(1798-1874)

Fils du peuple – son père, jacobin et voltairien, est un imprimeur qui connaît la ruine en 1800 –, Michelet fait de brillantes études universitaires qui le conduisent très vite à l'enseignement. De 1824 à 1827, il se lie avec Victor Cousin et Edgar Quinet, et publie plusieurs manuels d'Histoire. Il se marie en 1824 ; il aura deux enfants de ce premier mariage. Ses travaux et son talent de professeur lui valent d'être nommé en 1827 à la chaire d'Histoire et de Philosophie de l'École normale supérieure, puis précepteur de la princesse de Berry, petite-fille de Charles X. La même année, il publie ses *Principes de la philosophie de l'Histoire* et sa traduction de la *Scienza nuova* de Vico. Après la Révolution de Juillet, en 1830, il devient maître d'Histoire de la princesse Clémentine, fille de Louis-Philippe, et est nommé chef de la section d'Histoire des Archives royales. En 1831, paraissent l'*Introduction à l'Histoire universelle* et une *Histoire romaine.* Il poursuit sa carrière universitaire comme suppléant de Guizot à la Sorbonne à partir de 1833, avant de se voir attribuer la chaire d'Histoire et de morale au Collège de France et de devenir membre de l'Académie des sciences morales et politiques en 1838. Sa femme meurt en 1839. De 1833 à 1844, il publie l'*Histoire de France au Moyen Âge*, puis *les Jésuites* (1843), *Du Prêtre, de la Femme et de la Famille* (1845), *le Peuple* (1846), et de 1847 à 1853, l'*Histoire de la Révolution française.* En 1848 il rencontre Athénaïs Mialaret, avec laquelle il se marie l'année suivante. Après le coup d'État du 2 décembre 1852, qui met fin à la courte expérience de la Seconde République, Michelet refuse de prêter serment à Napoléon III. Son cours est suspendu, il est destitué de sa fonction aux Archives. Il se consacre alors à son œuvre et publie une suite de livres consacrés à l'histoire naturelle, *l'Oiseau* (1856), *l'Insecte* (1857), *la Mer* (1861) et *la Montagne* (1868), et à l'amour, *l'Amour* (1858), *la Femme* (1859). Puis il revient à l'Histoire avec *la Sorcière* (1862), et de façon de plus en plus engagée avec *la Bible de l'humanité* (1864) et *Nos fils* (1869). À sa mort, en 1874, il laisse également un passionnant *Journal*.

Vers le Livre du peuple

Fils du peuple, Michelet se veut avant tout l'historien du peuple, écrivant pour le peuple. Il conçoit l'Histoire comme objet d'une science, mais il se préoccupe de lui donner une forme littéraire pour la rendre accessible à tous, car pour lui l'enseignement doit déboucher sur l'action. Il combat les Jésuites et la tutelle qu'exerce sur l'enseignement l'Église romaine, dont il dénonce l'immobilisme et le conservatisme. Il prône une éducation qui donne le goût de la liberté. Il s'élève en particulier contre la direction de conscience, cette tyrannie qui aliène les femmes et nuit gravement aux rapports entre les sexes, et contre la domination exercée par le clergé sur l'âme du peuple.

« Ce vingt-quatre janvier, je conçus et j'écrivis le titre : *Peuple.* » En 1845, confiant à son *Journal* cette résolution, Michelet se lance dans une entreprise décisive. Il s'agit de mettre en avant une idée directrice : « L'amour seul constructeur de la cité », à l'aide d'une enquête préalable sur la réalité populaire. « Ce livre, je l'ai ramassé sur les routes. » Une image va dominer l'ouvrage : celle d'un indomptable plébéien qui crée, par son travail, la richesse de la nation. L'avenir lui appartient. Le plus douloureux problème est le présent. Le peuple est dominé par la tyrannie de la bourgeoisie, qui, depuis sa glorieuse victoire de 1789, a accumulé les fautes : imitant servilement l'aristocratie, reniant ses origines, s'attachant avant tout au culte de sa prospérité en confondant gestion et politique. La bourgeoisie s'oppose donc au mouvement même de l'Histoire : « Elle a perdu le mouvement. Un demi-siècle a suffi pour la voir sortir du peuple, s'élever par son activité et son énergie, et tout à coup, au milieu de son triomphe, s'affaisser sur elle-même. » L'époque est celle de la « grande peur des biens-pensants » : tragique sécession qui menace la nation elle-même. Rien n'est donc plus urgent que de comprendre et de rejoindre ces « barbares » qui détiennent les clés du futur. Aujourd'hui aliéné, le peuple est promis à la liberté.

L'harmonie à venir sera fondée sur l'« amitié », autre nom de la fraternité. Il faut insister sur la connotation religieuse de cette affirmation : l'Église médiévale s'est condamnée elle-même en consacrant « un ordre civil haineux, l'inégalité dans la loi, dans l'État, dans la famille ». La société industrielle commet le même péché. *Le Peuple* se donne donc comme une nouvelle Bible de l'humanité. La Cité harmonieuse réunira tous les humbles, tous les simples en une sublime réconciliation de toutes les créatures, déjà décrite dans la mystique indienne ou par Virgile, « Indien par sa tendresse pour la nature, chrétien par son amour de l'homme », « homme simple » qui « reconstitue dans son cœur immense la belle cité universelle, dont n'est exclu rien qui ait vie, tandis que chacun veut n'y faire entrer que les siens ».

On mesure la force du lien qui unit ces préoccupations à l'écriture de l'*Histoire de France,* dont la Préface comporte cet aveu : « L'historien de la France doit au peuple qui la servit tant, de sa vie et de sa mort, de dire une fois ce que fut ce peuple, de lui restituer (s'il pouvait) sa vie historique. » On conçoit également comment et pourquoi l'historien saura se faire naturaliste. Taine comprendra cette cohérence quand il écrira à propos de *l'Oiseau* : « L'historien que vous connaissez paraît à travers le naturaliste que vous découvrez. Le livre de *l'Oiseau* n'est qu'un chapitre ajouté au livre du *Peuple.* L'auteur ne sort pas de sa carrière ; il élargit sa carrière. Il avait plaidé pour les petits, pour les simples, pour les enfants, pour le peuple. Il plaide pour les bêtes et pour les oiseaux. »

Le grand roman engagé de l'Histoire

Si Michelet se situe au confluent des Lumières (conception de l'homme et du progrès de la sociabilité, principe de la volonté générale sur quoi reposent nation et institutions), et des philosophies de Vico et de Herder (importance capitale des mentalités et de leurs transcriptions mythiques), il fait de l'Histoire la *scienza nuova* (il traduit et commente Vico en 1827 et 1835), où s'intègrent tous les savoirs, forme ultime de la philosophie de la connaissance de l'homme social. Encyclopédique, elle doit aussi rendre compte de la vie, son matériau : « Ces papiers, dit-il des Archives, n'étaient pas des papiers, mais des vies d'hommes, de provinces, de peuples, tous vivaient et parlaient. » Restitution et compréhension de l'harmonie du vivant, elle est animée par la « sympathie », et elle accomplit un devoir de justice : « Tous ils sont [l] es justiciables [de l'Histoire], les hommes et les idées, les rois, les lois, les peuples, les dogmes et les philosophies. » Loin d'une froide objectivité, elle opère la fameuse « résurrection du passé » *(le Peuple),* où s'inscrit, tel un culte, un rapport d'implication personnelle de l'historien au passé et à la mort. L'écriture historienne tend à réhabiliter la « danse galvanique » des victimes de l'Histoire, donc du peuple. Ni providentialisme ni déterminisme, mais la mise en scène d'un acteur collectif, et la volonté de prendre « l'Histoire en bas » : l'historien, bien plus qu'un chroniqueur ou un récitant, participe par sympathie à l'ascension du peuple, à son accession à la conscience de son pouvoir invincible.

Comme un romancier, Michelet nous donne accès à la conscience des personnages, multiplie les épisodes symboliques. Comme un juge, il les fait comparaître à son tribunal. Avant tout, il ressent l'Histoire. L'écriture de Michelet est d'abord image et sensation, sentiment et vision. On ne saurait cependant réduire cette entreprise au romantisme littéraire, sauf à bien comprendre le romantisme comme visée cosmique de l'unité profonde, comme un naturalisme scientifique et philosophique. Les splendeurs de la narration et de l'évocation, la phrase inspirée, au rythme soigneusement travaillé, où se multiplient les vers blancs et qui s'amplifie en versets, tout se met au service de l'interprétation du destin des hommes. Ce prophétisme, s'alimentant au réservoir de l'énergie populaire, découvre des modèles que l'avenir incarnera, alors qu'il informe la vision rétrospective du passé selon les aspirations du moment. L'historien élabore un mythe et se fait médiateur d'un dialogue entre passé et présent.

L'Histoire de France se résout en celle du peuple, celle d'une nation en voie de constitution, de ses avancées et de ses défaites. La « philosophie religieuse du peuple » se sublime en apothéose des simples, avec qui l'homme de génie, leur esprit, est en sympathie. Si la documentation est sérieuse, elle se met en scène par des types présentés en situation comme le paysan dans son champ, l'ouvrier à la sortie de la fabrique ou le fonctionnaire en province. Tableaux animés par la cohérence métaphorique d'un naturalisme optimiste qui, faute de pouvoir faire parler le peuple, en magnifie superbement la chair historique.

À l'idéal de justice, qui suppose l'audace et l'affirmation du droit à comprendre (« L'Histoire, qui est le juge du monde, a pour premier devoir de perdre le respect »), s'ajoute le culte du passé : « Je portais tout ce passé, comme j'aurais porté les cendres de mon père ou de mon fils. » Devoir de piété, récit d'une gestation, l'Histoire moderne doit réfuter providentialisme et déterminisme pour tracer les itinéraires par où le peuple, acteur collectif, s'est trouvé, affirmé, créé. À la narration, à la chronique, au cheminement philosophique, l'historien ajoute donc la mise en évidence des analogies manifestées par les signes d'une ascension. De là l'importance des grandes figures, comme Jeanne d'Arc ou les « Jacques ». L'épopée procède alors d'une nécessité conceptuelle autant que d'une conception de l'écriture.

De la Révolution à l'humanité

Michelet commence au Collège de France en 1845, l'année du *Christianisme et la Révolution française* d'Edgar Quinet, une série de cours sur la Révolution qu'il continue jusqu'à la suspension de son enseignement le 2 janvier 1848. Parvenu dans son *Histoire de France* au règne de Louis XI, Michelet en interrompt la rédaction pour entreprendre son *Histoire de la Révolution française.*

Si Michelet intériorise le discours que la Révolution tient sur elle-même, se donnant comme rupture avec le passé et avènement d'un monde nouveau dont la France serait la figure de proue, il chante, selon l'expression de François Furet, la réappropriation par les hommes de leur souveraineté aliénée à Dieu et au roi. La Révolution esquisse l'avenir de la civilisation, où des hommes fraternels au service de la patrie jouiront enfin de la liberté. Refusant la contradiction propre aux historiens libéraux et socialistes de l'époque, qui s'affrontent sur l'opposition de 1789 à 1793, Michelet proclame une nouvelle fois l'unité organique d'une entité prométhéenne.

Si la critique historienne du temps (Taine, Fustel de Coulanges, Renan) est surtout sensible à l'érudition incertaine et aux dérives symboliques ou philosophiques, notre époque salue une entreprise d'Histoire totale du vivant, attentive aux mentalités et à la longue durée. Michelet s'attache autant à écouter les muets de l'Histoire et à comprendre ses silences qu'à en ressusciter le drame. Analysant les symboles et leur incarnation (la « désymbolisation »), décrivant les péripéties et les acteurs, Michelet crée une œuvre où la littérature trouve amplement son compte.

La « résurrection intégrale du passé » se résout en un constant va-et-vient entre matérialisme et idéalisme, et la narration, dont Michelet maîtrise superbement tous les procédés, remodèle le passé. Fusion du sens, l'interprétation est aussi parole, lieu où se dit l'Histoire. C'est peut-être dans le portrait que se manifeste le mieux l'art de Michelet : fondé sur une conception du grand homme, interprète parfois inconscient et toujours passager de l'énergie populaire, pris dans le temps, dans une filiation et dans une origine géographique, il relève autant de la biographie que du symbole. En 1854, *les Femmes de la Révolution* seront rassemblées en volume, consacrant ainsi l'une des plus belles réussites de l'écriture de l'historien.

L'*Histoire du XIXᵉ siècle,* ultime production de Michelet, ne pourra cependant pas établir la continuité historique entre Révolution et modernité, et, pour sauver la Révolution, Michelet donnera tort au siècle. Commencée en 1869, au détriment du *Livre des livres* et de l'*Histoire de l'amour,* projet qui remonte à 1849, elle se limite à la période 1794-1815, et nous conduit du 10 Thermidor à Waterloo. Gros plan sur sa naissance, elle entreprend de mettre au jour la crise initiale, la racine des échecs du XIXᵉ siècle : « Dès 1800, au berceau même du siècle, je veux prévoir ses âges, et même sa vieillesse, son déclin si visible aujourd'hui » (Préface).

Au « vif, franc, marcheur » XVIIIᵉ siècle, cette « escalade vers la liberté », s'oppose le « riche et vaste, mais lourd » XIXᵉ siècle, qui « regarde vers la fatalité » (*id.*). La naissance de ce monstre résulte de deux principes contraires : la Nature et un christianisme abâtardi. En fait, ce siècle, loin de procéder d'un avènement, provient d'une « chute épouvantable », de l'enterrement de « trois millions de morts ». À l'origine du siècle se mêle intimement la question de la propre naissance de l'auteur, dont la mort symbolique consacre la débâcle de l'Histoire.

Michelet dégage avec clairvoyance les grands processus historiques qui ont marqué son époque : industrialisation, internationalisation des capitaux et triomphe du capitalisme, formation du prolétariat, exploitation par les classes possédantes de la terreur née des idées révolutionnaires – « La terreur de Babeuf fit Bonaparte autant que ses victoires, c'est-à-dire que le Socialisme naissant, par sa panique, a fait le triomphe du Militarisme » (*id.*). Mais, ce faisant, l'historien nie paradoxalement au XIXᵉ siècle la qualité d'époque historique, pour le réduire à du temps brut, privé de sens : « Un des faits aujourd'hui les plus graves, les moins remarqués, c'est que l'allure du temps a changé » (*id.*). Même si on peut le nommer « le siècle où commença pour le monde la majorité de l'homme », la dernière phrase du livre insiste sur sa structure répétitive : Napoléon à Sainte-Hélène put préparer, « à force de mensonges, une seconde répétition de tous les malheurs de l'Empire ».

Personnage principal du drame, Bonaparte, ce « favori de la fortune », ce « prestidigitateur », par qui le XIXᵉ siècle devient mythe au lieu d'Histoire, fascine Michelet et l'obsède.

Le dénonçant de manière véhémente, l'historien l'accuse d'avoir dénaturé l'Histoire dans son principe même, trahissant ainsi l'efficacité du mythe napoléonien. Un autre personnage hante le livre : Grainville, l'auteur du *Dernier Homme.* Ce double noir de Michelet, un prêtre amiénois contraint de se marier sous la Terreur, persécuté après Thermidor et qui se suicida pendant l'hiver 1804-1805, inscrit dans le texte une pulsion de mort : car Michelet lui aussi s'identifie au dernier homme, à la dernière parole humaine dans un monde de machines et de machinations. Tel Dieu, l'historien devrait pouvoir refaire l'Histoire, mais il demeure impuissant.

À l'apothéose du peuple, à l'assomption de l'Esprit et de la Liberté fait désormais suite une nouvelle trinité : « Socialisme, Militarisme et Industrialisme » (*id.*). Occultant de manière significative la Révolution de Juillet, totalement absente, et la prééminence de la bourgeoisie – qui occupait une si grande place dans *le Peuple* –, Michelet rejette le XIXe siècle hors de l'Histoire. Se manifeste ainsi dans ce livre l'aporie du libéralisme de Michelet. Ce blocage a pourtant déjà été levé par *la Bible de l'humanité*, parue en 1864 : conçu comme une réplique à la *Vie de Jésus* de Renan (1863), ce livre somme apparaît en fait comme un entracte dans l'œuvre, avant l'écriture du véritable « livre des livres » qu'ébauchera en 1869 *Nos fils*, histoire et réforme de l'éducation.

Répondant à une ambition de nouvelle universalité, à l'espérance d'une aube religieuse, *la Bible de l'humanité* offre une grandiose synthèse d'une inspiration visionnaire et d'une fidélité à la conception d'une Histoire organique. Michelet nous conduit des « Peuples de la lumière » à ceux du « crépuscule, de la nuit et du clair-obscur », avant de conclure sur une prophétie, sur le foyer redevenant autel de la grande Église de Justice. Tout commence en plein soleil, avec l'Inde, matrice du monde, fondatrice du sens originel de la famille, puis la Perse, ses grands penseurs comme Zoroastre et la coexistence de deux principes, le bien et le mal. Enfin c'est la Grèce, peuple éducateur qui forme le citoyen, l'homme et le héros, qui renouvelle les mythes fondamentaux, qui invente la Cité, l'égalité des sexes, et qui ne périt ni par la guerre, ni par l'esclavage, ni par les mauvaises mœurs, mais par l'affaiblissement de la famille, l'isolement de la femme et l'invasion énervante des dieux d'Orient. À cette trinité lumineuse s'opposent l'Égypte, un « monument de la mort », la Syrie, la Phrygie, Babylone et Carthage, « chaos » tyrannique et orgiaque, et la Judée, « héritière de tout un monde détruit ». Les juifs esclaves, affairistes, dont le progrès « aboutit à la stérilité profonde », conçoivent un Dieu vengeur. La *Bible* retrace et dramatise ensuite la chute de l'Empire romain et l'« écrasement » médiéval. Le christianisme évince par l'idéal féminin de la Grâce celui, viril, de la Justice du monde gréco-romain, et, y ajoutant l'idée orientale de Médiateur, ensevelit, par haine de la création, le monde dans les ténèbres moyenâgeuses. La Révolution lève l'hypothèque obscurantiste. La conclusion entend nous éloigner de cette « défaillance » du Moyen Âge et nous engager à « marcher vers l'avenir », dans l'union de la Science et de la Conscience. Au terme d'un livre action, le message de Michelet ouvre sur un avenir radieux.

En 1864, Michelet revient donc, en les élargissant, aux perspectives de 1847. S'établit ainsi l'unité d'une vie, s'affirme la fidélité à soi. Le lecteur d'aujourd'hui n'est peut-être plus capable de s'enthousiasmer à la lecture de ces pages visionnaires, mais il doit reconnaître leur ampleur. L'ambition de Michelet y apparaît dans toute sa magnitude : en voulant écrire un livre organique, il fait accomplir à l'écriture un progrès sans doute comparable à la mutation hugolienne. Ses ouvrages naturalistes en témoignent tout aussi victorieusement.

L'histoire naturelle du monde

Premier d'une série consacrée à l'histoire naturelle, poursuivie par *l'Insecte* (1857), *la Mer* (1861) et *la Montagne* (1868), *l'Oiseau* (1856) doit beaucoup, comme les suivants et ceux consacrés à l'amour (*l'Amour,* 1858 ; *la Femme,* 1859), à la collaboration d'Athénaïs Mialaret, la seconde femme de Michelet, épousée en 1849. La présence féminine opère une totalisation de la réflexion et de l'œuvre, comme elle exacerbe le travail de la prose poétique.

« Morphologie sociale de type géopolitique », selon la formule de J. Seebacher, *l'Oiseau* chante une nature anthropomorphisée, tout en se voulant ouvrage de vulgarisation scientifique. Le livre « vole », « aime à tire-d'aile, du nid au nid, de l'œuf à l'œuf, de l'amour à l'amour de Dieu ». « Prêtre et augure, voix innocente et divine » de la nature, l'oiseau, tant dans ses migrations (ainsi l'hirondelle) que par sa quête de nourriture ou son travail de nidification, offre le permanent spectacle de la vie. Travailleur (le pic), ébauchant une sociabilité républicaine, éducateur, l'oiseau s'essaie sous la lumière de la Providence à agir et penser. Chanteur, il trouve son expression la plus achevée dans le rossignol, sublime artiste, dieu et amant, par qui s'entendent « les cantiques, les remerciements, qui s'échangent de la terre au ciel ». « Livre de paix » écrit en « haine de la chasse » (Introduction), *l'Oiseau* se veut appel à la pacification et au ralliement « harmonique » de la nature vivante. Prolongeant *le Peuple,* Michelet annonce la Cité de Dieu, « où tous les humbles [...] même encore ces autres enfants que nous appelons animaux, sont tous citoyens ». L'histoire naturelle se définit alors comme une branche de la politique. Les oiseaux nous invitent ainsi à penser cette harmonie, où il convient de « déterminer la mesure de liberté, de servage, d'alliance et de collaboration avec nous, dont chaque être est susceptible » (Conclusion).

L'Insecte célèbre le génie des petits êtres. Cet animal est l'industriel par excellence, et aussi celui que la création aime le plus, puisque l'amour précède et entraîne souvent pour lui la mort. Créateur de républiques ou de cités, animal éminemment social, l'insecte, et en particulier l'abeille, accomplit son existence par la métamorphose. Plaidoyer poétique pour ces animaux méconnus (les *Souvenirs entomologiques* de J.-H.

Fabre viendront après, entre 1879 et 1907), *l'Insecte* entre parfaitement dans la cohérence du projet.

La Mer, publiée en 1861, chante poétiquement les éléments tout en se voulant ouvrage de vulgarisation scientifique. L'Histoire impliquant une cosmologie et une métaphysique, la conception du monde se fait chez Michelet appréhension de l'Univers comme totalité unifiée par la dynamique du vivant. Le drame de l'Histoire humaine prend toute sa dimension dans le cycle prodigieux de la vie universelle.

La Montagne achève le cycle. Hymne à la vie, le livre atteint à un lyrisme quasi panthéiste : « Sur la montagne, la vie paraît légère ; les lourds nuages de l'âme s'envolent en ces hauteurs. Tout est petit en présence de ce grand livre vivant, imposant et si pur. Les livres, même religieux, mystiques, sont ici de trop. » À la géologie, Michelet substitue la poésie. Cependant, aux accents rousseauistes ou « obermaniens » s'ajoute la définition des Alpes comme « trésor » de fécondité et « théâtre des échanges » entre les éléments : « La circulation de la vie, sous forme aérienne ou liquide, s'accomplit sur ces montagnes. »

On comprend la place que l'amour occupe dans cette histoire naturelle du vivant : n'est-il pas l'autre nom du véritable lien social et ne fonde-t-il pas la continuité de la vie ? Michelet tient dès lors son alliance de l'histoire naturelle, de l'Histoire et de la féminité, qu'il va développer dans *la Femme,* puis dans *la Sorcière*. S'inscrivant en cela dans la grande mouvance romantique, Michelet va privilégier la femme comme être vivant au rythme de la nature. Émerveillé par sa plénitude, Michelet lui voue un culte, dont certains aspects peuvent étonner aujourd'hui. On sait combien la relation sexuelle de Michelet et d'Athénaïs Mialaret s'établit selon une véritable éducation érotique mutuelle, qui symbolise le dialogue social. Obsédé, traumatisé par le sang des règles, érigeant le voyeurisme en finalité morale, Michelet chante la royauté sacrale de la Femme, et, comme l'écrit Roland Barthes, la définit comme un élément à la fois contigu et extérieur à l'humanité, affirmant : « Il en est d'elle comme du ciel pour la terre, il est au-dessous et dessus, tout autour. Nous naquîmes en elle. Nous vivons d'elle. Nous en sommes enveloppés. Nous la respirons, elle est l'atmosphère, l'élément de notre cœur. » Célébration de l'accord entre l'homme et la femme, ce « duo religieux », *la Femme* exalte une « douce idole », sanctifiée par sa douleur et son « prodigieux rêve » d'amour. Fleur, poème d'harmonie, déesse du foyer : l'idéalisation à l'œuvre dans le livre mobilise une stylistique du chant et de l'émotion. Anecdotes, digressions, appels, hymnes, descriptions, confidences, paraboles : tout concourt à dynamiser un texte où Michelet s'implique constamment, à faire de la variation un principe d'écriture, analogue à la féminité même : « Infiniment variées sont les âmes des femmes. » À l'horizon de cette pensée se profile l'idéal androgyne, figure de l'unité retrouvée. Surtout, la femme est religion, thème que *la Sorcière* va développer.

Il s'agit pour Michelet de restructurer l'Histoire en en révélant une continuité nouvelle, en mettant au jour une manière neuve de lire le progrès à l'œuvre. Envers de la société paysanne médiévale et figure de la révolte, la sorcière prépare l'avènement des sciences de la vie. Persécutée, elle dispense ses bienfaits, et déploie à bon escient tout un savoir, notamment celui de la médecine naturelle. Admirable paradoxe qui, en réhabilitant l'exclue, rétablit le Moyen Âge comme principe de relecture des temps modernes, alors qu'il avait été disqualifié par l'*Histoire de France* !

Écrire le moi

Le travail d'historien est inséparable chez Michelet d'une écriture du moi. Parallèlement à l'œuvre se construit une autobiographie qui met en perspective le dialogue entre l'Histoire, son époque et lui-même. L'œuvre intime de Michelet apparaît dès lors comme le véritable mode d'emploi d'une conscience.

Révélé sous sa forme intégrale entre 1959 et 1976, le *Journal* a connu bien des vicissitudes. Le testament de Michelet précisant que les dossiers du *Journal* ne devaient pas être ouverts avant 1950, à cette date une commission de l'Institut en décida la publication, confiée à la direction de Paul Viallaneix. Ce dernier a également publié en 1959, sous le titre *Écrits de jeunesse* les textes intimes antérieurs : *Journal* (1820-1823), *Mémorial* (1820-1822), *Journal des idées* (1818-1829), avec quatre appendices, dont un *Journal de mes lectures* (1818-1829). Consignant événements, engouements et passions, Michelet entend faire l'histoire de ses sentiments et de ses pensées. Ce projet rousseauiste cultive le souvenir d'une vie jugée exemplaire. Fruit du contrôle quotidien d'une existence, l'écriture diariste se veut mise en ordre et maîtrise de soi. Ce procès-verbal, enrichi d'anecdotes, d'observations, de notations pittoresques, glanées au cours des voyages (Italie, 1830 ; Angleterre, 1834 ; Allemagne, 1842 ; multiples déplacements en France), traduit avant tout un besoin d'écrire. Vivant la plume à la main, Michelet nourrit son œuvre des pages du *Journal*, véritable réserve de matériaux. Si la biographie proprement dite trouve dans cette masse de quoi satisfaire sa curiosité, quitte à y découvrir d'indiscrètes révélations (un rêve érotique de jeunesse, le fétichisme de la vie conjugale avec Athénaïs Mialaret, des obsessions séniles), l'entreprise vaut surtout comme peinture de soi pour soi et expression d'une sincérité libre. La confusion et la dispersion des éléments peuvent décevoir si on les confronte au portrait officiel d'une vie d'historien tel que le brosse Michelet dans la Préface de 1869 à l'*Histoire de France* ou au récit de l'enfance dans *le Peuple*, mais l'examen de conscience, malgré ses lacunes (1829, 1833, 1836...) ou ses irrégularités (il s'amplifie à mesure que passent les années, et surtout à partir de 1849, où il s'attache systématiquement à la vie quotidienne), s'articule avec l'enquête, l'interrogation : la narration se fait action, comme dans l'écriture historienne. On peut parler d'une méthode biographico-historique, qui montre par ailleurs toute son efficacité dans des ouvrages comme *le Peuple* ou *la Sorcière*.

Le *Journal*, cette vie qui s'écrit, se fait histoire concrète d'un moi s'appropriant les lieux dépositaires de l'Histoire. L'unité profonde de l'entreprise s'exhibe : à la construction et remémoration de soi correspond intimement la mémoire de la nation et du peuple. Michelet résout une apparente contradiction en affichant à la fois la prééminence de la personne et le souci permanent du regard historien. Il réalise l'amalgame du public et du privé, sous les auspices de l'humanité. Écrivant ainsi la légende de son œuvre, Michelet, tout en enregistrant sa formation intellectuelle, en formulant ses hypothèses ou ses illuminations, en mêlant détails triviaux et enthousiasmes spirituels, s'incorpore à l'Histoire qu'il veut naturaliser en y harmonisant science sociale et science naturelle. Voie royale pour l'intelligence de celui pour qui l'Histoire se magnifie en travail et incarnation de la liberté, le *Journal* s'impose comme une véritable œuvre d'écrivain.

Chant d'amour adressé à la vie, l'œuvre de Michelet brille de tous les éclats d'une encyclopédie lyrico-épique. On serait tenté d'appliquer à son écriture les métaphores qu'il accumulait dans *l'Insecte* en évoquant les papillons : « Éclate donc la vie splendide ! Étincellent l'or et l'émeraude, le saphir et le rubis ! Et qu'elle ruisselle elle-même, cette incandescente ardeur, torrent d'existence, torrent de lumières prodiguées dans un commun et rapide écoulement ! »

	VIE	ŒUVRE
1798	**21 août :** naissance, à Paris, de Jules Michelet. Son père, Jean Furcy Michelet, originaire de Laon, est imprimeur. Sa mère est originaire des Ardennes. De 1798 à 1814, les Michelet, qui vivent dans la pauvreté en raison des difficultés de l'imprimerie, déménagent huit fois dans Paris.	
1799	**Coup d'État du 18-Brumaire.**	
1804	**Premier Empire.**	
1808	Le père de Michelet est emprisonné pour dettes, à Sainte-Pélagie.	
1809	Le petit Michelet apprend à composer dans l'atelier d'imprimerie de son père.	
1810	**Oct. :** Michelet, jusqu'alors sans éducateur, suit les cours de M. Mélot, grammairien, chez qui il rencontre son premier grand ami, Poinsot.	
1812	Michelet entre au collège Charlemagne en classe de troisième. Décrets impériaux de févr. 1810 limitant le nombre des imprimeurs à soixante : fermeture de l'imprimerie paternelle.	
1814	Le père de Michelet obtient une place de gérant dans la maison de santé du docteur Duchemin.	
1815	**Les Cent-Jours ; Restauration.** **9 févr. :** mort de la mère de Michelet. Le père et le fils s'installent chez le docteur Duchemin, près du jardin des Plantes.	
1816	Mme Fourcy, employée elle aussi chez le docteur Duchemin, et qui vient de perdre sa fille, joue auprès de Michelet le rôle d'une mère et d'une initiatrice.	
1817	Bachelier ès lettres.	
1818	Licencié ès lettres. La maison du docteur Duchemin ferme ses portes. Les Michelet s'installent rue de la Roquette, en compagnie de Mme Fourcy et de Pauline Rousseau, ex-employée du docteur Duchemin. Pauline devient à la mi-juin la maîtresse de Jules.	
1819	Docteur ès lettres grâce à deux thèses fort minces : *Examen des « Vies des hommes illustres » de Plutarque* et *De percipienda infinitate secundum Lockium.*	

	VIE		ŒUVRE
1820	Michelet commence à tenir un journal (mai) et à rédiger (en juin) un Mémorial (souvenirs d'enfance) destinés à son ami Poinsot, alors étudiant en pharmacie à Bicêtre. Vif intérêt pour les sciences naturelles. Importance d'un rêve érotique auquel le *Journal* de l'âge mûr fera maintes références.		
1821	**14 févr. :** mort de Poinsot. **21 sept. :** reçu à l'agrégation de Lettres, nouvellement instituée. **13 oct. :** nommé professeur suppléant au collège Charlemagne.		
1822	**Oct. :** professeur au collège Sainte-Barbe, où il assure l'enseignement de l'Histoire, rétabli dans les collèges par Royer-Collard (1818).		
1823	**Déc. :** mort de Mme Fourcy.		
1824	**Avr. :** Michelet rencontre Victor Cousin, jeune chef de file de la philosophie libérale, qui l'encourage à entreprendre la traduction de la *Scienza nuova* de Vico, où Michelet a trouvé les premiers éléments de sa philosophie de l'Histoire. **20 mai :** Michelet épouse Pauline Rousseau (enceinte). **28 août :** naissance d'Adèle Michelet.		
1825	**Mai :** Michelet se lie avec Edgar Quinet, traducteur de Herder, qu'il a rencontré chez Victor Cousin.	**1825**	*Tableau chronologique de l'histoire moderne* (1453-1789).
		1826	*Tableaux synchroniques de l'histoire moderne.* Ces deux manuels scolaires connaissent un vif succès, cependant rapidement enrayé par les arrêtés ministériels de 1826 qui limitent l'enseignement de l'histoire aux petites classes.
1827	**3 févr. :** nommé Maître de conférences de Philosophie et d'Histoire à l'École normale.	**1827**	**8 mars :** mise en vente des *Principes de la philosophie de l'Histoire* traduits de Vico, précédés d'un *Discours sur le système et la vie de Vico.* **15 nov. :** première partie du *Précis de l'histoire moderne.*
1828	**16 août-18 sept. :** voyage d'Allemagne, consacré à des recherches concernant l'histoire du Moyen Âge et de la Réforme (Luther). Michelet reprend son *Journal,* délaissé après la mort de Poinsot, mais s'y limite à un compte rendu de ses voyages. **Sept. :** choisi comme professeur de la princesse de Berry, petite-fille de Charles X.	**1828**	**15 avr. :** seconde partie du *Précis de l'histoire moderne,* nouveau manuel scolaire très apprécié.
1829	**Sept. :** mis en demeure de choisir entre philosophie et histoire, opte pour la philosophie, mais le ministère lui impose l'histoire. Il consacre son cours de 1828-1829 à l'histoire romaine. **17 nov. :** naissance de Charles Michelet.		
1830	**14 mars-fin avr. :** Michelet voyage en Italie ; boulimie de rencontres, de découvertes, de culture. **Révolution de Juillet.** Michelet bénéficie du changement de régime : maître d'histoire de la princesse Clémentine, 5e enfant de Louis-Philippe, il est nommé chef de la section historique des Archives royales (la révélation des archives est capitale pour sa méthode historique).		
1831	**20 févr. :** Michelet et Quinet assistent, salle Taitbout, à une réunion saint-simonienne et écoutent une prédication du « Père » Enfantin. **2-25 août :** voyage en Normandie et en Bretagne, inaugurant une série de tournées provinciales. Découverte de la France (architecture, paysages, hommes et économie) parallèle à la rédaction de l'*Histoire de France.*	**1831**	**Avr. :** *Introduction à l'Histoire universelle* (où Michelet expose sa philosophie de l'Histoire en se démarquant de Victor Cousin, d'Augustin Thierry et même de Vico). **Juill. :** *Histoire romaine* (la République).

	VIE		ŒUVRE
1832	**1er-8 sept. :** voyage en Belgique, découverte de Rubens, du champ de bataille de Waterloo.		
1833	**14-16 avr. :** premier des nombreux séjours de Michelet à Fontainebleau. **Juil. :** visite de la cathédrale de Reims. **21 nov. :** nommé suppléant de Guizot à la Sorbonne.	**1833**	**1er déc. :** tomes I et II de l'*Histoire de France* (des origines à 1270). *Précis d'histoire de France jusqu'à la Révolution.*
1834	**5 août-5 sept. :** voyage en Angleterre, Irlande, Écosse ; découverte du pays qui connaît le plus fort développement industriel. Angleterre médiévale : intérêt pour la guerre de Cent Ans, que Michelet va étudier dans son prochain volume d'*Histoire de France.*		
1835	**18 août-25 sept. :** visite méthodique des bibliothèques et des archives du sud-ouest de la France. **Déc. :** doit renoncer à suppléer Guizot.	**1835**	**Août :** nouvelle édition du *Vico,* augmentée d'une *Vie de Vico par lui-même.* **15 sept. :** *Mémoires de Luther.*
1837	À partir de cette date, le *Journal* est tenu plus régulièrement. **22 juin-18 juill. :** voyage en Belgique et en Hollande.	**1837**	**Juin :** tome III de l'*Histoire de France* (1270-1380). *Origines du droit français, cherchées dans les symboles et les formules du droit universel.*
1838	**13 févr. :** nommé professeur de Morale et d'Histoire au Collège de France. Les cours du Collège de France, jusqu'en 1842, suivront la progression de l'*Histoire de France.* **Mars :** élu membre de l'Académie des sciences morales et politiques. **8 juill.-17 août :** Suisse, Venise, Tyrol ; documentation pour les guerres d'Italie.		
1839	**24 mars-7 avr. :** voyage à Lyon et à Saint-Étienne. Enquête sur le sort des canuts, dont les récentes révoltes l'ont bouleversé. À Saint-Étienne, visite d'une manufacture d'armes et d'un puits de mine. **24 juill. :** mort de Pauline, déchirement ; frénésie de méditation, de travail.		
1840	**5 mai :** première visite de Mme Dumesnil, mère d'un élève, Alfred. Michelet nouera bientôt avec elle une amitié passionnée. **25 juill.-16 août :** voyage en Belgique.	**1840**	**Févr. :** tome IV de l'*Histoire de France* (1380-1422).
1841	**Févr. :** Mme Dumesnil, qui doit recevoir des soins à Paris, s'installe chez Michelet, rue des Postes. Séjours à Fontainebleau, avec Mme Dumesnil et son fils, et à Vascœuil, maison des Dumesnil, près de Rouen.	**1841**	**23 août :** tome V de l'*Histoire de France* (Jeanne d'Arc). **Août :** *le Procès des Templiers* (recueil de documents).
1842	**Début 1842 :** violentes attaques de la presse cléricale – *l'Univers* – contre l'Université. Quinet est nommé professeur au Collège de France. **31 mai :** mort de Mme Dumesnil, chez Michelet. **19 juin-30 juill. :** voyage en Allemagne. Année décisive pour l'approfondissement de la méthode et la préparation du *Peuple* et de la *Renaissance.*		
1843	Pour riposter aux attaques de plus en plus virulentes de la presse cléricale, Michelet et Quinet consacrent tous deux leurs cours à l'étude de la Compagnie de Jésus. **Août :** mariage d'Adèle avec Alfred Dumesnil, que Michelet considère comme son disciple. Il quitte le christianisme pour « le Dieu nouveau de l'avenir ».	**1843**	**15 juill. :** *Des Jésuites.*
1844	Michelet poursuit sa campagne dans son cours annuel centré sur Rome et la France. **18 mai-22 juin :** voyage en Provence et dans le Massif central.	**1844**	**4 janv. :** tome VI de l'*Histoire de France* (Louis XI).

	VIE		ŒUVRE
1845	Les milieux gouvernementaux et leurs journaux, jusqu'alors favorables aux professeurs libéraux, commencent à manifester leur désapprobation devant la tournure révolutionnaire que prennent les idées professées par ceux-ci. **Janv. :** Michelet inaugure au Collège de France une série de cours consacrés à la Révolution française. **8 mars :** Michelet reçoit une longue lettre du Père Enfantin, qui vient de lire *Du Prêtre.* L'étude du *Journal* (du 8 au 23/3/45, 13/4/45) montre le profond retentissement, dans la pensée de Michelet, de cette lettre qui proclame la nécessité d'une attitude positive et la création d'une « religion de l'avenir ».	**1845**	**Janv. :** *Du Prêtre, de la Femme et de la Famille* (œuvre inspirée du cours de 1844 et qui dénonce le système de la direction de conscience).
1846	**Avr. :** le cours de Quinet est suspendu. **18 nov. :** mort du père de Michelet, son compagnon de toujours, qui représentait pour lui le peuple et la Révolution française.	**1846**	**28 janv. :** *le Peuple* (le premier des « livres positifs qui ne combattent plus mais enseignent »).
1847	Les études sur la Révolution française commandent l'actualité littéraire. En janv., Louis Blanc commence la publication de son *Histoire de la Révolution ;* en mars, Lamartine publie l'*Histoire des Girondins.* **13 oct. :** Michelet reçoit une lettre d'Athénaïs Mialaret, jeune institutrice de vingt ans, que la lecture de *Du prêtre* a bouleversée.	**1847**	**10 févr. :** tome I de l'*Histoire de la Révolution française.* **15 nov. :** tome II de l'*Histoire de la Révolution française.*
1848	**2 janv. :** suspension du cours de Michelet. Il décide de publier, semaine par semaine, les leçons prévues. **24 févr. : Révolution de 1848.** **6 mars :** Michelet et Quinet reprennent leurs cours. **10 mars :** Michelet refuse de se présenter à la députation. Horreur devant la répression de Juin. **Août :** il se consacre à la méditation d'une future *Bible du peuple.* **8 nov. :** première rencontre avec Athénaïs Mialaret, de trente ans plus jeune que lui. **Déc. :** mort de Letronne, administrateur du Collège de France remplacé par Barthélemy Saint-Hilaire, encore plus hostile à Michelet.	**1848**	**Avr. :** publication du recueil des leçons interdites (intitulé par la suite *l'Étudiant*).
1849	**25 janv. :** Michelet inaugure au Collège de France un cours consacré à l'amour et l'éducation. **12 mars :** mariage civil de Michelet et d'Athénaïs Mialaret. Le couple s'installe rue de Villiers, aux Ternes. Patience réciproque pour surmonter les difficultés sexuelles. **13-26 août :** voyage dans les Ardennes et en Belgique (champ de bataille de Jemmapes). **3 sept. :** consommation du mariage ; elle ne sera complète qu'à la Toussaint. **1er-15 oct. :** Michelet siège comme juré à la cour d'assises. Il s'efforce d'obtenir soit l'allégement des peines, soit l'acquittement des inculpés.	**1849**	**10 févr. :** tome III de l'*Histoire de la Révolution française.*
1850	**2 juill. :** naissance d'un fils : Yves Jean *Lazare* (comme Hoche et comme le ressuscité de l'Évangile). **24 août :** mort de Lazare. Athénaïs désire qu'il soit ondoyé : ce besoin d'un rituel religieux bouleverse Michelet. Le couple cherche un refuge à Fontainebleau (1er-8 sept.). En 1850 et 1851, cours centrés sur la femme et l'éducation populaire.	**1850**	**10 févr. :** tome IV de l'*Histoire de la Révolution française.*
1851	**6 mars :** Michelet est convoqué devant le bureau du Collège de France par Barthélemy Saint-Hilaire, qui l'a dénoncé au ministre comme hostile à Louis Napoléon Bonaparte. Le 11, il est blâmé pour son enseignement trop polémique : ses collègues ne le soutiennent pas. **12 mars :** le cours de Michelet est suspendu.	**1851**	**Avr. :** tome V de l'*Histoire de la Révolution française.* **26 nov. :** premier épisode de *la Légende d'or de la démocratie : Légende de Kosciuszko* (général polonais patriote).

	VIE		ŒUVRE
	(suite 1851) **20 mars :** manifestation des étudiants du Quartier latin en sa faveur. **8 avr. :** annonce de la suspension de son traitement de professeur. **Fin juill. :** voyage à Bordeaux et Arcachon. **24 oct. :** Michelet refuse le demi-traitement qui lui est octroyé. **2 déc. : coup d'État de Louis Napoléon Bonaparte.**		
1852	**Avr. :** Michelet destitué de ses fonctions de professeur au Collège de France, ainsi que Quinet et Mickiewicz. **3 juin :** refuse de prêter le serment que le nouveau régime exige de tout fonctionnaire. **9 juin :** quitte les Archives. **12 juin :** départ pour Nantes ; c'est dans la ville de Carrier, et près de la Vendée, qu'il va écrire l'histoire de la Terreur. À partir de cette date, Michelet, qu'aucune obligation professionnelle ne retient plus à Paris, passe souvent une partie de l'année en province.		
1853	**Févr.-mars :** fatigue et maladie, qui correspondent (réaction psychosomatique ?) à la rédaction de l'histoire de la Terreur. **29 oct. :** départ pour l'Italie, où Michelet pense rétablir sa santé. **18 nov. :** installation à Nervi, petit port près de Gênes. Michelet, très malade, observe la grande pauvreté de la contrée et de sa population ; idée du *Banquet*, dans la critique de Feuerbach.	**1853**	**1er août :** tome VI (et dernier) de l'*Histoire de la Révolution française.* **15 nov. :** second épisode de *la Légende d'or de la démocratie*, intitulé *Principautés danubiennes. Madame Rosetti.* Jeanne d'Arc (publication séparée du récit du tome V de l'*Histoire de France*).
1854	**20 avr.-4 juin :** séjour à Turin, où il consulte les archives du XVIe siècle. **5-30 juin :** séjour à Acqui, bains de boue. Initiation à la fonction thérapeutique et poétique des éléments.	**1854**	**21 janv. :** *Légendes démocratiques du Nord (Kosciuszko, Madame Rosetti, les Martyrs de la Russie).* **Mars :** écrit plusieurs chapitres du *Banquet* (œuvre non publiée de son vivant). **Avr. :** *les Femmes de la Révolution.*
1855	**6-15 juill. :** voyage en Belgique et en Hollande (rend visite à Quinet, proscrit depuis le coup d'État, et recueille des informations pour l'histoire de la Renaissance). **15 juill. :** mort d'Adèle Dumesnil, fille de Michelet. **23 août :** au cours d'un séjour au Havre, Michelet prend pour la première fois un bain de mer (rencontre avec un second élément). À partir de cette date, les séjours balnéaires deviennent annuels.	**1855**	**1er févr. :** *Histoire de la Renaissance* (tome VII de l'*Histoire de France*). Dans la Préface de ce tome, une nouvelle interprétation – dévalorisante – du Moyen Âge. **2 juill. :** *Histoire de la Réforme* (tome VIII de l'*Histoire de France*).
1856	Suit des cours d'anatomie, s'émerveille des pouvoirs du microscope. **Juill.-sept. :** voyage en Suisse.	**1856**	**8 mars :** tome IX de l'*Histoire de France* (guerres de Religion). **12 mars :** *l'Oiseau*, premier d'une série consacrée à l'histoire naturelle, est le fruit d'une collaboration avec sa femme, qui a réuni des notes sur l'ornithologie et des observations personnelles. Michelet a refondu le tout. **1er nov. :** tome X de l'*Histoire de France* (la Ligue).
1857	Les Michelet passent l'été à Fontainebleau. Ce séjour est désigné par Michelet comme un grand moment de ressourcement (orage du 8 sept.). Pouvoir du lieu, qui réunit nature et histoire et rappelle aussi les trois amours (Pauline, Mme Dumesnil et Athénaïs). Fascination redoublée de Michelet pour le corps de sa femme : multiplication de signes de coprophilie dans le *Journal.* Séjour à Hyères pendant l'hiver.	**1857**	**27 mai :** tome XI de l'*Histoire de France* (Henri IV). **Oct. :** *l'Insecte.*
1858	**Juin-oct. :** séjour à Granville et à Pornic.	**1858**	**Mars :** tome XII de l'*Histoire de France* (Richelieu et la Fronde). **17 nov. :** *l'Amour.*
1859	**20 mars-11 avr. :** assiste à des séances d'anatomie. **Juin-oct. :** séjour à Saint-Georges-de-Didonne (aux portes de Royan).	**1859**	**21 nov. :** *la Femme.*

	VIE		ŒUVRE
1860	**Août :** séjour à Étretat. **20 juin-5 août :** séjour à Veules-les-Roses, décisif pour l'abandon du roman au profit de l'Histoire, de l'amour, et de l'histoire naturelle.	**1860**	**27 avr. :** tome XIII de l'*Histoire de France* (Louis XIV).
1861	**22 août-18 sept. :** séjour en Suisse, à Veytaux, près des Quinet. À Toulon, où il passe l'hiver, Michelet rassemble des documents pour *la Sorcière.*	**1861**	**15 janv. :** *la Mer.* **28 févr. :** Michelet commence un roman, plusieurs fois abandonné et repris : *Sylvine ou les Mémoires d'une femme de chambre.* À Veytaux, il délaisse ce projet pour se consacrer aux *Mémoires d'une jeune fille honnête* (vie d'Athénaïs).
1862	**16 avr. :** mort de Charles Michelet, hospitalisé à Strasbourg depuis le 23 mars. **Août-sept. :** lit Darwin à Saint-Valery-en-Caux.	**1862**	**Févr. :** tome XIV de l'*Histoire de France* (Louis XIV et le duc de Bourgogne). **15 nov. :** *la Sorcière* (édité par Dentu et Hetzel, puis par Lacroix, Hachette ayant refusé par peur du scandale et d'une saisie).
1863	**Avr.-sept. :** séjour à Montauban, auprès de la mère d'Athénaïs, puis (sept.-oct.) à Toulouse et dans les Pyrénées.	**1863**	**1er oct. :** tome XV de l'*Histoire de France* (la Régence).
1864	**Juill.-sept. :** séjour à Saint-Valery-en-Caux. **21 oct. :** mort de Poret (« cinquante ans d'amitié »).	**1864**	**31 oct. :** la *Bible de l'humanité* (conçue comme une réplique à la *Vie de Jésus* de Renan).
1865	**30 juin-28 juil. :** séjour à Veytaux, puis, en août, à Saint-Gervais, où Michelet a l'idée d'un nouvel ouvrage : *la Montagne.* **De sept. à déc. :** Chamonix, Annecy, Aix-les-Bains, Hyères. L'attrait des séjours à la montagne supplante désormais celui de la mer.		
1866	**Fin avr. :** retour à Paris par Toulouse. **21 août-13 sept. :** Bagnoles-de-l'Orne. **14 déc. :** départ pour Hyères.	**1866**	**1er mai :** tome XVI de l'*Histoire de France* (Louis XV). **Août :** rédaction d'un article sur le Collège de France pour *Paris-Guide.* Les autres articles sont assurés par Hugo, Quinet...
1867	Hiver à Hyères. **Mai-juin :** séjour en Suisse (Veytaux, Bex). Important bilan d'« orientation et résumés » depuis 1847. **Juill. :** promenades dans l'Engadine (préparation de *la Montagne*). **15 août :** mort de son oncle Narcisse.	**1867**	**10 oct. :** tome XVII et dernier de l'*Histoire de France* (Louis XV et Louis XVI).
1868	À l'occasion de la réédition de l'*Histoire de la Révolution,* Michelet lit *la Révolution* de Quinet (1865), ainsi que celle de Louis Blanc. Il s'aperçoit de l'écart qui le sépare maintenant de Quinet. Le 9 sept., il lui remet une lettre de « quasi »-rupture. **26-30 sept. :** Fontainebleau. **Oct. :** à Paris, Michelet soutient dans *le Temps* une controverse avec Louis Blanc à propos du rôle de Robespierre.	**1868**	**1er févr. :** *la Montagne.* Travaille au *Livre des livres,* où apparaîtrait la ligne de force de son œuvre et de sa vie : l'éducation. **2 juill. :** rédaction d'une nouvelle préface pour l'*Histoire de la Révolution* ; interruption finalement féconde du travail sur l'éducation.
1869	**Mai :** Michelet appuie la candidature de Jules Ferry, candidat républicain aux élections législatives de 1869. La victoire républicaine à Paris en juin redonne à Michelet foi en l'avenir et le pousse à se réengager dans la lutte politique. **Mai :** un rêve, qu'il date de 1820, mais non relaté dans le *Journal,* obsède particulièrement Michelet. **Août-sept. :** séjour et voyages en Suisse. Multiplie les notes d'« orientation » toute la fin de l'année.	**1869**	**13 sept. :** envoi à Lacroix d'une nouvelle préface pour l'*Histoire de France* qui va être rééditée. **12 nov. :** *Nos Fils* (histoire et réforme de l'éducation). **Nov. :** projet de l'*Histoire du XIXe siècle* au détriment du *Livre des livres* et d'une *Histoire de l'amour* (projetée depuis 1849).
1870	**Plébiscite sur l'Empire** (7 millions de oui, 1,5 million de non). **19 juill. : la France déclare la guerre à l'Allemagne.** **2 sept. :** Michelet, accablé par les défaites françaises, quitte Paris pour la Suisse. **4 sept. : la République est proclamée.** **19 sept. : début du siège de Paris.** **29 oct. :** Michelet, dont la santé est chancelante, s'installe à Florence.	**1870**	**2 oct. :** Michelet songe à écrire des articles sur la situation de la France, pour contribuer à sa manière à la défense de la patrie.

VIE	
1871	**30 avr. :** crise d'apoplexie à Pise. **18 mars-27 mai : la Commune de Paris.** **22 mai :** à Florence, nouvelle attaque à l'annonce de l'écrasement de la Commune. **Juin-oct. :** séjour en Suisse, où Michelet reprend la rédaction de *l'Histoire du XIXe siècle.*
1872	**Oct. :** fluxion de poitrine et demi-paralysie de la main droite. Depuis avr., Michelet est revenu à Paris.
1873	Séjour en Suisse, puis à Hyères.
1874	**9 févr. :** mort de Michelet à Hyères, d'une crise cardiaque.

ŒUVRE	
1871	**25 janv. :** mise en vente à Florence de *la France devant l'Europe.*
1872	**3 avr. :** tome I de *l'Histoire du XIXe siècle* (en même temps que d'une recherche historique, il s'agit d'une réflexion sur l'origine, sur les années voisines de sa naissance).
1873	**15 mars :** tome II de *l'Histoire du XIXe siècle.*
1874	**Janv. :** le tome III de *l'Histoire du XIXe siècle* est achevé.
1875	Publication du tome III de *l'Histoire du XIXe siècle.* Après la mort de Michelet, Mme Michelet entreprend la publication de ses œuvres posthumes, non sans les remanier à sa façon : *le Banquet* (1879), *Ma jeunesse* et *Mon journal* (1884 et 1888) – souvenirs de jeunesse et passages du *Journal* réécrits et recomposés –, *Rome, Sur les chemins de l'Europe, Notre France* (patchwork à partir des récits de voyage). De 1893 à 1898, la première édition des *Œuvres complètes* de Michelet paraît chez Flammarion.
1959	*Journal,* tome I (1828-1848). *Écrits de jeunesse* (*Journal* de 1820-1821, *Mémorial, Journal des idées, Journal des lectures*).
1961	*Journal,* tome II (1849-1860).
1976	*Journal,* tome III et IV (1861-1874).

Histoire de France

Publiés entre 1833 et 1867, les dix-sept tomes (six volumes de 1833 à 1844, onze de 1855 à 1867), interrompus par la rédaction de l'*Histoire de la Révolution française*, sont initialement conçus dans l'enthousiasme du « brillant matin » de Juillet et de la vision intuitive et globale de la France que ces événements inspirent à Michelet. Mais le projet se modifie en 1841. Alors que l'historien prépare son volume sur le XVe siècle, il visite la cathédrale de Reims, et voit dans un petit clocher « une guirlande de suppliciés ». Ce « pilori du peuple » le décide à vouloir établir en lui « l'âme et la foi du peuple ». Après avoir participé à la polémique anticléricale (*Des Jésuites*, 1843 ; *Du prêtre, de la Femme et de la Famille*, 1845), il publie *le Peuple* en 1846, ouvrage qui définit l'Histoire comme « résurrection ». L'*Histoire de la Révolution française* vise à restituer « l'esprit de la Révolution ». Quand il reprend son *Histoire de France*, Michelet, qui a perdu sa chaire au Collège de France en 1852, révise son Moyen Âge. Autopsie d'un « gouvernement de cadavres », l'écriture historique met au point une véritable contre-Histoire, la célébration de la marche vers la Révolution.

SYNOPSIS

Si elle procède à la fois d'une vision intégrale du génie français qui se déploie dans le *Tableau de la France,* et de la conversion de 1841, l'Histoire de France est d'abord traitée jusqu'en 987 par tableaux successifs. L'événement reprend ses droits avec l'avènement des Capétiens. Michelet, qui a puisé dans les trésors des Archives royales son abondante documentation, brosse d'immenses fresques, le Moyen Âge formant ainsi un tout. Toujours présent, exhibant son jugement, ses émotions et ses partis pris, Michelet privilégie autant les grands moments populaires que les portraits des rois. Ces siècles de formation du génie français se déclinent en un poème épique. Après la « nuit de Pascal à rebours », le récit de la Renaissance renvoie le « barbare Moyen Âge » à l'obscurantisme, et les volumes suivants mettent à nu le « cancer monarchique » qui mine la France depuis les guerres de Religion, dont l'évocation enflammée de la Saint-Barthélemy restitue toute l'horreur. Ainsi « Louis XIV enterre un monde. Comme son palais de Versailles, il regarde au couchant ». Malgré les plaisirs sordides de Louis XV, le Grand Siècle, c'est-à-dire le XVIIIe siècle, annonce cependant la Révolution, ce qui motive tel portrait où réapparaissent des accents enthousiastes et passionnés. Ainsi celui de Diderot, « la Révolution même, son âme, son génie ». Michelet fragmente les volumes selon les règnes, accordant toute son importance à ce que l'on appelle faussement la petite Histoire, si révélatrice de l'esprit du temps.

« Ce livre est un récit et un système. Ce n'est pas moins qu'une formule de la France, considérée d'une part dans sa diversité de races et de provinces, dans son extension géographique, d'autre part dans son développement chronologique, dans l'unité croissante du drame national » (Préface de 1833). De là l'importance du *Tableau* figurant au tome II. Il peint une patrie vue par Michelet comme une âme et une personne, à laquelle l'historien s'adresse : « Pousse donc, ma belle et forte France, pousse les longs flots de ton onduleux territoire au Rhin, à la Méditerranée, à l'Océan. »

Si, tel un immense roman, elle incarne un grand personnage aux prodigieuses aventures, l'Histoire de France se résout en celle du peuple, celle d'une nation en voie de constitution, de ses avancées et de ses reculs : « La France a fait la France, et l'élément fatal de race m'y semble secondaire. Elle est fille de sa liberté. Dans le progrès humain, la part essentielle est à la force vive, qu'on appelle homme. L'homme est son propre Prométhée » (Préface de 1869). Cela explique aussi la présence des grands hommes, caractérisés comme êtres de chair et de sang, dotés de qualités et de défauts, et la restitution des scènes emblématiques de l'Histoire. Tout s'inscrit donc dans un même flux dramatique. Mouvement, éclairage, animation générale : la vie l'emporte, au risque assumé du parti pris et de l'emportement passionné.

L'écriture historienne vaut aussi comme écriture de soi, par laquelle le moi se transforme : « Mon progrès fut énorme du second volume au troisième. J'avais été surtout écrivain et artiste. Je fus vraiment historien. Je rentrai dans l'Histoire avec une âme toute nouvelle, un sens de plus : le sens, l'intelligence, l'amour des masses obscures, qui étaient pourtant notre France, notre famille, notre sang, nous-mêmes » *(ibid.)*. « Ma vie fut en ce livre, elle a passé en lui » : l'Histoire se fait intimité. Comme un romancier, Michelet nous donne accès à la conscience des personnages, multiplie les épisodes symboliques. Comme un juge, il les fait comparaître à son tribunal. Avant tout, il ressent l'Histoire. L'écriture de Michelet est d'abord image et sensation, sentiment et vision. On comprend comment de telles pages, également inspirées par l'humanitarisme démocratique, fourniront à l'enseignement public républicain d'admirables morceaux choisis.

L'*Histoire de France* se veut donc œuvre progressiste. Il s'agit de discerner les forces dynamiques par lesquelles se réalisent des valeurs. Le texte s'en prend ouvertement aux divers obscurantismes et oppressions, et leur oppose les foyers lumineux. Plus profondément, le lyrisme de Michelet se met au service de l'idée essentielle de totalité. L'historien accorde la plus grande importance aux symboles, ainsi qu'à leur matérialisation, ce que Michelet appelle la « désymbolisation ». Va-et-vient entre matérialisme et idéalisme, l'Histoire interprète le destin des hommes. Découvreur d'analogies, chantre de l'identité, témoin, l'historien s'impose comme diseur d'Évangile : il est le Christ de l'Histoire.

Le Peuple

Au moins depuis *le Livre du peuple* de Lamennais (1837) et les critiques utopiques de l'ordre social, la réflexion sur le sens de l'Histoire et sur le rôle qu'y tient le peuple est devenue un enjeu fondamental. Rédigé en 1845, *le Peuple* unifie l'œuvre et la pensée de son auteur. Projet historique dépassant la polémique précédente (*Des Jésuites*, 1843, et *Du Prêtre, de la Femme et de la Famille*, 1845), l'ouvrage est un véritable manifeste affirmant l'unité organique d'une entité dont il entend retrouver l'enracinement culturel et l'épaisseur humaine. L'*Histoire de la Révolution française* en sortira.

SYNOPSIS

Précédé d'une longue dédicace à Edgar Quinet, le livre brosse d'abord le tableau de l'aliénation progressive, examinant successivement les servitudes du paysan, de l'ouvrier, du fabricant, du marchand, du fonctionnaire, du riche et du bourgeois. Michelet insiste sur la réification des hommes par l'effet du machinisme. De ces souffrances physiques, morales et sociales, l'humanité peut s'affranchir par l'amour. Le travail respectueux et intelligent de la nature correspond à l'instinct du peuple, et une telle écologie se prolonge dans les rapports humains : amitié, amour, association sont les principes fondateurs de la patrie, conçue prophétiquement comme une Cité harmonieuse où s'échangent instinct du peuple et savoir des intellectuels. La France, cette « religion », est dépositaire de la « foi de la Révolution » et doit la transmettre par l'éducation, clé de l'avenir.

« Ce livre est plus qu'un livre ; c'est moi-même » : ce texte exprime l'identification de Michelet au peuple. Il entend interpréter le silence des « muets », des « barbares », des « enfants ». Contre une Église qui contrôle et dérègle vie collective et individuelle, Michelet écrit la profession de foi du peuple et l'Évangile de la révélation moderne. Aliénant, le fonctionnement économique annonce aussi une nécessaire révolution sociale. Alors qu'elle inspira la Révolution, la bourgeoisie s'isole et s'anémie. Seule la plongée dans le peuple, source de vie, restitue à l'homme sa vocation sociale. L'amour rédempteur est aussi fondateur : il ouvre dans l'histoire spirituelle de l'humanité l'ère de la vraie fraternité. La « philosophie religieuse du peuple » se sublime en apothéose des simples, dont l'homme de génie est à la fois l'esprit et le porte-parole.

Histoire de la Révolution française

Michelet entreprend de rédiger cet ouvrage pour évoquer ce moment climatérique où « la France eut conscience d'elle-même » (Préface de 1847). Au moment où Lamartine publie son *Histoire des Girondins*, où paraissent les premiers volumes de l'*Histoire de la Révolution* de Louis Blanc, que suivra en 1848 l'*Histoire des Montagnards* d'Esquiros, l'œuvre de Michelet éclate comme un hymne fervent et une méditation douloureuse sur le devenir de l'événement.

SYNOPSIS

Allant de l'ouverture des États généraux au 10 Thermidor an II, l'ouvrage confère d'emblée à l'événement sa portée universelle et religieuse. Dans un premier temps, Michelet exalte l'unanimité du peuple durant la période précédant l'instauration de la République. Des États généraux à la Fête de la Fédération, apogée de la Révolution, la fraternité unit une nation élue qui produit la Déclaration des Droits de l'Homme. Mais n'ayant pas su convertir en religion nouvelle l'élan de 1789, les révolutionnaires voient se dresser contre eux la formidable conspiration du passé. Produit des circonstances mais aussi du fanatisme jacobin, la Terreur substitue au peuple absent la « machine » du Salut public dont le principal ressort est la société des Jacobins. Après l'« assassinat » de Robespierre, c'est la fin de la Révolution, alors qu'un enfant entend ces mots nouveaux : « Mon maître ». Posant sa plume, Michelet se refuse à raconter la terrible suite. Il n'écrira que bien plus tard les pages consacrées aux années conduisant à Waterloo.

« Je définis la Révolution, l'avènement de la Loi, la résurrection du Droit, la réaction de la Justice » : Michelet accorde à l'événement une dimension quasi métaphysique, celle de l'affrontement de deux religions, dont la dernière en date esquisse l'avenir de la civilisation. Michelet voit dans l'unicité du message révolutionnaire l'essence même de la démocratie. Monument à la République, ce chef-d'œuvre de syncrétisme (Michelet empruntant ses matériaux autant aux Archives royales qu'à Herder, Fichte, Thierry ou Buchez) s'impose comme un texte fondateur. Annonciateur d'un destin historique de la France, manifeste de la spécificité nationale, célébration des valeurs révolutionnaires, il vaut autant pour l'art de ses portraits, la technique du récit (notamment ceux des grandes journées révolutionnaires) que pour sa charge émotionnelle.

La Femme

Après *l'Oiseau* (1856), *l'Insecte* (1857) et *l'Amour* (1858), qui inauguraient la série des œuvres « naturalistes », Michelet continue en 1859 l'intégration, en une nouvelle alliance, des domaines naturels, physiologiques, et privés, dans une perspective républicaine fondée sur une nouvelle éthique. Favorisée par l'influence d'Athénaïs Mialaret, l'écriture de ce traité consacre la femme comme clé de voûte de tout un système, les rapports familiaux devant refléter ceux du citoyen et de l'État. Il fit l'objet de débats passionnés.

SYNOPSIS

Dans son Introduction, Michelet dresse le terrible constat d'une époque où « par un concours singulier de circonstances sociales, religieuses, économiques, l'homme vit séparé de la femme », et où le travail féminin exerce ses ravages et contrarie la nature. Telle est la thèse centrale de Michelet : « la femme ne vit pas sans l'homme ». L'ouvrage développe ensuite les principes qui doivent régir l'exercice de la maternité, l'éducation du nourrisson et celle de la femme, enfant, puis jeune fille, sous l'égide du Père. Puis il examine les dispositions amoureuses de la femme, les rapports entre les fiancés, les vertus de l'épouse, son éducation par le mari, le fonctionnement idéal du mariage. Il aborde enfin la mission sociale de la femme, cet « ange de paix et de civilisation », considérée successivement comme célibataire, comme veuve, comme femme stérile, comme criminelle, comme infirmière, enfin comme épouse de l'homme à venir, « prête pour un monde meilleur, pour une société plus mâle de travail et d'égalité ».

Suivant en cela le mouvement d'un siècle qui aborde constamment la question féminine, Michelet réhabilite la femme contre tous ses contempteurs. Gouvernée par le prêtre d'une religion qui jette l'anathème sur l'impure, abandonnée par la Révolution à l'Église (*Du Prêtre, de la Femme et de la Famille*), la femme doit retrouver sa vraie nature pour s'épanouir dans le véritable amour. À cette libération s'ajoutent les conquêtes de la science qui la révèlent comme être productif et lui restituent son corps débarrassé des maléfices. La différence féminine, affirmée dans *l'Amour*, se révèle essentielle faiblesse. Sa mission est d'aimer, aimer un seul, aimer toujours.

À partir de cette définition, *la Femme* examine la socialisation idéale de celle qui ne saurait vivre sans l'homme. La sociologie prend le pas sur la physiologie : « cause aimante », la nouvelle Ève reçoit en apanage l'éducation et la gestion du foyer, où se concentre son travail. Elle se dévoue au mari divinisé, dont elle est le plus beau reflet. Si elle est la source d'inépuisables dons, la femme est prédestinée à l'effort et au sacrifice. Michelet la ramène sans cesse à la nature, et la montre soumise à la loi paternelle qui lui enseigne son histoire. Il faut bien en convenir : l'épouse reste une éternelle enfant dépendant du mari, qui la crée véritablement. D'où une définition du mariage comme finalité naturelle, qui réalise le destin de la femme. La maternité est structure psychologique plus encore que biologique. Michelet écrit là l'*Émile* de la femme.

Un spectre hante le livre : le sexe. Menace permanente, la sexualité, liée à la douleur et à la mort, voire à la folie par ses débordements, cause d'adultère, perturbation de l'Histoire, doit être canalisée au profit de la création et de la civilisation. *La Femme* apparaît dès lors comme un traité de politique et d'économie du sexe. Cependant, à cette régulation répond l'exaltation. La plénitude de l'être féminin, médiateur et libérateur, percevant les féconds effluves de la nature, révèle l'harmonie cosmique à l'homme. Moitiés d'un tout, homme et femme entrent alors dans une perspective progressiste. Michelet élève un monument à la femme, tout en lui déniant son existence de sujet indépendant. S'il n'est en rien féministe, Michelet reste un idolâtre.

La Sorcière

Alors qu'il vient d'achever le tome XIV de son *Histoire de France*, Michelet entreprend de continuer son apologie de la féminité développée dans *l'Amour* (1858) et *la Femme* (1859). Il lit désormais l'histoire du Moyen Âge au Grand Siècle comme une « tragédie dont l'héroïne serait une femme à la fois révérée et persécutée » (P. Viallaneix) : la sorcière.

SYNOPSIS

Précédé d'une Introduction associant sorcière, fée, sibylle, magicienne et femme, définissant la sorcière comme « Prométhée moderne », l'ouvrage fait de la sorcière au Moyen Âge l'envers de la société féodale. Il s'agit donc d'écrire la légende de cette figure de la révolte. Si la Renaissance redéfinit le statut de la sorcière, l'Église entreprend alors de reconquérir le terrain perdu. Michelet examine tour à tour les grands procès en sorcellerie du XVIIe siècle, et l'historien dresse le réquisitoire d'une Église où « Satan s'est fait directeur », et veut prouver qu'elle est la véritable possédée. Enfin, il annonce que le temps de la réconciliation approche. La science peut enfin contempler ses origines ténébreuses.

Sociologue de l'Histoire, ethnologue, psychologue des sociétés, anticipant sur les conceptualisations de l'anthropologie moderne, Michelet organise l'Histoire selon une figure centrale. Il fait de la sorcière le révélateur de la mise en place successive des pouvoirs : Église, magistrature, État, science. Si elle apparaît d'abord comme le type, l'incarnation de la nature féminine (voir *la Femme*), la sorcière dépend de la société qui l'investit d'une fonction. Le fait historique de la sorcellerie se trouve replacé dans un contexte résolument moderne : les mentalités et les croyances. De même qu'il avait repensé le Moyen Âge (voir l'*Histoire de France*), Michelet approfondit encore sa relecture. Soumis à diverses aliénations – servage, règne de l'or, lèpre –, le paysan ne trouve dans le message de l'Église, qui ne se réfère pas à la Nature mais au contraire la méprise, ni secours ni point de repère. De là le rôle de la sorcière. Investie par la révolte des campagnes, elle-même nourrie de chimères, cette fille du peuple exerce une véritable magistrature naturelle au bénéfice de la collectivité : guérison, consolation, culte des morts, fêtes.

La voilà donc couronnée reine des « temps du désespoir ». Elle assure la relève du prêtre et du seigneur. Cumulant les misères du serf et celles de son sexe, elle est à la fois un recours, un substitut, une dispensatrice de compensations. Elle est évidemment vouée à la clandestinité. Se voyant interdire toute expression politique, la révolte incarnée et symbolisée à la fois par la sorcière se tourne vers l'obscurité et transgresse d'autres interdits, comme le culte satanique. La lumière de la Renaissance et ses perspectives libératrices semblent prendre sa relève. Pourtant, la sorcellerie se survit comme pratique professionnelle tolérée. Mais l'Inquisition inaugure ses terribles procès. C'est que l'Église, selon Michelet, est elle-même assujettie au Malin, comme le prouvent les possédées de Loudun ou de Louviers. Par son refus du corps, de la Nature, par son culte stérile de l'Esprit et de la pureté, elle s'est condamnée aux obsessions. Traquant le satanisme chez la sorcière, elle trahit sa propre possession. En fin de compte, la sorcière représente l'essence même de la femme : « Nature les fait sorcières. C'est le génie propre de la femme et son tempérament. Elle naît fée. Par le retour régulier de l'exaltation, elle naît sybille. Par l'amour, elle est magicienne. Par sa finesse (souvent fantasque et bienfaisante), elle est sorcière et fait le sort, du moins endort, trompe les maux. »

Réhabilitation d'une figure et des forces vitales qu'elle canalise, réquisitoire contre une Église répressive, l'œuvre révolutionnaire de Michelet est traversée de développements fulgurants. Poésie de l'obscur, chant du faible, contre-Histoire, elle exalte par un retournement prodigieux un satanisme moderne, celui de la science, dressé contre l'obscurantisme. « Entassement de révoltes », la vie moderne repose désormais sur « trois pierres éternelles : la Raison, le Droit, la Nature » (Épilogue). Annonciatrice, la sorcière devait périr par le progrès même qu'elle avait commencé, en une sorte de dialectique où se lit l'organicité du réel historique. Être nocturne de liberté, elle laisse la place à la Femme future, la fée bienfaisante, à qui son « vrai sacerdoce », médication et consolation, assurera sa vraie place dans les sciences, où elle « rapportera la douceur et l'humanité, comme un sourire de la nature ». L'avenir, « aube religieuse », verra l'éclipse définitive de l'Anti-Nature, sourdement préparée par la Sorcière, cette bienfaitrice oubliée et refoulée.

La Mer

Troisième d'une série d'ouvrages d'histoire naturelle inaugurée en 1856 par *l'Oiseau*, poursuivie par *l'Insecte* (1857), et qui s'achèvera avec *la Montagne* (1868), *la Mer*, écrite pendant que s'élabore une autre série (*l'Amour*, 1858 ; *la Femme*, 1859 ; *la Sorcière*, 1862), chante poétiquement les éléments tout en se voulant ouvrage de vulgarisation scientifique où la philosophie embrasse le champ des sciences naturelles et humaines.

SYNOPSIS

Le texte commence par « un regard sur les mers », conçu comme un panorama depuis le rivage, un tableau des plages, des grèves et des falaises, et une vue globale du cercle des eaux. Sont aussi évoqués les mouvements de l'océan et les phares. C'est ensuite « la genèse de la mer », exaltation de l'origine de la vie et de la faune marine. « La conquête de la mer » retrace l'aventure humaine sur les flots. « La renaissance de la mer » enfin rapproche cette grande force et notre grande faiblesse. Des bains de mer à la « *vita nuova* des nations » s'énonce l'épopée moderne. Michelet y voit l'aspiration d'une humanité qui veut « remonter la barque, et pousser de [ses] fortes mains au cabestan de l'avenir ».

Fortement documenté (l'érudition se condensant dans les parenthèses), nourri de lectures, pourvu d'un appareil de notes et d'éclaircissements, ce livre est peut-être avant tout un roman de rêveries, de méditations, de sensations et de poétiques inspirations à la Hugo, où parle « la grande voix de l'Océan ». Monstrueuse, la mer se révèle aussi bouillon de vie. Si « la grande femelle du globe » enfante inlassablement, c'est pour donner naissance à l'âme. Un rapport s'établit alors : *la Mer*, comme les autres ouvrages d'histoire naturelle et familiale, annonce et accompagne l'accouchement du peuple à venir. Le progrès selon Michelet est inséparable des noces retrouvées entre l'homme et la mer. Foisonnement du vivant, elle offre une métaphore archéologique et déterminante du social.

G. Gengembre et P. Richard (chronologie)

MICHON Pierre

(né en 1945)

Malgré sa place importante dans la prose contemporaine, l'œuvre de Pierre Michon est tout entière contenue dans quelques centaines de pages, soit pour l'essentiel une suite de récits brefs et tendus. Les obstacles contrariant l'affirmation d'une écriture sont d'ailleurs au centre d'un premier livre tardif, *Vies minuscules* (1984), que Pierre Bergounioux résume d'une formule : « *Vies minuscules* accomplit ce qui était impossible en représentant l'impossibilité de l'accomplissement. » Il y a en effet chez Michon comme une foi tenace et pernicieuse en un état de grâce qui seul porterait l'écriture et permettrait, à un enfant pauvre de la Creuse, d'épouser la belle langue de l'école, idéale et interdite à la fois. Conquérir enfin ses mots propres entre le patois de la jeunesse et les mots indépassables des grands auteurs, mettre fin à une mystique stérile de la littérature, ce sera pour lui revenir à sa propre quête du langage et s'attacher aux vies qui, pour n'avoir pas eu accès à l'écriture, n'en ont pas moins profondément déterminé la sienne. Ses *Vies minuscules* se donnent donc comme une autobiographie indirecte et fragmentée, racontant la quête éprouvante d'un livre à venir à travers une succession de destins humbles et ignorés – ancêtres lointains, compagnons de collège ou d'hôpital, petite sœur défunte. Une langue volontiers précieuse, ne répugnant pas à l'archaïsme ni au lyrisme d'amples phrases périodiques, est mise au service d'une sorte de *Légende dorée* laïque où le langage tient le rôle d'une divinité exigeante et impénétrable, commandant des martyres sans grandeur ni rédemption. Pour autant, l'apparent classicisme de la phrase et le refus du *soupçon* qui a longtemps inhibé la prose d'après-guerre ne doivent pas occulter les jeux complexes du narrateur, cette modernité ambiguë rapprochant Pierre Michon d'auteurs comme François Bon et Pierre Bergounioux.

Après *Vies minuscules*, l'auteur a fréquemment exprimé le sentiment d'avoir épuisé en un seul livre tout ce qu'il lui revenait d'écrire, comme si « l'état de grâce » tant recherché ne devait pas se renouveler. Reste que, si ses publications ultérieures n'ont jamais dépassé la taille d'une longue nouvelle, d'incontestables réussites ont prolongé les *Vies* inaugurales : à savoir d'autres vies, également « minuscules » en un sens, mais qui à présent retiennent l'attention de l'écrivain, non pour avoir croisé sa route, mais parce qu'elles furent associées à celles de grands artistes et écrivains. Après la *Vie de Joseph Roulin* (1988), qui donne une place centrale au modeste facteur immortalisé par Van Gogh, *Maîtres et Serviteurs* (1990) s'attache également à l'arrière-plan méconnu des grandes destinées. De même, le remarquable *Rimbaud le fils* (1992) évoque essentiellement le poète par le biais de ceux que Michon nomme les « seconds couteaux » – Banville et Carjat, sans négliger sa mère à laquelle est attribué un rôle décisif. Pour autant, l'entreprise de Michon ne tient nullement de la biographie traditionnelle, mais relance sur des modes divers une même quête de soi : pour l'exégète irrévérencieux de Rimbaud, l'autre assurément est un *je*. Ne partage-t-il pas avec l'enfant rebelle de Charleville la même enfance provinciale, la même absence du père et, surtout, le même désir d'écrire contrarié sans cesse par le sentiment d'une imposture ?

Cependant, la parution du récit *la Grande Beune* (1996) témoigne d'une orientation nouvelle de cette œuvre rare, d'une épuration aussi de l'écriture dont l'archaïsme se fait plus rugueux et direct. Sur une intrigue des plus ténues – la fascination d'un jeune instituteur nommé en Dordogne pour une sensuelle buraliste –, Michon mêle des évocations de peintures rupestres et la force primitive d'une passion impérieuse et cruelle, comme pour rappeler qu'il appartient parfois aux vies minuscules dont il s'est fait le héraut désillusionné de se tenir au plus près des grands désirs de l'Origine.

V. Hugotte

MILLEVOYE Charles-Hubert

(1782-1816)

La vie brève de Millevoye, mort de phtisie à trente-trois ans, a été tout entière dévouée à la poésie : elle occupe l'espace ingrat, confus et flou qui sépare les premières heures romantiques du crépuscule néo-classique.

Un poète éclectique

Après avoir émerveillé ses maîtres, au collège d'Abbeville, par son génie précoce de la versification, Millevoye poursuit de brillantes études à Paris, au collège des Quatre-Nations : l'application poétique, présente dans toute son œuvre, évoque le zèle scolaire de ses débuts. Après avoir recueilli ses premiers essais (*les Plaisirs du poète,* 1801), il obtient des prix académiques pour une *Satire des romans du jour* (1802), *Belzunce ou la Peste à Marseille* (1808), *la Mort de Rotrou* (1811), *Goffin ou le Héros liégeois* (1812). Ainsi couronné dans les genres satirique, narratif et descriptif, il n'en néglige pas pour autant la tragédie (*Antigone*, *Saül, Ugolin*) ni le poème héroïque (*Charlemagne à Pavie*, 1812 ; *Harold aux longs cheveux*, 1812 ; *Alfred, roi d'Angleterre,* 1815). Épigrammatiste honorable, il n'en triomphe pas moins dans les tendresses et les langueurs élégiaques (*Élégies*, 1811). Ses *Œuvres complètes* (1822, 1827) forment une rhapsodie des thèmes et des goûts du temps : continuateur de la poésie du XVIIIe siècle (celle de J.-B. Rousseau, de Lebrun-Pindare, de Léonard, de Gilbert, de Parny, de Chénier…), il a lu Shakespeare, Milton et Ossian. Il est à l'aise dans les sujets antiques, médiévaux ou scandinaves, dans l'impersonnalité ornée du poème descriptif aussi bien que dans les pudeurs de la confidence voilée.

Le style Empire

Une manière correcte, pure, pâle, unifie et harmonise toutes ces diversités : caractéristique du style poétique impérial, elle atteint, chez Millevoye, à une perfection limpide et mélodieuse. Nulle rudesse, nulle transition abrupte, nul excès de couleur historique ou locale : en deçà des audaces pindariques de Lebrun ou de la vigoureuse expressivité d'André Chénier, une heureuse facilité parvient à joindre sans heurt des tons contrastés et apaise en une diction quelque peu monotone, mais toujours distinguée, les émotions et les violences. Lorsqu'il évoque la peste à Marseille, le poète confère à la cérémonie funèbre en l'honneur des victimes du fléau une grandeur touchante qui compose un tableau lumineux, idéalisé, éthéré :

La terre s'en émut, et les cieux l'entendirent :
On dit même qu'alors l'ange mystérieux
Qui s'assied aux confins de la terre et des cieux,
Laissant un sillon d'or sur sa route étoilée,
Descendit lentement et, la tête voilée,
Recueillit les soupirs et, saint médiateur,
Les porta sur son aile aux pieds du Créateur.

Cette élégance n'exclut ni la force ni l'image, mais se plaît dans une litote qui contient les sentiments, modère les mots, tempère les rythmes ; elle rappelle les bas-reliefs du temps, avec leurs Victoires ou leurs Génies pensifs, les ornements des bronziers ou des orfèvres, les dessins de Prudhon ; elle fait le charme et le prix des romances et des ballades, des pièces « officielles » et des chansons intimes, qui témoignent toutes d'une légèreté gracieuse, d'une savante simplicité, d'un classicisme fragile et frémissant.

Théorie et pratique de l'élégie

L'œuvre entière de Millevoye est imprégnée d'une mélancolie grave : cette basse continue, présente derrière les sourires ou les engouements, devait conduire le poète à la confidence élégiaque, qui lui permet d'exprimer avec les contraintes formelles et thématiques minimales sa secrète anxiété. Les *Élégies* de 1811 (rééditées et augmentées en 1814) sont précédées d'un « discours » qui refuse toute définition trop précise du genre : nomenclature de « sujets » traditionnels, de moules métriques (comme le distique élégiaque), de formes fixes ou convenues. L'élégie y apparaît comme une tonalité singulière de l'inspiration, évidente dans une épopée comme *l'Énéide* ou dans une tragédie comme la *Bérénice* de Racine, qui veut parfois se produire seule, et qui pénètre les trois livres du recueil : compositions personnelles ; pièces de couleur grecque ; « récits et chants élégiaques » qui transportent le lecteur dans l'Orient biblique, l'immémoriale Arabie ou la Perse voluptueuse. La réminiscence fleurit dans ces pages charmantes qui rappellent Parny, Chénier, voire Bernardin de Saint-Pierre ou Chateaubriand ; mais on y perçoit, en même temps, des accents nouveaux : un mal de vivre lancinant, une tristesse apprivoisée et projetée sur les êtres et les choses, une sincérité qui parvient à franchir l'académisme de la forme et les timidités de la langue. « La Chute des feuilles », « le Poète mourant » annoncent les accents plus sonores des prochaines *Méditations* de Lamartine ; les esquisses antiques préfigurent les premiers poèmes de Vigny ; l'intimisme du « Berceau », du « Déjeuner » ou de la « Soirée » précède le retour à la poésie de la quotidienneté et du foyer qui s'épanouit après 1830. Ainsi, en des vers frêles, en des strophes automnales, en des tableaux où la finesse du trait se voile d'une vaporeuse imprécision, se déploient les séductions de la lyrique néoclassique, vibre une sensibilité nouvelle et se cherche un ton plus familier pour évoquer les moments où s'entend, dans le silence de l'apparente insignifiance, la chanson triste de la vie humaine.

D. Madelénat

MILOSZ O.V. de L.

*Nom de plume d'**Oscar Vladislas de LUBICZ-MILOSZ** (1877-1939)*

C'est une destinée littéraire singulière que celle de cet aristocrate lituanien qui a choisi la langue française pour faire œuvre de poète, de dramaturge et de métaphysicien : il a fallu, en effet, à Milosz suivre un itinéraire insolite pour passer de l'héritage symboliste aux macérations du messianisme. Ce cheminement original a su retenir l'attention d'un auditoire restreint, composé d'abord d'amis, puis de quelques critiques animés d'un double souci : révéler une « somme » marquée du sceau du génie et de l'étrangeté ; la tenir pourtant cachée sous des demi-mots d'initiés.

Un itinéraire tourmenté

Né en Lituanie – alors sous administration russe –, à Czereïa, Milosz, descendant d'une antique lignée, se trouve mal ancré sur une terre que l'envoûtement des émotions enfantines a rendue, pour lui, irréelle. Il connaît, certes, le sentiment aristocratique et un peu passéiste d'appartenance à un sol, mais ce sentiment est contrarié par les alliances cosmopolites que nouèrent ses parents : sa grand-mère n'est-elle pas une cantatrice italienne ? Son père n'a-t-il pas épousé la fille d'un rabbin polonais ?

Au tiraillement des origines viennent s'ajouter les embarras du choix d'une langue, les impératifs de l'éducation du jeune noble ayant fait de lui précocement un polyglotte. L'installation de Milosz en 1889 à Paris, où il suivit les cours du lycée Janson-de-Sailly, puis ceux d'épigraphie orientale de l'École du Louvre, détermina le choix qu'il fit de la langue française et d'une seconde patrie qui devait être sa patrie d'écrivain.

Il publie dès 1899 son premier recueil poétique, *le Poème des décadences,* où se marque l'influence de ses fréquentations littéraires : salons parisiens et cercles symbolistes. Il donne par la suite, dans la même veine, deux autres recueils : *les Sept Solitudes* (1906), *les Éléments* (1911).

Les années 1910 sont pour l'écrivain celles du trouble ; les voyages en Europe se succèdent, ainsi que diverses échappées vers d'autres modes d'expression que la poésie. Il s'exerce au roman avec *l'Amoureuse Initiation* (1910) et compose une trilogie de mystères : *Miguel Mañara* (1912), *Méphiboseth* (1914), *Saul de Tarse* (inédit jusqu'en 1971).

Les préoccupations métaphysiques, que révèlent le roman et le théâtre de Milosz, trouvent leur aboutissement dans la nuit d'extase qu'il connaît le 14 décembre 1914. L'expérience de la révélation, qui ne le ramènera à l'orthodoxie catholique qu'en 1927, irrigue désormais toute son œuvre, aussi bien celle du poète qu'il demeure en publiant *Symphonies, Nihumim* (1915), *Adramandoni* (1918), *la Confession de Lemuel* (1922), que celle du métaphysicien qu'il est devenu avec *Ars magna* (1924) et *Arcanes* (1926), deux traités de métaphysique que prolongent les derniers « poèmes » qu'il ait écrits de 1924 à 1937.

Dans le même temps, Milosz s'est mis au service d'une Lituanie ressuscitée comme État indépendant en 1918 ; tout d'abord en tant que diplomate, jusqu'à sa naturalisation française en 1931, ensuite comme traducteur « d'une des plus vieilles poésies populaires de l'Europe » : *Daïnos* (1918), *Contes et fabliaux de la vieille Lituanie* (1930), *Contes lituaniens de ma Mère l'Oye* (1933).

Il achève sa quête d'une patrie et d'une origine, à la fois terrestre et céleste, en composant de troublants essais tels que *les Origines ibériques du peuple juif* (1933), *les Origines de la nation lituanienne* (1937) ainsi que l'ensemble exégétique qui réunit *l'Apocalypse de saint Jean déchiffrée* (1933) et *la Clef de l'Apocalypse* (1938). Il meurt à Fontainebleau – où il s'était retiré depuis plusieurs années – à soixante-deux ans, foudroyé par une crise cardiaque.

Du poète au prophète

Celui qu'Oscar Wilde surnomma « Milosz-la-Poésie » se rattache, par ses premiers recueils, au symbolisme finissant. Il s'agit là d'une poésie d'école un peu fanée, et qui, nourrie des thèmes empruntés au romantisme ou à Baudelaire, ne leur restitue pas leur vigueur originelle. Évocation de la brumeuse patrie, nostalgie, morbidité, goût de l'exotisme se noient dans les « loin », les « là-bas » et dans les facilités du style incantatoire. Ce mélange d'artifices voyants et de « langueur tant soit peu surannée » (cf. « Scènes de Don Juan », dans *les Sept Solitudes*) restera la marque du lyrisme miloszien.

Toutefois, au lecteur qui examine le ton d'amère célébration des recueils plus tardifs, où les préoccupations religieuses deviennent essentielles, s'impose la référence à Claudel, dont l'œuvre abandonne brusquement les options poétiques du siècle pour le recensement exhaustif de la Création. Jamais cependant Milosz n'accédera à cette solide naïveté avec laquelle l'art claudélien sertit le réel et héberge le surnaturel.

Sans doute l'expression poétique est-elle pour lui un langage par défaut qu'excède un projet à la fois littéraire et philosophique plus vaste qu'il tentera d'accomplir au sein de genres nouveaux.

Ainsi, dans *l'Amoureuse Initiation,* on peut ne lire que la confession burlesque d'un seigneur vénitien qui tient de l'auteur lui-même d'être à mi-chemin entre Don Quichotte et Don Juan, mais le récit, chaotique et baroque, mêle déjà aux scènes de débauche les réflexions d'ordre métaphysique où se jette le héros « dont toute [la] chair brûle de prophéties ». Cette hésitation entre le donjuanisme et l'ambition prophétique, entre l'amour de la créature et l'amour du Créateur, se retrouve dans tout le théâtre de Milosz, notamment dans *Miguel Mañara,* sa pièce la plus achevée et la seule jouée. Formant un triptyque avec la pénitence de David et la conversion du futur saint Paul, thèmes respectifs de *Méphiboseth* et de *Saul de Tarse,* la fin édifiante du « pire homme qui fût » marque le terme d'un certain dilettantisme littéraire.

Déjà l'œuvre théâtrale, avant la confirmation de la nuit d'extase de 1914, fait de Milosz ce « poète de Dieu » auquel a cédé la place le simple « pleureur du passé ». Sans se soucier des écueils de la mégalomanie, il n'aura désormais de cesse qu'on ne l'intronise comme prophète de notre temps.

La quête mystique

Lorsque Milosz déclare, dans *la Confession de Lemuel :* « Je ne m'adresse qu'aux esprits qui ont reconnu la prière comme le premier entre tous les devoirs de l'homme », il avoue la brutale restriction qui frappe son propos. Dans ses traités métaphysiques (*Arcanes, Ars magna*), où la langue s'affermit jusqu'à devenir impénétrable, il se lance, au-delà de la prière et du credo, dans une aventure conceptuelle où d'aucuns, abusivement sans doute, croiront déceler des recoupements avec les théories d'Einstein. Le « Rien sacré », principe de l'Être, l'instantanéité du mouvement, la pensée simultanée du temps et de l'espace sont les axes principaux de cette gnose miloszienne.

Ses propres concepts posés, il donne, utilisant sa science consommée de l'hébreu, de la kabbale et de l'histoire des civilisations, une série d'essais où se résument ses « travaux de préhistorien et d'exégète ». Essayiste, il ne rompt à aucun moment la continuité de sa démarche mystique : une seule obsession d'un bout à l'autre, celle de tout ramener à une origine unique et fondatrice ; telle cette Ibérie mythique, berceau de la civilisation occidentale, rassemblant la terre d'Israël, la Lituanie et… l'Euskadi.

La quête mystique de Milosz, autant qu'une aspiration au divin, semble être la recherche d'un mythe fondateur, d'un texte sacralisant qui justifie sa propre existence d'homme et de prophète. Ainsi à la fin de sa vie jettera-t-il son dévolu sur l'Apocalypse de saint Jean et en donnera-t-il une leçon « paranoïaque », n'hésitant pas, à l'issue d'interminables jeux philologiques et d'anagrammes hébraïsantes, à se donner, sans la moindre ironie, comme le dernier envoyé de Dieu sur terre.

Le jugement que portera l'histoire sur ces « bizarreries » déterminera, en dernier ressort, la survie littéraire de Milosz. Ceux que ne déroute pas la gnose et qui admettent qu'une certaine grandiloquence est la loi du genre, lui accordent du génie ; il reste cependant, pour l'instant, à la fois tenu en suspicion par les métaphysiciens orthodoxes et boudé par la plupart des historiens de la littérature.

M. Rendu

MIRABEAU

Honoré Gabriel de RIQUETI, comte de MIRABEAU *(1749-1791)*

Fils du marquis de Mirabeau, l'économiste ami des physiocrates et auteur de *l'Ami des hommes,* il eut une jeunesse scandaleuse et fut enfermé (1777-1780) à Vincennes pour avoir enlevé une jeune femme mariée, Sophie de Monnier. C'est là qu'il écrivit ses brûlantes *Lettres à Sophie* (publiées en 1792), que suivirent un essai, *Des lettres de cachet et des prisons d'État* (1782) et deux ouvrages licencieux, *Erotika Biblion* et *Ma conversion* (1783). Il voyagea ensuite en Angleterre et en Hollande, et fut chargé par Calonne d'une mission secrète en Prusse (1786-1787). La correspondance chiffrée qu'il envoya à cette occasion fut publiée en 1789, anonymement, sous le titre *Histoire secrète de la cour de Berlin.* Revenu en France, il participa, par son activité de publiciste, à l'agitation politique des années qui précédèrent la Révolution. En 1789, élu aux états généraux par le tiers état à Aix et à Marseille, il opte pour le siège d'Aix. Malgré la méfiance qui l'entourait, il devint très tôt le porte-parole du tiers état, et, grâce à l'ascendant que lui valaient son immense talent oratoire et son intelligence politique, il joua, pendant près de deux ans, jusqu'à sa mort prématurée, un rôle capital à l'Assemblée nationale constituante. Disciple de Montesquieu, admirateur des Anglais, il se voulut « l'homme de la liberté publique, l'homme de la Constitution », attaquant la Cour et les princes, s'en prenant aux privilèges de la noblesse, qu'il fit soumettre à la contribution patriotique du quart des revenus (*Discours contre la banqueroute,* 24 septembre 1789), obtenant la saisie des biens du clergé, tout en défendant obstinément la prérogative royale : droit de veto, droit de commander l'armée. Les « patriotes », dès 1790, dénoncèrent « la grande trahison du comte de Mirabeau », qui se rapprocha secrètement du roi. Son corps, transporté après sa mort au Panthéon, en fut chassé par la Convention quand eurent été découvertes, dans la fameuse armoire de fer des Tuileries, les preuves de sa collusion avec la Cour. Les cinq volumes de ses *Discours,* publiés en 1791-1792, rassemblent ses interventions aux états de Provence et à l'Assemblée nationale.

Il est généralement admis qu'il fut le plus grand orateur d'une période pourtant riche en talents oratoires. Son éloquence un peu théâtrale, nourrie d'antique, savait se faire ample et majestueuse, ou bien pressante et pathétique, ou bien parfois foudroyante. Préparés par ses secrétaires (Pellenc, Dumont, Clavière, Reybaz, du Roveray, Chamfort), ses discours, d'une remarquable clarté, allaient à l'essentiel. Avec la fameuse apostrophe à Dreux-Brézé – opposant la « puissance du peuple » à celle « des baïonnettes » (21 juin 1789) –, la postérité a particulièrement retenu les discours sur le veto (1er septembre 1789), sur la contribution du quart (24 septembre 1789), sur le droit de paix et de guerre (20 et 22 mai 1790), sur le drapeau tricolore (21 octobre 1790), sur la constitution civile du clergé (novembre 1790 et janvier 1791). [Voir aussi **Éloquence révolutionnaire**.]

A. Pons

MIRBEAU Octave

(1848-1917)

Il est né à Trévières dans le Calvados. Après de tristes années d'enfance passées en Normandie, où, tout jeune, il a perdu sa mère, et où il a vécu dans la compagnie d'un père qui le terrifiait, Mirbeau connaît le temps amer du collège des jésuites à Vannes, puis commence des études de droit, interrompues par la guerre de 1870 à laquelle il prend part. En 1872, il s'initie au journalisme dans les pages bonapartistes de *l'Ordre* : il y passe de la critique artistique, où il défend Monet et Cézanne contre les académiques, à la critique dramatique. Le voilà bientôt lancé dans la politique, mais, après avoir été quelque temps – au lendemain du 16 mai 1877 – sous-préfet de Saint-Girons (Ariège), il abandonne la carrière administrative et rejoint Paris, dont la vie mouvementée correspond à son tempérament. Collaborateur du *Gaulois* et du *Figaro,* il fait scandale par un violent article sur les comédiens (1882). En 1883, il fonde avec Alfred Capus, Étienne Grosclaude et Paul Hervieu, un hebdomadaire satirique, monarchiste et antisémite, *les Grimaces.* Il a des duels avec Paul Déroulède, avec Catulle Mendès…

En 1886 paraît son premier recueil de nouvelles, *Lettres de ma chaumière,* suivi de trois romans, tout à la fois réalistes et lyriques : *le Calvaire* (1887), *l'Abbé Jules* (1888), *Sébastien Roch* (1889). D'un individualisme sensible et passionné, qui ne se plaît que dans le paroxysme, Mirbeau est devenu anticlérical et antimilitariste, avec la même fougue qu'au temps où il luttait pour l'Église, l'armée et le roi, et le même goût pour les scandales, les polémiques et les duels…

Il sympathise avec les milieux anarchistes et, à la fin du siècle, l'ancien antisémite sera résolument dreyfusard. Ses romans ne cessent alors de dénoncer les tares de la société contemporaine : le fameux *Jardin des supplices* (1899) et *le Journal d'une femme de chambre* (1900) obtiennent de gros tirages ; puis ce seront *les Vingt et Un Jours d'un neurasthénique* (1901), *la 628-E 8* (1907), récit d'un voyage en automobile dont le titre donne l'immatriculation, et enfin *Dingo* (1913). Au théâtre se succèdent des pièces anarchisantes : *les Mauvais Bergers* (1897), *l'Épidémie* (1898), une série de comédies qu'il réunira dans *Farces et Moralités* (1904). Son plus grand succès dramatique devait être *Les affaires sont les affaires* (1903).

Les affaires sont les affaires

SYNOPSIS

Dans le château de Vauperdu, Mme Lechat et sa fille Germaine attendent M. Lechat, riche propriétaire et homme d'affaires peu scrupuleux. Les idées de justice sociale de Germaine préoccupent sa mère qui les met sur le compte de la fréquentation de leur employé Julien, ingénieur agronome qui prépare un nouvel engrais. M. Lechat ramène de Paris deux ingénieurs, Gruggh et Phinck, venus lui proposer une affaire louche, et auxquels il fait visiter sa propriété. Ceux-ci, devant la rapacité et la vulgarité de Lechat, commencent à se méfier de leur éventuel partenaire (acte I).

Mme Lechat s'inquiète du changement de sa fille qui, devenue la maîtresse de Julien, lui confie son dégoût envers son père et veut s'enfuir. Les ingénieurs pensent pouvoir duper Lechat, mais celui-ci les démasque. Le fils de Lechat, Xavier, revient d'Ostende pour demander à son père de régler ses dettes (acte II).
Lechat accepte de payer à condition que Xavier le mette en relation avec des personnes qui l'aideront à conclure l'affaire. Pour agrandir sa propriété, Lechat projette de marier Germaine au fils d'un voisin, noble ruiné. Elle refuse et annonce qu'elle a un amant. Son père la déshérite et Germaine part avec Julien après avoir fait ses adieux à sa mère qui se révolte conte son mari. On apprend alors que Xavier s'est tué dans un accident de voiture, ce qui n'empêche pas Lechat de s'acoquiner avec les deux ingénieurs (acte III).

Écrivain engagé et rebelle, dont l'internationalisme ne résistera pourtant pas à la guerre de 1914, il n'abdique pas la lucidité de l'artiste. Membre de l'académie Goncourt depuis 1896, il fut aussi un critique de talent, avocat des impressionnistes, et il apparaît comme un trait d'union entre les naturalistes et les symbolistes.

Réalisme et lyrisme

Naturaliste, Mirbeau ? Il s'en est toujours défendu, et, bien que son esthétique s'apparente à celle du mouvement réaliste des années 1880, elle ne saurait se confondre avec elle.
Ainsi, dès les nouvelles des *Lettres de ma chaumière*, la satire est-elle étroitement mêlée à l'observation : l'attrait du grotesque et de l'excès, mais aussi la sensibilité à la poésie de la nature imprègnent déjà ces portraits de paysans normands, hantés – comme ceux de Maupassant – par l'appât du gain et par la présence de la mort.
Ironie, outrance et lyrisme resteront les constantes du réalisme de Mirbeau ; ses trois premiers romans : *le Calvaire, l'Abbé Jules* et *Sébastien Roch,* en tirent une puissance particulière. Ce sont trois romans biographiques, âpres et denses, lourds d'expérience personnelle (souvenirs de collège ou de guerre) et de violence satirique.
Histoire d'une liaison amoureuse, écartelée entre la passion, la lucidité et le mépris, *le Calvaire* révèle des qualités d'analyse qui suscitèrent l'admiration de Bourget, mais s'y exprime aussi la révolte contre la guerre, la haine de l'armée et l'horreur de toute autorité. La dénonciation des méfaits de l'ordre social entreprise par Mirbeau se poursuit dans *l'Abbé Jules,* en même temps que s'approfondit l'attirance de l'auteur pour les abîmes psychologiques : à travers l'étude de ce prêtre mystérieux et torturé, hanté par ses désirs refoulés, à la fois prisonnier et rebelle, Mirbeau a sans doute écrit son roman le plus fort, un roman à la construction plus thématique que narrative, qui fait le procès d'une société de répression, incapable de respecter le développement individuel et la liberté de l'instinct.
Sébastien Roch continue cette œuvre de vengeance : récit d'une éducation malheureuse, il évoque la découverte de l'injustice et de la corruption pendant les années de collège et décrit le viol par un prêtre d'un adolescent à jamais désabusé, dont le marasme moral et les difficultés affectives ne trouveront d'issue que dans la mort à la guerre.
Critique véhémente des contraintes et des perversions de la religion, de l'éducation et des normes sociales, satire caricaturale de la bourgeoisie, mais aussi, pudiquement exprimées, tendresse et pitié à l'égard des vaincus : un équilibre instable se manifeste dans ces récits dont la composition, parfois éclatée, et le travail de l'écriture trahissent l'admirateur des Goncourt.

Entre le roman pamphlétaire...

Les séductions de l'anarchisme, d'abord, la dureté des luttes dreyfusardes, ensuite, vont entraîner Mirbeau vers d'autres genres littéraires, tels que le théâtre « social », mais aussi vers de nouvelles formes romanesques, susceptibles d'exprimer avec plus de vigueur l'infamie des classes privilégiées et la bassesse de l'humanité.
« Pages de meurtre et de sang » dédiées « aux prêtres, aux soldats, aux juges, aux hommes qui éduquent, dirigent, gouvernent les hommes », *le Jardin des supplices* peint le défilé monstrueux des débauches et des souffrances humaines auquel une femme convie le narrateur... Pourriture de la société et corruption de la femme : ce roman, qui n'en est plus tout à fait un, déroule une série d'anecdotes et de portraits révélateurs de l'hypocrisie sociale, avant de se muer en un long poème cauchemardesque, entremêlant le sadisme et la misogynie ; une végétation luxuriante et orientale s'y nourrit du sang des suppliciés et des plaisirs de la cruauté. Ce livre où se conjuguent tous les excès de l'esprit fin de siècle remporta un succès de scandale mais ne fut guère compris.
S'ils témoignent d'un retour vers plus de réalisme, les autres romans de Mirbeau continueront à stigmatiser les médiocrités ou les ignominies de la société – et avec un mépris toujours croissant pour la composition romanesque. Ainsi, *le Journal d'une femme de chambre* tournet-il à la chronique scandaleuse, tant le violent réquisitoire dressé par Célestine contre la sottise des classes dominantes accumule les tares, les perversions, les ridicules et les mesquineries des mœurs bourgeoises – sans que Mirbeau soit beaucoup plus tendre pour les classes populaires – dans une succession linéaire d'épisodes.
Désormais la veine pamphlétaire l'emporte sur les nécessités de la fiction ; la caricature prend le pas sur l'observation ; la tirade ironique ou passionnée se substitue à la mise en acte romanesque comme si, devant tant d'injustices à combattre, le roman perdait sa raison d'être, se réduisait à une suite d'anecdotes significatives ou de propos véhéments, qui n'échappent pas toujours à la redondance.

... et la satire

Reste aussi le théâtre. Soucieux de trouver une nouvelle tribune où poursuivre ses combats et défendre ses thèses, Mirbeau s'est fait dramaturge : des neuf pièces qu'il a écrites, les premières ont beaucoup perdu de leur force, en raison de leur schématisme et de leurs intentions trop ouvertement polémiques ; ainsi *les Mauvais Bergers,* violente critique des hommes politiques. Plus incisives sont ses comédies, des

Amants à *Vieux Ménage,* pièces courtes et acerbes qui, par la caricature des existences bourgeoises, évoquent les duperies de l'amour et les injustices de la société.

Son chef-d'œuvre théâtral, *Les affaires sont les affaires,* s'inscrit dans la lignée de Jules Renard et d'Henry Becque : vraisemblance des caractères, dominés par la figure de l'homme d'affaires Isidore Lechat, qui néglige les siens pour mieux songer à ses intérêts et conserve son cynisme au milieu des pires tragédies familiales ; unité et rapidité de l'action ; et ironie amère.

Tout aussi épris de vérité que d'excès, ce réalisme de Mirbeau ne serait-il pas un lointain avatar du romantisme ? Dans une œuvre inégale, mais souvent forte, il mêle l'imagination du lyrique à la virulence du pamphlétaire.

M.-O. Germain et H. Védrine (synopsis)

Mistral

MISTRAL Frédéric

(1830-1914)

Depuis plus d'un siècle, la critique s'est emparée de Mistral. Une critique souvent tendancieuse, au-delà même de la subjectivité courante, dans l'éloge excessif comme dans l'injuste dénigrement. Une critique prolixe, qui substitue sans scrupule son propre discours à celui de l'écrivain dont elle prétend parler. Ainsi peut-on soutenir, devant ces milliers de pages écrites à leur sujet, que Mistral et son œuvre – son œuvre surtout ! – restent pour beaucoup des inconnus…

Naissance d'un homme

Fils du second mariage d'un agriculteur aisé, François Mistral, et de la jeune Adélaïde Poulinet, Frédéric reçut une éducation conforme aux aspirations bourgeoises de ses parents. Ses études le conduisent de l'école de Maillane au pensionnat de Saint-Michel-de-Frigolet, du lycée d'Avignon et de la pension Dupuy – où il rencontre Roumanille – à la faculté d'Aix-en-Provence, d'où, en 1851, il sort licencié en droit.

Certes, le jeune homme s'est très tôt penché sur la poésie provençale : quelques œuvres de jeunesse en témoignent (la première tentative poétique, en 1840, est une « berceuse » ; le poème géorgique *Li Meissoun* [*les Moissons*] est de 1848). Mais le républicain farouche de 1848 écrit aussi en français des articles et des poèmes brûlant d'un même feu révolutionnaire, et il n'hésite pas, dans sa thèse, à défendre la France unitaire : « L'effort constant de tous les régimes qui se sont succédé en France a été la création de cette unité puissante qui fait aujourd'hui la force et l'orgueil de notre nation. […] Oui, sans doute, la centralisation nuit considérablement à l'indépendance locale, mais, disons-le, au grand avantage de la liberté générale ».

C'est peu de temps après, pourtant, que, selon ses propres *Mémoires,* Mistral rentre au Mas-du-Juge, où il est né, et se promet de devenir le premier défenseur et le premier illustrateur de la langue du peuple provençal et de sa culture, tenues enchaînées depuis des siècles par l'hégémonie française et parisienne.

Erreur de jeunesse, alors, ou opportunisme d'étudiant légitimement soucieux d'en finir au plus vite et au mieux avec l'Université ? Peut-être ! Mais peut-être aussi est-ce la première apparition d'une pensée mouvante et parfois paradoxale, que l'on retrouvera, sublimée, dans l'ode « Aux poètes catalans » (1861) lorsque, finissant de chanter l'antique gloire de la Provence indépendante, Mistral dira : « nous sommes de la grande France, franchement et loyalement ». Fédéraliste ou séparatiste – c'est de cela qu'on l'accuse à certaines époques –, Mistral ne fait pas fi de l'estime « franchimande » ; patriote, républicain et antidreyfusard, il accepte ce rôle de demi-dieu que lui font jouer les diverses tendances du nouveau Félibrige. Et n'échappe-t-il pas encore aujourd'hui à une conception unie de la personnalité ou de la pensée, lorsque le mythe créé autour de lui sert de flambeau, de garde-fou ou de garant inévitable aux poètes localistes et patoisants comme aux occitanistes les plus engagés dans la recherche de leur identité ?

Longtemps après sa mort, la vie privée de Mistral reste encore mal connue. Tout a été mis en œuvre autour de Maillane, il faut le reconnaître, pour occulter, avec une même vigilance, les actes politiques, les angoisses et les incertitudes du penseur, les grandes amours et les menues fredaines de l'homme. À peine se raconte-t-on, entre provençalistes discrets, quelques anecdotes d'où surgit l'image d'un être tout de vitalité, poète, homme d'affaires et homme d'action, infatigable travailleur (il suffit de songer aux dizaines de milliers de lettres qu'il écrivit), « créateur » d'écrivains, marieur de jeunes gens, grand amoureux devant l'éternel et fier amant dès ses années aixoises…

Il épousa en 1876 Marie Rivière ; elle avait dix-neuf ans.

Naissance d'une œuvre

On connaît mieux l'histoire de l'homme public, celui dont le génie s'est voué « aux pâtres et gens des mas » et qui leur dédie *Mireille* [*Mirèio*], mais aussi le maître du Félibrige, l'« éditeur » de l'*Armana prouvençau* et de l'*Aiòli,* le lexicographe du *Trésor du Félibrige,* le préfacier d'une cinquantaine d'ouvrages, l'auteur de discours, d'articles et d'une autobiographie (*Memòri e raconte*), autant que l'écrivain à qui l'on doit encore *Calendal, les Îles d'or, Nerte, la Reine Jeanne, le Poème du Rhône, les Olivades.*

Ici, l'évolution est claire, autour d'une seule constante qui porte un nom magique : Provence. L'écrivain la découvre dans sa réalité humaine, géographique, historique, linguistique, littéraire. Il prend conscience des possibilités latentes d'une culture presque morte ; il l'assimile, la repense et l'offre à ses lecteurs sous une forme neuve, avec des intentions précises.

Le didactisme des premières œuvres est partout apparent, qu'il soit niché dans quelque allusion culturelle, dans quelque mot « savant » et dans quelque symbole, ou qu'il s'étale dans les fameuses « notes » finales des poèmes mistraliens.

Mais ces signes importants qui véhiculent le message du Félibre ne font que connoter le langage poétique. Et c'est peut-être là qu'apparaît avec le plus de force l'art de Mistral, dans cette ambivalence du signifié littéraire : si *Mirèio* décrit la vie paysanne en Provence, sans omettre la plus petite occasion d'attacher aux déplacements des héros la relation de l'une ou l'autre légende locale, elle reste, dans sa grandeur épique, une puissante et belle histoire d'amour et de mort, où peuvent aussi se lire les angoisses de l'homme éternel, ses obsessions, ses fantasmes, ses rêves.

En écrivant *Mirèio*, le jeune Mistral s'essayait à un mode d'expression, et il découvrit deux publics. On n'a jamais bien su quel fut, en Provence, le succès « populaire » de *Mirèio*, combien elle eut, dans ses vers provençaux, de lecteurs ou d'auditeurs paysans. On sait, en revanche, qu'elle apporta aux intellectuels du Midi, gagnés à la cause félibréenne, un encouragement fondamental, tandis qu'elle partait, coquette et infidèle, à la conquête de Paris et du monde.

Naissance d'un mythe

À peine fut-il reconnu comme écrivain de valeur que Mistral devint un mythe. Le « Quarantième Entretien » du *Cours familier de littérature* que lui consacra Lamartine y fut pour beaucoup. Le romantisme vieillissant, qui n'avait pas perdu le goût – ou l'illusion – de la création littéraire spontanée et populaire après la découverte de Jasmin, le perruquier d'Agen, par Sainte-Beuve, celle de Dehin, le chaudronnier liégeois, par Béranger, celle de Burati, le vagabond vénitien, par Stendhal ou celle de Reine Garde, la servante aixoise, par Lamartine lui-même, croyait enfin tenir un témoignage irréfutable. Barbey d'Aurevilly eut beau insister, sans amertume, sur l'erreur qu'il y aurait à prendre Mistral pour un pâtre : le mal – ou le bien – était fait. La mise en opéra, par Carré et Gounod, peu fidèle à l'esprit de l'œuvre, ajouta encore à son renom : peu importait, après tout, à Paris, à Bruxelles ou à Londres, que les adaptateurs prissent les cigales pour des sauterelles…

Mistral n'eût-il plus écrit, après cela, sa gloire n'en aurait pas été ternie. De ce point de vue, en effet, on ne peut pas considérer ses œuvres postérieures comme les jalons d'une carrière. Ni *Calendal*, ni *les Îles d'or*, ni *Nerte* ne furent accueillis avec enthousiasme par la critique française. Le génie mistralien était depuis longtemps, et très simplement, une « évidence » que rien ne devait confirmer et que rien ne pouvait ébranler. L'attribution du prix Nobel (1904) et l'érection d'une statue de l'Arlésienne sur le forum d'Arles (1909) ne firent que concrétiser un jugement porté trente ans plus tôt. Le long dialogue de Mistral avec les lettres françaises du XIXᵉ siècle ne fut, en réalité, qu'un monologue que chacun approuvait sans vraiment l'écouter.

Ailleurs dans le monde, il semble que l'on ait été plus attentif à la voix de Mistral, partout où l'on cherchait à faire revivre les patois, partout où des ethnies cherchaient à devenir des nations. Le poète hongrois André Ady ne s'inspire-t-il pas, dans sa *Légende de sainte Marguerite*, du symbolisme patriotique évident, de « la Comtesse » (*les Îles d'or*) de Mistral ? Et, en 1913, le nom du père de *Mireille* est assez connu au Chili pour inciter Lucila Godoy y Alcayaga à prendre le pseudonyme de Gabriela MISTRAL…

Naissance d'une sagesse

Dans le Midi de la France, et particulièrement en Provence, l'évolution du mythe de Mistral est moins unie, moins harmonieuse qu'on a voulu le dire ; mais elle est plus attachante, parce qu'elle répond aux réalités vivantes et aux aspirations des hommes.

Après *Mireille*, Mistral donne à la Provence, avec *Calendal*, l'épopée symbolique de son histoire et un projet pour son avenir. Nul doute que l'auteur ne rêve ici, comme dans certains poèmes des *Îles d'or*, de reconstituer l'unité occitane, en partant du comtat Venaissin, dans une Europe fédérée. Dans un même souffle, il entreprend de donner aux parlers occitans le dictionnaire qui leur manque pour que puisse leur être reconnu le statut de langue. Ce grand œuvre, Mistral va l'achever en 1886. Mais, entre-temps, troublé par la guerre de 1870, par la Commune, par les reproches de séparatisme qui lui sont faits, par les tendances contradictoires qui déchirent parfois le Félibrige, le poète se sera réfugié dans une calme sagesse. Sans doute caressera-t-il encore l'« idée latine », mais il se tourne résolument vers une « histoire » qui ne lui offre plus désormais de leçon pour l'avenir, mais une méditation désengagée (*Nerte*, une nouvelle, *la Reine Jeanne*, une tragédie en vers assez médiocre) d'où surgira aussi l'ultime chef-d'œuvre : *le Poème du Rhône*.

	VIE	ŒUVRE
1830	**Révolution de Juillet.** **8 sept. :** naissance de Joseph Étienne Frédéric Mistral, au Mas du Juge, sur la route qui conduit de Maillane à Saint-Rémy-de-Provence. Son père, François Mistral, propriétaire agriculteur, a cinquante-huit ans ; sa mère, Marguerite-Adélaïde Poullinet, en a vingt-sept.	

	VIE		ŒUVRE
1839-1841	Mistral étudie à Saint-Michel-de-Frigolet.		
		1840	Mistral écrit, pour son neveu, une berceuse en provençal.
1842-1847	Mistral étudie à Avignon.		
		1844	Mistral adapte en vers provençaux une fable de La Fontaine : « la Querelle des chiens et des chats et celle des chats et des souris ».
1845	Rencontre de Roumanille.		
1847	Mistral obtient son baccalauréat à Nîmes (« assez bien »).		
1848	**Abdication de Louis-Philippe. Révolution.**	**1848**	Deux poèmes patriotiques en français paraissent dans la revue avignonnaise *le Coq* : « Chant du peuple » (9 avr.) et « Comment on devient libre » (18 juin). Mistral écrit un poème élégiaque en quatre chants, *Li Meissoun* [*les Moissons*], publié pour la première fois en 1927.
1848-1851	Mistral étudie le droit à Aix-en-Provence, puis rentre au Mas du Juge.		
1851	**Coup d'État du 2 décembre.**		
1852	**Second Empire.**		
		1854	Fondation du Félibrige.
1855	Mort de François Mistral. Frédéric s'installe avec sa mère dans la Maison du Lézard (actuel musée Mistral), à Maillane.		
1856	Rencontre d'Adolphe Dumas.		
1859	**16 mars :** Mistral « monte » à Paris pour présenter *Mireille.* Il rencontre Vigny, Lamartine, Sainte-Beuve, Daudet, Barbey d'Aurevilly, Leconte de Lisle...	**1859**	Publication du *Mirèio* [*Mireille*], à Avignon, chez Roumanille.
1860	Mistral est élu conseiller municipal de Maillane.	**1860**	Mistral écrit « Roumanin » (*Lis Isclo d'or*).
1861	Mistral se rend à La Ciotat et à Cannes. Mort d'Adolphe Dumas. Voyage de Mistral à Béziers. Il rencontre Gabriel Azaïs et envisage un moment d'épouser sa fille, la brune Gabrielle.	**1861**	Mistral écrit « I Troubaire Catalan » (*Lis Isclo d'or*).
1863	Séjour de Gounod à Saint-Rémy.		
1864	Mistral séjourne à Paris. Il assiste le 19 mars à la première représentation de *Mireille* au Théâtre-Lyrique. Il s'intéresse beaucoup aux Parisiennes.	**1864**	Première de *Mireille,* opéra de Michel Carré et Charles Gounod.
1865	L'Empire fait la chasse aux patois.		
		1866	Mistral écrit « La Coumtesso » (*Lis Isclo d'or*).
1867	Rencontre du Catalan Victor Balaguer, qui vient voir Mistral à Maillane et l'accompagne à Paris. **30 juill. :** banquet d'Avignon en l'honneur des écrivains catalans qui offrent aux Félibres de Provence une coupe d'argent. Au dessert Mistral entonne le *Chant de la coupe.*	**1867**	Publication de *Calendau* [*Calendal*], à Avignon, chez Roumanille. Mistral écrit « La Coupo » (*Lis Isclo d'or*).

VIE

1869	Mort de Lamartine. Idylle à Uriage avec Valentine Rostand. « Je pars samedi pour Uriage, écrit Mistral à Roumieux, moins pour prendre les eaux que pour me faire prendre ».
1870	**Guerre franco-prussienne.** Mistral est exclu du conseil municipal de Maillane.
1871	**La Commune. Troisième République.**
1872	Mistral reçoit Gaston Paris.
1874	Fêtes du cinquième centenaire de la mort de Pétrarque. Idée de l'union latine contre les menaces de la « Germanie victorieuse ». Reprise de *Mireille* à l'Opéra-Comique.
1876	**27 sept. :** Mistral épouse Marie Rivière.
1876-1888	Mistral est capoulier du Félibrige dans sa nouvelle organisation.
1877	**14 avr. :** un décret du ministre de l'Intérieur autorise le Félibrige.
1883	Mort de Marguerite-Adélaïde Poullinet.
1885	Voyage dans l'Oberland bernois et à Évian.
1886	Mort d'Aubanel.
1889	Mistral docteur *honoris causa* de l'université de Halle. Voyage à Paris – nombreuses réceptions. Fêtes de Sceaux.
1891	Mistral reçoit Léon Daudet. Voyage en Italie : il est reçu par Carducci qui lui lit son *Jaufre Rudel.* Mort de Roumanille. Mistral adopte un chien : Pan-Perdut.
1892	Déclaration des Félibres fédéralistes lue au café Voltaire. Mort de Bonaparte-Wyse.
1893	Mort de Gounod.
1895	Mistral à Paris rue Richepanse (hôtel du Danube). Retour à Maillane. Maurras présente Barrès à Mistral.

ŒUVRE

1869	Mistral écrit « Soulòmi sus la mort de Lamartine » (*Lis Isclo d'or*).
1870	Mistral écrit « Lou Saume de la Penitènci » (*Lis Isclo d'or*).
1871	Mistral écrit « Lou Roucas de Sisife » (*Lis Isclo d'or*).
1875	Publication de *Lis Isclo d'or* [*les Îles d'or*], à Avignon, chez Roumanille.
1878	Première livraison du *Tresor dóu Felibrige* [*Trésor du Félibrige*].
1879	Mistral écrit « A la raço Latino » (*Lis Isclo d'or*) et « A Na Clemenço Isauro » (*Lis Isclo d'or*).
1880	« Discours sur l'Illusion ».
1884	Prix Vitet de l'Académie française pour *Nerte.*
1886	Dernière livraison du *Tresor dóu Felibrige.* Publication de *Nerto* [*Nerte*], à Paris, chez Hachette.
1890	Publication de *La Rèino Jano* [*la Reine Jeanne*], à Paris, chez Lemerre.
1891	*Aiòli.*

VIE		ŒUVRE	
1897	Mort d'Alphonse Daudet.	**1897**	Publication de *Lou Pouèmo dóu Pose* [*le Poème du Rhône*], à Paris, chez Lemerre.
1898	Mistral prend position contre Zola.		
1899	Mistral adhère à la « Patrie française », pressé par Barrès et Maurras. « Je crois que le plus grand danger qui menace notre nation vient de l'oblitération du sentiment patriotique » (lettre à Maurras).	**1899**	Nouvelle édition, profondément remaniée, de *Lis Isclo d'or,* à Paris, chez Lemerre.
1901	Mort de Félix Gras.		
1904	Cinquantenaire du Félibrige, fêté à Fort-Ségugne. Prix Nobel de littérature partagé entre Mistral et Echegaray. Mistral utilise la somme pour le Museon Arlaten.		
1906	Mistral commande son tombeau, réplique du pavillon de la Reine Jeanne.	**1906**	Publication des *Memòri e Raconte* [*Mémoires et récits*], à Paris, chez Plon. Publication des *Discours e Dicho* [*Discours et dicts*], à Avignon, chez Roumanille.
1907	Révolte des vignerons languedociens. Mistral les soutient, moralement au moins, dans « Patriotes de Provence ». Mistral rédige son testament.		
1908	Mistral souffre d'une phlébite.		
1909	Inauguration de la statue de Mistral, à Arles, pour la célébration du cinquantenaire de *Mireille*.		
1910	Pour son 80e anniversaire, Mistral reçoit les vœux de Pie X.	**1910**	Publication de *La Genèsi* [*la Genèse*], à Paris, chez Champion.
		1912	Publication de *Lis Oulivado* [*les Olivades*], à Paris, chez Lemerre.
1913	Mistral assiste à la Sainte-Estelle d'Aix et revoit les salles de la bibliothèque Mejanes, la faculté. Il se rend à Arles et à Carpentras.		
1914	**25 mars :** mort de Mistral. Il a pris froid six jours plus tôt en allant voir la nouvelle cloche de l'église de Maillane.		
		1926	Publication de *Prose d'Armana,* à Paris, chez Grasset.
		1927	Publication de *Nouvello Proso d'Armana* (*id.*).
		1930	Publication de *Darriero Proso d'Armana* (*id.*). Publication de *Escourregudo pèr l'Itali* [*Excursion en Italie*] aux Éditions du Cadran.

Mireille [Mirèio]

« **S**'il est faux que les chefs-d'œuvre aient des droits sur nous, écrit Robert Lafont (*Mistral ou l'Illusion*), nous avons, nous, des devoirs envers eux. » Quand il s'agit de *Mireille*, le premier devoir consiste à relire le poème, en s'efforçant d'oublier les milliers de pages critiques écrites à son sujet dans l'enthousiasme ou le délire.

Les douze chants de cette épopée pastorale, œuvre de jeunesse où affleure une maturité singulièrement précoce, s'offrent sans grande résistance à l'approche plurielle des éléments de signification dont ils constituent la synthèse. En suivant l'intrigue, qui est d'une grande simplicité, on reconnaît sans peine le thème des amours juvéniles et contrariées qui conduisent à la mort. L'ombre des amants de Vérone suit Mireille et Vincent dans leur cheminement amoureux, depuis les premiers émois jusqu'à la mort de l'héroïne. Mais, au départ de cet invariant thématique, que de variations ; celles-ci fondent l'originalité mistralienne !

SYNOPSIS

Maître Ambroise et son fils Vincent, pauvres vanniers, sont accueillis chez maître Ramon, le père de Mireille, au mas de Micocoules. Le soir, maître Ambroise chante, et Vincent raconte des histoires. Mireille écoute le jeune homme avec ravissement (I). Bientôt, Mireille et Vincent se retrouvent, pendant la cueillette des feuilles de mûrier destinées aux vers à soie, et ils ne tardent pas à se déclarer leur amour (II, III). Maître Ramon et sa femme Jeanne-Marie ont d'autres intentions pour l'avenir de leur fille, qui successivement éconduira trois prétendants : Alari, le riche propriétaire de troupeaux, Véran, le gardien de chevaux, et Ourrias, le dompteur de taureaux (IV). Ce dernier n'admet pas son échec : il attaque Vincent, et, vaincu en dépit de sa force, il profite lâchement de la générosité du jeune homme pour le frapper de son trident. Au cours d'une scène fantastique, Ourrias est englouti par le Rhône (V). Mais Vincent est grièvement blessé. Trois porchers le trouvent étendu dans le désert de la Crau et le ramènent au mas de Micocoules. Mireille l'accompagne dans l'antre de Taven, la sorcière des Baux, qui le guérit par ses incantations (VI). Tout à la joie de se retrouver avec celle qu'il aime, Vincent charge son père d'aller demander la main de Mireille à ses parents. Mais le vieillard est violemment éconduit par maître Ramon (VII). Mireille est désespérée. Elle s'enfuit de la maison paternelle pour aller implorer l'aide des saintes Maries de la Mer. Après avoir traversé la Crau (VIII), elle atteint la Camargue, et là, au bord du Vaccarès, elle est frappée d'insolation (X, XI). Partis à sa recherche (IX), ses parents la retrouveront seulement pour la voir mourir, dans un élan mystique, enlacée par Vincent (XII).

Sur le plan psychologique, tout d'abord, on peut être sensible à une obsession du temps qui privilégie le passé, à une poétique de la fuite dont la mort de Mireille apparaît comme la transcendance, à une pensée animiste qui annihile le mal (mort d'Ourrias) ou apaise le désespoir (vision des jeunes filles folles d'amour, V) en soumettant les êtres aux forces naturelles. Mais tout nous renvoie, dans *Mireille*, à une conception et à un traitement littéraires de l'espace. Le poète l'affirme dès son invocation au Dieu de la nativité paysanne : c'est l'espace qui engendre Mireille, « fille de la terre », c'est l'espace qui impose le mode d'expression (notre langue méprisée), l'espace qui circonscrit l'audience recherchée (pâtres et gens des mas).

À partir de là, tout est possible, et tout se tient dans un univers aux limites soigneusement tracées, depuis les traits dynamiques qui fondent la narration (les raisons du refus de maître Ramon procèdent des structures de la société paysanne) jusqu'aux développements lyriques qui n'appréhendent le temps qu'en fonction de l'espace (c'est la référence aux lieux qui ont conservé leur souvenir qui détermine le long récit de l'apostolat provençal des saintes Maries de la Mer), et jusqu'aux incohérences apparentes de ce poème chrétien (Taven, la sorcière, guérit Vincent, tandis que les saintes laissent mourir Mireille)...

Nous voilà aussi loin, en tout cas, des pâtres grecs de la vision lamartinienne que du poème catholique et national rêvé par Maurras.

L'adaptation lyrique

Dès 1862, Charles Gounod fit part à Mistral de son intention d'adapter *Mireille* en opéra. Le poète ayant marqué son accord, Gounod vint en Provence pour s'inspirer des lieux et rencontrer Mistral, non sans avoir invité au préalable son librettiste, Michel Carré, à préparer un découpage provisoire de la version lyrique. Le 23 mars 1863, Gounod s'installe à Saint-Rémy ; le 24 mai, sa partition est achevée. Le 19 mars de l'année suivante, l'œuvre est représentée au Théâtre-Lyrique de Paris.

Si le sage Mistral ne s'est jamais plaint de cette mise en musique de son poème, qui, en fait, contribua très largement à le rendre célèbre jusqu'à nos jours, beaucoup de Provençaux furent déçus. Ils reprochèrent surtout à Michel Carré diverses maladresses et plus d'une trahison. C'est évidemment le sort de toute œuvre adaptée, et celle-ci n'a pas été moins respectée qu'une autre. Simplement, comme il fallait s'y attendre, puisque l'opéra est destiné au public parisien, tout ce qui, chez Mistral, était « empaysement » devient « dépaysement » et « couleur locale ».

L'opéra, dans sa version définitive, comprend dix-neuf scènes et sept récitatifs chantés, répartis en cinq actes qui promènent le spectateur de l'« enclos des mûriers » à la chapelle haute des Saintes-Maries-de-la-Mer, en passant par les arènes d'Arles (détail touristique ajouté par Carré), le val d'Enfer, le Rhône, le mas des Micocoules et la Crau.

Parmi les « trahisons », la plus féconde est sans doute la transformation de la chanson de Magali (chantée par Nore dans *Mirèio*) en duo permettant à Vincent de se déclarer indirectement à Mireille. L'air est resté célèbre, et il en va de même pour « Trahir Vincent... » (Mireille, acte II), « les Filles d'Arles » (Ourrias, acte II), « Anges du Paradis » (Vincent, acte V) et même pour ce morceau de bravoure du Ier acte, « Ô légère hirondelle », ajouté par Gounod pour satisfaire la diva, Mme Miolhan-Carvalho, qui voulait du « brillant », et qui était aussi l'épouse du directeur du Théâtre-Lyrique...

Calendal [Calendau]

Mistral n'est pas un poète de l'imaginaire. Il le prouve, dans ce second poème épique – en douze chants lui aussi, mais de caractère « héroïque » –, en puisant aux sources du genre troubadour français. Une œuvre du vicomte François de Villeneuve-Bargemont, *Lyonnel ou la Provence au XIII*^{e} *siècle* (Paris, 1832), se trouve à la source d'une intrigue qui utilise aussi les voyages érudits et romancés de Marchangy (*la Gaule poétique*, 1813 ; *Tristan le Voyageur*, 1825). La pauvreté narrative de *Calendal* contribue à mettre en évidence sa valeur profonde. Si l'espace provençal domine ici encore la création littéraire, il trouve le relais du temps, le relais de l'Histoire pour exprimer, tout en symboles, les revendications de l'« idée provençale » à travers « les rythmes gigantesques de la fécondité universelle » (R. Lafont).

SYNOPSIS

Un jeune et vaillant pêcheur de Cassis, Calendal, a accompli mille exploits pour conquérir la femme qu'il aime, et il est prêt à en accomplir d'autres, pour peu qu'elle lui promette son amour. Mais la dame s'y refuse, et, devant le désespoir du jeune homme, elle se justifie en lui racontant sa triste histoire. Elle est la descendante de la famille des Baux, illustre au temps des troubadours (I). Parmi les nombreux jeunes gens qui la courtisaient, elle a choisi le comte Séveran. Mais, le jour même de ses noces, l'homme s'est montré ignoble et a révélé sa vraie personnalité : il est le chef d'une bande de brigands. La jeune épousée s'est enfuie dans les montagnes, où Calendal l'a rencontrée (II). Le héros part à la rencontre de Séveran, non sans se demander comment il pourra lutter seul contre une armée de bandits. Il se trouve pourtant en face de son ennemi, et, pour le provoquer, il lui raconte ses aventures passées (III) et surtout sa rencontre, sur le mont Gibal, avec une femme aussi belle qu'une fée – que la fée « Estérelle », dont elle portera désormais le nom (IV). Calendal y ajoute le récit des hauts faits accomplis pour plaire à Estérelle, mais ces hauts faits, et les dons qu'il fait à la dame aimée, sont vains, puisque, en faisant appel à l'exemple des troubadours (V) et des héros épiques du Moyen Âge, la dame lui a « fait connaître l'impuissance de la richesse sur la magnanimité » (VI). Après un dernier exploit inutile, seulement destiné à rendre Séveran plus jaloux (VII), Calendal se met au service des causes justes : il apporte la paix aux compagnons du Tour de France, qui se disputaient Marseille (VIII), et il délivre la Provence du monstre Marco Mau (IX). Le héros est glorieusement reçu à Aix (X), mais Séveran lui réserve un dernier piège en essayant de le corrompre au cours d'une orgie organisée dans son château d'Aiglun (XI). Calendal détruit tout, dans une juste colère, et s'enfuit pour rejoindre Estérelle. Un dernier combat lui permet de triompher « dans l'amour et dans la gloire », sous l'empire du soleil qui appartient à Dieu… (XII).

Calendal est un poème d'action, où l'obsession du Moyen Âge apparaît comme le fondement d'une pensée qui se tourne, en fait, vers l'avenir. Le poème peut – même s'il s'agit là d'une vue un peu caricaturale – se lire comme la reconquête par l'homme provençal (Calendal) de son identité culturelle (Estérelle) brimée par un centralisme aveugle (Séveran, Marco Mau). « *Calendau* est le bréviaire par voie de narration de l'idéalisme militant, un idéalisme qui, au lieu de laisser au poète les bras croisés, lui découvre un monde où l'action est d'une utilité, d'une nécessité constante et pressante » (Marcel Coulon).

Voilà pourquoi, boudé par le public français, *Calendal* reste l'œuvre la plus authentiquement « félibréenne » de la renaissance provençale. L'invocation, dans laquelle le poète s'est adressé à l'âme de son pays plutôt qu'à Dieu, est considérée par les Félibres, aujourd'hui encore, comme une profession de foi. Elle annonce sans équivoque le sens de l'allégorie, en maudissant la croisade contre les Albigeois, qui marqua, pour le Midi, le début de la décadence, et en faisant de la grandeur du souvenir la source de toute espérance. *Calendal* est avant tout un poème engagé, lucide dans tous ses effets, où il est difficile de trouver la persistance des thèmes psychologiques mistraliens, hormis celui de l'obsession solaire. Mais il n'y a rien d'étonnant, par exemple, à ce qu'Estérelle soit la seule héroïne du poète qui ne soit pas vouée à la mort : comment pourrait-elle mourir, puisqu'elle personnifie l'« Idée » provençale ?

Les Îles d'or [*Lis Isclo d'or*]

De l'édition originale à l'édition définitive, ce recueil a subi des transformations qui nuisent à son unité. Fort bien connus grâce à la remarquable édition critique de Jean Boutière, les poèmes qui le composent ont été rédigés à différentes époques et ne se réfèrent donc pas à un seul moment de la pensée mistralienne. De là proviennent des discordances qui seraient des contradictions si elles étaient contemporaines. L'allégorie fédéraliste de « la Comtesse » y voisine ainsi avec le très national « Psaume de la pénitence » ; la « Chanson de la Coupe », devenue l'hymne félibréen, avec l'ode plus calme « Aux troubadours catalans ».

Certains poèmes sont très denses – d'une densité intellectuelle, toutefois, plutôt que lyrique : sauf exception, comme dans « Rancœur » ou dans « Incandescence », Mistral ne livre pas volontiers des sentiments personnels. Mais les visions rêvées ou les constructions symboliques (« la Communion des saints », « Romanin », « la Belle d'août »), les contes ou les légendes ressuscités ou repensés (« le Pouilleux », « la Princesse Clémence », « la Chaîne de Moustiers »…) ne manquent pas de puissance poétique. Quelques poèmes de circonstance, en revanche, salutations, épithalames ou « toasts », égarent le lecteur sur les voies de l'inspiration patoisante.

Conscient des disparates de sa production, Mistral trouve la cohérence dans la diversité. Renouant avec le goût pour la variété formelle de ses chers troubadours occitans, il a classé par genres les pièces des *Îles d'or* : chansons, romances et sirventès, rêves (« somni » chez les troubadours, « pantai » chez Mistral), plaintes, sonnets (Mistral confond le « sonet » ou petit « son », petite « chanson » des troubadours, avec le genre bien connu) et saluts ont des antécédents médiévaux. Épithalames, contes, toasts et cantiques viennent innover, mais dans le même sens classificatoire cher au Moyen Âge. Et ce goût pour la recherche des formes se retrouve à l'intérieur des textes : *les Îles d'or* ne présentent pas moins de trente-six schémas strophiques différents, sans tenir compte des variations syllabiques…

Nerte [*Nerto*]

Avec *Nerte*, œuvre injustement mal aimée, Mistral renonce à chercher dans le passé des leçons de militantisme. Au rythme narratif de ces octosyllabes légers, il promène une nouvelle vierge, amoureuse et farouche, sur les troubles sentiers mêlés de l'enfer et du paradis. Un pape de mélodrame, un prince de comédie et un diable d'opéra s'unissent pour fournir à l'intrigue un décor à la fois réel et fantastique. Le mythe de Faust, transposé dans la Provence avignonnaise du XIVe siècle, projette ses feux métaphysiques sur le destin de cette pauvre enfant, expiant un péché qu'elle n'a pas commis. Victime innocente, et pourtant condamnable aux yeux des hommes, Nerte se sauve et elle entraîne dans sa rédemption un pécheur authentique. Mais l'épanouissement, pour eux, ne pourra s'accomplir dans ce monde. Rodrigue et Nerte sont affamés d'amour humain : ils trouveront le pain de Dieu.

SYNOPSIS

Le baron Pons de Châteaurenard a fait un pacte avec le diable : comme il venait de perdre au jeu, Satan lui a, contre de l'or, acheté l'âme de sa fille Nerte, « livrable » treize ans plus tard. L'échéance approche, et Pons, sentant la mort venir à lui après une existence bien peu édifiante, voudrait sauver au moins l'innocente victime du sinistre marché. Il décide d'envoyer Nerte auprès du pape d'Avignon, Benoît XIII (Pierre de Luna), mais, comme celui-ci est alors assiégé par Boucicaut, la jeune fille empruntera un passage souterrain dont le secret fut confié aux seigneurs de Châteaurenard par la reine Jeanne elle-même. Nerte arrive donc au palais papal, où elle est accueillie par Rodrigue de Luna, jeune aventurier débauché et propre neveu du pape. Après une vaine tentative de séduction, il consent à conduire Nerte auprès du pontife. Elle lui révèle l'existence du souterrain et lui permet d'échapper à ses ennemis en la suivant jusqu'à Châteaurenard.

Le pape obtient la protection du roi Louis II d'Anjou, qu'il marie à Yolande d'Aragon dans un climat de fêtes. Nerte est sauvée par Rodrigue, dans les arènes d'Arles, au moment où un lion se précipite sur elle. Mais la jeune fille n'oublie pas qu'un destin plus effrayant encore l'attend, et, pour y échapper, elle prend le voile à l'abbaye de Saint-Césaire. Rodrigue ne tarde pas à venir l'enlever de son couvent. Avant de livrer combat, il cache Nerte entre les tombes des Aliscamps, mais à son retour, il ne l'y retrouve pas. Il fait alors appel au Diable, mais, transfiguré bientôt par un amour dont il connaît désormais la force autant que la vanité terrestre, il présente à Satan la croix de son épée. Nerte et lui sont sauvés et peuvent entrer en gloire dans le royaume de Dieu.

On rencontre souvent, chez Mistral, ce paradoxe du bonheur. Les héros le cherchent avec frénésie, dans ce qu'il a de plus concret, et ils atteignent, bien au-delà de leur désir, une sainteté froide au parfum pétrifiant. Il en va ainsi de Nerte la courtoise, nourrie du *Breviàri d'amor*, puis éteinte par la vie, comme la fileuse de Valéry, mais statue de marbre plutôt que vitrail : « Ta sœur la grande rose où sourit une sainte »...

Le Poème du Rhône

Mistral l'a reconnu : ce n'est pas en courant après la mode qu'il a rencontré le « vers libre », c'est en lisant *la Divine Comédie*. Cette découverte rejoignait une lassitude : « Lorsqu'on a pondu vingt ou trente mille vers », écrit Mistral à un journaliste du *Figaro*, « on finit par s'apercevoir que les mêmes rimes vous rivent plus ou moins aux mêmes images et aux mêmes idées ». C'est donc de ce nouveau débat – intérieur – entre la rime et la raison que sont nés les vers tant admirés, décasyllabes féminins à césure épique, du *Poème du Rhône*.

SYNOPSIS

Patron Apian, élu « roi du Rhône » par la corporation des bateliers condrillots, descend le fleuve sur son *Caburle*, de Condrieu à Beaucaire. À son bord, il emmène un prince hollandais de la famille d'Orange, Guillaume, qui souhaite retrouver le berceau historique de ses illustres ancêtres. Personnage sensible et quelque peu poète, il rêve d'amour et de légende. Quand l'Anglore monte sur le bateau, il croit voir se concrétiser la grande aventure de sa vie. Cette jeune fille qui cherche des paillettes d'or dans le sable du Rhône, ravissante et mystérieuse à souhait, vit aussi de fantasmes, comme du souvenir de ce « Drac » (dragon), monstre du Rhône et séducteur de vierges, image amalgamée de ses craintes et de ses désirs. Le Prince et l'Anglore se berceront de leur mélancolique amour au fil des eaux du Rhône jusqu'à ce que le fleuve les unisse dans la mort : un bateau à vapeur coupe la voie au *Caburle* qui va heurter une pile du pont ; l'équipage est sauvé du naufrage, mais les amoureux disparaissent, engloutis par le Rhône ou emportés par le Drac...

Ici, tout est musique, et le titre équivoque contribue savamment à créer cette douce impression : poème consacré au Rhône, ou poème écrit par le Rhône dans son voyage vers la mer ?

Léon Teissier l'a montré : la source de Mistral est un portulan du XIXe siècle, dû au baron Raverat (*la Vallée du Rhône de Lyon à la mer*, Lyon, 1889), et le poète, soucieux de précision, s'est aussi référé à des « voyages archéologiques » comme celui de Millin (*Voyage dans les départements de France*, Paris, 1807). C'est dire assez qu'un certain didactisme continue à hanter la poésie mistralienne. Mais la science se mêle ici de façon si magique au merveilleux de la vision poétique qu'on sent à peine sa présence. Elle disparaît, d'ailleurs, quand entrent en scène le prince Guillaume d'Orange (Guilhem) et l'Anglore, l'orpailleuse, ces personnages d'un autre temps et d'une autre vie, qui semblent se mouvoir dans un monde étranger où ils ne sont nés que pour y mourir.

Le Prince appartient, dès son apparition, à ce passé qu'il cherche à retrouver dans l'espace rhodanien (toujours cette mise en équation mistralienne de l'espace et du temps !). L'Anglore, quant à elle, n'appartient à aucun temps. Elle vit de rêve et ne peut offrir au réel que la matérialité diaphane qui habitera un songe éphémère. Somme toute, elle n'est qu'un rêve mis en abyme, que le Rhône engloutit avec les illusions du Prince, les illusions du poète, les illusions des hommes...

Si Mistral a un jour cédé à la faiblesse de s'identifier à l'un de ses personnages, c'est sans aucun doute à ce prince d'Orange qui, dans sa quête du passé, se heurte au présent prosaïque, comme le *Caburle* rencontre pour sa perdition le premier bateau à vapeur.

J. De Caluwé

MODIANO Patrick

(né en 1945)

Patrick Modiano a publié *la Place de l'étoile*, son premier roman, en 1968. Le prix Goncourt lui a été décerné en 1978 pour *Rue des boutiques obscures*. L'ensemble de son œuvre a été couronné en 1996 par le grand prix national des Lettres. Il a publié également des entretiens avec Emmanuel Berl et, en collaboration avec Louis Malle, écrit le scénario de *Lacombe Lucien* (1974). Loin des modes ou des écoles littéraires, l'œuvre de Patrick Modiano occupe une place importante dans l'histoire de l'écriture narrative et ce n'est pas le moindre de ses paradoxes que de parvenir à donner une impression d'unité et de cohérence à partir de sujets variés, traités dans des teintes et sur des tons très différents. C'est pourtant une même inquiétude, une identique interrogation que chaque nouveau récit s'efforce d'approfondir.

Coïncidences, réminiscences, ruptures

Le travail du temps est sans doute la préoccupation centrale. Temps destructeur : celui de la vie – autant dire la mort –, surtout lorsque s'y ajoutent le grand vertige de la guerre, la précipitation aveugle des sociétés, et tout ce que l'homme peut sécréter d'inhumain. Temps constructif aussi : celui de l'imagination et de la rétrospection qui permettent de s'affranchir des bornes du réel et des diverses formes de l'emprisonnement. Individuelle ou collective, la mémoire joue un double jeu, partagée entre l'oubli, la dissimulation ou le refoulement, et la nostalgie. Face à ces aspirations contradictoires, la poétique du récit accorde à l'espace un statut ambivalent. Moins décrit que nommé, il peut souligner les ravages de l'histoire : effacés le Vél'd'Hiv', l'ambassade d'Autriche, les jardins de banlieue ; disparues les vieilles voitures aux noms qui font encore rêver ; évanoui le charme idéalisé de périodes pourtant peu enviables : Occupation, marché noir, trafics en tous genres, guerre d'Algérie… Mais toutes ces évocations chargées de symboles n'ont pas seulement l'attrait « rétro » des années 1940 (*la Ronde de nuit*, 1969 ; *les Boulevards de ceinture*, 1972 ; *Dora Bruder*, 1997) ou 1960 (*Villa triste*, 1975 ; *Un cirque passe*, 1992). La géographie urbaine, avec ses sites mythiques, sa surdétermination culturelle (les tribulations de Dora Bruder renvoient à la déportation de Manon Lescaut comme à la traversée nocturne de Paris dans *les Misérables*), s'ouvre aussi sur une autre dimension, fantastique, où la mémoire du lecteur entre en résonance avec celle de héros à la recherche des empreintes de leur enfance. Tantôt il s'agit d'un hasard ou d'une ressemblance : combien de fois les narrateurs rencontrent ou croient rencontrer les personnages qu'ils s'attendent à découvrir – ou qu'ils redoutent de croiser ! Parfois le souvenir surgit à la faveur d'une chanson inconsciemment fredonnée ; parfois, c'est une sensation qui amorce le voyage dans le passé : « Sur le chemin du retour, les premières gouttes de pluie… Il pleuvait des jours entiers à Saint-Lô, cet automne d'il y a quinze ans, et cela faisait de grandes flaques dans la cour de la caserne » (*Une jeunesse*, 1981). Le temps humain est réversible : dans *Livret de famille* (1977), l'anticipation est suscitée par l'inscription d'un nouveau-né sur une fiche d'état civil : « Un jour, dans vingt ans », celui-ci aura-t-il la curiosité de rechercher à qui correspond ce nom de Jean Korominde, un ami du grand-père, dont il ne restera sans doute qu'une signature au bas d'un acte administratif ? Mais pour le moment l'enfant dort paisiblement, il est heureux : la mémoire constitue aussi un douloureux fardeau.

Enquête policière et quête psychologique

Il suffit de très peu de chose pour donner prise au récit : une rencontre apparemment fortuite (*Voyage de noces*, 1990), une vieille photo (*Chien de printemps*, 1993), une coupure de journal (*Dora Bruder*)… La fiction est avant tout investigation. Le roman se déploie comme une énigme – dont le sens ne sera pas forcément élucidé : les fins sont le plus souvent déceptives et n'enlèvent rien au mystère de personnages que le temps de l'écriture seul aura arrachés du néant. C'est à partir de témoignages douteux, de souvenirs personnels ténus, voire d'archives réduites à l'état de fragments que la narration s'enclenche, que des pistes – vraies ou fausses – sont ouvertes. Il s'agit moins de créer des personnages virtuels que de ressusciter des personnages morts, absents ou inconnus. « Qui sont-ils ? » revient à se demander : « Que s'est-il passé ? », « Quel a été leur passé ? » L'intrigue est bien une reconstitution, au sens policier du terme. Les commissariats sont des lieux de passage inévitables : antichambre de la Gestapo ou simple siège d'une administration tatillonne au service du pouvoir, c'est là du moins que les « papiers » peuvent être vérifiés, les antécédents consignés ou les ascendants découverts et, bien sûr, les individus non identifiés arrêtés. Le narrateur de *Remise de peine* (1988) s'engage dans une « longue et vaine recherche d'un garage disparu » ; celui de *Livret de famille* s'accroche aux moindres indices : « J'ai conservé une photo au format si petit que je la scrute à la loupe pour en discerner les détails. » L'exploration conduit souvent vers la figure de la mère et du père – un père traqué, arrêté ou enfui, puis disparu, une mère insaisissable. Quête difficile par définition, longue, pleine de contradictions et même vouée à l'échec. Il n'est pas possible de ressusciter le temps définitivement perdu, les bâtiments détruits, les espaces bombardés puis reconstruits. La ville est un labyrinthe où s'effacent les traces de la mémoire. Même « Saint-Lô n'était plus Saint-Lô » (*Une jeunesse*), s'étonne Boissier de retour dans la ville de son enfance ! Que dire de Paris ? La ville elle-même semble s'efforcer d'oublier les origines dont elle s'éloigne sans cesse. Et pourtant, de livre en livre, de déplacements en déplacements, une même question hante les différents narrateurs, inlassablement reprise, patiemment déclinée, comme si la découverte d'un événement fondateur devait permettre de surmonter le sentiment d'abandon et d'échapper ainsi à l'angoisse. Mais au vertige du vide seul répond le silence d'une narration maintenue en suspens. Plusieurs ouvrages comme *Dimanches d'août* (1986), dont le titre donne le ton, ou *Voyage de noces*, au titre plus ironique, baignent dans cette atmosphère d'éternelle attente. Personnage emblématique, Dora Bruder, internée à Drancy à seize ans, déportée à Auschwitz, ensevelit pour toujours le secret de son être dans le convoi de la mort, « un pauvre et précieux secret que les bourreaux, les ordonnances, les autorités dites d'occupation, le Dépôt, les casernes, les camps, l'Histoire, le temps – tout ce qui vous souille et vous détruit – n'auront pas pu lui voler ».

L'art de la fugue

Modiano orchestre assurément un nombre réduit de thèmes de prédilection : l'incertitude de l'identité, la filature (du père de préférence), la vie réduite à un puzzle, la parodie outrée jusqu'à la caricature, le discours antisémite, le pourrissement, le luxe, l'argent facile et les activités illicites sur fond de collaboration. Des scènes récurrentes sont comme autant de variations qui permettent à l'imaginaire des personnages – et des lecteurs – de se déployer. Ainsi certaines phrases se font écho, traçant un réseau intertextuel d'un livre à l'autre ; quelques noms, plusieurs tableaux sont ressassés de façon obsédante. L'épisode du fourgon cellulaire – et surtout l'évasion – constitue une image importante du roman familial. En effet, alors que la plupart des personnages sont mis en danger par leur passé, coupés de leurs racines ou rattrapés par l'oubli, la seule liberté possible est l'errance : pour l'adolescent, la fugue ; désertion, cavale, voyages, pour l'adulte ; ou encore la « fuite sans fin » des *Inconnues* (1999). La rébellion contre l'Ordre (dont l'Occupation est la métaphore la plus radicale) débouche sur le travestissement des valeurs. Faisant à la fois allusion au cœur de Paris et à l'insigne imposé par les nazis, *la Place de l'étoile* commence par une équivoque et se termine par un pied de nez. La cruauté du monde et l'injustice sociale y sont traitées sur le mode de la dérision. Tour à tour victime et bourreau, un juif sans scrupules se fond dans la veulerie catholique d'une bourgeoisie de province avant de finir à Vienne sur le divan de Freud. De pirouettes en calembours, pourquoi ne pas considérer Céline comme le plus grand écrivain juif de tous les temps – après Montaigne et Racine ! Le mépris de la morale s'accompagne d'une réelle tolérance jointe au sentiment de la relativité des points de vue. Le « héros » de *la Ronde de nuit* n'est pas qu'un agent double : collaborateur, résistant, martyr, a-t-il une véritable appartenance ? L'œuvre de Modiano s'oriente cependant vers une pudeur et un dépouillement qui contrastent avec le goût du pastiche, la folie verbale, les visions flamboyantes des premiers récits. Dans les milieux interlopes qui prolifèrent avec les guerres, une confusion s'opère entre le bien officiel et le mal décrété, qui ne correspondent plus à la nécessité immédiate de la survie individuelle : si les personnages souffrent d'abord du poids de l'histoire, ils rêvent aussi, après une jeunesse tourmentée, de devenir des personnes sans histoires.

B. Valette

Molière

MOLIÈRE

Pseudonyme de ***Jean-Baptiste POQUELIN*** *(1622-1673)*

Molière, autant et peut-être plus que Rabelais et Hugo, est l'un de nos grands mythes nationaux. À nos propres yeux, comme à ceux du monde, il donne un visage à la fois souriant et grave à ce qu'il est convenu d'appeler « l'esprit français », et notre langue est d'abord la langue de Molière, comme l'anglais est celle de Shakespeare, et l'espagnol celle de Cervantès. Analyser ce mythe, ce ne sera pas le réduire en poussière mais retrouver les raisons objectives de sa genèse : une carrière entièrement vouée au théâtre par le triple lien de la représentation, de la direction de troupe et de la création littéraire ; une œuvre qui non seulement constitue l'acte de naissance de la « grande comédie », mais se hausse jusqu'à contester la norme sur laquelle celle-ci se fonde pour déboucher sur une forme inédite de spectacle total ; l'invention enfin d'un langage dramatique qui, plus que jamais, renouvelle aujourd'hui la preuve de son efficacité.

La carrière de Molière

Aucune hérédité ne prédisposait Jean-Baptiste Poquelin à devenir Molière : de tous côtés, il n'est que tapissiers. La voie semble tracée d'avance pour l'adolescent qui, en 1637, s'engage devant la corporation à reprendre la charge paternelle. Mais cinq ans plus tard, Jean-Baptiste se dédit et fait deux parts de ses « lettres de provisions de la charge de tapissier et valet de chambre du roi », abandonnant le premier titre à un frère mais gardant prudemment le second. Comment a-t-il pu renoncer à un avenir bourgeois pour se jeter dans l'aventure théâtrale ? Au départ, la fascination du spectacle : la farce triomphe alors sur le Pont-Neuf, à la foire Saint-Germain, au théâtre du Marais et même à l'Hôtel de Bourgogne. Le jeune Poquelin, non content de fréquenter la comédie, fréquente les comédiens puisque, autant par les relations de son grand-père Cressé que pour des raisons de voisinage, il entre assez tôt en rapport avec la famille Béjart. D'autre part, de solides études au collège jésuite de Clermont révèlent et renforcent un goût pour les disciplines intellectuelles peu compatible avec la passion de la boutique paternelle. Le droit (rapidement survolé à Orléans) et la philosophie (puisée aux sources peu orthodoxes de Gassendi et de La Mothe Le Vayer) creusent encore l'écart. À vingt ans, Jean-Baptiste Poquelin fait un choix irréversible : il abandonne la tradition familiale, mais aussi – avec le métier d'avocat – la perspective d'une carrière de robe. C'est une seconde naissance, marquée par un changement de lieu et de milieu – de la maison du père à celle des Béjart –, et par l'adoption d'un nom nouveau qui change Molière en lui-même.

Après l'épreuve de la vocation, celle de l'apprentissage. La première expérience est décevante : l'Illustre-Théâtre, constitué autour de Madeleine Béjart, la seule professionnelle de la troupe, sombre en deux ans (1643-1645). Malgré des débuts encourageants au jeu de paume des Métayers, la jeune compagnie ne peut s'imposer face aux théâtres existants et subventionnés. L'aventure se clôt par quelques jours de prison pour Molière, responsable des engagements financiers du groupe. Elle n'aura pas, cependant, été totalement négative : outre la connaissance des mœurs théâtrales parisiennes, elle procure aux « illustres comédiens » l'appui, qui pourra s'avérer utile, d'auteurs alors plus illustres qu'eux – Tristan, André Mareschal, du Ryer, d'Assoucy. Surtout, loin de décourager Molière, elle l'ancre dans sa vocation et révèle sa personnalité de chef de troupe : alors que rien ne le distinguait dans le contrat d'association, Molière, à partir du milieu de l'année 1644, signe les actes seul ou le premier de ses compagnons. Une seconde expérience, beaucoup plus longue (1645-1658), et provinciale, confirmera cet ascendant. Intégré avec Madeleine Béjart à la troupe de Charles Dufresne, Molière parcourt la Guyenne, le Languedoc, la vallée du Rhône. La réputation croissante des comédiens et l'autorité que Molière s'est acquise sur eux permettent à la compagnie de survivre dans de bonnes conditions à la défection de ses deux protecteurs, le duc d'Épernon (chassé par la Fronde bordelaise) et le prince de Conti (devenu, à la suite de sa conversion, un adversaire acharné du théâtre). À ses talents d'acteur et de directeur, Molière commence à joindre ceux de l'auteur : quelques canevas de farces d'abord, suivis, en 1655 et 1656, des deux comédies plus ambitieuses – en cinq actes et en vers – de *l'Étourdi* et du *Dépit amoureux*. C'est alors que s'amorce la remontée vers Paris, aimantée par l'espoir de prendre la succession des comédiens du Marais ; mais Molière obtiendra mieux encore pour les siens, après plusieurs voyages dans la capitale et une introduction à la Cour : la protection officielle de « Monsieur, frère unique de Sa Majesté ».

Voilà donc Molière de retour à Paris, le lieu de son premier échec. Il y saisit de justesse l'occasion de faire briller sa troupe au yeux du roi : dans la salle des gardes du Vieux Louvre, le 24 octobre 1658, la représentation de *Nicomède* a fait quelque peu bâiller Sa Majesté lorsque Molière propose, pour terminer le spectacle, « un de ces petits divertissements [...] dont il régalait les provinces ». La farce du *Docteur amoureux* a l'heur de dérider le jeune prince, qui lui accorde la salle du Petit-Bourbon, en alternance avec les Comédiens-Italiens. Quand, deux ans plus tard, le Petit-Bourbon sera démoli, Molière obtiendra le théâtre du Palais-Royal. Maintenant fixé à Paris, il peut, à trente-six ans, commencer véritablement sa carrière : sa vie désormais tend à se confondre avec son œuvre. C'est du même mouvement qu'il rencontre la consécration et la contestation, l'une renforçant l'autre au point qu'on pourrait marquer les étapes de la création moliéresque par les querelles qu'elle suscite : querelle des *Précieuses ridicules* (1659-1661), où s'affirme l'hostilité des beaux esprits qui se sentent visés, des auteurs et des comédiens rivaux ; querelle de *l'École des femmes* (1662-1664), qui ajoute l'inimitié des prudes et des doctes ; querelle du *Tartuffe* (1664-1669) englobant celle de *Dom Juan* (1665-1666), où les dévots crient au scandale. Contre tant d'adversaires qui multipliaient les critiques non seulement sur le plan littéraire et artistique, mais dans les domaines de la morale, de la religion et même de la vie personnelle, sur quels appuis Molière pouvait-il compter ? Sur l'essentiel du public : les rieurs ont été pour lui ; sur la cohésion de sa troupe (mis à part la défection de la Du Parc), sur de fidèles amitiés (Boileau, La Fontaine, Mignard), de hautes protections (Henriette d'Angleterre, le prince de Condé) et le constant soutien du roi : Molière écrivit une quinzaine de pièces – près de la moitié de sa production – en réponse à une sollicitation princière, et si Louis XIV commença par interdire les représentations publiques de *Tartuffe*, il le fit à son corps défendant, sous la pression du parti dévot. C'est la dernière année seulement de la vie de Molière que la faveur royale se refroidit pour tourner du côté de Lulli, habile à confisquer à son profit le goût du monarque pour les pièces – telle *Psyché* en 1671 – jouées avec musique, ballets et machines : raison pour laquelle la dernière comédie de Molière, *le Malade imaginaire*, ne fut pas créée à la Cour mais au Palais-Royal. On sait que Molière mourut après la quatrième représentation, le 17 février 1673. Il fallut une supplique de sa veuve à l'archevêque de Paris pour que Molière, décédé avant d'avoir pu recevoir les derniers sacrements, fût enterré au cimetière de sa paroisse.

Molière jouant jusqu'à son dernier jour et mourant presque sur la scène, n'est-ce pas la vérité d'une vie tout entière donnée au théâtre et unifiée par sa passion ?

Molière : l'« homme de théâtre »

C'est un cas tout à fait exceptionnel dans l'histoire littéraire mondiale qu'un homme ait assumé simultanément les fonctions d'acteur, de directeur de sa troupe et d'auteur d'une grande partie des pièces jouées par ses camarades. Cette triple vocation exprime la consubstantialité de Molière et du théâtre.

Il est d'abord un acteur, et un très grand acteur comique. Ses maîtres sont à l'évidence les Comédiens-italiens, installés déjà à Paris au temps de l'Illustre-Théâtre et partageant avec Molière, après son retour de province, les salles du Petit-Bourbon et du Palais-Royal. La cohabitation est cordiale, dont Molière profite pour étudier le jeu de ses confrères d'outre-monts. On le voit jouer masqué, selon la tradition de la *commedia dell'arte*, le Mascarille des *Précieuses ridicules*. S'il quitte le masque dès *Sganarelle ou le Cocu imaginaire* (1660), c'est pour emprunter à Scaramouche, vedette de la troupe italienne, ses moustaches tombantes et noircies au charbon – qu'il supprima en 1666, année du *Misanthrope*. Il lui emprunte surtout sa démarche et ses grimaces : comme les Italiens jouaient dans leur langue, leur principale ressource pour se faire comprendre du public français résidait dans les contorsions et gesticulations, et c'est l'art du mime qu'ils apprirent à Molière. Celui-ci arrivait sur scène en se déhanchant, la tête renversée sur une épaule torse et les pieds en parenthèse. Son don de caricature s'étendait aussi à la voix, comme le montre la première scène de *l'Impromptu de Versailles*, où il ridiculisait la déclamation emphatique de cinq comédiens (dont une comédienne) de l'Hôtel de Bourgogne. La diction de l'acteur Molière était un mélange de volubilité et de hoquet, à quoi s'adjoignit plus tard une toux – symptôme de sa tuberculose – dont il sut tirer de nouveaux effets comiques : les rires ainsi déchaînés, s'ils permettent de rendre à sa dimension bouffonne un personnage comme Arnolphe qui à la lecture peut apitoyer, mirent en contrepartie un terme aux ambitions d'acteur tragique que Molière avait très longtemps nourries.

Cette exigence pour son propre jeu, Molière la manifestait aussi pour celui de la compagnie dont il assurait la direction. Son influence avait rapidement dominé, due à une origine sociale et une éducation qui tranchaient dans le milieu des comédiens, à ses talents d'acteur et de metteur en scène, à son entregent enfin – car, comme le rapporte Donneau de Visé, « il savait ce qu'il fallait faire pour réussir ». Pour saisir Molière au centre de sa troupe, il n'est que de lire *l'Impromptu de Versailles* : le directeur y explique à chacun, avec clarté et fermeté, le caractère de son rôle, indique les jeux de scène, rectifie en prêchant d'exemple le ton de La Grange et de Brécourt ; mais l'autorité s'accompagne de familiarité et d'une souplesse quelque peu ironique lorsqu'il s'agit de ménager la susceptibilité de la Du Parc, fâchée de toujours jouer les marquises façonnières. Le résultat de si minutieuses répétitions est reconnu par les adversaires mêmes, puisque Donneau encore note à propos de *l'École des femmes* : « Jamais comédie ne fut si bien représentée ni avec tant d'art ; chaque acteur sait combien il doit faire de pas et toutes ses œillades sont comptées ». Dans le tragique, la troupe, à l'image de son chef, réussit moins bien. Elle créa néanmoins les deux premières tragédies de Racine (*la Thébaïde* en 1664, *Alexandre* en 1665) et, de Corneille vieilli, *Attila* puis *Tite et Bérénice*. À la décharge du directeur, il faut remarquer qu'aucun talent nouveau – à part naturellement Racine, passé à l'Hôtel de Bourgogne dans des conditions douteuses – ne se révéla dans la poésie tragique entre 1660 et 1670. D'une manière générale, Molière n'a guère pu s'attacher d'écrivains de théâtre que le temps d'une ou deux pièces. Mais cet échec dans ce que l'on appellerait aujourd'hui sa « politique d'auteurs » eut pour nous l'avantage d'obliger le directeur du Palais-Royal à subvenir de son propre fonds au répertoire de sa troupe.

Molière en effet fut le principal soutien de son théâtre. Sur 55 pièces créées par sa compagnie depuis le retour à Paris, 29 lui appartiennent, des *Précieuses ridicules* au *Malade imaginaire* ; sur les 95 pièces qu'elle a jouées, 33 sont sorties de la plume de son directeur, dont la part n'a cessé d'augmenter dans le répertoire. Il ne faut point expliquer cette production forcenée d'abord par le désir de construire une œuvre, mais par celui de faire vivre sa troupe. La concurrence était impitoyable, le public de théâtre peu nombreux, les commandes venues d'en haut toujours pressées : *les Fâcheux* furent écrits, appris et représentés en quinze jours, *l'Impromptu de Versailles* en huit, *l'Amour médecin* en cinq. À l'importance quantitative de l'œuvre doit s'ajouter la considération de sa diversité. L'appellation de « comédie classique » recouvre des registres variés que Molière a tous exploités : la comédie de caractère (*le Misanthrope*), la comédie de mœurs (*les Femmes savantes*), la comédie d'intrigue (*le Dépit amoureux*), la comédie héroïque (*Dom Garcie de Navarre*), la comédie fantaisiste (*le Sicilien*), mythologique (*Amphitryon*), polémique (*la Critique de l'École des femmes*), la farce (*le Médecin malgré lui*), la farce-ballet (*le Mariage forcé*), la pastorale (*Mélicerte*), le divertissement de Cour (*les Amants magnifiques*) et la pièce à machines (*Dom Juan*, pour ne rien dire de *Psyché*). Seule l'étude de l'évolution de Molière permet de donner sens à cette multiplicité.

La naissance de la « grande comédie »

Molière a commencé par écrire des farces. Deux traditions s'offraient à lui. D'une part, la farce française, courte, présentait une action simple mettant le plus souvent en scène les désagréments du mariage ou les joies de l'adultère ; trois ou quatre personnages seulement, aux traits conventionnels : le mari faible et trompé, la femme acariâtre ou rusée, le prêtre paillard... D'autre part, la tradition plus subtile de la *commedia dell'arte* exploitait le thème, d'origine antique, de l'opposition entre barbons et jouvenceaux : il s'agit d'un ou de deux couples d'amoureux que des fourbes (fils, esclave, valet) aident à tromper un père contrariant ou un galant sénile. L'une et l'autre tradition prédominent successivement dans les deux premières pièces de Molière, *la Jalousie du Barbouillé* et *le Médecin volant*. Mais la farce n'est pas chez lui une erreur de jeunesse. On peut en suivre l'influence tout au long de sa production. Dans la période qui voit la naissance de la « grande comédie » et mène à *Tartuffe* (1664), les pièces en un acte (*les Précieuses ridicules, Sganarelle, le Mariage forcé*) tirent leur brièveté de la farce française ; d'elle également viennent les thèmes conjoints de la jalousie et du cocuage – un cocuage que la bienséance interdit de représenter consommé, mais qui fait toute l'obsession d'un Sganarelle ou d'un Arnolphe et qui constitue le destin prévisible du « mariage forcé ». Pareils sujets ne se traitent pas sans équivoques gaillardes (le fameux « le » de *l'École des femmes*) dans la ligne de l'esprit gaulois et s'agrémentent des volées d'insultes ou de coups de bâton chères aux baladins du Pont-Neuf. La *commedia dell'arte*, pour sa part, se déroule en trois actes : ainsi en est-il de *l'École des maris* et des *Fâcheux*. Molière se laisse d'abord séduire par ses intrigues complexes dans *l'Étourdi* et surtout dans *le Dépit amoureux*. S'il s'en détourne vite, il n'en garde pas moins plusieurs types et rôles conventionnels de la comédie italienne : le *Zanni*, valet inventif et sans scrupules, donne naissance à Mascarille en attendant Scapin ; le Pédant, promis à un bel emploi chez Molière sous la robe du médecin, reste docteur en philosophie aristotélicienne – Pancrace – ou pyrrhonienne – Marphurius – dans *le Mariage forcé* ; les jeunes amoureux, qui font rebondir de pièce en pièce leur sémillante étourderie, sont l'Horazio et le Valerio francisés de la troupe italienne. Enfin Molière a largement puisé dans l'arsenal des lazzi de la *commedia dell'arte* ces traits comiques fondés essentiellement sur le geste (Orgon et Tartuffe à genoux dans les bras l'un de l'autre).

Bien entendu, les deux influences de la farce française et de la farce italienne se juxtaposent à l'intérieur des mêmes pièces. Symboliquement, dans *les Précieuses ridicules* (1659), les deux valets se donnant pour beaux esprits exhibent la balourdise enfarinée de Jodelet et la faconde masquée de Mascarille. Pour s'élever de la farce à la grande comédie, il faudra passer de la juxtaposition des procédés comiques à la fusion des traits archétypiques. C'est chose faite pour Molière en 1662 avec *l'École des femmes.* En montrant dans Arnolphe un barbon amoureux dépossédé au profit d'un blondin par les ruses innocentes de la jeune fille qu'il prétendait épouser, il unit les deux traits archétypiques de la tradition italienne d'origine latine et de la tradition française d'origine médiévale – le conflit des générations et la tromperie féminine. La psychocritique lie cette réussite dramaturgique à la stabilisation d'une structure affective : l'agression contre le père se combine avec la satisfaction amoureuse interdite pour reconstituer la totalité du fantasme œdipien. Et ce n'est pas le fils, mais le barbon qui doit être accusé d'inceste : Arnolphe, à quarante-deux ans, ne cherche-t-il pas à épouser un tendron qui pourrait être sa fille ? La comédie provoque alors un renversement de la situation angoissante de la tragédie, celle du fils rebelle ou du parricide châtié. La culpabilité est projetée sur le père et le rire naît de la dégradation du protagoniste.

L'union des deux traditions comiques dans la grande comédie implique le dépassement de chacune d'elles. Le thème de la jalousie et du cocuage, toujours vivace jusqu'à *George Dandin* (1668) parce qu'il semble rencontrer chez Molière un terrain obsessionnel particulièrement favorable, amène la comédie à prendre en charge des discussions idéologiques beaucoup plus ambitieuses, comme celles qui portent sur l'éducation des filles dans *l'École des femmes* ou sur la dévotion dans *Tartuffe.* Quant à la *commedia dell'arte,* son dépassement s'effectue sur le plan dramaturgique : la grande comédie moliéresque « déplace l'intérêt de l'intrigue amoureuse conventionnelle vers le personnage parental » (R. Guichemerre). La part des épisodes romanesques et sentimentaux est fortement réduite : il est significatif que Molière ait supprimé, dans *l'École des femmes,* le second couple d'amoureux que lui offrait le canevas italien. Symétriquement, il pousse sur le devant de la scène celui qui constitue l'obstacle à la passion des jeunes gens et, de pure fonction théâtrale, il le hausse au rang de protagoniste. Dans *Tartuffe,* par exemple, les malheurs de Mariane dans son affection pour Valère n'intéressent le spectateur que dans la mesure où ils traduisent les progrès aberrants de la passion d'Orgon pour son directeur de conscience.

Le masque de la *commedia dell'arte* interdisait l'essor d'une psychologie individuelle en imposant la fixité du type : non point un homme en proie à une passion, mais une passion prenant apparence humaine. Dans la théorie de maniaques que la grande comédie moliéresque fait défiler sous nos yeux, les personnages gardent quelque chose de la rigidité du masque en ce sens que rien ne peut modifier leur nature – à la fin de la pièce, Arnolphe n'est pas moins misogyne, Orgon est prêt à abdiquer de nouveau ses responsabilités de chef entre les mains de plus exigeant que lui, Harpagon ne sera pas guéri de son avarice ni Argan moins entêté de médecine. Molière cependant n'a pas voulu illustrer des essences éternelles, donner chair à l'Idée platonicienne de Jalousie ou d'Hypocrisie. En premier lieu, parce que ses personnages ne s'identifient pas à leur obsession ou à leur passion : Arnolphe est intouchable sur le chapitre de l'amour, il n'en est pas moins fort généreux en amitié. Surtout, Molière entend peindre le ridicule des hommes de son temps ; dans une comédie, explique son porte-parole Dorante, « vous n'avez rien fait si vous n'y faites reconnaître les gens de votre siècle » (*la Critique de l'École des femmes*). Au lieu des figures convenues qui fleurissaient dans la comédie romanesque des années 1640-1660, Molière le premier ose jeter sur la scène ses contemporains et peindre des précieuses, des marquis, des dévots et des prudes. Du coup, la dualité de l'action et du comique est abolie, puisque la charge de faire rire cesse d'être réservée au valet pour s'étendre à son maître. La comédie peut alors prétendre exercer sa catharsis (« le Théâtre a une grande vertu pour la correction », déclare la Préface de *Tartuffe,* qui ajoute : « on souffre aisément des répréhensions, mais on ne souffre point la raillerie ; on veut bien être méchant, mais on ne veut point être ridicule ») ; il suffit pour cela que le ridicule soit donné pour tel, et il l'est dans son écart par rapport à une norme que Molière incarne dans le personnage, caractéristique de son théâtre, du raisonneur (Ariste, Chrysalde, Cléante). Celui-ci assume une double fonction : dramatique, en ce qu'il représente – dans ce premier moment de l'œuvre – le contraire (mais non le symétrique) du protagoniste ; didactique, en ce qu'il constitue le pôle d'identification du spectateur supposé « honnête homme ». L'opposition est donc tranchée entre le camp de la tyrannie, qui est celui du père ou du jaloux, et le camp de la norme Nature, qui est celui des jeunes amoureux et des raisonnables. La notion de nature postule ici un rapport d'équivalence, non encore problématisé, entre raison et plaisir. Le rire est l'expression directe de la transcendance d'une raison qui coïncide chez le spectateur avec le sentiment délectable de sa supériorité.

La mise en question de la norme

Avec *Dom Juan* (1665) et *le Misanthrope* (1666) disparaissent les amoureux unis luttant pour leur bonheur contre la tyrannie d'un tuteur ou d'un père ; quant aux raisonneurs, ils se cassent ridiculement le nez comme Sganarelle (*Dom Juan,* acte III, scène 1) ou s'évaporent dans l'abstraction du couple fantôme Philinte-Éliante. Où situer désormais le pôle de la nature, qui jusqu'ici a fait office de norme ?

Il semble avoir éclaté, avec le divorce des deux éléments qui le constituaient – la raison et le plaisir. La raison maintenant énonce ses exigences morales et sociales de respect du mariage (Done Elvire), de la probité (M. Dimanche), de la parole donnée (Dom Carlos, Dom Alonse), des parents (Dom Louis) et de Dieu (Sganarelle) face à l'obstination aveugle et superbe du principe de plaisir baptisé Dom Juan. Or, aucune des deux instances ne l'emporte décisivement sur l'autre, le dénouement amenant l'annihilation et non la résolution de la question posée par l'existence de Dom Juan. Les prêcheurs sont bien reçus de Dom Juan et jamais il ne les réfute ; il fait pis : il laisse discourir la raison dont ils sont porteurs jusqu'à ce qu'elle se détruise elle-même. Sous le regard glacé du libertin transformé en spectateur afin que le spectateur juge les autres par son regard, les objurgations solennelles sonnent comme autant d'absurdes et grandiloquentes parodies de l'héroïsme cornélien ; l'interminable tirade où Dom Louis entend prouver que « la naissance n'est rien où la vertu n'est pas » (acte IV, scène IV) démasque en lui le courtisan qui a employé son crédit et ses relations à couvrir aux yeux du monde les turpitudes de son fils. Mais si la société qui poursuit Dom Juan est mise à nu devant lui dans ses petitesses et ses contradictions, son personnage lui-même est démythifié : Molière prend ses distances vis-à-vis de la figure emblématique du séducteur en donnant à Dom Juan, à l'acte II, des proies trop faciles pour lui, dont il n'arrive même pas à faire sa pâture ; comme libertin corrupteur, il échoue à faire blasphémer le pauvre et, en devenant hypocrite, il abaisse son orgueil de révolté aux feintes méprisables d'un Tartuffe. La Nature, qui se dévoile en Dom Juan (« j'ai une pente naturelle à me laisser aller à tout ce qui m'attire », acte III, scène V) identique à ce qu'elle était chez Agnès (« Le moyen de chasser ce qui fait du plaisir ? », v. 1527 de *l'École des femmes*), a changé de signe : sous la perruque du blondin apparaît maintenant la « bête brute » (*Dom Juan,* acte I, scène I). Dom Juan est cette norme foudroyée qui a eu le temps, avant de périr, de foudroyer toute autre norme, et qui nous laisse, comme Sganarelle, désemparés devant un tombeau vide.

La scène est vide aussi à la fin du *Misanthrope,* et l'ambiguïté continue de régner. Elle avait déconcerté plutôt que séduit les spectateurs en faisant d'Alceste un personnage qui « malgré sa folie, si l'on peut ainsi appeler son humeur, a le caractère d'un honnête homme » : « bien qu'il paraisse en quelque façon ridicule, il dit des choses fort justes » (Donneau de Visé). Que réclame-t-il en effet, sinon la sincérité dans les rapports humains – au lieu des vains compliments et offres d'amitié dont chacun accable celui qu'il vient de calomnier –, et particulièrement en amour ? Alceste fait fonction de norme par rapport au salon de Célimène où trônent la susceptibilité boursouflée d'Oronte, la complaisante vacuité des petits marquis et la coquetterie d'une jeune veuve qui se promet à tous et ne s'attache à personne. Mais inversement, le salon de Célimène peut s'instaurer en norme face à l'archaïque roideur du misanthrope. Ce qui ne trompe pas dans la comédie, c'est la direction du rire : or, le seul personnage présent sur qui il ne cesse de tomber est précisément Alceste (« Par la sangbleu, messieurs, je ne croyais pas être/ Si plaisant que je suis », v. 773-774). Alceste est le fâcheux qui veut interrompre la comédie ; il est celui qui refuse de rire et qui devient, par là même, l'objet du rire des autres. Il vérifie la loi bergsonienne du comique : « Quiconque s'isole s'expose au ridicule ». Et cette volonté d'isolement part d'un amour-propre (« Je veux qu'on me distingue », v. 63) qui n'est pas moins exacerbé – même s'il prend des formes différentes – que celui de Célimène.

Dans *le Misanthrope* comme dans *Dom Juan,* la norme se dérobe, qui ne s'incarne ni dans le personnage central ni dans la société qu'il juge. Ces pièces « ne renvoient pas le spectateur à sa propre sagesse, mais le laissent sur le goût amer de l'impossibilité de toute sagesse » (J. Guicharnaud).

Vers le spectacle total

Molière, avec *Dom Juan* et *le Misanthrope,* imposait à la comédie des conditions limites. Le rire y perd sa bonne conscience, quand il ne se perd pas lui-même devant un dénouement qui ne signifie plus restauration de l'ordre, mais destruction ou dispersion. La voix de la raison, qui orientait la comédie morale et didactique, n'est plus discernable de celle de la folie, puisque « c'est une folie à nulle autre seconde/De vouloir se mêler de corriger le monde » (*le Misanthrope,* v. 157, 158). Dès lors que la raison ne pouvait plus constituer la norme, deux solutions s'offraient à Molière : ou bien persévérer dans une mise en question de cette norme, qui eût abouti bientôt au silence de Molière en tant qu'auteur comique ; ou bien, par un retournement qu'il faut proprement qualifier de spectaculaire même s'il s'accommode d'une évolution, constituer en norme la folie elle-même.

Plus personne aujourd'hui ne conteste l'idée d'une évolution de Molière. Pour ce qui est de son sens, plusieurs paramètres l'indiquent clairement. Molière a débuté en utilisant les formes traditionnelles de la comédie en cinq actes et en vers et de la farce en un acte, tantôt en vers, tantôt en prose ; « il finit – observe R. Bray – en marquant sa prédilection pour la comédie en trois actes et en prose », qui est « la forme la plus libre ». Cette évolution formelle est indissociable d'une évolution de la matière dramatique. Si l'on met à part les deux premiers canevas moliéresques et *la Pastorale comique* dont on n'a presque rien gardé, restent trente pièces que l'on peut découper chronologiquement en trois groupes égaux : sur les dix premières, on compte deux farces ; sur les dix suivantes, trois ; sur les dix dernières, six. La farce n'est donc point un résidu de la jeunesse inexpérimentée de l'auteur, mais une expression parfaitement authentique – et dont le goût en lui ne fit que croître – de sa maturité comique. Il est encore possible d'y repérer une inspiration « gauloise » (*le Médecin malgré lui,* 1666) et une inspiration italienne (*les Fourberies de Scapin,* 1671). Cette faveur de plus en plus largement donnée à la farce se combine avec celle du ballet : dans ses dix premières pièces, Molière n'y a recours qu'une fois ; dans les dix suivantes, cinq fois ; dans les dix dernières, sept fois. Ajoutons la hausse constante du coefficient d'occupation moyenne de la scène, et il apparaîtra à l'évidence que le Molière d'après Dom Juan ou Alceste est marqué par une recherche redoublée de la *vis comica* et du spectaculaire.

L'idée d'évolution n'est point contredite par celle de permanence : si rien ne demeurait, à quelle aune le changement se mesurerait-il ? Les deux pièces de *l'Avare* (1668, cinq actes en prose) et surtout des *Femmes savantes* (1672, cinq actes en vers) suivent la ligne de la grande comédie. Elles ne laissent pas cependant de traduire son infléchissement. La comédie de caractère glisse à la comédie de mœurs : au lieu de deux individus dans *l'École des femmes,* c'est tout un milieu qui est ici représenté. L'action de *l'Avare* ne se déroule pas dans un carrefour ou une antichambre de convention, mais dans la salle bien lambrissée d'un riche bourgeois ; et le thème de l'argent est le plus propre à introduire dans les ressorts de l'activité concrète et journalière, comme dans l'univers marginal des usuriers et des entremetteuses. La comédie subit aussi une certaine démoralisation, consécutive à la mise en question par Molière lui-même de ses visées didactiques : le vice n'est plus dénoncé de front, il est utilisé par l'amoureux devenu machiavélique (« j'éprouve que, pour gagner les hommes, il n'est point de meilleure voie que de se parer à leurs yeux de leurs inclinations », déclare Valère à l'acte I, scène I) – quand il n'est pas glorifié comme l'adultère royal dans *Amphitryon.* Avec *les Femmes savantes,* on côtoie davantage encore la comédie de mœurs, au point que plusieurs y ont vu un drame bourgeois ; la morale n'y est point non plus cause finale, puisque Molière a voulu faire de cette pièce d'abord un règlement de comptes personnel avec l'ombrageux érudit Ménage – devenu sur scène Vadius – et surtout avec l'abbé Cotin, poète mondain adversaire des comédiens, déchiré sous le nom transparent de Trissotin. Mais ce qui différencie essentiellement *les Femmes savantes* des grandes comédies des années 1662-1666, c'est la « volonté très révélatrice de ne plus séparer les genres et de rapprocher la comédie en cinq actes et en vers de la comédie-ballet » (R. Garapon) – ballet métaphorique de répliques (les deux stichomythies symétriques de Trissotin et Vadius à l'acte III, scène III) et de mouvements (Chrysale surgissant à la fin des actes II, III et IV comme pour un intermède). Même une comédie d'apparence aussi traditionnelle manifeste donc cet effort du « dernier Molière » en direction d'un spectacle total.

Très tôt, Molière a songé à l'imbrication de la chorégraphie dans la comédie. Dès *les Fâcheux* (1661), il occupe les entractes par une entrée de ballet : « c'est un mélange qui est nouveau pour nos théâtres », souligne-t-il dans l'Avertissement au lecteur. Encore faut-il progresser – notamment par la version originale du *Mariage forcé* (1664), où Molière soumet à sa conception d'ensemble la musique de Lulli et la chorégraphie de Beauchamps – vers une fusion des arts qui donnerait aux intermèdes une fonction semblable à celle des scènes, afin que le fil de l'action ne soit pas rompu. Telle est la dimension dans laquelle s'épanouit la création moliéresque après qu'elle a abdiqué sa première prétention cathartique : « Ne songeons qu'à nous réjouir :/La grande affaire est le plaisir », chante une troupe de masques dansants à la fin de *Monsieur de Pourceaugnac* (1669). C'est au triomphe de l'apparence qu'invitent les grands divertissements royaux, sans souci de morale ni de vraisemblance, dont Molière devient l'omnipotent ordonnateur. Non sans une pointe de démystification introduite emblématiquement au cœur de la fête (dans *les Amants magnifiques* en 1670, le personnage d'Anaxarque décrit avec « ses fils et tous ses ressorts » la machine qui permettra la fallacieuse apparition de Vénus) comme une protestation ludique devant l'artifice d'un spectacle qui tourne la fusion des arts en subordination de la parole, au point que la comédie – c'est très net pour *la Comtesse d'Escarbagnas* en 1671 – finit par n'être plus que l'intermède de ses intermèdes. L'équilibre est rétabli dans les dernières grandes comédies-ballets, où le texte cesse d'être un prétexte et où la nature reprend ses droits, non certes comme norme de l'orthodoxie morale et sociale, mais dans l'affirmation jubilante de sa folie. La déraison est devenue la norme. Alors qu'autrefois le monde réel des raisonneurs triomphait toujours du monde imaginaire d'Alceste, d'Arnolphe, de Sganarelle ou d'Orgon, avec *le Bourgeois gentilhomme* (1670) ou *le Malade imaginaire* (1673), c'est la folie qui entraîne le monde dans sa sarabande de faux muftis et de macaroniques porte-seringues. Jourdain et Argan n'ont plus à être expulsés pour que le monde redevienne transparent, c'est le monde qui doit se transfigurer en leur songe créateur. Le rire a perdu sa fonction critique, il se fait « rire de fête qui unit les hommes au lieu de les exclure, et qui les console au lieu de les corriger » (G. Defaux). Loin d'exprimer la transcendance de la raison, le dernier rire de Molière exulte de folie partagée.

L'invention d'un langage dramatique

Le rire chez Molière est l'effet d'une recherche sur les possibilités du langage dramatique. Paradoxalement, ceux-là mêmes qui reconnaissaient l'efficacité du langage moliéresque refusaient d'en admettre la qualité. « En pensant bien, il parle souvent mal », tranche Fénelon ; et depuis, nombre de critiques ont incriminé les chevilles, les métaphores incohérentes (par exemple au v. 1761 du *Misanthrope* : « Pourvu que votre cœur veuille donner les mains/Au dessein que je fais… »), les cascades de mots subordonnants et les « remplissages » où tant de synonymes viennent réfracter indéfiniment la même idée ou la même information. Ce sont là des reproches de lecteurs et non de spectateurs. Pour ces derniers, ou bien ces défauts n'en sont pas – car ils comprennent d'emblée l'enchevêtrement des relatifs dont les antécédents, après coup, laissent perplexes les grammairiens –, ou bien ils se muent en qualités : les rimes attendues, la reprise des mêmes idées permettent à l'auditeur, qu'un style trop dense lasserait vite, de reprendre haleine et d'assimiler les changements intervenant dans la situation des personnages. C'est même un souci constant chez Molière que de morceler au maximum la transmission d'une information afin d'éviter tout risque de déficit : dans *le Médecin malgré lui,* il ne faut pas moins de cent deux répliques pour que Valère et Lucas fassent avouer à Sganarelle, sous la contrainte, qu'il est médecin. Le moindre contenu référentiel est exploité par une série de répliques à fonction émotive, phatique ou exhortative, et doublé souvent par des jeux de scène : le spectateur sait toujours où il en est.

Ce sont ces lenteurs, ces redondances, parfois ces négligences voulues qui font la force du langage moliéresque, en lui donnant de réaliser l'essence du langage dramatique, qui est une parole écrite que le spectateur est censé surprendre comme improvisée. L'écriture de Molière tire son efficacité de ce qu'elle paraît reproduire les imperfections du langage ordinaire. Par cette feinte – car le langage dramatique suppose toujours une transposition – l'imperfection se retourne en perfection : l'accidentel est ici le résultat d'un travail systématique sur les éléments formels du dialogue, particulièrement sur les répétitions du signifiant (identité partielle ou absolue de plusieurs répliques ou de leur structure syntaxique, du simple « Le pauvre homme » de *Tartuffe,* I, IV à la scène du double dépit amoureux du *Bourgeois gentilhomme,* III, X) ou du signifié (la même idée est reprise sous des formes différentes : par exemple, les variations à trois voix de Climène, d'Élise et du Marquis à la scène VI de *la Critique de l'École des femmes*). Que ce soit à l'échelle de la réplique, des scènes ou des séquences de scènes, le trait le plus original de l'écriture moliéresque réside dans une « conception *abstraite* du discours dramatique » (G. Conesa).

Destins de Molière

La carrière de Molière avait été jalonnée de querelles qui n'étaient que la rançon d'un succès éclatant à la Cour comme à la ville. Aussitôt après sa mort, sa réussite connaît une éclipse partielle qui ne cessera de s'accentuer pendant plusieurs décennies : le classicisme puriste lui reproche des jeux de scène farcesques, l'outrance de certains caractères, « le jargon et le barbarisme » dans l'écriture (La Bruyère), l'irrégularité enfin de ses comédies. Ces critiques seront reprises par le XVIIIe siècle, qui en ajoute d'autres sur les plans dramaturgique (Diderot) et moral (Rousseau dans la *Lettre à d'Alembert sur les spectacles,* 1758, accuse Molière de tourner en ridicule la vertu, particulièrement celle d'Alceste, à qui Jean-Jacques s'identifie). Mais, même chez Rousseau, les réserves devant tel aspect de l'œuvre moliéresque se doublent de solennelles protestations d'admiration pour son génie. De sorte que le phénomène le plus frappant, constatable depuis la fin du XVIIe siècle et appelé à durer jusque vers les années 1870, est le divorce entre l'allégeance des autorités officielles et des lettrés d'une part, la désaffection du public d'autre part. En 1769, par exemple, l'Académie française propose à l'Europe « l'Éloge de Molière » comme sujet de concours, alors que quelques années plus tôt il avait fallu suspendre la représentation de ses pièces en cinq actes faute de spectateurs. Dans la première moitié du XIXe siècle, néoclassiques et romantiques ont beau s'accorder sur le mérite de Molière – les uns voyant en lui le peintre des types éternels de la nature humaine, les autres croyant découvrir dans son œuvre les confidences d'un cœur douloureux –, le public boude ses pièces : « J'étais seul, l'autre soir, au Théâtre-Français », regrette Musset devant un *Misanthrope* effectivement réduit au désert.

Les premiers symptômes d'une remontée à la scène sont repérés par Sainte-Beuve en 1850. Le succès s'affirme décisivement à partir des années 1870-1880, où s'organise – expression probable de nationalisme littéraire après la défaite – un véritable culte autour de la revue *le Moliériste.* Depuis lors, ce succès n'a fait que croître, servi par le profond renouvellement de la mise en scène dû à Jacques Copeau, qui applique le dispositif du « tréteau nu » (*les Fourberies de Scapin,* New York, 1917), à Charles Dullin, à Louis Jouvet surtout (*l'École des femmes* à l'Athénée en 1936, *Dom Juan* en 1947, *Tartuffe* en 1950). Aujourd'hui, Molière est plus joué qu'il ne l'a jamais été ; jamais non plus il n'a autant été mis à l'épreuve des modes critiques, philosophiques ou politiques. À l'exception notable de *l'Avare* outrancièrement farcesque de Savary (1999), la tendance générale est au sérieux, non en raison du caractère supposé mélancolique de Molière (conception romantique), mais parce que ses pièces seraient le lieu d'affrontements idéologiques traduisant des rapports de classes : de là toute une gamme de mises en scène allant des naïvetés soixante-huitardes de Tamiz (*les Fourberies de Scapin* au théâtre de l'Est parisien, l'année des « événements ») aux remarquables et contestables *Tartuffe* de Planchon – la famille d'Orgon posée comme l'enjeu d'une brutale rivalité entre le lobby dévot appuyé sur l'appareil judiciaire et le pouvoir policier de Louis XIV –, en passant par le marxisme corrigé par Foucault de Chéreau (*Dom Juan,* 1969) ou le didactisme brechtien de Roussillon (*George Dandin,* 1970). Molière retrouve là une provocante jeunesse, au prix de quelques remodelages idéologiques emportés au vent de l'épopée dans le puissant *Molière* cinématographique d'Ariane Mnouchkine (1978) : mais si le texte littéraire est en tant que tel susceptible d'une infinité de lectures, on voit mal au nom de quoi le critique pourrait refuser au metteur en scène une liberté qu'il s'octroie si généreusement à lui-même. La richesse foisonnante des interprétations de Molière – aux deux sens du terme – confirme le pronostic stendhalien : « Jamais d'autres scènes n'entreront si avant dans les têtes françaises. En ce sens, elles sont comme les religions ; le temps d'en faire est passé. » Dans son absence heureuse de dogme, la religion de Molière mesure aujourd'hui sa vitalité à l'éclat de ses hérésies.

VIE		ŒUVRE
1622	**15 janv. :** naissance à Paris de Jean-Baptiste Poquelin, fils de Jean Poquelin et de Marie Cressé.	
1631	Jean Poquelin achète la charge de « tapissier ordinaire du roi ». Jean-Baptiste commence (?) ses humanités au collège de Clermont.	
1632	Mort de Marie Cressé.	
1637	**18 déc. :** Jean-Baptiste prête serment pour la survivance de la charge paternelle.	
1640	Études de droit à Orléans.	

	VIE		ŒUVRE
1641	Possible fréquentation du philosophe néo-épicurien Gassendi ; traduction projetée du *De natura rerum* de Lucrèce.		
1643	**Janv. :** J.-B. Poquelin renonce à la survivance de charge. **30 juin :** acte de constitution de l'Illustre-Théâtre.		
1644	**1er janv. :** première représentation donnée par l'Illustre-Théâtre. **28 juin :** première apparition du nom de Molière au bas d'un acte notarié.		
1645	**Août :** faillite de l'Illustre-Théâtre ; Molière emprisonné pour dettes (2-5 août). **Oct. :** Molière quitte Paris avec les débris de sa troupe.		
1646	Jonction avec la troupe de Charles Dufresne.		
1646-1650	Pérégrinations : Toulouse, Albi, Carcassonne, Nantes, Poitiers, Narbonne, Agen.	**1646**	Molière met sans doute la main à quelques farces, dont il reste *la Jalousie du Barbouillé* (1646 ?) et *le Médecin volant* (1647 ?).
1650	**Juill. :** la troupe perd son protecteur, Molière en devient le directeur.		
1653	Molière obtient le patronage du prince de Conti. Jusqu'en 1657, les comédiens partagent leur temps entre Lyon et le Languedoc.		
		1655	*L'Étourdi*, première comédie de Molière, à Lyon.
		1656	*Le Dépit amoureux*, à Béziers.
1657	Conti retire son patronage.		
1658	**Été :** représentations à Rouen. **24 oct. :** Molière joue pour la première fois devant le roi et la Cour ; il obtient la salle du Petit-Bourbon.		
		1659	**18 nov. :** *les Précieuses ridicules.*
1660	**Oct. :** démolition du Petit-Bourbon ; trois mois de chômage.	**1660**	**28 mai :** *Sganarelle ou le Cocu imaginaire.*
1661	La troupe s'installe au théâtre du Palais-Royal ; Molière habite rue Saint-Thomas-du-Louvre.	**1661**	**4 févr. :** *Dom Garcie de Navarre.* **24 juin :** *l'École des maris.* **17 août :** *les Fâcheux* (fêtes de Vaux).
1662	**20 févr. :** mariage avec Armande Béjart (fille ou, plus probablement, sœur de Madeleine), de vingt ans plus jeune que lui.	**1662**	**26 déc. :** *l'École des femmes.*
		1663	**1er juin :** *la Critique de l'École des femmes.* **Mi-oct. :** *l'Impromptu de Versailles* (à Versailles).
1664	**28 janv. :** baptême de Louis, premier enfant de Molière ; le roi est parrain. **20 juin :** création de *la Thébaïde,* première pièce de Racine. **10 nov. :** mort de Louis.	**1664**	**29 janv. :** *le Mariage forcé* (au Louvre). **8 mai :** *la Princesse d'Élide* (fêtes de Versailles dites des *Plaisirs de l'île enchantée*). **12 mai :** *Tartuffe* en trois actes, pour les mêmes fêtes. **31 août :** premier *Placet* au roi, pour faire lever l'interdiction de jouer *Tartuffe* en public.
1665	**3 août :** naissance d'une fille, Esprit-Madeleine. **14 août :** la troupe devient troupe du roi. **4 déc. :** création d'*Alexandre le Grand,* seconde pièce de Racine ; la brouille s'ensuivra. **Fin déc. :** Molière tombe malade.	**1665**	**15 févr. :** *Dom Juan ou le Festin de pierre.* **15 sept. :** *l'Amour médecin* (à Versailles).

VIE		ŒUVRE	
1666	**Janv.-févr. :** Molière ferme son théâtre pour cause de maladie.	**1666**	**4 juin :** *le Misanthrope.* **6 août :** *le Médecin malgré lui.* **2 déc. :** *Mélicerte* (fêtes de Saint-Germain).
1667	**Fin mars :** la troupe perd la Du Parc au profit de l'Hôtel de Bourgogne. **Avr.-mai :** rechute de maladie ; Molière vit à Auteuil, séparé d'Armande.	**1667**	**5 janv. :** *la Pastorale comique* (Saint-Germain). **14 févr. :** *le Sicilien ou l'Amour peintre* (Saint-Germain). **5 août :** unique représentation de *l'Imposteur,* version adoucie de *Tartuffe.* **8 août :** *Second Placet* de Molière au roi.
		1668	**13 janv. :** *Amphitryon.* **18 juill. :** *George Dandin* (à Versailles). **9 sept. :** *l'Avare.*
1669	**25 févr. :** mort du père de Molière.	**1669**	**5 févr. :** *Troisième Placet* au roi ; représentation de *Tartuffe* dans sa version définitive. **23 mars :** poème sur *la Gloire du Val-de-Grâce* ; publication de *Tartuffe* avec une longue Préface. **6 oct. :** *Monsieur de Pourceaugnac* (à Chambord).
1670	**4 janv. :** Molière violemment attaqué dans la pièce *Élomire hypocondre* de Le Boulanger de Chalussay.	**1670**	**4 févr. :** *les Amants magnifiques* (à Saint-Germain). **14 oct. :** *le Bourgeois gentilhomme* (à Chambord).
1671	**Printemps :** Molière aménage son théâtre pour des pièces à machines. **Sept.-oct. :** maladie d'Armande ; reprise de la vie commune.	**1671**	**17 janv. :** *Psyché* (aux Tuileries). **24 mai :** *les Fourberies de Scapin.* **2 déc. :** *la Comtesse d'Escarbagnas* (à Saint-Germain).
1672	**17 févr. :** mort de Madeleine Béjart. **Mars :** rupture définitive avec Lulli. **15 sept. :** naissance d'un troisième enfant, Pierre. **1er oct. :** Molière s'installe rue Richelieu, dans la maison où il mourra. **10 oct. :** mort de Pierre.	**1672**	**11 mars :** *les Femmes savantes.*
1673	**17 févr. :** mort de Molière. **Nuit du 21 au 22 :** enterrement au cimetière Saint-Joseph.	**1673**	**10 févr. :** *le Malade imaginaire.*
		1682	Premier recueil des *Œuvres* de Molière, par La Grange et Vivot.

Les Précieuses ridicules

SYNOPSIS

La Grange et Du Croisy décident de se venger des deux « précieuses ridicules », Magdelon et Cathos (respectivement fille et nièce du bourgeois Gorgibus), qui les ont rebutés. Celles-ci, après le départ de leurs soupirants, se plaignent en effet de leurs propositions de mariage : au lieu de suivre patiemment les étapes obligées de la cartographie sentimentale, ils commencent par la fin ! Mais un amant plus au fait des galanteries à la mode se présente, le marquis de Mascarille. Ses élégances, passablement voyantes, d'esprit et de vêtement plongent les précieuses dans l'admiration. Lorsque se joint à la compagnie le vicomte de Jodelet, prétendu héros militaire, elles sont au comble du ravissement. On commence à danser au son du violon : las ! La Grange et Du Croisy, un bâton à la main et suivis de spadassins, font irruption dans la salle. Ils rossent et dépouillent Mascarille et Jodelet, les valets dont ils se sont servis pour abuser Magdelon et Cathos : ridiculisées et humiliées, les deux précieuses n'ont plus qu'à se cacher.

Les Précieuses ridicules, première synthèse proprement moliéresque, sont au confluent de la farce française et de la comédie italienne. De la farce, elles ont la structure très simple – un seul acte, un bon tour joué à des ridicules – et au moins un personnage caractéristique : Jodelet, avec son visage enfariné, auquel on peut adjoindre Gorgibus, présent déjà dans *la Jalousie du Barbouillé*. Farcesques aussi les bastonnades et autres jeux de scène (comme celui où Mascarille met la main sur le bouton de son haut-de-chausses pour exhiber une glorieuse cicatrice) fort détonnants dans l'univers éthéré des précieuses. Même si Molière a supprimé pour l'édition quelques plaisanteries gauloises, on s'explique que Mlle Desjardins ait parlé de « la farce des *Précieuses* ». Mais c'est de la comédie italienne que viennent le masque de Mascarille et, plus généralement, la maîtrise du jeu confiée à des valets. Molière toutefois a fait plus que juxtaposer deux traditions comiques ; il leur a donné pour cible les mœurs contemporaines. Cathos et Magdelon participent de la mode précieuse par l'exaltation de l'amour au-dessus du mariage et par l'affectation du langage. Elles ne sont pas par principe hostiles au mariage, comme l'Armande des *Femmes savantes*, mais mettent leur plaisir aux rites romanesques (« Billets-Doux, Petits-Soins, Billets-Galants et Jolis Vers ») qui le précèdent et retardent. Dans l'amoureuse quête, le langage a le rôle essentiel, et nos précieuses enseignent par l'exemple les procédés du haut style : inflation d'adverbes, adjectifs substantivés (« Le doux de votre flatterie »), périphrases (« Les âmes des pieds » pour désigner les violons), métaphores filées. Mme de Rambouillet et Mlle de Scudéry devaient-elles se tenir offensées de la satire ? Molière a pris la précaution de ne mettre sur scène que « deux pecques provinciales », bourgeoises de surcroît. Les apparences étaient sauves, dont les véritables précieuses voulurent bien se contenter.

L'École des femmes

Sur scène, le trio traditionnel : un voleur (le jeune blondin Horace), un volé (Arnolphe le barbon), un enjeu (l'innocente Agnès). Le ressort comique est un dans son principe : autour de « l'objet » à posséder, chacun des deux candidats voit ses initiatives se retourner contre lui.

SYNOPSIS

Le barbon Arnolphe – 42 ans – vit dans l'obsession du cocuage : il tient registre de celui des autres et redoute fort le sien propre. Pour sauver son front d'une telle disgrâce, il a pris ses précautions, faisant élever dans une parfaite ignorance la jeune Agnès qu'il compte épouser et lui donnant pour gardiens deux serviteurs – Alain et Georgette – à la rassurante stupidité. La méthode pourtant s'avère insuffisante, puisqu'une conversation avec Horace, le fils d'un de ses amis, apprend à Arnolphe que le jeune homme a bien avancé la conquête d'Agnès malgré la garde placée autour d'elle par « M. de La Souche ». Cette confidence, qu'autorise l'ignorance où est Horace du second nom d'Arnolphe, plonge ce dernier dans un dépit qu'il ne peut entièrement dissimuler (acte I). Arnolphe veut tout savoir. Il s'emporte contre sa servante et son valet, interroge Agnès qui reconnaît – avec une ingénuité mortifiante pour son tuteur – les câlineries d'Horace. Péché mortel, selon Arnolphe, que seul le mariage innocente ; il annonce à Agnès son intention de l'épouser le soir même et lui donne l'ordre de ne recevoir son blondin qu'à coups de pierres (acte II). Arnolphe est satisfait : Agnès a jeté une pierre à Horace. Le mariage va pouvoir être conclu, et le barbon y prépare sa pupille par de grotesques maximes. Mais il faut déchanter, car Horace lui révèle que la pierre était enveloppée d'une lettre d'amour (acte III). Arnolphe transforme sa maison en camp retranché, mais Horace est déjà dans la place. Pendant que le tuteur éclatait en reproches contre Agnès, Horace se cachait dans l'armoire : c'est ce qu'il raconte lui-même à Arnolphe, ignorant toujours la double identité de son rival. Il annonce enfin pour le soir l'enlèvement d'Agnès ; Arnolphe se prépare au combat (acte IV). Au petit matin Horace reparaît devant Arnolphe stupéfait : non seulement il a échappé aux plus rudes coups d'Alain et de Georgette, mais il amène Agnès pour la confier à Arnolphe comme à un ami sûr. Celui-ci, le visage dissimulé, accepte bien volontiers ce cadeau du hasard. Le barbon semble sur le point de l'emporter lorsque arrivent Enrique et Oronte, qui viennent justement conclure le mariage qu'ils avaient décidé entre leurs enfants Agnès et Horace ! Arnolphe quitte la scène « tout transporté et ne pouvant parler » (acte V).

La première « grande comédie » de Molière tient beaucoup de la farce, à commencer par son thème de fabliau – le cocuage. Mais ce pôle n'est pas le seul, il révèle et dévalorise à la fois le pôle symétrique du pathétique, représenté par l'authenticité des sentiments d'Arnolphe. Idéologiquement, Molière rejoint les précieuses qu'il venait de railler, en dénonçant dans son barbon un de ces hommes « qui ne regardent les femmes que comme les premières esclaves de leur maison » (Mlle de Scudéry). Une lecture théologique ne serait pas moins légitime : Agnès, ce fragment d'état de nature expérimentalement reconstitué, ignore le péché. Le *credo* conjoint des libertins et des augustiniens lui impose l'unique tropisme du plaisir : mais son innocence n'est-elle pas plutôt le fait des circonstances que d'un statut métaphysique ? La pure nature d'Agnès vécue dans *l'École* sur le mode euphorique ne se révélera-t-elle pas comme tyrannie du moi dans *Dom Juan* ? Le désir d'Agnès n'est pas d'une autre essence que celui d'Arnolphe pour elle.

Dom Juan

Pièce singulière que ce *Dom Juan* autocensuré sans doute dès la seconde représentation et retiré de l'affiche par son auteur après cinq semaines d'un indéniable succès. C'est la seule de ses grandes œuvres que Molière ne fit pas imprimer ; elle ne reparut sur le théâtre dans son texte original qu'au milieu du XIXe siècle. Aujourd'hui, critiques et metteurs en scène ne cessent de la soumettre à la question afin d'arracher son secret à la plus énigmatique des créations moliéresques.

SYNOPSIS

Dom Juan, « grand seigneur méchant homme » précédé de Sganarelle son couard sermonneur de valet, vient d'arriver en une ville de Sicile sur les traces d'une nouvelle proie féminine. Mais il lui faut premièrement essuyer les imprécations de sa dernière épousée, Done Elvire, arrachée à la clôture d'un couvent (acte I). Le projet d'enlever la belle poursuivie ayant littéralement fait naufrage, le séducteur tente la conquête simultanée de deux paysannes, Mathurine et la fiancée de son sauveteur, Charlotte ; il doit fuir cependant à l'annonce que douze hommes à cheval le recherchent (acte II). Dans les bois où ils ont trouvé refuge, le maître et le valet devisent : Sganarelle bafouille quelques raisonnements à prétentions providentialistes alors que Dom Juan affiche son impiété en essayant de faire blasphémer un pauvre. Un instant après, Dom Juan vole au secours d'un homme attaqué par trois voleurs : c'est Dom Carlos, l'un des frères d'Elvire ; il s'est égaré en s'écartant de la troupe qui poursuit Dom Juan. Survient Dom Alonse, chef du groupe et autre frère d'Elvire, qui entend bien tirer vengeance immédiatement de Dom Juan ; mais Dom Carlos s'y oppose au nom de la reconnaissance, accordant un délai d'une journée à l'offenseur de sa famille. Demeurés seuls, Dom Juan et Sganarelle aperçoivent entre les arbres le tombeau d'un Commandeur que Dom Juan a tué en duel six mois auparavant. Celui-ci invite la statue de sa victime à souper ;

stupeur : elle incline la tête en signe d'acquiescement (acte III). Ce souper, Dom Juan aura toutes les peines du monde à s'en régaler, interrompu qu'il est constamment par d'inopportunes visites : celle de M. Dimanche son créancier, renvoyé sous un flot de compliments ; celle de Dom Louis son père, renvoyé avec impertinence ; celle de Done Elvire touchée par la grâce et qui supplie en vain son éphémère époux de songer au salut. Le repas va enfin commencer lorsque approche la statue du Commandeur ; elle invite Dom Juan à souper avec elle le lendemain (acte IV). Dernière métamorphose de Dom Juan, l'hypocrisie : par une feinte conversion, il remplit de joie son père et se dérobe à la satisfaction que vient exiger Dom Carlos. Même l'apparition d'un spectre ne peut l'inciter au repentir. Il ne reste plus de voie qu'au châtiment : la statue du Commandeur, environnée de fracas et d'éclairs, entraîne Dom Juan dans les abîmes de la terre, laissant au bord du gouffre Sganarelle hurler : « Mes gages ! mes gages ! » (acte V).

Dom Juan détonne dans l'ordonnance du théâtre classique, dont il brise les cadres dramatiques et idéologiques. Comédie en cinq actes certes, mais en prose ; sans respect pour l'unité de temps : le dernier acte se déroule le lendemain du quatrième ; ni pour l'unité de lieu : le théâtre représente un palais dans une ville de Sicile, puis la campagne au bord de la mer, une forêt, l'appartement de Dom Juan, enfin la campagne aux portes de la ville ; point non plus d'unité d'action : le hasard (ou la providence) des rencontres sur le chemin du seigneur et de son valet juxtapose les épisodes comme au long de la route picaresque.

Mais c'est surtout l'ambivalence du protagoniste qui déroute et fascine. Alors que le Dom Juan de Dorimond (1658) et de Villiers (1660) n'excitait que la répulsion en violant des paysannes, enlevant de force à un pèlerin son vêtement, frappant son propre père ou assassinant un adversaire désarmé, le Dom Juan de Molière séduit autant qu'il scandalise. De façon emblématique, la pièce accole la scène du pauvre, où le cynisme se joue d'une foi héroïque, et celle du combat contre les voleurs où Dom Juan court l'épée à la main sauver Dom Carlos. Courageux, fier, brillant, Dom Juan attire essentiellement parce qu'il incarne un principe de plaisir que la réalité ne décourage jamais et auquel le moralisme adverse reconnaît que la crainte seule l'empêche de sacrifier (« je m'en accommoderais assez, moi, s'il n'y avait point de mal », avoue Sganarelle à l'acte I, scène II). Est-ce à dire que le « grand seigneur méchant homme » fasse preuve de cette « grandeur extraordinaire d'âme » dont Pascal (*Pensées*, fragment 526) crédite les êtres capables d'atteindre à l'éminence dans le mal ? Dom Juan, hypocrite dès le premier acte, ne double pas plus les héros noirs de Corneille qu'il n'annonce le surhomme nietzschéen. Ce courtisan enrubanné ne s'exalte pas dans l'affirmation glorieusement suicidaire de sa propre transcendance, il suit seulement sa ligne de plus grande pente (« j'ai une pente naturelle à me laisser aller à tout ce qui m'attire », acte III, scène V). Et c'est par là qu'il donne prise au comique. Comme M. Dimanche qu'il interrompt sans cesse, Dom Juan est lui-même constamment traversé dans ses inclinations : pourchasse-t-il une belle ? c'est sa femme qu'il rencontre ; va-t-il enlever l'objet de ses feux ? un coup de vent renverse sa barque ; enjôle-t-il une paysanne ? voilà le fiancé de retour, et ainsi du reste. Privé par l'hypocrisie de ce que peut comporter de sublime une quête sans conquête, Dom Juan est livré au comique d'une répétition sans conclusion : le temps ferait son ridicule s'il n'indiquait assez que l'éternité fera son supplice.

Le Misanthrope

Le caractère du misanthrope n'est pas pour Molière une fin en soi, mais le moyen de dénoncer « les mœurs du siècle ». Ce que rejette en effet Alceste n'est rien de moins, comme l'a démontré J. Mesnard, que l'idéal de la société aristocratique du XVIIe siècle – à savoir l'art de plaire. Toutes les formes en sont démystifiées, depuis la flatterie et la médisance (médire des absents est plaire aux présents) jusqu'à l'amitié et l'amour (plaire, c'est se faire aimer et donc, pour le moi, se poser en centre d'attraction et de domination). Alceste, d'ailleurs, n'échappe pas à la contradiction : si la coquette a besoin d'être aimée de beaucoup, le misanthrope ne hait les hommes que parce qu'ils frustrent son désir d'être aimé – c'est-à-dire désiré ou admiré – d'eux tous. Mais en contestant l'art de plaire, Molière ne met-il pas en question la comédie elle-même, qui désigne cet art comme « la grande règle de toutes les règles » (*la Critique de l'École des femmes*, scène VI) ? *Le Misanthrope* semble représenter un moment de crise entre Molière et son public : la connivence comique perd son immédiateté et se fait ambiguë dès lors que l'auteur prend ses distances par rapport à la valeur normative de la société spectatrice.

SYNOPSIS

La pièce s'appuie sur une succession de contretemps. Alceste l'atrabilaire vient réclamer de Célimène, jeune veuve dont il est amoureux, qu'elle choisisse entre la nuée de ses prétendants et lui-même. Mais les circonstances ne cessent de faire obstacle à l'explication décisive : Célimène est tout d'abord absente, et en l'attendant Alceste se brouille avec Oronte pour avoir trouvé ses vers détestables (acte I). Lorsqu'elle revient, c'est pour tenir salon et faire valoir aux yeux des petits marquis, du flegmatique Philinte et de sa cousine Éliante les grâces de son esprit médisant ; Alceste est appelé devant le tribunal des maréchaux pour vider sa querelle d'honneur avec Oronte (acte II). À son retour, il doit essuyer une tentative de séduction de la part de la prude Arsinoé, qui l'entraîne chez elle afin de lui donner des preuves de la trahison de Célimène (acte III). Alceste reparaît haletant, tenant à la main un billet de Célimène à Oronte : mais ses reproches se muent bientôt en une déclaration d'amoureuse soumission, interrompue par les fâcheuses nouvelles de son procès (acte IV). Celui-ci perdu, Alceste décide de fuir le monde et presse Célimène de se déclarer. L'embarras de la coquette tourne à la confusion quand les deux marquis viennent faire lecture publique de ses lettres : les soupirants, qui y sont tous raillés, quittent fièrement la place – sauf Alceste. Mais Célimène refuse de le suivre dans la retraite où, désormais délié de tout attachement au monde, il court se jeter (acte V).

L'Avare

Comme la plupart des autres pièces de Molière, cette comédie met en scène une intrigue sentimentale entre des jeunes gens dont les projets sont contrariés par l'opposition d'un père. Mais chacun des deux éléments constitutifs – l'amour et l'obstacle – prend ici un relief particulier qui donne au traditionnel conflit une violence nouvelle.

SYNOPSIS

Valère, gentilhomme napolitain, s'est mis – en qualité d'intendant – au service d'Harpagon, « l'Avare », dont il aime la fille Élise. Les deux jeunes gens viennent de signer en cachette une promesse de mariage. De son côté Cléante, le fils d'Harpagon, est tombé amoureux de la jeune Mariane. Mais « l'Avare » révèle des intentions bien différentes : il entend se réserver Mariane et donner sa fille au vieux seigneur Anselme parce que ce dernier est prêt à l'épouser sans dot (acte I). Cléante a pris contact par un intermédiaire avec un usurier aux exigences exorbitantes. Lorsque les deux intéressés se rencontrent, ils reconnaissent avec indignation dans l'autre, qui son père, qui son fils, et se séparent sur une violente altercation. L'entremetteuse Frosine vient alors entretenir Harpagon des progrès qu'il a faits grâce à elle dans le cœur de Mariane : mais, malgré toute son habileté à flatter, elle ne tire de lui aucune gratification (acte II). Harpagon a décidé de recevoir à dîner Anselme et Mariane : il donne à son cuisinier-cocher, Maître Jacques, des consignes de stricte économie. Valère – par tactique – l'approuve, mais maître Jacques explose et rapporte à Harpagon les moqueries que lui vaut partout son avarice. Sa naïve franchise lui attire des coups de bâton dont il veut se venger sur Valère, mais celui-ci redouble la leçon. Mariane rend visite à la famille : l'accueil grotesque qu'elle reçoit d'Harpagon et la générosité qu'aux dépens de son père lui manifeste Cléante accroissent son aversion pour le premier et son inclination pour le second (acte III). Harpagon, par ruse, fait avouer à Cléante qu'il aime Mariane ; le vieillard prétend imposer ses droits. Une pseudo-conciliation tentée par maître Jacques n'aboutit qu'à aggraver la rupture entre le père et le fils. Sur ces entrefaites, La Flèche – valet de Cléante – s'empare de la cassette où Harpagon cache son trésor : désespoir de l'avare quand il découvre le vol (acte IV). Une enquête est ouverte. Maître Jacques incrimine Valère. Celui-ci, pensant qu'on lui reproche son engagement secret avec Élise, plaide coupable. Il révèle cependant sa naissance aristocratique et les péripéties de sa jeunesse : Mariane à ce récit reconnaît en lui son frère, et Anselme son fils. Cléante obtient d'Harpagon la main de Mariane en échange de la cassette, tandis qu'Élise est assurée d'épouser Valère (acte V).

Une des originalités de *l'Avare* tient à la présence insistante du romanesque, que dès ses débuts Molière avait pourtant minimisée : dans *l'École des femmes*, il avait supprimé l'un des deux couples d'amoureux du canevas italien ; dans le *Tartuffe*, seul un couple comptait sur les deux évoqués ; ici, les deux intrigues – celles de Valère avec Élise et de Cléante avec Mariane – sont d'égale importance et occupent d'ailleurs les deux premières scènes de la pièce. Le langage des amoureux, mais aussi les péripéties traversées nous renvoient aux personnages de roman : Élise arrachée à la fureur des eaux, un seigneur napolitain déguisé en intendant pour s'introduire chez sa belle, le même rescapé d'un naufrage, Mariane prisonnière des corsaires, un père qui refait surface à point nommé, une chaîne de reconnaissances miraculeuses. À l'opposé du providentialisme sentimental, l'univers sordide d'Harpagon, doublement avare – au sens français de ladre et au sens latin de cupide. Il n'a plus l'humanité d'Orgon, qui prenait au moins un être vivant pour objet de sa passion : l'aliénation prend maintenant la forme d'une chosification. Harpagon « est » sa cassette, de sorte que la lui dérober revient à lui prendre la vie, et il se considère comme « enterré » (IV, 7) aussi longtemps qu'elle aura disparu de son trou. L'argent rend l'avare étranger au monde, à soi – Harpagon dans son délire se saisit le bras et veut se faire donner la question – et finalement à l'argent même : « Il faut bien que je touche quelque chose », s'exclame Harpagon à propos de la dot de Mariane (II, 5), mais l'argent est précisément ce à quoi il ne saurait jamais toucher.

De cette pièce très dure, où le conflit des générations s'exprime en souhaits réciproques de mort, il faut néanmoins maintenir qu'elle est une comédie. « D'un bout à l'autre », note la chronique de Robinet au 15 septembre 1668, elle « fait rire » : non seulement par la fouille grotesque de La Flèche (I, 3), les coups de bâton tombant à répétition sur les épaules de maître Jacques (III, 1 et 2) ou le quiproquo magistralement entretenu sur la nature du délit (V, 3), mais par les constantes contradictions et bévues d'un protagoniste qui fait tout tourner au détriment de ses intérêts pécuniaires (il est le premier à dire qu'il a de l'argent caché) ou amoureux.

Tartuffe

Tartuffe est la plus longue bataille théâtrale du XVIIe siècle. Il a fallu trois versions, trois « placets » de l'auteur et cinq années pour que Molière pût faire agréer au roi sa représentation publique malgré le clan dévot de la vieille Cour et de la ville. Le succès ne s'est pas démenti depuis l'origine, avec une pointe notable sous la Restauration, lorsque les développements de la Congrégation accentuèrent l'anticléricalisme des libéraux. Avec plus de trois mille représentations à la Comédie-Française, le *Tartuffe* est la plus jouée des pièces de Molière.

SYNOPSIS

Dans la famille du riche bourgeois Orgon s'est impatronisé un gueux qui, sous prétexte de dévotion, interdit aux enfants du maître de maison – Damis et Mariane – et surtout à sa seconde épouse – Elmire – les plaisirs honnêtes de la vie mondaine. Tartuffe ne trouve de son côté que l'acariâtre grand-mère – Madame Pernelle –, aussi aveuglée que son fils, tandis que le reste de la famille, soutenu par la suivante Dorine et par Cléante – frère d'Elmire –, aspire à secouer le joug de l'imposteur (acte I). Orgon, pour retenir toujours près de lui son directeur de conscience, a décidé d'annuler le mariage prévu entre Mariane et Valère, et de donner sa fille à Tartuffe. L'indignation laisse celle-ci désemparée ; d'où une scène de dépit amoureux, que termine naturellement la réconciliation des fiancés (acte II). Tartuffe paraît enfin, et son hypocrisie éclate dès la rencontre avec Dorine. En tête à tête avec Elmire, il ne peut cacher le violent désir que lui inspire la femme de son hôte : Damis, qui a tout entendu, révèle à son père la trahison de Tartuffe ; mais Orgon croit à une calomnie, renvoie son fils en le maudissant et fait à Tartuffe donation de tous ses biens (acte III). Malgré les supplications de sa fille, Orgon demeure intraitable sur le projet de mariage. Il ne reste pour le désabuser qu'une ruse d'Elmire, à laquelle le bourgeois consent avec mauvaise grâce : caché sous une table, il doit bien surprendre les réactions enflammées de Tartuffe aux feintes avances de son épouse. L'hypocrite est chassé, mais il a en main la donation d'Orgon et des papiers compromettants (acte IV). La famille, solidaire cette fois-ci – à l'exception de Madame Pernelle – mais dans le malheur, tente de parer les coups dont la menace Tartuffe. Le cagot fait signifier par huissier un ordre d'expulsion ; puis il vient, accompagné d'un exempt, faire arrêter Orgon. Coup de théâtre, ce n'est pas Orgon qui est arrêté, mais Tartuffe : la justice du roi, à qui rien n'échappe, rétablit le bon droit et châtie l'imposture (acte V).

Les caractéristiques formelles de la pièce répondent aux canons de la grande comédie, même si ses adversaires ont critiqué l'extériorité du second acte par rapport à l'action et l'artifice du dénouement. Les amours contrariées de Mariane et Valère s'intègrent en fait très bien au déroulement de l'intrigue puisqu'elles justifient l'entrevue d'Elmire et de Tartuffe au troisième acte, principe du désabusement d'Orgon ; elles permettent en outre de mesurer l'emprise de Tartuffe sur le père-maître, qui n'ose assouvir son désir de tyrannie domestique qu'en se faisant l'esclave de son directeur. Quant au dénouement, non seulement il s'inscrit dans la logique affective du genre comique – et d'une façon d'autant plus satisfaisante que la situation semblait plus désespérée –, mais il correspond à une pratique juridique du temps et à l'enjeu politique de la pièce : c'est Tartuffe lui-même qui prend l'initiative de porter devant le roi l'affaire des papiers compromettants d'Orgon.

La portée de la pièce dépasse largement ces considérations techniques, et ce n'est certes pas la question de sa conformité à la *Poétique* d'Aristote, mais bien son thème, qui a soulevé la tempête. Au premier chef, la polémique aujourd'hui dépassée des bienséances théâtrales : le reproche fondamental adressé à Molière n'est pas tant d'avoir donné une certaine image de la religion que d'en avoir parlé. En second lieu, le sujet de l'hypocrisie, ambigu de soi, l'est davantage encore au théâtre : rien ne distinguant extérieurement le faux dévot du vrai, ce royaume de l'apparence qu'est la scène ne saurait fonctionner comme espace de discrimination (l'acteur n'est-il pas, étymologiquement, l'hypocrite – celui qui est sous le masque ?). À quoi le Tartuffe répond par un statut de l'apparence où celle-ci n'est point discriminée mais discriminante : l'apparence est à elle seule index du vrai et du faux ; il suffit que Tartuffe paraisse, directement ou à travers la description qu'en donnent ses partisans, pour être reconnu comme ce qu'il est. L'apparence n'abuse que ceux (Orgon, Madame Pernelle) qui n'ont point d'yeux pour voir, car c'est l'hypertrophie même des signes du religieux chez Tartuffe qui dénonce la vacuité de sa religion. Tartuffe, à la différence de l'Onuphre de La Bruyère, est un « franc » hypocrite. L'hypocrisie cependant n'est chez lui qu'un moyen au service de ses fins assimilatrices. Tartuffe est avant tout un parasite : par son nom peut-être (la truffe), par sa conformation étudiée aux hantises d'un hôte dont il cherche à s'approprier voracement la nourriture, la fille, l'argent, la femme et la maison. C'est la logique du parasitisme qui le mène à sa perte, puisqu'en ôtant progressivement toute substance à l'organisme familial qui l'accueille, Tartuffe finit par s'ôter lui-même subsistance et jouissance. Parasite, Tartuffe l'est encore au sens moderne du terme, en tant qu'il intercepte les messages et brouille la communication : entre Pernelle et la famille, entre Orgon et Elmire, entre Orgon et Mariane, entre Valère et Mariane, entre Orgon et Pernelle. Tartuffe en effet ne vise pas seulement les êtres, il se place en tiers dans toutes leurs relations : « il est le tiers inclus » (M. Serres), une absurdité vivante que la médiation politique rendra à son néant pour que le monde retrouve transparence et cohérence.

Les Femmes savantes

Structurellement, *les Femmes savantes* présentent un diagramme de relations entre les personnages superposable à celui du *Tartuffe*. Ici, le maître de maison, là la maîtresse de maison ont fait leur dieu d'un intrigant prétendument saint ou génial qui satisfait leur besoin d'être confortés (Orgon quant à son salut, Philaminte quant à son talent) et leur permet ainsi de devenir dieux à leur tour sur une famille tyrannisée. Cet empire absolu se marque par le choix de l'idole comme époux d'une fille déjà amoureuse ailleurs et prête au couvent plutôt qu'à obéir. Dans les deux cas, chaque partie a son ou ses alliés : Madame Pernelle dans *Tartuffe,* Bélise et Armande dans *les Femmes savantes* pour le camp de l'autorité ; et pour le camp de la jeunesse Elmire ou Chrysale, appuyés l'un et l'autre par une servante et un raisonneur. Deux différences : dans *les Femmes savantes,* le personnage-obstacle dominateur est, par exception chez Molière, une femme ; au demeurant, la configuration des forces n'en est point modifiée : ce n'est pas le sexe qui fait le père, mais l'autorité. D'autre part, l'enjeu de *Tartuffe,* qui est la ruine de toute une famille, dépasse le péril traditionnel pesant sur le bonheur des seuls amoureux dans *les Femmes savantes* : au lieu de la royale intervention de 1669, une simple ruse suffit en 1672 à dénouer la crise.

Le processus démystificateur est, lui aussi, analogue dans les deux pièces, car il s'agit de mettre au jour, derrière l'alibi des plus respectables valeurs – religieuses ou intellectuelles –, le jeu nié ou occulté des forces de l'instinct. Le détachement, spirituel chez Orgon ou philosophique chez Armande, reste purement verbal et ne saurait empêcher l'intéressé(e) de céder à l'infantilisme de la colère (« Où donc est la morale/Qui sait si bien régir la partie animale/Et retenir la bride aux efforts du courroux ? », *les Femmes savantes,* v. 159-161 ; cf. *Tartuffe,* v. 552). Mais l'instrument privilégié de la démystification réside dans la sexualité. Les valeurs du corps sont les antivaleurs par excellence pour les prudes et les précieuses, comme pour les dévots hypocrites ou bornés. Cette « guenille » (v. 539), méprisable fragment de *res extensa*, n'est là que pour être oubliée (« Et l'on ne s'aperçoit jamais qu'on ait un corps », v. 1212) : las ! si l'impétuosité du désir charnel éclate en l'austère Tartuffe et le démasque, il s'insinue par mille travestissements dans l'univers éthéré de nos savantes. La pauvre Bélise, on le sait, se voit des amoureux partout et Armande, morte de jalousie, finit par s'offrir à Clitandre (v. 1235-1240), mais, plus subtilement, la sexualité fait retour dans cela même qui devait l'exclure – à savoir la « science » : on retranchera des mots les « syllabes sales » (v. 913) comme Tartuffe couvrait le sein de Dorine, ce qui suppose qu'on les y a d'abord aperçues ; on ne fera commerce que d'esprit, mais c'est précisément « l'amour du grec » qui autorise à embrasser Vadius (acte III, scène III) ; on bannira l'équivoque des œuvres littéraires, quitte à s'y abandonner soi-même à leur propos (v. 810 : « On n'en peut plus – On pâme – On se meurt de plaisir »). La censure a valeur d'aveu ; qu'elle soit saturée de ce qu'elle entendait refouler montre clairement au travail, dans les hautes spéculations de la coterie, le classique processus de la sublimation : ce que Tartuffe cachait aux autres, les femmes savantes se le cachent à elles-mêmes.

SYNOPSIS

Armande, qui se pique de philosophie, reproche à sa sœur Henriette de vouloir s'engager dans les terrestres liens du mariage, et surtout de prétendre épouser son ancien soupirant Clitandre. Celui-ci tente de gagner la famille à ses nouvelles amours : il échoue d'abord devant les chimères de la tante, Bélise (acte I) ; puis il convainc l'oncle, Ariste, et par lui le père, Chrysale. Mais l'obstacle décisif est représenté par Philaminte, mère autoritaire dont la passion pour les « sciences » a choisi un gendre en la personne du bel esprit Trissotin (acte II). Dans le salon de Philaminte, les trois « femmes savantes » se pâment à la récitation des vers ridicules de Trissotin. Survient le pédant Vadius, qui échange avec son confrère force flatteries qui se retournent bientôt en injures (acte III). Philaminte s'obstine dans sa décision de marier Henriette à Trissotin, malgré une dénonciation de Vadius le présentant comme un coureur de dot ; et ce n'est point l'appui du faible Chrysale qui peut affermir les espoirs de Clitandre (acte IV). La confrontation des époux a lieu devant le notaire : Philaminte est en passe d'imposer son choix, lorsque Ariste annonce – faussement – la ruine de la famille. Trissotin ne voit pas la ruse et se retire, laissant le champ libre à Clitandre qui, pour son désintéressement, obtient la main d'Henriette (acte V).

Le Malade imaginaire

Cette comédie-ballet, dernière pièce de Molière, présente le singulier mélange de bouffonnerie et de gravité qui caractérise l'humour noir. Le burlesque s'y donne libre cours avec ses déguisements et ses personnages stéréotypés (le pédant et la servante), entre batailles d'oreillers et courses du clystère au bassin. Mais en même temps rôde, omniprésente, l'image de la mort, deux fois donnée à voir sur la scène par les feintes de Louison et d'Argan.

SYNOPSIS

Argan, le « malade imaginaire », s'est mis entre les mains de Béline, sa seconde femme, qui attend l'héritage, et des médecins qui exploitent sa crainte de la mort. Pour le dégager de la première influence, la servante Toinette propose à Argan de « contrefaire le mort » : l'exultation de Béline la démasque et cause son renvoi. Quant à l'entêtement pour la médecine – qui fait obstacle au bonheur d'Angélique et de Cléante, puisque Argan ne veut pour gendre qu'un médecin –, il résiste à tous les raisonnements de Béralde : l'unique solution sera de transformer, au cours d'une grotesque cérémonie, Argan lui-même en médecin.

Il s'agit bien d'un divertissement, comme le confirment les intermèdes chantés et dansés, avec toutefois le surcroît de sens que l'usage pascalien a attaché à ce terme : la « maladie » d'Argan est ce qui occulte à ses yeux l'inéluctabilité de la mort ; être malade pour lui, c'est la façon la plus prenante de se sentir en vie. Il a besoin de s'imaginer malade pour n'avoir plus à craindre de le devenir réellement, comme en faisant le mort il s'offre le luxe d'une autorésurrection. Tous les gestes d'Argan, y compris le plus fou qui est le dernier, sont des actes magiques. Comment ne pas penser qu'en jouant celui qui joue à être mort, Molière moribond – qui parle explicitement de lui-même et de sa maladie (acte III, scène III) – met en scène l'exorcisme de sa propre hantise ?

G. Ferreyrolles

MOLINET Jean

(1435-1507)

Né à Desvres, près de Boulogne-sur-Mer, probablement en milieu bourgeois, Molinet passa, après l'achèvement à l'université de Paris d'études « libérales », plusieurs années difficiles en quête d'un patron auprès de qui employer ses talents de lettré. Il assurera plus tard avoir frappé en vain à la porte de l'austère roi Louis XI, qui se montra peu sensible à sa rhétorique, à celles de la duchesse de Bretagne, des comtes d'Artois et de Saint-Pol, du roi d'Angleterre même. Il atteignait trente-deux ans quand il trouva preneur avec le duc de Savoie, Amédée IX, qui l'engagea on ne sait trop à quel titre. Mais Amédée, infirme, meurt quelques mois plus tard. Molinet, que cette disparition replonge dans l'insécurité, parvient à se glisser parmi le personnel de la cour de Bourgogne. Armé chevalier, il est bientôt attaché à la chancellerie de l'ordre de la Toison d'or, et collabore avec l'« indiciaire » (chroniqueur officiel de la maison ducale), l'illustre Georges Chastellain. Quand celui-ci meurt, en 1475, le duc Charles le Téméraire accorde à Molinet sa succession. Suivent une dizaine d'années d'intense activité poétique et historiographique. La crise qu'entraînent, après 1477, la défaite et la mort de Charles ne trouble que pour peu de temps la vie personnelle du poète : il reprend du service auprès de Marie, fille du Téméraire, qui vient d'épouser l'archiduc Maximilien, futur empereur. Deux ans plus tard naîtra de ce couple, à qui la fortune de Molinet est désormais attachée, la future Marguerite d'Autriche. La *Ressource du Petit Peuple,* l'un des plus beaux textes de Molinet (1480-1481), célèbre l'espoir qu'au milieu de la débâcle de la maison de Bourgogne porte cette enfant.

Dans les années qui suivent, alors que la situation publique se rétablit peu à peu dans les terroirs belges et lorrains, Molinet, devenu veuf, reçoit une charge de chanoine de Notre-Dame de la Salle, à Valenciennes. En 1485, Maximilien le confirme dans sa dignité d'indiciaire. C'est dans cette double fonction que Molinet passera la fin de sa vie, loué par les écrivains de la génération plus jeune, respectueusement consulté par ses pairs, honoré par les grands. Il meurt à soixante-douze ans, laissant le souvenir, comme dira Jean Lemaire de Belges, son neveu et disciple, d'un « chef souverain » des poètes. Ses œuvres poétiques seront rééditées quatre fois avant 1540, date extrême de cette gloire posthume : en quelques années, l'évolution du goût aristocratique et la diffusion des modes littéraires italiennes font alors tomber dans un injuste oubli Molinet ainsi que les autres « rhétoriqueurs ». Ce n'est que depuis peu que l'on a redécouvert en lui l'un des plus grands poètes de langue française.

L'écriture et le réel

L'œuvre de Molinet, diverse en apparence mais profondément une, comporte, outre un ensemble de textes poétiques réunis (à quelques exceptions près) sous le titre de *Faits et Dits* (posth., 1531), les *Chroniques,* composées en sa qualité d'indiciaire. Molinet, en outre, publia vers 1500 une édition « modernisée », en prose, du *Roman de la Rose,* auquel il intègre une glose allégorique qui lui permet d'y déchiffrer une emblématique des vertus chrétiennes. On lui a enfin attribué – sans preuve décisive – le livret d'un drame à grand spectacle, le *Mistère de saint Quentin* (vers 1480), dont les formes poétiques s'apparentent étroitement à celles des *Faits et Dits.* Les *Chroniques* elles-mêmes, qui retracent les événements survenus dans le duché de Bourgogne entre 1474 et 1506, tiennent de près aux parties panégyriques de ce recueil. Le contrat de 1485, définissant les tâches de l'historiographe (et prévoyant pour lui des honoraires du même ordre de grandeur que ceux d'un artiste sculpteur), implique en effet une conception politico-poétique de l'Histoire, pensée dans les termes d'une fiction chevaleresque, et dont le principal indice de véracité est d'être écrite en prose, non en vers. Au reste, la richesse sonore, la subtilité lexicale, l'harmonie syntaxique de la prose « historique » de Molinet ne sont pas d'une autre nature que les qualités correspondantes de ses vers. Le choix même des épisodes racontés n'est pas sans ressemblance avec celui qui dicte le sujet des « poèmes d'actualité » des *Faits et Dits* : scènes de la vie curiale, qui se réalise dans les formules qui la prononcent en la parabolisant. Ce qui, dans la vieille tradition chevaleresque, était tension, idéologie agressive, subsiste comme *mimesis* d'un récit archétypique : fêtes et beaux faits d'armes, mais aussi lamentables dévastations des guerres ; haïssables troubles populaires, dont triomphera finalement la gloire du prince ; faits divers étranges, attestant la perturbation du siècle ; miracles...

Des cent soixante poèmes rassemblés dans les deux gros volumes des *Faits et Dits,* la moitié s'articulent sur des arguments semblables et constituent globalement, en fait, le plan de référence des *Chroniques.* Événements militaires (la « Complainte de Grèce », la « Journée de Thérouanne »), politiques (« Sur ceux de Gand », « Au roi de Castille ») ou relatifs à l'existence des princes : naissances (d'Éléonore d'Autriche, du futur Charles Quint), mariage (des infants d'Autriche et d'Espagne), morts (de Philippe le Bon, du Téméraire, de Marie de Bourgogne, de l'empereur Frédéric, de bien d'autres), incidents divers (le « Naufrage de la Pucelle »).

Les poèmes d'inspiration religieuse (à peine plus de vingt dans les *Faits et Dits*), qui, selon la pratique courante au XVe siècle, ont le plus souvent la forme de louanges de Notre-Dame, ne s'écartent pas vraiment de cette perspective idéologique : un déplacement (plutôt qu'une métaphore) y christianise explicitement les idées de justice, de vertu et de gloire. Les nombreuses pièces ironiques, burlesques, voire obscènes, du recueil (à quoi s'en ajoutent quelques autres, restées extérieures aux *Faits et Dits*), elles-mêmes se rattachent directement au jeu de la cour, en vertu de l'un des dynamismes poétiques les mieux enracinés et les plus puissants dans la culture médiévale (mais que le XVIIe siècle éliminera un jour de la tradition française) : la parodie. Tout discours médiéval possède nécessairement, de façon explicite, sa parodie, sans laquelle il demeure sans force et sans prise sur le réel.

Dans cet ensemble d'idées, à l'époque banales, d'imagerie typée et, parfois, de jaillissements oniriques plus inattendus, le sentiment de l'incertitude des temps présents, une confuse appréhension de l'avenir percent malaisément le réseau des thèmes traditionnels, issus des anciennes allégories « courtoises », du moralisme monastique ou des malheurs d'hier (thème de la mort) : tous éléments qui, aussi bien, constituent le fond topique de la poésie d'un Villon (exact contemporain de Molinet). Ce sont là autant de niveaux d'articulation, organisant rhétoriquement les éléments qui le constituent. De niveau à niveau se définissent des corrélations stylistiques, dont le faisceau fonde la cohésion du texte. Mais, par là même, tout fait de surface se prête simultanément à plusieurs interprétations. Plusieurs vraisemblances s'affichent ensemble, de façon logiquement absurde ; mais les contraires se conjoignent, du fait même qu'ils s'excluent.

La rhétorique et le sens

Bien représentatif ainsi de sa génération, Molinet s'en dégage fortement par l'exceptionnelle qualité de son langage poétique – étonnamment « moderne » à nos yeux. Cette qualité provient moins de recherches originales que du rare bonheur avec lequel Molinet tire, des techniques connues au XVe siècle, les effets les plus propres à diversifier les plans de signification du discours.

Molinet (contrairement à Charles d'Orléans, d'une génération son aîné, et à bien d'autres) pratique peu les « formes fixes » (ballade et rondeau) : on peut supposer qu'un sentiment aigu de son propre talent le poussait à éviter ce qu'elles comportaient, en apparence, de contraintes toutes faites. Les « genres » qu'il préfère sont en effet les moins réglés par la coutume : épître, débat, plus rarement pastorale ou « testament ». Ses poèmes les plus réussis échappent entièrement à de tels cadres ; les plus ambitieux sont faits d'une alternance de prose (très ornée, fortement rythmée, parfois rimée) et de vers : type de « prosimètre » qui fut à la mode chez les Rhétoriqueurs. Forme solennelle, recourant aux figurations allégoriques, et réservée aux arguments politiques ou moraux, le prosimètre, durant un demi-siècle, fut senti comme particulièrement propre à soutenir la gravité de la vie de cour. Son unité d'intention, sans cesse décalée par le retour soit du vers, soit de la prose, provient d'une poussée profonde qui fond en chatoiements fugitifs les rythmes contrastés, diffère la jouissance que promet l'existence concrète du texte, jusqu'au silence qui en marque la fin. La distribution de la prose et des vers n'y est jamais aléatoire ; de chaque texte se dégage une fonction particulière qui la justifie et qui, souvent, la rend nécessaire.

En vers ou en prose, les moyens de cet art sont les mêmes. Molinet témoigne d'une extrême finesse d'ouïe, d'une grande délicatesse dans le maniement des sons : qualités d'ordre instrumental, épanouissant en surface des virtualités profondes. L'extraordinaire diversité des rimes (on en a relevé une vingtaine de variétés classifiables), les tours de force dont elles semblent le produit ont à la fois fasciné et (bien à tort) rebuté les commentateurs universitaires. En même temps que source de plaisir pour l'oreille, elles sont vecteurs de sens par cela même qu'on ne peut les isoler de l'ensemble des configurations phoniques (allitérations, échos) –

Princes puissants, qui trésors affinez
Et ne finez de forger grands discords,
Qui dominez, qui le peuple a minez,
Qui ruminez, qui gens persécutez
Et tourmentez les âmes et les corps [...]
Tranchez, coupez, détranchez, découpez,
Frappez, happez banières et barons,
Lancez, heurtez, balancez, behourdez [...]
Tirez canons, faites grands espourris :
Dedans cent ans vous serez tous pourris.

(« Ressource du Petit Peuple ») –,

rythmiques (groupements réguliers de syllabes, de mots, de synonymes) –

Marie, mère merveilleuse,
Marguerite mondifiée,
Mère miséricordieuse,
Maison moult magnifiée,
Ma maîtresse mirifiée [...]
Ardant amour, arche adornée,
Ancelle annoncée, acceptable [...]
Rubis radiant, rosé ramée,
Rai réchauffant, réseau rorable...

(« Oraison ». Pantogramme : chaque strophe joue de l'une des lettres du nom de *Marie*) –,

pas plus que des ruptures de registre (pièces bilingues, insertion de proverbes, citations intégrées, accumulations parfois vertigineuses) –

Elle avait le chef cornu, les oreilles pendantes, les yeux ardents, la bouche moult tordue, les dents aiguës, la langue serpentine, les poings de fer, la pance boursoufflée, le dos velu, la queue venimeuse et était puissamment montée sur un étrange monstre à manière de leuserve (loup-cervier) fort et courageux à merveille, jetant feu par la gueule, chaux et soufre par les narines, chargé de tous côtés d'épées, couteaux, dolequins, rasoirs, scies, faulx, dagues, planchons, paffus, piques, pinces, pouchons, fourches, fourchettes, arcs, dards, harts, licous, chaînes, cordes et cagnons ensemble plusieurs instruments convenables à son office, et portait sur la croupe un baril plein de scorpions, riagal, arsenic, huile, plomb bouillant, harpois, acide et mortels poisons...

(*Ressource du Petit Peuple*, « Portrait de Tyrannie ») –,

les procédés constituent la matière – parfaitement homogène – de ce discours et en multiplient les possibilités sémantiques. Molinet lui-même recommande comme le plus haut idéal poétique la pratique de « plaisants équivoques » : d'où les mots ou même les phrases à double, à triple sens, les calembours, tous éléments jouant le rôle de signaux d'une ambiguïté fondamentale et qui comme telle se déclare poésie :

*[...] Mille chanteront en bé***Mol**
Mi, la. S'on pile, il y fait doux et **mol** *!*
*Re***quérons** *Dieu que le bon temps* **joli**
*Re***vienne** *bref et ramène* **ancoli**,
Utile paix : se chanterons tout **net** *:*
Utre mi fa sol la, vive **Jennet** *!*

(« Épître à Jennet de Ranchicourt »)

Une expérience des limites

Les trois sources de la poésie, écrivait Molinet dans sa vieillesse, sont la grammaire, la rhétorique et la musique : le langage en ses normes propres et les régularités formelles grâce auxquelles se manifeste l'harmonie. Idée qui, sans être bien originale vers 1500, était depuis longtemps prise au sérieux par Molinet et avait sous-tendu sa pratique. C'est elle qui anime l'*Art de rhétorique* (au sens d'« art poétique ») qu'il écrivit, entre 1477 et 1492, pour un mécène de la région de Valenciennes. Cet ouvrage, prudemment interprété, révèle quelque chose des options profondes du poète Molinet. Sous le couvert d'un didactisme assez plat, une conviction sous-jacente, indiscutée, se laisse percevoir : le poème, dans sa matérialité linguistique, constitue un tout insécable, dans lequel le « théoricien » se refuse à distinguer des parties auxquelles on pourrait supposer quelque fictive existence autonome. C'est pourquoi des mots comme vers, rime, style et d'autres sont presque interchangeables. En effet, écrit Molinet, la poésie « est une espèce de musique appelée rythmique ». Semblable au jeu, cette musique repose sur une pulsion que Molinet, dans son Prologue, assimile métaphoriquement au désir érotique. C'est par là que l'« art » (la technique) trouve sa justification finale et sa valeur. D'où la « délectation » que suscite le décor de ce style flamboyant : quelle que soit la matière, la manière est toujours joyeuse ; elle enlève à ce qui est dit tout aspect de contingence, elle le promeut dans l'ordre de ce qui s'offre à une contemplation intemporelle, forme-sens inépuisable, dont la face tournée vers le lecteur est celle de ces « heureuses contraintes » dont parle ailleurs Molinet. Mais, dans la tradition médiévale, remontant à Boèce et à saint Augustin, la musique repose sur le nombre (d'où, sans doute, l'importance des combinaisons numériques dans l'agencement général ou la disposition stylistique des poèmes de Molinet). La parole poétique, non moins que l'univers – et de la même façon –, subsiste par la « raison » du nombre, car celle-ci dépasse et organise le sensible : ce à quoi elle fait référence, c'est la mémoire, qui est rythme du monde dans le temps humain. La prosodie harmonieusement nombrée constitue l'énergie qui porte le discours et en assure la cohérence. Elle opère, à la manière d'une médecine naturelle, la purification que procure, au-delà de tous les autres arts, la poésie. Des influences néoplatoniciennes, diffuses dans le premier humanisme, sont concentrées, chez un auteur comme Molinet, dans la conception qu'il se fait de la forme versifiée : flux verbal parfaitement dominé, réglé, tentative vécue d'aller jusqu'au bout des possibilités d'un langage. Chacun des raffinements de cette versification revendique à sa manière une liberté qui se veut souveraine et qui consiste non à briser les formes existantes, mais à en multiplier les réalisations au point qu'elles recouvrent le champ entier de ce que comprend le mot de poésie. Le poème n'est jamais que la réalisation provisoire d'une harmonie qui l'englobe en le liant aux autres poèmes, dans un mouvement sans fin, de la façon dont s'enroule sur elle-même l'équivocité foncière de la forme.

P. Zumthor

MONCRIF François Augustin PARADIS de

(1687-1770)

Moncrif naquit à Paris. Sa mère, d'origine écossaise (Moncreiff), qui prêtait sa plume aux courtisans en peine d'écriture, lui donna son nom et décida peut-être de sa vocation. Musicien, poète, maniant aussi bien le pinceau que le fleuret, ce bon vivant aux mille talents fit en effet carrière comme amuseur des grands : auprès du duc d'Aumont, puis du comte d'Argenson, de l'abbé de Clermont (descendant de Condé), fournissant ses maîtres successifs en parades, divertissements et poésies légères. S'y glissa un petit chef-d'œuvre d'humour érotique et d'érudition bouffonne, *les Chats* (1727), une histoire de l'animal (mais le mot a déjà un autre sens dans la langue verte du temps) depuis la « déesse-chatte » égyptienne jusqu'à l'illustre Marlamain de la duchesse de Sceaux. Voilà Moncrif devenu « historiogriffe » (d'Argenson). Vers 1745, changement de cap : la pieuse reine Marie Leczinska l'engage comme lecteur. Il se convertit aussitôt à la poésie édifiante avec des *Consolations des âmes justes* et un *Retour vers Dieu* dénonçant dévotement un « monde attirant, monde trompeur »... pour lequel il continue d'écrire des parades (*le Père respecté,* 1748) mais sous le manteau ou, plus ouvertement, des pastorales (*Zélindor roi des Sylphes,* 1745) et des romances néomédiévales (*Alix et Alexis* ; *les Aventures de Tant-Belle*). Ce courtisan modèle, qui mourut riche d'honneurs et de charges, académicien (1733), censeur royal, lecteur de la Dauphine, secrétaire du duc d'Orléans, avait en quelque sorte rationalisé son comportement dans un *Essai sur les nécessités et les moyens de plaire* (1738), un art qu'il faut, selon lui, cultiver dès l'enfance et dont le degré suprême consiste à « démêler le mérite d'autrui et à lui donner lieu de paraître ».

J.-P. de Beaumarchais

MONLUC Blaise de

Blaise de LASSERAN-MASSENCOME, seigneur de MONLUC

(1502-1577)

Ce soldat des campagnes d'Italie et des guerres de Religion renommé pour sa vaillance, mais aussi pour avoir passé les populations de villes entières au fil de l'épée, eut une ambition littéraire avouée. À l'imitation de César, qu'il se faisait lire au soir des batailles, il laissa des *Commentaires* en sept livres, destinés à transmettre à la postérité « oublieuse » le bel exemple de ses hauts faits. Un demi-siècle de combats et de guerres y est parcouru dans un style dense et pressé, depuis les guerres d'Italie de sa jeunesse jusqu'à la quatrième guerre de Religion, qui fait suite au massacre de la Saint-Barthélemy. Pour être frustes, ces « escriptures » – comme il les appelle – témoignent d'une conscience littéraire évidente, où l'amour-propre d'auteur se complaît dans la glose et le commentaire, la « farcissure » et l'amplification oratoire. Un tel travail du texte, qui s'augmente progressivement de digressions et de considérations techniques ou morales, est à rapprocher, *mutatis mutandis*, de l'infinie réécriture par Montaigne de ses *Essais*.

Une vie de soldat

Né au château de Saint-Puy, près de Condom, Blaise de Lasseran-Massencome, seigneur de Monluc, appartient à la petite noblesse pauvre de Guyenne. N'ayant d'autre perspective que la carrière des armes, il entre tôt au service du duc Antoine de Lorraine. Page, puis archer, il est désormais de toutes les guerres. En Italie, il prend part à la bataille de La Bicoque (1522) et à celle de Pavie (1525), où il est fait prisonnier. Libéré bien qu'il n'ait pu payer rançon, il reprend aussitôt les armes, à Naples, à Marseille, au siège de Perpignan. Commandant l'arquebuserie à Cérisoles (14 avril 1544), il joue un rôle décisif dans la victoire. Lors d'une nouvelle campagne en Piémont, il dirige, en tant que lieutenant du roi, l'héroïque défense de Sienne assiégée par le marquis de Marignan pour Cosme de Médicis (hiver 1554-1555). C'est là son exploit le plus célèbre, qui lui vaudra à son retour en France d'être fait chevalier de l'ordre de Saint-Michel. Galvanisant l'énergie de ses troupes, Monluc ne s'était rendu – avec les honneurs de la guerre – qu'au bout de huit mois de résistance et alors que la population était décimée par la famine. À la cour de Henri II, son « bon maître », où il paraît quelque temps, il choque par sa brusquerie de soudard. Il repart en guerre, en Italie encore, puis en Lorraine, où il prend une part active au siège victorieux de Thionville (1558).

La mort accidentelle de Henri II en 1559, dont Monluc aurait été averti par un songe prémonitoire, marque un tournant décisif dans sa carrière aussi bien que dans les destinées de la France. À la période héroïque des guerres étrangères succèdent les années sordides en Guyenne : dès le début des guerres de Religion, Monluc se forge une solide renommée d'homme de sang, inébranlable défenseur de la cause royale et catholique. Sans jugement et sans préavis, il fait ainsi décapiter sur les marches d'un calvaire, dont la pierre se fend sous le coup, Saint-Mézard, qui avait médit du roi. Les exécutions pour l'exemple se multiplient après les victoires de Targon et de Vergt en 1562, peuplant les arbres de Guyenne de cohortes de pendus. Après l'édit d'Amboise (1563), Monluc fait régner la paix avec la même intransigeance. À la reprise des hostilités en 1567, il n'obtient que des succès limités et ne peut empêcher la victoire de Montgomery en Béarn (1569). Destitué de sa charge au moment où se négocie la paix de Saint-Germain, il est grièvement blessé au visage par une arquebusade lors de la prise de Rabastens (juillet 1570). C'est alors que, défiguré et tombé en disgrâce, il entreprend la dictée de ses *Commentaires,* œuvre de justification autant qu'activité compensatoire.

La plume après l'épée

Écrite d'un seul jet, l'œuvre est achevée en sept mois (novembre 1570 - juin 1571). Elle se présente comme une revue de détail, hâtive et minutieuse à la fois, qui ne néglige aucune circonstance d'une carrière chargée, et qui ne laisse guère de place, en revanche, à la réflexion non plus qu'aux vues d'ensemble. Tout à son amertume, Monluc dresse un état de ses bons et loyaux services, sans que jamais transparaisse le doute ou le remords. Servi par une mémoire fidèle et porté à comptabiliser, il « récite » par le menu les cinq batailles rangées, les dix-sept assauts de forteresses, les onze sièges et les deux cents escarmouches auxquels il lui fut donné de prendre part. Lavé de toute accusation par le duc d'Anjou, qui, devenu roi de France sous le nom de Henri III, le fera maréchal (1574), il va procéder à l'amplification d'une œuvre où les leçons destinées aux capitaines futurs occupent une place accrue. Prenant la pose sous le regard imaginaire des générations à venir, il développe le « beau exemple » de la résistance désespérée de Sienne, donne au souverain des cours de bon gouvernement, conseille la guerre de conquête pour prévenir les troubles civils. Son frère Jean, évêque de Valence, et Florimond de Raemond, conseiller au parlement de Bordeaux et ami de Montaigne – c'est lui qui éditera en 1592 les *Commentaires* –, ont joué un rôle décisif dans cette mise au propre finale d'une chronique drue et brouillonne.

L'honneur tient une place prépondérante parmi les valeurs que défend Monluc. S'il maudit l'invention de l'arquebuse, c'est moins à cause de la perte de son nez et d'une bonne moitié de son visage que parce que cette arme nouvelle, maniée de loin et sans risque, tend à ruiner la morale de la témérité chère à l'ancienne noblesse. Monluc, au demeurant, s'est adapté à la guerre moderne et impure, comme suffiraient à le prouver et les exécutions massives de prisonniers qu'il ordonne à plusieurs reprises et quelques actes de traîtrise délibérés, dont il s'excuse en invoquant la « malice du temps ». À cet égard, il est le témoin exemplaire d'une époque où le pouvoir de décision passe du champ de bataille à la cour princière, échappant de manière définitive à la petite noblesse en armes. D'où la rancœur de Monluc contre les intrigants du Louvre – ces « prêteurs de charités », inspirés, à l'en croire, par l'envie et la médisance, et qui, loin des combats, infléchissent à leur gré la politique royale, disposant comme ils l'entendent du destin des hommes de guerre. Monluc et ses pareils, qui s'épuisent dès lors en de sanglantes escarmouches de village à village, n'ont plus, pour conjurer leur néant politique, qu'à multiplier sur leur passage ces inutiles charniers dont les *Commentaires* sont remplis. L'« honneur » et la « réputation » désertent à ce moment le champ de plus en plus restreint d'une action militaire d'autant plus forcenée qu'elle est sans objet, pour se réfugier dans les « escriptures ». Là, par la magie d'une plume que lui prêtent des scribes patentés – car lui-même n'écrit pas couramment –, ces médiocres hauts faits des dernières années vont lui acquérir « une immortelle mémoire ». Monluc rejoint alors sciemment, loin de son siècle et de ses misères, les destinées exemplaires des Caton et des César, des Scipion et des « Scévole ».

F. Lestringant

MONNIER Henry

(1799-1877)

On ne se souvient plus guère aujourd'hui de Henry Monnier : seul demeure le personnage de M. Prudhomme, qui hanta longtemps son créateur et semble l'incarnation la plus réussie du « stupide XIXe siècle » dans sa version bourgeoise. Monnier inventa son personnage, le dessina, prit plaisir à le suivre dans les circonstances de sa vie et à l'observer enfin dans tous ses modèles vivants. Au-delà même de Prudhomme, c'est en effet cette idée de vérité qui guide Monnier dans son exploration de l'espace social : toujours à l'affût des tournures de langage et d'esprit qui caractérisent un type, il réussit à créer un petit monde théâtral où la caricature rejoint une certaine forme d'étude sociologique.

M. Prudhomme et son double

La vérité, c'est d'abord dans sa propre vie que Monnier aura été la chercher, auprès de son père – qui semble comme un prototype de Prudhomme – surnuméraire aux Finances, décoré et commandant dans la Garde nationale. C'est en effet dans un milieu petit-bourgeois, d'origine provinciale, que Monnier est né à Paris. Il grandit dans les bouleversements de l'Empire, avant de faire un stage chez un notaire, puis de devenir surnuméraire au ministère de la Justice, où il trouve à employer ses dons de calligraphe (et de farceur). Là, il recueille les matériaux de ses futures caricatures des bureaucrates. Monnier s'est en effet découvert un talent de dessinateur : il quitte alors son emploi, passe dans l'atelier de Girodet, puis dans celui de Gros, visite l'Angleterre, où il publie ses premières lithographies. À son retour, Monnier est devenu un jeune homme *fashionable* : il est en relation avec les grands noms du jeune romantisme et dessine avec succès des vignettes ainsi que de nombreuses séries lithographiques comme *les Grisettes* (1827), *Esquisses parisiennes* (1827), *Mœurs administratives* (1828) ou *Esquisses morales et philosophiques* (1830). Ce goût pour le croquis, il le transpose dans la littérature lorsqu'il publie en 1830 les *Scènes populaires,* qu'il enrichira avant d'en poursuivre la veine avec *Scènes de la ville et de la campagne* (1841), *les Bourgeois de Paris, scènes comiques* (1854), *la Religion des imbéciles, nouvelles « Scènes populaires »* (1861), *les Bas-Fonds de la société* (1862), *les Deux Gougnottes* (1864), enfin *Paris et la Province* (1866). Monnier possède le sens du dialogue et du théâtre, comme on le voit dans *la Famille improvisée* (1831), pièce écrite en collaboration et dans laquelle il jouera quatre rôles différents. Il se fait donc comédien, épouse une comédienne et part pour des tournées qui ne s'achèveront qu'en 1839 : on le voit alors publier de nouvelles séries lithographiques et collaborer au grand ouvrage des *Français peints par eux-mêmes,* où il donne un article et de nombreux dessins. On retrouvera aussi sa signature dans des illustrations pour son camarade Balzac qui l'a portraituré sous le nom de Bixiou dans *les Employés* (1837). Il essaie ensuite de retrouver ses succès au théâtre, notamment avec *Grandeur et Décadence de M. Joseph Prudhomme* (1852, écrit en collaboration avec Gustave Vaëz, comédie dans laquelle il tient le rôle-titre), puis avec *le Roman chez la portière* (1855). Il publie les *Mémoires de M. Joseph Prudhomme* en 1857. Mais le personnage cesse peu à peu de plaire au fur et à mesure que son auteur, par une ultime mystification, lui ressemble davantage en vieillissant. Pourtant, Monnier rédige toujours des articles humoristiques et poursuit son œuvre de dessinateur et d'aquarelliste, avant de s'éteindre à soixante-dix-huit ans.

La comédie de l'humanité

Le titre d'un livre de Monnier indique bien comment il faut comprendre son art : *Scènes populaires dessinées à la plume.* Écrire, pour lui, c'est d'abord montrer ce qu'il voit et veut reproduire. On comprend dès lors pourquoi les réalistes l'ont regardé comme leur ancêtre. Ce dessinateur, cet acteur aussi, qui fut M. Prudhomme à la scène et aimait à le jouer dans la vie, essaie de s'approcher au plus près du réel, d'être peut-être ce miroir à quoi le comparait Baudelaire ; mais Baudelaire considérait cela comme un reproche et dénonçait ainsi chez Monnier l'incapacité d'atteindre le grand art. Et, en effet, on constate aisément le goût de Monnier pour le détail caractéristique, le mot drôle enregistré. Ses livres se veulent à l'image de la vie : on peut leur prêter toutes les significations. Certes, Prudhomme est d'abord une caricature, une « charge » du bourgeois vaniteux, vide, au faux bon sens, un précurseur de Homais et plus modestement du Fenouillard de Christophe. Il est un cliché vivant, avec son ventre rebondi, sa chemise empesée et surtout son langage, orné de lieux communs, de métaphores ineptes, de lapalissades. Certains de ses mots sont bien connus, tels « Le char de l'État navigue sur un volcan » ou « Ce sabre est le plus beau jour de ma vie », mais d'autres trouvailles prudhommesques, ou du moins proches de sa pensée, méritent d'être retenues : « Ces frelons qui viennent s'engraisser de la sueur des employés », le « couteau de Fualdès avec son manche à Rome et sa pointe dans l'Aveyron », ou encore cette merveille : « Ôtez l'homme de la Société, vous l'isolez ». Monnier crée donc le type du bourgeois ; il en créera d'autres, comme celui de la portière avec son chien : « *Mme Desjardins,* portière, [...] esclave du *premier,* soumise aux volontés du *second,* à son aise avec le *troisième,* mangeant dans la main du *quatrième,* fière et hautaine avec les étages supérieurs [...] ». « *Azor,* carlin de quatorze ans, surchargé d'embonpoint, exhalant après dîner une odeur fétide [...] ». Chaque fois, on retrouve un caractère, noté avec précision dans son comportement et ses paroles, en situation : le bourgeois en visite, le bourgeois en voyage, le bourgeois mystifié.

On peut alors faire de Monnier un pur comique dont le seul talent serait de tourner tout en dérision, de dénicher partout le stéréotype, de montrer le ridicule universel qui nous submerge à chacune de nos actions. Et c'est bien là que réside, en fait, le second sens de cette œuvre : nous ne ririons pas tant si nous ne nous sentions pas, peu ou prou, et tous, des M. Prudhomme en puissance, capables d'émettre des balourdises et des clichés. D'où probablement cette fascination qu'exerce le personnage – et d'abord sur son créateur, à qui il ressemble sur bien des points et qui l'obsédera jusqu'à la fin de sa vie. En effet, les *Mémoires de M. Joseph Prudhomme* sont aussi ceux de Monnier, et l'on retrouve dans les deux cas un même amour du théâtre : Prudhomme, qui se fait auteur puis directeur, aime les acteurs, et cela probablement parce qu'il leur ressemble ; en fait, flottant au vent de ses préjugés, de ses illusions, de ses phrases creuses, il n'est qu'une bulle. On serait tenté de dire qu'il n'a pas de personnalité, si l'on ne s'apercevait bientôt que Monnier est présent derrière ce masque, qu'il l'utilise à des fins perverses, que son personnage, expert en écriture, est peut-être une image de l'écrivain.

Faut-il en rire ?

Toujours est-il que Prudhomme devient équivoque : on ne sait plus si les jugements qu'il émet sont ou non pris à son compte par l'auteur, et sa bêtise, loin d'être toujours simple, prend, au second degré, le caractère d'une lucidité extrême. De même, c'est son « héros » que Monnier chargera de rapporter les conversations d'atelier, de bureau ou de théâtre, de nous prévenir aussi de leur côté plaisant : « J'ai toujours entendu les mêmes conversations entre mes collègues ; j'ai fini par les retenir, et je crois que je pourrais les stéréotyper d'un bout à l'autre ». La Prudhommie se peuple alors de personnages aussi vrais et burlesques à la fois que MM. Bonnet, Fardeau et Pedurand, que John Brioch, Krakersdorf et Malvina de La Jollifière. Mais une telle énumération pose en même temps toute la question du type et de la caricature : en d'autres termes, où ferons-nous passer la limite entre la restitution réaliste d'un personnage ou d'un milieu, la scène de genre, le croquis typé où l'auteur choisit et accentue quelques traits particuliers, enfin la « charge » pure où il ne reste plus que ces traits, mais poussés jusqu'à la caricature. D'où également notre hésitation : faut-il rire devant telle scène ou seulement admirer la précision avec laquelle l'auteur fait parler un personnage, une fille, un voleur, un paysan ou un enfant, dans sa singularité langagière qui semble, pour Monnier, le définir presque tout entier ?

En fait, Monnier hésite souvent entre la farce et la comédie, entre Plaute et Térence, avec même parfois un détour du côté du drame : par exemple dans l'exécution capitale des *Scènes populaires*, ainsi décrite : « Oh ! est-il grêlé celui-ci, c'est pas un beau. Il veut faire résistance, empoignez-le donc... Oui, va, t'as beau faire ; il a fait la grimace à son prêtre [...]. T'as beau rouler tes yeux, va... jouis d'ton reste, t'as beau faire... Enfoncée... elle n'a pas d'sang... au panier... » Peut-être est-ce là, en fin de compte, le meilleur de son œuvre : un mélange des genres qu'on retrouverait dans ces dialogues doux-amers que Monnier multiplie : entre le grand-père et son affreux Jojo de petit-fils, entre le médecin et un curieux paysan qui aimerait bien se débarrasser de sa femme, entre la garde-malade sadique et son patient désespéré. L'histoire même de Prudhomme racontée dans ses *Mémoires*, si joyeuse, se termine par sa ruine complète, et le gogo pompeux devient d'un coup pitoyable, de même qu'inversement l'accusé de cour d'assises Jean Iroux devient prétexte à rire. On n'a donc pas le droit de considérer Monnier comme un auteur mineur, au registre restreint : il réussit en effet à créer un monde dont la vérité nous amuse en même temps qu'elle nous fait honte. Il nous permet enfin de regarder d'un œil neuf la société qui nous entoure, moins éloignée peut-être de Monnier et de son époque que nous ne pourrions le penser.

A. Preiss

Montaigne

MONTAIGNE Michel de

Michel EYQUEM, seigneur de MONTAIGNE *(1533-1592)*

Michel Eyquem est de noblesse récente : les terres et le château de Montaigne ont été achetés par son bisaïeul. Il sera le premier à se faire appeler de Montaigne, effaçant par là les origines commerçantes de sa famille paternelle. C'est un homme à peine sorti du commun – mais conscient de sa valeur personnelle – qui fera part, dans les *Essais*, de ses pensées et de ses actions.

Vivre une modeste fortune

La vie de Montaigne est signifiée par les lieux qu'il fréquente : Bordeaux, décor d'une scolarité mal vécue et siège de la magistrature dont il fera partie jusqu'en 1585 ; Paris, pour sa vie politique qui, si elle a pu être ambitieuse sous les règnes de Henri II et de Charles IX, deviendra une entreprise de négociations pendant toute la durée des guerres de Religion (transactions entre les différents partis, présence à la Cour au moment fort des troubles de Guyenne) ; le château de Montaigne, à partir de sa « retraite » (1571), non pas retraite politique, mais bien philosophique ; enfin, un itinéraire de voyages (1580-1581) qui aura le double but de le soulager de la maladie et de lui faire pratiquer l'« entregent ». Malgré des périodes plus sédentaires, consacrées à la lecture et à l'écriture, Montaigne est un homme qui bouge.

On peut remarquer que la vie littéraire de Montaigne commence à la mort de son père (1569). Celui-ci avait, en quelque sorte, guidé ses premiers pas : le forçant à n'apprendre que le latin, sous le préceptorat d'Horstanus ; l'emmenant avec lui lorsqu'il se rendait à la Cour ou voyageait ailleurs ; résignant en faveur de son fils sa charge de conseiller à la Cour des Aides de Périgueux ; et surtout lui demandant la traduction de la *Théologie naturelle* de Raymond Sebond. Montaigne l'a suivi de bonne grâce, semble-t-il, mais avec le regret de ne pas avoir vraiment continué l'œuvre paternelle : l'embellissement du château et la consignation des événe-

ments familiaux dans les Éphémérides (voir les *Éphémérides de Beuther*, laconiquement annotées par Montaigne).
L'amitié et la mort de La Boétie (1563) furent des événements décisifs dans les années qui suivirent : La Boétie était, selon les *Essais*, une figure exceptionnelle et exemplaire, ce que Montaigne avoue ne pouvoir être. C'était un écrivain à peine publié encore, et un praticien de la noblesse d'âme. Montaigne reconnaîtra cette qualité de mœurs et d'esprit dont il ne reparlera qu'à propos d'une femme, sa « fille d'alliance », Mlle de Gournay. Mais il ne commencera à la fréquenter qu'en 1588, après qu'elle lui aura fait part de son admiration pour les *Essais*. Entre ces deux dates, Montaigne vit apparemment seul ; son mariage et sa paternité semblent traverser sa vie sans la marquer. Ces vingt-cinq années seront remplies par une activité littéraire et politique intense, et les *Essais* assureront rapidement un « nom » au seigneur de Montaigne.

MARIE DE GOURNAY

Femme de lettres. Noble mais sans fortune, Marie Le Jars de Gournay (1566-1645) fut une autodidacte. Enthousiasmée par la lecture des Essais, *elle accueillit Montaigne (1588), s'attacha à lui et se posa comme sa « fille spirituelle ». Elle se fit son éditrice et veilla sur la destinée de son œuvre.*
Elle publia également des poésies, ainsi que des traités sur des sujets de morale, de langue et de poétique. Son principal ouvrage, l'Ombre de la demoiselle de Gournay *(1626), est un recueil de souvenirs et de réflexions centré sur des questions littéraires. Elle s'y montre hostile à Malherbe et, surtout, à ceux de ses disciples qui abusaient des contraintes et des codifications poétiques. Mais elle n'est pas pour autant favorable à l'emphase et condamne « ceux qui recherchent l'enflure et la pompe des mots ».*
Elle réunissait chez elle des écrivains comme Colletet, Marolles, les frères Habert ; elle était liée d'amitié avec Racan et Boisrobert et admirait Guez de Balzac. Elle exerça une influence certaine sur la vie littéraire de son temps – et son rôle, comme maillon entre Montaigne et les auteurs du XVIIe siècle, ne doit pas être négligé. Mais ses prises de position critiques, aussi bien que son personnage de vieille fille pauvre (Richelieu lui fit verser une petite pension), érudite et enthousiaste, attirèrent sur elle l'animosité et les railleries des mondains : d'où un flot d'anecdotes qui forment le plus clair de ce que l'histoire a longtemps retenu à son sujet.

A. Viala

Nulle contradiction entre ce que les *Essais* nous disent sur la vie de Montaigne et ce que nous en connaissons par ailleurs. Il est vrai que Montaigne servit la monarchie avec loyauté et sans esprit partisan. Il est également vrai qu'il n'a pas pris de risques inutiles, limitant par là sa « gloire », mais agissant davantage selon lui-même.
En tout point, si l'on regarde les actes de sa vie, Montaigne a sauvé les apparences d'un gentilhomme né catholique et instruit par les Humanistes. Cependant, les *Essais* indiquent, entre l'extériorité de la vie publique et la réalité du moi, un fossé qui s'agrandit avec les années. La conscience de la médiocrité de la vie, et de la sienne en particulier, se fera de plus en plus aiguë.

VIE		ŒUVRE
1528	**Janv. :** mariage, au retour des guerres d'Italie, de Pierre Eyquem et d'Antoinette de Louppes.	
1530	Pierre Eyquem est nommé prévôt de Bordeaux.	
1532	**Automne :** Rabelais publie *Pantagruel*.	
1533	**28 févr. :** naissance, au château de Montaigne, de Michel Eyquem. Il est envoyé en nourrice dans un village voisin.	
1534	Naissance de Thomas, frère de Michel.	
1535	Rabelais publie *Gargantua*. Naissance de Pierre (de La Brousse), frère de Michel.	
1535-1539	Michel est confié à Horstanus, médecin allemand, qui lui apprend le latin comme une langue vivante.	
1536	**Mars :** Calvin publie à Bâle l'*Institution de la religion chrétienne*. Le père de Michel devient sous-maire de Bordeaux.	

VIE		ŒUVRE	
1539-1546 (?)	Michel étudie au collège de Guyenne, à Bordeaux, avec Buchanan et Vinet (?).		
1542	**Fondation, à Rome, de la congrégation de l'Inquisition.**		
1543	Copernic publie son *De revolutionibus orbium coelestium.*	**1543**	Voir les *Essais*, II, XII.
1545	**Début du concile de Trente.** Le Parlement, avec l'autorisation de François Ier, fait raser des villages de Savoie qui continuent à propager l'hérésie vaudoise. Des théologiens sont brûlés pour avoir refusé de signer des « articles de foi ».		
1546	Michel-Ange est chargé de la construction de Saint-Pierre de Rome. Étienne Dolet est condamné au bûcher. Montaigne aurait suivi des cours de philosophie à la faculté des arts de Bordeaux sous la direction de Muret (?). Rabelais publie le *Tiers Livre.* Publication du *Discours de la servitude volontaire* de La Boétie.		
1547	**Mort de François Ier. Henri II lui succède.**		
1548	Bordeaux se révolte contre la gabelle. Le roi réprime sans merci. La ville perd ses privilèges juridiques. Établissement, au Parlement de Paris, de la Chambre ardente. Les juges eux-mêmes devront être épurés. Il semble que Pierre Eyquem ait inscrit son fils à l'université de Toulouse, où celui-ci aurait suivi l'enseignement de Turnèbe.	**1548**	Voir II, XVII.
1549	Du Bellay publie la *Deffense et Illustration de la langue françoise.*	**1549**	Voir I, XXV, XXVI, et II, XVII.
1552	Rabelais publie le *Quart Livre,* et Ronsard *les Amours.* Naissance de Léonor, sœur de Montaigne. Bartolomé de Las Casas publie la *Très Brève Relation de la destruction des Indes.*		
1553	Mort de Rabelais. Exécution de Michel Servet, condamné par le Grand Conseil de Genève à être brûlé, pour avoir nié la Trinité.		
1554	Naissance de Marie, sœur de Montaigne. Michel nommé conseiller à la Cour des aides de Périgueux. La Boétie est alors conseiller au Parlement de Bordeaux. Pierre Eyquem est élu maire de cette ville et embellit le château de Montaigne. Il se rend à Paris (sans doute avec Michel) pour plaider la cause de sa ville. Ils voient Henri II.		
1556	Naissance de Jeanne de Lestonnac, nièce de Michel (canonisée en 1949).		
1557	Après la suppression de la Cour des aides de Périgueux, Montaigne entre au Parlement de Bordeaux.		
1558	Montaigne se lie d'amitié avec Étienne de La Boétie. Cette amitié durera jusqu'à la mort de ce dernier.	**1558**	Voir I, VIII.
1559	Henri II fait condamner au bûcher des magistrats qui ont protesté contre l'intolérance catholique. Répression générale jusqu'en 1562 (édit de tolérance). **Juill. : mort d'Henri II.** Michel aurait assisté au tournoi meurtrier (?). Il séjourne à la Cour, va à Paris, à Bar-le-Duc (près de François II). Traduction des *Vies* de Plutarque, par Amyot.		

Année	VIE	ŒUVRE
1560	Naissance de Bertrand, frère de Montaigne. **Échec de la conjuration d'Amboise.** **Mort de François II.**	
1560-1561	Séjour de Michel à Paris : mission relative aux troubles religieux en Guyenne. Il suit le siège de Rouen. Il rencontre dans cette ville trois sauvages venus du Brésil.	Voir I, XXIV. Voir I, XXXI, et III, VI.
1562	**Mars :** massacre de Wassy par les catholiques. Les *Discours* de Ronsard. **Juin :** Michel prête serment d'allégeance à la foi catholique devant le Parlement de Paris.	
1563	**Assassinat du duc de Guise.** **Août :** mort de La Boétie.	Voir la « Lettre à son père ».
1564		Lecture et annotation des *Annales* de Nicole Gilles (?).
1565	Visite de Charles IX en Guyenne. **Sept. :** mariage de Montaigne avec Françoise de La Chassaigne, fille d'un parlementaire bordelais.	
1568	Mort de Pierre Eyquem. Michel hérite du nom et des terres.	
1569		Publication, à Paris, de la *Théologie naturelle* de Raymond Sebond, traduite par Montaigne à la demande de son père. À Paris, publication de quelques œuvres de La Boétie (poésies latines, traductions, poésies françaises), que Montaigne dédicace.
1570	**Paix de Saint-Germain.** Montaigne cède sa charge au Parlement de Bordeaux, au profit de Florimond de Raemond. Naissance et mort de la première fille de Montaigne, Toinette.	
1571	Montaigne se retire dans cette « habitation des douces retraites de ses ancêtres ». **Oct. :** il reçoit le collier de l'ordre de Saint-Michel. Naissance de Léonor, seule fille de Montaigne qui survivra.	Début de la rédaction des *Essais :* la plus grande partie du livre I. Lecture (entre autres) de compilateurs, de Sénèque, des *Mémoires* des frères Du Bellay, des *Annales d'Aquitaine* de Jean Bouchet, de l'*Histoire d'Italie* de Guichardin, des *Joyeuses Récréations* de Des Périers, de l'*Apologie pour Hérodote* de Henri Estienne, des *Épîtres dorées* de Guevara, de Diodore de Sicile traduit par Amyot, et de Plutarque.
1572	**Août : massacre de la Saint-Barthélemy.**	
1573	Organisation de la résistance protestante dans le Midi. Naissance et mort d'Anne, troisième fille de Montaigne. Montaigne va rejoindre l'armée catholique en Poitou.	
1574	**Mort de Charles IX. Henri III lui succède.** **Mai :** Montaigne prononce un discours devant le Parlement de Bordeaux. Publication, dans un pamphlet calviniste, sans nom d'auteur, du *Discours de la servitude volontaire* de La Boétie. Naissance et mort de la quatrième fille de Montaigne.	Lecture des *Hypotyposes* de Sextus Empiricus.
1574-1575	Séjour de Montaigne à Paris (selon de Thou).	
1575	**Paix de Monsieur.** Liberté de culte pour les protestants. Constitution de la Ligue, menée par Henri de Guise, dit le Balafré. **Févr. :** Montaigne fait frapper une médaille, avec la devise (en grec) « Je suspends mon jugement » et l'image d'une balance aux deux plateaux équilibrés.	Montaigne commence à travailler à l'« Apologie de Raymond Sebond ».

	VIE		ŒUVRE
1577	Naissance et mort de la cinquième fille de Montaigne. Montaigne devient gentilhomme de la chambre du roi de Navarre.		
1578	Premières atteintes de la maladie de la pierre dont il souffrira jusqu'à sa mort.		
		1579	Fin de la rédaction du livre I. Composition du livre II. Lecture et annotations d'œuvres de César, de Tacite, d'Amien Marcellin, de Jean Bodin (*République*), d'Innocent Gentillet (*Discours sur les moyens de bien gouverner*), de Laurent Joubert (*Erreurs populaires*).
1580	Départ de Montaigne pour l'Italie. À Paris, il présente les *Essais* à Henri III, qui dit les apprécier. **Août :** il assiste au siège de La Fère : M. de Gramont, son ami, y est tué. **Sept. :** départ pour Plombières ; Montaigne y prend les eaux pendant huit jours. Commence un long voyage au cours duquel il visitera Mulhouse, Bade, Augsbourg, Munich, Vérone, Vicence, Padoue, Venise, Ferrare, Bologne, Florence, Sienne. **Nov. :** Rome. Il soumet les *Essais* à la censure : on lui fait quelques remarques de détail.	**1580**	Première édition des *Essais* à Bordeaux (2 vol., chez S. Millanges) : *texte A.* **Mars :** « Avis au lecteur », placé en tête de cette édition. Lecture de Sénèque (*Lettres à Lucilius*), de Plutarque, d'Horace, de Lucrèce, d'Ovide, de Virgile, de Martial. Montaigne dicte à son secrétaire (?) son journal de voyage qu'il ne fera jamais publier (aucune mention n'en est faite dans les *Essais*).
1581	**Mars :** le titre de citoyen romain lui est conféré. **Avr. :** fin du premier séjour à Rome. Pèlerinage à Lorette, puis visite de la Toscane. **7 sept. :** à Lucques, il apprend qu'il a été élu maire de Bordeaux en août, pour deux ans. **Fin sept. :** Rome (deux semaines). **30 nov. :** retour à Montaigne. Henri III doit insister, par lettre, pour que Montaigne accepte sa charge.	**1581**	Deuxième édition de la *Théologie naturelle* (version corrigée).
		1582	Deuxième édition des deux premiers livres des *Essais* (Bordeaux, in-8°). Quelques additions, concernant l'expérience du voyage et les lectures italiennes : le Tasse, Guazzo, Varchi. Voir les lettres au maréchal de Matignon.
1583	**Août :** réélection de Montaigne à la mairie de Bordeaux, pour deux ans. Des négociations s'engagent, par son truchement, entre le roi de France et Henri de Navarre. Naissance et mort de Marie, dernière fille de Montaigne.		
1584	**Mort du duc d'Anjou. Henri de Navarre est héritier du trône.** **Déc. :** Henri de Navarre passe deux jours au château de Montaigne. Une chasse est donnée en son honneur.		
1585	Poursuite de négociations difficiles. Bordeaux échappe aux Ligueurs. Montaigne arrange une rencontre entre Matignon et le roi de Navarre. Matignon devient maire de Bordeaux. La région est ravagée par la peste. Montaigne est obligé de quitter son château.		
		1586	**Févr. :** lecture de l'*Histoire des princes de Pologne,* de Herburt de Fulstin. Lecture des *Mémoires* d'Olivier de La Marche.
		1586-1587	Rédaction de nombreuses additions, et composition des treize essais du livre III.
1587	**Oct. :** Henri de Navarre gagne la bataille de Coutras. Il dîne au château de Montaigne.	**1587**	**Juill. :** lecture de Quinte-Curce. Troisième édition des *Essais,* à Paris, conforme à celle de 1582.

VIE	
1588	Montaigne se rend à Paris pour faire imprimer sa nouvelle édition. Il est dévalisé par des gentilshommes masqués. Puis on lui rend ses affaires, dont le dernier manuscrit des *Essais.* **12 mai : journée des Barricades.** Montaigne est embastillé par les Ligueurs, puis libéré sur l'intervention de la reine-mère et du duc de Guise. **Juill.-août :** début des relations avec Mlle de Gournay, chez laquelle il effectuera plusieurs séjours. À diverses reprises, il rejoint la Cour à Paris. **Oct.-nov. :** Montaigne fait la connaissance de De Thou et de Pasquier aux états généraux de Blois. **Déc. : assassinat, à Blois, du Balafré.**
1589	**Siège de Paris, par Henri III et Henri de Navarre. Août : assassinat d'Henri III par Jacques Clément.**
1590	Mariage de Léonor de Montaigne avec François de La Tour.
1591	Naissance de Françoise de La Tour, petite-fille de Montaigne.
1592	**13 sept. :** Montaigne meurt au moment de l'élévation, au cours d'une messe dite dans sa chapelle. Il est enterré à l'église des Feuillants, à Bordeaux.

ŒUVRE	
1588	À cette époque, Montaigne a approfondi la lecture de Catulle, de Juvénal, de Lucain, de Lucrèce, d'Ovide, de Perse, de Properce, de Térence ; il a lu l'*Histoire des conquêtes* de Fernand Cortez, l'*Histoire générale des Indes* de López de Gomara et *la Démonomanie des sorciers* de Jean Bodin. **Juin :** quatrième édition des *Essais* (appelée cinquième) comprenant l'original du livre III et de nombreuses additions aux deux premiers : *texte B.*
1588-1592	Lecture de Cicéron, de Diogène Laërce, de Juste-Lipse, de Sénèque, de saint Augustin, commenté par Vivès ; d'historiens anciens : Diodore de Sicile, Hérodote, Tacite, Tite-Live, Xénophon ; d'historiens modernes : Chalcocondyle, Du Haillan, de Franchi, Paul Jove, Gonzalès de Mendoza, Osorio et Castaneda, Postel. Rédaction d'un millier d'additions nouvelles.
1590	**Janv. et sept. :** lettres au roi Henri IV, manifestant son loyalisme et sa franchise.
1592	À sa mort, Montaigne laisse un exemplaire manuscrit des *Essais* destiné à une cinquième édition et comportant de nombreuses additions marginales. C'est l'**« exemplaire de Bordeaux »** : *texte C.*
1595	Publication à Paris, chez Langelier, de l'édition posthume des *Essais,* d'après une copie de l'exemplaire manuscrit laissé par Montaigne. Édition réalisée par Mlle de Gournay et Pierre de Brach.
1613	Traduction anglaise par Florio.
1774	Publication du *Journal de voyage* en Italie, par Meusnier de Querlon, d'après le manuscrit retrouvé par l'abbé Prunis au château de Montaigne.

Essais

Loin de se présenter comme un livre lisse, achevé, aux liaisons soignées, les *Essais* ont une structure et induisent une lecture qui correspond à leur titre : montage spécifique de réflexions rédigées à diverses époques, commentées à d'autres, et qui force le lecteur à pratiquer une lecture non linéaire.

Lire en spirale

Difficulté d'abord provoquée par ce qu'on appelle les trois « strates » du texte, c'est-à-dire la couche A (édition 1580, livres I et II), la couche B (édition 1588, livres I, II et III) et la couche C (annotations portées sur l'« exemplaire de Bordeaux » après 1588). La diachronie du texte s'impose, même si une lecture cursive (ou globale) tend à effacer les différentes époques de la rédaction. Encore faut-il distinguer celles-ci des moments clés que sont les dates d'édition, importantes, certes, mais qui ne rendent pas compte du travail effectué durant des années par Montaigne sur son texte.

Une des premières exigences des *Essais* (I, VIII, « De l'oisiveté ») est celle de la liberté de l'écriture (et des réécritures) : Montaigne « met en rolle » ses « chimeres et monstres fantasques ». Les premiers chapitres offrent l'aspect d'une compilation, d'un florilège d'exemples comme on en trouve dans les « leçons » de l'époque. Cet aspect diminue à mesure que l'on pénètre dans le texte – et donc aussi selon l'évolution personnelle de Montaigne – sans jamais disparaître tout à fait. L'intervention de l'auteur se fait plus sensible, plus raffinée, plus subtile : il n'empêche qu'elle a souvent pour point de départ un élément étranger.

Montaigne revendique le droit de ne pas produire une œuvre : « Je peins principalement mes cogitations, subject informe, qui ne peut tomber en production ouvragere » (II, XII). Son texte ne prétend pas à la profondeur ni à la hauteur, mais à l'humanité, au ras des possibilités de l'homme, quelles que soient ses aspirations à la divinité. À une telle modestie idéologique (ce n'est pas pour rien que le texte s'intitule « essais ») correspond une modestie littéraire dont la forme reste très spécifique : on a souvent tenté de l'ordonner (Pierre Charron), mais sans succès ; on peut toujours aboutir à une réduction ou à une expurgation des *Essais*, jamais à une lecture totale.

Il faut donc renoncer à « lire totalement » Montaigne, c'est-à-dire à vouloir rendre compte d'un texte qui s'avoue lui-même comme un montage. La structure synchronique telle qu'elle s'organise au cours des pages tournées est, selon l'expression de Montaigne, une « marqueterie mal jointe » : des jonctions syntaxiques floues, des liaisons-chevilles qui renforcent l'idée d'une association plus que d'un raisonnement organisé à partir d'un plan. Refaire le plan des *Essais* serait une gageure. La critique s'est limitée, la plupart du temps, à étudier un chapitre ou un groupe de chapitres et à rendre compte de l'absence de structure dans les *Essais* par des images : architecture non terminée (A. Glauser), guirlande, bastion (M. Butor), spirale (A. Compagnon), cercles concentriques (G. Poulet). Autant de métaphores de l'impuissance à lire un texte qui nous montre ses coutures tout en cachant les indices de sa structure profonde.

Un centre ?

De l'aveu de Montaigne lui-même, les *Essais* auraient dû avoir un centre (I, XXVIII). Les « grotesques » auraient dû entourer le tableau principal d'un opuscule de La Boétie. Mais plusieurs années ont passé entre cette intention et la première édition : plusieurs années au cours desquelles s'est probablement élaborée l'« Apologie de Raymond Sebond » ; années pendant lesquelles l'étude du scepticisme s'est approfondie, et pendant lesquelles l'auteur du *Discours de la servitude volontaire* a disparu au profit de l'ami. Un centre promis, mais non tenu.

Avec l'édition de 1580, l'« Apologie » apparaît comme un monument, ordonné en principe sur un sujet précis, la théologie de Sebond, et où Montaigne décide de parler à la place de l'auteur. L'œuvre apparaît désormais comme un labyrinthe (Butor) : on a apparemment une entrée et une sortie, un début et une fin, mais les thèmes reviennent et s'entrecroisent. De plus, ils ne sont pas spécifiques à ce chapitre : bon nombre d'entre eux sont annoncés ou développés ailleurs. L'« Apologie » ne paraît centrale que par la masse imposante de ses pages.

La rédaction des *Essais* conduit Montaigne, qu'il le veuille ou non, à des décentrements successifs, comme si, une fois le sujet abordé, c'était l'écriture qui comptait avant tout, et non plus un contenu forcé. L'absence de mémoire alléguée par Montaigne est un singulier prétexte : elle justifie la relecture permanente de l'œuvre et en même temps des additions nécessaires, puisqu'une certaine durée s'est écoulée et que le sujet écrivant n'est plus exactement le même. Elle justifie ce qu'on appelle le désordre du livre ; le lecteur, mémorisant d'une autre façon, lit le texte à la suite, sans distinguer un à un les méandres d'une pensée qui, malgré nous, nous échappe.

Seule l'écriture est là pour pallier une mémoire presque volontairement défaillante : « Et suis si excellent en l'oubliance que mes escrits mesmes et compositions, je ne les oublie pas moins que le reste » (II, XVII, « De la praesumption »). Montaigne se relit donc, sans se dédire. Les additions insérées dans les chapitres déjà écrits sont nombreuses, les rajouts et les allongements par de nouveaux chapitres constituent la majeure partie du livre III ; en revanche, les corrections sont rares, et les contradictions ne sont pas niables.

C'est pourquoi Montaigne dit avoir fait de son livre un enfant monstrueux (II, XVIII, « Du démentir ») : une production qui fait s'enchevêtrer des thèmes et des idées à divers degrés générateurs. L'agencement ne se fait pas selon un ordre secret – que divers critiques ont évoqué sans qu'il s'agisse d'autre chose que de l'ordre qu'ils auraient aimé y trouver (M. Baraz, A. Glauser, O. Naudeau) –, mais selon une notion sur laquelle Montaigne revient souvent, parce qu'elle permet à l'écriture personnelle de se développer librement, le hasard : « Que sont-ce icy, à la verité, que crotesques et corps monstrueux, rappiecez de divers membres, sans certaine figure, n'ayants ordre, suite, ny proportion que fortuite ? » (I, XXVIII, « De l'amitié »).

L'abandon et la négation du principe d'unité extérieure du livre seront les principaux obstacles aux lectures postérieures des *Essais*. La critique essaiera d'y remédier en replaçant le texte dans la perspective d'une unité interne et subjective, qui renvoie, bien sûr, à la propre subjectivité du lecteur.

La dislocation

Plusieurs éléments propres à la technique de l'écriture viennent appuyer l'idée d'un texte guidé par le hasard du lecteur Montaigne. En premier lieu, Montaigne est lecteur d'autres livres. Il commence par là. Il est conduit à pratiquer l'exemple, souvent une narration effectuée de mémoire, c'est-à-dire avec un gros risque d'erreur (I, XXI), et à rechercher une vérité d'emprunt, puisqu'il trahit – il le reconnaît lui-même – ses propres sources. Les citations, d'emblée, paraissent plus vraies, plus authentiques. Elles sont légion : « Quelqu'un pourroit dire de moy que j'ay seulement faict icy un amas de fleurs estrangeres, n'y ayant fourny du mien que le filet à les lier » (III, XII, « De la phisionomie »). Elles sont avouées ou cachées, car les emprunts de Montaigne aux Anciens ou aux textes sacrés ne sont pas toujours signalés par une typographie ou une disposition particulières. L'étude des sources montaigniennes est donc particulièrement féconde mais pas toujours essentielle. Car le « filet » a sans doute plus de portée que l'emprunt lui-même, très souvent distordu de son sens premier par l'extraction du contexte. Cela est particulièrement vrai pour les références à Platon, à saint Augustin ou à l'« Ecclésiaste », en des textes utilisés par Montaigne dans le sens qui lui convenait. La citation est donc à distinguer radicalement de l'influence exercée par l'auteur cité.

Montaigne ne se contente pas de troubler le sens du texte des autres : il se transforme lui-même, dans les additions nombreuses des strates « B » et « C ». Il est extrêmement délicat de déterminer avec précision la portée de chacune des additions par rapport au texte original (mais peut-on parler de texte original quand c'est l'auteur qui se surajoute à lui-même ?). Le plus souvent, le lecteur parcourt un chapitre d'un seul tenant : s'il revient sur les étapes A, B et C en essayant de les distinguer, il effectue une lecture érudite qui ne tient plus compte de l'effet global, sauf par un effort de recomposition *a posteriori*. Il semble donc que, contrairement à la citation et à l'emprunt délibérément livrés comme tels, l'addition fasse partie du texte sans être un supplément. Différencier les couches, à la lecture, est un projet aussi irréalisable que de retrouver le fil de la pensée de Montaigne entre 1571 et 1592, avec toutes les interactions biographiques possibles. Une telle entreprise de totalitarisation du texte s'inscrirait en faux par rapport à ce que Montaigne dit lui-même de son livre. Il décourage toute tentative de ce genre, parce qu'il mêle constamment l'exemple ou la citation d'autrui avec sa propre expérience. La liaison entre la lecture des autres, la lecture de soi et la pratique de soi est si intime qu'il est vain de vouloir les démarquer. Le fil secret existe, comme il en existe dans tout phénomène d'association d'idées. Ce que l'on accepte de l'écriture surréaliste, on devrait pouvoir l'accepter de Montaigne. Les titres qui ne concordent pas avec la matière relèvent du même processus. On a souvent glosé le plus étrange d'entre eux, « Des coches » (III, VI) : il témoigne de la fuite de l'auteur devant un principe qui apparaîtra essentiel au siècle suivant, embrasser un maximum d'idées sous un minimum de mots adéquats à celles-ci. Montaigne, au contraire, « choisit » une partie des sujets traités, décalant volontairement le rapport du mot au thème abordé.

L'expérience de l'Antiquité

Les Anciens ont fourni à Montaigne ce qu'ils ont apporté aux autres auteurs du XVIe siècle : la matière principale des citations, des emprunts et des notes de lecture. Mais Montaigne prend ses distances vis-à-vis d'eux au cours de la rédaction des *Essais* : il lui paraît urgent de se dire en se servant des autres. Le développement de l'analyse personnelle va de pair avec l'examen des exemples et du discours antiques. Ainsi, Plutarque, abondamment exploité, fournit à Montaigne bon nombre d'histoires extraordinaires : mais ce ne sont que des histoires, c'est-à-dire une matière malléable, susceptible d'être insérée dans un autre discours. Montaigne aurait emprunté au même Plutarque les images héraclitéennes sur le mobilisme universel ; mais il faut dire que le disciple a largement détourné le maître, et que le mobilisme est devenu diversité. L'Histoire n'est pas pour Montaigne une réalité intangible, mais du discours, puisqu'elle est précisément sujette à la variabilité temporelle. Montaigne prend ses exemples aussi bien dans la vie pratique que dans les histoires fabuleuses, parce que la différence entre l'expérience et la lecture n'est pas évidente. Notre expérience est aussi un discours sur les choses.

De même, l'Antiquité n'est pas un âge d'or plus ou moins utopique ; Montaigne a senti l'exagération mythique qui gonflait, à l'époque, le prestige des auteurs anciens. Ce que d'autres évoquaient comme un âge proche de la divine nature, il le range dans le domaine de la fiction. La figure antique qui matérialise ses désirs est, de façon caractéristique, celle de Socrate ; celui qui n'écrit pas, celui qu'on a raconté.

La dislocation du texte, légèrement atténuée par Montaigne lorsqu'il prépare ses éditions, laisse apparaître la diversité des matériaux utilisés, en même temps qu'elle met en relief la seule unité vivante possible, celle de l'individu Montaigne, lecteur des autres et de lui-même. Elle nous garde de l'illusion d'un sens absolu (J.-Y. Pouilloux).

De la nudité et de la parure

De part en part, l'idée d'une peinture sincère et complète de soi traverse les *Essais*. Elle s'affirme avec le temps : « Je m'estalle entier : c'est un *skeletos* où, d'une veüe, les veines, les muscles, les tendons paroissent, chaque piece en son siege [...]. Ce sont mes gestes que j'escris, c'est moy, c'est mon essence » (II, VI, « De l'exercitation ») ; et, en III, XIII : « Je m'estudie plus qu'autre subject. C'est ma metaphisique, c'est ma phisique » (« De l'experience »). Nudité de sa nature individuelle et humaine, et non peinture d'une humaine condition considérée comme un modèle. Le style s'en ressent, par une nonchalance que l'auteur veut proche de la parole, plus spontanée que l'écriture. Montaigne se tient à une distance respectable de toute fureur poétique, même s'il songe à une prose « à sauts et à gambades ». Le genre des *Essais* tient de la lettre et du dialogue, beaucoup plus que d'une esthétique baroque qui viserait, par-delà la multiplicité des images, à une unité de sens.

Les images de Montaigne, et particulièrement les métaphores, ne peuvent se distinguer du discours lui-même. En admettant que beaucoup d'entre elles soient empruntées, elles sont partie intégrante du développement de l'essai et ne sont jamais là pour représenter à titre d'ornement un univers idéal, préexistant à l'image qui l'exprime. Les images ne sont pas seulement la matérialisation du texte, son insertion poétique dans le concret, elles définissent à elles seules la nature des *Essais*, matérielle et corporelle. Dire de la mort : « C'est une viande, à la vérité, qu'il faut engloutir sans mascher, qui n'a le gosier ferré à glace » (II, XIII) n'est pas seulement insérer une image digestive dans un discours traditionnel sur le sujet. Montaigne s'engage plus dans ses métaphores que dans des développements théoriques qui renverraient au lieu commun. Lire les *Essais* à la lumière de leurs métaphores conduit à se faire une idée différente des philosophies diverses pratiquées par leur auteur et à remettre en cause les distinctions classiques : scepticisme, stoïcisme, épicurisme ou pragmatisme. Un livre qui se définit comme excrémentiel (« ce sont icy [...] des excremens d'un vieil esprit, dur tantost, tantost lasche, et tousjours indigeste » [III, IX]) ne peut pas être un livre de philosophie systématique, même étalée dans le temps. Il tient compte de la variabilité de l'auteur : il faut admettre les contradictions et les antithèses sans chercher à les réduire. L'acte d'écrire est comme un geste corporel, ce qui rend caduc le problème de la référence.

Or, la prééminence de la métaphore – et particulièrement de la métaphore concrète et matérielle – introduit des rapports entre l'auteur et la rhétorique. Montaigne s'insurge contre la littérature ornementale, « vaine monnoie », comme chez Cicéron. Tout ce qui relève d'une rhétorique artificielle, tant au point de vue de la syntaxe qu'à celui des figures de pensée, est rejeté, car on y masque les choses substantielles. Le style des phrases de Montaigne est périodique ; cependant, il est constamment disjoint par les insertions qui viennent à l'esprit de l'auteur sur le moment ou plus tard. Montaigne ne cessera de dénoncer ce qu'il doit aux écoles du temps : « J'ay naturellement un stile comique et privé, mais c'est d'une forme mienne, inepte [inapte] aux negotiations publiques, comme en toutes façons est mon langage : trop serré, desordonné, coupé, en particulier ; et ne m'entens pas en lettres ceremonieuses qui n'ont autre substance que d'une belle enfileure de paroles courtoises » (I, XL, B).

Le sujet seul, Montaigne, justifie l'utilisation de la rhétorique quand elle n'est plus son propre objet. Elle aide le moi à se constituer comme tel. La seule unité de style et de structure, c'est le moi. « Comme à faire, à dire aussi je suy tout simplement ma forme naturelle : d'où c'est à l'adventure que je puis plus à parler qu'à escrire » (II, XVII). La nature n'est évidemment pas un modèle abstrait et extérieur, c'est ce que le moi produit de lui-même et sans effort, en incluant ce qu'on lui a appris, puisque cet apprentissage a été « digéré ». « Encore se faut-il testoner, encore se faut-il ordonner et renger pour sortir en place. Or je me pare sans cesse, car je me descris sans cesse » (I, VI) : la nudité absolue n'est pas possible, car le livre est destiné à la publication. Les *Essais* ne sont pas un journal intime venu par hasard, ou par l'insistance d'amis, dans l'atelier d'un imprimeur. Montaigne sait que les lois de la communication écrite existent, et que son livre doit rester lisible. Mais cet habillement minimal est loin de la recherche délibérée de la grandiloquence et des effets sans matière. S'il y a éloquence chez Montaigne, elle reste mesurée et ne relève jamais de la « grande » éloquence.

Une telle affirmation de la nature linguistique propre au sujet fait de Montaigne un des auteurs les moins cratyliens du siècle : pas de distinction entre le mot et son essence, puisque l'essence est donnée par le sujet qui parle. Celui-ci ne cesse de penser ensemble conception de l'idée et enfantement du discours.

Profiter

À plusieurs reprises, Montaigne affirme que le livre est « consubstantiel à son auteur » (particulièrement II, XVIII) : le profit de l'œuvre est avant tout celui de l'auteur, avant même que le livre ne soit donné à lire. Ce profit est peut-être d'abord contemplation de soi et de son être en train de se faire. Narcissisme ? Pas vraiment. Montaigne dépasse vite l'instant du regard sur soi ou de l'autoportrait pour prendre conscience de la véritable dimension de son travail : aller vers une sagesse.

À la sagesse s'oppose une notion dangereuse, sur laquelle Montaigne revient comme pour la démystifier ou comme pour se justifier d'avoir été trop loin dans son attachement à lui-même : la gloire. C'est l'idéal qui parcourt beaucoup d'œuvres antiques et contemporaines, et Montaigne avoue qu'il n'y est pas insensible. Les vies des « hommes illustres » ont tellement passionné son époque que Montaigne s'est laissé prendre, dans sa jeunesse, à l'illusion de sa réputation. Il a renoncé à la gloire politique : en revanche, la gloire littéraire reste possible, même et surtout après la mort – ce qui la rend totalement vaine, puisqu'on n'en jouit pas. Montaigne a donc la tentation de prolonger le regard qu'il porte sur son livre par le regard que les autres y jetteront : mais c'est un désir passager. L'exemple de Socrate enseigne à se mépriser au fur et à mesure que l'on se connaît : « Se complaire outre mesure de ce qu'on est, en tomber en amour de soy indiscrete, est, à mon advis, la substance de ce vice [de la présomption] » (II, VI). Sceptique sur sa gloire ultérieure, Montaigne n'est pas moins conscient de l'intérêt de son œuvre.

Quant au lecteur, Montaigne pense à lui en se décrivant lui-même : loin de se proposer en exemple (une « fricassée » peut-elle être exemplaire ?), il songe davantage à la confrontation, par la lecture, entre une nature individuelle et une autre. La lecture des jugements en fait foi : les *Essais* sont moins lus selon des critères d'écoles littéraires variables que selon les heurts ou les attachements que sa pensée provoque, et Montaigne laisse des interlignes pour qu'un lecteur éventuel puisse les remplir de ses propres réflexions et exemples. L'œuvre est donc inachevée, dans son projet comme dans sa réalisation. Elle ne vise pas à constituer un modèle, ni même un réservoir de sentences ou de belles paroles. Quand Montaigne parle de servir à l'instruction publique (II, XVII), il ne le fait pas comme un professeur de sagesse, mais en cherchant à susciter des réactions diverses. Dans celles-ci, il inclut le rejet total, puisqu'il envisage la pire éventualité, que son livre serve à envelopper « un coin de beurre au marché » (II, XVIII). Conception toute moderne d'une œuvre livrée aux lecteurs quels qu'ils soient, y compris les mauvais lecteurs. Le texte écrit, comme la parole, n'appartient pas seulement à celui qui le produit : « La parole est moitié à celuy qui parle, moitié à celuy qui l'escoute » (III, XIII). Le lecteur pourra être insuffisant ou, au contraire, outrepasser les espoirs de l'auteur : « Un suffisant lecteur descouvre souvent ès escrits d'autruy des perfections autres que celles que l'auteur y a mises et apperceües, et y preste des sens et des visages plus riches » (I, XXIV).

Montaigne insiste sur le fait que le langage est le ciment de la société : « C'est le seul util par le moien duquel se communiquent nos volontez et nos pensees, c'est le truchement de nostre ame : s'il nous faut, nous ne nous entreconnoissons plus. S'il nous trompe, il rompt tout nostre commerce et dissoult toutes les liaisons de nostre police »

(II, XVIII). D'un individu à un autre, la situation n'est pas la même. Il est possible d'établir des relations privilégiées entre eux, alors que le langage, comme instrument de communication sociale, peut mettre en péril l'équilibre d'un État. Ici, le péril reste individuel. Voilà pourquoi, peut-être, les *Essais* ont été regardés par Rome comme un ouvrage d'agrément, car on s'y adresse de personne à personne. Le désordre du livre n'implique pas le désordre social.

Différence et diversité

La relativité reconnue de l'œuvre est en étroite corrélation avec la critique la plus fondamentale que Montaigne ait opérée, celle qui fait la substance de l'« Apologie » (II, XII), la critique de la raison.

Malgré les filiations recherchées entre Montaigne et Descartes, il y a peu de rapport entre le doute cartésien, orienté vers l'abolition de ce doute, et la confirmation, de plus en plus nette dans les *Essais,* des défauts de la raison humaine.

Le rationalisme des philosophies médiévales (et Sebond n'y échappait pas) s'appuyait sur la recherche « raisonnée » ou empirique des ressemblances entre les choses. Montaigne prend le contre-pied de cette démarche : ce qu'il y a de plus évident lorsqu'on lit ou lorsqu'on observe, c'est l'extrême différence et disparité qui se manifeste d'un être à un autre, d'un élément naturel à un autre. Le problème posé par Sebond dans sa *Théologie naturelle,* à savoir la possibilité d'appuyer la foi sur la raison, n'intéresse pas Montaigne : la question, pour lui, est du ressort des théologiens. En revanche, il concentre ses développements critiques sur la possibilité pour la raison humaine de s'occuper de l'univers (macrocosmique ou microcosmique) afin de le systématiser ou de lui trouver un ordre. Montaigne met en évidence, par de nombreux exemples, les failles de l'entendement, lequel est susceptible d'erreur autant que les sens. Cette critique de la raison apparaît dès le livre I (chap. XXXII, « Qu'il faut sobrement se mesler des ordonnances divines ») et se continuera dans l'« Apologie » pour se poursuivre jusqu'à « De l'experience » (III, XIII).

L'anthropocentrisme de la *Théologie naturelle* est aussi fermement contesté : Montaigne trouve ses arguments dans l'héraclitéisme (comment la raison humaine resterait-elle ferme et une, alors que l'homme varie sans cesse ?) ; dans le nominalisme de Guillaume d'Ockham (lu à travers Sebond, mais considérablement dépassé : le langage ne possède pas d'universaux, et l'homme ne peut être le centre d'un monde illisible) ; dans des ouvrages comme *De la vanité des sciences* de Henri Cornélius Agrippa ou *De la vicissitude ou Variété des choses en l'univers* de Louis Le Roy. Cependant Montaigne ne termine pas son raisonnement contre la suprématie de l'homme et de la raison par un éloge de la foi. Il conclut que la nature humaine, fondamentalement, est diverse autant qu'elle est faible, et qu'il ne faut pas chercher à aller au-delà de ces deux constatations.

Pas de « folie divine » : le sage ne doit pas outrepasser les limites de son humanité. « Ils veulent se mettre hors d'eux et eschapper à l'homme. C'est folie : au lieu de se transformer en anges, ils se transforment en bestes ; au lieu de se hausser, ils s'abattent » (III, XIII). Même Socrate est, de ce point de vue, contestable : « Rien ne m'est à digerer fascheux en la vie de Socrates que ses ecstases et ses demoneries, rien si humain en Platon que ce pourquoy ils disent qu'on l'appelle divin » (III, XIII). L'expérience, qui est la connaissance et la pratique de la diversité, est aussi la connaissance et la pratique de l'ignorance : « et ne traite à point nommé de rien que du rien, ny d'aucune science que celle de l'inscience » (II, XII). L'idée de la vanité universelle du monde est tirée de l'« Ecclésiaste » et renforcée par la lecture de saint Augustin. Malgré tout, elle n'aboutit pas chez Montaigne à une exaltation de Dieu.

Que doivent les *Essais* à ces philosophies antiques ou syncrétiques dans lesquelles les érudits ont cherché les sources du texte ? Montaigne a pris de chacune d'elles ce qui lui convenait, à tel ou tel moment de la rédaction : du stoïcisme et de Sénèque, il a d'abord retenu l'idée de la domination de la mort par sa connaissance – sans doute d'après l'exemple de La Boétie ; puis la fuite lui a semblé le meilleur moyen de s'en délivrer ; chez Aristote, il prend la notion de limite propre à l'homme : « Et il a raison d'appeler folie tout eslancement, tant louable soit-il, qui surpasse notre propre jugement et discours » (II, XII) ; le platonisme est présent par des images (celle du timonier, par exemple) et par la forme « parlée » du texte, mais Montaigne conteste le principe de la divination (« il n'est que de deviner en choses faictes », II, XXX) et de la réminiscence (« car si l'alteration de facultés est si grande que l'âme n'en conserve aucun souvenir, cet oubli, à mon avis, ne differe guere de la mort » [II, XII]) ; de même, ni Plotin ni Marsile Ficin ne provoquent chez l'auteur des *Essais* une adhésion à un principe d'harmonie unificateur équilibrant le monde et l'âme ; enfin, ce qu'on a appelé la « crise sceptique » est plutôt une attitude fondamentale approfondie avec l'écriture du texte : elle remet en cause le principe de la stabilité des choses et du savoir. La seule référence constante qui parcoure les *Essais* est une notion vague que Montaigne adapte à son entreprise individuelle : la Nature (III, XIII particulièrement).

Or, on s'aperçoit que la Nature évoquée par Montaigne comme principe de la diversité entre en concurrence avec les attributs traditionnels de Dieu ; influence probable de Pomponazzi et de l'école de Padoue, chez lesquels la foi reste inaccessible à cause de la diversité : « Si nous avions un pied et un fondement divin, les occasions humaines n'auroient pas le pouvoir de nous esbranler, comme elles ont [...], l'amour de la nouvelleté, la contrainte des Princes, la bonne fortune d'un party, le changement temeraire et fortuit de nos opinions n'auroient pas la force de secouer et alterer notre croiance... » (II, XII). Le fidéisme, terme par lequel on rend le moins mal la position de l'auteur par rapport à la religion, consiste à passer de la constatation de la différence (commune aux textes sacrés et à la plupart des philosophies transcendantes) à la diversité universelle qui rend impossible la conciliation des opinions contraires. La religion, considérée en dehors de la foi, est pure contingence : « Nous sommes chrétiens comme nous sommes perigordiens ou allemans » (II, XII). Dieu reste le grand ouvrier de la « machinerie » ; autrement, il est vain de vouloir atteindre à la moindre de ses qualités.

Le voyage de Montaigne à Rome, où il fait examiner les *Essais* par la censure, et le serment d'allégeance à la religion catholique ont fait conclure à un changement d'attitude de Montaigne par rapport à l'Église. Certes, il devenait indispensable de ne pas introduire le doute dans l'esprit d'éventuels lecteurs détenant le pouvoir. Mais l'Église n'est pas la foi, et Montaigne proteste fort peu de celle-ci, si ce n'est par des gestes extérieurs dont on ne saura jamais s'ils correspondent à une conviction sincère ou à une acceptation de la coutume. L'Inquisition romaine a fait plus de remarques sur l'emploi du mot « fortune » que sur l'absence de foi. Malgré cet avertissement, Montaigne n'a pas modifié les occurrences du terme, et l'on comprend pourquoi : chaque fois qu'une causalité est recherchée par l'homme, celui-ci l'attribue soit à la Providence (miracle), soit à la science (médecine, astrologie...), soit à une technique appropriée. Montaigne raisonne différemment : la multiplicité contradictoire des exemples qu'il allègue exprime ses doutes quant à la nécessité de rechercher les causes premières. La Fortune, notion peu précise, conception païenne personnalisée qui fait plutôt référence à la Nature qu'à Dieu, est un recours contre l'abstraction des théories. Elle souligne les limites de l'homme, qui ne doit pas se laisser aller au vertige de la connaissance ni au désespoir devant la mort. Elle exprime la liberté de la Nature par rapport à l'homme et assure la liberté de l'homme par rapport à un déterminisme providentiel. Elle permet de justifier à la fois la non-violence politique de Montaigne et son conservatisme : mieux vaut laisser les choses dans l'état où elles sont, sans forcer, car la Fortune c'est aussi le temps qui s'écoule, marque les changements et apaise les esprits.

Montaigne ne s'exclut pas des caprices de la Fortune. Lui et son livre sont tributaires du hasard ; le moi n'est pas un bastion immobile, ni le livre une pierre sans âge. Le moi ne se ressemble pas. La tentative des *Essais* est l'inverse d'une réduction des difficultés que pose l'existence. Elle vise, au contraire, à les étaler au fil des pages, sans la honte de ne pas être éternel.

La Fortune est une des figures de la mort, qui a prise sur nous par notre nature terrestre. Au lieu de se lamenter sur celle-ci, comme l'ont fait ceux qui accusent le corps d'être le tombeau de l'âme, Montaigne est conduit à l'accepter, jusqu'à la complaisance. On ne trouve guère, dans les *Essais,* d'éloge de l'immortalité de l'âme. Le corps humain a ses plaisirs, qu'il ne faut pas dédaigner. Montaigne n'admet pas le dualisme du corps et de l'âme : sans la violence d'un libertin ou d'un athée, il s'attache à montrer leur liaison indissoluble, par l'expérience que nous en avons. En réhabilitant le corps jusque dans ses fonctions les plus basses (génitale, excrémentielle), Montaigne replace l'homme à l'endroit qu'il n'aurait jamais dû quitter, un point faible dans une Nature dissemblable. La matérialité de l'homme n'est pas un péché : « Est-ce pas erreur d'estimer aucunes actions moins dignes de ce qu'elles sont necessaires ? Si ne m'osteront-ils pas de la teste que ce ne soit un très convenable mariage du plaisir et de la nécessité... » (III, XIII). L'âme ne doit pas être dégoûtée du corps, car elle participe avec lui à la nature humaine, selon un principe que Montaigne ressent sans pouvoir l'expliquer : « Mais comme une impression spirituelle fasse une telle faucée (trouée, percée) dans un subject massif et solide, et la nature et liaison et cousture de ces admirables ressorts, jamais homme ne l'a sçeu » (II, XII). La présence du corps est partie intégrante d'un discours qui ne peut se construire en dehors de la matière vivante.

Remettre l'homme à sa juste place, c'est donc rendre à la Fortune ce qu'on lui doit, et redonner au corps une valeur que lui ont fait perdre quinze siècles de christianisme mal compris et des commentaires néoplatoniciens pratiquant la surenchère critique à l'égard de cette matérialité honteuse. En même temps, Montaigne ne semble pas à la recherche d'un point d'ancrage qui permettrait de soulager le moi de l'impression de déséquilibre qu'entraîne la notion omniprésente de « diversité ». Même le jugement est à remettre en question : nos opinions sont diverses, notre jugement l'est aussi ; il fait son « jeu à part » (III, XIII).

Ce principe de relativité, difficile à admettre pour qui est animé par une exigence d'absolu, oblige le sujet à se regarder autrement : décentré par rapport à l'univers, il risque le même décentrement par rapport à lui-même, et de se perdre tout à fait dans l'inanité. Montaigne fait état de sa propre pratique du déséquilibre et des résultats qu'il en tire : il faut fuir les extrêmes si l'on veut éviter la douleur. Si la vie a un sens, c'est dans l'effort pour souffrir le moins possible. Rien de comparable, cependant, au raidissement stoïcien devant la douleur. Montaigne s'est défini comme un homme moyen, et la modération est un principe qui convient à sa nature. Elle n'est pas incompatible avec le plaisir, et, à bien des égards, les *Essais* sont un art de la jouissance. Mais le plaisir, pour être plein et entier, doit éviter un excès qui s'évalue en perte. Pour parvenir à la volupté, il faut être capable d'ascétisme, savoir la maintenir dans un degré moyen, humain : « Les sages nous apprennent assez à nous garder de la trahison de nos appetits, et à discerner les vrais plaisirs, et entiers, des plaisirs meslez et bigarrez de plus de peine » (I, XXXIX). La satiété engendrant le dégoût, et la défense aiguisant l'appétit, la modération préconisée par Montaigne apparaît donc non pas comme une fuite devant le plaisir mais bien plutôt comme une pratique raffinée de celui-ci. Fuir les extrêmes pour profiter de la plénitude du milieu, sans honte ni fausse pudeur :... « mais les plus plaisans et utiles de nos membres semblent estre ceux qui servent à nous engendrer : toutefoys assez de gens les ont pris en hayne mortelle, pour cela seulement qu'ils estoient trop aymables, et les ont rejettez à cause de leur pris et valeur » (I, XIV). En revanche, la douleur n'a pour Montaigne aucune valeur expiatoire. Elle relève d'une négativité nécessaire, à laquelle on ne peut se soustraire, mais qui n'est pas à rechercher. Le corps n'étant pas identifiable au péché, il ne sert à rien de le meurtrir : l'âme ne s'en amende pas pour autant : « Quoy que nos medecins spirituels et corporels, comme par complot fait entre eux, ne trouvent aucune voye à la guerison, ny remede à la maladie du corps et de l'ame, que par le tourment, la douleur et la peine » (I, XXX).

L'arrière-boutique

Dans un monde où, précisément, tout est excessif, où les théories politiques se heurtent comme les opinions religieuses, où les philosophies s'affrontent et s'interpénètrent, où le pillage militaire et littéraire est la règle générale, on voit mal comment, d'une façon pratique, il est possible de vivre la diversité sans qu'elle devienne désordre, la modération sans qu'elle devienne mollesse ou conservatisme. Les *Essais* proposent un savoir-faire que l'on peut appeler d'après une expression du texte une théorie de l'« arrière-boutique ». Il est relativement facile de se fabriquer, à l'intérieur de sa tour et au cœur de sa « librairie », une philosophie nonchalante qui laisse sa place au plaisir et détourne la douleur ; toutefois, la vie de Montaigne et la structure des *Essais* concordent sur ce point : nous sommes sans cesse confrontés à des obstacles, à l'« autre », à quelque chose que l'on ne peut pas d'emblée s'assimiler ou digérer. L'arrière-boutique est le lieu des réserves personnelles, que les autres ne peuvent pénétrer, mais duquel on peut sortir pour prendre le pouvoir (mairie), la parole (*Essais*), les eaux (le voyage). Le mouvement du dedans vers le dehors ou du dehors vers le dedans est peut-être aussi capital pour comprendre les *Essais* que de distinguer les strates A, B ou C. La retraite au château de Montaigne est une sorte d'intériorisation ; la lecture des auteurs est un mouvement hors de soi ; leur assimilation est une réintériorisation ; la citation et l'écriture des *Essais* sont une sortie du moi vers les autres.

On a beaucoup écrit sur la permanence du jugement chez Montaigne. Or, ce qui est permanent, ce n'est pas le contenu de tel ou tel jugement sur un thème, c'est l'art avec lequel Montaigne se confronte avec l'obstacle. L'arrière-boutique est une façon de se dédoubler. À tout moment, Montaigne se réserve la possibilité de le faire.

L'instabilité collective

Quand il s'agit de la diversité individuelle, le sujet peut toujours – et c'est ce que Montaigne fait dans les *Essais* – tenter de la comprendre ou de la suivre. Quand il s'agit de la diversité naturelle, d'ordre cosmique ou biologique, il suffit de l'accepter comme telle. En revanche, la diversité d'opinions, qui explique la présence non seulement de divers gouvernements mais encore de religions diverses, met en péril l'individu par le pouvoir de coercition qu'une collectivité forte peut exercer sur lui : à savoir l'État et l'Église. S'il y a pression physique, douleur, torture, il ne nous est pas possible de penser et de vivre selon notre désir. Montaigne se plaint à juste titre du climat d'instabilité religieuse et politique ; insupportable diversité, qui ne se rapporte pas à la nature. Montaigne dénonce avec virulence la façon dont on justifie les actes de révolte et de répression par la référence à la Nature, et en particulier au corps humain, modèle d'ordre social. De même qu'il ne croit pas au savoir des médecins, de même il conteste les méthodes des politiciens qui se prennent pour des praticiens du bien public : « La fin du chirurgien n'est pas de faire mourir la mauvaise chair : ce n'est que l'acheminement de sa cure. Il regarde au-delà, de faire renaître la naturelle et rendre la partie à son deu estre. Quiconque propose seulement d'emporter ce qui le masche [fait souffrir], il demeure court, car le bien ne succede pas necessairement au mal. [...] Toutes grandes mutations esbranlent l'État et le desordonnent » (III, IX). Le prétendu conservatisme de Montaigne tient dans ce refus du remède pire que le mal, remède administré au nom d'une loi que les gens tiennent pour « naturelle ». La diversité des opinions n'est pas un reflet de la Nature, elle est la marque de la raison humaine emportée par l'excès de sa vanité vers les vertiges du pouvoir.

S'il est possible de s'accommoder de la diversité naturelle par une philosophie de la modération personnelle et par l'humilité devant les hasards de la vie, le compromis reste difficile avec une disparité coutumière qui exige, de plus, qu'on prenne parti. On a souvent noté que Montaigne recevait des catholiques et des huguenots, qu'il s'est engagé dans des actions de conciliation sans jamais céder au fanatisme des catholiques. Qu'il n'a jamais cherché, non plus, à rénover de vieilles coutumes. Qu'il a participé à la vie politique, en somme, sans se faire trop remarquer. Peut-être est-ce précisément à cause de cette liberté personnelle qu'il pouvait préserver en observant des marques extérieures d'allégeance. Il se flatte d'être bien conditionné, bien civilisé, et, grâce à ce savoir-vivre, il lui est loisible de penser dans une relative indépendance : « Ce que j'adore moy-mesme aux Roys, c'est la foule de leurs adorateurs. Toute inclination et submission leur est deüe, sauf celle de l'entendement. Ma raison n'est pas duite [conduite] à se courber et fléchir, ce sont mes genoux » (III, VIII). La coutume sert de masque en même temps que de contrainte : « Pourquoy, estimant un homme, l'estimez-vous tout enveloppé et empacqueté ? Il ne nous faict montre que des parties qui ne sont aucunement siennes, et nous cache celles par lesquelles seules on peut vrayement juger de son estimation » (I, XLII). L'art de Montaigne, que ce soit dans la vie ou dans ses écrits, est de tourner l'obstacle à son profit : la cérémonie nous empêche souvent d'agir selon nous-mêmes, elle ne nous empêche pas de la mépriser, puisque, justement, on n'est jugé que sur l'extérieur.

Apparemment, les *Essais* n'ont rien d'un livre hérétique. On s'apercevra seulement un siècle plus tard (1676, mise à l'Index) qu'ils sont incompatibles avec l'exercice d'un pouvoir établi requérant une adhésion cérémonielle et rationnelle.

La barbarie

L'autre, c'est aussi l'étranger, celui qui vient d'ailleurs, et ne parle pas la même langue que nous. La célébrité du chapitre « Des cannibales » est justifiée (I, XXXI). Mais Montaigne n'a intitulé aucun de ses chapitres « Des animaux ». Et pourtant l'apologie du primitif va de pair avec un regard intelligent sur le monde animal. Le cannibale et l'animal ont en commun, selon Montaigne, une sorte de cruauté innocente. Le regard porté par Montaigne sur le sens profond du cannibalisme chez les peuples nouvellement découverts est plus qu'un essai de compréhension : considérer un primitif à l'égal d'un Européen, c'est changer les repères et les modèles traditionnels. L'âge d'or n'est plus une Antiquité perdue mais une Nature perdue où les gestes sociaux ont une signification immédiate et non cérémonielle (au sens vu plus haut). Le cannibale n'a pas besoin de se dédoubler pour être lui-même.

La réhabilitation de l'animal procède du même désir d'abolir l'idée reçue de hiérarchies naturelles, dans lesquelles l'homme et l'animal diffèrent essentiellement par la présence de l'âme et du langage chez le premier. Montaigne constate chez l'animal une aptitude, sinon à parler, du moins à « signifier », à posséder une sorte de « discours » : « Nous devons [...] confesser par consequent que ce mesme discours, cette mesme voye, que nous tenons à ouvrer, c'est aussi celle des animaux » (II, XII). Ce que nous attribuons à notre nature, Montaigne ne l'enlève pas aux animaux : la raison comme le langage nous sont offerts ou repris par la Nature. L'animal, au lieu d'asseoir avec certitude notre supériorité, nous renvoie à la vanité de notre condition, qui est variable. Pour le primitif comme pour la bête, Montaigne effectue une démarche d'étude qui est une leçon de modestie et de relativité. Les cannibales possèdent leur propre logique, un courage certain, et un sens poétique. Au nom de quoi les jugerions-nous ? Les animaux ont leurs codes et leurs lois : au nom de quoi les abaisserions-nous ?

La naïveté

Les *Essais* tournent autour de l'idée d'une Nature indéfinissable, et il n'est pas étonnant que Montaigne s'attache à tout ce qui fait référence à elle. En particulier, on trouve diverses remarques sur les qualités du peuple. Comme aristocrate de fraîche date, Montaigne se méfie de la démocratie. Comme auteur des *Essais*, il s'attache à la simplicité philosophique des classes qui n'ont pas le pouvoir : « Les mœurs et propos des paysans, je les trouve communéement plus ordonnez selon la prescription de la vraye philosophie que ne sont ceux de nos philosophes » (II, XVII). Il admire la façon de mourir sans prétention qu'ont les gens du peuple en temps de peste. Il dit la même chose de la mort de Socrate, qui à cette occasion fit preuve de « naïve vertu ». Socrate, paradigme du peuple, parce que, comme le paysan, il n'écrit pas. Ce silence d'une classe devant l'éternité du texte, Montaigne n'entend pas le combler : cependant, l'attention qu'il accorde à ceux que l'on a tendance à exclure de la catégorie « homme » montre son souci de ne pas prétendre à une aristocratie de la pensée.

La féminité opprimée

Le peuple n'est pas la seule victime d'une éviction perpétuelle. Les femmes subissent le même sort, et Montaigne le reconnaît : « Les femmes n'ont pas tort du tout quand elles refusent les reigles de vie qui sont introduites au monde, d'autant que ce sont les hommes qui les ont faites sans elles » (III, V). L'hypocrisie des hommes qui leur recommandent la chasteté est sans bornes. Pourtant, il semble que la relégation de la femme ne soit pas injustifiée : ce sexe est plus apte que l'autre à l'excès du désir, moins ferme d'âme, moins capable de vraie amitié. Et l'éloge de La Boétie, l'ami vrai, le double, est joint à une reconnaissance des défauts de la femme, qui ne permettent pas une telle union : « C'est un assez grand miracle que de se doubler » (I, XXVIII). La femme est hétérogène à l'homme, elle est une preuve que la Nature produit de la diversité ; incapable de modération, elle est l'incarnation même du fuyant désir. Ce que dit Montaigne du mariage vient renforcer cette apparente misogynie : acte social, il est un contrat passé entre deux êtres de sexe différent. L'amour détruirait la solidité du pacte, comme si on ne pouvait pas marier la société avec la Nature. Car la femme, incontestablement, et malgré sa vanité et son désir de paraître, est plus proche de la Nature que l'homme. Elle n'est que jaillissement du désir.

On a reproché à Montaigne de ne pas s'être intéressé à sa femme et à sa fille parce qu'elles étaient de l'autre sexe. En fait, c'est peut-être plutôt parce qu'elles n'étaient pas La Boétie ; il ne reconnaissait ni en l'une ni en l'autre ces qualités qui rendent l'amitié possible. En revanche, Mlle de Gournay vient démentir le mépris supposé de Montaigne pour la féminité : « Si l'adolescence peut donner presage, cette ame sera quelque jour capable des plus belles choses, et entre autres de la perfection de cette tres-saincte amitié où nous ne lisons point que son sexe ait peu monter encores » (II, XVII). Montaigne fait une constatation : peu de femmes ont pu montrer leur valeur, comme si la difficulté d'être un humain se multipliait quand on naît femme. La cause en est connue : c'est le poids de cette coutume séculaire que Montaigne fait semblant d'accepter ; sinon, il n'affirmerait pas : « Je dis que les masles et femelles sont jettez en mesme moule : sauf l'institution et l'usage, la difference n'y est pas grande » (III, V). C'est la conclusion du chapitre « Sur des vers de Virgile », où Montaigne se livre à une violente critique de l'appétit tyrannique des femmes et de leur jalousie. Les dernières lignes en sont : « Il est bien plus aysé d'accuser l'un sexe que d'excuser l'autre. C'est ce qu'on dict : Le fourgon se moque de la poele [le tisonnier se moque de la pelle]. »

En dehors de cette ironie d'un homme parlant des femmes avec la vanité des mots, un autre aspect rend la féminité moins négative : à plusieurs reprises, il est question dans les *Essais* du caractère féminin de l'écriture – jaillissement perpétuel de réflexions, désir de se prolonger, de s'additionner. La métaphore vient de Plutarque : « Et comme nous voyons que les femmes produisent bien toutes seules des amas et pieces de chair informes, mais que pour faire une generation bonne et naturelle, il les faut embesoigner d'une autre semence ; ainsi est-il des esprits… […] il me sembloit ne pouvoir [lui] faire plus grande faveur que de le laisser en pleine oisiveté… » (I, VIII). Le travail du style, la mise en ordre que Montaigne avait relégués dans un avenir vague n'ont jamais été effectués vraiment. L'auteur a laissé aller l'impétuosité de l'écriture à son rythme, rythme de « cheval eschappé » et de production féminine. C'est bien de ces œuvres-là, de ces œuvres mères, que l'on profite le plus. L'écriture, comme le désir naturel féminin, est infinie par son auto-engendrement et par la production de centaines d'autres textes. L'obstacle de la féminité, loin d'être masqué, est la matière même des *Essais*.

Journal de voyage

On ne peut pas considérer, à proprement parler, ce texte paru en 1774 comme une « œuvre » de Montaigne : l'auteur avait sans doute ses raisons pour ne pas le publier. Une bonne partie du texte a été rédigée par un présumé secrétaire, et une autre (écrite partiellement, en outre, en italien) semble être de la main de Montaigne. Les Encyclopédistes attendaient beaucoup de cette publication : déçus, ils n'accordèrent guère d'importance à un texte qu'ils considérèrent comme mineur. Néanmoins, il a l'intérêt d'un récit de voyage, s'il n'a pas celui d'un chef-d'œuvre : on y trouve une observation minutieuse et détaillée des coutumes étrangères (les courtisanes vénitiennes ; les fêtes ; une circoncision juive…) et une description très personnelle de Rome.

M.-L. Demonet

MONTCHRESTIEN Antoine de

(vers 1575-1621)

Les images de la vie d'Antoine de Montchrestien se succèdent et se contredisent comme à plaisir. Dramaturge corrigeant ses œuvres avec soin à la lumière de Malherbe, puis homme d'affaires et économiste, bourgeois rangé et aventurier, enfin agitateur politique révolté contre le pouvoir et tragiquement tué, Montchrestien échappe à toutes les tentatives de classement. Né à Falaise, en Normandie, d'un père apothicaire, orphelin très tôt, le jeune homme reçut une bonne éducation puisque le baron François Thésard le reçut chez lui comme compagnon de ses enfants.

De 1596 à 1604, Montchrestien écrivit sept pièces de théâtre. Une première édition en 1601 rassembla *Sophonisbe* (datée de 1596), *l'Écossaise ou le Désastre*, *les Lacènes ou la Constance, David ou l'Adultère*, *Aman ou la Vanité* et une *Bergerie*, en cinq actes, rompant avec la série de tragédies. En 1604, une nouvelle édition du recueil comporte une pièce supplémentaire, *Hector*, mais la *Bergerie* a disparu. Les œuvres rééditées sont chaque fois travaillées, la langue épurée et clarifiée.

Entre-temps, Montchrestien, qui, en dépit des interdictions royales, avait été mêlé à plusieurs duels, dut s'exiler en Angleterre pour échapper au châtiment. Quand il rentra en France, assagi, il installa une aciérie à Ousonne-sur-Loire, et il dut s'intéresser d'assez près aux affaires puisqu'il publia, en 1615, un *Traité de l'économie politique*. Il s'est marié, on peut le croire devenu un bourgeois rangé, riche et bien vu des milieux officiels, qui lui attribuent diverses charges. Pourtant, vers 1620, sans que l'on sache très bien pourquoi, sans doute autant pour des raisons politiques que pour des raisons religieuses, il s'engage dans la cabale des Huguenots et se lance dans la révolte armée. Il défend Sancerre et Sully, offre ses services à La Rochelle pour soulever la Normandie. Mais il est attaqué et tué en 1621 par la garde royale, et on le considère comme un adversaire politique si dangereux qu'on lui fait un procès posthume.

Paradoxalement, les tragédies de cet aventurier manquent d'action, sont statiques et bavardes, s'enferment dans les discours et la méditation. Il est certain qu'elles obéissent aux habitudes lyriques des tragédies de la Renaissance, et qu'une grande partie du dialogue repose sur les sentences et les généralités morales. Les personnages secondaires abondent, au sein d'intrigues à la construction lâche.

Pourtant, la critique récente s'est intéressée à *Hector* dont la conception tragique est d'une tout autre nature. Hector veut combattre les Grecs, malgré les craintes de ses parents et un songe prémonitoire d'Andromaque. Il finit par obéir à la volonté de Priam et aux supplications d'Hécube, mal convaincu cependant que son devoir l'autorise à laisser les autres chefs de guerre se battre à sa place. Quand il apprend que l'armée troyenne est en péril, il n'y tient plus et court au combat. Andromaque supplie Priam de le rappeler, et celui-ci est sur le point de s'exécuter lorsqu'on apprend qu'Hector va vaincre Achille. Mais il ne s'agit que d'une dernière péripétie, avant le dénouement tragique un moment masqué par l'euphorie engendrée par des nouvelles partielles.

Reposant tout entière sur la volonté du héros, cette tragédie a des accents nouveaux qui font regretter que Montchrestien ait délaissé la littérature pour s'abandonner à son destin tragique.

J.-P. Ryngaert

MONTÉPIN Xavier de

(1823-1902)

Né à Apremont (Haute-Saône), il s'essaya dans le journalisme politique (en 1848, il publie *le Lampion*, journal satirique et réactionnaire) avant d'aborder la littérature. La série d'insuccès que constituent ses vingt premières œuvres s'arrête en 1855 avec la parution des *Filles de plâtre*, un roman qui, jugé contraire aux bonnes mœurs, amena Montépin en prison en même temps qu'au seuil de la notoriété. Vingt années durant, ses innombrables romans-feuilletons, écrits selon le goût conformiste et mesuré de la moyenne bourgeoisie, lui valurent d'être considéré comme le maître incontesté du genre : *les Chevaliers du lansquenet* (1847) ; *Jeanne de La Tremblaye* (1857) ; *les Viveurs de province* (1860) ; *les Drames de l'adultère* (1873) ; *Fille de courtisane* (1874) ; *Sa Majesté l'argent* (1877) ; *les Drames du mariage* (1878) ; *le Médecin des folles* (1879) ; *les Amours de province* (1884) ; *la Demoiselle de compagnie* (1884) ; et surtout *la Porteuse de pain* (1884), qui constitua le plus gros succès de l'auteur. Archétype du roman dit « de la victime » (où la rédemption de la victime et le châtiment du « bourreau » sont obligatoires à la fin du récit), cet ouvrage relate sur un ton apitoyé les malheurs sans nombre advenus à l'héroïne Jeanne Fortier, à la suite d'une erreur judiciaire.

Généralement, l'auteur cultive, dans un style plat et une forme souvent négligée, le genre sentimental et « mondain » : drames d'alcôve, histoires d'adultère et de séduction incarnées par des personnages (riches banquiers, aristocrates, viveurs, aventurières, gredins) qu'animent sans nuances des sentiments simples tels que l'amour, la haine, la vengeance.
Témoin mais non dénonciatrice, l'œuvre reflète les grands problèmes contemporains : spéculation, triste condition des fous et des bagnards, erreurs judiciaires, internements abusifs, questions coloniales.
Montépin adapta pour la scène quelques-uns de ses succès : *la Porteuse de pain, le Médecin des folles, la Marchande de fleurs, les Chevaliers du lansquenet*... Largement traduit à l'étranger, Montépin mourut à Paris en auteur comblé.

C. Barbé

Montesquieu

MONTESQUIEU

Charles-Louis de SECONDAT, baron de MONTESQUIEU

(1689-1755)

Si cette image n'était par trop irrespectueuse ou saugrenue, on verrait facilement le châtelain de La Brède transformé en *polena*, comme on appelle en italien, utilisant un mot d'origine française, ces figures de proue qu'on plaçait jadis sur le devant des bateaux, tels des meneurs ou des guides symboliques. Cette transformation quelque peu inattendue serait facilitée non seulement par tout ce qu'il y a de statuaire dans l'image que la tradition nous a transmise de Montesquieu, mais elle permettrait une représentation assez impressionnante dans sa précision de l'un des problèmes fondamentaux que pose l'œuvre de Montesquieu pour ceux qui s'en nourrissent. La périodisation chronologique étant toujours le fruit de choix, de préférences et, finalement, de jugements de valeur, on a en effet du mal à situer Montesquieu dans un temps qui soit vraiment le sien. Né dans les dernières décennies du XVIIe siècle, appartient-il au siècle de Descartes et de Malebranche ou bien à celui de Voltaire ? Suivant l'orientation des différentes périodisations, est-il né trop tôt ou trop tard ? Sans doute est-il un penseur, dominé par un rationalisme clair et indéfectible, d'une exemplaire sérénité. Ce qui lui permet, en un sens, de transcender son temps. Mais il ne s'insère pas pour autant dans le dialogue séculaire de la philosophie. Il ne se pose pas de problème d'ordre gnoséologique, il ne bâtit pas de système. Convaincu que la philosophie des Grecs « était très peu de chose », il traite Platon de « poète », le mettant sur le même plan que Malebranche, Shaftesbury et Montaigne : ce sont pour lui les « quatre grands poètes ». S'il n'est pas philosophe au sens technique et traditionnel du mot, Montesquieu l'est-il au sens nouveau du siècle des Lumières ? La question mérite d'être posée. De toute façon, c'est un fait que le siècle qui l'avait vu naître continue à vivre en lui. C'est pour cela qu'on a pu dire – en employant une formule suggestive – qu'il y a en lui un moraliste (comme avait pu l'être un La Rochefoucauld) qui devient philosophe (au sens nouveau). La philosophie, dit-il d'ailleurs, ne doit point rester isolée, elle doit avoir des rapports avec tout. Le moraliste du XVIIe siècle s'ouvre donc à la réalité sociale, beaucoup plus et de façon plus moderne que La Bruyère et Saint-Simon. On pourrait dire – pour utiliser encore une fois la formule que nous avons employée – que Montesquieu est bien plus qu'un moraliste : c'est un philosophe ; ou bien que Montesquieu est bien plus qu'un philosophe : c'est un moraliste. Le choix de l'une ou l'autre de ces deux expressions est commandé par l'orientation du regard, suivant qu'il se tourne vers le passé ou vers l'avenir. Ce dilemme nous fait revenir à nos *polene*. Quand on les contemple à terre, détachées des navires, dans un musée, rien ne nous dit qu'elles doivent être obligatoirement placées à l'avant des bateaux. Ces yeux qui fixent l'eau, qui l'effleurent, qui en reçoivent les embruns, peuvent bien scruter avec espoir les lignes d'un rivage auquel le vaisseau abordera ou bien regretter des côtes et des golfes que l'on a quittés pour toujours.

Le charme profond et l'énigme de Montesquieu résident peut-être dans cette bivalence dynamique. Son esprit se meut et nous communique un mouvement, mais en quel sens ? Ce gentilhomme campagnard, cet honnête homme sans Cour, ce magistrat sans tribunal, précisément à cause de sa modération et de son rationalisme, donnant lieu à des nuances intellectuelles infinies et aux ouvertures les plus inattendues, est à l'origine de débats et d'affrontements qui sont loin, deux siècles et demi après sa mort, d'être apaisés.

La « légende dorée »

Montesquieu « le Romain » : comment ne pas le voir sur un piédestal, dominant la salle austère d'un palais de justice ou dialoguant avec la statue de Montaigne, sur la place des Quinconces, à Bordeaux ? Peu d'auteurs ont si grandement risqué l'embaumement doré des momies par trop respectées. Si le Panthéon, où la Révolution a solennellement placé les restes de Rousseau et de Voltaire, ne s'est pas ouvert à Montesquieu, c'est un fait qu'un Panthéon imaginaire (mais combien plus dangereux !) a réquisitionné dans l'asepsie de la gloire cet auteur vraiment « auteur », au profil aquilin, tout naturellement destiné à être sculpté dans des médailles, si adapté à l'éternité figée des bustes. On est revenu aujourd'hui de ces belles certitudes. Pendant ces dernières décennies, l'homme aussi bien que son œuvre ont été mieux scrutés. L'optimisme presque de commande dont on le gratifiait jadis tend à s'atténuer. On le voit mécontent et emprunté dans sa vie de magistrat, trop compassé dans sa carrière de libertin, ni courtisan ni grand féodal, ayant besoin de vivre à Paris aussi bien qu'à La Brède (content partout ou… nulle part), voyageur désintéressé sans doute, mais aussi diplomate velléitaire. Restent cependant la gloire vite atteinte et la consolation de l'écriture. Certains nœuds paralysants de la vie sont coupés non par l'épée, mais par la plume, dont le style devient tranchant comme une rapière.

C'est alors que l'homme qui ne réussissait pas à se réaliser dans l'action de façon complète et satisfaisante, ou dans l'amour, atteignait une sorte de radieuse plénitude, se transformant en Persan, convoquant les Romains ainsi que tous les autres peuples de la terre et leurs lois dans les salles du château de La Brède, les passant en revue sur les rayons de sa bibliothèque. Mais pourquoi vouloir reconstituer une unité à tout prix dans la vie et dans l'œuvre de Montesquieu ? Il y a peut-être heurt et dissension. Certains critiques ont même réduit cette unité prétendue et seulement apparente à une sorte de connivence : la vie et l'œuvre se donneraient la main pour escamoter les vrais problèmes, pour ne pas vivre authentiquement, pour ne pas agir… Par là nous ne voudrions aucunement décourager les biographes, dont la tâche est d'ailleurs facilitée (ou rendue plus difficile ?) par le peu d'événements caractérisant la vie de Montesquieu : le châtelain devient magistrat, le magistrat s'adonne aux lettres, fait un grand voyage en Europe, se consacre totalement à l'écriture, séjourne alternativement à La Brède et à Paris, lutte contre une vue qui s'affaiblit de jour en jour et meurt banalement d'une fièvre maligne mal soignée lors d'un séjour à Paris en 1755. Ajoutons le poids d'une gloire toujours plus exigeante, qu'il faut défendre, quelques éreintements plus ou moins étouffés par une opinion publique généralement bienveillante sinon admirative, le coup de Jarnac de la mise à l'Index de l'*Esprit des lois,* qui ne fut cependant pas rendue publique, et c'est tout, ou presque tout.

L'important est de sauver Montesquieu d'une sorte de « légende dorée » qui finit par l'enlever à notre humanité. On croit pouvoir tout expliquer dans sa personne et dans son œuvre, on admire tout mais on risque de ne plus rien comprendre. Montesquieu est un auteur « clair », qui se veut clair et qui tend à une clarté nerveuse et concise. Mais cette concision, souvent digne de Tacite, éblouit sans instruire pour autant. Nous possédons de Montesquieu une correspondance assez copieuse. Il nous a laissé aussi des journaux intimes, *Mes pensées,* le *Spicilège,* etc. Ajoutons les lettres et les réactions de contemporains, celles des amis, des femmes qui, assez nombreuses, ont été en relation avec lui : sa philosophie, voulant avoir des rapports avec tout, ne méprisait pas le boudoir… Mais nous avons du mal à pénétrer dans son intimité. Il ne s'agit pas de « sécheresse » – comme on l'a dit trop souvent jadis, le mot servant à frapper le XVIIIe siècle tout entier – ni de pauvreté. En réalité, le degré de signification des données que nous possédons est souvent en proportion inverse de leur éminente et par trop vantée transparence. Ce n'est pas la richesse confuse et pleine de méandres, la complexité grouillante de l'univers d'un Rousseau, ni l'agitation créatrice et bienfaisante d'un Diderot ou d'un Voltaire (pour ne citer que les trois Grands du siècle). Tout est apparemment moins compliqué chez Montesquieu. Les lignes de l'homme et de l'œuvre paraissent claires et bien marquées sur la paume d'une main élégante et volontaire. Mais, dès qu'on s'en approche pour en saisir le sens, toute promesse d'explication satisfaisante s'évanouit ou exige des renvois. Comme dans certaines maximes des moralistes du Grand Siècle, chez Montesquieu cette souveraine tendance à l'expression essentielle et définitive ne va pas sans ambiguïtés. Elle est porteuse d'une richesse sûre, mais dont nous ne réussissons pas à interpréter toutes les valeurs. Il y a des significations qui nous échappent, ou qui donnent lieu à des renversements inattendus. Gide a écrit que l'optimisme rayonnant de certaines pensées de Montesquieu l'émouvait davantage que les plus ravissantes plaintes. C'est pour cela que toute stratégie d'explication, inspirée de la « légende », allant de l'homme à l'œuvre ou de l'œuvre à l'homme et visant à reconstruire une unité confortable, paraît destinée à d'inéluctables naufrages.

Littérature et voyages : le mouvement et la retraite

Il serait si simple de voir une progression vers la complexité, des *Lettres persanes* (1721) aux *Considérations sur les causes de la grandeur des Romains et de leur décadence* (1734) jusqu'à la maturité solaire de l'*Esprit des lois* (1748). Après le ballon d'essai sociologique qui oppose plaisamment l'Orient à l'Occident (et vice versa), une grande réflexion diachronique prend place : elle est consacrée au plus célèbre peuple de la terre, aux Romains. Et, finalement, on aboutira à la synthèse, une synthèse magistrale, à la fois diachronique et synchronique, où l'on découvre le sens de la totalité : l'*Esprit des lois* serait alors la révélation du sens. La préface aura un ton de satisfaction presque biblique. Montesquieu regardera son ouvrage avec les yeux de Dieu le Père : « J'ai posé les principes ; et j'ai vu les cas particuliers s'y plier comme d'eux-mêmes, les histoires de toutes les nations n'en être que les suites [...] ; j'ai découvert mes principes, tout ce que je cherchais est venu à moi... »

Cette auguste interprétation, cette évolution solennelle, qui fait tant d'honneur à l'homme et à l'œuvre, a plu à tous ceux qui aiment l'ordre et la progression unitaire dans les créations de l'esprit. On a donc dit que tout, chez Montesquieu, prépare son chef-d'œuvre. Or ce messianisme glorieux pourrait être un leurre. De toute façon il risque de masquer des solutions de continuité qui ne manquent pas dans une œuvre si vaste et si variée, sans compter qu'il nuit à l'appréciation autonome de chaque moment et de chaque saison créatrice dans la carrière de Montesquieu. Celle-ci se présente bien riche d'imprévus. Le jeune magistrat suivait avec ardeur les activités de l'académie de Bordeaux et y lisait des mémoires aussi érudits qu'encyclopédiques. Et pourtant, à la même époque, ce polygraphe passionné conçoit un ouvrage aussi élégant que nerveux où il n'est aucune trace de poussière académique : les *Lettres persanes*.

Ces « lettres » parfois languissantes et voluptueuses (au point d'avoir été citées par l'avocat de Flaubert comme exemple de pornographie véritable, lors du procès intenté en 1857, pour offense aux mœurs, contre *Madame Bovary*) ont sans aucun doute un sens bien profond pour Montesquieu lui-même. Elles trahissent un inévitable débordement de sa sensualité et, en même temps, une difficile condescendance à la passion, ce qui semble avoir été le propre de sa vie intime. De toute façon elles n'ont pas connu de véritable lendemain dans la production de l'écrivain qui, assez jeune encore, avait pourtant atteint, grâce à elles, un succès bien tapageur (au point de le gêner lorsqu'il se présentera à l'Académie française, quelques années après, en 1727 : il y sera quand même élu grâce au soutien puissant de Mme de Lambert). Si l'exotisme endiablé ou voluptueux jette encore des étincelles dans l'*Histoire véritable*, composée entre 1731 et 1738 (mais publiée seulement en 1892) et dans *Arsace et Isménie* (1742, publié en 1783), l'intérêt dominant de l'auteur est ailleurs. Quant au *Temple de Gnide* (1725), s'il reprend la veine galante et sensuelle des *Lettres persanes*, il n'a plus ce style précis et délicieusement ironique qui faisait le charme inégalable des Persans de Montesquieu.

Le Temple de Gnide fut cependant un succès pour son auteur, un succès surtout auprès des femmes... Mais tous ces succès ne fixèrent pas Montesquieu à Paris. En 1726 il avait interrompu, pour ne plus la reprendre, sa carrière de magistrat. Il était donc libre. Libre et inquiet. Le polygraphe, l'auteur mondain et fortuné, ne sait pas rester en place (comme le lui reproche Mme de Lambert). Il s'habille en voyageur et fait le tour de l'Italie et de l'Europe (tout au moins une partie). En Italie il suit les traces de Montaigne et il précède Goethe. Entre 1728 et 1731, ce sont ses *Wanderjahre*. Il voyage, il observe, il note ce qu'il voit. Tout l'intéresse : des éruptions du Vésuve au miracle de saint Janvier, du temps infini que met la neige à fondre à Mittenwald aux tableaux et aux statues qui peuplent les galeries et les églises d'Italie. Le voyageur se mue en critique d'art. Mais l'économie, la politique, la démographie, les mœurs, les gouvernements, les fortifications des pays qu'il traverse ne cessent d'attirer son attention. Les visages et les corps des femmes (au naturel et dans les musées) contribuent à augmenter le charme et l'excitation du voyage. Cet équilibre souverain entre l'idéal et la réalité que Goethe découvrira à Rome et qui s'exprime dans l'*Italienische Reise*, Montesquieu le réalise déjà dans la première moitié du siècle. L'honnête homme de la Renaissance et des théoriciens du Grand Siècle quitte le statisme étouffant de la Cour, passe de ville en ville, d'État en État, d'expérience en expérience. L'art, la littérature, la conversation, le paysage, la montagne et le sous-sol, la mer et les plaines, la diplomatie et la politique, tout lui devient aisé, presque familier. L'amour aussi se fait plus fort et enflammé, lui dictant, pour la princesse Trivulce, les lettres les plus passionnées qu'il ait jamais écrites. Puis, par une alternance qui semble physiologique, le voyageur qui a parcouru l'Europe, de l'Italie à la Hongrie, à l'Angleterre, éprouve le besoin de s'arrêter et de s'atteler à un travail de grand souffle.

L'auteur quelque peu frivole et, en tout cas, fort galant des *Lettres persanes* se drape dans sa robe la plus solennelle, devient romain avec les Romains, dont il retrace l'histoire émouvante et tragique. Grâce à ces *Considérations*, qui en France n'eurent pas le succès des *Lettres persanes* (on évoqua même, avec méchanceté, la « décadence » de Montesquieu), le classicisme d'inspiration romaine, si vivant au Grand Siècle, se transmet au siècle des Lumières, devient une esthétique et une philosophie de l'action auxquelles seront très sensibles les hommes de la Révolution et Napoléon lui-même. Celui-ci s'est même donné la peine de critiquer un autre ouvrage « romain » de Montesquieu, le petit *Dialogue de Sylla et Eucrate*, dans lequel, en 1724, l'auteur des *Considérations* avait déjà campé la figure de Sylla comme celle d'un personnage grand et sinistre à la fois, une sorte de dangereux surhomme. Peut-être Napoléon s'y reconnaissait-il ?

L'année fatale

Mais enfin vint 1748. L'année de l'*Esprit des lois*, un travail immense, commencé – nous dit l'auteur – vingt ans avant. Commencé déjà, en un sens, pendant les années où Montesquieu, jeune élève au collège de Juilly, écrivait sa tragédie (perdue) au titre solennel de *Britomare*, où l'on peut lire ce vers plein d'avenir (l'avenir de Roxane ? l'avenir de l'*Esprit des lois* ?) : « Je défendais encore ma liberté mourante. » Y a-t-il un rapport entre l'orphelin de mère qui écrivait ce vers et *Prolem sine matre creatam*, l'énigmatique devise de l'*Esprit des lois* ? C'est un fait que 1748 marque pour Montesquieu l'aboutissement d'un travail où s'inscrivent le sens et le prix de sa vie tout entière. Par là il se différencie profondément des autres Grands du siècle des Lumières. Ni Voltaire, ni Rousseau, ni Diderot n'ont écrit une seule œuvre, une œuvre qui soit unique à leurs yeux et à ceux des contemporains. 1748 est une date triomphale. Un très grand exploit se réalise, la conscience s'apaise, la tension se relâche, on peut mourir tranquille (la mort d'ailleurs ne se fera pas trop attendre : sept ans seulement s'écouleront de la fin du livre à la fin de celui qui l'a écrit). Même en faisant abstraction de la parution de l'*Esprit des lois*, 1748 est une date historique, celle de la paix d'Aix-la-Chapelle, qui mit fin à la guerre de

Succession d'Autriche. Cette paix était « bête » – comme on disait – puisqu'elle ne résolvait rien et ne faisait que préparer de nouvelles guerres : mais le moment choisi par Montesquieu pour publier son chef-d'œuvre s'accordait avec la nouvelle situation européenne. L'exaltation du régime de cette Rome nouvelle que devenait pour lui l'Angleterre s'accompagnait du réveil méthodiste et du réveil national de l'île grâce à l'œuvre de William Pitt. La guerre de Sept Ans, qui éclatera par la suite un an après la mort de Montesquieu, confirmera et accentuera l'essor mondial de l'Angleterre.

	VIE		**ŒUVRE**
1689	**18 janv. :** naissance de Charles-Louis de Secondat au château de La Brède, près de Bordeaux.		
1696	Mort de la mère de Montesquieu.		
1700-1705	Études chez les Oratoriens au collège de Juilly (près de Paris).		
1705	Retour à Bordeaux, où il étudie le droit.		
1708	Il obtient sa licence en droit.		
1709-1713	Premier séjour à Paris. Il commence un livre de notes, le *Spicilège*.		
1713	Mort du père de Montesquieu.		
1714	Il est reçu conseiller au parlement de Bordeaux.		
1715	Mariage avec Jeanne Lartigue, huguenote. Le couple aura trois enfants : Jean-Baptiste (1716), Marie-Catherine (1717) et Denise (1727). Celle-ci deviendra le « petit secrétaire » de Montesquieu.		
1716	Élection à l'académie de Bordeaux. Mort de son oncle paternel, Jean-Baptiste de Secondat, dont il hérite le nom de Montesquieu (ce nom est d'origine en partie latine et en partie franque. Il désigne un mont sauvage et peu cultivé. Ce toponyme se rencontre dans le sud-ouest de la France). Charles-Louis devient baron de Montesquieu et hérite aussi la charge de président à mortier au parlement de Bordeaux.	**1716**	Lecture à l'académie de Bordeaux d'une *Dissertation sur la politique des Romains dans la religion.*
		1717-1721	Rédaction de plusieurs mémoires et discours académiques.
		1721	Publication des *Lettres persanes.*
1722	Montesquieu s'installe à Paris, où il fréquente la Cour et les salons. Il passe à Paris, désormais, quelques mois chaque année. Il évolue dans les milieux politiques, littéraires, scientifiques et mondains. Il jouit de la protection de Mme de Lambert. Il fréquente le club de l'Entresol.	**1725**	Publication du *Temple de Gnide.*
1726	Il vend sa charge de président.		
1728	Il est reçu à l'Académie française.		
1728-1729	Voyages en Autriche, Hongrie, Italie, Allemagne, Hollande.		
1729-1731	Séjour en Angleterre.		
1731	Retour à La Brède.		

VIE		ŒUVRE	
		1734	Publication des *Considérations sur les causes de la grandeur des Romains et de leur décadence.*
		1745	Publication du *Dialogue de Sylla et d'Eucrate* (rédigé une vingtaine d'années auparavant).
		1748	Publication de *De l'esprit des lois* à Genève.
		1750	Publication de la *Défense de l'Esprit des lois* contre les attaques des jésuites et des jansénistes.
1751	Mise à l'index de l'*Esprit des lois.*		
1755	**10 févr. :** Montesquieu meurt à Paris, presque aveugle.		

Lettres persanes

Le premier grand ouvrage de Montesquieu pose bien des problèmes. Il n'est pas facile de lui faire une place dans la littérature du XVIIIe siècle. Des questions essentielles surgissent : s'agit-il d'un épisode dans la vie du magistrat, d'une pause entre un mémoire scientifique et un autre ? Ou bien y a-t-il là déjà tout Montesquieu, telle une sorte de première ébauche de l'*Esprit des lois*, un prélude souriant et léger, souple et fuyant, comme toute œuvre de jeunesse ? Ce débat s'ouvrit déjà du temps de Montesquieu et il est loin d'être clos à l'heure actuelle. D'autre part, comment expliquer l'extraordinaire succès de cet ouvrage ? Fut-il dû à un phénomène de réception ? Telle une comète prévue, il devait apparaître à l'« horizon d'attente » des lecteurs à la suite de la diffusion croissante de l'exotisme. Celui-ci, entre autres, avait reçu une remarquable promotion grâce à l'œuvre accomplie en France par Antoine Galland, orientaliste, professeur au Collège de France, traducteur des *Mille et Une Nuits.* De toute façon Montesquieu, sur un ton différent et nouveau, très frais, se rattachait à une tradition déjà considérable, où l'on pouvait compter des auteurs comme Chardin, Tavernier, Bernier, etc. Il se ressentait de l'influence de La Bruyère et de Dufresny ; il n'avait pas été insensible à l'*Espion turc* (1684) de l'Italien Marana.

SYNOPSIS

L'ouvrage comprend 161 lettres, écrites de 1711 à 1720. L'auteur les attribue à plusieurs personnes. En tête vient Usbek, grand seigneur disgracié, qui a quitté son pays sous prétexte de s'instruire dans les sciences de l'Occident. D'autres lettres sont l'œuvre de son ami Rica, qui l'accompagne. Leurs correspondants principaux sont Mirza, Rustan, Nessib à Ispahan, Ibben à Smyrne, Rhédi à Venise. D'autre part, Usbek et Rica reçoivent des lettres qui les tiennent au courant de ce qui se passe à Ispahan. La partie la plus importante de la correspondance (lettres 24 à 147) nous fait connaître les jugements des deux Persans sur la vie parisienne, sur les affaires françaises, sur les événements politiques et religieux. En même temps Usbek reçoit des lettres qui le renseignent sur ce qui arrive au harem. Ses femmes lui écrivent des lettres enflammées et se plaignent de la sévérité des eunuques. Pendant l'absence d'Usbek la situation au harem s'est beaucoup dégradée. Jalousie et infidélités de toutes sortes sévissent. Usbek, toujours plus inquiet, décide de rentrer en Perse. À ce moment le drame final éclate (lettres 147 à 161). Le grand eunuque mort, les femmes se révoltent. Roxane, avant de se tuer, exalte son infidélité et proclame sa haine envers Usbek.

L'intrigue est peu consistante. Des Persans aux noms mystérieux mais signifiants (Usbek, Rhédi, Rica) échangent des lettres relatant les réactions qu'ils éprouvent au contact des mœurs européennes ; d'autres lettres sont écrites par les femmes prisonnières dans le harem et par les eunuques qui en sont les gardiens : un ensemble de ces dernières lettres évoque l'étrange liaison d'Usbek avec ses femmes et le drame qui s'y noue (la trahison et le suicide de Roxane). Plusieurs lectures de cet ouvrage si réussi, désinvolte et pétillant, sont donc possibles. Satire des mœurs contemporaines ; petite encyclopédie sociopolitique (d'autant plus que ces lettres contiennent en outre des histoires indépendantes, tels l'apologue des Troglodytes et d'autres contes, et qu'on y discute de questions de tous ordres, de poésie, de littérature, de démographie, etc.) ; roman épistolaire, où le libertinage traditionnel devient une critique de la morale sexuelle ; manifeste féministe exaltant l'héroïsme de Roxane, ou accablante justification de la servitude des femmes… ; pamphlet anticlérical mais inspiré d'un déisme œcuménique très proche de nos préoccupations religieuses ; ouvrage autobiographique où Usbek exprime la philosophie et les contradictions de Montesquieu lui-même… Cette liste pourrait être prolongée. Ce qui ajoute encore à l'originalité de l'ouvrage, c'est que l'auteur lui-même a présenté son livre comme essentiellement énigmatique, en évoquant une « chaîne secrète » qui lierait le tout (et lui donnerait un sens définitif). Inutile de dire que les critiques, surtout ceux de notre temps, n'ont pas ménagé leurs efforts pour parvenir à découvrir cette sorte de pierre philosophale. Toutes ces tentatives d'interprétation, parfois très subtiles et suggestives, n'ont pas permis – on pouvait le prévoir ! – de résoudre l'énigme, mais elles l'ont approfondie en tous sens. De toute façon, on peut dire qu'avec *Jacques le Fataliste* l'ouvrage de Montesquieu est sans doute l'un de ceux qui ont le plus stimulé la critique des dix-huitiémistes d'aujourd'hui.

Cette ouverture en toutes les directions des *Lettres persanes* montre bien la difficulté de les insérer dans une mosaïque signifiante, d'en faire une étape par laquelle devait passer l'auteur de l'*Esprit des lois*.

Le Temple de Gnide

Ce petit ouvrage qu'on ne lit plus eut beaucoup de lecteurs. Parmi les contemporains, d'Alembert, qui l'admirait, le définit comme un poème en prose et observe qu'il soutiendrait avec succès l'une « des principales épreuves de descriptions poétiques, celle de les représenter sur la toile ». C'est un petit essai de pastorale affadie et langoureuse, qui exercera pourtant une durable influence tout au long du siècle, de Vivant Denon à Sylvain Maréchal et à Algarotti en Italie. Au pays de Pétrarque, d'ailleurs, *le Temple de Gnide* jouira d'une remarquable fortune, comparativement supérieure à celle de l'*Esprit des lois* lui-même : beaucoup de traductions, dont certaines en vers, marquent un intérêt très vif qui se prolongera jusque dans les pages pensives du *Zibaldone* de Leopardi qui, au début du XIXe siècle, y cherchera une confirmation de son pessimisme.

SYNOPSIS

Le Temple de Gnide se compose de sept chants d'un ton intermédiaire entre la poésie et la prose. À la fin du volume, l'auteur a ajouté un morceau indépendant *(Céphise et l'amour)*, au contenu semblable. C'est le seul ouvrage de Montesquieu publié à Paris, avec approbation et privilège du roi. On lit dans la préface qu'un ambassadeur de France auprès de la Sublime Porte, ayant acheté plusieurs manuscrits grecs, les transporta en France. Un de ceux-ci étant tombé aux mains de l'auteur, il décida d'en faire une traduction fidèle. Le fils d'Antiloque, prêtre de Vénus, né à Sybaris, où les plaisirs n'ont plus de charme, après avoir été en Crète, à Lesbos, à Lemnos et à Délos, toujours à la recherche du bonheur, parvient finalement à Gnide, où il trouve dans Thémire un amour que la pudeur domine.

Considérations sur les causes de la grandeur des Romains et de leur décadence

Historien dont l'esprit critique laisse quelque peu à désirer, Montesquieu ne se pose pas ici de problèmes de critique des sources, il raconte les événements des premiers siècles de Rome comme si ceux-ci étaient des faits historiques. Quelques années auparavant, en 1722, Lévesque de Pouilly n'avait-il pas présenté à l'Académie des inscriptions et belles-lettres un mémoire dénonçant l'incertitude de l'histoire de Rome à ses débuts ? On en avait été choqué, mais Montesquieu semble ignorer le débat.

SYNOPSIS

L'ouvrage se compose de 23 chapitres dessinant une sorte de parabole. Les premiers chapitres exaltent les Romains sous les rois, puis sous la république. Le processus de croissance rencontre cependant de graves obstacles : les Gaulois, Pyrrhus et surtout les Carthaginois. Mais le courage, le réalisme et la constance des Romains finissent par triompher. Et déjà, au sommet de la grandeur, la décadence se dessine. Elle n'est due ni aux dissensions qui divisent les Romains, ni, plus tard, à l'essor du christianisme. C'est la grandeur excessive de l'Empire qui l'engendre, c'est la corruption qui domine, à partir du jour où César a tué la liberté. Auguste ne fait que perfectionner le despotisme. Le stoïcisme s'affirme mais il ne sauve pas les Romains. L'Empire est submergé par les Barbares, parmi lesquels Attila attire l'admiration de Montesquieu. Les dernières pages sont consacrées à l'empire d'Orient et à sa fin misérable, « réduit aux faubourgs de Constantinople ».

Montesquieu s'intéresse beaucoup plus à la philosophie de l'histoire qu'à l'histoire. Les événements dont il est question le passionnent surtout en tant que symboles. L'histoire n'est plus qu'un prétexte pour l'historien moraliste et philosophe qui vise à atteindre le sens et les lois de l'histoire. L'historien quelque peu naïf se transforme du coup en un historien déterministe, pour qui ni hasard, ni transcendance, ni dessein divin n'existent plus. Mais Montesquieu ne s'enferme pas dans la prison d'un historicisme scientiste et étriqué : ces Romains sont aussi beaux qu'irréels. Ce sont des personnages d'une tragédie ininterrompue, dont les passions ont une haute valeur d'exemple et de sagesse. Rome n'est plus dans Rome, mais dans les cœurs et dans les esprits de tous les hommes.

De l'esprit des lois

Toute une tradition très ancienne d'herméneutique juridique se penchait sur le sens authentique, sur l'« esprit des lois ». On trouve cette expression chez Strube de Piermont, dans sa *Dissertation sur la raison de guerre et le droit de bienséance* (1734) qui eut un certain succès et fut imprimée plusieurs fois. Montesquieu ne connaissait pas Strube, mais il est piquant de rappeler que celui-ci, philosophe du droit allemand émigré en Russie, pour défendre son pays d'adoption qui avait été taxé de despotisme par Montesquieu, éreintera vigoureusement, par ses *Lettres russiennes* (1760), l'*Esprit des lois*.

Le chef-d'œuvre de Montesquieu se veut un traité, d'où son aspect rigoureusement systématique. Mais ce n'est qu'un aspect tout extérieur. L'ordre formel et apparent est toujours sacrifié à un ordre plus profond et presque caché, à une sorte de nouvelle « chaîne secrète ». Divisé en livres et en chapitres, il présente, d'entrée de jeu, une typologie des univers politiques où les « natures » des États (monarchie, république, despotisme) sont mises en un rapport essentiel et dynamique avec leurs « principes » ou « ressorts » (honneur, vertu, peur). Par là, la classification traditionnelle, purement politique et formelle, est dépassée dans une conception plus vaste et plus concrète, à la fois sociologique et éthique. On pourrait facilement y élucider des préoccupations qui seront au cœur des systèmes de Hegel et de Max Weber. Par la suite, Montesquieu se tourne vers le problème de la liberté, qui finit par devenir fondamental et presque obsédant. Dans cette optique, il analyse la Constitution anglaise et le problème de la séparation des pouvoirs. Puis le politologue se mue en géographe, étudiant dans les détails l'influence du climat et du terrain sur les mœurs et les lois. Suivent des analyses fort attentives des causes sociales (commerce, monnaie, démographie, religion, etc.). Un hors-d'œuvre est constitué par une étude historique des législations romaine et féodale.

SYNOPSIS

Dans la première partie (livres I à VIII), l'auteur, après avoir donné la définition de la loi, examine les causes politiques déterminant les lois. On trouve ici la distinction fondamentale des trois formes de gouvernement. Dans la deuxième partie (livres IX à XIII), Montesquieu étudie les facteurs politiques ainsi que les droits de l'individu. L'étude de la liberté politique permet à l'auteur de dégager la définition des trois pouvoirs (législatif, exécutif et judiciaire). Le chapitre sur la constitution en Angleterre met en lumière le fonctionnement des trois pouvoirs dans leurs rapports réciproques. Dans la troisième partie (livres XIV à XIX), l'auteur élucide le rôle des causes physiques (climat, terrain, géographie) et morales (les mœurs d'une nation) dans la formation des lois. Dans la quatrième partie (livres XX à XXIII), Montesquieu analyse les causes économiques et géographiques (commerce, monnaie, nombre des habitants). Dans la cinquième partie (livres XXIV à XXVI), l'auteur met en lumière les causes d'ordre spirituel, et surtout la religion, dans leur rapport avec les lois. La sixième et dernière partie (livres XXVII à XXXI) a une allure historique : l'auteur se penche sur les lois romaines relatives aux successions, sur l'origine des lois civiles en France et sur les lois féodales chez les Francs.

Peu unitaire du point de vue du contenu, l'ouvrage de Montesquieu présente un style assez peu fondu. Les critiques n'ont pas manqué qui ont étudié le phénomène d'un écrivain d'inspiration classique s'exprimant de façon si fragmentée et, en un sens, si moderne. On a allégué des causes d'ordre politique (provoquant des changements de point de vue, des coupures, des adaptations, etc.), d'ordre psychologique (Montesquieu avoue être fort timide et il se produirait une sorte de bégaiement dans son écriture), d'ordre pathologique (sa vue empirait, il ne pouvait plus se relire, ce qui l'obligeait à se servir de secrétaires : pour mieux contrôler sa pensée il était donc obligé de s'exprimer dans de courtes périodes). Ce qui est sûr, c'est que ce style à la fois synthétique et syncopé ajoute encore à la fascination de l'ouvrage. Présenté par l'auteur lui-même comme un ouvrage « de pure jurisprudence », l'*Esprit des lois* ne saurait être lu comme une doctrine pure du droit selon Kelsen. Il n'empêche que celui qui lit l'*Esprit des lois* comme un ouvrage de politique ou de philosophie, destiné à changer le monde, ne peut qu'en sortir profondément déçu (comme Rousseau) ou irrité et goguenard (comme Voltaire). D'abord, quel système politique en tirer ? La discorde a régné chez ceux qui se croyaient autorisés à déduire un enseignement univoque du grand livre. Robespierre se considérait bon élève de celui qui avait tant exalté la vertu républicaine. Mais aussi Catherine de Russie, elle qui, à l'annonce de l'exécution de Louis XVI, se mettra au lit, frappée de douleur et de peur. Le plus vrai système de Montesquieu réside peut-être dans une visée métapolitique. Comme d'autres grands théoriciens politiques (nous pensons surtout à Machiavel), Montesquieu est un moraliste pessimiste. Dans les rapports parmi les hommes tout devient pouvoir et abus. Politique signifie pouvoir, pouvoir veut dire empiétement, usurpation et excès. Cette réflexion sur l'irrésistible tentation du pouvoir et sur la stratégie qu'il faut adopter pour la contrecarrer est étonnamment moderne : parfois on croirait lire Foucault ou Barthes. Contre la *libido dominandi*, seul un partage pondéré des pouvoirs est un remède sûr et réaliste. Voilà le noyau métapolitique et éternel de la doctrine de la division des pouvoirs, qu'il aurait voulu appliquer à la réalité politique de son temps en fortifiant les pouvoirs intermédiaires confiés à la noblesse et aux parlements. Sur cette voie, il préconisait même le retour, après les excès de l'absolutisme de Louis XIV, à une sorte de monarchie féodale, convaincu, comme il l'était, que la liberté était ancienne, le despotisme récent. Dans cette perspective, il considérait Richelieu comme l'un des plus méchants citoyens qu'ait eus la France... Il faisait donc appel au passé pour sauvegarder l'avenir. Il allait évidemment à contre-courant, il jouait le rôle de Cassandre. D'où sa solitude, sa nostalgie, qui fait penser à celle de Saint-Simon, ses rapports avec les hommes, empreints d'une hautaine tendresse. Il n'appartient à aucun parti, il ne collabore pas à la glorieuse entreprise de Diderot, à cette *Encyclopédie*, à laquelle il se borne à donner l'article sur le GOÛT, paru posthume en 1757 : article quelque peu anodin, sans doute, du point de vue politique, mais qui contient les éléments d'une esthétique.

Nous avons parlé de visée métapolitique. Cela signifie que la préoccupation rationaliste domine et oriente l'enquête. Toute stratégie d'action est reléguée au second plan. D'où le désappointement ou l'indignation des réformateurs. Au lieu de réagir à une réalité sociale ou politique dont son esprit mesurait aisément l'injustice et même l'horreur, Montesquieu semble vouloir tout expliquer. Mais, expliquer le mal, n'est-ce pas mettre en branle une démarche de justification et de résignation ? Devant un atroce fléau comme celui de l'esclavage colonial, les « explications » de Montesquieu (livre XV), pourtant mêlées aux réprobations les plus nettes, finissent par permettre, à certains trafiquants de mauvaise foi, d'afficher une certaine bonne conscience. D'autre part, tout à l'opposé, on a soutenu que la grande nouveauté de l'œuvre de Montesquieu réside surtout dans son effort puissant de compréhension de la réalité humaine. Il n'enseigne pas à changer de façon utopique et abstraite (sinon sanglante) la réalité sociale, il vise à la comprendre. Il est le créateur de la sociologie juridique, politique, religieuse, etc., de la sociologie tout court, ce qui est, en un sens, aussi révolutionnaire et même infiniment davantage que certaines réformes de l'époque. En effet, toute explication est déjà un début de changement et tout changement sérieux, d'ailleurs, ne saurait s'opérer si l'on ne connaît pas profondément la réalité sur laquelle on veut travailler. Marat en était bien conscient qui, dans son *Éloge* de Montesquieu (1785), expliquait ainsi la typologie du despotisme contenue dans l'*Esprit des lois* : en brossant un portrait si frappant et si précis du despotisme, en indiquant même ce qu'il faut faire pour le conserver, Montesquieu contribue, comme aucun autre, à le détruire.

La célèbre définition, sur laquelle s'ouvre l'*Esprit des lois*, de la loi comme un rapport nécessaire dérivant de la « nature des choses » vise à identifier la loi humaine à un ordre scientifique, donc à la soustraire à l'irrationnel et au mystère. En élucidant rationnellement le fondement des lois, on s'achemine graduellement vers une réforme des lois. Babeuf et les socialistes, mais aussi Guillaume von Humboldt, ceux qui prônent l'intervention de l'État dans la vie des individus et ceux qui le définissent comme un « mal nécessaire », tous ont quelque chose à glaner. Mais ce rachat rationnel des lois ne serait-il pas synonyme du pire déterminisme ? On tomberait ainsi de Charybde en Scylla, on se sauverait de l'arbitraire pour se soumettre à un pouvoir encore plus exigeant, absolu.

Tout esprit réellement scientifique n'est-il pas épris de stabilité, de permanence, d'ordre fixe et prévisible ? Montesquieu semble parfois céder à cette tentation. Il faut cependant reconnaître que son déterminisme, s'il est parfois un peu trop rigide, n'est jamais pour autant vraiment despotique. Par un étrange paradoxe, cet homme qui alourdit de façon si inflexible le poids des conditionnements les plus variés défend inlassablement la liberté. Celle-ci fonde pour lui toutes les autres valeurs et réussit à se frayer un passage grâce à la surdétermination qui résulte du faisceau des déterminations s'exerçant sur les hommes. Montesquieu refuse en effet tout monisme déterministe. Grâce à la pluralité infinie des causes, un relativisme s'implante qui détruit toute hégémonie d'un déterminisme sur les autres. C'est ce relativisme en matière religieuse qui lui a valu l'opposition la plus opiniâtre de certains milieux ecclésiastiques. Par un autre paradoxe également frappant, cet homme, si attentif aux détails (ce qui impatientait Voltaire), si concret, a toujours en vue l'universel. C'est lui qui, si passionnément géographe, si amoureux de certains lieux (La Brède, ou le golfe de La Spezia qui suscitait son enthousiasme), a fixé l'impératif éthique consistant à préférer toujours le genre humain à l'Europe, l'Europe à sa patrie, sa patrie à sa famille, sa famille à soi-même. Cet universalisme concret l'amène à une conception de l'État où tout se tient dans une synthèse organique (l'esprit général). À cette idée totalisante de l'État, Hegel ne sera pas insensible. Mais sur cette ligne on rencontrera aussi des distorsions nationalistes et totalitaires qui auraient indigné Montesquieu, défenseur de la liberté et de la tolérance. Les idées libératrices du siècle ne sont-elles pas inscrites dans les pages si peu révolutionnaires de l'*Esprit des lois* ? Mais elles ne sont jamais imposées : elles découlent de la « nature des choses ». Le message de Montesquieu n'est pas monolithique. Sa pensée n'a pas l'arrogance ou la naïveté d'une saisie globale et définitive de la réalité.

L'*Esprit des lois* peut bien se présenter telle une *mathesis universalis*, il n'en demeure pas moins un livre ouvert, des pages blanches y restent que Montesquieu nous a enseigné à remplir ou qui, peut-être, ne seront jamais écrites. Si l'auteur de l'*Esprit des lois*, ici comme ailleurs, pense et écrit par saillies ou par maximes, c'est que la totalité d'un univers continu n'est pas son lot. Ce macrocosme éclairé et rassurant, conquis par Descartes à force d'heureuses déductions, ne saurait être pour Montesquieu qu'un objet de nostalgie ou d'espoir. Le romantisme, de Mme de Staël à Chateaubriand, verra en lui un grand maître, mais c'est un maître prudent, dont le rationalisme serein n'exclut pas un pessimisme modéré. Montesquieu s'arrête devant la porte du grand Être, tel Kant, à la fin du siècle, devant la chose en soi. Il se tient sur le seuil où l'ombre deviendra lumière. Il l'a écrit lui-même : « Je touche presque au moment où je dois commencer et finir, au moment qui dévoile et dérobe tout, au moment mêlé d'amertume et de joie, au moment où je perdrai jusqu'à mes faiblesses mêmes… Mon âme agrandissez-vous ! Précipitez-vous dans l'immensité ! Rentrez dans le grand Être ! »

C. Rosso

MONTESQUIOU Robert de

(1855-1921)

Écrivain multiple, poète, critique d'art, chroniqueur et mémorialiste, esthète et dandy, Robert de Montesquiou est avant tout un aristocrate. Être le meilleur, telle est la vocation de Montesquiou, d'abord en se donnant la peine de naître dans une famille illustrée entre autres par le nom de Montluc et celui de d'Artagnan, ensuite en cherchant toujours à se distinguer en cultivant sa différence, son style, dans ses poèmes comme dans son mobilier. À ce jeune homme riche la publication du roman de Huysmans *À Rebours* apporte la célébrité, car on voit en lui le modèle qui a servi pour le personnage central de cette œuvre : Jean des Esseintes. Comme celui-ci il a le goût des choses rares, des sensations exquises, des bibelots et des parfums. Montesquiou est désormais une notoriété parisienne que portraitureront Whistler, Boldini, Helleu. Il se bat en duel, il a des brouilles, il donne des fêtes avec son « fidèle assistant » Yturri ; il fréquente, entre autres, Mallarmé et Heredia, Sarah Bernhardt et Barrès, Gustave Moreau et d'Annunzio et jusqu'au jeune Proust – qu'il protège, et qui s'inspirera de lui pour le personnage du baron de Charlus. Le grand seigneur a lui aussi envie d'écrire : en 1892, il donne *les Chauves-Souris* ; en 1893, *le Chef des odeurs suaves* ; en 1894, *Félicité*, une étude sur les poésies de Marceline Desbordes-Valmore ; en 1895, *le Parcours du rêve au souvenir* ; en 1896, son œuvre majeure : *les Hortensias bleus*. En dépit d'une critique qui, dans ces recueils, découvre plus de prétention que de vraie poésie, Montesquiou ne ralentit nullement sa production ; on en retiendra deux « séries de mœurs mondaines » et des livres comme *Autels privilégiés*

(1898), *Assemblée de notables* (1908), *Têtes d'expression* (1912), etc. Ce sont des essais, des critiques, des conversations, ce tout et ce rien qui fait le charme aussi des *Délices de Capharnaüm* (1921) et des Mémoires de Montesquiou parus sous le titre *les Pas effacés* (posth., 1923).

Tous ces livres ressemblent, au fond, à leur auteur : ils en ont le côté surprenant et quelque peu monstrueux. Montesquiou pratique, à son niveau, l'obscurité mallarméenne ou le raffinement artistique des Goncourt. Jamais en peine d'un vocable rare, d'une tournure alambiquée ou d'une rime difficile, il a le snobisme de son écriture, qu'il veut, consciemment, pleine d'outrance. C'est donc aux *happy few* que s'adressent ses écrits, à ceux qui le suivront lorsqu'il évoquera une duchesse, une fleur, un parfum, la nuance d'une couleur, lorsqu'il partira en quête d'une sorte d'extase à la fois culturelle, sensuelle et mystique. Il est indéniable que l'auteur des *Hortensias bleus* a un côté caricatural. Cela ne doit pas nous empêcher d'en goûter les beautés artificielles et précieuses.

A. Preiss

MONTFAUCON Nicolas de

v. VILLARS, abbé de

Montherlant

MONTHERLANT Henry de

Henry MILLON de MONTHERLANT *(1896-1972)*

Tout Montherlant, sa vie, son œuvre, l'image sommaire qu'on a souvent de lui, pourrait tenir en cette formule du *Carnet XXI* : « Un paradoxe bien insolent est le chef-d'œuvre de la prudence. » Paradoxe en effet et chef-d'œuvre de prudence, qu'un Montherlant glacé vivant dans le classicisme, moraliste austère et anachronique, qui affirmait pourtant faire œuvre éphémère, amateur d'aphorismes qui ne croyait qu'au néant, alors que « connaissant, mêlées, la sensualité et la tendresse », il ne rejetait pas la subversion. Mais la prudence, pour Montherlant « l'Antique », conservait sa double acception : protection contre le monde et conquête d'une sagesse personnelle pour l'aborder.

« Un voyageur solitaire est un diable... »

L'origine sociale d'Henry de Montherlant marque ses premières années. Du côté paternel, sa famille remonterait jusqu'à Robert Millon, seigneur d'Abbémon (Oise), au XVIe siècle. Son trisaïeul François, député à la Constituante, Jacobin, fut guillotiné le 23 juin 1794. Du côté maternel, il descend du comte légitimiste Henry de Riancey. Après l'expérience des collèges catholiques et des « amitiés particulières », ses goûts s'infléchissent vers la camaraderie « démocratique », sur « le terrain de vérité » de la tauromachie, de la guerre et du sport. Simultanément – dès dix ans – s'affirme sa vocation : il sera écrivain, rien que cela. La notoriété vient avec *la Relève du matin* (1920), *le Songe* (1922), *les Olympiques* (1924). Mais il ne saurait s'installer dans son succès ; en effet, dans les années 1925-1928, Montherlant connaît une évolution décisive, lors de la crise des « voyageurs traqués ».

Délaissant « la sale gloire parisienne » pour « réaliser la féerie », il rejettera dorénavant l'idée de faire carrière, méprisera l'argent, renoncera au mariage et se tiendra « à l'écart de la religion », tout en la respectant. Sa vie semble tracée, au terme de cette « explosion d'adolescence retardée », d'où se dégage « un homme meilleur ». Jusqu'en 1942, sa vie devient, par essence, une vie « privée », dont les seules manifestations publiques, en dehors d'articles « antimunichois », sont les transcriptions autobiographiques déguisées des œuvres romanesques et les réactions d'humeur dont ses *Essais* ou ses *Carnets* se font l'écho. Mais l'homme demeure profondément secret, et son attitude pendant l'Occupation suscitera quelque incompréhension, sa production littéraire de l'époque – le théâtre – venant renforcer l'équivoque. C'est en effet durant cette période qu'il apparaît, grâce à *la Reine morte* (1942), comme un auteur dramatique de renom.

Après guerre, il se manifeste peu, vivant à Paris, quai Voltaire, et menant de front sa production dramatique, son œuvre romanesque (*le Chaos et la Nuit,* 1963) et de nouveaux essais qui accentuent son image de moraliste désabusé. Reçu à l'Académie française en 1960 sans l'avoir sollicité, il est surtout connu du grand public grâce aux nombreuses adaptations télévisées de ses œuvres, et c'est avec surprise qu'on apprend son suicide, le 21 septembre 1972.

Ce suicide est pourtant dans la logique de ses idées, au-delà de toute pose stoïcienne : « Si la maladie ou les circonstances sociales me privaient à la fois de [l'amour et du travail], que deviendrais-je ? Nous retombons sur le suicide. » Accomplissant son existence en un destin, il authentifie par ce geste ultime des attitudes que l'on avait pu trouver affectées.

« Quand je répète, c'est que ce que je répète est important pour moi »

La première impression que laisse l'œuvre, c'est la variété. Si le grand public connaît surtout Montherlant par son théâtre, par ses romans, on ne saurait négliger l'abondance et l'importance de ses *Essais,* de ses poèmes en prose ou en vers libres (dans *les Olympiques*, dans *Encore un instant de bonheur*...), auxquels il faut ajouter les conférences prononcées, les articles de journaux, les préfaces... Rien de ce qui est littéraire ne lui fut étranger. Mais la multiplicité des genres ne doit pas abuser ; derrière elle, en elle, se cache un écrivain « têtu » (Pierre Sipriot). Cette permanence se manifeste essentiellement selon trois lignes de force : genèse, écriture, thèmes et idées.

Genèse : quelques exemples suffiront. La lecture de *Quo vadis ?* en 1904 sera déterminante pour *le Treizième César* de 1970. Le *Port-Royal* représenté est le second *Port-Royal*. *Un assassin*... (1971) est contemporain de la composition des *Célibataires* (1933), sur des notes de 1928. Certaines œuvres sont « nécessaires » : « Je me suis dit, pendant des années : "Je ne voudrais pas mourir sans avoir écrit au moins la seconde partie du *Chaos et la Nuit*", et, pendant cinquante-cinq ans, je me suis dit : "Il ne faut pas mourir sans avoir écrit *les Garçons*" » (*les Nouvelles littéraires,* 1971). Tout sujet entrevu par Montherlant sera un jour ou l'autre exploité.

Écriture : d'œuvre en œuvre... « "Comme de longs échos qui de loin se confondent/Dans une ténébreuse et profonde unité/ Vaste comme la nuit et comme la clarté"... se répondent, et se complètent par des scènes, des situations identiques mais différentes par le niveau auquel elles sont abordées, la tonalité qui leur est conférée. Ainsi, dans *le Chaos et la Nuit,* j'ai voulu montrer une corrida burlesque et odieuse après l'avoir montrée sous un jour lyrique dans *les Bestiaires*... » Et l'on voit revenir, tout au long de l'œuvre, la métaphore obsédante de la corrida : la corrida est partout, depuis le portrait d'Alban de Bricoule jusqu'au détour d'une phrase d'*Un assassin*...

Thèmes et idées : « Tout grand homme n'agit et n'écrit que pour développer deux ou trois idées », écrivait Montherlant dans *Carnet XXI*. De fait, tant dans ses *Essais* et dans ses pièces que dans ses romans, ce sont toujours les mêmes thèmes qui reviennent, avec, comme obsession fondamentale, le dialogue Éros/Thanatos, de plus en plus tragique, contrebalancé par l'acceptation victorieuse de la condition humaine « sur les mers du néant », grâce à la vertu d'indifférence. « Entre moi à soixante-douze ans et moi à dix-huit ans, il y a un fonds permanent très fort. Sur quantité de sujets, les vues que j'avais à seize ans n'ont pas changé » (*Magazine littéraire,* n° 28).

« Je n'ai que l'idée que je me fais de moi pour me soutenir sur les mers du néant »

Dans un monde multiple et incohérent, « tout le monde a raison, toujours ». Il ne peut donc être question de choisir, mais de « rester libre pour tous les possibles suspendus sur soi » et de s'adonner à l'« alternance », puisque toutes les attitudes, tous les êtres, toutes les opinions sont équivalents. Mais cette alternance, qui fait dire à Costals : « Il y a en moi le pire et le meilleur », n'est pas vécue douloureusement. Comme tout est indifférent, on peut tout concilier et ainsi se réaliser pleinement : « Être humain, c'est comprendre tous les mouvements des hommes ». L'alternance est intégrée et dépassée dans le « syncrétisme », où la contradiction interne est élevée au rang de philosophie de la vie, condition d'un sauvetage personnel. Ainsi, déclarer : « Il n'est rien que j'aie écrit dont, à un moment donné de mon existence, je ne me sois senti pressé d'écrire le contraire », c'est affirmer son indépendance d'esprit et son appétit de vivre, en refusant de se leurrer sur de fausses valeurs.

Cette attitude morale trouve notamment sa justification dans des considérations esthétiques : « Je suis poète, et j'ai besoin d'aimer et de vivre toute la diversité du monde et tous ses prétendus contraires. » Le syncrétisme et l'alternance sont donc les conditions de l'acte créateur, grâce à quoi on voit enfin l'unité d'un monde où « tout est vrai ». C'est pourquoi Montherlant nourrit de lui-même ses personnages les plus opposés, en tant qu'ils représentent tous l'une de ses virtualités. Mais aucun ne peut être un pur héros, un « être limpide », de l'espèce que Ferrante déteste : insaisissables pour autrui et parfois pour eux-mêmes, ces types d'hommes alternent la force et la faiblesse, l'héroïsme et la lâcheté. Dans la création aussi, « mille états différents nous appellent ».

Sur le plan social, cela débouche sur le plus complet scepticisme et, notamment, sur le refus de l'engagement. Au-delà de la simple humeur (« Mon esprit est réfractaire au politique et au social »), il s'agit d'une position philosophique qui prend en compte l'aspect cyclique de l'Histoire, « la même pièce, jouée par des acteurs différents ». On ne peut rien faire pour changer le monde, et tous les « services » sont « inutiles ». La seule patrie qui compte est la « patrie intérieure ». Il faut donc s'exiler, « se désolidariser », cultiver sa différence et ses paradoxes et s'accomplir dans cette solitude créatrice « d'où naît l'œuvre », nécessité interne vitale.

Le syncrétisme et l'alternance débouchent donc sur la création, mais aussi sur une solitude dont l'aboutissement normal est l'« apathie stoïcienne », le néant. La « sédation physiologique » de la création devenue impossible, se profile logiquement la « sortie raisonnable » du suicide.

« Vive le malentendu ! »

« Rien qui ne soit fondé sur le malentendu », rappelle – après Baudelaire – Costals, dans *Pitié pour les femmes*. Tel est le lot de Montherlant.

Aristocrate ? Certes, mais il aima la camaraderie dans la guerre et fréquenta les stades de banlieue. Colonialiste ? Certes, il a vécu aux colonies et se tut sur les injustices qu'il y vit ; mais *la Rose de sable* est un roman anticolonialiste. Misogyne ? Certes, *les Jeunes Filles* est un ouvrage peu tendre pour les femmes, « poupées » culturelles, complaisantes par bêtise à l'entreprise d'avilissement masculin, épouses dévoreuses, stérilisantes ; mais il apprécie les femmes « d'égal à égales » (*les Olympiques*).

Quant à son œuvre... « Mon succès est un malentendu », écrit Montherlant, qui ne se fait aucune illusion : le public ne vient voir son théâtre que parce que « c'est très bien joué », mais seule une minorité entre « dans les problèmes que je traite », et, pour le reste, c'est « du chinois ». « Il est entendu que je suis un auteur bien-pensant, classique, une statue de bronze [...], de droite, ancien combattant, etc. » Mais lui se voit « subversif », « de la subversion des gens indépendants ». Pourtant, ce n'est pas faute de s'être expliqué dans ses œuvres. « On me représente volontiers comme inhumain, hautain. Alors que mon œuvre fait toujours appel à la sensibilité, et même au pathétique [...] Je crois qu'il n'y a pas d'œuvre plus vibrante que la mienne, que je suis d'une sensibilité extrême. »

Ce malentendu ne l'inquiète pas ; il ne pouvait, en effet, en être autrement quand, « athée », on écrit des pièces « chrétiennes », quand on prône le syncrétisme et l'alternance, quand, par Jeanne la Folle, on affirme « la solide conscience de la vanité de tout », quand, par Costals interposé, on définit comme rapports avec le monde : 1° jouir de lui ; 2° se protéger de lui ; 3° se jouer de lui. Montherlant le malentendu, qu'importe ! « J'ai été un homme de plaisir d'abord, ensuite un créateur littéraire, et ensuite rien. Le plaisir est pris ; les œuvres, c'est pour me faire plaisir aussi que je les faisais, et ce plaisir lui aussi est pris. C'est pourquoi tout est bien ainsi » (*la Marée du soir*).

	VIE		ŒUVRE
1896	**21 avr. :** naissance d'Henry Marie-Joseph Millon de Montherlant à Paris, 15, avenue de Villars.		
1904	Lecture de *Quo vadis ?* de Sienkiewicz, ouverture sur le monde romain.		
1905-1908	Écrit seul ou avec Faure-Biguet, son ami, des récits inspirés de ses lectures : *Pro una terra, Scipion l'Africain.*		
1907-1909	Quitte le lycée Janson-de-Sailly pour l'école Saint-Pierre de Neuilly.		
1910-1912	Études au collège Sainte-Croix de Neuilly, d'où il est renvoyé en 1912. S'initie à la tauromachie pendant les vacances.		
1913	Suit des cours particuliers et passe le baccalauréat de philosophie.	**1913**	Première esquisse de *la Ville dont le prince est un enfant.*
1914	Mort de son père. **1er août : déclaration de la Première Guerre mondiale.** Veut s'engager ; mais sa mère l'en dissuade : « Attends donc pour t'engager que je sois morte ».	**1914**	Écrit *l'Exil* (qu'il ne publiera qu'en 1929).
1915	Sa mère meurt. Il s'engage.		
1916	Affecté au service auxiliaire à l'École militaire.		
1917	Combattant volontaire au 360e régiment d'infanterie.		
1918	Blessé (sept éclats d'obus dans les reins), puis réformé. **11 nov. : armistice.**		
1919	**Traité de Versailles.** Commence à écrire *le Songe.*		
1920-1924	Secrétaire général de l'Œuvre de l'ossuaire de Douaumont : « emploi qui prolongeait pour moi la guerre dans la paix ». Pratique différents sports (déjà en 1915).	**1920**	**Oct. :** publie, à compte d'auteur, *la Relève du matin* (à la Société littéraire de France).
		1922	*Le Songe* (roman), chez Grasset.
		1924	**Été :** *les Olympiques* (gros succès). *Chant funèbre pour les morts de Verdun,* chez Grasset.
1925	**15 janv. :** quitte Paris. Écrit *Syncrétisme et alternance.* **7 nov. :** blessé par un taureau en Espagne, près d'Albacète.		
1926	Voyage au Maroc espagnol et en Tunisie. Abandonne *les Crétois.* Écrit *Pasiphaé* (pièce). Rencontre Marguerite Lauze.	**1926**	*Les Bestiaires* (roman), chez Grasset.
1927	**Jusqu'au 1er avril :** en Tunisie. **1er juin-23 déc. :** à Paris. **Oct. :** rupture de fiançailles.	**1927**	*Aux fontaines du désir* (Ier tome de la série des *Voyageurs traqués*).
1928	En Algérie.		

	VIE		ŒUVRE
1929	**Févr. :** retour à Paris.	**1929**	Publication de *l'Exil* (Éd. du Capitole, Paris). *La Petite Infante de Castille* (IIe tome des *Voyageurs traqués*).
1930	À Paris, travaille à une pièce, *Don Fabrique,* qu'il abandonne ; première version de *la Ville dont le prince est un enfant,* qu'il abandonne aussi ; commence *les Garçons.* **19 sept. :** départ pour Alger. **Mars :** commence *la Rose de sable.*	**1930**	*Pour une vierge noire.*
1931-1932	Demeure en Afrique du Nord. Travaille à *la Rose de sable,* roman anticolonialiste.	**1932**	*Mors et Vita.*
1933	**Mai-août :** à Paris, écrit *les Célibataires.* **23 août-16 oct. :** voyage à Alger. **15 nov. :** conférence à l'École supérieure de guerre : « la Prudence ou les Morts perdus ».		
1934	**6 févr. : émeute à Paris.** Ne cesse de voyager entre Paris et Alger. Commence *les Jeunes Filles.* **Mai :** liaison avec une jeune fille ; fiançailles le **15 oct.** ; rupture le **4 nov**. Refuse le grand prix de littérature coloniale.	**1934**	*Encore un instant de bonheur* (recueil de poèmes). *Les Célibataires* (juill.) chez Grasset, grand prix de littérature de l'Académie française, prix Northcliffe-Heinemann.
1935	Reprise de la liaison (**févr.**) ; rupture définitive en **mai**.	**1935**	**Oct. :** *Service inutile.*
1936	**Gouvernement de Front populaire.** **7 mars : Hitler occupe la Rhénanie.** **25 déc. :** commence *le Démon du bien* à Peira-Cava.	**1936**	*Les Jeunes Filles* et *Pitié pour les femmes,* chez Grasset. *Pasiphaé,* aux Éd. des Cahiers de Barbarie, Tunis.
1937	**21 févr. :** a terminé *le Démon du bien.*	**1937**	**Juin :** *le Démon du bien,* chez Grasset.
1938	**Sept. : conférence de Munich.** Prononce des conférences antimunichoises.	**1938**	Sous le pseudonyme de François LAZERGUE, publie *la Rose de sable* sous le titre *Mission providentielle* (65 exemplaires, Paris, Éd. imprimerie Rambot et Cie). Articles antimunichois dans *Candide.* **Déc. :** *l'Équinoxe de septembre.*
1939	Malade à Nice. **3 sept. : déclaration de guerre de la France et de l'Angleterre à l'Allemagne.** Emménage au 25, quai Voltaire, à Paris.	**1939**	**Juill. :** *les Lépreuses,* chez Grasset.
1940	Commence un premier *Port-Royal.* **20 mai :** entre à l'hebdomadaire *Marianne* comme correspondant. Prépare des textes qui seront réunis en 1952 dans *Textes sous une Occupation.* **15 juin : armistice.** Se replie à Marseille, puis à Nice. Retrouve Marguerite Lauze et son fils Jean-Claude à Grasse.		
1941	**Mai :** retour à Paris. **Oct. :** prépare *la Reine morte.*	**1941**	**Oct. :** *le Solstice de juin* (d'abord interdit par les Allemands).
1942	**Mai-juin :** écrit *la Reine morte* à Grasse. **Oct. :** s'occupe du service d'Assistance aux enfants français (jusqu'en 1945).	**1942**	**8 déc. :** première de *la Reine morte* à la Comédie-Française. Accueil assez froid, l'ouvrage paraît chez Gallimard.
1943	Écrit *Malatesta.*	**1943**	**18 déc. :** création de *Fils de personne,* au théâtre Saint-Georges.
1944	Perquisition allemande chez lui. **6 juin : débarquement en Normandie.** **25 août : Libération de Paris.** Montherlant connaît quelques ennuis : une enquête est ouverte qui n'aura pas de suites.	**1944**	*Un incompris,* chez Gallimard.

VIE		ŒUVRE	
1945	**8 mai : capitulation de l'Allemagne.**		
		1946	Publication de *Malatesta,* chez Marguerat, à Lausanne.
		1947	*Le Maître de Santiago,* chez Gallimard.
		1948	Création du *Maître de Santiago* au théâtre Hébertot (gros succès).
		1949	*Demain il fera jour,* au théâtre Hébertot ; l'ouvrage paraît chez Gallimard. *Pasiphaé,* nouvelle publication.
		1950	*Celles qu'on prend dans ses bras,* au théâtre de la Madeleine ; l'ouvrage paraît chez Gallimard. *Malatesta* au théâtre Marigny par la compagnie M. Renaud/J.-L. Barrault.
		1951	*La Ville dont le prince est un enfant* est reçue à la Comédie-Française, mais Montherlant en refuse la représentation. L'ouvrage paraît chez Gallimard.
1953	Écrit un nouveau *Port-Royal.*	**1953**	*Pasiphaé* à la Comédie-Française. *Textes sous une Occupation (1940-1944)*, chez Gallimard.
1954	**Début de la guerre d'Algérie.**	**1954**	Version tronquée de *la Rose de sable : Histoire d'amour de la rose de sable. Port-Royal* créé à la Comédie-Française. *Le Théâtre* paraît dans la « Bibliothèque de la Pléiade » (de son vivant, fait rarissime).
1955-1957	Écrit *le Préfet Spendius,* qu'il ne publie pas.		
		1956	*Brocéliande* à la Comédie-Française.
		1957	*Carnets (1930-1944)*, chez Gallimard.
1958	**Après référendum, installation de la Ve République.**		
1959	Insolation, qui aura pour conséquence une cécité progressive.	**1959**	*Don Juan* créé au théâtre de l'Athénée. *Romans et Œuvres de fiction non théâtrales,* dans la « Bibliothèque de la Pléiade ».
1960	Est élu à l'Académie française, sans avoir fait les visites « protocolaires ».	**1960**	*Le Cardinal d'Espagne* créé à la Comédie-Française.
1961-1962	Écrit *le Chaos et la Nuit.*	**1961**	*Un voyageur solitaire est un diable (1925-1929)*, 3e volet de la série des *Voyageurs traqués,* chez Gallimard.
		1963	*Le Chaos et la Nuit,* roman, chez Gallimard. *Essais,* dans la « Bibliothèque de la Pléiade » ; *l'Embroc* créé au théâtre des Mathurins, petit lever de rideau accompagnant la reprise de *Fils de personne.*
		1965	*La Guerre civile,* au théâtre de l'Œuvre.
		1966	*Va jouer avec cette poussière (Carnets 1958-1964)*, chez Gallimard.
		1967	Création de *la Ville dont le prince est un enfant,* au théâtre Michel.
1968	Perd la vision de l'œil gauche.	**1968**	*La Rose de sable,* version intégrale, chez Gallimard.
		1969	*Les Garçons* (version incomplète), chez Gallimard, 2e volet de *la Jeunesse d'Alban de Bricoule.*

VIE		ŒUVRE	
		1970	*Le Treizième César* (sur l'Empire romain), chez Gallimard.
		1971	*Un assassin est mon maître,* roman, chez Gallimard.
1972	**Jeudi 21 sept., 16 heures :** Montherlant se suicide, quai Voltaire. « Je deviens aveugle, je me tue. »	**1972**	*La Marée du soir (Carnets 1968-1971)* et *la Tragédie sans masque* (notes de théâtre), chez Gallimard.
1973	**Avr. :** Jean-Claude Barat et sa mère, ses uniques héritiers, dispersent ses cendres à Rome, sur le Forum.	**1973**	*Mais aimons-nous ceux que nous aimons ?,* chez Gallimard.
		1974	*Le Fichier parisien,* chez Gallimard. *Les Garçons* (version intégrale).
		1975	*Tous feux éteints,* chez Gallimard.
		1976	*Coups de soleil,* chez Gallimard.

LES ROMANS

Les Olympiques

La démobilisation de 1918 permit à Montherlant de revenir sur les stades, qu'il aurait fréquentés dès 1915. De cette expérience sont nés *les Olympiques* – titre justifié par les jeux Olympiques de Paris –, qui parurent en deux volumes dans la collection des « Cahiers verts », chez Grasset, et valurent la notoriété à leur auteur.

L'édition définitive de 1938, augmentée, préfacée, réunit en un seul volume les deux « Olympiques » : « le Paradis à l'ombre des Épées », « les Onze devant la Porte dorée ». L'ensemble est varié : on y trouve le récit lyrique d'exploits sportifs, des conversations avec le jeune athlète Jacques Peyrony, dans « la Gloire du stade » et « le Trouble dans le stade », la narration d'un dimanche après-midi de boxe (« Royaume de ce monde »), des poèmes en vers libres (« les Coureurs de relais », « Vesper »...) ou en prose (« Stade dans le ciel », « Feux sur les corps »...), une petite nouvelle (« Mademoiselle de Plémeur ») et des dialogues scéniques (« la Leçon de football dans un parc », « les Onze devant la Porte dorée »). L'unité est conférée par l'exaltation presque mystique du sport.

Certains des thèmes développés ont été largement popularisés depuis. La « gymnastique », demandait déjà Aristote, doit « créer des qualités morales » : franchise, volonté, dignité, noblesse, abnégation, camaraderie... Le stade, ajoute Montherlant, est « le terrain de vérité », de l'accomplissement de nos « possibles », qui procure une autre vision du monde, « un bonheur qui n'est pas un relâchement, mais une activité et une tension ». Dans ce « royaume de Garçonnie », les femmes n'ont pas de place, sauf si elles sont elles-mêmes athlètes (cessant alors d'être des « poupées », elles deviennent de pures camarades pour l'homme, « enfin, d'égal à égales »). Le sport est à la fois aristocratique par « la sélection des meilleurs physiquement » et démocratique : « avec le peuple, sur un même terrain, dans les mêmes sentiments ».

Ce qui domine le texte et obsède Montherlant, c'est la présence de la mort au sein même du sport. Le jeu a l'odeur de la guerre, et le corps si exalté, le corps qui, souvent, seul « sauve une créature humaine d'être du néant ou de l'ignominie » n'est qu'une protection éphémère que guette le génie de la mort. « Mouvement et ordre moral, raison et corps exercé », le sport prolonge « le grand lyrisme physique de la guerre » dans la paix, « épiphanie de l'homme-dieu ! »

Les Célibataires

Écrit en avril-mai 1933, ce roman connut un grand succès dès sa publication dans la *Revue des Deux Mondes* en 1934. Enfin, estima la critique, Montherlant échappait à l'inspiration autobiographique où il s'était complu presque exclusivement jusqu'ici, ce que l'auteur confirme en notant qu'il avait eu « le désir de peindre des personnages qui [lui] fussent violemment antinomiques ». De plus, idéologiquement, nombre de lecteurs se réjouirent de voir attaquée la classe sociale à laquelle Montherlant lui-même appartenait : la noblesse.

La narration analyse « avec ironie, mais aussi avec une certaine affection pour [ses] fantoches aristocrates », le passé, les mesquineries, les petites manies, les velléitaires sursauts de fierté des protagonistes : Octave de Coëtquidan, le banquier et baron américanophile ; Élie de Coëtquidan, frère du précédent, rusé et méchant ; Léon de Coantré, neveu des deux autres, « un original un peu simple d'esprit ». Le sentiment de médiocrité générale est renforcé par une galerie de personnages secondaires.

L'ensemble laisse une impression de « naturalisme enjoué » (Pierre Sipriot), visant à démontrer deux formules chères à l'auteur : l'une, en conclusion de la première partie : « Ce qu'il y a de tragique chez les anxieux, c'est qu'ils ont toujours raison de l'être » ; l'autre : « C'est une grande erreur que de faire une confiance illimitée à la méchanceté des hommes : il est rare qu'ils nous fassent le mal qu'ils pourraient. » Mais… c'est de tout le bien qu'on aurait pu lui faire et qu'on ne lui a pas fait que meurt Léon de Coantré.

La série des *Jeunes Filles* (*les Jeunes Filles, Pitié pour les femmes, le Démon du bien, les Lépreuses*)

La série des *Jeunes Filles* – écrite avant une longue interruption de l'écrivain dans la pratique du genre – manifeste un art romanesque poussé au plus haut point et assez audacieux, pour l'époque, par sa variété même.

En premier lieu, concurremment au caractère libertin du protagoniste, Costals, l'influence des *Liaisons dangereuses* de Laclos est évidente du point de vue narratif. Le premier volume, *les Jeunes Filles,* commence en effet comme un roman par lettres : échange de correspondance entre Pierre Costals, écrivain, et Thérèse Pantevin, « folle (du genre mystique) », Andrée Hacquebaut, grande amoureuse frustrée, Rachel Guigui, « juive intelligente ». Puis le procédé épistolaire devient secondaire, la lettre ne sert plus qu'à commenter une intrigue marginale, un rebond événementiel, ou à entretenir un lointain rapport père/fils dans *Pitié pour les femmes.* Dans *le Démon du bien,* les lettres ne réapparaissent guère que pour justifier les ruptures. Enfin, dans *les Lépreuses,* les lettres (résumées) ne subsistent que par celles d'Andrée Hacquebaut ; elles sont devenues tellement extérieures à l'intrigue principale qu'elles sont signalées comme n'ayant pas même été ouvertes. Seul l'épilogue reprendra le procédé épistolaire, signifiant ainsi l'éloignement définitif des protagonistes.

« Dans le roman qu'il [Costals] écrivait, il avait ajouté le personnage de Solange. » Cet ajout, signalé dans *le Démon du bien,* est presque contemporain, dans *les Jeunes Filles,* de l'apparition d'un nouveau mode narratif : de manière traditionnelle, le récit sera désormais confié à un narrateur omniprésent, omniscient, et polarisé sur Costals. Ses hésitations avant le mariage (l'« Hippogriffe »), ses fuites en Italie, au Maroc, ses retours constituent l'intrigue véritable de la série. Or, le narrateur épouse si manifestement les opinions de Costals, soit en abondant directement dans son sens, soit en usant « complaisamment » du discours indirect libre, soit même en livrant des pages du « Journal » de Costals (autre aspect de la technique romanesque), que la tentation est grande d'opérer la fusion auteur/narrateur/protagoniste. Pourtant, différents procédés affirment l'émancipation du narrateur. Certains passages vont jusqu'à détruire toute illusion réaliste, en faisant intervenir une réflexion directe de l'auteur : « Si ce roman sacrifiait aux règles du genre… » (*Pitié pour les femmes*).

Cette volonté de distanciation, diffuse tout au long de l'œuvre, se manifeste par un effet supplémentaire : l'effet miroir. Miroir des attitudes amoureuses ; miroir anticipé des personnages : Costals se reconnaît « pareil » à Dandillot père et se voit « dans la glace » (*Pitié pour les femmes*), Solange se métamorphosera en Andrée (« car toutes les femmes [sont] Andrée Hacquebaut »), miroir de l'œuvre dans la littérature, miroir du roman dans le roman (Costals écrit un roman, « vit de façon à continuer à faire œuvre d'art dans la vie », et Andrée, Solange savent qu'elles deviendront « ses » personnages). Le roman génère par Costals un autre roman, dont l'écriture conditionne le vécu du premier. On songe ici, dans cet embryon de construction en « abyme », à Gide (dont Costals, selon Andrée, est disciple) et aux *Faux-Monnayeurs,* parus en 1925.

La tonalité générale, qui choqua profondément l'opinion publique d'avant guerre, est cynique, voire cruelle. Les propos de Costals, ceux du narrateur fourmillent de sentences catégoriques énonçant des « vérités essentielles » sur les rapports de l'homme et de la femme, où se manifeste le Montherlant moraliste des *Carnets.* Il déclara d'ailleurs en 1952 : « La seule erreur que je voie dans cet ouvrage est un certain abus de la généralisation. J'y dis trop “les femmes”… “les hommes”… Il en naît parfois quelque simplisme. »

Le Chaos et la Nuit

Le héros du *Chaos et la Nuit,* un vieil anarchiste espagnol réfugié en France depuis la guerre civile, décide, lors du décès de sa sœur Elvire, de retourner à Madrid. Ce retour lui sera à la fois fatal et salutaire, car « sa folie est le quichottisme ».

Comme don Quichotte, Celestino Marcilla est un solitaire. À Paris, il se brouille avec ses amis. Il vit seul avec sa fille Pascualita, mais le mutisme s'est instauré entre ce « petit oiseau » et le vieil original irascible. Ses articles, lien éventuel avec ses contemporains, sont refusés par les journaux. En Espagne, il fuira les contacts avec son beau-frère.

Comme don Quichotte, don Celestino est un inadapté social et politique. Depuis vingt ans en exil en France, il ne s'est aucunement intégré à la société française, il en refuse la langue, les usages. À son retour en Espagne – Espagne qu'à son grand désappointement il découvre heureuse –, il s'y trouve à son tour étranger : la France n'est pas sa patrie, l'Espagne ne l'est plus. Politiquement, Marcilla est anachronique : « un retardé idéologique ». Anarchiste par « haine sociale », il a combattu contre Franco mais ne s'est jamais relevé de sa défaite. Comme don Quichotte, il est le jouet d'hallucinations, vit dans un autre monde : il prend d'assaut le Conservatoire des Arts et Métiers comme si c'était l'Alcazar de Tolède, « torée » au milieu de la circulation à Paris… À Madrid, il se croit traqué, rencontre des fantômes (le capitaine Aguirre, mort en 1939) et assiste à une course de taureaux qu'il veut voir « horrible et dérisoire ».

Le choc avec la réalité de l'Espagne franquiste de 1959 lui est fatal. Revenu, par une étrange juxtaposition de provocation et de peur, de prudence et de témérité, accomplir son destin tragique avec allégresse, la corrida lui fait découvrir que le taureau vit sa peur, à lui. Il ne lui reste qu'à mourir « à quatre pattes », devenu taureau, avec, « entre la nuque et le bas des omoplates, quatre blessures, quatre entrées minces et nettes comme d'un couteau ou d'une épée ».

Mais cette agonie (chap. VIII) est salutaire. Il atteint enfin sa morale : mourir caché, indifférent à « souffrir pour le chaos qui va rentrer dans la nuit » ; il n'y a pas de sérieux, mais du tragique ; « regarder le monde, jouir de lui, s'en préserver, mais ne jamais y prendre part » ; « pas de vérité » ; « tout est un non-sens… » Ce sont là les clefs de la morale de Montherlant.

Les Garçons

Bel exemple du Montherlant « têtu » que ce roman ! Tant du point de vue de la genèse que de celui de ses sujets.

Conçu dès 1929, annoncé en 1937 dans la Préface du *Démon du bien*, le roman ne paraît qu'en 1969. Qui plus est, il complète *la Jeunesse d'Alban de Bricoule,* dont il constitue le tome II, entre *les Bestiaires* (tome I, 1926), et *le Songe* (tome III, 1922). En outre, il reprend et développe de façon romanesque la pièce *la Ville dont le prince est un enfant*… (texte de 1967), conçue dès 1913, présentée sous la forme d'un essai : « la Gloire du collège », inséré dans *la Relève du matin* (1920) : « J'ai donc donné forme, à trois reprises, au même matériau : par l'essai, la pièce, le roman. Une fois transfiguration (l'essai), une fois l'écorché (la pièce) et une fois une partie des profondeurs (le roman) » (*la Marée du soir*, 1972).

Le roman présente « ce qui se passe avant » et « ce qui se passe après » l'action de *la Ville*…, organisé autour de trois sujets. « Le premier est celui d'un prêtre qui entre en prêtrise sans avoir la foi », l'abbé de Pradts, face à son supérieur, l'abbé Pradeau de La Halle, et qui « meurt ravi d'avoir si bien conduit sa barque » ; « le second sujet, c'est celui d'une mère et de son fils », de leurs relations tumultueuses ; « le troisième sujet, qui se trouve imbriqué au milieu des deux autres, est le sujet – mais traité en profondeur et comme peut le faire un romancier – de ma pièce *la Ville*… » : l'amitié particulière entre Alban et Serge Souplier.

Montherlant définit parfaitement le sujet de ce livre qu'il a « quasiment porté toute [sa] vie » : « Ce roman pourrait être sous-titré “ou le Triomphe de l'amour”, à condition que ce mot *amour* fût employé dans son sens le plus épuré. Sans doute n'y a-t-il qu'un sujet dans ce livre, c'est l'amour : celui d'un adolescent et d'un prêtre pour un élève, celui d'un autre prêtre pour sa mission et pour Dieu, celui d'une mère pour son fils. »

LE THÉÂTRE

Montherlant ne vint que tardivement au théâtre représenté, mais on ne peut pas pour lui, comme pour Giraudoux, parler de la vocation tardive d'un romancier. En effet, Montherlant a constamment été sollicité par le théâtre ; sa première œuvre, *l'Exil* (1929), fait déjà apparaître quelques thèmes essentiels : incommunicabilité, amitié virile, tentation de l'héroïsme et de l'esthétisme.

« Pour moi, il n'y a qu'une seule forme de théâtre digne de ce nom, le théâtre psychologique »

Passionné par l'expression dramatique, Montherlant n'est pourtant pas un homme de scène, et il aurait pu dire de presque toutes ses pièces ce qu'il disait de *la Ville dont le prince est un enfant* : « Il n'est pas dans les intentions présentes de l'auteur que cette pièce soit représentée ». Il affecte une certaine indifférence pour la mise en espace de ses œuvres : « Je m'en remets au metteur en scène pour les places et les mouvements (je serais incapable de les indiquer, et je ne me préoccupe pas de l'agencement scénique tandis que j'écris) ». Point d'aboutissement de cette tendance, *la Guerre civile* (1965) cache au spectateur son prologue et son épilogue, qui se déroulent rideau baissé.

C'est que, de son propre aveu, Montherlant se situe non sur le plan de la théâtralité, mais sur celui de la morale. Sans chercher à « construire mécaniquement une intrigue », il opte résolument pour un « théâtre tout intérieur », qui, « débarrassé de la mécanique foraine », serait « un prétexte à l'exploration de l'homme ».

Montherlant se réclame donc clairement de la tradition classique, cherchant à « exprimer avec le maximum de vérité, d'intensité et de profondeur un certain nombre de mouvements de l'âme humaine ». L'influence de Corneille (le thème de la Grâce permet de rapprocher *Polyeucte* et *le Maître de Santiago*) et même celle de Molière (les apparitions grotesques de Péréfixe dans *Port-Royal* et, bien sûr, l'inévitable comparaison entre *Dom Juan* et *la Mort qui fait le trottoir*) sont parfois sensibles. Mais c'est Racine qui est son maître. Par-delà sa constante référence au théâtre grec, et notamment à Sophocle et Euripide, Montherlant sait faire « un monde avec rien » (Marcel Jouhandeau) et puise chez Racine nombre de thèmes et de structures : reprise du thème de *Phèdre* dans *Pasiphaé* ; reproduction, dans *Celles qu'on prend dans ses bras*, d'une chaîne d'amour infernale ; relations explicites entre certaines scènes de la *Ville*… et *Andromaque*. Ainsi s'expliquent les exigences dramatiques de Montherlant : unité et simplicité de l'action, rigueur de la construction et aussi, dans ce théâtre du discours, goût des créations verbales.

« Le style gentilhomme »

Le théâtre de Montherlant peut paraître bavard et affecté. De fait, ses personnages semblent toujours en « représentation », se donnant par leurs discours le spectacle de leur « hautainerie ». Ils se jouent à eux-mêmes le théâtre du langage.

Mais le flamboiement du langage n'est pas artificiel. Il procède d'une nécessité interne aux œuvres, du double point de vue des thèmes et de la psychologie. D'abord, Montherlant ne craint pas de manier divers registres du discours, de l'argot des légionnaires (*la Guerre civile*) aux petits potins des religieuses (*Port-Royal*). De plus, quand il se produit, le choc des mots renvoie au duel des personnalités exceptionnelles mises en scène, et le rebondissement des formules témoigne des contradictions tragiques qui écartèlent les héros. « Le tragique de mon théâtre est bien moins un tragique de situation qu'un tragique provenant de ce qu'un être contient de lui-même ». Seul le langage peut alors manifester la prise de conscience de ces déchirements. Plus qu'une marque d'élection des êtres forts, il est l'essence même de la dramaturgie de Montherlant. Enfin, le choix de sujets politiques favorise l'usage de la maxime, qui donne aux « pièces en pourpoint » leur « atmosphère florentine ». Mais le langage scénique de Montherlant n'est pas figé dans une suite de formules cornéliennes ; il laisse la place à des images ou à des figures, emblématiques de pièces entières : *le Maître de Santiago* se structure autour d'une antithèse (la colombe poignardée et la colombe ardente) qui est modulée dans le décor, les êtres et les discours. L'antithèse est d'ailleurs au cœur des pièces de l'affrontement, de *la Reine morte* à *Demain il fera jour*. Et la litote indique à elle seule le couvent (*Port-Royal*) et le collège aux amitiés particulières de *la Ville*. Ainsi se retrouve, au-delà des recherches de « poésie pure », quand la prose rejoint les mètres réguliers (cf. la fin du *Maître*), l'exigence classique, puisque « le théâtre n'est bon que dans la litote ».

« Ædificabo et destruam » : construction dramatique et dérision

En allant au-delà des clivages commodes (« pièces en veston »/« pièces en pourpoint » ; veine profane/veine sacrée), on discerne dans le théâtre de Montherlant une continuité thématique, dans la psychologie (rapports père/fils), dans la géographie (la péninsule Ibérique) ou dans la politique (complexité des rapports au pouvoir). En même temps on peut mesurer la distance qu'a prise vis-à-vis de son théâtre un auteur décidément paradoxal.

Malgré la grande diversité des pièces, Montherlant adopte un schéma dramatique différent de l'archétype « classique » mis en évidence par Jacques Schérer : « L'action se définit par les démarches des personnages mis en présence des obstacles qui forment le nœud et qui ne sont éliminés qu'au dénouement. » En effet, Montherlant passe sous silence les démarches préalables des personnages, car « l'action agitée est aimée du vulgaire ». Ainsi sont souvent mis en scène des héros âgés et désenchantés, dont les actions d'éclat sont loin dans le passé : Cisneros, Malatesta, voire don Juan ne peuvent ou ne veulent plus créer l'événement qui lancerait la pièce. Tout commence donc à l'obstacle, au sommet de la crise classique : opposition d'Alvaro au mariage de sa fille Mariana, refus des religieuses concernant le « formulaire » ou volonté exprimée par Christine de ne pas se donner à Ravier. Comme aucune péripétie décisive ne vient débloquer une situation rendue ainsi inextricable, les pièces évoquent ensuite l'attente. L'action progresse peu et grâce à de lentes évolutions que n'affectent guère les événements extérieurs. Par exemple, dans *le Cardinal d'Espagne,* les jeux sont faits dès l'avant-dernier acte. Ainsi peut s'expliquer le laps de temps souvent considérable qui s'écoule d'un acte à l'autre : trois semaines entre le premier et le deuxième acte de *Brocéliande,* par exemple. Puis, de façon inattendue, survient le dénouement, c'est-à-dire la dissolution de l'obstacle : renoncement de Mariana, expulsion de sœur Angélique... Ce dénouement, loin d'être une concession à la « mécanique foraine », est la manifestation scénique des paradoxes et des contradictions qui pétrissent les héros : paradoxal refus de partir, chez Gillou (*Fils de personne*) ; trahison et course à la mort inattendues chez don Juan (*la Mort qui fait le trottoir*)... Mais généralement la pièce ne s'arrête pas là : elle se prolonge en un tableau final, scène muette, lourde de significations, où se manifeste ce « pouvoir du silence » que Montherlant apprécie chez Racine : dernière cruauté de Porcellio, qui brûle les apologies de Malatesta ; sanglots de l'abbé de Pradts...

Or, cette forme visuelle de « théâtre pur », en même temps qu'apothéose, est invitation implicite à la relecture, à la réinterprétation de pièces alors placées sous le signe de la vision rétrospective. Ainsi les constructions en doublon abondent : parallélisme des actes IV et I, III et II dans *Malatesta,* des scènes III et VII de l'acte III dans *la Ville* ; motif du rêve prémonitoire dans *Malatesta* ou dans *Demain il fera jour,* qui pousse à la réinterprétatin d'indices anodins et favorise le « second regard ». Il arrive même que celui-ci soit intégré dans la dramaturgie, créant un effet de distanciation. Tel est le rôle du « Penseur-qui-a-des-idées-sur-don-Juan », de l'allégorie de la guerre civile ou du chœur antique. De la vision critique à l'ironie il n'y a qu'un pas, et Montherlant en vient à sourire de son propre théâtre. Ainsi, la femme du Commandeur tué par Don Juan tourne en dérision l'apothéose du *Maître de Santiago* : « *Unidos ! siempre unidos !* (Au public :) Ça, naturellement, ça veut dire : Unis ! unis à jamais ! » De même, la grotesque pantomime à laquelle elle se livre fonctionne comme une parodie de la gestuelle propre aux tableaux finaux. C'est enfin le « style élevé » lui-même qui est attaqué, dans *Brocéliande.* Au-delà de l'ironie sur la mentalité petite-bourgeoise, la seule vraie comédie de Montherlant se moque, par le théâtre du langage, du langage du théâtre, et notamment de celui des « pièces en veston ». Ultime paradoxe et illustration du triple thème du syncrétisme, de l'alternance et du malentendu.

La Reine morte : l'œuvre théâtrale marquante

La pièce de Montherlant la plus jouée et la plus lue de par le monde, *la Reine morte* – écrite à Grasse au printemps 1942, d'après une pièce de Luis Velez de Guevara : *Reinar después de morir* (« Régner après sa mort ») –, connut des débuts difficiles lors de sa création à la Comédie-Française (décembre 1942). L'accueil initial laissa à l'auteur le souvenir d'une « dominante d'aigreur », car « la générale [...] ne fut que tiède ». Mais, après diverses coupures, le succès vint très rapidement, et ne s'est jamais démenti. *La Reine morte* apparaît comme la plus parfaite réalisation des principes dramaturgiques de Montherlant, qu'il s'agisse de la construction dramatique, de la conception des personnages ou du flamboiement du langage.

La pièce présente le schéma dramatique : obstacle-attente-dénouement-tableau final, dont chaque étape voit sa spécificité accentuée. L'obstacle, d'abord, est triple. Inès est non seulement la maîtresse de Pedro, mais aussi sa femme (ils se sont mariés secrètement), et elle est enceinte. De plus, c'est Inès elle-même qui, par deux fois, se constitue comme obstacle, révélant au roi Ferrante son mariage (I, V) et sa maternité (III, VI). Inès agit alors moins par naïveté que par stratégie, pour faire pression sur autrui par cette naïveté même. La situation, bloquée par la première révélation d'Inès, débouche sur une attente durant laquelle l'action ne progresse pas, malgré divers affrontements verbaux, les évolutions décisives se produisant hors de la présence des spectateurs : les quatre jours qui séparent le premier et le deuxième actes déterminent un vide capital (II, IV) durant lequel Inès change de visage en mûrissant, ce qui accuse les failles de Ferrante. Mais seul le résultat de ces changements, et non l'action elle-même, sera montré au public. Le dénouement, brusque et immotivé, ne prend, quant à lui, tout son sens qu'en fonction du tableau final. L'ultime transformation de Pedro, qui impose enfin son autorité par la force de son seul regard, réunit Inès et Ferrante dans un même triomphe, puisque enfin le vieux roi a un fils digne de lui. Le meurtre n'aura pas été inutile, et la catastrophe inverse le sens du dénouement.

La Reine morte apparaît, à bien des égards, comme le drame du paradoxe et de l'antithèse. Le roi Ferrante est un « nœud épouvantable de contradictions » : constamment en représentation, il cache sa faiblesse par une distance hautaine entretenue par des maximes politiques. Mais c'est un personnage qui se défait : soutenant « le point de vue de l'État » au premier acte (« Moi, le roi »), vacillant au deuxième (« Je passe mon temps à recommencer ce que j'ai fait, et à le recommencer moins bien »), il constate à la fin la dissolution de sa volonté (« Pourquoi est-ce que je la tue ? »). Si bien que – paradoxe supplémentaire –, malgré le sous-titre primitif *Comment on tue les femmes,* c'est la mort de Ferrante qui est le thème dominant, dès le début de la pièce : « Chaque fois qu'on me loue, je respire mon tombeau » (I, III). Mais, pour mettre en scène ce pur produit du syncrétisme et de l'alternance, Montherlant a recours, au contraire, aux rapports d'exclusion, à l'antithèse, dans le discours (« Un roi se gêne, mais n'est pas gêné », I, III) comme dans la construction dramatique. Toutes les grandes scènes de la pièce mettent aux prises deux personnages et, exception faite des entrevues entre Pedro et Inès (I, IV ; II, IV), se présentent comme des duels. Deux principes antithétiques s'affrontent à travers les personnages : grandeur affectée/orgueil spontané ; devoir de l'homme public/bonheur de l'homme privé ; morgue/servilité ; naïveté délibérée/duplicité incertaine.

Mais l'antithèse la plus originale, et la plus féconde pour l'ensemble de la pièce, concerne Inès et l'Infante. L'Infante incarne un principe mâle (II, V), alors qu'Inès est tout entière du côté de la féminité. Et, au-delà de l'« amitié particulière » que l'Infante semble parfois porter à Inès, c'est dans les métaphores qui désignent les deux femmes que l'antithèse prend tout son sens. Inès la naïve et la pure, c'est l'eau courante et l'eau limpide (I, IV ; II, IV ; II, V...). Ferrante, qui est du côté de la mort, reproche à Inès de faire « partie de toutes ces choses qui veulent continuer, continuer » (III, VI). Et c'est pourquoi l'enfant devient le mobile essentiel du meurtre. Ferrante arrête l'eau qui recommence, décrète la mort d'Inès et, partant, se suicide, abolissant tout recommencement de soi-même. L'Infante, au contraire, impose tout au long du texte l'image de la sécheresse (II, V), et cette sécheresse se retrouve dans son langage. La sécheresse de l'Infante renvoie à son orgueil du pays natal, à la rocaille navarraise –, en un mot, à la vigueur de celle qui a « été élevée pour le règne » et qui, à ce titre, ne peut que « violenter » l'eau du bonheur privé.

Paradoxe d'un Montherlant réputé sentencieux, et qui rend compte des enjeux de son œuvre la plus célèbre à travers les deux métaphores antithétiques ! N'est-ce pas ainsi rejoindre son maître Racine ?

L. Acher et J. Maurice

MONTLUC Blaise de *v.* MONLUC Blaise de

MORAND Paul

(1888-1976)

Cultivant tous les genres littéraires, poésie, roman, chronique, théâtre, journal intime, histoire, Paul Morand est surtout un maître de la nouvelle. En réaction contre « les méandres du roman-fleuve et même du roman tout court », il y voit une façon de s'adapter à la vitesse des temps modernes en faisant « rare, bref et serré ». Appartenant à la génération des diplomates hommes de lettres (Giraudoux, Saint-John Perse), ce voyageur par profession l'est également par goût dans la tradition cosmopolite de Valery Larbaud. Ses chroniques, qui cherchent à capter le « mystère » de New York, de Londres ou de Bucarest, évoquent aussi de lointaines contrées : un exotisme d'esthète s'y marie alors aux méditations anthropophilosophiques d'un globe-trotter qui parcourt « cinquante mille kilomètres, vingt-huit pays nègres », le regard amusé et passablement cynique toujours posé sur une élite internationale dont il fait suffisamment partie pour ne pas avoir à la ménager.

« Monplaisir »

Parisien de naissance, Paul Morand grandit dans la famille aisée et cultivée d'un directeur de l'École des arts décoratifs. Sciences politiques, Oxford ; le jeune homme embrasse la carrière diplomatique et part pour Londres (1913). De retour au « Quai » en 1916, dans l'ombre de Philippe Berthelot, il observe les jeux politiques d'une époque troublée, témoin curieux du Paris de la Grande Guerre, gravitant aussi dans les milieux diplomatiques et mondains mais leur préférant les soupers fins chez Larue ou au Ritz, en compagnie de Proust, de Cocteau, de Misia Sert (*Journal d'un attaché d'ambassade, 1916-1917,* 1948). Il se lance bientôt dans la poésie (*Lampes à arc ; Feuilles de température,* 1920), dans la nouvelle (*Tendres Stocks,* 1921) et le roman (*Lewis et Irène,* 1924). Deux recueils où il décrit les bouleversements de l'après-guerre lui apportent une réputation internationale : *Ouvert la nuit* (1922) et *Fermé la nuit* (1923). Après divers postes à l'étranger (Rome, Madrid, Bangkok), ce voyageur impénitent consacre un congé à faire le tour du monde. Portraits de villes, *New York* (1929), *Londres* (1933), *Bucarest* (1935), chroniques et nouvelles sont le fruit de ces périples. En 1934, il entre au comité directeur du *Figaro,* continuant toujours à publier : *France la doulce* (1934), une satire du milieu du cinéma ; *les Extravagants* (1936), nouvelles ; *l'Homme pressé* (1941), où il s'attaque au mythe de la vitesse, etc. Pendant la guerre, le gouvernement de Vichy le nomme ministre en Roumanie, puis ambassadeur à Berne. Sa carrière prend fin brusquement avec la Libération. Il se partage alors entre la Suisse et la France, fidèle encore à la nouvelle (*le Prisonnier de Cintra,* 1958) ou aux œuvres brèves (*Hécate et ses chiens,* 1954), s'essayant à l'histoire et à la critique littéraire avec *Fouquet ou le Soleil offusqué* (1961), récit d'une disgrâce, *Monplaisir en littérature* (1967), recueil de préfaces et de courtes monographies sur ses écrivains préférés, *Monplaisir en histoire* (1969). En 1968, l'Académie française lui ouvre ses portes, en dépit de nombreuses oppositions. Sa dernière chronique de voyage, *Venises* (1971), put être considérée comme son testament littéraire. Mais la nostalgie douce-amère d'un temps à jamais révolu, symbolisé par la cité de Doges, se change en aigreur aux relents d'antisémitisme dans son *Journal inutile*, tenu de 1968 à sa mort et publié seulement en 2001. Prenant un départ foudroyant au début des années 1920, l'œuvre de Morand avait connu après la guerre une période de purgatoire. Relancée par les écrivains des années 1950, notamment Roger Nimier, elle est aujourd'hui largement diffusée dans le grand public.

Au piège de l'écriture

Avec son « goût des bibelots », Morand est-il un collectionneur ? Sa curiosité pour tout ce qui bouge, son « œil de rapace » (Chardonne) annoncent plutôt un chasseur. Même vigilance du regard ; même convoitise, que l'écrivain assouvit par la médiation du langage. En effet, le meilleur de cette œuvre, ce sont des notations brèves, fruits d'une extrême concentration de l'attention (« la contraction de l'huître sous le citron », écrit-il à Maurice Rheims), captant en formules concises la quintessence d'une atmosphère : New York qui vous reçoit « debout » ; Lisbonne et ses odeurs : « le poisson d'abord, puis le café frais moulu ». Il sait aussi immobiliser en pleine action la mimique des corps : un passage de relais (*Champions du monde,* 1930), un échange de balles sur un court (*Tendres Stocks*), la musculature d'un écuyer de haute école et celle de son cheval, associées aux différentes « allures » (« Milady », dans *les Extravagants*). Art de l'instantané fleurissant encore dans le *Journal d'un attaché d'ambassade* et dans sa correspondance. Mais Morand cherche aussi à enfermer le spectacle du monde dans le miroitement d'innombrables métaphores. Les plus élaborées accentuent sans le charger le dessin très précis du récit, soulignant le comique de gestes (« ces femmes qui rient avec un bruit de carafes qui se vident », *Fermé la nuit*), le tracé d'une silhouette (un écuyer de Saumur en tenue noire « boutonnée haut comme une soutane » annonçant la vocation « monacale » – « Milady »), ou une simple ligne d'horizon (bateaux de guerre « rangés comme des caïmans dans la nasse conique de l'estuaire », *l'Europe galante,* 1925). D'autres, en revanche, plus gratuites, se succédant en cascade, ornementent l'écriture sans s'y intégrer. Des traces de symbolisme, voire de surréalisme (« plaies orangées » du crépuscule, tignasse fondant « au soleil comme de l'asphalte »), une certaine complaisance de l'auteur pour ses trouvailles produisent un effet de surcharge justement critiqué par Proust (Préface de *Tendres Stocks*) et qui contredit l'esthétique formulée par Morand lui-même : répondant à un « réflexe foudroyant », toute image de vrai poète doit, « comme un crime parfait », s'évanouir dans une écriture « simple où l'art n'apparaîtra pas à première vue » (lettre à ses parents). Idéal qu'il atteint effectivement dans son chef-d'œuvre, « Milady ». De l'instinct du chasseur, Morand tire aussi le sens de la trajectoire parfaite, du moins dans ses œuvres brèves. Car, dans ses romans, il calcule mal la distance : descriptions prolixes et insistantes (*l'Homme pressé*), personnages aux traits simplifiés et dont la minceur ne retient guère l'attention (*France la doulce*). Mais ailleurs, la balistique est sans défaut ; départ rapide : « Soirée à l'hôtel des ducs de Ré, rue de l'Université. Minuit trois quarts » (« Congo », dans *Magie noire*, 1928) ; première partie en forme de scène d'exposition ; la courbe culmine avec l'incident décisif (tache noire sur l'oreiller de Congo ; lettre de l'huissier dans « Milady »), puis décline vers une fin tragique.

Un moraliste

Car ce conteur est un pessimiste. Nimier a vu en lui un homme mal à l'aise avec l'humain (cf. Préface d'*Hécate et ses chiens*), et Morand lui-même confesse qu'il a « ricoché sur des surfaces dures sans y pénétrer ». Que cherche l'infatigable voyageur ? Peignant lestement ses premières héroïnes de *Tendres Stocks,* l'écrivain laisse pourtant percer son désarroi devant un monde feint. Sous leur innocence de « garçonnes » sportives, ces jeunes femmes annoncent la Clotilde d'*Hécate et ses chiens* dont le prénom aristocratique, la mise et les manières distinguées de « dîneuse en ville » couvrent l'« industrie de la maquerelle et l'impudicité de la ménade ». À mesure que se déploie l'œuvre de Morand, la dichotomie, sous une forme ou sous une autre, s'étend à l'ensemble de ses personnages : Montjoye, de jour fonctionnaire modèle, débauché la nuit, laissant, crime suprême, traîner « en désordre » les dossiers du ministre parmi les verres et les « tubéreuses » (*Tendres Stocks*) ; despote antillais déchiré entre deux cultures et prompt à retourner au vaudou, pratique, justement, du dédoublement (*Magie noire*) ; respectable marquise au nom prédestiné de « Beausemblant », révélant avec fougue de « maudites et inavouables » passions saphiques (*l'Europe galante*). Les lieux visités par l'auteur sont eux-mêmes divisés : dans les « endroits de plaisir » (*Fermé la nuit*), les « macs et les prostituées » côtoient de « vénérables domestiques » décantant le bordeaux avec des gestes demeurés « rituels ». À leur tour, les villes que Morand scrute avec une attention passionnée se dérobent à ce guide pointilleux : « Avez-vous vu Londres ? Je l'ai entendu – inoubliable rumeur –, je l'ai senti, mais je ne suis pas sûr de l'avoir jamais vu » (*Londres*). Enfin de lui-même Morand dira plaisamment qu'il « s'est faufilé entre des écrivains qui le prenaient pour un diplomate et des diplomates qui le prenaient pour un écrivain ».

D'où le scepticisme désabusé de cet homme gâté qui fait profession d'une certaine candeur. « Méthodique, habitué à labourer ma vie par droits sillons » (*Hécate et ses chiens*), amoureux des causes perdues, le voilà floué. Si le monde « est un immense bal masqué » (lettre à Chardonne), un comportement de fuite n'est-il pas justifié ? Fuite dans un continuel ailleurs ne menant nulle part, puisque, avoue cet inlassable preneur d'avions, « Je n'aime pas les voyages, je n'aime que le mouvement » (*Rien que la terre*, 1926). Fuite aussi dans une éthique stoïcienne du dénuement ; mais ce dénuement, effet de la satiété, n'est que le stade ultime de l'esprit de consommation : « Abuser des choses est une des conditions pour ensuite s'en rendre maître » (*Tendres Stocks*).

Hécate et ses chiens

SYNOPSIS

Le texte est précédé d'une importante préface de Roger Nimier. Un homme mûr retrouve le cadre, transformé par le temps et de brûlants souvenirs, d'une aventure de jeunesse. Frais émoulu de l'inspection des finances, au cours d'une mission dans une ville au moite climat méditerranéen, le narrateur tombe amoureux d'une gracieuse joueuse de golf. Ébats charmants, jusqu'au jour où, dans les bras de son amant, la jeune femme s'anime d'une passion secrète, s'évadant en pensée vers d'autres étreintes. L'homme découvre en elle une perversité où il tentera passionnément de la rejoindre sans autre résultat que la montée d'un irrépressible dégoût. Enfin lucide, il quitte sa maîtresse, rappelé d'ailleurs à Paris par une prudente Administration. Bien des années plus tard l'inspecteur des finances retrouve son héroïne, vieillie, mais toujours inquiétante sous le masque de l'innocence, et il rencontrera même, au hasard d'une mission dans le Turkestan, le mari, passablement désaxé, de son ancienne amie.

D'une écriture sèche, elliptique, mais sans pudeur excessive, ce récit est une étude de la perversion : habite-t-elle le sujet qui se laisse aller aux goûts de sa nature ou surgit-elle du regard qui la scrute, l'alimentant de sa curiosité ?

J.-P. de Beaumarchais

MORÉAS Jean

Pseudonyme de ***Ioannis PAPADIAMANTOPOULOS*** *(1856-1910)*

Jean Moréas est né à Athènes, dans une famille émigrée de l'Épire vers la Morée, qui inspira ce pseudonyme au poète. Son père, un magistrat important, lui fait donner une éducation française et classique que Moréas n'oubliera pas. Très jeune, il participe à la vie littéraire locale, publie même un recueil en grec, *Tourterelles et Vipères* (1878). L'année suivante, après un passage en Allemagne, il revient à Paris, où l'avait déjà mené une escapade. Il s'y fixe et fréquente les poètes, connaît Verlaine, puis Mallarmé, devient un affilié de la société des Hydropathes. Il fait enfin ses débuts dans des revues littéraires avant de faire paraître, en 1884, *les Syrtes*, où la critique découvre des réminiscences de Gautier et de Verlaine. La célébrité ne vient pourtant à Moréas qu'en 1886 : il publie cette année-là deux « romans » (dont le fameux *Thé chez Miranda*, en collaboration avec Paul Adam) et surtout *les Cantilènes*, qui se situent dans la mouvance décadente bientôt baptisée symboliste [voir **Décadence**, **Symbolisme**]. Moréas est le parrain de cette nouvelle tendance littéraire, dont il définit les principes dans un « Manifeste » que publie *le Figaro* (18 septembre 1886). Désormais, l'orgueilleux Moréas est célèbre ; il fait figure de chef d'école, surtout quand un banquet fête en 1891 la parution du *Pèlerin passionné* (1890) : on y voit Mallarmé, France, Barrès, Régnier, Mirbeau, Gide, Gauguin et beaucoup d'autres. Mais déjà avec ce livre apparaît ce qu'un critique a appelé la deuxième manière de Moréas, qui fonde, avec Maurras, La Tailhède, Raynaud et Du Plessis, l'« école romane ». En sortent des poèmes qui rompent avec le symbolisme et veulent renouer avec ce que Moréas appelle le « principe gréco-latin » : ce sont *Énone au clair visage*, *Ériphyle* et *Sylves*, réunies avec *le Pèlerin passionné* dans l'édition de 1898 des *Poésies*. Fidèle à la tradition littéraire qu'il exalte, Moréas abandonne peu à peu les libertés qu'il s'était permises et revient finalement à un classicisme épuré : c'est l'esthétique, en tout cas, qui inspire son *Iphigénie*, d'après Euripide (représentée à Orange en août 1903), ainsi que les *Stances* (1899 et 1901), considérées comme son chef-d'œuvre. Il reste enfin de lui quelques ouvrages de prose, où la critique fait bon ménage avec les impressions de voyages. Les œuvres de Moréas ont été réunies dans une édition posthume en 1923.

La virtuosité de Moréas n'est pas contestable : ses lectures, sa profonde culture et sa connaissance des poètes français lui inspirent une prosodie souvent inattendue et raffinée, ainsi qu'un vocabulaire qui, par sa richesse, fait penser à celui de la Renaissance. Mais, précisément, on s'aperçoit que cette culture est prisée pour elle-même, qu'elle n'inspire souvent à Moréas que des pastiches : pastiches de l'Antiquité, de Ronsard, de La Fontaine, de Gautier même ou de Verlaine, plaisants toujours, mais dont on comprend mal l'intérêt ; ce n'est pas en imitant qu'on s'insère dans une tradition, surtout quand on l'imite dans ce qu'elle a de plus extérieur et que la poésie devient exercice de style : « Gentil amour, plus durement/Que tous gens d'armes, navre ». Il y a là un jeu un peu gratuit que le lecteur a du mal à prendre au sérieux. On est alors tenté de penser que Moréas ne fait que s'assimiler les styles : ceux d'autrefois, ceux aussi du Parnasse et même du symbolisme dont on le croit pourtant l'inventeur. L'art original de ce poète, où le trouver alors ? Peut-être dans les *Stances,* où la culture de Moréas se fait moins voyante et s'épure. Là, le ton paraît moins artificiel, et l'élégie plus sincère. On peut y entendre une voix plus personnelle : celle du poète dialoguant avec les feuilles, les vents et les chemins, les saisons et les jours, évoquant devant nous son deuil, sa mélancolie et sa solitude –

Solitaire et pensif, j'irai sur les chemins,
Sous le ciel sans chaleur que la joie abandonne,
Et, le cœur plein d'amour, je prendrai dans mes [mains
Au pied des peupliers les feuilles de l'automne.

A. Preiss

MOREAU Hégésippe

Pseudonyme de **Pierre-Jacques ROULLIOT** *(1810-1838)*

Né à Paris, Hégésippe Moreau est le fils naturel de Marie Roulliot et de Claude François Moreau, professeur au collège de Provins, dont il prendra le nom et qui meurt quand son fils a quatre ans. Sa mère entre alors au service de fermiers qui la prennent, avec son fils, sous leur protection. Par la suite, Marie meurt, et l'adolescent, dont on pense alors qu'il deviendra prêtre, poursuit ses études dans des établissements religieux. À la fin de sa rhétorique, il entre comme correcteur à l'imprimerie de Théodore Lebeau à Provins, où il rencontre l'amour de sa vie, Louise, la fille de son patron, qui est malheureusement mariée et à qui l'unira une longue correspondance. Il fait quelques pas dans la carrière littéraire en écrivant un poème séditieux et une chanson satirique lors de la venue à Provins de Charles X. Car Moreau a des options politiques : il admire Béranger et, à dix-neuf ans, participe aux journées de Juillet. Il est en effet parti pour Paris, où il entre à l'imprimerie de M. Didot, qu'il quittera ensuite pour d'autres ateliers : Moreau ne réussit pas à obtenir – ne veut pas, peut-être – de position stable et mène plus ou moins une vie de bohème. Il change aussi de métier et se fait maître d'étude – un « pion » d'ailleurs bien doux et copieusement chahuté.

Dans les années 1832 et 1833, notre auteur fait deux séjours à l'hôpital, où il est soigné pour cette phtisie dont son père était mort : il y écrit un *Souvenir à l'hôpital,* où il développe un parallèle entre son sort et celui du poète Gilbert, mort sous Louis XV à vingt-neuf ans. Il revient ensuite à Provins, où est représenté son vaudeville *l'Amour à la hussarde.* Il s'essaie aussi à faire la chronique en vers de la petite ville dans les neuf livraisons du journal qu'il fonde et qui paraît sous le titre *Diogène.* Mais là non plus, la réussite n'est pas au rendez-vous ; après un duel, après des démêlés avec le sous-préfet, il est contraint de quitter Provins et tente plusieurs métiers : il en arrive même, pour 300 francs, à défendre en vers le préfet de police ! À la fin pourtant, Moreau obtient quelques succès ; il publie, en effet, dans la petite presse, des vers et des contes, parmi lesquels on citera « les Petits Souliers » (1836), où il met en scène la future impératrice Joséphine, « le Neveu de la fruitière » (1836), où nous reconnaissons le jeune Hoche, « Jeanne d'Arc » (1836), puis « la Souris blanche » (1837), sorte de féerie médiévale, « le Gui de chêne » (1837) et « Thérèse Sureau » (1837), où apparaît un personnage de femme-auteur. Moreau obtient la chance de faire paraître en 1838 le recueil de ses poésies, publiées ou inédites, et de ses contes : c'est *le Myosotis,* auquel un article de Pyat dans *le National* fera obtenir une certaine audience. Cette brève carrière va pourtant s'achever là : Moreau sombre dans la maladie et le découragement ; il meurt à l'hôpital de la Charité à l'âge de vingt-huit ans. La phtisie a eu raison de lui.

Le lecteur moderne éprouve un peu devant cette poésie les réticences que montrait déjà Baudelaire dans un article fameux : le style de Moreau se refuse en effet à choisir nettement entre le classicisme et l'art romantique. Si la pensée se veut audacieuse, si elle exalte la liberté, la forme reste pourtant bien pâle, ampoulée – et cela, même quand Moreau évoque la colère du peuple et les révolutions. Ce sont souvent des périphrases, des lourdeurs et des clichés d'expression : « On trahit ma cause./Un roi s'engraisse de ma faim/Au Louvre que mon sang arrose... » La revendication politique, le souvenir même de la Convention ne donnent pas à ces vers l'élan et la nouveauté qu'on pourrait en attendre. Reste alors à comprendre pourquoi Moreau a obtenu un tel succès : peut-être à cause du personnage qu'il fut et dont ses vers laissent le souvenir. Comme le dit Baudelaire, « il fut un temps où, parmi les poètes, il était de mode de se plaindre », et Moreau lui-même « donna dans ce grand travers anti-poétique. [...] Il singea plus d'une fois les attitudes fatales des Antony et des Didier » en y joignant « ce qu'il croyait une grâce de plus, le regard courroucé et grognon du démocrate ».

S'il est vrai que Moreau prend souvent des attitudes, il serait injuste de ne pas tenir compte de ce ton plus personnel qu'il sait trouver dans certaines poésies, moins apprêtées, où il se souvient de son enfance. Là réside sans doute le meilleur Moreau, celui, en tout cas, que ses lecteurs ont retenu et qu'on découvrira notamment lorsqu'il évoque en ces termes un petit ruisseau de son pays :

Mais j'aime la Voulzie et ses bois noirs de mûres
Et dans son lit de fleurs ses bonds et ses murmures.
Enfant, j'ai bien souvent, à l'ombre des buissons,
Dans le langage humain traduit ces vagues sons [...].
L'onde semblait me dire : « Espère ! aux mauvais [jours,
Dieu te rendra ton pain ». Dieu me le doit toujours !

A. Preiss

MORELLY

(XVIIIe siècle)

On ne sait rien sur le personnage ni sur sa vie. Il semble avoir été régent du collège de Vitry-le-François, vers 1756. Il publia, en 1743, un *Essai sur l'esprit humain ou Principes naturels de l'éducation* ; en 1745, un *Essai sur le cœur humain* ; en 1748, *Physique de la beauté ou Pouvoir naturel de ses charmes* ; en 1751, *le Prince, les délices du cœur ou Traité des qualités d'un grand roi et système d'un sage gouvernement*. Mais sa première œuvre à attirer l'attention fut un roman utopique, *Naufrage des îles flottantes ou la Basiliade du célèbre Pilpai. Poème héroïque en quatorze chants traduit de l'indien par M. M...* (1753). Les critiques soulevées par cette fiction l'amenèrent à exposer ses idées sociales et politiques dans *Code de la nature ou le Véritable Esprit de ses lois, de tout temps négligé ou méconnu* (1755). Ce texte fut longtemps attribué à Diderot, malgré les protestations de Grimm, et ne parut sous le nom de Morelly qu'en 1841, grâce à Villegardelle.

L'utopie romancée de *la Basiliade* reprend les conventions du genre créé par Thomas More, illustré par Campanella (*la Cité du soleil*) et, en France, par Denis Vayrasse et son *Histoire des Sévarambes*. Dans une île heureuse, les hommes vivent sous le gouvernement d'un prince éclairé qui fait régner la loi naturelle : pas de propriété (tous pratiquent l'agriculture en commun), pas de mariage (l'inceste est admis), pas de police, d'Église, de privilèges. Les passions, parce que naturelles, sont bonnes, et les vices, représentés allégoriquement par les « îles flottantes », sont des conséquences de la propriété, mère de tous les maux, moraux et sociaux.

Le *Code de la nature* développe les mêmes thèmes sur un plan théorique. Il se réfère aussi aux lois de la nature, qui sont en même temps celles de la raison et celles de Dieu (Morelly n'est pas matérialiste). Mais si *la Basiliade* était plutôt d'inspiration anarchiste et voyait le bonheur dans la libre expression de la spontanéité naturelle, les lois fondamentales proposées dans le *Code de la nature* sont plus contraignantes, et le *Modèle de législation conforme aux intentions de la nature*, chargé d'assurer la liberté des hommes, apparaît aujourd'hui comme le code d'une cité totalitaire. La propriété privée est prohibée, la terre, définie comme instrument de travail, devant rester à la disposition de la communauté, qui, en retour, a charge de pourvoir à la nourriture, à l'entretien, à l'éducation de chaque citoyen, et de lui fournir du travail, selon son âge, son sexe, sa force et ses talents. Comme dans la plupart des utopies, l'uniformité règne : le costume est fixé selon l'âge et la profession, le mariage est obligatoire, les enfants sont élevés par la communauté. La vie intellectuelle est contrôlée, et si la recherche scientifique et technique reste libre, les principes moraux et métaphysiques sur lesquels repose la collectivité sont intangibles.

Babeuf se réclamera de Morelly dans sa défense devant les juges de la haute cour de Vendôme. En faisant de lui un des principaux précurseurs du communisme moderne, Marx, Engels et leurs continuateurs ont sauvé de l'obscurité ce penseur médiocrement original.

A. Pons

Mort le roi Artu (la)

(composée vers 1230)

Roman anonyme en prose constituant la dernière partie du cycle du *Lancelot-Graal*.

Le *Lancelot en prose* consacre en son finale l'harmonie, la joie plénière qui unissent, au sein de la cour d'Arthur, le roi, la reine et Lancelot. Soumettant le héros et la chevalerie « terrienne » à la gloire rayonnante de l'élu de *la Quête du saint Graal*, le Graal met en question l'univers arthurien et ses valeurs. Ultime épisode du cycle, *la Mort le roi Artu* est le récit de la dispersion dans l'espace, du désenchantement, et de la dissonance du monde.

SYNOPSIS

Après avoir achevé les Aventures del Seint Graal, maître Gautier Map (le fictif narrateur) s'est remis à la tâche, à la demande du roi Henri, son seigneur, et a composé cette Mort le roi Artu, qui relate la disparition du monde arthurien et de son roi.

De retour à la cour, Bohort raconte le dénouement de la Quête et les clercs du roi mettent par écrit l'ensemble des aventures. Lancelot et la reine Guenièvre retombent bientôt dans leur péché et sont démasqués par Agravain, le frère de Gauvain, qui dénonce Lancelot au roi. Le chevalier cependant participe incognito au tournoi de Wincestre [Winchester]. Blessé par Bohort, il est soigné par la demoiselle d'Escalot, qui s'éprend de lui et révèle son amour à Gauvain ; ce qui rassure Arthur, mais excite la jalousie de Guenièvre. Peu après, le roi découvre au château de Morgain les fresques dans lesquelles Lancelot a peint et décrit ses prouesses et son amour pour la reine. Il jure de se venger, tandis que la demoiselle d'Escalot, sûre de ne pouvoir se faire aimer de Lancelot, meurt de douleur. À la cour, Guenièvre, toujours persuadée de l'infidélité de son amant, refuse de le revoir. Lancelot quitte la cour, désespéré. Mais la reine est bientôt accusée d'avoir empoisonné un chevalier et doit trouver un champion dans un délai de quarante jours. Une nef porte à la cour le corps de la demoiselle d'Escalot. Une lettre, déposée dans la nef, révèle à la reine la fidélité de Lancelot. Celui-ci apprend peu après la menace qui pèse sur elle et se présente, in extremis, pour la défendre et la sauver.

La passion des amants devient si manifeste qu'Agravain reformule son accusation et persuade Arthur de leur tendre un piège. Lancelot parvient à s'échapper et délivre la reine, condamnée à être brûlée vive ; mais il tue au cours du combat Gaheriet, le frère bien-aimé de Gauvain, et s'attire ainsi la haine du neveu d'Arthur. Poussé par Gauvain, le roi met le siège devant la Joyeuse Garde où Lancelot a emmené la reine. Après de longs combats, et sur intervention du pape, Arthur accepte de reprendre sa femme ; mais il exige que Lancelot quitte le royaume de Logres et se retire en Gaule, dans sa terre de Benoyc. Toujours poussé à la vengeance par Gauvain, Arthur passe à son tour en Gaule, confiant son royaume à Mordret, qui va bientôt tomber amoureux de la reine et chercher à s'emparer du trône. Arthur assiège Lancelot et ses compagnons dans la cité de Gaunes. Gauvain refuse les offres de paix et de réparation de Lancelot, qui le blesse cruellement au cours du terrible combat judiciaire qui oppose les deux hommes.

Alors qu'il a décidé de retourner en Logres, Arthur apprend que les Romains ont envahi la Bourgogne. Il fait face et tue l'empereur de Rome, mais il apprend presque aussitôt la trahison de Mordret.

Sentant que sa mort approche – il mourra en arrivant à Douvres –, Gauvain conseille à Arthur de se réconcilier avec Lancelot et de lui demander son aide. Mais le roi ne peut s'y résoudre, tout comme il décide peu après d'affronter Mordret en dépit des deux songes où l'ombre de Gauvain puis la Fortune lui prédisent les « mescheances » qui le menacent et l'imminence de sa chute. Sur le champ de bataille de Salesbieres, où meurent la plupart de ses chevaliers, Arthur cependant met en déroute les Saxons, alliés de Mordret, et tue son fils incestueux ; mais il est lui-même mortellement blessé. Rendu inconscient par son immense douleur, il étouffe Lucan, son « bouteillier », puis, après avoir enfin obtenu de Girflet qu'il jette dans un lac son épée Escalibur – qu'une main mystérieuse sortie de l'eau s'en vient saisir –, il entre dans la nef où l'attend sa sœur Morgain. Mais Girflet, trois jours après, découvre sa tombe à la Noire Chapelle.

Réfugiée dans une abbaye, Guenièvre meurt peu après. Lancelot revient en Grande-Bretagne pour mettre à mort les fils de Mordret. Après la bataille, égaré dans une forêt où il pleure la mort de la reine, il retrouve dans un ermitage l'archevêque de Logres et Bliobléris, son cousin. Hector, son frère, l'y rejoint bientôt. Durant quatre ans, Lancelot fait pénitence. Avant de mourir, réconcilié avec Dieu, il demande que son corps soit enseveli à la Joyeuse Garde, dans la même tombe que son ami Galehaut.

Maître Gautier Map conclut ici l'*Estoire de Lancelot*, le livre qu'il a mené à bien et auquel on ne saurait rien rajouter.

La Mort le roi Artu s'ouvre sur un constat : l'absence d'aventures, tandis que les rares événements qui surviennent, qualifiés de « mesaventures », de « mescheances », s'organisent autour de la trahison, de la blessure et de la mort. L'espace alors se décentre, au fil des déplacements du roi poursuivant Lancelot d'ouest en est, pour revenir enfin en Logres, et y trouver la mort. *La Mort le roi Artu*, en son finale, refait un parcours déjà tracé par le *Roman de Brut* de Wace et le *Perceval en prose*, de la marche sur Rome à la guerre contre Mordret. Cependant ce n'est plus le désir de conquête qui mène ici le roi jusqu'aux portes de Rome, mais son désir de vengeance, attisé par la haine de Gauvain, toutes deux à la mesure de l'amitié trahie. À la glorieuse trajectoire du *Brut* se substitue ainsi la poursuite de Lancelot qui, de la Joyeuse Garde à la cité de Gaunes, ne cesse de s'éloigner de la terre de Logres, de renoncer douloureusement à la terre de l'amour et de l'exploit héroïque. À Salesbieres [Salisbury] jadis (dans le *Merlin en prose*), Uter triomphait des Saxons et fondait son royaume. À Salesbieres, dans l'affrontement d'Arthur et de Mordret, le monde arthurien s'effondre. Seuls restent, à Camaalot, au centre déserté du royaume, la tombe de Gauvain et l'écu de Lancelot. Guenièvre meurt dans une abbaye, Arthur est enseveli à la Noire Chapelle et Lancelot repose à la Joyeuse Garde.

Le décentrement systématique de l'espace est à l'image d'un texte qui s'écarte à la fois des récits que, selon le Prologue, il complète et achève (le *Lancelot en prose*, la *Quête*), et de ses modèles implicites, le *Tristan*, le *Brut*. À travers la confusion des sentiments et l'exaspération des passions humaines, l'auteur de *la Mort le roi Artu* met en évidence la fragilité de l'éthique chevaleresque et courtoise qu'avait déjà condamnée la *Quête* au plan religieux. L'envie, la jalousie, la haine motivent le comportement des frères de Gauvain puis de Gauvain lui-même à l'égard de Lancelot. Et il faut que le neveu d'Arthur soit sur le point de mourir pour qu'il reconnaisse enfin sa « folie », la valeur et la générosité de Lancelot, et pour qu'il lui pardonne. Mais il est alors trop tard pour que le roi puisse demander l'aide du chevalier et sauver, peut-être, son royaume. Malgré les reproches vigoureux et les tirades éloquentes de Bohort le juste, Guenièvre, reine vieillissante, ne peut plus croire à la fidélité de son amant et le chasse de la cour, tandis que les paroles sans équivoque de Lancelot tuent la demoiselle d'Escalot, qui s'est trop facilement laissée abuser par les subtilités du rituel courtois. À la différence du roi Marc, Arthur enfin refuse longtemps – le temps du *Lancelot en prose* – de croire à la « fole amour » de Lancelot et de Guenièvre. Il lui faut cependant, au château de Morgain, céder à l'évidence de l'image et de l'écrit, à la lumière crue qui inonde brusquement la « chambre aux Images », et reconstruire dans la douleur et la colère tout un passé de trahison.

Le « thème » du *Tristan* envahit alors le récit et informe l'action, de la tentative du roi pour prendre en flagrant délit les amants, au séjour du couple à la Joyeuse Garde, suivis du retour de la reine auprès d'Arthur et de l'exil de Lancelot. Plus profondément, et en contraste avec la belle utopie du *Lancelot*, le *Tristan* remodèle l'image d'une passion qui est désormais perçue comme faute, trahison et scandale par les représentants des normes féodales (Agravain et ses frères) et qui, liant le destin des amants au devenir du monde arthurien, en cause, aussi sûrement que la félonie de Mordret, la désunion et la ruine.

À côté de Galaad, l'être des certitudes, la *Quête* faisait de Lancelot le chevalier qui se repent et accepte de faire son salut dans le reniement de sa passion. Dans *la Mort le roi Artu*, Lancelot, telle est sa grandeur, n'a rien renié. Il redevient, au début du récit, l'amant passionné et fidèle et le chevalier parfait. Mais la mutation du monde qui l'entoure, les « mescheances » qui se multiplient et contrecarrent ou dénaturent ses actions, l'obligent peu à peu au renoncement et au dépouillement. Pour préserver l'honneur de la reine et la gloire de leur amour, Lancelot accepte de rendre Guenièvre au roi et met fin à sa carrière de chevalier errant. Il reste jusqu'au bout loyal envers un roi qu'il aurait pu mettre à mort sous les murailles de la Joyeuse Garde, tente vainement de se réconcilier avec Gauvain, et ne revient en Logres que pour venger Arthur, avant de se consacrer à Dieu, libéré de tous liens sinon de sa passion, et de mourir sauvé.

Comme Lancelot, Arthur, au dénouement de son histoire, ne maîtrise plus son destin. Le guerrier avide de conquêtes et de gloire que mettent en scène le *Brut* ou le *Perceval en prose* est ici le jouet des autres, de la jalousie de Morgain ou de celle des frères de Gauvain, comme de forces qui le dépassent et que symbolise, à la fin du texte, la vision de Fortune et de sa roue. L'expédition en Gaule n'a d'autre motif que la vengeance, et l'affrontement avec la puissance romaine, si longuement décrit dans le Brut, est expédié en quelques pages. La grandeur d'Arthur se situe ailleurs, dans l'aura mythique qui entoure son dernier combat et dans la désolation tragique de sa mort. Pareille à la lumière du Graal, la fulgurance d'un rayon de soleil transperce, mieux que l'épée du père, le corps de Mordret, le fils incestueux, et signe la vengeance divine. Mais Escalibur, l'épée de souveraineté, naguère instrument du sacre et de l'élection, disparaît pour toujours dans l'eau féerique, et le corps du roi, rapporté par les « dames » d'Avalon impuissantes à le guérir, à le garder en l'attente d'un nouveau retour, est enseveli dans la terre de la Noire Chapelle, dans la tombe où la fiction bretonne s'enclôt et s'achève.

E. Baumgartner

MULLER Charles *v.* REBOUX Paul

MURALT Béat-Louis de

(1665-1749)

Né à Berne, issu d'une famille protestante et aristocratique, il fait ses études à Genève, où il reçoit une formation philosophique de tonalité cartésienne et acquiert une parfaite maîtrise du français. Après la mort de son père (1684), il suit les traces de celui-ci en s'engageant comme officier au service de Louis XIV. Vers 1694, il accomplit un voyage en Angleterre, alors revenue à la Réforme. Ses observations communiquées par voie épistolaire à un ami bernois formeront la première partie – connue et traduite dès 1714 en Angleterre – de ses *Lettres sur les Anglais et les Français* (1725). Un nouveau séjour en France nourrira la seconde partie de l'ouvrage, que conclut une *Lettre sur les voyages*. Après son retour à Berne, le formalisme et les compromissions politiques de l'Église officielle l'orientent vers le piétisme, qui le conduira de l'exaltation du sentiment religieux (*Lettre sur l'esprit fort, De l'instinct divin recommandé aux hommes,* 1728) au mysticisme de ses *Lettres fanatiques* (1739). Banni en 1701, il s'était établi en 1707 près de Neuchâtel, dans une propriété (le Colombier) qui appartiendra par la suite à sa petite-fille par alliance Belle de Charrière, y menant une vie studieuse et patriarcale.

Grâce à celui que l'on nomma le « gentilhomme suisse » et au succès ininterrompu de ses *Lettres* au XVIIIe siècle, la représentation mythique de son pays fut profondément modifiée : à l'image du montagnard primitif s'ajouta désormais celle du « sage moderne » (P. Chappuis), dont se souviendra Rousseau, lui-même fortement influencé par Muralt sur le plan moral et religieux. Saint-Preux et Julie, dans *la Nouvelle Héloïse,* discuteront ses thèses ; sa critique du luxe (*Lettre sur les voyages*), sa dénonciation du « bel esprit », du paraître, du théâtre (*Lettres sur les Anglais*...) trouveront un écho dans le *Discours sur l'inégalité* ou la *Lettre à d'Alembert*. Mais ce précurseur idéologique de Rousseau est aussi celui de Voltaire. Deux ans avant les *Lettres philosophiques,* il fait connaître aux intellectuels du « continent » les mœurs et la culture des Anglais. Aux yeux de Muralt, ceux-ci, proches encore de la nature, allient le « bon sens naturel » à un goût des excès, le sens du négoce à un « reste de férocité » dont témoignent leur attirance pour le suicide, les tragédies sanguinaires, les combats de coqs et le football – exercice fort gênant lorsque « le peuple pousse le ballon à coups de pied par les rues » – mais aussi leur passion de la liberté, leur refus de l'absolutisme, leur esprit de tolérance, que salueront Voltaire, Prévost, Montesquieu.

La méthode de Muralt implique une écriture. La spécificité d'un peuple, objet de son étude, s'appréhende à partir de l'observation minutieuse, concrète des faits apparemment contradictoires que synthétise l'idée générale, elle-même toujours décomposable en éléments simples : les Anglais « boivent comme les Saxons, ils aiment la chasse comme les Danois ; les Normands leur ont laissé la chicane et les faux témoins » (*Lettres*...). Les images opposées du Français et de l'Anglais (sociabilité/« mépris de l'étranger » ; « bonté de cœur »/rudesse ; courtisanerie/goût de la liberté) se combinent à nouveau dans l'idée d'une Providence instaurant un ordre universel à travers la diversité des caractères nationaux. Mais ce milieu culturel qui conditionne l'individu permet-il à son discours d'atteindre à une vérité absolue ? Ici encore, Muralt annonce le Rousseau du *Discours sur l'inégalité.* Car cette « heureuse obscurité » de la Suisse, hélas menacée (*Lettre sur les voyages*), offre à l'« homme de mérite » un lieu d'énonciation pur de tout déterminisme, sinon celui de la droite Raison. Pour Muralt, créateur des grands mythes ethniques du XVIIIe siècle, comme pour Rousseau, peut-être faut-il venir de Berne – ou de Genève – pour bien philosopher.

J.-P. de Beaumarchais

MURGER Henri

(1822-1861)

Le nom de Murger reste lié pour nous aux *Scènes de la vie de bohème,* à ses personnages, Mimi, Musette et Rodolphe, à l'opéra aussi qu'en tira Puccini. Et lorsqu'on relit ces chroniques rassemblées, on comprend vite la raison de leur succès : Murger nous y propose le tableau d'un milieu attachant, et surtout son livre est drôle, merveilleusement écrit. Le talent qu'il y déploie, à propos duquel on a pu citer les noms de Villon, d'Hoffmann et de Musset, réussit en effet à allier les qualités contradictoires de la fantaisie et du réalisme.

La bohème sans littérature

Rien ne semble, au départ, conduire le jeune Murger vers les livres et l'écriture. Il est le fils d'un concierge-tailleur venu de Savoie et établi à Paris, du côté de la chaussée d'Antin. Sa mère, qui veut lui faire une situation, le fait entrer comme saute-ruisseau chez un avoué. Il y rencontre des camarades qui ont l'ambition d'être peintres et qui vont le mettre en contact avec le milieu artiste. De son côté, Murger a, lui, envie d'écrire, encouragé peut-être dans cette vocation par Eugène Pottier, qui, très jeune, a été son maître. Lorsqu'il est renvoyé par son patron, Murger entre ensuite au service du comte Tolstoï, le soi-disant « correspondant du ministère de l'Instruction publique de Saint-Pétersbourg ». Celui-ci alloue à Murger un maigre traitement de secrétaire qui lui permet de ne pas mourir de faim, et qui le met même relativement à l'aise par rapport à ses amis de la bohème. Murger fait en effet partie de ce milieu bizarre, constitué, pour l'essentiel, de jeunes artistes désargentés, talentueux ou non, révoltés de façon plus ou moins sincère et durable. Il y rencontre Chintreuil, Champfleury, Nadar, Barbara, Baudelaire, d'autres habitués du café Momus, ainsi que quelques maîtresses, dont la femme d'un malfaiteur : ce seront les modèles de ses *Scènes de la vie de bohème*. Murger abandonne alors les vers, collabore à plusieurs journaux, dont *l'Artiste* et surtout *le Corsaire*, auquel il donne ses « scènes », réunies plus tard en volume (1851) après avoir fourni la matière d'une pièce de théâtre (1849).

Scènes de la vie de bohème

SYNOPSIS

Sommé de libérer la mansarde dont il ne peut régler le loyer, le musicien Schaunard part en quête de la Providence... et de l'argent de son terme. Mais ses amis, habitués à ses pratiques, se dérobent tous avec humour. L'heure du dîner venue, Schaunard entre dans un bouchon où il se lie avec le philosophe Colline qui l'invite à terminer la soirée au café Momus : le duo s'adjoint le poète Rodolphe. Passablement éméché, Schaunard invite ses nouveaux compagnons à passer la nuit chez lui, oubliant qu'il a été congédié et ignorant que sa « turne » est désormais occupée par le peintre Marcel. Surpris, celui-ci offre néanmoins l'hospitalité au trio : ainsi « fut institué le cénacle de la bohème » dont le livre rapporte les aventures (chap. 1). Comment Schaunard procure un habit à Marcel (2). Rodolphe entame une amourette avec Louise (3) et, séquestré par un oncle, parvient à se sauver grâce à la complicité de l'actrice Sidonie (4). Rodolphe et Marcel se procurent de l'argent pour organiser une petite fête (5). Les amours de Marcel et de Musette (6). Comment ne pas faire d'économies et néanmoins dépenser un « pactole » en moins de deux (7). Rodolphe trouve en un instant de quoi séduire une grisette (8) et gagne de quoi acheter des violettes à sa cousine (9). Pour échapper au terme, Rodolphe devient l'amant de Mimi (10). Les bohèmes et leurs maîtresses font bombance chez Momus aux frais du romancier Barbemuche (11) avant de l'intégrer au cénacle (12). La crémaillère que Rodolphe et Mimi offrent à leurs amis (13), et ce qu'il advient de leur orageuse liaison (14) comme des « amours mal enterrées » de Marcel et de Musette (15). Marcel vend un tableau et ce qui s'ensuit (16). Comment les bohèmes offrent des robes à leurs maîtresses (17). Histoire des amours malheureuses de Jacques et de la grisette Francine (18). Comment Musette met cinq ans pour rejoindre Marcel (19) et comment Mimi devient vicomtesse (20). Où Rodolphe joue les Roméo pour une Juliette de rez-de-chaussée (21). La fin misérable de Mimi (22). Les bohèmes « installés », « la jeunesse n'a qu'un temps » (23).

C'est enfin le succès pour Murger, qui entre même à la *Revue des Deux Mondes*, où il publie *le Pays latin* (1851), *Adeline Protat* (1853) et *les Buveurs d'eau* (1853-1854). Pendant les dix dernières années de sa vie, il fera paraître les *Scènes de la vie de jeunesse* (1851), *Propos de ville et propos de théâtre* (1853), *le Roman de toutes les femmes* (1854), *le Dernier Rendez-vous* (1856), *les Vacances de Camille* (1857), *le Sabot rouge* (1860), deux comédies encore, avec *le Bonhomme Jadis* en 1852 et *le Serment d'Horace* en 1860. Murger connaît désormais une vie plus tranquille qu'autrefois, une situation matérielle meilleure qui lui permet de s'installer à la campagne, à Marlotte, près de Fontainebleau. C'est là qu'il rédigera ses derniers livres non sans difficultés, d'ailleurs, car son état de santé est précaire. À moins de quarante ans, il mourra à l'hospice Dubois, à Paris, emporté en quelques jours par la gangrène. Il venait de corriger les épreuves des *Nuits d'hiver*, recueil de ses poèmes qui parut après sa mort.

La farce

Le paradoxe de Murger tient à la manière dont il traite un sujet morose et sordide. La vie d'artiste, telle qu'il nous la décrit, n'est autre chose que la misère : le lecteur de Murger passe de grenier crasseux en café de second ordre, apprécie toute la valeur d'un habit sortable qu'on partage à plusieurs, il rit même des besognes alimentaires auxquelles l'artiste doit s'astreindre pour attraper cet animal farouche et fuyant qu'on appelle la pièce de cent sous. Rodolphe et ses camarades vivent au jour le jour, incapables de rembourser les avances qu'on leur a faites, encore moins d'épargner ou de prévoir. Dans ces conditions, l'apparition de 500 francs constitue un événement extraordinaire, qui sera naturellement accueilli comme il le mérite, c'est-à-dire célébré à grand renfort de repas fins et de festivités improvisées. Point de milieu entre le dénuement et l'opulence : rien ne hérisse plus ces artistes que la prudence du bourgeois, dont ils se veulent l'antithèse. Le bourgeois, pour eux, c'est le gogo qu'on exploite, l'Anglais qui paye 200 francs pour qu'on lui joue continuellement la même gamme, l'oncle qui veut qu'on lui rédige le manuel du parfait fumiste, ce naïf qui a envie de son portrait « peint avec des couleurs fines », le propriétaire enfin auquel Schaunard adresse la lettre suivante : « la politesse qui [...] est l'aïeule des belles manières, m'oblige à vous faire savoir que je me trouve dans la cruelle nécessité de ne pouvoir point satisfaire à l'usage qu'on a de payer son terme – quand on le doit surtout ».

À la différence du bourgeois, les gens de la bohème prennent tout à la blague : l'argent qui apparaît et disparaît plus vite encore, les faveurs dont on sait quelles bassesses en sont à l'origine, l'amour même – encore que, sur ce point, leur religion ne soit pas faite. La seule valeur à laquelle puissent croire ces marginaux, c'est dès lors le talent, l'art, dont pourtant le public ne veut accepter que les productions dégénérées et faciles : les vers de mirliton que Schaunard met en musique, ou encore *le Manoir abandonné* du peintre Marcel, article particulièrement demandé par un brocanteur de la place du Carrousel. Presque tout, chez Murger, aboutit à une sorte de sourire ironique, et cela à propos des sujets prêtant apparemment le moins à la gaieté. On retrouve d'ailleurs cet esprit dans les *Propos de ville et propos de théâtre*, où Murger a recueilli quelques-uns de ces mots dont il faisait la trame de ses meilleurs livres : ce grossier personnage dont on nous dit qu'il a du foin dans son assiette, ce décavé marié à une femme riche et maigre qu'on appelle sa planche de salut ! Sans arrêt, sur tous les sujets, Murger plaisante comme s'il voulait effacer par une insouciance apparente le tragique des situations : lorsqu'on n'a pas d'argent pour recevoir ses amis, on « fait subir force *deleatur* à l'article gâteaux », de même qu'on se promène dans la rue lorsqu'on ne peut rembourser ses créanciers, au cas où il se pourrait bien faire « qu'un billet de mille francs [...] attendît son saint Vincent de Paul ».

La tragédie

Car il faut bien en arriver là, aux échéances et à leurs menaces perpétuelles : le quart d'heure de Rabelais quand on fait la folie d'un dîner à 25,75 F sans avoir de quoi le payer, mais aussi l'hôpital, qui est l'échéance suprême à laquelle les héros de Murger ne peuvent échapper : la farce se transforme alors en drame, comme dans *le Manchon de Francine* où le ton change nettement par rapport aux autres « scènes ». La mort de Jacques et celle de Francine révèlent alors un Murger différent dont le ton devient même dramatique lorsqu'il évoque la mort de Jacques, et son père marchandant longtemps avant de régler les 36 francs demandés par l'administration. La gaieté de Murger n'existe que sur un fond de détresse, d'inquiétude surmontée et douloureuse : l'amour même n'est pas durable, et les circonstances qui ont réuni deux fantaisies se chargent aussi de les séparer. Les liaisons se défont parce qu'Une telle tombe dans la galanterie ou change de partenaire, peut-être aussi parce que l'amour qui dure est près du mariage et de ses compromissions bourgeoises. On se perd de vue, on se retrouve à l'occasion d'un dîner ou d'une sauterie, on se reprend avant le lit à la Pitié où tout se dénoue.

Ce qui ressort de tout cela, c'est le sentiment d'un échec : dans leurs entreprises, les bohèmes n'aboutissent qu'à des résultats dérisoires et l'ironie ne les console même pas. Et c'est bien ce qu'avoue Marcel lorsqu'il semble renoncer à cette vie qui lui paraît au fond complètement stérile. En réalité, la bohème ne peut pas durer : antichambre de l'Académie ou de la morgue, elle est forcément passagère. Tout le mérite de Murger est donc d'avoir fixé cette « folie » brève, cette fantaisie permanente qui se manifeste aussi bien par l'imprévoyance des personnages que par leurs ruses, leurs calembours ou leurs incongruités. On peut reprocher à Murger, surtout dans d'autres œuvres que les *Scènes*, un certain sentimentalisme, atténué pourtant par beaucoup d'humour, mais l'essentiel, c'est cette qualité d'écriture qu'il n'obtenait qu'avec infiniment de travail et de peine. Il portait en effet une attention extrême à ses phrases, et l'on sent bien à chaque page ce souci d'un langage qui aboutit au charme, à la drôlerie, à l'émotion – à ce climat étrange que Murger installe à mi-chemin entre l'humour noir et la poésie.

MURGER ET PUCCINI

Le livre de Murger a, comme on le sait, fourni le point de départ de l'ouvrage de Puccini, la Bohème *(1896). Mais il était bien sûr impossible d'en reprendre dans un opéra la structure à la fois trop touffue et trop complexe. Les librettistes ont donc réuni dans une intrigue plus resserrée divers épisodes à l'origine indépendants : le Ier acte montre Marcel, Colline et Schaunard dans la mansarde de Rodolphe, où les quatre amis grugent le propriétaire venu toucher son loyer. Il y aura ensuite la rencontre de Rodolphe et de Mimi avant le départ chez Momus. C'est là que se déroule un IIe acte animé notamment par l'arrivée de Musette qui veut reconquérir Marcel. Le IIIe acte s'oppose au précédent par son côté dramatique : on y apprend surtout que Mimi est malade de cette phtisie dont elle mourra au quatrième acte, comme la Francine de Murger. Car les personnages ne sont pas exactement ceux de Murger : on leur a donné, dans l'opéra, des caractères plus tranchés, et Mimi, par exemple, s'y voit dotée d'un charme fragile et poétique qui n'est pas vraiment le sien dans le livre. Chez Puccini, bien plus que chez Murger, on insiste sur le tragique de la bohème, peut-être aussi sur une sorte de pathétique vériste, assez différent, dans le ton, de la pudeur de l'original.*

A. Preiss et D. Couty (synopsis)

Musset

MUSSET Alfred de

(1810-1857)

Marginal du romantisme se tenant en dehors des mouvements, sacrifiant aux modes tout en les critiquant, Musset a su donner à son œuvre un caractère profondément personnel. En se décrivant lui-même, en évoquant les tourments d'une personnalité divisée et ébranlée par les drames sentimentaux, il a réussi à exprimer les contradictions de son siècle, bien que celui-ci n'ait admiré en lui que son exaltation ou son esprit, laissant de côté ses questions pertinentes et ses remarques acides. Musset a longtemps joué le rôle qu'il s'était assigné à lui-même : celui de bouffon. Nous en percevons mieux aujourd'hui les deux facettes : brillant et spirituel, son discours est également tragique et désespéré.

C'est par une enfance confortable et choyée que commence la vie d'Alfred de Musset. Enfant nerveux, à l'intelligence précoce, il est aimé et protégé par ses parents. Sa mère, pleine d'admiration pour sa vivacité et ses talents, excuse avec indulgence ses débordements. Le jeune Musset, plongé d'emblée dans un milieu aux traditions intellectuelles (son père, connu comme écrivain sous le nom de MUSSET-PATHAY, a réalisé une édition complète des œuvres de J.-J. Rousseau ; son grand-père est un conteur plein de verve, ami et admirateur de Carmontelle), obtient sans effort de brillants succès scolaires, suscitant l'intérêt de ses maîtres et l'irritation de ses condisciples. Ce « blondin toujours premier », collégien sérieux et couronné de lauriers, va devenir un étudiant plus que dilettante.

La sortie du cocon familial marque une expérience de la rupture, qui s'imprimera profondément dans la conscience du futur poète : l'adolescent débauché gardera toujours en lui l'image de l'enfant pur et plein d'espoirs. Le jeune Alfred, assoiffé de liberté, se précipite vers les plaisirs ; il court les cafés à la mode et côtoie une jeunesse dorée dont il n'a ni l'entregent ni les moyens financiers. C'est dans ce monde séduisant préoccupé d'art mais surtout de toilettes, de chevaux et d'aventures amoureuses que Musset se forgera une personnalité de dandy et rencontrera ceux qui resteront ses amis. Alfred Tattet, un jeune homme riche et cultivé, deviendra le maître des plaisirs du jeune Musset ; Ulrich Guttinguer, un autre viveur, beaucoup plus âgé, fait également partie du cercle où Musset rivalisera d'esprit et de cynisme avec le comte d'Alton-Shée, le comte Belgiojoso et autres brillants jeunes gens.

Au sortir de l'enfance, Musset avait déjà confié à son frère Paul son incapacité à devenir « une espèce d'homme particulière » : ses aptitudes, peut-être trop nombreuses, lui ouvrent toutes les voies sans qu'il en choisisse aucune. Cependant, il fréquente assidûment les salons des cénacles : chez Hugo, rue Notre-Dame-des-Champs, et chez Nodier, à l'Arsenal, il rencontre les écrivains de la génération romantique (Vigny, Mérimée, Sainte-Beuve...). Un premier recueil, *Contes d'Espagne et d'Italie,* ouvre brillamment sa carrière littéraire. Mais ses premières tentatives théâtrales sont marquées du sceau de l'échec. *La Quittance du diable* n'avait pas été représentée ; *la Nuit vénitienne* le fut : sifflée, chahutée, la pièce tint l'affiche deux soirées. Ne voulant plus « se livrer aux bêtes », Musset dit alors « adieu à la ménagerie, et pour longtemps ». Il s'oriente vers un théâtre destiné à la lecture. Ce n'est qu'en 1832 qu'il prend la décision définitive de vivre de sa plume : profondément ébranlé par la mort de son père, il découvre le vide de son existence et prend conscience de son oisiveté. Il collabore à la *Revue des Deux Mondes*.

C'est alors qu'il rencontre George Sand, et c'est le début d'amours dramatiques et tumultueuses. La jalousie exacerbée de Musset, sa nervosité extrême, son instabilité rendront difficiles ses rapports avec une femme habituée à l'indépendance et au travail régulier. Leur amour trouvera un épilogue provisoire à Venise, où Musset, malade, découvre une liaison entre sa maîtresse et son médecin, Pagello. C'est en 1835 que G. Sand quittera définitivement Musset, après de nombreuses ruptures suivies de réconciliations.

De 1833 à 1839 se situent les années les plus fécondes de l'écrivain : le souvenir du drame de Venise, sa vie amoureuse chaotique (liaisons successives avec Mme Jaubert, Aimée d'Alton, la comédienne Rachel) semblent le stimuler, et il publie alors la plupart de ses œuvres majeures. À partir de 1840, son état de santé se dégrade rapidement. La « verve de Fantasio » l'a abandonné, et il tombe gravement malade, exténué par une vie de plaisirs et d'abus. Guéri, il mène une existence assez morne et ne parvient que rarement à vaincre sa paresse. Il continue néanmoins son œuvre poétique et fournit à la *Revue des Deux Mondes* des contes et des nouvelles. En 1843, miné par l'abus d'alcool, il retombe malade : sa santé est définitivement compromise, et il fera de nombreuses rechutes. Son activité littéraire se réduit mais continue, parallèlement à ses nombreuses liaisons amoureuses ; proverbes et contes se succèdent, comme les maîtresses. Cependant, les honneurs officiels lui échoient : il reçoit, en même temps que Balzac, la Légion d'honneur ; il est élu à l'Académie française (1852). Son théâtre commence à être représenté. Après des années particulièrement tristes et ennuyeuses, Musset meurt, à l'âge de quarante-sept ans. Une trentaine de personnes seulement l'accompagne au cimetière.

Une grande diversité

L'œuvre d'Alfred de Musset frappe d'abord par sa diversité ; diversité de sujets, de genres, de ton, d'opinions, de style, longtemps perçue et étudiée par le seul biais de la chronologie et de la biographie. Certes, entre le jeune et fringant romantique, provocateur de génie, auteur de la « Ballade à la lune », et l'écrivain fatigué, revenu de tout, ne satisfaisant qu'avec difficulté aux commandes de la *Revue des Deux Mondes,* il y eut une évolution, une transformation non négligeables qui permettent d'expliquer les différences radicales dans l'inspiration et la composition. Mais les étapes de la vie de Musset ne peuvent éclairer les contradictions immédiates, la multiplicité des avis et des opinions, la variété des tons et des voix qui font de son œuvre une sorte de kaléidoscope coloré. Celui qui déclarait, à dix-sept ans : « Je ne voudrais pas écrire ou je voudrais être Shakespeare ou Schiller », augurant ainsi d'une carrière d'auteur dramatique, semble s'être d'abord orienté vers la poésie. En fait, son premier recueil, les *Contes d'Espagne et d'Italie,* mêle les longs poèmes narratifs, quelquefois dialogués, au théâtre versifié et aux pièces courtes, telles les chansons et les ballades. Musset s'annonce donc d'emblée comme un poète, mais un poète qui a plusieurs cordes à sa lyre et qui entend pouvoir en jouer. En 1833, il écrit encore, dans *Namouna* :

J'aime surtout les vers, cette langue immortelle.
C'est peut-être un blasphème, et je le dis tout bas,
Mais je l'aime à la rage.

Cet amour avoué pour les vers ne l'empêche pas, après les dernières tentatives du *Spectacle dans un fauteuil* (1re livraison), de s'orienter définitivement vers le théâtre en prose. Drames, comédies et proverbes succéderont aux « poèmes dramatiques », que Musset lui-même rangera plus tard aux côtés de ses œuvres poétiques. Né poète, il est devenu prosateur, comme il l'affirme dans *le Poète déchu,* non sans avoir précisé que poète et prosateur « sont deux natures entièrement différentes, presque opposées et antipathiques l'une à l'autre ».

« Que les dieux vous assistent et vous préservent des romans nouveaux », s'écrient Dupuis et Cotonet, ces provinciaux sous le masque desquels Musset écrit ses pamphlets. C'est pourtant une sorte de roman que cette *Confession d'un enfant du siècle* publiée la même année que les *Lettres de Dupuis et Cotonet.* Et, sans que l'auteur l'ait voulu, ce roman n'est pas éloigné des œuvres à la mode : le drame intérieur, l'exaltation de la nature et de la passion sont bien de ces thèmes romantiques que fustige avec humour le Musset satiriste. L'homme qui écrit, dans la dédicace de *la Coupe et les Lèvres* :

> *[Mais] je hais les pleurards, les rêveurs à nacelles,*
> *Les amants de la nuit, des lacs, des cascatelles,*
> *Cette engeance sans nom, qui ne peut faire un pas*
> *Sans s'inonder de vers, de pleurs, et d'agendas*

ne se prive pas d'évoquer les promenades werthériennes de ses personnages et leurs pleurs répétés. Cette dédicace est d'ailleurs fort instructive : Musset tente d'y définir ses goûts, ses croyances et ses méthodes et ne parvient qu'à une seule conclusion, le doute. Il est capable, au même moment, de professer des opinions différentes, de faire diverger son discours de toutes les manières possibles. Ce discours éclaté ne se limite pas à la contradiction entre une parole de l'œuvre et une parole sur l'œuvre ; il est aussi la caractéristique interne des écrits de Musset. On a parlé à ce propos d'« autoscopie », cette faculté de projeter à l'extérieur de soi-même sa propre image, un second moi. L'exemple type en est fourni par la « vision » du narrateur de *la Nuit de décembre.* Cet « étranger vêtu de noir » qui ressemble au narrateur « comme un frère » est, en fait, présent dans presque toute l'œuvre de Musset. Il n'est pas l'avatar occasionnel du thème du double ; il correspond à une nécessité dans l'œuvre : celle de la multiplication des voix.

Des voix contradictoires

« Il y avait presque constamment en moi un homme qui riait et un autre qui pleurait. Mes propres railleries me faisaient quelquefois une peine extrême, et mes chagrins profonds me donnaient envie d'éclater de rire », avoue Octave, le narrateur de *la Confession d'un enfant du siècle.* Ce dédoublement, caractéristique des personnages de Musset, ne se limite pas à des tiraillements psychologiques : il se matérialise dans les textes avec une surprenante récurrence. Le « je » unique du narrateur ou du héros ne cesse de se diviser, et il peut ainsi s'adresser à lui-même, se contredire, se critiquer. Ainsi Octave s'interpelle-t-il lui-même, à de nombreuses reprises, au cours de sa confession. Ses monologues internes sont, en fait, de véritables dialogues, où plusieurs voix « terribles et contradictoires » prennent tour à tour la parole. Ce phénomène est sensible jusque dans la poésie. Le cycle des *Nuits* est une série de poèmes à deux voix : la Muse et le Poète ne peuvent s'unir définitivement ; plutôt qu'une conseillère et une inspiratrice, la Muse est celle qui permet au Poète de trouver un interlocuteur et de sortir du mutisme.

C'est évidemment au théâtre que mène cette multiplication des voix. Le nombre des personnages y permet la diversité des discours. C'est cette diversité même qui aboutit à une certaine vérité. Il n'y a pas, dans l'œuvre théâtrale de Musset, de véritable héros « porte-parole ». Le ou les héros sont toujours au confluent de plusieurs discours contradictoires, que ceux-ci sortent de leur propre bouche ou de celle des autres. Octave et Célio, dans *les Caprices de Marianne,* s'opposent, mais se complètent. Derrière celui qui est « heureux d'être fou » et celui qui est « fou de ne pas être heureux », une seule personnalité, ambiguë, apparaît. Parfois, d'un seul et même personnage émanent plusieurs voix. Fantasio, après avoir agi et parlé en bouffon, ne peut s'identifier totalement à cette personnalité ; il lui faut rester multiple et il déclare : « J'aime ce métier plus que tout autre, mais je ne puis faire aucun métier ». Il y a dans *Lorenzaccio* plus de quarante personnages parlants ; cependant, c'est grâce à l'extraordinaire duplicité de Lorenzo qu'apparaît la plus étonnante opposition des discours : une divergence irréductible de deux discours antagonistes est le moteur du drame. Ce que Lorenzaccio croit être un masque, une attitude destinée à tromper, est en fait une autre partie de lui-même. Par sa voix, deux personnages s'expriment, que l'on ne peut ni confondre ni séparer.

Dédoublement, contradictions, diversité pourraient faire croire à la désintégration de la personne du scripteur alors que, paradoxalement, celle-ci est partout présente. Cette « première personne » organise et modèle les autres, les représente pour mieux les investir. « Le moi lyrique, être soi ; le moi dramatique, être les autres », préconisait Hugo. Musset a, quant à lui, appliqué cette formule de façon bien particulière. Pour lui, être soi n'est possible qu'à condition d'être plusieurs à la fois, de pouvoir exprimer intégralement les différentes composantes de sa personnalité. La crise de la conscience romantique s'exprime chez lui par cette division de la personne, unique possibilité d'expression de la vérité qui conduit inexorablement à l'échec : finalement, la réunion est impossible.

Il reste que ce discours divisé témoigne d'une tentative : celle d'une œuvre fondée sur la personne et dont l'auteur est souvent son propre sujet. La diversité des tons et des styles ne saurait cacher tout à fait l'unité et la récurrence de certains thèmes personnels qui resurgissent derrière la plus banale des répliques, dans le plus badin des propos.

Des thèmes obsédants

Dans l'œuvre de Musset, le thème s'oppose au sujet. Le sujet souvent anodin (une bonne fortune, une grisette, un proverbe), quelquefois grandiose (l'assassinat d'un monarque), sert habituellement de support à un discours parallèle, quelquefois même extérieur au sujet lui-même. Qu'ils soient évoqués par les personnages ou directement introduits par le narrateur grâce à une de ces digressions dont Musset a le secret, les thèmes centraux de l'œuvre fournissent une matière commune qui envahit et dépasse tous les sujets sans pour autant les détruire ou les absorber. Cette matière n'est pas toujours propre à Musset ; certains des grands thèmes romantiques s'y rattachent ; mais c'est avec la force de l'obsession personnelle et de l'image rémanente qu'ils apparaissent chez lui.

Musset se donne comme un poète, mais comme un jeune poète : il ne cesse de revendiquer cette jeunesse. Ses héros sont tous de jeunes gens au seuil de la vie et qui semblent refuser d'y entrer. Leur inaction leur permet de ne pas franchir le pas décisif qui les précipiterait dans l'âge adulte. « Pour écrire l'histoire de sa vie, il faut avoir vécu. Ainsi n'est-ce pas la mienne que j'écris », déclare Octave, l'« enfant » du siècle. Fantasio, Perdican et Camille, Lorenzo sont des jeunes gens qui se heurtent au monde des adultes où ils font leur entrée. Le thème majeur des pièces où ils apparaissent, c'est leur première prise de responsabilité, le moment où ils abandonnent le discours (des études, de l'art, de la débauche) pour l'action. La jeunesse, plus qu'une période, est un état, et cet état permet le doute, l'interrogation, le refus, donc l'inaction. Toute tentative pour le dépasser tourne à l'échec, partiel ou total, et au mutisme. La jeunesse réelle se double d'une jeunesse mythique ; celle qui existerait si par avance le monde des adultes et de la souffrance ne l'avait brisée :

J'ai vu le temps où ma jeunesse
Sur mes lèvres était sans cesse
Prête à chanter comme un oiseau ;
Mais j'ai souffert un dur martyre...

(*la Nuit de mai*)

La jeunesse ne suscite aucun devenir. Le futur s'est déjà révélé à elle, parce que la première blessure lui a tout appris. Le poète est l'homme pour qui cette blessure est inguérissable, inoubliable. Plutôt que de la soigner il préfère la laisser béante. D'où le conseil de la Muse de *la Nuit de mai* :

Quel que soit le souci que ta jeunesse endure,
Laisse-la s'élargir, cette sainte blessure
Que les noirs séraphins t'ont faite au fond du cœur.
Rien ne nous rend si grands qu'une grande douleur.

Dans le même texte, Musset compare le poète au pélican qui se fouille les entrailles pour offrir son cœur en pâture à ses petits. Cette allégorie, à la limite du ridicule, est l'expression outrée du thème de la blessure, évoquée plus discrètement dans le reste de l'œuvre. La tentation masochiste est permanente chez Musset. Lorenzo, « pur comme un lys », se salit et se dégrade volontairement ; Octave, le héros de la *Confession*, porte une « discipline » de fer, et ses plaies lui procurent « une volupté étrange ». La blessure doit être initiale parce que sans elle le cœur est inaccessible ; elle est une nécessité, une provocation à l'ouverture et à la parole : elle évite l'ennui. La Muse de *la Nuit d'octobre* l'affirme clairement :

Le coup dont tu te plains t'a préservé peut-être,
Enfant : car c'est par là que ton cœur s'est ouvert.

Le poète se doit d'exhiber sa plaie : c'est bien ce que fait Musset, et la stratégie même de la *Confession* en est la preuve. C'est d'ailleurs cette tactique qui gâte parfois la sincérité et provoque l'outrance ; mais elle explique la coexistence chez Musset d'œuvres douloureuses et d'œuvres légères. La blessure du cœur est nécessaire, mais elle est volontaire : aussi peut-elle être apparente ou cachée. C'est cette blessure qui fournit l'occasion de l'expression artistique, mais elle en constitue parfois le sujet.

La trahison est l'arme qui a blessé le poète. Il s'agit initialement d'une trahison amoureuse. Mais le « mal du siècle » aurait de bien faibles racines s'il reposait sur la seule infidélité d'une maîtresse. C'est l'absence de sincérité, la divergence tout à coup apparue entre les paroles et les actes qui se révèlent subitement aux héros de Musset. La femme traîtresse qui trompe simultanément tous ses amants est une image sociale. En regardant Florence, ville et corps prostitués, Lorenzo voit autre chose : « Tous les masques tombaient devant mon regard ; l'Humanité souleva sa robe et me montra, comme à un adepte digne d'elle, sa monstrueuse nudité ». Rolla, prêt à se suicider, tente de croire un instant à la virginité de la prostituée qu'il regarde dormir : pour échapper à la mort, il faut croire à l'apparence. Dès que la vérité se démasque, l'espoir, qui semblait crédible, s'évanouit. Ou alors il faudra, pour jouer son rôle, porter masque et se tromper soi-même : vaincre le mal par le mal et user de la traîtrise et de l'hypocrisie comme d'un traitement homéopathique. Si, dans *le Chandelier,* la triple infidélité de Jacqueline fait le bonheur de Fortunio, c'est que celui-ci reste « bon, brave et sincère » : il est, en somme, l'exception qui confirme la règle. La trahison est partout, dans le moindre événement comme dans la moindre intrigue de Musset ; quelquefois traitée avec humour, elle reste la toile de fond dramatique de son œuvre. La découverte de la vérité bloque tous les processus d'évolution : il est inutile de continuer le chemin puisqu'il ne mène nulle part. La jeunesse est indépassable ; devant elle, la mort, ou plutôt le vide, le néant. L'image symbolique de ce refus du progrès et du temps se trouve au début de *la Confession d'un enfant du siècle.* L'« esprit du siècle » est un « spectre moitié momie, moitié fœtus ». Il évoque l'image d'une jeune fille embaumée dans sa parure de fiancée, dont le « squelette fait frémir car ses mains fluettes et livides portent l'anneau des épousées », et « sa tête tombe en poussière au milieu des fleurs d'oranger ». À l'innocence de la jeunesse ne peut succéder que la mort ou l'anéantissement de soi par la débauche.

L'angoisse devant le néant et l'ennui est un des grands thèmes romantiques ; Musset l'analyse d'ailleurs comme un mal général dû à des circonstances historiques. Après l'exaltation et le vacarme de la Révolution et de l'épopée napoléonienne, la jeune génération ne peut accepter les pâles idoles qu'on veut lui faire adorer. Il y a pour elle, dans le mot de liberté, quelque chose qui lui fait battre le cœur « à la fois comme un lointain et terrible souvenir et comme une chère espérance, plus lointaine encore ». Elle doit cependant s'accommoder du présent, de cette époque suspendue, et elle plonge dans l'ennui. L'avenir ne se trouve que dans l'image du passé ; Musset fait partie de ces « vieillards nés d'hier », au bord du néant. L'exaltation de l'art, bouée de sauvetage de sa génération, ne le séduit pas entièrement : des doutes subsistent sur sa fonction salvatrice. Comme le dit Lorenzo, l'art est plutôt l'« alambic » par lequel « les larmes du peuple retombent en perles ». En aucun cas il ne peut se substituer au monde. Musset, comme Fantasio, aimerait pouvoir se passionner « pour un homard à la moutarde, pour une grisette, pour une classe de minéraux ». Il n'y parvient pas.

Il a soif d'un absolu qui a disparu depuis que le ciel est vide. Sa lucidité l'amène à une contradicton insoluble : Dieu est nécessaire mais il n'existe pas.

Je ne crois pas ô Christ, en ta parole sainte !
Je suis venu trop tard dans un monde trop vieux,

s'écrie Rolla. Dieu a disparu, et les « anges consolateurs du Christ » ont déserté les chaumières. Aucun idéal ne mérite plus que l'artiste se mette à son service, aucune force, politique ou religieuse, n'est assez convaincante. De là vient probablement cette haine de Musset pour deux catégories antagonistes : les apôtres de la Raison, qui ont détruit Dieu, et les prêtres, qui, en mentant, tentent de faire croire qu'Il existe encore. Voltaire et « son hideux sourire » ont fait tomber l'édifice ; les hommes en noir, corbeaux, cagots, tartuffes et hypocrites, n'habitent plus que des ruines. Ridicules ou malfaisants, les prêtres n'ont pas, dans l'œuvre de Musset, un plus beau rôle que les raisonneurs de toutes sortes.

L'idéal mystique et la croyance à la Raison et au Progrès écartés, il ne reste à Musset qu'une attitude personnelle, celle d'un dandysme et d'un donjuanisme à la fois séduisants, destructeurs et inquiets. Le dandy, comme l'écrira plus tard Baudelaire, c'est cet « homme riche, oisif et qui, même blasé, n'a pas d'autre occupation que de courir la piste du bonheur ». C'est un homme doué de qualités qu'il ne peut utiliser, un « hercule sans emploi ». Il tente de se distinguer dans « les époques transitoires où la démocratie n'est pas encore toute-puissante, où l'aristocratie n'est que partiellement chancelante et avilie ». C'est, en Musset, l'homme léger et brillant, habile à tous les exercices. Le don Juan, lui, ajoute à la séduction et au cynisme le sacrilège, la provocation et l'angoisse. Il redoute et en même temps espère la venue du Commandeur : si le châtiment n'arrive pas, c'est qu'il n'y a aucune limite au mal et à la débauche. Partout dans l'œuvre la statue est présente : cette image obsédante est liée au froid, au cadavre, à la mort. Pour contrebalancer sa force, une image antithétique était nécessaire, celle de l'amour. Seuls les instants d'amour véritable échappent à la sanction et surtout au néant dont « l'ombre immense ronge le soleil sur son axe enflammé ». Seule l'expression de cet amour, le « langage venu du cœur », peut s'opposer au discours glacial de la mort.

VIE		ŒUVRE	
1810	**11 déc. :** naissance de Louis Charles Alfred de Musset, à Paris, 33, rue des Noyers (aujourd'hui, 57, boulevard Saint-Germain).		
1819	Musset entre au lycée Henri-IV. Au cours de sa scolarité, il brille par son habileté à composer des vers latins.		
		1824	Première création poétique : *À ma mère.*
		1826	*À Mlle Zoé Le Douairin.*
1827	**Août :** second prix de dissertation latine au concours général. *La Nuit.*		
1828	Musset commence des études de droit, puis de médecine. Il fréquente les cafés à la mode, connaît diverses aventures amoureuses. Il est présenté à V. Hugo par un beau-frère de celui-ci, P. Foucher.	**1828**	Premières publications : « Un rêve », dans *le Provincial,* à Dijon ; *l'Anglais mangeur d'opium,* d'après Th. De Quincey.
1829	Musset est employé quelques mois chez un entrepreneur de chauffage militaire. Il se lie à Ulric Guttinguer.	**1829**	**Déc. :** premier recueil, les *Contes d'Espagne et d'Italie* (contenant notamment « Don Paez », « les Marrons du feu », « Mardoche », « Ballade à la lune »).
1830	**Chute de Charles X.** Musset, vraisemblablement, participe aux journées de Juillet.	**1830**	**Avr. :** *la Quittance du diable.* **Déc. :** représentation à l'Odéon de *la Nuit vénitienne ou les Noces de Laurette.* Échec total. Publication de la pièce dans la *Revue de Paris.*
		1831	Publication dans *le Temps* des « Revues fantastiques » (janv. à juin).
1832	Épidémie de choléra ; le père de Musset meurt brutalement. Musset décide de vivre de sa plume.	**1832**	**Déc. :** second recueil, *Un spectacle dans un fauteuil,* comprenant : *la Coupe et les Lèvres, À quoi rêvent les jeunes filles, Namouna.*

	VIE		ŒUVRE
1833	Musset inaugure sa collaboration à la *Revue des Deux Mondes* par un compte rendu de l'opéra de Scribe et Auber, *Gustave III*. En juin, il rencontre George Sand à une réception offerte par Buloz, le directeur de la revue. **Août :** début de la liaison amoureuse avec G. Sand. Musset commence *Lorenzaccio*. **12 déc. :** départ des amants pour Venise, *via* Lyon, Marseille, Gênes, Livourne, Pise et Florence.	**1833**	**Avr. :** *André del Sarto*. **Mai :** *les Caprices de Marianne*. **Août :** *Rolla*.
1834	**Janv. :** Musset tombe malade à Venise. **Févr. :** il découvre la liaison entre G. Sand et le jeune Pagello, son médecin. **Mars :** guéri, il repart pour Paris. **Août :** G. Sand revient à Paris avec Pagello. Musset la revoit. **Sept. :** séjour de Musset à Bade. Il écrit à G. Sand des lettres enflammées et poursuit la rédaction, commencée en juil., de *la Confession d'un enfant du siècle*. **Oct.-nov. :** reprise de la liaison avec G. Sand, puis, en **déc.**, nouvelle rupture.	**1834**	**Janv. :** *Fantasio*. **Juill. :** *On ne badine pas avec l'amour*. **Août :** deuxième livraison d'*Un spectacle dans un fauteuil*, qui comprend *Lorenzaccio*.
1835	**Janv.-mars :** nouvelle reprise de la liaison avec G. Sand ; scènes violentes et rupture définitive. Liaison avec Mme Jaubert, épouse d'un magistrat et sœur d'un ami de Musset, le comte d'Alton-Shée. Rendu impossible par la jalousie de Musset, leur amour se transformera bientôt en une solide amitié.	**1835**	**Juin :** *la Nuit de mai*. **Août :** *la Quenouille de Barberine*. **Sept. :** rédaction du 1er chapitre de *la Confession d'un enfant du siècle*. **Nov. :** *le Chandelier*. **Déc. :** *la Nuit de décembre*.
1836	Liaison avec une jeune actrice, Louise Lebrun.	**1836**	**Févr. :** *la Confession d'un enfant du siècle*. **Mars :** *Lettre à M. de Lamartine*. **Juill. :** *Il ne faut jurer de rien*. **Août :** *la Nuit d'août*. **Sept. 1836-mai 1837 :** *Lettres de Dupuis et Cotonet*. **Oct. :** stances *À la Malibran*. *Faire sans dire*, dans un recueil collectif (avec G. Sand, Mérimée, Dumas, Stendhal, Vigny...).
1837	Liaison avec une cousine de Mme Jaubert, Aimée d'Alton, qui épousera plus tard Paul de Musset, frère d'Alfred.	**1837**	**Juin :** *Un caprice*. **Août :** *Emmeline* (nouvelle). **Oct. :** *la Nuit d'octobre*. **Nov. :** *les Deux Maîtresses* (nouvelle).
1838	**Oct. :** Musset est nommé conservateur de la bibliothèque du ministère de l'Intérieur.	**1838**	**Janv. :** *Frédéric et Bernerette* (nouvelle). **Févr. :** *l'Espoir en Dieu*. **Mai :** *le Fils du Titien* (nouvelle). **Juill. :** *Dupont et Durand* (dialogue). **Oct. :** *Margot* (nouvelle). **Nov. :** *De la tragédie*, puis, en déc., « Reprise de *Bajazet* », articles célébrant les débuts au Théâtre-Français de la comédienne Rachel.
1839	Se détachant d'Aimée d'Alton, Musset courtise sans succès Pauline Garcia, sœur de la Malibran. Liaison avec Élisa Félix, dite Rachel, puis rupture.	**1839**	**Févr. :** *Croisilles* (nouvelle).
1840	Au début de l'année, grave maladie. Guéri, Musset commence une existence triste et morne.	**1840**	Première édition des *Poésies complètes* et des *Comédies et proverbes*. **Juin :** *Une soirée perdue* (Molière à la Comédie-Française). **Août :** *Tristesse*.
		1841	**Févr. :** *Souvenir*.
1842	Musset tente de renouer avec Aimée d'Alton, puis fait la cour, inutilement, à la coquette princesse Belgiojoso.	**1842**	**Janv. :** *Sur la paresse*. **Oct. :** *Histoire d'un merle blanc* (conte). **Nov. :** *Après une lecture* (sur le poète italien Leopardi).
1843	Nouvelle maladie, due à l'abus d'alcool. Réconciliation avec Hugo (leur brouille datait de 1832) et avec Rachel. Correspondance avec Marie Nodier, fille de Charles. S'étant dérobé au service de la Garde nationale, Musset passe quelques jours en prison (comme en 1841, puis en 1849).		

VIE		ŒUVRE	
1844	Très grave pleurésie au printemps ; quelques liaisons, néanmoins.	**1844**	Contes : *Pierre et Camille, le Secret de Javotte, les Frères Van Buck.*
1845	Nouvelle grave maladie. **24 avr. :** Musset reçoit la Légion d'honneur.	**1845**	**Nov. :** *Il faut qu'une porte soit ouverte ou fermée.* **Déc. :** *Mimi Pinson* (conte).
		1847	**27 nov. :** première représentation d'*Un caprice*, à la Comédie-Française, dont Buloz vient d'être nommé administrateur. C'est un grand succès ; aucune pièce de Musset n'avait été jouée depuis l'échec, en 1830, de *la Nuit vénitienne.*
1848	**Chute de Louis-Philippe.** Musset perd son poste de bibliothécaire. Liaison avec Mme Allan-Despréaux, qui avait créé *Un caprice.*		
1849	Amitié amoureuse avec l'actrice Augustine Brohan.	**1849**	**Févr. :** première représentation de *Louison* (comédie en vers). **Mai :** représentation, au Théâtre-Français, d'*On ne saurait penser à tout.*
		1850	*Le Constitutionnel* publie en feuilleton *Carmosine* (comédie).
		1851	*Bettine* (comédie) est représentée au théâtre du Gymnase, puis publiée par la *Revue des Deux Mondes.*
1852	**12 févr. :** élection à l'Académie française, après les deux échecs de 1848 et 1850. Liaison avec Louise Colet, maîtresse de Flaubert.	**1852**	Publication des poésies dans leur classement définitif : *Premières Poésies* (1829-1835) ; *Poésies nouvelles* (1836-1852).
1853	Musset est nommé bibliothécaire au ministère de l'Instruction publique.	**1853**	Publication du recueil des *Comédies et proverbes.* *La Mouche* (conte).
1854-1857	Musset n'écrit pratiquement plus et continue à boire.		
1857	**2 mai :** mort de Musset. **4 mai :** une trentaine de personnes mènent son cercueil au Père-Lachaise.		
		1858	Publication de *l'Âne et le Ruisseau* (comédie).
		1861	Première représentation d'*On ne badine pas avec l'amour*, à la Comédie-Française.
		1896	Première représentation de *Lorenzaccio* au théâtre Sarah-Bernhardt (c'est Sarah Bernhardt qui joue le rôle de Lorenzo).

POÉSIE

Alfred de Musset est longtemps resté le « poète de la jeunesse », d'une jeunesse romantique et volontiers pleurnicharde – « rollaque », pour reprendre l'adjectif créé par Rimbaud. Des générations successives ont admiré en l'auteur des *Nuits* le dandy aux épanchements mélancoliques, à l'humeur quelquefois badine, au style léger et facile. Cette fascination était fondée sur les facteurs mêmes qui ont provoqué par la suite l'insuccès de Musset. Exécré par les symbolistes, rejeté par les surréalistes, oublié par la modernité littéraire, Musset poète n'a cessé de péricliter. Le rejet volontaire d'une poétique rigoureuse, la croyance en une inspiration venue du cœur, lieu privilégié de l'élaboration artistique, le mépris pour l'engagement philosophique ou politique, autant d'éléments qui, après avoir permis à Musset de figurer parmi les « grands inspirés » de son siècle, ont suscité par la suite indifférence ou irritation. Musset est resté l'homme des « vers célèbres » ; sa poésie est émaillée d'aphorismes devenus proverbes : « Qu'importe le flacon, pourvu qu'on ait l'ivresse », « Mon verre n'est pas grand, mais je bois dans mon verre », etc. Sa carrière poétique a commencé avec les outrances et le brio d'un romantisme échevelé : les *Contes d'Espagne et d'Italie* recourent à la couleur locale, au sang, à l'érotisme. Le style en est volontiers heurté : rejets et enjambements, de vers à vers mais également de strophe à strophe, s'y multiplient. Les principales pièces en sont « Don Paez », « Mardoche ». La « Ballade à la lune », publiée en 1830, fut considérée par les classiques comme un véritable outrage. Les romantiques, eux, ne discernèrent pas le côté pastiche d'une œuvre qui n'hésitait pas à comparer la lune à « un grand faucheux bien gras/Qui roule/Sans pattes et sans bras ». Les neuf dernières strophes, ouvertement égrillardes, ne furent pas publiées. « Les Secrètes Pensées de Raphaël, gentilhomme français » laissent entendre une rupture avec le romantisme hugolien. Musset s'oriente ensuite vers une poésie à la versification et aux thèmes plus sages. *Namouna,* qui clôt le recueil, essentiellement théâtral, d'*Un spectacle dans un fauteuil,* est un conte au ton et aux digressions très désinvoltes. Viennent ensuite les œuvres les plus célèbres : *Rolla* et le cycle des *Nuits*.

Rolla

SYNOPSIS

Après une longue introduction sur la mort des dieux païens et du Dieu chrétien (I) commence l'histoire de Jacques Rolla, jeune débauché oisif et sans espoir, qui a décidé de dissiper sa maigre fortune (II). Il a passé la nuit chez une prostituée de quinze ans, Marion, qu'il a payée de sa dernière pistole (III). Un long passage, où le narrateur interpelle Voltaire le déicide (IV), précède le dénouement : au matin, après l'avoir contemplée endormie, Rolla annonce à Marion sa décision de se tuer. La jeune fille lui offre de l'argent, mais il s'empoisonne, et il meurt dans un dernier baiser d'amour (V).

Rolla est l'œuvre de Musset qui obtint le plus de succès, tant au moment de sa publication, en 1833, que par la suite. La fantaisie qui marquait les œuvres précédentes a disparu, faisant place à une poésie exaltée et douloureuse, fondée sur une écriture plus conventionnelle mais riche en audacieuses métaphores. Les thèmes abordés, les personnages, les lieux sont ouvertement romantiques : un jeune débauché, une adolescente prostituée, le lever du soleil, l'empoisonnement, le tout transcendé par le regard pur du narrateur. On hésite à qualifier *Rolla* de poème narratif. Le récit proprement dit n'y tient qu'une place restreinte ; le personnage principal n'est pas Jacques Rolla mais le narrateur lui-même, qui pose les questions, introduit les comparaisons, interpelle, s'exclame et invite le lecteur à considérer telle ou telle partie du tableau présenté. Le poème est fondé sur des interrogations successives, qui reçoivent des réponses tragiques dans une scène qui s'éclaire peu à peu. L'histoire sert de prétexte à de longues digressions dont le thème principal est la disparition de Dieu et de l'espoir : Marie, l'enfant, la vierge, devient Marion la prostituée, et sa mère une maquerelle ; le lever du soleil n'est plus début du jour, mais fin de la nuit. Du microcosme de la chambre de Marion au discours général sur l'humanité, il y a le lien de l'exemple ; Rolla est l'homme tel que le « vieil Arouet » l'a voulu. À la fois Faust et Don Juan, Rolla ne réussit pourtant pas à « prostituer sa mort » : Marion, par son acte d'amour, sauve en lui la pureté.

Les Nuits

Le cycle des *Nuits* regroupe quatre poèmes : les « Nuits » de mai, de décembre, d'août et d'octobre, auxquels on a l'habitude d'ajouter, pour des raisons chronologiques et thématiques, la « Lettre à Lamartine », « l'Espoir en Dieu » et « Souvenir ». Leur parution s'échelonne de 1835 à 1841.

En 1835, Musset sort de la difficile période de ses amours avec George Sand. Des allusions répétées à un amour malheureux ne sauraient cependant faire conclure qu'il ne s'agit là que d'une poésie amoureuse de circonstance, liée à une expérience précise. Selon P. Van Tieghem, « le vrai sujet des *Nuits* est en effet l'incidence de la souffrance sentimentale sur la création poétique. Le problème de la création littéraire y est au premier plan ».

Les « Nuits » de mai, d'août et d'octobre donnent lieu à un dialogue entre le Poète et sa Muse, dédoublement des voix qui offre au thème de la blessure deux éclairages différents. Dans *la Nuit de mai,* la Muse propose au Poète des sujets d'inspiration et même des genres littéraires précis (l'épopée, l'églogue, la satire, etc.). Mais pour le Poète,

La bouche garde le silence
Pour écouter parler le cœur.

Il apparaît alors que seule la douleur peut engendrer le génie poétique. Les vers fameux :

Les plus désespérés sont les chants les plus beaux
Et j'en sais d'immortels qui sont de purs sanglots

ne convainquent cependant pas le créateur. L'expression de sa douleur est au-dessus de ses forces.

La Nuit d'août évoque un renouveau passager ; le Poète, plein d'enthousiasme printanier, va chanter l'amour nouveau, malgré sa Muse sceptique :

Cœur gonflé d'amertume et qui t'es cru fermé,
Aime, et tu renaîtras ; fais-toi fleur pour éclore.

La Nuit d'octobre est la résolution dialectique du dilemme entre mutisme et mensonge. Le poète suit le conseil de la Muse : sa cicatrice s'ouvre de nouveau ; il laisse s'exprimer sa douleur, mais aussi son indignation et sa colère.

Le dédoublement prend une autre forme dans *la Nuit de décembre.* Les ombres, spectres et formes voilées qui hantent la poésie de Musset s'y précisent. C'est un véritable jumeau que découvre le narrateur : il incarne, paradoxalement, la Solitude.

La poésie des *Nuits* n'évite pas toujours l'allégorie trop poussée (le pélican, la cavale) ; mais la multiplicité des voix la préserve de verser dans la tentation rhétorique. Alors que le narrateur de *Rolla* a constamment besoin d'images, de digressions et d'ellipses pour alléger la pesanteur oratoire, les dialogues des *Nuits,* exprimant les contradictions, n'ont pas à recourir au jeu perpétuel des questions et des réponses.

THÉÂTRE

C'est au théâtre que Musset a donné le meilleur de lui-même. Son œuvre dramatique, presque totalement incomprise par ses contemporains, s'élève largement au-dessus de tout le théâtre romantique. Deux facteurs essentiels ont contribué à cette qualité. Musset, rebuté par l'échec de *la Nuit vénitienne,* a destiné les pièces ultérieures à la lecture ; d'où une grande liberté dans la composition, le choix des événements et des lieux, le nombre des personnages. D'autre part, il n'a pas cherché à appliquer au théâtre les théories contraignantes du romantisme hugolien, bien qu'il s'en soit inspiré. « Racine, rencontrant Shakespeare sur ma table, s'endort près de Boileau, qui leur a pardonné », écrit-il dès 1830. Mais il ne s'accommode pas plus des obligations aristotéliciennes que de l'envahissante idéologie romantique. S'il se reconnaît un maître : Molière, c'est qu'il admire en lui « cette mâle gaieté, si triste et si profonde / Que lorsqu'on vient d'en rire, on devrait en pleurer ». Son théâtre, original et surprenant, n'est jamais polémique. Le grotesque et le sublime s'y mêlent, mais sans ostentation : ils ne sont pas, comme dans le théâtre hugolien, juxtaposés. L'Histoire, la couleur locale enrichissent le spectacle sans le dénaturer. Les personnages burlesques, à mi-chemin de la satire sociale et de la bouffonnerie pure, dénoncent la convention théâtrale et sociale mais n'entament pas la gravité des propos tenus.

L'œuvre théâtrale de Musset comprend des genres divers. Elle a commencé par des poèmes dramatiques en vers, tels *les Marrons du feu*, *À quoi rêvent les jeunes filles*, *la Coupe et les Lèvres*. À part la « comédie » – souvent dramatique en sa conclusion (*les Caprices de Marianne*, *Fantasio*, *le Chandelier*, *Barberine*) –, deux genres prédomineront : le drame historique (*André Del Sarto*, de loin la pièce en prose la plus romantique de Musset, et *Lorenzaccio*) et surtout le proverbe. Il s'agit d'un exercice fort en vogue au XVIIIe siècle, qui consistait à composer une petite pièce à laquelle un proverbe choisi à l'avance servirait de morale. Musset a su dépasser l'exercice de style et son maître Carmontelle, pour parvenir à de véritables œuvres. Ces proverbes servent de titre aux pièces qui les illustrent : *On ne badine pas avec l'amour*, *Il ne faut jurer de rien*, *Il faut qu'une porte soit ouverte ou fermée*, *On ne saurait penser à tout*.

Les Caprices de Marianne

SYNOPSIS

ACTE I. Marianne est la très sage femme de Claudio, podestat [juge] à Naples, au XVIe siècle. Célio, jeune homme sensible et timide, en est éperdument amoureux ; son amour lui semble sans espoir. Octave, jeune débauché insouciant, cousin de Marianne et ami de Célio, lui propose de déclarer son amour à sa place : Marianne le reçoit froidement et prévient son mari. Hermia, mère de Célio, lui raconte comment son père, venu pour lui déclarer l'amour d'un de ses amis, l'a finalement épousée.

ACTE II. Célio annonce à Octave qu'il renonce. Claudio, jaloux, reproche à Marianne une conversation qu'elle a eue avec Octave. Elle laisse alors entendre à Octave qu'elle est éprise de lui et lui donne un rendez-vous. C'est Célio masqué qui s'y rend et qui se fait assassiner par Claudio et son valet. Après sa mort, Octave repousse l'amour de Marianne.

Cette pièce, publiée en 1833, n'a été représentée – une fois remaniée, puis acceptée par la censure – qu'en 1851. Elle n'a de comédie que le nom ; les thèmes évoqués, le personnage de Célio et le dénouement sont ouvertement dramatiques. Le personnage d'Octave, qui apparaît en Arlequin et se décrit lui-même comme « un danseur de corde, en brodequins d'argent, le balancier au poing, suspendu entre le ciel et la terre », n'est pas non plus exempt de caractère tragique, même si en lui la débauche est dépeinte sous son côté plaisant. Octave et Célio sont d'ailleurs deux aspects de la même personne, et Musset a avoué participer des deux à la fois. Octave est le masque de Célio : il est paresseux, fantasque, brillant, apparemment heureux. Célio, intellectuel et sensible, paie de son malheur son inadaptation à la vie. Marianne est la figure symbolique de la femme. Son personnage n'est que peu typé, bien que ses répliques sonnent juste. Elle est la femme, capricieuse, changeante et donc traîtresse. C'est elle qui, par son existence et son discours, provoque le drame, comme l'a provoqué jadis Hermia, la mère pourtant douce et protectrice de Célio. Le ton léger, les traits d'esprit, un mari jaloux et quelques domestiques à la Molière donnent à la pièce un inimitable caractère aigre-doux.

On ne badine pas avec l'amour

SYNOPSIS

ACTE I. Perdican, en compagnie de son gouverneur Blazius, revient au château paternel. Il a terminé ses études et doit épouser sa cousine Camille qui vient de sortir du couvent, chaperonnée par la prude dame Pluche. Cependant, Camille repousse les avances de Perdican, qui, dépité, courtise ostensiblement une jeune paysanne, Rosette.

ACTE II. Camille, irritée et jalouse, donne un rendez-vous à Perdican : elle lui explique qu'une amie religieuse l'a prévenue contre l'amour et les hommes. Perdican lui reproche violemment cette attitude qu'il estime insincère et conventionnelle.

ACTE III. Perdican est décidé à épouser Rosette. Camille l'amène néanmoins à lui avouer son amour devant Rosette, qui assiste à leur entretien cachée derrière une tapisserie. Camille et Perdican reconnaissent finalement leur amour mutuel ; Rosette en meurt.

Publié en 1834, ce proverbe ne fut pas représenté du vivant de Musset. Dans l'histoire de Perdican et de Camille, c'est l'orgueil qui détruit l'amour, en prétendant jouer, « badiner » avec lui. Car le jeu avec l'amour est une sorte de sacrilège. Perdican s'écrie, à la fin de la pièce : « Ô ! mon Dieu… Il a bien fallu que la vanité, le bavardage et la colère vinssent jeter leurs rochers informes sur cette route céleste qui nous aurait conduit à toi dans un baiser ». La puissance divine prend la forme d'un destin implacable, et c'est sa sanction qui fait mourir Rosette derrière l'autel d'une chapelle, rendant l'amour impossible. La statue du Commandeur n'est pas loin. Ce pouvoir du destin s'oppose au ridicule et à la stupidité des personnages représentant l'Église : Blazius, « pareil à une amphore antique », Dame Pluche, dont la pruderie n'a d'égale que la bêtise, l'avide et borné curé Bridaine. Tous appartiennent à cette pléiade de personnages burlesques, générateurs de scènes fort drôles, mais dont l'intervention sur l'action est apparemment nulle. Ils sont pourtant représentatifs d'un milieu humain qui pèse lourdement sur les destinées des héros : le père de Perdican et son simulacre d'autorité, Blazius et sa science incertaine et inutile, Bridaine et sa religion galvaudée, observés et raillés par le chœur des paysans, sont l'écho d'un monde où règnent le mensonge et la bêtise. C'est ce monde qui rend tragique le marivaudage des deux héros, et Perdican le fustige avec une violence extrême : « Le monde n'est qu'un égout sans fond où les phoques les plus informes rampent et se tordent sur des montagnes de fange. Mais il y a au monde une chose sainte et sublime, c'est l'union de deux de ces êtres si imparfaits et si affreux. » Comment mieux dire que le grotesque engendre le sublime ?

Lorenzaccio

George Sand avait composé, à partir de la *Storia fiorentina* de l'historien italien Varchi (1721), six tableaux regroupés sous le titre : *Une conspiration en 1537*. Respectant scrupuleusement ces données historiques, Musset créa *Lorenzaccio*, drame de grande envergure, digne de Shakespeare. Plus de quarante personnages parlants, trente-huit changements de lieu, des intrigues entremêlées donnent à la pièce une telle complexité qu'on ne la représenta – très amputée – qu'en 1896 alors qu'elle avait paru en 1834. La densité, la richesse de l'œuvre suscitent évidemment plusieurs grilles de lecture, mais deux grands axes interprétatifs peuvent être dégagés : le drame personnel, celui du dédoublement et de la quête d'identité, et le drame historique, celui du meurtre du duc. L'un ne se superpose pas à l'autre ; l'Histoire n'est pas la toile de fond nécessaire au déroulement d'une destinée individuelle. Des liens étroits se tissent, d'incessants échanges de valeur s'opèrent entre l'Histoire, l'histoire et l'individu.

SYNOPSIS

Plusieurs intrigues se mêlent dans la pièce. Voici la principale :

En 1537, le crime et la débauche règnent à Florence, sous la tyrannie du duc Alexandre de Médicis. Lorenzo, cousin du duc, a donné de lui-même l'image d'un homme corrompu, mauvais (Lorenzaccio, le « mauvais Lorenzo ») pour gagner sa confiance, dans le dessein secret de l'assassiner (actes I et II). Il avoue ce projet à Philippe Strozzi, un républicain dont la famille a toujours été l'adversaire du tyran ; mais Philippe, malgré l'empoisonnement de sa fille Louise (acte III), ne s'opposera à Alexandre que par la parole. Tandis que Pierre Strozzi, fils de Philippe, tente en vain de prendre la tête d'une armée levée par les bannis de Florence, Lorenzo, après avoir prévenu les opposants au régime, assassine le duc (acte IV). La lâcheté des Florentins et l'incapacité des républicains amènent finalement sur le trône un autre cousin d'Alexandre, Côme de Médicis, soutenu par le pape et Charles Quint. La tête de Lorenzo est mise à prix ; il parvient à se réfugier à Venise, mais il y sera poignardé, et le peuple jettera son corps dans la lagune (acte V).

Lorenzo est un héros ambigu : son identité est incertaine. Nom, sexe, caractère, rien en lui ne semble stable. Il ne devient Lorenzo de Médicis qu'après avoir accompli son acte. Sa personnalité, double d'un point de vue moral (Lorenzo vertueux et droit s'oppose à Lorenzaccio débauché et fourbe), reste multiple sur d'autres plans : il est aussi Renzo, Renzino, et même Lorenzetta, la femmelette, l'« homme sans épée » qui apparaît au Ier acte habillé en nonne et que George Sand avait surnommé « Castrataccio ». Sa quête d'identité ne peut aboutir que grâce à l'action qui s'impose à lui et qu'il veut difficile, glorieuse et efficace. Il est, dit W. Moser, « le personnage clef de l'opposition dire/faire ». Il s'agit là d'un thème cher à Musset et à sa génération : pour résorber le vide du discours et transcender la débauche et le libertinage, il faut un acte glorieux, tel celui de Byron sacrifiant sa vie à la liberté de la Grèce. Mais Lorenzo désire aussi s'identifier à des modèles qu'il a choisis dans l'Histoire : Brutus, le meurtrier de César, mais surtout l'autre Brutus, celui qui renversa Tarquin le Superbe et permit l'instauration de la république à Rome. Comme Brutus, qui contrefit longtemps la folie (*brutus*, en latin, « l'idiot »), Lorenzo joue un rôle qui, tout en le condamnant au mépris, lui permettra, pense-t-il, de réaliser son projet. Il a pris « dans un but sublime une route hideuse ». Lorenzo, homme du XVIe siècle empreint de l'exemple antique, est porteur des inquiétudes romantiques. En lui trois strates historiques se rejoignent, suggérant une Histoire répétitive et circulaire, mythique. Le texte suscite d'ailleurs constamment la référence au mythe, antique ou littéraire. Lorenzo est Oreste ou bien Hamlet assassinant le père usurpateur (le duc Alexandre) pour relever l'honneur de la mère devenue « catin » (la ville de Florence). Il incarne aussi l'homme de pierre, le Commandeur châtiant le séducteur sacrilège et criminel, le don Juan Alexandre. Il est « le héros individuel qui souffle son rôle à Dieu » (A. Ubersfeld).

Le meurtre du père est aussi le meurtre du duc : « Lorenzaccio est d'abord l'histoire d'un régicide. » Il s'agit de « l'examen critique des conditions qui permettent ou ne permettent pas au régicide d'aboutir à une transformation révolutionnaire » (A. Ubersfeld). La continuité mythique n'existerait pas sans la répétition réelle de l'Histoire ; la mort du roi, le projet républicain uniquement soutenu par des hommes de discours (dans la pièce, les Strozzi), l'incapacité à assumer la liberté possible sont les problèmes politiques de Florence en 1537 mais aussi ceux de la France de 1793 et de 1830. Lorenzo n'en possède pas la clef : il est un héros de théâtre, il porte masque ; son acte héroïque ne peut modifier la réalité qui l'a gangrené.

PROSE

Lettres de Dupuis et Cotonet

Publiées dans la *Revue des Deux Mondes* en 1836 et 1837, ces lettres sont de véritables pamphlets. Utilisant la technique des *Provinciales*, Musset s'attaque aux travers littéraires et sociaux de ses contemporains, avec une ironie mordante et fort drôle. Les romantiques, les idéalistes de toute sorte (l'« humanitairerie ») y sont fustigés, les modes et manies du temps sont autopsiées par le scalpel innocemment cruel de deux naïfs provinciaux. Ces lettres constituent un document d'importance sur la société et la littérature après 1830. [Voir **Romantisme.**]

La Confession d'un enfant du siècle

SYNOPSIS

PREMIÈRE PARTIE. Les trois premiers chapitres relatent les causes et les circonstances de la « maladie du siècle ». La Révolution et l'Empire ont laissé des souvenirs glorieux, mais la jeune génération ne trouve devant elle que le vide. L'hypocrisie et la trahison sont entrées dans les cœurs. La première trahison amoureuse que subit le narrateur-héros Octave (IV) lui fait découvrir cette vérité (V, VI, VII). Il renonce au monde et avive sa souffrance par l'alcool (VIII) et la parodie de l'amour (IX et X).

DEUXIÈME PARTIE. Au bord du suicide, Octave choisit la solution que lui propose son ami Desgenais : la débauche (I). Il en fait l'apprentissage et adopte le masque du cynisme (II, III). Le vide glacial de cette vie lui apparaît (IV, V). Il apprend que son père se meurt, et il part pour la maison familiale (V).

TROISIÈME PARTIE. Octave trouve son père mort (I) et décide de s'installer dans sa maison à la campagne (II). Il rencontre Brigitte Pierson, qui vit seule avec sa mère et répand le bien autour d'elle (III). Leur amour naît peu à peu (IV, V, VI). Après s'y être longtemps refusée, Brigitte accepte l'amour d'Octave (VII, VIII, IX). Leur liaison commence (X, XI).

QUATRIÈME PARTIE. Rapidement, le soupçon de la trahison renaît dans l'esprit d'Octave (I), qui fait souffrir Brigitte par son attitude méfiante et cynique (II, III, IV). Des médisances (V) poussent les deux amants à partir pour Paris, dans le dessein de quitter la France (VI).

CINQUIÈME PARTIE. À Paris, Brigitte tombe malade (I), et le départ est différé. Smith, un jeune homme ami de Brigitte, lui rend souvent visite. Octave est torturé par les soupçons à son propos (II, III, IV). Après un faux départ (V), Octave, au bord de la folie, est sur le point de tuer Brigitte (VI) mais il renonce à son acte et, après avoir appris leur amour, pousse Brigitte à épouser Smith (VII).

C'est à son retour de Venise que Musset songe à raconter l'histoire de ses amours avec George Sand. Il entreprend donc, à vingt-cinq ans, d'écrire une confession. Mais celle-ci ne pourra ressembler aux célèbres *Confessions* de Rousseau ; l'œuvre ne contiendra que des aveux partiels : « pour écrire l'histoire de sa vie, il faut avoir vécu ». Le projet de Musset est d'innocenter George Sand en endossant la responsabilité de la rupture, mais aussi de faire entrer leur histoire dans le moule mythique des amours impossibles, celles d'Héloïse et Abélard, de Roméo et Juliette, de Werther et Charlotte. *La Confession d'un enfant du siècle* est donc un roman à caractère autobiographique, mais le scripteur, grâce au masque du narrateur et du héros, y maintient, à l'égard du récit, une distance qui lui ménage une certaine liberté. L'histoire des amours de Brigitte et d'Octave est d'ailleurs encadrée par deux parties qui se dégagent du projet autobiographique : le début de l'œuvre est l'histoire d'une génération et non celle d'un individu. Pour l'épilogue, c'est la narration à la troisième personne qui est employée et non plus la première. L'originalité de l'œuvre tient justement à la liaison établie entre la destinée individuelle (celle d'Octave) et la détermination historique et sociale : une époque sans foi ni idéal ne peut produire que des hommes incapables d'amour. C'est le principe même de l'allégorie, si puissamment utilisée dans les premières pages : Octave est l'expression symbolique de sa génération, celle de Julien Sorel, coincée entre le rouge du sang de la Révolution et de l'Empire, et le noir des soutanes qui hantent la France de la Restauration. Alors que Stendhal avait débouché sur un roman réaliste, Musset aboutit à une introspection douloureuse. La détermination historique prend dans la *Confession* des allures de justification. Il s'agit, pour le narrateur, d'excuser la faiblesse de son caractère, de se déculpabiliser et, tout en se frappant la poitrine, d'obtenir l'absolution en trouvant des motifs à ses fautes. Sa culpabilité vient de son incapacité à croire : pour lui, la vérité, c'est la nudité, et il faut sans cesse dépouiller les apparences pour retrouver l'horrible réalité. Passivité ou masochisme, il lui faut, pour parvenir à la vérité, passer par la souffrance. « Certains hommes, à coup sûr malheureux, ne reculent ni ne chancellent, ne meurent ni n'oublient : quand leur tour vient de toucher au malheur, autrement dit à la vérité, ils s'en approchent d'un pas ferme, étendent la main et, chose horrible ! se prennent d'amour pour le noyé livide qu'ils ont senti au fond des eaux ».

Au thème central de la *Confession* de Musset, ses amours avec George Sand, sont liés le récit de cette dernière, *Elle et lui* (1869), ainsi que l'œuvre du frère de Musset, Paul (1804-1880), *Lui et elle* (1859), et *Lui, roman contemporain*, de Louise Colet (également 1859).

Ph. Hédouin

N

Narcejac Thomas

(1908-1998)

Après des études de lettres et de philosophie, il fit une carrière de professeur de 1934 à 1947, et se consacra à la littérature après 1946. Outre des pastiches, il publia des romans d'aventures (*La mort est du voyage*, *Liberty Ship*, *le Grand Métier*, *Usurpation d'identité*...). C'est en collaboration avec Pierre Boileau (1906-1989) qu'il écrivit ses récits les plus appréciés, récits appartenant au genre du roman policier, et renouvelés par la recherche d'une certaine « cruauté poétique » (selon Narcejac lui-même). *Celle qui n'était plus* (1953), dont Clouzot tira en 1955 son film *les Diaboliques*, *D'entre les morts* (1954), *Delirium* (1969), *Manigances* (1971), *les Louves* (1973), *Mamie* (1983), *la Dernière Cascade* (1985), *Schuss* (1986) cherchent à déconcerter et à inquiéter, voire à terroriser le lecteur, à travers certains personnages, par des intrigues où le machiavélisme est une arme plus sûre que le revolver. Les deux associés firent aussi revivre le célèbre « gentleman cambrioleur » de Maurice Leblanc dans une série de pastiches, dont *le Secret d'Eunerville* (1973), signé... « Arsène Lupin » !

Simultanément, Thomas Narcejac a élaboré une œuvre critique tendant à réhabiliter le genre où il s'est illustré avec Pierre Boileau. *Esthétique du roman policier* (1947), *la Fin d'un bluff* (1949), *le Cas Simenon* (1950), *Une machine à lire : le roman policier* (1975) reposent sur une conception cartésienne et psychologique du genre, très éloignée de celle du roman noir : « Le roman policier est un récit où le raisonnement crée l'effroi qu'il est chargé d'apaiser. » La logique, comme agent d'inquiétude et de merveilleux, est chargée de dénouer les apparences qu'elle a contribué à susciter : on ne s'étonnera pas si les œuvres de Poe et de Gaboriau constituent les premières références de Narcejac. Cependant, l'éclectisme qui fait apprécier à la fois le psychologisme de Simenon et la cruauté efficace du *thriller* américain conduit Narcejac à revendiquer pour le récit policier une substance « littéraire », alors que le feuilleton d'aventures et la construction formelle d'une énigme (le classique roman anglais, par exemple) fonctionnent dans la pauvreté et la quasi-insignifiance d'un pur courant narratif. Le roman policier tel que l'envisage Narcejac est fonction d'une réalité psychosociale dont les éléments sont mis au service d'un effet sur le lecteur ; son style est soumis à cet effet, il subit l'influence du dialogue réaliste du cinéma, comme la structure du récit subit celle du montage. Enfin, toutes les thématiques, y compris le fantastique scientifique, lui sont ouvertes.

Thomas Narcejac est aussi l'auteur d'une *Esthétique du roman d'aventures* et de scénarios illustrant ce genre (*S.O.S. Noronha*, par exemple). En 1986, Pierre Boileau et lui ont fait le point sur leur collaboration dans un livre-interview, *Tandem ou Trente-Cinq Ans de suspense*.

A. Rey

Naturalisme

Naturalisme

Avant d'être utilisé par Zola pour désigner sa conception du discours romanesque et du contenu de ce discours, chargé de transmettre une réalité « expérimentale » sur le modèle des sciences de la nature, le mot existait en français.

Le mot et les concepts

Dès le début du XVIIIe siècle, ce dérivé savant de « naturel » avait désigné le système symbolique – et notamment mythologique – d'interprétation des phénomènes de la nature. Vers le milieu du siècle, reflet d'un besoin conceptuel lié à la philosophie des Lumières, « naturalisme » s'emploie pour dénommer les théories excluant toute causalité surnaturelle : le concept est alors étroitement lié à celui de panthéisme. Le *Dictionnaire de Trévoux* l'enregistre en 1752 ; dans son édition de 1777, il le définit comme « l'état et la religion de ces athées qui donnent tout à la nature, comme faisait Spinoza ». Mais le mot était plus ancien en philosophie : on trouve *naturalism* en anglais dès 1641, pour dénommer la croyance en l'humaine raison, seule.

Cependant, au XVIIIe siècle, le mot s'emploie aussi en science, « dans un sens qui n'a rien d'odieux », ajoutent les jésuites de Trévoux. Ce sens, en effet innocent, est tout simplement celui que le mot devrait avoir dans le système morpho-sémantique du français : « caractère naturel ». On parlait ainsi du « naturalisme de tant de phénomènes qui effrayaient nos pères » (*Mémoires de Trévoux*). Par ailleurs, l'abbé Guyon, en 1744, écrivit une *Histoire des Indes orientales... où l'on comprend le naturalisme* [l'« histoire naturelle »], *la géographie, etc.* Ici, c'est le couple « naturalisme-naturaliste » qui est régulièrement construit.

Mais le système du lexique se refuse souvent à fonctionner régulièrement ; l'usage a rejeté ces emplois, et « naturalisme » est à peu près inusité lorsque, en 1857, *la Revue moderne* publie un texte du critique Castagnary qualifiant la peinture de Courbet de naturalisme (« Salon de 1857 ») ; ici, le sens est clair : « peintre traitant la nature avec réalisme », et la création du mot transparente (réel → réalisme ; nature → naturalisme). Certainement, les emplois anciens de *naturalisme* n'ont rien à voir dans cette création.

Pourtant, lorsque le mot, avec la même valeur, passe en littérature, ses connotations philosophiques du XVIIIe siècle ne sont pas indifférentes. Attribué par l'opinion à Zola, le terme naturalisme – et ses équivalents dans d'autres langues – est en partie coloré par les valeurs du suffixe *-isme*, propre à désigner des systèmes intellectuels, des valeurs de connaissance, plus que des attitudes esthétiques. On peut sans paradoxe suggérer que l'illusion scientifique de Zola et de ses disciples, leur scient*isme*, précisément, était en germe dans la structure même d'un mot qu'ils n'avaient nullement « inventé ».

Le système naturaliste

Sous une diversité agressivement exprimée, le XIXe siècle cache en fait une profonde unité de pensée : c'est au nom des temps modernes que les romantiques partent en guerre contre les classiques, et c'est encore la modernité qui pousse le naturaliste Zola à rejeter le romantisme « démodé comme un jargon que nous n'entendons plus » (*Mes haines*). Au nom de l'union des contraires, les romantiques avaient cherché à atteindre l'unité esthétique que les parnassiens tenteront de réaliser par « l'union de l'art et de la science » (Leconte de Lisle, Préface des *Poèmes antiques*), unité que les naturalistes transposeront sur le plan philosophique : fondamentalement, le choix par Zola d'une littérature scientifique qui « obéisse à l'évolution générale du siècle » (*le Roman expérimental*, IV) réalise en le poursuivant le rêve totalisateur des romantiques qui, de la « Bouche d'ombre » hugolienne aux « Vers dorés » de Nerval (pour ne pas parler des « Correspondances » baudelairiennes), découvre un univers « où tout vit, tout parle, tout se correspond » (*Aurélia*, II, 6). Certes, les différences sont immenses, et le passage du type humain au type social suffirait à opposer la littérature des trente premières années du siècle à son dernier tiers : et cependant, qui ne trouverait dans les rêves de Thérèse Raquin, cette « brute humaine », l'écho assourdi des aspirations d'un René, d'un Antony ou d'un Rolla ? Et Zola lui-même n'est-il pas, à la fin de sa vie, victime de cette « maladie romantique » tant décriée dans *le Roman expérimental*, lorsqu'il demande à Octave Mirbeau le droit « après quarante ans de dissection [...] de rêver un peu » (lettre à propos de *Fécondité*, 1899) ?

Rouages du système

Lorsque le Congrès scientifique de France lui demanda en 1866 une communication traitant du roman et de son évolution, Zola adressa un mémoire en deux parties fortement contrastées : au « j'imagine que je suis à Athènes dans la patrie des dieux » qui ouvre l'étude, correspondait le « me voici dans Paris, la cité moderne, fiévreuse et savante » par lequel débutait le second article. Tout le système naturaliste sort de cette opposition et, par-delà le système, toute la rhétorique de la nouvelle école, une rhétorique fondée sur un jeu d'oppositions symboliques : « un large soleil luit sur la ville blanche »/« sous le ciel gris et pâle l'immense cité frissonne » ; « les habitants fiers et souples vivent au milieu des rues [...] parlant et agissant au grand air »/« un peuple inquiet emplit les rues, muet, grelottant, pressé. Chaque maison est devenue un petit monde, les passions se sont enfermées entre quatre murs », etc. (*Deux Définitions du roman*). Il est facile de reconnaître ici l'influence du déterminisme défini par Taine dans ses œuvres de critique littéraire (parues entre 1855 et 1865) : influence avouée par Zola qui « se reconnaît comme l'humble disciple de M. Taine » (article du 25 juillet 1866 paru dans *l'Événement*). C'est ce même Taine qui se voit qualifié, dans le portrait qui ouvre la série des *Marbres et Plâtres* (19 août 1866), de « philosophe naturaliste », et dont la Préface à la seconde édition de *Thérèse Raquin* (1868) appliquera la célèbre démarche critique (« la race, le milieu, le moment et la faculté maîtresse ») à la technique romanesque transformée en « étude du tempérament et des modifications profondes de l'organisme sous la pression des milieux et des circonstances ».

Dans cette Préface, Zola parle pour la première fois d'« un groupe d'écrivains naturalistes » : et dès lors, pendant vingt-cinq ans, la vie littéraire – et plus généralement la vie artistique et intellectuelle – va se polariser sur le débat naturaliste : adeptes et opposants de la nouvelle doctrine vont s'affronter par articles, manifestes et textes théoriques interposés (voir chronologie sommaire du naturalisme page suivante).

Une remarque s'impose d'emblée au vu de ce rapide panorama théorique : la prépondérance de Zola. Il semble que le débat naturaliste se catalyse autour du seul Zola. On prend parti pour ou contre ses œuvres romanesques, et lui-même multiplie les définitions et les professions de foi. Rarement école aura été aussi nettement incarnée par un individu – l'un des rares, il est vrai, à ne pas déserter le sérail au fil des ans. Un sérail qui se confondit rapidement avec la maison que l'écrivain possédait à Médan : là se réunissaient les jeunes disciples du maître (Maupassant, Céard, Hennique, Huysmans...) ; là s'élaboraient les œuvres de la nouvelle école.

Mais devant une telle personnalisation du naturalisme, a-t-on le droit de parler d'école ? « École, le naturalisme constituait un contresens ; mouvement, il se justifiait pleinement et ne pouvait pas ne pas éclore » (P. Cogny) : et de fait, malgré un corps de doctrine à la fois simple et logique, le naturalisme conçu par Zola proposait une dilution de la littérature dans le champ global de l'expérience humaine, et, comme tel, il constituait plus une vision « philosophique » du monde qu'une discipline esthétique.

CHRONOLOGIE SOMMAIRE DU NATURALISME

1866	Émile Zola, *Deux Définitions du roman.*
1868	Émile Zola, Préface à la seconde édition de *Thérèse Raquin.*
1871	Émile Zola, Préface aux *Rougon-Macquart.*
1877	J.-K. Huysmans, *Émile Zola et « l'Assommoir ».*
1879	Édouard Rod, *À propos de « l'Assommoir ».*
1880	Émile Zola, *le Roman expérimental.*
1881	Émile Zola, *les Romanciers naturalistes.*
1882	F. Brunetière, *le Roman naturaliste.*
1884	J.-K. Huysmans, *À Rebours* (une importante Préface situant le roman et l'évolution de son auteur sera ajoutée en 1903). Louis Desprez, *l'Évolution naturaliste.*
1887	*Manifeste des Cinq* à propos de *la Terre*, de Zola. Anatole France, *« la Terre » d'É. Zola.*
1888	Guy de Maupassant, *le Roman* (Préface à *Pierre et Jean*).
1891	Jules Case, *la Débâcle du naturalisme.* Jules Huret, *Enquête sur l'évolution littéraire.* J.-K. Huysmans, *Là-bas.*

Outre Taine, Zola reconnaissait sa dette envers la philosophie scientifique de son temps, et singulièrement envers la médecine : le *Traité philosophique et physiologique de l'hérédité* du Dr Lucas (1847-1850), qui servit à « établir l'arbre généalogique des Rougon-Macquart » (Préface à *Une page d'amour*), constituait la colonne vertébrale du cycle romanesque auquel l'*Introduction à l'étude de la médecine expérimentale* de Claude Bernard (1865) donnait vie et mouvement. On sait le rôle joué par l'*Introduction* dans les œuvres théoriques de Zola, en particulier dans *le Roman expérimental.*

Car la littérature prônée par Zola procède, d'une certaine manière, d'une révolution copernicienne : « L'homme métaphysique est mort, tout notre terrain se transforme avec l'homme physiologique » (*le Roman expérimental*, V). Maintes fois répété, cet axiome oriente la démarche de l'artiste de façon décisive dans le champ du scientifique : désormais le romancier sera « observateur et expérimentateur » (*id.*, II). L'observateur accumule les renseignements sur les milieux sociaux, les conditions de vie, d'environnement ; il enquête sur le terrain, cerne d'aussi près que possible une réalité qu'il va tenter de transposer dans la matérialité du langage. Puis l'expérimentateur prend le relais, organisant les faits recueillis, montant en quelque sorte un mécanisme où tout s'enchaîne en fonction de la double détermination de l'hérédité – ce que Zola nomme les « lois physico-chimiques » – et du milieu : ainsi le personnage naturaliste est-il moins la marionnette d'un créateur que celle d'un système et d'une méthode. Et il est vrai que nombre de romans ne feront que répéter inlassablement une même situation aboutissant aux mêmes conclusions ; car s'il ne s'agit pas de « tirer » une conclusion personnelle qui s'impose d'elle-même par l'enchaînement des causes et des effets, il n'en demeure pas moins vrai que le romancier naturaliste a un but moral : « nous sommes les juges d'instruction des hommes et de leurs passions », proclame Zola (*id.*, I), autrement dit « des moralistes expérimentateurs » (*id.*, III).

Légitimement, on peut se demander ce que devient l'écriture dans une telle perspective, plus scientiste qu'esthétique : réduit à un simple rôle de véhicule, le style se confond avec « le sens du réel » dont la définition consiste à « sentir la nature et la rendre telle qu'elle est » (*le Roman expérimental*, « Du roman »). Attitude naïve qui, comme toute la littérature naturaliste, repose sur un double postulat : le vrai et le transparent. Puisqu'il est le fruit d'une méthode scientifique, le roman naturaliste ne peut qu'atteindre la vérité – et, dans l'optique zolienne, son corollaire, le réel ; d'où la nécessité d'une langue qui ne soit pas un « écran » : dans une longue lettre à son ami A. Valabrègue (18 août 1864), Zola oppose justement « l'écran classique [...], verre grandissant qui développe les lignes et arrête les couleurs au passage », « l'écran romantique [...], prisme à la réfraction puissante qui brise tout rayon lumineux et le décompose en un spectre solaire éblouissant » et « l'écran réaliste, simple verre à vitre [...] et qui a la prétention d'être si parfaitement transparent que les images le traversent et se reproduisent ensuite dans leur réalité » (on comprend alors pourquoi Edmond de Goncourt a préféré faire l'économie d'une syllabe pour parler de... « naturisme » !).

Cohérent, le naturalisme suppose sa propre dissolution dans un hypothétique degré zéro de l'écriture où la littérature se résoudrait dans le pur réel. Mais comme il faut bien, *in fine*, reconnaître la spécificité de l'expérience littéraire, le naturalisme tombe dans le chaos idéologique ; les principes sont bafoués au nom de termes sans pertinence : il faut accepter « l'aiguillon de l'idéal » (*Roman expérimental*, IV) et admettre qu'un « grand romancier » (*sic*) doit « avoir l'expression personnelle » (*id.*, « Du roman »). Le naturalisme est donc prisonnier d'une double postulation qui l'écartèle et le ruine : une méthode qui dissout le littéraire dans le champ expérimental de la science, une pratique qui l'installe dans sa spécificité. De ce point de vue, Zola est bien le seul « grand romancier » naturaliste, c'est-à-dire le seul romancier tout court.

Situation du système

S'il est vrai que l'Histoire bégaye, le XIXe siècle en offre une illustration frappante : il semble en effet que la seconde moitié répète la structure des cinquante premières années. Deux révolutions (1789/1848) ouvrent les séquences et donnent naissance aux deux premières républiques françaises qui vont toutes deux s'achever par un coup d'État bonapartiste (18 brumaire an VIII/2 décembre 1851) débouchant sur la création d'un empire autoritaire. Brouillées un certain temps par l'ambiguïté des attitudes des deux Napoléon, les cartes du jeu politique finissent par se redistribuer logiquement, et les empires croulent sous les coups redoublés de l'extérieur (Waterloo, 1815/Sedan, 1870) et de l'opposition intérieure : une royauté constitutionnelle succède à Napoléon, une république fortement monarchiste prend le relais du second Empire. Ainsi réduite à une trame schématique, l'Histoire paraît encore rapprocher les romantiques des naturalistes : les uns et les autres sont nés sous un empire mais sont restés fidèles à l'esprit révolutionnaire trahi, bourgeois pour la génération de 1820, républicain et populaire pour la génération de 1870. Faut-il dès lors s'étonner de voir les naturalistes se réclamer de Balzac et Flaubert, deux figures dont la position à l'égard du romantisme fut autant d'adhésion que de refus ? Faut-il, de même, s'étonner de voir les naturalistes, confiants dans le progrès des sciences et des techniques, se rattacher à l'influence pessimiste du philosophe Schopenhauer, « ce vieux démolisseur [... qui] a renversé les croyances, les espoirs, les poésies, les chimères, détruit les apparences, ravagé la confiance des âmes, tué l'amour, abattu le culte idéal de la femme, crevé les illusions des cœurs, accompli la plus gigantesque besogne de sceptique qui ait jamais été faite » (Maupassant, *Auprès d'un mort*) ?

Politiquement républicain – et pour beaucoup socialiste –, philosophiquement pessimiste, littérairement « objectif », le naturalisme a multiplié les « œuvres athées, essentiellement anarchiques, essentiellement immorales » (H. Céard, dans *l'Artiste* du 23 novembre 1877) ; entendons par ce dernier qualificatif que le naturalisme s'intéresse autant « au vice qu'à la vertu ». Dans le même registre, Huysmans affirmait que « pustules ou chair rose [...], peu nous importe. La société a deux faces : nous montrons ces deux faces ». Malgré ces belles formules et malgré les affirmations de Zola dans *le Roman expérimental* – « la littérature, quoi qu'on puisse dire, n'est pas toute dans l'ouvrier, elle est aussi dans la nature qu'elle peint » (V) –, la littérature naturaliste proposera presque exclusivement des figures populaires, ouvriers ou petits fonctionnaires (le héros type des romans de l'époque !), dans un décor urbain sale et triste ; les lumières des hôtels bourgeois, les couleurs d'une nature hospitalière constitueront l'exception.

S'il n'existe pas de bataille d'*Hernani* du naturalisme, l'année 1880 marque néanmoins le point culminant du courant : Zola publie *Nana* (qui aura plus de quatre-vingts éditions en six mois !) et *le Roman expérimental* ; il collabore au recueil des *Soirées de Médan* (avec Maupassant, Céard, Hennique, Alexis et Huysmans) ; Huysmans, précisément, réédite son premier roman, *Marthe,* tandis que le *Bouvard et Pécuchet* de Flaubert voit le jour en revue : synthèse des deux courants de l'époque, le naturalisme de Zola et le symbolisme de Mallarmé, cet antiroman « apportait au naturalisme ce qui le faisait éclater » (R. Pouillart, *le Romantisme*).

Thèmes et formes

De sa double filiation – le type balzacien et l'anti-héros flaubertien – le naturalisme a fait une littérature de synthèse, transformant le milieu de l'anti-héroïsme (le peuple) en protagoniste fondamental : par là même le roman devenait dans le meilleur des cas une fresque au ton épique. De l'épopée, le roman naturaliste possède le schématisme manichéen : il y a le bien et le mal, les bons et les méchants, les mous et les énergiques, etc. Mais cette épopée est souvent dérisoire : les actions tentées échouent, les rêves ne traduisent aucune ambition grandiose. Au sein de cet univers médiocre où vivent de médiocres personnages, l'artiste fait tache – il est l'homme qui transcende la réalité – et corps avec ceux qui l'entourent : incompris, il demeure isolé dans une médiocre existence... romantique.

Une fois le personnage vidé, il fallut opter : l'objet jusqu'alors accessoire est ainsi devenu le point de focalisation du récit. Pas de description générale à la Balzac ici, mais des suites de tableaux qui reproduisent imperturbablement les mêmes moments : objets jaunis, flétris, sordides, qui atteignent ainsi le niveau du symbole.

Rien donc de très poétique dans un tel bric-à-brac ; et sans doute les poètes de l'époque se sont-ils volontairement dirigés vers les rangs parnassiens ou symbolistes : on aurait en effet bien du mal à citer une seule grande œuvre de poésie ou même un seul poète du naturalisme. Qui sait que Maupassant a tâté de la versification avec *Des vers* (1880) ? Et qui connaît le nom de Robert Caze, l'auteur des *Poèmes de la chair* (1873) ?

Du côté des planches, les tentatives ne furent guère plus brillantes. Sifflés avec leur *Henriette Maréchal* (1865), les Goncourt avaient osé prédire la fin du théâtre : « Dans cinquante ans, notaient-ils, le livre aura tué le théâtre » (Préface). Malgré cette prévention, les naturalistes, Zola en tête, voulurent brûler les planches : presque tous les romans furent adaptés à la scène mais reçurent un accueil très défavorable. Devant un tel échec de ses troupes, Zola trouve des excuses – les servitudes théâtrales entravent la création totalisante voulue par les naturalistes – qui se résument dans un aveu d'impuissance tardif : « Où donc est l'auteur encore inconnu qui doit faire le drame naturaliste ? » (*Le Roman expérimental*, « le Naturalisme au théâtre ».) De la pléiade qui tenta de s'illustrer sur les scènes, seul subsiste aujourd'hui le nom d'Henry Becque : mais celui-ci, éclos à l'ombre des coteries, est-il bien un auteur naturaliste ?

Finalement, le bilan est assez mince : si l'on excepte Zola, le naturalisme n'a produit que des œuvres de seconde zone et des écrivains en rupture d'école. À moins de considérer le naturalisme comme une étape obligatoire entre le romantisme et le symbolisme (thèse défendue par Maupassant, entre autres), ce qui ferait de la démarche de Zola le point de convergence de deux idéalismes : l'un philosophique, l'autre esthétique !

Le Roman expérimental, de Zola

Publié en 1880 – date à laquelle *les Rougon-Macquart* n'en sont qu'à leur neuvième épisode, avec *Nana* –, *le Roman expérimental* regroupe sept études publiées dans divers journaux entre 1878 et 1880. Entre l'article qui ouvre le recueil et lui donne son titre, constituant une véritable doctrine de « la science appliquée à la littérature », et l'analyse finale consacrée aux liens « du moment politique et de la littérature », l'unité, bien réelle, vient de ce style direct – « la fougue même de l'idée », reconnaît Zola dans un prière d'insérer – conçu pour combattre, expliquer ou défendre et, comme tel, « ayant trop de simplicité dans l'allure et trop de sécheresse dans le raisonnement ».

Manifeste pour une nouvelle littérature, *le Roman expérimental* est le quadruple acte de foi d'un homme qui, après avoir nié Dieu et vidé son ciel, sacrifie sur l'autel de la science. Acte de foi dans la littérature d'abord : car c'est bien de littérature qu'il s'agit ici, même si l'on a pu accuser l'auteur de *l'Assommoir* de rabaisser « la » littérature en choisissant des sujets obscènes, méprisables, désespérants (Zola répond avec humour sur ce point en renversant les postulats : si on le juge obscène, c'est qu'aujourd'hui « le protestantisme nous envahit. On barde de fer les urinoirs, on crée des refuges blindés aux amours monstrueuses, lorsque nos pères innocemment se soulageaient en plein soleil » (*De la critique*).

À tous ses détracteurs, Zola lance au visage un cri de cœur : « la littérature est au sommet », qu'il corrige d'un cri de raison (à moins qu'il ne s'agisse du contraire) : « avec la science », ajoute-t-il (*De la critique*, « la Haine de la littérature »).

Acte de foi dans la jeunesse ensuite : dans une longue « Lettre à la jeunesse », Zola expose son opposition nuancée au romantisme, en particulier à Hugo en qui il loue « le rhétoricien admirable [qui] demeurera le roi indiscuté des poètes lyriques », mais dont il récuse la philosophie pernicieuse conduisant « aux détraquements cérébraux de l'exaltation romantique » (« Lettre », I). D'où l'appel aux jeunes générations qui doivent s'engager dans la voie de « la virilité du vrai »... au nom de la survie de la France : « car il faut le confesser très haut, c'est qu'en 1870 nous aurons été battus par l'esprit scientifique » (« Lettre », V). Cet esprit, il pense par exemple le trouver en Littré, qu'il oppose curieusement à Hugo. L'opposition au romantisme se fonde donc sur une opposition politique et appelle ainsi un acte de foi dans la république : une république qui ne soit pas née de l'illusion ou de l'utopie ni de l'abstraction, mais qui procède « du résultat logique de certains faits », donc « une république de républicains scientifiques ou naturalistes » (« la République et la Littérature »).

Tout s'enchaîne ainsi logiquement : les jeunes, comme les républicains, forment dans l'esprit de Zola une barrière naturelle contre les errements romantiques tant en politique qu'en littérature. Et l'on arrive ainsi au *credo* fondamental du *Roman expérimental* : « Le romancier expérimental n'est qu'un savant spécial qui emploie l'outil des autres savants, l'observation et l'analyse » (V). D'où la démarche de Zola : pour affirmer la solidarité du littéraire et du scientifique, il s'appuie sur l'*Introduction à la médecine expérimentale* de Claude Bernard (1865) qu'il paraphrase sans vergogne : « Le plus souvent il me suffira de remplacer le mot "médecin" par le mot "romancier", pour lui rendre ma pensée claire et lui apporter la rigueur d'une vérité scientifique » (Préface). Ainsi naît un texte composite, mélange de citations (à titre d'exemple, le chapitre I comporte 92 lignes d'extraits de Claude Bernard sur un total de 235 lignes), de commentaires et de diatribes. Le plus curieux étant l'attitude de Zola qui, plus scientiste que le savant, s'oppose à son modèle (V) lorsqu'il « refuse aux lettres l'entrée du domaine scientifique ». Dans son désir de faire à tout prix de l'écrivain un savant, Zola oublie la spécificité du langage : il est vrai que le problème stylistique ne l'embarrasse guère, en apparence et consciemment, et que le « sens du réel » sur lequel se fonde l'écriture naturaliste n'est qu'un nouvel avatar du « vrai » au nom duquel les écoles et les écrivains se sont toujours battus...

Scientifique, le romancier naturaliste rêvé par Zola l'est dans la mesure où il entend se rendre « maître des éléments intellectuels et personnels pour pouvoir les diriger » (III). Or c'est précisément sur ce point fondamental que l'attitude de l'écrivain s'éloigne de celle du savant : ce dernier cherche à appréhender des signes inconnus alors que l'écrivain dispose les signes à sa guise, choisit les phénomènes et monte un mécanisme. De ce point de vue, il se pourrait bien que toute la littérature ait fait du naturalisme sans le savoir et que la fatalité racinienne ne soit pas fondamentalement opposée à la logique et à la clarté de Zola !

On a reproché à Zola sa naïveté, et il faut bien reconnaître que *le Roman expérimental* nie par sa démarche même ce qu'il tente d'établir ; exporter une méthode d'un champ expérimental à un autre champ d'application, c'est réduire singulièrement la portée et la validité de la méthode. Mais il convient de reconnaître avec Michel Butor que l'intérêt de l'ouvrage réside moins, sans doute, dans sa spécificité théorique à engendrer une nouvelle littérature que dans l'effort d'unir tous les éléments de ce que Zola appelle le « circulus social » : « Pour le roman, être expérimental, cela veut dire hâter, aider, faciliter, rendre moins sanglante la fondation inévitable, mais atrocement lente, de la société nouvelle. »

Les Soirées de Médan

Le succès de *l'Assommoir* permet à Zola d'acheter en 1878 sa maison de Médan, « une cabane à lapins entre Poissy et Triel, dans un trou charmant » : là, dans le cadre que fréquentent chaque automne les zolistes d'aujourd'hui, il reçoit ses confrères et ses disciples. Le naturalisme passe en effet pour une école littéraire nettement définie : malgré une « doctrine » contradictoire et diversement interprétée, le groupe que forment Zola et ses amis s'identifie pour une petite dizaine d'années à la littérature d'avant-garde, mais aussi à celle qui obtient les succès de vente ou de scandale. À Médan (auquel ces passionnés de langage viennent d'ajouter un accent aigu euphonique), on trouve, autour du « Maître », beaucoup de jeunes écrivains : Marius Roux, l'Aixois, Paul Alexis, qui a introduit Hennique, Huysmans et son ami

Céard. Il y a aussi Maupassant, qui fait le lien avec Flaubert, leur dieu à tous. Accueilli par Mme Zola, tout ce monde mange (fort bien), discute esthétique ou littérature, nage, canote enfin jusqu'à l'île que Zola a achetée en face de sa villa.

L'idée d'un livre qui serait l'expression de ces amitiés, qui montrerait le naturalisme en action, se fait jour peu à peu. Selon Maupassant, elle serait née à Médan, où Zola aurait convié ses invités à un « Hexaméron improvisé » (A. Lanoux), lui-même racontant de vive voix *l'Attaque du moulin*. Selon Hennique, c'est Alexis qui aurait proposé la chose à Zola, et l'on devrait le titre à Céard. Quoi qu'il en soit, la proposition est agréée : Zola, Maupassant, Huysmans, Céard, Hennique, Alexis se mettent au travail, et le livre – qui réunit dans cet ordre les différentes contributions – paraît le 1er mai 1880, lancé par un article de Maupassant. Il est précédé de quelques lignes de Zola parlant de « l'idée unique », de « la même philosophie » qui, selon lui, inspire toutes ces nouvelles ; « la critique est furieuse, attaque [...] Nous n'avons pas peur ; nous nous amusons. Le public s'amuse, achète » (Hennique).

La cohérence du groupe est, bien entendu, un peu douteuse : si la critique confond souvent les amis de Zola, si elle les injurie en vrac, s'ils se soutiennent entre eux et partagent les mêmes admirations, quelle distance entre *Boule-de-Suif* et la nouvelle de Céard, ne serait-ce que dans la qualité ! Quant à *l'Attaque du moulin*, ce n'est pas du meilleur Zola : la construction de ce drame rustico-guerrier est peut-être trop fruste – trop « fabriquée », dit Armand Lanoux. Huysmans donne *Sac au dos*, où il conte à la première personne les aventures d'un soldat malade qui ne se bat pas. Il est suivi de Céard avec *la Saignée*, une nouvelle trop longue sur un personnage de demi-mondaine poussant son général d'amant à briser le siège de Paris ! Il y a encore *l'Affaire du grand sept*, de Hennique, où des soldats en furie partent à l'assaut d'un lupanar. Pour finir, *Après la bataille*, d'Alexis, chante les amours d'une veuve et d'un blessé. En fait, plus qu'un manifeste, *les Soirées de Médan* constituent le témoignage d'une rencontre de tempéraments assez divers. Et il est révélateur que cette rencontre ait lieu sur le thème de la guerre de 1870. *L'Invasion comique*, tel était le premier titre du recueil, et il en exprimait bien la tonalité noire et amère : le « groupe de Médan » a en effet la volonté de casser des clichés, en particulier ceux qu'alimente un patriotisme mal compris ; il veut « tout montrer », y compris et surtout ce qui est horrible, sordide ou absurde, incongru parfois : la lâcheté des « honnêtes gens », l'incurie des responsables, la souffrance et la bêtise, tout ce qui paraissait alors scandaleux et qui devait être caché, cette guerre où le second Empire trouve sa débâcle et le naturalisme son origine.

A. Preiss

Le Manifeste des Cinq

Dès sa sortie en 1887, *la Terre* fut au centre d'un violent débat qui allait ouvrir une brèche dans les rangs mêmes des naturalistes : en effet, dès le 18 août, *le Figaro* publiait une protestation – un « dictamen de conscience » – en forme de manifeste, qui marquait la rupture de la jeunesse avec l'école zoliste. Les cinq signataires – Paul Bonnetain, le concepteur, J.-H. Rosny, le rédacteur, auxquels s'adjoignirent Lucien Descaves, Paul Margueritte et Gustave Guiches – avaient de vingt-sept à trente ans et n'étaient guère connus du grand public : mais leur cri de révolte avait d'autant plus d'importance qu'il était proféré par des représentants de cette jeunesse à laquelle Zola s'était adressé dans *le Roman expérimental* et sur laquelle il fondait de grands espoirs. Espoirs déçus qui se traduisaient par une fin de non-recevoir exprimée sans retenue.

Mélange de style ampoulé et grandiloquent, charriant un contenu de goût parfois fort douteux, le *Manifeste* sapait le naturalisme (réduit au seul Zola) par une argumentation agressive qui visait plus l'homme que les principes.

Les reproches n'étaient pas nouveaux mais, sous la plume des jeunes écrivains qui naguère se réclamaient de la mouvance naturaliste, acquéraient une nouvelle force persuasive : les Cinq reprochaient à Zola de « s'embourber dans l'ordure », lui faisaient grief d'abandonner les principes d'expérimentation pour s'appuyer sur des documents de seconde main, critiquaient la stérilité de son emphase romantique (pour l'occasion, les Cinq inventaient l'adjectif « hugolique », sans doute forgé par référence à une affection intestinale...). Bref, après avoir déserté physiquement en se retirant à Médan, Zola était accusé de « trahir l'écrivain devant son œuvre ». Le ton était donné, et les critiques pleuvaient : Zola se voyait reprocher pêle-mêle sa « boulimie de vente » (seule excuse avancée pour expliquer la poursuite de propos médiocres destinés à exciter facilement le public), son « ignorance médicale et scientifique », son goût scatologique, etc. Franchissant un nouveau degré, on l'accusait d'avoir « des manies de moine solitaire » et l'on appliquait au « maître » la théorie critique des milieux : l'échec de Zola était ainsi la conséquence logique de son origine (issu d'un milieu pauvre, l'écrivain, par peur de manquer d'argent, se serait tourné volontairement vers une production de bas étage, plus populaire), de son caractère (une timidité maladive devant les femmes transformée en principe de continence expliquerait la prédominance de situations adultérines dans ses romans) et même de sa « maladie rénale », qui, en l'inquiétant à propos « de certaines fonctions, le pousse à grossir leur importance ». Les reproches ne volent pas haut et l'on ne peut pas dire que la littérature triomphe dans ce genre de débat où l'invective tient lieu de raisonnement et l'aveuglement haineux de guide.

Mais le plus surprenant était de voir, après un tel déluge d'arguments peu chastes, les Cinq justifier leur *Manifeste* par leur « amour profond » et « leur suprême respect pour l'art », prôner « tenue et dignité en face d'une littérature sans noblesse ». Les Cinq, qui avaient retourné contre le « maître » ses propres théories, risquaient à leur tour de se voir condamner par leurs propres ambitions. Tous le sentirent, d'ailleurs, qui renièrent plus ou moins nettement ces propos de jeunesse : « J'ai gardé de cette pauvre aventure un profond dégoût », devait confesser Rosny quelque trente années plus tard, reconnaissant dans le *Manifeste* « un acte absurde et sans noblesse ».

Les Cinq ne furent pas les seuls à réagir violemment contre *la Terre*. Anatole France aussi retirait de cette lecture un violent dégoût, et s'il reconnaissait à Zola une gloire, d'ailleurs qualifiée de « détestable », c'est celle d'avoir élevé un « si haut tas d'immondices ». Condamné au nom du naturalisme lui-même, condamné au nom de l'homme réel et complexe, le roman de Zola, après avoir, avec *l'Assommoir*, porté son mouvement vers les sommets, le menait avec *la Terre* vers un trépas tout proche.

Enquête sur l'évolution littéraire, de Jules Huret

Un jour de mai 1891, un curieux télégramme partit d'Aix-en-Provence : « Naturalisme pas mort. Lettre suit. » Signé Paul Alexis, il apportait à son destinataire, le journaliste Jules Huret, l'essentiel de la réponse de l'un des auteurs des *Soirées de Médan* à la question : « Le naturalisme est-il malade ? » Du 3 mars au 5 juillet 1891, Jules Huret fit en effet publier dans *l'Écho de Paris* une série d'interviews ou de lettres d'écrivains – soixante-quatre au total, allant des plus célèbres aux moins connus, des chefs d'école aux disciples, des plus bavards aux plus secrets – qui tentaient de faire le point sur la situation de la littérature à la fin du XIXe siècle. Sorte de « reportage expérimental », cette *Enquête* fournissait à chacun l'occasion d'exprimer son opinion face aux idéologies esthétiques du moment – naturalisme, symbolisme, parnasse, néoréalisme, psychologisme – en toute liberté et en laissant au maximum parler son tempérament. Si bien que Huret pouvait, à la fin de son travail, regrouper ses interlocuteurs, toutes écoles confondues, en fonction « des attitudes d'esprit manifestées sous [ses] yeux » : les naturalistes se trouvaient ainsi éparpillés parmi les Théoriciens (Goncourt, Céard), les Boxeurs et Savatiers (Alexis, Descaves, Huysmans, Mirbeau, Zola), les Vagues et les Morfonds (Maupassant, Hennique), etc. C'était manifester clairement que sous une apparente bannière unitaire se cachaient des tempéraments, sinon inconciliables, du moins fortement contrastés.

L'*Enquête* n'est pas consacrée au seul naturalisme, et le symbolisme s'y taille une large place ; mais, compte tenu des événements survenus dans les cinq années précédant le travail de Huret (en particulier le débat suscité par la publication de *la Terre* en 1887, la Préface théorique de Maupassant ouvrant *Pierre et Jean*, l'attitude de Huysmans exprimée dans *Là-bas* et précisant le tournant amorcé par *À Rebours*), il n'en reste pas moins vrai que le naturalisme se situait au centre des préoccupations du monde littéraire. À la question liminaire sur l'état de santé du naturalisme, presque toutes les réponses prennent la forme d'un bulletin nécrologique : Anatole France déclare péremptoirement que « de toute évidence il est mort », imité en cela par Jules Lemaitre, ennemi de toujours de Zola. D'autres, avec plus de nuances, font un constat de mort imminente : tel Edmond de Goncourt qui pense « qu'il touche à sa fin » ; tel encore Huysmans qui constate « qu'il ne pouvait pas toujours durer »... Dans ce concert funèbre, deux voix se font entendre pour clamer la survie – voire même l'immortalité – du mouvement : Zola, bien sûr, qui reconnaît le déclin passager du naturalisme, mais affirme « que ce qui ne peut pas mourir, c'est la forme de l'esprit humain qui, fatalement, le pousse à l'enquête universelle ». Même son de cloche chez le fidèle Alexis : « Le naturalisme sera la littérature du vingtième siècle ! »

Et chacun de défendre son point de vue en usant d'arguments plus souvent envoyés au-dessous de la ceinture (d'où sans doute l'épithète trouvée par Huret pour qualifier certains interlocuteurs de Boxeurs...) : l'on se jette à la tête des chiffres de tirage (les 70 éditions de *l'Argent* contre les quelques plaquettes de Moréas), on use de l'invective ou de l'injure (les naturalistes sont qualifiés d'illettrés et d'absurdes), on croit expliquer le goût pour certains thèmes par les penchants pervers ou les impuissances de Zola... C'est la grande foire des littérateurs, le lavoir où chacun apporte son linge sale, et le jeune Jean Richepin peut à juste titre tirer une conclusion désabusée : « Votre enquête ne m'a pas appris grand-chose. Elle m'a seulement évoqué le tableau d'un marécage pestilent, aux eaux de fiel, où se dressent quelques taureaux et où ruminent quelques bœufs, tandis qu'entre leurs pieds s'enflent des tas de grenouilles coassant à tue-tête : “Moi, moi, moi !” C'est sans doute divertissant pour la galerie, mais ce n'est pas gai pour ceux qui aiment les lettres. »

Mais pouvait-il en être autrement ? Et les clivages esthétiques, qui masquaient de féroces oppositions politiques, pouvaient-ils s'exprimer autrement que par la haine, l'insulte, ou, ce qui revient au même, une politesse de gens bien élevés : « J'ai une grande admiration pour Zola », déclare par exemple Mallarmé, qui aussitôt après marque les limites de l'écriture naturaliste de l'auteur de *Nana*. Ainsi, par-delà le bilan du naturalisme, l'*Enquête* de Jules Huret manifestait l'extraordinaire vitalité de la vie littéraire, même si on est obligé, avec le journaliste, de reconnaître que « les intérêts matériels priment et tyrannisent les appétences spirituelles ».

« Préface » pour une nouvelle édition de *À Rebours*, de Huysmans

À la sortie d'*À Rebours*, deux hommes fort différents perçurent l'évolution qui se dessinait chez Huysmans. Zola sentit que le groupe de Médan perdait un de ses adeptes, que « le roman portait un coup terrible au naturalisme » et que son auteur « faisait dévier l'école » : il n'avait pas tort puisque dans son roman suivant, *Là-bas* (1891), Huysmans plaidait la cause d'une « autre route » qui permette « d'atteindre les en deçà et les après, de faire, en un mot, un Naturalisme spiritualiste ». C'était l'une des voies de l'alternative que Barbey décelait dans sa critique du 28 juillet 1884 : « Après un tel livre, il ne reste plus à l'auteur qu'à choisir entre la bouche d'un pistolet ou les pieds de la croix. »

Lorsqu'il ajoute une Préface en tête de son roman pour l'édition de 1903, Huysmans est doublement étranger à l'auteur de ses premiers récits : il a rompu avec le naturalisme – ce « cul-de-sac où je suffoquais », confesse-t-il maintenant – et s'est converti au catholicisme. Il lui est donc difficile d'expliquer après coup sa rupture sans jouer avec une évolution dont la mémoire brise un lent chemin chronologique. Néanmoins, cette Préface apporte, malgré le caractère très original de son auteur au sein du naturalisme initial, une importante contribution à la compréhension de la mort du mouvement.

Refusant d'adopter l'attitude du pamphlétaire, Huysmans explique l'abandon du naturalisme par un phénomène de saturation conduisant à la stérilité : « Cette école était condamnée à se rabâcher, en piétinant sur place. »

Deux causes sont principalement avancées pour rendre compte de cette évolution : la volonté théorique de « ne pas sortir de l'existence commune » et l'incapacité à traiter d'autres vices que la luxure ; ou, si l'on préfère, le naturalisme est mort d'un excès de médiocrité et d'une crise de foi.

Esthétiquement, il est vrai, le naturalisme s'est appuyé sur des expériences qui « n'admettaient pas l'exception » ; si bien qu'il est possible, ainsi que le constate Huysmans, de résumer tous les romans de cette école à un simple schéma : « Savoir pourquoi Monsieur Untel commettait ou ne commettait pas l'adultère avec Madame Une telle. » Les seules variations décelables se situant dans les détails (appartenance sociale des protagonistes, lieux et décors des scènes, etc.), le roman naturaliste apparaît alors comme une caricature d'analyse psychologique que l'auteur d'*À Rebours* résume par le dilemme : « Tombera ? Tombera pas ? »

La vertu étant par définition une exception, les naturalistes s'attachèrent naturellement aux vices. Mais parmi ceux-ci, ils privilégièrent « le septième Péché capital » (la luxure), le seul qui n'eût pas besoin d'être « scruté avec la lampe et le chalumeau de l'Église » : l'explication rejoint ici la justification, et Huysmans explique autant les carences d'un système que l'évolution de son art et de sa pensée. Dès lors, l'étude critique tourne à la guerre de Religion, et l'image, fortement teintée de christianisme, de la prison matérielle sert seule à dépeindre le réduit naturaliste, qui, par effets interposés, se métamorphose en un véritable enfer digne de l'imagerie romantique : en se convertissant, Huysmans s'est « aéré » (double implication : le ciel est opposé à la terre et l'esprit à la matière), a quitté un lieu où il « suffoquait », où il « étouffait » (comme rongé par les vapeurs et les flammes infernales...).

Mais le coup le plus terrible porté par Huysmans à ses anciens amis réside sans doute dans la genèse expliquée d'*À Rebours* : sans qu'il y paraisse, en quelques lignes, il sape toute la théorie de l'écriture romanesque telle que l'a mise au point Zola dans *le Roman expérimental* : une écriture fondée sur une structure prédéterminée, appuyée sur une énorme documentation, où la part du hasard est réduite, voire même annulée. « *À rebours* est un ouvrage parfaitement inconscient, imaginé sans idées préconçues, sans intentions réservées d'avenir, sans rien du tout. » On ne saurait mieux brûler ce que l'on a adoré ! [Voir aussi **HUYSMANS.**]

D. Couty

NAU John Antoine

*Pseudonyme d'**Eugène TORQUET** (1860-1918)*

La carrière littéraire d'Eugène Torquet est paradoxale, comme son œuvre. Né à San Francisco, de parents français originaires de Normandie, il quitta dès l'enfance les États-Unis avec sa famille, et fit ses études au Havre, puis à Paris. Le goût de l'aventure, de l'exotisme et de la mer l'incita à s'engager comme timonier sur un voilier. Il navigua notamment dans la mer Caraïbe, et les Antilles furent toujours pour lui un paradis inoublié.

Après avoir publié un recueil de poèmes (*Au seuil de l'espoir*, 1897), il écrivit un roman, *Force ennemie*, qui attira l'attention du jury Goncourt, nouvellement réuni, et lui valut le premier prix Goncourt, décerné le 21 décembre 1903.

Malgré ce succès, les romans qui suivirent (*le Prêteur d'amour*, 1905 ; *la Gennia*, 1906) n'eurent qu'une médiocre audience. Quant aux poèmes de *Hiers bleus* (1904), de *Vers la fée Viviane* (1908), ils s'effacent dans l'abondante production de cette génération postsymboliste.

À sa mort, J.A. Nau, qui avait trouvé pendant un temps son lieu d'élection en Corse, était déjà à demi oublié. Il était revenu sur le continent, et c'est à Tréboul (Finistère), autre lieu marin, que le romancier s'éteignit à l'âge de 58 ans.

Sa correspondance avec son ami R. Randau fut publiée après sa mort et un exécuteur testamentaire enthousiaste, Jean Royère, fit paraître ses écrits inédits (poèmes : *En suivant les goélands* ; *Poèmes triviaux et mystiques*, 1924 ; romans : *Thérèse Donati*, 1920 ; *les Galanteries d'Anthime Budin*, 1923 ; *les Trois Amours de Benigno Reyes*, 1928 ; contes et récits : *Archipel caraïbe*, 1929). Mais le zèle de Royère ne sauva pas Nau de l'oubli. Le premier prix Goncourt, bénéficiaire d'une distinction qui aujourd'hui garantit de gros tirages et un succès public, sinon une notoriété durable, ne fut jamais un auteur célèbre. L'oubli total où il est tombé est injuste. En effet, si Nau s'inscrit dans le courant post-symboliste, soucieux de concilier les délicatesses de vocabulaire et de rhétorique avec l'évocation fidèle de réalités « naturelles » – comme le naturisme de Saint-Georges de Bouhélier –, c'est avec une originalité presque inquiétante.

Dans son œuvre romanesque, deux aspects frappent : une technique du récit parfois efficace et une passion pour les variétés langagières capable de compromettre l'unité d'un discours par ailleurs naïvement raffiné.

Force ennemie

SYNOPSIS

Le roman conte à la première personne l'aventure intérieure, effrayante, souvent cocasse, d'un aliéné interné. Après avoir posé les personnages d'une galerie grotesque, le narrateur sent son comportement, reconnu aberrant, commandé par une « force ennemie ». Il se laisse envahir et, abandonnant le monologue, engage un dialogue schizophrénique avec l'« Être », l'« Esprit » qui l'habite. Celui-ci (IIe partie) prend la parole : s'instaure le thème, devenu banal, d'un récit de science-fiction, dont il ne faut pas oublier qu'il fut écrit vers 1900. La force ennemie est un extraterrestre ; dégagé de son « corps astral », il est venu « voler » un corps sur la Terre et s'est emparé du narrateur, Veuly, l'homme veule. Sortant de son corps pour y laisser l'hôte insupportable, le narrateur voit, entend, conte ce que ses perceptions ne peuvent atteindre ; il cesse de s'incarner dans le *je* ; l'objet décrit, la troisième personne domine : cependant, des *nous* (narrateur + personnage épié) apparaissent. Il y a là une intéressante réflexion implicite sur la fiction romanesque.

Bientôt, revenant près de son corps, le narrateur se voit et se décrit en personnage-objet. Quand il se retrouve « en » lui, son hôte parasitaire s'exprime. Un *nous* instable et fortement marqué alterne avec le *je* habituel, coupé du *il* démoniaque : « Il abandonne la langue *psychique* et parle *tout haut avec ma voix* [...]. Il a *lu* [...] dans ma pauvre cervelle... ».

Après cette crise peuplée de visions « affreuses », la personne du narrateur se singularise complètement. La suite le décrit, habité par son persécuteur, commentant divers méfaits et exploits érotiques, surpris et mis à mal par un médecin sadique, s'évadant après une éclipse de son habitant.

Une IIIe partie, située hors de l'asile, permet à Nau d'exprimer divers jugements sur le conformisme bourgeois, la poésie, les chères Antilles. Son héros, après diverses péripéties, sombre dans la brume sinistre d'un destin solitairement délirant.

Encadré par une Préface ironique et un dernier chapitre grotesque, où le « véritable » aliéniste, le Dr Joyeulx des Eypaves, célèbre l'excellence de sa thérapeutique, ce curieux roman révèle bien des choses sur son auteur.

Celui-ci se montre un sévère témoin de l'infamie carcérale et répressive en psychiatrie ; mais l'outrance de ses personnages (médecins sadiques et furieux, froids et impitoyables, infirmières-mégères ivrognes et salaces, gardiens idiots) comme la violence naturaliste des descriptions d'agités est recouverte d'une cocasserie puisée dans le langage ; d'où une bizarre, peut-être déplaisante, ambiguïté.

L'observation et la transcription des discours – du gardien analphabète aux « maboules » pompeux, délirants, haletants ; du docteur fou furieux, fécond en injures imaginatives, aux infirmières goualeuses – sont d'intérêt majeur pour cet auteur plurivoque.

L'humour colonial

Dans les récits pittoresques qui forment la plus grande part de son œuvre en prose, Nau se montre un conteur plus bref, plus léger, assez allègre. Alliant les descriptions recherchées à la narration d'une histoire plaisante, il utilise un vocabulaire varié, parfois alambiqué (adverbes et verbes rares, épithètes sonores), et cherche toujours à reproduire, avec un bonheur inégal, la variété des usages du français. Évoquant parfois Alphonse Daudet par le goût du pittoresque et une gentillesse un peu mièvre, il met en scène des personnages caricaturaux ou attendrissants dans des récits souvent peu construits.

Quant au contenu, il manifeste une sympathie évidente pour les truculences et les libertés de mœurs, à condition qu'elles ne nuisent pas à autrui : morale aimable, élégante, ironique, mais tout extérieure. Et les « belles mulâtresses », les aventuriers bedonnants, les vigoureux Noirs ou les bandits corses au grand cœur forment une galerie de pantins relevant d'un regard « colonial », fort bienveillant, du reste. Les comiques discours en français créolisant, le style pompeux de l'Antillais embourgeoisé (remarquable pastiche : le chapitre V des *Galanteries d'Anthime Budin*), le jargon corsicant de certains contes utilisent les différences pour faire sourire : moquerie attendrie. Cet inconscient paternalisme, Nau l'exerce vis-à-vis des femmes qu'il évoque avec une grande sympathie.

Il serait absurde de reprocher à Nau ce qui fait son charme : la distance qui sépare le poète symboliste, chercheur de délicatesses langagières, et le petit monde cocasse, à la morale dégrafée, qui le fascine, qu'il aime sans doute, mais qu'il transforme inévitablement en guignol sans mystère. Les grossières galanteries du méprisable Anthime Budin, celles, plus charmantes, des jolies mûlatresses et capresses s'accordent avec difficulté aux galanteries d'écriture surannées de l'écrivain John Antoine Nau, qui ne cesse de se dérober.

A. Rey

NAVARRE Marguerite de
v. MARGUERITE DE NAVARRE

NAVARRE Yves

(1940-1994)

Romancier et dramaturge français, né à Condom (Gers). Fils d'un ingénieur P.-D.G. de l'Institut français du pétrole, il est professeur d'anglais en 1960, et suit les cours de l'E.D.H.E.C. du Nord jusqu'en 1964. De 1965 à 1970, il travaille pour des agences de publicité. Ensuite, il vit de sa plume.

Très jeune, Navarre commence à écrire. De 1958 à 1971, il présentera aux éditeurs dix-sept manuscrits. Tous seront refusés. En 1971 paraît enfin le roman *Lady Black*, confession-pamphlet « scandaleuse, délibérément provocante » (Jean-Louis Bory), que suivront notamment *Portrait de Julien devant sa fenêtre* (1979) ; *Romances sans paroles* (1982) ; *Premières Pages* (1983) ; *Hôtel Styx* (1989) ; *Ce sont amis que vent emporte* (1991), ainsi que des pièces de théâtre : *Il pleut : si on tuait papa et maman ?* (1974) ; *La Guerre des piscines* (1976) ; *le Butoir* (1982), etc.

L'œuvre de Navarre révèle le narcissisme exacerbé et les obsessions d'un homosexuel au *Cœur qui cogne* (1974) : quête du plaisir (*le Petit Galopin de nos corps*, 1977), crainte et dégoût du vieillissement et du pourrissement, danger et solitude de la traque clandestine (*les Loukoums*, 1977)... Seule l'expression diffère : lyrisme des premiers romans, extraits de cahiers et notes de *Killer* (1975) ou encore lettres de *l'Espérance de beaux voyages* (1984-1985), roman classique de tradition moraliste du *Jardin d'acclimatation* (prix Goncourt 1980), auto-analyse fleuve de *Biographie* (1981). La notation pointilliste, le ton haletant, les flashes sur les petits faits sans importance traduisent l'éparpillement d'une société bourgeoise que soudent seulement le sentiment et les intérêts de la famille (cf. *Louise*, 1986).

« L'essentiel de mon désir dans l'écriture, c'est le constat », affirme Navarre. Ce n'est pourtant pas sans tendresse qu'il dénonce la famille acharnée à briser celui qui revendique le droit à la différence ; cette famille qui, dans le silence, condamne le marginal à la solitude dans l'involution (l'épouse-objet de *Je vis où je m'attache*, 1978), l'enfermement (le dépressif du *Temps voulu*, 1979) ou la mort symbolique (l'homosexuel mutilé du *Jardin d'acclimatation*).

M. P. Schmitt

NAVEL Georges

(1904-1993)

Il y a, chez ce romancier né dans un petit village lorrain, deux côtés, comme chez Proust : celui du père, ouvrier fondeur à Pont-à-Mousson, victime résignée à la souffrance et à la misère ; celui de la mère, encore paysanne, qui entraîne ses enfants dans les bois pour y ramasser des asperges sauvages. Deux côtés qui se rejoindront d'abord dans la vie de Georges Navel, tour à tour ouvrier d'usine et manœuvre itinérant, puis dans son œuvre, qui désigne comme un même esclavage le taylorisme et les illusions du travail « libre », mais les dépasse – ou les nie – dans un autre travail qui prétend dire leur vérité : l'écriture.

Un romancier prolétarien

Autodidacte, Navel fit en 1935 une rencontre importante, celle du philosophe Bernard Groethuysen, avec lequel il entretint une longue correspondance (reproduite dans *Sable et limon*, 1952). C'est ensuite l'époque du Front populaire et de la guerre d'Espagne. Libertaire (« je ne suis pas collectiviste mais communard »), Navel est alors ouvrier agricole en Provence et engage le débat politique avec son ami, membre du parti communiste dont il n'apprécie ni le centralisme, ni la prudence lors des grèves de 1938. Toujours la théorie s'étaye de remarques concrètes, souvent cocasses : « Rencontrer des communistes ici ne pourra me mener qu'à des parties de boules. » En revanche, Navel est attiré par les anarchistes espagnols ; il s'est rendu à Barcelone en 1936. Simultanément commence un dur apprentissage d'écrivain, qui lui pose tous les problèmes à la fois techniques et idéologiques de ce qu'on appelle alors le roman prolétarien. L'ouvrier qui écrit affirme la dignité d'un homme dont « la part d'humanité n'est pas moins grande que celle des gens d'autres catégories » ; mais, s'adressant aux bourgeois, l'ouvrier est contraint « d'embourgeoiser sa langue » (cf. *le Peuple*, de Michelet) : cette parole qu'il prend, est-ce encore la sienne ? À l'inverse, ces récits où il relate une expérience vécue (*Travaux*, 1945 ; *Parcours*, 1950 ; *Chacun son royaume*, 1960), inconnue de la plupart de ses lecteurs, exercent une réelle fascination sur la critique intellectuelle et « bourgeoise », qui y trouve le dépaysement de la fiction, mais aussi la caution réaliste fournie par la condition sociale de l'auteur ; un Georges Friedmann utilisera largement les récits de Navel comme documents sociologiques (cf. *le Travail en miettes*, 1956). Pourtant, cette fascination n'est-elle pas la preuve que l'ouvrier est devenu écrivain et entré dans un système de collaboration de classe, même si les siens ne peuvent l'entendre ? « Il n'y a pas tant de métallurgistes conscients que se l'imaginent les intellectuels penchés admirativement sur les masses » (*Sable et limon*).

« Fuir, là-bas fuir »...

En réalité, l'acte d'écriture ne se conçoit – et ne se disculpe – chez Navel qu'à partir d'un désir effréné, « libertaire », de fuite, où d'aucuns verraient les limites de sa propre conscience politique. Fuir le travail répétitif en jouissant de l'exercice de son corps, en y appliquant son « attention », en sachant, au milieu de la misère, retrouver la douceur des choses : « Je ne sentais plus assez le plaisir de dormir sous de la bonne tuile, de craquer une allumette... » Mais aussi fuir l'usine en travaillant la terre, comme jardinier ou terrassier : « Le travail en usine ne justifie rien. Le travail justifie le charron dans un village [...], il ne justifie pas le travailleur de la grande industrie qui produit pour la guerre ou les besoins de luxe de la classe privilégiée. » Mais aussi fuir la solitude en retrouvant les autres, fussent-ils à la chaîne ; fuir à la fois l'usine et la solitude, dans l'écriture travaillée et publiée, nouvelle fuite qui se nie en dénonçant les précédentes, mais qui est dénoncée à son tour par l'ultime évasion du silence, tout juste rompu en 1982 pour un ultime récit, *Passages*.

Ainsi, chaque moment de la vie, malgré l'oppression présente, renvoie à un ailleurs illusoire. Le narrateur retourne en Algérie, où, enfant, il avait été « replié » en 1914 : « À dix ans, je n'avais vu que le pays, les eucalyptus, les lauriers-roses, le soleil. J'avais passé près de la misère arabe sans la soupçonner. Maintenant je voyais sur les quais les montagnards en guenilles... » La « poésie » de Navel se donne alors comme le moment « bourgeois » de la fiction et de l'écriture littéraire, laissant à côté d'elle des maximes d'un tout autre style : « Il y a une tristesse ouvrière dont on ne se guérit que par la participation politique [...]. La prison de classe dont on ne s'évade pas en courant le monde » (*Travaux*).

J.-P. de Beaumarchais

NDIAYE Marie

(née en 1967)

En 1984, alors qu'elle est encore lycéenne, Marie Ndiaye envoie son premier roman, *Quant au riche avenir*, aux Éditions de Minuit qui le publient l'année suivante. Il ne s'agit en rien d'un témoignage sur les malaises et les désirs de l'adolescence, mais d'une œuvre complexe où les influences proustiennes se marient avec souplesse et un brin d'humour aux techniques du nouveau roman. Poursuivant son apprentissage de virtuose, Marie Ndiaye écrit en 1987 *Comédie classique*, un roman composé d'une seule longue phrase où s'affirme sa parfaite maîtrise de l'instrument littéraire.

Assurée de son métier, la jeune romancière peut désormais faire entendre sa voix singulière. Avec *la Femme changée en bûche* (1989), *En famille* (1991), *Un temps de saison* (1994), *la Sorcière* (1996), Marie Ndiaye impose un univers original. D'un côté, l'évocation réaliste, presque ethnologique, de la France moyenne : celle des nouveaux villages suburbains, des anciennes communes rurales secouées par le tourisme ou par les modèles culturels diffusés par les médias. Pas de tragédie, pas de misère matérielle, mais une expérience étouffante, subie plus que vécue, de la solitude, de l'ennui, de la vie inutile. De l'autre, comme une doublure de ce vide, un monde où prospèrent les conduites magiques, les envoûtements, les pratiques irrationnelles, les peurs et les violences primitives. Avec Marie Ndiaye, la campagne normande prend des airs d'Afrique, les sorcières hantent les parkings des supermarchés et, l'été fini, les petites stations balnéaires se transforment en pièges mortels pour les touristes qui s'y sont attardés.

Pour faire entrer ses lecteurs dans ce monde instable, inquiétant, sans cesse dédoublé, Marie Ndiaye mêle avec subtilité les genres narratifs, le dialogue, le conte africain, la description balzacienne, le monologue intérieur. Ou comme dans *Hilda* (1999), elle supprime le narrateur pour ne garder que les paroles de ses personnages.

P. Lepape

NELLIGAN Émile

(1879-1941)

Poète canadien d'expression française, né et mort à Montréal. Il fut le premier créateur littéraire important de sa « nation », malgré le paradoxe d'une inspiration formelle toute française. Rebelle à toute discipline, le jeune Nelligan se heurte dès son adolescence à son père, qui le contraint, en 1898, à s'embarquer comme matelot pour Liverpool, puis, à son retour, à accepter un emploi de comptable. Cependant il avait déjà fait ses débuts en poésie : dès juin 1896, le journal *le Samedi* avait publié quelques-uns de ses textes. L'année suivante, grâce au parrainage de son ami Arthur de Bussière, il est admis au sein de ce qu'on a appelé l'« école de Montréal », dont il sera le plus jeune membre. Atteint d'un mal incurable, Nelligan sombra dans la mélancolie, puis dans la psychose dépressive. On ignore dans quelles conditions réelles il fut interné à la retraite de Saint-Benoît (1899), puis, vingt-six ans plus tard, à Saint-Jean-de-Dieu, où il demeura muré, affreusement silencieux, jusqu'à sa mort.

Sa carrière poétique fut étrangement précoce et brève, et son œuvre, réunie et publiée par Louis Dantin en 1904, cinq ans après sa mort psychique, sous le titre *Émile Nelligan et son œuvre*, reste marquée par un réseau d'influences littéraires facilement – trop facilement – décelables. Tournant le dos à une veine nationale caractéristique de la génération précédente au Québec, Nelligan adopte les thèmes chers aux poètes européens et les formes littéraires françaises. Nostalgie légère des romantiques, exotisme, rêve et désespoir baudelairiens ou symbolistes alimentent son angoisse vécue. Voulant faire sienne l'aventure rimbaldienne – il fit connaître Rimbaud dans son pays –, il se montre parfois proche de Baudelaire par son refus cinglant d'une réalité mercantile, mais aussi de Verlaine, par son art des transpositions symboliques et musicales.

Chez Nelligan, un imaginaire triomphe permet de fuir, « loin de la matière et des brutes laideurs » (« Clair de lune intellectuel »), en des voyages sans destination précise, placés sous l'emblème de l'or, symbole glorieux du désir. Mais les espoirs, littéraires ou charnels, « gisent gelés ». Le poète est condamné à vivre dans l'« ennui » romantique de René, menacé par un monde mauvais où il n'a pas sa place.

Pour exprimer son désarroi et son exil moral, il recourt au symbolisme banal du noir. La thématique de la mort s'étale au titre de nombreux poèmes : « Vêpres tragiques », « Banquet macabre », « Marches funèbres »... Mais l'hiver, saison de mort, est aussi triomphe du blanc qui enveloppe les mythes ambigus de l'enfance et empêche le poète d'éluder l'inspiration immaculée, glaciale, qui hante tout écrivain québécois. Pour le monde littéraire canadien-français, Nelligan incarne durablement le jeune héros romantique livré au mal. « Poète maudit », « ange noir » (L. Mailhot), modèle de l'« enfance imperdable, absolue, mais douloureuse » (Réjean Ducharme), Nelligan a imposé l'image menacée du poétique, en une poésie à la fois intime et étrangère.

De fait, le jeu des influences textuelles semble définir les poèmes et ne laisser aucune place à l'irremplaçable. Influences symbolistes dans la recherche rythmique, les notations quasi verlainiennes (flûtes « au râle d'or », « pipeau qui pleure », « ivoire tremblant » du piano...). Influences criantes de Baudelaire ou de Rollinat, dans les visions « morbides » où des cris et des râles s'inscrivent en allitérations insistantes (« Vision »). Influence apparente des parnassiens, enfin, en des sonnets à la facture précise, mais où toute personnalité est bannie (« Potiche », « Placet », « Éventail »).

Derrière le jugement traditionnel qui condamne le poète pour son inspiration trop livresque, et surtout trop française (Mgr Camille Roy, en 1904), il faut reconnaître en Nelligan le témoin d'un fait social essentiel, l'aliénation d'une société déchirée, où la référence au réel était sous-tendue de frustrations, où l'angoisse devant la perte de personnalité, devant l'archaïsme du système de valeurs et l'écrasement idéologique et religieux, laissait peu de recours : le repliement sur soi, l'aventure physique, la révolution, enfin l'expérience créatrice venue d'ailleurs, en attendant…

Un discours capable d'assumer la précarité, l'angoisse, l'instinct de mort supposait alors un recours à l'entité présente-absente de la « langue de France », ultime refuge avant l'acceptation d'un langage propre.

Mais la critique visait surtout un contenu. Le drame, la menace psychique, la tension vers les interdits (l'« amour des vierges »), le refus d'une société méchante, la gaieté désespérée du vin, voilà, bien plus que les réminiscences formelles, voilà « qui n'est pas canadien et voilà donc ce qu'il faut condamner », disait Mgr Camille Roy.

Sur le plan littéraire, cela revient à condamner cet effort désespéré, sans doute inutile, vers une expression nouvelle par l'emprunt à l'Europe. Mais le cheminement émouvant de Nelligan, son échec à mimer la révolte rimbaldienne sont parfois compensés par une vérité immédiate, voisine et simple, plus encore que par l'habileté rythmique. Et c'est alors l'équilibre de la syntaxe émue et du lexique qui s'exténue de manière troublante dans la célébration d'une sensibilité à l'état naissant :

Pleurez, oiseaux de février,
Pleurez mes pleurs, pleurez mes roses
Aux branches du genévrier.
Ah ! comme la neige a neigé !
Ma vitre est un jardin de givre.
Ah ! comme la neige a neigé !
Qu'est-ce que le spasme de vivre
À tout l'ennui que j'ai, que j'ai…

Nelligan est alors dans les parages de ses contemporains les plus grands – et pas si loin d'Apollinaire.

A. Rey

NÉMIROVSKY Irène

(1903-1942)

Dans la France des années 1930, proche encore des « années folles » mais frappée de la grande dépression, une jeune femme d'origine russe née à Kiev connaît avec ses romans un immense succès de librairie, et *les Nouvelles littéraires* n'hésitent pas à l'appeler « un Joseph Conrad français ». Jusque-là, cette fille de banquier a vécu une jeunesse dorée, un peu à la manière de sa compatriote née Rostopchine : une gouvernante française, des séjours à Paris, des promenades aux Tuileries et aux Champs-Élysées. Mais, après la révolution de 1917, sa famille a émigré. Et la gloire en 1929, à vingt-six ans, avec son deuxième roman, *David Golder*. Elle mourra en déportation, arrêtée par les nazis en 1942.

« Je m'efforce de couler dans une forme française, c'est-à-dire claire et ordonnée, et aussi simple que possible, un fond qui est naturellement encore un peu slave. » Cet « art poétique » dit bien la rigueur d'horlogerie de ses intrigues ; telle nouvelle (*le Bal*, 1930) se laisse découper comme une tragédie. Acte I, exposition : les parents d'une jeune fille de quatorze ans donnent un bal. Ils ne lui permettent pas d'y assister (acte II), et elle jette les invitations dans la Seine (acte III). Dénouement : au jour fixé, les parents attendent en vain leurs invités. Catastrophe : ils se querellent violemment et se quittent. Mais il ne faut pas négliger la modernité d'écriture d'une émule de James Joyce dans la voie du monologue intérieur, tenu ici par un personnage que sa position sociale exclut du dialogue, un enfant, et les enfants ne parlent pas (*le Bal*, *le Vin de solitude*, 1935 ; *Jézabel*, 1936), mais leur vision du monde fait tomber les masques ; ou encore, un parvenu comme les financiers juifs Kampf (*le Bal*) ou David Golder : celui-ci évolue silencieusement au milieu d'une faune frelatée qui à la fois l'intimide et l'exploite, tandis que sa femme et sa fille, êtres de parole vains et superficiels, le conduisent de l'épuisement à la mort par leurs exigences (« Je suis contente de te voir, Dad. – Tu as besoin d'argent ? »). Parfois l'artifice éclate, avec le contraste de descriptions un peu trop travaillées – « le jardin macérait dans une lumière jaune et transparente comme de l'huile fine » (*David Golder*) – et d'une familiarité non moins systématique dans le récit des pensées : « Ah ! Qu'est-ce que ça fait que ce soit le cœur ou autre chose ? C'est des noms », etc. Pourtant ce rapport d'oppositions est significatif : un narrateur-roi, maître des consciences et du beau langage ; des marionnettes caquetantes et avides de jouir ; enfin la naïveté ou les désillusions, également critiques, de ceux à qui ce plaisir est refusé parce qu'ils sont trop jeunes, ou trop occupés. Mais rarement parce qu'ils sont trop pauvres : car la vérité de ces années 1930, pour Irène Némirovsky, c'est la spéculation ; l'un se ruine, l'autre immédiatement s'enrichit et le jeu continue. La pauvreté n'est qu'un point de passage, la suite d'un accident ou l'effet d'une maladresse.

Là réside aussi l'intérêt – historique – de ces ouvrages : ils présentent le tableau d'un monde lancé à la poursuite du plaisir, qui cherche désespérément à retenir l'instant qui passe, qui fuit comme l'argent lui-même. L'héroïne de *Jézabel* est obsédée par l'idée de vieillir et laisse mourir sa fille « pour éviter d'être grand-mère » ; telle autre se lamente d'avoir tant attendu, pour « vivre » enfin, le génial coup de Bourse de son mari (*le Bal*). Ces altesses déchues, gigolos et vieilles ladies, ces financiers véreux appartiennent aussi à Paul Morand et à Bourdet. Mais Irène Némirovsky, qui en fut la victime, prend au sérieux ce désordre social – que seule, peut-être, l'écriture permet de maîtriser.

J.-P. de Beaumarchais

NERCIAT André Robert ANDRÉA de

(1739-1800)

Les romans de Nerciat sont aujourd'hui oubliés ou méprisés, alors que se multiplient analyses et commentaires autour de Crébillon, Laclos ou Sade : tous « grands » auteurs, peut-être en ce qu'ils s'accordent à soumettre le plaisir physique à la censure de l'esprit, de cette « tête » où s'articulent le désir et un système de valeurs, ou plutôt d'interdits dont la transgression redouble la jouissance. Le propos de Nerciat est sans doute plus spontané, et son érotisme ne dit rien d'autre que le plaisir des sens, une joie de vivre et d'aimer, un hédonisme tranquille inspiré des théories de D'Holbach ou surtout La Mettrie. Et dans ces romans sans défi ni paroxysme, l'intrigue se dissout en « tableaux » lascifs où la fraternité des corps se substitue au choc des caractères.

Un aventurier de bonne compagnie

De longues pérégrinations à travers l'Europe comme soldat de fortune, agent secret ou simple amateur de littératures ou de spectacles nouveaux : voilà l'essentiel de la carrière, à vrai dire mal connue, du chevalier de Nerciat, si l'on ajoute la rencontre, peut-être importante, de deux hommes de lettres : le prince de Ligne, épicurien aimable et fortuné qu'il croise à Bruxelles vers 1776, et auquel il dédie ses médiocres *Contes nouveaux* ; le marquis de Luchet, admirateur de Voltaire, et qui le fait nommer pour deux ans, autour de 1780, « sous-bibliothécaire » à la cour francophile et raffinée du landgrave de Hesse-Cassel. En 1864, l'éditeur Poulet-Malassis annonçait une correspondance « extraordinaire » entre Nerciat et Beaumarchais, Rétif de La Bretonne… Mais l'ouvrage n'a jamais vu le jour, et les documents rassemblés ont disparu.

La carrière littéraire de Nerciat commence en 1775 – il a trente-six ans – par une comédie, *Dorimon ou le Marquis de Clairville*, qu'il signe de son titre d'« ancien capitaine d'infanterie au service du Danemark ». Car ce romancier libertin est aussi, officiellement, un dramaturge ; son œuvre, comme chez Sade, comporte deux faces, le théâtre, c'est-à-dire le paraître et les contraintes (formelles, morales) d'une société en représentation, que viennent dénoncer des romans libres dans leur forme et libertins dans leur contenu : la même année que *Dorimon* paraît le chef-d'œuvre de Nerciat, *Félicia ou Mes fredaines*, pourvu par la suite d'un médiocre appendice, *Monrose ou le Libertin par fatalité* (1795). La *Correspondance littéraire*, destinée à l'information des cours allemandes, s'indigne contre *Félicia*, « catéchisme de libertinage et de corruption » ; et pourtant, arrivé à Kassel, Nerciat offre son livre à la bibliothèque du landgrave… Provocation, goût de la plaisanterie ? Son roman *le Diable au corps* (1786) sera signé par un prétendu « docteur Cazzoné », « membre extraordinaire de la joyeuse faculté phallo-coïto-pygo-glottonomique » !

Pour cet homme d'intrigues et d'alcôves, il faisait bon vivre sous l'Ancien Régime : *les Aphrodites*, « fragments thali-priapiques pour servir à l'histoire du plaisir », publiées en 1793, attaquent violemment les Jacobins ; le chevalier reprend ses errances de plus belle, s'engage dans l'« armée des Princes » et pousse jusqu'en Italie, où il meurt, après avoir été policier, prisonnier au château Saint-Ange et chambellan de la reine de Naples… Cette existence mouvementée fait songer à celle d'un autre « bibliothécaire » de ce temps, Casanova, adepte lui aussi d'un cosmopolitisme « libertin » où, dans l'Europe dite des Lumières, mais aussi des cours, des prisons et des coups d'épée, un aventurier de bon ton se prête à tous ceux qui peuvent, pour un moment, lui donner son plaisir.

Les divertissements du corps et de l'écrit

En apparence, les principaux ouvrages libertins de Nerciat annoncent le partage sadien entre le roman d'aventures et le roman-inventaire ; *Félicia* avant *Juliette*, *les Aphrodites* avant (pendant ?) *les Cent Vingt Journées de Sodome* : deux procédures parallèles qui organisent la répétition indéfinie d'une séquence fondamentale, le « tableau » érotique ; l'unité du récit étant assurée par la permanence soit d'un même acteur, soit d'un même lieu. Mais ici, au niveau du tableau, éclatent les différences : pour « réussir » – pour conduire à l'orgasme –, les combinaisons libertines selon Nerciat doivent être fondées sur l'échange et la fraternité des jouissances. Félicia conclut ainsi le récit de ses voyages et de sa vie agitée : « Constante en amitié, mais volage en amour, je suis heureuse et me flatte de n'avoir jamais fait le malheur de personne. » La joyeuse société des « Aphrodites » ne ressemble pas davantage au sinistre quatuor de Silling : car il ne s'agit pas ici d'opprimer, mais de bien assortir, et, chez les Aphrodites, le premier rôle appartient à la maquerelle, aidée dans sa tâche par une nomination fonctionnelle des acteurs : il faut ménager « Mme de Condoux », mais la « vidame de Cognefort » convient bien à un « Foutenville » capable de « sept services en deux heures », tandis que la « vicomtesse de Chatouilly » s'entoure d'une « marmaille » habile à la « branlotter ». Malheur aux goûts « monstrueux », qui suppriment l'échange, ou trop peu restrictifs : les homosexuels sont bannis comme asociaux, et l'on se méfie des « ambidextres », des « janicoles » capables d'adorer « saint Noc et saint Luc ».

« Le néologisme, écrit Roland Barthes, est une obscénité. » Et réciproquement : sur le paradigme « sodomiser », Nerciat forme « loyoliser », voire « villettiser » (du nom d'un célèbre contemporain) ; telle pratique lascive est un « langueyage » ou, mieux, une « glottinade ». Mais surtout le discours libertin s'approprie par métaphore tous les lexiques de la vie sociale : la religion, bien sûr (« ce goupillon n'est pas chiche d'eau bénite »), l'armée (« je ménage ma poudre »), mais aussi la littérature, et Tircis devient ici « Tire-six ». D'autre part, la nomination apparemment métonymique des acteurs – Durengin, Molengin – désigne-t-elle effectivement leur « tout », leur moi, à travers la « partie » décrite ? Voire. Ce moi, en fait, n'existe pas ; le sujet de l'action n'est plus la « tête », mais le corps, lui-même décomposé en éléments autonomes : « Déjà les mains avaient beaucoup trotté, déjà les bouches et les tétons avaient essuyé maint hoquet amoureux… » (*Félicia*.) Dans la gaieté des calembours – Mme de Pompamour ! – et des sous-entendus, l'écriture libertine abolit ainsi le partage du moi social et du moi physique, et décompose le corps en atomes mus par le désir universel.

À ce point, le théâtre retrouve sa place à l'intérieur du roman, comme « tableau second » contemplé jusqu'à l'extase par un personnage provisoirement dissimulé : sir Sydney, l'amant de Félicia, a construit au centre de sa demeure un « nid aux espions », d'où il peut contempler un cercle de tableaux lascifs – transposition érotique du « panopticon » carcéral analysé par Michel Foucault, la prison circulaire tout entière surveillée par un seul homme. Et dans cet enchâssement de tableaux que reproduit dans le livre même l'alternance du texte et de la vignette, le lecteur est invité à prendre place à son tour...

L'auteur de *Félicia*

L'érotisme trop gai de Nerciat l'a privé sans doute du prestige des écrivains maudits. On se contente de l'ignorer, ou de ne voir en lui que l'auteur de *Félicia*, « charmant livre » au milieu d'un « voluptueux fatras » (Émile Henriot, 1925). De fait, *Félicia* a été édité une vingtaine de fois du vivant de l'auteur, et les autres écrits de Nerciat sont demeurés longtemps confidentiels. Sous le second Empire, l'œuvre de Nerciat retient l'attention du publiciste Charles Monselet (*les Galanteries du XVIIIe siècle*, 1862) et de Baudelaire : « Nerciat (utilité de ses livres)... », note publiée dans *l'Art romantique.* Mais il faut attendre la série des « Maîtres de l'amour » publiée au début de ce siècle par Apollinaire pour qu'un homme, et non plus une main anonyme ou infernale, apparaisse derrière ses romans. Nerciat se voit alors pourvu d'une biographie détaillée, accompagnée de morceaux choisis de ses ouvrages (Bibliothèque des curieux, 1910-1911, avec une édition complète de *Félicia*). Et l'on apprend ainsi, grâce à Apollinaire, qu'à l'origine des *Aphrodites* il y eut « une société secrète d'amour qui exista réellement ».

J.-P. de Beaumarchais

Nerval

NERVAL Gérard de

*Pseudonyme de **Gérard LABRUNIE** (1808-1855)*

L'œuvre nervalien se déroule selon un ordre, une logique et une raison qui transgressent le sens habituel de cette triade. L'existence même de l'écrivain, vécue à la manière d'un destin, porte déjà les stigmates de l'inspiré ; et, grâce à la conjonction de la folie, qui, tout à la fois niée et lucidement dominée, lui permit de déchiffrer « l'alphabet magique » de l'univers, et de l'écriture, par laquelle il put « diriger son rêve éternel au lieu de le subir », Nerval entreprit une tentative démiurgique dont la « genèse » aboutit à la création d'un mythe personnel.

Une vie de crises

Premier coup du destin : l'absence parentale. Fils d'un médecin de la Grande Armée dont il fut sans nouvelles jusqu'à six ans et d'une mère qui mourut en Silésie, où elle avait suivi son mari alors que l'enfant n'avait que deux ans, Gérard Labrunie passe sa petite enfance dans le Valois, d'abord en nourrice, puis chez son oncle maternel, Antoine Boucher. En 1814, au retour de son père, il regagne Paris, où il fait ses études au lycée Charlemagne en compagnie de Théophile Gautier. Dès 1826, il publie ses premières poésies, *Élégies nationales*, chant patriotique à la gloire de Napoléon écrit dans un style byronien. L'année suivante, il traduit le *Faust* de Goethe, qui lui vaut une renommée immédiate et le fait entrer dans les cercles littéraires. C'est l'époque de la bataille romantique pour la conquête de la scène, et Gérard y participe en tenant diverses critiques dramatiques dans des revues et en s'essayant, sans succès, au théâtre (*Lara* ; *le Prince des sots*).

En 1832, il hérite, et il aurait alors pu vivre en paix si le destin, prenant les traits de l'actrice Jenny Colon, n'avait une seconde fois croisé son chemin. Liaison platonique, semble-t-il, dans laquelle s'engloutit tout son argent, puisque *le Monde dramatique*, qu'il fonda pour soutenir son idole, sombra en quelques mois. Ruiné, Gérard, qui signe du pseudonyme de Nerval en souvenir d'un clos familial du Valois, végète en faisant du journalisme, erre à travers l'Europe, passant d'Italie en Allemagne, de Belgique en Autriche, jusqu'à ce que, en 1841, une première crise – alliance de manie aiguë et de psychose circulaire, diagnostiqueront plus tard les médecins – le conduise en maison de repos.

Peu après disparaît Jenny Colon, qui s'était, entre-temps, mariée à un flûtiste : mais Gérard, qui a cristallisé sur elle ses rêves passionnels, voit sa raison chanceler de plus en plus. En 1843, il part pour l'Orient, en quête de la reine de Saba, avatar local de son idéal féminin : il en tirera la matière, très travaillée, du *Voyage en Orient* (1851), la première en date des nombreuses œuvres qui, en l'espace de quatre années, vont occuper le temps que lui laisseront, dans sa maladie, les moments de lucidité. Les crises se succèdent en effet : 1849, 1851-1852 et surtout 1853-1854, où il sera soigné dans la maison du Dr Blanche à Passy. Quelques voyages viennent encore occuper les rares loisirs de l'écrivain, qui se concentre sur sa création : en 1852 paraissent *les Illuminés*, *les Nuits d'octobre*, *Lorely*, *la Bohème galante* ; l'année suivante, les *Petits Châteaux de Bohême.* En 1854, il publie *les Filles du feu* (parmi lesquelles *Sylvie*), que précède une « Lettre à Alexandre Dumas » – qui constitue une sorte de commentaire de toute son œuvre – et que suivent les douze sonnets des *Chimères.* Enfin, *Aurélia*, à laquelle il travaille chez le Dr Blanche, voit le jour au début de 1855, la mort de l'écrivain, trouvé pendu rue de la Vieille-Lanterne à l'aube du 26 janvier, survenant entre les deux livraisons de la nouvelle dans la *Revue de Paris* (1er janvier et 15 février).

Une vie d'errance, donc, sans véritable attache depuis la prime enfance, et qui ne trouva pour s'opposer à la dérive qu'un seul espace : celui de l'écriture.

Multiplicité et unité de l'œuvre

« La dernière folie qui me restera probablement, ce sera de me croire poète », clame Nerval à la fin de la « Lettre-préface » des *Filles du feu*. Et ce doute à l'égard de son propre talent n'est pas une formule de fausse modestie. Car si, pour le public, l'œuvre se réduit à trois ou quatre textes, on ignore souvent quel touche-à-tout fut Gérard. Et de son importante production on ne prit en compte, à l'exemple de ses contemporains, qu'une part légère – odelettes, contes, facéties, pochades –, qui, à juste titre, le faisait considérer comme un romantique mineur. Le *Voyage en Orient* lui-même ne fut longtemps lu que comme l'un des nombreux avatars du journal de voyage, dont la mode avait fleuri au cours de la première moitié du XIXe siècle : tout au plus reconnaissait-on dans ce reportage romancé de journaliste un authentique style d'écrivain.

C'est que le journalisme occupa une part importante de l'activité nervalienne, par nécessité dans les périodes noires, par plaisir dans les autres : articles mondains, critiques dramatiques et lyriques, pages diverses au gré de l'inspiration…, donnés aux revues les plus célèbres et aux journaux à la mode. Toute une œuvre éparpillée au fil du temps et dont la seule unité réside dans la démarche qui fait de Nerval journaliste plus un analyste qu'un simple témoin. C'est ce même trait que l'on retrouvera dans *les Illuminés*, sorte de chronique sur quelques « excentriques » (Restif de La Bretonne, l'abbé de Bucquoy, Cazotte, Cagliostro), qui conduit Nerval à un véritable travail de « psychologie morale ». En fait, et c'est en quoi la production journalistique fait totalement partie de l'œuvre nervalien, la relation critique d'une pièce ou d'un livre n'est, pour Gérard, qu'un moyen détourné de se déterminer lui-même et de construire sa propre poétique.

C'est précisément d'une impossibilité à réduire l'écart entre ses personnages et lui-même que vient l'échec de Nerval au théâtre : la tragédie historique de *Caligula* (écrite en collaboration avec Dumas en 1837), comme le drame mystique de *l'Alchimiste* (produit du même duo datant de 1839), tout autant que les livrets d'opéra comme *Piquillo* (où le rôle central fut joué par Jenny Colon) ou *les Monténégrins* (1849) trahissent une double incapacité de s'évader du monde goethéen et de se libérer d'une trame trop extérieure à ses propres préoccupations. On comprend dès lors que la seule réussite dramatique de Gérard – si l'on excepte la traduction du *Faust* de Goethe – soit une œuvre imparfaite, sur le plan formel (deux intrigues s'y mêlent lourdement, « l'une politique, l'autre intime ») comme sur le plan de la psychologie, mais qui permettait au dramaturge de proposer un système de valeurs différent des normes habituelles (le rêve et l'amour équilibrant le pouvoir et la réalité) : *Léo Burckart*, sans égaler les réussites de Musset (on songe à *Lorenzaccio*, dont la trame est assez proche), a le mérite de présenter un héros dramatique romantique différant des surhommes de Hugo ou Dumas.

Nourri de germanisme – « l'Allemagne, notre mère à tous », dira-t-il un jour –, Nerval excelle dans un genre fort répandu outre-Rhin : le *Märchen,* sorte de court récit proche du conte et de la nouvelle. *Sylvie*, *Aurélia*, *la Pandora*, les divers épisodes du *Voyage en Orient*, pour ne citer que les plus connus, ne sont rien d'autre que des variations « sans lien logique » sur un même sujet : la reconstruction d'une personnalité dissociée par le temps, l'espace, les autres. Chacun à sa manière offre, par le biais d'une expérience revécue par l'écriture, un moment de cette recherche du moi perdu. Et si l'on passe insensiblement du « récit d'éducation » (*Sylvie* en offre un exemple très classique), dont le résultat se révèle être un échec pour le narrateur, au « récit d'initiation » – qui, avec la conclusion d'*Aurélia*, conduit le narrateur au seuil d'une « vie nouvelle » –, la matière est toujours la même : de mythe en mythe, le narrateur devient progressivement ce « héros vivant sous le regard des dieux », qui réussit où échoua Orphée et, tel un Prométhée impuni, domine un univers que le dernier sonnet des *Chimères* décrit comme un paradis d'amour et de sagesse. Un monde libéré du péché originel, un monde où la seule femme interdite serait Pandore.

L'angoisse d'exister

Bien avant les écoles philosophiques du XXe siècle, Nerval a découvert et vécu le drame d'une existence en quête d'elle-même ainsi que le résume une inscription manuscrite au dos d'une gravure le représentant : « Je suis l'autre. » Cet autre dont les récits nous offriront de multiples avatars allant de l'architecte Adoniram (*Voyage en Orient*) à Saturnin l'aphasique (*Aurélia*) et qui deviendra le centre d'une théorie du double : « Il y a en tout homme un spectateur et un acteur […], deux ennemis : le bon et le mauvais génie » (*Aurélia*). Dès lors, être devient un problème, vivre une angoisse, et l'on comprend que l'identité, chez Nerval, soit toujours en danger, appréhendée sur le mode interrogatif : « Suis-je Amour ou Phébus ? Lusignan ou Biron ? » (*Les Chimères*, « El Desdichado ».) Il y a là, en quelque sorte, une démarche contraire de celle du romantisme, du moins dans son expression française : ce qui gêne, ce n'est pas l'absence ou le vide, mais le flux de figures qui ne parviennent pas à se fondre en une harmonieuse unité, telles les trois héroïnes de *Sylvie* qui dansent dans la mémoire du narrateur l'impossible ballet de l'identique.

Significative de cette quête de l'unité perdue du moi est l'évolution du mythe stellaire. À l'origine, rien de plus qu'une allégorie empruntée au *Roman comique* de Scarron dans lequel deux comédiens, l'Étoile et le Destin, forment un « couple aimable ». Et Nerval de commenter : « Mais qu'il est difficile de jouer convenablement ces deux rôles aujourd'hui » (« À Alexandre Dumas »). D'autant plus difficile que l'étoile elle-même va se scinder, « chatoyer d'un double éclat », avant de s'atomiser sur « le luth constellé » du poète. Tout dialogue est alors impossible, et puisque le *tu* manque (« Ma seule étoile est morte ») qui fonderait le *moi*, il ne reste plus qu'à assumer la folie, qui seule inversera les signes. L'étoile cesse alors d'être un masque – celui de la femme –, une *u-topie*, pour devenir un lieu matériel où s'inscrira désormais la destinée du rêveur : « Je me mis à chercher dans le ciel une étoile. L'ayant trouvée, je continuai ma marche, marchant pour ainsi dire au-devant de mon destin. Dans cette étoile sont ceux qui m'attendent ! » (*Aurélia*, I, 2.) Ainsi l'étoile est le destin, et le *moi* peut enfin se refermer sur la certitude de son existence : mais pour être, il aura fallu vaincre ses chimères, dominer le double et, comme le souligne Yves Bonnefoy, accepter que « la mort grandisse en soi ». Car, paradoxalement, l'être nervalien passe par la mort, et seul le franchissement des « portes mystiques » du rêve – que les premières lignes d'*Aurélia* comparent à la mort – permet au *moi* de « s'affranchir des conditions du temps et de l'espace » qui fragmentent l'individu.

Palingénésie...

Comme le fait remarquer Kurt Schärer, « la recette de la guérison envisagée par Nerval se résume par le simple préfixe *re*. Pour *ré*générer ce qui souffre du déclin des forces, on n'a qu'à *re*monter le cours du temps et à se *re*tremper aux sources originelles ». D'où le recours au voyage, au souvenir, au rêve. Voyager, c'est en effet, pour Nerval, refaire un chemin parcouru et dont on se souvient (voir le retour à Ermenonville dans *Sylvie*), c'est vérifier que la réalité est bien semblable à l'idée qu'on s'en est formée (tel est le projet avoué du *Voyage en Orient* ou de *Lorely*) : « Ce n'est pas la fortune que je poursuis, c'est l'idéal, la couleur, la poésie », écrira-t-il à Gautier. Non attitude de dilettante, mais moyen de déplacer – faussement – durée et lieux : qu'on se souvienne du rôle de la « voiture » dans *Sylvie*, où, pendant le voyage, le héros « recompose » les souvenirs de son enfance. Survient la fin du voyage : « J'échappe au monde des rêveries », note avec tristesse le narrateur qui se heurte alors au mur de la réalité. Voyager, c'est donc se rappeler, comme se souvenir, c'est voyager dans le temps (significatif de cette similitude est le titre d'un recueil de pochades réunies en *Promenades et Souvenirs*). Mais, à la différence du voyage, le souvenir n'a de valeur, d'effet que lorsqu'il échappe à l'emprise de la raison ou de la conscience : qu'on oppose la joie née de la lecture d'un article de journal (*Sylvie*, I) – et qui met en jeu la mémoire involontaire – à l'errance dans le Valois « pour revoir » et retrouver le passé (*id.*, IX), qui, née du souvenir conscient, provoque ennui et désillusion. D'où l'aspect anodin des souvenirs que Nerval appellera « fidèles » : un chant d'enfant qui ressuscite « la voix tremblante des aïeuls », un habit de fête qui recrée magiquement l'atmosphère d'antan, une tour Henri IV qui semble faire revivre le cœur du vieux pays de France, etc.

La vie est un songe, a dit Calderón ; Nerval, inversant la proposition, a voulu faire du rêve sa vie : « Je ne demande pas à Dieu de rien changer aux événements, mais de me changer relativement aux choses ; de me laisser le pouvoir de créer autour de moi un monde qui m'appartienne, de diriger mon rêve éternel au lieu de le subir » (*Paradoxe et Vérité*). Non point « rêverie », telle que la comprenait Rousseau ou telle que la vivait la génération de René, et qui n'était qu'un abandon nostalgique aux chimères, mais rêve, c'est-à-dire un univers parallèle formé de signes dont seul l'initié peut interpréter le sens.

Ainsi l'itinéraire nervalien, sans jamais cesser d'être une errance, passe d'une recomposition des souvenirs à travers la réalité à une recomposition du rêve (« j'entrepris de fixer le rêve et d'en connaître le secret », *Aurélia*) à travers les symboles. Dès lors, il est logique que l'écriture, elle-même univers de signes, ait été chargée de fixer cette démiurgie.

Le mérite de l'expression

L'originalité de Nerval tient à cette osmose permanente du rêve et de la réalité qu'il a appelée « épanchement ». Mais comment transcrire une telle expérience en termes langagiers ? La solution la plus évidente était d'user d'un style métaphorique. Or, il est surprenant de constater le peu de place qu'occupent les images référentielles dans le discours nervalien : de ce point de vue, la poétique de Nerval est éminemment « moderne », et l'on voit tout ce qui sépare le flot discursif de « la Bouche d'Ombre » hugolienne, des « Vers dorés » auxquels il suffit d'affirmer qu'« À la matière même un verbe est attaché » pour que se réalise la parole cosmique. Au surplus, le choix des termes est révélateur et renvoie explicitement à une conception mystique de l'écriture faisant du poète non point le mage ou le savant, mais le frère interrogateur des dieux des *Chimères* : Horus, Antéros, le Christ...

Une fois éliminé l'artifice de l'image, il ne restait qu'à transcrire la réalité dans sa vérité tout en la nimbant de cette « couleur pourprée » dans laquelle Proust voyait la magie nervalienne. D'où une technique impressionniste, à l'opposé de la narration romantique ; les contours sont estompés, les héros n'interviennent plus comme types mais se fondent dans un décor dont ils deviennent tributaires : Sylvie et la « fenêtre où le pampre s'enlace au rosier », Aurélie et la scène théâtrale, etc. Paradoxe suprême : si la majorité des textes porte le nom d'un personnage (il en va de même des poèmes des *Chimères*), ceux-ci ne sont jamais décrits. Ils n'existent que comme signes et, en tant que tels, n'acquièrent de sens que par rapport au regard omnipotent du narrateur-héros ; là encore, Nerval tourne le dos au romantisme, et sans doute faut-il voir dans cette situation l'origine du relatif effacement de Gérard de l'horizon littéraire durant trois quarts de siècle : ni chef d'école ni disciple, il marque l'avènement d'un nouveau discours fondé sur l'assomption totale du langage. Ses pairs ne s'y sont pas trompés qui, très tôt, ont reconnu son importance tandis que Sainte-Beuve, décidément coutumier du fait, ignorait délibérément son originalité. L'histoire littéraire devait pour longtemps l'écarter des manuels scolaires ; et tandis que les Aicard, Soulary ou autres illustres Autran paradaient en tête des « morceaux choisis », Nerval devra attendre les années 1950 pour pénétrer véritablement dans l'univers scolaire, où il côtoie, à part désormais égale, les grands romantiques – et Baudelaire ou Rimbaud.

Pas plus que la critique officielle, le grand public ne s'intéressa à son œuvre : malgré une légende savamment entretenue par Gautier et ses amis, et qui en faisait un bohème antibourgeois ou un « fol délicieux », ses livres avaient disparu des vitrines, à l'exception de quelques contes fantaisistes ou des récits de voyage, deux genres mis en vogue par le romantisme. Seul l'avènement du surréalisme modifia les perspectives en faisant de Nerval et d'autres maudits (Sade, Lautréamont et même Rimbaud) des précurseurs des temps nouveaux. Dès lors, les éditions savantes se multiplièrent ; les études aussi, qui sacrifièrent d'abord à la biographie fantastique avant que la critique n'applique les grilles les plus surprenantes pour déchiffrer le microcosme nervalien : tarots, cabale, alchimie, etc. Depuis les années 1970, les premiers travaux linguistiques appliqués aux *Chimères* ont montré que l'hermétisme ou l'ésotérisme n'étaient que des masques, et qu'une analyse méticuleuse du discours nervalien révélait, dans son originalité et sa démesure, l'entreprise du poète : faire de sa vie un mythe, c'est-à-dire un ensemble de signes ordonnés en fonction d'une logique propre.

	VIE		ŒUVRE
1807	Mariage d'Étienne Labrunie et de Marie-Antoinette-Marguerite Laurent.		
1808	**22 mai :** naissance de Gérard Labrunie à Paris, 96, rue Saint-Martin. Le Dr Labrunie est nommé médecin adjoint à la Grande Armée, puis médecin ordinaire attaché au service de l'Armée du Rhin ; sa femme l'accompagne. Gérard est mis en nourrice à Loisy, près de Mortefontaine.		
1810	Le Dr Labrunie dirige l'hôpital de Hanovre, puis celui de Glogau en Silésie. Mort de la mère de Gérard à l'âge de vingt-cinq ans. Gérard va vivre à Mortefontaine chez son grand-oncle maternel Antoine Boucher.		
1812	**Campagne de Russie.**		
1814	Retour du Dr Labrunie.		
1815	**Seconde abdication de Napoléon. Restauration.**		
1820	Mort d'Antoine Boucher. Gérard habite chez son père, 72, rue Saint-Martin. Il est élève au lycée Charlemagne et a pour condisciple Théophile Gautier.		
		1826	Premières publications : **Févr. :** *Napoléon et la France guerrière, élégies nationales,* chez Touquet. **Mai :** *M. Dentscourt ou le Cuisinier d'un grand homme,* chez Touquet. *Les Hauts Faits des jésuites,* chez Touquet. **Nov. :** *la Mort de Talma, élégies nationales nouvelles,* chez Touquet. **Déc. :** *l'Académie, ou les Membres introuvables, comédie satirique,* chez Touquet (2e éd. le même mois).
1826-1827	Nerval traduit le *Faust* de Goethe.	**1827**	**Janv. :** *la France guerrière, élégies nationales* (2e éd.), chez Touquet. **Mai :** *Élégies nationales et Satires politiques* (2e éd.), chez les libraires du Palais-Royal. **Nov. :** publication de la traduction du *Faust* (datée 1828), chez Dondey-Dupré.
1828	Mort de la grand-mère maternelle de Nerval. Il est présenté à Victor Hugo.	**1828**	**Déc. :** *Couronne poétique de Béranger* chez Chaumerot.
1829	Nerval écrit son premier essai dramatique (resté inédit) : *Han d'Islande,* d'après le roman de Victor Hugo.	**1829**	**Avr. :** *Huit Scènes de Faust,* traduction de Gérard, musique d'Hector Berlioz, chez Schlesinger.
1829-1831	Collaboration au *Mercure de France,* à la *Psyché.*		
1830	**25 févr. :** première d'*Hernani* (Gérard participe à la « Bataille » dans les rangs des romantiques). **Révolution de Juillet, monarchie de Juillet.**	**1830**	**Févr. :** *Poésies allemandes,* chez Méquignon-Havard. **Oct. :** *Choix des poésies de Ronsard,* […] chez Méquignon-Havard.

	VIE		ŒUVRE
1831	Premier et court séjour à la prison Sainte-Pélagie.	1831	**Janv. :** *le Prince des sots,* imité d'un mystère du Moyen Âge, reçu à l'Odéon mais non joué. **Déc. :** sept *Odelettes* (dans *l'Almanach des Muses* de 1832).
1832	Le « Petit Cénacle » autour de Jehan Duseigneur. Les « Jeune-France ». **Févr. :** second séjour à Sainte-Pélagie. Épidémie de choléra. Gérard est étudiant en médecine.		
1834	Mort du grand-père maternel de Nerval. Gérard hérite de 30 000 francs. **Sept.-nov. :** voyage dans le midi de la France. Premier voyage en Italie. Première rencontre avec Jenny Colon ?		
1835	Fondation du *Monde dramatique.*		
1836	**Juin :** liquidation du *Monde dramatique.* Gérard est ruiné. Collaboration au *Figaro*, dans lequel apparaît pour la première fois le pseudonyme Gérard de NERVAL (décembre). **Août-sept. :** voyage avec Gautier en Belgique, à Londres. *Piquillo,* écrit en collaboration avec Alexandre Dumas, est achevé.		
1837	Collaboration à *la Presse,* à *la Charte de 1830.*	1837	**31 oct. :** première de *Piquillo* à l'Opéra-Comique, avec Jenny Colon. **26 déc. :** première de *Caligula,* écrit en collaboration avec Alexandre Dumas, à la Comédie-Française.
1837-1838	Correspondance avec Jenny Colon.		
1838	**11 avr. :** Jenny Colon épouse le flûtiste Louis-Gabriel Leplus. Fin de l'intrigue (?) avec Jenny Colon. **Août-sept. :** premier voyage en Allemagne. Préparation de *Léo Burckart* avec Alexandre Dumas.		
1839	**Oct. :** mission en Autriche. Gérard rencontre Marie Pleyel et Liszt.	1839	**10 avr. :** première de *l'Alchimiste,* écrit en collaboration avec Dumas, à la Renaissance. **16 avr. :** première de *Léo Burckart* ou *Une conspiration d'étudiants* à la Porte Saint-Martin.
1840	Retour à Paris. Nerval remplace Gautier au feuilleton de *la Presse.* **Oct.-déc. :** voyage en Belgique.	1840	**Juill. :** traduction du *Second Faust,* chez Ch. Gosselin. **15 déc. :** première à Bruxelles de *Piquillo.*
1841	**Févr.-nov. :** premières crises de folie ; Gérard est soigné chez Mme de Saint-Marcel, rue de Picpus, puis chez le Dr Esprit Blanche à Montmartre.		
1842	**5 juin :** mort de Jenny Colon.	1842	*Un roman à faire.*
1843	**1er janv. :** Gérard s'embarque pour l'Orient (Malte, l'Égypte, la Syrie, la Turquie). Retour à Marseille le 5 décembre.		
1844	Mise en ordre des notes pour *le Voyage en Orient.* **Sept. :** voyage en Belgique et en Hollande avec Arsène Houssaye (directeur du journal *l'Artiste* auquel Gérard collabore et donne les premiers articles relatifs à son voyage oriental).		
1845	**Août :** une semaine à Londres.		
1846	Voyages dans les environs de Paris. Notes pour *Angélique, Sylvie, Promenades et Souvenirs.*	1846	Création de *la Damnation de Faust* de Berlioz, à l'Opéra-Comique (Gérard est mentionné comme coauteur du livret).
1847	Gérard travaille au livret des *Monténégrins.*		
1848	**Abdication de Louis-Philippe. Révolution de 1848.** Gérard traduit des poèmes de Heine avec lequel il travaille et se lie d'amitié à Paris. Il collabore au *Journal* de A. Karr en compagnie de Nadar.	1848	**Févr. :** *Scènes de la vie orientale.* I, *les Femmes du Caire,* chez Sartorius. **Juill. et sept. :** publication de traductions de poèmes de Henri Heine dans la *Revue des Deux Mondes.*

	VIE		ŒUVRE
1849	**Avr. :** nouvelle crise. Gérard est soigné par le Dr Aussandon. Choléra à Paris et émeutes du 13 juin 1849 : lettres à Th. Gautier Voyages à Londres.	**1849**	**31 mars :** première des *Monténégrins* à l'Opéra-Comique.
1850	**Juin :** nouveaux soins, chez le Dr Aussandon.	**1850**	**Mars-mai :** *les Nuits du Ramazan,* feuilleton du *National.* **13 mai :** première à l'Odéon du *Chariot d'enfant,* adapté, en collaboration avec J. Méry, du drame indien de Soudraka. **Août :** *Scènes de la vie orientale.* II, *les Femmes du Liban,* chez Souverain. **Oct.-déc. :** publication au *National* des *Faux-Saulniers, histoire de l'abbé de Bucquoy (Angélique).*
1851	**Coup d'État du 2 décembre.** Gérard reprend la traduction de *Misanthropie et repentir* de Kotzebue. **Sept.-nov. :** nouvelle crise. Gérard séjourne chez le Dr Émile Blanche à Passy.	**1851**	**Juin :** publication chez Charpentier du *Voyage en Orient* (3e éd.). **27 déc. :** première de *l'Imagier de Harlem* à la Porte Saint-Martin.
1852	**Le second Empire.** **Janv. :** Gérard, atteint d'un érysipèle, est soigné chez E. de Stadler, puis hospitalisé à la maison de santé municipale (maison Dubois). **Mai :** voyage en Hollande. **Août :** voyage dans le Valois.	**1852**	**Août :** publication de *Lorely* chez Giraud et Dagneau. **Juill.-déc. :** *la Bohême galante*, dans *l'Artiste.* **Oct.-nov. :** publication des *Nuits d'octobre* dans *l'Illustration.* **Nov. :** publication des *Illuminés* chez Lecou. **Déc. :** *Contes et Facéties* chez Giraud et Dagneau.
1853	**Févr.-mars :** seconde hospitalisation à la maison de santé municipale. Voyage dans le Valois. **Août :** nouvelle crise. Gérard est transporté à l'hôpital de la Charité, puis la clinique du Dr Émile Blanche à Passy. Il y reste jusqu'à fin septembre puis revient pour un nouveau séjour d'octobre au 27 mai 1854. Il termine *les Filles du feu* et *les Chimères,* et travaille aux *Nuits d'octobre.*	**1853**	**Janv. :** publication des *Petits Châteaux de Bohême.* **15 août :** parution de *Sylvie* dans la *Revue des Deux Mondes.* **10 déc. :** Dumas publie « El Desdichado » dans *le Mousquetaire.* **17 déc. :** *Octavie* dans *le Mousquetaire.*
1854	**27 mai-juill. :** voyage en Allemagne. **Août :** Gérard rentre chez le Dr Blanche et écrit *Aurélia.* **19 oct. :** il sort de la clinique. Pas de domicile fixe.	**1854**	**Janv. :** publication des *Filles du feu* suivies des *Chimères* chez Giraud. **31 oct. :** « Amours de Vienne-Pandora » paraît dans *le Mousquetaire.* **Déc. 1854-févr. 1855 :** *Promenades et Souvenirs* paraissent dans *l'Illustration.*
1855	**24 ou 25 janv. :** arrêté pour vagabondage. **26 janv. :** à l'aube, Gérard est trouvé pendu rue de la Vieille-Lanterne.	**1855**	**1er janv. :** première partie d'*Aurélia* dans la *Revue de Paris.* **15 févr. :** deuxième partie d'*Aurélia* dans la *Revue de Paris.* **Avr. :** *le Rêve et la Vie. Aurélia,* chez Lecou. **Nov. :** *la Bohême galante,* chez Michel Lévy.
		1856	*Le Marquis de Fayolle,* terminé par E. Georges, chez Michel Lévy.
		1867-1877	*Œuvres complètes* (6 vol.), chez Michel Lévy.

Voyage en Orient

C'est en décembre 1842 que Nerval s'embarqua de Marseille pour gagner l'Orient afin de vérifier sur place la réalité de lieux sur lesquels son esprit avait fantasmé : mais le voyage ne répondit pas à son attente, et il confia, lors de son retour, que « l'Orient n'approche pas de ce rêve éveillé que j'en avais fait il y a deux ans, ou bien c'est que cet Orient-là est encore plus loin ou plus haut, j'en ai assez de courir après la poésie » (lettre à Jules Janin, en mer, près de Malte, 16 novembre 1848). Trois ans plus tard paraissaient, dans la *Revue des Deux Mondes*, « les Femmes cophtes », puis « les Femmes du Caire », articles repris en recueil dans les *Scènes de la vie orientale* (1848) avant de rejoindre l'édition définitive du *Voyage en Orient* (1851), que la critique considère souvent comme « le premier livre de Nerval ». Selon une technique qu'il réutilisera à maintes reprises, Gérard construit son ouvrage à partir d'éléments fort divers, qu'il organise de manière à créer une véritable cohérence structurelle.

C'est donc moins le récit d'un voyage à travers l'espace qui nous est alors rapporté que la relation d'un voyage imaginaire, idéal, au pays du *moi* (témoin l'introduction « Vers l'Orient », qui ne correspond pas à l'itinéraire effectué en 1843 mais répond au besoin fondamental de réunir dans l'espace d'un même livre tous les lieux d'une mythologie qui tend déjà à devenir personnelle) : de ce point de vue, le *Voyage en Orient* est avant tout un voyage livresque, qui traduit un besoin de dépaysement fondamental lié non à la couleur locale mais à une négation de la réalité. Il suffit d'ailleurs, pour s'en convaincre, de remarquer que Nerval se place non dans la lignée des voyageurs romantiques illustres – Chateaubriand, Lamartine, Gautier, Hugo… –, mais dans celle du *Songe de Polyphile*, de Francesco Colonna, qui rapportait une expérience initiatique, donc intérieure.

D'où le recours au mythe. Au centre de chacune des parties du *Voyage*, et par là même au centre d'une œuvre construite par celui que Gérald Schaeffer nomme le « poète-architecte », se dressent les trois figures d'Orphée (quatrième chapitre des « Femmes du Caire », qui en comptent sept), du calife Hakem (troisième des cinq chapitres de « Druses et Maronites »), de l'architecte Adoniram enfin dans « les Nuits du Ramazan ». Trois figures masculines donc, qui se déterminent par rapport à l'image de l'autre, de la femme aimée et perdue (Eurydice, dont le nom servira à lancer la seconde partie d'*Aurélia*, Sétalmulc, la sœur courtisée par le frère, et la reine de Saba, aimée du prince Soliman et de son architecte Adoniram), et symbolisent en même temps que la création (poétique, délirante ou architecturale) l'impossible lutte contre le double, entre « le *moi* et le *non-moi* » (G. Schaeffer). Ainsi s'explique déjà l'utilisation par Nerval d'une division dialectique entre le *je* qui narre et le héros des divers contes : manipulant à sa guise les mythes, les organisant en fonction de son propre besoin (et il faut reconnaître qu'ici le mythe orphique est totalement recréé), il constitue sa propre mythologie par accumulation de mythologies préexistantes. Mais de même que ses héros aboutissent à l'échec, de même Nerval ne parvient pas à triompher de son ambiguïté : il lui faudra pour cela « renoncer au mythe pour s'en tenir au *je* » (Léon Cellier).

Les Illuminés

« **R**écits et portraits » : c'est ainsi que Nerval présente les six études qu'il regroupe en 1852 dans *les Illuminés*, qu'il sous-titre *les Précurseurs du socialisme*. Comme pour *les Filles du feu* ou *les Chimères*, Gérard fait un volume de pièces et de morceaux, et Max Milner peut avec humour remarquer que « l'utilisation des restes, souci quotidien de la cuisinière bourgeoise, joue dans l'œuvre de Nerval le rôle d'un principe créateur étrangement fécond ».

En effet, on retrouve dans *les Illuminés*, que précède une Préface originale, « la Bibliothèque de mon oncle », sorte de plaidoyer *pro domo* (« Ces analyses, ces biographies furent écrites à diverses époques, bien qu'elles dussent se rattacher à la même série »), six textes éparpillés au gré du jour et du besoin : un article publié dans *la Presse* en 1839, par Maquet, sur un scénario original de Nerval, et consacré à Raoul Spifame, « le Roi de Bicêtre » ; une Préface pour l'édition de 1845 du *Diable amoureux* de Cazotte ; un fragment de feuilleton paru dans *le National* (24 octobre-22 décembre 1850) sous le titre des *Faux Saulniers*, centré sur « l'Histoire de l'abbé de Bucquoy » (d'autres épisodes servant à constituer l'*Angélique* des *Filles du feu*) ; trois articles de la *Revue des Deux Mondes* (15 août, 1er et 15 septembre 1850), regroupés sous le titre « les Confidences de Nicolas » ; quelques pages sur Quintus Aucler, extraites de la *Revue de Paris* (1851) ; enfin une paraphrase à peine voilée d'ouvrages consacrés à Cagliostro pour boucler l'ensemble…

Sévèrement jugé par la critique à sa sortie – en particulier par Barbey d'Aurevilly qui restait sur sa faim –, l'ouvrage apparut bâclé, résultat de la nécessité et du hasard. Or, c'était méconnaître la logique nervalienne, qui consiste à tisser des liens, non entre le narrateur et son lecteur, pas plus qu'entre les divers personnages de son imagination, mais entre le narrateur et ses propres héros. Hasard, ce titre d'*Illuminés* ? Non, si l'on songe, comme Nerval nous y invite dans sa Préface, « qu'il y a quelque chose de raisonnable à tirer même des folies ! » (de même qu'il préviendra Dumas, plus tard, en préfaçant *les Filles du feu*, que son histoire « n'a pas été entièrement dépourvue de raisonnement si elle a toujours manqué de raison »). Hasard, le sous-titre de *Précurseurs du socialisme* ? Non encore, si l'on se réfère à l'aspect utopique du concept en cette première moitié du XIXe siècle (et si l'on conserve présente à l'esprit l'ambition de Gérard avouée dans *Paradoxe et Vérité* : « Diriger mon rêve éternel au lieu de le subir. Alors, il est vrai, je serai Dieu ! »). Hasard également, le choix de ces « portraits » ? Certes, non, si l'on songe que tous sont marqués du sceau du double : Spifame, double parfait du roi Henri II, se mirant dans le reflet que lui présente Claude Vignet, « le roi des poètes », figure étrangement proche de Nerval lui-même ; Restif, véritable double du narrateur de *Sylvie*, amoureux d'une actrice qu'il va admirer « presque tous les soirs […] à la première rangée du parterre » (voir le premier paragraphe de *Sylvie*) ; Cazotte aussi est un double de Gérard puisqu'il est « le poète qui croit à sa fable, le narrateur qui croit à sa légende, l'inventeur qui prend au sérieux le rêve éclos de sa pensée » (on songe encore au rapport entre Nerval et ses personnages, rapport longuement décrit dans la Préface des *Filles du feu*, où il est question de « ces conteurs qui ne peuvent inventer sans s'identifier aux personnages de leur imagination »). Hasard enfin, cet équilibre construit entre le « communisme » de Restif et « l'imagination rêveuse » de Cazotte ? Non, si l'on considère qu'il s'agit avant tout de deux représentations particulières de l'opposition folie/sagesse lue par Nerval comme relative par rapport au temps : le neuf n'est qu'une reprise de l'ancien, et ce qui est aujourd'hui sagesse fut hier taxé de folie – Spifame enfermé dans sa prison dorée, Cazotte décapité, l'abbé de Bucquoy exilé sont autant de marques, aux yeux de Nerval, de l'injustice et de l'ignorance (à sa manière,

Aurélia témoignera de la situation fraternelle de Nerval à côté de ses héros).

Ainsi *les Illuminés* constituent-ils une biographie indirecte de Nerval : les héros ne sont que prétexte à un texte dont toute l'œuvre développera, sous la fiction du *je*, les obsessions issues – ou retrouvées – dans les livres. Car *les Illuminés* marquent de façon définitive l'emprise du livre sur l'existence de Nerval : ouvrage consacré à d'autres ouvrages (les écrits de Cazotte et de Restif, bien sûr, mais aussi les pages mystiques des autres « excentriques »), le recueil renvoie explicitement à Érasme et à son *Éloge de la folie*, texte où parle directement la folie. C'est dire combien l'écriture tient un rôle d'importance dans cette « capture » de la raison, et, par là même, quelle place revient à ces *Illuminés*, trop souvent considérés comme une production annexe.

Sylvie

Publié en août 1853, puis inséré à la seconde place du recueil des *Filles du feu*, en 1854, c'est le texte le plus célèbre de Nerval, le plus lu et le plus commenté, celui qui lui a valu le surnom de « fol délicieux » et le fit annexer, au lendemain de la Première Guerre mondiale, par la grande campagne patriotique, comme un écrivain caractéristique de ce bon goût français fait de mesure et de limpidité. « Traditionnel, bien français ? Je ne trouve pas », répondit Proust dans un pénétrant article du *Contre Sainte-Beuve* ; et d'ajouter : « Peut-être y a-t-il encore un peu trop d'intelligence... » Mais de l'intelligence, il en fallait pour faire « admettre l'histoire d'un cœur épris de deux amours simultanés » (XIII) et pour que le récit ne sombre pas dans la bluette ou le mélodrame boulevardier. Et c'est précisément le miracle de *Sylvie* d'avoir concentré en quelques pages toute une symbolique autour de l'opposition majeure rêve/réalité. Tout devient en effet chargé de sens dans cette construction serrée : Paris, lieu d'élection de l'artifice culturel, fait face au Valois, où s'épanouit la fête naïve ; la nuit – réelle ou imaginaire, comme celle de la salle théâtrale – favorise l'éclosion du rêve, tandis que le jour baigne dans une lumière qui révèle la brutalité de la matérialité ; Aurélie, l'actrice que sa vie transforme en déesse infernale – « la nature a oublié de [lui] faire un cœur » (I) –, lutte dans l'esprit du narrateur avec Adrienne, la religieuse transfigurée en sainte chrétienne (VII). D'où le recours à Sylvie, la paysanne bien réelle, mais que le héros va poursuivre sur le mode du souvenir : c'est elle qui s'opposera à la figure composite « d'une religieuse sous la forme d'une actrice » (III) ; c'est encore à elle que le narrateur tentera de superposer le visage d'Adrienne (XI) en lui faisant mimer la scène de la transfiguration dans l'abbaye de Châalis, de même qu'il demandera plus tard (XIII) à la comédienne de jouer, sur les mêmes lieux, le rôle de la religieuse. Mais en vain : les trois héroïnes se déroberont à son appel, dans le mariage ou dans la mort, pour toujours.

SYNOPSIS

En sortant du théâtre, où il vient chaque soir admirer l'actrice Aurélie, le narrateur tombe sur un article de journal qui fait revivre en lui « l'écho lointain des fêtes naïves de la jeunesse » (I). Rentré chez lui, il revoit dans « un souvenir à demi rêvé [...] les rondes enfantines dans le Valois avec Adrienne, la noble, et Sylvie, la petite paysanne (II), et comprend que son amour pour la comédienne d'aujourd'hui « a son germe dans le souvenir d'Adrienne ». Pour échapper à ce sortilège, il décide de rejoindre Sylvie, seul visage bien réel, et part pour le Valois (III). Dans la voiture qui l'emmène à Loisy, il « recompose » les souvenirs du passé et se revoit en la compagnie de Sylvie aux fêtes populaires (IV), mimant les vieux mariés (V et VI), et retrouve l'image d'Adrienne transfigurée un soir à Châalis (VII). Mais le voyage se termine, et le narrateur échappe « au monde de la rêverie » : aussitôt la réalité l'agresse, Sylvie a vieilli, changé, s'est fiancée (VIII), et rien ne subsiste du passé qu'il était venu chercher : les lieux (IX), les gens (X) ont subi l'outrage du temps. Déçu, il revient à Paris pour apprendre qu'Aurélie, elle aussi, va se marier (XIII). Il ne lui reste plus qu'à méditer sur sa propre conduite et à goûter auprès du ménage de Sylvie un bonheur détourné (XIV).

Ainsi, au bout de sa quête de l'idéal – «... c'est une image que je poursuis, rien de plus » (I) –, le héros trouve-t-il l'échec et l'amertume. Et pourtant, à la fin de ce voyage, mi-rêvé – la « recomposition » des souvenirs (IV à VII) qui fait suite à l'impulsion initiale fournie par la mémoire involontaire –, mi-vécu (le départ pour Loisy, l'errance dans le Valois), qui fait de *Sylvie* un véritable récit d'éducation, nulle morale constructive comme chez Voltaire : aucun jardin pour concilier le rêve et l'expérience. Le héros nervalien est condamné à vivre insatisfait dans la réalité et à ne pas réaliser ses chimères. À moins que l'écriture, venant combler ce hiatus, ne fasse de la réalité de la langue le support du rêve vécu et ne permette finalement au héros devenu narrateur de « conquérir et de fixer son idéal » (XIII) !

Les Filles du feu

« **D**epuis 1850 environ, Gérard est sans cesse tourmenté du besoin de publier, comme pour se prouver à ses propres yeux la validité de son existence » (Henri Lemaître) : d'où, en l'espace de quelques années, cette concentration des chefs-d'œuvre, le *Voyage en Orient* (1851), *les Illuminés* (1852), *Sylvie*, « El Desdichado » et les *Petits Châteaux de Bohême* (1853). Lorsqu'il entre à la clinique du Dr Blanche à la fin du mois d'août 1853, Nerval, qui est engagé par contrat avec l'éditeur Daniel Giraud, n'a rien de prêt : *Aurélia* est en travail et *la Pandora* n'avance guère. Aussi décide-t-il de composer, comme à son habitude, un recueil à partir de textes déjà publiés : l'idée remonte sans doute à 1852, période où il songeait à un ensemble intitulé « l'Amour qui passe » (lettre de mars 1852). Initialement, le volume devait se centrer sur des sujets italiens : on y retrouvait donc *Octavie* (publiée sous trois titres différents depuis 1848), *Isis* (d'après un texte d'Apulée et celui d'un archéologue allemand, parue en article la même année) et *Corilla* (une courte comédie dans le goût des proverbes de Musset, publiée une première fois en 1839, reprise sous le titre *les Deux Rendez-Vous* en 1844, avant d'être intégrée aux *Petits Châteaux*). *La Pandora*, prévue pour le recueil, n'étant toujours pas terminée, Gérard décide alors d'inclure *Angélique* (fragment des *Faux Saulniers* non utilisé pour *les Illuminés*) et *Jemmy* (traduction d'une nouvelle allemande déjà publiée en 1843) ; quelques jours plus tard (lettre à Giraud de décembre 1853), *Sylvie* vient gonfler le volume (Nerval y ajoutera même *les Chansons et Légendes du Valois*, étude folklorique déjà éditée par six fois !) ; enfin, en janvier suivant, Nerval annonce au même Giraud « qu'il a absolument besoin d'une nouvelle pour terminer » et propose de reprendre *le Fort de Bitche*, texte publié en 1839 par Maquet, le collaborateur de Dumas. Toutefois, précise Gérard, « il faudra mettre au lieu de ce titre le nom de l'héroïne » : ainsi donc *Émilie* trouve-t-elle *in extremis* place aux côtés des autres *Filles du feu*, titre finalement retenu après bien des hésitations – « cela fait bien frou-frou » – puisque l'ouvrage sera déclaré à la direction de la Librairie sous l'intitulé des *Amours passées*. Une Préface dédiée « À Alexandre Dumas » donnera « la clé et la liaison de ces souvenirs » (lettre du 30 novembre 1853). [Certains éditeurs modernes éliminent du recueil *Jemmy* et/ou *Émilie*, les jugeant non nervaliennes...]

Si les nouvelles portent toutes le nom d'une héroïne et si le recueil s'intitule *les Filles du feu*, c'est que Nerval, après avoir passé en revue ses doubles dans le *Voyage en Orient* et *les Illuminés*, a décidé d'approfondir son mythe féminin esquissé sous les traits de la reine de Saba. Après les Fils du feu, frères de Caïn et de la race rouge, les femmes prédestinées : saintes, déesses, actrices..., autant de visages intercesseurs entre l'homme et l'au-delà, entre le poète et son idéal. Par ailleurs, tous ces visages féminins sont étroitement associés aux lieux que Gérard investit eux-mêmes de valeurs mythiques : le Valois, l'Italie, l'Allemagne. Ainsi ces *Filles du feu* offrent-elles un véritable voyage à travers cette « géographie magique » dont parle J.-P. Richard et qui regroupe tous les thèmes chers au poète : l'incantation des voix, les pouvoirs du théâtre – lieu d'élection du rêve et forme culturelle des « fêtes naïves » d'autrefois –, de même que sa séduction – visages semblables, lieux identiques, scènes répétées... –, mais aussi la dérision de la durée, la ruine des objets et des êtres.

En fait, ce qui s'affirme avec éclat à travers cet assemblage, c'est la puissance d'un style. Toutes les formes narratives se trouvent représentées, de la nouvelle classique à la scène dramatique en passant par le roman par lettres, et il est ainsi possible de saisir, dans sa multiplicité apparente, l'essence de cette prose, si souvent louée – la « magie nervalienne » ! – et si souvent réduite à quelques adjectifs sans pertinence : « claire », « pure », « poétique »..., et cependant rarement analysée. Plus que toute autre notion, c'est la précision qui définit le mieux l'écriture nervalienne : sans détour, sans emphase, elle atteint spontanément la réalité que le narrateur cerne pour mieux la transformer. D'où l'exceptionnelle acuité du regard qui, chez Nerval, ne retient dans une masse d'impressions que le détail susceptible d'être investi d'une valeur symbolique : un trait de visage qui assure la permanence de l'être malgré le travail du temps, un élément décoratif ou topographique dans lequel l'esprit se réfugie pour s'opposer à la fragmentation. Ainsi les adverbes et les adjectifs, plus que les autres termes, portent-ils le sens : ils sont en quelque sorte les seuls éléments mobiles au sein d'un discours qui, malgré une remarquable stabilité lexicale – certains ont pu parler de « pauvreté » de la langue chez Nerval –, parvient constamment à déplacer le lieu de son expérience. L'économie des moyens se révèle alors comme l'effort ultime de restructuration du *moi* : par la condensation du langage.

Les Chimères

Ces douze sonnets, auxquels Valéry ne voyait « pas d'analogues dans notre littérature », furent composés par Nerval entre 1843 et 1854 avant d'être regroupés à la fin des *Filles du feu*, dont ils sont le prolongement et le commentaire naturels : aussi importe-t-il de les lire à leur place « géographique » dans l'univers nervalien, c'est-à-dire entre *Sylvie* et *Aurélia*, entre l'échec de l'éducation et la rédemption salvatrice dont les « Vers dorés » se font l'annonce.

Longtemps les commentateurs ont cru que l'ordre des poèmes était indifférent, et, sous couvert d'hermétisme, toutes les interprétations se sont déchaînées malgré les préventions de Nerval lui-même qui affirmait que ses sonnets « perdraient de leur charme à être expliqués, si la chose était possible ». Au nombre de ce qu'Artaud appelait « les tripotages de la critique », signalons l'étonnante lecture de G. Le Breton, qui a vu dans *les Chimères* « des énigmes alchimiques [...] où était écrite la fabrication de la pierre philosophale » ! À sa suite, d'autres ont recouru aux lames du tarot, aux doctrines ésotériques ou cabalistiques... Il faudra attendre – si l'on excepte certaines « impressions » de poètes, éclairantes mais fragmentaires – les premières applications de la linguistique à l'analyse du discours, pour que soit enfin levé le voile de l'alibi de l'hermétisme. Henri Meschonnic, le premier, s'est intéressé à l'emploi des pronoms personnels et a ainsi pu mettre en évidence une courbe menant du « sonnet du *je* abandonné » (« El Desdichado ») au sonnet de l'impersonnel (« Vers dorés »), qui marque le triomphe de l'univers, de l'être obscur sur la pensée. Prolongeant ces préliminaires, Jacques Geninasca a tenté, par une étude minutieuse de chaque sonnet, d'approfondir le sens de cette courbe : c'est ainsi qu'il est parvenu à relier cette problématique du *moi* à une thématique de la durée telle que l'on évolue du passé mythique et mystique à une sorte d'intemporalité où tout deviendrait possible.

Ce qui se trouve au cœur des *Chimères*, comme des autres textes de Nerval, c'est donc bien la quête du sujet : un sujet qui dès le premier poème s'affirme avec force (position initiale du personnel, que viennent renforcer les déterminants spécifiques et les définis à valeur personnelle), mais ne peut empêcher que cette identité ne soit négative (« inconsolé »), marquée de l'absence (« seule ») ou de la perte (« ma seule *étoile* est morte »), fût-ce dans sa réalité sociale (« Le Prince d'Aquitaine à la tour abolie »). D'où cette recherche désespérée de l'autre, qui seul permettra au narrateur de vivre son identité autrement que dans le doute ou l'alternative : mais autrui se dérobe dans la mort (« El Desdichado »), dans la fuite (« Horus ») ou dans le sommeil (« Delfica », « le Christ aux Oliviers I », et ne peut être évoqué que par le souvenir ou la pensée (« Myrtho ») qui ne font que renvoyer le narrateur-héros à sa solitude. Quel qu'il soit, le narrateur de chaque sonnet se retrouve seul : dans sa révolte, comme Antéros, ou dans sa passion, tel le Christ, il découvre que « le Dieu manque à l'autel où [il est] la victime ».

Ce qui est donc en jeu derrière cette quête de l'autre, c'est la parole elle-même : parole cherchée, attendue et finalement trouvée dans le « verbe » de la Nature, et qui fait du poète, selon l'expression de Valéry, un constructeur « de langage dans le langage ». Dès lors, comment s'étonner que ces sonnets délaissent la narration au profit du discours ? Pourquoi décrire si l'on ne peut dire ? Rompant avec l'abondance chère aux romantiques, Nerval a concentré dans le sonnet une expérience de l'indicible : plus de décors, plus de couleur locale, plus de scène (dans « le Christ aux Oliviers », seul véritable poème faisant intervenir une « mise en scène », les notations sont réduites au strict minimum et servent à isoler le héros de ses disciples, de ses amis, pour ne laisser comme seul interlocuteur que Judas, c'est-à-dire celui qui va trahir la parole par la parole), plus d'images : la poésie nervalienne est une poésie libérée du référentiel – une poésie pure, si l'on appelle ainsi une écriture qui, hors de toute thématique, ne s'interroge que sur sa seule possibilité d'exister et découvre ce qu'Yves Bonnefoy appelle « la *vérité de parole* ».

Aurélia

Entreprise une première fois en 1841-1842, puis reprise à la demande du Dr Blanche, chez lequel il était soigné en 1854, la dernière œuvre de Nerval fut publiée en deux livraisons de la *Revue de Paris* (1er janvier 1855 et 15 février de la même année) qui encadrent la mort de l'écrivain, trouvé pendu au matin du 26 janvier 1855. Récit initiatique pour certains, autobiographique pour d'autres, *Aurélia* est d'abord une œuvre de fiction dans laquelle tous les matériaux (livresques, biographiques, etc.) sont savamment organisés autour d'une double quête : celle de la femme aimée – Aurélia – et perdue en raison d'une mystérieuse « faute » du narrateur, celle du pardon qui permettra seul l'union des amants. Réduite à ce schéma, *Aurélia* ne serait qu'un des nombreux avatars des romans d'amour mystique qui ont fleuri entre 1820 et 1860, et l'on comprendrait mal la faible audience de l'œuvre jusqu'à une récente époque (on ne compte en effet que trois rééditions à faible tirage entre l'édition originale de 1855 et 1942, alors que les collections de poche ont toutes inscrit ce titre avec succès à leur catalogue).

En fait, le texte avait de quoi gêner des lecteurs habitués à suivre une histoire ; celle-ci se diluait en même temps que la voix du narrateur se scindait en trois instances narratives : un commentateur, installé dans le présent, revenu « à ce que les hommes appellent raison » et détenteur d'un savoir acquis (« Le rêve est une seconde vie », I, 1) ; un héros, prisonnier du passé et de la folie, dont les modalisations traduisent l'incertitude devant les événements (« Il me semblait que je rentrais dans une demeure connue », I, 4) ; un narrateur, manipulant les temps, recomposant les aventures survenues au héros, malgré son impuissance à rendre compte avec des mots d'une réalité extra-linguistique (« Je ne puis espérer de faire comprendre… », I, 4 ; « Je ne sais comment expliquer », I, 9, etc.). Au fur et à mesure que progresse le récit, les trois voix se rapprochent pour venir se fondre en un *je* unique dans l'ultime épisode des « Mémorables », sorte de transcription intemporelle d'une expérience onirique du divin.

Ainsi, cette « descente aux Enfers » se clôt sur un triomphe du *je* qui, par l'assomption de la folie, jadis refusée dans *Sylvie* (« Il y a de quoi devenir fou ! Reprenons pied sur le réel », III), est parvenu à modifier « les conditions du temps et de l'espace » : l'amoureux éconduit devient alors un « héros vivant sous le regard des dieux » (III, 4). Mais qu'est-ce qu'un héros, sinon un homme qui se risque aux frontières de l'inconnu ? C'est précisément ce que fait le narrateur en retraçant ses divers rêves et en choisissant de les explorer méthodiquement : rien à voir, certes, avec l'approche psychanalytique – et Giraudoux avait raison qui voyait dans les ultimes « délices » du héros un freudisme issu de l'allemand *Freude* (la joie) et non du médecin viennois –, mais, en proposant une lecture personnelle de ses rêves, Nerval ouvrait la voie à toute une littérature qui, trois quarts de siècle plus tard, allait à son tour entrer dans le domaine des « portes d'ivoire » et reconnaître en lui l'un de ses précurseurs (voir en particulier l'essai de Daumal consacré à « Nerval le nyctalope » dans *Chaque fois que l'aube paraît*).

Mais la plus grande réussite d'*Aurélia* tient à son existence même, qui, par sa présence, donne à la folie, confinée au silence depuis ce que Michel Foucault a appelé « le grand renfermement » du XVIIe siècle, une parole qui n'est pas un discours *sur* la folie, mais bel et bien un discours *de* la folie. Discours limpide dès lors qu'on le lit en fonction de la logique qu'il sécrète et qui transforme l'univers en un monde merveilleux où tout est indistinct, aussi bien le temps (« Un jour », « Un soir »), les lieux (« Une ville, « Une maison ») que les personnes (« Une femme », « Un ami »). Telle est cette *vita nuova* où tout devient possible comme dans les contes enfantins ; car *Aurélia* réalise le rêve impossible de Nerval : être le « livre infaisable ».

D. Couty

NERVÈZE Antoine de

(vers 1570-après 1615)

Gentilhomme poitevin, secrétaire de la chambre du roi Henri IV et du prince de Condé, ce courtisan accompli adresse des *Consolations* aux grands de la Cour, dédie des poésies amoureuses à Henri de Bourbon (*Essais poétiques*, 1605) et des vers religieux à la reine (*Poèmes spirituels*, 1605). Son souci d'éduquer la noblesse transparaît dans *le Guide des courtisans* (1610). Nervèze est aussi le plus fécond (et le plus alambiqué) des romanciers antérieurs à d'Urfé (Des Escuteaux, du Souhait, Vital d'Audiguier). Ses œuvres, typiques du genre sentimental, sont recueillies dès 1608, sous le titre des *Amours diverses* : l'amour (très fidèle) de chastes jeunes filles est perturbé par des parents autoritaires et aboutit à la mort ou au couvent (*Amours de Polidore et de Virgène*). Entre-temps, l'amant affronte naufrages et combats (*Aventures guerrières et amoureuses de Léandre*). L'intrigue des *Amours de Filandre et de Marizée*, histoire tragique d'une femme délaissée qui tue ses enfants, s'efforce un peu plus au réalisme.

Sentiments et personnages relèvent du stéréotype. Toutefois, ces romans, en rupture avec la tradition gauloise des *Amadis* et marqués par la spiritualité du siècle naissant, traduisent l'aspiration de la noblesse à des mœurs plus raffinées, à l'issue des guerres civiles. Mais cet idéalisme s'allie à une conception aristocratique de l'écriture qui tourne au maniérisme : oxymores, longues métaphores, jeux anagrammatiques (Melliflore : « Seulle en moy floriras ») obscurcissent le texte.

Le « parler Nervèze », caricature de la conversation et de la lettre de cour, raillé par Sorel, engendrera une réaction prônant clarté et pureté. Pourtant, il témoigne d'un souci esthétique qui est à l'origine de la préciosité – élégance et délicatesse en moins.

G. Declercq

NEVEUX Georges

(1900-1983)

Né à Poltava (Ukraine), il est d'abord journaliste, puis avocat, et devient, en 1927, secrétaire général de la Comédie des Champs-Élysées. En 1929, il publie un recueil poétique, *la Beauté du diable*. Sa première pièce, *Juliette ou la Clef des songes* (1930), tout en étant appréciée de quelques connaisseurs, reçoit un accueil mitigé. Aussi renonce-t-il pendant dix ans à la scène, pour écrire des dialogues de films. Il revient au théâtre avec *Ma chance et ma chanson* (1940), que suivent *le Voyage de Thésée* (1943), *Plainte contre inconnu* (1946), *Zamore* (1953), *la Voleuse de Londres* (1960). Il écrit par ailleurs des adaptations de pièces étrangères, des livrets de ballets et d'opéras.

Ce n'est pas diminuer les mérites de Neveux que d'indiquer ce que doit son œuvre à l'influence de Roussel et de ses amis surréalistes : Vitrac, Desnos, notamment dans *Juliette*, où l'auteur nous conduit dans une cité onirique dont tous les habitants sont devenus amnésiques. La quête d'une silhouette de jeune fille entrevue par le héros, retrouvée puis reperdue à la manière d'un songe qui s'évanouit, est évoquée en un style d'une poésie étrange. Fantastique et réel s'y associent avec bonheur. *Le Voyage de Thésée*, une allégorie qui n'est pas sans rappeler Giraudoux, ressuscite, en le rajeunissant, le thème du Minotaure : Thésée découvre que le monstre qu'il lui faut tuer n'est autre que lui-même ; telle est sa véritable victoire.

L'œuvre de Neveux, qui interroge sans relâche la condition humaine sous une forme originale, symbolique et poétique, et qui, contrairement au théâtre de l'absurde, est empreinte d'un humanisme chaleureux, ne devrait pas tarder, bien qu'elle soit parfois difficile d'accès, à trouver une meilleure place dans l'histoire de la scène.

H. Gidel

NICOLAS DE TROYES *v.* TROYES Nicolas de

NICOLE Pierre

(1625-1695)

Théologien, controversiste, moraliste, Nicole fut un des écrivains les plus actifs du mouvement janséniste.

Il était issu d'une famille de juristes lettrés : son père, juge à Chartres, versifiait en latin et traduisit Quintilien ; son cousin Claude Nicole (1611-1685), lui aussi magistrat, donna de nombreuses traductions et des poésies chrétiennes. Luimême fit de brillantes études à Chartres, puis au collège d'Harcourt, à Paris. Il se destinait à la prêtrise, mais, en 1649, il y renonça pour rejoindre les « solitaires » de Port-Royal, où deux de ses tantes étaient religieuses, et se consacra à l'enseignement dans les « Petites Écoles ».

Ami d'Arnauld, il l'aida dans ses luttes en faveur de Jansénius. Il collabora avec Pascal, pour la conception et la diffusion des *Provinciales*, dont il publia, sous le pseudonyme de WENDROCK, une traduction latine (1658). Dans cette activité de controverse, il composa, sur le modèle des *Provinciales*, dix *Lettres sur l'hérésie imaginaire* (1664) et huit *Visionnaires* (1665). Pourtant, malgré cet engagement, malgré les poursuites encourues, Nicole fait figure de modéré parmi les jansénistes. Il fut sans doute, dans l'affaire de la signature du formulaire, à l'origine de la distinction du droit et du fait, qui permettait aux jansénistes de se soumettre à l'Église tout en niant que les propositions incriminées fussent dans l'*Augustinus*. Sa modération lui valut, par la suite, des brouilles avec Arnauld et avec l'extrémiste Barcos. Mais elle correspondait chez lui à un mouvement profond de rationalisme et d'irénisme. Elle le conduisit, lors de la « paix de l'Église » (1669-1678), à prendre part aux controverses anti-protestantes – contre Jurieu, notamment – et plus tard à collaborer avec Bossuet contre les quiétistes (1695).

Mais, dans son œuvre abondante, la part la plus intéressante réside sans doute dans ses *Essais de morale* (1670-1678) et leur *Continuation* (1687-1688), qui eurent un immense succès. Ils se composent de petits traités sur des questions de religion, de mœurs et de politique. Le pessimisme foncier de l'augustinisme s'y exprime sous les dehors du bon sens, dans une langue à la fois imagée et précise. Pessimisme sur la capacité de l'homme à dominer sa nature, « car nos diverses passions et nos diverses pensées tiennent lieu d'un peuple avec qui nous avons à vivre : et souvent il est plus facile de vivre avec tout le monde extérieur qu'avec ce peuple intérieur que nous portons en nous-mêmes » (*Essais*, I) ; pessimisme qui conduit au conformisme : « Les hommes sont pires que des tigres, des ours et des lions. Chacun voudrait dévorer les autres : cependant, par le moyen des lois et des polices, on apprivoise tellement ces bêtes féroces que l'on en tire tous les services humains que l'on pourrait tirer de la plus pure charité. L'ordre politique est donc une invention admirable... » (*Essais*, II). Écho (mais inversé) des thèses de Hobbes ? Plus certainement (Nicole participa à la première édition des *Pensées*), inquiétudes proches de celles de Pascal.

A. Viala

NIMIER Roger

Pseudonyme de **Roger de La Perrière** *(1925-1962)*

Né à Paris, il poursuit des études de philosophie, mais, en 1945, s'engage dans le 2e régiment de hussards. Entre 1948 et 1953, il publie plusieurs romans, dont *les Épées* (1948) qui le rend célèbre, *le Hussard bleu* (1950), *Histoire d'un amour* (1953). Il entame dès cette époque une carrière de scénariste (*Ascenseur pour l'échafaud*, L. Malle, 1957 ; *l'Éducation sentimentale*, A. Astruc, 1961). Ses activités se sont rapidement tournées vers le journalisme et l'édition : rédacteur en chef, collaborateur ou directeur littéraire de plusieurs revues, il entre chez Gallimard en qualité de conseiller littéraire. Il n'a que trente-sept ans quand il trouve la mort, sur l'autoroute de l'Ouest, au volant de son Aston-Martin. Un prix Roger-Nimier sera fondé en 1963 ; en 1981 paraîtra, sous le titre *l'Élève d'Aristote*, un recueil de chroniques, préfaces et articles écrits de 1950 à 1960.

Des esprits malveillants ont suggéré que « cet excellent élève » avait disparu avant de devoir avouer qu'il n'avait plus rien à dire. Ses romans avaient pourtant été salués par des écrivains comme Céline, Morand, Mauriac, Jouhandeau ou Chardonne (voir par exemple la *Correspondance [1950-1962] de Jacques Chardonne-Roger Nimier*, 1984). Nimier est représentatif de la génération de 1950, qui récusait l'attitude des intellectuels de l'immédiat après-guerre, lesquels étaient passés d'une philosophie de l'absurde à une morale de l'engagement. Ses goûts le portent vers l'amitié virile, l'élégance des attitudes, l'honneur du « service inutile », et le rapprochent de ceux qui savent « passer au milieu des catastrophes avec légèreté, en tirant la langue au destin ». Il renoue avec une littérature de l'individu seul face à l'amour et à la mort, du héros narquois et désabusé, pudique et brutal à la fois. L'ellipse et l'insolence dilettante d'une certaine jeunesse, où se mêlent les influences de Drieu, Montherlant, Aymé..., fondent un style et un art de vivre qui influenceront les « Hussards », groupe d'écrivains parmi lesquels Jacques Laurent et Antoine Blondin.

M. P. Schmitt

NISARD Désiré *v.* Romantisme

NIZAN Paul

(1905-1940)

Tué à l'ennemi au cours de la Seconde Guerre mondiale, Paul Nizan, romancier et journaliste, mais aussi communiste militant jusqu'à la dramatique rupture de septembre 1939, éprouva son époque jusqu'à se confondre avec elle et en proposa une image variée mais cohérente qui vaut autant par la qualité du reportage que par la vérité des expériences vécues.

Révolte et roman

Journaliste, essayiste, romancier, Nizan a rendu compte de son temps avec une simplicité agressive et parfois schématique. Il a, du journaliste, tout à la fois les qualités et les défauts. S'il affronte – avec hardiesse, lucidité et humour – les difficiles questions que pose à l'intellectuel français de 1930 la présence simultanée d'un monde universitaire éloigné des réalités et d'une classe ouvrière accablée par la misère, il cède trop souvent à la facilité et à la caricature. De l'École normale supérieure, « troupe orgueilleuse de magiciens » (*Aden Arabie*) où il fut reçu en 1924, le pamphlétaire donne une image déformée par les exigences de la polémique. La philosophie, quant à elle, que Nizan étudia brillamment aux côtés de Jean-Paul Sartre (son camarade d'études dès 1917 au lycée Henri-IV, puis en khâgne à Louis-le-Grand), de Raymond Aron, de Georges Canguilhem, est exécutée par lui avec une rage si froide, si brouillonne que la démonstration perd beaucoup de sa crédibilité.

Entre bons et mauvais philosophes, Nizan fait le partage sans nuances. Si la « philosophie idéaliste » énonce des « vérités sur l'homme », elle méconnaît « la carte de la répartition de la tuberculose dans Paris qui dit comment les hommes meurent ». Le manque de clairvoyance qui poussa Nizan à écrire que « jamais les philosophes ne s'occupent effectivement des hommes » fut comme l'envers du courage dont il fit preuve en dénonçant les professeurs en place comme les « chiens de garde » de la bourgeoisie, s'interdisant du même coup toute possibilité de carrière à l'intérieur de l'Université. Désireux de parler aux hommes de la réalité de leur vie (« Il est question d'être utile. Et non de faire l'apôtre »), il refuse la « philosophie présente » et prône le « ralliement à la philosophie de Marx et de Lénine ». Délaissant Spinoza (qu'il étudia longuement à l'École normale) et Heidegger (qu'il fut le premier à présenter au public français à travers un extrait de *Qu'est-ce que la métaphysique ?* traduit par Alexandre Koyré dans le numéro 8 de la revue *Bifur*, 10 juin 1931), il manifeste un intérêt qui ne faiblira jamais pour les « matérialistes de l'Antiquité », titre de l'ouvrage (1936) le plus lu du vivant de Nizan (6 000 exemplaires vendus en 1938) et notamment pour Épicure, qui « domine l'histoire du matérialisme antique ». Invitant à trahir « la bourgeoisie pour les hommes », il propose du monde une vision que le manichéisme prive d'une grande partie de sa richesse. Les expériences du jeune normalien (*les Chiens de garde*, 1932), du voyage d'Aden, accompli au cours de sa scolarité rue d'Ulm (*Aden Arabie*, 1931), du militant communiste de Bourg-en-Bresse, où, jeune agrégé de philosophie, il enseigne en 1931-1932 (*le Cheval de Troie*, 1935), se traduisent par une suite de tableaux où s'opposent oppresseurs et opprimés, philosophes complaisants et philosophes révolutionnaires, prolétaires lucides et déterminés et intellectuels désœuvrés succombant aux séductions du fascisme.

À l'inverse de ce qu'il était pour le Carré de *la Conspiration* (1938, prix Interallié), le communisme ne fut pas, pour Nizan, la « conscience qu'il avait de lui-même et de son action », mais plutôt la « forme qu'il avait donnée à son action ». Le dandy de la rue d'Ulm qui suit de près la mode « avec insolence » (Sartre), le jeune homme désorienté qui part pour Aden pris de nausée devant le vide de sa jeunesse, revient peu à peu de ses illusions : « Ce n'est pas en fuyant dans l'espace, en occupant ses regards qu'on se trouvera » (*Aden Arabie*). Souhaitant se confronter à des problèmes concrets, cherchant « quelque chose de réel à se mettre sous la dent », il « passe » sa révolte « sur le plan social ». L'adhésion au communisme, qui institutionnalise la révolte, s'affirme d'emblée comme la recherche d'un salut terrestre.

La Conspiration

SYNOPSIS

Ils sont cinq, âgés d'une vingtaine d'années, à graviter autour de la rue d'Ulm et de la Sorbonne. Étudiants en philosophie, ignorant encore tout de ce qui les liera à la vie, assez exaltés pour croire en la noblesse de la subversion mais pas tout à fait dupes de leurs impatiences révolutionnaires, Bernard Rosenthal, Philippe Laforgue, Jurien, Antoine Bloyé et Serge Pluvinage fondent une revue, *la Guerre civile*, dans laquelle ils prétendent entreprendre, au lendemain de la guerre de 1914-1918, une critique insolente et systématique de toutes les valeurs, sous l'éclairage marxiste. Ils mesureront rapidement les limites de leur projet. L'occasion d'être héroïque ne venant pas, Rosenthal la provoquera. Il entraîne ses amis dans ce qui, croit-il, sera une activité « irréversible et efficace » : voler un plan militaire pour le compte du parti communiste, qui n'a rien demandé. Le groupe connaît alors l'exaltation d'une clandestinité fictive ; mais la conspiration tourne court et le plan finira dans un tiroir.

La seconde partie du roman est consacrée à l'éducation sentimentale de Bernard. Fils d'un agent de change juif, il n'exècre rien tant que sa famille et son milieu. Aussi est-ce d'abord par provocation qu'il s'éprend de sa belle-sœur, Catherine. Mais bientôt, trouvant enfin dans l'amour l'occasion d'« enchaîner violemment l'avenir », Bernard voudra contraindre Catherine à quitter son confort bourgeois. Elle se dérobera. Floué, pris au piège du grand amour qu'il s'est inventé, Bernard se suicidera. La dernière partie du roman est consacrée au « récit de Pluvinage » et à Philippe Laforgue. Dans une longue confession adressée à Laforgue, Pluvinage explique comment, de militant communiste, il en est venu par humiliation, honte de ses origines et fascination pour ses amis nantis à trahir Carré, un dirigeant du Parti, présenté comme modèle d'accomplissement politique. Si Pluvinage est sorti de sa jeunesse par la trahison, Laforgue, qui se sentait ludion flottant dans « l'âge de l'ambiguïté », en sort par l'expérience initiatique d'une maladie qui lui fait approcher l'angoisse de la mort et la conscience du bonheur grave d'exister.

Dépassant, cependant, l'attitude du militant discipliné qui donne du monde une vision stéréotypée et rassurante, Nizan déploie, à la *Revue marxiste*, à la revue *Bifur* (dont le directeur, Pierre Lévy, le prend comme conseiller), à *l'Humanité* (à partir de 1932), à *Ce soir* (à partir de 1937), aux *Cahiers du bolchevisme* (à partir de 1938), une activité journalistique aux formes multiples : critique littéraire, analyse politique, grands reportages, croquis d'époque ; il « couvre » le couronnement de George VI à Londres en 1937, le Tour de France en 1938. Ses articles sur l'Espagne, avant et pendant la guerre civile (dans *Regards*), expriment avec force un drame contemporain : « On pensait au décor d'un étrange opéra, d'une mise en scène spontanée de la jeunesse, de la passion et de la mort. » Mais devant le tragique, le journaliste mesure la précarité de ses moyens : ayant suivi de près les négociations qui ont mené aux accords de Munich, Nizan est amené à souligner les « problèmes méthodologiques » posés aux journalistes par des événements qu'ils ne peuvent connaître qu'indirectement, à partir de « traces » (*Chronique de septembre*, 1939).

À l'impasse et aux limites du journalisme répond la richesse complexe du roman, qui permet de mettre au jour le tragique de la condition humaine, et dont les personnages sont conçus comme des « incarnations de problèmes ». Dans *Antoine Bloyé* (1933), les phrases interminables, le rythme volontairement lent et monotone s'accordent à la vie du personnage, tout en exprimant « le côté tragique de la vie des hommes, ni ouvrier, ni bourgeois ». Forme moderne de la littérature, le roman, pour Nizan, « tient aujourd'hui le rang occupé dans l'art classique par la tragédie ».

Angoisse et roman

À sa manière, Nizan fut un enfant du siècle et un personnage de roman. Mal à l'aise dans le monde, dans sa famille, à l'École normale, au parti communiste (à partir de 1924), il eut la solitude du révolté. L'exigence d'absolu qui conduit sa vie (« Être un homme nous paraît la seule entreprise légitime », *Aden Arabie* ; « Le communiste a l'ambition d'être absolument un homme », *la Conspiration*) aboutit à un constat désespéré sur la condition humaine, faite d'absurde et de néant : « Tous les hommes vivent comme nous, tournant comme des chauves-souris. » Ce qu'illustre, par exemple, dans sa retraite de Nantes, Antoine Bloyé, qui a peur « du visage informe de toute sa vie, de cette image vaine de lui-même, de cet être décapité qui marchait dans la cendre du temps, sans direction, sans repères. Il était ce décapité, personne ne s'était rendu compte qu'il avait tout le temps vécu sans tête ».

Antoine Bloyé

SYNOPSIS

Une maison seule « dans une ville de l'Ouest » : un homme vient de mourir. Au cours de la veillée funèbre puis de l'enterrement, son fils s'interroge sur celui que fut véritablement son père, Antoine Bloyé. Né en 1864, il est le fils de cette paysannerie passée aux emplois modestes procurés par le chemin de fer naissant. Son enfance suit les progrès de la ligne et les minuscules avancements de son père. « Pauvre méritant », il entre comme boursier au collège de Saint-Nazaire. Premier pas vers un exode social qui le conduira à l'École des arts et métiers, où, parmi d'autres fils d'ouvriers « bien doués », il apprendra à devenir un serviteur zélé de l'industrie. Son existence se confond dès lors avec les promotions du tableau d'avancement de la Compagnie des chemins de fer de l'Ouest. D'abord machiniste à Paris, il est en proie aux forces contradictoires de l'attraction bourgeoise et de la solidarité ouvrière, représentée par son premier amour, Marcelle. Mais Antoine cède à l'engluement des vertus bourgeoises, épouse en 1890 l'insignifiante Anne Guyader, fille d'un chef de dépôt, dont il a une fille qui meurt à six ans, puis un fils, Pierre. « Pris comme un insecte dans la toile vivante des voies ferrées », Bloyé ne connaît guère que l'orgueil du métier et du travail accompli. Tout serait clair s'il n'y avait le sentiment confus et intermittent d'une trahison. Mais de 1907 à 1914, du fait de promotions successives, il accède peu à peu à la notabilité et s'enfonce dans la « confiture douceâtre » des habitudes. Quand la guerre éclate, Antoine Bloyé est au faîte de sa carrière et commande à mille cinq cents ouvriers. Une erreur de production précipite la chute d'un homme de cinquante ans qui se croyait « arrivé » et qui, limogé, humilié, va connaître une lente descente vers la vieillesse et la conscience taraudante de la mort. D'insomnies en déambulations nocturnes, de fuites dans le rêve en crises d'angoisse, Antoine Bloyé finira son existence dans l'insupportable évidence de son anéantissement.

Antoine Bloyé est, avec *la Conspiration*, l'œuvre la plus achevée de Nizan. Pierre Bloyé, le narrateur, creuse sous « l'écorce de la vie » pour découvrir « quel homme était [s]on père ». Le roman offre à Nizan un lieu où, phénoménologiquement, il est possible d'analyser la construction d'une personnalité aux prises avec le temps et avec les contraintes de la société. Antoine Bloyé, dont les déterminismes sociaux et familiaux, l'influence des alliances professionnelles et privées sont dévoilés sans ambiguïté, est amené, par la misère et les puissants, à intérioriser « le sentiment d'un destin et d'une nécessité inébranlables », puis, insensiblement, à trahir sa classe : « Tout encourageait alors la jeunesse ouvrière, les descendants ambitieux des artisans, des petits fonctionnaires à entrer dans le complot du commandement. » Il prend conscience du mensonge tapi au cœur de sa carrière (« Il savait bien qu'il était passé du côté des maîtres, qu'il était leur complice ») : la trahison se réduisant d'elle-même, au terme du trajet menant de l'ascension sociale à la déchéance, au noyau de l'existence humaine : « Il n'y avait plus rien que l'angoisse. »

Venu d'une enfance difficile, à Tours, à Périgueux puis à Choisy-le-Roi, marqué par le profond sentiment d'échec de son père, ingénieur des chemins de fer limogé après un sabotage dans son atelier, Nizan s'est cherché longuement. La nécessité d'une morale (« il avait, note Sartre, un besoin profond de discipline morale ») a été déterminée chez lui dès l'adolescence, par l'obsession de la mort. Cette « angoisse qui aspire tout l'esprit » et qui surprend soudain un homme, cette interrogation infinie et répétitive (« Qui est l'homme ? Où va-t-il ? Quel est le sens de son existence sur la terre ? ») l'ont conduit à un déchirement qu'il n'a jamais surmonté : « Mener une vie qui n'est qu'une espèce d'angoisse ou risquer la mort pour conquérir la vie ? »
L'homme et la mort sont les thèmes de tous les écrits de Nizan. Les termes reviennent souvent chez lui pour désigner l'essence d'une collectivité humaine à la fois concrète et mythique : « Que de fois j'aurai répété le mot homme. Mais qu'on m'en donne un autre. C'est de ceci qu'il s'agit : énoncer ce qui est et ce qui n'est pas dans le mot homme. » Nizan accepte la mort au cœur même de sa vie (« On ne change rien qu'au risque de la mort, on ne transforme rien qu'en pensant à la mort ») ; il ne l'exalta jamais, mais s'efforça toujours de la conjurer, jusque dans sa manière rageuse et péremptoire de jeter les phrases : « J'avais vingt ans. Je ne laisserai personne dire que c'est le plus bel âge de la vie » (*Aden Arabie*).

Aden Arabie

SYNOPSIS

« Adolescent fatigué [...] corrompu par les humanites », à vingt ans en 1926, l'auteur partage le désarroi de sa génération faite, selon lui, d'esclaves désœuvrés grandis dans la peur de leur avenir. Saisi par le dégoût d'une culture mensongère et bouffonne distillée par l'École normale, il choisit, parmi les échappatoires possibles, le voyage. Il partira donc pour Aden. Mais il lui apparaît vite que son séjour relève de l'illusion géographique et que sa prétendue liberté de voyageur n'est que l'alibi de son impuissance. Partout les hommes s'ennuient. Aussi, après avoir épuisé « la nouveauté des terres et des figures », Nizan comprend qu'Aden est un « comprimé d'Europe ». Partout la souffrance est la même, partout se lit l'avertissement continu de la mort. Bouleversé, il décide de construire sa vie sur l'idée qu'il n'est qu'« une espèce valide de voyage, qui est la marche vers les hommes ». La conclusion de l'essai, qui coïncide avec le retour, s'ouvre sur une analyse de l'état de la France, « sale encore des excréments et de la crasse de sa guerre », se poursuit avec un portrait de l'*Homo economicus*, figure de l'esclavagiste capitaliste, pour aboutir à une déclaration de guerre à l'adresse de la bourgeoisie qui étouffe l'« homme réel ».

La triple existence de Paul Nizan

Nizan eut une vie posthume aussi inconfortable que sa vie réelle. Si, de 1905 à 1940, il est aisé de reconstituer son itinéraire, la légende qui s'empare de lui après sa mort invite à la méfiance. Nizan sortit de la famille communiste par une action d'éclat : devenu un personnage public, collaborant à la presse du Parti, membre de l'Association des écrivains et artistes révolutionnaires, invité du Komintern (1934), participant au Ier congrès des Écrivains soviétiques (1934), chantre de l'U.R.S.S. dans ses cours, ses articles et ses conférences, il démissionna du parti communiste en septembre 1939, après la signature du pacte de non-agression germano-soviétique et l'invasion de la Pologne par les troupes de Staline. Sa mort fut suivie d'une campagne de dénigrement et de calomnies sans précédent, orchestrée par M. Thorez, H. Lefebvre et Louis Aragon, ce dernier s'appuyant sur l'existence d'une thématique de la trahison dans l'œuvre de Nizan pour prouver *ipso facto* sa nature profonde de traître. « Une conjuration d'infirmes prétendit l'escamoter », écrit Sartre dans sa célèbre Préface de 1960 à *Aden Arabie*, préface qui signait la date de naissance d'un troisième Nizan, volontiers rimbaldien et aventurier, dans lequel la génération de mai 1968 reconnut un de ses héros. Témoin le considérable succès obtenu par la réédition de ses premiers pamphlets (24 000 exemplaires d'*Aden Arabie* vendus entre 1960 et 1968, alors que Rieder n'était pas parvenu en cinq ans à en écouler 1 000). Nizan connut grâce à Sartre, son ancien ami et son double ambigu, une notoriété passionnelle. Il est lu désormais comme l'un des plus importants romanciers de l'entre-deux-guerres.
Tardivement réhabilité par le parti communiste, Nizan offre l'avantage, pour ses biographes et ses critiques, d'être mort en 1940. Il est, en effet, loisible à chacun de repenser une existence sèchement arrêtée. Par sa vie et encore plus par sa mort, Nizan présente aux générations suivantes l'exemple d'un écrivain victime d'une injustice que l'histoire, par le jeu combiné du mythe et du mensonge autant que de l'air du temps, donne surtout à lire à travers le prisme déformant de la polémique et de la légende.

G. Vannier et J.-M. Rodrigues (synopsis)

NOAILLES Anna de

Anna Élisabeth, princesse BIBESCO-BRANCOVAN, comtesse MATHIEU de NOAILLES *(1876-1933)*

Issue d'une grande famille roumaine, Anna Élisabeth, princesse Bibesco-Brancovan, est née et a été élevée à Paris. Ses origines orientales expliquent peut-être la passion qui habite son œuvre poétique. Après son mariage avec le comte Mathieu de Noailles, son recueil *le Cœur innombrable* (1901) lui confère une célébrité qu'elle conservera jusqu'à la mort, tant par ses œuvres (*l'Ombre des jours*, 1902 ; *les Éblouissements*, 1907 ; *les Vivants et les Morts*, 1913 ; *les Forces éternelles*, 1920 ; *l'Honneur de souffrir*, 1927) que par sa personnalité hors du commun.
Fortement influencée par le romantisme, usant d'une forme encore classique (mais parfois un peu négligée), Anna de Noailles fait entendre une voix authentique, simple et émouvante. Sa poésie est d'emblée lyrique et se donne pour tâche d'exalter la réalité sensible avec une extrême sensualité : « J'écris pour que le jour où je ne serai plus,/On sache comme l'air et le plaisir m'ont plu. » Les images évoquent tout un monde d'odeurs, de lumière, de fruits, où l'été prend une place essentielle : « L'amant que vous vouliez, c'était le tendre été/Saturé d'aromates et de l'odeur des vignes ! » L'Orient apparaît, le plus souvent, comme un paradis sensible, un pôle extrême de l'été. La volonté ardente de « serrer entre ses bras le monde et ses désirs » implique un panthéisme et une mystique de la nature, une « païenne sainteté ». Les images d'une fusion avec les éléments sensibles sont très fréquentes.
À l'horizon d'une telle passion à vivre, on perçoit, dès les premiers recueils, un secret désespoir, une profonde et émouvante mélancolie : l'acharnement à vivre dans l'intensité traduit une lutte contre la mort (qui devient un élément obsédant dans l'œuvre dès 1913) et l'oubli. Exaltation du moi vivant, la poésie pérennise au-delà de la mort cette exaltation et devient une « ombre riante et pleine de clarté », à laquelle viendront se réchauffer les lecteurs.
Avec sa voix fervente, éloignée de toute fastidieuse intellectualité, Anna de Noailles sait nous replonger dans le sensible et nous tourner vers la vie : « Des hommes viendront boire aux sources que je fus. »

A. Déchamps

Nodier

NODIER Charles

(1780-1844)

Né avant la Révolution française et disparu après avoir vécu tous les bouleversements sociaux et idéologiques qui caractérisent le début de notre ère moderne, Charles Nodier fut naturellement engagé dans les questions politiques de son temps. Persuadé qu'une nouvelle littérature devait nécessairement accompagner la société issue de ces bouleversements, il fut parmi les maîtres du mouvement romantique et, comme critique littéraire, un initiateur important à la littérature étrangère. Royaliste et conservateur, ennemi des théories de la perfectibilité et du progrès, il n'accompagna pas les autres romantiques dans le grand revirement de 1830. Dans sa vision du monde, seul compte l'individu, et Nodier fut le premier peut-être à consacrer toute une œuvre au destin de l'individu et aux conditions de l'imagination subjective, telle qu'elle s'exprime, en particulier, dans les rêves et les fantasmes. De l'exil extérieur, historique, à l'exil intérieur, psychique, du proscrit au fou, nous trouvons chez Nodier des images passionnantes du sujet en lutte avec son destin social ou approfondissant l'imaginaire de ses rêves. De là le titre de précurseur, qu'on lui accorde volontiers, bien que Nerval seul, en réalité, s'apparente à lui.

La formation d'un romantisme

À l'arrière-plan des cinq romans de Nodier (cf. Chronologie, 1803, 1818, 1819, 1820, 1832), on trouve des événements révolutionnaires. « Nous autres, enfants perdus de cette monarchie dont nous n'avions connu que les malheurs... » : c'est ainsi que Nodier, en 1830, évoque les hommes de sa génération, lorsqu'il écrit ses souvenirs de la Révolution et de l'Empire. Enfant perdu, il l'était, mais plutôt de la Révolution que de la monarchie. En effet, Charles parut sur l'avant-scène de la Révolution comme un enfant prodige, faisant des discours en pleine Société des Amis de la Constitution sous les auspices de son père, juge au tribunal révolutionnaire de Besançon après avoir été le maire de cette ville. Il devait par la suite manifester contre la République et conspirer contre l'empereur, avant de se déclarer royaliste en 1814 ; il fut donc lui-même, et à plusieurs reprises, un de ces proscrits ou exilés qui figurent dans ses romans. Grâce aux relations de son père et aux contacts qu'il avait noués personnellement avec des personnages influents, le jeune Nodier fut d'abord, dans un de ses exils, l'élève d'un érudit des sciences de la nature – d'où son intérêt pour l'entomologie –, chargé quelques années plus tard d'un cours de littérature à Dole, puis secrétaire d'un Anglais spécialiste des classiques latins. Grand lecteur lui-même et très tôt passionné d'histoire de la littérature et de théories linguistiques, il allait bientôt se faire remarquer à Paris par un *Dictionnaire des onomatopées* et une édition des *Fables* de La Fontaine.

Jusqu'à sa trente-deuxième année, Charles Nodier mena ainsi une existence de nomade ; Besançon, Paris, Dole, Amiens, Quintigny. En 1812, il est nommé rédacteur et bibliothécaire impérial dans les provinces illyriennes, à Laibach (Ljubljana). Quand, en 1813, la retraite des armées napoléoniennes mit fin à ce séjour, il y avait trouvé l'avant-dernière grande source d'inspiration de sa vie : les traditions, chants et contes populaires encore vivants dans un peuple en marge de la civilisation. Sa dernière source d'inspiration, il la découvrira en 1821, lors d'un voyage en Écosse, autre terre marginale – et pays de Walter Scott, donc du passé.

Voilà donc l'homme fait, au moment de son installation, en 1813, à Paris, ville qu'il ne quittera plus. La nature, l'expérience et la défaite politique, la littérature, la critique, les livres, tout devait lui servir dans les années à venir, formant le cadre de ses contes et de ses souvenirs, servant de fondement à sa critique politique et à sa critique littéraire. Celle-ci joua un rôle important dans sa vie, en aidant à sa réussite dans le journalisme parisien et en favorisant successivement sa nomination à la direction de la bibliothèque de l'Arsenal (1824), puis son élection à l'Académie française (1833).

Une vie extrêmement mouvementée, donc, jusqu'à la Restauration, et qui apparaît presque monotone après la révolution de Juillet. C'est pendant une dizaine d'années – les années 1820 – que Nodier joua le rôle de maître des romantiques. Son influence s'étendit sur bien des littérateurs de l'époque, à commencer par Victor Hugo. Ensemble, Hugo et lui assistèrent au sacre de Charles X à Reims, et Nodier fut un peu le guide des débuts littéraires de Hugo pendant les années où le salon de l'Arsenal était la « boutique » des romantiques. Cependant, ceux-ci appartenaient à une génération plus jeune, et ils rejetèrent sa tutelle vers 1830, année marquée, pour Nodier, par un dégagement définitif. Il ne voyait dans les vicissitudes constantes de la politique française, dans la succession des régimes, dans les nouvelles idéologies (Lamennais, Saint-Simon, Fourier...) qu'épiphénomènes à la surface de l'Histoire et l'expression, sous des formes variées, de la vanité de l'homme. Les quinze dernières années de sa vie, Nodier les consacra à rédiger des *Souvenirs* – en bonne partie fictifs, parce qu'il voulait y refléter les principes éternels de l'Histoire et les valeurs immuables de l'homme –, à composer ces *Contes* qui firent sa gloire parce qu'ils témoignent d'un désaccord de l'individu avec son temps, et enfin à publier une dernière série d'essais, qui expriment, sur un ton définitif, sa conception de l'époque romantique.

Pour une nouvelle littérature

Au fur et à mesure que la critique littéraire de Nodier s'affermit, se forment aussi ses idées sur les genres littéraires. S'inspirant beaucoup de la littérature étrangère, plus développée dans le sens du romantisme, il part de l'idée qu'une littérature moderne doit nécessairement être l'expression de la société dans laquelle elle s'inscrit. Après le choc de la Révolution et des guerres, la littérature ne peut plus exprimer le « beau idéal » classique ; dans une société vouée temporairement à la mort et, à plus longue échéance, à la dissolution, toute imitation des modèles classiques est stérile. Mais les conditions d'un renouveau, où les trouver ? « On sait où nous en sommes en politique, dit Nodier, en poésie, nous en sommes au cauchemar et aux vampires. Si la littérature est toujours l'expression du siècle, il est évident que la littérature de ce siècle-ci ne [peut] nous conduire qu'à des tombeaux. » Quoique Nodier préfère en tout une poésie simple et naïve, telle qu'il la voit réalisée dans la romance, il accepte la poésie d'un Chénier ou d'un Millevoye, qui porte l'empreinte d'une « société en deuil ». De là aussi son accueil positif aux poésies de Lamartine, qui correspondent à ce que Nodier a tant de fois préconisé : une littérature où les sentiments de l'individu puissent s'accorder avec des considérations religieuses. Peu importe si la création littéraire déborde les limites de la raison, et tant mieux si elle équivaut aux superstitions ou aux croyances des peuples primitifs et des enfants : ce sera renouer avec ce qu'il y a de plus valable dans le cœur de l'homme et inspirer à celui-ci un véritable renouveau. C'est dans le même sens qu'il salue favorablement l'épopée moderne d'un Ballanche (*Antigone*), parce que, à l'instar des épopées classiques, elle émane d'une société en transformation et qu'elle participe à la régénération après la décadence du siècle précédent.

Romancier lui-même, c'est à l'imagination et au sentiment que Nodier fait appel pour renouveler le roman. Aussi donne-t-il un avis favorable sur le sujet de *Han d'Islande* de Hugo, bien qu'il voie parfaitement qu'il s'agit là de la création d'une imagination maladive. De là au fantastique et au frénétique, il n'y avait qu'un pas, qu'il franchit lui-même avec *Smarra* et le recueil de traductions et d'adaptations *Infernaliana*. Tout d'abord critique à l'égard du genre fantastique, il finit par considérer celui-ci comme une partie du romantisme.

Disposé à admettre bien des innovations dans les genres littéraires, Nodier prenait un vif intérêt au mélodrame, genre nouveau, et expression d'un besoin nouveau dans le public : «… le mélodrame, tableau véritable du monde que la société nous a fait, et véritable drame du peuple ». À ses yeux, les œuvres de Pixerécourt et de Ducange représentent, en outre, une littérature plutôt nationale qu'universelle, parce que, comme les romans de Mme de Staël, elles sont conçues selon les conditions actuelles et hors des théories classiques. La nouvelle liberté de la littérature correspond bien, pour Nodier, à la nouvelle « liberté » politique. Se référant souvent au génie d'Homère, de Shakespeare, de Milton, c'est à la liberté de l'écrivain que Nodier s'adresse pour opérer le renouveau nécessaire d'« un monde déchu qui se précipite vers le néant ». Un tel renouveau se fonde sur l'idée d'une simplicité, d'une innocence et d'une bonté innées dans l'homme. C'est à la mobilisation de ces valeurs que Nodier devait prendre une part active, en particulier avec ses contes, genre sur lequel il ne s'exprime pas dans sa critique littéraire mais qu'il défend dans toute une série de préfaces.

En effet, conscient de la longue tradition populaire du conte et de l'histoire fantastique, Nodier refuse d'être « vrai » et préfère à la « vie positive » les charmes de la superposition et les fantaisies de l'imagination. Le récit fantastique implique la bonne foi du narrateur, et c'est par cette bonne foi que le narrateur persuade son auditoire. Le conte devient une arme dirigée contre le scepticisme, le positivisme et les sciences modernes, que Nodier détestait, et l'auteur de *Trilby* n'était pas tout à fait sérieux quand il déclarait n'écrire que pour les paysans de son village et les enfants…

L'Histoire et l'individu seul

Le sort de l'individu seul, dans une société hostile ou dans le désert de ses propres sentiments, devait donc intéresser Nodier au premier chef. Il développera ces thèmes tant dans ses romans que dans ses écrits divers sur l'Histoire. Il avait voulu donner, avec *Jean Sbogar*, un roman historique, mais ne réussit jamais dans ce genre qui ne trouva son accomplissement qu'avec *les Chouans* de Balzac. De curieux mélanges stylistiques résultent de ses efforts : d'une part, dans les romans, le héros agit sur un fond historique passablement vague, et, d'autre part, dans les écrits historiques apparaissent des héros aux traits dessinés par la plume du romancier. Nodier était en tout un homme de fiction. Annonçant des Mémoires de jeunesse (« Suites d'un mandat d'arrêt »), il suppose que le lecteur n'y voit que « la rêverie d'un solitaire qui s'amuse à reconstruire pour lui-même l'épopée bourgeoise de sa vie », et, préfaçant *Jean Sbogar*, il affirme n'avoir pris le personnage du héros à personne, « puisque [il] devai[t] au hasard l'avantage peu envié de l'avoir connu assez particulièrement ». Où est la vérité ? Où est la fiction ? Peu importe pour Nodier, car la vérité est, à ses yeux, toujours subjective.

Nul doute qu'il ne cherche, dès l'ébauche romanesque des *Proscrits*, mais aussi dans *le Peintre de Salzbourg*, dans *Thérèse Aubert* et dans *Adèle*, à exprimer la situation affective de l'individu repoussé par la société. Dans ces quatre romans, il suit un même schème (J. Schulze) : le proscrit retourne à un pays originellement destiné au bonheur, désormais le lieu d'un amour malheureux. Dans *Thérèse Aubert*, le héros est même obligé de quitter ce pays pour s'engager dans l'armée royaliste et lutter pour une société qui lui est tout à fait étrangère. Dans *Adèle*, ce sont les convenances et la méchanceté des autres qui lui barrent le chemin du bonheur. Ainsi s'opposent société et individu, et, dans tous les cas, c'est le bonheur, l'harmonie originelle qui sont détruits. Seul *Jean Sbogar* donnera à cette problématique une certaine envergure, en introduisant un personnage double, à la fois membre de la société et anarchiste.

La figure de Jean Sbogar intéresse à plus d'un égard. Avec lui, on est déjà loin du rousseauisme et du werthérisme du jeune Nodier, qui se sert maintenant d'un autre modèle : le brigand généreux. Celui-ci, conscient de ses idéaux, s'engage en connaissance de cause dans l'opposition à une société compassée et décadente, n'agissant que pour son propre compte. Voilà le modèle du héros des écrits historiques de Nodier, qu'il s'agisse du colonel Oudet, des prisonniers de Paris ou de Charlotte Corday. Renversant le principe des romans, où le cadre historique entourait la fiction, il laisse dans ses « souvenirs » la fiction se glisser dans l'Histoire. Une bonne interprétation de celle-ci suppose la présence de personnages dont le drame individuel fournit la meilleure mise en scène au drame historique. À cet égard, *le Dernier Banquet des Girondins* constitue, par le sens extraordinaire de la réalité politique qui le sous-tend et par l'imagination interprétative de son auteur, qui prête vie à toute une série de personnalités historiques, une tentative réussie pour relier l'Histoire à la fiction. De plus, en faisant de ce drame historico-romanesque l'équivalent d'un mythe, Nodier crée une interpénétration des genres qui correspond à sa théorie littéraire : « L'idée m'était donc venue […] que la manière la plus vive et la plus saisissante de présenter des personnages historiques était de les mettre en scène » et d'aboutir ainsi à un « poème des Thermopyles de la liberté ».

Mais les Girondins, comme tous les héros de Nodier, étaient des individualités. N'affirme-t-il pas, dans son compte rendu de la réédition d'*Oberman* de Senancour, qu'il n'y a « dans le génie comme dans les œuvres de la nature que des individualités » ? Derrière le drame social d'un Jean Sbogar, d'un Girondin ou d'un Charles Nodier apparaît le drame du sujet, avec ses rêves, ses fantasmes et ses désirs. Pour illustrer ce drame, Nodier choisit le genre du conte, libre par rapport à l'Histoire. Aussi la plupart des contes appartiennent-ils à cette période de la production de Nodier où il se dégage des questions du jour, politiques ou esthétiques. Pendant les quinze dernières années de sa vie, la création reprend ses droits.

L'imaginaire et le fantastique

« De bonne heure, disait Pingaud, un des premiers biographes de Nodier, celui-ci avait aimé se dérober aux réalités de l'existence, à rechercher les légendes, à tourner ses visions en féeries. » La nouvelle *Une heure ou la Vision* esquisse ce que sera l'imaginaire chez Nodier : un ailleurs séparé radicalement de ce qui est « réalité » pour « les vaines sciences de la terre », et accessible seulement pour les « capricieux écarts d'une imagination vive ou crédule », un univers dans lequel le *je* est un autre, vivant un bonheur refusé dans l'existence positive. Peu importe que le protagoniste soit fou – l'important, pour Nodier, c'est que « tout ce que l'homme invente est réel ». Ce réel, qui est peut-être plus vrai que l'autre, prend forme dans l'imagination du poète, dans l'imaginaire du rêveur ou du fou, comme fantasmes ou désirs symbolisés. Il arrive que certains songes soient plutôt inquiétants que rassurants, démontrant par là même que le monde des rêves peut ne pas être un monde de fées ; ainsi, le conte frénétique de *Smarra*, que Nodier justifie en alléguant l'existence des songes dans Homère, dans la Bible et chez Apulée, révèle ce que les songes contiennent de dangereux et de hideux, de hantises et de menaces de mort. Le songe, source dans l'homme « d'un fantastique vraisemblable ou vrai », préfigure Hugo et les Jeune-France.

Les contes fantastiques de Nodier, créations d'un ailleurs harmonieux ou de hantises dangereuses, nous montrent l'existence d'un sujet fragmenté, d'une personnalité clivée, et en rupture avec le prétendu monde positif. Nodier lui-même y voit à la fois une tendance moderne et la reprise d'une longue tradition qui est, au fond, la transcription d'une expérience des limites de la raison. Dans la haute littérature comme dans les légendes et croyances populaires se révèlent des vérités que la société décadente ne veut plus reconnaître. Nodier ne cesse de revenir à la simplicité et à la naïveté populaires comme sources des richesses de l'imagination, et le conte *Trilby* se présente comme « l'histoire crédule des rêveries d'un peuple enfant », alors que la critique moderne y décèlerait peut-être plus facilement les fantasmes du désir.

« Que n'aurais-je pas échangé contre un peu de fantastique, surtout quand j'ai connu le vrai de ce monde ! » s'écrie Nodier. C'est donc naturellement dans l'imaginaire que se développent les contradictions inhérentes au sujet, et cela jusqu'à la rupture radicale de la folie ; mais la folie peut être la forme symbolique d'un recours à un univers compensatoire et libérateur. Ce thème s'explique tant par la biographie de Nodier que par sa vision critique du monde moderne. C'est sans doute la perte d'un premier amour de jeunesse – « perte insupportable à laquelle il faut porter remède par l'antidote de l'imagination » (J.-L. Steinmetz) – qui suscite chez Nodier l'image de la jeune fille morte retrouvée dans un ailleurs de fiction. Mais l'univers compensatoire ne reçoit de sens que par rapport à l'univers auquel il s'oppose ; il dénonce donc l'infortune du personnage réel. On comprend alors comment l'imagination du poète peut ressembler à celle du héros (fou) des contes. Dans *Franciscus Columna*, qui a pour sujet l'impossible amour entre Francesco Colonna et Polia, si le héros s'isole du monde réel pour écrire l'histoire de leur amour utopique, c'est que l'écriture poétique est un moyen très sûr de transgresser les limites du monde rationnel. Inséparable de la rupture opérée par le récit fantastique, l'imagination du narrateur s'exprime dans les mêmes termes que ceux du fou : « Quelle paix sans mélange à goûter dans cette région limpide qui n'est jamais agitée, qui n'est jamais privée du jour du soleil, et qui rit, lumineuse et paisible, au-dessus de nos ouragans comme au-dessus de nos misères » (*Jean-François les bas bleus*).

Folie, imagination, songe : l'imaginaire de Nodier ne cesse de tourner dangereusement autour de cette vie de l'âme qui risque d'être restreinte au rêve. Ce n'est pas le dédommagement fourni par le rêve qui l'emporte, mais le tragique d'une déchirure que les fantasmes tentent de réduire. Jeannie amoureuse de Trilby, Michel le charpentier amoureux de la Fée aux Miettes – autant d'histoires tragiques ; la parole elle-même semble parfois insuffisante à dire le bonheur rêvé. Le conte *Inès de las Sierras* donne le mot de l'énigme : le bonheur suprême n'est assuré qu'à *l'artiste* dans sa folie, à Inès qui chante pour trois hommes entièrement absorbés par leur imagination. Folie, imagination : à double fond, ce bonheur est doublement fragile, et sa suppression entraîne la mort et le désespoir. Mais cette fragilité est d'abord celle de la parole, chant et narration disant l'imaginaire fantastique.

L'essentiel de la littérature

Dans les efforts de Byron, de Scott, de Lamartine et de Hugo, Nodier voit « la recherche de la vie idéale » en dépit d'une « société qui tombe ». L'essentiel de sa propre littérature va dans le même sens : par le conte, auquel il donne une nouvelle forme, il entend renouer avec l'imagination naïve pour laquelle les sensations de l'homme ne sont pas restreintes par les sciences positives. L'accès au domaine ouvert par le rêve et par la foi en une autre existence harmonieuse (déterminée par la foi chrétienne, voir *Lydie ou la Résurrection* et l'essai « De la palingénésie humaine ») fait de Nodier un prophète de l'imaginaire, mais d'un imaginaire sans espoir pour l'homme qui n'a pas la foi. L'âge d'or se situe avant la décadence moderne, et le prophète en annonce la perte. Seulement, l'imagination et le texte artistique peuvent donner momentanément une cohérence aux forces psychiques, à l'amour heureux, à la « chanson d'amour qui toujours recommence » d'un Nerval, et à cette « vie antérieure » dont un Baudelaire rêve encore.

Cette parenté, manifestée au niveau mythique, redonnerait à Nodier une place dans l'histoire littéraire, d'où il a été longtemps exclu. Alors que l'intérêt que suscite l'œuvre de Nerval depuis trente ans tient surtout aux effets de l'écriture d'une œuvre soigneusement construite à partir de fantasmes personnels, l'œuvre de Nodier, si on la considère comme un tout, nous paraît encore trop diversifiée pour avoir le même poids que celle de Nerval, lequel se référait pourtant à son aîné. La diversité, pour riche qu'elle soit, rebute peut-être les méthodes d'approche actuelles…

	VIE		**ŒUVRE**
1780	**29 avr. :** naissance illégitime, à Besançon, de Jean-Charles Emmanuel Nodier, fils de l'avocat Antoine-Melchior Nodier et de sa servante Suzanne Paris.		
1792	Nodier parle devant la Société des Amis de la Constitution, à Besançon.		
1794	Après la chute de Robespierre, la position du père de Nodier n'est plus sûre ; Nodier est envoyé à la campagne chez Girod de Chantrans, qui lui donne un premier cours de sciences naturelles.		
1797	Avec des amis, Nodier fonde la Société des Philadelphes.		
		1798	Nodier publie, avec F.-M.-J. Luczot, une *Dissertation sur l'usage des antennes chez les insectes.*
1799	Démêlés avec la police à cause d'une pièce anti-jacobine.		
1800-1801	Premier séjour à Paris.	**1800**	Trois poèmes de Nodier sont publiés dans les *Essais littéraires, par une société de jeunes gens.*
1801-1802	Nouveau séjour à Paris. Nodier joint le club des Méditateurs (Gleizes, le peintre Franque et sa sœur Lucile, dont Nodier tombe amoureux).	**1801**	*Pensées de Shakespeare, extraites de ses œuvres.*
		1802	**Févr. :** l'ode satirique « la Napoléone » est publiée à Londres. *Stella ou les Proscrits.*
1803	Mort de Lucile Franque. Nodier, de retour à Paris dès le 1er nov., est emprisonné à cause de l'ode « la Napoléone ». Il sera libéré le 26 janv. 1804.	**1803**	*Le Peintre de Salzbourg, journal des émotions d'un cœur souffrant.*
1804	Nodier envoie des comptes rendus à *la Décade philosophique,* feuille des Idéologues.	**1804**	*Essais d'un jeune barde* (poésies).
1805	Nodier participe, à Besançon, à une conspiration contre Napoléon ; elle figurera dans son *Histoire des sociétés secrètes de l'armée.*		
		1806	*Les Tristes ou Mélanges tirés des tablettes d'un suicidé* (morceaux en prose, parmi lesquels est publiée la nouvelle *Une heure ou la Vision*).
1808	Nodier est chargé d'un cours de littérature à Dole. Il épouse une demi-sœur de Lucile Franque.	**1808**	*Dictionnaire raisonné des onomatopées françaises* (première publication attestant l'intérêt de Nodier pour la linguistique).
1809-1810	À Amiens, Nodier est secrétaire chez un Anglais, Herbert Croft, qui prépare une édition d'Horace.		
		1810	*Archéologue ou Système universel et raisonné des langues.*
		1811	Publication, avec des « Observations préliminaires », du *Dernier Homme,* de Grainville.
1812	**Fin de l'année :** départ pour Laibach, en Illyrie, où Nodier a obtenu le poste de rédacteur et bibliothécaire impérial.	**1812**	*Questions de littérature légale* (sur le plagiat, les supercheries, etc.) : c'est l'un des ouvrages grâce auxquels Nodier entrera au *Journal de l'Empire,* avatar (depuis 1805) du *Journal des débats,* qui, sous la Restauration, reprendra son titre original.

	VIE		ŒUVRE
1813	Une longue série d'articles et de comptes rendus dans *le Télégraphe illyrien.* Un des moments d'inspiration les plus forts de Nodier. **Nov. :** les Nodier s'installent à Paris, et Charles commence sa collaboration au *Journal de l'Empire/des débats,* qui se poursuivra jusqu'en 1823.		
1815	Partisan des Bourbons, Nodier doit se cacher pendant les Cent-Jours.	**1815**	*Les Philadelphes. Histoire des sociétés secrètes de l'armée,* ouvrage anonyme très royaliste.
		1818	*Jean Sbogar.* *Fables* de La Fontaine, éd. avec des commentaires par Nodier.
1819	Nodier commence à écrire pour des feuilles plus royalistes que *les Débats* : *le Drapeau blanc, le Défenseur, la Quotidienne.*	**1819**	*Thérèse Aubert.*
1820	**14 févr. : assassinat du duc de Berry.**	**1820**	*Adèle.* Publication, avec des « Observations préliminaires », de *Lord Ruthwen ou les Vampires* (adaptation du *Vampire* de Polidori). Publication d'un choix important d'articles publiés entre 1814 et 1820 : *Mélanges de littérature et de critique.* Publication avec Taylor et de Cailleux des *Voyages pittoresques et romantiques dans l'ancienne France.*
1821	**Juin-juill. :** voyage en Écosse, en compagnie du baron Taylor et d'Alphonse de Cailleux.	**1821**	*Promenade de Dieppe aux montagnes d'Écosse.* *Smarra ou les Démons de la nuit.*
1822	Nodier publie les *Œuvres* de Byron.	**1822**	*Trilby.* Publication d'*Infernaliana,* morceaux en prose tirés de Lenglet-Dufresnoy et de Dom Calmet.
1824	Nodier est nommé bibliothécaire à l'Arsenal.		
1825	**Sacre de Charles X à Reims.**		
		1827	*Poésies diverses.*
		1828	*Faust* (adaptation, avec Béraud et Merle).
1829	Fondation de la *Revue de Paris,* à laquelle Nodier enverra ses contes et souvenirs.	**1829**	Les *Souvenirs et portraits de la Révolution et de l'Empire* commencent à paraître.
1830	**Févr. :** la fille de Nodier se marie, mais le jeune couple continue de vivre à l'Arsenal.	**1830**	*Histoire du roi de Bohême et de ses sept châteaux* (incluant *les Aveugles de Chamouny* et *le Chien de Brisquet*).
		1831	*Les Souvenirs de jeunesse de Maxime Odin* paraissent en revue. Essais : « De quelques phénomènes du sommeil » et « De la fin prochaine du genre humain ».
		1832	Les *Œuvres complètes* commencent à paraître chez Renduel (12 volumes). *Mademoiselle de Marsan.* La publication des contes s'intensifie, *la Fée aux Miettes* paraît. Essai « De la palingénésie humaine ».
1833	Nodier commence à envoyer au *Temps* une série d'articles linguistiques. Le 17 oct., il est élu à l'Académie française.	**1833**	*Le Dernier Banquet des Girondins* ; *Jean-François les bas bleus* ; *Baptiste Montauban* ; *l'Homme et la Fourmi.*
1834	Fondation, par Nodier et Techener, du *Bulletin du bibliophile.*		
		1836	*Paul ou la Ressemblance.*
		1837	*Inès de las Sierras* ; *la Légende de sœur Béatrix.*
		1838	*Les Quatre Talismans* ; *la Neuvaine de la chandeleur.*
		1839	*Lydie ou la Résurrection.*
1844	**27 janv. :** mort de Nodier, à l'Arsenal.	**1844**	*Franciscus Columna.*

Jean Sbogar

Nodier a probablement trouvé l'inspiration de ce roman, publié sans nom d'auteur en raison sans doute de son contenu politique subversif, chez Ann Radcliffe (*Les Mystères d'Udolphe*), chez Zschokke (*Abällino*), et peut-être Schiller (*les Brigands*). Par ailleurs, certains thèmes de *Jean Sbogar* se retrouvent dans le dernier roman de Nodier, *Mademoiselle de Marsan*, où les brigands sont devenus des partisans opposés à Napoléon.

SYNOPSIS

Près de Trieste, Mme Alberti et sa sœur Antonia entendent parler de Jean Sbogar, un brigand. Elles partent pour Venise, où elles font la connaissance de Lothario, sans se douter que celui-ci n'est autre que Sbogar, qui s'est épris d'Antonia. De son côté, Antonia aime Lothario. Lors d'un voyage, Sbogar enlève les deux sœurs, mais tue par accident Mme Alberti. Au château Duino, Antonia se rend compte de la ressemblance qui existe entre Sbogar et Lothario, mais elle n'est convaincue qu'au moment où Sbogar, pris par la police, est exécuté. Elle meurt sous le choc.

Nodier fait de ce texte, roman « illyrien », le lieu de rencontre de plusieurs thèmes essentiels qui réduisent l'importance des sources littéraires. Sbogar n'est pas seulement un hors-la-loi, mais aussi un solitaire ayant une conscience aiguë des vices de la société – qu'il dénonce dans des « tablettes » qu'on retrouvera après sa mort – et de sa propre désillusion. Jeune, il avait visité le Monténégro, société qui lui paraissait idéale parce que plus proche des origines : « S'il y a une bonne société au monde, c'est celle où l'on partage tout, en donnant une prime au plus fort », écrit-il, en ajoutant, à l'intention de la société contemporaine : « Quand la ruse et la trahison s'en mêlent, il arrive une législation », évolution typique, pour Nodier, de la décadence. Le conflit fondamental du roman vient de la collision de l'idéal avec la réalité. Pour Sbogar, le conflit se pose en termes sociaux ; pour Antonia, il prend la forme d'un drame sentimental : elle s'éprend de Lothario – Sbogar déguisé – et ressent une déception amère et mortelle lorsque son identité est dévoilée. Dès lors, le mariage des deux personnages est rendu impossible du fait de leur dualité ou de leur déchirement – qui conduisent Antonia à la folie. Il est important de noter que la folie, qui jouera un si grand rôle dans les contes de Nodier, éclate ici chez un personnage qui est confronté à un être double, Lothario/Sbogar. Pour Antonia, Sbogar est dangereux, satanique ; c'est, en fait, un homme damné, puisqu'il est revenu de ses illusions. Aucun retour au pays heureux de l'enfance et de la jeunesse n'est plus possible ici, où la face négative de l'homme apparaît pour la première fois chez Nodier.

Trilby ou le Lutin d'Argail

C'est de Walter Scott que Nodier prétend avoir tiré le sujet de sa nouvelle la plus connue ; rien n'est moins sûr, sauf pour ce qui concerne le cadre : l'Écosse du Moyen Âge, une contrée située « au bout de l'Europe » et susceptible, selon l'auteur, d'inspirer « l'histoire crédule des rêveries d'un peuple enfant » formé par l'ignorance et la sensibilité.

SYNOPSIS

Jeannie, jeune batelière d'Écosse, mène une double vie, avec son mari Dougal le pêcheur, et, en rêve, avec le lutin Trilby qui l'aime éperdument. Prise de remords à l'égard de son mari, elle accepte que le moine Ronald tente d'exorciser Trilby. Cependant, lors d'un pèlerinage au monastère de Balva pour la vigile de saint Colombain, Jeannie est incapable, par amour et par « charité », de participer au second exorcisme – elle est désormais hantée d'une nouvelle figure de Trilby ressemblant au portrait d'un des anciens Mac-Farlane qu'elle a vu à Balva. Comme Trilby, les Mac-Farlane ont subi l'anathème des moines pour avoir refusé de payer un tribut au monastère. Jeannie retourne maintenant chez elle et accueille de nouveau Trilby, qui lui promet d'apporter des richesses au couple pauvre. Mais, entendant les cris de joie de la jeune femme, Ronald prononce un verdict définitif : Trilby est enfermé pour mille ans dans un grand bouleau, et Jeannie tombe, morte, dans une fosse creusée à son pied.

L'histoire de Jeannie est loin d'être une idylle. Ayant à lutter à la fois contre les préceptes de l'Église, pour sauvegarder ses sentiments, et contre ce que ces sentiments recèlent de désirs incontrôlés, elle succombe dans un conflit qui la déchire. Trilby est pour elle – comme Sbogar/Lothario pour Antonia – un ange et un démon, attirant et dangereux, et, dans un sens psychanalytique, ses relations avec lui symbolisent la tentation de l'inconscient et sa répression (Lawrence M. Porter). La répression est renforcée par l'action du moine Ronald, mais la tentation, si elle y succombait et permettait à Trilby de s'installer chez elle, intégrerait la jeune femme dans l'histoire et la mythologie de son pays. Au drame psychique s'en ajoute donc un autre qui concerne la société dans laquelle vit Jeannie. Innocente et naïve, Jeannie en appelle à Dieu lui-même pour trouver une issue au drame : « De quel droit, dit-elle, irais-je prononcer un arrêt de malédiction ? Ah !... ce n'est pas aux passions aveugles de ses plus débiles créatures qu'il a dû remettre le ministère le plus terrible de sa justice. » Mais la transformation de John Trilby Mac-Farlane en lutin est aussi l'effet d'une punition pour avoir refusé de payer un tribut à l'Église. Amant mais proscrit, Trilby appartient à la « race maudite » de ces individus qui, fous ou exclus au sens sociologique, occupent tant Nodier.

La Fée aux Miettes

C'est le plus long des contes de Nodier, et en même temps un des plus énigmatiques. Construit selon le même modèle que d'autres contes (*Jean-François les bas bleus* ; *Baptiste Montauban* ; *les Aveugles de Chamouny* ; *M. Cazotte* ; *Inès de las Sierras* ; *Lydie ou la Résurrection*), c'est « l'histoire fantastique placée dans la bouche d'un fou » et rapportée par un narrateur qui a pris en dégoût « tout le positif de la vie réelle ». La Préface, d'où sont tirées ces citations, est révélatrice, comme toutes les préfaces de Nodier. Et s'il n'est pas partout question de folie, le bonheur imaginaire vers lequel glisse lentement la narration de Michel, le charpentier, apparaît exactement comme une folie aux yeux des savants de ce monde. Or, se demande alors Nodier, n'est-ce pas plutôt le savoir positif qui est une folie ?

SYNOPSIS

À Granville, sous la voûte de l'église, vit une naine mendiante, peut-être une fée, en tout cas très vieille, « non sans charme pourtant » (Nodier), et qui agit à plusieurs reprises en faveur du héros, Michel. Ayant appris le métier de charpentier, celui-ci va gagner sa vie ailleurs ; après un voyage fantastique (chap. XI), le navire qui le porte fait naufrage, mais Michel est miraculeusement sauvé, avec la fée qui l'accompagne. À Greenock, en Écosse, commence alors une curieuse vie : Michel voit son existence modeste chez le charpentier maître Finewood de plus en plus perturbée par une seconde vie parallèle, où surgit constamment la fée (XIII) : par amour pour elle, il renonce à épouser une des filles du maître ; après un combat nocturne avec le bailli de l'île de Man, pourvu d'une tête de chien, il est condamné à mort pour assassinat (XV-XVIII). La fée le sauve au dernier moment – à condition qu'il se marie avec elle. Ensemble, ils mènent alors une vie heureuse pendant laquelle la fée se transforme nuitamment en Belkiss, veuve de Salomon, qu'elle est réellement (XXI). Mais son temps, du moins en Écosse, prend fin, elle s'éclipse, et Michel, ayant raconté l'histoire de ses aventures au narrateur-voyageur, disparaît lui-même de l'asile de fous qu'il habitait. Plus tard, le narrateur achète un livre contenant l'histoire de Michel et de son épouse, la reine de Saba.

Ce résumé illustre comment le conte va d'un monde réel, celui de Granville et, en partie, de Greenock, vers un univers fantastique, celui des nuits avec Belkiss, pour tout transposer dans le domaine des merveilles, lui-même tout entier contenu dans un livre. Ainsi, très subtilement, Nodier avance-t-il que le statut du bonheur du fou est celui de l'écriture, à laquelle ne correspond rien de réel. C'est le message exact de *Franciscus Columna*.

Si tant est que Michel veuille rebâtir le temple du roi Salomon (XIX), que la reine de Saba soit la veuve de ce dernier et soit issue d'une famille qui remonte à Caïn (cf. l'histoire de Balkis et de l'architecte Adoniram dans le *Voyage en Orient* de Nerval), tout le conte illustre un mythe qui, plus que tout autre, fut cher à Nodier. Le séjour dans le monde de Caïn symbolise un retrait par rapport au monde réel – mouvement caractéristique de l'œuvre entière de Nodier. Nous n'avons donc pas besoin, pour expliquer *la Fée aux Miettes*, de recourir à la biographie comme le faisait Jules Vodoz quand il rapportait le conte au « couple » fameux de Charles Nodier et de sa fille Marie. Le caïnisme, concrétisé pour Nodier dans le compagnonnage et la franc-maçonnerie (saint Michel, constamment évoqué par Michel le charpentier, est considéré comme un des premiers grands maîtres), est peut-être la tradition qui explique le mieux la plupart des textes de Nodier, textes de fiction ou non : partout se rencontrent des personnages à part, menant une double vie, conspirateurs ou proscrits. C'est pour nous plonger dans cet univers autre, voire subversif, que Nodier a recours à toute une série de renversements des valeurs ; surtout, rien de réel, rien de ce qui comporte une valeur matérielle n'a d'importance pour Michel. Pour le fou n'existe qu'un monde spirituel, dans lequel il se meut librement. C'est là qu'il prend, littéralement et au sens figuré, une avance sur le monde positif et matériel. Essentiellement libérateurs, les contes de Nodier visent finalement à nous déplacer par rapport au positif.

H. P. Lund

NOËL Bernard

(né en 1930)

Né à Sainte-Geneviève-sur-Argence, dans l'Aveyron, Bernard Noël poursuit ses études au lycée de Rodez, mais sa formation culturelle est celle d'un autodidacte. En 1949, il vient à Paris entreprendre des études de journalisme et de sociologie. Après son service militaire, en 1952, il vit de traductions et de divers travaux littéraires, qui lui permettent de consacrer son temps à l'écriture ; ainsi, en 1955, il collabore aux *Cahiers des saisons*, puis, en 1956, remplit les tâches de secrétaire, correcteur, lecteur, chez un petit éditeur, est employé à la bibliothèque historique de la Ville de Paris. Cependant, il publie un recueil de poèmes, *Extraits du corps* (1958), aboutissement de ses premières expériences d'écrivain. Après cet ouvrage, il cesse de composer jusqu'en 1963 et travaille, aux Éditions Robert Laffont, à la rédaction de plusieurs dictionnaires. Mais ce n'est qu'à partir de 1970 que Bernard Noël tentera de vivre de ses seules publications romanesques ou poétiques, date qui correspond au début d'une relative notoriété. La réédition, en 1971, du *Château de Cène*, déjà paru en 1969 sous un pseudonyme, est une révélation. Cependant, taxé de pornographie, l'ouvrage vaut à son auteur de passer en jugement pour « outrage aux mœurs », mais aussi de recevoir le soutien de ses pairs et confrères. Depuis, Noël publie régulièrement romans ou poèmes, souvent remarqués par l'avant-garde littéraire, sans que toutefois le « grand public » connaisse véritablement le nom de cet écrivain, qui est toujours resté en marge des écoles littéraires.

Malgré l'apparente diversité des genres que Noël aborde, le « sujet » de ses livres est à peu de chose près toujours le même : un « Je » énonce une parole, sur laquelle il s'interroge ; le mot écrit devient, prononcé, l'objet d'un discours euphorique ou désorienté : le langage ne cesse de mettre en question le narrateur ; tout se passe comme si l'œuvre de Noël n'était qu'un métalangage obsédant, qu'une écriture traitant de l'écriture.

L'écrit, en effet, est d'abord le lieu d'une quête : celle du moi et de l'identité ; c'est par sa réflexion sur le mot et la parole que Noël entend mener cette recherche ; « Qui suis-je ? » équivaut, pour lui, à « Qui suis-je quand je parle ? qui suis-je quand j'écoute ? » (*Une messe blanche*, 1972). Mais cette recherche essentialiste du moi ne trouve guère d'aboutissement, car à la fermeté d'une réponse l'écrit oppose sa fluidité linéaire : le moi, qui croit, en nommant, posséder le sens des choses, se voit confronté à la codification qu'implique tout langage. Le moi, ce n'est pas un corps qui parle pour découvrir sa vérité, mais une « chose affamée de parole et, pour finir, absolument au pouvoir de la parole » (*la Face de silence*, 1967). Tout mot est langage de l'Autre, et le discours énoncé n'est jamais que le signe de l'adéquation d'un corps singulier au corps social ; la langue solitaire de la littérature ne révèle alors que plus cruellement une présence extérieure : « Quelqu'un me parle, et plus je suis seul, plus je suis parlé » (*Souvenirs du Pâle*, 1975).

On comprend ainsi pourquoi, dans les textes de Noël, sans cesse se désirent, se complètent, se heurtent la « parole » et le « corps » ; pour l'écrivain, il convient de chercher cette vérité du corps qu'occulterait le discours (ou le regard) d'autrui. L'érotisme, fréquent dans des œuvres comme *Une messe blanche, le 19 octobre 1977* (1979), obsédant dans *le Château de Cène* (1971), participe de cette recherche, la littérature érotique étant, par nature, celle qui « dit » le corps, qui rend, par le jeu de l'imaginaire, *visible* l'intériorité du corps. Car l'écrivain estime que « les mots retardent par rapport aux yeux » (*le 19 octobre 1977*) ; dans le fait de « voir, et de se voir en train de voir », réside un pouvoir de concentration qui élimine ce sentiment d'aliénation que le sujet ressent quand il écrit. Dans le regard, le « Je » et « l'Autre » se confondent ; ainsi s'explique l'omniprésence d'un fantasme cher à Noël : au cours de la « scène » érotique, le sexe devient œil, signe de l'échange de deux intériorités (*Journal du regard. Onze Romans d'œil*, 1988). L'écriture, parlant du corps, instaure donc la présence d'un regard qui explore (*la Reconstitution*, 1988), saisit la nudité, non d'un élément physique, mais de l'être-là : la nudité est « le signe du corps » (*Treize Cases du Je*, 1975). De ce point de vue, on peut dire que, pour Bernard Noël, toute écriture possède cette fonction érotique de « mise à nu » du Moi et de l'Autre ; les tableaux sexuels du *Château de Cène*, comme le souligne la structure même du récit, ne sont qu'une suite d'initiations à la connaissance du corps-en-soi. Et, certes, l'influence de Bataille, auteur que Noël admire, est manifeste dans une œuvre qui, par la dramatisation de son écriture, tente de résoudre les contradictions métaphysiques du Je et de l'Autre, de la Présence et de l'Absence.

Mais cette quête ne peut être satisfaisante, car les images constituent le « non-dit » du texte : la Vérité de la connaissance reste entre les lignes, hors de l'écrit, dans l'inaccessible (*Fables pour ne pas*, 1986 ; *l'Ombre du double*, 1993 ; *le Syndrome de Gramsci*, 1994). Dire, écrire, ce n'est pas fixer un savoir, c'est chercher sans pouvoir atteindre, vivre le corps sans pouvoir le connaître (*la Maladie du sens*, 2001) ; nommer, c'est, d'une certaine façon, tout en évoquant la « buée » des choses, avouer l'impossibilité de les faire vivre : « Devenir mot, c'est donc échanger la mort brutale contre une désagrégation lente ; en vérité, n'en pas finir de mourir » (*la Face de silence*). L'écriture n'est qu'un glissement vers un terme inéluctable, que le constat d'une absence, absence de la Chose, du Je, du Temps, ce qui est dit n'est déjà plus là. Les poèmes de Bernard Noël s'opposent ainsi nettement aux œuvres d'un René Char ou d'un Saint-John Perse, pour qui la poésie n'est pas « l'écrit, mais la chose même ». C'est davantage à Mallarmé que Noël se réfère, ne serait-ce que parce qu'il reprend, dans chaque livre, le symbole de la « blancheur », qui révèle l'omniprésence de la mort ; les corps blancs des femmes du *Château de Cène* ou du *19 octobre 1977* annoncent la destruction finale, tout comme les objets et la nature dans les *Extraits du corps*. La blancheur symbolise aussi par excellence l'écriture, stable et mouvante à la fois, nommant des êtres dont la réalité ne peut être que dilatoire ; image d'une survie et d'une mort indissolublement liées : « Monde étrange où tout ce qui s'en est allé est dans le même temps déjà revenu, où fin et commencement coexistent, comme superposés » (*le Lieu des signes*, 1971).

En fait, même quand il rend compte de séjours et de déplacements (*le Reste du* voyage, 1997), Noël semble s'acharner à prouver, en écrivant, l'impuissance de toute écriture : « J'écris pour en finir avec l'écriture, non pour produire. » Par là s'explique peut-être sa démarche provocatrice. Proche en cela de certains surréalistes, l'écrivain démontre que le langage ne peut ni échouer ni réussir – bref, qu'il n'a d'autre sens que son apparition sur le blanc du papier. Cette œuvre, qui, au moins par son ton aphoristique, pourrait être œuvre d'affirmation, d'élucidation, se contente, en définitive, de montrer que l'écriture est une expérience sans objet précis, mais indispensable :

> *n'avoir plus faim n'abolit pas la faim,*
> *et les nommer ne scelle pas les choses.*
>
> (*la Face de silence*)

Comme le héros du *Château de Cène*, au terme de sa quête initiatique, l'écrivain n'a plus que l'illusion de ses fantasmes pour pallier le vide du réel : « Mais qu'arrive-t-il à la fin quand il n'y a plus de masque ? – Rien ! On est effacé ». Se perdre dans et par l'écriture, c'est peut-être, pour Bernard Noël, la seule façon d'oublier un sens qui se refuse – le seul moyen, en somme, de vivre.

J.-P. Damour

NOËL Marie

Pseudonyme de **Marie ROUGET** *(1883-1967)*

Née et morte à Auxerre, où elle vécut pieusement retirée dans la maison familiale qu'elle ne quitta pratiquement jamais, Marie Noël, poète chrétien – pour ne pas dire christique –, vécut une aventure spirituelle parfois douloureuse : la foi qui anime ses poèmes et ses contes n'a pas été, en effet, toujours sereine, ce dont témoignent – outre un livre d'Henri Gouhier, *le Combat de Marie Noël* – ces *Notes intimes* (1959) qu'elle publie vers la fin de sa vie sur les instances de son confesseur, et où sont retranscrits les doutes destructeurs et les cris de révolte.

Dieu s'écroula en moi comme un édifice de nuages.
Dieu écroulé. Trois jours durant, trois nuits,
J'essayai de le reconstruire.

(« l'Enfer des trois jours »)

Poète admiré de Montherlant et de l'abbé Bremond, Marie Noël a écrit, au moyen d'une prosodie extrêmement classique et sous des titres aux senteurs de sacristie, des vers où se mêlent la sève populaire qu'elle se félicitait d'avoir héritée des trouvères (« Je suis une revenante de ce temps-là, et mon œuvre un dernier rejet de la chanson populaire ») et un tragique étouffé, ou plutôt un désarroi qui sembla ne jamais la quitter et que manifesta sans doute cet « état de faiblesse nerveuse » auquel elle fut constamment soumise. À l'effusion lyrique qui prévaut dans *les Chansons et les Heures* (1920), qu'elle publie discrètement et qui trouve un accueil inespéré, à l'inspiration liturgique des *Chants de la merci* (1930) ou du *Rosaire des joies* (1930) viennent s'opposer les strophes âpres et tourmentées des « Ténèbres » ou de « Jugement » (*Chants et psaumes d'automne*, 1947). Il faut bien dire, cependant, que l'aspect primesautier d'un cœur ingénu prédomine dans la plupart des « chansons » qu'a laissées Marie Noël : « M'en allant par la bruyère/– Buisson rouge, Buisson blanc –/ Pour cueillir la fleur dernière/Qui pousse au milieu du vent/Buisson rouge, buisson blanc, buissons au loin buissonnant ».

Elle a composé également de nombreux contes, surtout des contes de Noël (*Contes*, 1945 ; *l'Âme en peine*, 1954 ; *la Rose rouge*, 1960), d'esprit toujours dévot et au vouloir-dire édifiant, ainsi qu'une sorte de miracle médiéval, *le Jugement de Don Juan* (1955), où elle laisse entendre que la Femme que recherche le héros par-delà toutes les femmes ne saurait être que la Vierge Marie.

Faut-il voir en Marie Noël, comme le voudraient ses hagiographes, une grande mystique, ou bien, simplement, une petite fille malade, mal grandie et solitaire (« Vous avez touché du doigt la source la plus profonde et la plus constante de mon inspiration : la solitude », écrit-elle à Michel Manoll), meurtrie par la mort prématurée d'un jeune frère et qui, de sa vie, ne s'est remise d'être née ? « "Il m'a tiré du néant" : Ah ! Seigneur, Seigneur, qu'avez-vous fait ! »

L. Pinhas

NOSTRADAMUS

Nom latinisé de ***Michel de NOSTRE-DAME*** *(1503-1566)*

Le « phénomène Nostradamus » dépasse – et de très loin – les limites du domaine littéraire. Que les *Prophéties* de ce médecin et astrologue du règne de Henri II soient encore lues et interprétées aujourd'hui mérite à tout le moins que l'on se penche sur leur auteur. Or, les *Centuries* de Nostradamus offrent le cas assez rare d'une réception qui est allée croissant, alors que leur texte était de plus en plus mal connu, enfoui sous les gloses fabuleuses qui se sont abattues sur lui depuis quatre siècles. L'échafaudage de commentaires a fini par tenir tout seul, étant à lui-même sa propre justification, et l'œuvre du poète inspiré en qui Ronsard saluait un pair est demeurée jusqu'à aujourd'hui lettre morte.

Les parts d'ombre d'une vie

La vie de Nostre-Dame n'est pas exempte de cette obscurité qui enveloppe son œuvre. Issu d'une famille juive convertie, le célèbre pronostiqueur avait deux grands-pères médecins ; l'un d'entre eux était attaché aux Anjou. Lui-même, après des études en Avignon, embrasse à Montpellier la même profession ; il y est reçu docteur en 1529. Il voyage ensuite dans le sud de la France et en Italie. On le retrouve à Agen (1536), où il devient l'ami de Jules César Scaliger et contracte un premier mariage. Lorsque Philibert Sarrazin, le précepteur des enfants de Scaliger, est inquiété pour ses sympathies réformées, Nostre-Dame se réfugie à La Rochelle. Par la suite, il affichera à l'égard de la religion établie le zèle le plus ardent. À Marseille et à Aix-en-Provence, où il participe à la lutte contre la peste (1546), il expérimente avec succès sa « poudre de parfaite bonté et excellence », composée d'un mélange d'iris, d'ambre gris, de bois de cyprès, de girofles, d'aloès, de musc et de pétales de rose incarnate. Il se remarie – richement, semble-t-il – et se fixe définitivement à Salon-de-Provence. C'est là qu'il compose son traité de *Diverses Façons de fardements* [fards] *et senteurs* [...] *et la façon de faire confitures* (1555). La cuisine et les cosmétiques font en effet partie intégrante de la médecine traditionnelle, qui est d'abord l'art de mélanger les drogues. La même année 1555 voit la publication du premier livre des *Prophéties*, qui le rend immédiatement célèbre. Comme on croira le découvrir après coup, il y aurait annoncé la mort tragique d'Henri II en 1559. À partir de 1555, il donne annuellement un volume de *Pronostications*, et, après 1562, des *Almanachs* sans grande originalité. Son succès, qu'il sait exploiter, se traduit en particulier par l'intérêt que Catherine de Médicis lui porte. À l'été 1555, elle le fait venir à Blois pour qu'il dresse l'horoscope de ses enfants. À l'occasion du « tour de France » de Charles IX (1564), il reçoit à Salon la visite du jeune monarque, qui lui donne la charge de conseiller et médecin ordinaire du roi. En 1568, l'ensemble des *Prophéties* est imprimé ; les éditions qui suivront seront toutes plus ou moins altérées et fautives.

Poésie et prophétie

Dès le XVIe siècle, il existe bel et bien un « phénomène Nostradamus », que met en relief l'engouement de la famille royale pour le mage de Salon. Sans doute le climat d'incertitude politique y est-il pour quelque chose. Le millénarisme latent qui ne cessera de s'amplifier tout au long de la période des guerres de Religion trouve dans l'œuvre de Nostre-Dame l'une de ses expressions les plus abouties. Deux attitudes parfaitement contradictoires se dessinent alors : certains contemporains, comme Ronsard, voient en Nostre-Dame un oracle véridique, dont les prédictions suivent le mouvement emporté de la « fureur » inspiratrice. Dans l'*Élégie à Guillaume Des Autels* (1562), le chef de la Pléiade reconnaît dans la « profette voix » un enthousiasme sacré pareil au sien. L'un et l'autre vaticinent « d'un naturel instinct », celui-là sans doute moins obscurément et à plus court terme que celui-ci. Mais leur ambition est la même : le poète inspiré, tout comme le prophète, entreprend de percer, dans l'abandon à son « daimon » familier, les arcanes de la Nature.

À l'opposé de cette admiration complice, les détracteurs de Nostre-Dame n'ont pas manqué de l'accuser d'imposture et de « diablerie ». Dès 1558, Jean de La Daguenière – qui est peut-être Théodore de Bèze – le surnomme « Triboulet à la triple marotte », « vray fol à double rebras ». Fondamentalement, ces deux attitudes se sont maintenues depuis. Au mépris des érudits a répondu la crédulité – souvent intéressée – d'exégètes de fortune dont l'imagination est venue ressourcer indéfiniment le texte premier du « Prophète ».

Les *Centuries*, mode d'emploi

Ce texte, quel est-il ? Groupé en 12 « centuries » incomplètes qui totalisent 965 quatrains, il présente une syntaxe heurtée où abondent anacoluthes, métaphores et allusions astrologiques. Il s'agit de toute évidence d'une poésie concertée, où la « fureur » hautement proclamée compose avec les règles d'un minutieux bricolage. Un système de transformations complexes – par ellipse et métaplasme (sorte d'anagramme généralisée) – est chargé de produire le futur à partir du présent. Rien en effet qui échappe au paysage familier de la géopolitique au XVIe siècle : le Grand Turc, le pape, l'empereur et le roi de France occupent les quatre coins d'un échiquier où se joue le sort de l'humanité entière. Si Nostre-Dame annonce par exemple des batailles dans l'Adriatique et, après une période de revers, une victoire finale sur les Ottomans, c'est que l'Europe du temps est littéralement obsédée par le péril turc. La prophétie ne fait alors que mettre au jour les mécanismes inavouables du désir et de la peur. L'on y décèle encore, outre la hantise de l'hérésie (qui mine alors l'Europe), ce rêve d'une monarchie universelle où peuples et religions seraient unis sous les mêmes lois : « concorde du monde » sous l'égide de l'Occident, qui n'est pas sans rapport avec celle que projette un Guillaume Postel, et qui ne pourra trouver sa réalisation, cela s'entend, qu'au terme de longues et définitives guerres.

Une œuvre aussi serrée appelle évidemment un mode d'emploi : dès 1594, Jean-Aimé de Chavigny s'empressait d'en fournir un au lecteur. La *Première Face du Janus françois* dressait, année par année, le bilan des prophéties antérieurement vérifiées. La seconde face de l'œuvre – combien plus ardue – devait éclaircir des prédictions non encore advenues, mais elle ne fut, semble-t-il, jamais écrite. Moins prudents que l'initiateur de l'exégèse nostradamique, mais s'inspirant en fait de sa « méthode », les interprètes ultérieurs exploitèrent le fonds inépuisable des *Centuries* dans les deux directions du passé récent et de l'avenir proche. D'un côté, ils n'eurent aucun mal à découvrir rétrospectivement, dans ces fragments remplis des événements du XVIe siècle, les traces irrécusables du destin de Napoléon, de Charles de Gaulle ou de Jean-Paul II. De l'autre, le sombre futur dépeint par les *Prophéties* leur offrait, pour chaque époque, des réserves potentiellement infinies de cataclysmes.

En définitive, c'est parce qu'il fut en son temps le porte-parole très lucide des hantises collectives que Nostre-Dame peut ainsi rencontrer juste. Il suffit alors de substituer à l'« obsession » des Turcs celle du péril jaune ou de la menace soviétique pour donner raison, « une fois de plus », à cette réserve d'inconscient enclose dans les énigmatiques quatrains.

F. Lestringant

NOTHOMB Amélie

(née en 1967)

Romancière belge, née à Kobe (Japon), où son père est ambassadeur. Elle passe ainsi son enfance en Extrême-Orient et aux États-Unis. Après son retour en Belgique, elle entreprend, en 1984, des études de philologie. Elle séjourne au Japon à la fin des années 1980, y est interprète. De nouveau installée en Europe, elle se consacre à la littérature et, publiant en 1992 son premier roman, *Hygiène de l'assassin*, elle rencontre immédiatement le succès auprès du grand public. Son huitième ouvrage (*Stupeur et tremblements*, 1999) reçoit le grand prix du roman de l'Académie française et consacre son statut d'auteur.

Si l'on excepte *les Combustibles* (1994), dont l'écriture relève du théâtre, Amélie Nothomb inclut dans le genre romanesque aussi bien des fictions, qui font souvent la part belle au dialogue (*Hygiène de l'assassin* ; *les Catilinaires*, 1995 ; *Péplum*, 1996 ; *Attentat*, 1997 ; *Mercure*, 1998), que des situations clairement autobiographiques. *Le Sabotage amoureux* (1993) retrace, sous une fausse naïveté mordante, l'enfance dans le « ghetto » d'une ambassade occidentale en Chine populaire. *Stupeur et tremblements* dévoile avec la même légèreté caustique une édifiante expérience de l'absurde au cours d'un stage effectué dans une entreprise nippone. *Métaphysique des tubes* (2000) réinvente les pensées provocantes d'une petite enfance vécue dans un village japonais du Kansai. L'originalité de la romancière réside surtout dans le mode d'approche de son sujet. Aux confins de l'étude de mœurs, de l'aperçu psychologique et de l'allégorie philosophique, Amélie Nothomb construit entre ses personnages un jeu de miroirs qui peu ou prou met en cause les certitudes théoriques. L'ironie de ses phrases courtes, classiques, empreintes d'aphorismes, épicées de quelques traits de préciosité lexicale, dévoile la mauvaise foi des propos et des attitudes ordinaires. Ainsi, sous le génie littéraire (*Hygiène de l'assassin*) ou la bienveillance (*les Catilinaires*) se cache le désir de tuer. L'amour voisine avec les sentiments pervers (*le Sabotage amoureux*, *Attentat*). La laideur permet de manipuler autrui : « il suffit de s'abandonner à sa malchance, de s'en gargariser, c'est si confortable » (*Mercure*). Et sous les idéalisations se dissimulent les névroses ou les basses réalités du corps : « La vie, c'est ce que tu vois : de la membrane, de la tripe, un trou sans fond qui exige d'être rempli » (*Métaphysique des tubes*). En somme, Amélie Nothomb a fait du roman l'instrument privilégié du soupçon.

J.-P. Damour

NOUGÉ Paul

(1895-1967)

Écrivain belge d'expression française, Paul Nougé est né à Bruxelles. En 1915, il entame des études de biochimie ; il entre en 1919 dans un laboratoire médical. La même année, il participe à la fondation du parti communiste belge. En 1924, avec C. Goemans et M. Lecomte, il lance la série de « tracts » intitulée *Correspondance* ; l'année suivante, il rencontre Aragon, Breton, Eluard. Peu à peu, il s'affirme comme le théoricien et le chef de file du groupe surréaliste bruxellois (*René Magritte ou les Images défendues*, 1943). Il est mobilisé en 1939 dans l'armée française. Licencié de son emploi en 1953, il connaît alors une vie matérielle très difficile. Dans sa revue et ses éditions « les Lèvres nues », M. Mariën entreprend le rassemblement et la réédition des œuvres de Nougé : *Histoire de ne pas rire* (1956), *L'expérience continue* (1966), *Note sur les échecs* (1969), jusqu'alors dispersées et introuvables. *Fragments* (1983) réunit un ensemble de textes poétiques et théoriques, ainsi que des photos légendées (« Subversion des images »).

La plupart des textes de Nougé tiennent en une demi-page ; c'est dire qu'ils sont aux antipodes du bavardage. Non pas œuvres, mais fragments. Dominés par les motifs de la femme, de la nuit, de l'ailleurs, ses écrits poétiques et poético-narratifs donnent l'excellent exemple d'un surréalisme qui échappe aux pièges de la facilité, du stéréotype, atteignant une ampleur dans l'imaginaire et un rythme qu'on pourrait presque qualifier de « classiques ». Mais c'est sans doute comme essayiste et polémiste que l'écrivain Nougé s'affirme le plus percutant, le plus original. D'abord par ses idées, toujours modernes, souvent prémonitoires, qu'elles concernent le rôle de la littérature, l'art et le langage ou certains aspects de la société contemporaine. Mais son art ne se réduit nullement à la livraison didactique d'une analyse ; celle-ci, au contraire, surgit dans un double mouvement d'offre et de rétention, propre à réserver une zone d'énigme. L'élaboration du savoir est inséparable d'une stratégie langagière complexe, marquée par l'écriture fragmentaire, la dialectique, la théâtralisation (cf. *le Dessous des cartes*, créé à Bruxelles en 1926, et recueilli dans *L'expérience continue*). Il s'agit de dire, sans doute, mais de ne pas dire trop, d'éviter le prêt-à-penser ; de lutter contre l'indifférence et la certitude, qui sont du côté de l'immobilité, c'est-à-dire de la mort ; de privilégier la différence et l'ouverture, là même où elles sont insoupçonnables. Cinglant et extraordinairement perspicace, Nougé n'a rien d'un penseur paisible. Reste à l'entendre là où il voulait être entendu, dans l'inconfort et le risque, dans ce lieu de l'esprit où l'on est mis, irréductiblement, hors de soi-même. Car « Il faut toujours garder/le sabre aiguisé/et la lèvre sèche » (*Fragments*).

D. Laroche

NOURISSIER François

(né en 1927)

« Être écrivain aura été pour moi une certaine façon de vivre » : ainsi François Nourissier résume-t-il, dans *À défaut de génie* (2000), le sens de son œuvre et de ses activités littéraires. Ainsi entend-il, lucidement, revendiquer une passion, qui aura fait de lui l'un des grands acteurs de l'édition, et un classique du roman social et psychologique. Né à Paris, d'un milieu petit-bourgeois, François Nourissier passe son enfance au Raincy, dans la banlieue parisienne. Il en gardera le souvenir d'une époque grise, étouffante, vécue dans la solitude affective. Son père, cardiaque, disparaît soudainement en novembre 1935 – un événement que l'écrivain relatera souvent. Il verra dans le « manque d'un père » l'origine de sa fascination pour quelques grands aînés qu'il admirera (Barrès, Montherlant, Gide), et parfois fréquentera (Chardonne, Aragon). La mère de Nourissier s'installe à Paris : l'adolescent poursuit ses études aux lycées Saint-Louis, puis Louis-le-Grand, et devient, pendant l'Occupation, un « lecteur boulimique ». Il entre à l'Institut d'études politiques de Paris, qu'il fréquente jusqu'en 1948. Il mène, de 1949 à 1951, sous l'égide du Secours catholique, quelques actions humanitaires auprès des réfugiés, en Allemagne, en Autriche et au Proche-Orient. Son activité littéraire commence dans les années 1950. Son premier roman, *l'Eau grise* (1951), attire l'attention des écrivains – de Chardonne notamment, auquel le titre de l'ouvrage est emprunté – et reçoit le prix Félix-Fénéon 1952. Nourissier publie ensuite *les Orphelins d'Auteuil* (1956), *le Corps de Diane* (1957), *Bleu comme la nuit* (1958). Parallèlement, il est secrétaire général des éditions Denoël (1952-1956), puis, de 1956 à 1958, rédacteur en chef de la revue *la Parisienne*, créée et animée par Jacques Laurent, et, entre 1958 et 1996, conseiller littéraire aux éditions Grasset. De l'aveu même de Nourissier, son œuvre ne s'accomplit réellement que de 1962 à 1997 : « J'ai écrit entre ces deux dates la douzaine de livres qui forment mon bagage » (*À défaut de génie*). Ses deux récits *Une histoire française* (1966) et *la Crève* (1970) seront couronnés respectivement par le grand prix du roman de l'Académie française et le prix Femina. Le grand public le connaît aussi par ses critiques et chroniques littéraires, qu'il rédige pour de très nombreux magazines français – dont *le Point* et *le Figaro Magazine*, auquel il collabore depuis 1978 – ou étrangers. Élu à l'académie Goncourt en 1977, il en est devenu le secrétaire général (1983-1996), puis le président (1996).

Si l'on excepte quelques essais (dont *Lorca dramaturge*, 1955), pamphlets ou « libelles » dictés par les réactions de l'écrivain devant le contexte littéraire ou politique (*les Chiens à fouetter*, 1956 ; *Lettre ouverte à Jacques Chirac*, 1977), l'œuvre de Nourissier relève essentiellement du roman et de textes autobiographiques divers, tels que : *Un petit bourgeois* (1963), *Lettre à mon chien* (1975), *le Musée de l'homme* (1978), *Bratislava* (1990), *Mauvais Genre* (entretiens, 1994), *Roman volé* (1996), *À défaut de génie*. Mais ces deux types d'écrits sont étroitement mêlés. Nourissier tire avant tout de son expérience personnelle – jeunesse, mariages, divorces, paternités – la matière de ses fictions. Ainsi, relatée dans *Un petit bourgeois*, l'enfance de Nourissier est-elle transposée dans *Une histoire française* et devient celle de Patrice Picolet, jeune banlieusard de douze ans. Le préambule d'*Allemande* (1973) – roman évoquant le quotidien de filles et de garçons sous l'Occupation – est fort clair : « Cette histoire de quelques adolescents sort tout droit de mon enfance. » Le narrateur écrivain de *la Fête des pères* (1985), les éditeurs Benoît Magellant (*la Crève*) et Jos Fornerod (*le Bar de l'escadrille*, 1997), le peintre Burgonde (*l'Empire des nuages*, 1981), le médecin Albin Fargeau (*le Gardien des ruines*, 1992) sont aussi les doubles évidents de l'auteur. Leur terreau social est par excellence un monde ambivalent, riche d'un passé de tradition et de travail, mais aussi « une classe accablée de ridicules, de sottises, de frilosités, de jactance » (*Mauvais Genre*) : l'univers, en somme, de toutes les « comédies humaines ». Nourissier en dessine les travers, la bonne conscience ou la mauvaise foi, mais aussi les poétiques désarrois, les désespoirs étouffés. Car chez Nourissier, la bourgeoisie est fondamentalement crépusculaire. C'est au cœur des apparences tranquilles que se dissimulent désillusions, dérélictions ou dépressions. L'écrivain scrute les fêlures secrètes des êtres – fêlures intimes de l'auteur lui-même. Nourissier ne laisse pas d'exprimer un pessimisme fondamental sur sa condition : refus du corps et de l'image qu'il peut renvoyer, hantise de la sénescence, dont l'écriture détaille les progrès irrépressibles. L'écrivain conquérant, en qui la critique avait cru distinguer un jeune « hussard » dans les années 1950, mesure depuis quelque vingt ans les limites de son art : « aucun aveuglement ne peut plus me laisser espérer, croire, vouloir que mon chef-d'œuvre reste à écrire » (*Bratislava*). Les textes autobiographiques jouent donc de ce « narcissisme sombre » (*id.*) pour atteindre la vérité de l'auteur. De fait, dès son premier livre, *l'Eau grise*, Nourissier analysait avec une sèche précision la désagrégation psychologique d'un couple de jeunes mariés, l'émergence des sentiments d'amertume et de solitude en chacun d'eux. Il procède de même dans *le Gardien des ruines*, en décrivant l'évolution des rapports chez les époux Fargeau, « cette perpétuelle exaspération, cette patience à dents serrées, ce prodigieux pouvoir de surdité qui fait durer les mariages ». La plupart des autres romans de Nourissier sont également des récits du mal-être, de l'enlisement. Sans nulle solution transcendante, nulle consolation métaphysique ou religieuse, sinon de se réfugier dans une « grotte » personnelle, que représente le travail de l'artisan. Ainsi opère Hector Vachaud, voué au seul art de l'équitation (*En avant, calme et droit*, 1987), ou le peintre Burgonde, qui, après avoir renoncé à l'amour d'une (trop) jeune femme et à la mondanité culturelle, atteint, dans la solitude et l'oubli, l'essence de son art. À défaut d'être, comme Voltaire, « le dernier des écrivains heureux » (R. Barthes), Nourissier voit dans le travail artistique le seul jardin à cultiver dans une société en déshérence.

Car l'autre grand sujet qui hante les écrits de Nourissier est l'observation de la bourgeoisie française depuis 1935. Il ne s'agit pas tant de composer l'histoire d'une classe sociale que de constituer les chroniques de certaines époques de troubles ou de fallacieuse immobilité : les années d'Occupation, le gaullisme, Mai 68... L'écrivain, qui récuse quelque peu le « droitisme » qu'on lui prête pour ses affinités antérieures avec Montherlant, Chardonne ou Nimier, préfère, comme dans ses lectures, l'« éclectisme » du point de vue « qui est, face aux tyrannies de la bêtise, la seule attitude inflexible » (*À défaut de génie*). Le trait du chroniqueur est souvent acerbe, sans manichéisme, partagé dans ses critiques et ses admirations. La recherche d'une vérité personnelle passe souvent par un « juste milieu », né d'un scepticisme fondamental : « Nous avons vu pourrir les idées de ce siècle. Sous leur forme militaire et dominatrice, elles puent toutes » (*Bratislava*).

Nourissier apparaît donc comme l'un des héritiers du roman balzacien. Son écriture se teinte parfois de « modernité », pourvu que celle-ci échappe aux « idées, modes, querelles de chapelles » et à leur « clapot insignifiant » (*l'Eau grise*, Préface, éd. de 1986). *La Crève* use parfois de marques d'oralité, révèle un emploi virtuose des pronoms personnels pour camper la figure de Benoît Magellant. *Le Bar de l'escadrille* développe ses chapitres comme *Tandis que j'agonise* de Faulkner, par la succession de points de vue singuliers exprimés par les multiples personnages du récit. Mais ces écarts sont rares chez un romancier qui reste attaché à la linéarité chronologique, à l'impeccable formulation de la concordance des temps, au classicisme du subjonctif imparfait. C'est dans ce type d'écriture que François Nourissier accomplit son dessein : « je puis [...] tenter de donner quelques sonorités exquises, inédites et crépusculaires à ma musique de chambre » (*Bratislava*).

J.-P. Damour

NOUVEAU Germain

(1851-1920)

Poète secret, Germain Nouveau a longtemps été peu lu. Peut-être est-il victime de sa légende, qui le place dans l'ombre de Rimbaud, dont il est comme un double encore plus sauvage. À cela s'ajoutent une vie d'errances et une œuvre parfois difficile d'accès. Pourtant, l'art de Nouveau, qui compte, a dit Aragon, « plus d'amateurs que de prosélytes », est attachant. On y retrouvera, bien sûr, certaines influences, mais aussi un chant très personnel, à la fois érotique et mystique.

Errances et malchances

Né à Pourrières (Var), Germain Nouveau est l'enfant d'une famille bourgeoise et quelque peu malchanceuse. Après un séjour à Paris, où son père a fait de mauvaises affaires, il revient avec sa famille au pays natal. Bientôt, il perd sa mère, sa sœur, puis son père. Resté seul dans la vie, il devient maître d'études. En 1872, il est à Paris, où il fait la connaissance de poètes comme Jean Richepin ou Charles Cros. Il publie aussi, sous le pseudonyme de NÉOUVIELLE, ses premiers essais littéraires, qu'il lit à ses amis. En 1873, il rencontre Rimbaud qu'il accompagne à Londres. Après son retour en France, il prend contact avec Mallarmé, et, retourne en Angleterre, où il retrouve cette fois Verlaine. Les voyages continuent ensuite entre Pourrières et Paris, où il écrit dans *le Corsaire*, fréquente le salon de Nina de Villard et collabore aux *Dizains réalistes*, une entreprise parodique due à Charles Cros. Il se rend aussi dans le Nord, où Verlaine lui fait connaître la maison où vécut saint Benoît Labre, dont Nouveau fera son modèle. Finalement, il aboutit dans un ministère, mais ne peut supporter longtemps cet emploi monotone et part pour le Liban comme professeur de français et de dessin. Revenu en France, il continue d'enseigner le dessin avant de subir, en 1891, une sorte de crise nerveuse et mystique. Interné puis libéré, il reprend ses pérégrinations en Europe et en Algérie, d'où il retourne enfin à Pourrières. Après la parution d'*Ave maris stella* (1912) et un essai, vite avorté, de « Journal », Nouveau meurt dans la misère. La publication de ses œuvres ne s'est faite que lentement, et de façon incohérente : il y a d'abord ces proses et ces poèmes (inédits ou épars dans plusieurs revues) que P.O. Walzer a réunis dans l'édition de La Pléiade ; il y a aussi *la Doctrine de l'amour*, des poésies composées à partir de 1879, mais qui ne paraissent qu'en 1904, à l'insu de l'auteur (sous le titre de *Savoir aimer*), avant d'être rééditées en 1910 (*les Poèmes d'Humilis*). Enfin, les *Valentines*, inspirées, d'après l'auteur, par une certaine Valentine Renault, et qui datent de 1885-1887, ne paraîtront qu'en 1922 avec une Préface d'E. Delahaye. Germain Nouveau reste donc un auteur à découvrir.

Amour divin

La meilleure manière de le faire est peut-être d'être attentif à l'inspiration mystique de cette poésie. On verra ainsi que *la Doctrine de l'Amour* s'ouvre sur une invocation à Jésus et un cantique à la Vierge, à qui Nouveau apporte son « bouquet » de poèmes. Le monde, dit-il plus loin, est au fond le livre de Dieu où se lit « sa grande écriture » que le poète précisément déchiffre et annonce aux autres. Et ce que lit Nouveau dans la création, c'est l'amour. Employant ce mot dans son sens le plus large, faisant de lui la valeur suprême à quoi tout est soumis, déclarant enfin qu'il faut aimer l'amour, il rejoint peut-être, de façon peu catholique, un Lucrèce dédiant son œuvre à Vénus :

Amour sur l'Océan, amour sur les collines !
Amour dans les grands lys qui montent des
[vallons !

On comprend alors pourquoi le vocabulaire de Nouveau, souvent proche du Verlaine de *Sagesse,* se teinte de religiosité, parle d'humilité, de charité et de grâce, de cathédrales, de saints et de prêtres, de goupillons et de cierges, avec même parfois des extases sulpiciennes. Parfois de mauvais goût, celles-ci n'en font pas moins partie de la thématique de Nouveau.

Pour lui, en effet, toute poésie sincère est une prière et devient supérieure à la connaissance intellectuelle. La vieille qui égrène son chapelet « sait ce que Voltaire ignore », elle est en communication avec une sorte de présence qu'on retrouve souvent chez Nouveau : cette présence tutélaire et céleste, par exemple, vers laquelle fume le village natal, ou encore ces yeux de Jésus-Christ qui s'ouvrent dans le soleil d'un paysage. Tout est donc communion dans cet univers où une sorte de religion unit tous les êtres dans l'amour divin ou profane. Même quand il est le moins question de Dieu ou de la femme aimée, on retrouve ce sentiment, cette grâce particulière ; les êtres et les choses semblent s'animer, être capables aussi d'amour, comme cette lune qui verse

Son âme calme et ses pâleurs amies
Au troupeau roux des roches endormies.

Amour profane

Cet aspect religieux de Nouveau ne doit pourtant pas le faire passer pour un auteur sage ou, pire, « bondieusard » ; au contraire, on s'aperçoit souvent qu'il prend plaisir à lancer un mot cru, un juron, à troubler l'idylle, surtout dans *Valentines*, d'une vulgarité efficace. Il n'hésite pas en effet à dire « foutre », « merde » ou « cor au pied », il semble même aimer les incongruités, bravant tellement l'honnêteté que l'éditeur de 1922 ne pensait pas pouvoir les publier. Nouveau, lui, ne refuse pas le scandale ou l'évocation malsaine. Mieux encore, il désacralise le langage poétique en lui donnant parfois le ton de la conversation, mêlée souvent de coq-à-l'âne ou de plaisanteries fantaisistes (le *cidre* de Corneille ou le dialogue comique d'Adam et Ève). Parfois, Nouveau est même difficile à suivre, de rimes faussement obscènes en allusions elliptiques : avec virtuosité, il utilise de nombreuses formes poétiques, et sans accepter jamais d'être solennel. Pourtant, le contraste n'est pas si fort entre le Nouveau religieux et le Nouveau scandaleux : chez lui, en effet, aucun divorce entre spiritualité et sensualité. Rien de plus net à cet égard que la série des « Baisers », dans les *Valentines*, où, sur l'amour le plus matériel, s'établit une sorte de cosmologie ; le catholicisme de Nouveau prend alors les dimensions d'une sorte de religion, de mythologie de la Femme divine et idéale. Hésitant entre le « tu » amoureux et le « vous » du respect, le poète la couvre de baisers et d'éloges, la supplie avec humilité. Dès lors, entre Dieu et la Femme, la confusion s'établit, d'autant que la Vierge autorise ce culte de la femme et de la mère – d'une femme même qui perd son identité, est à la fois brune et blonde, blanche et noire, ensoleillée et ténébreuse, dangereuse et charmante, comme une sorte de résumé du monde où le poète se perd délicieusement :

C'est doux à l'instant de jouir,
c'est bon, dis-tu, c'est bon... oui... comme
comme si l'on allait mourir.

A. Preiss

Nouveau roman

Querelle à bien des égards significative que celle du nouveau roman. L'hydre aux sept visages ignorée, dénigrée, combattue – selon l'occasion – et périodiquement enterrée présente encore maint signe d'une vitalité que d'aucuns jugent consternante. Non qu'une certaine critique, dont l'évolution, durant ces années, est tout de même sensible, n'ait su, chez tel auteur, apprécier – quelques distributions de prix pourraient en témoigner – tel talent, tel renouvellement. Mais le discours du nouveau roman, pourtant si solidement établi, si « fécond » en sa « postérité » (Nathalie Sarraute), continue d'irriter non tant par la singularité d'un individu que par la conjuration d'un groupe : Catilina dans la république des lettres...

« Le nouveau roman existe-t-il ? » s'interrogeait-on dans les années 1955. À la vérité, quelques écrivains semblaient bien inquiétants... mais ils étaient si « différents » ! Fausse alerte ? Hélas !... Jusqu'à ce qu'il nous soit enfin donné de lire, dans un rassurant article de l'*Encyclopædia universalis* (« Universalia », 1982), que le « nouveau roman est mort : vivent les nouveaux romanciers ! ».

Diviser ainsi, c'est vouloir, à coup sûr, défendre un règne. Quel enjeu, dès lors, se trouve mis en cause ? Quelle incolmatable brèche ces tirs groupés ont-ils bien pu, pourraient-ils bien encore ouvrir dans nos quiétudes ?

Du flou au complexe : questions d'ensemble...

Rappelons ici, puisqu'en la matière c'est d'ensemble qu'il est question, que le nouveau roman ne s'est pas du jour au lendemain constitué sous la définitive enseigne d'une école. À la différence, par exemple, du surréalisme, il n'a jamais connu, souligne Jean Ricardou, de « chef, de revue, de manifeste » (*le Nouveau Roman*). Il lui aura fallu attendre les années 1970 – deux décennies après ses premières parutions, ou trois si l'on prend comme point de départ *Tropismes* (1939) de Nathalie Sarraute – pour que puisse être envisagé de façon cohérente et répertoriable un corpus d'œuvres convergentes, ou du moins s'autodéfinissant comme telles. Longue traversée, on le voit, ponctuée, côté critique, d'hésitations renouvelées et de problématiques recensements, dont l'inaptitude à circonscrire un phénomène pluriel jetait les meilleurs esprits au hasard des listes flottantes et des enrôlements du jour – le nouveau roman, qui en était ? Celui-ci, pour tel procédé ? Celui-là, pour tel écart ? Cependant que, côté public, se découvrait, de façon quelque peu confuse mais irréfutable, au fil de ponctuelles récompenses, une nouvelle manière, soudain, d'« écrire des histoires » (Robbe-Grillet). Citons *le Voyeur* d'Alain Robbe-Grillet, prix des Critiques 1955 ; *la Modification* de Michel Butor, prix Théophraste-Renaudot 1957 ; *la Mise en scène* de Claude Ollier, prix Médicis 1958 ; *la Route des Flandres* de Claude Simon, prix de *l'Express* 1960 ; *l'Inquisitoire* de Robert Pinget, prix des Critiques 1963, et, la même année, *les Fruits d'or* de Nathalie Sarraute, prix international de Littérature... jusqu'au Nobel attribué à Claude Simon en 1985.

Les Fruits d'or excepté, toutes ces fictions exhibent la même couverture blanche à l'étoile des Éditions de Minuit : signe sans équivoque d'une percée difficile en littérature, « par la petite porte » (Jean Ricardou), des exclus ou des marginaux. Indéniablement, c'est à l'éditeur Jérôme Lindon que ces romans nouveaux ont dû, les uns de voir le jour, les autres, après quelques passages dans d'épisodiques maisons d'édition, de trouver un accueil durable. Couramment baptisé sous la plume des critiques d'alors « anti-roman », « roman de Minuit », un groupe, de fait, s'est ainsi formé, qu'une photographie de 1959 révèle, à l'époque, presque complet : s'y reconnaissent, autour de l'éditeur, outre Samuel Beckett et Claude Mauriac, six déjà de nos romanciers – Alain Robbe-Grillet, Claude Simon, Michel Butor, Robert Pinget, Nathalie Sarraute, Claude Ollier. Plus jeune, Jean Ricardou manque à l'appel. Ce sera pourtant, quelques années plus tard, son irremplaçable travail de théoricien qui, repérant dans la variété même des textes de communs réseaux de refus et de tendances, relançant entre leurs auteurs une circulation de lectures et de critiques réciproques, forcera peu à peu la cohésion d'un ensemble jusqu'alors indécis. Mieux : organisant à Cerisy-la-Salle, au cours de l'été 1971, un colloque sur le nouveau roman (les travaux en seront publiés dans *Nouveau Roman, hier, aujourd'hui*), ouvert sans exclusive à tous les romanciers comptés dans l'« avant-garde », il permettra que soient enfin rendus caducs les faux problèmes de catalogage et précisément délimité le collectif nouveau roman : par les nouveaux romanciers, la seule présence de chacun l'impliquant dans une suffisante « autodétermination », les absents (tels Beckett et Duras) s'excluant d'eux-mêmes. Le nouveau roman, désormais, dans sa subversive mais non moins éclatante célébrité, comptera les sept noms suivants : Butor, Ollier, Pinget, Ricardou, Robbe-Grillet, Sarraute, Simon.

D'un tel type de rencontre, même éclairante au plus haut point sur l'ancien et le nouveau, voire prolongée d'autres recherches autour d'une œuvre spécifique – rappelons, en 1973, les « Approches de Michel Butor », les colloques Claude Simon en 1974 et Robbe-Grillet en 1975 –, on aurait beau jeu de souligner l'ambiguïté. Aussi bien, miser sur d'irrécusables différences pour nier à tout prix un ensemble, valoriser au besoin un auteur pour le mieux excepter des autres, ne renverrait que trop au mythe encore régnant de l'unicité créatrice ; comme si l'œuvre échappait aux courants d'une époque. Plus honnête, une constatation s'impose : s'il existe un mouvement, c'est dans la pratique même d'écritures irréductiblement individuelles, confrontées chacune à ses propres fictions, qu'il s'est lui-même reconnu. S'il existe un nouveau roman, c'est de ces fictions mêmes qu'il doit être dégagé.

Refus et recherches : questions de principes...

Complexité/complicité : lieu, donc, d'un nécessaire conflit, le nouveau roman, à peine libéré, sur le plan synchronique, d'un spécieux problème de démarcation, voit aussitôt, sur le plan diachronique, surgir celui de son insertion dans une modernité que l'adjectif « nouveau » – encore que vague et généreusement appliqué aux productions les plus variées – semblerait annoncer. Deux préalables le limiteront : d'abord, le nouveau roman n'a jamais prétendu constituer toute la modernité, dans un domaine dont, parallèlement, d'autres essais, d'autres pratiques travaillent à renouveler les formes (les écrivains du groupe *Tel Quel*, les revues et collectifs

Change, *le Chemin*, etc.) ; en outre, il s'inscrit dans une recherche que rien ne permet de clore aujourd'hui ; aventure en perpétuel dépassement – comme en témoigne par exemple la trajectoire de Michel Butor –, il ne s'offre encore qu'à de partiels bilans.

Cela posé, et regardant, cette fois, vers le passé, on admettra aisément que la plupart des nouveautés du nouveau roman étaient en germe bien avant lui. À telle enseigne que la notion – majeure ici – de « roman traditionnel » apparaît davantage comme une hypothèse de travail, à moins d'envisager quelques persistants sous-produits balzaciens. Qu'à cet égard Nathalie Sarraute (*l'Ère du soupçon*) découvre, dans l'insaisissable mouvance du personnage dostoïevskien, dans les mécanismes déshumanisés de Kafka la condamnation de nos éternelles figures de musée romanesques ; que Butor (*Essais sur le roman*) renvoie au Breton du premier *Manifeste* une critique plus précise de la gratuité réaliste ; que Ricardou (*Pour une théorie du nouveau roman*) rappelle, après Proust et Valéry, la condition exclusivement verbale de la littérature, tous dénoncent parallèlement la même « illusion représentative ».

Non pas traductrice d'un réel, mais productrice de formes, l'écriture moderne, depuis Mallarmé, inscrit son fonctionnement dans l'« absence » des choses. Quand donc ils destituent les multiples avatars du vieux « mythe de l'expression » – « exprimer une réalité », « exprimer un destin », « exprimer une vision du monde » –, précisent leurs négations (Alain Robbe-Grillet : « Nos romans n'ont pour but ni de faire vivre des personnages ni de raconter des histoires » ; Jean Ricardou : « Le roman, ce n'est plus un miroir qu'on promène le long d'une route », etc.), ce ne sont là, somme toute, que formulations un peu abruptes de tendances point si neuves.

En 1950, il y a beau temps déjà que d'illustres devanciers ont réglé leur compte aux mirages du référentiel : que Flaubert a rêvé du « livre sur rien » (Lettre à Louise Colet, 16 janv. 1852), que Valéry a remisé la « marquise » au magasin des accessoires (« la marquise sortit à cinq heures », célèbre parodie d'*incipit* ridicules que Breton prête à Valéry). De Faulkner, nous parviennent alors des intrigues disloquées par le travail des digressions et la succession des images, tandis que le lecteur de Nathalie Sarraute « a connu Joyce, Proust et Freud ; le ruissellement, que rien au-dehors ne permet de déceler, du monologue intérieur, le foisonnement infini de la vie psychologique et les vastes régions encore à peine défrichées de l'inconscient, [... qu'il a vu...] le héros de roman devenir une limitation arbitraire, un découpage conventionnel [... et] nos actes perdre leurs mobiles courants et leurs significations admises » (*l'Ère du soupçon*). C'est enfin depuis longtemps que l'image cinématographique nous a révélé « le caractère inhabituel du monde qui nous entoure » (A. Robbe-Grillet, *Pour un nouveau roman*).

Reste alors à définir le lieu du « scandale », lorsque, d'un voisin domaine, une « nouvelle critique » issue de Marx ou de Saussure nous donne à lire autrement les rapports de l'homme et du monde. Question d'époque, peut-être, pour un public français profondément bouleversé par « ce grand chavirement de toutes les valeurs » que note André Gide, et, par là, plus accessible à la réception de nouveaux messages qu'à l'élaboration de nouvelles formes. Perçu, souvent malgré lui, comme maître à penser, l'écrivain du temps, qu'il se nomme Mauriac, Aragon, Malraux, Sartre ou Camus, « engage » son inquiétude, sa révolte, ses doutes dans une recherche qui se réclame, morale ou artistique, d'un moderne humanisme.

Le nouveau roman, quant à lui, refuse de confondre le projet littéraire et l'engagement humain. Refus d'autant plus exemplaire, si l'on songe que les Éditions de Minuit ont joué un rôle important dans la dénonciation, à l'époque, de la politique coloniale française, et que, dans maints combats idéologiques (notamment en 1960, lors de la « Déclaration des 121 »), nombre de nos auteurs ont nettement pris parti. Il s'agit d'autre chose : considérant, avec Roland Barthes, que « la littérature ne peut être à la fois accordée au monde et en avance sur lui, comme il convient à tout art du dépassement, que dans un état de présuicide permanent » (*Critique*, 1955) ; que tout souci d'efficacité idéologique condamne le texte aux formes traditionnelles de représentation ; constatant, par exemple, la pauvreté du « réalisme socialiste », les nouveaux romanciers sont unanimes à revendiquer, pour l'écriture, le droit de n'être « pourchasseuse [que] d'elle-même » (R. Barthes, *Critique*). « Il nous faut, une fois pour toutes, proclame Robbe-Grillet, cesser de prendre au sérieux les accusations de gratuité, cesser de craindre "l'art pour l'art" comme le pire des maux, récuser tout cet appareil terroriste qu'on brandit devant nous sitôt que nous parlons d'autre chose que de la lutte des classes ou de la guerre anticolonialiste. »

Démontant quelques-uns des mythes qui entourent la création littéraire, Robbe-Grillet relève à quel point est insupportable à beaucoup l'idée qu'un écrivain puisse « avoir des opinions sur son métier ». Productions « de laboratoire », subversions « préméditées », ses livres sont dès lors marqués d'une double infamie : ils mettent en cause le « génie inconscient, irresponsable et fatal » qui, visité des dieux, est seul habilité à léguer, comme à son insu, ce qu'on nomme une « œuvre » à nos déchiffrements (*Pour un nouveau roman*). Que la littérature s'avoue pour ce qu'elle a toujours été – il suffit de lire Montaigne, Flaubert, Proust –, un travail patient, réfléchi, rigoureux, débouche sur un second et non moins grave manquement : la confusion des rôles ! Que devient le critique, si l'écrivain, se mêlant de théorie, en vient à expliquer lui-même ses livres ? Ricardou insiste pourtant : « Tout écrivain nous semble devoir se risquer à la théorie et y impliquer ses textes, tout théoricien nous semble devoir se risquer à la littérature et y confronter ses études » (*le Nouveau Roman*). On n'est pas plus net.

Théories d'une révolution... : questions de formes

Exclusivement inscrit dans un projet formel, jouant de cet exclusif matériau que sont les mots d'une langue, nul doute qu'un tel roman ne s'assume comme « aventure d'une écriture » (J. Ricardou, *Problèmes du nouveau roman*). Nul doute qu'à partir de là toute ancienne construction ne s'écroule. Personnage en procès, narration pervertie, description piégée : à quels « nouveaux lecteurs » pareilles fictions proposent-elles leurs variables accidents ?

Pour un public mal averti, encore dressé à projeter sur cet « autre » romanesque qu'est le personnage de papier ses propres affections, la « cure d'amaigrissement » (J.-B. Barrère) qu'a subie, depuis Balzac, le héros de roman constituerait sans doute le plus notable de ces accidents. Car il a peu à peu, ironise Nathalie Sarraute, « tout perdu : ses ancêtres, sa maison soigneusement bâtie [...], ses propriétés et ses titres de rente, ses vêtements, son corps, son visage et, surtout, ce bien précieux entre tous, son caractère, qui n'appartenait qu'à lui, et souvent jusqu'à son nom » (*l'Ère du soupçon*).

Désormais signe parmi les signes, il peut n'être que le « support de hasard » d'une tentative de mise en mots, à travers les glissements des « tropismes ». Il peut, réduit à son initiale, n'être que la voix d'un désir anonyme ou l'objet d'un regard (*l'Année dernière à Marienbad* et *la Jalousie* de Robbe-Grillet, 1961 et 1957), se dédoubler même en deux lettres concurrentes et semblablement nulles (*la Bataille de Pharsale* de Cl. Simon, 1969) ; il peut, par homophoniques accroissements, s'autogénérer presque à l'infini, entrecroisant les points de vue narratifs (*le Libera* de R. Pinget, 1968). Il peut, masqué de « plastique souple », revêtir, selon la « logique » des situations, telle nécessaire et permutable identité (*Projet pour une révolution à New York* de Robbe-Grillet, 1970), jusqu'à n'apparaître, limite extrême d'une destinée romanesque, qu'engendré par le pur jeu formel d'opérations à la manière de Raymond Roussel : minuscule miroir des métamorphoses du texte, « Olivier, alors, c'est : voilier... » ; « Olivier, c'est : violer I... » ; « Olivier, c'est avilir O... » (J. Ricardou, *le Théâtre des métamorphoses*, 1982). Isabelle, c'est ainsi la jeune Isa et la légendaire princesse Belle, nous renvoyant aussi bien, inéluctablement, au monstre Le Basile ou à la cité vénusienne Silab Lee, dont les SL hantent la fiction (J. Ricardou, *l'Observatoire de Cannes*, 1961)... Jouant, presque à l'opposé, sa survie même – « mais quelle survie... inconcevable, invraisemblable tronc pourrissant dans une jarre... » –, le narrateur de *l'Innommable* (S. Beckett, 1953) se faisait déjà pur langage : « Je suis en mots, je suis fait de mots... »

Avouant sa condition, c'est-à-dire, paradoxalement, sa nécessaire implication dans la production du texte, il serait surprenant qu'un tel personnage se meuve dans l'euphorique continuité d'un récit crédible. Qu'une voix narrative chaque fois différente prenne le relais d'une improbable reconstitution, que la mémoire vienne enliser dans ses digressions le fil du discours, que s'y mêlent le commentaire, la fantaisie, le fantasme, et l'histoire se disperse en autant d'inconciliables séquences. Presque tous les romans de Pinget sont ainsi constitués d'incompatibles témoignages ; dans *Degrés* (1960), Michel Butor, à travers trois narrateurs successifs, travaille l'impossibilité de restituer une simple heure, pourtant bien circonscrite, de cours d'histoire ; Nathalie Sarraute, dans *Martereau* (1953), présente quatre variantes de la même scène ; dans les enquêtes – conjugales ou policières – de Robbe-Grillet, ou chez Ricardou, au hasard des expéditions, les mêmes « tableaux » reparaissent, subrepticement décalés. S'ensuit un procédé de « montage » qui ne craint pas de se désigner : « Tu as bougé... Il faut tout recommencer. Reprendre la pose » (J. Ricardou, *la Prise de Constantinople*, 1965). « La première scène se déroule très vite. On sent qu'elle a déjà été répétée plusieurs fois... Coupure... Reprise » (A. Robbe-Grillet, *Projet pour une révolution*...). « Tout reprendre à zéro » (leitmotiv chez Pinget), etc. Dans *Triptyque* (1973), Claude Simon se risque à enchevêtrer, en des lieux distincts, trois narrations simultanées, que limitent, là encore, d'inhabituelles coupures. Trois narrations, de même, dans *les Géorgiques* (1981), mais prélevées, cette fois, à trois époques différentes, dans l'épaisseur de l'Histoire...

Par tout un jeu de conventions – le lendemain, un an plus tard, etc. –, le roman traditionnel prenait soin de jalonner le discontinu narratif, rétablissant ainsi l'illusion d'une durée ininterrompue. Mais si le texte du roman est « en train de s'accomplir, de se tenter » (R. Pinget), comment le figer dans l'éloignement d'un passé simple ? Comment rattraper, dans les contrepoints d'un journal quotidien, l'écart d'un antérieur « emploi du temps » – pour reprendre le titre d'un roman de M. Butor ? Comment distinguer, dans l'instant présent où se génèrent les mots, entre l'actuel et le resurgi, et introduire la date dans une durée d'images ? « Il n'y a, rappelle Claude Simon, ni commencement ni fin dans le souvenir » (interview au *Monde*, 8 oct. 1960). Aussi inscrit-il nombre de ses romans en marge des repères temporels, dans le flux des participes présents. Ailleurs, c'est, sans surprise, le règne du « présent de l'indicatif » (titre d'un ouvrage de J. Bloch-Michel), temps de l'écriture et de la lecture, invitation à la complicité d'une aventure commune. À ce titre, *la Modification* de Michel Butor n'apparaît-elle pas comme la métaphore même de cette invitation au voyage – « Vous avez mis le pied gauche sur la rainure de cuivre » – qui s'accomplit dans le temps d'une lecture entre Paris et Rome ? Voyages plus ambitieux si l'on suit, chez Claude Ollier, le savant entrecroisement des tracés, les retours périodiques aux mêmes points signifiants ; mais toujours voyages dans le livre. Lieux et objets, à présent, en sont à décrire.

Toute description installe, dans le développement de l'histoire racontée, une rupture plus ou moins durable. Traditionnellement, toutefois, elle ne consent à immobiliser le récit que pour l'insérer dans les cadres précis qui le renverront chargé de sens : descriptions de Saumur dans *Eugénie Grandet* ; la Beauce de Zola, etc. Gratuite, elle encourrait le reproche d'inutile piétinement. Ainsi peut-être faut-il comprendre que les premiers des nouveaux romans aient suscité l'ennui que procure l'inventaire d'huissier ou le rapport du commissaire-priseur. Les objets, les lieux y exhibent leurs moindres détails, minutieusement examinés, localisés, dénombrés, mesurés sous chacun de leurs angles : tracé des lignes d'ombre et décompte des plants de bananiers dans *la Jalousie* ; explorations millimétriques d'une chambre – statique dans *le Labyrinthe* de Robbe-Grillet (1959), mouvante dans *la Mise en scène* (Ollier, 1958) ; prolifération du décor dans *l'Inquisitoire*, des réseaux dans *le*

Maintien de l'ordre d'Ollier (1961). Qu'« un quartier de tomate apparemment sans défaut » (A. Robbe-Grillet, *les Gommes,* 1953), une « cafetière [...] en faïence brune » (*Instantanés* de Robbe-Grillet [1962], « Trois Visions réfléchies ») ou les cils coagulés par l'eau de mer d'une jeune baigneuse (*l'Observatoire de Cannes*) sollicitent un instant le regard – rien de tout cela ne semble justifier la longueur d'une « description méthodique »... À moins de dépasser les communes appellations d'« école du regard », de « littérature objective », de « nouveau réalisme » auxquelles l'irritation des uns (F. Mauriac), l'approbation des autres (R. Barthes) avaient, en leur temps, conféré quelque crédit, pour rappeler deux points importants.

En premier lieu, que tel refus célèbre des vieux mythes de la « profondeur » (tragification de l'univers, « cœur romantique des choses », anthropomorphisme des métaphores : « Le monde n'est ni signifiant ni absurde, il est tout simplement », écrit Robbe-Grillet) ; telles définitions d'un nouveau statut descriptif (« La surface des choses a cessé d'être pour nous le masque de leur cœur » ; « Décrire cette surface n'est donc que cela : constituer cette extériorité et cette indépendance » ; « L'adjectif optique [...], celui qui se contente de mesurer, de situer, de limiter, de définir », s'imposant désormais) ne renvoient, ici, que par malentendu la description au projet périmé d'une représentation réaliste. Se réclamant, au contraire, de la géométrie des plans, figures et surfaces (cf. Michel Butor, *Passage de Milan*, 1954), des lois – et des illusions – de l'optique, s'inscrivant dans un univers de tracés et de mécanismes, la description s'affirme comme pure construction formelle. Dès lors, le tableau, l'affiche, la carte postale (cf. *Histoire*, de Claude Simon, 1967), ces surfaces planes derrière lesquelles « il n'y a rien » (A. Robbe-Grillet) vont fournir un égal prétexte au jeu descriptif. Jusqu'à, sans contradiction, se confondre avec leur objet, s'animer peut-être, entrer dans le récit (cf. *l'Apocryphe*, de R. Pinget, 1980).

En second lieu, semblables pauses, renvoyant, dans la fiction, à un discours, à une inquiétude, à un fantasme, se chargent de connotations qui invitent à lire autrement un énoncé apparemment plat. Par exemple, à redécouvrir la fonction d'une métaphore dégagée de toute métaphysique (le « cœur » de la forêt ou le soleil « impitoyable », etc.) dans la génération du roman. D'« expressive » qu'elle était, la voici « structurelle » (J. Ricardou, *Nouveau Roman, hier et aujourd'hui*, I). Le ∞ du *Voyeur*, anneaux accolés du parapet, nœud des cordes, circuit bouclé dans l'île, ouvre tout un champ de lisibilités communes ; au même titre que, dans *les Corps conducteurs* (Claude Simon, 1971), les méandres d'un fleuve dans la jungle « engendrent » les sinuosités d'une ficelle laissée sur un trottoir, le boa qui glisse d'une toilette de femme, etc. C'est la narration même que, d'un mot à l'autre, infléchit la description : procédés constants chez Jean Ricardou, Claude Ollier.

Machine à « enliser le récit » promue « machine à désorienter ma vision », écrit J. Ricardou dans *Problèmes du nouveau roman* (« Rien de plus fantastique », d'ailleurs, « que la précision », notait A. Robbe-Grillet), la description du nouveau roman se révèle, contre tout sens préexistant, une machine à produire du texte. Désigner ce texte qu'honnêtement, « artisanalement », elle produit, tel est l'aboutissement logique de ces formelles opérations. D'où l'importance, redoublement suprême, de l'image du livre dans ces livres d'images. Inclusions permanentes d'œuvres dans l'œuvre, qu'il s'agisse de dessins, de tableaux, de gravure rupestre (*la Mise en scène* de Cl. Ollier) ou de vitrail (*l'Emploi du temps* de M. Butor, 1956) ; mieux encore, c'est le roman qui s'insère dans le roman : le roman africain, dans *la Jalousie*, le « Livre interdit » dans *la Prise de Constantinople*, et *les Fruits d'or*, ce roman d'un roman...

Images en miroir de l'écriture même, dans ses « allées et venues » (*Problèmes du nouveau roman*), parcours piégés d'un texte que génèrent un mot, une couleur, une lettre : le Nouveau Roman convoque son « nouveau lecteur » dans l'« abyme » (*id.*) de sa propre contemplation. Passionnant spectacle, passionnant travail que la naissance d'une écriture. Qui, naguère, parlait d'« expression » ?...

A. Arnaudiès

NOVARINA Valère

(né en 1942)

Auteur dramatique, acteur, metteur en scène de plusieurs de ses propres œuvres, peintre et dessinateur, né à Chêne-Bougeries (canton de Genève). La liste des qualificatifs rend compte de la difficulté d'inscrire cet inlassable explorateur des confins du langage et des expressions artistiques dans les cadres habituels des nomenclatures. Pourtant, de ses premières œuvres, *l'Atelier volant* (1971, mise en scène de J.-P. Sarrazac), *Falstafe* (1977, mise en scène de M. Maréchal), à ses dernières en date, *l'Opérette imaginaire* (1998, mise en scène de C. Buchvald), *l'Origine rouge* (2000, mise en scène de V. Novarina), s'affirme la même exigence, celle d'une pensée, nourrie de textes sacrés, de poésie et de philosophie, qui tente d'opposer à l'ordre du monde tel qu'il est et à ses langages de surface des actes fondateurs, de nature libertaire, qui explorent les profondeurs de l'être et redistribuent, sur une autre scène, les rôles du *theatrum mundi*.

Cette reconstruction procède d'abord par accumulations, entassements, concrétions. Toute une tectonique textuelle en mouvement, emportée dans les dérives de ressacs incessants, charrie les noms recomposés de nouveaux inventaires et de nouveaux peuplements : dans *la Lutte des morts* (1979) se succèdent plus de trois cents noms propres à la suite de la liste exhaustive des ancêtres de l'homme. Dans *le Drame de la vie* (1983) « entrent et sortent » 2 587 personnages... Cette cosmogonie entraîne aussi la modification de la génétique des mots : par greffes, bouturages, marcottages surgissent bourgeonnements, drageons et rejets inattendus qui recomposent l'ordonnance de nos paysages intérieurs.

De tels réaménagements, dans un espace-temps sans contours et hors de toute *mimesis*, trouvent leur ultime plénitude sur un plateau de théâtre. Novarina a tôt précisé, dans *le Drame de la langue française* (1975), qu'il « n'écrit pas pour le théâtre, mais vers le théâtre ». La scène, effectivement, visualise et amplifie la portée de l'entreprise, l'humanise aussi en plaçant l'acteur au point d'incandescence de l'être et de la parole. Le comédien A. Marcon a su, un des premiers, révéler la puissance démiurgique et la subtilité dramaturgique d'une matière langagière si dense et si profuse, avec *le Monologue d'Adramélech* (1984) ou la première partie du *Discours aux animaux* (1986). À la suite de cette expérience solitaire s'est peu à peu constitué, au fil des pièces, un groupe d'acteurs « novariniens » (parmi lesquels D. Znyk, M. Baudinat, A. Sourdillon, L. Mayor, D. Dugast) faisant figure d'initiés, capables, « acteurs poètes », d'être « agis » par la parole, comme ne cessent de le réclamer des textes comme *la Lettre aux acteurs* (1979) ou *Pour Louis de Funès* (1986).

De plus, en 1994, la rencontre de l'auteur avec C. Buchvald, à l'occasion d'une nouvelle mise en scène de *Vous qui habitez le temps* (1989), est déterminante dans la mesure où l'écriture de Novarina s'ouvre alors à d'autres perspectives scéniques, notamment avec *le Repas* (1996, version pour la scène de *la Chair de l'homme* [1994]), *l'Avant-dernier des hommes* (1997, joué par C. Merlin), *l'Opérette imaginaire*. Ce dernier titre, avec *l'Origine rouge* (2000) qui suit, marque, semble-t-il, une nouvelle étape dans ce creusement du langage qui, sur une musique complice (C. Paccoud), atteint les formes elles-mêmes, désormais taraudées par une allégresse jubilatoire. La frontière atteinte ici par Novarina semble proche de celle dont Kierkegaard parlait quand il affirmait que « le comique se rapproche de la métaphysique ». L'ensemble de l'œuvre suivant sa pente naturelle, tout entière traversée par le souffle, tend ainsi depuis le début vers ce point nodal où, « pendant la matière », la lettre et l'esprit peuvent se prêter à une fusion.

J.-M. Thomasseau

O

OBALDIA René de

(né en 1918)

Dramaturge, romancier et poète, né à Hong Kong de mère française et de père panaméen, Obaldia, dès son plus jeune âge, vient habiter en France avec sa mère et fait ses études au lycée Condorcet. Naturalisé français, il est mobilisé quand survient la Seconde Guerre mondiale. Fait prisonnier, il est envoyé dans un camp en Silésie, où il restera jusqu'en 1945. De retour en France, Obaldia se consacre à la littérature : en 1949, il publie *Midi*, un recueil de poèmes d'inspiration surréaliste, qui lui vaut un prix de poésie, et collabore à de nombreuses revues, telles que *le Mercure de France* ou *Contemporain*. Puis, de 1952 à 1954, il occupe le poste de directeur adjoint au Centre culturel international de Royaumont ; après cette date, la vie d'Obaldia sera uniquement vouée à la production littéraire : c'est d'abord le romancier que de 1955 à 1960 viendront consacrer les prix littéraires (*Tamerlan des cœurs*, 1955 ; grand prix de l'Humour noir pour *Fugue à Waterloo*, 1956 ; prix Combat pour *le Centenaire*, 1959). Mais le public voit surtout en Obaldia un dramaturge, dont les créations à Paris, de *Genousie* (1960), de *Du vent dans les branches de sassafras* (1965) ou de *M. Klebs et Rozalie* (1975), ont assuré le succès, consacré en 2000 par son élection à l'Académie française.

Obaldia a longtemps été rattaché à l'avant-garde littéraire, car son écriture s'apparente parfois à celle des principaux novateurs de l'après-guerre ; de Michaux il rappelle les créations verbales et les jeux de mots (« Je dérive, je dérive, je Tanana, je Tananarive » [*le Cosmonaute agricole*, 1965]), ainsi que la constitution d'un langage nouveau – le « génousien », sujet de sa première pièce – et d'une ethnologie imaginaire, qui évoque le *Voyage en Grande Garabagne* de Michaux : « Les Holi, les Ona, les Noaques, les Tchitchisses, toutes les civilisations primitives situent l'homme sur son niveau ontologique » (*Genousie*). Ces jeux avec le langage peuvent aller jusqu'à la dislocation de la structure logique du discours ; comme Ionesco, Obaldia se plaît à la succession « absurde » de mots : dans *le Damné*, le Méchant est condamné à errer à la recherche du sens, parmi une foule de mots qui n'ont de rapport entre eux que phonétique et alphabétique : « Animal, Abracadabra. Abbébi, Abbiba. Addis-Abeba. » De même, dans *Genousie*, le monologue de Christian, à l'acte II (« Trois heures de retenue, tunnel sous la Manche, l'obscénité polaire, concombre, cornichon, salade de ténèbres, nocturne de Chopin »), rappelle « l'excellence du yaourt pour l'apothéose » de *la Cantatrice chauve*. Ces accumulations fantaisistes, fréquentes dans le théâtre d'Obaldia, visent à mettre en défaut un langage dont nous sommes un peu trop sûrs : « Le pire des malentendus vient peut-être de ce que nous parlons la même langue » (*Genousie*) ; et, de fait, jouant avec la logique, l'écrivain semble remettre en cause les normes, les lieux communs, l'académisme imposé par toute littérature « sérieuse ».

Cependant, il serait erroné de voir en Obaldia un chef de file du roman ou du théâtre de l'absurde. Car si les poétiques jeux de langage paraissent illustrer une tendance au moins surréaliste de l'auteur, la conception de la narration et du drame demeure, sans doute, assez traditionnelle – seule *Genousie* bouscule quelque peu les règles du théâtre ; mais, avec *le Satyre de La Villette* (1963), nous sommes en plein boulevard, même si la pièce scandalisa les bien-pensants ; *Du vent dans les branches de sassafras*, pour être burlesque, n'en possède pas moins une scène d'exposition classique, et un roman comme *Fugue à Waterloo* raconte avant tout une « histoire » : celle du début et de la fin d'un amour. Même le monologue du *Centenaire* ne bouleverse pas les conceptions traditionnelles du roman et ne crée nulle structure narrative nouvelle. Certes, Obaldia manie fort souvent la parodie – parodie de western, parodie du « songe d'Athalie » dans *Du vent dans les branches de sassafras*, parodie du conte bleu dans *Fugue à Waterloo*, de Shakespeare et de la Bible dans *le Général inconnu* (1964), du langage argotique dans *Édouard et Agrippine* (1965)… Ce qui n'exclut pas un certain goût pour les « effets » conventionnels de la scène, le dialogue brillant, l'aphorisme percutant, la sentence décisive : « Le vin met, entre les hommes et le monde, une merveilleuse marge de sécurité » (*Genousie*). Le dialogue décousu, emprunté à Ionesco, devient d'ailleurs également un « effet », qui ne trouble nullement un vaudeville fantaisiste comme *le Satyre de la Villette* :

> *Les sourds sont toujours ceux qui voient*
> *– Et les muets jouent aux billes*
> *– De préférence en verre*
> *– Pour y voir plus clair.*

En fait, malgré ces apparences parodiques, Obaldia ne cherche pas tant à remettre en cause les anciens (et les nouveaux) modèles littéraires qu'à en utiliser toutes les ressources. La technique de l'écrivain, plus surréaliste qu'« absurde », consiste plutôt à mêler les espaces et les temps, le sérieux et le comique, le songe et la réalité, l'académisme et l'innovation verbale, la rhétorique et la parole fragmentaire pour accroître la puissance poétique de son verbe. Dans *Tamerlan des cœurs*, il fait dialoguer son héros, Jaime, avec le conquérant, confondant la réalité française de 1939 avec l'histoire (et la légende) asiatique ; le centenaire, sur son banc, s'imagine faire le tour du monde ; la femme du *Banquet des méduses* (publ. 1973) suit une cure chez son médecin analyste, vit une aventure poétique et médiumnique « à des millions d'années-liquides » sur la mer. Obaldia, par la dispersion, la mobilité de sa parole, recherche ainsi la prolifération des images : tout se passe comme si la littérature devait aller au-delà d'elle-même.

À travers le prisme du langage, Obaldia réfléchit les couleurs d'un monde plus vif, plus direct, où les catégories importent peu. Loin de s'attacher à une philosophie, à un genre ou une doctrine littéraire, refusant la prééminence du « message » comme celle du non-sens, Obaldia affirme la toute-puissance de l'imaginaire, à l'œuvre aussi dans ses productions poétiques, telles les *Innocentines* (1969), et même dans son autobiographie où le récit s'ouvre sur le rêve, accueillant dialogues de théâtre et proses lyriques (*Exobiographie*, 1993).

J.-P. Damour

OHNET Georges

(1848-1918)

Romancier et dramaturge né à Paris, ce petit-fils du célèbre docteur Blanche qui se destinait au barreau amorça par le biais du journalisme une carrière littéraire. Polémiste et chroniqueur au *Pays* et au *Constitutionnel* à partir de 1870, il devint dès 1875 un écrivain de théâtre célèbre avec sa première pièce *Régina Sarpi*, suivie, en 1877, de *Marthe*, une comédie en quatre actes.

Cependant, l'immense succès qu'obtint son roman *Serge Panine* (1881) – premier d'une longue série intitulée *les Batailles de la vie* – indiqua à Georges Ohnet quelle était sa véritable vocation. Couronnée par l'Académie française, cette œuvre en appela beaucoup d'autres : *le Maître de forges* (1882), qui connut deux éditions en quelques mois ; *la Comtesse Sarah* (1883) ; *Lise Fleuron* (1884) ; *la Grande Marnière* (1885) ; *les Dames de Croix-Mort* (1886) ; *le Docteur Rameau* (1889) ; *Nemrod et Cie* (1892) ; *le Roi de Paris* (1898) ; *Un brasseur d'affaires* (1901)...

Ohnet porta à la scène avec non moins de succès quelques-uns de ces romans et *le Maître de forges* lui valut au théâtre un nouveau triomphe.

Auteur fêté par le public (petit-bourgeois mais non populaire), qu'il flatte par ses ouvrages bien-pensants, il n'en est pas moins durement contesté par la critique, qui « respirait » dans son œuvre « une triple essence de banalité ».

Ohnet se révèle en effet plus constructeur que créateur : habile scénariste, il possède l'art du suspense et des intrigues bien menées. Mais, outre un style négligé, une psychologie conventionnelle des personnages (presque tous aristocrates ou bourgeois), on peut lui reprocher de pousser à l'extrême les ressorts du roman mondain ou bourgeois : ton larmoyant, lieux communs des drames de l'amour et de l'argent, poncifs de l'affectivité romantique, dominés par l'antagonisme de la ploutocratie et de l'aristocratie de souche, thème rémanent dans son œuvre.

Toutefois, le succès durable de Georges Ohnet témoigna, en plein triomphe du naturalisme, de la vivacité du courant idéaliste et de l'engouement que lui portait encore le grand public.

C. Barbé

OLLIER Claude

(né en 1922)

Né à Paris, Claude Ollier fait des études de droit ; ses occupations l'amèneront à effectuer de fréquents séjours à l'étranger. Fonctionnaire pendant cinq ans au Maroc, c'est dans ce pays qu'il situe l'action de *la Mise en scène* (prix Médicis 1958), première étape d'un cycle romanesque, *le Jeu d'enfant*, où prendront place la plupart de ses ouvrages. Avec *le Maintien de l'ordre* (1961), *Été indien* (1963), *l'Échec de Nolan* (1967), l'œuvre d'Ollier s'inscrit dans l'esthétique du Nouveau Roman, dont il radicalise les partis pris : descriptions minutieuses, dilution du personnage, intrigues minces, passablement obscures, prétextes à de longues analyses de la perception. « Centre perceptif itinérant », le héros d'Ollier voit d'abord dans son environnement des figures géométriques déployées sur l'« écran » de la mer ou du ciel, inscrites dans l'encadrement d'une fenêtre, comme ces « rectangles de terre ocre » délimitant des terrains de jeu (*le Maintien de l'ordre*). Des comparaisons accentuent la géométrisation du décor : des immeubles dressés en « quadrilatères inégaux » semblent « les panneaux d'une maquette » (*id.*). Cette première inspection prend le héros au piège d'une systématisation faussement rassurante. Dans la « chambre cubique » occupée par l'ingénieur de *la Mise en scène,* des « craquements » ajoutent d'inquiétantes données auditives aux données visuelles, elles-mêmes sujettes à variation suivant l'éclairage ou le point de vue : « le tableau sans cesse se modifie » (*Été indien*), le décor devient labyrinthe, dédale (*Navettes*, recueil de récits, 1967), souk, gorge sans issue. Littéralement imperceptible, le monde extérieur se dérobe, suscitant un climat d'angoisse et d'incertitude.

Le discours d'Ollier peut également devenir théorique et contestataire. Répétant le conflit entre affects et modèles sociaux, la lutte s'engage au niveau de l'écriture entre l'imaginaire individuel et les contraintes sociales que « véhiculent la langue et les langages » (« Ma méthode », *Quinzaine littéraire*, oct. 1972). D'où les efforts de l'écrivain pour échapper à ce « texte » omniprésent, en dévalorisant par « mimétisme » les formes consacrées de la littérature : *la Mise en scène* singe un roman d'aventures coloniales, mais on peut aussi y voir l'angoissante spirale d'une enquête borgésienne. *La Vie sur Epsi-*

lon (1972), récit de science-fiction, met ce genre en question : les astronautes perdus sur la planète Epsilon personnifient, au travers du langage technique et de glaçantes descriptions, la condition humaine aux prises avec le temps et l'infini, « L'homme qui court éperdu [...], criant dans l'absence de traces » fait écho à l'homme pascalien « égaré dans ce recoin de l'univers ».

La contestation, chez Ollier, est aussi rhétorique. À mesure que le cycle se déploie (*Enigma*, 1973 ; *Our ou Vingt Ans après*, 1974 ; *Fuzzy Sets*, 1975 ; *Feuilletons*, 1990), la narration se complique, brouillant les repères spatiaux et temporels, reprenant presque textuellement des passages déjà inscrits dans ses débuts ou appartenant à d'autres livres. Dans *Fuzzy Sets*, le conflit se transforme en une lutte dont « l'enjeu est la page blanche ; l'issue, le tracé des lignes ». Messages chiffrés, mots tronqués, paragraphes entièrement composés de points de suspension envahissent le livre. Des jeux typographiques suggèrent que l'écriture peut être l'instrument de sens simultanés, devenir pur graphisme, hampe, jambage... Les mots se groupent en losange, en étoile, ou s'écartent autour d'une lune qu'un blanc creuse au milieu d'eux.

Qu'il prenne la forme foisonnante, discontinue, de l'autobiographie (*Cahiers d'écolier*, 1984 ; *Une histoire illisible*, 1986) ou s'en tienne à la fiction, le discours d'Ollier laisse en suspens la réalité d'un monde dont ses héros feints ou réels (Noé, Gagarine et le capitaine Nemo s'y côtoient) perçoivent des images dissemblables. Tantôt elle s'étire dans le temps, le passé récent croisant un futur anticipé (*Obscuration : déconnection*, 1999), tantôt elle éclate dans l'espace onirique d'un rêve dont le dormeur ne sortira pas rassuré (*Préhistoire*, 2001), à moins qu'elle ne se dissolve dans les limbes d'une conscience qui s'éteint sous l'effet de l'anesthésie (*Wanderlust et les Oxycèdres*, 2000).

Aux confins de la poésie et du roman, l'écriture d'Ollier avec ses inversions syntaxiques, ses ellipses, ses inventions lexicales (« vertigine », « sherzane », « ajoliane ») renvoie à l'esthétique mallarméenne. Sans doute l'hermétisme offre-t-il la meilleure chance de créer enfin, hors texte, un « bibelot d'inanité sonore ». [Voir aussi **Nouveau roman.**]

M.-A. de Beaumarchais

O'NEDDY Philothée

Pseudonyme anagrammatique de ***Théophile DONDEY***
(1811-1875)

Dondey connut une vie étriquée, toute différente de celle que rêva O'Neddy, une vie bien étriquée pour ce « bousingot » qui fit les quatre cents coups avec l'avant-garde littéraire du romantisme. Oublié, relégué parmi les « petits romantiques », il témoigne d'une veine marginale par rapport à l'inspiration littéraire des années 1830 ; mais là encore, il demeure aujourd'hui à l'ombre des fureurs verbales d'un Pétrus Borel...

Sa mère, très pieuse, lui avait donné le goût de l'absolu. Mais il devait repousser plus tard cet héritage, trop traditionaliste :

Oh ! pourquoi le culte de ma mère
N'est-il que jonglerie, imposture, chimère ?

C'est l'époque des refus – politiques, religieux, littéraires – et des enthousiasmes : Dondey participe aux « émeutes » romantiques, applaudit à la révolution de Juillet, s'adonne à la poésie. Enthousiasmes de courte durée, brisés par la mort de son père en 1832 : obligé de soutenir sa famille, le jeune bousingot rejoint, au ministère des Finances, le bureau qu'il avait abandonné ; mais les tracasseries administratives l'ennuient, son caractère s'aigrit. D'autant que son recueil poétique, *Feu et Flamme* (1833), qu'il publie sous le pseudonyme de Philothée O'NEDDY, passe inaperçu. Après cet échec, O'Neddy ne fait plus paraître que quelques pages dans les journaux (feuilletons, sonnets de 1839 à 1841), une pièce de 200 vers, *Une fièvre de l'époque* (1841), et une quinzaine de comptes rendus dramatiques. Il soutient *les Burgraves* (1843) contre le « sot public », montrant sa fidélité à l'idole de ses vingt ans et aux principes romantiques.

Amours, santé, succès..., tout le fuit. Il range sa plume de 1846 à 1856, se cloîtrant dans sa vie de célibataire. À l'orée des années 1860, il retrouve l'inspiration, compose de nouveaux vers, où il tente de ressusciter les souvenirs envolés :

L'esprit nouveau revint sur moi, brûlant et fort,
Et sans rien profaner de mon deuil extatique,
Il sut galvaniser mon cœur paralytique.

En 1861, sa mère meurt. Demeuré seul avec sa sœur, il attend la retraite puis la mort. Ses *Poésies posthumes* paraissent en 1877, mais elles ne le sortent pas de l'oubli auquel sa vie l'avait confiné.

Au reçu de *Feu et Flamme*, Chateaubriand répond à O'Neddy : « Je voudrais, monsieur, n'avoir lu que votre lettre. » Formule abrupte qui n'est que la première des critiques violentes que le livre essuiera. Asselineau peut bien parler du recueil dans sa *Bibliographie romantique* (et donc le consacrer), il n'en épargne pas pour autant ses sarcasmes, trouvant les personnages ridicules et accusant leur auteur de « singer les allures des chefs de son groupe ». Théophile Gautier, ami de Dondey, s'en prend, pour sa part, à la versification : « S'il ne s'était retiré si tôt, il se serait fait assurément une place dans le bataillon sacré. » Mais c'est pour ajouter : « Il façonne bien le vers sur l'enclume ; il lui donne, au milieu d'une pluie d'étincelles, la forme qu'il désire, avec son opiniâtre et pesant marteau. » Il est vrai que, dans ses alexandrins, Dondey confond souvent vigueur et pesanteur, originalité et bizarrerie :

... Après quelque silence, un visage mauresque
Leva tragiquement sa pâleur pittoresque,
Et, faisant osciller son regard de maudit
Sur le conventicule, avec douleur il dit...

Échec cuisant donc, mais échec inévitable. Dès la Préface, l'emphase d'O'Neddy est provocatrice. Ne s'adresse-t-il pas « aux ouvriers musculeux et forts » de « la nouvelle Babel artistique et morale », criant son mépris des « anciennistes » et de l'Académie, des religions, et proclamant sa croyance en la

poésie rénovatrice ? Profession de foi romantique d'un jeune homme qui s'imagine poète parce qu'il aime Hugo.
Les mêmes thèmes hantent ses autres œuvres – l'amour, la désespérance, et, surtout, l'impuissance du créateur :

Je suis comme ce glaive, et je dis au Destin :
Pourquoi seul dans mon type ai-je un sort [clandestin ?
Ignores-tu quelle est la trempe de mon âme ?...

(« les Deux Lames »)

De cette débauche de déclarations naïves émergent trois courts romans – *l'Abbé de Saint-Or* (octobre 1839) ; l'*Histoire d'un anneau enchanté*, roman de chevalerie (mars 1842) ; *le Lazare de l'amour* (février 1843) –, où se développe une conception mystique de la passion. Partout transparaissent des souvenirs de légendes celtes, de romans moyenâgeux ou picaresques, rien de profondément personnel. L'écrivain semble d'ailleurs mal à l'aise dans le genre narratif, maniant les temps de façon incertaine : commencé au passé, le récit se poursuit au présent dans les moments forts, comme si Dondey ne savait suggérer autrement l'intensité.
Il convient encore de citer, inédits, un drame, *Miranda*, plein, lui aussi, de mystique amoureuse mais fort incohérent, et *les Visions d'un mort vivant* (1861-1862), qui symbolisent atrocement une vie d'infortune : quand le héros veut s'emparer des merveilles qui devraient le combler, une force invisible le couche dans un cercueil recouvert d'un « long drap noir », où il attendra la mort, assiégé par toutes les tentations. Ce thème sera repris dans *le Cul-de-jatte* (1863), dont l'épigraphe, empruntée au *Misanthrope*, annonce :

C'est moi-même, messieurs, sans nulle vanité.

Jamais comme dans cet ouvrage Dondey n'aura autant essayé d'être sincère et de lutter contre sa grandiloquence. Enfin un chef-d'œuvre ? Tout au plus la plainte ultime d'une âme romanesque, éprise de sublime, de grandeur hugolienne et mise au supplice par la médiocrité d'un destin.

M. Giovacchini

Orange (Raimbaut d')
v. Raimbaut d'Orange

ORLÉANS Charles d'
v. CHARLES D'ORLÉANS

ORMESSON Jean d'

Jean LEFÈVRE D'ORMESSON *(né en 1925)*

Romancier, essayiste né à Paris. Issu d'une famille aristocratique particulièrement illustre – quatre de ses membres, dont le propre père de l'écrivain, furent ambassadeurs de France –, Jean d'Ormesson a passé la plus grande partie de son enfance à l'étranger – en Allemagne, en Roumanie, au Brésil. De retour en France, en 1938, il fait ses études aux lycées Louis-le-Grand et Henri-IV ; il est reçu, en 1945, à l'École normale supérieure. Licencié ès lettres et en histoire, agrégé de philosophie, il commence une carrière de haut fonctionnaire. Il sera attaché à divers cabinets ministériels et aux délégations françaises lors de plusieurs conférences internationales entre 1946 et 1948, puis exercera à partir de 1950 la fonction de secrétaire général du Conseil international de la philosophie et des sciences humaines à l'Unesco. À partir de 1949, il collabore à des journaux parisiens ou régionaux (*Paris-Match*, *Ouest-France*, *Nice-Matin*…). Après avoir publié des récits souvent déterminés par la quête sensuelle du bonheur (*L'amour est un plaisir*, 1956 ; *Un amour pour rien*, 1960 ; *les Illusions de la mer*, 1968) et des essais au caractère fortement autobiographique (*Du côté de chez Jean*, 1959 ; *Au revoir et merci*, 1966), il reçoit en 1971 le grand prix du roman de l'Académie française pour *la Gloire de l'Empire*. Sa carrière littéraire obtient alors une double consécration. En 1973, il est élu à l'Académie française et, quelques mois plus tard, en 1974, accède à la direction du *Figaro*. Même s'il quitte, en 1976, toutes ses fonctions à la tête de ce quotidien, il en redeviendra dès l'année suivante l'un des chroniqueurs et des éditorialistes les plus célèbres.
Par leur diversité de ton, de genre ou de registre, les livres de Jean d'Ormesson constituent autant d'interrogations sur les rapports que la conscience individuelle de l'homme peut établir avec le moi, le temps, l'Histoire, ou la pensée universelle. Cependant, toutes ces problématiques ne font pas de l'écrivain un théoricien abscons. C'est par les voies d'une œuvre brillante, accessible à un large public, qu'il tente d'approcher un bonheur ou une sagesse. D'abord par l'examen de soi, dont *Au revoir et merci*, *le Vagabond qui passe sous une ombrelle trouée* (1978), *le Rapport Gabriel* (1999) constituent les étapes les plus importantes. Mais aussi en transposant ses propres sentiments dans quelques personnages de fiction, comme Casimir, ce « jeune homme insolent » qui dans les ténèbres de ses incertitudes cherche « une ombre de gaieté » (*Casimir mène la grande vie*, 1997). Dans ces textes, d'Ormesson révèle ses errances d'éternel adolescent épris d'oisiveté, mais soucieux du « temps perdu » (« Longtemps, je me suis demandé quoi faire » est la première phrase du *Vagabond qui passe sous une ombrelle trouée*), son goût irrépressible pour le bonheur et la liberté, ses paradoxes et ses contradictions. Le roman du moi se déploie avec malice, légèreté, ironie, un rien de provocation quelquefois. Cet homme bardé de diplômes et reconnu des institutions les plus prestigieuses confie sa fascination pour les ratés : « Ils me semblent souvent plus libres, plus séduisants et parfois même plus profonds que toutes ces mécaniques d'horlogerie fabriquées par concours » (*id.*). Seule la littérature devait combler cet aristocrate, sans « vocation » apparente, mais attaché aux valeurs du siècle des Lumières. Lire et écrire, c'est se plonger à la fois dans le rêve et le savoir, circuler dans un univers de pur plaisir. Ce goût de la promenade intellectuelle a de la sorte généré les deux tomes d'*Une autre histoire de la littérature française* (t. I, 1997 ; t. II, 1998). Jean d'Ormesson y présente, en quelques pages,

avec alacrité, impertinence « dans tous les sens du mot », quatre-vingts auteurs dont il veut avant tout souligner « le charme » et, « sous la rouille », la « jeunesse » et la « nouveauté » (t. II, « Avant-propos »). Car la littérature est le chemin qui mène le plus sûrement à l'exploration du passé, à la perception et, peut-être, à la compréhension de l'Histoire.

De fait, celle-ci est sans doute la véritable figure récurrente de l'œuvre romanesque de Jean d'Ormesson, et il lui a consacré ses livres les plus ambitieux : *la Gloire de l'Empire*, *Au plaisir de Dieu* (1974, prix Balzac), *Dieu, sa vie, son œuvre* (1981), *Histoire du juif errant* (1990), *la Douane de mer* (1994), mais aussi une trilogie évoquant les destins croisés de quatre sœurs et de quatre frères (*le Vent du soir* et *Tous les hommes en sont fous* 1985 : *le Bonheur à San Miniato*, 1987). De même, un texte plus ouvertement philosophique (*Presque rien sur presque tout*, 1995) examine les rapports de l'homme et du temps, de la conscience historique et du divin. *La Gloire de l'Empire*, dès son épigraphe empruntée aux frères Goncourt, révèle le dessein de Jean d'Ormesson : « L'Histoire est un roman qui a été, le roman est de l'Histoire qui aurait pu être. » Cet ouvrage de pure fiction, en parodiant l'érudition universitaire, avec ses fausses généalogies, ses pseudo-chronologies, ses bibliographies et ses documents improbables, relate, à l'aube d'un Moyen Âge imaginaire, le destin d'Alexis, un empereur qui affronte les expériences de la grandeur, de la décadence pour finalement renoncer à tout exercice du pouvoir. Éternelle histoire de l'Histoire : la conscience humaine pense avoir prise sur un temps qu'elle ne possède pas, intervenir dans la marche du monde qu'elle ne maîtrise pas. Comme beaucoup d'écrivains du XXe siècle, d'Ormesson voit dans les avatars historiques un mécanisme qui détermine l'être humain malgré lui. Les héros de sa trilogie romanesque – les resplendissantes sœurs O'Shaughnessy et les frères Romero – suivent, de la crise de 1929 jusqu'à l'époque du gaullisme, des cheminements idéologiques fort divers. Ceux qui parmi eux fréquentaient les nazis se mettent, en 1940, à les combattre sans raison explicite : « Les bouleversements de l'Histoire brisent les constellations établies et en constituent d'autres » (*le Bonheur à San Miniato*). Ainsi, pour le romancier, l'histoire est le temps même de l'altérité, voire de l'aliénation – une instance parfois écrasante qui mène l'être humain à tous les paradoxes, à tous les revirements.

Dès lors, pour maîtriser quelque peu le temps qui est le sien, l'homme n'a plus qu'une solution : se fabriquer ses histoires, faire de l'écriture un art de vivre. C'est dans l'invention littéraire que la conscience se reconstitue. D'Ormesson se sent fort éloigné des mysticismes et préfère découvrir le monde et le recréer dans le champ du romanesque, même si, comme l'affirme Simon, l'un des personnages de l'*Histoire du juif errant*, « c'est toujours la même chose : l'amitié, l'ambition, la cruauté, la beauté, l'absente présence de Dieu, le souvenir et l'attente, l'amour dans tous ses états ». De là cette passion dont témoigne Jean d'Ormesson pour la vie et l'œuvre de Chateaubriand, auquel il a consacré une « biographie sentimentale », *Mon dernier rêve sera pour vous* (1982) et l'« Album » 1988 de la Pléiade. L'auteur des *Mémoires d'outre-tombe*, pétri de contradictions morales et idéologiques, spectateur des plus grands bouleversements historiques du XIXe siècle, amoureux passionné de tant de femmes, semble à lui tout seul « le monde entier qui défilerait sous nos yeux » (*la Douane de mer*). C'est d'ailleurs dans l'amour, autre sujet majeur des textes de Jean d'Ormesson, que l'écrivain voit la réconciliation de l'homme avec lui-même. Au reste, « toute littérature qui ne relève pas de l'amour ne relève pas de la littérature » (*Presque rien sur presque tout*). Ainsi, dans un siècle qui, après Mallarmé, n'a pas cessé de douter de la signification, voire de l'existence même du Livre, Jean d'Ormesson ne cesse de croire en la vertu salvatrice de l'écriture – et surtout en sa fonction hédoniste.

J.-P. Damour

ORSENNA Erik

*Pseudonyme d'**Éric Arnoult** (né en 1947)*

Économiste de formation, conseiller culturel de François Mitterrand de 1983 à 1985, il emprunte son pseudonyme à la ville imaginaire du *Rivage des Syrtes*. Son inspiration romanesque n'en est pas moins très éloignée de Julien Gracq. Elle se situerait plutôt, toutes proportions gardées, entre *la Comédie humaine* et *les Hommes de bonne volonté*. *Une comédie française*, en 1980, retrace la vie d'une famille au lendemain de la Seconde Guerre mondiale. Aux drames et aux vicissitudes privés se mêlent les aspirations et les crises d'un pays en voie de reconstruction – Libération, guerre froide, premiers frémissements du gaullisme dans l'opinion publique, chute de l'empire colonial et débuts vacillants de la Ve République. À cette fresque souvent douloureuse répond, sur le mode épico-loufoque, *l'Exposition coloniale* (prix Goncourt 1988), tableau d'une existence mêlée de près ou de loin aux grandes aventures du XXe siècle – de l'industrialisation conquérante à l'effondrement du rêve d'expansion coloniale. Gabriel Orsenna, le narrateur, devient un spécialiste des pneumatiques et participe à l'épopée de l'automobile, tandis que son père connaît un bref moment de gloire avec l'Exposition coloniale de 1931. Hormis ces deux romans qui font figure de panneaux d'un diptyque contrasté, le reste de la production d'Erik Orsenna paraît plus multiforme. Avec, parfois, des incursions dans des genres surprenants, telle cette *Histoire du monde en neuf guitares*, récit d'un grand concert prévu pour le réveillon du 31 décembre 1999, où se mêlent science-fiction et références au rock'n'roll. Orsenna se fait également biographe à l'occasion, comme dans *Portrait d'un homme heureux – André Le Nôtre* (2000), évocation des rapports privilégiés entre un jardinier et son souverain. Mais sans doute est-ce dans une veine plus intimiste qu'Erik Orsenna livre ses œuvres les plus convaincantes. Après *la Vie comme à Lausanne* (1977) et *Grand amour* (1993), *Longtemps* (1998) déroule une histoire d'adultère éperdue sur plusieurs décennies et plusieurs continents, tandis que *Deux Étés* (1997) raconte l'histoire d'un jeune homme qui a accepté de traduire *Ada ou l'ardeur*, le roman foisonnant de Nabokov, et qui, dans le cadre harmonieux d'une île au large de la Bretagne, est soumis à la fois aux pressions d'un éditeur impatient et au mystère de fécondes rencontres. En 1999, Erik Orsenna a été élu à l'Académie française.

P. Mari

OSTER Pierre

(né en 1933)

Après avoir accompli ses études secondaires au collège Sainte-Croix et au lycée Buffon, Pierre Oster fréquente, en 1951 et 1952, le lycée Louis-le-Grand, puis, en 1953, l'Institut d'études politiques de Paris. Un an plus tard, il publie son « Premier Poème » dans *le Mercure de France.*

D'abord elliptique et fragmentaire (*le Champ de mai*, 1955), la poésie de Pierre Oster s'est rapidement muée en une sorte de « souffle rhétorique ». Indéniablement placés sous le signe de Claudel et de Saint-John Perse, les versets réguliers d'*Un nom toujours nouveau* (1960) ou de *la Grande Année* (1964) entreprennent une quête orgueilleuse : celle du langage et de l'univers. Préoccupé de métaphysique, Oster croit pouvoir fonder la vérité sur la parole poétique : « Poème : ouverture sur le Réel, sur l'Esprit ; sur le Monde et l'éternel dessein divin » (*Notes d'un poète*). C'est par le « Nom » que les éléments de l'univers sont non seulement perçus, mais créés : le signe précède l'existence même des choses. De fait, de *Solitude de la lumière* (1957) aux *Dieux* (1970), que suivront *Requêtes* (1977), *Rochers* (1982), l'*Ordre du mouvement* (1991), *Alchimie de la lenteur* (1997), *le Savoir de la terre* (1998), Oster décrit une véritable genèse ; tout se passe comme si, en le nommant, le poète commençait par s'approprier un monde. La « Nuit », l'« Océan », l'« Unité », le « Vent », l'« Arbre »... apparaissent d'abord ; puis s'estompent les majuscules, et le poète fait alors l'inventaire minutieux d'une campagne accueillante :

Je me penche sans fin vers la terre, et la trouve
[fidèle
À la façon d'une maison !

Prônant l'éternité de l'« Être » contre l'Histoire, la Bible et Parménide contre Hegel et Nietzsche, le mysticisme d'Oster exalte en fait plus encore l'« Homme », doué du pouvoir définitif du langage, que la nature ; faire du *je* une « puissance cosmique » est le dessein général de ces textes ambitieux, dont *Paysages du tout* (2000) propose une relecture d'ensemble :

Ah ! Pressentant mon nom, je pénètre ce que je
[nomme.
Je découvre partout la Lumière qui me fait homme.

L. Pinhas

OuLiPo

Septembre 1960... C'est la pleine époque des recherches formalistes. Le nouveau roman de Robbe-Grillet, de Butor, s'impose au public lettré. Quelques écrivains, intellectuels, poètes et mathématiciens, unis par des intérêts communs, par une certaine conception de l'écriture et, pour quelques-uns, par la complicité pataphysicienne, ont l'idée de créer ce qui va devenir l'« Ouvroir de littérature potentielle » (en abrégé OuLiPo). Les membres fondateurs en sont Raymond Queneau, Jean Lescure, Jacques Bens, le mathématicien François Le Lionnais et quelques autres. Par la suite, et selon la règle de la cooptation, en deviendront membres des universitaires (Albert-Marie Schmidt, Marcel Benabou), un romancier, Georges Perec, un poète, Jacques Roubaud... Des correspondants étrangers seront également choisis, les plus notoires étant sans doute Marcel Duchamp pour les États-Unis et Italo Calvino pour l'Italie. Enfin des « invités d'honneur » prendront part à ses travaux.

Mais qu'est-ce que l'OuLiPo ? Ni un mouvement littéraire – il ne vise pas à produire ni à promouvoir des œuvres ; ni une académie, malgré quelques ressemblances formelles ; ni un groupe de recherche scientifique, même si ses membres pratiquent volontiers les mathématiques... Son projet n'est pourtant pas si différent de celui d'un séminaire académique. Il se donne pour but « d'opérer sur des matériaux constitués, organisés à des fins littéraires » (J. Bens). Il prend comme unique objet d'étude la structure de ces matériaux, « sans considération particulière de la beauté ». Autrement dit, il considère le langage comme une machinerie susceptible de produire toutes sortes de matrices correspondant à des structures prédéfinies. Ces structures, observe-t-il, restent souvent cachées, délibérément ou non. En outre, la dépréciation traditionnellement attachée à la notion de « procédé » a fait qu'elles ne sont mises en œuvre que clandestinement, et empiriquement, c'est-à-dire de façon rudimentaire. L'OuLiPo prétend : 1. mettre au jour ces structures cachées ; 2. en inventorier systématiquement les possibilités de fonctionnement ; 3. inventer de nouveaux modèles structurels susceptibles de générer des œuvres nouvelles ; 4. mettre à la disposition d'utilisateurs éventuels ses trouvailles.

Le développement des travaux de l'OuLiPo a rapidement fait apparaître deux grandes orientations complémentaires. L'« anoulipisme » (ou oulipisme analytique) examine, dans la perspective oulipienne, les œuvres existantes, anciennes ou modernes, et détermine leur degré de « potentialité ». Il dégage donc, à partir de textes donnés, les contraintes visibles ou secrètes qui les ont produits. Il s'interroge aussi sur la pérennité du pouvoir créateur de ces structures (peut-on encore écrire valablement un sonnet régulier, une tragédie en alexandrins ?). Il écarte celles qui ne lui semblent plus fécondes ; il conserve celles qui peuvent encore servir et, au besoin, s'applique à les rénover. Le « synthoulipisme » (ou oulipisme synthétique) vise, lui, à mettre au point des structures textuelles neuves, grâce notamment à l'aide des mathématiques.

Exemple d'anoulipisme : F. Le Lionnais s'est intéressé à la structure fondatrice du genre policier reposant sur l'identification du ou des coupables, et il a démontré, le 12 janvier 1969, que la seule modalité structurelle du genre à demeurer

inexploitée à ce jour correspondrait à l'équation *x* (le coupable) = le lecteur.
Exemple de synthoulipisme : la méthode due à Jean Lescure et dite « S + 7 ». Son maniement est aisé et d'une forte potentialité. On peut l'énoncer ainsi : prendre un texte, littéraire ou non, et remplacer chacun des substantifs (S) de ce texte par le septième substantif qui le suit dans un lexique donné. On peut évidemment déduire de cette formule toutes sortes de variantes non moins fécondes, par exemple « S – 5 », « A (adjectif) +/– 4 », « V (verbe) +/– 6 », etc. Plusieurs d'entre elles peuvent être utilisées simultanément. Les résultats offrent, à l'expérience, un pourcentage de réussites poétiques qui n'est pas inférieur à celui de pratiques plus traditionnelles. Queneau, quant à lui, est l'inventeur de la technique dite de « littérature définitionnelle » qui peut être extraordinairement productive, voire prolifique. Soit une phrase matricielle : on substitue à chacun des termes signifiants de cette phrase sa définition telle que la procure un dictionnaire. Ainsi, « le chat a bu le lait » devient, après un seul « traitement définitionnel » : « le mammifère carnivore digitigrade domestique a avalé un liquide blanc d'une saveur douce fourni par les femelles des mammifères ». Compte tenu du fait que ce traitement peut être répété autant de fois que l'on veut, on voit qu'il est aisé de tirer d'une phrase simple un fort volume ! Son inventeur a calculé que trois traitements successifs permettent de transformer une phrase de 6 mots en un texte de près de 180 termes…
Les travaux de l'OuLiPo offrent ainsi un mélange unique d'esprit de système, d'humour et de charme poétique. Ils ont le mérite de nous rappeler, sans avoir l'air d'y toucher, que les plus grands chefs-d'œuvre sont fondés sur des règles du jeu contraignantes et un tantinet absurdes. Mais la réussite qui en découle transforme cette absurdité en nécessité. Chaque écriture est une combinatoire, plus ou moins rigoureuse, plus ou moins avouée, et la phraséologie du génie, de l'inspiration, n'a d'autre fonction, des romantiques aux surréalistes, que de camoufler cette réalité « cuisinière » pour mieux sacraliser les œuvres et leurs auteurs. C'est au fond le sens de cette proposition de F. Le Lionnais « de mettre des rimes où il n'y en a pas et de ne pas en mettre où l'on en a l'habitude » ! Ce qui donne (à partir du fameux distique holorime de V. Hugo) :

Gall, amant de la reine, alla – c'est étonnant –
Galamment de l'arène à la place Dauphine.

Les écrivains contemporains n'ont sans doute pas puisé autant qu'ils l'auraient pu dans les mines que l'OuLiPo met à leur disposition. On peut toutefois mentionner deux œuvres dont l'originalité a frappé le grand public et dont la fabrique est explicitement oulipienne : les *Cent Mille Milliards de poèmes* de Queneau (1961), antérieurs à la fondation de l'OuLiPo mais à l'origine de son « invention », et *la Disparition* de Georges Perec (1969). Il s'agit sans doute du seul roman lipogrammatique jamais mené à bien et du plus long lipogramme jamais réalisé. Rappelons qu'un lipogramme se donne pour loi d'exclure une ou plusieurs lettres de l'alphabet utilisé. Écrivant en français, et choisissant d'éliminer le *e*, Perec n'avait pas précisément choisi la facilité ! Il lui donnera une suite avec pour contrainte de n'utiliser pour seule voyelle que le *e* : d'où le titre *les Revenentes* (1972) !
Sérieux, vraiment, ces « oulipistes » qui travaillent sous le patronage du fameux Collège de pataphysique ? Chacun en jugera. Mais, à l'aube de l'ère informatique, est-il excessif de penser que les recherches de l'OuLiPo sont au moins aussi importantes, pour l'avenir de la littérature, que celles de l'Académie française dans les mêmes domaines ? [Voir aussi **PEREC, QUENEAU, ROUBAUD.**]

J.-J. Roubine

P

Pagnol Marcel

(1895-1974)

Marcel Pagnol est né à Aubagne (Bouches-du-Rhône). Il compléta ses études, commencées à Marseille, en suivant les cours de la faculté des lettres d'Aix-en-Provence : c'est l'époque où il écrit des poèmes pour la revue *Massilia*, puis pour *Fantasio*, qu'il a fondé et qui deviendra *les Cahiers du Sud*. Licencié d'anglais, il est d'abord nommé professeur au lycée de Tarascon, puis à Marseille, enfin à Paris au lycée Condorcet. En 1925, il fait représenter *les Marchands de gloire*, âpre satire de ceux qui exploitent la mémoire des soldats morts au champ d'honneur, puis *Jazz* (1926), histoire poétique d'un universitaire qui a raté sa vocation pour le bonheur. Mais il n'obtient le succès qu'avec *Topaze* (au théâtre des Variétés, 1928) et surtout *Marius* (théâtre de Paris, 1929, avec Raimu dans le rôle de César). Pagnol est aussi l'un des premiers à avoir su porter ses pièces à l'écran : *Marius*, adapté en 1931, *Fanny* et *César* (écrit d'abord pour le cinéma) en 1932 et 1936. Il fonde *les Cahiers du film* en 1935 et réalise d'autres œuvres cinématographiques, notamment à partir des récits de Giono (*Angèle*, d'après *Un de Baumugnes*, 1934 ; *Regain*, 1937). Les tentatives romanesques de Pagnol sont moins prisées du grand public, malgré leur charme (*l'Eau des Collines*, tome I : *Jean de Florette*, tome II : *Manon des sources*, 1963), et son retour au théâtre, après son élection à l'Académie française (1946) est accueilli avec des fortunes diverses (*Judas*, 1955 ; *Fabien*, 1956). Ce sont en fait des recueils de souvenirs, empreints de l'amour qu'il a toujours eu pour sa terre natale et son milieu familial, qui lui vaudront un regain de succès à partir de 1957, année où sont publiés *la Gloire de mon père* et *le Château de ma mère*. Paraîtront ensuite *le Temps des secrets* (1960) et, après sa mort, survenue à Paris, *le Temps des amours* (1977).

Le sens du (mélo)drame

C'est d'abord sur l'efficacité d'une intrigue simple mais entraînante que reposent les tragédies du début comme les comédies bouffes, les drames ou les scénarios de Marcel Pagnol. Son art consiste essentiellement à transformer en situation théâtrale une anecdote : c'est ainsi que le dénouement pathétique de son film *la Femme du boulanger* (1938) est issu d'un épisode très dépouillé de *Jean le Bleu*, de Giono (1932), mais peut-être aussi d'une liaison éphémère qu'eut le père de l'écrivain avec une voisine lors de la grossesse de sa mère (il y est fait allusion en quelques lignes dans *la Gloire de mon père* : « On m'a dit que Joseph [le père de l'auteur] profita de sa liberté pour conter fleurette à la boulangère, dont il mit en ordre la comptabilité : voilà une idée déplaisante, et que je n'ai jamais acceptée »). De même, l'émotion un peu facile, mais contagieuse, qui se dégage de la célèbre trilogie *Marius*, *Fanny* et *César*, repose en partie sur l'habileté à ménager le suspense à partir d'une situation de vaudeville, voire de roman-photo : un veuf (César), une pulpeuse poissonnière marseillaise (Honorine), la petite marchande de coquillages (Fanny), le turbulent jeune premier (Marius), enfants respectifs du (futur) couple précédent, etc. Des amours de Fanny et Marius naîtra un enfant naturel, auquel le vieux, mais riche et bon, Panisse voudra bien servir de père.

À la scène de reconnaissance près, Pagnol n'hésite pas à user de toutes les ficelles qui font le succès du mélodrame : aux bouleversements spectaculaires provoqués par le tumulte des passions, un dénouement invraisemblable mais conventionnel fait succéder l'apaisement affectif et le retour à l'ordre (social) : le père retrouve son fils prodigue, le boulanger sa boulangère… et l'instituteur tombe dans les bras du curé.

En fait, par-delà les nécessités (ou les facilités) de la mise en scène, Pagnol semble avoir une conception essentiellement dramatique, parfois même manichéenne, des rapports interpersonnels. Le couple formé par l'instituteur et le curé qui se détestent cordialement est le symbole le plus évident des rivalités ancestrales et des querelles d'amour-propre régissant de façon quasi obsessionnelle les actes des personnages dans l'ensemble de l'œuvre de Pagnol. Celui-ci cherche à concilier les antagonismes et les divergences d'opinion. D'où le dialogue philosophique entre le marquis libertin et le curé, ou encore, dans *la Femme du boulanger*, la parabole de l'instituteur portant sur ses épaules ce même curé à la recherche de la femme adultère. La réconciliation du clergé et de l'école laïque, le curé voulant bien photographier le père du narrateur au retour de sa chasse héroï-comique, et la leçon de sagesse humaine que l'enfant en tire, c'est aussi la morale qui sert de dénouement à *la Gloire de mon père*.

Le mythe du bon Méridional

Pagnol est conscient de l'existence du mal, du tragique de l'existence et, au premier chef, de l'injustice sociale : la critique du rôle de l'argent s'inscrit dès *Topaze* dans la veine d'une satire impitoyable des faiblesses humaines.

Topaze

SYNOPSIS

Professeur à la pension Muche, Topaze se montre, plus encore que son ami Tamise, un modèle de sérieux et de probité, qu'exploitent sans vergogne son directeur et ses collègues. Chassé pour sa naïve intégrité (acte I), il accède à la fortune et à la reconnaissance sociale en devenant, à son insu, l'homme de paille d'un politicien véreux, Castel-Bénac (acte II). Quand ses yeux se dessillent (acte III), il n'est plus temps de dénoncer les tristes sires qui l'abusent et, après avoir vaincu les affres de la peur et du remords, il se joue de son maître en fourberies et achète la maîtresse de Castel-Bénac, Suzy, pour l'amour de qui il a accepté de se jeter dans la corruption (acte IV).

H. Lefebvre

Les rapports sentimentaux eux-mêmes sont le plus souvent empreints de cruauté et de violence (cf. la jalousie exacerbée de la grand-mère dans *le Temps des secrets* : « Écoute ! dit le grand-père, tu n'appelles pas ça de la folie furieuse ? – Non, dit ma mère, c'est ça l'amour »). Mais Pagnol envisage avec bienveillance les vicissitudes du destin : les personnages qui en sont victimes sont trop simples pour sentir l'horreur métaphysique de leur condition. *Marius* est, à ce titre, exemplaire : veuf, Panisse est prêt à tout… même à se remarier ! L'ironie dans ses répliques, jointe à la naïveté des personnages, permet à Pagnol de réagir à la souffrance non par la révolte mais par l'acceptation bon enfant du mal. Certes, « il y a des fois que le bon Dieu n'est pas gentil », mais, avec des êtres simples et, par définition, sains, tout finit par s'arranger – autour d'un bon repas, par exemple : « CÉSAR – Moi, j'ai beaucoup de choses à te dire, tout en mangeant la daube que Félicie a faite ce matin. Réchauffée, c'est un délice. Surtout qu'elle y a mis une bonne poignée d'olives noires. Viens, mon fils. » Rideau (dernière réplique de *Fanny*).

Apparemment « pris sur le vif », faussement naturels mais tout à fait conformes à l'image de la bonne nature, stéréotypés jusqu'à la caricature, les Marseillais de Pagnol ne semblent guère préoccupés que par les cornes que le mariage dispose immanquablement sur leur tête. Tradition gauloise obligeant, les femmes se partagent les rôles de la fille perdue, de la vieille fille acariâtre ou de l'innocente séduite que l'amour rachètera. Mais l'exagération dans la simplification des caractères et dans la distribution des rôles est contrebalancée par une tendresse non moins artificielle et une bonté idéale qui pourraient faire sourire si les répliques grandiloquentes qu'elles suscitent parfois n'étaient mises dans la bouche d'acteurs exceptionnels (Raimu, Fernandel, Delmont…) qui ont su les faire passer avec des accents poétiques sinon naturels (cf. la scène du pardon dans *la Femme du boulanger*).

La Femme du boulanger

SYNOPSIS

Dans un village de Provence, où chaque habitant a son ennemi personnel, arrivent le nouveau boulanger et sa femme, Aurélie. Le marquis présente aux nouveaux arrivants le berger qui viendra, deux fois par semaine, chercher le pain pour le château. Le soir même, quelques bergers viennent chanter une sérénade sous les fenêtres du boulanger et de sa jeune et très belle épouse. Celle-ci descend leur offrir une fougasse. Au réveil, le boulanger ne trouve plus sa femme. Il ne parvient pas à croire, malgré divers témoignages, qu'elle ait pu le quitter : sa confiance en elle est aveugle et absolue. Lorsqu'il doit finir par se rendre à l'évidence, il dépérit et refuse de continuer à faire du pain. Alarmé, tout le village se réunit et décide, à l'issue d'une assemblée, de retrouver la jeune femme et le berger qui l'a enlevée. Les antagonismes s'estompent, et tous s'attellent, le curé et l'instituteur en tête, à cette quête tragi-comique. Retrouvé sur une île, le couple d'amants est traqué. Le berger s'enfuit à la nage. La femme du boulanger est ramenée à la faveur de la nuit. Son mari lui pardonne. Aurélie réplique : « Une bonté comme la tienne, c'est pire que des coups de bâton. » Cependant le boulanger sermonne la chatte, Pomponnette, qui avait abandonné Pompon pour un chat de gouttière ! Très émue, Aurélie rallume le four. À nouveau, on peut voir la fumée noire s'élever du foyer.

Réalisé par Pagnol, le film eut pour interprètes principaux Raimu (le boulanger), Ginette Leclerc (Aurélie) et Ch. Moulin (le berger). Les gens du village étaient campés par d'excellents seconds rôles, Robert Vattier, Charpin, Delmont, etc.

La magie du langage

On sent chez Pagnol l'héritage culturel d'un passé universitaire ; scènes moliéresques entre Fanny et Panisse, rappelant les duos de *l'École des femmes*, jeux de scène empruntés à la farce classique, goût pour les formules symétriques : « LE CURÉ – Vous êtes, je crois, tout frais émoulu de l'École normale… L'INSTITUTEUR – Vous êtes, je crois, tout récemment éclos du Grand Séminaire ? » (*La Femme du boulanger*.) Les souvenirs de Chateaubriand se retrouvent chez le mémorialiste qui évoque *le Château de ma mère* ; l'éloquence poétique imprègne une description de la nature proche de la vision d'un Virgile (Pagnol a publié une traduction en vers des *Bucoliques* en 1958).

Mais Pagnol a surtout réussi à exprimer une certaine image de la Provence et, à travers elle, un passé folklorique, peut-être trop idyllique, fait de plaisirs simples et de souffrances atténuées par un fatalisme naïf. Dans un monde humble, dominé par les préoccupations essentielles de la vie, l'attachement à la famille, le goût du métier, un bon sens spontané sont les valeurs essentielles que les personnages incarnent. Le mérite de Pagnol est d'avoir su traduire cette philosophie réconfortante de la « médiocrité », à la fois avec humour et avec la saveur de ces nouveaux Persans que l'instruction n'a pas encore déformés et pour qui *ferry boat* se prononce *fériboite*, et la tour Eiffel, la *tourifèle*.

B. Valette

PAILLERON Édouard

(1834-1899)

Dramaturge et poète, Édouard Pailleron est surtout connu pour ses comédies de mœurs, qui furent parmi les plus grands succès des années 1870-1880. À ses débuts, notre auteur ressemble un peu à un personnage de ses propres pièces. Il naît à Paris dans une famille aisée, fait ses études au collège puis à l'École préparatoire de Saint-Mandé, réussit le concours de l'École navale... mais se lance dans le droit. Il obtient son diplôme de docteur et devient clerc de notaire, puis avocat, sans beaucoup de conviction. Après deux années passées comme volontaire dans un régiment de dragons, il se fait remplacer, visite l'Afrique du Nord avec un ami peintre, commence aussi à écrire. Son premier essai théâtral, un « drame espagnol », qu'il a composé pendant ses études, tombera dans un chahut aux Batignolles. Pailleron obtiendra un meilleur accueil avec *le Parasite* (1860), qui se déroule dans une Antiquité de fantaisie, puis avec *le Mur mitoyen* (1861), *le Dernier Quartier* (1863), *le Second Mouvement* (1865). La grande notoriété ne vient pourtant qu'avec *le Monde où l'on s'amuse* (1868), description d'un milieu qui se situe à mi-chemin entre le monde et le demi-monde, où Paul, le héros, se défait d'une vieille liaison pour épouser sa cousine. « Est-ce assez Gymnase », dit un personnage ! Les succès de Pailleron se succèdent ensuite : *les Faux Ménages* (1869), *l'Autre Motif* (1872), *Hélène* (1872), *Petite Pluie* (1875) et surtout *l'Âge ingrat* (1878) – celui des célibataires, bien sûr, aux approches de leur quarante-septième année ! Enfin, après deux courtes pièces, Pailleron donne *le Monde où l'on s'ennuie* (1881) ; il y montre un salon guindé et intellectuel, où l'amour réussit à vaincre les conventions et la bêtise. Cette pièce est un triomphe, que n'effaceront pas *la Souris* (1887) ni *Cabotins* (1894), et qui vaudra surtout à son auteur un fauteuil à l'Académie (1881). Enfin, parallèlement à cette carrière théâtrale, on n'omettra pas de signaler la place éminente que tint notre auteur à la *Revue des Deux Mondes*, puisque Pailleron épousa la fille de Buloz et fut l'un des propriétaires de la publication.

La longue série de ses succès n'est pas fortuite ; on trouve en effet dans l'œuvre dramatique de Pailleron tout ce que le public attendait d'une pièce de théâtre : la restitution relativement fidèle d'une certaine bourgeoisie ; un dialogue rapide et drôle, animé de quelques péripéties, semé aussi de quelques mots d'auteur faciles à retenir et à répéter. Ce théâtre n'est donc pas novateur, même s'il ironise parfois sur les conventions qu'il exploite. Pourquoi le nom de Pailleron se détache-t-il alors d'entre tous les dramaturges qu'on peut lui comparer ? Peut-être à cause de son esprit, de la vivacité de l'action dans ses pièces, de l'ironie aussi avec laquelle il observe les divers « mondes » qu'il explore : par exemple, ce salon de la comtesse étrangère qui fit le succès de *l'Âge ingrat* et qui, selon Zola, répondait au goût des spectateurs pour la « vérité des peintures », pour les « tableaux réels pris dans la vie ». Sans faire partie de l'école naturaliste, Pailleron atteint donc, dans ses comédies, une vérité dans la peinture des mœurs qui peut nous paraître aujourd'hui assez pâle mais qui n'en mérite pas moins d'être reconnue.

A. Preiss

PALISSOT DE MONTENOY Charles

(1730-1814)

Auteur de neuf pièces de théâtre, d'une épopée satirique et d'un dictionnaire de littérature, cet écrivain obtint la célébrité non grâce à son talent personnel limité, mais par l'éphémère rencontre d'une de ses œuvres, *les Philosophes*, avec la bienveillance d'un gouvernement et l'attente d'un public friand de querelles d'idées.

Fils d'un avocat nancéien, considéré au collège comme un enfant prodige, bientôt protégé par la famille des Stainville, notamment par le futur Choiseul, il est élu à la Société royale des sciences et belles-lettres de Nancy. Après avoir publié quelques essais, il écrit pour une fête officielle la comédie du *Cercle* (1755), où apparaît une caricature de Jean-Jacques Rousseau. Tollé chez les « philosophes » ! D'Alembert mène l'offensive, et Palissot ne peut conserver la faveur du roi Stanislas qu'à la suite d'une généreuse intervention de la victime elle-même.

Son orientation antiphilosophique se précise bientôt : il participe à la campagne contre l'*Encyclopédie* en publiant ses *Petites Lettres sur de grands philosophes* (1757), dont la deuxième ridiculise *le Fils naturel* de Diderot. Sûr de la protection de Choiseul, ministre trop heureux de fourvoyer dans les méandres des querelles littéraires une opinion publique inquiète des revers de la guerre de Sept Ans, il voit représenter au Théâtre-Français sa comédie des *Philosophes* (2 mai 1760). Au fil d'une intrigue sans originalité, empruntée, pour l'essentiel, aux *Femmes savantes,* on pénètre dans un salon féminin, où quelques philosophes soutiennent les visées d'un coureur de dot : Palissot les y accuse

> *D'aimer le genre humain, mais pour n'aimer [personne,*

et, en ces temps de guerre patriotique, il fait dire à Dortidius (Diderot) :

> *Je m'embarrasse peu du pays où j'habite ;*
> *Le véritable sage est un cosmopolite.*

Voltaire seul échappe au boniment d'un colporteur insipide tandis qu'un valet disciple de Rousseau, à quatre pattes, tire une laitue de sa poche.

Peu à peu, après le triomphe éphémère que lui a valu cette pièce, Palissot perd l'appui du pouvoir, devenu respectueux du parti philosophique. En outre, sa brouille avec Fréron, mécontent des bons rapports qu'il conserve avec Voltaire, l'isole du plus intelligent des antiphilosophes. Il se venge en écrivant *la Dunciade ou la Guerre des sots* (1764), épopée burlesque : le général des sots, Marmontel, tente de conduire à la conquête du Parnasse les troupes de la déesse Stupidité, montée sur l'âne Aliboron-Fréron, spirituellement pourvu d'ailes placées à l'envers ! Deux autres comédies antiphilosophiques sont écartées de la scène jusqu'en 1782. *Les Courtisanes* (1775) présentaient le personnage de Sophanès, philosophe sans scrupules qui prêche l'abandon de toute morale. Quant à la mystification de *l'Homme dangereux*, elle fut un échec (1770). Sous le couvert de l'anonymat, Palissot avait peint un personnage de fourbe antiphilosophe, dans lequel il aurait voulu faire découvrir son propre portrait afin de recueillir les applaudissements des philosophes. Quelle confusion dans leurs rangs, quand on aurait, après coup, annoncé le nom de l'auteur ! Hélas ! la ruse fut découverte, et le trompeur confondu. Il ne restait plus à Palissot qu'à régler ses comptes avec ses ennemis, ce qu'il fit dans les *Mémoires sur la littérature*, sorte de dictionnaire dont les éditions, sans cesse augmentées, se succéderont à partir de 1771.

Après l'accalmie des années 1780, la protection du duc d'Orléans, aussi bien que l'amitié de jeunes auteurs – Le Brun, Marie-Joseph Chénier –, l'entraîne dans le sens de la Révolution. Il lit aux Jacobins ses anticatholiques *Questions importantes sur quelques opinions religieuses* (1791) et prépare une édition des œuvres de Voltaire. Après un exil à Nantes, sous la Terreur, puis un échec à l'Institut, il goûte une vieillesse tranquille, protégé par Napoléon, jouissant de sa place de conservateur à la bibliothèque Mazarine et de sa pension de 3 000 francs. Il publie une dernière édition de ses œuvres (1809), puis, après avoir tant raillé la conversion de La Harpe et l'esthétique chrétienne de Chateaubriand, il offre à Dieu une fin édifiante.

Venu à la comédie satirique par ambition, et poussé par le clan antiphilosophique qui se groupait à Lunéville auprès du roi Stanislas, Palissot voulut établir une théorie de ce genre qu'avaient illustré Aristophane et Molière, et qui paraissait nécessaire dans la cité pour régler les mœurs… au service de l'ordre établi. Pour lui, Aristophane avait raison d'attaquer Socrate. De là ses diatribes contre la plupart des philosophes. Voltaire en est excepté, probablement en tant que pouvoir littéraire à ménager.

Cet état d'esprit n'entrave pas le curieux itinéraire politique de Palissot. Alors que la plupart des littérateurs contemporains évoluaient d'une position « philosophique » sous l'Ancien Régime jusqu'à une attitude contre-révolutionnaire avant ou après Thermidor, l'auteur réactionnaire des *Philosophes* prône la Révolution, puis siège au Conseil des Anciens. Malgré tout, il subsiste chez lui une certaine permanence de la pensée : d'une part, le respect d'une forme de classicisme lié au « goût » voltairien, d'autre part, sauf à l'extrême fin de sa vie, une philosophie modérée fondée sur le théisme et le sensualisme de Locke.

Intelligent, mais faible et sans génie, sans cesse attaqué par des ennemis qu'il provoquait, Palissot avait besoin des autres, fût-ce de leur haine, pour exister. Il joue avec délices le jeu de la persécution : l'autoportrait de *l'Homme dangereux* le prouve, ainsi que l'article qu'il se consacre à lui-même dans les *Mémoires sur la littérature*. *Le Neveu de Rameau*, publié en 1821, qui lui réservait une place si éminente dans la « ménagerie » du financier Bertin, l'eût peut-être réjoui ; il l'assure en tout cas d'une célébrité mieux établie que l'éphémère succès des *Philosophes*.

R. Landy

PANCRAZI Jean-Noël

(né en 1949)

L'œuvre de Pancrazi est construite sur l'imbrication de deux thèmes contradictoires, les malheurs de l'exil et les bonheurs de la vie marginale. Sa biographie n'est pas étrangère à ces choix d'écriture. Né à Sétif, en Algérie, Pancrazi a dû quitter à treize ans sa terre natale, puis ses parents se sont séparés, faisant naître chez l'adolescent un sentiment d'absence et d'abandon. Dans son premier roman, *la Mémoire brûlée* (1979), l'exclusion de l'identité prend encore la forme d'un récit lyrique et symbolique où dominent les couleurs du deuil. Mais dès *l'Heure des adieux* (1985), le travail de l'écriture affirme clairement son but : non pas ressusciter l'exil, ses douleurs, ses arrachements, mais exiler l'exil lui-même en le déportant hors de la pleine lumière – du côté de la douceur incertaine des souvenirs, de l'imagination des rêves, des ombres apaisantes de la nuit, des consolations de la fiction.

La nuit, la marge, les identités floues, le plaisir trouble de découvrir l'autre côté de la vie, c'est ce qu'on retrouve encore dans *Quartiers d'hiver* (prix Médicis 1992) où le narrateur raconte ses errances dans le Paris des bars gays, des fêtes folles où l'on essaie d'oublier les menaces mortelles du « mal mauve ». Dans *le Silence des passions* (1993), l'accent se fait plus sombre, les égarements moins éblouis. Malgré les mots dont les parent les poètes, la nuit est aussi cruelle que le jour, et la marge aussi désertique que la pleine page.

Plus récemment, Pancrazi a entrepris d'écrire une « trilogie des adieux ». *Madame Arnoul* (1998), *Long Séjour* (1999) et *Renée Camps* (2001) sont des récits brefs, intenses et poignants où l'écrivain essaie de débarrasser l'écriture de ses ornements et de ses artifices rhétoriques pour évoquer les dernières heures de son enfance algérienne, de son père et de sa mère. Son identité à jamais perdue.

P. Lepape

PAPILLON DE LASPHRISE Marc de

(1555-1599)

Taxée, non sans cause, d'obscénité par les prudes esprits classiques, la poésie de Papillon de Lasphrise a été longtemps victime d'une censure opiniâtre. Comprenant des centaines de sonnets et des dizaines d'élégies, de chansons, de stances, cette œuvre abondante renferme quelques-uns des plus purs joyaux de l'Éros baroque. Par son lyrisme et la sensualité polymorphe qu'elle exalte, elle apparaît comme l'une des créations les plus personnelles et les plus originales de la Renaissance.

Un éloquent soudard

Né près d'Amboise, Marc Papillon de Lasphrise est le cadet d'une famille de petite noblesse originaire de Gascogne. Tôt orphelin de père et élevé par sa mère, Marie du Plessis-Prévost, il abrège assez vite ses études pour embrasser la carrière des armes. En 1568, âgé de quatorze ans à peine, il combat dans les rangs catholiques à l'occasion de la troisième guerre civile. Presque aussitôt « blessé et reblessé », il fait ensuite la guerre aux Turcs sur les galères de la Méditerranée, dans les mois qui suivent la bataille de Lépante (1571). En 1575, de retour en France et séjournant au Mans, Papillon s'éprend, entre deux combats, de la novice Renée Le Poulchre, qu'il chantera dans ses vers sous le nom de Théophile (= aimée de Dieu). Malgré les plaintes passionnées du soudard, l'honnête Théophile se refuse et finit par prononcer ses vœux. Pour oublier cette infortune, le capitaine Lasphrise se dépense en cent lieux : on le voit successivement en Bourgogne, en Normandie et en Saintonge, pourfendant de mêlée en mêlée protestants et reîtres allemands. À la faveur d'une trêve, en 1577, il tombe amoureux de sa cousine, Polyxène de Papillon, et goûte avec elle le repos du guerrier. En dépit du mariage de celle-ci avec un barbon, leur liaison se poursuit, ardente et libertine, plusieurs années durant. De 1580 à 1589, la vie militaire reprend le dessus, et Lasphrise guerroie sous le commandement du duc de Mayenne, le futur champion de la Sainte Ligue, en Dauphiné et en Gascogne. En 1589, année de l'assassinat de Henri III, il prend une sorte de retraite anticipée, accablé qu'il est par les séquelles de ses blessures. Il s'emploie dès lors à peaufiner ses *Premières Œuvres* (1597 et 1599), qui contiennent notamment *les Amours de Théophile* et *l'Amour passionnée de Noémie*, cette dernière n'étant autre que l'ineffable cousine. Cependant, il compose quelques pièces d'une inspiration plus éthérée, oraisons et testament, et veille à l'éducation de sa fille Marguerite, née dans des circonstances inconnues.

La nonne et la cousine

Dans sa forme, l'entreprise poétique du capitaine Lasphrise n'a rien d'original. La célébration de la femme en vain adorée à travers un recueil d'*Amours* qui la divinisent – et qui, à cette fin, rassemble une « hécatombe » de pièces de mètres variés –, obéit au schéma imposé par le pétrarquisme. En cela, Lasphrise s'inspire de ses aînés Du Bellay et Ronsard et rivalise brillamment avec ses contemporains Desportes et d'Aubigné. Mais la marque personnelle du poète soldat se fait sentir dès le choix de l'objet aimé. L'impossibilité de la quête amoureuse – thème traditionnel s'il en fut – y atteint à son expression la plus périlleuse, puisque au refus de la belle s'ajoute l'interdit ou le tabou. Interdiction religieuse, dans le cas de la nonne Théophile, que le soupirant rêve d'arracher à l'Époux mystique ; tabou moral de l'inceste, dont la piquante cousine a vite fait d'effacer la hantise une fois qu'elle s'est rendue aux assauts du bouillant capitaine. Lasphrise commence donc par jeter son dévolu sur une novice promise à Dieu, et ses vers travestissent le style pieux en une parodie franchement blasphématoire de la poésie mariale. C'est ainsi qu'il présente à Théophile son « Oblation » et qu'il ne rêve

Que de nager un jour dans la mer de [s]a grace.

Cette tonalité insolente, qui confond volontiers l'amour sacré et l'amour profane et voit dans la nudité fantasmée de la nonne une sainte apothéose, amène le poète à se vouer au diable :

Vive Satan, pourvu que j'aye mes amours !

ou à exalter cette hérésie qu'il a, sa vie durant, combattue par les armes : « Vive le huguenot, et vive le papiste ! » À ces cris d'une déraison à peine feinte succède, avec Noémie, la plénitude d'un accomplissement physique renouvelé à chaque instant. Mais pour corser le bonheur d'étreintes répétées qui s'expriment dans des avalanches de soupirs (« Ha mes yeux ! ha mon cœur ! ha mon Tout ! ha ma vie ! »), il est encore besoin d'ajouter aux postures les plus variées et aux situations les plus scabreuses la proximité du sacrilège. Aux jeux débridés sur le lit du cocuage se mêlent l'image du mari bafoué et surtout le souvenir de la Pentecôte, où l'aimée a répondu aux avances du soupirant :

Ce fut le jour que le saint Paraclit
Aux envoyez illumina la vie...

La béatitude du jour saint engendre, quelques vers plus loin, l'image vigoureuse du « paladin luisant » tendu pour le combat d'amour.

Le triomphe de la petite mort

Le sacrilège apparent est en même temps une sanctification. Le rapprochement opéré entre l'illumination par le Saint-Esprit et le corps glorieux de l'orgasme témoigne d'une même réalité essentielle ici et là. De la Pentecôte à l'extase charnelle, le vent Paraclet remplit les êtres et leur communique une sorte d'éternité immédiate. Sans doute l'individu s'y perd-il. Le coït est souvent évoqué par Lasphrise en termes de « petite mort » (« Mignonne, je me meurs après ces coups friands »), et le poète en vient à souhaiter parfois qu'elle se confonde avec la vraie :

La belle mort d'amour est le contentement.

Mais l'« ardeur immortelle » qui anime les amants au moment suprême leur fait éprouver leur essence divine. Lasphrise a donc ressourcé l'antithèse pétrarquiste en la replongeant dans la réalité physique des corps. L'oxymore vécu de l'amour – mort et éternité – va se traduire alors dans les mythes privilégiés de l'envol sexuel d'Icare ou de Phaéton : en brûlant, le poète amoureux « phaëtonnise » et s'abîme en plein ciel.

On ne saurait donc réduire la poésie de Lasphrise à ces évocations gauloises du plaisir partagé ou solitaire, non plus qu'à ces allusions grivoises où de savantes postures s'allient à un exhibitionnisme patent. Les jeux de la langue et de l'amour y indiquent en filigrane, par-delà l'euphorie des mots et des corps, une vérité plus grave :

Langottant mignottez, mordillez suçotant,
Baisotant riotez, babillez combatant
Et mourez glorieux en si belle escarmouche.

F. Lestringant

Parnasse (le)

C'est par allusion à cette montagne grecque où séjournaient, dit-on, Apollon et les Muses, qu'ont paru sous le titre de *Parnasse* de nombreux recueils de poésies. Et, lorsque, avec l'éditeur Alphonse Lemerre, quelques poètes des années 1860 lancent leur anthologie périodique, ils lui donnent le nom, désuet et un peu ridicule, de « *Parnasse contemporain, recueil de vers nouveaux* ». Ironie ? Souci d'une clientèle qu'il faudrait rassurer ? À toutes ces explications, il faut probablement préférer celle du refus qu'opposent les parnassiens au « débraillé » romantique – leur « classicisme », que Valéry résumait en ces termes : « Un romantique qui a appris son art devient un classique. Voilà pourquoi le romantisme a fini par le Parnasse. » Les parnassiens ont en effet le sentiment de s'engager dans une voie plus « sérieuse », et ce dernier mot – employé par Catulle Mendès – marque leur intransigeance voulue vis-à-vis de ceux qui, eux, ne sont pas sérieux, de ceux que Leconte de Lisle appelle « les Montreurs » dans un célèbre sonnet. Leurs haines, sur ce point, sont nombreuses et prennent le contre-pied des admirations courantes à cette époque : Musset, en particulier, est honni à cause de sa forme incorrecte et de son manque de tenue. À un moindre degré, Lamartine et peut-être (malgré la dévotion que lui vouaient Banville et de nombreux autres Parnassiens) Hugo même sont englobés dans cette condamnation d'un lyrisme dont nos jeunes turcs dénoncent la facilité.

Pour autant, faut-il voir dans le Parnasse un antiromantisme ? Le mot semble mal choisi quand on sait que Gautier est le grand homme des Parnassiens, que *les Orientales*, aussi, sont l'un des textes fondateurs de la nouvelle école. Celle-ci est en effet l'héritière du romantisme pittoresque opposé à sa variante « sentimentale », opposé également à cet « art utilitaire » – qui nous apparaît comme une préfiguration de l'engagement –, où l'esthétique est soumise à la finalité supérieure du progrès social. Pour Gautier, il ne peut être question d'accepter de tels « programmes », qui le conduisent à formuler au contraire la théorie de l'Art pour l'Art : on la trouvera exposée dans la Préface de *Mademoiselle de Maupin*, ainsi que dans son célèbre poème sur « l'Art » d'*Émaux et Camées*. Plutôt que d'antiromantisme, il convient donc de parler de néo-romantisme (le mot est également de Catulle Mendès), d'une esthétique on ne peut plus romantique, qui, lentement, s'individualise et s'oppose à des lignées romantiques divergentes.

Le pré-Parnasse

Si bien que l'historien du Parnasse est obligé de consacrer l'essentiel de son étude à ce pré-Parnasse, plus important que le Parnasse lui-même, à Gautier, à Banville, à Leconte de Lisle, à Baudelaire encore, fervent admirateur de Gautier, sans parler des nombreux *minores*. Ce qui les réunit tous, c'est probablement, au-delà du pittoresque et de l'esthétisme, leur volonté de rompre avec la prose « vulgaire » et bâclée. Ces poètes – pour leur malheur – vivent l'âge du roman, de l'histoire, de la philosophie, de la critique, mais en aucun cas celui de la poésie ; Gautier affirme même que « l'on ne saurait peindre l'effarement naïf d'un éditeur à qui un jeune homme propose d'imprimer un volume de vers ». Contre cet ostracisme, les poètes réagissent d'abord en affirmant leur spécificité poétique, en la marquant par une prosodie travaillée et irréprochable ; ensuite en ne négligeant pas la science contemporaine, les recherches d'histoire et de philologie, les sciences naturelles. D'où une certaine ambiguïté, par exemple chez Leconte de Lisle, à l'encontre de la modernité : d'un côté, celle-ci conduit l'art à se rapprocher de la science, qui lui rappelle « le sens de ses traditions oubliées », mais d'un autre côté, elle produit aussi l'horrible poésie industrielle et didactique. Au fond, l'hellénisme et l'orientalisme n'existent que grâce à un mouvement scientifique dont les tenants de l'Art pour l'Art rejettent pourtant les conséquences sur le milieu où ils vivent. Cet « art pour l'art », absolument tributaire de la société où il naît, en vient donc à la refuser, à s'enfermer dans un monde esthétique, par définition incorruptible, se suffisant à lui-même, pur : « À quoi cela sert-il ? Cela sert à être beau. N'est-ce pas assez ? » La phrase est de Gautier et date de 1832.

Identifié au goût de la forme maîtrisée et parfaite, c'est donc l'art seul qui définit le Parnasse ; le mot même offre une piste intéressante dans le maquis de l'histoire littéraire, puisque c'est dans la revue *l'Artiste* que Gautier défend ses thèses, puis qu'il place sa pièce « l'Art » à la fin de la troisième édition d'*Émaux et Camées*, puisque *l'Art* enfin est le titre de la revue que fonde Louis-Xavier de Ricard. Le mot les fascine tous, et ils y voient le résumé de leur esthétique, qu'ils prennent pour « l' » esthétique. Parler d'art, c'est exclure de la création toute négligence, mettre l'accent sur le travail : ces hellénistes voient dans le poète un fabricant, et l'artiste, pour eux, est d'abord un artisan. En cela, Baudelaire les rejoint puisqu'il insiste sur le rôle des contraintes en art, sur l'exigence féconde de ces « règles réclamées par l'organisation même de l'être spirituel ». De même, parler d'art, c'est un peu dire, comme Banville, qu'un poète « n'a d'autre biographie que ses œuvres », c'est susciter cette qualification d'« impassibles », que l'opinion, malgré leurs protestations, attribue aux futurs Parnassiens.

Les Parnassiens

Peu à peu, en effet, on aperçoit l'originalité de ce néoromantisme où se tissent des amitiés, où naissent des admirations, des influences, tout ce qui prélude à la naissance d'une école littéraire. D'autant que les auteurs déjà cités, unis par des convergences indéniables, rencontrent entre 1860 et 1865 un public de jeunes poètes où l'on trouve Glatigny, le premier des Parnassiens, élève de Banville, Heredia, Sully Prudhomme et Catulle Mendès. Ce dernier fonde *la Revue fantaisiste* (1861), et y publie Gautier, Baudelaire et Banville, Glatigny, jusqu'à Champfleury et Alphonse Daudet, le futur auteur, avec Paul Arène, du *Parnassiculet contemporain* (1866). Mendès devient donc, selon l'expression de Souriau, le roi des futurs Parnassiens, avant d'être dépossédé par Leconte de Lisle.

En tout cas, son activité contribue à donner une cohérence à ce qu'on peut certes appeler une « école », mais dont Mendès disait que ce n'avait été qu'un « groupe », et où des poètes, unis par le respect des mêmes maîtres, ne s'engagent pas pour autant dans une voie unique. En d'autres termes, il n'y a pas, malgré André Thérive, de « parnassisme », il y a le Parnasse, dont les professions de foi tranchantes ne font pas oublier l'éclectisme et la fantaisie. On en aura un exemple avec ce salon bohème de Nina de Villard où se retrouvent, vers 1865, Dierx, Coppée, Mérat, Valade, Villiers de L'Isle-Adam, Émile Goudeau, Verlaine, Charles Cros et Augusta Holmès, autre muse du Parnasse. Dans cette genèse, on n'oubliera pas enfin L.-X. de Ricard, dont la mère tient un salon poétique. Quant à lui, il fonde *l'Art* en 1865 succédant à une *Revue du progrès* qui, sacrilège, n'aimait pas Gautier : on y lit Coppée et Verlaine, Mendès enfin, avec qui Ricard s'associe pour diriger le *Parnasse* de mars à juin 1866.

Y figurent en première ligne Gautier, Banville et Leconte de Lisle, précédés de Heredia. Louis Ménard les suit avant Coppée, Vacquerie, Mendès et Baudelaire, réduit à la portion congrue. Viennent ensuite Dierx, Sully Prudhomme, Lemoyne et Ricard, puis Verlaine et Mallarmé, en tout trente-sept poètes. Le pire voisine avec le meilleur, et dans tous les genres. Il est difficile d'en dégager vraiment un projet poétique cohérent puisque les vétérans du romantisme Émile et Antony Deschamps y côtoient Vacquerie – ombre de Hugo –, avec Verlaine et Baudelaire. Devant cette réunion un peu artificielle, on est alors tenté de penser, avec Gustave Kahn, que le Parnasse n'exista que par la fréquente affirmation de Mendès qu'il y avait Parnasse (ou que le côté hétéroclite du Parnasse rejoint au fond la forme « kaléidoscopique » de l'esprit de Mendès). Gautier lui-même n'y voit pas plus clair puisqu'il estime, dans son *Rapport sur les progrès de la poésie française en 1867* (1868), qu'il est bien difficile de caractériser la manière et le type de ces jeunes écrivains, « dont l'originalité n'est pas encore dégagée des premières incertitudes », inspirés par Leconte de Lisle, Banville, ou même Hugo, « le Père », le maître, d'autant plus présent qu'il est exilé.

Succès et dispersion

Pour le public, au contraire, pas de doute : il y a un style parnassien, que pastichent Arène et Daudet dans le *Parnassiculet contemporain* [...] *orné d'une étrange eau-forte* (une « Muse au chat »). De même, Barbey d'Aurevilly publie les *Trente-Sept Médaillonnets du Parnasse* pour démolir « les babouins et ouistitis poétiques ». S'il y a ce que Souriau appelle une réaction, c'est donc qu'il existe un Parnasse. En tout cas, c'est l'opinion de Lemerre, dont ces poètes vont faire la fortune. Il publie bientôt *les Épreuves* de Sully Prudhomme, *le Reliquaire* de Coppée et les *Poèmes saturniens* de Verlaine ; il lance aussi une deuxième série du *Parnasse* (qui ne paraîtra qu'en 1871, à cause de la guerre). Baudelaire disparaît, alors qu'on y trouve quatre poètes consacrés que rien ne prédestinait à devenir parnassiens : Auguste Barbier, Victor de Laprade, Sainte-Beuve et Joséphin Soulary. Apparaissent également Charles Cros et André Theuriet. Petit à petit, le Parnasse définit plus une entreprise d'édition qu'une esthétique, et l'affaire s'aggrave encore avec la prise de pouvoir d'Anatole France, que Lemerre charge de juger les envois pour la troisième série du *Parnasse*. D'éminentes médiocrités sont publiées « sans examen » alors que le Comité (Banville, Coppée et France) se disqualifie en excluant Cros, Verlaine et Mallarmé : « On se moquerait de nous », dit France à propos du dernier ! Le *Parnasse*, conçu pour offrir une chance aux novateurs, apparaît désormais incapable d'assimiler la jeune poésie ; quant à l'école littéraire, elle se dissout, et chacun reprend une liberté qu'il n'avait jamais vraiment abandonnée. L'*Anthologie des poètes français*, publiée par Lemerre sous la direction de Coppée, n'a, précise L.-X. de Ricard, « plus rien de commun avec le Parnasse ». D'un autre côté, *la Revue du monde nouveau,* fondée en 1874 par Ch. Cros, publie Banville, Dierx, Sully Prudhomme, mais évoque aussi les premiers « dissidents » de l'école, qui trouvent celle-ci « crustacée ».

En fait, cette évolution, cette dispersion progressive (encore qu'il y ait plus tard des néo-parnassiens comme Henri de Régnier), pourquoi ne pas la concevoir comme une réussite, comme l'effet de la diffusion des idées parnassiennes et de leur dépassement ? En ce sens, malgré les coups qu'ils en reçoivent, les symbolistes sont bien les héritiers des parnassiens. Bien sûr, tout semble les opposer : la rime, la métrique, mais on doit bien reconnaître aussi une même religion de la littérature, préférée – substituée même – au monde réel. On comprend mieux alors comment Verlaine et Mallarmé, publiés dans le *Parnasse*, font la liaison avec la génération suivante, comment enfin Rimbaud peut solliciter auprès de Banville une place dans la dernière série du *Parnasse* : « J'aime tous les poètes, tous les bons parnassiens – puisque le poète est un parnassien – épris de la Beauté idéale. »

Le travail et l'esthétique

Si l'on essaie de préciser ce que P. Martino appelle « les tendances » du Parnasse, plutôt que sa doctrine, c'est en effet à cette obsession esthétique qu'il faut penser. Même s'ils ne sont pas d'accord sur ce qui est « beau », même s'ils ne le décident pas eux-mêmes, le Beau, d'autant plus attirant qu'il est moins déterminé, fait tout leur programme. Ainsi que toutes les choses en soi, toutes les « Idées », le Beau signifie, comme on l'a vu, un certain refus du monde tel qu'il est. Mais cette chimère ne débouche pas pour autant sur le refus de l'effort. Il suffit, pour s'en convaincre, d'ouvrir n'importe quel livre publié « chez Lemerre, éditeur, passage Choiseul » : à la page de titre, on découvrira la vignette fameuse du paysan nu sur fond de campagne, avec petit village et soleil levant. Au-dessus de lui, on lit une belle devise : *Fac et spera*. Faire, travailler, vingt fois sur le métier remettre son ouvrage, il y a là tout le Parnasse et ce que Luc Decaunes appelle sa « morale esthétique de l'effort », probablement issue de Gautier – et de l'œuvre qui « sort plus belle/D'une forme au travail/Rebelle » (« l'Art »).

Et, indissociable de l'effort gratifiant, voici la contrainte – le « cothurne étroit » dit Gautier. La notion de liberté dans l'art, thème romantique par excellence, est ici retournée, de même qu'est dévalorisée l'originalité esthétique. Il s'agit, pour les Parnassiens, de respecter la forme plus que de l'inventer : ils adulent le sonnet et sa perfection brève, ils reprennent le rondel, le dizain ou l'ode ; mais plus tard, quand le Parnasse devient un peu la poésie officielle, on les verra attaquer les vers-libristes. On a peut-être tort sur ce point de considérer le *Petit Traité de poésie française* (publié en 1870 par Banville) comme le bréviaire des Parnassiens ; toujours est-il qu'on y trouve ces préceptes draconiens : « Licences poétiques : il n'y en a pas » ; « De l'inversion : il n'en faut jamais ».

Couleurs et sculpture

Tout cela pourrait paraître bien ingrat et desséchant si, d'un autre côté, les Parnassiens ne joignaient à la virtuosité le goût de la couleur, le goût plutôt de la matière qu'emploie et transforme le créateur : en l'occurrence, les mots, bien sûr, venus souvent de la Grèce ou de l'Orient et transcrits le plus exactement possible : Khirôn, Aphrodita, Kypris, Prometheus, Çunaçépa. Car il y a indéniablement un exotisme parnassien, fonction du goût de ces poètes pour le pittoresque. L'exotisme historique hellénisant, que Leconte de Lisle apprend auprès de Louis Ménard et qu'il partage avec nombre de ses amis mais aussi les visions bibliques, médiévales et autres, se rencontrant en une diversité parfois gênante, proche du bric-à-brac décoratif : l'Allemagne, l'Espagne, Paris et sa banlieue, Venise et Pékin. L'exactitude historique ou ethnologique est toujours respectée, mais avec, précisément, une accumulation de détails vrais qui sonne faux. L'objectif des Parnassiens est, en effet, de réunir le plus d'éléments possible, d'enrichir leur poème avec cette surcharge qui ruine parfois les meilleures reconstitutions. Et, à force de rimes trop riches, d'adjectifs colorés, on a l'impression que le poème reste, pour ainsi dire, extérieur à son objet. La description, ce maître mot du Parnasse, rapproche les Parnassiens d'écrivains comme Flaubert, mais sans l'efficacité : les notations, surtout les notations visuelles, devraient nous proposer un tableau convaincant, et nous n'avons qu'une fausse jungle, un pastiche de grécité, une imitation d'Inde classique, parfois une sorte de trompe-l'œil en vers gourmés.

Peut-être est-ce dû au fait que, chez les Parnassiens, le poème se fige, s'absorbe dans la contemplation d'un objet, d'une scène, sans en faire le point de départ d'une autre quête. L'objet, pour eux, semble donné d'emblée, et il ne s'agit que d'en décrire toutes les facettes. Peu importe le sujet : qu'il s'agisse d'un paysage, d'un clair de lune ou d'un regard de femme, il y a toujours, face à face, un « artiste » et un « motif » que ledit artiste s'efforce de fixer pour l'éternité. Le but final de cette poésie est en effet de se transformer en statue, de conférer au poème ce poids, cette densité et ce calme qui fait la beauté des Bouddhas et des Apollons sculptés, de pétrifier l'éphémère en lui donnant un corps de mots aussi solide qu'une effigie antique. *Ut sculptura poesis* : comme le dit Gautier, l'art de référence est ici la sculpture, comme si le stoïcisme des créateurs gagnait leurs créations, dont le mouvement romprait l'harmonie. Si bien que, malgré sa couleur, le monde des Parnassiens fait penser à un lieu désolé – toute présence vivante en a apparemment été exclue, au point que le végétal ne peut être évoqué que par un adjectif appartenant au registre de l'inanimé : fleurs dorées, palmiers d'argent, sans parler des lèvres de corail ou des larmes qui sont des perles. La femme devient « rêve de pierre », comme disait Baudelaire évoquant la Beauté, tandis que le monde entier se transforme en une architecture minérale habitée seulement de houles, de vents, de rocs et d'esprits. Le Parnasse, après tout, est une montagne, et le Sisyphe parnassien tâche lui aussi d'y faire œuvre immortelle. Tel est peut-être le sens ultime du rêve de pureté des Parnassiens : épurer la matière, épurer le verbe et, au bout de cette catharsis, trouver un dieu – à tout le moins une image de ce qu'est la Beauté ou l'essence de la poésie : folie orgueilleuse dont les impassibles ont goûté l'amertume et les charmes difficiles.

CHRONOLOGIE

1829	*Les Orientales*, de Hugo.
1835	Préface de *Mademoiselle de Maupin*, de Gautier.
1853	*Poèmes antiques*, de Leconte de Lisle.
1855	*Poèmes* de Ménard.
1858	*Odes funambulesques*, de Banville. Troisième édition d'*Émaux et Camées*, de Gautier, avec la pièce « l'Art ».
1861	*La Revue fantaisiste* est fondée par Catulle Mendès.
1865	La revue *l'Art* est fondée par L.-X. de Ricard.
1866	Premier *Parnasse contemporain*.
1867	Reprise d'*Hernani*, applaudie par les Parnassiens.
1868	*Rapport sur les progrès de la poésie française en 1867*, par Gautier.
1870	« Petit traité de poésie française » de Banville (dans *l'Écho de la Sorbonne*).
1871	Deuxième *Parnasse contemporain*.
1876	Troisième *Parnasse contemporain*.
1884	*La Légende du Parnasse contemporain*, de Catulle Mendès.
1893	*Les Trophées*, de Heredia.
1902	*Rapport sur le mouvement poétique français*, par C. Mendès.

A. Preiss

PARNY Évariste de

Évariste Désiré de Forges, chevalier,** puis **vicomte de Parny
(1753-1814)

Né à l'île Bourbon (aujourd'hui La Réunion) dans une riche famille créole, Évariste de Parny, après des études à Rennes, envisagea d'abord d'embrasser la carrière ecclésiastique, puis, déçu après un an de séminaire, se tourna vers celle des armes ; officier de cavalerie en 1776, il fonde une société de militaires poètes, « la Caserne », et sème ses vers légers dans l'*Almanach des Muses*. De retour sous les tropiques, en 1777, il y rencontre une jeune créole, Esther Troussaille, qu'il chantera sous le nom d'Éléonore. Il la séduit, puis se sépare d'elle, et prend alors le ton élégiaque (*Poésies érotiques*, 1778). Éléonore se marie, et son amant, qui a épuisé avec elle ses capacités de passion, mène désormais en France une vie de plaisir et d'heureuse oisiveté, tout en donnant des *Opuscules poétiques* (1779) et des *Poésies fugitives* (1787). Il s'enthousiasme pour une Révolution qui va bientôt le ruiner, et dont il résume l'anticléricalisme, au crépuscule du Directoire, dans son poème satirique *la Guerre des dieux anciens et modernes* (1799). Après le charmant pastel ossianique *Isnel et Asléga* (1802), il ne donne plus que de longues œuvres, où sa manière devient sèche et obscure (*le Portefeuille volé*, 1805 ; *Voyage de Céline*, 1806 ; *les Rose-Croix*, 1808). Il avait été reçu à l'Institut en 1803.

On considère Parny comme le grand poète érotique du XVIIIe siècle ; il a chanté les plaisirs fugaces et libres, la sensualité païenne, comme en cette maxime, qu'il prête malicieusement au lyrique grec Alcée :

Va, crois-moi, le plaisir est toujours légitime.
L'amour est un devoir, l'ennui seul est un crime.

Ses *Poésies érotiques* – son chef-d'œuvre – empreintes de mélancolie, sont consacrées à un unique et vif amour, celui de la voluptueuse Éléonore – du moins dans l'édition de 1781, qui élimine les amourettes passagères et range les pièces dans un ordre chronologique : le premier livre respire l'émerveillement de la prime jouissance ; le deuxième dit les angoisses de l'amant jaloux ; le troisième, le bonheur de l'union retrouvée ; le quatrième, le désespoir et l'amertume du poète, qui se sait abandonné par l'infidèle. Dans ce roman en vers qui lui valut la réputation d'un nouveau Tibulle, les tons se mêlent harmonieusement : depuis la pureté nue du chant des sens jusqu'au cri de douleur, jusqu'aux plaintes de la solitude. L'esthétique néo-classique, avec la souplesse expressive de son mètre et le raffinement strict de sa rhétorique, fécondée par une sensibilité ardente (sinon profonde), atteint ici une de ses réussites les moins contestables qui influencera une multitude de poètes, jusqu'à Millevoye et au Lamartine des *Méditations*.

Privé d'Éléonore, Parny trouve dans la poésie satirique et parodique un second souffle. Sa *Guerre des dieux*, écrite de 1795 à 1799, connaît un succès considérable auprès des voltairiens et des Idéologues : Chateaubriand compose *le Génie du christianisme*, pour relever ce défi de l'athéisme. Parodie de l'épopée miltonienne ou de *la Messiade* de Klopstock, l'œuvre met en scène le combat entre les dieux de l'Olympe et les nouveaux dieux chrétiens, le Père, le Fils, le Saint-Esprit et la Vierge Marie : maintes plaisanteries sacrilèges et blasphématoires émaillent des épisodes comiques, telles les luttes qui mettent aux prises saints et satyres ou les vicissitudes de Priape, fait prisonnier par les chrétiens, fondateur d'ordres monastiques et canonisé. Mais ces gaietés ne sauraient sauver une œuvre longue et laborieuse, au style d'une sécheresse froide. Cette verve poétique est au demeurant un excellent exemple de la situation où stagne la littérature sous le Directoire : une grande licence dans les thèmes qui jure avec la rigidité sclérosée de la forme.

Malgré le discrédit qui a frappé, une fois le romantisme venu, toute la poésie néo-classique (Chénier excepté), Parny a mieux bravé le temps que le pindarique Lebrun ou le lyrique Jean-Baptiste Rousseau, et, en 1926, Maurice Ravel, frappé par la grâce de ses *Chansons madécasses* (1787), adaptations libres de chants malgaches, a mis en musique trois d'entre elles. « Le plus racinien entre les voltairiens », comme écrit Sainte-Beuve, se lit encore sans ennui : ses vers trop réguliers, aux images trop timides, à la langue trop pâle, laissent transparaître les soupirs du plaisir, les cris de la passion, les rires des banquets ; ils témoignent d'une sensualité épanouie et unissent les élégances d'une forme polie aux couleurs choisies d'un exotisme civilisé.

D. Madelénat

Partonopeu (ou Partonopeus) de Blois

(fin du XIIe siècle)

Pour faire d'un conte de fées un roman d'aventures, l'auteur de *Partonopeu de Blois* a inscrit le noyau de son récit (une version masculine de la fable de Psyché) dans la thématique romanesque et épique du XIIe siècle. Ce long roman (environ 15 000 vers) veut célébrer la gloire du lignage de Blois, à travers le héros Partonopeu (déjà parangon de chevalerie dans le *Roman de Thèbes*), neveu du roi Clovis, descendant d'un prince troyen, fils de Priam. L'influence probable du roman sur le *Florimont* d'Aymon de Varennes, daté explicitement de 1188, permet de situer sa composition vers 1182-1185.

On reconnaît dans le récit le schéma narratif des contes du type *Mélusine*, où un mortel s'unit à un être surnaturel contre la promesse de respecter un interdit ; le tabou est transgressé, et l'époux surnaturel disparaît [voir ***Mélusine***].

SYNOPSIS

Partonopeu est entraîné, au cours d'une chasse au sanglier (animal introducteur de l'Autre Monde), vers une nef magique qui l'emporte dans une riche cité déserte. La nuit, une inconnue, Mélior, le rejoint : elle l'a attiré près d'elle et lui accorde son amour contre le serment de ne pas chercher à voir son visage. Le héros voit le visage de Mélior malgré l'interdit et la perd. Il la reconquiert dans un tournoi dont la main de la Dame est le prix.

Les rencontres nocturnes des amants, la faute du héros qui dissimule une lanterne pour voir la fée malgré elle, évoquent la fable d'Amour et Psyché dans les *Métamorphoses*

d'Apulée, que le Moyen Âge a découvertes au XIIIe siècle. Mais, au XIIe siècle, la légende n'apparaît que dans un résumé très sommaire des *Mythologies* de Fulgence. On a recueilli en revanche plusieurs versions du conte, qui, comme le récit médiéval, inversent les rôles des protagonistes. L'hypothèse de l'existence d'une source folklorique (qui n'exclut pas la précédente) est donc la plus vraisemblable.
Partonopeu est caractéristique à la fois de l'influence des contes sur les romans des XIIe et XIIIe siècles et de l'intégration de la culture populaire à la culture savante. La chasse merveilleuse qui prélude à la rencontre est, au XIIe siècle, un motif populaire devenu *topos* littéraire. La rationalisation permet en outre au romancier de ramener ses héros de l'Autre Monde vers l'univers chevaleresque. Mélior se défend d'être une fée : future impératrice (de Byzance), elle a reçu une solide éducation couronnée par l'art de « nigromance » (nécromancie). L'aventure féerique s'efface souvent devant les épisodes guerriers (luttes du héros contre les païens) ou l'évocation du grand tournoi dont le vainqueur épousera Mélior.
Tombé aujourd'hui dans l'oubli (il a été édité deux fois, en 1834 et en 1967), le roman a joui, au Moyen Âge, d'une éclatante popularité, attestée par deux rédactions, et par des traductions et des adaptations en six langues.

L. Harf-Lancner

Pascal

PASCAL Blaise

(1623-1662)

Mathématicien, physicien, philosophe, théologien, Blaise Pascal est un génie universel qui s'est lancé dans toutes les controverses de son époque. Esprit curieux, il s'intéresse à tout et s'occupe de tout – sauf de littérature. S'il est entré – bien malgré lui – dans l'histoire littéraire, c'est en raison de son tempérament d'orateur. Aimant la discussion, et même la polémique, ayant le goût de la persuasion, il développe une éloquence qui se distingue par un rare pathos. Et c'est à ce côté passionné que l'œuvre pascalien doit son impact. Car l'élan souvent agressif de l'écrivain oblige le lecteur à prendre parti, provoquant des prises de position parfois excessives. Cette fougue cependant est contrebalancée par l'acuité d'un esprit agile, capable toujours de faire le point et de se mouvoir avec une précision incomparable. C'est à ces deux facultés antagonistes que Pascal doit sa remarquable mobilité stylistique. Elles s'équilibrent enfin dans un discours qu'on nomme à juste titre « classique ».
La multiplicité des dons et des intérêts fait de Pascal le plus brillant des autodidactes. S'il aborde un problème, c'est presque toujours en amateur, en dilettante. Mais dans tous les domaines il se présente soit comme un initiateur ouvrant de nouvelles perspectives, soit comme celui qui épuise un sujet. Cette universalité fut cependant aussi un facteur de dissipation. Sollicité sans cesse par autre chose, Pascal n'eut guère le temps de parfaire ses ouvrages ou de s'occuper de leur publication. À sa mort, il laissait très peu d'œuvres imprimées, mais une masse d'ébauches ou de fragments plus ou moins développés, dont un grand nombre s'est perdu.

Un personnage énigmatique

Alors que la vie de Blaise Pascal nous est relativement bien connue, sa personne reste un mystère. Pascal est-il ce missionnaire qui, ayant à peine « goûté à la religion » à l'âge de vingt-trois ans, entreprend la conversion de sa famille et poursuit avec un acharnement peu commun l'« hérésie » d'un Jacques Forton ? Ou est-il ce critique lucide qui, dans *De l'esprit géométrique*, analyse les fondements de l'art de raisonner ? Est-il cet esprit orgueilleux qui aime à confondre ses adversaires : les molinistes, ou ce jésuite de Montferrand qui avait osé contester sa contribution personnelle aux recherches concernant le vide (*Lettres à M. de Ribeyre,* 1651) ? Est-il cette âme charitable qui loge chez lui une famille d'indigents et léguera la moitié de sa fortune aux pauvres, cet ami fidèle, ce directeur de conscience désintéressé que connurent le duc de Roannez et sa sœur Charlotte (*Lettres à Mlle de Roannez,* 1656) ? Est-il un esprit mondain, causeur désireux de s'imposer, ou est-il ce « grand mathématicien qui ne savait que cela […], qui n'avait ni goût ni sentiment », dont le chevalier de Méré parle dans *De l'esprit* (1677) ?
Il y là trop de visages pour qu'on puisse aisément se décider. Pascal lui-même semble avoir eu conscience de cette diversité lorsqu'il choisit ses pseudonymes : Amos DETTONVILLE pour certains ouvrages de mathématiques ; Louis de MONTALTE pour *les Provinciales*, Salomon de TULTIE pour les *Pensées* – pseudonymes qui sont des variantes d'une unité jalousement gardée secrète. Car le seul document vraiment personnel, le *Mémorial* – témoin d'une expérience mystique –, restera soigneusement caché dans la doublure de son vêtement. Et l'écrivain refusera toujours de parler de lui-même. Le « moi », glorifié par le théâtre cornélien et par la métaphysique cartésienne, lui semble négligeable, même « haïssable » (*Pensées*, 597, selon le classement de L. Lafuma, Éd. du Luxembourg, 1951). Et ce qu'il reproche à Montaigne, son auteur préféré, c'est « le sot projet qu'il a de se peindre » (780), c'est « qu'il faisait trop d'histoires et qu'il parlait trop de soi » (649).
Très nombreux – et contradictoires – apparaissent les portraits faits par des tiers ; le plus important est celui de sa sœur, Gilberte Périer, qui trace l'image d'un frère charitable,

ascète et dévot à frôler la sainteté. Excès d'admiration et de bigoterie ou souci de défendre son frère contre des portraits plus mondains et plus anecdotiques tels que les firent Tallemant des Réaux (*Historiettes*, 1657) et Marguerite Périer, fille de Gilberte ? De même que son œuvre, la personne de Pascal exerce une séduction qui provoque des jugements excessifs et toujours passionnés. Rares sont en effet les pascaliens, antipascaliens et pascalisants qui n'aient pas cédé à la tentation de l'hagiographie ou de la détraction.

Il serait vain de vouloir retrouver le vrai visage de Pascal. Il faut plutôt reconnaître en lui un auteur qui, consciemment, a voulu s'effacer derrière son œuvre. Entièrement consacré à sa tâche et en même temps soucieux des exigences et objections du destinataire de ses écrits, il nous apparaît nécessairement comme un penseur contradictoire. Et ses changements, tous provisoires et relatifs, correspondent à des attitudes adoptées par un écrivain dans le propos de faire accepter ce qu'il juge être la vérité : « S'il se vante, je l'abaisse. S'il s'abaisse, je le vante, et le contredis toujours jusqu'à ce qu'il comprenne qu'il est un monstre incompréhensible » (130).

Enfant prodige ou élève modèle ?

On ne saurait assez insister sur l'influence exercée par la famille et surtout par le père, Étienne. Appartenant à la haute bourgeoisie, dans laquelle se recrutait l'élite intellectuelle de l'époque, celui-ci quitta Clermont après la mort de sa femme et s'installa à Paris, où il s'adonna à ses trois passions principales, dont la première était celle du « monde ». Connu des cercles littéraires et scientifiques, il fréquenta les salons, dont celui de Mme de Sainctot, où il retrouva Jacques Le Pailleur, un mathématicien quelque peu libertin, lié avec Saint-Amant et d'autres poètes. Il n'hésita pas à y pousser ses enfants, en particulier Jacqueline, dont le talent poétique, admiré par Benserade, Scudéry et Corneille, attira l'attention de la Cour. Et c'est au contact de ces salons que se développe aussi le Pascal « mondain » : un esprit subtil et vaniteux, habile à se faire valoir.

La deuxième passion d'Étienne était celle des sciences. Jouissant d'une solide réputation de savant, il fut un des premiers membres de l'académie fondée par le P. Mersenne en 1635. Il y rencontra notamment Desargues et Roberval, avec lequel il avança, en 1636, une explication de la pesanteur en proposant d'y voir un phénomène analogue à celui du magnétisme. Les conceptions ultramodernes de Blaise physicien refléteront parfaitement l'esprit positif et pragmatique du cercle Mersenne, alors en correspondance avec les savants du monde entier.

Mais le jeune Pascal devait attendre encore un certain temps avant de connaître cette illustre académie. Car son père – telle était sa troisième passion – avait décidé d'éduquer personnellement ses enfants. La pédagogie d'Étienne Pascal, à la fois humaniste et rationnelle, s'inspirait des préceptes de Montaigne et de Rabelais. S'opposant nettement à celle qui était pratiquée dans les collèges jésuites, elle se fondait sur la maxime qu'il fallait toujours tenir l'enfant « au-dessus de son ouvrage ». Selon le témoignage de Gilberte, le programme paternel, débutant par des discussions sur les effets de la nature, comportait l'étude des langues anciennes, un enseignement de grammaire générale, l'histoire, le droit civil et canonique et enfin la lecture de la Bible et des Pères de l'Église. Blaise répondit à cet enseignement en composant, à l'âge de onze ans, un *Traité des sons*.

Cette éducation originale avait des lacunes. Mais celles-ci se révélèrent favorables à l'évolution du génie de Pascal. Alors que Descartes, élève des Jésuites, avait dû, pour trouver sa voie, se libérer de tout un pesant bagage scolaire, l'originalité de Pascal put s'affirmer sans heurt ni obstacle. Sa formation peu orthodoxe lui permit d'entrer d'emblée dans les voies de l'esprit nouveau qui s'annonçait alors dans les sciences et en théologie. Elle explique également le détachement avec lequel il considérait « les diverses agitations des hommes » (136), ce regard libre et critique qui, une génération plus tard, s'affirmera chez un Molière et un La Bruyère. Enfin, n'ayant pas eu à se plier, comme Descartes, à la rhétorique, il put inventer sa propre éloquence, un discours dont l'élégance et l'agilité serviront plus tard de modèle.

Cependant, il serait faux de tout mettre au compte de cette éducation, dont Blaise, âgé de douze ans, bouleversa le programme. En effet, curieux de savoir de quoi s'occupaient les savants amis de son père, il se procura les informations nécessaires et s'initia lui-même à la géométrie euclidienne, alors qu'Étienne, sachant que « la mathématique est une chose qui remplit et satisfait l'esprit », ne voulait pas que son fils « en eût encore connaissance, de peur que cela ne le rendît négligent pour le latin et les autres langues ». Pourtant, cédant à la « passion » de son élève, il entreprit son éducation scientifique et l'introduisit dans l'académie Mersenne, où, en 1640, Blaise fit sensation en soumettant un *Essai pour les coniques*.

La vocation scientifique

Ce petit ouvrage de géomètre valut à Pascal âgé de seize ans une renommée internationale et le mit en contact avec les savants de l'Europe entière. Toutes ses découvertes mathématiques découlent de telles rencontres. La « règle des partis », le triangle arithmétique et, par là, les fondements du calcul des probabilités sont le résultat d'une correspondance avec Fermat, mais aussi d'une relation suivie avec le chevalier de Méré, grand joueur avec qui Pascal discutait du problème de la répartition des enjeux. Les traités concernant la cycloïde et les lignes courbes, dus à l'encouragement du duc de Roannez, sont le résultat d'un concours où Pascal s'était lancé avec trois *Lettres circulaires* de 1658 et qui lui valut des contacts avec Carcavi, de Sluse, Lalouère, Wren et enfin Huyghens.

Il en va de même pour ses travaux d'ingénieur et de physicien. Leur lieu d'origine est Rouen, où, en 1640, Blaise suivit Étienne, à qui Richelieu avait confié la mission de résoudre le problème de la répartition des impôts. Aidant son père dans ses calculs, il conçut, pour se faciliter la tâche, une machine arithmétique qui fut appelée la « pascaline ». Certes, Pascal n'est pas le premier à avoir eu l'idée d'une telle machine. Mais son mérite est d'avoir su venir à bout de tous les problèmes techniques, dont celui du rapport des retenues, en sorte que sa machine fut la première calculatrice vraiment automatique.

La pascaline, exposée à Paris chez Roberval, consacra la réputation de son inventeur, dont le domicile rouennais devint un véritable lieu de pèlerinage. En 1646, l'ingénieur Pierre Petit, intendant des ports et fortifications, se rendant à Dieppe, s'arrêta chez les Pascal et les informa au sujet des expériences de Torricelli et de la polémique qui s'était ensuivie concernant la nature de l'espace qui, dans le tube du baromètre, se forme au-dessus de la colonne de mercure. Et c'est à la suite de cette rencontre qu'eurent lieu les célèbres expériences sur le vide et la pression atmosphérique (puy de Dôme), les études d'hydrostatique et avant tout les controverses qui obligèrent Pascal à formuler les principes d'une science nouvelle : la physique expérimentale.

La tentation du monde

De tous les aspects qui composent sa personnalité, c'est le Pascal « mondain » qui est le moins connu. Gilberte distingue dans la vie de son frère une période « mondaine », mais elle la considère comme un égarement qu'il vaut mieux passer sous silence. Car n'est-ce pas un crime que de s'être opposé au désir de retraite de Jacqueline ou, comme le prétend Marguerite Périer, d'avoir songé à un mariage avantageux ? En fait, Pascal devait, dès 1639, avoir fort bien connu tant l'aristocratie que la société précieuse et les petits salons bourgeois. Et s'il était « mondain » par son goût de la dispute et son désir de s'imposer, il l'était également par une sincère préoccupation pour l'ordre de ce monde, un souci dont témoignent les premiers chapitres des *Pensées* ainsi que les trois *Discours sur la condition des grands*, rédigés fin 1660 à l'intention du jeune duc de Chevreuse.

Désireux de vivre comme les gens de sa condition, Blaise tenait beaucoup à l'argent, à tel point qu'il faillit se brouiller avec Jacqueline, sa sœur préférée et sa confidente, lorsqu'elle voulut léguer ses biens au monastère de Port-Royal. Enfin, ce qui l'occupa jusqu'à ses derniers jours, ce furent les affaires. Et si, malgré une publicité soutenue, la pascaline ne se vendit point parce que, même fabriquée en série (une cinquantaine au total, dont huit conservées), elle était d'un prix trop élevé, il se dédommagea largement : en achetant une boutique à la Halle au blé et en se lançant, avec le duc de Roannez, dans deux grandes entreprises – celle du dessèchement des marais au Poitou et celle des « carrosses à cinq sols », un système urbain de transports en commun, dont la première ligne, allant de la porte Saint-Antoine au Luxembourg, fut inaugurée quatre mois avant la mort de Pascal.

Comprenant les années 1652-1655, la période « mondaine » marque en premier lieu une émancipation de l'emprise paternelle et est placée, elle aussi, sous le signe des contacts et rencontres. Présenté à la Cour, Pascal fréquente les salons de la duchesse de Longueville et de la marquise de Sablé et se lie plus étroitement avec la duchesse d'Aiguillon. Mais ce sera avec le duc de Roannez (Artus Gouffier de Boissy), passionné de mathématiques et promis à une brillante carrière tant à la Cour qu'à l'armée, qu'il connaîtra la plus durable des amitiés, où Blaise tiendra le rôle d'un guide spirituel et le duc celui d'un admirateur fidèle et dévoué.

Enfin le « monde » pascalien comprend aussi ceux que les *Pensées* appellent les « pyrrhoniens ». Comme le laisse entendre l'*Entretien avec M. de Sacy*, le modèle du pyrrhonien est Montaigne. Mais ce type, tenant du sceptique et de l'esprit fort, Pascal l'a rencontré également dans les salons, et en particulier en les personnes de Mitton et de Méré. Damien Mitton (1618-1690), un riche bourgeois, bel esprit désabusé, d'un jugement sûr en matière littéraire, fournira le modèle du « libertin indifférent » des *Pensées*. Antoine Gombaud, chevalier de Méré (1607-1684), grand joueur incarnant le type de l'« honnête homme », révélera à Pascal une philosophie de la vie fondée sur les principes de l'« esprit de finesse » et culminant dans l'« art d'agréer ».

Religion et théologie : polémique – profession de foi – apologie

Sollicitations auxquelles, jusqu'à la fin de ses jours, Pascal ne sut résister, les sciences et le « monde » furent des facteurs de dissipation, des formes de ce que les *Pensées* appellent le « divertissement », à quoi la maladie et les « conversions » s'opposent comme des éléments portant au recueillement et à la retraite. La maladie, dont, selon Marguerite Périer, Pascal aurait montré des symptômes déjà en bas âge, se manifesta une première fois lorsqu'il avait dix-neuf ans et, par la suite, à maintes reprises, à des intervalles de plus en plus rapprochés. Due à un cancer peut-être, ou à une lésion cérébrale d'origine tuberculeuse, elle suscitait de violents maux de tête, des coliques, une paralysie des jambes et des états d'abattement et de langueur.

Les « conversions » forment le chapitre le plus obscur de la biographie pascalienne. Comme le montre l'exemple du *Mémorial*, il s'agissait d'expériences intimes dont Pascal doutait qu'on puisse jamais « rendre raison » (418), et qui signifient peut-être cet arrachement par lequel l'homme – comme en témoigne la *Prière pour demander à Dieu le bon usage des maladies* – est ramené à lui-même et se trouve confronté avec la question du salut de l'âme. Mais si la signification profonde des « conversions » pascaliennes nous échappe, les circonstances en sont par contre bien connues. Elles relèvent de l'influence du jansénisme.

LE JANSÉNISME

Mouvement de réformation qui doit son nom à Cornélius Jansen (Jansénius), évêque d'Ypres, et qui, en opposition à la théologie scolastique décadente, vise à restituer la stricte théologie augustinienne. Parti de Louvain et gagnant peu à peu une grande partie de l'Europe catholique, le jansénisme est représenté en France par Duvergier de Hauranne, abbé de Saint-Cyran (1581-1643). Sous sa direction, Port-Royal, monastère de religieuses d'une austérité exemplaire, devient le centre spirituel du mouvement. Le couvent, Port-Royal de Paris, est dirigé notamment par les mères Angélique et Agnès, toutes deux de la famille d'Antoine Arnauld (le Grand Arnauld, 1612-1694). Celui-ci réunit, à Port-Royal des Champs, les « messieurs » ou « solitaires », confesseurs des religieuses, théologiens, philosophes et pédagogues (Le Maistre de Sacy, Pierre Nicole, Claude Lancelot), qui fondent, vers 1643, les Petites Écoles, dont Racine sera l'élève.

La « conversion » qui, vers 1646, résulta des premiers contacts avec ces milieux n'eut guère, comme le veut Gilberte, le caractère d'une volte-face par laquelle Blaise aurait renoncé à « toutes les autres connaissances pour s'appliquer à l'unique chose que Jésus-Christ appelle nécessaire ». Il s'agissait plutôt, comme le pense Jean Mesnard, d'un premier ébranlement, d'une « vocation » à laquelle l'âme ne répondra qu'au bout d'une période de luttes et d'hésitations. S'étendant sur quatre ans au moins, cette période comprend surtout des lectures : la Bible, saint Augustin, des ouvrages de Saint-Cyran et des sermons de Singlin. En revanche, les premières relations que Pascal noua avec Port-Royal paraissent avoir été froides. De même que plus tard M. de Sacy ou la mère Angélique, son principal interlocuteur, Antoine de Rebours, éprouva de la méfiance en face de cet esprit trop raisonneur.

La véritable « réformation » – celle que postulait Jansénius – se fit attendre et fut encadrée par deux événements familiaux : la conversion de Jacqueline, qui, en contact avec les mères Angélique et Agnès dès 1647, décida, après la mort de son père, de prendre l'habit, et le « miracle de la Sainte-Épine » : Marguerite Périer, atteinte d'une fistule lacrymale jugée incurable, guérit par l'attouchement d'une épine de la couronne du Christ exposée dans une chapelle de Port-Royal de Paris. Ces deux événements semblent avoir profondément ébranlé Pascal, et ils le mirent en contact avec ceux qui, sous le nom de solitaires, vivaient retirés à Port-Royal des Champs en enseignant aux Petites Écoles.

Les événements décisifs pour Pascal écrivain furent cependant d'ordre politique et s'inscrivirent dans la campagne que l'Église et le pouvoir royal menèrent contre l'influence grandissante du jansénisme en France.

LA PERSÉCUTION CONTRE LE JANSÉNISME

1640	Les controverses entre jésuites et jansénistes se ravivent à la suite de la publication posthume de l'*Augustinus,* somme de la doctrine janséniste rédigée par Cornélius Jansen.
1649	Nicolas Cornet, syndic de la faculté de théologie de Paris, demande la condamnation de cinq « propositions » qu'il prétend avoir extraites de l'*Augustinus*, et qui renfermeraient la doctrine janséniste. La Sorbonne ne se prononce pas et s'en remet à Rome.
1653	Une bulle du pape Innocent X condamne les cinq propositions. Dans sa défense, Port-Royal distingue deux questions ; question de fait : les cinq propositions sont hérétiques, mais ne se trouvent pas dans l'*Augustinus* ; question de droit : outre leur sens hérétique, voire calviniste, les cinq propositions sont susceptibles d'un autre sens, pleinement orthodoxe, celui de Jansénius et de saint Augustin.
1655	L'abbé Picoté, vicaire de Saint-Sulpice, refuse l'absolution au duc de Liancourt, sous prétexte qu'il est lié avec les messieurs de Port-Royal. Antoine Arnauld alerte l'opinion publique avec deux écrits (*Lettre à une personne de condition,* 24 févr. ; *Lettre à un duc et pair,* 10 juill.), pour lesquels il est déféré à la Sorbonne le 1er déc.
1656	**14 janv. :** Arnauld est condamné par la Sorbonne sur la question de fait et menacé de l'être sur la question de droit. Pascal riposte par *les Provinciales.* **1er sept. :** l'Assemblée du clergé dresse le projet d'un « formulaire » condamnant les cinq propositions et que tout ecclésiastique devrait signer. **16 oct. :** une bulle du pape Alexandre VII condamne à nouveau les cinq propositions, les déclarant expressément tirées de l'*Augustinus* (question de fait).
1657	*Les Provinciales* sont publiquement brûlées à Aix en févr. et mises à l'Index par Rome en sept. **1er juin :** dans une *Lettre d'un avocat au parlement à un de ses amis, touchant l'inquisition qu'on veut établir en France à l'occasion de la nouvelle bulle d'Alexandre VII,* Antoine Le Maistre tente d'empêcher l'enregistrement de la bulle papale par le parlement. Celui-ci décide que la signature du formulaire ne sera pas exigée. **Déc. :** *Apologie pour les casuistes contre les calomnies des jansénistes,* œuvre anonyme due au P. Pirot, ami du P. Annat, confesseur du roi.
1658	Au nom des curés de Paris, Pascal, Arnauld et Nicole rédigent des écrits contre la nouvelle casuistique. **16 juill. :** condamnation de l'*Apologie pour les casuistes* par la faculté de théologie de Paris.
1659	**21 août :** mise à l'Index de l'*Apologie pour les casuistes.*
1661	**1er févr. :** l'Assemblée du clergé exige la signature du formulaire, la dispersion des Petites Écoles et l'interdiction de recruter de nouvelles religieuses pour Port-Royal. Ces mesures sont ratifiées par le Conseil d'État le 13 avr. **8 juin :** premier mandement des grands vicaires sur la signature du formulaire, portant condamnation de droit des cinq propositions. **22 juin :** première signature du formulaire par les religieuses de Port-Royal. **14 juill. :** le premier mandement est supprimé par le Conseil d'État ; il sera condamné à Rome le 1er août. **31 oct. :** second mandement des grands vicaires ordonnant « la signature pure et simple du formulaire ». **24 nov. :** seconde signature du formulaire par les religieuses de Port-Royal.
1679	Le pape Innocent XI condamne les propositions suspectes des casuistes, dénoncées en 1656-1658 par Pascal et ses amis de Port-Royal.
1709-1711	Les religieuses de Port-Royal sont expulsées, les solitaires dispersés, Port-Royal des Champs est rasé.

Pascal, qui s'était tenu d'abord à l'écart de la querelle, ne s'y mêla qu'au moment où Antoine Arnauld fut condamné par la Sorbonne. Lors d'une réunion à Port-Royal des Champs, le mémoire rédigé par Arnauld fut jugé trop lourd, et l'on pria Pascal de répondre à sa place. Le résultat : *les Provinciales*, dix-huit lettres écrites entre janvier 1656 et mars 1657, dans lesquelles Pascal dénonce l'inconséquence des raisonnements des jésuites et l'arbitraire de leur politique, tout en s'efforçant de préparer le terrain pour une entente. Vaine entreprise. Le parti adverse, pris au dépourvu, eut recours à la calomnie et aux persécutions. Aux *Provinciales*, chef-d'œuvre d'astuce et de finesse, il n'opposa qu'un ouvrage maladroit et injurieux : l'*Apologie pour les casuistes*, rédigée par un certain P. Pirot.

En revanche, la polémique pascalienne intéressa vivement l'ensemble des prêtres. Elle déclencha même, à Paris et dans quelques autres villes, un soulèvement parmi les curés, au nom desquels Pascal rédigera, au cours de l'année 1658, un certain nombre d'écrits contre le laxisme moral des jésuites. L'intervention du petit clergé procura une trêve aux jansénistes. Lorsque la persécution reprit, au printemps 1661, la question de la signature du « formulaire » provoqua un différend au sein de Port-Royal. Arnauld et ses amis recommandèrent la signature, en excluant toutefois la question de fait. Pascal, dans son *Écrit sur la signature*, s'attacha à démontrer l'impossibilité d'un tel compromis. Les religieuses, qui partageaient son opinion, finirent toutefois par signer. Son intransigeance ultra-janséniste n'ayant alors plus de partisans, Pascal se retira définitivement de toute controverse. Il connut un modeste triomphe : le Saint-Siège, qui avait contribué à écraser le jansénisme, condamna également les abus de la casuistique en mettant à l'Index l'*Apologie* du P. Pirot.

Le bilan politique des *Provinciales* et des écrits connexes est donc bien mince. Dans la carrière spirituelle de Pascal, ces ouvrages marquent cependant une étape décisive. Car si la dispute théologique l'obligea à étudier les écrits des molinistes, de saint Augustin et les textes sacrés, elle resserra surtout ses liens avec les chefs spirituels des jansénistes. Et ceux-ci, Arnauld, Nicole et Lancelot, comptaient parmi les penseurs et philologues les plus éminents de l'époque. Leurs ouvrages collectifs, la *Grammaire générale et raisonnée* (1660) et *la Logique ou l'Art de penser* (1662), représentent une véritable somme de l'esprit nouveau et de la linguistique nouvelle qui s'affirmèrent au XVIIe siècle. À Port-Royal donc, Pascal trouva ce qu'il n'avait connu jusqu'alors que dans le domaine des sciences : des interlocuteurs de taille pour ce qui concerne la métaphysique et l'art de raisonner. C'est à leur instigation qu'il ébaucha pour les Petites Écoles une méthode de lecture (1653) et des *Éléments de géométrie* (1658). Les résultats les plus importants de ces contacts sont cependant les réflexions méthodologiques résumées dans deux fragments : *De l'esprit géométrique* et *De l'art de persuader*.

Mais *les Provinciales* valent surtout par le retentissement qu'elles eurent dans le « monde ». Elles révélaient un auteur jusqu'alors pratiquement inconnu, qui étonnait par sa mobilité de ton et de méthode, ainsi que par l'aisance et la clarté avec lesquelles il traitait les questions les plus délicates et les subtilités académiques. Ces lettres, écrites par un « honnête homme », intéressèrent également le grand public cultivé. C'est sans doute l'écho qu'elles trouvèrent qui confirma Pascal dans son dessein d'écrire un nouvel ouvrage théologico-métaphysique : un livre sans intention polémique, qui s'adresserait délibérément à tout le monde, et dont le vague projet semble remonter à l'année 1654.

La genèse de cette dernière œuvre, connue sous le titre de *Pensées*, est mal établie. On sait que, vers la fin de 1656, l'auteur entreprit de recueillir des notes, faisant part de son nouveau projet à ses parents et amis. En 1658, il en énonça le sujet à Port-Royal des Champs. Une dizaine d'années plus tard, le secrétaire du duc de Roannez, Filleau de La Chaise, résumera cet exposé dans un *Discours sur « les Pensées » de M. Pascal,* dont Étienne Périer, fils de Gilberte, s'inspirera pour la rédaction de sa préface à la première édition des *Pensées,* dite de Port-Royal. Atteint par la maladie, Pascal dut renoncer à tout travail pendant une bonne partie de l'année 1659. Il reprit sa tâche en 1660, rédigeant de nouveaux fragments et classant ses fiches. Mais il semble que d'autres occupations l'aient détourné de ce grand projet. Car lorsqu'il meurt, le 19 août 1662, le livre qui aurait dû être la somme de sa vie et de sa pensée n'est toujours que fragments.

VIE		ŒUVRE
1616	Mariage d'Étienne Pascal, second président de la Cour des aides de Montferrand, et d'Antoinette Bégon, fille d'un marchand.	
1620	Naissance de Gilberte, sœur aînée de Blaise.	
1623	**19 juin :** naissance de Blaise Pascal, à Clermont, rue des Gras, dans la maison paternelle (aujourd'hui disparue).	
1624	**Richelieu accède au pouvoir.**	
1625	Les religieuses de Port-Royal des Champs s'installent à Paris. **5 oct. :** naissance de Jacqueline, sœur cadette de Blaise.	
1626	Mort de la mère de Pascal.	

	VIE		ŒUVRE
1631	Étienne Pascal résigne ses fonctions. Ayant placé sa fortune en rentes sur l'Hôtel de Ville, il s'installe à Paris, où il fréquente les salons et les milieux savants et se consacre à l'éducation de ses enfants. Différents domiciles, dont le dernier est rue Brisemiche, près de Saint-Merry (1635).		
1634	**Fondation de l'Académie française.**	**1634**	Composition d'un *Traité des sons.*
1635	Pascal « redécouvre » de lui-même la 32ᵉ proposition d'Euclide. Cela lui vaut d'être admis à l'Académie des sciences du P. Mersenne.		
1636	La mère Angélique Arnauld choisit Saint-Cyran comme directeur de Port-Royal.		
1637	Descartes publie le *Discours de la méthode.*		
1638	**24 mars :** Étienne Pascal, ayant protesté contre le non-paiement des rentes sur l'Hôtel de Ville, doit fuir en Auvergne pour échapper à la Bastille.		
1639	**3 avr. :** par l'entremise de la duchesse d'Aiguillon, Jacqueline figure dans une représentation de *l'Amour tyrannique* (de Scudéry) devant Richelieu. Elle obtient du cardinal le retour de son père. **Automne :** Étienne est nommé « commissaire député par Sa Majesté pour l'imposition et la levée des tailles » en Normandie.		
1640	**Janv. :** avec la suite du chancelier Séguier, Étienne arrive à Rouen, où les enfants le rejoindront au printemps. Jacqueline, encouragée par Corneille, écrit ses *Stances contre l'amour.*	**1640**	Publication d'un *Essai pour les coniques* (petit placard conservé en deux exemplaires).
1641	**13 juin :** mariage de Gilberte Pascal et de son cousin, Florin Périer. Ils habiteront Clermont et auront cinq enfants : Étienne (1642-1680), Jacqueline (1644-1695), Marguerite (1646-1733), Louis (1651-1713), Blaise (1653-1684).		
1642	Pascal conçoit sa machine arithmétique, la pascaline. Premières atteintes de la maladie.		
1645	Mise au point définitive de la pascaline. **27 déc. :** en reconnaissance des services qu'il a rendus, Étienne Pascal est nommé conseiller d'État.	**1645**	*Lettre dédicatoire à Mgr le Chancelier sur le sujet de la machine nouvellement inventée par le sieur B. P...* [...] *avec un Avis nécessaire à ceux qui auront la curiosité de voir ladite machine et s'en servir* (écrits réédités par Bossut en 1779).
1646	**Janv.-avr. :** les Pascal sont visités, à Rouen, par les frères Deschamps, nouvellement convertis au jansénisme. Première « conversion » de Blaise. **Oct.-nov. :** avec son père et Pierre Petit, Blaise répète à Rouen les expériences de Torricelli. Un procès-verbal est envoyé (26 nov.) à Pierre Chanut, en Suède.		
1647	**Janv. :** réalisation d'une série d'expériences sur le vide à la verrerie de Rouen. **Févr. :** controverse avec Jacques Forton (sieur de Saint-Ange). À la suite d'une dénonciation par Pascal et deux de ses amis, l'archevêque de Rouen obtient de Forton la rétraction de douze propositions énoncées dans son ouvrage *la Conduite du jugement naturel* (1637-1643). **Mai :** nouveaux troubles de santé. Blaise revient à Paris avec Jacqueline. Premières relations avec Port-Royal : Antoine Singlin et Antoine de Rebours. **23-24 sept. :** rencontres avec Descartes, la première en présence de Roberval. **Oct. :** controverse avec le jésuite Noël au sujet du vide : deux lettres du P. Noël, une réponse de Pascal (29 oct.). **15 nov. :** lettre à Florin Périer pour lui demander de réaliser l'expérience du puy de Dôme.	**1647**	**4 oct. :** publication des *Expériences nouvelles touchant le vide,* chez Margat.

	VIE		ŒUVRE
1648	**26 janv. :** lettre à Gilberte sur les entretiens avec Antoine de Rebours, confesseur à Port-Royal. **Févr. :** lettre à Jacques Le Pailleur sur la controverse avec le P. Noël. **Juill. :** Étienne Pascal rejoint ses enfants à Paris. Ils s'établiront (oct.) rue de Touraine, dans le Marais. **19 sept. :** réalisation de l'expérience du puy de Dôme par Florin Périer, qui en rendra compte dans une lettre du 22 sept. Expériences barométriques à la tour de l'église Saint-Jacques-de-la-Boucherie.	**1648**	**Mars :** rédaction d'un *Traité des sections coniques,* dont le début est conservé grâce à une copie faite par Leibniz. Publié par C.I. Gerhardt, en 1892, sous le titre de *Generatio conisectionum.* **Oct. :** publication du *Récit de la grande expérience de l'équilibre des liqueurs,* chez Savreux.
1649	**Fronde parlementaire.** **Mai :** fuyant les troubles de la Fronde, les Pascal vont habiter chez les Périer, à Clermont. **22 mai :** renouvellement, par le chancelier Séguier, du privilège accordé pour la fabrication de la machine arithmétique.		
1650	**Fronde des princes.** Retour des Pascal à Paris.		
1651	**16 juill. et 8 août :** dans deux lettres à M. de Ribeyre, Pascal se défend contre l'accusation, formulée par un jésuite de Montferrand, de s'être arrogé la paternité des expériences de Torricelli. **24 sept. :** mort d'Étienne, père de Pascal. **25 déc. :** Blaise et Jacqueline s'installent rue Beaubourg.	**1651**	Rédaction d'un *Traité du vide,* dont il ne reste qu'un fragment de préface (édité en 1779, par Bossut, sur une copie du P. Guerrier).
1652	**4 janv. :** malgré les réticences de son frère, Jacqueline entre à Port-Royal. Commencement de la « période mondaine ». **24 mai :** prise d'habit de Jacqueline. **Juin :** lettre à la reine Christine de Suède concernant la machine arithmétique. **Oct. :** Pascal quitte Paris pour Clermont.		
1653	**Mai :** retour de Pascal à Paris. Différends avec Jacqueline à propos de la constitution de sa dot de religieuse. **5 juin :** Jacqueline fait profession de foi à Port-Royal de Paris. **Été :** débuts de l'amitié de Pascal avec le duc de Roannez ; contacts avec le chevalier de Méré et Damien Mitton.	**1653 (?)**	Mise au point de deux traités : *De l'équilibre des liqueurs* et *De la pesanteur de la masse de l'air* (publiés en un volume par Étienne Périer, en 1663, chez Desprez).
1654	Dans une adresse à l'Académie parisienne *(Celeberrimae matheseos academiae parisiensi),* l'ancienne académie Mersenne, dirigée alors par Le Pailleur, Pascal donne le programme de ses travaux et recherches mathématiques. **Sept.-oct. :** un grand dégoût du monde fait se rapprocher Blaise de Jacqueline. Il s'installe rue des Francs-Bourgeois-Saint-Michel (54, rue Monsieur-le-Prince), son dernier domicile. **23 nov. :** la nuit du *Mémorial* marque la seconde « conversion » de Pascal.	**1654**	**Juill.-août :** rédaction du *Traité du triangle arithmétique* (publié, avec diverses études connexes en 1665, chez Desprez). **Juill.-oct. :** correspondance avec Fermat sur la « règle des partis » ou calcul des probabilités (publiée dans *Varia opera mathematica Petri de Fermat,* Toulouse, 1679). **Sept.-oct. (?) :** rédaction de l'opuscule sur la *Conversion du pécheur* (édité par Bossut en 1779).
1655	**Janv. :** première retraite aux Granges de Port-Royal des Champs. Date probable de l'*Entretien avec M. de Sacy sur Épictète et Montaigne.* Pascal conçoit une méthode de lecture à l'usage des Petites Écoles de Port-Royal.	**1655 (?)**	Rédaction de deux opuscules : *Comparaison des chrétiens des premiers temps avec ceux d'aujourd'hui* (publié par Bossut en 1779) ; *Abrégé de la vie de Jésus-Christ* (publié par Faugère en 1846).
1656	**14 janv. :** condamnation d'Arnauld par la Sorbonne. Lors d'un deuxième séjour à Port-Royal des Champs, Pascal s'engage dans la controverse entre jésuites et jansénistes. **24 mars :** « Miracle de la Sainte-Épine », guérison miraculeuse de Marguerite Périer, nièce de Pascal. **Sept.-oct. (?) :** lettres à Mlle de Roannez (publiées partiellement dans l'édition des *Pensées* de 1670, et en totalité par V. Cousin en 1843). Rédaction des premières notes prises en vue des *Pensées.*	**1656**	Publication des *Provinciales* (*Lettres écrites à un provincial par un de ses amis sur le sujet des disputes présentes de la Sorbonne*) : 23 janv. (I), 29 janv. (II), 9 févr. (III), 25 févr. (IV), 20 mars (V), 10 avr. (VI), 25 avr. (VII), 28 mai (VIII), 3 juill. (IX), 2 août (X), 18 août (XI), 9 sept. (XII), 30 sept. (XIII), 23 oct. (XIV), 25 nov. (XV), 4 déc. (XVI).

VIE		ŒUVRE	
1657	La campagne des jésuites contre les jansénistes et surtout contre *les Provinciales* bat son plein. **6 sept. :** mise à l'Index des *Provinciales.*	**1657**	Publication des dernières *Provinciales :* 23 janv. (XVII), 24 mars (XVIII) ; fragment d'une XIXe lettre. **(?)** Rédaction de trois fragments et ébauches, dont les originaux sont perdus : *Écrits sur la grâce* (publiés par Bossut en 1779). *Éléments de géométrie* pour les Petites Écoles de Port-Royal (des extraits copiés par Leibniz sont publiés par C.I. Gerhardt, en 1892, sous le titre : *Extraits d'un fragment de l'Introduction à la géométrie de M. Pascal*). L'ouvrage inachevé sera remanié par Arnauld et Nicole et publié en 1667 : *Nouveaux Éléments de géométrie.* *De l'esprit géométrique* et *De l'art de persuader* (fragments publiés séparément par Desmolets en 1728 et Condorcet en 1776 ; ensemble par Bossut en 1779). Première édition en recueil des *Provinciales* : *Lettres écrites par Louis de Montalte à un provincial de ses amis et aux RR. PP. jésuites sur le sujet de la morale et de la politique de ces Pères,* Cologne, Pierre de La Vallée.
1658	Les curés de Paris, Rouen et Amiens, en révolte contre les nouveaux casuistes, s'étant adressés aux messieurs de Port-Royal, Pascal s'engage une dernière fois dans la controverse avec les jésuites. Certains écrits pour les curés (notamment le troisième et le quatrième) seront rédigés par Arnauld et Nicole. L'affaire de la « roulette » ou cycloïde : **Juin :** dans une *Lettre circulaire,* Pascal met au concours six problèmes concernant la cycloïde – problèmes dont il a lui-même trouvé les solutions. **Juill. :** ayant remarqué que les premiers problèmes proposés ont déjà été résolus par Roberval, Pascal doit préciser l'objet de son concours dans une seconde *Lettre circulaire.* **7-9 oct. :** une troisième *Lettre circulaire* contient des *Réflexions sur les conditions des prix...* Ce concours vaut à Pascal une correspondance volumineuse, souvent polémique. Ses réponses et ses nombreux écrits sur la cycloïde et les lignes courbes sont recueillis dans des ouvrages publiés sous le pseudonyme d'Amos DETTONVILLE. **Oct.-nov. (?) :** ayant classé ses notes pour les *Pensées,* Pascal fait, à Port-Royal, un exposé sur le plan de son ouvrage. Filleau de La Chaise fera un compte rendu de cette conférence dans son *Discours sur les Pensées de M. Pascal* (1672).	**1658**	Publication des écrits rédigés pour les curés en révolte : **25 janv. :** *Factum pour les curés de Paris contre un livre intitulé « Apologie pour les casuistes... ».* **2 avr. :** *Second Écrit des curés de Paris pour soutenir leur factum...* **11 juin :** *Cinquième Écrit des curés de Paris.* **24 juill. :** *Sixième Écrit des curés de Paris.* *Projet de mandement contre l'« Apologie pour les casuistes ».* **10 oct. :** publication d'une *Histoire de la roulette,* en français et en latin. **25 nov. :** publication du *Récit de l'examen et du jugement des écrits envoyés pour les prix proposés publiquement sur le sujet de la roulette...* **10 déc. :** publication d'un premier recueil de traités et lettres concernant les lignes courbes : *Lettre de A. Dettonville à Monsieur de Carcavi,* chez Desprez. **12 déc. :** publication d'une *Suite de l'Histoire de la roulette,* suivie d'une *Addition* le 20 janv. 1659.
1659	**Mars :** nouvelle atteinte de la maladie. Un état de langueur interdit à Pascal tout travail suivi.	**1659**	Publication d'un second recueil de traités et lettres concernant les lignes courbes : *Lettres de A. Dettonville concernant quelques-unes de ses inventions de géométrie,* chez Desprez. **(?)** Rédaction de la *Prière pour demander à Dieu le bon usage des maladies* (publiée à Cologne en 1666).
1660	**Mai-sept. :** séjour au château de Bien-Assis, domicile (aujourd'hui disparu) des Périer, près de Clermont, où Pascal travaille aux *Pensées.* **10 août :** lettre à Fermat sur la valeur de la science appelée « géométrie ». Publication de la *Grammaire générale et raisonnée de Port-Royal* (par Arnauld et Lancelot).	**1660**	**Sept.-nov. :** rédaction de trois *Discours sur la condition des grands* (publiés par Nicole en 1670 dans son traité *De l'éducation*).
1661	**Règne personnel de Louis XIV.** L'affaire de la signature du formulaire marque la dernière étape dans la persécution des jansénistes et amène le désaccord entre Pascal et ses amis de Port-Royal. **4 oct. :** mort de Jacqueline, sœur de Blaise. **24 oct. :** après la seconde signature du formulaire par les religieuses de Port-Royal, Pascal renonce à toute dispute.	**1661 (?)**	Rédaction d'un *Écrit sur la signature* (conservé grâce à des copies faites par Nicole).

	VIE		ŒUVRE
1662	**Janv.-mars :** avec le duc de Roannez, Pascal organise le service des « carrosses à cinq sols » et obtient des lettres patentes du roi pour cette entreprise. **29 juin :** dernière atteinte de la maladie. Pascal se fait transporter chez les Périer, au faubourg Saint-Marcel. **4 juill. :** Pascal fait appeler l'abbé Beurrier, curé de Saint-Étienne-du-Mont. **3 août :** Pascal rédige son testament. **17 août :** Pascal reçoit l'extrême-onction. **19 août :** mort de Pascal, à 1 heure du matin. **21 août :** enterrement de Pascal à l'église Saint-Étienne-du-Mont. Publication de *la Logique ou l'Art de penser* (d'Arnauld et Nicole).		
		1669-1670	Première édition des *Pensées*, dite de Port-Royal. Tirée en 1669 à un petit nombre d'exemplaires, elle paraît, en 1670, chez Desprez, sous le titre : *Pensées de M. Pascal sur la religion et sur quelques autres sujets qui ont été trouvées après sa mort parmi ses papiers.*

L'ART DE PENSER

La raison et le cœur

À la méthode d'analyse de Descartes (*ars inveniendi*), qui formule les règles servant à trouver des « vérités », Pascal oppose une méthode synthétique (*ars demonstrandi*) servant à prouver des « vérités », c'est-à-dire à vérifier des propositions ou affirmations et à les faire accepter par autrui. Comme la méthode cartésienne, la méthode proposée par Pascal est d'application universelle et remplace les règles de l'ancienne logique scolastique par celles que pratiquent les mathématiciens ou « géomètres ».

De l'esprit géométrique (fragment rédigé en 1655 ou 1657)

SYNOPSIS

La méthode de démonstration idéale consisterait à n'employer que des termes clairement définis et à n'avancer que des propositions démontrées par des vérités déjà connues ou admises. Bref, il s'agirait de tout définir ou de tout prouver. Cependant, c'est une méthode impossible puisque toute définition (*) s'appuie nécessairement sur des termes déjà définis. Et, en remontant cette chaîne, on arrive à des mots indéfinissables : temps, espace, nombre ou homme, être, etc. Il serait vain de vouloir les définir, car ils désignent des choses qui ont un nombre infini de qualités. Or il n'est pas nécessaire de les définir car ils s'entendent de soi. Tout homme, par « lumière naturelle », sait ce qu'ils désignent, bien que les idées que chacun se forme de la nature de la chose désignée soient fort différentes. Tout raisonnement – et même le plus parfait, celui des mathématiciens ou « géomètres » – s'appuie nécessairement sur ces « mots primitifs » qui lui échappent.

(*) Il s'agit ici uniquement de ce que la logique scolastique appelle des définitions de mots ou définitions « nominales ». Les définitions de choses ou définitions « réelles » seraient, dans ce contexte, des propositions ou jugements, donc des « vérités » sujettes à l'épreuve de la démonstration.

S'appuyant sur une conception originale de la langue, l'exposé de la méthode pascalienne implique aussi une critique de la raison. Comme il est impossible de définir tous les termes, il n'existe aucun discours, même pas celui des géomètres, qui soit pleinement rationnel. Tout raisonnement s'appuie, en dernier lieu, sur des données à la fois intuitives et transsubjectives : sur des « certitudes du cœur et de l'instinct » (110), que Pascal appelle indifféremment « mots primitifs » ou « [premiers] principes ». De la nature du clair-obscur, ces certitudes *a priori* ont trop d'évidence pour qu'on puisse nier, comme les « pyrrhoniens », toute possibilité de connaissance. Mais elles empêchent aussi la certitude dont se vantent les « dogmatiques » : « Nous avons une impuissance de prouver invincible à tout le dogmatisme. Nous avons une idée de la vérité invincible à tout le pyrrhonisme » (406).
À la lumière de cette critique de la raison, on comprend pourquoi le fragment *De l'esprit géométrique* est suivi de l'ébauche d'un *Art de persuader*. Pour que « les hommes consentent à ce qu'on leur propose », il ne suffit pas d'une démonstration rationnelle. Il faut faire appel non seulement à leur entendement, mais aussi à leur « cœur », et cela doublement. Car le cœur est, d'une part, le siège de « ces vérités naturelles et connues à tout le monde » sur lesquelles la raison fonde « tout son discours » (110). D'autre part, il est le siège de la volonté, qui, dans l'acception pascalienne, se compose d'un élément conscient, qu'on pourrait appeler « intention », et d'un élément inconscient, appelé « désir » ou « concupiscence ». Le véritable art de persuader consiste donc d'abord à « agréer » en faisant appel à la volonté. Ensuite il s'agit de « convaincre » : une opération délicate, où, en appelant à la fois au cœur et à l'entendement, on doit tout expliquer ou prouver, excepté ce qui s'entend de soi.

Épistémologie et théologie

Avec Descartes, Pascal partage la conviction que la substance ou la « dignité » de l'homme consiste uniquement « en la pensée » (200). En face de ce seul être pensant, il y a une création, qui, du ciron jusqu'aux sphères célestes, n'est qu'étendue, que matière inanimée. L'étude de cette nature-machine est l'affaire du « géomètre », du mathématicien donc et du physicien.

Cependant, les « vérités », lois ou règles – et c'est ici que Pascal s'éloigne de Descartes – que le géomètre découvre ne s'appuient sur aucune certitude métaphysique. Résumées dans des propositions vérifiables par une démonstration méthodique, elles sont, en quelque sorte, matériellement vraies parce qu'elles sont le fruit des expériences. En outre, ces « vérités » sont toujours relatives, car elles concernent uniquement le domaine que le géomètre « considère particulièrement », les nombres donc, l'espace ou un autre de ces champs circonscrits par un « mot primitif ». Enfin, il y a très peu de « propriétés communes à toutes choses », dont « la principale comprend les deux infinités [...] : l'une de grandeur, l'autre de petitesse ». Cela signifie que, dans chacun de ces domaines, le géomètre a une « infinité de propositions à exposer » (199). Il n'arrivera donc jamais à « la » vérité concernant son objet, puisque le nombre de ses « vérités », toutes particulières, dépasse la capacité de synthèse de l'esprit humain.

Or, cette situation du géomètre face à la nature est exemplaire pour l'art de penser en général. En effet, toute réalité que l'esprit humain considère se (dés) organise aussitôt en domaines ou « choses » qualitativement différents. Ainsi, à côté des vérités « naturelles » ou géométriques, il y a le nombre, également infini, de celles qui concernent le domaine de l'esprit, et de celles, enfin, qui sont « divines » ou « surnaturelles » : une infinité de vérités donc, appartenant à des ordres entre lesquels il y a solution totale de continuité :

> *De tous les corps ensemble on ne saurait en faire réussir une petite pensée ; cela est impossible et d'un autre ordre. De tous les corps et esprits on n'en saurait tirer un mouvement de vraie charité ; cela est impossible et d'un autre ordre, surnaturel.*
>
> (308)

Ce morcellement ne saurait satisfaire un penseur qui, cherchant l'unité, tend vers des vérités universelles, même substantielles. Un esprit purement géométrique serait tenté d'y arriver en généralisant naïvement à la fois sa méthode et ses « vérités » : « en exposant d'ordre les causes de l'amour » (298) pour prouver « qu'on doit être aimé », ou en parlant « des choses corporelles spirituellement et des spirituelles corporellement » (199), comme les physiciens de l'École, qui attribuèrent à la nature inanimée un *horror vacui,* une aversion invincible du vide. À l'opposé de ces confusions grossières causées par l'esprit de géométrie, il y a l'erreur par « omission » (512) qui guette l'esprit fin. Doué d'un « sens bien délicat », celui-ci sait instinctivement qu'à chaque ordre correspondent d'autres vérités. Il est donc capable de généraliser sans mêler arbitrairement ce qui par nature est inconciliable. Mais, accoutumé à juger « d'un seul regard et non pas par progrès et raisonnement », il risque de négliger un des innombrables principes qui entrent en ligne de compte.

Pour arriver à des vues à la fois générales et exactes, il faudrait donc une intelligence qui allie la souplesse de l'esprit de finesse avec la droiture de l'esprit de géométrie. Or, cette rare alliance se réalise dans la pensée figurative, dont voici l'axiome fondamental : « La distance infinie des corps aux esprits figure la distance infiniment plus infinie des esprits à la charité... » (308). Concevant donc entre les ordres discontinus un rapport de nature analogique, la figuration s'offre en même temps comme un mode de pensée permettant de faire communiquer ces ordres. Par exemple, la « grandeur » d'un objet matériel n'a aucune commune mesure avec celle, toute spirituelle, d'un génie. Et pourtant, pour désigner celle-ci, on peut se servir du même mot, auquel on donne un second sens, figuré. On fait de même en parlant d'un saint, tout en sachant que sa « grandeur » est encore d'un autre ordre.

Loi fondamentale de la langue et seule cause aussi, selon Pascal, de cette polysémie que le géomètre doit abolir s'il veut procéder à une démonstration méthodique, la figuration permet donc de parler des « choses corporelles spirituellement », et *vice versa,* à condition toutefois qu'on le fasse avec « finesse ». Car, de même qu'un terme clairement défini change de signification et doit être redéfini dès qu'on l'applique à un autre domaine, de même les « vérités » changent de nature lors du processus de la transposition. Ce qui, dans l'ordre de l'espace, est une proposition démontrée n'aura, appliqué à l'ordre des nombres, qu'une valeur métaphorique : ce ne sera d'abord qu'une figure ou, philosophiquement parlant, une conjecture, une hypothèse « douteuse ». Pour recevoir un statut de « vérité » (ou d'« erreur »), elle doit être soumise à l'épreuve de l'expérience et au mécanisme de la démonstration, qui devra nécessairement tenir compte des principes correspondant au nouvel ordre. Grâce à ces précautions, le penseur peut passer d'un ordre à l'autre et obtenir des vues de plus en plus générales. Celles-ci, cependant, seront toujours plus ou moins fragmentaires car leur étendue dépendra du nombre des « principes » dont dispose le moi pensant. Dès que ceux-ci commencent à faire défaut, les jugements humains ne pourront plus être vérifiés et resteront de simples conjectures, exprimées sous la forme, essentiellement équivoque, d'images ou de métaphores.

Dans ce sens, la figure est la forme naturelle et primitive de la pensée. Son cas limite est la gageure ou le « pari » : une conjecture sur laquelle le sujet pensant mise avec témérité, et dont « l'obscurité douteuse » (109) ne peut être dissipée que si l'heureux hasard d'une intuition fournit soudain l'idée ou le « principe » nécessaire pour la vérification. Or, ce phénomène pour ainsi dire commun a lui aussi une valeur figurative. Il annonce ou, mieux, préfigure le miracle de la grâce, auquel un Pascal quasi platonicien attribue le caractère d'une illumination totale par laquelle Dieu, révélant la « vérité substantielle » (418), délivre l'homme de la pensée et de la langue et lui restitue cette vue directe des choses qu'il aurait perdue dans l'accident originel de la chute.

L'ŒUVRE SCIENTIFIQUE

Le triangle arithmétique, tableau qui fournit les coefficients des termes des puissances d'un binôme ; l'hexagone de Pascal, théorème sur l'alignement des points d'intersection des côtés opposés d'un hexagone inscrit dans une conique ; le théorème de Pascal, concernant la distribution de la pression gravifique par un liquide au repos ; l'expérience du puy de Dôme, qui démontre que la pression atmosphérique varie en fonction de l'altitude : voilà ce qui a survécu de l'activité du savant en l'honneur duquel on a donné le nom de « pascal » à l'unité de mesure de contrainte et de pression dans le système international S.I. et à un langage de programmation.

Ses autres contributions, assimilées ou dépassées par l'évolution des sciences, n'ont plus qu'un intérêt historique. Mais elles restent d'une importance capitale pour les pascalisants, car elles révèlent un savant dont l'empirisme et les préoccupations (le néant et l'infini) annoncent l'auteur des *Pensées*. Elles posent aussi de sérieux problèmes quant à l'originalité et même la probité intellectuelle de leur auteur, trop préoccupé parfois de faire montre de sa supériorité. C'est un fait que Pascal savant n'a rien inventé *ex nihilo*, et il conçoit lui-même les sciences comme un domaine « où tous les hommes ensemble [...] font un continuel progrès ». Et si certains de ses travaux représentent une étape décisive de cette évolution, c'est grâce à un heureux alliage de facultés qui le distinguent de la plupart des savants de son époque : une sensibilité permettant de capter les idées qui « sont dans l'air » ; un désir de synthèse qui l'incline à interpréter le plus grand nombre de faits à l'aide d'un minimum de principes ; enfin un don de vulgarisation grâce auquel il saura propager des idées qui, avant lui, n'étaient accessibles qu'à de rares spécialistes.

L'apport le plus original du géomètre est sans doute celui qui concerne les sections coniques, dont Pascal s'est occupé dès 1640. Malheureusement, le grand traité achevé en 1648 et étudié en 1676 par Leibniz, qui le jugea important, nouveau et digne d'être imprimé, est en grande partie perdu. Mais le fragment qui a pu en être sauvé et le résumé que Leibniz a fait du reste forment un ensemble qui, en réaction contre la géométrie cartésienne ou analytique, expose les principes de la géométrie projective, dont le programme entier ne sera défini que deux siècles plus tard, par Poncelet.

Si Pascal partage avec Fermat le mérite d'avoir, sans nulle préparation antérieure, posé et résolu des problèmes qui ont trait à la probabilité mathématique, ses lettres adressées au savant toulousain en 1654 ainsi que le *Traité du triangle arithmétique*, publié la même année, se distinguent par le fait que l'auteur y applique pour la première fois la méthode de démonstration inductive.

Les ouvrages sur la « roulette » ou cycloïde (1658-1659) constituent, regroupés, un traité complet de calcul intégral. Toutefois, pour ce qui concerne les réalités infinitésimales, Pascal utilisait encore un langage géométrique, se refusant à employer le symbolisme et les signes opératoires de l'algèbre. Leibniz, qui, en étudiant ces travaux, eut l'intuition du calcul différentiel, s'étonna de cette inexplicable tendance conservatrice. Mais celle-ci est due sans doute aux circonstances particulières dans lesquelles sont nés les écrits sur les lignes courbes : ce climat de compétition où Pascal s'était vu contraint de défendre une gloire qu'il s'était attribuée d'avance.

Les travaux du physicien, qui s'échelonnent de 1647 à 1653, furent eux aussi le fruit d'un défi et d'une polémique. Cependant, ils témoignent de la plus grande rigueur méthodique. Leur premier objectif fut de démontrer l'existence du vide, controversée depuis les expériences de Torricelli. Galilée y était favorable, comme aussi la majorité des savants de l'académie Mersenne. Mais elle avait deux adversaires : les physiciens scolastiques ou aristotéliciens, selon lesquels la nature aurait une horreur invincible du vide ; et les cartésiens, selon lesquels tout espace serait, par définition, plein de matière.

La controverse avec le P. Noël, aristotélicien, ainsi que l'entrevue avec Descartes apprirent à Pascal qu'aucun raisonnement n'était capable de confirmer sa théorie ni d'infirmer celles de ses adversaires. Dans cette impasse, il conçut sa méthode de démonstration expérimentale. Résumée dans la phrase « les expériences sont les seuls principes de la physique », elle mit Pascal de nouveau en opposition radicale avec les scolastiques, pour lesquels les principes de toute science étaient des *a priori* d'ordre métaphysique. Mais l'idée selon laquelle l'expérience précède l'explication des phénomènes était aussi anticartésienne, puisque, pour Descartes, la science de la nature part de principes purement rationnels et consiste en des déductions mathématiques, auxquelles l'expérience apporte une simple confirmation.

Or, Pascal ne s'est pas borné à formuler une nouvelle méthode. Son mérite est de l'avoir appliquée avec succès dans deux séries d'expériences rigoureusement enchaînées : la première servant à confirmer l'hypothèse, jusqu'alors « douteuse », de l'existence du vide ; la seconde démontrant que les manifestations du vide sont dues à la pression de l'air. Voyant que ces découvertes devaient s'intégrer dans un contexte plus général, Pascal passa enfin à une série d'expériences concernant « l'équilibre des liqueurs ». Le résumé qu'il en fit, un exposé complet de la statique des fluides, s'ouvre à son tour sur une nouvelle synthèse puisqu'il démontre que l'hydrostatique n'est qu'un cas particulier de la statique.

Certes, Pascal n'est pas l'inventeur de l'hydrostatique. Mais il est le seul qui ait su formuler une doctrine cohérente à partir de matériaux jusqu'alors épars. Il voulut enfin compléter ses deux traités publiés en 1653 par un *Traité de mécanique*, entièrement perdu. Cet ouvrage synthétique aurait dû remplacer un *Traité du vide*, rédigé entre 1647 et 1651, dont il ne reste qu'une Préface. C'est regrettable, car ce fragment, joint à la réponse au P. Noël, datant de 1647, non seulement formule les principes de la méthode expérimentale, mais aussi trace les grandes lignes d'une philosophie des sciences.

Les Provinciales et écrits connexes

Les *Lettres écrites à un provincial par un de ses amis sur le sujet des disputes présentes de la Sorbonne* sont le fruit d'une collaboration avec Antoine Arnauld et Pierre Nicole. Mais elles portent l'empreinte incontestable de Pascal, qui a fourni le gros du travail de rédaction et de documentation. L'impression et la diffusion constituèrent une entreprise collective et d'ailleurs aventureuse, les persécutions et arrestations obligeant les partisans de Port-Royal à opérer dans la plus stricte clandestinité. La publication, d'abord séparée et parfaitement anonyme, des lettres (janv. 1656-mars 1657) fut suivie, fin 1657, d'une édition en recueil, signée Louis de MONTALTE, pseudonyme sous lequel parut aussi, en 1658, une traduction latine imprimée en Allemagne. Le voile de l'anonymat ne fut levé qu'en 1659.

Conçues comme une défense d'Arnauld et de l'attitude de Port-Royal dans la controverse des « cinq propositions », *les Provinciales* se présentent comme un réquisitoire contre les jésuites français, leur politique et leur indulgence en matière de mœurs. Mais elles brisent aussi ce cadre accidentel et polémique en traitant du péché et de la grâce, questions cruciales du christianisme et objets d'un débat perpétuel au sein même de l'Église catholique.

Le problème théologique

L'homme déchu a besoin d'une lumière divine pour s'orienter durablement vers le bien. Mais comment concilier cette action divine (la grâce) avec le libre arbitre humain ? Selon saint Augustin (354-430), l'homme reste libre de résister à Dieu. Cependant, la grâce s'accompagne d'une joie si profonde que le libre arbitre ne peut pas ne pas vouloir le bien que Dieu lui assigne. L'action de la grâce est donc toujours efficace. Conservée par saint Thomas d'Aquin (1225-1274), cette conception se radicalise chez Calvin (1509-1564), qui nie l'existence du libre arbitre. En réaction contre ces positions, le jésuite espagnol Molina soutient, dans son *Accord du libre arbitre avec les dons de la grâce divine* (1588), qu'il existe une grâce suffisante, c'est-à-dire une invitation divine qui suffit à l'homme pour bien agir, mais que celui-ci est libre d'accepter ou de refuser. Le propos des jansénistes était de restituer la pure conception augustinienne et de combattre le molinisme, en lequel ils voyaient une néfaste confusion entre la doctrine évangélique et un stoïcisme païen, héritage de la Renaissance.

Une structure en deux parties

Les Provinciales se divisent en deux parties : les Lettres I-X mettent en scène un enquêteur qui court de théologien en théologien pour se faire préciser le sujet des controverses. Neutre d'abord, puis de plus en plus égaré par les équivoques et les sophismes de ses interlocuteurs, il finit par prendre parti pour les jansénistes. Les Lettres XI-XVIII abandonnent la forme du dialogue et aussi le mode railleur. Le narrateur se défend contre les attaques et calomnies de ses adversaires et finit par s'adresser directement à leur représentant le plus illustre, le P. Annat, confesseur du roi, en concluant qu'il n'y a pas d'hérésie dans l'Église.

LE DÉBAT THÉOLOGIQUE

I-III. La « grâce efficace » contre la « grâce suffisante » ou le « pouvoir prochain » d'accomplir les commandements. La discussion doctrinaire de ces trois concepts découvre l'arbitraire et l'imprécision de leurs définitions et par là l'absurdité des controverses. L'accord qui s'est conclu en Sorbonne entre molinistes et jacobins est de nature purement politique. Théologiquement il repose sur une équivoque, car les conceptions thomistes des jacobins sont quasi identiques à celles des jansénistes.

IV. Le péché et la responsabilité humaine. Pour les jansénistes, l'homme sans la grâce vit en état de péché et reste pleinement responsable de ses actes. Pour les molinistes, cela n'est vrai que pour l'homme qui a reçu la grâce actuelle. Sans elle, il commet des péchés d'ignorance, qui ne sauraient lui être imputés.

LES ABUS DE LA CASUISTIQUE

La casuistique est l'étude des cas de conscience pratiquée par les confesseurs, et qui permet de juger les actes en tenant compte des circonstances.

LES MÉTHODES DES CASUISTES

V-VI. Le « probabilisme ». Doctrine selon laquelle toute opinion soutenue par un casuiste sérieux est probable, même s'il existe d'autres opinions, plus sûres. Moyen facile pour le pécheur de se faire disculper, puisqu'un « seul casuiste peut, à son gré, faire de nouvelles règles de morale et disposer, selon sa fantaisie, de tout ce qui regarde la conduite des mœurs ».

VII-VIII. La « direction d'intention ». Une mauvaise action peut trouver une excuse dans la pureté de l'intention orientée vers l'obtention d'un bien légitime. Voilà de quoi justifier les pires crimes.

LES MAXIMES CONCRÈTES DES CASUISTES

IX. La « dévotion aisée », les « équivoques » et les « restrictions mentales ». Il existe cent dévotions à la Vierge, purement extérieures et faciles à pratiquer. Elles « ouvriront le paradis tout entier » à ceux mêmes qui « en usent sans changer leur mauvaise vie ». « Pour faire éviter les péchés dans les conversations et dans les intrigues du monde », il y a la doctrine des équivoques (qui permet « d'user de termes ambigus, en les faisant entendre en un autre sens qu'on les entend soi-même ») ou celle des restrictions mentales (une technique de l'omission par laquelle on dit « la vérité tout bas, et un mensonge tout haut »).

LA MORALE DES CASUISTES

X. L'attrition et la contrition. La simple attrition (regret fondé sur la crainte de l'enfer), demandée par les casuistes, ne suffit pas pour rendre efficace la pénitence. Pour que l'absolution soit valable, il faut la contrition (regret fondé sur l'amour de Dieu).

LA DÉFENSE DU POLÉMISTE

XI-XVI. Réponses aux attaques, « calomnies » et « impostures ».
Le polémiste a le droit de railler les erreurs de ses adversaires et de généraliser des cas particuliers (XI-XII). Il n'a pas falsifié les textes qu'il cite (XIII). Les accusations portées contre les lettres et les persécutions de Port-Royal sont l'application parfaite des douteuses maximes des jésuites concernant l'homicide (XIII-XIV) et la calomnie (XV-XVI).

CONCLUSION

XVII–XVIII. Lettres au P. Annat. Retour à la question de la grâce : identité des conceptions augustinienne (janséniste) et thomiste (jacobine). Défense des jansénistes : ils ne sont pas hérétiques, car ils condamnent eux aussi les cinq propositions (question de droit), mais ils refusent de les déclarer de Jansénius (question de fait).

Avec l'ébauche d'une XIXe Lettre, Pascal abandonne brusquement la campagne des *Provinciales* au printemps 1657. Il continue cependant à soutenir la controverse jusqu'en 1658, avec les *Écrits pour les curés de Paris*, où il insiste notamment sur le principe des « erreurs contraires », et avec les *Écrits sur la grâce*, une quinzaine de fragments, où des vues générales sur le problème aboutissent à la question de savoir si les commandements sont possibles aux justes.

ÉCRITS POUR LES CURÉS DE PARIS

L'hérésie des calvinistes a détruit l'unité de l'Église. Les jésuites risquent d'en faire de même puisqu'ils s'efforcent d'imposer la morale des casuistes comme la seule valable.
La doctrine de l'Église, celle des Pères, soutenue par les évêques et curés, condamne ces deux erreurs contraires.

ÉCRITS SUR LA GRÂCE

Apologie du jansénisme sous la forme d'une tentative de dissiper les équivoques inséparables de la doctrine augustinienne, sur lesquelles sont fondées les controverses avec les molinistes.

Mise en œuvre parfaite des principes de l'art de persuader pascalien, *les Provinciales* sont d'abord des écrits passionnés. Faisant appel au « cœur » du lecteur, les lettres y suscitent une indignation qui est sans cesse nourrie tantôt par l'ironie du narrateur, tantôt par sa candeur feinte. Mais en même temps, elles se présentent comme le modèle d'un raisonnement conduit selon la méthode géométrique. Chaque terme est défini d'une manière claire et expressive, et l'argumentation se développe selon une progression savamment calculée. Cette rigueur permet au polémiste de découvrir les illogismes et les faux-fuyants de ses adversaires. Mais il s'en sert aussi pour les battre avec leurs propres armes : en les égarant par des équivoques et des jeux de mots ; en les enfermant dans des dilemmes impitoyables. La véritable réussite des *Provinciales* est cependant d'ordre stylistique. Elle consiste en la transformation d'un débat théorique en une discussion quasi dramatique, où les idées et conceptions s'incarnent en des représentants des partis adverses.

Parmi l'abondante littérature suscitée par le débat entre jésuites et jansénistes, *les Provinciales* sont le seul ouvrage qui, brisant le cadre des circonstances historiques, mais aussi celui du débat théologique, s'ouvre sur une vision plus générale de l'homme, de sa condition et de sa destinée. Unanimement admirées par les grands maîtres de l'éloquence et de la controverse du XVIIe siècle et du XVIIIe siècle, elles finirent par s'imposer comme le modèle de toute polémique.

Les Pensées

On les trouva tous ensemble [les fragments] enfilés en diverses liasses, mais sans aucun ordre et sans aucune suite, parce que [...] ce n'étaient que les premières expressions de ses pensées qu'il écrivait sur de petits morceaux de papier à mesure qu'elles lui venaient dans l'esprit. Et tout cela était si imparfait et si mal écrit qu'on a eu toutes les peines du monde à les déchiffrer.

(*Préface* d'Étienne PÉRIER)

Un chaos ou un ensemble organisé ?
Tel était l'état des notes que la famille Périer trouva à la mort de Pascal : un millier de fragments écrits sur des fiches découpées sur de grandes feuilles et réunies en une soixantaine de liasses. On fit aussitôt copier ces textes « tels qu'ils étaient, et dans la même confusion qu'on les avait trouvés ». Gilberte garda le manuscrit autographe et la seconde copie (BN, ms. 12449). La première copie (BN, ms. 9203) fut mise à la disposition d'un comité d'édition présidé par le duc de Roannez et comprenant Filleau de La Chaise, des membres de la famille Périer ainsi qu'Arnauld et Nicole. À la mort de Gilberte, le manuscrit passa sous la garde du fils de celle-ci, l'abbé Louis Périer, qui, en 1710-1711, colla les fiches sur des feuilles de grand format. Et c'est ce collage, réuni en album par un relieur en 1734, qui constitue le recueil original (BN, ms. 9202).

Un livre posthume
Selon le témoignage d'Étienne Périer, les parents et amis de Pascal ne virent dans les notes du défunt qu'un ensemble confus, « sans suite » ni « liaison ». Ce jugement, ou, plus exactement, ce préjugé se révéla particulièrement tenace puisque, pendant presque trois siècles, les éditeurs des *Pensées* s'appliquèrent à « composer » le livre que l'auteur n'avait pas eu le temps d'achever. Ils adoptèrent à cet effet les principes ordonnateurs les plus divers. Les uns choisirent les notes qui leur semblaient « les plus claires et les plus achevées » et placèrent « sous les mêmes titres celles qui étaient sur les mêmes sujets ». Ce procédé, défini par le comité pour la première édition – dite de Port-Royal (1670) –, sera adopté également par les éditeurs du XVIIIe siècle, notamment par Condorcet (1776), Voltaire (1778) et Bossut (1779). Le XIXe siècle, essentiellement philologue, renonça à choisir parmi les fragments pascaliens. Dans un rapport à l'Académie française sur la *Nécessité d'une nouvelle édition des Pensées de Pascal* (1842), Victor Cousin invita les éditeurs futurs à revenir au recueil original, jusqu'alors négligé, et à ordonner les fragments en parties et chapitres. Une dizaine d'éditions tinrent compte de ces principes, notamment celle de Faugère (1844) et celle, devenue « classique », de Léon Brunschvicg (1897 et 1904). Contre ces classements, toujours rationnels mais souvent arbitraires, une troisième génération de pascalisants réagit de deux manières opposées. Alors que Gustave Michaut (1896) reproduisait l'ordre du recueil original,

Jacques Chevalier (1925 et 1949) s'appliqua à reconstituer le plan original de l'auteur – entreprise problématique puisqu'elle s'appuie sur le témoignage douteux de Filleau de La Chaise, qui, tout en prétendant résumer la conférence faite par Pascal en 1658, semble avoir puisé une bonne partie de ses idées dans l'une des copies posthumes.

Or, le préjugé sur lequel se fondaient ces innombrables tentatives de classement a été mis à rude épreuve par les travaux de Zacharie Tourneur et Louis Lafuma. Les recherches de ces érudits, menées entre 1934 et 1948, ont établi que le manuscrit autographe, défiguré par le « collage » de Louis Périer, n'était nullement désorganisé, et que ses « liasses » correspondaient à un classement réfléchi, fidèlement reproduit par les copies. Cela vaut particulièrement pour les vingt-sept premières liasses. Absolument identiques dans les deux copies, elles groupent environ quatre cents fragments en chapitres munis de titres, et dont la succession se trouve confirmée par une table des matières figurant deux fois dans la première copie, une fois dans la seconde. Il n'y a nul doute à ce sujet : l'ordre de ces papiers dits « classés » correspond à un classement réalisé par Pascal et qui comprenait aussi la succession des divers fragments réunis dans un chapitre. Mais pour retrouver celle-ci, il convient peut-être de lire les fragments – comme l'a fait Pol Ernst – dans l'ordre inverse des copies et donc de la plupart des éditions modernes. Car, ainsi que le suggéra Jean Steinmann (1962), le premier fragment enregistré par le copiste serait toujours le dernier rédigé par l'auteur, qui aurait constitué ses liasses en superposant les nouvelles notes aux anciennes. Quant à Ph. Sellier, il choisit de reproduire la seconde copie (1976 et 1991), dont le classement lui semble plus proche du plan d'origine.

Le problème posé par les papiers dits « non classés » est plus grave. Réunis également en liasses par Pascal, ils sont sans titres, à l'exception de trois séries intitulées « Miracles ». Louis Lafuma, travaillant sur la première copie, pensa qu'il s'agissait là d'un classement provisoire de notes que Pascal aurait voulu intégrer par la suite dans les vingt-sept chapitres (numérotés en chiffres arabes) portant un titre. Cette hypothèse, cependant, est contestée par le fait que les deux copies, bien que faites de la même main, diffèrent sensiblement quant à l'ordre de ces trente-quatre liasses ou séries (numérotées en chiffres romains).

Première copie	Seconde copie
	I
1 – 27	1 – 27
I – XXXI	XXXV (« Esdras »)
XXXII – XXXIV	XXXII – XXXIV
(« Miracles »)	XXIII - XXXI
	XXI – XXII
	XX
	II – XIX

L'examen de ces différences par Jean Mesnard et Michel Le Guern (éditeur de la premier copie, 1977) permet de distinguer, dans les papiers non classés, les ensembles suivants :

a. La série I, que la seconde copie rejette en tête, comprend des notes réunies en attendant d'être intégrées dans les vingt-sept chapitres classés.

b. Des notes concernant des sujets précis : la série XXXV, absente de la première copie, réunissant des réflexions sur la « fable d'Esdras », c'est-à-dire sur l'authenticité du Pentateuque. Les séries XXXII-XXXIV, vestiges d'un *Traité sur les miracles*, conçu à l'époque du « miracle de la Sainte-Épine ».

c. Les séries XX-XXXI, comprenant des notes sur des sujets divers, en partie étrangers à l'ouvrage projeté : des mélanges donc, ou *miscellanea*, comme le suggère le titre du premier fragment de la série XXIII (515).

d. Les séries II-XIX, que la seconde copie réunit sous le titre de « Preuves de la religion par le peuple juif, les prophètes et quelques discours », ce qui confirmerait leur destination pour l'ouvrage projeté. Mais ce groupement proposé ne peut avoir qu'un caractère hypothétique, car, pour connaître la destination de ces papiers non classés, il faudrait savoir d'une manière précise quel était le dessein et la nature de l'ouvrage projeté par Pascal.

Une apologie

Filleau de La Chaise, Gilberte et Étienne Périer, tous plus ou moins confidents de Pascal, sont unanimes : l'auteur aurait projeté une *Apologie de la religion chrétienne*, un ouvrage à portée missionnaire et propagandiste destiné aux libertins et aux sceptiques. Cette intention semble confirmée par l'ordonnance des vingt-sept chapitres à titre. En une progression savante, ils présentent d'abord une anthropologie, comprenant d'une part un portrait de la condition de l'homme et des sociétés humaines (I), d'autre part une comparaison des biens auxquels l'homme aspire avec ceux qu'il connaît effectivement (II). Après un chapitre de transition (11), la religion chrétienne est présentée comme une hypothèse qui offre à la fois l'explication et une réparation aux contradictions humaines (III). Ayant de la sorte disposé son lecteur à la « recherche » en le convainquant de l'excellence relative du christianisme, l'apologiste procède à un examen objectif des témoignages bibliques et des faits historiques, des fondements donc de la religion chrétienne (IV). Un épilogue ébauche les principes de la vie d'un croyant.

SYNOPSIS

PRÉAMBULE

1. Ordre. Réflexions sur l'organisation de l'ouvrage.

I. LA CONDITION DE L'HOMME ET DES SOCIÉTÉS

2. Vanité. Faiblesse de la raison humaine, égarée par les « puissances trompeuses » : l'imagination, la coutume, l'amour-propre.

3. Misère. Vertu, justice et bonheur sont des valeurs relatives. L'idée qu'on en a diffère selon les pays, les classes et les individus.

4. Ennui. La contingence humaine est cause de nausée et de désespoir.
5. Raison des effets. Victime des apparences, situations de fait ou « effets », l'homme est incapable d'en démêler les vraies causes.
6. Grandeur. La conscience que l'homme a de sa condition misérable est une preuve de sa grandeur, qui est tout entière dans sa pensée.
7. Contrariétés. La mystérieuse contradiction humaine (ni ange ni bête) s'explique comme situation d'un être déchu « d'une meilleure nature qui lui était propre autrefois ».
II. LES VRAIS ET LES FAUX BIENS
8. Divertissement. Détournant sa pensée de son néant, l'homme vit constamment dans l'agitation du plaisir, alors que le vrai bonheur serait dans le repos.
9. Philosophes. Les épicuriens, qui recommandent le divertissement, et les stoïciens, qui prêchent le retour en soi-même, ne fournissent que des images incomplètes de la dualité humaine.
10. Le souverain bien. Avidité et impuissance de l'homme à atteindre le vrai bien, dont il est séparé par un abîme infini, lequel ne peut être rempli que par un être infini.
TRANSITION
11. A.P.R. (à Port-Royal). Explication et réparation de la contradiction humaine par les deux grands faits du christianisme : la chute (Adam) et la rédemption (Jésus-Christ).
III. L'INVITATION DE LA RELIGION CHRÉTIENNE. LES RÈGLES DE LA RECHERCHE
12. Commencement. Le premier pas de l'incrédule vers la foi est l'aveu de son incertitude. Le second consiste en le pari.
13. Soumission et usage de la raison : voilà la bonne attitude du croyant. Une vraie religion fait appel à la raison et en même temps la dépasse (le surnaturel).
14. Excellence de Jésus-Christ, « le véritable Dieu des hommes », au contraire du Dieu des spéculations métaphysiques, « si éloigné du raisonnement des hommes ».
15. Transition de la connaissance de l'homme à celle de Dieu. L'homme n'a aucune commune mesure avec les infinis de la création, et moins encore avec l'infini divin.
16. Fausseté des autres religions. Une vraie religion doit tenir compte des « contrariétés » de l'homme, de sa misère et de sa grandeur.
17. Rendre la religion aimable. Jésus-Christ est « universel », car il offre la rédemption à tous, même aux infidèles.
IV. LES PREUVES DE FAIT DE LA VÉRITÉ ET DE L'EXCELLENCE DU CHRISTIANISME
18. Fondements. Dieu est caché. Mais il s'est révélé, d'une façon obscure, dans l'Écriture et en Jésus-Christ.
19. La loi figurative. Clarté et obscurité des prophéties de l'Ancien Testament, qu'il faut interpréter d'une manière symbolique (figurative) pour en trouver le sens caché.
20. Rabbinage. Le Talmud est une préfiguration de la religion chrétienne.
21. Perpétuité. L'existence de la foi chrétienne peut se deviner à travers tous les âges depuis la création de l'homme.
} Deux exemples de lecture figurative.
22. Preuves de Moïse. Les témoignages du Pentateuque sont authentiques.
23. Preuves de Jésus-Christ. La divinité de Jésus et les trois ordres discontinus (corps – esprit – charité).
24. Prophéties.
25. Figures particulières.
} La réalisation des prophéties en Jésus-Christ, dans l'Église et dans l'Histoire est un « miracle subsistant ».
ÉPILOGUE
26. Morale chrétienne. La vie d'un chrétien est celle d'un membre qui n'a « d'être et de mouvement que par l'esprit du corps mystique » du Christ.
27. Conclusion. « On ne croira jamais, d'une créance utile de foi, si Dieu n'incline le cœur. »

L'itinéraire suggéré par la succession de ces vingt-sept chapitres n'est cependant qu'un squelette. Car à son organisation progressive se superpose une structure plus subtile, de nature musicale. Ainsi l'argument du chapitre 3 (la misère de l'homme), tout en faisant le lien logique entre 2 et 4, est repris et développé dans 5. En relation d'opposition avec l'argument du chapitre 6, il sera expliqué une première fois dans 7. Élargi encore dans 8, il trouvera une deuxième explication dans 10 et 11. Point de départ de la « recherche » (12), intégré dans un contexte cosmique (15), il s'oppose de nouveau à l'argument « grandeur » dans 16. Son explication métaphysique (18) aboutit, dans les deux derniers chapitres, à une justification dernière, puisque la misère, transfigurée en humilité, y devient le fondement de la vie et du salut du croyant.

Cela n'est qu'un exemple du jeu de préfiguration, d'échos et de reprises qui enlace les chapitres et les fragments. La complexité de ce réseau de correspondances est l'une des causes de la fascination qu'exercèrent les *Pensées* sur leurs lecteurs, et elle justifie aussi les tentatives de classement auxquelles se sont livrés les nombreux éditeurs de l'ouvrage. Chacune, et même la plus naïve, révèle un aspect de cet « ordre » qui, selon Pascal lui-même, « consiste principalement à la digression sur chaque point qui a rapport à la fin, pour la montrer toujours » (298).

Les idées-forces de l'apologie pascalienne

Être fragile jeté dans l'immensité des temps et des espaces, l'homme est incapable de se situer ou de se définir. Physiquement, il n'est qu'un point minuscule par rapport à l'infini du cosmos, ou un géant par rapport à cet infini de l'infime qu'il pressent au moment où il se rend compte que la matière est divisible. Sa situation morale n'est pas plus avantageuse. Aucune de ses facultés (les sens, la raison, l'imagination) n'est capable à elle seule de connaître les fins ou les principes de l'univers et de sa propre existence. Enfin, au lieu de se soutenir mutuellement, ses facultés « s'abusent réciproquement l'une l'autre » (45). Une même inconsistance règne dans le domaine des valeurs, où les « idées » de la beauté, de la justice, de l'honneur sont toutes relatives. Transitoires comme les « vérités » métaphysiques, elles sont essentiellement des idées reçues, des produits de la « coutume ».

Toutefois, et c'est bien là sa contradiction, l'homme est intimement convaincu d'être le centre de l'univers et de posséder « la vérité directement ». Et, en principe, il ne se trompe pas. Car ce « centre », il l'a été une fois : mais il perdit ses privilèges lors de la chute originelle, tout en gardant – pour son malheur – le souvenir de son ancienne souveraineté. Telle est la raison de sa nausée, mais aussi de son inquiétude, c'est-à-dire de son penchant à se « divertir » pour oublier son état actuel. Or, si de la sorte l'homme vit constamment hors de lui, sa folie n'est que l'envers de la vraie sagesse. Car les vrais biens auxquels il aspire ne peuvent lui venir que du dehors, c'est-à-dire par la grâce divine. Mais Dieu – telle est la seconde conséquence de la chute – est irrémédiablement caché, transcendant, de sorte que l'homme ne pourra le trouver ni en lui-même ni dans la création. L'existence divine, que rien ne prouve, ne peut donc être que l'objet d'un « pari ».

Cependant, ce Dieu caché a laissé des marques de son existence, ou plutôt de son activité, la grâce : dans l'Écriture et ses prophéties, ainsi que dans le fait miraculeux que la foi chrétienne, perpétuellement combattue, n'a jamais cessé d'exister. Certes, ces témoignages ne sont nullement évidents. Ils ont le caractère ambigu de signes qu'il faut savoir lire pour en connaître le vrai sens. En outre, rien ne garantit la véracité d'une telle lecture « figurative ». Car le don de la grâce – de cette illumination par laquelle l'Écriture et l'univers deviennent d'un coup transparents – est un miracle qui dépend uniquement du libre arbitre divin. Mais c'est dans le désespoir et l'humiliation mêmes que le « chercheur » rencontrera le Christ, figure littéralement cruciale. S'il reconnaît en lui sa propre misère, sa contingence, il la verra aussi transfigurée, car le Christ, ressuscité, est également Dieu. Par le Christ donc, la contradiction humaine se révèle dynamique, et l'homme peut s'élever « jusqu'à la participation de la divinité » (208).

Une somme

Pascal n'est pas le seul apologiste de son époque, et un grand nombre de ces arguments et procédés ont été employés par Bérulle, Senault, Boucher ou Grotius : les attaques contre le stoïcisme et le pyrrhonisme ; les preuves par les prophéties, les « figures » et les miracles ; la nécessité du « pari » ; l'importance de la soumission et de l'humilité... Si sa conception de la fluence cosmique et de la versatilité humaine vient en ligne directe de Montaigne et de Charron, son image de l'homme, qui, saisi de vertige, court vers l'abîme, est typiquement baroque. Certes, l'inconstance humaine et le « branle » universel sont, selon Pascal, des signes du péché et de l'absence de Dieu. Mais cette explication théologique est également celle des jansénistes de Port-Royal, de Jansénius lui-même et, enfin, de saint Augustin, que Pascal a lu dès 1646, relu à l'époque des *Provinciales*, et auquel il doit, comme l'a montré Philippe Sellier, toute une thématique concernant l'Histoire, la conception de l'homme et de son « cœur », le rôle de la foi et de la grâce. Enfin Pascal est largement tributaire de Descartes et, dans ses idées sur les mœurs et la conservation de l'ordre social, il apparaît comme un disciple de Machiavel, de Hobbes, ou tout simplement comme un enfant de son siècle.

Les emprunts ou sources d'inspiration des *Pensées* sont si nombreux qu'on peut mettre en doute l'originalité de leur auteur. Certes, on peut dire avec lui que c'est « la disposition des matières » qui est « nouvelle » (696), qu'il a tout repensé, refondu grâce à son double don de l'imagination et de l'esprit géométrique. On peut enfin considérer Pascal comme le seul apologiste de Port-Royal ou, avec Lucien Goldmann, dire qu'il est « le plus hardi et le plus radical » des penseurs jansénistes. Cependant ces qualités suffisent-elles pour expliquer l'immense fascination de l'œuvre ? Admirées par Mme de La Fayette, les *Pensées* ont inspiré Bossuet, Malebranche, Fénelon. Leibniz les qualifia de *libellum aureum*, cependant que Vauvenargues leur vouait une admiration raisonnée. Méprisées par les « philosophes » du XVIIIe siècle et même par Chénier, elles furent redécouvertes par Chateaubriand, Joubert, Maine de Biran, Lamennais, fascinèrent Barbey et agacèrent Vigny. Des penseurs comme Nietzsche, Lachelier, Brunschvicg, Guardini soit les commentèrent, soit les mirent en question, soit en procurèrent une édition. Et, avant d'être reconnues comme foncièrement pré-existentialistes, combien de lecteurs, admirateurs et contradicteurs n'ont-elles pas trouvés dans notre siècle : Péguy, Rivière, Valéry, Mauriac, Maurras...

Comment expliquer cet intérêt continu suscité par une apologie, même géniale ? N'est-il pas probable, et même certain, que les *Pensées* doivent leur attrait à ce qui dépasse ce dessein strictement apologétique, comme c'est le cas dans la IVe partie des papiers classés ? Cherchant à démontrer l'excellence de la religion chrétienne, ces chapitres posent la question de la valeur de ses données fondamentales. Comment faut-il comprendre les textes bibliques, mais aussi les faits historiques constitutifs du christianisme : peut-on les comprendre tels quels ou s'agit-il de « figures » dont il faudrait chercher le sens « caché », allégorique ? Pascal renoue ici avec la tradition séculaire de l'herméneutique sacrée. Mais en même temps, il brise le cadre proprement théologique pour ébaucher une sémiologie : une théorie générale des signes, dont il avait jeté les bases dans *De l'esprit géométrique*, et à laquelle sont consacrés de nombreux textes dispersés dans les papiers non classés des *Pensées*.

Nul doute d'ailleurs que l'itinéraire suggéré par les vingt-sept chapitres classés ne soit essentiellement provisoire. Certes, cet ordre fut établi par Pascal. Mais à quelle date, et dans quelle intention ? Sûrement vers 1658, et peut-être en vue de la fameuse conférence donnée alors à Port-Royal. On a coutume de dire que Pascal y serait revenu si la maladie ne l'en avait empêché. Mais pourquoi invoquer la maladie, jouant sur des dates toutes plus ou moins spéculatives, et ne pas s'en tenir aux faits ? C'est un fait que d'un millier de fragments environ quatre cents seulement ont été classés par l'auteur d'une façon plus ou moins satisfaisante. C'est un fait qu'aucun des innombrables pascalisants n'a pu présenter un classement plus convaincant, en particulier pour les six cents fragments des séries I à XXXIV. C'est un fait aussi que le premier des chapitres à titre réunit en douze fragments des idées concernant l'organisation de l'ouvrage projeté. Dans les vingt-six chapitres qui suivent, chacune de ces idées trouvera une application partielle, mais aucune n'est devenue le principe ordonnateur de l'ensemble.

C'est un fait donc que cet ouvrage, resté ébauche et fragment, pose, dès le début, la question de l'ordre, qui, objectivement, fut l'écueil où il échoua. Il serait naïf de s'étonner de cet échec. Car la matière à traiter était à la fois trop vaste et trop complexe pour être présentée dans un « ordre » qui ne fût en même temps un « désordre » (532). Débordant littéralement dans les papiers non classés, elle suffirait à la composition de plusieurs livres. Or rien ne prouve que Pascal n'ait pas voulu traiter tous ces sujets en un seul ouvrage – un ouvrage dont la nature est implicitement définie dans ce fragment modestement caché parmi les *miscellanea* :

> *Ordre.*
> *J'aurais bien pris ce discours d'ordre comme celui-ci : pour montrer la vanité de toutes sortes de conditions, montrer la vanité des vies communes et puis la vanité des vies philosophiques, pyrrhoniennes, stoïques ; mais l'ordre n'y serait pas gardé. Je sais un peu ce que c'est et combien peu de gens l'entendent. Nulle science humaine ne le peut garder. Saint Thomas ne l'a pas gardé, la mathématique le garde, mais elle est inutile en sa profondeur...*
>
> (694)

Les dernières phrases trahissent un projet extrêmement ambitieux, mais digne du génie pascalien. Un esprit universel ne perd pas son temps à écrire une apologie de quoi que ce soit, mais il conçoit une somme. Non pas une encyclopédie traitant *de omni scibili* ni un ouvrage fondamental dissertant « Des principes des choses » ou « Des principes de la philosophie ». Pascal se moque de ces entreprises dans le fragment 199. Mais il sait « un peu ce que c'est », car son dessein, quoique différent, n'est pas moins vaste et pourraît être défini comme une somme dialoguée de la pensée de son époque.

La forme du dialogue est propre à bien des fragments, où l'opinion ou la réaction de l'interlocuteur fictif sont présentées dans un discours tantôt direct, tantôt indirect. Mais il est une autre forme de dialogue, qu'on pourrait appeler « implicite », et qui apparaît précisément dans le fragment 199, « Disproportion de l'homme ». Pascal y expose, entre autres, sa conception d'un cosmos infini. Il le fait d'abord en s'adressant à l'homme de la rue avec son image géocentrique et anthropomorphe de l'univers. Mais peu après, le destinataire change. En faisant allusion à la « sphère infinie dont le centre est partout, la circonférence nulle part », le locuteur s'adresse aux théologiens. Et, dans la suite, il réalisera encore au moins deux de ces volte-face. Car l'exposé de sa vision de l'univers inclut la discussion et la réfutation de la cosmologie finaliste de l'École et de celle, immanentiste et harmonieuse, de la Renaissance. Ce dialogue implicite – un procédé qui informe la grande majorité des fragments – explique parfaitement les nombreux « emprunts » qu'on a trouvés et que l'on trouvera encore dans les *Pensées*, où Pascal se réfère à une foule d'auteurs qu'il cite ou à qui il emprunte avec des modifications minimes. Or, pour quelqu'un qui veut cerner et épuiser ses sujets, cette technique est nécessaire. Car on n'écrit pas une somme dans le vide, mais en se référant et en réfléchissant à tout ce qui a été dit ou pensé par ceux qu'on croit dignes d'être pris en considération – et en tenant compte aussi de la personne à laquelle on s'adresse : le lecteur.

Dans ce sens, le titre que, dans leur embarras, les amis et parents de Pascal avaient choisi pour la première publication de ses textes correspond parfaitement à leur nature fragmentaire. S'attendant à trouver une apologie, ils ont trouvé des « pensées sur la religion et quelques autres sujets » : une infinité de sujets concernant l'homme, sa nature, sa condition et surtout l'immense domaine de ses activités. Nulle systématique ne pouvait convenir à une entreprise aussi complexe. Les *Pensées*, pour rester fidèles à leur dessein ambitieux, pour « montrer » toujours leur « fin », durent garder cette ouverture et ce désordre qui leur sont propres. Par là seulement elles purent devenir universelles.

K. Schärer

PASQUIER Étienne

(1529-1615)

Né à Paris, il appartient à une famille bourgeoise. Au collège de Presles, il est l'élève de Ramus et d'Adrien Turnèbe, son oncle, qui enseigne le grec au Collège royal. Ses études juridiques, entreprises à Paris sous Hotman et Bauduin en 1546, se poursuivent à Toulouse, sous Cujas, et surtout à Bologne et Pavie, où il reçoit les leçons d'Alciat. C'est en Italie qu'il rencontre Thomas Sébillet, qui l'initie à la poésie nouvelle. Le dialogue du *Monophile* (1554), les *Lettres amoureuses* et les *Colloques d'amour* (1555) ont leur origine dans ce séjour prolongé au contact de l'humanisme italien. De retour à Paris en 1549, Pasquier, pressé de « dégloirer l'Italien » et de faire briller par contrecoup le génie « gallique », s'occupe simultanément de poésie avec les membres de la jeune Pléiade – en particulier Du Bellay et Ronsard, qu'il imite dans ses *Rymes et Proses* (1555) – et d'histoire avec son collègue et ami Claude Fauchet. Le premier livre des *Recherches de la France*, qui, au fil des ans, s'augmentera de neuf autres pour constituer le grand œuvre de Pasquier, paraît en 1560. La célébrité de l'avocat est consacrée en 1564 par sa plaidoirie en faveur de l'Université contre les Jésuites lors de la création du collège de Clermont, et sa carrière culmine en 1585, lorsqu'il est nommé par Henri III avocat général à la Chambre des comptes, poste qu'il occupe jusqu'en 1604. À côté de ses illustres harangues et de ses doctes travaux d'historien, il lui arrive de commettre de légères pièces de circonstance – au sujet, par exemple, de la puce aperçue sur le sein de Mlle des Roches, lors des Grands Jours de Poitiers en 1579 – ou des vers satiriques qu'il se garde bien de signer, et qui mettent en cause les premiers personnages du royaume. En 1588, il est député aux états généraux de Blois, ce qui lui vaut d'être témoin de l'assassinat du duc de Guise. Rallié à Henri IV et au camp des « Politiques », il regagne Paris en 1594, consacrant le reste de sa vie à l'augmentation des *Recherches* et à la polémique contre les Jésuites. Le *Catéchisme des Jésuites* (1602) annonce, avec plus de verdeur et de férocité, le ton des *Provinciales*. Pasquier avait publié en 1586 les dix premiers livres de ses *Lettres*, destinées, comme ses autres ouvrages, à rivaliser avec les modèles latin et italien de Pline le Jeune et de Claudio Tolomei.

Dans sa diversité, l'œuvre de Pasquier, tour à tour poète, polémiste, épistolier, orateur, philosophe et historien, est animée par une préoccupation quasi obsessionnelle : la réhabilitation des « anciennetez » gauloises, la « défense et illustration » de la langue et des traditions nationales. Ce nationalisme culturel est à l'œuvre dès les premiers écrits. Sous le vêtement du dialogue courtois, Pasquier dresse contre l'idéaliste et mélancolique « Monophile » le procès de l'amour platonique alors en vogue en Italie. Il rappelle à cette fin les urgences de la chair et la loi du mariage qui permet le mieux, selon lui, d'y subvenir. Les *Colloques d'amour* témoignent de la même défiance à l'encontre des modes érotiques étrangères et réaffirment les vertus du « réalisme » bourgeois. Quant aux *Lettres amoureuses*, sorte de monodie épistolaire inspirée de Parabosco, où l'amant passe de la soumission à la révolte lucide et à la rupture, elles dessinent en un court roman le plus violent des réquisitoires contre l'idéalisme courtois. Conclusion éloquente à cette série, l'élégie du « Contr'Amour », que Pasquier a dédiée à Ronsard, cristallise une volonté iconoclaste qui vise en fait, à travers un certain art d'aimer, le modèle culturel italien tout entier.

Ces cinglants démentis opposés à l'italianisme régnant du temps de Catherine de Médicis trouvent dans les *Recherches de la France* leur expression la plus accomplie. L'ouvrage n'est ni une synthèse ni une reconstitution chronologique, mais une somme de points de détail – analyse de tel dicton, origine de telle coutume, examen de telle œuvre littéraire – qui finissent par produire, dans leur accumulation désordonnée, un ensemble signifiant. Composées selon une « esthétique de la brisure », pour reprendre l'expression de C.-G. Dubois, ces « recherches », amplifiées d'édition en édition, et qui procèdent comme en tâtonnant, par les biais les plus insolites, préfigurent les « essais » au sens que Montaigne donnera à ce terme. Cependant la disparate apparente recouvre une cohérence profonde : la France est l'objet en même temps que la dédicataire des *Recherches*. Au moyen de sa science philologique et juridique, Pasquier entreprend une sorte d'oblation symbolique ; il restitue à la France moderne les trésors enfouis de son passé gaulois, sciemment étouffé, selon lui, par les envahisseurs romains : manières de dire, manières d'être et de légiférer. Un tel parti pris « gallican » lui permet parfois de redécouvrir des lignes de continuité qui avaient échappé à ses contemporains : celle, par exemple, qui relie la vieille poésie médiévale des troubadours et des romans courtois à l'inspiration moderne de la Pléiade. Œuvre émergée d'une époque de crise nationale aiguë, et parallèle aux plaidoyers de Jean Bodin, de Claude Fauchet ou de Henri Estienne, les *Recherches*, qui abandonnent, pour justifier la prééminence française, les références mythiques ou théologiques, entendent réconcilier un peuple et son terroir, la nation avec le sol qui l'a formée. Entreprise « réaliste », s'il en fut, où l'école positive du siècle dernier s'est reconnue.

F. Lestringant

PAULHAN Jean

(1884-1968)

Il y a un mystère Paulhan à traquer : comment distinguer l'auteur derrière le directeur de *la Nouvelle Revue Française*, l'écrivain derrière « l'éminence grise des lettres », comme on se plaît trop à le limiter ? Et puis, dès lors, une surprise : les cinq gros volumes de ses œuvres complètes, qui rassemblent les textes épars, les articles confidentiels, les opuscules jusque-là inaccessibles en un ensemble dont l'unité étonne. C'est que, sans cette révélation, Paulhan pouvait passer au gré des passions de ses lecteurs d'occasion, uniquement pour l'auteur d'un paradoxal essai sur l'usage de la rhétorique, ou d'ouvrages singuliers sur la peinture moderne, ou – pour les fureteurs – de brefs récits sur la guerre, l'amour et la logique, ou même, tout simplement, pour un préfacier d'œuvres érotiques (Sade ou *Histoire d'O*). Que ces auteurs se fondent en un seul et s'éclairent mutuellement, voilà qui ne peut qu'attirer l'attention. Ce serait peu : que cette diversité de sujets et de tons révèle une recherche opiniâtre, poursuivie jusqu'à la mort, voilà qui peut illuminer Paulhan le « souterrain ». Quant à ce dessein, qui mieux que lui pourrait le décrire : « Il s'agit de parvenir à une connaissance précise, dans le langage, des rapports du sens et des mots. [...] Il s'agit aussi de bâtir à partir de cette connaissance une fois acquise, toute une nouvelle méthode des choses de l'esprit. En bref de recommencer, en mieux, la révolution cartésienne. Tu vois » (lettre à Marcel Arland).

Né à Nîmes, Jean Paulhan fait ses études à Paris et obtient une licence de lettres avant d'entreprendre l'apprentissage du chinois. Mais c'est à Madagascar qu'il partira en 1907, comme professeur. Puis chercheur d'or, planteur et coupeur de bois, entre autres ; boxeur et coureur motocycliste : tous métiers qui ne sont que la partie civile et discrète de son séjour, tout son intérêt allant à l'étude des mœurs et de la langue malgaches. Ses compétences lui permettent, de retour à Paris, d'enseigner à l'École des langues orientales et de faire paraître *les Hain-Tenys mérinas* (1913), recueil de poèmes populaires malgaches. Il y expose comment, confronté à des duels poétiques auxquels il assiste, comme spectateur puis comme acteur, il découvre avec ravissement le proverbe, forme qui peut à volonté, mais à condition de se prêter à son jeu, se charger ou non de sens et gagner son autorité. Il participe aussi à la revue *le Spectateur* qui s'efforce de créer une grammaire des idées et de déceler les illusions de la pensée à travers l'étude des propos les plus quotidiens. Ses contributions à cette enquête philosophique et logique donneront naissance, plus de trente ans après, à l'*Entretien sur des faits divers* (1945). En 1914, il est sergent dans le corps des zouaves et blessé à Bois-Saint-Mard. De son expérience militaire, il tire un récit d'une surprenante modernité, *le Guerrier appliqué* (1917), où un narrateur analyse minutieusement les résultats sur lui-même d'une « application » à la guerre. Celle-ci, vécue comme une simplification de la vie courante en tant qu'elle ordonne toutes les perceptions, aboutit en retour, par un mouvement tout aussi appliqué d'oubli, à une révélation de l'être délivré du monde ; révélation violente, brève et qui se clôt dans la blessure.

Après la guerre, Paulhan va suivre avec sympathie les éclosions dadaïstes et surréalistes (il présente Eluard à Breton), mais d'ores et déjà sont en place les trois pôles – langagier, logique et ontologique – qui vont présider à toute son œuvre à venir. Il ne manque plus à cet observateur lucide et ironique du monde des lettres que la place forte lui permettant de poursuivre ses recherches. C'est Jacques Rivière qui va la lui offrir en l'appelant comme secrétaire à la *N.R.F.* en 1921. À la mort de Rivière, en 1925, il lui succède au poste de directeur ; ainsi parvient-il au lieu même de son inquiétude, directement au centre de cette littérature où il veut que le secret du monde soit enfermé. Tout en s'absorbant dans son travail de critique infatigable et de découvreur, il écrit, discrètement : des récits (*le Pont traversé*, 1921 ; *Aytré qui perd l'habitude*, 1921 ; le très beau *Progrès en amour assez lents*, publié en 1966), des articles et des essais dont *La Rhétorique renaît de ses cendres* (1938) et surtout *les Fleurs de Tarbes ou la Terreur dans les lettres* qui paraît en 1941 après maintes transformations mais dont la rédaction débute dès 1925. Face à la critique « terroriste » qui, au nom de l'originalité – et de la peur du cliché –, produit l'écrivain-honteux ou « irresponsable » (que celui-ci s'efface derrière le réalisme ou le surréalisme, il s'agit toujours de prôner une production littéraire dont il serait innocent), Paulhan propose une nouvelle rhétorique. Il démonte les illusions du « pouvoir-des-mots » ou de la « projection », et, soulignant leur récurrence, qui d'illusions les fait lois, invite à rendre commun le lieu commun, en acceptant comme tel cet « événement du langage ». Devenu oscillation entre une forme pure dénuée de sens et une pensée transparente délivrée de sa forme, le lieu commun régénéré plonge le lecteur dans le doute, l'absorbe dans la contemplation de l'inconcevable mot-idée, concept que Paulhan compare à l'espace-temps des mathématiciens. Par cette révolution, la « Terreur » se prolonge en rhétorique, approche lecteurs et auteurs d'une « langue innocente et directe où les mots ressembleraient aux choses », rend enfin la littérature plus littéraire. Un même mouvement anime les récits : un manque (l'amour) ou un secret (le meurtre) déclenche le discours ; l'obscurité génère le mot comme aussi bien celui-ci dissimule le mystère. Mais cet appétit de discourir ronge les événements les plus simples, dissout toute chose et disloque l'identité du narrateur même. D'où cette écriture particulière, de brièveté et de rupture. La seule issue devient de transformer ce manque en nouveau centre de gravité, de parvenir tout en se disant, ou à force de se dire obstinément, au retournement final, à l'illumination qui permettra de renaître au monde, confiant. On voit l'originalité mais aussi les constantes d'une démarche qui va de l'obscurité à la clarté extatique et que désormais Paulhan cherchera à appliquer dans tous ses écrits, jusque dans ses analyses de la peinture moderne. C'est qu'il décèle aussi dans *Braque le patron* (1945) et dans *la Peinture cubiste* (1953) un espace brut entre les papiers collés qui nous livre sans l'imiter l'étendue véritable, nouvelle clé du regard ; dans *Fautrier l'enragé* (1949) ou dans *l'Art informel* (1962), un pouvoir pictural de rendre visible l'innocence sauvage du monde que le langage poursuit en vain.

La guerre survient à nouveau. Entré dans la Résistance dès 1940, il fonde avec J. Decour *les Lettres françaises* (1941) puis, à la Libération, n'hésite pas à s'opposer à l'épuration des milieux intellectuels au nom de la même passion pour la vérité (*De la paille et du grain*, 1948 ; *Lettre aux directeurs de la Résistance*, 1952). Avec Marcel Arland il co-dirige *la Nouvelle N.R.F.* lancée en 1953. Il entre à l'Académie en 1963. Souvent malade, parfois découragé, de plus en plus attiré par le mysticisme et par le taoïsme, qu'il a découvert par l'entremise d'Etiemble, il poursuit sa quête du secret des langues, toujours à l'affût de l'expérience du vide, de cette tache aveugle de la raison qui nous donne à penser sans pouvoir être perçue autrement qu'en biais. Ses toutes dernières réflexions sont exposées dans une sorte de trilogie : *les Douleurs imaginaires* (1955), *le Clair et l'obscur* (1958), *le Don des langues* (1968). Le dualisme du mot-idée cède la place à une unité tricéphale : mot-idée-chose. Grâce à l'identification des contraires, cette part obscure et illogique que la philosophie occidentale a repoussée, monde, pensée et langage se confondent. Tout est Un. Par une attention à éclipses, faite de bonds et de saccades entre chaque événement et son contraire (car comment dépasser la pensée si on la pense continûment ?), Paulhan le rhéteur mystique saisit le point ultime de notre raison où divisions et partages se métamorphosent, se dissolvent dans la plénitude absolue de l'Être ; il ne morcelle plus le réel mais l'épouse au creux du langage et nous invite à le suivre dans une méditation métaphysique exemplaire où la prose même participe du mystère, lumineuse et pourtant secrète, d'accès aisé mais exigeant du lecteur un élan volontaire.

Parlant d'un philosophe (Vailati), Paulhan disait : « Il ne voulait bâtir métaphysique ni morale. Il supposait plutôt que la philosophie consiste modestement à reconnaître, puis à préciser et affûter les instruments, à vérifier les poids et les mesures, dont notre réflexion use tous les jours. Et j'appellerais volontiers sa méthode *métrique*, mieux que philosophie. » Il ne se serait probablement pas défini autrement. Certes, par sa volonté d'éprouver l'évidence, d'épuiser les raisonnements sans rien épargner au lecteur, il laisse une œuvre toujours à redécouvrir.

T. Prieur

PAUWELS Louis

(1920-1997)

Né dans un milieu d'artisans, élève au lycée Carnot, Louis Pauwels, dès sa jeunesse, manifeste des goûts éclectiques : la littérature l'attire (Jules Romains, Céline, Montherlant) mais aussi la philosophie politique (Jaurès) et surtout la mystique hindoue. Instituteur pendant la guerre, il crée, au lendemain de la Libération, un organisme de culture populaire baptisé *Travail et Culture*. Il devient ensuite journaliste à *Carrefour*, au *Figaro*, rencontre Camus à *Combat* (1949) où il fait fonction de rédacteur en chef, avant d'entrer au journal *Arts* sous la direction de Georges Wildenstein. Ses premières œuvres reflètent tantôt son enfance (*Saint Quelqu'un*, 1946), tantôt ses préoccupations morales (*les Voies de petite communication*, préface de Mauriac, 1949), tantôt son intérêt pour l'ésotérisme (*Monsieur Gurdjieff*, 1953). À cette dernière veine appartient *l'Amour monstre* (1955), récit fantastique fondé sur une anecdote du XVIIe siècle avec sorciers, sabbat et exorcisme, transposée de nos jours par le seul jeu d'une écriture résolument moderne. Ainsi se trouve ébauchée – dans la fiction – l'hypothèse d'un irrationnel survivant sous les conduites raisonnables de notre temps. Hypothèse reprise dans un essai que Pauwels a rédigé en collaboration avec Jacques Bergier, *le Matin des magiciens* (1960). Enquête passionnée sur l'alchimie, la magie, la parapsychologie, les sociétés secrètes, cet « essai de réalisme fantastique » indique aux savants d'inédites directions de recherche. Documenté avec soin, proposant aux événements contemporains des explications ésotériques, l'ouvrage cultive l'ambivalence d'une écriture de reportage et d'une prudence scientifique dont témoignent de nombreux points d'interrogation. Dans la foulée du succès, Pauwels lance la revue *Planète* (1961), qui deviendra *le Nouveau Planète*. Fidèle à l'approche occulte des situations, l'écrivain réunit, en collaboration avec Guy Breton, des *Histoires magiques de l'Histoire de France* (1977) puis de *Nouvelles Histoires magiques de l'Histoire de France* (1978) qui découvrent autour de personnages historiques ou de faits inexpliqués la permanence du mystère et du merveilleux. On ne s'étonnera pas non plus qu'il s'intéresse au surréalisme (*Dali m'a dit*, 1989).

Le vigoureux esprit critique de Pauwels éclate dans plusieurs pamphlets (*Lettre ouverte aux Français*, 1968 ; *Lettre ouverte aux gens heureux et qui ont bien raison de l'être*, 1971) dirigés contre les détracteurs de la société de consommation dont il tourne en ridicule la « sinistrose » – un peu trop parisienne – au profit d'un optimisme résolument pragmatique. Visant Sartre et Maurice Clavel, le pamphlétaire adopte pour ton l'ironie voltairienne et pour modèle d'écriture la phrase courte des *Lettres philosophiques*…

Mais Pauwels revient en 1978 à l'ascèse spirituelle qui avait inspiré sa jeunesse : *l'Apprentissage de la sérénité* montre un homme féru de liberté intérieure, citant Épictète, Marc Aurèle et Ramakrisna, émerveillé d'être au monde « une note du chant universel ». En 1989, *Dix Ans de silence* propose en filigrane d'un recueil de poésie une autobiographie de l'auteur opposant son « moi » de journaliste engagé à un « double » épris de méditation et de recueillement. Peu de temps avant sa mort, il dicte encore les lignes ultimes de son testament spirituel : *les Dernières Chaînes* (1999).

Le trait le plus original de cet écrivain, directeur du *Figaro Magazine* jusqu'aux derniers jours de sa vie, réside dans le double mouvement par lequel le pamphlétaire n'hésite pas à violemment « épouser son temps », tandis que le moraliste s'en retire, vouant au bûcher tous ceux, tel le héros de *l'Amour monstre*, dont la passion oblitère la maîtrise de soi.

M.-A. de Beaumarchais

Péguy

PÉGUY Charles

(1873-1914)

Poète, dramaturge, fondateur et chroniqueur des *Cahiers de la Quinzaine*, Péguy participe aux principaux courants de pensée qui s'affrontent entre 1870 et 1914. Dreyfusiste ardent, il est aussi un dévôt de Jeanne d'Arc et le nationaliste de *Notre patrie*. Fier de ses origines populaires, il retrouve Barrès sur le terrain du militarisme mais ne sera jamais de sa caste. S'il intègre les croisades de Saint Louis et l'épopée impériale à son patriotisme, celui-ci n'en est pas moins d'essence républicaine ; mais Péguy vitupère le suffrage universel. Disciple de Lucien Herr et de Jaurès, il appartient pourtant à la génération des grands convertis : Maritain, Claudel. Rompant avec les socialistes, il se distingue du christianisme d'un Fernand Laudet (*Un nouveau théologien*) par la violence de ses revendications (*De Jean Coste* ; *l'Argent*). Mais l'âpre polémiste est aussi l'humble pèlerin de Chartres. Hostile au combisme, il est anticlérical et impute aux « curés » la déchristianisation de la France. Ses goûts littéraires sont également contrastés : il aime Corneille et Beaumarchais (*Clio*), Descartes et Pascal, hait le romantisme sans se lasser d'Hugo, voue à Bergson une admiration filiale qui le dresse contre le Vatican. Cet amoureux de l'ordre classique use d'un discours qui prend la digression pour règle et, pour allure, le piétinement, fusant soudain en chapelets de métaphores, gouverné par une logique associative sinueuse comme la pensée même en train de naître. Sa poésie litanique, cible facile des pasticheurs, forme en masse un ensemble monotone, parfois rebutant (*Ève*). En même temps émule de Claudel, voire d'Apollinaire, Péguy est un maître du vers libre, rime des ritournelles (*Quatrains*), manie habilement les prosaïsmes en un subtil mariage du sacré et du profane (*le Mystère de la charité de Jeanne d'Arc*).

Déchiré de contradictions, Péguy sait que l'âme d'un peuple ne se laisse pas plus emprisonner par la science indiscrète des Taine, Renan et Durkheim, que la psychologie du génie par les Lanson de la Sorbonne. Lui-même échappe à tout classement : pour le comprendre, il faut se laisser porter par le flux de cette inépuisable logorrhée qui refoule devant elle habitudes de langage, méthodes d'exposition et préjugés.

Une croisade permanente

Né à Orléans dans une famille pauvre, orphelin de père dès son plus jeune âge, Charles Péguy grandit entre sa mère et sa grand-mère, illettrée (*Pierre, commencement d'une vie bourgeoise*, 1899). Distingué par ses maîtres dès l'école primaire (*l'Argent*, 1913), il fait, comme boursier, de brillantes études aux lycées d'Orléans, de Sceaux, puis, après son service militaire, suit les cours du lycée Louis-le-Grand. Licencié en philosophie, il entre en 1894 à l'École normale supérieure ; abandonnant la foi de son enfance, il adhère au parti socialiste et soutient Dreyfus. Jaurès est à cette époque l'idole des normaliens.

Péguy aime peu les voyages. Il se rend cependant à Orange, où il admire Mounet-Sully dans *Œdipe-roi*, puis en Lorraine. Quittant alors la rue d'Ulm, il compose à Orléans un drame consacré à *Jeanne d'Arc* (1897). À son retour à Paris, ses convictions politiques s'affirment dans la *Revue socialiste* et dans deux manifestes : *la Cité socialiste* (1897), sous le pseudonyme de Pierre DELOIRE ; *Marcel, premier dialogue de la cité harmonieuse* (1898), évocation d'un entretien avec un ami disparu, Marcel Baudouin, dont il épousera la sœur, Charlotte. Renonçant à l'agrégation, il se lance dans l'édition, crée la « Librairie socialiste Georges Bellais », puis, rompant avec les socialistes, dont il récuse les positions en matière de presse, fonde les *Cahiers de la Quinzaine* (1900). Pendant quatorze ans, cette revue publiera sous sa direction des textes de René Salomé, de Daniel Halévy, de Julien Benda, d'André Suarès, de Romain Rolland, des frères Tharaud... Installé dans la banlieue parisienne, Péguy prend tous les jours le chemin de fer de ceinture (*Entre deux trains*, 1900), arrive à la « boutique », « hirsute, jovial et renfrogné » (R. Rolland). Bravant la Sorbonne voisine, l'officine est un centre de libres discussions ; on se déplace en groupe avec Maritain, Halévy, Benda, pour aller entendre Bergson au Collège de France.

Désormais, la vie de Péguy se partage entre des périodes militaires et le combat des *Cahiers*. Il stigmatise dans sa revue les déviations socialistes et dreyfusistes (*À Jaurès*, 1900 ; *Casse-cou*, 1901 ; *Courrier de Russie*, 1905 ; *Notre jeunesse*, 1910), la misère et les injustices sociales (*De Jean Coste*, 1902 ; *l'Argent*). En 1905, son patriotisme éclate dans *Notre patrie* ; traquant l'esprit d'abandon (*Clio*, 1909), il cherche, dans ses commentaires sur Michelet, sur Hugo, sur Corneille, à communier avec l'âme nationale (*Victor-Marie, comte Hugo*, 1910) ; la *Note sur M. Bergson et la philosophie bergsonienne* (1914) et la *Note conjointe sur M. Descartes et la philosophie cartésienne* (1914) prennent la défense de Bergson contre la Sorbonne et contre le Vatican. En 1909, vivant dans la pauvreté (*À nos amis, à nos abonnés*), Péguy annonçait à Joseph Lotte son retour à la foi. Ce fut aussi un retour à l'écriture poétique : *le Mystère de la charité de Jeanne d'Arc* (1910), *le Porche du mystère de la deuxième vertu* (1911), *le Mystère des saints Innocents* (1912), les *Tapisseries* (1912-1913). À la même époque, il accomplit ses premiers pèlerinages à Chartres (*Présentation de la Beauce à Notre-Dame de Chartres*, 1912).

Mobilisé le 4 août 1914, le lieutenant Péguy tombe le 5 septembre à Villeroy, en menant sa section à l'attaque. Ce jour-là, il est encore presque inconnu. Brusquement le nom du premier écrivain mort au champ d'honneur est projeté dans l'actualité par deux articles ; l'un de Barrès dans *le Figaro*, l'autre de Daniel Halévy dans *le Journal des débats*, qui révèlent son inspiration nationale et ses aperçus prophétiques. Mais la célébrité ne commence vraiment qu'avec les lectures de Jacques Copeau (1926), et la biographie des frères Tharaud (1925). Après 1930, Emmanuel Mounier, Albert Béguin, Georges Bernanos feront rayonner l'œuvre du penseur, du poète, du chrétien. En 1941, Gallimard publie les *Œuvres poétiques* ; les accents du patriote émeuvent une France éprouvée. Ce premier volume sera suivi en 1957 et 1959 de deux autres tomes, grâce auxquels les articles des *Cahiers* seront largement répandus dans le grand public.

Jeanne d'Arc ou les ambiguïtés du drame

La figure de Jeanne d'Arc domine l'œuvre poétique de Péguy. Dès 1897, celui-ci lui dédie un drame en trois parties, étayé d'une solide érudition et passablement touffu. Dialogues d'une écriture familière, stances en alexandrins (« Adieu, Meuse endormeuse »...), récits de batailles en prose tenant du tableau vivant ou de l'image sulpicienne, conciliabules entre ecclésiastiques, débats de juristes, etc. Sans négliger, on le voit, la trame historique, l'auteur a braqué son attention sur l'aventure spirituelle, à laquelle il mêle beaucoup d'éléments biographiques : son attachement à la patrie, mais aussi une commune révolte contre la misère physique et morale, une ambition identique de « tuer la guerre » par l'instauration d'un ordre de justice et de liberté, une « chrétienté » dans laquelle le jeune Péguy projette l'idéal d'une « république sociale universelle » (Dédicace de *Jeanne d'Arc*). Mais l'œuvre reste conflictuelle. L'héroïne est déchirée entre la sainteté et l'orgueil : prétendant « sauver mieux que le Sauveur », dont le sacrifice n'a pas racheté les damnés, Jeanne, sur le chemin du bûcher tient encore tête à Dieu : « Mon Dieu, pardonnez-moi tout le mal que j'ai fait en vous servant. » Et l'auteur hésite entre deux genres : « Je me suis rendu compte qu'il était décidément impossible avec l'Histoire telle qu'on est forcé de l'écrire de faire l'histoire d'une vie intérieure » (*Feuillets*). En optant pour le drame, Péguy choisit le compromis. De fait, l'œuvre manque d'équilibre : des repentirs la font basculer vers l'« Histoire » alors qu'elle se dit « histoire de l'âme ». En définitive, Jeanne d'Arc marque le début des relations difficiles de Péguy avec l'écriture historique de son temps.

L'histoire et la lutte contre le modernisme

Après les joies fugitives de la victoire dreyfusiste (*le Triomphe de la République*, 1900), le pessimisme de Péguy, qui éclate déjà dans les dernières stances de *Jeanne d'Arc* (« Il fait nuit par le monde et sur toute souffrance »), puis, dans *De Jean Coste*, est bientôt conforté par ce qu'il appelle la « dégradation » de l'Affaire. Contestant le mythe du progrès (*Reprise politique parlementaire*, 1903), le polémiste rationalise ses déceptions politiques, apercevant dans toutes les entreprises humaines un ferment de décomposition qui, après l'élan initial, les entraîne vers l'« avilissement ». Comme le destin de Jeanne enlisé dans le sable des réticences royales, « tout commence en mystique et finit en politique » (*Notre jeunesse*). D'où, selon Péguy, une dynamique propre à l'Histoire : traversant des phases d'essor et de déclin, celle-ci se développe dans l'imprévisible, « vaisseau qui ne fait qu'un seul voyage » le long d'une durée élastique jalonnée de points forts. La problématique du discours historique se précise en conséquence ; tel qu'il est formulé par les Modernes, est-il recevable ? est-il innocent ? Sur le premier point, Péguy dénonce le transfert « en bloc des méthodes scientifiques modernes dans le domaine de l'histoire de l'humanité » (*Zangwill*, 1904). Il vitupère l'inutile érudition des Taine, Renan, Lanson, qui n'épuisera pas l'« infinité du détail », et leurs incertaines synthèses dans les schémas du déterminisme. Sur le second point, plus féroce encore, Péguy décèle la « pensée de derrière la tête » (*Zangwill*) de l'esprit moderne : une déification fantasmatique du savant (Durkheim) totalisant l'Histoire, totalisant le savoir, y compris celui qui enveloppe la personne humaine. Véritable césarisme, le « parti intellectuel » n'a d'autre dessein que d'assurer son pouvoir en hâtant dans tous les domaines la dégradation de l'inquiétante mystique en une rassurante politique (cf. *De la situation faite à l'histoire et à la sociologie*, 1906). Ce procès du modernisme marque profondément l'œuvre des *Cahiers*. D'abord, réservant à l'Histoire une fonction d'« inscription » (*Clio*), Péguy pensera que seule une écriture incantatoire peut ressusciter l'âme et la vie des peuples : lyrisme d'un Michelet jamais si grand que lorsqu'il se libère de la « méthode », d'un Hugo dans ses *Châtiments* (*Victor-Marie, comte Hugo*), de la chanson populaire faisant revivre à travers ses métamorphoses la « sonorité » générale d'un pays et d'un temps : ainsi « Malbrouk » dans la romance de Chérubin du *Mariage de Figaro*, ou le « Roi Dagobert », dont Péguy exploite lui-même la trame musicale dans l'un de ses pamphlets. Ensuite, l'opposition au discours « discursif » des Modernes se traduit par le choix d'un discours intuitif ; ordonnée sous les digressions mais rebelle à l'analyse, ne craignant pas les redites, la prose de Péguy se moque de la rhétorique : suivant un thème qui s'enfle d'harmoniques, serrant l'événement au plus près de son surgissement dans les consciences, elle suit les méandres de la pensée, jouant sur tous les registres, du lyrique au comique populaire, du prophétisme à l'ironie. Mais, en définitive, cherchant toujours à ranimer une mystique, une « voix intérieure », presque « une réminiscence platonicienne », quelque chose d'étranger à la « communication verbale » (*Notre Patrie*).

Mystère et mystique

Car l'important est là : que survive la mystique. Que les politiciens ne nous transforment pas « prématurément et artificiellement en historiens » (*Clio*). Après son retour à la foi, parallèlement à ses derniers grands textes polémiques (*l'Argent*, la *Note conjointe*), Péguy consacre une importante œuvre poétique à la célébration des deux mystiques chrétienne et nationale enfin réunifiées. Il revient à la Pucelle, mais *le Mystère de la charité de Jeanne d'Arc* ne contient plus aucune référence à la mission temporelle de l'héroïne. Pourquoi ce changement d'approche par rapport à 1897 ? C'est d'abord que l'œuvre présente renvoie à un questionnement métaphysique : comment une mystique a-t-elle prise sur les âmes ? Le pessimisme de Péguy s'y nuance, la souffrance née d'une rébellion devant le malheur des autres devenant la source même d'où jaillit toute grande vocation : « On dirait que tu as consommé toute la tristesse de la Terre », dit à Jeanne la petite Hauviette. C'est aussi que, désabusé de l'Histoire, Péguy se tourne résolument vers l'incantation, inventant un discours original qui atteint d'emblée la perfection, faisant du poète « un des plus grands lyriques français » (F. Porché). Les « visions » y alternent avec la réflexion philosophique, le profane s'y mêle au sacré comme dans cette montée du Calvaire où des prosaïsmes, un vocabulaire populaire, une certaine cocasserie à mi-chemin entre le sourire et les larmes provoquent une pitié que ne produisait pas le symbolisme édifiant de la première *Jeanne* ; vers libres, alexandrins s'intercalent dans une prose haletante. Mais, en dépit de la démesure de certaines digressions, de la disparité d'écriture, l'unité organique de ce poème inspiré n'est jamais rompue. Se terminant sur le simple « énoncé de l'entreprise » (« Orléans qui êtes au pays de Loire »), tournant définitivement le dos à l'histoire des « historiens », le *Mystère* ne retient que cette « aube » mystique qui précède les grandes entreprises ; il s'ouvre sur une espérance.

Espérance et habitude

Car, dorénavant, dans l'inachèvement du salut, Péguy voit moins la damnation de quelques-uns que l'espace où s'inscrit la liberté de tous. D'où ce thème nouveau de l'espérance, développé dans *le Porche du mystère de la deuxième vertu*. Espérance de l'homme, dépositaire de la liberté, disposant donc d'une marge d'action qui justifie la lutte. Mais l'espérance s'accorde aussi avec le pessimisme du poète : elle ne promet pas le succès, au contraire. Nous ne sommes pas tant chargés d'être des vainqueurs que de « maintenir dans le monde un certain niveau de noblesse ». Ce que Péguy appelle le « noble combat » (*Note conjointe*). Dans cette perspective, les vocations mystiques n'assurent qu'une relève, « l'aïeule » sainte Geneviève tendant la main à Jeanne la « cadette » (*la Tapisserie de sainte Geneviève et de Jeanne d'Arc*), les peuples, les civilisations se relayant aussi, de subtils échanges venant greffer l'une sur l'autre, après des intervalles de décadence, des mystiques complémentaires (le peuple juif, le peuple chrétien, le peuple français). Espérance de Dieu, aussi, qui, faisant l'homme libre, l'associe *ipso facto* à l'œuvre du salut : « C'est un roi qui aurait abdiqué aux mains de chacun de ses sujets » (le *Porche*). Le monde de Péguy demeure donc, dans une collaboration de l'homme et de Dieu, le théâtre d'un éternel recommencement baignant dans la lumière de l'espérance : doctrine qui annonce celle du Bergson des *Deux Sources de la morale et de la religion*.

C'est aussi dans les catégories bergsoniennes que le mécanisme de la « dégradation » se trouve finalement conceptualisé. Lecteur de *Matière et Mémoire* (cf. *Clio*), Péguy en adopte les analyses touchant l'habitude, l'automatisme qui s'installe avec celle-ci expliquant l'enlisement du dynamisme mystique ; la souplesse de l'âme non « habituée » étant, en revanche, cet état de « grâce » où toute conduite novatrice devient possible : ce « quelque chose de nouveau, quelque chose qu'on n'aurait jamais vu » que Jeanne appelle de ses vœux (le *Mystère*). D'où une praxis d'inspiration bergsonienne : le refoulement systématique des habitudes, de l'« habitude comme telle » (*Note sur M. Bergson*), de ce « durcissement », par exemple, qui guette toute lecture et toute écriture, les canalisant dans les mécanismes du « tout fait » (*id.*). La doctrine de l'âme habituée inaugure donc, en plus d'une éthique, une esthétique de l'innocence voisine de celle du *Rire*. Le génie (Monet, Hugo…) sera une certaine fraîcheur du regard : « prendre du métier » sans perdre « un atome d'étonnement » (*Clio*). À la faveur de cette esthétique, le discours de Péguy critique littéraire vient s'intégrer à l'ascèse générale de la contre-habitude. Les analyses de « Booz endormi » (*Victor-Marie, comte Hugo*), comme celle des textes d'Homère, de Corneille sont autant d'exercices demandant, face à celui de l'écriture, un degré zéro de la lecture : « aucune admiration, aucun respect », une virginité devant le texte égale à celle de l'artiste devant le monde (*Clio*).

Notre-Dame de Chartres

Le *Porche* et *le Mystère des saints Innocents*, écrits en vers libres, en versets comme des psaumes, continuent *Jeanne d'Arc* en ce qu'ils glorifient la vocation mystique de l'héroïne nationale. Mais l'inspiration de Péguy parvient à une sérénité jamais atteinte jusqu'alors : « Soyez comme un homme qui est dans un bateau et qui ne rame pas tout le temps. » Au thème de l'espérance viennent s'ajouter celui de la confiance en Dieu, dont les enfants fournissent l'exemple : « Heureux celui qui est un enfant… » (*le Mystère des saints Innocents*) ; et celui de l'acceptation de la mort pourvu qu'elle s'accorde avec l'idéal du « noble combat » : « Heureux ceux qui sont morts… » (*Ève*). Mais il semble qu'à cette époque, pressentant l'imminence de la guerre et de sa mort prochaine (« Il me faut une mort bien tranchée »), Péguy cherche avant tout des refuges. Auprès de sa « race » d'abord, ce peuple « anonyme » dont il est sorti, et auquel le polémiste, voire le chrétien qui n'a jamais pu s'intégrer au monde bourgeois (cf. *Un nouveau théologien*), est resté attaché. Vers elle il se retourne avec « orgueil », et avec un désir ardent de purification, comme si ses liens encore si forts avec l'« immense masse » illettrée de ses ancêtres le protégeaient, l'absolvaient d'un certain avilissement inséparable de l'écriture. Le « pécheur » ne voudrait plus être qu'« un arbre dans cette immense forêt, un épi commun dans cette immense moisson » (*Note conjointe*). Il cherche aussi refuge auprès de Notre-Dame de Chartres, à laquelle il adresse la litanie de cinq prières en alexandrins. Se complaisant auprès d'elle dans un certain masochisme (« besoin sourd d'être plus malheureux, Et d'aller au plus dur et de souffrir plus creux »), le pécheur cherche dans sa souffrance un salut qui dépend de la médiatrice. À l'approche du danger, il se crée en Péguy une sorte de dédoublement. Jamais les foudres du polémiste n'ont été plus violentes (*l'Argent*), et ses imprécations contre le modernisme redoublent d'âpreté (*Ève*). Mais le chrétien trouve un asile dans la catholicité, une joie, même, à l'abri de la grande « paroisse », « une joie rituelle propre, incommunicable aux autres… Et qu'un non-catholique ne peut pas se représenter, ne peut pas même penser » (dernière page de la *Note conjointe*, restée inachevée).

Ainsi, malgré les doutes et les fautes dont il s'accuse, l'infatigable pèlerin chemine-t-il allégrement sur la route : se dressant à l'horizon, « épi le plus dur qui soit jamais monté » de l'« océan des blés », la flèche offre la vision idéale d'une œuvre humaine, fruit de « deux mille ans de labeur » et portant en elle une mystique enfin inaltérable : « C'est la gerbe et le blé qui ne périra point » (*Tapisserie de Notre-Dame*, « Présentation de la Beauce à Notre-Dame de Chartres »).

	VIE	ŒUVRE
1873	**7 janv. :** naissance de Charles Pierre Péguy, 48, faubourg Bourgogne, à Orléans. **18 nov. :** mort de Désiré Péguy, son père.	
1880	**Oct. :** entre à l'école annexe de l'École normale d'Orléans.	
1884	**Juill. :** certificat d'études primaires. **Oct. :** entre à l'école professionnelle, cloître Sainte-Croix, place de la Cathédrale, Orléans.	
1885	**Avr. :** entre en sixième au lycée d'Orléans grâce à une bourse.	
1885-1890	Études secondaires très brillantes.	

VIE		ŒUVRE	
1890	**1er mai : première manifestation du 1er mai.**		
1891	**Juill. :** est reçu bachelier ès lettres. **Oct. :** entre comme boursier d'État au lycée Lakanal (Sceaux) pour préparer l'École normale supérieure.		
1892	Année de l'**affaire de Panama.** Année de la **grève des mineurs de Carmaux.** **Juill. :** échec au concours de l'École normale supérieure ; apprend que sa bourse ne sera pas renouvelée. **Nov. :** s'engage au 131e régiment d'infanterie, à Orléans, où, étant fils de veuve, il ne fera qu'un an de service. Loue avec André Bourgeois un domicile au village des Aydes ; y occupe à des recherches sur Jeanne d'Arc les loisirs que lui laisse la préparation du peloton d'élèves caporaux.		
1893	**Juill. :** second échec au concours de l'École normale supérieure. **Oct. :** obtient, grâce à son camarade Henri Roy, une bourse du conseil d'administration du collège Sainte-Barbe. Il entre dans cet établissement comme interne. (Il suivra simultanément les cours de rhétorique supérieure à Louis-le-Grand.)		
1894	**Juill. :** obtient sa licence ès lettres (philosophie). **Août :** est reçu à l'École normale supérieure. Voyage à Orange, où il assiste à une représentation d'*Œdipe Roi.* **15 oct. : arrestation de Dreyfus.** Est reçu bachelier ès sciences. **22 déc. : un conseil de guerre condamne Dreyfus.**		
1895	**5 janv. : dégradation de Dreyfus.** Sa déportation. **Août :** est précepteur chez M. Claret, à Semur-en-Auxois. **Sept. :** période d'instruction militaire (à Orléans et à Coulommiers) ; est nommé sergent. Retourne à Semur. **31 oct. :** quitte Semur. **5 nov. :** rentre à l'École normale supérieure. **Déc. :** obtient un congé d'un an et retourne à Orléans. Apprend la typographie. Fonde un groupe socialiste.	**1895**	**Déc. :** commence à rédiger la première *Jeanne d'Arc.*
1896	**Juin :** visite de Marcel Baudouin : première idée du *Dialogue de la cité harmonieuse.* **25 juill. :** mort de Marcel Baudouin. **Nov. :** retourne à l'École normale supérieure.		
1897	**Mai :** fonde une caisse pour rassembler des cotisations destinées à financer un journal socialiste. **20 oct. :** épouse Charlotte Françoise Baudouin, sœur de Marcel Baudouin et s'installe 7, rue de l'Estrapade. **Nov. :** démissionne de l'École normale supérieure. Reçoit une bourse d'agrégation. **Esterhazy, accusé par Mathieu Dreyfus, demande à passer en jugement.**	**1897**	**Févr. :** sept articles parus dans la *Revue socialiste* de février 1897 à février 1898, recueillis dans l'édition courante de Gallimard (1973). Parmi ceux-ci *« Un économiste socialiste : M. Léon Walras »,* signé C.P., dans la *Revue socialiste* n° 146. **Mars :** ébauche une étude sur Alfred de Vigny qui restera inédite. **Août :** *« De la cité socialiste »* signé Pierre DELOIRE dans la *Revue socialiste,* n° 152. **Déc. :** *Jeanne d'Arc,* drame en trois pièces, signé Marcel et Pierre BAUDOUIN.
1898	**11 janv. : acquittement d'Esterhazy.** **13 janv. : « J'accuse » de Zola, dans l'Aurore.** **1er mai :** fonde la librairie Georges Bellais, dite Librairie socialiste, sise 17, rue Cujas. **Août :** échoue à l'agrégation de philosophie. **10 sept. :** naissance de Marcel Péguy, son fils aîné (mort en 1972).	**1898**	**Juin :** *Marcel, premier dialogue de la cité harmonieuse,* signé Pierre BAUDOUIN. **Nov. :** rédige *Pierre, commencement d'une vie bourgeoise,* autobiographie qu'il ne publie pas. Ce texte, signé Pierre BAUDOUIN, sera édité en 1931. Publie cinq articles dans *la Revue blanche,* signés Jacques LAUBIER, s'échelonnant jusqu'à janvier 1899 et reproduits dans *Feuillets de l'Amitié Charles Péguy,* n° 123 (25/7/66).

	VIE		ŒUVRE
1899	**Juin :** difficultés financières de la Librairie Georges Bellais, qui devient une société anonyme sous le nom de Société nouvelle de librairie et d'édition. Lucien Herr et Léon Blum font partie du conseil d'administration. **Juill. :** s'installe à Saint-Clair, près d'Orsay. **Sept. : nouvelle condamnation de Dreyfus à Rennes. Le Conseil de guerre signe le recours en grâce.** **Déc. : congrès général des organisations socialistes françaises.** Rupture de Péguy avec Lucien Herr et la Société nouvelle de librairie et d'édition.	**1899**	**Févr. :** premier des onze articles consacrés à l'affaire Dreyfus et publiés dans *la Revue blanche* sous la rubrique « Notes politiques et sociales ». Ils seront publiés en un volume en 1957 (*Cahiers de l'ACP,* n° 11). **Juill. :** *« Sur Jaurès »* (article dans *la Petite République*).
1900	**Févr. :** forte atteinte de grippe. **Juill. :** suspension de la publication des *Cahiers,* faute d'argent. **Août :** période militaire ; Péguy est nommé sous-lieutenant. **Sept. :** manœuvres en Beauce. **Nov. :** l'École des hautes études sociales met à la disposition de Péguy un local, 16, rue de la Sorbonne. La publication des *Cahiers* peut reprendre. André Bourgeois devient « administrateur » des *Cahiers,* dont Péguy est « gérant ».	**1900**	**5 janv. :** premier numéro des *Cahiers de la Quinzaine,* installés 19, rue des Fossés-Saint-Jacques, dans un local loué par les frères Tharaud. *« Lettre du provincial »* (*Cahiers de la Quinzaine* [ci-après désignés *C.Q.*] I, 1 ; 5 janv.). *« Le Triomphe de la République »* (*id.*). *« De la grippe »* (*C.Q.*, I, 4 ; 20 févr.). *« Encore de la grippe »* (*C.Q.*, I, 6 ; 20 mars). *« Toujours de la grippe »* (*C.Q.*, I, 7 ; 5 avr.). *« Entre deux trains »* (*C.Q.*, I, 9 ; 5 mai). *« Réponse brève à Jaurès »* (*C.Q.*, I, 11 ; 4 juill.). *« Demi-réponse à M. Cyprien Lantier »* (*C.Q.*, I, 12 ; 16 nov.). **29 nov. :** premier *Cahier* de la 2e série. *« Pour ma maison »* (*C.Q.*, II, 3 ; 21 déc.).
1901	**Janv.-août :** les *Cahiers* publient des œuvres de René Salomé, Romain Rolland (*Danton*), Lavergne (*Jean Coste*). **Juill. :** s'installe rue des Sablons à Orsay. **7 sept. :** naissance de sa fille Germaine Péguy. **Oct. :** les *Cahiers* sont transférés 8, rue de la Sorbonne, ce qui sera leur adresse définitive. Les *Cahiers* poursuivent la publication de textes de Romain Rolland, Jérôme et Jean Tharaud…	**1901**	*« Pour moi »* (*C.Q.*, II, 5 ; 28 janv.). *« Casse-cou »* (*C.Q.*, II, 7 ; 2 mars). *« Compte rendu de mandat »* (*C.Q.*, II, 11 ; 25 avr.). **1er oct. :** début de la 3e série des *Cahiers.* *« Compte rendu de congrès »* (*C.Q.*, III, 1 ; 1er oct.). *« Vraiment vrai »* (*C.Q.*, III, 17 ; 10 oct.). *« De la raison »* (*C.Q.*, III, 4 ; 5 déc.). *« Lettres à M. Charles Guiesse »* (*C.Q.*, III, 5 ; 19 déc.).
1902	**25 août-20 sept. :** période militaire.	**1902**	*« Personnalités »* (*C.Q.*, III, 12 ; 5 avr.). *« Les élections »* (*C.Q.*, III, 16 ; 24 mai). **13 août :** fin de la 3e série des *Cahiers.* **1er oct. :** début de la 4e série des *Cahiers.* *« De Jean Coste »* (*C.Q.*, IV, 3 ; 4 nov.). *« Les Récentes Œuvres de Zola »* (*C.Q.*, IV, 5 ; 4 déc.).
1903	**25 juin :** naissance de Pierre Péguy, deuxième fils de Péguy, mort en 1941. **1er sept. :** mort de Pierre Lazare, l'artisan de la révision du procès Dreyfus.	**1903**	*« La Chanson du roi Dagobert »* (*C.Q.*, IV, 15 ; 24 mars). *« Débats parlementaires »* (*C.Q.*, IV, 18 ; 12 mai). *« Reprise politique parlementaire »* (*C.Q.*, IV, 20 ; 16 juin).
1904	**28 août :** période militaire.	**1904**	*« Avertissement au Cahier Mangasarian »* (*C.Q.*, V, 11 ; 1er mars). *« Orléans vu de Montargis »* (*C.Q.*, V, 12 ; 15 mars). **13 sept. :** dernier *Cahier* de la 5e série. **27 sept. :** premier *Cahier* de la 6e série. *« Catalogue analytique sommaire de nos cinq premières séries »* (420 pages, tirage 10 000 exemplaires) [*C.Q.*, VI, 1 ; 27 juill.]. *« Zangwill »* (*C.Q.*, VI, 3 ; 30 oct.). *« Un essai de monopole »* (*C.Q.*, VI, 4 ; 8 nov.).
1905	**Mars : alerte de Tanger.** **Mai :** interruption de la publication des *Cahiers.* **Juin : tension franco-allemande.** **Sept. :** est nommé lieutenant et affecté à la 19e compagnie du 276e R.I.	**1905**	*« La Délation aux droits de l'homme »* (*C.Q.*, VI, 9 ; 29 janv.). **Juill.-août :** commence une étude laissée inachevée sur *l'Esprit de système* (ce texte sera publié en 1953). *« Notre Patrie »* (*C.Q.*, VII, 3 ; 17 oct.). **Oct. :** rédige *Par ce demi-clair matin* (ce texte sera publié en 1952). *« Courrier de Russie »* (*C.Q.*, VII, 5 ; 19 nov.). *« Les Suppliants parallèles »* (*C.Q.*, VII, 7 ; 12 déc.). *« Louis de Gonzague »* (*C.Q.*, VII, 8 ; 26 déc.).

	VIE		ŒUVRE
1906	**12 juill. : Dreyfus réhabilité et réintégré dans l'armée française.** **Août :** période militaire.	**1906**	*« Cahiers de la Quinzaine »* (*C.Q.*, VII, 10 ; 25 janv.). *« De la situation faite à l'histoire et à la sociologie dans les temps modernes »* (*C.Q.*, VIII, 3 ; 4 nov.). *« De la situation faite au parti intellectuel dans le monde moderne »* (*C.Q.*, VIII, 5 ; 2 déc.).
1907	**Mars :** parle avec Maritain de son retour à la foi.	**1907**	*« Cahiers de la Quinzaine »* (*C.Q.*, VIII, 11 ; 3 févr.). **Mars :** rédige *Un poète l'a dit.* Cette œuvre inachevée sera publiée en 1953. *« De la situation faite au parti intellectuel devant les accidents de la gloire temporelle »* (*C.Q.*, IX, 1 ; 6 oct.).
1908	**Janv. :** s'installe avec sa famille à Lozère, dans la « Maison des Pins » près de Palaiseau. Songe à abandonner la gérance des *Cahiers* à Daniel Halévy pour se consacrer à ses propres travaux. **Juill.-août :** projette une édition de *Polyeucte* qui paraîtrait pour la décennale des *Cahiers,* puis abandonne le projet. **31 août :** mort d'Eddy Marix. **10 sept. :** malade, il reçoit la visite de Joseph Lotte, à qui il déclare être revenu à la foi catholique.	**1908**	Commence à rédiger sa *Deuxième Élégie XXX,* qui restera inachevée. S'attaque à une thèse (*« De la situation faite à l'histoire dans la philosophie générale du monde moderne »*) qui lui permettrait de se faire nommer maître de conférences à la Sorbonne pour pouvoir faire mieux vivre sa famille. Cette thèse sera publiée en 1955. **Déc. :** poursuit la rédaction de sa thèse.
1909	**Avr. :** période d'instruction militaire. Maritain veut persuader Mme Péguy de faire baptiser ses enfants. Échec.	**1909**	**Janv. :** poursuit la rédaction de sa thèse. *« À nos amis, à nos abonnés »* (*C.Q.*, X, 13 ; 20 juin). **Juill. :** commence la rédaction de la première version des dialogues de l'histoire, qui seront publiés après sa mort (*Clio*). **Juill.-août :** travaille sur un exemplaire de *Jeanne d'Arc.* **Sept. :** rédige *le Mystère de la charité de Jeanne d'Arc.*
1910	**30 mars :** long entretien avec Joseph Lotte. **30 juill. :** mariage de Blanche Raphael, pour qui Péguy éprouva un sentiment douloureusement dominé (ce déchirement intime transparaît dans des poèmes rédigés à cette époque et qui seront publiés après la mort de Péguy). L'amitié entre Péguy et Daniel Halévy traverse une crise grave.	**1910**	*« Le Mystère de la charité de Jeanne d'Arc »* (*C.Q.*, XI, 6 ; 16 janv.). *« Notre jeunesse »* (*C.Q.*, XI, 12 ; 12 juill.). *Prières dans la cathédrale.* *Ballade du cœur* (quatrains publiés en partie en 1941 et 1973. Édition complète en 1976). *« Victor-Marie, comte Hugo »* (*C.Q.*, XII, 1 ; 23 oct.). Travaille au *Porche du Mystère de la deuxième vertu.* *« Les Amis des Cahiers »* (*C.Q.*, XII, 2 ; 20 nov.).
1911	**Mai :** période militaire. **9 juin :** le prix Estrade-Delcros (8 000 francs) est décerné à Péguy par l'Académie française. **Juill. : la canonnière allemande « Panther » en rade d'Agadir.**	**1911**	**Avr. :** *Œuvres choisies* (1900-1910), chez Grasset. *« Un nouveau théologien, M. Fernand Laudet »* (*C.Q.*, XIII, 2 ; 24 sept.). *« Le Porche du Mystère de la deuxième vertu »* (*C.Q.*, XIII, 4 ; 24 sept.). Commence la rédaction du *Mystère des saints Innocents.*
1912	**Janv. : chute de Caillaux. Ministère Poincaré.** Maladie de Pierre Péguy. Péguy fait vœu, si son fils guérit, de se rendre à pied à Notre-Dame de Chartres. **Juin :** pèlerinage à Chartres, Alain-Fournier marche avec Péguy jusqu'à Dourdan. **20 août :** nouvelle maladie de Pierre Péguy. **23 août :** voyage à Chartres par le train. **13/16 sept. :** nouveau pèlerinage à Chartres. Entretien avec Joseph Lotte. **Début des guerres balkaniques.**	**1912**	*« Le mystère des saints Innocents »* (*C.Q.*, XIII, 12 ; 24 mars). *« Sonnets »* publié le 10 nov. (dans *le Correspondant*). *« Les Sept contre Thèbes »* (*ibid.*). *« Châteaux de Loire »* (publié dans *l'Opinion,* 25 nov.). *« La Tapisserie de sainte Geneviève et de Jeanne d'Arc »* (*C.Q.*, XIV, 5 ; 1er déc.).
1913	**Juill. :** nouveau pèlerinage à Chartres. **Août :** s'installe avec sa famille, 7, rue André Theuriet à Bourg-la-Reine.	**1913**	*« L'Argent »* (*C.Q.*, XIV, 6 ; 16 févr.). *« Les Sept contre Paris »* (publié le 10 mars dans *la Grande Revue*). *« L'Argent, suite »* (*C.Q.*, XIV, 9 ; 22 avr.). *« La Tapisserie de Notre-Dame »* (essentiellement constituée par *« la Présentation de la Beauce à Notre-Dame de Chartres »*) [*C.Q.*, XIV, 10 ; 11 mai]. *« Sainte Geneviève, patronne de Paris »* (publié le 16 août dans *le Figaro*). *« Ève »* (*C.Q.*, XV, 4 ; 28 déc.) [intégrée à l'ensemble des « Tapisseries »].

VIE		ŒUVRE	
1914	**Janv. :** entretien avec Joseph Lotte. **2 août : mobilisation générale.** Péguy, mobilisé, quitte Bourg-la-Reine. **20-28 août :** campagne de Lorraine, à laquelle participent Péguy et son régiment d'infanterie. **15 août :** Péguy assiste à la messe dans le village de Loupmont. **29 août-4 sept. :** repli du 276ᵉ R.I. sur Paris. **5 sept. :** Péguy est tué à la tête de sa section, près de Villeroy, à 22 km de Paris.	**1914**	**20 janv. :** Péguy publie un commentaire d'*Ève*, signé DUREL, dans le *Bulletin* de Joseph Lotte. Achève *Clio*. *Œuvres choisies poétiques* publiées chez Ollendorf. *« Note sur M. Bergson et la philosophie bergsonienne »* (*C.Q.*, XV, 8 ; 26 avr.). **Mai :** rédige la *Note conjointe sur M. Descartes et la philosophie cartésienne*, qui sera interrompue par la mobilisation. (Publiée en 1935 chez Gallimard.) **Juill. :** 229ᵉ et dernier *Cahier*.
1915	Naissance de Charles-Pierre Péguy, enfant posthume du poète.		

Notre Patrie

Dans cet article écrit pour les *Cahiers de la Quinzaine* (VII, 3) au moment où les événements de Tanger relancent la tension franco-allemande (1905), Péguy exprime son inspiration « nationale ». Une visite du roi d'Espagne à Paris lui fournit l'argument d'un parallèle méticuleusement composé : un attentat vient soudain assombrir les fêtes officielles, alors que l'irruption de la menace allemande interrompt brusquement les jeux de la politique intérieure française.

Rappelant ses fonctions de journaliste, Péguy fait dans une première partie le procès des erreurs du combisme, qui, selon lui, ont dévoyé les forces vives de la France. Dans la deuxième partie, le journaliste politique devient chroniqueur. Se mêlant à la foule massée sur le passage du roi d'Espagne, il décrit le cortège officiel d'une façon plus impressionniste que pittoresque. Son attention se fixe bientôt, dans une communion avec eux, sur les sentiments contradictoires du peuple de Paris : « peuple de rois, peuple roi » monarchiste et républicain, déférent et révolutionnaire, cocardier et antimilitariste. Évoquant Hugo, « singulier comme ce peuple [...] qu'il représente éminemment », le chroniqueur dévoile, textes à l'appui, le militarisme que le poète dissimule sous un pacifisme de convention. Dans une dernière partie, Péguy décrit l'impression d'irréalité qui enveloppe les fêtes officielles, masquant sous leurs fastes la présence diffuse de la mort. De même s'impose tout à coup, montant du fond des consciences, la soudaine certitude du danger qui plane sur la patrie.

Le Mystère de la charité de Jeanne d'Arc

En 1908, Péguy annonce à son ami Joseph Lotte sa conversion au catholicisme. L'année suivante, une période militaire le mène au camp de Cercottes, près d'Orléans, où, le 8 mai, son régiment défile en hommage à Jeanne d'Arc. À cette époque, des amis lui font miroiter le projet de porter sa *Jeanne d'Arc* de 1897 à la scène. Le projet échoue. Péguy songe alors à la rééditer dans ses *Cahiers de la Quinzaine*. Il remanie et rallonge considérablement la première partie (« À Domrémy »), supprime les deux autres, et c'est en définitive une méditation poétique à trois voix, et d'un seul tenant, qui paraîtra en 1910 dans les *Cahiers*.

SYNOPSIS

Domrémy, 1425 : les bergères Jeannette et Hauviette récitent le « Notre Père ». Jeanne se désole que ni le règne de Dieu n'arrive, ni sa volonté ne soit faite. Enfantée par la guerre, la misère s'étend, symbolisée par deux orphelins affamés. « Pour tuer la guerre », dit Hauviette, il faudrait un véritable « chef de guerre ». Mais mieux vaut encore continuer à semer et moissonner, que de délaisser le monde comme la nonne Mᵐᵉ Gervaise. Hauviette s'éloigne ; Jeannette entre en vision. Elle égrène le nom des saintes et saints qui ont agi ; elle évoque l'enfance de Jésus parmi ceux qui eurent le privilège de le connaître. Mᵐᵉ Gervaise la rejoint et entre aussi en vision. Les méditations des deux femmes s'entrecroisent sans vraiment se rejoindre : Gervaise évoque la « Maison du Père » ; Jeannette, les maisons détruites par la guerre et les souffrances dont elle se sent complice, y compris le supplice des damnés. Gervaise définit les Églises militante, souffrante et triomphante, mais récuse toute « Église infernale » : il y a donc de la « souffrance perdue », rétorque Jeanne ; Gervaise l'admet, interprétant le dernier cri de Jésus comme l'aveu de son impuissance à sauver l'humanité entière. Suit le récit de l'arrestation de Jésus, de la montée au Calvaire, de l'ultime « clameur ». Jeannette s'indigne de la lâcheté des apôtres : ni elle ni les Lorrains n'auraient renié Jésus. Orgueil, réplique Gervaise qui prêche la résignation et la prière – tandis que Jeannette rêve à « Orléans, qui êtes au pays de Loire ».

Avec ce poème initiatique, Péguy reprend un projet de 1895 : écrire l'histoire d'une vie intérieure, en s'en tenant à la naissance d'une vocation. Le titre définitif de l'ouvrage, d'abord intitulé « Mystère de la vocation de Jeanne d'Arc », en souligne la finalité : comment la charité s'empare-t-elle d'une âme ? À l'origine, il n'y a que l'immense pitié dans laquelle Jeannette est comme enfermée et que sa générosité n'apaise pas : car, face aux malheurs de la guerre, il faudrait, dit-elle, « de nouvelles saintes qui inventent de nouvelles sortes ». Mais, progressivement, sa volonté se mobilise. Les Voix n'interviennent pas. Les états de conscience de l'héroïne s'enrichissent de stimulations extérieures, induisant, par une sorte d'alchimie, des comportements entièrement nouveaux. Jamais de mutations brusques ; Jeanne intègre, digère, transforme les impressions que lui communiquent ses compagnes : l'allant, la sérénité précoce d'Hauviette (« L'appétit aux prières, l'appétit aux repas »), son sens pratique de la solidarité opposé à l'humeur contemplative de Mme Gervaise, un « faire » simple, naïf et joyeux que Jeannette transfigure à la lumière des saints, soldats et fondateurs du royaume de France, Geneviève, Martin, Rémi. Dès lors se dessine le projet : « Orléans, qui êtes au pays de Loire ». Ce processus psychologique s'inscrit dans les catégories bergsoniennes. La décision de Jeanne n'émane pas d'un libre arbitre qui trancherait dans l'abstrait, mais résulte d'un lent mûrissement où s'exprime finalement le moi profond : une pitié métamorphosée en charité active.

On peut lire le *Mystère* comme une critique implicite du discours historique « moderne » (voir *Clio*, 1910) : grands hommes, saints, peuple élu forment aux yeux de Péguy le cortège transcendant d'une Histoire inspirée dont ne peut rendre compte le déterminisme post-tainien. Car l'Histoire est traversée d'éclairs et d'imprévisible : l'aventure de Jeanne d'Arc en est un épisode, que Péguy tente de saisir dans sa phase d'embrasement, avant que la « mystique » ne s'enlise en « politique ». Pour rendre sensible la progression d'une illumination intérieure qui gagne de proche en proche toutes les régions de l'âme, Péguy choisit une prose compacte, sans alinéa, qui symbolise presque visuellement le flux imbriqué des états de conscience. Puis de ce bloc jaillit soudain le récit de Gervaise : « Il est là », premier vers libre suivi de centaines d'autres. Pour se distinguer des vers-libristes symbolistes, Péguy baptisait cette métrique « prose musicale ». Et, de fait, elle possède une vertu dynamique : par sa mobilité tout d'abord. Gervaise ne voit pas seulement la Vierge et le Christ, elle les suit, tantôt monte au Golgotha avec l'un ou avec l'autre, tantôt rejoint la foule. Ensuite par son rythme : Péguy a inventé une métrique qui fait entrer le lecteur dans la ronde, l'emporte par les saccades, les rejets, la ponctuation inattendue de ce flot irrégulier. Placé au centre du *Mystère*, le récit de Gervaise cristallise en espérance les fantasmes de Jeannette, comme si la vision de la nonne avait mis en mouvement un élan irrépressible. Au terme du récit, abandonnant toute routine, la bergère « cesse de filer » : « Comment faut-il sauver ? », demande-t-elle. En Jeannette, Jeanne est née.

Victor-Marie, comte Hugo

Publié en 1911 dans les *Cahiers de la Quinzaine* (XII, 1), le texte porte en sous-titres *Solvuntur objecta* et *À moi, comte, deux mots*, allusions à une brouille temporaire entre Péguy et Halévy, accusé d'une interprétation tendancieuse de l'affaire Dreyfus. Dédiées à l'amitié, ces pages semblent transcrire une conversation à bâtons rompus entre deux hommes qui, partageant les mêmes intérêts intellectuels, sont séparés par une distance sociale que souligne l'auteur. Elles contiennent une pénétrante étude sur le « Booz endormi » de Hugo, un passage éloquent sur la « reconquête » du chroniqueur par ses ancêtres paysans, un parallèle entre Corneille et Racine, une réponse à des lettres d'Ernest Psichari, etc.

Ce parallèle célèbre entre Corneille et Racine est fondé sur une opposition fondamentale : Corneille « travaille toujours dans le domaine de la grâce » et Racine dans celui de la « disgrâce ». Atteints du virus janséniste, les héros raciniens sont des « criminels » et des « pécheurs » restés hors du salut. À preuve, leur cruauté, ce mal essentiel qui pervertit jusqu'aux personnages apparemment les plus innocents : la docile Iphigénie blesse Agamemnon avec une sûreté exquise, et les plaintes de Bérénice infligent à son amant le plus raffiné des supplices. Plus les victimes manifestent de tendresse, plus elles sont cruelles. En revanche, les personnages de Corneille, généreux, héroïques, ne savent pas offenser, encore moins blesser. Dans *le Cid*, les outrages de don Gormas porteront si peu qu'il devra recourir à l'argument clair du soufflet. Les raciniens, eux, ne manquent jamais leur cible. Mais, en définitive, Corneille atteint plus profond que Racine, car la charité d'un Polyeucte va plus loin que la cruauté d'une Bérénice : elle dévore et consume l'âme, que la cruauté effleure seulement. La parfaite ordonnance de la tragédie racinienne, ce jeu de subtiles variations sur une trame « arithmétique » constante, recouvre un désordre secret. Chez Corneille, au contraire, une désorganisation apparente voile un ordre essentiel.

Les *Tapisseries* : « Présentation de la Beauce à Notre-Dame de Chartres »

Publiée dans les *Cahiers de la Quinzaine* (XIV, 10), la « Présentation » est le poème le plus important de la *Tapisserie de Notre-Dame* : 89 quatrains. Péguy résume en une seule narration, tour à tour pieuse et familière, solennelle et prosaïque, les différents pèlerinages qu'après avoir retrouvé la foi il accomplit à partir de 1912.

Les thèmes métaphoriques de l'océan et du blé sont savamment entrecroisés : la plaine est « océan », la flèche de la cathédrale, « l'épi le plus dur qui soit jamais monté ». Une prière litanique invoquant Marie, « Étoile de la mer », « Tour de David », « Reine de majesté », alterne avec le récit des incidents de route le long d'un itinéraire aux étapes soigneusement notées avec ses « vieilles auberges » où, pour « quarante sous », on sert « le bœuf en daube ». Des séries d'oppositions (le vêtement et la parure, la pureté et la souillure, la force et la faiblesse) et de répétitions (« Voici »... « Voici »...) s'organisent typographiquement en une régularité visuelle qui suggère en effet, sur la trame des alexandrins, un travail de tapisserie.

Les *Tapisseries* : « Ève »

Paru en 1913 dans les *Cahiers de la Quinzaine* (XV, 4), intégré dans l'ensemble des *Tapisseries*, ce poème en quatrains est la plus longue œuvre en vers de Péguy (35 000 alexandrins). Il contient en son milieu, encadrées entre deux tirets, les dix-huit célèbres strophes commençant par « Heureux ceux qui sont morts... », chant funèbre, qui, après la disparition de Péguy, deviendra comme l'hymne même de la Grande Guerre.

Pour commencer, Péguy évoque la liberté du paradis terrestre, auquel succède un monde de contraintes symbolisées par la femme économe et ménagère. Mère et aïeule, Ève assiste aux querelles de ses malheureux fils : la mort les en délivre, les rendant aux mains de la femme ensevelisseuse et gardienne du tombeau. Le poète confie leurs âmes à Dieu, rappelant le sacrifice des héros et demandant qu'ils soient jugés avec l'indulgence qui convient à des êtres charnels. Évoquant le mystère de l'Incarnation, les quatrains suivants décrivent les scènes de la vie de Jésus (la crèche) et analysent le contenu de sa mission salvatrice (le nouveau Moïse). Dans les dernières strophes, Péguy invective contre le monde moderne, exhortant le lecteur à préférer aux faux savants et aux mauvais pasteurs la houlette des saintes bergères, Geneviève et Jeanne. Les longueurs du poème, avec ses quatrains se succédant par centaines sur un schéma identique, seraient rebutantes sans les morceaux de vibrante éloquence qui jalonnent la « végétation triste » de cette immense « lande » (Halévy).

M.-A. de Beaumarchais

PEISSON Édouard

(1896-1963)

Né à Marseille, Édouard Peisson a commencé sa carrière dans la marine marchande : il naviguera avec le grade de capitaine, pour le compte de la Compagnie générale transatlantique, de 1914 à 1923. C'est de cette expérience qu'il tirera la substance même de ses romans lorsqu'il devra renoncer à sa carrière de marin en 1925. Il sera, pendant quelque temps, employé comme rédacteur à la préfecture des Bouches-du-Rhône, mais, rapidement, la publication de ses œuvres lui assurera l'indépendance nécessaire ; et, depuis 1929 – année où il fait paraître son premier recueil de nouvelles – jusqu'à sa mort, il écrira une trentaine d'ouvrages, romans ou monographies consacrées à des marins ou à des explorateurs : *Parti de Liverpool* (1932), *Gens de mer* (1934), *le Pilote* (1937), *l'Aigle de mer* (1941), *Pôles*, biographie d'Amundsen (1952), etc. Il recevra, en 1930, le prix des Vikings pour *le Courrier de la mer Blanche* et, en 1940, le grand prix du Roman de l'Académie française pour *le Voyage d'Edgar*.

Édouard Peisson appartient à une lignée d'écrivains relativement abondante depuis l'apparition de la civilisation industrielle au XIXe siècle : celle des romanciers de l'aventure humaine, chantres et témoins de la conquête de l'univers à laquelle l'homme peut se livrer depuis qu'il en a les moyens matériels (en l'occurrence, d'immenses navires). Ici, le lieu de l'aventure est presque toujours la mer ; chez d'autres écrivains, tel Frison-Roche, ce sera la montagne. L'élément marin joue, dans l'intrigue romanesque, un rôle spécifique : il représente à la fois l'obstacle à vaincre, qui permet à l'homme digne de ce nom de se montrer dans la plénitude de sa valeur ; mais il est aussi l'expression du destin inexorable auquel l'homme se trouve confronté (*le Sel de la mer*, 1934 ; *le Quart de nuit*, 1960), et bien rares sont les cas où la puissance de la technologie humaine n'est pas battue en brèche par les éléments déchaînés. Le combat entre la mer et l'homme offre aussi un prétexte à des recherches sur les limites de la responsabilité humaine dans les catastrophes : le capitaine du *Canope* est-il ou non coupable de la perte du paquebot (*Capitaines de la route de New York*, 1953) ? Trouver la part de la responsabilité humaine et celle du destin dans le malheur, tel est le ressort traditionnel de la tragédie. Aussi les ouvrages de Peisson prennent-ils volontiers l'aspect de « romans-catastrophes » où lames gigantesques, récifs sournois, cadavres ballottés par les flots, naufragés dégoulinants et actes d'héroïsme individuel jalonnent le récit d'une manière quasi rituelle, tandis que les événements sont toujours présentés de la manière la plus expressive possible à grand renfort de métaphores et de comparaisons qui tournent volontiers au cliché : ainsi, le port de Marseille est « une intimité que le navire viole en pénétrant dans le golfe. La rade est une femme qui se donne sans résistance et sans joie » (*Hans le marin*, 1929). Il ne faut rien chercher de révolutionnaire dans les œuvres d'Édouard Peisson, dont la portée morale et littéraire paraît aujourd'hui assez limitée.

J.-P. Damour

PÉLADAN Joseph

***Joseph**, dit **Joséphin PÉLADAN** (1858-1918)*

Romancier, dramaturge, essayiste. Né à Lyon dans une famille légitimiste, catholique et déjà toute imprégnée d'occultisme, Péladan poursuit études et lectures à Avignon, puis à Nîmes, avant de monter à Paris, où il fréquente Barbey d'Aurevilly, Villiers de L'Isle-Adam, Gustave Moreau, Huysmans… Son premier roman, *le Vice suprême* (1884), qui paraît avec une préface de Barbey, est un succès ; avec lui s'ouvre un vaste cycle romanesque, *la Décadence latine*, dont les dix-neuf volumes s'échelonneront jusqu'en 1907 : *Curieuse* (1885), *l'Initiation sentimentale* (1887), *l'Androgyne* (1891), *Finis Latinorum* (1899), etc.

Sa haine du matérialisme moderne et ses préoccupations ésotériques le font adhérer avec enthousiasme à l'ordre kabbalistique des Rose-Croix, que vient de restaurer Stanislas de Guaïta ; mais il rompt bientôt avec ce dernier pour fonder l'ordre des Rose-Croix catholiques, et se proclamer « mage » sous le nom de SÂR MÉRODACK PÉLADAN (1890). Si les disciples ne sont pas très nombreux, le mage est devenu une des figures pittoresques du Tout-Paris, où son goût de la pompe et l'extravagance de son comportement excitent parfois la raillerie autant que la curiosité.

Cela ne l'empêche pas de déborder d'activité ; tout en poursuivant sa longue « éthopée » de *la Décadence latine*, il accumule une œuvre énorme et disparate : traités ésotériques, regroupés dans son *Amphithéâtre des sciences mortes* (1892-1911) ; tragédies wagnériennes regroupées sous le titre *Théâtre de la Rose-Croix*, qui s'efforcent d'illustrer les idées du maître de Bayreuth, de *Babylone* (1895) à *Œdipe et le Sphinx*

(1903) ou à *Sémiramis* (1904), en passant par cette *Prométhéide* (1895) qui doit achever la trilogie conçue par Eschyle… ; essais esthétiques, comme les vingt-quatre volumes de *la Décadence esthétique* et, plus tard, *la Dernière Leçon de Léonard de Vinci* (1904), *De Parsifal à Don Quichotte* (1906) ; œuvres d'imagination enfin, avec des romans psychologiques : *les Amants de Pise* (1912), *les Dévotes d'Avignon* (posth., 1921), *les Dévotes vaincues* (posth., 1923), *la Torche renversée* (posth., 1925).

Toute de réaction contre la civilisation moderne et les méfaits de son matérialisme – qu'ils s'appellent positivisme, scientisme ou naturalisme –, cette œuvre, très inégale, traduit à sa manière les inquiétudes de la fin du siècle. Nourrie d'une vaste culture, marquée d'une religiosité équivoque qui emprunte à l'occultisme, au platonisme et au catholicisme, elle mêle légende du Graal, mythes wagnériens et traditions orientales : un syncrétisme qui conduit souvent Péladan à des interprétations et à des vaticinations plus pontifiantes que convaincantes.

Ainsi, face à la décadence de la race latine, prône-t-il le recours à une élite : ce seront les Rose-Croix, sous la direction de Mérodack, seuls capables de rétablir la vraie religion, d'affirmer la force rédemptrice de l'art, et de s'élever au-dessus des passions et des perversions – le mythe de l'androgyne incarnant l'idéal de pureté et de renoncement à l'amour charnel. Idéalisme qui, tout au long de l'éthopée, s'allie à une sensualité quelque peu faisandée : sous prétexte que l'horreur du péché passe par l'initiation au vice, la dénonciation de toutes les turpitudes de ce monde ne va pas sans complaisance – ni sans excès : dans la création des figures romanesques, dans la composition des intrigues, et dans un style si chargé de somptuosités qu'il tombe dans l'emphase, si moralisant qu'il n'évite pas l'ennui du didactisme.

Mais dans ces pages innombrables, où le meilleur côtoie le pire, l'outrance naturelle de l'écriture parvient à susciter le sentiment de l'étrange, à défaut de nous faire accéder à l'épique.

M.-O. Germain

PELETIER DU MANS Jacques

(1517-1582)

« Moins et meilleur », ce fut la devise de Peletier, et elle émaille tous ses livres. Il eût mieux valu pour la postérité de son œuvre qu'il l'eût respectée davantage. Peletier en a trop fait, on lui a reproché la diversité de ses livres, son instabilité et son vagabondage. « Et Peletier le docte a vagué comme Ulysse », dira Ronsard de son aîné, dont le titre de gloire restera d'avoir « découvert » les deux grands de la Pléiade. Puis sa curiosité l'a entraîné ailleurs. Mais son éclectisme de mathématicien et de médecin, d'érudit et de grammairien, et encore de poète, fait de lui un exemple parfait d'homme de la Renaissance, un humaniste à la passion intellectuelle sans limites et au savoir encyclopédique immense, pour le meilleur et pour le pire.

Une vie voyageuse

Né au Mans, le neuvième des quinze enfants d'une bonne famille bourgeoise de juristes, il vint tôt à Paris étudier au collège de Navarre, où son frère Jean, philosophe et mathématicien de renom, était grand maître et premier docteur en théologie. Après des humanités gréco-latines et cinq années d'études juridiques qui eussent dû le mener à suivre la voie d'un autre de ses frères, Victor, Peletier revint dans sa ville natale comme secrétaire de l'évêque du Mans, René Du Bellay. C'est alors qu'il aurait rencontré Ronsard, venu avec son père, le 5 mars 1543, assister aux obsèques du capitaine Guillaume Du Bellay. Nommé la même année principal du collège de Bayeux à Paris, par un coup de force de René Du Bellay, il y resta jusqu'en 1547, fréquentant le milieu des poètes de cour et celui du collège de Coqueret. Il publia une traduction en vers de l'*Art poétique* d'Horace (1545) et s'acquit une réputation telle qu'il fut chargé de prononcer l'oraison funèbre de Henri VIII d'Angleterre à Notre-Dame (1547). Il fit paraître la même année un recueil de ses *Œuvres poétiques*. Mais il quitta bientôt Paris, et sa vie ne fut dès lors plus que voyages.

À Poitiers, il enseigna les mathématiques, étudia la médecine et publia le *Dialogue de l'ortografe et prononciacion françoese* (1550), qui, prenant parti dans la querelle de l'orthographe, voulait « rapporter l'écriture à la prolation » et proposait un système phonétique, mis au point dès 1547, dans lequel toute l'œuvre de Peletier sera désormais publiée. Cependant avait lieu à Paris la révolution poétique, – sans Peletier, qui n'appartiendra pas à la « chère bande » emmenée par Ronsard aux *Isles fortunées* (1543). Peletier passa par Bordeaux, Béziers et Lyon, il suivit le maréchal de Cossé-Brissac en expédition dans le Piémont et fut le précepteur de son fils (1553-1554). De retour à Lyon, il se lia à Maurice Scève et à Pontus de Tyard, ainsi qu'à l'imprimeur Jean de Tournes, chez qui il fit paraître deux ouvrages importants, l'*Art poétique* et les poèmes de *l'Amour des amours* (1555). En 1557, Peletier est à Paris, puis il tente une vaine expédition à Rome, avant de revenir pour dix ans à Paris. Fin 1569, il part pour la Savoie, où il restera deux ans et d'où il rapportera un poème descriptif en trois chants, *la Savoye* (1572). De 1572 à 1579, Peletier est à Bordeaux, il dirige le collège d'Aquitaine. Il enseigne les mathématiques à Poitiers en 1579, avant de revenir achever une existence accidentée à Paris, où il sera principal du collège du Mans de 1580 à sa mort. Un an avant de mourir, il fera paraître *les Louanges* (1581), des poèmes savants fort prosaïques, suivis d'un touchant testament, « Remontrance à soememe ».

Une œuvre polymorphe

Peletier a laissé une œuvre scientifique copieuse – rédigée en latin et en français –, traitant de mathématiques et de médecine, mais qui ne paraît pas avoir eu une grande influence sur le progrès de ces disciplines. Mis à part sa contribution philologique – malheureuse pour le destin de son œuvre – à la réforme de l'orthographe, la production littéraire de Peletier comprend : la traduction en vers de l'*Art poétique* d'Horace, précédée d'une importante dédicace qui fait l'apologie de la langue nationale, les *Œuvres poétiques*, *l'Art poétique* et *l'Amour des amours*, *la Savoye*, *les Louanges*. Jusqu'à une période récente, la critique a surtout retenu les *Œuvres poétiques* comme faisant date dans l'histoire littéraire, marquant la transition de Marot à Ronsard et Du Bellay, et a considéré l'*Art poétique* comme l'expression la plus accomplie de la doctrine de la Pléiade, certains allant jusqu'à regretter que les vers de Peletier ne fussent pas à la hauteur de leur rôle historique.

Pasquier appellera Scève, Bèze et Peletier « les avant-coureurs des autres poètes ». Si ce peut être exact pour l'un d'eux, c'est bien pour Peletier, dont le recueil de 1547, outre qu'il contient les premiers vers publiés de Ronsard et de Du Bellay – une « Ode de Pierre de Ronsard à Jacques Peletier : Des beautez qu'il voudroit en s'Amie », et un dizain de « J. Du Bellay à la ville du Mans » –, définit un programme dont les idées ne sont pas neuves mais qui n'anticipe pas moins la *Deffence et Illustration* de Du Bellay (1549) :

J'escri en langue maternelle,
Et tasche à la mettre en valeur :
Affin de la rendre éternelle,
Comme les vieux ont fait la leur.

Selon l'épigramme « À un poète qui n'escrivoit qu'en latin », les écrivains doivent anoblir leur langue et la rendre classique, l'« illustrer » et l'« enrichir », comme le disait déjà Peletier dans sa dédicace à la traduction de l'*Art poétique* d'Horace, où il attribuait notre infériorité par rapport aux Anciens à notre « mepris et contennement de notre langue native, laquelle nous laissons arriere pour entretenir la langue grecque et la langue latine ». Il y a une utilité de la traduction, qui est pour un écrivain d'« amplifier sa langue », et c'est pourquoi les *Œuvres poétiques* de Peletier commencent par traduire les deux premiers livres de *l'Odyssée*, le Ier livre des *Géorgiques*, des sonnets de Pétrarque et des odes d'Horace. Viennent ensuite les « Vers lyriques de l'invention de l'auteur ». On a vanté le sentiment de la nature tout virgilien des « Saisons » de Peletier, qui sont ses meilleures pièces. Mais leur intérêt réside avant tout dans le souci nouveau de la disposition et de la clarté. Chaque poème répond à un plan rigoureux, vise à la concision et à l'expression exacte. Peletier évite l'obscurité des métaphores, néologismes et références mythologiques dans lesquels Ronsard se complaira longtemps ; il en fait la critique dans l'épigramme « À un poete escrivant obscurément ». Ses vers emploient une grande variété de mètres, de l'hexasyllabe à l'alexandrin, et ses rimes sont élaborées. Contre les genres trop rigides qui ont l'allure d'exercices, il adopte le sonnet venu d'Italie (Marot en a composé quelques-uns, mais ceux de Peletier multiplient d'un coup le répertoire français, jouant sur toutes les combinaisons des rimes des tercets), et l'ode, qu'il recommandera également à Ronsard et à Du Bellay.

L'*Art poétique* de Peletier, à la différence de la *Deffence et Illustration*, n'est pas un pamphlet, et il tente de concilier les poètes anciens et les nouveaux : il y réussit incontestablement, abordant la promotion de la poésie française après les préceptes généraux – non pas les recettes – de la poésie. La première partie traite des rapports de l'art et de la nature, de l'imitation et de la tradition, en termes proches de Quintilien. La seconde partie, qui expose une conception patriotique du poète, est plus originale. La rime et le mètre, le rythme et le genre sont examinés sans pédantisme ni dogmatisme ; le sonnet est le plus loué, et l'ouvrage conclut à une éthique de la poésie œuvrant pour l'enrichissement de la langue.

Peletier ne saurait être défini exclusivement comme un précurseur de la Pléiade ; ce serait ignorer *l'Amour des amours* de 1555, dont l'étalage de science, de mythologie, d'érudition tranche avec la « grâce spontanée » des *Œuvres poétiques* de 1547 ; le recueil fut longtemps jugé d'un « pétrarquisme intolérable ». Ce sont pourtant les poèmes les plus curieux de Peletier, où, « Toujours voulant son pouvoir essayer », son exigence de connaissance va le plus loin. Après 96 sonnets en vers décasyllabes, qui chantent bien abstraitement une Dame, viennent 16 odes, consacrées au monde physique et au cosmos, « l'Uranie ». Cette poésie scientifique a rebuté. Peletier en donnait la clé dans son *Art poétique,* où il disait le sonnet « quasi tout philosophique en conceptions ». Les sonnets de *l'Amour des amours*, divisés en sept groupes, sont une enquête sur les mystères du monde, une purification du néoplatonisme de Ficin, la recherche d'une connaissance inconnue et d'une unité originelle perçue à travers l'amour : « Ô un ! ô deux, dont tout l'œuvre commence ! » Les odes finales rapportent l'envol de l'esprit vers les lois du cosmos. Au lieu de l'histoire d'un amour ou d'une poésie didactique, *l'Amour des amours* est la voie d'une quête spirituelle qui découvre peu à peu la vérité dans le mouvement même de l'expression lyrique :

Vous, langue, aussi faites votre devoir [...]
Faites servir le dire au concevoir.

Dans *les Louanges*, notamment dans « Louange de la science », on retrouve la même aspiration à l'infini des mystères célestes. Sans libérer tout à fait Peletier de la position de précurseur, ses deux derniers recueils témoignent d'une originale conciliation de la poésie et de la science, qui fait que Peletier ne fut sans doute ni un poète ni un homme de science, mais pleinement un homme de la Renaissance.

A. Compagnon

PENNAC Daniel

(né en 1944)

Professeur de français en collège devenu phénomène éditorial au fil des années, Daniel Pennac a signé de nombreux romans pour adultes et pour enfants. C'est en 1985, avec *Au bonheur des ogres*, roman publié dans la « Série noire », que s'ouvre la saga de la famille Malaussène : intrigues rocambolesques, souvent compliquées à souhait, jeux de piste tragicomiques dans un Belleville voué à une disparition prochaine, inversion subtile des conventions du roman policier

– tels sont, d'emblée, les ingrédients essentiels qui font le succès de Daniel Pennac. La profusion imaginaire du premier roman se retrouve dans la suite des tribulations de la famille Malaussène, *la Fée Carabine* (1987), *la Petite Marchande de prose* (1989) et *Monsieur Malaussène* (1995). La saga devait s'achever avec ce dernier roman, qui a fait l'objet d'une adaptation théâtrale. Mais l'auteur, sollicité par *le Nouvel Observateur* qui lui a proposé de poursuivre l'histoire sous forme de feuilleton, s'est laissé prendre au jeu : les épisodes parus dans l'hebdomadaire ont ainsi été revus et augmentés, donnant lieu en 1999 à un – dernier ? – roman, *Aux fruits de la passion* (1999). Oscillant entre l'irréalité fantastique du conte et l'inscription sociologique du roman, Pennac déploie un univers ponctué de faux-semblants, de chausse-trapes et de tromperies sur les apparences, ce qui n'empêche pas les intrigues policières d'être très classiquement charpentées. On retrouve naturellement ces talents de conteur dans sa production romanesque pour la jeunesse, comme en témoignent la série des Kamo (*Kamo et moi*, 1992 ; *Kamo l'agence Babel*, 1997), ainsi que *Cabot-Caboche* (1982) ou *l'Œil du loup* (1994). Avec *Comme un roman* (1992), Daniel Pennac a momentanément quitté les rives de la fiction pour l'« essai », sans rien renier néanmoins de l'impertinence qui caractérise ses héros de Belleville : *Comme un roman* se veut une pédagogie incisive et anti-scolaire de la lecture, où l'auteur énumère un certain nombre de « droits imprescriptibles » du lecteur visant à conjurer le spectre de la lecture-pensum (« Ne pas lire », « Sauter des pages », « Ne pas finir un livre », « Lire n'importe quoi »...). De toute évidence désireux de toucher à des genres divers, Daniel Pennac s'est associé en 2000 avec le dessinateur Jacques Tardi pour l'album de bande dessinée *la Débauche*.

P. Mari

Perceforest

(composé v. 1330-1340)

Roman en prose à insertions lyriques, composé par un clerc du Hainaut vers 1330-1340, et publié en 1528. Il nous a été transmis par quatre manuscrits du XVe siècle et deux éditions du XVIe siècle.

Cette œuvre considérable (les quelque mille huit cents pages actuellement éditées ne représentent qu'un tiers de l'ensemble) relie le cycle arthurien au cycle antique d'Alexandre le Grand, et fait d'Arthur de Bretagne le lointain descendant du héros macédonien.

Distribuée en six livres [tomes] formant quatre parties, la matière de *Perceforest* embrasse plusieurs siècles de l'histoire – fictive – de la Grande-Bretagne, depuis l'époque d'Alexandre le Grand jusqu'à la christianisation de l'Angleterre, et combine habilement les données de l'*Historia regum Britanniae* de Geoffroi de Monmouth, celles du *Lancelot-Graal* et, plus ponctuellement, celles des *Vœux du Paon* de Jacques de Longuyon.

SYNOPSIS

I. Après une description de la Grande-Bretagne et l'histoire de ses premiers rois (jusqu'au roi Pir), le narrateur présente la source du récit qui va suivre : un livre écrit en grec puis traduit en latin, dont le comte Guillaume Ier de Hainaut rapporte une copie au début du XIVe siècle dans son pays (livre I, chap. 1-14).

II. Alexandre le Grand et sa suite sont détournés par une tempête et débarquent en Grande-Bretagne. À la demande des seigneurs du pays, Alexandre choisit deux de ses compagnons pour diriger le royaume : Bétis, appelé Perceforest après sa victoire sur l'enchanteur Darnant, devient roi d'Angleterre, son frère Gadifer roi d'Écosse. En éliminant Darnant et son lignage, qui avaient instauré l'ère de la violence et de la déloyauté, en favorisant les tournois (inventés par Alexandre) et le goût des exploits chevaleresques, en développant le respect des dames et demoiselles, en exaltant les relations amoureuses, en renonçant au polythéisme pour adorer le Dieu souverain, Perceforest et ses compagnons forgent une brillante civilisation qu'anéantira une invasion conduite par Jules César (livre I à partir du chap. 15, livres II, III et IV jusqu'au chap. 30).

III. Ourseau et Gallafur, petits-fils du roi d'Écosse Gadifer, Passelion, fils de l'un des plus vaillants compagnons de l'ordre du Franc Palais, fondé par Perceforest, Estonné, ont échappé au massacre et restaurent les valeurs chevaleresques. Par son mariage avec Alexandre-Fin-de-Liesse, petite-fille d'Alexandre le Grand et de Perceforest, dont elle est la seule héritière, Gallafur accède à la royauté. Il s'emploie avec ses compagnons à maintenir l'idéal de leurs ancêtres (livre IV à partir du chap. 31, livres V et VI jusqu'au chap. 56).

IV. Mais une nouvelle invasion, d'origine nordique, ravage le pays. Elle est conduite par Scapiol qui se fait couronner roi de Grande-Bretagne et épouse Ygerne, fille de Gallafur et d'Alexandre-Fin-de-Liesse. Dans le même temps, les disciples des apôtres apportent la Bonne Nouvelle en Angleterre. Alain le Gros, « qui avait en sa garde un vaissel dont il faisait de grands miracles », convertit Gallafur, fils du roi du même nom, au christianisme. Baptisé, il prend le nom d'Arfasen et fait construire un château, qui est appelé Corbenic : c'est là que sera gardé le saint Graal (livre VI, chap. 57-69).

Soucieux d'apparaître comme un récit historique, ce roman se désigne lui-même à plusieurs reprises, notamment dans les prologues des différents livres, comme « les anciennes cronicques d'Angleterre » ou « de la Grant Bretagne ». Cette mimésis historiographique n'a rien d'original (elle apparaît dès le *Lancelot en prose* auquel l'auteur reprend aussi le procédé, devenu classique, de l'entrelacement) ; elle se distingue cependant par la diversité des moyens utilisés : à l'image des chroniques universelles, qui remontent jusqu'à Adam ou à l'incarnation du Christ, le roman part de l'enlèvement d'Hélène par Alexandre-Pâris, cite à l'occasion Orose ou Darès le Phrygien, autorités incontestables pour un public médiéval, mentionne ou fait intervenir des personnages historiques (Hannibal, Jules César). Enfin, en se donnant pour origine un livre-source – qui serait une chronique, écrite par le « sage et vénérable » clerc grec Cressus, à la demande d'Alexandre et de Perceforest, puis continuée sous le règne de Gallafur –, le récit renforce encore son rapport à l'Histoire.

Véritable « préhistoire arthurienne », *Perceforest* entretient avec le *Lancelot-Graal* les liens que les exégètes médiévaux décelaient entre l'Ancien et le Nouveau Testament. Bon nombre de personnages ou d'épisodes apparaissent comme des préfigurations de ceux du monde arthurien : Perceforest renvoie par son nom à Perceval, sa fondation de l'ordre du Franc Palais esquisse celle de la Table ronde, Gallafur est un héros prédestiné dont la chasteté annonce celle de Galaad, son écu à « l'estrange signe » (une croix vermeille sur fond blanc, mais en ces temps antérieurs à l'ère chrétienne la croix est un « estrange signe ») est identique à celui de l'élu de *la Quête du saint Graal*, et l'épée fichée au Perron Merveilleux établit un lien direct avec Arthur. Enfin, par le biais de la généalogie, l'auteur soude encore son œuvre au monde arthurien, en faisant de certains de ses héros l'origine de lignées qui aboutiront aux plus célèbres des personnages du cycle de Lancelot et de Tristan (Merlin, Gauvain, Lancelot, Guenièvre, Tristan, Iseut, Perceval...).

L'originalité de cette trame (pseudo-)historique réside dans les temps de rupture qu'elle fait intervenir dans une culture et une civilisation parvenues à leur apogée. Ainsi se fait jour l'idée qu'aucune société humaine n'est immortelle, et le jeune Gadifer rappelle à son oncle, Perceforest, que les plus grandes puissances d'antan – Babylone, Carthage, la Grèce, Rome – ont connu de terribles revers. Cependant, en faisant à chaque fois se relever la chevalerie, en la montrant au sortir de l'épreuve plus affinée, plus exigeante, l'auteur manifeste la pérennité de la civilisation chevaleresque, renaissant toujours plus forte et plus pure de ses cendres. Car si, pendant le règne de Perceforest, la chevalerie se révèle d'abord soucieuse de faire disparaître l'anarchie et la déloyauté, d'harmoniser amour et prouesse, elle devient dans un deuxième temps, celui de Gallafur, plus exigeante en matière d'amour et de spiritualité, et découvre dans un dernier temps, celui de Gallafur-Arfasen, sa vocation mystique. Mais l'auteur s'intéresse aussi au degré zéro de la civilisation qu'engendrent les ruptures : monde sauvage de l'Écosse avant l'installation de Gadifer, pays dévasté par l'invasion romaine et qui se repeuple en suivant les pulsions de Nature, bien éloignées des rites de l'amour courtois.

Avec ses tournois, ses prouesses multiples, sa culture chevaleresque toujours renaissante, *Perceforest* est sans aucun doute un manifeste en faveur de la chevalerie. Mais son auteur n'a rien d'un épigone du roman arthurien, dont il maîtrise parfaitement les ingrédients – amour, prouesse et merveilleux. Il sait jouer de l'épouvante, quand il anime les fantômes du mauvais lignage de Darnant, renouveler l'image de l'enchanteur avec Aroès mettant sa science au service d'un orgueil luciférien, trouver un ton épique original lors de la bataille du Franc Palais, varier la portée des insertions lyriques (fonction dramatique du « Lai secret » et du « Lai piteux », fonction didactique du « Lai de la Rose », fonction purement lyrique de la « Chanson du bossu »). Il a encore le mérite d'intégrer à son roman des récits courts, qui sont déjà de véritables nouvelles usant de différents registres : « Conte de la rose », où s'allient poésie (avec la rose « toujours vermeille et oudourant », reflet de la fidélité de la Dame) et humour (avec les deux chevaliers réduits à gagner leur pitance en maniant la quenouille), récit par le Bossu de Suave de son séjour dans l'île des Singes (où, sous le ton leste et comique, perce l'interrogation sur la frontière entre l'homme et l'animal), épisode de la volage Canifre, renouant avec le motif de fabliau de la légèreté des femmes.

Bien loin de n'être qu'un trésor pour bibliophile, *Perceforest* séduit par son « exubérance chatoyante ». Son premier éditeur ne mentait pas à ses lecteurs en présentant ce roman comme « la Treselegante, Delicieuse, Melliflue et Tresplaisante Hystoire » du roi Perceforest.

E. Baumgartner

Perceval v. CHRÉTIEN DE TROYES, *Continuations du Conte du Graal*

PERDIGUIER Agricol

(1805-1875)

Auteur de nombreux écrits sur le compagnonnage et grande figure de 1848, Agricol Perdiguier est né à Morières, près d'Avignon, dans la famille d'un menuisier-paysan qui sera inquiété à la Restauration pour son attitude durant les Cent-Jours. Bientôt, le fils quitte l'atelier de son père et rencontre les « gavots », les compagnons du Devoir de liberté, qui l'admettent en tant qu'affilié de leur société. Il fait son tour de France, au cours duquel il est reçu compagnon sous le nom d'AVIGNONNAIS-LA-VERTU, et exerce même des responsabilités importantes à la tête de la société lyonnaise. Après un bref retour au pays, il revient à Paris, où il travaille, se marie, continue à apprendre le trait, c'est-à-dire le dessin de menuiserie, avant de l'enseigner, où il lit aussi beaucoup et commence vraiment à écrire. C'est l'époque des deux cahiers de chansons (1834 et 1836) et du *Livre du compagnonnage* (1840), qui met Perdiguier en contact avec Chateaubriand, Lamartine, Béranger, Lamennais, Flora Tristan, la comtesse d'Agoult et Eugène Sue. Avec George Sand surtout, qui lui offre un second tour de France pour répandre ses idées et en fait le héros de son *Compagnon du tour de France* (1841). Les années 1840 voient encore sortir une édition augmentée de son *Livre du compagnonnage* (1841), sa *Biographie* (1846) écrite par lui-même, ainsi que plusieurs articles ; Perdiguier acquiert une célébrité qui lui vaut, en 1848, d'être élu à l'Assemblée constituante, puis, en 1849, à l'Assemblée législative. Malgré sa mauvaise santé, il s'intéresse aux débats sur la durée et le prix de la journée de travail et publie les premiers tomes d'une *Histoire démocratique des peuples anciens et modernes* (1849-1851), avant d'être proscrit au 2-Décembre. L'exil va lui donner le temps de réaliser son « chef-d'œuvre » d'écrivain, les *Mémoires d'un compagnon* (Genève, 1854). Revenu à Paris en 1855, il est désormais un homme du passé, trop modéré pour les jeunes générations, qui l'ont un peu oublié lorsqu'il meurt vingt ans plus tard.

L'intérêt qu'on peut prendre à lire aujourd'hui l'œuvre de Perdiguier repose d'abord sur sa valeur documentaire, sur ce tableau d'une certaine France au travail qu'il nous propose, surtout dans les *Mémoires*... Mais son importance ne tient pas seulement à cette référence authentique, à cet exotisme social un peu mystérieux que le public de l'époque, comme celui de maintenant, est prêt à accueillir. Elle tient aussi à l'enjeu qu'il constitue sur le plan des idées et de la politique, à cette entrée du peuple dans la littérature grâce à un écrivain-ouvrier, au fait enfin que Perdiguier exprime à merveille ce moment historique très précis où l'utopie semble naître de la tradition. La tradition, avec le compagnonnage, ses rites et son histoire ; l'utopie, avec le grand rêve d'unir les sociétés de compagnons dans une même fraternité au sein de la « famille humaine ». En fait, on tient peut-être, avec Perdiguier, toute la morale de 1848, fondée, un peu comme celle de Rousseau, sur la démocratie, la fraternité et l'instruction. Elle s'exprime chez lui dans la langue soignée, nette, d'un autodidacte qui cherche à bien écrire, où l'on sent en tout cas une certaine idée de l'honnêteté, de la « belle ouvrage », qui est comme la marque d'Avignonnais-la-Vertu.

A. Preiss

PEREC Georges

(1936-1982)

Un sentiment de virtuosité : telle est, au premier abord, l'impression que peut laisser l'œuvre de Georges Perec. Le recours à ce que les partisans de la littérature « à thèses » nomment des « procédés » littéraires, la pratique spectaculaire des effets les plus inattendus semblent révéler en lui un technicien, un mathématicien de l'écriture plus qu'un « auteur » : n'a-t-il pas élaboré un roman entier – *la Disparition* – en se dispensant d'utiliser la lettre « e » ? N'a-t-il pas écrit pour l'OuLiPo un « drame alphabétique », limitant les dialogues au simple énoncé phonétique des lettres de l'alphabet ?

Mais ces prouesses dissimulent quelque peu la modernité d'un écrivain qui, parallèlement aux recherches du Nouveau Roman, voit en la structure de l'ouvrage, en la pure pratique de règles formelles, la seule réalité de la littérature ; qui, sans manifestes ni déclarations tapageuses, écarte délibérément les mythes – ou, comme il le dit lui-même, « les grandes majuscules » – de la littérature psycho-humaniste : l'Inspiration, le Génie, la Vision du Monde, etc. ; qui perçoit dans la « Culture » une surenchère tendant à faire du livre un objet de consommation plutôt qu'une libre création gratuite, et de l'auteur un idéologue, un maître à penser parmi d'autres, plutôt qu'un technicien indépendant.

Au reste, derrière toutes ses recherches verbales vertigineuses, le « premier » Perec, le romancier-sociologue des *Choses* n'a jamais disparu ; par ses ouvrages, c'est le rôle et le statut de l'écrivain qu'indirectement il nous invite à reconsidérer – et aussi la place réelle que peut occuper l'écriture dans une société qui n'a jamais cessé de la parer de valeurs mythiques.

Les expériences d'un chercheur

Georges Perec naît à Paris, dans une famille modeste (son père est tourneur sur métaux). Il poursuit de bonnes études au collège d'Étampes, puis à Paris, au lycée Claude-Bernard et au lycée Henri-IV. Il fréquente ensuite successivement la faculté des lettres de Paris et celle de Tunis. Sa curiosité pour les problèmes de l'écriture trouvera vite à s'exercer, le poste de documentaliste qu'il va occuper de 1961 à 1978 au C.N.R.S. lui permettant d'enrichir ses connaissances et de commencer à écrire. Son premier livre, *les Choses*, qu'il désigne comme une « histoire des années soixante », obtient le prix Théophraste-Renaudot 1965.

Les Choses

SYNOPSIS

PREMIÈRE PARTIE. Jérôme et Sylvie, vingt-quatre et vingt-deux ans, sont psychosociologues et vivent à Paris dans un appartement charmant mais minuscule. Leur découverte de l'argent et de son pouvoir les entraîne à construire un système de valeurs fondé sur la consommation, le luxe, le paraître, et les conduit à une « espèce d'acharnement minable qui [va] devenir leur destin » Leurs discussions entre amis, leur course effrénée à la recherche de vêtements, de meubles, de bibelots, le cinéma, les repas ou beuveries partagés, les installent dans un bonheur factice, précaire. Ils savent qu'il leur faudra choisir, s'installer, accepter l'idée d'un travail sedentaire pour satisfaire leur soif de luxe, mais ne s'y résolvent pas, la guerre d'Algérie leur permettant de faire artificiellement durer cette situation provisoire. Jusqu'au jour où l'ennui les gagne, où les rêves de fortune miraculeuse les lassent, où leur vision d'un bonheur tout juste possible ou pressenti les écrase.

DEUXIÈME PARTIE. Ils décident, en guise de fuite, d'accepter chacun un poste d'enseignant en Tunisie : nouvel échec de leur rêve de bonheur. Huit mois d'isolement, d'apathie, de manque d'aisance financière, d'absence de curiosité les ramènent en France. Sans la « frénésie d'avoir » qui « leur avait tenu lieu d'existence », ils perdent pied.

ÉPILOGUE. À Paris, leur vie retrouvée, et avec elle leur soif de parvenir, finira par les pousser à accepter un poste confortablement rémunéré à Bordeaux. Ainsi posséderont-ils enfin les signes extérieurs de richesse si longtemps convoités.

Après ce succès, Perec publie d'autres ouvrages, qui tous résolvent de nouveaux problèmes formels : *Un homme qui dort* (1967), écrit à la deuxième personne du singulier, reprend la thématique des *Choses*, mais *la Disparition* (1969), ouvrage lipogrammatique (à laquelle répondront en 1972 *les Revenentes*), et *l'Augmentation* (1970), pièce dans laquelle chaque personnage représente une étape rhétorique distincte du langage, montrent à quel point les questions de technique littéraire passionnent Perec. C'est d'ailleurs à cette époque (1970) qu'il entre à l'OuLiPo (Ouvroir de Littérature Potentielle [voir **OuLiPo**]) après avoir été reçu membre du Collège de pataphysique ; avec ses amis François Le Lionnais, Jacques Roubaud, Raymond Queneau, Perec approfondit notamment ses recherches lipogrammatiques. Il publie *W ou le Souvenir d'enfance* (1975), *Je me souviens* (1978), alors que, depuis 1969, il a entrepris son œuvre la plus vaste, celle qui résume toutes ses explorations littéraires : *la Vie mode d'emploi*, énorme livre de 700 pages, pour lequel il reçoit en 1978 le prix Médicis. Mais cette vie consacrée tout entière à l'écriture s'achève brutalement en 1982, Perec succombant à un cancer, alors qu'il venait de terminer la première partie d'un nouveau roman.

Jeux et artifices

Toutes les recherches de Perec, depuis sa participation à l'OuLiPo, sont allées dans le même sens : réhabiliter l'artifice littéraire, si longtemps méprisé des auteurs eux-mêmes. Il recherche donc un cadre formel, totalement gratuit, un jeu sans autre fin que lui-même, et construit des univers parfois hallucinants ; ainsi dans *l'Augmentation*, le thème de la pièce (« Comment, [...] mettre le maximum de chances de son côté en demandant à votre chef de service un réajustement de votre salaire ») s'identifie à la figure de style du même nom ; il y a six personnages, correspondant à chaque moment de l'« augmentation » : la Proposition, l'Alternative, l'Hypothèse positive, l'Hypothèse négative, le Choix, la Conclusion. En combinant tout au long de l'ouvrage ces six figures, Perec constitue un discours exempt de toute psychologie traditionnelle. De même le lipogramme – qu'il utilise notamment dans *la Disparition*, réécrivant « Brise marine » de Mallarmé sans employer la lettre « e », tout en préservant le sens général du poème –, s'explique comme une libération de l'écriture : « La suppression de la lettre, du signe typographique, du support élémentaire, est une opération plus neutre, plus nette, plus décisive, quelque chose comme le degré zéro de la contrainte, à partir duquel tout devient possible » (*Créations, Recréations, Récréations*, 1973). S'imposer des lois qui n'ont de justification qu'en elles-mêmes, c'est, en fait, s'éloigner des contraintes pesantes de la thèse, du « message », qui emprisonnent plus sûrement la littérature dans la « Culture », où l'écrivain abdique son originalité propre ; l'agencement verbal le plus terre à terre, par son humour même, sauve le livre du sérieux de l'Idée. Mais le jeu qui passionne le plus Perec, c'est d'être un collectionneur de mots et de choses.

Les choses et les signes

Si l'on a parfois qualifié l'écriture de Perec de « baroque », c'est en partie à cause des innombrables inventaires qui envahissent ses ouvrages : énumération des éléments de mobilier que désirent Jérôme et Sylvie, dans *les Choses* ; énumération de tous les journaux, papiers ou prospectus que lit « l'homme qui dort » dans son désœuvrement ; énumération d'objets de rêve, dans *la Boutique obscure* (1973) ; énumération et description de tous les tableaux d'une collection imaginaire dans *Un cabinet d'amateur* (1979). Mais le livre le plus riche d'inventaires est *la Vie mode d'emploi* : le narrateur passe en revue non seulement tous les objets contenus dans un immeuble, des caves aux greniers, mais aussi tous les êtres vivant ou ayant vécu dans tous les appartements, mais également les multiples avatars et aventures de ces personnages – qui constituent autant de romans, dont *la Vie mode d'emploi* est la collection.

La Vie mode d'emploi

SYNOPSIS

Un immeuble de la rue Simon-Crubellier à Paris : ses murs ont vu se succéder propriétaires et locataires. L'un d'entre eux, le peintre Serge Valène, a conçu le projet d'une toile qui raconterait l'histoire de cet immeuble et de ses occupants. Il égrène donc ses souvenirs comme autant de pièces d'un puzzle qui se reconstitue chapitre après chapitre, dans l'espace comme dans le temps. Au cœur de l'entreprise, Bartlebooth, ancien élève du peintre, qui fit, de près ou de loin, appel à la contribution d'un grand nombre des habitants de l'immeuble pour réaliser méthodiquement le projet de son existence : peindre, dans cinq cents ports, cinq cents marines, les faire transformer en puzzles de sept cent cinquante pièces, puis, les ayant reconstituées, les « retexturer » et les décoller de leur support de bois, pour récupérer finalement, après avoir « lavé » les aquarelles sur le lieu même où elles avaient été peintes, une feuille de papier vierge.

Sont ainsi évoquées les figures de Gaspard Winckler, l'artisan chargé de concevoir et de découper les puzzles, de Morellet, le chimiste chargé de coller les marines reconstituées, etc. Chaque personnage en appelle d'autres : l'occupant qui l'a précédé dans l'appartement, un ascendant, un descendant... Parcourant l'immeuble des caves aux chambres de bonne, sans oublier les escaliers ou la chaufferie, le lecteur fait ainsi la connaissance des Marquiseaux, de Rorschach, de Hutting, de Marcia, de Mme Moreau, de Gratiolet, d'Altamont, etc., dans une succession de petits récits, d'anecdotes, de biographies, de descriptions.

Le livre se clôt sur la mort du peintre, sur la toile qu'il laisse derrière lui, une simple esquisse.

Par son propos, l'œuvre s'inspire de *Passage de Milan* (1954), le premier roman de Michel Butor ; mais il est vrai que par la minutie des descriptions, la volonté de saisir parfaitement l'objet dans toutes ses dimensions et dans sa configuration spatiale, on retrouve aussi le Robbe-Grillet de *la Jalousie* ; on pense également à Borges devant le soin « hyperréaliste » que met Perec à élaborer de fausses références scientifiques, des biographies fictives, des pseudo-références bibliographiques – jusqu'à faire figurer dans *la Vie mode d'emploi* le contenu d'un catalogue (imaginaire) de matériel de bricolage. Mais au-delà de ces ressemblances, on sent que Perec ne s'occupe pas seulement de rendre parfaitement « présentes » les « choses » qui s'offrent à l'homme dans la société : tout objet, concret ou abstrait, a une valeur, aussi bien marchande qu'idéologique. Tout comme Barthes ou comme Baudrillard, mais de façon implicite, Perec montre que, dans la vie moderne, tout est signifiant, normalisé, classé ; en ce sens, *les Choses* dévoilent les tentatives infructueuses de Jérôme et Sylvie pour échapper aux codes de la société : s'ils échouent, c'est pour n'avoir pas senti que le pouvoir s'insinue jusque dans les objets de consommation courante, que tout est signe – signe de richesse, de confort, d'appartenance politique ; que les choses ne peuvent se soustraire à l'économie du signe. Ainsi, désirent-ils, inconsciemment, « signifier » leur jeunesse bourgeoise en recherchant les objets appropriés, dont *l'Express* des années 1960 dresse la liste : « *L'Express* leur offrait tous les signes du confort : les gros peignoirs de bain, les démystifications brillantes, les plages à la mode, la cuisine exotique, les trucs utiles, les analyses intelligentes [...], les plats surgelés, les détails élégants, les scandales bon ton, les conseils de dernière minute. »

Mais si les ouvrages de Perec sont une reproduction exacte des choses et de leur signification sociale, bref, du monde historiquement daté dans lequel nous vivons, l'écriture de l'auteur n'en établit pas moins une distance critique : tout comme chez Flaubert, les descriptions les plus maniaques ont un arrière-plan ironique, comme si l'accumulation exceptionnelle d'objets disloquait la cohérence de leurs sens. Comme si, après avoir usé le signe par le travail de l'écriture, Perec retrouvait le simple « être-là » des choses, leur matérialité sans valeur, ressemblant en cela à ce collectionneur de *la Vie mode d'emploi* qui, accumulant des objets uniques au monde, rend dérisoire leur signification historique ou idéologique ; associer « le premier milligramme de radium pur isolé par les Curie en 1898, la dépêche d'Ems, les gants avec lesquels Dempsey défit Carpentier le 21 juillet 1921, le premier slip de Tarzan, les gants de Rita Hayworth dans *Gilda* », c'est rapprocher arbitrairement des significations sans rapport les unes avec les autres – c'est aussi les rendre ridicules.

Il en est donc de l'écrivain comme du collectionneur ; parce qu'il modifie (par le jeu de langage) l'ordre habituel des valeurs, il détruit leur sens social. D'où l'importance d'une pratique artificielle de l'écriture : il faut que rien, si ce n'est la loi personnelle de l'auteur, ne détermine le besoin d'écrire. Pour retrouver un « degré zéro » des choses et des mots, le texte doit paraître d'une totale gratuité.

Le désir du neutre

Pour l'écrivain, il s'agit de conduire la littérature sur un terrain où le signe est neutralisé par les jeux de langage. Lecteur attentif de Barthes, Perec veut « vider » le signe littéraire de son contenu idéologique. À cette fin, soit il s'impose les règles de son jeu personnel, soit il fait proliférer les sens stéréotypés de la vie sociale en autant de métastases verbales qui corrompent peu à peu la logique du discours. Le « message » n'est donc pas exprimé par l'écriture : il est l'écriture elle-même. Perec ne dit pas son fait à la société industrialisée : il en mine les valeurs idéologiques par la forme même de l'écrit. Ce qui paraissait, dans *les Choses*, n'être qu'une dénonciation ambiguë devient, dans *la Vie mode d'emploi*, une démonstration d'indifférence à l'égard du monde de la consommation.

Si le pouvoir du conformisme est clairement remis en cause dans *Un homme qui dort*, où le héros tente vainement de se marginaliser par l'inertie, il est implicitement battu en brèche dans *la Vie mode d'emploi*. Le lien est évident, qui unit le personnage du premier roman, à la recherche d'un « terrain neutre [...], dégagé de toute valeur, et non pas, surtout pas, fonctionnel, car le fonctionnel est la pire des valeurs » et Bartlebooth, figure centrale du second, qui a consacré sa vie à un travail inutile, sans destination aucune : Bartlebooth échappe ainsi à toutes les instances de pouvoir par lesquelles la société « récupère » l'individu et dirige sa vie. Dans un monde où conformisme et révolte sont pareillement programmés, seules l'indifférence et l'inutilité peuvent libérer l'être humain. Dans *les Choses*, Jérôme et Sylvie finissent par s'intégrer dans l'existence insipide et fonctionnelle du cadre ; Bartlebooth, lui, trouve son identité en jouant au puzzle, tout comme l'écrivain joue au lipogramme. La contrainte que l'on s'impose gratuitement est un facteur de libération, de désengagement individuels.

Le Livre idéal serait alors le lieu où tous les signifiés s'abolissent : le lieu du neutre où s'élaborerait le Vide salutaire, où la littérature codifiée, normalisée se muerait en une écriture sans autre objet que sa seule présence... ou son absence. Car si, comme l'a affirmé Roland Barthes dans *le Degré zéro de l'écriture*, « le Roman est une Mort », les fictions de Perec illustrent au mieux cette maxime.

L'œuvre totale et la mort

Le désir de vider le langage de son contenu signifiant vise, en fait, l'abolition de toute écriture stable. Tous les personnages qui, dans les ouvrages de Perec, sont les représentations allégoriques de l'écrivain (le pseudo-peintre Heinrich Kürz d'*Un cabinet d'amateur*, les artistes professionnels que sont Hutting et Valène, ainsi que l'amateur Bartlebooth, dans *la Vie mode d'emploi*), cherchent à constituer une œuvre absolue, qui atteigne une sorte de mort : le « Cabinet d'amateur » de Kürz, tableau infini, « en abyme », qui rassemble tous les tableaux possibles sur une seule toile et y fait même figurer le spectateur, sera placé symboliquement dans le tombeau de ce dernier, « car, est-il dit, cette œuvre était une réflexion sur la mort de l'art ». De même tous les efforts de Bartlebooth tendent à rendre son papier aussi blanc qu'à l'origine ; Valène, lui, sera retrouvé mort près d'une grande toile presque vierge : comme si, pour échapper à la normalisation que constitue toute Œuvre, il n'était de solution que dans l'effacement. C'est ainsi que l'auteur de *la Vie mode d'emploi* cherche à épuiser la littérature par le foisonnement de ses histoires. Tous les genres possibles sont réunis dans ce livre, qui contient des romans policiers, fantastiques, psychologiques, ethnologiques... Tout comme ses personnages peintres, Perec dresse un tableau complet et simultané des objets littéraires, pour, en cet ultime inventaire, en mieux abolir l'existence conventionnelle. L'Écriture s'efface d'elle-même. La disparition du livre est finalement sa seule garantie contre sa constitution en objet signifiant de culture.

Cette fascination pour la destruction, ce besoin d'user les valeurs du texte par la prolifération de l'écrit, n'est pas un paradoxe ; la mort du signe littéraire est sans doute le terme des recherches de Perec ; son œuvre, éclairée par *la Vie mode d'emploi*, paraît alors la plus moderne des utopies littéraires.

J.-P. Damour et V. Stemmer (synopsis)

PÉRET Benjamin

(1899-1959)

On commence à rendre à Benjamin Péret la place qui lui est due au sein du mouvement surréaliste, dont il fut un des animateurs les plus constants et, par sa vie comme par son œuvre, une des figures les plus représentatives.

En effet, depuis 1920 – année au cours de laquelle, venu de Rezé, près de Nantes, il rencontre Breton et les collaborateurs de *Littérature* – jusqu'à sa mort, il ne cessa de participer aux activités du groupe tant sur le plan politique que sur celui de la réflexion théorique ou de la création esthétique, se signalant à la fois par sa combativité, son intransigeance, mais aussi par son sens de la fantaisie, sa jovialité, la profondeur de ses amitiés et de ses engagements.

Polémiste redoutable, souvent truculent et maniant sans retenue les sarcasmes et les injures tout en les renouvelant par ses trouvailles burlesques, Péret eut pour cibles favorites, comme les autres surréalistes, l'Église, l'armée, la patrie, le capitalisme, la conception bourgeoise de la littérature et de l'art (*Je ne mange pas de ce pain là*, 1936 ; *Mort aux vaches et au champ d'honneur*, 1953 ; *les Rouilles encagées*, 1954). Plus incisives et mieux argumentées, ses attaques contre le stalinisme et contre les partisans du réalisme socialiste sont inspirées par ses convictions trotskistes (il participera à la guerre d'Espagne aux côtés des anarchistes du P.O.U.M.), puis par ses sympathies pour le mouvement libertaire. En 1945, *le Déshonneur des poètes* manifeste son hostilité à ceux qui, sous prétexte de participer à la lutte contre les nazis, ont transformé la poésie en technique de propagande et qui, en exaltant une « liberté [...] décorée d'attributs religieux ou nationalistes », ont en fait dressé un obstacle à la « libération totale de l'homme ».

Pour Péret, comme pour Breton et ses amis, cette libération ne peut en effet se concevoir uniquement sous ses aspects politiques et sociaux. Elle passe nécessairement par une réhabilitation du désir et de ses formes d'expression les plus spontanées, les plus aptes à formuler cette connaissance intuitive du réel et des forces occultes qui le sous-tendent, ce sens du merveilleux qui caractérise les productions enfantines et, plus encore, les mythes primitifs qui continuent à animer la pensée et les comportements des peuples non contaminés par l'idéologie dualiste et rationaliste de la société occidentale. Telle est du moins, brièvement résumée, la thèse que développe *La parole est à Péret*, texte écrit en 1943 et qui servira d'introduction à son *Anthologie des mythes, légendes et contes populaires d'Amérique* (posth., 1960).

Concernant la place et le rôle que l'amour doit tenir dans la vie et en particulier dans l'expérience esthétique en tant que réception et que création, on ne s'étonnera pas que, là encore, les idées de Benjamin Péret aient été très proches de celles de Breton. En témoigne son *Anthologie de l'amour sublime* (1956), précédée du *Noyau de la comète*, vibrante apologie de cet amour humain qui permet aux individus « d'utiliser les sucs nourriciers de la terre pour s'élever toujours plus haut, vers le seul astre qui les métamorphose ».

Quant aux poèmes du recueil intitulé *Je sublime* (1936), ils sont consacrés à une glorification échevelée, chatoyante et baroque de la femme aimée et du monde qu'elle illumine par sa présence. Mais, aussi importants soient-ils, ces aspects de la personnalité et de l'œuvre de Benjamin Péret ne permettent pas de rendre compte de ce qui constitue son originalité par rapport au groupe surréaliste et même à l'ensemble des poètes modernes.

En fait, tant dans ses contes (*le Gigot, sa vie et son œuvre*, édition collective des principaux contes parus en revue ou en recueils, 1957) que dans ses poèmes satiriques, érotiques ou lyriques (« Air mexicain », « Des cris étouffés », « Toute une vie », cf. *le Grand Jeu*, 1928, rééd. 1969), Péret reste inimitable grâce à l'extraordinaire liberté dont il fait preuve à l'égard de tous les codes poétiques et narratifs traditionnels ou nouveaux. Ce « perpétuel à vau-l'eau » dont a parlé Breton se traduit par un jaillissement intarissable d'images saugrenues rebondissant les unes sur les autres ou cocassement enchaînées par une logique absurde. À le lire, on comprend qu'Eluard, qui affirmait que « tout est comparable à tout », ait pu lui vouer une admiration particulière et en 1929 lui consacrer une étude significativement intitulée « l'Arbitraire, la contradiction, la violence, la Poésie » (*Variétés*). Certes, on a pu dire que Péret renouait avec la tradition des fatrasies du Moyen Âge ou comparer sa fantaisie irrespectueuse à celle de Prévert – et il est vrai qu'au niveau des procédés les analogies sont parfois frappantes. Cependant, son humour est beaucoup plus corrosif et destructeur qu'aucun autre, sans doute parce qu'il reflète à la fois une révolte beaucoup plus radicale contre les forces qui oppriment l'homme, un refus total des concessions et une confiance illimitée dans les pouvoirs de l'imagination. Et c'est à juste titre qu'en 1924 Aragon le dépeignait comme « celui qui est capable de tout, celui qui est le plus simplement dans le plan héroïque, l'homme qui ne s'est jamais prémuni contre l'existence, celui que l'on rencontre au *Soleil levant*, celui qui défie le bon sens à chaque respiration ». [Voir aussi **Surréalisme**.]

R. Navarri

PERRAULT Charles

(1628-1703)

L'éclatant succès des *Contes* tend à nous faire oublier l'activité littéraire, mais également politique, d'un « classique inconnu » (M. Soriano), en qui se succèdent trois personnages de notoriété croissante : le commis d'État louis-quatorzien, le champion du parti des « Modernes », le rédacteur des *Contes*. La complexité et la richesse de l'œuvre apparaîssent au sein même de ces *Histoires du temps passé*, profondément inscrites – malgré leur titre – dans l'histoire et la politique du règne ; et la fascinante conjonction d'un héritage narratif populaire et de l'écriture d'un lettré convaincu de la supériorité de son époque ne contribue pas peu au charme tout-puissant de ces petits écrits.

Au service du grand roi

Charles Perrault et ses frères appartiennent à une famille de la bourgeoisie d'offices, imprégnée de jansénisme et fort unie par les goûts et les intérêts. L'aîné, Pierre (1608-1680), entretint sa famille grâce à une importante charge de financier qu'il avait acquise. Nicolas (1611-1661), théologien et docteur, fut exclu de la Sorbonne pour avoir défendu Arnauld. Claude (1613-1688), médecin et architecte, assista Charles auprès de Colbert.

L'Énéide burlesque (1648), *les Murs de Troie ou l'Origine du burlesque* (1649), sont de premiers essais dans le genre satirique (envers Mazarin et le peuple parisien), fort irrespectueux (déjà) de l'Antiquité. Élève brillant mais indépendant, Perrault est licencié en droit et devient avocat en 1651. Deux ans plus tard, commis de son frère Pierre, il se fait remarquer par des poésies galantes et des écrits précieux (*Dialogue de l'amour et de l'amitié, le Miroir ou la Métamorphose d'Orante*, éd. 1660) ; il flatte habilement le roi et sa Cour : en 1662, sa nomination au poste de secrétaire de la Petite Académie en fait – pour vingt ans – le préposé au mécénat royal et au contrôle des œuvres littéraires et artistiques en l'honneur du roi et du règne. Contrôleur général de la surintendance des Bâtiments sous Colbert, il s'efforce d'établir une tutelle d'État sur la culture nationale : canalisation des projets artistiques par les académies créées de 1663 à 1672 ; contrôle du travail de l'Académie française, dont il est le secrétaire dès 1671 ; surveillance des travaux à Versailles. Sans être expert, il exerce une très réelle influence sur les affaires culturelles.

Mais l'ascension de Louvois, l'hostilité de Racine et de Boileau, la mort de Colbert (1683) entraînent sa disgrâce. Il va dès lors militer sur le plan littéraire : en joignant à l'éloge du roi l'apologie du siècle, de ses auteurs et artistes, jugés tous supérieurs aux « Anciens », son poème sur *le Siècle de Louis le Grand* (1687) déclenche une querelle avec Boileau, qui ne cessera que sur l'intervention d'Arnauld (1694). Perrault développe ses thèses dans les *Parallèles des Anciens et des Modernes* (4 vol., 1688-1697), qu'il complète par des portraits : *les Hommes illustres qui ont paru en France pendant ce siècle, avec leur portrait en nature* (4 vol., 1696-1700). Entre-temps, de *Saint Paulin, évêque de Nole*, épopée chrétienne (1686), à *Adam ou la Création de l'homme* (1697), il compose une œuvre pieuse, mais n'oublie pas la Cour : *Au roi sur la prise de Mons* (1691) ; *Au roi Philippe V allant en Espagne* (1701).

En 1694 Perrault publie en recueil trois contes en vers : « la Patience de Grisélidis, nouvelle » ; « Peau d'Âne » ; « les Souhaits ridicules ». L'année suivante, une réédition de ces textes sera précédée d'une importante préface. Puis, en 1697 paraissent, en prose cette fois, mais « avec des moralités en vers », *les Histoires ou Contes du temps passé*, avec, en frontispice, « Contes de ma mère l'Oye », dont l'auteur prétendu est le fils de Perrault, Pierre PERRAULT d'ARMANCOUR (lequel est alors âgé de dix ans). La mode des contes est née dans les salons précieux en 1685 – Mlle Lhéritier, parente de Perrault, s'y adonne avec brio (« Aventures de Finette ou l'Adroite Princesse »). Mais les huit contes en prose de Perrault (« la Belle au bois dormant » ; « le Petit Chaperon rouge » ; « la Barbe-Bleue » ; « le Maître-chat ou le Chat-botté » ; « les Fées » ; « Cendrillon ou la Petite Pantoufle de verre » ; « Riquet à la houppe » ; « le Petit Poucet »), connaissent un succès sans égal.

En 1701, Charles Perrault entreprend la relation de sa carrière politique dans ses *Mémoires* (publ. posth., 1755). Il laisse à sa mort, survenue deux ans plus tard, le souvenir d'un homme actif et agréable, mondain et dévot, ayant des connaissances dans les arts et les sciences : un honnête homme aux yeux de qui son époque était vraiment le Grand Siècle.

Le manifeste de l'esprit critique

L'opposition des trois personnages des *Parallèles*, où un Président, admirateur des Anciens, dialogue avec un Abbé, partisan éloquent des « Modernes », soutenu par un jeune et mondain Chevalier, illustre la division de l'élite intellectuelle du royaume dans une querelle qui met en question l'idéal classique, fondé sur le culte de l'Antiquité : « Je vois les Anciens sans plier les genoux. » D'une part, avec Fontenelle, *le Mercure galant*, les salons précieux, se rassemblent les promoteurs d'un État moderne fondé sur le progrès des sciences et des techniques ; de l'autre, les défenseurs de la société traditionnelle (aristocrates, haute magistrature, bourgeoisie janséniste). Lié à l'administration de l'État louis-quatorzien, Perrault exprime une philosophie de l'Histoire où le progrès est la conséquence du « règne heureux d'un excellent monarque ». Sa démonstration est imprégnée de cartésianisme : la méthode qui permet « [d']arranger des preuves et des raisonnemens » remet en cause le prestige de l'érudition ; « le moindre homme d'esprit et de bon sens [est] comparable à ces savants illustres et mesme leur passeroit sur le ventre malgré tout le latin et le grec dont ils sont hérissez » ; « il faut voir ce que pensent naturellement les personnes de bon goust et bon esprit ». L'esprit et le goût – chez Perrault, l'urbanité et la politesse – trouvent leur sérieux dans le christianisme, car la Révélation a libéré l'humanité de la barbarie et de la superstition. D'où la supériorité du siècle dans les divers domaines de l'activité humaine ; il a l'avantage fondamental de venir après : car Perrault récuse l'idée d'une dégradation à l'œuvre dès l'origine, la nature « en tout temps fait les mesmes efforts ». Supériorité qui se marque non seulement dans les sciences, les techniques (les *Parallèles* s'achèvent symboliquement par un feu d'artifice), mais aussi dans les arts : la Grèce ignorait la polyphonie, Raphaël le clair-obscur, Virgile les règles du poème épique…

Cette réflexion a les limites de son temps : parler de supériorité suppose une homogénéité des œuvres comparées, une norme abstraite et absolue du Beau ; en cela, Perrault participe bien de l'esthétique classique. Néanmoins, il fait preuve d'un sens de l'Histoire qui annonce le siècle suivant ; l'avancée du temps, mais aussi les conditions économiques et politiques conditionnent l'épanouissement d'une époque. Perrault contribue à élargir le goût classique, dont il ébranle les normes : ses positions sur la traduction (il faut préférer à l'original le texte traduit, car nous en comprenons mieux la démarche et le sens), sa conception d'une Histoire non éloquente (il reproche à Tite-Live ses harangues) au nom de la vérité sont révélatrices de cette crise qui secoue la conscience classique : l'Abbé des *Parallèles* incarne cet esprit nouveau, critique et individualiste, « plus riche de ses propres pensées que de celle des autres » [voir aussi **Querelle des Anciens et des Modernes**].

« La plus simple et la plus naïve littérature du monde »

Cette qualification par le père Bouhours de la littérature française fait des contes le symbole d'un certain art français. Genre littéraire nouveau, leur statut est complexe, car ils relèvent à la fois d'une mode de salons, œuvre de femmes du monde, telle Mme d'Aulnoy, qui accommodent un canevas narratif aux bienséances et délicatesses d'une société polie ; mais ils constituent aussi une prise en compte de la culture populaire, avec toute son ambiguïté : assomption ? récupération ? Or, la fidélité de Perrault à ses sources le distingue des autres conteurs mondains. Ambiguïté redoublée par la question de l'auteur des *Contes* (prétendument écrits par un enfant ? « corrigés » par Perrault ?) et par la question du destinataire (enfant ? adulte ?) suscitée par la duplicité formelle des *Contes* : récit en prose mais moralité en vers.

L'héritage populaire et le conte pour enfants

En affichant une intention didactique (les « instructions cachées » et les « semences qu'on jette » de la Préface des *Contes en vers*) et une volonté d'amuser le lecteur, Perrault assume les fonctions pédagogiques et ludiques d'un patrimoine narratif populaire dont il respecte l'essentiel des conventions d'écriture. La structure narrative se caractérise en effet par la brièveté d'un récit qui, entre les deux situations initiale et finale schématiquement décrites, développe l'action avec une « impatience » narrative qui supprime glose psychologique, pause et transition : ainsi pour l'irrésistible ascension du marquis de Carabas, dans « le Chat botté ». Le désir coïncide avec l'acte, et la causalité est simplifiée à l'extrême ; le récit est régi par une temporalité de l'instant. Sur le plan stylistique, par exemple dans « le Petit Chaperon rouge », l'archaïsme (mère-grand), la formulette (chevillette-bobinette), les harmonies imitatives (toc toc, qui est là ?), les répétitions témoignent de l'origine orale du récit. Une fée à l'écart dans une tour, un château endormi, la maison dans les bois où s'accomplissent les forfaits (« la Belle ») reproduisent la topique propre au conte féerique. Traditionnelles encore, la caractérisation morale fondée sur le contraste du bien et du mal (cf. les deux jeunes filles des « Fées »), la symbolique du chiffre (les sept fées, les sept dons ; les bottes de sept lieues) et celle des noms (Aurore et Jour, dans « la Belle »). C'est au titre de cette fidélité que les contes entrent dans la classification folklorique : ici, conte d'avertissement (« le Petit Chaperon rouge ») ; là, conte d'initiation à l'amour et à la responsabilité familiale (« la Belle » : valeur sexuelle de la curiosité de l'enfant qui se pique, sommeil ou temps de latence, etc.). La résonance affective des contes (mise en évidence par Bruno Bettelheim) explique leur succès et leur vitalité, leur attrait pour le public enfantin.

Conte pour adultes et œuvre d'écrivain

Pourtant, la féerie, respectée en apparence, est subtilement altérée ; ainsi une métamorphose repose sur un jeu de mots (le laquais paresseux comme un lézard, « Cendrillon ») ou encore n'est que l'effet d'une « amante abusée » : « son gros nez rouge eut pour elle quelque chose de martial et d'héroïque » (« Riquet »). Le burlesque « dégonfle » le féerique, tout comme le souci des bienséances ou l'ajout d'un élément de rationalisation : afin d'éviter un conflit de succession, les parents de la Belle quittent le château endormi ! Juxtaposée au motif psychologique, la causalité féerique devient absurde : la Belle se pique parce qu'elle est « fort vive, un peu étourdie et que, *d'ailleurs*, l'arrêt des Fées l'ordonnait ainsi ». Le trait galant renforce cette ironie à l'égard du merveilleux : à l'arrivée de la Fée « dans un chariot tout de feu, traîné par des dragons », le roi « lui alla présenter la main à la descente du chariot » (« la Belle »). Enfin Perrault date son récit par des traits d'actualité (cf. la description de la luxueuse demeure de Barbe-Bleue) et, à l'inverse, désigne le temps du conte comme révolu et anachronique : les vêtements séculaires de la Belle endormie font sourire le prince. Et la fin du « Petit Poucet » est un malicieux trait autobiographique : « [il] acheta des offices de nouvelle création pour son père et pour ses frères ; et par là il les établit tous et fit parfaitement bien sa cour en même temps ».

« Les bottes de sept lieues fatiguent leur homme »... *(id.)* : la féerie n'est préservée que pour mieux être distanciée par ce chrétien éclairé et « moderne » qu'est Perrault. Car il met aussitôt à l'écart le conte comme véhicule d'ignorance et superstition païenne. Il juge sévèrement un monde que n'éclairent ni la Révélation ni le progrès, stigmatisant durement l'impéritie des bûcherons du « Poucet » : « Ils furent ravis de revoir leurs enfants avec eux, et cette joie dura tant que les dix écus durèrent. » De cette ignorance et imprévoyance, le Petit Chaperon rouge est l'éclatant emblème : « La pauvre enfant ne savait pas qu'il est dangereux de s'arrêter à écouter un loup. » Cette cruelle ironie sollicite chez le lecteur la connivence critique d'un adulte « sensé » qui « voit bientôt que cette histoire/Est un conte du temps passé » (« Barbe-Bleue »).

Mais en cette subversion des signes se crée une écriture dont la simplicité est le fruit d'une savante élaboration. La concision narrative est le lieu d'une véritable virtuosité stylistique : crescendo dramatique (« Barbe-Bleue ») ; rhétorique (final du « Chaperon ») ; subtiles variations dans la répétition (deux descriptions mais un récit, pour les trois bals de « Cendrillon »). Folklore et oralité offrent donc d'illusoires repères : il ne s'agit ni de retrouver les racines nationales et la forme première du conte (objet de la quête romantique des frères Grimm) ni de mimer l'oralité (les corrections intervenues entre 1695 et 1697 suppriment bien des formules « orales »). Pour juger de la réussite des *Contes*, il faut se tourner vers la littérature, où la sobriété répond à une norme nouvelle du style, issue des pratiques mondaines et de l'art de la conversation. À la fin du siècle, le grand style cède la place à un art de narrer, tout en brièveté et simplicité : un nouveau style coupé, dont les phrases courtes, l'ellipse des transitions et articulations logiques des *Contes* sont la brillante illustration.

De l'ensemble de l'œuvre, au travers d'expériences pourtant fort diverses, se dégage ainsi une étonnante impression de cohérence. L'administrateur, officieux régent de la culture du règne, rejoint par ses préoccupations le polémiste des *Parallèles* et l'écrivain des *Contes*. Convaincu que le progrès du savoir assure à son époque un rayonnement encore jamais atteint, Perrault veut affranchir la littérature d'une tutelle antique qui ne peut désormais que conduire à l'impasse d'un néo-classicisme ; soucieux de réaliser la synthèse d'une culture française dont la norme soit une mondanité élégante, délicate mais sobre, il tient à l'écart l'érudition sclérosante et filtre l'héritage narratif français pour élaborer une langue, un style et une littérature à la simplicité raffinée. Somme toute, il actualise l'entreprise malherbienne, et, fruit de « sa méditation originale et désormais exemplaire entre la mémoire gréco-latine et la mémoire chrétienne et française » (M. Fumaroli), il nous lègue un petit recueil toujours vivant, infiniment riche de sa sobriété même.

G. Declercq

PERRET Jacques

(1901-1992)

Né à Trappes (Yvelines), élevé dans le respect des valeurs patriotiques et l'espoir d'une revanche sur l'Allemagne, Jacques Perret fait de bonnes études à Paris, puis s'engage comme caporal-tirailleur au Maroc (1921-1923) et se tourne vers le journalisme. Il visite alors l'Amérique, la Guyane (où il se marie), tâte de l'agriculture en Touraine (1934), puis, revenant au reportage, suit la guerre d'Espagne du côté franquiste. Ses deux premiers romans, *Roucou* (1936) et *Ernest le Rebelle* (1937), reflètent un goût de l'aventure qu'il satisfait, en dehors de longues courses à la voile, en parcourant l'Albanie sous occupation italienne et l'Europe centrale en plein effondrement. Mobilisé dans les corps francs (1939), médaillé militaire, il est fait prisonnier en 1940. Ses expériences de combattant, ses tentatives d'évasion finalement réussies, la clandestinité dans un maquis de la Résistance lui inspirent ses deux plus célèbres romans : *le Caporal épinglé* (1947) et *Bande à part* (prix Interallié 1951), peinture humoristique de la vie quotidienne des résistants où l'héroïsme n'est pas toujours au rendez-vous. Sa production littéraire se diversifie : *la Bête mahousse* (1951), *le Machin* (1955), *l'Oiseau rare* (1959) sont l'œuvre d'un conteur sensible et cocasse ; *Bâtons dans les roues* (1953), *Salades de saison* (1957), *le Vilain Temps* (1963) révèlent un pamphlétaire qui, à partir des années 1960, militera vigoureusement contre le gaullisme et pour l'Algérie française. *Articles de sport* (1991) regroupe une série de textes jubilatoires sur les jeux olympiques. Trois volumes de souvenirs, *Grands Chevaux et dadas* (1975), *Raison de famille* (1976), *Belle Lurette* (1983) permettent de cerner la personnalité de cet anticonformiste dont les convictions passionnées sont toujours nuancées d'ironie : « Comme à tout le monde il m'arrive de juger la guerre absurde, mais, devant un chromo du genre “Dernières Cartouches”, ma raison flageole » (*Bande à part*). Son désintéressement s'allie à une désinvolture qui évoque celle de son ami Roger Nimier. Et parce que cet anarchiste de droite a le goût de la provocation, son écriture s'émaille de mots insolites (rhyzomateux, vistemboires pulvérulents), d'anglicismes orthographiés à la Queneau (ouisqui, sandouiche, ouatère), de formules à l'emporte-pièce (« La variété de mes ennuis ne me permet jamais de m'ennuyer »). Mais sa phrase reste classique et préfère toujours la litote.

Dans cette œuvre traversée par les tragédies du siècle, l'attachement au passé, la détermination de défendre celui-ci sans fausse honte – Jacques Perret se décrit lui-même comme un « folliculaire de la réaction » – trouvent souvent, sous le masque de la gouaille, les chemins du lyrisme.

J. Burin des Roziers

PERROS Georges

(1923-1978)

Né à Paris, il fut élève au Conservatoire d'art dramatique, entra à la Comédie-Française, s'y ennuya et, en 1959, se retira à Douarnenez, où il passa le reste de sa vie, nouant des correspondances, aujourd'hui éditées, avec le philosophe Jean Grenier, Jean Roudaut, Jean Paulhan, Michel Butor, publiant des recueils poétiques, *Poèmes bleus* (1962), *Une vie ordinaire* (1967), méditations au lyrisme retenu où de longues coulées de mots limpides engendrent et relient la réflexion et l'image, l'universel et le particulier. « On n'écrit toujours qu'à deux doigts de se taire » : cette pudeur se retrouve dans ses *Papiers collés* (3 vol., 1960, 1973, 1978), sorte de journal intime dans le ton de Jules Renard, écriture fragmentée qui dénonce *a contrario* l'impertinence de tout discours « continu » sur le monde. « J'écris dans les trous », note Perros ; au lecteur à construire alentour sa propre grille. Dans *Lexique* (posth., 1981), ces aphorismes raccourcis à de brèves définitions s'organiseront en ordre alphabétique, de À à Z, en passant par L (« Langage. Ce qu'on a trouvé de mieux pour honorer le silence »), H surtout, avec une formule qui sans doute résume au mieux l'homme et l'œuvre : « Humour : lyrisme de la résignation ». Parmi les autres inédits qui furent publiés après sa mort, on retiendra *Échancrures* (1978), *Notes d'enfance* (1979), *les Yeux de la tête* (avec des dessins, 1983), *Gardavu* (1984).

J.-P. de Beaumarchais

PEYREFITTE Roger

(1907-2000)

Né à Castres, il fit ses études chez les Lazaristes puis chez les Jésuites et entra à l'École des sciences politiques. Il fut d'abord diplomate (1933-1945), en poste à Athènes, puis à l'administration centrale, avant d'être révoqué suite à une affaire de mœurs. Son premier roman, *les Amitiés particulières* (prix Théophraste-Renaudot 1944), trouvera son écho dans *Notre amour*, un récit autobiographique publié en 1967 : l'amour, ici et là, est aux prises avec l'intrigue. En 1944, ce sont les savantes combinaisons d'un garçon de quatorze ans, son goût de l'espionnage et de la délation qui finiront par conduire un enfant au suicide, sous l'œil indiscret des adultes. En 1967, les rôles sont inversés : dans le couple, le plus jeune se révèle intéressé et pervers, face à l'amour généreux et poignant de l'homme mûr (cf. aussi *l'Enfant de cœur*, 1978). Chaque fois l'aventure se termine en « naufrage » (*Notre amour*). Entre ces deux constats d'échec, Peyrefitte déchire à belles dents institutions et groupes sociaux, à commencer par le Quai d'Orsay avec *les Ambassades* (1951), satire courtelinesque de la « Carrière », qui s'achève dans *la Fin des ambassades* (1952) : l'auteur emprunte alors le masque de Candide pour dénoncer les absurdités d'une guerre dont il sait évacuer le tragique au profit du burlesque. Par la suite, il publie une série de chroniques satiriques poussant la provocation jusqu'à la naïveté, transformant chacune de leurs cibles exactement en son contraire, les francs-maçons en prêtres, les prêtres en francs-maçons, les juifs en hobereaux, l'amour en vénalité, etc. : *les Clés de Saint Pierre* (1955), *la Soutane rouge* (1983) sur le Vatican ; *les Chevaliers de Malte* (1957) ; *l'Exilé de Capri* (1959) ; *les Fils de la lumière* (1961), sur la franc-maçonnerie ; *les Juifs* (1965) ; *les Américains* (1968) ; *Des Français* (1970). Plus plaisants sont ses récits de voyage en Grèce, *l'Oracle* (1948), et surtout en Italie, *Du Vésuve à l'Etna* (1952). Cet amoureux de la Méditerranée saisit aussi bien le pittoresque des lieux – du cap Misène aux ruelles de Naples évoquant « un coup de couteau entre les maisons très élevées » – que celui des gens : « Folie du deuil : jusqu'aux boutons de chemise qui sont noirs. » Ici, tout comme dans sa biographie romancée d'Alexandre le Grand (1977-1981, 3 vol.), apparaît un écrivain authentique, qui ailleurs se drape dans une pose de moraliste et un style néoclassique moins convaincants.

M.-A. de Beaumarchais

PHILIPPE Charles-Louis

(1874-1909)

Issu d'un milieu très modeste – son père était sabotier –, Philippe naquit à Cérilly dans l'Allier et fit ses études à Moulins. À vingt ans, il délaissa ses études pour la littérature et « monta » à Paris, où il occupa jusqu'à sa mort un petit emploi dans l'administration municipale.

Déterminantes pour lui seront sa correspondance avec Mallarmé et avec René Ghil, et sa collaboration à la revue socialisante *l'Enclos*. En 1897, il fonde un « Théâtre civique » (que la police ferme aussitôt) et publie, à compte d'auteur, *Quatre Histoires de pauvre amour*. Suivront plusieurs romans (*la Bonne Madeleine et la pauvre Marie*, 1898 ; *la Mère et l'Enfant*, 1900 ; *Bubu de Montparnasse*, 1901) et de nombreuses chroniques pour *la Revue blanche* et *le Canard sauvage*. Après ses échecs au prix Goncourt (pour *Marie Donadieu*, en 1904 et pour *Croquignole*, en 1906), il dénonce les pratiques suspectes du jury. Il entreprend *Charles Blanchard* (qui restera inachevé) après la mort de son père, écrit des contes et fait partie de l'équipe fondatrice de *la Nouvelle Revue française*. Il meurt à trente-cinq ans, d'une méningite.

Philippe apparaît comme le précurseur du mouvement populiste, tant par ses sujets que par son style. La description, émue et minutieusement documentée, qu'il a donnée du milieu ouvrier, des prostituées, des malheureux et des exploités est nourrie de ses souvenirs personnels. Si son style respecte la correction de la langue « bourgeoise », il veut en même temps faire entendre la voix du peuple. C'est avec des accents évangéliques que ce mal-aimé évoque la souffrance des humbles, comme l'ont fait ses maîtres Dostoïevski ou Tolstoï. Mais en même temps, il admire les forts et méprise les « andouilles ». Par ailleurs, la dénonciation sociale, dans *le Père Perdrix* (1902) ou dans *Croquignole*, est animée par une violence qui exclut toute résignation. Proche du socialisme, puis de l'anarchisme, sensible à la pensée nietzschéenne, Philippe est représentatif des idées qui agitent le tournant du siècle.

Cependant, apprécié par des écrivains aussi opposés que Francis Jammes, Barrès (qui l'aida), Léon-Paul Fargue, Gide, Valery Larbaud et même Jarry, Philippe échappe aux classements trop réducteurs. Son souci de réalisme est une réaction contre la préciosité des Décadents et contre le côté épique du nationalisme, une recherche de simplicité accordée à l'image sociale qu'il veut transmettre : celle, précisément, des « simples » de la campagne (*le Père Perdrix*) ou de la ville (*Bubu*).

M. P. Schmitt

PHILIPPE DE BEAUMANOIR

Philippe de Remy, sire de Beaumanoir *(v. 1250-1296 ?)*

Jusqu'à une date récente, on a attribué à un même auteur toutes les œuvres publiées sous le nom de Philippe de Remy. Administrateur et juge, celui-ci fut successivement bailli de Clermont en Beauvaisis (1279), sénéchal de Poitou (1283), de Saintonge (1287), bailli de Vermandois (1289) et de Senlis (1292). Sa longue expérience lui permit de compiler les *Coutumes de Beauvaisis* (1283) à une époque où l'on éprouvait le besoin de coucher par écrit les us des cours laïques et de combler les lacunes du droit. Il recourut à la jurisprudence, aux coutumes anciennes et claires, aux jugements prononcés dans les châtellenies du voisinage, au droit commun du royaume de France, afin que les coutumes fussent maintenues sans changement. C'est à ce même personnage que, depuis H. Suchier, l'on a attribué deux romans d'aventures, *la Manekine* (8 590 octosyllabes) et *Jehan et Blonde* (6 262 octosyllabes), des poèmes religieux comme l'*Ave Maria*, de captivantes fatrasies.

Mais, au colloque d'Amiens de 1979, B. Gicquel a proposé une autre hypothèse, séduisante bien qu'elle ne convainque pas entièrement. Il se fonde sur la thèse de V. Zeidler (*Die Quellen von Rudolfs von Ems Willelm von Orléans*, Berlin, 1894), selon qui, comme le poète allemand Rudolf von Ems a utilisé *Jehan et Blonde* pour écrire son *Willelm von Orléans* que l'on date avec certitude de 1242, on ne peut attribuer *Jehan et Blonde* à l'auteur des *Coutumes de Beauvaisis*, puisqu'en 1242 celui-ci n'était pas encore né ! Plutôt que de proposer une source commune aux deux œuvres allemande et française, B. Gicquel attribue *la Manekine* et *Jehan et Blonde* non pas à Philippe de Beaumanoir fils, mais à son père (v. 1205/10-avant 1265) qui portait le même nom. D'autre part, comme le nom de Beaumanoir n'apparaît qu'en 1249 et que les deux romans sont signés Remy, il est plausible qu'ils aient été écrits avant cette date. Par conséquent, il faudrait distinguer le père, romancier, du fils, juriste.

La richesse de la matière romanesque

Si l'auteur reprend des thèmes traditionnels tels que la léthargie du héros qui se meurt d'amour, l'échange des cœurs, le portrait de la femme aimée, le combat des vices et des vertus, il semble nuancer la courtoisie d'un certain réalisme quelquefois trivial, bourgeois, en particulier dans *Jehan et Blonde*, pastourelle inversée où le pauvre seigneur courtise une riche héritière, où le roman courtois (culte de l'amour, importance du secret, monologues sentimentaux, plaintes stéréotypées et évanouissements) rencontre le fabliau (critique des femmes), où Philippe semble donner en exemple sa propre formation. Le substrat social, comme les liens familiaux, est plus nettement indiqué. Jehan est un gentilhomme pauvre, dont le père est endetté ; aussi devient-il chevalier d'aventure, membre de cette petite noblesse valorisée ici aux dépens du comte de Gloucester, à travers une critique de la richesse et une exaltation de la générosité et de l'amour. Les petites gens se fraient une place, tels Robin, le domestique de Jehan, qui prend une part importante à la bataille de Douvres et, déguisé en mendiant, joue le rôle d'avant-garde, ou ce marinier, qui devient maître d'hôtel. Beaumanoir prône-t-il l'accord de toute la classe chevaleresque dans un monde en pleine mutation ou l'utilisation de toutes les forces montantes en une réconciliation générale ?

La Manekine retient l'attention par son côté paroxystique : pour fuir l'inceste, l'héroïne se tranche le poing, qu'un miracle, dû à sa sainteté, lui restitue à la fin du roman, après qu'elle a connu les pires épreuves. Partant de deux contes populaires, *la Fille sans main* et *Peau-d'Âne*, qui avaient en commun le motif de l'inceste – motif possible dans le premier, où il aboutit à la mutilation ; motif constitutif dans le second –, Philippe a modifié le schéma originel, dont il reprend la structure redoublée et l'anonymat de certains personnages : le père coupable ne disparaît pas, et la fuite de l'héroïne est remplacée par une condamnation à mort, transformée ensuite en abandon sur la mer. L'action s'y déplace de la Hongrie à l'Écosse, deux mondes où le bonheur semble possible, mais condamnés parce qu'incomplets, s'appuyant trop sur les valeurs humaines du profit et de la gloire. Aussi ce roman, qui s'insère dans le cycle des femmes persécutées et se complaît à dépeindre les tourments amoureux et les fêtes grandioses propres aux œuvres courtoises, est-il proche des récits hagiographiques : description des qualités morales (sagesse, dévotion à Marie), mises à l'épreuve, récompenses (retrouvailles du mari et du père, restitution de la main coupée). La gravité des péchés (luxure et orgueil) et la violence des épreuves font de ce récit une sorte d'exemple pour l'édification des pécheurs ; mais tout autant, dans la mesure où le texte touche à des problèmes essentiels de la féodalité, à la préoccupation du lignage et aux dangers d'un mariage avec une étrangère, on peut le lire « comme un plaidoyer pour le mariage exogamique » (Chr. Marchello-Nizia).

Les jeux du langage

C'est sans doute comme juriste que Beaumanoir a été amené à s'intéresser au langage ; ne fallait-il pas préciser le sens des mots, respecter les formules que l'on devait reproduire sans en modifier une syllabe ? Ce goût se manifeste partout, dans le vocabulaire technique du droit et de la courtoisie comme dans les onze fatrasies, où l'auteur, fidèle à l'usage syntaxique, a tendu à briser, « de syntagme nominal à syntagme verbal, de syntagme verbal à syntagme adverbial, les compatibilités sémiques », de manière à produire un effet de non-sens absolu. *Jehan et Blonde* nous offre un riche échantillonnage des jeux auxquels Philippe de Beaumanoir s'est livré : mots nouveaux créés le plus souvent sur des modèles connus, par substitution de préfixes ou de suffixes ; quatre devinettes que Jehan énonce, que le grotesque Gloucester reproduit et qu'explique le comte d'Oxford (les mots ont un sens immédiat et un sens imagé) ; proverbes ; jeux homonymiques et annominatifs ; parodie du style épique, dans le combat au bord de la mer ; surtout jargon franco-anglais, qui, pour ridiculiser un personnage antipathique, ennemi et rival de Jehan, recourt à de multiples procédés – mauvaise utilisation des formes verbales (barbarismes et solécismes), bouleversement de l'ordre des mots, confusion dans l'emploi des genres et des modes, aphérèses, déformations..., sans compter les fautes de goût, comme d'appeler « porcel » la femme aimée.

Si Philippe appartient au courant réaliste, s'il contribue à développer le récit romanesque à tendance édifiante, il semble surtout attiré par les situations limites, socialement (mariage du pauvre chevalier et de la riche héritière), moralement (tentation de l'inceste), littérairement (fatrasies et jargon).

J. Dufournet

PHILIPPE DE MÉZIÈRES *ou* MAIZIÈRES

(1327-1405)

On doit à cet homme de guerre et diplomate *le Songe du vieil pèlerin* (1389), aboutissement et éclatement de la grande composition allégorique, qui est à la fois satire sociale et manuel de gouvernement.

La vie aventureuse et les rêves de croisade

Une grande partie de la vie de Philippe se déroule hors de France : guerroyant en Lombardie, puis séjournant en Sicile, il est fait chevalier à Smyrne en 1346. Nommé en 1358 chancelier du roi de Chypre, Pierre de Lusignan, il voyage pour la croisade jusqu'à l'assassinat du roi. En 1369, il rejoint Grégoire XI en Avignon, puis devient l'ami et le conseiller de Charles V, qui le charge de l'éducation du Dauphin. Il se retire au couvent des Célestins de Paris, mais continue à jouer un rôle politique : il contribue à l'arrivée au pouvoir des « marmousets » (sobriquet qui sera donné aux ministres de Charles V, puis de Charles VI), intervient dans les négociations entre la France et l'Angleterre ; ses liens avec Louis d'Orléans l'exposent aux calomnies des Bourguignons, et il est même accusé d'empoisonnement.

Le rêve de sa vie fut la croisade : la visite des Lieux saints lui inspire l'ambition de reconquérir le royaume de Jérusalem. Pendant plus de quarante ans, il se fait le porte-parole de cette idée, organisant de véritables campagnes de presse (*Épître à Philippe le Hardi*), voyageant, instituant un ordre de chevalerie, l'ordre des Chevaliers de la Passion, qui rassemble en une confrérie religieuse des grands du temps (duc de Touraine, duc de Bourbon, Boucicaut, Granson) et tente de réorganiser une aristocratie qui a perdu ses idéaux.

Ses œuvres sont latines (*Vita sancti Petri Thomasii*, *Contemplatio horae mortis*, *Soliloquium peccatoris*, *Oratio tragedica* qui est un appel à la croisade) et françaises (*Livre de la vertu du sacrement de mariage et du réconfort des dames mariées, Épistre lamentable sur le faict du roi de Honguerie par les Turcs devant Nicopoli*). Elles sont dominées par le Songe du vieil pèlerin, ouvrage de « bonne policie » adressé à Charles VI.

Le Songe du vieil pèlerin

SYNOPSIS

Un enchevêtrement de schémas narratifs et d'intentions : dans le prologue, nous voyons l'auteur dans sa cellule. Providence lui apparaît et l'engage à chercher les Vertus qui ont fui le royaume depuis que le mur des péchés est dressé entre Dieu et les hommes. Il traverse le ciel, devenu Ardent Désir, en compagnie de Bonne Espérance. Il arrive chez l'ermite Arsène, qui lui conte sa vie et son expérience d'alchimiste et lui indique le chemin du Paradis, haute montagne entourée d'un fleuve. En ce lieu enchanteur, Gracieuse accueille les voyageurs et les conduit aux palais d'Allégresse, Amoureuse et Bonne Aventure, abondamment décrits, puis chez Charité, Sapience et Vérité. Ces personnifications décident de descendre sur terre pour vérifier les « besants » des habitants, selon une métaphore que Philippe avait prise à son propre compte dans le prologue, s'inspirant de la parabole des talents. Alors commence un long itinéraire qui nous emmène à travers tout l'univers connu du temps, univers imaginaire (Inde la Maieur ; pays du prêtre Jean ; pays des Bragannains, qui pratiquent la loi naturelle ; pays de Fémenie, chez le grand khan de Tartarie), puis univers réel : Constantinople, l'Allemagne (avec une digression consacrée à l'ordre Teutonique), la Scandinavie (*excursus* sur la pêche au hareng), la Bohême, la Hongrie, l'Italie ; Venise est citée en exemple pour sa gestion, mais Rome offre l'occasion d'une attaque contre la papauté (compte rendu d'un concile, dont les acteurs, sous forme d'animaux, dévoilent le secret de leurs pensées) ; l'Italie du Nord est montrée dans ses divisions et ses rivalités de cités et de familles ; Gênes renouvelle les accusations contre Urbain VI, tandis qu'Avignon va clore la trilogie antipapale avec l'intervention de trois vieilles : Orgueil, Avarice et Luxure, qui viennent décrire leur pouvoir. Le deuxième livre se déroule à Paris, où s'installe le parlement des « hiérarchies » de la société, qui sont soumises aux enquêtes impitoyables de Hardiesse (gens de finance et de robe), Magnificence (chevalerie) et Droiture (grands et hommes politiques), tableau satirique qui comprend un long développement sur la nef du royaume et la nécessaire coopération des classes. Un débat entre Vieille Superstitieuse et Bonne Foi sur l'astrologie fait la transition avec le dernier livre, le manuel de gouvernement. Le roi, transfiguré en Moïse, reçoit les tables de la Loi ; on lui explique la règle d'un jeu d'échecs dont chacun des quatre quartiers correspond à une série de préceptes pour le règne. L'œuvre se termine en apothéose, les figures remettent au roi les emblèmes. Le songe se dissipe, le pèlerin se retrouve dans son lit, doutant que « le jeune Moyse deust tost oublier la belle doctrine des vénérables dames ».

La complexité presque inextricable de cette intrigue, que le résumé ne saurait rendre, provient de l'entrecroisement de multiples schémas et traditions : *voie de Paradis* au départ, le texte se transforme ensuite en revue politico-satirique doublée d'une enquête géographique et historique, puis en *États du monde* réactualisés, pour aboutir à un traité, le tout inséré dans le cadre d'un songe, avec des personnifications qui accumulent les discours, et soutenu par une métaphore de base qui resurgit régulièrement jusqu'à la fin du livre II, l'« examen des besants ».

La parabole

Présentant son texte comme un tissu de « paraboles, exemples, hystoires et figures », l'auteur rappelle constamment son propos, qui est de parler « moralment et en esperit ». Mais nous sommes ici dans un cas limite de l'allégorie : la trame s'effrite en séquences adventices (maisons des Vertus, des Vices d'Avignon, nef du royaume, chariot de l'État, échiquier des devoirs du Prince) qui n'ont plus aucun rapport avec la métaphore initiale ; elles sont elles-mêmes complétées par des « micro-allégories » (mur des péchés, épidémie de taille, royaume-corps, rivière des aides). Ce jeu d'ornementation, de mise en abyme de l'allégorie, se fait au détriment de la cohérence. L'accumulation compense mal l'indigence du dynamisme métaphorique, et l'allégorie devient tautologie, plusieurs images reprenant, en une sorte d'enlisement de l'écriture, les mêmes idées (carrés sur la voile de la nef, roues du chariot, secteurs de l'échiquier). L'hypertrophie descriptive, qui décompose à l'infini l'image première dans la plupart des passages allégoriques, le développement indépendant et pléthorique des discours didactiques, tout cela témoigne de la difficulté qu'éprouve Philippe à faire coïncider le plan de l'image et celui du sens.

L'allégorie et l'Histoire

Les tensions de l'écriture tiennent au projet même de l'auteur. Le *Songe* est la confrontation du discours allégorique et du discours historique. Depuis Rutebeuf, le détour par les types allégoriques est un procédé de la littérature polémique ; mais loin de fournir une interprétation de l'actualité et une conscience du temps, cette technique neutralise la critique par l'image utopique de la société (hiérarchies). Ici, les deux langages cohabitent ; géographie, événements contemporains, polémique sur les questions du moment (Église, Chypre) donnent au texte une allure de chronique, un « effet de réel » qui rend possible une lecture purement littérale : « Le revêtement allégorique, presque partout opaque, éclate violemment çà et là, au point d'arracher l'ensemble du discours au plan qui était le sien et de le transposer virtuellement sur celui d'une narration historique univoque » (P. Zumthor).

Composition allégorique où l'écriture allégorique se met en question, témoignage historique, satire morale et sociale, œuvre d'enseignement, le *Songe* est un foyer de divergences, un point d'équilibre précaire – et une impasse : l'allégorie ne pourra plus qu'être un rapport factice, un artifice de présentation, comme dans le *Songe du Verger*, ou devra se construire son propre « réel », comme dans le *Livre du cuer d'amour espris* de René d'Anjou, ou comme chez Charles d'Orléans, plutôt que de tenir un discours sur la réalité. Mais en dehors de ces problèmes formels, *le Songe du vieil pèlerin*, avec sa tournure polémique, offre un excellent exemple de l'invasion de l'événement dans cette littérature du XIVe siècle, qui ne lui échappe pas même dans les domaines les moins vulnérables tels que le lyrisme.

A. Strubel

PICHETTE Henri

(1924-2000)

Toute une génération ignorante du théâtre dadaïste et surréaliste, tel qu'il s'était manifesté au lendemain de la Première Guerre mondiale, avait trouvé, au sortir de la Seconde, une œuvre qui pouvait en donner l'idée : *les Épiphanies*, d'un jeune inconnu né à Chateauroux de père canadien, nommé Henri Pichette, créées au théâtre des Noctambules, le 3 décembre 1947.

Les Épiphanies

Mis en scène par Georges Vitaly, champion d'un nouveau théâtre (Audiberti, Schehadé), ce poème amoureux et provocant était joué par la plus grande vedette du théâtre et du cinéma d'alors : Gérard Philipe, jeune, bouleversant, tel qu'il venait d'apparaître dans *Caligula*, ou dans *le Diable au corps*. Les deux autres principaux interprètes des *Épiphanies* ne le cédaient en rien à la gloire du jeune premier, puisqu'il s'agissait de Maria Casarès et de Roger Blin, le compagnon d'Artaud et de Barrault…

La pièce, tout en images et métaphores éclatées, héritées du surréalisme, contient, dans son obscurité voulue, de beaux morceaux sensibles et imaginatifs sur le plan verbal, qui pouvaient faire penser à un public, surtout attiré par la présence de Gérard Philipe, qu'il découvrait un nouveau Rimbaud. De ces représentations se dégageait, dans un climat de scandale bien parisien, une coloration érotique que développaient de longues litanies : « Je t'imprime – Je te savoure – Je te rame – Je te précède – Je te vertige – Et tu me recommences… » Fort soignée, la première édition des *Épiphanies* (publiée chez « K ») reproduit d'ailleurs typographiquement ces rythmes que Pichette, étonnant acteur lui-même, avait su imposer à ses prestigieux interprètes.

SYNOPSIS

Composé de cinq phases dramatiques, ce poème dialogué entend répondre, par l'intermédiaire du Poète, à l'« appel d'air du délice universel ». Relayé par des personnages secondaires qui lui donnent la réplique (l'Antidote, la Bandeuse, la Communiante, l'Impératif ou l'Illuminé, dont l'intervention est signalée par un code typographique), le Poète se propose de contester l'inertie du monde et d'organiser le « festin de la terre » (I, « la Genèse »). Il convie à un bonheur qui est avant tout volupté, volupté bientôt partagée avec l'Amoureuse, personnage avec lequel il se lance dans un voyage de noces onirique au fil des pentes neigeuses et des flots (II, « l'Amour »). Mais il trouve en Monsieur Diable un adversaire désireux d'en finir avec les valeurs naïves, l'amour et le bonheur. Les tanks ne défilent-ils pas « parmi les céréales populaires » ? Un grondement de bombardiers lourds ne se fait-il pas entendre, orchestré par Monsieur Diable en personne ? (III, « la Guerre »). Tous emportés par le même élan verbal, et accompagnés par un « éclair musical », les personnages incitent ensuite la parole à « renouer avec la vie » (IV, « le Délire »). À l'inverse de Monsieur Diable qui prône la « stylisation du crime », le Poète, en quête de valeurs cosmiques, se verra enfin accorder le salut : « J'ai refait ma naissance » (V, « l'Accomplissement »).

Ces débuts éclatants d'un poète de vingt-trois ans devaient valoir à Henri Pichette une gloire rapide que cet autodidacte très doué a su fort bien exploiter alors. Charmant et agressif, il publiait dans les revues, puis en volume, des « lettres ouvertes » (*Lettres arc-en-ciel*, 1950) adressées à ses aînés, tels André Breton (auquel il reprochait d'avoir négligé Kafka, Joyce et Michaux) ou encore Max-Pol Fouchet, alors directeur de la revue *Fontaine*. Il publiait également ses *Apoèmes* (1948) qui faisaient dire à Gaëtan Picon, dans son *Panorama de la nouvelle littérature française* (1949) : « Voici un poète qui engage l'homme entier dans sa poésie et la poésie entière dans chaque parole : une conscience et un verbe l'un sur l'autre crucifiés. »

Célèbre, donc, dès ses premiers essais que suivit en 1950 un nouveau recueil, *le Point Vélique*, Pichette se voyait bientôt embarqué, grâce à Gérard Philipe, dans l'aventure du T.N.P. de Jean Vilar. C'est pour ce théâtre qu'il écrit *Nucléa*, première pièce à lancer le slogan : « Faites l'amour, pas la guerre. » Là encore, Pichette bénéficiait d'une éblouissante distribution : Gérard Philipe, Jeanne Moreau, Jean Vilar, et d'un admirable décor du père des « mobiles », Alexandre Calder. Donnée à Chaillot le 3 mai 1952, *Nucléa* était sonorisée grâce à un procédé employé pour la première fois au théâtre : la stéréophonie.

Rapide dans son évolution, Pichette avait fait retour, à cette occasion, à la poésie classique. *Nucléa*, qui dénonçait les périls d'une future guerre atomique, était écrite en prose et en alexandrins. Cinq ans auparavant, toute la Rive gauche avait répété la phrase clé des *Épiphanies* : « On a oblitéré les chardonnerets. » On en était à présent à des vers qui semblaient pasticher Rostand – ou Aragon : « J'aime d'amour un homme ému de ma nuit fière/Et le dire est si doux que la langue est lumière. »

Puis, peu après avoir fait rééditer ses premiers écrits (*les Revendications*, en 1958, ajoutent aux « Apoèmes » « les Armes de justice » et « Évolution de la Révolution »), Henri Pichette disparaissait brusquement de la scène parisienne pour s'installer au Canada (*Odes à chacun*, 1961 ; *Odes à la neige*, 1967) et militer un temps en faveur de l'indépendance du Québec… De retour à Paris, on le vit assidu à la Bibliothèque nationale où, en vue d'une grande œuvre, il compilait tout ce qui a pu être écrit sur le rouge-gorge, en faveur duquel il avait même lancé une association – qu'il souhaitait lucrative.

Célébré de temps à autre par ceux que touche la sincérité des *Épiphanies* (ou des *Apoèmes*), Henri Pichette, publiant peu (*Poèmes offerts*, 1982), reparut épisodiquement pour lire en public l'œuvre qui l'avait fait connaître. Peut-être s'est-il trompé d'époque et de pays. Ses dons d'acteur, sa poésie généreuse et extravertie, ses allées et venues entre christianisme et communisme auraient pu en faire un des « improvisateurs » qui parcouraient l'Italie du XVIIIe siècle ou bien un poète soviétique de l'*agit-prop*.

G. Dumur et P. Gourvennec (synopsis)

PIEYRE DE MANDIARGUES André

(1909-1991)

André Pieyre de Mandiargues, au nom étrangement précieux, a longtemps poursuivi pour un public d'initiés une œuvre de poète et de nouvelliste, avant d'être plus largement connu par ses romans. Aujourd'hui sa place est acquise, et on pourrait dire qu'il y a un « genre » Mandiargues, situé au confluent du fantastique et de l'érotisme, dans ce que l'auteur appelle « un climat propice à la transfiguration des phénomènes sensibles ».

Né à Paris dans un milieu fortuné, Mandiargues se passionne d'abord pour l'archéologie et mène une jeunesse voyageuse en Europe et en Orient : mais ses périples le ramènent généralement sur les bords de la Méditerranée, son véritable point d'ancrage affectif. L'Europe est en guerre lorsqu'il publie son premier livre, *Dans les années sordides* (1940). Il se désintéresse du conflit et continue d'écrire de nombreux poèmes qui ne seront publiés en recueil qu'en 1961, sous le titre *l'Âge de craie*.

Sa rencontre avec André Breton juste après la guerre le fera un moment s'intégrer au groupe surréaliste. Influence évidente, mais plutôt par l'intercession des peintres : rien ne lui est plus proche, par exemple, que l'univers de Léonor Fini. Cette dimension visuelle, aux détails extravagants ou raffinés, est évidente dans son premier recueil de nouvelles, *le Musée noir* (1947). Il ne fait aucun doute que la nouvelle – par le resserrement qu'elle exige – est un genre qui lui convient à merveille. Le meilleur de Mandiargues est peut-être dans ce *Musée noir* : « le Passage Pommeraye » ou les curieuses errances d'une jeune fille qui obéit à l'injonction d'une « main gantée de rouge » ; le « Sang de l'agneau », où la perte de la virginité s'associe, dans l'imaginaire, au meurtre des parents. Ces rituels subtils ou barbares et le goût pour les souterrains, les portes closes, les décors obsédants se retrouveront dans *Soleil des loups* (prix des Critiques, 1951) ou *Feu de Braise* (1959).

Au moins pour certains lecteurs, ces deux ouvrages ont suffi à imposer le personnage paradoxal de Mandiargues : esthète et dandy, avide d'érudition, grand amateur de raretés culinaires – bref, anachronique sur bien des plans, mais, par ailleurs, d'un scepticisme qui le délivre de toutes les idées reçues, d'un enthousiasme qui accorde libre cours aux associations d'images, à leurs éblouissements.

En 1956, il délaisse la nouvelle pour aborder le roman avec *le Lis de mer*. Son public s'élargit d'autant, mais, pour ceux qui ont aimé le « premier Mandiargues », l'atmosphère paraît s'être diluée, affadie, le charme est moins prenant que dans les récits brefs. Il s'agit des expériences de Vanina et sa cousine Juliette, sur une plage de Sardaigne hantée par le désir de l'homme. Il est vrai que l'Italie a toujours été la patrie hédonique de Mandiargues, sa part rieuse, celle qui atténue en lui les effets du romantisme allemand.

L'Allemagne romantique, il la retrouve avec plus d'ampleur dans *la Motocyclette* (1963), où une jeune fille de dix-neuf ans, Rébecca, accomplit un long périple à moto de Haguenau à Heidelberg, pour rejoindre son amant. Les thèmes du romantisme sont ici délibérément transcrits sur le plan moderne : aux forêts ténébreuses s'est substituée l'autoroute ; au cheval qui emporte le cavalier répond la machine, ce « taureau noir » dont Rébecca aime sentir la puissance entre ses jambes. Il se crée peu à peu un climat de fatalité, jusqu'à l'accident final – et prévisible, car la moto, objet sexuel, est évidemment aussi un instrument de mort.

On remarque que les protagonistes de ces récits sont le plus souvent des femmes ou des jeunes filles, qui s'avancent en frissonnant au-devant du danger ; elles ont un caractère indépendant, quoique finalement soumis à l'homme, et leur décision de s'engager dans l'aventure ne va jamais sans être accompagnée d'une intuition violente, d'un pressentiment qui oriente le choix de leur destin.

En 1968, *la Motocyclette* était portée au cinéma. Mais l'année précédente, le nom d'André Pieyre de Mandiargues avait connu une large notoriété avec l'attribution (inattendue) du prix Goncourt à *la Marge*. Il est vrai que c'est sans doute là son roman le plus ambitieux, et, pour une fois, le héros est masculin. Sigismond Pons arrive à Barcelone, une étape dans un voyage d'affaires, où il compte se reposer trois jours. Son premier geste est d'aller retirer à la poste une lettre que sa femme lui a expédiée et qui est restée en attente. Mais la lettre est écrite d'une autre main, et, pressentant son contenu tragique, il décide d'en remettre la lecture à plus tard. En attendant, il va occuper ces trois jours de liberté exactement comme il l'avait prévu : c'est la « marge », la distance qu'il interpose entre son destin et lui. Il déambule dans Barcelone, et spécialement dans le quartier des prostituées, où il trouve une compagne pour passer ses trois nuits. L'échéance venue, il ouvre la lettre : ayant pris connaissance de la mort accidentelle de son fils, qui a entraîné le suicide de sa femme, il se tire à son tour une balle de revolver.

Depuis *la Marge*, Mandiargues a renouvelé l'expérience romanesque avec *le Deuil des roses* (1983) et *Tout disparaîtra* (1987). Il se tourne vers le théâtre (*Isabella Morra*, 1973 ; *Madame de Sade*, traduit de Mishima, 1976 ; *la Nuit séculaire*, 1979 ; *Arsène et Cléopâtre*, 1981), la critique d'art (*Bona, l'amour et la peinture*, 1971, consacré à son épouse le peintre Bona Tibertelli ; *Arcimboldo le merveilleux*, 1977), revient à la poésie (*Ruisseau des solitudes*, 1968 ; *l'Ivre Œil*, 1979). Il retrouve enfin sa prédilection pour les récits courts, et publie deux recueils, *Mascarets* (1971), *Sous la lame* (1976). *Mascarets* s'ouvre sur l'une de ses meilleures nouvelles, « la Marée », rituel d'initiation érotique de deux adolescents sur une plage, au rythme de la montée des eaux. Le cinéaste Borowczyk a porté à l'écran cette nouvelle (*Contes immoraux*, 1974), puis d'autres : le résultat est assez navrant. On ne transpose pas si aisément en images de tels textes, même – et surtout – si l'image y est omniprésente. Ces décors ouvragés, ces rues la nuit, ces enseignes emblématiques, ces corps nus ont une magie qui tient d'abord au pouvoir de l'écriture.

B. Visage

PIGAULT-LEBRUN Charles

Pseudonyme de **Charles PIGAULT de l'ÉPINOY** *(1753-1835)*

La vie et l'œuvre de Pigault-Lebrun sont fort mal connues. Sa biographie, écrite en 1836 par son éditeur Nicolas Barba, est un véritable roman. Expédié à Londres chez un gros commerçant par un père atrabilaire, notre auteur séduit la fille de son hôte, survit à un naufrage, mène une vie dissolue, ce qui lui vaut dès son retour les foudres paternelles et une lettre de cachet suivie de deux années de prison. Il devient gendarme en Lorraine et ne revient à Calais, sa ville natale, que pour enlever une jeune fille ; jeté de nouveau en prison, il s'évade et rejoint une troupe de comédiens avec laquelle il voyage pendant plusieurs années. À son retour, il découvre que son père l'a fait rayer des registres de l'état civil. Il prend alors le nom de Pigault-Lebrun et entreprend une carrière d'auteur dramatique.

Les premiers succès arrivent avec *le Pessimiste* (1789), plaisante réplique à *l'Optimiste* (1788) de Collin d'Harleville (triomphe de la saison 1788 au Théâtre-Français), et surtout avec *Charles et Caroline* (1790). Dans cette pièce, Pigault-Lebrun dénonce les abus de l'Ancien Régime, dont il avait lui-même été victime – et tout l'ouvrage est traversé par les accents d'une indéniable sincérité. Parmi les nombreuses œuvres dramatiques qui suivront, on citera *les Rivaux d'eux-mêmes* (1798), marivaudage quelque peu licencieux qui offre un bon exemple de la production théâtrale du Directoire.

Le premier roman de Pigault-Lebrun, *l'Enfant du Carnaval* (1796), picaresque et sentimental, fut accueilli avec succès, ce qui incita son auteur à en écrire d'autres (*les Barons de Felsheim*, 1798 ; *Angélique et Jeanneton*, 1799 ; *Mon oncle Thomas*, 1799 ; *la Folie espagnole*, 1799 ; *les Cent-Vingt Jours*, 1799 ; *Monsieur Botte*, 1803 ; *la Famille Luceval*, 1806 ; *l'Homme à projets*, 1807).

Avec cette immense œuvre romanesque, on est aux sources du roman populaire français des Dumas et des Ponson du Terrail. *Le Citateur* (1803) valut à Pigault-Lebrun de perdre sous la Restauration un emploi d'inspecteur des douanes. Dans ce pamphlet antireligieux qui ne manque pas d'esprit, Pigault-Lebrun oppose les textes sacrés à eux-mêmes, puisque aux prêtres il est « inutile de parler raison ».

P. Frantz

PILHES René-Victor

(né en 1934)

Né à Paris, René-Victor Pilhes a d'abord mené une brillante carrière de cadre commercial : rédacteur publicitaire à Air France (1960), il est ensuite devenu directeur de la création, puis membre du conseil du directoire chez Publicis-Conseil (1972). L'existence de ce père de famille, rompu à l'univers de l'entreprise, aurait pu être fort conventionnelle si la littérature n'y avait fait son apparition en 1965 : *la Rhubarbe*, premier livre de René-Victor Pilhes, est couronnée par le prix Médicis, puis *le Loum* (1969) et surtout *l'Imprécateur* (prix Femina 1974) assurent la notoriété de l'écrivain. Après ce succès littéraire, Pilhes a encore exercé des fonctions d'administrateur à TF1 (1983) et de conseiller à la présidence d'Havas (1984). Mais c'est à la littérature que depuis 1974 il consacre l'essentiel de ses activités, et plus particulièrement – si l'on excepte *les Plaies et les Bosses* (1981), recueil d'entretiens contenant des souvenirs personnels et des réflexions critiques – à la fiction romanesque : depuis *l'Imprécateur*, René-Victor Pilhes a publié *la Bête* (1976), *la Pompéi* (1985), *les Démons de la cour de Rohan* (1987), *l'Hitlérien* (1988), *la Médiatrice* (1989), *la Position de Philidor* (1992), *la Faux* (1993), *le Fakir* (1995), *le Christi* (1997), *la Jusquiame* (1999).

Ainsi s'est peu à peu constitué un univers singulier qui mêle tout à la fois les fantasmes et les aléas de l'Histoire, la fantaisie burlesque et la réflexion politique. Les romans parus à ce jour ont généralement pour cadre la région mythique de Haute-Ariège, dominée par une montagne symbolique, ce « loum » dont chaque nouvelle occurrence rappelle au lecteur qu'il dresse son « pic phallique » au-dessus des autochtones. Les textes de Pilhes révèlent l'esprit ludique de leurs situations, de leurs développements, et de leurs inventions onomastiques. Le patronyme d'Urbain Gorenfan, héros récurrent de *la Rhubarbe* à *la Jusquiame*, suggère quelques malicieuses connotations. Quant à Régis Faucheur-Quitus, « président du groupe financier Wotan-Pacific » et figure centrale de *la Faux*, il signifie assez à quel point le romancier compose, en même temps qu'une réflexion sur les pratiques des économistes, une fable sur le pouvoir et la mort… Dès le début de ses récits, Pilhes aime surprendre ou déconcerter, multiplier les clins d'œil, exploiter les lieux communs narratifs et les clichés psychanalytiques (la recherche du père et le meurtre de la mère envahissante déterminent respectivement l'histoire de *la Rhubarbe* et celle du *Loum*). Il naît de cette accumulation ostensible de procédés une composition baroque, souvent parodique, qui parfois transforme la quête des personnages principaux en une sorte d'épopée burlesque. Dans *l'Imprécateur*, l'action déborde le cadre du roman de mœurs contemporain et, prenant la forme d'une « descente aux enfers » dans les sous-sols d'une entreprise, semble ressortir au fantastique. Dans les ultimes pages du roman, le lecteur découvre que toute l'histoire n'était qu'un rêve que l'écrivain aurait fait au cours d'un prétendu coma. Mais ce rêve est lui-même improbable, puisque son contenu commence à se réaliser à la fin du récit, quand le héros est victime d'un accident de voiture sur l'autoroute – événement par lequel précisément débute la « fiction ». Ainsi l'art du roman est-il chez Pilhes un art du fantasme et de la manipulation.

Le goût de la virtuosité narrative ne peut cependant pas occulter de plus graves questions, que posent les ouvrages les plus ambitieux de René-Victor Pilhes. L'ironie du pamphlétaire se fait sensible dans *l'Imprécateur* ou dans *la Médiatrice*. L'auteur y démonte et dénonce les mécanismes du libéralisme économique, le cynisme de la grande entreprise, où l'on presse les cadres « à se forger une personnalité capable de liquider cet ennemi mortel qu'est le sentiment, pis, la sensiblerie en affaires » (*la Médiatrice*). *L'Imprécateur* indique – sans trop se soucier de nuances, il est vrai – comment le goût de l'argent et de la représentation sociale peut conduire un individu moyen à commettre les pires monstruosités. Ce sont encore les noirceurs du passé, nées des vicissitudes de l'Histoire et mal refoulées, qu'évoque l'écrivain dans son cadre favori de Haute-Ariège : le nazisme et l'antisémitisme (*l'Hitlérien*), les événements de la guerre d'Algérie (*le Fakir*), le terrorisme et les machinations politiques des années 1970 (*la Bête*, *la Pompéi*, *les Démons de la cour de Rohan*). Sous les fables et les paraboles, derrière les phrases de ses narrateurs, Pilhes apparaît comme un moraliste soucieux du bonheur humain. Ses livres entendent avertir le lecteur « sur ce penchant funeste qui dispose des hommes, les manipule, les pousse à organiser savamment leur malheur quand ils pourraient, au prix de quelques efforts et mutuelles concessions, vivre dans un minimum de concorde » (*la Pompéi*).

J.-P. Damour

PINGET Robert

(1919-1997)

« Il me semble que lorsqu'on est attiré par un écrivain, ce n'est pas sa biographie qui intéresse […]. Je n'ai pas de vie autre que celle d'écrire. Mon existence est dans mes livres… » (R. Pinget, *Gazette de Lausanne*, 4 déc. 1965).

Puisque Pinget lui-même nous y invite, soyons brefs sur ce qui concerne sa biographie. Bornons-nous à rappeler son origine genevoise, des études de droit qui le conduisent provisoirement au barreau, puis, en 1946, son installation définitive à Paris. Ses premières productions sont picturales. Pinget expose à Paris, puis, dès 1950, part pour enseigner le dessin en Angleterre. Voyages à travers l'Europe, l'Afrique du Nord, Israël – lequel lui fournit l'inspiration première du roman *le Renard et la Boussole*. C'est en 1951 que Pinget publie son premier livre, *Entre Fantoine et Agapa*, recueil de nouvelles débridées, où s'inscrit pour la première fois cette imaginaire géographie de villes et de paysages, Fantoine, Sirancy, Douves, Agapa, qui formera désormais le cadre permanent de ses narrations.

Après *Mahu ou le Matériau* (1952) et *le Renard et la Boussole* (1953), Pinget rejoint, aux Éditions de Minuit, les futurs « nouveaux romanciers » [voir **Nouveau roman**]. C'est là qu'il publiera toutes ses œuvres narratives : *Graal Flibuste* (1956), *Baga* (tiré de la pièce *Architruc*, 1958), *le Fiston* (1959), *Clope au dossier* (1961), *l'Inquisitoire* (1962), *Quelqu'un* (1965), *le Libera* (1968), *Passacaille* (1969), *Fable* (1971), *Cette voix* (1975), *l'Apocryphe* (1980), *Monsieur Songe* (1982), *le Harnais* (1984), *Charrue* (1985), *l'Ennemi* (1987), *Du nerf* (1990), *Théo ou le Temps neuf* (1991), ainsi que son théâtre (*Lettre morte*, 1959 ; *la Manivelle*, pièce radiophonique, 1960 ; *Ici ou ailleurs* avec *Architruc* et *l'Hypothèse*, 1961 ; *Autour de Mortin*, dialogues radiophoniques ; *Identité* et *Abel et Bela*, 1971 ; *Paralchimie*, avec *l'Hypothèse* et *Nuit*, 1973 ; *Un testament bizarre*, 1986).

Jean Ricardou a reconnu en Pinget l'un des représentants les plus caractéristiques de la nouvelle école romanesque (*Pour une théorie du nouveau roman*), et, en 1971, on retrouve l'auteur du *Libera* à ce colloque de Cerisy dont on a dit qu'il fut le lieu d'une « auto-détermination » du Nouveau Roman par lui-même. Aveu, donc, d'une appartenance que Pinget a pu, au besoin, préciser, mesurer, mais qu'il n'a pas reniée. Une influence décisive sur l'œuvre et sur la vie de Pinget a été celle de Samuel Beckett. L'amitié qui lia les deux hommes, la lecture réciproque de leurs textes, à l'occasion, par exemple, de traductions (Beckett a traduit *la Manivelle – The Old Tune* ; Pinget, *Tous ceux qui tombent*) n'ont pas manqué d'infléchir le travail de Pinget, lui-même à la recherche d'un « ton », d'une voix destinée à meubler le silence et à « donner un sens à la mort… » (*l'Hypothèse*). Peut-être est-ce cette influence qui a conduit Pinget au théâtre, avec des pièces où se joue la « comédie » de la parole vide, jeux à monter et démonter sans fin, « jusqu'à ce que mort s'ensuive » (*Paralchimie*).

Robert Pinget a obtenu le prix des Critiques pour *l'Inquisitoire* (1963) ; en 1965, le prix Femina pour *Quelqu'un* ; pourtant son œuvre, qui compte une trentaine de titres, si elle est admirée des milieux intellectuels tant en France qu'à l'étranger, n'a pas atteint le grand public. Le ton si particulier, tout en nuances et imprégné d'humour jusque dans l'angoisse, l'indéchiffrable brouillage des narrations ne sauraient-ils toucher qu'un cercle de lecteurs avertis ?

Sisyphe et son récit

« Cette histoire, nous avertissait Mahu, je n'y comprends rien, c'est quelqu'un qui m'a dit : tu devrais la raconter, je ne me souviens plus qui, peut-être moi, je mélange tout le monde » (*Mahu ou le Matériau*). Avertissement qui vaut pour l'œuvre entière : l'univers de Pinget se constitue à travers une interminable suite d'« histoires », toujours avortées, reprises et contredites. « Manque un raccord » (*Cette voix*). Leitmotive que ces « caprices de la mémoire », ces « sources d'information défaillantes » (*Passacaille*), ces feuillets illisibles, raturés, annotés, déplacés, par quelle main, quel copiste ? obligeant le narrateur – le lecteur – à « tout reprendre à zéro »... « Quelque chose de détraqué »... Le rêve qui « boulevers[e] l'ordre », et les versions contradictoires d'une même scène : « pas de quoi faire un roman » (*l'Apocryphe*). À moins qu'écrire ne soit justement ce piétinement, ces rabâchages, radotages qui ne mènent nulle part ? (« Tant de peine pour une fin hasardeuse », « À qui ce message ? », *id.*) La voix qui parle ici est souvent celle d'un très vieil homme : le serviteur de l'*Inquisitoire,* à demi sourd ; le narrateur du *Libera* ; le « maître » de *Passacaille* ; le vieillard de *l'Apocryphe,* qui finit ses jours à l'asile. Ici, un témoin qui « aurait mal vu », à travers le brouillard matinal ; là « la gardeuse de chèvres » qui laisse filer les mailles de son tricot ; ailleurs, les fantasmes, les « absences » (*Passacaille*).

Tous condamnés à dire et à reprendre sans fin, dans ces narrations amnésiques. Pourquoi ? « Plus de mémoire, mais la parlote est bien la dernière chose qui nous quitte » (*l'Apocryphe*). Car c'est bien de parole qu'il s'agit : ces « phrases creuses » ne sont que transcriptions d'un discours dont l'énonciation compte plus que l'énoncé. Parler, écrire, jouer : comme chez Beckett, la vie semble suspendue à cette voix contrainte au bavardage. « Cette voix sous les décombres »... (*Fable*.)

« Passer son existence à noircir du papier, suer sang et eau pour rassembler ses idées, numéroter des pages, se relire, récrire, raturer, supprimer et se morfondre enfin sur le résultat n'est pas une grâce »... (*L'Apocryphe*.) Mais ces souvenirs, rédigés « entre deux moments d'ivresse » (*Passacaille*), ces manuscrits, qui ont disparu – ou ceux dont les feuillets se sont mélangés –, ces « discours bouleversants d'incohérence », point d'affleurement des « terreurs nocturnes » où se lit une « détresse sans mesure » apparaissent peut-être comme « un appel pressant, le besoin de rompre un silence mortel, une supplication, mais à qui ? ». Quel héritier entreprendra la « publication posthume de [ces] divagations » (*l'Apocryphe*) ? Aussi bien la parole à laquelle Sisyphe est condamné se sait-elle condamnée d'avance. Nul choix pourtant : « En dehors de ce qui est écrit, c'est la mort » (*le Fiston*).

« Moi les noms vous savez... »

Que l'écriture, dans les textes de Pinget, se désigne avec cette permanence – ce papier perdu, dans *Quelqu'un*, ce palimpseste à reconstituer à travers les cent soixante-huit fragments de *l'Apocryphe*, ce journal auquel s'astreint Monsieur Songe, la lettre que Miaille (ou Miette), dans *Fable*, garde secrètement sur lui – ne peut qu'inviter le lecteur à s'interroger sur son paradoxal fonctionnement. Car, sous les apparences de la confusion mémorielle et de la plus totale liberté de parcours, un imaginaire se construit, dans des variations calculées sur les thèmes, les mots et les images ; et ce, non seulement au cours d'un même récit mais aussi dans l'ensemble de l'intertexte de Pinget. Telle excuse (*le Libera*) : « Moi les noms vous savez... », reproduite ailleurs (*l'Apocryphe*) : « Elle confondait les noms notre voisine après tant d'années » – ou « cette famille on s'y perdait », qui renvoie à l'affolement cocasse d'un Monsieur Songe devant la multiplication, « après tant d'années », de quatre amis initiaux en cinquante-trois neveux, nièces, petits et arrière-petits-neveux et nièces (*Monsieur Songe*) – peut donner lieu à une profusion de patronymes paronymiques dont la série (Ducreux, Descreux ; Crottet, Crottard, Chottard ; Mottard, Monnard, Dondard ; Monneau, Moineau ; Marin, Mortin...), évoluant autour d'un même scénario (*le Libera*), contribue à subvertir notablement le récit. Rien d'étonnant à ce que Chottard, Monnard, Dondard ou Mottard soient pris l'un pour l'autre ! Davantage : des réincarnations peuvent ramener dans divers ouvrages un Mahu, un Magnin, une Mademoiselle Moine et tout particulièrement Mortin, personnage protéiforme aux prénoms renouvelés. Ainsi la fin de *Monsieur Songe* réunit-elle les figures les plus marquantes de précédents romans. En revanche, les textes de *Passacaille*, de *Cette Voix*, de *l'Apocryphe*, qui éliminent les noms propres, installent des univers plus étroitement relationnels, dans lesquels « le maître » et son serviteur – ou sa bonne –, l'oncle et son neveu – ou sa nièce –, le docteur et son vieil ami reparaissent avec, semble-t-il, la même nécessité, sur une même toile de fond de solitude et de vieillissement, dans la maison désormais trop grande.

« Varier termes et syntaxe », écrit on ne sait quelle main dans *l'Apocryphe* : variations, d'abord, du point de vue du narrateur. Qui commente ? Qui écrit ? Qui témoigne ? Tour à tour, une voix différente – un « je », parfois – prend le relais. Racontars de passants, observations de domestiques, souvenirs de vieillards ; telle narration entamée par l'un s'achève ou bifurque dans la bouche d'un autre. Variations, parallèlement, d'une même scène : c'est, dans *le Libera*, l'accident de la Lorpailleur, aux innombrables versions, dont le cortège des conditionnels – « on aurait vu », « il aurait donc rencontré » – ainsi que les chapelets de « ou que » soulignent l'absolue permutabilité. C'est, dans *Passacaille*, les successives mutations du cadavre sur le fumier, fin tragique qui bouleverse le vieux docteur, à moins qu'il ne s'agisse (page suivante) d'un épouvantail à moineaux jeté là par le vent, ou, plus loin, de « la dépouille d'un animal, panse ouverte », vache empoisonnée, puis mutilée, réapparaissant, pour finir, en « cadavre mutilé, braguette ensanglantée » etc. Variations, encore, d'ordre musical : jeux sur les assonances et reprises de mots ; retours d'une même phrase en divers lieux du texte et même d'un texte à l'autre – ainsi les « trois notes » que siffle « le merle » traversent *Passacaille* pour rejoindre *l'Apocryphe* –, refrains légèrement modifiés – « Cette joie qui était la mienne. Cette voix qui était la tienne » (*Fable*) – et modulations sur un thème donné : « Les suggestions de la mémoire » (*Cette voix*), « Les illusions de la mémoire » (*Monsieur Songe*)...

Lieux communs et champs clos : l'humour la poésie...

Désignant, à l'évidence, son propre parcours, rien d'étonnant que le texte de Pinget s'inscrive sous le signe de la passacaille, pièce à mouvement très lent « sur un thème obstiné ». « Chercher un ton », trouver « la note juste », « réentendre » une voix : l'oreille, ici, a « d'aussi tyranniques exigences » qu'ailleurs le regard ; chez Pinget, c'est dans l'ouï-dire que s'énonce le dire. Nécessaire à ce ton spécifique de l'œuvre, le lieu commun s'en trouve élevé au rang d'institution. « Poncif » inévitable parce que trop humain ou cocasse ponctuation des radotages publics, il permet, avec le constant décalage de l'humour, le surgissement d'un monde connu, familier, aux contours clos, celui des cancans de petite bourgade où périodiquement reparaissent les mêmes figures pittoresques, les mêmes lieux et jusqu'aux mêmes animaux. Univers d'habitudes, voire de manies – menus et soucis journaliers –, dans lequel coule un temps également cyclique, au rythme des saisons et des jours, dans les renouvellements de la nature et les rituels des solennités... D'une « Toussaint merdeuse à souhait » (*Cette voix*), ramenant avec les traditionnels chrysanthèmes les souvenirs confondus des enterrements, à un juin lumineux, pendules et calendriers mesurent ces trop rapides glissements : « déjà les beaux jours, comme le temps passe »... Des taches descriptives à peine posées sur des bouts de phrases évoquent ici « la mousseline légère des feuilles » (*l'Apocryphe*), ailleurs « le miracle de l'enfance retrouvée » (*Passacaille*). Il faudrait, dit Monsieur Songe, « une aquarelle très fluide pour suggérer les illusions de la mémoire ».

Univers de poétique, hanté de chroniqueurs, compilateurs, mémorialistes, poétesses et autres « plumitifs », où se désigne avec obsession cette « aventure en train de s'accomplir » : le texte ; mais univers, non moins, de poésie, que Pinget ne craint pas de lancer à la recherche du « beau livre » [...]. Mais « qu'est-ce qu'un beau livre ? » (*l'Apocryphe*).

Le Fiston

SYNOPSIS

Ce roman dont Pinget a donné, sous le titre *Lettre morte*, une version théâtrale, n'est qu'une interminable lettre dans laquelle un père plus ou moins ivrogne, M. Levert, s'épuise à consigner tous les événements, anecdotes, lieux et faits quotidiens qui forment la trame de son univers familier, soudain brisé par le départ inexpliqué de son fils. Destinée à ce « fiston » qu'elle doit lui ramener, la lettre se défait, de variations en démentis, à mesure qu'elle s'écrit : « Je recommence... Il vaut mieux tout recommencer que compromettre ton retour par une erreur. »

Architruc

SYNOPSIS

Dans « une chambre pauvre, meublée avec prétention », un vieux fantoche de « roi sans divertissement » et son ministre, Baga, jouent, pour se désennuyer, les rôles du roi et de son ministre..., lequel peut aussi bien, suivant les occasions et les déguisements, jouer les ambassadeurs, la tante Estelle, le fils adoptif, etc. Va-et-vient continu de la réalité à l'irréalité, dans lequel passent le temps et la vie. « Quelle vie ? » demande Baga. Il faudrait « changer », partir en voyage... À moins qu'à la faveur d'une dernière « comédie », dans son déguisement de mort, la Mort elle-même n'intervienne...

L'Inquisitoire

SYNOPSIS

Quels enquêteurs menant quelle enquête mettent à la question cet ancien domestique (à demi sourd) de quels énigmatiques châtelains ? Le roman s'allonge et piétine dans une suite acharnée de demandes toujours plus précises et de réponses verbeuses.

> *Lorsque j'ai décidé d'écrire* l'Inquisitoire, *je n'avais rien à dire, je ne ressentais que le besoin de m'expliquer très longuement. Je me suis mis au travail, et j'ai écrit la phrase* Oui ou non répondez, *qui s'adressait à moi seul et signifiait* Accouchez. *Et c'est la réponse à cette question abrupte qui a déclenché le ton et toute la suite.*
>
> (*Nouveau Roman, hier, aujourd'hui*, II, *Pratiques*)

L'Apocryphe

SYNOPSIS

Cent soixante-huit fragments composent un texte sans auteur, superposant diverses couches de témoignages contradictoires, de corrections, de suppressions, d'additions, de scolies, à un indéchiffrable palimpseste – « Orthographe incertaine, biffures gênantes, difficultés accumulées ». Diverses couches d'une même angoisse de mourir sans laisser sa trace, en laquelle se confondent « le maître », ce « vieux professeur » humaniste, ou, après lui, son neveu, devenu un vieillard à son tour, ou le vieux domestique – de quelle génération d'héritiers ? –, ou les deux frères vieillissant côte à côte sur ces « vieux thèmes »...

A. Arnaudiès

PIRON Alexis

(1689-1773)

Son père, apothicaire cultivant les lettres, tenta vainement de faire de lui un avocat ; jusqu'à trente ans, le jeune Alexis resta dans sa ville natale, Dijon, composant des poèmes érotiques (*Ode à Priape*) et des satires contre ses voisins, les habitants de Beaune (*Voyage de Piron à Beaune*). En 1718, il vint à Paris, où il travailla comme copiste chez le chevalier de Belle-Isle. Il remporta son premier succès avec *Arlequin-Deucalion* (1722), qu'il avait écrit en deux jours. Ce monologue bouffon, rusant avec le règlement, inspiré par les Comédiens-Français, qui interdisait aux théâtres de la Foire de faire parler plus d'un acteur en scène, décida de sa carrière.

À une vingtaine de spectacles forains et d'opéras-comiques (*l'Antre de Trophonius*, 1722 ; *les Enfants de la joie*, 1725 ; *le Caprice*, 1724 ; etc.) succédèrent des ouvrages plus ambitieux : une comédie larmoyante, *les Fils ingrats* (1728), deux tragédies, *Callisthène* (1730), qui échoua, *Gustave Wasa* (1733), inspiré par *l'Histoire des révolutions de Suède* de Vertot, qui réussit. Ces pièces furent données à la Comédie-Française, qui, en revanche, se fit prier pour jouer *la Métromanie* (1738). L'auteur s'y moquait en effet d'une mésaventure subie par Voltaire : celui-ci, séduit par les vers d'une certaine Antoinette Malcrais de La Vigne, lui avait adressé dans le *Mercure* une épître enthousiaste ; or cette « muse divine » n'était autre que le médiocre poète Desforges-Maillard... Malgré le piment de l'exotisme, la dernière tragédie de Piron, *Fernand Cortès* (1744), fut un échec complet. En 1753 son péché de jeunesse, l'*Ode à Priape*, exhumée par Nivelle de La Chaussée, contraignit le roi à lui interdire de siéger à l'Académie française, où il venait pourtant d'être élu ; il reçut néanmoins une pension et se vengea par le mot célèbre : « Ils sont là quarante, qui ont de l'esprit comme quatre. » Ce bon vivant, membre fondateur, avec Crébillon, Collé, Gallet, de la société du Caveau, auteur d'innombrables épigrammes contre les pontifes ou les parasites de la république des lettres, « coupable » aussi de dizaines d'œuvres « badines », érotiques et anticléricales, se fit dévot à la fin de sa vie. Poésies sacrées et traductions de Psaumes ne l'empêchèrent pas de se composer une mordante épitaphe : « Ci-gît Piron qui ne fut rien, Pas même académicien. »

Tragédies et poèmes « badins » mis à part, l'œuvre de Piron n'est qu'une longue satire contre ceux qui, selon lui, brident ou défigurent la profession d'écrivain. *Arlequin-Deucalion* proteste contre l'injuste contrainte imposée aux forains, et il se venge des Comédiens-français en se moquant de leur Melpomène (la muse de la Tragédie) et en parodiant leurs auteurs maison, Houdar de La Motte ou Crébillon père. Ses épigrammes dénoncent aussi bien Voltaire, accusé de trop de facilité (« Son enseigne est : *À l'Encyclopédie* »), que la médiocrité de Desfontaines, « le Trissotin du siècle dix-huitième », ou de Fréron, « fade et vain farfadet ».

Cette agressivité sans nuances exprime la difficulté d'être du poète telle que Piron la ressent et l'analyse dans une *Métromanie* (étymologiquement : « folie des vers ») largement autobiographique. Pièce au demeurant ambiguë, dans la mesure où Damis, poète et personnage principal, n'est ni un intrigant ni une victime, ni même un fat, malgré ses espérances de gloire (« Çà, partageons les prix que dans peu je remporte ! »), mais un étranger en marge de l'action, perdu dans son rêve intérieur : « Muses, tenez-moi lieu de fortune et d'amours. » Un seul affrontement réussi, celui où il réplique au prosaïque Baliveau qui lui conseille un « parti solide » :

C'en est fait. Pour barreau je choisis le théâtre,
Pour client la vertu, pour loi la vérité,
Et pour juge mon siècle et la postérité.

Le drame de Piron est de n'avoir pu réaliser un programme aussi exigeant, pour n'avoir pas su renouveler les stéréotypes littéraires de son temps et s'être trompé de cible en attaquant d'abord les gens de lettres. Mais cette ambition déçue, en provoquant une mise en cause de lui-même, l'a conduit, dans *la Métromanie*, à tracer la première esquisse du « prince des nuées » romantique, dont le ridicule apparent n'est que l'envers de la sottise bourgeoise.

J.-P. de Beaumarchais

PISAN Christine de *v.* CHRISTINE DE PISAN

PIXERÉCOURT René Charles GUILBERT de

(1773-1844)

« Prince du Boulevard », « Corneille du mélodrame », « Shakespeare moderne »... : le dithyrambe a longtemps été de rigueur lorsqu'il s'agissait de désigner périphrastiquement Pixerécourt. Il est vrai que ce Lorrain inonda les scènes parisiennes, provinciales et étrangères de plus de cent vingt pièces, totalisant, entre 1795 et 1835, plus de trente mille représentations pour la France seule, et fit triompher, en utilisant toutes sortes de ficelles, « les idées religieuses et providentielles [...], les sentiments moraux » que la bourgeoisie postrévolutionnaire souhaitait inculquer au public populaire.

« Ma vie aurait suffi à trois individus bien organisés »

C'est par ces mots qu'au soir de son existence, goutteux et aveugle, Pixerécourt résumait sa carrière en préface à l'édition de son *Théâtre choisi* (1841-1843). Né à Nancy dans une famille de noblesse récente, le jeune Guilbert suivit son père dans l'émigration, en 1791, et abandonna ses études de droit. Revenu clandestinement, il se découvre une vocation dramatique en adaptant deux nouvelles de Florian, *Sélico* et *Claudine* (1793). L'année suivante, il ridiculisait le conventionnel Marat-Mauger dans un « fait historique mêlé de vaudeville », *le Jacobin en mission*. Inquiété de nouveau, il dut son salut à la protection de Carnot, qui le nomma à la section de la Guerre en 1795 : il y resta peu de temps, préférant s'adonner à la rédaction de pièces qui, cependant, ne franchissaient toujours pas la rampe. Enfin, en 1797, *les Petits Auvergnats* furent joués à l'Ambigu-Comique ; l'année suivante, *Victor ou l'Enfant de la forêt* triomphait au théâtre Favart. Et dès lors, au rythme de trois ou quatre productions l'an (neuf pour la seule année 1801 !), seul ou en collaboration (à partir de 1826 avec Mélesville, Antier, Brazier, Ducange...), il devait fournir les scènes populaires de mélodrames – soixante-trois en tout, parmi lesquels *Coelina ou l'Enfant du mystère* (1800), *le Pèlerin blanc ou les Orphelins du hameau* (1801), *l'Homme à trois visages ou le Proscrit de Venise* (1801), *la Femme à deux maris* (1802), *Tékéli ou le Siège de Montgatz* (1803), *les Ruines de Babylone* (1810), *le Chien de Montargis ou la Forêt de Bondy* (1814), etc. –, de pantomimes, d'opéras-comiques, de vaudevilles et même de tragédies, jusqu'à *Latude ou Trente-Cinq Ans de captivité* (1834), qui fut son dernier grand succès.

Une carrière bien remplie, donc, et qui, selon ses propres dires, lui rapportait des revenus annuels de 25 000 francs. Mais, « afin d'obtenir des appointements pendant trente ans et une retraite sûre dans un avenir lointain », il occupa la charge de directeur des Domaines, poste qu'il cumula avec la direction de l'Opéra-Comique et du théâtre de la Gaîté.

Le « créateur » d'un genre... classique

« Tout était dit, tout était fait, quand je parus. Il fallait donc inventer un nouveau théâtre. » Vanité d'auteur ? L'autosatisfecit des *Dernières Réflexions*... (1843) ne fait, en réalité, que résumer le concert des critiques contemporains. C'est Nodier qui vénère « le mélodrame tel que nous l'avons vu depuis 1800 naître, se développer, grandir sous les inspirations de l'auteur inventif de *la Femme à deux maris* » ; c'est le mesuré Deschamps qui, préfaçant *les Ruines de Babylone*, parle à l'auteur « du mélodrame tel que vous l'avez créé » ; c'est encore Paul Lacroix (le BIBLIOPHILE JACOB) qui écrit : « Vous êtes le créateur d'un genre [...]. C'est vous qui avez fondé les règles de ce genre qu'on essaierait en vain, aujourd'hui, d'exclure de nos habitudes théâtrales. » Créateur et poéticien du mélodrame, tel apparaît Pixerécourt : et de fait, à travers divers textes répartis au long de sa carrière – *Observations sur les théâtres et la Révolution* (1795), *Guerre au mélodrame* (1818), *le Mélodrame* (1832), *Dernières Réflexions sur le mélodrame* (1843) –, c'est une véritable poétique qu'élabore l'auteur de *Coelina*. Poétique classique, respectueuse des bienséances et des règles (« J'ai respecté dans mes drames les trois unités autant qu'il m'a été possible »), à l'opposé de ce drame romantique que l'on a pourtant voulu fils spirituel du mélodrame, et dont Pixerécourt rejette violemment la paternité : « Depuis dix ans, on a donc produit un très grand nombre de pièces romantiques, c'est-à-dire mauvaises, dangereuses, immorales, dépourvues d'intérêt [...]. Ce n'est donc pas moi qui ai établi le genre romantique » (*Dernières Réflexions*...). Poétique qui veut retrouver l'esprit d'Aristote en accordant à la fable la primauté sur les caractères : péripéties, reconnaissances, événements pathétiques viennent ainsi régénérer une intrigue que la stéréotypie psychologique (les bons, les méchants, les niais) condamnerait à l'ennui. Poétique classique, enfin, en ce qu'elle s'attache, par le discours, à « conserver le vrai langage de la nature » (*Guerre au mélodrame*). Quoi d'étonnant, dès lors, qu'on ait pu décrire, à l'aube du XIXe siècle, le mélodrame de Pixerécourt en termes raciniens : « Une action qui joigne à l'intérêt, à la simplicité du sujet, l'unité et la durée prescrites par les règles dramatiques » (F. Babié, 1801).

Un théâtre visuel et moral

Reste que ce théâtre, pour respectueux de l'esthétique du classicisme qu'il soit, n'est en rien une dramaturgie dans le style de l'époque classique : « J'écris pour ceux qui ne savent pas lire », proclame Pixerécourt. Et de fait, ses pièces, souvent adaptées de romans, s'attachent plus à frapper fort qu'à frapper juste : de là l'extrême minutie apportée par le dramaturge dans la description de ses décors, dans la mise en scène des effets spectaculaires (éruption volcanique, dans *le Belvédère*, 1818 ; tempête, dans *Christophe Colomb*, 1815 ; inondation, dans *la Fille de l'exilé*, 1819 ; etc.), le règlement des combats (*le Fanal de Messine*, 1812) ou des batailles (*Charles le Téméraire*, 1814), la façon dont doivent se comporter les acteurs... « Il faut que l'auteur dramatique sache mettre lui-même sa pièce en scène », affirme Pixerécourt, dont le texte fourmille d'indications scéniques. Et d'ajouter : « Il ne faut qu'une seule et même pensée dans la confection et dans l'exécution complète d'un ouvrage de théâtre » (*Dernières Réflexions*...). Metteur en scène d'un texte construit en une suite de « tableaux », Pixerécourt n'oublie jamais que l'efficacité de son œuvre tient à l'exacte adéquation des mots et des gestes. Que serait, en effet, un mélodrame joué au second degré ? Il échapperait à sa véritable définition, plus politique qu'esthétique : « Le mélodrame, donc [...], quand il est bien dirigé, quand la saine morale est sa boussole, surtout quand rien ne s'y passe qui ne soit à la portée de l'intelligence de la classe ouvrière et manufacturière, ne peut qu'être utile, politique même, et contribuer de plus à maintenir cette même classe dans le bon chemin des qualités morales, si nécessaires au repos de chaque famille et de la société entière » (*Guerre au mélodrame*).

Rien d'étonnant, dès lors, que la critique esthétique du romantisme se double d'une condamnation fondamentale de ces « auteurs qui n'ont ni [son] cœur, ni [sa] sensibilité, ni [sa] conscience ». L'immoralité du drame romantique ne saurait être admise (« Tous les estomacs ne peuvent supporter l'acide sulfurique »), sous peine de gangrener le corps social.

D. Couty

Pléiade (la)

(de 1549 à la mort de Ronsard)

La Pléiade n'a jamais constitué une école – le phénomène n'existe pas au XVIe siècle –, mais une réalité : pour la première fois en France, des poètes et écrivains se sentent liés par une communauté d'intérêts, prennent conscience de visées théoriques et poétiques homogènes, se reconnaissent un chef (Ronsard), se donnent un texte fondateur (*Deffence et Illustration de la langue françoyse* de Du Bellay) ; bref, ils s'identifient comme un groupe sous une dénomination commune. C'est Ronsard qui, en 1556, a repris le terme de Pléiade : par cette constellation de sept étoiles, des poètes alexandrins s'étaient désignés pour se donner l'immortalité. Et c'est aussi Ronsard qui a tenu plus que tout autre à centraliser les phénomènes littéraires, comme se centralisait le pouvoir royal ; il y fut largement aidé par Du Bellay. L'un et l'autre s'offrent alors tout naturellement aux attaques et aux injures du parti huguenot, qui parle, par dérision, de « Pléiade enyvrée » ; il n'en faut pas plus pour que Ronsard souhaite définitivement, en 1563, garder le terme. Il lui avait d'abord préféré celui de Brigade, plus vaste, plus agressif et, somme toute, plus représentatif.

Ces poètes affrontaient une situation qui ne leur convenait plus et voulaient renouveler la vie littéraire : dans cette France qui vient de voir mourir François Ier, le « père des lettres » (1547), et qui a connu avec lui le véritable départ de la Renaissance, appuyé par un pouvoir politique fort et un esprit conquérant, beaucoup de travail a déjà été fait pour modifier les façons de vivre et de penser. Le règne de Henri II (1547-1559) marque une sorte d'apogée, confirmée en littérature par l'existence de la Pléiade, et qui se perpétuera, malgré les guerres de religion, sous Charles IX.

Les jeunes gens (en fait, tous n'étaient pas si jeunes) qui, au cours des années 1547-1553, se rencontrent dans deux collèges parisiens, Coqueret et Boncourt, sous l'égide de rassembleurs de talent – Dorat, l'helléniste, leur maître à tous, mais aussi Marc-Antoine Muret, et, hors des murs, Peletier du Mans –, veulent tout connaître, depuis les textes grecs et latins jusqu'aux mathématiques et à l'astronomie ; ils croient à la nécessité du savoir, à la jeunesse de l'Antiquité, à la magie de la poésie. Par-dessus tout ils croient à eux-mêmes. Il faut dire que plusieurs d'entre eux étaient issus d'une assez bonne noblesse et pouvaient avoir l'ambition de ne pas déroger à leur état dans le royaume des lettres. Ils n'auront d'ailleurs pas toujours été satisfaits dans cette attente : ils vivront, pour la plupart, de charges modestes ou de bénéfices ecclésiastiques – qu'il leur fallait parfois réclamer avec insistance (ce fut le cas de Du Bellay, qui appartenait pourtant à l'une des plus grandes familles de diplomates de ce temps).

Au départ, ils se présentent comme des iconoclastes, des pourfendeurs de mauvais poètes et, surtout, de poètes courtisans tels ces disciples de Marot dans lesquels ils ne veulent voir que de vulgaires versificateurs et de vils traducteurs. Du Bellay a pris la responsabilité du premier « manifeste » de la langue française, la *Deffence* (1549). Certes, beaucoup de ses idées se retrouvent ailleurs – surtout chez les Italiens, d'où viennent presque tous les renouvellements –, mais le propre de Du Bellay n'est pas d'avoir collectionné des thèses : il est d'avoir agressivement projeté une synthèse qui va aider tout le groupe à réaliser d'autres projets poétiques.

Qu'a été la Pléiade, en effet, sinon un groupe fluctuant d'écrivains et de savants venus de tous les horizons français, et qui se sont illustrés dans des domaines extrêmement variés, avec un minimum d'accord entre eux ? Ronsard a constamment cherché à les rassembler autour de lui. Ses listes variables ne manifestent pas tant le souci d'accorder des récompenses que celui de contrôler l'extraordinaire expansion et spécialisation de la littérature à ce moment-là. Tantôt il groupe les amis proches, tantôt il cherche à représenter les figures les plus nouvelles dans chaque genre littéraire en mutation ; tantôt (surtout dans les premières années) il veut s'associer le plus grand nombre possible d'écrivains – et cela donne les longues listes du « Voyage d'Arcueil » (1552) et des « Iles Fortunées » (1553) –, tantôt, au contraire, il se fait plus sélectif, exclut des membres, préfère le nombre sacré de la Pléiade, le sept, qui, en 1555, couronne, outre lui-même, Du Bellay, Jodelle, Baïf, Peletier, Belleau, Tyard. Mais on a vu apparaître aussi Denisot, Dorat, La Péruse, Muret, Des Autels, La Haye, Tagaut, Garnier, Grévin et d'autres moins connus. Et il faudrait y joindre tous les amis auxquels s'adressent de nombreux textes de Ronsard ou Du Bellay, tels Magny ou Jamyn.

Les auteurs de la Pléiade ont tout essayé : la poésie amoureuse – à laquelle on les a par la suite réduits –, les cantiques religieux, les poèmes « scientifiques », les discours politiques, la poésie de cour et la critique la plus acerbe, l'épopée, la comédie bourgeoise ou humaniste, la tragédie à l'antique, pour ne pas parler des traités plus théoriques, de la poésie néo-latine qu'ils ont continué à écrire, et des traductions, auxquelles plusieurs d'entre eux, malgré des hésitations au départ, se sont de plus en plus adonnés. Pourtant, la recherche des genres a peut-être été moins importante à leurs yeux que le travail opéré sur le vers lui-même ; on les loue d'avoir acclimaté en France le sonnet italien en lui imposant peu à peu l'alexandrin ; mais, là encore, ils ont trouvé ou développé des formes métriques variées et riches, les ont systématisées, régularisées, tout en accordant, dans leurs œuvres, une grande place aux poèmes lyriques, épiques ou didactiques à forme longue. Comme les Italiens, ils ont repensé la rime : non contents de la régulariser et de l'enrichir, ils lui ont donné son caractère obsessionnel et affectif, privilégiant des signifiances qui marqueront la poésie française jusqu'à l'époque moderne. Quant à leur vocabulaire, dont le classicisme a pu se défier, l'histoire de la langue révèle tout ce qu'ils ont pu acclimater dans l'usage littéraire de termes de métiers et de spécialités, comme d'emprunts au latin et au grec. Effort gigantesque et rapide, comme on n'en voit qu'à de rares périodes.

L'ensemble de ces tentatives, curieusement, reste cohérent. On a parlé de mésententes, de jalousies, d'oublis à l'intérieur du groupe – entre Ronsard et Du Bellay, par exemple, et entre bien d'autres ; mais c'était un ensemble vivant, et les rapports entre les membres de la Pléiade frappent plutôt par la conscience d'une unité, la dignité de la recherche, l'ardeur et l'aisance : la partie de campagne d'Arcueil, qui fêta le succès de la première tragédie de Jodelle (1553), n'en est pas l'unique témoignage ; plus tard, l'enterrement de Belleau (1577) ou celui de Ronsard (1585) sont l'occasion de véritables manifestations littéraires. Reconnus en France, ces poètes l'ont été dans toute l'Europe savante, y compris en Italie, pays avec lequel ils ont entretenu de constantes relations.

Il ne faudrait pas cependant s'exagérer la suprématie des compagnons de Ronsard : ni d'Aubigné ni Du Bartas, pour ne citer qu'eux, n'ont fait partie du groupe, et Ronsard lui-même, du temps de Henri III, a été supplanté à la Cour par le jeune Desportes. Surtout, on les a trop vite considérés

comme des poètes aimables et légers. Pourtant, dans un monde difficile et mouvementé, ils s'étaient souvent sentis mis à l'écart, tel Jodelle, Du Bellay (« De tous les plus chétifs, le plus chétif je suis »), ou Ronsard, saturnien, souvent pris d'humeur noire, mal content et « frénétique », silencieux, parfois, pendant des mois. Au moins avaient-ils en commun, comme le dit Ronsard, de ne « s'acagnarder en paresse engourdie ».
Malherbe a ruiné leur renommée. Le XIXe siècle l'a rétablie, non sans marquer leurs œuvres d'un romantisme qui n'y était pas. Et quand ces hommes de la Renaissance, vifs, curieux, ne furent plus assez romantiques, on les a dits verbeux, pédants ou précieux. Ce qu'ils n'étaient nullement. Mais on ne peut empêcher que la Renaissance française soit la période où la poésie a été conçue comme l'essence même du langage, sans pour cela être confinée dans des tours d'ivoire : bien au contraire, jamais les poètes n'envahirent autant tous les domaines des activités humaines, jamais ils ne joignirent autant leurs efforts pour se faire reconnaître dans la cité.

M. M. Fontaine

PLISNIER Charles

(1896-1952)

Né en Belgique, fils d'un bourgeois agnostique, socialiste et idéaliste et d'une mère croyante, Plisnier manifestera dans sa vie comme dans son œuvre l'influence de ces deux tendances divergentes mais complémentaires : l'engagement politique et une foi fervente, fût-elle laïque.
Dès 1913, à l'âge de seize ans, il publie des recueils de poèmes et dirige une revue où s'exprime une « ferveur » juvénile ; en 1917, au moment où éclate la révolution bolchevique, il se jette à corps perdu dans la propagande communiste. Après des études de droit à l'Université libre de Bruxelles, il exerce la profession d'avocat au barreau de Bruxelles, et, simultanément, il déploie une intense activité d'écrivain, de journaliste et de militant d'extrême-gauche. Cependant, en 1921, après son admission au parti communiste belge, il s'impose une sorte d'autocensure, renonçant à publier ses poèmes, qu'il qualifie lui-même de « bourgeois et contre-révolutionnaires ». La production poétique de cette période – qui se caractérise par sa veine surréaliste – ne paraîtra en recueil qu'après 1928, année de son exclusion du P.C.B. pour trotskisme.
De 1921 à 1928, qui sont ses années de « volontariat politique », il parcourt l'Europe dans diverses directions pour accomplir des missions ; allant de l'Espagne aux Balkans, de l'Allemagne à l'Union soviétique. En 1925, il dirige le Secours rouge international. En 1927, délégué au Congrès de la IIe Internationale, il est élu au Présidium juridique. Les expériences humaines que suscitent ces voyages, les rencontres faites constitueront pour l'écrivain la source d'inspiration d'œuvres ultérieures : les recueils de nouvelles *Figures détruites* (1932), *Faux Passeports* (1935), *Folies douces* (1952) mettent en scène des situations vécues, des personnages qui, comme lui, se battaient pour la Révolution. Rendu à lui-même après son exclusion du P.C.B., il manifeste une activité fébrile dans différents domaines : de 1929 à 1943 paraissent douze recueils de poèmes, qui sont le reflet le plus direct des états d'âme de son existence d'alors. Citons : *Élégies sans les anges* (1929) ; *Prière aux mains coupées* (1930) ; *Fertilité du désert* (1933) ; la trilogie *Que notre règne arrive* (*Déluge*, 1933 ; *Babel*, 1934 ; *Sel de la terre*, 1936) ; *Périple* (1936) ; *Sacre* (1938) ; *Ave, Génitrix* (1943). L'œuvre poétique a été réunie en 1979.
Avec des amis, il fonde deux revues : *Prospections* et *Esprit du temps* ; il collabore comme critique littéraire et chroniqueur politique à divers journaux, entre autres, *le Rouge et le Noir, Cassandre, l'Indépendance belge* ; il publie un essai, *Mesure de notre temps*, où le révolutionnaire s'efforce de « penser son action ». C'est à partir de 1929 qu'il écrit les nouvelles qui seront publiées dans les recueils *Figures détruites* et *Faux Passeports*. En 1936 paraît – après *Histoire sainte* (1931) et *l'Enfant aux stigmates* (1931) – le premier ouvrage, *Mariages*, qui le consacre romancier. En 1937, il obtient le prix Goncourt pour *Mariages* et *Faux Passeports* réunis : c'est la première fois que les Dix décernent leur prix à un écrivain qui n'a pas la nationalité française.
La même année, Plisnier est élu à l'Académie royale de langue et de littérature françaises. Ayant quitté la Belgique pour s'établir en France en 1937, il se voue dès lors entièrement à sa profession d'écrivain. Il fait encore deux reportages journalistiques sur des sujets d'actualité brûlante (un voyage en Palestine, en 1938, et un reportage sur la position de la Belgique face à la menace de guerre, en 1939) ; cependant, à partir de 1940, c'est la création romanesque qui l'absorbera tout entier : de 1939 à 1945 paraissent les cinq volumes de *Meurtres* (*Mort d'Isabelle*, 1939 ; *le Retour du fils*, 1939 ; *Martine*, 1940 ; *Feu dormant*, 1941 ; *la Dernière Journée*, 1941) et un certain nombre de nouvelles ou de courts romans (*la Matriochka*, 1945). De 1946 à 1949 paraissent les trois volumes de *Mères* (*Mes bien-aimées*, 1946 ; *Nicole Arnaud*, 1948 ; *Verte de désordre*, 1949). Suivront *Beauté des laides* (1951) et, publiés après sa mort, *l'Homme et les Hommes* (1953) ; *Patrimoine* (1953) ; *Roman, papiers d'un romancier* (1954).
La production romanesque s'accompagne d'une activité ininterrompue de critique littéraire. En effet, le créateur ne cesse de réfléchir sur son activité et sur le produit même de cette activité. Enfin, l'homme ne renonce jamais à s'engager. Plisnier s'intéressa toujours au politique, comme à une réalité qui touche l'homme tout entier en tant qu'animal social : après la Seconde Guerre mondiale, il publie divers pamphlets où il exprime ses idées et sa préoccupation au sujet de l'évolution de la situation politique, tant sur le plan national que sur le plan international. Il apparaît ici comme un précurseur, et ses vues sont souvent prophétiques. En 1945, au congrès du Mouvement wallon, il prononce un discours dans lequel il préconise la constitution d'une Belgique fédérale ; en 1950, dans un article paru dans *Synthèses*, il se montre attentif à la « Naissance de l'idée Europe » (voir aussi : *Lettre à mes concitoyens*, 1952, publiée en 1962).

En définitive, le caractère le plus original, le plus authentique de Charles Plisnier réside dans cette union inextricable entre vie et écriture, qui se traduit sous forme lapidaire dans cette phrase : « Lyrisme égale révolte » (*Esprit du temps*, sept. 1933). C'est dans cette perspective que se situe l'engagement de l'écrivain. Répondant à une « vocation », remplissant une « mission », l'écrivain est, selon Plisnier, porteur d'un message spirituel. Le seul engagement auquel il puisse se soumettre est de servir en tout point la vérité : dans cette mesure, il fait son salut, en y conduisant aussi les autres hommes, ses frères. Ainsi peut-il être rangé parmi « les prêtres, les agitateurs, les savants, qui se sacrifient pour sauver les hommes et s'élève-t-il du rang d'amuseur à celui de maître à vivre ».

E. Capiau-Laureys

POIROT-DELPECH Bertrand

(né en 1929)

Romancier, essayiste, critique littéraire français, né à Paris. Licencié de philosophie, il est journaliste à partir de 1951 et travaille à la *NRF*. Chroniqueur judiciaire puis critique dramatique au *Monde*, il y assure le feuilleton littéraire (1972-1989), puis tient une chronique d'actualité. Il écrit des romans depuis 1958 et des essais depuis 1969. Il a été reçu à l'Académie française en 1986.

C'est dans son feuilleton du *Monde* que Poirot-Delpech donna la mesure de son talent de critique, en présentant avec un jugement très sûr les nouveautés littéraires ; paru plus récemment, *Diagonales* (1995) regroupe également des chroniques publiées dans *le Monde*. Mais l'auteur n'a pas sacrifié la création romanesque au journalisme. Ses trois premiers romans déjà savaient observer avec justesse les modes du début des années 1960 (*le Grand Dadais*, prix Interallié 1958), et le ton était celui d'un styliste (*la Grasse Matinée*, 1960 ; *l'Envers de l'eau*, 1963). Étranger au nouveau roman, l'écrivain ne reprend la plume qu'en 1969, avec *Finie la comédie*, un pamphlet qui dénonce les snobs et les imposteurs de notre époque, les intellectuels notamment, marquant ainsi son malaise à vivre au sein d'une bourgeoisie à laquelle il appartient pourtant. C'est toujours en moraliste qu'il rédige *la Folle de Lituanie* (grand prix du roman de l'Académie française 1970), un roman par lettres qui joue avec la mystification, l'imaginaire, la mort et la folie. *Les Grands de ce monde* (1976) et *la Légende du siècle* (1981) poursuivent avec causticité la satire des grands bourgeois, des célébrités et des gouvernants, parmi lesquels le président Giscard d'Estaing, cible de *Tout fout le camp* (1976, signé du pseudonyme HASARD D'ESTIN). Davantage de poésie, une forme de pudeur aussi, donnent aux pages autobiographiques du *Couloir du dancing* (1982) une facture nouvelle. Mais avec *l'Été 36* (1985), porté à l'écran pour la télévision par Yves Robert en 1986, Poirot-Delpech assure sa maîtrise d'une inspiration populiste, servie par un style drôle, acide et lyrique tout à la fois. La passion de l'écrivain pour les ressorts classiques et efficaces du romanesque apparaît encore dans *le Golfe de Gascogne* et *Traversées* (1989), voués à la mer et/ou à l'amour, ou dans *Monsieur le Prince* (1999), récit d'aventures et de quête. Cependant, les incessantes réflexions de Poirot-Delpech sur les engagements ou les implications idéologiques, de 1940 à nos jours, ont généré des textes aussi divers que des commentaires de procès (*Monsieur Barbie n'a rien à dire*, 1987 ; *Papon, un crime de bureau*, 1998), un « journal de l'année 1997 » (*Théâtre d'ombres*, 1998), ou un roman sur l'engagement humanitaire dans le conflit bosniaque de 1992 (*l'Amour de l'humanité*, 1994). *J'écris Paludes* (2001), qui interroge les diverses significations du célèbre récit de Gide, révèle enfin la fascination de Poirot-Delpech pour les potentialités de l'écriture, jusque dans ses dimensions les plus énigmatiques.

M. P. Schmitt

POISSENOT Bénigne

(1558- ?)

Écrivain amateur contemporain des guerres civiles, Poissenot occupe, grâce à deux recueils (*l'Esté*, 1583, et les *Nouvelles Histoires tragiques*, 1586), une place à part dans l'histoire des genres narratifs. De sa vie nous ne savons que ce qu'il a bien voulu glisser dans ses livres. Né à Genevrières, près de Langres, il étudie tout d'abord sous la férule d'un prêtre de campagne, Pelleteret, puis vagabonde à travers la France, avec une prédilection pour le Midi. On perd sa trace en 1586.

La chaleur de *l'Esté*

L'Esté est l'histoire d'une déambulation d'étudiants bavards et curieux dans le Languedoc du XVIe siècle. C'est dire qu'en dépit du titre, qui rappelle ostensiblement le *Printemps* de Jacques Yver et cherche à s'attirer la même faveur, le recueil explore des lieux et des milieux étrangers à la tradition boccacienne. Poissenot et ses compagnons vivent et regardent en ethnographes les coutumes et les hommes méridionaux. Autour d'eux grouille un peuple misérable, violent, volontiers xénophobe, aux habitudes alimentaires étranges. Le soleil brille, mais la guerre menace. Nos écoliers n'aiment guère les « pitauts », en décousent avec les pêcheurs, non sans avoir auparavant examiné avec soin la technique communautaire du « boulesche ». Les nantis, « ces gros raminagrobis de marchands qui ne font autre chose le jour que d'estre assis en une boutique », sont croqués d'une main artiste et condescendante.

Souvent, trop souvent sans doute au goût du lecteur d'aujourd'hui, nos héros, plutôt que de voir, s'inquiètent de savoir. Ils ont beaucoup lu, et la « farcissure » du recueil, faite d'une bigarrure d'« histoires », de facéties et de propos mémorables, accablera plus d'un estomac « douillet ».

La nouvelle histoire tragique

Le second recueil n'est pas moulé sur Boccace mais sur les *Histoires tragiques* de Boaistuau, dont il reprend l'économie (six histoires de longueur moyenne et pas de *cornice*). Poissenot n'explore plus la réalité mais un genre, l'histoire tragique,

que la mort récente de Belleforest a rendu vacant. Pour l'écrivain, il exige une liberté dans le choix des mots, rare à ce moment : « On [...] loue la vertu, on appelle bois ce qui est bois, pomme ce qui est pomme. » L'émancipation thématique est la mesure de l'émancipation stylistique. La moitié du volume est occupée par des histoires tirées de la réalité contemporaine : fureurs religieuse et libidineuse s'entrelacent sur un fond de violence et d'insécurité. Cette audace est tempérée dans la première moitié, où prennent place tour à tour une nouvelle version de l'aventure de Floridan et d'Ellinde (« la première de nos nouvelles tragiques » [G. Reynier]), un conte de fées tragi-comique, dont l'empereur Maximilien est le héros, et un récit emprunté à Xénophon.

Le public ne s'éprit pas des livres de Poissenot. Les affaires du temps, qui retenaient ailleurs son attention et désorganisaient le commerce du livre, y sont sans doute pour beaucoup. Mais on peut penser aussi que notre conteur payait ainsi le prix de sa sincérité et de sa singularité : que ne s'était-il abandonné à la « parole apprêtée » qui s'emparait, pour près d'un demi-siècle, de notre prose narrative ?

M. Simonin

PONCHON Raoul

Pseudonyme de ***Raoul POUCHON*** *(1848-1937)*

Né à La Roche-sur-Yon (Vendée), Raoul Ponchon passe sa jeunesse en province avant de venir s'installer à Paris, pour tenter d'y faire fortune. Il se fait alors remarquer dans les salons littéraires et les milieux journalistiques, mais n'exerce pas de profession régulière ; en fait, jusqu'à la fin de sa vie, Ponchon ne cessera d'être une sorte de « fonctionnaire » de la bohème, fréquentant les mêmes cafés parisiens aux mêmes heures et composant avec la même régularité ses vers quotidiens. Il publiera, de 1887 à 1907 dans *le Courrier français*, puis de 1907 à 1913 dans *le Journal*, des « Gazettes rimées », où le poète commentera des événements d'actualité tels que les nominations ministérielles ou le problème du vote féminin. Auteur apprécié, d'une remarquable prolixité (il composa plus de 150 000 vers en trente ans), Ponchon fut admis en 1924 à l'académie Goncourt. Cette vie « sans histoires » s'acheva au terme d'un long séjour à l'hôpital.

Celui que Maurras appelait, dans les années 1920, « le premier poète de son temps », ne fut certes pas un précurseur du surréalisme, ni même un successeur du symbolisme ; sa poésie, d'essence satirique, ne vise qu'à « mettre en vers » les sujets abordés dans les journaux du temps. Alexandrins, distiques, odes, sonnets..., Ponchon utilise toutes les formes connues, imitant même la structure des célèbres « Djinns » hugoliens. Sans prendre vraiment position politique, sans avoir rien de l'agressivité ou de la force des Béranger, Rochefort et autres polémistes ou chansonniers du XIXe siècle, Ponchon emploie un ton « populaire », et n'hésite pas à glisser dans ses pièces quelques calembours, parfois érudits, souvent assez lourds. Ainsi les ministères républicains :

C'est comme un pot au feu du siège
Y a un peu d'tout, et puis rien d'dans.

(*la Muse frondeuse*)

Quelquefois plus bucolique, Ponchon revient aux thèmes traditionnels de ce qu'un de ses apologistes (Marcel Coulon) nomme le « génie gaulois » – dans la tradition de Mathurin Régnier ou de certaines satires de Boileau ; ses textes font alors l'éloge du vin, de la bonne chère, de la vie facile :

Ô vin, je veux bondir sur tes folles écumes !
Ô vin, sillonne-moi d'espoirs, célestes voiles !

(*la Muse au cabaret*)

Ponchon apparaît donc comme un poète de tradition, égaré dans le siècle des Mallarmé, Valéry et Apollinaire, et dont les petites chroniques, sur des sujets de circonstance, ne trouvent plus guère d'admirateurs aujourd'hui, à l'exception, peut-être, des agréables « chansons à boire » de *la Muse au cabaret* (1920). Trois autres recueils ont été publiés, posthumes, à partir de l'abondante production des « Gazettes rimées », dont les titres résument l'esprit de la poésie de Ponchon : *la Muse gaillarde* (1939), *la Muse vagabonde* (1947) et *la Muse frondeuse* (1971).

J.-P. Damour

PONGE Francis

(1899-1988)

Né à Montpellier, Francis Ponge passe sa première enfance à Avignon. Il a dix ans lorsque sa famille s'installe à Caen – la ville de Malherbe, écrivain qu'il commentera. C'est là que bientôt va se développer chez lui un goût pour la langue latine et pour le dictionnaire de Littré. Cette préoccupation essentielle pour le langage caractérisera toujours l'auteur du *Grand Recueil*. Il en ira de même pour cet attrait qu'exerce sur lui la rigueur et qui se manifeste dans ses lectures dès l'époque où il prépare Normale supérieure, à Paris : les logiciens du XVIIIe siècle lui paraissent préférables à Bergson.

En 1922, il entre en rapport avec Jean Paulhan et *la Nouvelle Revue française* ; il mène alors une vie assez retirée à Paris et ne participe pas aux manifestations surréalistes du moment. De cette période datent les *Douze Petits Écrits* (1926) et les premiers textes du *Parti pris des choses* ou ceux du *Grand Recueil*.

S'il adhère, un peu plus tard, au mouvement surréaliste, au moment où celui-ci connaît des schismes importants, cette adhésion reste fugitive et sans conséquences pour son œuvre, qui s'élabore toujours « en retrait ». Pour vivre, Ponge doit bientôt travailler comme employé aux Messageries Hachette. La vie de bagne qu'il y découvre et qu'il évoquera dans « R.C. Seine n° » est un des motifs de son adhésion au parti communiste (1937). La plupart des textes du *Parti pris des choses* ont vu le jour à cette époque, pendant les rares moments de loisir que connaissait Ponge.

Après avoir été démobilisé, Ponge trouve un emploi dans les assurances, à Roanne. Il entreprend les textes qui formeront *la Rage de l'expression* (1952). Il participe à la Résistance. Après la guerre, l'orientation « sectaire » du parti communiste amène Ponge à le quitter (1947). Une période de soucis financiers s'ouvre pour lui. Il réussit enfin à entrer comme professeur à l'Alliance française, où il restera dix ans. À sa retraite, il peut enfin se consacrer totalement à son œuvre.

Pour le grand public, Ponge reste avant tout l'auteur du *Parti pris des choses*, ouvrage paru en 1942. Le poète est pourtant aussi un essayiste (*Pour un Malherbe*, 1965 ; *Comment une figue de paroles et pourquoi*, 1977 ; *l'Écrit Beaubourg*, 1977) et un critique d'art (*le Peintre à l'étude*, 1948, illustré par Braque ; *De la nature morte et de Chardin*, 1964 ; *l'Atelier contemporain*, 1977). Cependant sa profonde originalité, sa modernité, c'est en poursuivant son entreprise de 1942 qu'il les affirme dans des ouvrages successifs : *le Carnet du bois de pin* (1947) ; les trois tomes (I : « Lyres » ; II, « Méthodes » ; III, « Pièces ») du *Grand Recueil* (1961) ; *Tome premier* (1965, recueil de textes de *Douze Petits Écrits à la Seine*) ; *le Savon* (1967) ; le *Nouveau Recueil* (1967) ; *la Fabrique du pré* (1971) ; *Nioque de l'avant-printemps* (1983) ; *Petite Suite vivaraise* (1983) ; le *Nouveau Nouveau Recueil*, 3 vol. posthumes (1992).

Le problème d'un « parti pris des choses »

Le projet initial de Ponge semble être celui d'une contemplation et d'une connaissance des choses. Celles-ci nous proposent en effet « un million de qualités inédites », – une profusion de richesses inaperçues.

Mais toute contemplation implique le risque du mysticisme et du silence. Une méthode devient nécessaire ; cette méthode, c'est le langage qui la rend possible, car les mots sont l'un des « moyens » privilégiés de scruter l'objet. Le contemplateur devra se doubler d'un rhétoricien dans son exigence de justesse et sa volonté de ne pas se laisser emporter par son objet.

À ce point, une certaine « naïveté » apparaît nécessaire : « Le meilleur parti à prendre est donc de considérer toutes choses comme inconnues, et de se promener ou de s'étendre sous bois ou sur l'herbe, et de reprendre tout au début », écrit Ponge dans les *Proêmes* (1948). Le primat semble donc rester à l'objet, même si les mots sont nécessaires pour l'appréhender. Ce point initial a prêté à des contresens sur l'œuvre. On a parfois voulu voir dans les textes de Ponge des tentatives pour prendre possession de l'objet par la description, tentatives qu'on a pu ensuite taxer d'anthropomorphisme.

La réalité est plus complexe. Le projet est certes d'abord celui d'une connaissance de l'objet (et notons d'emblée que décrire n'est pas connaître). Ainsi, à propos du « bois de pin », Ponge écrit « mon projet n'est pas de faire un poème mais d'avancer dans la connaissance et l'expression du bois de pin », de dégager la « qualité propre » de ce bois et la nature de l'expression d'une telle chose.

Ce primat de l'objet implique nécessairement l'évacuation du sujet et de tout lyrisme personnel. Mais la nature même du projet implique aussi une remise en cause des formes usuelles du langage. Dans sa correspondance, Ponge parle d'une « tentative d'assassinat d'un poème par son objet ».

C'est alors que le problème se complique : le « moyen » que constitue le langage se révèle fort délicat à manier : « Pour qu'un texte puisse, d'aucune manière, prétendre rendre compte d'une réalité du monde extérieur, il faut qu'il atteigne d'abord à la réalité dans son propre monde, le monde des textes, lequel connaît d'autres lois » (*Pour un Malherbe*). Cette transposition du « monde muet » des choses en celui du langage ne va pas sans difficultés. Ponge peut écrire : « J'ai toujours balancé entre le désir d'assujettir la parole aux choses et l'envie de leur trouver des équivalents verbaux. »

Ici apparaît un aspect fondamental de l'œuvre : c'est une morale de l'écriture liée à une « rage froide », à une ténacité, à une passion cachée. « Ce sont tout à la fois la violence du désir et la hauteur (l'éloignement extraordinaire, l'altitude impossible) de l'objet qui maintiennent la parole en forme. » En forme : cela est essentiel. On peut dire de Ponge ce qu'il a écrit à propos de Malherbe : « Il a tout ordonné, a coupé ce qu'il fallait des mots, les a assurés, équarris, ajustés et polis juste comme il faut. » Sous la force et la « tenue » du langage, on sent cette « folle rigueur » qui a frappé Marcel Arland chez Ponge. C'est bien là « le contraire de l'effusion et de la complainte », le refus d'un style « naturel », la recherche de « la Raison à plus haut prix ». Ponge sera avant tout celui qui travaille sur le langage puisqu'il s'agit de rendre « les ressources infinies de l'épaisseur des choses » par « les ressources infinies de l'épaisseur des mots ». Le primat de l'objet se transforme en un primat des mots.

Le travail sur les mots

Passionné du Littré, Ponge est un acharné du langage : qu'il s'agisse de *la Rage de l'expression*, de *Pour un Malherbe* ou du *Savon*, l'auteur met en évidence, par la reprise incessante des mêmes phrases, chaque fois un peu modifiées, une volonté d'atteindre à une expression plus juste. Avec Ponge, nous voyons le texte en train de s'écrire. C'est pourquoi l'écrivain préfère le terme de parole à celui de poésie. Il veut voir dans son effort une Raison en acte. « Je me regarde écrire », déclare-t-il dans *Pour un Malherbe*.

Pourquoi faudrait-il un état définitif du texte ? Nous devons accepter ce que propose l'auteur non seulement comme le mouvement d'une parole exigeante qui se reprend, se donne à voir, mais aussi comme « ces reprises *da capo*, ces variations sur un même thème que nous acceptons en musique ». Ponge propose pour le texte littéraire une forme absolument nouvelle.

Cette parole qu'il recherche, l'auteur la veut absolument unique. Il faut donc mettre en œuvre l'art de résister aux paroles communes. Comment ? en redonnant aux mots leur juste poids.

L'étymologie apparaît – comme chez Mallarmé – un moyen privilégié : l'expression « la stupéfaction des rocs », redonne au mot stupéfaction son sens latin d'immobilité sans lui faire perdre ses autres valeurs. Dans le texte du *Parti pris des choses* sur l'huître, « formule » prend le sens de « petite forme ». Quand Ponge parle de la « résignation » des parties vives de l'arbre, il s'agit des sens latins de « rupture » et de « délivrance » qui affectent fleurs et fruits. De l'étymologie, Ponge peut écrire dans « Lyres » : « Quelle science est plus nécessaire au poète ? »

En jouant sur tous les registres de sens du mot, Ponge accroît la densité du texte : le mot « précipitation » est simultanément utilisé au sens de « chute de pluie » et d'« empressement ». C'est selon le même procédé que Ponge parlera de la « contenance » de l'orange ou du « sang-froid » des escargots. L'humour devient par voie de conséquence une composante essentielle de l'œuvre.

Le travail sur les mots va souvent jusqu'au néologisme. Ainsi, Ponge parlera de l'« amphibiguïté » de la fin d'automne. Une telle insistance sur le langage implique pour le texte un idéal d'« inscription » qui lui confère un être plus immuable. Employer les mots dans tous leurs sens, c'est éviter que les significations ne jouent plus tard un « sale tour » à l'écrivain. Préférer aux mots leurs racines, c'est en prendre la partie la plus solide. L'étude porte donc toujours « beaucoup plus sur le vocabulaire, le dictionnaire, que sur la syntaxe, la grammaire, bref sur la matière à proprement parler plutôt que sur ses formes ou figures ».

Une recherche aussi poussée n'exclut pas une certaine préciosité, celle d'un style qui « appuie trop sur les mots ». Mais, outre le plaisir qu'elle procure, cette préciosité est nécessaire, car elle seule permet ce « fonctionnement » du texte qui « seul, peut rendre compte de la profondeur substantielle, de la variété » du « fonctionnement » même du monde. Cette appréhension du monde par « l'épaisseur vertigineuse du langage » est baptisée « objeu » par son auteur.

Ce « fonctionnement » du texte est impossible sans l'union de l'activité créatrice et de l'activité critique. « Il n'y a aucune dissociation possible de la personnalité créatrice et de la personnalité critique ». Ainsi dans *Proêmes*, le texte sur « le Jeune Arbre » est suivi des « Caprices de la parole » qui en sont en quelque sorte le commentaire. Dans le texte même, l'auteur s'interroge sur le texte et en fait la critique tout en poursuivant son élaboration.

Bilan

Quoi qu'il en soit, l'« objeu » reste une « opération » qui fait naître le texte mais dans laquelle la « chose » meurt. Le projet initial du poète est en échec. Le retour de l'esprit aux choses est impossible, car ce ne sont pas les choses qui parlent, mais « les hommes entre eux qui parlent des choses, et l'on ne peut aucunement sortir de l'homme ». Quel est donc le résultat du labeur de l'écrivain ?

Tout d'abord, l'homme a gagné quelque chose par rapport au point de départ qui est le mutisme de l'objet et le silence, voire le sommeil de la conscience par rapport à cet objet. Il y a apport de cet objet nouveau qu'est le texte lui-même cherchant jusque dans son échec à justifier l'objet. « Il y a quelque chose de plus dans la conclusion que dans les prémisses » : à propos de la bulle de savon, cette image du texte : « mystérieusement », « quelque prémisse » est venue « boucler la sphère ; tout incurver et lui permettre de se détacher et de s'envoler [...]. Une bulle est peu de choses » mais ce sont au moins « des qualités nouvelles, inattendues, jusqu'alors inconnues [...] qui s'ajoutent aux connues pour constituer la perfection et la particularité d'un être sous tous les rapports ».

Quant au lecteur, le texte le met en demeure de faire une véritable « toilette intellectuelle ». En effet, les jeux sur le sens des mots, leurs racines, la dénonciation des expressions communes font que l'objet n'est qu'un « prétexte » pour obliger le lecteur à une « application » inattendue.

Il faut donc tirer de l'objet une « leçon ». D'un côté, l'« épaisseur des choses », de l'autre « une exigence d'esprit » par laquelle l'homme affirme grâce au langage sa rigueur. Dans cette entreprise, l'homme se justifie et justifie les choses. En toute chose, en effet, il y a comme un sentiment de non-justification. En s'affirmant par une expression, l'homme se donne sens et donne sens aux choses. Le projet d'un « parti pris » des choses naît sur le fond d'une philosophie du non-sens du monde et de l'indigence essentielle des moyens d'expression. Mais ce même projet « résout le tragique de cette situation » en justifiant relativement homme et choses. Il faut, écrit Ponge dans les *Proêmes*, « s'appliquer au relatif ». En se tournant vers les choses, il choisit d'en tirer pour l'homme une parole aussi immuable que possible. L'écrivain remarque que les végétaux ne s'expriment que d'une seule façon (les feuilles...) mais que cette unique expression constitue leur être même. Pour donner de l'être à l'homme, il faut trouver une parole immuable. Peu de certitudes, mais au moins celle des mots – qu'il faut alors agencer. Ce qui séduit Ponge chez Malherbe, c'est justement cette morale d'une « littérature sans illusions », ce « goût de tirer le maximum du rien ou du très peu de chose ».

Ponge est essentiellement un esprit « sans illusions », ce qui lui permet de ne pas sombrer dans le désespoir ou dans la nostalgie de l'unité et ce qui rend pour lui l'humour possible, car de l'objet on ne tire pas seulement une « leçon » mais aussi une « jouissance ».

L'idéal de l'écrivain peut alors se révéler sous la forme de la tautologie. Ponge note chez Malherbe ce vers : « Il n'est rien de si beau comme Calixte est belle. » Or Calixte, étymologiquement, signifie : la plus belle. Le poème est une tautologie. Avec Malherbe, Ponge déclare : la beauté est la beauté et n'est que cela. Il s'agit uniquement de développer et de structurer cette tautologie.

« Comment une expression est-elle belle ? Quand elle contient sa preuve rhétorique en elle-même, quand elle peut être comprise comme une loi éthique et esthétique : une formule d'art poétique. » Cette affirmation de la beauté par elle-même provoque une « jubilation », le sentiment d'une perfection dans le relatif. C'est pourquoi le lyrisme n'apparaît jamais, chez Ponge, à propos des « choses », mais à propos des mots.

Pour l'homme

Avec Ponge, c'est d'une littérature pour l'homme qu'il s'agit. Le langage nous donne de l'être. L'humour, composante essentielle, n'est pas seulement l'occasion d'un plaisir. Il implique ce sens de la dissection dont parlait Bergson dans *le Rire*, cette prééminence de l'« esprit », une démarche quasi scientifique qui garantit à l'écrivain un certain recul, voire une certaine sécurité, par rapport au monde. Une comparaison avec Michaux est éclairante. Lorsque l'auteur de *La nuit remue* cherche, dans *le Lointain intérieur*, à atteindre cette expérience d'être « dans » une pomme, il assume le risque pour la conscience de s'abolir. C'est là une expérience limite de la conscience vers les choses, un risque que Ponge n'a pas pris car il se veut, dit-il « moins poète que savant ». Ponge fait porter son activité sur les méthodes de la connaissance qui forgent leurs objets, comme dans toute démarche scientifique. La conscience s'exalte alors de sa lucidité et garde son intégrité.

A. Déchamps

PONSARD François

(1814-1867)

Né à Vienne et mort à Paris, Ponsard pourrait être considéré comme le modèle de l'honnête homme tel que l'entend le siècle de César Birotteau.

Étudiant en droit, il se découvre une vocation poétique en traduisant *Manfred* de Byron (1837). « Le romantisme eut mes premiers enthousiasmes », avoue-t-il ; mais bien vite il préfère prôner le retour à un néoclassicisme imité de Casimir Delavigne. Foin de l'outrance hugolienne ! Mieux vaut « corriger » Shakespeare « par Racine ». « Les jeunes gens – écrit Ponsard – cherchent volontiers l'exagération, l'esprit maniéré et l'emploi excessif de la couleur et de l'image. La force n'est pas là [...], dans les figures ambitieuses, mais dans les pensées solides, énoncées en termes propres, vifs et précis. » Ponsard, en cela, se plie à l'évolution du public bourgeois. Hugo eût conçu moins d'aigreur à voir échouer ses *Burgraves* s'il n'eût assisté en même temps au triomphe de *Lucrèce*, dont l'héroïne, honnête épouse d'un patricien romain, fait applaudir à la Comédie-Française (22 avril 1843) ses vertus toutes domestiques :

Quand mon mari combat en bon soldat de Rome,
Je dois agir en femme ainsi qu'il fait en homme...
... Moi, je commande ici, comme lui dans son camp,
Et ma vertu doit être au niveau de mon rang.

(Acte I, sc. I)

L'émotion est grande, et Musset affirmera « qu'un pareil langage ne s'était plus entendu au théâtre depuis Corneille ». Peut-on alors s'étonner qu'une coalition se forme autour de Ponsard ? Augier, Ponroy, Latour de Saint-Ybars font leur son principe : « Je n'admets que la souveraineté du bon sens. » L'« école du bon sens » est née, mais le rôle de chef de cénacle ne convient pas à un homme aussi réservé que scrupuleux. L'échec d'*Agnès de Méranie* (1846) n'est qu'à demi effacé par les succès de *Charlotte Corday* ou de *Horace et Lydie* (1850). L'auteur reçoit du même cœur l'approbation de ses maximes sévères à l'égard des excès révolutionnaires et celle de ses choix esthétiques traditionnels, visant une simplicité à l'antique. Sa scrupuleuse honnêteté est manifeste ; il rompt avec ses disciples en confessant à Hugo : « C'est de votre côté qu'est la vie, avec la passion, la colère, la générosité, l'amour de l'art. » Soucieux de préserver son indépendance vis-à-vis du pouvoir, il démissionne, après le coup d'État du 2-Décembre, du poste de bibliothécaire du Sénat auquel il avait été appelé. Son inspiration se débat entre une sincérité que nul ne met en doute et un académisme prudent, dont la médiocrité de l'artiste ne peut se départir. Il a beau l'appeler dans un poème en cinq chants, *Homère* (1852), ou une tragédie avec chœurs, *Ulysse* (1852), l'élévation lui manque. Son art s'obstine à préférer le truisme à la métaphore ; le public y souscrit, faisant un triomphe aux deux comédies de mœurs qui encadrent l'entrée de Ponsard à l'Académie (1855) : *l'Honneur et l'Argent* (1853) et *la Bourse* (1856). D'ultimes lauriers couronnent deux drames historiques, *le Lion amoureux* (1866) et *Galilée* (1867). Mais ce succès ne modifiera pas le jugement sévère de la postérité. Déjà en 1843, Victor Hugo prêtait à Théophile Gautier des propos sans indulgence : « [Il] dit que le succès de cette tragédie de *Lucrèce* [...] est pour lui le 1814 de l'art et qu'il lui semble, en entendant nommer M. Ponsard, voir arriver Louis XVIII avec ses gros mollets. »

D. Giovacchini

PONSON DU TERRAIL Pierre Alexis, vicomte

(1829-1871)

Né à Montmaur (Hautes-Alpes), le vicomte Ponson du Terrail, qui se présentait volontiers comme le descendant du chevalier Bayard, s'imposera sous le second Empire comme le maître incontesté du roman-feuilleton. Primitivement destiné à la marine, puis garde mobile – il réprima les émeutes de juin 1848 –, il se consacre définitivement à la littérature dans la voie tracée par Eugène Sue, Frédéric Soulié et Dumas père. Dès 1853, *les Coulisses du monde* augurent de la brillante carrière que, grâce à une imagination sans bornes et surtout à une fécondité restée légendaire, l'auteur soutiendra sans faille durant quinze années. Travailleur acharné, il peut écrire simultanément et sans collaborateurs cinq feuilletons que lui ont commandés cinq journaux différents (*la Patrie*, *le Petit Journal*, *l'Opinion nationale*, *la Petite Presse*, *le Moniteur du soir*), produisant ainsi une moyenne de dix mille pages par an...

Un héros populaire

Le cycle des aventures de Rocambole, commencé dès 1859 et publié en 1884 sous le titre générique des *Drames de Paris*, fournit à Ponson tous les avantages d'une matière romanesque étirable et modelable à souhait, adaptable aux exigences du découpage en feuilletons et aux besoins financiers des journaux où il publie. Véritable mine d'or pour les directeurs de ces journaux, qui se livrent, à son sujet, à un énorme battage publicitaire, cette œuvre, dont le genre hésite entre le roman historique à la Dumas et le roman de mœurs, comporte un nombre impressionnant de titres : outre des romans entièrement autonomes, comme *la Tour des Gerfauts* (1854, 5 vol.), *Diane de Lancy* (1855, 4 vol.), *la Cape et l'Épée* (1857, 5 vol.), *le Diamant du Commandeur* (1860, 4 vol.), *les Mémoires d'un homme du monde* (1861, 5 vol.), *les Drames de Paris* (1865, 3 vol.), *la Bohémienne du grand monde* (1867, 5 vol.), *les Orphelins de la Saint-Barthélemy* (1869), *la Corde du pendu* (1870, 2 vol.), *les Voleurs du grand monde* (1870, 7 vol.), *la Juive du Château-Trompette* (1879, 3 vol.), tous les récits qui relatent les aventures de Rocambole : *les Exploits de Rocambole* (1859, 22 vol.), *la Résurrection de Rocambole* (1866, 5 vol.), *la Vérité sur Rocambole* (1867, 5 vol.), *le Retour de Rocambole* (1877)... Ponson a également donné, dans le genre fantastique, deux histoires de vampire : *l'Auberge de la rue des Enfants-Rouges* (1868, 2 vol.) et *la Femme immortelle* (1869, 2 vol.).

Destinée à un public simple et peu exigeant, cette œuvre au style bâclé mais vif, emplie d'anachronismes, attira pourtant à Ponson le plus grand succès littéraire du second Empire. D'ailleurs, fidèle en tout point au régime qui le portait aux nues, Ponson organisa en 1870 des corps de francs-tireurs dans la forêt d'Orléans. Il devait mourir quelques mois plus tard.

Ponson du Terrail a légué à la littérature une œuvre qui, par sa prolixité même, aurait sombré dans l'oubli, sans l'impact extraordinaire qu'a eu sur les lecteurs la nature extravagante du personnage de Rocambole et de ses aventures. Peut-être est-ce le caractère « piquant » de son héros qui aurait conduit Ponson à emprunter son nom au substantif féminin rocambole (oignon d'Égypte), lequel, au sens figuré, désignait « une petite chose insignifiante et amusante » – nous dirions un gadget. Le nom propre donnera à la fin du XIXe siècle l'adjectif rocambolesque, qualifiant désormais « ce qui est plein de rebondissements invraisemblables et de péripéties inattendues ».

De fait, Rocambole incarne le type même du héros de roman populaire dans sa période flamboyante, héros qui, mis au ban de la société, opère sa transfiguration dans les ténèbres et revient, alors qu'on le croyait mort, muni des attributs de la toute-puissance pour exercer sa vengeance en tant que criminel ou que justicier. D'abord simple gouape au service du mal, à la fois gamin désinvolte et fier bandit romantique, Rocambole effectuera un long trajet initiatique et rédempteur semé d'épreuves : le bagne, la noyade, les Fils de Kali (une redoutable société de l'Inde), traversant une mort apparente avant de réapparaître, transfiguré, possesseur des secrets de la vie et de la mort, capable d'agir sous plusieurs visages, de se cacher et de se manifester.

Parcours classique de tous les grands héros du feuilleton de l'époque – et l'on pense d'abord à Eugène Sue –, parcours tracé selon des recettes éprouvées puisées à toutes les sources de la tradition populaire ; parcours qui aboutira bientôt aux métamorphoses de Fantomas et, plus près de nous, aux transfigurations des superhéros de *comic strips* américains.

Une écriture stéréotypée

Le style de Ponson du Terrail s'apparente sur bien des points à la littérature orale. Écrits en collaboration avec un public passionné, transformés au jour le jour selon les demandes de ce public ou sur les instances des directeurs de publication, ses romans s'étirent indéfiniment de chapitre en chapitre pour se terminer le plus souvent de façon abrupte lorsque l'intérêt des lecteurs ou les recettes du journal viennent à s'affaiblir. Le découpage en feuilletons se reflète parfaitement, à la fin des chapitres, où un point fort, lié à une question, à une énigme, doit retenir l'attention du lecteur : « Ce qui se passa entre ces deux hommes, nul ne le sut jamais, mais lorsqu'[il] quitta la rue Serpente, un pacte ténébreux le liait à sir Williams. »

L'œuvre offre beaucoup de points communs avec le mélodrame, et le récit cède souvent la place au dialogue ou à un monologue prononcé à haute voix. Les coups de théâtre se succèdent de manière précipitée ; quelquefois même, les morts redevenus vivants entrent dans une action déjà au comble de la tension dramatique. Avec un ton semi-héroïque, semi-larmoyant, des métaphores pseudo-poétiques et stéréotypées qui se manifestent surtout dans les portraits (Martha était « comme une fleur éclose au tiède soleil du Nord » ; Hermine était « frêle comme ces belles fleurs des champs »), des expressions péremptoires dans leur banalité redondante (« Cerise était jolie et gaie comme le bonheur »), le style négligé de Ponson n'évite ni la lourdeur (« la berline [...] apparut au versant de la côte du haut de laquelle on apercevait le vallon au fond duquel était le manoir des Genêts ») ni le ridicule du lyrisme dilué dans son emphase.

Conscient de ses maladresses, le narrateur intervient constamment : au début de chaque chapitre pour effectuer des rappels (du type « faisons un pas en arrière ») ou pour résumer une action inextricable ; en cours de narration, directement ou sous le couvert d'un personnage, pour excuser le manque de rigueur et le caractère invraisemblable de son récit : « Tout cela, fait-il avouer à l'un de ses héros, est plus terriblement embrouillé qu'un drame du boulevard. » Mais le commentateur nuit au narrateur ; loin de racheter un texte trop vite écrit, le commentaire, en brisant le rythme endiablé du récit, met en relief l'irréalité des situations, les anachronismes (parfois énormes) que le lecteur aurait peut-être négligés lors d'une lecture rapide.

Le récit de Ponson ne manque pas de dynamisme. Soumis à la règle des « trois multiplicités » comme la tragédie classique l'était à celle des trois unités, chacun de ses romans réorganise le monde réel en un monde mythique et manichéen dans lequel temps et espace se trouvent abolis. Du bouge infâme à l'hôtel de luxe, en passant par la mansarde proprette de l'ouvrière, de Paris aux Indes, ce ne sont que substitutions ou pertes d'identité, enlèvements, séquestrations de pures jeunes filles, tentatives de viol, internements abusifs en prison ou en maison de santé, captations d'héritages, meurtres horribles, activités de polices et de sociétés secrètes, fausses lettres, puissants narcotiques, médaillons, taches de naissance et signes divers de reconnaissance... Quant aux personnages (le génie du bien et le génie du mal, souvent frères ou amant et maîtresse, la frêle aristocrate et les honnêtes ouvriers, la courtisane impure et le vieillard lubrique, les serviteurs fidèles comme des chiens, sans oublier la faune insolite de la pègre), ils gravitent, appariés en couples antithétiques, privés de psychologie jusqu'à la caricature, dans une rotation d'événements qui s'auto-alimente à l'infini de sa propre substance stylistique et thématique.

Cette répétition illimitée des données initiales ainsi que la systématisation des symboles et des constantes mythiques, qui délimitent un monde d'entités livrées à l'état brut, trahissent avant tout l'absence d'un langage propre, ce langage que le roman populaire « héroïque », pourtant issu du roman noir anglais et du romantisme byronien, n'a pas su se forger. Mais il semble bien que ce genre de problème n'ait jamais préoccupé le père de Rocambole. Comme l'a si justement dit Paul Dalloz dans l'éloge funèbre qu'il prononça à la mort de Ponson du Terrail : « Son principal but était d'intéresser, d'émouvoir, de captiver ses lecteurs. C'est par le cœur, par les passions qu'il était sûr de les tenir. »

C. Barbé

PORTO-RICHE Georges de

(1849-1930)

Descendant d'une famille de négociants juifs italiens – établis en France au début du XIXe siècle –, Georges de Porto-Riche est le fils d'un homme d'affaires fortuné. Après quelques études de droit poursuivies sans goût, ce jeune homme, grand admirateur de Victor Hugo, donne en 1875 une pièce en cinq actes et en vers, *Un drame sous Philippe II* (joué à l'Odéon), dans lequel Sarcey discerne des promesses et qui obtient un succès d'estime. En 1888, après un long silence, il fait représenter chez Antoine, dont le Théâtre-Libre a été inauguré l'année précédente, une petite comédie psychologique, *la Chance de Françoise*, qui marque le véritable début de sa renommée, puis, en 1890, *l'Infidèle*, un acte en vers dont le cadre se situe dans la Venise du XVIe siècle. Enfin, c'est, en 1891, le très vif succès d'*Amoureuse*, comédie en cinq actes (Odéon), qui bénéficiera par la suite de nombreuses reprises et fera bientôt figure de chef-d'œuvre. *Le Passé*, créé, lui aussi, à l'Odéon, en 1897, est moins bien accueilli, mais il obtient un triomphe à la Comédie Française en 1902. Porto-Riche est ensuite nommé administrateur de la bibliothèque Mazarine, ce qui assure sa vie matérielle. C'est seulement en 1911 que l'auteur donne une nouvelle pièce, *le Vieil Homme*, qui connaît un très gros succès ; *le Marchand d'estampes*, en 1917, se voit réserver un accueil moins enthousiaste. Néanmoins, au lendemain de la guerre, et jusqu'à sa mort, Porto-Riche apparaît encore à beaucoup comme le maître incontesté de l'art dramatique en France.

Dans presque toutes ses œuvres, l'écrivain ne fait qu'illustrer un seul thème : l'amour (il a d'ailleurs rassemblé ses œuvres sous le titre : *Théâtre d'amour*, 1898). Mais par « amour », précisons-le, il entend exclusivement la passion physique, et il ne le dissimule pas, ce qui a d'ailleurs choqué, à l'époque, plus d'un critique – tel Jules Lemaitre, qui qualifiait l'héroïne d'*Amoureuse* d'« élégante chienne déchaînée ».

Porto-Riche étudie les déséquilibres qui, dans ce domaine, affectent les couples. L'homme ici est en général un don Juan ou un ex-don Juan blasé (Étienne Fériaux, dans *Amoureuse* ; François Prieur, dans *le Passé* ; Michel Fontanet, dans *le Vieil Homme*). Il ne saurait évidemment satisfaire ou plutôt assouvir une femme qui apparaît comme une éternelle quémandeuse (Germaine, Dominique, Thérèse). Les protagonistes, hermétiquement enfermés dans un microcosme étouffant et morbide, consacrent la majeure partie de leur temps – ils n'en manquent pas, dans ces pièces où pratiquement rien ne se passe – à se torturer avec des raffinements exquis. Les personnages qui viennent interrompre leurs tête-à-tête ne semblent le faire que pour aviver leurs plaies. Pis encore, ces pièces ne se dénouent pas : la même fatalité qui contraint les personnages à s'entre-déchirer les force à rester rivés à leurs chaînes.

Le dialogue n'est pas sans finesse psychologique ; les formules y abondent. Cependant, nombre de scènes souffrent de longueurs excessives. Et surtout le style, qui sonne souvent faux aujourd'hui, est devenu proprement insupportable : le « Va-t'en, cœur public ! » que jette Dominique à François Prieur ne pourrait que déchaîner le rire de nos contemporains. On appréciera d'autant plus la clairvoyance d'un Paul Léautaud, qui, dès 1911, écrivait : « Ce qui fait pitié [...], ce qui dénote le faux poète et le mauvais écrivain, c'est de les [les personnages de Porto-Riche] voir s'exprimer en charabia métaphysique, habiller leurs propos libidineux de préciosités littéraires » (*le Théâtre de Maurice Boissard*).

H. Gidel

POSTEL Guillaume

(1510-1581)

Figure de proue de la Renaissance française, à l'écoute des principaux courants religieux et humanistes du XVIe siècle européen et de l'actualité à l'échelle mondiale, « le docte et fol Postel » est le miroir de tous les mythes de son temps. La diversité de ses compétences empêche de le cantonner dans la philologie orientale ou l'érudition polyglotte, au service des Écritures et de la kabbale, qu'il diffuse et commente. Mathématicien, cosmographe et médecin, alchimiste à l'occasion, l'abondance de ses écrits, imprimés ou manuscrits, le range parmi les écrivains les plus féconds. Mais il apparaît comme l'un des plus malaisés à cerner en dépit des patients travaux qui, depuis un siècle, concourent à lui rendre sa place.

Les tribulations d'une destinée romanesque

Né – comme il aime à le répéter – de parents misérables, à La Dolerie, dans la Manche, sa carrière, ponctuée de vicissitudes, est marquée au sceau du génie et de la précocité. Orphelin à huit ans, à treize maître d'école près de Pontoise, mis à mal sur la route de Paris (il ne s'en relèvera que difficilement, deux ans plus tard), il s'engage en Beauce comme ouvrier agricole, puis au collège Sainte-Barbe, comme domestique. Ses débuts en latin, grec et hébreu y sont ceux d'un autodidacte, soutenu cependant par l'Espagnol Gelida et par le Portugais Govean, qui lui offre – sans succès – une chaire dans son pays. Ces années de formation, marquées sans doute par l'influence du luthéranisme et sûrement par la pré-Réforme, demeurent encore mal connues. Postel, sorti de la gêne, s'acquiert des appuis. Distingué par Budé, il part en 1535 pour Constantinople, *via* Tunis, avec le premier ambassadeur La Forest. Il en rapporte, en 1537, nombre de manuscrits scientifiques, des copies du Coran ainsi que de textes kabbalistiques. Il a appris rapidement le turc et l'arabe – dont il donnera la première grammaire. Dès 1538, le roi le nomme « lecteur en mathématiques et langues pérégrines ». Protégé par Marguerite d'Angoulême, par Bouvery, l'évêque d'Angers (neveu du chancelier Guillaume Poyet), qui le dote du doyenné d'Écuille, Postel est victime de la disgrâce du chancelier ainsi que de diverses inimitiés, qui mettent fin à son brillant début de carrière, précipitant chez lui la première crise religieuse. Après avoir, poussé par des voix, admonesté le roi à Fontainebleau et, durant les trois mois du rigoureux hiver 1542-1543, écrit le volumineux *De orbis terrae concordia*, il abandonne chaire et bénéfice pour rallier à Rome les premiers Jésuites. Expulsé à la fin de 1545 par Loyola, qui avait confiné aux cuisines et à la lecture de saint Thomas l'impénitent gallican, Postel, ordonné prêtre, gagne Venise à l'automne 1546. Une stigmatisée, la mère Jeanne, jouera un rôle majeur dans la vie de Postel, cristallisant jusqu'à l'été 1549 les révélations antérieures de celui-ci. Dès 1547, et jusqu'à sa mort, une production prolixe proclamera les effets de ce Christ féminin. Revenu d'Orient, où il voyage avec Thevet, Belon et Gilles, l'« immutation » parisienne de 1551-1552 réactualise en une crise religieuse spectaculaire le message religieux de la disparue. Suit une nouvelle vague d'écrits et de scandales qui le forcent à reprendre, en 1553, l'errance à travers l'Europe. Après un bref enseignement à Vienne en 1554, il se livre à l'Inquisition à Venise. Condamné comme fou en 1555, il reste en prison à Rome pendant quatre ans. Après Bâle, où il espère séduire les réformés, il est à Lyon, où on l'arrête en 1562. À Paris, à partir de 1564, il est définitivement assigné à résidence. S'il ne peut plus librement publier, son influence ne perd rien de son éclat malgré l'ultime scandale de 1573 avec une jeune veuve, « enceinte de l'Esprit », Marie Villeneuse : Catherine de Médicis, qui lui a proposé le gouvernorat de son fils Alençon, protégera jusqu'au bout cet ardent soutien des desseins royaux.

Une littérature de l'action sous le signe de l'illumination

Fasciné toute sa vie par le programme jésuite, Postel s'en empare pour concrétiser, quels qu'en soient les moyens et les agents, un idéal qui ne variera point. La conversion, sous sa conduite, de tous les peuples revenus à la conscience de leur origine commune opérera la concorde en une religion universelle dont la « restitution », accomplie en Postel et la mère Jeanne, constitue le préambule au seuil du quatrième âge de l'Esprit. Tous les écrits latins, français, italiens et hébreux de Postel fortifient ce dessein, qui ne cesse de s'enrichir dans les littératures les plus diverses, païennes et scripturaires, apocryphes, kabbalistiques et prophétiques. Une démarche encyclopédique s'efforce d'intégrer, dans la ligne de Nicolas de Cues et de Pic de La Mirandole, l'apport des sciences sacrées et des sciences profanes, toutes supposées refléter une tradition ésotérique originelle dont partout Postel sollicite les signes. Sans jamais aboutir à une somme, il propose ainsi les surcharges successives d'une vaste métaphore où le mythe poétique illuminé fonde la rationalité du savoir objectif. Un dialogue continu s'instaure entre ces innombrables emprunts créateurs d'une analogie généralisée, les actions d'éclat et les expériences mystiques consignées dans les récits autobiographiques, apologies et rétractations incessantes qu'il transforme en un véritable genre littéraire. Les exégèses très orientées du *Sefer Jezirah*, du *Sefer Ha-Bahir* et surtout du *Zôhar*, ainsi que la méthode « émithologique », qui rétablit la vérité hébraïque des noms pervertie par les Grecs, constituent les armes subversives du langage. Elles justifient, en la mettant au service d'une action militante, l'intuition première donnée par l'illumination.

De l'illumination à l'action : la médiation symbolique

En quête d'intercesseurs dans tous les camps et nations pour accomplir le rêve millénariste de la « restitution », Postel multiplie les médiations symboliques. Pour le « cosmopolite » prodigue en pseudonymes, les thèmes hébraïco-gaulois ou étrusques, notamment dans la triple version du *Candélabre de Moïse* ou dans le *De Etruriae regionis*, désignent les lieux variables d'une révélation divine dans une Gaule symbolique irréductible à ses frontières réelles : Orient intérieur, elle est aussi « Jérusalem personnelle », manifestée en des lieux, des figures ou des événements cosmiques privilégiés que Postel guette avec avidité. L'Orient, origine de toute lumière, est à retrouver à la fois par la croisade et comme image spirituelle, Jérusalem céleste s'incarnant dans un paradis terrestre. Les commentaires sur l'Apocalypse et les nombres platoniciens, les rêveries sur le lieu du paradis terrestre, les considérations asiatiques des *Merveilles du monde*, voire la série d'écrits sur les Turcs tressent un écheveau de symboles convergents où se lisent, dès la *Panthenosia*, les grandes lignes de sa politique prophétique favorable au communisme platonicien. Jusque dans ses derniers traités, qui plient Merlin et les romans de la Table ronde à ses obsessions, la réalité spirituelle du symbole fonde la vérité objective et historique du récit.

« Euclide chrétien » rationaliste mais illuminé, apôtre de la concorde jusqu'à l'intolérance, catholique réformiste jusqu'à l'hétérodoxie, Postel résume la richesse, tissée de contradictions et de folies, d'une époque anxieuse, celle des Paracelse, Bruno et Campanella. Jugé diversement, l'ami de Dorat et de Tyard, qui connaît aussi Ronsard et d'Aubigné, contribua du moins à ouvrir de nouveaux horizons à la littérature et à la poésie du temps, inspirant une école où brillent un La Boderie et un Vigenère. Jamais oublié par la suite, il suscitera l'admiration de Michelet pour sa dimension prophétique.

J.-F. Maillard

POTOCKI Jean, comte

(1761-1815)

L'édition française du *Manuscrit trouvé à Saragosse* a fait connaître le nom de Potocki. On a découvert que l'auteur de ce grand roman fantastique était également un historien, un linguiste, un homme politique, un voyageur aussi, attentif aux civilisations qu'il rencontrait. On a surtout compris l'importance d'une œuvre à mi-chemin entre le XVIIIe et le romantisme, couvrant les domaines les plus différents, animée d'une passion de tout connaître qui trouve peut-être dans le fantastique son accomplissement suprême.

L'homme universel

C'est un grand seigneur que le comte Jean Potocki, né dans un château de l'Ukraine polonaise. Sa famille, alliée aux plus grands noms, est illustre ; elle s'inscrit dans le mouvement européen des Lumières, et l'on n'y parle que la langue de Voltaire (celle que Potocki choisira pour écrire et qu'il parlera mieux que celle de son pays). Mais le jeune homme ne se contente pas de cette culture d'osmose : il reçoit en Suisse une éducation poussée, surtout dans le domaine scientifique. Il se fait ensuite soldat, à Vienne d'abord, puis en Pologne, où s'arrêtera sa courte carrière militaire. Potocki décide alors de se consacrer à des recherches personnelles, en même temps qu'il se marie à la princesse Lubomirska, fille d'un représentant éminent de l'intelligentsia franco-polonaise de l'époque. Il continue aussi à voyager : un premier périple le mène en Italie, en Tunisie et en Espagne ; un autre, après la mort de sa femme, en Turquie, en Égypte et dans les Balkans ; il viendra aussi en France, bien sûr, où il sera à son aise dans l'ambiance intellectuelle et les débats de l'époque. Revenu dans son pays après avoir vu les Pays-Bas en révolte, il défend les positions du libéralisme aristocratique, se fait imprimeur, siège à la Diète, où on l'estime pour son patriotisme (plus hostile d'ailleurs à la Prusse qu'à la Russie). L'échec final d'une Pologne indépendante va le ramener à ses intérêts de départ : les expériences, le savoir, les voyages ; les expériences avec une ascension en ballon en compagnie de l'aéronaute Blanchard ; le savoir avec des travaux historiques sur l'histoire ancienne et sur les Slaves : *Essai sur l'histoire universelle et recherche sur la Sarmatie* (1789), *Voyage* [...] *pour la recherche des Antiquités slaves ou vendes* (1795), *Fragments* [...] *sur la Scythie, la Sarmatie et les Slaves* (1796), *Histoire primitive des peuples de la Russie* (1802), *Histoire ancienne du gouvernement de Podolie* (1805), *Atlas archéologique de la Russie européenne* (1810) ; les voyages – nombreux et lointains – dont il publie souvent la relation : au Maroc et en Espagne en 1791 avec une étape, au retour, dans la France révolutionnaire ; en Ukraine et au Caucase en 1797 et 1798 ; en Mongolie, où il part accompagner une ambassade russe vers la Chine. Enfin, il ne dédaigne pas la littérature puisque, après une opérette et surtout les comédies de *Parades* (1793), il publie, toujours en français et à des tirages confidentiels, ce que nous connaissons sous le nom de *Manuscrit trouvé à Saragosse* (1805, 1813, 1814), œuvre au destin compliqué à laquelle Roger Caillois a redonné vie avec son édition partielle de 1958 avant que R. Radrizzani ne procure la première version intégrale (1989), distribuée en 66 « journées ». Cette carrière riche et étrange s'achève avec le suicide de Potocki se tirant dans la tête une balle d'argent, qu'il a fabriquée lui-même à partir du métal de sa théière.

Manuscrit trouvé à Saragosse

Le fantastique du miroir

Malgré une réédition (en 1980) des *Voyages*, qui a montré tout l'intérêt que présente Potocki globe-trotter érudit et philosophe, le *Manuscrit* reste aujourd'hui l'œuvre majeure de notre auteur, celle, en tout cas, qui nous donne envie de connaître le reste. Or, justement, tout semble séparer le *Manuscrit* des travaux plus scientifiques de Potocki : nous avons là une fiction et, qui plus est, un roman fantastique. On y trouvera en effet les ingrédients traditionnels du genre : squelettes, pendus, sorciers, apparitions et disparitions magiques, bruits de chaînes, succubes, démons et merveilles....

SYNOPSIS

Se présentant comme un document déposé en 1765 dans une cassette de fer, et découvert en 1809 lors du siège de Saragosse par un officier de l'armée napoléonienne qui se le fait traduire de l'espagnol (Avertissement), le roman narre d'abord l'histoire centrale d'un jeune capitaine aux gardes wallonnes, Alphonse Van Worden, de père flamand et de mère espagnole. Traversant la sierra Morena infestée de brigands, de contrebandiers et de bohémiens, il va y subir une succession d'épreuves de nature initiatique. Entrant dans la désertique et volcanique vallée de Los Hermanos, il voit les corps pendus de deux frères qui furent de fameux brigands. Seul, épuisé, il parvient à une maison abandonnée. Une Négresse l'invite chez deux sœurs fort belles, Emina et Zibbedé, de la famille maure des Gomelez, qui se révèlent être ses cousines. Elles lui annoncent qu'elles l'attendaient et qu'elles possèdent le secret des trésors maures d'Espagne, secret qui lui sera livré s'il les épouse dans la foi musulmane. Après une nuit d'amour, il se réveille sous les cadavres des pendus. Horrifié, il repart, et rencontre le « démoniaque Pacheco », qui, victime de la même mésaventure, en garde la terreur (journées 1 et 2). Constamment repris, ce thème se retrouve dans un jeu de miroirs, où reparaissent les mêmes lieux, les mêmes rencontres, les mêmes réveils effrayants. Au terme d'épreuves au cours desquelles il doit pénétrer dans les entrailles de la terre pour en extraire de l'or, Alphonse aura pour récompense richesse, honneurs, deux femmes et des enfants. Aux aventures d'Alphonse se combine une autre histoire-cadre, celle du cheikh de Gomelez destiné à devenir le Mahdi, nouveau Messie chargé de faire triompher la vraie religion. Vieilli, affaibli, ce chef de société secrète cherche un héritier ; il a orchestré tous les événements, et son histoire occupe les journées 62 à 66. Cependant, au moment même où Alphonse parvient au bonheur, une explosion dévaste le souterrain aurifère (dans l'Épilogue, véritable strette finale où se récapitulent les récits antérieurs).

S'insèrent en outre dans le roman de multiples histoires secondaires, mises en scène chargées d'impressionner Alphonse : ainsi celles de Pacheco, du cabaliste (9), de Rébecca (14), du Juif errant (21, 22, 31-36, 38, 39, 46), ou de le divertir, comme celles de Zoto (5-7) et surtout le roman picaresque du chef bohémien Avadoro ou Pandesowna (12, 13, 15-18, 20-36, 47, 48, 52, 54-61), histoires entremêlées d'autres récits dus à des voyageurs, comme le géomètre Velasquez, un autre Gomelez (19, 23-25), ou Torres Rovella (41-45) et de récits emboîtés : Thibaud de La Jacquière (10), Giulio Romati (12-13), Marie de Torres (15-17)...

Naturellement, devant une telle bizarrerie structurelle, les interprétations sont nombreuses. Jean Bellemin-Noël y voit les caractéristiques de la relation œdipienne, compliquée par ce qu'il appelle le « fantasme du Double » ; il évoque aussi les liens étroits entre la sexualité et le fantastique, jouant tous deux sur une même quête de l'Autre ou de l'Ailleurs. Cette quête permet aussi de voir dans le *Manuscrit* les étapes d'une initiation, peut-être maçonnique, en tout cas inspirée par certaines formes de théosophie ou d'illuminisme à la mode vers la fin du XVIIIe siècle.

Les Lumières et le roman noir

Une telle lecture est en effet possible quand on sait à quel point la famille Potocki était proche de ces doctrines. Dès lors, tout le roman ne serait que le récit transposé des rites d'épreuve qui sont la règle dans les sociétés ésotériques. En maîtrisant ses surprises et ses peurs, en interprétant les scènes déroutantes qui s'offrent à lui, le héros accéderait peut-être à une sorte de sagesse supérieure, d'adhésion au monde jusque dans ses phénomènes obscurs. Pourtant une telle interprétation ne saurait tout « expliquer », surtout quand on constate et le recul que prend Potocki par rapport aux doctrines constituées, et l'atmosphère de mystification et de parodie qui règne dans le livre. Le *Manuscrit*, de ce point de vue, fait une large place à l'esprit critique en même temps qu'il met en scène des obsessions et des rêves : c'est ainsi que le narrateur en vient à se demander si toutes les fantasmagories qui surgissent autour de lui ne sont pas destinées à vérifier son courage et sa discrétion. Pèse ainsi sur le surnaturel la même suspicion que le surnaturel faisait peser sur la réalité. D'où la difficulté qu'on rencontre à classer le livre de Potocki : certes, l'auteur fait la part belle à l'inexplicable, aux apparitions, mais il ne renie pas les valeurs du XVIIIe siècle, son ambition d'un savoir clair et cohérent, d'une religion rationnelle ; certes, il montre Satan sous les traits de deux musulmanes et joue (comme le fera Lovecraft) sur notre effroi devant les religions et les mystiques que nous connaissons mal : l'islam, le *Zôhar*... ; mais il ironise aussi sur les docteurs en théologie, et un critique a même considéré son livre comme la réponse d'un historien des Lumières au *Génie du christianisme*.

Pourtant, au-delà du propos philosophique, il est sans doute plus intéressant de montrer comment Potocki met son savoir au service de ses fantasmes. Ou plutôt de son fantasme puisque la même scène envahit l'espace et le temps de sa prolifération insensée. Or, si on laisse de côté l'explication analytique de cette scène, il reste à déterminer les raisons d'une telle prolifération. En l'occurrence, peut-être faut-il penser à ce personnage très potockien d'omniscient impie qui apparaît dans l'« Histoire du terrible pèlerin Hervas » (51-53) ; composant une encyclopédie de cent volumes depuis la Grammaire universelle jusqu'à l'Analyse, celui-ci parviendra, après plusieurs échecs, au terme de son entreprise, mais il ne réussira pas à être publié et sombrera dans la folie. Folie singulière, d'ailleurs, qui consiste à rapprocher les sciences les plus éloignées, à réfléchir sur les analogies les plus hasardeuses : ainsi, les hommes et les animaux, selon lui, « devaient l'existence à un acide générateur, lequel, faisant fermenter la matière, lui donnait des formes constantes, à peu près comme les acides cristallisent les bases alcalines et terreuses en polyèdres toujours semblables ». Même si Potocki marque bien la fausseté d'un tel système, il est permis d'en montrer pourtant la liaison avec la structure de son roman, qui lui aussi repose sur des rencontres inattendues, des constantes et des métamorphoses, bref sur ce que Caillois appelle les « cohérences aventureuses ».

A. Preiss et G. Gengembre (synopsis)

POULAILLE Henry

(1896-1980)

Né à Paris, Henry Poulaille est le fils d'un charpentier et d'une canneuse de chaises. D'abord travailleur manuel, il entre en 1923 au service de presse des éditions Grasset et publie en 1925 ses premiers ouvrages : un recueil de nouvelles, *Âmes neuves*, et un roman de guerre, *Ils étaient quatre*, dédié à Ramuz, dont il se fait le défenseur dans *Pour ou contre C.F. Ramuz* (1926). Revendiquant l'héritage d'Adam Billaut ou de J.-J. Rousseau, critiquant aussi bien l'esthétisme bourgeois que le pathos populiste, son essai *Nouvel Âge littéraire* (1930) définit les conditions d'existence d'une « littérature prolétarienne » : celle-ci doit être un témoignage sur la vie du prolétariat par un auteur sorti de ses rangs. Programme suivi à la lettre dans le cycle romanesque de Louis Magneux, largement autobiographique, relatant vingt années de luttes syndicales, de misère quotidienne, d'espoirs et de déceptions, traversées par le drame de la guerre de 1914 : *le Pain quotidien* (1931), *les Damnés de la terre* (1935), *Pain de soldat* (1937), *les Rescapés* (1938).

Simultanément, Poulaille mène une carrière d'animateur social (son « Musée du soir », qui fonctionnera de 1935 à

1939, est le véritable ancêtre des maisons de la culture) et de journaliste, collaborant, entre 1921 et 1935, à *l'Humanité*, au *Peuple*, à *Monde* d'Henri Barbusse. Il crée aussi ses propres revues, d'abord *Nouvel Âge* (1931), puis *Prolétariat* (1933), *À contre-courant* (1935-1936), *Maintenant* (1945-1948) qui popularisent ses thèses, s'ouvrent aux signataires du *Manifeste de l'école prolétarienne* (1932), Marc Bernard, Eugène Dabit, Charles Plisnier, Édouard Peisson, Tristan Rémy…, diffusent l'œuvre méconnue de Ramuz ou Giono, polémiquent avec le parti communiste, où Barbusse – jusqu'à sa mort en 1935 – est son seul appui. À la base du conflit, peut-être, une interrogation sur la place de l'écrit dans une véritable culture populaire : à partir des années 40, Poulaille recherche les formes originelles de celle-ci en publiant *la Grande et Belle Bible des Noëls anciens du* XII*e au* XVI*e siècle* (1942), *les Chansons de toile du* XII*e siècle* (1946), en collaboration avec Régine Pernoud, *Noëls régionaux et Noëls contemporains* (1951), en dirigeant, avec Arnold Van Gennep, *la Revue des traditions populaires* (1949-1950) ; en même temps, il se passionne pour le disque et le cinéma. La littérature prolétarienne est une « manifestation historique de transition », disait déjà *Nouvel Âge littéraire*. Témoigne de cet équilibre instable l'écriture même de Poulaille, écartelée entre l'argot des faubourgs, les argots de métiers, la langue de bois du combat syndical (cf. *les Damnés de la terre*), le discours réflexif du narrateur, travesti en « monologue intérieur » dans *Pain de soldat*. Morcellement qui lui confère son authenticité et qui rend compte, tout autant que les sujets traités, de la situation du prolétaire (*a fortiori* de l'écrivain prolétarien) dans une société bourgeoise.

J.-P. de Beaumarchais

POURRAT Henri

(1887-1959)

Tout dans la vie d'Henri Pourrat relève de la singularité (y compris l'attribution du Goncourt pour *Vent de mars* en… 1941 !). Né à Ambert, de santé fragile, il doit renoncer à une carrière d'ingénieur agricole et se replier sur sa ville natale, où son père tient un commerce de bimbeloterie. De sa retraite du Livradois, il décide alors de tenter la carrière des lettres, et, sous divers pseudonymes, il multiplie les efforts pour former une « pléiade ambertoise », dont il affirme l'autonomie en rompant des lances avec le félibrige. Il écrira en français, telle est sa résolution, et se fera chasseur de folklore pour dire l'Auvergne. Son premier essai littéraire, *Sur la colline ronde* (1922), n'est que la chronique de la vie ambertoise. En fait, il entretient des rêves autrement ambitieux. Il n'envisage rien de moins que de ressusciter l'Auvergne du début du XIXe siècle, avec ses coutumes, ses hantises et ses audaces, dans une sorte de « roman de chevalerie rustique » haut en couleur qui donnerait à la vie montagnarde ses lettres de noblesse. Ainsi naît son chef-d'œuvre, *Gaspard des Montagnes*, publié en quatre volumes : *le Château des Sept Portes ou les Enfances de Gaspard* (1922), *l'Auberge de la Belle Bergère ou Quand Gaspard de guerre revint* (1924), *le Pavillon des amourettes ou Gaspard et les bourgeois d'Ambert* (1928), *la Tour du Levant ou Quand Gaspard mit fin à l'histoire* (1931).

Gaspard des Montagnes

Sensible au premier abord, le côté mélodramatique de *Gaspard des Montagnes* disparaît rapidement sous le jaillissement des faits d'une épopée rustique, présentée sous la forme d'une série de vingt-huit veillées. Le cadre très souple de la construction romanesque autorise les digressions qui permettent de suivre la destinée – tragique ou burlesque – de chaque personnage, de pénétrer les arcanes de la vie champêtre ou villageoise, de recenser les coutumes, de justifier les comportements. Pourrat a ainsi transformé en somme populaire ce qui n'était au départ qu'un conte (« les Yeux blancs »), en lui conférant une trame extensible, capable d'enserrer d'innombrables récits sans perdre l'intérêt de ses propres péripéties. L'intrigue de *Gaspard des Montagnes* se caractérise par de nombreuses interpolations, justifiées par la fiction d'un exposé oral et le désir de controverser les contes, chansons, proverbes, dictons, réflexions philosophiques, glanés sur des chemins de l'Auvergne. Ainsi le récit retrouve-t-il le rythme des œuvres du Moyen Âge et plus encore le foisonnement singulier de leurs « branches ».

SYNOPSIS

Grange est un solide Auvergnat, qui, pour son malheur, doit avec sa femme s'absenter quelques jours de sa ferme. Sa fille Anne-Marie, demeurée au logis de Chenerailles, voit, au cours d'une nuit d'épouvante, un homme pénétrer dans la demeure à la recherche d'on ne sait quel papier précieux. L'homme sorti, elle lui laisse prendre sous la porte son couteau oublié mais lui tranche les doigts d'une main, ce qui lui vaut la promesse d'une vengeance de l'intrus. Sa vie désormais sera dominée par cette menace, que son père et surtout son cousin Gaspard, garçon aussi ingénieux qu'intrépide, tenteront d'écarter d'elle. Malgré cette protection parfois déjouée, Anne-Marie devra faire sa vie à travers les épreuves les plus dures, attachée à ses devoirs familiaux mais interdite d'amour par un enchaînement de calamités. Après avoir perdu sa mère elle épousera, à l'invite de son père, un bourgeois qui se trouvera être précisément le voleur blessé. Elle sera violentée et abandonnée par cet être démoniaque qui, par la suite, lui dérobera son enfant. Tout le roman ne sera que la préparation et la mise en œuvre des contre-attaques de Gaspard pour sauver Anne-Marie et lui restituer son fils, mais plus encore le récit tiendra registre d'une vie riche et mouvementée, de vicissitudes historiques et d'actes de courage appliqués à conjurer le mal.

La tragi-comédie paysanne offre une galerie de personnages au profil buriné et au caractère bien dessiné. Si les femmes, telles que Mme Grange et, plus tard, sa fille Anne-Marie, frêle comme une vierge de vitrail, demeurent les gardiennes intraitables des « grandes mœurs », regardant leur époux comme leur seigneur et maître et l'honorabilité familiale comme un dépôt sacré, les hommes, au-dehors, par la force au service de la justice ou par la ruse, empêchent le Mal de régner quand il multiplie ses provocations.

Joyeux compagnons, amoureux de la vie, ils ont leur place marquée aux fêtes comme aux jours de l'épreuve. Ils prennent le monde comme il va et le forcent à aller mieux ou, du moins, à ne pas susciter la peur chez les êtres menacés. Gaspard surtout a « le courage riant et le vouloir solide ». Aussi ces êtres de feu maintiennent-ils l'espérance et donnent-ils, à chaque occasion, un sens à l'existence.

Car le message de Pourrat est un extraordinaire hymne à la vie, exprimé à travers le respect des coutumes et la mise en relief de l'énergie auvergnate, qu'illustrent également une masse énorme de légendes rassemblées dans *le Trésor des contes* (13 vol., 1948-1962) ; dans une série de publications plus courtes, *Ceux d'Auvergne* (1928), *la Ligne verte* (1929), *le Meneur de loups* (1930), *la Porte du verger* (1930), *le Bosquet pastoral* (1931), *les Sorciers du canton* (1933), *l'Homme à la bêche* (1940), *le Chemin des chèvres* (1942), Pourrat a défendu la vocation humaniste du particularisme local, dénonçant « les danses et les plats régionaux », toutes « ces bizarreries, ce pittoresque », qui nous occultent la profondeur de l'« esprit paysan », le régionalisme ne pouvant être, à ses yeux, que « connaissance et amitié de l'âme populaire ».
Enfin et surtout, Pourrat a créé une langue rustique accessible aux lecteurs de toutes les provinces. Pour ce faire, il a recueilli des tournures utilisées dans une aire linguistique très vaste. Il les a dépouillées d'un phonétisme local mais en a conservé le rythme et la syntaxe, repérés par une étude d'ensemble des parlers du Centre. Ses « Cahiers d'expressions » rurales, qui rassemblent 30 000 syntagmes du terroir, constituent un extraordinaire travail de recherche sur le parler régional – travail dont a bénéficié toute son œuvre.
La place de Pourrat est donc éminente dans l'histoire du roman rustique français et européen. Par la vigueur de ses fresques et les mérites de son expression, il a conféré au genre une valeur esthétique indéniable ; son œuvre a pris, en outre, une valeur de témoignage, invitant à la réflexion par sa fonction conservatrice de l'âme populaire comme par l'analyse profonde et subtile d'une qualité de vie terrienne dont les générations contemporaines mesurent le prix à l'heure de sa disparition.

P. Vernois

POURTALÈS Guy de

(1881-1941)

Écrivain français d'origine suisse, né à Berlin. Issu d'une famille huguenote des Cévennes émigrée au XVIIe siècle dans la région de Neuchâtel, il passe son enfance à Genève et à Vevey, étudie dans des universités allemandes, découvre Paris en 1905 et, en 1912, obtient la nationalité française. Combattant en 1914, gazé, il se partage, après la guerre, entre Paris, sa propriété d'Étoy, près de Lausanne, des voyages en Europe et en Extrême-Orient. D'emblée le désir d'un retour aux sources familiales (*Odet de la Noue*, 1919 ; *la Parabole des talents*, poème dramatique, 1923) s'allie chez lui à la volonté d'exalter l'« esprit européen ». D'où sa passion pour l'« Europe romantique », à la fois une et multiple, bourgeoise et révolutionnaire, lieu d'épanouissement de cultures nationales que certains créateurs savent nouer en de surprenantes synthèses : Liszt, en qui coexistent « du classique, du romantique, du nihiliste et du chrétien » (*la Vie de Franz Liszt*, 1925), Chopin, qui associe les traditions française et polonaise (*Chopin ou le Poète*, 1927), Wagner (*Wagner, histoire d'un artiste*, 1932), Berlioz (*Berlioz ou l'Europe romantique*, 1939). Dans cette galerie de portraits s'opposent terme à terme, médiatisées par Wagner, deux figures : celle de Louis II, vaincu pour n'avoir pas su choisir entre les bourgeois de Munich et *Parsifal*, « la réalité et le rêve » (*Louis II de Bavière ou Hamlet roi*, 1929), et celle de Nietzsche, dont l'aristocratisme « au-delà du Bien et du Mal » transcende les contraires et fonde une « éthique de l'écrivain » (*Nietzsche en Italie*, 1930). Parallèlement, Guy de Pourtalès mène une carrière de romancier, commencée par *la Cendre et la Flamme* (1910) et *Solitudes* (1913), qui culmine avec deux œuvres longtemps mûries, *Montclar* (1926) et *la Pêche miraculeuse* (1937), grand prix du roman de l'Académie française, deux romans d'apprentissage où se donne à voir la victoire du moi sur les forces qui travaillent à le déchirer : non plus des cultures différentes, mais des femmes en qui s'incarnent, au sens baudelairien, des « postulations » opposées. Montclar, dandy lucide et stérile comme l'Adolphe de Constant, en quête d'une Ameline aussi indéchiffrable que l'Albertine de Proust, est lui-même une esquisse de Paul de Villars, le héros de *la Pêche miraculeuse*, vaste fresque du pays lémanique dont les patriciens sont supplantés par des parvenus, profiteurs de guerre, agents d'une « faillite spirituelle » dont le nazisme sera pour Guy de Pourtalès le dernier avatar. Décrivant la désagrégation de l'Europe, de la société genevoise, des rives du Léman dont les vastes domaines sont symboliquement transformés en lotissements, et l'éclatement d'une écriture où alternent le tableau de mœurs ironique, l'évocation nostalgique de paysages et de lieux en décomposition, des dialogues mondains, amoureux ou philosophiques, *la Pêche miraculeuse* se termine pourtant par une note d'espoir. Le « déserteur » qui a renié sa famille, sa classe, son pays, se transforme en « pêcheur d'hommes », tel le saint Pierre du retable de Konrad Witz qui donne son titre au livre, rompant sinon avec les valeurs, du moins avec les nostalgies du passé, pour s'ouvrir à ses contemporains. Et, par là, l'auteur, que ses amis de la *N.R.F.* nommaient « Anatole Suisse », retrouve comme son héros l'unité perdue en s'inscrivant à son tour dans la lignée une et multiple des « maîtres » de « l'esprit européen » (cf. *De Hamlet à Swann*, 1925).

J.-P. de Beaumarchais

PRADON Nicolas *ou* Jacques

(1632 ?-1698)

L'œuvre de Pradon ne laisserait pas un souvenir bien marquant dans l'histoire de la littérature si cet auteur ne s'était posé en rival acharné de Racine. Originaire de Rouen, il vint à Paris pour faire une carrière d'auteur dramatique et devint en quelque sorte le héraut et le héros des anti-raciniens. Cela assura le succès (relatif) de ses premières pièces. Son *Tamerlan ou la Mort de Bajazet* (1675) marqua la véritable ouverture du conflit. Dans son « Avertissement », Pradon dénonçait les auteurs dont le succès repose tout entier sur le jeu des acteurs, claire allusion au soin que prenait Racine de diriger lui-même ses interprètes. L'apogée de la rivalité fut atteint avec *Phèdre et Hippolyte* (1677), qu'il composa en trois mois pour « doubler » la pièce de Racine. Les ducs de Nevers et de Bouillon, qui le soutenaient, faisaient louer toutes les places, pour installer un public hostile chez Racine, cependant qu'ils entretenaient la claque chez Pradon. Il donna ensuite *la Troade* (1678), *Regulus* (1689), *Scipion l'Africain* (1697), avec d'assez faibles succès. Entre-temps, il polémiqua contre Boileau dans son auto-apologie du *Triomphe de Pradon* (1684) et dans ses *Remarques* (1685) critiques.

Ses tragédies sont riches en mouvements, en rebondissements, mais d'un style faible. Surtout, Pradon gomme les éléments proprement tragiques, les affadit par son souci excessif de se conformer aux « bienséances » : par exemple, il fait de Phèdre une simple fiancée de Thésée, annulant ainsi la situation incestueuse et ses implications.

A. Viala

PRASSINOS Gisèle

(née en 1920)

Poétesse et romancière, née à Constantinople. Familiarisée avec le monde littéraire (son père dirigeait une revue et son frère connaissait les surréalistes), elle inaugure très tôt sa carrière d'écrivain en rédigeant, dès l'âge de quatorze ans, des poèmes et des contes (*la Sauterelle arthritique* et *Chevelure arrogante*, 1935) dont André Breton célébrera « l'écriture automatique ». Ses brefs récits se succèdent ainsi juqu'en 1949 : *Une demande en mariage* (1936), *Facilité crépusculaire* (1937), *le Rêve* (1947). Après un silence de onze ans, elle fait paraître de nombreux romans, dans lesquels une certaine part est accordée à la psychologie (*la Confidente*, 1962 ; *le Visage effleuré de peine*, 1964). Mais, à partir des années 1970, elle revient à la poésie, avec notamment *Pour l'arrière-saison* (1979) et *la Fièvre du labour* (1989), sans pour autant délaisser le court récit (*le Verrou et autres nouvelles*, 1987 ; *la Lucarne*, 1990 ; *la Table de famille*, 1993 ; *Mon cœur les écoute*, 1998).

Ces métamorphoses littéraires ne sont, en fait, que superficielles. Toutes les œuvres de G. Prassinos visent le même but : aller, par le truchement du langage, « à la rencontre des objets perdus » (*Pour l'arrière-saison*). Par l'« automatisme », le refus d'une écriture rationnelle, l'écrivain veut conférer aux choses un pouvoir émotif que la logique sociale a affadi. Ses créations verbales, qui font songer aussi bien à Desnos (*Trouver sans chercher*, 1976, recueil des textes écrits entre 1934 et 1944) qu'à Michaux (*Brelin le Frou*, 1975), surchargent de connotations imprévues l'univers le plus quotidien ; ainsi surgissent des textes indéfinissables, qui, sous l'apparence du conte fantastique, du pseudodiscours ethnologique ou scientifique, du roman, engendrent un monde de fantasmes, indifféremment caricatural, innocent ou macabre.

Un tel univers renvoie héros et narrateur à eux-mêmes, « dans les profondeurs du moi ». En recherchant dans le « dedans » des mots les images enfouies sous les signes, Gisèle Prassinos explore le subconscient primitif de l'être humain. Cette archéologue du langage descend en ses personnages comme l'immature héros du *Grand Repas* (1966) plonge en lui-même « lentement, avec volupté, jusqu'à retrouver le chaos des sensations animales ». Cette parole « a-logique », sans référent réel, élabore une poésie du Corps, qui élimine, sans révolte, la rhétorique littéraire : être poète, c'est « trouver la tête qui ne sait pas qu'elle sait, la voix libre et surprenante qui parle sans visage dans la nuit » (*Trouver sans chercher*).

J.-P. Damour

Préciosité

(XVIIe siècle)

Précieux (du latin *pretiosus*, de *pretium*, « prix ») : de grand prix, de grande valeur ; ce sens propre est le seul courant aujourd'hui. Mais, dès le XVe siècle, cet adjectif a été appliqué à des personnes en un sens figuré, avec un sémantisme ambigu, pouvant porter une connotation laudative (une femme précieuse est belle et vertueuse) ou péjorative (faire la précieuse, c'est être maniérée, voire d'une pruderie outrancière). Au XVIIe siècle, l'usage du sens figuré péjoratif domine. Mais le mot « précieux », dans son emploi substantivé, reçoit une valeur nouvelle comme dénomination revendiquée par des personnes se réclamant d'un modèle de comportement raffiné, la préciosité ; bien évidemment, cette dénomination est alors retournée contre elles par leurs détracteurs. Suprême élégance ou raffinement outrancier : la notion de préciosité ne cesse d'osciller entre ces deux pôles. De plus, elle présente pour les historiens de la littérature une difficulté d'application.

Une notion floue

Tout le monde s'accorde sur une donnée fondamentale de la préciosité : elle est une attitude caractérisée par une volonté de recherche et de raffinement dans le goût, les manières, le langage. Mais, à partir de ce noyau commun, des définitions différentes s'opposent.

La plus simple est d'ordre historique : elle désigne comme préciosité un phénomène social dont la pleine expansion se situe entre 1650 et 1660. C'est l'option retenue notamment par R. Lathuillière dans sa thèse (*la Préciosité, étude historique et linguistique*, 1966). L'extension du concept se borne ainsi à une courte période (même si la préciosité a, bien entendu, des antécédents et des successeurs), et, en contrepartie, sa compréhension est large : elle inclut un ensemble de comportements sociaux marqués par la convivialité mondaine, l'art de la conversation et l'idéalisation de la femme, avec des composantes linguistiques et littéraires.

Une autre option consiste à faire de la préciosité une tendance générale de l'esthétique littéraire. Son extension historique est alors très vaste : il y a un courant précieux qui circule à travers la littérature depuis le Moyen Âge jusqu'à nos jours. Il se caractérise par le goût de l'expression recherchée, l'effort pour « donner du prix » à l'écriture. Ainsi René Bray envisageait-il *la Préciosité et les Précieux, de Thibaut de Champagne à Giraudoux* (1948). La préciosité devient alors plutôt une notion de critique littéraire, et Baudelaire ou Mallarmé peuvent être de la sorte qualifiés de « précieux ».

Entre ces deux possibilités, nous choisissons celle qui cantonne la préciosité au temps fort de ce phénomène social, c'est-à-dire au milieu du XVIIe siècle. Elle est la plus rigoureuse (ce qui ne signifie pas la plus facile) : à trop se diluer, en effet, la notion de préciosité perd toute précision, voire toute pertinence. Or, prise en son sens strict, elle a dès le XVIIe siècle donné lieu à des polémiques et ambiguïtés qui exigent qu'on l'analyse et l'applique avec prudence.

Un phénomène social

Être précieux, c'est vouloir se mettre en valeur. Au lendemain de la Fronde se répandit dans les salons parisiens un type de comportement fondé sur la recherche d'une extrême « distinction », de manières et de langage comme d'idées. Cette préciosité avait ses lieux de prédilection : des cercles fermés, accessibles à un petit nombre d'adeptes choisis, et dont le type achevé était la « ruelle ». Elle avait son mode de vie : elle était un art du loisir pratiqué par des hommes et des femmes libres ou peu chargés d'obligations professionnelles.

LA RUELLE

Les cercles précieux se réunissaient souvent dans la chambre d'apparat d'une dame. Celle-ci accueillait ses hôtes installée sur son lit, en costume d'intérieur très soigné. Les participants prenaient place autour d'elle, en particulier dans l'espace libre entre le lit et la cloison, nommé ruelle : d'où le nom donné à ces réunions. Leurs membres (les « alcôvistes ») conversaient sur toutes sortes de sujets – entre autres, de littérature. Le salon de Mlle de Scudéry, souvent donné comme l'exemple type du salon précieux, avait ceci de particulier qu'il rassemblait surtout des écrivains et se consacrait, plus que d'autres, à la réflexion littéraire. On pratiquait aussi des divertissements où la composition de petits poèmes, l'échange de lettres tenaient une bonne place. Le soin du mobilier et celui du costume étaient extrêmes : la préciosité participait du goût de l'apparat et de l'ostentation.

Elle se développa dans les milieux privilégiés : une fraction de la noblesse et, surtout, la frange de la bourgeoisie en voie d'accéder à la noblesse. De là, elle se diffusa aussi bien dans la haute aristocratie que dans la moyenne bourgeoisie. Elle fut un phénomène avant tout citadin, et même parisien : la capitale concentre la plupart des ruelles que citent les témoignages de l'époque. Ce modèle se répandit en province, et l'on trouve mention de cercles précieux dans les principales villes, avec des foyers particulièrement actifs à Aix, à Lyon et à Grenoble. Ce ne fut jamais un phénomène de grande ampleur. Même au temps de sa plus grande expansion, il ne concerne que quelques centaines d'authentiques précieux : Somaize, dans son *Dictionnaire des Précieuses* de 1661, en cite moins de 800 (encore a-t-il tendance à embrigader tout mondain un peu renommé…).

De plus, aucun de ses traits n'était vraiment nouveau. Les salons avaient des modèles prestigieux, en particulier l'Hôtel de Rambouillet – même si, après la Fronde, il est sur son déclin. La civilité mondaine s'était affinée depuis une génération, autour du type de l'« honnête homme ». Le désir d'une langue châtiée animait un courant puriste dont les malherbiens avaient été les initiateurs. Faut-il alors ne voir dans la préciosité qu'une mode, un snobisme ? D'autant que ce phénomène limité manque d'unité, par sa nature même : fondé sur des réunions de petits groupes, de coteries, le monde précieux est parcouru de querelles et rivalités de personnes ou de chapelles. N'est-ce donc rien qu'un mouvement vibrionnaire dans une petite fraction de la société mondaine ? La violence des polémiques qu'il a déclenchées, le fait qu'il présente les traits d'une idéologie structurée, l'ampleur de ses retombées montrent qu'il ne faut pas juger de son importance seulement d'après le nombre réduit des participants.

L'idéologie précieuse et le féminisme

La préciosité postule la noblesse : pas forcément celle de la naissance, mais celle du cœur, de l'esprit et des manières. Elle en fait un idéal de détachement des intérêts matériels, en récupère les traditions d'héroïsme et de courtoisie, l'assimile à une garantie du bon goût. Tout ce qui est bourgeois est méprisable : l'expression « être du dernier bourgeois » date de là, comme marque infamante d'une attitude qui n'échappe pas au « commun ». Elle postule aussi le parisianisme : la province ne mérite que dédain, et ses beaux esprits rêvent de la capitale. Elle exige aussi un modèle de civilité qui raffine sur celui de l'« honnête homme ». La galanterie y est à l'honneur ainsi que le « bel esprit », que *la Prétieuse ou le Mystère des ruelles* (1656-1658) de l'abbé de Pure définit comme « prompt, vif, brillant, fécond ».

Surtout, elle met en valeur la femme. Les cercles précieux s'organisent autour des femmes réputées pour leur talent littéraire (Mlle de Scudéry), leur haute noblesse (Mlle de Montpensier) ou la qualité de leur esprit (Mme de La Suze). La préciosité ne comporte pas seulement une importante dimension féminine : elle est féministe.

Les précieuses défendent une conception de l'amour où le respect de la femme joue un rôle essentiel : celle-ci n'est plus une proie à saisir, mais une divinité qu'on honore ; la « Carte de Tendre » insérée par Mlle de Scudéry dans sa *Clélie*, plus qu'un jeu de salon, est l'indice d'une réflexion sur la psychologie amoureuse et sur un code des sentiments. Dans le même mouvement, les précieuses s'insurgent contre une conception du mariage qui met l'épouse à la merci de son mari et ne tient aucun compte de ses sentiments : *la Prétieuse* se fait l'écho de conversations sur ce sujet et contient des plaidoyers pour le mariage « à l'essai », voire l'union libre. C'est que les précieuses, dans une tradition qui a ses sources dans la courtoisie, le néoplatonisme, et que l'Hôtel de Rambouillet avait illustrée, conçoivent l'amour comme le rapprochement de deux esprits. Les réalités charnelles sont, sinon refusées, du moins remises à un futur lointain, tandis que le soupirant doit manifester une longue assiduité, récompensée seulement par des marques d'intérêt rares et platoniques. Le code amoureux aboutit ainsi à une célébration de la femme – et à sa paradoxale désincarnation : on se meurt volontiers d'amour pour une beauté, sans pour autant pouvoir exiger d'en jouir dans l'acte sexuel.

L'HÔTEL DE RAMBOUILLET

Catherine de Vivonne (1588-1665), née à Rome dans une famille de la plus ancienne noblesse, épousa le marquis de Rambouillet et, délaissant la vie de cour, que sa santé fragile lui rendait pénible, tint un salon qui fut le plus en vue du siècle. Construit selon ses propres plans, l'Hôtel de Rambouillet fut, quarante ans durant (1620-1660), une véritable institution de la vie mondaine et littéraire à Paris. Les grands personnages politiques y côtoyaient les écrivains. Dans les années 1620, on y voyait Richelieu, Malherbe, Gombauld, Racan, Vaugelas, Chapelain... Dans les deux décennies suivantes, le duc d'Enghien (le futur « Grand Condé ») en fut le protecteur, tandis que l'animateur en était Voiture et que, parmi les familiers, figuraient Godeau, Cotin, Sarasin, les deux Scudéry, Scarron... Ce fut la période la plus brillante ; après la Fronde, le salon s'étiola, même si Mme de Sévigné et Mme de La Fayette y étaient assidues.

Ces réunions permettaient à nombre de jeunes auteurs de se faire connaître. D'autres, plus confirmés, y cherchaient un moyen d'assurer et d'entretenir leur renommée. Un tel milieu favorisait la littérature de divertissement. Les genres en vogue y étaient la poésie amoureuse et la lettre galante.

C'est en 1633, semble-t-il, qu'un habitué de l'Hôtel de Rambouillet proposa de former une « couronne de fleurs » – de rhétorique s'entend – où seraient chantés les mérites divers de Julie d'Angennes (1607-1671), la fille de Catherine de Vivonne, l'hôtesse des lieux. Chacun y alla de sa bagatelle poétique et le duc de Montausier (1610-1690) put ainsi offrir en présent de nouvel an à celle qu'il aimait « précieusement » un manuscrit calligraphié sur vélin par Nicolas Jarry et relié de maroquin rouge. Cette Guirlande, *œuvre de 19 poètes, comporte 76 madrigaux formant un bouquet de 29 fleurs où l'on remarque « la Rose » d'Habut de Cerisy, « la Violette » de Desmarets de Saint-Sorlin, « le Lys » de Tallemant des Réaux, « la Pensée » de Colletet, « le Pavot » de Georges de Scudéry... et « la Flambe » – au nom si chargé de sens – de Montausier lui-même. Julie dut apprécier sa* Guirlande, *car elle accepta peu après le mariage. Mais la patience de Montausier avait duré... 14 ans !*

LA PRÉCIEUSE SELON L'ABBÉ DE PURE

(C'est le personnage de Géname – anagramme de Ménage – qui parle) : « La Prétieuse n'est point la fille de son père ni de sa mère [...]. Elle n'est pas non plus l'ouvrage de la nature sensible et matérielle ; elle est un extrait de l'esprit, un précis de raison. Cet esprit et cette raison est le germe qui les produit, mais, comme la perle vient de l'Orient et se forme dans des coquilles, ainsi la Prétieuse se forme dans la Ruelle par la culture de dons suprêmes que le ciel a versés dans son âme. Il y en a de baroques [au sens premier : irrégulières], qui ne sont pas si belles que les autres, mais qui ne laissent pas d'être aussi fines et de surprendre les yeux et d'être d'aussi bon débit que les autres. »

Certes, au milieu du XVIIe siècle, le retour au calme politique, la raréfaction relative des guerres, le développement de l'instruction et de la vie de société favorisaient un tel mouvement. Mais les mœurs restaient rudes, tant dans le peuple que chez les privilégiés. Le féminisme précieux était un acte d'avant-garde : les critiques l'assaillirent bientôt de toutes parts. Jointes aux querelles qui opposaient les coteries de ce milieu, elles forment un inextricable écheveau de polémiques et de caricatures. Tous les auteurs du temps s'accordent à souligner l'ambiguïté du phénomène ; aucun ne parvient à en donner une définition conséquente. Plusieurs opèrent des distinctions entre diverses catégories : il y a des précieuses prudes et des coquettes, des sincères et des fausses... On reprocha aux précieuses leur duplicité, les accusant d'afficher des amours platoniques pour mieux jouir en secret d'amours solidement charnelles. On les accusa aussi de se révolter contre les maris pour mieux pouvoir s'entourer d'amants. La satire populaire s'en prit à ces femmes coupables d'être à la fois savantes et indépendantes et fit florès avec le personnage de Lustucru (« l'eusses-tu-cru »), « opérateur céphalique », ôtant aux précieuses et à leurs imitatrices leur cerveau encombré d'idées folles : grandiose décervelage ubuesque avant la lettre, et qui fit la fortune des marchands d'estampes. Par ces polémiques, la préciosité était érigée en symbole, mais aussi complètement dénaturée.

Les précieux et les écrivains

La préciosité n'est ni une école ni une doctrine littéraire. Mais les précieux se sont vivement intéressés à la littérature. Parmi les marques de distinction, le savoir tenait une bonne place : non le savoir pédantesque, mais les connaissances touchant aux ouvrages en vogue, permettant de briller dans la conversation, servant,

en un mot, au savoir-vivre et au savoir-plaire. La littérature se trouvait ainsi mise en avant comme preuve de la délicatesse du goût. Il était de bon ton de lire romans (*l'Astrée*, les romans galants et héroïques) et poèmes, de fréquenter des poètes, d'être soi-même capable de tourner quelques vers ou une épître. De ce fait, la préciosité contribua fortement à orienter les horizons d'attente du public mondain et de ceux qui en suivaient les modes. Les *Lettres* (publ. posth.) de Voiture eurent un grand retentissement dans les ruelles, qui contribuèrent à leur succès ; les romans de Mlle de Scudéry, les tragédies romanesques de Thomas Corneille et de Quinault trouvèrent là un public favorable.
De leur côté, les écrivains eurent une attitude ambivalente. Certains historiens, faisant naître le mouvement très tôt dans le siècle, lui annexent Théophile de Viau et Saint-Amant : c'est abusif. D'autres, tel Georges Mongrédien, y incluent l'Hôtel de Rambouillet et les écrivains qui y brillaient : analyse en partie fondée, car il s'agit bien là des « modèles » et des précurseurs immédiats des précieux, mais en partie contestable aussi. À prendre les choses en leur sens strict, l'expansion de la préciosité coïncide avec celle du salon de Mlle de Scudéry ; il est certain que les auteurs qui, de Ménage à Pellisson, s'y rassemblaient autour de la romancière, ainsi que la « clientèle » du surintendant Fouquet, où figuraient Corneille et La Fontaine, furent très influencés par la préciosité. Tous n'y adhèrent pas pour autant, et, même s'ils le font, il n'en est aucun dont la carrière se résume à cela. Chapelain, par exemple, hésita constamment entre l'adhésion et le rejet. C'est qu'il était utile d'être bien vu des ruelles, pour soigner son succès. Mais en même temps, beaucoup d'écrivains en voyaient les travers et les excès : à preuve l'opinion très nuancée de l'abbé de Pure dans sa *Prétieuse*. Il semble y avoir eu, dans l'ensemble, une évolution : au début des années 1650, la préciosité domine la vie de salon, et les écrivains suivent plus ou moins ; à partir de 1656, *la Prétieuse* paraît, le « clan » Fouquet est au pouvoir, le mouvement précieux est défini comme tel, et les polémiques deviennent vives ; elles trouvent leur point culminant en 1659-1661 ; au-delà, les traits essentiels de la préciosité persistent (jusqu'en 1680 environ), mais elle n'est plus en vedette. Dans les polémiques entre écrivains à ce sujet, les rivalités de « clans », de coteries et de personnes (illustrées par le conflit entre Ménage et Chapelain notamment) jouèrent un rôle plus important que les questions de doctrine ou d'esthétique.

La préciosité comme fait littéraire

La littérature précieuse comprend une partie ou certains aspects de l'œuvre de Mlle de Scudéry, Pellisson, Sarasin, ainsi que de poètes comme Benserade, Chaulne, Le Pays, et même La Fontaine (poèmes pour Fouquet). Elle se fonde d'abord sur l'usage d'une langue très épurée : la délicatesse du goût exige que l'on bannisse tous les mots triviaux. On les remplace volontiers par des métaphores ou des périphrases. Il est certain que cette surenchère du purisme eut ses excès ; mais il est vrai aussi que les historiens ont trop souvent pris pour argent comptant tout ce que Somaize a fait entrer dans son *Dictionnaire des précieuses*, et que, s'il y figure bien des locutions qui avaient cours dans les ruelles, d'autres y sont de son invention ou ne représentent que les excès de quelques coteries.
Métaphores et périphrases ne servaient pas seulement à éviter les termes « bas », mais aussi à renforcer des expressions jugées trop communes ; par exemple, la locution banale « ne pas agir comme il faut » fut remplacée par « avoir un procédé tout à fait irrégulier » (qui est resté dans l'usage). Par leur hantise de ne pas assez se distinguer, les précieux ont tendu à l'abstraction, et, en même temps, ils ont affaibli le rôle du langage comme outil de communication, en faisant davantage un signe de reconnaissance (un « jargon ») et la matière d'un exercice de l'esprit.
Purisme et goût de la trouvaille vont de pair. D'où un goût marqué pour une poésie abondant en « pointes », où les influences étrangères de Lyly (l'euphuisme), de Góngora et de Marino se font sentir. D'où aussi une prédilection pour la pratique des genres adaptés à la vie de salon, à l'art de la conversation, et propices au brio : lettres, dialogues, portraits, formes poétiques mineures (rondeau, épigramme, madrigal...). Ainsi *Clélie* ou *la Prétieuse* abondent en portraits et conversations, et les recueils collectifs de poésie en poèmes brefs.
La thématique privilégie l'héroïsme et l'analyse du sentiment amoureux. Mais les sujets sont souvent de peu de poids : petits événements mondains et plaintes amoureuses conventionnelles. C'est qu'il s'agissait plus de surmonter brillamment la difficulté de l'expression, de raffiner sur la façon de contourner les obstacles de la banalité et de la trivialité, que de construire une pensée neuve. Soucieux d'ingéniosité, le poète précieux est largement formaliste. Ainsi peut-il, tout en restant explicite, traiter des sujets charnels en termes galants, comme dans ce madrigal de Benserade :

Vous verrez dans cinq mois finir votre langueur ;
Mais, dieux ! quand finira celle que dans mon cœur
Ont causée vos beaux yeux et votre tyrannie ?
Je serai dignement d'amour récompensé
Quand ma peine sera finie
Par où la vôtre a commencé.

(« Pour une femme grosse » [enceinte])

Parfois même le sujet s'annule tout à fait au profit du jeu formel : les « bouts rimés » mis à la mode par le poète Dulot n'exigent qu'un remplissage ingénieux à partir de rimes imposées. Enfin, les impromptus, tenus pour la marque d'une ingéniosité supérieure, jouissent d'une considération particulière.
Entendue au sens le plus strict, la littérature précieuse n'a pas donné d'œuvres majeures. Fait logique, puisque la préciosité n'est pas une école littéraire. Mais son influence est importante. Elle se fait sentir de façon directe sur le goût galant. On ne peut assimiler la galanterie, phénomène plus large et plus diffus, et la préciosité. Mais il est certain que les ouvrages des rivaux ou des continuateurs de Voiture portent la marque des recherches précieuses. Ainsi les lettres de Sarasin et surtout celles de Costar, qui, en 1657, tenta de tirer profit de la mode. Influence aussi, nous l'avons vu, sur le roman, à partir de *Clélie*, sur le théâtre (Quinault, notamment), et bien évi-

demment sur la poésie : le *Recueil* collectif de Pellisson-Mme de La Suze, réédité régulièrement à partir de 1664, en offre le meilleur exemple.

Mais il est aussi des influences indirectes, moins connues et sans doute plus importantes encore. L'art de l'analyse amoureuse cultivé dans les ruelles retentit sur des ouvrages qui paraissent s'éloigner totalement du courant précieux. Le jeu de salon des « questions d'amour », qui consistait à soumettre à un cercle un problème de psychologie ou de civilité amoureuse, a des échos dans *la Princesse de Clèves* : faut-il ou non aller à un bal annuel auquel l'être aimé ne doit pas assister ? C'est à partir d'une telle « question d'amour » que se fait dans le roman le premier aveu indirect des sentiments de l'héroïne. Échos encore dans les *Lettres portugaises* de Guilleragues. Le jeu des « maximes d'amour », pour sa part, retentit sur les ouvrages des moralistes, y compris sur celui de La Rochefoucauld.

On le voit, la préciosité ne se laisse pas enfermer dans un champ littéraire précis, et elle ne se laisse pas non plus réduire à des exercices d'écriture futiles. On l'a parfois rapprochée du baroque ; mais nombre d'écrivains qu'elle a influencés furent des classiques. Vaines classifications... De même, on l'a tantôt associée et tantôt opposée au burlesque. Elle le « haïssait », affirme R. Lathuillière ; mais G. Mongrédien étudie le cas d'« une précieuse dévote, Mme de Revel » qui échange avec Chaulne des épîtres en vers burlesques... Dans leurs principes, préciosité et burlesque sont de tendance opposée ; mais surtout le burlesque est un mode d'écriture, un fait essentiellement littéraire, et il ne peut être efficacement comparé avec un mode d'être et de comportement qui n'est que secondairement un fait littéraire. En fait, la recherche de telles équations apparaît faussée dès l'origine, parce qu'elle réduit la préciosité à une unité de doctrine poétique qu'elle n'a jamais eue. En cela, les historiens et critiques suivent – à tort – une pratique inaugurée dès le XVIIe siècle par les auteurs qui ont pris la préciosité comme sujet de leurs ouvrages.

La préciosité comme sujet d'ouvrages est l'aspect le plus connu du rôle littéraire de ce courant. C'est aussi celui qui induit aux erreurs les plus fréquentes et les plus préjudiciables. On a beaucoup polémiqué, en effet, dans les années 1659-1661, à propos des précieux ; par suite, il s'en formait ainsi des images plus ou moins caricaturales.

La première qui en fut donnée fut la plus modérée : il s'agit du roman de *la Prétieuse* de l'abbé de Pure. Une tradition non confirmée veut qu'il ait aussi composé une comédie des *Précieuses*, aujourd'hui perdue, que Molière aurait imitée de très près. Reste que la préciosité entra dans l'histoire à partir du succès retentissant des *Précieuses ridicules* (1659) de Molière, et de la polémique que cette pièce déclencha. Mais il faut bien voir que les auteurs qui se manifestèrent alors visaient avant tout à se faire connaître, et non à préciser la définition et l'analyse de la préciosité. Mlle Desjardins, avec son *Récit de la farce des précieuses*, et Somaize, avec ses *Véritables Précieuses* (1660), puis avec son *Dictionnaire des Précieuses*, exploitent à leur profit le succès de Molière, rien de plus. Celui-ci, de son côté, attaque les imitatrices ridicules des ruelles (ses précieuses sont d'ailleurs des provinciales), mais il reprendra par ailleurs certains aspects des critiques du mariage que la préciosité avait développées. Satiriser les travers et les excès d'une fraction des précieux devint ainsi un lieu commun, que de nombreux auteurs exploitèrent, tel Furetière décrivant la ruelle d'Angélique dans son *Roman bourgeois* (1666).

Au moment où elle devenait sujet littéraire de premier plan et matière à controverses, la préciosité avait déjà passé le temps de sa plus grande vitalité. L'essor nouveau de la vie de Cour à partir de 1661, les modifications survenues dans la configuration des groupes d'influence (chute de Fouquet) et la publicité même due au tapage fait par ces polémiques, en orientant autrement la vie mondaine, en affaiblissant certains points d'appui du phénomène et en le banalisant, amenèrent le déclin de la préciosité. Elle aura des prolongements jusqu'en 1680, tant que durera le courant galant ; mais elle ne sera plus un fait de premier rang. Mouvement inéluctable : cet art de la distinction, cet élitisme mondain, ne pouvait s'accommoder de sa banalisation. Reste que, dans son temps fort, il ne fut pas seulement une mode frivole : féminisme, élaboration du goût, inclination vers la noblesse et la grandeur, paradoxe aussi de l'attrait pour les grandes choses et de l'engouement pour de menus propos, la préciosité fut chose plus sérieuse que son image usuelle ne le donne à penser. Son influence ne se borne d'ailleurs pas au XVIIe siècle : sans qualifier de « précieuse » toute recherche littéraire formelle, il apparaît néanmoins que des traits importants de l'écriture et de la thématique d'écrivains comme Marivaux au XVIIIe siècle, Giraudoux au XXe siècle, font écho à l'idéologie et à l'esthétique des précieux des années 1650. [Voir aussi **Classicisme**, **PURE**, **SCUDÉRY**, **SOMAIZE**.]

A. Viala

PREVEL Jacques

(1915-1951)

Né à Bolbec (Seine-Maritime), il occupe un emploi à la mairie du Havre, puis vient à Paris en 1940 dans l'intention de se consacrer exclusivement à la poésie. Il ne connaît que misère et maladie, et aucun éditeur n'accepte ses recueils : c'est à compte d'auteur qu'il fait publier *Poèmes mortels* (1945) et *De colère et de haine* (1950) ; seul Jacques Haumont édite, en 1947, *Poèmes pour toute mémoire*. Il n'est cependant pas un inconnu du monde des lettres : il rencontre Adamov, Roger Gilbert-Lecomte et surtout Antonin Artaud, à qui il voue une admiration fascinée. Cette amitié, qui l'amène à fournir Artaud en cocaïne, donne lieu à *En compagnie d'Antonin Artaud*, sorte de recueil de souvenirs qui s'étend de mai 1946 à décembre 1947. Miné par la tuberculose, Jacques Prevel s'éteindra à trente-six ans, au sanatorium de Sainte-Feyre (Creuse).

Toute la poésie de Prevel est marquée par la dépossession : dépossession de soi dans un monde dérisoire, haïssable de banalité ; dépossession d'un sujet vaincu sans relâche au combat avec les mots qui tenteraient de dire la vie, ou plutôt l'absence au cœur de toute vie :

Au moment d'écrire j'ai déjà perdu le doute
[l'ivresse de la vision
Et cette terre m'abandonne où je suis venu me
[briser [...]

(*De colère et de haine*, V)

À la différence d'un Mallarmé à qui le goût des mots rares permet d'émailler le vide métaphysique, étranger au goût pour l'intoxication par l'image telle que l'ont pratiquée les surréalistes, Prevel retrouve l'inspiration romantique du malheur ; il rejoint des poètes comme Artaud dans l'urgence à hurler une parole étranglée dès que proférée, et qui peut-être a déjà perdu son sens.

M. P. Schmitt

PRÉVERT Jacques

(1900-1977)

Le mégot au coin des lèvres, la casquette de titi posée sur une tête ronde aux yeux grands ouverts, émerveillés d'une enfance qu'il n'a jamais voulu quitter : c'est ainsi que son ami le photographe Robert Doisneau a su capter l'image – désormais presque légendaire – de Jacques Prévert, sorte de Villon de notre siècle, inlassable piéton déambulant dans les rues de Paris, en compagnie, pourrait-on imaginer, de Queneau ou de Hardellet, illuminé par cette « lumière d'hommes » qui rayonne, plus que jamais, dans le recueil posthume *Soleil de nuit* (1980) ; familier également et, surtout, tellement proche ; par-delà les modes et les théories éphémères, des générations d'adolescents n'en finissent pas, adultes, d'être habités par les petites phrases de cet homme singulier. À son œuvre, plus qu'à toute autre, s'appliquerait l'expression de « poésie vivante », si Prévert ne l'avait d'emblée trouvée pléonastique : « La poésie, c'est un des plus vrais, un des plus utiles surnoms de la vie » (*Hebdromadaires*, 1972). Quant à l'épithète « populaire », employée pour le caractériser – de façon parfois péjorative –, elle risquerait, si elle n'était elle-même précisée, d'éluder l'apport spécifique de ce poète difficilement situable.
Car si Jacques Prévert, né avec le siècle à Neuilly-sur-Seine, enfant des rues s'accommodant de mille petits métiers, à l'affût du moindre « fait divers », a fréquenté le groupe surréaliste, c'est en marge, plus par amitié à l'égard de certains de ses membres que pour participer effectivement à l'activité organisée par André Breton : aussi les distances sont-elles bientôt prises entre celui-ci et le « groupe de la rue du Château », où cohabitent, menant une vie de bohème plus adéquate aux « Années folles » qu'on ne croirait, Yves Tanguy, Marcel Duhamel et, plus tard, Raymond Queneau, aux côtés des frères Prévert. Ce qui ne signifie nullement que l'action sociale n'intéresse pas Jacques Prévert. Son activité théâtrale au sein du groupe *Octobre*, qui pratiquait une sorte d'*agit-prop*, l'atteste (cf. *Spectacle*, 1951). Mais Prévert se méfie comme de la peste de l'intellectualisme débridé, refuse de se prendre au sérieux et de considérer l'« œuvre à faire » : pendant de longues années, il éparpille aux quatre vents textes et chansons que Joseph Kosma mettra en musique (*les Feuilles mortes*, *Démons et merveilles*, *Chasse à l'enfant*, etc.) sans se préoccuper le moins du monde de les rassembler en recueil, et il faudra attendre la fin de la guerre pour que René Bertelé, qui s'est attelé à cette tâche, publie enfin *Paroles* (1946) dont le succès est immédiat.
Mais Jacques Prévert est alors déjà connu par le cinéma, une de ses passions majeures ; il a collaboré comme scénariste avec les plus grands metteurs en scène du temps, Jean Renoir (*le Crime de M. Lange*, 1935), Marcel Carné (*Drôle de drame*, 1937 ; *Quai des brumes*, 1938 ; *les Visiteurs du soir*, 1942 ; *les Enfants du paradis*, 1944 ; *les Portes de la nuit*, 1946)... Activités multiples, donc, mais qui toutes relèvent de la même démarche, du même élan pour dire et pour montrer, pour communiquer une « poésie de la réalité, poésie du monde réel et du monde moderne [qui] exprime notre vie la plus simple et la plus immédiate » (G. Picon), hors de tout mysticisme et de toute abstraction.
Cette « poésie intempestive » (Rolland de Renéville) est avant tout – comme le titre du premier recueil l'indique – de paroles, et refuse toute spéculation intellectuelle ; parce que les hommes qui se perdent dans leurs pensées, en s'isolant du monde extérieur, se coupent de toute possibilité d'émerveillement et de colère, en un mot, de passion, devant le monde présent, face aux « pépins de la réalité ». Les titres des recueils suivants ne disent pas moins ce désir de rester sur terre, de retenir ce que chacun peut voir, tous ces « faits divers », donc, qui « font la vie » : ainsi *Spectacle, Histoires* (1946) et, surtout, *la Pluie et le Beau Temps* (1953), *Choses et autres* (1972), *la Cinquième Saison* (posth., 1984), sans oublier ce *Fatras* (1966) inspiré d'un terme que les dictionnaires définissent à la fois comme « amas confus de choses » et comme « composition poétique », et dans lequel Prévert mêle et entrelace textes de toutes sortes et collages en tous genres.
Les thèmes qui parcourent l'œuvre : le refus de la guerre (« Quelle connerie la guerre »), la dénonciation des méfaits de l'Église, l'écoute des mots des pauvres gens, l'attention si grande portée à l'amour – dans la joie et dans la peine – des hommes, le symbolisme libertaire de son bestiaire, cet humanisme anarchisant qui, à travers invective, satire et tendresse, manie l'insolence et l'humour, ne doivent pas faire oublier chez Prévert une capacité de prise sur l'événement qui opère la ruine de la poésie et sa renaissance transfigurée.
Car l'œuvre de Prévert est le lieu d'une véritable rénovation poétique. Bousculant la « poésie pure » et son désir d'identité immuable, elle affirme que « non seulement la nature de la poésie est dans la dépendance de l'événement, mais la poésie elle-même est événement » (Georges Bataille), c'est-à-dire, schématiquement, présence au monde de l'instant dans lequel s'effectue la communion. Aussi est-il impossible de considérer, chez Prévert, le jeu sur les mots comme gratuit, et l'interprétation littérale des mots comme un procédé douteux. Jacques Prévert poursuit au contraire un travail méticuleux de démystification et de nettoyage : un travail de dissociation qui va de pair avec un ressourcement de la métaphore. Celle-ci n'est plus de coïncidence, mais de succession, et ses termes se relient comme les éléments

d'une séquence : le défilé de l'« Inventaire » s'apparente au déroulement cinématographique et rappelle opportunément que la poésie est démarche, mouvement qui ouvre sur une transfiguration, simplicité retrouvée dans la proximité au monde. Ce que Bataille, qui a écrit l'étude la plus incisive sur Prévert (*Critique*, n° 3), exprime ainsi : « Il apparaît de cette façon que l'élément même de la poésie est directement atteint par une destruction de ce qui nous fut donné comme poésie. Et cette destruction au second degré n'est pas moins qu'une méthode immédiate susceptible de "donner à voir" (et non plus à savoir) ; de permettre l'accession à ce moment de plénitude de l'instant où l'autre n'est plus "autre que moi", où je ne suis plus "autre que lui", où les fuites devant moi-même, les mensonges que je me fais, me sont dévoilés. » Il n'est donc pas si facile de se débarrasser de Prévert en prétextant l'abord aisé de ses textes. Mais sans doute faut-il concéder qu'à travers eux ce sont deux pratiques de la poésie qui se trouvent confrontées.

L. Pinhas

Prévost

PRÉVOST, l'abbé

***Antoine-François* PRÉVOST *d'*EXILES*,* dit *l'abbé* PRÉVOST**

(1697-1763)

Parce qu'il fut sanguin, tumultueux, désordonné, mais surtout parce qu'il vécut au confluent du siècle de la Grâce et du siècle de la Nature, Prévost fut constamment déchiré, divisé. Tour à tour élève des Jésuites, soldat, moine bénédictin, catholique, anglican, adepte de la religion naturelle, plein d'une indulgence fénelonienne et nourri de Malebranche, acquis aux Lumières naissantes du XVIIIe siècle, il n'aura réalisé son unité que dans l'inquiétude. Ses huit principaux romans et une grande part du reste de son œuvre sont la mise en littérature d'une expérience et d'une angoisse vécues. Il voulait comprendre la nature des forces irrésistibles qui gouvernent nos sens au mépris de notre raison et de notre volonté, comprendre par quel malentendu entre Dieu et les hommes tout amour paraît maudit. Partagé entre un rêve profane de félicité et un christianisme pessimiste, sentant sur lui l'implacable regard du Dieu caché et rêvant de celui de Cléopâtre, il s'est voué à l'exploration des ténèbres labyrinthiques du cœur humain, frôlant parfois la révolte et le doute, se résignant à la fin, mais interrogeant inlassablement le ciel et lui-même.

Une vie en forme de roman

Il fut d'abord Antoine-François Prévost, troisième fils d'un conseiller et procureur du roi à Hesdin en Artois, père « tendre et rigide », notable de sa ville. Une fille et deux autres garçons devaient naître encore après lui. Ses deux frères aînés lui offraient l'exemple de deux carrières ecclésiastiques réussies. Le premier choc fut, à quatorze ans, en 1711, la mort de sa mère et de son unique sœur, âgée de treize ans, qu'il adorait. Les autres filles nées dans le ménage n'avaient pas vécu. Faut-il voir dans ces morts l'origine du cortège funèbre de jeunes filles et de jeunes femmes mortes qui vont hanter l'œuvre ? Et la source de thèmes obsédants : l'affection entre frère et sœur, la mort de la sœur, la mort de la mère ? Rien ne le prouve, mais on le croirait volontiers.

L'année suivante, c'est la guerre dans le Nord, la victoire de Denain ; à peine âgé de seize ans, Antoine-François quitte l'école des Jésuites et s'engage dans l'armée. La paix d'Utrecht, quelques mois plus tard, met fin à ses espoirs de gloire militaire ; il revient chez les Jésuites. Deuxième choc : le conflit avec le père, à seize ans ; pour une maîtresse, dit-on. Là encore, il est permis de penser que vient de naître un thème fondamental de l'œuvre.

De seize à vingt-trois ans, il retourne, à deux reprises, au métier des armes, revenant chez les Jésuites dans les intervalles. Hésitations, contradictions, incertitudes – on retrouve ces traits chez beaucoup de personnages de ses romans. Mais comme l'on aimerait savoir avec plus de précision ce qu'il lui arriva en 1719 et 1720 ! Là sans doute se trouve la clef de l'histoire de Des Grieux et Manon Lescaut. Quelle mauvaise affaire l'obligea-t-elle à passer en Hollande ? Quel fut cet « engagement trop tendre » dont « la malheureuse fin », évoquée par lui-même dans son périodique *le Pour et Contre*, l'amena cette fois à la retraite chez les Bénédictins ?

Il devient donc dom Prévost, ayant toutefois prononcé ses vœux avec les restrictions mentales qui lui permettaient de les rompre. Duplicité qu'il prêtera à Des Grieux. Le roman de sa vie nourrira ses romans ; ils seront le commentaire de sa crise intérieure. « Ce cœur si vif était encore brûlant sous la cendre. » Il se méfie, écrit-il à l'un de ses frères, de « certaines images qui ne se présentent que trop souvent à [son] esprit et qui n'auraient encore que trop de force pour [le] séduire ». D'abbaye en abbaye, à Jumièges, à Saint-Ouen de Rouen, au Bec-Hellouin (où il rencontre le duc de Villars, retiré du monde, modèle peut-être du narrateur central de son premier roman), il médite sur le mystère humain, trouvant cependant le temps d'écrire un pamphlet (publié en 1724) contre le Régent. Autorisé à enseigner et à prêcher, il acquiert un style : à Évreux, ses auditeurs « se souviennent encore de l'onction, de la force, du vrai pathétique qu'il mettait dans tous ses discours » (Meusnier de Querlon, 1768). Ce style n'est pas du goût de ses supérieurs : on l'envoie à l'abbaye de Saint-Germain-des-Prés, à Paris, exercer son érudition à des travaux plus bénédictins. Il s'en distrait en commençant à écrire son premier roman, *Mémoires et aventures d'un homme de qualité qui s'est retiré du monde*. Il en portait les germes en lui depuis longtemps. Les premiers tomes paraissent en 1728, premiers sommets d'un massif romanesque qui allait dominer la littérature et la sensibilité françaises jusqu'en 1760.

Souhaitant passer dans un ordre moins sévère, il n'attend pas l'autorisation officielle, quitte l'abbaye, est poursuivi dans Paris comme déserteur. Feignant une conversion au protestantisme, il passe en Angleterre ; il devient Prévost d'Exiles, se souvenant à point d'une petite ville de garnison par où il était passé, et dont le nom définit son destin. De 1728 à 1730, la découverte de l'Angleterre lui apporte l'euphorie : le tome V des *Mémoires et aventures d'un homme de qualité* fait l'apologie de l'île heureuse. Précepteur du fils de sir John Eyles, sous-gouverneur de la South Sea Company, il voyage dans le sud de l'Angleterre avec son élève. Il a l'aisance et la dignité. Il écrit la suite de son roman et les deux premiers tomes du suivant, *Histoire de Monsieur Cleveland, fils naturel de Cromwell, écrite par lui-même, ou le Philosophe anglais* ; partie de l'œuvre dominée par le problème du mariage impossible. C'est que le précepteur Prévost d'Exiles rêvait d'épouser la fille de sir John Eyles… Cette « petite affaire de cœur » lui fait perdre sa place. Il passe en Hollande à l'automne de 1730, négocie des contrats avec des libraires de La Haye et d'Amsterdam, travaille à la fois à l'*Homme de qualité*, à l'*Histoire du chevalier Des Grieux et de Manon Lescaut* qui allait former le tome VII et dernier de cet immense roman, à *Cleveland*, qui déborde les quatre tomes initialement prévus, à la traduction de l'*Historia mei temporis* de De Thou. À travers les romans, où se mêlent théologie et littérature, l'inquiétude métaphysique et la recherche de la vérité morale se poursuivent. Mais à peine parue l'*Histoire du chevalier Des Grieux*, en Hollande, au printemps 1731, Prévost, qui a déjà dû la vivre, la revit avec une aventurière, Lenki Eckhardt, Cléopâtre fort peu royale, dite « la Sangsue ». Prévost a beau se faire désormais appeler Marc-Antoine Prévost d'Exiles, c'est la déchéance. Démêlés avec les libraires pour contrats non respectés, ruine financière à laquelle contribue Lenki. Couvert de dettes, il retourne en hâte avec elle en Angleterre, lance en juin 1733 un périodique, *le Pour et Contre*, à l'image des journaux anglais : faits divers et personnages originaux de la chronique anglaise ; nouvelles littéraires de France et d'Angleterre, réflexions morales ; commentaires de Shakespeare, du célèbre drame de Lillo *le Marchand de Londres* (Prévost ne pouvait pas rester indifférent à l'histoire de ce jeune homme entraîné à la débauche, au vol, au meurtre, par passion pour une femme dont il ne parvient pas à se détacher)…

Le Pour et Contre comptera vingt volumes quand Prévost y renoncera en 1740. Il y eut des interruptions, comme celle de décembre 1733, lorsque l'auteur se retrouva en prison à Gatehouse pour avoir contrefait sur un billet à ordre la signature de son ancien disciple. L'indulgence de sir John Eyles le sauve de la potence ; l'indulgence du pape Clément XII pour ses fautes passées lui permet de rentrer en France. À la fin de 1734, on le retrouve à Paris, où il est bien accueilli. De 1735 à 1740, il poursuit son entreprise de romanesque métaphysique, achevant *Cleveland*, qui remporte un succès énorme, écrivant *le Doyen de Killerine*, fouillant obstinément le monde irrationnel des passions : pourquoi l'amour est-il maudit ? Pourquoi les bonnes intentions sont-elles toujours punies par le ciel ?

En 1736, le prince de Conti le choisit comme aumônier ; il a ainsi un protecteur puissant, devient l'abbé Prévost, reconquiert sa dignité. L'*Histoire d'une Grecque moderne*, en 1740, marque le passage du roman métaphysique aux romans d'exploration morale. Il s'intéresse, dans d'autres œuvres, aux personnages historiques qui ont réalisé l'équilibre du tumulte et de l'ordre : Marguerite d'Anjou, Guillaume le Conquérant. Il entreprend des traductions : il est significatif qu'il choisisse Cicéron et Richardson ; l'oratoire et le pathétique, la réflexion morale et la sensibilité. Il entreprend aussi l'énorme compilation de l'*Histoire des voyages* (quinze volumes de 1746 à 1759), prélude important à l'*Histoire des deux Indes* de Raynal et confirmation de son goût pour le mouvement, l'instable, la découverte.

À part quelques incidents qui l'obligent à quitter temporairement la France, l'abbé connaît et goûte cependant une vie plus tranquille, sans soucis d'argent. Homme du XVIIIe siècle, aimant contradictoirement le mouvement et le repos, il réalise son rêve d'une petite maison à Chaillot avec sa gouvernante ; le pape Benoît XIV le pourvoit du bénéfice d'un prieuré dans le diocèse du Mans. Il rencontre souvent à Passy, chez leur ami Mussard, Jean-Jacques Rousseau, fervent lecteur de *Cleveland*, et qui s'en souviendra dans *la Nouvelle Héloïse*, dont le succès prend le relais de *Cleveland* en 1761.

C'est vers 1760 que Prévost laisse en suspens son dernier roman, *le Monde moral ou Mémoires pour servir à l'histoire du cœur humain* ; le prince son protecteur lui a demandé d'écrire l'histoire de la maison de Condé et Conti. L'abbé, de nouveau aux prises avec les soucis d'argent et l'écriture forcée, s'installe dans une autre maison tranquille, à Saint-Firmin, près de Chantilly. Il n'achèvera ni le roman ni l'histoire. L'apoplexie le frappe, à soixante-six ans, en forêt de Chantilly, un après-midi où il rentrait d'une visite aux Bénédictins de Saint-Nicolas d'Acy, ses voisins ; ceux-ci achetèrent au curé du village le droit de l'enterrer dans l'église de leur prieuré, qui fut détruit par la Révolution.

Jusqu'à la fin du XIXe siècle, il ne fut que l'auteur – scandaleux ou fascinant – de *Manon Lescaut*, « Sphinx étonnant, Cléopâtre en paniers » pour Musset, émule de Nana pour les naturalistes, popularisée en 1884 par l'opéra de Massenet, *Manon*. Il faudra attendre 1896 pour que des études universitaires commencent à envisager l'ensemble de la vie et de l'œuvre, mais c'est seulement à partir des années 1960, en particulier grâce au colloque international qui lui a été consacré à Aix-en-Provence en 1963, que Prévost a commencé avec justice à « être considéré comme l'égal de Balzac, de Proust ou de Dostoïevski » (H. Coulet, *le Roman jusqu'à la Révolution*). Souhaitons qu'enfin le grand public à son tour découvre que Prévost n'a pas seulement écrit l'histoire à la fois magique et tragique de Des Grieux et Manon.

Le roman-labyrinthe

Dans leur technique comme dans leur métaphysique, tous les romans de Prévost présentent les lignes sinueuses et enchevêtrées d'une quête anxieuse dans les ténèbres. Monde de l'obscurité et de l'opacité, labyrinthe dans lequel on ne trouve presque jamais la porte étroite de l'issue heureuse. Pourtant, que de portes dans ces romans, symboliquement ! Fermées, la plupart du temps, et qu'il faut forcer.

Ce n'est pas surprenant si, une fois les portes forcées et d'interminables galeries parcourues à tâtons, on arrive au lieu fondamental de tout récit de Prévost : le souterrain. Dans les ruines de Tusculum, l'« homme de qualité » explore un dédale au fond duquel il découvre une salle où trois colonnes sculptées en forme de Furies entourent un cercueil contenant les restes d'une victime de quelque drame passionnel. Cleveland, fils proscrit de Cromwell, passe toute son enfance dans une caverne : c'est dans ces ténèbres qu'il enterre sa mère, voit mourir une autre femme victime d'un drame de la jalousie, découvre la jeune fille qu'il va aimer aux dépens du repos de sa vie. Souterrains tortueux, à l'image de toutes ces consciences inquiètes qui cherchent une vérité conforme à la nature dans un monde où celle-ci semble partout repoussée. L'ancienne esthétique baroque réutilisée par Prévost s'enrichit d'une métaphysique de la malédiction.

La structure même des romans est labyrinthique. Dans les deux premiers tomes de son premier roman, Prévost rassemble sept histoires d'amour pour montrer les malheurs auxquels mènent les passions : il aurait pu les raconter successivement, comme dans les traditionnels recueils didactiques d'« histoires galantes et tragiques », dont son écriture relève aussi. Il préfère les entrelacer, envelopper avec lui le lecteur dans cet enchevêtrement inextricable de drames sentimentaux. Inextricable aussi est l'enchevêtrement des actions dans *le Doyen de Killerine*, où les bonnes intentions du Doyen, qui s'estime responsable du bonheur et du salut de ses deux frères et de sa sœur, interviennent toujours à contretemps, provoquant des cascades de malentendus dans lesquels tout le monde se perd. Aussi compliquées et vastes que celles de Piranèse, les architectures des intrigues de chaque roman ont pour mission de reproduire le double labyrinthe de la vie réelle et de la conscience déchirée. La phrase elle-même se fait souple, sinueuse, revenant toujours sur les mêmes images, les mêmes mots, allongée quand il le faut de multiples subordonnées, de « et », de « mais » qui la font interminablement rebondir, alors que Prévost est capable par ailleurs du style d'analyse le plus vif. C'est que l'écriture a pour fonction à la fois de montrer et d'éclairer le labyrinthe. Les intrigues et les mots deviennent des instruments d'élucidation du mystère humain.

Prévost veut « pénétrer dans le cœur, qui passe pour impénétrable [...]. Des routes secrètes, ménagées par la nature, en ouvrent l'accès à ceux qui peuvent les découvrir. Je les ai cherchées pendant quarante ans » (*le Monde moral*). Mais que ses personnages observent de l'extérieur les « replis ténébreux » des autres ou qu'ils cherchent à se comprendre eux-mêmes, sondant leurs souvenirs dans une narration subjective faussée d'emblée par la vision passionnelle qui masque la réalité, la conclusion est toujours la même : aveuglement, complexité, mystère insondable. Une seule certitude : aucun ordre, aucune sagesse ne peuvent résister au vent dévastateur des passions. Roman après roman, dans un labyrinthe d'évocations historiques, de souvenirs autobiographiques, de « cas » passionnels tragiques imaginés à l'infini, Prévost nous attire avec lui dans un monde obscur et fou, où quelques visages féminins mettent quelques sourires, mais pour entraîner aussitôt, comme Cléopâtre, à de nouveaux désastres les amants fascinés.

Deux techniques essentielles contribuent à créer le labyrinthe : l'une consiste à narrer les faits comme présents, à revenir ensuite sur eux dans une méditation morale ou philosophique qui leur confère plus d'authenticité encore et de gravité, puis à nous projeter dans le futur par l'annonce de nouveaux malheurs encore plus grands – ce réseau de présent, de retour en arrière et de futur se trouvant englobé, par le statut même du roman-Mémoires, dans le passé continu du souvenir, qui donne à l'ensemble une unité de mélancolie. L'autre technique est la réitération ; comme dans tout labyrinthe, on repasse souvent au même endroit : l'apparition de Manon à Saint-Sulpice répète l'apparition d'Amiens, le convoi des filles déportées réapparaît deux fois. D'un roman à l'autre, les mêmes thèmes, voire les mêmes scènes, se reprennent et se complètent : la réapparition d'Helena à Malte (*la Jeunesse du commandeur*) produit sur son amant un effet à la fois proche et différent de celui de la réapparition de Manon à Saint-Sulpice sur Des Grieux. Ressassements et nuances qui permettent un approfondissement sans fin et unissent tous les romans en un massif unique de drames entrelacés, même si l'on peut parfois extraire de ce minerai brut quelques pépites pures qui ne sont autonomes qu'en apparence : histoire de Des Grieux et Manon, histoire de Rosemont et donna Diana (*Mémoires d'un homme de qualité*, t. III), *Histoire d'une Grecque moderne*, etc.

À ce labyrinthe métaphysique, sentimental, technique s'ajoute le réseau entrecroisé des lignes des voyages, de ce mouvement permanent dans l'instabilité des auberges, des voitures, des bateaux, des locations de maisons pour quelques instants de repos dans un bonheur ébloui, vite détruit par de nouvelles aventures. Quelques couples trouvent l'issue et parviennent à vivre tranquillement un bonheur amorti, mais en général le labyrinthe de la vie et des passions n'aboutit qu'au monastère ou au tombeau, tant l'amour peut causer de désastres par l'« inquiétude » dans laquelle il nous fait vivre

« Délivrez-nous de l'amour ! »

La conception que Prévost nous offre de l'amour est résolument pessimiste. Il a pourtant aimé l'amour, sa vie le prouve, et il en investit des héros qui lui ressemblent comme des frères. Dès la première « apparition » de l'« idole » de leur cœur, ils sont pris dans l'engrenage inexorable ; ils vont apprendre à leurs dépens que cette passion, innocente et naturelle si l'on en croit les philosophes des Lumières, est encore punie comme une faute par l'ordre ancien tout-puissant, et soumise à une triple malédiction : celle du péché originel ; celle de l'hérédité ; celle de la jalousie, avec sa séquelle de fureurs meurtrières. L'amour porte aussi en lui un tragique interne : il donne à l'être son unité, à la vie son sens, mais il est en même temps source d'aliénation, de souffrance, de déchirement intérieur. Amoureux et théologien, Prévost ressent ces contradictions de l'amour comme une absurdité au cœur du monde, presque un crime de Dieu, qui fait naître la tentation de la révolte et du blasphème. La résignation suit, mais génératrice d'une souffrance si aiguë que, dès le début du premier roman, l'un des personnages s'écrie tragiquement : « Délivrez-nous de l'amour ! »

« De l'amour », et non « du mal », car aimer n'est pour Prévost ni une faute ni un mal. Tout être est innocent, mais faible et sujet à l'erreur. C'est à la lumière de Malebranche que Prévost voit l'amour : le bonheur est un désir « naturel et invincible » de l'homme, le moteur – voulu par Dieu – de sa volonté ; mais sous l'effet du péché originel, les sens font dévier cette volonté naturelle de bonheur (qui ne peut être que bonheur « en Dieu ») et nous entraînent dans l'erreur d'adorer la créature au lieu du Créateur. Dieu nous corrige de cette erreur en nous donnant le recours de la méditation et en utilisant cette déviation des sens comme « cause occasionnelle » pour nous ramener à lui et au vrai bonheur. D'où tant de retraites, à la fin des récits de Prévost.

L'amour fou n'est donc qu'une erreur de « souverain bien », due à l'opacité dans laquelle Dieu maintient volontairement nos consciences, nous refusant la conscience claire totale qui nous ferait tous ses égaux. Tout serait simple si Prévost suivait Malebranche jusqu'au terme mystique du bonheur en Dieu. Mais, à part quelques jeunes femmes-anges qui s'en délectent, le cloître n'est que le refuge du désespoir. On n'y oublie pas l'amour perdu. Prévost aime en Malebranche les notions d'innocence et d'erreur, qui disculpent les amoureux et leur laissent une pureté d'enfance, mais il aime la vie : la claustration ne saurait être pour lui une conclusion satisfaisante ; il l'a prouvé.

Ce dont il a rêvé, c'est d'un accord entre l'amour sensuel et un souverain bien qui ne serait pas d'ordre surhumain ou mystique, qui resterait dans la Nature, mais introduirait l'ordre et la règle dans l'amour fou ; un moyen terme entre Malebranche et ce dont on rêvait dans le salon de Mme de Lambert. Ni lui ni ses héros n'ont réalisé cet équilibre ; ce n'est sûrement pas un hasard non plus si les deux principaux personnages de son dernier roman, le P. Célérier et l'abbé Brenner, retirés au monastère par désespoir comme lui-même en 1720, continuent à ressasser l'un le meurtre de sa femme perpétré dans une crise de jalousie, l'autre son amour impossible et sans retour pour sa jeune pupille.

La femme contribue à créer de telles obsessions, par l'« idolâtrie » qu'entraîne son image. Car c'est bien d'une image qu'il s'agit : à une teinte de cheveux près, quand celle-ci par hasard est indiquée, c'est toujours la même femme qui réapparaît dans tous les romans de Prévost, désignée par des formules vagues (« beaux yeux », « charmante créature », « maîtresse de mon cœur »...). Chaque lecteur peut projeter là, à volonté, ses propres fantasmes ; au XVIIIe siècle, un commentateur anonyme de l'aventure de Des Grieux ne s'y est pas trompé : « Ce n'est pas à sa Manon que nous nous intéressons, c'est à l'objet de cette passion si tendre. »

À la fois faible, ayant besoin de protection, associée à l'idée de retraite calme, et toute-puissante, entraînant irrésistiblement dans les aventures et les périls, la femme des romans de Prévost, par ses réactions aussi contradictoires que sa nature, est « incompréhensible », « étrange », mystérieuse. Elle provoque tantôt l'amour possessif et jaloux, tantôt l'adoration extasiée. Entre ces deux attitudes de maître et d'esclave, l'être masculin se déchire. Mais la physiologie féminine – et l'ordre social – est ainsi faite que c'est pourtant toujours la femme qui est la première victime de l'amour. Et si elle perd sa beauté, comme Helena défigurée par la variole, elle cherchera en vain, pathétiquement, à retenir l'amant qui l'abandonne.

Malgré la souffrance que cause cette vaine quête du bonheur, l'amour reste pourtant la seule vraie raison de vivre. Il rend fou et malheureux, mais rien ne remplace l'éblouissement de la rencontre, la contemplation du visage et du corps de la bien-aimée, même lorsque celle-ci, comme Manon, n'est plus qu'un souvenir ; aucun romancier du XVIIIe siècle n'a évoqué comme Prévost, en restant dans les limites d'une pudeur lyrique, les enlacements, les caresses, les instants passionnés, la tendresse. Pour lui, l'amour reste, envers et contre tout, un défi à la mort (mariage *in extremis* de Donna Diana et Rosemont), au ciel (mort de Manon), aux vieillards, à l'ordre social (les six mariages « naturels » au clair de lune à Sainte-Hélène, au tome II de *Cleveland*), à toutes les scléroses. Même le souvenir douloureux de l'amour perdu devient jouissance.

Délicieuse tristesse

Ce sont précisément « ces scènes attendrissantes et terribles » (La Harpe, *Cours de littérature*, 1829) qui ont séduit au XVIIIe siècle les lecteurs de Prévost, bien plus que les aventures bizarres, les hasards baroques, les scènes sanglantes que Diderot raillait dans *Jacques le Fataliste*. À la jeune fille dévorée par des léopards ou à la femme mise en pièces sous les yeux de l'« homme de qualité » par des hommes étranges sortis d'une forêt, les contemporains de Prévost ont préféré, dans son premier roman, la femme mourant d'épuisement après une longue marche pour fuir le pirate qui voulait en faire sa proie, ou la longue retraite érotico-funèbre de l'« homme de qualité » dans une pièce close, tapissée de noir, meublée seulement de l'urne contenant le cœur de sa femme Selima morte. Prévost a fondé une nouvelle sensibilité.

Sur le coup, la douleur est brutale, insupportable ; mais la tristesse, évocation et méditation de malheurs passés déjà subis et connus, produit une certaine « douceur intérieure ». Cleveland est « idolâtre de [sa] tristesse ». C'est l'« air charmant de tristesse » de Manon, dans la cour de l'hôtellerie d'Amiens, qui séduit Des Grieux. Là encore, Prévost se souvient de Malebranche, pour qui la tristesse est un certain plaisir que nous envoie Dieu, mais afin « que nous cherchions avec inquiétude la perfection qui nous manque ». Là non plus, Prévost ne suit pas Malebranche jusqu'au bout. Ce que ses personnages cherchent « avec inquiétude » dans l'évocation « douce-amère » des malheurs passés, c'est la perfection, magnifiée par le souvenir, d'un amour perdu et la reconquête, dans la mélancolie, de l'unité du moi déchiré. Tout plaisir excessif mal orienté cause de la douleur après un moment d'illusion, mais la méditation triste de cette douleur fait renaître le plaisir. Écrire cette tristesse est un plaisir plus grand encore, qui met le héros au rang des élus voués au malheur par une volonté supérieure « pour des fins qui ne nous sont pas toujours connues » (*Mémoires d'un homme de qualité*). Il entre dans l'aristocratie des âmes sensibles, des êtres à qui Dieu ou la nature ont accordé un « sixième sens » et un destin d'exception. Mlle de Lespinasse, autre âme sensible du XVIIIe siècle, confessait dans une de ses lettres : « Pour moi, je ne devais figurer que dans les romans de Prévost. »

Par cette écriture doloriste introduite dans l'ancien roman baroque qu'il avait déjà enrichi d'une métaphysique et d'une psychologie fondées sur la structure essentiellement tragique du labyrinthe, Prévost créait un nouveau genre romanesque, propre à séduire un vaste public à l'heure où la « révolution » sensualiste donnait la priorité aux sensations et aux émotions.

Beaucoup d'autres romanciers à succès du XVIIIe siècle l'ont imité : Mouhy, Baculard d'Arnaud, Mme Riccoboni, Mme de Genlis… Mais à leurs récits des « épreuves du sentiment » il manque l'angoisse sincère de l'interrogation obsédante sur la nature de l'homme et sur le sens de la vie. Quand Théophé (*Histoire d'une Grecque moderne*) sent en elle une « inquiétude continuelle », Cleveland « un besoin inconnu », nous sommes plus près du romantisme que du roman sentimental. Patrice, le plus jeune frère du « Doyen de Killerine », « portait un fond secret de mélancolie et d'inquiétude qui l'excitait sans cesse à désirer quelque chose qui lui manquait. Ce besoin dévorant, cette absence d'un bien inconnu l'empêchaient d'être heureux ». Ce « bien absolu », était-ce le bonheur en Dieu, l'amour fou, l'union d'un christianisme modéré et des droits de la nature ? Le savait-il lui-même ?

Ambiguïté labyrinthique de Prévost. Exilés, étrangers, ses personnages errent sans fin dans un monde symbolique de conflits familiaux, de monarchies dégradées (fin du règne de Louis XIV, grouillement pitoyable de la cour de Saint-Germain autour du dérisoire prétendant Jacques II), dans un Paris livré au libertinage, aux spéculations financières, à une aristocratie corrompue, ballottés par le tohu-bohu des passions jusque dans les terres vierges d'Amérique, trouvant leur seul soulagement dans l'acte d'écrire leur passé triste, avec l'espoir fallacieux de voir clair rétrospectivement dans ce qui fut leur vie : « Le papier n'est point un confident insensible, comme il le semble ; il s'anime en recevant les expressions d'un cœur triste et passionné ; il les conserve fidèlement, au défaut de la mémoire ; il est toujours prêt à les représenter ; et non seulement cette image sert à nourrir une chère et délicieuse tristesse, elle sert encore à la justifier » (*Cleveland*). Le roman comme fixation et justification : avant de préluder au romantisme, l'abbé Prévost préludait aux *Confessions* de son ami Jean-Jacques Rousseau, en quête lui aussi de l'unité de son moi et du sens de sa vie.

VIE		ŒUVRE	
1697	**1er avr. :** naissance à Hesdin d'Antoine-François Prévost, troisième fils de Liévin Prévost, conseiller et procureur, et de Marie Duclay, fille de riches fermiers.		
1698	Naissance de sa sœur Thérèse-Claire. « Il n'y eut peut-être jamais d'amitié si tendre et si parfaite que la nôtre. » Enfance douce et heureuse.		
1701-1713	**Guerre de Succession d'Espagne.**		
1711	Mort de sa mère et de sa sœur. Fin du paradis. Son père l'envoie au collège des Jésuites d'Hesdin.		
1712	Querelle avec son père. S'engage à seize ans dans l'armée, après la victoire de Denain (juill.).		
1713	**Avr. : paix d'Utrecht.** Bulle *Unigenitus*.		
1713-1715	Chez les Jésuites, à Paris et à La Flèche.		
1715	**Mort de Louis XIV. Début de la Régence.**		
1716	Reprend le métier des armes.		
1717	Admis de nouveau chez les Jésuites à Rouen. Malentendus. Rupture.	**1717**	« Ode à saint François Xavier » (publiée en mai 1728 dans le *Mercure*).

	VIE		ŒUVRE
1718-1727	**Guerre contre Philippe V d'Espagne.**		
1718	De nouveau soldat, sous les ordres du maréchal de Berwick, commandant des armées contre l'Espagne.		
1719	**Fondation de La Nouvelle-Orléans.**		
1719-1720	Prévost déserte, comme beaucoup d'autres soldats et officiers, en 1719. Aventures malheureuses mal connues à Paris et en Hollande. Il se réfugie chez les Bénédictins à Saint-Wandrille.		
1720	**14 déc. : faillite et fuite de John Law.**	**1720**	Prévost écrit *les Aventures de Pomponius, chevalier romain*, pamphlet contre le Régent (publié en 1724).
1721	**9 nov. :** profession de foi, « avec restriction mentale », à l'abbaye bénédictine de Jumièges. Querelle avec un jésuite de Rouen, le P. Lebrun, anti-janséniste.		
1722-1723	Aux abbayes (jansénistes) du Bec-Hellouin et de Fécamp.		
1723	**Fin de la Régence. Début du règne de Louis XV.**		
1724-1725	À l'abbaye (janséniste) de Sées.	**1724-1725**	S'engage, à Sées, dans la traduction de l'*Historia mei temporis* de De Thou. Prend le goût de l'Histoire.
1726	Ordonné prêtre. Enseigne au collège de Saint-Germer. Prêche à Évreux. Vie libre et mondaine.		
1727	**Avr. :** envoyé aux Blancs-Manteaux, à Paris, pour rappel à l'ordre. Maison janséniste, que le nouveau général de l'ordre, dom Thibault, veut soumettre à la bulle *Unigenitus*. Nouvelle claustration.	**1727-1728**	Pendant l'hiver, écrit le tome I des *Mémoires et aventures d'un homme de qualité*.
1728	À l'abbaye de Saint-Germain-des-Prés : conflit avec dom Thibault **18 oct. :** lettre violente à dom Thibault. Quitte l'abbaye et défroque avant d'avoir reçu l'avis officiel de translation dans un autre ordre. **6 nov. :** mandat d'arrêt lancé contre Prévost. **22 nov. :** grâce au pasteur protestant Gabriel Dumont, Prévost trouve refuge près de l'archevêque de Canterbury.	**1728**	**Printemps :** écrit le tome II des *Mémoires et aventures*... Travaille à la *Gallia Christiana* avec d'autres Bénédictins. **Été :** écrit les tomes III et IV de son roman (les quatre tomes paraissent durant l'été et l'automne 1728).
1729	À Londres. Fréquente les protestants français du Refuge. Précepteur du fils de sir John Eyles, sous-gouverneur de la South Sea Company. Voyage avec son élève dans le sud de l'Angleterre. Affaire sentimentale avec la fille de sir Eyles.	**1729**	Écrit les tomes V et VI des *Mémoires et aventures...*, les tomes I et II de *Cleveland*.
1730	**Nov. :** s'embarque pour la Hollande. **Déc. :** signe des contrats avec les libraires hollandais d'Amsterdam.		
1731	**Févr. :** sir John Eyles marie hâtivement sa fille à un capitaine de vaisseau de retour des Indes. **Mars :** Prévost quitte Amsterdam pour La Haye. **Avr. ou mai :** Prévost rencontre à La Haye Hélène Eckhardt, « Lenki », aventurière qui va contribuer à sa ruine.	**1731**	**Janv. :** écrit probablement le tome VII des *Mémoires et aventures... (Histoire du chevalier Des Grieux et de Manon Lescaut)*. Continue *Cleveland*. **Mars-avr. :** publication en Hollande des tomes V, VI, VII des *Mémoires et aventures...* ; et des quatre premiers tomes de *Cleveland*. Simultanément, publication à Londres, en anglais, des tomes I et II de *Cleveland*.
1732	Vie libertine en Hollande. Démêlés avec les libraires. Crise morale et religieuse.		

	VIE		ŒUVRE
1733	**Janv. :** couvert de dettes, Prévost part précipitamment pour l'Angleterre avec Lenki. **Juill. :** début des rapports Prévost-Voltaire, celui-ci espérant utiliser *le Pour et Contre* contre Desfontaines qui l'attaque dans ses écrits. **13-18 déc. :** Prévost incarcéré à Gatehouse pour avoir contrefait la signature du fils Eyles, qui retire rapidement sa plainte.	**1733**	**Janv. :** publication du tome I de la traduction de l'*Histoire* de De Thou. L'*Histoire de Des Grieux et de Manon Lescaut* condamnée au feu à Paris. À Londres, Prévost entreprend la publication d'un périodique, *le Pour et Contre.* **Juin :** première livraison du *Pour et Contre,* publié par Didot à Paris.
1733-1738	**Guerre de Succession de Pologne.**		
1734	Prévost rentre en France. Sous le coup d'un procès pour apostasie, se cache dans sa famille à Saint-Omer, à Aire, etc. **5 juin :** le pape Clément XII accorde à Prévost la rémission de ses fautes et sa translation dans l'ancienne observance de saint Benoît, moins sévère ; mais il doit faire un nouveau noviciat. **Oct. :** Prévost de retour à Paris. Bien accueilli. Vie mondaine. Retrouve Lenki, devenue Mme de Chester. Affecté pour son noviciat à l'abbaye de la Grainetière, près de Luçon. Peu pressé de s'y rendre.	**1734**	Impatients, les libraires hollandais publient un Ve tome (aprocryphe) de *Cleveland.* **Nov. :** Prévost travaille au tome I du *Doyen de Killerine.*
1735	Fréquente les salons parisiens de pensée libre (Mme de Tencin, Mme du Châtelet, Mme Doublet). Envisage une carrière d'éditeur en Hollande. **Août-déc. :** obtient de faire son nouveau noviciat à l'abbaye de La Croix-Saint-Leufroy, près d'Évreux, où il a gardé beaucoup d'amis. Vie assez joyeuse. **Nov. :** polémique avec le *Journal de Trévoux* (organe des jésuites). **Déc. :** rentre à Paris.	**1735**	Une nouvelle édition de l'*Histoire de Des Grieux et de Manon Lescaut* saisie à Paris sous prétexte de jansénisme. **Juill. :** publication du tome I du *Doyen de Killerine.* La censure interdit la suite – qui est écrite – pendant six mois.
1736	**Janv. :** Prévost devient aumônier du prince de Conti, athée et libertin. Moins de problèmes financiers. Il cherche, en vain, à se réconcilier avec les jésuites, s'efforce de concilier religion et société, prend parti pour les catholiques irlandais et Jacques II. **Mars :** retourne à Amsterdam.	**1736**	Travaille aux dernières parties de *Cleveland.*
1737	**20 janv. :** rencontre en Hollande avec Voltaire, qui lui confie la correction de ses œuvres en cours d'édition.	**1737**	La proscription des romans incite Prévost à retarder la publication de ses romans achevés.
1738	Amitié refroidie, Voltaire trouvant que Prévost ne le défend pas assez contre Desfontaines.	**1738-1739**	Prévost publie les derniers tomes de *Cleveland* et la deuxième partie du *Doyen de Killerine.*
1739	Déçu par l'hostilité des jésuites, Prévost se tourne vers les philosophes et les francs-maçons. **Sept. :** mort de son père. Il n'assiste pas à l'enterrement.		
1740-1748	**Guerre de Succession d'Autriche.**		
1740	La liaison, qui dure toujours, avec Lenki, achève de mener Prévost à la ruine une nouvelle fois. Dettes énormes. Voltaire, sollicité, ne peut aider financièrement Prévost. Il lui propose de le recommander à la cour de Berlin. **Févr. :** Prévost menacé d'un décret de prise de corps. **Nov. :** Prévost remercie Voltaire, mais ne veut pas aller à Berlin. Fin de leurs relations. *Le Pour et Contre* ayant cessé de paraître, Voltaire n'a plus besoin de Prévost. Compromis dans une affaire de gazette scandaleuse, Prévost doit fuir en Belgique et en Allemagne.	**1740**	**Févr. :** compose l'*Histoire de Marguerite d'Anjou.* **Janv.-avr. :** publication de la fin du *Doyen de Killerine.* Compose l'*Histoire de Guillaume le Conquérant.* **Juill. :** publication de l'*Histoire de Marguerite d'Anjou.* **Sept.-oct. :** dernier numéro de *le Pour et Contre.* **Oct. :** publication de l'*Histoire d'une Grecque moderne,* écrite dans le courant de l'année. Écrit *la Jeunesse du commandeur* et *les Campagnes philosophiques.*

VIE

1741	Prévost hésite à poursuivre son voyage vers la cour de Frédéric II, où il est recommandé. **Nov. :** préfère rentrer en France. Fin lamentable de sa liaison de dix ans avec Lenki, devenue Mme Dumas. Cherche à se réconcilier avec sa famille, car il est autorisé à rentrer en France (mais avec ordre de rester éloigné de Paris).
1742	**Sept. :** autorisé à revenir à Paris. Début d'une vie plus paisible. Travail d'éditeur et de traducteur surtout. Fin des soucis d'argent. Prévost s'assagit.
1743	Voyage en Italie.
1745	**Bataille de Fontenoy.**
1746	Prévost réalise son rêve d'une petite maison à Chaillot, avec la « gentille veuve », Mme de Genty, sa gouvernante, âgée de vingt-sept ans.
1750-1751	Rencontres fréquentes à Passy avec J.-J. Rousseau chez le joaillier Mussard.
1751-1752	**Premiers volumes de l'*Encyclopédie*.**
1754	**20 juill. :** le pape Benoît XIV pourvoit Prévost du bénéfice du prieuré de Saint-Georges de Gennes, dans le diocèse du Mans.
1755	**Tremblement de terre de Lisbonne.**
1756-1763	**Guerre de Sept Ans.**
1757	**Attentat de Damiens contre Louis XV. Persécution des encyclopédistes.**
1760	S'installe à Saint-Firmin, près de Chantilly, dans une jolie propriété qu'il a mise au nom de Mme de Genty. De nouveau le travail forcé, par besoin d'argent. Voltaire s'installe à Ferney.

ŒUVRE

1741	**Janv. :** publication de *la Jeunesse du commandeur.* **Avr. :** publication des *Campagnes philosophiques.*
1742	Traduit l'*Histoire de Cicéron* de Middleton. Commence à écrire *les Voyages de Robert Lade.* Publication de l'*Histoire de Guillaume le Conquérant.*
1743	Publication des premiers volumes de l'*Histoire de Cicéron* et début de la traduction des *Lettres* de Cicéron.
1744	Publication des *Voyages de Robert Lade.* Entreprend, grâce à l'appui de d'Aguesseau, l'édition de l'*Histoire des voyages,* traduite de l'anglais, travail considérable, auquel il consacrera quinze années.
1745	Écrit et publie les *Mémoires d'un honnête homme,* peinture des milieux parisiens (inachevés).
1747	Suite et fin des traductions de Cicéron.
1749	Commence la traduction du roman de Richardson *Clarisse Harlowe.*
1751	Publication de la traduction de *Clarisse Harlowe,* sous le titre *Lettres anglaises.*
1753	Dernière édition revue et corrigée de *Manon Lescaut,* publiée par Didot, à Paris. Commence la traduction de l'*Histoire du chevalier Grandisson* de Richardson.
1755	**Janv.-août :** prend la direction du *Journal étranger,* qui périclitait. Renonce vite. Publication des premiers volumes de la traduction de *Grandisson* sous le titre : *Nouvelles Lettres anglaises.*
1758	Publication de la fin de la traduction de *Grandisson.*
1759	Tome XV et dernier de l'*Histoire des voyages.* Commence à écrire *le Monde moral.*
1760	Abandonne *le Monde moral.* Travaille à une histoire de la maison de Condé et de Conti, demandée par le prince (il n'en reste rien). Publie une traduction de l'*Histoire des Stuarts,* de David Hume.

	VIE		ŒUVRE
1761	Rousseau publie *la Nouvelle Héloïse.* **Avr. 1761-janv. 1763 :** procédure et chicane pour obtenir le bénéfice non payé de son prieuré de Gennes. Obtient une maigre pension.	**1761-1763**	Sept volumes de traduction, dont les *Mémoires pour servir à l'histoire de la vertu,* de Sheridan.
1763	**Fév. : traité de Paris. La France perd la Louisiane.** **Été :** rhumatismes. Jambe enflée. **Oct. :** dangereusement malade. Se remet. **25 nov. :** meurt d'apoplexie à la Croix-de-Courteuil, en forêt de Chantilly.		
1791	Mort de Mme de Genty, qui a conservé et fait respecter jusqu'à la fin la mémoire de Prévost.		

Histoire du chevalier Des Grieux et de Manon Lescaut

En 1731, Prévost est en Hollande. Faute de pouvoir fournir à l'éditeur la fin de *Cleveland*, promise pour février, il rédige en hâte, d'une seule coulée, dans le mois de janvier semble-t-il, un VIIe tome des *Mémoires et aventures d'un homme de qualité*, récit en apparence autonome, qui relate l'histoire de Des Grieux et de Manon.

C'est le foyer central de l'œuvre romanesque de Prévost : l'intensité, la sincérité laissent deviner une grande part d'autobiographie ; coup de foudre, tendresse, désespoir, soumission rythment, comme dans la vie de l'abbé, la recherche d'un absolu. Les thèmes fondamentaux de toute l'œuvre sont là : la femme fatale qui entraîne l'amant à la déchéance, le mélange d'amour fou, de libertinage et d'amour « fraternel », le conflit avec le père, la toute-puissance des vieillards et de l'ordre social, et, philosophiquement, l'illustration parfaite du malebranchisme, impuissance de la volonté, opacité de la conscience, confusion sur la nature du souverain bien ; Des Grieux vit « en Manon » au lieu de vivre « en Dieu », qui utilise cette passion comme « cause occasionnelle » pour récupérer l'égaré.

SYNOPSIS

L'« homme de qualité » rencontre à Pacy-sur-Eure un convoi de filles que l'on déporte en Louisiane. Le jeune chevalier Des Grieux suit, affligé, ce convoi dans lequel se trouve sa maîtresse, Manon Lescaut. Deux ans plus tard, l'« homme de qualité » rencontre de nouveau Des Grieux à Calais. Manon est morte en Amérique. Dans une auberge, le chevalier évoque pour son auditeur les cinq années de son aventure avec Manon, leur rencontre fulgurante quand il avait dix-sept ans et elle seize, leur amour fou.

La famille de Manon l'envoyait à Amiens au couvent pour arrêter « son penchant au plaisir ». Elle s'enfuit avec Des Grieux. Après quelques jours passionnés dans le Paris de la Régence, elle le trompe avec un financier pour se procurer de l'argent, puis livre Des Grieux à sa famille. Le jeune homme reprend ses études au séminaire. Un jour d'exercice public, Manon réapparaît à Saint-Sulpice, « enlève » Des Grieux. Pour fournir à Manon les plaisirs sans lesquels elle ne peut vivre, celui-ci va jouer, tricher, aller de déchéance en déchéance, avec l'aide de Lescaut, frère mousquetaire et truand de Manon ; jusqu'au meurtre d'un gardien pour s'évader de la prison où on l'a enfermé et aller délivrer Manon de la sienne. Des Grieux rompt avec son père. La vie d'amour, de trahisons, de jeux inconscients d'enfants, d'aventures picaresques reprend, malgré les avertissements de l'ami et ange gardien Tiberge, jusqu'au jour où le père de Des Grieux et un vieillard libidineux dupé par les deux amants font déporter Manon en Louisiane, pour ramener Des Grieux à ses devoirs sociaux et à sa vocation de chevalier de Malte. Mais Des Grieux part avec elle pour l'Amérique.

Au moment où leur amour, épuré par les épreuves, incite Manon et Des Grieux, régénérés dans le paradis américain, à régulariser par le mariage leur situation devant Dieu, le gouverneur veut donner Manon pour femme à son neveu. Des Grieux se bat en duel avec celui-ci et croit l'avoir tué. Les amants fuient. Manon, épuisée, meurt dans un désert ; Des Grieux doit l'enterrer de ses propres mains avant de rentrer tristement en France, où Dieu le fait « retourner à Lui par les voies de la pénitence ».

L'architecture labyrinthique laisse soudain, pour 200 pages, la place à une ligne pure de tragédie et de parabole. Mythes et légendes se projettent ici, mêlés : la fatalité, la folie d'Oreste, le fils prodigue, la Madeleine repentie, chute et rédemption, etc. D'où le succès universel, dû aussi au style plus concret et transparent, car le roman se présente comme un récit oral fait par Des Grieux à l'« homme de qualité ».

L'originalité littéraire de *Manon Lescaut* est grande : d'abord un genre nouveau, inclassable ; par son intention de montrer « un exemple terrible de la force des passions », le récit rejoint la tradition catholique des « histoires galantes et tragiques », mais c'est aussi une « confession », comme on en publie dans les pays protestants pour l'édification des autres. C'est à Londres que Prévost a lu les « histoires véritables » de Robert Challe, *les Illustres Françaises,* et découvert le réalisme dans le roman et dans les faits divers des journaux. Le nom de Manon Lescaut n'est que la transcription de celui de l'héroïne de De Foe, Moll Flanders, prostituée scandaleuse et femme honorée. Contamination de genres qui se trouve unifiée par le grand souffle poétique d'une passion sûrement vécue. Avec, çà et là, des pointes de comique ou de paradoxes ambigus, comme ce sermon sacrilège à l'ami Tiberge où l'amour pour Manon devient l'équivalent de la sainteté (l'un des passages qui ont contribué à faire condamner le livre au feu quand il a paru en France en 1733).

L'originalité suprême est d'avoir pris comme héroïne centrale une morte. N'existant que par la parole de Des Grieux, Manon est vraiment un « mythe », et le récit évocation, incantation, résurrection. Récit bien « rodé », car Des Grieux l'a déjà fait plusieurs fois (au commandant du bateau, au gouverneur...). À chaque répétition, l'amour passé s'épure, se magnifie. Dieu a sacrifié Manon pour reprendre Des Grieux, mais le récit littéraire, plus fort que Dieu, fait triompher, de plus en plus exalté, un amour sublime. Narrateur habile, comédien et sermonnaire, expert en plaidoyers pathétiques et en mauvaise foi, maître de la parole romanesque, Des Grieux/Prévost est parvenu à faire croire à des générations successives – et à s'en persuader lui-même en premier – que son aventure pitoyable de fils de famille dévoyé avec une charmante et inconsciente catin fut un des grands mythes d'amour de l'Occident. Chef-d'œuvre de l'illusion romanesque !

Il fallut vingt ans – de 1733 à 1753 – pour que le livre cessât d'être un scandale et fît l'objet d'une édition revue par Prévost. Celui-ci avait alors renoncé au grand roman métaphysique : désormais, après la mort de Manon, Des Grieux n'était plus récupéré par Dieu, mais revenait simplement à ses devoirs sociaux. La sublime tragédie devenait drame. Première altération d'un texte que les générations successives ont elles aussi falsifié. Comme pour les fresques antiques, il faut décaper toutes ces couches de mauvais badigeon pour retrouver dans sa pureté métaphysique le récit tragique de 1731, lorsqu'il était l'aventure de Des Grieux et pas encore, comme pour nous aujourd'hui, *Manon Lescaut*.

Histoire de Monsieur Cleveland, fils naturel de Cromwell, écrite par lui-même, ou le Philosophe anglais

Ce long roman d'aventures épiques imaginaires, où les ombres de Cromwell et d'Henriette d'Angleterre donnent un cadre historique à la fusion du roman philosophique et du « roman sensible », eut une genèse chaotique : deux premiers tomes écrits en Angleterre en 1730 ; deux autres en Hollande en 1731. Après bien des aventures, d'autres travaux, des amours et des affaires scandaleuses, Prévost ne se remet qu'en 1737, en France, dans une période plus calme, à ce roman dont le plan a proliféré et qui reflète sa plus grande crise intérieure. Il l'achève en 1739, à quarante-deux ans, avec le VIIIe tome. C'est le plus grand succès romanesque du siècle avant *la Nouvelle Héloïse*.

Cleveland est le grand roman du doute et de la recherche de la vérité. Alourdi parfois par les longs monologues du héros analysant sa crise, il présente, à travers des aventures romanesques invraisemblables, une revue de toutes les attitudes religieuses possibles à l'époque, du protestantisme au jansénisme, du jésuitisme à la religion naturelle. Avec des questions anxieuses : la vie et la création ont-elles un sens ? Le monde n'est-il que « dérèglement et cruauté » ? Pourquoi n'y a-t-il pas de consolation équivalente au désespoir ? Pourquoi les secours divins promis par la religion sont-ils inefficaces ? Pourquoi la Nature et la Grâce sont-elles inconciliables, alors qu'elles sont deux ordres de Dieu ? Inlassables interrogations adressées au Dieu caché et au Ciel muet. Cleveland semble finalement s'accommoder d'un amalgame doux et vague d'anglicanisme, de quiétisme, d'épicurisme, avec un arrière-fond sensible de lumière maçonnique. « *Cleveland* est le long récit d'une conversion manquée » (Jean Sgard).

SYNOPSIS

Persécuté par son père, Cromwell, Cleveland passe son enfance avec sa mère dans la caverne de Rumney Hole. Il y rencontre un autre proscrit, lord Axminster, et s'éprend de la fille de ce dernier, Fanny. Quittant leur caverne, les proscrits se réfugient en France. Cleveland y retrouve son grand-père maternel, qui veut lui faire épouser une riche veuve, Mme Lallin. Malentendu. Axminster, nommé gouverneur des colonies anglaises après la mort de Cromwell, emmène Fanny en Amérique. Cleveland l'y retrouve, après une longue odyssée, quelque part vers les Appalaches, et l'épouse selon les rites indiens en usage dans la tribu des Abaquis, qui les a recueillis et qui prennent Cleveland pour chef et législateur. Fanny met au monde une fille. L'expérience de société idéale et de religion naturelle se heurte à ses propres contradictions et à l'instabilité humaine. Nouveau départ. Attaqué par la tribu cruelle des Rouintons, le groupe de Cleveland est décimé, sa fille enlevée pour être mise à mort. Cleveland et Fanny s'accusent mutuellement, se séparent. Fanny, toujours secrètement jalouse de Mme Lallin, part avec un aventurier français, Gelin ; arrivée en France, elle se retire dans un couvent.

Cleveland, solitaire et désespéré, revient lui aussi en France ; après une tentative de suicide, il rencontre des ecclésiastiques de tous ordres qui le ramènent à une religion confuse. Protégé à Saint-Cloud par Henriette d'Angleterre, catholique, et un noble protestant anglais exilé, lord Clarendon, qui deviennent ses parents adoptifs, il s'éprend d'une jeune fille, Cécile de R... ; amour réciproque, bien qu'il lui avoue ne pouvoir l'épouser parce qu'il est déjà marié. Il retrouve Fanny, est partagé entre deux amours, mais on découvre que Cécile est leur fille, échappée aux Rouintons. Ne pouvant se libérer, elle, de son amour incestueux, Cécile meurt. Cleveland et Fanny repartent en Angleterre pour ramener le corps de leur fille dans la terre natale.

Avec cette architecture centrale interfèrent, selon la technique habituelle de Prévost, d'innombrables épisodes et intrigues annexes qu'il serait impossible de résumer ici.

Pour les contemporains, Cleveland fut d'abord le prototype de l'âme sensible. Ses « tristes réflexions », son « horreur irrésistible pour la vie », la tentation du suicide font de lui – son origine anglaise aidant – le premier grand représentant du spleen dans la littérature française. Son inquiétude philosophique n'existe qu'à partir de son malaise affectif. Exemple des « vicissitudes », il ne vit que d'excessives sensations de joie et de douleur. Si quelques désespoirs paroxystiques rappellent l'expression baroque de la souffrance, son dolorisme saturnien prélude à toutes les sombres rêveries de la seconde moitié du siècle. Il est seulement étrange de voir se refléter en un personnage dont les aventures fictives se déroulent à la fin du XVIIe siècle la crise des valeurs vécue par Prévost et son temps après la mort de Louis XIV. Preuve de plus de l'écartèlement de l'abbé entre deux siècles.

Il est étrange, pour la même raison, de trouver dans ce roman une mise en question des utopies, dont la vogue s'est développée au XVIIIe siècle. Lorsqu'il veut établir chez les Abaquis le régime naturel idéal, Cleveland se heurte à l'obligation d'user d'autoritarisme, d'exploiter la superstition et, finalement, constate à quel point peut être fragile la confiance des hommes en un chef. Son demi-frère Bridge, proscrit aussi par Cromwell, trouve à Sainte-Hélène – pure imagination de Prévost – une colonie puritaine de réfugiés protestants où règne l'ordre égalitaire parfait des utopies, à ceci près qu'il y naît trop de filles. Quand arrivent six garçons pour une centaine de filles, les droits de l'amour et de l'individu devancent le tirage au sort organisé par la gérontocratie ecclésiastique. C'est la guerre dans l'île heureuse, la mort du pasteur, l'exil de Bridge, obligé d'abandonner celle qu'il a épousée à la face du Ciel. Démonstration dramatique et ironique de la vanité des utopies face aux passions ; contradiction insoluble de Prévost, qui voudrait de l'ordre dans l'amour, bien conscient que l'amour introduit partout le désordre. Il est remarquable que, dans tous leurs voyages, les héros ne trouvent que dans le peuple imaginaire des Nopandes, sur une île des Caraïbes, la société idéale, mais aussi dérisoire, féerique, avec des charrettes attelées de lamas blancs et un prince de douze ans qui tombe follement amoureux d'une petite Cécile âgée de deux ans !

Le seul grand amour réciproque est celui de Cleveland et de cette même Cécile quinze ans plus tard, amour interrompu de justesse au bord de l'inceste. La mort pathétique de Cécile, qui ne parvient pas à refouler cet amour-erreur, présente, en plus funèbre, la même confusion baroque de l'amour profane et de l'amour mystique que le visage extatique de la sainte Thérèse du Bernin. Mourant comme une sainte, Cécile prouve elle aussi, à sa façon, que l'amour est une forme de sainteté : « Son dernier soupir n'avait été que l'élancement passionné d'une amante qui se précipite dans le sein de ce qu'elle aime, pour y rassasier à jamais la fureur qu'elle a d'aimer et d'être aimée. »

Somme des idées et des fantasmes de Prévost, *Cleveland* est à coup sûr l'un des plus importants romans du XVIIIe siècle, par son contenu et par son influence.

Histoire d'une Grecque moderne

En 1697, l'ambassadeur de Louis XIV à Constantinople, M. de Ferriol, avait racheté et amené en France une jeune esclave circassienne. Devenue Mlle Aïssé, elle intéressa la société parisienne par l'énigme de ses relations avec Ferriol et par sa liaison passionnée avec le chevalier d'Aydie, après laquelle elle s'était vouée à la dévotion jusqu'à sa mort en 1733. À partir de cette histoire vraie, Prévost invente en 1740 l'histoire de la jeune Grecque Théophé, libérée du harem à dix-sept ans par un diplomate français qui ressemble beaucoup à Ferriol.

Long soliloque-souvenir écrit par ce diplomate vieilli, chef-d'œuvre de mauvaise foi, ce récit fait souvent songer par son contenu et le modernisme de sa technique à *la Chute* d'Albert Camus. Le narrateur analyse au scalpel la confusion de ses sentiments face à Théophé, avec laquelle il incarne un nouvel avatar du couple Arnolphe-Agnès. Prévost aime ces glissements d'une situation de comédie à un tragique qui détruit l'être. Comme Des Grieux, le diplomate modèle en fonction de ses désirs l'image de cette fille, image dont il s'éprend de plus en plus au fil d'événements insignifiants. Mais Théophé, elle, est vivante, présente ; elle refuse de se conformer à l'image. De plus, l'image est double, contradictoire : il la voudrait tantôt vertueuse, occidentalisée, libre, tantôt esclave encore, soumise à ses désirs. Théophé repousse l'amour de son libérateur au nom de cette liberté même qu'il lui a donnée et de la vertu austère qu'il lui a enseignée.

D'autres hommes gravitent autour d'elle, en particulier un prétendu frère retrouvé et un seigneur turc. Plus le narrateur soupçonne Théophé de lui être infidèle, plus son amour augmente, et la jalousie avec. C'est au Proust de *la Prisonnière* que l'on songe alors. Prévost fait une étonnante analyse psychologique et clinique de la jalousie, jusque dans ses manifestations les plus dégradantes de folie et de sénilité. Victime d'une disgrâce politique, le narrateur revient à Paris avec Théophé. Dans le tourbillon mondain, fut-elle vertueuse, coquette, fieffée libertine ? Jamais il n'aura pu le savoir. Il finit par vivre solitaire, vide, ne pouvant même plus aimer Théophé, indifférent à sa mort, qu'il n'apprend que quelques mois après. Amour frustré, vie gâchée, énigme incompréhensible de la femme. La dernière aventure de Des Grieux vieilli ? Peut-être. En tout cas, le roman de l'impossible connaissance d'un autre être, de la non-communication. Nous restons prisonniers de nos désirs, de nos rêves, de nos propres visions des choses et des êtres. Et le chef-d'œuvre de la narration subjective : « Je suis l'amant de la belle Grecque dont j'entreprends l'histoire. Qui me croira sincère dans le récit de mes plaisirs ou de mes peines ? » Constatant l'impossible narration véridique quand le narrateur et le protagoniste ne font qu'un, Prévost met en question le roman à la première personne. Ce genre tant utilisé à son époque, justement pour faire authentique, ne mène selon lui qu'à l'inauthentique, au mensonge.

Mise en question, aussi, de son propre art romanesque : le narrateur, comme tant d'autres de ses personnages, écrit pour essayer de comprendre, mais l'écriture subjective transforme sa vie en mythe, toujours excessif et falsifiant. Comment la parole narrative pourrait-elle nous éclairer, nous délivrer du mythe, alors que justement elle contribue à le créer ? Prévost a bien senti la contradiction insoluble dans laquelle se trouve prise toute sa création romanesque, et qui lui donne son pathétique.

R. Virolle

PRÉVOST Jean

(1901-1944)

Comme Henri Massis, André Maurois ou Pierre Bost – dont il fut si proche –, Jean Prévost, né à Saint-Pierre-lès-Nemours, reçut, dans sa jeunesse, l'enseignement d'Alain. Il entra à l'École normale supérieure et se voua ensuite à la littérature. Son œuvre est considérable : traités éthiques (*Tentative de solitude* et *Plaisirs des sports*, 1925 ; *Essai sur l'introspection*, 1927) ; ouvrages historiques ou sociologiques (*Histoire de France depuis la guerre*, 1932 ; *La Terre est aux hommes*, 1936, sur les problèmes démographiques ; *Usonie*, 1939, sur la civilisation américaine) ; essais de critique littéraire (*la Vie de Montaigne*, 1926 ; *la Pensée de Paul Valéry*, 1926 ; *les Épicuriens français*, 1931 ; *l'Amateur de poèmes*, 1940 ; *Essai sur les sources de « Lamiel »*, 1942 ; *la Création chez Stendhal*, 1942 ; *Problèmes du roman*, posth., 1945 ; *Baudelaire, essai sur l'inspiration et la création poétiques*, posth., 1953) ; récits et romans (*les Frères Bouquinquant*, 1930, qui furent adaptés au cinéma ; *Rachel*, 1932 ; *le Sel sur la plaie*, 1934 ; *la Chasse du matin*, 1937, etc.) ; ouvrages d'histoire de l'art, sur Eiffel, sur Philibert Delorme.

Engagé dans la Résistance sous le nom de capitaine Goderville, Jean Prévost fut tué dans le maquis du Vercors, près de Sassenage, à la tête d'une compagnie de corps francs. Cette mort lui conféra un prestige particulier : l'intellectuel polygraphe, dont l'œuvre avait été couronnée en 1943 par le grand prix de littérature de l'Académie française, prit le visage d'un héros.

Ces livres, qui paraissent si divers, constituent, en fait, une œuvre tout à fait cohérente. Jean Prévost est resté fidèle à l'enseignement d'Alain. Il a refusé toute entreprise métaphysique ; il n'a voulu proposer que des essais sur des sujets précis, des réflexions nées de l'expérience – au fond, des « propos », comme ceux de son maître.

Tous ces écrits dessinent un humanisme moderne. Jean Prévost refuse le mysticisme et l'intellectualisme glacé. Aussi fera-t-il l'éloge de la gymnastique, de la boxe et de la natation, chantera-t-il une « matinée dans un bois », l'« amitié du fleuve » (*Plaisirs des sports*). Ses garants, il les cherchera chez Montaigne, chez Saint-Évremond, chez Stendhal, chez Sainte-Beuve (et même chez Hérault de Séchelles), chez tous les épicuriens aux sens vifs et à l'esprit clair, qui ont su proposer un message de lucidité et de courage allègre.

Dans les grandes études qu'il a consacrées à Stendhal et à Baudelaire se retrouvent la même souplesse et le même empirisme que dans ses essais éthiques ou sociologiques. Refusant toute idée préconçue, Jean Prévost voulut mettre en évidence le processus de la création chez les auteurs qu'il analysait. Aussi porta-t-il une attention singulière aux ajouts, aux corrections des écrivains. Il sut ainsi renouveler l'histoire littéraire et la transformer en une sorte de phénoménologie de l'acte créateur. Exempts de pathos, de facilités, de rhétorique, ses essais critiques demeurent admirables.

Cet humaniste, rebelle à toute transcendance, épris de plaisirs sains et d'idées claires, sut s'ouvrir aux autres. Dans *les Frères Bouquinquant*, il ne nous donna pas seulement un roman populiste ; il s'attacha à montrer la fierté et le courage dont les petites gens sont capables. Dans *Apprendre seul* (1940), il essaie d'aider les autodidactes et leur dispense ses conseils.

Comme Jean-Paul Sartre l'a montré (*Situations II*, « Situation de l'écrivain en 1947 »), le radicalisme de la IIIe République a trouvé avec Jean Prévost une de ses expressions les plus complètes et les plus persuasives.

A. Niderst

PRÉVOST Marcel

(1862-1941)

Né à Paris, polytechnicien, ingénieur des manufactures des tabacs, Marcel Prévost aborda la littérature par des nouvelles publiées vers 1885, puis par deux romans, *le Scorpion* (1887), et *la Confession d'un amant* (1890). Le succès de ce dernier lui ouvrit une voie qu'il exploita sans grandes variations : la « psychologie féminine », mélange épidermique d'érotisme, de convenances et de confessions. En vérité, l'érotisme est frelaté ; la confession classe des stéréotypes ; surtout, cette psychologie féminine – que les critiques jugèrent tour à tour, le temps aidant, originale et subtile, puis clairette et sans finesse – se voulait intemporelle mais était historiquement datée : elle avait la minceur 1900, ou la minceur « Belle Époque » (même si ses attraits se sont prolongés au-delà de 1920). Les inventaires de femmes représentées masquent à peine une de ces psychologies dont Paul Bourget disait, en général, qu'elles commençaient à quelques dizaines de milliers de francs de rente. Une psychologie qui, sous les afféteries et les tendresses « mondaines », reste foncièrement misogyne : les critères en sont masculins, et d'une masculinité aujourd'hui très vieillotte. Enfin, les « audaces » de Marcel Prévost dissimulent mal ses prétentions de moraliste.

L'œuvre se répartit en quelques moments majeurs, centrés autour de grands succès (dans la grande et la petite bourgeoisie exclusivement : Marcel Prévost ne fut jamais une lecture « populaire »), qui engendrent des « suites » ou des variations mineures sur des thèmes proches. Premier moment : en 1892, les *Lettres de femmes* (suivies en 1894 par les *Nouvelles Lettres de femmes* et, en 1897, par les *Dernières Lettres de femmes*). Ces *Lettres de femmes* offrent un échantillonnage épistolaire de femmes confessant leurs « drames », c'est-à-dire leurs divisions intérieures face à l'amour et à l'homme ; il y a la collégienne et ses émois, la nouvelle mariée et ses déceptions, la religieuse et ses regrets, la vieille femme qui a besoin de passion, la femme abandonnée, la grand-mère indulgente, la jeune fille anglaise et le problème du flirt, la femme de chambre corps et âme dévouée à son maître, etc. Prévost entrecroise quelques lettres pour donner du piquant à certains « cas ».

Après un roman sur la femme de quarante ans, titré *l'Automne d'une femme* (1893), Marcel Prévost attaque, avec *les Demi-Vierges* (1894 ; adaptation à la scène dès 1895, au cinéma en 1923 et 1936), un grand problème : celui de la jeune fille trop moderne (les Goncourt avaient voulu aborder le même sujet avec *Renée Mauperin* en 1864) ; il le sexualise, jusqu'à un certain point. C'est, sans doute, son œuvre majeure. Le titre désigne la jeune fille parfaitement immorale, qui préserve seulement (en vue du mariage) les apparences de la virginité physique. Virginité : hantise d'une époque frelatée. L'intrigue elle-même, laborieuse, mêle des jeunes filles nobles et démunies cherchant maris riches, risquant presque tout, des propriétaires nobles disponibles, des célibataires non propriétaires mais joueurs… ; l'immoralité « parisienne » est opposée aux saines épousailles provinciales, qui marient solidement les sentiments et les terrains. Le titre des *Demi-Vierges*, très vite entré dans le vocabulaire, ne survécut pourtant pas à Marcel Prévost.

Après l'attaque menée contre les féministes et/ou socialistes dans *les Vierges fortes* (1900), Marcel Prévost revient à sa mécanique épistolaire avec les *Lettres à Françoise* (1902, poursuivies par les *Lettres à Françoise mariée*, 1908, et les *Nouvelles Lettres à Françoise*, 1924). Celles-ci mêlent la même psychologie et les conseils moraux, morale et psychologie prodiguées par un certain « oncle Marcel » à sa nièce pensionnaire dans un collège ; les recettes vont du patriotisme à la cuisine, de la coquetterie à la lecture : la jeune fille doit devenir bonne épouse et bonne ménagère. Image assez fidèle à l'idéal de la jeune fille 1900. La nièce tombe amoureuse d'un élève de Saint-Cyr, Maxime (prénom favori de l'auteur) ; l'oncle Marcel se résigne, donne de nouveaux conseils à la fiancée, tant sur le trousseau que sur le voyage de noces à venir ; une dernière lettre de l'oncle, le soir des noces, célèbre le mariage, grande institution. On voit tous les motifs qui valurent à ces *Lettres* un beau succès, une large lecture féminine, et de multiples rééditions.

Marcel Prévost entre à l'Académie française en 1908. Sa carrière romanesque, outre les rééditions des grandes œuvres ci-dessus, est encore marquée, entre autres, par *les Anges gardiens* (1913), qui pourfend les préceptrices étrangères, par *la Retraite ardente* (1927), qui se veut d'un érotisme brûlant, et par *l'Homme vierge* (1929) : chez ce « moraliste » qui sait donner aux cas traités le piment du scabreux, tous les titres parlent.

R. Bellet

Prise d'Orange (la)

(fin du XIe ou début du XIIe siècle)

Chanson de geste qui forme avec *le Couronnement de Louis* et *le Charroi de Nîmes* un triptyque que l'on considère généralement comme le noyau du Cycle de Guillaume d'Orange. Neuf manuscrits nous en sont parvenus, que l'on regroupe en trois familles indépendantes, et qui ont chacun leur caractère propre. Ainsi la rédaction A est plus comique, pleine d'humour, avec une versification scrupuleuse et une forte structure strophique ; la rédaction C, plus romanesque, cultive davantage l'érotisme et présente un affaiblissement de l'art épique traditionnel (laisses hétérogènes, degré formulaire moins fort ; la rime remplace l'assonance) et fouille fréquemment les motivations des actes des personnages ; la rédaction D, très imparfaite (aucune fermeté de la laisse, vers défectueux, formules excessivement figées, reprise de groupes entiers de vers à travers l'œuvre), est également d'aspect plus archaïque et plus épique. Toutes ces rédactions ont néanmoins un point commun : elles présentent une œuvre qui cherche à divertir sans faire de la propagande idéologique, et dans laquelle le travail de renouvellement du genre épique se traduit par une transformation du personnage de Guillaume, qui est ici mi-héros épique, mi-amant courtois. Le décor joue sur l'exotisme oriental : goût du luxe, arbres merveilleux et même magiques, porteurs d'épices ; insistance sur le thème du *locus amoenus*.

Cette chanson de geste combine en fait des traits empruntés à différents genres qui fleurissent à cette date ; elle n'ignore pas la technique épique pure, dont elle n'abuse pas cependant (quelques laisses similaires, peu de reprises bifurquées ; quelques types traditionnels de vers d'intonation forts) ; son thème, celui de la double conquête d'une ville et d'une femme, grâce à la solidarité du lignage, est également épique. Mais, comme l'a montré C. Lachet, l'auteur se livre à un jeu parodique : des renversements de situation (c'est l'oncle qui finit par obéir au neveu), une parodie héroï-comique de motifs stéréotypés comme ceux de la prison, de l'armement ou du regret funèbre ; enfin un pastiche des techniques épiques (Guillaume combat dans un escalier selon la technique traditionnelle de l'attaque à la lance, qui se pratiquait à cheval), et la recherche du grotesque. Plus que le genre romanesque c'est, toujours selon C. Lachet, le lyrisme qui investit l'écriture : l'ouverture printanière, comme dans le grand chant courtois, l'amour de loin, sur la seule réputation, le thème de la mal mariée qui finit par épouser celui qu'elle aime (Orable).

La Prise d'Orange accentue ainsi les tendances caractéristiques de l'épopée dite tardive, tout en se présentant d'abord comme un jeu avec les thèmes, les formes et les genres. Contrairement aux jugements trop hâtifs du XIXe siècle (L. Gautier), l'œuvre, qui est un remaniement d'un poème plus ancien, présente davantage d'art que de faiblesses, même si l'on y rencontre plus d'une incohérence : le sujet et la construction sont fermement dessinés, les laisses ne sont pas déliquescentes et l'auteur sait toujours méditer ses effets ; la surprise est l'un des ressorts importants.

La matière de cette chanson sera reprise et intégrée, au XVe siècle, dans le *Roman de Guillaume d'Orange*, en prose, et dans les *Narbonesi* d'Andrea da Barberino.

D. Boutet

PROUDHON Pierre Joseph

(1809-1865)

Des pères fondateurs du socialisme français, Proudhon est le plus méconnu. La singularité de sa destinée, la variété de ses ouvrages, les paradoxes de sa pensée, aiguisés par une belle vivacité de plume, empêchent les chapelles ou les partis de récupérer cet écrivain passionné de liberté et de vérité, économiste, sociologue, moraliste, philosophe, symbole de l'émergence d'une conscience ouvrière au XIXe siècle.

Fils d'un modeste tonnelier de Besançon, Proudhon doit bientôt interrompre ses études et prendre, à dix-neuf ans, le métier de typographe. Il complète néanmoins son instruction par des lectures personnelles et par le traditionnel tour de France (1829-1834). L'académie de Besançon prime son *Essai de grammaire générale* (1837) et lui accorde une pension pour trois ans. Le jeune théoricien des langues « monte » ensuite à Paris et se lance dans l'action politique. Ses pamphlets *Qu'est-ce que la propriété ?* (1840) et l'*Avertissement aux propriétaires* (1842) l'entraînent en cour d'assises, où il est acquitté. Se succèdent alors les grands ouvrages théoriques : *De la création de l'ordre dans l'humanité ou Principes d'organisation politique* (1843), le *Système des contradictions économiques ou Philosophie de la misère* (1846). Sous la IIe République, son action, que ce soit par l'intermédiaire de ses trois journaux successifs ou par celui de sa « Banque du peuple », ne connaît guère le succès. Il est condamné, en 1849, pour « excitation à la haine et au mépris du gouvernement » ; libéré en 1852, il publie la *Philosophie du progrès* (1853) et *De la justice dans la Révolution et dans l'Église* (1858), qui lui vaut une nouvelle condamnation. Il s'exile en Belgique, où il publie *la Guerre et la Paix* (1861), rentre en France, amnistié en 1862 et, renonçant à tout rôle actif, donne encore *Du principe fédératif* (1863) et *De la capacité politique des classes ouvrières* (1865).

Proudhon apparaît d'abord comme un témoin lucide des désordres idéologiques et sociaux qui accompagnent la révolution industrielle. Son abrupte formule de 1840, « la propriété c'est le vol », semble proscrire toute appropriation individuelle ; elle dénonce, en fait, la faculté de jouir librement du travail d'autrui par l'intermédiaire du « droit d'aubaine » (la rente foncière ou l'intérêt attaché au capital mobilier), mais non la propriété individuelle des instruments de production, garantie essentielle de liberté. Cette censure du capitalisme commande des thèses originales : Proudhon réprouve l'organisation industrielle, qui parcellise et déshumanise les tâches ; l'Église, dont les dogmes justifient la domination de l'homme sur l'homme en promettant un paradis ultratemporel ; les nationalismes – même les causes si populaires de l'Italie et de la Pologne –, qui détournent les énergies humaines des entreprises fécondes ; et surtout l'État, prédateur, parasitaire et oppressif. Sa critique s'étend aux aberrations des premiers socialismes : l'industrialisme technocratique de Saint-Simon, les divagations fouriéristes en quête d'un paradis harmoniste et, surtout, le dogmatisme marxiste, qui écrase l'individu, hypostasie l'État et supprime toute liberté.

Au spectre des « socialismes utopiques » Proudhon oppose un « socialisme scientifique » (il est l'inventeur de cette formule), fondé sur l'observation positive des rapports entre l'homme et la nature, c'est-à-dire du travail, « action intelligente de l'homme en société sur la matière », où se révèle l'intuition fondamentale, héraclitéenne, de la doctrine : le pluralisme conflictuel, nécessaire et éternel, hostilité productive du vivant envers l'inerte et rivalité concurrente entre les individus ou les groupes ; c'est la base réelle de la dialectique proudhonienne, que Marx qualifiera d'« hégélianisme faisandé ». Le socialisme doit préserver la diversité tout en équilibrant les oppositions pour qu'elles concourent au bien général (tandis que Marx, dans une suprême synthèse, supprime les contradictions qui ont jusque-là structuré l'histoire). Dans le travail se développent l'intelligence, la conscience, la liberté et se forme le tissu économique élémentaire : des propriétés collectives, mais concurrentes, constitueront peu à peu un secteur « mutuelliste », caractérisé par l'entraide, la solidarité et la régulation des échanges fondés sur la valeur du travail. L'expression politique de cette « anarchie positive », véritable démocratie ouvrière, sera le fédéralisme, qui unira – en préservant leur individualité et en développant leur liberté – collectivités, régions, nations, jusqu'à l'émergence d'une Europe confédérée.

La pensée de Proudhon, complexe et d'un abord difficile, réussit, paradoxalement, à être « totaliste » sans tomber dans le totalitarisme. Issue de l'expérience concrète des conditions du travail, de l'économie et de la politique, elle en respecte la variété. Elle exècre les idoles du siècle, les nouvelles aliénations : la croyance en un progrès automatique ; la foi dans un paradis immanent à l'Histoire ; la confiance dans l'État comme instrument de transformation sociale ; l'espoir révolutionnaire dans un nivellement communiste. Pour que l'égalité accroisse la liberté, elle propose un réformisme qui gagnera par la vertu de l'exemple et comportera des régulations propres à sauvegarder l'autonomie de chacun. Son influence est considérable : sur le jeune Marx, sur le mouvement ouvrier européen, sur la tradition socialiste, sur le mutualisme et le mouvement coopératif. Dès 1846, Proudhon voyait dans le messianisme marxiste le retour d'une religion dogmatique, avec son intangibilité et ses menaces latentes pour le bonheur de l'humanité : à l'ère des « goulags », avec les aspirations nouvelles à l'autogestion, à la revitalisation des communautés concrètes, le proudhonisme garde intactes son actualité et ses puissances de séduction.

D. Madelénat

Proust

PROUST Marcel

(1871-1922)

L'œuvre de Proust a l'ampleur des grands cycles, et l'auteur lui-même, confondu avec son livre, semble entrer dans la légende. De même qu'il y a un mythe Rimbaud, il y a un mythe Proust, que chacun raconte à sa manière et qui constitue un enjeu littéraire de première grandeur : la *Recherche* est-elle la peinture d'une société ou le chef-d'œuvre du roman psychologique ? Raconte-t-elle une aventure métaphysique, remet-elle en question (de manière très littéraire) la littérature ? Est-ce une œuvre symboliste, une œuvre juive, une œuvre homosexuelle ? En fait, on n'en a jamais fini de réduire Proust à ce qu'il n'est pas, de le voir en Saint-Simon, en Balzac, en Flaubert, peut-être en Mallarmé ou en Joyce...

Une vie de recherche

Les biographies proustiennes ont toujours eu mauvaise conscience : le *Contre Sainte-Beuve* semble les disqualifier d'avance. On ne veut plus que l'œuvre – sans la vie, ce moi extérieur et mensonger, ce masque banal. L'erreur à ne pas commettre, ce serait évidemment d'identifier Proust au narrateur de la *Recherche* : nous ne sommes pas ici dans une autobiographie. Mais, en même temps, il faut peut-être en finir avec une certaine outrance critique qui voit dans la *Recherche* un monument surgi de rien, le déploiement d'une écriture presque anonyme. Une telle vision des choses ferait oublier que si l'œuvre d'art est radicalement séparée du monde réel, elle en est aussi la métamorphose.

Le monde réel de Proust, ce sont d'abord tous ces portraits, dans les premières pages de l'album de « la Pléiade » : parents, grands-parents, serviteurs et proches. Proust est né à Auteuil, dans une famille sociologiquement « hybride ». Du côté de sa mère, la haute bourgeoisie juive. Jeanne Weil est la fille de l'agent de change Nathé Weil. Adrien Proust, lui, vient de la France profonde : grâce à de brillantes études médicales, il est devenu professeur agrégé, émergeant ainsi de l'épicerie familiale à Illiers, rebaptisé depuis Illiers-Combray (Eure-et-Loir). La famille, d'ailleurs, n'est pas coupée de cette partie de ses racines, et il y aura là, pour l'écrivain, tout un trésor à exploiter : campagne, rivière, promenades vers des « côtés » opposés qui sont autant d'univers poétiques. Au fond, Proust grandit dans un monde qui est encore un peu celui de Zola, entre *l'Argent* (en plus raffiné !) et *la Terre* (très adoucie !), avec surtout un double héritage, une double culture : Israël et la tante Léonie. Le petit Marcel a été baptisé (signe d'intégration), et sa vie se déroule entre Illiers – mais pour les vacances seulement – et le 9, boulevard Malesherbes, la rive droite parisienne, bourgeoise, sérieuse et un peu triste. Dernier élément important de cette enfance : Robert, le frère cadet né en 1873, qui est à la fois l'origine d'un traumatisme profond et l'objet d'une affection sincère : les deux sentiments ne sont pas forcément contradictoires.

À onze ans, Marcel entre au lycée Condorcet. Il est excellent élève, très discipliné, « toujours absent » en raison de sa santé fragile. En effet, la vie de Proust ne se comprend pas si l'on oublie la maladie, les crises d'asthme, les précautions à prendre, l'urgence aussi d'une œuvre à accomplir, menacée par le temps, par la mort. Certains auteurs insistent également sur les amitiés du jeune Proust et sur l'orientation – encore vague, bien sûr – de sa sensibilité, de sa sexualité peut-être : Proust voit des garçons de son âge, mais aussi des jeunes filles et des femmes du monde – ou du demi-monde ; son entourage féminin ne se réduit pas, tant s'en faut, à sa mère et à sa grand-mère.

Proust a du goût pour tout, dès lors que ses professeurs ont du talent : Georges Colomb, par exemple, qui enseigne les sciences naturelles et, sous le nom de CHRISTOPHE, crée en même temps les premières bandes dessinées ; Maxime Gaucher, aussi, le littéraire ; et Darlu, le philosophe. La littérature, en l'occurrence, est le prolongement logique des bonnes dissertations, et Proust fonde entre autres une *Revue lilas*, dont la teinte désigne assez l'inspiration symboliste. En ce qui concerne ses admirations, elles évoluent, et on peut les reconstituer à partir des fameux questionnaires auxquels il répond durant cette période. Tout jeune homme, il aime George Sand, Augustin Thierry, Musset. Cinq ans plus tard, c'est plutôt Anatole France et Pierre Loti, Baudelaire et Vigny. Au fond, il n'y a rien de vraiment inattendu dans ces préférences littéraires. Proust partage celles de son monde, celles aussi « du » monde, qu'il commence à fréquenter : le salon de Mme Straus, celui – plus tard – de Mme de Caillavet, après la parenthèse du volontariat militaire (1889-1890) à Orléans, où il noue certaines amitiés nouvelles). Proust, à vingt ans, sort beaucoup, et l'on pourrait dire, qu'il constitue à cette époque le « stock » où puiser la société de sa *Recherche* : Charles Haas, dandy et esthète, un des modèles de Swann, Anatole France le « grand écrivain », Madeleine Lemaire, qui peint des roses, Lucien Daudet, l'ami très proche, en attendant les princes et les princesses : Polignac, Caraman-Chimay et autres Brancovan, la princesse Mathilde, la comtesse Greffulhe, une des mille clefs pour la duchesse de Guermantes, sans oublier, bien sûr, l'illustre Robert de Montesquiou. Visites, réceptions, invitations, voyages, vacances : l'apprentissage et l'étude de ce microcosme social ne lui laissent guère de temps. Il tâte cependant du droit et des sciences politiques, passe même une licence ; finalement, il devient attaché à la bibliothèque Mazarine (1895), mais on ne l'y verra guère ! Tout cela en effet ne ferait que le distraire de l'essentiel, qui est évidemment de se former une certaine idée de l'art, peinture, musique, littérature... Aucune paresse dans ce choix, même si les apparences sont trompeuses. À l'époque, on voit en lui le jeune homme superficiel, l'arriviste mondain ; mais Proust n'est pas un dilettante : il ne se confond pas avec son objet d'étude, avec la matière de son livre, cette matière qu'il observe, pour le moment, avec l'œil de l'ethnologue. Du plus intéressant au plus banal, il y a dans chaque homme un geste, un mot, une étincelle, une paillette à recueillir : amis ou relations, grands personnages ou inconnus de rencontre, artistes, princes, bourgeois et laquais, tous contribuent, sans le savoir, au grand œuvre qui se prépare : Montesquiou, belle figure de littérateur équivoque, élégant et colérique, Abel Hermant, Mme de Noailles ; mais aussi Reynaldo Hahn, le musicien qui illustre ses *Portraits de peintres* (1896), l'*alter ego* véritable et mieux encore… Évoquons enfin les frères Bibesco, Antoine et Emmanuel.

Les premiers écrits de Proust ne sortent pas de cette aura symboliste, snob et fin de siècle : petites proses, chroniques, études, articles dans les revues (*le Banquet* de Gregh, *la Revue blanche*) et les journaux (*le Gaulois*), recueil élégant et poétique (*les Plaisirs et les Jours*, 1896) préfacé par Anatole France ; une littérature de salon conforme au personnage peint par Jacques-Émile Blanche en 1892 : ce jeune homme pâle et lointain, un peu fade, fleur à la boutonnière. Il semble insignifiant, et l'on ne sait pas à cette époque qu'il travaille à *Jean Santeuil* (rédigé à partir de 1895, mais inachevé et resté inédit jusqu'en 1952). Certains, cependant, sont plus perspicaces et décèlent un autre Proust, moins rassurant : « L'expression du plastron blanc, froissé, et de la cravate convulsive m'effrayèrent autant que les touches noires posées sous les yeux, par un mal distrait, qui lui charbonnait le visage au hasard… Il ressemblait, cérémonieux et désordonné, à un garçon d'honneur ivre » (Colette).

1898 est l'année de l'affaire Dreyfus. Est juif celui que les autres voient comme tel : Proust ne peut être que dreyfusard. La politique cependant n'est pas son affaire : l'art domine tout, et c'est lui qui inspire les recherches de Proust comme ses voyages : à Amiens, à Rome, à Venise, dans les Flandres, traduisant Ruskin (*la Bible d'Amiens*, 1904, avant *Sésame et les lys*, 1906) et le préfaçant. De la seconde préface on retient surtout un texte paru en 1905 et repris plus tard dans les *Pastiches et Mélanges* : Proust y évoque ses « journées de lecture », autrefois ; à présent, c'est l'écriture qui l'occupe, mais avec la même force, la même emprise magique.

Une des grandes ruptures de cette vie est la mort de ses parents, à deux ans d'intervalle, surtout celle de sa mère (1905). Une métamorphose s'accomplit, dans la douleur et dans la maladie. Le mondain sort de moins en moins, et ce qui n'avait pas « fonctionné » avec *Jean Santeuil*, trop autobiographique (?), acquiert une cohérence, une nécessité nouvelles. Reclus dans sa chambre du boulevard Haussmann, Proust se protège de tout : du bruit, des odeurs, des gens. Il n'a plus autour de lui que son cher Agostinelli, officiellement son chauffeur-secrétaire, auquel succédera Céleste Albaret, la fidèle gouvernante. L'univers réel se réduit presque aux dimensions d'un appartement, tandis que l'autre univers, celui du livre à écrire, se développe comme une de ces fleurs de papier qui se déploient brusquement, une fois plongées dans l'eau. Quelques voyages, quelques fêtes, quelques visites, mais qui s'intègrent dans l'œuvre en devenir, qui n'ont d'autre fonction que de devenir littérature. Au début, ce sont surtout des articles, pour *le Figaro*, des morceaux isolés, des pastiches (1908-1909, recueil en 1919), qui vont très au-delà de l'imitation amusante, et le *Contre Sainte-Beuve* (publié seulement en 1954), où l'on voit comme la matrice de la *Recherche*, sa cellule primitive.

En 1909, Proust commence *Du côté de chez Swann*. L'ouvrage est probablement trop novateur, et Gide, d'ailleurs, auquel on le soumet, ne le lit pas, se fiant peut-être à la mauvaise réputation de Proust, écrivain amateur, dilettante, insuffisant. *Swann* ne paraîtra donc pas à la N.R.F., pas plus qu'au Mercure de France, chez Fasquelle ou chez Ollendorff. Il sort finalement chez Grasset, à compte d'auteur, remarqué mais sans plus, l'écho du livre disparaissant vite avec le début de la guerre. Agostinelli meurt le 30 mai 1914, dans un accident d'avion, et le grand massacre emporte bientôt d'autres amis, parmi les plus chers. Un monde disparaît, un autre naît, mais l'œuvre continue et prolifère ; Proust y travaille assidûment. En 1918, la N.R.F., repentante, fait paraître *À l'ombre des jeunes filles en fleurs*, qui reçoit le prix Goncourt 1919. Tout s'accélère : à mesure que la maladie l'atteint davantage, Proust « infuse » dans son œuvre de plus en plus d'ajouts, des « papillons » multiples, des « paperolles » qui enflent sans cesse le texte de départ. La biographie, en l'occurrence, se réduit à peu de chose : un déménagement, en 1919, pour la rue Hamelin ; une visite épuisante à l'exposition Vermeer au musée du Jeu de Paume (1921). L'œuvre continue à paraître avec *le Côté de Guermantes, I* (1920) et *II* (1921), *Sodome et Gomorrhe, I* (1921) et *II* (1922). Cette même année 1922, Proust, usé par le travail et la maladie, meurt le 18 novembre. Gallimard fera paraître ensuite les derniers volumes de la *Recherche* : *la Prisonnière* (1923), *la Fugitive* (1925) et *le Temps retrouvé* (1927).

Une architecture vivante

La *Recherche* est une quête, et c'est ce sens premier qui la gouverne. Elle pourrait apparaître comme une sorte d'immense polypier à la croissance anarchique, mais elle est bâtie, en fait, selon un vrai plan, jamais figé mais jamais abandonné, vivant pour tout dire. « On méconnaît trop, dit Proust, que mes livres sont une construction, mais à ouverture de compas assez étendue pour que la construction, rigoureuse et à quoi j'ai tout sacrifié, soit assez longue à discerner » : ce texte-monde a donc une structure, dont Proust a peut-être trouvé le modèle dans les grands cycles romanesques et musicaux du XIXe siècle (*la Comédie humaine* ou la *Tétralogie*) : une structure et une unité qui reposent d'abord sur une première personne, sur un « je » à la fois narrateur et personnage principal [voir *infra*, « le Narrateur proustien »]. D'où l'unité d'un point de vue qui organise l'espace et le temps de la *Recherche*, qui lui confère une cohérence plus forte, probablement, que celle d'un roman réaliste. Nous partageons un regard, ce qui ne veut pas dire que ce regard ne change pas : au contraire, tout ici est évolution, déplacement, flux et reflux, échos, symétries, ordre libre.

La structure d'origine est binaire : *À la recherche du temps perdu* devait s'opposer ou renvoyer au *Temps retrouvé*, en une dialectique simple du souvenir et de l'analyse. Dans une deuxième étape, on passe au triptyque prévu avec Grasset : *le Temps retrouvé*, conclusion-révélation, est maintenant précédé de *Swann* et du *Côté de Guermantes*. Le premier élément s'est donc scindé en deux selon un processus qui va se répéter : *À l'ombre des jeunes filles en fleurs* est publié en 1918, et l'on voit apparaître, en projet, un *Sodome et Gomorrhe* qui se divise à son tour, de même que *le Côté de Guermantes*. Un *Sodome et Gomorrhe III* donnera enfin naissance à *la Prisonnière* et à *la Fugitive*. En tout, sept livres, dont le découpage interne varie chaque fois, et qui obéissent à des figures complexes : la structure binaire de départ se complique en effet d'un rythme ternaire : le désir de révélation, l'expérience douloureuse, et enfin la saisie d'un temps retrouvé grâce à l'art et à la mémoire involontaire. Apparemment, nous progressons donc vers une révélation, et l'on a souvent vu dans la *Recherche* une sorte d'initiation ou ce que Barthes appelait une « mystagogie ». Mais, en même temps que l'on avance, on semble aussi revenir en arrière, à la faveur de l'anamnèse. Si bien que cette marche en avant est un retour aux sources ; le grand mouvement de la *Recherche* est, en fait, circulaire : on ne pourra nier la construction, écrit Proust à Benjamin Crémieux, « quand la dernière page du *Temps retrouvé* se refermera exactement sur la première page de *Swann* » (dans un autre texte, il affirme que le premier et le dernier chapitre ont été écrits en même temps). Au fond, la *Recherche* est bien un cycle, au sens étymologique du mot, puisque le narrateur devient écrivain pour raconter un narrateur qui deviendrait écrivain : jeux de miroirs, mise en abyme, éternel retour, la perfection de l'œuvre d'art est indissociable, ici, d'une sorte de vertige.

Jusque dans le détail, Proust s'est attaché à renforcer la cohérence de cette structure d'ensemble. Comme dans le modèle balzacien, les mêmes personnages reviennent d'un volume à l'autre, présents effectivement ou ressuscités dans le souvenir, au détour d'une allusion ou d'une réminiscence, vus chaque fois sous un angle qui n'est jamais ni tout à fait le même ni tout à fait un autre. Car tout bouge, tout change : le regard du narrateur comme l'apparence de ceux qu'il décrit, jeunes, mûrs, poudrés enfin et déguisés par l'âge. L'œuvre entière est donc parcourue de reflets, fidèles ou déformants, de métaphores et de signes ; le passé surgit dans le présent, les mêmes situations se répètent ou s'amplifient : derrière Albertine, on voit se profiler Gilberte, écho elle-même d'Odette aimée par Swann. Et l'effet fascinant de ce procédé, c'est justement, dans la durée, d'instaurer une sorte de temps immobile, ramenant périodiquement des structures et des thèmes récurrents : angoisse amoureuse, jalousie, rupture, deuil, scènes homosexuelles ou mondaines, repas, soirées, voyages : à mesure que le lecteur avance dans l'œuvre, il accumule une mémoire et fait des rapprochements dont *le Temps retrouvé* lui dresse un tableau général. Finalement, on ne sort pas indemne de cet univers obsédant : on s'en intoxique, on s'en « sursature » avec délices…

Jeux de miroirs, récurrences, réminiscences : peut-être a-t-on donné jusqu'ici une idée trop intellectuelle, trop abstraite de la *Recherche*. L'amateur de romans d'action sera, bien sûr, un peu déçu, mais il faut se rappeler quand même à quel point Proust aimait Dumas, Stevenson, Balzac, les aventures et les intrigues à tiroirs. Proust, en réalité, ne rompt pas vraiment avec cette tradition : on trouvera chez lui des ressorts dramatiques on ne peut plus classiques, des complots, des coups de théâtre, des mystères ; des faits mineurs qui brusquement se révèlent riches de signification. Tout compte fait, la *Recherche* est moins statique qu'il n'y paraît, elle n'abolit pas le romanesque, même si elle le transforme : « L'existence, écrit Proust, n'a guère d'intérêt que dans les journées où la poussière des réalités est mêlée de sable magique, où quelque vulgaire incident devient un ressort romanesque. » Mais alors, où chercher l'intrigue et le suspens ? Il y a, certes, l'aventure du narrateur découvrant progressivement sa vocation d'écrivain ; mais cette quête générale est soutenue, relayée par d'autres découvertes. La réalité offre en effet des spectacles qu'il faut interpréter et réinterpréter : une bonne partie de l'œuvre est consacrée à ces analyses minutieuses et quasi policières où l'on revient sans cesse sur un geste, un regard, une parole : derrière une façade virile, il y a l'homme-femme ; derrière une attitude hostile, une timidité ; derrière un mot gentil, la pire des insultes ; sous la conversation, une escrime silencieuse.

Avant de voir clair en lui-même, le narrateur apprend donc à percer les secrets de cette société codifiée à l'extrême, où tout est secret et déchiffrement : pourquoi cette rougeur, cette émotion, cette intonation ? Au fond, c'est ainsi que le monde s'explique et se développe aux yeux du narrateur : de dévoilement en dévoilement, d'analyses en découvertes qui font accéder celui-ci, par étapes successives, à un niveau supérieur d'interprétation et de réalité (ce qu'a admirablement montré Gilles Deuleuze dans *Proust et les signes*) D'où, chez Proust, ces demeures mystérieuses, ces cris bizarres, ces légers décalages qui peuvent lancer sur une piste nouvelle ; ce goût aussi du voyeurisme et de l'espionnage : Swann guette Odette sur les boulevards ; le narrateur écoute Charlus et Jupien ; sa jalousie même n'est-elle pas une sorte de folie soupçonneuse et interprétative ? On peut donc avancer que toute la *Recherche* est bâtie sur une sorte d'herméneutique sans cesse reprise et affinée, avec ces moments de tension presque sacrée lorsque apparaît enfin l'objet quêté, l'explication ultime et longtemps retardée. Voici, par exemple, le narrateur entré dans un hôtel, où, pense-t-il, « un crime atroce allait […] être consommé, si on n'arrivait pas à temps pour le découvrir et faire arrêter les coupables ». Qu'est-ce que cet hôtel d'où sort un militaire, qu'est-ce que ces mots qu'il entend, ces gens qui parlent de chaînes et de sévices ? Arrive enfin la vérité ; il n'est pas dans un nid d'espions ou dans un repaire de brigands : « Cheminant à pas de loup dans l'ombre, je me glissai jusqu'à cet œil-de-bœuf, et là, enchaîné sur un lit comme Prométhée sur son rocher, recevant les coups d'un martinet en effet planté de clous que lui infligeait Maurice, je vis, déjà tout en sang, et couvert d'ecchymoses qui prouvaient que le supplice n'avait pas lieu pour la première fois, je vis devant moi M. de Charlus. » Au bout du parcours, la vérité, la réalité des êtres et des choses, en tout cas une facette inconnue et souvent révélatrice : ici dans le mélodrame, ailleurs dans l'extase mystique.

Car les secrets des autres sont aussi les métaphores de ce problème central qui occupe le narrateur : à quoi tient ce bonheur que lui procurent le goût d'une madeleine, la sensation, sous le pied, des pavés mal équarris de l'hôtel de Guermantes, le bruit d'une cuiller contre une assiette, la raideur d'une serviette passée sur ses lèvres ? Une vision passe qui lui dit : « Saisis-moi au passage si tu en as la force, et tâche à résoudre l'énigme du bonheur que je te propose. » La vision, ensuite, se dérobe, l'impression s'évanouit sans qu'on puisse la retenir ; mais cette énigme, en fait, n'en est pas une, et nous connaissons la solution du mystère depuis le premier livre : ce qui se débat « trop loin, trop confusément » pour qu'on puisse y accéder facilement, c'est, bien sûr, le souvenir et ce monde aboli qu'il ressuscite. Il s'agit seulement de le mettre en œuvre, d'en montrer les multiples splendeurs. Une fois, en effet, que le contact a été rétabli avec ces strates enfouies de la conscience, tout prend un sens et s'organise : le temps, le monde et ses métamorphoses, l'art qui les restitue. Courant à travers tous les livres, il y a un même projet, une dynamique réelle, bien que difficile à percevoir ; il y a bien ce qu'on peut appeler un sens, c'est-à-dire à la fois une raison et une trajectoire. La *Recherche* a donc une portée métaphysique : dans l'incohérence grise de la réalité, la mémoire permet au narrateur de retrouver le temps, la durée et ces « vrais paradis [que] sont les paradis qu'on a perdus » (*le Temps retrouvé*). Le monde réel, présent, réduit à cette présence immédiate, est sans intérêt : il ne retrouve sa signifiance qu'en évoquant cette réalité « seconde » délivrée par le *flash* mémoriel ou la littérature. En fait, la réalité n'existe que mise en rapport avec son image ; elle se réduit même à cette image, belle parce qu'épurée, stylisée, dorée par le temps ou par l'art. Si l'on veut, la « philosophie » de Proust est un idéalisme, à condition de ne pas mettre dans ce mot le refus du monde sensible. Tout part donc de la sensation, non pas brute mais réfléchie, et rapprochée d'un autre élément : réminiscence, correspondance, métaphore, symbole – peu importe le mot, pourvu qu'on soit sensible à cet extraordinaire travail poétique.

Un projet esthétique

La *Recherche* est en effet une œuvre d'art en même temps qu'une théorie de l'œuvre d'art. C'est là sa double richesse : création et mise en scène de la création, elle est sa propre poétique, sa propre psychanalyse – comment devient-on écrivain, en surmontant quels obstacles, pour dire quoi et comment ? De nombreux indices attestent qu'il y a là, essentiellement, un projet esthétique. Les artistes, d'abord, qui offrent au narrateur des points de repère, des références, des techniques à utiliser, des formes à reprendre. Chaque art a ses maîtres, et la découverte de leurs œuvres va représenter comme une étape de plus dans l'initiation du narrateur. Voici le peintre Elstir, dont l'effort consiste à « ne pas exposer les choses telles qu'il savait qu'elles étaient, mais selon ces illusions optiques dont notre vision première est faite [...] » ; Vinteuil, dont la petite phrase musicale imite et recrée les états d'âme les plus « incommunicables » ; Bergotte, dont les livres nous ramènent « en une région plus profonde » de nous-même, « plus unie, plus vaste, d'où les obstacles et les séparations semblaient avoir été enlevés ». Certains interprètes, eux aussi, ont le pouvoir de donner ce bonheur, ajoutant donc une « seconde œuvre » à celle qu'ils transmettent : la Berma introduit ses « vastes images de douleur, de noblesse, de passion » dans tout ce qu'elle joue, et elle ruine en même temps les habitudes sclérosées de l'interprétation dramatique.

Allons plus loin. Au-delà des disciplines reconnues, tout peut devenir art : la façon de préparer un plat, de mettre un chapeau ou de porter la toilette, de mener une conversation. Il y a des virtuoses de la mondanité, de l'insolence, de l'élégance, de l'amour, des gens aussi qui créent les modes et inventent le goût des autres. En réalité, de la cuisinière à la grande dame, du dandy au peintre ou à l'écrivain, il n'y a peut-être qu'une différence de degré : tous ces « artistes » ont, en effet, ce point commun, ce talent, ce génie d'échapper à la médiocre routine, à la réalité plate. Sans eux, les choses ne seraient que ce qu'elles sont : avec eux, elles acquièrent richesse et profondeur, elles nous apparaissent sous un jour nouveau, poétiquement. Elstir, par exemple, a choisi de représenter le port de Carquethuit ; aucun réalisme chez lui, mais au contraire une sorte de « mirage » qui semble tout brouiller, échanger les valeurs et les signifiés : la mer sera ville, et la ville sera mer. Plus inattendues, les métaphores botaniques et zoologiques qui expliquent l'homosexualité au début de *Sodome et Gomorrhe* : méduse, escargot, vanille, orchidée et bourdon... En fait, le sujet, le thème est secondaire : l'important n'est pas dans ce qu'on peint ou dans ce dont on parle, il réside bien davantage dans la manière de le faire voir autrement. On ne peut donc pas reprocher à Proust la société qu'il nous « décrit » : ces familles privilégiées, ces salons chics ou moins chics, ces coteries bourgeoises qui se disputent ou se méprisent ne représentent qu'une fraction étroite de la société globale ; les grotesques y pullulent, souvent épinglés par l'humour de Proust, ainsi que les prétentieux, les snobs et les insignifiants. Mais rien de tout cela ne remet en cause la portée générale de l'œuvre : autant reprocher à Saint-Simon ses querelles de duchesses ! Ici, l'encyclopédie réaliste n'est pas de mise, et le fait même que le milieu observé soit restreint permet d'en mieux saisir les lois et les structures. Peut-être finira-t-on par comprendre comment toutes les monades se déplacent dans ce planétarium, dans ce microcosme singulier qui vaut cependant pour tous les autres : où qu'on aille, on retrouvera, transposés, les mêmes peurs, les mêmes agressions, les mêmes désirs, la même psychologie première.

Encore faut-il bien voir que toutes ces analyses psychologiques, toute cette sociologie mondaine, ces « types » si bien observés n'ont pas vraiment une valeur documentaire. Il ne s'agit pas, en effet, de dire ce qu'est le monde et quelle est la

bonne façon de le regarder : il s'agit d'en donner une image, peut-être convaincante mais surtout belle. On ne dit pas au lecteur comment voir le monde, on lui offre un regard posé sur ce monde, des images passées par un regard et une sensibilité, des impressions déformées, des souvenirs. Ce qui fait l'unité de tout cela, ce n'est pas une logique intelligente, c'est une harmonie esthétique qui intègre et dépasse cette logique : « L'effort qu'Elstir faisait pour se dépouiller, en présence de la réalité, de toutes les notions de son intelligence était d'autant plus admirable que cet homme, qui, avant de peindre, se faisait ignorant, oubliait tout par probité (car ce qu'on sait n'est pas à soi), avait justement une intelligence exceptionnellement cultivée. »
Le comble de l'art est donc d'ignorer l'art pour remonter à la sensation pure, dégagée de toutes les constructions fausses et cérébrales que nous plaquons sur les choses. La morale esthétique d'Elstir aboutit paradoxalement, au-delà de toutes les métaphores et de toutes les illusions, à restituer une vérité sentie, retrouvée, transmise sans altération. D'où l'idée que la musique serait l'art par excellence, celui qui nous offre les plus grandes jouissances parce que nous n'y reconnaissons pas une réalité apprise : la musique, en effet, est le seul art abstrait où la forme soit le seul sujet, échappant ainsi aux contraintes « figuratives » de la peinture ou de la littérature. L'émotion n'a pas tout ce trajet à faire de l'extérieur à l'intérieur, du conscient à l'inconscient, de la surface d'un personnage (langage, physionomie, tics, rôle social) ou d'un paysage à leur essence. Ce détour par le monde n'existe pas : le musicien nous parle directement, sans l'intermédiaire d'une forme opaque ou équivoque. La littérature, au contraire, utilise justement ce risque de la réalité, elle passe par un langage qui est à la fois signifiant, signifié et relation à un référent : une complexité supplémentaire, mais qui peut être riche de poésie si l'on parvient à la maîtriser, si l'on réussit à montrer les incertitudes du langage, les associations curieuses qui s'y produisent. Dans les « Noms de pays », par exemple, le narrateur parcourt en chemin de fer les stations qui mènent à Balbec : Incarville, Marcouville, Doville... Ces noms, lus dans un livre, auraient pu lui rappeler certaines localités près de Combray. « Mais à l'oreille d'un musicien deux motifs, matériellement composés de plusieurs des mêmes notes, peuvent ne présenter aucune ressemblance, s'ils diffèrent par la couleur de l'harmonie et de l'orchestration. De même, rien moins que ces tristes noms faits de sable, d'espace trop aéré et vide, et de sel, au-dessus desquels le mot ville s'échappait comme vole dans Pigeon-vole, ne me faisait penser à ces autres noms de Roussainville ou de Martinville qui, parce que je les avais entendu prononcer si souvent par ma grand-tante à table, dans la "salle", avaient acquis un certain charme sombre où s'étaient peut-être mélangés des extraits du goût des confitures, de l'odeur du feu de bois et du papier d'un livre de Bergotte, de la couleur de grès de la maison d'en face, et qui, aujourd'hui encore, quand ils remontent, comme une bulle gazeuse, du fond de ma mémoire, conservent leur vertu spécifique à travers les couches superposées de milieux différents qu'ils ont à franchir avant d'atteindre jusqu'à la surface. » Ces innombrables méandres de la phrase, si difficiles à accepter pour le lecteur néophyte, sont ceux, en définitive, de l'imaginaire, et l'on pense à Mallarmé : « Je dis : une fleur ! et, hors de l'oubli où ma voix relègue aucun contour, en tant que quelque chose d'autre que les calices sus, musicalement se lève, idée même et suave, l'absente de tout bouquet » (*Crise de vers*, 1895). Derrière un nom ou un mot, derrière l'usage habituel qu'on en fait, il y a une musique spécifique, une évocation magique, un ailleurs. Cet effet littéraire qui résume peut-être la littérarité, Proust est un des premiers à le formuler explicitement dans un roman, à en faire surtout le sujet même de son livre. Qu'est-ce en effet que la *Recherche*, sinon ce travail de la mémoire et de l'imaginaire en quête de ce qui est absent ou perdu ? D'où une nostalgie un peu étrange, puisqu'elle est aussi un espoir et une promesse de bonheur : retrouver le temps perdu n'est pas impossible, à condition d'accepter que le monde recréé ne soit pas l'univers non littéraire qui lui a donné naissance. Mais nous ne perdrons pas au change : nous verrons apparaître d'autres lois, un autre temps, un autre espace, d'autres dimensions. Ce monde, cependant, sera nôtre, nous l'aurons choisi en vertu d'une nécessité intérieure. C'est cette liberté et cette exigence qui font le plaisir des livres, ceux que nous lisons, ceux aussi que nous aurons sans doute envie d'écrire.

VIE		ŒUVRE
1871	**10 juill. :** naissance, à Paris, 96, rue La Fontaine, de Marcel Proust.	
1873	Naissance de Robert, frère de Marcel.	
1879	**Démission de Mac Mahon. Élection de Jules Grévy à la présidence de la République.**	
1881	Première crise d'asthme.	
1882	**Oct. :** Proust entre en cinquième à Condorcet.	
1885	**Jules Grévy réélu président de la République.**	
1886	Proust, malade l'année précédente, redouble la seconde. Il répond au « questionnaire » d'Antoinette Faure, qui résume ses goûts et ses préférences.	

	VIE		ŒUVRE
1887	**Démission de Grévy. Élection de Sadi Carnot comme président de la République.**		
1888	Baccalauréat 1re partie.	**1888**	Collabore, à Condorcet, à la *Revue lilas*, dont Marcel est secrétaire de rédaction.
1889	Baccalauréat 2e partie. **Nov. :** service militaire comme engagé volontaire pour un an.		
1890	**Nov. :** fin de son service militaire. Marcel s'inscrit à la faculté de droit et à l'École libre des sciences politiques.		
1892	**Scandale de Panamá.** Jacques-Émile Blanche achève le portrait de Proust.	**1892**	Fondation de la revue *le Banquet*, à laquelle Proust collabore régulièrement ; ses textes seront repris dans *les Plaisirs et les Jours*.
1893	Marcel bachelier en droit. **Déc. :** Marcel se destine à une carrière de bibliothécaire.	**1893**	**Févr. :** « Violante ou la Mondanité » (*le Banquet*). **Mars :** dernier numéro du *Banquet*. **Juill. :** textes dans *la Revue blanche*. **Déc. :** six études dans *la Revue blanche*.
1894	**Juin : assassinat de Sadi Carnot. Élection de Jean Casimir-Perier.** **Oct. : emprisonnement du capitaine Dreyfus.**	**1894**	**Mai :** « Une fête littéraire à Versailles » (*le Gaulois*). **Juin :** « Portraits de peintres » (*le Gaulois*). **Oct. :** « la Mort de Baldassare Silvande » (*le Gaulois*).
1895	**Démission de Casimir-Perier. Élection de Félix Faure.** Reçu à la licence ès lettres (philosophie). **Juin :** attaché à la bibliothèque Mazarine. Se fait mettre en congé.	**1895**	Débute un roman qui restera inachevé : *Jean Santeuil*.
1896	Mort de M. Weil, père de Mme Proust.	**1896**	**Juin :** publication des *Plaisirs et les Jours*. **Juill. :** « Contre l'obscurité » (*la Revue blanche*).
1897	Duel avec Jean Lorrain, qui a diffamé Proust.		
1898	Procès Zola. Proust, dreyfusard, y assiste. Il s'en inspirera pour *Jean Santeuil*. Mme Proust opérée. Mort de Mallarmé.		
1899	**Mort de Félix Faure.** **Dreyfus gracié.** Proust commence une étude sur John Ruskin et la traduction de *la Bible d'Amiens*.	**1899**	« Lettres de Perse et d'ailleurs » (*la Presse*).
1900	Mort de Ruskin. Proust abandonne *Jean Santeuil*. **Mai :** voyage à Venise avec sa mère. **Oct. :** Marcel retourne seul à Venise. La famille Proust s'installe 45, rue de Courcelles. Considéré comme démissionnaire de la Mazarine.	**1900**	**Févr. :** « Pèlerinages ruskiniens en France » (*le Figaro*). **Avr. :** « Ruskin à Notre-Dame d'Amiens » (*Mercure de France*).
1902	Première de *Pelléas et Mélisande*, de Debussy. **Sept. :** mort de Zola. Voyage en Hollande, voit la *Vue de Delft*, de Vermeer.		
1903	**Févr. :** mariage de Robert Proust. **26 nov. :** mort du professeur Adrien Proust, père de Marcel.	**1903**	**Févr. :** premier des « Salons » de Proust dans *le Figaro* : « Un Salon historique. Le Salon de S.A.T. la Princesse Mathilde ». **Mai :** « le Salon de Mme Lemaire ». **Sept. :** « le Salon de la princesse de Polignac ».
1904	Proust travaille à la traduction de *Sésame et les lys*, de Ruskin.	**1904**	John Ruskin, *la Bible d'Amiens*, préface et traduction de Marcel Proust. **Août :** « la Mort des cathédrales » (*le Figaro*).
1905	**Sept. :** Mme Proust, à Évian avec son fils, tombe gravement malade (urémie). **26 sept. :** mort de Mme Proust à Paris, de néphrite. **Déc. :** Proust entre à la clinique du docteur Sollier, à Boulogne.	**1905**	**Juin :** « Sur la lecture » paraît dans *la Renaissance latine*.

	VIE		ŒUVRE
1906	**Janv. : Fallières président de la République.** **24 janv. :** Proust quitte la clinique du docteur Sollier. **Août :** Proust s'installe à Versailles (hôtel des Réservoirs). **Déc. :** Proust s'installe 102, bd Haussmann.	**1906**	**Juin :** John Ruskin, *Sésame et les lys,* traduction, préface et notes de Marcel Proust (Mercure de France).
1907	**Août :** vacances à Cabourg. Rencontre d'Agostinelli, chauffeur de taxi.	**1907**	**1er févr. :** « Sentiments filiaux d'un parricide » (*le Figaro*). **15 juin :** article sur *les Éblouissements* d'Anna de Noailles (*le Figaro*). **19 nov. :** « Impressions de route en automobile » (*le Figaro*).
1908	**Janv. :** Lemoine a fait croire à la De Beers qu'il pouvait fabriquer des diamants ; l'affaire éclate. Proust rédige un carnet qui contient une esquisse de roman. Projets concernant Sainte-Beuve.	**1908**	**Févr. et mars :** « l'Affaire Lemoine », pastiches (*le Figaro*). Le dernier sera publié en mars 1909.
1909	Proust commence *Du côté de chez Swann.* Été à Cabourg.		
1910	Été à Cabourg.		
1911	Été à Cabourg.		
1912	Été à Cabourg.	**1912**	**21 mars :** « Épines blanches, épines roses » (*le Figaro*). D'autres extraits de *Swann* paraissent dans *le Figaro.*
1913	**Nov. :** Agostinelli, secrétaire de Proust, quitte le boulevard Haussmann pour devenir aviateur.	**1913**	**Nov. :** *Du côté de chez Swann* (à compte d'auteur chez Grasset).
1914	**30 mai :** Agostinelli se tue en avion. **Août : déclaration de guerre.** **Sept. :** Cabourg. **Oct. :** Bertrand de Fénelon, ami intime de Proust, tué à la guerre.	**1914**	**Juin, juill. :** extraits du *Côté de Guermantes,* dans *la Nouvelle Revue française.*
1916	Proust signe un contrat avec les Éditions de la N.R.F.		
		1918	*À l'ombre des jeunes filles en fleurs* (N.R.F.).
1919	Proust doit quitter le boulevard Haussmann ; il emménage (mai) provisoirement chez Réjane, rue Laurent-Pichat. **10 nov. :** Proust obtient le prix Goncourt pour *À l'ombre des jeunes filles en fleurs.* Proust s'installe 44, rue Hamelin (XVIe), où il restera jusqu'à sa mort.	**1919**	*Pastiches et Mélanges* (N.R.F.). Préface au livre de Jacques-Émile Blanche *De David à Degas.*
		1920	*Le Côté de Guermantes (I).* **Janv. :** « À propos du "style" de Flaubert » (*N.R.F.*).
1921	**11 janv. :** au sortir de l'exposition Vermeer au musée de l'Orangerie, Proust est victime d'un malaise. **11 déc. :** mort de Robert de Montesquiou.	**1921**	*Le Côté de Guermantes (II)* et dans le même volume *Sodome et Gomorrhe (I).* Préface au livre de Paul Morand *Tendres Stocks.* **Juin :** « À propos de Baudelaire » (*N.R.F.*).
1922	**Oct. :** Proust attrape une bronchite. **18 nov. :** mort de Marcel Proust.	**1922**	*Sodome et Gomorrhe (II)* et *la Prisonnière.*
		1925	*Albertine disparue* [*la Fugitive*].
		1927	*Le Temps retrouvé.*
		1952	*Jean Santeuil,* éd. Bernard de Fallois.
		1954	*À la recherche du temps perdu,* éd. Pierre Clarac et André Ferré, texte revu, corrigé et augmenté (Bibliothèque de la Pléiade). *Contre Sainte-Beuve,* éd. Bernard de Fallois.
		1987	*À la recherche du temps perdu,* éd. sous la direction de J.-Y. Tadié (4 vol., Bibliothèque de la Pléiade).

Les Plaisirs et les Jours

Recueil édité en 1896 chez Calmann-Lévy. Composé de textes déjà publiés pour la plupart en revue (*le Banquet, la Revue blanche*).

La préface réticente d'Anatole France montre bien comment le livre fut reçu et compris à l'époque : Hésiode avait écrit *les Travaux et les Jours* ; « il est plus mélancolique de dire à nos mondains et à nos mondaines *les Plaisirs et les Jours* [...] » ! Illustré par Madeleine Lemaire, accompagné de quatre pièces pour piano de Reynaldo Hahn, placé sous le haut patronage de Robert de Montesquiou, ce recueil peut apparaître comme l'expression typique (la caricature ?) d'une certaine production littéraire : oisivetés exquises, sourires lassés, impressions rares, on est dans une sorte de symbolisme anodin qui a ses charmes, mais aussi ses limites. En plus, tous ces textes sont assez courts, et le souffle y manque un peu, malgré la diversité des formes choisies : récits-nouvelles (« la Mort de Baldassare Silvande, vicomte de Sylvanie », « Violante ou la Mondanité », « Mélancolique Villégiature de Mme de Breyves », « la Fin de la jalousie »), portraits, croquis, confession fictive, poésies (« Portraits de peintres et de musiciens »), poèmes en prose ; jusqu'à une suite de *Bouvard et Pécuchet,* en proie ici à la mondanité (encore !) et à la mélomanie.

Le livre, malgré tout, échappe souvent à la convention et met en place la plupart des grands thèmes proustiens. Avec d'abord une dédicace adressée « À mon ami Willie Heath » : Proust y médite sur la mémoire, sur les voix chères qui se sont tues, sur les tableaux aussi qui nous offrent parfois une image idéale et pleine de réminiscences : ici, Van Dyck ou Léonard... La mort, le souvenir, l'art vont d'ailleurs dominer le recueil et lui donner peut-être son unité. On rapprochera ainsi la première nouvelle de la dernière : dans les deux cas, le texte s'achève sur une mort, celle d'un homme jeune qui fait songer à Proust, présent déjà derrière certaines figures féminines – l'autobiographie, en l'occurrence, n'est jamais loin, mais elle est très transposée. On sera sensible aussi au regard que porte l'auteur sur « le monde » et ses vanités ; il s'en moque avec humour (cf. « Un dîner en ville »), tout en y découvrant des sentiments raffinés et subtils : l'amour-souffrance qui s'épanouit lorsque l'autre est parti, la jalousie qui naît d'un mot et change une vie. Et les textes les plus intéressants reposent souvent sur ces « douleurs d'art » dont parle Anatole France dans sa préface, sur ce climat verlainien, crépusculaire et automnal : mort, mélancolie, reliques ; Versailles, cité des eaux, « grand nom rouillé et doux »... En fait, le lecteur de la *Recherche* a souvent l'impression que tous les éléments sont prêts, mais qu'il manque encore l'ambition de les organiser vraiment : on voit mal comment cette esthétique du fragment pourra déboucher sur une œuvre ample et cohérente.

Jean Santeuil

Roman rédigé entre 1896 et 1899. Inachevé et resté inédit jusqu'en 1952.

André Maurois a raconté dans la première édition comment B. de Fallois retrouva ce texte dans les papiers confiés par Mme Mante-Proust. L'ouvrage parut finalement chez Gallimard (1952), avant une autre édition établie par P. Clarac pour la Pléiade. Visiblement, le livre n'aurait pas été publié tel quel : on y trouve les maladresses et les répétitions d'un « brouillon ». L'ensemble, d'ailleurs, n'est pas vraiment lié : c'est un « puzzle » (Painter), et il existe plusieurs formules pour réunir les éléments qui le composent. Le projet, cependant, est clair. Après *les Plaisirs et les Jours*, Proust abandonne les joliesses symbolistes et cherche l'expression d'une vérité personnelle : « Puis-je appeler ce livre un roman ? C'est moins peut-être et bien plus, l'essence même de ma vie recueillie sans y rien mêler [...]. Ce livre n'a jamais été fait, il a été récolté. » Mais le paradoxe veut justement que ce récit « vrai » nous soit donné à travers une fiction : *Jean Santeuil* commence en effet par une « Introduction » où le narrateur nous présente l'écrivain C., une sorte de pré-Bergotte, qui, à sa mort, laisse un manuscrit inédit. Nous entrons alors dans un « autre » roman dont Jean Santeuil est cette fois le personnage principal : évoqué à la troisième personne, il est pourtant chargé de tout un poids autobiographique. D'où, naturellement, un degré de plus dans la complexité lorsqu'un second narrateur évoque ces « jours lointains dont je te parle, lecteur ».

Dès les premières lignes, la comparaison s'impose avec la *Recherche* : Jean Santeuil a sept ans, et sa mère, pour l'« endurcir », ne vient pas lui dire bonsoir dans son lit. Suivront plusieurs « chapitres » (?) sur les enfances du héros, ses lectures, ses impressions de nature et de vacances à Étreuilles. Le livre devient ainsi un roman de formation, et l'on aborde les années de jeunesse : le lycée, la classe de philosophie, les premières rencontres mondaines (le duc et la duchesse de Réveillon), les amitiés, le service, les amours et les jalousies. Jean sera aussi mêlé à l'actualité, puisque le livre accorde une large place à l'affaire Dreyfus ; enfin nous découvrirons l'art du peintre Bergotte et la petite phrase de Saint-Saëns (*sic*). Le roman s'achève sur la mort du père et sur certains passages où l'on sent les rapports ambigus avec la *Recherche* : « L'œuvre de vie et de mort, l'œuvre du temps ne s'arrêtait pas » (cité par Painter).

Au fond, la lecture de *Jean Santeuil* laisse une impression étrange : l'illusion rétrospective nous y fait voir à chaque instant les matériaux d'une grande œuvre qui n'arrive pas à s'organiser. Pourquoi cette genèse ratée ? Peut-être parce que Proust ne veut pas choisir entre la « sincérité » autobiographique et l'artifice d'une fiction. Disons qu'il n'a pas encore inventé sa forme et qu'il hésite entre celles qui existent déjà : tout cela entraîne sans doute certains « grincements » dans la structure. *Jean Santeuil* reste une ébauche : avec ses beautés, il ne fait que poser les questions qui seront résolues par la *Recherche.*

Proust et Ruskin

Un article nécrologique publié dans la *Gazette des beaux-arts* (27 janvier 1900). Un article dans *le Figaro* (13 février 1900). Un essai paru en deux parties dans la *Gazette des beaux-arts* (avril et août 1900). Une traduction annotée de *la Bible d'Amiens* de Ruskin, précédée d'une importante préface (Mercure de France, 1904). Enfin, une traduction annotée de *Sésame et les lys*, précédée elle aussi d'une préface (« Journées de lecture ») : première partie dans la *Revue des arts de la vie* (mars-avril-mai 1905), préface dans *la Renaissance latine* (15 juin 1905), édition complète au Mercure de France (1906).

L'un des chapitres de la biographie de Proust par Painter est intitulé « le Salut par Ruskin ». Ruskin (1819-1900) donne en effet à Proust l'occasion d'approfondir et de préciser son propre projet esthétique. Lisons la fin de la préface à *la Bible d'Amiens* ; Proust y développe l'idée que la pensée d'un autre, loin de nous empêcher d'être nous-même, nous permet au contraire d'accroître infiniment notre « puissance de comprendre et de sentir » : « Nous sommes simplement alors dans un état de grâce où toutes nos facultés, notre sens critique aussi bien que les autres, sont fortifiées. Aussi cette servitude volontaire est-elle le commencement de la liberté. » On trouvera dans Painter les étapes de cette initiation à Ruskin : dès 1893, Proust a lu les extraits traduits d'une revue dirigée par Paul Desjardins ; un peu plus tard, Robert de La Sizeranne a publié un livre sur *Ruskin et la religion de la Beauté*. Il faut enfin mentionner la rencontre de Marie Nordlinger (fin 1896), une cousine anglaise de Reynaldo Hahn : elle a déjà traduit un chapitre de Ruskin, et elle va continuer d'aider Proust dans sa tâche. Enrichissant son étude de pèlerinages aux lieux décrits par Ruskin (Amiens, Rouen, Venise), découvrant progressivement toutes les œuvres du maître, Proust devient presque un spécialiste : article nécrologique, article sur les « Pèlerinages ruskiniens » dans *le Figaro*, grand essai publié en deux parties dans la *Gazette des beaux-arts*. Enfin, Proust aborde en même temps *la Bible d'Amiens* : il rédige d'abord la préface avant d'entamer la traduction proprement dite (aidé en cela par sa mère et, bien sûr, par Marie Nordlinger). L'ouvrage sort en 1904, et c'est aussi vers cette époque que Proust traduit *Sésame et les lys* : comme on le sait, le texte est précédé d'une célèbre préface sur la lecture ; elle figure, comme l'autre, dans *Pastiches et Mélanges*.

Point d'aboutissement et point de départ, Ruskin montre à Proust ce que peut être l'art dans sa définition la plus haute : non pas un divertissement d'esthète, mais une « religion » et une philosophie qui nous apprennent ce qu'est vraiment le monde ; celui-ci ne nous est pas donné, et il nous appartient de le (re-) créer nous-même, de l'enrichir ainsi d'une dimension mystique. Car « la Beauté n'est pas un objet de jouissance, mais [...] une réalité infiniment plus importante que la vraie vie » : elle révèle le secret de la nature. Cette esthétique va donc au-delà du Beau traditionnel puisqu'elle nous fait voir la réalité autrement, puisqu'elle nous offre un monde supérieur : « Et ce fut ainsi, en effet ; l'univers reprit tout d'un coup à mes yeux un prix infini. » Image du monde, l'œuvre d'art nous restitue le monde, et l'on peut retrouver l'idée de ce détour fécond à propos de la mémoire. Ruskin meurt en effet, mais son souvenir nous le rend plus présent qu'autrefois : en pensant à lui, nous accomplissons un véritable travail de l'esprit sur lui-même, et cela nous rend meilleur. Le même phénomène se produit d'ailleurs dans l'alchimie de la lecture : dans sa préface à *Sésame et les lys*, Proust commence par évoquer ces livres qui resteront liés pour nous aux lieux et aux jours où nous les aurons lus. Mais, dès que le lecteur grandit, la fascination disparaît et laisse la place à un travail silencieux de l'intelligence et de la mémoire. Ruskin, sans aucun doute, fait ainsi partie de ces auteurs qui nous donnent l'envie d'être meilleur et d'aller plus loin ; comme tous les grands écrivains, il laisse une œuvre qui est à la fois « Conclusion » et « Incitation » : « Nous sentons très bien que notre sagesse commence où celle de l'auteur finit, et nous voudrions qu'il nous donnât des réponses, quand tout ce qu'il peut faire est de nous donner des désirs. »

Articles critiques, chroniques et pastiches

Tout au long de sa « carrière » littéraire, Proust a placé des articles, travaillé à ce qu'on en écrive sur lui, cultivé les directeurs de publications et les gens bien introduits. Il existe en effet un Proust des revues et des journaux que le public connaît mal : Philip Kolb ne retrouvait-il pas récemment « l'Indifférent », une nouvelle inédite depuis sa parution dans *la Vie contemporaine* (1896) ? Mais il n'y a pas que des nouvelles dans cette production : on y découvre aussi des textes de critique littéraire ou artistique (voir, en particulier, les pages sur Ruskin ou sur les « églises assassinées ») ; des chroniques également sur les salons et la vie de Paris, des notes, des nécrologies, des souvenirs et des pastiches ; une étude même à propos d'un fait divers de l'actualité (« Sentiments filiaux d'un parricide »). La majorité des articles ont été publiés dans *le Figaro* de Gaston Calmette, mais il y en eut aussi dans *le Banquet*, dans la *Revue d'art dramatique*, *la Revue blanche*, *Littérature et critique*, le *Gil Blas* et naturellement *la Nouvelle Revue française* (avec notamment « À propos du “style” de Flaubert », 1920, et « À propos de Baudelaire », lettre adressée à Jacques Rivière, 1921).

Une bonne partie de ces textes est consacrée aux salons parisiens : signés souvent d'un pseudonyme (DOMINIQUE, HORATIO...), ils mettent en scène certains monstres sacrés sans lesquels on ne peut comprendre l'univers de la Belle Époque. Voici le salon de la princesse Mathilde, où vinrent Mérimée, Flaubert, les Goncourt ou Sainte-Beuve ; voici le salon « pictural » de Madeleine Lemaire, celui de la comtesse Potocka et toutes ces microsociétés dont on trouvera l'écho dans le salon de Mme Verdurin. Tous ces articles ne sont pas du temps perdu : ils permettent à Proust de faire ses gammes, de fixer des impressions, d'accumuler les matériaux d'une œuvre véritable ; parfois aussi de préparer le public avec certains extraits. C'est le cas, par exemple, lorsqu'il montre « Au seuil du printemps », ces « épines blanches, épines roses » découvertes dans la campagne. Ailleurs, il nous parlera de cette fillette qu'il aima autrefois aux Champs-Élysées, évoquera ses « Impressions de route en automobile » ou encore une vieille église de village, avec son porche et ses vitraux…

Ses articles les plus intéressants sont cependant consacrés à la critique littéraire. Proust, on l'a vu, s'intéresse aux plus grands : Baudelaire, Flaubert, d'autres encore, sans parler de ceux qu'il a déjà étudiés dans le *Contre Sainte-Beuve*, Nerval ou Balzac. Les géants donc, mais aussi les auteurs mineurs, pour ne pas dire infimes : de Mme de Noailles et de ses *Éblouissements* à Louis Ganderax, en passant par Henri de Régnier. À côté des gentillesses qui n'engagent pas, des flatteries, on découvrira aussi des analyses qui sont restées : celle, par exemple, où Proust parle de l'imparfait flaubertien chosifiant les hommes et donnant une « vision continue, homogène ». La simple vertu d'un temps change donc « entièrement l'aspect des choses et des êtres », elle crée une tristesse faite « de la rupture des habitudes et de l'irréalité du décor ». Ailleurs encore, Proust s'occupera de l'adverbe ou du rôle que joue chez Flaubert la conjonction « et ». Au fond, il y a là une « nouvelle critique », qui descend dans le détail du texte et travaille sur ces questions de technique trop longtemps négligées. Proust examine la matière même du texte, il dégage une « beauté grammaticale » qui est l'indice et le moyen de tout style personnel.

Proust, depuis longtemps, a d'ailleurs saisi de l'intérieur les procédés des écrivains qu'il aime : il les a pastichés dans une série parue dans *le Figaro* (1908-1909) et dans les textes réunis pour les *Pastiches et Mélanges* (1919). Sur une sombre histoire de faussaire en diamants (« l'Affaire Lemoine »), voici des variations à la manière de Balzac, Flaubert, Sainte-Beuve, Henri de Régnier, ou des Goncourt ; il y a aussi Michelet, Faguet, Renan – et, bien sûr, Saint-Simon, avec sa syntaxe audacieuse, ses rosseries, ses portraits et ses histoires de duchesses : un beau modèle pour Proust, qui le traite avec science et humour. Comme les livres de Ruskin, les *Mémoires* de Saint-Simon [voir le texte « Proust et Saint-Simon » dans le dossier **SAINT-SIMON**], le *Journal* des Goncourt ou *l'Éducation sentimentale* sont des « incitations » : par « la vertu purgative, exorcisante du pastiche », le lecteur prend conscience de tous les effets littéraires et se guérit des intoxications inconscientes. En fait, le pastiche est une lecture active, un apprentissage critique qui nous aide à mieux lire, une autre manière, très efficace, de bien connaître autrui pour devenir soi-même : « La puissance de notre sensibilité et de notre intelligence, nous ne pouvons la développer qu'en nous-mêmes, dans les profondeurs de notre vie spirituelle. Mais c'est dans ce contact avec les autres esprits qu'est la lecture que se fait l'éducation des "façons de l'esprit" » (« Journées de lecture »).

Contre Sainte-Beuve

Ensemble de textes dont la définition et l'unité restent problématiques. Publié pour la première fois en 1954.

C'est en 1908 que le projet d'un *Contre Sainte-Beuve* prend vraiment naissance, quoique de façon bien imprécise. En effet, Proust se demande s'il doit écrire « un article de forme classique, l'essai de Taine en moins bien » ; il est aussi tenté par une formule très différente, où le texte s'ouvrirait sur le récit d'une matinée : « Maman viendrait près de mon lit, et je lui raconterais l'article que je veux faire sur Sainte-Beuve, et je le lui développerais » (lettre à G. de Lauris). Cet intérêt pour l'auteur des *Lundis* et sa méthode n'a rien de nouveau, et l'on trouverait des références à Sainte-Beuve bien avant les pastiches. Mais ce qui apparaît à présent, c'est, semble-t-il, cette dérive vers une fiction autobiographique qui coïncide avec les débuts de la *Recherche*. D'où, évidemment, une ambiguïté : le *Contre Sainte-Beuve* est-il l'embryon d'un vrai roman (B. de Fallois), ou doit-on le réduire aux seules pages critiques d'un essai inachevé (P. Clarac) ? Et que faire, dans ces conditions, des moments narratifs du *Contre Sainte-Beuve* ? Appartiennent-ils à l'« œuvre » ou doit-on les considérer comme un nouveau « brouillon » de la *Recherche*, comme une sorte de répétition générale ? En fait, le livre joue sur deux niveaux différents qu'il n'arrive pas toujours à concilier : celui de l'art et celui de la réflexion sur l'œuvre d'art. Il y a là deux projets qui se fondront plus tard, mais qui, pour l'instant, empêchent le *Contre Sainte-Beuve* d'avoir une réelle unité.

Dans les textes critiques auxquels il faut peut-être limiter notre étude, Proust prend le contre-pied de la *doxa* ambiante : pour lui, Sainte-Beuve n'est pas le parangon de toute critique littéraire. Comment procède-t-il en effet ? Il adapte les méthodes « scientifiques » à l'observation des écrivains, il identifie l'œuvre à l'homme qui l'a écrite. Dès lors, toutes ses recherches visent à cerner l'être social, « à s'entourer de tous les renseignements possibles sur un écrivain, à collationner ses correspondances, à interroger les hommes qui l'ont connu ». Proust s'insurge, lui, contre cette manière de faire : le moi intérieur, « qui produit les œuvres », n'est pas ce moi extérieur que l'écrivain montre aux autres. Au fond, Sainte-Beuve fait de la littérature un divertissement, ce qui l'autorise à ne l'aborder que de façon anecdotique et superficielle : Sainte-Beuve ne parle pas vraiment des œuvres. Il est donc un merveilleux repoussoir qui permet à Proust de définir par opposition ce qu'il trouve chez Nerval, Baudelaire ou Balzac : il ne s'agit pas de raconter leur vie, il faut les lire ; c'est ainsi qu'on les comprendra le mieux.

À la recherche du temps perdu

À la fin de 1909, Proust abandonne donc le *Contre Sainte-Beuve* (refusé par l'éditeur Alfred Vallette) et commence à rédiger les premières pages d'*À la recherche du temps perdu*. Il n'a pas, cependant, le sentiment d'entrer dans un monde nouveau : au départ du moins, il s'agit surtout de lier et d'organiser ce qui a déjà été esquissé depuis plusieurs années, dans *Jean Santeuil* ou dans les textes du *Contre Sainte-Beuve*. On ne peut nier, d'ailleurs, que ces œuvres contiennent souvent des scènes essentielles, des personnages reconnaissables qui se précisent peu à peu et s'enrichissent. Reste évidemment que toute cette préhistoire n'explique pas la *Recherche* : celle-ci n'est pas la simple mise en ordre d'éléments épars. D'où la tentation (très Sainte-Beuve !) de chercher dans la vie de Proust une origine, un déclic qui aurait tout engagé, tout permis. Dans la préface qui devait ouvrir le *Contre Sainte-Beuve*, Proust évoque cette magie de la réminiscence involontaire qui saisira plus tard le narrateur de la *Recherche* : en l'occurrence, la madeleine aurait été une biscotte de pain grillé, trempée dans du thé, et Painter date précisément cette expérience du 1er janvier 1909 ! Sans aller aussi loin, et de manière plus littéraire, il est évident que la *Recherche* est bâtie justement sur ce jeu de la mémoire et du temps, qu'il y a là une des structures profondes qui organisent l'œuvre et qui apparaissent moins dans les textes antérieurs. Inventée ou transposée, la trouvaille est décisive : le plan général de la *Recherche* est tracé ; il reste bien sûr à l'écrire.

On a vu comment la structure s'était progressivement dilatée pour aboutir à la *Recherche* telle que nous la connaissons (organisée avec rigueur, mais, bien sûr, inachevée dans les parties posthumes). À un autre niveau, ce développement proliférant est caractéristique du travail de Proust sur son texte, de son écriture : pour autant qu'on puisse reconstituer le processus, tout part de ces cahiers qu'on a entrepris de publier. Y sont accumulés tous les éléments du grand puzzle en train de se composer. Intervient ensuite un premier manuscrit, qu'il faut dactylographier : on en arrive alors au « tapuscrit », qui sera nourri de nombreux ajouts. Enfin, sur les épreuves mêmes, Proust corrige, biffe et ajoute encore, un peu comme Balzac, jamais satisfait, désespoir des imprimeurs. Ainsi remaniée, illustrée et enrichie, l'œuvre, peu à peu, se construit, et c'est sans doute là-dessus qu'il faut insister : malgré son ampleur, à cause justement de cette ampleur (qu'il faut maîtriser), la *Recherche* vise d'abord à la cohérence. Œuvre d'art, elle doit être plus belle que le réel, et surtout plus signifiante : d'où ce travail sur le texte, ces pages faites et refaites en quête d'une impossible perfection.

Quelques éléments permettront peut-être de mieux comprendre l'organisation interne du livre. Un premier effet de structure et de symétrie tient évidemment à l'opposition Temps perdu-Temps retrouvé, et l'on sait que la dernière section de l'ouvrage fut écrite, pour une bonne part, en même temps que la première (*Du côté de chez Swann*). De plus, toute l'œuvre joue sur des oppositions complémentaires entre l'art et la réalité, le monde et son image, l'enfant et le regard de l'adulte. Mais ces symétries sont rapidement perverties par de subtiles variations : elles ne se réduisent pas à un jeu de miroirs ou à un simple rythme binaire. Peut-être faudrait-il imaginer alors une sorte de parcours circulaire qui nous ferait revenir à notre point de départ, mais plus haut, selon une sorte de figure spiralée ramenant périodiquement des composantes similaires mais non identiques. À la manière d'un thème modulé dans toutes les tonalités, situations et personnages se dédoublent ou évoluent, à moins encore qu'ils ne coïncident plus avec eux-mêmes, une fois que le temps a passé. En réalité, chaque élément est aussi indépendant que solidaire du reste de l'œuvre : *Swann* existe en soi, c'est un livre achevé, mais qui renvoie aussi à l'achèvement et à la circularité de la *Recherche*. Une lecture attentive de la *Recherche* ne cesse de révéler de ces constructions complexes (amplifications, annonces, rappels, oppositions...) ; le plan général, par exemple, combine harmonieusement les parties heureuses du début à la noirceur de *Sodome* à *la Prisonnière* et à *la Fugitive* : une structure dont on découvrirait souvent l'équivalent dans l'équilibre (instable) qui gouverne chacune des sections. Pour reprendre une de ces métaphores musicales que Proust utilisait souvent, le chant provoque un contre-chant, les voix s'opposent, et le tout devient polyphonie : l'art fait oublier l'art, et les métamorphoses débouchent sur l'émotion.

LE NARRATEUR PROUSTIEN

Instance narrative de la première personne qui dirige la Recherche du temps perdu, *cette voix anonyme mais non impersonnelle « raconte et dit* je *» (lettre à R. Blum, 1913), voit tout, sait tout et fait de l'ensemble « une espèce de roman » (id.). Car si la* Recherche *est bien un roman (et il suffit de comparer pour s'en convaincre le passage de certains fragments autobiographiques tels que « Journées » qui, au présent dans le* Contre Sainte-Beuve, *sont repris au passé dans « Combray »), c'est que le Narrateur n'est pas Marcel Proust lui-même ; pas plus qu'il ne se confond avec le héros : si ce dernier vit de croyances (voir l'abondance de termes appartenant à ce champ sémantique dans l'ouverture de* Du côté de chez Swann*), celui-là au contraire est détenteur d'un savoir absolu.*

Qui est donc le Narrateur ? Peut-être ce « Marcel » dont le nom est deux fois prononcé par Albertine (la Prisonnière*), encore qu'un des deux exemples soit particulièrement ambigu : « ... ce qui en donnant au narrateur le même prénom qu'à l'auteur de ce livre, eût fait "Mon Marcel" ». En fait, pas plus qu'il n'a de nom, le Narrateur n'a de visage ; double trait distinctif qui, dans une fresque de plusieurs centaines de personnages où les noms et les descriptions jouent un rôle primordial, contribue à mettre l'accent sur ce qui définit en propre le Narrateur : sa voix ou, pour reprendre l'expression d'E. Benveniste, « sa subjectivité dans le langage ». Dès lors, il importe moins de savoir* qui *est le Narrateur que* quel *il est.*

Pour le lecteur, le Narrateur est d'abord celui qui voit : c'est en effet par son regard que tout nous est livré, ou, plus exactement, par la position ambiguë qu'il adopte, à mi-chemin de la « naïveté » du héros et du savoir ultérieur, que nous suivons la lente maturation des divers signes qu'il croise (amour, mondanité, esthétique, langages). Contrairement à ce que l'on affirme trop souvent, l'omnipotence du Narrateur ne se manifeste pas dans la Recherche *par une dilatation du point de vue narratif, mais au contraire par une restriction de champ : en feignant de ne pas anticiper sur le présent du héros, et de ne pas lui substituer sa propre expérience, le Narrateur crée ainsi une structure gigogne dans laquelle les divers* je *viennent s'emboîter comme autant d'étapes d'une expérience en fait unique. Car c'est bien d'expérience qu'il s'agit, et la* Recherche*, de ce point de vue, n'est pas sensiblement différente de certains récits initiatiques (voir, par exemple, l'*Aurélia *de Nerval, qui suppose la même disjonction d'une instance narrative unique) qui conduisent, au-delà des apparences, à une vérité essentielle.*

Le Narrateur est donc aussi celui qui sait ; d'où la double infraction à la règle générale de focalisation sur le héros : dans certains cas, le Narrateur modalise les pensées du héros de manière à faire ressortir l'inanité de ses déductions (voir le rôle des « comme si », des « peut-être », des verbes d'apparence, toutes formes par lesquelles se crée une « profondeur spirituelle » où Leo Spitzer voit « la distance entre le moi narrateur et le moi de l'action »), ainsi qu'en témoigne ce reproche tiré de Swann *: « Ne savais-je donc pas que ce que j'éprouvais, moi, pour elle, ne dépendait ni de ses actions ni de ma volonté ? » Autre infraction, autre infidélité au héros : le Narrateur, délaissant pour un temps le point de vue initial, s'insinue dans les pensées de personnages annexes (Mme de Cambremer à l'Opéra, l'huissier chez les Guermantes, les derniers instants de Bergotte, etc.). Cette incohérence apparente, que Gérard Genette baptise « polymodalité », risquerait de briser l'unité d'ensemble du récit, si le Narrateur ne récupérait, par sa voix,* in extremis*, toutes ces données pour en faire le grand chant du hasard devenu savoir. Car, en premier et dernier lieu, le Narrateur est tout entier contenu dans un souffle qui lui est propre « et qui est à la fois un mode d'appréhension du monde et du moi, et l'expression littéraire de cette saisie » (Jean Milly). D'où précisément le rôle assumé par les célèbres métaphores, dont le mécanisme est démonté à la fin du* Temps retrouvé *: elles sont le lien entre le savoir et la vision et, en tant que telles, appartiennent au seul Narrateur. La tricherie de ce dernier à l'égard de son héros n'est donc ni psychologique ni sentimentale, mais littéraire : même s'il feint de s'effacer derrière le protagoniste, le Narrateur ne peut empêcher celui-ci de voir, de sentir, de parler avec les tics qui sont le fait de l'homme engagé dans sa création. En témoignent « les clochers de Martinville », si difficiles à saisir pour le héros, dans le même temps que le Narrateur peut précisément rendre compte de leur essence alors insoupçonnée.*

D. Couty et A. Preiss

PURE Michel de

(1620-1680)

Cadet d'une famille de riches marchands et magistrats lyonnais, manifestant des dispositions intellectuelles précoces, Michel de Pure fut orienté vers la carrière ecclésiastique. Chanoine dès l'âge de quatorze ans, il compléta sa formation intellectuelle à Paris et, après son doctorat en théologie, obtint une charge de conseiller-aumônier du roi (1653). Il pratiqua un temps la prédication. Il fut aussi un traducteur, du latin (trad. de Quintilien, 1663 ; de P. Jove, *Vie de Léon X*, 1675) et de l'italien (*Histoire des Arabes*, de Bigaro, 1666).

Au long de sa carrière, il donna aussi des biographies savantes : celle – en latin – d'Alphonse de Richelieu, le « cardinal de Lyon » (1653) ; celle d'Armand de Richelieu, le ministre de Louis XIII (1658) ; et, plus tard, celle du maréchal de Gassion (1673). Il manifestait là ses qualités d'érudit et y trouvait un moyen de plaire aux puissants. Lorsque Nicolas Boileau et son demi-frère Gilles critiquèrent Colbert, il leur répliqua : il fut alors brocardé par le satiriste (*Satire IX* et *Dialogue des héros de roman*).

Mais il était aussi assidu dans les cercles littéraires, ami des frères Corneille (il s'essaya à la tragédie : *Ostorius*, 1658) et fréquentait les salons précieux. Son roman *la Prétieuse ou le Mystère des ruelles* (1656-1658) donne une image détaillée de ce milieu. Le récit s'organise en « conversations », mêlées de pièces de vers et d'« histoires », qui reflètent les occupations et préoccupations des cercles précieux. Il ridiculise certaines précieuses extravagantes, mais en présente d'autres à leur avantage et rend compte de leurs options et revendications, notamment contre « le tyran qu'on appelle mariage ». Quoique d'une composition assez lâche, *la Prétieuse* offre de ce mouvement une vision nuancée qui en fait un document significatif. [Voir **Préciosité**.]

A. Viala

Q

Quatre Fils Aymon (les)
v. Renaut de Montauban

QUEFFÉLEC Henri

(1910-1992)

Romancier, essayiste et poète d'origine bretonne, né à Brest, Queffélec entre en 1916 au lycée de Brest, poursuit des études classiques à Paris, au lycée Louis-le-Grand, où il se lie avec des personnalités aussi diverses que Robert Brasillach, Étiemble, Julien Gracq ou L.-S. Senghor. En 1929, il est reçu à l'École normale supérieure et choisit d'entreprendre une carrière d'enseignant. Agrégé des lettres en 1933, il devient professeur au collège de Mont-de-Marsan, puis, en 1935, lecteur à l'université d'Uppsala (Suède). Il commence alors à écrire et compose les poèmes de *Sur la lisière* (1936). Après sa nomination au lycée de Marseille, il abandonne définitivement l'enseignement en 1942, pour se consacrer à la littérature ; en 1944, il publie coup sur coup trois romans : *la Fin d'un manoir*, *Journal d'un salaud*, *Un recteur de l'île de Sein*. L'écrivain « naturellement chrétien », qu'il avoue être, entre en 1945 au comité directeur de la revue *Esprit*, où il apparaît comme un disciple d'Emmanuel Mounier (cf. *Le jour se lève sur la banlieue*, 1954). L'intérêt qu'il manifeste dans presque tous ses livres pour le monde de la mer et des pêcheurs lui fera entreprendre des voyages en Acadie, en Afrique noire ou sur les bancs de Terre-Neuve (1962-1965), mais sans cesser d'accroître une importante production romanesque, couronnée en 1975 par le grand prix de littérature de l'Académie française.

Les premiers romans de Queffélec, *Journal d'un salaud*, *la Culbute* (1946), se placent, par leur écriture et leur propos, dans la lignée de *la Nausée* de Jean-Paul Sartre. À travers l'abjection de sa vie, des turpitudes qu'il perpétue jusque dans les hautes sphères de la société, le narrateur exprime sa « difficulté d'être, de se sentir exister » : « Ne suis-je plus ? cela dépend de la période à laquelle je me réfère. Je n'ai pas toujours été Renaud de La Motte ; en tout cas, maintenant, je le suis. » Mais par-delà les analogies avec le monde de Sartre, Queffélec se situe dans une perspective résolument spiritualiste et chrétienne ; à travers ce sentiment de l'existence, l'homme trouve en lui de quoi se « parfaire », atteindre au divin ; le « salaud » Renaud de La Motte sera un personnage sans postérité, face aux êtres « positifs » qui peupleront les romans suivants. Le héros de Queffélec, bien que soumis au péché originel, peut toujours rejoindre Dieu – même par le suicide : « Un homme qui se tue parce qu'il a trouvé Dieu, n'est-ce pas une belle cause ? » (*Celui qui cherchait le soleil*, 1953). Ainsi l'écriture de Queffélec souligne-t-elle abondamment, au fil des textes, les valeurs qui pour lui fondent la vie humaine : la foi, l'abnégation, la dignité, la volonté… « Lire en soi et dans sa volonté, voilà d'abord ce qui importe » (*Un royaume sous la mer*, 1960).

Mais c'est surtout l'aspect apparemment pittoresque de son œuvre (inaugurée par *Un recteur de l'île de Sein*, 1945) qui a rendu célèbre Queffélec. Si ses livres n'ont pas pour unique but de décrire une réalité celtique, il est vrai que, depuis 1950 (*Tempête sur Douarnenez*, 1951 ; *Frères de la brume*, 1960 ; *Solitudes*, 1963 ; *la Voile tendue*, 1967 ; *la Mouette et la Croix*, 1969 ; *le Phare*, 1975), presque tous ses romans, *Un Convoi pour Oslo* (1991) mis à part, ont pour cadre les côtes bretonnes – et surtout celles du Finistère. À la peinture de la banlieue sordide de *Celui qui cherchait le soleil* a définitivement succédé la vision d'une nature tourmentée et abyssale, dans laquelle toutefois l'homme trouve la confirmation de sa foi et de ses valeurs : « L'eau de ton baptême a été fournie par le ciel au-dessus de ces falaises » (*Un homme d'Ouessant*, 1953). S'« enracinant » dans son pays d'origine, le personnage n'entre que mieux en relation avec Dieu. La lutte avec les éléments est également un moyen de communier avec l'Espace et le Temps. Sous la pression de la nature, l'homme est voué à chercher la Vérité « des profondeurs ». C'est ainsi que le pêcheur, personnage lourdement symbolique pour Queffélec, va en quête, non de poisson seulement, mais de richesse spirituelle : « Pour ceux-là qui sont marins de père en fils, la mer entière est le royaume sur lequel ils règnent ensemble par la grâce de Dieu » (*Un royaume sous la mer*).

Ainsi, sans toujours éviter la grandiloquence ou le didactisme, Queffélec affirme d'œuvre en œuvre, avec assiduité, son attachement à la culture humaniste et chrétienne.

J.-P. Damour

QUEFFÉLEC Yann

(né en 1949)

Fils du romancier Henri Queffélec, Yann écrit en 1981 une biographie de Béla Bartók, avant de se faire connaître deux ans plus tard avec son premier roman, *le Charme noir*. Mais ce sont surtout *les Noces barbares* (prix Goncourt 1985) qui lui permettent d'accéder à la notoriété et d'être traduit aujourd'hui dans plus d'une trentaine de pays. Cette histoire étrange et cruelle d'un enfant martyr, dont la mère, jadis violée par trois soldats américains, a subi un traumatisme irréversible, donne d'emblée le ton de l'univers qui sera désormais celui de Yann Queffélec. Les effets d'un drame psychologique fondé sur des blessures intimes s'y conjuguent à la violence de l'environnement social, brutalité et sadisme étant d'ailleurs à peine compensés par des échappées fulgurantes vers un ailleurs d'amour et d'espoir. Ludo, le jeune héros de l'histoire, qui passe d'un huis clos familial destructeur à une institution spécialisée aux allures carcérales, inaugure une série de protagonistes adolescents soumis à une gamme effroyablement variée de violences psychologiques et sociales. Il est le frère d'infortune des deux héros de *Disparue dans la nuit* (1994) — une jeune bourgeoise droguée et un Maghrébin de quatorze ans —, et il annonce à bien des égards la figure centrale d'*Osmose* (2000), autre adolescent qui, emprisonné sur un îlot pénitentiaire nommé Desertas, fera à ses codétenus le récit du crime qu'il a commis. Plus poignant encore, dans cette lignée, est le destin du héros de *Noir animal* (1997), enfant noir de dix ans confié à une famille d'adoption, qui doit affronter à la fois l'environnement d'une cité-dortoir de la région parisienne, où sévit un racisme virulent, et le fils du couple, jeune nazillon de dix-huit ans qui appartient à une bande de skinheads. Dans cet univers en proie au désastre, les adultes ne sont guère plus préservés que les enfants et les adolescents. S'ils ont réussi socialement et affichent tous les signes du bonheur familial, comme le héros du *Maître de chimères* (1990), ils n'en sont pas moins menacés par la résurgence d'anciens drames qui menacent d'engloutir la façade du confort et des satisfactions à bon compte. Est-ce un hasard si Yann Queffélec, écrivain breton, fils d'un romancier chez qui la lutte avec l'élément marin est primordiale, paraît à ce point fasciné par le naufrage ? Engloutissement social et psychologique (*les Noces barbares*, *Disparue dans la nuit*) ou engloutissement littéral (tel qu'il apparaît dans *Happy Birthday Sara*, étonnant thriller maritime), le destin des héros de Queffélec est bien dans ce processus d'absorption qui broie les consciences et rend impossible ou dérisoire toute affirmation de soi.

P. Mari

QUENEAU Raymond

(1903-1976)

Peut-être le *Journal* tenu toute sa vie par Queneau (et qui a commencé à paraître en 1986) apportera-t-il des éléments nouveaux sur une vie mal connue et moins lisse qu'il peut y paraître au premier abord. Ses parents étaient merciers au Havre. Enfance triste, dit-il. Études secondaires qui l'initient aux trois principaux centres d'intérêt de son existence : la littérature, la philosophie, les mathématiques. À Paris, où il « monte » en 1920, il va pouvoir donner libre cours à une curiosité encyclopédique. Il suit, en 1935, les cours d'Alexandre Kojève sur Hegel (il les publiera en 1947) et ceux de Puech sur la Gnose. Il s'intéresse à l'arabe, au copte et à l'hébreu, mais aussi à la boxe, au judo et au billard, mais aussi à la linguistique et aux mathématiques, mais aussi au cinéma où, dit-il, il ne va jamais moins de trois fois par semaine !

Rencontre d'André Breton au cours de l'hiver 1924-1925. Queneau participe aux activités du groupe surréaliste sans cependant se mettre en avant. Il se brouille en 1929 avec Breton pour des raisons qu'il assure personnelles. Il découvre la Grèce en 1932 et surtout, cette même année, le *Voyage au bout de la nuit* de Céline. En 1938, il entre comme lecteur pour le domaine anglais chez Gallimard. Il deviendra secrétaire général de la maison en 1941.

La politique lui est moins indifférente qu'il ne semble : en 1931-1932, il contribue à *la Critique sociale* que dirige Boris Souvarine. Et la montée du nazisme, la guerre suscitent chez lui des inquiétudes qu'il n'élude pas : certains textes de 1945 montrent qu'il s'interroge avec anxiété sur la responsabilité du « clerc » dans les errements de l'humanité dont il a été le témoin. Mais l'activité politique elle-même le rebute. Membre du comité directeur du Centre national des écrivains en 1945, il s'en retire très vite…

Après la guerre, sa vie se confond à peu près complètement avec ses passions diverses et ses activités professionnelles ou paraprofessionnelles. Rapidement reconnu par ses pairs (Jean Paulhan…) puis, avec *Exercices de style* (qui paraît en 1947 et dont Yves Robert et les Frères Jacques font, en 1949, un mémorable numéro de cabaret), par un large public, Queneau est élu en 1951 à l'académie Goncourt, son « encyclopédisme » faisant de lui un directeur tout désigné pour l'« Encyclopédie de la Pléiade » que Gallimard lance en 1954… Concurremment son humour délicatement corrosif le conduisait au Collège de pataphysique qui l'accueille en 1950. Sa volonté d'arracher l'acte d'écrire au flou de « l'inspiration » pour le subordonner à des règles où la rigueur du mathématicien sert de tremplin à la fantaisie la plus débridée en fait, en 1960, l'un des membres fondateurs de l'OuLiPo [voir **OuLiPo**].

Le cinéma, enfin, le requiert de mille façons : il écrit la version française de *la Strada* de Fellini, celle de *Sourires d'une nuit d'été* de Bergman, le scénario et les dialogues du *Monsieur Ripois* de René Clément, de *la Mort en ce jardin* de Buñuel, le commentaire (en alexandrins !) du *Chant du styrène* d'Alain Resnais. Il joue même un petit rôle dans le *Landru* de Chabrol…

Discret, secret même, cet écrivain subtil a peut-être été finalement la victime d'un succès que lui a acquis une virtuosité langagière amplifiée par le cabaret, le music-hall (« Si tu t'imagines, fillette, fillette… » popularisée par Juliette Gréco) ou le cinéma (*Zazie dans le métro* tourné par Louis Malle en 1960). Mais l'arbre du jeu verbal ou orthographique (« doukipudonktan ? ») a fini par cacher la forêt Queneau…

« Botter le train au langage »

La matrice de l'œuvre, c'est une interrogation sans fin sur le langage. À travers des lectures savantes (Vendryès, notamment), à travers son expérience quotidienne des conversations de métro ou de bistrot, Queneau découvre ceci : le français académique est au français « réel » à peu près ce que le latin était au français médiéval. Nous vivons donc, sans même en avoir conscience, à l'ère du « néofrançais ». L'écrivain doit en tirer les conséquences. Il doit s'exprimer en recourant à une nouvelle syntaxe, à un nouveau vocabulaire, à une nouvelle orthographe qui coïncident avec les pratiques de ses contemporains. Et tant pis pour les puristes qui, en littérature, ont toujours tort ! D'entrée de jeu, Queneau a pris la mesure des recherches de Céline, de Joyce et de quelques autres… Lui aussi se donne pour objectif d'inventer cette nouvelle langue « qui retrouvant sa nature orale et musicale deviendrait bientôt une langue poétique et la substance abondante et vivace d'une nouvelle littérature ». Toutefois, en 1969, un article intitulé « Errata », que publie la *N.R.F.* d'avril, remet en question le radicalisme de la doctrine : « Rien n'annonce l'écroulement catastrophique du français que je croyais pouvoir prévoir. » Quoi qu'il en soit, l'écrivain Queneau, au fil d'une production régulière de romans et de poèmes, va moins transcrire le « néofrançais » tel qu'on le parle qu'inventer un idiolecte d'une singulière saveur où archaïsmes, tournures savantes ou précieuses font, avec l'argot et les syntagmes figés du parler quotidien, un étrange ménage. Car, outre les inventeurs déjà évoqués, Queneau se reconnaît une dette envers Henri Monnier, Jehan Rictus et… les Pieds Nickelés !

Plutôt que penser, prétend-il, « je préfère botter le train au langage » ! Mais quelle dégelée ! Déformations et transformations burlesques des vocables, orthographe phonétique, voire mimétique ne sont que les aspects les plus visibles d'une expérimentation qui se donne l'élégance de ressembler à un gigantesque canular. Allez-vous à « Singermindépré » pour voir un « ouestern » ? Vous manquez vous faire écraser par une « houature » ; vous vous heurtez à une compagnie de « céheresses »… Regagnez donc votre « achélème » et y dégustez une bonne « choupe aux choux » ! La phonétisation syntagmatique qui a fait la célébrité de Queneau aboutit parfois, paradoxe du néofrançais, à un hermétisme qui appelle une traduction en « ancien » français. « Stèfstu esténoci », peut-on lire dans *les Fleurs bleues* (1965). Ce qui ne veut jamais dire, en « quenien », que : Stèphe se tut, et Sthène aussi…

On peut à bon droit parler ici de ludisme, à condition de préciser que le jeu obéit toujours à l'impeccable logique d'une linguistique de fantaisie. D'où ces dérivations irréfutables, celle qui aboutit, par exemple, à « l'adultenapping ». Et comment nommer autrement le rapt d'adulte puisqu'il y a déjà le « kidnapping » et que nous avons tous vu, avec Queneau, Charlot et son jeune partenaire, *the Kid* ! D'où ces francisations de l'américain que les pourfendeurs du franglais n'avaient sans doute pas prévues : les *blue-jeans* deviennent poétiquement des… djinns bleus et le *knock-out* du boxeur un… queneaucoutte ! Logique également le souci de précision qui conduit à substituer, selon la circonstance, un syntagme figé à un autre manifestement inapproprié : « Tout ce petit monde dormait non pas à la belle étoile car le ciel était couvert, mais à la fortune du pot. Le pot commença bientôt à se déverser et la pluie… »

Queneau se plaît également au télescopage des usages littéraires (le passé simple, l'imparfait du subjonctif) et des approximations de ce qu'Yvon Belaval appelle justement le style « populo ». Au-delà de la cocasserie de l'effet, la dérision. Soudain la langue de Voltaire révèle ses rides… « Il serva, on trinquit » (*Pierrot mon ami*, 1942) ; « Avant que les appréciations se pussent se formulasser, la sonnette sonna » (*Saint-Glinglin*, 1948). Entrent aussi dans l'usage pseudolittéraire (le trop fameux bien-dire) ces métaphores devenues clichés que l'accumulation suffit à ridiculiser : « Il a des yeux de braise, un front de penseur, des mains de pianiste, une taille de guêpe, une barbe de sapeur, des lèvres de corail, un thorax de taureau, ah ! qu'il est beau, ah ! qu'il est beau ! » (*Pierrot mon ami*.)

La diversité des expérimentations de Queneau sur le langage, la saveur de ses trouvailles ne doivent pas pourtant susciter d'illusion d'optique : ces opérations langagières sont autant d'outils du comique, et l'auteur des *Ziaux* (1943) sait bien que, dans ce domaine, à trop vouloir prouver… Aussi bien ne les fait-il intervenir qu'avec beaucoup de discrétion au fil du texte, comme l'épice qui relève subtilement le goût de la sauce. Le contraste entre français et néofrançais n'en est que plus accusé. Avec les effets de surprise qu'on peut imaginer. Témoin ce bref dialogue entre deux sœurs :

> *– Et, reprit Julia, quand tu t'es fiancée et qu'on a fait croire à maman que l'abus du melon t'avait rendue hydropique.*
> *– Polocilacru, ajouta Chantal en pleuriant.*
> *– Ce que les gens peuvent être poires ! conclut Julia.*
>
> (*le Dimanche de la vie*)

La règle du jeu

Queneau s'est ainsi peu à peu dérobé sous le masque du grand rhétoriqueur. Le feu d'artifice de la jonglerie verbale a occulté une écriture savante et concertée. Queneau, sans doute, a fait là un choix mûrement réfléchi, celui d'offrir à chaque lecteur pâture selon ses aptitudes et ses inclinations. Dès 1938, il fait cette déclaration qui peut s'entendre comme une profession de foi :

> *Toute œuvre demande à être brisée pour être sentie et comprise, toute œuvre présente une résistance au lecteur, toute œuvre est une chose difficile ; non que la difficulté soit un signe de supériorité, ni une nécessité : mais il doit y avoir effort, du moins vers le plus. Pour suivre l'oiseau dans son vol, il faut lever les yeux : ce qui peut être fatigant lorsqu'on a l'habitude de les garder baissés. Mais une œuvre ne*

> *doit pas être difficile par simple provocation : pour suivre l'oiseau dans son vol, il faut l'avoir vu s'envoler... Ainsi* Ulysses *se lit comme un roman ; ensuite, on va au-delà.*

L'écrivain se défie de l'affect, de l'impulsion, de l'inspiration. Peut-être est-ce ce qui l'a éloigné d'un certain surréalisme un tant soit peu vaticinant. Son aventure, à lui, ce n'est pas du côté de l'inconscient qu'elle se situe mais de la règle ! Classique par là, et par là seulement. L'écriture selon Queneau doit procéder d'un postulat dont on explore toutes les implications. Démarche qui doit quelque chose à Raymond Roussel. La règle d'*Exercices de style* : relater dans quatre-vingt-dix-neuf « styles » possibles (qui, à leur tour, constituent chaque fois la règle de la narration) un insignifiant épisode de la vie citadine. Les titres suffisent à l'expliciter : « précisions », « distinguo », « lettre officielle », « onomatopées », « imparfait », « aphérèses », « moi je »... Celle des *Cent Mille Milliards de poèmes* (1961) : à partir de dix sonnets organisés autour des mêmes rimes et des mêmes structures syntaxiques dont les vers seront massicotés, fabriquer un recueil dont la lecture sera à la lettre inépuisable puisque la libre combinaison de chaque vers avec les treize autres offre la possibilité de constituer librement 10^{14} sonnets !

Queneau ne cesse d'exiger l'active collaboration de son lecteur. L'humour, le ludisme verbal et linguistique lui imposent déjà d'être constamment sur le qui-vive. Mais, à tous les niveaux, l'art de Queneau est de type cryptographique : s'il n'est pas difficile d'entendre « hurluberlu » (ou « avoir la berlue ») dans le nom du romancier Hubert Lubert (*le Vol d'Icare*, 1968), il faut être plus vigilant pour repérer dans celui du Duc d'Auge (*les Fleurs bleues*) la transcription anagrammatique de EGO... L'incrustation est aussi l'un des procédés favoris de Queneau qui glisse malicieusement et sans prévenir (sans guillemets) des fragments de textes plus ou moins connus ; témoin ces alexandrins de la *Petite Cosmogonie portative* (1950) :

> *On parle de Minos et de Pasiphaé*
> *du pélican lassé qui revient d'un voyage*
> *du vierge du vivace et du bel aujourd'hui*
> *on parle d'albatros aux ailes de géant*
> *de bateaux descendant des fleuves impassibles*
> *d'enfants qui dans le noir volent des étincelles*
> *alors pourquoi pas de l'électromagnétisme ?*

Toutes les formes de la citation, du pastiche et de la parodie ont, semble-t-il, été explorées par Queneau. De son aveu même, *le Chiendent* (1932) est une tentative pour transposer en néofrançais le... *Discours de la méthode*, et l'un de ses chapitres une transcription du *Parménide* ! *Loin de Rueil* (1944) a pour « hypotexte » (dans la terminologie de Genette) « Oceano nox ». Et, *in fine*, on assiste à la fusion des deux textes. Quant à *Saint-Glinglin* dont le titre même suggère, en français populaire, la fin des temps, il n'est pas interdit de lire cet allègre récit à la lumière de... *la Phénoménologie de l'esprit* de Hegel qui pose que le langage de l'homme ne coïncidera avec le réel que lorsque l'Histoire sera achevée. À la « saint-glinglin » en somme ! L'incrustation peut être à la fois citationnelle et parodique : « On ne se lave jamais deux fois les pieds dans la même flotte », lit-on dans *Pierrot mon ami*. « On ne se baigne pas deux fois dans le même fleuve », avait déjà dit un certain Héraclite ! La parodie peut se faire autoparodie : une campeuse dit à Cidrolin dans *les Fleurs bleues* : « Ce que vous vous gourez, monsieur ! ce que vous vous gourez ! » Cette campeuse n'aurait-elle pas la belle voix de Juliette Gréco chantant : « c'que tu te goures, fillette, fillette... » dans la célèbre chanson dont Queneau est le parolier ? Des clins d'œil à *Hamlet* se retrouvent dans *Un rude hiver* (1939), *Pierrot mon ami*, *Zazie dans le métro*, *les Fleurs bleues*.

Mais la règle doit gouverner toute la structure de l'œuvre. Au départ, le mathématicien qu'est Queneau n'hésite pas à organiser *le Chiendent* à partir d'un système formel qui mobilise tous les nombres premiers. À Georges Charbonnier, il déclarait en 1962 : « Mes premiers livres étaient conditionnés par des soucis d'ordre, je ne dirai pas mathématisant, mais arithmomaniaque, et aussi par un souci de structure... Ensuite, je pense que je me suis dégagé de cette arithmomanie tout en conservant ce souci de structure. »

Qu'il ait eu une prédilection pour la poésie régulière (le sonnet, l'alexandrin, l'octosyllabe, le découpage en « chants », etc.) et, dans l'ordre narratif, pour la construction cyclique tient sans doute autant à cet intérêt pour un formalisme savant qu'à une idéologie sur laquelle on reviendra. Valentin Brû, soldat au début du *Dimanche de la vie* (1952), soldat se retrouve à la fin. « La silhouette d'un homme se profila ; simultanément, des milliers. Il y en avait bien des milliers » : ainsi commence, ainsi s'achève *le Chiendent*. Et pourtant rien ne donne plus le sentiment de l'écriture buissonnière qu'un roman de Queneau. Sans doute est-ce que l'intrigue dérisoire ne requiert pas profondément le lecteur. Souvent farfelu dans la lignée des soties gidiennes, le récit progresse lentement, sinueusement, interrompu par mille et une digressions. Queneau pratique volontiers ce que Georges Blin à propos de Stendhal appelait l'intrusion d'auteur. Le marionnettiste se montre ici. Il prend la parole, commente ironiquement l'action, façon de la minimiser un peu plus encore ! Parfois Queneau fait de l'auteur un personnage du récit. Ainsi, l'auteur du *Chiendent* qui se fait passer pour Raymond Queneau (voyez la couverture), c'est en fait un certain Saturnin Belhôtel. Et cet individu, au mépris de tous les bons usages littéraires, apostrophe son lecteur, révèle l'envers du décor, trahit les conventions les plus secrètes... « N'empêche que, blague à part, ça avance mon grand ouvrage. Hein ? Regardez le numéro de la page en haut à droite et comparez avec le numéro de la page de la fin, eh bien, il ne reste plus beaucoup à lire, s'pa ? »

Le petit théâtre de Queneau

L'attention portée par Queneau aux questions de structure et d'écriture, l'art avec lequel il s'emploie à « faire quelque chose de rien » ne doivent pas escamoter ceci : de poèmes en romans s'est peu à peu constitué un univers parfaitement original, immédiatement reconnaissable, où la banalité a toujours quelque chose de merveilleux. Une vision que les surréalistes ne désavoueraient pas… Les personnages de Queneau appartiennent à la famille de ce qu'on appellera, dans les années 1960, des « antihéros ». Au premier abord, ils n'ont rien de bien remarquable : de modeste origine, dépourvus d'ambition, voire de désirs, un tantinet immatures, ils vivent dans l'instant présent. Par leur naïveté, leur gentillesse, ils évoquent ces figures à la fois désarmées et désarmantes de la comédie italienne, Arlequin, Pierrot… Ou, plus près de nous et sans doute des références de Queneau, les personnages du cinéma burlesque américain : Charlot, Harold Lloyd, Harry Langdon, Harpo Marx, etc.

Dédaigneux des biens matériels, ils ont parfois des impulsions déconcertantes, notamment dans le champ du discours philosophique. Dépourvus de romantisme, ils se satisfont de petits bonheurs éphémères et, chez eux, la frustration ne tire guère à conséquence, de même que leurs chagrins ne se gonflent jamais en drames. D'ailleurs, rêve, réalité, ils ne font pas vraiment la différence. Ils connaissent au fond l'ataraxie des anciens stoïciens. D'un personnage du *Chiendent*, Queneau écrit : « Il est heureux parce qu'il n'en est rien, parce qu'il ne veut rien, parce qu'il ne désire rien… »

Ils ne calculent guère. Essentiellement mus par leur instinct, ils commettent méfaits et délits qu'aucun code civil n'a encore répertoriés. Ainsi Icare, personnage principal du roman qu'est en train d'écrire Hubert Lubert, décide-t-il, sur une impulsion, de fausser compagnie à son « géniteur » (*le Vol d'Icare*). Il leur arrive de faire souffrir autrui, mais c'est sans véritable méchanceté, comme par inadvertance. Ils sont généralement étrangers à la plupart des passions humaines qui font de la société une jungle. Il est symptomatique, par exemple, que Corentin Durendal, « collègue » d'Icare, personnage d'un autre roman que son auteur destine à tuer sa femme à coups de hachoir, ne se sente pas, comme on dit, profondément motivé. Il préfère, au grand dam de son créateur, prendre le large ! Dans leur équanimité, ce sont des « parleurs » intarissables. Parfois même, ils « pensent » comme Étienne Marcel dans *le Chiendent*. Mais, somme toute, c'est plutôt exceptionnel. L'ami Pierrot reconnaît qu'il lui arrive « souvent de penser à rien ». « C'est déjà mieux que de ne pas penser du tout », lui fait observer le veilleur de nuit…

Queneau reprend-il la dichotomie sacro-sainte qui oppose les « bons » aux « méchants », comme dans les « ouesterns » ? Les « méchants » sont alors sans envergure. Sauf peut-être dans *Zazie*, ils n'ont qu'un rôle épisodique. Ce sont plutôt des médiocres dont les entreprises font généralement fiasco, des comiques que l'inconscience et la vanité égarent. Le plus souvent leur ambition se borne à vivre en parasites aux basques d'autrui… Les « bons » sont plus complexes. Au-delà d'une affabilité et d'une obligeance, somme toute, assez répandues, ils nourrissent une nostalgie, plus rare celle-là, de la sainteté. Ce rêve gouverne toute leur existence. C'est alors qu'ils découvrent les difficultés de l'entreprise. La volonté d'être un saint est insuffisante, la chasteté, l'humilité ne mènent pas à grand-chose, et peut-être d'ailleurs qu'ériger la sainteté en vocation n'est qu'une sournoise manifestation de mégalomanie qui en somme ferait rater le coche : il ne m'appartient pas de décider que je serai un saint, et affirmer que je veux l'être, c'est déjà ne l'être pas… La sainteté serait-elle un cercle vicieux ? En tout cas, Jacques l'Aumône (*Loin de Rueil*) ou Valentin Brû (*le Dimanche de la vie*) ont fort à faire pour en sortir !

Rien ne montre mieux la simplification typologique mise en œuvre par Queneau que la récurrence de certaines figures d'un roman l'autre. Ainsi, la fameuse Zazie existe-t-elle, chez Queneau, bien avant Zazie ! Il affectionne en effet ce personnage de fillette gavroche, dialecticienne retorse et mal embouchée qui apparaît ici et là sous les noms de Fabie (*les Derniers Jours*, 1936), d'Annette (*Un rude hiver*) et de Pierrette (*Loin de Rueil*) avant de s'accomplir pleinement dans Zazie.

Généralement, le personnage quenien échoue dans ses entreprises, ce qui légitime la circularité du récit : chez Queneau, on ne peut guère aboutir qu'à son point de départ. Mais, indifférence, scepticisme ou sagesse, il assume sereinement son échec qui d'ailleurs confirme cette intuition primordiale : ce n'était pas la peine. La dernière phrase de *Pierrot mon ami*, c'est : « Il se mit à rire. » Le rire est en effet ici l'alpha et l'oméga du savoir et peut-être le critère de la sagesse. Queneau met en scène deux sortes de « philosophes » : ceux qui ne savent pas se détacher, rire, qui pensent trop et trop fortement, et ceux qui, finalement, « s'en foutent ». Les premiers ne réussissent guère qu'à se perdre dans le labyrinthe du savoir, tel le concierge Saturnin du *Chiendent* ou ce proviseur Chambernac qui s'emploie à constituer une « Encyclopédie des sciences inexactes ». Les autres, à travers le rire, accèdent aux certitudes mesurées et stables qui permettent à chacun, somme toute, de « cultiver son jardin » : Valentin Brû, Pierrot, Zazie…

L'innocence, ou plutôt la nostalgie de l'innocence, constitue un pôle de la thématique de Queneau. C'est que, seule, elle permet de franchir la frontière qui sépare la vie réelle de la vie rêvée, la seconde n'étant pas, aux yeux de Queneau, de moindre valeur que la première. La passion qu'il nourrit pour le cinéma se retrouve dans son œuvre. L'écran, c'est l'autre côté du miroir… Assiste-t-il à une projection des « actualités » ? « Sans le moindre étonnement, Jacques se voit successivement passant en revue les troupes de la garnison de Paris, faisant l'ascension du Gaurisankar, conduisant une auto de course à Indianapolis et ministre des Sports inaugurant une piscine aux environs de Paris » (*Loin de Rueil*).

Quant au monde réel de Queneau, c'est celui de la ville-et-banlieue des années 1930, avec ses transports en commun (le bus S d'*Exercices de style*, le métro de *Zazie*…) qui permettent de faire mille rencontres étonnantes, d'assister à tant d'événements surprenants, avec ses lieux de socialité chaleureuse (le Café du Globe et des Deux Mondes du *Vol d'Icare*), de solitude rêveuse (le cinéma), de méditation intriguée, parfois inquiète, sur la nature humaine (la rue, la fête foraine)… La nature, la campagne inspirent à Queneau une sainte aversion : « Je déteste cette marge de verdure qui se répand autour de notre ville, l'albumine flasque dont le jaune doit se nourrir. C'est chez nous, derrière les pierres de nos constructions ou sur celles de nos rues, que l'on peut percevoir la vie ; et c'est de là qu'elle rayonne vers l'obscurité des campagnes » (*Saint-Glinglin*).

Pourtant, Queneau a une représentation pour le moins ambivalente des grandes foules citadines. Vue par lui, la foule ramène l'individu à ce grouillement caractéristique des espèces élémentaires. Les « poissons cavernicoles » de *Saint-Glinglin* lui suggèrent de parlantes méditations : « C'est vraiment atroce la vie de poisson de banc… On naît en chœur par millions, puis tous ensemble nous allons, nous harengs fraternels, traverser les mers démesurées, nous serrant les nageoires et tombant dans tous les filets. C'est cela notre vie à nous harengs. Et celui qui se trouve au milieu du banc ? Des millions de congénères l'entourent. » Impossible d'échapper à son destin de hareng… Au milieu du « banc » humain, l'individu le plus frotté de civilisation retrouve bien vite l'animalité primordiale de son espèce. Tels ces « philosophes » qui viennent au Palais de la Rigolade pour voir se soulever les jupes et les jupons des femmes placées sur des bouches d'air *ad hoc*. Qu'un incident empêche cette pacifique activité, et la bénignité de ces « philosophes » se mue en folie furieuse : « Ils grimpent sur l'estrade et s'emparent des femmes pour les coller sur le courant d'air. Les messieurs de ces dames trouvent qu'ils vont un peu fort, les philosophes. On commence à se bousculer. Et naturellement, ça ne tarde pas à dégringoler, les gnons sur le coin de la gueule. Pan ! Pan ! Pif ! Paf ! ! Et je te rentre dedans, et je te mords l'œil. Les satyres sont déchaînés… » (*Pierrot mon ami.*) C'est que, chez Queneau, l'individualité est fragile, problématique. Les traits de ses personnages ne sont pas fortement accusés, leurs passions, on l'a vu, plutôt tièdes, et il faut peu de chose pour que ces êtres se dissolvent dans le magma premier de l'espèce. La civilisation, c'est la naissance de l'individu, mais un rien suffit à remettre cette émergence en cause… On ne peut oublier que l'œuvre de Queneau est contemporaine de l'avènement des totalitarismes.

Heureusement, il y a la femme ! Au surréalisme, Queneau doit certainement une représentation qui a la force d'un mythe. Ici et là en effet la femme est l'épouse-mère, la médiatrice qui permet à l'homme de « naître » au monde en s'arrachant au besoin à une sorte de bonheur illusoire, celui d'une solitude fœtale. Ainsi, dans *Odile* (1937), le narrateur vit-il en reclus. Absorbé par « la recherche mathématique », il connaît « une quiétude désespérée », il évolue « dans de douces ténèbres ouatées de signes majuscules et d'indices variés ». Et voici qu'Odile fait irruption dans cette existence. Alors le narrateur peut constater : « Je m'étais engagé dans le monde et sorti de mon anéantissement, je distinguais les êtres comme tout homme ordinaire. » Comme lui, Cidrolin, dans *les Fleurs bleues*, végète dans l'espace douillettement clos de sa péniche. Ses principales activités l'enferment dans la circularité d'avant l'invention du Temps : dormir, rêver, se réveiller, peindre, effacer, dormir, rêver, se réveiller, peindre, etc. Jusqu'à ce qu'intervienne Lalix, la femme…

« Y a du pour et du contre »

Ces récits qui ne se prennent pas au sérieux expriment pourtant une inquiétude : celle d'un homme qu'aucune réponse ne parvient à satisfaire. Ce n'est pas un hasard si Queneau se retrouve dans cette « pataphysique » qui, après tout, se définit comme « la science des solutions imaginaires et de la conciliation des contraires ». L'une des difficultés qui fondent le scepticisme, c'est bien l'impossibilité d'adhérer à une réponse en excluant toutes celles qui la contredisent. Il déclare à Georges Charbonnier : « Quand j'énonce une assertion, je m'aperçois tout de suite que l'assertion contraire est à peu près aussi intéressante, à un point où cela devient presque superstitieux chez moi. » Pour malicieuse que soit son expression, on ne peut oublier que ce scepticisme prend ses racines dans un moment spécifique. Il n'est pas dissociable d'une « vision du monde », au sens que Lucien Goldmann donnait à cette expression, qui régit l'imaginaire de plusieurs générations. N'oublions pas que l'œuvre de Queneau naît entre les deux guerres dans la mouvance du surréalisme, qu'elle traverse la seconde et s'épanouit en même temps que l'existentialisme sartrien, l'absurdisme beckettien… « Comment concilier l'absurde et la vie ? se demande-t-il face à Georges Ribemont-Dessaignes. En vivant absurdement, sans doute. »

Et s'il « botte » aussi allègrement le train au langage, n'est-ce pas qu'il n'y a plus rien d'autre à faire avec des mots qui ont donné la preuve de leur inefficacité ? Mieux que personne, le philosophe, le mathématicien, l'encyclopédiste qu'est Queneau peut constater la prolifération de langages scientifiques, techniques, dont l'hermétisme semble être le prix à payer pour accéder au réel et avoir prise sur lui. Inversement, le langage courant qui devrait permettre aux hommes de communiquer et de vivre ensemble ne cesse de manifester son inadéquation. Régi par le « bon sens », nourri de lieux communs, il n'est au fond qu'un piège. Il voile la réalité. Il n'est bon qu'à nourrir les chimères des hommes et leur folie. Il n'y a donc pas à lui témoigner un excessif respect. À cet égard, l'œuvre de Queneau est un pur produit de cette crise de confiance des intellectuels envers les mots qui a tant marqué la création littéraire de la première moitié du siècle.

Lecteur attentif de Hegel, Queneau s'interroge également sur l'Histoire. Autre point de rencontre avec ses contemporains les plus éminents, non seulement Sartre et Camus, mais aussi Merleau-Ponty, Aron, etc. Il a lu Vico, Spengler. Il s'intéresse aux hypothèses sur l'Histoire du mathématicien Vito Volterra… Dans sa leçon inaugurale au Collège de France, en 1950, Fernand Braudel avait lancé quelques pavés dans la mare de l'historiographie traditionnelle tissue de menus événements dont l'importance réelle est inversement proportionnelle au caractère spectaculaire. Quelques siècles auparavant, l'abbé Biroton, dans *les Fleurs bleues*, avait manifestement médité Braudel qui répondait ainsi aux questions du Duc d'Auge :

> *– Dis-moi, ce Concile de Bâle, est-ce de l'histoire universelle ?*

– Oui-da. De l'histoire universelle en général.
– Et mes petits canons ?
– De l'histoire générale en particulier.
– Et le mariage de mes filles ?
– À peine de l'histoire événementielle. De la micro-histoire, tout au plus.
– De la quoi ? hurle le Duc d'Auge. Quel diable de langage est-ce là ?

Autant dire que, même s'il a appartenu un temps, avec Leiris et Bataille, au Cercle communiste démocratique, Queneau est fort éloigné d'affirmer un sens de l'Histoire, une orientation et une signification. La seule histoire qui mérite à ses yeux intérêt, c'est celle des mutations et des inventions, le feu, la roue, l'atome... Mais pour quel destin ? Bien malin qui pourrait y répondre (*Petite Cosmogonie portative*, 1950) !
Ici surgit la question qui est peut-être au cœur de cette œuvre : celle du Mal ou, en termes ontologiques, celle de l'Être et du Non-Être. Certains textes de Queneau témoignent sans masque d'une inquiétude toute gnostique devant cette question : et si l'Être, c'était le Mal ? Et si le Bien, fragile, éphémère, était de l'ordre de l'illusion ? Du Non-Être ? « Le bonheur ne laisse pas de traces, il s'évanouit avec le passé ; mais la souffrance reste. L'écartèlement est un absolu » (*les Enfants du limon*, 1938).
Les personnages de Queneau font, sur un mode proprement quenien, cette expérience du « nonnête ». Ainsi, les convives de la noce, dans *le Chiendent*, avalent-ils en toute innocence leur assiette de potage. « Alors ils sont désespérés. Ils ne se doutaient pas que l'assiette pleine cachait une assiette vide, comme l'être cache le néant. » L'être au fond ne peut se manifester que de sa précarité. Il y a un héraclitéisme de Queneau : ce n'est pas que rien ne soit, mais rien n'est durablement : « Tout change vite sur cette terre. Rien ne dure... Si on dit qu'il fait jour, quelques heures après, il fait nuit, et si on dit qu'il fait nuit, quelques heures après il fait jour » (*Pierrot mon ami*). Peut-être est-ce que la positivité, pour être, requiert son envers :

À chaque jour sa nuit, à chaque arbre son ombre
À chaque être son Non, à chaque bien son mal.

(*les Ziaux*)

Bref, le monde est étrangement fait, le langage est comme un tamis qui laisserait passer le sable des choses, et il n'y a peut-être rien à y comprendre. Donc, mieux vaut encore en rire qu'en pleurer... En témoigne, entre mille exemples, cette « foutaise » : « *Dieu* : le non-être qui a le mieux réussi à faire parler de lui. »
Cette œuvre insolite, à la fois « sophistiquée » (au sens que les scientifiques donnent à ce terme) et accueillante à toutes les catégories de lecteurs, du fait même des apparences qu'elle a revêtues, est à la fois reconnue et méconnue, populaire et isolée. Les succès qu'elle a rencontrés auprès d'un large public, notamment à partir des années 1960, ne doivent pas faire oublier que, pour un Robbe-Grillet, par exemple, Queneau est, avec Roussel, l'inventeur d'une littérature française vraiment moderne. Et pourtant, on ne voit guère qui a pu se réclamer de lui. Ionesco ou Tardieu, sans doute. Mais ils sont de la même génération. « Émile Ajar » aussi qu'on a d'ailleurs un temps pris pour un nouvel avatar de « Sally Mara ». Mais Ajar est mort avec Romain Gary. Boris Vian et Georges Perec, chacun représentatif d'un moment de nos lettres, pouvaient également prétendre à la succession. Mais l'un et l'autre ont disparu prématurément... La rançon du modernisme sera-t-elle, pour Queneau, de rester sans postérité ?

VIE		ŒUVRE	
1903	**21 févr. :** naissance, au Havre, de Raymond, fils d'Auguste Queneau, comptable colonial en congé de convalescence, et d'Augustine-Julie, née Mignot. Le couple ouvre un commerce de mercerie qui va rapidement prospérer.		
1914	Première communion. Études au lycée du Havre. Le jeune Queneau se passionne pour l'histoire. Il écrit beaucoup (à treize ans, il aurait déjà composé quelque vingt romans !), va régulièrement au cinéma (*Fantômas, les Vampires*, etc.) et lit assidûment *les Pieds Nickelés* dans *l'Épatant*.		
1920	Baccalauréat. La famille Queneau s'installe à Épinay-sur-Orge. Raymond s'inscrit à la Sorbonne.		
1924	Au cours de l'hiver, il rencontre André Breton, participe aux activités du groupe surréaliste et se lie particulièrement avec Marcel Duhamel, Jacques Prévert et Yves Tanguy.	**1924**	Collaboration à *la Révolution surréaliste*.
1925-1927	Queneau fait son service militaire en Allemagne et au Maroc. Il est zouave de deuxième classe.		
1928	Retour à Paris. En août, il épouse Janine Kahn.		

	VIE		ŒUVRE
1929	L'*Ulysse* de Joyce paraît en traduction française. Queneau rompt avec Breton pour, dit-il, « des raisons personnelles ».		
1930	Il entreprend une étude sur les « fous littéraires » dont il se servira dans *les Enfants du limon.* Il prend des cours de boxe. Il est représentant en nappes de papier.	**1930**	« Dédé » dans *Un cadavre,* pamphlet collectif contre Breton.
1931	Employé de banque, il participe aux travaux du Cercle communiste démocratique de Boris Souvarine.	**1931-1932**	Collaboration à *la Critique sociale* : il y rend compte d'ouvrages d'histoire, de philosophie (Hegel...), de littérature (Nizan...).
1932	Voyage en Grèce où il écrit *le Chiendent.* Il médite sur la coexistence d'un grec « savant » et d'un grec « populaire ».		
1933	**Janv. : Hitler accède au pouvoir en Allemagne.**	**1933**	Publication du *Chiendent,* chez Gallimard. « Inventé » pour la circonstance, le prix des Deux-Magots lui est décerné par une bande de « copains » (Bataille, Dobo, Ribemont-Dessaignes, Vitrac, etc.) dont ce café est le quartier général.
1934	Queneau commence à suivre des cours de sciences religieuses à l'École pratique des hautes études. Naissance d'un fils : Jean-Marie.	**1934**	*Gueule de pierre,* roman.
1935	Il suit les cours d'Alexandre Kojève sur Hegel.	**1935**	Textes divers en revues, qui seront repris dans des recueils ultérieurs.
1936	**Débuts de la guerre civile espagnole. Assassinat de García Lorca.** Les Queneau s'installent à Neuilly.	**1936**	Collaboration à de nombreux journaux et revues. Rubrique quotidienne dans *l'Intransigeant* : « Connaissez-vous Paris ? » Traduction de *Vingt Ans de jeunesse* de Maurice O'Sullivan.
		1937	*Odile*, roman. *Chêne et chien*, roman en vers. Traduction d'*Impossible ici*, de Sinclair Lewis.
1938	**Accords de Munich.** Queneau entre au comité de lecture des éditions Gallimard pour le domaine anglais. Avec Henry Miller, il fonde la revue *Volontés.* Sartre publie *la Nausée.*	**1938**	*Les Enfants du limon*, roman. Collaboration à *Volontés.* Traduction de *l'Homme dont le cœur était resté dans les montagnes* de William Saroyan.
1939	**Déclaration de guerre.** Queneau est mobilisé.	**1939**	*Un rude hiver*, roman. Collaboration à *Volontés* et à la *N.R.F.*
1940	**Armistice franco-allemand en juin.** **20 juill. :** Queneau est renvoyé dans ses foyers.	**1940**	Traduction du *Zeppelin du dimanche*, de William Saroyan.
1941	Queneau devient secrétaire général des éditions Gallimard.	**1941**	*Les Temps mêlés (Gueule de pierre II)*, roman.
		1942	*Pierrot mon ami*, roman.
		1943	*Les Ziaux*, poèmes. Introduction à *Bouvard et Pécuchet.*
		1944	*En passant*, théâtre. *Foutaises*, pensées (hors commerce). Chroniques hebdomadaires dans *Front national.*
1945	**Capitulation allemande.** Queneau est membre du Centre national des écrivains. Il s'en retire peu après. Il participe à la vie germanopratine de l'immédiat après-guerre avec Boris Vian, Juliette Gréco *et al.* Parution de *Paroles* de Jacques Prévert. **6 août : bombe atomique sur Hiroshima.**	**1945**	*Loin de Rueil*, roman. Divers « exercices de style » en revues. Chroniques dans *Front national* (sur Lorca, Tardieu, Goethe, Char, Valéry, Aragon, etc.).
		1946	*L'Instant fatal*, poèmes. *Pictogrammes* (hors commerce). Collaboration aux *Lettres françaises*.

VIE		ŒUVRE	
		1947	*Exercices de style.* *Bucoliques*, poèmes. *Une trouille verte*, nouvelles. *On est toujours trop bon avec les femmes*, roman publié sous le pseudonyme de Sally MARA. Publication d'*Introduction à la lecture de Hegel*, cours d'Alexandre Kojève, rassemblés et présentés par Queneau. Collaboration aux *Temps modernes.* Avec René Clément, scénario et dialogues d'une adaptation cinématographique de *Candide.* Le film ne sera jamais tourné.
1948	Queneau devient membre de la Société mathématique de France. Il travaille particulièrement sur les nombres premiers.	**1948**	*Saint-Glinglin*, roman, précédé d'une nouvelle version de *Gueule de pierre* et de *Temps mêlés.* *Le Cheval troyen*, nouvelle. *Monuments,* poèmes. « Introduction » à la version française de *Moustiques* de William Faulkner. Collaboration à *Combat*, aux *Lettres françaises,* etc.
1949	Tati, *Jour de fête.* Yves Robert monte les *Exercices de style* à la Rose Rouge avec les Frères Jacques.	**1949**	*Vlaminck ou le Vertige de la matière.* Juan Miró ou le Poète préhistorique.
1950	Ionesco, *la Cantatrice chauve* : « Je crois que si je n'avais pas lu les *Exercices de style* de Raymond Queneau, je n'aurais pas osé présenter *la Cantatrice chauve*, ni rien d'autre à une compagnie théâtrale. » Queneau devient membre du Collège de pataphysique. Voyage aux États-Unis avec Roland Petit et ses Ballets de Paris.	**1950**	*Petite Cosmogonie portative,* poème en 6 chants. *Bâtons, chiffres et lettres*, rassemblant divers textes précédemment parus. *Journal intime*, roman publié sous le pseudonyme de Sally MARA. « Lyrics » de *la Croqueuse de diamants*, ballet de Roland Petit, argument d'Alfred Adam, musique de Jean-Michel Damase, dansé et chanté par Zizi Jeanmaire.
1951	Queneau est élu à l'académie Goncourt. Il tourne dans un court métrage inédit de Pierre Kast où il donne, en sept minutes, une leçon d'arithmétique dans le style impassible de Buster Keaton.	**1951**	Collaboration aux *Temps modernes*, aux *Lettres françaises*, à *Combat*, etc.
1952	Il est élu à l'Académie de l'humour. Avec Boris Vian, Jean Queval *et al.*, il fonde le Club des Savanturiers réservé aux amateurs de science-fiction.	**1952**	*Si tu t'imagines*, poèmes (1920-1951). *Le Dimanche de la vie*, roman.
1953	**Mort de Staline.** Beckett, *En attendant Godot.* Vian, *l'Arrache-Cœur.*	**1953**	Traduction de *l'Ivrogne dans la brousse* d'Amos Tutuola. Avant-propos à *l'Arrache-Cœur* de Boris Vian. Articles sur Henry Miller, Jacques Prévert, la science-fiction...
1954	Queneau est nommé directeur de l'« Encyclopédie de la Pléiade » dont il avait médité le projet depuis 1946.	**1954**	Scénario et dialogues de *Monsieur Ripois et la Némésis*, film de René Clément, d'après le roman de Louis Hémon. Dialogues pour la version française de *la Strada* de Federico Fellini
1955	Conférence à la Sorbonne : « Statique et dynamique du français ». Tardieu, *Théâtre de chambre.*	**1955**	Contributions aux *Cahiers du Collège de pataphysique*, aux *Lettres françaises*, aux *Lettres nouvelles,* etc.
1956	Voyages au Mexique et en U.R.S.S.	**1956**	Préfaces pour les deux premiers tomes de l'*Histoire des littératures* de l'« Encyclopédie de la Pléiade ». Dialogues de *la Mort en ce jardin*, film de Luis Buñuel. Dialogues pour la version française de *Sourires d'une nuit d'été*, film d'Ingmar Bergman.
		1957	Postfaces à *Adolphe* de Benjamin Constant et aux *Contes* d'Edgar Poe.
		1958	*Le Chien à la mandoline*, poèmes. *Sonnets,* ultérieurement joints au précédent (réédition de 1965). Commentaires de poètes grecs (Homère, Pindare, Sapho, Callimaque...). *Le Chant du styrène*, commentaire en alexandrins pour le film d'Alain Resnais.

Année	VIE	Année	ŒUVRE
1959	**Débuts de la Vᵉ République. André Malraux, ministre des Affaires culturelles.** Truffaut, *les Quatre Cents Coups.* Nabokov, *Lolita.* Mort de Boris Vian. Article de Roland Barthes sur *Zazie dans le métro.*	1959	*Zazie dans le métro*, roman. Préface au troisième tome de l'*Histoire des littératures.*
1960	Godard, *À bout de souffle.* À Cerisy, une « décade » est consacrée à Queneau. En résulte la création de l'OuLiPo, dont il est membre fondateur. *Zazie dans le métro,* film tiré par Louis Malle du roman homonyme de Queneau, remporte un vif succès. Jean Quéval, *Essai sur Raymond Queneau.*	1960	Dialogues du *Couple*, film de Jean-Pierre Mocky.
1961	Jean Vilar inscrit au programme du T.N.P. la comédie musicale tirée par Roger Pillaudin de *Loin de Rueil.*	1961	*Cent Mille Milliards de poèmes.* *Texticules.* Préface au catalogue de l'exposition Baj.
1962	Entretiens radiodiffusés avec Georges Charbonnier. Parution du *Raymond Queneau* de Jacques Bens et du *Queneau déchiffré* de Claude Simonnet. Brève apparition de Queneau dans le *Landru* de Claude Chabrol : il joue... Clemenceau !	1962	*Les Œuvres complètes de Sally Mara,* rassemblant, outre les deux romans précédemment publiés sous ce pseudonyme, une préface inédite et la quasi-totalité des *Foutaises* sous le titre nouveau de *Sally plus intime.* Entretiens avec Georges Charbonnier.
		1963	Nouvelle édition d'*Exercices de style* comprenant : une préface inédite ; 33 « exercices » parallèles peints, dessinés ou sculptés par Carelman ; 99 « exercices » typographiques par Massin ; 123 « exercices » imaginés, mais non rédigés par l'auteur. *Bords : mathématiciens, précurseurs, encyclopédistes.* Textes sur Ionesco, Hegel et les *Mémoires* du baron Mollet.
		1964	*L'Analyse matricielle du langage.* Textes sur Dubuffet et Baj.
		1965	*Les Fleurs bleues*, roman. Textes sur Mario Prassinos, Marguerite Duras.
		1966	*Une histoire modèle*, essai.
		1967	*Courir les rues*, poèmes. Textes sur Gala Barbisan et Jean Hélion.
		1968	*Battre la campagne,* poèmes. *Le Vol d'Icare*, roman.
1969	Georges Perec, *la Disparition.* Queneau, dans un article intitulé « Errata », revient sur sa théorie du néofrançais.	1969	*Fendre les flots,* poèmes. Préface aux *Œuvres complètes* de Pierre Mac Orlan. *Bicabaj et Bacasso.*
		1971	*De quelques langages animaux imaginaires et notamment du langage chien dans Sylvie et Bruno.*
1972	Mort de Janine. Queneau est particulièrement affecté par ce deuil. Renée Baligand, *les Poèmes de Raymond Queneau : étude phono-stylistique*, avec une préface de Queneau.	1972	*Bonjour Monsieur Prassinos.*
		1973	*Le Voyage en Grèce*, rassemblant des textes parus entre 1930 et 1940. Contributions à *la Littérature potentielle,* recueil des travaux de l'OuLiPo.
1974	Parution de *Gros Câlin* d'Émile Ajar. Queneau est soupçonné de se dissimuler derrière ce pseudonyme qui cache, en fait, Romain Gary.		
		1975	*Morale élémentaire.*
1976	**25 oct. :** mort de Raymond Queneau.		
		1981	*Contes et propos.*
		1986	*Journal 1939-1940,* suivi de *Philosophes et voyous.*

J.-J. Roubine

Querelle des Anciens et des Modernes

(XVIIe-XVIIIe siècle)

On interprétait naguère la querelle des Anciens et des Modernes en termes très généraux : de 1650 à 1715 se seraient affrontées deux armées en bon ordre ; le triomphe des Modernes aurait marqué, en continuité avec le cartésianisme, voire avec la Renaissance, une étape dans l'histoire des progrès de l'esprit humain ; le Moderne rompt avec l'esthétique timorée de l'imitation ; il s'affranchit de modèles antiques périmés ; individualiste, optimiste, rationaliste, précurseur du « philosophe », il précipite la marche de l'Histoire vers les Lumières du XVIIIe siècle. Nous savons, depuis que nous connaissons mieux les divers antagonistes, même mineurs, en présence alors, et depuis qu'a été écrite l'histoire des diverses interprétations données à la Querelle, qu'est abusive cette représentation des choses. Le champ où, très confusément, s'est livrée la Querelle est bien plus restreint ; les questions de personnes et de cabales eurent souvent plus de poids que les principes. Pourtant la Querelle revêt encore pour nous un sens.

Ier acte : la querelle du merveilleux chrétien (1653-1674)

Peu après la Fronde, poètes tragiques et poètes épiques tentent de s'inspirer non plus des mythes païens, mais de la mythologie chrétienne ; moins pour innover que par nationalisme ou dévotion, ils écrivent des tragédies sacrées et d'amples épopées chrétiennes et françaises. Le P. Le Moyne, Georges de Scudéry, Chapelain, mais surtout Desmarets de Saint-Sorlin (*Clovis*, 1657) et Louis Le Laboureur (*Charlemagne*, 1664), assortissent leurs poèmes de préfaces où ils se targuent d'avoir inventé un merveilleux moderne, supérieur à l'ancien autant que le christianisme l'est au paganisme. Une polémique les oppose aux « doctes », contre qui jouent d'autres forces : le cartésianisme, se diffusant, sème le doute sur l'autorité de l'Antiquité ou la récuse (Malebranche, *De la recherche de la vérité*, 1674) ; l'histoire (Claude Fleury) commence à soupçonner que la vraie Antiquité est trop différente de l'âge moderne pour lui offrir un modèle ; enfin les progrès de la mondanité, le rayonnement de l'Académie française et le mécénat de parvenus (Fouquet) se conjuguent pour discréditer le personnage de l'humaniste et aggraver le recul du latin comme langue littéraire et même comme langue savante. Les Anciens se défendent, mais mal : les guerres, la Fronde, les conflits religieux (jansénisme) ont disloqué la vieille république des lettres. Contre Desmarets, qui réédite son *Clovis ou la France chrétienne* (1673) avec un essai violemment hostile à Homère et à Virgile, Boileau (l'*Art poétique*, 1674) et le P. Rapin (*Réflexions sur la Poétique d'Aristote*, 1674) réaffirment l'excellence des lettres anciennes. Si le merveilleux chrétien échoue, le grand public, lui, s'est persuadé que, pour dire l'âge moderne, le latin et le grec sont assez inutiles.

IIe acte : l'affaire des inscriptions (1676-1677)

Le débat sur la supériorité du français se fait soudain plus âpre : faut-il continuer à orner d'inscriptions latines les monuments ? À l'Académie, l'helléniste François Charpentier s'illustrera en faveur du français ; une dizaine de volumes paraissent de chaque côté, puis Charpentier, en 1683, résume la question et la tranche dans sa très raisonnable *Excellence de la langue française* ; la presse avait fait écho à la querelle, et, désormais, le « pays latin » est vaincu. Une crise plus profonde était latente : l'opposition, depuis 1670, entre les écrivains que nous nommons « classiques » et tous leurs adversaires. D'un côté, outre les doctes, l'« académie » Lamoignon, Boileau, Bouhours et Rapin, Huet, Racine, La Fontaine, Bossuet et ses protégés, Fleury, La Bruyère, bientôt Fénelon : tous tenaient, à des titres divers, pour une grande littérature, porteuse d'un sens, capable de nourrir une culture et d'exalter l'esprit. À l'opposé, les amateurs de petits genres mondains, les poètes galants (Benserade), les dilettantes (Saint-Évremond), les esprits trop curieux pour se satisfaire des traditions (les Perrault, Fontenelle), et surtout le parti de l'ignorance, « état paisible et qui ne coûte aucune peine : l'on s'y range en foule » (La Bruyère) : parvenus, femmes, nouvellistes, snobs qui, dénués de culture, s'accommodent d'une littérature de divertissement. Les Anciens les plus en vue étant Boileau et Racine, les Modernes s'accroissent de tous leurs ennemis : les Corneille et leur neveu Fontenelle, Donneau de Visé et son *Mercure galant*... Boileau, en 1674, tente d'élever le débat en traduisant le *Traité du sublime* (attribué au Grec Longin), qui vantait le grand goût d'Homère ou de l'Écriture sainte – mais, le plus souvent, les adversaires échangent des épigrammes et des insultes, au lieu de raisonner. Quand Boileau et Racine sont nommés historiographes du roi (1677), le parti moderne s'enrichit du public parisien, jaloux de Versailles ; puis devient « moderne » toute la génération nouvelle qui, née après la Fronde, aspire à bousculer les valeurs établies, et tout d'abord le « classicisme ».

IIIe acte : Boileau contre Perrault (1687-1694)

Le 27 janvier 1687, Charles Perrault lit à l'Académie son poème *le Siècle de Louis le Grand*, qui exalte le présent contre le passé : le progrès, évident dans les sciences, intéresse aussi les lettres, et le règne de Louis XIV s'honore d'écrivains qui valent bien ceux de l'Antiquité. Fureur de Boileau et des hellénistes Longepierre ou Dacier, guerre d'épigrammes. La Fontaine (*Épître à Huet*, 1687) défend ses chers Anciens ; Fontenelle (*Digression sur les Anciens et les Modernes*, 1688) invoque adroitement le cartésianisme contre la superstition de l'Antiquité ; La Bruyère lui répond par des sarcasmes (les *Caractères*, 1688) ; Perrault entreprend ses *Parallèles des Anciens et des Modernes* (4 vol., 1688-1697), auxquels répond Boileau dans ses *Réflexions sur Longin* (1694). Si la médiation d'Antoine Arnauld permet en 1694 une réconciliation de Boileau et de Perrault, chacun mesure que l'avantage reste aux Modernes, à leurs théories, et aux genres nouveaux qu'ils illustrent : opéra, conte, roman romanesque, poésie sentimentale... Boileau meurt, en 1711, sans aucune illusion.

IVe acte : la querelle homérique (1713-1714)

On se battait depuis longtemps autour d'Homère, et les Anciens s'irritaient que l'on osât douter de son existence (d'Aubignac). La grande helléniste Anne Dacier avait savamment traduit *l'Iliade* et *l'Odyssée* ; Houdar de La Motte, poète, et fort ignorant du grec, pille ces traductions pour en extraire une *Iliade* abrégée, en vers, plate et prétentieuse adaptation (1713). Mme Dacier foudroie l'audacieux dans d'érudits et violents ouvrages (*Des causes de la corruption du goût*, 1715 ; *Homère défendu*, 1716). Fénelon (*Lettre à l'Académie*, 1714) s'interpose ; finalement, les adversaires se raccommodent ; mais la critique avait penché du côté de La Motte, et le public ne voulait ni ne pouvait plus goûter Homère.

Les effets de la Querelle

Ils sont graves. Avec les Modernes prévaut une esthétique rationaliste à outrance, qui vise à éliminer le « je ne sais quoi » de l'écriture, de la lecture et de la culture. D'où, pour un siècle, la mort de la poésie authentique en France ; d'où aussi, les Modernes voulant tout expliquer, le développement de la critique et de l'histoire littéraires. Mais cette esthétique est aussi nationaliste : les Modernes, idolâtres d'eux-mêmes et de leur temps, croient absolues les valeurs du siècle de Louis XIV ; le goût, refusant de se nourrir ailleurs, se replie orgueilleusement sur la seule littérature française et même sur la seule langue française. D'où un académisme qui va peser sur tout le XVIIIe siècle. Enfin et surtout, cette querelle parachève l'éclatement de la culture : elle isole et privilégie contre le savant le personnage, toujours actuel, de l'écrivain ou de l'intellectuel ; homme de son temps, écrivant pour son temps, il ne se croit pas tenu d'assumer l'héritage d'une civilisation ni de dominer des savoirs qu'il laisse aux érudits, clercs, plus tard universitaires ; mieux, son public n'exige de lui ni technicité ni même profondeur ou gravité. Ainsi se constitue ce que nous nommons encore la littérature. Dès lors, il n'est pas étonnant que nos interrogations sur la littérature en tant que telle nous conduisent si souvent à épouser quelques-uns des griefs que les Anciens formulaient contre leurs adversaires

ŒUVRES « MODERNES »		ŒUVRES « ANCIENNES »	
1653	P. Le Moyne : *Saint Louis.* (poèmes épiques)		
1654	G. de Scudéry : *Alaric.* (poèmes épiques)		
1656	Godeau : *Saint Paul.* (poèmes épiques)		
1657	Chapelain : *la Pucelle.* Desmarets : *Clovis.* (poèmes épiques)		
		1659	Furetière : *Nouvelle allégorique* (pamphlet contre les pédants).
1662	Marolles : *Traité du poème épique.*		
1664	L. Le Laboureur : *Charlemagne.*		
		1666	Boileau : *Satires I-VI.*
1667	L. Le Laboureur : *Avantages de la langue françoise sur la langue latine.*		
		1668	Boileau : *Satires VIII-IX.*
1670	Desmarets : *Comparaison de la langue et de la poésie françoises avec la grecque et la latine.*	1670	Racine : *Bérénice* et querelle avec Corneille (*Tite et Bérénice*).
1673	Desmarets : réédition de *Clovis* avec un *Discours pour prouver que les sujets chrétiens sont les seuls propres à la poésie héroïque.*	1673	Racine élu à l'Académie française.
1674	Desmarets : *Défense du poème héroïque.* Malebranche : *De la recherche de la vérité.*	1674	Boileau : *Art poétique.* Traduction du *Traité du sublime* de Longin. R. Rapin : *Réflexions sur la Poétique d'Aristote.* Élection de P.-D. Huet à l'Académie française.
		1675	Racine : *Préface d'Iphigénie* (contre Perrault et Quinault).
1676	Mort de Desmarets. Affaire des inscriptions latines. F. Charpentier : *Défense de la langue françoise.*		
1677	Marolles : *Considérations en faveur de la langue françoise.*	1677	Racine : *Phèdre.* Pradon : *Phèdre et Hippolyte.* Racine et Boileau nommés historiographes du roi.

	ŒUVRES « MODERNES »		ŒUVRES « ANCIENNES »
1683	Charpentier : *l'Excellence de la langue françoise.* Fontenelle : *Dialogues des morts* (irrespectueux pour les Anciens).	**1683**	Difficile élection de La Fontaine à l'Académie française.
		1684	Élection de Boileau à l'Académie française.
1687	Perrault : *le Siècle de Louis le Grand.* Fontenelle : *Digression sur les Anciens et les Modernes.*	**1687**	La Fontaine : *Épître à Huet.*
1688	Perrault : *Parallèles des Anciens et des Modernes,* tome I.	**1688**	La Bruyère : les *Caractères.* Longepierre : *Discours sur les Anciens.*
1690	Perrault : *Parallèles,* tome II.		
1691	Élection de Fontenelle à l'Académie française.		
1692	Perrault : *Parallèles,* tome III.		
		1693	Élection de La Bruyère à l'Académie française. Boileau : *Ode sur la prise de Namur* et *Discours sur l'Ode.*
1694	Réconciliation « officielle » de Boileau et de Perrault.	**1694**	Boileau : *Réflexions sur Longin* et *Satire X* (contre les femmes). La Bruyère : *Préface* de son *Discours* de réception à l'Académie française.
		1696	Mort de La Bruyère.
1697	Perrault : *Parallèles,* tome IV. Bayle : *Dictionnaire.*		
		1711	Mort de Boileau.
1713	Houdar de La Motte : *l'Iliade en vers français.*		
1713-1715	Querelle sur Homère.		
		1714	Mme Dacier : *Des causes de la corruption du goût.* Fénelon : *Lettre à l'Académie.*

A. Lanavère

Quête du Saint Graal (la)

Récit arthurien en prose, composé vers 1230

Étroitement lié au *Lancelot en prose* – dans la quasi-totalité des manuscrits du cycle, la *Quête* est transcrite entre le *Lancelot* et *la Mort le roi Artu* –, ce texte s'en distingue par son héros, Galaad, par son projet explicite, substituer aux aventures chevaleresques la quête des mystères divins, et par son écriture fondée sur le va-et-vient entre la narration des faits et leur interprétation allégorique.

SYNOPSIS

La veille de la Pentecôte, en l'an 454, Lancelot adoube, dans une abbaye de religieuses, Galaad, le fils qu'il a eu de la fille du Roi Pêcheur [le gardien du Graal]. À la cour d'Arthur, le jour de la Pentecôte, Galaad prend place au Siège Périlleux, refermant ainsi le cercle de la Table ronde et réussit l'épreuve de l'« épée au perron » Cependant, l'apparition, à la Table du Graal, d'un Graal nourricier, remplit de stupeur et de désir les chevaliers, qui prêtent serment de partir en quête du saint vase pour le « voir » plus distinctement qu'il ne leur a été permis. Cent cinquante chevaliers quittent la cour, ignorant la douleur d'Arthur devant cette séparation, pour se disperser bientôt dans la forêt.

Faisant un premier tri, le narrateur ne relate cependant que les aventures de quelques quêteurs. Une première séquence est consacrée aux aventures de Galaad (histoire de l'écu que lui a destiné Joseph d'Arimathie, aventure du Château des Pucelles), entrelacées à celles de Baudemagu, Yvain, Melian, Gauvain... Les séquences ultérieures, série d'épreuves et de tentations, suivent le cheminement physique et spirituel d'autres quêteurs : Lancelot, qui comprend vite, malgré sa confession et son repentir, que sa passion coupable pour la reine lui interdit de mener à bien la quête ; Perceval, en proie, dans une île, aux assauts du diable (sous forme d'une demoiselle) ; Gauvain et Hector, les réprouvés de la quête ; le chaste Bohort qui triomphe lui aussi des pièges du démon avant de retrouver Perceval.

Ces deux derniers s'embarquent alors avec Galaad et la sœur de Perceval sur une nef merveilleuse où Galaad prend peu à peu possession des objets qui lui sont destinés, l'épée « à l'étrange fourreau », la couronne, le lit aux trois « fuseaux », blanc, vert et rouge, tandis que la voix autorisée du « conte », relayée par une lettre, des inscriptions, des commentaires de la sœur de Perceval, etc., énonce la provenance et le devenir des trois « fuseaux », issus du rameau de l'Arbre de Vie qu'Ève a emporté du Paradis terrestre, et l'origine de la nef, construite par Salomon à l'intention du dernier descendant de son lignage, Galaad.
Après avoir relaté la mort de la sœur de Perceval (qui donne son sang pour guérir une diabolique lépreuse), le récit fait retour à Lancelot qui assiste à Corbenic (au château du Roi Pêcheur), mais dans un état de paralysie totale, à une vision partielle des mystères du Graal. Les élus, eux, auront à Corbenic et au cours des différentes liturgies du Graal des révélations beaucoup plus explicites. Mais c'est au terme d'une autre traversée initiatique – une nef, où ils retrouvent le Graal et la table qui le supporte, les mène à Sarras, près de Jérusalem – que Galaad atteint, juste avant d'en mourir, à la vision transparente des mystères du Graal. Un an après, Perceval meurt à son tour, tandis que Bohort revient à la cour d'Arthur pour y conter les aventures du saint Graal que mettent par écrit les clercs de la cour.

Reléguant à la seconde place Perceval, l'élu du Graal depuis Chrétien de Troyes, la *Quête* choisit comme protagoniste, et en accord avec les données du *Lancelot*, le fils de Lancelot, Galaad. La filiation charnelle père-fils fonde ainsi et image la nécessaire continuité entre la chevalerie selon le monde, illustrée dans le *Lancelot en prose*, et dont Lancelot, l'amant de Guenièvre, a été et reste le plus parfait représentant, et une chevalerie nouvelle, la chevalerie célestielle, qu'anime seul le désir de Dieu et qui ordonne sa prouesse à son service. En écho peut-être à la mission que saint Bernard donnait dès la première moitié du XIIe siècle aux Templiers, ces chevaliers-moines au service de Dieu et de la croisade, l'auteur de la *Quête* fait de la chevalerie nouvelle l'instrument séculier de la justice divine, de la lutte contre les manifestations du mal. Mais cette chevalerie, ici représentée par les trois élus, est aussi l'ordre que Dieu a choisi depuis la Passion, avec l'« invention » de cette relique qu'est le Graal, voire depuis le début des temps (histoire de l'Arbre de Vie et de la Nef de Salomon), pour lui révéler les mystères de la Foi, de l'Incarnation, de l'Eucharistie…
La filiation Lancelot-Galaad, qui noue solidement la *Quête* au *Lancelot en prose*, le roman « mystique » au roman d'aventures et d'amour, illustre aussi un autre aspect d'un récit dans lequel l'ensemble du pré-texte arthurien devient le support d'une écriture qui tente de finaliser le surgissement des aventures, de leur donner un sens puis d'en briser net le déroulement. Le schème narratif de la quête devient ainsi le moyen d'éliminer et de classer les personnages arthuriens. Ne trouvent d'aventures que ceux qui en sont dignes, et le temps de chevauchée ou de navigation des chevaliers en compagnie de Galaad est directement proportionnel à leur mérite. Reprenant aux récits antérieurs toutes les formes possibles d'aventures – joutes, combats, tournois, navigations hasardeuses mais aussi songes, visions, tentations érotiques, etc. –, le narrateur en dépasse systématiquement le sens littéral pour leur conférer, par l'intermédiaire des ermites et des gloses qu'ils élaborent, un sens figuré, qui crée à son tour une hiérarchie entre les aventures et les chevaliers. Les unes, lot des chevaliers les plus imparfaits ou en voie de perfectionnement, prennent une signification morale et forment une sorte de catéchisme à l'usage de la classe chevaleresque. D'autres, allégorisant les motifs-clés du texte arthurien, comme le combat du lion et du serpent ou la libération des captives du Château de Pesme Aventure dans *le Chevalier au lion*, disent le triomphe de la Nouvelle Loi (l'Église) sur l'Ancienne Loi (la Synagogue). D'autres encore, les plus hautes, réservées aux élus, explicitent les grands mystères. Nombre d'aventures attachées à Galaad s'ordonnent enfin autour de la notion d'achèvement : Galaad mène à bien les aventures laissées jusqu'alors en suspens ; héros vierge, sans postérité, il casse net les fils des aventures et tarit les sources et les ressources du récit. Le sens même de la quête est repensé. Il ne s'agit plus, comme dans le récit de Chrétien de Troyes, de relancer un questionnement sur le Graal, un échange langagier qui mimerait le déroulement du temps. Il faut patiemment quêter l'élucidation du mystère, le passage progressif de la « semblance », d'une saisie « littérale » de l'objet, à la « veraie semblance », à la vision de l'essence même du Graal ; une vision aussi transparente qu'ineffable, qui arrache le récit à l'ordre du langage et signe l'arrêt de mort du héros.
Quête des secrets de Dieu, la *Quête* pourrait être aussi bien une réflexion sur les pouvoirs de l'écriture profane qui referait en sens inverse, de l'ouest de la fiction arthurienne vers l'est du sacré, le parcours exégétique du Livre par excellence, la Bible. En doublant chaque fragment narratif, chaque « aventure », d'une glose qui permet de le lire selon l'un ou l'autre ou la totalité des quatre sens de l'Écriture sainte, l'auteur de la *Quête* s'essaierait à produire, à partir du référent arthurien, de la plus fabuleuse des fictions, le livre à lire, comme la Bible, au sens littéral comme dans la multiplicité de ses sens figurés. La tonalité si ouvertement chrétienne du récit ne serait alors que l'alibi d'une écriture où la fiction arthurienne tenterait de s'arroger le statut du *logos* divin.

E. Baumgartner

QUIGNARD Pascal

(né en 1948)

On ne trouvera guère dans l'œuvre abondante et multiforme de Quignard d'indications biographiques, même s'il arrive souvent à l'auteur d'écrire à la première personne. Ici où là, il arrive que se glisse une image, une évocation. Le Havre en ruine après la guerre, l'enchantement des leçons de musique, le travail d'éditeur pendant de nombreuses années, et surtout la longue période de mutisme qui marque son enfance. Refus du monde, refus du réel, refus du langage, c'est tout un. Quignard trouve refuge dans les langages qui ne parlent pas, la lecture, l'écriture, la musique. « Écrire, c'est parler muet. »

Le silence est au cœur de son œuvre. Les ermites quittaient les bruits du monde pour le désert afin de pouvoir enfin entendre la parole de Dieu. L'écrivain est celui qui parvient à faire taire les bavardages, l'immense et intense rumeur du social, pour se donner une chance d'entendre quelques bribes, non de la vérité mais du mystère de l'homme : de l'amour, de la beauté, de la pensée, de la langue, de la violence, de la domination. L'écriture de Quignard est un ascétisme.
Plutôt qu'écrivain, Quignard se revendique lecteur. Le lecteur est celui qui va retrouver et faire germer dans le silence des livres la parole muette qui y a été déposée. L'écriture est ce qui va donner forme à cette germination. « Je cherche à écrire un livre où je songe en lisant. » Il n'y a donc pas, parmi les quelque trente-cinq livres publiés à ce jour par Quignard, de différences tranchées entre les romans, les essais, les traités, les études littéraires, les méditations sur les peintres ou les musiciens, les livrets d'opéra, les contes. Seule la poésie est absente, mais l'écriture de Quignard s'approprie les territoires, les pouvoirs et les rhétoriques traditionnellement réservés à la poésie. De la même façon, il tend à abolir les frontières scolastiques entre la littérature et la philosophie. Son premier livre, *l'Être du balbutiement* (1969), essai « philosophique » sur Sacher-Masoch, n'est guère éloigné ni dans la forme ni dans le questionnement du deuxième, *la Parole de la Délie* (1974), consacré à Maurice Scève – dont Quignard donne, la même année, une édition des œuvres complètes.
Cette systématique confusion des genres a longtemps fait passer Quignard pour un auteur difficile, abstrait, hermétique. Son penchant érudit pour l'Antiquité, et notamment pour la civilisation et la littérature latines, a accru le malentendu. Traducteur d'*Alexandra* (1971), long poème en grec du IIIe siècle avant J.-C. de Lycophron, auteur de *Carus* (1979), des *Tablettes de buis d'Apronenia Avitia* (1984), d'*Albucius* (1990) et d'une fulgurante revisitation des fresques de Pompéi, *le Sexe et l'Effroi* (1994), Quignard ne cherche pourtant, à travers cette remontée vers notre langue première, qu'à retrouver la pulsion et l'émotion de ce qui n'a pas encore été dit, de ce qui décolle la parole de la culture et du discours social. L'érudition ouvre un chemin vers l'obscurité des origines. La « lecture-écriture » de Quignard s'appuie aussi bien sur les littératures anciennes (*la Raison*, 1990), sur les contes populaires, sur des auteurs peu connus de la Renaissance ou de l'époque classique, sur des philosophes chinois (*Kong Souen-Long, sur le doigt qui montre cela*, 1990) que sur des écrivains contemporains : *Michel Deguy* (1975), *le Vœu de silence* (1985) à propos de Louis-René Des Forêts.
Cette diversité des appuis et cette profonde unité de la voix culminent avec la série des *Petits Traités*, réunis en huit volumes en 1990. Cinquante-six textes – une suite baroque –, placés sous l'égide du janséniste Pierre Nicole. Méditations passionnées, vibrantes, troublantes et parfois sarcastiques sur l'écriture et la vie – toutes les formes de l'écriture et toutes les formes de la vie. À cet art du « traité », tout à la fois essai, leçon, fable et récit, appartiennent aussi *le Lecteur* (1976), *Une gêne technique à l'égard des fragments* (1986), *la Leçon de musique* (1987), *l'Amour conjugal* (1994), *Rhétorique spéculative* (1995), *la Haine de la musique* (1996) et même *Vie secrète* (1998) qui est un traité de l'amour.
Les passions amoureuses, l'effroi sexuel, les pouvoirs et les maléfices de la langue, les illusions de l'Histoire, l'éveil des sens, le rôle des objets, des rites et des symboles dans notre appréhension du monde sont les thèmes dominants des romans de Quignard, qui lui valent un vaste public : *le Salon du Wurtemberg* (1986), *les Escaliers de Chambord* (1989), *Tous les matins du monde* (1991), *la Frontière* (1992), *l'Occupation américaine* (1994), *Terrasse à Rome* (2000).
L'écriture de Pascal Quignard ne ressemble, même de loin, à aucune autre. Elle a pour fonction première de transporter le lecteur – de le surprendre afin de pouvoir l'arracher aux routines du déjà-dit, du déjà-pensé, du déjà-ressenti dans lesquelles nous ramène la langue ordinaire. Elle utilise une rhétorique violente faite d'assertion, d'érudition, de néologismes, d'énumérations, de ruptures, de débordements. Le passé y côtoie le présent ; la réalité, la fable ; la fiction, la pensée ; le détail, la vue générale. Michel Deguy parle d'« une écriture sidérante ».

P. Lepape

QUINAULT Philippe

(1635-1688)

Voltaire admirait Quinault et s'employa à le venger des malveillants sarcasmes de Boileau. Ses tragédies ni ses comédies ne sont plus représentées, mais ses vers survivent à travers les opéras de Lully dont il composa le livret. Il connut, en son temps, une gloire comparable à celle de Corneille, de Molière ou de Racine.

Une carrière exemplaire

Plus encore que celle de Racine, la carrière de Quinault offre un saisissant document sur la réussite mondaine que pouvaient atteindre, sous Louis XIV, des écrivains habiles et talentueux. Fils d'un boulanger de la rue de Grenelle, privé, dans son enfance, de toute éducation sérieuse, il eut la chance de devenir le valet de Tristan l'Hermite et, au contact de celui-ci, d'apprendre à rimer. En 1653 – il n'avait que dix-huit ans –, il fit jouer sa première œuvre, *les Rivales*, une comédie. Suivirent sept tragi-comédies, *la Généreuse Ingratitude* (1654), *les Coups de l'Amour et de la Fortune* (1655), *le Fantôme amoureux* (1656), *le Feint Alcibiade* (1658), *le Mariage de Cambyse* (1658), *Stratonice* (1660), *Agrippa ou le Faux Tiberinus* (1662), cinq tragédies, *Amalasonte* (1657), la *Mort de Cyrus* (1659), *Astrate, roi de Tyr* (1664), *Pausanias* (1668), *Bellérophon* (1670), deux comédies, *l'Amant indiscret* (1654) et *la Mère coquette* (1665), et l'inclassable *Comédie sans comédie* (1655), où, après le prologue, se trouvent enchaînées une pastorale, une comédie, une tragédie et une tragi-comédie.
La première carrière de Quinault s'interrompit alors. Il avait épousé, en 1660, une riche veuve. Reçu à l'Académie française en 1670, il fut, l'année suivante, nommé auditeur à la

Chambre des comptes. C'est par la littérature qu'il s'était élevé. Il pouvait désormais renoncer à cette activité, qui l'avait arraché à la bassesse de son origine. Bien des raisons peuvent expliquer son ascension. Quinault avait un physique agréable, une humeur complaisante, un grand charme dans le monde. Il avait aussi un flair remarquable pour se choisir des protecteurs utiles et opulents : la deuxième pièce qu'il composa fut dédiée au prince de Conti, la quatrième au maréchal de La Meilleraye ; mais Quinault fut surtout l'un des clients de Fouquet – la *Mort de Cyrus* fut offerte à Mme Fouquet, *le Feint Alcibiade* au surintendant lui-même, *Stratonice* à Jeanin de Castille, le beau-père de Fouquet. Philippe de France, Henri de Guise, Mazarin, le roi lui-même, la reine figurent également parmi ses dédicataires ; quand les Montausier furent bien en cour, le poète fit hommage de *la Mère coquette* à la duchesse, de *Pausanias* à son époux...

Quinault montrait une habileté, une souplesse comparables dans le choix de ses sujets et de ses formes dramatiques. Il fit des tragi-comédies romanesques quand c'était la mode, une comédie psychologique (*la Mère coquette*) après Molière, des tragédies sérieuses, quand le goût en fut revenu. Cet opportunisme fut parfois récompensé d'éclatants succès – tels celui d'*Agrippa* et celui d'*Astrate*. Les critiques ne se laissèrent pas toujours aussi facilement séduire. Ils relevèrent les négligences de l'expression, des facilités dans l'intrigue ; ils soulignèrent aussi certaines ignorances du poète, et son sens de l'imitation poussé jusqu'au plagiat : Rotrou, Scarron, Donneau de Visé, entre autres, furent les victimes de ses larcins.

Sa rencontre avec Lully marque pour Quinault le point de départ d'une seconde carrière encore plus brillante. Après *la Grotte de Versailles*, une églogue en musique représentée en 1668, après *Psyché*, qui vit, en 1671, collaborer Corneille, Molière et Quinault, après *les Fêtes de l'Amour et de Bacchus*, créées en 1672, le poète composa onze opéras, que Lully mit en musique : *Cadmus et Hermione* (1673), *Alceste* (1674), *Thésée* (1675), *Atys* (1676), *Isis* (1677), *Proserpine* (1680), *Persée* (1682), *Phaëton* (1683), *Amadis* (1684), *Roland* (1685), *Armide* (1686). Il écrivit également le livret de deux ballets, *le Triomphe de l'Amour* (1681) et *le Temple de la Paix* (1686).

Lully n'était pas un homme facile à satisfaire. Il accablait le poète de critiques et de remontrances ; il l'obligeait à récrire plusieurs fois la même scène. Mais cette tyrannie, que le doux Quinault semble avoir sereinement acceptée, porta ses fruits : presque tous ses livrets eurent un succès triomphal ; les courtisans à Versailles, les ouvriers dans leurs ateliers en fredonnaient des couplets ; le roi, Mme de Maintenon elle-même marquèrent leur préférence pour tel ou tel morceau. Une seule ombre : dans *Isis*, Quinault s'était permis de faire allusion à la furieuse jalousie que Mme de Montespan témoignait alors envers Mlle de Fontanges, et la maîtresse du roi obligea Lully, de 1677 à 1681, à chercher d'autres collaborateurs – Thomas Corneille et Fontenelle prirent sa succession.

Après *Armide*, Philippe Quinault, illustre et riche mais malade et dégoûté, cessa d'écrire. Son second silence fut définitif ; le poète mourut à cinquante-trois ans, quelques mois après Lully qu'il avait si bien servi.

Un théâtre de l'imaginaire

Il ne faut pas demander à ce théâtre plus qu'il ne peut nous donner. Quinault ignore la géographie et l'histoire, il prétend souvent ne devoir ses sujets qu'à son imagination. Il n'est ni politique ni psychologue. Dira-t-on au moins que ses intrigues sont bien ourdies, et que ce médiocre penseur est un grand dramaturge ? Cela n'est pas certain : bien des épisodes, dans ses pièces, sont inutiles au dénouement, et, en particulier, celui du fameux anneau royal qui tient tant de place dans *Astrate*.

Le charme de Quinault s'édifie sur tous ces manques. Son œuvre n'est pas exactement théâtrale ; elle serait plutôt « plastique ». Dans des Cappadoces et des Spartes imaginaires s'affrontent des princes empanachés et des reines amoureuses. Ni les uns ni les autres n'ont le moindre rapport avec ce qu'on appelle la réalité, et les sujets qui leur permettent de se rencontrer et de paraître agir ne sont, au fond, que des canevas de tapisserie. On ne saurait demander à Astrate, à Cléone, la sœur d'Alcibiade, qui a pris le travestissement de son frère, au faux Tiberinus d'être des personnages convaincants ou de former des desseins qui nous troublent. D'eux on ne peut attendre que des « gestes » ; leurs passions : cet éternel amour, qui rebutait Boileau, cette ambition, à laquelle ils ne croient plus, ne sont là que pour autoriser la grâce de leurs couplets et de leurs étreintes. Même dans *la Mère coquette*, tout ce qui s'approche du réel et de la gravité moliéresque s'évapore pour laisser la place à une décoration sémillante et superficielle.

Mais demande-t-on à Véronèse de nous peindre les véritables *Noces de Cana* ou d'en suggérer la gravité ? Pourquoi refuser un art qui, au lieu de se référer au réel, se propose de le nier dans une représentation brillante et peut-être « désespérée » ? D'autant que l'esprit de sérieux peut venir ensuite, et qu'après tout *la Mère coquette* annonce Marivaux, *Bellérophon* la *Phèdre* de Racine, et *Astrate*, *Athalie*.

Encore faudrait-il que la technique fût impeccable. Or elle ne l'est pas. Le style est souvent languissant et prosaïque. Il fallut la musique de Lully pour surmonter cette faiblesse. Alors ne resta qu'une forme prestigieuse, qui, au lieu de contester le réel ou les styles qui l'avaient précédée, se suffit à elle-même et acquit, aidée par les sortilèges de la musique, des machines et des décors, la plénitude du pur imaginaire. Toute une société y retrouva ses fantasmes. Le poète, qui s'était cherché dans la distanciation baroque et presque burlesque, le jeu, la dérision, rencontra, au bout de son chemin, le classicisme du rêve.

A. Niderst

QUINET Edgar

(1803-1875)

Aujourd'hui méconnu, Quinet pâtit d'une destinée posthume étrangement disproportionnée à l'ampleur d'une vie et d'une œuvre multiformes qui inquiètent autant qu'elles fascinent. Professeur, homme politique, historien, poète, Quinet nous entraîne, à travers l'histoire universelle, dans une errance fiévreuse qu'anime une convoitise de l'infini, signe en nous de la liberté.

Les chemins de la liberté

Enfant du siècle, il hérite de sa mère la rigueur du protestantisme genevois tempérée d'ironie voltairienne et d'un « enthousiasme » puisé dans le culte de Mme de Staël. À son père, soldat de la Révolution en 1792, commissaire des Guerres sous l'Empire, qui essaya d'oublier dans la passion pour la science sa haine à l'égard de l'Empereur, Quinet doit le ferment d'idées libérales qui lui permit de s'arracher à la légende napoléonienne.

Il naît à Bourg-en-Bresse, accomplit de brillantes études. Élève au collège de Bourg, puis au collège de Lyon, admissible dès 1820 à l'École polytechnique, il renonce néanmoins à la carrière scientifique qui ne lui inspire qu'ennui et dégoût et part pour Paris où il entreprend des études de droit, tout en se passionnant pour l'Histoire et la poésie. 1825 est pour lui l'année des « illuminations » : Quinet rencontre Jules Michelet, son « frère de cœur et de pensée » ; Victor Cousin, son idole provisoire, dont l'éclectisme ne tardera pas à lui apparaître comme une bâtarde apologie de la capitulation ; il découvre surtout les *Idées sur la philosophie de l'histoire de l'humanité* de Herder, dont il publie la traduction (1827-1828), précédée d'une longue *Introduction* qui est sa profession de foi historique. Attiré par l'Allemagne des Lumières et de la philosophie, il se rend, en 1827, à Heidelberg, pour un séjour de deux ans jalonné d'éblouissements intellectuels et affectifs, première étape de ce pèlerinage à travers les patries spirituelles du romantisme qui le mène de la Grèce – qu'il découvre en 1829, ravagée par les guerres d'indépendance mais splendide dans son élan d'héroïsme libérateur (*De la Grèce moderne et de ses rapports avec l'Antiquité*, 1830 ; ouvrage refondu en 1857) – à l'Italie (1832-1833), où, plus encore que Rome et Naples, Venise le fascine : « J'aime tout d'ici, les pierres, l'eau, le ciel, les femmes [...]. C'est à en mourir de bonheur si c'était de cela que l'on meurt. » De cette initiation italienne naîtront, outre *Ahasvérus*, dont les premiers fragments paraissent en octobre 1833, un volume de notes dont les échos se prolongeront dans *le Génie des religions* (1841) et dans *les Révolutions d'Italie* (1848-1851).

La réalité est-elle la sœur du rêve ? Quinet le croit un instant en 1830. L'annonce de la Révolution le surprend en Allemagne. Tout à son enthousiasme républicain, il franchit le Rhin pour arriver dans un Paris frémissant encore de l'« éclair de Juillet » : « Paris est vraiment magnifique ! Ce palais du roi écorché par la mitraille [...], tout ce flux de peuple rentré chez lui, mais qu'un rien remettrait en émoi, et ce divin drapeau tricolore qui flotte partout, ce sont des choses que nous n'espérions pas voir de notre vivant ! » (Lettre à sa mère, Paris, août 1830.) Bientôt, pourtant, viennent les regrets : « Je ne me consolerai jamais de n'avoir pas marché avec les faubourgs ! » et les illusions perdues – Louis-Philippe, roi d'une coterie, d'une bourgeoisie qui « ne voit plus », « n'entend plus la nation dont elle devrait être la parole vivante », « fait pis qu'oublier le peuple », il « s'en détourne ». Ironie du sort : c'est à cette monarchie abhorrée, qu'il malmène dans de violents pamphlets (« 1815 et 1840 », « Avertissement au pays », hostiles à la politique de Guizot), qu'Edgar Quinet doit la consécration universitaire. Pourvu en 1839 de la chaire de littérature étrangère à l'université de Lyon, il est nommé en 1841 à la chaire de langues et littératures méridionales au Collège de France, et devient rapidement, aux côtés de Michelet et de Mickiewicz, l'idole de la « jeunesse des écoles », l'apôtre des nationalités (*Allemagne et Italie*, 1839 ; *le Rhin*, 1841 ; *les Révolutions d'Italie* [première partie, parue en 1848]) ; il donne alors sa pleine mesure sur le double mode de la parole et de l'écriture, de l'histoire et de l'imaginaire. Dans le sillage d'une réflexion critique sur l'épopée (*Des épopées françaises inédites du* XIIe *siècle*, 1831 ; *Essai d'une classification des arts*, thèse de doctorat soutenue à Strasbourg en 1839 ; *De l'histoire de la poésie*, 1836), il recrée, en une sorte de trilogie épique dont *Ahasvérus* (1833), *Napoléon* (1836), *Prométhée* (1838) sont autant de tableaux, « la tragédie universelle qui se joue entre Dieu, l'homme et le monde » – sujet par excellence de l'épopée moderne, qu'il veut humanitaire et religieuse. La religion est aussi l'inspiratrice d'un enseignement qui, du *Génie des religions* (1841) au *Des Jésuites* (1843), de l'*Ultramontanisme* (1844) au *Christianisme et la Révolution française* (1845), se propose « d'embrasser la philosophie de la révélation » universelle. À travers l'aventure du Dieu fait homme, le christianisme, « idée la plus élevée du genre humain », a donné à l'histoire de l'humanité son modèle idéal de Passion, Mort et Résurrection. Mais le christianisme moderne, progressivement dégradé par le divorce de l'Église et de la Foi, dégénère. Tandis que l'Église romaine, pharisienne dans le jésuitisme, impérialiste dans l'ultramontanisme, esclave de la lettre et dépossédée de l'esprit chrétien, devient l'icône de la fatalité, la Révolution française inscrit dans la loi un Évangile de « liberté, égalité, fraternité ». Mais s'il s'affirme que « l'idéal de la Révolution est, à beaucoup d'égards, plus près du christianisme que ne l'est aujourd'hui l'Église », Quinet nous met en garde contre la tentation abusive, à laquelle cède notamment Michelet, de confondre État et Église, loi et dogme, assemblées et conciles. Cet anticléricalisme religieux attire à Quinet les foudres conjuguées du « parti prêtre », des libres penseurs et du gouvernement qui, en 1847, suspend définitivement de ses fonctions le professeur au Collège de France.

Après d'éphémères illusions, en 1848, sur le « génie divin des masses », Quinet poursuit, dans la lutte politique, son combat pour la liberté. Devenu député républicain de l'Ain, il réclame en 1850 la « séparation de l'école et de l'Église, de l'instituteur et du prêtre » et, avec *l'Enseignement du peuple* (1850), donne à la laïcité une « défense et illustration » dont se souviendra Jules Ferry. Proscrit après le 2 Décembre, il erre de la Belgique à la Suisse et, dans l'exil, grave ses « Châtiments » (*le Livre de l'exilé*, 1875). « Irréconciliable », il refuse, en 1859, l'amnistie offerte aux proscrits républicains : « Ceux qui ont besoin d'être amnistiés, ce ne sont pas les défenseurs des lois, ce sont ceux qui les renversent » (*Protestation contre l'amnistie*, 30 août 1859). Ni le retour en France, en 1870, ni la députation, en 1871 (il siège à l'extrême gauche de l'Assemblée, sur les bancs de l'Union républicaine), ni surtout la répression qui suit la Commune n'atténueront son amertume. Quinet meurt à Versailles, sans avoir vu la République de ses rêves mais non sans en avoir préparé l'avènement (*la République* : « Conditions de la régénération de la France », 1872).

Un seul et même cauchemar hante ses œuvres d'exil : le naufrage de la liberté, qu'évoquent le drame des *Esclaves* (1853), inspiré par l'échec de 1848, *la Philosophie de l'histoire de France* (1855), véhémente réfutation du « fatalisme implacable » de Thiers et de Guizot, *la Révolution* (1865) et *la Critique de la Révolution* (1867), amères démystifications de la croisade avortée de 1789. Ces hantises, il tente de les vaincre par une évasion hors du temps historique, dans la recherche du temps perdu, avec l'*Histoire de mes idées* (1858), son autobiographie ; dans l'imaginaire, avec *Merlin l'enchanteur* (1860), ultime épopée dont il aime à dire : « C'est mon *Odyssée* à moi » ; dans l'histoire naturelle, avec *la Création* (1870), retour « à la source des choses », bain de jouvence dans les « eaux vives » de la genèse universelle.

Philosophie et mythologie de l'Histoire

Quinet voit la totalité de l'univers emportée dans le mouvement irrésistible du progrès. À Herder il reconnaît le génie d'avoir montré l'enchaînement merveilleux qui, de la plante au phénomène le plus élevé du corps social, atteste les bienfaits d'une révélation progressive. Cette conviction permet à son œuvre, à travers un éclatement apparent, de refléter l'harmonie universelle et, pour finir, de trouver sa sérénité dans la contemplation de la « grande unité » qui « met la paix en toutes choses » (*la Création*). *L'Esprit nouveau* (1874) est la réconciliation irénique de l'« esprit pur » et du monde sensible, de l'histoire naturelle et de la science politique et sociale.

Ce progressisme banal et daté sert de toile de fond à une réflexion personnelle sur les rapports du déterminisme et de la liberté, de la religion et de l'Histoire. Harmonisées, Nature et Histoire sont, pour Quinet, philosophe de la liberté, séparées par un abîme. Si la nature obéit aveuglément à des lois immuables, l'homme se donne, grâce au libre arbitre, cette « activité qui ne relève que de soi », sa propre loi : l'Histoire « est le spectacle de la liberté, la protestation du genre humain contre le monde qui l'enchaîne, le triomphe de l'infini sur le fini, l'affranchissement de l'esprit, le règne de l'âme » (*Introduction* aux *Idées* de Herder).

Il est difficile à Quinet de concilier la foi en cette liberté, principe immanent au devenir, avec la conviction que la religion est la substance de l'Histoire, le principe explicatif commun des révolutions politiques et esthétiques (cf. *le Génie des religions*). L'Histoire s'inscrit ainsi au cœur d'une tension dialectique. Quinet se démarque de toute solution fataliste. Au providentialisme de Bossuet il reproche d'asservir la révélation au christianisme ; à Herder, dont il admire pourtant la foi humanitaire, de subordonner la marche de l'Histoire à la réitération de l'intervention divine, privant ainsi la conscience de toute autonomie. Pour exorciser ces avatars du destin, Quinet associe intimement le progrès de la révélation au progrès de l'individu, et fait de la « conscience religieuse de l'homme, en commerce avec l'infini » le lieu où se déploie la dynamique de la liberté. Fidèle à lui-même, il retrace dans son histoire des religions ce double progrès. Le panthéisme oriental, le paganisme grec et romain, le christianisme, religion de la conscience qui fait palpiter le divin dans l'« esprit fait chair », lui apparaissent comme autant d'étapes qui marquent le triomphe de l'esprit sur la matière, de l'individu sur l'univers.

Dans l'évolution des arts – de l'architecture, reflet passif de la nature comme le panthéisme dont elle procède, à la sculpture, volontiers anthropomorphe comme le paganisme grec qui lui donne naissance mais encore incapable d'imposer l'individualité à l'univers, à la peinture enfin, cet art chrétien par excellence en qui l'âme joue avec le visible – se lit le même triomphe (*Essai d'une classification des arts*). Paradigme de l'art tout entier, l'épopée procède du même pas. Cosmogonique et sacerdotale dans l'Inde, elle se donne en Grèce, grâce à Homère, un auteur et des héros singuliers ; l'épopée médiévale, héroïque encore, rayonne de la double individualité de Charlemagne et d'Arthur, sans sacrifier la geste de ces personnalités collectives que sont les peuples (*Histoire de la poésie*) ; l'épopée moderne a la mission difficile de joindre à l'apothéose de l'individu celle de la liberté : elle doit « dégager des voiles mystiques de la Comédie divine, du Paradis perdu et des Saints Livres du Christianisme, le côté réel de l'humanité » (*De l'origine des dieux*). Comme l'individu, l'art se construit contre et avec la religion. Vivifié par la foi, il est tué par le dogme.

Tel est aussi le sort des révolutions politiques et sociales : « Toutes les révolutions qui ont réussi jusqu'à ce jour se sont appuyées ou sur la transformation de l'ancienne religion ou sur une religion toute nouvelle » (lettre à Mazzini, 1854). L'esprit novateur du protestantisme, qui oppose aux dogmes et aux rites la primauté d'une conscience libre, a permis l'établissement de républiques heureuses à Genève, aux États-Unis, en Hollande. Exemplaire, la révolution hollandaise a réussi « parce qu'en abjurant le catholicisme elle a coupé le câble qui la liait à la monarchie espagnole ». Elle doit ce privilège à la rencontre providentielle d'un homme d'État et d'un homme de foi, de Guillaume d'Orange et de Marnix de Sainte-Aldegonde (*Marnix de Sainte-Aldegonde*, 1854). La Révolution française, elle, a échoué pour n'avoir pas trouvé son Marnix. Elle n'a su ni extirper le catholicisme ni trouver une religion nouvelle. Au mépris de l'authenticité du sacré, elle a travesti la Raison en déesse et, à travers le culte de l'Être suprême, confondu religion et philosophie. Cette inaptitude au ressourcement spirituel la condamnait à se nier elle-même et à enfanter la tyrannie (*la Révolution* et *Critique de la Révolution*).

Les « inventions épiques », compositions de longue haleine qui « embrassent l'humanité », reflètent l'ambiguïté fondamentale de la philosophie de l'Histoire d'Edgar Quinet : *Ahasvérus* (1833), mystère en prose et en quatre journées, est construit sur l'inversion de l'errance fatale du juif maudit par le Christ, en quête initiatique qu'illuminent le pardon et les révélations promises ; *Napoléon* (1836) déploie, par-delà l'Histoire, un mythe tout en clair-obscur fait, comme l'a démontré Jean Tulard, de l'écartèlement de la geste napoléonienne entre une légende noire et une légende dorée dont Austerlitz et Waterloo seraient les emblèmes ; *Prométhée* (1838) met en scène la libération du Titan par les Archanges, donnant ainsi à une fable païenne un dénouement et un avenir chrétiens. Dans *Merlin l'enchanteur* (1860), Merlin, riche de la double tradition des chants populaires celtiques, des chroniques et romans médiévaux, fils de Satan et d'une vierge, enchanteur désenchanté par surcroît, concentre en lui les doubles postulations simultanées de la mythologie romantique. Voyageurs éternels, Napoléon, Prométhée, Merlin sont les frères spirituels d'Ahasvérus, le Juif errant.

Ahasvérus, icône d'un univers mythique

Née en Orient, restée longtemps orale, la fable du Juif errant émigre en Occident, s'enrichit au Moyen Âge, connaît avec Goethe et Schubart, Quinet et Eugène Sue la consécration littéraire dans l'Europe des Lumières et du romantisme. De ses origines orales elle garde une vocation populaire : *l'Admirable Histoire du Juif errant qui depuis l'an 33 jusqu'à l'heure présente ne fait que marcher*, livret d'une vingtaine de pages suivi d'une complainte et précédé d'une gravure sur bois, est colportée dans les villages. L'itinéraire de la fable s'harmonise, on le voit, avec la genèse spirituelle d'un Quinet fasciné par les religions et leur cortège de mythes autant que par toutes les manifestations du génie populaire. Mais surtout, la légende du Juif errant se cristallise, en dépit de la diversité de ses variantes, autour d'un récit archétypal (le Juif, maudit par le Christ à qui il a refusé pitié et assistance sur le chemin du Golgotha, est condamné à marcher toujours, à ne mourir jamais) qui coïncide providentiellement avec la philosophie de l'Histoire de Quinet, transposée en images dès l'*Introduction* aux *Idées* de Herder (1827) : agitée par le démon de l'infini, l'humanité qui « s'en va, en présence de l'univers muet, cheminant de ruines en ruines, sans trouver où s'arrêter », ressemble au Juif errant.

Grâce à cette rencontre d'une tradition et d'une philosophie personnelle, s'opère chez Quinet la métamorphose de la légende en mythe littéraire à la faveur d'une bien romantique palingénésie. Mythe de l'histoire universelle, *Ahasvérus*, œuvre plurivoque, s'organise autour des errances consonantes du monde, de l'humanité et du moi. L'Océan erre en quête de rivages, de lits « d'écume blanche », de « cristaux de corail » et de « coquilles de pourpre » (I, 1). Au ciel, les étoiles s'envolent « comme une couvée d'oiseaux aux ailes d'or qui se mettent à partir pour des pays lointains » (I, 1). Les nuages se pressent « à l'horizon comme des voyageurs sous des tentes de lin » (I, 4) tandis que, dans la nuit d'Orient, la lune, bergère irréelle, veille sur ses « troupeaux d'étoiles bondissantes » (I, 6). À cet élan cosmique correspond le pèlerinage de l'humanité, qui, après avoir vu se faner l'Orient, ses idoles et ses empires, arrive à Bethléem, où, dans l'étable, vient de naître l'enfant-Dieu. Dès lors, le mystère joue sur les ambiguïtés jumelles du Christ, Dieu fait homme qui, souffrant sous le poids de la croix, gravit le Calvaire, et d'Ahasvérus, Christ humain qui, torturé par l'invisible crucifixion de la malédiction, est condamné à voir son calvaire se prolonger à l'infini. Errances, Passions parallèles qui, par une double médiation indirecte, réfractent cette Passion de l'humanité à travers les âges qu'est l'Histoire. Par une autre médiation, Quinet, sous les traits du Poète, redescend vers « ses jeunes années », revit ses voyages, ses amours (Rachel, l'ange amoureux, rebelle aux ardeurs de la terre, ressemble à Minna Moré, fiancée de neige aimée d'un amour trop ardent, III, 13) – autant d'étapes de sa Passion personnelle. Il retrouve enfin Brou, le sanctuaire du pays natal, Certines, la maison d'enfance, Sophie Duvant, à qui *Ahasvérus* est dédié, femme aimée d'un amour impossible sublimé par la menace de la mort. Cette triple liturgie du retour aux origines apparaît comme une conjuration du temps perdu (« Intermède » de la « Troisième Journée »). Désormais, l'errance a pris un sens. Double du Poète, Ahasvérus, racheté par l'amour de Rachel, repart pour un nouveau voyage – initiatique, celui-ci –, qui doit le conduire, à travers des chemins pavés de nuages et blanchis de la poussière des étoiles, vers la « source » des siècles et les cimes de l'Avenir. Le Christ, à son tour, se voit promettre par l'éternité une Passion et une mort nouvelles, d'où il sortira, grandi « de plus de vingt coudées », pour pétrir un « nouveau monde », un « nouveau ciel », un « nouvel Adam ». L'espoir luit à l'horizon de l'Histoire.

À travers cette mythologie de l'Histoire transparaît une mythologie de la poésie. Tandis que les quatre journées du mystère reflètent, de la Création au Jugement dernier, le temps de l'Écriture, le prologue et l'épilogue – prolongeant le temps épique au-delà du temps théâtral et liturgique – font apparaître l'ampleur infinie du temps de l'écriture poétique. Parallèlement, l'espace épique devient, grâce aux intermèdes et interpolations ironiques qui jugent le spectacle et le poème en train de se faire, le lieu d'où tous les regards sont possibles sur le monde. De cette ligne de partage de l'imaginaire, être et néant, réel et rêve, sérieux et non-sérieux sont appréhendés dans leur perpétuelle virtualité de réversibilité : « Vérité, fantaisie, quel est le rêve ? Quelle est la veille ? » Miroir de concentration de l'univers mythique d'Edgar Quinet, *Ahasvérus* est l'histoire de l'Histoire et le poème de la Poésie.

L'univers imaginaire de Quinet s'unifie ainsi, comme sa philosophie, autour d'une quête religieuse que l'errance, thème récurrent, exprime avec prédilection. Tous les héros épiques sont des Christs recrucifiés. Ahasvérus, maudit, subit le supplice de la marche et de la soif, comme ce Jésus auquel il a refusé l'hospitalité sur le chemin de Golgotha. Cette Passion rédemptrice le conduit « à une vie nouvelle, à des seuils entrouverts au bout de l'infini et à des cieux meilleurs ». Napoléon et Prométhée, héros sacrifiés, victimes du destin, sont aussi les démiurges et les initiateurs d'une ère nouvelle. Merlin, Christ des peuples, enseveli vivant dans la tombe, victime de l'amour de Viviane et de l'ingratitude des nations, renaît pour entraîner hommes et dieux dans le cortège triomphal du renouveau.

Républicain sans république, soucieux de découvrir les lois de l'histoire universelle sans aliéner la liberté individuelle, poète fasciné par des héros à double face, Quinet, « Janus aux deux visages », déconcerte. Trop religieux et trop critique envers la Révolution de 1789 pour les « républicains avancés », trop anticlérical pour le parti de l'ordre, trop peu soucieux de la séparation des genres et des styles pour trouver grâce aux yeux de l'orthodoxie littéraire, poète en Histoire, historien en poésie, Quinet reste un hérésiarque.

S. Bernard-Griffiths

Quinze Joies de mariage (les)

(XVe siècle)

L'auteur, qui dissimula son nom dans une charade, appartiendrait à la famille de Lers. Sans doute est-il clerc : il avoue ne s'être jamais marié, puisqu'il a plu à Dieu de le mettre « en aultre servage » ! (Prol., I, 112). L'allusion à la bataille de Flandres (Rosebecque, 1382) et la place que lui confèrent *les Cent Nouvelles nouvelles* parmi les « histoires anciennes » permettent de situer l'œuvre au début du XVe siècle. Impossible de déterminer une origine géographique : l'auteur se garde de faire évoluer ses héros dans un cadre précis, car il veut prouver que le mariage conduit au malheur toujours et partout, d'où ces nombreuses formules généralisantes.

Les Quinze Joies reflètent une mentalité imbue du mépris de la femme. Comme dans la littérature satirique, l'épouse est coquette, légère, vaniteuse. Les mères, complices, enseignent, par exemple, à leur fille l'art de feindre d'être vierge ; les commères, qui aiment bien festoyer, multiplient les parjures pour aider l'épouse à prouver son innocence, malgré les faits ; la dame qui « se gouverne sagement » (VII, 162) est la plus experte dans l'art du paraître, tandis que son mari a le tort de se fier à ce qu'on lui affirme sous la foi du serment.

Mais, derrière cet antiféminisme, l'auteur s'attaque à l'institution conjugale. Non qu'il se rattache à la tradition monastique et rigoriste qui, depuis saint Jérôme, considérait le mariage comme le mal. Il ne condamne pas le mariage proprement dit : « Je ne veil pas dire qu'on ne face bien de soy marier » (I, 24). Les jeunes choisissent librement d'entrer dans la « nasse » (chez Jean de Meung, le mot désigne le couvent), parfois même contre la volonté des parents. Ils connaissent le bonheur pendant un certain temps. Tels « deux coulombeaux » (XIV, 10), ils s'adonnent aux « délitz », négligeant à coup sûr le conseil de saint Jérôme : « Quiconque aime trop son épouse est adultère » (cité par G. Duby). Oui, l'on peut vivre heureux dans la nasse, mais un court temps seulement. Bien vite, les embarras pécuniaires, les coutumes guerrières, les pèlerinages sèment la discorde, et le mari, progressivement, connaît la déchéance physique, la misère morale ainsi que la dilapidation de ses biens. C'est pourquoi l'auteur, s'inspirant de ceux qui célèbrent les « Joies de Notre-Dame », se propose apparemment de décrire les « joies », c'est-à-dire par antiphrase les malheurs de l'homme dans le mariage ; mais, en réalité, il s'élève contre toute « nasse » où il serait libre d'entrer mais d'où il n'aurait pas le droit de sortir, par la faute de lois sociales et religieuses contraignantes.

Ce parti pris n'empêche pas l'auteur d'observer et de brosser quelques jolis croquis, des scènes d'intimité discrètes mais explicites (Ve Joie). Ces références à la vie quotidienne expliquent la place attribuée aux *Quinze Joies* dans les origines du roman réaliste et dans la préhistoire de la nouvelle française en prose.

M. Santucci

R

RABBE Alphonse

(1786-1829)

Journaliste, polémiste, historien et polygraphe, Rabbe est né à Riez (Basses-Alpes). Après avoir été le secrétaire d'Alexandre de Lameth, il vient à Paris et s'intéresse aux arts. En 1808, il part pour l'Espagne, où son emploi dans l'administration des armées ne l'empêche pas de goûter les plaisirs de la vie. Un peu trop peut-être, puisqu'il y gagne une syphilis qui, après une longue déchéance physique, le conduira au tombeau. Il revient en France, s'intéresse à l'histoire, donne une Introduction à un *Voyage pittoresque et historique de l'Espagne* (1807-1816), rédige un *Précis de l'histoire de Russie* (1812). Devenu avocat, il se fait royaliste et rend des services aux Bourbons, qu'il trouvera bien ingrats au moment de la Restauration. Aussitôt, virage à 180 degrés : il sera libéral. Journaliste à Marseille (au *Phocéen*, qu'il fonde et dirige), il est inquiété puis arrêté, acquitté enfin. On le retrouve ensuite journaliste à Paris, à *l'Album* et au *Courrier français*, publiant des travaux de compilation historique, ami d'Hugo, causeur brillant et apprécié. Il dirigera aussi quelque temps la *Biographie universelle et portative des contemporains*. Défiguré, lui qu'on trouvait si beau, accablé par la maladie, opiomane, il meurt à quarante-trois ans : ses biographes penchent pour le suicide, en quoi il voyait « l'explosion d'une âme généreuse indignée du monde, fière de sa céleste origine et amoureuse de son immortelle dignité ».

Cinq ans après sa mort parut l'*Album d'un pessimiste*, où son neveu avait rassemblé le meilleur de son œuvre : un bref essai sur le suicide, des maximes – de lui, ou choisies chez d'autres auteurs, des méditations, jamais très longues, sur la morale et la société, mais surtout (« l'Enfer d'un maudit ») sur le sens de sa souffrance et de son désespoir ; on y trouvera enfin ce qu'il appelle ses « Tristes Loisirs », qui réunissent plusieurs textes d'une prose souvent proche de la poésie. Ce recueil offre bien des pages qui font regretter que Rabbe n'ait pas laissé une œuvre plus ample, plus achevée. Le talent, l'intelligence sont mis au service, ici, d'une « philosophie du désespoir » (titre de la première partie du recueil). Il ne faut pas voir là un thème d'époque, une sorte de tristesse convenue ; c'est un sentiment réellement éprouvé et qui saisit Rabbe quand il constate sur son corps l'image même de la mort : « Je lève l'appareil de la plaie envenimée qui dévore avec ma vie les traits de mon visage, et je vois que le mal, le mal affreux, s'attache à sa proie et redouble ses progrès… Nature inexorable, il faut donc mourir ! Mourons ! »

Mort vivant, dévoré de l'intérieur, Rabbe fait fuir les autres et se fait horreur à lui-même ; sur cette terre, il a l'impression de souffrir la punition des damnés, il appelle la mort comme une consolation : il y voit une manière de renaître peut-être, plus tard, dans un autre corps vivant, beau, sain. Car le mal absolu, ce n'est pas la mort, c'est le souvenir de ce qu'on était autrefois et qu'on ne peut plus être, par l'effet d'un destin incompréhensible : « Tout a péri ! tout s'est dégradé ! » À lire Rabbe, cependant, ce qui frappe, ce n'est pas seulement l'horreur et la souffrance, c'est la façon dont il tente de les apprivoiser. Chez Sénèque, Cicéron ou Épictète, il trouve des maximes qui le persuadent qu'il n'est pas seul, et ses imprécations mêmes semblent chercher un public pour les écouter : sans amis, sans espoir, il lui reste la philosophie et l'écriture, les seuls portraits auxquels ce Dorian Gray avant la lettre puisse se confier.

A. Preiss

Rabelais

RABELAIS François

(vers 1483-1553)

« L'œuvre de Rabelais est probablement la plus difficile de la littérature française. Mallarmé est aisé à côté », a écrit Michel Butor. De fait, sans parler des difficultés, pourtant nombreuses, d'ordre historique (on a pu, par exemple, récemment, contester la date traditionnellement admise de la parution du *Gargantua*), l'œuvre de Rabelais ne se laisse pas résumer en quelques formules et semble se jouer de toutes les interprétations. À qui quête une pensée secrète, il est facile de citer le passage du Prologue du *Gargantua* qui invite le lecteur à « rompre l'os et sucer la substantificque moelle » avec la promesse qu'ainsi lui seront révélés « de tresaultz sacremens et mysteres horrificques » ; à qui pense que l'œuvre de Rabelais n'est que divertissement et contes à rire, la suite immédiate apportera sa caution : « Croiez vous en vostre foy qu'oncques Homere, escrivent l'Iliade et Odyssee, pensast es allegories lesquelles de luy ont beluté Plutarche, Heraclides Pontic, Eustatie et Phornute ? » On comprend bien que l'œuvre de Rabelais ait suscité mille interprétations, souvent inconciliables : le héraut de la culture populaire se heurte à l'humaniste, le rationaliste militant affronte l'évangélique, le réaliste livre combat au poète de l'invention verbale... Rabelais semble avoir pris à cœur d'exciter ces curiosités par une œuvre où se côtoient des développements d'une obscurité apparemment impénétrable (ainsi l'énigme qui forme le chapitre II du *Gargantua*) et d'autres d'une limpidité telle que le sens paraît devoir résider au-delà des mots (ainsi Thélème, à la fin du *Gargantua*, ou le Pantagruélion, à la fin du *Tiers Livre*).

La vie même de l'homme que fut Rabelais nous est mal connue. Quand il publie le *Pantagruel*, il a quelque cinquante ans ; or il reste fort peu de traces de ce demi-siècle pendant lequel il s'est formé. Né près de Chinon, il est fils d'un avocat. De sa jeunesse, on ignore tout. Il semble que, vers 1511, il soit entré dans l'ordre de Saint-François, à La Baumette, près d'Angers. Avant 1521, il est prêtre régulier, frère mineur de l'Observance à Fontenay-le-Comte. C'est là qu'il fréquente le cénacle humaniste d'André Tiraqueau, célèbre jurisconsulte (une lettre de Guillaume Budé fait allusion, sans qu'on puisse préciser davantage, aux études juridiques de Rabelais). À Fontenay-le-Comte, il se lie aussi avec un autre prêtre, Pierre Lamy ; ensemble, ils étudient le grec, au point d'inquiéter leurs supérieurs, qui voyaient dans cet intérêt un chemin de l'hérésie. Tandis que Lamy s'enfuit, Rabelais se fait recevoir, en 1524 ou 1525, au couvent bénédictin de Saint-Pierre de Maillezais, dont Geoffroy d'Estissac, son protecteur, était abbé. Puis, renonçant à l'état monastique, il s'inscrit, en automne 1530, sur les registres de la faculté de médecine de Montpellier, et, deux mois et demi après, il est reçu bachelier. On le trouve, au printemps de 1532, à Lyon, et, en novembre, médecin de l'hôtel-Dieu du Pont-du-Rhône.

Si incomplets, et parfois incertains, que soient ces renseignements, ils permettent cependant de mesurer l'ampleur et la diversité de la culture de Rabelais. Prêtre, il a fait de solides études théologiques, et la tradition scolastique lui est bien connue. On peut penser aussi qu'il a goûté saint Bonaventure, le maître de la spiritualité franciscaine. Mais Budé nous apprend qu'il a, de plus, étudié le droit, et ce savoir laissera de très nombreuses traces dans son œuvre. Des langues classiques, le même Budé atteste que Rabelais a une sérieuse connaissance. La médecine vient compléter cette formation. Dans ces divers domaines, Rabelais se révèle séduit par le renouvellement qu'y introduit l'esprit humaniste, et dans une lettre de 1532 il salue Érasme comme son maître et son père, ajoutant même : « Je vous ai nommé père, je dirais même mère, si votre indulgence m'y autorisait. »

Rabelais, érudit

Les œuvres savantes de Rabelais reflètent cet esprit. Si on a perdu sa traduction du premier livre d'Hérodote, s'il en est de même, malheureusement, de sa traduction de Lucien, en revanche on a conservé les trois ouvrages qu'il publie, coup sur coup, en 1532, et qui le révèlent bien comme acquis au nouvel esprit humaniste. Médecin, il édite les *Lettres médicales* du médecin Jean Manardi, et il donne une traduction latine des *Aphorismes* d'Hippocrate, en se flattant d'avoir revu le texte sur un manuscrit grec d'excellente qualité. Juriste, il publie le *Testament de Cuspidius* – sans d'ailleurs se douter que ce n'est qu'un faux –, en portant au droit romain et aux réalités de la vie antique l'intérêt qui caractérise l'humanisme. La dédicace des *Lettres* de Manardi, qui salue la Renaissance, montre combien Rabelais adhère à l'esprit nouveau : « Dans la si vive lumière qui est celle de notre siècle, quand nous voyons toutes les disciplines retrouver leur bon état ancien par quelque singulière faveur des dieux, il se trouve un peu partout des êtres auxquels il arrive d'être si affectés que, au sortir de ces ténèbres épaisses et plus que cimmériennes de l'époque gothique, ils ne veulent pas, ou ne peuvent pas, tourner les yeux vers l'astre éclatant du soleil. »

Plus tard, quand Rabelais aura commencé à être connu par son roman, ces préoccupations humanistes ne l'abandonneront pas. On le voit, de février à avril 1534, parcourir Rome, à la suite de Jean Du Bellay, qu'il accompagne en Italie. À son retour, il met sous presse la *Topographie de l'ancienne Rome* de Marliani, en la faisant précéder d'une épître à son maître, où il indique les bienfaits qu'il attend d'un voyage à Rome : rencontrer les savants célèbres et s'entretenir avec eux, observer un certain nombre de plantes, d'animaux et de drogues inconnus en France, composer une topographie de l'ancienne Rome (s'il publie Marliani, c'est que cet auteur a réalisé la dernière partie de son projet). Ce sont bien là des intérêts humanistes.

On n'omettra pas ici les pronostications et almanachs dont Rabelais est l'auteur. Médecin, il publie des calendriers d'astrologie médicale, tel l'almanach de 1541 ; la *Grande et Vraye Pronostication nouvelle pour l'an 1544* est encore un véritable almanach, et, au XVIe siècle, Rabelais sera sérieusement tenu pour un des patrons des pronostiqueurs. Mais cette littérature est de trop large diffusion pour que Rabelais ne profite pas des facilités qu'elle présente : il les utilise pour lutter contre la déviation que constitue l'astrologie divinatrice et pour propager l'évangélisme. De ce point de vue, le texte le plus attachant est la *Pantagruéline Prognostication pour l'an 1533*, qui, du reste – comme le titre le montre –, utilise le récent succès du *Pantagruel*. Reprenant le plan classique des pronostications, Rabelais prend à rebours les renseignements qu'elles ont coutume de fournir ; ainsi le « gouverneur et seigneur de ceste année » n'est pas, comme d'aucuns le font croire, telle ou telle planète, mais « Dieu le createur, lequel par sa divine parolle tout regist et modere ». Tout le premier chapitre, notamment, condense un grand nombre de thèmes chers à l'évangélisme. De même, l'almanach pour 1533, dans le fragment conservé, fait des textes scripturaires un usage qui décèle l'évangélisme de son auteur.

Profil de l'œuvre romanesque

On peut supposer que des préoccupations si nettement et si constamment manifestées ne seront pas absentes du roman de Rabelais. Même si ce serait le défigurer que de n'y voir qu'une œuvre à thèse, on ne saurait nier que l'auteur ne l'inscrive dans son temps et n'y pose les questions qui préoccupent son époque.

Les deux premiers livres furent publiés presque coup sur coup : le *Pantagruel* en 1532, le *Gargantua* en 1534 ou 1535. Un long silence les sépare de la suite : le *Tiers Livre* en 1546, et le *Quart Livre* en 1548-1552. Cet intervalle, comme V.-L. Saulnier l'a souligné, est tout juste celui qui sépare l'Affaire des placards (octobre 1534) du massacre des Vaudois (1545). Avant l'Affaire des placards, l'évangélisme connaît sa plus belle heure : l'esprit de renouveau habite les forces vives du pays. Après elle, vient le temps de la répression, de la lutte contre la propagande évangélique, du combat contre les novateurs. Le roman de Rabelais reflète ce passage de l'allégresse et de l'enthousiasme à la nécessaire prudence. Ces considérations autorisent à examiner distinctement les deux premiers livres et les suivants. Du reste, les lecteurs du temps furent sensibles au changement de ton qui marquait le *Tiers Livre*, si l'on en croit le premier Prologue du *Quart Livre* (1548), où Rabelais rapporte leurs propos : « Plus dictes que le vin du *Tiers Livre* ha esté à vostre goust et qu'il est bon. Vray est qu'il y en avoit peu et ne vous plaist ce que l'on dict communement : Un peu, et du bon ».

VIE		ŒUVRE	
1483	Date probable de la naissance, à La Devinière, non loin de Chinon, de François Rabelais.		
1510 ou 1511	Rabelais est novice au couvent franciscain de La Baumette, près d'Angers.		
1520	Moine chez les franciscains, à Fontenay-le-Comte. Avec frère Pierre Lamy, il est accueilli dans le cercle érudit du légiste humaniste André Tiraqueau. Début de correspondance avec G. Budé.		
1522	Amaury Bouchard, ami de Tiraqueau, publie, en riposte à un livre de celui-ci, une apologie du sexe féminin : il y mentionne la traduction, par Rabelais, du premier livre d'Hérodote.		
1524	Rabelais passe dans l'ordre des Bénédictins, à Maillezais. Au service de l'évêque Geoffroy d'Estissac, il l'accompagne à travers le Poitou ; il réside sans doute au prieuré de Ligugé.		
1526-1528	Rabelais semble mener des études universitaires.	**1526**	Rabelais adresse à son ami le poète Jean Bouchet une épître en vers, sa première œuvre imprimée.
1528-1530	Il séjourne à Paris, où il étudie peut-être la médecine. Il prend l'habit de prêtre séculier. D'une liaison avec une veuve parisienne naîtront deux enfants, François et Junie.		
1530	**17 sept. :** Rabelais est immatriculé sur les registres de la faculté de médecine de Montpellier. **1er nov. :** il est reçu bachelier (son patron est Jean Schyron).		
1531	Il fait ses « leçons du cours » en expliquant les *Aphorismes* d'Hippocrate et l'*Art* de Galien.		
1532	Il est à Lyon. **1er nov. :** il est nommé médecin de l'hôtel-Dieu du Pont-du-Rhône. **30 nov. :** il écrit à Érasme.	**1532**	Il édite les *Epistolae medicinales* de Manardi (S. Gryphe, 3 juin) ; les *Hippocratis et Galeni libri aliquot* (S. Gryphe, 15 juill.) ; le *Testamentum Cuspidii* (S. Gryphe, 4 sept.). Il publie le *Pantagruel,* chez Claude Nourry, lors des foires de novembre et met en vente la *Pantagruéline Prognostication* et un *Almanach pour l'an 1533.*
1534	Il accompagne en Italie le cardinal Jean Du Bellay (janv.-mai). De févr. à avr., il séjourne à Rome. De retour à Lyon, il reprend ses fonctions à l'hôtel-Dieu.	**1534**	Il édite la *Topographia antiquae Romae* de Marliani (août). On place traditionnellement à l'automne 1534 la publication du *Gargantua.* Il publie un Almanach *pour l'an 1535.*
		1535	Selon le critique M. A. Screech, c'est à cette date qu'il convient de fixer la publication du *Gargantua.*

	VIE		ŒUVRE
1535-1536	Deuxième séjour à Rome, en qualité de médecin de Jean Du Bellay. Il y régularise sa situation à l'égard de l'Église.		
1536	Naissance probable de son fils Théodule (qui mourra à l'âge de deux ans). Rabelais est reçu au monastère de Saint-Maur-des-Fossés. Il devient chanoine du chapitre quand l'abbaye est sécularisée.		
1537	Après avoir, en févr., participé au banquet offert à Dolet, il va à Montpellier achever ses études de médecine et passe la licence et le doctorat (mai). Oct. 1537-avr. 1538 : après un court séjour à Lyon, où il pratique une célèbre dissection humaine, il revient à Montpellier faire cours sur Hippocrate.		
1539	Il accompagne, à Turin, Guillaume Du Bellay, seigneur de Langey, gouverneur du Piémont.		
		1540	Il publie un *Almanach* pour l'an 1541.
		1542	Parution, à Lyon, chez Juste, de l'édition, dite définitive, du *Gargantua* et du *Pantagruel*.
1543	Mort de Guillaume Du Bellay, puis de Geoffroy d'Estissac. **2 mars :** les deux premiers livres de Rabelais sont censurés par le parlement.	**1543**	Il publie la *Grande et Vraye Pronostication nouvelle pour l'an 1544*.
1545	**19 sept. :** Rabelais obtient un privilège royal pour le *Tiers Livre*.		
		1546	Publication du *Tiers Livre* (Paris, Christian Wechel).
1546-1547	Séjour à Metz. Rabelais y est médecin de la ville, avec un salaire annuel de 120 livres.		
1547	Il repart, une troisième fois, pour Rome avec Jean Du Bellay.		
		1548	Publication des onze premiers chapitres du *Quart Livre* (Lyon, Pierre de Tours).
1549	Il rentre de Rome. Gabriel de Puy-Herbault, moine de Fontevrault, le critique vivement dans son *Theotimus*.	**1549**	Publication de la *Sciomachie* (relation d'une fête donnée à Rome à l'occasion de la naissance du Dauphin).
1550	Publication du *Traité des scandales* de Calvin, qui y attaque violemment Rabelais. Rabelais est à Saint-Maur, auprès de Jean Du Bellay. **6 août :** privilège royal de dix ans accordé pour l'ensemble de son œuvre.		
1551	Rabelais devient bénéficiaire des cures de Saint-Martin de Meudon et de Saint-Christophe-du-Jambet (diocèse du Mans). Publication des livres censurés par la Sorbonne : tous les ouvrages de Rabelais y figurent…		
1552	**1er mars :** censure du *Quart Livre* par les théologiens, qui obtiennent la suspension de la vente pour quinze jours.	**1552**	Publication du *Quart Livre* complet (Paris, Fezandat).
1553	**7 janv. :** Rabelais résigne ses deux cures. **9 avr. :** mort de Rabelais, à Paris. Il est enterré au cimetière Saint-Paul.		
		1562	Publication de *l'Isle Sonante*.
		1564	Publication du *Cinquiesme Livre*.

Pantagruel

Si les éditions complètes de l'œuvre de Rabelais donnent d'abord le *Gargantua*, puis le *Pantagruel*, on se souviendra pourtant que le second fut publié avant le premier. Dans le Prologue du *Pantagruel*, Rabelais fait explicitement allusion à un roman d'aventures imprimé à Lyon, sans nom d'auteur, les *Grandes et Inestimables Cronicques de l'énorme géant Gargantua* [voir ***Grandes et Inestimables Cronicques***], qui venait de paraître avec grand succès, et annonce offrir, avec *Pantagruel*, « un aultre livre de mesme billon ». L'histoire du père étant ainsi connue par ailleurs, il a entrepris de raconter celle du fils, auquel il donne un nom étranger à la légende gargantuine et emprunté à la tradition médiévale des mystères : petit démon de la mer, Penthagruel y est le génie de la soif. Dans son ouvrage, Rabelais semble d'abord n'avoir voulu que se divertir (ce qui n'interdit pas d'y voir plus qu'une bouffonnerie). Le succès de *Pantagruel* (huit rééditions ou contrefaçons entre 1533 et 1538) encourage Rabelais à écrire lui-même la vie du père, le *Gargantua* – où, du reste, il n'hésite pas à reprendre aux *Grandes et Inestimables Cronicques* des thèmes d'épisodes.

SYNOPSIS

Fils de Gargantua, et dernier d'une lignée de géants, Pantagruel en naissant provoque la mort de sa mère Badebec. Dès son enfance, il montre une force physique et un appétit peu communs (chap. 1-4). Gargantua prend très à cœur l'éducation du jeune géant : il lui donne de savants compagnons, l'envoie faire la tournée des universités, et lui adresse, à Paris, une lettre qui contient un vaste programme intellectuel. Devenu « abysme de science », Pantagruel parvient à démêler un procès inextricable, ce qui lui vaut d'être comparé à Salomon (5-8). Un jour, il rencontre Panurge, vagabond hâbleur pour qui il se prend aussitôt d'une vive amitié. Homme de toutes les prouesses verbales, Panurge n'est jamais en peine d'espiègleries, et ne dédaigne pas les plaisanteries de mauvais goût (9-22). Lorsque Pantagruel apprend que les Dipsodes ont envahi le pays de son père, il quitte Paris, suivi de tous ses compagnons. Il remporte de faciles victoires sur les troupes ennemies, qu'il noie dans son urine, avant de vaincre en combat singulier Loup Garou, chef des géants mercenaires des Dipsodes (23-31). Les hasards de la guerre font entrer le narrateur, maître Alcofrybas Nasier, dans l'énorme bouche de Pantagruel, où il découvre un « nouveau monde », peuplé d'êtres vivants et curieusement semblable au nôtre (32-34).

On a souvent noté que Rabelais suit à peu près le plan des romans de chevalerie : des Enfances Pantagruel précèdent des Prouesses Pantagruel. Mais, si Rabelais doit beaucoup aux romans de chevalerie (les tout premiers mots du Prologue y font songer, qui apostrophent les « Tresillustres et treschevaleureux champions, gentilz hommes et aultres »), il ne s'astreint guère à en imiter vraiment le plan. Dans le cadre commode d'une chronique gigantale, il opte pour une structure à épisodes, favorable à la variété des récits, des tons, des propos. La geste du géant, qui raconte successivement son lignage, sa naissance, son enfance et ses prouesses, laisse sans cesse place à des « narrés », des récits, des dialogues, où le plaisir de dire et de conter se donne libre carrière. Du reste, comme l'a noté M.A. Screech, la première édition respire la joie ; d'un bout à l'autre du livre, on ne remarque nulle amertume, nulle aigreur, et la satire vise d'abord à la drôlerie. Il n'en sera plus de même de l'édition de 1534.

Ce n'est pas à dire que de plus graves réflexions n'y trouvent place, même s'il n'est pas nécessaire de les rapporter, comme le voulait Abel Lefranc, à une audacieuse pensée secrète, à une philosophie rationaliste contemptrice des miracles et de la croyance en une vie future. Comme on s'accorde aujourd'hui à le reconnaître, c'est une philosophie érasmienne que développe le *Pantagruel*, c'est la leçon de l'humanisme de 1530. Et elle s'exprime essentiellement par ses méfiances et ses refus : à l'égard de la glose, de la formalité, du sophisme. La prière de Pantagruel, peu avant son combat avec Loupgarou (chap. XXIX), en formule plusieurs thèmes essentiels : « Je feray prescher ton Sainct Evangile, purement, simplement et entierement, si que les abuz d'ung tas de papelars et faulx prophetes, qui ont par constitutions humaines et inventions depravees envenimé tout le monde, seront d'entour moy exterminez. » Bien des épisodes reflètent les principales pensées de l'humanisme [voir **Humanisme**] : il est difficile de ne pas voir dans la célèbre lettre de Gargantua à Pantagruel (chap. VIII) ce qu'il est convenu d'appeler un hymne à la Renaissance – qui, du reste, fait écho aux propos de Rabelais dans sa lettre-dédicace de l'édition de Manardi. La peinture satirique de l'ancienne culture, celle des « Sorbonagres », n'est pas moins nette : elle constitue notamment l'épisode de la visite de la librairie de Saint-Victor avec son extraordinaire catalogue. Il n'est pas jusqu'au droit qui ne donne l'occasion de manifester une adhésion à l'esprit nouveau : contre l'abus des gloses, Pantagruel prône le retour au texte, enfin débarrassé de l'« ordure » des commentaires et rendu à sa pureté ; on se rappelle la forte expression de Pantagruel à qui les livres des lois semblaient « une belle robbe d'or, triumphante et precieuse à merveilles, qui feust brodee de merde » (chap. V). À l'égard de la justice, Pantagruel recommande, de même, d'écouter les parties au lieu d'obscurcir leur différend « par sottes et desraisonnables raisons et ineptes opinions » d'une foule de glossateurs « ignorans de tout ce qu'est necessaire à l'intelligence des loix » (chap. X).

Il serait inexact pourtant de ne voir, dans le *Pantagruel*, que la mise en scène d'un certain nombre de choix idéologiques, soit qu'on estime que l'œuvre a été conçue pour les exprimer, soit qu'on juge qu'ils cohabitent avec d'autres développements qui ne sont que plaisants. Si le lecteur est capable de relire d'affilée le *Pantagruel* en s'efforçant d'oublier ce qu'il en savait ou croyait en savoir, il sera frappé de l'allure singulièrement imprévisible de ce roman.

Du genre de la chronique, dont cette œuvre se réclame, Rabelais ne garde que l'enveloppe, et encore la retaille-t-il à sa mesure. Alcofrybas – puisque tel est le nom que se donne le narrateur – jure qu'il n'écrit que la vérité ; plus, il se donne pour le simple témoin de la vie de ce Pantagruel, « lequel, dit-il, j'ay servy à gaiges dès que je fuz hors de page, jusques à present » (Prologue) ; il lui arrive même de se mettre lui-même en scène aux côtés du héros (chap. XXXII). Ainsi, certes, procédaient les chroniqueurs, dont Alcofrybas ne manque pas de solliciter la caution ; mais c'est pour parodier leurs procédés : il est probable que le combat de Pantagruel et de Loupgarou parodie le fameux combat d'Olivier et de Ferragus que raconte la très célèbre *Chronique* du pseudo-Turpin ; il est non moins probable que la résurrection d'Épistémon parodie les miracles dont l'hagiographie créditait volontiers un saint Nicolas. Alors que les chroniqueurs avaient le souci de convaincre leurs lecteurs de leur véracité, Rabelais prend si peu cette peine qu'il ajoutera ces mots à la fin du premier chapitre : « Avés vous bien le tout entendu ? Beuvez donc un bon coup sans eaue. Car, si ne le croiez, non foys-je, fist-elle. »

Cette désinvolture est le signe de la liberté nouvelle du narrateur, maître de son œuvre, et qu'aucune contrainte ne bride désormais, fût-elle celle de la logique du récit et des personnages : le géant Pantagruel peut n'être qu'un simple bonhommet ; le savant qu'il est peut ne rien comprendre aux diverses langues étrangères dans lesquelles Panurge l'apostrophe ; le fils respectueux et dévoué, qui, apprenant l'expédition des Dipsodes, quitte Paris « sans dire à Dieu à nully, car l'affaire requeroit diligence », peut en route s'attarder à chercher pourquoi les lieues de France sont si petites au regard de celles des autres pays. Au demeurant, cette liberté du narrateur n'est pas le simple gage d'aventures extraordinaires, volontiers pimentées d'étrangeté ou d'exotisme : le voyage d'Alcofrybas dans la bouche de son maître (chap. XXXII) – épisode qui est à nouveau pour lui l'occasion d'assurer qu'il ne dit rien que de vrai : « Juppiter me confonde de sa fouldre trisulque si j'en mens » – lui fait rencontrer un brave homme qui plante des choux et qui lui déclare que ce monde est si loin d'être « un nouveau monde » qu'au contraire « on dist bien que hors d'ici y a une terre neufve où ilz ont et soleil et lune, et tout plein de belles besoignes ; mais cestuy-cy est plus ancien ».

Cet imprévu maintient le lecteur dans un état de perpétuelle incertitude, comme le fait aussi la structure du système des personnages. À la façon des romans de chevalerie, Rabelais organise ce système selon une série d'oppositions simples : c'est, par exemple, celle du géant Pantagruel et du géant Loupgarou, ou celle du bon roi et du mauvais roi. Mais Panurge échappe curieusement à ce schéma. Si, d'une certaine manière, il est le double du héros – l'épisode des trophées (chap. XXVII) le montre bien –, s'il peut être son substitut – ainsi lors de l'épisode de Thaumaste (chap. XVIII à XX), où le savoir du disciple atteste celui du maître –, il est aussi l'homme aux mille ruses, volontiers compagnon d'individus douteux, et avec qui Alcofrybas lui-même refuse de s'associer (chap. XVII). C'est pourtant à lui que Pantagruel donne son amitié ; et cette affection toute spéciale – que rehaussent d'ailleurs la verve et l'agilité d'esprit de Panurge – entretient, dans le livre, une sorte de séduction du mal : excellent représentant de cette « science sans conscience » où Gargantua, au chapitre VIII, ne voit que « ruine de l'âme », Panurge, dès le chapitre IX, devient celui qui arrête l'attention de Pantagruel et à qui ce dernier propose de faire « un nouveau pair d'amitié telle que feut entre Enee et Achates ». Il est bien de ces gens dont Gargantua vient de dire, au chapitre précédent : « Je voy les brigans, les bourreaulx, les avanturiers, les palefreniers de maintenant, plus doctes que les docteurs et prescheurs de mon temps », phrase qui n'est pas seulement une reconnaissance de la diffusion de la nouvelle culture puisqu'à la fin de la lettre il distingue science et sapience et, à l'adresse de son fils, précise : « Fuis les compaignies des gens esquelz tu ne veulx point resembler. » Quand on pense à l'importance de l'idée de ressemblance dans cette lettre, on est porté à donner à ce conseil quelque poids.

Gargantua

Plusieurs de ces traits du *Pantagruel* se retrouvent dans le *Gargantua*. S'il est vrai que le *Gargantua* ne refuse pas de s'inspirer de divers épisodes des *Grandes et Inestimables Cronicques* (ainsi l'épisode de la jument, celui des cloches de Notre-Dame ou celui de la livrée), Rabelais continue à afficher sa liberté de conteur ; ainsi l'étonnante naissance de Gargantua est l'occasion de malmener le lecteur : « Je me doubte que ne croyez asseurement ceste estrange nativité. Si ne la croyez, je ne m'en soucye pas » (chap. VI).

SYNOPSIS

Fils de Grandgousier et de Gargamelle, Gargantua vient au monde un jour de banquet, et s'écrie : « À boyre ! À boyre ! » (Chap. 1-7.) Enfant espiègle et subtil, il ne tarde pas à faire l'admiration de son père, qui le confie à un précepteur « sophiste ». Mais il apparaît vite que cette éducation formaliste et archaïque abêtit l'élève. Gargantua est donc envoyé à Paris, où son premier exploit est d'enlever les cloches de Notre-Dame (8-20). Son nouveau précepteur, Ponocrates, use de méthodes pédagogiques fondées sur une intelligente contrainte du corps et de l'esprit. Désormais, l'emploi du temps de Gargantua est parfaitement réglé : les disciplines intellectuelles y alternent avec l'exercice physique, et l'étude des grands textes ne néglige pas l'expérience directe des choses (21-24).

Pendant ce temps, une querelle éclate dans son pays natal entre bergers et marchands de fouaces. Ces derniers, sujets du roi Picrochole, viennent se plaindre devant lui d'avoir été battus et spoliés. Picrochole, pris d'une rage folle, déclenche une guerre meurtrière contre son voisin Grandgousier. Seule l'intervention d'un valeureux moine, frère Jean des Entommeures, arrête provisoirement les troupes picrocholines. Gargantua est rappelé de Paris, tandis que Grandgousier tente vainement, en envoyant un ambassadeur, d'apaiser la fureur de l'ennemi (25-47). Aidé de frère Jean et de ses compagnons parisiens, Gargantua réussit à mettre en fuite l'envahisseur et fait aux troupes vaincues une harangue sur l'absurdité de tels conflits (48-51).

Puis il fait construire, à l'instigation de frère Jean, une abbaye toute différente des autres, l'abbaye de Thélème. Sa règle principale, « Fay ce que vouldras », incite ses membres à vivre en parfaite harmonie, dans un climat de libre aspiration à la vertu (52-58).

Pourtant, cette désinvolture est ici le prétexte d'un développement sur la nature de la foi, qui doit être non point une vulgaire crédulité, mais confiance en Dieu et en ses promesses. C'est dire que le propos du livre se déclare plus nettement et tend à l'informer tout entier. On peut, à coup sûr, y retrouver le schéma des romans de chevalerie – et cette fois au complet, puisque aux Enfances et aux Prouesses le *Gargantua* ajoute, avec l'épisode de Thélème, un moniage. Mais ce plan est ici aménagé avec une netteté du dessin qui en exhibe l'intention. L'enfance du héros, si détaillée soit-elle, n'est pas seulement un temps d'heureuse irresponsabilité, où l'on s'attarde à plaisir ; c'est déjà le début d'une éducation, d'une institution, puisque le chapitre XI, qui raconte avec tant de verve les ébats du petit Gargantua, s'ouvre par ces mots : « Gargantua, depuys les troys jusques à cinq ans, feut nourry et institué en toute discipline convenente, par le commandement de son pere » ; et c'est après avoir observé « l'esperit merveilleux » de son fils que Grandgousier décide de lui donner un précepteur (chap. XIV).

De là toute une série de chapitres qui opposent systématiquement l'ancienne et la nouvelle éducation et, notamment, racontent deux journées de Gargantua, l'une « selon la discipline de ses precepteurs sophistes » (chap. XXI-XXII), l'autre selon Ponocrates, pédagogue nourri des idéaux humanistes (chap. XXIII-XXIV). De même, à la peinture de l'embarras de Gargantua devant le jeune page Eudémon et son impeccable éloquence (chap. XV), s'oppose la harangue de maître Janotus de Bragmardo, vieux sophiste tousseux et rassoté, misérable produit de l'ancienne culture (chap. XIX).

Cette sorte d'« institution du prince » ne serait pas complète si celui-ci n'était conduit à faire l'essai de l'éducation qu'il a reçue. Cette proposition – qui ne rend que partiellement compte de la large séquence de la guerre picrocholine – est nettement affirmée dans la lettre du père au fils (chap. XXIX) : « Vaine est l'estude et le conseil inutile qui en temps oportun par vertus n'est executé et à son effect reduict. » À travers l'accession de Gargantua aux responsabilités qui l'attendent, le récit de la guerre picrocholine, par un autre tableau antithétique, oppose deux grandes figures du monarque : celle de Picrochole, dominé par ses passions, sensible aux flatteries des mauvais conseillers et tenté par la guerre de conquête ; celle de Grandgousier, souverain féodal, soucieux de protéger ses sujets et ennemi de la guerre. À ce monarque débonnaire succède son fils Gargantua, qui s'affirme comme un prince selon le cœur des humanistes : sévère par raison, volontaire, juste sans faiblesse. Deux harangues parallèles résument ces deux politiques du père et du fils : celle d'Ulrich Gallet, dépêché par Grandgousier à Picrochole (chap. XXX), et la célèbre « contion » aux vaincus par laquelle Gargantua se déclare à la fois libéral et adversaire de toute facilité.

Si, jusqu'à ce point, le tracé du *Gargantua* est très net, la séquence suivante – la fondation de l'abbaye de Thélème – est d'interprétation plus délicate. Certains critiques ont même été tentés d'y voir un morceau rapporté. Il est vrai que plusieurs traits singuliers, l'importance de la description, le sérieux continu du ton, distinguent cette séquence. Même si elle reproduit, dans le *Gargantua*, la perspective du renversement qui, dans le *Pantagruel*, inspirait l'épisode de la visite d'Épistémon aux Enfers, il reste qu'ici c'est sur terre que prend place ce monde redressé. S'agit-il d'une utopie ? On pourrait le soutenir en observant que, tout en étant située « jouste la riviere de Loyre », elle se désigne par son nom comme une cité philosophique à l'image de celle de Thomas More, et que, comme celle-ci, elle n'est ouverte qu'à ceux qui en épousent profondément les idéaux : la célèbre inscription de la porte (chap. LIV) définit nettement ceux qui en sont exclus et ceux qui sont invités à y entrer. Comme, d'autre part, jamais plus l'itinéraire des personnages du roman de Rabelais ne les reconduira à Thélème, ce lieu pourrait apparaître comme une tentation : celle du repos, loin des agitations et des tensions de notre monde, dans un univers lumineusement ordonné et apaisé. Pourtant ce serait négliger cette phrase capitale du chapitre LVII : « Quand le temps venu estoit que aulcun d'icelle abbaye, ou à la requeste de ses parens, ou pour aultres causes, voulust issir hors »... ; ainsi Thélème n'est pas le lieu d'une retraite définitive, mais une étape dans une vie : on vient s'y former, et l'on en remporte, pour la durée entière de l'existence, des manières de faire et des exigences morales qui, en somme, définissent Thélème comme un collège. De là viennent les prétendues omissions dont certains critiques se sont étonnés. En réalité, l'épisode de Thélème achève le propos pédagogique qui est fondamentalement celui du *Gargantua*. Mais sans doute aussi l'achève-t-il sans perdre de vue que l'expérience du monde reste une épreuve et que l'idéal, pour s'incarner, doit affronter la dure vérité des choses. L'ouvrage s'ouvrait sur une énigme (chap. II) qui, associée à la généalogie de Gargantua, restituait autour de ses origines l'épaisseur du mythe ; il s'achève par une énigme (chap. LVIII) qui, associée à la fondation de Thélème, recrée autour de ce monde pacifié l'obscurité laborieuse du combat de la vie.

Voilà peut-être ce qui explique le Prologue, où la figure de Socrate, ce Silène, annonce que le livre contient une leçon accessible seulement à ceux qui savent lire, c'est-à-dire « rompre l'os ». On ne les y invite pas à découvrir on ne sait quelle signification ésotérique, mais seulement – c'est beaucoup ! – à se disposer de cœur à apercevoir que « les matieres icy traitées ne sont pas tant folastres comme le tiltre au-dessus pretendoit ». C'est dire que le livre élit ses lecteurs : appelés désormais pantagruélistes, ils savent, comme l'annonce le dizain liminaire, que « rire est le propre de l'homme ». Mais ce rire n'est pas simple ébaudissement, pas plus qu'il n'est le rire, toujours un peu grinçant, de la moquerie ou de la satire. Il est profondément joie et espoir, et « foi profonde ». Contre Picrochole, qui ne sait pas rire, il est le rire des « bien yvres » (chap. XII), celui de frère Jean, à qui revient le dernier mot du livre, « et grand chiere », mais aussi bien celui des Thélémites, qui, contre les tristes hypocrites, les « poiltrons à chicheface » et les « vieux chagrins », sont

Frisques, gualliers, joyeux, plaisans, mignons,
En general tous gantilz compaignons.

En ces temps où « les gentz reduictz à la creance Evangelicque sont persecutez », « bien heureux est celluy, dit Gargantua à la fin du livre, qui ne sera scandalizé et qui tousjours tendra au but, au blanc que Dieu, par son cher Enfant, nous a prefix, sans par ses affections charnelles estre distraict ny diverty ». Ces mots précèdent l'interprétation de l'Énigme en Prophétie : peut-être ne faut-il pas opposer celle que propose Gargantua et celle que développe frère Jean ; si Gargantua rompt l'os, frère Jean sait déjà – comme le chien philosophe du Prologue – l'examiner, le flairer et en tirer une leçon recevable. Tout le livre l'a montré sur les marches de l'ordre nouveau que le monarque institue, en rupture avec l'ancien monde mais arrêté à l'entrée de Thélème ; cependant il est sur la bonne voie, puisqu'il a parié pour la joie et l'espoir, qu'il est déjà un de ces joueurs dont il sait qu'« après avoir bien travaillé, ilz s'en vont repaistre ; et grand chiere ! ».

Tiers Livre

Rien, dans le *Gargantua*, ne laisse attendre une suite. Celle que la fin du *Pantagruel* paraissait annoncer est trop différente de ce que proposeront les livres suivants pour qu'on y lise proprement un projet de Rabelais. Si l'idée du mariage de Panurge, qu'ignorait la première édition, y est ensuite ajoutée, il reste qu'on ne verra pourtant pas « comment Panurge fut marié, et cocqu des le premier moys de ses nopces ». L'étonnement qui fut celui des lecteurs du temps est aussi le nôtre, d'autant qu'on peut se demander si le *Tiers Livre* mérite bien de s'appeler « le tiers livre des faicts et dicts héroïques du bon Pantagruel », lui qui installe Panurge dans le rôle de protagoniste.

Ce n'est pas que Rabelais n'ait veillé à relier ce livre aux précédents. Telle est la fonction du premier chapitre, qui, par son argument, le rattache au *Pantagruel* (on colonise la Dipsodie conquise, comme Pantagruel le voulait selon le chapitre XXXI du premier livre), mais qui, par sa philosophie politique, rappelle le *Gargantua* contre le *Pantagruel* : ce n'est pas parce qu'Utopie est trop peuplée qu'on va coloniser la Dipsodie. Mais, dès le chapitre II, Panurge est mis en scène comme le personnage principal du livre ; ou, plus exactement, le rapport de Pantagruel et de Panurge n'est plus du tout celui que le *Pantagruel* connaissait : désormais l'action est le fait de Panurge, et Pantagruel le regarde faire, en témoin critique, très souvent silencieux mais toujours vigilant.

SYNOPSIS

Après la victoire sur les Dipsodes (voir *Pantagruel*), Pantagruel a donné à Panurge, en récompense, la châtellenie de Salmigondin ; mais celui-ci ne tarde pas à dilapider, « en mille petitz banquets et festins joyeulx », les revenus de son domaine (chap. 1-2). À Pantagruel qui lui adresse d'amicales remontrances, il répond par un vibrant éloge des dettes : « Prester et emprunter », telle est la loi qui, d'après lui, régit le corps de l'homme aussi bien que l'organisation du cosmos (3-4).

Le lendemain de cette entrevue, Panurge fait part à Pantagruel de sa perplexité : son dessein serait de se marier, s'il ne craignait pardessus tout d'« estre fait cocqu » (9). Pantagruel lui répond qu'il est difficile de donner des conseils en cette matière : les deux amis vont donc chercher des présages en ouvrant au hasard les œuvres d'Homère et de Virgile ; mais comme chacun interprète à sa manière les passages en question, la perplexité de Panurge reste entière (10-12). La divination par les songes produit les mêmes interprétations contradictoires (13-14), comme la consultation de la Sibylle de Panzoust, du poète Raminagrobis (21) et de l'astrologue Her Trippa (25). Pantagruel assemble un théologien, un médecin, un légiste et un philosophe, mais aucun d'eux ne dissipe les doutes et les craintes de Panurge (29-36). Le juge Bridoye et le fou Triboullet n'y réussissent pas mieux (39-46).

Pantagruel et Panurge décident alors d'aller consulter la Dive Bouteille, en compagnie de frère Jean des Entommeures et d'Épistémon. Lors des préparatifs du voyage, les navires sont chargés d'une herbe nommée Pantagruélion, herbe indestructible, aux propriétés admirables, dont l'usage hisse l'homme au rang de la divinité (49-52).

Quel est le sujet du *Tiers Livre* ? Abel Lefranc voulait que, prenant parti dans la querelle des Femmes, Rabelais eût écrit un livre sur la femme et le mariage. Une telle interprétation ne rend pas compte du tracé du *Tiers Livre*. Celui-ci comporte trois grandes parties : l'éloge des dettes ; les consultations de Panurge ; l'éloge du Pantagruélion. Si la première partie est amenée par l'argument initial du livre, Panurge ayant été chargé d'un gouvernement en Dipsodie, l'éloge des dettes (chap. II à V) prend une dimension telle qu'il excède à l'évidence le propos premier. D'autre part, même s'il peint, dans l'enthousiasme, les vertus de l'échange, de la solidarité, de la sympathie et, en un mot, de la charité, on ne peut oublier qu'il est prononcé par Panurge et que celui-ci prétend par là justifier une conduite qui a été présentée comme une dilapidation organisée. C'est cet écart qui dégage le sens de l'épisode : à la différence de frère Jean, qui, au moment de la fondation de Thélème, n'avait pas voulu gouverner autrui, ne sachant se gouverner lui-même, Panurge accepte de gouverner autrui, mais se gouverne lui-même si mal qu'il échoue ; or, loin de se réformer, il se donne en modèle et prétend que sa conduite est conforme à la grande loi de charité qui assure la vie et l'harmonie du monde. Paroles de « bon topicqueur », réplique Pantagruel, mais qui, à force d'ingéniosité sophistique, noient dans leur flot la seule dette qui compte, celle que formule saint Paul : « Rien à personne ne doibvez, fors amour et dilection mutuelle » (chap. V).

Le visage de Panurge qui se modèle ainsi va se préciser avec la suite. Panurge, qui a donné « le debvoir de mariage » comme une conséquence du régime de prêts et de dettes qui entretient et perpétue la vie (chap. IV), décide de se marier, et, dans ce nouvel état, d'être « grand mesnaiger » (chap. VII). Mais il ne veut pas exécuter sa décision sans l'avis de Gargantua. Panurge est de ceux qui, sachant ce qu'ils veulent faire, ne parviennent pourtant pas à le faire, parce qu'ils craignent que l'événement ne réponde pas à leur attente, parce qu'ils reculent devant l'aventure qu'implique l'action. Ce refus du risque est une forme subtile de l'amour de soi, de cette philautie qui, dans le *Tiers Livre*, est désormais le nom du péché de Panurge. C'est cette philautie qui ajourne sans cesse l'exécution de la décision de Panurge. Dès qu'il consulte Pantagruel, celui-ci réplique : « Puisqu'une foys en avez jecté le dez et ainsi l'avez decreté et prins en ferme deliberation, plus parler n'en fault, reste seulement le mettre à execution » (chap. IX). Or, on ne va cesser d'en parler tout au long du livre, car Panurge, sa décision prise, ne voudrait la mettre à exécution que si, d'avance, il avait la ferme assurance d'y trouver son bonheur. C'est ainsi le problème de la volonté, du ferme propos, qu'aborde le *Tiers Livre*, et il n'est pas mauvais que la matière de cette décision soit le mariage : le mariage engage la vie entière et suppose non seulement un acte de volonté initial, mais un perpétuel renouvellement de cet acte et, de plus, l'accord constamment réitéré de deux volontés.

Puisque Panurge est incapable de passer à l'action et que Pantagruel refuse d'être sa conscience, on va interroger tous les savoirs du monde, autant ceux qui prétendent avoir prise sur l'avenir que ceux qui ont pignon sur rue, étant les quatre savoirs constitutifs de l'Université : la théologie, la médecine, la philosophie et le droit. Ainsi Panurge procède, au total, à dix consultations, auxquelles il faut ajouter celle, déjà vue, de Pantagruel, celle d'Épistémon (chap. XXIV), celle de frère Jean (chap. XXVI-XXVIII) et, pour finir, celle du fou Triboullet (chap. XLV-XLVI). Cette enquête n'oppose pas exactement les faux et les vrais savoirs : Rabelais accorde trop d'importance aux problèmes de la divination pour la récuser en bloc ; il ne confond pas, par exemple, l'oniromancie et le magasin hétéroclite des pratiques douteuses qu'Her Trippa propose de mettre au service de Panurge. Mais, dans tous les cas, il lui importe de montrer que la divination même ne dispensera pas Panurge d'assumer le risque de l'action, et que quiconque prétend prédire l'issue de la décision de Panurge s'octroie malignement une connaissance réservée à Dieu seul. Qui plus est, chacune des réponses obtenues est susceptible d'interprétations diverses et même contraires, et Panurge doit assumer aussi le risque de l'interprétation. De ce point de vue, les savoirs institués n'ont pas, non plus, réponse à tout : s'ils peuvent dire à Panurge dans quelle mesure le mariage est un état qui lui convient, ils ne peuvent lui assurer le bonheur escompté, mais seulement lui enseigner les moyens de créer les conditions les plus favorables à sa réalisation. En outre, même les réponses de la science ne sont pas univoques : celle du philosophe Trouillogan exige une interprétation qui la fait comparable à un oracle (chap. XXXV).

De là l'extrême intérêt de l'épisode du juge Bridoye et de celui du fou Triboullet. Le juge Bridoye a une conduite toute paradoxale : il n'épargne aucune peine pour se mettre en état de bien « sententier », mais, le moment venu, il s'en remet au sort des dés ; en d'autres termes, loin de considérer que le recours à la divination le dispense d'agir, mais en même temps loin de considérer que tout son grand travail élimine le risque de l'erreur dans la décision, il réunit curieusement l'extrême effort humain et la plus complète confiance dans le secours divin. Quant au fou Triboullet, il montre que la folie n'est pas seulement l'en deçà de la science, mais qu'elle l'enveloppe et la dépasse, comme le silence enveloppe et dépasse la parole.

Au cours de ces diverses consultations, Pantagruel ne modifie pas son attitude : figure de la plus haute sagesse, il guide volontiers les pas de Panurge dans son enquête, il l'invite même à ne rien négliger, estimant qu'on peut « tousjours apprendre, feust-ce d'un sot, d'un pot, d'une guedoufle, d'une moufle, d'une pantoufle » (chap. XVI) ; mais il ne se lasse pas de lui faire voir que jamais Panurge ne pourra éliminer le risque. En maintenant cette perpétuelle inquiétude, il montre que, si la philautie de Panurge lui ferme les voies d'une enquête fructueuse, la science, à son tour, a pour au-delà une folie supérieure, celle qu'il reconnaît en Bridoye et entrevoit chez Triboullet.

Aux côtés de nos deux personnages, deux personnages secondaires, Épistémon et frère Jean, viennent, pour ainsi dire, illustrer les étapes principales du progrès intérieur. Épistémon, qui, avant le *Tiers Livre*, n'avait pas eu de rôle bien défini, est ici une sorte de Pantagruel qui n'aurait pas encore tout à fait grandi dans la sagesse : il ne lui manque ni la science ni la bonne volonté, mais une certaine ouverture spirituelle ; il voit l'essentiel, mais presque toujours avec trop de mots. Quant à frère Jean, s'il continue à être alerte, gai, bon vivant, actif, une simplicité qui n'est pas sans subtilité interdit certes de faire de lui un modèle pour Panurge, mais montre aussi qu'il entend parfaitement les vérités auxquelles Panurge répugne. Panurge consulte l'un et l'autre, et, comme Épistémon conclut la série des consultations divinatoires, frère Jean ouvre celle des savoirs reconnus. Ainsi le système des personnages fait l'objet d'une redistribution qui souligne le propos orienté du *Tiers Livre*.

Quant à Panurge, après avoir très longtemps piétiné à la recherche d'un savoir qui, lui garantissant l'avenir, éliminerait le risque et ainsi lui éviterait de se prendre en main, il trouve dans le fou Triboullet, en prenant le risque d'interpréter sa réponse, celui qui lui fait comprendre la leçon que la sagesse de Pantagruel essaie vainement, depuis le début, de lui donner à entendre. Il décide, sous la conduite d'un pilote prudent, de se mettre en route et, récusant « quelque Sibylle pour guyde et truchement », d'être son propre interprète (chap. XLVII). Conversion qui fait, du voyage projeté, le « voyage de Panurge » (chap. XLVIII).

Le livre s'achève par le très long éloge du Pantagruélion (chap. XLIX à LII). Ce développement énigmatique a prêté à de nombreuses exégèses ; certains n'ont pas craint d'y voir un morceau rapporté. Critique de la rhétorique sophistique ? Éloge du travail humain ? Leçon d'évangélisme prudent ? Toutes ces interprétations sont séduisantes ; mais on peut encore se demander si l'éloge du Pantagruélion n'est pas une énigme sans énigme ! Alors que l'éloge des dettes, auquel, dans la construction du livre, celui-ci fait pendant, ne révélait que trop, étant prononcé par Panurge, l'usage dévoyé que ce dernier tâchait de faire d'une profonde vérité, l'éloge du Pantagruélion, qui en retrouve plusieurs aspects rhétoriques, n'est prononcé par personne ; trop clair dans son allure de description botanique, il laisse supposer, à chaque instant, une clé qui en livrerait le sens caché. Mais ce sens ne sera jamais révélé : comme si l'essentiel n'était pas de trouver, mais de chercher ; comme si la chasse comptait plus que la prise. C'est que nous sommes, désormais, en route.

Quart Livre, Cinquième Livre

Le voyage, décidé à la fin du *Tiers Livre*, fera l'objet des deux livres suivants. Le *Quart Livre*, partiellement publié en 1548 et complètement en 1552, conduit nos voyageurs jusqu'aux abords de l'île de Ganabin. C'est en haute mer que les reprend le *Cinquième Livre* pour les mener jusqu'à l'oracle de la Dive Bouteille. La critique est, depuis longtemps, partagée sur l'authenticité de ce dernier livre, qui, partiellement publié en 1562 (Rabelais est mort en 1553) sous le titre de *l'Isle Sonante* (titre du premier grand épisode), ne sera complètement donné au public qu'en 1564. Les données de ce problème sont trop complexes pour pouvoir être exposées et discutées ici, mais on notera que les arguments qui conduisent à y voir, pour l'essentiel, une œuvre de Rabelais sont très dignes de considération, et qu'il est dommage de s'abstenir, dans l'expectative, de l'examiner, puisque ce livre constitue, en somme, une suite et fin.

Comme il l'avait fait pour le *Tiers Livre* à l'égard du *Pantagruel* et du *Gargantua*, Rabelais veille à rattacher les deux nouveaux livres aux précédents. La décision de partir en mer, prise à la fin du *Tiers Livre*, est nettement rappelée au commencement du *Quart Livre*. Mais, en même temps, Rabelais en indique l'intention nouvelle : les voyageurs, quittant le port, chantent le psaume *Quand Israel hors d'Aegypte sortit*, c'est-à-dire marquent qu'ils quittent le pays des Idoles. C'est un voyage de la Vérité qu'ils vont effectuer. Ainsi la volonté de réalisme géographique qu'Abel Lefranc avait cru déceler paraît devoir être écartée. D'autre part, le célèbre épisode des moutons de Panurge (chap. V à VIII) donne sa tonalité à l'ouvrage : le lecteur peut croire d'abord ressuscité l'intrépide farceur du *Pantagruel* ; la réplique de frère Jean, à la fin du chapitre VIII, indique clairement que Panurge est, non plus un gai farceur, mais un être vindicatif, et qui se damne.

Ce propos laisse attendre tout autre chose qu'un roman d'aventures. Du reste, la fin du premier chapitre annonce l'heureuse issue du voyage : le lecteur peut donc, sereinement, suivre les étapes de l'expédition, et c'est sur elles, sur chacune d'elles, que son attention va se concentrer. Au demeurant, le caractère maritime du voyage est fort peu marqué : le seul épisode proprement marin est celui de la Tempête (chap. XVIII à XXIV), et cette aventure tend à s'effacer comme telle devant la signification qui lui est clairement attachée ; approfondissant la morale du siège de l'abbaye de Seuillé, explicitement rappelé – autre lien avec les livres précédents –, l'épisode de la Tempête définit le rôle imparti à l'homme comme coopérateur de Dieu ; par là, il complète et précise la leçon du *Tiers Livre*. Avant la Tempête, divers épisodes – au cours desquels nos voyageurs, s'attardant, semblent très loin, dans cette nouvelle Odyssée, d'avoir l'impatience d'Ulysse – paraissent destinés à faire voir qu'on ne part pas proprement pour voir le monde, pour trouver du nouveau au fond de l'Inconnu. C'est après la Tempête que les regards se tournent résolument vers l'avant.

Dès lors, on ira d'étape en étape, d'île en île. Le motif de l'île en tant que telle est fortement accusé. Ces îles sont d'abord des mondes clos. Les insulaires ne s'occupent guère de savoir ce que sont les voyageurs : ils ne sont soucieux que de les entretenir d'eux-mêmes. Chacun est complètement replié sur soi, incapable de sortir de soi. Qu'on voie, par exemple, les Papimanes (chap. XLVIII). Cette clôture est matérialisée par l'état d'hostilité qui règne entre ces îles, deux à deux : Bringuenarilles dévaste le pays de Ruach, Quaresmeprenant et les Andouilles se font la guerre, Papimanes et Papefigues se haïssent mortellement. Cette tension est comme intériorisée dans l'épisode de messer Gaster, qui utilise l'apologue ésopique des membres et de l'estomac, avant de devenir la raison d'être de Ganabin, qui est ennemi de tout le monde, véritable « mont Antiparnasse ».

Car chacun est habité par une manie, qui le mobilise tout entier. Chacun porte sa manie au suprême degré, jusqu'à un gigantisme monstrueux, moral mais aussi physiquement manifesté. Le gigantisme, loin d'être ici la figure d'une vérité totale, apparaît comme l'excroissance monstrueuse d'une vérité partielle, le contraire même de cette médiocrité que vante le Prologue : il est issu d'Antiphysie, dont le chapitre XXXII raconte les enfantements hideux. De là des nez en as de trèfle, le grand corps exténué de Quaresmeprenant, le ventre des Gastrolâtres, etc. Ce gigantisme est une mutilation, que guette la mort.

Peut-être est-ce par contraste que Pantagruel ne retient presque plus rien de son gigantisme primitif. Il est maintenant le chef d'une petite troupe d'hommes qui sont, certes, eux aussi tentés par l'excès (qu'il s'appelle peur ou témérité, ou même goinfrerie), mais qui savent en rougir et sont capables, n'étant pas tout à fait habités par une manie, d'aller de l'avant sous la ferme conduite de Pantagruel. Ainsi se poursuit la quête décidée. Une quête qui a besoin de liberté, qui est liberté ; on n'affronte les manies que pour les connaître, les mesurer et les quitter ; on n'est pas téméraire au point d'affronter les puissances dangereuses : on restera au large de Ganabin, comme on est resté devant Chaneph. Pourtant le bateau de nos voyageurs n'est nullement un simple refuge : c'est plutôt Thélème contemplant le monde et décidée à éviter ses embûches, sans s'enfermer pour autant dans l'indifférence. Car c'est entre l'indifférence et le fanatisme que passe la route de la liberté ; on évitera Ganabin, mais on a affronté la Tempête. La nef des Pantagruélistes, sorte d'île flottante, assume l'autre sens du motif de l'île, celui qui enchaîne tous les épisodes, dont chacun montre, au contraire, l'île comme fermeture, manie, agressivité, intolérance, monstruosité, Antiphysie.

Cela dit, chacun des épisodes a son sens propre. Rabelais tient assez à l'indiquer pour qu'à la fin du *Quart Livre* une *Briefve Declaration d'aucunes dictions plus obscures* veille à signaler, par exemple, que Ruach, c'est « vent ou esprit » en hébreu, que Gaster est le ventre ou que Ganabin signifie « larrons ». De même, au *Cinquième Livre*, Bacbuc, dame d'honneur de la Bouteille, s'appelle elle-même d'un nom qui, en hébreu, veut dire « bouteille ». En outre, beaucoup d'autres noms parlent d'eux-mêmes comme, par exemple, celui du « royaume de la Quinte Essence ». Chacun de ces lieux définit un danger, une embûche : la tentation du confort (Cheli), le snobisme (l'île des Alliances), la bigoterie (Quaresmeprenant), l'oppression cléricale (Île sonnante), judiciaire (île du Guichet) ou financière (les Apedeftes), etc. Seule l'analyse de chacun permet d'en cerner le sens précis et, au-delà des éléments de réalité, d'en apercevoir l'intention de pensée. Cette observation n'interdit pas de chercher à apercevoir une ligne directrice : à l'issue du *Quart Livre*, nos voyageurs restent au large, ainsi décidés à dire que la liberté, intérieure et extérieure, reste un droit et un devoir ; la fin du *Cinquième Livre* les conduit au terme escompté de leur voyage, l'oracle de la Dive Bouteille : mais ce n'est pas pour y accéder à une vérité toute faite. « Trinch ! » telle est la réponse de la Bouteille ; cela signifie « Beuvez », déclare Bacbuc, et « rien plus » (chap. XLV). Et elle ajoute : « En vin est vérité cachée. La Dive Bouteille vous y envoye, soyés vous-mesmes interpretes de vostre entreprinse. » Alors Pantagruel : « Possible n'est mieux dire que fait ceste venerable ponthife. Autant vous en dis-je, lorsque au commencement m'en parlastes. » Voilà, répétée, la leçon principale qui s'exposait déjà au *Tiers Livre* : elle est fort aisée à dire, fort malaisée à mettre en œuvre ; Panurge, qui semblait l'avoir prise à son compte à la fin du *Tiers Livre,* aura mis bien longtemps à la comprendre profondément, si toutefois, au terme du voyage, il l'a comprise.

Le système des personnages, dans les deux derniers livres, se modèle sur ce propos. Mis en place au *Quart Livre*, il se maintient, pour l'essentiel, au *Cinquième Livre*. Il comporte désormais trois figures principales : Pantagruel, Panurge et frère Jean. Ce qui promettait d'être le « voyage de Panurge » est, en fait, l'expédition de Pantagruel, qui en est le chef assuré ; ce n'est pas à dire qu'il ait toujours l'initiative : ainsi c'est sur le conseil de Xenomanes qu'il renonce à aller contempler Quaresmeprenant. C'est que son rôle est tout autre : il consiste, par une certaine distance à l'égard de l'événement, à être une sorte de Socrate qui laisse dire et faire, mais qui, par sa présence discrète et efficace, entretient une perpétuelle vigilance. Et, comme Socrate, il lui arrive d'être inspiré d'en haut (*Quart Livre,* chap. LXVI). Il sait vivre de la vie de tout le monde, boire, manger, rire, mais sa parole, pleine, est toujours contenue et comme émanée d'une perpétuelle méditation intérieure. Qu'on voie, par exemple, comment il reçoit la narration relative aux Chiquanous (chap. XVI).

À ses côtés, Panurge et frère Jean constituent désormais un couple antithétique dont le contraste épure le tracé. Souvent réunis, ils s'opposent : dans l'épisode des moutons, frère Jean rêve de faire par l'épée ce que Panurge fera par la parole ; dans l'épisode de la Tempête, à l'un la peur et l'inaction, à l'autre l'audace et l'activité. Leurs paroles, de même, les opposent. Celle de frère Jean est une parole élémentaire, une parole d'avant la rhétorique, où abondent les jurons, accompagnement et soutien de l'action. Celle de Panurge, au contraire, est une parole qui s'écoute elle-même et qui dit son contentement de soi ou qui habille de discours ses fanfaronnades. Que la peur l'envahisse, et voici que cette parole se défait : l'épisode de la Tempête la montre à chacune des étapes de la décomposition. De l'une comme de l'autre se distingue la parole de Pantagruel, qui frôle sans cesse le silence, se tient en deçà des mots pour être au-delà des choses. Telle la parole de la Dive Bouteille.

Au dernier chapitre du *Cinquième Livre*, Bacbuc, prenant congé des voyageurs, leur dit : « Allez, amys, en gayetté d'esprit. » C'est assez bien définir le rire de Rabelais, qui, s'il intègre le bon mot, la plaisanterie, la farce, la satire, les enveloppe et les dépasse, pour être un « rire de l'âme », que le terme de pantagruélisme ne désigne pas mal. Ce rire, en effet, on le défigure si l'on se contente d'en inventorier les formes comiques, comme on l'épuise si l'on tente, récusant toute densité de pensée, de l'assimiler à une sorte d'aisance verbale. Face à l'opposition, classique mais fâcheuse, du rire et du sérieux, Rabelais nous dit que le rire n'a pas besoin, pour exister, d'être superficiel, comme la profondeur, pour exister, n'a pas besoin de revêtir les oripeaux du sérieux.

J. Céard et P. Mari (synopsis)

RABEMANANJARA Jacques

(né en 1913)

Descendant à la fois des Mérinas des hauts plateaux et des Betsimisarakas de la côte est de Madagascar, Rabemananjara fut élevé dans le catholicisme et poursuivit ses études aux séminaires de l'île Sainte-Marie, puis de Tananarive. Préoccupé par les problèmes culturels malgaches, il participe, en même temps qu'il écrit ses premiers vers, à la création, en 1935, de la *Revue des jeunes de Madagascar*, qui est bientôt interdite en raison de ses tendances nationalistes. Entré dans l'Administration, Rabemananjara vient en France en 1939 ; il y cumule des études de lettres, un emploi dans un ministère et la création littéraire. Son premier recueil de vers, *Sur les marches du soir* (1940), le montre pratiquant une poésie raffinée et savante, cultivant l'acrostiche, abusant peut-être des « choses virginales » et des « prouesses stellaires », mais trouvant souvent de beaux accents : « Je suis le pèlerin du pays des chimères. »

Il inaugure l'autre face de son talent, l'expression théâtrale, avec *les Dieux malgaches* (1942). Le style y est celui de la tragédie française classique, les thèmes sont puisés dans la mythologie de la Grande Île. C'est alors que l'Histoire vient infléchir un destin qui semblait devoir être voué aux belles-lettres. En 1946, il est député à l'Assemblée nationale française, lorsque éclate quelques mois plus tard la grande insurrection malgache, aussitôt réprimée dans un bain de sang. Toute l'élite des intellectuels et parlementaires malgaches est décapitée par l'exécution ou l'emprisonnement. Rabemananjara, à côté de ses activités littéraires (il participe en 1947 à la création de la revue *Présence africaine*), est aussi le premier secrétaire général du M.D.R.M. (Mouvement démocratique de la rénovation malgache) : on l'accuse d'être un des instigateurs de la révolte. Condamné à la détention perpétuelle, il passera une dizaine d'années en prison à Tananarive, puis à Marseille. Publié de 1955 à 1957, le bouquet des œuvres des années d'incarcération se rattache à diverses formes et à diverses inspirations. La douleur et la colère animent *Antsa* : « Pleure Madagascar, pleure/Le deuil a planté son couteau/Dans la poitrine de la race » ; *Lamba* et *Rites millénaires* mêlent l'inspiration amoureuse à l'attachement à la terre natale. La recherche verbale y est parfois excessivement précieuse, mais la richesse des mots n'excède pas le sens, grâce, explique Césaire, à « la force lyrique qui sous-tend le poème et, en définitive, le soulève, puissant, incoercible, comme un trop-plein de l'âme ». Deux tragédies lyriques et sanglantes, *les Boutriers de l'aurore* (1957) et *les Agapes des dieux : Tritriva* (1962), empruntent à l'histoire ou à la légende des thèmes de pacte rompu ou d'amour maudit. Montrant l'injustice et l'incompréhension dans le jeu meurtrier des passions, elles apparaissent comme des paraboles de l'indicible drame vécu par Rabemananjara.

Tout en sachant exprimer profondément et avec force la nature et l'étendue du malentendu colonial dans *Témoignage malgache et colonialisme* (1956) et dans *Nationalisme et problèmes malgaches* (1958), Rabemananjara, plus apte peut-être à peindre qu'à vivre les conflits, se fait le champion de l'apaisement. De 1960 à 1972, il participe au gouvernement du président Ph. Tsiranana à différents postes ministériels importants, avant de se retrouver exilé – par les siens, cette fois. Les recueils poétiques d'*Antidote* (1961) et des *Ordalies* (1972) bornent symboliquement cette période, l'un tout brûlant encore de la douleur de la prison, l'autre marquant le refuge dans une poésie savante et témoignant de la vocation spirituelle et contemplative d'un homme contraint à affronter les gouffres et les écueils d'une histoire tourmentée. Chant funèbre pour une île assassinée, les *Thrènes d'avant l'aurore : Madagascar* (1985) donnent à voir la cohorte souffrante

> *[des] faméliques pèlerins de la secte du dénuement*
> *piétinant lourdement au seuil du temple bas de la [mendicité*
> *les citoyens voûtés sous le poids de la tristesse de [survivre,*

mais annoncent aussi l'avènement d'une nouvelle « aurore ».

O. Biyidi

RACAN Honorat de

Honorat de BUEIL, seigneur de RACAN *(1589-1670)*

Homme à la personnalité déroutante, auteur de théâtre presque par accident (il fut l'auteur d'une seule œuvre, *les Bergeries*, mais elle connut un succès immense), Racan vécut longtemps, et il traversa les années en maintenant son attachement à son premier maître, Malherbe. La rencontre de celui-ci fut sans doute décisive pour le jeune Racan qui semblait plutôt promis à la carrière des armes et à la vie de Cour. Né à Champmarin (Maine), issu d'une famille noble originaire d'Italie qui s'était installée en France, orphelin assez jeune, il dut à son cousin et tuteur, le comte de Bellegarde, de devenir page à la cour de Henri IV. Mais les témoignages satiriques concordent sur ce jeune page disgracieux et bégayant, qui ne semblait guère fait pour cette fonction. À la demande de Henri IV, Malherbe devint le protégé du comte de Bellegarde et du même coup se fit le mentor de l'infortuné page, qui le considéra dès lors comme son père spirituel : on disait de Racan qu'il était page de Malherbe et non page du roi. L'ennui et le besoin d'évasion pourraient expliquer la carrière littéraire du jeune Racan, qui ne brillait guère à la Cour et ne put jamais s'illustrer à la guerre, bien qu'il ait participé à quelques campagnes contre les protestants, entre 1621 et 1627.

Vers 1618, à peine âgé de trente ans, il compose des *Stances sur la retraite*. Vers la même époque sans doute, il écrit *les Bergeries*, une des premières et des plus importantes pastorales françaises. On ne sait pas quand la pièce fut jouée. L'édition originale ne fut publiée qu'en 1625 ; suivirent douze rééditions en dix ans.

La pièce ne se distingue guère de ses modèles italiens ni des premiers essais français, du moins en ce qui concerne les lois du genre. L'intrigue s'organise autour des amours contrariées d'Artenice et d'Alcidor et d'une chaîne d'amours non réciproques. Elle s'enrichit, au fil de son déroulement, des péripéties et des personnages familiers aux amateurs de romanesque pastoral. Un satyre convoite Ydalie ; un magicien qui permet de « faire voir » l'invisible présente à Artenice la fausse trahison d'Alcidor ; un chœur de bergers intervient à la fin de chaque acte, et une « Bonne Déesse » manifeste sa volonté par l'intermédiaire de songes répétés.

La structure de la pièce révèle une certaine méconnaissance du fonctionnement dramatique. Racan ne va jamais au plus court ni au plus simple. Il multiplie les personnages secondaires à l'utilité discutable, les discours lyriques. *Les Bergeries* sont parfois proches de l'écriture romanesque ou poétique. Les traditionnels obstacles à l'amour ne sont que très partiellement utilisés, et parfois Racan semble oublier pourquoi il les a dressés. Il écrit d'ailleurs dans une lettre à Malherbe : « J'ai fait comme ceux qui entreprenant un bâtiment avec irrésolution, le continuent sur divers desseins, dont les derniers condamnent ce que les premiers avaient approuvé. »

La pièce vaut surtout par le langage. Bavarde pour un lecteur moderne, le plaisir qu'elle procure encore vient de la justesse de l'observation de quelques scènes et de l'invention poétique, qui renouvellent par intermittence la rhétorique amoureuse traditionnelle. Ainsi ce dialogue d'Artenice et de son père :

SILÈNE : – Ma fille, à quelle fin
Voulez-vous aujourd'hui vous lever si matin ?
[...]
ARTENICE : – Notre chien qui rêvait de moment en
[moment
Au loup, que son penser lui forgeait en dormant,
D'un véritable loup m'a fait naître la crainte.
SILÈNE : – [...] Je sais ce qui vous met la puce dans
[l'oreille.
Je vis hier ici le loup qui vous réveille ;
Mais sitôt qu'il me vit il rebroussa ses pas.

(I, III)

La carrière de Racan prend un cours nouveau quand il se marie en 1628 et réalise son rêve de retraite en Touraine avec son épouse. Dès lors, il n'écrit plus guère que de la poésie officielle ou religieuse et se consacre à sa vie de famille. Entré à l'Académie française en 1634, il y prononce l'année suivante un important discours, où il s'inquiète du goût croissant des poètes pour la technique. Il affirme que ceux qu'il appelle les « docteurs » « réduiront en art le pleurer et le rire ; ils le diviseront en plusieurs parties, comme ils ont fait de notre langage, et l'on ne pourra plus rire à propos, à leur gré, que par règles et par figures ». Ce discours le consacre comme l'héritier de Malherbe, et c'est en tant que tel – autant qu'à l'auteur des *Bergeries* – qu'on se référera longtemps à lui.

J.-P. Ryngaert

RACHILDE

Pseudonyme de ***Mme Alfred VALETTE,*** *née* ***Marguerite EYMERY***
(1860-1953)

Romancière, essayiste et dramaturge. Née près de Périgueux, Rachilde découvre dès l'enfance les plaisirs de la liberté et de la littérature : à quinze ans, elle a lu Sade et Voltaire ; à dix-huit, elle publie, dans un journal local, un roman-feuilleton, *Madame de Sangdieu* (1878). Venue à Paris, où elle commence par écrire dans un magazine féminin, *l'École des femmes*, elle se fait bientôt connaître par sa fantaisie et son insolence, ses amitiés littéraires (Moréas, Barrès, Lorrain, Samain, Schwob...) et ses romans hardis aux titres provocants : si *Monsieur de la Nouveauté* (1880), qu'a préfacé Arsène Houssaye, lui vaut les encouragements de Victor Hugo, *Monsieur Vénus* fait scandale à sa parution en 1884 (condamné en justice, il est réédité en 1889 avec une préface de Barrès). Entre-temps se sont succédé *Nono* (1885), *la Virginité de Diane* (1886), *la Marquise de Sade* (1887), *Madame Adonis* (1888)...

Mariée en 1889 au critique Alfred Valette, Rachilde participe à la fondation du *Mercure de France* (1890), auquel elle collaborera pendant de nombreuses années, y tenant la critique des romans et des nouvelles : ses liens avec les milieux symbolistes en seront encore renforcés.

Mais son œuvre continue à s'accroître, au rythme soutenu d'une publication par an. Une dizaine de créations dramatiques, dont *la Voix du sang* (1890), *Madame la Mort,* drame psychologique joué avec succès sur la scène du théâtre d'Art en 1891, et *l'Araignée de cristal*, drame réaliste (1894), s'ajoutent à une production romanesque abondante : *la Princesse des ténèbres* (sous le pseudonyme de Jean de CHIBRA, 1896), *les Hors-nature* (1897), *la Tour d'amour* (1899), *le Meneur de louves* (1905), *Mon étrange plaisir* (1934), *Face à la peur* (1942)... Elle donne aussi de multiples études critiques, articles dispersés dans le *Mercure de France* ou volumes d'essais : *Alfred Jarry ou le Surmâle des lettres* (1928), *Portraits d'hommes* (1930), etc.

« Rachilde, homme de lettres » (comme elle aimait à se présenter) fut donc un écrivain prolixe, étroitement mêlé à la vie littéraire de son temps et à l'histoire du symbolisme : elle soutint au théâtre l'action de Paul Fort et de Lugné-Poe, et bien des jeunes auteurs durent d'être reconnus à ses critiques du *Mercure.* Car elle avait très tôt appris à ne craindre ni la nouveauté ni le scandale : ainsi de son *Monsieur Vénus*, dont la perversité – le renversement des instincts mettant aux prises une femme virile et un homme efféminé – étonna d'autant plus que cette « pornographe distinguée » (selon les mots de Barbey d'Aurevilly) n'était encore qu'une débutante. La plupart de ses romans s'attacheront à des cas psychologiques singuliers, ou à l'étude de « mœurs contemporaines » audacieuses : des héros cérébraux et tourmentés, comme ceux des *Hors-nature*, s'y déchirent entre la névrose et l'idéal, le rêve et la réalité. Violence, ironie et passion se mêlent au goût d'un symbolisme un peu artificiel, dans des décors fin de siècle.

M.-O. Germain

Racine

RACINE Jean

(1639-1699)

La postérité a tôt fait de réduire Racine à son œuvre de poète tragique, de privilégier parmi ses tragédies *Phèdre* et *Athalie* et de saluer en celles-ci l'intemporelle et pure perfection d'un genre dont le maître incontesté, avant lui, était Sophocle. Vision mutilante et qui même interdit d'apprécier en leur complexe plénitude les poèmes épargnés par l'oubli. Sans vouloir ignorer ces préférences, il paraît juste de les apprécier, et peut-être de les confirmer, en envisageant l'œuvre dans son ensemble, en s'interrogeant sur sa genèse, en reconnaissant sa variété, en recherchant les rapports qu'elle entretient avec l'existence d'un homme, l'histoire de son temps et le règne d'un souverain fascinant.

Une réussite paradoxale

L'écrivain que son destin appelait à vivre dans la mouvance des plus grands et dans la familiarité du roi est de milieu relativement modeste. Il naît dans la petite ville de La Ferté-Milon, où ses ancêtres ont exercé des fonctions honorables mais sans éclat, soit dans la petite magistrature, soit dans la perception de la gabelle. Sa mère, Jeanne Sconin, est fille d'un président au grenier à sel. Son père, après avoir été cadet au régiment des gardes, assume une charge modeste dans la même administration. Jean a deux ans quand meurt sa mère, après avoir donné naissance à une fille, Marie, et quatre ans quand son père disparaît à son tour. L'enfant est recueilli par sa marraine et grand-mère Marie Desmoulins. Celle-ci, dont la famille a noué depuis plusieurs années des liens étroits avec l'abbaye de Port-Royal et dont la fille Agnès, connue sous le nom de mère Agnès de Sainte-Thècle, s'y est retirée fort jeune, y entre elle-même au moment de son veuvage, en 1649, et obtient pour son filleul le privilège d'être admis gratuitement comme élève des Petites Écoles, où il étudiera sous l'autorité de maîtres tels que Nicole, Lancelot, Antoine Lemaistre et le sensible Jean Hamon. Un neveu de Marie Desmoulins, Nicolas Vitart, introduit le jeune homme dans les milieux aristocratiques, notamment dans la famille de Chevreuse, et dans certains cercles littéraires, où il rencontre en particulier La Fontaine. Dès 1660, Jean Racine fait ses débuts dans les lettres, avec une tragédie perdue et de sujet incertain, *Amasie*, qu'il proposera sans succès à la troupe du Marais, et une ode écrite à l'occasion du mariage royal, *la Nymphe de la Seine*, qui est remarquée par Chapelain. L'année suivante, c'est aux comédiens de l'Hôtel de Bourgogne, la première troupe royale, qu'il présente en vain une seconde tragédie, dont le héros est Ovide. Cette même année, un de ses oncles, Antoine Sconin, vicaire général à Uzès, le fait venir auprès de lui avec l'intention de lui faire obtenir un bénéfice ecclésiastique. Le projet n'aboutit pas, mais il est resté de cet épisode provincial de la vie de Racine, qui dura deux ans, une précieuse correspondance. De retour à Paris, après avoir adressé au roi deux nouvelles odes, il est présenté à la Cour par le duc de Saint-Aignan, l'organisateur des premières fêtes de Versailles, et fait ses débuts au théâtre avec *la Thébaïde*, jouée par la troupe de Molière en juin 1664 : la première édition de cette tragédie sera dédiée au duc de Saint-Aignan. La pièce n'a pas grand succès. Mais, à cette date, Racine est déjà inscrit sur la liste des gratifications royales. L'année suivante, *Alexandre* connaît une meilleure fortune, qui encourage sans doute le poète à enlever sa tragédie à Molière pour la confier aux « grands comédiens » de l'Hôtel de Bourgogne, chez lesquels une des meilleures actrices du Palais-Royal ne tardera pas à le suivre : il s'agit de la Du Parc, à qui naguère Corneille faisait la cour, et qui est devenue la maîtresse de Racine. Décidément homme de lettres, Racine rompt avec Port-Royal en intervenant dans une querelle qui oppose Nicole à Desmarets de Saint-Sorlin, le pieux auteur de l'épopée de *Clovis*. C'est la *Lettre à l'auteur des Hérésies imaginaires*, où Racine fait en termes vifs l'apologie du théâtre.

Douze années durant, Racine connaît une suite ininterrompue de succès. Fréquemment attaqué par les partisans du système cornélien, il se défend d'abord avec l'impatience d'un jeune poète désireux de s'imposer, puis avec la sérénité du dramaturge sûr de ses moyens et fort d'un succès devant lequel ses ennemis même ont dû s'incliner. *Andromaque* inspire à un gazetier, Subligny, la comédie de *la Folle Querelle*, jouée chez Molière en 1668. La même année, l'Hôtel de Bourgogne donne *les Plaideurs*, où Racine entend montrer, comme l'indique l'« Avis au lecteur » de 1669, qu'il est capable d'égaler, voire de surpasser le poète comique. Avec *Britannicus* et *Bérénice*, c'est à Corneille cette fois que Racine oppose une formule renouvelée de tragédie à sujet romain ; ni la cabale contre *Britannicus,* alimentée en particulier par Saint-Évremond (qui avait publié dès 1668 une sévère *Dissertation sur le Grand Alexandre*), ni la *Critique de Bérénice* de l'abbé de Villars (1670), pas plus que le « doublon » que constituait *Tite et Bérénice* de Corneille, joué dans le même temps chez Molière, n'ont empêché Racine de s'imposer – et de s'imposer comme le plus grand. Il avait dédié *Andromaque* à Henriette d'Angleterre, *Britannicus* au duc de Chevreuse et *Bérénice* à Colbert. Après 1671, le poète n'a plus besoin de ces protections. Reçu à l'Académie la veille de la première de *Mithridate* (1673), consacré comme poète de cour avec la création à Versailles d'*Iphigénie* (1674), il peut se permettre de substituer la raillerie à l'argument défensif et de faire alterner dans ses préfaces l'ironie légère et la hautaine condamnation. La préface d'*Iphigénie* est consacrée pour une large part à la critique de l'opéra d'*Alceste* de Quinault et Lully ; celle de *Phèdre* à la tranquille affirmation de la moralité du genre tragique. Racine a rapidement triomphé de ses pâles imitateurs, Leclerc et Coras pour *Iphigénie*, Pradon pour *Phèdre*. Il est sorti indemne, ainsi que son ami Boileau, de la « guerre des sonnets » qui suivit la représentation de sa dernière tragédie profane, et où il avait pour adversaires la redoutable famille des Mancini, protecteurs de Pradon. Les années 1676-1677 constituent le couronnement de sa carrière, marqué par la soigneuse édition collective des *Œuvres,* le mariage du poète avec Catherine de Romanet, parente par alliance de Nicolas Vitart, issue d'une famille riche et anoblie par les charges, et surtout une « commission » d'historiographe du roi, qu'il partage avec Boileau dès septembre 1677.

Durant vingt années, la carrière de Racine sera celle d'un courtisan, voire d'un intime du roi. Il écrit les vers de l'*Idylle de Sceaux*, qui sera chantée en 1685 chez le marquis de Seignelay, fils de Colbert, sur une musique de Lully. Il est de la « Petite Académie » dès 1684, ce qui fait de lui un des quatre rédacteurs des inscriptions à la louange du roi dont s'ornent médailles et monuments triomphaux. Il accepte de revenir au théâtre, avec *Esther* (1689) et *Athalie* (1691), pour faire sa cour à Mme de Maintenon, dont les nobles élèves de Saint-Cyr sont passionnées de théâtre. Il est des rares élus que Louis XIV invite à Marly. Gentilhomme ordinaire de la chambre du roi dès 1690, il peut acheter en 1696 l'office (coûteux) de secrétaire du roi.

Racine n'a jamais cependant renié son passé : ni celui de l'homme de théâtre (en témoigne l'édition de 1697) ni celui d'ancien élève des Petites Écoles ; il a rendu à ses maîtres un ultime hommage en écrivant – dans le secret – un *Abrégé de l'histoire de Port-Royal*, a marié sa fille aînée dans une famille proche de la spiritualité janséniste et confié ses autres filles à des communautés religieuses. Du moins a-t-il pris soin, avant de connaître une mort édifiante et d'être enseveli, conformément à ses vœux, auprès de la tombe de M. Hamon à Port-Royal des Champs, d'assurer l'établissement de ses fils Jean-Baptiste et Louis. Pourtant, l'aîné devait se retirer très vite dans une studieuse solitude, et le second, devenu oratorien, consacrer sa vie au service de Dieu et à la mémoire de son père. « Sagesse » dont Jean Racine, en ses dernières années, avait pu lui donner l'exemple. L'agonie de la Champmeslé, l'inoubliable interprète de *Bérénice*, d'*Iphigénie* et de *Phèdre*, lui avait inspiré des prières pour la conversion de la tragédienne (1698). Et ses dernières productions poétiques avaient été, en 1694, quatre *Cantiques spirituels* que Jean-Baptiste Moreau, le compositeur des parties chantées d'*Esther* et d'*Athalie*, avait mis en musique.

Racine et la tradition poétique

La vocation de poète s'est imposée très tôt à l'élève des Messieurs de Port-Royal. Ce fut dès le départ une vocation aux grands genres. Les premiers essais de Jean Racine sont d'impeccables distiques élégiaques en latin, des odes et des stances où l'inspiration malherbienne le dispute à l'ingéniosité de Théophile de Viau. La première domine dans les trois pièces adressées au roi entre 1660 et 1663. Racine s'y préoccupe moins de l'originalité des thèmes ou de la splendeur des images que de la clarté dans l'expression et de la netteté du syllabisme. C'est ce double souci qui l'anime encore quand il corrige ces pièces avant de les confier aux éditeurs du *Recueil de poésies chrétiennes et diverses* de 1671. La même exigence caractérisera la facture des *Cantiques* de 1694. Le charme de ces poèmes, la mélodie qu'ils paraissent éveiller spontanément leur sont donnés par surcroît. Ce sont œuvres contrôlées à la lumière des enseignements de Malherbe et des siens, travaux d'artisan consciencieux.

De ces préoccupations témoigne la correspondance du poète. Des *Lettres d'Uzès* aux épîtres édifiantes à Jean-Baptiste en passant par les billets adressés au cousin Vitart, à Boileau et à La Fontaine, Racine demeure hanté par la perfection d'une écriture sans heurt, sinon sans éclat, où se concilient par le verbe l'ardeur à vivre du mondain, les scrupules du chrétien, le feu du satirique, mais où dominent surtout les plaisirs et les inquiétudes du poète. Si l'on met à part les quelques épigrammes et madrigaux échappés à sa plume et si l'on considère *les Plaideurs*, ainsi qu'il le faisait lui-même, comme le divertissement d'une saison dont le succès a quelque chose de paradoxal, il apparaît que l'inspiration générale de son œuvre exclut les fantaisies du burlesque, voire les grâces de la galanterie à la manière de Sarasin ou même d'un certain La Fontaine. Poète de cour, sans doute, mais non poète de salon, Racine a été fasciné tour à tour par les splendeurs dangereuses de la passion et par les austères devoirs qui s'imposent aux âmes d'élite. Cette double sollicitation s'exprime encore en 1694 dans le *Cantique III*, où il paraphrase saint Paul. Elle exclut les voies moyennes et les sentiers à mi-pente. Si Racine a été l'ami et le correspondant de La Fontaine et de Boileau, c'est qu'il trouvait dans leur sensibilité et dans leurs vers, à côté d'exigences esthétiques proches des siennes, le sens de l'humour et l'esprit de juste mesure qui lui manquaient. En attendant de se faire historiographe de Louis XIV et célébrant du culte royal, il devait comme naturellement trouver sa voie dans la fréquentation des héros et des princes de la tragédie. *La Thébaïde* peut déconcerter un lecteur familiarisé d'abord avec les tragédies de la maturité, comme elle a sans doute déconcerté, en 1664, ses premiers spectateurs. Non seulement parce que l'issue en est « un peu trop sanglante », comme l'a reconnu Racine dans la préface de 1676, mais aussi parce que la structure générale, l'écriture « à la Sénèque », l'utilisation des stances, des monologues insistants, des débats inspirés de Garnier et de Rotrou, la présentation de Créon comme un monstre de machiavélisme et de lubricité y figurent un retour à la manière d'Alexandre Hardy et de ses contemporains. C'est justement cet archaïsme qui est signifiant. Racine rompt ici avec la mode du romanesque et du galant imposée par Quinault. Il s'interdit les détours de la tragédie politique pratiquée par Corneille vieillissant. Il redécouvre, plus que la terreur, l'horreur tragique. Il veut par là se situer dans la voie la plus ancienne du genre. C'est, certes, un défi adressé à son public. Il sera cependant suivi d'un autre, tout différent. *Alexandre* a été et demeurera longtemps une œuvre à succès. Racine y annonçait l'héroïsation de son royal dédicataire. Il y reprenait aussi la veine romanesque des amours des conquérants. Mais il y imposait un Alexandre de stature vraiment « héroïque » et qui contrevenait aux règles de la galanterie. Il campait en face de lui un insolent Porus, qui violait celles du respect dû à plus grand que soi. Il traitait ainsi un sujet à la mode en lui rendant la rude dignité que lui avait donnée Quinte-Curce. Ici par l'histoire, là par la mythologie, il défendait un droit à la différence qui se confondait sans doute, dans son esprit, avec le devoir d'authenticité.

La conception racinienne de la tragédie

En recevant Thomas Corneille à l'Académie française, en 1685, Racine a saisi l'occasion qui lui était offerte de faire l'éloge du vieux rival disparu. On peut toutefois se demander s'il ne pense pas à lui-même et à son idéal de la tragédie quand il présente Pierre Corneille luttant « contre le mauvais goût de son siècle », « aidé de la lecture des Anciens », accordant « le vraisemblable et le merveilleux » ; ou quand il lui accorde le mérite d'« une magnificence d'expression proportionnée aux maîtres du monde qu'il fait souvent parler ».

Quoi qu'il en soit, cet hommage à Corneille paraît traduire, de la part de son auteur, la conscience d'une continuité en profondeur. Racine s'en est pris, dans ses préfaces, aux déviations que des poètes trop pressés de plaire ou de surprendre ont imprimées à la doctrine qu'ils professaient. Il n'a jamais totalement remis en question les principes sur lesquels se fondait, en 1660, le genre tragique. Il aurait pu s'accorder avec la plupart de ses adversaires sur quelques règles fondamentales du théâtre sérieux.

Au moment où débute Racine, il est possible, à l'aide de la *Pratique du théâtre* de l'abbé d'Aubignac (1657) et des *Discours* de Corneille (1660), de donner de la tragédie une définition minimale : la tragédie est une œuvre dramatique, écrite en alexandrins, disposée en cinq actes, dont les héros, de rang élevé et de stature morale « médiocre » (ils ne sont ni trop bons ni trop méchants), se trouvent menacés par un péril grave, qui éveille chez le spectateur des sentiments de pitié et de terreur ; ils peuvent succomber à ces périls ou être sauvés *in extremis* ; le déroulement de l'action doit être continu à l'intérieur de chacun des actes ; les principaux personnages et les éléments essentiels de la situation doivent être présentés dès le début de la tragédie ; le sujet doit être tiré du « vrai » : mais, comme l'écrit Corneille dans le *Discours de la tragédie* (1660), « la fable [c'est-à-dire la mythologie] et l'histoire de l'Antiquité sont si mêlées ensemble que [...] nous leur donnons une égale autorité sur nos théâtres » ; en revanche, certains sujets sont exclus : on ne peut choquer les principes de la vraisemblance (qui permet l'adhésion intellectuelle) et de la bienséance (qui permet l'adhésion de la sensibilité), non plus que celui de la nécessité, qui oblige le poète à adapter l'histoire contée aux exigences esthétiques propres au théâtre ; on exclura l'histoire proche, l'éloignement seul pouvant entraîner la « révérence » du lecteur ou du spectateur ; enfin, on évitera de recourir à l'histoire sacrée, le genre tragique, si élevé qu'il soit dans la hiérarchie littéraire, demeurant (en dehors de son utilisation à l'école) un genre profane et toute représentation théâtrale un divertissement.

Ces principes, Racine les a faits siens avec une aisance qui a toujours frappé les historiens du théâtre. Il savait que, dans le domaine où il s'engageait, on ne devait pas rechercher la nouveauté pour elle-même et que le bon poète tragique était celui qui, attentif à l'idée que le spectateur actuel se faisait du genre qu'il pratiquait, répondait précisément à son attente. C'est la condition de l'art de plaire, règle des règles pour Racine comme pour Molière. Mais cet art n'implique ni conformisme ni complaisance. Il est seulement le moyen de communication permettant de faire accéder le public d'un temps déterminé à la tradition – ancienne dans ses origines, mais lentement mûrie d'âge en âge – de l'*opus tragicum*. Si, dans le choix et la mise en œuvre de ses sujets, Racine respecte le goût de son temps (des « amis » l'ont orienté vers le thème de *la Thébaïde*, conseillé sur quelques endroits d'*Alexandre*, aidé dans la conception même des *Plaideurs*), il n'ignore pas que, plus profonde que le caprice d'une époque, l'exigence du « bon sens » et de la « raison » traverse « tous les siècles » (préface d'*Iphigénie*). Son Andromaque, écrit-il en 1676, répond à « l'idée que nous avons maintenant de cette princesse ». Mais elle demeure en esprit la même héroïne jadis chantée par Euripide et Virgile. L'adaptation au public des thèmes fournis par la tradition ne trahit pas cette tradition. Elle la rend présente. La démarche créatrice de Racine ressemble à celle de Ronsard s'efforçant de restituer l'âme de l'ode pindarique ou à celle de La Fontaine présentant à ses lecteurs le trésor universel de l'apologue.

À la volonté de surprendre, voire de choquer, que Racine attribue à Pierre Corneille – lequel, selon la préface de *Britannicus*, accumulerait les fautes contre la bienséance et la vraisemblance –, à l'abandon au romanesque et à la galanterie qu'il reproche à Pradon, à Quinault ou à Thomas Corneille, Racine a opposé, d'un bout à l'autre de sa carrière, une esthétique parfaitement cohérente et qui traduit la double préoccupation de plaire à un « petit nombre de gens sages » et de se rendre digne des « grands hommes de l'Antiquité », Homère, Virgile, Sophocle, Euripide, qu'il a « choisis pour modèles ». Cette esthétique est fondée sur le principe de la convergence des éléments dans l'invention et sur celui de la convergence des effets dans la réalisation. Racine a défendu, dès 1666, la « simplicité » du sujet d'*Alexandre*, que ses adversaires affectaient de prendre pour de la « stérilité ». Il s'est félicité d'avoir, dans *Britannicus*, développé une « action simple, chargée de peu de matière », et d'avoir rencontré, avec *Bérénice*, un sujet « extrêmement simple ». Cette exigence est fondée à la fois en autorité (Racine invoque ici et là les exemples grecs) et en raison : il n'est pas vraisemblable « qu'il arrive en un jour une multitude de choses qui pourraient à peine arriver en plusieurs semaines » (préface de *Bérénice*). Mais elle traduit aussi le goût de l'ordre et de l'intelligibilité qui est celui du poète. Le « raisonnable » est la condition essentielle de la lisibilité d'une œuvre. Il impose parfois, comme le rappelle la seconde préface d'*Andromaque*, d'« accommoder la fable » au « sujet », c'est-à-dire de modifier (avec précaution) l'histoire contée pour en mieux faire apparaître la signification. Il interdit toujours, selon le précepte d'Horace, l'intervention des « dieux de machine » au dénouement (préface d'*Iphigénie*). La seconde préface d'*Andromaque*, la préface de *Mithridate*, celle d'*Iphigénie* sont sensiblement contemporaines de l'*Art poétique* de Boileau, des *Réflexions* du P. Rapin et du *Traité du poème épique* du P. Le Bossu. Elles expriment les mêmes exigences, avec cette différence que Racine se limite à l'essentiel et joint au précepte l'exemple de ses propres œuvres. Un autre principe récurrent dans les préfaces est celui de la continuité de l'action, qui permet seule de soutenir l'intérêt : « Les plus belles scènes sont en danger d'ennuyer, du moment qu'on les peut séparer de l'action », lit-on dans la préface de *Mithridate*, laquelle affine une doctrine déjà présentée dans celles d'*Alexandre* et de *Britannicus* et que viendra parfaire la composition d'*Athalie*, où Racine pensait avoir retrouvé, par l'insertion de chants choraux entre les actes, la « continuité d'action » propre à la tragédie antique. Si Racine, enfin, reprend à Aristote les formules touchant à la « médiocrité » du héros et aux notions de « compassion » et de « terreur », ce n'est pas par révérence verbale : elles répondent à un dessein précis, celui d'émouvoir, ou, comme il écrit à propos d'Euripide dans la préface d'*Iphigénie*, de « mettre en larmes » le spectateur. Pitié et terreur sont les deux dimensions de la sympathie tragique, faite d'un mouvement vers les malheurs d'autrui et d'une participation imaginaire à ses épreuves. La « médiocrité » du personnage (« ni trop bon ni trop méchant ») est la condition de cette même sympathie : elle fait qu'on le « plaint » sans le « détester », parce qu'il a, comme les héros d'*Andromaque*, « une vertu capable de faiblesse » ; cette efficace médiocrité est encore recherchée dans *Phèdre*, où l'héroïne « a horreur toute la première » de son emportement criminel, tandis que son beau-fils, dont la « grandeur d'âme » demeure entière, se trouve humanisé par la « faiblesse » de son amour pour Aricie. Tels sont les éléments de la « tristesse majestueuse » évoquée par le poète dans la préface de *Bérénice*.

Cette « tristesse », en quoi se résume le « plaisir de la tragédie », naît du spectacle de l'inconfort de la condition humaine. Racine en trouvait l'image tout au long de l'histoire du genre, chez Euripide ou chez Sophocle comme chez Sénèque et dans les œuvres de Garnier comme dans celles de Corneille, de Tristan l'Hermite ou de Rotrou. Tous ces poètes entendaient proposer à l'homme un tableau des malheurs humains qui puisse l'aider à les éviter par la vertu de prudence ou à les supporter par la vertu de constance. Tous voyaient dans ces malheurs les conséquences de la passion. Mais ils n'entendaient pas toujours celle-ci de la même manière. Pour les Grecs, elle était un entraînement fatal, dont l'homme n'était guère responsable : dans la tragédie d'Euripide, Phèdre et Hippolyte sont victimes d'un conflit divin entre Artémis et Aphrodite, où ils ne sont pas pour grand-chose. Les leçons données par de telles tragédies sont analogues à celles que donne Giraudoux dans *Électre* ou Sartre dans *les Mouches* : laisser les dieux en paix et s'interdire de défier le destin (c'est la sagesse du Jardinier), ou s'efforcer de rompre les malédictions ancestrales en inventant un monde nouveau (c'est le dépassement auquel est invité Oreste au dénouement des *Euménides*). La passion sénéquienne est d'une autre nature. Morale plus que religieuse, elle traduit un bouleversement de l'âme, auquel on peut échapper par la conscience qu'on prend de lui dès les premiers symptômes, mais dont les effets deviennent irréversibles si on le laisse se développer jusqu'à la crise. Cette vision est encore pour une grande part celle des dramaturges de la Renaissance, qui condamnent également les deux grandes passions tragiques, l'amour et l'ambition : le premier est une forme de la folie mélancolique ; la seconde une forme de la folie des grandeurs, qui donne à l'homme l'illusion d'être dieu. On opposera à celle-là la rectitude du jugement, à celle-ci la vertu d'humilité. Quand Racine débute au théâtre, le courant néostoïcien s'est en partie estompé au profit d'une autre tendance, celle du néoplatonisme, qui fait de la passion un mystère à signification positive (celle qui subsistera encore chez Claudel, dans *Tête d'Or* ou dans *le Soulier de satin*) : l'ambition politique peut être le signe d'une vocation à la grandeur dans ce monde ou dans l'autre, comme chez Horace ou chez Polyeucte ; la passion amoureuse peut être la découverte d'un monde d'innocence et de paix, celui que symbolisent les bergers de la pastorale romanesque ou dramatique, image de l'Éden retrouvé où l'homme remplit sa vocation fondamentale, qui est l'amour de Dieu. Dans les « romans parfaits » et dans les tragédies et tragi-comédies du milieu du XVIIe siècle, ces deux passions se présentent en leurs aspects heureux : l'amant n'y est avide de conquêtes que pour mériter sa dame ; mais c'est l'amour qu'il porte à celle-ci qui lui inspire les hautes vertus du grand capitaine ou du grand prince. Racine a ressaisi l'essentiel de cette multiple tradition : *la Thébaïde* est conforme à ses modèles les plus anciens ; *Alexandre* reflète ses aspects les plus modernes. Dans la suite de sa carrière, et particulièrement dans *Bérénice*, le poète est parvenu à faire subsister ensemble les trois conceptions de la passion, vécue à la fois comme une malédiction, comme une faute et comme un appel. Ainsi l'élan passionné représente-t-il chez lui le bien et le mal, l'esclavage et la liberté. Contradictions qui engendrent le tragique au moment où elles affleurent à la conscience des héros.

L'univers mythique de Racine

La tragédie des Anciens empruntait ses sujets, pour l'essentiel, à la mythologie. Celle des humanistes du XVIe siècle puisait à peu près également dans le fonds mythologique et dans l'histoire profane ou sacrée. Leurs drames bibliques pouvaient cependant être écrits sur le patron de certaines tragédies d'Euripide ou de Sénèque : *Abraham sacrifiant* de Théodore de Bèze s'inspirait d'*Iphigénie*, et la tradition issue du sujet des *Troyennes* nourrissait *les Juives* de Robert Garnier. Quant aux drames historiques de la Renaissance, ils trouvaient un garant, sinon un modèle, dans *Octavie*, longtemps considérée comme une œuvre de Sénèque. Au second tiers du XVIIe siècle, l'équilibre s'est décidément rompu en faveur de l'histoire. L'originalité de Racine consiste à avoir tenu la balance égale entre les deux types de sujets. Mais, parmi les uns et les autres, et contrairement à son vieux rival Corneille, il a toujours choisi les plus célèbres : *Andromaque* met en scène des personnages « fameux » ; le nom de Mithridate est des plus « connus » de l'histoire ; le sacrifice d'Iphigénie ne connaît « rien de plus célèbre dans les poètes ». L'insistance de Racine sur ce point, au début de ses préfaces, est significative. Ses choix lui imposent un certain respect du « vrai » ou, du moins, de ce qu'en savent ou de ce qu'en pensent ses contemporains, nuancé et corrigé, dans la limite où le permettent les bienséances, par le recours à la source première : Antiquité poétique ou historique ; témoignage direct (dans le cas de *Bajazet*) ; textes sacrés enfin, comme en témoignent les préfaces et le texte des tragédies bibliques. Le spectateur et le lecteur de Racine connaissent ou peuvent consulter les ouvrages dont il s'inspire : sources premières avouées, Euripide et Virgile, Quinte-Curce, Tacite, Suétone, Appien d'Alexandrie et Rycaut, auteur de l'*Histoire de l'Empire ottoman*, sur l'autorité duquel il s'appuie dans la préface de *Bajazet* ; sources secondes aussi, avouées ou non : poètes anciens comme Homère, Ovide et Sénèque, dont il a lu et médité les œuvres en tant qu'homme de son siècle ; mythologues tels que Plutarque, Pausanias, Philostrate ou l'Italien Natale Conti ; faussaires médiévaux de génie, comme les « inventeurs » de Darès le Phrygien et de Dictys le Crétois, auxquels *Andromaque* et *Iphigénie* doivent certains de leurs éléments. On pouvait retrouver dans *Bérénice* des souvenirs d'un roman inachevé de Segrais et d'une harangue de Scudéry ; dans *Bajazet* la transposition de l'histoire de Floridon dans les *Divertissements de la princesse Aurélie* du même Segrais (1656) ; dans l'ensemble de l'œuvre le reflet de telle scène de Garnier, de tel personnage de Rotrou, de telle situation de Tristan l'Hermite. Les tragédies de Racine invitent constamment à la comparaison entre ce que d'autres ont fait et ce qu'il a créé lui-même à partir des mêmes sujets ou des mêmes personnages. On l'y découvre toujours jaloux d'avoir mieux que quiconque respecté à la fois les données premières dont il s'inspire et le goût du temps auquel il s'adresse.

Le théâtre tragique de Racine met cependant en œuvre un univers mythique personnel et cohérent. Cet univers est géographiquement défini comme une extension du monde méditerranéen, Italie, Grèce, Moyen-Orient, baigné par les flots de la mer et par la lumière du soleil. Agamemnon, Assuérus, Alexandre, Mithridate, Titus et Amurat s'engagent en leurs conquêtes dans ces chemins qui se croisent. La légende grecque, l'histoire de Rome, celle de la Turquie moderne y dessinent un réseau complexe mais signifiant, riche en échos et en analogies. La tragédie racinienne décrit une civilisation qui subsiste au-delà des conflits et des crises, civilisation exemplaire pour les Français qui en ont recueilli l'héritage et résumant dans sa variété le drame de la condition humaine.

Dans cet ensemble, la Fable et l'Histoire, l'antique et le moderne, le profane et le sacré entretiennent des rapports aisément décelables. Implicitement ou explicitement, par la ressemblance dans les structures et par l'interpolation poétique, Racine établit des liens entre les divers domaines de son inspiration. La mythologie peut inspirer un sujet historique : *Britannicus* rappelle l'histoire des Atrides, et le sort de Junie y reproduit celui de Daphné ; *Bérénice*, comme l'indique la préface, est bâtie sur le même plan que « la séparation d'Énée et de Didon dans Virgile » ; *Bajazet*, comme avait fait en 1644 *la Mort de Chrispe* de Tristan l'Hermite, traite un sujet analogue à celui de l'*Hippolyte* d'Euripide, apparaissant ainsi comme un premier crayon de *Phèdre*. Inversement, l'histoire peut contribuer à l'élaboration d'un sujet mythologique : Junie prête à Aricie, princesse appartenant comme elle à une branche condamnée de la famille régnante, les traits de l'héroïne innocente vouée à un amour sans espoir. La Bible peut donner une dimension nouvelle à une tragédie mythologique : la thématique de *Jephté* et d'*Abraham sacrifiant* se retrouve dans les discussions du Ier acte d'*Iphigénie* ; aux scènes IV et VI de l'acte IV, *Phèdre* se souvient du sang d'Abel de qui le cri parvient jusqu'à Dieu dans la Genèse, et des plaintes du psalmiste, dont le crime ne pourrait être caché même dans la « nuit infernale ». Mais les tragédies bibliques doivent elles-mêmes à l'inspiration profane du poète : Aman doit à Narcisse, Athalie à Agrippine, Joas au héros d'*Ion* d'Euripide. Rien d'étonnant si d'une tragédie à l'autre apparaissent des personnages qui se ressemblent comme des frères : jeunes hommes emportés à la fois par l'héroïsme et par l'amour, tels qu'Hémon, Britannicus, Bajazet et Achille ; captives à la fois adulées et menacées, comme Andromaque, Junie, Monime ou Esther ; femmes altières et nostalgiques d'un amour parfait, comme Hermione, Roxane ou Phèdre.

Dans ces récits exemplaires que constituent les mythes antiques, les héros ont un double rôle : ils accomplissent un destin individuel et non daté, dont on pourra retrouver l'analogue en d'autres temps et en d'autres lieux ; mais ils sont aussi solidaires – qu'ils règnent déjà ou qu'ils soient promis à la royauté – d'une collectivité humaine géographiquement située et considérée à un moment décisif, celui où la cité se fonde, celui où elle se trouve menacée de l'extérieur ou de l'intérieur, celui où la légitimité du pouvoir peut être remise en question. Racine a conservé cette double dimension. Le drame de l'homme, dans ses tragédies, est à la fois aventure personnelle – où il se trouve – et engagement public – où il s'éprouve. De cette aventure et de cet engagement, le cadre naturel, conformément à la doctrine aristotélicienne, est la cellule familiale. Cette conception du mythe tragique entraîne une « distribution » à triple entrée, selon qu'on envisage tel personnage comme amant, comme père, fils ou frère, comme roi ou prince, et une triple hiérarchie entre les « acteurs » : celle du cœur, celle de la famille, celle de l'État. Agrippine est mère de Néron, mais elle est aussi sa première sujette ; Titus est le maître de Rome, mais il est aussi le « serviteur » de Bérénice. À cette distinction s'en joint une autre, qui fait bien apparaître en Racine un contemporain de Pascal et de Bossuet : l'opposition entre un ordre mondain en soi respectable, et qui veut, par exemple, qu'on obéisse à son roi et qu'on se soumette à son père, et un ordre conforme aux secrètes exigences de la sensibilité ou de la foi, qui dresse le héros contre le détenteur de l'autorité, Hémon contre son père, Bajazet contre son frère, Joad contre sa souveraine. Cette inversion de la hiérarchie est illustrée par le salut accordé *in fine* aux personnages faibles et apparemment condamnés que sont, après Andromaque et Junie, Iphigénie, Aricie, Esther et Joas.

Ce qui distingue enfin la tragédie racinienne de la plupart des modèles antérieurs, c'est qu'il est difficile d'y désigner un héros ou un couple de héros. En dépit de la solidarité objective qu'impose à ses personnages leur appartenance à une même collectivité politique ou familiale, et en raison peut-être de la variété des réseaux hiérarchiques où ils se situent, chacun d'eux est condamné à ne parler à chacun des autres que suivant le fil d'une seule de leurs relations. S'il transgresse cette règle implicite, il se condamne irrémédiablement. Xipharès et Hippolyte ne peuvent être amants devant leurs pères. Il faut toute la mystérieuse puissance de la Providence pour qu'Esther révèle sans dommage le secret de son origine ou que Joad adopte devant Athalie un langage autre que celui d'un sujet respectueux. Cette règle du « mensonge par omission » a pour corollaire l'obligation, pour chacun des personnages de Racine, de se confier au spectateur, directement par le monologue, indirectement dans les dialogues avec un « gouverneur », un domestique ou un officier. Le dramaturge invite par là le spectateur-confident à adopter successivement le point de vue de plusieurs personnages différents et à hésiter dans le choix de l'un d'eux, au moment où ils se rencontrent. *Andromaque* présente ainsi autant de héros que d'amants malheureux, *Britannicus* engage à vivre tour à tour avec Néron, avec Agrippine ou avec le couple persécuté de Junie et de Britannicus, *Phèdre* à plaindre également la fille de Minos et le fils de l'Amazone. Dans *Athalie* même, le défi adressé au « dieu des Juifs » par la vieille reine peut éveiller l'admiration aussi bien que la prophétie du grand prêtre. C'est dire qu'en dépit de la précision de ses éléments et de la netteté de leur organisation, le mythe racinien ne peut pas s'interpréter suivant une dimension unique. Il permet certes au lecteur plusieurs options. Mais il impose à l'exégète d'être attentif à la totalité de ses significations et d'essayer de les accorder entre elles.

Lecture de Racine : unité et multiplicité

Une tragédie de Racine se révèle, à la lecture, moins simple que l'auteur ne voudrait le faire croire. Mais l'organisme complexe qu'elle constitue comporte des foyers de convergence et présente des systèmes de correspondances qui assurent son unité.

L'action s'engage généralement avec une démarche, le mot étant entendu à peu près au premier sens que lui donne le dictionnaire de Littré : « le pas qu'on commence à faire quand on veut aller en quelque lieu ou en sortir ». Cette démarche n'est pas toujours le fait d'un protagoniste : certes, c'est Oreste qui arrive en Épire et Hippolyte qui annonce sa décision de quitter Trézène ; mais c'est Antiochus qui vient faire ses adieux à Bérénice, Acomat qui présente l'intrigue politique ourdie par ses soins et Abner qui ose pénétrer dans le temple. Ce premier pas est décisif, et les actes ou événements qui le suivent sont avec lui en liaison directe, qu'ils le contrarient ou qu'ils paraissent le favoriser. C'est ce pas qui est le prétexte de l'exposition : non tant du « sujet », comme le veut l'*Art poétique*, que du lieu, du moment et de la constellation des personnages intéressés à l'action. Le projet exposé aux premiers vers n'évoque en réalité qu'un point de vue partiel sur une situation complexe dont aucun personnage n'a en main tous les éléments. La progression de la tragédie consiste en de successifs enrichissements et corrections de cette première image : imprévu de l'événement, message égaré dans *Iphigénie* ; « mort » et retour des pères dans *Mithridate* ou *Phèdre* ; contre-projets ignorés, de la décision de rupture de Titus à l'enquête d'Ériphile sur son identité ; dangereuses paroles inspirées par une irrépressible passion à Pyrrhus, Britannicus ou Phèdre – ces jeux du hasard, de la volonté et de l'amour jaloux composent une fable tragique où chacun des héros trouvera enfin sa véritable place en achevant son rôle.

Le temps est ici, comme chez Platon, « image mobile de l'éternel », sans cesser d'être, comme chez Aristote, « mesure du mouvement ». La tragédie terminée, une image de la condition humaine se dessine, à laquelle renvoient tous les éléments de la mosaïque tragique. Le temps est comme arrêté au profit d'une austère leçon qui associe la tradition stoïcienne, les enseignements de la prudence chrétienne et les paradoxes de la philosophie pascalienne sur la grandeur et la petitesse de l'homme. Mais cette leçon n'est pas sans ambiguïté. C'est que le dénouement tragique, s'il met fin à une histoire, ne met pas fin à l'Histoire. Ou plutôt, le temps de la tragédie n'est qu'un moment dans le déroulement d'une aventure qui la dépasse. Elle est nostalgie d'un temps de grandeur, celui qu'a pu connaître la Rome augustéenne, la Grèce purifiée de ses monstres, la Jérusalem d'autrefois ; ou d'un temps de pureté, celui des enfances éblouies par un premier échange de regards ou emportées par l'enthousiasme héroïque. Ce temps paraît révolu, et l'événement tragique lui apporte en effet un ironique démenti. L'héroïsme s'est mué en politique, et l'amour est devenu passion destructrice. Mais un personnage n'est pas perdu quand il se reporte à ce temps avec délectation, et une nation peut se sauver si elle s'y réfère avec fierté. D'autre part, la tragédie suppose un avenir. Les sacrifices imposés par le destin sont les instruments de la Providence : la mort de Mithridate, après sa conversion à la générosité, autorise les espoirs amoureux et guerriers de Xipharès ; le salut de Junie est une victoire spirituelle ; l'adoption d'Aricie instaure la paix dans Athènes ; et le couronnement de Joas prépare, de loin, la venue du Sauveur. L'Histoire, évoquée par les pressentiments et les prédictions, a un sens mystérieux, que seuls les derniers temps pourront éclairer, mais dont l'image est présente au dénouement à double face du drame racinien.

La puissance de la leçon que Racine propose ainsi, comme son contemporain La Fontaine, aux « rois » et aux « sages » est inséparable de la culture véhiculée par ses tragédies aussi bien que de la forme poétique dont Racine les a revêtues. L'exemple donné par le héros tire sa portée des attaches et des analogies que le poète lui prête avec d'autres héros, appartenant à des univers éloignés du sien. Il n'est pas indifférent qu'une citation biblique passe dans *Phèdre*, que Bajazet emprunte des traits à Hippolyte ou à Chrispe, ou qu'Éliacin se souvienne de l'Ion d'Euripide. Racine apporte à ses créations le poids d'une culture immense et variée, non seulement parce que son goût l'y porte, mais parce qu'à travers cette variété il discerne des constantes, il voit se dessiner des lignes de force, il découvre une unité. Si, comme le notait Péguy, il paraît avoir toujours écrit la même tragédie, c'est qu'il entendait retrouver dans tous ses sujets le drame de la condition de l'homme, présenté sous les traits exemplaires du « roi malheureux ». C'est aussi parce que l'écriture racinienne est remarquable par son homogénéité. S'il sait, comme Molière, briser son vers et le partager en répliques courtes et animées, s'il lui donne, aux moments d'exaltation, l'ampleur propre à la description brillante ou à l'évocation sensible, il se montre surtout attentif à l'euphonie du discours poétique, à la limpidité de l'expression, à la signifiante simplicité des images. Discipliné et retenu, le style de Racine poète tragique présente la même rigueur que celui du Racine des *Cantiques*. Il substitue seulement au calme retour de la strophe l'emportement calculé qui convient au dialogue de théâtre. Mais la clôture du poème tragique est comparable à la clausule d'une stance. Chacune des tragédies de Racine paraît ajouter une strophe à l'unique poème sur l'homme et son destin que constitue l'ensemble de son œuvre.

VIE		ŒUVRE	
1639	**Déc. :** baptême, à La Ferté-Milon, de Jean Racine, fils de Jean et de Jeanne Sconin.		
1641	Naissance de Marie Racine. Mort de la mère du poète.		
1642	Remariage du père de Racine avec Madeleine Vol.		
1643	**Févr. :** mort du père de Racine. Jean est recueilli par son grand-père maternel, Pierre Sconin.		
1649	À la mort de Pierre Sconin, Marie Desmoulins, la grand-mère paternelle, rejoint à Port-Royal des Champs ses sœurs et sa fille Agnès (future Agnès de Sainte-Thècle). Racine est élève des Messieurs, aux Petites Écoles de Port-Royal.		
1653-1654	Racine est envoyé au collège de la ville de Beauvais, où il fait sa rhétorique.		
1655-1658	Racine revient à Port-Royal ; il y demeure après la dissolution des Petites Écoles.		
		1657-1658	Rédaction d'*Odes* sur Port-Royal et de *Poésies latines*.
1659	Racine fait sa philosophie à Paris, au collège d'Harcourt. Son cousin Nicolas Vitart, intendant du duc de Luynes, l'introduit dans le monde des lettres.		
		1660	Le théâtre du Marais refuse la tragédie d'*Amasie*. Rédaction et publication de l'ode *la Nymphe de la Seine à la reine*.
1661-1663	Séjour à Uzès, où son oncle Antoine Sconin, vicaire général, tente en vain de lui faire obtenir un bénéfice.	**1661-1663**	Rédaction des « Lettres d'Uzès ».
1663	Retour à Paris. Racine fréquente Boileau et Molière. Il est protégé par le duc de Saint-Aignan.	**1663**	Rédaction et publication de l'*Ode sur la convalescence du roi* et de *la Renommée aux Muses*.
1664	Racine figure sur la liste des gratifications royales.	**1664**	Création de *la Thébaïde* par la troupe de Molière. L'œuvre est publiée la même année.
		1665	Molière crée *Alexandre* ; Racine fait admettre la pièce à l'Hôtel de Bourgogne.
		1666	Publication d'*Alexandre*. *Lettre à l'auteur des Hérésies imaginaires* (contre Nicole), suivie d'une seconde *Lettre* et d'un projet de préface. (Seul le premier de ces trois textes est publié.)
1667	Racine est proche de la Cour, notamment d'Henriette d'Angleterre, belle-sœur du roi. **Mai :** il reçoit une gratification de 800 livres.	**1667**	**Nov. :** création d'*Andromaque* chez la reine, avec l'actrice Marquise Du Parc, qui a quitté Molière pour l'Hôtel de Bourgogne.

	VIE		ŒUVRE
1668	Bénéficiaire du prieuré de l'Épinay en Anjou, Racine reçoit de plus une gratification royale de 1 200 livres. Mort de Marquise Du Parc.	**1668**	**Janv. :** édition d'*Andromaque*. Succès éclatant de la pièce, malgré Molière, qui monte *la Folle Querelle* de Subligny, et les cornéliens comme Saint-Évremond, qui publie sa *Dissertation sur le Grand Alexandre*. **Nov. :** création des *Plaideurs* ; la pièce est publiée dès janv. 1669.
1669	Cession d'une partie des rentes du prieuré de l'Épinay à un prête-nom d'Arnauld d'Andilly. Racine proche de la famille Colbert, notamment du duc de Chevreuse, gendre du ministre.	**1669**	**Déc. :** création de *Britannicus*.
1670	Racine est appelé à participer aux fêtes du mariage du duc de Nevers avec Mlle de Thianges. La gratification royale s'élève cette fois à 1 500 livres.	**1670**	**Janv. :** édition de *Britannicus*. **Déc. :** création de *Bérénice* à la Cour (14 déc.), puis à l'Hôtel de Bourgogne, avec Floridor et la Champmeslé.
		1671	**Févr. :** édition de *Bérénice*.
		1672	**Janv. :** création de *Bajazet* ; l'édition suit dès févr.
1673	**12 janv. :** Racine est reçu à l'Académie française.	**1673**	**Janv. :** création de *Mithridate*. **Juin :** réédition d'*Andromaque* ; le texte du dénouement est remanié (Andromaque n'y paraît plus).
1674	**Août :** Racine participe avec *Iphigénie* aux fêtes célébrant l'annexion de la Franche-Comté. **27 oct. :** il obtient la charge de trésorier de France en la généralité de Moulins. L'amitié de Boileau pour Racine s'affirme, et son admiration transparaît dans l'*Art poétique*.	**1674**	**Nov.-déc. :** *Iphigénie* est représentée à l'Hôtel de Bourgogne.
		1675	**Mars :** édition d'*Iphigénie*.
		1676	**Déc. :** édition collective des *Œuvres*, avec d'importantes modifications.
1677	**Mai :** mariage de Racine avec Catherine de Romanet, cousine de Nicolas Vitart et fille d'un trésorier de France. Racine et Boileau reçoivent chacun une gratification de 6 000 livres et obtiennent la commission d'historiographes du roi.	**1677**	**Janv. :** création de *Phèdre*, « doublée » par la pièce de Pradon, laquelle fait une brève carrière au théâtre Guénégaud. L'œuvre de Racine est éditée en mars.
1678	Racine et Boileau accompagnent le roi durant la campagne de Gand. **Nov. :** naissance de Jean-Baptiste Racine.	**1678**	Édition d'une traduction hollandaise d'*Andromaque*.
1679	Rapprochement décisif avec Port-Royal. « Affaire des poisons ». La Voisin accuse Racine d'avoir empoisonné la Du Parc. L'affaire n'aura pas de suites fâcheuses pour le poète.	**1679**	Publication de trois traductions différentes de *Mithridate*.
1680	Naissance de Marie-Catherine Racine. Racine reçoit une gratification royale de 2 000 livres.	**1680**	Traduction hollandaise de *la Thébaïde*.
1682	Naissance d'Anne Racine.	**1682**	Traduction hollandaise de *Bajazet* et d'*Iphigénie*.
1683	Gratification royale de 10 000 livres. Racine entre à l'Académie des inscriptions.		
1684	Naissance d'Élisabeth Racine.	**1684**	Rédaction de l'*Éloge historique du roi*.
1685	Participation aux fêtes de Sceaux en l'honneur de Louis XIV (*Idylle sur la Paix* ; la musique est de Lully).	**1685**	Discours de réception de Thomas Corneille. *Idylle sur la paix*.
1686	Naissance de Françoise Racine.		
		1687	Édition collective des *Œuvres*.

VIE		ŒUVRE	
1688	Naissance de Madeleine Racine. Racine est présent aux répétitions d'*Esther* à Saint-Cyr.	**1688**	Publication des *Hymnes du bréviaire romain.*
1689	**Sept. :** Racine est admis à la résidence royale de Marly.	**1689**	**Janv. :** création d'*Esther* à Saint-Cyr ; la pièce est éditée en mars ; publication des *Chœurs,* avec la musique de J.-B. Moreau.
1690	Racine obtient une charge de gentilhomme de la chambre.		
		1691	**Janv. :** création d'*Athalie* ; la pièce est éditée en mar ; publication des *Chœurs,* avec la musique de J.-B. Moreau.
1692	Naissance de Louis Racine.	**1692**	Rédaction d'une *Relation du siège de Namur.*
1693	Racine, qui a suivi la campagne des Pays-Bas, obtient pour Jean-Baptiste la survivance de sa charge de gentilhomme ordinaire.	**1693**	Publication de traductions hollandaises d'*Alexandre* et de *Britannicus.*
1694	Racine assiste au service funèbre d'Antoine Arnauld ; il intervient en faveur de Port-Royal auprès de l'archevêque de Paris.	**1694**	Publication des *Cantiques spirituels.*
		1695	Publication de la musique des *Cantiques* (de J.-B. Moreau). Traduction hollandaise des *Plaideurs.*
1696	Racine acquiert une charge de conseiller secrétaire du roi.		
		1697	Troisième édition collective des *Œuvres.*
1698	Anne Racine prend le voile chez les Ursulines d'Autun.	**1698**	Rédaction de l'*Abrégé de l'histoire de Port-Royal.*
1699	**Janv. :** Marie-Catherine épouse l'héritier d'une riche famille de robe. **21 avr. :** mort de Racine ; selon ses désirs, il est enseveli à Port-Royal, près de son maître, M. Hamon.		

Andromaque

Représentée d'abord chez la reine en 1667, publiée en 1668, cette tragédie a été, malgré la cabale, un succès évident et durable. Racine s'y inspirait à la fois de Virgile, au livre III de *l'Énéide*, de l'*Andromaque* d'Euripide, qui lui fournissait le personnage d'Hermione, de *l'Iliade*, qui lui permettait d'évoquer les souvenirs de la guerre de Troie concurremment avec Dictys de Crète et Darès de Phrygie, ces auteurs tardifs dont les œuvres avaient été composées, selon la croyance commune, au lendemain même de la guerre de Troie.

SYNOPSIS

Oreste, roi d'Argos, est envoyé par les Grecs auprès du roi d'Épire Pyrrhus, pour lui réclamer Astyanax, fils d'Hector, que Pyrrhus garde captif auprès de sa mère Andromaque. Mais il est surtout désireux de ramener avec lui Hermione, fille de Ménélas, que Pyrrhus devrait épouser, s'il n'était éperdument amoureux de la veuve d'Hector. Pyrrhus semble préférer le danger d'une guerre avec la Grèce plutôt que d'accéder à la demande de son ambassadeur (acte I). Hermione, amoureuse de Pyrrhus, paraît prête cependant à suivre Oreste, si le roi d'Épire persiste dans ses refus. Mais celui-ci, rebuté par Andromaque, accepte de livrer Astyanax (acte II). Oreste projette d'enlever Hermione malgré elle, tandis que celle-ci reprend espoir en s'imaginant que Pyrrhus revient à elle (acte III). Mais Andromaque accepte enfin d'épouser le roi et de se donner ensuite la mort. Hermione, enflammée de jalousie, ordonne à Oreste de tuer Pyrrhus (acte IV). Oreste et ses amis sacrifient Pyrrhus à la passion jalouse d'Hermione. Mais Hermione, après de violentes imprécations contre Oreste, se donne la mort sur le corps de Pyrrhus. Oreste, en proie à de sombres visions, est emmené par son ami Pylade. Andromaque, deux fois veuve, restera seule en Épire avec son fils Astyanax (acte V).

Racine a repris dans *Andromaque* le schéma de la chaîne amoureuse que les pastorales du début du siècle avaient illustré. Mais il l'a utilisé pour faire apparaître les désastreuses conséquences de l'amour-passion. De ses principaux personnages, l'un est assassiné, un autre se suicide, le troisième sombre dans la folie. La seule Andromaque demeure, comme si sa fidélité à l'époux défunt devait être récompensée. Il est vrai que, dans la tradition poétique française, Astyanax-Francus est destiné, comme le rappelle la préface de 1676, à « être le fondateur de notre monarchie »…

Les Plaideurs

L'unique comédie de Racine a été représentée par les comédiens de l'Hôtel de Bourgogne en 1668 et publiée en janvier 1669. Assez mal reçue par le public parisien, elle fut au contraire bien accueillie par le roi et la Cour. Elle connut ensuite une assez belle carrière. Dès sa fondation en 1680, la Comédie-Française lui assura une place de choix dans son répertoire. L'œuvre avait probablement été commandée à Racine par la troupe de l'Hôtel, soucieuse de rivaliser dans le genre comique avec celle de Molière. Dans son avis « Au lecteur », Racine a affecté de n'avoir écrit *les Plaideurs* que pour le divertissement de quelques amis bons connaisseurs d'Aristophane (ils n'étaient pas très nombreux alors), et pour montrer au public qu'il était possible de faire rire sans tomber dans les « sales équivoques » et les « malhonnêtes plaisanteries ». Peut-être a-t-il voulu surtout se prouver à lui-même qu'il était capable de triompher dans le genre comique selon des principes de composition et d'écriture comparables à ceux qu'illustrait *Andromaque* : multiplicité des sources d'inspiration (des *Guêpes* à *Pantagruel* et au *Roman bourgeois* de Furetière [1666]), rigueur de la versification et du style, jeu d'allusions à l'actualité (le roi venait de publier en 1667 une *Ordonnance civile touchant la réformation de la justice*). Le sujet lui permettait enfin de mettre en scène un type de monomaniaque encore ignoré par Molière, et que la seule complaisance de son entourage parvient, sinon à guérir, du moins à rendre supportable.

SYNOPSIS

Le juge Perrin Dandin pousse jusqu'au délire sa passion pour les procès. Son fils Léandre, assisté par le secrétaire l'Intimé et par le portier Petit-Jean, tente de l'empêcher de courir les rues chaque nuit pour se rendre au Palais. Deux plaideurs aussi fous que Dandin, Chicanneau et la Comtesse de Pimbesche, assiègent sa maison pour obtenir audience et se prennent de querelle. Léandre est amoureux d'Isabelle, la fille de Chicanneau, mais craint d'être rebuté par le père, qui n'entend fréquenter que des gens de justice. L'Intimé promet au jeune homme de l'aider à communiquer avec la fille et à leurrer le père (acte I). L'Intimé, sous le déguisement d'un sergent, puis Léandre, sous celui d'un commissaire, parviennent, sous le prétexte d'une sommation remise à Chicanneau au nom de la Comtesse, avec laquelle il a en effet échangé des mots un peu vifs, à gagner la complicité d'Isabelle et à faire signer à Chicanneau, sans qu'il s'en rende compte, un contrat de mariage entre les deux jeunes gens. Ce subterfuge ne parvient pas cependant à calmer la folie des plaideurs ni, bien sûr, celle du juge. On réussit à se débarrasser de la Comtesse en la poussant à bout, et à retenir Dandin et Chicanneau dans la maison (acte II). Léandre a promis à Chicanneau qu'on lui rendra justice, ainsi qu'à sa fille. Pendant que le plaideur, rassuré, va chercher Isabelle, un procès burlesque se déroule, où Dandin doit juger le chien Citron, coupable d'avoir dévoré un chapon. L'ultime scène, sous le prétexte du faux procès engagé à l'acte II, voit se conclure le mariage attendu, Dandin se résoudre à ne plus juger que chez lui, et le chien Citron bénéficier d'une heureuse relaxe (acte III).

Les Plaideurs composent une satire assez réussie, et sans doute courageuse, non seulement de la manie des procès, largement attestée à l'époque, mais aussi des vices de la procédure, du caractère intéressé des gens de justice, de l'inhumanité des jugements. Molière s'en souviendra dans la scène de la galère des *Fourberies de Scapin* et Boileau dans la *Satire contre les femmes*. La pièce, Racine le reconnaissait, est dans son intrigue dépourvue de toute vraisemblance. Elle peut ainsi apparaître comme inspirée, dans le registre comique, par des principes comparables à ceux que Corneille appliquait à la tragédie. Au reste, Racine ne s'interdit pas plus ici que Molière dans *l'École des femmes* de parodier les vers de son adversaire. Mais l'œuvre est avant tout un bel exemple de virtuosité farcesque. Certes, le poète s'y conforme au mouvement aristophanesque, et à l'allégresse de structure des comédies du poète athénien. C'est pourtant à la comédie italienne qu'elle fait surtout songer, et ce n'est pas sans raison sans doute que la préface évoque les Italiens comme de possibles interprètes du sujet : Isabelle et Léandre désignent des personnages de la *commedia*. Les déguisements, la vivacité des échanges de répliques, la plaisante utilisation des praticables par le personnage central, autant d'éléments présents dans les canevas italiens et dans les farces où Molière s'inspirait de Scaramouche. Molière venait de donner *George Dandin* quand Racine fit représenter sa pièce : l'homonymie a peut-être un sens. Inversement, la comédie du jugement « à domicile » a pu être pour quelque chose dans l'inspiration du *Bourgeois gentilhomme* et du *Malade imaginaire*.

Britannicus

Créé à Paris au théâtre de l'Hôtel de Bourgogne le 13 décembre 1669, et publié à Paris chez Claude Barbin en 1670, *Britannicus* se situe à un moment clé de la carrière de Racine. Après l'échec relatif des *Plaideurs*, il doit faire un retour marquant à la tragédie. Pourtant, *Britannicus* ne fut pas un succès immédiat : les doctes, auxquels il répond dans ses deux préfaces en réaffirmant ses choix esthétiques (« action simple, chargée de peu de matière », vraisemblance et droit à la création, illustrée ici par l'invention du personnage de Junie), condamnèrent la pièce dont le sujet leur semblait peu propre à une représentation « agréable » (Saint-Évremond) tant la monstruosité de Néron était pesante. Ils lui reprochaient aussi d'avoir pris des libertés avec l'Histoire, ce que Racine démentit en montrant que les caractères et l'horreur du sujet étaient empruntés à Tacite, Coëffeteau et Florus. Mais le roi et la cour, qui apprécièrent *Britannicus*, ouvrirent une carrière brillante à cette pièce, l'une des plus lues et jouées de tout le répertoire racinien aujourd'hui encore. Car Racine écrit d'abord une pièce politique – bien plus qu'historique – où ses contemporains peuvent retrouver l'écho de leurs préoccupations politiques, du machiavélisme à la légitimité du pouvoir, en passant par l'inquiétude que suscite toujours le personnage du roi saisi par la folie.

SYNOPSIS

Agrippine, qui a installé son fils Néron sur le trône en le faisant adopter par l'empereur Claude au détriment de l'héritier légitime Britannicus, s'inquiète : Néron a fait enlever Junie, descendante d'Auguste, promise à Britannicus, signe que son autorité sur son fils s'émousse. En habile politique, elle veut tenir sa parole pour faire de Britannicus son obligé. Celui-ci, affolé par l'enlèvement de Junie, s'en remet à Agrippine (acte I). Néron confie à Narcisse apparemment dévoué à Britannicus, mais en réalité tout acquis à l'empereur, qu'il aime Junie depuis qu'il l'a vue. Narcisse le pousse à l'épouser, mais Néron craint sa mère. Il veut pourtant rencontrer Junie pour connaître ses sentiments. Piqué de ce qu'elle aime Britannicus, il exige qu'elle le bannisse elle-même. Il les observera, caché, et au moindre mot d'amour, ce sera la perte de Britannicus. Celui-ci reste médusé par le comportement de Junie à laquelle il est venu parler (acte II). Bien que Néron ait exilé son opposant Pallas, affranchi de Claude, Britannicus et Agrippine veulent lutter contre l'empereur. Junie, parvenue à rencontrer son amant, lui explique son revirement soudain. Mais prévenu par Narcisse, Néron fait arrêter Britannicus et place sa mère sous surveillance (acte III). Celle-ci rappelle à son fils la longue liste de forfaits qu'elle a commis pour lui et le convainc de respecter à nouveau son autorité, le réconcilie avec Britannicus et fait rapporter l'exil de Pallas. Mais Néron a feint l'obéissance et préfère aux sages airs de Burrhus, son ancien précepteur, les conseils de Narcisse qui le pousse à s'émanciper de la tutelle d'Agrippine (acte IV). Britannicus, à qui on a annoncé la volte-face de Néron, est heureux. Junie éprouve pourtant des appréhensions. De fait, Burrhus vient annoncer la mort de Britannicus, empoisonné par Néron. Junie, pour lui échapper et rester fidèle à son amant, protégée par le peuple qui tue Narcisse, entre chez les vestales. Néron menace de se suicider, mais Agrippine craint qu'il ne poursuive ses crimes dans l'avenir (acte V).

La pièce ne s'achève pas, comme on le voit, sur la mort de Britannicus, mais sur une scène où sont rapportés le sort de Junie, désormais vestale, l'assassinat de Narcisse par le peuple et la menace de suicide de Néron, qui concentre sur lui les dernières répliques où s'expriment à la fois une ultime condamnation morale du personnage, et l'annonce de ses forfaits futurs. Le « Plût aux dieux que ce fût le dernier de ses crimes ! » résume le sort tragique de Britannicus, à savoir la peinture d'un « monstre naissant » (Préface), et fait écho à la réplique dans laquelle Agrippine prophétise sa propre mort (V, 6). En ouvrant ainsi des perspectives sur l'avenir, ce dernier vers indique bien que nous venons d'assister à une naissance, « une accession à l'être qui ne peut s'accomplir sans instaurer, dans le même mouvement, la monstruosité » (A. Viala). Car si Néron est le protagoniste aux dépens de Britannicus, il n'y a pas pour autant de tragédie de Néron. Sa monstruosité, dont le texte rappelle qu'elle est en partie héritée, n'avait pas jusqu'ici trouvé l'occasion de se révéler. Mais elle existait, à l'état latent, comme une part de lui-même qui ne demandait qu'à venir au jour. Son essence est d'être monstrueux, sans qu'il en ait la conscience morale. Aussi Racine n'a-t-il eu aucune difficulté à se justifier de la structure de sa pièce : l'action n'est complète que si la mort de Britannicus, qui n'est jamais qu'un instrument faisant accéder Néron à son identité, se répercute sur ce dernier. Ce qui implique que Junie lui échappe et avec elle l'amour et la pureté. Ce qui implique également que Narcisse, incarnation de la force qui le poussait au Mal, meure pour que Néron intériorise ce noir penchant. Ce qui implique enfin que l'autorité d'Agrippine soit brisée, ce que montre la métamorphose de son fils en acteur capable de donner le change, offrant le mensonge comme paravent de sa liberté, comme moyen de son émancipation.

P. Gauthier

Bérénice

Créée en 1670, « doublée » par *Tite et Bérénice* de Corneille au théâtre du Palais-Royal, l'œuvre entend réaliser le vœu de Racine de présenter, après une tragédie très intriguée, *Britannicus*, une pièce « extrêmement simple » dans son sujet. Elle ne s'inspire pas seulement de quelques lignes de Suétone, mais également de la « Harangue VIII » des *Femmes illustres* de Scudéry (1642) et d'un roman inachevé de Segrais, publié en 1648-1649. Racine reprenait là, d'autre part, le thème de la séparation amoureuse, illustré par Virgile au chant IV de *l'Énéide* et par un grand nombre d'œuvres modernes, romans et ballets de cour.

SYNOPSIS

L'empereur Vespasien vient de mourir. Antiochus, roi de Comagène et ancien compagnon d'armes de Titus, auprès duquel il séjourne à Rome depuis trois ans, est secrètement amoureux de la reine de Judée, Bérénice, qu'apparemment le nouvel empereur s'apprête à épouser. Incapable d'être plus longtemps témoin du bonheur des deux amants, Antiochus avoue ses sentiments à Bérénice et lui annonce en même temps son départ (acte I). Titus se fait confirmer ce qu'il sait déjà : un Romain ne peut sans déchoir épouser une reine étrangère. Mais il est incapable de signifier à Bérénice qu'elle doit partir ; celle-ci attribue son trouble à la jalousie ; elle ignore que Titus n'est pas informé des sentiments d'Antiochus (acte II). C'est justement à Antiochus que Titus confie le soin de dire la vérité à Bérénice. Partagé entre la crainte et l'espérance, Antiochus accomplit cette mission. Mais Bérénice ne veut pas le croire (acte III). Ni Titus, ni Bérénice ne supportent la scène de rupture imposée au premier par la volonté de Rome. Tous deux sont au bord du désespoir et du suicide (acte IV). Au cours d'une ultime rencontre, qu'Antiochus interprète comme un retour de Titus à Bérénice, et à laquelle il n'assiste que pour avouer à l'empereur qu'il est son rival et s'apprête à mourir, Titus et Bérénice, reconnaissant la profondeur de leur mutuel amour, acceptent de se séparer et de vivre, obtenant la même promesse de la part d'Antiochus (acte V).

Dans cette tragédie où il ne se passe rien, où le hasard est réduit à la lettre arrachée à l'héroïne et qui informe Titus de son projet de suicide, Racine a entendu traiter à sa manière le thème cornélien du sacrifice de l'être profond au personnage social. Pour en faire une pièce en cinq actes, il a associé en contrepoint la mélodie de l'espérance obstinée chez Bérénice, l'alternance du désespoir et des élans de joie chez Antiochus, et la progression, chez Titus, de la conscience de l'impossible. L'œuvre, qui a longtemps passé pour une élégie, est en réalité un drame, où s'affrontent les valeurs collectives et les exigences individuelles. Le paradoxe réside en ce que Titus n'est un grand héros et, déjà, un grand empereur que par la grâce de son amour pour Bérénice, et qu'il ne peut cependant être à la fois « empereur » et « amoureux ».

Bajazet

Cette tragédie à sujet moderne a été représentée et imprimée en 1672. Sur les circonstances de cette tragédie du sérail, Racine avait sans doute des informations directes, ainsi que semble l'indiquer sa préface. Mais, d'autre part, il avait lu *Floridon ou l'Amour imprudent* de Segrais (1656), où l'histoire était contée de façon très libre, et il avait souvenir des tragédies à sujets orientaux de Mairet, de Tristan et de Magnon, représentées entre 1637 et 1648.

SYNOPSIS

Tandis que le sultan Amurat livre en Babylonie un combat incertain, son grand vizir Acomat, demeuré à Byzance, médite de lui substituer son jeune frère Bajazet (dont le sultan, par émissaire, a déjà demandé la mort). Il a fait en sorte que la sultane favorite, Roxane, rencontre Bajazet et s'éprenne de lui. Atalide, noble fille de la famille des sultans, a servi d'intermédiaire entre les futurs amants. Pour assurer sa position, Acomat entend se faire donner cette Atalide en mariage. Mais Atalide et Bajazet sont tombés amoureux l'un de l'autre, et Roxane, déjà méfiante, entend que Bajazet l'épouse le jour même, s'il ne veut pas qu'elle l'abandonne à la mort (acte I). Bajazet résiste aux prières et aux menaces de Roxane, mais accepte enfin, à la prière d'Atalide, de feindre d'accéder aux désirs de la sultane (acte II). Cette feinte est prise pour réalité par la jalouse Atalide. Son dépit est si vif que Bajazet répond par la seule affirmation de sa « reconnaissance » à de nouvelles prières de Roxane. On apprend cependant l'arrivée d'Orcan, nouvel émissaire envoyé par Amurat pour réclamer la mort de Bajazet (acte III). Roxane, en parlant à Atalide de l'arrivée d'Orcan, comprend que la jeune fille aime Bajazet. Une lettre de Bajazet trouvée sur Atalide évanouie lui apprend que cet amour est partagé (acte IV). Ayant obtenu l'aveu de Bajazet, Roxane lui promet la vie sauve à condition d'accepter la mort d'Atalide et le mariage avec elle. Le refus de Bajazet le condamne à mort. Mais Roxane sera elle-même tuée par Orcan, et Atalide, sauvée par Acomat, se donnera la mort (acte V).

Avec *Bajazet*, Racine est revenu à la tragédie à sujet sanglant et à arrière-fond politique. Les trois protagonistes représentent, l'un, la politique pure (Acomat), l'autre, la constante confusion entre la passion amoureuse et la volonté de régner (Roxane), le dernier l'abandon aux appels du destin, tour à tour héroïque et amoureux. Comme dans *Bérénice* et, dans une certaine mesure, dans *Britannicus*, c'est le personnage-témoin, l'amoureux pur, qui, par ses réactions involontaires, ou par ses démarches « prudentes », fait avancer l'action et précipite son dénouement : l'alternance de l'espoir et des mouvements jaloux, chez Atalide, est dramatiquement plus efficace que la démarche première, celle du vizir Acomat.

Phèdre

L'éclatant succès de la dernière tragédie profane de Racine, en dépit de la cabale des Mancini et après tant de tragédies consacrées au même sujet, mais également la richesse de sa postérité, de *Manon* au *Saül* de Gide, ont fait de cette œuvre une sorte de monument tragique exemplaire. En l'écrivant, Racine s'inspirait certes de l'*Hippolyte porte-couronne* d'Euripide ; mais il se souvenait aussi de Sénèque, où l'héroïne déclarait directement son amour à son beau-fils. Il connaissait enfin les *Hippolyte* de Robert Garnier (1573), de Gilbert (1645) et de Bidar (1675), ainsi que *la Mort de Chrispe* de Tristan l'Hermite (1644), qui avait transposé le sujet dans une œuvre à prétexte historique. Racine a tout à la fois redonné à son sujet sa violence primitive, en présentant Phèdre comme épouse de Thésée et non comme sa fiancée, et ajouté une dimension de tendresse au modèle euripidéen par l'introduction du personnage d'Aricie, dont l'idée lui avait été fournie par un passage du livre VII de *l'Énéide*.

SYNOPSIS

Sans nouvelles de son père Thésée, Hippolyte s'apprête à quitter Trézène pour aller à sa recherche, et aussi pour fuir la jeune Aricie, seule survivante des Pallantides, branche de la famille de Thésée que le roi d'Athènes a fait massacrer. Phèdre, épouse de Thésée, avoue à Œnone, sa nourrice, son amour pour Hippolyte son beau-fils. On apprend alors la mort de Thésée, demeuré aux Enfers, où il était allé, avec son ami Pirithoüs, disputer son épouse à Neptune. Phèdre pourrait s'allier avec Hippolyte, héritier de Trézène, pour conserver Athènes à son fils contre les possibles prétentions d'Aricie (acte I). Aricie a répondu en secret à l'amour d'Hippolyte. Ce prince, de son côté, songe à lui offrir l'Attique, à exiler Phèdre et son fils en Crète et à ne garder pour lui que Trézène. Phèdre, en voulant ne parler à Hippolyte qu'en faveur de son fils, lui avoue son amour. On apprend cependant qu'Athènes s'est prononcée en faveur de ce fils (acte II). On annonce le retour de Thésée. Il paraît lui-même, étant parvenu à s'échapper, non des Enfers, mais des prisons du roi d'Épire. Le trouble de Phèdre et celui d'Hippolyte à son abord, l'« offense » mystérieuse évoquée par l'un et l'autre éveillent en lui une douloureuse curiosité (acte III). Œnone accuse Hippolyte d'avoir attenté à l'honneur de Phèdre. Thésée, interrogeant son fils, n'obtient de lui que l'aveu de son amour pour Aricie. Incrédule, il l'abandonne aux fureurs de Neptune. Phèdre s'apprête à avouer sa faute à Thésée, mais l'annonce de l'amour d'Hippolyte pour Aricie l'en empêche (acte IV). Hippolyte s'enfuit. Avant de le rejoindre, Aricie met en garde Thésée contre l'injustice qu'il s'apprête à commettre. On apprend le suicide d'Œnone et l'état apparemment désespéré de Phèdre. Thésée voudrait rappeler son fils. Mais Théramène, le précepteur d'Hippolyte, vient annoncer la mort du jeune homme. Phèdre avoue enfin son crime et meurt sous l'effet d'un poison qu'elle a absorbé avant son aveu. Thésée adoptera Aricie (acte V).

La tragédie de *Phèdre* constitue bien un achèvement dans l'œuvre de Racine. D'abord intitulée *Phèdre et Hippolyte*, elle n'a reçu son titre définitif que dans l'édition collective de 1687. C'est qu'au départ Racine pouvait hésiter sur le choix du héros principal. Hippolyte, comme sa belle-mère, meurt victime de sa passion amoureuse. Tous deux ont bravé un interdit. Tous deux ont été imprudents. Hippolyte, dès la première scène, est présenté comme périssant d'un mal qu'il dissimule. Si Phèdre paraît avoir oublié ses enfants, Hippolyte a oublié le culte qu'il rend à Diane, déesse de la pureté, mais aussi de la chasse : il ne sait plus dompter les chevaux – ce présent de Neptune à Athènes. Aussi périra-t-il trahi par un attelage qui ne le reconnaîtra plus. Cet équilibre dans la construction de l'œuvre, en son principe même, est essentiel à sa compréhension. Aussi essentielle, sans doute, est l'intrigue politique imaginée par Racine, et que lui permettaient l'annonce de la mort de Thésée puis celle de son retour. Occasion d'un retour en arrière (la lutte du fils d'Égée avec ses cousins les Pallantides), de l'évocation de partages possibles lors de la succession de Thésée, et de l'annonce de la réconciliation des factions avec l'adoption d'Aricie. Entre le drame tragiquement vécu de l'intérieur et la théomachie primitive qui fait du cœur de l'homme le lieu de conflits qui le dépassent, la cité est dans *Phèdre*, comme elle sera encore dans *Athalie*, le cadre des rivalités ouvertes et visibles, le symbole d'une aventure humaine qui ne peut trouver dans ce monde ni son achèvement ni son explication.

Athalie

Racine était revenu au théâtre à la demande de Mme de Maintenon, en offrant aux nobles pensionnaires de Saint-Cyr la tragédie d'*Esther*. Essai de résurrection du drame antique, l'œuvre rivalisait aussi, dans le registre sacré, avec le jeune opéra français, dont les premiers grands créateurs, Quinault et Lully, venaient de mourir. *Athalie*, dont la maturation a duré plus d'une année, répond à un projet plus ambitieux : œuvre en cinq actes, comportant plus de 1 800 vers, cette tragédie se rattache plus évidemment que la précédente à la tradition grecque : l'action y est continue et donne au chœur une importance décisive ; elle est consacrée à un épisode biblique aussi essentiel pour un chrétien que l'était le mythe d'Oreste pour un Athénien ; le meurtre d'Athalie, dont la signification paradoxale est la préservation d'une lignée d'où doit naître le Sauveur, peut faire songer au parricide de l'*Orestie*, dont la conséquence ultime était la consécration de la civilisation athénienne. Déjà, au dénouement de *Phèdre*, l'adoption d'Aricie par Thésée avait valeur de mythe fondateur. La mort de la vieille reine et le couronnement de son petit-fils, évoqués au quatrième livre des *Rois* et contés de manière un peu différente dans les *Chroniques* ou *Paralipomènes*, n'avaient inspiré avant Racine que deux auteurs obscurs de tragédies de collège. Le poète dut être déçu par la création de la pièce, objet de « répétitions » sans costumes ni décors, et avec l'accompagnement d'un simple clavecin. Le musicien J.-B. Moreau était aussi mal servi que le dramaturge.

SYNOPSIS

L'action se situe au IXe siècle avant Jésus-Christ, au cours de la période où coexistent en Terre sainte le royaume d'Israël, avec pour capitale Samarie, et le royaume de Juda, constitué des tribus de Juda et de Benjamin, avec pour capitale Jérusalem. C'est ce royaume-ci qui doit préserver la famille d'où naîtra le Messie. Mais à la mort de son roi Joram, Athalie, sa veuve, s'est emparée du pouvoir et a imposé le culte de Baal, naguère imposé à Samarie par son père Achab et sa mère, Jézabel la Tyrienne. Le nouveau roi d'Israël, Jéhu, a, au contraire, sous l'inspiration divine, rétabli le culte de Jéhovah, et fait périr Jézabel, les prêtres de Baal, les descendants d'Achab et Ochosias, fils de Joram et légitime héritier de Juda. Furieuse, Athalie a ordonné le massacre des enfants d'Ochosias. À l'aube de la fête des Prémices, où l'on commémore la révélation de la Loi faite à Moïse au mont Sinaï, le grand prêtre Joad tente de raffermir la foi chancelante d'Abner, officier tenu de servir Athalie mais attaché encore à la religion de ses pères. On apprend qu'Athalie cherche à s'emparer d'un trésor caché, dit-on, dans le temple par Joad et son épouse Josabet. Un dialogue entre Joad et Josabet apprend au spectateur qu'un petit-fils d'Athalie a été sauvé du massacre, est élevé dans le temple, et que Joad entend ce jour même révéler son existence (acte I). Tandis qu'on s'apprête à célébrer la fête annoncée, Athalie pénètre dans le temple, où elle aperçoit un enfant dont la vue la bouleverse. Le même enfant lui est en effet apparu en songe, armé contre elle d'un « homicide ancien » ; dans le même songe, le fantôme de Jézabel avertissait sa fille d'un danger imminent. Le récit en est fait en présence d'Abner, qui tente de calmer Athalie, et de Mathan, prêtre de Baal, qui la presse de s'assurer de cet enfant. Joas, introduit auprès d'elle sous le nom d'Éliacin et invité à la suivre dans son palais, refuse de quitter le temple pour vivre auprès d'une « telle mère » (acte II). Envoyé à son tour au temple pour réclamer l'enfant, Mathan se heurte au refus de Joad, qui fait fermer les portes de l'enceinte sacrée. Inspiré par Dieu, le grand prêtre prononce un morceau prophétique, qui évoque l'histoire à venir du peuple élu jusqu'à l'avènement de la Jérusalem nouvelle (acte III). Joas est sacré roi par Joad, qui l'instruit des devoirs qui sont désormais les siens. Cependant l'armée d'Athalie s'approche et on apprend qu'Abner « est dans les fers » (acte IV). Le même Abner, libéré, a été chargé par Athalie de venir réclamer le jeune Éliacin et le trésor qu'on croit caché dans le temple. Joad feint d'accéder à cette demande et consent à laisser entrer Athalie. On montre à la vieille reine l'enfant couronné et siégeant sur le trône royal. Les lévites accourent en armes et entourent Athalie, dont l'armée est en fuite, le dévoué serviteur Mathan égorgé, et qui n'a plus d'autre issue que d'ultimes imprécations. Elle est entraînée hors du temple pour être mise à mort (acte V).

Dans *Athalie*, Racine présente une sorte de raccourci de l'Ancien Testament, dont les livres sapientiaux, prophétiques et lyriques trouvent ici un reflet, aussi bien que les livres proprement historiques. Mais il rattache également son œuvre à la tradition de la tragédie occidentale, en se souvenant d'*Ion* d'Euripide, qui inspire le dialogue de l'enfant mystérieux et de sa grand-mère, en empruntant plusieurs traits au songe d'Hérode dans la *Mariamne* de Tristan l'Hermite (1636), et surtout en retrouvant l'esprit de la Renaissance française : comme les tragédies de Garnier, et *les Juives* en particulier, *Athalie* met en œuvre une action violente destinée à toucher la sensibilité immédiate, et fait alterner des poèmes et des discours obligeant l'esprit à s'interroger sur l'économie générale de l'histoire. L'œuvre a trouvé au XVIIIe siècle des interprétations dignes d'elle. Elle a forcé l'admiration de Voltaire, qui s'en est inspiré dans *Mahomet*. Elle fascine encore nos contemporains, qu'ils y voient des allusions à la seconde révolution anglaise, une protestation indirecte contre les persécutions visant les jansénistes, ou une illustration, parmi d'autres, de l'histoire humaine, dont on sait bien, quelle qu'en doive être l'issue, qu'elle s'écrit avec du sang et des larmes.

J. Morel

RADIGUET Raymond

(1903-1923)

Sa carrière météorique et la perpétuation de son culte par Jean Cocteau ont valu à Raymond Radiguet une légende d'enfant prodige que, dans sa volonté constante de démythification, il aurait sans doute désavouée car elle a trop souvent occulté ses qualités profondes de créateur. Chantre d'un nouveau classicisme dans le chaos de l'après-guerre, il a su concilier l'organisation parfaite d'un récit où la psychologie se fait romanesque et l'« esprit de légèreté » qui émane de ses premiers poèmes, à la thématique discrètement libertine et au ton de préciosité ironique.

L'homme aux semelles de feu

« Je flambais, je me hâtais, comme les gens qui doivent mourir jeunes et qui mettent les bouchées doubles » : on pourrait appliquer à Radiguet cette phrase qu'il prête au narrateur du *Diable au corps*. Il passe son enfance à Saint-Maur, sur les bords de Marne. À ses études, interrompues assez tôt, suppléent moins les leçons paternelles que les débauches de lecture que lui permettent ses nombreux loisirs. Il se forme à l'école des grands maîtres, sans négliger les poètes contemporains : Apollinaire, Max Jacob, Cocteau deviennent les classiques qu'il rêve de contredire. Dès 1918, il a l'occasion de les rencontrer, par l'intermédiaire d'André Salmon, collaborateur de *l'Intransigeant*, où son père, Maurice Radiguet, publiait des caricatures. Raymond signe lui-même des dessins, sous le pseudonyme de RAJKI. À quinze ans il débute dans le journalisme, et des revues d'avant-garde (*SIC, Littérature*) font paraître certains de ses poèmes ; il s'impose rapidement dans les milieux artistiques : inséparable de Cocteau – avec qui il entretient des rapports dialectiques de maître à disciple et compose, sur une musique de Satie, l'opéra-comique *Paul et Virginie* (1920) –, il hante « le Bœuf sur le Toit », fréquente le groupe des Six, les peintres cubistes et participe à des manifestations mystificatrices – *le Gendarme incompris*, parodie de Mallarmé – ou loufoques – avec son unique pièce, *les Pélicans* (1921). Bien qu'il compte Tzara et Breton parmi ses correspondants, Radiguet ne se réclame d'aucune chapelle et sait, avec Cocteau, s'abstraire de l'effervescence parisienne pour écrire. En 1920, ses poèmes paraissent sous le titre *les Joues en feu*. Dans ce carnet de vacances, les procédés modernes de collage de thèmes et de rapprochements insolites, par le biais des comparaisons – « la route nationale mollement se déroule, comme [une] bande molletière » – ou des rimes – « menthe » et « amante », « glace à la framboise » et « aube narquoise » –, servent un refus du débordement lyrique et une apologie du quotidien, voire de l'insignifiant (les poèmes « Tombola », « Carte postale »), sans exclure l'usage de l'appareil narratif de la poésie traditionnelle et précieuse, où le poète dialogue avec Vénus, Narcisse, Léda et entraîne les nymphes de la Marne dans des jeux qui n'ont de l'innocence que le nom. Après la publication de cette plaquette, les œuvres de Radiguet empruntent désormais la forme romanesque qui fait valoir ses talents d'analyste.

Le Diable au corps

Entrepris dès 1919, son premier roman, *le Diable au corps*, obtient, en mars 1923, un succès dû autant aux méthodes de lancement employées par Bernard Grasset qu'à ses qualités intrinsèques. « Fausse autobiographie », l'œuvre est centrée sur l'anatomie d'une liaison entre un adolescent et une jeune femme, Marthe, dont le mari combat au front. Radiguet insiste lui-même sur le rôle des circonstances dans ce « drame de l'avant-saison du cœur » qui participe du roman d'éducation et du poème tragique : « On y voit la liberté, le désœuvrement dus à la guerre façonner un jeune garçon et tuer une jeune femme. »

SYNOPSIS

Le dimanche 17 avril 1917, le narrateur, âgé de quinze ans, rencontre, à La Varenne, Marthe Grangier, dix-huit ans et fiancée à Jacques Lacombe, soldat sur le front. Un mois après, le héros, séchant les cours du lycée Henri-IV, accompagne Marthe dans les magasins parisiens pour l'aider à choisir les meubles de sa future chambre ; en fait, il réussit à lui imposer ses propres goûts. Fin novembre, Marthe, mariée depuis un mois, le reçoit chez elle, à J... Ils se revoient tous les soirs, lisent et brûlent ensemble les lettres du mari au front, et, la nuit du samedi anniversaire des seize ans du narrateur, Marthe devient sa maîtresse. Désormais leur liaison, simplement interrompue par une permission du mari en mai, est connue de tout J... qui leur manifeste son hostilité. À la mi-juillet, avant de partir en vacances pour Granville avec ses beaux-parents et Jacques, convalescent d'une maladie, Marthe annonce au narrateur qu'elle est enceinte. De lui, mais ce pourrait être de son mari... Aux derniers jours d'août, leur liaison reprend, d'abord dans la maison des Grangier qui prolongent leur villégiature, puis à J... fin septembre et octobre. Après une nuit d'errance d'hôtel en hôtel, à Paris, qui se termine par un retour honteux à J... sans que l'adolescent ait osé louer une chambre, Marthe qui a pris froid retourne chez ses parents. Survient l'armistice. Le narrateur apprend en janvier que Marthe a mis au monde un garçon prématuré : il doute de sa paternité mais une lettre de Marthe le rassure : « Il te ressemble. » Marthe meurt bientôt. Quelques mois après, Jacques étant venu voir les aquarelles de Marthe que possède le père du narrateur, ce dernier apprend que Marthe est morte en appelant son fils, c'est-à-dire en fait lui-même puisqu'elle avait donné à son enfant le prénom de son amant.

Quelques mois plus tard, une fièvre typhoïde s'empare de Radiguet ; en décembre, ange Heurtebise, il est « fusillé par les soldats de Dieu », avant d'avoir pu corriger les épreuves de son second roman, *le Bal du comte d'Orgel* (posth., 1924), qui a souvent été assimilé à une version moderne de *la Princesse de Clèves*.

« Du Laclos sans s'en douter » ?

L'œuvre de Radiguet s'inscrit sous le signe de la lucidité et, concrètement, de l'ange déchu qui en est l'incarnation : Lucifer. Ses textes, porteurs de lumière dans leur traitement de l'investigation psychologique, revêtent aussi une dimension satanique à travers le libertinage et l'immoralisme tranquilles qui s'y diffusent. Max Jacob, en rapprochant le *Diable* des *Liaisons dangereuses*, mit l'accent sur son dix-huitiémisme ambiant, plus concerté qu'il n'y paraît. On y retrouve l'érotisme en filigrane des *Joues en feu*

Les petits pois de son corsage
S'éparpillèrent sous les doigts
D'un amant cueilli au passage

(« l'Autre Bouche »)

et de la nouvelle maniériste *Denise* (posth., 1926), que transcende le tragique de la partie d'escarpolette relatée dans un épisode des *Carnets* (posth., 1924), véritable préfiguration métaphorique du *Diable*. Le libertinage, qui se désigne comme tel à trois reprises dans ce roman, est pratiqué par les héros – lettres écrites au mari sous la dictée de l'amant – ou retourné contre les prétendus garants de la morale – voyeurisme des voisins. Mais dans le *Diable* et surtout dans le *Bal* – selon son auteur, « aussi scabreux que le roman le moins chaste » –, le satanisme réside plutôt dans son application à la psychologie, où la lucidité devient voyance. Le narrateur, malin génie, diable ingambe, s'ingénie à soulever les masques, à mettre à nu, voire à vif les cœurs de ses personnages afin de désigner comme illusion les sentiments qu'ils affichent ou dont ils se jouent à eux-mêmes la comédie. Radiguet traduit en une langue lumineuse et démonstrative les mouvements imperceptibles, les ébauches de désirs, les sous-conversations qui logent dans les arcanes des consciences et président aux rapports humains, irrémédiablement voués au malentendu. On a pu voir, ainsi, la peinture d'un « enfer de l'amour » (Claude-Edmonde Magny) dans ces romans fondés sur l'analyse pénétrante des intermittences du cœur. Celle-ci débouche sur la mise en lumière de travers universels : l'égoïsme, la bonne conscience… Le narrateur du *Diable* déclare, à propos de la mère de Marthe : « Afin qu'elle eût tous les motifs de me déplaire sans que je me reprochasse d'être injuste, je souhaitais qu'elle employât des façons de parler assez communes. Sur ce point elle me déçut. » L'analyse suit généralement une démarche qui la conduit de l'acte – verbal ou non – au sens que le sujet lui attribue, puis, avant l'ascension possible vers la maxime, au rétablissement du sens par le narrateur ou à la proposition d'un échantillonnage d'interprétations ; témoin l'énumération méthodique des lectures d'un sourire dans le *Bal* : « C'était soit : "Mais non, je vous assure, je suis très bien, il ne fait pas froid du tout", soit le sourire qui pardonne […]. Peut-être ne reflétait-il que le plaisir d'un enfant qui fait une promenade. » Le plus souvent, le narrateur impose une valeur de vérité, univoque, transcendante. Le texte de fiction devient alors le lieu où le discours du paraître vole en éclats et où le vrai éclate dans le laconisme des mots qui s'abattent sur le clavier de la phrase. Dans le *Diable*, « fausses confessions », l'échelonnement des sens trouve son autojustification dans la fiction, où il est imputable au regard que le narrateur adulte porte sur son moi passé. Par contre, dans le *Bal*, il risque de mettre l'accent sur l'artifice romanesque en insistant de façon redondante sur l'omniscience du narrateur extérieur au récit. D'où le statisme et le moralisme systématique et suranné qui sont parfois reprochés au *Bal*. Mais ce roman néoclassique ne développe-t-il pas, au contraire, chez le lecteur une attitude moderne en déplaçant le champ de son activité critique, qui n'a plus à s'exercer sur les personnages comme « êtres de chair », mais comme « êtres de lettres » ?

Une banalité précieuse

« Efforcez-vous d'être banal », déclare Radiguet dans un article intitulé « Conseils aux grands poètes » qui réagit contre la poursuite effrénée de l'originalité qui fut celle aussi bien de Rostand que des « sous-dadaïstes ». Radiguet, lui, a l'insolence d'écrire comme tout le monde à une époque où chacun entend écrire comme personne, et il atteint l'originalité en cultivant la perfection classique du récit. Ses romans, dont Valéry appréciait – surtout à propos du *Diable* – « [la] netteté, [la] marche directe et décidée, [le] dessin suffisant et comme fermé », se présentent comme des processus orientés, de type aristotélicien, qui vont de l'ordre au désordre – guerre et liaison – jusqu'à la restitution de l'ordre : « L'ordre à la longue se met de lui-même autour des choses. Ne venais-je pas d'apprendre que Marthe était morte en m'appelant, et que mon fils aurait une existence raisonnable ? » (Fin du *Diable*.) Dans le *Bal*, la circularité est telle que la conclusion du récit est à rechercher dans la longue introduction historique. Récit clos, le *Bal* l'est aussi par sa relation à l'intertexte de la littérature médiévale (quête, philtre d'amour) et classique (Mme de La Fayette). De plus, autour du centre solaire défini par le couple ou la triade des protagonistes, gravitent des personnages secondaires qui ne sont autres que les avatars de ces derniers, des lieux très symboliques (Robinson, Médrano) et des motifs hautement signifiants (le « baptême du feu »). Par le biais du mythe et des incursions insensibles dans l'irréel, le roman rejoint la poésie, cette « poésie des choses » qui, bien plus que leur pittoresque, frappait le narrateur du *Diable*. Il s'agit d'une poésie « qui tient plus de la précision que du vague » (le *Bal*), une poésie que Radiguet qualifiait de précieuse, comme le diamant avec lequel il entaille la surface de verre des apparences. Il approche l'idéal de la poésie de roman que Jean Cocteau a poursuivi dans ses propres récits *Thomas l'Imposteur* et *le Grand Écart*, contemporains du *Bal*.

Sagacité de l'analyse, concision du style, maîtrise d'un appareil narratif qui se ressource aux classiques tout en renouvelant le roman psychologique confèrent à Raymond Radiguet le statut de phénomène des lettres françaises.

P. Boisseau et L. Acher (synopsis)

RAIMBAUT D'ORANGE

(XIIe siècle)

La critique poétique place depuis quelques décennies ce poète paradoxal au premier rang des troubadours. On reconnaît en lui de façon sûre un grand seigneur : fils de Guilhem d'Aumelas – de la famille des Guilhem de Montpellier – et de l'héritière du comté d'Orange, il vécut surtout dans son château de Courthézon, tout près du Rhône. Mais on devine autour de lui des problèmes psychologiques et des problèmes de civilisation. Il lui plut de sortir de son rang pour entrer dans la confrérie du *trobar*, y soutenir des polémiques, s'y faire connaître sous le surnom de LINHAURE et y passer pour jongleur. La tradition relie son nom à celui des deux poétesses, Azalaïs de Porcairagues et la plus célèbre des *trobairitz*, celle qu'on nomme comtesse de Die, sans que ce titre et cette localisation soient bien assurés. Il chanta peut-être une dame catalane, la comtesse d'Urgel. Il joua publiquement un personnage peu banal, rassurant les maris en se prétendant châtré, célébrant son excellence poétique sur un ton de fanfaronnade.

La situation poétique de Raimbaut s'éclaire de données historiques et de données sociologiques. Quand il commence à chanter vers 1147, le *trobar lèu* règne dans la société aristocratique entre le Poitou, la Saintonge, l'Espagne du Nord et Toulouse. C'est alors que Bernard de Ventadour va le porter à ses sommets. Mais la charge de Marcabrun vient d'être poussée à partir d'un sentiment populaire et d'une moralité cléricale : elle a pris une forme savante et obscure où l'on reconnaît un nouveau *trobar*, le *clus*. Reprenant la rhétorique et les raffinements du *clus*, les débarrassant de toute sévérité formelle ou de contenu, le troubadour, à la fois aristocrate et oriental, marginal par rapport à l'aire des mondanités antérieures, capable par son rôle public de relancer la mode en la transformant, en fait un jeu du langage, une sorte de baroquisme découvrant. C'est l'acte de naissance d'un troisième *trobar*, le *ric*, qui allait devenir le style le plus prisé.

De fait, l'invention strophique franchit avec lui de nouvelles étapes (il est malheureusement impossible de connaître Raimbaut d'Orange comme musicien ; nous n'avons de lui qu'une mélodie). Mais ce n'est pas le plus important. De la forme exaspérée d'invention dérive l'évidement parodique du contenu. C'est sans doute ce que les contemporains ont reconnu en l'appelant « folie ». Raimbaut dit lui-même, dans une pièce où strophe et mélodie se brisent en contre-texte prosaïque, qu'il compose un « je ne sais quoi », une « balle de folie ».

Cet évidement lui-même est une ruse du sens. À lire attentivement Raimbaut, on voit bien que l'apparente fantaisie recouvre une volonté de subversion poétique. Ce troubadour est en effet le poète du monde inversé : grand seigneur jouant au baladin, séducteur jouant à l'impuissant, artiste jouant à l'amuseur, capable, au demeurant, d'écrire avec simple élégance dans le style de l'amour courtois le plus banal, peut-être inverti confident des dames, il découvre en fuyant. Pour cette raison, il a écrit dans une forme orgueilleusement rhétorique, sur le sujet des saisons renversées, de la neige « fleur inverse », un poème étrangement beau, dédié à une poétesse amie.

R. Lafont

RAMUZ Charles-Ferdinand

(1878-1947)

Écrivain suisse d'expression française. Né à Cully (canton de Vaud), C.-F. Ramuz entreprend des études littéraires à Lausanne puis à la Sorbonne, à partir de 1902. Si Paris lui semble un tremplin idéal pour la carrière d'écrivain qu'il ambitionne, la nostalgie du pays natal nourrit ses réflexions, qu'il consigne dans son *Journal* (publ. 1941, 1945 et 1949 posth.). Il ne rejoindra pourtant la Suisse que douze ans plus tard, en 1914. Entre-temps, il s'était résolu à publier ses premières œuvres, à travers lesquelles se dessinait son inspiration : il sent intensément le besoin de communiquer avec les hommes de son pays et constate que la poésie « n'est ni philosophie, ni description, ni éloquence », mais « inflexion » (*Journal*, juin 1901). Il voudrait cependant dépasser le cadre de la montagne et du lac, qui l'obsèdent, pour devenir un « vrai mystique du cosmos » selon l'expression de son ami Charles Cingria. Les frontières des genres lui importent peu : à ses yeux, « le roman doit être un poème » (*Journal de Genève*, 14 septembre 1905). Très influencé par les peintres qu'il déclare ses maîtres, il entrevoit « un réalisme transposé, creusé vers le dedans, non pas élargi au-dehors ». Cézanne en particulier le séduit par sa facture si habile à traduire le premier choc des objets sur la sensibilité. Cette double leçon du réalisme contemporain et de la peinture le conduit à écrire le roman d'un artiste peintre, dont il fait le truchement de ses idées et de ses problèmes familiaux, après avoir tenté un tableau de cette vie montagnarde qui lui paraît si proche de l'élémentaire (*le Village dans la montagne*, 1908). *Aimé Pache, peintre vaudois*, texte indirectement autobiographique, écrit en 1911, constitue, avec *Raison d'être*, inséré dans le premier *Cahier vaudois*, et *Adieu à beaucoup de personnages* (1914), une somme réflexive que viendra compléter, la même année, *l'Exemple de Cézanne*.

Aimé Pache est proche des siens par la naissance et séparé d'eux par sa condition d'artiste installé à Paris. Il regagnera son pays pour découvrir dans un terroir les racines authentiques de l'humain et de l'universel. Ce qu'il veut, c'est « parler comme ils ont fait la véritable langue [...], peindre comme ils ont peint les portes de grange ».

Tentations réalistes et aspirations cosmiques

Le contact avec les écrivains réalistes inclina Ramuz, avant 1914, à écrire des romans dont la simplicité du trait et l'ingénuité pathétique font encore le charme : *Aline* (1905), *les Circonstances de la vie* (1907), *Jean-Luc persécuté* (1909) et *la Vie de Samuel Belet* (1913). Il affectionne les êtres spontanés, bouleversés par les drames de la vie au point de sombrer dans la démence, comme Jean-Luc, ou encore les faibles, asservis aux obligations quotidiennes, tel Samuel Belet. Ramuz se place ainsi dans la mouvance de Charles-Louis Philippe et des auteurs dont le talent descriptif admet en contrepoint des élans sincères de sensibilité. Pourtant, ses personnages lui semblent succomber à leur confiance naïve et à leur rêve de bonheur terrestre. Il n'hésite pas à leur dire « Adieu »... pour gagner le large, accueillir les rythmes universels et retrouver le vivant au prix du sacrifice de toute une tradition intellectuelle.

Raison d'être, publié en 1914, annonce les préoccupations métaphysiques qui domineront désormais les romans de C.-F. Ramuz. Sous l'ébranlement de la guerre européenne, le trouble des esprits grandit. La vocation poétique se charge de responsabilités et se fait attentive au monde en détresse, auquel elle entend communiquer les certitudes acquises. Ramuz s'associe à Paul Budry et Edmond Gilliard pour fonder *les Cahiers vaudois* : il est convaincu, en effet, que l'expression de l'universel est conditionnée par un enracinement géographique. Mais Ramuz salue aussi, dans *le Grand Printemps* (1917) les mouvements de masse si puissants de la révolution russe d'Octobre, comme des gestes d'émancipation faisant suite aux appels de l'intelligentsia russe. Déjà, deux ans plus tôt, les aspirations fraternelles des peuples avaient trouvé une première illustration dans son récit historique de *la Guerre dans le Haut-Pays* (1915) avant de recevoir une double orchestration poétique et musicale (de Ramuz et de Stravinski) dans *Histoire du soldat* (1918).

En tout état de cause, Ramuz avait médité sur la renaissance des mouvements adventistes protestants. Il avait découvert dans l'Ancien Testament une mythologie paysanne dont les acteurs, d'une « noblesse magnifique », justifiaient l'idée d'un roman parabole. Ainsi naquirent des récits dont la trame pouvait s'enrichir, à chaque occasion, de réflexions métaphysiques en dépit de leur allure assez déconcertante. Ils étaient placés sous le signe du fantastique subrepticement introduit dans la quotidienneté villageoise. *Le Règne de l'Esprit malin* (1917) est l'histoire d'un bourg dérangé par la venue du cordonnier Branchu, incarnation de la malice diabolique qui triomphera jusqu'à l'apparition d'une lumière surnaturelle. Dans *la Guérison des maladies* (1917), même bouleversement d'un village par une jeune fille stigmatisée qui multiplie autour d'elle les miracles à force de sacrifices personnels. Par la suite (1918-1919), Ramuz est tenté par le roman apocalyptique avec *les Signes parmi nous*, où il oppose sa confiance en l'amour aux sombres prédictions du colporteur Caille. Enfin, si la poésie cosmique triomphe encore avec *Présence de la mort* (1925), *Joie dans le ciel* (1925, primitivement *Terre du ciel*, 1921) transpose sur le plan de l'éternité les rapports sociaux d'un village. Ramuz y reste fidèle à son cadre montagnard puisqu'il déclare : « J'ai trop aimé le monde. Quand j'ai cherché à imaginer plus loin que lui, c'est encore lui que j'ai imaginé. »

Le héraut d'un rustique épique

Au début de la décennie qui suit la guerre, *Salutation paysanne* (1920), *Chant de notre Rhône* (1920), *Passage du poète* (1923) annoncent ou inaugurent pour C.F. Ramuz des œuvres de célébration. Le poète recrée à sa manière le paysage, quelquefois berceau d'une civilisation commune, telle la vallée du Rhône. Reste à élargir son audience : il y parvient en 1924 avec l'appui de l'éditeur Bernard Grasset. Les chemins de l'épopée rustique lui sont alors ouverts. Se souvenant d'Eschyle, il donne à ses récits une violence prométhéenne. La montagne a, en effet, ses secrets et « ses volontés », qui imposent le respect. Si *la Beauté sur la terre* (1927) échappe encore au décor dantesque, c'est parce que Juliette, au bord du lac, dans un pays qui n'est pas le sien, donne spontanément l'image d'une vie idéalisée, cependant que Farinet, dans *Farinet ou la Fausse Monnaie* (1932), finit, lui aussi, par assumer le rôle de chantre de la liberté. L'entre-deux-guerres est pourtant dominé, dans l'œuvre de Ramuz, par deux grands récits inspirés par la montagne : *la Grande Peur dans la montagne* (1926) et *Derborence* (1934), véritables massifs culminants de sa production littéraire, tragédies des hauteurs qui disent l'étonnement du poète, sa révérence stupéfiée devant le déchaînement des forces naturelles.

La Grande Peur dans la montagne

SYNOPSIS

Le roman est celui d'une malédiction qui semble condamner à l'abandon le pâturage de Sasseneire. Il fait intervenir des forces cruelles et, pour certains, occultes de la nature, et montre leur acharnement vengeur contre l'homme, qui doit finalement s'incliner : « Au moment où Joseph levait la tête, le glacier qui était encore rose s'est éteint subitement en même temps qu'il semblait s'avancer et venir à votre rencontre ». L'illusion optique devient ainsi force active, détermination fantastique et témoignage surnaturel.

Derborence

SYNOPSIS

Partant d'un fait divers simple – un éboulement en montagne qui engloutit une vingtaine de bergers –, Ramuz construit un récit mythique qui acquiert rapidement la grandeur et la facture d'une œuvre antique. Le village entier commente la catastrophe quand, soudain, apparaît un survivant qui revient du domaine de la mort et raconte les moments dramatiques qu'il a vécus. Finalement, l'envoûtement est le plus fort, et le berger, comme possédé par le génie des Ténèbres, regagne les hauteurs mystérieuses de la montagne.

Cet accomplissement de l'œuvre de Ramuz à la veille de la Seconde Guerre mondiale permet de mesurer la métamorphose que l'écrivain vaudois a imposée au roman rustique au double point de vue de sa structure et de son écriture.

Créateur du récit de la montagne comme Genevoix a pu l'être du roman de la forêt, il n'a cessé de conférer à ses textes un souffle qui, en passant du pathétique au tragique et à l'épique, a gagné en puissance et en expressivité symbolique. Il a, dans *Besoin de grandeur* (1938), précisé la source de son évolution : « Ceux qui vivent dans la nature se sentent ainsi chaque jour "dépassés", et dépassés par elle en tout sens, dans ses dimensions, dans son mystère et dans sa toute-puissance, mais par là augmentés et ennoblis. » On le voit bien dans *la Séparation des races* (1922) où Firmin et Frieda surmontent le double obstacle de la barrière naturelle et de l'incompréhension. Cependant Ramuz s'assure une audience plus internationale que les régionalistes français par un sens du tragique quotidien et des menaces apocalyptiques qui confère à ses récits leur profonde originalité. Celle-ci procède aussi des audaces de style qui firent l'objet d'un débat passionné de la critique (*Pour ou contre Ramuz*, 1926). À pays rude, à paysans au rythme de parole saccadé doit répondre, selon Ramuz, un style qui violente la syntaxe ; les ruptures de la continuité verbale sont seules capables, au surplus, d'imposer l'image des surprises qu'un paysage jette à votre face à chaque détour du chemin : « L'art vit en effet non de pensée mais de sensualité. » Ramuz, qui repousse l'idée d'« écrire mal exprès », défend son désordre stylistique dans une *Lettre à Bernard Grasset* (1921). Il précise qu'il « [a] essayé de [s] e servir d'une langue-geste qui continuât à être celle dont on se servait autour de [lui], non de la langue-signe qui était dans les livres ».

Les romans poétiques de Ramuz constituent ainsi une œuvre à part dans la production littéraire francophone. Ils tirent leur prestige d'une singularité que personne ne leur conteste, malgré les problèmes qu'elle implique. Leur ton, leur rythme, leurs images agressent et bouleversent le lecteur en lui communiquant, selon le vœu de leur auteur, une foi en l'homme et un besoin de dépassement. C'est assez pour faire de Ramuz un auteur de premier plan en même temps que l'orgueil justifié des lettres romandes.

P. Vernois

Raoul de Cambrai

(composée sans doute à la fin du XIIe siècle)

Chanson de geste formée de 8 726 décasyllabes. Tout ou presque dans cette chanson peut trouver une correspondance dans ce que l'on sait des réalités historiques pour la période où les diverses strates de ce texte ont été élaborées (de la fin du Xe siècle à la fin du XIIe siècle). Et si la fidélité à ces fondements a été très contestée, restent, authentifiés par des documents contemporains, les noms de ceux qui ont tenu le Cambraisis et le Vermandois à la fin du Xe siècle, tout comme les problèmes relatifs au statut du fief et aux obligations vassaliques.

Des différences de tous ordres opposent deux parties dans *Raoul de Cambrai* : la première (de 5 556 vers), rimée et paradoxalement la plus ancienne, serait la réécriture d'une version antérieure, dont l'existence est attestée dans des chroniques du XIe siècle et qui compterait parmi les premières chansons de geste ; elle est le récit d'une guerre féodale qui aboutit à une mise en cause du roi, tenu pour responsable du différend originel. La seconde partie (de 3 000 vers environ), assonancée, relève de la matière romanesque, plus récente, avec une succession complexe d'enlèvements et de captivités en terre étrangère, de reconnaissances et de retrouvailles finales.

SYNOPSIS

Orphelin de père, l'enfant Raoul se voit enlever le fief paternel de Cambrai, le roi Louis l'ayant donné à un autre de ses vassaux. Aux exigences de Raoul poussé par son oncle Guerri d'Arras, le roi répond par la promesse de la première terre qui deviendra vacante ; et, quand meurt Herbert de Vermandois, la guerre éclate entre les quatre fils de celui-ci et Raoul : promise à l'un par le roi, tenue par les autres comme leur héritage, la terre est l'enjeu du conflit. Bernier, l'écuyer de Raoul, apparenté aux Vermandois, est partagé entre son devoir familial et la fidélité à son maître jusqu'au moment où la cruauté démesurée de ce dernier (Raoul incendie traîtreusement le monastère d'Origny en faisant périr toutes les religieuses, dont la mère de Bernier, supérieure de l'abbaye) lui fait choisir son camp ; c'est par Bernier que Raoul sera tué. Un neveu de celui-ci, Gautier, reprend la lutte ; le débat se poursuit en pleine cour royale, mais s'y retourne brusquement contre le roi : en disposant à son gré de fiefs revendiqués comme héréditaires par ses vassaux, c'est lui la source de tous ces maux. Et les deux clans, réconciliés dans leur opposition commune à leur souverain, mettent le feu à Paris. Béatrice, fille de Guerri d'Arras, est fiancée à Bernier. Mais le roi continue à vouloir disposer des fiefs, voire des femmes, et, la promettant à un autre, fait enlever Béatrice, que Bernier enlève à son tour. Par la suite, les deux jeunes gens, devenus époux, partent en pèlerinage à Saint-Gilles, où leur naît un fils, Julien (le futur Julien de Saint-Gilles). Arrivent des Sarrasins qui enlèvent séparément le père et l'enfant. Après de multiples aventures, tous finissent par être réunis. Mais lorsque Bernier entreprend un second pèlerinage avec son beau-père Guerri, celui-ci le tue, en souvenir du meurtre de Raoul.

Au premier rang de toutes ces luttes qui occupent entièrement la première partie et traversent la seconde, on trouve Bernier, l'écuyer déchiré entre deux appartenances et qui incarne les difficultés qu'entraîne si souvent, à l'époque féodale, la pluralité des hommages et des vassalités ; le cas de Bernier, bâtard, soulève la question – que, dans la chanson, pose le roi – de savoir si une terre peut lui échoir. Parfait témoin des préoccupations juridiques de son temps, la chanson l'est aussi, moins directement, des aspirations vers une royauté forte et stable, qu'elle exprime à travers les luttes intestines, objet de son récit, et dont elle est restée le symbole. Mais sa célébrité, si grande pourtant au XIIIe siècle où elle est très souvent citée, ne semble pas être allée au-delà.

N. Andrieux-Reix

RAOUL DE HOUDENC

(XIIe-XIIIe siècle)

Trouvère de la fin du XIIe-début du XIIIe siècle, l'un des principaux créateurs de l'allégorie profane. Il est l'auteur de *Meraugis de Portleguez*, roman arthurien construit sur un schéma de quête double (avant 1228) : le héros part à la conquête de Lidoine contre Gorvain Cadrut et doit aussi, pour libérer Gauvain, combattre l'Outredouté et Belchis le Louche. Son *Roman des Ailes* reste proche des techniques de l'exégèse, bien que le système des équivalences soit emprunté au registre courtois : Prouesse est représentée avec deux ailes, Largesse et Courtoisie, chacune décomposée en sept « pennes » qui décrivent les comportements inclus dans ces notions (ainsi Largesse compte les « plumes » suivantes : « être en largece hardi, ne pas garder à avoir, donner a povre et a rice, se garder de prometre »). La métaphore est rudimentaire, le « symbolisme » forcé ; mais cet opuscule a suscité de nombreuses imitations. *Le Songe d'Enfer* est plus élaboré. C'est le premier voyage allégorique dans l'Au-delà conservé en langue française. Le narrateur rêve qu'il se fait pèlerin : il passe la cité de Convoitise, descend chez Envie, qui vit avec Avarice et Tricherie, choisit la « route a senestre » jusqu'à Foi mentie, où il est reçu par Tolir. Une fois traversé le fleuve de Gloutonie, on arrive à Vile Taverne chez Roberie, Hasard et Mescompte ; une rixe y oppose Ivresse et Versez. Ivresse conduit le pèlerin à Château Bordel, chez Honte et Larcin. Enfin, par Desesperance et Mort subite, on entre en Enfer, où se déroule un fantastique banquet, au cours duquel chaque pécheur est mangé à une sauce dont le nom rappelle ses vices. Les chaises sont faites de « deux popelicans » [= « publicains », hérétiques] ; la table, d'un tisserand ; la nappe, du « cuir d'une vieille putain ». On sert des « champions vaincus à l'ail », des usuriers cuits dans leur graisse, de « vieilles putains aplaqueresses/Qui ont teus crevasses qu'asnesses » en sauce verte, un rôti d'hérétiques à la mode de Paris, des langues de plaideurs frites… L'introduction, qui développe le thème du « songe » qui n'est pas « mensonge », nous donne cette fantaisie pour vérité et justifie l'invraisemblance de cet univers saugrenu de personnifications qui sont autant de monstres. Tout ce carnaval est bien séparé du monde « réel » par la coupure du sommeil et du réveil. Les figures ne sont que des noms, qui interviennent pour provoquer les réponses du pèlerin. Leur unique « dimension iconographique » réside en la relation de parenté dans laquelle elles entrent (Larcin, fils de Minuit), complétée par la description de leur demeure ; les personnifications de vices se mêlent aux actions réifiées (Versez, Tolir). Le narrateur se dédouble en un je rêveur et un moi rêvé qui « s'intègre à un univers de figures allégoriques qui l'assument, le haussent à leur plan de signification, de sorte qu'il pose devant l'auditeur l'omniprésence d'un moi grammatical, anonyme et universalisé » (Paul Zumthor). Une double inversion parodique intervient : celle qui renverse le schéma narratif du pèlerinage, promis à un grand succès dans les *Voies de Paradis* ; celle qui retourne la convention selon laquelle le monde « réel » reçoit sa vérité de la fiction allégorique : ici, en effet, l'inspiration satirique est cause que c'est le voyageur qui apporte sa vérité à l'Au-delà. Si le genre était déjà créé, on pourrait parler de parodie, mais les textes « sérieux » sont tous postérieurs.

A. Strubel

RAPIN Nicolas

(1539-1608)

Né à Fontenay-le-Comte, dans le Poitou, il est reçu avocat au parlement de Paris, avant d'accéder aux fonctions de vice-sénéchal en bas Poitou (1573), puis de grand prévôt de la connétablie de France (1584). Après la mort de Henri III et le triomphe de la Ligue, il se rallie à Henri de Navarre et chante en vers anapestiques la victoire d'Ivry (1590). Appartenant au camp des « Politiques » et hostile à la Ligue comme aux réformés intransigeants, il prend part à la rédaction de la *Satyre Ménippée* (1594), qui prépare l'entrée du roi à Paris. En récompense des services rendus, Henri IV le nomme lieutenant criminel de la prévôté de Paris. Homme de robe avant tout, Rapin rime au gré des circonstances : *Épitaphes* (1570), *Chant XXVIIIe du Roland furieux* de l'Arioste, traduit en stances de huit vers (1572), *Psaumes de la pénitence* (1588). Ses œuvres éparses ne seront réunies qu'après sa mort (*Œuvres complètes, latines et françaises,* 1610). Rapin se distingue par son talent vigoureux et gaulois dès 1579, lorsque, à l'occasion d'un jeu littéraire, il évoque avec une rude franchise le bonheur de la puce « parquée au beau milieu du sein » de Catherine des Roches, qui, avec sa mère Madeleine, tenait salon à Poitiers. Ses solides vertus provinciales, qu'il estime communes à « Nous autres Poictevins nourriz à la rustique », se confirment dans ses pièces ultérieures, qu'il s'agisse des *Plaisirs du gentilhomme champêtre* (1583), où il cultive la veine horacienne, ou bien des *Vers mesurés rimés* (recueillis dans les *Œuvres complètes*), dans lesquels les recherches savantes de Baïf acquièrent une fougue et une vivacité proches parfois de la phrase parlée, chantée ou haletée.

F. Lestringant

RAY Jean

Pseudonyme de **Raymond DE KREMER** *(1887-1964)*

Il essaya de suivre l'exemple de sa mère (qui était institutrice), mais échoua à l'École normale et, de 1910 à 1919, fut expéditionnaire, puis commis dans l'administration de sa ville natale, Gand. Il s'efforça d'échapper à l'obscurité de son emploi en s'adonnant, sous le pseudonyme de Jean RAY, à toute une série d'activités plus ou moins littéraires. C'est ainsi qu'il devint revuiste et que, d'autre part, il anima le périodique bilingue *Ciné, le Journal de Gand-Écho des Flandres* et *l'Ami du livre*. En 1925, il publia des récits fantastiques qui exploitaient dans un style cahotant l'exotisme facile de la marginalité, mais qui ne manquaient pas de vigueur : *les*

Contes du whisky. En 1927, il fut condamné à six ans de prison pour escroquerie. Durant son incarcération, il composa un recueil fantastique de bon aloi qui parut en 1932 : *la Croisière des ombres*. Bénéficiant de mesures de clémence, il fut relaxé en 1929. Pour subsister, il se mit alors à écrire de manière effrénée sous divers pseudonymes et, plus particulièrement, sous celui de John FLANDERS (abrégé à l'occasion en JOHN, JOHN F. ou F.).

On citera, parmi ses productions des années 1930, des chroniques et reportages rédigés en français pour *le Bien public* ou en néerlandais pour *De Dag*, des textes et scénarios de bande dessinée réalisés pour l'illustré flamand *Bravo*, des récits destinés à la jeunesse francophone (collection des « Presto Films ») ou néerlandophone (collection des « Vlaamsche Filmkens ») et des histoires policières qui parurent anonymement en français : les « Harry Dickson ». En écrivant une centaine des 178 fascicules que compte la série, il était soumis à deux contraintes : celle du temps (les « Harry Dickson » eurent pendant la plus longue partie de leur existence une périodicité bimensuelle) et celle – moins impérieuse, il est vrai – du thème : les récits devaient tenir la promesse des couvertures (que Roloff avait réalisées au début du siècle pour une série allemande de Sherlock Holmes apocryphes). La médiocrité des « Harry Dickson » ne doit donc pas étonner. Cependant, leurs ingrédients ont parfois une grande originalité et leurs outrances ou leurs incohérences revêtent parfois un charme baroque.

C'est la Seconde Guerre mondiale qui, en mettant un terme à la plupart de ses activités antérieures, conduisit Raymond De Kremer à publier sous le nom de Jean Ray le meilleur de son œuvre. Après *le Grand Nocturne* (un recueil de contes fantastiques qui sortit de presse en 1942, mais qui contenait plusieurs récits publiés auparavant), il fit, en effet, paraître *la Cité de l'indicible peur* (1943), *Malpertuis* (1943), *les Cercles de l'épouvante* (1943), *les Derniers Contes de Canterbury* (1944) et *le Livre des fantômes* (1947). *La Cité de l'indicible peur,* dont certaines idées sont reprises aux « Harry Dickson » 164 et 168, se révèle un récit policier de bonne facture. *Malpertuis* constitue un exemple – rare dans le domaine francophone – de roman fantastique réussi. Quant aux trois derniers titres, ce sont des recueils de contes où l'auteur joue avec autant d'efficacité que de conviction le jeu du surnaturel et de la peur. Une technique développée par des années de « travaux forcés littéraires », un lexique incongru mais opulent, une érudition factice mais suggestive se trouvent ici au service d'une imagination pleine de verve.

Après la Libération, le tâcheron reprit le pas sur l'écrivain. En utilisant le plus souvent le pseudonyme de John FLANDERS, il publia de nouveaux « Vlaamsche Filmkens », rédigea des textes pour des illustrés tels que *Zonneland*, *Petits Belges*, *Mickey Magazine* ou *Tintin*, des contes et des articles pour des journaux tels que *De Nieuwe Gids*, *Het Volk*, *Standaard-Nieuwsblad* ou *Gazet van Antwerpen*, des scénarios de bande dessinée, etc. Il faut réserver une mention spéciale à un court roman fantastique (*Saint-Judas-de-la-Nuit*, 1964) et à deux recueils de récits fantastiques (*le Carrousel des maléfices* et *les Contes noirs du golf*) qui, l'année même où mourut l'auteur, parurent sous le nom de Jean Ray. Toutefois, le roman n'est qu'une ébauche, et si *le Carrousel des maléfices* (qui reprend des textes publiés dans *les Cahiers de la Biloque*) a certaines qualités, *les Contes noirs du golf* (qui avaient été commandés par une revue sportive) semblent assez insipides.

On notera que *Malpertuis* (dont Harry Kümel a tiré un film en 1972) et ses huit recueils de contes ont suffi à faire de Jean Ray un auteur clé de la littérature fantastique d'expression française et une grande figure de la littérature belge.

C. Delcourt

RAYNAL Guillaume, abbé

(1713-1796)

Originaire de Saint-Geniez-d'Olt, dans l'Aveyron, il fait ses études chez les jésuites de Rodez, entre dans les ordres et enseigne au collège de Pézenas. En 1747, il se rend à Paris, où il est attaché à la paroisse de Saint-Sulpice, mais renonce bientôt à son ministère et abandonne l'état sacerdotal. Il n'en restera pas moins, pour ses contemporains et pour la postérité, « l'abbé Raynal ».

Cet « abbé » est avant tout un « philosophe ». Il fréquente Mme Geoffrin, Helvétius, d'Holbach, Rousseau, collabore à l'*Encyclopédie* (1748-1749), dirige (1750-1754) *le Mercure de France*, et, de 1747 à 1755, une « feuille manuscrite » qui donne à quelques princes de l'Europe du Nord des nouvelles de la vie intellectuelle en France. Il signe aussi un certain nombre de compilations assez médiocres : *Histoire du stathoudérat* (1747), *Histoire du Parlement d'Angleterre* (1748), *Anecdotes historiques* (1753).

Mais l'œuvre de sa vie, qui va faire sa célébrité et sa fortune, c'est l'*Histoire philosophique et politique des établissements et du commerce des Européens dans les deux Indes,* pour laquelle il s'assure la collaboration de plusieurs de ses amis, d'Holbach, Naigeon et surtout Diderot. L'œuvre paraît en six volumes en 1770, sans nom d'auteur. Très vite les rééditions se succèdent ; une nouvelle édition, revue et augmentée, est publiée en 1774, une autre encore en 1780. Cette dernière contient des pages d'une audace extrême, dues à Diderot. C'est le scandale et le succès : l'ouvrage connaîtra, jusqu'en 1787, dix-sept rééditions, une quarantaine de contrefaçons, sans compter les recueils d'extraits. Mais c'est aussi pour le livre (déjà mis à l'Index par Rome en 1774) la condamnation par le parlement de Paris en 1781. Raynal doit s'exiler. On le retrouve à Spa, à Berlin (où Frédéric II le reçoit). En 1784, autorisé à revenir en France, mais interdit de séjour à Paris, il s'installe à Toulon, puis à Marseille, où le surprend la Révolution. Élu député de Marseille aux états généraux, il décline ce mandat.

Très vite, Raynal, qui est le dernier survivant de la grande génération des Philosophes du XVIIIe siècle et qui est salué par les hommes de 1789 comme un des principaux précurseurs des idées révolutionnaires, au même titre que Montesquieu, Voltaire, Rousseau et Mably, refuse d'endosser la responsabilité des événements qui bouleversent la France. En 1781, l'avocat général Séguier avait dit de l'*Histoire des deux Indes* : « C'est un livre tendant à soulever les peuples ». Pour le comte de Ségur, cet ouvrage avait été l'« objet d'un enthousiasme général » en raison de ses déclamations violentes contre les prêtres, contre le pouvoir monarchique, et contre l'esclavage des nègres, et, selon Mallet du Pan, il s'agissait d'un recueil de « maximes incendiaires ». Or, le 31 mai 1791, Raynal remet au président de l'Assemblée nationale une *Adresse* qui est lue devant les députés. Il s'y déclare « profondément attristé des crimes qui couvrent de deuil cet empire ». Et il ajoute : « Jamais les philosophes n'ont entendu détruire la religion, les lois, l'autorité royale [...] Vous faites toujours trop peu pour l'utilité publique, et trop pour votre doctrine. » (Violentes interruptions. Vingt orateurs se disputent l'honneur de réfuter Raynal ; c'est Robespierre qui l'obtient.)

Insulté, attaqué, il est dépouillé de ses biens et doit se cacher. Après Thermidor, sa situation s'améliore, et en décembre 1795, peu avant sa mort, il est élu à l'Institut dans la classe d'histoire.

Il est difficile, de nos jours, de comprendre l'extraordinaire succès remporté par l'*Histoire des deux Indes*, ouvrage désordonné et disparate, qui se donne comme une histoire de la colonisation européenne en Amérique et en Asie. Puisant l'essentiel de sa documentation dans l'*Histoire générale des voyages* de l'abbé Prévost, Raynal décrit les colonies portugaises, anglaises, françaises, hollandaises, les étapes de leur formation, les mœurs des peuples soumis, les différentes méthodes de colonisation employées. Le public de l'époque ne pouvait qu'être charmé par la description de ces sauvages dont l'innocence contrastait avec la corruption des peuples civilisés. Il n'y a là rien de bien révolutionnaire, non plus que dans la ferme critique du système esclavagiste, qui reflète le point de vue des milieux européens éclairés et constitue avant tout un « plaidoyer pour l'humanité » (Caraccioli). C'est le commerce, dont il se fait l'apôtre, qui, selon Raynal, fera disparaître l'esclavage, et non la propagation du christianisme, qu'il définit comme la « superstition dominante », et qui, comme toutes les religions, « épaissit les ténèbres » au lieu de les dissiper. Des remarques de ce genre font clairement apercevoir la tonalité critique, polémique, « philosophique » en un mot, de l'œuvre, où toutes les occasions sont saisies pour mettre en question les institutions religieuses, politiques et sociales de l'Europe, et celles de la France en particulier. Les « maximes incendiaires » vont se multiplier dans l'édition de 1780 (parue en réalité en 1781). Elles sont dues, pour la plupart, nous le savons maintenant, à la plume de Diderot, dont la collaboration, qui s'était limitée à quelques pages dans la première édition, prend alors une importance considérable (il aurait rédigé un cinquième de l'ouvrage sous sa nouvelle forme). Sous le masque de Raynal, Diderot, dont la pensée s'est de plus en plus radicalisée, peut se déchaîner contre les rois et contre les riches, et lancer des appels d'une violence inouïe : « Peuples [...], qu'attendez-vous ? Pour quels moments réservez-vous vos flambeaux et les pierres qui pavent vos rues ? Arrachez-les [...]. Partout le riche exploite le pauvre [...]. Pendez-les, ces perfides riches, et recouvrez votre dignité ! »

C'est sans doute en pensant à de telles formules et aux dangers qu'elles recèlent quand les peuples cessent d'y voir des figures de rhétorique et les prennent au pied de la lettre, que Raynal dira, en 1791, dans son *Adresse* à l'Assemblée : « Jamais les conceptions hardies de la philosophie n'ont été présentées par nous comme la mesure rigoureuse des actes de la législation. Vous ne pouvez nous attribuer, sans erreur, ce qui n'a pu résulter que d'une fausse interprétation de nos principes. » Du rôle des idées dans l'histoire...

A. Pons

Réalisme

L'histoire littéraire et la critique en général n'en finissent pas de s'interroger sur la notion de réalisme : pour la célébrer ou la dénoncer, en faire une des tendances éternelles de l'art ou, au contraire, la restreindre à quelques écrivains et peintres de la période 1845-1860. En dehors même des questions de jugement et de limites, il semble impossible de donner du terme une définition quelconque. On est toujours le réaliste de quelqu'un, et ceux qui revendiquent l'adjectif au XIXe siècle se donnent une lignée d'ancêtres trop hétéroclite pour être significative : Homère, Villon, Rabelais, Boileau, Diderot et Restif de La Bretonne, Stendhal et Balzac ne forment pas une famille esthétique très homogène. Mais la critique ne procède-t-elle pas de manière aussi imprécise quand elle classe sous cette étiquette commode des écrivains aussi divers que Flaubert, E. Feydeau, les Goncourt, Zola, Vallès et Huysmans ? On est alors obligé de considérer toute la seconde moitié du XIXe siècle comme réaliste et d'interpréter cette diversité comme le résultat de contradictions internes au réalisme. Celui-ci devient donc un moment de l'histoire littéraire coincé entre romantisme et symbolisme, autres « -ismes » tout aussi sujets à caution ; encore faudrait-il situer par rapport au réalisme non seulement le naturalisme, mais, cas plus épineux encore, la poésie de cette époque. En fait, la notion est insaisissable, et l'emploi qu'on en fait mérite à chaque fois d'être expliqué sous peine de rendre rapidement insignifiant ou incompréhensible tout propos sur le réalisme en tant que tel. Le mot se prête en effet à des retournements traîtres lorsque c'est l'outrance et l'invraisemblable qui deviennent « réalistes » alors qu'on aurait pu croire les réalistes épris au contraire de platitude et de banalité !

L'origine du terme ne nous éclaire pas davantage quant à ce vrai sens du réalisme que les naïfs chercheront longtemps : les *reales* sont, dans la philosophie scolastique, ceux qui accordent une réalité, un poids concret aux idées. Le réalisme est donc, au départ, « idéaliste » : il se situe de toute façon dans une dialectique de la chose et de l'idée qu'on retrouve à l'œuvre en plein XIXe siècle, n'ayant rien perdu de sa logique déroutante.

Logiquement, en effet, ceux qu'on appelle les réalistes, fidèles à l'étymologie, ne peuvent tirer la représentation que du côté de la chose (*res*). C'est du moins ainsi que l'entendent, surtout dans la critique d'art, les ennemis du réalisme, qui sont parmi les premiers à employer le mot (et à avoir donc une idée de ce qu'il signifie !) – cela, bien sûr, dans un sens péjoratif qui demeure durant la plus grande partie du XIXe siècle. Mais cette idée d'une conformité de l'art au réel, qu'on retrouve, avec des nuances importantes, dans les théories des réalistes, les rapproche étrangement des opinions de Platon et de Pascal sur l'art comme reflet, miroir ou imitation. Dans tous les cas, une même problématique serait donc en œuvre, où l'art consisterait, non pas peut-être à reproduire mécaniquement le monde, mais du moins, selon le vocabulaire de 1850, à le figurer « sincèrement ».

Les refus réalistes

On comprend alors que les écrivains trouvent leurs modèles chez les peintres, plus encore que chez les photographes, de toute manière chez ceux qui s'intéressent au regard et à l'image : lorsque Courbet donne son *Après-dînée à Ornans* en 1849 puis son *Enterrement à Ornans* (1850-1851), ces œuvres sont tout de suite ressenties comme des ruptures. Cette idée de rupture – et de scandale – semble en effet faire partie de la notion de réalisme lorsqu'elle apparaît à la fin des années 1840. Non seulement pour le public des expositions, qui trouve Courbet grotesque ou indécent, et pour les juges qui condamneront *Madame Bovary* en 1857 à cause de son « réalisme grossier et offensant pour la pudeur », mais aussi pour les réalistes eux-mêmes qui n'existent comme groupe que par cette dénonciation et qui souhaitent donc être pris, comme leurs aînés romantiques, pour des révoltés.

On tient peut-être là le premier élément d'une définition du réalisme qui consisterait essentiellement, pour la génération de 1850, à contester le consensus classico-romantique, à faire, en art, sa révolution de 1848.

Cette analyse est d'ailleurs confirmée par une brève sociologie des réalistes, qui regroupent, vers 1845 et autour de Murger, les éléments de ce que Pierre Martino a défini comme un prolétariat intellectuel. Ils viennent à Paris sans ressources, sans appuis. Le réalisme n'est pas encore inventé, et tous ces bohèmes se sentent romantiques. Mais d'un romantisme particulier, où la laideur hugolienne serait remplacée par ce que la critique officielle appelle le « vulgaire » ou le « moderne ». D'où ce refus déjà signalé et qui se polarise autour de deux thèmes : on réclame en effet la liberté de traiter des sujets contemporains et sociaux, et non plus ceux – antiques ou intemporels – d'autrefois. La réalité des réalistes devient dans ces conditions la vérité, opposée de plus en plus nettement au mensonge romantique : une vérité qui s'incarne de préférence dans la forme romanesque, jusqu'alors peu estimée, dont l'ampleur répond aux grandes toiles de Courbet et dont l'exemple fourni par l'œuvre balzacien indique qu'elle est la meilleure forme littéraire.

Tel est, en gros, le programme à partir duquel se développe la campagne réaliste, dont on peut retracer les événements majeurs. Elle s'organise autour de trois noms : Courbet, Champfleury et Duranty. Courbet, dont chaque toile devient un manifeste, définit son projet en 1855 dans le catalogue d'une exposition intitulée *le Réalisme*, catalogue probablement rédigé par Champfleury : « Savoir pour pouvoir, telle fut ma pensée. Être à même de traduire les mœurs, les idées, l'aspect de mon époque selon mon appréciation, en un mot faire de l'art vivant, tel est mon but. » Courbet aussi réunit autour de lui à la brasserie Andler une sorte de groupe réaliste avec parfois Baudelaire, Proudhon, Corot et Daumier, avec Buchon, le poète réaliste, Castagnary le critique, Champfleury et Duranty. Champfleury, dont *Chien-Caillou* (1847) fait événement, est aussi l'auteur d'une *Gazette*, qui connaîtra deux numéros. Duranty enfin reste essentiellement dans les mémoires par son journal *le Réalisme* (dont les thèses peuvent faire penser à celles de Proudhon), où il affirme que le style n'est qu'une affaire subalterne. Le dernier refus des réalistes serait-il donc celui de l'individu, trop chargé peut-être de valeurs romantiques et auquel il faudrait préférer le monde, la société, le « grand nombre », dit Duranty, qui doit être l'objet et le destinataire de l'étude littéraire ?

Tout est beau

Apparaît là ce qui pourrait être le deuxième point d'une définition du réalisme dans les années 1850-1860 et peut-être même jusqu'à la fin du naturalisme : l'adhésion au monde, qui doit compenser le refus des impératifs littéraires anciens, l'idée que tout est beau, y compris et surtout ce qui autrefois était inacceptable dans une œuvre d'art ; la société, telle que Balzac et Henri Monnier avaient commencé à la montrer, bourgeois, prostituées, milieux populaires, exclus de la représentation littéraire ; la province, absente des livres jusqu'à *la Comédie humaine* ; la femme enfin, dont l'image semble tout à coup trop stéréotypée et « irréaliste ».

On trouve peut-être ici la constante qui fait le lien entre les réalistes de 1850 et Flaubert, les Goncourt, Zola ou Vallès. Mais cette ambition pose plus de questions qu'elle n'en résout. Car si le romancier ressent la nécessité de bâtir des personnages qui soient la traduction exemplaire de ce grand nombre méprisé, il s'aperçoit en même temps que cela le mène droit au stéréotype, à ce qu'il voulait éviter par-dessus tout. Ses personnages doivent donc être typiques sans devenir des clichés. De même que l'écriture « doit » être une sorte de *mimesis* stylisée et donc personnalisée, appartenant en propre à l'écrivain, de même il faut que le personnage exprime une réalité exemplaire sans pour autant perdre son caractère individuel.

C'est bien en définitive la volonté d'affronter cette difficulté qui réunit Flaubert, les Goncourt ou Zola : comment concilier l'exactitude et le style, la « vérité » et la « littérature », l'imitation et l'invention ? D'où l'intérêt de ces écrivains pour les types représentatifs des groupes, pour leurs exceptions aussi, leurs variantes anormales, pour les familles, les séries, les dénombrements et les tératologies. Le monde qu'ils se plaisent à réduire en fiches, en notes (Zola), en journal (les Goncourt), en bibliographies (Flaubert) est beau dans toutes ses parties, y compris dans celles qu'il paraissait impossible de montrer et sur lesquelles ne peut plus peser aucune exclusive. Tout ce que nous voyons, tout ce qui existe a une valeur, une signification, appartient à un ensemble dont l'écrivain doit révéler la cohérence, un peu comme dans la description balzacienne ; le travail des romanciers est de nous proposer une sorte de monde parallèle aussi chargé de sens que le monde vrai. Et de même que celui-ci est porté par une évolution dont la dynamique repose sur des différences individuelles (cf. Darwin), de même on peut imaginer que la littérature ne soit qu'un réalisme inventif, dont les progrès reposent sur l'effort et le travail de chaque écrivain.

D'où cette sanctification du travail d'écriture chez Flaubert, les Goncourt ou Zola, cet amour-souffrance de l'œuvre en train de se faire, indissociable de l'idée d'une littérature en marche – comme la science – vers plus d'exactitude et de savoir. D'où aussi l'idée que le réalisme est le seul art possible désormais, puisqu'il se nourrit, très hégéliennement, de ses propres dépassements. Il y a donc finalement peu d'intérêt à se demander si les réalistes sont optimistes ou pas, car leur attitude consiste à voir et à décrire le renouvellement perpétuel du monde, à faire une œuvre aussi où l'on sente la richesse et le mouvement du réel. On est loin ici du daguerréotype et du trompe-l'œil en quoi ses adversaires voyaient le fin mot du réalisme : le réel n'existe pas, à proprement dire, il se construit ; et c'est peut-être cet effort de construction, d'analyse et de synthèse qui justifie le recours des réalistes à la science, au-delà même des abus que cela produit. Certes, les réalistes ne font pas œuvre scientifique : mais ils le prétendent, et c'est cette illusion qui fonde leur travail d'écriture, autant que leur représentation du réel. Elle permet, en tout cas, de mieux cerner une sorte de tradition littéraire qui va de Balzac à Zola et repose sur un même rêve d'encyclopédie. [Voir aussi **Naturalisme**.]

CHRONOLOGIE

1834-1837	Apparition du mot dans la *Revue des Deux Mondes* sous la plume d'Hippolyte Fortoul et de Gustave Planche.
Vers 1845	Les critiques artistiques, notamment Théophile Gautier, emploient le mot couramment.
1847	*Chien-Caillou*, de Champfleury, est l'objet d'un compte rendu élogieux de Baudelaire.
1849-1850	*Une après-dînée à Ornans*, puis *Un enterrement à Ornans*, de Courbet.
Vers 1850	Réunions, à la brasserie Andler, d'un cénacle réaliste autour de Courbet.
1853	*Les Aventures de Mlle Mariette*, de Champfleury.
1854	*Les Bourgeois de Molinchart*, de Champfleury.
1855	Exposition de Courbet intitulée *le Réalisme*, catalogue par Champfleury. Querelle sur le réalisme dans le journal *l'Artiste*.
1855	Exposition de Courbet intitulée *le Réalisme*, catalogue par Champfleury. Querelle sur le réalisme dans le journal *l'Artiste*.
1856-1857	Revue *le Réalisme*, dirigée par Duranty. Le mot « réalisme » est évoqué aux procès des *Fleurs du mal* et de *Madame Bovary*.
1858	*Fanny*, d'Ernest Feydeau.
1859	*Salon*, de Baudelaire, à propos, entre autres, de la photographie, des « imaginatifs » et des « réalistes ».
1860	*Le Malheur d'Henriette Gérard*, de Duranty.
1865	*Germinie Lacerteux*, des Goncourt. *Olympia*, de Manet. *Du principe de l'art et de sa destination sociale*, par Proudhon.
1866	*Mes haines* et *Mon Salon*, de Zola.
1868	Préface à la 2e édition de *Thérèse Raquin*, de Zola.
1869	Littré : « Néologisme. En termes d'art et de littérature, attachement à la reproduction de la nature sans idéal. »
1875	Article « Réalisme » dans le *Grand Dictionnaire* de Pierre Larousse.
1880	*Les Soirées de Médan*.

A. Preiss

REBATET Lucien

(1903-1972)

Né à Moras-en-Valloire (Drôme), fils de notaire, il fait des études secondaires au collège des maristes de Saint-Chamond, avant d'obtenir quelques certificats de philosophie à la Sorbonne. Dès 1929, il collabore à *l'Action française* comme critique musical puis cinématographique sous le pseudonyme de François VINNEUIL. Il travaille pour plusieurs revues, notamment à *Je suis partout*, où il entre en 1932 : il y exprime ses convictions fascistes en même temps que ses goûts artistiques. En 1938, il est chef des informations de *l'Action française*, mais le contact quotidien avec Maurras ne l'empêche pas de préférer Mussolini et plus encore Hitler au vieil antiparlementaire germanophobe. En 1940, après la démobilisation, il est rédacteur à la radio de Vichy. Il rompt avec *l'Action française* et collabore au *Cri du Peuple* de Doriot, au *Petit Parisien* et à *Je suis partout* dès que cet organe reparaît. Il publie en 1942 *les Décombres*, un volumineux pamphlet qui se présente comme une chronique des années de l'immédiate avant-guerre. Il y déverse sa haine pour la démocratie, les francs-maçons, les bourgeois, les juifs, la droite « classique » (Maurras pour son archaïsme politique et son hostilité à l'Allemagne, Pétain pour la tiédeur de sa collaboration). Ce pamphlet se vend à plusieurs centaines de milliers d'exemplaires, constituant de la sorte le plus gros succès de librairie de toute l'Occupation. En 1944, il rejoint les émigrés de Sigmaringen ;

il est arrêté par la Sécurité militaire le 8 mai 1945. Condamné à mort en 1946, gracié par Vincent Auriol (cf. *les Mémoires d'un fasciste*, 1976, sorte de suite aux *Décombres*), il purge une peine de prison jusqu'en 1952. C'est pendant cette période qu'il écrit *les Deux Étendards* (1952), un gros roman de 1 300 pages. Il reprendra ensuite son activité de journaliste d'extrême droite (il soutient par exemple, dans *Rivarol*, la candidature de Tixier-Vignancour à la présidence de la République en 1965), tout en poursuivant son activité littéraire (*les Épis mûrs*, 1954) et en composant *Une histoire de la musique* (1969). Il mourra à soixante-neuf ans.

C'est une réputation universellement détestable qui s'est attachée au nom de Lucien Rebatet, celui que Brasillach appelait « le plus opiniâtre et le plus violent » d'entre les jeunes fascistes de l'époque. La haine ne s'était pas éteinte en 1976 lorsque Jean-Jacques Pauvert décida de republier *les Décombres*, ce « texte dégueulasse » (Bertrand Poirot-Delpech), dans une version non intégrale toutefois.

Il est imprudent d'admirer la frénésie apocalyptique du pamphlétaire sans s'interroger sur la portée de son pronazisme et de son racisme viscéral. Mais il faut rendre justice aux qualités de romancier de Rebatet. *Les Deux Étendards* est un grand roman méconnu de la littérature française ; dans une langue parfaitement maîtrisée, il retrace l'itinéraire spirituel et l'affrontement de deux jeunes gens : Michel, l'athée en colère et poussé par un désir de vivre nietzschéen, et Régis, le jésuite, le soldat du Christ. L'amour pour la même jeune fille, Anne-Marie, rend plus pathétique encore l'échec sur lequel se clôt ce roman, où, à tout moment, voisinent le trivial, l'érotique et le sublime. Sentiment de l'échec, dépit et frustration qui sont peut-être à la source du mépris que Rebatet semble porter à toute chose. On aurait tort par ailleurs de sous-estimer *Une histoire de la musique* qui, malgré son parti pris wagnérien et de flagrantes injustices, présente une information sûre et originale parfois (elle a contribué à mieux faire connaître les musiques du Moyen Âge et de la Renaissance), animée par une authentique passion.

M. P. Schmitt

REBELL Hugues

*Pseudonyme de **Georges GRASSAL** (1867-1905)*

C'est dans le XIXe siècle finissant que la fin du XXe siècle s'est cherché des ancêtres, parmi ceux qui semblaient condamnés au purgatoire de l'illisibilité ou du mauvais goût. On a donc ressuscité les romans de Rebell, et l'on n'a pas eu tort dans la mesure où ces rééditions font apparaître une écriture inclassable, séduisante et dont l'étrangeté semble irréductible à tout modèle, si ce n'est peut-être à une forme de baroque aussi énigmatique que forcenée.

L'insurgé

La vie de Rebell ressemble à celle de ses personnages : elle en a l'intensité et le trajet aventureux. Celui qui se nomme alors Georges Grassal est originaire de Nantes, ce port de corsaires où était déjà né Jules Verne. Il est le fils d'un commerçant aisé, mais refuse bientôt le confort de la province. Une courte carrière locale lui permet de fonder une revue qui dure un an, *le Gai Sçavoir* (1885-1886), de publier la même année un volume de poésie et un autre de prose avec *les Méprisants* (1886). Mais, à la mort de son père, il part bientôt conquérir Paris, nanti de beaux espoirs et d'un héritage important. Là, sous un pseudonyme qui est aussi profession de foi – REBELL –, il se fait une réputation et se forge une doctrine ; il n'hésite pas longtemps devant le symbolisme, qu'il trouve faux, et lui oppose un nietzschéisme héroïque qui est encore une nouveauté dans la France des années 1890. Il défend ses vues païennes et révoltées dans *l'Ermitage*, au *Mercure de France*, exalte ces hommes supérieurs qu'il appelait naguère les « méprisants ». Il publie aussi deux livres : l'*Union des trois aristocraties* (1894), autrement dit celle qui doit réunir les plus riches, les mieux nés et les plus intelligents, et les *Chants de la pluie et du soleil* (1894), avec une surprenante ode à Bismarck.

À cette époque, il est, au physique, une sorte de « Renan poupin », gras et rose, un blond aux yeux bleus avec pourtant un rien d'asiatique : « vous auriez dit une Cambodgienne ou une Mandchoue entre deux âges ». Timide également, mais avec des opinions tranchées, des brutalités et des humeurs. Bref, un personnage attachant par son incapacité à se couler dans un moule, et vomissant toutes les règles. Peu à peu, on le voit dissiper ses biens en voyages ou en bonnes fortunes. Il finira même par connaître la dépression, la maladie, la gêne surtout, qui l'oblige à écrire. C'est alors la série des grands romans avec d'abord *la Nichina* (1897), qui lui assure une sorte de célébrité littéraire, puis *La femme qui a connu l'Empereur* (1898), bâti à partir d'événements historiques presque contemporains ; *la Câlineuse* (1899) ; la reconstitution de l'Italie antique avec *la Saison à Baïa* (1900) ; la description des bas-fonds de Naples avec *la Camorra* (1900) ; suivent *la Brocanteuse d'amours* (1901), le beau livre des *Nuits chaudes du Cap-Français* (1902), dont l'action se situe à Saint-Domingue ; *le Baiser d'une esclave* (1905), *Le diable est à table* (1905). Mais cette floraison accélérée, à quoi il faut ajouter encore plusieurs textes critiques et un livre posthume en collaboration avec J. de Mitty (*Au service de l'Empereur*, 1907), ne sauve pas Rebell : elle réussit même à l'épuiser. Il meurt seul, encore jeune et misérable, dans la salle des indigents de l'Hôtel-Dieu.

Une écriture de l'outrance

On ne s'étonnera pas, après une telle biographie, que le trait marquant de l'œuvre de Rebell soit le goût de l'extrême, voire du paroxysme. Cette tension première explique son écriture, où s'affirme la présence d'un individu ou plutôt d'une force, d'une exaltation toujours à la limite entre colère et volupté. Car ces romans d'un timide sont des romans audacieux ; la vie qui les traverse est faite de complots, de crimes et d'érotisme. En fait, cette esthétique associe indissolublement le désir et la violence : et cela dès l'ouverture de *la Nichina*, où le narrateur jette dans un canal vénitien celle dont il escomptait les faveurs – ainsi bien sûr que celui avec lequel il l'a découverte. Colère, ébullition, éréthisme, cette ambiance est voulue par l'auteur : « Communiquez aux êtres la grande ivresse de l'amour, c'est alors que, leur individualité mise en oubli et leurs facultés émotives surexcitées, ils seront plus aptes non seulement à comprendre (comprendre ne suffit pas), mais à sentir et à accepter une loi de la vie. »

Au fond, pour Rebell, l'univers n'est là que pour nous proposer des occasions d'allégresse. Le corps d'une femme ou d'un garçon, les pastèques d'un éventaire, le nectar tant prisé du frère Arrivabene, le style même, qui doit être savoureux : des jouissances s'offrent, dont la somme produit une sorte de vertige. Cette Italie de *la Nichina* est donc faite pour nous convier aux fêtes des Forts et des Frénétiques, de ceux qui vivent « le ventre libre et l'estomac bien-portant ». C'est celle de Stendhal et de Casanova, celle de la truculence, de l'injure et du baiser : elle s'incarne dans la courtisane.

Un immoraliste ?

On comprend alors que la Venise de Rebell est d'abord un monde rêvé où la liberté peut se déployer sans médiocrité, que tous les libertinages y deviennent les manifestations d'une force vitale exacerbée et toujours bonne par principe. Le seul péché serait, en l'occurrence, de ne pas lui céder, elle dont l'aboutissement est, bien entendu, l'écriture, laquelle devient jouissance, de même que la jouissance se métamorphose en art. Même effet esthétique de l'exotisme et du scandale dans *les Nuits chaudes du Cap-Français*, où se révèle une fois de plus la passion de Rebell – et l'analogie avec Stendhal n'est pas fortuite – pour les tonalités noires et rouges, pour le sang des meurtres et la peau des négresses. L'auteur fin de siècle remonte cent ans en arrière, comme nous le faisons nous-mêmes en le lisant, et retrouve une époque selon ses goûts, pleine de fureur et de corruption, avec une fascination toujours accrue pour ce que nous appelons le Mal et qu'il nommerait peut-être le Beau.

Car les *Nuits chaudes*, qui exploitent le registre du malsain et de l'invraisemblable, marquent surtout la volonté de renverser des interdits, voire d'aimer le monstrueux. Dans ce drame « noir » construit pour nous inquiéter, on sent la volonté de saturer le livre de cette haine, de ce « vice naïf » qui se lit dans les yeux de Zinga et qui est comme le ressort de l'intrigue. Se crée alors une sorte d'érotisme un peu sadien, en accord avec l'atmosphère orageuse et démoniaque du Cap-Français, et où les éléments les plus contraires se heurtent sans cesse : les positions sociales, les races, la farce et la tragédie, la luxure et l'innocence. En fait, on tient là ce qui fait en même temps la valeur et les limites de Rebell : un brio certain dans la couleur et dans la description d'une perpétuelle transe amoureuse ; un excès indéniable dans le goût même de l'excessif.

A. Preiss

REBOUX Paul *et* MULLER Charles

(Respectivement 1877-1963 et 1877-1914)

Charles Muller est né à Elbeuf, Paul Reboux (pseudonyme d'André Amillet) à Paris. Collaborateurs du *Journal*, ils publient en 1908, 1910 et 1913 les pastiches d'*À la manière de*... La mort de Muller au front contraint Reboux à faire paraître seul la quatrième série, en 1925, et la cinquième, en 1950. Mais l'activité de Reboux ne se borne pas à cela : peintre puis journaliste, il sera aussi conférencier et critique littéraire, cinématographique, culinaire. Dans les années 1930 et 1940, il signe de nombreux ouvrages historiques qui mêlent anecdotes et romanesque. Il sera encore l'auteur de manuels de savoir-vivre et de savoir-manger, d'essais sur la tuberculose et la radiesthésie. Il s'éteindra à Nice à quatre-vingt-six ans.

Reboux et Muller se sont illustrés dans le genre mineur du pastiche ; mais ils y ont pris rang de classiques. Ce sont surtout des écrivains français (du XVIIe au XXe siècle) qu'ils prennent pour cibles dans les cinq volumes d'*À la manière de*..., recueils de pièces courtes qui empruntent la poétique familière des auteurs visés ; mais l'imitation ne s'arrête pas là, et Reboux s'en explique dans la préface qu'il a accordée à *À la façon de*... (1949) de Georges-Armand Masson. C'est aussi la syntaxe et un rythme général (Proust, Chateaubriand...), des tours et un ton (Jaurès, Jules Renard...), une thématique et un vocabulaire (Hugo, Zola...) que l'on retrouve presque intacts. Mais ils sont comme distanciés par le sujet souvent farcesque (Déroulède...), les jeux de mots (Buffon, Mistral...), les clins d'œil (Gide...), qui, en faisant hiatus avec la rhétorique utilisée, créent le burlesque. De la sorte, ces canulars savants ont vertu pédagogique : la caricature fait rire, mais en même temps révèle les tics de langage, les images obsédantes et les mythologies (Baudelaire, Verlaine...). Le lecteur distingue alors les abus d'une rhétorique qui aurait pu passer pour littéraire. Ces pastiches ne ruinent pas la littérature, ils lui rendent hommage.

M. P. Schmitt

RÉDA Jacques

(né en 1929)

« Tracée à grands traits, remarque Jean-Michel Maulpoix à propos de Jacques Réda, la figure bonhomme du jazzophile piéton de Paris, pittoresque poète du bitume et des talus, du Solex et du tabac, tend à éclipser les ambiguïtés de son œuvre. » Mieux vaudrait, pour s'en tenir à un lieu commun, comparer l'œuvre de l'ancien rédacteur en chef (1987-1995) de *la Nouvelle Revue française* à ce « terrain vague » célébré dans *les Ruines de Paris* (1977) : espace mal délimité accueillant les présences les plus diverses, rassemblant sans souci de hiérarchie toutes les traces qui témoignent d'une émotion fugitive ou d'un simple passage. Et, si l'on devait enfermer son œuvre dans la clôture d'une formule, s'imposeraient plutôt les mots de *la Sauvette* (1995) inspirés par Jean Follain : « Son point de vue est laïque, démocratique : chaque instant n'a pas seulement le droit de voter : il est éligible. Et, de scrutin en scrutin, la poésie est réélue. »

Cette écriture insaisissable et multiple manifeste toutefois, dès le recueil *Amen* (1968), plusieurs exigences auxquelles elle restera fidèle. Ainsi, dans cette poésie du lieu, ce sont d'abord les paysages d'une promenade ou tels « personnages dans la banlieue » qui guident le poète à la recherche du « vrai visage de [s]a vie ». Ses poèmes n'en sont pas moins nourris par une érudition discrète et accueillent parfois une « mélancolie des morts » qui leur donne certains accents élégiaques. Enfin, un rythme très travaillé témoigne d'une savante hésitation entre vers libres et prosodie classique. Ce questionnement du lieu est prolongé avec les poèmes de *Récitatif* (1970), dans lesquels Réda joue à mêler librement les registres. Dans *la Tourne* (1975), des pages de prose interrompent parfois la succession des vers, comme pour traduire l'étonnement renouvelé d'un poète abandonné aux hasards des rencontres – et répondre à la confusion de ses sentiments : « Oui, beaucoup de désordre dans la tête, et dans ce cœur / de trouble difficile à comprendre. » La prose est d'ailleurs privilégiée dans l'important recueil *les Ruines de Paris*. Rappelant davantage le flâneur baudelairien que le guetteur surréaliste en quête d'un *signal*, ici le promeneur « ne cherche pas trop à comprendre », soucieux de suivre les moindres variations de lumière, les mouvements des passants, mais aussi ses propres changements d'humeur qui recomposent toujours différemment les paysages familiers. Cependant, la fin du recueil, ouverte à la fois sur les terres délaissées de la banlieue et sur les campagnes traversées par le train, annonce également une nouvelle orientation de son œuvre.

En effet, le parcours capricieux de *l'Herbe des talus* (1984, prix des critiques) apparaît comme la première étape d'une trilogie prolongée avec *Recommandations aux promeneurs* (1988) et *le Sens de la marche* (1990). Relatant souvenirs d'enfance, anecdotes liées à diverses capitales européennes et voyages en train, l'écriture vagabonde de Réda marie nostalgie et humour, descriptions précises et digressions incertaines. Cette prose poétique, entrecoupée de quelques passages versifiés, peut être brusquement déchirée par un surgissement d'oralité, comme pour répondre au vœu d'« écrire comme courent ces chevaux, la grâce même et la juste vitesse, la fantaisie du naturel, l'incarnation immédiate d'une pensée limpide ». De même, la prose d'*Aller aux mirabelles* (1991) associe le mouvement indécis de la promenade et l'afflux des souvenirs. Les « mirabelles » du titre paraissent ainsi rassembler le goût inoubliable des premiers émerveillements de l'enfance, la révélation d'un désir entraînant l'adulte dans une errance toujours relancée et la jouissance d'une écriture savoureuse qui, à la manière de la parole des conteuses, « transpose lyriquement la banalité du récit ». Mais, loin de se limiter désormais à la prose, Réda rappelle, avec les « vers mâchés » de quatorze syllabes de *Hors les murs* (1982) et du *Premier Livre des reconnaissances* (1985), son besoin de varier les rythmes ainsi que son profond attachement au vers régulier. Comme le soulignent les réflexions sur la poésie de *Celle qui vient à pas légers* (1985), « ce cadre forcément rigide reste ouvert à des ébats d'une grande souplesse ».

Un tel travail sur le *tempo*, de même que la volonté de faire entendre « les mots de tout le monde [...] avec ce léger décalage de la musique », s'accordent avec la passion de Réda pour le jazz, telle qu'elle s'exprime dans deux ouvrages réunis en 1990 sous le titre : *l'Improviste – Une lecture du jazz*. Contrepoints offerts au « feu de Sidney Bechet » ou au « mouvement de Lester Young », ces évocations lui permettent de s'interroger sur la « nature *poétique* » d'une musique devenue un précieux modèle rythmique. Comme si son écriture, à l'image de cet art dont il évoque « la profondeur et la variété du paysage », se devait de rester ouverte à tous les apports dès lors que les unit la justesse d'un *swing*.

V. Hugotte

REDONNET Marie

(née en 1948)

Publiée d'abord aux Éditions de Minuit, Marie Redonnet s'inscrit *a priori* dans le sillage du nouveau roman : écriture blanche et minimaliste, narration sèche, économie de la phrase calculée au plus juste. Certains de ses textes se caractérisent d'ailleurs par de très nettes résonances durassiennes, sensibles jusque dans les titres (*Seaside*, 1992), d'autres par des échos de Pinget ou de Robbe-Grillet. Mais le jeu des influences ne rend nullement compte de cette œuvre originale qui, depuis une quinzaine d'années, se déploie dans la triple direction du roman (*Splendid Hôtel*, 1986 ; *Forever Valley*, 1987 ; *Candy Story*, 1992 ; *Nevermore*, 1994 ; *l'Accord de paix*, 2000), du théâtre (*Mobie Diq*, 1989 ; *Tir et Lir*, 1991 ; *le Cirque Pandor*, 1994) et de l'essai (*Villa Rosa*, 1996, consacré à Matisse ; *Jean Genet, le poète travesti*, 1999). De son premier texte, *Mort et compagnie* (1985) – au titre éminemment beckettien –, à *l'Accord de paix*, l'univers de Marie Redonnet semble perpétuellement en proie à un désastre rampant ou à une catastrophe imminente : une dérision glacée marque de son sceau le destin des personnages qui se croisent, s'entredéchirent et finissent le plus souvent par sombrer. Si le XVIIe siècle a inventé la « carte de Tendre », Marie Redonnet pourrait à bon droit revendiquer la « carte du Désastre ». Une étrange obsession topographique et géographique traverse en effet la plupart de ses récits : comme s'il s'agissait, pour la romancière, de dresser la carte de pays cauchemardesques ou de décliner les outrages subis par telle ou telle construction humaine. C'est ainsi que *Nevermore* a pour théâtre San Rosa, ville imaginaire aux mains de politiciens corrompus et de banquiers véreux, où se déploie et se perd une enquête labyrinthique, tandis que *Splendid Hôtel* raconte la passion d'une femme pour un hôtel que lui a légué sa grand-mère – lieu délabré, attaqué de toutes parts et voué à une ruine prochaine. Villes chaotiques, côtes rongées par la mer, îles et « bouts du monde » où se heurtent espoirs, attentes et passions sans issue : telle est la géographie emblématique de cet univers romanesque où les lieux et la circulation des personnages en disent plus que toute construction psychologique.

P. Mari

REGNARD Jean-François

(1655-1709)

De Regnard nous connaissons quelques comédies, telles *le Joueur, le Légataire universel*. L'auteur pourtant s'efface de nos mémoires et déserte la scène du Français qu'il n'avait cessé d'occuper depuis la fin du Grand Siècle. Entre la comédie classique et la comédie de Marivaux, Regnard semble en posture difficile : à la charnière d'un siècle dont l'apogée est derrière lui et d'un XVIIIe siècle encore à naître. Cependant la lecture de son œuvre éblouit par sa démonstration de virtuosité verbale, et les récits de voyages de ce bel aventurier, des rives d'Alger à celles de l'Arctique, offrent, à mi-chemin du roman et du récit d'explorateur, un plaisir non négligeable.

Une vie d'aventures et de plaisirs

Né à Paris, Regnard est issu d'une famille de commerçants aisés ; sa mère (dont il hérite en 1693) veille sur sa fortune ; aussi vivra-t-il toujours dans l'aisance. Il reçoit une éducation classique, et manifeste des talents précoces de rimeur. Mais bientôt il commence une vie de voyages : le premier (1674-1675) le conduit en Italie et peut-être à Constantinople ; le second en fait la proie des pirates barbaresques (octobre 1678) ; vendu à Alger, il est durement traité par le tagarin Achmet Talem ; il est libéré contre une rançon de 12 000 livres avec son compagnon d'infortune, M. de Fercourt (mai 1679). Il romancera ces événements dans *la Provençale* (devenu Zelmis, il y est amoureux de la belle Elvire, femme de M. de Prades). En avril 1681, il repart avec Fercourt, cette fois vers l'Europe du Nord : les Flandres, la Hollande ; le Danemark et Copenhague où ils saluent le roi Christian V. Ils parviennent à la cour de Suède, où le roi Charles XII leur suggère de parcourir la Laponie : ce qu'ils font, et ce qui nous vaut le meilleur récit de ses *Voyages* – composés vers 1682-1683 – dont la publication posthume (1731), peu avant l'expédition Maupertuis, ajouta à sa gloire.
En 1682, il revient à Paris pour y adopter une vie sédentaire ; la charge de trésorier de France (1683) lui donne accès à la noblesse de robe, tout en lui laissant d'importants loisirs, qu'il consacre à la littérature : récits de voyages et surtout, de 1688 à 1709, production théâtrale. En 1699, il achète la terre et le château de Grillon, acquiert la charge de lieutenant des eaux et des chasses de la forêt de Dourdan (1700), dont il devient grand bailli d'épée en 1704. Devenu haut magistrat du lieu, ce seigneur campagnard partage sa vie entre l'écriture et une existence de bon vivant (fêtes, concerts avec ses amis tels que Dancourt, Dufresny, Gacon, La Thorillière) qui semble avoir hâté sa mort.
À l'exception d'une tragédie (*Sapor*), les grands succès de Regnard appartiennent tous au genre comique. Sa première production, destinée au Théâtre-Italien, se compose d'une dizaine d'arlequinades en prose, mêlées de vers et d'ariettes, parmi lesquelles *Arlequin, homme à bonne fortune* (1690), sur un thème de Baron, qui met en scène la rusée Colombine, sa sœur Isabelle et l'industrieux Arlequin ; scènes de farce et de séduction s'achèvent dans un exotisme oriental proche du *Bourgeois gentilhomme*. Citons encore *Mezzetin aux Enfers* (1693) et, en collaboration avec Dufresny, *la Baguette de Vulcain* (1693) et *la Foire Saint-Germain* (1695), pièce à tiroirs (parodies, jeux de scène et chansons). En 1699, Regnard s'essaye à l'opéra avec *le Carnaval de Venise*, comédie-ballet sur une musique de Campra. Mais c'est au Théâtre-Français qu'il destine désormais sa production (onze pièces) : il commence par donner une forme classique à de petites pièces (un acte en prose) encore italiennes par la place accordée à la danse et aux chants : *Attendez-moi sous l'orme* (1693) ; *la Sérénade* (1694) ; *le Bal* (1696), qui met en scène un grotesque baron gascon. Toujours en 1696, il donne sa première grande comédie, *le Joueur* (cinq actes en vers).

Le Joueur

SYNOPSIS

Valère préfère le jeu à Angélique, qui va épouser le courtois Dorante, oncle de Valère, lorsque ce dernier (qui vient de perdre) reconquiert sa bien-aimée. Son père, Géronte, accepte de payer ses dettes, mais, incorrigible, Valère engage le portrait de sa maîtresse ; la prêteuse, en se rendant auprès d'Angélique, exhibe le portrait ; Dorante le rachète. Sans argent et sans portrait, Valère perd Angélique au profit de Dorante ; mais l'espoir de gagner lui fait vite oublier sa peine…

La production de l'époque atteste le déclin de la tragédie et de la haute comédie : des acteurs (Montfleury, Champmeslé) écrivent de petites pièces en prose ; seul rival sérieux, Dancourt s'exerce à la comédie de mœurs. Aussi est-ce Regnard qui remet à la mode la comédie en vers et la comédie de caractère qu'illustre encore *le Distrait* (1697) : pièce classique, mais d'intrigue faible, qui obtient un moindre succès. *Démocrite* (1700), pièce « antique », vaut surtout pour la truculence du couple paysan (Strabon et Cléanthis). *Le Retour imprévu* (1700, un acte en prose) marque l'abandon de la comédie de caractère et un net retour à la farce et à la fantaisie ; l'intrigue y est le principal agent des effets comiques, de même que dans les pièces suivantes : *les Folies amoureuses* (1700), *les Ménechmes* (1705) et surtout *le Légataire universel* (1708), brillante comédie d'intrigue, formellement classique, mais italienne par son inspiration.

Le Légataire universel

SYNOPSIS

Si Géronte instituait légataire universel son neveu Éraste, celui-ci pourrait épouser Isabelle, et son valet Crispin épouserait Lisette. Or, Géronte veut épouser Isabelle ; il y renonce mais prétend léguer ses biens à d'autres neveux : ce qu'évite Crispin qui, déguisé, fait passer lesdits neveux pour des monstres. Soudain Géronte « meurt », intestat : Crispin, déguisé en Géronte, dicte un testament aussi favorable à lui-même qu'à Éraste. Mais le vieillard sort de sa « léthargie », s'étonne de son testament… et de la disparition de son portefeuille. Lisette ne le lui restitue qu'après l'avoir forcé à approuver le testament et les deux mariages.

Un conteur soucieux de plaire et d'amuser

La Provençale est essentiellement une histoire d'amour, les descriptions s'y limitant à quelques touches de couleur locale ; le pittoresque ressortit à la tradition de la nouvelle mauresque (Lope de Vega ; Cervantes, *El Amante liberale*) relatant l'aventure d'un chrétien captif amoureux d'une belle prisonnière, respectée par son maître musulman galant et libéral : l'idéalisation des mœurs est manifeste, de même que la convention d'événements stéréotypés (captivité, évasion, disparition et retrouvailles). Mais des traits français se greffent sur cette trame : le début *in medias res*, qui nous montre Zelmis enflammé d'amour, et la mise en scène du récit conté à une petite assemblée, ce qui permet d'entrecouper la narration de remarques spirituelles ou critiques, trait commun aux autres récits, plus proches du journal de voyage. Le *Voyage en Laponie* est animé d'un souffle héroï-comique qui culmine lors du dépôt par les trois amis d'une inscription latine dans l'extrême Nord : « Cela s'appelle, monsieur, se frotter à l'essieu du pôle, et être au bout du monde. » Regnard s'est documenté dans la *Laponia* de l'érudit Scheffer, mais le rythme et le style *allegro vivace* font la qualité d'un récit constitué par le regard curieux et ironique d'un Regnard en quête d'insolite (description des skis, du sauna...). La peinture des mœurs (sexualité libérale), de la religion (magie et idoles) est prétexte à railleries et ne sert qu'à amuser, l'étrange prenant la forme du grotesque ou du paradoxal. Toutefois, éloge est fait à la Nature qui nourrit généreusement les Lapons et leur épargne la maladie.

Un théâtre de la gaieté

Regnard puise aux grandes sources de la *vis comica* : tradition gauloise des tabarinades et héritage italien. Il a pratiqué l'arlequinade, fondée sur le jeu de scène, les divertissements faits de chansons et danses, et son théâtre en garde de nombreuses traces : importance des déguisements et du jeu parodique ; relative grossièreté des propos et franc-parler des valets ; pratique des calembours et lazzis (la gifle de Géronte est « monnaie frappée avec un vilain coin ») ; rupture de l'illusion théâtrale (*le Joueur*, V, VIII) et apostrophe au public (*Légataire*, dernière scène) ; personnages-marionnettes (dans *le Joueur* : la Comtesse, ou le Marquis-matamore : « Allons, saute, marquis ! ») ; scènes de divertissement pur, indépendantes de l'intrigue, centrées sur un personnage grotesque (dans le *Légataire* : l'apothicaire Clistorel).

Mais ces éléments s'insèrent dans le cadre de la grande comédie classique, car Regnard se veut émule de Molière : à cet égard, notons qu'il lui emprunte sans vergogne, mais l'époque y voit moins un plagiat qu'une allégeance. D'où la reprise de vers célèbres : « C'est à vous de sortir/La maison m'appartient » (*Légataire*, III, III, et *Tartuffe*) ; l'analogie de personnages et de schémas d'intrigues (*le Bal* et *Monsieur de Pourceaugnac*, *le Distrait* et *l'Étourdi*). Plus importante est la fidélité de Regnard aux règles classiques : sujet clair, intrigue bien conduite et marche régulière de l'action ; dénouement tiré du fond de la pièce ; personnages en nombre réduit. La division du *Légataire* fait coïncider chaque acte avec la résolution d'un obstacle (le projet de mariage ; les neveux ; la mort intestat ; la « résurrection »). Quant aux vers, ils donnent sa noblesse à une langue soignée et même brillante qui confirme que Regnard a su adapter l'héritage italien au goût d'un public classique. Mais l'analogie n'est pas identité, et, si Regnard admire *le Misanthrope*, il a davantage imité *les Fourberies de Scapin*, la farce plus que la comédie de caractères. De nombreux personnages, en effet, s'assimilent au type, au rôle de théâtre ; les protagonistes eux-mêmes n'ont guère de profondeur psychologique ; ainsi de Valère : ce joueur n'est pas un monomane (à l'image d'Harpagon), le jeu le séduit moins que les richesses et plaisirs qu'il lui fait espérer, et, surtout, jamais Valère n'est déchiré par un conflit cruel entre le jeu et l'amour ; chez lui, nulle contradiction psychologique profonde qui serait la marque d'un caractère. Chez les personnages secondaires, la typisation s'affirme : dans *le Joueur*, Dorante, si honnête, est un beau produit de l'idéalisation romanesque, et Géronte, père grondeur mais aimant, relève lui aussi de la convention ; paysans, usuriers, notaires et apothicaires sont autant de rôles. Les domestiques, en revanche, se distinguent par l'insolence et le brio de leurs propos et par leur rôle déterminant dans la conduite de l'action (Norine, Crispin).

Ce théâtre vise l'amusement du lecteur par une fantaisie verbale dont l'expression multiple présente des traits distinctifs et originaux : en premier lieu, le trait d'esprit, si caractéristique des valets, tel Hector qui sait le « flux et reflux de son maître » (*le Distrait*), ou des servantes, telle Lisette se lançant dans une période sur l'importance d'un testament (*Légataire*, I, VII) ; mais aussi le jeu sur les noms (Mathieu Crochet, cousin de M. de Sotencour [*le Bal*], Mme Grognac [*le Distrait*] ou M. Scrupule, notaire [le *Légataire*]) et le jeu de mots (Norine, dans *le Joueur*, à propos de Valère et du portrait : « Tu ne seras heureux, par ma foi, qu'en peinture ») ; à quoi s'ajoutent le quiproquo et, surtout, l'énumération, écho de la virtuosité italienne de Colombine ; Lisette à Géronte :

> *Quoi ! vous, vieux et cassé, fiévreux, épileptique,*
> *Paralytique, étique, asthmatique, hydropique...*
>
> **(*le Légataire universel*, I, IV)**

La virtuosité stylistique se marque aussi par un lexique spécialisé (ici médical, là notarial), dont l'effet est renforcé par sa conjugaison (« interloquée », « interloquera », etc. : six occurrences en neuf vers dans le *Légataire*), où les refrains (« c'est votre léthargie » ; « intestat ») complètent cette très efficace panoplie comique.

L'ensemble (typisation, virtuosité verbale) confère à l'œuvre un caractère brillant et gratuit à la fois, une atmosphère de fantaisie caractéristique d'un univers où il n'est rien de sérieux, ce qui suscita le sévère jugement de Rousseau sur le *Légataire* : « comédie où [...], au lieu des larmes que la seule humanité fait verser en pareil cas aux indifférents mêmes, on égaie à l'envi de plaisanteries barbares le triste appareil de la mort. Les droits les plus sacrés, les plus touchants sentiments de la nature, sont joués dans cette odieuse scène ».

L'amoralité des personnages (Éraste et Crispin œuvrent en faussaires et en voleurs) est, en fait, une forme d'insouciance propre à ce monde irréel et fantaisiste dans lequel évoluent les personnages. Regnard répond en cela aux aspirations d'une époque assombrie par les guerres et les crises de la fin du Grand Règne ; à l'opposé de l'analyse féroce de la comédie de mœurs, son théâtre ouvre la porte au rêve et à la gaieté. Enfin, son ton de libertinage et de persiflage prélude à un courant littéraire qui s'affirmera au XVIIIe siècle.

« Qui ne se plaît avec Regnard, n'est point digne d'admirer Molière. » Cet hommage de Voltaire rend compte de l'estime accordée sans réserve à Regnard jusqu'à la fin du siècle dernier : au nombre des représentations, il vient derrière les grands classiques, et, avec Molière, il est le seul poète comique du XVIIe siècle à être joué régulièrement. Cependant notre époque, qui lit de plus en plus Molière comme un tragique, est peu réceptive à ce comique de fantaisie où la gaieté et le brio verbal l'emportent sur l'analyse sociale et psychologique.

G. Declercq

RÉGNIER Henri de

(1864-1936)

Dans l'œuvre d'Henri de Régnier, beaucoup ne voient plus, aujourd'hui, que l'expression d'un symbolisme épuisé, d'une mélancolie 1900 dépourvue d'intérêt. Pourtant, Régnier mérite mieux que cette caricature réductrice, ne serait-ce que par l'utilisation qu'il sut faire des thèmes actuellement redécouverts de l'art baroque. Un livre récent a en effet bien montré la fascination de Régnier pour « le labyrinthe et le double », pour les miroirs, les échos, les reflets, pour l'ordre secret qui règne dans le dédale des choses.

Le « passé vivant »

Poète et aussi romancier, Henri de Régnier est né à Honfleur, dans une famille d'ancienne noblesse. Il fait ses études à Paris où il rencontre au collège Stanislas un autre futur poète, Francis Vielé-Griffin. Il passe ensuite son baccalauréat et fait son droit. Sa carrière littéraire commence en 1885 avec des textes que publie la revue *Lutèce* : six nouvelles, mais surtout vingt et un poèmes qui seront rassemblés dans un premier recueil, *les Lendemains* (1885). Suivront bientôt *Apaisements* (1886), *Sites* (1887) et *Épisodes* (1888). Il rencontre aussi à la même époque Sully Prudhomme et Mallarmé, Verlaine enfin qui aime le « symbolisme héroïque » de ses sonnets. Comme son ami Vielé-Griffin, Régnier est attiré par le vers libre, qu'il pratique dans les *Poèmes anciens et romanesques* (1890) et dans *Tel qu'en songe* (1892), où figure *la Gardienne*, qui sera donnée au théâtre de l'Œuvre en 1894. S'intéressant à toutes les formes littéraires, Régnier publie aussi plusieurs recueils de contes, dont *la Canne de Jaspe* (1897). *Aréthuse*, parue en 1895, puis insérée dans *les Jeux rustiques et divins* (1897), contribue à imposer Régnier comme le grand poète de sa génération. Son œuvre, au-delà des écoles trop étroites, ni vraiment parnassienne ni purement symboliste, unit des inspirations diverses : Heredia – dont il épouse en 1896 la seconde fille, Marie, qui écrira sous le pseudonyme de Gérard d'HOUVILLE – ou encore Chénier, à qui sont dédiées *les Médailles d'argile* (1900). Régnier publie ensuite le grand recueil de *la Cité des eaux* (1902), consacré à Versailles, à ce passé qu'il évoque également dans deux romans : *la Double Maîtresse* (1900) et *le Bon Plaisir* (1902). Son abondante production se partage dès lors entre prose et vers : on en retiendra les nouvelles des *Amants singuliers* (1901), de nombreux contes, plusieurs romans comme *le Mariage de minuit* (1903), *les Vacances d'un jeune homme sage* (1903), *le Passé vivant* (1905), *la Peur de l'amour* (1907), *le Divertissement provincial* (1925), etc., les aphorismes de *Donc* (1927), des recueils poétiques enfin, tels *la Sandale ailée* (1906), *le Miroir des heures* (1910), *Vestigia flammae* (1921) et *Flamma tenax* (1928).

Métamorphoses

La référence au baroque est, bien sûr, indispensable pour comprendre Régnier. Elle reste cependant insuffisante pour définir complètement son art ; si l'on veut saisir son originalité, peut-être faut-il partir de ce passé obsédant dont on sent le poids et la marque : dans le roman du *Passé vivant*, par exemple, ou encore dans le « Trianon » de *la Cité des eaux* : « Un souvenir royal, mélancolique et tendre,/ Erre dans le palais et rôde par l'allée,/ Destin à qui la Mort tragique s'est mêlée,/ Poudre et fard devenus du sang et de la cendre ». Ailleurs, ce sera l'Antiquité, que nous révèle une médaille d'or pur, ou la Renaissance, qui ramène l'auteur à l'histoire de sa famille, parfois même une sorte de passé indéfini à mi-chemin entre le souvenir d'enfance et la vie antérieure. La poésie de Régnier devient ainsi une poésie du regret et de l'incantation ; le poète, toujours seul, se donne le rôle quelque peu magique d'évoquer les époques disparues, d'en restituer les charmes. On plonge alors dans un monde de fantômes où toutes les surprises sont possibles : l'arbre devient une dryade, et la statue révèle une véritable divinité qui vit et meurt avec la matière même où elle est sculptée, « le bronze jaune et vert qui souffre et qui suppure ». Des échanges constants se produisent entre le vivant et l'inanimé, entre les couleurs, les formes et les odeurs, harmonisées justement par le temps qui les patine. Rien de plus émouvant, dans ces conditions, qu'une agonie comme celle de Versailles, encore embellie quand on la découvre à l'automne, au milieu des roses fanées et des dieux auxquels on ne croit plus : il y a là, en effet, toute l'angoisse de Régnier devant cette mort perpétuelle du monde, devant les sensations et les beautés qui disparaissent. Ce qui justifie la littérature, c'est, dit-il, le désir « que tout ne soit pas vain dans le temps éternel », que le souvenir aussi fasse du temps perdu un temps retrouvé. Les œuvres de Régnier reposent, en effet, sur les rapports entre le passé et la vision présente (unis souvent dans les romans par le retour d'une scène obsédante). Leur opposition se dénoue face à l'éternité : les Osmanlis sont morts, mais « Stamboul est debout dans sa gloire ». Résumer le temps, mais aussi en retrouver l'essence, telle est, au fond, la vocation d'une telle poésie. Poésie des coïncidences, de l'éternité et de l'instant, donc, qui s'enrichit de variations sur le silence et le sommeil, sur l'ombre et le songe, propices aux enchantements : le ton même de la légende employé par Régnier contribue encore à créer cette impression de calme engourdi et de tristesse. C'est que la mort, dès le départ, est présente : elle donne leur véritable valeur à tous les plaisirs, fuyants par essence, et marque la vanité des gloires humaines qui ne couronnent jamais que des mourants.

Rêves

C'est aussi la mort qui unit tous les exotismes, de temps et de lieux, et en fait les variantes d'une même atmosphère mystérieuse : jardins nocturnes, clepsydres, ombres, souffles, plages désertes, silences habités, la nature est pleine de ces signes où Baudelaire voyait de « confuses paroles » et que Régnier cherche à décrypter. Le monde visible en cache un autre, inquiétant, de même que le présent cachait un passé ; tout cela recouvre, en fait, une certaine idée du langage : celui-ci est chargé paradoxalement d'une part d'indicible, d'inconnu, que l'on pressent, et que le poète offre dans la poésie brève d'une odelette ou dans le mot le plus banal, chargé d'échos : « douceur », « plainte », « sourire », ou « choses », « Car la forme, l'odeur et la beauté des choses/Sont le seul souvenir dont on ne souffre pas ». Ce mystère, cet arrière-monde révèlent aussi une mystique. Comment la définir ? Peut-être en évoquant le panthéisme de Régnier, en comprenant le sens qu'il donne aux divinités antiques : les satyres, les naïades et les tritons. Cette mythologie n'est pas destinée à fleurir une poésie convenue et désuète ; elle est là, au contraire, pour faire de chaque objet le réceptacle d'une présence, pour lui conférer aussi une sorte de matière spirituelle. Idéalisme, a-t-on dit, qui fait de la matière l'apparence extérieure d'une autre réalité, par définition inaccessible, et qui enrichit nos sensations ; il faudrait montrer ici toute la sensualité des poèmes de Régnier, leur érotisme aussi, et l'importance qu'y prennent les éléments : le feu de la flamme, et aussi l'eau, écumante ou tranquille, luisante ou glauque, à Venise ou à Versailles – l'eau qui introduit toujours à ce que Régnier appelle « le songe », une sorte de fantastique très subtil qui s'installe dès que le poète joue avec les métamorphoses, les images et leurs reflets pervers.

A. Preiss

RÉGNIER Mathurin

(1573-1613)

Maître de la satire en vers, qu'il porta à la perfection à l'aube de l'âge classique, Mathurin Régnier manifeste pourtant dans son œuvre la permanence d'une verve et d'une liberté de ton qui semblent appartenir au siècle précédent, tout comme sa nostalgie de l'âge d'or. C'est dire la contradiction entre cette esthétique et celle que Malherbe, son frère ennemi, s'emploie alors à formuler.

La vie d'un satirique

Sur la vie de Mathurin Régnier nous n'avons que fort peu de documents, et rares sont les contemporains, même parmi ceux qui furent ses proches, dont les témoignages nous soient parvenus. Quant aux « confidences » qu'il a glissées ici ou là dans ses vers, leur interprétation reste malaisée, soit parce qu'elles sont contradictoires, soit parce qu'elles ressemblent trop à des souvenirs de lectures. À défaut de nous renseigner sur sa vie, les satires nous révèlent la figure étrangement composite de leur auteur, en totale opposition avec les légendes, plusieurs fois réfutées mais encore vivaces, qui font de Régnier une sorte de gueux, pilier de cabaret et joyeux drille, poète débraillé et débauché qui, mourant à quarante ans, ne pouvait que succomber à une maladie inavouable…
Les faits avérés de la vie de Régnier ne présentent pas ce caractère de pittoresque gaillardise. Il naît à Chartres dans une famille bourgeoise qui s'y trouve établie depuis plusieurs générations. Sa mère, née Simone Desportes, est la sœur du poète Philippe Desportes, issu également d'une vieille famille chartraine. Poète d'un réel talent et courtisan habile, Desportes, dont la gloire ne cesse de grandir, jouera un rôle déterminant dans l'accomplissement du destin littéraire de son neveu. En 1587, Desportes obtient du cardinal François de Joyeuse, le beau-frère de Henri III, qu'il prenne le jeune Régnier à son service en qualité de page. Il quittera donc le collège dès l'âge de quatorze ans ; sa culture sera, pour une part, celle d'un autodidacte. Nommé protecteur des affaires du roi auprès du Saint-Siège, le cardinal emmène son page à Rome.
Ces longues années italiennes ne sont pas sans rappeler l'expérience de Du Bellay : expérience décevante à bien des égards, mais en même temps féconde pour le futur poète. Jusqu'à la fin du siècle, les voyages entre Rome et Paris se succéderont, avec des séjours alternés dans les deux pays. Se trouvant à Paris en 1596, Régnier devient, toujours grâce à son oncle, un des poètes attitrés de Henri IV et composera des élégies pour Gabrielle d'Estrées. Après un sixième séjour à Rome (1603-1604), Régnier revient – cette fois définitivement – à Paris, où s'affirme sa notoriété de poète satirique. Vers cette époque, il se liera avec quelques grands seigneurs de la Cour, dont le marquis de Cœuvres, frère de Gabrielle d'Estrées, le comte de Cramail (qui, plus tard, composera entre autres la célèbre *Comédie des proverbes*), des poètes, des hommes d'Église (Bertaut étant à la fois l'un et l'autre), Nicolas Rapin, l'un des coauteurs de la *Satyre Ménippée*, le peintre Fréminet, sans compter les amis de son oncle. À la mort de Desportes, resté jusqu'au bout son plus fidèle soutien (1606), Régnier obtient du roi une pension de 5 000 livres de rente sur l'abbaye des Vaux-de-Cernay ; une autre prébende s'y ajoute lorsqu'il entre en possession d'un canonicat de l'église cathédrale de Chartres, en 1609. La même année, Henri IV le met à contribution une nouvelle fois et lui commande des vers (en même temps qu'à Malherbe !) au moment de sa folle passion pour Charlotte de Montmorency, l'épouse du prince de Condé.
En 1608, il avait publié sous le titre de *Premières Œuvres* dix satires dédicacées et un *Discours au Roy* servant d'épilogue ;

en 1609, les mêmes pièces, augmentées de deux satires nouvelles, furent rééditées sous le titre de *les Satyres* ; une satire supplémentaire apparut dans la réédition de 1612, et encore trois autres dans celle, probablement posthume, de 1613 (une dernière satire fut publiée en 1652). L'état de santé du poète s'aggrava au fil des années et le conduisit en 1613 auprès d'un médecin de Rouen pour une opération, qui échoua. Il mourut en cette ville et, conformément à ses dernières volontés, fut inhumé à Royaumont.

Son œuvre est celle, exclusivement, d'un poète, et principalement d'un poète satirique. La satire ne représente pas pour Régnier une activité littéraire parmi d'autres, mais celle à laquelle il a consacré la presque totalité de ses veilles. Aussi son œuvre se ramène-t-elle, pour l'essentiel, à ses dix-sept satires, dont quatre posthumes (parmi ces dernières, deux sont inachevées). Ses autres poésies, même si elles ne présentent qu'un intérêt secondaire, sont loin d'être méprisables. Les cinq élégies sont des œuvres de commande, ce qui, surtout dans le cas de vers amoureux, risque de ne guère disposer en leur faveur le lecteur moderne. Mais, même lorsqu'il se charge d'exprimer les sentiments d'autrui (et, dans ces élégies, c'est le roi ou quelque haut dignitaire de la Cour qui a loué ses services), Régnier y apporte par moments une véhémence qui a de quoi surprendre. C'est le cas, notamment, des deux élégies qu'il appelle curieusement « zélotipiques », lesquelles en effet expriment une jalousie des plus fougueuses. Les poésies spirituelles (à peine deux cents vers : remords et contrition sont venus un peu tard...) soutiennent la comparaison avec ce qu'on trouve dans les meilleurs recueils de poésie chrétienne du temps. Font partie de ces poésies spirituelles trois sonnets, sur les cinq que nous connaissons de Mathurin Régnier. Les deux autres sont consacrés l'un au « trépas de M. Passerat », l'autre à « la mort de M. Rapin ».

Régnier, poète satirique

Le genre de la satire en vers, quoique pratiqué dans l'ancienne Rome et dans l'Italie de la Renaissance, a connu en France un départ lent et laborieux. Il faut attendre Vauquelin de La Fresnaye, à la fin du XVIe siècle, pour assister à l'avènement de la satire en tant que genre autonome : à l'esprit de la satire correspond enfin une forme spécifique, celle-là même qu'utiliseront Régnier, Boileau et les postclassiques. Mais Vauquelin s'est borné à démarquer de la façon la plus servile des satires d'Horace et de plusieurs poètes de la Renaissance italienne. C'est donc Régnier, et non ce devancier, qui mérite d'être salué comme le premier écrivain français à illustrer le genre poétique de la satire. En choisissant la voie de la poésie satirique, Régnier, loin de se confiner dans un domaine exigu ou de s'assujettir à une thématique limitée, s'assure liberté d'allure et liberté d'inspiration. C'est là plus qu'ailleurs qu'il aura les coudées franches. La satire telle qu'il la cultive se ressent encore de l'acception première du latin *satura* qui signifie « mélange », « macédoine ». Considérations morales, caricatures, anecdotes, descriptions colorées, jugements littéraires, éloges et blâmes, tableaux de mœurs, espoirs ou regrets, il n'est rien ou presque rien que ces poèmes n'accueillent, sans souci d'ordonnance, de hiérarchie ni d'unité. Aussi les titres donnés postérieurement à ses satires n'ont-ils qu'une valeur indicative, sans rendre compte vraiment de la profusion des thèmes, des motifs ou des idées. Cette diversité reflète la curiosité du poète, l'étendue de son expérience et de ses lectures. Dans la plupart de ses satires, Régnier renoue avec la tradition satirique inaugurée par Horace et relayée par l'Arioste.

	1re parution en recueil	Date probable de composition	Intitulé d'origine	Titre donné ultérieurement par Brossette (1729)
Satire I	**1608**	1608	Au roi.	
Satire II		Hiver 1608-1609	À M. le comte de Caramain-Cramail.	« Les Poètes ».
Satire III		1598	À M. le marquis de Cœuvres.	« La Vie de cour ».
Satire IV		Fin 1605	À M. Motin.	« La Poésie toujours pauvre ».
Satire V		1606	À M. Bertault, évesque de Sées.	« Le goust particulier décide de tout ».
Satire VI		1603-1604	À M. de Bethunes, estant ambassadeur pour Sa Majesté à Rome.	« L'Honneur ennemi de la vie ».
Satire VII		1605-1606	À M. le marquis de Cœuvres.	« L'Amour qu'on ne peut dompter ».
Satire VIII		Fin 1606	À M. l'abbé de Beaulieu, nommé par Sa Majesté à l'évesché du Mans.	« L'Importun ou le Fascheux ».
Satire IX		1606	À M. Rapin.	« Le Critique outré ».
Satire X		1606-1608	À M. Freminet.	« Régnier apologiste de soymesme ».
Satire XI	**1609**	1608-1609	Satyre.	« Le Souper ridicule ».
Satire XII			Satyre (suite).	« Le Mauvais Giste ».

	1re parution en recueil	Date probable de composition	Intitulé d'origine	Titre donné ultérieurement par Brossette (1729)
Satire XIII	**1612**	1609-1610	Satyre XIII (Macette).	« L'Hypocrisie déconcertée ».
Satire XIV	**1613**	Début 1613	Satyre XIV ; inachevée, elle était destinée à Villeroy.	« La folie est générale ».
Satire XV		?	Satyre XV ; inachevée, elle était destinée à Hurault de Cheverny.	« Le Poète malgré soy ».
Satire XVI		1609	À M. de Forquevaus.	
Satire XVII	**1652**	?	Satyre.	« Ny crainte ny espérance ».

Quels que soient les thèmes traités, l'important est de les aborder de façon détendue, sur un ton qui pourrait être celui d'une conversation familière. La satire selon Régnier n'a donc rien à voir avec l'œuvre de combat, ni avec tous ces écrits qui, plus ou moins férocement, s'en prennent aux personnes et aux institutions. Certes, la critique de la société et de ses travers n'en est pas absente, mais elle s'en tient ordinairement à l'observation ironique, à la moquerie spirituelle accompagnée de réflexions désabusées ou, plus rarement (et de façon plus conventionnelle), d'une invite à se réformer. Ni agressivité ni, surtout, esprit de système. Régnier nous montre le poète crotté, victime de sa sottise pompeuse et de sa prétention (satire II) ; mais plus loin, il sera question du poète authentique et estimable, logé presque à même enseigne, victime, lui, de la futilité du public (satire XV). La Cour est sans doute un haut lieu, mais les illusions qu'elle dispense, les dangers et les bassesses qui s'y rencontrent devraient nous faire préférer une vie retirée et tranquille (satire III). Ailleurs, c'est le portrait en action du fâcheux (satire VIII) ou celui de l'immonde Macette, vivante illustration de l'hypocrisie (satire XIII). Ces différentes figures se meuvent dans un cadre précis et typé qui est bien celui du Paris de Henri IV, avec ses rues populaires et ses maisons bourgeoises, ses églises, ses lieux mal famés.

Le style dru, abondant de ces satires (« J'ai bu chaud, mangé froid, couché sur la dure », II), leurs expressions savoureuses (« ... Ces esprits bossus/Qui veulent qu'on les croie en droite ligne issus/Des sept Sages de la Grèce », VI), les archaïsmes (« Le ciel affrontant, je nazarde la lune », XIII), les images vives et originales (« L'honneur estropié, languissant et perclus/N'est plus rien qu'une idole en qui l'on ne croit plus », III), tout concourt à faire de cet ensemble une œuvre maîtresse de la poésie du XVIIe siècle.

Une forme particulière de la satire a suscité l'intérêt de Régnier, peut-être en raison d'une vogue passagère à laquelle il n'a pas su ou voulu résister : la satire bernesque, du nom de Francesco Berni, poète italien (v. 1497-1535), qui en fut l'inventeur. Délaissant ce qui assurait à la fois le charme et la richesse de la satire horacienne, Berni se lance dans des compositions au sujet scabreux (« De l'urinal ») ou inattendu (« De la gélatine »). Le pittoresque des objets ou des scènes est souligné, sinon multiplié, par la truculence du langage. S'inspirant de certains *capitoli* du maître ou de ses disciples (Lasca, Mauro...), Régnier à son tour traite des sujets où la cocasserie domine sans que l'observation soit sacrifiée pour autant. C'est le cas notamment de la satire XI, « le Souper ridicule », et de celle qui en est le prolongement, « le Mauvais Gîte », exploration minutieuse et inquiète du plus hétéroclite des lupanars. Ces satires sont indéniablement des réussites en leur genre ; Régnier y brille par le sens du mouvement, la drôlerie, le pittoresque. Elles constituent la partie la plus spectaculaire, mais aussi la plus extérieure de son œuvre, celle où il livre le moins de lui-même. Par rapport à ses modèles, il a su transcender le parti pris de bouffonnerie et la savante trivialité du langage. Quant à la complaisance marquée pour les détails les plus sordides, elle tient sans doute au pouvoir qu'il leur reconnaît de stimuler en lui l'invention verbale.

Régnier et Malherbe

Parler de Régnier sans évoquer Malherbe n'est guère possible. La querelle qui les opposa les a rendus à jamais solidaires. Mais, à y regarder de près, on s'aperçoit que le motif de la discorde n'est pas essentiellement doctrinal. Malherbe a surtout le tort, aux yeux de Régnier, d'être devenu l'ennemi de son oncle Desportes. En l'absence de griefs personnels, Régnier se fût montré bien plus accommodant, et jamais des problèmes de césure ou d'hiatus n'auraient excité sa combativité. « Je ne suis chicaneur et n'aime à disputer » (satire XIV). Comme tant d'autres, il se serait contenté d'ignorer la « législation » que Malherbe prétendait instituer. Que Malherbe ait osé afficher son dédain envers les poètes de la « vieille école », ce n'est là pour Régnier qu'une boutade, volontairement excessive, certes irritante, mais dont il ne faudrait par surestimer la portée. Le différend majeur qui oppose les deux poètes se perçoit aisément : Régnier écrit, il ne compose pas. L'organisation du poème lui répugne, sans doute parce qu'il n'y voit qu'une prétention sans objet ; pour refléter l'homme et son univers, le poème gagne, selon lui, à être décousu. À l'incohérence du monde, Malherbe répond par un surcroît de rigueur. Régnier se préfère complice des choses là où Malherbe est résolu à les ordonner. Un signe qui ne trompe pas : la quasi-totalité de l'œuvre de Régnier se compose de pièces en rimes suivies, forme la moins contraignante ; à l'inverse, Malherbe n'a guère pratiqué que les formes strophiques (odes, stances, etc.) et le sonnet – c'est-à-dire une poésie qui exige sens et goût de l'ordonnance, et qui implique la conviction que c'est en architecturant la vie que l'on en fait bon usage.

Sous le signe du passé

Paradoxe significatif : alors que Malherbe, né en 1555, passe communément pour un écrivain du XVIIe siècle, Régnier, son cadet de presque vingt ans, se voit souvent rattaché au siècle précédent, bien que la plupart de ses satires aient été écrites à partir de 1603. C'est là une « relégation » à laquelle il n'aurait sans doute rien trouvé à redire, lui qui, d'emblée, récuse les nouveautés et qui célèbre avec émotion les temps anciens : l'époque d'Homère et celle d'Horace, mais également celle de Ronsard. Passé proche et passé lointain se confondent : les Anciens et les amis des Anciens se partagent son admiration. Rien d'étonnant : « notre siècle est tout perverti » ; ce constat est le point de départ de sa vocation satirique. Comment ne pas opposer au présent qu'on dit exécrable un passé enchanteur ? L'idéalisation du passé est alors plus que jamais de mise : la Renaissance professe le culte de l'Antiquité, redonne vigueur au mythe de ce temps, Ronsard et Montaigne célèbrent le « bon sauvage », qui en est le dernier vestige. Régnier a la nostalgie de l'Âge d'Or où « un chacun parlait le cœur dedans la main ». Même quand il lui arrive, à propos des philosophes anciens et de leurs traités qui devaient « affranchir » nos esprits, de n'y voir tout d'un coup rien de plus « que des paroles » (satire III), ce propos sacrilège est un accident qui ne remet en cause ni sa foi en la supériorité illimitée des Anciens ni cette espèce d'aversion presque viscérale à l'égard des nouveautés, qu'elles soient métaphysiques ou vestimentaires. Plutôt, et en toutes choses, « imiter nos vieux pères » (satire IX) ! Ainsi ce poète, plein d'ardeur et de vivacité, nourrit en lui le rêve d'un monde à jamais immobile, comme pétrifié dans sa perfection.

Une liberté hasardeuse

Sans être à proprement parler un « libertin », Régnier compose rarement une satire sans y alléguer la liberté, comprise dans les acceptions les plus diverses. Passons sur la liberté des mœurs, dont il lui arrive de se réclamer : poésie satirique oblige. La liberté essentielle est d'abord celle qu'il déchiffre dans sa propre nature, cette « humeur libre » dont il se félicite (satire V). C'est elle encore – et la volonté de la préserver – qui l'éloigne de la Cour et de ses contraintes. S'il s'insurge contre Malherbe, le législateur tatillon, c'est encore au nom de son idéal de liberté. Libre, il entend l'être de son style, de ses idées, de ses mots. Les aspirations de l'homme se confondent chez lui avec celles du poète : « Trop libre en volonté, je ne me puis contraindre » (satire III). Comme pour montrer à quel point cette exigence lui tient à cœur, il n'hésitera pas à recourir aux formules outrancières : « Un chacun a son vice/Le mien est d'être libre » (satire XV). La tentation, dès lors, serait grande, pour ce héraut de toutes les libertés, de se situer orgueilleusement au-dessus de la cohorte de ceux qui courbent l'échine et subissent le poids des servitudes. Régnier ne risque pas d'y céder : il est trop conscient de l'arbitraire et de l'incohérence qui règnent ici-bas ; non moins que Montaigne il éprouve la dysharmonie du monde, où les différences, singulièrement celles qui flattent notre orgueil, sont des différences précaires et qui n'assurent que des suprématies sans lendemain. Il sait qu'aucun homme n'a jamais su « vivre en pleine liberté » (satire III) et que nous sommes tous esclaves. Seules les « entraves » que nous portons nous distinguent les uns des autres.

Régnier tel qu'en lui-même...

Comme d'autres poètes satiriques, Régnier put se persuader, certains jours, que ses vers avaient pour objet d'éclairer la conscience des hommes en leur apprenant « ce que c'est de vertus et de vices » (satire X). Sut-il de cette croyance aléatoire faire une certitude rayonnante ? Nous avons tout lieu d'en douter. S'il est un procédé de style, le désordre étonnant qui règne dans ses satires est aussi, et peut-être avant tout, le reflet de ses doutes et de ses déchirements. De quelle évidence dispose encore l'homme qui s'avise que « nous vivons à tâtons » (satire III) ? Ses rapports avec la poésie sont particulièrement dramatiques ; d'une part, il voit le poète « l'esprit dans le vent,/ Égayer sa fureur parmi des précipices » (satire V), et cependant il la dénonce comme une aliénation absurde, une fatalité qui exerce des ravages irréparables et le laisse « confus » et « désolé » (satire XV). S'il est le moins doctrinaire des poètes, il est aussi le moins systématique des esprits. A-t-il jamais su pour de bon s'il valait mieux céder en souriant à la nature des choses, ou s'arc-bouter et vaille que vaille maintenir ses principes ? Au moins une certaine difficulté d'être lui est-elle familière : « Étant homme, on ne peut/Ni vivre comme on doit, ni vivre comme on veut » (satire X). Et comment savoir ce qui, dans nos actions, exprime l'élan de notre « franchise » et ce qui trahit la tyrannie des astres ? À méditer sur le destin, plutôt sournois qu'obligeant, Régnier doit du moins d'avoir réduit à l'extrême ses appétits intemporels :

Comme s'il importait, étant ombres là-bas
Que notre nom vécût ou qu'il ne vécût pas.

(satire IV)

M. Israël

REIGNY Louis BEFFROY de

***Louis Beffroy de Reigny**, dit **le Cousin Jacques** (1757-1811)*

Né à Laon, professeur dans des collèges religieux, il quitta l'enseignement pour le journalisme et prit le pseudonyme de COUSIN JACQUES. Ses *Petites Maisons du Parnasse* (1783), « ouvrage comico-littéraire » mêlant vers et prose, autobiographie et règlements de comptes, lui valurent un séjour à la Bastille. Il lança ensuite *les Lunes du Cousin Jacques* (1785-1787), almanach hebdomadaire offrant un choix de contes, d'anecdotes, de charades, de bouts-rimés, de réflexions sur les contemporains, puis, selon la même formule, *le Courrier des planètes* (1788-1789), *le Cousin Jacques ou Courrier de la lune et des planètes* (1790), *les Nouvelles Lunes du Cousin Jacques* (1791). Il mena parallèlement une carrière théâtrale assez obscure, du moins jusqu'à la Révolution. Son *Précis exact sur la prise de la Bastille* (1789), chronique détaillée de l'événement dont il avait été par hasard le témoin, lui avait valu un brevet de patriotisme ; mais cet esprit paisible et facétieux devait se trouver bientôt dépassé par la situation. Sa comédie *Nicodème dans la lune ou la Révolution pacifique*, qui triompha en 1790, disculpe le roi, trompé par les « seigneurs » et les « prélats », de toute responsabilité dans les souffrances du peuple : « C'est un honnête homme d'majesté, et qui n'sait rian d'tout c'qui s'est passé. » Mieux informé, le roi choisit le « bon parti », et les nobles capitulent... Dans *le Club des bonnes gens* (1791), un prêtre fait régner la paix et l'amour dans un village déchiré en créant un « club de la gaieté » ! Nostalgique d'un roi père du peuple, d'une réconciliation par le rire, les chansons (dont la célèbre « Colinette au bois s'en alla ») et les bons sentiments, plus forts que la « dispute », le Cousin Jacques dit le rêve de fraternité des débuts de la Révolution, jusque dans son écriture où se noue un dialogue entre le beau parler de l'élite et une langue « populaire » qui pourtant ressemble trop à celle des parades. Emprisonné en 1793-1794, Reigny se vengea dans *Turlututu, empereur de l'île verte* (1797) et dans son *Dictionnaire néologique des hommes et des choses de la Révolution* (1801), dénonçant la Terreur et le retour en grâce de certains jacobins. Mais avec Bonaparte l'heure était au compromis : cette fois le Cousin Jacques manquait son rendez-vous avec l'Histoire.

J.-P. de Beaumarchais

REMY Philippe de
v. PHILIPPE DE BEAUMANOIR

REMY Pierre-Jean

Pseudonyme de **Jean-Pierre ANGREMY** *(né en 1937)*

Diplomate, Pierre-Jean Remy a été en poste à Hongkong, Pékin, Londres, Florence et a vécu aux États-Unis, à Oran et à Paris. Le prix Renaudot lui a été décerné en 1971 pour un roman-somme, *le Sac du Palais d'été*. Il a été élu à l'Académie française en 1988 après en avoir obtenu le grand prix en 1986 pour *Une ville immortelle*, et nommé en 1997 administrateur de la nouvelle Bibliothèque nationale de France.

Auteur à succès particulièrement fécond, Pierre-Jean Remy a écrit des essais où la culture et l'art – la musique notamment – jouent un rôle important. Mais il est essentiellement connu comme romancier. L'univers dans lequel se déroulent ses récits paraît, au premier abord, emprunté au monde réel. Ses romans sont tantôt axés autour d'un personnage, comme dans *De la photographie considérée comme un assassinat* (1991), tantôt dominés par une multiplicité d'histoires parallèles, comme dans *le Sac du Palais d'été*. On peut y reconnaître le reflet de l'agitation politique du moment (mort de Georges Pompidou et campagne électorale dans *Rêver la vie*, 1975) et des événements historiques (le Paris des années 1920 dans *les Enfants du parc*, 1977). Ils se situent dans des lieux précis : Hongkong dans *Une mort sale* (1973), les beaux quartiers parisiens (*Mémoires secrets pour servir à l'histoire de ce siècle*, 1974), l'Opéra de Paris (*Pandora*, 1980), Vienne (*Un voyage d'hiver*, 1981), un célèbre train de luxe (*Orient-Express*, 1979, 1984) et surtout Londres. Mais cet espace est tour à tour magique et fantastique. Il suscite plus de fantasmes, de souvenirs, de rêves et d'interrogations qu'il ne fait appel au monde extérieur. Richard Dowds abandonne peu à peu, dans *la Vie d'Adryan Putney, poète* (1973), les recherches qu'il avait entreprises sur un écrivain méconnu, pour se replier totalement sur lui-même : « L'excitation qui le faisait vivre agissait sur lui en profondeur, et les crises qui le frappaient l'isolaient du reste du monde en une sorte d'univers intérieur brûlant où rien de ce qui était le tous-les-jours de la vie morne qu'il avait jusque-là connue n'avait plus sa place. » La biographie de personnages inquiétants ou complexes (*Callas, une vie*, 1982) permet de même de fouiller la solitude et le silence de l'être jusque dans ses pensées les plus intimes, ses motivations les plus obscures.

La violence omniprésente, l'érotisme tantôt morbide, tantôt lyrique, la succession d'épisodes parfois rocambolesques débouchent le plus souvent sur le néant et dévoilent avec ironie la misère de la condition humaine. L'intrigue n'exclut pas une certaine forme de suspense, mais la désinvolture du ton guide le lecteur jusqu'aux confins du dérisoire. La narration n'est qu'une illusion parmi d'autres, l'art un simulacre – mortel, sans doute, dans le cas de la photographie. La musique elle-même permet-elle le rachat ? *La Vie d'un héros* (1985), paraphrase d'un poème symphonique de Richard Strauss, ne le laisse pas penser. Tantôt badine, tantôt empreinte d'une certaine pompe, l'œuvre de Remy, au charme toujours énigmatique, semble finalement développer le thème de la vanité. Elle s'apparente ainsi à une méditation classique sur le (non-)sens de la vie.

B. Valette

RENAN Ernest

(1823-1892)

Familier de la Bible aussi bien que des romantiques allemands, Renan est d'abord un philosophe à qui la Nature apparaît comme un tout, soumis à un éternel devenir orienté vers « quelque œuvre mystérieuse ». D'où sa sympathie pour ce qui concourt au développement de l'être : libre exercice de la raison, progrès de la science, révolutions (pourvu que, l'élan retombé, celles-ci ne sombrent pas dans la réaction), et son rejet de toute forme de répression, en particulier de l'esprit dogmatique. La critique historique appliquée aux textes sacrés qu'il a étudiés en philologue l'éloigne de la croyance à la Révélation sans le détacher de Jésus, l'« homme incomparable » du Sermon sur la montagne. Ses options politiques n'ont pas la brutalité de celles de Lamennais, en qui il voit un sectaire : l'idéalisme renanien se pratique dans la finesse, ménageant les chances du possible. Grand érudit, il recueille à égalité dans le jaillissement du devenir formes, mythes, littérature, institutions et, comme un dieu, se plaît à les immortaliser dans l'Histoire, dont il veut faire la conscience réfléchie de l'humanité. « Je me reproche quelquefois d'avoir contribué au triomphe de M. Homais sur son curé » (*Souvenirs d'enfance et de jeunesse*) : sa postérité se trouve en effet dans la libre pensée, Anatole France et le combisme.

Les chemins de la raison

Né à Tréguier dans une famille de marins bretons, orphelin de père dès l'âge de cinq ans, Ernest Renan vit une enfance choyée entre sa mère et Henriette, une sœur de douze ans son aînée. En 1838, ses succès scolaires lui valent une bourse au séminaire de Saint-Nicolas-du-Chardonnet, à Paris, dont le futur Mgr Dupanloup est le supérieur. Du séminaire d'Issy (1841), où sa foi commence à chanceler, il engage une correspondance intime avec Henriette, qui l'adjure de ne pas se lier trop tôt. En 1843, maîtrisant ses doutes, il entre au séminaire de Saint-Sulpice, se familiarise, sous la férule du philologue Arthur Le Hir, avec les langues sémitiques et la culture allemande, reçoit les ordres mineurs en se promettant de suivre le Dieu de Vérité partout où Celui-ci le mènera. En 1845, c'est la rupture : Renan décline une place à la maison des Carmes, mettant en avant les considérations rationnelles et philologiques qui l'ont éloigné de la Foi. Conscient du chagrin qu'il cause à sa mère, mais soutenu par sa sœur, il s'installe modestement au quartier Latin. Dès 1847, ses travaux philologiques lui valent le prix Volney ; en 1848, il est agrégé de philosophie. De nouvelles émotions l'assaillent, les événements de Février, la répression de Juin – qui l'indigne. La révolution lui inspire l'évangile d'une « religion de la Raison » : *l'Avenir de la science* (1848, publié en 1888). Il collabore à *la Liberté de penser* de Jules Simon, campant ainsi son personnage libéral.

Avant de le charger du classement des manuscrits syriaques de la Bibliothèque nationale, le ministre Falloux lui confie une mission culturelle en Italie ; dans ce pays, le jeune philosophe s'émerveillera d'un sentiment religieux qui ne s'embarrasse pas de dogmes. La cohabitation studieuse de Renan avec sa sœur Henriette n'est pas interrompue lorsqu'en 1856 il épouse la nièce du peintre Ary Scheffer, qu'Augustin Thierry lui a présentée. La même année, il est élu à l'Académie des inscriptions. Son œuvre, cependant, prend plusieurs directions : philologie et érudition, avec l'achèvement de sa thèse sur *Averroès et l'averroïsme* (1852), la traduction du *Livre de Job* (1858) et du *Cantique des cantiques* (1866) ; philosophie et politique avec les *Essais de morale et de critique* (1859) ; histoire enfin lorsque, au retour d'une expédition à Byblos (1860), où Henriette, qui l'accompagnait, meurt des fièvres, il s'attelle à une œuvre monumentale, l'*Histoire des origines du christianisme*. Au Collège de France, où il est nommé à la chaire d'hébreu en 1862, sa leçon inaugurale – dans laquelle il a traité Jésus d'« homme incomparable » – déclenche le tumulte et lui coûte sa place. Mais en 1863, lorsque paraît la *Vie de Jésus*, premier tome des *Origines*, le succès commercial couvre le scandale (50 000 exemplaires vendus en six mois, treize éditions en quatre ans). Soucieux de connaître les paysages et les monuments qui ont vu se dérouler les événements qu'il décrit, Renan parcourt l'Égypte, la Syrie, l'Asie Mineure, visite Athènes, dont l'Acropole lui révèle le « miracle grec » de la beauté parfaite. À son retour, il publie *les Apôtres* (1866), *Saint Paul* (1869), tomes II et III des *Origines*.

Vie de Jésus

SYNOPSIS

Écrite en 1861, au retour d'une mission en Syrie, la *Vie de Jésus,* premier tome de l'*Histoire des origines du christianisme,* est une banalisation du Nouveau Testament expurgé de toute référence au surnaturel. Renan considère Jésus comme une personnalité exceptionnelle, dont le rayonnement tient à un charme profond, à une intelligence supérieure et à un courage exceptionnel mis au service d'une vocation messianique née des circonstances historiques et de l'environnement culturel. Après le succès de sa prédication en Galilée, que Renan décrit comme une aimable pastorale se déroulant autour du « petit bassin » de Tibériade, Jésus se heurte à l'opposition de la Judée, en particulier du parti sacerdotal de Jérusalem. Abandonnant alors toute ambition « mondaine », il va devenir le plus grand des fondateurs de religions en prêchant l'avènement du royaume de Dieu dans les cœurs par la pratique de la charité et du détachement. Son martyre assure la pérennité de son enseignement, que les apôtres se chargeront de porter à travers tout le monde méditerranéen.

Renan est maintenant célèbre. Ami du prince Jérôme Napoléon, introduit auprès de la princesse Mathilde, il fraie avec Flaubert, Sainte-Beuve, Mérimée, Taine, les Goncourt. En 1869, se rapprochant de l'Empire devenu libéral, il se présente aux élections sur la liste du tiers parti ; sa chaire au Collège de France lui est rendue. La guerre de 1870 déchire ce germaniste qui croyait à l'Allemagne de Goethe. Défaitiste lucide, usant de son influence pour modérer les ambitions prussiennes, de cœur avec les Versaillais, il s'effare devant le spectacle de Paris en flammes. Mais le sang-froid ne lui manque pas : il sauve les manuscrits des bibliothèques parisiennes, proteste contre la répression, arrache de nombreux communards au peloton d'exécution et s'élève avec véhémence contre l'annexion de l'Alsace-Lorraine. La paix revenue, il consacre au « mal français » une série d'articles (qu'il réunira dans *la Réforme intellectuelle et morale*, 1871) dont les thèmes de la « Révolution nationale » de 1940 renverront l'écho : « Les progrès de la prospérité matérielle absorbaient la bourgeoisie ; les questions sociales étouffaient complètement les questions nationales et patriotiques ». Hostile à Gambetta autant qu'à Thiers, sévère pour la démocratie, il prescrit à la France le régime de la Prusse après Iéna. Mais, lorsque la majorité d'« Ordre moral » s'installe sous la présidence de Mac-Mahon, en Renan le réformateur meurt pour toujours. Le dilettante, en revanche, et l'esthète que raille Barrès dans *Huit Jours chez M. Renan* (1888) apparaissent dans l'homme de salon disert et l'épicurien désenchanté : « Qui sait si la vérité n'est pas triste ? » (*Dialogues et fragments philosophiques*, 1876). Rallié à la République, élu à l'Académie française en 1878, Renan devient un personnage officiel (en mai 1883, il est nommé administrateur du Collège de France) tandis que sa plume court toujours : quatre nouveaux volumes des *Origines* – *l'Antéchrist* (1873), *les Évangiles* (1877), *l'Église chrétienne* (1879), *Marc Aurèle* (1882) ; puis les *Drames philosophiques* (1888), qui reflètent, sous forme argumentative, les fantasmes nés de ses nouvelles orientations. En 1883, les *Souvenirs d'enfance et de jeunesse* marquent l'âge du bilan. Des légendes bretonnes à la prière sur l'Acropole, l'auteur retrace les chemins par où la raison l'a « traîné ». En 1888, il déterre le manuscrit de *l'Avenir de la science* et le publie avec une préface où il affirme être resté fidèle à sa profession de foi de 1848. Dorénavant, ses étés se passent à Rosmapamon, en pays celte, où Renan écrit des « bretonneries » groupées sous le titre de *Feuilles détachées* (1892). Son œuvre historique s'accroît d'une volumineuse *Histoire du peuple d'Israël* (1887-1893). « Nul écrivain n'était l'objet d'attaques plus passionnées, ne soulevait plus de haines » (L. Dubreuil). Mais en même temps son œuvre immense faisait de lui un prophète. Saisi d'un malaise en présentant ses vœux à l'Élysée le 1er janvier 1892, il meurt à Paris à l'automne suivant.

Souvenirs d'enfance et de jeunesse

SYNOPSIS

Divisé en six « morceaux » publiés séparément puis regroupés sous le titre ci-dessus, l'ouvrage évoque d'abord les mœurs anciennes et les légendes bretonnes qui ont enchanté l'enfance de Renan. Comme un point d'orgue, la fameuse « Prière sur l'Acropole » insérée dans le deuxième « morceau » introduit, avec le « miracle grec », la notion du rationnel venu dissiper le merveilleux barbare au risque d'y substituer les dangers du dogmatisme. Les « morceaux » suivants montrent la raison à l'œuvre dans l'esprit du jeune Renan, détruisant progressivement lors de ses séjours au séminaire sa foi dans le surnaturel, qu'il décide de remplacer par le culte de la Vérité. À l'unisson de l'optimisme déjà exprimé dans la Préface, la conclusion de l'ouvrage entonne un hymne à la vie et à la Nature, laquelle, tout animée d'un souffle divin, donne au sage d'inestimables jouissances et aux destinées de l'univers une chance de s'accomplir.

Le devenir

La substitution de la catégorie du devenir à celle de l'être est l'intuition centrale d'où rayonne la philosophie de Renan. « Un éternel *fieri*, une métamorphose sans fin, me semblait la loi du monde » (*Souvenirs d'enfance*...). D'où cette tension vers un avenir qui se dérobe. « Nous ne sommes jamais dans le présent », écrit le séminariste d'Issy à sa sœur Henriette, « et nous ne faisons qu'aspirer après un bonheur à venir. Ah ! que Pascal avait raison de dire : *Nous ne vivons pas mais nous espérons de vivre* » (*Lettres intimes*, 23 mars 1842). Cette intuition, qui fait de lui un romantique épris d'un inachevé ouvert sur l'infini, s'inscrit dans d'innombrables métaphores exprimant la hantise de l'étouffement : la « gaine », le « filet », le « corset », les « chaînes », le « couvercle de plomb », le « cercle », qui enserrent, suffoquent, arrêtent le souffle vital. Dans la rupture de Renan avec le catholicisme, cette même intuition fonde la révolte de l'esprit critique contre la notion de Révélation : la Parole fige le réel en le disant une fois pour toutes, alors que le devenir emporte la totalité de l'être dans son mouvement, y compris le dogme chrétien, lequel s'est fait « comme toute chose, lentement, peu à peu, par une sorte de végétation intime » (*Souvenirs d'enfance*...).

Mais si tout se transforme, le dynamisme universel pourrait être porteur d'un dessein divin... Tantôt, dans un discours téléologique, les textes renaniens disent l'espoir que la Nature vise « un but et travaille à quelque œuvre mystérieuse » (*Dialogues et fragments philosophiques*) ; le philosophe déploie alors tout un éventail de métaphores empruntées à la biologie : quelque chose se développe dans le « tissu » (*Dialogues*) de l'univers, par un mouvement analogue à l'évolution d'un germe « renfermant en puissance tout ce qui vit » (*l'Avenir de la science*), élan plus encore que finalité, souffle divin se faisant sentir depuis l'astérie primitive jusqu'à l'homme par une « aspiration à être et à être de plus en plus » (*Dialogues*). Tantôt, un certain spinozisme domine, le devenir divinisé se manifestant plutôt comme un jaillissement présent dans la totalité de ses modes humains ; le philosophe s'inspire alors de l'art, où toute création est parfaite dans son ordre, « représentant éminemment ce qu'elle représente » (*l'Avenir de la science*). Dans cette seconde perspective, la distance entre le vrai et le beau est abolie : symbolisant les émergences successives de la force immanente, le réel est toujours beau, d'une beauté où se dessine le jeu divin à travers toutes les formes de la pensée et du sentiment. D'où un esthétisme envahissant qui rend l'idéalisme renanien, dans une équivalence des valeurs, également sympathique à toutes « choses belles, bonnes et vraies » (*l'Avenir de la science*).

Mais, tout en oscillant entre ces deux tendances, les XXIII articles de *l'Avenir de la science* s'accordent sur l'hypothèse selon laquelle, au sein de l'être, se dissimule une « énigme » déchiffrable par la raison. D'où la nouvelle religion de la Science, chargée de comprendre et de maîtriser les lois du développement de l'être que le christianisme (Bossuet, en particulier) abandonnait à un providentialisme excluant l'intervention active de l'homme. Pour le Renan de *l'Avenir de la science*, l'homme doit se faire complice de Dieu dans l'accomplissement du devenir. Il en est capable ; à preuve, cette partie de la science qui « sait déjà le monde physique » ; il lui reste à déchiffrer le sens de la destinée humaine pour pouvoir un jour la prendre rationnellement en charge. Avec Hegel, Renan considère la révolution de 1789 comme un de ces événements privilégiés ayant prouvé que la raison peut s'intégrer dans le développement de l'Histoire : Condorcet, Mirabeau, Robespierre étaient des philosophes et des théoriciens, et les membres de la Constituante, de la Législative et de la Convention, disciples de Voltaire et de Rousseau, s'efforçaient d'inscrire dans le droit le message de leurs maîtres.

La religion de la Science se propose donc de prendre le relais de ces émergences encore incertaines, en se faisant l'agent désormais conscient de ce que Renan appelle indifféremment le devenir de Dieu ou le devenir de l'Homme. Le projet scientifique de la nouvelle religion (dont le seul dogme est une foi précriticiste en la valeur de la raison) s'étend donc largement dans l'espace et dans le temps. Il voudrait embrasser dans une « science universelle des produits humains » le champ de toutes les cultures déposées dans leurs « monuments », à commencer par leurs langages, et regrouper ces matériaux dans une histoire de l'humanité, car telle est « la forme nécessaire de la science de tout ce qui est dans le devenir ». L'humanité découvrirait ainsi graduellement son image réfléchie, se comprendrait et apercevrait le point vers lequel tendent toutes les forces qui la meuvent. À l'horizon lointain de cette vaste analyse, Renan situe la synthèse ultime qui ferait parfaitement coïncider le sujet et l'objet. L'humanité verrait alors le reflet d'un Dieu immanent dans le miroir de sa propre vie, se superposant exactement à l'image de ce qu'elle aurait fait d'elle-même. Vision qui va de pair avec l'eschatologie de *l'Avenir de la science*, laissant espérer à ceux qui auront participé au progrès de l'humanité une survie dans l'œuvre commune : des plus humbles aux plus grands, chacun aura sa place dans la « grande Babel » qui s'élèvera vers le ciel. La métaphore montre assez la nécessaire collaboration de toutes les cultures, rassemblées pour une tâche infinie. Infini de la montée vers la conscience, parallèle à l'entreprise infinie de l'historien.

On voit aisément en quoi la science renanienne se démarque des utilitarismes étroits (Bentham, Spencer). Dominée par la pensée du devenir, elle a en vue l'exaltation, voire la déification de l'humanité par la connaissance adéquate. Mais Renan n'envisage la science ni du point de vue des avantages qu'elle apporte à la société ni sous l'angle des leçons de morale pratique que des messieurs Homais pourraient en tirer. Car la science dont il parle a sa fin en soi : « résoudre l'énigme », expliquer l'homme à lui-même. Elle se distingue également du positivisme d'Auguste Comte. Plongeant aussi profondément dans le passé qu'elle regarde loin vers l'avenir, elle se propose d'accueillir et d'analyser toutes les créations de l'âge préréflexif de l'humanité : religions, mythologies, morales, littératures, poésie, où l'homme exprime spontanément sa vision de la Nature et se raconte lui-même sans le savoir, « fantaisies sans valeur » (*l'Avenir de la science*) que le maître du positivisme abandonnait aux âges révolus de la théologie et de la métaphysique. Plus souple, plus près du réel, la fresque du devenir renanien intègre à égalité les « folies de l'esprit » spontané et les créations de la raison, les monstres (Néron), les fondateurs de religions (Jésus), les philosophes (Marc Aurèle), etc., chacune, chacun jetant une lumière fugace ou durable sur un développement que l'Histoire aura à réfléchir dans sa totalité pour que l'humanité accède à un degré supérieur de conscience d'elle-même.

La grande mer

Mais la contradiction qui s'installe au sein de la vie de Renan, entre les progrès d'une œuvre éclairant des zones de plus en plus étendues du destin de l'humanité (*Histoire des origines du christianisme*) et les échecs d'une pratique politique réformatrice, incite le philosophe à déléguer au cosmos la mission préalablement réservée à la raison. Relisant *l'Avenir de la science* avant de publier l'ouvrage en 1888, Renan, sans le renier, nuance son credo rationaliste, confessant que, à l'exemple d'Hegel, il a eu tort « d'attribuer trop affirmativement à l'humanité un rôle central dans l'univers » (Préface de 1888). Peut-être le développement humain n'aura-t-il « pas plus de conséquences que la mousse ou le lichen dont s'entoure toute surface humectée » (*id.*). Et Renan refuse dorénavant de réserver à la seule raison humaine le privilège d'accomplir les destinées du monde. « Pour trouver le parfait et l'éternel, il faut dépasser l'humanité et plonger dans la grande mer. » La grande mer, milieu matriciel où a germé l'homme ; et l'honneur de l'homme demeurera d'avoir tenté d'introduire dans la Nature conscience et raison. Mais la Nature pourrait lancer une infinité d'autres expériences destinées à des maturations plus éclatantes. Désormais sans illusions sur les pouvoirs de la raison humaine affrontée aux désordres et aux médiocrités du siècle, Renan en vient à penser que son temps marquera « le point culminant après lequel l'humanité n'aura fait que déchoir » (*Souvenirs d'enfance*...). Bien plus, il dénonce le principe délétère qui se cache au sein même de la raison : en son nom, ne voit-on pas l'égoïsme déjouer les « fourberies » (*Dialogues*) bienfaisantes qui sacrifiaient celui-ci, du temps des religions spontanées, à la vertu, au travail, au dévouement ? Thème qui domine *la Réforme intellectuelle et morale* : l'humanité doit chercher dans les progrès mêmes de l'analyse rationnelle, détournée vers l'intérêt personnel, l'origine de son déclin. Sinon, la bassesse de l'esprit de jouissance l'emportant sur l'inquiétude métaphysique, la religion de la Science réservée à une mince élite dépérira, et notre monde humain aura manqué son destin...

Restent les possibilités illimitées de la « grande mer », qui dispose de l'infinité du temps et de l'espace. Le vitalisme latent de *l'Avenir de la science* finit par submerger le rationalisme renanien, comme si, à l'époque des *Dialogues et fragments philosophiques*, les forces du spontané reprenaient en charge l'œuvre que la raison humaine n'a pas su mener à bien. Le philosophe reste persuadé que tout l'effort de la Nature tend à produire de la raison, mais, dans un discours où dominent désormais les métaphores biologiques, il conçoit ce développement à une échelle qui dépasse le cadre étroit de la planète. S'en remettant au cosmos pour reprendre l'œuvre avortée, Renan lance son fameux appel : « Courage, courage, Nature ! Vise, vise encore le but que tu manques depuis l'éternité » (*Souvenirs d'enfance*...). Voilà donc l'univers tout entier associé à l'œuvre dont l'intendance était naguère confiée à la seule humanité. À cet élargissement correspond une nouvelle vision eschatologique. Renan imagine une sorte de monstre cosmo-biologique où, dans une fusion générale, rien n'échappant plus à la Vie dans l'infinité de l'espace, « des milliers de soleils agglutinés ensemble serviraient à former un seul être sentant, jouissant, absorbant par son gosier brûlant un fleuve de volupté qui s'épancherait hors de lui en un torrent de vie » (*Dialogues*). Projection érotique de l'enfermement narcissique que proposait Henriette à l'imagination du jeune Renan, dévoré du désir de savoir et de dire : « Mon Dieu, du pain, du repos, et la jouissance de moi-même » (*Lettres intimes*, 12 mars 1843).

Le suicide de Prospero

La fuite dans le cosmos et la grande « machine » circulaire symbolisent l'angoisse que distille à la longue, chez un homme de foi comme Renan, la philosophie « perverse » (*Souvenirs d'enfance*...) du devenir. Insaisissable, la vérité s'y transforme en son contraire, le bien en mal, le beau en laid, la raison en folie. En exposant sa philosophie, à partir de 1876, dans le dialogue et dans le drame philosophiques, un Renan aux convictions désormais précaires utilise le discours déréalisé du théâtre pour ne plus rien avoir à affirmer, laissant les idées s'entrechoquer dans un combat où « tout se fond, s'oppose, se nuance » (Préface des *Drames philosophiques*), s'enlise dans le rêve.

En 1848, le jeune néophyte de la religion de la Science déclarait vigoureusement que la ruine éventuelle de sa foi en la fin divine de l'humanité ferait de lui un épicurien, ou qu'il se tuerait. Fuite dans la volupté ou dans la mort. En 1880, Renan assume magiquement, ensemble, ces deux conduites. Il commet un simulacre de suicide sur la personne de son double Prospero, le magicien de *l'Eau de jouvence*, l'homme des livres par qui devait régner la raison supérieure. La mort de Prospero figure la disparition du jeune Renan, dont la profession de foi rationaliste sera publiée, comme à titre posthume, par l'auteur lui-même : « pages ressuscitées » (Préface de *l'Avenir de la science*, 1888) écrites quarante ans plus tôt par un « jeune homme ». Mais cette mort sonne l'heure d'une naissance à la volupté : la nature se change en nymphe pour recueillir le dernier soupir du sage (*l'Eau de jouvence*). Savoir jouir devient « une forme de la réflexion » (*Dialogues*). Saisie immédiate, rassurante d'un monde où tout s'écoule, en l'absence de Dieu, dans l'insignifiance ; certitude d'être, *cogito* du corps : « Ô douceur étrange, je me touche, je deviens chair », gémit Ariel, le génie de l'air, réincarné à la suite d'une aventure étrange (*l'Eau de jouvence*).

Mais le sensualisme de Renan se détache sur un fond de mort : témoin *l'Abbesse de Jouarre*, drame philosophique (1886, publié en 1888). L'« abbesse de Jouarre », c'est lui, s'abandonnant à la volupté à la veille d'une mort incertaine de ses lendemains, car « un immense fleuve d'oubli nous entraîne dans un gouffre sans fond » (*Souvenirs d'enfance*...). Ne demeure que la certitude du courant divin emprisonné dans la sensation. Le *Carpe diem* de Renan s'exalte en une adoration dionysiaque de la vie : plutôt qu'à une aspiration froide à plus de raison, le dynamisme qui meut la Nature s'apparente à un désir de volupté narcissique qui entraîne l'univers vers un état de jouissance où il n'aurait « qu'à se connaître, à s'aimer, à se voir, à s'admirer » (*Dialogues*). Mais s'agit-il des fins dernières du monde, ou d'une exaltation de la personnalité de Renan enfin arrachée au devenir d'un siècle avec lequel il entretient désormais la relation distanciée du dilettante ?

L'Abbesse de Jouarre

SYNOPSIS

Dans la prison du Plessis, pendant la Révolution, l'abbesse de Jouarre et D'Arcy, tous deux condamnés à mort, se retrouvent fortuitement. D'Arcy, qui a jadis aimé l'abbesse d'un amour très pur, la persuade qu'en se donnant à lui elle ne fera qu'anticiper d'une nuit sur les ivresses du paradis. À l'aube, D'Arcy est conduit à l'échafaud ; mais l'abbesse, graciée sans l'avoir demandé, échappe au supplice. Elle doit cette faveur inattendue à un jeune officier républicain, La Fresnais, qui l'a admirée de loin au Tribunal révolutionnaire. Après une tentative de suicide, elle accepte son sort, et on la retrouve au IIIe acte, un enfant dans les bras, vendant dignement des pâtisseries aux militaires victorieux. Après d'orgueilleuses hésitations, elle finit par accepter la main de La Fresnais, tirant ainsi d'embarras son frère, le marquis de Saint-Florent, fâché d'avoir à protéger la fille bâtarde de D'Arcy. Tout finit donc au mieux des intérêts de l'amour, de la vertu et de la société.

Un héritage contradictoire

Inclassable, lui-même en perpétuel devenir, Renan sera revendiqué par les écoles et les idéologies les plus diverses. Romantique par son goût de l'infini, il est rationaliste par la méthode qu'il a introduite dans la critique historique, et qu'il voudrait appliquer à la politique. Anticlérical quand le clergé est mondain ou répressif, il défend le désintéressement des prêtres. Opposé à la notion de surnaturel et de Révélation, il est un admirateur inconditionnel de Jésus, dont il veut arracher l'enseignement aux assauts de l'ironie voltairienne. Dogmatique de la raison, il est contre tous les dogmes. Élitiste, il se méfie de la médiocrité que favorise la démocratie – mais il soutient l'une des valeurs principales de celle-ci, la liberté de pensée. Partisan de l'ordre, il est hostile au césarisme. Lyrique lorsqu'il chante la science ou la nature, il sait aussi manier le sarcasme : « je suis écartelé », dit-il dans les *Souvenirs d'enfance*... en faisant allusion à sa double origine gasconne et bretonne.

Le réformateur social, l'homme politique recrutera des disciples surtout dans le nationalisme de droite : le Barrès de l'affaire Dreyfus, Maurras et l'Action française se souviendront des jugements portés par Renan sur la décadence de la démocratie. En 1914, l'opposant à Péguy et à son propre petit-fils Ernest Psichari, mort au champ d'honneur, les patriotes français évoqueront en les déformant les propos défaitistes tenus par Renan pendant la guerre de 1870 et omettront de préciser qu'il avait ensuite vigoureusement condamné l'annexion de l'Alsace-Lorraine. Pour des raisons analogues, il sera en 1940-1945 considéré comme un précurseur de la Collaboration. Des factions opposées s'arracheront les dépouilles de l'historien : s'appuyant sur sa rupture avec le catholicisme, le parti anticlérical fera de lui un héros du combisme ; Anatole France l'exaltera. Mais en même temps Barrès trouvera dans l'*Histoire des origines du christianisme* de nouveaux motifs – souvent d'ordre esthétique – pour admirer les textes bibliques que Renan, tout en les naturalisant, a mis à l'abri de la critique voltairienne. Prise à la lettre, la religion de la Science deviendra le credo du XXe siècle. Mais la révélation philosophique qu'en attendait Renan sera passée sous silence. En revanche, *l'Évolution créatrice* de Bergson renouera avec le thème du devenir en l'inclinant vers un finalisme spirituel, dans un discours émaillé de métaphores biologiques rappelant celles du maître. Et cette *Vie de Jésus* qui scandalisa tant de « bons chrétiens » aura sans doute contribué à la diffusion du style saint-sulpicien : le sensualisme sirupeux de Renan, son réalisme de convention annonce l'invasion des églises, au tournant du siècle, par toute une iconographie doucereuse et stéréotypée...

M.-A. de Beaumarchais

RENARD Jean-Claude

(né en 1922)

Poète et essayiste né à Toulon. Fils d'officier de marine, Jean-Claude Renard, après des débuts scolaires moyens, devient, en 1933, interne à l'école Saint-Martin de Pontoise ; puis en 1939 il entre au lycée Henri-IV, dont il suivra la première supérieure. Il obtient une licence de lettres à la Sorbonne et, de 1950 à 1982, remplit la fonction de directeur littéraire, d'abord aux éditions du Cerf (1950-1962), puis chez Casterman (1962-1982). Parallèlement, J.-C. Renard n'a cessé de se consacrer à son œuvre poétique, dont il a regroupé l'essentiel en 1987 sous le titre *Choix de poèmes*.

Ses textes reposent pour la plupart sur une problématique du langage poétique, qu'il définit comme une « parole », opposée à « l'écriture usuelle et contraignante » (*Notes sur la poésie*, 1970). Après des débuts postbaudelairiens (*Juan*, 1945 ; *Cantiques pour des pays perdus*, 1947), les livres de Renard ont célébré dans cette parole lyrique l'alliance chrétienne de Dieu et de l'homme. Les leitmotive caractéristiques de l'écrivain – le « sacre », les « noces » – prennent toute leur signification dans la recherche du Verbe, du langage de l'origine : « La langue du sacre est à retrouver – la langue pascale/Où la vigne germe et la chair de gloire aimante la chair » (*Incantation du temps*, 1962). Cette découverte doit assurer l'unité de l'être humain et l'harmonie de son moi avec un cosmos d'essence divine – « faire noce en moi de ma moelle et du monde » (*En une seule vigne*, 1959) : célébration qui ne va pas sans conférer à des textes comme *Père, voici que l'Homme* (1955), *Incantation des eaux* (1961) ou *Incantation du temps* un rythme et des connotations volontiers liturgiques.

Mais à partir de *la Terre du sacre* (1966), le lyrisme de Renard évolue, s'enrichissant des réflexions théoriques des essais (*Notes sur la poésie* ; *Une autre parole*, 1981 ; *Autres Notes sur la poésie, la foi et la science*, 1995). Peu à peu l'écrivain élabore une métaphysique du langage poétique ; en celui-ci il voit en effet une langue oxymorique unifiant dans son flux des contradictions qu'elle ne résout pas : « Le langage poétique a la propriété paradoxale d'être à la fois l'endroit et l'envers du langage, de poser ensemble et en même temps une affirmation et une négation » (*Une autre parole*). Seul capable de « dire le réel », le poème simultanément s'écarte de toute réalité, fondant ainsi une dialectique perpétuelle entre l'être et le non-être, le sens et le vide, l'autre et le même, etc. ; espace énigmatique, il s'approche de la vérité des choses pour la mieux fuir : « Les mêmes mots [...] parlent chaque fois autrement » et « d'indéchiffrables neiges imprègnent l'écriture » (*Toutes les îles sont secrètes*, 1984).

De la sorte, la poésie relève du mythe : ambiguë, elle signifie toujours autre chose en même temps qu'elle-même ; de fait, depuis les années 70, les recueils de J.-C. Renard, abandonnant les structures de versification traditionnelles et les strophes incantatoires, sont composés de textes polymorphes, alliant l'aphorisme, la formule interrogative, le poème elliptique en vers libres au récit en prose ou verset – vrai *muthos* initiatique, qui dit une nature toujours symbolique. Les lieux d'élection du poète (les îles, les sables), ses objets fétiches (galets, oursins, oranges, laines) possèdent une signification ouverte, inévitablement paradoxale. Langage mystique au sens le plus étymologique du terme, la poésie est par essence apte à « inscrire dans la parole ce qui n'est pas de l'ordre de la parole », et à désigner le silence, le néant – vérité et mystère fondamental de l'être.

Une telle philosophie du signifié poétique convoque en une compacte synthèse les théories héraclitéennes de l'être et du logos, les textes hölderliniens, les métaphysiques orientales, les questions ontologiques abordées, depuis Hegel jusqu'à Heidegger, par la philosophie allemande, ainsi que les récentes recherches de la sémiologie littéraire, et révèle une conception très personnelle du sacré. Pour le chrétien que demeure Renard (*Notes sur la foi*, 1973), l'univers est signifiant, et à la poésie échoit la fonction de conduire à l'absolu de la nature. Mais cette connaissance ne peut être atteinte par le dogme catholique, simple vulgarisation et « appareil socialisateur » du divin ; c'est au poème de placer le moi qui le dit et son lecteur dans l'Un, lieu limite de la dialectique des contraires où s'exerce alors la vraie foi : « Croire n'est point trouver, mais vivre en même temps l'écart et l'alliance » (*la Lumière du silence*, 1978). Sans permettre d'accéder à la connaissance absolue, la poésie, pour Renard, bien qu'elle doive éviter l'hermétisme et l'incommunicabilité du signe, ne peut seulement être un mode d'expression ; ses arcanes polysémiques en font le sujet et l'objet d'une quête littéraire, philosophique et religieuse, et le poème devient l'humaine allégorie d'un mystère divin et cosmique (*Dix runes d'été*, 1993 ; *Qui ou quoi ?*, 1997 ; *À l'orée du mystère*, 2000). Il faut citer enfin, plus marginales, ces expériences quasiment « oulipistes », de pure technique poétique, que sont *Aven ne ment* (1980) et *Par vide nuit avide* (1983).

J.-P. Damour

RENARD Jules

(1864-1910)

On ne peut pas ne pas aimer Jules Renard : ses livres sont plaisants, et il s'en dégage l'image d'un auteur à la fois pince-sans-rire et profond. Très vite on comprend que Jules Renard est autre chose qu'un simple ironiste, que sa drôlerie est l'effet de son honnêteté parfaite. On a en face de soi non seulement un amuseur, mais un écrivain en quête de sincérité, un poète enfin qui observe le monde et en jouit avec autant de générosité que de sensualité.

Monsieur Renard

La vie de Jules Renard ne comporte pas d'éclat. Ce qui fait son intérêt, c'est au contraire la manière dont l'écrivain a tiré parti de ce matériau apparemment banal, dont il a analysé les incidents les plus infimes, dont il a fait une œuvre à partir de ces riens qui sont la trame des jours. Les débuts sont sans surprise : une enfance campagnarde entre Châlons-sur-Mayenne, où il est né, et la Nièvre, à Chitry-les-Mines ; de bonnes études à Nevers ; la « montée » à Paris, le baccalauréat, le projet vite abandonné de préparer l'École normale supérieure : c'est le parcours normal d'un provincial doué, qui se tourne bientôt vers la littérature. Les années 1883-1890 sont des années d'apprentissage au cours desquelles le jeune homme doit à la fois gagner sa vie et se faire connaître. On le voit solliciter des emplois, devenir précepteur, épouser enfin Marie Morneau en 1888 (la Marinette du *Journal*), qui lui apportera, avec une belle-mère « à gifler », la sécurité matérielle. D'un autre côté, il travaille à un roman, *les Cloportes*, qui ne sera publié qu'après sa mort (1919) ; il fréquente le milieu littéraire, place des poèmes et des articles, publie à compte d'auteur un recueil de vers, *les Roses* (1886), et un autre de nouvelles : *Crime de village* (1888). À la fin de 1889, il fonde (ou plutôt ressuscite) avec d'autres souscripteurs le *Mercure de France* et y fait paraître plusieurs textes qu'il recueillera dans *Sourires pincés* (1890). À ce moment-là, Jules Renard a trouvé son style ; il est connu, et connaît lui-même presque tous les auteurs à succès : Daudet, Huysmans, Barrès, Lucien Descaves, le jeune Gide, Marcel Schwob, Tristan Bernard, puis, plus tard, Verlaine, Claudel, France et Rostand. Comme critique dramatique, il fréquente les théâtres, rencontre Antoine, découvre des artistes.

Les années 1890 sont pour lui le temps fort de sa carrière. D'abord parce qu'il collabore désormais à de grands journaux parisiens : on voit sa signature dans *l'Écho de Paris*, dans le *Gil Blas*, dans *le Journal*, où paraissent les courtes scènes qu'on retrouvera bientôt dans *Coquecigrues* (1893) et dans *la Lanterne sourde* (1893). Ensuite parce que sortent à cette époque les grands livres de Renard : *l'Écornifleur* (1892), où il raconte l'histoire d'un littérateur parasite, *Poil de Carotte* (1894), où il se souvient de son enfance, la zoologie poétique des *Histoires naturelles* (1896) et les dialogues de *la Maîtresse* (1896).

Bientôt la vie de Jules Renard se partage entre la Nièvre et Paris. Paris, où il assiste aux premières, où il fait monter *la Demande* (en collaboration avec G. Docquois, 1895), puis *le Plaisir de rompre* (1897), *le Pain de ménage* (1898), *Poil de Carotte,* dont la version théâtrale obtient en 1900 un gros succès, *Monsieur Vernet* en 1903 et *la Bigote* en 1909. La Nièvre, où il s'installe en été, où il observe la nature, flâne, chasse, où il exerce aussi des fonctions de conseiller municipal puis de maire qui lui fourniront la matière de *Mots d'écrit* (1908).

Apparaît ici un Jules Renard plus engagé qu'on ne pourrait le penser dans la vie sociale de son époque : non pas tant parce qu'il appartient aux notabilités du Paris littéraire, parce qu'il est un académicien Goncourt (1907), mais parce qu'il prend parti, d'abord pour Dreyfus, puis pour le socialisme de Jaurès. Le monsieur pincé et défiant est donc aussi un homme généreux, attentif aux plus humbles, surtout dans les textes des *Bucoliques* (1898), de l'édition enrichie du *Vigneron dans sa vigne* (1901), et de *Ragotte* (1908). L'apôtre ne finira pourtant pas dans la peau d'un patriarche : il meurt, atteint d'artériosclérose, à quarante-six ans, laissant un *Journal* inédit (1925-1927) commencé plus de vingt ans plus tôt et qui est probablement son chef-d'œuvre ; on y trouvera, en plus d'une biographie, toutes les merveilles d'un style héritier à la fois de La Bruyère et de La Fontaine.

L'œil clair

Les deux passions littéraires de Jules Renard peuvent en effet nous aider à mieux comprendre ce qu'était son art. La Bruyère d'abord, par la volonté de scruter avec attention le comportement des êtres, d'en tirer une vérité, de démasquer les hypocrites et les méchants. Les cibles de Jules Renard sont aussi nombreuses que les catégories sociales qu'il examine : les femmes aussi bien que les hommes, le bourgeois, le paysan ou l'homme de lettres, jusqu'au pauvre et à l'enfant, qui savent, comme les autres, être bêtes, cruels ou menteurs. L'intelligence, ici, consiste à ne pas être dupe, à tâcher d'avoir ce que le titre d'un recueil posthume (1913) appelle « l'œil clair », à comprendre ce qui se cache derrière les attitudes et les grands mots. Voir les choses comme elles sont et non pas comme on veut nous les montrer, tel est, si l'on veut, le réalisme de Renard. Il commence avec la personne même de l'auteur, que le *Journal* n'épargne pas et chez qui apparaît même une sorte de volupté dans l'autocritique. Ne voyons pourtant pas là du dégoût ou un pessimisme systématique : la dérision de Jules Renard n'a, en effet, jamais pour but de détruire ; elle réserve dans les personnages les plus sinistres ou les plus ridicules une part bonne et belle. Mais cette tendresse ne peut apparaître qu'après une définition rigoureuse de la créature qu'on a choisi de peindre, de ses travers, de ses faiblesses. Et nous retrouvons ici La Bruyère en ce sens que cet examen, ce décapage exige une langue débarrassée de ses attitudes, de ses procédés rhétoriques et de ses clichés. Constamment, en effet, la langue de Renard brise les expressions toutes faites, les pervertit, renouvelle l'expression, invente. De même, elle se refuse les facilités des faux élans, de l'enflure : elle recherche au contraire la sécheresse d'un style retenu, économe, elliptique souvent. D'où aussi le goût de Renard pour les formes courtes, pour les chapitres de deux pages, pour le verset du *Journal*, pour la note, la phrase ou le mot isolés et par là même chargés de valeurs – la « rêverie-minute », a dit Sartre. Il s'agit pour lui de resserrer dans un espace bref, dans une formule, la définition d'un objet, d'une écriture, d'un ami ou d'un animal. À petites touches, à coups de scènes brèves, d'instantanés, se constituent alors des œuvres riches parce que denses. Le mot drôle, l'aphorisme ou la rosserie deviennent dans ces conditions le comble de l'art parce qu'ils demandent justement rapidité et justesse, parce qu'ils doivent passer par une conclusion imaginative. « Un bon mot vaut mieux qu'un mauvais livre », note Renard, et il le prouve : « Rien d'assommant comme de s'entendre : on n'a plus rien à se dire » ; « Oui, dit-il, je l'ai échappé laide » ; « La sagesse des nations, cette imbécile » ; « Dès qu'on nous embrasse, il est bon de prévoir, tout de suite, l'instant où nous serons giflés » ; ou encore le célèbre : « Tout le monde ne peut pas être orphelin » de Poil de Carotte.

L'art, pour ce lecteur des Goncourt, c'est donc de travailler pour concentrer sa pensée, pour lui donner de l'acuité, de la force, pour atteindre ce « style exact, précis, en relief, essentiel, qui réveillerait un mort », dont rêvait Renard. Il faut travailler son texte, l'élaguer, chercher à dire ce qui doit être dit – et s'arrêter là. Comme il le remarque lui-même, Renard émiette donc sa pensée, et le lecteur savoure cette discontinuité qui lui permet de revenir en arrière, de faire des rapprochements, de laisser vibrer en lui l'écho d'une note poétique, émue ou drôle, souvent les trois à la fois. Car la simplicité n'est ici qu'apparence en devenant ce comble de l'art qui se dissimule lui-même : le naturel est le résultat d'une élaboration patiente et complètement originale. Celle-ci commence par un souci extrême de ce qui est particulier, spécifique, comme si l'intelligence et le regard ne pouvaient se porter que sur un seul être à la fois pour en reproduire les traits singuliers, pour fixer un détail, un moment, une impression. Mais l'on s'aperçoit bientôt qu'à travers un enfant Jules Renard décrit aussi l'enfant, que Guitry croqué nous permet de connaître l'acteur, que l'individu, pour qui sait le voir, devient exemplaire tout en restant lui-même. Comme chez La Bruyère, il y a souvent des clés et des types : un « caractère » singulier et une leçon générale. Encore faudrait-il bien voir ici que le mot de « leçon » ne convient pas vraiment, par ce qu'on peut y voir de sermonneur ou d'ennuyeux. Or Renard veut au contraire surprendre et amuser : dès lors, pas de conclusions moralisantes, mais une satire légère, humoristique, qui se dégage d'une anecdote ou d'une remarque sans que l'auteur ait même besoin de l'exprimer : « Un enterrement serait trop triste s'il n'y avait pas les prêtres » ; « Il ne peut pas vous dire : "Votre conte d'aujourd'hui est très bien", sans avoir l'air d'insinuer : "Il est bougrement mieux que celui d'hier !" » ; « Poil de Carotte, réponds donc, quand on te parle. – Boui, banban. – Il me semble t'avoir déjà dit que les enfants ne doivent jamais parler la bouche pleine. »

On le voit ici : le dialogue et le théâtre, par leurs finesses, leurs allusions, leurs sous-entendus, deviennent logiquement l'aboutissement de cette façon d'écrire : non seulement parce qu'ils réclament cette justesse du mot et de la langue que Renard prise par-dessus tout, mais aussi parce qu'ils permettent d'opposer une opinion à une autre, de montrer le cheminement de deux esprits qui s'affrontent ou, du moins, se jugent mutuellement, sans rien laisser passer. Ils ont en outre l'avantage de présenter sous une forme vivante les contradictions d'une pensée aux prises avec elle-même, passant d'une idée à l'autre sans se laisser gagner par aucune raideur. Ainsi, Renard peut faire succéder la tendresse à la dureté, alterner les répliques gaies et les moments mélancoliques.

Le premier charme de ce style est donc de réussir à combiner l'observation crue, précise, gênante même, avec une variété de tons qui empêche cette impudeur de devenir systématique, lui donne au contraire une allure naturelle. L'homme ligoté dont parle Sartre ne s'enferme donc pas dans l'amertume ou la défiance : il veut aussi ne rien perdre des saveurs changeantes de la vie, de ses trouvailles.

Le poète précis

Le réalisme de Renard est aussi le point de départ d'une poétique. Le goût de la vie est pour lui la source de rapprochements inattendus, de métaphores brusques qui s'imposent à son regard. Il unit ainsi un nuage à un paquet de linge sale, l'écorce des arbres et la peau des rhinocéros, les traces que les pattes des oiseaux laissent dans la neige et le dessin d'une branche de lilas. C'est un peu le côté La Fontaine, avec un même jeu sur les rapports entre les hommes et les animaux, mais sans que jamais l'anthropomorphisme tombe dans l'émotion facile. Il s'agit, encore une fois, de nous surprendre, par des rencontres entre la sauterelle et le gendarme, l'âne et le fonctionnaire, de montrer la girafe porte-drapeau, les coqs à crête d'apoplectiques, un bison tout sculpté, excepté les mâchoires qui remuent. Mieux encore, Renard fait parler les bêtes dans de courtes fables d'autant plus réjouissantes qu'elles sont sans moralité : « LA PIE : Cacacacacaca. – LA GRENOUILLE : Qu'est-ce qu'elle dit ? – LA PIE : Je ne dis pas, je chante. – LA GRENOUILLE : Couac ! – LA TAUPE : Taisez-vous donc là-haut, on ne s'entend plus travailler ! » (*Histoires naturelles*, « la Pie ».) Mais le registre poétique de Jules Renard s'étend au-delà des seuls animaux, et sa fantaisie prend plaisir, parmi tous les objets, à « chasser les images », pour reprendre le titre de la première « Histoire naturelle ». Comme les Japonais, dont il s'inspire, il sait exploiter les sujets minces, faire voir le monde d'une manière nouvelle et inattendue : la bêche parle à la pioche, l'ongle de la nouvelle lune repousse, une plante exotique s'ouvre comme un éventail de rasoirs. La comparaison même disparaît et laisse sa place à l'image dépouillée mais où nous sentons une qualité rare de sensations : « Un doigt d'eau pure dans un dé à coudre de cristal. » Et le plaisir est parfait quand on remarque aussi que tout part souvent d'une expression détournée : le ver à soie filant un mauvais cocon, la pintade ne rêvant que de plaies à cause de sa bosse. Les jeux d'images sont d'abord des jeux de langage, et le plumage de l'oie fait penser à la plume de l'écrivain.

Pourtant, tout n'est pas jeu ; cette poétique pure et musicale nous propose aussi une morale – ou plutôt un amour des choses et des êtres s'étendant à tout ce qui existe. D'où, bien sûr, cette pitié où Renard rapproche tous ceux qui souffrent : les humbles – qui sont aussi les humiliés –, les pauvres, les malades, les infirmes, les enfants et les animaux. Non qu'il s'agisse pour lui de déclamer, mais simplement parce que l'injustice ne lui paraît pas plus acceptable que le mensonge. Dans les deux cas, il y a d'abord chez lui révolte, protestation en faveur des victimes, celles d'une éducation stupide comme celles d'une religion bête ou de la société : la Françoise engrossée des *Cloportes*, la femme abandonnée qui se lève à 3 heures et repasse, dans sa matinée, du linge de chemineaux qui était d'une saleté si résistante qu'elle seule a bien voulu le laver ; les paysans, aussi, dont La Bruyère avait en son temps décrit la vie misérable. Et cette révolte a d'autant plus d'impact qu'elle entre dans une esthétique qui voit dans chaque être une âme à aimer, une vie. En ce sens, l'écriture peut apparaître comme un exil, et ce travail de l'esprit, ce jeu avec les mots, doit s'accompagner d'une activité qui mette l'écrivain au contact des réalités concrètes : celle du promeneur ou du père de famille, celle de l'homme de lettres décrivant sans artifices le milieu de ses pairs, celle enfin du maire dans son village.

Mais cette vie réelle – engagée, si l'on veut –, cette rencontre aussi avec Jaurès, qui fait de Renard autre chose qu'un simple esthète, ne doivent pas nous cacher le pessimisme fondamental d'un auteur qu'un critique a classé dans la catégorie des « grands tristes ». L'humour de Renard n'est, au fond, que la politesse de son désespoir, une manière de le mettre en forme : « Rien ne sert de mourir, il faut mourir à point. » De même, l'attention qu'il porte à la nature et le parti poétique qu'il en tire peuvent aussi se comprendre comme une tentative pour sublimer par l'écriture ce qui, sans elle, serait insupportable de laideur ou d'absurdité. D'où, finalement, l'ambiguïté d'un livre comme le *Journal*, qui, pour une bonne part, tire sa beauté de la souffrance qu'on y décrit ; d'où peut-être aussi ce malaise de l'écrivain, qui est certainement dû à autre chose qu'à une enfance malheureuse. On peut en chercher la racine dans la prescience qu'aurait eue Renard de son destin, dans le sentiment précoce d'avoir tout dit ; on peut aussi penser qu'il était inévitable dans une esthétique contradictoire où le désir est toujours suivi de la déception : l'intelligence, pour Renard, c'est d'abord ce dialogue entre l'enthousiasme et les expériences qui se chargent vite de le dégonfler, d'en montrer les limites et les illusions ; l'image poétique, c'est la conquête brève d'une part de beauté que vient bientôt compenser une note acide ou désabusée. Dans les deux cas, il ne peut y avoir d'attendrissement sans angoisse, d'élan qui ne soit refréné, moqué. Chaque fois, un paradoxe en démonte les mécanismes, les intérêts secrets ou les effets pervers. L'écriture devient alors d'une difficulté noire, quasiment insoluble. Chaque idée est traversée d'un scrupule, d'une hésitation ; chaque sentiment rencontre son contraire, et Renard peut écrire : « J'arrive à me défier de ma défiance. » De degré en degré, la sensibilité s'affine à la recherche d'une honnêteté complète en face de la réalité, mais en même temps elle s'épuise et finit par se dégoûter d'elle-même. On comprend alors que la mort apparaisse à Renard comme une solution, qu'il l'attende sans effroi. Elle est à ses yeux comme le dernier retour possible à l'innocence, à cette harmonie perdue que l'esprit s'acharne en vain à retrouver ; elle est enfin le mystère ultime où se dissolvent l'intelligence et la volonté : « Le cerveau qui s'en va, impossible de le retenir. C'est comme si un pissenlit voulait rattraper ses poils. »

A. Preiss

Renart (Roman de)

(composé entre 1174 et 1250 environ)

Protéiforme, assimilé tour à tour à Panurge, à Gil Blas, à Figaro, à Robert Macaire (Sainte-Beuve), à Don Juan et à Gavroche (P. Jonin, 1951), à Valmont et à Sade (B. Beck, 1962), Renart a fini par revêtir une personnalité complexe et ambiguë : goupil, jongleur, clerc vagant, vassal rebelle, petit seigneur croisé de bandit, incarnation du diable, personnification de la fourberie et de la perversité. C'est le produit d'une longue histoire à travers des textes latins et français du Moyen Âge.

La constitution du *Roman de Renart*

Peut-être le succès des romans antiques qui, entre 1150 et 1165, acclimatèrent à des mœurs féodales les héros légendaires de l'Antiquité gréco-latine jusqu'alors connus par des textes latins donna-t-il, en 1174, à Pierre de Saint-Cloud l'idée de poursuivre, avec d'autres sujets, la tâche d'adaptation créatrice ainsi amorcée. En effet, Renart ne sortit pas d'un terrier mais, pour une large part, d'œuvres latines comme l'*Ecbasis captivi* (Xe siècle), la *Disciplina clericalis* (XIIe siècle) et surtout l'*Ysengrimus* du moine Nivard (v. 1150). Dans cette dernière œuvre, le goupil Reinardus, fragile et rusé, était le neveu du centenaire Ysengrimus, loup glouton, cynique et sot. À travers leurs aventures, Nivard manifestait deux soucis que méditèrent plusieurs auteurs du *Roman de Renart* : celui de révéler la vérité d'une époque, celui de forger un style élaboré où pastiches et parodies étaient moins des procédés comiques que des moyens d'explorer le réel.

Après Pierre de Saint-Cloud, et jusqu'en 1250 environ, une vingtaine d'auteurs, aux préoccupations et aux talents fort divers mais d'un même esprit plaisant et irrévérencieux, ajoutèrent, en des « branches » (contes ou ensembles de plusieurs contes) de quelques centaines à plusieurs milliers de vers, de nouveaux épisodes aux exploits du goupil. Les revirements, les surenchères dans la narration pourraient faire songer à quelque roman-feuilleton collectif, si le héros Renart n'avait ces mille visages dans lesquels Rutebeuf vit le comble de la métamorphose et le symbole de l'hypocrisie, et si le plaisir des variations sur un même motif – celui du messager, celui de l'entrée du goupil dans un lieu clos, par exemple – ne l'avait emporté sur les recherches narratives. Pourtant, les contemporains furent plus sensibles aux constantes qu'aux contradictions du héros puisque, dès le XIIIe siècle, des branches éparses on fit des collections qui, selon les habitudes médiévales, ne furent pas seulement des copies mais des recréations. Les scribes coupèrent, déplacèrent, relièrent, modifièrent les fragments existants, composant ce qu'ils nommèrent le *Roman de Renart*, titre unificateur d'une œuvre restée malgré tout disparate. Il existe au moins trois collections, dont nous pouvons nous faire une idée grâce à plusieurs éditions. Les éditions d'E. Martin (3 vol., 1882-1887) et de J. Dufournet (1 vol., 1970) reproduisent, pour l'essentiel, le manuscrit A (B.N., fr. 20043). Celle de M. Roques (6 vol. parus, 1948-1963) a été établie sur le manuscrit de Cangé, B (B.N., fr. 371). Quant à Méon (4 volumes, 1825) et aux savants japonais N. Harano et N. Fukumoto, ils ont utilisé les manuscrits C et M. Ainsi s'explique-t-on que la même histoire de Renart puisse avoir des numéros différents correspondant à l'ordre – ni logique ni chronologique – qu'elle occupe dans ces collections. Nous adopterons ici la numérotation de la famille A.

Les structures du roman

Dès les premières branches furent expérimentés les trois types de structures utilisés dans l'agencement des récits. La construction en enfilage – la moins employée – joue avec le hasard des rencontres que l'on peut multiplier à loisir. Ces branches, proches de la fable animale, opposent souvent Renart à de petits animaux : coq, mésange, corbeau (II), grillon (V), milan, moineau (XI). Dans ce cas, le goupil peut être vaincu, tant il est vrai que Nature semble avoir compensé par la ruse l'inégalité en force de ses créatures et que les victimes peuvent retourner contre leur agresseur le piège qui les avait trompées. On songe à Chantecler (II), d'abord victime de sa vanité, puis s'échappant finalement en jouant avec celle de Renart.

Plus fréquente est la construction en diptyque, aux combinaisons variées. Tantôt, dans le premier volet, Renart s'aventure parmi les hommes – poissonniers (III) ou fermiers (XVI) – avant de rencontrer dans le second volet – animal – Isengrin aspirant au moniage par goût des anguilles (III) ou Noble le roi et son connétable le loup pour une bonne leçon de partage (XVI). Tantôt, la seconde partie enchérit sur l'habileté du goupil : comme il a su vaincre pour le compte du paysan Liétart l'effrayant ours Brun, il saura punir le vilain de son ingratitude par une ruineuse domination (IX). Tantôt, la seconde partie peut constituer une revanche : mis à mal au cours d'une chasse avec le chat Tibert, Renart mène le jeu avec virtuosité pendant son expédition en compagnie du loup Primaut (XIV). Enfin, les branches féodales (V*a* – I – VI – I*a*) sont centrées sur le jugement de Renart, accusé, entre autres méfaits, du viol de la louve. Elles s'ouvrent sur la convocation de la cour royale et se ferment sur la fuite ou le retour du goupil à Maupertuis sa forteresse, tandis que plaidoiries, messagers, procédures, sentences permettent mille variations. Aidé du fidèle Grimbert, bénéficiant parfois de la compréhension amusée du roi, le héros apparaît alors comme un petit vassal frondeur, inquiet (VI) ou indifférent (I) devant les courtisans sots ou cruels ligués contre lui, porte-parole des humbles à qui les serviteurs jettent les restes (I), ces humbles oubliés du roi, qui leur préfère la compagnie des puissants (XVI).

Renart le maudit

Au cours de sa vie littéraire, Renart s'est peu à peu enflé aux dimensions d'un mythe. Du goupil rusé, « vezie beste », qui tant sait de « lobe », de « ganche », d'« abet », de « guile », de « males arz »..., il est devenu, empirant sans cesse par le biais sans doute des confessions nombreuses comptabilisant ses forfaits, une aberration de la Nature, une créature diabolique capable par deux fois de devenir le suzerain de deux riches paysans, Bertold li Meres (XVI) et Liétart (IX). Même, enivré par sa puissance et sa réputation, il viole la reine sous les yeux de la Cour rassemblée, après avoir pris soin d'attacher chacun par la queue (I*a*), et devient empereur, le temps d'une croisade, en usurpant le trône (XI) ! Pourtant, alors qu'ils multipliaient les litanies diffamatoires (IV), les auteurs ont composé un personnage qui, selon les branches, attire la sympathie de telle ou telle partie de leur public. Le goupil a une silhouette familière aux paysans, « coloiant », tendant le cou le long des palissades, en quête de proies. Il est recherché pour sa fourrure, que sait apprécier Brunmatin à 6 ou 7 sous parce qu'elle est « de saison » (IX), ou qu'un des prêtres allant au synode voit déjà, arrangée en coiffure, la queue pendant « por le chapel agrandoier et por mon col covrir derriere » [XV, « pour agrandir le chapeau et en couvrir mon cou derrière »]. Ses dégâts dans les poulaillers (IV, XII, XVII...), contrairement à ceux des gloutons Isengrin ou Brun, sont justifiés par la faim qui le tenaille, lui et les siens, à une époque, Pentecôte ou l'Ascension, qui est, dans la réalité prosaïque, celle de la soudure entre les récoltes et où maints ventres humains criaient aussi famine. Touchante scène que le début de la branche XII : Renart console son fils Roussel pleurant de faim sur ses genoux !

Des clercs, Renart partage l'éloquence, l'habileté oratoire. Il sait « genz par paroles muser ». La « renardie » est souvent un discours qui conduit les victimes à souhaiter leur propre malheur. Isengrin, on s'en souvient, lui demande d'attacher le seau à sa queue (IV). Renart se vante aussi, à juste titre, de transformer le droit en tort et le tort en droit (IX). On le voit lorsqu'il plaide non coupable à la cour de Noble : est-il responsable de la gourmandise de Brun ou de Tibert ? Doit-on lui tenir grief de son attitude envers dame Hersent ?... il l'aime ! (I). Est-ce sa faute si Isengrin, insatiable, n'avait jamais assez de poissons (VI)... ? Sa volubilité et son assurance impatientent le roi, qui se déclare lassé par ses « colors de rectorique » (I). Renart, c'est aussi le personnage du « gab », qui ne peut résister au plaisir d'un bon mot devant ses victimes en fâcheuse posture. Au roi qui lui demandait où il avait appris l'art du partage, le goupil réplique, aux côtés du loup ensanglanté par la gifle royale : « Cil vilains a la rouge aumuce... ne sai s'il est ou clerc ou prestre qui si porte roge corone, mais bien sai, se il est persone, qu'il est ou pape ou cardonaux » [XVI, « ce rustre portant un chapeau rouge bordé de fourrure... je ne sais s'il est clerc ou prêtre pour porter ainsi une couronne rouge, mais je puis assurer, si c'est un dignitaire ecclésiastique, qu'il est ou pape ou cardinal »]. Sa parole, arme d'un faible, lui permet parfois de se tirer d'un mauvais pas. Il tombe dans la cuve d'un teinturier. L'homme survient, prêt à le frapper. Renart l'arrête. S'il est là, c'est « por destranprer ceste tainture et atemprer : c'est la costume de Paris »... S'il joint l'art du langage à celui du déguisement, le voilà devenu jongleur, personnage débrouillard, de mauvaise réputation au XIIIe siècle. Son travestissement – en jaune, couleur des hypocrites (*Ib*) ou en noir, couleur des diables (XIII) –, ses ressources : « Je fot savoir bon lai breton et de Merlin et de Noton, del roi Artu et de Tristan, del chevrefoil, de saint Brandan » (*Ib*, « Moi savoir bon lai breton de Merlin [enchanteur dans les romans de la Table ronde] et de Noton [nuiton, neton = lutin], du roi Arthur et de Tristan [l'amant d'Iseut], du Chèvrefeuille [lai de Marie de France], de saint Brandan [récit du voyage du saint en enfer et au paradis] »), son entrain lors des noces de sa femme (*Ib*) ou lorsqu'il pousse Primaut à boire (XIV) font de lui cet homme à tout faire du plaisir qu'était le jongleur moyen.

Attirant et honni, faible et retors, comme une femme, nous ne pouvons plus douter qu'il soit une créature d'Ève : la branche XXIV l'affirme.

Des clercs s'amusent

Héritage d'une tradition latine, le *Roman de Renart* est aussi le lieu où les schémas venus de divers courants de la littérature contemporaine, et utilisés de façon insolite, retrouvent un nouveau sens.

Par touches légères, le jeu consiste, par exemple, à intégrer des motifs courtois dans des contextes réalistes ou obscènes. Les incertitudes d'une longue méditation touchent, alors que la situation exigerait une prompte réaction, les animaux les plus obtus, Brun (IX) ou Isengrin (XVI). Hersent, nouvelle Iseut, supplie qu'on la laisse se disculper (*Ia*). Elle prie pour la victoire de Renart, « qui mout souëf li fist la chose » [« qui lui fit si bien l'amour »] et qui, de plus, se soumit à la loi du secret (VI). Mais est-elle la vieille prostituée répugnante que dépeint le confesseur frère Hubert ou la timide amie, rougissant sous sa guimpe, qui hante les pensées de Renart (VII) ?

Nouveau héros épique, Chantecler, troublé par une vision, puis éclairé par Pinte, refuse la vérité du songe (II). Ailleurs, la violence du combat, les injures des combattants courageusement acharnés sur un seul adversaire résonnent comme dans l'épopée (XVII), tandis que la longue kyrielle des noms des paysans à la suite de l'ours serait une prestigieuse énumération de guerriers sans le démenti des compléments : « Bertot le filz sire Gilein,/Et Hardoïn Copevilein,/Et Gonberz et li filz Galon,/Et danz Helins li niez Faucon,/Et Otrans li quens [le comte] de l'Anglee/qui sa feme avoit estranglee ; Tygiers li forniers de la vile/qui esposa noire Cornille... » (I).

Des romans antiques, les auteurs du *Roman de Renart* ont repris, outre quelques tours formulaires, les longues plaidoiries des procès, variant (I, *Va*, XXIII, VI, X, XIII) au gré des personnalités : partisans du droit, de la manière forte, du pardon, de la soumission au roi..., non sans y ajouter de savoureuses trouvailles : le chameau, légat du pape, dont le modèle fut, dit-on, Pierre de Pavie, réclame, dans un discours pompeux en jargon franco-italien mêlé de latin, une application sévère de la loi.

Le motif de la dégénérescence du siècle vient des traités moraux. Comment le prendre au sérieux lorsque les moralisateurs sont l'âne Bernard (I), Isengrin le cocu (*Va*), Liétart le roué (IX), ou lorsque Renart, d'un ton édifiant, soutient qu'il faut toujours faire le mal à cause de la prospérité des méchants et de la misère des bons ? Bon apôtre, Renart prêcheur adapte même les vérités évangéliques aux animaux : « Diex a commendé que l'en lest pere et mere, frere et seror, et terre et erbe por s'amor » [VIII, « Dieu a commandé qu'on laisse père, mère, frère et sœur, terre et herbe par amour pour lui »].

Comme dans les fabliaux et les fêtes populaires, le sexe occupe une place non négligeable : sexe masculin, piège de Renart pour attraper la corneille (XVII), proie d'un mâtin châtrant Isengrin au grand dam d'Hersent (I *b*), sexe féminin devenant un chef-d'œuvre méticuleusement élaboré au royaume du roi Connin (XXII) ou s'élargissant à des dimensions fantasmagoriques (XXI). Cependant le viol de la louve, élément constitutif de l'œuvre, est souvent traité de façon originale et fine, sur le mode réaliste (I), discursif (*Va*), sentimental (XVII).

À la littérature orale enfin les romanciers ont emprunté quelques motifs fort répandus et repris dans les fables : comment partager une proie ? (XVI-XV) ; comment partager une récolte ? (XXII)... Et le pèlerinage de Renart reproduit, sans grande modification, la structure de nombreux contes tels que *les Musiciens de la ville de Brême*.

La réalité du temps

Imprégnés d'une culture qui leur inspirait un respect amusé, les clercs de Renart ouvraient les yeux sur les réalités de leur temps. Certaines branches, contemporaines de la fièvre de défrichement, témoignent de l'enrichissement des paysans, voire même de l'évolution de leurs mentalités (IX). Elles détaillent les richesses de Constans des Noues (II), de Liétart (IX), de Bertold li Meres (XVI), et, pour punir par la plume ces « paysans-gentilshommes » de leur âpreté au gain, les clercs les affublent d'épées qu'ils ne savent pas manier. Parcourant le paysage médiéval : « brouces, coutures, champaignes, sentes, chemins ferrés », nous apercevons, au détour d'une phrase, une image quotidienne : fenêtre ouverte pour aérer la maison (VII*b* Cangé), charrette graissée de suif (IX), paysans battant le blé sur l'« aire » (VII*b* Cangé), mécanisme des seaux d'un puits (IV), anguilles grillant sur la braise (III), viande qu'on prépare pour la conserver (X), visite à la commère qui vient d'accoucher (II). Çà et là, des fermes monastiques, opulentes, aux nombreux bâtiments, parfois fortifiées (IV-XVII-VII). À l'occasion, des moines apparaissent ; plus nombreux sont les prêtres, aussi ignorants (XII-XVIII) et bassement intéressés que leurs ouailles (XV) ; ils n'assurent pas les cérémonies religieuses – enterrements, vêpres, messes –, les animaux (Bernard, Tibert, Primaut) les remplaçant joyeusement (XVII-XII-XIV).

Univers animal aux silhouettes bien dessinées comme ce Tibert « qui se gisoit sor une roche et rostisoit sa pance encontre le soleil » (XV), univers humain aux attitudes évoquées d'un trait comme ce valet, ôtant son manteau pour mieux courir : « Li gars sa chape a terre rue, as matins corut an la granche » (IX), le monde du *Roman de Renart* est presque constamment celui de l'anthropomorphisme, prétexte à un comique des plus fins : Pinte, la plus savante des poules, celle qui pond les plus gros œufs, juche à la droite du coq… ou « Tibert s'est en piez dreciez, si gite sor son col sa queue et sa lange aguise et desneue por bien parler, et si herice trestoz les peus de sa pelice » [X, « Tibert s'est levé. Alors il jette sa queue sur son cou, aiguise et délie sa langue pour bien parler et puis hérisse entièrement les poils de sa pelisse »].

Le *Roman de Renart*, comme la sculpture gothique naissante, comme les traités scientifiques qui se multiplièrent au XIIIe siècle, témoigne d'une curiosité accrue pour la complexité du réel. C'est pourquoi il n'est nullement paradoxal que cette œuvre, si liée pourtant à la culture de son temps, n'ait aucun rapport avec les *Bestiaires*, aux réponses codifiées et contraignantes.

CHRONOLOGIE

1174-1177	Branches II et V*a* : Renart et le coq Chantecler, Renart et la mésange, Renart et le chat Tibert, Renart et le corbeau Tiécelin, Renart, la louve Hersent et les louveteaux ; plaintes des ennemis de Renart, le loup Isengrin et l'ours Brun, à la cour du roi Noble le lion. Ces deux branches sont l'œuvre de Pierre de Saint-Cloud.
1178	Branche III : vol des poissons par Renart, qui ensuite tonsure le loup et le fait pêcher à la queue dans un étang glacé. De la même époque datent les branches IV (Renart et Isengrin dans le puits), XIV (Renart et Tibert dans le cellier d'un vilain ; le goupil joue de nombreux tours au loup Primaut), V (Renart et Isengrin volent un jambon à un vilain ; Renart essaie de manger le grillon) et XV (Tibert frustre Renart d'une andouille ; Tibert et les deux prêtres).
1179	Branche I : le jugement de Renart.
1180-1190	Branche X : Renart médecin.
1190	Branches VI (duel de Renart et d'Isengrin), VIII (pèlerinage de Renart en compagnie de l'âne et du mouton) et XII (Renart et Tibert au moutier). La branche XII a été écrite par Richard de Lison.
1190-1195	Branches I*a* (siège de Maupertuis, le château de Renart, par les barons de Noble) et I*b* (Renart, teint en jaune et jongleur, se venge d'Isengrin et de son rival Poincet).
Fin du XIIe s.	*Reinhart Fuchs* de Heinrich der Glichesaere.
1195-1200	Branches VII (Renart se confesse au milan Hubert, qu'il dévore) et XI (Renart usurpe l'empire et épouse la femme de Noble, Fière).
1200	Branche IX, œuvre du prêtre de la Croix-en-Brie : démêlés du vilain Liétart avec Brun l'ours et avec Renart.
1202	Branche XVI : Renart et le vilain Bertaut, le partage des proies.
1205	Branche XVII : la mort et les funérailles de Renart.
1205-1250	Branche XIII : Renart se dissimule parmi des peaux de goupil ; puis, teint en noir et se faisant appeler Chuflet (ou Coflet), joue de nombreux tours. Branche XXIII : Renart apprend la magie à Tolède et procure une femme à Noble. Branche XXIV : Renart et Isengrin naissent d'un coup de baguette d'Ève. Branche XXV : Renart et le héron ; Renart et le batelier. Branche XXVI : l'andouille jouée à la marelle. Branche XXI : concours entre Isengrin, l'ours Patous et la femme d'un vilain. Branche XVIII : Isengrin et le prêtre Martin. Branche XIX : Isengrin et la jument Raisant. Branche XX : Isengrin et les deux béliers.
Milieu du XIIIe s.	Poèmes italien, *Rainardo e Lesengrino,* et flamands, *Van den Vos Reinarde* et *Reinaerts Historie.*
1260-1270	*Renart le Bestourné*, de Rutebeuf.
Seconde moitié du XIIIe s.	*Le Couronnement de Renart.*
Fin du XIIIe s.	*Renart le Nouvel,* de Jacquemart Gielée.
1319-1342	*Renart le Contrefait,* par le Clerc de Troyes.

J. Dufournet et A. Méline

Renaut de Montauban (ou les Quatre Fis Aymon)

(fin du XIIe siècle)

Chanson de geste devenue célèbre grâce à ses mises en prose, qui ont survécu jusqu'à la Bibliothèque bleue. C'est l'un des modèles des chansons dites « des rebelles », et l'une des rares où souffle l'esprit féodal. L'intrigue est simple, mais fertile en rebondissements.

SYNOPSIS

Renaut, insulté par le neveu de Charlemagne, réclame justice. L'empereur s'y oppose, et Renaut tue Bertolai. Il sera désormais poursuivi par la haine de Charles, qui se souvient alors de vieilles querelles de lignage (elles sont relatées dans *Beuve d'Aigremont*). Le héros se réfugie à Montessor, dans la forêt d'Ardenne, avec ses frères et son cheval Bayard, tandis que son père, par fidélité envers l'empereur, rompt avec eux. Attaqués par Charles, les quatre frères parviennent à s'échapper de justesse de leur château en flammes. Ils finissent par s'installer dans le Midi, où ils construisent le château de Montauban. Ils y demeureraient en paix si Charlemagne ne découvrait un jour leur retraite. La guerre est ainsi relancée. Le roi Yon de Bordeaux, après les avoir soutenus, les trahit : nouvelle fuite, qui conduit les héros à Trémoigne [Dortmund], en Allemagne. L'empereur les y retrouve et, pour la troisième fois, les assiège. Mais les douze pairs, las de cette guerre, qu'ils désapprouvent, abandonnent l'empereur, qui se résigne alors à les écouter et à proposer une paix que Renaut souhaitait depuis longtemps. Les conditions en sont dures : le « rebelle » devra partir en Terre sainte et livrer Bayard. Revenu à Trémoigne comme ouvrier, il est assassiné par un envieux : son corps, jeté dans le fleuve, est soulevé hors de l'eau par les poissons. Le miracle témoigne de l'élection divine : les restes de saint Renaut seront à jamais vénérés.

Avec ses quelque 18 000 vers, cette chanson présente bien des signes de l'épopée tardive : répétition d'événements similaires dans des lieux différents (Ardenne, Montauban, Trémoigne) ; longueurs fréquentes ; intrusion du merveilleux : le cheval Bayard est un animal surnaturel aux vertus extraordinaires, et il échappera miraculeusement au supplice auquel le condamnera un Charlemagne dont la mesquinerie est sans bornes ; Maugis l'enchanteur est le plus précieux auxiliaire de Renaut... Mais cette chanson témoigne aussi de la complexité à laquelle le genre épique pouvait atteindre dans la peinture des caractères et d'une époque. Chanson de rebelle, *Renaut de Montauban* exalte pourtant la fidélité au seigneur : Renaut n'oublie jamais que l'hommage le lie à Charles, même si celui-ci le poursuit de sa haine. C'est l'empereur qui refuse les offres de soumission du héros, dont il veut la perte totale. Tous les personnages un tant soit peu importants sont ainsi partagés entre des sentiments et des devoirs. La loyauté n'a ici d'égale que la violence des passions, qu'elle finit toujours par tempérer. Sous l'apparence du désordre, il y a bien un principe directeur élevé.

Surtout, cette œuvre est peut-être la plus complète des chansons de geste : presque tous les héros des autres épopées y apparaissent, qu'il s'agisse de chacun des pairs ou de Ganelon. On y trouve des réminiscences de *Roland*, d'*Aspremont*, de la *Chevalerie Ogier*, de *Girart de Roussillon* ; les chansons postérieures (*Girart de Vienne*, *Jehan de Lanson*...) y renverront à leur tour. Œuvre centrale, *Renaut de Montauban* témoigne de l'importance des phénomènes d'écho à l'intérieur du genre épique.

D. Boutet

RENÉ Ier D'ANJOU

***René Ier d'Anjou**, dit **le Bon** (1409-1480)*

Face au prestige qui entoura l'aristocrate, l'œuvre de l'écrivain René d'Anjou ne paraît pas faire le poids : quelques pièces lyriques (échanges avec Charles d'Orléans pour la fête de la Saint-Valentin, pour le Mai célébré en 1444 par la Cour de France) ; deux ouvrages allégoriques ; un traité technique sur les tournois (*Traité de la forme et devis comme on peut faire les tournois*). C'est du moins une tradition de la critique, plus indulgente aux écrivains besogneux qu'aux princes, que de traiter « le bon roi René » en aimable dilettante.

Le « bon roi René »

Grand prince, comme Charles d'Orléans, il est à la fois roi, guerrier, poète, peintre et mécène. René, deuxième fils de Louis II d'Anjou, connaît une vie aventureuse, perd et gagne des couronnes (il fut duc de Bar, de Lorraine, d'Anjou, comte de Provence, roi de Sicile et de Naples). Marié en 1420 à Isabelle de Lorraine, il rejoint les troupes de Charles VII, est fait prisonnier par le duc de Bourgogne ; enfermé à Dijon, il y compose des poèmes et décore une chapelle. En 1435, il part récupérer son héritage napolitain, mais en est chassé par Alphonse d'Aragon en 1438. Entre 1445 et 1470, il réside en Anjou ; grand féodal et pair du royaume, conseiller du roi, il tient une cour brillante. C'est le temps des fêtes, des pas d'armes et tournois, auxquels le roi de France lui-même participe (pas de Saumur). Chassé par Louis XI, il finit sa vie à Aix-en-Provence. Ce personnage fascinant est une vivante synthèse de la culture de son temps : cosmopolite, ouvert sur l'Italie et l'Orient, il parle cinq langues et frappe ses contemporains par ses goûts exotiques (il se fait accompagner d'un cortège de nains, de Maures, de singes, possède une véritable ménagerie). Il est l'un des principaux metteurs en scène de cette « chevalerie spectaculaire » dans laquelle l'aristocratie du temps investit ses rêves : participant ou organisateur, René déploie sa magnificence de souverain dans ces fêtes où la réalité est entièrement récupérée par l'imaginaire (Nancy, Châlons, emprise de la Gueule du Dragon, pas de la Bergère à Tarascon). Son rôle de mécène fut considérable : initié lui-même à la peinture par Van Eyck, il emploie Nicolas Flament, confie à Guillaume Porchier l'illustration du *Livre du cuer d'amour espris* (1457), s'entoure d'écrivains comme Pierre de Hesdin, Louis de Beauveau, Jean du Perier, Antoine de La Sale.

Le *Livre du Cuer d'amour espris*

Contrairement au *Mortifiement de Vaine Plaisance* (1455) où l'allégorie assume une tâche classique d'enseignement moral fondé sur la « similitude » (terme par lequel le Moyen Âge désigne la parabole biblique), le *Livre* suffirait à laver René d'Anjou de tout reproche d'amateurisme, ou alors à prouver que celui-ci est l'élégance suprême de l'art. Synthèse des motifs lyriques (le « cœur arraché »), romanesques (la quête avec ses diverses étapes) et allégoriques (personnifications et situations du *Roman de la Rose*), elle est aussi un exemple éclatant d'une esthétique du regard, de la fascination, qui se répand à cette époque et qui se traduit dans le texte par la complaisance descriptive, le goût prononcé pour les blasons et l'ornementation.

SYNOPSIS

Selon une convention vieille de deux siècles, le narrateur s'endort (les illustrations représentent volontiers la scène au lit) :

Moitié lors par fantasie
Moitié dormant en resverie

Ou que fust vision ou songe
Advis m'estoit et sans mensonge
Qu'Amours hors du corps mon cuer mist
Et que a Desir le soumist.

Le *topos* d'ouverture donne déjà la mesure du raffinement : sous l'inévitable opposition du « songe » et du « mensonge » et la formule canonique « advis m'estoit » se glisse l'hésitation ; est-ce un rêve, garantie de vérité, ou un produit de l'imagination (« fantasie »), une fiction ? Nous suivons les aventures du chevalier Cuer et de son écuyer Désir, à la recherche de dame Mercy emprisonnée par Dangier dans le manoir de Rebellion (cf. *Roman de la Rose*), à travers des épreuves mi-arthuriennes, mi-allégoriques : tempête à la Fontaine de Fortune, combats avec Soucy et Courroux, prison dans le Tertre dénué de liesse, délivrance par Renommée. Avec le soutien de Désir, Largesse et Espérance, Cuer arrive à l'île du dieu Amour, visite l'hôpital des amoureux malades et le cimetière, orné de blasons, des amants célèbres. Il obtient un baiser, mais, quand il veut emmener la dame au Chastel de Plaisance, il tombe dans une embuscade tendue par Dangier et les « mesdisans ». Mercy retourne en captivité, Cuer finit son existence en prières à l'hôpital d'Amour.

René se réfère explicitement à la *Queste* (« pour mieux donner à entendre ceste mienne euvre, qui est de la manière de la queste de tres doulce Mercy au Cuer d'Amour Espris, ensuivray les termes du parler du livre de la conqueste du Sang Greal »). C'est en effet le roman arthurien qui sert ici de modèle et fournit jusqu'aux transitions (« Or dit li contes que… ») : fontaine aventureuse, passage périlleux, château sinistre, nef pilotée par une demoiselle, cimetière sur une île, château des merveilles, autant de péripéties du corpus arthurien. Les procédés de composition romanesque (entrelacement) prennent le pas sur les schémas habituels de l'allégorie (*psychomachia*, discours) ; le sens lui-même naît d'une technique pratiquée dans la *Queste*, la « parabole » (cf. la dédicace à Jean de Bourbon) ; mais si chaque épisode intervient à titre de parabole, nous n'avons pas ici l'invasion de l'idéologie, ni les exégèses qui, dans le modèle, viennent constamment doubler la narration : comme si René, lui, ne voulait offrir que l'aspect visuel, séduisant, du signe, rejoignant ainsi le « mystère » de Guillaume de Lorris et l'allégorie implicite de Charles d'Orléans.

L'entrée dans le monde allégorique se fait progressivement. Dès la dédicace, l'auteur nous met en présence de personnifications étroitement liées à sa vie, Fortune, Amour et Destinée ; le prologue en vers marque la rupture, camouflée par l'hésitation entre rêve et fiction : d'autres figures se présentent, plus riches de connotations romanesques, Pitié, Discort ; le lien est définitivement brisé quand le cœur perd son possessif, se libère à la fois du corps et du sujet. Le « réel » se situe ailleurs, à un second degré, dans les images imposées par la description et l'illustration.

L'imaginaire se condense, se concrétise en des moments où le texte « donne à voir ». L'allégorie se reconnaît comme tentative d'iconographie par le langage. L'œuvre littéraire se met en abyme dans l'évocation d'œuvres d'art : les deux statues devant le Chastel de Plaisance, les tapisseries elles-mêmes allégoriques, les curiosités du parc et, surtout, les blasons des amants célèbres (César, Auguste, David, Énée, Pâris, Hercule, Tristan, Boccace, Pétrarque, Meung, Chartier, Machaut, Louis de Beauveau, Pierre de Brézé et divers princes). Cent trente paragraphes sur trois cent quinze y sont consacrés. Par l'écriture allégorique, la « fantasie », imagination libre et créatrice, se fixe en « ymaginacion », son aspect visuel. À cette recherche répondent les illustrations du texte : les passages descriptifs sont des guides pour l'enlumineur. Image et texte se conjuguent pour créer une réalité qui ne relève plus de la distinction « réel »/« imaginaire ».

Le moi est un « lieu » d'où émergent des personnifications (métaphore du cœur arraché), leur point de convergence, le foyer où s'entrecoupent les actions de forces antagonistes réparties en séries d'adjuvants et d'adversaires et polarisées, en un second système, autour de Cuer et de Mercy, symboles du désir et de la satisfaction. Mais ces localisations précises coiffent une topographie plus vague, où se croisent éléments du moi et de l'autre, signes idéologiques, « objets » limites de l'allégorie, telles ces combinaisons de noms concrets avec des déterminants abstraits (Fontaine de Fortune, Maison de Bon Repos).

René d'Anjou apparaît comme l'un des représentants les plus séduisants d'une aristocratie qui, au milieu des conditions objectives de son déclin (perte du rôle militaire, empiétements du pouvoir royal, difficultés économiques, concurrence bourgeoise), trouve une nouvelle jeunesse dans la fête et le jeu, dans une esthétique de la vie qu'elle cultive avec d'autant plus de ferveur que perce parfois, dans la fascination de ses propres valeurs, l'écho d'un désenchantement.

A. Strubel

Rétif de la Bretonne

RÉTIF *ou* RESTIF DE LA BRETONNE Nicolas

Pseudonyme de ***Nicolas Edme RÉTIF*** *(1734-1806)*

Longtemps Rétif est resté exclu de la grande littérature. De son vivant, il n'a jamais appartenu aux institutions officielles. Après sa mort, ses textes n'ont été lus que comme symptôme pour étayer un diagnostic de fétichisme, comme document sur la Bourgogne du XVIIIe siècle ou le Paris de la Révolution. Rétif ne trouvait place que sur le second rayon, parmi les auteurs libertins ou les écrivains régionaux. L'ampleur de son œuvre le desservait : un récit court et unique est un moyen plus sûr de parvenir à la postérité que les milliers de pages qu'il a commises. L'histoire de la littérature l'a réduit à l'imitation du passé ou à l'annonce du futur : « singe de Rousseau », « Jean-Jacques du ruisseau » ou « Voltaire des femmes de chambre » pour les uns, il devient pour les autres le « pithécanthrope de Balzac » ou le « Zola du XVIIIe siècle ». Les travaux des spécialistes depuis les années 1960, de courageuses rééditions aussi, ont largement renouvelé la connaissance de l'homme et de son œuvre. Ils permettent aujourd'hui de les aborder d'un œil neuf.

Le paysan de Paris

Né dans une famille paysanne et ayant passé ses premières années à la campagne, Rétif a été incontestablement marqué par ses origines rurales, mais on ne peut le suivre dans des oppositions trop tranchées entre ville et campagne, ignorance et culture. Sa famille, aisée et cultivée, était en liaison avec la capitale, et le jeune enfant a été envoyé dès onze ans aux environs de Paris. Rétif a reconstruit *a posteriori* sa vie et superposé mythiquement deux itinéraires, celui qui mène un jeune Bourguignon à Auxerre, puis à Paris, et celui qui fait d'un paysan un ouvrier imprimeur puis un homme de lettres promis à des heures de célébrité et à d'autres de misère. Son attitude vis-à-vis de cette destinée est ambivalente. La migration vers la capitale lui apparaît comme une chute morale et un déclassement, mais aussi comme une promotion. Elle est concurremment perte d'une vérité première et quête de valeurs nouvelles.

Il est particulièrement difficile de rendre compte des enjeux et des étapes de cette existence dans la mesure où l'œuvre entier semble un effort incessant pour en porter témoignage, l'interpréter et la recomposer. L'historien y cherche un document sur un monde rural partagé entre la répétition du passé et l'ouverture aux innovations. Mais chaque texte de Rétif transforme par déplacement et condensation les éléments vécus, et les intègre en un mythe personnel. Les contradictions de l'individu sont projetées imaginairement sur le monde extérieur et lui donnent sa forme fictive : partition de la campagne natale en deux « côtés », côté sombre du village de Sacy, côté lumineux de Nitry ; débat entre Edme et Pierre Rétif, c'est-à-dire le père et le grand-père, sur le rapport à la ville ; rivalité morale entre les deux amis du jeune artisan, Gaudet d'Arras, le mauvais conseiller, et Loiseau, l'ange protecteur. Chacun des termes de ces oppositions est chargé d'un tel poids symbolique qu'il dépasse, en fait, les catégories du réel et de l'imaginaire. Le personnage de Gaudet, pour ne prendre que cet exemple, n'a sans doute pas réellement existé, il mêle les traits d'êtres différents, mais il a rapidement pris, pour Rétif, une réalité qui lui a fait envahir sa mémoire et ses livres. Tout l'œuvre est à la fois fiction et autobiographie.

La force des préjugés et les pesanteurs sociales faisaient alors de tout changement de lieu et de mode de vie une transgression à expier. Dans le cas de Rétif, la création littéraire magnifie et occulte cette faute originelle : à sa montée à Paris s'ajoute en effet son entrée en littérature. À partir de sa première publication, en 1767, sa vie se confond avec une écriture qui prend vite l'aspect d'une graphomanie. C'est elle qui réorganise le passé, de telle sorte que l'existence de « M. Nicolas » puisse apparaître comme la lente maturation du futur écrivain, puis l'épanouissement de son destin. Le désir d'écriture est toujours déjà là chez le jeune pâtre, aussi loin que remonte son souvenir, mais, inversement, la formation de l'enfant et de l'adolescent est effacée au profit du surgissement, impérieux et relativement tardif, de sa vocation.

Dans la France du XVIIIe siècle finissant, où les droits d'auteur n'existent pas encore mais où les encyclopédistes ont montré l'exemple d'une possible réussite sociale, Rétif appartient à un prolétariat littéraire, grouillant et impatient. Admirateur des philosophes, mais envieux des places qu'ils occupent et de la gloire qu'ils monopolisent, il s'identifie avec Rousseau, solidaire des Lumières et solitaire dans sa lutte contre leur institutionnalisation. La vie de Jean-Jacques, qui mêle l'opprobre d'une naissance commune et d'une pauvreté toujours menaçante à une gloire d'écrivain, l'exclusion sociale à la revendication d'une valeur personnelle, fascine tous ceux qui attendent un succès littéraire pour sortir de la misère.

Ce succès, Rétif l'obtint enfin en 1775 avec *le Paysan perverti*. Il tâcha dès lors de l'exploiter sans relâche. Mais avec le succès vint l'ambition, qui transforma le romancier en philosophe et le fit passer de simples narrations à des visions toujours plus larges de réforme sociale. Il entendait restituer la vie mais aussi la changer, et participa au foisonnement utopique qui précéda la Révolution. Les événements de 1789 le trouvèrent prêt pour une mission à laquelle personne ne l'appela, si ce n'est, un peu plus tard, les services de police. Enhardi par les vastes opérations de librairie du temps, il se lança dans la rédaction d'une somme à la fois personnelle et encyclopédique, *Monsieur Nicolas,* qui engloutit ce que la dévaluation des assignats lui avait laissé de son éphémère fortune. Les institutions culturelles qui furent organisées à partir de l'an III ne lui accordèrent aucune place, malgré ses revendications. Il ne fut pas nommé à l'Institut, qui accueillit pourtant son ami Mercier, ni à l'École normale. Il ne trouva un poste qu'à Moulins, il le refusa. Il mourut dans une marginalité qui l'avait marqué toute sa vie, et qui a décidé pour longtemps de sa destinée posthume.

L'odor di femina

Quand il retrace son enfance, il se présente en écrivain futur, mais également en don Juan précoce. L'irrépressible désir de lire et d'écrire n'a d'égal que son goût pour les filles. Caressé par les jeunes villageoises et vite déniaisé par la plus hardie, Nicolas Edme perd bientôt sa beauté – emportée par la petite vérole – et sa passivité ; mais la laideur stimule en lui un sens de l'initiative où il voit le monopole de l'homme. C'est dire que sa vie et son œuvre sont hantées par le grand fantasme de la virilité. Le partage des sexes devient à ses yeux l'une des lois fondamentales de la société, puis de l'univers entier. Projets réformistes et fictions veulent remettre les femmes à leur place – la seconde – et dénoncent avec hargne toute tendance, dans les mœurs ou dans l'habillement, à l'indifférenciation.

Les souvenirs se confondent avec le fantasme pour transmuer cette existence en une séduction incessante et permettre à Rétif de rassembler en un calendrier toutes les femmes – une par jour – qu'il a aimées et qu'il commémore. Certains visages émergent de cette cohorte féminine, tels ceux de Jeannette Rousseau, qu'il aima dès l'enfance, ou de Mme Parangon ; mais Rétif se veut fondamentalement, selon son mot, « polyéraste ». L'éloge du mariage s'accompagne chez lui d'une critique de l'institution monogamique.

L'obsession de l'amour lui fait traverser la société et le conduit jusqu'aux bas-fonds de la prostitution. Mais, autant que quête du plaisir, elle est effort pour s'inscrire dans le temps. Comme l'écriture, le désir érotique est volonté d'étendre l'être, d'inscrire une marque dans le déroulement des jours, à défaut de pouvoir le fixer. Idéalement, chaque rencontre avec une femme devrait se révéler féconde et donner le jour à un enfant. La vie amoureuse prendrait ainsi une dimension d'histoire et d'éternité. Du moins laisse-t-elle une trace par le souvenir et l'écriture : elle est commémorée. On comprend que l'inceste du père avec ses filles s'impose à un homme qui y voit une victoire sur la fuite des générations et sur la mort.

Rétif, finalement, se distingue de Don Juan. Sa thésaurisation du passé est à l'opposé de la dilapidation du grand seigneur et les trois cent soixante-cinq femmes et quelques de son calendrier ne rivalisent pas avec les *mille e tre* du catalogue que déroule Leporello dans le *Don Giovanni* de Mozart. L'aventure personnelle de Rétif s'élargit et se perd en une immense fresque de la féminité de son époque : ce sont les cinquante volumes des *Contemporaines*.

Le libertinage rétivien emprunte au donjuanisme quelques stratégies de séduction, mais il reste fondamentalement moralisant. Les pires priapées sont traversées de l'émotion de devenir père. Les positions érotiques et les étreintes vertueuses à la Greuze finissent par se ressembler. Le refus des perversions, la réduction du sexuel au génital, le lien revendiqué entre amour et procréation autorisent Rétif à confondre élan physique et sentiment, sentiment et morale. Il dénonce les manies de l'« infâme de Sade », qui, du côté de Sodome, théorise un érotisme de la dépense et de la violence. L'animosité du bourgeois à l'égard de ce marquis méchant homme l'entraîne curieusement à rivaliser avec lui dans une *Anti-Justine* destinée à pimenter les vies conjugales languissantes. Toutes les complaisances y sont admises pour la plus grande gloire de la vertu.

Le nyctalope

Polarisation mythique de l'enfance paysanne ou réalisation fantasmatique des désirs amoureux, la création rétivienne est baignée par l'imaginaire. C'est pourtant comme réaliste qu'elle a été classée par une tradition critique. Romancier du terroir et du trottoir parisien, il a été rapproché de Balzac ou de Zola. L'illusion vient de ce qu'il ouvre la littérature au petit peuple des villes et des campagnes, qu'il parle leur langue. Son personnel romanesque appartient à une bourgeoisie rurale ou citadine et à un prolétariat qui étaient confinés dans la littérature burlesque et exclus des grands genres. Son décor met en place les gestes et les objets de la vie quotidienne. À ces effets de réel s'ajoute la prétention de l'auteur à l'objectivité, au naturel. Il se veut témoin de son temps, inlassable observateur des mœurs. Cru sur parole, il sera étiqueté historien ou sociologue.

La documentation qu'il apporte et l'information qu'il brasse sont, en fait, travaillées par les obsessions de l'homme. Le témoin prend souvent le pas sur le témoignage. Au fur et à mesure que Rétif avance en âge, sa postérité imaginaire se met à peupler la capitale. Les ramifications de sa parenté et de ses connaissances lui permettent de parler de lui à propos de tout. Il met en scène sa célébrité et sa générosité. Il envahit sa création, *Comédie humaine* dont il est le principal personnage sans cesse reparaissant.

Plutôt qu'observateur, il est voyeur. Il n'a pas besoin comme le héros de Lesage d'un diable boiteux pour lui ouvrir les portes fermées ou soulever les toits. Il est à lui-même son propre Asmodée, bon diable mais maniaque. Il pénètre par effraction dans toutes les intimités. Paris, derrière ses façades ou derrière le rideau de la nuit, devient une fourmilière d'amants, de complots, d'accouplements. Rétif parcourt ces rues en rut, toujours prêt à prêcher ou à apercevoir un pied, une hanche, une gorge. La Révolution elle-même, vue du Palais-Royal, semble une vaste saturnale.

Une scène prend valeur emblématique. Surpris par un hibou, l'auteur est entraîné dans une méditation, et il imagine une race d'hommes nocturnes pour lesquels les ténèbres n'auraient pas de secret. Il retrouve cette race dans l'hémisphère austral de ses rêves. À Paris, il en serait le dernier descendant. « Spectateur nocturne », il s'identifie au hibou. Ses errances deviennent écriture, il révèle ce que lui ont fait découvrir sa clairvoyance et sa voyance. Le principe de l'objectivité est ainsi prétexte à visions et à fabulation. Le réalisme rétivien est inséparable de l'onirisme. Du petit fait vrai, on glisse au mythe et du pittoresque au fantastique.

Le prote protée

Longtemps l'écriture et le livre étaient demeurés des privilèges : pratique rare, objet de luxe. En en devenant acteurs et consommateurs, les masses bourgeoises et populaires les transforment. Le livre tend à devenir brochure, à se rapprocher du journal débité périodiquement ; l'écriture s'imprègne du langage quotidien. Rétif est l'écrivain de cette mutation. Contre les stylistes qui cisèlent leur prose, il compose à la hâte. Il se précipite ; son écriture, comme le remarque Gaëtan Picon, est dans tous les sens du mot « courante ». Jamais il ne gomme, jamais il ne rature : il ajoute. Il ne choisit pas : il entasse. Il voue son existence à cette rédaction ininterrompue qui doit porter trace de chacun de ses moments. L'œuvre entier étant une autobiographie sans fin, chaque livre particulier en représente un fragment ou un aspect. On ne s'étonne donc pas de retrouver les mêmes thèmes de livre en livre, ni de voir circuler certains fragments, détachés d'un ensemble pour être adjoints à un autre.

Toujours ouverte, toujours susceptible d'une addition, cette écriture est soumise aux mouvements de l'opinion et aux aléas du marché. En parlant continuellement de lui, Rétif ne cesse pas de s'inspirer des autres. C'est en composant typographiquement une œuvre de Mme Riccoboni que lui serait venue l'idée de son premier roman ; c'est à l'un de ses amis d'alors qui l'avait précédé dans la voie de la littérature qu'il emprunte le titre de son second : Nougaret avait publié *Lucette ou les Progrès du libertinage* (1765-1766), Rétif prend le contre-pied avec *Lucile ou les Progrès de la vertu* (1768). Quand il a conquis la notoriété avec *le Paysan perverti* (1775), c'est au tour de Nougaret de se mettre à sa remorque, en republiant *Lucette* sous le titre de *la Paysanne pervertie* (1777). Il ne restait plus à Rétif qu'à composer sa propre *Paysanne pervertie* (1784). On pourrait multiplier les exemples : Diderot a écrit *le Fils naturel*, Rétif écrit *la Fille naturelle* ; Rousseau *la Nouvelle Héloïse* et *l'Émile*, Rétif *le Nouvel Abélard* et *le Nouvel Émile* ; Prévost les *Mémoires d'un homme de qualité* et Beaumarchais *la Folle Journée ou le Mariage de Figaro*, Rétif *les Nouveaux Mémoires d'un homme de qualité* et *le Nouvel Épiménide ou la Sage Journée* (1789)…

Cette création peut prendre toutes les formes. D'abord romanesque, elle prétend vite au théorique avec des propositions de réforme. Elle emprunte au théâtre ses ressources, quitte à en faire exploser le cadre dans un drame contenant treize actes d'ombres chinoises et dix pièces régulières ! Elle trouve une expression privilégiée dans les formes éclatées : romans par lettres, qui se gonflent en portefeuilles et recueillent toutes sortes de fragments ; récits enchâssés, qui multiplient les décrochements et les parenthèses ; suites de nouvelles, surtout, qui accumulent les anecdotes. Les longues séries, tel le monumental massif des *Contemporaines*, exploitent une attente du public et satisfont la graphomanie de l'auteur. Les lecteurs du XXe siècle, quant à eux, restent abasourdis devant ce déluge verbal qui occupe à peu près deux cents volumes. Certains en détacheront un ou deux brefs récits comme *Sara ou la Dernière Aventure d'un homme de quarante-cinq ans*, d'autres seront sensibles au flux et à l'ampleur du projet. Pour notre part, nous lirons cet œuvre polymorphe non par titres mais par cycles qui se chevauchent, centrés autour de quelques-unes de ses constantes et de ses lignes de force.

	VIE		**ŒUVRE**
1734	**23 oct. :** naissance, à Sacy, de Nicolas Edme Rétif.		
1740	Acquisition, par le père de Nicolas Rétif, de la maison et du domaine de la Bretonne.		
1745	Nicolas étudie à l'école du village.		
1746-1747	Séjour de Nicolas à l'école janséniste de Bicêtre, près de Paris, où enseigne son demi-frère l'abbé Thomas.		
1747-1749	Séjour à Courgis chez un autre demi-frère, curé du lieu. Passion pour Jeannette Rousseau.		
1750	Retour à Sacy.		
1751-1755	Apprentissage à l'imprimerie de maître Fournier, à Auxerre. Passion pour sa femme, la Mme Parangon de la fiction.		
1755-1759	Compagnon imprimeur à Paris.		
1759-1760	Travail d'imprimeur chez Fournier à Auxerre. Mariage avec Agnès Lebègue.		
1761-1769	Prote à Paris pour divers patrons.	**1767**	*La Famille vertueuse.*
		1768	*Lucile ou les Progrès de la vertu.*
		1769	*Le Pied de Fanchette.* *Lettres de lord Austin ou la Confidence nécessaire.* *La Fille naturelle.* *Le Pornographe ou Idées d'un honnête homme sur un projet de règlement pour les prostituées.*
1770	Première séparation de Rétif et de sa femme.	**1770**	*Le Mimographe ou Idées d'une honnête femme pour la réformation du théâtre national.* *Contr'avis aux gens de lettres.*

VIE		ŒUVRE	
		1771	*Le Marquis de T. ou l'École de la jeunesse.*
		1772	*Adèle de Comm. ou Lettres d'une fille à son père.*
		1773	*La Femme dans les trois états de fille, d'épouse et de mère.* *Le Ménage parisien.*
		1774	*Les Nouveaux Mémoires d'un homme de qualité.*
		1775	*Le Paysan perverti.*
		1776	*L'École des pères ou le Nouvel Émile.* *Le Fin Matois*, traduit de l'espagnol de Quevedo.
		1777	*Les Gynographes ou Idées de deux honnêtes femmes sur un projet de règlement proposé à toute l'Europe pour mettre les femmes à leur place et opérer le bonheur des deux sexes.* *Le Quadragénaire ou l'Âge de renoncer aux passions.*
		1778	*Le Nouvel Abélard ou Lettres de deux amants qui ne se sont jamais vus.* *La Vie de mon père* (sous le millésime 1779).
1780	Passion pour Sara.	**1780**	*La Malédiction paternelle.*
		1780-1785	*Les Contemporaines ou Aventures des plus jolies femmes de l'âge présent.*
		1781	*La Découverte australe par un homme volant ou le Dédale français.*
		1782	*L'Andrographe ou Idées [...] pour opérer une réforme générale des mœurs et par elle le bonheur du genre humain.*
		1783	*Sara ou la Dernière Aventure d'un homme de quarante-cinq ans.*
1784	Rétif fréquente le cercle de Grimod de La Reynière.	**1784**	*La Prévention nationale.*
1785	Séparation définitive d'avec Agnès Lebègue.	**1785**	*Les Veillées du Marais.* *La Paysanne pervertie* (sous le millésime 1784).
		1786	*Les Françaises.* *La Femme infidèle.*
1787	Rétif fréquente le cercle de Fanny de Beauharnais.	**1787**	*Les Parisiennes.* *Le Paysan et la Paysanne pervertis.*
		1788-1793	*Les Nuits de Paris ou le Spectateur nocturne.*
		1789	*Le Thesmographe ou Idées [...] pour opérer une réforme générale des lois.* *Le Plus Fort des pamphlets.* *Ingénue Saxancour ou la Femme séparée.* *Le Nouvel Épiménide ou la Sage Journée.*
1790	Rétif dispose d'un matériel pour imprimer lui-même ses ouvrages.	**1790**	*Le Palais-Royal.* *La Semaine nocturne* (15ᵉ partie des *Nuits de Paris*).
		1793	*Théâtre.* *Le Drame de la vie contenant un homme tout entier.*
1794	Divorce d'avec Agnès Lebègue.	**1794**	*Vingt Nuits* (16ᵉ partie des *Nuits de Paris*).
		1795	*L'Année des dames nationales* (sous le millésime 1791), devenue en 1796 *les Provinciales.*
		1796-1797	*Monsieur Nicolas.*

VIE		ŒUVRE	
1798	Nomination comme professeur d'histoire à l'école centrale de Moulins.	**1798**	*L'Anti-Justine ou les Délices de l'amour,* sous le nom de LINGUET.
1802	Saisie par la police du manuscrit de *l'Enclos et les Oiseaux* et des *Posthumes.*	**1802**	*Les Posthumes,* sous le nom de CAZOTTE. *Les Nouvelles Contemporaines.*
1806	**3 févr. :** Rétif meurt ; il est enterré le 5, au cimetière Sainte-Catherine, à Paris.		
		1811	*Histoire des compagnes de Maria,* publiée par Cubières-Palmézeaux.

Le cycle du frère et de la sœur

À l'origine du cycle, la donnée biographique est contaminée par un souvenir littéraire. Le jeune Nicolas Edme monte à Paris comme le Jacob de Marivaux, qui compose ses Mémoires au terme d'une ascension sociale qui l'a assimilé aux élites du pays. Paysan parvenu, Rétif prend le nom d'une de ses terres et devient M. de La Bretonne. Mais l'ascension change de signe en devenant celle d'Edmond, paysan perverti, puis de sa sœur Ursule. À la forme du récit à la première personne, adoptée par Marivaux, s'oppose, chez Rétif, le recueil épistolaire, rassemblé par le frère vertueux des deux Parisiens. Le roman juxtapose les points de vue différents et y adjoint les commentaires sentencieux de ce frère resté fidèle à la campagne. Edmond et Ursule, les plus brillants sujets de la famille, ont le destin des plus beaux d'entre les anges. L'orgueil de leurs parents, leur propre ambition et leur sensualité signent leur chute. Ils sont punis par où ils ont péché : dans leur corps, marqué par les maladies et les mutilations ; dans leur ambition, qui les fait tomber tout en bas de l'échelle sociale. Le repentir ne fait que précipiter des dénouements de roman noir. Le meurtre de la sœur par le frère vient couronner ou effacer leur inceste. L'errance du coupable, qui s'intitule lui-même le monstre, est celle que connaîtront les grands damnés de l'ère romantique (Rétif nomme d'ailleurs son personnage « romantique »). L'évocation « réaliste » de la richesse et de la misère parisiennes débouche sur ces visions fantastiques.

LE PAYSAN ET LA PAYSANNE PERVERTIS

Le jeune Edmond quitte son village pour faire son apprentissage de peintre à Auxerre, puis à Paris. Sa bonne mine lui ouvre rapidement certains salons aristocratiques. Il devient l'amant d'une marquise, sur les conseils de son ami Gaudet, moine défroqué et immoraliste. Il attire à Paris sa sœur Ursule et lui destine le marquis. Mais à cette vie brillante succède une existence louche, qui entraîne peu à peu le frère et la sœur vers les intrigues de bas étage et la prostitution. Veuf d'une riche vieillarde dont la mort paraît suspecte, Edmond est arrêté et condamné. Revenant du bagne, ignorant le repentir d'Ursule, qui a épousé le marquis et fait légitimer la naissance de son fils, il la poignarde. Éclopé et vagabond, hantant sa campagne natale, il retrouve Mme Parangon, vertueuse, séduite et qu'il aime depuis toujours ; il l'épouse et meurt le jour du mariage.

L'intrigue est reprise et développée par Rétif, qui, nous l'avons vu, entend exploiter le succès. Il se bat contre les imitateurs, mais se débat aussi avec son inconscient. Il est habité par des personnages qui le concernent au plus profond de lui. De même qu'au *Paysan parvenu* de Marivaux avait succédé *la Paysanne parvenue* du chevalier de Mouhy, de même *le Paysan perverti* de Rétif est suivi de deux « Paysannes perverties », celle de Nougaret et la sienne propre. De nouvelles lettres apportent un éclairage différent sur ce rêve devenu cauchemar. Les deux volets du diptyque sont ensuite rassemblés en une seule œuvre, tandis qu'*Edmond ou les Tombeaux*, tragédie en cinq actes (éd. 1784), prend l'anecdote à son dénouement, dans l'hécatombe finale.

Les transformations textuelles qui font passer d'une édition à l'autre du *Paysan*, puis à ses versions féminine et théâtrale, jouent conjointement sur des effets d'atténuation ou d'insistance. Elles révèlent ainsi les pôles fantasmatiques de cette geste : le meurtre du Père, gardien de la Loi ; l'inceste, tantôt explicite, tantôt implicite, du frère et de la sœur ; la passion homosexuelle, parfois platonique, parfois consommée, de Gaudet pour Edmond. Les trois crimes sont de l'ordre de l'innommable. Le personnage du moine athée et immoraliste – parfois dédoublé en deux figures : celle de Gaudet, d'une part, et celle du père d'Arras, de l'autre – constitue l'un des modèles de Vautrin, clef de voûte de *la Comédie humaine.* Il fascine par l'ambivalence du romancier à son égard : athée vertueux qui échoue dans son effort pour aider son protégé ou machiavélique génie du mal, il est à l'image d'un roman qui ne parvient pas à choisir entre la nostalgie et l'invention de valeurs nouvelles.

Le cycle du père et de la fille

L'inceste forme encore le foyer fantasmatique de ce cycle, mais à l'inceste horizontal entre frère et sœur succède celui, vertical, du père et de la fille. Il faudrait rappeler ici la valorisation de la figure paternelle dans l'idéologie bourgeoise de la fin du XVIIIe siècle. Elle conduit Rétif à inventer des patriarches bibliques, régnant sur leur famille et frappant le fils désobéissant de leur malédiction : *Padre padrone* de l'ancienne France. Sur ce thème du père aimé et haï, Rétif publie coup sur coup une *Vie de mon père* (1778) hagiographique et *la Malédiction paternelle* (1780).

Dans la logique du fantasme, le père exerce le monopole sexuel et possède ses filles. La configuration de la horde primitive peut prendre la forme moins brutale et plus subtile de la relation pédagogique. La jeune fille est éduquée par son père ou tirée du vice et ramenée à la vertu par celui qui en tient lieu, le futur époux. Le mari devient héritier de l'autorité paternelle. Mais un conflit d'autorité peut toujours surgir entre le père et le gendre. Rétif a connu et ces désirs incestueux pour ses filles et ces démêlés teintés de jalousie avec son gendre.

La relation pédagogique vertueuse transforme la trame du second roman de Rétif, *Lucile ou les Progrès de la vertu*. Elle est assurée par le père dans *l'École des pères* et dans *Adèle de Comm. ou Lettres d'une jeune fille à son père*. La rivalité avec l'époux anime d'un ressentiment hargneux *Ingénue Saxancour* et *l'Anti-Justine*. La fille chérie est livrée aux sévices d'une brute et se réfugie dans le giron paternel. Le père se met alors à assumer les fonctions symboliques maternelle et paternelle. Il va, dans des orgies bien différentes de celles de Sade, jusqu'à nourrir son enfant de son sperme. Ce père affectueux s'éloigne du modèle biblique. Loin des patriarches vengeurs, il peut même devenir le héros de *la Dernière Aventure d'un homme de quarante-cinq ans* : l'homme vieillissant s'éprend d'une jeune prostituée de vingt ans qu'il veut croire pure. Dans ce texte, particulièrement dense, Rétif avoue ses désirs et les tourments d'une passion qui annonce celle de Swann, mais qui est d'abord le sentiment trouble d'un homme pour celle qui pourrait être sa fille.

Le cycle du moi

Maurice Blanchot et Pierre Testud ont bien montré comment la création littéraire a représenté pour Rétif un engagement total, une fuite devant les angoisses et un recours contre la mort. Alors que sa pratique désacralisait la littérature, il réinvestissait d'une charge quasi magique le geste d'écrire. Non content de remplir des carnets et des cahiers de journaux intimes, il grava au fil de ses vagabondages parisiens des « inscriptions », marques et signes sur les pierres de la ville, rituel de commémoration, exorcisme contre l'oubli. Le métier de prote lui permettait de passer sans transition de ces graphies à l'édition, dans un court-circuit de plus en plus rapide.

Pour publier son premier roman, il devint M. de La Bretonne. Au cours de sa carrière, il accumula les masques et les pseudonymes, qui le transformèrent en une multitude de personnages de sa fiction. La variété des noms renforce l'omniprésence d'un moi qui n'est ni l'être social ni une créature de fiction, mais Rétif de La Bretonne, un homme réel dans le foisonnement de ses rôles et de ses rêves, dans le pluriel de son existence. Lui, Nicolas Edme dont le nom est juste l'inverse de son vertueux frère curé de campagne, Edme Nicolas, est tout à la fois Edmond le paysan perverti et M. Nicolas. Il est Edmond – comme Goethe est Werther ou comme François-René de Chateaubriand est René – pour se délivrer de ses démons. Il est aussi M. Nicolas comme Rousseau est Jean-Jacques, un autre soi-même qu'il contemple au miroir de l'écriture. Il est encore tous les doubles qui traversent les nouvelles et les romans ou qui occupent le premier rôle de toutes les pièces qui constituent *le Drame de la vie contenant un homme tout entier*. L'œuvre entier est la biographie d'un moi dans la diversité de ses possibles, sur les modes contrastés de l'indicatif et du conditionnel. Il converge vers les volumes de *Monsieur Nicolas*, centre de cette création, qui en donne les clefs ou les paradigmes mais réassume aussi certaines inventions. Le personnage fictif de Gaudet achève ainsi de devenir réel. L'ouvrage marque la totale symbiose de la vie et du roman.

Le Drame de la vie, publié en 1793, représentait un premier effort pour synthétiser une vie. *Monsieur Nicolas ou le Cœur humain dévoilé* élargit et étoffe l'ambition. Dans une relation d'imitation et de rivalité avec les *Confessions* de Rousseau, il se proclame texte de rupture, émergence d'un discours inouï. Un homme transforme sa vie en mots, sa vie affective mais aussi intellectuelle et imaginaire. Neuf époques retracent son existence, une dixième demeure ouverte pour les années qui lui restent à vivre. La *Philosophie de Monsieur Nicolas* qui leur fait suite propose la dissection d'un esprit après celle du cœur. Le moi, image de l'humanité, devient microcosme, résumé de l'univers entier. « Ma physique », en particulier (d'abord publiée séparément en 1796), développe un système cosmologique délirant où la sexualité est le principe général qui anime les éléments fondamentaux et les corps célestes. La loi de l'éternel retour organise des métamorphoses où tous les possibles deviennent réels et des métempsycoses où le moi rétivien atteint une hésitante éternité. « Mes ouvrages », dernière partie de *Monsieur Nicolas*, achève d'en faire le livre des livres. Elle propose un « Journal » de l'écrivain et ajoute à ses titres publiés une liste de vingt-huit nouveaux projets ! Alors que les « inscriptions », dans leur concision lapidaire, tendaient à l'hiéroglyphe, cette gigantesque autobiographie se présente comme une œuvre en expansion : machine textuelle qui programme sans cesse son propre dépassement. Nostalgique d'une parole pleine, d'une formule définitive, elle se répand en développements littéralement interminables.

Le cycle de Paris

Ville lumière et métropole du péché, la capitale est à l'image des hésitations et des contradictions du romancier. Elle exacerbe les différences sociales, outre le luxe et la misère, mais mélange les classes et fait se côtoyer les groupes sociaux. Elle est le lieu des possibles, pour le meilleur ou pour le pire. Aux yeux du jeune paysan qui sort de sa campagne, elle représente une liberté sans limites ni garde-fous, avec ses séductions et ses risques. Pour l'écrivain, elle concentre une multitude de types et d'intrigues et fournit un matériau inépuisable. Elle organise une nouvelle relation à l'espace et au temps. Elle incarne l'Aventure et son équivalent rétivien, l'Écriture. Elle peut sembler d'abord terre de hasards, de rencontres imprévues et de surgissement de l'inconnu. Mais, au fur et à mesure que le collectionneur des *Contemporaines* ou le piéton des *Nuits de Paris* tisse sa surveillance, les hasards deviennent « objectifs », les rencontres se constituent en réseau de nécessités. Les visages s'identifient, et les liens de parenté se découvrent.

Par son activité inlassable, ses changements et ses modes, la ville appelle le reportage sur le vif, le témoignage journalistique. Tandis que Louis-Sébastien Mercier compose dans le *Tableau de Paris* une encyclopédie du savoir sur la capitale, Rétif rassemble la mémoire de la vie quotidienne. Les deux ensembles s'allongent en suites indéfinies. *Les Contemporaines* tentent bien de s'organiser par gradation, c'est-à-dire selon une hiérarchie sociale, tandis que *les Nuits de Paris* aspirent à une exploration exhaustive, tout plan systématique est déjoué par le foisonnement du réel. Le lecteur ne peut se repérer dans le labyrinthe de la ville et du livre que par le retour de certains personnages et la prédilection accordée à certains lieux comme l'île Saint-Louis, cœur du Paris de Rétif (sa mémoire aussi, grâce aux inscriptions qu'il y laisse). La curiosité qui ramène sans cesse l'écrivain dans les lieux de débauche et le fait s'attarder dans les quartiers sordides va de pair avec l'évasion par le souvenir et le rêve. La complaisance pour l'ordure est équilibrée par les projets d'urbanisme et de réforme. L'almanach du nyctalope juxtapose les crimes et les idylles, les choses vues et les plans d'hygiène urbaine.

Quand la Révolution survient dans le fouillis parisien, c'est moins comme une coupure que comme une surenchère. Elle introduit des mouvements de masse et des massacres en série au milieu des amours et des intrigues qui se poursuivent. Les grands événements politiques s'intercalent dans la vie personnelle de Rétif, et le gendre honni devient le symbole des forces mauvaises qui poussent la Révolution vers la Terreur.

Tout à la fois décor et personnage, le Paris de Rétif brille de toutes ses équivoques. Dans son archaïsme, c'est déjà la capitale de notre modernité, celle de Baudelaire et celle des surréalistes. Nous avons évoqué plus haut *le Paysan de Paris*, récit d'Aragon. Nous pouvons penser à *Nadja*. Il faut aussi mentionner l'hommage explicite rendu par le surréalisme à ce lointain intercesseur. En 1928, Philippe Soupault publie *les Dernières Nuits de Paris*, faux roman policier qui devient vite fantastique. Les mythes modernes de Paris doivent beaucoup, sans toujours le dire, à Mercier et à Rétif.

Le cycle des réformes

La *Philosophie de Monsieur Nicolas*, par ses sections « Ma morale », « Ma religion » et « Ma politique », articule l'autobiographie sur la réflexion réformiste et le rêve utopiste. Le moi éprouve le besoin de s'étendre aux dimensions d'une collectivité. *Le Paysan perverti* déjà s'achevait sur les statuts d'une communauté paysanne idéale dont la stabilité et le bonheur devaient faire contrepoids aux errances et aux souffrances d'Edmond et d'Ursule. Cette communauté reposait sur le travail et l'égalité, le refus de l'étranger et l'endogamie. L'ensemble des fictions campagnardes de Rétif répète ce désir d'un communisme agraire, loin du bruit et de la fureur des passions ou de l'histoire. La plupart des historiens des idées sociales ont été sensibles à cette nostalgie d'une vie primitive mêlée à quelques audaces prérévolutionnaires. André Lichtenberger, en 1895, lui a donné sa place dans son ouvrage *le Socialisme au XVIIIe siècle*. Mais un examen attentif de textes directement politiques comme *le Thesmographe* ou *le Plus Fort des pamphlets* révèle un Rétif méfiant à l'égard du bas peuple et peu soucieux de démocratie. Il ne réclame, dans ces brochures de 1789, ni la fin des privilèges ni celle des droits féodaux. Il préfère dénoncer une nouvelle fois les abus de l'Église plutôt que mettre en cause l'ordre social ou le régime politique. Au cours de la Révolution, il gardera, en s'adaptant aux situations successives, une même prudence opportuniste.

La volonté de réforme s'émancipe du prétexte narratif dans la suite des *Idées singulières*, idées originales mais aussi idées d'un solitaire. *Le Pornographe* propose, à côté d'une rapide intrigue épistolaire et d'éléments pour une histoire de la prostitution, les plans d'une maison de passe harmonieuse gérée par l'État et où rien n'est laissé au hasard. Ce « parthénion » n'est pas sans faire songer à l'*oikema*, palais du plaisir dont Claude-Nicolas Ledoux trace les plans pour sa ville idéale. L'imaginaire utopique est ici le même chez l'écrivain et chez l'architecte. Le souci de l'un et de l'autre est de canaliser toutes les passions au profit de l'économie et de la population, à la manière dont *l'Anti-Justine* récupère en faveur de l'institution matrimoniale les fantasmes de violence. Rétif était persuadé que Joseph II avait été convaincu par ce plan et l'avait mis en application dans ses États. Telle est la visée de ces utopies des Lumières, qui s'adressent presque toujours au prince éclairé.

LES IDÉES SINGULIÈRES

I. *Le Pornographe* (ou la Prostitution réformée).
II. *Le Mimographe* (ou le Théâtre réformé).
III. *Les Gynographes* (ou la Femme réformée).
IV. *L'Andrographe* (ou l'Homme réformé).
V. *Le Thesmographe* (ou les Lois réformées).
VI. *Le Glossografe* (ou la Langue réformée). Ouvrage inachevé.

À partir de projets ponctuels sur la prostitution ou le théâtre qui constituent le monde d'un prolétaire de la plume comme Rétif, l'ambition réformiste prend de l'ampleur et englobe toutes les activités humaines, depuis la langue, transformée dans son orthographe comme elle l'est dans son vocabulaire par la néologie, jusqu'à la vie politique. La Révolution n'a pu qu'encourager cette créativité utopique et aviver la déception de celui qui a le sentiment de ne pas avoir été écouté.

Le cycle des visions

La Découverte australe commence par la description d'une communauté semblable à celles qui jalonnent la fiction rétivienne. Mais ici le génie de l'écrivain et la dérive vers le fantastique consistent à faire émigrer cette famille de pionniers vers l'hémisphère austral à bord d'engins volants. Le lecteur découvre à leur suite une faune d'hybrides entre l'humanité et l'animalité, les hommes-singes, les hommes-castors, les hommes-chevaux ou les hommes-éléphants. Cette rêverie nourrit l'hypothèse développée avec sérieux dans « Ma physique », selon laquelle chacune de ces races aura une royauté éphémère sur la terre après celle des hommes. Elle donne également une dimension nouvelle à l'impression rapportée par l'observateur de Paris de se trouver dans la foule au milieu d'une ménagerie : chaque individu porte en lui un atavisme animal. La fiction rejoint peut-être un vieil animisme qui ignore les frontières entre l'animal et l'humain.

La nature entière devient une matière sexuée en coït permanent. La terre et l'eau, les étoiles et les planètes s'intègrent au vaste cycle de l'univers, qui, selon la formulation d'Hélène Tuzet, « n'est que le roman d'énormes créatures palpitantes, grouillantes, jouisseuses, qui transpirent, digèrent, s'accouplent, se grattent, agonisent, pourrissent ».

L'angoisse de la mort et le « dur désir de durer » sous-tendent cette cosmologie délirante dans les dernières fictions de l'écrivain vieillissant. Le fils du duc Mazarin, dans *l'Enclos et les Oiseaux* (1802), œuvre en partie perdue, et le duc Multipliandre, dans *les Posthumes ou Lettres du tombeau*, acquièrent l'immortalité. Le premier aménage pour abriter sa progéniture un enclos, semblable à l'île de *la Découverte australe*, où les oiseaux remplacent les machines volantes. Le second change de corps à volonté et vit une infinité d'existences. C'est cela même qu'entreprend de faire Rétif grâce à la littérature lorsqu'il rédige ses *Revies, histoires refaites sous une autre hypothèse du cœur humain dévoilé*, variations sur le passé et le possible. Les grands thèmes de l'œuvre entier sont poussés jusqu'à leurs limites. Le fils du duc Mazarin, repeuplant de sa semence toute la terre, assouvit le fantasme de paternité, et le duc Multipliandre réalise l'idéal du voyeur, de l'espion et du romancier : tout voir et tout savoir. Le moi rétivien, dans ces ultimes délires, s'affirme et se perd, s'étend et s'éparpille, entre une impossible unité et une non moins impossible universalité.

On comprend le sentiment fraternel ressenti par Nerval à l'égard de Monsieur Nicolas, l'intérêt que cet ouvrage a pu susciter chez Fourier comme chez les surréalistes. On pressent dans cette fantasmagorie une mine d'idées et un foyer d'inspiration dont a profité la littérature du XIXe siècle. Loin des extraits et des morceaux choisis auxquels certains voudraient réduire Rétif, il faut enfin oser considérer dans sa masse cet auteur océan.

M. Delon

Retour de Cornumaran (le)
v. Croisade (cycles de la)

RETZ, cardinal de

Jean-François Paul de GONDI, cardinal de RETZ *(1613-1679)*

Conçue à l'époque où, à la suite de Pascal, le moi est jugé « haïssable », l'œuvre du cardinal de Retz, superbe mise en scène d'une personnalité exceptionnelle, apparaît d'abord comme un défi. Contre une société d'ordre dont l'art tend à l'harmonie, les *Mémoires* exaltent l'esprit de révolte. Publiés au début du XVIIIe siècle, en pleine Régence, dans un climat de réaction contre le Grand Siècle, ils effraient encore l'honnête homme par le modèle d'aventurier génial qu'ils proposent à la postérité bien avant ceux de Stendhal, de Malraux, de T.E. Lawrence. Saint-Simon prétend que la lecture des *Mémoires* a « tourné toutes les têtes ». Brossette, l'ami de Boileau, en fournit la preuve : « Oh, le terrible homme que ce Coadjuteur ! Son livre me rend ligueur, frondeur et presque séditieux, par contagion, moi qui suis ennemi de toute cabale ! »

Sa vie est son chef-d'œuvre

La vie de Retz étant, au moins jusqu'en 1655, le sujet même des *Mémoires*, c'est le héros du livre que l'on trouve quand on cherche l'auteur ; l'*incipit* même des *Mémoires* situe d'emblée le fait biographique dans la perspective du mythe corrigé par l'humour : « Je sors d'une maison illustre en France et ancienne en Italie. » Nul n'ignorait, en fait, que les Gondi étaient d'assez basse condition et ne devaient leur fortune rapide qu'à la faveur de Catherine de Médicis : la grand-mère de Retz vendait des petits chiens, et son grand-père, banquier à Lyon, avait été fait par la reine duc et pair, maréchal de France et gouverneur de Provence. Son père, Philippe Emmanuel, avait épousé Marguerite de Silly, fille du comte de La Rochepot, et Vincent de Paul avait été précepteur de son frère aîné Pierre, avant de devenir aumônier des galères dont Philippe Emmanuel de Gondi était général. Le fils aîné est destiné à succéder à son père ; quant au cadet, né à Montmirail, en Champagne, il doit succéder un jour à son grand-oncle, archevêque de Paris. Tonsuré à dix ans, il perd sa mère à treize, et, tandis que son père se retire à l'Oratoire, Paul de Gondi est confié aux jésuites du collège de Clermont. Dès cette époque, note Tallemant des Réaux, qui fut son condisciple, « il ne pouvait souffrir d'égaux et avait souvent querelle ». Élève brillant et paresseux, il excelle dans l'étude des langues, parlant sans peine l'hébreu, le grec, le latin, l'italien, l'anglais et l'allemand ; en 1631, reçu bachelier, il quitte le collège « avec l'âme la moins ecclésiastique de l'univers ». « Il a la galanterie en tête, note Tallemant, et veut faire du bruit, mais sa passion dominante, c'est l'ambition. » Lui-même le reconnaît : « Je ne pouvais me passer de galanterie. » Et plus tard, envisageant avec le cynisme d'un Valmont la liste prodigieuse de ses maîtresses : « On n'était pas fâché de voir la pourpre soumise, tout armée et éclatante qu'elle était. » Citons, parmi tant d'autres, Mme du Châtelet, Mlle des Roches, la princesse de Guéménée, la maréchale de La Meilleraye, Mme de Pommereul, Mlle de Chevreuse. Il ne craignit pas de prétendre à la duchesse de Longueville ni même de chercher à supplanter Mazarin dans le cœur d'Anne d'Autriche, qui lui trouvait « les dents belles ». Quant à Mlle de La Vergne – future Mme de La Fayette –, « mes inconstances et mes différentes amours l'avaient mise en garde contre moi ». Mais sa passion dominante semble très tôt la politique, « chef de parti » lui paraissant le plus beau titre des *Vies parallèles* de Plutarque. C'est moins le pouvoir qu'il convoite que la mise en échec du pouvoir en place ; au cours de ces années de formation et de lectures, il découvre les relations – notamment celle qu'a faite Mascardi – de la conjuration de Fiesque ourdie à Gênes en 1547 contre le tyran Doria, et il va en tirer une manière de nouvelle qui sera avant tout son bréviaire de sédition : ce rôle de Fiesque, il le répète avant de le jouer toute sa vie ; contre Richelieu d'abord, qui, à la lecture du texte que le jeune Gondi écrivit en 1638, s'écria : « Voilà un esprit dangereux ! » Déjà se forment en lui des principes qu'il ne trahira jamais : « Les scrupules et la grandeur ont été de tout temps incompatibles » ou «… ces fantômes d'infamie que l'opinion publique a formés pour épouvanter les âmes du vulgaire ne causent jamais de honte à ceux qui les portent pour des actions éclatantes, quand le succès en est heureux ».

Après avoir, à l'en croire, trempé dans la conjuration de La Rochepot contre Richelieu, il soutient avec éclat ses thèses en Sorbonne entre 1636 et 1638. Sa culture théologique est reconnue comme exceptionnelle, au grand dépit de Richelieu. On l'éloigne à Venise, mais, en 1638, il participe directement à la conjuration du comte de Soissons, qui est interrompue en 1641 par la mort de son chef. Gondi s'est surtout préparé à la démagogie, lorsqu'il se décide à devenir coadjuteur et se met à prêcher avec un immense succès, comme fera plus tard le Fabrice de Stendhal ; mais il doit attendre la mort du cardinal, puis celle de Louis XIII, pour être enfin nommé, le 12 juin 1643, coadjuteur de l'archevêque de Paris, avec le titre d'évêque de Corinthe *in partibus*. Il a trente ans : « Il me semble que je n'ai été jusqu'ici que dans le parterre ou, tout au plus, dans l'orchestre, à jouer et à badiner avec les violons ; je vais monter sur le théâtre ». Il se propose de devenir le rival de Mazarin et se trouve bientôt au premier rang des protagonistes de la Fronde, sitôt après qu'en 1648 l'autorité de la reine régente s'est heurtée aux ambitions du parlement. Lorsqu'en 1649 la reine quitte Paris pour Saint-Germain, Retz excite les magistrats à l'action, car « lorsque la frayeur est à un certain point, elle produit les mêmes effets que la témérité ». Il inquiète les bourgeois sur le non-remboursement de leurs rentes à l'Hôtel de Ville ; il s'allie, la même année, à la reine contre Condé révolté et l'encourage à le faire arrêter au début de 1650 avec Conti et Longueville. Devant la formidable coalition des nobles pour délivrer les « princes », Gondi prend ses distances vis-à-vis du parlement et de Mazarin ; mais, en 1651, Mazarin en fuite, les princes libérés, la paix presque rétablie, la reine, soucieuse de se venger de Condé, cherche à s'allier au coadjuteur en lui promettant le chapeau de cardinal. Grâce à lui, Turenne fait échec à Condé, Mazarin revient et, le 1er mars 1651, Gondi est nommé cardinal de Retz. Mais la guerre civile recommence, et Retz est désavoué de tous. En 1652, après que les massacres de l'Hôtel de Ville ont à jamais déconsidéré la Fronde, le roi et la Cour rentrent à Paris, et, le 25 novembre, le parlement se décide à faire arrêter Retz.

Il est d'abord emprisonné à Vincennes. L'archevêque de Paris meurt le 24 mars 1654, et Retz devient, de droit, son successeur. Pour empêcher cette succession d'être effective, on arrache au prisonnier sa promesse de démission contre la promesse de sept abbayes, et on le transfère à Nantes : « Je me résolus tout de bon à me sauver ». Ce qu'il fait, dans des conditions romanesques dont se souviendra Stendhal pour l'évasion de Fabrice. Le temps des ambitions passé, commence celui des échecs. Pendant huit ans, Retz, ayant quitté la France, va mener « une vie errante et cachée », partout poursuivi par la haine irréductible de Louis XIV. On le rencontre en Espagne, en Italie, en Suisse, à Rome – pour les conclaves –, en Angleterre, à Bruxelles. Exilé et vagabond, il est encore redouté. En 1661, il donne enfin sa démission pour mettre fin à l'inextricable imbroglio de l'archevêché de Paris et obtenir en contrepartie l'autorisation de revenir en France. Il est, en fait, dès 1662 exilé dans son abbaye de Commercy qu'il ne quittera guère que pour Rome, à l'occasion de nouveaux conclaves ou lorsque les affaires du roi avec la papauté exigent un diplomate de sa classe (en 1662, en 1665, en 1668, en 1670). Il s'installe en 1670 dans une retraite profonde à Commercy et à l'abbaye de Saint-Mihiel toute proche, où il rédige sans doute ses *Mémoires* ; après un dernier conclave en 1676, il est de retour à Commercy en 1678, se rend à Paris chez sa nièce, la duchesse de Lesdiguières, retrouve sa meilleure amie, Mme de Sévigné, et meurt après avoir célébré Pâques à Saint-Denis. On l'enterre de nuit à Saint-Denis et, par ordre du roi, sous une dalle sans inscription : c'est pour cette raison que sa dépouille échappera aux profanations de 1793.

De l'œuvre-projet à l'œuvre-revanche

Célébré comme le plus grand orateur de son temps, Retz ne s'est pas soucié de conserver ses sermons ; il excellait à improviser. Mais il reste quelques brouillons, trouvés sur lui lors de son arrestation. Ses fragments sur la fausse charité ou sur l'hypocrisie sont pleins de sel : « Il fait de la dévotion et de la piété des appâts subtils et des pièges invisibles pour attacher les plus fins. »

Toute une partie de son génie s'est appliquée à une utilisation efficace et directe, pratique même, de l'écriture ; ses pamphlets, vigoureux, ironiques, parmi les meilleurs de notre littérature, n'ont été réédités qu'au XIXe siècle : *Défense de l'ancienne et légitime Fronde* (1651), *les Contretemps du sieur de Chavigny* (1652), *les Intérêts du temps* (1652), *le Vraisemblable sur la conduite de Mgr le cardinal de Retz* (1652), etc. Il s'y montre autant comme un attaquant corrosif que comme un propagandiste aux méthodes de publicité des plus modernes. *La Conjuration du comte Jean-Louis de Fiesque*, qu'il écrivit en 1638 – et non en 1631, comme il le prétend –, mais qui ne fut publiée qu'en 1665, transforme le livre de Mascardi dans le sens d'une épopée de la transgression. C'est une œuvre qu'il conçut comme un programme de vie à son propre usage. Il faut la rattacher à sa correspondance politique et religieuse, comme le maillon d'un itinéraire historique et intérieur qui devait permettre à Retz, selon l'expression de Malraux, de passer d'un destin subi à un destin maîtrisé. Il est sûr que l'échec historique du cardinal de Retz l'a conduit tout naturellement à vouloir traiter avec l'Histoire elle-même par la médiation de l'écriture : écrire sa vie, ce sera pour lui la relire, en dégager la morale, souligner son unité en regard de la confusion des vies communes, exalter une grandeur qui se permet de négliger la victoire. La polémique autour de sa « conversion » de 1675, raillée par La Rochefoucauld, conduit à penser que les *Mémoires* ont dû être rédigés avant ce temps où il professe « l'horreur de sa vie passée ».

En tout cas, la rédaction dut être très rapide. L'œuvre fut, dans ses grandes lignes, dictée à un bénédictin de Commercy, le cardinal rédigeant lui-même les passages galants ou scabreux ; cette précaution n'empêcha pas le manuscrit de nous être parvenu très amputé (Bibliothèque nationale, ms. fr.10325).

La victoire par l'écriture

La séduction exercée par le personnage a beaucoup nui à la réputation de l'écrivain. Pendant longtemps, on n'a considéré les *Mémoires* que comme un témoignage historique ; une critique vétilleuse s'est appliquée à en dénoncer les erreurs et les mensonges, sans se soucier de rendre compte de l'originalité de cette œuvre littéraire « consubstantielle à son auteur » (André Bertière), alliance unique de liberté, de spontanéité et de maîtrise des moyens.

D'une part, un manuscrit presque sans ratures, écrit d'un seul jet, à la diable, dans la chaleur de l'improvisation ; d'autre part, dès l'édition originale (1717), un texte inachevé et coupé, dans lequel l'histoire d'un héros de la Fronde par lui-même occupe l'essentiel de la matière. Mais quel but visait exactement Retz en composant ses *Mémoires* ?

Certes, la plupart des protagonistes de ces temps troublés ont laissé leurs Mémoires (y compris La Rochefoucauld, qui parle de lui à la troisième personne) : aucun ne fait éclater une telle présence, à la fois conscience du destin et conscience de l'écriture. La tradition des Mémoires a progressé de Commynes à Montluc dans le sens de l'individualisation, et ce sentiment de l'unique permet à Mme de Sévigné de s'enchanter des *Mémoires* de M. de Pontis. Les Mémoires ordonnent la confusion du réel, en délivrent les secrets : « Rien, écrit le P. Rapin, ne touche davantage la curiosité des hommes que quand on leur découvre ce qui est le plus caché dans le cœur humain. » À l'écrivain aristocrate, les Mémoires offrent surtout la liberté de fronder impunément, d'exprimer sans frein espoirs et rancœurs, de justifier par la « haute naissance » un idéal héroïque que l'événement (hasard et médiocrité du monde) va mettre en échec. La politique n'est, pour Retz, que le simple droit et le devoir de l'individu noble défendant les prérogatives de sa classe contre « la tyrannie des ministres ». Écrire sa vie, c'est travailler à rejoindre sa naissance. L'esthétique de la surprise et du paradoxe qui guide les *Mémoires* tient d'abord au privilège du scripteur : « Ce que je vous dis ne se peut concevoir que par ceux qui ont vu les choses, et encore qui les ont vues par le dedans. » La mise en perspective du récit, adressé à une dame mystérieuse (Mme de Sévigné ?), renforce l'effet.

Contre l'innocence d'une Histoire linéaire et univoque, Retz se plaît à développer l'« éventail des possibles » (J.-L. Letts) autour d'une morale de l'instant : « Il n'y a rien dans le monde qui n'ait son moment décisif, et le chef-d'œuvre de la bonne conduite est de connaître et de prendre ce moment. » La vie n'est plus que spectacle (voir sa fameuse galerie de portraits), l'action, le jeu de l'audace et de la timidité. La joie de l'écrivain consiste à imaginer, soit à « prévoir à reculons » (Letts). Se peindre seulement serait vain, mais non lutter contre la simplicité du destin qui ne tient parfois, comiquement, qu'à une bagatelle. Au « mystère de l'État », auquel il sacrifie pourtant, Retz oppose les « grands desseins » d'une grande âme. Qui songerait à lui reprocher d'avoir mis en scène le triomphe de l'imaginaire ? Son histoire est surtout celle d'une sagesse.

B. Raffalli

REVERDY Pierre

(1889-1960)

Né à Narbonne, Pierre Reverdy, après une enfance et une adolescence partagées essentiellement entre Toulouse et sa ville natale, vient à Paris en 1910. C'est là que commence véritablement l'aventure poétique marquée par son amitié avec des écrivains tels que Max Jacob ou Apollinaire, et des peintres dont dessins et eaux-fortes accompagneront fréquemment ses textes : *Cravates de chanvre* (1922), *Écumes de la mer* (1925), *Sable mouvant* (1966) avec Picasso ; *les Ardoises du toit* (1918), *la Liberté des mers* (1959) avec Braque ; *les Jockeys camouflés* (1918), *Visages* (1946) avec Matisse ; *Étoiles peintes* (1921) avec Derain ; *la Balle au bond* (1928) avec Modigliani ; *Pierres blanches* (1930) avec Chagall, etc. Aventure marquée aussi par le travail dans ces chambres de Montmartre (rue Ravignan, rue Cortot) qui sont comme transfigurées par la ferveur poétique et la magie verbale : « En ce temps-là le charbon était devenu aussi précieux et rare que des pépites d'or et j'écrivais dans un grenier où la neige, en tombant par les fentes du toit, devenait bleue » (*la Lucarne ovale*, 1916). La création, en 1917, de la « revue littéraire » *Nord-Sud*, « cet organe de combat », manifeste, de la part de Reverdy, une volonté de s'inscrire activement dans les préoccupations et les pratiques artistiques de son temps : « [...] le moment était venu où l'on pouvait parler d'esthétique, je l'ai fait dans *Nord-Sud* parce que l'époque était à l'organisation, au rassemblement des idées », écrit-il en 1921 dans un article donné à *l'Esprit nouveau*. Bien que, pour des raisons avant tout matérielles, la revue disparaisse en 1918 après seize numéros, elle aura permis, grâce à son caractère ouvert et novateur, de « rassembler » en effet les idées et les personnes : c'est là notamment que se cimenta le petit groupe formé par Breton, Aragon et Soupault. Mais, en 1926, ayant « choisi librement Dieu », Reverdy s'écarte du monde pour se retirer à l'abbaye de Solesmes qu'il ne quittera plus jusqu'à sa mort. Les quelques voyages qui l'en éloignent brièvement ne sont que de « vagues déplacements » car « ici ou là tout est pareil ». Après une première période d'enthousiasme fervent – « Dieu [...] m'a pris tout entier » –, Reverdy semble cependant éprouver quelques déceptions touchant la religion – « C'est Dieu qu'on aime et on trouve la Religion. Malheur, malheur, malheur !.... » – et même la foi – « La foi, c'est un cran d'arrêt à la course à la vérité » – dont témoignent *le Gant de crin* (1927), recueil d'observations philosophiques, morales et théologiques, et *le Livre de mon bord* (1948), ensemble de notes prises entre 1930 et 1936. Si Reverdy reste malgré tout fidèle à Solesmes, c'est sans doute parce qu'il a trouvé là le terrain le plus propice à un recueillement et à un état de paix poétiques, sinon religieux : « Il faut, en tendant à la sainteté, qu'on n'atteindra jamais, obtenir au moins la santé. »

Cette émotion appelée poésie

À quelques questions qui lui avaient été posées par son éditeur, Reverdy répondit : « Renseignements biographiques : sans intérêt. » Cet énoncé quelque peu abrupt correspond, quant à la lecture de ses œuvres, à un souci d'éviter une translation trop rapide du vécu aux textes et, quant à l'écriture, à une prise de position d'ordre à la fois éthique et esthétique : « Il faut se garder de l'expression directe d'une émotion, d'un sentiment vécus » (*En vrac*, 1956). Pourtant, des textes sur la poésie parus dans diverses revues sont rassemblés sous le titre *Cette émotion appelée poésie* (1930-1936), car l'émotion est bien essentielle à la teneur du geste poétique : « Être ému, c'est respirer avec son cœur » (*le Livre de mon bord*). Ces affirmations ne sont contradictoires qu'en apparence. En effet, si la poésie se veut étrangère aux circonstances, aux heurts du pathos et à toutes les contingences de l'existence, elle n'est pas pour autant séparable de son créateur, puisque ce qui le pousse à écrire, « c'est le désir de se mieux connaître, de sonder sa puissance intérieure ». La poésie est expérience de soi et du monde, engagement de l'être tout entier : en deçà ou au-delà du vécu, elle est épreuve de connaissance qui requiert l'esprit aussi bien que le « cœur », terme qui apparaît fréquemment dans les titres reverdyens. Épreuve aussi de vérité au sein de laquelle la vigilance du poète, toujours en éveil, traque sans merci les mensonges et les masques qui viennent comme inexorablement enrayer la voix : « Faussaire et cambrioleur », « Je chante faux » (*la Lucarne ovale*). La tension impitoyable de tels aveux scande ce souci primordial d'authenticité.

Si les indéfinis – « on », « quelqu'un », « ceux qui » – occupent une place si importante dans ces textes, ce n'est pas parce que le poète se veut absent ou caché ; c'est plutôt comme un signe d'humilité, parce que la présence pure et définitive ne saurait être encore atteinte et parce que le terme n'en finit pas de se dérober. Si Reverdy ne se raconte pas, l'homme est là, cherchant sans cesse à cerner au plus près et au plus juste « le tréfonds de la sensibilité ».

Encore marcher

La poésie apparaît alors comme une entreprise de mise à nu constamment relancée, comme la quête inlassable d'un noyau essentiel et « le plus secret » qui demande à être dévoilé et communiqué tout autant qu'il s'y refuse indéfiniment. L'horizon, toujours reporté, n'en finit pas de reculer et le poète de poursuivre sa marche opiniâtre :

Le matin à peine levé
Il y a quelqu'un qui cherche
Une adresse perdue dans le chemin caché

(*Sources du vent*, 1929)

J'aime le bruit que tu fais
Avec tes pieds
On m'a dit que tu cours
Mais tu n'arriveras jamais

(*la Lucarne ovale*)

Il devient alors impossible de reculer et le spectacle offert par ceux que protège la chaleur de l'espace clos, d'une maison par exemple, apparaît comme une réelle souffrance :

J'ai marché bien longtemps et je me suis perdu. Je n'osais plus revenir sur mes pas [...]
Une faible lumière au loin s'allume entre les arbres. Une fenêtre où je ne pourrai pas frapper. Le feu où l'on refuse de me laisser réchauffer. Et je n'ai même pas le droit de m'arrêter

(*la Lucarne ovale*)

Cette condition d'exil prend le plus souvent les accents d'une fatalité tragique mais garantit aussi la permanence d'un élan poétique qu'un arrêt briserait sans doute car « chaque mouvement [...] doit être un chaînon de la liberté luisante que je gagne » (*Flaques de verre*, 1929). L'exil est donc à la fois le prix à payer et la tâche elle-même. C'est ainsi que le « mur », la « porte », tout ce qui est frontière entre l'extérieur et l'intérieur sont largement ambivalents. En effet, si le poète parvient à circonscrire son propre espace, celui-ci, loin d'être serein et protecteur, devient rapidement menaçant, étouffant, si bien que le fait de ne pouvoir sortir apparaît comme tout aussi intolérable que l'était celui de ne pouvoir entrer :

Je ne peux plus sortir
Et personne pourtant ne m'avait enfermé

(*la Lucarne ovale*)

S'il venait seulement un peu d'air
Si le dehors nous permettait encore d'y voir clair
On étouffe
Le plafond pèse sur ma tête et me repousse

(*la Lucarne ovale*)

C'est que, au fond, « le monde est ma prison », avoue le poète (*le Chant des morts*, 1944-1948). Ainsi, tout ce qui, du dehors, pénètre dans la chambre est tout autant promesse de joie et de liberté – « Un rayon de soleil perce le toit », « Il y a des gouttes de pluie qui brillent » – que douloureuse exclusion – « On passe devant la maison d'un poète qui n'est pas là. La pluie qui tombait sur son piano, à travers le toit, l'a chassé », « L'hiver m'a chassé dans les rues » (*la Lucarne ovale*). L'univers reverdyen est peuplé de ces contradictions insolubles qui constituent la teneur et l'acuité même de cette poésie. La solitude est subie – « Je voudrais raconter et personne n'écoute » – et voulue en même temps :

Loin de l'étreinte molle et douce de tes bras
Je m'en vais respirant à pleins poumons
À travers champs à travers bois

L'union avec « toi » est tout aussi pathétiquement appelée :

Je me sens mourir
Secours-moi
Reviens que vais-je devenir
Tu me laisses seul et j'ai peur

qu'elle est rejetée comme signe de faiblesse : « Les bras sont des crampons que l'on jette au premier venu dans le tourbillon du naufrage » (*la Lucarne ovale*). Ces contradictions, porteuses de peur et d'angoisse, attestent en fait une position supérieure ; telle est, en quelque sorte, la dette que doit acquitter le poète pour une lucidité qu'il n'a peut-être pas choisie mais qui le distingue désormais de la foule :

Tous ceux qui ont peur sont debout
Les autres dorment

(*Quelques poèmes*, 1916)

Et cette angoisse du marcheur, qui n'en finit pas d'affronter des espaces qui toujours se refusent à l'accueillir, est d'autant plus poignante qu'elle ne le laisse pas intact. La peur est alors aussi celle du temps qui ne cesse d'effacer, de ronger, de creuser des « rides » sur toute chose et d'accomplir son travail de mort :

Maintenant c'est le temps qui ferme sa porte
Et c'est là que tu dois rester
Sans rien voir
Attendant qu'on t'emporte

(*la Lucarne ovale*)

Risques et périls

Ce n'est pas non plus sans certaines contradictions que le poète travaille la matière du langage. En effet, Reverdy, que les surréalistes ont longtemps considéré comme un maître, propose une conception du geste poétique qui semble vouloir faire de l'écriture une sorte de jaillissement autonome : « Un bon poème sort tout fait. La retouche n'est qu'un heureux accident et, si elle n'est pas merveilleuse, elle risque de tout abîmer. » Cependant, il ne faut pas s'y tromper : il ne s'agit pas là d'une quelconque « écriture automatique » à la manière surréaliste, que Reverdy a d'ailleurs toujours refusée, et un titre tel que *Main-d'œuvre* (1949) suggère le labeur lent et concerté qui conduit au poème. C'est ainsi que l'image reverdyenne, dont les surréalistes se réclament pourtant, ne repose pas sur l'arbitraire des termes mis en rapport, mais sur un choix mesuré : « plus les rapports de deux réalités rapprochées seront lointains et justes, plus l'image sera forte » (*le Gant de crin*). L'inconnu que peut alors faire surgir l'image est moins une révélation presque indépendante du poète que le fruit d'une marche exigeante. Pourtant, là aussi, le poète se meut dans le doute et la précarité. Le terme du chemin est incertain mais, ce qui compte avant tout, c'est l'élan pour s'y engager : « Chaque œuvre au bout des doigts est une carte qui se joue. La partie se gagne ou se perd [...]. Risques et périls ! » (*Risques et périls*, 1930.)

A. Djourachkovitch

RÉVÉRONI SAINT-CYR Jacques Antoine

(1767-1829)

Révéroni semblait condamné à un oubli irrévocable lorsqu'en 1955 Marcel Ruff vit dans ses romans une étape dans la vertigineuse « descente aux enfers » qui, selon lui, menait au satanisme baudelairien. Peu après, Albert-Marie Schmidt appelait l'attention du grand public en demandant : « Révéroni Saint-Cyr est-il un autre Sade ? » Michel Foucault, en 1962, et Henri Coulet, en 1967, furent tentés de répondre par l'affirmative. Le roman *Pauliska ou la Perversité moderne* (1798) avait fait son retour dans notre mémoire culturelle. Cent quatre-vingts ans après sa parution, il a été réédité. Autour de ce texte, une œuvre fascinante reste à découvrir.

Machineries

La vie sociale de Révéroni est vouée aux rigueurs de la discipline et du calcul. Depuis son entrée, jeune encore, dans le génie, on suit ses activités militaires : capitaine au début de la Révolution, attaché au ministère de la Guerre en 1792, ingénieur chargé des fortifications sur l'Atlantique puis dans le Nord, répétiteur à l'École polytechnique, responsable de divers services militaires sous l'Empire, il prend sa retraite de colonel en 1814, sans avoir connu une carrière particulièrement brillante. Ce versant diurne de son existence est ponctué de mémoires et de traités techniques dont on retiendra des *Inventions militaires et fortifiantes* (1795). L'*Essai sur le perfectionnement des beaux-arts par les sciences exactes* (1803) est déjà plus troublant par son projet de rationalisation des arts, qui le conduit à jouer de façon suspecte avec les chiffres et les équations. C'est que cet officier est habité de rêves et de cauchemars.

Il reste ingénieur dans le maniement des machines d'opéra. Sous la Révolution, il commence à rédiger des livrets où se manifestent le goût de l'émotion et le sens du spectacle. *Élisa ou le Voyageur du mont Bernard* (1795), opéra mis en musique par Cherubini lui-même, présente un jeune homme romantique promenant son désespoir au milieu des avalanches qui doivent secouer le décor, tandis que *Héléna ou les Miquelets* (1795) culmine avec l'explosion d'une mine. On retrouve ces grandes passions et ces effets dans la vingtaine d'autres pièces qu'il a composées. Sa qualification professionnelle reparaît dans *Vauban à Charleroi* (1826), qui nous fait assister au siège de la ville.

Mais c'est dans le roman que son imagination se libère et produit les machines les plus fantastiques. Pauliska traverse une Europe à feu et à sang, travaillée souterrainement de complots et d'expériences occultes. Les récentes découvertes de Lavoisier, les techniques de l'imprimerie, les recherches sur l'électricité et le magnétisme fournissent tour à tour mécanismes et appareillages pour traverser les corps et leur faire dire leurs désirs ou leurs secrets. Entre les machines sadiennes, qui déchiquettent les victimes, et celle de *la Colonie pénitentiaire* imaginée par Kafka, qui les marque de la Loi, Réveroni dit l'obsession d'individus dépossédés de toute intimité.

Pauliska

SYNOPSIS

Les pays que traverse « la comtesse Pauliska, réfugiée polonaise » sont la proie de guerres civiles et étrangères ; elle-même tombe entre les mains d'illuminés ou de brigands qui l'agressent dans son être. Elle est successivement prisonnière d'un vieux baron hongrois qui prétend provoquer son amour par inoculation et échange gazeux, de faux-monnayeurs qui lui font transformer inconsciemment une presse d'imprimerie en une machine de mort pour un jeune compatriote coupable d'avoir essayé de l'aider, enfin d'un redoutable Italien qui veut arracher au corps de ses victimes leur électricité vitale. Tout le monde se retrouve à Rome, dans les geôles d'une justice qui reste longtemps inquiétante.

Révolutions

Ces machines infernales sapent les fondements du réel, à l'image de révolutions qui mettent à bas les institutions les mieux établies. On sait que l'officier Réveroni était aux Tuileries lors du 10-Août, à la Convention lors des émeutes de Vendémiaire. Officier loyaliste, il semble s'adapter aux régimes qui se succèdent, mais ses fictions, traversées par l'actualité, nous le montrent fidèle à certains principes – à certaines hantises aussi. Les premiers opéras appartiennent à la production révolutionnaire : dans *Élisa*, le Saint-Bernard devient le mont Bernard, et toute référence à la religion est effacée tandis qu'*Héléna* vante la juste guerre de la France libérant les miquelets (montagnards des Pyrénées espagnoles) du despotisme. Deux romans historiques qui se font suite, *la Princesse de Nevers* (1812) et *le Prince Raimond de Bourbon* (1823) conduisent le lecteur aux temps agités des guerres de Religion. Le moralisme et le conformisme l'emportent, mais le point de vue du héros-narrateur est celui du parti protestant, tandis que les jésuites conspirent dans l'ombre. *Vauban à Charleroi* fait l'apologie des audaces réformistes de Vauban et Boisguilbert.

Par-delà cette discrète fidélité à certains des idéaux de 1789, la Révolution est le plus souvent fantasmée comme une subversion radicale et une perte de toute identité dont la violence des passions semble être la métaphore. *Sabina d'Herfeld ou les Dangers de l'imagination* (1797), *l'Officier russe à Paris* (1814) et *le Torrent des passions ou les Dangers de la galanterie* (1818) sont autant de versions d'un combat de l'amour contre le libertinage et ses perversités, combat perdu d'avance car les héros sensibles se complaisent dans les larmes. Sous le titre étonnant de *Taméha, reine des îles Sanwick morte à Londres en 1824, ou les Revers d'un fashionable, roman historique et critique* (1825) se cache un nouveau *Supplément au Voyage de Bougainville*, où la pureté des passions primitives se heurte aux corruptions de notre vie sociale. Partout la passion mène à la folie et à la mort. Dans *Pauliska*, les frontières sont bouleversées, la Pologne est condamnée à disparaître de la carte, chaque personnage est menacé dans son identité sexuelle.

La folie se tapit au creux de chacun de ces livres, publiés anonymement ou signés de sigles : c'est le moi de l'auteur qui s'y disperse et s'y perd. La démence devait le frapper à son tour. On l'a comparé à Laclos, autre officier du génie, à Sade, dont les héroïnes sont les sœurs dans le malheur de Pauliska. Il est aussi le contemporain exact des romantiques allemands qui, de Kleist à Hölderlin, ont suivi leur rêve jusqu'à la folie et à la mort.

M. Delon

REVERZY Jean

(1914-1959)

Né à Balan (Ain), interne des hôpitaux de Lyon en 1939, il doit démissionner en août 1940 pour « attitude non conforme ». Il entre dans la Résistance en 1942. En 1945, il exerce comme médecin généraliste dans un quartier populaire de Lyon. Il rompt avec son milieu d'origine petit-bourgeois : le catholique devient athée, activement anticlérical ; le monarchiste se tourne vers l'extrême gauche. Dès 1952, il sait sa mort prochaine et part pour un voyage de trois mois en Polynésie : la mer, la mort – particulièrement la mort des médecins – vont inspirer une œuvre romanesque courte, inachevée. En 1954, il publie *le Passage* (prix Théophraste-Renaudot) : plus de 100 000 lecteurs assurent le succès de ce roman, pour lequel Reverzy dit avoir emprunté à Conrad la technique du conte, la figure de Palabaud (le héros médecin) et le final. En 1956, le public boude *Place des Angoisses*. Quelques mois avant sa mort, survenue à Lyon, Reverzy se blâmera d'avoir écrit ces deux romans. Tenté, semble-t-il, par l'esthétique du « nouveau roman », il publie en 1958 *le Corridor*. C'est peut-être à travers trois œuvres posthumes que s'exprime le mieux sa pensée : *le Silence de Cambridge* (1960), *la Vraie Vie* (1961), élément d'une somme inachevée, et *le Mal du soir. Journal* (1986), un ensemble de textes autobiographiques écrits de 1935 à 1959 et réunis par son fils Jean-François. Écrire et vivre sont deux entreprises parallèles de néantisation ; l'une mène au silence, l'autre à la mort. Reverzy se refuse à séduire, à émouvoir ou à délivrer un message : il témoigne simplement que la vie est « perte ». La maladie ouvre à l'homme la « vraie vie » et lui confère un héroïsme proche d'un certain stoïcisme. C'est sans doute cette thématique (« que tout périsse, sauf notre désarroi ») qui depuis quelques années attire à Jean Reverzy un public nouveau.

M. P. Schmitt

REZA Yasmina

(née en 1955)

Auteur dramatique, mais aussi romancière et comédienne, Yasmina Reza est remarquée dès sa première pièce, *Conversations après un enterrement* (1987). Ces palabres familiales, tenues dans la propriété d'un homme âgé qui vient d'y être inhumé, sont troublées par l'arrivée d'une jeune femme dont les deux fils du défunt ont été tour à tour l'amant. Leur rivalité se réveille, faisant aussi revivre, en ce jour macabre, fantasmes et souvenirs chez les autres personnages. « Pas de réalisme », demande l'auteur en indiquant sur quel espace scénique doit s'épancher ce flux de paroles qui charrient nostalgie, questionnement métaphysique et remarques triviales, les retours en arrière côtoyant la banalité quotidienne avec des rebondissements comiques. En 1989, pour *la Traversée de l'hiver*, Reza place dans un environnement de montagne – « le plus pur, le plus dépouillé possible » – les clients disparates d'un hôtel-pension sans autre lien entre eux que la parole : la banalité des mots dissimule les pulsions des forts et des faibles dont les pouvoirs s'inversent parfois sous l'effet d'irrationnelles sautes d'humeur. Dans un monde privé de transcendance, vide comme « l'espace qui entoure le lieu », les personnages, les uns frivoles, les autres avec une conscience malheureuse, « se livrent à tous les plaisirs qui masquent le temps ». Dès lors, l'obsession du temps, offert béant et sans mode d'emploi aux activités humaines, habite l'œuvre de Reza : « Le temps : le seul sujet », écrit-elle dans son récit *Hammerklavier* (1997).

Avec *Art* (1994), elle obtient la reconnaissance internationale en mettant en scène un sujet de société, celui de la valeur esthétique et monétaire de l'art contemporain. La pièce est adaptée en trente-cinq langues et jouée à Londres, New York, Berlin, Saint-Pétersbourg, etc. À travers l'achat contesté, par l'un des personnages, d'une toile entièrement blanche, l'auteur présente la situation éternelle d'une amitié qui se défait : dès lors, le débat sur l'art s'efface devant un conflit psychologique. Mais, pour autant, Reza n'abandonne pas « le seul sujet ». Dans un dialogue humoristique souvent sarrautien par la fourberie des sous-entendus ou des intonations, la dramaturge ouvre une nouvelle problématique – le fond de la dispute ne réside-t-il pas dans cette alternative : être ou n'être pas « de son temps » ? L'acheteur du tableau blesse en son ami l'orgueilleuse propension à « rester hors du coup », à refuser la mode, cette figure frivole du temps dont l'achat est le symbole du passage passivement subi.

C'est aussi le temps que Reza cherche à piéger dans *Hammerklavier* en déclinant dans une série de sketchs le jeu des apparences et de la durée, révélant l'éphémère dans le sourire édenté d'une petite fille ou l'approche de la mort dans le trac d'un vieil homme dont les doigts engourdis hésitent sur le clavier – récit auquel fera écho le roman *la Désolation* (2000). Temps, ennemi insaisissable, que la narratrice combattra en le faisant disparaître par la magie de l'action : « Qu'arrivent les choses, que passent agitées les heures, que sonne ce qui doit sonner, que le temps, mon intime ennemi, le temps passe sans que je le voie passer. »

Opposant, comme *Art*, deux personnages, *Trois Versions de la vie* (2000) illustre les difficiles relations entre collègues, ici des astrophysiciens, réunis inopinément pour une soirée pimentée par la présence de leurs épouses tour à tour complices ou hostiles. En présentant trois manières de gérer un conflit de dominant à dominé, les trois actes proposent un art de le vivre. Mais le temps vient cependant déréaliser le dialogue : la vanité de l'un, la servilité de l'autre paraissant à l'échelle du temps astral aussi dérisoires que leurs recherches sur d'inaccessibles galaxies.

Cette œuvre dont l'humour frise souvent la cruauté à l'égard des faibles (Blensk, l'amoureux servile de *la Traversée de l'hiver* ; Yvan, le troisième larron d'*Art*) porte cependant une attention paradoxale aux moins forts. Dans ses récits en prose, la narratrice s'émeut devant la fragilité des vieillards dont le temps a transformé le corps en guenille : les pages où elle détaille sur la personne de son père *(Hammerklavier)* les signes de la déchéance physique suscitent une émotion aussitôt réprimée par le rire. Quelquefois, parmi les sarcasmes, surgissent des allusions à la musique comme l'annonce d'un espace où le staccato des mots se fondrait dans le continu d'une mélodie partagée.

Sans doute peut-on appliquer à ces textes, grinçants et drôles, le jugement que la voyageuse de *l'Homme du hasard* (1995) porte sur le livre qu'elle n'ose pas ouvrir devant son auteur : « En vous lisant – lui dit-elle, lorsque la glace est enfin rompue – il y a eu mille instants comme des éternités. » Le discours de Reza recèle des images et des reparties qui soudain brillent comme des éclairs de pure tendresse.

M.-A. de Beaumarchais

REZVANI Serge

(né en 1928)

Né à Téhéran d'une mère russe émigrée et d'un père persan, il vient en France dès l'âge de un an. Dans les années de l'après-guerre, il se mêle à la bohème artiste parisienne, signant BASSIAK des toiles abstraites. En 1950, il rencontre Danièle, qu'il aime d'un amour fou, et avec qui il se retire dans les Maures (cf. *le Vol du feu*, 2000). Il peint et écrit des chansons comme celles de *Pierrot le Fou*, film de Jean-Luc Godard [1966], ou encore « J'ai la mémoire qui flanche », qu'interprète Jeanne Moreau. En 1967, il renonce à la peinture (il s'en expliquera plusieurs fois – dans *le Portrait ovale* [1976], *les Repentirs du peintre* [1993], ou, sur le mode romanesque, dans *Phénix* [1990]) et commence alors une carrière d'écrivain : romancier fécond, il écrit aussi des pièces de théâtre, lesquelles, depuis *le Rémora* (1970) jusqu'à *la Mante polaire* (publ. 1977), témoignent de son engagement politique et social.

L'écriture fut pour lui un moyen « plus direct » de traduire une expérience personnelle que la peinture ne parvenait plus à exprimer. Dans son roman *les Années-lumière* (1967), la fantaisie verbale et l'exubérance lyrique se mêlent à la noirceur dans le climat de la guerre et dans celui de la Libération de Paris. L'héritage de Céline, de Miller et de Rabelais, le goût pour la sensualité se prolongent dans *les Années Lula* (1968), centrées autour de l'amour pour Danièle (Lula), qu'il célébrera en poète dans *Doubles Stances des amants* (1995). Les œuvres suivantes sont celles d'un pamphlétaire qui rejoint la contestation politique de la fin des années 1960, sans rompre avec l'évocation fragmentée de son passé et de son présent (*Coma*, *les Américanoïaques*, 1970 ; *la Voie de l'Amérique*, 1973 ; *Fokouli*, 1974, etc. ; au théâtre : *Capitaine Schelle, capitaine Eçço*, par exemple, monté au T.N.P. en 1971). On retiendra *Feu* (1977), qui prolonge sur le mode halluciné la vision d'un monde amoureux de son mal ; *la Loi humaine* (1983) invite à méditer sur la faute, l'impossible pardon, la rédemption, et *la Nuit transfigurée* (1986) est une fable sur ceux qui manipulent les créateurs. Sous la forme du journal intime, *Variations sur les jours et les nuits* (1985), mieux encore que *le Testament amoureux* (1981), renouent avec l'autobiographie des romans antérieurs, tout comme *J'avais un ami* (1987). Mais le romancier demeure un témoin passionné de son temps, dont il sait traduire la violence, les désirs et les enjeux à travers des rencontres paradoxales (*la Traversée des monts Noirs*, 1992), des situations de faits divers (*l'Énigme*, 1995) ou des tragédies collectives (*la Cité Potemkine*, 1998).

M. P. Schmitt

Rhétoriqueurs

Apparu dès 1480 dans un contexte déjà dépréciatif à propos du jargon des avocats, le terme a été repris en histoire littéraire depuis le milieu du XIXe siècle pour désigner péjorativement certains poètes de la seconde moitié du XVe et du premier tiers du XVIe siècle, dont la poésie fut alors jugée par les critiques académiques comme le comble de la pompe verbeuse ou de l'amphigouri. Une coutume s'est ainsi établie de regrouper sous cette appellation un nombre flottant (de douze environ à une quarantaine ou plus, selon les auteurs) de personnalités souvent assez différentes les unes des autres et que ne désigna, de leur temps, aucun nom programmatique commun.

Il est donc abusif de parler, comme H. Guy le faisait en 1910, d'une « école des rhétoriqueurs ». Quoique plusieurs de ces poètes aient entretenu des relations amicales et parfois pratiqué une sorte d'adulation mutuelle, ce qui les unit se définit au niveau de principes poétiques et de présupposés sociaux jamais vraiment explicités, et que seule nous permet de retrouver une analyse du fonctionnement textuel de discours en apparence hétérogènes. Ce que l'on constate, c'est la concentration, dans une série de textes poétiques écrits entre 1450 et 1535, à plus ou moins haut degré, de traits contrastant inégalement avec ceux qui prédominent dans d'autres textes, antérieurs, contemporains ou postérieurs. Il s'agit donc moins, de la part de l'historien de la littérature, de circonscrire un groupe d'hommes dénommés « rhétoriqueurs » que de reconstruire les lois ou tendances sous-jacentes à une poétique : celle-ci manifeste un aspect notable de la première Renaissance française.

La liste de quarante-six « rhétoriqueurs » (classés en « précurseurs », « grands » et « petits ») que dressa Guy ne peut servir de point de départ dans cette enquête. Plusieurs paramètres permettent de la resserrer : c'est à quoi l'on tend aujourd'hui, de manière du reste diverse selon les historiens. Tous sont néanmoins d'accord pour considérer comme particulièrement représentative l'œuvre de dix à quinze poètes appartenant aux générations qui parvinrent à l'âge adulte vers 1460, 1480-1490 et 1500. On peut sommairement distinguer parmi eux, du point de vue géographique et politique, deux sous-groupes : l'un, dans les terroirs de Bourgogne, sous les ducs Philippe le Bon et Charles le Téméraire, puis sous la duchesse Marguerite ; l'autre, dans le royaume de France, dans l'entourage de quelques grands seigneurs (les ducs de Bretagne, de Bourbon et d'autres) ou des rois : Charles VIII, Louis XII, François Ier. Dans le premier sous-groupe se rangent Jean Molinet (actif entre 1460 et 1505) et Jean Lemaire de Belges (entre 1495 et 1515) ; dans le second, Jean Meschinot (entre 1450 et 1490), Guillaume Cretin (entre 1495 et 1525) et Jean Marot (entre 1500 et 1525). À ces noms, unanimement admis par les commentateurs, s'ajoutent à l'occasion divers autres. Les plus souvent cités sont ceux de Jean Robertet (actif entre 1465 et 1500), d'Octovian de Saint-Gelais (entre 1490 et 1505), d'André de La Vigne (entre 1485 et 1515), de Jean Bouchet (entre 1495 et 1550). Certains leur joignent le chartreux bourguignon Destrées (entre 1500 et 1512), le navigateur dieppois Jean Parmentier (entre 1515 et 1529), voire le basochien Pierre Gringore (entre 1500 et 1535). Plusieurs de ces derniers (La Vigne, Bouchet, Parmentier, Gringore) furent par ailleurs des hommes de théâtre, auteurs, acteurs ou metteurs en scène de mystères, de « moralités » ou de farces.

Au plaisir des mots

Quoiqu'ils aient, en fait, brisé les ressorts de la poésie médiévale (comparables en cela à Villon, leur contemporain), ces « rhétoriqueurs » affichent un respect scrupuleux de la tradition et n'introduisent de nouveautés formelles que sous le couvert d'imitation et de soumission à la norme : l'innovation procède, chez eux, moins de l'invention que de l'excès ; au lieu de changer le moteur, ils l'emballent. Ils ne cessent de proclamer leur fidélité aux grands prédécesseurs, Eustache Deschamps, Christine de Pizan, parfois même Dante et Pétrarque, mais insistent peu sur l'évidente parenté de leur poésie avec celle de certains auteurs latins de leur temps. Ce qu'ils vantent, en se réclamant de ces maîtres, c'est le ton même de la plupart de leurs propres ouvrages : discours pathétique, aux métaphores longuement filées, truffé de citations, de renvois allusifs, tandis que, par le choc des connotations, se produit, en mineur, un effet récurrent de « réel ». Se situant ainsi ouvertement dans un cadre à la fois vaste et un peu flou, les « rhétoriqueurs » y revendiquent les droits du travail stylistique comme tel, de la maîtrise technique, de la virtuosité du jeu…, jusqu'au point de rupture d'un équilibre qu'aucun d'entre eux, par ailleurs, ne condamna jamais. D'où, au XIXe, puis au XXe siècle encore, les malentendus qui égarèrent, à propos des « rhétoriqueurs », les critiques universitaires. Les travaux de J. Mc Clelland, de F. Simone, de P. Jodogne et d'autres, dans les années 1960, ont définitivement modifié la perspective. C'est une époque magnifique de la poésie française que l'on est aujourd'hui porté à situer au temps même des rhétoriqueurs, et plusieurs de ces derniers (spécialement Molinet, Lemaire, Jean Marot) comptent parmi ses plus éminentes illustrations. Une idée avait lentement germé, au cours du XVe siècle, dans l'esprit du public lettré et des écrivains qu'il entretenait de ses faveurs : celle d'un savoir nouveau, impliqué dans la formalisation poétique du langage. Cette idée s'épanouit chez les « rhétoriqueurs » : ils ne disposent pas du vocabulaire ni de la syntaxe qui leur permettraient de l'exprimer en théorie ; mais ils la pratiquent. Par là même, à l'abri de leur conformisme affiché, ils rompent avec les raisons de ce conformisme.

Aux alentours de 1500, c'est eux qui, en langue française, portent les couleurs de la « modernité » ; et les clauses d'humilité qu'ils ressassent dans leurs dédicaces indiquent qu'ils sont conscients d'une contradiction : celle qui existe entre la haute idée qu'ils se font de leur fonction de manœuvriers du verbe et l'étroitesse du matériau traditionnel dont ils disposent. Conscients, mais dépourvus de critères qui en rendraient possible l'analyse. Hormis quelques antiques lieux communs inefficaces, l'homme du XVe siècle ne détient aucun outil intellectuel comparable à notre notion d'Histoire. Les contradictions vécues n'en sont que plus intensément ressenties, sinon assumées. D'où, dans tout discours, deux discours enchevêtrés : l'un pose que le monde est bien tel qu'il est, qu'il subsiste, heureusement, par la vertu de quelques mythes (religieux, politiques, mondains) assurant sa fragile cohérence externe…, mais qu'il est vide, coquille creuse, réduit à son apparence splendide, dissimulant peut-être un néant nécessaire ; l'autre, en revanche, grossit les oppositions constatées, les accuse jusqu'à les rendre irréductibles et les intègre à son propre mode, posant ainsi un monde à l'envers, absurde en ce qu'il n'admet de relations qu'aléatoires. Plutôt que dramatisée, l'existence est ainsi théâtralisée : face à l'individu qui la contemple, s'en nourrit et en meurt, la création entière est devenue théâtre ; et, de ce théâtre, le « rhétoriqueur » a pour fonction d'écrire le livret.

L'écriture au service du Prince ?

Les « rhétoriqueurs », sans exception, furent liés, d'une façon ou de l'autre, en permanence ou pour un temps, avec quelque cour princière. Leur situation sociale se définit ainsi par un rapport de subordination, toujours officialisé selon la titulature d'un appareil d'État : secrétaires, chroniqueurs, « écrivains », leur œuvre par là même importe à la régulation sociale, confirme une idéologie dominante. C'est pour cela que le prince les paie. Leur talent poétique n'est pas leur seul titre à de telles nominations : plusieurs, frottés de droit, remplirent des fonctions juridiques, voire diplomatiques ; d'autres furent prêtres ; l'un d'eux, Octovian de Saint-Gelais, fut évêque. Du moins, quelle que soit la fonction qu'il remplit, le « rhétoriqueur » n'y accède et ne s'y maintient que par la grâce d'un prince ou la puissance d'un favori de celui-ci. Aucune assurance : le « rhétoriqueur » dépend au jour le jour d'un mécénat qui exclut tout accord contractuel, et tantôt accorde une charge qui bientôt peut-être sera retirée, tantôt récompense d'honoraires imprévisibles la composition de tel texte. La plupart des « rhétoriqueurs », d'origine bourgeoise et, autant qu'il semble, modeste, se plaignent amèrement de ces vicissitudes. Jean Lemaire en mourut ; Marot resta pauvre ; le grand Molinet connut à certaines heures la misère.

Les cours où, dans les pays de langue française, ces ouvriers de la plume cherchent de préférence à faire carrière dessinent un réseau assez lâche : de dix à douze résidences princières, de Malines à Dijon, à Paris, à Rouen, aux villes de la Loire. Le « rhétoriqueur » passe de l'une à l'autre au gré des circonstances ; cette circulation incessante resserre les liens de la subordination autant que ceux de l'amitié et, souvent, de la jalousie ; mais elle contribue d'autre part à l'instauration de fructueux échanges entre poètes, musiciens et peintres, soumis au même destin dans les mêmes lieux. Cette ouverture à d'autres disciplines est particulièrement nette chez Molinet et Lemaire.

Carrières incertaines, tourmentées. Un caprice du patron vous condamne à la famine ; sa mort vous ruine dans l'heure. Au sein même d'une stabilité précaire vous menace la concurrence de rivaux. Cette étroite dépendance sociale et économique constitue, dans ce que J. Le Goff appelle l'« ère du prince », le statut normal du poète : un Villon n'y échappe que par sa marginalité même ; un Charles d'Orléans, du fait qu'il est prince ; tel autre, par sa situation ecclésiastique. Les « rhétoriqueurs », dans leur ensemble, ont joué le jeu. Mais, aux moments où pèse trop lourd le sentiment diffus (sinon la conscience) de cette condition, il ne reste (en l'absence de tout mouvement de révolte) que l'échappatoire de l'ironie, manifeste ou cachée, d'une bouffonnerie subtile retournant contre lui-même le discours imposé.

Le rôle que le « rhétoriqueur » a fonction de tenir sur la scène curiale, c'est, par délégation, celui du prince même : délégation révocable, mais qui, tant qu'elle dure, le revêt, comme d'un costume d'apparat, d'un langage taillé dans le tissu protocolaire de vieilles traditions féodales exténuées. À la fois chant et discours, rêve et démonstration, l'art verbal met en perspective le grand jeu auquel se livre la Cour. Enté sur l'imaginaire aristocratique, il s'orchestre en vertu d'une puissante volonté d'harmonie pour laquelle l'ornement ne se distingue pas de la substance. Il se développe ainsi en chatoiements innombrables, fugitifs, que seul un lecteur initié perçoit dans leurs multiples nuances. En cela, aucune hypocrisie ; les « rhétoriqueurs » possèdent une foi totale dans le pouvoir de la parole et dans la sagesse qu'implique l'éloquence.

Le thème, le plus souvent, est fourni par les circonstances : événements militaires ou politiques, existence familiale des princes, mariages, naissances, décès, accidents divers constituent le prétexte de plus de la moitié des poèmes de Molinet, de Lemaire, de Cretin, de Marot. Mais il ne s'agit pas là, comme il pourrait sembler, de représenter figurativement l'anecdote. Le « rhétoriqueur » met une confiance illimitée dans la vertu significative de l'Histoire : s'il la « représente », c'est au sens théâtral du terme, en la mettant en scène. Son discours « circonstanciel », même lourdement chargé d'amplifications descriptives, reste, pour l'essentiel, un discours de persuasion, répétant sans fin que l'objet dont il parle a trouvé un acteur adéquat. La parole poétique est ainsi intercession entre l'ordre éphémère dont elle part et l'ordre éternel qu'elle évoque, par le fait même qu'on la prononce. Les textes sont méticuleux, souvent encombrés de ces détails allusifs dont le XVe siècle, dans tous ses arts, a le souci. Mais le fait cité ne constitue pas une donnée : il est le lien complexe, peut-être contradictoire, d'affirmations, d'interrogations, de dénégations mutuellement impliquées. Les mots qui le disent perdent de vers en vers leur statut de signes ; ils ne sont plus que les particules d'une totalité dont la signification ne peut être que globale. C'est ainsi que ce qui est dit ne prend forme et consistance que reflété dans le miroir du non-dit. Ce qui, en dehors du texte, est historique se trouve promu par la parole sur un plan que l'on nommerait, au sens antique du terme, politique. Le souvenir des faits est cadré, mis en œuvre, poétiquement formalisé, en vertu d'une idéologie, de schémas intellectuels et discursifs remplissant une fonction de légitimation de l'ordre princier.

Il en va de même, analogiquement, si le thème provient de la tradition religieuse et moralisante (éloge d'un mystère de la Vierge, d'un saint, d'une vertu) ou de la tradition (tombée au rang d'étiquette mondaine) de l'« amour courtois ». Le rôle du « rhétoriqueur » à la Cour est donc foncièrement ambigu : officiel et clos relativement au prince, il est ouvert mais secret dans et par le texte. Une dialectique spécifique s'instaure entre fonction sociale et fonction poétique ; entre l'écriture comme travail de production et l'écriture comme investissement d'énergie. À partir du thème initial (une bataille, un naufrage, la fête de l'Assomption ou les amours allégorisées de Monseigneur), à la fois transmis et trahi, se constitue une surface rhétorique que corrodent de l'intérieur les principes de fermentation introduits par l'art du poète. Ces principes, au reste, procèdent de la rhétorique même, dont le « rhétoriqueur » a coupé les entraves : telles sont l'origine et la justification de ces figures cumulées, redondantes, de sons, de mots, de grammaire, parfois de graphie ; procédés empruntés à tout ce que pouvait offrir de trucs et de jongleries la tradition médiévale, en latin comme en langue vulgaire, et pris au sérieux, systématisés, érigés en éléments d'un sur-langage sinon d'une sur-réalité. Ce trait remarquable de la poétique des « rhétoriqueurs » fut longtemps le seul auquel les historiens s'arrêtèrent : ils le qualifièrent de galimatias, faute de s'être interrogés sur sa fonction, c'est-à-dire, finalement, sur sa beauté.

Ce que le discours des « rhétoriqueurs » donne à entendre, c'est la loi du prince. Ce qui l'écrit, c'est une violence, circonvenant cette loi. Le discours princier n'est plus, dans le poème, performatif comme il l'est dans la « réalité » quotidienne ; il y devient figuratif, et de telle façon que toute figure y prend de l'ambiguïté. Les formes du dire confirment ou (le plus souvent) infirment, en les déterminant à leur tour, les exigences externes qui les déterminèrent : au centre de ce cercle se situent le poète et sa « rhétorique seconde », comme on désignait alors l'ensemble de ses techniques.

Collectivement, les « rhétoriqueurs » apparaissent ainsi comme obsédés par la recherche d'un mode d'écrire qui leur permette de repersonnaliser le rapport de l'écrivant à l'écriture. Prisonniers du milieu social étroit dont ils dépendaient, ils n'avaient qu'un refuge où échapper à cette aliénation : l'intérieur de l'univers poétique, c'est-à-dire l'acte par quoi se constituait leur texte. Ils manipulèrent, sans grande clairvoyance peut-être, mais de toutes les façons, le langage au point d'en faire comme un menu théâtre carnavalesque, en abyme au sein même du théâtre pompeux et ritualisé de la Cour. À un monde aristocratique qui feignait encore de croire à sa propre pérennité, mais qui n'était plus que forme vide et spectacle, le poème du rhétoriqueur renvoyait l'image multipliée de ses mutations à l'infini et, par là, de sa paradoxale plénitude.

Embarrassés, il est vrai, de coutumes anciennes dont ils n'avaient ni le pouvoir ni la volonté de s'affranchir, naïfs et partiellement dupes mais animés d'une flamme dont témoigne clairement, dans ses meilleures pages, leur œuvre, les « rhétoriqueurs » pratiquèrent, dans un langage hérité du Moyen Âge et dans les structures mentales qu'il véhiculait, un changement radical, une rupture qui seule rendit possible la constitution d'une « littérature » au sens où nous l'entendons. Ce qu'ils changèrent se situe dans les zones profondes où le langage s'articule avec le sens. À l'abri de leur rhétorique, ils travaillèrent, patiemment et sans toujours s'en rendre clairement compte, à une déconstruction du langage poétique héréditaire, fondé sur la seule participation collective et l'exaltation de l'expérience vécue.

CONTEXTE

1419-1467	Philippe le Bon, duc de Bourgogne.
1422-1461	Charles VII, roi de France
1429	Délivrance d'Orléans par Jeanne d'Arc ; sacre du roi à Reims.
1451	Arrestation et procès de Jacques Cœur.
1453	Fin de la guerre de Cent Ans.
1455	Premier passage de l'équateur (par des navires portugais, sur la côte d'Afrique).
Entre 1461 et 1465	Naissance de Guillaume Cretin (Paris).
1461-1483	Louis XI, roi de France.
1467-1477	Charles le Téméraire, duc de Bourgogne.
1470	Création de la première imprimerie en France (Paris).
1476	Mort du peintre Nicolas Froment.
1477	Victoire de Louis XI sur les Bourguignons ; mort de Charles le Téméraire ; sa fille Marie épouse Maximilien d'Autriche, futur empereur.

LES « RHÉTORIQUEURS »

Vers 1420	Naissance de Jean Meschinot (Les Mortiers, près de Nantes).
1435	Naissance de Jean Molinet (Boulogne-sur-Mer).
V. 1450	Naissance de Jean Marot (Caen).
1450-1455	Premiers poèmes de François Villon.
V. 1450-1490	Activité littéraire de Jean Meschinot.
V. 1460-1495	Activité littéraire de Henri Baude.
V. 1460-1500	Activité littéraire de Jean Robertet.
V. 1460-1505	Activité littéraire de Jean Molinet.
1461-1464	Meschinot, *les Lunettes des princes.*
1462	Mort d'Antoine de La Sale, auteur du *Petit Jehan de Saintré.* Villon, *Testament* (première version ?).
1467	Molinet, *le Trosne d'honneur.*
1473	Naissance de Jean Lemaire (Bavay, près de Maubeuge).
1475	Mort du poète bourguignon Georges Chastellain, considéré comme un maître par les « rhétoriqueurs ».
Entre 1477 et 1492	Molinet, *Art de rhétorique.*
1478	Molinet, *le Chapelet des Dames.*

	CONTEXTE		LES « RHÉTORIQUEURS »
1480	Mort du peintre Fouquet. Achèvement de l'hôtel de Cluny, à Paris.		
1481-1498	Savonarole à Florence.	**1481-1482**	Molinet, *le Testament de la guerre* ; *le Temple de Mars* ; *la Ressource du petit peuple.*
1482	La France annexe la Bourgogne.		
1483-1498	Charles VIII, roi de France.		
1484	L'Inquisition est chargée de la répression de la sorcellerie.		
1485-1488	Révolte de la noblesse contre le roi de France (la « Guerre folle »).		
		1490-1505	Activité littéraire d'Octovian de Saint-Gelais.
		1491	Mort de Jean Meschinot.
1492	Fin du royaume maure de Grenade ; les juifs sont expulsés d'Espagne ; Christophe Colomb entreprend sa première expédition.	**1492**	Mort d'Antoine Busnois, élève d'Ockeghem et aussi de Molinet.
		1494	Saint-Gelais, *le Séjour d'honneur.*
1495-1526	Guerres d'Italie.	**1495-1515**	Activité littéraire de Jean Lemaire.
V. 1495	Mort du compositeur Johannes Ockeghem, ami de Molinet.	**1495-1525**	Activité littéraire de Guillaume Cretin.
1498-1515	Louis XII, roi de France.		
		1500-1512	Activité littéraire de Destrées, frère chartreux.
		v. 1500-1535	Activité littéraire de Pierre Gringore.
		1500-1550	Activité littéraire de Jean Bouchet.
		1500	Bouchet, *l'Amoureux transi sans espoir.*
		1503	Lemaire, *le Temple d'honneur et de vertu.*
		1504	Lemaire, *la Plainte du désiré.*
		1505	Lemaire, *la Couronne margaritique* ; *les Épistres de l'amant vert.*
		1505-1525	Activité littéraire de Jean Marot.
1506-1532	Construction du monastère de Brou, sur l'ordre de Marguerite d'Autriche.	**1506**	J. Marot, *la Vray-disant advocate des Dames.*
1507-1530	Marguerite d'Autriche, gouvernante des Pays-Bas, à Malines.	**1507**	J. Marot, *le Voyage de Gênes.* Mort de Jean Molinet.

CONTEXTE		LES « RHÉTORIQUEURS »	
1509	Naissance de Calvin.	**1509**	J. Marot, *le Voyage de Venise.*
		1511	Lemaire, *la Concorde des deux langages.*
1515-1547	François Ier, roi de France.	**1515**	Débuts littéraires de Clément Marot, fils de Jean.
		1515-1529	Activité littéraire de Jean Parmentier.
1516	Thomas More, *Utopia.*	**1516**	Gringore, *les Fantasies de mère Sotte.*
1517	Proclamation des 95 thèses de Luther : début de la Réforme protestante.	**1517**	Jean Bouchet, *le Temple de bonne renommée.*
1517-1520 et 1526-1529	Parmentier, *Chants royaux.*		
1519	Cortés au Mexique.		
1521	Pierre Fabri, *le Grand et Vrai Art de pleine rhétorique* (contenant un florilège de « rhétoriqueurs »).		
1521-1522	Tour du monde de Magellan.		
1524	Mort de Bayard, le « Chevalier sans reproche » ; début de la construction du château de Chambord.		
1525	François Ier vaincu et fait prisonnier à Pavie.	**1525**	Mort de Guillaume Cretin.
1526	Ignace de Loyola, *Exercices spirituels.*	**1526**	Mort de Jean Marot.
1533	Début de la Réforme calviniste.		
		1540	Mort de l'humaniste Guillaume Budé.
		1545	Bouchet, *Épistres familières.*

P. Zumthor

RIBEMONT-DESSAIGNES Georges

(1884-1974)

Né à Montpellier, fils d'un professeur de médecine, il suit des études d'histoire. Il peint et se lie aux frères Duchamp, à Tzara et à Picabia. Pendant la guerre, il rédige *l'Empereur de Chine* (1916), une pièce d'anti-théâtre. Il rejoint le mouvement dada, participe à toutes ses activités et signe *le Cœur à barbe* (1922, pamphlet collectif qui marque la fin de Dada). À l'écart du groupe surréaliste, il peint, compose de la musique, écrit des romans (*Ariane*, 1925 ; *Céleste Ugolin*, 1926 ; *le Bar du lendemain*, 1927 ; *Clara des jours*, 1927 ; *Élisa*, 1931), des pièces de théâtre (*le Bourreau du Pérou*, 1928 ; *Faust*, 1931). Il se sépare définitivement de Breton lors du procès intenté au *Grand Jeu* en 1929 et anime, de 1929 à 1931, la revue *Bifur*. En 1934, après la publication de son roman *Monsieur Jean ou l'Amour absolu*, il se retire à Saint-Jeannet (Alpes-Maritimes), où il pratiquera jusqu'à sa mort les métiers les plus variés, tout en continuant à écrire : de la poésie (*Ombres*, 1942 ; *Ecce Homo*, 1945) et des souvenirs passionnés sur les enjeux culturels d'avant guerre (*Déjà jadis ou Du mouvement dada à l'espace abstrait*, 1958). Breton a eu raison de considérer Ribemont-Dessaignes (avec Picabia et Tzara) comme particulièrement représentatif de l'esprit dada : c'est en effet par un nihilisme intransigeant qu'il se signale d'abord.

Qu'est-ce que c'est, beau ? Qu'est-ce que c'est, laid ?
Qu'est-ce que c'est, grand, fort, faible ? Qu'est-ce
que c'est, Carpentier, Renan, Foch ? Connais pas.
Qu'est-ce que c'est, moi ? Connais pas.
Connais pas, connais pas, connais pas.

(« Artichauds », 1920)

Le désordre du monde écrase l'homme, qui lui-même n'est qu'une mécanique. La seule liberté possible consiste à nier en bloc toutes les valeurs et tous les systèmes. Parler d'une « œuvre » de Ribemont-Dessaignes, c'est peut-être trahir ce qui n'est qu'éclatements du sens, jets de pierres et de mots contre l'ordre des choses. Et pourtant : les poèmes de celui qui affirmait n'avoir « heureusement aucun talent » sont bien d'authentiques poèmes, même s'ils s'emploient à massacrer le langage ; son anti-théâtre est riche d'une action dramatique, soutenue par une veine satirique ; ses écrits théoriques et philosophiques (*Frontières humaines*, 1929) sont bien des manifestes de la révolte et de la négation pure.

M. P. Schmitt

RICCOBONI, madame

Née ***Marie-Jeanne de Laboras de Mézières*** *(1713-1792)*

Romancière née à Paris. Son père ayant été convaincu de bigamie, le mariage de ses parents fut dissous ; elle resta seule avec une mère jalouse qui l'envoya au couvent et la maltraita. « Je me mariai pour quitter ma mère » (lettre à Garrick) : en 1734, elle épousa ainsi le fils du célèbre Lélio, l'acteur Antoine François Riccoboni, qui la fit aussitôt débuter à la Comédie-Italienne. Sa carrière théâtrale fut peu glorieuse ; dans son *Paradoxe sur le comédien*, Diderot la cita à l'appui de sa thèse : « Personne ne parle mieux de l'art, personne ne joue plus mal. » Persécutée derechef, cette fois par un mari violent et débauché, elle le quitta en 1755. Ses premiers romans, qui dénoncent avec vigueur la perfidie ou la légèreté masculines, *Lettres de mistriss Fanni Butlerd* (1757), issues peut-être d'une aventure personnelle, l'*Histoire du marquis de Cressy* (1758), les *Lettres de milady Juliette Catesby* (1759), une *Suite* de *la Vie de Marianne* de Marivaux, commencée vers 1750 et publiée en 1761, lui valurent son indépendance (elle quitta les Italiens en 1761), de nouvelles amitiés (d'Holbach, David Hume, Garrick) et une extraordinaire célébrité : « C'est un naturel, une pureté, une sensibilité qu'on ne saurait trop admirer » (Diderot). Son féminisme ardent culmina dans la malheureuse *Histoire de miss Jenny* (1764), puis, sans doute sous l'influence d'une longue amitié amoureuse avec le jeune diplomate écossais Robert Liston, s'orienta vers une critique plus générale du préjugé social, dont seules les âmes d'élite savent s'affranchir : témoin l'*Histoire d'Ernestine* (1765), les *Lettres de la comtesse de Sancerre* (1767), les *Lettres d'Élisabeth-Sophie de Vallière à Louise-Hortense de Canteleu* (1771), les *Lettres de milord Rivers* (1776). Une anglomanie nourrie de la lecture de Richardson la conduisit à adapter l'*Amélie* de Fielding (1762) et diverses pièces sous le titre de *Nouveau Théâtre anglais* (1768-1769). Sa carrière s'acheva par des contes à décor médiéval publiés dans la *Bibliothèque universelle des romans* (1779-1780). En 1777, Laclos avait transformé – sans grande réussite – *Ernestine* en opéra-comique. Mme Riccoboni se sentait-elle un droit de regard sur son adaptateur ? Quand parurent *les* Liaisons *dangereuses* (1782), elle lui reprocha, au regard de la vraisemblance, l'immoralité de l'ouvrage : « Un homme extrêmement pervers est aussi rare dans la société qu'un homme extrêmement vertueux », écrivit-elle à Laclos qui publia ses lettres dans l'édition de 1787 des *Liaisons*. Ce fut son dernier coup d'éclat ; ruinée, quelque peu démodée, elle mourut dans l'isolement.

Histoire d'Ernestine

SYNOPSIS

Ernestine, jeune orpheline sans fortune, exerce pour vivre le métier de peintre en miniatures. Le marquis de Clémengis se prend de passion pour elle, mais les préjugés lui interdisent de l'épouser, et son « âme noble et délicate » se refuse au libertinage. Entre eux se noue un lien d'amitié amoureuse et le marquis, à l'insu de la jeune fille, lui donne des biens considérables : situation ambiguë, que la malice mondaine a tôt fait de mal interpréter. Constatant avec effroi la réputation que lui vaut sa soudaine fortune, qu'elle croyait elle-même due à un héritage, Ernestine se retire au couvent. Clémengis devenant de plus en plus pressant, elle remet alors son sort entre ses mains, à condition de lui restituer tous les présents dont elle connaît maintenant l'origine : « Qu'on ne m'impute jamais d'avoir reçu le prix de mon innocence ». Bouleversé, Clémengis refuse. Nouvelle épreuve : un oncle tout-puissant impose au marquis un mariage d'intérêt. Mais une disgrâce imprévue frappe l'oncle et le neveu, le mariage est rompu, le marquis exilé, et Ernestine va se jeter dans ses bras. Nouveau rebondissement : justifié, Clémengis rentre en grâce, et cette fois l'oncle touché par la pitié lui accorde enfin d'épouser Ernestine.

Imaginons un magicien dans le parc de Versailles, ou un cabinet d'antiques. Nouveau Pygmalion, l'homme transforme en femmes sensibles des statues d'abord inanimées, jusque-là heureuses de leur « paisible tranquillité ». Grâce à lui le « marbre » (*Fanni*) prend vie, le sentiment « germe » (*Cressy*), et naît le « plaisir d'aimer ». Magie rose ou magie noire ? Car l'homme est un « chasseur » (*Fanni*) en quête de proies toujours nouvelles, et le préjugé social si rigoureux à l'égard des femmes l'autorise, lui, à cette inconstance, surtout lorsqu'il s'agit de les sacrifier à un mariage d'intérêt. C'est moins l'intensité de l'amour masculin qui est ici en cause que sa précarité, si facilement masquée par l'usage de signes trompeurs : « Pour mieux cacher le changement de son cœur, il se montrait plus passionné qu'auparavant » (*Cressy*). Dédoublement, ou duplicité ? « [Son] cœur et [ses] sens peuvent agir séparément » (*Juliette Catesby*) alors que chez la femme l'amour rassemble tout l'être dans un même élan, que les lettres expriment et retiennent à la fois, comme s'il s'agissait d'inscrire dans la permanence de l'écriture une relation dont la fragilité demeure obscurément perçue. Car l'acte épistolaire est ici le propre de la femme : signe de sa solitude fondamentale, et aussi de sa volonté de rendre son unité à un temps fragmenté ; les lettres réunies deviennent recueil, monument d'un amour, fût-il malheureux, et la description d'états affectifs donne lieu à des rationalisations en forme de maximes parfois contradictoires : « Une âme tendre est la source de toutes les peines d'une femme »/« Ah, qu'on est heureux d'avoir une âme sensible » (*Fanni*). Dans les derniers romans de Mme Riccoboni, de parfaits amants (Clémengis, dans *Ernestine* ; Montalais, dans *Sancerre*) viennent *in fine* panser les plaies qu'eux-mêmes ou d'autres avaient ouvertes ; heureux hasard qui n'efface pas la vigueur des premières condamnations : « Monstres féroces, qui nous devez le bonheur et l'agrément de votre vie, vous qui ne connaissez que l'orgueil et l'amour effréné de vous-mêmes… » (*Fanni*). On reconnaît sans peine chez Mme Riccoboni l'héritage de Richardson (*Paméla* est traduite en 1742 par Prévost) et de Marivaux ; les invectives de Fanni annoncent la tirade de Marceline dans *le Mariage de Figaro* (1784) : « Hommes plus qu'ingrats… » Mais, d'une certaine façon, Mme Riccoboni va plus loin. Dans la plupart de ses romans épistolaires, la réponse de l'homme ne vaut pas d'être citée ; et face à la stérile futilité masculine, ses héroïnes comme elle-même ou ses contemporaines, Mme de Graffigny, Mlle de La Guesnerie, ne reconnaissent qu'à leur propre vie affective le droit de devenir objet d'écriture.

J.-P. de Beaumarchais

RICHAUD André de

(1909-1968)

Né à Perpignan, issu d'une famille d'enseignants, il voit disparaître très tôt son père (1915) et sa mère (1923). Il poursuit ses études au collège de Carpentras, puis aux facultés de droit et de philosophie d'Aix-en-Provence. Il rencontre, durant ces années, Pierre Seghers et Joseph Delteil, auquel il consacre son premier livre publié : *Vie de saint Delteil* (1928). Il enseigne de 1929 à 1932 au lycée de Meaux, puis au lycée Saint-Louis, à Paris, avant d'abandonner le professorat en 1933. Commencent alors des années de détresse psychologique ; s'abandonnant totalement à ses amis, incapable d'assumer son existence matérielle, André de Richaud se consacre à l'écriture, passe des journées entières dans les cafés parisiens, s'adonne à l'alcool. Pris en charge pendant près de quinze ans par le peintre Fernand Léger et sa femme, auxquels il s'est lié en 1935, il finit par s'installer à Vallauris en 1958, et, grâce au secours matériel de ses amis, entre à la maison de retraite de cette ville (1961) ; il succombera à une affection pulmonaire à l'âge de cinquante-neuf ans.
Pour Richaud, l'écriture est l'expression d'une introspection psychologique. Sans toujours éviter quelques lieux communs, l'écrivain, dans ses romans (*la Création du monde*, 1930 ; *la Douleur*, 1931 ; *la Barrette rouge*, 1938 ; *le Mauvais*, 1945-1946 ; *l'Étrange Visiteur*, 1956), ses poèmes (*Comparses*, 1927, rééd. 1984), *la Confession publique*, 1944 ; (*le Droit d'asile*, 1937-1954), ses récits autobiographiques (*Je ne suis pas mort*, 1965), part en quête du double maladif qu'il sent peser sur lui-même – sur tout homme –, et qui lui donne un profond sentiment d'isolement : « S'il n'y avait que deux hommes en moi ! mais je suis toujours l'individu perdu dans sa propre foule. » Cette conception romantique de l'existence amène Richaud à créer, en particulier dans ses romans, un climat hallucinatoire, où la réalité provençale et pittoresque fait rapidement place à un univers foisonnant de symboles. Monde où le feu et le soleil se trouvent parés d'un sens tragique et cathartique, où des mythes païens, liés à la contemplation fascinée du sang et de la nuit, ressortent avec violence.
C'est dans la création de ces récits instables, aux signes mouvants, aux sens à peine dévoilés, qu'il faut sans doute chercher la poésie la plus originale de Richaud. Il est aussi l'auteur de pièces de théâtre, *le Secret, les Reliques, le Roi clos* (*Théâtre*, 1956).

J.-P. Damour

RICHEPIN Jean

(1849-1926)

Avant d'être un auteur célèbre – aujourd'hui bien oublié –, Jean Richepin fut un « personnage », une tête, et, si l'on peut dire, une « forte gueule » de la bohème parisienne, avec son imposante stature, sa moustache agressive et son regard fier. Malgré les faiblesses et les artifices de ses « hardiesses », il reste un poète et un conteur plaisant dont les œuvres ne manquent ni de corps ni de saveur.

De la gueuserie à l'Académie

Son passage à l'École normale supérieure, de 1868 à 1870, semble engager Jean Richepin, né en Algérie, fils d'un médecin militaire, dans une carrière de professeur et de lettré ; mais la guerre de 1870 le jette dans les rangs des francs-tireurs, où il prend le goût de la liberté ; après des années d'errance et de métiers divers, il surgit au quartier Latin en 1875, géant hirsute et truculent. Dissident du Parnasse, après avoir appartenu, en 1871, au cercle joyeux des « Vilains Bonshommes », il fonde le groupe des « Vivants », pour lutter contre les conventions formelles et thématiques et rapprocher ainsi l'art de la vie. *La Chanson des gueux* (1876), en plein « Ordre moral », évoque, en vers argotiques aux rimes et aux rythmes sonores, l'existence des déclassés ou des oubliés de la société : elle est saisie, et son auteur est condamné à un mois de prison pour outrage aux bonnes mœurs. Vicissitudes qui assurent une publicité au poète et confirment une vocation de violent : *les Caresses* (1877) exaltent la sensualité, *les Blasphèmes* (1884) hurlent l'athéisme. Parallèlement, Richepin donne des romans à succès (*la Glu*, 1881 ; *Miarka, la fille à l'ourse*, 1883…), et des drames en vers (*l'Étoile*, 1873 ; *Nana-Sahib*, 1883 ; *Monsieur Scapin*, 1886…). Le ton s'apaise avec les poèmes de *la Mer* (1886) : le Diogène parisien compose des pièces populaires (*le Chemi-*

neau, 1897) et finit par être élu à l'Académie française (1908), où Barrès le reçoit (18 févr. 1909) : digne prélude au renouveau patriotique de son inspiration pendant la Grande Guerre (*Poèmes durant la guerre*, 1918) et à la correction un peu guindée des derniers recueils (*les Glas*, 1922 ; *Interludes*, 1923). Richepin meurt en 1926 : au lendemain du *Manifeste surréaliste,* qui donne la mesure d'une véritable et radicale innovation.

Les limites de l'audace

Le goût de la réclame et du tapage, le cabotinage, l'agitation ne sauraient faire illusion. Un rhéteur de talent n'est ni un visionnaire ni un inventeur. Il joue, à l'intérieur d'une tradition, le bouffon ou le trouble-fête sans ébranler les bases mêmes d'une esthétique qui demeure, en ses outrancières et marginales métamorphoses, fondamentalement parnassienne et classique. Même encanaillé, le poète reste un lettré : le « roi des gueux » cultive la variété du rythme et la perfection métrique, la rime riche et rare, les formes strophiques difficiles ; ainsi moulée, figée, fixée, la langue verte ressemble parfois à un clochard exilé dans un salon : des effets comiques de discordance parasitent la véhémence première. Richepin voit le populaire à travers Villon, Eugène Sue, le répertoire chansonnier, le Zola de *l'Assommoir*... Il ne transmet son expérience (fort réelle) de l'érotisme, dans *les Caresses*, qu'à travers des schèmes connus, des réminiscences de l'antique et des modernes. Ses *Blasphèmes* oscillent entre une « grande » poésie philosophique, de style lucrétien (celle que tente, au même moment, Sully Prudhomme, et que Leconte de Lisle a esquissée avec tant de bonheur), et la versification d'une diatribe anticléricale vulgaire, d'un athéisme de bas étage : un nihilisme sombre et amer détruit non seulement l'idée de Dieu, mais encore les « dernières idoles », raison, nature, progrès. Les romans témoignent de la même emprise des conventions : *la Glu*, racontant les amours d'une Parisienne en vacances au Croisic et d'un jeune pêcheur, accumule les provincialismes et « bretonnise » (non sans saveur), mais complique et mélodramatise l'intrigue jusqu'à l'invraisemblance, sur un thème que Radiguet et Colette traiteront avec tact et vérité ; *Miarka*, avec plus de grâce, poétise et dramatise la vie d'une bohémienne et de sa fille dans un village de Thiérache. Malgré leurs rudesses et leurs verdeurs d'expression, ni les poèmes ni les récits n'atteignent au naturalisme vers lequel ils tendent ; ils restent prisonniers du style artiste, des souvenirs savants et du romanesque à péripéties. L'œuvre entière témoigne de la tension, de plus en plus vive au XIXe siècle, entre la vie et l'art, entre les revendications de réalisme total et la résistance des formes littéraires. Cette crise ne peut se résoudre que par l'acceptation de l'informel et d'une mort de la littérature, ou par le renoncement au dogme de la *mimesis*, de la représentation. On s'attarde, avec Richepin, dans des conciliations de plus en plus prudentes, bien en deçà de la recherche des symbolistes (vers une autonomisation du littéraire) ou des grands naturalistes (vers une transparence du discours à l'opaque multiplicité du réel).

Un bouquet corsé

Cela relativise les audaces qu'affiche le futur académicien ; mais il serait injuste de ne le juger qu'à cette aune de l'innovation révolutionnaire qu'il s'aventure à revendiquer : il existe de purs chefs-d'œuvre de tradition et même d'imitation. Richepin se tient dans l'entre-deux ; au sein de la lignée des poètes réalistes et populaires issus du Parnasse – Coppée, Raoul Ponchon, le Goudeau des *Fleurs de bitume* (1878) et, plus tard, le maître du genre, Jehan Rictus –, il se distingue par le souffle oratoire (soutenu par une habile et solide rhétorique), par la vivacité des impressions, des vues instantanées (on peut lire d'agréables « croquis parisiens » dans son volume de prose *le Pavé*, publié en 1883), et surtout par l'abondance, la variété et l'originalité des images : brillantes, brutales ou d'une sèche pertinence, elles étonnent et éblouissent ; elles lassent parfois. Tout cela compose un art violent et mouvementé : un style véhément accordé aux truculences ou aux émotions de la pensée et de la narration. C'est le contraire des essences pâles et précieuses que cherchent à distiller les poètes symbolistes. Ma muse, écrit Richepin, « est une brave et gaillarde fille, qui parle gras, je l'avoue, et qui gueule même, échevelée, un peu ivre, haute en couleur, dépoitraillée au grand air, salissant ses cottes hardies et ses pieds délurés dans la glu noire de la boue des faubourgs ou dans l'or chaud des fumiers paysans, avec des jurons souvent, des hoquets parfois, des refrains d'argot, des gaietés de femme du peuple » : en cette mauvaise compagnie, on doit convenir qu'on se laisse distraire, et qu'on ne s'ennuie pas, même s'il est des arts moins superficiels, plus sincères et plus profonds.

D. Madelénat

RICTUS Jehan

Pseudonyme de ***Gabriel RANDON de SAINT-AMAND*** *(1867-1933)*

Poète, mais aussi romancier, dramaturge et dessinateur, Gabriel Randon a voulu être le Villon de son époque, l'auteur d'une œuvre où s'exprimerait cette part de la société qui n'a jamais la parole, où l'on entendrait la voix des esclaves, des misérables, des exclus, la voix du peuple.

La vie du pauvre

À l'origine, pourtant, ce n'est pas de ces milieux que Rictus est sorti : né à Boulogne-sur-Mer, il est le fils naturel d'un gentilhomme professeur de gymnastique et d'une fausse artiste qui avait des prétentions nobiliaires. Après une enfance pénible, qu'il a décrite dans son roman *Fil de fer* (1906), notre auteur quitte sa mère, mène une existence de misère et trouve finalement un emploi à la Direction de l'enseignement, où il rencontre Albert Samain qui le remarque et l'encourage. À cette époque, il a déjà publié plusieurs poèmes, par exemple dans *le Mirliton* d'Aristide Bruant et *le Pierrot* d'Adolphe Willette, dans *la Pléiade* aussi, *la Muse française*, *la Plume* et le *Mercure de France*. En même temps, il écrit au *Matin*, au *Figaro*, au *Soir* et se lance dans des enquêtes journalistiques, notamment sur les anarchistes. Sur un plan plus littéraire, il signe désormais Jehan RICTUS et, sous ce nom, paraît au cabaret des Quat'z'Arts (1896). Là, il récite « l'Hiver », et c'est le succès : Rictus devient une vedette, dont la critique reconnaît le style particulier. Plus tard, il poursuivra sa carrière de diseur au *Chat-Noir* de Raoul Salis, puis dans différents cabarets.

Ses textes paraissent assez vite puisque *les Soliloques du pauvre*, où figure le fameux « Revenant », sont publiés en 1897 (« l'Hiver » a paru en 1896) ; ils seront repris dans deux autres éditions, dont la plus célèbre est celle de 1903, qui fut illustrée par Steinlen. Dans le même temps, Rictus, qui publie un pamphlet contre Rostand (*Un bluff littéraire : le cas Edmond Rostand*, 1903), qui fait représenter une pièce au théâtre de l'Œuvre (*Dimanche et lundi férié ou le Numéro gagnant*, 1905), travaille à un nouveau recueil : *le Cœur populaire* sort en 1914, et l'on y retrouve certains poèmes déjà publiés. La guerre marque probablement la fin de la période vraiment productive de Rictus. Certes, il écrit dans quelques revues, s'intéresse à la condition matérielle du poète, participe à des émissions radiophoniques, publie un dernier recueil, *la Pipe cassée* (1926) : pour le public, cependant, il reste l'homme des *Soliloques*, le pauvre, le barbu errant des dessins de Steinlen.

Bat-la-crève et Fout-la-faim

Chaque nom est un choix, et celui de RICTUS plus qu'aucun autre. Lorsque Gabriel Randon prend ce pseudonyme, inspiré, dit-on, par Villon, il a déjà rédigé ses premiers poèmes en langue populaire, en particulier « l'Hiver », qui ouvre *les Soliloques du pauvre*. On y trouvera cette tonalité douce-amère, drôle et cruelle, qui est la marque de Rictus : cette pitié d'abord vis-à-vis des gueux, des « Écrasés d'la Muflerie contemporaine », cette colère contre leurs défenseurs hypocrites, Richepin, Mirbeau, Zola, Hugo surtout – Hugo, « Qui a tiré des Mendigots D'quoi caser sa progéniture ». C'est, si l'on veut, le cri de Rictus, sa dénonciation des inégalités, sa revendication, qui a souvent des côtés anarchistes. Cette poésie, pourtant, n'est pas dupe de la politique, qu'elle dénonce comme une exploitation supplémentaire, qu'elle ridiculise : on s'aperçoit en effet que Rictus ne peut exiger la justice qu'à travers un humour très noir. Il y a, bien sûr, son ironie face à un monde absurde, mais on trouve aussi chez lui une satire forte, même si elle n'est pas neuve, des gros, des bourgeois, des « Socialisses » qui ne meurent pas de faim, des Rupins, des Gavés dont le cœur est « de granit ou de pierre de taille », et qui narguent les damnés de la terre.

Pour autant, on ne fera pas de Rictus un révolutionnaire optimiste, quelqu'un qui croirait vraiment à une société future, égalitaire et fraternelle : « Aussi, quand on a lu l'histoire D'ceuss'qu'a voulu améliorer L'genre humain [...], on les trait'de poires ; on vourait ben les exécrer On réfléchit, on a envie D'beugler tout seul "Miserere", Pis on s'dit : Ben quoi, c'est la Vie ! Gn'a rien à fair', gn'a qu'à pleurer. » Le fond de cette poésie est en effet le dégoût, la déception, celle peut-être de ce poivrot croyant s'adresser à un Christ qui n'est que son image, reflétée « dans l'miroitant du marchand d'vins ». Cette métaphore du « Revenant », qui a l'allure d'un blasphème, aboutit au contraire à rendre sa vigueur au message évangélique. Seuls comptent, pour Rictus, ceux en qui vit le Christ, ceux qui souffrent, l'enfant malheureux de *Fil de fer*, les sans-pognon, la mère du guillotiné, cette vieille qui lance sa « jasante » au cimetière d'Ivry : en fait, les victimes, les faibles. On peut dire alors que cette œuvre tourne au réalisme misérabiliste, et l'accuser d'exploiter, elle aussi, avec une certaine complaisance, les malheurs des pauvres : pourtant mieux vaut montrer comment le poète prend en charge la détresse universelle. Sa situation matérielle, d'abord, le conduit à se sentir solidaire des humbles, à se sentir marginal lui-même, à partager les douleurs et les haines des exclus. S'ajoute à cela, bien sûr, l'image stéréotypée du poète maudit que les bourgeois laissent « crever de faim » : dès lors le poète des *Soliloques* se confond avec les personnages du *Cœur populaire* dans une contestation aussi bien sociale qu'esthétique.

Le jaspin du pauv'monde

Celui qui parle dans les poèmes de Rictus n'est donc plus le « poète », mais une sorte de voix anonyme, à la fois poétique et populaire, chargée d'exprimer les révoltes associées du peuple et du poète. Une voix : cette poésie est en effet verbale, puisque Rictus fait parler le pauvre qui soliloque, la mère qui pousse sa jasante, les fan-fans morts qui chantent leur farandole triste dans *le Cœur populaire*, et cela dans leur langue. Rictus a choisi d'écrire dans un style populaire, rempli d'apocopes, de déformations, de constructions vicieuses, de mots d'argot, d'images familières et expressives, de tout ce qui fait hurler les grammairiens normatifs :

> *Merl'v'là l'Printemps ! Ah ! salop'rie,*
> *V'là l'monde enquier qu'est aux z'abois*
> *Et v'là t'y pas c'te putain d'Vie*
> *Qu'a r'biffe au truc encore eun'fois.*

Il y a là, sûrement, une volonté de briser le langage noble et convenu de la poésie, et Rictus s'en est expliqué souvent, notamment dans une lettre à Léon Bloy : « Comment remplacer certains mots qu'on a pressurés jusqu'au jus, jusqu'au zeste, sinon en retournant puiser à la source, au fumier même de la Langue, qui est l'Argot, quoi qu'on en dise ? » Outre l'exotisme social, la verdeur et le scandale, ce que Rictus cherche dans ce langage, c'est donc l'authenticité ; il veut user d'un français vrai et vivant, du « parigot », soumis à une prosodie aussi exigeante que celle des traités de versification. Déjà poétique en elle-même, cette langue faubourienne est riche d'images qui s'accorderont avec celles du poète : Rictus utilise ses métaphores, sa phrase souple et pourtant rythmée, son génie de l'insulte, de la formule ou du surnom : voilà « l'Bâtard de l'Ange », « l'trimardeur galiléen », « l'Rouquin au cœur pus grand qu'la Vie », « l'Homme aux beaux yeux, l'Homme aux beaux rêves, eul'l'charpentier toujours en grève, l'artiss', le meneur, l'anarcho, l'entrelardé d'cambrioleurs ». Le procédé peut sembler artificiel, il peut lasser, toujours est-il que c'est lui qui donne son élan, sa musique à la poésie de Rictus.

Il est moins facile de définir cette œuvre que de dire ce qu'elle n'est pas : elle n'est certes pas un divertissement de lettré qui serait allé s'encanailler dans les bas-fonds du langage ; on ne peut pas non plus la considérer comme une poésie uniquement « populaire ». Sa raison d'être, il faut la chercher plutôt du côté de la forme : cette poésie est d'abord le choix d'un ton, d'un style, inspiré bien sûr par le « jaspin du populo », mais où l'on découvre parfois des échos religieux : est-il incongru de considérer les *Soliloques* et *le Cœur populaire* comme une longue prière, comme ce « Miserere » qu'évoque Rictus dans « Impressions de promenade » ?

A. Preiss

RIHOIT Catherine

(née en 1950)

Née à Caen, Catherine Rihoit, agrégée d'anglais, maître assistant à la Sorbonne, collabore à une *Grammaire analytique de l'anglais* (1976), puis se lance dans la fiction (*Portrait de Gabriel*, 1977 ; *le Bal des débutantes*, 1978 ; *les Abîmes du cœur*, 1980 ; *les Petites Annonces*, 1981), adoptant dans ses romans comme dans sa longue interview, *Histoire de Jeanne, transsexuelle* (1980), tantôt la narration à la première ou à la deuxième personne (*la Favorite*, 1982), tantôt la forme du journal ou des notes intimes (*le Triomphe de l'amour*, 1983). *Tentation* (1983) et *Soleil* (1984) sont suivis d'un essai, *Brigitte Bardot, un mythe français* (1986), qui déplut fort à celle qui en était l'objet.

Prisonnières de situations bloquées, que symbolise « le Purgatoire », cette demeure normande aux « murs gris » battus par une mer invisible (*les Abîmes du cœur*), les héroïnes de Catherine Rihoit s'en libèrent pour courir mille aventures. Mais la vraie vie ne ressemble guère au monde idéal de la littérature rose souvent brocardée par l'auteur.

Sur ce schéma désenchanté, l'imagination débridée de la romancière brode une parodie des idées et des mœurs contemporaines : féminisme dépouillé de l'esprit de sérieux d'une Simone de Beauvoir (l'égalité des sexes ? « Pince la fesse d'un mec dans le métro pour voir »...) ; cynisme du milieu des médias découvert par une jeune romancière à succès dont le franglais intègre l'argot des années 1980 (« les études, c'est pas tellement mon trip, je ne peux pas dire que ça me branche au max ») ; modes et engouements, « nouvelle cuisine », *fast-food*, « restau-snob », psychanalyse tournant au désastre (*Kidnapping*, 1984) et week-ends sur la Côte. La verve de Catherine Rihoit, qui n'épargne pas les milieux populaires (*la Favorite*), se déchaîne dans l'« Histoire-fiction » : *la Nuit de Varennes* (1982) réunit dans une même diligence Casanova et Rétif de la Bretonne, passé limier. Mais l'écrivain n'hésite pas non plus à romancer la vie de Thérèse Martin devenue sainte Thérèse de Lisieux (*la Petite Princesse de Dieu*, 1994), à rédiger les Mémoires d'une femme désertée par l'amour (*le Retour à Cythère*, 1992), ou à introduire une dose de fantastique dans l'intrigue romanesque qui enjolive l'histoire d'une tapisserie ancienne (*la Dame au loup*, 1999).

Sous l'humour souvent féroce, que les héroïnes tournent volontiers contre elles-mêmes, résonne ainsi dans l'œuvre de Catherine Rihoit l'écho adouci d'une tendresse à laquelle aspirent ses féministes angoissées, et toujours « sevrées d'amour ».

M.-A. de Beaumarchais

Rimbaud

RIMBAUD Arthur

(1854-1891)

Un adolescent de province écrit des vers, comme tant d'autres. Fasciné par le monde littéraire de Paris, il parvient même à s'échapper, à publier quelques textes, confidentiellement. L'époque est agitée, sa vie est trouble, ses ambitions d'artiste sont déçues. Il part plus loin, à l'aventure. Le mirage de la fortune a remplacé celui de la gloire. À un ami qui veut lui reparler de littérature il répond sèchement : « Je ne pense plus à ça. » Là encore, ses ambitions sont déçues. Il revient malade au pays, pour y mourir dans des conditions atroces. Sans qu'il le sache, il est devenu un écrivain connu.

Sa destinée posthume est plus prestigieuse encore. C'est qu'il a été un grand poète. C'est aussi qu'en faisant l'expérience des limites de la poésie il a mieux fait comprendre ce qu'elle est essentiellement.

Constitution d'une œuvre malgré l'auteur

Rimbaud est l'auteur d'un seul livre : *Une saison en enfer*, une plaquette de 53 pages « parue à Bruxelles, chez Poot et Cie, 37, Rue-aux-Choux [qui] sombra dans un oubli monstrueux, l'auteur ne l'ayant pas “lancée” du tout » (c'est Verlaine qui parle, en 1883, quand il révèle Rimbaud dans la revue *Lutèce*). À dire vrai, Rimbaud n'avait pas même reçu livraison du stock, commandé à compte d'auteur, et resté impayé.

Tout le reste n'est que fragments épars. Des poèmes qu'il parvint très rarement à faire publier, et qui sont loin d'être les meilleurs : « les Étrennes des orphelins », pour cœurs sensibles, dans *la Revue pour tous* du 2 janvier 1870 (il avait quinze ans) ; « Trois Baisers », une scène « maline », dans *la Charge* du 13 août 1870 ; « les Corbeaux », qu'on pouvait prendre pour une vision d'après guerre, dans *la Renaissance littéraire et artistique* du 14 septembre 1872. Le bilan est décevant, désolant même. À lui seul il suffirait à expliquer que cet adolescent ambitieux, après avoir rêvé de se faire « une petite place entre les Parnassiens » (lettre à Banville du 24 mai 1870), se soit détourné de la littérature au moment où il entrait dans l'âge d'homme.

L'*adagio* des « Vingt ans » a été une fin. Quand, au début de l'année 1875, Rimbaud abandonne à Verlaine ou à Germain Nouveau le reliquat de ses poèmes en vers ou en prose, il s'est déjà éloigné de son œuvre, il la solde. Il avait pourtant derrière lui une production de quatre années, considérable, mais inédite. Elle fut publiée massivement, et sans son aveu, dans les cinq dernières années de sa vie, quand il essayait d'aller revendre des fusils au roi Ménélik ou quand il dirigeait une factorerie à Harar. En cette année 1886, où les poètes se lancent à la tête l'épithète de « décadent » et où ils se cherchent de nouvelles idoles, une revue, *la Vogue*, révèle tour à tour une pièce de vers, « les Premières Communions », un ensemble de vers et de proses intitulé *Illuminations* (immédiatement repris dans une plaquette préfacée par Verlaine), enfin le texte déjà imprimé, mais totalement inconnu, d'*Une saison en enfer*. Les premiers poèmes en vers étaient peu à peu sortis de l'ombre, mais ils restaient dispersés dans diverses revues quand, le 20 novembre 1891, l'éditeur Genonceaux les publia dans un recueil préparé et préfacé par l'un des premiers fanatiques de Rimbaud, Rodolphe Darzens. Ce *Reliquaire* était à la fois incomplet et trop complet puisque, parmi les 56 pièces qu'il comprenait, s'étaient glissés des faux. Rimbaud était mort dix jours avant, le 10 novembre. À dire vrai, *la Vogue* le donnait déjà pour défunt dans son numéro du 5 juillet 1886.

Les éditions suivantes, des *Poésies complètes* de 1895 chez Vanier aux *Œuvres* de 1981 chez Garnier, ont toutes quelque chose de trompeur. L'apocryphe tend toujours à s'y glisser : S. Bernard et A. Guyaux excluent à juste titre *la Chasse spirituelle*, fabriquée par Pascal Pia, mais restent accueillants à la *Lettre du baron de Petdechèvre*. L'organisation des recueils est factice : Rimbaud n'a pas envisagé de publier des *Poésies*, des *Derniers Vers* (parfois appelés *Vers nouveaux et chansons*), des *Proses évangéliques*, ni même des *Illuminations* (le titre est de Verlaine, qui en parle pour la première fois dans une lettre à son beau-frère Charles de Sivry en 1878). Ce sont là inventions d'éditeurs.

Des mutations brutales

Ces titres correspondent à des ensembles généralement non constitués. Il paraît plus juste de considérer ces ensembles comme des liasses (telles les liasses qui constituent les *Pensées* de Pascal). Grâce aux dates que souvent Rimbaud lui-même a indiquées, grâce à ses lettres et aux rares témoignages auxquels on puisse se fier, on comprend que sa progression s'est faite par mutations brutales : ce sont autant d'impatiences, autant de brusques décisions, mais aussi autant d'abandons.

1870 est l'année des débuts poétiques, placés sous le signe du Parnasse. C'est aussi l'année du premier – et même du seul – recueil poétique que Rimbaud ait conçu. À la fin du mois d'octobre, il est à Douai, chez les demoiselles Gindre, les tantes de son professeur du collège de Charleville, Georges Izambard. C'est le terme de sa seconde fugue d'adolescent, comme c'était le terme de la première. Là il a fait la connaissance d'un jeune poète de province, Paul Demeny, et, pour lui, il recopie, complète et met en ordre l'essentiel de ce qu'il a écrit jusqu'alors. Ce « Recueil Demeny » est constitué de deux cahiers manuscrits, que Pierre Petitfils a appelés les « Cahiers de Douai ». Le premier regroupe des pièces plus ou moins anciennes, parfois riches en réminiscences livresques (« Soleil et Chair », « le Bal des pendus »), parfois un peu appliquées (« le Forgeron »), mais aussi émues (« les Effarés ») et fraîches (« Sensation »). Le second est constitué de pièces entièrement nouvelles, que le « Petit Poucet rêveur » a semées sur son chemin lors de sa traversée de la Belgique, en octobre. La « Fantaisie » finale, « Ma bohème », fait le bilan de ces vagabondages poétiques et solitaires dont la tentation s'exercera encore sur lui en novembre, quand il sera tristement rentré au bercail. Parti du désir de dire « du printemps » (lettre à Banville du 24 mai), Rimbaud a fait entendre dans le premier cahier les notes différentes de sa lyre : des poèmes de printemps et d'été, de longues tirades, des croquis humoristiques et parfois vengeurs, plus rarement attendris, des poèmes politiques pleins de rancœur et de rancune. Mais le second est d'une étonnante unité, et d'une qualité plus rare : il permet de revivre l'aventure de l'Orphée bohémien qui, « comme des lyres […], tirai[t] les élastiques/ De [s]es souliers blessés ». C'est mieux, beaucoup mieux que l'œuvre d'un Parnassien doué : mais l'usage de la rime est général, l'alexandrin domine, et le sonnet – libertin – reste la forme de prédilection.

Le 10 juin 1871, Rimbaud demande à Demeny de détruire ce recueil. Le mois précédent, il lui a envoyé la fameuse lettre dite du « Voyant », déclaration de guerre à la vieillerie poétique et au romantisme fadasse. La rupture avec les autres est aussi une rupture avec soi-même. À la littérature ancienne il veut substituer une littérature nouvelle ; à « sa » poésie ancienne il va substituer « sa » poésie nouvelle, dont il distribue les premiers échantillons (« le Cœur supplicié », « Chant de guerre parisien », « Mes petites amoureuses », « Accroupissements », « les Poètes de sept ans », « les Pauvres à l'église », « Ce qu'on dit au poète à propos de fleurs »). On sent le désir de se moquer des clichés, des joliesses de la poésie décorative, et un goût de la parodie qui n'est pas simple divertissement mais reprise destructrice. En même temps, l'agressivité de l'adolescent se déchaîne contre les tenants de l'ordre et de l'immobilisme : c'est une agressivité « communarde » puisque cette poésie nouvelle veut être une poésie « d'actualité », inspirée par la « bataille de Paris » – Paris vers lequel le poussent ses « colères folles ». « Le Cœur supplicié », que le colonel Godchot expliquait par les cruelles épreuves qu'infligea au jeune provincial la soldatesque de la caserne Babylone, et Berrichon par une participation à la Semaine sanglante, dit bien plutôt le mépris dont se sent couvert celui qui reste « à la poupe », à l'arrière-garde. Pour être aux côtés des travailleurs qui meurent, il n'a que ce qu'il appellera sa « main à plume ». Le plan d'action poétique qu'il annonce d'une manière fracassante, les « souffrances énormes » qu'il s'impose en pratiquant « le dérèglement de *tous les sens* », le don de soi ou, plutôt, la « crevaison » qu'il accepte pour prix de sa voyance, folle mais raisonnée, tout cela correspond à sa manière à lui d'entrer dans l'active, d'être un « travailleur » dans le corps des poètes. Ce travail « horrible » porte aussi sur le langage. Tous les commentateurs ont été sensibles au ton nouveau de Rimbaud en 1871, à la violence qu'il fait au vocabulaire, à la syntaxe et au mètre. Avec des accès de rage et des apaisements : d'où les inégalités qui demeurent entre les folles audaces de « Mes petites amoureuses » et la manière plus traditionnelle des « Poètes de sept ans ». Cette disparate existe dans les poèmes que Verlaine a reçus et dont il a constitué une manière de recueil. L'exercice de voyance des « Voyelles » se loge encore aisément dans un sonnet. Quant au « Bateau ivre », il est d'une splendeur tout hugolienne.

En 1872 tout change. À Charleville, Rimbaud fait ses délices des livrets de Favart et ne rêve plus qu'ariettes, romances et chansons. C'est à ces formes grêles qu'il entend confier la tâche de dire l'indicible, de fixer des vertiges. Au moment où Verlaine écrit ses *Romances sans paroles* et où ils vivent ensemble, à Paris, en Belgique ou à Londres, Rimbaud travaille à ce qu'il appellera lui-même des « espèces de romances ». Ce sont sans doute ces « Études néantes » dont Verlaine a parlé plus tard. Les projets des deux « vagabonds » se ressemblent trop pour qu'il n'y ait pas entre eux un échange subtil, qu'on saisit de texte à texte, des « Simples Fresques » à « Plates-Bandes d'amarantes », des « Chevaux de bois » aux « Fêtes de la faim ». Il s'agit moins d'influence que d'entraînement réciproque, moins d'impressionnisme musical que de jeu avec l'hallucination simple et l'hallucination des mots. Mais Verlaine revient vite à la fadeur d'une poésie subjective à laquelle il n'a d'ailleurs jamais renoncé ; Rimbaud s'effraie lui-même de devenir un « opéra fabuleux ».

Cette divergence est bien plus importante que la rupture de Bruxelles, en juillet 1873. Verlaine recule devant la liberté des assonances, l'irrégularité des vers, le libre enchaînement des images. C'est la fin, pour lui, du « poète correct ». Rimbaud, de son côté, a compris qu'il ne parviendrait jamais à rendre son compagnon à l'« état primitif de fils du Soleil ». Mais il est aussi pris de vertige devant sa propre aventure. Ce moment d'arrêt correspond à *Une saison en enfer* : le « livre païen », le « livre nègre » commencé à Roche en mai 1873, trouve avec le meurtre manqué de Bruxelles sa meilleure justification. C'est un livre de haine et de colère, un voyage au bout de l'enfer sur terre. Mais c'est aussi un bilan poétique : dans « Alchimie du verbe » Rimbaud retrace son itinéraire des « Voyelles » à « l'Éternité », de la décision du Voyant à ses délires les plus extravagants. Il est conscient d'avoir atteint la limite entre la raison et la folie, et il décide de marquer un arrêt brutal.

Est-ce la fin de sa création poétique ? Ici se pose le difficile, l'irritant problème des *Illuminations*. Après les « Études néantes » du printemps et de l'été 1872, Rimbaud a choisi d'écrire en prose. Tous les témoignages concordent sur ce point. Mais les *Illuminations* ne rassemblent pas nécessairement toutes les proses de Rimbaud. C'est évident pour *Une saison en enfer* et pour les proses dites « évangéliques », où l'on sent le même désir d'écrire un contre-Évangile en prenant, à rebours, l'Évangile de saint Jean. C'est moins net pour les poèmes en prose de 1872 dont parle Delahaye ou pour les « fraguemants en prose » auxquels fait allusion Rimbaud dans une lettre adressée à ce même Delahaye en mai 1873. Les *Illuminations* sont-elles antérieures ou postérieures à *Une saison en enfer* ? La critique rimbaldienne est divisée sur ce point. Il est probable que certaines des proses sont antérieures à l'été 1873 ; mais il est sûr que Rimbaud, avec l'aide de Germain Nouveau, s'est employé plus tard à les mettre au net, probablement au cours de leur séjour commun à Londres au début de l'année 1874.

Même débarrassé des vers de 1872 (qui s'y trouvaient mêlés dans *la Vogue*), ce que nous connaissons comme étant le recueil des *Illuminations* est composite. Il y demeure deux pièces en vers libres, « Marine » et « Mouvement ». Les écritures, les papiers même du manuscrit sont divers. L'ordre enfin est celui qu'a décidé arbitrairement le premier éditeur, Félix Fénéon. Rimbaud n'est visiblement pas parvenu à rassembler ces fragments, ou il s'est lassé avant d'y parvenir. L'œuvre, comme l'a bien démontré André Guyaux, se situe « à un point d'équilibre entre une force de dispersion [...] et une force de cohésion ». Elle est une collection de fragments, mais de fragments en quête d'une unité.

Une expérience des limites

Rimbaud a brûlé les étapes. En quelques mois il a appris à user avec complaisance ou avec désinvolture de tous les procédés de la poésie de son temps. Mais dès le mois de mai 1871 il décide d'aller au-delà. Au-delà, tout d'abord, de la poésie subjective. Non que la poésie objective dont il parle à Izambard soit vraiment, comme il feint de le lui laisser croire, au service des autres, de la société. Mais elle est l'expression de l'« autre » que le poète porte en lui. D'où la formule, souvent citée et mal comprise : « Je est un autre ». Elle détruit non seulement le moi romantique, mais encore le je cartésien, le principe de l'identité et la confiance en la raison. Un poème de 1871 comme « le Cœur volé » est l'illustration du principe : « je » s'apprête à chanter un air connu, des triolets à la manière de Banville, mais c'est l'« autre » qui s'exprime et qui fait dire à cette forme surannée quelque chose de nouveau.

Car l'« autre » est à prendre aussi au neutre. Dès 1871, la poésie est pour Rimbaud exploration des profondeurs, de ce que Baudelaire appelait l'« Inconnu ». Rimbaud reprend le terme dans sa lettre à Demeny du 15 mai. Point de voyage métaphysique pour cela, point d'aspiration spirituelle. Il faut plutôt aller au bout de soi-même en exploitant « toutes les formes d'amour, de souffrance, de folie », en épuisant en soi

« tous les poisons ». Le retour de ce mot ne doit pas surprendre au début d'*Une saison en enfer*, quand Rimbaud fait le bilan de l'étrange ascèse qu'il s'est imposée. Comme Hamlet il a simulé la folie, il a vécu ces « folies » dont il fait l'histoire dans « Alchimie du verbe ». La moindre d'entre elles est l'existence qu'il a menée, existence déréglée aux yeux de la société bourgeoise. Autrement importante est la pratique systématique de l'hallucination volontaire : Hamlet imposait à Polonius de voir un chameau ou une baleine à la place d'un nuage. Lui, il s'est imposé à lui-même de voir « une mosquée à la place d'une usine, une école de tambours faite par des anges, des calèches sur les routes du ciel, un salon au fond d'un lac ». Les poèmes de 1872 sont les plus caractéristiques à cet égard : « Plates-Bandes d'amarantes » est une suite d'hallucinations volontaires qui ont pour point de départ le boulevard du Régent, à Bruxelles ; « Michel et Christine » est une série d'épouvantes artificiellement suscitées par la fixation sur le titre d'un vaudeville de Scribe.

Rimbaud a voulu, dit-il, fixer ses vertiges. Mais le vertige peut naître de la fixation même. Le plus inquiétant de la lettre dite « du Voyant » est le projet de « *penser* sur la première lettre de l'alphabet ». La coloration des « Voyelles » n'est finalement qu'une réalisation première, une réalisation timide de ce projet. Car immédiatement Rimbaud sait bien quel est le risque : la folie. De même l'invention d'une nouvelle langue reste une velléité : Rimbaud ne franchit pas la limite comme plus tard Viktor Khlebnikov ou Antonin Artaud. Il se contente de faire l'expérience de cette limite.

Nulle part peut-être le vertige n'est plus sensible que dans le poème de juin 1872 intitulé « Âge d'or ». Tout se passe comme si l'« autre » s'était multiplié : « je » entend une multitude de voix autour de lui (comme Ulysse au milieu des Sirènes), en lui. Il est devenu « un opéra fabuleux », un opéra fait de l'assemblage ahurissant de refrains connus, comme les opéras-comiques du XVIIIe siècle, du retour sempiternel des mêmes clichés, des mêmes fadaises. L'abandon de la poésie subjective a conduit au délire de la poésie impersonnelle.

Quelle que soit la date des *Illuminations*, elles illustrent assurément une autre expérience des limites. Comme s'il prenait trop au sérieux le cliché du poète-démiurge, Rimbaud semble entreprendre de détruire le monde et de le refaire par la poésie. Le nouveau Déluge qu'il appelle de ses vœux laisse en place une arche sur laquelle vogue le poète-Noé (« Mouvement »), l'arche des ponts (« Métropolitain », « les Ponts »), l'arc-en-ciel de l'espérance (« Après le Déluge »), les fleurs arctiques (« Barbare »). Ce sont autant de points de départ pour une création renaissante dont le langage du poète sera à la fois l'instrument et le domaine, la « formule » et le « lieu ». Le démiurge prend tantôt les traits de l'ingénieur, tantôt ceux du musicien. C'est ce qu'Yves Bonnefoy a appelé avec bonheur la « tentative harmonique ». La tentative échoue, elle retombe, la plupart du temps. Du moins nous a-t-elle valu le moment même de l'illumination.

Comme les poésies de 1872, les *Illuminations* sont aussi une expérience des limites du langage. Il arrive que Rimbaud exploite les ressources traditionnelles de la narration (« Conte ») ou de la description (« Fleurs »). Mais il réalise le double paradoxe d'une série de phrases nominales tendues vers la narration (« Barbare ») et d'une série de séquences narratives tendant vers la description (« Dimanche »). Il joue de l'énigme (« H » est un poème emblématique, à cet égard), de l'ellipse (la lacune, dans « Sonnet »), de la polysémie (« le temps des Assassins », dans « Matinée d'ivresse », « les huttes d'opéra-comique », dans « Fête d'hiver »). Ailleurs, au contraire, un terme courant s'écoule en une périphrase insolite (« qui s'alimentent chez les fruitiers », dans « Métropolitain »). Ce n'est plus un opéra fabuleux, mais une rhétorique fabuleuse quand une prose est fondée sur une anaphore généralisée (« Dévotion », « Solde »), quand elle multiplie les *adunata* (« Villes » : « Ce sont des villes »). Il arrive que la syntaxe se défasse (la dernière phrase de « Ville » ne finit pas et reste comme suspendue), que la prose revienne à son point de départ par un mouvement récurrent (« Nocturne vulgaire », « Barbare »). Ce ne sont pas là de vains exercices de style, mais les surprenants effets de la tension d'un langage en travail.

Trop souvent la critique rimbaldienne s'est efforcée de retrouver des sources, de retrouver la référence à des *realia* : la mère de Rimbaud, la liaison avec Verlaine, le séjour à Londres. Mais le texte subvertit toutes les références, puisqu'il tend à lui seul à constituer une réalité imaginaire qui éclate en fragments épars. Et le fragment peut avoir sa perfection : les romantiques allemands l'avaient senti ; René Char nous l'a rappelé. Et Char définit fort bien l'illumination rimbaldienne comme « mouvement d'une dialectique ultra-rapide, mais si parfaite qu'elle n'engendre pas un affolement, mais un tourbillon ajusté et précis qui emporte toute chose avec lui, insérant dans un devenir sa charge de temps pur ».

Poétique de Rimbaud

Vouloir réduire la poésie de Rimbaud à une poésie du nonsens, c'est perpétuer l'erreur des premiers éditeurs de la lettre à Izambard du 13 mai 1871 qui imprimèrent « Ça ne veut rien dire » à la place de « Ça ne veut pas rien dire ». Cette remarque suit le seul échantillon qu'il donne, dans cette même lettre, de son art poétique nouveau, « le Cœur supplicié ». Il nous assure bien qu'il y a du sens, mais se garde de dire quel est ce sens.

Le sens retenu

« Ça ne veut pas rien dire », mais ça veut dire quoi ? : en éludant la réponse à la question qui demeure implicite dans son affirmation même, Rimbaud retient le sens. Cette attitude est nouvelle chez lui en mai 1871. Les premiers poèmes qu'il avait présentés à Banville, le 24 mai 1870, devaient être « du printemps ». Ils en avaient la fraîcheur, l'évidence. Les poèmes de Douai, réunis à l'automne de 1870, n'ont rien non plus d'énigmatique. Tout au plus laissent-ils deviner, mais c'est facile, un secret dans la parole ou le comportement d'un personnage, tel l'Empereur « à l'œil mort » dans « Rages de Césars ».

L'événement nouveau, en mai 1871, quand il « travaille à [s]e rendre voyant », c'est qu'il se sent énigmatique pour lui-même. « Vous ne comprendrez pas du tout », écrit-il à Izambard, « et je ne saurais presque vous expliquer ». Comment pourrait-il en être autrement quand la poésie n'est pas le produit d'un « je pense », mais le lieu d'un « on me pense » ? La lettre à Demeny du 15 mai ne fera que confirmer la naissance de la poésie dans un lieu de ténèbres et le refus d'une poésie qui ne serait que « la pensée chantée et comprise du chanteur ».

Izambard ne se trompait sans doute pas quand il croyait se rappeler un rapport entre « le Cœur supplicié » et la page célèbre de Montaigne sur la Pythie vomissant les oracles d'Apollon. L'oracle est bien ce qu'on ne comprend pas et ce qui pourtant « ne veut pas rien dire ». C'est le parler par énigmes que les Grecs révéraient et redoutaient à la fois. Rimbaud en reprend le paradigme d'une manière beaucoup plus nette au début de « Mauvais Sang », dans *Une saison en enfer* : « C'est très certain, c'est oracle, ce que je dis. Je comprends, et ne sachant m'expliquer sans paroles païennes, je voudrais me taire. » Ce qu'il comprend, ce n'est pas l'oracle, *c'est qu'il parle par oracle*.

Est-ce à dire qu'il n'est qu'un truchement de l'autre, du « on » ? Rimbaud hésite à cet égard entre un obscurantisme poétique et un hermétisme qui en serait exactement le contraire. Obscurantiste serait le poète qui se débattrait avec la parole dont il est chargé, craignant de la trahir, ou de ne plus savoir parler (« Matin »). Hermétique est celui qui se croit maître du secret. Cette attitude nouvelle apparaît à plusieurs reprises dans les *Illuminations*, en particulier dans deux textes qui méritent d'être mis en parallèle : « Parade » (« J'ai seul la clef de cette parade sauvage ») et « H » (« Trouvez Hortense »). Qu'il s'agisse dans un cas de la revendication orgueilleuse d'un privilège, dans l'autre cas d'un défi lancé à l'autre, Rimbaud continue de retenir le sens, dont il n'est sans doute plus seulement le détenteur, mais l'inventeur. Être voyant, c'était « rapport[er] de là-bas » quelque chose, on ne sait quoi, on ne doit savoir quoi. Mais le poète des *Illuminations* veut être un « inventeur », un « musicien » (« Vies » II).

Le piège du lecteur

Julien Gracq a parlé, dans *les Yeux bien ouverts*, du « besoin d'être à la fois acteur et spectateur, de prendre du recul, de se détacher constamment de ce qu'on fait, en même temps qu'on le fait ». Sans nul triomphalisme, Rimbaud est dans l'attente du « dégagement rêvé » (« Génie »), et l'illumination se produit quand il croit, fugitivement, que ce dégagement se produit. Le lecteur se trouve alors pris dans un étrange dilemme : doit-il plonger dans l'obscurité d'où sort et où rentre le poème, ou doit-il s'efforcer de prolonger le dégagement pour atteindre la clarté du sens ? Dans un cas, il serait tenté par une lecture des ténèbres ; dans l'autre cas, il aurait l'ambition de toucher la vérité. D'un côté, c'est la tentation de la gnose ; de l'autre côté, c'est la tentation de la glose. Mais s'il existe une vérité de la lecture de Rimbaud, elle se situe entre les deux.

La gnose est le recours à l'obscur pour rendre compte de l'obscur. L'exemple le plus célèbre en est le commentaire que Jacques Gengoux a proposé du sonnet « Voyelles » en s'aidant de la symbolique des couleurs chère à Éliphas Lévi. Du « noir » au « rouge », donc de A à I, on suit la courbe de la « vie ascendante ». Du rouge au noir (ou plutôt le bleu violet, l'*oméga*), la vie absorbée redescendrait. En fait, dans un commentaire de ce genre, la gnose n'est utilisée qu'à des fins de glose. Le sonnet ne se présentait d'ailleurs pas comme une énigme. Enfin le poète en a été le premier commentateur, et le plus sûr, dans *Une saison en enfer* (« Alchimie du verbe ») : il a voulu « invent [er] la couleur des voyelles », « A noir, E blanc, I rouge, O bleu, U vert » (cette fois, il ne termine plus par O) ; et il se présente déjà comme l'inventeur de quelque chose qu'il ne comprend pas. Il renvoie à plus tard une explication qu'il se sent pour l'instant incapable de donner : « [...] voyelles,/Je dirai quelque jour vos naissances latentes ».

« Voyelles » est sans doute un poème de 1871, postérieur d'assez peu aux deux lettres de mai. Or dans la deuxième de ces lettres, Rimbaud restait cohérent avec lui-même dans son refus de penser la lettre, la voyelle, le A, comme il refuse de penser la chanson, le poème. Sans doute l'important est-il d'inventer, de « trouver une langue », mais cette invention passe par le mystère de l'invention du langage et de la naissance des voyelles. En définitive, dans ce sonnet, c'est moins le sens qui est retenu qu'une connaissance qui le fonde. Mais pour cette connaissance même, le poète demande un délai.

La glose tente de réduire le texte énigmatique à un sens, et à un seul. L'interprétation érotique de « Voyelles » qu'a donnée Robert Faurisson, l'explication du « Cœur supplicié » par un viol de soudards (colonel Godchot), celle de « Parade » par la parodie du culte catholique (Antoine Adam), celle de « H » par la masturbation (Etiemble) présentent toutes le même inconvénient. Il faut encore une fois citer Gracq : « Que dire à ces gens qui, croyant posséder une clef, n'ont de cesse qu'ils n'aient disposé votre œuvre en forme de serrure ? » Certes, Rimbaud a été le premier à utiliser la métaphore de la clef (dans le prologue d'*Une saison en enfer*, dans « Parade »). Mais en affirmant qu'il a seul cette clef, il décourage à l'avance tous ceux qui arrivent avec la leur. Mario Matucci a fait justement observer que les diverses hypothèses interprétatives pour « Parade », loin de rendre plus claire la dernière phrase, la privaient complètement de sens. Dans ce poème en prose, le sens retenu des deux premiers alinéas (la description de la parade proprement dite) fonde la nécessité du dernier alinéa, donc le poème tout entier. La parade peut être alors celle de l'inventeur qui fait parade de ses inventions.

Il n'en va pas différemment de « H », dont la formule finale, « trouvez Hortense », est un défi lancé au lecteur. Le glosateur cherche à quitter momentanément la situation du lecteur ignorant pour se placer du côté de l'auteur savant, du « chiffreur » (le chiffreur est celui qui sait, comme l'a fait observer André Jolles quand il a analysé la forme simple de la devinette).

Mais Rimbaud se considérait-il comme un chiffreur ? Le poète-voyant vient de l'Inconnu, voleur d'un feu qu'il n'a pas allumé, qu'il n'a pas inventé. Dans *Une saison en enfer*, alors qu'il croit avoir trouvé une clef, la charité, il en vient à douter de cette clef (« Adieu ») : vouloir placer le livre sous le signe de « l'entreprise de charité », comme on l'a fait parfois, c'est donc figer le texte dans une interprétation que l'auteur lui-même a présentée comme flottante.

Dans les *Illuminations*, le poète se donne volontiers le rôle de chiffreur. Il met en garde contre l'impossibilité (« Parade ») ou la difficulté (« H ») du déchiffrement. Peut-être est-ce encore un masque, parmi tant d'« élan[s] insensé[s] » (« Solde »). Viol d'un secret, la glose aurait encore le tort de réduire à une énigme une poésie qui déborde l'énigme de toutes parts.

Car est-il possible de lire Rimbaud sans suivre cet « élan insensé » ? « Génie », dans les *Illuminations*, nous suggère avec une telle force le mouvement vers le « dégagement rêvé » qu'il est difficile d'y résister. Mais on peut suivre l'élan insensé sans nier l'existence d'un sens. Littéralement, cet élan est à lui-même sens. Il est, dans les *Illuminations*, surgissement, perpétuellement brisé, d'une nouvelle création dont le poète veut être l'inventeur tout en sachant qu'il n'en est pas le pur inventeur. Cet élan est contenu dans les gestes d'Hortense, il est la « dynamique amoureuse » qui ne s'oppose dans « H » à la « mécanique érotique » que parce qu'elle en est le complément indispensable. Il est désir, au sens baudelairien du terme (« le Désir de peindre », dans les *Petits Poèmes en prose*). Le texte poétique a pour fonction de ranimer la force mystérieuse du désir et de promouvoir son nouvel accomplissement.

Cette poétique du désir, elle était à l'œuvre dès les premiers poèmes de Rimbaud : dans cette délicieuse invitation au voyage solitaire qu'est « Sensation » (printemps 1870), dans « Ma bohème » (automne 1870) et encore dans la puissante évocation du « Bateau ivre » (été 1871), où l'élan puissant, visionnaire, se brise malheureusement sur ce qui n'est même pas un récif – l'eau morne de la flache ardennaise. Dans les poèmes de 1872, plus libres, plus dégagés, s'exprime le désir ivre du soleil, de la dessiccation, d'un néant qui devrait être un accomplissement : plus ténue, la versification surprenante de ces « Études néantes » porte la marque d'un passage par le feu, qui n'était pas encore celui de la stérilité poétique. Au terme d'*Une saison en enfer*, et d'un autre passage par le feu, le désir resurgit et laisse espérer un nouveau départ. Et si l'on a parfois l'impression d'une chute, à la fin de plusieurs des *Illuminations* (« Enfance », « les Ponts », « Aube », etc.), la dynamique d'ensemble ne se trouve pas brisée. C'est ce qui incite les éditeurs à placer « Génie » au terme du recueil.

L'écriture poétique de l'énigme

Paul Zumthor, dans *Langue, texte, énigme* (1975), a étudié la pratique de la « composition abécédaire » au Moyen Âge, et il écrit à ce propos que « les [belles-]lettres émanent de la lettre et techniquement tendent à s'y réduire ». « Voyelles » et « H », de Rimbaud, en apportent la confirmation. Poétique de la naissance des voyelles, poétique de l'aspiration, c'est toujours, au point de départ, la même attention au souffle premier, la même écriture de l'initial(e). Elle confirme l'existence, dans les *Illuminations*, d'une thématique de l'initial, dont « Départ », « À une raison », « *Being beauteous* », « Fairy » sont d'admirables illustrations. La seule affirmation du départ (« Départ dans l'affection et le bruit neufs »), la multiplication des signes (« Un coup de ton doigt sur le tambour ») suffisent pour donner le signal. Le poème en prose tend vers le poème d'instauration (« Ce sont des villes ! », « Ô *mon* Bien ! Ô *mon* Beau ! »), et l'on trouve souvent au début du texte (et parfois aussi à la fin) un vocatif, appel lancé vers quelqu'un ou vers quelque chose qui est encore inconnu et qui n'est sans doute que le poème lui-même. « Génie » est le plus vocatif des poèmes, parce que c'est le poème épiphanique par excellence : il révèle un être merveilleux qui n'est jamais nommé, qui n'est désigné que par ses qualités, d'ailleurs contradictoires.

L'écriture rimbaldienne est aussi une écriture de l'indéfini. Le poète s'adresse « à une raison » – mais laquelle ? Il évoque « une enfance », « un Prince », « des drôles très solides », « devant une neige un Être de Beauté de haute taille », ou bien encore « un beau matin, chez un peuple fort doux, un homme et une femme superbes », « une matinée couverte, en Juillet », avec « un goût de cendres », « une odeur de bois ». Sans doute le défini peut-il naître de cet indéfini, mais pour aboutir à une question, qui est comme la mise en question de la réalité ainsi suscitée par la démiurgie du seul langage. Dans les *Illuminations* (titre qu'il faudrait réduire à *Illuminations* si l'on se fiait à la transmission verlainienne), « les Ponts » est le seul texte dont le titre maintienne l'article défini (il a été supprimé, sur le manuscrit, pour « Ouvriers », par exemple). C'est que la création rimbaldienne est tellement impatience d'abolir le connu qu'elle appelle le n'importe quoi d'autre.

Enfin cette écriture témoigne d'un goût pour la personnification. L'Enfance peut être réduite à « une enfance », mais elle peut aussi être désignée comme « cette idole » (« Enfance » I). De mystérieuses figures féminines apparaissent, soit qu'elles restent anonymes (« Elle »), soit qu'elles portent des noms mystérieux (Louise Vanaen de Voringhem, Léonie Aubois d'Ashby, Lulu, dans « Dévotion »). Le défini reprend alors ses droits sur l'indéfini (la Reine, la Sorcière dans « Après le Déluge »). Mais ni le nom propre, ni l'article défini, et pas même le déictique ne confèrent à ces nouveaux êtres une existence lumineuse. On entre même, dans « Dévotion », à l'intérieur de ténèbres de plus en plus opaques qui s'accompagnent d'une incertitude syntaxique et d'un hermétisme croissants. La dixième dédicace (« à Circeto ») étend l'énigme de la figure invoquée à ses attributs (« son cœur ambre et *spunck* ») et à l'objet de la prière qui, bizarrement, devient la prière elle-même (« pour ma seule prière muette ») ; une prière en voie d'extinction, une retombée de la parole dans le silence, comme si la première lettre de l'alphabet, qui est une fois encore à l'initiale du poème et qui est la condition de la dévotion, n'était plus qu'une matrice épuisée : « À tout prix et avec tous les airs, même dans des voyages métaphysiques. Mais plus *alors* ». Le vertige du A présente une analogie avec l'infini de l'aleph borgésien, « le lieu où se trouvent, sans se confondre, tous les lieux de l'univers, vus de tous les angles ».

Dans un fragment de 1893 sur « la Littérature », Mallarmé écrira que « avec ses 24 signes, cette Littérature exactement dénommée les lettres [...] implique sa doctrine propre, abstraite, ésotérique comme quelque théologie ». La poétique rimbaldienne n'ignore pas l'abstrait dont elle fait un usage tantôt épigonal (les pluriels hugoliens) ou original (le langage philosophique dans « Guerre »). Mais elle est fondée bien davantage sur la lettre, ou sur la littéralité, pour atteindre « le réel ultime impliqué par la lettre » (Zumthor). Rimbaud invitait, dit-on, à lire *Une saison en enfer* « littéralement et dans tous les sens ». C'est dire que le sens littéral n'exclut pas la multiplicité des sens possibles. Au contraire, il l'ouvre, et il la justifie.

	VIE		ŒUVRE
1853	**8 févr. :** mariage du capitaine Frédéric Rimbaud et de Vitalie Cuif. **2 nov. :** naissance de Frédéric Rimbaud.		
1854	**20 oct. :** naissance, à Charleville, de Jean-Nicolas-Arthur Rimbaud.		
1858	**15 juin :** naissance de Vitalie Rimbaud.		
1860	**1er juin :** naissance d'Isabelle Rimbaud. **Sept :** les époux Rimbaud se séparent définitivement.		
1864	Arthur entre en classe de 9ᵉ à l'institution Rossat.		
1865	Rentrée de Pâques : Arthur entre au collège de Charleville.		
1868	Il adresse une lettre en vers latins au Prince impérial à l'occasion de la première communion de celui-ci.		
1869	Il entre en classe de rhétorique.	1869	Vers latins publiés dans *le Bulletin officiel de l'Académie de Douai.*
1870	**Janv. :** arrivée d'un nouveau professeur, Georges Izambard, qui exercera sur lui une grande influence, le conseillera dans ses lectures et ses essais poétiques. **15 juill. : déclaration de la guerre à la Prusse.** **29 août :** première fugue, vers Paris. Incarcération, à son arrivée, à la prison de Mazas. **4 sept. : chute de l'Empire.** **5 sept. :** lettre à Izambard ; celui-ci, lui ayant envoyé de l'argent pour rentrer, va l'accueillir à Douai chez ses tantes, les demoiselles Gindre. Rimbaud y rencontre le poète Paul Demeny. **26 sept. :** départ de Douai pour la Belgique. **Début oct. :** deuxième fugue. **Début nov. :** retour à Charleville, où le collège n'a pas rouvert ses portes. Il fréquente la bibliothèque municipale.	1870	**Janv. :** « les Étrennes des orphelins » sont publiées dans *la Revue pour tous.* **24 mai :** Rimbaud envoie à Banville, en espérant qu'ils seront publiés dans *le Parnasse contemporain,* trois poèmes : « Sensation », « Ophélie », « *Credo in unam* ». **13 août :** les « Trois Baisers » sont publiés dans *la Charge.* Il recopie les 22 poèmes des « Cahiers de Douai » (le « recueil Demeny »).
1871	**Janv. :** occupation de Charleville-Mézières par les Allemands. **25 févr. :** nouvelle fugue, vers Paris. **10 mars :** il est de retour – à pied, semble-t-il – à Charlevile. **18 mars : début de la Commune.** **21-28 mai : la Semaine sanglante.** **Sept. :** entré en relations épistolaires avec Verlaine, Rimbaud est invité à Paris. Il s'installe chez les beaux-parents de Verlaine, les Mauté. **Oct.-nov. :** logé ici ou là, il fait parfois scandale.	1871	**13, 15 mai :** les deux « lettres du Voyant ». Rimbaud y cite des échantillons de sa nouvelle poésie. **10 juin :** lettre à Demeny contenant « les Poètes de sept ans », « les Pauvres à l'église », « le Cœur du pitre ». Rimbaud demande à son ami de brûler les « Cahiers de Douai ». **15 août :** il envoie à Banville « Ce qu'on dit au poète à propos de fleurs ». « Le Bateau ivre » suscite l'admiration des poètes de l'entourage de Verlaine. **Déc. :** collaboration à l'*Album zutique.*
1872	**Janv. :** Verlaine loue rue Campagne-Première une chambre pour Rimbaud. Violentes querelles entre Verlaine et sa femme. **Fin févr. :** Rimbaud doit regagner Charleville. **2 mars :** incident à un dîner des « Vilains Bonshommes ». **Mai :** retour de Rimbaud à Paris. **7 juil. :** Verlaine et Rimbaud partent pour un « vertigineux voillage ». Traversée de la Belgique jusqu'à Bruxelles. **7 sept. :** Verlaine et Rimbaud s'embarquent à Ostende pour Douvres. À Londres, ils vont fréquenter les milieux de réfugiés français. **Déc. :** Rimbaud rentre à Charleville.	1872	**Mai :** « Larme », « la Rivière de cassis », « Comédie de la soif », « Bonne Pensée du matin », « Bannières de mai », « Chanson de la plus haute tour », « l'Éternité ». **Juin :** « Âge d'or », « Jeune Ménage ». **Juill. :** « Plates-Bandes d'amarantes », « Est-elle almée ? » **Août :** « Fêtes de la faim ». **14 sept. :** « les Corbeaux » sont publiés dans *la Revue littéraire et artistique.*

	VIE		ŒUVRE
1873	**Janv. :** Verlaine, malade, fait revenir Rimbaud à Londres. **25 mars :** Rimbaud prend une carte de lecteur au British Museum. **4 avr. :** Verlaine et Rimbaud s'embarquent à Douvres pour Ostende. Rimbaud rentre dans sa famille, à Roche, près de Vouziers. **24 mai :** Rimbaud rejoint Verlaine à Bouillon. Nouvelle traversée de la Belgique, à destination de l'Angleterre. **27 mai :** arrivée à Londres, où ils cherchent à donner des leçons de français. **3 juill. :** une querelle éclate entre eux. Verlaine s'embarque pour la Belgique. **8 juill. :** à sa demande, Rimbaud rejoint Verlaine à Bruxelles. **9 juill :** Rimbaud fait part de son intention de repartir seul pour Paris. Désarroi de Verlaine. **10 juill. :** Verlaine tire sur Rimbaud et le blesse légèrement. **20 juil. :** Rimbaud regagne Roche. **8 août :** Verlaine est condamné à deux ans de prison.	**1873**	**Mai :** Rimbaud annonce à Delahaye, dans une lettre, qu'il écrit un « livre païen », un « livre nègre », qui sera composé d'« histoires atroces ». Il fait allusion, dans cette lettre, à des « fraguemants en prose » de lui que possède Verlaine. **Été :** Rimbaud compose *Une saison en enfer,* qui sera achevée d'imprimer en oct. à Bruxelles.
1874	**Mars :** Rimbaud part pour Londres avec Germain Nouveau. **6 juill. :** Mme Rimbaud arrive à Londres avec Vitalie. **7, 9 nov. :** Rimbaud fait passer des annonces dans le *Times.* **29 déc. :** retour à Charleville.	**1874**	Rimbaud travaille sans doute à recopier des poèmes en prose, avec l'aide de Germain Nouveau.
1875	**Févr.-avr. :** Rimbaud est à Stuttgart. Verlaine l'y retrouve, le temps d'une entrevue orageuse. **Mai :** voyage en Italie. **Juill. :** Rimbaud est à Paris, où le rejoignent sa mère et ses deux sœurs. **18 déc. :** mort de Vitalie.	**1875**	**14 oct :** lettre à Delahaye contenant « Rêve » – le dernier poème connu de Rimbaud.
1876	**Avr. :** voyage à Vienne, en Autriche. **Mai :** en Hollande, Rimbaud signe un engagement dans l'armée coloniale hollandaise. **Juill. :** arrivée à Batavia (île de Java). **15 août :** il est porté déserteur. **Déc. :** retour à Charleville, par Le Cap.		
1877	**Mai :** il séjourne à Brême – où il veut s'engager dans la marine américaine –, puis à Hambourg. **Juin :** il est à Stockholm.		
1878	Été à Roche. **Nov. :** départ pour Alexandrie. **Déc. :** à Chypre, il est engagé par la maison Ernest Jean et Thial fils, comme chef de groupe dans une carrière.		
1879	**Mai :** malade, il rentre en France et passe l'été à Roche. **Déc. :** faux départ pour l'Orient.		
1880	**Mars :** nouveau départ. Il est engagé à Chypre pour diriger un chantier de construction. **20 juill. :** il donne sa démission et part pour Alexandrie et les ports africains de la mer Rouge. **7 août :** à Aden, il est engagé par la maison Mazeran, Viannay, Bardey et Cie, qui fait le commerce de peaux et de café. **2 nov. :** il est affecté à la succursale de Harar (Éthiopie). **13 déc. :** arrivée à Harar.		
1881	**Déc. :** il quitte Harar pour Aden.		
1882	Il revient à Harar.		
1883	Expédition en Ogaden.	**1883**	**Oct.-nov :** Verlaine publie dans une série sur les « poètes maudits » plusieurs textes de Rimbaud. **13 déc. :** il adresse un rapport sur l'Ogaden à la Société de Géographie, qui le publiera.

	VIE		ŒUVRE
1884	Faillite de la maison Mazeran, qui est reprise par Bardey. Rimbaud signe un nouveau contrat.		
1885	**Oct. :** Rimbaud quitte les Bardey (« ces pignoufs ») et signe un contrat avec Pierre Labatut pour conduire une caravane d'armes vendues à Ménélik II, roi du Choa. **Déc :** il reste bloqué à Tadjourah.		
		1886	*La Vogue* publie les *Illuminations* et *Une saison en enfer.*
1887	Il est obligé de céder son matériel à des conditions désastreuses. Séjour au Caire.		
1888	Après de nouvelles tentatives, il doit renoncer au commerce des armes. Il revient à Harar pour faire du négoce.		
1889-1890	Il dirige une factorerie et fait des affaires pour la maison Tian, d'Aden.		
1891	De violentes douleurs au genou l'obligent à rentrer en France. Le retour est très éprouvant. **27 mai :** à l'hôpital de Marseille, il est amputé d'une jambe. **Juill. :** retour à Roche. **23 août :** il revient à l'hôpital de Marseille. Le cancer se généralise. **10 nov. :** il meurt.	1891	**Nov. :** Rodolphe Darzens publie *le Reliquaire.*
		1895	*Poésies complètes,* éd. Vanier, avec une préface de Paul Verlaine.

Le « Recueil Demeny » ou les « Cahiers de Douai »

Rimbaud l'a constitué à Douai en octobre 1870. Izambard nous a laissé une description du poète au travail :

Il ne se fait pas de bile, il est au chaud, il recopie des vers, qui ont le toupet d'être charmants [...]. À la moindre rature, il recommence, et il exige de larges feuilles de papier écolier. Quand une main est noircie, il vient dire : « Je n'ai plus de papier », et cela, plusieurs fois par jour. On lui remet les quelques sous nécessaires pour qu'il aille en acheter d'autre. « Écrivez au dos », lui suggère une des tantes ; mais lui, d'un air scandalisé : « Pour l'imprimerie, on n'écrit jamais au dos. » Vous voyez bien qu'il songe à se faire imprimer.

Ce recueil prêt pour l'impression, Demeny ne l'a pas détruit, comme Rimbaud le lui a demandé en juin 1871. Il est intégralement reproduit dans les fac-similés Messein.

Premier cahier : 1 « Première Soirée » ; 2 « Sensation » ; 3 « le Forgeron » ; 4 « Soleil et chair » ; 5 « Ophélie » ; 6 « Bal des pendus » ; 7 « le Châtiment de Tartufe » ; 8 « Vénus anadyomène » ; 9 « les Reparties de Nina » ; 11 « À la musique » ; 12 « les Effarés » ; 13 « Roman » ; 14 « Morts de Quatre-Vingt-Douze » ; 15 « le Mal » ; 16 « Rages de Césars ».

Second cahier : 1 « Rêvé pour l'hiver » ; 2 « le Dormeur du val » ; 3 « Au Cabaret-Vert » ; 4 « la Maline » ; 5 « l'Éclatante Victoire de Sarrebrück » ; 6 « le Buffet » ; 7 « Ma bohème (Fantaisie) ».

Une saison en enfer

Daté d'avril-août 1873, le seul livre publié de Rimbaud, en octobre 1873, remonte au projet d'un « livre païen », d'un « livre nègre », projet exposé dans la lettre à Delahaye de mai 1873. L'incident de Bruxelles, en juillet, a fourni à Rimbaud l'« atrocité » dont il avait besoin, et c'est dans la colère qu'il a composé son texte, dans le grenier de Roche. Mais il faut là encore éviter de céder au « mythe ». Cecil A. Hackett a fait observer, à juste titre, que la frénésie d'inspiration n'excluait pas la lucidité de structure. Les quelques brouillons qu'on a conservés prouvent d'ailleurs que Rimbaud a considérablement travaillé son texte.

Le Prologue (*****) est une page mystérieuse, ambiguë, probablement écrite après coup. C'est la présentation d'un jeu de dupes avec le démon, mais aussi celle d'un jeu avec la folie : à vouloir lui jouer « de bons tours », on risque d'en devenir la proie.

« Mauvais Sang » est la partie la plus longue, et se décompose en huit sections : 1 l'ascendance barbare ; 2 l'ascendance roturière et la dérision du mythe du progrès ; 3 le retour du sang païen ; 4 les servitudes ; 5 l'entrée « au royaume des enfants de Cham » ; 6 on n'échappe pas aux Blancs ; 7 la dérisoire aspiration au bonheur ; 8 l'enrégimentement. Ce schéma appauvrit un texte, riche en contradictions, qui repose sur l'alternance d'une liberté illusoire et d'une captivité réelle.

« Nuit de l'enfer » est un jeu terrifiant avec les flammes et les ténèbres de l'enfer. Ni le retour à une enfance prétendument innocente ni la parodie de la thaumaturgie christique ne permettent de lui échapper.

« Délires I. Vierge folle » : long monologue d'un « compagnon d'enfer » en qui il n'est pas interdit de voir Verlaine, pleurant et pitoyable.

« Délires II. Alchimie du verbe » : long bilan de l'aventure poétique qui a conduit le poète délirant aux confins de la raison et de la folie.

« L'Impossible » : le refuge dans l'Orient et ses croyances est impossible ; on est très vite repris par l'Occident et ses catégories.

« L'Éclair » : une fausse bonne idée, un autre recours illusoire : le travail humain.

« Matin » : l'attente des nouveaux Rois mages et d'un nouveau Noël sur la terre, sans le Christ.

« Adieu » : dans la solitude et la déréliction, et au terme d'une rude épreuve, il n'est pas interdit de se considérer comme à la veille d'un nouveau départ.

On notera que, d'un bout à l'autre, le texte d'*Une saison en enfer* procède par reprises de l'Évangile : soit que revienne comme une tentation, comme une faiblesse, l'acquis de la « sale éducation d'enfance » ; soit que Rimbaud tourne en dérision un message qu'il voudrait nier pour lui substituer un contre-Évangile, le sien.

Illuminations

Ni le titre ni l'organisation du recueil ne sont de Rimbaud. Un examen minutieux du manuscrit (dont la plus grande partie est conservée à la Bibliothèque nationale) montre combien il est difficile de trouver un ordre pour ces fragments. À défaut de trouver cet ordre, on classera ainsi ces proses :

1. Des narrations : « Conte », « Royauté », « Ouvriers », « Vagabonds », « Aube », « *Bottom* ».
2. Des évocations : « Enfance », « Vies », « Veillées », « Jeunesse », et au sens fort du terme (surgissement d'une créature défunte ou nouvelle à l'appel de la parole) : « Antique », « *Being beauteous* », « Génie », etc.
3. Des invocations et des hymnes : « Après le déluge », « À une raison », « Barbare », « Dévotion ».
4. Des descriptions (qui sont encore l'évocation de créatures nouvelles) : « Ornières », « Villes », « Fleurs », « Promontoire », « les Ponts ».
5. Des fêtes : « Parade », « Fête d'hiver », « *Fairy* », « Scènes ».

Mais ces rubriques paraissent très vite insuffisantes et d'ailleurs ne permettent pas de ranger toutes ces proses, qui peuvent être franchement ludiques (« H ») ou désolées (« Angoisse », « Solde »).

Une création verbale, artificielle, tend à se substituer au monde créé. Mais elle est perpétuellement menacée par le chaos, comme le fragment est cerné par le silence. Au moment même où il construit son monde, le poète des *Illuminations* nous parle de l'« écroulement des apothéoses », des « avalanches », des « éclats mortels » dont se pare la mer céleste (« Villes » : « Ce sont des villes ! »). La musique finit par être définie comme « virement des gouffres et chocs des glaçons aux astres » (« Barbare »). Comme la tentative du Voyant, la tentative harmonique semble vouée dès l'abord à un échec, que confirmera, dans « Solde », « la braderie de tous les espoirs de Rimbaud » (Yves Bonnefoy).

La correspondance de Rimbaud

Jusqu'en 1875 elle éclaire sa production poétique, et elle contient même le dernier poème, la chanson de la chambrée, « Rêve ». Après cette date, elle a la sécheresse du compte rendu : des voyages, des activités du marchand, de son désir de devenir un technicien, de ses aspirations petites-bourgeoises, des tortures de son corps malade et amputé. Langage aride pour dire l'aride : le désert, ce « sans-cœur de Rimbaud ». Si la poésie de Rimbaud tendait vers l'« étude néante », l'inverse est également vrai : le Rimbaud du silence parle encore, il sait encore parler. Il arrive, sans doute, qu'il commette un solécisme, qu'il risque un néologisme ou un anglicisme. Mais il sait dire, en une langue qui ne pouvait, qui ne devait être que nue, sa solitude et son ennui : « Je m'ennuie beaucoup, toujours ; je n'ai même jamais connu personne qui s'ennuyât autant que moi » (lettre aux siens, 4 août 1888).

P. Brunel

RINALDI Angelo

(né en 1940)

Fils d'un commerçant, militant communiste, mort en déportation, Angelo Rinaldi suit ses études au lycée de sa ville natale, Bastia, puis quitte la Corse à dix-sept ans pour entreprendre des études de droit à Aix-en-Provence. Mais il vient rapidement s'installer à Paris, où il exerce des métiers divers. En 1961, il commence une carrière de journaliste à *Nice-Matin* où il travaille jusqu'en 1969, puis il entre pour trois ans à *Paris-Jour*, avant de devenir éditorialiste littéraire à *l'Express* (1972-1998). Là, sa plume acerbe, peu soucieuse de ménager les valeurs reconnues, lui assure une notoriété de critique exigeant et incisif. Depuis 1998, il exerce son talent de chroniqueur au *Nouvel Observateur*. Angelo Rinaldi a inauguré son œuvre romanesque en 1969 avec *la Loge du gouverneur*, distingué par le prix Fénéon. Le prix Femina a couronné l'ouvrage suivant, *la Maison des Atlantes* (1971), qui reste l'un des titres les plus connus de l'écrivain. Depuis lors, les récits de fiction se sont assez régulièrement succédé : *les Dames de France* (1977), *la Dernière Fête de l'Empire* (1981, prix Marcel-Proust), *les Jardins du Consulat* (1985), *les Roses de Pline* (1987), *la Confession dans les collines* (1990), *Les jours ne s'en vont pas longtemps* (1993), *Dernières Nouvelles de la nuit* (1997), *Tout ce que je sais de Marie* (2000). Rinaldi a également fait paraître un recueil de ses chroniques littéraires, *Service de presse* (1999).

Tous les livres de l'écrivain font du temps le protagoniste essentiel d'un récit, et de la mémoire le ressort de la démarche narrative ; les lieux évoqués par Rinaldi ne sont pas des décors pittoresques, mais des espaces où le « temps perdu » surgit par bribes et fragments, suivant les réminiscences aléatoires d'un narrateur. Le retour au pays natal, véritable nœud du souvenir, et qui constitue notamment les épisodes déterminants de *la Maison des Atlantes*, *l'Éducation de l'oubli*, ou *les Jardins du Consulat*, apparaît comme une démarche empreinte d'amertume, ou de remords – « le seul moyen, sur terre, de maintenir le passé au présent » (*Les jours ne s'en vont pas longtemps*). Le but des narrateurs est souvent d'accéder, au terme d'une succession d'anamnèses, à l'oubli salvateur. Ainsi s'explique la démarche de Tonio, avocat parisien quinquagénaire et menacé par un infarctus, qui destine à un fils mal aimé le bilan de son existence. L'évocation de la Corse natale, de l'abandon du père, des hypocrisies bourgeoises, de toutes les désillusions affectives s'abolit dans l'un des ultimes vœux du héros vieillissant : « J'ai envie d'une solitude où mon corps ne serait plus que la béatitude d'un présent sans mémoire, délivré de toute douleur physique, de tout souvenir » (*la Maison des Atlantes*). José, le protagoniste moins âgé de *l'Éducation de l'oubli*, se trouve dans une situation analogue. Le retour dans l'île lui fait pleinement revivre la désaffection de sa mère, « la femme qui, par son absence, avait rempli [sa] vie ». Mais, après la mort de cette écrasante figure, il peut enfin voir le passé disparaître dans la nuit.

Instance perturbante de la conscience, le temps n'est cependant pas comme chez Claude Simon ou les auteurs de la modernité une puissance qui investit le style, dissolvant les mots, la syntaxe et la ponctuation. Chez Rinaldi, la recherche du passé contribue plutôt à distendre les étapes du récit. Le romancier compose le plus souvent ses textes en de longues phrases, denses, compactes, qui semblent respecter une logique narrative traditionnelle, mais dans lesquelles s'expriment « les caprices d'une mémoire labile » (*la Maison des Atlantes*) et où s'opèrent de constantes modifications de perspectives. Au début d'un paragraphe, Diego, le narrateur des *Dernières Nouvelles de la nuit*, évoque sa mère, et la fatigue que celle-ci éprouvait au travail. Il se souvient de l'émoi sensuel provoqué par le spectacle des jambes maternelles. Ce regard trouble le conduit à se rappeler sa propre myopie, et l'attitude sarcastique des camarades de collège quand il devait arborer ses lunettes. Alors un désir de revanche le faisait exceller en français, sans égaler son camarade Marceau… celui-ci devenant l'objet d'un développement nouveau, à l'alinéa suivant… Ainsi, la mémoire introduit-elle constamment le chaos dans la logique, le trouble dans la norme de l'écrit. Et l'originalité de Rinaldi réside dans cette opposition entre la continuité du flux verbal énoncé à la première personne et la discontinuité des fragments temporels qui surgissent au fil des anamnèses.

La conscience du « temps retrouvé » peut être associée aux deux thèmes éminents de l'écrivain : la solitude et la mort. Tout acte et toute parole contiennent en eux les prémices des séparations et des abandons : « Les jours qui passent nous changeaient aussi. […] Les premiers mots que l'on échange ne contenaient-ils pas, en outre, la suite et la fin, lorsque se formait un couple, quel qu'il fût ? » (*Tout ce que je sais de Marie*). Les passions marginales ou mal vécues (homosexualité masculine et féminine, goûts incestueux), les clivages sociaux de l'île natale, la misère urbaine génèrent chez les personnages de Rinaldi déréliction et pessimisme. L'amour reste lointain ou déçu. Le riche narrateur des *Jardins du Consulat*, après la mort de son amie Consuelo, n'a plus qu'un animal à chérir : la chatte Florina, qui disparaîtra à son tour. De même Marie, l'orpheline (*Tout ce que je sais de Marie*), n'a-t-elle comme perspective amoureuse qu'un homme déjà voué au déclin physique. Les rapports entre parents et enfants n'offrent guère plus de satisfactions, au-delà des attirances œdipiennes mal éteintes.

Romans du désenchantement ou de la mélancolie, les livres de Rinaldi révèlent une indéniable fascination pour la mort, dont la présence est patente dans la Corse des premiers récits, mais aussi dans l'univers parisien (*les Roses de Pline, la Confession dans les collines, Les jours ne s'en vont pas longtemps*). Le vieillissement, souligné avec insistance, et l'amour manqué mènent bien des personnages de Rinaldi à penser que « la mort sera la place fraîche sur l'oreiller, un filet d'air dans la fournaise, un verre d'eau glacée quand on crève de soif » (*Dernières Nouvelles de la nuit*). Mais sans doute aussi l'écriture seule, en unissant la tristesse et la beauté, peut-elle transporter au-delà de tous les deuils psychiques : « La seule éternité que nous puissions raisonnablement espérer ne nous est jamais donnée que par un homme assis à sa table de travail devant une page blanche et qui perd sa vie pour en créer d'autres » (*la Maison des Atlantes*).

J.-P. Damour

RIO Michel

(né en 1945)

Romancier, essayiste et dramaturge, Michel Rio est un auteur discret, qui ne laisse transparaître de son existence que les éléments déterminants de ses activités littéraires. Sa biographie s'est vite confondue avec ses publications. Né en Bretagne, Rio a passé son enfance à Madagascar puis a poursuivi des études de littérature, s'est intéressé, dans les années 1970, aux débats suscités par la linguistique ou la sémiologie du texte et de l'image. De 1976 à 1978, il publie dans *Communications* quelques articles réédités ultérieurement parmi les essais critiques de *Rêve de logique* (1992). En 1982, son premier récit, *Mélancolie Nord*, inaugure une production romanesque régulière et révèle l'un des pôles d'inspiration majeurs de l'écrivain : le voyage maritime. *Alizés* (1984) – une variation personnelle sur le thème de Robinson Crusoé –, *Archipel* (1987), *Tlacuilo* (1992, prix Médicis), vont illustrer cette veine. Outre des récits d'aventures « terrestres » (*le Perchoir du perroquet*, 1983 ; *les Jungles pensives*, 1985), de courtes narrations plus délibérément philosophiques (*le Principe d'incertitude*, 1993 ; *Manhattan Terminus*, 1995), Michel Rio a également réinvesti la « matière de Bretagne » et les légendes arthuriennes dans la trilogie que forment *Merlin* (1989), *Morgane* (1999) et *Arthur* (2001), ou illustré le genre policier avec *Faux Pas* (1991), *la Statue de la Liberté* (1997) et *la Mort* (*Une enquête de Francis Malone*) [1998]. À ces publications essentielles, il convient d'ajouter des contes (*les Polymorphes*, 1994 ; *les Aventures des oiseaux-fruits*, 1995) et deux pièces de théâtre (*Baleine pied-de-poule*, 1990 ; *l'Ouroboros*, 1993).

Michel Rio écarte de ses textes le naturalisme tout comme les expériences narratives de la « modernité ». Pour lui, un récit doit relever de l'« idéalité » et ses références demeurent les grands édifices romanesques du XIXe siècle – vastes métaphores d'un univers transcendant – et l'écriture d'un Balzac ou d'un Hugo, que semblent pasticher maintes pages de son œuvre : « Leurs duels faisaient penser à un affrontement entre l'ange exterminateur et la bête de l'Apocalypse. C'était Mercure, impitoyable et gracieux, discutant avec Moloch » (*Archipel*).

Rio utilise abondamment les codes du roman « de genre », qui, par essence, renvoie plus à un imaginaire qu'à la « vraie vie », et dont les personnages échappent à toute identification vériste. Comme l'énonce le narrateur de *Manhattan Terminus*, figure idéalisée et récurrente de l'écrivain lui-même, « un texte est avant tout un défi à soi-même, une expérience de dépassement ». C'est ce « postulat intellectuel » qui explique également la prédilection de Michel Rio pour la dialectique philosophique, à laquelle la plupart de ses romans font la part belle (on songe alors aux dialogues qu'affectionnait Diderot, où s'exprimait l'esprit des encyclopédistes). Souvent, deux personnages dissertent sur des problématiques esthétiques ou épistémologiques, opposant notamment savoir et imaginaire (*Tlacuilo*), logique et légende (*Alizés*), ordre et chaos (*le Principe d'incertitude*), relativisme sociologique et pensée scientifique (*la Mort*)… Mais les aventures policières de Francis Malone – flic improbable, mi-breton, mi-irlandais, et musicien virtuose – sont aussi l'occasion de stigmatiser les zélateurs de la mondialisation et de l'ultralibéralisme contemporains. Ainsi Rio conçoit-il le récit de fiction classique comme l'instrument le plus propre à exprimer et vulgariser une réflexion sur le savoir – et à fonder une sagesse.

J.-P. Damour

RISTAT Jean

(né en 1943)

Tragi-comédie, poème pour le théâtre, roman critique, cette œuvre touche à tous les genres : on y trouve une sorte de syncrétisme organisé qui rappelle Aragon, le maître de liberté que Ristat s'est choisi dès le début de sa carrière littéraire et dont il éditera l'*Œuvre poétique* (1997, 7 vol.). Celle-ci commence avec *le Lit de Nicolas Boileau et de Jules Verne*, roman critique (1965), où l'auteur mêle joliment l'étude érudite et le délire, la prose et les vers. Autres titres étonnants et subtilement désuets avec *Du coup d'État en littérature suivi d'exemples tirés de la Bible et des auteurs anciens* (1970, prix Fénéon) et *l'Entrée dans la baie et la prise de la ville de Rio de Janeiro en 1711* (1973), un long poème divisé en actes : ces textes inclassables seront commentés dans *L'inconnu n'est pas le n'importe quoi, dialogue avec R. Barthes* (1973). Il y aura ensuite *le Fil(s) perdu* (1974) et *Lord B, roman par lettres avec conversations* (1977). L'*Ode pour hâter la venue du printemps* (1978) est dédiée « À mes camarades du P.C.F. » : elle est animée des mêmes préoccupations politiques qu'on retrouvera dans sa « tragi-comédie » *la Perruque du vieux Lénine* (1980). Ristat a également écrit dans feu *les Lettres françaises* (*Qui sont les contemporains,* recueil de 1975) et dirigé la revue *Digraphe* ; il a publié une traduction des *Exercices spirituels* de Loyola (1972) et participé à des ouvrages ou à des manifestations autour d'Aragon, de son œuvre et de sa personne. L'auteur du *Tombeau de M. Aragon* (1983) n'est cependant pas un épigone. Il y a bien sûr certaines rencontres avec le maître, mais elles sont trop voyantes pour n'être pas piégées : l'enjambement qui désarçonne, la digression lointaine qui ramène au point central, le « Ah » d'émotion ou de colère… Dans les thèmes aussi, on voit l'amour (homosexuel) chanté comme une révolution et la révolution elle-même identifiée à la création : ce qui unit tout cela, c'est une même revendication désirante et libertaire que Ristat reproche à ses amis politiques de ne pas comprendre. Comme Aragon encore, il est fasciné par le théâtre, par les spectacles et les jeux : jeux d'écriture avec une audace formelle qui mêle les genres (cf. *Théâtre/Roman* d'Aragon) ; avec les voix aussi qui s'entrecroisent dans la « narration plurielle » et polyphonique dont il se réclame. Jeux de masques enfin, chez Ristat, avec ces œuvres qui tiennent autre chose que ce que leur titre promet (*le Naufrage de Méduse*, 1986 ; *l'Hécatombe à Pythagore*, « poème de circonstance pour célébrer la fondation de la République française », 1991), avec l'Histoire reprise et transposée (Boileau, Descartes ou Lénine). Si Ristat feint de se cacher derrière Boileau, Byron ou Aragon, il n'y a là aucun plagiat, aucune abdication ; plutôt une sorte de détournement qui lui permet de faire passer son message de liberté : dernière manière pour lui de « mentir vrai ».

A. Preiss

RIVAROL, comte de

Antoine Rivaroli, *dit* ***le comte de Rivarol*** *(1753-1801)*

La Révolution de 1789 marque une césure capitale dans l'œuvre et la carrière de Rivarol. Du jeune ambitieux qui triomphe grâce à ses bons mots, elle va faire un défenseur courageux et sans illusions de la monarchie, puis un exilé amer.

Le « dieu de la conversation »

Rivarol est né à Bagnols-sur-Cèze, dans le Languedoc. Son père, d'origine milanaise, successivement « fabricant en soie », aubergiste et collecteur d'impôts, était un homme cultivé. Le jeune Antoine entre au petit séminaire de Bourg-

Saint-Andéol, puis à celui de Sainte-Garde, près d'Avignon. On perd sa trace vers 1775, pour la retrouver, en 1777, à Versailles, où il se fait appeler le Chevalier de PARCIEUX (il était un cousin éloigné du mathématicien Deparcieux, modèle de l'« Homme aux quarante écus » de Voltaire). Obligé d'abandonner ce titre, il prend celui de comte de Rivarol, qu'il conservera pour la postérité. À Paris, cet homme de belle allure, brillant causeur (Chênedollé l'appellera « le dieu de la conversation »), devient vite la coqueluche des salons et se pousse avec habileté dans la haute société de l'Ancien Régime finissant. Il se marie, en 1779, avec une Anglaise, Henriette Mather-Flint, qui lui donne un enfant. Il abandonne son foyer deux ans plus tard. Courriériste au *Mercure de France* de Panckoucke, il exerce ses talents satiriques contre *les Jardins*, de l'abbé Delille, dans *le Chou et le Navet* (1782) : « Sa gloire passera, les navets resteront. » Mais la gloire va lui venir, à trente ans à peine, quand il participera au concours proposé par l'académie de Berlin sur le sujet suivant : « Qu'est-ce qui fait de la langue française la langue universelle de l'Europe ? Par où mérite-t-elle cette prérogative ? Peut-on présumer qu'elle la conserve ? » Son *Discours sur l'universalité de la langue française* remporte le prix, en 1784, en même temps que la *Dissertation* allemande de Schwab. L'ouvrage, édité, remporte le plus grand succès. « Ah ! comme cet auteur fait bien valoir la langue et la nation ! », aurait déclaré Louis XVI.

Discours sur l'universalité de la langue française

SYNOPSIS

C'est un concours de circonstances géographiques, politiques, physiques, linguistiques, littéraires, psychologiques et sociales qui a assuré à la langue française la prééminence que chacun lui reconnaît. Ni l'allemand, ni l'espagnol, ni l'italien, malgré leurs qualités propres, n'ont bénéficié des mêmes chances. Seul l'anglais aurait pu disputer la primauté au français. Dans la mesure, cependant, où il existe une corrélation entre le génie d'une langue et le caractère, l'histoire et les institutions du peuple qui la parle, la supériorité du français s'explique aisément. Il a fallu mille ans au français pour arriver à la perfection. Sa maturité est aussi celle d'une société, et l'ordre imposé à la nation par la monarchie est le même qui règne dans la langue. L'esprit moderne a trouvé dans la France de Louis XIV son apogée, et la langue française a, dans le même temps, atteint son accomplissement. Les Anglais ont eu de grands écrivains, mais leur syntaxe bizarre et les formes négligées de leur langage choquent le lecteur et l'auditeur. L'anglais ne peut devenir l'idiome de l'Europe du fait de ses insuffisances, et aussi parce que l'Angleterre est à l'écart et n'attire pas les voyageurs et les commerçants. Le français mérite, par ses qualités propres, l'empire que les circonstances lui ont donné. L'ordre direct (sujet, verbe, objet) que suit la phrase française, à la différence des langues qui pratiquent l'inversion, est celui de la logique naturelle. D'où sa clarté incomparable, qui triomphe dans la prose. Cette netteté, cette probité foncière donnent au français une valeur sans égale dans l'échange des idées entre les hommes – dans la diplomatie, en particulier. C'est la langue de la civilisation, la langue universelle dont rêvait Leibniz. Toutes les langues sont mortelles, mais quand elles ont atteint leur perfection, elles gagnent une certaine immortalité grâce aux chefs-d'œuvre qu'elles ont produits. Le français ne deviendra langue morte que lorsqu'il cessera d'avoir de grands écrivains. Or, Fontenelle, Montesquieu, Buffon, les Encyclopédistes, Frédéric II, Rousseau, Raynal et surtout Voltaire, ce génie universel, prouvent que le français, au XVIIIe siècle, a été maintenu à son rang : le premier.

La même année 1784, Rivarol fait paraître une traduction de *l'Enfer* de Dante. En 1788, il publie, en collaboration avec Champcenetz, le *Petit Almanach de nos grands hommes*, série de notices rangées alphabétiquement, qui, dans un style volontairement pompeux et plat, ridiculisent, sous le poids d'éloges de convention, les écrivains médiocres qui encombrent la scène littéraire. Toujours en 1788, dans ses deux *Lettres à M. Necker*, il soutient, en réponse à l'ouvrage de Necker *De l'importance de la morale et des opinions religieuses*, que la morale ne doit pas être liée à la religion, et qu'elle est indépendante de tout culte et de tout dogme.

Le « Tacite de la Révolution »

Dès le début de la Révolution, il se range parmi les défenseurs de la monarchie défaillante et devient le principal rédacteur du *Journal politique et national*, créé par l'abbé Sabatier de Castres, et qui paraîtra du 12 juillet 1789 jusqu'au 3 novembre 1790. Le récit qu'il y fait des premières journées révolutionnaires vaudra à Rivarol d'être considéré par Burke comme le « Tacite de la Révolution ». Le *Petit Dictionnaire des grands hommes de la Révolution* (1790) et ses articles des *Actes des Apôtres*, la feuille violemment antirévolutionnaire de Peltier, lui valent de dangereuses inimitiés, et, le 10 juin 1792, il quitte Paris pour Bruxelles. C'est là que, pour protester contre le manifeste du duc de Brunswick, il écrit sa *Lettre à la noblesse française au moment de sa rentrée en France*. Mais il doit quitter, en août 1794, la Belgique envahie par les armées de Pichegru, pour se réfugier en Angleterre. Il reste neuf mois à Londres, puis s'installe, en 1795, à Hambourg, où résident de nombreux émigrés. Pour vivre, il entreprend, à la demande du libraire P.F. Fauche, un *Nouveau Dictionnaire de la langue française*, qui ne verra jamais le jour. Seuls seront publiés, en 1797, le *Prospectus* et le *Discours préliminaire* (*De l'homme, de ses facultés intellectuelles et de ses idées premières et fondamentales*). En 1800, Rivarol se rend à Berlin, où on lui fait fête. Mais sa santé s'altère, et il meurt l'année suivante, alors qu'il s'apprêtait à revenir en France.

L'« esprit » de Rivarol

« C'est un terrible avantage que de n'avoir rien fait, mais il ne faut pas en abuser. » On peut être tenté d'appliquer à Rivarol lui-même une de ses sentences les plus connues. N'a-t-il pas abusé de cet « esprit » qui le faisait redouter de tous, et dilapidé dans la conversation ou les écrits de circonstance des dons qui auraient pu être mis au service d'œuvres plus ambitieuses ? La question est vaine. Il faut accepter Rivarol comme son destin nous l'a livré, c'est-à-dire comme un écrivain au bagage léger, peut-être, mais qui, pour avoir travaillé dans l'éphémère, a acquis une certaine éternité en tant que produit exquis, ultime chef-d'œuvre d'un monde en train de s'écrouler et dont il s'est fait le témoin ironique et fidèle. Tous ses combats furent des combats d'arrière-garde. Le *Discours sur l'universalité de la langue française,* où il explique pourquoi notre langue a mérité, par ses qualités de clarté, de logique et de mesure, la prééminence sur les autres langues, paraît au moment même où les nations européennes commencent à chercher dans leurs traditions historiques et culturelles les forces qui leur permettront de secouer le joug français. Rivarol porte à son point de perfection extrême un certain style, vif et rapide, celui de Montesquieu et de Voltaire, un certain art de tout dire de façon sèchement définitive, en peu de mots, tous nécessaires, avec « esprit », en un temps où la sensibilité ouvre grandes ses vannes et où les effusions du style romantique s'apprêtent à envahir la littérature. Lui qui a raillé comme personne les ridicules de l'Ancien Régime, il défend la cause royale quand tous l'abandonnent, par scrupule de l'intelligence plutôt que par fidélité du cœur. Il n'a aucune indulgence pour le roi, qui « mérita ses malheurs, parce qu'il ne sut pas faire son métier » (« un roi chasseur ne convient qu'à des peuples nomades »), et encore moins pour la noblesse de la Cour, « odieuse depuis longtemps par l'agiotage de l'argent et le monopole de la faveur », et qui « n'a su que fuir et sauver son or ». Mais il reconnaît, dans les Gracchus et les Catons des assemblées révolutionnaires, trop des « grands hommes », littérateurs besogneux, qu'il épinglait dans son *Petit Almanach*, pour se laisser prendre au piège des illusions dites « généreuses », et il est trop lucide pour ne pas pressentir, dans les apôtres de la liberté et de la raison, les despotes de demain. Il lutta à sa manière, par l'ironie et par le style, et le plaisir aigu que donne sa lecture prouve que son combat ne fut pas tout à fait vain.

A. Pons

RIVAUDEAU André de

(v. 1538-v. 1580)

Par sa mère, il descend du jurisconsulte André Tiraqueau ; son père, officier de la maison du roi, avait donné des vers liminaires aux *Odes* de Ronsard. André passe sa jeunesse à la Cour. À Paris, il est l'élève de l'helléniste Angelus Caninius. Il continue ses études à Poitiers, sous la férule austère d'Albert Babinot, professeur de droit romain tôt converti à la Réforme. En 1559, son maître lui dédie plusieurs des deux cents sonnets et pièces d'inspiration religieuse qu'il a rassemblés dans sa *Christiade*. Le jeune Rivaudeau a également collaboré au recueil. Vivant dans une semi-retraite à partir de la mort de Henri II (1559) et définitivement rallié, semble-t-il, au protestantisme, Rivaudeau partage désormais son existence entre Poitiers et son manoir de la Groizardière. C'est là qu'il rédige, après de sévères commentaires sur l'*Électre* d'Euripide – à qui il reproche l'intervention finale du *deus ex machina* –, plusieurs tragédies aujourd'hui perdues. En désaccord avec l'esthétique qui prévaut dans le théâtre de la Réforme, Rivaudeau ne veut rien devoir à la tradition des mystères à laquelle se rattachaient encore Théodore de Bèze et Des Masures. Il se tourne au contraire vers les Anciens : Aristote, dont il accentue la rigueur des principes, pour réduire la fameuse unité de temps à la durée effective de la représentation ; Sénèque, qui lui fournit le modèle de la fureur tragique et des passions poussées à leur paroxysme. *Aman*, « tragédie sainte tirée du VIIe chapitre d'Esther » (1561 ; publiée en 1566), prétend illustrer, sur un sujet d'inspiration biblique, un tel programme. La pièce, dont l'action est censée s'étendre sur moins de trois heures, met en scène la dernière épreuve de force entre Aman, conseiller du roi Assuérus résolu à la perte des Juifs, et la reine Esther, qui obtient par ses prières la grâce des siens et la perte du ministre intrigant. Étant donné ce resserrement dans le temps, le drame ne peut offrir de progression. Il se présente dès lors comme une série d'aspects juxtaposés d'une situation acquise d'entrée de jeu et dont on fait le tour. D'où cette suite de monologues narratifs ou descriptifs qui constitue l'essentiel de la pièce et qu'interrompent, ici et là, de rares dialogues stichomythiques et des parties chorales à la fin de chaque acte. Cette raideur discontinue de l'œuvre en fait sans conteste une sorte de monstre dramatique, mais elle recèle, dans l'épaisseur des tirades successives, mainte fleur de lyrisme. Ainsi la suivante Arathée évoque-t-elle en une scintillante description-fleuve la gloire physique d'Esther, qui luit par tout son corps et « jusques sur les patins ». Dans la dernière scène, la douleur d'Aman – qui abandonne à ce moment toute frénésie vengeresse pour, en des termes d'une simplicité pathétique, s'interroger sur sa mort imminente – rappelle que Rivaudeau fut le traducteur du *Manuel d'Épictète* (1567) et que ses *Complaintes de quelques personnages désespérés*, contemporaines de sa pièce, représentent l'une des grandes réussites du lyrisme renaissant. L'ardente « Complainte de Saphire, femme de Putiphar », en particulier, laquelle « tremblote » d'amour dans son lit solitaire et que la seule vue de Joseph « affame », témoigne que, chez ce protestant pétri de Sénèque et de l'Ancien Testament, le mariage de la forme païenne et du fond biblique aboutit parfois à une union des moins austères.

F. Lestringant

RIVIÈRE Jacques

(1886-1925)

L'œuvre, le rôle et la personnalité de Jacques Rivière n'ont pas été jusqu'à présent suffisamment étudiés, et il est encore difficile d'apprécier l'exacte influence qu'il a su exercer sur l'évolution de la littérature française depuis l'époque qui précède immédiatement la Première Guerre mondiale jusqu'à sa mort à trente-neuf ans – due à une fièvre typhoïde –, alors qu'il était directeur de *la Nouvelle Revue française*.

La chance de Rivière fut d'avoir échoué successivement au concours d'entrée à l'École normale supérieure (tout en se liant, en khâgne, au lycée Lakanal, avec le futur Alain-Fournier, dont il devait en 1909 épouser la sœur, Isabelle) et à l'agrégation, ce qui lui évitait une carrière de professeur. Sa chance fut aussi d'avoir très tôt fait les rencontres qui allaient lui permettre de s'intégrer à ce monde des lettres dont il devint vite l'une des figures dominantes. C'est à Bordeaux, sa ville natale, que Rivière, grâce à Gabriel Frizeau, riche collectionneur local qu'il connut en 1906, s'initia à la peinture, et qu'il put, en particulier, admirer les toiles de Gauguin, d'Odilon Redon, de Vlaminck ou d'André Lhote (qu'il devait recruter en 1919 pour tenir la rubrique « peinture » de *la Nouvelle Revue française*). Il est essentiel, pour comprendre la réflexion esthétique de Rivière et ses positions en littérature, de ne pas oublier que son goût le porte vers tous les domaines de l'art, et surtout vers la peinture et la musique. C'est chez Frizeau également que Rivière rencontra Francis Jammes (camarade de lycée de Frizeau), Alexis Léger, frais débarqué de la Guadeloupe, François Mauriac, ainsi que les deux hommes qui devaient jouer un rôle décisif dans sa vie et l'influencer jusqu'à la guerre : Paul Claudel et André Gide.

Ce n'est pas le moindre mérite de Jacques Rivière que d'avoir su profiter de l'influence de ces deux maîtres sans se laisser étouffer par leurs côtés envahissants, qui, heureusement, se neutralisaient. Entre ses deux patrons, pour lesquels il s'est d'abord enthousiasmé, Rivière a très vite évolué vers une conception personnelle de l'art et de la critique. Ses *Études*, publiées en 1911 et regroupant les articles qu'il a donnés sur trois écrivains (Baudelaire, Claudel et Gide), six musiciens (Rameau, Bach, Franck, Wagner, Moussorgski et Debussy) et trois peintres (Ingres, Cézanne et Gauguin), font apparaître les qualités de la critique telle que la conçoit Rivière : équilibre entre rigueur intellectuelle et recherche épicurienne du plaisir, analyse extérieure des formes et aptitude à l'empathie, goûts classiques et recherche de la modernité. C'est dans cette même année 1911 que Rivière, grâce à Gide, va rejoindre l'équipe de *la Nouvelle Revue française*, pour en assurer le secrétariat de rédaction, du numéro de janvier 1912 jusqu'à celui d'août 1914. En mai, juin et juillet 1913, il fait paraître dans la revue son fameux article sur « le Roman d'aventures », où il oppose l'émotion poétique, « sorte de commotion unique et opaque » qui paralyse l'intelligence, au plaisir que donnera au lecteur le roman d'aventures qu'il appelle de ses vœux, et dont l'œuvre de son beau-frère Alain-Fournier donne une idée. Dans le roman d'aventures, roman de ce « qui va arriver », où le présent explique le passé plutôt que le passé n'explique le présent, il y aura « la joie qu'éprouve l'intelligence à pressentir, à calculer, à rapprocher les événements, à les deviner, à se les expliquer ».

La guerre interrompt et modifie la réflexion de Jacques Rivière. Fait prisonnier dès le mois d'août 1914, il met à profit ses quatre années de captivité pour approfondir ses recherches dans d'admirables *Carnets*, que publiera son fils Alain Rivière en 1974, et qui étaient connus en partie (*À la trace de Dieu*, 1925, et *De la sincérité envers soi-même*, 1943) grâce à Isabelle Rivière. On y voit d'abord Rivière poursuivre une méditation religieuse commencée lors de sa conversion de 1913. Le problème de la foi a agité jusqu'à sa mort cet esprit avide de certitude et tenaillé par le doute. Dans le même temps, au contact des Allemands et des Russes, il s'ouvre à la politique et comprend qu'une ère nouvelle est en train de naître, qui posera le problème des relations entre l'individu et le collectif et qui changera radicalement les rapports entre les nations européennes. Sa réflexion s'exprimera dès 1918 dans *l'Allemand* et, en 1919, dans ses prises de position contre les membres du « parti de l'Intelligence ». Mais certains accents des *Carnets* sont plus personnels, et, dans l'isolement et la distance imposés par les contraintes de la correspondance, Rivière analyse son expérience intime de l'âme humaine et du sentiment amoureux. Ce qu'il découvre alors lui permettra de publier en 1922 son seul roman, *Aimée* (il ne put achever avant sa mort sa seconde œuvre romanesque, *Florence*, qui fut publiée en l'état en 1935). François, le héros d'*Aimée*, se trouve déchiré entre deux vocations : celle d'époux, qui le lie à « sa femme » Marthe, et sa vocation à vivre les risques de l'amour-passion qu'il a découvert en rencontrant Aimée, la femme de son ami Georges. Tenté par le suicide, François est sauvé, au cœur de la nuit, par l'image radieuse de son épouse Marthe. Au-delà de l'anecdote sentimentale, l'œuvre vaut par le fait qu'elle illustre la conception du roman chère à Jacques Rivière. La carrière des personnages ne paraît pas tracée d'avance, et l'on découvre leur route en même temps qu'eux, au hasard des chemins, ce qui évite les inconvénients du didactisme et fait du romanesque lui-même le véritable sujet du roman. Rien d'étonnant, donc, si l'œuvre est dédiée à Marcel Proust. D'ailleurs l'amitié entre Proust et Rivière fut profonde. Dès avant 1914, au moment où il rencontrait des difficultés pour être publié aux Éditions de la Nouvelle Revue française, Proust avait reconnu en Rivière l'homme fait pour le comprendre, et qui le comprenait effectivement. Devenu directeur de *la Nouvelle Revue française* en 1919, Rivière sut profiter du poids que lui donnait sa situation pour expliquer au public une œuvre dont la valeur était encore largement ignorée : de 1919 à 1924, il multiplia notes, articles et conférences pour montrer que la *Recherche* avait une cohérence et qu'elle bouleversait les conceptions usuelles de la psychologie. Parallèlement, il remarque l'importance de Freud, qui commençait alors à être traduit. En janvier 1923, dans le théâtre de son ami Jacques Copeau, le Vieux-Colombier, il donnait quatre conférences essentielles sur Freud et Marcel Proust, qui furent reprises en 1926 dans *Quelques progrès dans l'étude du cœur humain*.

Si l'on considère en outre la nouveauté de son *Rimbaud* (édité en 1977 à partir de textes publiés de 1905 à 1925), si l'on observe comment il a su comprendre la crise de civilisation qui a suivi la Grande Guerre, à travers la polémique qui l'a opposé aux surréalistes (« Reconnaissance à Dada » et « la Crise du concept de littérature », articles qui furent repris dans les *Nouvelles Études* en 1947), alors on mesurera l'importance d'un homme qui a eu le mérite d'être un témoin lucide de la vie intellectuelle de son époque et qui a su faire prendre à *la Nouvelle Revue française* les orientations qui allaient la conduire au succès que l'on sait.

C. Lesbats

RIVOYRE Christine de

(née en 1921)

Née à Tarbes, fille d'un officier de cavalerie, elle fait ses études à Bordeaux et à Poitiers – chez les Dames du Sacré-Cœur –, à la Sorbonne, puis aux États-Unis, à l'université de Syracuse (1947-1949). De 1950 à 1955, elle collabore au journal *le Monde,* puis assure la direction littéraire de *Marie-Claire* jusqu'en 1965. Lauréate du prix Interallié en 1968 pour *le Petit Matin,* elle est, depuis 1970, membre du jury du prix Médicis et, depuis 1974, siège au Comité supérieur des lettres.

Depuis 1955 (*l'Alouette au miroir*), Christine de Rivoyre a brossé en une douzaine de romans (dont *la Mandarine,* 1957) une comédie de mœurs à la fois désinvolte et tendre. Un large public, essentiellement féminin et bourgeois, a reconnu ses formules, ses mœurs, mais aussi ses nostalgies, ses amertumes, sa solitude (*les Sultans,* 1964 ; *Crépuscule taille unique,* 1989) et même ses faux-semblants pour échapper à la peur de la guerre ou de la révolution. Plus ou moins transposés, la jeunesse, les goûts, l'univers intérieur de l'auteur sont ceux de ses héros favoris : l'ondine de *Boy* (1973), la cavalière adolescente du *Petit Matin,* le « vieux jeune homme incurablement fidèle à ses premiers éblouissements » du *Voyage à l'envers* (1977), la femme forte de *Reine Mère* (1985) qui oppose à la violence du monde moderne le goût de la convivialité et des choses de la vie. Ces individualistes épris d'absolu vivent aussi bien avec les éléments, les chevaux ou les fleurs qu'avec des « êtres de soleil » qui jaillissent dans leur vie, parfois sans identité précise (*Fleur d'agonie*, 1970). La sensualité à fleur de peau, l'amour pour un terroir (les Landes, sa terre adoptive) font de Christine de Rivoyre une héritière de Colette (cf. *Belle Alliance*, 1982) y compris par cette distance amusée que donne un regard « provincial » face aux postures et aux vanités (*Racontez-moi les flamboyants*, 1995).

M. P. Schmitt

ROBBE-GRILLET Alain

(né en 1922)

À considérer le « nouveau roman » comme une « histoire », une difficile mais passionnante traversée des lettres d'après guerre, avec ses grands rôles et ses grands moments, la moderne aventure d'une écriture qui ose prendre en compte nos mots et nos images pour en déformer le sens (trop) commun, il est indéniable que ces jeux subtils de construction, de massacre, de cache-cache et de miroirs ne sauraient avoir meneur plus représentatif que l'auteur de *Projet pour une révolution à New York* et de *Djinn.*

Ainsi promu chef de file d'un mouvement qu'il a, parmi les premiers, contribué à lancer, tant par ses positions théoriques que par sa production romanesque et cinématographique, cible privilégiée d'une critique de tradition, mais traduit en vingt-cinq langues et intégré désormais aux manuels de littérature, objet protéiforme d'une masse d'études et de recherches, Robbe-Grillet a peu à peu imposé au grand public son image ambiguë (que ses publications autobiographiques – *le Miroir qui revient* (1985) s'ouvrant sur un « Je n'ai jamais parlé d'autre chose que de moi » qui en a dérouté plus d'un – n'ont fait que renforcer) : sous l'apparente provocation que comporte toujours la liberté de parole, l'ironie – destructrice, au besoin – garde ici son sens littéral d'inlassable remise en question. Un jeu, avec quel feu ?

Projets et glissements...

Rien pourtant, dans son orientation première, ne semblait destiner Robbe-Grillet à ce vedettariat littéraire. « En fait, dit-il, j'ai toujours été un débutant : j'ai commencé une carrière d'ingénieur agronome à vingt ans, une autre de romancier à trente, une de cinéaste à quarante... De la même façon, à cinquante ans, je me suis mis à peindre... À soixante ans, peut-être, je ferai de la musique... » (Réponse à François Jost, dans *Obliques*, 1978.)

Né à Brest en 1922, diplômé de l'Institut national d'agronomie, Alain Robbe-Grillet a d'abord exercé « avec sérieux le métier à la fois passionnant et lucratif » d'agronome. De 1945 à 1948, il est chargé de mission à l'Institut national de la statistique, puis, à partir de 1950, attaché comme ingénieur à l'Institut des fruits et agrumes coloniaux, pour le compte duquel il effectue de longs séjours en Guinée, au Maroc, à la Guadeloupe et à la Martinique. Impressions coloniales qui se retrouveront dans *la Jalousie*. Jusqu'alors, aucun texte, sinon scientifique, n'a paru sous la signature d'Alain Robbe-Grillet. En 1949, son premier roman, *Un régicide*, est « poliment refusé » par les éditeurs (il ne sera publié qu'en 1978). Quelques brefs comptes rendus dans les mensuels littéraires (la revue *Critique*, en particulier) n'ont pas encore forcé l'attention.

Le tournant décisif se situe dans les années 1953-1955, quand, successivement, le prix Fénéon puis le prix des critiques viennent couronner le nouvel auteur des *Gommes* (1953) et du *Voyeur* (1955).

Les Gommes

SYNOPSIS

La montre de Wallas, détective venu enquêter sur le meurtre du professeur Dupont, s'est arrêtée à 7 heures 30. Elle se remettra en marche vingt-quatre heures plus tard quand, après une minutieuse enquête, Wallas tirera sur Dupont lequel, ayant survécu à une tentative d'assassinat, avait laissé croire à sa mort afin de se protéger. « Le livre, écrit Robbe-Grillet dans son Prière d'insérer, est justement le récit des vingt-quatre heures qui s'écoulent entre ce coup de pistolet et cette mort, le temps que la balle a mis pour parcourir trois ou quatre mètres – vingt-quatre heures "en trop". »

P.-L. Rey

La Jalousie

SYNOPSIS

La métaphore s'installe dès le titre. À travers les lamelles de bois qui découpent sa vision, un regard (jamais nommé) observe, épie. Plantation de type colonial, aux scènes quotidiennes maintes fois répétées : une jeune femme, A, peigne longuement sa chevelure, émet des propos inquiétants sur les talents des Noirs, s'émeut violemment à l'écrasement d'un mille-pattes sur le mur, se rend en ville avec l'ami du couple, Franck. Complicité amoureuse ? Fantasmes du « mari » ? Les temps, les circonstances se mêlent et se recoupent. Moments de paroxysme, après lesquels l'ordre, apparemment, se reforme.

Succès localisé, qui n'a rien d'une consécration (deux ans plus tard, *la Jalousie*, qu'aucun prix ne signale au public, rencontre un accueil assez confidentiel), mais qui suscite, entraînant dans son sillage un ensemble encore mal cimenté de réflexions nouvelles (c'est l'époque où se regroupent, autour de Jérôme Lindon, dont Robbe-Grillet est devenu conseiller littéraire, les « romanciers de Minuit »), l'une des plus ardentes et des plus durables polémiques que la critique ait, de longtemps, connues. Querelle des Anciens et des Modernes, Barthes réfutant Mauriac, « révolution » dans laquelle le cas Robbe-Grillet se détache de façon exemplaire. Car, réfractaire à toute tentative de récupération humaniste et non content d'écrire des romans, voire des textes brefs – tels certains des *Instantanés*, publiés en 1962 – où l'objectivisme le plus désespérant côtoie le plus scandaleux désordre narratif, l'auteur se mêle d'exprimer quelques idées subversives sur la péremption des vieilles recettes romanesques. La plupart des essais repris plus tard sous le titre *Pour un nouveau roman* (1963) datent de cette époque. De même la série d'articles publiés par *l'Express* au cours de l'hiver 1955-1956. Délaissant l'agronomie, Robbe-Grillet se lance définitivement dans l'« exercice problématique de la littérature ». *Dans le labyrinthe*, en 1959, clôt une première « série » romanesque : des textes de l'égarement et de la narration impossible à travers un monde de surfaces aussitôt investies par le fantasme ou, au contraire, livrées à l'ennui, méticuleux, inlassable, du regard descriptif.

Les mots et les images

Qu'un regard à ce point dénué d'« alibi, [d']épaisseur et [de] profondeur » (R. Barthes), explorant avec méthode sa « cellule génératrice » (titre du premier chapitre de *Topologie d'une cité fantôme*, 1976), découvre le nécessaire passage de la « chambre secrète » (*Instantanés*) à la caméra, faut-il s'en étonner ? À partir de 1960, aussi bien, la carrière de Robbe-Grillet va s'inscrire dans un perpétuel va-et-vient entre roman et film. C'est d'abord, en collaboration avec Alain Resnais, l'événement cinématographique de l'année 1961 : *l'Année dernière à Marienbad* (Lion d'or du festival de Venise). Suivent, à partir de *l'Immortelle* (1963), les films de Robbe-Grillet auteur et réalisateur : *Trans-Europ-Express*, 1966 ; *L'homme qui ment*, 1968 ; *l'Éden et après*, 1971 ; *Glissements progressifs du plaisir*, 1974 ; *le Jeu avec le feu*, 1975 ; *la Belle Captive*, 1982 ; *Un bruit qui rend fou* (coréalisation : Dimitri De Clercq, 1995). Œuvres complexes et foisonnantes, réalisées avec une équipe stable, qui déjouent la narration par de constantes et ironiques interférences thématiques.

Trans-Europ-Express

SYNOPSIS

Dans le train Paris-Hambourg, trois personnages, Marc, Jean (Alain Robbe-Grillet) et Lucette (Catherine Robbe-Grillet), projettent un film dont le décor serait justement celui du train. L'anecdote se déroule et se commente au fur et à mesure qu'elle se construit. Le scénario ? « Quelque chose d'un peu animé... Pas des salades psychologiques. De l'action : des bagarres, des poursuites, des viols, des trucs qui sautent... » Le tout avec des clins d'œil complices à nos stéréotypes bien-aimés : valises truquées, héroïne, bandes rivales, prostituée complaisante, faux aveugle, etc., et rappel de motifs chers à l'auteur (la jeune femme ligotée aux barreaux du lit, par exemple).

Glissements progressifs du plaisir

SYNOPSIS

« Dans une prison pour mineures tenue par des religieuses, une très jeune fille est enfermée sous l'inculpation d'un assassinat, qu'elle nie : Nora, l'amie avec qui elle vivait, a été retrouvée morte, attachée sur leur lit, de longs ciseaux de couturière enfoncés dans le sein gauche, jusqu'au cœur »... Tel est le point de départ d'une série d'images peu conformes à la morale ou à la logique admise. *Flashes-back* sur le passé des deux amies, leurs jeux et leurs disputes, se mêlent aux interrogatoires incohérents, au cours desquels affleurent tous les fantasmes du policier, du prêtre, de l'avocate ; évocations de supposés supplices dans les caves de la prison, amours lesbiennes, narrées avec l'innocence impudique et perverse de la jeune détenue. Reconstitution impossible, construction imaginaire sur une évidente thématique du rouge et du sang.

Manipulant ainsi des images, jouant avec ces images que nous imposent quotidiennement nos collectives mythologies (espionnage, érotisme, polices secrètes, aventures, technologies, révolutions, etc.), Alain Robbe-Grillet, parallèlement, va constituer ses romans en lieux privilégiés, où se travaillent et se transforment tous nos stéréotypes. En 1965, *la Maison de rendez-vous* ouvre cette voie qu'emprunte, en 1970, *Projet pour une révolution à New York*.

La Maison de rendez-vous

SYNOPSIS

Lady Ava dirige à Hong Kong la Villa-Bleue, « où s'exerce l'amour commercial sous une certaine apparence de mondanité ». L'Américain Ralph y tombe amoureux d'une jeune femme, Loren, à laquelle il promet une forte somme d'argent... Dans une maison louche de Kowloon, parallèlement, un certain Édouard Manneret trafique de femmes et de drogue. Liaisons mystérieuses avec lady

Ava, par l'intermédiaire d'une servante eurasienne toujours accompagnée d'un grand chien noir. Manneret est assassiné, les soupçons se portent sur Ralph, qui, avant de fuir, retourne à la Villa-Bleue, pour convaincre Loren de le suivre, et tombe entre les mains de la police.

Images encore, le tableau, la photographie que l'artiste propose à nos déchiffrements. Dans quel but construire alors, à partir d'elles, des narrations possibles, jouer en illusionniste des objets et des éléments du décor, animer ce qui est fixe ? Ou bien, sur des formes de Delvaux, de David Hamilton, de Magritte, de Rauschenberg (cf. *Topologie d'une cité fantôme*), glisser un vers de Verlaine (*id.*) ; mêler aux évocations tourmentées d'Ingres, aux reflets d'Irina Ionesco, un thème wagnérien (*Souvenirs du triangle d'or*, 1978), ou emprunter un titre, *Djinn* (1981), à Victor Hugo ; écrire ses *Mots* à lui, céder à la « tentation humaniste » mais en livrant trois volets d'une autobiographie subtilement fictive (*Le miroir qui revient*, 1985 ; *Angélique ou l'enchantement*, 1988 ; *les Derniers Jours de Corinthe*, 1994) et, continuellement, ramener, réintroduire les images, les noms, les phrases, les obsessions et les objets fétiches d'un auteur nommé Robbe-Grillet : dans quel propos ? Mais reprenons...

La cafetière et le cageot

Au commencement, « la cafetière est sur la table » (*Instantanés*). Provoquant, instantanément, le scandale littéraire que l'on sait. À découvrir ces descriptions qui, semblables au rapport du biologiste examinant ses moisissures, de l'arpenteur mesurant des parcelles ou de l'ingénieur restituant une figure, investissent jusqu'à la minutie – et ce, dès *le Voyeur* – un monde d'objets privés de sens et dépouillés de toute complicité anthropomorphique, il est loisible de récuser ce réalisme « inhumain », de renvoyer, tel Claude Mauriac, à la malheureuse « technique du cageot » (à propos de Ponge). Mais on oublie trop vite que, sur cette table originelle (destinée à devenir, au fil des textes futurs, table d'opération, de dissection, de multiplication, de mixage...), une vision, d'abord, se réfléchit. Que « sur la partie sphérique de la cafetière brille un reflet déformé »... une tache « assez imprécise »... « c'est sans doute encore l'ombre du mannequin »... lequel « n'est pas à sa place »... Que la cafetière masque « entièrement » le dessin du dessous de plat... Fenêtre, miroir, mannequin : que voyons-nous du monde, sinon reflets, trompe-l'œil et faux-semblants ? Wallas, dans *les Gommes*, observateur dérisoire d'« un quartier de tomate apparemment sans défaut », ne perçoit pas l'essentiel de cette œdipienne machinerie de théâtre qui, « introdui [sant] çà et là, sournoisement une inversion, un décalage, une confusion, une courbure, [va] accomplir peu à peu [son] œuvre » (*id.*). Mathias, le héros du *Voyeur*, perd (volontairement ?) son propos dans d'étranges fixations optiques. Le narrateur invisible de *la Jalousie* s'abîme dans d'impossibles reconstitutions. Car les pièces du puzzle manquent toujours, chez Robbe-Grillet ; la perception n'est jamais complète ; l'image, si soigneusement cernée, se met à bouger, les informations étaient truquées, le temps échappe, hier et aujourd'hui se confondent : « C'est le matin, c'est le soir... Je suis là. J'étais là. Je me souviens... Je cherche quelque chose. Il commence à faire nuit. Je ne me rappelle pas bien ce que c'était... » (*Topologie d'une cité fantôme*.)

Surfaces mouvantes nécessairement tenues sous la limitation d'un regard – et d'un regard partial et trouble –, comment les choses seraient-elles entamées par ces descriptions dont on a trop vite souligné le pointillisme rigoureux et que pourtant, dès 1961, l'auteur lui-même qualifiait de « parfaitement subjectives » ? Quelle construction, dès lors, sinon imaginaire ? « Chaque homme, à son tour, doit réinventer les choses autour de lui. Ce sont les vraies choses, nettes, dures et brillantes, du monde réel. Elles ne renvoient à aucun autre monde. Elles ne sont le signe de rien d'autre que d'elles-mêmes. Et le seul contact que l'homme puisse entretenir avec elles, c'est de les imaginer » (« Joë Bousquet, le rêveur », dans *Critique*, oct. 1953). Descriptions, il est vrai. Mais faussement réalistes, et que leur miniaturisation même fait chavirer dans la déréalité, rien n'étant « plus fantastique, en définitive, que la précision ». Descriptions piégées où le désir d'exhaustivité ne traduit que l'angoisse du non-(sa)voir.

Jalousies et pavés disjoints... Le trou

Aussi bien, pauses rassurantes en ce qu'elles se donnent un instant l'illusion d'appréhender les objets, ces descriptions ne tissent dans l'œuvre qu'un réseau des plus lâches entre les mailles duquel tout échappe en se confondant. Les questions fusent, faussement naïves : « Quand ai-je dit que... Ai-je déjà signalé... Et pourquoi... Mais où était-ce... ? » (*Projet pour une révolution à New York*.) La narration semble alors progresser dans une forêt d'inconnues. Il pourrait s'agir du simple trou mémoriel, tel le blanc qui s'installe au centre même du *Voyeur* et compromet toute chance de reconstitution logique. Ou du brouillage que le délire du soldat malade et l'étrangeté des lieux provoquent *Dans le labyrinthe*. À la vérité, le trou est permanent, structurel chez Robbe-Grillet. Il y a toujours dans le dessin la « paroi absente » (*id.*), dans l'histoire d'une cité morte les inscriptions effacées ou les documents perdus (*Topologie...*), dans celle d'un personnage l'explication ignorée (*Djinn*), dans une révolution la confusion des rôles (*Projet pour une révolution*), sans oublier un narrateur incapable ou désordonné qui s'embrouille dans de faux rapports lorsqu'il ne fuit pas – sous quelle menace ?

Non, le réel n'est pas lisse : on le perçoit dès le titre de *Djinn, un trou rouge entre les pavés disjoints*.

Djinn

SYNOPSIS

C'est d'abord un livre scolaire destiné à l'enseignement du français dans une université américaine. Les difficultés grammaticales y progressent visiblement au cours des huit chapitres, « depuis le présent de l'indicatif jusqu'au subjonctif imparfait, au futur antérieur et au conditionnel ». On y trouve même, « au passé narratif », une micro-histoire « d'amour et de science-fiction »... Quant au contenu anecdotique, il fait intervenir une mystérieuse Djinn (prononciation du prénom américain Jean), qui dirige une non moins étrange société secrète. Un « trou rouge entre les pavés disjoints », un enfant (mort ?) vont retarder Simon Lecœur dans une mission impossible ; faux aveugles, robots, personnages-mannequins, agents secrets, enfants brouillent la « logique des parcours et des retournements narratifs » jusqu'à la disparition du héros...

Les pavés sont disjoints sur la voie (en impasse) que l'on devait suivre (*Djinn, un trou rouge entre les pavés disjoints*) ; la poussière même est interrompue par la trace d'objets absents, le plafond montre une fissure (dans la chambre du *Labyrinthe*), la tache sur le mur a été gommée (*la Jalousie*), et même la tomate n'était pas intacte : « Tout en haut, un accident à peine visible s'est produit : un coin de pelure, décollé de la chair sur un millimètre ou deux, se soulève imperceptiblement » (*les Gommes*).

Prisonnier, ici, dans sa cellule, le narrateur observe à travers un « judas » ; le « mari » de *la Jalousie* épie sa jeune femme derrière ces lames de bois qui lui cachent la moitié de la scène, et s'il lui est possible de faire le compte des plants de sa bananeraie, s'appliquant à dénombrer les lacunes dans l'ordonnance générale, sa vue se perd de l'autre côté de la dénivellation jusqu'à ce que, dans l'obscurité envahissante, « l'œil maintenant ne discerne plus rien, malgré les fenêtres ouvertes »... Trous de serrures et trous d'ombre : le monde, chez Robbe-Grillet, se creuse et interroge. Et dans tous ses romans sans exception, la mort, comme par jeu, est présente.

De labyrinthe en rendez-vous : les couloirs du récit

La narration, dès lors, se condamne (ou se complaît) à passer et repasser par les mêmes points, les mêmes lieux, les mêmes objets, les mêmes personnages (cf. les prétendus rappels qui jalonnent les textes : « Une fois de plus... comme d'habitude... selon la coutume... comme il a été précisé » ; voir également le début de *Projet*...). Pas tout à fait les mêmes... des glissements se sont produits : telle jeune fille n'était qu'un mannequin (*Djinn*), tel cri était enregistré, tel policier, ôtant son « masque de plastique souple », se découvre un chirurgien criminel (*Projet pour une révolution*...), la sandale bleue égarée dans les rochers réapparaît sur l'asphalte de la grande ville (*Souvenirs du triangle d'or*). Mystérieuses organisations dont certains chaînons manquent : « J'ai perdu la trace... Que vient faire ici... ? Il doit s'agir d'une erreur... » (*Projet*...)

Ces parcours subvertis, ces cheminements systématiques à travers tous les « possibles narratifs » empruntent les multiples formes de l'errance. Ce sont les filatures dans les couloirs du métro, les poursuites dans d'interminables corridors de prisons, de cliniques ou d'hôtels de police, les pérégrinations au hasard des trottoirs, trajets qui n'aboutissent pas ou qui ramènent à leur point de départ, terrains vagues aux hangars abandonnés, plages désertes...

Au rendez-vous de ces intrigues, sans cesse reprises et corrigées, les images de Robbe-Grillet, nos fantasmes communs. Bousculées avec l'agressive liberté que seul permet le jeu, constamment remises en jeu : univers de figures où seule compte la distribution ; univers imaginaire de motifs retravaillés dans des variations sans fin. Corpus offert à toutes les expériences...

La première de ces expériences est d'attaquer, de percer cette illusion de plein, de lisse, de serein. D'abord s'en emparer, la ligoter, ficelles et chaînes, la réduire à merci. Puis utiliser toutes sortes d'instruments, stylets, couteaux de chasse, ciseaux, seringues à injections, voire les crocs d'un molosse, pour lacérer, déchirer, trouer. Fentes, coupures, incisions, viols, toutes ces images rebattues du sadomasochisme avec supplices et sacrifices rituels accompagnés des panoplies y afférentes semblent hanter les fictions et les films de Robbe-Grillet depuis l'ouverture mémorable de *la Maison de rendez-vous* (il serait trop long d'énumérer les références précises aux multiples scènes, tant romanesques que cinématographiques, ici évoquées ; pour mémoire, mentionnons que le molosse intervient dans *la Maison de rendez-vous*, dans *le Jeu avec le feu*, dans *Souvenirs du triangle d'or*. Le stylet joue au troisième chapitre de *Topologie*..., premier espace). À ceci près qu'elles sont trop belles... Le sang y est trop rouge pour avoir l'air... de sang. Les trop jeunes victimes se tordent et soupirent trop complaisamment, « la chair [martyrisée] des femmes » (*la Maison de rendez-vous*) reste inaltérablement fraîche. Pubis sombres ou triangles d'or, même empalés, gardent, pour le plaisir de l'œil, leur parfaite géométrie. Jeunes filles, mannequins de vitrines ou poupées de celluloïd ? Quand le traitement est semblable, quand l'image ensorcelée, à trop jouer avec le feu, se met à brûler (pour renaître, ailleurs, de ses cendres ?), l'illusion – la catharsis ? – est accomplie.

Sens interdit, obsédante métaphore...

Viols et meurtres métaphoriques, pour quel rite purificatoire ? Pour quelle révolution les feux qui embrasent, régénérateurs, toutes ces fictions ? « Le grand ennemi, pour moi – confiait l'auteur en 1975 au Colloque de Cerisy –, le seul ennemi, peut-être, et sans doute depuis toujours, c'est, d'une façon générale, le sens. » Et l'écrivain exprime un peu plus tard la même opinion à propos de ses textes autobiographiques : « les deux mêmes questions impossibles – qu'est-ce c'est, moi ? Et qu'est-ce que je fais là ? – [...] ne sont pas des problèmes de signification, mais bel et bien des problèmes de structure » (*Angélique ou l'enchantement*). Toute la démarche de Robbe-Grillet consiste, semble-t-il, à régler son compte à cet essentiel absent avec lequel nous confondons les apparences et les valeurs admises ; à bouleverser toute manifestation d'un sens (d'un ordre) qui fonctionnerait comme la mort.

Particulièrement subversive apparaît cette lutte de l'ironie contre nos images saintes. Chez Robbe-Grillet, le père est incestueux (*Souvenirs du triangle d'or*), les communiantes sont violées, martyres du Saint Jour, par des prêtres lubriques, les médecins sont criminels, les policiers obsédés, la mariée... mise à nu (*le Jeu avec le feu*). Impitoyable parodie : du voyeur au violeur, un même regard qui transperce et dérange ; un narrateur qui ne construit d'excellentes histoires policières, d'excellentes scènes érotiques que pour les empêcher de progresser dans le « bon » sens...

Le jeu n'est pas sans règles, d'ailleurs, et telle loi de répétitivité qu'on observe, comme principe organisateur, au travers de narrations fort différentes, en appelle manifestement à la complicité du lecteur. Car se raconte ici, « inlassablement, le même désir » (*Topologie*...). À partir d'une cellule génératrice (pour employer le terme de Ricardou) – caverne de Platon ou cadre de Delvaux –, le texte recense les images que multiplie le miroir accroché au mur, fait jouer entre elles de nouveaux rapports, réintroduit par exemple la bicyclette du *Voyeur* chez les mineurs séquestrés de la cité fantôme, réutilise, en la pastichant, la première phrase de *la Maison de rendez-vous* dans la première phrase des *Derniers Jours de Corinthe*, ou bien réinsère mot pour mot un texte écrit ailleurs dans un nouvel espace, ramène périodiquement, sous des visages différents, un Franck, ou un docteur Morgan, un David H. ou, peut-être, un David G. (simples « reprises » ?). Plus fondamental, le redoublement métaphorique d'un texte qui se réfléchit lui-même. Déjà, dans *le Voyeur*, l'article du journal ainsi que l'histoire racontée par le vieux pêcheur fonctionnent comme « mise en abyme » de la narration. Dans *la Jalousie*, le « roman africain » que lisent Franck et A joue le même rôle. Les derniers romans de Robbe-Grillet travaillent ces glissements dans un intertexte beaucoup plus vaste. Ce redoublement nous invite à ne rien chercher au-delà, derrière la « surface trouble du miroir » (*Topologie*). C'est aussi décrypter le mystère des figures géométriques (le V de *Topologie*..., le triangle de *Souvenirs*...), enchaîner tous les possibles d'un G générateur de fiction (c'est-à-dire la « série suivante » de mots sur laquelle, comme chez Roussel, se bâtit le récit : vanadé-vigie-navire/danger-rivage-devin/nager-en vain-carnage, etc.).
C'est surtout, transgressant ses propres interdits, et libre de toute contradiction (« poussé, comme hors de... [soi] à la recherche du plaisir ? »), se laisser assaillir par une « mer sournoise, grouillante d'adjectifs et de métaphores »... (respectivement dans *Souvenirs du triangle d'or* et dans *Topologie*...). On connaît la critique que fait Robbe-Grillet de la métaphore (*Nature, humanisme, tragédie*, 1958), laquelle renvoie toujours à une signification du monde. Reprenant la distinction qu'établit Ricardou, les métaphores qu'utilise Robbe-Grillet, pour obsédantes que soient leurs répétitions, sont d'ordre « structurel », c'est-à-dire qu'elles engendrent la fiction. Ainsi le ∞ du *Voyeur* (conformation de l'île, anneaux de la jetée, liens et cordelettes) ou, dans *la Jalousie*, l'écrasement du mille-pattes, métaphore sexuelle, etc. Mais depuis *la Maison de rendez-vous*, Robbe-Grillet joue également à profusion de nos clichés métaphoriques. Ses textes s'enrichissent désormais de « baigneuses à la chair d'or », aux « ventres accueillants », de « tendres chutes de reins », de « coquillages à la vulve rose nacrée », de « couloirs nus », sous « les rayons funèbres de la lune »...
Travail d'écrivain non réconcilié que cette incessante interrogation des formes qui traversent notre culture, inlassable combinatoire de fictions fantômes, jeu passionné avec les mots qui génèrent. Et, dans les derniers livres, travail de « romancier » et d'« autobiographe » : « Les éléments constitutifs [...] sont bien de même nature, puisés dans le même trésor opaque » (*Angélique ou l'enchantement*). Car la vie, apparemment, n'est pas « simple et tranquille » ; et l'écriture n'a pas mission de ramasser, par de rassurants qualificatifs, en des récits bien ordonnés, un réel qui inquiète. Dans cette inquiétude, précisément, c'est-à-dire dans l'écart, dans ce seul travail possible sur les possibles de nos images, s'inscrit l'honnêteté d'un « tracé péniblement reconstitué, jour après jour, à travers les redites, les contradictions et les manques » (*Topologie*...). [Voir aussi **Nouveau roman**.]

A. Arnaudiès

ROBERT DE BORON *ou* DE BORRON

(XIIe-XIIIe siècle)

Nous ne savons à peu près rien sur Robert de Boron, sinon qu'il était sans doute originaire du village de Boron, près de Delle, en Bourgogne, et en relation avec Gautier de Montbéliard, personnage connu, qui partit en 1201 pour la quatrième croisade, mourut en 1212 en Terre sainte et que Robert cite (vers 3489) comme le destinataire d'un texte désigné par son auteur comme l'*Estoire dou Graal*, et par les critiques et éditeurs modernes comme le *Roman de l'Estoire dou Graal* ou *Joseph* (d'Arimathie).
Ce récit de 3 514 octosyllabes, écrit dans un style souvent obscur sinon maladroit, est suivi, dans le seul manuscrit qui nous l'a conservé, d'un fragment de 502 vers, sans doute de Robert, qui relate le conseil des démons après la Passion du Christ et introduit l'histoire de la naissance diabolique de Merlin.
L'*Estoire dou Graal*, qui rappelle brièvement l'histoire de l'humanité jusqu'à la venue et à la Passion du Christ, unit ensuite l'histoire de Joseph d'Arimathie (en utilisant, outre les Évangiles, l'évangile apocryphe de Nicodème) à l'histoire des origines du Graal. Déjà sanctifié chez Chrétien par la présence de l'hostie et désigné comme « sainte chose », le Graal est, dans le texte de Robert, à la fois l'écuelle de la dernière Cène et le vase où Joseph a recueilli le sang du Christ. Le Graal devient donc définitivement le Saint Graal, relique de la Passion et vase mystique. Un autre apport décisif est, d'une part, la transformation de Joseph d'Arimathie en chevalier, et, d'autre part, la continuité qui s'instaure entre l'espace-temps de la Révélation et l'espace-temps arthurien. Selon la parole du Christ lui-même, qui révèle à Joseph la signification du Graal, ses pouvoirs et son « droit » nom – « Par droit Graal l'apelera/car nus le Graal ne verra/ce croi je, qu'il ne li agree », vers 2659-2661 –, la relique est destinée à l'Angleterre, où elle doit être confiée à la garde de Bron, le premier des Rois Pêcheurs. Le texte de Robert, à travers ce récit des « enfances » du Graal, donne ainsi une réponse à la question que pose le *Conte du Graal* de Chrétien de Troyes – d'où vient le Graal ? –, établit le lien entre l'Orient de la Révélation et l'Occident, institue la chevalerie, à travers Joseph, au pied même de la Croix, et fait de la Grande-Bretagne/du monde arthurien le pays et le peuple élus par Dieu pour une nouvelle révélation.

Outre le *Joseph* et le *Merlin*, Robert a peut-être composé (ou conçu ?) un *Perceval* en vers, dont rien ne subsiste. Dès le tout début du XIIIe siècle cependant apparaît sous son nom une trilogie en prose qui est le premier texte romanesque en prose française et qui comporte un *Joseph*, un *Merlin* (mis en prose par Robert ?) et un *Perceval* que rien ne permet de lui attribuer. Ces trois textes constituent tout d'abord, dans la perspective adoptée par Robert, le premier roman cyclique, total, du Graal. Le *Merlin* reprend le récit de la naissance et des « enfances » du prophète, puis retrace ses luttes difficiles pour redonner la Grande-Bretagne à son roi légitime, Uterpendragon, préparer le royaume à l'avènement d'Arthur, à l'avènement surtout du chevalier (Perceval) digne d'occuper la place vide à la Table du Graal, celle de Joseph, puis à la Table Ronde, et de clôturer ainsi le cycle.

Le *Perceval en prose* (souvent appelé *Didot-Perceval*) est, pour l'essentiel, une quête du Graal à la fois chevaleresque et mystique, menée à bien par Perceval, qui devient le troisième et le dernier des Rois Pêcheurs, des maîtres du Graal. Cette quête est suivie d'un récit rapide des conquêtes continentales d'Arthur, de sa lutte contre l'usurpateur Mordret et de sa disparition dans l'île d'Avalon.

Ce premier *Livre du Graal* – le titre apparaît dans le *Merlin* – se donne en outre non comme texte de fiction mais comme relation véridique, garantie par la parole autorisée et prophétique de Merlin. Le récit est en effet présenté comme la transcription fidèle par Blaise, le scripteur, des paroles de Merlin, qui lui transmet sa connaissance du passé (le *Joseph*) et lui dicte au fur et à mesure la relation des événements présents et à venir (le *Merlin* et le *Perceval*). Texte fondateur par la liaison irréversible qu'il institue entre l'écriture en prose, l'univers arthurien et la sacralisation du Graal, la trilogie – le *Merlin* surtout – a enfin joué un rôle décisif dans la conception du cycle postérieur du *Lancelot-Graal* (qui reprend d'ailleurs le *Merlin*) et a connu plusieurs remaniements tels que la *Suite du Merlin* ou *Huth-Merlin* (v. 1240), elle aussi attribuée à Robert de Boron. [Voir aussi ***Lancelot en prose***.]

E. Baumgartner

ROBERT DE CLARI

(seconde moitié du XIIe siècle-début du XIIIe siècle)

Robert de Clari est souvent victime des multiples comparaisons que l'on a faites entre son œuvre et celle de Villehardouin, et qui ont tendance à l'écraser. En effet, autant Villehardouin s'impose à nous par sa forte personnalité, son action constante à la tête de la quatrième croisade, l'importance qu'il y joua, autant Clari se fond dans la masse des croisés. Mais on aurait tort de déprécier son témoignage : c'est un bon échantillon de la petite chevalerie des XIIe et XIIIe siècles, qui nous permet de pénétrer au cœur du Moyen Âge ; il nous donne de précieux renseignements, grâce auxquels nous pouvons mieux apprécier les divergences qui opposèrent les croisés.

Un humble seigneur picard

C'est un petit chevalier sans importance, que Villehardouin ne cite jamais. Lui-même ne se mentionne pas parmi les croisés. Il possédait le fief de Cléry-lès-Pernois (Somme), qui, d'une étendue d'environ 6,5 ha, « était tout juste suffisant à lui valoir le titre de chevalier et certainement insuffisant à le nourrir ». Il participa à la quatrième croisade, qu'il raconte dans une chronique composée de deux parties disproportionnées : les 112 premiers chapitres relatent les faits qui vont de 1198 à 1205 – préparatifs, voyage, prise de Constantinople par deux fois et établissement de l'Empire franc ; les sept derniers chapitres vont de la bataille d'Andrinople (1205) à la mort d'Henri Ier de Hainaut (1216) : ils sont très brefs, en sorte que l'on peut penser que Clari avait quitté Constantinople vers le milieu de 1205.

Son unique souci semble être de rapporter le vrai sans que des engagements politiques et polémiques viennent le fausser. Petit chevalier curieux et bavard, vassal de Pierre d'Amiens, dont il partage l'enthousiasme dans les premiers temps de la croisade, mais ignorant les desseins et les accords des chefs, impartial, modeste – même s'il a le sentiment d'avoir participé à une entreprise épique –, partagé entre l'hostilité à l'égard des hérétiques déloyaux et le remords d'avoir commis une injustice, en allant contre Constantinople plutôt qu'à Jérusalem ; fortement influencé par la propagande de l'armée croisée, qu'il est incapable d'interpréter, il est doué d'une bonne mémoire visuelle, mais reste à la surface des choses et est gêné par son manque de préparation politique : au total, un homme simple qui démythifie sans le vouloir les grands personnages.

Le porte-parole des petits chevaliers

Clari est émerveillé par les beautés de Constantinople, peut-être plus par la richesse des matériaux et des substances ; le cas échéant par les vertus thérapeutiques de ces dernières – surtout par la mer, témoin le récit du départ de la flotte pour Zara : pour pallier un vocabulaire limité, il utilise des mots intensifs et les images du fourmillement et de l'embrasement. À quoi s'ajoute tout ce qui ressortit au merveilleux et à l'exotisme ; mais le charme de son récit vient de ce que l'Histoire et l'extraordinaire baignent dans un climat de familiarité et de réalisme.

À travers anecdotes, brefs tableaux et petits discours au style direct, transparaît l'idéal chevaleresque qui détermina la conduite de Clari : préoccupations religieuses et goût pour les actions héroïques – mais les femmes, exclues de la chronique de Villehardouin, ne le sont pas ici. Son modèle est Pierre de Bracheux, à la pointe du combat lors de la seconde prise de Constantinople, consommant la défaite de l'usurpateur Murzuphle, rendant visite à Johannisse le Blaque, conquérant son royaume sur les Sarrasins. Clari est surtout le porte-parole des petits chevaliers déçus : il se montre indifférent à l'égard des Vénitiens, qu'il lui arrive d'admirer pour leur richesse et leurs qualités de marins ; méprisant envers les Grecs, qu'il juge traîtres, versatiles et lâches ; sévère pour Boniface de Montferrat, cupide et ambitieux, mauvais vassal de l'empereur Baudouin ; clouant au pilori les *hauts barons*, hypocrites, orgueilleux, poussés par la convoitise et l'ambition, traîtres envers leurs compagnons, finalement châtiés par Dieu lors de la défaite d'Andrinople.

J. Dufournet

ROBERTS Jean-Marc

(né en 1954)

« Éternel spectateur », l'enfant-narrateur des premiers romans de Jean-Marc Roberts n'est pas certain d'exister : « Tu n'es rien, Michel » (*Samedi, dimanche et fêtes*, 1972, prix Fénéon), lui serine son père, un « petit salarié minable ». Alors il se raconte la vie quotidienne, se fait son « guignol » en langage de potache emprunté au « bahut » et au ciné… Le jeune auteur, né à Paris, a dix-sept ans et tout juste son bac lorsque Le Seuil, où Jean Cayrol le soutient, publie ce premier livre. 1968 n'est pas loin, avec ses « mecs apos » (apolitiques), ses profs « mao » (*les Petits Verlaine*, 1973) et, à la maison : « le mur ». Mais pendant que chavire le décor scolaire, les fantasmes se précisent : rêve d'une campagne où le narrateur courrait avec sa petite sœur à la fois haïe et désirée (*Samedi*…), une maman qui ne serait pas « représentante en papillons […] au Venezuela » (*les Petits Verlaine*). Bref, une chaleur humaine qui voudrait dire : exister. Ou, à défaut, le rêve de la célébrité et des copains qui affluent.

Avec *Baudelaire et les voleurs* (1973) et *la Partie belle* (1974), l'espoir devient folie : évasion dans un monde fantaisiste en compagnie d'abord de poètes aimés mais bientôt aussi d'inquiétants personnages historiques (le « vicomte » Ciano, Hitler…), tandis qu'une « grosse Talbot noire », sinistre corbillard, rôde aux carrefours indiquant où va la vie (*la Partie belle*).

Fin de l'adolescence : la drôlerie de l'argot enfantin disparaît ; Roberts est maintenant journaliste au *Quotidien de Paris*, travaille dans l'édition. Mais les mêmes obsessions lui inspirent des romans courts, contes insolites à l'écriture épurée, économe de ses effets, avec ce détail incongru qui fait soudain basculer le quotidien dans l'onirique : telle l'inquiétante histoire d'un débonnaire vendeur de jouets, « voleur de pellicule » à ses heures parce qu'un film lui a « volé sa vie » (*le Sommeil agité*, 1977) ; ou le curieux commerce de M. Jaune (*les Enfants de fortune*, 1978), « loueur d'enfants » aux gens qui n'en ont pas… Le fantasme du néant, de l'enfant « brume », hante ces romans. Dans *Affaires étrangères* (1979, prix Théophraste-Renaudot), le désir fou d'exister aux yeux d'un patron anéantira plus sûrement la vie d'un employé falot que tous ses échecs antérieurs.

Mais alors y a-t-il un « mode d'emploi » capable d'épargner ces « désastres invisibles » à tant de destins médiocres ? Penché avec une tendresse anxieuse sur l'humble petit monde qui sert de toile de fond à ses récits, familles incertaines ou bohèmes de *Méchant* (1985) ou de *Mon père américain* (1988), géniteur irresponsable des *Seins de Blanche-Neige* (1994), trio à la *Jules et Jim* d'*Affaires personnelles* (1996), Jean-Marc Roberts discerne toutes les détresses anonymes. Qu'y faire ? L'auteur cite Aragon : «… je ne sais des deux le pis rêver ou vivre ».

J.-P. de Beaumarchais

ROBIN Armand

(1912-1961)

Fils de cultivateurs bretons, Armand Robin naît à Plouguernevel, près de Rostrenen (Côtes-du-Nord). De langue maternelle bretonne, il apprend le français au collège puis poursuit ses études à Saint-Brieuc, à Paris et à Lyon. Il voyage en U.R.S.S. et dans l'est de l'Europe, se lie aux animateurs d'*Esprit* et de *la Nouvelle Revue française*. Dès 1936, il se met à l'écoute des radios étrangères pour diffuser un *Bulletin* d'information qu'il adresse à plus de quarante abonnés (ministères, Vatican…). Il fait paraître des poèmes (*Ma vie sans moi*, 1940) et termine son « roman breton » *Le temps qu'il fait* (1943). Son opposition à l'hitlérisme ne l'empêche pas de vouloir figurer sur la liste noire du Comité national des écrivains. En 1945, il adhère à la Fédération anarchiste. Son activité se partagera désormais entre ses publications (*Poèmes indésirables*, 1945 ; *la Fausse Parole*, 1953 ; *Poésie non traduite*, 1953 et 1958), ses traductions (notamment *Quatre Poètes russes*, 1949 ; *Rubayat* d'Omar Khayyam, 1953), ses nombreux articles de presse, sa participation à des émissions radiodiffusées, et toujours son écoute des radios étrangères (du bloc de l'Est surtout). Sa situation financière et sentimentale est critique, sa santé très altérée. Il meurt, dans des conditions obscures, à l'infirmerie spéciale du Dépôt, âgé de quarante-neuf ans. *Le Monde d'une voix* (poèmes et fragments) paraît en 1968 ; Gallimard publiera en 1992 des *Fragments*, et des *Écrits oubliés* ont été réunis en 1986 par Françoise Morvan.

Robin est un solitaire qui se bat pour les mots qui disent la fêlure intérieure et dénonce ceux des médias et des propagandes totalitaires qui décervellent les hommes. Sa probité intellectuelle rejoint ses convictions libertaires. À l'aise dans plus de vingt langues qu'il a apprises seul, il est devenu « toute parole ». La quête obsédée de la vérité et l'acharnement contre les mensonges du langage ont fini par abolir sa parole propre et ont entraîné son autodestruction.

M. P. Schmitt

ROBLÈS Emmanuel

(1914-1995)

Comme Albert Camus, Emmanuel Roblès appartient à cette « École d'Alger » qui connut son plus grand rayonnement pendant l'Occupation, lorsque la métropole d'Afrique du Nord était devenue la « capitale intellectuelle » de la France. Ce Méditerranéen, à l'aise dans les cultures française, hispanique et maghrébine, grand voyageur, est aussi un humaniste ouvert à la pitié, dont l'œuvre n'a cessé de se référer à la violence ancestrale qui dresse les hommes les uns contre les autres.

Une culture méditerranéenne

Né à Oran, fils posthume d'un maçon d'origine andalouse, le jeune Emmanuel Roblès fait dans la rue l'apprentissage des dissensions politiques et raciales, mais s'enchante de la « mer indigo » et des « étés brûlants », tandis que la lecture de Conrad et de Melville enflamme son imagination (*Jeunes Saisons*, 1961). Renonçant à sa vocation de marin, il prépare comme boursier l'École normale d'Alger : c'est l'ouverture au monde musulman (Mouloud Feraoun est son condisciple) et à la vie intellectuelle. Camus, Pascal Pia l'accueillent à *l'Alger républicain*. Tout en approfondissant sa culture espagnole, Roblès voyage comme reporter en Allemagne, en Chine, en Indonésie et visite Angkor. L'éditeur algérois Edmond Charlot s'intéresse à ses premières œuvres : romans, comme *l'Action* (1938, publié en 1946), histoire d'une grève à Alger à l'époque du Front populaire, ou comme *la Vallée du paradis* (1941) puis *Travail d'homme* (1942) et *Nuit sur le monde* (1944) ; poème en prose, *la Marie des Quatre-Vents* (1942) ; essais, comme son *Garcia Lorca*, publié en 1949, etc. Mobilisé à Alger, Roblès y rencontre Gide, Soupault, Max-Pol Fouchet, Amrouche, Saint-Exupéry, participant comme correspondant de guerre dans l'aviation à la campagne d'Italie (*Cela s'appelle l'aurore*, 1952, porté à l'écran par Buñuel ; *le Vésuve*, 1961). La paix revenue, il reprend ses voyages, Mexique, Amérique du Sud, tout en gardant l'Algérie comme port d'attache. Attentif aux secousses qui ébranlent son pays natal (les émeutes de Sétif lui inspirent *les Hauteurs de la ville*, prix Femina 1948), ami de Kateb Yacine, d'Abou Kacem, d'Ech Chebbi, Roblès fonde la revue *Forge*, qui devient bientôt célèbre dans les lettres maghrébines, puis, sur le conseil de Camus, qu'avaient frappé ses dons de dialoguiste, il se lance dans le théâtre : *Montserrat* (1948), *La vérité est morte* (1952), sans pour autant ralentir sa production romanesque (*Federica*, 1954 ; *le Grain de sable*, 1955 ; *les Couteaux*, 1956). Rentré en France en 1958 – année où il publie *l'Horloge*, pièce en trois actes –, l'écrivain reste au contact des cultures arabe et espagnole, préfaçant le *Journal* de Mouloud Feraoun (1962) et une édition de *Don Quichotte* (1973). Il écrit alors des nouvelles (*l'Homme d'avril*, 1959 ; *la Mort en face*, 1961) et ses souvenirs (*Jeunes saisons*). Directeur de collection au Seuil, membre de l'académie Goncourt depuis 1973, il se consacre au théâtre (*Plaidoyer pour un rebelle*, 1966 ; *Un château en novembre* et *la Fenêtre*, 1984) et au roman : *la Remontée du fleuve* (1964), *la Croisière* (1968), *Saison violente* (1974), *les Sirènes* (1978), *l'Arbre invisible* (1979), *Venise en hiver* (1981), *la Chasse à la licorne* (1985), *les Rives du fleuve bleu* (1990), *l'Herbe des ruines* (1992). Roblès a en outre signé des traductions de l'espagnol (Lorca, Ramón Sender, Serrano Plaja).

La réconciliation impossible

À travers le lyrisme de la mer et du soleil, *la Marie des Quatre-Vents*, avec ses métaphores voluptueuses (« l'étreinte merveilleuse de l'eau ») et son exotisme (ces îlots en forme de « pagodons chinois »), dit l'illusion momentanée, partagée alors avec Camus, d'un univers méditerranéen où l'homme vivrait « en harmonie avec le monde ». Mais les premiers romans de Roblès annoncent déjà l'éclatement de ce rêve paradisiaque, déchiré par la sauvagerie et la haine : brutalité, répression arbitraire viennent s'abattre sur un troupeau passif, figuré par ces voyageurs de trolleybus « le bras levé, accrochés aux lanières de cuir, tels des poissons séchés suspendus par la bouche » (*les Hauteurs de la ville*). D'où, chez une poignée de révoltés, frères des personnages de Malraux et de Hemingway, ces conduites de vengeance ruminées dans l'ombre, décrites en phrases brèves alternant avec les discussions théoriques des entrevues clandestines. On pense à *la Condition humaine*, qui, confie Roblès, « a pénétré dans mon esprit comme une boule de feu ».

Le théâtre durcit encore ce discours sur la violence. Celle-ci devient totalitaire, frappant au hasard, s'attaquant à la vie dans ce qu'elle a de plus sacré, la mère aux « seins gonflés de lait » (*Montserrat*), dévoilant sous l'universelle férocité l'absurdité sans recours de notre condition : le bourreau de six otages (*id.*) n'est qu'une pâle image de Dieu exterminant après mille tourments les créatures « sorties du néant et qu'il se réserve de rejeter au néant ». Dans des lieux fictionnels divers, Espagne, Venezuela, Indonésie, l'espace théâtral roblésien reste clos, enfermant les personnages entre « les murs épais » (*Montserrat*) ou les murailles (*La vérité est morte*) d'un implacable destin. D'où une atmosphère étouffante, rendant plus cruel le langage des bourreaux, plus pitoyable le cri des victimes, plus désespéré le conflit entre le devoir du soldat et l'allégeance à un idéal humaniste incarné par les héros principaux, Montserrat ou Juárez (*La vérité est morte*). Dans une tension extrême, mais sans grandiloquence, les dialogues atteignent à la « simplicité, la sévérité » que Roblès admirait chez Lorca.

Mais la fraternité (*la Croisière*), l'amour ne projettent-ils pas une signification au moins passagère sur ce monde de violence ? Depuis *le Vésuve* jusqu'à *Venise en hiver*, Roblès évoque avec sensualité ces rencontres heureuses qui semblent, face aux drames modernes de la guerre, du terrorisme, fonder un autre « ordre du monde » (« cette émotion, ce trouble, ce sentiment que le monde est définitivement délivré du désespoir, de la douleur, de la perfidie, de la cruauté », *le Vésuve*). En contrepoint, Roblès écrit la tragédie des amours brisées par la mort (*les Sirènes*), prétexte à une phénoménologie de la solitude avec ses hallucinations, ses rêves, ses « trahisons » lorsque le « cœur infirme » se réchauffe à la tendresse d'une autre femme. L'écriture n'a plus alors d'autre fonction que de chercher, comme le note B. Poirot-Delpech, « à partager quelque chose… à se trouver des frères en désespoir ». Ainsi Roblès reste-t-il fidèle à ce qui fait l'unité de son œuvre : la dénonciation du « scandale » de la douleur « qui fait hurler les hommes à travers les âges » (préface de *Montserrat*).

M.-A. de Beaumarchais

ROCHE Denis

(né en 1937)

Denis Roche connaît bien les milieux de l'édition et de la presse. En 1962, il entre au comité de rédaction de la revue *Tel Quel*, en 1964 il travaille aux éditions Tchou. En 1965, il collabore au *Nouvel Observateur*. En 1971, il quitte Tchou pour Le Seuil. Ses rapports avec *Tel Quel* et Philippe Sollers sont animés : il rompt en 1968, se rapproche de Sollers en 1971 sur le manifeste (« Positions du mouvement de 1971 ») qui marque la naissance d'une ligne « chinoise » dans la revue, rompt de nouveau et démissionne de *Tel Quel* en 1973, mais se réconcilie avec son directeur en 1976, année où il publie *Louve basse,* son anti-roman auquel répondra, douze ans plus tard, *Prose au devant d'une femme*. De ses expériences poétiques restent *Récits complets* (1963), *les Idées centésimales de miss Elanize* (1964), *Éros énergumène* (1968), *le Mécrit* (1972), dont il a réuni l'essentiel dans *La poésie est inadmissible* (1995). Outre *Carnac ou les Mésaventures de la narration* (1969) et *Dans la maison du sphinx. Essais sur la matière littéraire* (1992), Roche a publié des traductions d'Ezra Pound, E. Cummings, C. Olson (*Trois pourrissements poétiques,* 1972).

L'ouvrage *Denis Roche* que Christian Prigent a consacré au poète commence ainsi : « Denis Roche est un poète. Denis Roche n'est pas un poète », ce que confirme le célèbre slogan du *Mécrit*, « La poésie est inadmissible, d'ailleurs elle n'existe pas ». Roche s'obstine pourtant à faire figurer sur la couverture de ses ouvrages l'inscription « poèmes ». Denis Roche poète ? l'affirmation est vraie aussi, parce que prononcer aujourd'hui la mort de toute poésie et la mort du sens, interroger de façon têtue, volontairement iconoclaste, la lettre et son expansion infinie (mot, phrase, texte, œuvre...), c'est peut-être écrire le nouvel ordre des mots qui sauvera la poésie. Finalement, l'expérience poétique de Roche constitue ce va-et-vient incessant d'une affirmation à l'autre. Mais qu'est-ce que la poésie, dans tout cela ?

Ce qui meurt, depuis quelque temps, c'est une certaine forme de poésie humaniste, idéaliste, métaphysique – en deux mots, réactionnaire et rétrograde. Quelques coups mortels ont été portés à la « belle poésie » : le « Je est un autre » rimbaldien, la conception du Beau selon Lautréamont, la disposition typographique du « Coup de dés » mallarméen, « l'inconscient qui cause » des surréalistes... Mais la poésie a continué de perpétuer l'idéalisme bourgeois. Il appartenait à Denis Roche, et au mouvement *Tel Quel*, de prononcer définitivement la mort de la « belle poésie », sans déserter le champ poétique, mais en le détériorant, en décodant tous les symboles et les procédés d'écriture de la poésie occidentale. La poésie devient le lieu de la destruction idéale. Cette expérience poétique, dont il faut souligner le radicalisme, est datée historiquement. La tentative majeure devient vite tentative avortée : en 1972, Roche abandonne la poésie. L'excès du cri ne pouvait déboucher que sur le silence. Était-il possible de tout dire, y compris le non-dit, sans risquer la folie ou la mort ? Était-il suffisant d'énoncer, à travers une destruction de la distinction prose/poésie, ce qui, habituellement, est occulté (le politique, le sexe, la folie, la mort..., mais aussi l'« au-delà du principe d'écriture ») ? Était-il suffisant de « mécrire », de « ramener la production poétique vers son point de plus extrême *méculture*, le point zéro, à l'évidence, de la poéticité » (Denis Roche, 13 février 1971) ? Autant de questions qui surgissent à présent, et dont nous sommes les dépositaires quelque peu ébranlés.

Louve basse

Après le questionnement radical de l'écriture poétique, Roche interroge le champ de l'écriture romanesque avec la publication de *Louve basse,* intitulé « roman ». Ce qui se poursuit, c'est le « mécrit » et la tentative de mise à mort du signe et du sens institué. Après *Louve basse,* roman-polémique, sorte de destruction inouïe de tous les modèles, de toutes les références, l'art est possible.

SYNOPSIS

À l'évocation de Che Guevara et des matelots montant à l'assaut du palais Smolny à Petrograd, le narrateur déclare que « tout ce qui ne tire pas son coup à la Mort n'a pas voix au chapitre ». Ayant dénoncé les « FliCultus », il s'engage dans un dialogue érotique avec sa maîtresse qui le convainc d'« apporter la cassette cet été » (chap. 1 et 2). Cette bande enregistrée contiendra des extraits d'interventions de l'auteur à Cerisy-la-Salle en 1972 (3). Tandis qu'un nouveau personnage, Low Wolf (« Loup bas »), vient à la rencontre du narrateur, celui-ci imagine un combat entre Sun-tsé et une « Chaisière », avant de rédiger une « page à la Joyce » destinée à sanctionner la « péremption » de toute littérature et la mort de l'écrivain, « préjugé du passé » (4-8). Un texte de Severo Sarduy (9) reconstitue « les dix dernières années de travail antipoétique » de Denis Roche. « Ô moi, tu étais donc cela », se plaint ensuite le narrateur qui dresse un très critique « bilan de culture » (10) avant de repasser en mémoire les éléments qui seront ceux « de [sa] conférence tout à l'heure » (11) et d'adresser une lettre à Françoise Peyrot (12). L'auteur, enfin, anticipe sa nécrologie (« Denis Roche, mort en 1990 ») et détaille l'aspect extérieur de son cadavre (13).

P. Gourvennec

Notre antéfixe (1978) semble confirmer l'impasse de la littérature selon Denis Roche, puisqu'il s'agit d'un reportage-photo sur le dixième anniversaire d'une rencontre, celle de l'auteur et de sa compagne, insistance narcissique du voyeur-vu. L'image fixe de l'appareil 24 × 36 à déclenchement automatique est préférée à la mobilité polysémique du mot malgré la préface-justification du photographe Denis Roche : Roche fossilisé, en quelque sorte, comme un juste retour au sens du patronyme, mais aussi fasciné par un art qu'il interroge désormais passionnément dans *Autoportraits photographiques* (1981), *la Disparition des lucioles* (1982), *Photolalies* (1988), *Écrits momentanés* (chronique écrite entre 1984 et 1987 pour le magazine *City*, 1988), *Ellipse et Laps* (1991), *le Boîtier de mélancolie* (1999).

Ch. Gambotti

ROCHÉ Henri-Pierre

(1879-1959)

Né à Paris, amateur d'art, traducteur de Tchekhov et de Schnitzler, Roché ne devint écrivain qu'à la fin de sa vie. *Jules et Jim* (1953), ce « premier roman d'un septuagénaire », selon l'expression de François Truffaut qui le fit découvrir, serait sans doute passé inaperçu sans cette rencontre entre l'écrivain et le cinéaste, qui, au-delà de l'adaptation traditionnelle, révélait une écriture en la magnifiant. Comme l'a montré la publication des *Carnets* de l'auteur (1990), et de ceux d'Helen Hessel (1991), le roman était largement autobiographique : Roché avait aimé Helen, femme de Franz Hessel, traducteur allemand de Proust et auteur des *Promenades dans Berlin* (1929), à qui le liait une profonde amitié. De même Jules et Jim, tous deux amoureux de Kathe, se veulent des « pionniers » qui tentent de redécouvrir les lois du couple sans détruire leur amitié. Mais tandis que le journal de Roché s'attache au détail de l'expérimentation amoureuse, le roman stylise et transfigure une situation scabreuse en ce que Truffaut appelait « un pur amour à trois », dont son film exaltait le bonheur enfantin et tragique. Avec *Deux Anglaises et le Continent* (1956), également adapté par Truffaut, Roché ne se contentait pas de créer une situation symétrique – l'amour de deux sœurs pour un même homme : composé de manière moins linéaire, entrecroisant les lettres et les journaux des personnages, pièces disjointes qui se rencontrent rarement, le roman est plus douloureux, célébrant un rituel amoureux fait d'absence et de déchirement.

K. Haddad-Wotling

ROCHEFORT Christiane

(1917-1998)

L'autobiographie de Christiane Rochefort, *Ma vie revue et corrigée par l'auteur* (1978), s'amuse à brouiller les pistes, et l'on n'y suit guère les événements de sa vie avec exactitude, non plus que dans l'« autofiction » de *Conversations sans paroles* (1997). Très tôt, elle pratique la musique, la peinture, la sculpture. Ses études supérieures sont anarchiques, et elle donne des cours pour subsister. Elle rédige des nouvelles, ébauche un roman. Journaliste au festival de Cannes, elle travaille à la Cinémathèque française. Elle divorce, pour préserver sa liberté d'écrire. Un immense succès accueille en 1958 le premier roman qu'elle publie : *le Repos du guerrier*. Depuis, elle a fait paraître régulièrement des romans, tout en poursuivant une activité artistique et en participant de façon militante aux luttes des femmes.

Plus de dix ans avant mai 1968, ses romans étaient déjà marqués par un goût pour l'utopie et la recherche d'un bonheur étranger à la société de consommation. La rébellion contre la bêtise et la méchanceté qui tuent la créativité des individus, la passion de laisser s'exprimer les potentialités de chacun, autant de thèmes qui animent cette œuvre non conformiste, et qui sont encore sensibles dans *Le monde est comme deux chevaux*, un roman entrecoupé de notes (1984). *Le Repos du guerrier* veut imposer pour une femme le droit de parler du sexe ; *les Petits Enfants du siècle* (1961) suivent Josyane dans la solitude et la misère morale des grands ensembles ; *Printemps au parking* (1969) évoque un amour homosexuel. Plusieurs romans (*les Stances à Sophie*, 1963 ; *Encore heureux qu'on va vers l'été*, 1975) et un essai (*Les enfants d'abord*, 1976) dénoncent l'exploitation morale qui est faite des enfants. Christiane Rochefort ne remet pas en question dans son œuvre les notions de personnage, d'intrigue ou de message : elle s'emploie à faire entendre la voix d'une femme qui parle de ses fantasmes ou de ceux des autres (*Quand tu vas chez les femmes*, 1982), de tendresse et de liberté, ce dont témoigne encore *la Porte du fond* (1988).

M. P. Schmitt

Rochefort (école de) *v.* CADOU René-Guy

RODENBACH Georges

(1855-1898)

Poète belge d'expression française. Cet écrivain, dont la gloire repose avant tout sur *Bruges-la-Morte*, naît à Tournai, fait ses études à Gand (collège Sainte-Barbe et université), s'arrête à Bruxelles, où il passe du barreau au journalisme ; après un premier séjour à Paris en 1878, il s'y installe en 1888. À Bruges, il n'a donc été qu'un passant...

Déjà, il a publié des vers chez Alphonse Lemerre, gagné l'amitié de plusieurs écrivains français, mais il figure aussi au premier numéro de *la Jeune Belgique* et connaît Verhaeren presque depuis l'enfance. C'est lui qui, au fameux banquet offert à Camille Lemonnier, lance à propos de ce dernier l'expression de « maréchal des lettres belges ».

En 1888, il est installé à Paris où il se marie. Léon Cladel et François Coppée sont ses témoins, Villiers de L'Isle-Adam est l'un de ceux de sa jeune femme. Rodenbach, désormais tout à fait parisien, collabore au *Figaro* et à des revues. En 1892, il s'installe rue Gounod, dans un appartement plein de drapés, de châles et de lampes, comme les aime l'époque, et y reçoit beaucoup. Il devient un fidèle de Mallarmé, rue de Rome ou à Valvins. Hélas ! il ne sait pas qu'en moins de dix ans tout devra s'accomplir. Un soir de Noël, il meurt terrassé par une typhlite. Le 28 décembre, il est enterré au Père-Lachaise. Sa femme lui survivra jusqu'en 1945.

On peut oublier ses poèmes de jeunesse. Les premiers « signes » de sa vraie nature apparaissent dans le recueil intitulé *la Jeunesse blanche* (1886) : le don d'une prosodie musicale et le prix de la mélancolie. Son premier roman s'appelle *l'Art en exil* (1889) : on a envie de dire l'« art de l'exil », car l'âme de cet homme, à qui la vie paraît si bienveillante, est vouée à l'exploration d'un monde où règnent le silence et l'abandon.

Bruges-la-Morte

En 1892, une publication en feuilleton dans *le Figaro*, puis une édition en volume avec un frontispice de Fernand Khnopff assurent sa gloire : pour toujours, Georges Rodenbach devient l'auteur d'un roman, *Bruges-la-Morte*. Verhaeren pensait que Rodenbach trouvait dans Bruges – la réelle, mais aussi celle du mythe et celle de ses songes – le véritable accord avec sa propre mélancolie. Un peu comme son personnage, Hugues, qui « s'exaltait à la ressemblance de lui-même avec la ville ».

SYNOPSIS

Après avoir perdu sa jeune épouse, Hugues Viane est venu se fixer à Bruges dont l'atmosphère de ville morte et mélancolique correspondait à son humeur chagrine. Depuis cinq années, il vit seul avec Barbe, une vieille servante dévote, vouant un culte quasi mystique aux souvenirs de la défunte – en particulier à sa blonde chevelure qu'il a mise sous verre. Un soir, au sortir de l'église Notre-Dame où il a médité sur l'union des âmes, un visage l'arrête, qu'il suit, croyant y reconnaître les traits de la morte. Une semaine plus tard, hypnotisé par le retour de l'apparition, il entre mécaniquement dans un théâtre à sa suite, l'y perd, la cherche en vain dans la salle et la retrouve sur la scène. Elle est danseuse et s'appelle Jane Scott. Peu à peu les analogies se précisent : le visage, les cheveux, les yeux, la voix, tout lui rappelle sa femme. Hugues installe Jane à l'orée de la ville, se rend chez elle tous les soirs, vit avec elle ce qu'il considère comme la poursuite de son amour marital. Mais à trop forcer les analogies, les dissemblances apparaissent bien vite : Jane le choque par sa vulgarité, se moque de lui, le trompe, menace de le quitter. Hugues cherche à s'éloigner de sa maîtresse pour ne pas hypothéquer ses retrouvailles chrétiennes avec la morte dans l'au-delà. Mais il est envoûté et Jane en profite pour tenter de capter son héritage. Profitant de la procession du Saint-Sang, elle se fait inviter pour la première fois chez Viane – provoquant la démission de Barbe, que servir « une pareille femme » eût mise en état de péché mortel. Après une anodine dispute, tandis que Viane s'abîme dans une prière, Jane profane les souvenirs de la morte, joue avec la tresse de cheveux que Viane, fou de rage, lui serre autour du cou comme une corde. Et Jane, morte, devient « le fantôme de la morte ancienne ».

Est-ce l'élan de cette gloire qui donne à Rodenbach l'envie d'essayer autre chose et qui lui ouvre les portes de la Comédie-Française ? En 1894, un acte en vers, *le Voile*, est créé par des artistes dont l'un porte un nom prestigieux et dont l'autre est au seuil d'une longue gloire, Paul Mounet et Marguerite Moreno.

Rodenbach joue, si l'on peut dire, de tous ses instruments. Il revient au poème avec *les Vies encloses* (1896), au roman avec *le Carillonneur* (1897) et *l'Arbre* (1898). Ici, c'est de nouveau Bruges, les fantasmes d'une femme et d'une cité, la mort qui est l'ultime refuge. Quand Joris, le carillonneur, se pend au battant d'une cloche, il fuit une existence qui trahit son rêve et une ville qui risque de trahir l'image qu'il s'est formée d'elle.

À sa mort, Georges Rodenbach laisse des poèmes plus libres : *le Miroir du ciel natal* (1898), un recueil de contes, *le Rouet des brumes* (posth., 1901) et aussi un drame, *le Mirage*, adaptation scénique de *Bruges-la-Morte*. Il laisse surtout un sillage et une image. Un célèbre pastel de Lévy-Dhurmer (au musée national d'Art moderne) exprime beaucoup de cette vie glorieuse et tôt coupée : visage fin, cheveux légers, moustache longue et mince, regard nostalgique – et, derrière l'homme, la ville qui vit de ne plus vivre.

On peut penser que certains soupirs, certaines coquetteries du désespoir ont marqué un peu trop l'art du poète ; mais Mallarmé disait avec conviction que Rodenbach était pour lui un grand artiste et qu'il exprimait ce qui est si rare : l'âme des choses. Car c'est cela, son vrai royaume. Et son vrai langage, qui suggère autant qu'il décrit et qui, souvent, semble s'approcher du silence.

G. Sion et D. Couty (synopsis)

Roland (la Chanson de)

(fin du XIe siècle)

La Chanson de Roland, dans sa version la plus connue, celle du manuscrit d'Oxford, semble remonter à la fin du XIe siècle (1080 ?). Elle est notre plus ancienne chanson de geste. Le miracle veut qu'elle soit aussi la plus parfaite, un chef-d'œuvre du genre. Ce paradoxe n'a pas laissé de poser des problèmes aux médiévistes : le coup d'essai fut-il un coup de maître ? Ou bien le *Roland* que nous a transmis Oxford est-il le point d'aboutissement d'une longue tradition orale qui nous échappe ? Dès le siècle dernier, chacun s'est efforcé de faire parler le silence des siècles ou de trouver des indices dans l'œuvre elle-même. Ainsi s'est posé le problème du sujet de l'œuvre : une querelle de famille entre Roland et son beau-père Ganelon ? Le récit de la bataille de Roncevaux ? La lutte de la chrétienté contre l'infidèle ? Selon la réponse, bien entendu, tel épisode apparaît comme essentiel (d'où un argument en faveur de l'unité de l'œuvre : il a fallu un poète) ou comme surajouté (d'où un argument en faveur de la thèse de la « sédimentation » : tradition orale de plusieurs siècles).

SYNOPSIS

Charlemagne est en Espagne depuis sept ans. Une seule cité demeure imprenable : Saragosse. Son roi, Marsile, ourdit un plan pour se débarrasser des Français : après avoir offert la paix, proposé la conversion au christianisme, livré des otages et promis de renouveler chaque année leur soumission, les Sarrasins attendront que Charles ait quitté le pays, puis ils reviendront sur tous leurs engagements.

Conseillé par ses barons, l'empereur accepte les offres de Marsile. C'est Ganelon qui, sur la proposition de Roland, portera le message. La mission comporte des dangers très sérieux, et Ganelon, furieux, décide de se venger de son beau-fils. Ainsi en viendra-t-il à proposer à Marsile un plan qui permettra de faire disparaître Roland, ce partisan de la guerre à tout prix qui a l'oreille de Charles. De fait, de retour auprès de l'empereur, Ganelon fait désigner Roland à la tête de l'arrière-garde ; les Sarrasins l'attendront, avec toutes leurs forces, à Roncevaux. Ici commence la plus belle partie de l'œuvre, et la plus connue : le refus de Roland de sonner du cor (on n'appelle pas au secours avant d'avoir combattu), les caractères opposés de Roland et d'Olivier, l'écrasement de l'arrière-garde, l'altercation entre les deux compagnons (Roland veut à présent sonner du cor pour que la défaite soit vengée par Charlemagne ; Olivier raille son attitude), la mort des douze pairs. Les troupes impériales arrivent trop tard pour sauver l'arrière-garde, mais elles peuvent détruire complètement l'armée de Marsile : Dieu a même arrêté le soleil afin de prolonger le jour jusqu'à la victoire. C'est alors que surviennent à point nommé les troupes innombrables de l'émir de Babylone, Baligant, suzerain de Marsile et homologue de Charlemagne. Après une longue bataille, la chrétienté l'emporte ; Saragosse est prise, Baligant et Marsile sont tués, et la reine Bramimonde est emmenée captive. Dès le retour à Aix-la-Chapelle s'ouvre le procès de Ganelon. Pinabel, au nom de la solidarité du lignage, se propose comme champion du traître. Les barons sont bien près de prononcer l'acquittement, quand Thierry d'Ardenne réclame le combat judiciaire ; il tuera Pinabel, et Ganelon sera condamné à être écartelé. L'œuvre s'achève, après la conversion de Bramimonde, sur le soupir de Charlemagne, à qui l'ange Gabriel vient annoncer de nouvelles luttes contre les païens. Le dernier vers (« Ci falt la geste que Turoldus declinet ») a posé bien des problèmes d'interprétation ; on ne sait pas exactement si ce Turold est l'auteur de l'œuvre ou le copiste du manuscrit d'Oxford.

De la quête des sources à la composition

Il y a loin de l'événement de 778 (le massacre de l'arrière-garde à Roncevaux par des Basques ou des Gascons) au texte de 1100. Il a pourtant semblé que des jalons pouvaient être trouvés.

Plusieurs annales carolingiennes (de Metz, de Moissac, d'Aniane ; *Annales royales*, etc.) relatent le désastre ; mais elles sont postérieures à la mort de Charlemagne. La *Vita Karoli Magni* d'Éginhard mentionne la défaite et cite Roland, « préfet de la marche de Bretagne » : mais certains manuscrits de ce texte ignorent notre héros, sans qu'il soit possible de savoir leur valeur (peut-être la mention de Roland est-elle une addition très postérieure à Éginhard). Le seul document qui pourrait être probant demeure la *Nota Emilianense* (milieu du XIe siècle ?) : cette notule mentionne une légende de Roncevaux où figure Roland. Preuve de l'existence de notre chanson à cette époque ? On l'a pensé. Mais les divergences l'emportent sur les convergences : on y voit Guillaume au Courb Nez, alors que la trahison est passée sous silence ; point non plus d'épisode de Baligant. I. Siciliano a pu conclure : « Si nous devions croire aux dires de ce moine, il nous faudrait penser qu'aux environs de 1070 *la Chanson de Roland* n'était pas encore née. » Le « silence des siècles » est donc peu loquace. La critique interne de l'œuvre donne-t-elle de meilleurs résultats ? On a cherché dans le texte lui-même des traces de remaniement : incohérences, lacunes, manque d'unité. Mais l'étude du sort de l'épée Durandal ne produit pas les effets attendus (une lecture attentive montre qu'elle n'a nullement été oubliée sur le champ de bataille), et la colère de Ganelon lors de sa désignation pour l'ambassade s'explique très bien sans modifier l'ordre des laisses (pour lequel Oxford diffère des autres manuscrits). Le problème majeur reste celui de l'épisode de Baligant. Pourquoi, après la défaite de Marsile, relancer une nouvelle guerre, que rien ne laisse présager, au lieu de passer immédiatement au châtiment du traître ? D'autant que rien, dans les « sources historiques », ne fait allusion à cet épisode. Et, surtout, les divergences entre les manuscrits posent problème : ailleurs, l'épisode est éliminé (mais cette forme de l'œuvre semble moins pure : car des traces y subsistent de l'existence de l'épisode – dans des prémonitions, par exemple). Les arguments proprement littéraires ne permettent pas de mieux trancher la question : selon les uns, l'unité d'action souffre de la présence de Baligant, qui fait oublier le thème central de la trahison de Ganelon, qui est le vrai sujet de l'œuvre ; selon les autres, le massacre de l'arrière-garde doit être pleinement vengé, et le triomphe des chrétiens être total, car le vrai sujet de l'œuvre est l'affrontement entre deux religions, entre le Bien et le Mal. Charlemagne doit donc écraser non seulement Marsile, mais surtout son homologue impérial sarrasin. On le voit, ces analyses ne font que repousser le problème. C'est le sens même de l'œuvre qu'il faut interroger : or ce sens change, évidemment, selon que l'on inclut ou que l'on exclut l'épisode de Baligant. Le cercle se referme, et la critique se trouve dans une impasse. Certains travaux américains, orientés vers la stylométrie (analyse stylistique quantitative et statistique), permettront peut-être d'y voir plus clair. L'analyse de John R. Allen, qui étudie la fréquence d'utilisation de mots usuels dont l'emploi n'est pas lié au contexte (articles, prépositions, conjonctions, verbe « être »...), montre que l'épisode de Baligant se distingue nettement des autres sections de l'œuvre. Si ce résultat est confirmé par des analyses plus larges, il faudra en déduire que le texte d'Oxford est le fruit de deux couches successives au moins : une version primitive, centrée sur la querelle de famille et sur la trahison (dans un climat qui fait plutôt songer à celui du début du Xe siècle), et une réfection qui introduit le thème majeur du choc des empires et des religions (dans un climat qui évoque celui de la première croisade).

Dernier problème important relatif à la composition : celui de la laisse finale. En effet, alors que l'action est achevée, et bien achevée, saint Gabriel vient ordonner à Charles de repartir pour de nouveaux combats contre les païens. Une telle fin annule les effets de l'épisode de Baligant, et la lassitude de l'empereur apparaît comme un trait nouveau dans l'œuvre. De surcroît, cette conclusion est propre à Oxford : les autres manuscrits s'achèvent, pour la plupart, sur une réunion majestueuse de la cour carolingienne et sur le souvenir attristé du massacre de Roncevaux. L'original que recopie le manuscrit d'Oxford était-il mutilé (P. Aebischer) ? Faut-il voir dans sa laisse ultime une transition vers un poème suivant, comme on en trouve dans un manuscrit cyclique (I. Siciliano) ? À moins que Turold n'ait tout simplement voulu manifester l'accablement de

Charlemagne et achever l'œuvre sur une note pathétique (R. Menéndez Pidal). On le voit, bien des questions demeurent sans réponse ferme.

Un chef-d'œuvre littéraire

Cet aspect des études rolandiennes a longtemps fait oublier les aspects spécifiquement littéraires, auxquels la critique ne s'est intéressée que très tard. J. Rychner et d'autres à sa suite ont montré combien *la Chanson de Roland* maîtrisait et transfigurait l'ensemble de la technique épique. Signe d'ancienneté, la structure strophique de l'œuvre est très forte : « La laisse a été pour l'auteur du *Roland* l'unité narrative, l'unité dramatique, l'unité lyrique » (J. Rychner). C'est autour de la laisse que se construisent les scènes. Une étude minutieuse de la bataille de Roncevaux montre comment (symétries, laisses parallèles, etc.) le poète a su organiser ses matériaux pour élaborer une véritable architecture, fondée sur des combinaisons fréquemment ternaires et sur des alternances entre des ensembles lyriques (similarité des laisses) et des ensembles narratifs (déroulement chronologique, sans ralentissement). La célèbre scène du cor, où le lyrisme s'épanouit en suspendant l'action, est traitée en laisses similaires où les reprises tiennent plutôt de la musique et du chant. Ainsi, la beauté de *la Chanson de Roland* « naît d'un parfait accord entre le procédé oral du recommencement et la structure strophique de la chanson ; la belle architecture des ensembles envisagés repose tout entière sur la fermeté de la laisse » (J. Rychner). La structure interne de chaque laisse est toujours forte : un grand nombre d'entre elles commencent par un vers d'intonation (où sonne clair le nom du héros de la laisse), recourent au procédé épique et poétique de l'inversion de l'ordre des mots (qui accroît la valeur d'intonation d'un vers initial) et/ou s'achèvent sur un vers de conclusion qui résume ou commente de manière sentencieuse. Le mystérieux « AOI » qui achève certaines laisses pourrait être (?) une modulation musicale sur les voyelles de l'Alleluia. Formules et motifs font partie de l'arsenal épique : le *Roland* y recourt abondamment, avec une prédilection, dans les scènes de bataille, pour les combats singuliers. L'usage de l'anticipation va bien au-delà d'un simple procédé : qu'il s'agisse de songes mantiques ou de simples formules énonciatrices, les anticipations font partie de la mise en place d'un destin. Destin de Roland, destin de l'Empire, destin de la chrétienté.

Au centre de l'action, il y a le couple Roland-Olivier, qui semble bien n'avoir pas fait partie de la légende primitive. En dépit d'un vers fameux, on ne peut opposer un Roland « preux » à un Olivier « sage ». Olivier est preux lui aussi ; sa sagesse est faite de lucidité, de modération, au service de son suzerain. Roland, c'est d'abord l'orgueil féodal jusqu'au seuil de la mort. La querelle des deux compagnons, au moment de l'attaque des Sarrasins, transfigure la bataille et met au jour la conception que chacun d'eux se fait de l'honneur et du comportement du bon vassal (notion essentielle). Roland mourra de l'effort même qu'il fera pour réparer sa faute : en soufflant dans son cor au point de se faire éclater la tempe. Olivier, Turpin et les autres pairs ont déjà succombé sous les coups des ennemis. L'individualisation est poussée à l'extrême jusque dans le récit de la mort de chacun des héros. L'œuvre est, de ce point de vue, trop riche pour pouvoir être cernée en quelques lignes ; on rappellera simplement les appréhensions, puis la tristesse de Charlemagne, la complexité du personnage de Ganelon (qui est tout autre chose qu'un simple traître d'épopée), la présentation relativement nuancée des Sarrasins (même s'ils demeurent l'incarnation du Mal absolu), les contrastes, mais aussi les nuances de la bataille de Roncevaux. Une technique hors de pair soutient donc une construction psychologique remarquable par sa finesse comme par sa grandeur. L'éclat en rejaillit sur l'Empire et sur la chrétienté, qui sont bien au centre de la version d'Oxford. Quel caractère doit prendre exactement la lutte contre l'Infidèle ? Telle est la question autour de laquelle tout s'organise. Roland est partisan de la lutte à tout prix, tandis que la majorité du conseil des barons pense qu'il est possible de négocier, d'accepter des propositions de paix. De cette divergence naît le conflit qui se résout dans le drame de la trahison et dans le châtiment du traître, tandis que la force des choses rétablit dans ses droits la seule conception possible de la lutte contre l'Infidèle : l'écrasement total et la conversion, l'assujettissement total sur les plans temporel et spirituel. Cette union indissoluble du temporel et du spirituel se retrouve à la fois dans la croisade et dans la figure impériale. Proche des modèles de la Bible, Charlemagne est un roi protégé par Dieu, qui lui adresse des songes et lui envoie l'archange Gabriel pour le soutenir. Comme jadis pour Josué, Dieu arrête le soleil pour assurer la victoire de l'empereur, qui est toujours un roi de majesté. Le poète n'hésite pas à ralentir l'action pour magnifier cette haute royauté. Les détails sont si nombreux à converger dans ce sens que la critique américaine (G. Brault, M. Vos Cramer...) a entrepris une lecture purement allégorique de *la Chanson de Roland*, chaque personnage, chaque décor, chaque épisode étant à décrypter selon les méthodes de l'exégèse biblique, et renvoyant à un signifié vétéro- ou néo-testamentaire. Charlemagne ne serait pas autre chose que l'image de la Sagesse divine. De telles analyses, si elles s'autorisent de l'exemple du pseudo-Turpin, n'ont pas encore fait l'unanimité en Europe. Signalons pour finir qu'il existe de nombreux manuscrits de *la Chanson de Roland* (dont Oxford, Venise IV, Venise VII...), qui donnent des versions souvent différentes, voire franchement divergentes, et qu'en particulier il existe, à côté du poème en décasyllabes assonancés, des versions rimées. Enfin, dès le milieu du XIIe siècle, apparaissent des versions étrangères, dont le *Ruolantes Lied* de Konrad. Le succès de l'œuvre ne s'est jamais démenti.

D. Boutet

ROLAND, madame

Née ***Jeanne-Marie*** *(dite* ***Manon****)* ***PHLIPON, dame ROLAND de LA PLATIÈRE*** *(1754-1793)*

Publiciste et femme de lettres née à Paris. Fille d'un graveur en orfèvrerie, elle acquit très jeune une solide culture classique, lisant à huit ans les *Vies* de Plutarque, le *Télémaque* de Fénelon, la *Jérusalem* du Tasse. Sensible, imaginative, elle traverse une crise mystique (1765), mais la lecture critique des apologistes chrétiens, dont Bossuet, dénonce à ses yeux un dogme qui « défie la raison », l'oriente vers les « philosophes » et vers une religion du cœur fondée sur l'affectivité, le sentiment de la nature (un athée est quelqu'un à qui « il manque un sens ») et l'espoir intime d'une rémunération future. Initiation intellectuelle parmi d'autres, qui rythment une vie assez solitaire, consacrée aux livres et aux promenades campagnardes : cette « fille accomplie de Jean-Jacques » (Lucien Febvre) raconte dans ses *Mémoires* sa découverte de la sexualité en des termes qui rappellent, voire pastichent les *Confessions* (« Me voilà donc pénitente avant d'avoir été pécheresse ») et choqueront fort Sainte-Beuve. Elle fait aussi l'expérience décevante de la mondanité : celle de la Cour, avec ce Versailles stupéfiant où un archevêque habite une soupente « pour être à portée de ramper chaque matin au lever des Majestés » ; celle des nobles, qui la traitent de haut ; des riches, qui la font dîner à l'office, où les femmes de chambre, « déités du second ordre », singent leurs maîtresses, dont elles portent « les dépouilles encore fraîches » ; des autres bourgeois, qui jouent les beaux esprits en conviant « force petits poètes ». D'où un sentiment aigu des ridicules du monde, de l'injustice sociale et de sa propre marginalité. Jeune fille, sa culture et son ambition dépassent celles de son sexe et de sa classe. En 1777, son discours pour l'académie de Besançon, *Comment l'éducation des femmes pourrait contribuer à rendre les hommes meilleurs,* affirme le rôle civilisateur de la femme, dont l'autonomie est le moteur du progrès collectif et permet d'éviter cette « rouille de barbarie » qui couvre les sociétés musulmanes. En 1780, elle épouse l'administrateur et publiciste bourguignon Jean-Marie Roland de La Platière, de vingt ans son aîné, se lie avec Brissot, avec le naturaliste Bosc, s'enthousiasme pour les idées nouvelles. Résidant à Lyon en 1789, elle donne des articles aux journaux, dont *le Patriote français*. À Paris, en 1791, son salon, où paraît Robespierre, est un foyer d'agitation républicaine ; son mari devient ministre de l'Intérieur (1791-1793, avec une interruption), et, après Varennes, elle réclame la déchéance du roi. À partir de 1792, son effroi devant les massacres de Septembre, sa haine maladroite à l'égard de Danton, son activisme progirondin, les fautes politiques de Roland la disqualifient peu à peu. Arrêtée en juin 1793, elle consacre sa détention à écrire ses *Mémoires* (qui seront publiés partiellement par Bosc en 1795) et à rêver à sa dernière passion, le député girondin Buzot : « Je suis restée sage par volupté. » Ses dernières paroles devant la guillotine, « Ô Liberté, que de crimes on commet en ton nom ! », ont été rapportées par des témoignages du temps. Des centaines de lettres adressées à son amie de couvent Sophie Cannet, à Bosc, à Brissot..., surtout ses textes de prison, donnent une information précieuse sur la petite bourgeoisie parisienne à la fin du XVIIIe siècle et sur les enjeux politiques des années 1789-1793. En fait, Mme Roland est une « Romaine » plus qu'une politicienne ou une idéologue ; ses analyses dévient rapidement vers le jugement moral et, son talent de portraitiste aidant, vers la caricature : Fabre d'Églantine, nouveau Basile, « vêtu en tartuffe, le stylet à la main, calomniant d'un côté, dérobant de l'autre, intriguant toujours »... Une Romaine encore, ou une Grecque, par cette cadence iambique sur laquelle se dit le malheur des temps : « Aujourd'hui que la terreur étend son spectre de fer sur un monde abattu »... Une rousseauiste surtout, lorsqu'elle raconte en détail ses expériences de jeune fille rangée, alternant réflexions philosophiques, scènes familières et portraits satiriques en touches rapides allant du physique au moral, du paraître social au moi intime : « Mlle de Cornillon, laide comme le péché, pétillante d'esprit et de malice... » L'originalité des *Mémoires* tient aussi à leur diversité : invective, prédication morale, précis historique – et évasion imaginaire de la prisonnière vers son enfance et son adolescence. Son destin devait faire de Mme Roland une grande héroïne romantique, célébrée par Lamartine (*Histoire des Girondins*) et par Stendhal : « Il faudra du temps avant de revoir une telle âme. » Mais Mme Roland fut également un véritable écrivain.

J.-P. de Beaumarchais

ROLIN Dominique

(née en 1913)

Romancière et essayiste née à Bruxelles (Belgique). Fille d'un bibliothécaire, Dominique Rolin a poursuivi des études à l'école de service social de sa ville natale. Elle s'intéresse très tôt au dessin et à la littérature, et c'est à partir de 1934 qu'elle commence à écrire des nouvelles, publiées dans diverses revues belges. Mais sa carrière littéraire ne prend vraiment son essor qu'en 1942, avec la parution de son premier roman, *les Marais*, un ouvrage remarqué par Max Jacob et Jean Cocteau. Dominique Rolin s'installe à Paris en 1946, où elle rencontre le sculpteur Bernard Milleret, qu'elle épouse quelques années plus tard en secondes noces. Le couple connaît des années difficiles, dans une pauvreté qui confine à la misère. La romancière réalise des dessins pour *les Nouvelles littéraires* et compose déjà ses livres avec une régularité dont, pendant près de soixante ans, elle ne se départira pas. Se sont ainsi succédé : *Anne la bien-aimée* (1944), *les Deux Sœurs* (1946), *Moi qui ne suis qu'amour* (1948), *L'ombre suit le corps* (1950), *les Enfants perdus* (1952). Le prix Femina vient couronner *le Souffle* en 1952, et Dominique Rolin voit son existence s'améliorer. Elle s'installe avec Bernard Milleret à Villiers-sur-Morin. Mais son mari meurt en 1957. La romancière relate cette agonie dans *le Lit* (1960), autobiographie romancée, et texte de « fracture » qui place désormais la mort et le désir d'oubli au centre de son œuvre. En 1959, elle est revenue s'installer définitivement à Paris, et a depuis lors publié, parmi plus de vingt titres, ses écrits les plus significatifs : *la Maison, la forêt* (1963) ; *les Éclairs* (1971) ; *Dulle Griet* (1977) ; *l'Infini chez soi* (1980, prix Kléber-Haedens) ; *l'Enfant-roi* (1986) ; *Deux Femmes un soir* (1992) ; *Train de rêves*

(1994) ; *la Rénovation* (1998) ; *Journal amoureux* (2000). De 1959 à 1965, elle a fait partie du jury du prix Femina, et en 1988 a été élue à l'Académie royale de langue et littérature françaises de Belgique.

Après les premiers récits, volontiers empreints de néo-romantisme et de connotations germaniques (Alban, Ur et Ludegard Tord sont les héros des *Marais*), après les textes des années 1950, qui, à l'instar des *Quatre Coins* (1954), ou des nouvelles recueillies dans *les Enfants perdus*, pouvaient ressortir à un réalisme assez strict, les ouvrages de Rolin, à partir des années 1960, relèvent d'une tout autre esthétique. Une narration à la fois souple et abrupte, des phrases volontiers incisives instillent, à l'intérieur des réalités qu'elles dépeignent, les fantasmes, les rêves et toutes les associations d'idées parfois contradictoires des narrateurs. Depuis la publication, dans *les Géraniums* (1993), des nouvelles de jeunesse, on peut mesurer l'évolution de Dominique Rolin. La romancière s'est progressivement détournée de son classicisme initial, de la linéarité chronologique, de l'académique distinction des registres littéraires. Son écriture est devenue un prisme où se reflètent des états de conscience antinomiques ou fragmentaires, des réflexions aphoristiques, une poétique synthèse de violence, de brèves impulsions lyriques, d'auto-analyses acides et fort éloignées des longs développements introspectifs du roman psychologique traditionnel. Les œuvres prennent cependant assise sur des sujets banals, et dont la présence obsédante est soulignée sans ambages par la romancière elle-même. Dominique Rolin, s'adressant en 1991 à l'écrivain qu'elle était au début des années 1940, résume ainsi les pôles de son inspiration : « tu mets en place l'ensemble de tous les thèmes que ton *moi* futur n'aura de cesse de retourner dans tous les sens et sous tous les éclairages, d'œuvre en œuvre : l'ébriété de la solitude, l'obsession de la mort, la peur de l'échec, la tentation de la haine » (*les Marais* ; Avant-propos, 1991). Les fictions, les récits autobiographiques, les évocations imaginaires et même la biographie romancée du célèbre peintre Pieter Brueghel (*l'Enragé*, 1977) reposent sur des situations de crise itératives : la composition puis la dislocation d'un noyau familial, les conflits conjugaux, l'impossible communication entre un parent et un enfant, la dérive d'un personnage partagé entre les fantasmagories de la mémoire et le désir de l'oubli.

Car chez Rolin, la solitude et la mort ne sont pas seulement les conséquences de vicissitudes historiques, ou des événements dramatiques qui scandent une biographie – comme la disparition des parents dans un accident de voiture (*Vingt Chambres d'hôtel*, 1990). Elles sont le produit d'une mémoire trop vive, trop insistante, qui brouille le réel, fait vaciller le moi, la place dans une redoutable approximation de son être. De là, dans les textes les plus autobiographiques, un conflit constant entre les anamnèses et l'instant même de l'écriture – ce moment où « [le] livre prend petit à petit son mouvement entre deux crises de détresse » (*Journal amoureux*). Acte schizoïde fondamental, l'écriture du passé génère des dédoublements infinis dont la romancière transcrit souvent les combinaisons avec une fantaisie baroque, ou, comme dans *Train de rêves*, un sens aigu du burlesque. Dédoublement de l'écrivain, partagé entre le « je » et le « elle » issu du « temps retrouvé », qui « se mordent jusqu'au sang, un sang de silence odieux » (*l'Infini chez soi*). Mais aussi dédoublement générateur de personnages fantastiques ou symboliques – cette « Lady Mémoire » qui vient, dans *la Rénovation*, hanter la narratrice, ou la jeune « Shadow Memory » qui, dans *Deux Femmes un soir*, tente de converser avec sa mère au plus profond de l'incommunicabilité, et se sent elle-même faille et césure : « Ma mémoire et moi sommes deux individus distincts, respectables pour leur autorité égocentrique. Nous nous battons à mort parce que nous voulons chacune sauver sa rétine d'âme. »

Si le souvenir suscite tant de souffrances, c'est qu'il remet en scène l'« erreur des cellules » (*Dulle Griet*), l'« énorme lâchez-tout génétique » (*l'Infini chez soi*), l'horreur de toute vie destinée à la mort, dont la famille nucléaire ébauche les prémices. C'est qu'il retrace aussi les fondamentales indifférences, l'impossible communication des parents, incapables de comprendre ou de catalyser l'univers intérieur de l'enfant. Ces manques génèrent chez Ariel, le héros de *l'Enfant-roi*, les tentations suicidaires. Chez le jeune Pieter Brueghel, la folie de peindre et de créer (*l'Enragé*). La résurrection, la réinvention des origines plongent la conscience dans l'abîme et menacent perpétuellement l'écrivain et ses doubles romanesques, chacune de ces figures « étant repliée dans son vide individuel » (*Deux Femmes un soir*). C'est d'ailleurs sur le mot de « néant » que s'achève *l'Infini chez soi*, l'un des textes les plus originaux de Rolin : un livre consacré aux mois qui ont précédé sa naissance, à l'union et à l'accouplement de ses parents Esther et Jean Rolin, ces deux êtres qui n'auraient jamais dû sortir de leurs « bulles antinomiques ». Naître dans de telles conditions, c'est déjà subir la mort que sécrète la vie de famille. La suite pour ainsi dire « naturelle » de ce livre essentiel sera *le Gâteau des morts* (1982). Cette fois c'est à sa propre mort que Dominique Rolin est censée assister, en 2000, avant de ressusciter dans *la Voyageuse* (1984).

Mais le tragique qui sourd des livres de Rolin est parfois recouvert par l'accomplissement amoureux loin des normes conjugales – celui-là même qui permet de « piéger les fumisteries d'un Temps majuscule » (*Journal amoureux*). Dominique Rolin, dans ses autobiographies, oppose aux fantasmagories du passé et au vampirisme des morts convoqués par la mémoire la passion partagée avec « Jim », l'amant écrivain ainsi baptisé dans *l'Infini chez soi*, régulièrement évoqué dans *le Jardin d'agrément* (1994), *l'Accoudoir* (1996), *la Rénovation*, et figure clé de *Trente Ans d'amour fou* (1988) et du *Journal amoureux*. Ainsi, dans cette œuvre abondante, dont la dimension autobiographique, de plus en plus explicite au fil des ans et des publications, a toujours été le principe moteur, écrire, c'est refuser de vivre benoîtement, afin de survivre dans l'« infini ». Écrire – cette « reproduction informatisée d'un *cri* absolu » (*la Rénovation*) – est devenu dans les textes les plus récents de Rolin l'aventure même de l'existence, le sujet et l'objet du texte. « Écrire, forer, fendre, scruter la page, mettre à feu les cabanons de l'ennemi » (*Journal amoureux*) : là réside la philosophie d'un auteur qui tente d'imposer de salvateurs moments d'oubli dans le fief irréductible de la mémoire.

J.-P. Damour

Rolland

ROLLAND Romain

(1866-1944)

Homme des XIXe et XXe siècles, Romain Rolland a tenu une place non négligeable dans l'histoire de son temps. Et pourtant il est mal connu. Auteur de textes scolaires extraits de *Jean-Christophe*, traître à la patrie avec *Au-dessus de la mêlée*, compagnon de route propagandiste de la Révolution soviétique..., que d'étiquetages – que de clichés – à son propos ! Cet homme, il est vrai, qui a souvent repris à son compte le « Meurs et deviens ! » de Goethe, semble toujours échapper à la prise dans ses devenirs successifs. Sans doute le connaît-on assez bien jusqu'aux années 1930. En revanche, les quinze dernières années de sa vie sont mal connues, et les documents autobiographiques publiés restent lacunaires à ce sujet. Est-il cependant téméraire de tenter de saisir cette vie dans sa « trajectoire » d'ensemble, ainsi que Romain Rolland nous y invite dans *le Voyage intérieur*, et de découvrir l'unité de cette vie sous son apparente diversité ?

Une philosophie du devenir

Nourri de Goethe et de Schiller, de Victor Hugo et de Michelet, sans oublier les grands musiciens du XIXe siècle – et d'abord Beethoven –, Romain Rolland a toujours cru au devenir universel. Fortement marqué par Spinoza et Tolstoï, il voit le monde comme un Être océanique dont chaque individu est une parcelle, participant à cette vie en perpétuel mouvement. Même si, par pessimisme fondamental, Romain Rolland sent que l'Histoire est tragique, il a foi en cet Être universel et fait sienne la devise attribuée à Guillaume d'Orange : « Il n'est pas besoin d'espérer pour entreprendre, ni de réussir pour persévérer. » Profondément religieux, respectant ce Dieu et mû par une foi inébranlable en des valeurs qui dépassent l'homme, il a toujours été soucieux de faire jaillir de ce dernier l'étincelle divine qui est en lui.

Il s'agit moins d'un système cohérent de pensée que d'une attitude instinctive, souvent exprimée avec vigueur. Car Romain Rolland est un passionné, aussi bien quand il formule sa pensée que quand il s'engage dans l'action. Ce doux est un violent ; mais sa passion ne l'empêche pas de rester lucide et, quand il le faut, de réajuster sa position.

Voilà pourquoi, aux aguets pour découvrir les linéaments de ce monde nouveau toujours en train de naître, il est l'homme des ruptures (avec soi-même, avec ses amis, avec les soi-disant « rollandistes »...), l'homme des adieux (« Adieu à Jean-Christophe » en 1912 ; « La vie est une suite de morts et de résurrections » ; « Adieu au passé » en 1931), l'homme qui, sans cesse, récapitule sa vie, autant pour retrouver sa permanence et son unité dans le flot mouvant que pour marquer un jalon nouveau dans cette perpétuelle naissance : « Mourons, Christophe, pour renaître ! »

L'on comprend ainsi l'importance que Romain Rolland donne à la mort dans ses œuvres théâtrales et romanesques. Il faut, dans *Jean-Christophe*, la mort du père, puis celle de la mère, pour permettre à Antoinette et à Olivier de vivre ; il faut la mort d'Antoinette pour que vive Olivier et que l'âme de la sœur passe en son frère. Celui-ci, à son tour, meurt et son âme passe en Jean-Christophe. Ainsi de l'un à l'autre coule le flot de vie. Il en est de même dans *l'Âme enchantée* : Annette est la mère de Marc, mais celui-ci, par sa mort, donne une nouvelle vie à sa mère. L'on comprend aussi pourquoi, alors qu'il pouvait très bien réussir dans le roman court – à preuve *Colas Breugnon* ou *Pierre et Luce* –, Romain Rolland a préféré les œuvres cycliques : elles lui permettent d'exprimer ce fleuve toujours changeant et cependant le même, et, en replaçant la vie du héros dans un ensemble plus vaste, de garder une vision cosmique. La vie de Christophe apparaît comme une journée immense ; le roman, commencé par *l'Aube*, se termine par *la Nouvelle Journée*. Dans *l'Âme enchantée*, Annette et son fils ne sont que des moments de la « grande Mutation », et le roman s'achève sur « l'Enfantement ». Dans le cycle de la Révolution, les individus ne sont, eux aussi, que des moments d'une vaste Histoire qui les dépasse. Ainsi est représentée cette « grande loi du Rythme » qui a scandé la vie de Romain Rolland.

« Je dis adieu à mon âme passée »

Après l'enfance studieuse d'un petit provincial replié sur soi, mais qui s'évade par l'imagination en lisant Shakespeare et en amorçant quelques romans, Romain Rolland poursuit ses études à Paris et, dès son entrée à l'École normale supérieure, élargit ses horizons. Le contact avec la nature en Suisse, la lecture de Tolstoï et de Spinoza, la musique, qu'il écoute et qu'il pratique, l'amènent peu à peu à cette vision cosmique du monde qu'il conceptualise alors dans le *Credo quia verum*. C'est à partir de cette vision qu'il élabore ses premiers projets d'œuvre, particulièrement une « Histoire des guerres de Religion en France au XVIe siècle », où l'évocation historique prend une dimension épique. C'est dans le même esprit qu'il écrit ses premiers drames, restés inédits. Sans doute ces œuvres de jeunesse reflètent-elles le bonheur de l'homme qui a connu la passion et l'amour ; elles expriment aussi le tumulte de la vie universelle et, déjà, le pessimisme de Romain Rolland, frappé par la mort que contient en germe toute civilisation.

À partir de 1895, Romain Rolland connaît une période de découragement. Il se confie à son *Journal*, cherche une évasion en écrivant de nouvelles pièces, en travaillant au grand roman auquel il songe depuis 1890 et dont il commence à rédiger certaines pages ; il n'oublie pas la musique de Beethoven. Devant les bouleversements que connaît son époque à la fin du siècle, il a le sentiment qu'une civilisation s'écroule. Il observe avec sympathie le socialisme naissant, en qui il

discerne un élan de vie capable de renouveler une société sclérosée. Il caresse alors l'« espoir d'une Renaissance, d'un principe nouveau de vie, d'un idéal, d'un Dieu prochain ».
L'année 1901 marque pour lui une étape importante. Après son divorce, Romain Rolland ne triomphe de son désespoir que grâce à Beethoven, à qui toute sa vie il rendra un culte. Il connaît même un sentiment de calme goethéen qui rejaillit sur le futur *Jean-Christophe* en gestation. Assuré, grâce au succès de sa *Vie de Beethoven*, de pouvoir publier ce roman, il délaisse le théâtre pour se consacrer à la rédaction de ce qu'il considère comme son testament. Ce fut son premier « voyage intérieur ». L'homme fait ses comptes et se libère du passé. Du stoïcisme douloureux il passe à la réconciliation avec le monde. Une fois l'œuvre terminée, il peut dire « adieu à [s]on âme passée », connaître de nouvelles passions et écrire *Colas Breugnon*.

« L'Europe entière est une maison de fous »

Éclate la guerre. De Suisse, observatoire privilégié entre les belligérants, Romain Rolland crie son appel *Au-dessus de la mêlée* (novembre 1915). En 1917, il adresse son « Salut à la Russie libre et libératrice », car il voit en elle un espoir face à l'écroulement de la civilisation d'Europe : « Aux temps nouveaux, des voies nouvelles et des espoirs nouveaux ! » Mais son salut est aussi une mise en garde : « Que votre Révolution soit celle d'un grand peuple sain, fraternel, humain, évitant les excès où nous sommes tombés ! [...] Soyez plus tolérants que nous ne l'avons été. »
La réflexion née de l'épreuve de la guerre trouve ses prolongements dans *Pierre et Luce*, dans *Clerambault*, dans *Liluli* (premier volet d'un triptyque dont le reste n'a pas été écrit), puis dans les trois premiers volumes de *l'Âme enchantée*. Ne voyant dans la paix signée à Versailles qu'un « entracte dérisoire entre deux massacres de peuples », Romain Rolland tente une action internationale avec la « Déclaration d'indépendance de l'Esprit » (1919), qui n'eut guère de suite. Persuadé de la nécessité de la révolution sociale, il ne sait comment accorder le Rêve à l'Action, comment construire ce monde nouveau. Il n'accepte pas l'intolérance des partis issus de la scission de Tours en 1920 et refuse la violence révolutionnaire ; c'est le sens de sa controverse avec Barbusse. Sentant venir la « Tempête sur l'Europe », il cherche quel rempart lui opposer.

« Le soleil, de nouveau, s'annonçait à l'Orient »

Comme après *Jean-Christophe*, il hésite à la croisée des routes. Il retourne en Suisse, ce carrefour de l'Europe. Il veut être le guetteur qui saisit « la Force mystérieuse qui mène [s] on siècle ». Il se tourne vers l'Asie, d'où il voit poindre une « aube splendide », et, rêve impossible, il tâche de concilier la révolution et la non-violence, l'U.R.S.S. de Lénine et l'Inde de Tagore et de Gandhi. Par ses œuvres il fait connaître en Europe Gandhi et la mystique vivante de l'Inde. Mais il finit par s'en détourner, car la non-violence ne lui apporte pas la solution à la montée des fascismes en Europe, contre lesquels il va se dresser farouchement.

« Adieu au passé »

Déçu par l'Inde, Romain Rolland revient à la Russie soviétique, sur laquelle il projette ses espoirs trahis par l'Europe, et il finit par accepter la violence révolutionnaire. Il intègre le communisme dans sa vision évolutive du monde et de l'Histoire. Il se persuade que l'idéal communiste est un élan héroïque, une foi sociale, la construction d'un monde nouveau. On retrouve ici le mysticisme passionné du *Credo quia verum* : parcelle du Tout, l'individu doit s'identifier avec l'Humanité et se laisser porter par « ce torrent d'énergie, de foi, de joie qui dépasse toute imagination ». Romain Rolland défend le communisme dans la mesure où celui-ci lui semble porteur d'idées et de valeurs qu'il prône depuis toujours et correspond à la vision d'un monde en devenir qui a toujours été sienne. Il met alors toute sa passion à justifier ce qui, naguère encore, lui paraissait inacceptable. Il se tourne d'autant plus vers l'U.R.S.S. qu'il est inquiet de la montée du fascisme hitlérien, qu'il combat sans répit.
Romain Rolland s'engage dans la lutte ; avec Barbusse il est l'initiateur officiel du Congrès d'Amsterdam (1932) ; il termine *l'Âme enchantée* ; il se range résolument aux côtés des communistes ; il effectue un voyage à Moscou. Il connaît le triomphe en 1936 avec le Front populaire. Il décide de rentrer en France et, en 1938, s'installe à Vézelay.

« Je suis sorti du cercle de l'Action »

Mais le Rêve était loin de la réalité. Romain Rolland ne s'est-il pas laissé prendre au « filet des illusions » ? En 1936 la mort de Gorki l'affecte ; puis ce sont les procès de Moscou. En 1939 le pacte germano-soviétique le déconcerte. Au moment de la déclaration de guerre, « vieux combattant de la paix », il exprime à Daladier « son entier dévouement à la cause des démocraties » et il se range aux côtés de ceux qui se lèvent « pour barrer le chemin de la tyrannie hitlérienne ». Alors sonne l'heure de la retraite : « Fini pour moi ! [...] l'ultime phase de la grande illusion est close. Je suis sorti du cercle de l'Action. » Romain Rolland reste jusqu'au bout lucide. Avec « un esprit d'humilité », il fait le bilan des dix années passées et complète *le Voyage intérieur*, conservant sa pleine liberté. Déjà en 1925, il écrivait : « Mon intelligence ne sera jamais complice des ruses de ma passion et des faiblesses de mon caractère. »
Il revient à ce qu'il considère comme sa « vraie nature ». Il renoue avec ses anciens amis, Louis Gillet et Paul Claudel ; il complète son *Beethoven : les grandes époques créatrices* ; il compose ses *Mémoires* ; il les interrompt pour écrire, malgré les maladies qui surviennent, la plus admirable de ses Vies héroïques, son *Péguy*. Quand il meurt, il laisse inachevés des *Entretiens sur les Évangiles*, publiés dans *Au seuil de la dernière porte* (1989).
Telle fut cette vie marquée du sceau de la générosité. « Sa personnalité diverse et passionnée était une multiplicité qui ne craignait pas de se montrer contradictoire » : ne peut-on reprendre cette formule, par laquelle Romain Rolland définissait la complexité du caractère de Péguy, et l'appliquer à Romain Rolland lui-même, en soulignant que cette contra-

diction n'était chez lui qu'apparente, puisque toute sa vie il a voulu servir avec fidélité ce Dieu caché, cette Force invisible qu'il sentait mouvoir le monde ? L'on pourrait, de même, reprendre cette autre formule : « Et qu'aucun parti, aucune amitié, aucun disciple, ne revendique, pour soi seul, cette âme libre ! » Or Romain Rolland a subi un sort plus accablant que Péguy. On ne présente de lui, la plupart du temps, que des stéréotypes qui donnent une image déformée de ce « beau visage à tous sens ».

Par son ampleur, l'œuvre romanesque de Romain Rolland mérite une attention particulière ; premier des « romans-fleuves », *Jean-Christophe* a déjà pris sa place indiscutable dans l'histoire du roman ; *Colas Breugnon* est l'œuvre la plus populaire, la plus traduite à travers le monde ; sur *l'Âme enchantée* les avis restent partagés. Le cycle des pièces sur la Révolution vaut surtout par le souffle qui l'anime. Mais le prestige du romancier ne fera pas oublier l'homme engagé d'*Au-dessus de la mêlée*, ni le musicologue, ni le biographe, sa *Vie de Beethoven* et surtout son *Péguy*. On retiendra aussi ses œuvres autobiographiques, particulièrement *le Voyage intérieur*, le *Journal* et sa volumineuse correspondance générale, en cours de publication, parallèlement à celles qu'il échangea avec Chateaubriant (éd. 1996), P. Istrati (1989), Ch. Baudoin (2000)...

VIE		ŒUVRE	
1866	**29 janv. :** naissance, 4, rue de l'Hospice, à Clamecy, de Romain Edme Paul-Émile Rolland, fils d'Émile Rolland, notaire, et d'Antoinette Marie Courot.		
1868	Naissance de Madeleine, sœur de Romain, première du nom.		
1871	**Juin :** mort de Madeleine, qui affecte beaucoup sa mère.		
1872	Naissance de Madeleine, sœur de Romain, deuxième du nom.		
1873-1880	Excellentes études de Romain Rolland au collège de Clamecy, jusqu'à la classe de seconde inclusivement.	1877-1879	Écrit divers romans, qu'il détruira, et une tragédie en trois actes et en vers, *les Noces d'Attila,* dont subsistent quelques fragments.
1880	**Sept. :** vente de l'étude paternelle, installation à Paris, 16, rue de Tournon, puis 31, rue Monge.		
1881-1882	Études au lycée Saint-Louis (rhétorique et philosophie).		
1882	**Sept. :** séjour à Allevard (Suisse) et premier contact avec la Suisse.	1882	Commence à tenir son *Journal*.
1882-1886	Études au lycée Louis-le-Grand : préparation au concours d'entrée à l'École normale supérieure ; lecture de Spinoza, de Shakespeare, de Victor Hugo ; importance de la musique : Mozart, Beethoven, Berlioz et Wagner (découvert avec Claudel).		
1885	La famille Rolland s'installe 13, rue Michelet. Mort de la grand-mère paternelle. **22 mai :** mort de Victor Hugo. Romain Rolland assiste aux funérailles le 1er juin.		
1886	**Mars :** découvre Tolstoï en lisant *Guerre et Paix.* **Juill. :** reçu à l'École normale supérieure. **26 déc. :** visite à Ernest Renan.		
1886-1889	Élève à l'École normale supérieure. Se lie d'amitié avec André Suarès et Georges Mille. Fréquente les concerts avec Claudel et Suarès. Lit beaucoup. Prépare une licence de lettres, puis l'agrégation d'histoire.		
1887	Échange de lettres avec Tolstoï.	1887-1888	Élabore son *Credo quia verum.*
		1888	**Août-oct. :** divers essais romanesques : *Artistes* (fragments, inédits) et *Amour d'enfants* (nouvelle, inédite).
1889	**Août :** reçu 8e à l'agrégation d'histoire ; membre de l'École française de Rome.		

	VIE		ŒUVRE
1889-1891	« Printemps romain » : séjour à Rome. Amitié avec Malwida von Meysenburg, chez qui il rencontre Sofia Guerrieri-Gonzaga. Travaille aux Archives du Vatican. Visite les musées et découvre la peinture (Vinci, Fra Angelico, Botticelli, Raphaël...) et la sculpture (Michel-Ange...).		
1890	**Mars :** « Illumination du Janicule » et projet de roman. **10 août :** développe, dans une lettre à Malwida von Meysenburg, sa théorie du « roman musical ».	**1890**	**Mai :** écrit *Mai romain,* dont subsistent des fragments. Durant ses vacances à Paris, Romain Rolland travaille à ses premières pièces de théâtre (août-déc. : *Empédocle* ; sept.-déc. : *Orsino* [pièces restées inédites]).
1891	**Fin juill. :** voyage à Bayreuth avec Malwida von Meysenburg.	**1891**	**Oct. :** travaille aux *Baglioni* (pièce restée inédite). Travaille à *Niobé* (pièce restée inédite).
1892	**11 avr. :** rencontre Clotilde Bréal, qu'il épouse le 31 oct. Ils s'installent 76, rue Notre-Dame-des-Champs. **Nov. :** en mission à Rome pour quelques mois, il rassemble de la documentation pour ses thèses de doctorat.	**1892**	« Le Dernier Procès de Louis Berquin », publié dans les *Mélanges d'archéologie et d'histoire de l'École française.*
1893-1895	Romain Rolland rédige ses thèses, tout en assurant un service restreint d'enseignement au lycée Henri-IV (1893-1894), puis au lycée Louis-le-Grand (1894-1895).	**1893-1895**	Tente, en vain, de faire jouer certaines pièces : *Caligula* (écrit en 1892-1893), *le Siège de Mantoue* (écrit en janv.-juin 1894), *Saint Louis* (écrit de sept. 1894 à août 1895).
1895	**Avr. :** voyage en Belgique et en Hollande ; découverte de la peinture flamande (Van Eyck, Rubens, Rembrandt...). **19 juin :** reçu docteur ès lettres. Attirance vers le socialisme. **Oct. :** chargé de cours d'histoire de l'art à l'École normale supérieure.	**1895**	Publication de ses deux thèses chez E. Thorin : *les Origines du théâtre lyrique moderne. Histoire de l'Opéra avant Lully et Scarlatti,* et *Cur ars picturae apud Italos XVI saeculi deciderit.*
1896	Année de découragement. **27 juill.-18 sept. :** voyage en Allemagne.	**1896**	Travaille à un *Savonarole* (des fragments seront publiés dans *Europe* en janv. 1955), puis à *Jeanne de Piennes* (pièce restée inédite). **Août :** commence à travailler à *Aërt.*
1897	**29 avr.-4 juin :** voyage en Italie.	**1897**	Poursuit la rédaction d'*Aërt* et écrit une pièce qui restera inachevée : *les Vaincus.* *Saint Louis* est publié dans la *Revue de Paris.*
1898	Commence sa collaboration à la *Revue d'art dramatique.*	**1898**	**Mars :** écrit *les Loups.* **3 mai :** *Aërt* est joué au théâtre de l'Œuvre et publié dans la *Revue d'art dramatique.* **18 mai :** *les Loups* sont joués, sous le titre *Morituri,* au théâtre de l'Œuvre et publiés, sous le pseudonyme de SAINT-JUST, aux éditions Georges Bellais. **Oct. :** écrit *le Triomphe de la raison.* **Nov. :** écrit *Danton.*
		1899	Travaille à diverses pièces dans le style de l'époque : *la Montespan, les Trois Amoureuses.* **21 juin :** *le Triomphe de la raison* est joué au théâtre de l'Œuvre et publié dans la *Revue d'art dramatique.*
		1899-1900	*Danton* est publié dans la *Revue d'art dramatique.*
1900	**Juill. :** 1er congrès d'histoire de la musique à Paris, dont Romain Rolland est l'organisateur avec Jules Combarieu.	**1900**	Commence à travailler au « Cycle de la Révolution » et, de mai à octobre, rédige *le Quatorze-Juillet.* **Juill. :** publie « le Poison idéaliste » dans la *Revue d'art dramatique.* **29 déc. :** *Danton* est joué au cercle des Escholiers.

	VIE		ŒUVRE
1901	**Janv. :** fonde, avec Jules Combarieu, Louis Laloy, Pierre Aubry, la *Revue d'histoire et de critique musicale* (future *Revue musicale*). **Févr. :** divorce, Romain Rolland s'installe chez ses parents, 29, av. de l'Observatoire, puis, à partir d'avr., 162, bd du Montparnasse. **Avr. :** voyage à Mayence pour assister à un festival Beethoven. **Août-sept. :** voyage à Saint-Moritz, où il retrouve Sofia Guerrieri-Gonzaga.	**1901**	**15 mai :** publie « les Fêtes de Beethoven à Mayence » dans la *Revue de Paris*.
1902	Donne des cours d'histoire de la musique à l'École des hautes études sociales. **Mai-juin :** voyage en Italie. **Août-sept. :** séjour en Suisse. **20 nov. :** Sofia Guerrieri épouse Piero Bertolini.	**1902**	**21 mars :** *le Quatorze-Juillet* est joué au théâtre de la Renaissance et publié dans les *Cahiers de la Quinzaine*. Publication à Londres, chez Duckworth, de *François Millet* (en anglais).
1903	Romain Rolland passe la majeure partie de ses vacances (juil.-sept.) en Suisse, où il écrit ses livres.	**1903**	**24 janv. :** la *Vie de Beethoven*, publiée aux *Cahiers de la Quinzaine*. **10 mars :** *Le temps viendra*, publié aux *Cahiers de la Quinzaine*. **16 nov. :** *le Théâtre du peuple*, publié aux *Cahiers de la Quinzaine*.
		1903-1912	Rédaction de *Jean-Christophe* et projet d'un cycle de « Vies des hommes illustres ».
1904	**Nov. :** passe de l'École normale supérieure à la Sorbonne, où il enseigne l'histoire de la musique.	**1904**	Commence ses travaux sur Michel-Ange. Publication de *la Montespan* dans la *Revue d'art dramatique*. Publication de *l'Aube* et *le Matin*, d'abord aux *Cahiers de la Quinzaine*, puis chez Ollendorff.
1905	**Nov.-déc. :** conflit aigu avec Péguy au sujet de l'édition de *Jean-Christophe* chez Ollendorff. **1er déc. :** Romain Rolland reçoit le prix de la Vie heureuse.	**1905**	Publication de *Michel-Ange* à la Librairie de l'Art ancien et moderne ; des *Trois Amoureuses* dans la *Revue d'art dramatique* ; de *l'Adolescent*, d'abord aux *Cahiers de la Quinzaine*, puis chez Ollendorff.
1906	Voyages en Allemagne (août) et en Angleterre (sept.). Première rencontre avec Alphonse de Châteaubriant et début d'une très longue amitié.	**1906**	Publication de la *Vie de Michel-Ange* aux *Cahiers de la Quinzaine* et de *la Révolte*, d'abord aux *Cahiers de la Quinzaine*, puis chez Ollendorff.
1907	Voyages en Italie (janv.-févr.), en Espagne (mars-avr.), en Alsace (août-sept.).		
		1908	Publication, chez Hachette, de *Musiciens d'aujourd'hui* et de *Musiciens d'autrefois* ; aux *Cahiers de la Quinzaine*, puis chez Ollendorff, d'*Antoinette* et de *la Foire sur la place*.
		1909	Publication, chez Hachette, du *Théâtre de la Révolution* (*le Quatorze-Juillet, Danton, les Loups*) ; aux *Cahiers de la Quinzaine*, puis chez Ollendorff, de *Dans la maison*.
1910	Année de découragement. **27 oct. :** Romain Rolland, renversé par une voiture, est blessé. **20 nov. :** mort de Tolstoï. Durant sa longue convalescence, Romain Rolland relit Tolstoï, en vue d'écrire une étude sur lui.	**1910**	Publication, chez Alcan, de *Haendel* ; aux *Cahiers de la Quinzaine*, puis chez Ollendorff, des *Amies*.
1911	**Févr.-mai :** convalescence en Italie.	**1911**	Publication, chez Hachette, de la *Vie de Tolstoï* (développant des articles publiés dans la *Revue de Paris*) ; aux *Cahiers de la Quinzaine*, puis chez Ollendorff, du *Buisson ardent*.

	VIE		ŒUVRE
1912	**Avr.-juin :** voyage en Italie. Démissionne de la Sorbonne.	**1912**	Publication du dernier volume de *Jean-Christophe* : *la Nouvelle Journée,* aux *Cahiers de la Quinzaine,* puis chez Ollendorff. Commence sa chronique à la *Bibliothèque universelle de la Revue suisse.* Publication, chez Sansot, de *l'Humble Vie héroïque* (pensées choisies de Romain Rolland, précédées d'une introduction d'Alphonse Séché).
1913	Correspond avec Helena Van Brugh de Kay (« Thalie »). **Juin :** obtient le grand prix littéraire de l'Académie française. **Sept. :** voyage à Clamecy et dans le Morvan.	**1913**	Travaille à *Colas Breugnon.*
1914	**Janv. :** Thalie vient voir Romain Rolland à Paris. **Févr. :** à Bruxelles, où l'on joue *Aërt.* **Avr. :** passion pour Thalie. **Juin :** Romain Rolland est en Suisse. **Août : déclaration de guerre.** **Oct. :** s'installe à Genève ; non mobilisable, se met au service de l'Agence internationale des prisonniers de guerre (il y travaillera jusqu'au 3 juil. 1915).	**1914**	**Mai :** donne à son éditeur le manuscrit de *Colas Breugnon.* Publication d'une série d'articles dans le *Journal de Genève,* dont : **2 sept. :** « Lettre ouverte à Gerhardt Hauptmann ». **4-6 sept. :** « *Inter arma caritas* ». **22-23 sept. :** « Au-dessus de la mêlée ». **10 déc. :** « les Idoles ».
1915	**4 janv. :** Thalie retourne en Amérique. **Juin :** rupture avec Louis Gillet, qui ne publie pas les *Pages choisies* de Romain Rolland.	**1915**	**Nov. :** *Au-dessus de la mêlée,* chez Ollendorff.
1916	**Janv. :** fondation, par Henri Guilbeaux, de *Demain* (revue à laquelle Romain Rolland collaborera jusqu'à sa fin, en oct. 1918). **13 nov. :** reçoit le prix Nobel de littérature pour 1915. (Il en distribuera le montant à des œuvres de bienfaisance.)	**1916**	**15 janv. :** « À l'Antigone éternelle », dans *Demain.* **2 nov. :** « Aux peuples assassinés », dans *Demain.*
1917	**23 janv. :** Maxime Gorki lui adresse sa première lettre.	**1917**	**1er mai :** « À la Russie libre et libératrice », publié dans *Salut à la Révolution russe,* édition de la revue *Demain.*
		1918	Romain Rolland travaille à *Liluli* et à *Clerambault.* **Mars-avr. :** publication, dans la *Revue politique internationale,* de « Pour l'Internationale de l'Esprit ». **15 avr. :** *Empédocle d'Agrigente et l'âge de la haine,* publié dans les *Cahiers du Carmel.*
1919	**4 mai :** rentre en France, rappelé au chevet de sa mère, qui meurt le 19. **23 juin : traité de Versailles.**	**1919**	**26 juin :** publication, dans *l'Humanité,* de la « Déclaration de l'Indépendance de l'Esprit ». Publication de *Colas Breugnon,* chez Ollendorff ; de *Liluli,* aux éditions du Sablier, puis chez Ollendorff ; de *Voyage musical au pays du passé,* chez Édouard-Joseph ; des *Précurseurs,* aux éditions de *l'Humanité.*
1920	**Déc. : congrès de Tours (scission entre socialistes et communistes).**	**1920**	Publication de *Clerambault,* « histoire d'une conscience libre pendant la guerre », chez Ollendorff ; de *Pierre et Luce,* aux éditions du Sablier, puis chez Ollendorff.
1921	**15 mars :** Romain Rolland écrit à Panaït Istrati ; début d'une longue correspondance et d'une grande amitié. **Avr. :** rencontre Rabindranath Tagore, de passage à Paris. **Juin-juil. et nov. :** séjours en Suisse.	**1921**	Publication chez Ollendorff de *Pages choisies* de Romain Rolland (introduction et notes de Marcel Martinet ; en deux volumes). Publication aux éditions du Sablier de *la Révolte des machines.* Travaille à *l'Âme enchantée.*
1922	**Janv.-avr. :** polémique avec Henri Barbusse et le groupe *Clarté,* à propos de la Révolution russe, à la suite d'un article de Barbusse, du 3 déc. 1921. **30 avr. :** s'installe à Villeneuve, à la villa Olga. Romain Rolland s'intéresse à l'Inde et à la non-violence.	**1922**	Publication d'*Annette et Sylvie,* chez Ollendorff. *Les Vaincus* aux éditions Lumière, à Anvers.
1923	Début de la correspondance avec Maria Koudacheva. **Févr. :** fondation de la revue *Europe,* avec le patronage de Romain Rolland. **Août :** voyage à Salzbourg, où il est l'hôte de Stefan Zweig.	**1923**	**Févr.-mai :** publication dans *Europe* d'une série d'articles : « Mahātmā Gandhi ».

	VIE	ŒUVRE
1924	**Mai :** voyage en Autriche ; fêtes musicales Strauss à Vienne et visite à Freud. **Mai-juin :** voyage à Prague, où il est l'hôte de Masaryk. Dénonce l'assassinat de Matteotti et le fascisme de Mussolini.	Publication, chez Stock, de Mahātmā *Gandhi* ; chez Ollendorff, de *l'Été*. Écrit certains chapitres du *Voyage intérieur*.
1925	**Juin :** voyage en Allemagne : Leipzig, Weimar, Francfort, Bonn. Refuse de collaborer à l'entreprise paneuropéenne du comte Coudenhove-Kalergi.	*Le Jeu de l'amour et de la mort,* aux éditions du Sablier, puis chez Albin Michel.
1926	**Janv. :** soixantième anniversaire de Romain Rolland et hommage international de la revue *Europe* et du *Liber amicorum*. **Mai :** reçoit Jawāharlāl Nehru. **21 juin-4 juil. :** entretiens avec R. Tagore. Voyage en Allemagne : festivals de musique (Haendel, à Leipzig, Mozart et Beethoven à Cologne) et séjour à Weimar (Goethe et Schiller).	*Pâques fleuries,* aux éditions du Sablier, puis chez Albin Michel.
1927	**Mars :** adhère à l'Appel antifasciste de Barbusse. **Avr. :** voyage à Vienne (centenaire de la mort de Beethoven). Dixième anniversaire de la révolution d'Octobre, dont Romain Rolland plaide chaleureusement la cause.	Publication de *Mère et fils,* chez Albin Michel.
1928		**29 janv. :** *le Jeu de l'amour et de la mort,* joué à l'Odéon. Publie les *Léonides* aux éditions du Sablier, puis chez Albin Michel, et *De l'Héroïque à l'Appassionata* aux éditions du Sablier.
1929	Maria Koudacheva rejoint Romain Rolland à Villeneuve pour préparer une édition en russe de ses œuvres.	Publication, chez Stock, de l'*Essai sur la mystique de l'action* et de *l'Inde vivante. La Vie de Ramakrishna.*
1930	Romain Rolland s'engage de plus en plus pour la défense de la Russie soviétique. **15 mars :** lettre de rupture à P. Istrati, qui a publié en 1929 *Vers l'autre flamme.* **28 août :** dernière rencontre avec Tagore, à Genève.	Publication, chez Stock, de *la Vie de Vivekananda et l'Évangile universel* ; aux éditions du Sablier, de *Goethe et Beethoven.*
1931	**Févr.-mai :** polémique avec Gaston Riou sur l'Europe. **16 juin :** mort du père de Romain Rolland. **6-11 déc. :** entretiens avec Gandhi.	**Févr. :** « Europe, élargis-toi ou meurs ! », article publié dans la *Nouvelle Revue mondiale.* **Juin :** « Adieu au passé », dans *Europe.*
1932	Avec Barbusse, Romain Rolland est l'initiateur officiel du congrès mondial contre la guerre impérialiste, qui se tient du 27 au 29 août à Amsterdam. Élu membre d'honneur de l'Académie des sciences de l'U.R.S.S.	
1933	Romain Rolland dénonce le fascisme hitlérien. **Avr. :** refuse la Médaille Goethe décernée par l'Allemagne. **Juin :** président d'honneur du Comité antifasciste international. Membre, avec Aragon, du comité directeur de *Commune* (qui paraîtra de juil. 1933 à mai 1939). **Août :** réconciliation avec P. Istrati.	Publication de *l'Annonciatrice,* chez Albin Michel.
1934	**28 avr. :** Romain Rolland épouse Maria Koudacheva.	
1935	**25 mars :** nouvelle rupture avec P. Istrati (celui-ci meurt à Bucarest le 16 avr.) **Juin-juill. :** voyage à Moscou, séjour chez Gorki et entrevue avec Staline.	Publication, chez Rieder, de *Quinze ans de combat* et, aux Éditions sociales internationales, de *Par la Révolution, la Paix.*
1936	**31 janv. :** cérémonie à la Mutualité en l'honneur des soixante-dix ans de Romain Rolland. **18 juin :** annonce de la mort de Gorki. Elle affecte profondément Romain Rolland. **Juin : triomphe du Front populaire.**	Publication de *Compagnons de route,* aux éditions du Sablier, puis chez Albin Michel.

VIE		ŒUVRE	
	(suite 1936) **Juill. :** prend parti pour les républicains dans la guerre d'Espagne. **Août :** « frappé de stupeur » par le premier procès de Moscou, il ne confie ses réflexions qu'à son *Journal* et à quelques correspondants.		
1937	Achète une maison à Vézelay, 14, Grande-Rue-Saint-Étienne. **Janv. :** prend parti contre Gide et son *Retour d'U.R.S.S.*	**1937**	Publie, aux éditions du Sablier, *le Chant de la Résurrection.*
1938	**8 juin :** s'installe à Vézelay. **Oct. :** proteste contre les accords de Munich.	**1938**	Publie *Valmy,* aux Éditions sociales internationales, et *les Pages immortelles de Rousseau,* aux éditions Corrêa.
1939	Dénonce l'invasion de la Tchécoslovaquie par les Allemands. **Août :** à la suite du pacte germano-soviétique, Romain Rolland démissionne de l'Association des amis de l'Union soviétique.	**1939**	**15 avr. :** « Deuil sur l'Europe », article paru dans *Europe.* **5 juill. :** *le Jeu de l'amour et de la mort* est joué à la Comédie-Française. Publication de *Robespierre,* chez Albin Michel.
1940	Lit les *Mémoires d'outre-tombe,* achève la rédaction de ses *Mémoires* et complète *le Voyage intérieur.* **Mars :** renoue avec Claudel.		
1942	Réconciliation avec Louis Gillet.	**1942**	Publie, chez Albin Michel, *le Voyage intérieur.* Travaille à son *Péguy.*
1943	**Mi-janv.-mi-févr. :** grave maladie. **Avr.-mai :** courts séjours à Vézelay de Claudel, des Vildrac, du révérend père de Paillerets.	**1943**	Publication de *la Cathédrale interrompue,* I et II, aux éditions du Sablier. **Nov. :** termine son *Péguy.*
1944	Maladie. Relit les Évangiles, qu'il médite la plume à la main. **7 nov. :** assiste, à l'ambassade soviétique, à une réception donnée à l'occasion de l'anniversaire de la révolution d'Octobre. **30 déc. :** mort de Romain Rolland.		
1945	**2 janv. :** funérailles religieuses à Clamecy.	**1945**	Publication, chez Albin Michel, de *Péguy* ; aux éditions du Sablier, de *la Cathédrale interrompue,* III.

Jean-Christophe

Publié de 1904 à 1912, d'abord sous la forme de dix-sept livraisons des *Cahiers de la Quinzaine*, puis en dix volumes chez Ollendorff, *Jean-Christophe* fut divisé par son auteur en trois parties : *Jean-Christophe* (vol. I-IV) ; *Jean-Christophe à Paris* (vol. V-VII) ; *la Fin du Voyage* (vol. VIII-X).

SYNOPSIS

Les trois premiers volumes (*l'Aube, le Matin*, *l'Adolescence*) racontent l'enfance et l'adolescence de Jean-Christophe Krafft, un musicien allemand, né dans une petite ville des bords du Rhin, et dont la vie, dans ce début, ressemble fort à celle de Beethoven : très tôt le héros connaît l'injustice et la souffrance, mais aussi, avec Minna, Sabine et Ada, l'amour ; il entend l'appel des grandes âmes. Le quatrième volume (*la Révolte*) marque un tournant : Christophe découvre l'art allemand, qu'il juge mensonger, et s'insurge contre la société où il vit. Étouffant dans sa patrie, il aspire à une vie plus libre ; à la suite d'une rixe, il est obligé de quitter son pays et vient en France.

Les trois volumes suivants montrent le héros à Paris : il en voit d'abord (*la Foire sur la place*) tous les défauts, ce qui fournit au romancier prétexte à dresser sans complaisance un état de l'art en France à son époque ; puis Jean-Christophe pénètre dans la « vraie » France (*Dans la maison*), grâce à son ami français, Olivier Jeannin, dont il avait rencontré la sœur, Antoinette, en Allemagne. Entre les deux volets de ce diptyque s'intercale un retour en arrière (*Antoinette*), qui raconte l'enfance et la jeunesse du frère et de la sœur jusqu'à la mort de celle-ci.

Commence alors *la Fin du voyage*. Olivier se marie, et le romancier évoque (*les Amies*) la vie du couple et son échec, tandis que Christophe retrouve Grazia, l'Italienne, dont la vie avait déjà croisé la sienne ; elle est mariée, et entre elle et le jeune homme s'établit une sublime amitié. Viennent les épreuves ultimes (*le Buisson ardent*) : Olivier meurt lors d'une émeute du 1er-Mai ; Christophe, recherché par la police, se réfugie en Suisse. Il commet l'adultère avec Anna Braun, la femme de l'ami qui l'a recueilli. Dans le dernier volume (*la Nouvelle Journée*), purifié par la souffrance, il connaît peu à peu l'apaisement, et, jetant un regard nouveau sur le monde, meurt dans la sérénité.

Dès le début Romain Rolland a songé à présenter un artiste musicien, un Beethoven imaginaire, dont il projetait d'embrasser toute la vie, le plaçant dans le monde contemporain. Très vite il l'a nommé Krafft (en allemand « la force ») ; il voulait montrer un héros qui aurait à dompter ses richesses intérieures et à dominer la vie, qui, par la souffrance, l'accablerait. Ainsi le roman devait former un hymne à la Joie : le héros, dépouillé de tout égoïsme, devenu toute bonté et toute intelligence, parvenait à la sérénité et communiquait celle-ci aux autres.

Mais au fur et à mesure de la rédaction le romancier a infléchi son projet. Plaçant son héros dans l'Europe de son temps, insérant sa fiction dans l'histoire, comment pouvait-il ne pas tenir compte de l'évolution de celle-ci ? Après avoir fait le tableau de l'Allemagne dans *la Révolte*, il a voulu faire celui de la France, puis celui de l'Italie ; un glissement s'est opéré. De plus, effaré du sommeil qui engourdissait l'Europe au début du siècle et profitant du succès européen de son livre, Rolland a entrepris de réveiller les énergies assoupies, s'adressant à chaque nation, désireux de souligner quelle fraternité pouvait unir les différents peuples. Le roman prenait de plus en plus d'ampleur ; il devenait « la tragédie d'une génération qui va disparaître ».

Pour dire son message le romancier utilisait une forme d'expression nouvelle. Plus que tout autre, *Jean-Christophe*, bercé par le chant du Rhin, mérite la qualification de roman-fleuve : la vie y est présentée comme un fleuve qui s'écoule, suivant son rythme, vers la mer. C'était une formule neuve qui permettait d'échapper aux cadres traditionnels du genre. À quoi s'ajoute l'aspect musical de l'œuvre. Sans doute Romain Rolland n'a-t-il pas écrit ce « roman musical » – impossible à réaliser – dont il rêvait en 1890. Mais il en a conservé sinon la stricte composition d'ensemble qu'il avait projetée, au moins un mode d'expression : s'adressant au cœur plus qu'à l'intelligence, l'œuvre exprime des sentiments et des émotions au lieu de les analyser ; elle se veut d'ailleurs poème plus que roman.

Colas Breugnon

Le roman se présente sous la forme d'un journal, tenu pendant près d'un an, de la Chandeleur (2 février) 1616 à la fête des Rois (6 janvier) 1617, par Colas Breugnon, maître menuisier, de Clamecy. Aux événements vécus durant cette période se mêlent parfois des souvenirs. Sous l'apparence décousue d'un journal où les événements semblent se succéder au fil des mois dans leur diversité, le texte garde une profonde unité. Dans ce roman historique, Romain Rolland n'a pas tant voulu faire le tableau d'une époque que le portrait d'un homme d'une grande sérénité, qui vit en harmonie avec soi-même et avec le monde ; Colas Breugnon est vraiment roi. Mais le roman n'est pas statique ; on discerne une progression dans la suite des chapitres.

SYNOPSIS

D'abord spectateur heureux du monde et content de soi, Colas vit en flâneur de la vie (chap. I à VI). Puis il connaît les avanies du sort : il subit des épreuves personnelles (chap. VII à IX), et il est mêlé aux malheurs de la cité (chap. X et XI). Alors, immobilisé chez sa fille, il réfléchit à sa situation et approfondit sa philosophie (chap. XII à XIV) ; il prend ainsi conscience qu'il appartient à la grande famille humaine.

Colas Breugnon a commencé son journal, heureux d'être maître de « [s] on petit univers » ; il l'achève, ayant compris que « les peines et les joies de l'univers sont [s] iennes » ; le renversement est complet.

Colas Breugnon est, ainsi, un frère de Jean-Christophe : en face du destin et du malheur, il reste lucide et il domine la vie ; à sa manière il est un héros. Mais le registre du livre, plein de verve et de gaieté, est tout différent ; l'œuvre est courte, écrite en une langue savoureuse qui doit son charme aux emprunts faits aux chansons et aux proverbes populaires, aux souvenirs de Villon, de Montaigne, de Rabelais, aux nombreux vers blancs et à une perpétuelle invention verbale qui confère à l'ensemble un rythme allègre.

Au-dessus de la mêlée

Du 2 septembre 1914 au 2 août 1915 Romain Rolland publie en Suisse, dans le *Journal de Genève*, une série d'articles qui furent repris en volume, en novembre 1915, chez Ollendorff, à Paris, sous le titre général de l'un d'entre eux : *Au-dessus de la mêlée.* L'ouvrage connut un succès considérable et fut immédiatement traduit en plusieurs langues : anglais, danois, espagnol, italien, suédois (mais pas en allemand).

Essayant de se dégager de la fièvre de la guerre, réagissant au nom de la justice et de la vérité, Romain Rolland refusait de partager la haine qui déchirait les frères ennemis ; il désirait empêcher la fureur aveugle et combattre le déchaînement des violences. Son tort était d'avoir raison trop tôt et il fut incompris aussi bien en Allemagne qu'en France, où, d'ailleurs, ses articles furent, avant la sortie du livre, publiés souvent de façon tronquée.

Comprenant mal le sens de ce titre, qui peut paraître provocant, on a souvent reproché – on reproche encore parfois – à Romain Rolland de s'être situé « au-dessus de la mêlée » ; en fait, il s'agissait d'un engagement, d'une « action de guerre, – de paix au-dessus de la guerre ». Déjà, parlant d'Olivier, dans *Jean-Christophe,* Romain Rolland avait prévu sa propre attitude : « Dans cet entr'égorgement de la civilisation, il eût redit la devise d'Antigone : "Je suis fait pour l'amour, et non pas pour la haine". »

L'Âme enchantée

L'Âme enchantée comporte quatre volumes de longueur très inégale puisque le dernier constitue à lui seul plus de la moitié de l'ensemble. Comme dans *Jean-Christophe,* l'action du roman est, à la fin, contemporaine de la publication du livre ; le romancier intègre sa fiction dans l'histoire de son temps.

SYNOPSIS I

Annette et Sylvie évoque l'histoire de deux sœurs, en insistant surtout sur Annette Rivière. Dans *l'Été,* cette dernière devient mère de Marc ; après avoir rompu avec Roger Brissot, le père, Annette, assumant les difficultés et les risques de la libre maternité, doit lutter difficilement pour s'imposer. À la fin du volume, nous sommes en août 1914. Dans *Mère et fils*, grâce à Annette, Franz, l'Autrichien prisonnier, et Germain, le Français avec qui elle s'est liée, nouent une amitié qui, au milieu des haines, semble faire échec à la guerre ; d'autre part, la mère retrouve son fils Marc ; celui-ci, ayant compris qui était son père, s'éloigne de lui et s'apprête à déserter, au moment où l'armistice est signé. Un épilogue clôt ces trois volumes, soulignant chez Marc un lent « travail de maturation et de purification ».

Pris par d'autres tâches, Romain Rolland n'a repris son roman qu'après une interruption de trois années, et il a mis un temps égal à rédiger le dernier livre.

SYNOPSIS II

L'Annonciatrice se subdivise en deux parties inégales (la seconde étant nettement plus longue) : « la Mort d'un monde » et « l'Enfantement ». Les titres sont significatifs. Pris dans les convulsions du monde capitaliste, Marc accepte le sacrifice pour que naisse un monde nouveau. Annette connaît une série de libérations successives : elle rompt les uns après les autres les enchantements qui la tenaient captive (d'où le sens du titre général de l'œuvre). Après la mort de son fils, elle reprend le combat contre le fascisme et pour la révolution. Ainsi se comprend ce double enfantement : « l'enfantement d'une époque par le sacrifice volontaire d'une génération et l'enfantement de la Mère par le Fils ».

Ce roman reflète l'évolution de son auteur à cette période de sa vie. S'il est convaincu depuis longtemps du bien-fondé de ses thèses féministes (voir déjà *les Amies*, 1910), qu'il intègre dans ses premiers volumes, on le voit reprendre ses idées sur la guerre et réfléchir sur la violence et la non-violence. Puis, après l'« Adieu au passé » de 1931, un tournant est pris. *L'Annonciatrice* marque un engagement plus ferme : Romain Rolland plaide la cause d'un nouvel ordre révolutionnaire.

On aurait tort, cependant, de réduire ce roman à ces seuls aspects. Il exprime surtout la vision philosophique et religieuse que Romain Rolland se fait du monde et de la vie et que l'on trouve dans ses livres sur les mystiques de l'Inde. Annette, au moment de sa mort, brise l'ultime enchantement et connaît une extase proprement mystique : son être se fond dans l'Être. L'ouvrage, parcouru d'un grand souffle religieux, vaste fresque de destins individuels, est une tentative pour exprimer une aspiration à l'Unité, dans l'accord de l'individu avec l'Humanité.

Le « polyptyque » de *la Révolution*

C'est ainsi que l'auteur qualifie lui-même le cycle de ses pièces consacrées à la Révolution, *Théâtre de la Révolution* étant le titre d'un ouvrage qu'il avait fait paraître en 1909 et qui rassemble trois de ces pièces.

Ayant conçu à l'origine une dodécalogie, Romain Rolland écrivit, en fait, huit pièces, qui embrassent la Révolution entière, de ses origines, en 1774, à ses derniers soubresauts, en 1797. Leur composition s'est faite en trois étapes : quatre pièces datent de 1897-1902 ; trois de 1924-1927 ; une de 1938. Ayant envisagé à trente ans de réaliser cet ensemble, c'est à soixante-douze ans que Rolland achèvera *Robespierre*.

SYNOPSIS

Voici cette suite dans l'ordre chronologique des actions, avec les dates de publication :

Pâques fleuries (1926). Prologue : la situation de la France en 1774.

Le Quatorze-Juillet (1902). Premier coup donné, en 1789, à l'Ancien Régime.

Les Loups (1898). À Mayence, aux armées de la République, en 1793.

Le Triomphe de la raison (1899). Le drame des Girondins, en 1793.

Le Jeu de l'amour et de la mort (1925). Met en scène, en 1794, un personnage imaginaire, Courvoisier, mélange de Condorcet et de Lavoisier.

Danton (1899). Son arrestation et sa condamnation, en mars 1794.

Robespierre (1939). Les derniers mois du Conventionnel, du 5 avril au 28 juillet 1794.

Les Léonides (1928). Épilogue qui laisse entrevoir la réconciliation entre les frères ennemis.

Ces pièces ont été peu jouées (à part *les Loups*, *Danton*, *le Jeu de l'amour et de la mort*), d'autres sont peu jouables (*Robespierre* nécessiterait des coupures). Ces œuvres dramatiques ont eu plus de lecteurs que de spectateurs. Mais comment, malgré les défauts de ce théâtre (abstraction, emphase due au style de l'époque, goût de la dissertation), ne pas être emporté par le souffle épique qui l'anime ? Romain Rolland conçoit l'histoire comme une tempête qui soulève les hommes et il s'en fait le poète, la saisissant dans son dynamisme. Épousant avec chaleur et sympathie les passions contraires, il en exprime le choc et il les réconcilie dans une suprême harmonie.

Cet ensemble ne possède pas toujours l'unité que le dramaturge rêvait de lui donner. On perçoit une évolution de 1897 à 1938. Au début, ce théâtre est conçu comme un instrument de lutte pour faire triompher des valeurs humaines dans une période décadente : Romain Rolland exalte une vie puissante et des êtres libres, tels Hoche dans *le Quatorze-Juillet*, Adam Lux dans *le Triomphe de la raison* ; on le sent porté par une foi qu'il veut faire partager. Les pièces de la deuxième période insistent davantage sur la réconciliation des contraires ; plus élégiaques, elles respirent une plus grande harmonie. *Robespierre*, la dernière, écrite après les procès de Moscou, évoquant la Révolution qui se dévore elle-même, accuse le tragique de l'Histoire avec son cortège de passions ; on y perçoit une réflexion sur la violence révolutionnaire, peut-être même une crainte prémonitoire en face de « la fatalité terrible des Révolutions ».

ROBESPIERRE

ACTE I (tableaux I-VII). La pièce commence le jour de l'exécution de Danton, le 16 germinal, an II (5 avril 1794). Le Comité de salut public discute de l'orientation à donner à la Révolution. Fouché veut résister à Robespierre et poursuit ses intrigues contre lui.

ACTE II (tableaux VIII-XVII). Le jour de la fête de l'Être suprême, le 20 prairial (8 juin), Robespierre triomphe, mais, une semaine plus tard, une scène violente l'oppose à ses ennemis ; ceux-ci, malgré les efforts de Saint-Just, finissent par l'emporter.

ACTE III (tableaux XVIII-XXIV). À la Convention, l'assemblée hue Robespierre, qui est arrêté. Dans la nuit du 9 au 10 thermidor (27-28 juillet), cependant que Robespierre hésite à signer un appel au peuple, il est attaqué et blessé. Il revoit alors les grandes scènes de sa vie. Le tableau final évoque le 10 thermidor au soir : après l'exécution de Robespierre, la foule se déchaîne contre les Jacobins.

Beethoven : les grandes époques créatrices

Après avoir formulé, avec la *Vie de Beethoven* (1903), un acte de foi et de gratitude, Romain Rolland a voulu élever au musicien un vaste monument. Il conçut un cycle de cinq ouvrages, correspondant chacun à une période de la vie de Beethoven.

Négligeant la période de formation (avant 1800), Romain Rolland a d'abord étudié la deuxième période, publiant en 1928 *De « l'Héroïque » à « l'Appassionata »* (1802-1806). Il s'est ensuite intéressé à une rencontre importante de la période suivante : *Goethe et Beethoven* (1810-1812), publié en 1930. Puis, après une interruption, pressé par le temps, il a abandonné ces années de plénitude de l'art (1806-1815) pour évoquer les moments qui lui tenaient le plus à cœur, les étapes ultimes : la grande crise, avec *le Chant de la Résurrection* (1816-1822), publié en 1937, et le testament, avec *la Cathédrale interrompue*, dont les deux premières parties – *la Neuvième Symphonie* (1823-1824) et *les Derniers Quatuors* (1824-1826) – ont été publiées en 1943 et la troisième – *Finita Comœdia* (1826-1827) – en 1945 (posth.).

En fait, Romain Rolland a étudié les années 1802-1806 et 1816-1827, et délaissé le reste. Incomplète, cette œuvre gigantesque constitue cependant une grande série d'études magistrales, qui, s'appuyant sur une documentation solide, allient recherche biographique et analyses techniques. Romain Rolland étudie les œuvres, mettant en lumière les rapports qui les lient au caractère de Beethoven et aux circonstances de composition. On peut déplorer parfois l'importance du commentaire mystique, mais on ne peut nier que Romain Rolland ait réussi à donner du musicien un portrait vivant, à exprimer la vie intérieure de l'artiste et à faire revivre son œuvre, dont il cherche à saisir l'« essence profonde » ; remontant à la source, la « subconscience de la tragédie intérieure », il a voulu surprendre le « travail secret du Moi créateur ». En quoi l'ouvrage est aussi une réflexion sur la nature de la création artistique et offre un bel exemple d'étude critique menée avec science, rigueur et pénétration.

B. Duchatelet

ROLLINAT Maurice

(1846-1903)

Poète baudelairien dans la mouvance décadente, passionné de musique et de chant, Maurice Rollinat est né à Châteauroux, dans le Berry. Son père, François Rollinat, avocat de son métier, avait été représentant du peuple en 1848 : sous son influence, à cause aussi de George Sand, qui était une amie de la famille et sa marraine, Maurice Rollinat prend vite goût à la littérature, à la poésie surtout. Il termine ses études à Châteauroux, obtient son baccalauréat, travaille ensuite chez un avoué de sa ville natale, puis chez deux notaires d'Orléans. Puis sa mère, devenue veuve, l'envoie avec son frère à Paris : là, malgré son nom au bas d'une pétition en faveur de Rossel, il trouve un emploi à la mairie du VIIe arrondissement et partage son temps libre entre ses amitiés, ses amours et la littérature. Rollinat, en effet, qui publie ses premiers poèmes (notamment dans la troisième livraison du *Parnasse contemporain*), prépare aussi vers cette époque ses deux grands recueils à venir : le premier, *Dans les brandes*, sera publié en 1877 chez Sandoz et Fischbacher, mais il ne rapportera à son auteur que des dettes. Cette déception est cependant rachetée l'année suivante par un mariage qui semble assurer au poète une certaine sécurité, autant morale que matérielle. Voulant écrire un ouvrage sur Pierre Dupont, Rollinat séjourne à Lyon pendant un an, puis il regagne la capitale. Il y fréquente les « Hydropathes », le Chat-Noir, le salon de Nina de Villard et se fait connaître : on lui demande de dire ses poèmes, de jouer ses partitions, mais surtout de chanter (par exemple, les poèmes de Baudelaire qu'il a mis en musique). Rollinat devient une figure célèbre de la jeunesse littéraire, et le grand public le découvre à son tour, lorsque Barbey d'Aurevilly et Albert Wolff font paraître à son sujet des articles dithyrambiques. Adulé, demandé dans tous les salons à la mode, Rollinat est l'homme du jour, et, lorsque *les Névroses* paraissent en 1883 chez Charpentier, elles obtiennent un plein succès de curiosité et de scandale. Quitté bientôt par sa femme, épuisé également par une maladie nerveuse, attaqué enfin par des critiques qui lui reprochent tantôt son cabotinage, tantôt sa trop proche parenté d'inspiration avec Baudelaire, Rollinat fuit alors Paris pour la Creuse. Il se réfugie à Fresselines, où il mène une vie apparemment tranquille avec sa nouvelle compagne. Il publie aussi *l'Abîme* (1886), que suivent *les Apparitions* (1896) et *Paysages et Paysans* (1899) – où continue de se manifester l'inspiration rustique du *Livre de la nature* (1893), destiné aux enfants. L'air de la campagne, pourtant, ne guérit pas Rollinat : pauvre, oublié, usé par la vie, ayant perdu sa compagne, il meurt à l'âge de cinquante-sept ans. La critique retient encore de lui *En errant* et *Ruminations, proses d'un solitaire*, ouvrages parus respectivement en 1903 et 1904.

Rollinat avait assurément le culte de Baudelaire ; il l'a déclaré lui-même, et il suffit de feuilleter *les Névroses* pour y trouver, exacerbés, poussés au noir, les thèmes des *Fleurs du mal* : hantises, luxures, effluves, angoisses, on trouve là tout l'arsenal du baudelairisme, avec ce côté méphistophélique que les contemporains distinguaient jusque dans le physique de Rollinat ! Délibérément, il choisit d'apparaître mélancolique, malsain ou macabre, et quelques titres définissent bien cette thématique : « les Deux Poitrinaires », « le Magasin de suicides », « Villanelle du ver de terre », « l'Enterré vif », « le Soliloque de Troppmann ». Il ne faudrait pourtant pas réduire Rollinat à cet aspect satanique et morbide, d'autant qu'il se combine chez lui, comme chez la plupart des romantiques, avec une certaine distance ironique.

Par cette ironie, Rollinat échappe à cette insincérité qu'on lui a souvent reprochée et atteint au véritable fantastique : les visions et les visages s'associent comme en rêve et peu à peu conduisent le poète vers le mal, la folie et la mort « dans l'horreur et le mystère ». Incurablement, car c'est bien une maladie, la réalité rollinienne s'altère, se pervertit : les sons deviennent faux à l'oreille, la couleur devient demi-teinte, la chair se corrompt, se fane avant de retourner au néant. Parfois, pourtant, la beauté résiste à cette universelle dégradation, elle s'immobilise alors, par l'effet d'une sorte de grâce un peu magique ; champs de seigle, carrés de légumes, flaques-miroirs et pacages berrichons sont bien décrits, mais l'exactitude même de cette description semble irréelle : le laid et le beau y disparaissent, comme le bien et le mal, laissant la place à un climat bizarre et quelque peu incongru. Car ce qui domine, finalement, chez Rollinat, et qu'on peut considérer comme la marque de son univers, c'est l'étrangeté, présente jusque dans les objets les plus quotidiens, jusque dans les êtres les plus humbles, qui semblent receler aux yeux du poète un inquiétant secret, une angoisse indicible.

A. Preiss

Romains

ROMAINS Jules

*Pseudonyme de **Louis FARIGOULE** (1885-1972)*

Jules Romains, qui rêvait d'étendre au monde l'unanimité des « copains », reste, littérairement, un solitaire. C'est la rançon d'un tempérament vigoureux, prompt aux certitudes, fidèle aux intuitions – ou aux illusions – de la vingtième année. Loin des avant-gardes ou des néo-classicismes, partis extrêmes du mouvement ou de la résistance à l'intérieur de la république des lettres, il ignore les vogues successives du modernisme futuriste, du cubisme, du surréalisme, de l'existentialisme ; il déborde la tradition idéaliste et intellectualiste – celle de Gide et de Valéry –, prédestinée à peupler les manuels et à orner les dissertations ; il ne brille ni dans les marges sémillantes du maniérisme (où s'illustrent Cocteau et Morand), ni dans les rangs des « engagés » (de Martin du Gard à Sartre et à Camus, en passant par Malraux), ni dans la procession des convertis. Il est l'homme d'une grande espérance : l'unanimisme ; celle-ci inspire une œuvre romanesque considérable et s'incarne en personnages ou en situations qui attestent la créativité d'un démiurge aujourd'hui contesté.

À la recherche de l'unanimité

Poète, romancier, dramaturge, essayiste, moraliste, journaliste politique ou littéraire, Jules Romains appelle obstinément ses contemporains à faire du chaos où ils s'entrechoquent un cosmos puissant et harmonieux. Auvergnat séduit par Paris, il voudrait que les existences agglomérées et bousculées de la grande ville s'unissent et se transcendent en une vie collective, féconde, qui rappellerait la verdeur et la sève des communautés villageoises. Ce dessein anime une philosophie et une esthétique dont les thèmes répondent à un défi de la modernité que d'aucuns préfèrent ignorer en cultivant un passéisme régionaliste ou en se plaçant sous l'invocation d'un classicisme éternel. L'invasion des technologies nouvelles, le transport rapide des hommes et de l'information, l'urbanisation modifient la perception et la représentation de l'espace-temps, et bouleversent les modes de vie et de pensée. La plupart des écoles qui pullulent dans l'interrègne qui sépare le symbolisme du surréalisme sont fascinées par la machine et l'artifice : elles entendent que les formes mêmes de la *mimesis* s'accordent à l'accélération des techniques. D'où une tendance générale à la désintégration formelle de l'art, fragmenté en vues ou en impressions violentes et juxtaposées : poésie « futuriste » de la discontinuité, de la syncope, de l'ellipse, qui caractérise mainte pièce d'Apollinaire, de Cendrars, de Larbaud ou de Cocteau.

À cette séduction du mécanique, Romains oppose un modèle organique : les rassemblements humains, qui « sont, chacun, un tout réel, vivant, doué d'une existence globale et de sentiments unanimes » ; depuis les unions inconstantes et fugaces – celles des carrefours, des théâtres, des marchés – jusqu'aux liaisons entrecroisées de la mégalopolis, véritable organisme pluriel. Chaque groupe acquiert des propriétés irréductibles à ses parties et développe des émotions spécifiques : tout en adaptant les intuitions d'Emerson ou de Walt Whitman (la « surâme » ou l'amour universel), les théories de Durkheim sur l'âme des foules, Romains, à la suite de Jean-Marie Guyau (*l'Art au point de vue sociologique*, 1887), confère au poète le pouvoir de « conscientiser » les collectivités, de réaliser une intersubjectivité, dès maintenant immanente, en surmontant la scission entre le subjectif et l'objectif.

La « Ville consciente », poème liminaire du premier recueil, *l'Âme des hommes* (1904), évoque l'émergence d'une âme commune, grâce à la médiation du poète, à partir de la confuse multiplicité urbaine. Thème majeur et dominant que cette « catalyse », métamorphose et illumination : depuis *le Bourg régénéré,* conte de 1906, jusqu'au drame de *Cromedeyre-le-Vieil* (1920), où l'on assiste au réveil d'un village, en passant par *l'Armée dans la ville* (1911), qui met en scène la prise de conscience collective d'une cité confrontée à l'occupation étrangère, *Mort de quelqu'un* (1911), qui illustre la force socialisante d'un décès et d'un deuil, traumatismes collectifs, ou *les Copains* (1913), à la gloire d'une bande d'amis dont les farces et les canulars tirent une bourgade provinciale de son sommeil. Une sorte de *happening* fourni par le hasard ou provoqué par des excitateurs élève les virtualités dormantes de la vie à une activité imprévisible : le « vitalisme », ici, n'est pas quiétisme, mais joyeux activisme.

L'unanimisme est une vision du monde qui postule des liens mystiques entre les individus, entre l'homme et la nature, jusqu'à l'intuition d'une universalité spirituelle d'essence divine (*Manuel de déification*, 1910). Cet optimisme métaphysique – proche du panthéisme – qui arrache les êtres à leur solitude pour les insérer dans un réseau cohérent et finalisé de relations mentales plus importantes que la causalité mécanique commande une morale sociale et une politique : faire converger les volontés constructives et les actions concrètes afin que l'humanité, unie, édifie la « république universelle », sous la conduite de l'Européen qu'exaltent les poèmes de *l'Homme blanc* (1937). Volontarisme que chrétiens et marxistes jugent illusoire, eux qui renvoient l'unité heureuse à un au-delà eschatologique.

L'esthétique unanimiste, en poésie, refuse à la fois les déliquescences de la psychologie introspective et les raffinements formels du symbolisme : elle réclame un vers rythmé, syllabique, contre les vers-libristes, et, contre les puristes néo-classiques, un vers simplement assonancé ; une rhétorique sans subtilités ni ésotérisme (*Petit Traité de versification*, 1923, en collaboration avec Georges Chennevière). Les poèmes de Jules Romains abondent en bonheurs d'expression qui doivent peu à ces théories :

Une brume pareille à l'âme
Semble rêver ce que je vois
Toute chose a pris la couleur
Du sommeil et de la mémoire.

Cependant bien des pièces côtoient fâcheusement le prosaïsme ; elles manquent d'un relief et d'un souffle proprement poétiques. Le lyrisme et l'épique semblent plus voulus que trouvés : ils ne se gravent pas dans le souvenir en impressions ou en formules inoubliables. Beaucoup de recueils, malgré leurs images et les exaltations qu'inspirent le spectacle des villes et de la nature, ou le souffle de l'événement historique, se lisent comme des chroniques ; ils ne sont dotés ni d'une forme décisive ni d'une essence qui diffuserait en eux sans se diluer.

La geste romanesque

Aussi bien, par une sorte de pente fatale, la prose, chez Romains, l'emporte peu à peu sur le vers ; ce sont d'abord des contes, des récits, des nouvelles qui évoquent ces moments intenses où l'opacité de l'habituel s'éclaire de conscience ; puis la trilogie *Psyché* (*Lucienne*, 1922 ; *le Dieu des corps*, 1928 ; *Quand le navire*..., 1929), œuvre qui annonce l'ultérieure polyphonie, avec sa vision binoculaire sur les mêmes événements (le récit de l'amante, celui de l'amant, l'alternance de leurs voix dans le silence de la séparation), très moderne par le dévoilement interne au récit de sa construction et de son écriture. La doctrine s'y traduit par l'histoire d'une ascèse et d'une émergence : deux êtres, par l'amour et la sensualité, se fondent et deviennent un « unanime » qui tient la connaissance de sa mystique unité dans la séparation même. La décennie théâtrale qui s'ouvre en 1923 n'est qu'une brillante parenthèse, une période de latence et de préparation où l'écrivain médite et dessine le cycle romanesque le plus considérable du XXe siècle français.

Les Hommes de bonne volonté (1932-1946), avec leurs vingt-sept volumes, forment une fresque de la vie nationale française de 1908 à 1933 qui apparaît, d'abord, comme l'ultime pointe de l'élan réaliste vers la représentation totale (une fois aboli le code néo-classique qui filtrait les indices et limitait la forme littéraire) ; on pense à *la Comédie humaine* de Balzac, aux *Rougon-Macquart* de Zola. Mais Jules Romains, sans renier cette tradition, veut arracher le genre à sa sclérose et à ses conventions : si chaque œuvre forme un tout (modèle dramatique), avec de légères attaches à ses voisines, « l'unité de l'ensemble reste précaire et flottante » ; si le destin d'un homme ou d'une famille se disperse sur plusieurs romans (modèle biographique), la réalité s'appauvrit et se rétrécit à la mesure de cette perspective restreinte. La geste doit rendre l'incohérence, le décousu, les discontinuités, les impasses qui caractérisent l'expérience vécue : d'où la juxtaposition d'une multitude d'intrigues qui se croisent ou s'ignorent, et qui composent la diversité du réel. Ainsi le premier tome, *le 6 Octobre*, donne une vision simultanéiste, une stratigraphie d'une journée de 1908 : pulsations puissantes de Paris, décrit comme un véritable être collectif, qui englobe les existences séparées des ouvriers et des industriels, des familles nobles et bourgeoises, du futur meurtrier Quinette et de l'affairiste Haverkamp, d'un jeune peintre et de l'« intellectuel » Jerphanion ; *Verdun* (tome XVI) éclaire la grande bataille par une sorte de « polyscopie » : officiers et soldats des unités combattantes, état-major et général en chef, secteurs latéraux du front, arrière – plus ou moins affecté par le choc meurtrier des masses humaines.

Cet éclatement du récit préfigure les dissolutions beaucoup plus radicales du « nouveau roman » contemporain ; il rappelle les techniques inaugurées par John Dos Passos dans *Manhattan Transfer* en 1925 – et reprises plus tard par Sartre ; il permet une vision plurielle, décentrée, objective par la multiplicité de ses focalisations, et une construction romanesque polyphonique. De nombreux milieux sont décrits, par l'intermédiaire de personnages plus ou moins exemplarisés ; les événements historiques sont abordés de front (par la mise en scène de leurs protagonistes réels) et de biais (par leurs répercussions sur les acteurs du cycle). Pas de raffinements descriptifs, d'analyses psychologiques filées : des touches larges, suggestives, puissantes, pour restituer la

couleur et la présence des formes, le mouvement des forces sociales, la vitalité confuse d'un quart de siècle fécondé par les efforts modestes ou audacieux de ceux qui cherchent à bâtir un monde plus juste, les « hommes de bonne volonté ».
Deux critiques contradictoires furent adressées à cet ensemble ambitieux : celle de ne pas rester fidèle, au fil du temps, à l'initial propos simultanéiste et de revenir à la traditionnelle construction dramatique ; celle de se cantonner dans le pointillisme, la juxtaposition, l'analyse spectrale des éléments que l'auteur reste impuissant à réassembler, à animer. Sans doute la démesure du dessein impliquait une certaine marge d'échec : du moins s'allient, chez Jules Romains, un tempérament « naïf » de romancier, une intelligence intuitive des mouvements sociaux, un projet synthétique de composition romanesque : pour donner l'image totalisante d'une époque, pour procurer une perspective interne et dialectique sur l'évolution collective, pour atteindre le continu par les recouvrements et les chevauchements des discontinuités.

Puissances et fragilités du démiurge

L'unanimisme, à la poursuite des foules et des confluences, sombrerait dans une nébulosité évanescente et finalement stérile, si, dans sa pratique, n'intervenait un sens sûr des masses, des nœuds dynamiques d'événements, et surtout des personnages représentatifs. Ces « idéaltypes », pour reprendre l'expression de Max Weber, ces « figures » qu'illustre, au même moment, Ernst Jünger, subsument les traits singuliers d'un temps, tout en les présentant comme l'actualisation d'une virtualité constante de l'homme, la variation au sein d'un patrimoine d'ensemble invariant. Ainsi *les Hommes de bonne volonté* ne subissent-ils « aucune tyrannie égalitaire », mais laissent surgir les deux normaliens, Jallez et Jerphanion, l'idéaliste et l'extraverti, le Cévenol et le Parisien, projections des tendances opposées de leur créateur, levain dans la lourde pâte d'un monde naissant ; l'instituteur socialiste Clanricard ; l'ouvrier Maillecotin ; l'abbé Mionnet, prêtre cultivé et modéré... Toutes ces individualités précisent le mouvement confus et douloureux vers une conscience plus unitaire : elles sont les émergences apolliniennes d'un flux dionysiaque.
À la scène éclate, par excellence, ce don du typique. Donogoo-Tonka, mine fantasmatique, née d'une erreur cartographique du géographe Le Trouhadec, devient, par l'intermédiaire du financier Lamendin, un Eldorado de papier, mythe moderne à l'usage des « gogos », puis une ville réelle et prospère : puissance de la pensée qui rassemble les hommes et féconde les continents, pour enrichir les escrocs et permettre à un Le Trouhadec d'entrer à l'Institut. Une intuition philosophique s'unit à la satire joyeuse des mœurs du temps : le faux savant génère une légende, un comité, une cascade d'aventures exotiques ; grâce à l'emprise croissante des médias sur l'opinion publique, il devient le héros d'une cocasse trilogie (*Monsieur Le Trouhadec saisi par la débauche*, 1923 ; *le Mariage de Monsieur Le Trouhadec*, 1925 ; *Donogoo-Tonka*, 1930). Le comique naît de la disproportion entre le néant du protagoniste et la cascade des effets qui s'enchaînent à son infime erreur technique, l'entraînent dans une ronde périlleuse et, par réaction, le transforment : théâtre proprement unanimiste, qui représente l'idée organisant les hommes en groupes efficaces, de la même façon qu'une cristallisation informe la matière amorphe.

Knock

Knock ou le Triomphe de la médecine (1924), beaucoup plus classique, montre, à l'inverse, le prestige d'une personnalité qui fascine tout un canton, en « médicalise » la vie quotidienne et impose une vision des choses qui frise la paranoïa : la force schématique d'une farce moliéresque cache ici la dénonciation des impostures modernes et de l'emprise des charlatans sur le grand nombre. Sinistre caricature de l'unanimité : le docteur Knock – interprété par deux fois, de manière inoubliable, par Louis Jouvet – annonce, en une grinçante métaphore, le docteur Goebbels.

SYNOPSIS

Le docteur Knock, qui vient d'acheter la clientèle de son confrère le docteur Parpalaid, apprend en arrivant à Saint-Maurice qu'il a fait un marché de dupes. Le cabinet végète depuis des années. Knock parie pourtant qu'il parviendra dans un délai de trois mois à des résultats surprenants, grâce à des « méthodes entièrement neuves » sur lesquelles il garde le secret (acte I). En proposant à la population des consultations gratuites, Knock attire des curieux auxquels il diagnostique des maladies insoupçonnées. Le tambour de ville, la dame en noir, la dame en violet et deux gars du village sont ses premières victimes, impressionnées ou reconnaissantes. Tous repartent persuadés de la gravité de leur état (acte II). Trois mois après le début de l'action, le docteur Parpalaid revient à Saint-Maurice. Mais tout a changé. « L'hôtel de chef-lieu de canton » est « en train de tourner au Médical-Hôtel » ; « Les nickels, les ripolins et linges blancs de l'asepsie moderne y apparaissent. » Il apprend avec stupeur que Knock donne cent cinquante consultations par semaine et suit presque deux cent cinquante malades en traitement à domicile. Parpalaid, d'abord incrédule, songe à reprendre son ancien cabinet. Mais il succombe à son tour à l'ascendant de Knock auquel il finit par demander une consultation (acte III).

Cette créativité démiurgique et parfois visionnaire comporte ses limites : une stylisation psychologique aussi suggestive contraste, dans les romans, avec le dessein global de réalisme et de représentation brute ; des protagonistes simplifiés tranchent sur un arrière-plan naturaliste : contradiction inhérente à toute conception mimétique de la littérature, exaspérée ici par la démesure de l'ambition romanesque. On est loin des transpositions fondues, harmonisées par le souvenir, des équivalences mentales et poétiques que donne Proust dans la *Recherche du temps perdu*. D'autre part, l'optimisme foncier de l'unanimisme a subi, avec la Seconde Guerre mondiale, un cruel revers : et le néo-radicalisme (au sens politique français du terme) des chroniques des années 1960, malgré sa lucidité trop méconnue, en a donné une version restrictive où transparaît mal le généreux élan des origines.

Jules Romains a pâti d'être un auteur « facile », qui n'a jamais connu le vertige mallarméen devant la feuille blanche : les lettrés préfèrent toujours les analystes et les théoriciens aux auteurs prolixes et populaires. Il a cru au progrès, à l'efficience des résolutions morales et généreuses : les philosophes, successivement fascinés par l'angoissante absurdité de la nature, l'hostilité naturelle de l'homme pour l'homme et l'inflexible statisme des structures, ont tourné en dérision ce qu'ils considéraient comme une naïveté bourgeoise et réactionnaire. Malgré ces mépris des doctes pour un écrivain qui dédaigna d'être des leurs, le père des *Hommes de bonne volonté* reste un des grands et forts témoins de notre siècle ; par l'intelligence de son regard, par la vigueur de sa touche et surtout par la chaude lumière qui rayonne de son œuvre, un instant, au moins, il dissipe notre anxiété en imposant la vision – ou le mirage – d'un monde puissant et harmonieux.

	VIE		**ŒUVRE**
1885	Naissance, à Saint-Julien-Chapteuil (Haute-Loire), en Velay, pays natal de sa mère, de Louis Farigoule. Son père, Henri Farigoule, est instituteur à Paris. Études à l'école communale de Montmartre où enseigne Henri Farigoule, puis au lycée Condorcet.		
1904	Louis Farigoule prend, en littérature, le pseudonyme de Jules ROMAINS.	**1904**	*L'Âme des hommes*, premier recueil poétique.
		1905	Article-manifeste dans *le Penseur* : « les Sentiments unanimes et la Poésie ».
1906	Admission (après le service militaire) à l'École normale supérieure. Jules Romains se lie au groupe de l'« Abbaye » de Créteil (qui comprend, entre autres, Georges Duhamel et Charles Vildrac).	**1906**	*Le Bourg régénéré*, « conte de la vie unanime ».
		1908	*La Vie unanime*, publiée aux éditions de l'Abbaye.
1909	Agrégation de philosophie. Pendant dix ans, Jules Romains occupe différents postes dans des lycées (Brest, Laon, Paris, Nice). Il fréquente, à Paris, Apollinaire et Max Jacob.		
		1910	*Manuel de déification*, prose.
		1911	*Puissances de Paris*, essais. *Mort de quelqu'un*, récit. *L'Armée dans la ville*, drame en cinq actes et en vers, monté par Antoine.
1912	Mariage de Romains avec Gabrielle Gaffé, fille d'un collègue de son père.		
		1913	*Odes et prières*, poèmes. *Les Copains*, prose.
1914	Romains mobilisé dans un bureau à Paris. Il y restera deux ans. Dans un article « Pour que l'Europe soit », il appelle, en pleine guerre, à une union européenne qui sera toujours son projet politique majeur.	**1914**	*Sur les quais de la Villette*, prose (récits qui deviendront *le Vin blanc de la Villette*).
		1916	*Europe*, poèmes.
1919	Romains quitte l'enseignement et s'installe à Hyères.		
		1920	*Cromedeyre-le-Vieil*, drame en vers. *Le Voyage des amants*, poèmes. *Donogoo-Tonka*, prose, scénario de film non réalisé. *La Vision extra-rétinienne et le sens paroptique*, essai qui rend compte de recherches sur l'extension des possibilités sensorielles de l'homme. Cet ouvrage est publié sous le nom de Louis Farigoule.
		1921	*Amour couleur de Paris*, poèmes.
		1922	*Lucienne*, roman, manque de peu le prix Goncourt. Cette œuvre forme la première partie de la trilogie *Psyché*.

	VIE		ŒUVRE
		1923	*Petit Traité de versification* (en collaboration avec Georges Chennevière). *Monsieur Le Trouhadec saisi par la débauche*, comédie.
		1924	*Knock ou le Triomphe de la médecine*, comédie.
		1925	*Le Mariage de Monsieur Le Trouhadec*, comédie (2ᵉ partie de la trilogie « Le Trouhadec »).
		1926	*Le Dictateur*, comédie.
		1927	*Jean le Maufranc*, comédie (deviendra en 1930 *Musse ou l'École de l'hypocrisie*).
1928	Romains acquiert une propriété près de Tours, à Saint-Avertin, pour se rapprocher de Paris.	1928	*Le Dieu des corps*, roman (2ᵉ partie de la trilogie *Psyché*). *Volpone*, drame adapté de Ben Jonson, auteur anglais du XVIIᵉ siècle.
		1929	*Quand le navire...*, roman (3ᵉ partie de la trilogie *Psyché*).
		1930	*Donogoo-Tonka*, comédie issue de la prose de 1920, 3ᵉ partie de la trilogie « Le Trouhadec ».
		1932	Début de la publication des *Hommes de bonne volonté* : la parution des vingt-sept tomes s'échelonnera jusqu'en 1946.
1933	Lors de la montée des périls politiques, Romains s'oppose au fascisme et au nazisme ; il appelle à une « réconciliation nationale » qui exclurait seulement les marxistes.	1933	*Problèmes européens*, début d'une longue série d'essais politiques.
		1934	*Le Couple France-Allemagne*, plaidoyer pour une réconciliation et attaque contre le socialisme marxiste.
1936	Voyage aux États-Unis, au Sénégal et au Soudan français. Romains, après avoir divorcé, se remarie avec sa secrétaire, Lise Dreyfus.	1936	*Visite aux Américains*.
1937	Romains président du P.E.N.-Club international.	1937	*Pour l'esprit et la liberté*. *L'Homme blanc*, dernière œuvre poétique importante.
		1938	*Cela dépend de vous*, essai.
1940	Romains s'installe à New York, d'où il appelle les écrivains français à la résistance ; il vit à Mexico de 1942 à 1945.		
		1945	*Retrouver la foi*, essais.
1946	Élection à l'Académie française.		
		1947	*Bertrand de Ganges*, roman.
		1956	*Le Fils de Jerphanion*, roman.
		1957	*Une femme singulière*, roman (ouvre la trilogie poursuivie, en 1959-1960, avec les deux tomes des *Mémoires de Madame Chauverel* et reprend la vision double de *Psyché*).
		1960-1963	*Pour raison garder*, essais, trois tomes.
		1966	*Lettre ouverte contre une vaste conspiration*, essai pour la défense de l'humanisme.
		1970	*Amitiés et rencontres*, souvenirs.
1972	Mort de Jules Romains.		

D. Madelénat et C. Carlier (synopsis)

Roman d'Alexandre v. *Alexandre (Roman d')*

Roman de la Rose (le)

(XIIIe siècle)

Le Roman de la Rose est un vaste poème allégorique où le poète-amant relate un songe prémonitoire anticipant la séduction de l'amie. La première partie, inachevée (environ 4 000 vers), écrite vers 1235, est l'œuvre de Guillaume de Lorris ; la seconde partie (environ 12 000 vers) est due à Jean de Meung, qui la rédigea à partir de 1269-1270.

C'est le livre en langue d'oïl le plus lu de toute la littérature médiévale : le nombre considérable des manuscrits, celui des éditions et les innombrables références des auteurs médiévaux à ce texte attestent son succès et sa diffusion. *Le Roman de la Rose* est, à cet égard, le premier de nos classiques.

SYNOPSIS

Le poète dédie à son Amie le récit du songe qu'il va relater. Un jour de printemps, il découvre un verger paradisiaque où dansent de somptueuses figures : c'est le jardin de Déduit [« plaisir »]. Au cœur du parc, la fontaine de Narcisse, près de laquelle il aperçoit la Rose. Aussitôt, Amour le blesse de cinq flèches, puis lui tient un discours sur le comportement qu'il doit suivre s'il veut conquérir la Rose. Entre celle-ci et l'amant se dressent un certain nombre d'obstacles ; la fleur est étroitement gardée par Jalousie et ses sbires. L'amant parvient toutefois à voler un baiser à Bel-Accueil, avatar de la Rose ; mais Bel-Accueil est aussitôt enfermé dans un château qui a surgi en un clin d'œil.

Dans la seconde partie, Jean de Meung (alias Jean Chopinel) continue l'œuvre de Guillaume ; la parole est donnée à Raison, qui était déjà intervenue chez son prédécesseur ; puis Ami développe un Art d'aimer très ovidien, où s'intercalent deux développements sur l'Âge d'Or, de part et d'autre d'un violent discours qu'un mari jaloux prononce contre les femmes. Amour rassemble ses troupes : parmi ses alliés, Faux-Semblant, qui se révèle être un frère mendiant – rappel de la querelle universitaire de 1256 entre les séculiers et les Dominicains et Franciscains. Faux-Semblant étrangle Malebouche. L'amant achète la complicité de la Vieille qui garde Bel-Accueil. Et la Vieille à son tour énonce un art d'aimer, en même temps qu'elle narre sa propre existence de courtisane et qu'elle s'en prend à la fidélité conjugale, qui est, selon elle, contre nature.

Nature, précisément, est présentée dans sa forge, où elle lutte contre la mort. Près d'elle, Génius tient des propos très vifs sur les dangers que l'on court à faire confiance aux femmes. Nature, à son tour, prend la parole. Elle décrit l'univers, dénonce les vaines croyances de la superstition, attaque la noblesse qui déchoit et revendique la promotion politique des clercs. Elle insiste sur le libre arbitre de l'individu et sur le devoir de procréation. C'est sur ce devoir que Génius revient à son tour en décrivant les verts pâturages promis aux élus. Puis est décrit l'assaut d'Amour contre le château incendié par Vénus. À cette occasion, Jean de Meung expose l'histoire de Pygmalion amoureux de sa statue. La déroute de Jalousie permet au poète de cueillir la Rose et de disserter sur la comparaison entre gastronomie et jouissance amoureuse. Il s'éveille au dernier vers.

Guillaume de Lorris et la « fin'amors »

Guillaume de Lorris « met en roman » le grand chant courtois. Il est l'un des premiers romanciers français à faire du « je » le protagoniste de l'ouvrage. Ce « je » originellement lyrique est celui qui chante, chez les troubadours et chez les trouvères, la culture du désir et la requête à la Dame.

Guillaume a sans doute connu le *De arte honeste amandi* d'André le Chapelain (cour de Marie de Champagne, v. 1185). Ce clerc y avait, entre autres, narré la vision de trois groupes de femmes : celles qui errent dans le désert pour avoir été trop cruelles ; celles qui pataugent dans les marais pour avoir été trop clémentes ; celles qui s'épanouissent dans un jardin merveilleux pour avoir su pratiquer le véritable amour.

Autre source possible : le *Carmen de Rosa*. Ce chant goliardique très profanateur (il parodie le *Pange lingua*, puis la poésie mariale) célèbre une femme-rose que l'amant déflorera malgré ses gardiens et après une vive résistance de la jeune fille. Mais l'on ne sait si le *Carmen de Rosa* est antérieur ou postérieur au *Roman de la Rose*.

Où Guillaume est très habilement novateur, c'est lorsqu'il applique le procédé littéraire du songe à l'argument romanesque de la quête amoureuse. Le songe est fréquent dans la littérature en latin médiéval ; c'est Raoul de Houdenc qui, au début du XIIIe siècle, utilise le premier l'artifice comme prétexte à une œuvre de longue haleine (*Songe d'enfer*). De même, Raoul de Houdenc met en œuvre l'allégorie dans son *Roman des ailes*, qui est un traité de courtoisie et de sagesse peut-être inspiré par le *De sex alis Cherubim* d'Alain de Lille (fin du XIIe siècle). Le songe allège le poids du monde sensible et fait pénétrer dans le monde des essences. L'histoire individuelle du Poète et de son Amie, en se faisant abstraite, prend une portée universelle et une valeur exemplaire.

Le premier *Roman de la Rose* reste cependant conforme à l'art du roman depuis Chrétien de Troyes : un bonheur initial est refusé par le héros au nom d'une joie plus haute qui se conquiert à travers un certain nombre d'épreuves qualifiantes. À la charnière, la fontaine de Narcisse signifie peut-être que le vrai piège de l'amour est l'égocentrisme ; mais Guillaume détourne le sens de ce symbole en faisant de Narcisse la victime de sa propre démesure et en exhortant alors bizarrement les dames pour qu'elles se montrent moins hautaines avec leurs amis.

La suite du texte est constituée par le cheminement vers la Rose. Ce qui se fait jour, c'est une double dialectique de l'obstacle et du désir et de l'interdit de la transgression (une transgression nécessaire, l'interdit n'étant là que pour être violé...). Avant que ne s'érige le château, le Poète fait le point et annonce ce qui va suivre : la forteresse ne sera pas imprenable, et son siège aura une heureuse issue. Mais Guillaume était-il sur le point d'achever son ouvrage lorsque la mort interrompit son entreprise ?

Jean de Meung ou l'écriture oblique

Que Guillaume de Lorris soit mort avant d'avoir terminé son poème, c'est Jean de Meung lui-même qui nous le dit après le discours d'Ami. Quarante ans séparent les deux rédactions.

Jean Chopinel se présente alors comme un jeune clerc « au cors isnel » (au corps alerte) dévoué au dieu Amour. Mais sa culture cléricale était apparue dès les premiers vers de la seconde partie. Guillaume avait laissé suspendue une longue plainte du narrateur-amant ; Jean la poursuit en termes beaucoup plus scolastiques (très vite intervient le mot syllogisme...). Guillaume était pourtant, comme lui, un clerc venu de milieux urbains (c'est dans le cadre de la ville qu'Amour fixe à son nouvel homme lige les étapes de sa stratégie séductrice), mais il n'avait pas été marqué par l'enseignement universitaire et restait plus soumis aux codes courtois traditionnels. Jean de Meung, armé de son savoir tout neuf, transforme ce qui était un art d'aimer («... *le Roman de la Rose*/Ou l'ars d'amours est toute enclose ») en « miroir aux amoureux » où est fait l'inventaire de toutes les conduites galantes, même et surtout les plus cyniques, et il ne tarde pas à élargir ses horizons de façon beaucoup plus ambitieuse, jusqu'à définir toute une philosophie de l'homme et du monde.

Sa démarche est extrêmement tortueuse. Quand, bientôt, il fait parler Raison, il lui fait énoncer une sagesse fondée sur la défiance à l'égard des biens de Fortune. Il semble alors qu'il repousse cette sagesse lorsqu'il éconduit Raison (dont le comportement est d'ailleurs suspect lorsqu'elle s'offre à lui comme une femme facile ; ajoutons que Raison choque le poète en utilisant, à propos de la castration de Saturne, le mot « couilles », dont l'emploi entraîne tout un débat sur le caractère arbitraire du langage). Or, plus tard, lors du discours de Nature, le poète revient au rationalisme défini par Raison et aux maximes de sapience qu'il avait d'abord refusé d'entendre : démarche retorse, plus visible encore dans l'organisation interne de mainte séquence.

Ainsi lors du discours d'Ami, qui est un modèle d'emboîtement. L'*ars amandi* y est formulé de part et d'autre d'un noyau central lui-même constitué par les deux digressions sur l'Âge d'Or. Entre ces deux digressions s'inscrit le discours du jaloux, partie médiane et cœur de la séquence. Et pourtant Jean de Meung ne prend pas à son compte cette diatribe excessive : n'oublions pas que Jalousie est l'ennemie première d'Amour. Le « message » du texte est dans la critique du jaloux par Ami, après le second développement sur l'Âge d'Or. Il y apparaît que le poète flétrit l'abus de pouvoir dans le couple (du mari sur l'épouse, de la Dame sur l'amant). Double offensive : contre une certaine idée du mariage et contre une idéologie courtoise qui refuse l'égalité entre les partenaires ; car la pensée de Jean de Meung dans ce domaine est plus complexe encore : s'il fait dire à la Vieille (mais qui parle ?) que rester fidèle à un seul être est un comportement contre nature, il lui fait dire aussi que le mariage est un moindre mal, qui évite bien des désordres ; et si Génius exhorte à exclure la femme du « conseil » – c'est-à-dire du pouvoir –, la référence au mythe de Pygmalion signifie, entre autres, que l'amant, Pygmalion de son amie, doit d'abord l'éveiller au plaisir. Jean de Meung n'est pas exactement un antiféministe : son véritable propos est de conjurer le mépris du monde ascétique en restaurant l'homme dans son corps et dans son sexe, dans son *germen* et dans son *soma* ; l'homme, mais aussi la femme, dont il proclame le droit au plaisir.

Ce n'est point là sa plus grande audace. Jean de Meung, quand il se fait le champion d'une société autre, pousse jusqu'à ses conséquences extrêmes le *topos* de la *laudatio temporis acti* : l'humanité n'a cessé de déchoir ; le paradis perdu n'est pourtant point celui d'Adam ; l'Âge d'Or était le lieu de la liberté sexuelle et d'un « communisme » de fait fondé sur l'abondance d'une nature encore généreuse et point encore dégradée par les méfaits de l'homme. Le jour où apparut la propriété, il fallut instaurer un pouvoir, et donc une fiscalité, une armée, une police, une répression. Inutile d'insister sur la modernité de ces développements, où le poète va beaucoup plus loin dans la critique politique que les auteurs latins et médiolatins auxquels il a emprunté.

Il aspire à une sorte de despotisme éclairé, où les clercs, instruits par leur connaissance de l'Histoire, supplanteraient une noblesse désormais décadente. Mais ce cléricalisme est séculier, intellectuel, universitaire : Jean de Meung se méfie des ordres religieux – et surtout des Franciscains et des Dominicains, dont il dénonce l'envahissement dans l'État et dans les familles. Faux-Semblant cite Guillaume de Saint-Amour et ses écrits de 1256 contre les Mendiants : ces textes ont pris une nouvelle actualité lors de la seconde querelle de la pauvreté qui oppose en 1268-1270 Gérard d'Abbeville à saint Bonaventure et à saint Thomas d'Aquin. En 1270, l'évêque de Paris, Étienne Tempier, condamne l'averroïsme latin ; il ira beaucoup plus loin encore en 1277 en condamnant d'autres « erreurs » (y compris l'érotique courtoise d'André le Chapelain). Or, Saint Louis vient de mourir, et l'on peut alors espérer que Philippe III sera plus libéral : espoir vite déçu, mais que Jean de Meung nourrissait sans doute quand il entreprit son ouvrage.

Son combat culturel, il le livre avec l'arsenal de son savoir, qui est immense. Il connaît à fond les grands classiques latins. Il exploite la philosophie naturaliste promue par l'école de Chartres au XIIe siècle : ses maîtres sont Bernard Sylvestre et surtout Alain de Lille, qui décrivait dans son *De planctu naturae* la confession de Nature à son chapelain Génius et y dénonçait les ravages de l'homosexualité dans les milieux monastiques. Mais il utilise aussi, du même Alain, la fin de l'*Anticlaudianus*, où la société nouvelle est celle d'une *concordia* fondée sur le pacte social. Et le discours de Nature développe toute une philosophie du monde et de la liberté qui va puiser aux meilleures sources aristotéliciennes du temps. Toutefois, cette science se tempère d'ironie : Jean de Meung joue avec les mots et avec les connaissances comme le font les goliards, dont il partage l'irrespect. Ainsi, quand il métaphorise l'acte sexuel en pèlerinage, ou lorsque Génius décrit son paradis réservé aux seuls procréateurs. Ici, l'écriture est particulièrement ambiguë : en même temps que le Poète se moque, il restaure la dignité du travail humain en reprenant à Bernard Sylvestre la comparaison entre l'œuvre de chair et la tâche du forgeron, du laboureur et du scribe (images du marteau et de l'enclume, du soc et de la terre, du stylet et de la cire) ; et sa critique à l'égard de Guillaume de Lorris, amorcée par Nature lorsqu'elle raillait une foi trop naïve en la vanité des songes, l'amène à déprécier le verger initial, pourtant cadre de son récit, au nom d'un autre hédonisme qui se masque sous des apparences évangéliques : les verts pâturages s'inscrivent dans la perfection du cercle ; les trois ruisseaux qui les irriguent symbolisent la Trinité ; l'escarboucle qui les illumine est lumière d'éternité...

La démarche de Jean de Meung est déjà celle de Rabelais, de Montaigne et de Voltaire : énoncer un message subversif en désarmant la censure par le rire, masquer la violence d'une pensée novatrice en l'insérant dans des digressions. Le roman polisson dissimule une substantifique moelle, mais la réelle portée du texte a-t-elle été perçue par les lecteurs médiévaux ?

La postérité du *Roman de la Rose*

Le Roman de la Rose devient très vite un modèle littéraire et un manuel de citations à la portée d'un assez vaste public, mais, paradoxalement, son aspect contestataire n'est pas immédiatement apparu. On l'admire, on l'étudie et on l'imite ; on se réfère souvent à lui ; on ignore cependant sa causticité – ou l'on ne veut pas en tenir compte.

Du *Roman de la Rose* relève une vaste littérature : celle du songe allégorique, qui devient un procédé littéraire passe-partout – Guillaume de Machaut, Guillaume de Digulleville et Philippe de Mézières sont, à cet égard, les disciples lointains de Guillaume de Lorris et de Jean de Meung.

On cite les vers les plus célèbres en les isolant de leur contexte, et sans toujours en apercevoir le sens véritable ; on ne cherche même pas à préciser qui parle à cet endroit : telle sentence du Jaloux ou de Faux-Semblant devient parole d'autorité.

Un jour vient pourtant, au début du XVe siècle, où quelqu'un se rebelle contre cette admiration inconditionnelle : Christine de Pizan ose reprocher à Jean de Meung ce qu'elle juge être son antiféminisme pervers ; un groupe d'humanistes attachés à la Cour : Jean de Montreuil, les frères Col, prend alors la défense du poète, de façon il est vrai maladroite (en soutenant que Jean de Meung est un auteur que l'on peut lire avec un considérable profit moral !). Le chancelier de l'université de Paris, Jean Gerson, redoutable sermonnaire et moraliste exigeant, mais aussi humaniste scrupuleux et grand pédagogue, clôt le débat par une condamnation sans appel qui contraint à se taire les avocats du roman. Jean Gerson a su lire le sens véritable de l'œuvre et en rend compte sans indulgence : désormais, il ne sera plus question d'en faire un manuel de sagesse, même si l'on continue, jusqu'à Marot et au-delà, à en admirer l'écriture et à en imiter le fonctionnement allégorique. *Le Roman de la Rose* demeure un « classique », et même le seul « classique » de la littérature en ancien français (jusqu'au moment où l'on rejettera en bloc, avec la Pléiade, toute cette littérature). Et le texte passe les siècles sans être altéré : aucun écrit médiéval n'a de tradition manuscrite aussi stable que ce poème auquel les remanieurs les plus audacieux n'ont jamais osé toucher.

Le Roman de la Rose eut un public fidèle tout au long des XVIIe et XVIIIe siècles. Voiture l'appréciait, et, en 1735, on s'arracha une réédition de l'ouvrage, qui, presque immédiatement, fit l'objet d'une seconde publication. Est-ce cette version que connut Jean-Jacques Rousseau ? Il traduit presque littéralement le passage sur l'élection du premier roi dans son *Discours sur l'inégalité* et cite dans *la Nouvelle Héloïse* deux vers tirés des exhortations de la Vieille à Bel-Accueil. Est-ce Diderot qui a révélé à Jean-Jacques le message de Jean de Meung ? Il est permis de le penser, tant les développements sur l'Âge d'Or sont proches du *Supplément au Voyage de Bougainville* !

De nos jours, *le Roman de la Rose* souffre encore du discrédit qui a si longtemps frappé la littérature allégorique. Sa réhabilitation est en cours, mais elle reste freinée par le recul des études médiévales. Il est donc temps d'agir pour que le poème retrouve sa vraie place : celle d'un chef-d'œuvre incontesté, qui a joué un rôle de premier plan dans l'histoire de notre culture.

J.-Ch. Payen

Roman de Troie v. *Troie (Roman de)*

Romantisme

Romantisme

L'adjectif « romantique » apparaît à la fin du XVIIe siècle comme synonyme de romanesque ; dérivé de la forme *romant* du substantif *roman*, « récit en langue vulgaire », il désigne, avec une nuance péjorative, ce qui rappelle la sentimentalité, la fantaisie, les intrigues des récits fictifs. Au XVIIIe siècle, le sens évolue, sous l'influence de l'anglais *romantic*, pour qualifier un paysage pittoresque, semblable à ceux que les peintres aiment à représenter ou les jardiniers à organiser ; c'est dans cette acception qu'en 1804 Senancour parle du « romantisme » des paysages alpestres. Dans *De l'Allemagne*, en 1810, Mme de Staël emprunte à l'allemand *romantisch* la signification proprement littéraire de l'adjectif « romantique » ; style, genre ou image « romantiques » désignent désormais ce qui s'écarte des normes et des règles fixées par les auteurs classiques pour s'inspirer de ce qui est antérieur à la tradition du bon goût (l'art dit « primitif », la Renaissance, et surtout le Moyen Âge des littératures « romanes » constituées à la confluence des traditions barbares et chrétiennes), ou de ce qui lui est extérieur (les littératures étrangères, surtout allemande et anglaise). Le substantif « romantisme », dans cette dernière acception, ne devient courant que vers 1824, et semble formé sur l'anglais *romanticism* (le néologisme « romanticisme », modelé par Stendhal sur l'italien et l'anglais, lui fait d'ailleurs une brève concurrence) ; son émergence témoigne de la prise de conscience d'une mutation : des tendances novatrices dispersées forment désormais un véritable système littéraire et une modernité structurée, qui s'affrontent au classicisme.

Le concept

« On sent le romantique, on ne le définit pas », écrit, dès 1801, Sébastien Mercier dans sa *Néologie* ; sage conseil qui ne fut guère suivi : depuis la Restauration, une masse de définitions contradictoires tourne le romantisme en esthétique protéiforme, voire en simple étiquette pour regrouper de vagues tendances communes à deux ou trois générations. Il n'y aurait, en fin de compte, que des romantismes, voire seulement des auteurs romantiques : ainsi s'expliqueraient des difficultés d'ordre diachronique (où commence et où finit le romantisme ?) et synchronique (Hugo en 1825 comme Delacroix sous la monarchie de Juillet refusent de s'avouer romantiques au moment même où leurs contemporains les saluent ou les attaquent comme symboles achevés du romantisme). Mais l'abandon d'un tel concept ne laisse pas d'apparaître comme un renoncement à la compréhension globale de l'évolution culturelle ; mieux vaut en décomposer la complexité en strates superposées de généralité croissante : un mouvement littéraire, au sens le plus strict ; une orientation séculaire de la sensibilité et de la création artistique ; une virtualité constante de toute vision et de toute représentation du monde. Ainsi le concept de romantisme apparaît comme une synthèse de faits, riche et structurée, propre à caractériser une séquence d'événements littéraires, aussi bien que comme une catégorie désormais nécessaire pour saisir des aspects singuliers de la perception et de la création esthétiques.

Les écoles romantiques

Au moment où s'exténue la littérature impériale – qu'illustrent Fontanes, Esménard, Campenon, Marie-Joseph Chénier, Delille, Chênedollé, talents corrects et pâles – *les Méditations* (1820) de Lamartine sont « une révélation » (comme l'écrira bien plus tard Sainte-Beuve) : péripéties et nuances de l'amour, accès de rêverie et de mélancolie, religiosité mystique y trouvent une langue et un rythme dégagés des conventions néo-classiques les plus usées. Désormais le « genre romantique », jusque-là objet de polémiques théoriques, ou injure lancée aux littératures voisines, possède son premier monument, à l'ombre duquel se regroupent bientôt des disciples de Chateaubriand, catholiques et ultras : les rédacteurs de *la Muse française* (1823-1824) – Émile Deschamps, Hugo, Vigny… – prônent un art religieux et monarchiste, une évolution prudente des thèmes et des formes, une imitation raisonnable des grands écrivains étrangers. *Odes* (1822), *Nouvelles Odes* (1824), *Odes et Ballades* (1826) de Hugo chantent les princes légitimes, les martyrs de la Révolution, les fastes colorés d'un Moyen Âge pieux et loyal. À ces jeunes gens novateurs en poésie, mais réactionnaires en politique, s'opposent les voltairiens, classiques, qui tiennent l'Académie et les grands journaux d'opposition, où ils tournent en dérision les formes vaporeuses et les songes importés de l'étranger.

Cependant, même à gauche, des aspirations à un changement se font jour : dans le salon d'Étienne Delécluze, Stendhal, libéral avancé, mûrit les théories qu'il exposera dans ses *Racine et Shakespeare* (1823 et 1825). Déclarant ouvert un « combat à mort […] entre le système tragique de Racine et celui de Shakespeare », il réclame une abolition des règles qui briment la tragédie, des conventions qui sclérosent la comédie en l'empêchant de refléter les mœurs modernes, et il définit le romantisme comme l'unique modernité, « l'art de présenter aux peuples les œuvres littéraires qui, dans l'état actuel de leurs habitudes et de leurs croyances, sont susceptibles de leur donner le plus de plaisir possible ». Un concept jusque-là englué dans le passéisme « troubadour » assume désormais les revendications de liberté et de reconstruction communes aux sphères politiques et littéraires.

Des ponts sont jetés entre les deux romantismes. Le royaliste Charles Nodier, romancier et érudit, réunit à partir de 1824, dans son salon de la bibliothèque de l'Arsenal, des créateurs dont il s'emploie à harmoniser et à pacifier les diversités : poètes monarchistes (Lamartine, Hugo, Vigny…), libéraux sceptiques (Mérimée, Balzac…), écrivains plus jeunes et plus radicaux (Nerval, Gautier), artistes comme le sculpteur David d'Angers, le graveur Achille Devéria, les peintres Eugène Delacroix et Louis Boulanger. Le journal *le Globe*, fondé en 1824, travaille à disjoindre libéralisme en politique et classicisme en littérature ; grâce à des critiques perspicaces comme Duvergier de Hauranne, Charles de Rémusat, Charles Magnin et le débutant Sainte-Beuve, il poursuit l'œuvre staëlienne d'ouverture de la France aux littératures étrangères et préconise la fondation d'un ordre littéraire nouveau qui réponde aux changements politiques et sociaux.

À partir de 1825, les deux courants commencent à converger. Hugo mitige des convictions qu'il finit par abandonner vers 1827-1828 : son romantisme se déclare, s'amplifie ; il se proclame dans la préface de *Cromwell* (1827), qui exige une totale réforme de la scène et une liberté qui permette à l'art d'épouser son siècle. Chef d'école, il constitue autour de lui un « Cénacle » où figurent jeunes poètes et dramaturges prêts à en découdre avec les « vieilles perruques » classiques ; il en vient à s'écrier, en 1830 : « La liberté dans l'art, la liberté dans la société, voilà le double but auquel doivent tendre d'un même pas tous les esprits conséquents et logiques. » Sainte-Beuve, son ami, lui gagne la sympathie du *Globe* et trouve à l'art nouveau des précédents nationaux (*Tableau historique et critique de la poésie française et du théâtre français au* XVIe *siècle*, 1828) ; les assauts contre la scène classique se multiplient (Vigny, *Roméo et Juliette*, en 1828, et *le More de Venise*, en 1829, pièces adaptées de Shakespeare ; Dumas, *Henri III et sa Cour*, en 1829). Le « triomphe » d'*Hernani* de Hugo, en 1830, au terme d'une « bataille » dont le Cénacle avait fixé la stratégie, marque le point culminant de cette synergie romantique, ardente fraternité dans le combat pour l'éclosion d'un art nouveau.

Le cénacle de Joseph Delorme

Cénacle est un terme employé dans les Saintes Écritures pour qualifier la salle à manger (étymologiquement, cenaculum *est le substantif dérivé du verbe cenare, manger) et spécialement celle où le Christ institua l'Eucharistie (rapprocher l'étymon de* cène*). Par extension, cénacle se dit de toute réunion amicale et particulièrement de groupes littéraires ou artistiques : ainsi parle-t-on parfois du cénacle de la Pléiade, du cénacle naturaliste (les soirées de Médan), du cénacle surréaliste, etc.*

Toutefois le terme de Cénacle qualifie en particulier le groupement romantique qui s'opère autour de Victor Hugo entre 1827 et 1829 ainsi que celui qui de 1829 à 1833 se réunira chez le graveur Jehan Du Seigneur sous le nom de « petit cénacle ».

Si le terme de cénacle n'a pas été inventé par Sainte-Beuve, c'est lui, du moins, qui l'a consacré dans un poème de Vie, Poésies et Pensées de Joseph Delorme *(1829) qui porte en épigraphe précisément un verset évangélique : « Quand vous serez plusieurs réunis en mon nom, je serai parmi vous ». C'est indiquer clairement ce qu'est dans sa structure et dans sa vocation le cénacle romantique : un groupe de disciples dévoués à un maître. Le maître, c'est Victor Hugo dans le salon duquel se tiennent les réunions et auxquelles participent désormais presque tous ceux qui se réclament du romantisme. En effet, et c'est en quoi le Cénacle importe pour l'histoire du romantisme, pour la première fois on voit s'organiser de façon cohérente ceux qui, jusqu'alors divisés par les problèmes politiques, formaient de multiples chapelles éphémères souvent réunies autour de non moins éphémères revues :* Muse française *pour les conservateurs,* Globe *pour les libéraux, sans parler des salons à la mode qui se constituaient autour d'idoles d'un jour.*

Lorsqu'au printemps 1827 Hugo vient s'installer rue Notre-Dame-des-Champs, ce n'est plus le héraut loyaliste qui versifiait sa foi dans les pages du Conservateur littéraire *: en publiant son ode* À la colonne de la place Vendôme *(9 février 1827), le poète prenait ses distances avec la monarchie et favorisait un rapprochement avec les libéraux. Quelles qu'en soient les raisons (« instinct de poète » pour Rémusat ou amitié influente de Sainte-Beuve, alors rédacteur du* Globe*, à moins qu'il ne s'agisse d'un calcul pour unifier les courants romantiques en vue d'en prendre la tête), l'évolution politique de Hugo « est une des conditions à la formation même du Cénacle » (René Bray).*

Les disciples se comptent parmi les amis et les anciens collaborateurs : Sainte-Beuve, Vigny, Émile Deschamps, Lamartine lorsqu'il séjourne dans la capitale, Soumet, Soulié, Nodier et ses hôtes de l'Arsenal, Dumas ; mais on y côtoie également des jeunes gens à peine connus : Mérimée, Musset, Nerval ainsi que les peintres Delacroix, David d'Angers, Devéria, etc. L'ambiance y est amicale mais, plus qu'à l'Arsenal, orientée vers l'action. Il ne s'agit plus pour le maître des lieux de palabrer en vain : il faut conquérir la république des Lettres. D'où l'aspect à la fois mondain et militant des soirées du Cénacle.

Côté mondanités, rien ne distingue le salon des Hugo des autres réunions parisiennes : on parle, on rit, on danse, on se félicite.

*Côté militantisme, ce qui frappe le nouvel arrivant qu'est Victor Pavie (7 juillet 1827) c'est l'atmosphère de « conseil de guerre » : en effet, sous la houlette de Hugo se constitue toute une armée de correspondants provinciaux (Pavie à Angers, Boulay-Paty et Turquety en Bretagne, ce même Turquety auquel Émile Deschamps écrit : « Il faut bien que l'école se recrute de jeunes colonels comme vous… ») qui dans la presse locale se font l'écho du bouillonnement parisien et publient les œuvres de la jeune école. Ainsi organisé, le Cénacle devient une redoutable machine de guerre, totalement dévouée à la cause du romantisme et de son chef. Chaque lecture est l'occasion de peaufiner un texte, de fourbir les armes en prévision des combats futurs : Musset récite ses poésies, Hugo lit ses pièces (*Marion Delorme *le 10 juillet 1829,* Hernani *le 30 septembre) et chacun applaudit. On décide de répondre à un pamphlet commis par les classiques et l'on charge l'un des membres d'exprimer les idées du groupe ; y a-t-il un spectacle en perspective ? on recrute parmi les amis des uns et des autres (surtout dans la jeunesse estudiantine) de quoi monter une claque ou une cabale. Ce qui sera fait pour la première d'*Hernani *(25 février 1830) et assurera le triomphe et du mouvement et de Hugo. Dès lors, le Cénacle n'aura plus de raisons d'être : Hugo, désormais installé dans la notoriété, prendra du champ (il s'installe rue Jean-Goujon, loin du tumulte du centre) ; les brouilles, oubliées un temps, vont renaître, avivées par les appétits nouveaux qu'a fait naître le succès du groupe ; et le Cénacle retournera d'où il naquit : à ces foyers multiples aux ambitions contradictoires.*

D. Couty

Le début des années 1830 voit se réaliser le programme tracé sous la Restauration et se multiplier les œuvres : recueils lyriques, drames, épopées, romans ou gestes romanesques, ouvrages historiques, philosophiques ou critiques. Toutefois les énergies se désunissent, et s'écartent l'une de l'autre en se déployant. Hugo, meneur et tacticien, devient le solitaire Olympio ; Musset pousse l'hyperromantisme jusqu'au pastiche et à la parodie, puis raille avec enjouement les excès des novateurs, tout en recherchant un ton personnel, à mi-chemin entre la confidence douloureuse et les sourires du badinage ; Alfred de Vigny s'enfonce dans une retraite méditative et hautaine, hantée par le sort du « paria moderne », soldat, poète ou prophète, seul à pressentir et à servir la vérité au sein d'une société aveugle qui l'écrase ; Sainte-Beuve renonce vite à ses outrances théoriques, rompt avec Hugo, et, dès 1833, constate : « Depuis trois années le champ de la poésie est libre d'écoles ». Il appelle à la reconstitution d'un atticisme, à l'écart des extrémismes qui se heurtent : « Le caractère de notre littérature actuelle est avant tout la diversité, la contradiction, le pour et le contre coexistants, accouplés, mélangés, l'anarchie la plus inorganique, chaque œuvre démentant celle du voisin, un choc, un conflit, et, comme c'est le mot, un gâchis immense. »

Sans doute subsistent quelques groupements éphémères, et souvent « folkloriques » : les « Jeunes-France », anciens combattants de la bataille d'*Hernani*, romantiques exaltés dont les œuvres et le costume visent à effrayer le bourgeois, tels le sculpteur Jehan Duseigneur, le graveur Célestin Nanteuil, les poètes Pétrus Borel (surnommé le « Lycanthrope »), Philothée O'Neddy, l'auteur de l'ardent recueil *Feu et Flamme* (1833), et Théophile Gautier, qui donne dans toutes les modes – macabre, prosaïsme, intimisme – avant de choisir le culte de l'art et de la beauté formelle et de se faire le chroniqueur amusé d'« indicibles démences » (comme écrit O'Neddy) somme toute bien innocentes (*les Jeunes-France*, 1833). Les « Bousingots », plus turbulents encore, passent de l'esthétique au politique, et, lors des insurrections, combattent sur les barricades. Gérard de Nerval a conservé le souvenir de la « Bohème galante », ce clan qui réunissait, en 1835, dans l'impasse du Doyenné, une joyeuse compagnie, pour des divertissements mondains et des discussions littéraires ; Henri Murger (*Scènes de la vie de bohème*, 1849) rappelle une bohème plus miséreuse, d'où émergeront le photographe Nadar et le romancier Champfleury. Mais cette efflorescence de « petits romantiques » unis par le culte de l'art et l'admiration de Hugo ne saurait masquer une dispersion qui témoigne de l'explosion de créativité libérée par la rupture des entraves littéraires et la levée des inhibitions psychologiques.

LE « PETIT CÉNACLE »

Écrivant à Sainte-Beuve au début de 1832, Gérard de Nerval, alors âgé de vingt-quatre ans, parle d'un « petit cénacle » qui « n'a pas été formé dans l'intention de parodier l'autre, le glorieux Cénacle, [...] mais seulement pour être une association utile et puis un public de choix où l'on puisse essayer ses ouvrages d'avance ». Ce « petit cénacle » se définit donc avant tout comme une « camaraderie », terme que la Revue de Paris *présente péjorativement en 1829 comme une coalition « de talents obscurs jusqu'à ce que la célébrité les fasse éclater » (Henri de Latouche), mais qui, aux yeux de Nerval et de Borel, servait surtout d'« aiguillon », puisque, au lieu de s'abandonner à l'autosatisfaction et à la complaisance, les membres du « petit cénacle » cherchent dans le travail un idéal inaccessible dans la réalité.*

D'où l'aspect très original de cette « camaraderie » qui se voulait « une avant-garde de l'avenir » et prétendait « renouveler et refaire de fond en comble l'art d'abord, et au moyen de l'art, la Société » (Ernest Havet, notice de présentation des Œuvres *d'O'Neddy, 1875). Rien d'étonnant donc que l'histoire du « petit cénacle », moins directement liée à celle du romantisme que celle du Cénacle hugolien, recoupe constamment celle de l'opposition républicaine à la monarchie de Juillet et croise sur son chemin l'aventure bousingot.*

Installé dans l'atelier du sculpteur Jehan Du Seigneur – qui modèlera dans le plâtre le profil des membres de la « camaraderie » –, le « petit cénacle » regroupe, depuis 1829, « quelques jeunes et timides artistes » qui ont décidé d'unir leurs efforts « afin d'être plus forts en faisceau, afin de n'être pas brisés et renversés à l'entrée dans le monde » (Pétrus Borel, Champavert, *1833). On y trouve des écrivains déjà entrevus chez Hugo comme Gautier ou Nerval et d'autres moins connus comme Augustus Mac Keat (le Maquet des collaborations avec Dumas), Alphonse Brot qui donne surtout dans le style frénétique, ou Philothée O'Neddy dont le recueil* Feu et Flamme *(1833) signera la dernière œuvre du groupe ; on y rencontre deux architectes, Jules Vabre et Léon Clopet, ainsi que Célestin Nanteuil, « l'imagier du romantisme », et deux graveurs, Joseph Bouchardy et Napoléon Thom. À la différence du Cénacle de la rue Notre-Dame-des-Champs, personne ne cherche à s'y imposer comme chef, et si la figure de Pétrus Borel domine le groupe – Gautier le décrira dans son* Histoire du Romantisme *comme « le grand homme spécial de la bande » – c'est sans doute en raison de la netteté de son expression tant physique que littéraire, netteté qui exprime parfois de façon outrancière – sinon caricaturale – les opinions et les habitudes du groupe (O'Neddy, dans une lettre à Asselineau de 1862, écrira, parlant de la sortie de* Feu et Flamme *: « Il aurait outré qui ? Pétrus ? Là, vraiment, est-ce possible ? Outrer du Pétrus ! On pouvait tout au plus l'égaler en exagération »). Néanmoins, cette superbe de Borel est à l'opposé de celle d'un chef ; indépendant il est, indépendant il veut demeurer, et la camaraderie du « petit cénacle » n'est pour lui qu'un trompe-solitude, non l'occasion de briguer la première place : « Je n'ai jamais tambouriné pour amasser la foule autour d'un maître, personne ne peut me dire son apprenti », crie-t-il fièrement dans la Préface de ses* Rhapsodies *(1832).*

Sans chef, animés d'un idéal républicain qui les empêchait d'adhérer aux forces politiques organisées de l'opposition (c'est l'époque où Nerval tonne contre « la Société [qui] n'est qu'un marais fétide », où Borel proclame sa lycanthropie républicaine : « Je suis républicain parce que je ne puis être caraïbe », etc.), les membres du « petit cénacle », par leurs excentricités vestimentaires comme par la hardiesse de leurs propros, cherchent constamment à marquer leur différence d'avec l'esprit bourgeois qu'ils reprocheront à leurs aînés du Cénacle : d'où les tapages nocturnes (avec prison à la clé pour Nerval un soir de bousingotisme de 1832, aventure dont témoignent un poème des Odelettes, *« Politique », ainsi qu'un chapitre des* Mémoires d'un Parisien, *« Mes prisons. Sainte-Pélagie, en 1832 »), les expériences de robinsonade dans Paris (il est vrai que Borel était orfèvre en la matière puisqu'il avait traduit le roman de De Foe), au Camp des Tartares, maison avec jardin située rue de Rochechouart, etc. Seuls Borel et Du Seigneur persévèrent*

dans cette voie extrême en créant la Liberté, *journal qui en dix-huit livraisons (de septembre 1832 à février 1833) radicalisait les positions les plus exagérées du groupe : « C'est une vraie guerre que nous engageons [...]. Mort à l'Institut ! Mort aux professeurs ! »*
Mais déjà le « petit cénacle » avait cessé de vivre, les préoccupations artistiques étant de plus en plus dissociées des problèmes politiques comme en témoigne la Préface de l'Albertus de Gautier (1832).
Contrairement au Cénacle, le « petit cénacle » traduit donc non une ambition immédiate de groupe ou d'individus, mais porte les germes d'une expérience totalisante de régénération de la société par l'art que le surréalisme – duquel on l'a parfois rapproché – tentera un siècle plus tard.
D. Couty

L'historiographie littéraire traditionnelle retient la date de 1843 – l'échec des *Burgraves*, drame de Hugo, et, un mois après, le succès de *Lucrèce*, tragédie classique de Ponsard – comme terme du mouvement romantique proprement dit. C'est le moment où Lamartine se consacre décidément à la politique, où Vigny se tait ; Musset revient à la tradition, l'Antiquité gréco-latine impose à nouveau ses thèmes chez Gautier ou Banville ; Sainte-Beuve, constatant que l'industrialisme, l'esbroufe et le goût du clinquant ont égaré ses contemporains, caractérise ainsi l'état des esprits : « Réaction, après tout, superficielle et à grand fond, secousse et agitation légère d'esprits blasés, ennuyés, qui se retournent par dégoût, et qui essayent aujourd'hui de ce qu'ils ont rebuté hier, pour ressentir quelque chose ! Réaction légitime à certains égards, en tant qu'elle est provoquée par les excès, les abus violents, les pesanteurs ou les fatuités de l'école régnante, de celle du moins qui était faite pour régner. »

Quelle que soit la dispersion des talents à la fin de l'été romantique, les acquis des novateurs restent essentiels. Sur le plan primordial de la « poétique » – la création littéraire –, la personnalité de l'écrivain se trouve à la fois valorisée et libérée : l'ancien « fabricateur », artisan des belles-lettres, cède la place au penseur, au guide, au prophète dont les intuitions éclairent l'avenir. Vigny, avec son « Moïse », a donné une figure transparente du poète « puissant et solitaire ». Un tel régénérateur se libère des ancestrales prescriptions qui organisent l'écriture littéraire : la rationalité, l'imitation de la belle nature et de l'homme éternel, la docilité à l'égard des exemples fournis par les Anciens et les gloires du siècle de Louis XIV, le répertoire allégorique fixé depuis la Renaissance ; il s'ouvre à des influences et à des instruments qui élargissent son horizon et ses possibilités : les modèles étrangers (Shakespeare et Schiller pour le drame, Byron pour le lyrisme, Walter Scott pour le roman), les œuvres médiévales et préclassiques (*les Grotesques* [1844] de Théophile Gautier, « exhumations littéraires », réhabilitent Théophile de Viau, Saint-Amant, Scudéry, Scarron...), les autres arts, dont il tente d'annexer les effets. La fraternité des artistes, leur volonté de déborder les frontières de chaque technique sont des traits caractéristiques du mouvement romantique : les frères Devéria, Gavarni, Delacroix s'inspirent des œuvres littéraires qu'ils admirent pour les illustrer ; David d'Angers vit en étroite communion d'esprit avec les poètes du Cénacle ; la poésie de Hugo rivalise avec l'ampleur colorée de la fresque ou les rythmes aigres de la musique archaïque ; celle de Vigny rappelle le bas-relief, et le vers lamartinien atteint, avec les *Harmonies* (1830), la richesse orchestrale de la symphonie moderne. Le symbole, *medium* clair-obscur, remplace la vieille allégorie, suggère plusieurs significations, et laisse à la lettre du symbolisant sa saveur de réalité : sous les traits d'Ahasvérus, le Juif errant, ou de Prométhée, Edgar Quinet représente sa destinée et celle de l'humanité entière ; Michelet confère aux moments climatériques et aux personnages cruciaux de l'Histoire un sens qui en fait les emblèmes d'une civilisation et des forces qui animent son progrès.

Quand on lit les manifestes ou les pamphlets du temps, on est surpris par la sous-estimation de cette mutation qui touche la conscience et l'activité littéraires, et par l'importance des polémiques sur des questions formelles. C'est là le front le plus chaud de la bataille romantique : un rejet audacieux, au début d'*Hernani*, met les classiques en fureur ; les novateurs ne respectent pas le rythme régulier de l'alexandrin ; ils dédaignent les strophes consacrées de l'ode ; ils remettent en honneur la ballade, les combinaisons métriques essayées par les poètes de la Pléiade, le sonnet, délaissé au XVIIIe siècle et réhabilité par Sainte-Beuve. Sur le plan lexical, ils abandonnent la distinction rigide entre zones de vocabulaire (élevé, moyen, bas) ; sur le plan stylistique, ils renoncent aux élégances, aux retenues et aux stéréotypes néo-classiques : l'hyperbole, la hardiesse des métaphores supplantent la litote et la grisaille des comparaisons fanées ; plus qu'une noble harmonie leur plaît la diversité, la bigarrure, et ils raffolent de cette surcharge d'adjectifs dont Musset va jusqu'à faire la marque distinctive du romantisme (*Lettres de Dupuis et Cotonet*, 1836). Parallèlement, poètes, dramaturges, romanciers rejettent la séparation conventionnelle des tons, la hiérarchie et les règles des genres. Hugo, dans la préface de *Cromwell* (1827), fonde sur l'opposition chrétienne du corps et de l'âme une théorie du mélange des genres (le grotesque et le sublime) qui doit permettre, avec l'abandon des unités de temps et de lieu, une représentation de l'homme dans sa complexité et dans sa plénitude ; les romans de Balzac fourmillent de « dissertations », ceux de George Sand tournent au lyrique, et les poèmes de Vigny frôlent la méditation philosophique.

Mais les œuvres, pour le lecteur d'aujourd'hui, se signalent plus encore par leurs thèmes : d'abord l'omniprésence du « moi », de l'individualité créatrice libérée des convenances qui interdisaient l'épanchement ; elle se traduit en personnages démesurés, cyclothymiques, tantôt exaltés jusqu'à la frénésie, livrés à la tumultueuse violence de la joie, tantôt englués dans la mélancolie et l'angoisse ; lancés dans l'action ou enfermés dans les fantasmes de la rêverie, fascinés par les maléfices du fantastique. Toute une gamme de héros s'obtient par le déplacement du centre de gravité psychologique, de l'introversion à l'extraversion : de Joseph Delorme, Louis Lambert ou Chatterton à Cromwell, Hernani, Ruy Blas ou Antony. Comme pour faire contrepoids à cet impérialisme de la singularité personnelle, une attention aiguë à l'unicité des choses, des êtres, des moments (le rendu visuel de Hugo, la description balzacienne, l'intimisme de Sainte-Beuve) ; un goût parfois clinquant et indiscret pour l'exactitude et la couleur historiques ou géographiques : de l'Espagne et de l'Italie à l'Orient, des époques primitives à la Renaissance ; un désir d'absolu et d'idéal qui va jusqu'au mysticisme (avec une prolifération de visions paradisiaques, d'anges et d'élus) ; une volonté de rénovation sociale (l'humanitarisme, proche du socialisme), qui vise à inscrire dans la réalité le rêve d'un bonheur fraternel.

S'en tenir à cette chronologie et à ces caractérisations traditionnelles ne va pas sans inconvénients manifestes. En amont comme en aval, de grands noms et des œuvres majeures restent isolés : Chateaubriand, Mme de Staël ; et *la Légende des Siècles* de Hugo, *les Destinées* de Vigny, *Aurélia* ou *les Chimères* de Nerval, accomplissements suprêmes.

Le préromantisme – qui coïncide en partie avec les romantismes allemand et anglais – et le postromantisme constituent des marges floues, servant de sutures pour assurer la continuité littéraire, harmoniser les évolutions des mentalités européennes. En annexant les révolutions et l'épopée impériale, ces notions réaccordent le temps littéraire au temps historique. Mieux vaut donc considérer les bruyantes écoles romantiques comme la phase cruciale d'un mouvement à long terme qui les englobe et les explique.

Le cycle séculaire (1770-1870)

Le « classicisme » français – qu'on ne peut appréhender qu'à travers des concepts contemporains du romantisme [voir **Classicisme**] – reposait sur trois bases primordiales : le rationalisme, confiance en l'intellect comme instrument de connaissance adapté au réel ; le christianisme, qui limite le rationalisme dans le domaine métaphysique et se concilie tant bien que mal avec lui ; l'humanisme gréco-latin, qui double la culture chrétienne et fournit des modèles qui restreignent l'influence du rationalisme en littérature. Sur une nature immuable et lisible, source des règles du Vrai, du Bien, du Beau, s'édifie un ordre culturel que définissent règles, conventions, interdits, équilibre subtil et fragile entre le rationalisme et l'autorité (dogmatique ou esthétique), entre l'humanisme et le christianisme, qui ne fonctionne au mieux que pendant deux ou trois décennies. Au XVIIIe siècle, ce compromis organique se déstabilise au profit du rationalisme, avec la conception d'un progrès indéfini des Lumières : mais la foi en une structure rationnelle de la nature, accordée à une raison humaine universelle, substitue des certitudes nouvelles à celles qu'on abandonne.

Cette réfection, le prestige exceptionnel des œuvres classiques, la politique de l'Empire et de la Restauration, étroitement conservatrice en matière de littérature et d'éducation, retardent le romantisme en France, tandis qu'en Angleterre et en Allemagne le classicisme, d'importation française, plus fragile, sans soutien officiel, n'exclut pas l'irruption précoce du sentiment de la nature (James Thomson, *les Saisons*, 1730), d'une mélancolie proche du morbide (Young, *Pensées de nuit*, 1745) ou d'une sentimentalité sans entraves (Richardson, *Clarisse Harlowe*, 1747-1748). Les accents nouveaux s'affirment dans la seconde moitié du siècle : primitivisme sombre des poèmes d'Ossian fabriqués par Macpherson (et publiés à partir de 1760) ; intimisme passionné et plaintif de William Cowper (1731-1800) ; et, en Allemagne, révolte brutale du mouvement *Sturm und Drang* (« Orage et Assaut ») [1770-1780], avec Goethe, Bürger, Klinger, Schiller. Les mouvements romantiques proprement dits fleurissent dans le premier quart du XIXe siècle (avec Wordsworth, Coleridge, Shelley, Keats, Byron ; Novalis, Tieck, les frères Schlegel, Hölderlin...). L'asynchronie et la singularité de l'évolution littéraire française expliquent le rôle des « marginaux » dans les débats théoriques (Suisses, comme Mme de Staël, Sismondi ou Benjamin Constant ; émigrés, comme Charles de Villers...), l'importance des problèmes de traduction et d'imitation de l'étranger, la vivacité polémique des débats (il faut conquérir des citadelles solidement tenues, vaincre le chauvinisme patriotique qui succède, après les défaites de 1814-1815, au cosmopolitisme du XVIIIe siècle).

Le romantisme refuse les bases rationnelles du classicisme et l'ordre qu'elles assurent : il nie et transgresse ce qu'il réduit à l'état d'arbitraire convention. Le grand refus culturel de Rousseau, la négation radicale de Sade sont déjà romantiques, comme les révolutions, ces transgressions politiques et sociales. Aux statismes institutionnels, aux disciplines collectives imposées par l'autorité du temps et de la raison s'affronte le dynamisme des sources profondes de la vie retrouvées par l'individu (le sentiment exacerbé du jaillissement de l'existence, la conscience de l'unicité personnelle). Le devenir triomphe de l'être ; bientôt la philosophie hégélienne situe l'absolu dans l'immanence au temps, et non plus dans la transcendance : la nature humaine elle-même se développe et se construit. Le mouvement romantique, pris dans toute son ampleur, manifeste donc, dans les domaines culturel, littéraire et artistique, la destruction de l'ordre classique, avant que ne s'affirment, dans le dernier tiers du XIXe siècle, des certitudes nouvelles : la réfection positiviste du rationalisme, ou, inversement, des philosophies à fondement irrationnel (celles de Schopenhauer, de Nietzsche ou de Bergson) ou des doctrines de l'inconscient ; il enferme les incertitudes d'une époque critique (pour reprendre la terminologie de Saint-Simon) qui s'ouvre avec le sensualisme de Locke ou d'Helvétius, agent dissolvant du rationalisme, et se clôt avec l'émergence de solutions métaphysiques et esthétiques radicales pour résoudre la crise.

La phénoménologie de l'expérience romantique doit donc prendre en compte le préromantisme – les « sources » françaises et étrangères – comme les issues réalistes et symbolistes qui, pourtant, s'opposent aux écoles romantiques. Elle est d'abord valorisation de la singularité individuelle par rapport aux hiérarchies sociales et à l'environnement collectif. C'est déjà le « Je est un autre » de Rimbaud que Rousseau lance comme un défi au début des *Confessions* : « Je ne suis fait comme aucun de ceux que j'ai vus ; j'ose croire n'être fait comme aucun de ceux qui existent. » Tout l'égotisme du Goethe de *Werther* (1774), de Chateaubriand, de Stendhal, et jusqu'au « culte du moi » de Barrès sont en germe dans ce cri ; le journal intime, symptôme d'attention exacerbée à la vie intérieure, date de la fin du XVIIIe siècle (avec Joseph Joubert et Maine de Biran). Les origines de cette réévaluation du moi sont complexes : elle se lie au rationalisme des Lumières qui érige l'individu en organe d'un *logos* primordial, universel, antérieur aux institutions concrètes. Mais une fois abandonnée l'objective autorité des faits et de la tradition, on peut découvrir en soi d'autres potentialités d'universel (le sentiment qu'exalte Rousseau, la sensibilité de Diderot, la passion qui emplit les lettres de Mlle de Lespinasse), ou même – mutation qualitative – une ipséité à imposer (à l'instar des héros sadiens, qui veulent atteindre l'hyperbole absolue du mal). Ainsi le premier romantisme – celui du XVIIIe siècle – conjugue hyperrationalisme (la volonté d'un établissement nouveau sur une nature dont on a trouvé la clef et la complétude, ce rêve de l'an I que veulent réaliser les révolutionnaires) et antirationalisme (la raison pensée comme aliénante). L'hypertrophie du moi n'est pas non plus sans rapport avec la désintégration de la société monarchique et féodale, sous la poussée de formes plus modernes d'organisation et de production qui exigent la liberté et l'initiative de l'individu : mais l'autonomie des entrepreneurs, des spéculateurs ou des politiciens n'entraîne pas celle de l'artiste ou du penseur, qui éprouvent une sensation croissante de discordance entre les structures de la société et les aspirations de la personne, entre les tares de l'industrialisme bourgeois et les rêves d'un idéal harmonieux. On ressent, enfin, l'usure d'un système d'expression désormais inapte à transmettre l'authenticité d'une expérience : confusément, on tente de contourner les règles, ou de trouver des territoires vierges et des voies anomiques hors des règles et des lois existantes (le drame bourgeois de Diderot, la comédie larmoyante de Nivelle de La Chaussée, le poème descriptif à la Saint-Lambert ou à la Delille, père honteux de la « descriptomanie » romantique si souvent stigmatisée, enfin le roman).

Dès la fin du XVIIIe siècle, le désaccord entre l'un – le moi – et le multiple – le non-moi, qu'il soit métaphysique, politique ou social – se module ou se hurle. « Inquiet, mécontent de tout et de moi, sans goût de mon état, sans plaisirs de mon âge, dévoré de désirs dont j'ignorais l'objet, pleurant sans sujet de larmes ; soupirant sans savoir de quoi ; enfin caressant tendrement mes chimères faute de rien voir autour de moi qui les valût » – voilà, à seize ans, un Rousseau qui va bientôt s'écrier : « J'étouffe dans l'univers. » Ce « mal du siècle » avant l'heure et avant la lettre, c'est déjà celui de René (le « vague des passions » : « On est lassé de tout sans avoir joui de rien »), l'« incomplet de la destinée » de Mme de Staël, le dégoût de Rolla chez Musset et encore l'apathie velléitaire de Frédéric Moreau dans *l'Éducation sentimentale* (1869) de Flaubert. Solitaire – comme René dans le Nouveau Monde, comme l'Oberman de Senancour dans la nature –, libre, insoumis, le romantique commence par contester la réalité au nom de ses rêves (d'où sa fascination devant les figures de la rébellion contre l'ordre, et même devant celles de la destruction : Prométhée, Caïn, Faust, Napoléon). Il s'attaque aux religions institutionnalisées, au nom d'un contact direct avec le sacré (le Vicaire savoyard, dans l'*Émile*, ne se soucie pas plus que Jocelyn des rigueurs du dogme) ; Hugo et Lamartine s'écartent de plus en plus d'une orthodoxie à laquelle Lamennais renonce tout à fait dans ses bibliques *Paroles d'un croyant* (1834) où il s'en prend à la morale traditionnelle (réhabilitant la prostituée, le forçat, l'être fatal et démoniaque, affranchi des contraintes ordinaires). Le romantique s'en prend aussi aux organisations politiques et sociales injustes (George Sand défend la femme, le paysan exploité ; Hugo exalte les « misérables »), aux esthétiques conventionnelles, en revendiquant la liberté artistique ou, du moins, le recours à des règles librement choisies.

Les solutions de l'affrontement composent toute la richesse du spectre romantique ; elles varient selon le modèle idéal auquel se confronte la réalité contestée ; la prédominance de la négativité (le refus) ou de la positivité (la concrétisation de l'idéal) ; la passivité ou l'activité, l'introversion ou l'extraversion de l'écrivain. L'attitude première reste la mélancolie, l'angoisse devant la solitude de l'homme dans la nature et dans la société, presque la terreur devant la « déstabilisation » des systèmes de valeur : Senancour, dans *Oberman* (1804), déploie toute la gamme de ces sentiments qui s'affaiblissent en lassitude et en ennui – la pose aristocratique, à la Chateaubriand ou à la Byron –, s'affadissent en bovarysme, s'exaspèrent en spleen baudelairien, mais constituent la basse continue, le fond sur lequel se détachent les confrontations douloureuses entre l'individu et son environnement culturel.

Des conduites de fuite peuvent éviter ou adoucir ce périlleux face à face. La plus fréquente est un passéisme nostalgique : ainsi le néo-classicisme, qui interrompt le cours du baroque tardif, du rococo, à partir de 1760. Pour la première fois dans l'histoire de l'Occident, au lieu de créer, on importe des formes anciennes, avec une adaptation minimale. La résurrection de Pompéi et d'Herculanum fascine, et comme ensemble de ruines (d'où la promotion littéraire et picturale de ce thème), et comme témoignage sur une vivante Antiquité dont la précision n'entrave pas la puissance de suggestion, la richesse fantasmatique. La Grèce frémissante de Chénier, le Bas-Empire des *Martyrs* de Chateaubriand le montrent assez. Bientôt la domination exclusive de l'antique fait place à la ronde éclectique de modes déjà « rétro » : l'ossianisme, le style « troubadour » ou la mode Louis XIII… *Poèmes antiques* (1852) et *Poèmes barbares* (1862) de Leconte de Lisle, *la Légende des siècles* (1859) de Hugo résument ces investissements presque séculaires de l'imagination dans des passés stratifiés et contrastés. On peut aussi fuir ailleurs, dans les lieux exotiques ou pittoresques, aux antipodes de la civilisation urbaine ; Rousseau découvre, au pied des Alpes, le charme de la nature sauvage ; Bernardin de Saint-Pierre et Chateaubriand se perdent dans la luxuriance des tropiques. Leur style évoque, représente, mime par son rythme et ses sonorités les formes et les couleurs (au lieu d'esquisser un cadre en quelques mots abstraits) ; Hugo, Gautier précisent et affermissent cette manière picturale, qu'on retrouve chez le jeune Zola lorsqu'il décrit la Provence. On peut se réfugier dans l'intimité de la famille et de la vie privée, dans la douceur de la sentimentalité calme, comme font, dans *la Nouvelle Héloïse*, Julie et Saint-Preux à Clarens : l'élégie romantique modulera sans relâche les joies du foyer, et l'intimisme connaîtra une glorieuse décennie, après 1830, à la suite des *Consolations* (1830) de Sainte-Beuve ou des *Feuilles d'automne* (1831) de Hugo. Par dégoût envers un siècle utilitaire et laid, on peut, comme Gautier ou Flaubert, entrer en art comme on entre en religion [voir **Art pour l'art (l')**]. Mais l'asile suprême, qui s'ouvre à ceux qui crient avec Baudelaire « N'importe où hors du monde », c'est l'imaginaire. « Le pays des chimères est en ce monde le seul digne d'être habité : et tel est le néant des choses humaines que, hors l'être existant par lui-même, il n'y a rien de beau que ce qui n'est pas », proclamait déjà Rousseau. Et Baudelaire clôt ainsi une célèbre définition, en 1846 : « Qui dit romantisme dit art moderne – c'est-à-dire intimité, spiritualité, couleur, aspiration vers l'infini. » Cet élan anime la passion de la beauté idéale, l'angélisme, la redécouverte du merveilleux populaire (celui des contes et des légendes), le fantastique, « l'épanchement du songe dans la vie réelle » (Nerval) et la tentation des paradis artificiels.

La dialectique entre le moi et le monde ne saurait, toutefois, s'apaiser et s'effacer dans le passéisme, l'exotisme ou la rêverie ; bien souvent elle débouche sur l'amère conviction que « l'action n'est pas la sœur du rêve » (pour reprendre la formule de Baudelaire) ; à la fin du XVIIIe siècle, l'hallucination romaine se heurte à l'offensante présence de l'édifice féodal que perpétue l'Ancien Régime ; sous la Restauration, le retour aux élégances gothiques souligne les platitudes de la société bourgeoise. Ainsi le romantique n'échappe pas à une confrontation avec l'extériorité objective : mais il peut adopter une attitude négative – refus passif ou mépris actif – ou, au contraire, œuvrer à une transformation prométhéenne.

Rousseau conjugue le refus atrabilaire et hypocondriaque de son époque et les projets de réinstauration politique et sociale (le *Contrat social* et l'*Émile*, en 1762) ; Chénier, l'élégiaque, est, en même temps, le polémiste et le pamphlétaire qui paiera de sa vie son engagement aux côtés des modérés dans les luttes révolutionnaires. Mais, en général, le premier romantisme tourne le dos à l'activité ; il se cantonne dans une plainte en tons mineurs, dans l'ennui, le dégoût du réel conçu comme absurde, le sentiment de l'impuissance.

D'où la mélancolie qu'inspire la nature ; d'où le goût des ruines, des cimetières, l'attrait du suicide : une nécrophilie rêveuse. Millevoye chante « le Jour des Morts », « la Chute des feuilles », « le Poète mourant », dans ses élégies publiées au cœur même de l'Empire. La fille du poète persan expire sur la tombe de son père :

Sa voix mourante à son luth solitaire
Confie encore un chant délicieux,
Mais ce doux chant, commencé sur la terre,
Devait, hélas ! s'achever dans les cieux.

Lamartine, dans les *Méditations*, Sainte-Beuve, dans *Joseph Delorme*, et une foule d'élégiaques reprennent ce thème du poète mourant. Delille, dénoncé comme le paradigme du néo-classicisme, confie :

J'aime à mêler mon deuil au deuil de la nature.
Bonheur des malheureux, tendre mélancolie.

Fontanes, grand maître de l'Université sous l'Empire, contemple le cimetière en hiver :

L'if et le buis lugubre, et le lierre stérile,
Et la ronce à l'entour croissent de toutes parts ;
On y voit s'élever quelques tilleuls épars ;
Le vent court en sifflant sur leur cime flétrie.
Non loin s'égare un fleuve, et mon âme attendrie
Vit, dans le double aspect des tombes et des flots,
L'éternel mouvement et l'éternel repos.

Méditations qui hantent Gautier (*la Comédie de la mort*, 1838), et même, devant les tombes de Jaffa, Flaubert : « Je humais à la fois l'odeur des citronniers et celle des cadavres ; le cimetière défoncé laissait voir les squelettes à demi pourris, tandis que les arbustes verts balançaient au-dessus de nos têtes leurs fruits dorés. Ne sens-tu pas combien cette poésie est complète, et que c'est la plus grande synthèse ? »

Le poète peut mourir, vaincu, dans l'obscurité et la déréliction, comme Gilbert et Malfilâtre au XVIIIe siècle (pour citer des frères moins illustres de Chatterton), ou, comme maint « petit romantique », dans l'oubli, l'échec, la folie. Il peut aussi crier, dramatiser sa mort en suicide (Werther) ou en apothéose héroïque (Byron). Dès le dernier quart du XVIIIe siècle, la mode werthérienne sévit (Ramond, l'historien des Pyrénées, produit, en 1777, avec *les Dernières Aventures du jeune d'Olban*, une réplique du roman allemand), et, sous la Restauration, la jeunesse donne dans le byronisme, détachement passionné, cynisme de grand seigneur, philanthropie sans chaleur, amertume égotiste ; Musset, Gautier (à un moindre degré) adoptent ce persiflage distant, au sourire crispé. Avec plus de sincérité, la révolte enflamme mainte élégie de Marceline Desbordes-Valmore, compatissante au sort des femmes et des prolétaires, les *Iambes* (1831) de Barbier, les *Châtiments* (1853) de Hugo, ou la critique nerveuse de Barbey d'Aurevilly.

Le combat entre l'ordre extérieur et les aspirations intérieures, secret, puis ouvert, débouche sur la volonté de transformer le monde, surtout après les épopées de la Révolution et de l'Empire, qui ont montré l'emprise de l'homme sur l'histoire et la carrière offerte au génie. Une attitude positive tend à remplacer le refus : avec Stendhal et Balzac, la littérature épouse le siècle ; elle se veut, selon la formule de Bonald, « l'expression de la société ». Amaury, le faible héros de *Volupté* (1834) de Sainte-Beuve, s'enfièvre au spectacle du Premier consul chevauchant devant ses armées victorieuses ; il finit par devenir prêtre, évêque, et part évangéliser le Nouveau Monde. Chez Balzac, Félix de Vandenesse, après la mort de Mme de Mortsauf, « le lys dans la vallée », réagit en se lançant dans l'action (comme Rastignac).

LE MAL DU SIÈCLE

Le concept de « mal du siècle » apparaît après 1830 pour désigner une forme spécifique de « maladie morale », donnée comme le propre d'une époque (allemand : Zeitgeist*), discordance douloureuse entre les aspirations du moi et l'ordre du monde (allemand :* Weltschmerz*, « douleur relative au monde »). Musset écrit dans sa* Confession d'un enfant du siècle *(1836) : « Toute la maladie du siècle présent vient de deux causes : le peuple, qui a passé par 93 et par 1814, porte au cœur deux blessures. Tout ce qui était n'est plus ; tout ce qui sera n'est pas encore. Ne cherchez pas ailleurs le secret de nos maux ». Il faut néanmoins trouver des origines plus lointaines : à partir de 1760 environ, les anciennes certitudes, qui permettaient une vision commune de l'univers, vacillent ; le dogme chrétien est attaqué par les Philosophes ; le rationalisme, qui postulait l'intelligibilité de l'homme et du cosmos, et promettait un progrès indéfini de la connaissance, est contesté par le sensualisme, qui soumet l'intellect à l'obscure loi des choses, par la revalorisation du sentiment ou de l'émotion, désormais constitutifs de la singularité individuelle, sources de la moralité et même du savoir.*

L'homme ne dispose donc plus des instruments éprouvés – logique, morale et métaphysique – qui lui accordaient, au centre de la création, une place, un rang et une tâche. Cette crise culturelle se traduit d'abord par la conscience d'une unicité solitaire, d'une disjonction entre le moi et le non-moi : « J'étais seul, seul sur la terre ! » s'écrie le René de Chateaubriand, modulant en mineur l'orgueilleuse proclamation que Rousseau avait jetée en tête de ses Confessions*. L'individu sent bouillonner en lui un désir d'action, d'amour, d'idéal, que les structures sociales et mentales ne lui permettent ni d'exprimer ou de réaliser ni même de comprendre tout à fait. De là une dénomination floue – rapporter le phénomène à l'époque (ou à un type littéraire, comme dans l'expression jumelle « le mal de René ») est une façon de le singulariser en renonçant à l'expliquer ou à le situer dans une tradition – et de multiples définitions, comme le « vague des passions » (Chateaubriand), ce contraste entre l'essor de l'imagination et la pauvreté de l'existence concrète, qui débouche sur une lassitude prématurée, ou « l'incomplet de la destinée » de Mme de Staël.*

Le mal du siècle est donc la souffrance issue du désaccord entre une âme infiniment avide et les obstacles que lui oppose la réalité finie : inhérent à la condition humaine, il s'exaspère et s'hypertrophie jusqu'à constituer l'atmosphère intellectuelle et affective caractéristique de l'expérience romantique. Il connaît, cependant, des modulations diverses : chez Senancour, un morne et mortel abattement glace le cœur du héros : « Tout existe en vain devant lui, il vit seul, il est absent dans le monde vivant » ; chez Vigny, devant l'hostilité du monde, l'homme se raidit dans une retraite silencieuse et orgueilleuse ; pour Musset, un intime désespoir taraude les sourires de la poésie :

L'âme, rayon du ciel, prisonnière invisible,
Souffre dans son cachot de sanglantes douleurs.

Les personnages hugoliens éclatent en invectives, et l'impassibilité d'artiste qu'affecte Leconte de Lisle cache une hantise de la mort, ce remède suprême – et absurde – au non-sens de l'Être.

L'affrontement entre le moi et le monde peut se résoudre par l'effacement du moi : le suicide werthérien, la fusion avec la nature, le refuge dans les sphères de l'art ou dans la tour d'ivoire de la pensée, la fuite dans la rêverie nostalgique sur le passé ou l'ailleurs, le repli dans le cercle protégé de la famille ou de l'amitié. L'individu peut, au contraire, se dresser contre le siècle qui l'accable, revendiquer sa propre valeur, et même embrasser ce qui le fascine, transformer sa douleur en fureur de vivre, faire de son rêve de fraternité une réalité : attitude active, qui est celle des héros stendhaliens ou balzaciens. Mélancolie prompte à l'auto-analyse, égotisme, « culte du moi », valorisation de la singularité, passion des solidarités communautaires : tous ces traits du mal du siècle se retrouvent chez Gide, Camus ou Sartre et, loin de constituer des épiphénomènes éphémères et anecdotiques, composent un aspect essentiel de la mentalité contemporaine.

D. Madelénat

Retour à la religion chez le Chateaubriand du *Génie du christianisme* (1802) et les jeunes écrivains qui se réclament de lui en 1820, le romantisme redécouvre le « sens numineux (du latin *numen*, « volonté divine ») de l'existence » (pour reprendre l'expression de Jung) et fuse bientôt en créations nouvelles. Benjamin Constant (*De la religion*, 1831) oppose la constance du sentiment religieux à l'arbitraire variable des formes cultuelles ou des dogmes qu'il faut périodiquement briser. Les révolutionnaires avaient tenté d'imposer le culte décadaire de l'Être suprême, avec des cérémonies sentimentales et suggestives. Au XIXe siècle, bien des poètes se font une foi personnelle, assortie d'une mythologie singulière : Hugo ; Nerval, familier des illuminismes et des ésotérismes, dont le *Voyage en Orient* (1843-1851) est une initiation et dont *les Chimères* (1854) se voilent dans une obscurité hiéroglyphique. Vigny, Quinet réinterprètent et transforment le christianisme. Les socialistes eux-mêmes veulent relier la modernité au sacré : l'industrialisme de Claude-Henri, comte de Saint-Simon, se couronne de mystique communautaire, avec ses rites et son sacerdoce ; vingt ans plus tard, le positivisme d'Auguste Comte – formé auprès de Saint-Simon – engendre une « religion de l'humanité » avec une autre vierge-mère, une nouvelle Trinité, et, pour conserver la doctrine, un clergé constitué de savants. En général, les notions cruciales du christianisme – révélation, faute originelle, chute, expiation, rédemption – sont remaniées dans un sens élargi et optimiste, avec la perspective d'un total rachat qui aboutirait à la réintégration de Satan lui-même dans la sphère des élus.

Cette créativité religieuse commande une nouvelle morale qui privilégie l'intention, l'impulsion intime, aux dépens des codes objectifs et formels : éthique de la générosité, de l'amour, qui justifie les héros prométhéens ou faustiens et anime une volonté de transformation politique et sociale ; directement chez les réformateurs ou les révolutionnaires influencés par un christianisme humanitaire, comme Fourier, Cabet ou Pierre Leroux ; indirectement chez les littérateurs « engagés », comme un Lamartine, qui milite pour la démocratie, ou un Hugo, touché par les misères des mansardes et des faubourgs, croyant, cependant, au « grand fil mystérieux du labyrinthe humain, le Progrès ». Ce progressisme, hérité des Lumières, désormais heurté, tragique, se résume dans *la Légende des siècles* : si l'« épopée humaine » se traduit par une sombre mêlée, un « bloc d'obscurité funèbre », elle est aussi l'histoire de « l'homme montant des ténèbres à l'idéal, la transfiguration paradisiaque de l'enfer terrestre, l'éclosion lente et suprême de la liberté ». C'était déjà la philosophie historique de Michelet et de Quinet.

Mais ce que le romantisme a surtout fondé, c'est une littérature totale, absolue, qui assume et déchiffre toute l'expérience humaine – celle du créateur et celle de la collectivité –, qui recueille les fonctions laissées en déshérence par l'écroulement des anciennes croyances, qui dise le sens de l'Être. Les réglementations classiques de l'objet littéraire faisaient de cet objet une abstraction, un objet fabriqué – un artefact – soumis à l'appréciation des connaisseurs, voué à refléter une nature choisie. La liberté romantique permet un désenclavement de la littérature et une revitalisation de l'œuvre où priment des qualités de naturel, d'expressivité, de résonance symbolique, de puissance qui sollicitent l'adhésion d'un public élargi. Le roman, genre informel par excellence, le lyrisme élégiaque, confidentiel, plus ou moins narratif, deviennent les médias dominants et tendent à se dilater en « sommes » qui visent à un art total. George Sand, dans l'*Histoire de ma vie* (1854), transcrit ainsi ses juvéniles réflexions : « Puisque toute religion est une fiction, se dit l'enfant, faisons un roman qui soit une religion. » Balzac crée un monde, prêche, démontre : il pénètre les rouages secrets de la société et du comportement humain comme un chirurgien avide de tout expliquer à la pointe de son scalpel. Pour Michelet, « chaque homme est une histoire universelle », et la fusion avec le passé revêt l'aspect d'une expérience mystique : « Mes peuples se font moi, mon moi retourne animer les peuples. » Lamartine projette une gigantesque épopée religieuse, en neuf « visions » consacrées, chacune, à une réincarnation de l'ange Cédar (seuls en sont écrits les dix mille vers de *Jocelyn* et les onze mille de *la Chute d'un ange*) : le métaphysique y gouverne une philosophie de l'Histoire, comme dans l'ensemble inachevé de Hugo, *la Légende des siècles*, *la Fin de Satan*, *Dieu*, qui éclaire l'aventure humaine à la lumière d'une cosmologie et d'une sotériologie. Le penseur, visionnaire, « voit dans les choses plus que les choses », comme l'écrivait Hugo à vingt ans, perce le masque des apparences, décrypte les « correspondances », les structures secrètes de l'univers : en face de l'illusion, ses « inventions » parlent le langage de la plus profonde vérité.

Ainsi le spectre des attitudes romantiques se déploie entre l'angoisse de la solitude et les cris de l'affrontement avec le monde, les ivresses ou les espérances de l'engagement et de la création, entre le doute et la foi. Hugo sent « près du besoin de croire un besoin de nier » ; Lamennais va du passéisme au progressisme ; Sainte-Beuve passe de l'athéisme au saint-simonisme, puis se rapproche du catholicisme, pour glisser lentement au scepticisme ; en Delacroix, ce coloriste passionné, vit la nostalgie de l'ordre classique. C'est dire que beaucoup assument les contradictions ou les diversités d'une époque littérairement prompte aux transgressions, qui prosaïse parfois la poésie et poétise la prose ; qui réalise parfois le rêve et qui rêve souvent la réalité.

Le romantisme, concept esthétique ?

De 1850 à 1870, la grande ambition romantique d'une littérature synthétique, sacramentelle et populaire, embrassant le réel et l'idéal, s'éteint. Les rêves futuristes, les niaiseries humanitaristes, les utopies – phalanstères et icaries – sont brocardés par Proudhon ou par Marx au nom d'une connaissance scientifique du monde. Leconte de Lisle attaque les « montreurs » qui font parade de leurs douleurs intimes, Baudelaire fulmine contre « l'hérésie de la passion », Verlaine « tord le cou » à l'éloquence facile. L'homme occidental commence de ressentir comme inhumain et aliénant ce progrès scientifique et culturel où il avait placé tant d'espoirs ; le pessimisme succède à l'optimisme ; le souci formel, la volonté d'art pur sont aux antipodes d'un courant réaliste de plus en plus dogmatique ; cette tension entre l'esthétique de l'artifice, du symbole, et celle de la *mimesis* apparaît comme la crise finale qui affecte les rapports entre le créateur et la nature, rapports établis depuis la Renaissance et que la rupture des années 1770 avait commencé de déstabiliser ; bientôt, sous la poussée des philosophies de l'inconscient – celles de Schopenhauer, de Nietzsche, de Freud –, ces notions mêmes de nature et de conscience créatrice voleront en éclats ou deviendront problématiques et objets de soupçon, libérant l'artiste des principes avec lesquels il rusait (l'imitation de la réalité et ses règles) et dévalorisant la fonction confidentielle de l'œuvre.

Or, malgré cette extinction du mouvement, en réaction contre l'impersonnalité du « nouveau roman » ou les jargons pesants – souvent incompris ou détournés de leur sens – de la psychanalyse et du structuralisme, des écrivains contemporains se sont voulus de « nouveaux romantiques » et ont entrepris de réhabiliter le sentiment, la passion, une littérature irriguée par le vécu. Avant eux, on avait parlé du « romantisme des classiques » et du « classicisme des romantiques » ; on avait qualifié de « romantiques » certaines tendances de l'Antiquité tardive ou de la Renaissance. Le concept de romantisme a donc échappé à sa fonction de dénotation historique (même élargie au mouvement à long terme), pour s'intégrer à un répertoire de catégories esthétiques générales.

Cette extension de sens conserve-t-elle la riche compréhension, poussée jusqu'à l'ambiguïté et aux limites de la contradiction, qui caractérisait l'expérience romantique ? Ou s'accompagne-t-elle, à la fois, d'un appauvrissement et d'une certaine confusion ? C'est un problème débattu depuis plus d'un siècle. Dès 1843, Sainte-Beuve écrit : « Je suis de ceux qui estiment que l'école dite romantique a été dissoute par le fait même de la révolution de Juillet. » En ne considérant que les faits ponctuels, Sainte-Beuve instaurait une tradition nominaliste dans l'historiographie littéraire française : le romantisme regrouperait, arbitrairement, certains traits, plutôt péjoratifs, de la modernité (étalage du moi avec ses songes, ses chimères, son affectivité singulière ; production d'une littérature « industrielle », où la forme compte peu...). Goethe résume cette optique, à l'avance, en une formule frappante : « Le classicisme, c'est la santé. Le romantisme, c'est la maladie. » Se servir du mot romantisme, selon Valéry, c'est « avoir perdu tout sens de la rigueur » ; pour Gide, pour la critique nationaliste (Pierre Lasserre, *le Romantisme français*, 1907 ; Léon Daudet, *le Stupide XIXe siècle*, 1921), le classicisme est la nature véritable du génie français ; le romantisme est par rapport à lui un désordre, une entropie, une malsaine corruption, où fourmillent des symptômes incohérents d'anarchie généralisée (égoïsme et humanitarisme ; aspirations à l'exaltation et à la disparition du moi dans la fusion avec Dieu ou dans une nature panthéistique ; modernisme et passéisme ; fantastique et réalisme ; confidence et pose...).

Or, quand Mme de Staël l'importe en France, le concept de romantisme, élaboré par les frères Schlegel, possède un contenu positif et synthétique, et prend place dans une analyse esthético-historique de l'évolution littéraire. À l'antithèse géographique ou ethnique entre le Midi et le Nord, entre les Latins et les Germains, se substitue la rivalité de deux conceptions et de deux représentations du monde : la poésie classique, fille de l'Antiquité et du paganisme ; la poésie romantique, « née de la chevalerie et du christianisme ». La seconde assume la complexité de l'âme moderne, l'inquiétude née de la responsabilité personnelle, tout le prix qu'attache le chrétien à l'aventure individuelle du salut et à ses rapports uniques avec un Dieu que la beauté idéale, tout intérieure, permet de pressentir au milieu de l'exil terrestre. Et, originellement, l'opposition historique dérive du couple conceptuel « objectivité-subjectivité », défini et mis en œuvre par Kant, utilisé par Schiller, qui distingue la poésie « naïve », naturelle, réaliste, objective, impersonnelle, plastique (celle des Anciens), et la poésie « sentimentale », réflexive, consciente d'elle-même, personnelle, subjective, musicale, aux prises avec le gouffre qui sépare la réalité de l'idéal : celle des Modernes. En face de l'heureuse unité – ressentie par Homère – d'une fatalité qui englobe l'homme et l'univers, la solitude amère et l'insatisfaction de Dante ; en face de la sérénité goethéenne, la douloureuse tension schillérienne. Hegel, dans son *Esthétique*, montre l'art classique comme l'« heureux accord entre la forme et l'idée », l'unité vivante des deux extrêmes, la nature et l'esprit, sous un aspect fini et déterminé, la « représentation parfaite de l'idéal », et l'art romantique comme l'abandon de cet accord avec le monde sensible, la recherche par l'esprit de « sa véritable harmonie au sein de sa nature intime », son retrait « dans son monde propre, dans le monde spirituel du sentiment et de l'âme, en un mot, de l'intériorité ».

Initialement et fondamentalement, le concept de romantisme renvoie donc à une scission profonde entre l'homme et la nature, en même temps qu'à la revendication d'une unité supérieure, proprement poétique. D'où la fameuse définition de Frédéric Schlegel, exprimant cette annexion globale : « La poésie romantique est une poésie universelle progressive. Elle n'a pas pour seule destination de refaire l'union de tous les genres poétiques différents et de mettre la poésie en contact avec la philosophie et la rhétorique. Elle veut aussi mêler par moments, et à d'autres moments fondre ensemble, la poésie et la prose, la génialité et la critique, la poésie artiste et la poésie naturelle ; elle veut rendre vivante et sociable la poésie, poétique la société. » Le classicisme vise une harmonie dans la limite, la discipline, la hiérarchie acceptées, dans la parfaite adéquation de la forme au contenu ; le romantisme, dans une liberté illimitée, dans l'infini de l'imagination créatrice, recherche une réconciliation supérieure, une synthèse transcendante. Mais la démesure de son dessein fait souvent, de ses tentatives, une « longue dissonance sans résolution finale », pour reprendre la métaphore de Franz Liszt.

Ainsi compris comme une attitude conflictuelle, dynamique, une conscience de la scission et une aspiration à la fusion, le romantisme, débarrassé de l'anecdote, apparaît à l'horizon de maint classicisme comme le soupçon d'une extériorité dangereuse et séduisante ; il confère une vibration et une résonance indéfinie aux chants qui se veulent les plus précis et les plus sereins. Il pressent le désordre sous l'ordonnance hiérarchisée, la violence déchaînée sous les mots calmes, les forces sous la stabilité des choses ; il tend à faire de l'œuvre littéraire, explicitement conçue comme une « imitation » raisonnable de la nature, l'instrument d'une exploration de l'illimité. Autonomisation de la forme, le maniérisme répète des schèmes jugés efficaces ; généralisation de la mobilité phénoménale, le baroque multiplie à l'infini le jeu des apparences : mais, en théâtralisant et en prodiguant les figures de l'universel changement, il les allège de toute signification tragique. Le romantisme refuse cette issue ludique ; il accentue la confrontation pathétique entre un moi avide de permanence et un monde hostile ; il refuse de confiner la littérature dans le maniement agréable de procédés, dans la construction de leurres, pour l'élever à la dignité d'initiation, de rite grave, de vision sacrée.

On pourrait donc envisager l'antithèse « classicisme-romantisme » comme la traduction littéraire de l'opposition philosophique entre le limité et l'illimité (le *peras* et l'*apeiron*), entre l'apollinien et le dionysiaque de Nietzsche deux pôles de toute vision du monde et de toute conception de l'œuvre d'art. Sainte-Beuve, lorsqu'il étudie le « mal de René », écrit déjà : « À voir le mal dans son principe, la mélancolie moderne était née bien auparavant. On ne la chercherait pas en vain dans Lucrèce, le poète de la nature. Saint Augustin la trouvait déjà dans Virgile, et il en est lui-même le plus sensible exemple. » Et, sans doute, ce qui différencie *l'Énéide* des épopées homériques, c'est un romantisme contenu par la conscience esthétique la plus stricte, le classicisme le plus volontaire. Énée, pieux, grave, hésitant, rêveur, sujet à des accès de fureur impuissante, seul en face d'une patrie qui s'écroule et de l'immensité inconnue, visionnaire, prophète, véritablement « démonique », est, par certains aspects, un héros romantique. Quand Anchise lui montre les âmes qui bourdonnent en essaims autour du fleuve Léthé, il soupire : « Ô mon père, est-il donc croyable que des âmes remontent d'ici à l'air et retournent de nouveau à la lourdeur des corps ? Quel est ce désir si insensé de lumière qui s'empare de ces malheureuses ? » Nostalgie douloureuse d'un au-delà paisible, lassitude devant l'action : on perçoit l'arrière-plan psychologique de maint personnage moderne. Ainsi, l'art des ruptures, des surprises, des anacoluthes que manie si bien Virgile est l'ombre discrète des infractions romantiques à la narration claire, unie, rationnelle. Dans la lyrique médiévale, l'efflorescence de la civilisation chevaleresque, les hardies démesures du gothique, les rêveries des poètes baroques comme Saint-Amant ou Théophile de Viau, les accents tendus de l'héroïsme cornélien, les cris passionnés des femmes de la tragédie racinienne, on retrouverait, éclatant ou voilé, ce côté romantique de la littérature française (symétrique de l'armature rhétorique ou de l'ordre structurel conservés par Hugo, Lamartine ou Vigny : ce côté classique du romantisme français).

Dans le Parnasse, le naturalisme, le symbolisme, Albert Thibaudet voit « des décompositions ou des transformations du romantisme », les enfants rebelles des grandes espérances de 1830. L'ennui, le dégoût du monde, la quête de multiples ailleurs teintent la pensée de Flaubert ou de Mallarmé ; Gide, Valéry, Julien Benda, Alain peuvent bien réagir contre la littérature facile, la pseudo-sincérité confidentielle, l'informalité « inspirée », pour promouvoir un classicisme nouveau, fait de conscience et de sévérité dans l'agencement des idées et des mots, l'époque contemporaine reste pétrie d'un romantisme évident chez le Gide des *Nourritures terrestres*, avec sa sensualité naturiste, chez le Suarès du *Voyage du Condottiere* plongé dans des méditations heurtées avec l'Histoire qu'il ressuscite, chez le Claudel de *Tête d'Or* ou du *Soulier de satin*, chez les romanciers de l'héroïsme comme Saint-Exupéry ou Malraux. Les surréalistes eux-mêmes se sont reconnus des poètes romantiques pour ancêtres. L'écrivain du XXe siècle peut se déclarer « néo-classique », défendre les contraintes salutaires qui font les chefs-d'œuvre, il ne renonce pas à la stature solitaire et démiurgique, au magistère politique et social, à la création absolue qu'avaient illustrés Hugo ou Balzac. Il exprime son individualité avec moins de projection fantasmatique : les vampires, les djinns, les spectres, ce sont désormais les pulsions ou les complexes de la vie inconsciente, explicitement assumés et explorés ; mais l'écrivain moderne n'abandonne pas, pour autant, la contestation permanente (révolte et révolution), la reprise ou la réinterprétation de symboles et de mythes, les rêveries exotiques et historiques, bref, l'exploration libre du trésor culturel de l'humanité redécouvert par les romantiques après que le classicisme l'a réduit à une tradition étroite et codifiée.

Le romantisme s'est donc intégré à la conscience littéraire, purifié par les réactions contre ses poncifs et son bavardage. Il s'est radicalisé dans la poursuite passionnée de la vie qui anime le naturalisme, dans la nostalgie d'un ciel idéal qui traverse le symbolisme, dans « le dépliement de la grande aile poétique » (Claudel) au début du XXe siècle, dans les sarcasmes de Céline, les voyages de Michaux ou la révolte de Camus. Ainsi délivré, décanté, il apparaît comme le pôle dominant de la modernité (le classicisme se réduisant à l'état d'aspiration ou de regret). Il n'est pas seulement, comme l'écrivait Musset, « l'étoile qui pleure », « le vent qui vagit », « la nuit qui frissonne, la fleur qui vole et l'oiseau qui embaume », « le jet inespéré, l'extase alanguie, la citerne sous les palmiers et l'espoir vermeil et ses mille amours, l'ange et la perle, la robe blanche des saules ». Il n'est pas seulement la crise séculaire de négativité, de rejet, qui marque le passage de l'esthétique classique à l'abandon du principe d'imitation de la nature. Il est aussi et surtout une intuition plus ou moins aiguë ; il pressent l'ambiguïté et la facticité de l'ordre rationnel, le tragique de la condition humaine, l'incomplétude du monde, en même temps que les possibilités illimitées de l'œuvre artistique, qui exacerbe les tensions, aiguise la rébellion et promet une harmonie réconciliée.

	HISTOIRE – LITTÉRATURES ÉTRANGÈRES	**LITTÉRATURE FRANÇAISE**
1723-1774	**Règne de Louis XV.**	
1730	Thomson, *les Saisons.*	
1740	Richardson, *Pamela.*	
1742-1745	Young, *les Nuits.*	
1760-1767	Sterne, *Tristram Shandy.*	

	HISTOIRE – LITTÉRATURES ÉTRANGÈRES
1761	Macpherson, *Ossian.*
1764	Walpole, *le Château d'Otrante.* Winckelmann, *Histoire de l'art antique.*
1767-1769	Lessing, *Dramaturgie de Hambourg.*
1773	Goethe, *Goetz de Berlichingen.*
1774-1792	Règne de Louis XVI.
1774	Goethe, *les Souffrances du jeune Werther.*
1781	Schiller, *les Brigands.*
1785	Cowper, *la Tâche.*
1789	Blake, *les Chants de l'innocence.*
1789-1799	**Révolution française.**
1794	Ann Radcliffe, *les Mystères d'Udolphe.*
1795	Lewis, *le Moine.*
1797	Goethe, *Hermann et Dorothée.*
1798	Wordsworth et Coleridge, *Ballades lyriques.*
1799-1804	**Le Consulat est instauré à la suite du coup d'État du 18 brumaire.**
1800	Jean-Paul, *Titan.* Novalis, *Hymnes à la nuit.* Foscolo, *Odes.*
1801	Schiller, *Marie Stuart.*
1802	Novalis, *Henri d'Ofterdingen.*
1803	Coleridge, *Poèmes.*

	LITTÉRATURE FRANÇAISE
1761	Rousseau, *la Nouvelle Héloïse.*
1762	Rousseau, *Du contrat social ; Émile.*
1767-1770	Rousseau écrit les *Confessions* (publiées en 1782).
1776-1778	Rousseau écrit les *Rêveries du promeneur solitaire* (publiées en 1782).
1784	Bernardin de Saint-Pierre, *Études de la nature.*
1788	Mme de Staël, *Lettres sur les ouvrages et le caractère de Jean-Jacques Rousseau.* Bernardin de Saint-Pierre, *Paul et Virginie.*
1791	Sade, *Justine.*
1796	Bernardin de Saint-Pierre, *Harmonies de la nature* (publiées en 1815).
1797	Chateaubriand, *Essai sur les révolutions.*
1800	Sade, *les Crimes de l'amour.* Mme de Staël, *De la littérature.*
1801	Chateaubriand, *Atala.*
1802	Chateaubriand, *Génie du christianisme* avec *René.*
1803	Nodier, *le Peintre de Salzbourg.*

	HISTOIRE – LITTÉRATURES ÉTRANGÈRES		LITTÉRATURE FRANÇAISE
1804-1814	**Premier Empire.**		
1804	Schiller, *Guillaume Tell.*	**1804**	Senancour, *Oberman.*
		1807	Mme de Staël, *Corinne.*
1808	Goethe, *Faust* (première partie), *les Affinités électives.* Fichte, *Discours à la nation allemande.*	**1808**	Fourier, *Théorie des quatre mouvements.*
		1809	Chateaubriand, *les Martyrs.*
1810	Walter Scott, *la Dame du lac.*	**1810**	Mme de Staël, *De l'Allemagne* (1re édition, détruite sur ordre de l'Empereur).
1811	La Motte Fouqué, *Ondine.*		
1812	Byron, *Childe Harold* (I et II).		
1812-1857	Les frères Grimm, *Contes de l'enfance et du foyer.*	**1812**	Millevoye, *Élégies.*
1814-1815	**Première Restauration.**		
1815	**Les Cent-Jours, Waterloo.**	**1815**	Début de la traduction – et de la vogue – des romans de Walter Scott.
1815-1824	**Règne de Louis XVIII.**		
1816	Hoffmann, *les Élixirs du diable.*	**1816**	Benjamin Constant, *Adolphe.*
1817	Byron, *Manfred.* Keats, *Poèmes.*	**1817**	Lamennais, *Essai sur l'indifférence en matière de religion.* Stendhal, *Rome, Naples et Florence.* Stendhal, *Histoire de la peinture en Italie.*
1818	Keats, *Endymion.* Grillparzer, *Sappho.* Shelley, *les Cenci.*	**1818**	Marceline Desbordes-Valmore, *Élégies et romances.*
1819	Byron, *Don Juan* (publié jusqu'en 1824). Walter Scott, *Ivanhoé.*	**1819**	Publication par Henri de Latouche des *Poésies,* d'André Chénier.
1820	Keats, *Hyperion.* Shelley, *Prométhée délivré.*	**1820**	Début des grandes traductions de Shakespeare, Goethe, Schiller, Byron. Lamartine, *Méditations poétiques.* Fourier, *le Nouveau Monde industriel et sociétaire.*
1821	Heine, *Poésies.* Walter Scott, *Kenilworth.*		
1822	Leopardi, *Poésies.* Hoffmann, *le Chat Murr.*	**1822**	Hugo, *Odes.* Vigny, *Poèmes.* Nodier, *Trilby.*
1823	Walter Scott, *Quentin Durward.* Heine, *Intermezzo.*	**1823**	Hugo, *Han d'Islande.*
1824	Mort de Byron à Missolonghi.	**1823-1824**	*La Muse française.* Salon de Nodier à l'Arsenal. *Le Globe,* journal fondé par Paul-François Dubois et Pierre Leroux.
1824-1830	**Règne de Charles X.**		

	HISTOIRE – LITTÉRATURES ÉTRANGÈRES		LITTÉRATURE FRANÇAISE
		1824-1828	Barante, *Histoire des ducs de Bourgogne.*
1825	Pouchkine, *Boris Godounov.*		
1826	Fenimore Cooper, *le Dernier des Mohicans.*	**1826**	Vigny, *Cinq-Mars ; Poèmes antiques et modernes.* Hugo, *Odes et Ballades.* Nerval, *Élégies nationales*
1827	Manzoni, *les Fiancés.* Heine, *Livre des chants.*	**1827**	Hugo, *Cromwell* et sa « Préface ».
1828	Platen, *Poésies.*	**1828**	Deschamps, « Préface » des *Études françaises et étrangères.*
		1829	Sainte-Beuve, *Vie, Poésies et Pensées de Joseph Delorme.* Hugo, *les Orientales, Marion Delorme.* Balzac, *les Chouans.* Dumas père, *Alexandre III et sa cour.*
1830	Leopardi, *Chant nocturne d'un pâtre errant dans les déserts de l'Asie.*	**1830**	Hugo, *Hernani.* Lamartine, *Harmonies poétiques et religieuses.* Musset, *Contes d'Espagne et d'Italie.* Stendhal, *le Rouge et le Noir.*
1830-1848	**Règne de Louis-Philippe, à la suite de la révolution de Juillet.**		
1831	Edgar Poe, *Poèmes.* Leopardi, Canti.	**1831**	Hugo, *Notre-Dame de Paris ; les Feuilles d'automne.* George Sand, *Indiana.* Balzac, *la Peau de chagrin.* Barbier, *Iambes.* Dumas père, *Antony.*
		1831-1842	Auguste Comte, *Cours de philosophie positive.*
1832	Pellico, *Mes prisons.*	**1832**	Vigny, *Stello.* Pétrus Borel, *Rhapsodies.*
1833	Goethe, *Faust* (deuxième partie, posth.). Heine, *l'École romantique.* Pouchkine, *Eugène Onéguine.* Tennyson, *Poèmes.*	**1833**	Quinet, *Ahasvérus.* George Sand, *Lélia.* Philothée O'Neddy, *Feu et Flamme.* Michelet, *Histoire de France,* des origines au Moyen Âge (publication jusqu'en 1844).
		1834	Sainte-Beuve, *Volupté.* Lamennais, *Paroles d'un croyant.*
1835	Gogol, *le Journal d'un fou ; Taras Boulba* (dans *Récits de Mirgorod*). Andersen, *Contes* (jusqu'en 1872). Büchner, *la Mort de Danton.*	**1835**	Vigny, *Chatterton ; Servitude et grandeur militaires.* Hugo, *les Chants du crépuscule.* Musset, *Lorenzaccio ; Nuits* de mai et de décembre.
1836	Dickens, *les Aventures de M. Pickwick.* Emerson, *la Nature.* Gogol, *le Révizor.*	**1836**	Lamartine, *Jocelyn.* Musset, *Confession d'un enfant du siècle.* George Sand, *Mauprat.* Gautier, *Mademoiselle de Maupin.*
1837	Dickens, *Olivier Twist.* Lenau, *Faust.*	**1837**	Balzac, *Illusions perdues.*
1838	Poe, *les Aventures d'Arthur Gordon Pym.*	**1838**	Lamartine, *la Chute d'un ange.* Hugo, *Ruy Blas.*

	HISTOIRE – LITTÉRATURES ÉTRANGÈRES		LITTÉRATURE FRANÇAISE
		1839	Lamartine, *Recueillements.* Stendhal, *la Chartreuse de Parme.*
1840	Poe, *Histoires extraordinaires.*	**1840**	Hugo, *les Rayons et les Ombres.* Mérimée, *Colomba.* Maurice de Guérin, *le Centaure.*
		1840-1859	Sainte-Beuve, *Port-Royal.*
1841	Carlyle, *les Héros.*	**1841**	Fourier, *Théorie de l'unité universelle.*
		1841-1846	Lamartine, *Histoire des Girondins.*
1842	Gogol, *les Âmes mortes.* Hebbel, *Poésies.*	**1842**	Aloysius Bertrand, *Gaspard de la nuit.* George Sand, *Consuelo.*
1843	Kierkegaard, *Ou bien... ou bien, le Journal d'un séducteur.*	**1843**	Hugo, *les Burgraves.* Ponsard, *Lucrèce.*
1843	Auerbach, *Récits villageois de la Forêt Noire* (jusqu'en 1871). Gogol, *Nouvelles de Pétersbourg* (avec *le Nez*, *le Manteau*, *le Portrait*, etc.)		
1844	Hebbel, *Marie-Madeleine.*	**1844**	Chateaubriand, *Vie de Rancé.*
		1844-1847	Dumas père, *les Trois Mousquetaires, Vingt Ans après, le Vicomte de Bragelonne.*
1845	Wagner, *Tannhäuser.*	**1845-1847**	Eugène Sue, *le Juif errant.*
		1846-1853	George Sand, romans champêtres (*la Mare au diable,* 1846 ; *la Petite Fadette,* 1849...).
1846	Gottfried Keller, *Poésies.*	**1846**	Proudhon, *Philosophie de la misère, Système des contradictions économiques.* P. Dupont, *le Chant des ouvriers.*
1847	E. Brontë, *les Hauts de Hurlevent.* Marx et Engels, *Manifeste communiste.*	**1847-1853**	Michelet, *Histoire de la Révolution française.*
1848-1851	**IIe République, à l'issue de la révolution de Février.**		
1848-1850	Thackeray, *Histoire de Pendennis.*	**1848-1850**	Chateaubriand, *Mémoires d'outre-tombe.*
1849	Ruskin, *les Sept Lampes de l'architecture.*	**1849**	Lamartine, *les Confidences, Raphaël.*
1851	Melville, *Moby Dick.* Fontane, *Poésies.*	**1851**	Nerval, *Voyage en Orient.*
		1851-1862	Sainte-Beuve, *Causeries du lundi.*
1852-1870	**Second Empire, à la suite du coup d'État du 2 décembre 1851.**		
1852	Tourgueniev, *Récits d'un chasseur.*	**1852**	Leconte de Lisle, *Poèmes antiques.* Gautier, *Émaux et Camées.*
		1853	Hugo, *Châtiments.* Nerval, *Sylvie.*

HISTOIRE – LITTÉRATURES ÉTRANGÈRES	
1854	Thoreau, *Walden.*
1855-1892	Whitman, *Feuilles d'herbe* (9 éditions).
1857	Stifter, *la Fin de l'été.*
1859	Darwin, *De l'origine des espèces.*
1863	Ibsen, *les Prétendants.*
1865-1869	Tolstoï, *Guerre et Paix.*
1866	Dostoïevski, *Crime et Châtiment.*
1867	Marx, *le Capital* (livre I).
1868	R. Browning, *l'Anneau et le livre.* Dostoïevski, *l'Idiot.*

LITTÉRATURE FRANÇAISE	
1854	Nerval, *les Filles du feu,* suivies de *les Chimères.*
1855	Nerval, *Aurélia.*
1855-1867	Michelet, *Histoire de France* (les temps modernes).
1856	Hugo, *les Contemplations.*
1857	Baudelaire, *les Fleurs du mal.* Flaubert, *Madame Bovary.*
1859	Hugo, *la Légende des siècles* (première série).
1862	Hugo, *les Misérables.*
1863-1870	Sainte-Beuve, *Nouveaux Lundis.*
1864	Vigny, *les Destinées* (recueil posthume).
1869	Flaubert, *l'Éducation sentimentale.*

Mme de Staël, *De la littérature considérée dans ses rapports avec les institutions sociales* (1800)

En opposant, dans la première partie de son traité, les littératures du Nord à celles du Midi, Ossian à Homère, Mme de Staël inaugure une innombrable lignée de parallèles entre un art « nordique », germanique, brumeux, barbare et médiéval, et un art méridional, latin, issu d'Homère et de Virgile, soucieux de raison et de clarté. Elle propose (dans la seconde partie de son livre) de revenir au passé national, de relâcher la rigueur des lois classiques : une société nouvelle, issue de la Révolution, appelle une littérature rénovée, « républicaine », accordée à l'esprit philosophique, à un sentiment plus vif de la nature et à des passions plus violentes.

Programme assez flou, fidèle au progressisme du XVIIIe siècle et annonciateur des ouvertures futures (goût « troubadour », emprunt aux littératures étrangères) par une préférence discrète accordée à la poésie du Nord, qui « s'élance au-delà de cette terre » et « porte vers l'avenir, vers un autre monde, l'âme fatiguée de sa destinée ».

Chateaubriand, *Génie du christianisme* (1802)

Ouvrage circonstanciel d'apologétique sentimentale, le *Génie du christianisme* intéresse l'histoire de la théorie littéraire par sa deuxième partie, la « poétique du christianisme », qui attribue à la religion chrétienne un progrès décisif dans la profondeur psychologique, la richesse de l'imagination, l'art de la description. Des parallèles vibrants entre l'antique et le moderne, des évocations colorées fournissent aux futurs romantiques un magasin de thèmes, réhabilitent le Moyen Âge et ses monuments. Mais, pour une génération, le romantisme se trouve annexé au catholicisme, et s'installe un clivage : romantique, catholique, monarchiste ; « philosophe », libéral ou républicain. Les récits *Atala* (1801), *René* (publié avec le *Génie*, en 1802) servent d'illustration à l'esthétique nouvelle, en peignant une nature luxuriante et vierge, et en évoquant le « vague des passions », hiatus entre l'infini du désir et les bornes du réel. L'idéologue Pierre Louis Ginguené (1748-1816), auteur d'une belle *Histoire littéraire de l'Italie* (1811-1819), critique vivement ce mélange de littérature et de religion dans lequel se complaît ce tout premier romantisme :

« Est-ce un livre dogmatique, ou une poétique, ou un traité de philosophie morale ? Si c'est le premier, la partie poétique est de trop. »

Charles de Villers, *De la manière essentiellement différente dont les poètes français et les allemands traitent l'amour* (1806)

Ce traité, plus connu sous le titre d'*Érotique comparée*, publié à Munster par l'émigré Charles de Villers (1765-1815), oppose la gravité idéale de l'amour dans les poésies du Nord à sa frivolité sensuelle dans les poésies des peuples latins. Pour les Germains, le talent poétique ne consiste pas à imiter avec goût et habileté la nature, mais « est dans l'homme un précieux reflet de la toute-puissance de son Créateur : c'est le besoin de créer aussi nous-mêmes, et que notre nature limitée tient de sa nature divine ; c'est le besoin d'échapper au monde vulgaire qui nous entoure, qui gêne et oppresse ce que nous avons de meilleur en nous, de nous élever vers le beau et le sublime éternels ; de trouver en nous, et au-dessus de nous, un monde idéal aussi épuré, aussi noble, aussi rayonnant de lumière et d'amour qu'il convient à l'âme humaine glorifiée par l'idée du Beau ». Hugo, dans la préface des *Odes* de 1822, donnera de la fonction poétique une définition très proche de celle de Villers : « Sous le monde réel il existe un monde idéal, qui se montre resplendissant à l'œil de ceux que des méditations graves ont accoutumés à voir dans les choses plus que les choses. » Le *topos* du poète prophète, *vates*, mage, voyant, phare… est désormais installé et prêt à l'emploi.

Guillaume Schlegel, *Comparaison entre la « Phèdre » de Racine et celle d'Euripide* (1807)

Dans cette brochure, publiée en français à Paris, Guillaume Schlegel (1767-1845) – contre l'opinion soutenue par Chateaubriand dans le *Génie* – tente de montrer les infériorités morales, poétiques, techniques de la tragédie par rapport au drame antique ; elles prouvent la vanité de l'imitation ; les poètes contemporains doivent donc suivre la voie ouverte par Calderón et Shakespeare. Un tel réquisitoire suscite la réponse de nombreux critiques français classiques : polémique qui préfigure les grands débats de la Restauration.

Benjamin Constant, préface à la traduction de *Wallenstein* de Schiller (1809)

Constant, qui reconnaît la perfection du théâtre français, prône cependant un assouplissement des règles et des emprunts à la dramaturgie allemande ; la distance entre la tragédie et la réalité diminuerait alors. Seraient représentés un « caractère entier », une action complète, sans la médiation du récit, avec des personnages multiples, dans leur vérité locale et historique, sans respect contraignant des unités de temps et de lieu : on retrouvera ces suggestions, radicalisées et vigoureusement affirmées, sous la plume de Stendhal, de Hugo, de Vigny, entre beaucoup d'autres.

Léonard Simonde de Sismondi, *De la littérature du midi de l'Europe* (1813)

Genevois, membre du groupe de Coppet (comme Constant et G. Schlegel), Sismondi, surtout connu comme économiste, popularise le mot « romantique » au sens de *roman* (adjectif qui qualifie la société médiévale issue à la fois du monde antique, du christianisme et des invasions germaniques, avec ses traits spécifiques, « ce mélange d'amour, de chevalerie et de religion qui a formé les mœurs romantiques et qui a donné à la poésie un caractère particulier »). Au nom de cette tradition des peuples latins (qui n'apparaissent plus, comme treize ans plus tôt chez Mme de Staël, essentiellement marqués par l'héritage gréco-latin), Sismondi conteste l'impérialisme, le dogmatisme, l'artifice de la poétique classique ; ses idées sont assez proches de celles du *Cours sur l'art dramatique* de G. Schlegel, publié la même année dans la traduction de Mme Necker de Saussure, et qui donna lieu à de vives controverses.

Mme de Staël, *De l'Allemagne* (1814)

Imprimé à Paris en 1810, saisi et détruit sur ordre de l'Empereur, qui y voit une trahison politique et littéraire, publié à Londres en 1813 et à Paris en 1814 (aussitôt après la chute de l'Empire), ce livre initie une génération française à l'Allemagne, son esprit et ses mœurs (Ire partie), sa littérature et ses arts (IIe partie), sa philosophie et sa morale (IIIe partie), sa religion et son mysticisme (IVe partie). Il exhale une admiration raisonnée pour la patrie du romantisme, naïve, sentimentale, pour son esthétique idéaliste, toute subjective, où l'imagination créatrice du génie prime les règles et la correction. Il fait l'objet de polémiques aiguës entre les critiques modérés, qui saluent son exceptionnelle documentation, et les classiques patriotes, scandalisés de voir une invasion culturelle suivre l'invasion militaire. Le jeune poète Alexandre Soumet, futur auteur de *la Divine Épopée* (1840), poème religieux inspiré de Milton et de Klopstock, renchérit sur les thèses staëliennes dans son combat contre l'idéologie du XVIIIe siècle, dans son enthousiasme pour une poésie mystique, libérée des règles, nationale, pour une émancipation du génie individuel (*les Scrupules littéraires de Mme la baronne de Staël*, 1814).

Saint-Chamans, *l'Anti-romantique* (1816)

Royaliste, classique, Saint-Chamans, futur député de la Marne, combat l'« inconstante Allemagne, cette mère féconde de toutes les hérésies », et surtout les trois chefs de la « secte germanique », Mme de Staël, Schlegel, Sismondi. Il défend la tradition établie par les siècles précédents, la raison et l'objectivité du goût : « Il en est de la littérature comme de la religion : quand on ne reconnaît plus les lois établies, on essaie de tout. » Saint-Chamans critique le mot « romantique », qui réunit, dans une totale confusion, des revendications de liberté dans l'art, une théorie littéraire abstruse, une admiration naïve pour le Moyen Âge. Il s'attaque à un « genre barbare » qui évoque pour lui « l'idée de l'énergie sans grâce, de la force sans art, des élans vigoureux, mais désordonnés, des grandes passions dont l'expression est exagérée ou sans délicatesse ». Il oppose à ce néant « les Muses françaises, modèle de grâce et de beauté, nobles filles des Muses grecques ».

Stendhal, *Racine et Shakespeare* (1823-1825)

En 1823, au moment où la polémique semble apaisée, Stendhal, républicain et italianophile, publie une courte brochure qui, par son relativisme esthétique, heurte à la fois le dogmatisme rationaliste des classiques et le mysticisme catholique des premiers poètes romantiques. Il définit le romantisme comme seule modernité, accord entre littérature et forme actuelle de la société, et condamne les formules démodées, inefficaces désormais, de Racine et de Molière, pour préconiser un drame shakespearien et un comique nouveau. En 1825 s'ajoute à ce texte une suite de lettres, « Réponse au manifeste contre le romantisme, prononcé par M. Auger dans une séance solennelle de l'Institut », au ton plus mordant, qui considèrent le classicisme comme un conservatisme stérile et appellent un total renouveau de la scène française.

Victor Hugo, Préface de *Cromwell* (1827)

La Préface de *Cromwell* marque l'entrée bruyante de Hugo dans l'arène où se livre – avec des thèses dramaturgiques sans originalité excessive – le combat romantique. Une théorie générale des formes littéraires comme reflets des époques de l'humanité (Ire partie) débouche sur l'exposé d'un système dramatique (IIe partie). Au lyrisme spontané des temps primitifs on voit succéder l'épopée des Temps antiques (où les États guerriers se constituent), puis le drame des Temps modernes (où le christianisme introduit un dualisme proliférant : bien-mal, ciel-terre, âme-corps…), qui doit unir le sublime et le grotesque (donc mélanger les genres, le sérieux et le comique, pour représenter la double nature de l'homme), abandonner les unités de temps et de lieu, rechercher la vérité historique (la couleur locale), renoncer à toute règle arbitraire (mais conserver l'ornement du vers). Ce texte frappe par sa verve polémique contre « les scolastiques », « les douaniers de la pensée », « les milices de Lilliput », et par son ardente conviction qui charrie, dans l'éclat d'une prose poétique, des formules absolues et arbitraires : la poésie lyrique est « un lac paisible qui reflète les nuages et les étoiles du ciel ; l'épopée est le fleuve qui en découle et court, en réfléchissant ses rives, forêts, campagnes et cités, se jeter dans l'océan du drame. Enfin, comme le lac, le drame réfléchit le ciel ; comme le fleuve, il réfléchit ses rives ; mais seul il a ses abîmes et ses tempêtes ». Tout ce pathos prépare de belles tempêtes dans les salles de spectacle.

Émile Deschamps, Préface des *Études françaises et étrangères* (1828)

Membre du Cénacle, mais resté admirateur de Voltaire, Deschamps rédige une « défense de la poésie » dans le monde moderne et lance un appel à la rénovation de la littérature : « Le temps des imitations est fini : il faut créer ou traduire ». On doit éprouver pour les classiques une admiration historique et non dogmatique ; ainsi la continuité nationale n'exclura plus les nécessaires mutations du vers, les emprunts à l'étranger, l'expression de l'individualité. Ce texte mesuré, fort élogieux pour les jeunes poètes (camaraderie littéraire oblige !), parfois naïf et pesant, veut prendre de la distance par rapport aux polémiques ordinaires qui donnent souvent dans l'injure ou le slogan.

Pierre Leroux, « Du style symbolique » (1829)

Publié dans *le Globe* en un moment où les esprits s'échauffent, mais tendent à s'égarer dans des subtilités formelles ou dans des discussions superficielles sur la couleur locale ou le goût du Moyen Âge, cet article du journaliste et philosophe Pierre Leroux (1797-1871) donne comme caractéristique essentielle de la nouvelle école le symbolisme, qui remplace l'usage de la comparaison. Reprocher aux romantiques leur « poésie pour les yeux », leur « matérialisme poétique », c'est ne pas accepter la mutation du « symbolisant », son efflorescence, sa luxuriance, son originalité et son autonomie par rapport au sens. En 1831, dans ses articles de la *Revue encyclopédique*, « De la poésie de notre époque », Leroux, devenu saint-simonien, définira l'art comme expression symbolique de la vie intérieure et sociale dans son jaillissement ; il condamnera le passéisme à la Walter Scott, la religiosité décorative de Lamartine ou de Hugo, pour donner comme paradigme de la poésie moderne le « byronisme » du *Joseph Delorme* de Sainte-Beuve, « à la fois emblème de la souffrance de l'artiste et de celle du peuple ».

Sainte-Beuve, *Vie, Poésies et Pensées de Joseph Delorme* (1829)

Critique au *Globe*, Sainte-Beuve, libéral et plutôt classique, se « convertit », à partir de 1827, au romantisme hugolien et, dans son *Tableau historique et critique de la poésie française et du théâtre français au XVIe siècle* (1828), trouve aux novateurs des ancêtres nationaux, tout en leur conseillant de ne pas en rester aux réformes métriques et stylistiques de leurs devanciers de la Pléiade. Les « Pensées » publiées après les « Poésies » de Joseph Delorme (pseudonyme de Sainte-Beuve) sont beaucoup plus radicales : elles s'en prennent aux classiques, mais aussi à l'« école genevoise », « aux disciples de Mme de Staël », coupables de mépriser la forme et la poésie ; elles donnent André Chénier comme précurseur des romantiques, réclament un alexandrin souple et rompu, l'emploi du « mot propre et pittoresque »

(« au lieu de lac *mélancolique* mettre lac *bleu* »), une poésie plus proche de la vie réelle et quotidienne, l'émergence d'une « élégie d'analyse » consacrée à l'expression libre, directe, intime du moi, et tracent une haute image du poète : « Le sentiment de l'art implique un sentiment vif et intime des choses [...]. L'artiste, comme s'il était doué d'un sens à part, s'occupe paisiblement à sentir sous ce monde apparent l'autre monde tout intérieur qu'ignorent la plupart, et dont les philosophes se bornent à constater l'existence ; il assiste au jeu invisible des forces, et sympathise avec elles comme avec des âmes ; il a reçu en naissant la clef des symboles et l'intelligence des figures. » Dans de telles définitions confluent l'« enthousiasme » platonicien du créateur (repris par la Pléiade) et l'idéalisme allemand, vulgarisé par Mme de Staël, qui attribue à la « logique » symbolique un rôle essentiel dans la connaissance poétique. En contraste avec cette vocation à la sublimité, l'écrasement du poète par l'ignorance ou par le mépris de la société à son endroit annonce un lieu commun du romantisme d'après 1830 (chez Hugo – « Sur M. Dovalle », « Ymbert Gallois », dans *Littérature et philosophie mêlées* – et surtout chez Vigny).

Antoine Jay, *la Conversion d'un romantique, manuscrit de « Joseph Delorme »* (1830)

Journaliste libéral, vieil adversaire des romantiques (dès 1814, dans un « Discours sur le genre romantique en littérature » prononcé à l'Athénée, il étrille Calderón, Shakespeare et G. Schlegel, le champion des « conceptions avortées d'une époque d'ignorance »), Jay parodie ici le pseudonymat et les disparates de *Joseph Delorme* (l'alliance du prosaïsme et du mysticisme, de la platitude et de la couleur). Joseph y est mis en scène comme un novateur absolu, systématique : « Nous nous servons même d'une langue particulière, que nous avons arrangée d'après les besoins du siècle [...]. Nous vous donnerons de l'incroyable, de l'affreux, du terrible, de l'extravagant. » Les brocards de Jay fusent, contre les manières de Sainte-Beuve et de Hugo. Joseph, jusque-là enfermé dans ses exigences maniaques d'« individualité », de profondeur obscure, commence à raisonner ; il se rend à la voix du « bon goût » et du « bon sens » et, au cours d'une réunion du Cénacle, annonce avec éclat sa rétractation. Cette charge, parfois appuyée, ne manque pas de finesse dans son analyse de la « camaraderie littéraire » (que dénonce au même moment Henri de Latouche), des singularités stylistiques de *Joseph Delorme*, et dans sa prévision d'un retournement de Sainte-Beuve qui se réalisera quelques années plus tard.

Alfred de Vigny, *Stello* (1832)

Le docteur Noir met en garde le jeune Stello contre les dangers de sa vocation poétique. Il lui retrace les destinées tragiques de trois poètes du siècle précédent – Gilbert, Chatterton, André Chénier – broyés par des régimes politiques hostiles au génie. C'est que le poète révèle la Vérité, tandis que la société est toujours fondée sur le mensonge : le conflit est donc inévitable, et, pour ne pas succomber, Stello doit se retirer à l'abri des remous politiques, éclairer ses contemporains, accomplir ainsi sa mission. Dans son drame *Chatterton* (1835), Vigny montre le poète anglais aux prises avec le matérialisme de la société industrielle, et choisissant le suicide après une vaine lutte. *La Maison du berger* (1844) magnifiera, de nouveau, le rôle du poète dans la solitude : moyen terme entre l'engagement humanitariste et l'Art pour l'art.

Désiré Nisard, *Études de mœurs et de critique sur les poètes latins de la décadence* (1834)

Sous ce titre se dissimule (à peine) une attaque virulente, mais allusive, contre la littérature romantique. Autrefois critique très novateur au *Journal des débats*, Nisard (1806-1888), futur professeur et dignitaire de l'Université, « apostasie » ; il voit dans la littérature de son époque une dégénérescence, le temps des « versificateurs érudits », de la recette, du tape-à-l'œil, de l'emphase et de la manie descriptive. Il faut tourner le dos à cette « littérature facile » et renouer avec la mesure et l'élégance classiques. Sainte-Beuve répliquera à cet ouvrage par un très vif « portrait » de Nisard, en 1836.

Théophile Gautier, Préface de *Mademoiselle de Maupin* (1836)

Attaque en règle contre les variétés plus ou moins perverses de journalistes, ce texte, plein d'une verve truculente et parfois gaillarde, est aussi un vibrant plaidoyer pour l'indépendance de l'Art, devant les tentatives d'annexion de l'utilitarisme ou du moralisme. Manifeste de l'« Art pour l'Art », la Préface laisse présager les futures réactions contre les relâchements romantiques : celles de Banville, de Leconte de Lisle et des Parnassiens [voir **Art pour l'art (l')**].

Alfred de Musset, *Lettres de Dupuis et Cotonet* (1836-1837)

Deux habitants de La Ferté-sous-Jouarre, qui jouent le rôle des deux Persans de Montesquieu, écrivent au directeur de la *Revue des Deux Mondes* le résultat de leurs recherches : sur le romantisme, les divers sens du mot, ses variations successives (le pittoresque, la mélancolie, l'historique, l'intime, l'humanitarisme...) ; sur le verbiage humanitariste ; sur le pouvoir des journalistes... Ce vif et spirituel badinage, fondé sur une fine connaissance du fonctionnement et de l'évolution de la vie littéraire, trahit le scepticisme de Musset devant les modes qu'on donne pour des esthétiques, l'enflure pédante des discussions théoriques et le jargon des poètes « engagés » qui habille l'esprit de lourdeur. Ce texte, où se traduit une certaine lassitude et où s'exprime le vœu d'un retour aux grands auteurs classiques, annonce la prochaine et finale contestation du mouvement romantique.

Alphonse de Lamartine, « Ode à M. Félix Guillemardet » (publiée dans les *Recueillements poétiques*, 1839)

Le poète explicite et théorise dans cette pièce la mutation de son lyrisme perceptible depuis 1830 : il est passé de l'égoïsme élégiaque à la sympathie humanitaire pour les misères et les espoirs de ses frères. Un poème comme « Utopie » illustre cette vocation, qui est aux antipodes de l'« Art pour l'Art » :

Du poids de son fardeau, si l'humanité plie,
Prêtons à son rocher notre épaule meurtrie,
Servons l'humanité, le siècle, la patrie :
Vivre en tout, c'est vivre cent fois !

Charles Baudelaire, *Salon de 1846*

Trois ans après l'échec des *Burgraves*, Baudelaire pose la question : « Qu'est-ce que le romantisme ? » Il répond, après avoir écarté le passéisme, la couleur, le réalisme : « Le romantisme n'est précisément ni dans le choix des sujets ni dans la vérité exacte, mais dans la manière de sentir », il est « l'expression la plus récente, la plus actuelle du beau ». Ainsi, reprenant la définition de Stendhal, il extrait des vicissitudes des écoles romantiques l'essence du romantisme : il privilégie le « colorisme » de Delacroix, qui est un classicisme moderne, méprise le maniérisme romantique de Devéria ou de Louis Boulanger. Il admire, chez Hugo, un « magnifique répertoire d'analogies humaines et divines ». Des brumes d'une polémique souvent obscure ou répétitive Baudelaire dégage l'« idée » d'un romantisme éternel, conscience existentielle de la tension entre le spleen et l'idéal, entre les paradis du rêve et les désenchantements, entre les séductions de la vie et l'attrait de la mort.

D. Madelénat

Ronsard

RONSARD Pierre de

(1524-1585)

Les mérites éclatants de certains recueils, comme ceux des *Amours*, ont nui à leur auteur. On se représente mal l'ampleur et la variété de l'œuvre de Ronsard, capable d'écrire d'amour, mais aussi de politique et de philosophie ; légèrement ou gravement, selon les exigences de l'heure. On a peine à concevoir l'étonnant ascendant qu'il exerça sur une époque, fascinée, subjuguée, parfois irritée par l'audace, l'assurance, voire la morgue de ce poète-né qui était aussi gentilhomme.

Le gentilhomme, le Vendômois et le poète

Seul des grands poètes de la Renaissance française (mis à part d'Aubigné), Ronsard a rédigé, à l'intention d'un de ses amis, un fragment d'autobiographie. Texte mineur, à bien des égards, et qui s'arrête à la date où Ronsard l'écrit : 1554, mais également très significatif. Le poète, en effet, écrit sa vie par rapport à celle de ses rois.

Il naît l'année même, selon le calendrier julien alors en vigueur, de la bataille de Pavie puis il passe une partie de son enfance et de sa jeunesse au service des Dauphins de France, jusqu'au moment où un coup du destin, la surdité précoce, lui interdit la carrière des armes et de la Cour, à laquelle il songeait. Dès lors, sa vie n'aura pas l'imprévu et les risques qu'il lui souhaitait ; et il le regrette, car, pour ce noble, fier de ses origines (en partie légendaires), le métier des armes reste plus prestigieux que celui des lettres. Puisqu'il n'est plus en mesure de servir directement le roi et la France, il peut du moins, en servant les Muses, illustrer la grandeur de son pays.

S'il faut l'en croire, il a entendu très tôt (douze ou quinze ans selon les textes), dans les paysages de son Vendômois natal, l'appel de la Muse. Quelques rencontres décisives : celle de Peletier du Mans, en 1543, puis celle de Dorat, au collège de Coqueret, en 1545, lui permettent de prendre une part active à la renaissance de la poésie souhaitée par une « brigade » de jeunes poètes [voir **Pléiade**]. En 1550, avec la publication des *Quatre Premiers Livres des Odes*, il fait figure de chef d'école incontesté. Dès lors, sa vie s'écoulera d'une façon relativement monotone. Plus de grands voyages comme ceux qu'il fit en 1537 et 1539 en Écosse. Parfois, pour suivre une Cour souvent itinérante, il se déplace en province, comme lors de ce « tour de France » de Charles IX en 1564-1566. Mais il n'est jamais allé dans les pays dont il a tant rêvé : l'Italie et surtout la Grèce, peut-être de peur de voir son rêve se briser à l'épreuve de la réalité.

Sa vie se partage entre deux pôles : Paris et ses prieurés du Vendômois (Croix-Val, Saint-Gilles-de-Montoire) et de Touraine (Saint-Cosme-lez-Tours, qu'il reçoit en 1565). À Paris, il fréquente poètes, Humanistes, fonctionnaires, gens de Cour. Il participe, de plus ou moins bonne grâce, à la vie des premiers salons et à l'activité de l'Académie de poésie et de musique créée par Antoine de Baïf. Mais la surdité autant qu'un penchant « saturnien » font de lui un être assez peu sociable. Quand Henri III succède en 1574 à Charles IX, le roi-ami, il prend la Cour en haine et se réfugie de plus en plus souvent dans les prieurés que sa qualité de clerc (il n'a jamais été prêtre) lui a permis d'obtenir et où il partage ses journées, comme le montre une page célèbre de la « Response », entre la lecture, la poésie, les travaux de jardinage et les promenades dans la campagne. C'est d'ailleurs à Saint-Cosme que la mort vient le prendre. Une célébration solennelle à sa mémoire eut lieu deux mois après, à Paris, au collège de Boncourt. Ronsard échappait donc, par le lieu de sa mort, à ceux-là mêmes – les Humanistes – qu'il avait si souvent fréquentés et qui firent de lui, dans les discours officiels, un champion de la foi et du catholicisme.

Ce partage entre les lieux, on le retrouve dans l'œuvre, où il se thématise. Ronsard, hésitant entre la nature et l'Histoire, a toujours tenté de trouver à la poésie une voie bien à elle.

Humanisme et poésie

L'Humanisme a d'abord révélé à Ronsard ainsi qu'aux jeunes poètes de la « Brigade » – la future Pléiade – des cultures et des civilisations ; avant tout, celles de la Grèce et de Rome. Avec Dorat et d'autres maîtres, Ronsard a été initié (le mot n'est pas trop fort) aux textes les plus importants et parfois les plus difficiles des littératures grecque et latine. Mais Ronsard n'est pas seulement ce poète érudit qui feuillette « de main nocturne et journelle » Pindare ou l'*Anthologie* grecque (et qui parfois utilise, pour aller plus vite, des *Florilèges* et des carnets de citations !) ; la Grèce est aussi le pays de son galop poétique, comme il la présente dans l'« Épître au lecteur » des *Odes* de 1550, le pays où il vit en imagination, et à des époques d'ailleurs très différentes. Tantôt c'est la Grèce archaïque et mythique qui oriente ses rêves, avec Orphée et ceux que la tradition néo-platonicienne appelle, au XVIe siècle, les « poètes divins ». Sous leur patronage, il évoque l'époque sacrée où le poète comprenait les voix de la nature et commandait à celle-ci grâce à la puissance de son chant. Tantôt c'est la cité grecque qui le retient, telle qu'elle se forme à l'âge classique, avec sa philosophie de la mesure, son autonomie vis-à-vis des dieux et ses grandes liturgies collectives. Tantôt enfin il admire le sens de l'art que possédaient les Alexandrins. Rome, qui séduisait tant les Humanistes italiens du XVe siècle, surtout dans sa période républicaine, ne l'attire pas autant. Il en connaît, certes, les héros et les gloires, mais les « poètes romains » représentent déjà pour lui un degré inférieur de la poésie, l'art et le labeur plus que l'« inspiration ». Dans l'histoire de Rome, Ronsard détache surtout une période, celle du règne d'Auguste, symbole de paix universelle, mais plus encore moment unique de l'harmonie parfaite entre le poète et le prince, entre Virgile et l'empereur. Tel est d'ailleurs le modèle qu'il proposera à ses rois, sans que ceux-ci prennent jamais vraiment conscience du rôle que peut jouer un poète dans l'Histoire.

Le poète et son public

À l'époque de Ronsard, et sous l'influence de l'Humanisme, le poète refuse qu'on le considère comme un arrangeur de mots, si doué soit-il. De grandes ambitions l'animent, qui viennent, pour l'essentiel, de la tradition néo-platonicienne, renouvelée et réinterprétée par Marsile Ficin, à Florence, dans la seconde moitié du XVe siècle. Comme presque tous ses amis de la Pléiade, Ronsard pense que la poésie n'est rien si un dieu ne l'anime ; que le poète n'est rien si un enthousiasme ou, pour reprendre le vocabulaire du temps, une « fureur » divine ne l'a saisi. Certains de ses contemporains font de cette « fureur » le gage d'une véritable connaissance et pour l'homme, être déchu, celui d'une réconciliation avec le divin. Ronsard ne la voit pas exactement ainsi, car il est plus soucieux d'indiquer, en se servant de cette doctrine, les privilèges du poète que sa primauté dans l'ordre de la connaissance. Aussi bien place-t-il au sommet de son « échelle mystique » non pas l'amour, comme le faisaient les néo-platoniciens, mais la poésie.

Ce poète auréolé de prestige métaphysique inaugure un nouveau dialogue avec le roi. Il revendique d'abord le droit de le conseiller, comme par le passé. Mais il possède aussi l'arme du discours, écrit ou oral, capable de mobiliser les énergies de la cité en faveur du prince : c'est dire l'importance de la spéculation sur la rhétorique et sur son rôle dans la vie des cités. Au poète enfin l'intuition de l'Histoire et le sens des mythes collectifs dont une nation a besoin pour vivre et entreprendre, mythes que le poète doit savoir retrouver et, dans certains cas, forger. Le roi devrait donc écouter ces poètes qui succèdent aux prêtres à ses côtés, car ils sont plus à même que ceux-ci de proférer les leçons de la prudence moderne. Et, pour qu'ils puissent assumer leur rôle, il doit aussi les décharger de tout souci matériel, éloigner d'eux le spectre de la pauvreté : « Troque pour troc », écrit Ronsard. Si le roi comprend ses devoirs, il trouvera le poète près de lui pour le célébrer, l'aider, le conseiller. Sinon, il devra admettre que l'art du poète mérite, comme tout autre art, un salaire.

Le dialogue entre Ronsard et ses rois, souvent difficile, parfois rompu mais pour être bientôt repris, n'est qu'un aspect privilégié de sa relation à la société. Il a fallu au poète conquérir peu à peu son public, et souvent avec violence. À coup sûr, dans un premier temps, la Cour lui fut hostile, préférant la musique « doux-coulante » des poètes marotiques à ces accents hautains et parfois rudes. Ronsard sut la gagner, du moins en partie, lorsque, changeant de style, il écrivit les poèmes des *Amours* de Marie. Mais elle lui échappa plus tard lorsque Desportes importa d'Italie un nouveau langage amoureux. Il n'est pas même certain qu'elle ait goûté les divertissements que Ronsard imagina pour elle. Les plus fervents admirateurs du poète se trouvaient, d'une part parmi ses amis écrivains, et d'autre part dans la noblesse de robe et parmi les « officiers » nourris d'humanisme qui lui restèrent fidèles jusqu'au XVIIe siècle. À vrai dire, cependant, Ronsard ne cessa de songer à un public infiniment plus large, celui qui lirait par exemple son grand poème de *la Franciade*, ou encore celui qui vibrerait unanimement à l'écoute de ses chansons d'amour. Public introuvable, bien sûr, et qu'il situa pour cette raison dans une postérité enfin reconnaissante, énonçant par là même la loi nouvelle du génie incompris de son temps mais qui sera reconnu après sa mort.

Le plaisir de l'œuvre

Ronsard lègue à la postérité une œuvre étonnamment diverse et la plus importante de toutes celles de la Pléiade. On sait maintenant que cette œuvre comprend, outre les *Amours* et les *Discours sur les misères de ce temps*, dont les extraits figurent dans toutes les anthologies, des *Hymnes* philosophiques et des poèmes rustiques. Mais qui lit de nos jours, pour son plaisir, les grandes *Odes* des débuts ou les nombreux poèmes, parfois un peu négligés mais souvent admirables, que Ronsard écrivit pour des fêtes de Cour ? Les choix opérés encore aujourd'hui dans l'œuvre du poète manifestent la persistance des préjugés romantiques : on valorise ce qui est censé exprimer une émotion personnelle – amoureuse ou politique, par exemple. Mais Ronsard, comme d'ailleurs Du Bellay, concevait la poésie d'une façon toute différente. L'émotion poétique était pour lui beaucoup plus l'effet que la source du poème. Les mythes et les idées peuvent engendrer l'émotion au même titre qu'un spectacle de la nature, comme en témoignent bien des passages des *Hymnes*.

Ronsard lui-même a placé son œuvre sous le signe esthétique de la *varietas* : une œuvre belle est une œuvre variée. Parce que le monde, que mime la poésie, tient sa beauté de sa variété. Presque toutes les métaphores de l'œuvre – celle, par exemple, de la prairie émaillée de vives couleurs – célèbrent la variété. Une telle esthétique ne fut pas acceptée par tout le monde, comme le montre l'étonnement de certains lecteurs (protestants, notamment) qui ne pouvaient comprendre que des *folastries* gaillardes puissent sortir de la même plume que des poèmes savants, voire sévères, et qui, surtout, demandaient au poète de mettre un peu d'ordre dans sa poésie. Cela, Ronsard refuse de l'imposer à sa Muse, parce qu'elle est avant tout caprice et fantaisie. Il ne saurait donc se plier à l'idée d'une poésie dominée par un seul projet ou par un seul genre.

La question de l'ordre est aussi, peut-être même surtout, celle de la disposition des *Œuvres complètes*. Très tôt (à trente-cinq ans), Ronsard publie une première édition collective, rassemblement de tout ce qu'il avait déjà publié soit sous forme de recueils, soit encore – le cas se présente – d'une façon isolée. Cinq autres éditions collectives suivront, qui ne cesseront de s'enrichir des productions du poète. Elles sont le lieu d'un étonnant travail : Ronsard d'abord en repense constamment la disposition selon le sens qu'il veut donner à son œuvre ; il déplace aussi ses poèmes, et les range sous des rubriques différentes ; enfin, au fur et à mesure qu'il vieillit et que se fortifie en lui un goût déjà classique, il corrige impitoyablement ses pièces, n'hésitant pas, dans certains cas, à les retrancher. Il est bien le maître d'une œuvre dont il dispose souverainement – et parfois cavalièrement, quand il change le nom de tel ou tel dédicataire.

En dépit de tout ce travail sur son œuvre, Ronsard éprouve une certaine insatisfaction. Il ne peut faire en effet que ne subsiste une poussière de poèmes « hors recueil » – les poèmes de circonstance, en particulier. Au centre de l'édition de 1584 – qui sera celle que nous suivrons en présentant les différentes parties de l'œuvre (avec quelques modifications dues à un souci de clarté) – figure donc une section dont le titre : « Bocage royal », évoque bien la dissémination poétique, l'indépendance du poème qui ne peut se fondre dans une unité supérieure ; cette unité que Ronsard avait recherchée en écrivant *la Franciade*, car l'épopée, pour cette époque, n'était pas seulement un chant héroïque. C'était aussi le « grand Tout », où se résorbent toutes les différences.

	VIE	ŒUVRE
1524	**2 sept. :** naissance de Pierre de Ronsard au manoir de la Possonnière, sur la paroisse de Couture-sur-Loir, en Vendômois.	
1533	Pierre entre au collège de Navarre, où il ne restera que six mois.	
1536	Il entre, comme page, au service du fils aîné de François Ier, puis, après la mort du dauphin, au service de Charles, duc d'Orléans, troisième fils du roi, puis de Madeleine de France.	
1536-1537	Accompagne en Écosse Jacques V Stuart et son épouse Madeleine de France. Il y restera deux ans.	
1538-1539	De nouveau dans la compagnie du duc d'Orléans.	
1539	Nouveau voyage en Écosse.	
1540	Accompagne Lazare de Baïf dans une mission diplomatique en Alsace ; peu de temps après, il est frappé d'une demi-surdité.	
1543	Ronsard, qui est maintenant clerc tonsuré, se remet à l'étude des lettres.	

VIE		ŒUVRE	
1544	Il reçoit, avec Antoine de Baïf, les leçons de Dorat, qui, vers 1545, devient principal du collège de Coqueret.		
1545	**21 avr. :** rencontre de Cassandre Salviati à Blois.		
1545-1550	Ronsard pensionnaire de Dorat.		
1547	**Avènement de Henri II.**	**1547**	Publication du premier poème de Ronsard : « Des beautéz qu'il voudroit en s'amie ».
1549	*Deffence et Illustration...* de Du Bellay.	**1549**	*Épithalame d'Antoine de Bourbon et Jeanne de Navarre*, première plaquette.
		1550	Les *Quatre Premiers Livres des Odes. Ensemble son Bocage.*
		1552	Les *Amours* (de Cassandre).
		1553	*Le Livret de Folastries.* Cinquième Livre des *Odes.*
1554	Henri II approuve le projet de *la Franciade* et en « commande » l'exécution. Ronsard « poète du roi ».	**1554**	Les *Mélanges.* Le *Bocage.*
		1555-1556	Les *Hymnes.* *Continuation* et *Nouvelle Continuation des Amours de Marie.*
1556	Mort de Claude, le frère aîné de Pierre, qui devient tuteur de ses neveux et nièces mineurs.		
1557	**Défaite de Saint-Quentin.**		
1557-1558	Ronsard séjourne souvent en Vendômois.		
1558	Ronsard devient conseiller et aumônier du roi.		
1558-1559	Ronsard reprend son rôle de « poète courtisan ».	**1558-1559**	Poèmes officiels et de circonstance.
1559	**Mars-avr. : traités du Cateau-Cambrésis.** **Juill. : mort de Henri II. Avènement de François II.**	**1559**	*Second Livre des Mélanges.*
1560	Ronsard obtient de nouveaux bénéfices ecclésiastiques. **5 déc. : mort de François II. Catherine de Médicis assure la régence pour son second fils, Charles IX.**	**1560**	Première édition collective des *Œuvres (4 vol.).*
1561	**Colloque de Poissy.**		
1562	**1er mars : massacre de Vassy ; début des guerres civiles.**	**1562**	*Institution pour l'adolescence du roi Charles IX.* *Discours sur les misères de ce temps.*
1563	**Paix d'Amboise.**	**1563**	*Response... aux injures et calomnies de je ne scay quels prédicants et ministreaux de Geneve.* Trois Livres du *Recueil des nouvelles poésies.*
1564-1566	Catherine de Médicis et Charles IX entreprennent un grand voyage de pacification à travers les provinces ; Ronsard les accompagne à Fontainebleau et à Bar-le-Duc.		
1565	Ronsard s'installe dans son prieuré de Saint-Cosme-lez-Tours. Invité à participer à l'entrevue de Bayonne entre Charles IX et sa sœur, reine d'Espagne, il ne va pas plus loin que Bordeaux.	**1565**	*Élégies, Mascarades et Bergeries*, précédées d'une *Épître à la reine d'Angleterre.*
1565-1569	Ronsard à Saint-Cosme ; tombe malade en 1569.		

VIE		ŒUVRE	
		1567	Deuxième édition collective des *Œuvres* (6 vol.).
		1569	Sixième et septième Livres des *Poèmes.*
1569-1572	Ronsard travaille à sa *Franciade.*		
1570	**Paix de Saint-Germain, qui met fin à la deuxième guerre entre catholiques et protestants.** Vers le milieu de l'année : Ronsard revient à Paris ; prépare, avec Jean Dorat et Amadis Jamyn, les entrées solennelles de Charles IX et de la reine dans leur capitale.		
1572	**24 août : la Saint-Barthélemy.**	**1572**	Les quatre premiers Livres de *la Franciade.*
1574	**Mort de Charles IX ; avènement de Henri III.** Ronsard séjourne de plus en plus rarement à Paris.		
		1578	Cinquième édition collective des *Œuvres* (7 vol.) ; elle comprend, au Livre I (*Amours*), les poèmes « sur la mort de Marie » et les « Sonnets pour Hélène ».
1584-1585	**Hiver :** Ronsard séjourne chez son ami Jean Galland, principal du collège de Boncourt ; il est malade de la goutte.	**1584**	Sixième édition collective, profondément remaniée et révisée.
1585	Il passe l'été et l'automne à Croix-Val. **Nuit du 27 au 28 déc. :** mort de Ronsard.		
		1586	Les *Derniers Vers.*

Amours

Les *Amours* figurent en tête de toutes les éditions collectives de Ronsard, sans qu'on puisse donner un sens assuré à cette première place. À partir de 1560, ils forment deux livres, le premier consacré à Cassandre (*Amours* de 1552, essentiellement), le second consacré à Marie (*Continuation des Amours* de 1555 et *Nouvelle Continuation des Amours* de 1556). Il faut attendre 1578 (et la cinquième édition collective), pour que le livre II se complète avec l'ensemble des poèmes « Sur la mort de Marie » et que s'ajoutent à l'ensemble les « Sonnets pour Hélène ».

Cassandre, Marie, Hélène : les figures de ces trois femmes résument souvent pour le lecteur les trois amours (successives ?) du poète. La réalité est plus complexe. D'abord parce que les noms de certaines inspiratrices n'apparaissent pas dans les *Amours*, mais, par exemple, dans les *Élégies* (c'est le cas de la mystérieuse Genèvre) ; mais aussi parce que certains noms (« Sinope », « Astrée ») déguisent l'identité de la femme aimée. Avec plus ou moins de bonheur, la critique biographique a essayé de percer ces secrets, et ce qu'elle nous apprend peut surprendre un lecteur entiché de sincérité romantique : certaines des pièces sur la mort de Marie déplorent la perte d'un être qui n'est pas la petite paysanne de Bourgueil, mais Marie de Clèves, qu'aima Henri III. En d'autres poèmes, Ronsard, « secrétaire galant » (Fernand Desonay), prête sa plume au prince de Condé. D'où cette conclusion possible : l'amour chez Ronsard, même quand il renvoie à une expérience que d'ailleurs on connaît mal, est d'abord un thème littéraire. Et cela dès 1552, dès le moment où Ronsard décide de chanter Cassandre. Un *canzoniere*, c'est-à-dire un recueil à l'italienne de sonnets et de chansons, s'inscrit dans un projet littéraire. Les poèmes qui doivent le plus à la passion « réelle » du poète chantent Cassandre « à la manière de » Pétrarque et de beaucoup d'autres. Les recueils de 1555-1556 célèbrent une femme plus simple – Marie l'Angevine –, peut-être parce qu'il faut ainsi justifier un changement de style : à la jeune paysanne les poèmes du « beau style bas » (si savant et si recherché qu'il fera bien vite les délices de la Cour). Quant à Hélène, Ronsard la chante peut-être parce qu'il l'aime, mais autant, à coup sûr, parce qu'il lui faut montrer, face à Philippe Desportes, étoile montante au firmament littéraire, qu'il est toujours, en 1572-1578, « le » grand poète de la France.

Cela ne signifie en aucune façon une quelconque indifférence aux philosophies de l'amour qui intéressent l'époque. Le projet de Ronsard est toujours littéraire (et le poète tente, en se corrigeant sans cesse, de lui donner une forme de plus en plus proche de la perfection), mais il choisit l'amour qu'il veut chanter. Et cet amour, face à la mode toujours renaissante du pétrarquisme, face aussi aux philosophies de l'amour spirituel toutes teintées de néoplatonisme, paraît voué à la recherche du plaisir. Alors même que Ronsard reprend, à l'occasion, certains thèmes néo-platoniciens (celui de l'androgyne, par exemple), il les infléchit dans le sens d'une exaltation des sens. Aimer – ou chanter d'amour – pour lui, c'est participer à la vie du cosmos, entretenue constamment par Vénus. Qui dit amour dit puissance de vie. Quand l'amour subit trop longtemps les refus de la dame, ou encore quand le jeu amoureux devient trop sérieux et met en danger la fécondité créatrice du poète, Ronsard se dégage. S'il lui faut être amoureux pour avoir « bon esprit », l'amour vécu n'a pas le droit de mettre en danger la réalisation de l'œuvre.

Odes

Le premier recueil de Ronsard, c'est, en 1550, un recueil d'odes : *les Quatre Premiers Livres des Odes par Pierre de Ronsard, Vandômois*. En 1552, puis en 1554 et 1555, il publie encore des odes ou des odelettes. Ces poèmes constituent l'essentiel du tome II des éditions collectives, lequel rassemble toujours les Odes. Rien de plus varié que celles-ci. Qu'y a-t-il de commun entre les grandes odes pindariques comme celle qui fut adressée en 1552 au chancelier Michel de l'Hospital (816 vers) et les odes brèves et par ailleurs moins tendues ? L'Épître au lecteur de 1550 montre que l'ode est le fruit d'une découverte passionnée de la poésie grecque (Pindare) mais aussi latine (Horace). C'est à Pindare que Ronsard emprunte des schémas strophiques complexes (la triade, composée d'une strophe, d'une antistrophe et d'une épode) et, surtout, la notion même de louange, qui définit à ses yeux la fonction du poète lyrique : « C'est le vrai but d'un poëte liriq de celebrer jusques à l'extrémité celui qu'il entreprend de louer. »

Les bénéficiaires de cette célébration, ce sont essentiellement les rois, les reines et les princes, qui remplacent les athlètes poudreux de Pindare. Ce sont aussi les poètes, amis de Ronsard, auxquels il s'adresse fréquemment, célébrant avec eux le bien qui lui est le plus cher : la poésie elle-même. Mais les *Odes* contiennent aussi beaucoup de poèmes qui ne célèbrent rien. Du Bellay avait déjà proposé, comme sujets de l'ode, « le discours fatal des choses mondaines, la sollicitude des jeunes hommes, comme l'amour, les vins libres et toute bonne chere » (*Deffence et Illustration*, II, IV). Ronsard lui fait écho à la fin de sa vie, lorsqu'il écrit que la poésie lyrique a pour arguments « l'amour, le vin, les banquets dissolus, les danses, masques, chevaux victorieux, escrime, jouste et tournois ». On comprend mieux ainsi l'accent épicurien de certaines odes où l'amour de la vie se teinte de mélancolie, où les plaisirs de l'instant ne parviennent pas toujours à chasser l'ombre de la mort et où – résolument, semble-t-il – le poète s'éloigne du théâtre politique. Ronsard apparaît déjà ici dans sa complexité, lui qui, dans le même recueil, fait entendre la louange des rois et de leur action et en même temps l'éloge de la vie privée consacrée à l'amour, aux amis et à la poésie.

Ronsard concevait ses *Odes* comme des chants, accompagnés du luth ou de la lyre. Certaines furent mises en musique, telle l'« Ode à Michel de l'Hospital » (Goudimel) ; mais Ronsard n'est jamais parvenu à ressusciter de grandes célébrations à l'antique, capables de réunir toute une cité autour de ses rois et de ses héros.

Hymnes

En 1555 et 1556, Ronsard fait paraître un premier puis un second livre d'*Hymnes*. D'autres viendront s'ajouter à ceux-ci dans la section *Hymnes* que comportent toutes les éditions collectives. Les poèmes que Ronsard a désignés comme « hymnes » sont encore plus nombreux puisque A. Py, dans son édition, en dénombre trente et un. Là encore, grande diversité : d'un côté, des hymnes philosophiques (tels le « Ciel » ou la « Mort ») ; de l'autre quelques hymnes liturgiques (celle des « Pères de famille » par exemple, « composée par Ronsard pour être chantée par ses voisins de Croixval le jour de leur fête patronale »).

Les *Hymnes* ne trouvent pas leur unité dans une philosophie. Celle de Ronsard emprunte ses éléments à des courants de pensée divers, parfois même contradictoires. C'est ainsi que des thèmes aristotéliciens et scolastiques voisinent avec des idées néo-platoniciennes. On serait davantage fondé à parler d'une sensibilité philosophique, qui oscille constamment entre la sérénité devant l'ordre cosmique et l'inquiétude de l'individu interrogeant anxieusement les signes de sa destinée personnelle. Au reste, Ronsard, peu disposé à participer aux travaux philosophiques de l'Académie du Palais (parce qu'il faudrait y parler en prose), se garde bien de confondre le discours et le poème philosophique. Que le poète fasse œuvre philosophique, soit, mais par les moyens qui lui sont propres. Ceux de Ronsard (et de son temps) résident surtout dans l'usage et l'interprétation des mythes. C'est un mythe, celui de la fin puis du retour de l'Âge d'Or, qui est chargé de signifier ce qu'est la justice. Ce sont des mythes – inspirés de l'Italien Folengo – qui racontent au lecteur l'origine des quatre saisons et l'initient à la philosophie du temps. L'idéal de Ronsard reste celui que lui a enseigné Dorat : « Déguiser la vérité des choses » (si tant est qu'on puisse la connaître) d'« un fabuleux manteau ».

Autant dire que les *Hymnes* comportent souvent une partie narrative, dont le but est d'expliquer, en remontant à l'origine, la fonction des astres, de la justice et de la mort. Dans la plupart des cas, le poète encadre cet élément narratif par une invocation initiale et une prière finale. On obtient ainsi un schéma tripartite. Mais l'invocation du début s'adresse aussi très souvent au dédicataire de l'hymne (roi, princesse, grand personnage), tandis que la prière finale célèbre le nom du dieu ou de l'idée. Dans l'univers poétique de Ronsard, les grands hommes peuvent représenter, voire même incarner, des idées : le roi celle de la monarchie, le cardinal de Lorraine celle de la justice, etc. C'est pourquoi la célébration des idées passe par celle des hommes, sans qu'il faille oublier pour autant les nécessités économiques qui expliquent aussi le geste de la dédicace. Tout s'inscrit dans une philosophie du don : celui de Dieu aux hommes qu'il éclaire de sa grâce ; celui des grands hommes à la foule qu'ils éclairent de leur lumière ; celui enfin du poète à son public par cet hymne qu'il écrit. On accède aussi, par les *Hymnes*, à l'intelligence du monde. Ronsard célèbre le cosmos, que l'audace des méchants ne parvient jamais durablement à troubler, ceux qui le comprennent (les philosophes et les poètes) et ceux qui le garantissent (les rois, les princes et les ministres).

Poèmes

Dès 1554-1555, dans les recueils du *Bocage* et des *Mélanges*, Ronsard fait paraître des pièces de longueur variable qui évoquent, décrivent, célèbrent « la Grenouille », « la Fourmy », « la Rose », « l'Alouette » ; mais aussi « les Armes » ou encore « le Verre ». « Au fond, écrit Paul Laumonier, c'est le blason marotique considérablement transformé, développé, poétisé ». Ronsard n'est jamais parvenu à donner une définition précise de cette forme, mais il n'en a pas moins, avec ces poèmes et beaucoup d'autres, composé dès 1560 une section de ses *Œuvres complètes*.

Celui qui recherche un Ronsard plus libre, plus fantaisiste, plus secret aussi, doit lire ces *Poèmes*, où il met vraiment – selon la formule de Hugo – « Pégase au vert ». Le poème, c'est le genre libre par excellence. Point de contrainte métrique ou strophique : le poème, qu'il soit constitué d'alexandrins ou d'octosyllabes, ne dépend que de celui qui l'écrit. Pas davantage de contraintes discursives : si les poèmes sont toujours dédiés à quelqu'un (nécessité oblige), ils ne font pas, comme les *Hymnes*, l'éloge de leur dédicataire, ou, s'ils le font, c'est à la manière enjouée d'Horace, quand ce n'est pas à celle de Rabelais : ainsi de l'ami Belot, comparé aux figures grotesques qui ornent les « silènes » des apothicaires. C'est aussi à la liberté de l'imagination la plus débridée que l'on doit des poèmes pleins de verve comme celui qui est consacré à l'« Ombre du cheval ».

On serait tenté d'évoquer à leur propos le retour d'un certain « chimérisme gothique », si Ronsard ne s'inspirait très souvent de la littérature antique et en particulier d'Ovide. Fréquemment, en effet, la description de l'objet débouche sur un récit mythique qui raconte la métamorphose d'Atys en pin (« le Pin »), la fable du genévrier (« le Rossignol »), ou encore la mésaventure d'un satyre (« le Satyre »). Il ne faut donc pas parler à leur propos de poésie descriptive au sens moderne. La description, à cette époque, fait appel à la sensibilité et à l'imagination, et, sous leur poussée, le monde des formes s'ouvre au burlesque, à l'étrange, à l'inattendu. Jamais autant que dans ces poèmes Ronsard ne s'est placé sous le signe de la « fantasie », c'est-à-dire de l'imagination. La philosophie qui s'y trouve aussi n'aura donc rien d'intellectuel. Tout est bon au poète : la description d'une lyre (« la Lyre »), occasion du double éloge d'Apollon et de Bacchus, comme celle d'un verre (« le Verre », classé parmi les poèmes en 1560). C'est bien parce que la liberté règne dans les *Poèmes* que Ronsard leur a confié les célèbres « Bacchanales ou le Folastrissime Voyage d'Hercueil », récit d'une excursion endiablée de la jeune Brigade dans la banlieue parisienne, mais aussi, plus profondément, œuvre d'un « philosophe ivre ».

Discours

Très tôt les *Discours sur les misères de ce temps* ont été craints (par les protestants), admirés (par les catholiques), appréciés. Les protestants redoutaient une plume féroce, et les Humanistes catholiques saluaient l'engagement d'un poète naguère plus soucieux de liberté et d'amour, peut-être même tenté en son for intérieur par des cultes et des mythes plus païens que chrétiens. Ces jugements, pertinents à coup sûr, ont cependant déformé le sens des *Discours*.

Ronsard s'est engagé, pour la défense du Trône et de l'Autel, mais tardivement : en 1562 seulement, quand débuta la première guerre civile. Et il ne s'est pas engagé longtemps : les plus connus de ces *Discours* (« Discours à la reine », « Continuation du Discours » et « Remonstrance au peuple de France ») datent de la même année : 1562. L'année suivante, Ronsard réplique aux attaques personnelles dont il est l'objet de la part des protestants (« Response aux injures », 1563). Il reprend la plume politique pour célébrer en 1569, sauvagement, les victoires catholiques de Jarnac et de Montcontour. Ce sera pratiquement tout, malgré la poursuite des guerres. Dès 1565, le poète conseillait à un ami de ne pas rompre son « tranquille repos/Pour papaux ny pour huguenotz ». Pourquoi donc un engagement à cette époque et si bref ?

Ronsard estime qu'il doit intervenir au moment où la Réforme, jusqu'alors pacifique, s'engage dans une résistance armée. Quand elle n'était qu'une croyance, il la considérait comme un fait regrettable, d'autant qu'elle risquait d'entraîner une rupture de l'unité politique nationale. Il adhérait, comme presque tous ses contemporains, à l'adage : une foi, une loi, un roi. Mais il ne combattait pas les protestants. Mieux même : il pensait, comme beaucoup d'Humanistes catholiques, qu'il était temps pour son Église de réformer ses mœurs et sa discipline et de revenir à la pureté des temps évangéliques. La prise d'armes de 1562 modifie profondément ses sentiments. Il craint maintenant pour la monarchie, que des « sectaires » (confondus – volontairement ou non – avec les protestants) pourraient renverser ; pour son pays, livré à l'étranger ; pour la société enfin, devenue, du fait de la Réforme, un véritable « monde renversé ». De là ses adjurations pathétiques à Théodore de Bèze, ci-devant poète et maintenant le second de Calvin, pour qu'il épargne sa patrie ; de là sa satire cinglante de la foi, du langage et des mœurs des réformés. Il faut, lui apparaît-il, détacher de la Réforme tous ceux qui ont embrassé sa cause par ignorance de ses véritables desseins, et ils sont nombreux : nobles (de robe ou d'épée), bourgeois, gens du petit peuple, ceux que les *Discours* de Ronsard, diffusés sous forme de plaquettes aisées à transporter, ont pu toucher et faire réfléchir.

Ce que ces lecteurs ne voyaient pas – ne pouvaient voir –, c'est la relation complexe de Ronsard à l'Histoire. Pouvait-on vraiment l'éviter, cette crise qui secouait le pays ? Il est permis d'en douter quand on lit le prologue du premier *Discours*, où les rythmes de l'Histoire sont calqués sur ceux de la nature : après l'orage, le beau temps ; après la guerre, la paix. Alors même qu'il est nécessaire d'agir, avec le roi, la reine, les armées, il faut en même temps reconnaître que le monde suit un cours immuable et admirable, et que l'Histoire n'est que l'écume des jours. Et Ronsard se surprend parfois à vouloir rejoindre des peuples primitifs, où l'Histoire, justement, n'existe pas. Ce qu'il craint aussi, c'est de fourvoyer sa poésie dans l'idéologie. Il tient, certes, pour le roi et pour l'Église, mais il avoue aussi (dans la « Response aux injures ») que la ruine de celle-ci ne serait pas sa mort, que ses raisons de vivre ne dépendent pas de l'avenir d'une institution, celle-ci fût-elle divine. Son bien le plus précieux, que ne peuvent menacer les tribulations de l'Histoire, reste en fait la poésie, ici enrôlée à son corps défendant ; cette poésie que les protestants mutilent par souci religieux mais que les humanistes menacent aussi, à leur manière, quand ils veulent qu'à tout prix elle exprime des idées. C'est à eux également que s'adresse la « Response aux injures », dans un langage merveilleusement ironique à l'égard de toutes les terreurs, celles de l'histoire comme celles des lettres.

La Franciade

Le grand poème que Ronsard entreprit, abandonna, reprit au long de trente années, l'épopée qui devait permettre à la poésie française de rivaliser avec la grecque ou la latine, fut, on le sait, un échec. Ronsard ne publia rien d'autre que les quatre chants édités en 1572, l'année même de la Saint-Barthélemy. La critique a cherché les raisons possibles de cet échec : un mauvais sujet d'abord, incapable d'atteindre aux dimensions d'un mythe national. Qui donc croyait encore en 1572 que les Français descendaient de Francus, fils d'Hector ? Il y avait beau temps que la critique historique avait pulvérisé cette légende. Et si même on choisissait la fable, on n'écrivait pas vraiment l'épopée nationale que Ronsard souhaitait. En outre le poète ne disposait pas, pour cette œuvre, de la même liberté d'écriture que pour les autres. Le roi lui imposait malencontreusement l'usage du décasyllabe, qui convenait mal à la majesté épique. Il lui fallait de plus, toujours pour complaire au roi, égrener, tel un chroniqueur, la liste des rois de France : « J'ay le faix de soixante et trois rois sur les bras », écrit-il, accablé, dans la première Préface de *la Franciade*.

Toutes ces explications sont justes, mais elles ne répondent pas à l'essentiel : le fait que ni Ronsard ni son époque ne pouvaient produire une épopée, au sens strict du terme. Si l'épopée est le chant d'une nation unanime, célébrant son histoire comme garantie de son avenir, elle ne pouvait naître dans la France des années 1550-1570, France divisée par les querelles religieuses, incertaine de son histoire et de son avenir ; cette France où la culture savante tend de plus en plus à réprimer la culture populaire sans laquelle l'épopée ne peut ni avoir du souffle ni obtenir une véritable audience. L'idée même d'un grand poème englobant tous les aspects du monde – un poème encyclopédique, en somme – tend à se substituer à l'épopée. Au fond, c'est le sens de l'Histoire qui est en crise, et Ronsard l'évoque bien quand il décrit les itinéraires hasardeux de la civilisation passant d'un pays à l'autre sans que l'on puisse comprendre le pourquoi ou le comment de ces caprices.

Faut-il alors s'étonner que Francus ne parvienne pas jusqu'en France, où l'appellent les destins, et qu'il reste dans l'île de Crète, en compagnie d'un roi mystagogue et d'une prêtresse qu'il interroge anxieusement sur son avenir ? Francus, héros inquiet, loin de se diriger vers le monde nouveau, reflue vers l'ancien, la Crète, d'où sont partis ses aïeux pour aller fonder Troie. La parole des oracles, obsédante, ne parvient pas à mettre le récit en route. En l'absence de récit, Ronsard laisse libre cours à son goût pour la description, comme si l'épopée, à défaut de rassembler l'histoire d'un peuple, se donnait pour mission de réunir les morceaux pittoresques et vivants d'un monde éclaté.

Bocage royal

Ronsard utilise le terme de *Bocage* dès 1550, pour rassembler des pièces irrégulières qui n'avaient pu trouver place dans les *Quatre Premiers Livres des Odes*. Il s'en sert encore plusieurs fois par la suite, mais ce n'est qu'en 1584 qu'il constitue, sous le titre de *Bocage royal*, l'une des parties de ses *Œuvres complètes* ; la moins homogène, semble-t-il, et donc bien désignée par le terme « bocage » (qui traduit le *silvæ* latin) : recueil de poésies mêlées, d'inspirations et de formes différentes. L'unité existe cependant, si l'on met de côté les élégies, et elle réside dans le thème de la royauté lui-même. Ronsard chante les rois, non seulement ceux de France, vivants ou morts (François Ier, Henri II, Charles IX, Henri III), mais aussi les rois étrangers (ou les reines, telle Élisabeth d'Angleterre). Il chante également ceux qui les approchent, ministres, grands personnages. Il les chante « jusqu'à l'extrémité », comme il le réclame lui-même au poète lyrique – et cela, parfois au mépris de la vérité historique ou du bon goût. Il les chante, bien sûr, parce qu'il est poète du roi, mais aussi par conviction : l'être royal l'exalte et le fascine, car il voit dans les rois les derniers vestiges, peut-être, du sacré dans le monde.

Aussi compose-t-il inlassablement ces poèmes qu'on dit « de circonstance » : pour les naissances, les mariages, les sacres et les morts des rois. Certes, comme il le dit lui-même, la Muse n'est pas toujours présente quand on le sollicite. Il s'exécute quand même, quitte à maugréer contre ces princes qui réclament de longs discours alors que lui les aime brefs. Mais il s'établit parfois une merveilleuse coïncidence entre la nécessité et la pente de son inspiration. Les fêtes de Cour, dans lesquelles pourtant il ne semble pas avoir eu un rôle vraiment central, l'exaltent. C'est l'occasion pour lui de célébrer les grands mythes de la monarchie, comme l'« Hercule gaulois » qui règne non par la force mais grâce à l'éloquence, et de convoquer les images de l'âge d'or pour signifier la félicité de l'heure. Ou bien encore il emprunte à l'imagerie médiévale ses chevaliers, ses nains et ses enchanteurs pour exprimer la lutte éternelle de l'ordre contre le mal. Car telle est bien, selon lui et la Renaissance, la mission métaphysique de la monarchie. Celle-ci garantit beaucoup plus que l'ordre politique. Les rois, grands initiés, soutenus par un poète lui-même initié, tentent d'accorder la cité aux rythmes du monde.

Ronsard est peut-être le dernier poète français à concevoir la monarchie comme un service philosophique, tout en commençant à accepter, comme Montaigne à la même époque, que l'homme suive sa « fantasie ».

D. Ménager

ROSNY J. H.

*Pseudonyme commun de **Joseph Henri Boex** dit **Rosny Aîné** (1856-1940) et de son frère **Séraphin Justin Boex** dit **Rosny Jeune** (1859-1948)*

Longtemps confiné dans un rôle de romancier pour enfants, « J. H. Rosny » a été redécouvert par le biais de la littérature de science-fiction, dont il est apparu comme l'un des précurseurs. Mais plus d'une « lecture » semble aujourd'hui possible dans cet univers qui mêle romans naturalistes et récits d'aventures, descriptions réalistes de début (ou de fin) de siècle et légendes préhistoriques. En outre, la façon dont J. H. Rosny adapte la structure de ses romans à son propos ne peut laisser indifférent un lecteur moderne habitué, depuis Proust ou le « nouveau roman », à voir s'exprimer dans les problèmes de technique littéraire les préoccupations essentielles d'un auteur.

Un univers littéraire complexe

Des deux frères Boex, tous deux nés à Bruxelles, l'aîné débuta dans la littérature en publiant en 1886 sa première œuvre, *Nell Horn*. Son succès l'incita à faire appel à la collaboration de son frère, alors employé dans l'administration, et c'est ensemble, sous le pseudonyme de J. H. ROSNY, qu'ils écrivirent de nombreux ouvrages d'inspiration très diverse : *les Xipéhuz* (1887), *Vamireh* (1892), *le Cataclysme* (1896), etc. D'abord liés au groupe des naturalistes, à Alphonse Daudet et aux frères Goncourt en particulier, ils rompirent un moment avec Émile Zola et, en 1887, signèrent le fameux « Manifeste des Cinq » contre ce dernier [voir **Naturalisme**]. Rosny Aîné regrettera cependant cette « action basse » ; par la suite il présida, à partir de 1896, le groupe qui devait devenir en 1903 l'académie Goncourt.

Les deux frères se séparèrent en 1908, et l'on put rapidement constater que, malgré son talent, le plus jeune n'égalait pas l'aîné, qui publia seul une centaine d'ouvrages. Cette œuvre considérable se signale par son extrême variété. Les romans sociaux comme *Marthe Baraquin* (1909), *la Vague rouge* (1910) sont nettement marqués par l'influence d'Émile Zola ; mais Rosny Aîné s'essaya aussi au genre fantastique avec notamment *la Vampire* (1920). Pourtant le domaine où il a le plus témoigné de son originalité demeure indiscutablement celui des romans d'aventures, dont l'action se situe à l'époque préhistorique, notamment *la Guerre du feu* (en feuilleton, 1909 ; en volume, 1911), portée au cinéma en 1981 par J.-J. Annaud, et des récits qui, par leur thématique, préfigurent nos actuels romans de science-fiction : *la Mort de la Terre* (1912), *les Navigateurs de l'infini* (1925).

Pourvu d'un savoir quasi encyclopédique, Rosny Aîné publia en outre, sous le pseudonyme de J. H. BOEX-BOREL, des essais de critique et de philosophie : *le Pluralisme, essai sur la discontinuité et l'hétérogénéité des phénomènes* (1909) et *les Sciences et le pluralisme* (1922).

Son frère a lui aussi abordé tous les genres, et en particulier le roman réaliste – son œuvre la plus connue semblant être *Sépulcres blanchis* (1913) ; et il a tenté de donner une synthèse à sa pensée dans *le Destin de Marin Lafaille* (1945). Comme Joseph Henri, il fit partie de l'académie Goncourt.

Un écrivain aux carrefours de son siècle

Né au siècle du triomphe de l'industrie, J. H. Rosny a indéniablement inscrit en lui le goût du rationalisme scientifique, issu des grandes pensées de l'époque. Familier des théories de Darwin, Rosny Aîné est convaincu du caractère évolutif des espèces vivantes, comme en témoignent ses « romans préhistoriques ». Il a confiance dans les possibilités de l'homme, dont il se refuse d'ailleurs à expliquer l'existence par une référence quelconque à un ordre divin. Au reste, il n'existe pas, dans son univers romanesque, de fossé entre l'homme et les autres espèces vivantes – animaux ou plantes. L'homme n'a pas de statut privilégié dans un monde qu'il se crée par sa propre intelligence ; ainsi assiste-t-on, dans *la Guerre du feu*, aux lents progrès du jeune Naoh dans la connaissance de son milieu naturel – récit qui prend la forme d'un véritable roman initiatique : le héros ne pourra obtenir sa récompense (en l'occurrence, la main de la fille du chef) que s'il sort vainqueur de l'épreuve qui le rendra digne de succéder à son « beau-père ».

La recherche du feu n'est ici qu'un prétexte au développement d'un récit d'aventures de type classique ; les événements, même s'ils sortent de l'ordinaire, n'en sont pas moins tout à fait plausibles et ne font intervenir que des causalités « rationnelles » : séismes, attaques de fauves, tempêtes, etc. Rosny se situe ainsi dans la continuité de Jules Verne ; comme lui, il use d'un vocabulaire scientifique riche et précis, qui devient le matériau romanesque de base, à une époque où la littérature prétend embrasser l'ensemble de la réalité.

Et, comme dans l'œuvre d'Émile Zola, le monde sera décrit avec un grand luxe de détails concrets, le roman se voudra volontiers didactique. Ainsi, *la Vague rouge*, dont la parenté avec *Germinal* est évidente, nous propose-t-elle une description « objective » de la vie des mineurs du Nord, avec pour thèmes essentiels le syndicalisme et l'antimilitarisme ; les péripéties tournent par ailleurs au poncif : mineurs bloqués dans la mine, soldats tirant sur la foule, etc. Le lecteur voit agir des héros positifs, des « découvreurs », des êtres énergiques, combatifs, des aventuriers qui réagissent souvent par instinct à l'instar de Naoh, l'homme préhistorique. Tels sont François Rougemont, le syndicaliste de *la Vague rouge*, ou encore Alglave, l'explorateur du *Trésor dans la brousse* (1931).
Ainsi, lorsqu'on le voit se montrer à la fois matérialiste en philosophie, disciple de Zola et des naturalistes en littérature, partisan des idéaux socialistes de Jean Jaurès en matière de politique, Rosny paraît solidement ancré dans les tendances profondes de sa génération. Néanmoins ce n'est pas là que réside son seul mérite, et l'œuvre dépasse largement les bornes étroites de la chronologie, surtout grâce à la richesse des mythes et des fantasmes qui traduisent la vision du monde de l'auteur.

Une esthétique de la forme et de la dualité

Un des aspects les plus importants de la création chez Rosny, c'est l'onomastique : on s'en rend compte en étudiant les noms qui désignent les peuples ou les personnages dans ses romans : Wah, Oulhame, Kzamms (*la Guerre du feu*) pour les premiers ; Tang, Manô (*la Mort de la terre*), Awah, Touanhô, Wanawanoûm (*le Trésor dans la neige*) pour les seconds. Tous ressemblent, en fait, à des anagrammes et comportent des suites de phonèmes difficilement prononçables, ou des consonnes peu usitées dans notre langue. On peut, certes, y voir une volonté de dépayser le lecteur, mais ici l'étrangeté est inscrite dans la forme même du mot, qui devient à elle seule signifiante, indépendamment de tout référent : le mot devient une « matière » avant d'avoir une signification codée ; Rosny élabore ainsi une véritable poétique du Nom.
Dans un autre registre, l'un des thèmes favoris des romans signés Rosny est le dédoublement de la personnalité : thème emprunté au fantastique, mais qui acquiert ici la dimension du mythe ; dans *la Jeune Vampire*, notamment, on voit une jeune femme se révéler successivement, sous une même enveloppe corporelle, en deux personnalités distinctes : la jeune fille caractéristique de la société victorienne, après une mort clinique, a laissé son corps habité par un vampire qui aspire le sang des membres de « sa famille ». D'autres créatures de Rosny, tels les Moëdingen d'*Un autre monde* (1898), ont une vision double du monde : elles perçoivent non seulement le monde « normal », mais aussi un autre univers, composé principalement de formes aériennes, variées, invisibles aux autres humains.
Ces formes sont souvent des créatures transparentes, fluides, parcourues de lignes géométriques, et dans lesquelles la structure de l'Être prime sa matière même. « Les traits constituent, en somme, le principal de leur être », déclare l'écrivain à propos des Moëdingen. Dans le monde de Rosny, les êtres dont la forme est l'essentiel occupent une place prédominante ; souvent le pouvoir leur appartient, et on peut les classer en deux catégories. Certains sont rattachés au monde aérien, comme les Moëdingen ou les Variants, êtres qui revêtent « une série de formes sans cesse changeantes », série qui se déroule « dans un ordre presque constant », les formes « revenant sur elles-mêmes et formant ainsi des individualités cycliques » (*le Monde des Variants*) ; les Martiens eux-mêmes ont une « forme rythmique comparable à celle des plus beaux vases hellènes » (*les Navigateurs de l'infini*).
D'autres appartiennent à l'élément terrestre, et leur forme devient alors franchement géométrique : rectangle de l'Aigue dans *le Cataclysme*, forme hélicoïdale des ferromagnétaux dans *la Mort de la Terre* ; cônes, strates ou cylindres dans *les Xipéhuz* ; sur Mars, les Terriens trouvent des structures singulières, les unes en zigzag, les autres en spirales, qu'ils qualifieront de « zoomorphes ». Ils perçoivent aussi des réseaux de phosphorescences aériennes formant des colonnes lumineuses, qu'ils nomment par la suite « Éthéraux ». Et selon qu'elles relèvent de l'élément terrestre ou de l'élément aérien, les formes ont respectivement un rôle négatif ou positif : les formes issues de la Terre ou en contact avec elle représentent une menace ; ainsi les zoomorphes paralysent-ils l'homme à distance à l'aide d'une sorte de fluide ; les ferromagnétaux, eux, aspirent son sang (on voit d'ailleurs, par cet exemple, tout ce que la science-fiction doit au merveilleux). Tout se passe comme si la Terre exerçait sur J. H. Rosny une sorte de fascination horrifiée ; le minéral est souvent cause de mort : ainsi, dans *la Mort de la Terre*, sous l'effet d'un séisme, la planète absorbe l'Eau, à l'origine de toute vie. À l'inverse, les formes « aériennes » ont une valeur positive : elles sont sources de beauté, de tendresse, d'aspiration à l'idéal, ce qui est particulièrement net dans *le Monde des Variants*.
On peut donc dire que le rôle que Rosny attribue aux éléments traditionnels contribue à donner à son œuvre une dimension cosmique. Et lorsque l'on considère Rosny dans son activité d'écrivain, on perçoit mieux selon quelles modalités s'effectua chez lui la création littéraire : Rosny lecteur s'est sans doute efforcé d'appliquer au monde littéraire les méthodes qu'il employait pour comprendre l'univers ; il a donc tenté, là encore, d'« ordonner le chaos », de structurer le mystère de la création en saisissant dans chaque genre littéraire les principes qui en régissaient la composition, et en s'y adaptant le mieux possible lorsqu'il créait à son tour. Ainsi, bien avant les théoriciens du « nouveau roman », Rosny affirme-t-il à sa manière la primauté de la structure de l'œuvre sur son sens.
Au-delà du foisonnement, l'unité de l'œuvre semble donc bien être réalisée par cette extraordinaire facilité qu'a Rosny de s'adapter à des genres aussi multiples que ceux qu'il a pratiqués. Écrivain-Protée, il revêt autant de formes que les types de récits qu'il entreprend l'exigent. Certains jugeront sans doute que là réside sa faiblesse et qu'il n'a pas su créer œuvre originale. Pourtant, on peut estimer qu'en un siècle où tant de critiques se penchent sur les lois qui régissent les genres

littéraires, où tant d'écrivains rêvent l'« œuvre totale », la tentative de J. H. Rosny ne peut qu'exercer sur le lecteur une puissante séduction.

J.-P. Damour

ROSTAND Edmond

(1868-1918)

Poète dramatique, Edmond Rostand fut probablement, au tournant du siècle, l'auteur le plus adulé des lettres françaises. Il était né dans une famille de négociants marseillais très cultivés. Dans sa ville natale, puis au collège Stanislas, il va poursuivre des études à la fois nonchalantes et brillantes. Bien vite, il choisit d'être poète et donne ses premiers essais littéraires : ce Méridional qui a la nostalgie de sa Provence disserte sur Honoré d'Urfé et Zola à l'occasion d'un concours académique (1887). Il ébauche également plusieurs pièces qui ne verront jamais le jour. En 1889, il donne, en collaboration avec Henry Lee, un vaudeville, *le Gant rouge* : l'ouvrage, éreinté par Sarcey, n'a que quinze représentations. En 1890, l'année de son mariage avec Rosemonde Gérard, Rostand fait paraître chez Lemerre un recueil de poèmes, *les Musardises*, qui n'obtiennent qu'un succès d'estime ; la critique de l'époque est sensible surtout aux réminiscences de Musset et de Banville.

L'année suivante, *les Deux Pierrots* sont refusés par la Comédie-Française, mais ils ouvrent la voie pour les *Romanesques* (1894), qu'interprètent Féraudy, Le Bargy et Mlle Reichenberg. S'il est un peu isolé dans le milieu littéraire, Rostand bénéficie de solides amitiés, celle de Sarah Bernhardt en particulier, pour qui il écrit *la Princesse lointaine* (1895), dont l'argument a été puisé dans une chronique médiévale, et *la Samaritaine* (1897), qui s'insère dans un courant de pièces bibliques. Ces deux pièces – en vers – sont représentées au Théâtre de la Renaissance.

L'homme des triomphes

Cyrano de Bergerac

La célébrité ne vient pourtant qu'avec *Cyrano de Bergerac* (fin déc. 1897) ; inspiré probablement par l'ouvrage qu'a fait paraître en 1893 P. A. Brun, *Savinien de Cyrano de Bergerac, sa vie et ses œuvres*, notre auteur s'est lancé dans une partie risquée : non seulement sa pièce est coûteuse à monter, mais encore les premiers spectateurs semblent inquiets devant les audaces de Rostand, son héros ridicule et ses dialogues déconcertants. Pourtant, le 28 décembre, à la Porte-Saint-Martin, la première est un triomphe, un triomphe durable que Rostand doit à son talent de metteur en scène mais aussi à Coquelin, son acteur principal.

SYNOPSIS

« UNE REPRÉSENTATION À L'HÔTEL DE BOURGOGNE » (en 1640). La salle du théâtre se remplit : on va y donner une pastorale, *la Clorise*, dans le genre précieux. Le jeune et beau Christian de Neuvillette y vient contempler la femme qu'il aime : Roxane, une précieuse « épouvantablement ravissante » à qui le comte de Guiche fait la cour. La pièce commence, mais est vite interrompue par le turbulent Cyrano de Bergerac, qui interdit à l'acteur Montfleury de jouer, car il est trop gros ! Des spectateurs protestent, et l'un d'eux provoque Cyrano, en critiquant son nez, « très grand » – ce à quoi le héros réplique par la célèbre « tirade des nez », éloge de sa propre laideur, avant de se battre avec l'importun. Pendant le duel, il compose une ballade (« À la fin de l'envoi, je touche ! »). À son ami Le Bret, il confesse qu'il aime passionnément Roxane sa cousine ; mais sa laideur le laisse sans espoir. Or Roxane lui fait justement demander un rendez-vous pour le lendemain ! Soudain galvanisé, Cyrano part se battre, seul contre cent (acte I).

« LA RÔTISSERIE DES POÈTES ». C'est-à-dire chez le restaurateur Ragueneau, qui nourrit généreusement les poètes sans le sou, Cyrano vient au rendez-vous de Roxane ; elle lui explique qu'elle est éprise d'un homme, en qui il croit se reconnaître – jusqu'au moment où elle dit que celui qu'elle aime est beau. Elle ne lui a jamais adressé la parole et n'en sait que le nom : Christian de Neuvillette ; il vient d'entrer dans la compagnie de cadets de Cyrano ; Roxane lui demande de protéger le jeune homme. Bouleversé par cette révélation, Cyrano se heurte un peu plus tard à son rival. Mais découvrant que Christian est d'un vrai courage, il décide de le prendre sous sa protection et de l'aider à conquérir Roxane (acte II).

« LE BAISER DE ROXANE ». C'est l'« acte du balcon ». Si Christian est beau et courageux, il manque totalement de bel esprit. Or Roxane, précieuse, ne conçoit pas l'amour sans l'accompagnement d'une conversation savante, spirituelle et piquante. Caché dans l'ombre, c'est Cyrano qui souffle à Christian les mots qui le font accéder au bonheur. Resté seul, Cyrano, par le récit de ses voyages vers la lune, écarte de Guiche, venu conquérir Roxane – ce qui permet à celle-ci d'épouser en hâte Christian ! Pour se venger, de Guiche envoie au siège d'Arras la compagnie de Cyrano et, donc, Christian (acte III).

« LES CADETS DE GASCOGNE ». Bloqués par les Espagnols qui les cernent, les cadets meurent de faim. Cyrano les encourage, mais en vain, quand arrive, ayant hardiment franchi les lignes ennemies, Roxane, bonne fée au carrosse empli de victuailles. Lorsque Christian apprend qu'« il » a écrit et tous les jours envoyé au péril de sa vie une lettre à Roxane, il comprend que Cyrano est amoureux d'elle – et qu'en Christian elle a vu un bel esprit, alors qu'en réalité, c'est le poète Cyrano qu'elle aime sans le savoir. Effondré, le jeune homme court se faire tuer au combat (acte IV).

« LA GAZETTE DE CYRANO ». Quatorze ans après. Roxane, veuve, s'est retirée dans un couvent où Cyrano vient lui rendre visite chaque jour et dire sa « gazette », les potins de la ville. Ce jour-là, victime d'un accident, en réalité un attentat, il est mourant mais il le cache. Elle lui fait relire une belle lettre prétendument écrite par Christian le jour de sa mort ; mais elle s'aperçoit qu'il la lit encore la nuit venue – qu'il la connaît par cœur – et donc qu'il en était l'auteur : elle comprend tout, et surtout qu'elle aimait Cyrano, et non Christian, l'esprit et non le corps séduisant. Après cet aveu, Cyrano révèle sa blessure et peut mourir heureux (acte V).

En 1900, *l'Aiglon* permet au public d'applaudir Sarah Bernhardt dans le rôle du jeune duc de Reichstadt et Lucien Guitry dans celui de Flambeau. Rostand, pourtant, ne se contente pas de gérer son succès, qui est immense. Le nouvel académicien (1901) donne en 1910 *Chantecler*, une pièce inclassable, dont les personnages sont des animaux, aussi humains, bien entendu, qu'ils pouvaient l'être chez La Fontaine ou dans *le Roman de Renart*. La pièce surprend, et il s'en faut qu'elle fasse l'unanimité. Les réticences du public et de la critique atteignent un Rostand déjà affaibli par la maladie. Retiré dans sa maison d'Arnaga, près de Cambo, au Pays basque, il y entame une trilogie qui doit réunir Don Juan, Faust et Polichinelle : le premier donnera lieu en 1922 à un poème dramatique (*la Dernière Nuit de Don Juan*) tandis que Faust inspira une traduction qui reste inachevée. L'écrivain offrira encore, dans ses dernières années, un beau *Cantique de l'Aile* (posth., 1922), dédié aux aviateurs, et les poèmes patriotiques du *Vol de la Marseillaise* (posth., 1919). Les vœux qu'y forme Rostand seront exaucés, puisqu'il verra la victoire trois semaines avant de disparaître.

L'écrivain et son public

Rostand a suscité chez ses contemporains trop d'enthousiasme, l'époque s'est trop reconnue en lui pour que l'on n'essaye pas de comprendre les raisons de cet accord parfait entre un public et un créateur. Le premier élément de réponse réside peut-être dans l'héritage littéraire dont l'écrivain est porteur : peu goûté des autres écrivains, Rostand est d'abord un romantique, un « autre Musset », un « nouvel Hugo » peut-être ; c'est en tout cas ainsi que la critique le voit, et l'on ne peut lui donner tort : la couleur jetée à profusion, le panache – ce mot cher à Rostand –, la virtuosité de la versification, tout cela est très « Jeune-France », sans parler du goût pour l'Histoire et les costumes, pour le mélange des larmes et du rire, du sublime et du grotesque. Rostand est donc un romantique, et cela à un moment où le romantisme ne peut plus choquer personne, où il est même devenu la littérature officielle en la personne de Victor Hugo. Pourtant l'explication reste insuffisante si l'on n'ajoute pas que, pour ses contemporains, Rostand est l'exemple même de l'esprit national français, et l'on sait l'importance d'une telle référence entre 1870 et 1914. Cyrano, l'Aiglon et Chantecler ont en commun un côté vaillant et généreux : le bretteur amoureux et littérateur, le duc de Reichstadt qui reste français malgré Metternich, et jusqu'au coq gaulois, tous ces héros sont aussi – avant tout, peut-être – des symboles.

Effets et lumières

Le lecteur d'aujourd'hui, moins sensible peut-être à cet aspect des choses, trouvera dans cette œuvre d'autres objets d'intérêt. Il remarquera d'abord la qualité de l'écriture, cette « facilité » du dialogue que Rostand, dit-on, n'atteignait pas sans peine ; la « tirade des nez », le duel en vers de *Cyrano*, les mots d'auteur, les images étranges mais justes, les trouvailles donnent au public un bonheur théâtral de qualité : Rostand n'hésite pas à insérer dans *l'Aiglon* un passage d'*Andromaque* parfaitement en situation ; il crée un verbe « raguser », à propos, bien sûr, de Marmont, et voit dans le « N » de Napoléon la lettre qui dit non au temps. *Chantecler*, enfin, n'est qu'une trouvaille, renouvelée tantôt par les plaisanteries du Merle et les dictons de la vieille Poule, tantôt par une poésie drôle, proche d'Aristophane ou du Jules Renard des *Histoires naturelles* :

L'âme des coutelas rêve dans les canifs ;
Le merle et le corbeau sont faits du même crêpe,
Et, jaune et noir, le tigre est déjà dans la guêpe !

On s'aperçoit que cet auteur prétendument démodé est plein d'invention, que sa forme brillante, surtout, n'est ni vide ni gratuite : elle s'inscrit dans une véritable esthétique de la fantaisie, une esthétique baroque, pourrait-on dire, si le mot n'était pas galvaudé. Rien de plus net, à cet égard, que le choix d'un héros comme Cyrano, surprenant, contradictoire, prodigue en bottes d'escrime, en exploits, en effets – et cela toujours aux dépens des figures pâles ou ternes. Chez Rostand, il faut être brillant, éclatant, pour exister. L'art lui-même est ce soleil auquel Chantecler adresse son ode fameuse :

Je t'adore, Soleil !
Tu mets dans l'air des roses,
Des flammes dans la source, un dieu dans le buisson !
Tu prends un arbre obscur et tu l'apothéoses !
O Soleil ! toi sans qui les choses
Ne seraient que ce qu'elles sont !

On serait donc mal venu de reprocher à Rostand son côté artificiel : dans cet art très pensé, l'artifice est voulu, recherché ; il se confond avec le beau, peut-être même avec le bien. Il existe en effet dans cette œuvre une morale implicite qui donne le beau rôle à la jeunesse, à la beauté – plus généralement, à tous les enthousiasmes. Surprendre, éblouir, plaire, tel est donc le but de cette œuvre que la critique, à l'inverse du public, oublie trop aujourd'hui. Baudelaire, dans *Mon cœur mis à nu*, pensait que ce qu'il y avait de plus beau dans un théâtre, c'était le lustre, scintillant, « lumineux » : il est permis de voir en Rostand ce lustre-là, qui éclaire le répertoire parfois un peu gris de nos grands-parents.

A. Preiss et P. Besnier (synopsis)

ROTROU Jean

(1609-1650)

Jean Rotrou est l'un des auteurs dramatiques les plus importants du XVIIe siècle, après les trois « grands » : Racine, Corneille et Molière. Il est parfois désigné comme continuateur d'Alexandre Hardy. Comme lui, il travaille directement pour la troupe de l'Hôtel de Bourgogne. Comme lui, il se bat dans les premières années de sa carrière pour que son œuvre ne lui échappe pas – au bénéfice des troupes théâtrales – et soit publiée [voir **HARDY**]. Mais les conditions sociales ont changé depuis Hardy et Rotrou n'a pas et n'est pas tenu d'avoir la même fécondité que le vieux poète, bien que trente-cinq de ses pièces de théâtre soient parvenues jusqu'à nous. Sa carrière commence dans les années 1630 en même temps que celle d'un groupe de jeunes dramaturges, parmi lesquels Corneille, Mairet, Du Ryer, Scudéry qui ne tarderont pas à faire parler d'eux. Mais il est le seul – si l'on accorde une place particulière à Corneille – qui continue à écrire jusqu'en 1650, si bien que son image se confond avec le règne de Louis XIII et qu'il fait figure de représentant du « style » de l'époque.

Un poète à gages assagi

Faute de documents, nous sommes mal renseignés sur la vie de Rotrou. Ses premiers biographes tracent volontiers de lui le portrait pathétique d'un jeune homme pauvre en proie aux tracasseries de comédiens ne reculant devant rien pour lui extorquer à leur profit de nouveaux ouvrages. La réalité est sans doute plus banale, et sa vie, marquée par une longue fidélité au théâtre, apparaît dépourvue d'événements exceptionnels.

Né à Dreux, d'une famille de bonne bourgeoisie, Rotrou a dix-neuf ans lorsqu'il écrit sa première pièce, la tragi-comédie de *l'Hypocondriaque ou le Mort amoureux.* Il fréquente assez tôt, semble-t-il, les milieux littéraires, où il se cherche des protecteurs. Il dédie sa première pièce au comte de Soissons, seigneur de Dreux, et il est admis dans l'entourage de Richelieu, sans doute par l'intermédiaire de Chapelain. Faisant partie avec Corneille des « Cinq Auteurs » qui collaborent sous l'autorité du cardinal, il est également un des protégés du comte de Belin, dont le mécénat s'exercera jusqu'en 1637.

Officiellement, Rotrou exerce la profession d'avocat au parlement de Paris. Mais il est aussi devenu très jeune (peut-être dès 1626) « poète à gages » de l'Hôtel de Bourgogne où il aurait immédiatement remplacé Hardy et mis au service de la troupe sa « facilité » à faire des vers. Jusqu'en 1634, il produit vite, poussé par ses obligations d'écrivain attaché à la compagnie. Ensuite, après une lutte juridique et grâce à des interventions officielles, il parvient à s'affranchir de la tutelle d'acteurs qui tiennent à s'assurer le plus longtemps possible l'exclusivité des pièces qu'ils jouent et à retarder leur publication d'autant.

En 1639, le poète achète la charge de lieutenant particulier au bailliage de Dreux. Son activité dramatique prend un autre rythme. Il s'installe comme magistrat dans sa ville natale, et, en 1640, épouse Marguerite Le Camus, une jeune Mantaise. Ils auront six enfants, dont trois mourront en bas âge.

Sa vie s'écoule paisiblement jusqu'en 1650, année où une épidémie de peste éclate à Dreux et l'emporte. Il avait, dit-on, refusé de quitter la ville afin de continuer à remplir les obligations de sa charge.

Une œuvre abondante et diverse

Les trente-cinq pièces de Rotrou parvenues jusqu'à nous – et qui s'échelonnent sur une vingtaine d'années – se répartissent en dix-sept tragi-comédies, douze comédies, six tragédies ; leurs genres correspondent aux modes de l'époque, bien que leurs frontières ne soient pas toujours aisément repérables. Après *l'Hypocondriaque* (1628, publ. 1631), *la Bague de l'oubli* (1629, publ. 1635) et une adaptation des *Ménechmes* (1630-1631, publ. 1636), il écrit une série de tragi-comédies irrégulières, dont *les Occasions perdues* (1633, publ. 1635). Peut-être est-il alors tenté d'appliquer les trois unités, ou subit-il l'influence des doctes ; toujours est-il qu'il donne *Diane,* comédie régulière (1632-1633, publ. 1635), puis *Amélie* (publ. 1638) et *Célimène.* En 1634, *Hercule mourant* (publ. 1636) marque un pas vers la tragédie régulière. Mais Rotrou ne se tiendra pas à une ligne définie. Il revient par la suite à l'irrégularité, et cela dans tous les genres, par exemple avec une tragi-comédie, *l'Innocente Infidélité* (publ. 1637), *la Belle Alphrède,* comédie (1636, publ. 1639), ou *Crisante,* tragédie (1635, publ. 1639). Il écrit également des adaptations, comme *les Sosies* (1636-1637, publ. 1638), *Antigone* (1637, publ. 1639), *Iphigénie* (1640, publ. 1641). Il termine sa carrière avec des œuvres graves : *le Véritable Saint Genest* (1645 ou 1646, publ. 1647), *Venceslas* (1647, publ. 1648), *Cosroès* (1648, publ. 1649). Rotrou puise son inspiration un peu partout, chez Plaute comme chez Plutarque aussi bien que dans les romans ou la *comedia* espagnols. Cette diversité et l'irrégularité de l'œuvre ont été mal reçues par une critique qui ne voulait connaître d'autres outils de jugement que les critères classiques. Il fallut pratiquement attendre la seconde moitié du XXe siècle et la vogue du baroque pour que l'apport de Rotrou au théâtre soit examiné d'un œil nouveau. Jusque-là, seules étaient généralement retenues les dernières pièces, les autres étant condamnées, au nom du bon goût, en raison d'une imagination sans mesure et d'une écriture jugée trop rapide et trop fantasque.

Il faut dire que Rotrou ne recule devant aucun excès et qu'il semble même avoir une prédilection pour les sujets les plus sanglants ou les plus scabreux, le romanesque le plus débridé (Antoine Adam parle à son propos de « romanesque absurde »). L'intérêt plus récent qui s'est manifesté en faveur du dramaturge s'appuie précisément sur la générosité et sur la liberté de Rotrou, sur la folie de ses inventions comme sur la force de ses excès. On peut même voir dans cette démesure une des clefs de sa dramaturgie.

Des excès nécessaires

Rotrou accumule les épisodes de reconnaissances, les scènes sanglantes, les situations scabreuses. Ainsi, dans *Crisante,* tragédie dont le sujet est tiré de Plutarque, l'héroïne, violée par le chef romain qui la gardait captive, ne peut supporter les soupçons que son mari fait peser sur son honneur. Elle obtient la tête de son bourreau et revient sur scène la jeter aux pieds de son époux, en s'écriant : « Voilà ce que tu crus mon cœur et mes délices », avant de se suicider, entraînant son époux dans la mort. Dans *la Belle Alphrède,* l'héroïne, enceinte – et déguisée en homme –, se trouve, selon les indications scéniques, « sur le bord de la mer, regardant le débris d'un vaisseau ». Dès la deuxième scène, elle dégaine l'épée pour venir au secours d'un jeune homme assailli par des pirates arabes et retrouve en lui l'amant en fuite qu'elle poursuivait. Comparaissant ensuite devant le « vieux chef des

Arabes », elle retrouve cette fois en celui-ci un père disparu depuis quatorze ans, et s'exclame :

Mais peux-tu, lâche sang, reconnaître si tard,
Sous des traits si certains l'auteur de ta [naissance ?
O ciel ! quelle merveille égale ta puissance ?
Je recouvre mon père en cet heureux séjour !
C'est à lui que je parle, il respire le jour !

(II, VI).

Ce ne sont là que les premières péripéties ; elles donnent le ton d'une pièce parmi d'autres, aussi fertiles en événements. Dans *l'Hypocondriaque*, le héros devient fou en croyant que celle qu'il aime est morte. L'essentiel de la pièce repose sur les manifestations de sa folie. Il voit l'univers entier basculer sous ses yeux, se croit devenu mort à son tour, erre dans le nouveau monde qui l'entoure, à la recherche de sa bien-aimée. Dans *la Sœur*, comédie jouée en 1645, la situation de départ est bien scabreuse puisque deux amants, secrètement mariés depuis deux ans, font croire à toute leur famille qu'ils sont frère et sœur. On peut voir dans ces intrigues les facilités d'un auteur désireux de plaire au public de l'Hôtel de Bourgogne en suivant la mode du temps. Mais l'accumulation même de ces excès, la fureur des personnages et l'entêtement de Rotrou à les placer dans un monde déconcertant forcent le lecteur à dépasser le constat amusé ou le relevé des péripéties surprenantes. Rotrou ne fait-il pas de ce goût pour l'excès l'essence même d'un univers violent où règnent les passions exacerbées ? Rien n'est plus jamais sûr dans cet univers instable où la perception du réel est constamment source d'erreur, où le hasard et l'ambiguïté qui règnent en maîtres font basculer toutes les situations dans l'incertitude.

Les Occasions perdues (tragi-comédie)

SYNOPSIS

I. Hélène, reine de Naples, s'endort dans un bois au cours d'une partie de chasse. Elle est réveillée par le bruit d'un combat : ce sont ses compagnons (parmi eux, Cléonte) qui, en revenant, attaquent et mettent en fuite les agresseurs d'un certain Clidamant. Celui-ci, amoureux de la sœur du roi d'Espagne, devait être tué – sur l'ordre du monarque – au cours d'une fausse ambassade. La reine offre l'asile au jeune étranger qui l'attire secrètement.

II. De retour chez elle, la reine fait confidence à sa fille Isabelle de son penchant pour Clidamant. Elle lui demande de faire mine d'aimer le jeune homme et de lui fixer des rendez-vous nocturnes où elle-même pourra se rendre incognito. Or, Adraste est amoureux d'Isabelle, et Cléonte l'est secrètement de la reine.

III. Série de méprises à la suite des rendez-vous nocturnes donnés par la reine sous l'identité d'Isabelle. Clidamant, dans l'obscurité, prend Adraste pour Cléonte et l'exhorte à ne pas se faire de soucis, car c'est Isabelle qu'il aime. Fureur d'Adraste. La reine, sans révéler son identité, promet à Clidamant de lui donner un rendez-vous au grand jour.

IV. Le roi d'Espagne, Alphonse, est en route pour Naples, où il souhaite épouser la reine dont il a entendu vanter la beauté. De son côté, Adraste, qui veut quitter la Cour, reproche son infidélité à Isabelle sans savoir que cette infidélité est feinte. Or Isabelle, à force de feindre, est vraiment tombée amoureuse de Clidamant, ce qui lui attire les reproches de sa mère. Cléonte, quant à lui, ne peut résister plus longtemps : il avoue son amour et éclate en menaces.

V. Nouvelle série de méprises. Décidée à en finir, la reine envoie une lettre à l'« Espagnol ». C'est Alphonse, surpris et heureux, qui reçoit la proposition de rendez-vous. Adraste apprend de Cléonte que c'est vraiment la reine que Clidamant rencontrait la nuit. Joyeux, Adraste se présente de nuit à Isabelle, en se faisant passer pour Clidamant. Le vrai Clidamant arrive à son tour, suivi d'Alphonse, puis de Cléonte, qui l'attaque en le prenant pour son rival. Clidamant défend le roi contre tous les autres protagonistes, qu'il prend pour des voleurs. La reine surgit et fait monter Alphonse chez elle. Série de méprises, puis éclaircissement général suivi de l'annonce d'un quadruple mariage. La reine épousera Alphonse, Isabelle épousera Adraste, tandis que Cléonte se voit attribuer Héliante, une cousine de la reine, et Clidamant la sœur d'Alphonse.

Dépasser l'ambiguïté

Chez Rotrou, les personnages distinguent difficilement la réalité de l'apparence. Au point que l'apparence les satisfait parfois plus que la réalité même. Le théâtre, comme lieu privilégié du semblant et de l'artifice, autorise tous les trompe-l'œil. Tous les déguisements, toutes les métamorphoses sont à la base de situations qui glissent d'excès en excès et que le dramaturge fait littéralement « jouer » entre elles. La scène la plus banale repose souvent sur un double ou un triple fond. Ainsi, le moment usé de la reconnaissance entre père et fille, déjà évoqué à propos de *la Belle Alphrède*, est précédé d'un jeu cruel dont on ne comprend le sens que si l'on est sensible au moment scénique ainsi solidifié, à la cristallisation du temps qui s'étire. Amintas, lorsqu'il la reconnaît, ne se précipite pas immédiatement vers sa fille. Puisqu'il paraît être le chef des Arabes, il joue un moment à l'être, avant d'annoncer sa véritable identité. Il se fait même encore plus menaçant, comme s'il lui fallait aller au bout de son apparence avant de jeter le masque et de vivre pleinement sa situation réelle. Ce retard de l'action crée une sorte d'effet de tremblement, comme si la scène allait se dérouler selon deux « prises » successives. Bien entendu, le lecteur ou le spectateur est déjà au courant de l'identité d'Amintas, et son plaisir ne vient pas de la surprise, mais de l'ambiguïté et de l'attente délicieuse qui s'instaure. Jusqu'au bout, une sorte de choix demeure possible entre deux scènes, deux apparences, deux réalités :

Déteste maintenant, crie, peste, murmure,
Appelle-moi cruel, joins la plainte à l'injure,
Je laisse la voix libre au milieu des tourments,
Je ne la change point en des mugissements,
Et les taureaux d'airain n'ont point ici d'usage.

(II, VI).

On dirait volontiers qu'Amintas « en fait un peu trop », et qu'il prend à tonner le même plaisir qu'à parler à sa fille comme à un garçon, raffinant jusqu'au bout sur leurs déguisements respectifs, pour laisser jaillir des forces inconscientes.

Le déguisement est un procédé courant dans toute l'œuvre, où il provoque doutes et errances. Des jeunes filles vêtues en homme recueillent avec un étonnement trouble les soupirs d'une compagne ou les confidences d'un autre homme. Comme toujours chez Rotrou, il faut aller jusqu'au bout de ce jeu de faux-semblant pour que la vérité éclate, se révèle positive et assure le bonheur des protagonistes enfin sortis des épreuves du doute.

La fausse mort évoquée à propos de *l'Hypocondriaque* revient sous différentes formes au moins une douzaine de fois ; elle constitue une catégorie supérieure du déguisement. De même la folie, vraie ou feinte, est une métamorphose intérieure qui transforme le regard que les personnages portent sur le monde et celui que les autres portent sur eux (*la Bague de l'oubli* ; *la Pèlerine amoureuse*, tragi-comédie, 1637 ; *la Sœur* ; *les Captifs*, comédie, 1640). Le bon sens est toujours relatif, il n'appartient qu'à ceux qui ont osé aller au bout de leurs délires. L'ambiguïté triomphe de la façon la plus subtile dans *le Véritable Saint Genest*, où le théâtre dans le théâtre se donne pour tel.

Le Véritable Saint Genest

SYNOPSIS

L'action se déroule à Nicomédie, en Asie Mineure, au temps de la tétrarchie de l'Empire romain. À la suite d'un songe, Valérie, fille de l'empereur Dioclétian, craint qu'on ne l'oblige à épouser un homme indigne d'elle. Elle se réjouit bientôt : son père la donne à Maximin, l'un des co-empereurs. Genest, acteur et directeur de troupe, propose de délasser les souverains par son art ; Valérie obtient qu'il représente la mort d'Adrian, ancien persécuteur des chrétiens qui, s'étant converti, a été récemment exécuté sur ordre de Maximin (acte I). Après un dialogue avec le décorateur, Genest répète son rôle, d'abord seul puis avec Marcelle (qui jouera Natalie, la femme d'Adrian). De nouveau seul, il se sent devenir Adrian malgré lui, entend une voix céleste ; tenté de s'abandonner à Dieu, il résiste encore. Les spectateurs s'installent, la pièce commence : Adrian dit sa joie du martyre proche, s'oppose à l'envoyé de l'empereur, puis est arrêté. Chacun applaudit Genest ; on félicitera les acteurs pendant l'entracte (acte II). La pièce reprend. Face à Maximin [personnage de la pièce enchâssée], Adrian reste insensible aux tortures annoncées. Il découvre que sa femme est elle-même chrétienne. Mais le spectacle est interrompu par le bruit des courtisans qui, en coulisses, se pressent autour des actrices (acte III). Grâce à l'intervention de Dioclétian, le spectacle peut continuer. Marchant à la mort, Adrian demande à être baptisé : c'est alors que Genest annonce qu'il est lui-même devenu chrétien. Des flammes traversent le « ciel ». Il est arrêté (acte IV). Marcelle, exposant les difficultés auxquelles la troupe va se trouver confrontée, l'incite en vain à se rétracter. Valérie et les acteurs plaident pour lui ; Dioclétian accepte de lui pardonner s'il abjure le christianisme. Mais on annonce la mort du comédien : ni les prières, ni les tortures n'ont entamé sa sérénité (acte V).

D. Moncond'huy

L'ambiguïté dépassée est bien plus qu'un procédé de théâtre ou que le thème favori d'un auteur. Il s'agit ici d'une reconnaissance implicite de l'inconscient et de ses mécanismes, qui conduit l'individu à laisser échapper sa vérité souterraine au moment où ni lui ni les autres ne s'y attendent et où il semble, au contraire, enfoncé profondément dans un monde de leurres et de chausse-trapes. La modernité du thème est soulignée par la vertu d'une autre apparence, le nom propre dans le titre de la fameuse étude de Sartre sur Jean Genet : *Saint Genet, comédien et martyr*.

Le choix du spectaculaire

Rotrou s'est intéressé de très près aux conditions de la représentation. Attentif au jeu des apparences, il devait l'être tout autant à la matérialité de la scène et à ses pouvoirs. Les indications scéniques de ses œuvres, la précision des textes, les notices, mais aussi les dessins (la plupart de ceux-ci figurent dans le *Mémoire* de Mahelot) indiquent un réel souci du passage à la scène.

Rotrou a longtemps été fidèle au décor multiple de ses débuts, au système de compartiments qui règne à l'Hôtel de Bourgogne dans les années 1630. Il lui est arrivé de respecter le lieu unique : ainsi dans *Les Sosies*, la *Diane* ou *les Ménechmes* dont le décor représente un simple carrefour où le jeu des portes contribue aux méprises. Avant 1637, cinq pièces sur vingt-trois sont pourvues d'un décor unique ou tendant vers l'unité de lieu. De 1637 à 1644, les compartiments se réduisent le plus souvent à deux lieux représentés sur la scène. Par la suite, Rotrou tend vers l'unification totale ou utilise un lieu principal et un lieu secondaire.

Mais cette simplification des lieux n'exclut pas un système de décor complexe, représentation d'un monde éclaté où s'exerce à loisir un subtil jeu de facettes. Bien entendu, ce décor doit être « beau », à la fois pour répondre aux exigences de l'illusion et pour flatter l'œil du spectateur : Genest s'entretient ainsi avec le Décorateur de la pièce dans la pièce et lui fait d'ultimes remarques :

> *Il est beau : mais encore, avec peu de dépense,*
> *Vous pouviez ajouter à sa magnificence,*
> *N'y laisser rien d'aveugle, y mettre plus de jour,*
> *Donner plus de hauteur aux travaux d'alentour,*
> *[...]*
> *Et surtout en la toile où vous peignez vos cieux*
> *Faire un jour naturel, au jugement des yeux.*
>
> (*Le Véritable Saint Genest*, II, I)

Beaucoup de compartiments sont praticables et servent donc directement au jeu des acteurs. Les chambres s'ouvrent et se ferment au moyen de rideaux pour dévoiler un lit, du mobilier – et les acteurs, qui peuvent immédiatement entrer en action. Certains compartiments sont masqués au début du spectacle et ne se dévoilent qu'au moment de leur utilisation, afin de ne pas révéler trop tôt une péripétie ou le dénouement. Ainsi, l'échafaud est caché par une toile et dévoilé comme une chambre dans *la Bague de l'oubli* et dans *l'Heureux Naufrage* (1637), chaque fois au dernier acte.

Les subtilités d'un décor complexe et la part de réalisme « naïf » qu'il dénote ne visent pas toujours à la vraisemblance. En s'appuyant sur toutes les conventions du théâtre de l'époque, en utilisant avec soin les artifices de la théâtralité, Rotrou se plaît à affirmer un jeu d'illusions qu'il entend faire partager au spectateur. Le plus souvent, celui-ci est « mis dans le secret ». Le plaisir qu'il trouve dans le spectacle vient au moins autant de la connaissance qu'il a des conventions que de les voir appliquées avec bonheur.

Un dramaturge à part

Rotrou demeure une figure particulière dans le théâtre français du XVIIe siècle. Le poète connaissait les nouvelles lois de l'écriture dramatique et n'ignorait rien des exigences des doctes. Il resta cependant fidèle à sa manière personnelle, ne se pliant à la règle que lorsqu'il le jugeait utile.

Il est difficile de trouver dans son œuvre touffue une cohérence simple. On peut, comme Jacques Morel, y voir l'expression théâtrale de l'« ambiguïté surmontée », dans la thématique comme dans les formes. De façon plus générale, à travers les différents genres auxquels il s'est consacré, Rotrou a développé les principes d'un théâtre populaire et savant, à la fois réaliste et précieux, spectaculaire et lyrique. Destiné à plaire au public de l'Hôtel de Bourgogne, un tel théâtre ne renonçait ni aux raffinements d'une langue à la rhétorique affirmée ni aux structures complexes nées d'une invention hardie. Mais cette tendance de la dramaturgie française dont Rotrou est le principal représentant allait être étouffée par le triomphe du classicisme, au point de disparaître pour longtemps des mémoires – jusqu'à ce que des metteurs en scène attirés par le « premier XVe siècle », notamment Jean-Marie Villégier, lui offrent à partir des années 1980 une timide résurrection.

J.-P. Ryngaert

ROUART Jean-Marie

(né en 1943)

Né à Neuilly dans une famille bourgeoise, arrière-petit-fils du peintre Henri Rouart et petit-neveu de Paul Valéry, Jean-Marie Rouart éprouve d'emblée une frustration de « parent pauvre », redoublée par dix ans de journalisme au *Figaro* qui le relèguent dans les coulisses de la politique et nourrissent en lui « un formidable désir d'exister » par soi-même. En l'occurrence par l'écriture. Dans *la Fuite en Pologne* (1974), la critique apprécie une composition en mosaïque faisant surgir la figure du héros à travers journal intime et témoignages. *La Blessure de Georges Aslo* (1975), en revanche, marque un retour définitif au récit linéaire. D'un roman à l'autre, les vagues aspirations d'un adolescent vers une aristocratique Pologne se changent en calculs d'arriviste. Mais, à peine agrippé, le pouvoir se délite et tue : « Vouloir nous brûle, pouvoir nous détruit. »

Servi par un style résolument clair et allègre, à la manière de Morand ou de Nimier, Jean-Marie Rouart, dans *les Feux du pouvoir* (1977, prix Interallié), *le Voleur de jeunesse* (1990) ou *le Goût du malheur* (1993), multiplie ses héros, éternels Rastignac de la politique, des lettres, des affaires et de la réussite mondaine où la versatile faveur des femmes introduit l'irrationnel. D'où l'attirance du romancier (entré en 1979 au *Quotidien de Paris*, qu'il quittera pour relancer en 1985 le *Figaro littéraire*) pour le cardinal de Bernis, dont il préface les *Mémoires* (1980) et auquel il consacre une biographie admirative et complice, *Bernis, le cardinal des plaisirs* (1998) : ce qui le séduit chez le ministre disgracié, c'est une élégance dans l'adversité qui transmue l'échec politique en réussite esthétique. Esthétisme que *le Mythomane* (1980) transforme en fiction parodique, mais qui conduit aussi des hommes au suicide, tels Chamfort, Zweig, Drieu et tous ceux qui ont « choisi [leur] gloire dans le camp des vaincus » (*Ils ont choisi la nuit*, 1985 ; cf. *la Noblesse des vaincus*, 1997). Comment ces passions – ambition, amour, gloire, amitié – qui se mêlent dans *Avant-guerre* (1983, prix Théophraste-Renaudot) évolueront-elles face aux bouleversements de 1940 chez de jeunes bourgeois avides de vivre ? Roman à clé, minutieusement documenté sur la période de l'Occupation, dosant la part du *fatum* dans la trajectoire de ses héros, ce récit d'aventures souvent dramatiques est ennobli par une adhésion implicite, contre les mirages du pouvoir, aux valeurs de l'amitié.

Membre de l'Académie française depuis 1997, Jean-Marie Rouart n'en conserve pas moins une fascination pour l'échec qui s'exprime dans son roman autobiographique *Une jeunesse à l'ombre de la lumière* (2000), où ses propres expériences initiatiques se tressent au destin de Léopold Robert, peintre mélancolique et suicidaire du début du XIXe siècle.

J.-P. de Beaumarchais

ROUAUD Jean

(né en 1952)

Né à Campbon (Loire-Atlantique), fils d'un voyageur de commerce, Rouaud fait d'abord des études scientifiques puis s'oriente vers les lettres. Il entre en 1978 au journal *Presse Océan*, écrit des billets à la une de *l'Éclair de Nantes* avant de travailler, à Paris, chez un libraire qu'il quitte pour vendre des journaux dans un kiosque. Ce petit métier lui laisse le temps d'écrire un roman, *les Champs d'honneur* (1990), construit autour de la mort de son grand-père, de sa grand-tante Marie et de son propre père, disparus en l'espace de deux ans. Cette première œuvre obtient un vif succès confirmé par le prix Goncourt. Depuis lors, remontant dans la généalogie de sa famille, Rouaud consacre un livre à son père, « le grand Joseph » (*Des hommes illustres*, 1993), un autre à sa mère (*Pour vos cadeaux*, 1998), et complète ces trois volumes par *Sur la scène comme au ciel* (1999), où, revenant sur les textes précédents, il nuance et corrige certains épisodes de la saga, comme pour y ajouter « le repentir du peintre » (J.-L. Ezine). Entre-temps, le romancier avait évoqué sa vie au collège, les sorties qui le ramenaient régulièrement à la tombe paternelle et ses premiers émois (*le Monde à peu près*, 1996).

La chaîne des destinées

Par la disparition de trois êtres proches, les années pivot, 1963-1964, introduisent la mort dans l'existence d'un garçonnet de douze ans, laissé avec une mère ensevelie dans son chagrin. Mais elles ouvrent aussi dans la vie intérieure du narrateur un espace béant qu'il entreprend de combler en faisant appel à la mémoire des disparus. Loin d'une autobiographie nostalgique et émotionnelle, les deux premiers romans de Rouaud, sur un ton souvent ironique et jamais dénué d'humour, réinstallent dans la vie quotidienne les membres absents de la tribu, évoqués, chacun, dans sa singularité la plus concrète. Le narrateur lui-même, écartant le je, se laisse absorber dans l'être collectif d'un on ou d'un nous qui le réintègre à sa place dans sa famille reconstituée.

Mais l'écart de génération entre les trois premiers morts fait que, la mémoire des uns relayant celle des autres, l'œuvre de résurrection finit par couvrir un demi-siècle balayé par deux cataclysmes mondiaux. Ainsi, dans l'état de demi-coma où sombre la « petite tante Marie » avant d'expirer, lui revient, refoulé depuis cinquante ans, le souvenir de son frère, le Joseph d'une génération antérieure, gazé à Ypres. La boucherie de 1914-1918 fait alors une irruption dramatique dans le récit en une page expressionniste des *Champs d'honneur*, suivie de peu par l'épisode navrant de l'ultime permission d'un autre frère, Émile, venu embrasser son nouveau-né avant de disparaître à son tour dans la glaise du champ de bataille. Par ce passage de témoin à reculons, le tableau généalogique s'approfondit dans le temps mais s'élargit aussi pour rejoindre l'Histoire. Les martyrs de la tragédie familiale viennent allonger la liste des héros anonymes morts au champ d'honneur, et leur célébration posthume enracine le narrateur, au-delà de sa tribu, dans l'histoire de son pays.

Des hommes illustres précise ce dessein. Le représentant de commerce qui a engendré le narrateur, ce « grand Joseph » épris de liberté, avec ses goûts et ses manies fortement identifiantes, est happé à son tour par l'Histoire lorsqu'est découvert, dans la deuxième partie du roman, que la loi du « travail obligatoire » (1942) l'a fait jadis basculer dans la clandestinité et la Résistance.

La logique de ces destinées en chaîne reste toujours cohérente : en la « petite tante Marie », modeste et pieuse institutrice qui ne s'est jamais mariée, on retrouve la trace du cauchemar de la jeune fille offrant sa vie de femme pour tenter de sauver ses frères tués l'un après l'autre en 1914-1918, tandis que le non-conformisme du « grand Joseph » le destinait évidemment à la Résistance.

Aux tribulations de la famille, il faut ajouter la transformation de son environnement au cours des « Trente Glorieuses ». Dès *les Champs d'honneur*, l'attachement du narrateur à sa petite patrie éclate dans les pages où il célèbre les pluies du pays nantais (« Il pleut avec une vivacité comique, un déluge presque enfantin au son rapide et joyeux »). Mais *Des hommes illustres* montre l'effet dévastateur sur le bocage breton de la mécanisation et du remembrement bien perçu par le « grand Joseph » dans ses pérégrinations de voyageur de commerce. Au début des années 1960, « le grand ensemblier, dans le secret de son cabinet, passa sur la Bretagne un bras ravageur comme un soudard débarrasse une table encombrée ». Un fragment d'un ample lyrisme dénonce, avec la véhémence d'un Ronsard s'adressant aux bûcherons de la forêt de Gâtine, le désastre des « grands chênes hautains » vaincus par la machine. Cette campagne dont les haies vives abritèrent jadis la clandestinité du « grand Joseph », lorsqu'il la sillonne dans son âge mûr, lui offre le spectacle laminé d'une Bretagne qui « n'est plus ». De sorte que la quête du passé, à travers le personnage du père, rejoint chez Rouaud celle de l'espace archaïque où ses ancêtres ont encore vécu, la littérature tissant avec l'Histoire et la géographie un lien original dont on ne retrouve peut-être l'analogue que dans les romans de Claude Simon.

Avec *le Monde à peu près*, le je du narrateur refait momentanément surface pour expliquer par la myopie sa vision microscopique des choses. Cette acuité visuelle se manifeste dans la facture de *Pour vos cadeaux*, le livre consacré à sa mère, veuve inconsolable du « grand Joseph », décédée dans les années 1980 et ressuscitée grâce aux observations minutieuses du narrateur. Décryptant lettres, photos, documents jusqu'aux moindres indices, il se laisse de nouveau absorber dans le nous qu'il forme avec ses deux sœurs pour mieux évoquer la défunte qu'ils ont accompagnée lors de ses années de deuil et vue renaître à la vie active. À moins, comme dans *Sur la scène comme au ciel*, que le romancier ne donne directement la parole à sa mère, et, par un effet de distanciation, recueille dans la fiction le regard qu'elle portait sur son œuvre : « À la lecture de son premier livre, j'ai compris qu'ils avaient tout gardé en mémoire… »

Un élan de vie

Que de morts dans l'œuvre de Rouaud ! Les personnages ne semblent avoir droit à l'existence romanesque qu'à condition d'être au cimetière. Et pourtant, de cette danse macabre se dégage un formidable élan de vie. Non seulement parce que ces fantômes affirment leur individualité avec une pittoresque vigueur, mais aussi parce qu'à chacune des générations, malgré l'hécatombe, la vie a réussi à se faufiler. Vingt fois, la chaîne dont l'auteur est le dernier maillon aurait dû se briser : son grand-père (*les Champs d'honneur*), seul frère survivant de la guerre de 1914-1918 ; son père (*Des hommes illustres*), rescapé de la Résistance ; sa mère, échappant de peu au bombardement de Nantes. La précarité de la vie humaine éclaire d'une clarté mystérieuse la « chance » d'être né. À chaque survie, comme après celle de ses futurs parents arrachés au carnage de Nantes, le narrateur semble pousser le cri de soulagement qui clôt *Des hommes illustres* : « Ouf, nous sommes sauvés ! » Mais sans doute la souplesse du récit se jouant du temps, ses changements de ton, de formes verbales, ses images orchestrant mort et résurrection, le passage constant du rire aux larmes, expliquent-ils aussi l'envoûtement créé par cette navigation à travers les âges.

M.-A. de Beaumarchais

ROUBAUD Jacques

(né en 1932)

Né à Caluire (Rhône), poète et mathématicien comme Raymond Queneau – ainsi qu'en témoigne sa double autobiographie, *Mathématique : récit* (1997) et *Poésie : récit* (2000) –, Jacques Roubaud fait aussi partie de l'Ouvroir de Littérature Potentielle [voir **OuLiPo**], dont il est un collaborateur régulier (*La terre est plate*, 1996 ; *Ô baobab*, 1999...). Il a participé au collectif d'avant-garde *Change* (premier numéro en 1968) – tout en s'inscrivant comme poète et théoricien dans une tradition beaucoup plus vaste : *la Vieillesse d'Alexandre, essai sur quelques états récents du vers français* (1978) ; *les Troubadours* (anthologie, 1981) ; *la Fleur inverse* (essai sur les troubadours, 1986) ; *Soleil du soleil* (anthologie du sonnet de Marot à Malherbe, 1990) ; *la Ballade et le Chant royal* (essai sur ces deux formes poétiques, 1997) –, et à la revue *Action poétique* dont la devise est empruntée à Lautréamont : « La poésie doit avoir pour but la vérité pratique. » Il collabore avec Georges Perec, Octavio Paz, Florence Delay, Michel Deguy, avec les peintres Opalka (*Roman Opalka*, 1996) ou M. Henich (*Mille e tre, deux*, 1996)... Un de ses livres, intitulé ∈ (1967), met l'accent sur les références mathématiques qui caractérisent, en première approche, l'univers de ce poète tenté à la fois par la réflexion théorique et par une certaine forme d'activité ludique – chaque texte de ce recueil étant l'équivalent d'un pion blanc ou d'un pion noir du jeu de go.

Le résultat n'a rien d'abstrait ; mais le lecteur peut être dérouté par cette poésie qui remet en cause une lisibilité confortable ou superficielle, et rompt certaines habitudes de discursivité. Par exemple, *Trente et un au cube* (1973) se présente comme un objet inattendu. Il faut déployer le livre avant de le lire : trente et une liasses dépliables, structurées par des exergues et des « citations » en italiques, offrent un texte dense, ponctué de blancs et d'espacements. Et quant à la « table des matières », elle se compose d'une série de... trente et un points, parfois accompagnés d'un nom – d'Étienne Jodelle à Goethe en passant par Pierre Morhange.

Jusqu'à son premier roman, *la Belle Hortense* (1985), que suivent *l'Enlèvement d'Hortense* (1987) et *l'Exil d'Hortense* (1990), Roubaud propose en la dérobant cette clé du mystère qu'une logique mathématique semble toujours poursuivre dans ses poèmes. Dans *la Belle Hortense*, que l'auteur reconnaît lui-même comme étant une sorte d'hommage à Queneau, les fausses pistes, les signes, les chiffres surtout, forment un imbroglio où, ironiquement, la solution est toujours fuyante. Aucune conclusion éclairante ne vient rassurer le lecteur, que ce soit dans la poésie ou dans le roman. Mais faut-il vraiment trouver Hortense, selon la formule de Rimbaud ? Et quel coup de dé (même à « trente et un au cube »...) abolira jamais le hasard ?

L'Avertissement de *Mezura* (1975 ; livre qui se lit dans le sens de la largeur de la page) joue sur la nécessité et l'arbitraire du nombre : « Nous remercions le nombre *pi*, en ses mille premières décimales. » Et *Mezura*, aussitôt, construit. En tête de chapitre, une série de mots, énigmatique, qui se révèle fonctionner comme la grille d'un déchiffrement toujours différé. Tout semble se conjuguer pour faire sens – mais si le sens était ailleurs ?

Autobiographie, chapitre dix (1977), tout entier composé avec les mots des autres (les surréalistes), annonce des « poèmes avec des moments de repos en prose ». Par exemple, au milieu du livre : « Si tu ne m'as pas, cher lecteur, abandonné depuis longtemps en route, peut-être te demandes-tu où nous en sommes ? question légitime. Moi aussi, je me le demande ». L'ironie ne désempare pas, et les points d'appui proposés sont là encore de fausses balises, comme la rigueur trompeuse de la structure du discours imprimé et de sa mise en œuvre typographique. *Graal Fiction* (1978) déclare que le mystère est résolu ; mais « tout ne sera pas dit *ici*, dans le premier des 26 volumes de notre *Graal Fiction* ». La quête est sans cesse repoussée, et même son objet est inconnu.

Parmi les autres œuvres de Jacques Roubaud, on retiendra surtout *Voyage du soir* (1952), *Mono no aware* (cent quarante-trois poèmes « empruntés au japonais », 1970), une adaptation, écrite avec Florence Delay, de la légende du Graal, *Graal-Théâtre* (2 vol., 1978-1981), *les Animaux de tout le monde* (1983) ou *les Animaux de personne* (1991), *Quelque chose noir* (1986) qui marque son retour à la poésie trois ans après la mort de sa jeune femme – bouleversante expérience du néant, auquel seul échappe le « nom », « trace irréductible » de l'autre et, comme la méditation sur la possibilité logique d'un autre univers (*la Pluralité des mondes de Lewis*, 1991), point de départ d'une possible anabase. Il a réuni en 1999 sous un titre baudelairien, *La forme d'une ville change plus vite, hélas, que le cœur des humains*, cent cinquante poèmes qui résument sa production des années précédentes.

Le livre de Jacques Roubaud est écueil, ruptures typographiques maniées avec maîtrise, remise en cause de la lecture classique et de ses assises par la double découverte d'un espace et d'une absence de fin. On contemple, on compte, on mesure, on feuillette, on s'oriente comme pour une marche, peut-être hasardeuse, dans cette architecture où tout est d'avance combiné par des divisions irréductiblement logiques – témoin les 9 ensembles de 9 poèmes de 9 phrases qui constituent *Quelque chose noir*. Cette harmonie calculée, sous-jacente, fait du livre de poèmes une sorte de « cité idéale », bâtie de mots, splendidement ordonnée. Peut-être même l'énigme toujours reportée réside-t-elle dans une volonté de briser la lisibilité – voire de problématiser de façon « inquiéteuse » l'acte même de la lecture. Lire se trouve soumis à une sorte de démonstration par l'absurde, et c'est l'espace qui devient le maître mot.

La poésie est-elle construction, espace ? Roubaud laisse entendre que le mot ne peut prendre tout son sens que par son inscription dans un espace fait à sa mesure. Ainsi, tout comme la table qui oriente peut-être l'inquiet lecteur de *Graal Fiction*, la poésie « dessine la "matière" sans exacerber le "sens" ».

A. Djourachkovitch

ROUCHER Jean Antoine

(1745-1794)

Roucher garde un semblant de notoriété pour avoir partagé, deux jours avant la chute de Robespierre, le sort d'André Chénier sur l'échafaud. Maître du genre didactique et descriptif qui fut en vogue dans la seconde moitié du XVIIIe siècle, ce néo-classique, fertile en élans rhétoriques, souvent prisonnier des conventions et des artifices d'une poétique rigoureuse, est aussi un préromantique dont la sincérité et la sensibilité franchissent, pour le lecteur moderne, le barrage des périphrases, des métaphores et des régularités métriques.

Un poète interrompu

Né à Montpellier, Jean Antoine Roucher entreprend à Paris des études de théologie qu'il abandonne bientôt, séduit par les idées « philosophiques » et attiré par la poésie. Il publie en 1770 une pièce de circonstance, *les Muses patriotiques ou Poème sur le mariage de Mgr le Dauphin.* Turgot remarque le jeune écrivain et lui procure une place de receveur des gabelles à Montfort-l'Amaury ; cette sinécure favorise l'achèvement des *Mois* (1779), œuvre ambitieuse qui vaut à son auteur une tumultueuse célébrité : la réprobation de l'Église et des conservateurs, l'enthousiasme des esprits « éclairés ». Satisfait d'un calme bonheur familial dans sa propriété de Montfort, Roucher entreprend de chanter les jardins et l'astronomie (en des poèmes qui resteront manuscrits). En 1790, il traduit *De la richesse des nations,* d'Adam Smith. Dès les débuts de la Révolution, il sort de sa retraite pour défendre la monarchie constitutionnelle dans le *Journal de Paris* (1790-1791) et compose l'*Hymne funèbre* pour la fête de la Fédération de 1792. Arrêté comme suspect en 1793, il entretient avec sa femme, sa fille et quelques amis une émouvante correspondance qui sera publiée en 1797 (*Consolations de ma captivité* ou *Correspondance*). Condamné à mort par le tribunal révolutionnaire le 7 thermidor, il est exécuté le même jour.

L'Hercule des *Mois*

Dès l'Antiquité, l'exposé didactique s'adjoint l'ornement du vers (Hésiode, *la Théogonie* ; Lucrèce, *De la nature* ; Virgile, *Géorgiques* ; Ovide, *les Métamorphoses*...) ; la néo-latinité maintient cette tradition. En 1747, le cardinal de Polignac publie les douze mille hexamètres de son *Anti-Lucrèce.* La description artistique, qui vise à l'exactitude, à l'expressivité et au charme, intervient dans l'épopée, l'ode ou l'épître. Mais le rationalisme classique et la prépondérance du modèle tragique imposent jusqu'au milieu du siècle un rang subalterne au poème que ne structurent pas une idée et une action psychologique serrée. Les progrès de l'empirisme et du sensualisme, qui considèrent l'esprit comme construit par les impressions sensorielles, l'émergence d'un naturalisme optimiste (celui de Diderot et de Rousseau) favorisent un retour à la pure description de la nature, tandis que la science fournit des thèmes nouveaux à la poésie didactique. *Les Saisons* (1726-1730, traduction française en 1759) de l'Écossais James Thomson sont le prototype du poème descriptif moderne : pittoresque, pictural, d'un intérêt varié grâce à l'enchaînement des morceaux par association d'idées.

En 1763, le cardinal de Bernis publie *les Quatre Saisons*, en vers octosyllabes ; six ans plus tard, Saint-Lambert affronte, avec *les Saisons*, les rigueurs d'une critique qui lui reproche sécheresse et manque d'invention. Mais le genre descriptif conquiert désormais droit de cité, et ses adeptes, pour se distinguer dans une production inflationniste, rivalisent d'originalité. Dans ses *Mois*, Roucher adapte le mythe d'Hercule pour allégoriser la marche du soleil à travers les douze constellations du zodiaque, et le progrès du génie de l'homme laborieux et entreprenant. Ce cadre posé, un enthousiasme érudit – et quelque peu désordonné – tient lieu de méthode et différencie *les Mois* des autres poèmes descriptifs : « Avec du génie, écrit Roucher sans excessive modestie, on donne à tout de la couleur ; tout prend un corps, une âme, un esprit, un langage ; et passionné soi-même, on passionne les autres. » Le poète évoque, par prédilection, les événements extraordinaires ou catastrophiques : ouragan, crue, aurore boréale, volcan, peste... Il prodigue Titans et Colosses, dragons et hydres, embrasse le cycle des temps et l'immensité de l'espace, passant des origines à l'immédiate actualité, des chaleurs flamboyantes des tropiques à la solitude glacée des pôles. Mais l'ensemble laisse une impression de sublimité étudiée, de disparate, de pédantisme livresque (avoué dans de copieuses notes). Ni la composition ni l'expression ne paraissent à la hauteur du dessein : La Harpe pourfend *les Mois* au nom du bon goût et du bon sens ; et Rivarol écrira : « C'est le plus beau naufrage du siècle. »

Des promesses généreuses

Les Mois, il faut en convenir, lasseraient aujourd'hui la patience du lecteur le moins prévenu : la monotonie du rythme, l'enfilade de morceaux qu'unissent des analogies puériles (on passe de la baleine aux baleines des corsets...) et la prolixité oblitèrent d'évidentes qualités : recherches métriques pour assouplir et désarticuler l'alexandrin ; sens de la progression initiatique dans la découverte des arcanes du monde (écho des rites de la franc-maçonnerie) ; sensibilité aux fines variations de la nature ; sympathie pour toute vie, humble ou cosmique. Ce qui sauve Roucher, c'est la générosité ardente qui anime son entreprise : « On ne fait rien de grand sans un peu d'audace », écrit le poète, qui bouillonne d'« un violent amour pour la vérité ». Il affiche son admiration pour Voltaire et Rousseau, réclame la justice pour les victimes du fanatisme, la libération des esclaves, l'émancipation de la femme. Cet engagement littéraire, politique, social, qui mènera, en 1794, l'écrivain à l'échafaud, contraste avec une mélancolie paisible qui s'exhale en allusions aux joies tranquilles de la vie privée, en prédilection pour les jardins clos, pour l'automne et l'hiver, saisons du déclin et de la mort, propices aux rêveries et au recueillement. Ainsi perçoit-on, sous les inachèvements d'une œuvre manquée, les promesses d'un renouvellement poétique (beaucoup plus clairement que dans les vers polis et harmonieux de l'abbé Delille, le maître du genre) : la véhémence du néo-classicisme finissant (celui de l'époque révolutionnaire), les angoisses sombres du préromantisme, l'intimisme confidentiel qui envahira l'élégie, les grands projets épiques du XIXe siècle, tels les *Poèmes antiques* de Leconte de Lisle ou *la Légende des siècles* de Victor Hugo.

D. Madelénat

ROUD Gustave

(1897-1976)

Né à Châlet-de-Brie (près de Vevey, en Suisse) dans une famille aisée de viticulteurs et de notaires, Gustave Roud accomplit des études classiques à Lausanne puis se retire au domaine de Carrouge (haut Jorat), où il résidera toute sa vie. Il appartient à cette génération qu'ont dominée les puissantes personnalités de Ramuz, Ansermet, Auberjonois – qui furent ses amis. Les *Cahiers vaudois* puis la *Revue romande* accueillent ses premiers poèmes ; ceux-ci seront publiés en recueils, notamment par l'éditeur Mermod, un admirateur de Roud, qui les réunira en deux volumes : *Écrits I*, *Écrits II* (1950). Pendant et après la guerre, Roud publie surtout des traductions : de Hölderlin (1942), de Rainer Maria Rilke (1945), de Novalis (1948 et 1966), apportant en 1967 sa contribution au volume de la collection de La Pléiade consacré à Hölderlin.

Reflétant le monde paysan et les horizons du haut Jorat, avare de confidences intimes, située hors de toute actualité, l'œuvre de Roud, dont le rayonnement est intense en Suisse romande, chante en de courts poèmes, généralement en prose, l'attachement au pays natal. Mais le titre même de son premier recueil (*Adieu*, 1927) marque une volonté de solitude (« jeté parmi des hommes aveugles, j'ai souffert sans orgueil ma différence »). Solitude choisie comme condition de la voyance : pour le poète, « un arbre cesse d'être un arbre, un visage devient un temple et un abîme » (« le Corps et l'Ombre », pièce jointe au *Petit Traité de la marche en plaine*, 1932) ; solitude vécue comme un exil hors du paradis – celui de l'innocence symbolisée par les travaux champêtres – aperçu au travers de la cloison de l'écriture, « vitre infrangible ». D'où cette distance entre le moissonneur et le poète, distance qui transforme ce dernier en un « être de glace » affligé d'une inconsistance qu'illustrent les fréquentes images du brouillard, de la brume : « Tu es cendre, tu es vapeur, tu n'es plus rien. »

Essai pour un paradis (1933), *Pour un moissonneur* (1941), *Air de la solitude* (1945) exhalent la plainte d'un homme déchiré, multipliant les tentatives pour reconstituer par le jeu des correspondances une fuyante vision paradisiaque. Parfois, le poète savoure un bref instant de communion avec les hommes et la nature : « J'oubliais. J'entendais ma voix redevenue pareille aux autres. Je goûtais jusqu'aux larmes cette houle de repos qui baigne et bénit les cœurs las » (*Pour un moissonneur*). Mais ce n'est qu'une « halte » au long d'une quête sans fin. Dans son dernier recueil, *Pour un requiem* (1950), Roud oriente sa méditation vers la mort : la « vitre infrangible » qui le retranchait des vivants devient une « transparence » ouverte sur la « banquise souterraine des morts ». Cruellement éprouvé par la disparition de sa mère, le poète s'éloigne de la riche nature aux couleurs « fauves » du haut Jorat pour découvrir à travers ses « larmes » les couleurs froides (l'argent, le bleu des « petites anémones apennines ») d'un monde enfoui, celui de l'enfance, où gît peut-être le secret du paradis perdu : « Je l'entrevis en moi comme si je contenais le monde. » Commentant ses traductions de textes égyptiens vieux de quatre mille ans, il se prend à penser que l'issue fatale ne mène pas à la justice sévère des dieux Thot et Maāt mais à la sérénité d'un Éden : « La mort est toute pareille aux délices terrestres les plus simples et la dispensatrice du don suprême, le repos » (cf. *Cahiers Gustave Roud*, III, 1982). Ainsi cette poésie de l'exil dans une nature chérie chante-t-elle le retour, mais dans l'anéantissement.

Profondément enracinée dans la patrie romande, l'œuvre de Roud dépasse cependant la limite des horizons familiers en un envol vers les thèmes éternels de la séparation et de la quête.

M.-A. de Beaumarchais

ROUMAIN Jacques

(1907-1944)

En Haïti, 1934 fut à plus d'un titre une année décisive : fin de l'occupation par les *marines* américains, fondation du parti communiste d'Haïti, mais aussi répression et notamment arrestation, condamnation puis exil de Jacques Roumain. Issu d'une vieille famille bourgeoise, métis, il a d'abord joui des privilèges de sa classe : études classiques à Port-au-Prince, puis en Suisse et en Belgique. En 1927, il rentre à Haïti où de jeunes intellectuels dénoncent l'occupation étrangère, la trahison des gouvernants : leur libération sera d'abord culturelle. De là, *la Revue indigène* à laquelle Roumain collabora par des nouvelles, des poèmes et des traductions. Il aurait pu, comme d'autres membres de la bourgeoisie haïtienne, choisir d'ignorer la réalité du racisme et de l'exploitation : au lieu de cela, celui qui en 1939 revendiquera hautement son « ancêtre esclave » va manifester son militantisme par des écrits polémiques. Président de la Ligue de la jeunesse patriotique haïtienne, arrêté par deux fois en 1929, accusé devenu accusateur, il sera matraqué en plein prétoire. Prison en 1932, cour martiale en 1934. Puis exil en Europe – l'Europe du fascisme, mais aussi du Front populaire et de la guerre d'Espagne. Enrichi de ses expériences politiques, culturelles, ayant étudié l'ethnologie avec Paul Rivet, il fonda à son retour en Haïti, en 1941, l'Institut d'ethnologie, qui, annexé plus tard par François Duvalier, « ne fera plus de scientifiques mais des mystiques mystificateurs » (R. Dorsinville). Sa mort prématurée, après sa nomination comme chargé d'affaires à Mexico, « sorte de bannissement honoraire » (Mercer Cook), a été attribuée par certains au traitement brutal qui lui a été infligé par la police en prison. 1934 a marqué, dans son œuvre romanesque comme dans sa vie, un point de rupture. Avant cette date, la révolte de Roumain, influencée par les surréalistes français, est celle de l'intellectuel petit-bourgeois qui veut briser un carcan culturel étouffant. En Haïti, « l'horizon politique et social est bouché » (R. Gaillard). Roumain écrit des récits aux accents autobiographiques et tchékhoviens, où s'expriment l'amertume, le sentiment d'impuissance, l'inaction des petits-bourgeois (*la Proie et l'ombre*, nouvelles, 1930 ; *les Fantoches*, 1931) ; un roman consacré aux paysans des « mornes » d'Haïti, perdus de misère, englués dans le mysticisme comme ceux de Giono (de qui Roumain a peut-être subi l'influence), victimes tragiques de leurs superstitions (*la Montagne ensorcelée*, 1932). Une prise de conscience nouvelle, la formulation de perspectives d'avenir apparaît dans *l'Analyse schématique 32.34* : ce manifeste marxiste substitue aux schémas raciaux qu'on appliquait jusqu'alors à l'histoire haïtienne une analyse économique et politique où classes et lutte de classes constituent l'élément dominant. Puis ce seront les travaux ethnologiques de la période d'exil, consacrés au peuplement indien originel de l'île, les réflexions sur le racisme – américain, en particulier – dans *Griefs de l'homme noir* (1939), le recueil de poèmes *Bois d'ébène* (1945, où il exalte la solidarité des travailleurs de tous les pays). Mais c'est *Gouverneurs de la rosée*, cet « admirable roman » (G. Rey) que Roumain acheva juste avant de mourir (publié en 1944), qui va symboliser la victoire possible des paysans, unis et solidaires, sur la résignation, contre l'exploitation, la misère. Les critiques ont salué la beauté d'une prose pleine de poésie (M. Cook), « le réalisme vrai » dans la peinture des mœurs paysannes (R. Gaillard) ; S. Arnold voit, justement, dans cette œuvre un roman socialiste où des travailleurs conscients font preuve d'héroïsme, à l'image des *cacos*, paysans révolutionnaires haïtiens. Chef-d'œuvre de la littérature haïtienne par son profond enracinement dans la vie et la langue du peuple, dont il restitue les souffrances mais aussi l'humour et la générosité, c'est un message d'espoir pour tous les peuples du monde, comme en témoignent les multiples traductions, les adaptations théâtrales et télévisées qui en ont été faites.

N. Mêdjigbodo

ROUPNEL Gaston

(1871-1946)

Le Franc-Comtois Gaston Roupnel, après des études de lettres, enseigne dans plusieurs lycées, s'installe à Dijon et publie deux romans qui rencontrent un vif succès : *Nono* (qui manque de peu le prix Goncourt en 1910) et *le Vieux Garain* (1913). Leur auteur semble alors participer à ce mouvement de renaissance du roman rural qu'illustrent ailleurs Alphonse de Châteaubriant, Émile Guillaumin ou Henri Pourrat : Nono, savoureux paysan bourguignon, sombre peu à peu dans l'ivresse et le malheur, à mesure qu'il découvre l'incurable infidélité de sa femme. Mais la passion profonde qu'éprouve Roupnel pour la Bourgogne s'exprime aussi dans une thèse qui lui vaut, en 1916, la chaire d'histoire bourguignonne à la faculté des lettres de Dijon (*les Populations de la ville et de la campagne dijonnaise au* XVIIe *siècle*, publié en 1922).

Professeur, chroniqueur (*Hé ! Vivant !*, recueil d'articles et de nouvelles publiés dans *la Dépêche de Toulouse*, 1927), folkloriste (*Bourgogne, types et coutumes*, 1936), essayiste et philosophe (*Siloë*, 1927 ; *Histoire et destin*, 1943 ; *la Nouvelle Siloë*, 1945), ami de Gaston Bachelard, il donne en 1932 son chef-d'œuvre, l'*Histoire de la campagne française*, dont la thèse axiale, aujourd'hui contestée, est que le paysage et la civilisation rurales de l'*openfield* remontent aux populations brachycéphales du néolithique, antérieures à l'invasion celte. Que les recherches les plus récentes n'aient pas prouvé cette intuition n'infirme en rien la valeur et la fécondité d'une méthode qui, pour la première fois dans l'historiographie jusque-là confinée à la source écrite, élève la sémiologie du terrain – chemins, rues, lisières, formes des champs... – au rang de document vivant qu'il faut lire avec précision, perspicacité, sympathie et même amour. L'observation patiente et méditative du paysage ouvre les portes d'un immense passé : expérience mystique, traduite en un style vibrant, empreint d'une chaude et pressante gravité. Historien-poète, Roupnel chante un hymne à la gloire de l'ancestrale âme paysanne, en l'honneur du lien charnel qui unit l'homme à la terre. Comme Michelet, évocateur et visionnaire, il invoque et ressuscite : « Pères misérables, est-ce être morts que de reposer comme vous ? Mais vous qui veillez en nous, puissé-je avoir été votre implorant souvenir qui parle : la voix qui rappelle aux champs ! »

D. Madelénat

ROUSSEAU Jean-Baptiste

(1671-1741)

Ce poète, né et mort à Paris, fut pour le public du XVIIIe siècle « le grand Rousseau », jusqu'à ce qu'un autre Rousseau, Jean-Jacques, devînt encore plus célèbre que lui. Sa réussite et ses malheurs sont également étonnants. Il était le fils d'un maître cordonnier parisien ; après des études aux collèges du Plessis et de la Marche, il fut clerc d'avoué, puis secrétaire du comte de Tallart, qui, nommé ambassadeur de France en Angleterre, l'emmena à Londres. De retour en France, il fréquente assidûment le café de la veuve Laurent, lieu de rencontre des gens de lettres parisiens vers 1690 ; une épigramme lui vaut l'estime de Boileau (1695), dont il devient le défenseur et le disciple. Jean-Baptiste Rousseau s'essaie à l'opéra (*Jason, Vénus et Adonis*, 1696-1697), mais s'en détourne ; à la comédie (*le Café*, 1694 ; *le Flatteur*, 1696 ; *le Capricieux*, 1700), mais ne s'y distingue pas vraiment. Il trouve sa voie en composant des *Odes sacrées*, peut-être pour les demoiselles de Saint-Cyr (1702), et des *Cantates* (1703) : ces œuvres lyriques sont faites pour être chantées et constituent une sorte de réduction de l'opéra dans le cadre de la musique de chambre. Rousseau est lancé. Il fréquente la meilleure société, obtient une place dans l'administration des finances, est reçu à l'Académie des inscriptions, se présente en 1710 à l'Académie française. Cette belle carrière est soudain brisée par l'« affaire des Couplets » (1710) : Rousseau est accusé d'une série d'épigrammes infamantes contre divers hommes de lettres. Il nie, il en rejette la paternité sur Saurin, un pasteur converti, membre de l'Académie des sciences. L'affaire n'a jamais pu être tirée au clair. Mais contre les écrits qui troublent l'ordre public les lois sont sévères, et Rousseau est convaincu d'avoir suborné un témoin. Il a d'ailleurs des ennemis nombreux et acharnés. Il est finalement condamné au bannissement à vie. Mais sans attendre la sentence, il s'est réfugié en Suisse, à Soleure, où le comte du Luc, l'ambassadeur de France, le recueille. Toute sa vie, il protestera de son innocence et réclamera une réhabilitation, en refusant toutes les mesures de grâce. Il suit le comte du Luc à Vienne (1715), puis s'installe à Bruxelles (1722), où il finira sa vie. Partout il bénéficie de hautes protections. Ce poète en exil mène une vie de château, même si ses affaires ne sont pas toujours florissantes. Sa réputation est internationale ; toute l'Europe achète les grandes éditions de ses œuvres, d'ailleurs publiées à l'étranger (Soleure, 1712 ; Londres, 1723, par souscription ; Amsterdam, 1726, 1729, 1734) ; entre 1712 et 1734, il n'en paraît pas moins de douze réimpressions ou contrefaçons. Jean-Baptiste Rousseau est « un de ces génies privilégiés dont les écrits sont au-dessus des éloges et des critiques » (*Mémoires de Trévoux*, 1734). Mais en 1762, d'Alembert note que le poète n'a « plus guère » de « partisans ». Pourtant, il est devenu un classique, au sens propre du terme : les élèves apprennent par cœur son « Ode à la Fortune » dans « presque toutes les maisons d'éducation » (La Harpe), et les instructions officielles, sous l'Empire, le maintiendront au programme. Tous les poètes romantiques en ont été nourris – jusqu'à ce qu'un article de Sainte-Beuve, en 1829, dans la *Revue de Paris*, vienne mettre fin à ce règne.

Le destin de l'œuvre, comme celui de l'homme, est donc bien singulier. En fait, il est permis de penser que Jean-Baptiste Rousseau est un écrivain méconnu, victime de l'attente de son public. Il manquait à la génération classique un grand poète lyrique, un Pindare français. Le public du début du XVIIIe siècle a misé sur J.-B. Rousseau, après avoir balancé entre lui et La Motte. Rousseau rassemblait la virtuosité technique, la fidélité aux Grecs et aux Latins, le goût pour les sujets mythologiques et bibliques. Après ses démêlés judiciaires, il affiche une grande piété. Enfin, il se pose en défenseur du goût classique. Il est donc devenu, tout naturellement, le héros des partisans des Anciens, puis des antiphilosophes et de la réaction contre les idées des Lumières. Mais Rousseau est autre chose que tout cela.

C'est un innovateur. Sa manière de traiter la cantate est d'une admirable souplesse ; elle révèle tout son art quand les vers ne sont plus lus, mais chantés – comme ils doivent l'être : on comprend alors le choix des mètres dans les airs et dans les récitatifs, et le rôle de ce choix dans la recherche d'une expressivité passionnée. L'amour, le désespoir sont les sentiments que Rousseau exprime le mieux, en prenant, comme prétexte, des épisodes mythologiques que tout le monde connaissait (« Circé »). Mais il a aussi tenté de pousser à son terme le procédé de l'allégorie, riche d'évocations poétiques et de sens cachés (trop cachés parfois : Rousseau a dû rédiger lui-même des notes explicatives) ; il en a fait un genre indépendant (« la Morosophie », allégorie de la curiosité humaine ; « Torticolis », allégorie de l'hypocrisie...) où il aborde la morale, la politique, la métaphysique. Il a essayé toutes les formules de l'ode, toutes les combinaisons techniques ; sa supériorité dans ce genre n'est guère contestable, et il joue un rôle historique dans le développement du lyrisme français, avant Lebrun et avant le lyrisme romantique. Jean-Baptiste Rousseau a incité le public à n'admirer dans son œuvre que les qualités formelles, affirmant, par esprit de système et refus des idées « modernes », que « c'est l'expression seule qui fait le poète et non la pensée » (lettre à Crousaz). Proposition que son œuvre dément : les *Odes sacrées*, qui comptent parmi les plus belles pages de Rousseau, ont été écrites pour exprimer la souffrance du poète et son indignation devant le destin qui a été le sien. En apparence, tout y est conventionnel : il s'agit de paraphrases en vers français des psaumes de l'Ancien Testament. Mais le choix des textes qu'il traduit, les éléments qu'il en retient et ceux qu'il y ajoute sont profondément révélateurs. L'affaire des Couplets éclate en 1701, pour un premier épisode ; Rousseau écrit la première série d'*Odes sacrées* en 1702. Devant la suspicion des hommes, Dieu est son recours. D'abord il choisit les psaumes qui menacent du châtiment divin les impies ; ceux qui opposent le juste et les faux justes. Mais ce recours à la parole divine n'est pas un simple détour de la polémique. Rousseau fait entendre dans les psaumes la plainte du malheureux persécuté par les superbes. Il annonce avec violence et éloquence la vengeance de Dieu. Il découvre le sens de ses épreuves : il triomphe dans l'échec, en y trouvant la paix intérieure ; il ressent l'écrasement du fidèle devant la puissance de Dieu ; il est soulevé par le sentiment épique du cataclysme imminent. Le « grand Rousseau » était un vrai poète lyrique.

S. Menant

Rousseau

ROUSSEAU Jean-Jacques

(1712-1778)

Avec Rousseau émerge sans doute l'idée de littérature au sens moderne du terme, c'est-à-dire d'un rapport nouveau entre un homme et une œuvre, entre la parole et la vérité. Ce qui était belles-lettres et rhétorique, règles et codes esthétiques se transforme radicalement à travers l'expérience rousseauiste, qui croise une écriture et une vie. Le texte ne se fonde plus dans la foi en Dieu ni dans une reconnaissance sociale ou politique, mais dans l'évidence d'une certitude intime. Rien ne semblait destiner Rousseau à la littérature ; il n'y vint que tardivement et sembla toujours prêt à y renoncer. C'est d'un tel décentrement que naquit l'efficacité d'un style qui bouleversa ses contemporains. Rousseau, qui fut longtemps l'objet soit des plus vives haines, soit de l'adulation, est aujourd'hui reçu sans la moindre contestation par tous. Mais les hommages ne sont toujours pas sans arrière-pensée, et l'œuvre demeure l'enjeu de vives polémiques.

La perte du lieu et l'expérience des marges

Le succès de scandale qu'obtint en 1750 le *Discours sur les sciences et les arts* aurait pu définitivement mettre un terme à une trop longue période d'incertitudes et d'errances, commencée un soir de 1728 lorsque le jeune Jean-Jacques trouva closes les portes de Genève et ne put regagner son domicile. La bonne société était prête à accueillir un homme qui avait connu la misère et qui maniait si éloquemment le paradoxe, à l'entretenir dans son rôle de contempteur du luxe et du progrès. C'était transformer un engagement existentiel en une simple attitude et une conviction profonde en un jeu de l'esprit. Au contraire, la volonté de sincérité de Rousseau s'exprima par une « réforme » personnelle qui fit succéder à la marginalité subie par le jeune vagabond une marginalité lucide et assumée par l'ami de la vérité.

À Paris, il choisit de rester citoyen de Genève, de redevenir protestant en pays catholique et de vivre en pauvre au milieu de grands bourgeois et d'aristocrates. Des carences affectives et une maladie des voies urinaires surdéterminèrent cette décision, qui, à nouveau, le précipita sur les routes et lui fit perdre toute référence extérieure. L'hostilité de ses anciens amis (les Philosophes) et les poursuites engagées contre lui à l'occasion de la publication de l'*Émile* et du *Contrat social* le chassèrent de Paris, lui firent chercher refuge en Suisse et en Angleterre, multiplier les maladresses et les malentendus. Quand il revint à Paris, ce fut un homme brisé qui renonçait à tout, sauf à proclamer son innocence. L'errance s'était muée en absence : Rousseau meurt étranger au monde.

Fils d'un artisan genevois, il a traversé les milieux sociaux les plus divers – du petit peuple misérable qui traîne de province en province jusqu'aux grands à qui ne manquent ni les titres ni la fortune – dans la perpétuelle nostalgie d'un lieu originel. Ce lieu aurait pu être Genève, dont en 1754 il reprend le titre de citoyen : au vertige de villes comme Paris, Turin, Venise, il préfère son calme ; aux progrès économiques, sa tradition agricole et artisanale ; à l'absolutisme et au catholicisme qui divisent les êtres, sa piété vécue et sa démocratie directe. Mais une telle image était sans doute plus mythique que réelle. En tout cas, le Grand Conseil de Genève ne répondit pas aux vœux de son encombrant citoyen, qu'il finit par condamner comme l'avait fait – quoique pour des raisons différentes – le gouvernement français. Rousseau abandonna sa citoyenneté sans renoncer à ses illusions.

À défaut de Genève, la référence dans laquelle il aurait pu chercher un équilibre et une assurance aurait pu être le peuple. Le choix comme compagne d'une servante d'auberge sans culture ni fortune, la fidélité qu'il lui conserva, ses efforts répétés pour devenir copiste et vivre d'un travail manuel portent témoignage d'une volonté de se situer aux côtés des laborieux et des pauvres. Il accepta les invitations de Mme d'Épinay, du maréchal de Luxembourg ou du marquis de Girardin et vécut plusieurs années dans leurs propriétés de l'Ermitage, de Montmorency ou d'Ermenonville, mais il s'attacha chaque fois à préserver son indépendance et préféra toujours partir plutôt que de l'aliéner. Mais de la réalité vécue des masses écrasées par la misère à l'idéal d'une collectivité égalitaire soudée par l'amour de la cité, le chemin ne passait que par l'imagination ou par la réflexion théorique.

Qu'il s'agisse de Genève ou du peuple, ce lieu référentiel s'éloigne ; il se dissout en abstraction et devient objet d'écriture. Il restait à Rousseau à constituer un groupe d'intimes entre lesquels se seraient tissées toutes les relations de l'amitié et de l'amour. Au sortir de Genève, en pleine adolescence, il crut trouver une telle sécurité affective chez Mme de Warens, en faisant partie de ses protégés. Il chercha dans son âge mûr à reconstruire des situations triangulaires ou des microsociétés d'amis selon son cœur, mais, là encore, les expériences se soldèrent par des échecs ou, du moins, se déplacèrent vers l'imaginaire et le romanesque. Toute sa vie, Rousseau fut condamné à la littérature, le seul lieu, finalement, où il pouvait se situer.

Unité et éclatement d'une œuvre

C'est à son théâtre que Voltaire tenait le plus, c'est sur lui qu'il comptait pour entrer dans la postérité, alors que celle-ci a retenu ses contes et ses pamphlets. C'est dans une œuvre musicale que Rousseau a longtemps placé ses ambitions et ses espoirs. Ses productions se dispersèrent d'abord dans des genres et dans des directions variés. Il composa des poèmes, des pièces de théâtre, des opéras, des traités théoriques sur la musique. Quand Diderot fait appel à lui pour collaborer à l'*Encyclopédie*, il lui confie les articles sur la musique. La diversité de son expérience et de sa formation attendait un événement extérieur pour cristalliser en une création originale. À côté de la musique, Rousseau reste hanté par les romans de son enfance et l'héroïsme antique à la Plutarque ; il est marqué par ses lectures boulimiques chez Mme de Warens, son expérience de secrétaire d'ambassade, ses études de chimie ou les recherches systématiques effectuées pour Mme Dupin. Il n'est pas insensible aux idées brassées par Diderot ni à l'agilité intellectuelle propre aux milieux que celui-ci lui fait connaître. Mais cet étourdissement fait place, un jour de l'été 1749, à une prise de conscience qu'il présentera *a posteriori* comme un coup de foudre, une révélation brutale.

Rendant visite à Diderot, emprisonné à Vincennes à cause de la *Lettre sur les aveugles*, il tombe sur une annonce du *Mercure de France*. L'Académie de Dijon propose comme sujet de concours : «… si le rétablissement des sciences et des arts a contribué à corrompre ou à épurer les mœurs. » La question, qui touche au fondement de l'optimisme des Lumières, sert à Rousseau de révélateur. Diderot l'encourage à donner libre cours à son intuition : le progrès technique risque d'aller à l'encontre du progrès moral. Mais Rousseau, prenant conscience de la fausse route dans laquelle s'est engagée notre société, va se compromettre dans la même voie. Pour dénoncer les illusions de la pensée et du monde, il lui faudra devenir penseur dans le monde. À l'origine de toute l'œuvre se trouvent à la fois une intuition unifiante et une conscience déchirée. L'intuition tend à s'épanouir en un système auquel la conscience déchirée interdit de se fermer définitivement. À partir de 1750, la carrière intellectuelle de Rousseau se présente parallèlement comme l'approfondissement d'une révélation et comme le déplacement permanent d'une réflexion qui ne peut pas se contenter de discours et de traités.

Une seconde question de l'Académie de Dijon sur les fondements de l'inégalité lui permet d'étendre sa pensée. Le danger ne réside pas tant dans la fuite en avant du savoir et des techniques que dans l'inégalité qui aliène les rapports sociaux. Rousseau quadragénaire semble en mesure de produire une vaste synthèse. Au printemps 1756, il s'installe à l'Ermitage, dans le calme nécessaire à la création, et projette deux grands ouvrages en forme de diptyque : des *Institutions politiques*, qui, quelques années après l'*Esprit des lois* de Montesquieu, analyseraient l'ensemble des problèmes de la vie collective, et une *Morale sensitive ou Matérialisme du sage*, qui s'attacherait aux problèmes de la vie individuelle. Ces deux livres ne furent jamais menés à terme. Les données biographiques expliquent moins cet échec apparent qu'une dynamique interne à la pensée de Rousseau. L'ami de la vérité habité par une vision systématique n'est pas un philosophe qui crée un système à ranger parmi d'autres dans l'histoire de la philosophie. Aux antipodes d'une somme théorique, c'est un roman qu'il compose de 1756 à 1760, et le roman le plus éclaté : un roman par lettres, *Julie ou la Nouvelle Héloïse*. La vie ne se laisse réduire à aucun traité. Pour se traduire en un langage social, le système rousseauiste doit se diviser en un roman philosophique, un essai sur l'éducation, l'*Émile*, fragment de *la Morale sensitive*, et un essai sur la vie politique, *Du contrat social*, issu des *Institutions politiques*. La fragmentation marque en même temps l'aliénation de la pensée qui ne peut s'exprimer synthétiquement et son refus d'une unité qui serait illusoire. Par honnêteté, par rigueur, l'œuvre s'installe dans la contradiction.

Les protestations qu'elle provoque, la répression qui s'abat sur l'auteur viennent la relancer et la transformer. Le débat, dans la lettre à l'archevêque de Paris ou dans les *Lettres écrites de la montagne*, peut demeurer sur le même plan que dans l'*Émile* ou le *Contrat social* : Rousseau échange des arguments philosophiques et théologiques. Mais la source du système réside dans une conscience individuelle, et la garantie morale de l'œuvre est fournie par une vie. En déplaçant sa création de la réflexion théorique et de la rêverie romanesque vers la quête autobiographique, Rousseau obéit à une double pression, externe et interne. Les polémiques s'aigrissent et attaquent sa personne, tandis que l'exposé abstrait se retranche dans les certitudes du moi. Les douze livres des *Confessions* déroulent l'histoire de sa vie, donnent à suivre l'itinéraire d'une conscience, mais fournissent de nouveaux prétextes à ses calomniateurs. Aussi abandonne-t-il cette rédaction pour s'interroger sur la possibilité même de la communication avec autrui : ce sont les trois *Dialogues* (*Rousseau juge de Jean-Jacques*). Les *Rêveries du promeneur solitaire* enfin renoncent au dialogue. Elles poursuivent la méditation sur soi et sur le temps, dans la solitude, le détachement. Une fois encore, l'ambition d'une synthèse autobiographique éclate en dialogues et en promenades. Quand Rousseau meurt, laissant inachevée la dixième des *Rêveries*, il a derrière lui une œuvre cohérente et dispersée – pour emprunter l'image à René Char : une œuvre « en archipel ».

Lumières et religion

À la difficulté de Rousseau pour trouver un lieu de référence répondent les hésitations des critiques et des historiens, qui tantôt l'intègrent au mouvement philosophique du siècle, tantôt l'en isolent pour en faire le représentant d'un renouveau spiritualiste ou l'annonciateur du romantisme. Pourtant, l'intérêt de l'homme et de son œuvre est d'interdire les simplifications. Avec les Philosophes des Lumières, il affirme sa foi dans l'homme : aucun péché originel ne pèse sur lui, le cœur et la raison lui sont donnés pour faire son bonheur. Mais il se sépare d'eux et retrouve le schéma religieux de la chute quand il refuse d'assimiler nature humaine et progrès économique ; quand il considère, au contraire, comme une dégradation continue le développement de la société fondée sur la propriété privée. Dans le cadre général de l'optimisme anthropologique des Lumières, il introduit un pessimisme social qui dénonce les illusions des Philosophes. Une société où l'homme exploite son semblable interdit tout rapport véritable entre les individus. Chacun est déchiré entre l'être et le paraître. Toute invention qui fournit à l'homme un moyen nouveau pour se libérer devient source d'asservissement. La nature n'est pas ce libre échange des êtres et des marchandises au nom duquel les Philosophes luttent contre l'ordre féodal et œuvrent pour l'instauration de ce qui sera la société bourgeoise du XIXe siècle. Elle est une exigence intérieure de transparence qui s'oppose aux masques et aux mensonges : c'est le modèle idéal d'une collectivité différente.

À professer ainsi sa confiance dans l'homme et sa méfiance de la société, Rousseau se heurte de front à deux ennemis : le clergé des religions établies et la coterie philosophique. Il se refuse à confondre Dieu avec le dogme des Églises ou le bonheur avec le développement prôné par les encyclopédistes. La nécessité d'un culte lui semble une nouvelle marque de notre dépravation. L'homme de la nature n'a pas à adorer Dieu, il vit en harmonie avec le monde, son existence est en elle-même action de grâce. L'enfant ne connaît pas plus Dieu, et le précepteur se garde d'en parler à Émile avant l'adolescence. C'est parce qu'il est désaccordé d'avec la nature, qu'il a perdu le contact immédiat avec le divin, que l'homme social prie et institutionnalise sa foi. Le rituel et le dogme deviennent nécessaires, mais de moyens ils ne doivent pas être érigés en buts. Instruments de la foi, ils ne doivent pas prendre le pas sur elle.

Rousseau critique l'intolérance des religions, qui s'arrogent l'exclusivité de la vérité. Les religions sont pour lui des inventions humaines, et l'essentiel se trouve au-delà, dans le lien direct établi par chacun avec la divinité. Cette religion naturelle est combattue par les autorités catholiques, mais aussi par les représentants officiels du protestantisme qui a nourri Rousseau. Les uns et les autres s'obstinent à le rejeter au même titre que les déistes et les athées.

Déistes comme Voltaire et athées comme d'Holbach le considèrent comme un renégat qui s'est désolidarisé de leur lutte contre l'Infâme. Rousseau peut leur reprocher ce manichéisme militant et leur retourner le reproche qu'ils adressent à leurs adversaires : intolérance et fanatisme. L'athéisme, selon lui, est une invention des nantis, un luxe intellectuel. Il faut être satisfait de l'ordre social pour ne plus avoir besoin de Dieu et pour risquer l'aventure philosophique de l'athéisme sans se soucier de ses conséquences. Lui entend garder la foi des paysans et des petites gens. La disparition des préjugés n'est pas souhaitable si elle doit entraîner le malheur du plus grand nombre. L'absence de Dieu est ressentie par Rousseau comme le cynisme d'une société de l'exploitation et du profit.

Son œuvre dans le XVIIIe siècle est fondamentale. Elle permet, avec celle d'autres marginaux – Meslier, dom Deschamps, Sade… – de ne pas assimiler trop hâtivement philosophie des Lumières et idéologie bourgeoise. Elle constitue une critique interne des Lumières. Elle déjoue par là tout finalisme en histoire des idées : c'est son archaïsme, sa fidélité à de vieux modèles de collectivité qui fondent sa modernité. Rousseau est à la fois en retard et en avance sur son temps.

Les paradoxes de la parole

Cette œuvre, a-t-on pu dire, se tient en équilibre entre deux silences : celui des origines, où la transparence de la nature rend la parole superflue, et celui de l'esclavage, où la parole ne renvoie plus à aucune vérité. Prendre la parole dans le concert ou la cacophonie du monde, c'est accepter la perte d'une plénitude première, la corruption d'une innocence, mais c'est aussi se donner la possibilité d'une action. Une telle position ne peut se réduire ni à la nostalgie d'un paradis perdu ni à la conquête de « lendemains qui chantent ». Elle implique des agencements complexes qui croisent ces deux polarités. Pessimiste, elle affirme la négativité de l'histoire. Optimiste, elle perçoit le remède dans le mal et renverse la négativité en une positivité, selon un mouvement que Bronislaw Baczko nomme « une dialectique spontanée ».

Les contemporains du premier *Discours* ou de la *Lettre à d'Alembert sur les spectacles* ont été sensibles à la contradiction qui faisait condamner les arts et les spectacles à un auteur de pièces de théâtre et d'opéras. Ils s'en sont gaussés ou ont crié au paradoxe. Le décalage est, en fait, constitutif du travail rousseauiste. Les textes théoriques dénoncent de l'intérieur une société pervertie, *Julie* accepte que les mœurs soient corrompues pour tenter de les réformer. Ce qui empêche la contradiction de devenir jeu de l'esprit, c'est l'engagement de l'écrivain, c'est sa sincérité, c'est sa vie, qu'il offre en caution. Là où ses ennemis n'ont vu qu'ostentation et mise en scène, Rousseau tentait d'accorder sa conduite et son discours. C'est cet accord que l'œuvre autobiographique cherche désespérément à prouver.

La parole est entachée d'un doute puisque le mensonge est possible. Rousseau doit trouver un style tel que personne ne puisse en contester l'authenticité. Il doit imposer son discours par la rigueur de l'analyse aussi bien que par l'émotion contagieuse. En parlant selon son être profond, cœur et raison, il fait entendre le langage perdu de la nature. En ce sens, la solitude de l'homme est garante de la solidarité du penseur avec le genre humain, car le penseur y puise la vérité à révéler à ses semblables. Les solutions que Rousseau envisage, solution politique, pédagogique, romanesque, ne seraient que des pis-aller si la condition humaine n'était pas de se débattre entre une nature impossible à retrouver et une culture impossible à accepter. Le problème est posé, les réponses peuvent et même doivent varier, selon les temps et les lieux, dans une tension entre l'universalité des principes et la perte définitive de l'unité.

Au fur et à mesure que Rousseau avance dans son existence, les termes antagonistes deviennent de plus en plus difficiles à tenir. Le complot auquel il se heurte – ou qu'il imagine fantasmatiquement – incarne le pouvoir pervers qu'a la société de détourner la parole. Alors s'épanouit le rêve de silence qui habite l'œuvre depuis le début. Dans la scène lyrique qui reprend le mythe de Pygmalion (1770), il mettait en scène le sculpteur désespéré de ne pouvoir produire qu'un simulacre de pierre. L'animation de la statue marque l'achèvement de l'art et sa négation : l'œuvre retourne à la nature. À travers le mythe se rejoignent l'analyse sociale et le fantasme individuel. L'étreinte de Pygmalion et Galatée sert d'emblème à un art désaliéné, tout en exprimant le désir narcissique. Elle métaphorise un silence par lequel la parole prend sens et se perd.

On retrouve le silence dans l'unanimité du peuple réuni ou dans l'intimité des familiers de Clarens (*la Nouvelle Héloïse*). La démocratie suppose le libre exercice d'une parole publique et trouve sa suprême cohésion dans l'élan qui la rend inutile. Le phalanstère de Clarens nécessite également une sincérité réciproque qui s'achève en rêve de communion. Le silence reste au Rousseau des *Rêveries*, immergé dans les rythmes de la nature, dans l'éternité de Dieu, au-delà de tous les bruits du monde. Après avoir cheminé entre les chicanes du mensonge, la parole rousseauiste s'immobilise sur des extases indicibles.

Rousseau et Jean-Jacques

À propos de Rousseau, on ne peut éviter de faire retour à la biographie constituée en mythe. Du XVIIIe siècle à nos jours, c'est elle qui est au centre des polémiques. Jean-Jacques, dont Rousseau s'est présenté comme le juge, a souvent occulté l'œuvre. Les adversaires du philosophe, de Voltaire à aujourd'hui, se sont saisis de la vie qu'il leur livrait pour amoindrir l'homme et discréditer sa pensée. L'abandon des enfants, l'autoérotisme ou l'homosexualité, la maladie et la folie ont été exploités comme autant de chefs d'accusation. Inversement, les défenseurs passionnés ont vécu leur admiration sur le mode de l'identification et voulu à tout prix innocenter leur héros. Ainsi naquit la légende du suicide, summum du délire ou apogée des persécutions. Dénoncer ou admirer Rousseau en ces termes, c'est s'obnubiler sur Jean-Jacques et entériner une scission dont les *Dialogues* nous rappellent qu'elle est imposée de l'extérieur comme une aliénation. L'effort de Rousseau vise à faire se rejoindre réalité intérieure et image sociale. Si cette volonté a partiellement produit la méconnaissance du système de pensée, d'autres voies s'offrent à nous pour prendre en compte la biographie.

La mort de la mère et la culpabilité qui en découle, la rivalité avec un frère qui tourne mal, le plaisir pris à la fessée infligée par Mlle Lambercier (*Confessions*, I), autant d'éléments qui ne laissent pas indifférent le lecteur moderne qui a lu Freud. Mais ils peuvent être isolés de tout contexte historique et renvoyer à une essence pathologique ou, au contraire, être intégrés à un ensemble complexe de surdétermination dans une histoire toujours ouverte de l'homme. L. Crocker adopte la première attitude, diagnostique une homosexualité et un sadomasochisme qui expliqueraient la paranoïa de l'homme et le cynisme totalitaire du penseur. La psychanalyse est ici employée comme une arme contre une philosophie. Pierre-Paul Clément, à partir du même matériau analytique, évite de réduire les phénomènes de culpabilité et de compensation à une explication simplificatrice et exclusive. Pour lui, l'illumination de Vincennes n'est plus un accès hystérique, mais une brusque libération d'énergie qui transmue l'« éros coupable » en « éros glorieux ». L'œuvre n'est plus la revanche passive d'un malade, mais le choix actif de la sublimation.

La relation entre la vie et l'œuvre ne s'établit pas en sens unique mais dans la réciprocité. L'œuvre évolue depuis les genres reconnus vers une situation nouvelle : les discours répondent à l'institution académique, les trois textes centraux obéissent encore aux schémas dominants de la république des lettres, la quête autobiographique innove une écriture inouïe. La singularité psychique y est revendiquée, l'individu exhibe ses secrets. Du dédoublement qui rend Narcisse amoureux de lui-même, dans la comédie que Rousseau lui consacre, à celui qui oppose le nom et le prénom de l'auteur, on passe d'un thème conventionnel à une configuration nouvelle. Le refus des belles-lettres, mondaines et parisiennes, détermine un style de vie aussi bien que d'écriture. Il donne sens rétrospectivement à tout ce qui a été vécu et permet de le confesser. Rousseau ne s'adresse pas aux lecteurs traditionnels, mais à un autre public qui va se sentir lié à lui, de personne à personne, dans les larmes et l'émotion partagée. Il inaugure ainsi le schéma moderne de la communication littéraire. Il invente une vie d'écrivain digne de son écriture et se met à la vivre. Il récuse l'institution littéraire pour confondre son existence avec ce que nous appelons aujourd'hui la littérature. Il est, en ce sens, le contemporain de Flaubert, de Kafka ou de Bataille.

Les rousseauismes

Cette position originale dans et contre les Lumières, dans et contre la littérature ne pouvait manquer de susciter polémiques et malentendus, de multiplier les images et les mythes. Les liens de la solitude et de la communauté sont souvent dénoués par les lecteurs et admirateurs de la fin du XVIIIe siècle. Les uns partent pour Ermenonville pleurer sur la tombe dans l'île des Peupliers, les autres rêvent d'une France vertueuse et révolutionnaire à l'image du *Contrat social*. Bernardin de Saint-Pierre diffuse le visage d'un Rousseau spiritualiste en lutte contre le fanatisme encyclopédiste. Certains aristocrates – qui vont bientôt émigrer – goûtent chez Rousseau une régression idyllique et le refus de l'histoire. Les femmes, froissées par les réalités, se réfugient avec lui dans le monde des chimères. Robespierre est sensible à l'émotion du Jean-Jacques romantique aussi bien qu'aux rigueurs du Rousseau « romain » ; sa dénonciation de l'athéisme et l'instauration du culte de l'Être suprême sont la revanche du pieux Rousseau sur les Philosophes mécréants. Le transfert officiel des cendres d'Ermenonville au Panthéon en 1794 tente de mêler l'effusion des âmes sensibles à l'enthousiasme patriotique. Durant ces années de bruit et de fureur, Rousseau se trouve concurremment sur la table de chevet des Girondins et sur celle des Jacobins, il est le vade-mecum de bien des émigrés et d'un jeune général nommé Bonaparte.

Les débats, au XIXe siècle, ne perdent pas de leur aigreur. Parmi les héritiers des Lumières, certains revendiquent un Rousseau réconcilié avec Voltaire ; les autres continuent à honnir l'auteur du *Contrat social*. Inversement, les défenseurs de la religion peuvent faire de Rousseau un apologétiste malgré lui ou gardent l'image du protestant dévoyé. Les écrivains s'enchantent de son style et veulent se confesser comme lui, tandis que les penseurs socialistes s'intéressent à ses utopies. Chaque accès de fièvre sociale lui confère un regain d'actualité. 1848 effraie assez pour faire changer d'avis sur lui à plus d'un. Alors que Voltaire devient l'emblème des libres penseurs et des républicains, Rousseau n'est revendiqué comme directeur de conscience que par une frange de la gauche. En 1878, la toute jeune république glorifie Voltaire comme Père de la Révolution et refuse d'associer à la célébration du centenaire le contestataire Rousseau dont s'est réclamée la trop récente Commune. Rousseau n'est pas plus épargné par les affrontements de l'affaire Dreyfus. Les débats parlementaires de 1912, où s'illustre Barrès, reproduisent ceux de 1878. Les universitaires républicains défendent Rousseau et le romantisme, que la droite nationaliste dénonce comme des importations germaniques et des atteintes à l'esprit français. Si l'on saute sans transition du bicentenaire de la naissance à celui de la mort, le calme semble s'établir en 1978, et l'œuvre paraît vouée à la sclérose des pompes officielles. Les polémiques sont sans doute moins visibles, moins publiques, mais elles restent vives autour de Rousseau, parfois considéré comme complice de tous les totalitarismes, parfois comme l'apôtre du socialisme, comme le complice de l'oppression des femmes ou l'apôtre de l'écologie.

	VIE		**ŒUVRE**
1704	**2 juin :** mariage d'Isaac Rousseau, horloger genevois, et de Suzanne Bernard.		
1712	**28 juin :** naissance de Jean-Jacques. **4 juill. :** baptême protestant. **7 juill. :** mort de la mère ; la sœur cadette du père, « tante Suzon », s'installe à la maison.		
1722	À la suite d'une altercation, Isaac doit quitter Genève. Jean-Jacques est mis en pension chez les Lambercier.		
1724-1725	Jean-Jacques apprenti chez un greffier, puis chez un graveur, à Genève.		
1728	Fuite de Genève. Il est recueilli par Mme de Warens et envoyé à Turin pour se convertir au catholicisme.		
1728-1731	Vie errante. Il travaille comme laquais, secrétaire, maître de musique, est séminariste... Séjour à Paris.		
1731-1737	Vie auprès de Mme de Warens à Chambéry, puis aux Charmettes.		
1738	Il est supplanté auprès de Mme de Warens par Wintzenried.		
1740	Précepteur à Lyon chez M. de Mably.	**1740**	Il rédige un *Projet pour l'éducation de M. de Sainte-Marie.*
1742-1743	Arrivée à Paris, amitié avec Diderot, efforts d'intégration sociale. Il fréquente les Dupin et présente son système de notation musicale.		
1743-1744	Secrétaire de l'ambassadeur de France à Venise. Désaccord avec l'ambassadeur. Retour à Paris.		
1745	Début de sa liaison avec Thérèse Levasseur.	**1745**	Il fait jouer son opéra, *les Muses galantes.* Collaboration musicale avec Voltaire et avec Rameau.
1746	Secrétaire de Mme Dupin et de M. de Francueil.	**1746**	Rédaction des *Institutions chimiques.*
1749	Il est chargé des articles de musique de l'*Encyclopédie.* Visite à Diderot, prisonnier à Vincennes ; en cours de route, révélation de sa philosophie.		
		1750	*Discours sur les sciences et les arts* ; prix de l'académie de Dijon et succès mondain.
1751	« Réforme » : mise en accord de sa vie avec ses principes ; il quitte son poste de secrétaire, devient copiste de musique, fait porter aux « Enfants assistés » (comme les précédents) son troisième enfant.		
1752	Il fréquente le salon de D'Holbach. Refus d'être présenté à la Cour, ce qui équivaut au refus d'une pension royale.	**1752**	Représentation du *Devin du village,* intermède musical, et de *Narcisse ou l'Amant de lui-même,* comédie en un acte.
		1753	*Lettre sur la musique française,* dans laquelle Rousseau prend parti pour la musique italienne.

	VIE		ŒUVRE
1754	Voyage à Genève : il reprend le titre de citoyen et abjure le catholicisme.		
		1755	En réponse à un nouveau sujet de l'académie de Dijon, il publie le *Discours sur l'origine et les fondements de l'inégalité parmi les hommes.*
1756	Il accepte l'hospitalité de Mme d'Épinay à l'Ermitage.	**1756**	Il commence à rédiger *Julie ou la Nouvelle Héloïse,* compose la *Lettre à Voltaire sur la providence*, publiée clandestinement en 1759, puis avec son accord en 1764.
1757	Désaccord croissant avec les encyclopédistes. Il se brouille avec Mme d'Épinay et est recueilli par le maréchal de Luxembourg à Montmorency.		
1758	Rupture avec Diderot et ses amis.	**1758**	En réponse à l'article « Genève » rédigé par d'Alembert dans le tome VII de l'*Encyclopédie*, il publie la *Lettre à d'Alembert sur les spectacles.*
1761	À la fin de l'année, douloureuse attaque de la maladie de la pierre et grave crise morale : il songe au suicide.	**1761**	Il achève l'*Émile* et le *Contrat social.* Grand succès de *Julie ou la Nouvelle Héloïse.*
1762	Décrété de prise de corps, il s'enfuit de Paris, va se réfugier à Môtiers-Travers en Suisse.	**1762**	*Quatre Lettres à M. le président de Malesherbes [...].* Publication de l'*Émile* et du *Contrat social* : les deux œuvres sont condamnées.
		1763-1764	Efforts de justification : *Lettre à Christophe de Beaumont ; Lettres écrites de la montagne.*
1765	Chassé de Môtiers, il se réfugie dans l'île de Saint-Pierre, sur le lac de Bienne.	**1765**	Rédaction d'un *Projet de constitution pour la Corse.*
1766	Voyage en Angleterre, à l'invitation de Hume. Les deux hommes se brouillent.		
1767-1770	Vie errante.	**1767**	Publication du *Dictionnaire de musique.*
		1767-1770	Rédaction des *Confessions.*
1770	Retour à Paris. Il redevient copiste de musique.	**1770**	Représentation de *Pygmalion,* scène lyrique composée en 1762.
1771	Lectures publiques des *Confessions.* Amitié avec Bernardin de Saint-Pierre.		
		1772	Mise au net des *Considérations sur le gouvernement de Pologne* qui ne seront publiées qu'en 1782.
1776	Il tente de déposer le manuscrit des *Dialogues* sur le grand autel de Notre-Dame et, y ayant échoué (une grille ferme le chœur), le remet à l'abbé de Condillac.	**1772-1776**	Rédaction des *Lettres sur la botanique* et des *Dialogues.*
		1776-1778	Rédaction des *Rêveries du promeneur solitaire.*
1778	Il accepte l'hospitalité du marquis de Girardin et s'installe à Ermenonville. Il y meurt le 2 juill. Le 4, il est inhumé dans l'île des Peupliers.		
		1780	Publication du premier *Dialogue.*
		1782	Première édition des livres I à VI des *Confessions,* des *Rêveries du promeneur solitaire* et des trois *Dialogues.*
		1789	Première édition des livres VII à XII des *Confessions.*
1794	Transfert de ses cendres au Panthéon.		

Discours

Le *Discours sur les sciences et les arts* et le *Discours sur l'origine et les fondements de l'inégalité parmi les hommes* tirent l'un et l'autre leur forme initiale des questions mises au concours par une de ces académies de province qui se sont multipliées et développées au XVIIIe siècle. Mais, de 1749 à 1753, la position de Rousseau face à l'institution a changé. L'auteur du premier *Discours*, inconnu du public, cherche à séduire son lecteur : il use des ressources classiques de la rhétorique, dont la prosopopée de Fabricius fournit l'exemple le plus connu. Quatre ans plus tard, il ne se soucie plus que d'approfondir sa réflexion dans une totale absence de concessions. Le réquisitoire moralisant contre les illusions du progrès, réquisitoire qui mobilisait les figures traditionnelles de Socrate ou des vieux Romains, laisse place à la vaste fresque qui, comme une révélation, découvre le devenir de l'humanité. Le débat convenu sur le luxe s'élargit en une méditation sur l'histoire.

DISCOURS SUR L'INÉGALITÉ

État de nature (au sens propre) : les hommes isolés.
État de société naissante (état de nature, au sens large).
Apparition en droit de la propriété privée.
Anarchie et guerre de tous contre tous (état de nature selon Hobbes).
Mauvais contrat social, fondant la société civile sur l'exploitation des pauvres par les riches.
Magistratures électives.
Magistratures héréditaires.
Despotisme et retour à l'anarchie.

Les commentateurs ont souvent discuté de la dette de Rousseau envers Diderot prisonnier à Vincennes et recensé ses sources éventuelles parmi les théoriciens politiques et les juristes, parmi les voyageurs et les naturalistes. De telles enquêtes sont utiles pour réfuter l'image d'un Rousseau visionnaire, étranger à son siècle. Mais, du premier *Discours* au second, on suit la démarche d'un penseur qui s'émancipe, qui transforme le matériau fourni par ses lectures. La même intuition gouverne les deux textes : l'histoire vantée comme un progrès est une chute qui aggrave sans cesse l'inégalité parmi les hommes. Mais la seule dénonciation des raffinements dans les mœurs et dans les arts ne permet pas de donner tout son sens à la notion d'inégalité. C'est en repartant d'un hypothétique état de nature que Rousseau peut expliquer son instauration et sa légalisation sociale. L'inégalité, tout en restant un mal moralement dénoncé, prend son épaisseur économique, en relation avec le principe de propriété privée : « Le premier qui, ayant enclos un terrain, s'avisa de dire : *Ceci est à moi* et trouva des gens assez simples pour le croire fut le vrai fondateur de la société civile. » Sur cette apostrophe célèbre s'ouvre la seconde partie du *Discours sur l'inégalité*, qui démonte les mécanismes générateurs d'illusions d'un faux contrat social par lequel les intérêts particuliers des propriétaires sont érigés en intérêts collectifs et ainsi imposés aux pauvres.

L'état de nature a donné lieu, dès 1750, aux contresens. Les adversaires de Rousseau ont voulu lire dans son texte un appel à la régression, une négation de tous les acquis de la civilisation. Voltaire écrit : « On n'a jamais employé tant d'esprit à vouloir nous rendre bêtes ; il prend envie de marcher à quatre pattes, quand on lit votre ouvrage. » C'est n'avoir pas compris – ou pas voulu comprendre – que l'état de nature n'est pas une époque historique ou préhistorique, mais une fiction théorique. Tout se passe comme si les hommes avaient connu cet état. L'hypothèse permet d'analyser la société et de soutenir une revendication. Le discours confronte deux tableaux antagonistes : celui d'une situation première « qui n'existe plus, qui n'a peut-être point existé, qui probablement n'existera jamais », et celui d'une société inacceptable. De l'une à l'autre, le cheminement s'est fait par étapes, qui semblaient apporter un équilibre, mais que l'évolution détruisait. Devant cette double impossibilité du retour en arrière comme de la fuite en avant, il reste aux hommes la voie étroite d'une histoire différente. Si l'histoire telle qu'ils l'ont connue jusqu'à présent est vouée au malheur, une autre histoire, sur des bases sociales radicalement nouvelles, reste possible. Rousseau a en effet soin d'inscrire dans la nature de l'être humain une perfectibilité qui attend les circonstances et de garantir à chacun une marge de liberté inaliénable. Cette perfectibilité, cette liberté distinguent fondamentalement l'homme de l'animal. Une note du *Discours sur l'inégalité* saisissait la spécificité humaine dans un de ses aspects principaux, le langage. S'éloignant du projet initial, elle a été disjointe du texte pour devenir plus tard l'*Essai sur l'origine des langues*.

L'*Émile* et le *Contrat social*

Pour sortir de l'impasse fatale où s'est engagée l'humanité, deux solutions se présentent : la solution politique, qui tente de définir un État bien constitué, et la solution pédagogique, qui forme un individu indépendamment de toute insertion sociale. Les premières pages de l'*Émile* reconnaissent le caractère exclusif des deux démarches : « Forcé de combattre la nature ou les institutions sociales, il faut opter entre faire un homme ou un citoyen, car on ne peut faire à la fois l'un et l'autre. » La contradiction découle de la discontinuité entre nature et culture ; la vie collective suppose une transformation, une dénaturation de l'homme. À défaut d'une réforme des institutions satisfaisante, l'éducation se contente de développer chez l'enfant des principes de sociabilité sans l'adapter aux lois particulières d'une nation.

ÉMILE

LIVRE I : L'enfant avant la parole, sans conscience de soi.
LIVRE II : De 2 à 7 ans environ, développement de la raison sensitive.
LIVRE III : De 7 à 12 ans environ, développement de l'intelligence.

LIVRE IV : L'adolescence, la puberté, découverte du rapport à l'autre (sexualité, religiosité, sociabilité, moralité). « La Profession de foi du vicaire savoyard ».
Livre V : Sophie ou la femme. Le mariage. Les voyages et l'éducation politique.

Pédagogie et politique sont pourtant étroitement solidaires. Le bon fonctionnement de la cité nécessite une éducation nationale tandis que l'éducation privée d'Émile passe par une formation politique à la fois pratique, grâce à des voyages à travers l'Europe, et théorique, grâce à la lecture et à la réflexion. Les démarches individuelle et collective partent des mêmes hypothèses : l'homme est originellement bon ; une seconde nature, inculquée dès l'enfance, peut assurer soit le bonheur de l'individu, soit la pérennité du groupe. Dans un cas comme dans l'autre se réconcilient intérêt privé et sens de l'ordre, qu'a rendus antagonistes l'aliénation de nos mauvaises sociétés. Rousseau lui-même a vécu le passage d'une condition à l'autre, de celle de citoyen, pour laquelle il a été élevé à Genève, à celle d'homme libre et indépendant, qu'il a choisie dans les dernières années de sa vie.

On doit songer à ce qu'était l'éducation au milieu du XVIIIe siècle pour apprécier la révolution apportée par l'*Émile*. Alors que l'enfant était conjointement considéré comme un petit animal à dresser et comme un homme en miniature en qui sommeillaient l'âme et les idées innées, Rousseau propose une vision cohérente de l'enfance. Il insiste sur le caractère particulier et spécifique de celle-ci et distingue les étapes par lesquelles doit passer son développement. L'éducation doit respecter les rythmes de la nature sans tenter de les accélérer.

Conformément au sensualisme, qui place les sensations à l'origine des idées et qui pose l'évolution physiologique comme condition de la formation intellectuelle et morale, l'habitude seule peut donner à l'enfant les principes qui le suivront toute son existence. Le rôle de l'éducateur est d'organiser la vie matérielle de son élève pour faire naître ces principes et préparer un adulte en qui la culture s'accordera enfin avec les exigences de la nature.

Quand Rousseau abandonne le projet d'une éducation domestique pour établir la constitution stable d'une cité, il énonce la difficulté en ces termes : « Trouver une forme d'association qui défende et protège de toute la force commune la personne et les biens de chaque associé, et par laquelle chacun s'unissant à tous n'obéisse pourtant qu'à lui-même et reste aussi libre qu'auparavant. » La notion qui fonde une telle association est la « volonté générale », à la fois interne à chacun et transcendante à tous. Chaque individu retrouve en elle, s'il sait se montrer rationnel, son intérêt particulier fondu dans l'ordre général. En obéissant à la loi, il obéit donc à soi-même. La volonté générale se distingue de la volonté de tous, qui peut être dévoyée, et s'exerce sous la forme d'une souveraineté inaliénable et indivisible. La liberté individuelle devient conscience d'appartenir à un ordre juste, conscience de la nécessité rationnelle. Le gouvernement républicain et démocratique est la forme qui correspond le mieux à ces principes.

Tel est le schéma abstrait où certains voient une justification des régimes totalitaires et où il est permis, inversement, de rêver une institutionnalisation de la fête. La fête exprime en effet, comme le dit Jean Starobinski, « sur le plan existentiel de l'affectivité tout ce que le *Contrat* formule sur le plan de la théorie du droit. Dans l'ivresse de la joie publique, chacun est à la fois acteur et spectateur, on reconnaît aisément la double condition du citoyen après la conclusion du contrat : [...] il est celui qui veut la loi et celui qui obéit à la loi ».

Si l'utopie constitue une dimension de cette pensée, elle ne suffit pas à rendre compte du souci rousseauiste du réel et du concret. Rousseau affirme, dans la préface de l'*Émile*, qu'il faut adapter les principes généraux aux situations particulières, selon le contexte national ou social. Selon la même dialectique de la théorie et de la pratique, le *Contrat* est articulé sur le *Projet de Constitution pour la Corse* (1765) ou sur les *Considérations sur le gouvernement de Pologne* (1771-1772). Ces deux textes infléchissent la réflexion abstraite pour tenir compte des pesanteurs historiques locales et respecter les « physionomies nationales » des peuples.

Une telle démarche dans son effort pour tenir compte du réel ne va pas sans des compromis ou des choix que, lecteurs du XXIe siècle, nous ressentons comme les limites d'une pensée. Alors qu'il dénonce une société transformant en inégalité ce qui n'était dans la nature que différences sans conséquences, Rousseau pose en principe la supériorité du sexe masculin sur le sexe féminin et considère la différence des fonctions comme le résultat d'une nature immuable. Émile est élevé pour une ouverture à la vie sociale, Sophie n'est éduquée qu'en vue de son futur mariage. L'apothéose de Julie dans *la Nouvelle Héloïse* n'est pas incompatible avec la visée misogyne de l'*Émile*.

De même, l'égalité du *Contrat social* et la suppression des antagonismes de classes ne sont possibles qu'au prix de déplacements successifs qu'a analysés Louis Althusser. Rousseau ignore la réalité économique de son temps : industrialisation précapitaliste, qui s'accompagne de la prolétarisation progressive du petit peuple des villes et des campagnes. La méconnaissance de l'évolution historique lui fait substituer à l'action collective une intervention individuelle et, pour finir, à la raison, la foi. Le passage de la société aliénée à la cité future nécessite un homme providentiel : précepteur d'Émile, Wolmar créateur de Clarens (cf. *la Nouvelle Héloïse*), législateur d'un *Contrat social* pensé sur les modèles antiques, Lycurgue, Solon ou Moïse. Ce dernier nom marque le fondement religieux de l'ensemble. La « Profession de foi du vicaire savoyard » qui fait de la conscience, « instinct divin », le « juge infaillible du bien et du mal », joue le même rôle dans l'éducation d'Émile que la religion civile dans le bon fonctionnement de la cité selon le *Contrat social*.

Julie ou la Nouvelle Héloïse

Louis Althusser conclut son étude sur le *Contrat social* en suggérant que les apories de la théorie débouchent sur la fiction par un « transfert de l'impossible solution théorique dans l'autre de la théorie, la littérature ». Rousseau lui-même vérifie l'hypothèse quand il entreprend une suite romanesque de l'*Émile*. *Émile et Sophie ou les Solitaires* (posth., 1780) se présente comme l'ébauche d'un roman épistolaire qui aurait mis les jeunes gens idéalement éduqués à l'épreuve du réel. La fiction joue le rôle d'expérience imaginaire. L'œuvre majeure que Rousseau mène à son terme dans cette voie est un monumental roman où se retrouve l'ensemble de sa pensée, sinon l'ensemble de la pensée des Lumières. *La Nouvelle Héloïse* connaît un immense succès à travers l'Europe et dans des couches diverses de la population. Les marquises communient dans les larmes avec leurs soubrettes sur les malheurs de Julie et de Saint-Preux. Si les deux *Discours*, le *Contrat* ou l'*Émile* sont destinés à des milieux restreints, le roman touche un public bien plus large.

Le lecteur virtuel tel que le supposent les deux préfaces successives est un être corrompu par la société mais qui conserve un fond inexploité de bonté. Il lui faut donc ces divertissements artificiels que sont les romans ou les spectacles consommés par les citadins, mais, grâce au style de Rousseau, l'instrument de corruption peut devenir œuvre morale. Le plan général du roman s'organise selon cette perspective. À l'histoire des amours illégitimes de Julie et de Saint-Preux succède l'histoire conjugale de Julie et de Wolmar, et à la passion orageuse des jeunes gens le calme constructif d'un couple autour duquel gravite toute une communauté.

SYNOPSIS

Un jeune plébéien, Saint-Preux, tombe amoureux de son élève, Julie, fille du baron d'Étanges. Les interdits sociaux n'empêchent pas une liaison entre eux sous l'œil complice de la cousine de Julie, Claire. Mais à l'exemple de celle-ci, qui épouse M. d'Orbe, Julie doit accepter M. de Wolmar, imposé par son père. Saint-Preux, fou de douleur, trouve un directeur moral dans la personne de Milord Édouard Bomston, qui l'engage à s'éloigner : il part faire le tour du monde. À son retour, quelques années plus tard, il est invité par M. et Mme de Wolmar à se joindre à eux. Il découvre avec ravissement la communauté de Clarens, mais les contradictions ne tardent pas à reparaître, et l'amour mal bridé des anciens amants à renaître. Il est temps pour Julie de mourir.

Une telle tension entre la description complaisante des passions et la peinture moralisante de sentiments « redressés » selon l'ordre détermine la topologie romanesque. Les bords du lac Léman, marqués pour l'auteur par tant de souvenirs, acquièrent une dimension symbolique. Ils représentent un monde provincial à l'écart des modes, comme le soulignent les lettres par lesquelles Saint-Preux rend compte à Julie de son séjour parisien. Ils sont modelés par le lac, métaphore des océans que parcourt le héros avec l'amiral Anson, dans le silence central qui sépare la troisième partie de la quatrième. Cette métaphore fait de Clarens une île semblable aux terres lointaines et solitaires visitées par Saint-Preux, une « île du bout du monde » selon la formule de Michel Butor. Les lieux sont aussi marqués par la proximité de la montagne, l'altitude étant une image de la distance prise par rapport au monde, selon une opposition qui a fait composer à Rousseau les *Lettres écrites de la montagne* en réponse aux *Lettres écrites de la campagne* de Tronchin. Le choix de Clarens établit un équilibre entre la brumeuse Angleterre d'où vient Milord Édouard Bomston et une Italie ensoleillée où celui-ci connaît de tumultueuses amours avec une aristocrate napolitaine puis avec une vertueuse prostituée. D'Angleterre, Milord Édouard apporte une philosophie rationnelle et égalitaire, et, d'au-delà des Alpes, il ramène avec des bouffées de passion un jeune chanteur d'opéra. Pétrarque, qui fournit l'épigraphe, et les autres poètes italiens cités dans le roman rappellent cette influence méridionale. Mais la plaque tournante qu'est la Suisse attire également Wolmar, noble balte chassé de son pays. *Julie* est un roman de l'écart provincial en même temps que du brassage cosmopolite. Rousseau souligne le « parler suisse » de certains personnages, mais la langue du roman est d'abord celle de l'Europe française du XVIIIe siècle.

Cette double polarité vers la diversité et vers l'unité trouve une forme privilégiée dans le roman épistolaire. *Julie* représente, avec *les Liaisons dangereuses* une vingtaine d'années plus tard, l'apogée du genre inauguré en 1721 par les *Lettres persanes*. Issu d'une double tradition, l'épître amoureuse ou l'héroïde sur le modèle de la correspondance d'Héloïse et d'Abélard et la missive polémique et philosophique, le roman par lettres gagne en complexité par la multiplication des correspondants, l'imbrication des échanges et les modulations temporelles. Les lettres du roman ne sont pas datées, elles s'étalent sur plusieurs années et ne sont rythmées que par les évolutions sentimentales. Chaque correspondant se distingue par son style, mais, au fur et à mesure que se constitue la communauté de Clarens, les styles tendent à se confondre. Le lyrisme initial de la passion fait place à une émotion réservée, quoique habitée d'une crise secrète.

Le genre épistolaire permet de faire alterner le dialogue amoureux et les débats théoriques. À la base du roman se croisent l'émotion sentimentale et une controverse philosophique, celle qui oppose Rousseau à son ami Diderot et divise les Lumières entre déistes et matérialistes. Rousseau, en rupture avec les encyclopédistes, rêve un mariage de raison entre la religieuse Julie et Wolmar l'athée (en qui certains ont lu un portrait du baron d'Holbach). Wolmar, nouvel avatar de l'athée vertueux imaginé par Bayle, organise la microsociété idéale de Clarens, mais sa rationalité doit passer par le rayonnement de Julie pour s'incarner dans le réel. Les divergences métaphysiques entre les époux, aggravées par la passion renaissante de Julie pour Saint-Preux, constituent le mal secret qui ronge l'héroïne et qui fait de sa mort une fuite devant des contradictions insurmontables.

À côté des arguments de l'athée et de Julie, qui ne cache pas ses penchants piétistes sinon mystiques, sont à verser au dossier de la question religieuse ceux de Saint-Preux, déiste rationaliste, et l'exemple de la foi populaire, à l'affût des miracles, qui croit spontanément à la résurrection de Julie. Le problème pédagogique court tout au long de l'œuvre, depuis la relation initiale des deux cousines avec leur jeune précepteur jusqu'à l'éducation finale de leurs trois enfants. La réflexion morale est nourrie de discussions sur le suicide ou le duel, sur l'amour et le mariage, qui engagent des choix sociaux. Les préjugés aristocratiques du vieux baron d'Étanges, la société à la française, faite d'ostentation et de spectacle, sont condamnés, mais les mésalliances sont considérées comme dangereuses, et un paternalisme sévère règle les rapports entre maîtres et valets. L'enjeu principal du roman, d'un point de vue philosophique, est peut-être celui du déterminisme, de ce que Rousseau nommait le « matérialisme du sage ». Jusqu'où les sentiments des êtres sont-ils conditionnés par l'habitude et le cadre extérieur ? L'organisation minutieuse de Clarens peut-elle faire taire toute revendication chez les domestiques et paysans et transmuer une passion en une amitié épurée ? *La Nouvelle Héloïse* expose un rêve de clarté et de communion, mais le refoulement de la sexualité et des contradictions sociales en fait une transparence à sens unique, dominée par la figure paternelle de Wolmar, « œil vivant ».

Les *Confessions*, les *Dialogues*, les *Rêveries du promeneur solitaire* : une quête autobiographique

Après trois grandes œuvres tournées vers l'extérieur et ouvertes au monde, Rousseau s'avance, s'aventure dans une quête intérieure dont le rapport au lecteur devient de plus en plus problématique. En se repliant sur soi, dans la richesse de la mémoire, puis dans le dépouillement de l'instinct et de l'instant, il semble s'éloigner de tout public. Un premier essai autobiographique, sous la forme de *Quatre lettres*..., est adressé à M. de Malesherbes ; les *Confessions* sont lues dans quelques cercles restreints ; les *Dialogues* recherchent, dans un ultime recours aux anciens garants religieux et politiques, l'interlocution mythique de Dieu ou du roi ; les *Rêveries* se suffisent à elles-mêmes, sans souci de communication extérieure. Un tel éloignement du public fonde le statut moderne de l'écriture littéraire. La communication ne vise plus des visages identifiables, mais un public anonyme, inconnu, à la fois présent et absent. C'est la fermeture de l'écriture sur une conscience individuelle qui, paradoxalement, l'ouvre à l'avenir.

Ayant rompu toute attache avec les modèles rhétoriques classiques, le projet de Rousseau, tout à la fois, se rétrécit et s'élargit. Il se rétrécit dans la mesure où il ne s'agit plus que d'exprimer une individualité, mais cette limitation prend la forme d'une ambition accrue, celle de « dire tout ». On connaît l'attaque de Pascal contre le propos de Montaigne, ainsi que la formule des *Pensées*, « Le moi est haïssable... ». Le classicisme postule l'universel dans le refus des particularités. Ce cadre idéologique autorise une écriture à la première personne, tendue par le souci apologétique de relater une errance spirituelle et la conversion à la vraie foi – sur le modèle des *Confessions* de saint Augustin – et la narration d'un « je » moraliste ou historien qui réduit son expérience personnelle à une réflexion sur la conduite des hommes ou la marche des événements. Dans un cas comme dans l'autre, la dispersion des souvenirs doit passer au crible d'un choix qui n'en retiendra que les plus significatifs. La première personne, sinon, est vouée au romanesque.

Rousseau transforme radicalement ces schémas classiques. Il proclame, au début des *Confessions*, la nouveauté d'« une entreprise qui n'eut jamais d'exemple ». Le modèle religieux persiste dans la référence initiale au Jugement dernier et dans l'apostrophe à l'Être éternel, mais la confession n'est plus polarisée par la révélation d'une orthodoxie religieuse. Ce qui est premier, dans les *Confessions* de Jean-Jacques, ce n'est pas le rapport à Dieu, la recherche du typique ou le témoignage sur l'histoire ; c'est, au contraire, la peinture de l'individu dans sa différence. Le but n'est plus le général mais le particulier, n'est plus la règle mais l'exception. Une telle quête se révèle illimitée. Les ennemis de Jean-Jacques cherchent à isoler des détails de son existence pour en pervertir la signification. Contre ces intentions malignes, contre la pure extériorité de Mémoires soucieux du paraître et de l'image sociale, Rousseau se présente *intus et in cute*, comme l'indique l'épigraphe, « intérieurement et sous la peau ».

L'enjeu de son texte n'est pas tant la véracité ou la lucidité que la sincérité, c'est-à-dire un rapport subjectif à la vérité. Il se situe au-delà des catégories du bien et du mal, de l'important et du futile. Devant l'aveu du plaisir pris à une fessée, de manies masturbatoires ou de l'abandon des enfants, les contemporains ont crié au mauvais goût et à l'exhibitionnisme. Mais le « dire tout » individuel de Rousseau, concurremment au « dire tout » collectif de l'*Encyclopédie*, inaugure un âge nouveau dans les lettres. Les premières conséquences en seront la graphomanie de Rétif de La Bretonne ou de Sébastien Mercier et l'entreprise sadienne, en attendant les confessions intimes de tous les romantiques, grands et petits. Plus tard, les lecteurs de Freud suspecteront cette autoanalyse sans thérapeute. Ils traqueront, avec Pierre-Paul Clément ou Philippe Lejeune, d'autres aveux dans l'épaisseur de l'écriture autobiographique et dans le décalage entre l'avant-texte que constitue le manuscrit de Neuchâtel et le texte définitif des *Confessions*. « Dire tout » devient alors une manière d'aménager la vérité, en déplaçant les époques et les épisodes.

RÊVERIES DU PROMENEUR SOLITAIRE : LES THÈMES

I	Persécutions et solitude.
II	L'accident de Ménilmontant.
III	Morale et religion : autobiographie philosophique.
IV	Vérité et mensonge.
V	Le bonheur dans l'île Saint-Pierre.
VI	Pitié et bienfaisance, philanthropie et misanthropie.
VII	Herborisation.
VIII	Solitude et paix de l'âme.
IX	L'amour des enfants, charité et sociabilité.
X	Le bonheur auprès de Mme de Warens.

Dans son refus de l'institution littéraire, ce « bâtard social et culturel » qu'est Rousseau, selon la formule de J.-M. Goulemot, invente la vie de l'écrivain moderne, voué dès l'enfance aux livres, aux mots. En rédigeant une autobiographie qui n'est plus tendue par une signification religieuse ou politique, il confond son existence avec l'écriture qui en porte trace. Les *Rêveries du promeneur solitaire*, nées de notes jetées sur des cartes à jouer, prolongent les *Confessions*, dans la fusion du passé remémoré et du présent d'écriture. La rêverie mêle les moments, estompe les frontières entre le réel et l'imaginaire. Un détail infime peut cristalliser de vastes flux de mémoire : des pervenches au bord du chemin font revivre le passé avec Mme de Warens (*Confessions*, VI). Le « préromantique » Ramond de Carbonnières connaîtra une expérience analogue grâce à une bouffée de tilleuls en fleur, Chateaubriand, grâce au gazouillement d'une grive, et Proust, bien sûr, grâce à quelques miettes de madeleine dans une infusion. Le style de l'écrivain reconstitue la modulation de la rêverie et du souvenir, se moule sur les rythmes de la promenade ou de l'eau qui clapote. La phrase devient la matière même du temps qui passe.

Les métaphores qui conviennent à un pareil style sont celles d'harmonies musicales, alors que le promeneur solitaire privilégie la contemplation de la nature dans ses harmonies végétales. Les mots de Rousseau trouvent leur force entre les notes et les plantes, entre deux pratiques concrètes qui l'ont occupé d'un bout à l'autre de sa vie et qui interdisent de répéter les récupérations romantiques de l'homme et de l'œuvre. Jean-Jacques est sans doute ce rêveur dérivant loin de son temps ; sa rêverie s'inscrit au terme d'un itinéraire philosophique dont on ne peut la couper, entre la rigueur technique des essais sur la notation musicale et le sérieux scientifique des *Lettres sur la botanique*, entre le dictionnaire de musique et le dictionnaire de botanique. Le pur plaisir des mots ne se sépare jamais, chez lui, de l'exactitude d'un effort lexicologique. Les préjugés et les pesanteurs des discours tout faits ont tendu à occulter cette dimension de l'œuvre rousseauiste, mais l'homme des *Confessions*, des *Dialogues* et des *Rêveries* ne peut être dissocié de l'ancien collaborateur de l'*Encyclopédie*.

M. Delon

ROUSSEL Raymond

(1877-1933)

Avec Roussel on est au bord de la littérature : sur le point d'entrer enfin dans un paradis exclusivement verbal et/ou littéral, mais à tout moment menacé de passer brusquement vers ce qui ne serait plus que les productions discursives de la schizophrénie. Périlleux exercice de funambulisme que Roussel a mené tout au long de son œuvre selon des formes apparemment très différentes, mais peut-être profondément homogènes.

Du « procédé »...

Commençons par la fin : cet ultime ouvrage de Roussel, publié en 1935, deux ans après la mort de l'écrivain, mais rédigé, semble-t-il, en 1931 et 1932. Il porte un titre à la fois prometteur et déceptif : *Comment j'ai écrit certains de mes livres*. C'est annoncer d'emblée que la révélation sera partielle. Suivront quelques mois d'une vie distraite par la pratique intensive du jeu d'échecs, intoxiquée par l'abus des barbituriques. Puis ce sera la mort, par une nuit de juillet, dans un grand hôtel de Palerme. Mort qui reste ambiguë : suicide ? simple erreur de dosage dans les cocktails de drogues absorbés ?

Les livres visés par l'explication de Roussel sont ceux qu'il a écrits selon le « procédé ». Procédé lui-même évolutif et très fortement didactique.

Dans un premier temps, il s'agit de construire un texte inséré entre deux fragments de discours aussi proches que possible quant au signifiant, aussi lointains que possible quant au signifié. Soit, par exemple, les deux « phrases » (c'est le mot qu'emploie Roussel pour désigner ce qui n'est, en toute pédantesque, voire anachronique rigueur linguistique, qu'un syntagme) :

1° *Les lettres du blanc sur les bandes du vieux billard*... ;

2° *Les lettres du blanc sur les bandes du vieux pillard*...

La simple substitution du *p* au *b* entraîne deux lectures totalement différentes : pour 1°, les caractères tracés à la craie sur les bords du billard usagé ; pour 2°, les messages de l'homme blanc relatifs aux hordes du bandit sénescent. « Les deux phrases trouvées, il s'agissait d'écrire un conte pouvant commencer par la première et finir par la seconde » (*Comment*...). Pour ce « problème » (tel est en effet le mot utilisé par Roussel), la solution fut le conte « Parmi les noirs », présenté comme un « Texte de grande jeunesse ou texte-genèse » dans *Comment j'ai écrit*... D'assez nombreux autres textes ont été élaborés selon ce premier état du procédé.

Puis le procédé évolue : le bref conte « Parmi les noirs » est « l'embryon » d'*Impressions d'Afrique* (1910) :

« Amplifiant le procédé, je cherchai de nouveaux mots se rapportant au mot billard, toujours pour les prendre dans un sens autre que celui qui se présentait tout d'abord, et cela me fournissait chaque fois une création de plus. Ainsi *queue* de billard me fournit la robe à traîne de Talou. Une queue de billard porte parfois le *chiffre* (initiales) de son propriétaire ; de là le *chiffre* (numéro) marqué sur ladite traîne. Je cherchai un mot à ajouter au mot *bandes*, et je pensai à des bandes vieilles où l'on aurait fait des *reprises* (sens d'ouvrage à l'aiguille). Et le mot *reprises* dans son sens musical me fournit la Jéroukka, cette épopée que chantent les *bandes* (hordes guerrières) de Talou, et dont la musique consiste dans des reprises continuelles d'un court motif » (*Comment*...).

Un pas de plus : des groupements de forme, « nom (ou syntagme nominal) + a + nom » sont successivement pris en deux sens différents. Ainsi *roue à caoutchouc* (roue de véhicule cerclée d'un bandage élastique) donne lieu à une lecture seconde : personne orgueilleuse qui vient de faire la roue devant un arbre à caoutchouc. « D'où le caoutchouc de la place des Trophées où Talou vient faire la roue en posant le pied sur le cadavre de son ennemi » (*Comment*...).

Enfin, dans un ultime état, le procédé consiste à désarticuler complètement le plan du signifiant de la phrase de départ et à aboutir ainsi à des combinaisons de signifiés absolument imprévisibles : la suite *Napoléon premier empereur* (Roussel avait une vénération sans bornes pour Napoléon !) est analysée en *nappe ollé ombre miettes hampe air heure*. Ainsi sont générés deux épisodes des *Impressions d'Afrique* : « les danseuses espagnoles montées sur la table et l'ombre des miettes visibles sur la nappe » – puis « l'horloge à vent du pays de Cocagne : hampe [du drapeau] air [vent] » (*Comment*...).

... et de ses variations

Roussel était parfaitement conscient de l'originalité de son procédé : l'insuccès de ses ouvrages en eût été d'ailleurs un indice suffisant. Mais ses goûts littéraires – fondamentalement ceux de la haute bourgeoisie parisienne – ne le portaient pas à revendiquer l'originalité pour l'originalité. Aussi le voit-on s'efforcer de mettre en relation le procédé, sous ses différentes formes, avec des pratiques poétiques ou sémiotiques connues de tous. Il s'acquitte de cette tâche avec pénétration, marque d'une part la parenté du procédé avec la rime : « Dans les deux cas il y a création imprévue due à des combinaisons phoniques » (*Comment*...). Ailleurs, il compare sa technique de désarticulation du donné discursif à celle qu'on observe dans le rébus : « Je fus conduit à prendre une phrase quelconque, dont je tirais des images en la disloquant, un peu comme s'il se fût agi d'en extraire des dessins de rébus » (*Comment*...). Le « un peu » est inutilement prudent (indice de l'extrême modestie de Roussel) : le procédé, ici, se confond exactement avec le rébus. Mais qu'on songe un instant au sens (pas seulement étymologique !) du mot rébus : il s'agit de faire deviner un message à l'aide de choses. On s'aperçoit alors que le procédé a été utilisé pour produire, à partir de mots (la suite « Napoléon premier empereur »), des choses (« la nappe », « les danseuses espagnoles », « l'horloge à vent »). Ces choses à leur tour, décrites en forme d'« images », donnent lieu à un texte second : celui, ici, des *Impressions d'Afrique*, ailleurs *Locus solus* (1914) ou les deux œuvres dramatiques écrites selon le procédé : *l'Étoile au front* (1925) et *la Poussière des soleils* (1927).

On peut se laisser aller à spéculer dans diverses directions à propos des textes de ce genre. L'allusion au rébus ne peut évidemment manquer de faire penser à l'analyse freudienne du rêve, construit aussi sur le mode du rébus. Le nom de Saussure – le Saussure des *Anagrammes* – vient également à l'esprit : sauf accident heureux – révélation de Roussel lui-même, dans *Comment*... (encore avoue-t-il ne plus se rappeler grand-chose à propos de *Locus solus* et des pièces de théâtre), ou trouvaille quasi miraculeuse de tel ou tel lecteur forcené –, le texte fondateur reste irrémédiablement enfoui sous le texte manifesté. Comme le serait le mot anagrammatisé dans les vers grecs ou latins, sans la lecture qu'en donne Saussure. Roussel serait donc le reflet – à la fois semblable et inversé – du Saussure des *Anagrammes*.

La lecture de Roussel qu'on vient de suggérer est verticale : elle cherche à repérer les relations entre le texte de surface et un autre texte, souterrain. Mais le rébus est le plus souvent d'une atroce complexité : on ne peut, avec Jean Ferry – l'un des seuls, pourtant, à avoir déchiffré quelques-uns des rébus rousseliens non révélés dans *Comment j'ai écrit*... –, que rester « pensif » devant la désarticulation de « Au clair de la lune, mon ami Pierrot » en « Eau glaire de là l'anémone à midi négro » ! Et même en supposant que tous les rébus soient résolus, resterait la nécessité d'une lecture horizontale des textes, lecture intentionnellement oublieuse des modalités de leur production. Tâche, avouons-le, difficile : comment ne pas être « prévenu » ? Comment se garder d'une lecture « soupçonneuse », cherchant à repérer dans le texte de surface les traces laissées par son mode d'élaboration ? Acceptons cette impureté : une lecture horizontale corrompue par une lecture verticale.

Les textes sont, à cet égard, profondément ambigus. Ils affichent d'une part les apparences de la vraisemblance la plus quotidienne, même quand les « choses » décrites échappent de façon éclatante – on serait tenté de dire « provocatrice » si le concept de provocation avait un sens pour Roussel – à l'expérience commune : ainsi, dans *Locus solus*, la hie (instrument de pavage autrement dite demoiselle ; la « demoiselle à reître en dents » a pour étymon une « demoiselle à prétendant ») élaborant à l'aide de dents la représentation figurée d'un reître sommeillant, ou, dans les *Impressions d'Afrique*, la statue de l'hilote, faite en baleines de corset et circulant sur des rails en mou de veau ! Ces objets sont décrits de la façon la plus sereine, en un style quasi indifférent, d'une perfection un peu compassée. De loin en loin un adverbe tel que « banalement » ou « routinièrement » (!) souligne l'absence d'originalité des phénomènes décrits. La structure même des *Impressions d'Afrique* est, à cet égard, significative : la seconde partie a pour fonction d'« expliquer » les spectacles décrits dans la première. Et tel était le souci de vraisemblance de Roussel que, lors de la deuxième édition de l'ouvrage, il recommanda d'en commencer la lecture par la seconde partie !

Mais par ailleurs il est facile de repérer les indices du mode d'élaboration. Passons sur les traces linguistiques : on pourrait sans doute argumenter longuement sur les formes de détermination du syntagme nominal. Il semble cependant que les plus « indéfinis » des « indéfinis » – « quelque »,

« certain » et surtout « tel » – soient entre tous privilégiés, comme si la référence ne s'établissait pas sans « quelque » – osons le dire – timidité. Quant aux noms eux-mêmes, ils sont souvent l'objet d'une qualification saturante : impossible d'ajouter la plus modeste épithète à ces ensembles désormais clos de qualifiants – comme si l'objet décrit était de toute éternité donné avec son cortège de qualités.

D'autres remarques de ce type sont sans doute possibles, par exemple sur le déséquilibre quantitatif entre syntagmes nominaux et verbaux. Chez Roussel, apparemment, la substance prime le procès. Mais il faudrait, pour étayer ces... impressions, de minutieuses analyses. D'autres faits sont plus évidents. Ils ont d'ailleurs déjà été maintes fois signalés. De façon plus ou moins transparente, les apparences du contenu répètent, métaphoriquement, les procédures qui ont servi à les produire. D'où la peu croyable prolifération, dans les ouvrages construits selon le procédé, des machines à produire l'imaginaire, des dispositifs répétitifs, des tours d'adresse visant – et réussissant – à produire des résultats esthétiques : entre quantité d'autres, citons pour *Locus solus*, la hie volante ou l'élaboration en négatif des Gilles copiés sur Watteau ; pour les *Impressions d'Afrique*, on n'a que l'embarras du choix, entre la machine à peindre de Louise Montalescot ou le métier à aubes de Bédu ; Stéphane Alcott et ses six fils – qui se disposent, dans la plaine d'Ejur, de façon à constituer une véritable machine à fabriquer les rimes ; voire le ver joueur de cithare : lui aussi réussit à apprivoiser le hasard pour en tirer une admirable mélodie.

Hors du « procédé »

Il reste que, même si Roussel s'est « toujours proposé » – c'est sur ces mots que s'ouvre le texte de *Comment...* – de révéler le mode de composition de ses textes (de « certains » de ses textes), il n'a, de son vivant, été possible de les lire que dans l'ignorance du procédé. D'où, de la part de ses contemporains, des lectures inévitablement, quoique très diversement, incompréhensives, depuis le mépris affiché par la critique classique jusqu'à l'enthousiasme de principe des dadaïstes, reçu par Roussel avec un plaisir étonné.

Et ces livres qui ne sont pas « certains de mes livres », Roussel, dans *Comment...*, leur accorde quelques notes désinvoltes : « Il va sans dire que mes autres livres : *la Doublure* [1897], *la Vue* [1904], et *Nouvelles Impressions d'Afrique* [1932] sont absolument étrangers au procédé » (*Comment...*). Il est d'autant plus étonnant de constater qu'il se trouve, dans la suite, contraint de revenir sur deux de ces trois textes : *la Doublure* et *Nouvelles Impressions d'Afrique*.

La Doublure est un très étrange « roman » (Roussel, dans un « Avis », insiste lourdement sur ce caractère) en vers – comme sont également en vers les deux autres ouvrages étrangers au procédé. Le titre est, semble-t-il, surdéterminé : c'est, en effet, le récit du double échec – professionnel et sentimental – de Gaspard, qui, au temps de sa très relative splendeur, doublait dans une pièce à succès un acteur connu. Le trait qui frappe immédiatement le lecteur contemporain est évidemment la versification : aussi artificielle que possible, multipliant les rejets et les contre-rejets, les enjambements étonnants, les coupes à l'hémistiche sémantiquement scandaleuses. On croirait un pastiche du plus mauvais Coppée ! Et c'est pourtant la composition de ce livre qui détermina chez le jeune Roussel – il avait tout juste dix-neuf ans ! – « une sensation de gloire universelle d'une intensité extraordinaire » (*Comment...*). On peut évidemment s'interroger à l'infini sur les raisons qui déterminèrent cette étrange sensation – vécue par Roussel comme une période d'intense bonheur jamais retrouvé. Hasardons une hypothèse : Roussel ici a réussi à parler des choses. Choses pas très choses, à vrai dire : costumes de théâtre, masques de carnaval, spectacle forain. Mais choses tout de même. Ensuite devait se vérifier pleinement l'aphorisme formulé dans *Comment...* : « Chez moi, l'imagination est tout. »

À propos des *Nouvelles Impressions d'Afrique*, Roussel se contente de quelques énigmatiques indications chronologiques, apparemment très décevantes. Elles ne disent rien, en effet, de la structure même du texte, pourtant très étonnante. Qu'on imagine une phrase interrompue par une parenthèse ; pour peu que cette première parenthèse s'ouvre à son tour sur une deuxième, celle-ci sur une troisième, et ainsi de suite, la phrase inaugurée au premier vers ne s'achèvera qu'après que se seront refermées – comme autant de poupées russes – les parenthèses intermédiaires : quelque 600 vers plus loin pour le chant II ! Là encore, on ne peut que se laisser aller aux spéculations : mise en cause de la linéarité du signifiant ? Ici, on songe de nouveau à Saussure. Mais ce n'est pas le signifiant en tant que tel qui est affecté : le texte exploite et exacerbe la possibilité qu'a la langue de disposer son discours en structures emboîtantes. Mise à l'écart du référent ? Encore faut-il préciser : chaque séquence des *Nouvelles Impressions* renvoie bien à quelque « chose » – comme ne peut manquer de le faire quelque fragment que ce soit d'une langue naturelle. Ce qui est devenu impossible, c'est de produire un discours continu – analogue, par exemple, à celui de *la Vue* (1904) – relatif aux choses du monde. D'où la production de ce « discours » enfermé entre le syntagme nominal et le syntagme verbal d'une phrase unique (Roussel bat ici, et de très loin, du moins pour son époque, le record absolu de la phrase la plus longue). D'où, complémentairement, la construction de cette citadelle linguistique où l'on s'enfonce avec inquiétude et délices. Vient enfin le moment où l'on accède au cœur du texte – protégé par un nonuple (en tenant compte des notes et des tirets) rempart de parenthèses. Et c'est précisément en ce point – comme l'a très lucidement marqué Michel Foucault – que se pose enfin la question de la parole et du silence : « De se taire parfois riche est l'occasion. »

On peut difficilement, à propos de Roussel, éviter d'employer le mot pureté, même – et surtout – s'il faut le corriger par le mot naïveté. Sorte de facteur Cheval de la littérature, à l'écart de toute tradition, dans une solitude et une incompréhension à peu près totales, il a élaboré une œuvre fascinante. Parce qu'elle affronte le problème incontournable – mais, par tous les autres, plus ou moins contourné – de ce qui, dans le langage, permet de penser et de produire la littérature.

M. Arrivé

ROUSSELOT Jean

(né en 1913)

Poète, romancier, critique, traducteur, né à Poitiers. Vers sa vingtième année, il publie des *Poèmes* (1934) et participe à la revue *Jeunesse*, tout en occupant un emploi administratif subalterne. Ni cette fonction ni la maladie – il est atteint de tuberculose – ne l'empêchent de manifester sa sympathie active pour les idées d'extrême gauche. Pendant les années 1930 et 1940, il répartira son temps entre ses obligations de commissaire de police, son engagement politique (dans la Résistance notamment), sa fréquentation des poètes (Max Jacob, Eluard, les poètes de l'école de Rochefort, etc.). Son activité littéraire est inlassable ; poèmes : *le Goût du pain* (1937), *Instances* (1941), *les Moyens d'existence* (1950), *Il n'y a pas d'exil* (1954) ; romans : *Un train en cache un autre* (1964), *Où puisse encore tomber la pluie* (1982), *Pension de famille* (1983) ; pièces radiophoniques, biographies historiques (*Victor Hugo avec nous*, 1984), anthologies (*Histoire de la poésie française*). Homme de gauche, membre actif du syndicat des écrivains, il fut président de la Société des gens de lettres. Rousselot arrive trop tard pour briller dans le surréalisme, qu'autour de 1935 il trouve desséché. Il est de ceux, d'autre part, qui refusent de mettre leur plume au service d'un idéal politique. Au moment de participer à l'école de Rochefort, Rousselot précisa les grandes lignes de son entreprise poétique : (re)bâtir une poésie à hauteur d'homme, (ré)entreprendre l'exploration du moi, oublier les artifices de l'automatisme surréaliste en retrouvant une inspiration puissamment attachée au réel. Si certains sont restés méfiants devant l'œuvre de ce polygraphe « bien parisien » (G. Mounin) des années 1950, on ne peut rester insensible à son acharnement narcissique à vouloir rejoindre une sorte d'unanimisme cosmique.

M. P. Schmitt

ROUSSIN André

(1911-1987)

Auteur dramatique, né à Marseille. D'abord comédien dans la compagnie du « Rideau gris » de Louis Ducreux, puis dans la troupe d'André Barsacq, il connaît sa première réussite d'écrivain avec *la Petite Hutte* (1947), où il renouvelle habilement la convention du « trio » boulevardier : naufragés, le mari, la femme et l'amant transportent intacts, dans une île déserte, leurs habitudes et leurs rêves de bourgeois parisiens. Suivit une longue série de triomphes, variations ingénieuses sur l'amour extra-conjugal, dans lesquelles brillèrent les vedettes du temps – Pierre Fresnay, Elvire Popesco, Fernand Gravey : *Nina* (1949), *Lorsque l'enfant paraît* (1951), *Un amour qui ne finit pas* (1963), *la Locomotive* (1966), *On ne sait jamais* (1969). Thème dont il s'évada pour aborder des sujets alors scabreux : homosexualité (*les Œufs de l'autruche*, 1948), impuissance (*la Mamma*, 1957), ou pour dénoncer dans des pièces plus sombres, à la manière d'Anouilh ou de Salacrou, l'égoïsme forcené du bourgeois (*le Tombeau d'Achille*, 1960), son ambition et ses préjugés (*la Voyante*, 1963). Traité sans ménagement par la critique moderne, Roussin s'est défendu dans une *Lettre sur le théâtre d'aujourd'hui* (1965) déplorant l'invasion du brechtisme et l'absence d'auteurs nouveaux, après avoir pourtant en 1961, non sans courage et perspicacité, révélé Roland Dubillard aux lecteurs du *Figaro*. Élu à l'Académie française en 1973, il publie en 1974 ses Mémoires, *la Boîte à couleurs* que suivront *le Rideau rouge* (1982), *Rideau gris et habit vert* (1983), et poursuit une carrière d'auteur à succès (*La vie est trop courte*, 1981). Ce théâtre habité par la joie de vivre, et qui répondit parfaitement aux aspirations de la « France profonde » au lendemain de la Libération, pourrait connaître aujourd'hui une nouvelle jeunesse : comme « histoire naturelle » d'un groupe social confiné dans des salons cossus – et dont l'insouciance oisive est bien, elle, d'une autre époque.

J.-P. de Beaumarchais

ROUX Dominique de

(1935-1977)

Écrivain français, né à Paris. Interrompant ses études à dix-sept ans, il séjourne en Angleterre, en Espagne, en Allemagne ; en 1960 il publie son premier roman, *Mademoiselle Anicet*, et en partipant à la fondation, en 1961, des *Cahiers de l'Herne*, inaugure une carrière de découvreur (Gombrowicz, Pound, Borges, Ungaretti) qui le conduit à exercer d'importantes responsabilités dans l'édition. Mais « il faut partir » : l'éditeur confirmé, le pamphlétaire prompt à dénoncer « la race des esprits prostrés » (cf. *la France de Jean Yanne*, 1974), le romancier-essayiste (*l'Harmonika-Zug*, 1963 ; *Maison jaune*, 1969) qui, comme de Gaulle (*l'Écriture de Charles de Gaulle*, 1967) ou comme Céline, tente, « torche au front », de « soulever le monde en s'appuyant sur le langage » (*la Mort de Céline*, 1966) font place au journaliste et au conseiller politique. Dominique de Roux s'en va prêter la main à la révolution portugaise (Lisbonne, Guinée, Mozambique), puis, après la décolonisation, au guérillero antimarxiste angolais Jonas Savimbi. De ces expériences, la première surtout est décevante. Les putschistes de Lisbonne sonnent creux, prisonniers d'idéologies fumeuses ou fatiguées, et le narrateur souverain et rétrospectif du *Cinquième Empire* (1977) a tôt fait de leur régler leur compte à la lumière d'une histoire qui les écrase : Antonio de Spinola, le brav'général de 1974, et ses capitaines gauchistes ne pèsent pas lourd face au « vrai » Spinola, le vainqueur de Breda qu'a peint Velasquez, ou face au légendaire roi Sebastian…

Car l'équipée portugaise, qui pourtant lui inspire son chef-d'œuvre, fait moins de Dominique de Roux un Malraux africain qu'un émule du Nizan d'*Aden Arabie*. Sans doute, il lui apparaît clairement que seul le roman – écriture poétique mêlant le fait et l'image, l'analyse et la sensation – peut « devenir l'événement », arracher le monde aux discours figés des langues de bois : ce qu'il retient de Gombrowicz, c'est le rêve d'une éternelle jeunesse du langage, la volonté de « libérer les mots de la croûte ambiguë des modes » (*Gombrowicz*, 1971). Trop de mépris, en revanche, pour autrui ; un moi et un style à la fois trop forts et trop fragiles pour se scinder en voix antagonistes le séparent de l'auteur de *la Condition humaine*. Pour Dominique de Roux la vérité ne se partage pas. C'est dire la tension interne, presque insupportable, d'une écriture nécessairement égotiste mais qui pourtant doit « créer le réel » (*Maison jaune*). D'où cette quête douloureuse d'une impossible alliance du lyrisme et de la concision, par la vertu d'une phrase qui brasse l'afféterie précieuse et les images de sexe et de sang, l'hommage aux maîtres et la bouffonnerie iconoclaste (« Alors vint aux barrières Louis Aragon radoter son vieux poème parfumé de Partagas et de Saint-Émilion », *id.*), et qui tombe en déferlantes sur une clausule qui la brise : « Passé la jeunesse, on ne peut plus mourir » (*id.*). L'important est d'entretenir ce mouvement des mots, signes culturels malmenés, torturés pour les soustraire à la pétrification (cf. la typographie de *Maison jaune*) : mais comment, dès lors, les enfermer dans la « scolastique » d'une forme narrative ? Romancier inaccompli (cf. son dernier texte, *la Jeune fille au ballon rouge*, 1978), Dominique de Roux a lui-même, comme Artaud, somptueusement construit son propre échec.

J.-P. de Beaumarchais

ROY Claude

(1915-1997)

Lié dans sa jeunesse à l'Action française (il écrit, à cette époque, sous le pseudonyme de Claude ORLAND) et proche, alors, de Thierry Maulnier et de Robert Brasillach, Claude Roy s'engagea dans la Résistance et adhéra en 1943 au Parti communiste. Il en sera exclu en 1957 en raison de son attitude critique lors du soulèvement de Budapest. Il est, avec Roger Vailland, auquel il ressemble par plus d'un trait, l'une des plus brillantes incarnations de l'intelligentsia communiste du temps de l'Occupation puis de la IVe République. On croyait possible alors de concilier l'audace culturelle et morale avec l'orthodoxie stalinienne. On suggérait que, dans toute œuvre classique, si elle est bien lue, se discernent quelques rayons de progressisme et que le communisme léniniste est seul à même d'intégrer et d'actualiser les valeurs traditionnelles.

La vaste culture de Claude Roy explique la diversité de son œuvre. Il est, en effet, l'auteur de poèmes nourris d'Apollinaire, de Supervielle et d'Eluard : *l'Enfance de l'art* (1942), *Claire comme le jour* (1943), *le Poète mineur* (1949), *Un seul poème* (1954), *Sais-tu si nous sommes encore loin de la mer ?* (1979), *À la lisière du temps* (1985), *le Voyage d'automne* (1987), *le Noir de l'aube* (1990), *les Pas du silence* (1993) ; de traductions de poèmes du chinois, *le Voleur de poèmes* (1991) ; de romans : *La nuit est le manteau des pauvres* (1948), *À tort et à raison* (1955), *Soleil sur la terre* (1956), *le Malheur d'aimer* (1958), *Léone et les siens* (1962), *la Traversée du pont des Arts* (1979), *l'Ami lointain* (1987). Il a écrit de nombreux essais de critique littéraire qui révèlent ses goûts : *Suite française* (1943), *Aragon* (1945), *Lire Marivaux* (1947), *le Commerce des classiques* (1953), *Stendhal par lui-même* (1957), *Jules Supervielle* (1964), *l'Amour du théâtre* (1965), *Soleils du romantisme* (1974), *Jean Vilar* (1987), *la Conversation des poètes* (1993), et des textes consacrés aux arts, de Maillol (1947) à Paul Klee (1960), en passant par Goya (1952), Picasso (1954), Hans Erni (1955), Jean Lurçat (1956), Modigliani (1958), textes qui débouchent sur les grandes synthèses de *l'Amour de la peinture* (1956), *Arts sauvages* (1957), *Arts baroques* (1963), *Arts premiers* (1965). Il a publié des récits de voyages : *Clefs pour l'Amérique* (1947), *Premières Clefs pour la Chine* (1950), *Clefs pour la Chine* (1953), *la Chine dans un miroir* (1953), *le Journal des voyages* (1960). Voyages parmi les textes, ses anthologies : *Trésor de la poésie populaire française* (1954), *Trésor de la poésie chinoise* (1967). Le goût de la parole simple, sensible dans les poèmes, se retrouve dans ses livres pour enfants (*la Famille quatre cents coups*, 1954, etc.). Claude Roy a publié une monumentale autobiographie (*Moi, je*, 1969 ; *Nous*, 1972 ; *Somme toute*, 1976), précieux document sur la vie de l'écrivain avec tous les chocs qui l'ont traversée (ses engagements politiques ; ses deux mariages, le second avec la comédienne et auteur dramatique Loleh Bellon) et sur la mentalité et l'histoire de la gauche française entre 1940 et 1975. Enfin, l'expérience de la maladie l'a incité à publier des carnets : *Permis de séjour (1977-1982)* [1983] et *Temps variable avec éclaircies* (1985), *la Fleur du temps (1983-1987)* [1988], *l'Étonnement du voyageur* (1990), *le Rivage des jours (1990-1991)* [1992] où il tient sur lui-même un discours encore plus direct et très émouvant dans sa sincérité.

Claude Roy a avoué ses admirations, qui sont fort diverses : Giraudoux, Gide, Aragon, Paulhan et, parmi les classiques, Hérodote, Vauvenargues, Benjamin Constant, Stendhal et bien d'autres. Il se rattache à une tradition française qui s'affirma surtout au XVIIIe siècle : un mélange d'intelligence raffinée, d'élégance claire et de sensibilité discrète ; une manière d'aller assez loin sans hausser la voix. Sa poésie a un accent particulier fait de tendresse presque puérile, de gentillesse parfois déchirée. Si ses premiers romans sont stendhaliens, il chercha, dans *Soleil sur la Terre*, à mettre en évidence « quelques thèmes essentiels » plutôt que « des caractères, des lieux, des actions » ; cette œuvre est donc un roman poétique, un roman-rêverie, qui rapproche la vieillesse ou la misère, telles qu'elles peuvent être vécues d'un continent à l'autre. Son autobiographie est également poétique, juxtaposant des épisodes éloignés dans le temps, renonçant en général à la stricte linéarité chronologique. Dans ses essais de critique d'art, Claude Roy a voulu intégrer la psychologie et la sociologie.

Que manque-t-il à ces textes brillants et subtils, élégamment écrits, si divers et si cohérents, pour former une grande œuvre ? Claude Roy a-t-il été victime de sa facilité ? Il a peut-être trop développé les lieux communs mi-XVIIIe siècle mi-populistes de la littérature communiste. À moins qu'une sorte de malaise ne l'ait empêché de conclure ? À travers ces arabesques de virtuose se discerne une incertitude, un manque d'autant plus étonnant qu'il se cache d'ordinaire derrière des traditions intangibles et d'inébranlables convictions. Mais peut-être est-ce par ce vide, cette insécurité, que Claude Roy vivra pour les générations futures. Beaucoup plus qu'un chantre de la politique et de la morale marxistes, puis de la défense des droits de l'homme, il est, selon les mots mêmes qu'il appliquait à Pavese, « l'écrivain de notre mal du siècle [...], d'un monde qui se défait... ».

A. Niderst

ROY Gabrielle

(1909-1983)

Née au Manitoba, dans cet îlot de francophonie qu'est la petite ville de Saint-Boniface, exotique banlieue de l'anglophone Winnipeg, Gabrielle Roy est considérée comme l'un des grands noms de la littérature québécoise. D'abord institutrice et membre du « cercle Molière » où elle s'adonne à des activités théâtrales, Gabrielle Roy décide de quitter sa ville natale et fait un séjour en Europe (1937-1939). Elle publie alors ses premiers textes, sortes de reportages littéraires sur son pays d'origine. De retour en Amérique, elle se fixe à Montréal et commence une carrière de journaliste, en particulier pour le compte du *Bulletin des agriculteurs*, puis du journal *le Jour* de Jean-Charles Harvey : l'idéologie libérale mais progressiste de ce périodique est aux antipodes de celle qui sévissait dans les autres organes de la presse québécoise, ce qui permet d'apprécier l'ouverture de la jeune femme aux idées les plus avancées de son milieu, mais aussi sa faculté d'adaptation aux divers cénacles idéologiques où elle a œuvré. Toute l'œuvre de Gabrielle Roy témoigne de sa volonté de faire pénétrer des idées personnelles courageuses dans un milieu souvent mal préparé à les accepter ; mais aussi, du respect pour ce milieu et d'une infinie compréhension, en particulier à l'égard des groupes défavorisés.

Au lendemain de la guerre, Gabrielle Roy publie son premier roman, *Bonheur d'occasion* (1945), qui obtient en 1947 le prix Femina en France et un grand succès aux États-Unis. D'un seul coup, c'est la gloire, et une œuvre d'une étonnante maturité vient enrichir les lettres québécoises de leur première grande fresque sociale – si l'on excepte *Trente arpents* de Ringuet, qui se limitait à la représentation de la société rurale. Depuis sa parution, *Bonheur d'occasion* n'a cessé d'inspirer des commentaires critiques, ce qui montre sa fécondité signifiante. Gabrielle Roy y raconte la vie d'une famille pauvre et nombreuse de Saint-Henri, quartier francophone de Montréal où règnent la misère et le chômage et dont les habitants saisissent les chances désespérées d'évasion que procure la guerre. Les principales figures en sont Rose-Anna Lacasse et sa fille Florentine, toutes deux vouées, par leur condition de femme, à un destin de maternité et de malheur. Seuls les hommes ont le pouvoir d'échapper, par le rêve et la fuite, à une étouffante quotidienneté.

Après un second séjour en France, Gabrielle Roy publie un livre très différent, *la Petite Poule d'eau* (1950), suite de trois nouvelles de dimensions inégales, qui inaugure dans son œuvre une veine plus intimiste, assez proche de la chronique, où les souvenirs de jeunesse et l'évocation d'un milieu rural préservé des tensions de la ville sont la source d'une rêverie sur le bonheur de la vie simple. Les puissances d'amour l'emportent sur celles de la mort, dans le petit paradis nordique qu'habitent les Tousignant.

Les livres suivants, inspirés de la même veine, sauront retrouver de plus en plus le sens tragique qui relie chaque être à la destinée humaine générale. *Alexandre Chênevert, caissier* (1954) nous ramène à la ville. Le héros est un employé de banque, qui n'existe (« à des milliers d'exemplaires ») que dans l'attente d'improbables évasions (quelques jours loin des hommes, au lac Vert, où l'on retrouve un peu de sa jeunesse et de son âme) et même de la mort, du cancer libérateur. L'œuvre est grise, terrible. Cette monographie de la vie triste, où l'obsession diurne d'un devoir dérisoire fait pendant aux schizes, aux ruptures nocturnes de l'insomnie, fait penser au Georges Duhamel de *Salavin* ; l'humanisme laïc y est le support d'une lancinante mise en question, bien québécoise, de la Providence. Doté d'un moi inconsistant, coincé entre un surmoi de caissier et un altruisme masochiste qui le rend perméable à tous les malheurs du monde colportés par la presse à grand tirage, Alexandre est un Sisyphe réduit à l'immobilité d'Atlas et attendant, simplement, que ça finisse. Heureusement, près de la mort, il découvre les hommes.

Les nouvelles de *Rue Deschambault* (1955) nous font connaître Christine, *alias* Petite Misère (le sobriquet lui vient du père...), en qui l'on peut sans peine reconnaître l'auteur. L'œuvre, en effet, est semi-autobiographique, Gabrielle Roy s'étant toujours réservé le privilège de ne dire, sur elle-même, que l'essentiel, quitte à arranger les apparences du réel. Les figures du père et de la mère sont retouchées, mais deviennent étrangement vivantes, à travers l'affection et les sourds ressentiments ou impatiences d'un écrivain resté présent à son enfance.

Le retour au roman (fictions et chroniques alternent généralement, tout au long des années) s'effectue avec *la Montagne secrète* (1960), qui fait passer les problèmes sociaux à l'arrière-plan. Ce sont les questions esthétiques et leur intime rapport avec le vécu qui nourrissent cette œuvre intimiste : dans les solitudes du Grand Nord ou un misérable atelier de Paris, Pierre Cadorai, peintre autodidacte, vit sa quête de l'art et des hommes. L'écriture, plus crispée que dans les livres précédents, a passablement déconcerté la critique et fait regretter à certains les premiers romans.

La Route d'Altamont (1966) contient quelques beaux textes où l'auteur approfondit son interrogation sur l'existence à partir de sa situation d'enfant puis de jeune fille. *La Rivière sans repos* (1970), précédée de *Nouvelles esquimaudes*, raconte la vie de quelques Inuits, avec ce don particulier qu'a Gabrielle Roy de nous faire pénétrer dans les consciences les plus humbles, les plus étrangères, et de nous faire partager leurs joies et leurs détresses. L'art de la romancière, loin de tout intellectualisme, y apparaît plus dépouillé que jamais, à l'image des horizons sans arbres, sans accidents, de la toundra, où le ciel désert se distingue mal des immensités glacées. Le crépuscule seul y a des allures de fête, à l'instar des blonds cheveux du petit Jimmy, enfant d'un miracle sordide et simple, fruit des amours sans lendemain de l'Esquimaude Elsa avec un jeune G.I.

Les contes ou nouvelles de *Cet été qui chantait* (1972), où l'auteur s'efforce de revenir à l'évocation des plaisirs simples de la nature, ont déçu certains lecteurs, par leur extrême simplicité. Les nouvelles d'*Un jardin au bout du monde* (1975), remaniées plusieurs années après leur parution en revue, n'ont pas davantage soulevé l'enthousiasme de la critique. Mais il en a été tout autrement pour *Ces enfants de ma vie* (1978), le chef-d'œuvre de cette veine intimiste et quasi autobiographique, où l'auteur atteint à la grandeur et à la profondeur des meilleures pages de *Bonheur d'occasion* ou d'*Alexandre Chênevert*. La dernière nouvelle en particulier – presque un roman par ses dimensions – nous présente une mise en dialogue poignante de l'enfance et de la vie adulte, illustrées par les personnages du jeune Médéric et de son institutrice (la narratrice), à peine plus âgée que lui. Rarement un romancier aura tiré de plus puissants effets des mots, des situations les plus simples.

Peu de temps avant sa mort, survenue le 13 juillet 1983, Gabrielle Roy a fait paraître une longue nouvelle écrite au début des années soixante : *De quoi t'ennuies-tu, Éveline ?* L'auteur y donne son expression la plus touchante à la figure de sa mère, à peine transposée.

Il reste à parler de sa monumentale autobiographie, qui devait compter quatre parties et dont deux seulement ont été rédigées. Elles parurent en 1984 sous le titre de *la Détresse et l'enchantement*. On y retrouve les mêmes qualités d'écriture et d'émotion que dans les plus belles pages de l'œuvre romanesque, mais aussi des thèmes nouveaux comme la difficulté de vivre en français dans l'Ouest canadien (thème qui fait équilibre au fédéralisme jusque-là affiché par l'écrivain), ainsi qu'une représentation plus réaliste et plus nuancée de la sphère familiale (passablement idéalisée dans les œuvres de fiction). Mais aussi, à travers les souvenirs de la France et de l'Angleterre, c'est l'apprentissage du monde et de soi que raconte un auteur parvenu au terme de son existence ; et l'on est étonné de constater de quel poids pèse l'âme, en chaque menue circonstance de sa vie.

La littérature du Québec reconnaît, en cette Gabrielle Roy venue des marches de la francophonie canadienne, son écrivain à la fois le plus populaire, par l'étendue et la diversité de son public, et le plus universel. L'universalisme humanitaire atteint, chez elle, une dimension éminemment personnelle et vraie ; et il est servi par une écriture qui sait allier la correction d'une sémantique bien française et les raccourcis d'une syntaxe nord-américaine. Le résultat est heureux ; la prose québécoise, même si elle feint de s'en détourner, ne cesse pas d'y trouver son inspiration.

A. Brochu

ROY Jules

(1907-2000)

Né à Rovigo, en Algérie, fils d'un gendarme, Jules Roy, après des études au séminaire d'Alger, fut officier d'infanterie de 1928 à 1943, puis aviateur – il se battit dans la R.A.F. de 1943 à 1945. Il avait été promu au grade de colonel quand il démissionna de l'armée en 1953, lors de la guerre d'Indochine. Il débuta en littérature en 1943 avec *Chants et prières pour les pilotes*, puis publia de nombreux romans et récits, dont certains ont eu un grand succès : *la Vallée heureuse* (1946) et la grande série consacrée à l'Algérie française : *les Chevaux du soleil* (comprenant *les Chevaux du soleil*, 1967 ; *Une femme au nom d'étoile*, 1968 ; *les Cerises d'Icherridène*, 1969 ; *le Maître de la Mitidja*, 1970 ; *les Âmes interdites*, 1972). Il fit également paraître plusieurs essais, dont *la Guerre d'Algérie* (1960), *Autour d'un drame* (1961), *Passion et mort de Saint-Exupéry* (1964), *J'accuse le général Massu* (1972), *Beyrouth, viva la muerte* (1984), *Guynemer, l'ange de la mort* (1986), *Chant d'amour pour Marseille* (1988), *Vézelay ou l'Amour fou* (1990), une prière, *Prière à Mademoiselle Sainte Madeleine* (1985). Il écrivit quelques pièces de théâtre, dont *Beau Sang*, représenté en 1952. Entre 1946 et 1969, il obtint plusieurs prix littéraires. Il a publié ses souvenirs sous le titre quénien de *la Saison des za* (1982) ainsi que dans *Mémoires barbares* (1989).

Jules Roy est l'héritier intellectuel du Vigny de *Servitude et grandeur militaires* et de Saint-Exupéry. Ses œuvres sont d'abord nées d'une réflexion sur le métier de soldat. On s'est étonné qu'il excusât la guerre d'Indochine (tout en stigmatisant la « vermine capitaliste » de Saïgon) puis qu'il condamnât la guerre d'Algérie. Mais Jules Roy est un moraliste beaucoup plus qu'un politique. C'est à une certaine idée de l'honneur qu'il reste attaché. Les problèmes que cette morale rencontre dans le monde moderne sont complexes et interdisent toute solution hâtive. Ce qui frappe le plus, dans cette œuvre multiple, c'est le ton grave et simple, une sorte de lyrisme austère où percent souvent la générosité, l'amertume, la nostalgie.

A. Niderst

ROYET-JOURNOUD Claude

(né en 1941)

Poète, né à Lyon. Il a créé et animé notamment la revue *Siècles à mains* (1963-1970). La poésie de Claude Royet-Journoud se caractérise d'emblée (*le Renversement*, 1972 ; *le Travail du nom*, 1976) par l'équilibre entre sa densité et sa retenue. Il travaille, comme il le dit lui-même, « dans le minimal ». Son effort poétique est un continuel retranchement pour « réussir à faire travailler des unités minimales de sens » – un retranchement qu'il compare à un massacre, à un « équarrissage » : à partir d'un flot de prose, le poème se constitue par un choix extrême, où le « rapport du souffle et du sens » élit le mot, le crée et fonde le texte comme une sorte d'existence très risquée au milieu du silence. Ainsi, dans *le Drap maternel ou la Restitution* (1977) :

Il cherche sa langue
devant le « peu »
presque rien
c'est leur langue.

Cet « il », c'est celui qui « part de très peu », dans « un espace sans encre » : la poésie de Royet-Journoud culmine à l'expression de l'ineffable, de l'innommé.

Le monde qui se crée avec ces lignes n'est ni d'objets véritablement concrets, ni de notions abstraites ; des « choses » reviennent – bras, poignet, froid, bête dépecée, langue, dos, couteau, sommeil… Ce ne sont pas des choses, à peine des mots. Leur trace diaphane les absorbe sans autre résonance qu'intérieure. La poésie ne décrit rien, ne dit rien sinon, par choix, très peu. *La Notion d'obstacle* (1978) est « une pluralité de mots en écho », et « ce sont ces mots qui font personnages ». Les mots semblent retenir en un minimum d'espace toute la teneur d'une existence dont le seul sens réside à l'intérieur de la poésie. Rien n'existe, sinon l'à-peine troublé du silence – le très peu du mot : écrire, c'est « entrer dans le froid ». Parmi les autres œuvres de Royet-Journoud, on retiendra *Lettre de Symi* (1980) et *Les objets contiennent l'infini* (1983).

A. Djourachkovitch

RUDEL JAUFRÉ *v.* JAUFRÉ RUDEL

RUTEBEUF

(seconde moitié du XIIIe siècle)

L'on a rattaché Rutebeuf à plusieurs lignées : celle de la plainte réaliste, plus ou moins souriante, qui a donné une tradition primesautière (Marot, La Fontaine) et une tradition lyrique (Villon, Verlaine, Apollinaire) ; celle des grands satiriques et moralistes lyriques (Du Bellay, Ronsard, D'Aubigné, Hugo). Rutebeuf apparaît comme l'origine. Il a su, en son temps, se tailler une place unique, inassimilable aux autres grandes figures poétiques du XIIIe siècle, tels Colin Muset, plus léger ; Thibaut de Champagne, plus raffiné ; Adam de la Halle, plus amer ; Jean de Meung, plus philosophe, plus exubérant et plus neuf. Unique est Rutebeuf et, comme tel, sans héritier.

Un sobriquet ambigu

Rutebeuf est un inconnu, sans doute d'origine champenoise, mais parisien d'adoption, porteur d'un surnom dont il a fait plusieurs fois l'exégèse en « rude bœuf » et qui n'est pas facile à interpréter. Un sens péjoratif peut se développer dans trois directions : le poète est « rude » dans la mesure où il est grossier et fruste ; il est lourd comme un bœuf de labour, et il reprend les mêmes jeux avec application ; il est bourru, désagréable à entendre, et sa poésie, à dominante satirique, dérange, importune. Ce sobriquet a un côté polémique : en choisissant comme emblème le bœuf, l'animal des fabliaux, et comme qualificatif l'adjectif rude, Rutebeuf se définit par rapport à la courtoisie dont il rejette les grâces du style, les *topoi*, le contenu moral et intellectuel ; il se rattache aux courants précourtois et anticourtois, prônant la rigueur des héros épiques et des premiers croisés, dont son idéal découle directement. D'autre part, si Rutebeuf « rudement œuvre », n'est-ce pas parce que les difficultés de sa condition de jongleur constituent une entrave à sa création poétique ? Mais l'adjectif comme le symbole comportent un élément positif : l'ardeur et la persévérance du bœuf – qui est aussi l'animal de la crèche et celui de saint Luc – en dépit des difficultés rencontrées en soi et autour de soi. Enfin, il reste que la forme la plus fréquente est « Rustebués », et l'on peut voir en « ruste » une forme de « ruiste », qui a le sens de « vigoureux » et d'« impétueux » : nous voilà, au contact de bœuf, tout près des termes « incompossibles » antonymiques de la fatrasie. Ne serait-ce pas un moyen de rendre compte des contradictions du poète et de son œuvre, de la tension irréductible entre le monde extérieur, véritable sujet agissant, et le poète vidé de son être, entre le « moi », objet des malheurs, et le « je », conscience souffrante, qui perd jusqu'à sa cohérence, son humanité, sa réalité ?

Une œuvre disparate

Poète de l'actualité et témoin des grands débats de son temps, Rutebeuf, ménestrel, travaille à la commande ; il dépend d'autrui pour sa subsistance, et sa poésie reflète les vicissitudes de sa vie, bien que la permanence de ses thèmes et la passion qu'il apporte à dénoncer le mal plaident en faveur de sa sincérité.

Rutebeuf, clerc par le savoir, jongleur par le métier, cultive tous les tons, tous les genres. Pour défendre l'Université, il crible de ses flèches les moines mendiants et leurs protecteurs ; il prêche la croisade, que tous les ordres de la société négligent. Dans les poèmes de l'infortune, il montre, au-delà de l'image traditionnelle du pauvre jongleur, le drame de la pauvreté mais aussi sa poésie. Il écrit une *Vie de sainte Marie l'Égyptienne* (vers 1262) et une de sainte Élisabeth de Hongrie, des poèmes à la Vierge, une pièce de théâtre sur la déchéance et la rédemption du clerc Théophile (*Miracle de Théophile*, vers 1260), double du poète. Il ne dédaigne pas les plaisanteries des fabliaux.

Cette dispersion thématique, opposée à la clôture des poèmes courtois, s'observe également dans chaque poème, et la versification renforce cette instabilité fondamentale, puisqu'elle est souvent fondée sur la succession de deux octosyllabes et d'un quadrisyllabe sur la même rime sans que les trois vers qui riment constituent à eux seuls une même phrase. Cette instabilité poétique reflète la condition du ménestrel.

La névrose du ménestrel

Jongleur malheureux, Rutebeuf l'est d'abord par sa propre faute, à cause de ses manques comme de ses vices. C'est un homme sans métier manuel, il le rappelle à plusieurs reprises pour expliquer sa misère, pour se justifier, voire pour s'exalter. Dans le *Mariage Rutebeuf*, considérant le dénuement où l'a jeté son mariage avec une femme aussi démunie que lui, il regrette de ne pouvoir y remédier par un travail d'artisan : « Je ne suis pas ouvrier des mains » (v. 98). Aussi se sent-il parasite, vivant aux crochets de hauts personnages à la générosité inconstante. C'est un pique-assiette qui perd peu à peu la confiance de ses protecteurs et de ses amis. Sa mauvaise conscience est d'autant plus grande que sa vie est en contradiction avec les enseignements des maîtres parisiens (ceux de Guillaume de Saint-Amour, par exemple, dont il défend les thèses et la personne). De là, le sentiment d'appartenir à ce groupe de déclassés qui ont fait des études « por pris et por honeur conquerre » (*Dit de l'Université*, v. 18) et qui, faute de relations, n'ont pu trouver un emploi ou une fonction. Enclin à la paresse, le ménestrel est un grand dormeur qui reste au lit jusqu'à une heure avancée de la matinée, souvent assommé par le vin (*Dit d'Hypocrisie*, v. 10-15). Cette insouciance est une manifestation de sa folie. Mal partagé par Dieu, qui ne lui donna que « povre sens et povre mémoire » (*Griesche d'hiver*, v. 10-11), il est emporté par son « fol cuer », « musart » parmi les « musarts », « fol » qui « foloie » (*Mariage Rutebeuf*, v. 8 et 21), soumis au rythme des saisons, dominé par elles (chantant en été, pleurant en hiver), capable de toutes les folies au point d'attaquer des gens dangereux. Mais n'est-ce pas un moyen de plaider l'irresponsabilité ? La folie, échappant à l'isolement d'une figure allégorique, contamine les autres mots du poème et prend la valeur d'une vision du monde ou d'un signe distinctif.

Cette folie se manifeste par la passion du jeu, qui s'exprime surtout dans les deux *Griesche* et que Rutebeuf reconnaît au début de la *Mort Rutebeuf* (v. 4-8), sans que l'on sache d'ailleurs si – comme *le Joueur* de Dostoïevski six siècles plus tard – il a tenté d'exorciser cette passion par l'écriture. Puis, s'enchaînant les uns aux autres, les malheurs accablent le jongleur, qui passe par tous les degrés de la pauvreté. La pauvreté est omniprésente dans les poèmes de l'infortune, non pas en allégorie comme dans le *Roman de la Rose*, mais comme un thème obsessionnel, développé et diversifié par l'énumération des nuances de l'infortune, que décrit un vocabulaire très riche. Ce n'est pas pour Rutebeuf une variation thématique ni un motif, mais l'approfondissement d'une expérience douloureuse parce que persistante et multiforme, et l'engagement dans un problème d'actualité. Au-delà de l'image banale du pauvre jongleur Rutebeuf, cette veine est le principe unifiant de l'œuvre en une vertigineuse litanie toujours recommencée. Cette pauvreté est appauvrissement constant, comme le montre en particulier la comparaison avec Job (*Complainte Rutebeuf*, v. 20).

Le pauvre est l'homme du dehors, de la marge, de l'errance, sans stabilité géographique ni sociale ; mais en même temps sa pauvreté est un monde clos dont il ne peut sortir. C'est dans la *Complainte Rutebeuf* que nous avons un tableau d'ensemble de cette accumulation de malheurs qui, par un enchaînement fatal, ont aggravé la pauvreté du poète. La série noire a commencé par un sot mariage, qui, conclu sous une mauvaise étoile, a enfoncé le poète dans la misère. Mais on peut s'interroger sur la réalité de ces épousailles. Au mariage ont succédé les ennuis de la vie de famille : naissance d'un enfant dans des conditions difficiles ; la nourrice, irrégulièrement payée, menace de rapporter le bébé ; à quoi s'ajoutent l'entretien de toute une « mesnie », les répercussions de plus en plus graves de la vie chère et de l'hiver ; le propriétaire s'impatiente, le cheval se casse une jambe. Dans cette poésie du corps vécu, tous les éléments se conjuguent pour que la pauvreté apparaisse comme le lot quotidien du jongleur et de sa famille : plus de bois, plus d'habits, plus de meubles, plus de nourriture ; le dénuement est total, d'autant plus difficile à accepter que Rutebeuf vit au milieu des riches. La pauvreté est la conséquence et la cause de la maladie : le poète reste trois mois malade sans voir personne ni pouvoir rien faire ; de surcroît, il devient borgne.

Il y a pire, car la pauvreté entraîne la disparition des amis que seul le riche peut conserver dans cette société d'argent. Loin de secourir celui qui n'a rien on l'accable, on le dépouille.

Cette longue litanie de l'infortune, conforme au thème littéraire du pauvre jongleur, est aussi un plaidoyer qui doit dégager sa responsabilité et susciter la bienveillance d'éventuels mécènes en faisant rire et en apitoyant.

La condition du jongleur est aliénante, et d'abord par son caractère aléatoire et son instabilité. Parmi les protecteurs, les uns, comme Brichemer, ne sont prodigues que de fausses promesses ; les autres font défaut, soit qu'ils partent pour la croisade soit qu'ils meurent ou qu'ils changent de décision, ou influencés par des flatteurs, ou parce que, la vie enchérissant, ils prennent des mesures d'austérité. Aussi faut-il sans cesse quémander, vivre dans un constant état de dépendance pour s'assurer le nécessaire, en flattant la vanité de possibles mécènes, en exaltant certaines vertus et surtout la largesse. Cette dépendance explique que le poète, faute de liberté dans le choix des thèmes, ait retrouvé son indépendance par le traitement privilégié de certains d'entre eux (ainsi celui du pauvre jongleur) à l'exclusion d'autres (l'amour courtois...) et par l'action sur le langage. Pour réussir ou pour survivre, il faut savoir plaire, être rusé. Rutebeuf donne à son mécène des drôleries et jeux verbaux en échange de secours. C'est pourquoi la majeure partie de son œuvre ressortit à une poésie de commande, écrite pour soutenir une cause (croisade, Université...), pour être le porte-parole d'un puissant (poèmes pieux), pour divertir (fabliaux) dans une grande diversité de genres, de thèmes et d'attitudes.

Mais l'habileté n'est pas toujours payante. Aussi le jongleur cherche-t-il des recours dans l'humour et la dérision, dans la pensée de la mort égalitaire qui peut ouvrir les portes du Paradis, dans l'intercession de la Vierge secourable aux plus coupables (Théophile, Marie l'Égyptienne).

Toutefois, sa personnalité ne se dilue pas en des rôles littéraires au point de perdre toute cohérence et toute consistance, car dans toute l'œuvre reviennent les mêmes thèmes et les mêmes symboles, qui en assurent l'unité : ce monde déchu, à l'envers, masqué, court à sa perte, et le rôle du poète est de faire éclater la vérité.

Les bêtes noires de Rutebeuf

Au cours du XIIIᵉ siècle, les Ordres Mendiants ont proliféré d'une manière suspecte – quasi démoniaque, selon Rutebeuf –, au point que Paris, comme le laissent entendre les *Ordres de Paris*, est devenu « une véritable capucinière » (Omer Jodogne). Bien plus, leur influence a grandi auprès des puissants – le roi de France, le pape – comme parmi les femmes et le peuple. De là une double répercussion sur la vie des jongleurs : comme les moines recommandent plus d'austérité, il y a moins de fêtes, partant, moins de revenus pour les amuseurs publics ; vivant de mendicité, ceux-ci apparaissent comme des concurrents déloyaux. Sur quoi se greffe la querelle universitaire : Rutebeuf le clerc prend le parti de ses maîtres contre les moines mendiants, qui, de surcroît, aux yeux du jongleur pauvre, sont des riches dissimulés qui abusent l'opinion.

Le grief qui étaie tous les autres est celui de l'hypocrisie et de la déloyauté, que Rutebeuf présente à l'occasion sous forme allégorique et qu'il illustre par tout un jeu d'images : le feu sous la cendre, le renard feignant la mort, le loup revêtu d'une peau de mouton… et, surtout, l'habit. Il dénonce l'écart entre les propos des moines et leurs actes, entre les prescriptions de leur règle, l'exemple des apôtres et leur propre existence, entre leurs vœux et leur conduite : ils ont fait vœu d'humilité et ils fréquentent les puissants ; abstinents en principe, ils s'adonnent à l'épicurisme ; prônant la pauvreté, ils recherchent la richesse ; ils ne sont pas chastes ; loin d'être pacifiques, ils se font la guerre pour une chaire d'université.

Ces gens qui prétendent avoir renoncé au monde sont possédés par un extraordinaire appétit de puissance, « seigneurs des rois, des prélats et des contes » (*Bataille des Vices contre les Vertus*, v. 68-69). Ils se sont substitués à la chevalerie. Pour acquérir la puissance politique et sociale, ils font fi de la vérité et de la justice, plus cruels que « lions, ours et serpents » (*Dit d'Hypocrisie*, v. 245-248), ingrats envers l'Université qui les a accueillis. Ils se livrent entre eux une guerre acharnée – d'où peut, d'ailleurs, venir le salut. Ils ne craignent pas Dieu, ne se préoccupant ni de son service, ni des âmes, ni de la théologie. Bien au contraire, ils ont cherché à répandre le « cinquième évangile ». Ce sont les fourriers de l'Antéchrist.

Mais leur puissance est fragile : leurs protecteurs (comme Saint Louis) finiront par mourir ; Dieu et la Fortune interviendront à coup sûr ; leur démesure les perdra.

Une vision pessimiste du monde

Si les moines mendiants occupent une telle place dans cette œuvre, c'est qu'ils sont, pour Rutebeuf, les symboles et les agents d'un monde perverti, « bétourné » et masqué. Une image obsessionnelle exprime cette vision : celle des architectures en ruine et des objets brisés, qui traduit l'instabilité des choses en un monde à la dérive où tout chancelle, où l'Église se désagrège. Le poète assiste à l'écroulement des valeurs positives de la société féodale. Ce thème banal, que l'on trouve déjà dans la *Vie de saint Alexis* (XIᵉ siècle), répond à un conservatisme foncier, imprégné de la nostalgie des usages d'autrefois. Conservateur, Rutebeuf l'est quand il défend contre les moines Mendiants le *statu quo* universitaire, quand il prêche la croisade ; il l'est dans sa piété traditionnelle, dans l'usage de genres tels que le fabliau ou le récit hagiographique.

Il regrette les paladins de la chanson de geste, et multiplie les allusions à Roland, Olivier, Charlemagne, Ogier le Danois. Héros, premiers croisés et martyrs ont disparu de notre monde, emportant l'idéal et les valeurs qu'ils avaient illustrés. Leurs derniers émules (Eudes de Nevers, Thibaud de Navarre, le comte de Poitiers…) ont succombé à leur tour, comme la « prudhomie » et ses composantes : courage et sens de l'honneur, largesse et esprit d'hospitalité, sociabilité, amitié, charité chrétienne, justice. Si ces vertus ont disparu, c'est que la foi chrétienne s'éteint, prélude à des catastrophes apocalyptiques : « Li feus de charité est froiz/En chascun cuer de crestien » (*Complainte d'Outremer*, v. 152-153). De nouvelles valeurs se sont installées : l'avarice et l'envie, l'égoïsme et la méchanceté. Un mot clé de l'œuvre de Rutebeuf résume la nouvelle règle des relations humaines : l'adjectif substantivé « amer » avec lequel joue le poète pour l'opposer au verbe « amer » – [aimer] – et le lier à la « mer ». Dans ce monde de fauves, chacun cherche à s'élever, en proie à la « vaine gloire » et à l'orgueil. Ainsi se constitue un système d'oppositions en noir et blanc qui traverse toute l'œuvre du poète : autrefois, on vivait selon la foi chrétienne ; aujourd'hui, le Mal a terrassé le Bien, au point que l'échelle des valeurs est renversée et que triomphe l'argent, qui obtient tout : considération, honneur, science, amitié, mais qui, trompeur, damne et asservit le riche.

Ce renversement, qui affecte aussi bien l'univers personnel du poète déchu que le monde qui l'entoure, se traduit par un jeu de symboles et d'antithèses. Le Mal livre une guerre constante au Bien, guerre sournoise ou violente ; les agresseurs ont tantôt le visage des frères mendiants, tantôt celui des riches qui visent à anéantir les pauvres par les prêts usuraires, les marchés à terme, les fraudes et toutes sortes de pratiques. Personne ne se lève pour secourir le Bien, pour défendre la Terre sainte contre les infidèles, Dieu contre les menées d'Hypocrisie, Guillaume de Saint-Amour contre les imposteurs que sont les moines mendiants. Toutes les forces se conjuguent pour accabler le pauvre dans une guerre sans merci : l'égoïsme et l'avarice des riches, mais aussi la rigueur divine (« De totes pars Dieus me guerroie », est-il dit dans la *Paix Rutebeuf*, v. 39), les éléments naturels, comme le vent, la pluie, le froid, mais aussi les propres vices de Rutebeuf – et en particulier sa passion pour le jeu.

Les serviteurs du Mal ont usurpé tous les pouvoirs : les vices – Envie, Avarice, Hypocrisie – gouvernent les cités allégoriques de la *Voie de Paradis* et du *Dit d'Hypocrisie*. Renard domine le royaume du lion Noble : « Et Renars regne ! Renars a moult regné el regne » (*Renart le Bétourné*, v. 3-4). Les justes, les bons, les malheureux sont seuls, au moment du plus grand besoin : la Terre Sainte, négligée par les chevaliers, Guillaume de Saint-Amour oublié de ses alliés, le pauvre jongleur délaissé par ses parents et ses amis, Dieu abandonné par les hommes. L'on dépouille les pauvres du peu qui leur reste par le jeu du crédit et des gages. Au bout du compte, un dénuement total, exprimé par des symboles très concrets : tout comme Théophile est réduit à « chacier pain » (*Miracle de Théophile*, v. 236 et 309), le poète qui « de faim baaille » (*Pauvreté Rutebeuf*, v. 29), manque de pain, et sa femme aura « de poisson autan com de cresme » (*Mariage Rutebeuf*, v. 84), c'est-à-dire, n'aura rien ; enfin c'est surtout l'absence de vêtement qui manifeste le « dénuement ».

Ce monde perverti, déréglé et instable est en proie à une fortune capricieuse. Soumis au rythme des saisons, le pauvre est ballotté d'un extrême à l'autre. Mais peu à peu, l'hiver, où la misère est plus sensible, occupe toute la scène ; avril et mai n'ont plus de réalité ; l'été rappelle l'hiver. Les mouches vous poursuivent, noires en été, blanches en hiver. Le froid s'étend sur le monde : « Toz fu estez, or est yvers » (*l'État du monde*, v. 164). Dans ce cadre hivernal, la Fortune règle le cours du monde ; mais elle menace aussi les puissants (c'est une des raisons d'espérer du poète...).

Au passage du Bien au Mal répond le passage de l'ouvert au clos. L'espace clos maléfique est celui dont ne peuvent sortir les damnés, les miséreux, ou celui où l'on ne peut entrer : le pauvre jongleur se heurte aux portes fermées des riches ; la maison du misérable, c'est celle dont personne ne franchit le seuil. L'obscurité triomphe de la lumière, le noir l'emporte sur le blanc. La cécité dont se plaint le poète est sans doute un symbole de l'aveuglement moral et de la nuit qui vient.

Le Mal s'est glissé à l'intérieur du Bien, il en a revêtu l'apparence. Temps de l'incertitude, du mensonge, des fausses promesses. L'Hypocrisie s'est emparée du monde, portant le masque du Bien, masque que le poète tente d'arracher par la déploration, l'invective ou l'ironie. La séduction cache la pourriture et l'ordure, l'habit dissimule la bête – loup, renard, hérisson... –, dont le retour menace toujours l'homme : nous sommes cernés par des bêtes cruelles et trompeuses : c'est le sens du poème allégorique *Renart le Bétourné*, transposition hallucinée de la société où les quatre conseillers du lion Noble (le renard, le loup, le chien et l'âne) ont asservi et perverti leur maître. Triomphe de Renart, triomphe de la tromperie et des bas instincts, libérés par la trahison des vraies valeurs.

Au fond de la misère, la poésie

Faut-il désespérer ? La *Pauvreté Rutebeuf*, qui est un microcosme de l'ensemble, nous apporte une réponse. Cette requête au roi approfondit la misère du poète : le voici à la mort, le langage lui échappe, la foi s'obscurcit : « li credo m'est deveeiz » (v. 47) [le Credo m'est refusé]. Certes, le jeu de mots (« credo » signifiant « crédit » et « credo ») masque le désespoir, mais il signifie que le poète ne peut plus ni emprunter ni prier, qu'il est plongé dans un manque plus profond au cœur de l'être, vidé de ses raisons d'espérer.

Mais, dans cette descente sans fin, on découvre une troisième strophe étonnante, la plus poétique, la plus signifiante par le travail allitératif :

Granz rois, s'il avient qu'a vos faille,
A touz ai ge failli sans faille.
Vivres me faut, et est failliz ;
Nuns ne me tent, nuns ne me baille,
Je touz de froit, de fain baaille,
Dont je sui morz et maubailliz.
Je sui sanz coutes et sanz liz,
N'a si povre jusqu'a Sanliz.
Sire, si ne sai quel part aille ;
Mes costeiz connoit le pailliz,
Et liz de paille n'est pas un liz,
Et en mon lit n'a fors la paille.
[Grand roi, s'il m'arrive de vous perdre, j'aurai perdu tout appui en ce monde. Il me faut de quoi vivre, et je n'ai plus rien ; personne ne me tend la main, personne ne me donne rien. Toussant de froid, bâillant de faim, je suis à bout de ressources, à la mort. Je n'ai ni couverture ni lit, il n'est personne de si pauvre, cherchât-on jusqu'à Senlis. Sire, je ne sais où aller. Mes côtes ont l'habitude de la paille, mais un lit de paille n'est pas un lit, et dans mon lit il n'y a que de la paille.]

Le retour des mêmes sonorités fait résonner le poème comme une sphère vide. Les mots se vident de leur sens, au profit de la syllabe « -aill- ». La strophe, litanie de cris et d'appels, est chargée d'une forte négativité, autour de la mort du poète. Mais en même temps le « je » culmine, retrouve sa réalité, juste avant que n'éclate la somptueuse image de la paille, qui rayonne avant de se disperser. La pauvreté se creuse, jusqu'à la béance de l'être : naissance divine de la poésie à travers la « faille », le « manque ».

Même si la paille est chemin vers le vide, même si tout continue d'échapper au jongleur, il n'est plus le même, réchauffé un instant au feu de la vraie réalité – dont il reste le poème.

J. Dufournet

RYER DU *v.* DU RYER

S

SABATIER Robert

(né en 1923)

Né à Paris, orphelin en 1935, peu fortuné, il travaille dès l'âge de treize ans dans l'atelier typographique de son oncle et tuteur, où, en 1939, il imprime ses premiers poèmes. Il lit avec passion les œuvres les plus diverses, de Rabelais à Tolstoï, d'Alexandre Dumas à Valéry. En 1944, il rejoint le maquis de Saugues (Haute-Loire). Après la fin du conflit, il fonde à Roanne une revue poétique, *la Cassette*, où publient notamment Eluard et René-Guy Cadou. Il revient à Paris en 1950, où il se consacre à la littérature, au journalisme littéraire et à l'édition (aux Presses universitaires de France jusqu'en 1965, puis aux éditions Albin Michel dont il est le directeur littéraire jusqu'en 1971). Il fréquente assidûment les cercles poétiques, et se verra décerner plusieurs prix. Pour le grand public, il est l'« auteur des *Allumettes suédoises* » (1969), et aussi l'écrivain aimable que l'on rencontre dans les jurys littéraires, les festivals, les débats télévisés ; il est encore l'amateur de bonne chère et de bon vin, et collabore à plusieurs livres consacrés à la gastronomie (dont : *Vins du Rhône et de la Méditerranée*, 1978). L'académie Goncourt le compte parmi ses membres depuis 1971.

L'œuvre de Sabatier est marquée par la quête de son enfance. Fragmentaire, déguisée, celle-ci surgit au détour d'une dizaine de romans publiés de 1953 à 1966 (*Alain et le Nègre*, 1953 ; *Boulevard*, 1956 – tous deux adaptés à l'écran ; *Canard au sang*, 1958...). Ce thème privilégié se mêle aux aventures plus ou moins tragiques ou désenchantées de saltimbanques, de déracinés, de solitaires à la recherche de leur identité.

Depuis 1969, cette enfance est devenue le sujet même d'une saga autobiographique qui vaut à son auteur un énorme succès de librairie et des traductions en plusieurs langues. Fraîcheur et tendresse caractérisent ces souvenirs romancés qui amusent ou émeuvent. Comme dans les premiers romans, on y retrouve la mémoire des années 1930, dont Sabatier reconstitue les décors et les mentalités dans le cadre de son Montmartre natal (*les Allumettes suédoises* ; *David et Olivier*, 1986 ; *Olivier et ses amis*, 1993), des rues du vieux Paris (*Trois Sucettes à la menthe*, 1972), de ses vacances à Saugues (*les Noisettes sauvages*, 1974) ou à Montrichard (*les Fillettes chantantes*, 1980). Parti pris d'émerveillement, besoin de légendes, recherche en soi de l'enfant donnent naissance aux *Enfants de l'été* en 1978.

Sabatier est aussi l'auteur d'un insolite *Dictionnaire de la mort* (1967), de deux essais consacrés à *Saint Vincent de Paul* (1962, 1964), d'une grande *Histoire de la poésie française* (9 volumes, 1975-1989) à laquelle il a consacré trente ans de travail et qu'il destine au grand public. Selon Alain Bosquet, cette histoire, à la fois « naturelle » et « documentée », est « la plus précise, la plus joyeuse » dans son genre. Mais la clé de l'univers intérieur de Robert Sabatier est sans doute à chercher dans ses propres poèmes. Depuis 1950 (*les Fêtes solaires*), il n'a jamais délaissé ce qu'il définit comme *l'État princier* (1961). Après *Dédicace d'un navire* (1959), entre horreur et fascination, le poète invente « une nouvelle liturgie du Cosmos », faisant resurgir, sous l'éclairage de la psychanalyse, les figures de la mythologie (*Icare*, 1976). *L'Oiseau de demain* (1981), un gros recueil de quatre cents pages, est venu confirmer ses talents de poète lyrique, sans pour autant que se tarisse l'inspiration du romancier, subtil ordonnateur de rencontres insolites en des lieux aussi divers que les rives du Léman (*le Cygne noir*, 1995), la Comédie-Française (*le Lit de la merveille*, 1997), le Paris de l'Occupation (*la Souris verte*, 1990) ou celui de... l'an 2040 (*le Sourire aux lèvres*, 2000).

M. P. Schmitt

SABLÉ Madeleine de

Madeleine de Souvré, marquise de Sablé *(1599-1678)*

L'amour, la politique, la dévotion, la littérature se partagèrent la vie de celle qui devint à quinze ans la marquise de Sablé. Fille du gouverneur de Louis XIII, demoiselle d'honneur de Marie de Médicis, elle se mêla de toutes les intrigues d'une Cour remuante. À partir de 1640, elle fut le centre d'une coterie à la fois dévote et précieuse. Sa rencontre avec Port-Royal – où elle finira ses jours – date de 1643, et Mme de Sablé ne ménagera pas son appui au jansénisme. Passionnée de médecine, elle a pour secrétaire d'abord le médecin-poète La Mesnardière, puis le fameux Vallant, à qui l'on doit la collection de sa correspondance avec ses amis – parmi lesquels La Rochefoucauld, à partir du moment où celui-ci, retiré de la politique, s'installe à Paris en 1656.

C'est lui qui lui communiquera la « maladie des maximes », qui devint le passe-temps favori de son salon de la place Royale. Les questions de sentiment et de morale y étaient en effet débattues avec passion, et la réduction à l'aphorisme constituait une sorte de quintessence de la discussion [voir **La Rochefoucauld**]. Les *Maximes* de Mme de Sablé furent publiées sitôt après sa mort, en 1678, par l'abbé d'Ailly (qui, en même temps, publia ses propres aphorismes). Par la suite elles furent souvent éditées avec celles de La Rochefoucauld. Au XIXe siècle, son bref *Traité de l'amitié* fut publié par les soins de Victor Cousin, en 1859.

Il ne faudrait pas considérer les *Maximes* de Mme de Sablé comme des esquisses ou des avatars de celles de La Rochefoucauld, même lorsque l'on trouve, chez l'un et chez l'autre, une formulation presque identique. Elles forment un ensemble qui possède son autonomie de pensée et de style et qui mérite d'être étudié pour lui-même. Maximes sévères, qui ne sacrifient pas au brillant d'un style mordant, elles traduisent, sous une ironie voilée, un désenchantement probablement plus profond et plus total que celui qui imprègne les *Maximes* de son illustre ami.

O. Biyidi

SACHS Maurice

Pseudonyme de ***Jean-Maurice Ettinghausen*** *(1906-1944 ?)*

Né à Paris, mort en Allemagne, il était issu d'une famille juive. Il se sent proche surtout de sa mère et du second mari de sa grand-mère (tous deux suicidaires). Jeune homme, il entre en contact avec Cocteau, puis avec Maritain ; sous l'influence de ce dernier il se fait baptiser et entre au séminaire. Il en sort rapidement et, après son service militaire, fréquente Max Jacob, Gide et le Tout-Paris. Il boit, se lie avec des prostitués homosexuels, vit d'escroqueries, s'embarque pour les États-Unis, où il épouse la fille d'un pasteur, puis abandonne sa jeune femme pour revenir en France avec un ami homosexuel. Il fait des traductions et écrit un roman, *Alias* (1935), des essais sur Gide et sur Maurice Thorez. Speaker à « Radio-Mondial » quand la guerre éclate, il adopte un enfant, qu'il perd de vue aussitôt, et s'enrichit dans le marché noir. Il écrit divers ouvrages, dont un roman, *Histoire de John Cooper d'Albany* (1955). Envoyé à Hambourg au titre du Service du travail obligatoire, il dénonce à la Gestapo ses camarades de chantier antinazis. Les versions diffèrent sur sa mort tragique : suicide ou règlement de comptes ?

S'il n'a jamais réalisé l'œuvre géniale dont il rêvait – et si l'essentiel de sa production a été publié de façon posthume –, Sachs n'en a pas moins confié à la littérature le soin de dire son homosexualité, sa malhonnêteté et son snobisme (*le Sabbat*, 1946), ou encore son penchant pour l'ignoble et la trahison (cf. les fragments de « mémoires » réunis sous le titre de *la Chasse à courre*, 1948). Il se fait mémorialiste en peignant ses contemporains de l'entre-deux-guerres (*Tableau des mœurs de ce temps*, 1954) ou les milieux du marché noir et du Paris mondain pendant l'Occupation. À travers ce portrait assurément méprisable se perçoit une âme torturée. Convaincu de l'ignominie humaine, Sachs l'observe – et la cultive –, d'abord sur lui-même. Trop à l'aise dans la fraude et le ragot, embourbé dans ses mensonges, et poussé par un besoin irrépressible de confession, ce cynique n'a pas toujours ignoré l'appel mystique du silence, celui du cloître ou de la prison (*Derrière cinq barreaux*, 1952). Le lecteur saura peut-être – selon le vœu de Sachs lui-même – « du mauvais exemple » donné par un être abject « tirer de bons conseils ». Mais cette pirouette moraliste a moins d'intérêt que les prestiges d'une écriture capable de ramener, dans l'exhibitionnisme et le masochisme, de terribles vérités sur l'homme et de transmuer – à l'inverse de beaucoup d'autres – de « mauvais sentiments » en bonne littérature.

M. P. Schmitt

Sade

SADE, marquis de

Donatien Alphonse François, marquis de Sade *(1740-1814)*

Longtemps le nom de Sade n'a été prononçable que dans l'anathème ou le dithyrambe provocateur. Depuis les années 1960, le « divin marquis » est devenu un « objet d'étude » pour l'histoire littéraire et l'histoire des idées. Son œuvre est passée des éditions confidentielles à tirage limité aux collections largement diffusées. Elle reste pourtant un cas par son caractère limite, et le jugement proprement esthétique est rendu difficile du fait de la violence d'un texte qui continue d'agresser son lecteur. À l'origine d'un tel cas il faut mettre une existence qui pousse à l'extrême les contradictions de l'époque et tente de les dépasser dans l'obsession sexuelle et la production littéraire.

Pouvoir et impuissance

Né dans la vieille aristocratie provençale, allié, par sa mère, à la maison de Bourbon, le jeune marquis de Sade semblait promis à la plus brillante destinée. Il passa quelques années dans l'armée, participa comme capitaine à la guerre de Sept Ans, puis, en 1764, remplaça son père dans la charge de lieutenant général aux provinces de Bresse, Bugey, Valromey et Gex. Son libertinage fut d'abord un exercice anodin de privilégié et un luxe de grand seigneur. Il aurait pu le demeurer s'il ne s'était articulé aux tensions sociales de la seconde moitié du XVIIIe siècle. La noblesse s'appauvrit et prend difficilement conscience que son pouvoir s'effrite. Donatien Alphonse François doit, pour redorer son blason, épouser Renée Pélagie de Montreuil, issue de la petite noblesse de robe. Sa morgue d'aristocrate se heurte rapidement à la volonté de la belle-famille, et, redoublant son libertinage de sacrilèges, il se coupe peu à peu de sa caste. Entre Paris et la Provence, scandales, emprisonnements, évasions se succèdent jusqu'en 1778, date qui marque le début d'un enfermement de douze années.

Ces années de prison réduisent le grand seigneur à l'impuissance et le libertin à la continence. Un dérivatif et une compensation s'offrent, c'est l'imagination, l'écriture. Le prisonnier se constitue une bibliothèque et dévore les Philosophes des Lumières. Une douloureuse maturation transforme le mondain en un penseur révolté et l'auteur de pièces pour un théâtre de salon, en un écrivain au sens plein du mot. Il accumule dans sa cellule les manuscrits, et, lorsque la Constituante, abolissant les lettres de cachet, le libère, il se tourne, pour vivre, vers la littérature, publie *Justine ou les Malheurs de la vertu*, fait représenter *le Comte Oxtiern ou les Malheurs du libertinage* (1791).

Les bouleversements du temps lui permettent d'occuper diverses fonctions à la section des Piques, dont il devient le président en 1793. Il allie sans doute à d'anciens réflexes d'aristocrate des convictions politiques nouvelles. Il sauve ses beaux-parents de la proscription mais compose des discours révolutionnaires enflammés. De telles contradictions, son statut de ci-devant, l'émigration d'un fils le font arrêter à la fin de 1793. C'est la chute de Robespierre qui le sauve de la guillotine. Il est élargi peu après.

Le Directoire et le Consulat sont pour lui des années de lutte pour la liberté et la survie matérielle. Inscrit par erreur sur la liste des émigrés, il est menacé d'arrestation. Rejeté par les siens, grugé par ses chargés d'affaires provençaux, il se débat dans un imbroglio juridique et financier. Il publie *Aline et Valcour* (1795), *les Crimes de l'amour* (1800) – qui devraient l'imposer comme écrivain – et, parallèlement, des ouvrages pornographiques – productions « alimentaires » ; mais il ne parvient pas à faire jouer ses pièces. Il connaît la misère, qu'il partage avec une compagne fidèle, Marie-Constance Quesnet.

Le gouvernement consulaire, à la veille de signer le Concordat et dans sa volonté de retour à l'ordre moral, fait arrêter Sade par mesure administrative. Après l'embastillement d'Ancien Régime et les prisons révolutionnaires, le marquis connaîtra les geôles impériales. Il restera enfermé, jusqu'à la fin de ses jours, à Sainte-Pélagie, à Bicêtre, puis à Charenton. Un statut relativement privilégié lui permet d'écrire, de publier un roman historique ou d'organiser un théâtre avec les malades et détenus de Charenton, mais ce statut est précaire. Sade vit sous la menace constante d'une interdiction d'écrire, d'une saisie de ses manuscrits. Durant ses dernières années, persuadé de la perte ou de la destruction des *Cent Vingt Journées de Sodome*, abandonnées à la Bastille, il compose une nouvelle somme du libertinage philosophique, *les Journées de Florbelle* ; après sa mort, la famille et l'Administration s'accordent pour brûler le manuscrit de cet ultime ouvrage.

Quelques zones d'ombre demeurent dans une biographie marquée par l'expérience carcérale et la répression étatique. Le marquis déchu resta tout au long de son existence déchiré entre deux rêves : le pouvoir féodal et le sacre de l'écrivain. Mais ses pouvoirs d'écrivain furent tout autant brisés par la censure que ses pouvoirs féodaux l'avaient été par le roi, les parlements et l'irrésistible ascension de la bourgeoisie.

Ésotérisme et exotérisme

L'œuvre, telle que nous la connaissons, est double : d'un côté, une production théâtrale et romanesque dans le goût du temps ; de l'autre, une production érotique et pornographique dont la radicalité n'a pas fini de nous étonner. Longtemps le second versant a occulté le premier. Sade lui-même semble indiquer deux filières dans ses publications lorsqu'il édite anonymement *Justine*, *la Philosophie dans le boudoir, ouvrage posthume de l'auteur de « Justine »*, puis *la Nouvelle Justine*, attribuée également à un auteur décédé, et fait paraître parallèlement *Aline et Valcour, par le Citoyen S****, *Oxtiern ou les Malheurs du libertinage, par D.A.F.S.* et *les Crimes de l'amour, par D.A.F. Sade, auteur d'« Aline et Valcour »*. Celui qui entend être reconnu comme homme de lettres cherche à se démarquer de cet autre lui-même qui ne peut parler que d'outre-tombe, d'au-delà de la littérature et de la reconnaissance sociale. Les deux voies sont nécessaires pour comprendre l'œuvre dans sa double polarité de fermeture sur soi et d'ouverture vers autrui, d'approfondissement obsessionnel et de communication. Les divers manuscrits non publiés se rangent aisément dans l'une ou l'autre catégorie. Les *Historiettes, contes et fabliaux*, le théâtre et les romans historiques de la fin appartiennent à la veine exotérique ; *les Cent Vingt Journées de Sodome* dominent la production ésotérique.

Ce sont les mêmes histoires que Sade raconte dans un cas comme dans l'autre, les mêmes fantasmes qui sont en jeu, mais qui peuvent être transformés selon les règles et les formes des genres reçus, ou bien exprimés – et ressassés – dans leur violence. En ce sens, tout le pan exotérique de l'œuvre sadienne apparaît comme un palimpseste sur lequel se laisse lire une écriture cryptée et ésotérique. Le président de Blamont, père d'Aline, ou le comte Oxtiern sont des libertins dont la férocité ne s'exerce qu'avec discrétion et qui se soumettent à un dénouement édifiant, mais on reconnaît en eux les complices de Dolmancé, de Noirceuil et des quatre héros des *Cent Vingt Journées*, dignes de les égaler en cruauté. Puisque l'hypocrisie constitue une des armes du libertin, les déclarations vertueuses de l'homme de lettres peuvent être marquées d'ironie et se renverser en leur contraire. Il faut pourtant se garder de figer l'œuvre entière dans le paroxysme final des *Cent Vingt Journées* et ne voir dans *Aline et Valcour* qu'une édulcoration.

Le jeu sur le langage permet également d'articuler l'un sur l'autre les deux versants de la production sadienne. Les conventions esthétiques du moment sont respectées ici pour être tournées en dérision là. Les portraits, les métaphores viennent tout droit des traités de rhétorique, mais les portraits figés contrastent avec la violence des scènes, les métaphores éculées sont soudain prises au pied de la lettre.

Quelle que soit la conscience que l'homme Sade ait pu en prendre, son texte s'impose au lecteur de notre siècle comme une mise en pièces du discours classique.

Roman et philosophie

Une tradition associait, au XVIIIe siècle, l'érotisme et le non-conformisme philosophique. Un livre comme *Thérèse philosophe*, attribué au marquis d'Argens, faisait suivre au lecteur l'éducation intellectuelle en même temps que physique de l'héroïne. Sade trouve dans cette littérature une structure qu'il porte à sa perfection : l'alternance de la scène et de la dissertation, véritable dialectique dans la mesure où la théorie encourage l'orgie et où les passions conditionnent la réflexion. Le libertin n'est séducteur ou bourreau qu'autant qu'il est philosophe.

La solitude du prisonnier a été studieuse. Il a dévoré les traités qui ruinaient le christianisme et la morale du renoncement, les récits de voyage qui montraient la diversité des mœurs. Il a suivi les Philosophes dans leur réhabilitation des passions, leur effort pour rendre compte de l'univers en faisant l'économie de Dieu, leur espoir dans une transformation de la société. Il n'hésite pas à recopier des passages entiers de ceux qu'il considère comme ses prédécesseurs et ses compagnons de lutte. Il place ainsi dans la bouche de ses personnages des raisonnements textuellement empruntés à Fréret, à Voltaire ou à d'Holbach. Mais il a également mis le doigt sur les contradictions inhérentes à l'optimisme des Lumières. Les Philosophes font de la nature à la fois ce qui est et ce qui doit être. Ils refusent une morale révélée et prétendent fonder leur éthique sur l'utilité sans tenir compte des divergences d'intérêt qui existent dans la société. Le féodal Sade s'inscrit dans le sillage des Lumières par son athéisme, son refus d'une morale cœrcitive et des institutions d'Ancien Régime, mais, quand il s'agit de reconstruire un autre monde, on le voit hésiter, peut-être évoluer.

Dans un des premiers opuscules qu'il ait composés, le *Dialogue entre un prêtre et un moribond*, il oppose au représentant de l'Église un athée tranquille qui cherche son bonheur dans les plaisirs et résume la morale dans l'axiome connu : « Rendre les autres aussi heureux que l'on désire de l'être soi-même ». Peu de temps après, il rédige *les Cent Vingt Journées*, qui proclament le bonheur de chacun subordonné au malheur d'autrui. Tantôt la nature est pensée comme une matière indifférente aux hommes, tantôt comme une force destructrice qui veut le crime. Dieu, le plus souvent nié – mais de manière ambiguë –, est parfois rétabli pour le plaisir sacrilège du blasphème. Le libertin est un homme soumis à ses passions, mais aussi, en un second temps – selon ce qu'on a pu appeler, sur le modèle du paradoxe du comédien, le paradoxe du libertin –, un homme de pure cérébralité qui commande à ses passions. Le libertinage devient alors une ascèse. Le « divin marquis » pourrait être rapproché de certains mystiques.

Il y a danger à systématiser ce qui chez lui n'apparaît que sur le mode de l'intervention. Son œuvre est littéraire en ce sens qu'elle tente l'impossible synthèse de contradictions. Le choix du roman épistolaire, du dialogue, est à cet égard significatif. La pensée de Sade se dissémine en points de vue de personnages. Envisageant les mesures à prendre pour radicaliser la Révolution, il propose de réduire au minimum la législation, de détruire la religion, sans préciser le contenu positif du régime qu'il appellerait de ses vœux. C'est un anarchisme ou un libéralisme qui permettrait une autorégulation des passions les plus violentes, mais, à cet horizon, se mêle l'image obsédante du despote tout-puissant, à la fois seigneur féodal, roi et financier richissime.

Les modèles économiques sur lesquels repose la fiction sadienne sont ceux, contradictoires, du château médiéval et de l'atelier ; l'idéal est tantôt cherché du côté d'un sérail fermé, tantôt du côté d'une prostitution généralisée. Le libertin ne parvient pas à choisir entre le passé et l'avenir, l'immobilité et le mouvement. Sade, grand seigneur sans-culotte, libertin solitaire, vit dans sa chair et dans sa pensée les contradictions de son temps.

Sade et le sadisme

Le sadisme, affirme Roland Barthes, n'est que le contenu grossier du texte sadien. Viols, incestes, sodomie, tortures ponctuent ce texte qu'on ne peut réduire à de telles manifestations. La vocifération haineuse des pouvoirs établis et la bonne conscience bourgeoise ont cherché à identifier les aventures vécues par le marquis et les violences qu'il a imaginées, à faire de ses livres le délire d'un maniaque sexuel. Ce déplacement se consomme avec l'apparition du terme « sadisme », lexicalisé peu après 1830. À la fin du siècle, le médecin allemand Krafft-Ebing lui confère un statut scientifique comme antonyme de « masochisme ». Le mot a le succès qu'on connaît dans la littérature psychiatrique et psychanalytique, puis dans la langue quotidienne.

L'étude de Sade est difficilement séparable des mythes qu'il a provoqués et qui, en retour, lui ont assuré une célébrité douteuse mais immense. Les premières réactions, à la charnière du XVIIIe et du XIXe siècle, sont politiques et morales. Représentant d'un Ancien Régime corrompu pour les uns, il incarne pour les autres la violence révolutionnaire. Il commence à être revendiqué comme une référence provocatrice par quelques romantiques mineurs (tandis que les grands noms du Romantisme préfèrent se souvenir de lui dans leurs œuvres sans le citer), par certains milieux artistes du second Empire, puis par les décadents, avant d'être chanté par Apollinaire. Il devient dès lors la référence obligée des avant-gardes en mal de scandale. Les surréalistes et, un demi-siècle après eux, le groupe *Tel Quel* trouvent en lui une écriture à la hauteur de leur radicalisme. Un tel enthousiasme est à l'origine des recherches érudites de Maurice Heine, puis de Gilbert Lély, sans lesquels Sade aujourd'hui ne serait pas si bien connu. Inversement, pour les tenants de l'ordre et du goût établis, il emblématise les audaces et les outrances, qu'elles s'appellent romantisme, naturalisme, symbolisme, surréalisme ou bien telquelisme.

Les deux guerres mondiales l'associent à des polémiques inattendues. Les pamphlétaires nationalistes de 1914-1918 dénoncent son succès outre-Rhin tandis que l'expérience nazie incite ses lecteurs de 1945 à voir en lui l'annonciateur des camps de concentration. Selon les clivages politiques, son nom évoque la Révolution et les totalitarismes ou la contre-Révolution et les Terreurs blanches. Le film de Pasolini, *Salo* (1975), en transposant Sade dans l'Italie mussolinienne, renouvelle l'analogie. L'ambivalence demeure aujourd'hui. Les murs de 1968 saluent en lui un maître de liberté, mais il est soupçonné, dix ans plus tard, de justifier toutes les oppressions. Les militantes féministes dénoncent son rêve de pouvoir sur des corps réduits à l'état d'objets sexuels. C'est à travers tous ces mythes et contre-mythes que nous lisons actuellement l'œuvre de Sade.

VIE		ŒUVRE	
1733	Mariage du comte de Sade et de Marie-Éléonore de Maillé de Carman.		
1740	**2 juin :** naissance de Donatien Alphonse François, dans l'hôtel de Condé, à Paris.		
1744	Il est envoyé en Provence, où il sera élevé par ses tantes, puis par son oncle, l'abbé de Sade, érudit et libertin.		
1750	Il revient à Paris faire ses études au collège Louis-le-Grand.		
1754	Il est admis à l'école des Chevau-légers, ouverte aux seuls fils de la plus ancienne noblesse.		
1755	Sous-lieutenant au Régiment d'infanterie du Roi.		
1757-1763	Il participe aux campagnes de la guerre de Sept Ans et bénéficie de diverses promotions.		
1763	À la signature du traité de Paris, il est réformé avec le grade de capitaine de cavalerie. Liaison avec Mlle de Lauris. **17 mai :** mariage avec Renée Pélagie de Montreuil. **Oct. :** débauches dans une petite maison de la capitale. Sade est enfermé pendant quelques semaines à Vincennes, puis assigné à résidence en Normandie.		
1764	Il succède à son père dans la charge de lieutenant général pour le roi aux provinces de Bresse, Bugey, Valromey et Gex. Il prononce, à l'occasion de sa prise de fonctions, un discours au parlement de Dijon.		
1765	Liaisons avec des comédiennes.		
1768	Premier grand scandale : la flagellation, mêlée de sacrilèges, d'une jeune femme, Rose Keller, à Arcueil, le dimanche de Pâques. La victime porte plainte, puis, sous la pression de la famille, se désiste. Sade est arrêté, condamné à cent livres d'amende ; il est libéré en nov., mais pour être assigné à résidence dans son château provençal à Lacoste.		
1769	Il quitte Lacoste et part pour les Pays-Bas.	**1769**	Rédaction du *Voyage en Hollande en forme de lettres.*
1771	**Août :** emprisonnement pour dettes.		
1772	Liaison avec sa belle-sœur, la chanoinesse Anne Prospère de Launay. **27 juin :** second grand scandale, orgie à Marseille avec son domestique Latour et quatre prostituées (absorption d'aphrodisiaques, flagellations, sodomie homo- et hétérosexuelle). Les filles, craignant d'être empoisonnées, ont porté plainte. Perquisition à Lacoste. Fuite de Sade avec sa belle-sœur et Latour en Italie. **3 sept. :** le marquis et son domestique sont condamnés à mort par contumace ; ils seront exécutés en effigie quelques jours plus tard, à Aix-en-Provence. **8 déc. :** arrestation et incarcération de Sade au fort de Miolans.		

	VIE		ŒUVRE
1773	Évasion.		
1775	Divers scandales plus ou moins étouffés à Lacoste : Sade a détourné les domestiques (mâles et femelles) du château. Il fuit en Italie.	**1775-1776**	Rédaction du *Voyage d'Italie ou Dissertations antiques, historiques, politiques et philosophiques sur les villes de Florence, Rome et Naples.*
1777	Sade se rend à Paris, au chevet de sa mère mourante. Il est arrêté et incarcéré à Vincennes.		
1778	Le jugement du parlement d'Aix est cassé. Sade parvient à s'évader, mais ne reste que trente-neuf jours en liberté. Il est désormais prisonnier pour douze ans.		
		1782	Rédaction du *Dialogue entre un prêtre et un moribond.* Sade commence à rédiger *les Cent Vingt Journées de Sodome.*
1784	Transfert à la Bastille.		
		1785	Sade recopie le manuscrit des *Cent Vingt Journées.*
		1786	Mise en chantier d'*Aline et Valcour.*
		1787	Rédaction (en seize jours) des *Infortunes de la vertu.*
		1788	Rédaction d'*Eugénie de Franval* (qui prendra place dans *les Crimes de l'amour*) et de l'essentiel d'*Aline et Valcour.*
1789	**4 juill. :** des fenêtres de la Bastille, Sade ameute les passants ; il est transféré à Charenton. **14 juill. :** prise de la Bastille.		
1790	**2 avr. :** libération. **9 juin** : Mme de Sade obtient le divorce. Sade commence à militer dans la future section des Piques. Début de la liaison avec Marie-Constance Quesnet, chez qui il s'installe peu après.		
		1791	*Adresse d'un citoyen de Paris au roi des Français.* Publication de *Justine ou les Malheurs de la vertu.* Représentation d'*Oxtiern ou les Effets du libertinage.*
1792	Le château de Lacoste est pillé. Sade occupe diverses fonctions à la section des Piques.	**1792**	Échec de la comédie du *Suborneur.*
1793	Sade est nommé président de la section. **8 déc. :** arrestation pour modérantisme.	**1793**	*Discours aux mânes de Marat et de Le Pelletier.* *Aline et Valcour* prêt pour l'édition.
1794	**27 juill. :** condamnation à mort. **28 juill. (9 thermidor) :** chute de Robespierre. **15 oct. :** libération de Sade.		
		1795	Publication d'*Aline et Valcour* et de *la Philosophie dans le boudoir.*
1796	Vente du château de Lacoste.		
1797	Voyage en Provence.	**1797**	Publication de *la Nouvelle Justine ou les Malheurs de la vertu, suivie de l'Histoire de Juliette sa sœur ou les Prospérités du vice.*
1799	Sade, dans la misère, travaille comme employé au théâtre de Versailles.		
		1800	Publication d'*Oxtiern* et des *Crimes de l'amour, précédés d'une Idée sur les romans.*
1801	**6 mars** : arrestation et incarcération à Sainte-Pélagie.		

VIE		ŒUVRE	
1803	**14 mars :** après avoir cherché à séduire de jeunes détenus, Sade est déplacé de Sainte-Pélagie à Bicêtre, puis, le 27 avr., à Charenton.		
		1804-1807	Rédaction des *Journées de Florbelle ou la Nature dévoilée*, dont le manuscrit est saisi par la police en juin 1807.
1805	Sade sert la messe de Pâques.		
1808	Sade organise des représentations théâtrales à l'intérieur de l'hospice.		
		1812	Rédaction d'*Adélaïde de Brunswick, princesse de Saxe*. Couplets de circonstance pour la visite de Mgr Maury, archevêque de Paris.
1813	Liaison avec une jeune fille de seize ans.	**1813**	Rédaction de l'*Histoire secrète d'Isabelle de Bavière*. Publication de *la Marquise de Gange*.
1814	**2 déc. :** mort du marquis. Malgré son testament qui refusait toute espèce de cérémonie, il est enterré religieusement.		

Les Cent Vingt Journées de Sodome

Rédigé à la Bastille en 1785, le manuscrit a été sauvé d'une destruction dont l'auteur était persuadé – et se désolait – et publié en 1904, dans une édition extrêmement fautive, par un psychiatre berlinois. C'est l'œuvre la plus radicale de Sade. Quatre libertins, représentant les couches privilégiées de l'Ancien Régime (la noblesse d'épée, le haut clergé, la noblesse de robe et la finance) et les quatre complexions de la médecine traditionnelle (sanguin, bilieux, phlegmatique et mélancolique), s'enferment dans un château inaccessible avec quatre « historiennes », une vingtaine de victimes des deux sexes et une douzaine d'aides techniques. *L'École du libertinage* (c'est le sous-titre) fait alterner les récits des historiennes, anciennes maquerelles au courant de toutes les passions humaines, et les travaux pratiques.

La structure du récit rappelle celle du *Décaméron* ou de *l'Heptaméron*. À chaque jour correspondent un récit et des pratiques érotiques, mais les jours se succèdent selon une progression inexorable. Le premier mois est consacré aux passions simples, le deuxième aux doubles, le troisième aux criminelles, le dernier aux meurtrières. On passe ainsi des pratiques anodines aux tortures qui transforment la fin du texte en boucherie. Mais, au fur et à mesure qu'on avance dans l'horreur, les descriptions minutieuses des premières journées se raccourcissent, laissent place à des notes fragmentaires. L'œuvre débouche sur l'abstraction, puis sur l'indicible.

Aline et Valcour ou le Roman philosophique

Le sous-titre indique l'ambition de l'auteur, qui rêve de totaliser les problèmes philosophiques de son siècle. Le roman intercale deux récits de voyage dans une trame épistolaire. Il met en parallèle, grâce à ces deux formes, les amours malheureuses d'Aline et Valcour, persécutés par le père de la jeune fille, le président de Blamont, et les amours difficiles, mais finalement victorieuses, d'un second couple d'amants, Sainville et Léonore, brutalement séparés et traversant l'Afrique à la recherche l'un de l'autre. La juxtaposition du roman par lettres à la manière de *la Nouvelle Héloïse* et d'un récit d'aventures digne de *Cleveland* n'est pas exempte de maladresses, mais l'œuvre prend un sens nouveau par la découverte qu'Aline et Léonore sont sœurs. Le couple prisonnier du conformisme et de la vertu est voué à la mort ; le couple qui choisit l'audace marche à la réussite. Cette opposition annonce celle de Justine et Juliette, mais Léonore reste une fiancée extraordinairement chaste et fidèle ; elle incarne une solution originale entre la pâle vertu d'Aline et le libertinage de leur père.

Les récits de Sainville et de Léonore permettent la peinture plus ou moins imaginaire de pays africains, en particulier d'une île heureuse gérée rationnellement par un roi philosophe et d'une contrée où règne le despotisme le plus sanglant. L'antagonisme de ces deux régimes est relatif. La violence ouverte de l'un accuse peut-être la violence étatisée de l'autre, qui reprend et parodie les utopies si fréquentes au XVIIIe siècle. Les discussions entre Sainville et ses hôtes sont en liaison directe avec la réalité politique de la France. Des notes, ajoutées par Sade au moment de l'impression, prophétisent à bon compte les événements révolutionnaires.

La Philosophie dans le boudoir

L'œuvre se rattache à une double tradition : celle du dialogue des courtisanes ou des conversations libres entre femmes et celle, réactivée au XVIIIe siècle et qu'affectionnait Diderot, du dialogue philosophique. Il s'agit moins d'énoncer une philosophie propre au boudoir que de déplacer la philosophie, de remplacer le cabinet de travail solitaire et abstrait par le lieu d'une pratique collective corporelle et sexuelle. L'objet de l'ouvrage est l'éducation intellectuelle et physique de la jeune Eugénie, dont le nom renvoie, par le biais de la racine grecque, à l'idée de génération, de procréation. À cette fin, une amie plus âgée convoque son propre frère, jeune homme prompt au plaisir mais généreux, et Dolmancé, libertin de mœurs et d'idées, endurci dans ses vices. Des valets bien membrés ainsi qu'un jeune jardinier participent à l'action sans accéder à la dignité du débat d'idées. Le dualisme refusé entre le corps et l'esprit se retrouve socialement entre l'élite et – si l'on peut dire – la main-d'œuvre. Eugénie découvre la terminologie et l'usage de ses organes, elle apprend à rechercher sa jouissance et à justifier ses passions. Le point culminant de l'initiation, après les diverses déflorations, est la torture de la mère, venue imprudemment soustraire sa fille aux influences pernicieuses. La mère est syphilisée par un valet dans une parodie de la « scène primitive », puis cousue, ce qui est apparu à Jacques Lacan comme la preuve de la soumission de Sade à la Loi : la mère reste interdite.

L'itinéraire pédagogique passe également par la lecture d'un long pamphlet qui situe le texte dans la France de 1795. *Français, encore un effort si vous voulez être républicains* appelle les citoyens français à radicaliser la Révolution en faisant disparaître les derniers vestiges de religion, que ce soit le christianisme traditionnel ou le culte de l'Être suprême, et en « dépénalisant » le vol, les perversions sexuelles et même le meurtre, alors que se discutent les projets d'où allait sortir le Code civil. Ce pamphlet, inséré dans les dialogues, ouvre le boudoir à la réalité sociale et donne sa dimension politique au libertinage.

Justine et *Juliette*

Si l'histoire parallèle et contrastée des deux sœurs forme l'œuvre la plus connue de Sade, cette œuvre, pourtant, à proprement parler n'existe pas. Trois romans successifs reprennent l'histoire, l'étendent et la transforment. C'est la vertueuse Justine qui constitue initialement l'axe du récit. Un premier conte philosophique, rédigé en quelques jours en 1787 – et publié seulement en 1930 par Maurice Heine –, s'intitule *les Infortunes de la vertu*. En 1791, Sade fait paraître une version remaniée, à la fois allongée et pimentée, *Justine ou les Malheurs de la vertu*, en deux volumes. Il donne enfin, six ans plus tard, en dix volumes, *la Nouvelle Justine ou les Malheurs de la vertu, suivie de l'Histoire de Juliette sa sœur ou les Prospérités du vice*. L'anecdote qui ne devait, au début, que former un conte pour un recueil de nouvelles a donc fourni à Sade le cadre d'un long travail de ressassement et de récriture.

LA NOUVELLE JUSTINE [...] SUIVIE DE L'HISTOIRE DE JULIETTE [...]

Renvoyées de leur couvent, les deux sœurs se séparent. Justine tombe aussitôt parmi des libertins (chap. I). Arrêtée pour un vol dont elle est innocente (chap. II), elle s'évade avec la Dubois, qui l'entraîne dans une bande de voleurs (chap. III). Elle sauve un voyageur, qui, pour tout remerciement, la vole et la viole (chap. IV). Recueillie par un aristocrate sodomite et matricide (chap. V), puis par un maître d'école qui pratique la vivisection humaine (chap. VI), elle est ensuite enfermée dans le sérail d'une sorte de Barbe-Bleue (chap. VII), puis de quatre moines débauchés (chap. VIII à XI). Servante dans une « auberge rouge » (chap. XII et XIII), dans un château où s'organisent de grandes orgies (chap. XIV et XV), elle devient malgré elle membre d'une association de mendiants (chap. XVI et XVII), est enrôlée chez un faux-monnayeur (chap. XVIII), puis chez un évêque (chap. XIX). Elle retombe entre les mains d'anciens bourreaux, mais survit à leurs sévices pour rencontrer une riche voyageuse qui n'est autre que Juliette (chap. XX).

Juliette a reçu ses premières leçons de libertinage au couvent. Elle n'en sort que pour entrer comme pensionnaire dans une maison de passe. Elle devient une grande courtisane (Ire partie) et la pourvoyeuse en victimes du ministre Saint-Fond (IIe partie). Elle est reçue à la Société des amis du crime, mais une disgrâce subite l'oblige à quitter Paris, à épouser un honnête nobliau, qui la fait comtesse de Lorsange et est rapidement éliminé. Elle fuit en Italie (IIIe partie), pratique vols et débauches chez un géant anthropophage installé dans les Apennins, puis chez le grand-duc de Florence, chez le pape (IVe partie) et à la cour de Naples (V^e partie). Elle achève son périple italien par Venise et remonte triomphalement à Paris, où son ancien amant, Noirceuil, est devenu ministre. L'opposition entre le vice triomphant et la vertu accablée se couronne par la destruction de celle-ci par celui-là : avec la complicité du destin, Juliette fait jeter dehors sa sœur, qui est foudroyée par l'orage (VIe partie).

Jetées à la rue par la perte de leur fortune et la disparition de leurs parents, les jeunes sœurs n'ont d'autre issue que de se livrer à la prostitution. L'une assume une situation que l'autre subit. La brune Juliette devient rapidement une riche courtisane : ce sont les prospérités du vice. La blonde Justine se cramponne à une morale qui la précipite dans la misère : ce sont les infortunes de la vertu. L'argument du premier conte consiste dans la répétition mécanique d'une même séquence : Justine veut pratiquer une vertu (pudeur, pitié, honnêteté, bienfaisance) et elle s'en trouve punie.

L'histoire de Juliette, à l'opposé de cette répétition, se présente comme un roman d'apprentissage (*Bildungsroman*). Elle donne à voir la formation de la jeune femme, qui finit par s'imposer dans les plus hautes sphères de France et d'Italie. Sade, dans la seconde partie de l'*Histoire de Juliette*, se souvient de son propre séjour dans la péninsule. Le *Voyage d'Italie ou Dissertations antiques, historiques, politiques et philosophiques sur les villes de Florence, Rome et Naples* constitue l'endroit d'une expérience dont les pérégrinations de Juliette forment l'envers. Le roman démystifie toutes les valeurs politiques, sociales, morales ou religieuses. Les princes et le pape lui-même sont montrés comme des despotes athées, cyniques et débauchés. Enchâssées dans l'œuvre, des histoires de libertins rencontrés par l'héroïne complètent ce tableau de l'Europe du temps : le géant Minski est passé de sa Russie natale en Amérique et en Afrique ; le chef de brigands Brisa-Testa a participé à des orgies organisées pour Sophie de Prusse ou la Grande Catherine. Les personnages historiques se mêlent ainsi aux créatures de fiction.

Des *Infortunes* à *la Nouvelle Justine*, la vertu perd la parole, devient le jouet sans épaisseur psychologique des bourreaux et finit foudroyée par le ciel lui-même. Juliette, qui n'était initialement que l'auditrice du récit de sa sœur, supplante Justine. L'altérité méritante est peu à peu étouffée par le solipsisme du crime, et le texte s'enfonce dans la minutieuse description des orgies et des tortures. Des raisons économiques, redoublées par la logique du fantasme, expliquent cette récriture obsessive. L'allongement est en partie provoqué par l'emprunt inavoué de passages entiers à des traités de l'époque. Comme l'a montré Jean Deprun, Sade recopie jusqu'à vingt pages de suite sur tel philosophe des Lumières dont il s'estime le continuateur.

Les histoires de Justine et Juliette sont complémentaires et exclusives l'une de l'autre. Il n'est paradoxal qu'en apparence qu'un auteur qui se proclame volontiers misogyne s'attarde avec prédilection sur des figures féminines. Il oppose à Justine, symbole de la femme soumise, sa sœur libérée et libératrice – que glorifieront Apollinaire et les surréalistes –, mais cette révolte de Juliette contre toutes les entraves, son lesbianisme ne remettent pas en cause l'ordre phallique. N'est-elle, comme on l'a dit, qu'un homme déguisé en femme ? Quoi qu'il en soit, le couple des deux jeunes femmes reste fascinant par son ambiguïté.

M. Delon

SAGAN Françoise

Pseudonyme de ***Françoise Quoirez*** *(née en 1935)*

Après les années de guerre passées dans le Dauphiné, Françoise Quoirez, née à Cajarc (Lot), retrouve à Paris le grand appartement bourgeois de ses parents. « Bondissant », dit-elle, « sur tout ce qui est imprimé », elle délaisse les bancs du couvent des Oiseaux puis ceux du cours Hattemer, préférant la lecture de Proust, Eluard, Faulkner, Prévert, Maurice Sachs, des existentialistes, ou bien – dès l'âge de quinze ans – les caves de Saint-Germain-des-Prés.

Après un échec universitaire, elle dépose chez l'éditeur Julliard le manuscrit de *Bonjour tristesse* (1954). Le roman obtient le prix des Critiques. François Mauriac salue l'apparition d'un « charmant petit monstre », faisant écho aux milliers de lecteurs surpris par le ton insolite d'une adolescente sensible et amorale, étrangement détachée. La faveur du public se maintient avec les romans ultérieurs : *Un certain sourire* (1956), *Dans un mois, dans un an* (1957), *Aimez-vous Brahms ?* (1959), *la Chamade* (1965), *Des bleus à l'âme* (1972), *le Lit défait* (1977)... Jouée à l'Atelier en 1960, sa première pièce, *Château en Suède*, remporte un vif succès et sera suivie par *les Violons parfois*, œuvre écrite pour l'actrice Marie Bell (1961), *la Robe mauve de Valentine* (1963) et *le Cheval évanoui* (1966).

Ses romans se limitent le plus souvent aux figures du trio et du couple. Sur fond de solitude, un amour fou saisit les héros saganiens. Alors « c'est la fête, secrète, sacrée, sacrilège », connivence surgissant d'une inexplicable gémellité, le « nous sommes tous pareils » *(Un certain sourire)* répondant au « nous sommes faits l'un pour l'autre » marivaudien. Omniprésente, la sensualité n'affleure cependant qu'en pudiques litotes. Entre les rencontres éblouissantes, la disponibilité demeure une forme mélancolique du bonheur. Symbolisant la fonction parentale, d'opulents personnages entretiennent les oisifs, faisant face – l'argent arrange tout – aux responsabilités que ceux-ci esquivent. Cécile *(Bonjour tristesse)* doit son indépendance à l'indulgence complice de son père, et Lucile *(la Chamade)*, à la générosité d'un amant quelque peu fané.

L'univers de Sagan n'est pas immobile. Dans *la Garde du cœur* (1968), elle parodie sa propre légende « à la James Dean ». En 1980, *le Chien couchant* propose une histoire d'amour, située dans les corons du Nord, qui finit dans le sang. *De guerre lasse* (1985) évoque un amour fou balayé par les drames de la Résistance, et c'est encore la période 1939-1945 qui sert de cadre à *Un sang d'aquarelle* (1987), récit où des héros désinvoltes, dignes des premiers romans, sont les victimes du monde tragique qui les entoure. La même année, elle trace le portrait de *Sarah Bernhardt, le rire incassable*. Avec *le Miroir égaré* (1996) apparaît le personnage nouveau d'une femme vieillissante et alcoolique qui vient séparer d'heureux amants.

La brièveté des ouvrages de Sagan reflète la modestie d'un auteur talentueux mais conscient de ses limites. Du moins fait-elle entendre une voix originale, au lyrisme contrôlé que d'heureuses métaphores libèrent parfois en un éclair. Ses séquences autobiographiques (*Réponses*, 1974) dessinent, sous le masque de la légèreté, une femme sensible, fidèle à ses amitiés (*Avec mon meilleur souvenir*, 1984, relate sa dernière rencontre avec Sartre), mais dont l'humour ne désarme jamais lorsqu'elle se penche sur son passé (*Derrière l'épaule*, 1998).

M.-A. de Beaumarchais

SAINT-AMANT

Marc Antoine Girard, sieur de Saint-Amant *(1594-1661)*

Saint-Amant est l'un des plus remarquables poètes baroques français. Son œuvre reste cependant encore peu connue du public et a été longtemps peu appréciée. Elle a souffert du discrédit jeté sur l'ensemble du baroque par la prépondérance de l'esthétique classique [voir **Baroque** et **Classicisme**]. Elle a aussi subi les méfaits d'un « légendaire » aussi abondant que peu fondé, qui s'est construit dès le XVIIe siècle, où Tallemant et Boileau ont plusieurs fois brocardé Saint-Amant. M.S. Wenceslius a recensé ces clichés, dont les trois principaux font de Saint-Amant un aventurier, un ivrogne, un poète extravagant. Si, au milieu du XIXe siècle, Théophile Gautier lui a redonné une place de premier rang parmi les lointains précurseurs du romantisme, ce ne fut pas en rectifiant la légende, mais en la confortant, au contraire, par l'image des « grotesques ». Plus près de nous, les historiens de la littérature ont longtemps continué à traiter avec condescendance le « bon gros Saint-Amant », en le rangeant parmi les « attardés et égarés » (Lanson).

Une œuvre mal comprise, une biographie peu connue et souvent réinventée à partir des conjectures tirées d'une lecture sommaire de ses ouvrages, des jugements aussi péremptoires que dédaigneux : tel a été, trois siècles durant, le sort de Saint-Amant. Mais, depuis une cinquantaine d'années, l'essor des études sur le baroque lui a redonné sa place.

Une carrière animée et réussie

Soldat, marin, voyageur, aussi bien que poète de cour, Saint-Amant mena une existence agitée. Il ne faut pourtant pas l'imaginer comme celle d'un aventurier rimant entre deux expéditions, ni comme celle d'un poète bohème et pilier de cabaret, versifiant à la diable sur un coin de table, entre deux ripailles. Ses activités d'homme de guerre et d'homme de plume relèvent d'une même carrière, typique de ce temps, celle d'un « client » de grands seigneurs.

Son milieu d'origine est assez mal connu. Quoi qu'il ait prétendu – et qu'aient affirmé certains biographes –, sa famille n'était sans doute pas noble. On a dit que son père était gentilhomme-verrier : la vérité est qu'en 1619 il s'associa avec des gentilshommes-verriers, les d'Azémar, comme bailleur de fonds. En fait, il s'agit d'une famille de bourgeois rouennais, marins et marchands, enrichis et en voie d'ascension vers la noblesse. Après le collège, Saint-Amant cherche – tout comme les jeunes gens de la noblesse – à « s'employer » auprès des Grands. Il obtint la protection de plusieurs personnages influents : Cramail, Montmorency, d'Harcourt, surtout le duc de Retz, qu'il servit longtemps. Il eut ses entrées à la Cour, fut traité avec bienveillance par Richelieu. Quand Marie de Gonzague-Nevers devint reine de Pologne, elle lui alloua 3 000 livres de pension (1647). Il trouva donc des mécènes, mais aussi des « patrons ». Pour eux il fut soldat, marin (commandant même un bateau), homme de confiance placé auprès d'ambassadeurs (à Rome et à Venise) et même, un temps, agent de Bassompierre à la cour d'Angleterre, aussi bien que poète de louange ou versificateur de ballets de cour. Il ne fit pas fortune, mais vécut à son aise. Il accomplit, dans ses « services », de nombreux voyages qui lui permirent de nourrir son œuvre de ses observations : ainsi notamment *l'Hiver des Alpes* (1630-1633), *l'Été de Rome* (1633), *la Rome ridicule* (1643), *l'Albion* (1644)…

Dans les milieux qu'il fréquentait, il se trouvait en contact avec nombre d'écrivains et connut personnellement les plus illustres : Théophile, Mainard, Marolles, Sorel, Colletet, Boisrobert – homme de confiance de Richelieu – et Faret – secrétaire d'Harcourt et agent de Richelieu. Il était reçu dans les salons, à l'Hôtel de Rambouillet, puis à l'Hôtel de Liancourt (qui devint un foyer janséniste et influença la dernière partie de sa carrière). Les érudits aussi l'estimaient. Il fréquenta les libertins, « mais il se distingue de [ce] groupe, dont il ne partageait pas l'impiété » (J. Bailbé), même si la conversion de ce protestant au catholicisme ne fut sans doute d'abord qu'une façon de s'adapter aux circonstances. Il sut toujours conserver une certaine indépendance à l'égard de toute coterie, préserver autant qu'il était possible sa liberté ; mais aussi mesurer ses audaces : durant la Fronde, il composa des *Triolets* qui devinrent vite célèbres, il dénonça les misères du temps et l'absolutisme, mais en assortissant ses vers d'un avertissement qui en tempérait la portée.

Bien vu des puissants, estimé dans les milieux littéraires, auteur à succès, il connut donc la réussite. Certes, il fréquentait les cabarets, comme faisaient alors nombre d'hommes de son milieu ; il composait des poèmes bachiques : genre en vogue ; il raconta la bohème miséreuse des poètes : lieu commun de ce temps. Mais tout cela ne représente qu'un aspect très partiel de son œuvre comme de sa vie.

Un poète moderne

Son œuvre appartient tout entière à la poésie, qui était tenue alors pour plus noble que le roman et le théâtre. Ses publications – poèmes insérés dans des recueils collectifs, recueils personnels et compositions plus amples publiées séparément – s'échelonnent sur plus de trente ans et manifestent une continuité d'orientation fondamentale.

Ce qu'en premier lieu cherche Saint-Amant, ainsi qu'il l'expose dans la préface du *Passage de Gibraltar* (son principal texte théorique, 1641), c'est à plaire. Pour cela, il se conforme aux goûts du public de bourgeois aisés et surtout de nobles qui était le sien, et dont il partageait le mode de vie. C'est pourquoi il privilégie les genres gais : la satire burlesque et le poème bachique, qu'il pratique volontiers, ne sont pas, dans ce contexte, des genres mineurs. Mais dans le même propos de plaire, il cherche aussi la variété, visant, en même temps qu'à la gaieté, à atteindre à la vivacité et à la force, à parcourir la gamme des tons, de l'héroïque au burlesque. Son esthétique est donc fondée sur la diversité et la virtuosité.

La diversité est manifeste à travers les différentes tendances qui s'entremêlent dans sa production. Les poèmes bachiques y voisinent avec des poèmes de circonstance sur les sujets les plus variés : pièces de louanges pour les Grands, poésies amoureuses, descriptions de paysages… La satire – de commande (il écrivit, par exemple, pour Richelieu contre le duc de Savoie) ou de réaction personnelle (*l'Albion, la Rome ridicule* sont nées de ses voyages en Angleterre et en Italie) – peut être féroce, ou simplement amusée (*le Poète crotté*, 1631). Le registre épique est aussi présent. Ainsi le *Moïse sauvé* (1647-1653) est une forme d'épopée chrétienne, genre qui donna lieu à de nombreux essais, le plus souvent malheureux ; cette œuvre reçut un assez bon accueil, puis fut frappée par le discrédit où tomba toute production de ce genre.

Le Poète crotté

La misère des poètes venus chercher fortune à Paris est, à cette époque, un lieu commun. On trouve le même sujet dans le *Francion* de Sorel en 1626, comme plus tard dans les *Historiettes* de Tallemant des Réaux.

SYNOPSIS

Saint-Amant présente un poète qui, rebuté devant les difficultés et les brimades, quitte Paris pour regagner sa province (bien entendu, il est gascon ; autre lieu commun, à l'époque). Après avoir décrit le personnage, l'auteur le montre sortant de la capitale et se retournant vers la ville pour prononcer son Adieu : l'infortuné passe ainsi en revue tous les lieux qu'il a fréquentés, les aventures qu'il a connues, les misères et déceptions qu'il a subies.

Saint-Amant réutilise donc la forme de l'« adieu », traditionnelle, qui avait été illustrée notamment par Marot (*Adieu à Lyon*).

Moïse sauvé

À partir de quelques lignes de la Bible (Exode, 2), où il est raconté comment Moïse encore au berceau fut abandonné sur le Nil et recueilli par la fille du pharaon, Saint-Amant élabore un long poème de 6 000 vers divisé – sur le modèle des épopées antiques – en douze chants. Ce ne peut être une épopée : le héros est un nourrisson. Mais il relève bien du registre épique, avec des exploits et des irruptions du merveilleux.

SYNOPSIS

Saint-Amant invente quatre dangers (attaques d'un crocodile, d'un vautour, d'un essaim de « mouches », tempête) auxquels Moïse échappe grâce à la protection des anges ainsi que de trois personnages que l'auteur place près de lui : sa sœur, un jeune berger – soupirant de celle-ci – et un vieux pêcheur. L'action principale est interrompue par plusieurs récits, qui occupent, au total, plus de la moitié du texte. Ainsi, en particulier, un long récit de la vie de Jacob fait par le vieux pêcheur, un songe prophétique de la mère de Moïse, traçant les exploits futurs du héros, et l'histoire de Joseph racontée à travers une série de tableaux peints que commente le père de Moïse.

L'élaboration de cette amplification de l'épisode biblique s'étala sur huit ans ; sa composition complexe permet l'alternance de moments de tension, relevant du registre héroïque, et de détente, due à des passages plus statiques, bucoliques ou idylliques (amours de la jeune fille et de son berger).

Le désir de plaire à un public avant tout noble et mondain fait que Saint-Amant ne se conforme pas aux théories des « doctes » et, en particulier, imite assez peu les Anciens. Ce n'était pas par ignorance, comme l'ont affirmé ses détracteurs (Tallemant...), mais par goût. Comme les lecteurs à qui il s'adressait, il avait un profond mépris pour toute forme de pédantisme. Il possédait des langues modernes et imitait volontiers les poètes italiens (Marino, Tassoni) et espagnols (Góngora). Il n'ignorait pas les thèses de Malherbe (son meilleur ami, Faret, était un malherbien fidèle), mais il se détournait de ce purisme – qui constituait une autre forme de modernisme – par souci de la diversité.

Il refusait de s'enfermer dans les « lois » des genres. S'il utilise volontiers des genres anciens, c'est en cherchant surtout à inventer des formes nouvelles, adaptées à sa démarche et à sa sensibilité. Il fut un des initiateurs du burlesque en France ; mais le burlesque – chez lui – est plutôt un registre d'écriture qu'un genre au sens strict. Typiques sont les noms que Saint-Amant donne à ses grandes compositions : ainsi *le Passage de Gibraltar* est un « caprice héroï-comique » ; le *Moïse sauvé* et *la Généreuse* (1658), des « idylles héroïques ». Ces dénominations ne sont pas de fantaisie : il consulta ses confrères de l'Académie (dont il fut parmi les premiers membres) sur le terme d'« idylle héroïque » ; elles rendent compte de genres qui obéissent à des principes fondamentaux repérables. Comme l'a montré A. Rathé, le « caprice » correspond à une composition qui relève de l'harmonie musicale et non de l'enchaînement narratif ou logique ; d'où une progression par ruptures soudaines des sujets, des thèmes, des registres même d'écriture, à la manière dont se font les associations imaginatives. Une telle attitude conduit à des formes qui sont caractérisées plus par leur tonalité générale que par des « règles » : ainsi *la Solitude* (avant 1620) est déjà, dès le début de l'œuvre, ce que les romantiques nommeront une « méditation poétique ». Telle est la donnée essentielle du modernisme de Saint-Amant : la liberté de la forme, nourrie par la recherche de nouvelles définitions adaptées à la dynamique originale de sa création.

Une poésie plastique

Pour lui, la poésie est inséparable de la peinture, sa « cousine germaine » (préface du *Moïse*). C'est pourquoi, si les sujets qu'il traite sont extrêmement variés, sa thématique privilégie les « visions ». Il faut ici entendre ce terme dans toutes ses acceptions. Ce peut d'abord être la description de « tableaux de genre », comme sont les « grotesques » peintures de cabaret et de mangeaille, qui peuvent donner lieu à de plaisants *excursus* lyriques ou mythologiques (*le Fumeur*, *les Goinfres*, *le Melon*..., 1631) et les représentations satiriques d'un individu (*le Poète crotté*) ou d'une cité (*la Rome ridicule*). La description à partir d'un tableau peint intervient aussi comme élément majeur dans l'organisation même des grands poèmes narratifs (cf. l'histoire de Joseph dans le *Moïse*).

Mais la vision est aussi et davantage celle du regard fasciné par les spectacles de la nature : la mer, dans *la Solitude* (composée avant 1620) ; les décors saisonniers, dans les quatre sonnets qui forment un « cycle des saisons ». La description tente alors de saisir le mouvement instable du réel. Le monde devient, par le jeu des métaphores, incertain, composé d'éléments qui ne sont plus opposés mais similaires, par exemple le feu et la glace dans *l'Hiver des Alpes*, où chatoient

Ces atomes de feu qui sur la neige brillent,
Ces étincelles d'or, d'azur et de cristal,
Dont l'hiver au soleil d'un luxe oriental
Pare ses cheveux blancs que les vents éparpillent.

La description tourne à la rêverie, les sens le cèdent à l'imagination, par exemple lorsque le poète évoque les profondeurs marines comme un monde inversé, où les poissons deviennent oiseaux, où l'air et l'eau ne sont plus des contraires. Jeu de miroirs, monde renversé.

Enfin la « vision » est aussi, chez Saint-Amant, non plus seulement sollicitation de l'imaginaire par la surprise des sens devant un spectacle extérieur, mais création fantastique. C'est d'ailleurs en ce sens qu'il emploie lui-même ce mot. Ses « visions » relèvent des métamorphoses, des hallucinations macabres ; les motifs funèbres sont largement représentés à travers cette œuvre pourtant destinée à exprimer la gaieté avant tout :

Un grand chien maigre et noir, se traînant lentement,
Accompagné d'horreur et d'épouvantement,
S'en vient toutes les nuits hurler devant ma porte,
Redoublant ses abois d'une effroyable sorte.

Saint-Amant est, à coup sûr, le meilleur poète descriptif de cette époque, et il a été largement imité. On conçoit sans peine que cette liberté donnée à l'imagination, cette poésie de sensualité et de rêverie aient pu lui attirer les critiques des sectateurs de la doctrine classique, tel Boileau.

Mais il accordait aussi une place de premier plan à la raison, et, s'il évite l'abstraction, il ne dédaigne pas les idées. En témoigne son œuvre satirique. Ainsi, dans *la Rome ridicule*, il dénonce l'état corrompu de la Ville éternelle, en associant description et discours indigné. D'un côté les ruines d'un empire cruel grouillantes de bestioles, comme le

Piètre et barbare Colisée
Exécrable reste des Goths,
Nid de lézards et d'escargots,

et de l'autre des palais où pullulent les hommes méprisables :

Je gronderay qu'en ce Pourpris
La doctrine est si ravalée
Que ces deux miracles divers
Et Campanelle et Galilée
N'y sont lorgnés que de travers.

Le mépris envers la grandeur passée de Rome et la référence indignée aux poursuites contre deux philosophes condamnés par les autorités constituent une prise de position qui ne pouvait manquer de choquer les conformismes (*la Rome ridicule* fut d'ailleurs diffusée d'abord confidentiellement, et son imprimeur fit l'objet de poursuites). La poésie de Saint-Amant se veut avant tout source d'émotion esthétique ; elle n'est pas pour autant adonnée à l'art pour l'art.

Virtuosité de l'écriture

Chez Saint-Amant, la variété va de pair avec la virtuosité. La diversité des tons et des sujets le conduit à utiliser (à l'inverse des malherbiens) toutes les possibilités du vocabulaire, toutes les ressources du langage : langage vert et peu soucieux de bienséances de *la Crevaille* et du *Poète crotté*, par exemple, mais registre noble dans le *Moïse sauvé*. La virtuosité se manifeste surtout par le goût de la métaphore, des *concetti* (pointes) à la façon de Marino, des accumulations. Saint-Amant excelle dans les effets de surprise et de comique, deux traits essentiels des horizons d'attente de son public.

Le comique peut naître, dans le registre « bas », de l'exploitation systématique d'une métaphore. Ainsi le pourpoint du *Poète crotté*

Montrait les dents à tout le monde,
Non de fierté mais de douleur
De perdre matière et couleur.

Il naît parfois de l'accumulation de traits grotesques comme dans *la Crevaille* :

Bacchus aime le désordre ;
Il se plaît à voir l'un mordre,
L'autre braire et grimasser,
Et l'autre en fureur se tordre
Sous la rage de danser.

Plus souvent, il est un sourire d'humour, où le « je » du poète (toujours présent dans son œuvre) invite le lecteur à prendre part au travail de l'écriture tout en mettant le sujet à distance, comme dans cette « Élégie » (« Que dira-t-on de moi si je ne dis rien d'elle… ») de la *Suite des Œuvres* (1651), où il chante les mille attraits d'une belle, son teint, ses yeux, ses cheveux, puis s'interroge sur la valeur de son discours :

De chanter que d'un pin qui règne dans les bois
Nature lui donna la beauté de la taille ;
Bref, sur un tel sujet ne dire rien qui vaille
Et dire cependant ce qu'on peut de subtil,
Si ce n'est même chose, hélas ! que s'en faut-il ?

C'est encore l'humour qui caractérise le burlesque de Saint-Amant. Il atteste que, chez lui, la raison ne perd jamais tout à fait ses droits. Le poète fondait d'ailleurs en raison ses recherches d'effets de surprise, contrastes, échos et miroirs, au détriment de la régularité et de la mesure. Connaisseur en musique, il tirait de cette autre « cousine germaine » de la poésie l'idée que la régularité trop parfaite donne de l'ennui à l'oreille et à l'esprit, devient monotonie.

On a parfois reproché à ses poèmes de n'être que jeux d'esprit et de fantaisie, de manquer d'émotion. Il n'en est rien. Angoisse, indignation, mais aussi trouble esthétique ou éclat de rire, l'émotion est constamment présente dans ses écrits, mais elle y est, elle aussi, chatoyante.

Dans son écriture, dans sa thématique et dans sa poétique, mais aussi dans son comportement social, Saint-Amant apparaît comme un poète soucieux de préserver la liberté. En cela, et dans son goût pour l'inattendu, l'incertain, la vision, dans son penchant à pousser aussi loin que possible ses recherches, fût-ce au mépris des normes, il est exemplaire d'une attitude baroque, si l'on admet que le baroque est d'abord un mouvement d'invention.

VIE		ŒUVRES PRINCIPALES	
1594	**30 sept. :** baptême de A. Girard, au temple protestant de Quevilly, près de Rouen. Il prendra le nom de Saint-Amant, une propriété familiale, en 1616.		
1603 ou 1608	Études au collège de la Marche, à Paris.		
		Avant 1620	Compose *la Solitude*.

VIE		ŒUVRES PRINCIPALES	
1620	Fréquente le groupe d'écrivains qui se réunit chez Piat Maucors. Est protégé par plusieurs grands.		
		1623	*L'Arion.* *Les Bacchanales*, ballet de cour, en collaboration avec Théophile de Viau et Sorel. Rassemble ses premiers poèmes pour les insérer dans un recueil collectif (qui paraîtra en 1624). Le succès de *la Solitude* est déjà attesté.
1625	Entre au service du duc de Retz.		
1626	Voyage maritime au Sénégal.		
1628	Suit la Cour. Accompagne Bautru, envoyé du roi en Espagne. Rejoint ensuite l'armée d'Italie dans les Alpes.		
1629	(De 1629 à 1643, il effectue de nombreux voyages, mais le détail de sa biographie est mal connu).	**1629**	*Œuvres* (1er tirage rapidement épuisé).
1631	Envoyé de Bassompierre à la cour d'Angleterre. Rentré à Paris, hante les cabarets, fréquente les libertins.	**1631**	*Les Goinfres* ; *le Melon* ; *le Poète crotté* ; *l'Albion* ; *la Suite des Œuvres.*
1633-1634	Accompagne l'ambassadeur de France à Rome et à Venise.	**1633-1634**	*L'Été de Rome* ; *la Rome ridicule.*
1636-1638	Est parmi les premiers académiciens. Participe à une expédition maritime vers Malte.	**1636-1638**	Compose *le Passage de Gibraltar* (éd. en 1640).
		1643	Seconde partie des *Œuvres.*
1644	Suit le comte d'Harcourt dans ses campagnes militaires.	**1644**	Travaille au *Moïse sauvé.*
		1647	Publie la première partie du *Moïse sauvé,* dédiée à la reine de Pologne, qui lui alloue 3 000 livres de pension.
1649-1650	Voyage en Flandres, puis en Pologne et, au retour, passage à la cour de Christine de Suède.		
		1651	*Œuvres.*
		1653	Le *Moïse sauvé.*
		1658	*La Généreuse.*
1661	Après avoir connu quelques années calmes à Paris et à Rouen, il meurt à Paris (29 déc.).	**1661**	Dernier recueil d'*Œuvres.*

A. Viala

SAINT-CHAMANS Auguste
v. **Romantisme**

SAINT-DENYS GARNEAU Hector

(1912-1943)

Aux tout premiers rangs de la poésie québécoise, consacrée par de multiples commentaires et interprétations, l'œuvre de Saint-Denys Garneau a pourtant été reçue avec un certain nombre de réserves. Si l'on excepte une plaquette, *Regards et Jeux dans l'espace* (1937), et quelques articles et proses parus dans *la Relève*, revue fondée en 1934 par un groupe auquel appartenait le poète, la majorité de ses écrits est fragmentaire et n'a été mise au jour qu'après sa mort (*Poésies complètes*, 1949 ; *Lettres à ses amis*, 1967).

La plupart des poèmes de Garneau sont restés plus ou moins inachevés. Non seulement leur auteur n'a pas cherché à les publier, mais il a jugé sévèrement dans son *Journal* (publié en 1954) plusieurs textes de son unique recueil. De ses proses, la postérité a surtout retenu les plus spontanées, les moins préméditées par rapport à un projet littéraire. Le *Journal* a polarisé l'attention sur l'itinéraire intérieur du poète, sur l'étouffement qui, à partir de 1937, le réduit progressivement au silence. Cette suffocation morale deviendra pour l'essayiste Jean Le Moyne, qui fut un ami de Saint-Denys Garneau, le symptôme d'une maladie collective, d'une culpabilité janséniste qui imprégnerait le plus profond de l'âme canadienne-française. Dès lors, il paraît naturel de lire ses poèmes comme un « témoignage », compte rendu imagé d'une aventure spirituelle et métaphysique.

D'où ce paradoxe : bien qu'aucune œuvre poétique au Québec n'ait été autant commentée, la poésie de Saint-Denys Garneau a conservé un aspect peu familier, une part d'étrangeté. Cette singularité tient d'abord à un type d'énonciation, à une ironie qui ne cesse de déséquilibrer le lecteur, à de nombreux effets prosaïques, parfois perçus comme des maladresses, mais qui empêchent de lire ces poèmes comme de beaux objets fermés sur eux-mêmes et sur leur propre bonheur d'expression.

Lorsque Saint-Denys Garneau écrit, au début de *Regards et Jeux dans l'espace* :

Je ne suis pas bien du tout assis sur cette chaise
Et mon pire malaise est un fauteuil où l'on reste
Immanquablement je m'endors et j'y meurs,

il ne va pas seulement contre une versification classique encore souveraine dans le Québec des années 1930, il mine une certaine adéquation à soi du langage poétique, et il inscrit un « je » ambigu, à mi-chemin du « je » de la confession lyrique et du « je » formel et métaphorique que l'on trouve chez tant de poètes modernes. Si Garneau est antiromantique, par sa conscience critique, il est tout autant l'anti-Rimbaud et l'anti-Mallarmé, et ne se veut ni poète de l'imaginaire ni poète de la musique évocatoire.

Cette œuvre vit de sa précarité même, de ce qui, en elle, résiste fermement à la littérature. « La poésie est une déesse/ dont nous avons entendu parler » : aucune légèreté dans un tel propos, mais l'intuition que la poésie ne saurait plus se jouer sur le terrain du grand art, de cette harmonie dont parle Saint-Denys Garneau lui-même dans ses textes sur la peinture. « On dirait que sa voix est fêlée [...], le son n'emplit plus la forme » : lire Saint-Denys Garneau, c'est entendre à chaque instant cette fêlure, ressentir cette inadéquation du langage qui devrait signifier la mort de la poésie.

Loin du chant, presque grinçante, cette œuvre est d'abord l'élaboration d'une mythologie du sujet : son régime dominant est celui d'une représentation assez proche de la fable, réalisée dans certains textes de prose comme « le Mauvais Pauvre », inséré dans le *Journal*. Ce symbole de l'étrangeté et de la dépossession se développe jusqu'à l'image inquiétante d'un être dont la colonne vertébrale est assaillie à coups de hache, et qui se trouve réduit à « un seul tronc vertical, franchement nu ». S'il fallait chercher ici des parentés, c'est à Henri Michaux que l'on songerait, mais à un Michaux où ce serait moins la fable elle-même qui s'imposerait dans son insolente absurdité, que le mouvement angoissé vers elle, rendu plus approximatif par la conscience analytique qui le traverse. En ce sens, « le Mauvais Pauvre » est un texte clé ; il définit un certain rapport au langage, caractérisé par une tension entre l'ironie la plus profonde et une volonté de figuration intégrale du sujet, de ses enjeux existentiels : inadéquation à soi ; quête de transparence ; conscience de la mort. Il y a chez Saint-Denys Garneau une insistance presque panique dans la représentation de soi, marquée formellement par des réitérations, par une syntaxe qui développe l'image sur un mode descriptif, avec une froide précision. De nombreux poèmes de *Regards et Jeux dans l'espace* relèvent de cette écriture, entre autres le célèbre « Accompagnement », devenu pour plusieurs lecteurs la figure idéale de l'aventure du poète :

Je marche à côté de moi en joie
J'entends mon pas en joie qui marche à côté de moi
Mais je ne peux changer de place sur le trottoir
Je ne puis pas mettre mes pieds dans ce pas-là
et dire voilà, c'est moi.

Mais une lecture psychologique empêche de voir que la représentation se vit chez Saint-Denys Garneau comme une crise : l'écriture découvre qu'elle a partie liée avec la place vide du sujet ; loin de combler la différence entre le sujet de l'énonciation et celui de l'énoncé, elle la creuse irrémédiablement, dans un « attardement à reconstruire » qui, pour Saint-Denys Garneau, caractérisait la danse et en faisait la forme idéale de l'expression artistique.

La « différence » n'est pas ici une notion abstraite. Elle est liée, comme son envers, à la très haute exigence de présence qui s'exprime partout dans cette œuvre. Comme ses amis de *la Relève*, Saint-Denys Garneau a été influencé par Maritain et Mounier, c'est-à-dire par une philosophie de la présence à soi et au monde. Mais il est aussi un héritier direct de Baudelaire, dont il fut toujours le fervent lecteur. L'essentiel, toutefois, c'est le moment où ces influences intellectuelles sont portées par l'écriture jusqu'au fantasme et au mythe : ainsi dans cette image du *Journal* où « les mots » ont soudain « soif de substance ». Saint-Denys Garneau a été le premier poète québécois à pouvoir fantasmer le langage en tant que tel : son écriture ne se met en branle que dans cette réflexivité, dans une soif qui est la soif du désert, où le sujet se meurt d'être « sorti en plein air ».

On ne saurait trop insister sur le fait que ce mouvement utilise en même temps toutes les ressources du discours parlé, souvent le plus familier. Avant Gaston Miron, dont les poèmes politiques de *la Vie agonique* portent la trace de l'auteur de *Regards et Jeux dans l'espace*, Saint-Denys Garneau a saisi la nécessité de « parler » dans l'écriture, de transformer le monologue poétique en dialogue, en interpellation, même s'il y a quelque chose de désespéré et d'inaccessible dans cette familiarité.

On s'étonne que la plupart de ses contemporains l'aient jugé obscur. On comprend mieux que les poètes de la génération de l'Hexagone, en 1960, aient préféré à cette proximité du désespoir l'ouverture cosmique des poèmes d'Alain Grandbois. Mais la voix de Saint-Denys Garneau parle de ce qui ne vieillit pas : le sujet fabulant son destin, cherchant à capter dans une image la forme de sa propre absence.

P. Nepveu

Sainte-Beuve

SAINTE-BEUVE Charles Augustin

(1804-1869)

L'oubli, la condescendance, le mépris : telles sont les attitudes ordinaires de nos manuels et de nos beaux esprits envers celui qu'à deux moments – à la fin du second Empire et autour de 1900 – on considéra comme le prince de la critique. Certes, Sainte-Beuve semble provoquer les maîtres penseurs du jour et insulter aux modes dominantes : il s'est peu et mal engagé ; il a cru à l'autonomie de l'art ; il s'est montré subtil, ondoyant, nuancé, allusif, là où nous voulons du quantifiable, du géométral et du structurel énoncés avec la précision d'un vocabulaire spécifique. Mais au moment où on se lasse que la dimension unique des choses soit devenue « celle de l'extension et du nombre » que dénonce Heidegger, il est temps, peut-être, de réévaluer les ambiguïtés d'une existence dont les accidents majeurs restent intérieurs et les diversités d'une œuvre qu'on juge trop vite désuète ; il faut surtout saisir l'unité profonde de la quête qui sous-tend les palinodies de la vie, les étrangetés de la poésie et les vibrations de la critique.

Les sinuosités de la vie

Telles destinées se résument en images d'Épinal : Hugo l'enfant prodige, l'inflexible proscrit, le mage, le patriarche… La vie de Sainte-Beuve s'y prête mal : elle stagne dans les demi-teintes, le demi-jour et les ambiguïtés grises. Avant même la naissance, et dès l'enfance boulonnaise : « Ma mère a perdu mon père la première année de son mariage, elle était enceinte de moi, elle m'a donc porté dans le deuil et la tristesse ; j'ai été abreuvé de tristesse dans les eaux mêmes de l'amnios ». Au sein d'un foyer confiné, les seules échappées sont les rêves de gloire, d'amour ou de sainteté (que nous confient *Joseph Delorme* et *Volupté*) : double vie, féminine et casanière, hardie et conquérante sur les ailes du songe. À seize ans, la ferveur religieuse se marie aux studieux enthousiasmes pour les auteurs classiques, et à l'éblouissement devant le premier romantisme, *René* de Chateaubriand ou les *Méditations* de Lamartine. À dix-huit ans, adieu à la foi et aux belles-lettres : l'étudiant en médecine, républicain, disciple désormais des Idéologues matérialistes et des empiristes anglais, tente de fonder la connaissance sur les données des sens et les règles de la logique, excluant toute révélation religieuse et toute divagation poétique. Mais bientôt, en secret, il retourne à la poésie et glisse vers le romantisme le plus avancé : le voici, en 1829, sous le charme de Victor et d'Adèle Hugo, revenu à un catholicisme rituel et sentimental, posté à la pointe du combat contre les classiques à perruque.

De telles oscillations indiquent une duplicité, au mieux une surprenante capacité de mutation qui s'exaspère en instabilité. Sainte-Beuve en a conscience : « Quant à ce qui m'arriva, après juillet 1830, de croisements en tous sens et de conflits intérieurs (saint-simonisme, Lamennais, *le National*…), je défie personne, excepté moi, de s'en tirer et d'avoir la clef. » L'amitié avec Hugo cède la place à une réserve jalouse, à une sourde méfiance, à une hostilité mesurée, bientôt à une haine ouverte ; la passion mystique envers Adèle Hugo n'était que le pompeux portique qui débouche sur les précautions de l'adultère bourgeois. L'ardeur républicaine s'essouffle : en 1835, pour côtoyer Chateaubriand dans le salon de Mme Récamier, Sainte-Beuve frôle le légitimisme. Son romantisme tiédit : il réprouve l'abandon de tout dessein collectif, la licence pour chacun de produire ses fantasmes et d'inventer sa propre esthétique, les disparates de couleurs et de styles. Les désillusions l'entraînent à se cantonner dans les calmes régions de l'histoire et de la biographie littéraire, et, en 1837, avec l'échec des *Pensées d'août* et la fin de la liaison amoureuse, à s'exiler une année à Lausanne. Après les polémiques de l'année 1840, ayant trouvé un havre de paix à la bibliothèque Mazarine, élu en 1844 à l'Académie française, renonçant à tout engouement politique, religieux ou même littéraire, il tourne à l'érudit, fin connaisseur des littératures antiques, sage et sensible portraitiste, gardant pour lui les flèches polémiques, les cris de dégoût ou de désespoir.

Cette stabilité maussade – automne précoce –, animée par les métamorphoses critiques et le rêve d'une émigration à Lausanne (dernier avatar, bucolique et laïcisé, des velléités de conversion et de retraite monacale), se rompt brusquement dans la tourmente de 1848 : Sainte-Beuve, soupçonné d'avoir été à la solde de la monarchie, abandonne position, habitudes, amis pour un austère séjour professoral à Liège (1848-1849). Acquis au parti de l'Ordre, soutien actif du pouvoir qui s'installe après le coup d'État de 1851, il mène une vigoureuse campagne contre les rêveries romantiques, pour un classicisme renouvelé, et il encourt, en 1855, les brocards de la jeunesse étudiante au Collège de France, ce qui ne l'empêche pas d'enseigner quatre années durant avec succès à l'École normale, lui, le familier du prince Napoléon et de la princesse Mathilde. Quand un siège de sénateur récompense cette adhésion fidèle au régime (1865), il est trop tard : l'ancien césarien dérive vers la gauche libérale ; ami de Taine et de Littré, admiré des jeunes écrivains comme Flaubert ou Baudelaire, il tente de comprendre l'évolution du réalisme et le symbolisme naissant ; il défend contre l'obscurantisme clérical la liberté de penser et d'écrire : c'est l'« oncle Beuve » des dîners Magny, auquel les étudiants républicains feront des obsèques spectaculaires, saluant dans ce voyageur immobile et ingrat, dans ce romantique désormais proche du scientisme, dans cette placidité féline qui ne va pas sans coups de griffe, un symbole de la marche hésitante et sinueuse du siècle vers le progrès.

Les diversités de l'œuvre

La complexité de l'œuvre ne dément pas l'impression méandrique laissée par la vie : poésie, critique et histoire, sans compter les menues tâches journalistiques (comptes rendus, revues de l'actualité littéraire, nécrologies), les cours restés manuscrits et une correspondance considérable qui témoigne des liens de l'écrivain avec ses contemporains et son public ; un seul roman, mais plusieurs manières poétiques et critiques successives ou simultanées ; et même à l'intérieur de chaque sous-genre, mixtes et éclectismes abondent.

Le premier recueil poétique, *Vie, Poésies et Pensées de Joseph Delorme* (1829), est exemplaire à cet égard ; roman biographique, lyrisme, réflexions critiques cœxistent ; les poèmes forment un kaléidoscope de couleurs et de thèmes contrastés : langueurs élégiaques, harmonies plaintives d'inspiration lamartinienne, sonnets (forme que Sainte-Beuve tire de l'oubli où l'avait tenue le XVIIIe siècle), sonores strophes ronsardisantes (et hugoliennes) en l'honneur de la rime, jusqu'à la provocante évocation de la « muse » de Joseph :

Elle file, elle coud, et garde à la maison
Un père vieux, aveugle et privé de raison.
Si, pour chasser de lui la terreur délirante,
Elle chante parfois, une toux déchirante
La prend dans sa chanson, pousse en sifflant un cri,
Et lance les graviers de son poumon meurtri.

Sans doute *les Consolations* (1830), qui épanouissent la confidence, tranche de vie intime, et *Pensées d'août* (1837), qui cèdent trop souvent au mode narratif, témoignent, dans l'ensemble, d'une moindre originalité, mais elles continuent d'entraîner le poème dans des contrées où la prose l'encercle et le subvertit ; il reste que la thématique de l'humble et de l'intime revendiquée par le « Werther carabin » (selon l'expression de Guizot), les efforts vers une poésie sans rhétorique de convention, proche du langage quotidien, ont frappé. Sainte-Beuve aurait voulu établir un « lakisme français » (il est d'ailleurs le grand introducteur en France du poète intimiste William Cowper, et l'un des premiers traducteurs de Wordsworth et de Coleridge) : un lyrisme simple, sincère, réaliste, qui chante la nature et le foyer, les joies et les peines de tous les jours. Il y est parvenu une petite décennie durant (de 1831 à 1838) : maint poème de Nerval, de Gautier et, surtout, *les Feuilles d'automne* (1831) de Hugo en témoignent (pour ne pas citer les *minores*). Admiré par Verlaine, Sully Prudhomme et Coppée, Sainte-Beuve apparaît aussi comme un des pères du néo-intimisme qui surgit vers 1865. Mais son « réalisme poétique », où le sens de l'art et de la morale tempère la représentation du réel, aurait sans doute exercé une influence plus considérable s'il ne s'était pas compromis avec une religiosité héritée du romantisme catholique, ou s'il ne débouchait parfois sur les laborieuses bizarreries d'un « style artiste », pesant et rocailleux.

Les recueils poétiques se rangent en une séquence qui converge fatalement avec le discours critico-biographique ; *Volupté* (1834), roman d'une âme, abonde en essais littéraires ou philosophiques, en dissertations de moraliste et en tournures ou métaphores proprement poétiques ; c'est ce qui le rend si déroutant pour le lecteur qui attendait une fiction et trouve un récit où font défaut le sens romanesque et la puissance d'envoûtement, où un narrateur « homodiégétique » sans cesse commente et analyse : on l'entend trop pour le voir et pour croire en lui.

L'activité critique multiplie encore les complexités issues de cette tendance à l'hybridation des genres. Les premiers articles (de 1824 à 1828) sont des comptes rendus évaluatifs : une introduction, pour rattacher le livre étudié à un courant plus général ; un discours descriptif et normatif sur les centres d'intérêt notables ; une conclusion, qui tranche, en dernier ressort, sur le rang et la valeur de l'ouvrage. Cette critique d'inspiration staëlienne, où l'historique tend à l'emporter sur le dogmatique, aboutit au *Tableau historique et critique de la poésie française et du théâtre français au XVIe siècle* (1828) : un examen stylistique pointilleux s'y allie à une audacieuse redécouverte de la Pléiade, louée comme réformatrice des formes d'expression, condamnée pour avoir rompu avec les racines gauloises de l'ancienne littérature médiévale ; mais surtout un rapport vivant d'analogie avec le présent le plus immédiat, sans cesse suggéré, est utilisé à des fins de polémique ou de propagande romantique : la jeune école, à un moment aussi crucial, saura, elle, réaliser une réforme complète qui prenne en compte la spécificité nationale et l'esprit du temps, au lieu d'importer un modèle. Cette actualisation du passé par sa mise en métaphore ouvre la voie à l'histoire littéraire allusive, pamphlet où les morts sont enrôlés et « prophétisent ».

Le « portrait », en 1829, répond d'abord aux besoins de cette critique « avant-courrière » où Sainte-Beuve se fait le héraut et le proclamateur de son ami Hugo : alors que la Pléiade est remémorée, il s'agit, en un mouvement inverse, de « désactualiser » les maîtres du XVIIe siècle, Corneille, Racine, Boileau, La Fontaine, en les traitant comme des objets d'histoire, à distance, en une biographie-nécrologie. Mais bientôt l'intérêt, voire la passion (momentanée) du peintre pour son modèle, remplace cette hostilité toute circonstancielle. Le portrait – biographie entrecoupée d'essais sur les œuvres, le milieu de l'écrivain, la lignée dans laquelle il se situe – devient un genre singulier, à mi-chemin entre l'histoire, la critique et la poésie ; il permet au jugement de s'insinuer sous l'éloge et concilie des attitudes idéologiques contradictoires : une sympathie romantique envers l'homme irréductible que révèlent l'observation et les témoignages, sceptique sur les pouvoirs de la raison, encline à l'image et au symbole ; et une démarche scientifique qui vise à sortir du pur individuel par inductions, déductions et classifications. Cette critique de compréhension, de communion, intuitive et contemplative, au terme d'une ascèse qui exige une connaissance approfondie de l'homme et de l'époque, anime l'immense entreprise de *Port-Royal* (1840-1859), commencée sous l'empire d'une tendresse qui tenait lieu de piété, achevée sur une profession de scepticisme absolu : « Jeune, inquiet, amoureux et curieux des fleurs les plus cachées, je voulais surtout, à l'origine, en pénétrant le mystère de ces âmes pieuses, de ces existences intérieures, y recueillir la poésie intime et profonde qui s'en exhalait [...]. J'ai eu beau faire, je n'ai été et je ne suis qu'un investigateur, un observateur sincère, attentif et scrupuleux. Et même, à mesure que j'ai avancé, le charme s'en étant allé, je n'ai plus voulu être autre chose. »

D'une manière encore plus aiguë, dans *Chateaubriand et son groupe littéraire sous l'Empire* (1860) s'inscrit cette rupture qui se préparait dès les années 1840 : si le patron du romantisme français est encore ménagé dans le corps des chapitres, un réseau de notes virulentes restreint les anciens éblouissements, corrode la louange de convention et, aux yeux du public, prend l'allure d'un véritable reniement des amitiés d'autrefois. Le retour progressif d'une norme éthico-littéraire, les désillusions de 1848 concourent, en 1849, à l'émergence d'une nouvelle forme : la « causerie », qui prétend « dire enfin nettement [...] la vérité sur les ouvrages et les auteurs », essai où le jugement, parfois sévère, prend décidément le pas sur les caresses de la biographie poétique. On a retenu les froides réserves envers la poésie de Baudelaire, le réalisme de Flaubert ou des Goncourt, et la surestimation de maint talent mineur : il faudrait aussi mettre en balance d'admirables pages sur l'Antiquité, le classicisme éternel, sur les salons et les groupes des XVIIIe et XIXe siècles, sur Maurice et Eugénie de Guérin, et même sur les poètes du second Empire. Critique marquée, idéologiquement, par des variations et des glissements : depuis l'espérance d'un classicisme césarien, d'un ordre moral des lettres, jusqu'à la nostalgie des libertés déliées et impertinentes du siècle des Lumières et à l'espérance d'une ère libérale où la science des esprits appuiera le goût des arts et renforcera l'admiration due aux grands modèles helléniques et latins. Mais la causerie elle-même reste indéfinissable : jaillissement primesautier de traits d'esprit, d'aperçus vifs et suggestifs, de piques ou de saillies, régularisé et dominé par une narration calme, un sourire épars qui reflète le bonheur des livres et la sagesse de l'âge, indulgente, grondeuse, amère parfois, apaisée et désabusée.

L'unité d'une quête

D'aucuns virent dans la succession des attitudes, des convictions, des esthétiques ou des manières, les signes concordants d'une irrémédiable superficialité et d'une inanité fantasque ; Barbey d'Aurevilly écrit sans ambages : « Il est le caméléon des œuvres qu'il étudie et qu'il scrute, mais c'est tout ». Verdict un peu court pour caractériser les cheminements d'une quête de l'unité et de la vérité qui implique l'homme tout entier et imprime à ses travaux une tension douloureuse. Car les variations, les engouements, les « trahisons » traduisent une lutte secrète entre deux pôles antagonistes de la personnalité beuvienne : un côté féminin, soumis, passif, sensuel, rêveur et intuitif, tendant à l'intimité protectrice avec l'autre, aspirant sans cesse à une identification amoureuse à un « père » ; un aspect masculin, froid, lucidement réaliste, raisonneur, sûr de ses normes et de son idéal, agressif, audacieux et conquérant. Un psychologue pourrait spéculer sur cette dichotomie qui est, lors des crises aiguës, proche d'une scission de la personnalité ; en attribuer la singularité à l'absence du père et à la masculinité de la mère, qui empêchèrent un mariage harmonieux de l'*animus* et de l'*anima* par identification aux parents ; et même ramener la face « virile » au statut de masque, compensation sclérosée et hypertrophiée d'un excès de féminité (par constitution d'un surmoi structuré et sécurisant).

Quoi qu'il en soit, les variations et les palinodies proviennent, en fin de compte, des divers types de conflit, de conciliation ou de hiérarchie qui s'établissent entre l'*animus* et l'*anima*. Ainsi, dans la vie même, alternent périodes de solitude hautaine (mais désespérée) et périodes de soumission rétive et incomplète à un maître : malgré l'engouement délicieux des commencements, une satellisation marginale préserve la liberté des lendemains. Amaury, dans *Volupté,* avoue son bonheur furtif de frôler et d'épier : il vit ainsi le substitut et le rêve d'une fusion érotique sans aliéner sa raison ni sa disponibilité. L'amour ou l'amitié requièrent la médiation du spectacle où s'impliquent fantasmes masculins et féminins, où le don de soi est plus symbolique que réel : ce type de relation n'admet qu'un équilibre instable entre la fascination et la déception.

L'insatisfaction renvoie à un univers purement fantasmatique, celui qu'ouvrent l'écriture et la lecture au « voyeur » blessé qui n'échappe pas aux oscillations de sa nature : poésie et critique ; mais aussi critique dans la poésie, et poésie dans la critique, mélanges variables d'effusion et de jugement. L'art total que les grands romantiques poursuivent en inventant des genres nouveaux, lui le recherche à sa façon par la subversion et l'hybridation des genres anciens. Sans doute le don poétique majeur lui est-il refusé : il est naturellement critique, spectateur cruel de lui-même, d'abord, puis – par l'intermédiaire de leurs œuvres – des autres. Scission interne, difficultés des rapports directs avec les contemporains, insuffisances de la création rendent l'exercice de la critique nécessaire à l'équilibre mental de l'exégète, qui réalise ses désirs et ses virtualités par une sorte d'étreinte vampirique : « Dans ma critique, je tâche d'appliquer mon âme à celle des autres ; je me détache de moi, je les embrasse, je tâche de les revêtir et de les égaler ». Vivre réconcilié par procuration, voilà l'aspiration profonde qui anime les frémissants portraits des années 1830 ; construire un moi et une œuvre en réinterprétant (comme un musicien appelle une partition à la présence) les autres moi et les autres œuvres – un tel objectif fait de la critique « une invention et une création perpétuelles », une métamorphose incessante, un triomphe de la féminité poétique, une érotique et trouble captation d'intimités, une quête passionnée de la vérité révélée par les mots et les gestes.

Mais au moment même où Sainte-Beuve semble se résigner à ce statut d'« âme seconde », ses cahiers recueillent les jugements acérés qu'exclut la douceur du portrait. Dans les « causeries » domine le pôle masculin, avec l'affirmation claire de la norme et l'espérance d'être « un bon naturaliste dans ce champ si vaste des esprits » ; la vérité s'objective, devient le résultat d'opérations d'explication, de classements qui confrontent le particulier au général (l'idéal) ou au collectif (les groupes et les « familles d'esprits »).

La richesse et l'unicité de l'œuvre beuvienne naissent des contradictions qu'elle domine et de la passion qui l'anime : cette « libido » du vrai (*libido sciendi*, désir fou de savoir – péché capital, eût dit Jansénius), qui transparaît dans la recherche d'une poésie intimiste et réaliste, d'une critique de coïncidence et de décision, est la forme visible d'une âpre poursuite de la complétude existentielle et du dialogue avec l'autre. Ce pèlerinage sans fin laisse le voyageur solitaire : « Le critique ne doit point avoir de partialité et n'est d'aucune coterie. Il n'épouse les gens que pour un temps, et ne fait que traverser les groupes divers sans s'y enchaîner jamais ». Pour parvenir à la connaissance, une complexe pluralité d'approches se déploie : critique stylistique (caractères différentiels d'une écriture, de ses mots thèmes), identification intuitive, historicisme nuancé fort réservé à l'égard du systématisme tainien. Lettré néo-classique, « inspiré » romantique, épicurien impressionniste, annonciateur du positivisme, Sainte-Beuve reflète les courants qui partagent la critique littéraire du XIXe siècle ; poète, biographe, historien, essayiste, moraliste, il reste au carrefour de toutes les critiques d'aujourd'hui.

	VIE		ŒUVRE
1804	**21 mars :** mariage de Charles-François Sainte-Beuve, fonctionnaire municipal à Boulogne-sur-Mer, âgé de cinquante-deux ans, avec Augustine Coilliot, âgée de quarante ans. **4 oct. :** mort de Charles-François Sainte-Beuve. **23 déc. :** naissance de Charles Augustin Sainte-Beuve, à Boulogne-sur-Mer. Il sera élevé par sa mère et par sa tante maternelle.		
1812	Entrée à l'institution Blériot, à Boulogne, qui dispense un enseignement médiocre et ignore le grec.		
1818	Études secondaires au collège Charlemagne, à Paris (troisième, seconde, rhétorique) ; puis au collège Bourbon (nouvelle rhétorique et philosophie). Enthousiasme pour Chateaubriand et Lamartine.		
1823	Baccalauréat ès lettres, suivi d'études de médecine. Sainte-Beuve abandonne la foi de son enfance pour le matérialisme du XVIIIe siècle et des Idéologues.		
1824	Entrée au *Globe*, journal littéraire libéral fondé en septembre par Pierre Leroux et Paul Dubois, ancien professeur de Sainte-Beuve au collège Charlemagne.	**1824**	**10 oct. :** premier articulet dans *le Globe*, sur l'île de Samos. Il sera suivi d'autres articles sur les îles grecques, puis de comptes rendus d'ouvrages historiques, de Mémoires et de relations de voyages. Sainte-Beuve commence à écrire en secret des poèmes que recueillera *Joseph Delorme*.
1827	Sainte-Beuve cesse de fréquenter l'École de médecine et se lie avec Victor Hugo. Il évolue lentement d'un classicisme modéré à un romantisme prudent.	**1827**	**2 et 9 janv. :** articles sur les *Odes et Ballades* de Victor Hugo ; la sympathie dont ils témoignent (malgré les réserves d'un goût qui reste classique) attire l'attention du poète. **7 juill. :** premier des articles sur la poésie du XVIe siècle (jusqu'au 30 avril 1828).
1828	Sainte-Beuve entre au Cénacle de Victor Hugo ; sous l'influence de Jouffroy et de Cousin, dont il suit les leçons, il abandonne le matérialisme sensualiste pour un spiritualisme qui se rapproche de plus en plus du catholicisme ; son romantisme devient exalté et extrémiste. **Août-oct. :** voyage en Angleterre (Oxford et Londres), à l'invitation d'anciens condisciples anglais, les frères Neate.	**1828**	**Juill. :** *Tableau historique et critique de la poésie française et du théâtre français au XVIe siècle,* chez A. Sautelet et Mesnier (contient, profondément remaniés dans un sens romantique, les articles publiés en 1827-1828).
1829	Sainte-Beuve chevalier servant d'Adèle Hugo. **Oct.-nov. :** voyage en Allemagne (Mayence, Francfort, Cologne) avec le peintre Louis Boulanger.	**1829**	**Avr. :** *Vie, Poésies et Pensées de Joseph Delorme,* chez Delangle frères. Article sur Boileau dans la *Revue de Paris,* violemment anticlassique ; le premier de ceux qui constitueront la série des *Portraits littéraires.*

Année	VIE	ŒUVRE
1830	L'amitié avec Hugo se refroidit ; jalousie devant la gloire tapageuse du poète, l'enthousiasme encombrant des « Jeunes-France ». Refus d'un article sur *Hernani* ; passion croissante envers Adèle ; velléités d'exil en Belgique ou en Suisse. **Juill. :** Sainte-Beuve s'enthousiasme pour la révolution. Libéral et républicain, il se convertit au saint-simonisme, dont il se fait le propagandiste dans le nouveau *Globe*. **Déc. :** aveu par Sainte-Beuve à Hugo de l'amour qu'il éprouve pour Adèle.	**Mars :** *les Consolations*, chez Urbain Canel.
1831	Sainte-Beuve se déprend du saint-simonisme. **Mai :** il adhère au christianisme libéral de Lamennais. **Oct. :** il se lie au groupe républicain du journal *le National*, que dirige Armand Carrel.	Sainte-Beuve commence à écrire *Volupté*. **Juin :** premier article dans la *Revue des Deux Mondes*, dont Sainte-Beuve sera le collaborateur fidèle jusqu'en 1849.
1832	Au début de l'année, Sainte-Beuve et Adèle Hugo deviennent amants.	**Avr. :** *Critiques et Portraits littéraires*, chez Renduel.
1833	Sainte-Beuve s'éloigne de Lamennais qui se révolte contre l'orthodoxie. Il fréquente le salon légitimiste de Mme Récamier.	
1834		**Févr. :** Sainte-Beuve manifeste ses sentiments hostiles à Hugo dans son article intitulé *Étude sur Mirabeau*. **Juill. :** *Volupté*, chez Renduel. **Sept. :** publie sur Ballanche un article qui fait scandale en donnant l'impression d'un ralliement au légitimisme. **31 déc. :** début d'un journal intime qui sera poursuivi jusqu'aux approches de la mort.
1835	Sainte-Beuve renonce à toute foi religieuse (malgré une religiosité qui se manifeste encore par accès). Il se désintéresse de la politique. Rupture définitive avec Hugo.	**Déc. :** article « Du génie critique et de Bayle », où Sainte-Beuve prend conscience de son scepticisme et de son essentielle vocation critique.
1836	Fin de la liaison avec Adèle Hugo (sauf un bref retour en 1840).	**Juin :** *Critiques et portraits littéraires*, en trois tomes, chez Renduel.
1837	**Août :** départ pour Lausanne, où Sainte-Beuve donne quatre-vingt-une leçons sur Port-Royal.	**Sept. :** *Pensées d'août*, chez Renduel.
1838	**Juin :** retour à Paris.	
1839	**Mai-août :** voyage en Italie (Naples, Rome) ; retour par Lausanne.	**Mai :** *Critiques et portraits littéraires*, t. IV et V, chez Renduel.
1840	Sainte-Beuve, objet d'attaques convergentes dans la presse (en particulier de la part de A. Michiels et de Balzac), y répond avec rudesse, mais garde en portefeuille sa réplique la plus brutale (« Des gladiateurs littéraires »). **Août :** Sainte-Beuve nommé conservateur à la bibliothèque Mazarine.	**Janv. :** article sur « M. de La Rochefoucauld », manifeste de scepticisme et de renonciation aux idéologies du progrès. **Avr. :** *Port-Royal*, t. I, chez Renduel. *Poésies complètes*, chez Charpentier.
1842		**Févr. :** *Port-Royal*, t. II, chez Renduel.
1843		**Févr. :** début d'une collaboration secrète à la *Revue suisse* ; elle durera jusqu'en 1845, et forme une série de piquantes chroniques de la vie parisienne. **Mars :** *Tableau historique et critique de la poésie française et du théâtre français au XVIe siècle*, éd. revue et très augmentée, chez Charpentier. **Nov. :** impression du *Livre d'amour* (quarante et un poèmes consacrés aux amours avec Adèle), mais pas de publication.

VIE		ŒUVRE	
1844	**Mars :** élection à l'Académie française.	**1844**	**Avr. :** *Portraits de femmes*, chez Didier. *Portraits littéraires*, t. I et II, chez Didier.
1845	**Févr. :** réception à l'Académie, par Hugo.		
		1846	**Avr. :** *Portraits contemporains*, t. I et II, chez Garnier. **Sept. :** *Portraits contemporains et divers*, t. III, chez Garnier.
1848	**Avr. :** après la révolution de Février, des listes publiées de bénéficiaires des fonds secrets distribués par l'ancien gouvernement mentionnent « Sainte-Beuve » (sans autre indication) pour de très faibles sommes. Attaqué dans son honneur, le critique démissionne de son poste de conservateur. **Sept. :** départ pour Liège, où Sainte-Beuve donne deux cours à l'Université : sur l'histoire de la littérature française jusqu'au XVIIIe siècle ; sur Chateaubriand.	**1848**	**Sept. :** *Port-Royal*, t. III, chez Hachette.
1849	**Août :** retour à Paris.	**1849**	**1er oct. :** premier article du lundi au *Constitutionnel.*
1850	**17 nov. :** mort d'Augustine Sainte-Beuve, mère du critique. Sainte-Beuve hérite de sa maison, 11, rue du Mont-Parnasse, qu'il habitera jusqu'à sa mort.		
1851	**Déc. :** Sainte-Beuve favorable au régime autoritaire qu'inaugure le coup d'État du 2 Décembre.	**1851**	**Févr. :** *Causeries du lundi*, t. I, chez Garnier. Quinze tomes se succéderont jusqu'en 1862.
1852	**Sept. :** refus de la chaire d'Éloquence française à la Faculté des lettres de Paris.	**1852**	**Août :** « les Regrets », article polémique contre les nostalgiques des régimes politiques anciens. **Déc. :** Sainte-Beuve publie désormais ses causeries au *Moniteur*, journal officiel de l'État.
1854	**Déc. :** choisi par l'assemblée des professeurs du Collège de France pour la chaire de Poésie latine, Sainte-Beuve est nommé par décret impérial.		
1855	**Mars :** empêché par un chahut monstre de se faire entendre, le professeur abandonne au bout de deux leçons.		
1857	**Oct. :** Sainte-Beuve nommé maître de conférences de littérature française à l'École normale.	**1857**	**Mars :** *Étude sur Virgile*, suivie d'une *Étude sur Quintus de Smyrne,* chez Garnier (études issues du projet de cours au Collège de France et publiées en 1855-1856).
1858	**Avr. :** début des leçons à l'École normale (elles dureront jusqu'en juil. 1861) sur la littérature française des origines au XVIIIe siècle.		
		1859	**Déc. :** *Port-Royal*, t. IV et V, chez Hachette.
		1860	**Nov. :** *Chateaubriand et son groupe littéraire sous l'Empire*, chez Garnier (ouvrage fondé sur les leçons professées à Liège en 1848-1849).
1861	**Sept. :** Sainte-Beuve quitte *le Moniteur* pour revenir au *Constitutionnel.*	**1861**	**Sept. :** premier des articles qui formeront les *Nouveaux Lundis.*
		1863	**Mars :** *Nouveaux Lundis,* t. I, chez Michel Lévy (la parution des treize tomes se terminera en 1870).
1865	**Avr. :** Sainte-Beuve est nommé sénateur.	**1865**	**Oct.-déc. :** articles sur Proudhon.

VIE		ŒUVRE	
1868	**Avr. :** scandale du « dîner du Vendredi saint » qui réunissait, chez Sainte-Beuve, le prince Napoléon, Edmond About, Renan, Taine, Flaubert, le docteur Robin. **Mai :** discours, au Sénat, sur la liberté de la presse. **Juin :** discours, au Sénat, sur la liberté de l'enseignement.		
1869	**Janv. :** Sainte-Beuve collabore au *Temps,* journal libéral proche des républicains. **13 oct. :** mort de Sainte-Beuve, suivie d'obsèques civiles.		
		1874-1875	*Premiers Lundis*, trois tomes, chez Michel Lévy (articles non recueillis jusqu'alors, datant surtout d'avant 1840).
		1876	*Chroniques parisiennes, 1843-1845*, chez Calmann-Lévy (recueil des chroniques envoyées secrètement à la *Revue suisse*).

POÉSIE ET ROMAN

Vie, Poésies et Pensées de Joseph Delorme

Publié en 1829 sans nom d'auteur, réédité et augmenté en 1830, l'ouvrage ne subit plus que des modifications mineures au cours des éditions ultérieures des *Poésies* ; accueilli avec tapage, objet de scandale, fort remarqué tout au long du XIXe siècle, il jouit de nos jours d'une très modeste notoriété et se caractérise par une indétermination d'ensemble, une plurivocalité parfois agressive et discordante qui n'empêche pas certains thèmes et certains tons de ressortir sur ce fond d'éclectisme.

Le titre indique la structure générale en triptyque. Sainte-Beuve se donne comme l'éditeur (anonyme) d'un poète défunt, Joseph Delorme, dont il raconte d'abord la vie : embryon de roman intime, largement autobiographique (foi de la jeunesse, enthousiasmes poétiques, études de médecine commencées puis abandonnées, introspection pathologique, réserve velléitaire et idéalisante devant la femme), drame caché d'une existence consumée par la maladie, rongée par les excès de l'imagination et de la pensée, froissée par les mépris d'une société dure à l'égard des pauvres et des isolés. Aux poésies, rangées dans un ordre approximativement chronologique, succèdent les pensées, une vingtaine de fragments critiques, sorte d'art poétique du romantisme hugolien et beuvien. Ainsi se traduit en une organisation différenciée, mais synthétique, la polyvalence de l'écrivain en 1829 : le « il » du romancier ou du biographe, le « je » intime de l'élégiaque, le « je » législateur du critique se côtoient, sous le couvert du pseudonymat.

Les poésies reflètent et amplifient cette indétermination. Les thèmes sont ceux du lyrisme élégiaque de l'époque : amour, fuite du temps et mort, joies et peines de la vie quotidienne, amitié, littérature. Sainte-Beuve en hypertrophie les aspects négatifs (frustrations, désespérances, contiguïté et complicité d'Éros et de Thanatos, imagination réaliste et brutale de la mort), et l'importance des « métapoèmes » théoriques révèle le critique. Les styles utilisés rappellent Lamartine, Hugo, Ronsard, les élégiaques néo-classiques de la Restauration avec leurs périphrases et leur religiosité fleurie, toute de convention. L'originalité stylistique essentielle consiste en une tendance à l'abandon de la rhétorique traditionnelle du lyrisme, tendance qui va de pair avec l'emploi du vocabulaire de la prose et avec la désarticulation du vers par l'affaiblissement des accents métriques ; ces traits caractérisent les pièces les plus célèbres du recueil : érotiques, avec une légère et perverse sensualité (« la Gronderie », « Rose »), macabres (« le Creux de la vallée », « les Rayons jaunes », « Ma Muse », « la Veillée », « la Plaine »), intimes (« Bonheur champêtre », « Promenade »), littéraires (« Mes livres »).

Les Consolations

Au succès immédiat et unanime que rencontra ce recueil lors de sa parution, en 1830, succéda un prompt oubli. La diversité thématique de *Joseph Delorme* se réduit ici à l'intimité et à l'amitié, véhiculées par une forme unique, l'épître (si l'on excepte quelques sonnets) : triomphe complet de la subjectivité effusive à laquelle la contrition pieuse sert d'alibi. Chaque pièce est bâtie sur un contraste : synchronique, entre *ego* et *ille* (le poète et son destinataire qui devient pour lui un exemple et l'occasion d'un appel) ; diachronique, entre *illic et olim* et *hic et nunc* (entre un passé dévalorisé, une chute dans l'errance impie, et un présent de conversion qui s'ouvre sur un avenir idéalisé) : un tel schéma favorise la métamorphose de la confidence en séquences narratives ; mais le prosaïsme qui faisait une des originalités de *Joseph Delorme* s'efface devant l'usage et l'abus de la rhétorique religieuse.

Pensées d'août

Ce dernier recueil fut accueilli, en 1837, par l'indifférence ou l'hostilité de la critique. Les procédés romantiques usés cèdent ici la place à un prosaïsme agressif, à un style volontairement artificiel et terne. L'épître nouvelle, où domine le récit, tend à remplacer la confidence, et bientôt la narration se produit sans prétexte subjectif, comme dans « Pensée d'août » ou « Monsieur Jean », histoires en vers ;

le discours critique envahit des « épîtres morales » qui tentent de renouveler la manière de Boileau ou de Pope (« À M. Villemain », « À M. Patin »).

Volupté

Publié en 1834, assez favorablement accueilli par la critique, c'est le seul roman de Sainte-Beuve (on peut négliger quelques nouvelles sans grand relief), et il comporte des aspects autobiographiques évidents : l'enfance d'Amaury, ses aspirations religieuses, maint portrait à clef de contemporain, et surtout la relation du héros au couple de Couaën qui rappelle celle du critique au ménage Hugo. Mais la confession se dérobe sous le fantasme cathartique et sous la rationalisation morale que cache, à première lecture, la touffeur fleurie de la fiction : les velléités et les passivités d'un Amaury qui se délecte aux commencements sans engagement, aux aventures amoureuses sans suite, aux observations furtives sans participation généreuse (toutes ces tendances voluptueuses que désigne le titre racoleur du roman), préservent la pureté de l'amante-mère et débouchent sur une sublimation qui permet à l'amour de s'accomplir dans la religion. L'échec terrestre ouvre la voie au dépassement de soi dans la foi. Les figures féminines n'auront été que des signes, ou des obstacles salutaires, presque des sourires de la grâce, sur l'itinéraire du rachat.

SYNOPSIS

En route pour l'Amérique, un évêque, Amaury, raconte, à l'intention d'un jeune ami, sa vie, ses fautes et ses errances, sa conversion. Noble, orphelin, élevé dans la solitude par un oncle, il connaît une amitié amoureuse avec la jeune et pure Amélie de Liniers (I-II). Craignant de s'engager dans un bonheur trop calme, il se lance dans l'action politique, et éprouve un amour platonique pour l'épouse du chef de la conjuration royaliste, la marquise de Couaën (III-VI), qu'il suit à Paris lorsque le marquis est arrêté. Dans la grande ville, il concilie d'abord l'idéalité de sa passion et la réalité amère de satisfactions sensuelles indignes ; mais il se lasse de cette situation sans espoir et fréquente Mme R., mondaine et coquette, qui s'amuse de lui sans se donner (VII-XX). Il se convertit enfin, entre au séminaire et, au cours d'un pèlerinage au pays de son enfance, administre les derniers sacrements à Mme de Couaën, qui meurt bercée par les prières de son saint ami (XXI-XXV).

Roman d'analyse tout intérieur (comme *Adolphe* de Benjamin Constant ou *Valérie* de Mme de Krüdener), *Volupté* se distingue de cette lignée classique en abandonnant la concentration dramatique pour la structure biographique du *Bildungsroman*, plus souple et propice à la digression ; et surtout en mettant en œuvre un style aux phrases sinueuses, aux images multipliées qui deviennent parfois des allégories développées, au vocabulaire étonnant : mystique, archaïque, cultivant l'impropriété et l'imprécision ; cela suggère sans cesse une distance avec le réel : dans cet interstice se loge un symbolisme subtil, et chaque épisode revêt une troublante polysémie. On comprend la fascination de Balzac et de Flaubert, qui reprendront la situation centrale (le jeune homme au centre du triangle féminin formé par la jeune fille, la femme vertueuse et la mondaine) dans *le Lys dans la vallée* et *l'Éducation sentimentale*. Mais Félix de Vandenesse, le héros balzacien, fuit sa douleur dans l'action ; et Flaubert fait sombrer Frédéric Moreau dans l'anonyme médiocrité bourgeoise : ces différences soulignent le spiritualisme optimiste et mystique, le romantisme idéaliste qui font de *Volupté* un document unique sur les courants religieux et moraux qui traversent la mentalité française au début de la monarchie de Juillet.

CRITIQUE

Les *Portraits*

Sainte-Beuve a recueilli sous ce titre générique la majorité des articles écrits de 1829 à 1849, d'abord groupés en *Critiques et Portraits littéraires* (cinq tomes de 1832 à 1839), puis répartis en *Portraits de femmes* (1re éd. en 1844), en *Portraits littéraires* consacrés aux écrivains disparus à la date de l'article (1re éd. en 1844) et en *Portraits contemporains* (1re éd. en 1846) consacrés aux vivants, tout en comprenant des articles de synthèse ou de polémique (« De la littérature industrielle », 1839 ; « Dix Ans après en littérature », 1840…) et des comptes rendus assez brefs.

Les « portraits » proprement dits sont au nombre de quatre-vingt-quatre (si l'on y inclut cinq articles recueillis dans l'édition de 1843 du *Tableau*) ; ils constituent un véritable sous-genre, mis au point en 1829-1830, et se caractérisent par l'impérialisme de la biographie, qui répartit les descriptions et les appréciations des œuvres. Le récit de la vie, précédé d'un ample prologue, n'est suivi que d'une brève conclusion. La grande variété thématique jaillit en essais-digressions : tableaux d'une époque, évocations d'un moment ou d'un lieu, vastes comparaisons pour situer un personnage ou un ouvrage dans une lignée ou un groupe. Le style emprunte beaucoup des moyens de la poésie : images, métaphores, alliances de mots, pour appeler à la présence vivante un homme à travers ses actes, ses œuvres et ses attitudes caractéristiques.

Port-Royal

Les trois mille pages de cet ouvrage publié de 1840 à 1859 sont le développement et l'approfondissement du cours professé à l'Académie de Lausanne en 1837-1838. Sainte-Beuve – il le confie dans *Volupté* – s'intéresse à Port-Royal dès sa « conversion », et Lamennais l'encourage sans doute à étudier un mouvement religieux indépendant du pouvoir politique et de l'autorité romaine. Mais le dessein originel – vivre par l'imagination une pieuse retraite qui préserve des dissipations de la conduite quotidienne – s'élargit bientôt : la biographie du monastère, fondée sur une masse de documents de première main, devient un vaste tableau de la littérature et de la spiritualité du XVIIe siècle français.

SYNOPSIS

Au livre I, « Origine et renaissance de Port-Royal », après avoir raconté les vicissitudes de la communauté jusqu'à l'entrée au cloître de Jacqueline Arnauld, les origines de la famille Arnauld, la réforme du monastère par Jacqueline devenue la mère Angélique (1608), Sainte-Beuve évoque, par comparaison, le *Polyeucte* de Corneille et le *Saint-Genest* de Rotrou, la spiritualité de saint François de Sales, qui fut un moment directeur des religieuses. Le livre II est consacré au « Port-Royal de M. de Saint-Cyran » (1636-1639) : par l'intermédiaire de ce sévère directeur pénètrent les idées de Jansénius sur la grâce, tandis que se forme, autour de M. Le Maître, le groupe des « solitaires », laïcs qui s'adonnent, auprès du monastère, à la prière et à l'étude ; Sainte-Beuve en trace les portraits, nous guide dans le labyrinthe des controverses théologiques de l'*Augustinus* de Jansénius et de *la Fréquente Communion* (1643) d'Antoine Arnauld, et nous fait assister aux premières persécutions. Le livre III est une évocation précise et vivante du génie de Pascal, sommet de la culture classique. Au livre IV sont examinées les « écoles de Port-Royal », avec leurs maîtres et avec leurs élèves restés obscurs ou, comme Racine, devenus célèbres. Le livre V retrace l'histoire de « la Seconde Génération de Port-Royal », celle d'Arnauld et de Nicole, marquée par la grande persécution de 1660-1668, et la paix fragile qui suit ; cet « automne » permet d'évoquer la douce figure d'Arnauld d'Andilly, La Fontaine, Mme de Sablé et les autres pénitentes. Le livre VI est consacré à l'ultime persécution, qui commence en 1679 par l'interdiction de recevoir des novices et se termine avec la dispersion des religieuses et la destruction du monastère (1709-1710) : lent dépérissement où se situent les derniers combats d'Antoine Arnauld et les chefs-d'œuvre de la vieillesse de Racine, *Esther* et *Athalie*.

L'auteur compare son œuvre à une église qu'on parcourt en visitant à divers moments ses chapelles, ses tombeaux, ses confessionnaux : à l'axe diachronique central, l'histoire de la communauté monastique, correspondent des intrigues latérales, les unes développées, les autres réduites à des évocations ponctuelles, voire rejetées dans de copieuses notes. Richesse et variété d'informations, diversité de tons (depuis la gravité attendrie jusqu'à l'ironie amusée) concourent à installer le lecteur au cœur d'un haut lieu spirituel qui rayonne sur tout le siècle, répandant le goût d'une solidité sévère, d'un rationalisme respectueux de la foi et du dogme, mais aussi à le promener à la périphérie lointaine, en compagnie, par exemple, de Guez de Balzac, épistolier aux comiques vanités, ou du sceptique Molière. Aux portraits des religieuses, des évêques, des confesseurs, des théologiens, des solitaires, répondent ceux des mondains, des ministres, des courtisans, des libertins ; cela suggère une tension dramatique entre la rigueur janséniste et la dynamique de l'époque : fantaisie riante de l'âge baroque, nationalisme centralisateur et autoritaire, impatiences d'une raison qui refuse soumissions et entraves. À ce mouvement qui anime le siècle se superpose l'évolution propre du critique : le point de vue, proche de l'identification sympathique au cours des deux premiers livres – l'époque des audaces et des découvertes –, se détache progressivement à mesure que le groupe janséniste s'enfonce dans la casuistique et cesse d'être créateur, pour aboutir à une froideur détachée devant la sclérose finale. Cette variation marie à la biographie du cloître le reflet de la dérive spirituelle de Sainte-Beuve : des portes de la foi à celles de l'agnosticisme.

Les *Lundis*

Les trois cent trente articles en quinze volumes des *Causeries du lundi* (1851-1862), les cent trente-neuf articles en treize volumes des *Nouveaux Lundis* (1863-1870) représentent la majeure partie de la production littéraire de 1849 à 1869 (si l'on excepte, principalement, *Chateaubriand*..., l'*Étude sur Virgile*, ainsi que les trois articles de 1865 sur Proudhon qui seront recueillis en volume en 1872 chez Michel Lévy sous le titre *P.-J. Proudhon, sa vie et sa correspondance, 1838-1848*).

Les thèmes en sont d'une extrême diversité et dictés par l'actualité éditoriale ou les goûts du critique : depuis l'Antiquité jusqu'à la plus brûlante contemporanéité, avec une prédilection pour les XVIIIe et XIXe siècles. Se cantonnant aux domaines gréco-latin et français, sans exclure quelques excursions à l'étranger (Dante, Cervantès, Gibbon, William Cowper...), Sainte-Beuve fait place, à côté des écrivains, aux stratèges, aux politiques, aux femmes du monde, avec cette préférence – qu'on lui a tant reprochée – pour les talents secondaires, plus accessibles et représentatifs de leur époque.

La « causerie » (ou le « lundi », d'après le jour ordinaire de sa publication) marque, par rapport au « portrait », un triomphe de l'essai sur la biographie et du jugement sur la compréhension par sympathie : mutation radicale du point de vue, de la manière et du style. Le critique, désormais, sans négliger l'homme, l'aborde davantage par ses œuvres, sur lesquelles il jette un regard aigu, désabusé, moins indulgent sous l'extrême urbanité de ton ; le portrait est plus ramassé, les traits s'accusent avec plus de vivacité. Une extrême liberté de composition donne souvent l'impression que le sujet est prétexte à une guirlande de développements brillants ou incisifs. Les partis pris ne se déguisent plus, et des arrêts sont prononcés, d'abord au nom de l'idéal classique, de la raison et du goût, puis, à partir des années 1860, en fonction d'un historicisme nuancé. Le style abandonne les procédés poétiques et l'ampleur d'avant 1848 pour se faire précis, dépouillé, pénétrant.

Sous l'apparence d'une limpidité aisée, les *Lundis* sont le résultat d'une complexe et laborieuse élaboration dont témoignent les dossiers préparatoires, presque tous conservés. Sainte-Beuve a le souci du document original, inédit, et des lectures exhaustives ; il recueille les témoignages les plus divers avec la passion de la vérité et de l'exactitude qui a remplacé celle de la poésie. L'article définitif unifie les apports et efface l'ingratitude des travaux préliminaires ; il est une petite œuvre d'art, suggestive et typée, en même temps qu'une précieuse introduction à la connaissance des siècles, des hommes et des œuvres : équilibre unique entre l'esthétique classique, avec ses exigences de composition équilibrée et de beau langage, le sens romantique de la singularité étrange de chaque moment ou de chaque être, et les prodromes encore traitables de l'érudition moderne.

D. Madelénat

SAINTE-MAURE Benoît de
v. **BENOÎT DE SAINTE-MAURE**

Sainte Eulalie (Séquence ou Cantilène de)

Ce poème narratif est l'un des plus anciens textes en langue vernaculaire qui nous sont parvenus (Xe siècle, et peut-être même fin IXe siècle). Il relate et glorifie la vie et le martyre de sainte Eulalie de Mérida, en partant, semble-t-il, des quelques vers que lui avait consacrés Prudence à la fin de l'Antiquité. Le texte qui nous intéresse avait été transcrit sur un folio supplémentaire du manuscrit 150 de la bibliothèque de Valenciennes, avec une séquence latine dédiée à la même sainte et le début du *Ludwigslied*, texte francique qui chante la bataille de Saucourt (881) qui a également suscité la chanson de geste de *Gormont et Isembart*. Cette fin de manuscrit nous révèle ainsi l'existence d'un milieu intellectuel trilingue dans ce secteur du nord de la France : latin, roman (dialecte picardo-wallon) et francique (parler germanique occidental), le *Ludwigslied* et notre *Séquence* étant transcrits de la même main. Notre texte contient des traits linguistiques mêlés : picards, wallons, mais aussi champenois et franciens. Selon M. Delbouille, le fait serait dû à « un usage littéraire interrégional » ; la langue est encore émaillée de nombreux latinismes.

Du point de vue formel et structurel, il s'agit d'une prose de séquence, composée de vingt-huit décasyllabes assonancés deux à deux, soit quatorze distiques répartis en cinq strophes, à quoi s'ajoute, à la fin, un heptasyllabe rimant en -a. Mais beaucoup de ces décasyllabes sont hypermétriques (onze, douze, voire treize syllabes). La rime finale, qui rattache le texte à l'Alleluia, permet de décider qu'il appartenait à la partie para-liturgique d'un office religieux. Il nous est parvenu sans indication musicale ni titre de mélodie.

La séquence romane se distingue nettement de la séquence latine qui l'accompagne : le lyrisme cède le pas à un développement narratif et descriptif : après une présentation d'Eulalie (dans les deux premiers distiques), est évoquée sa résistance (distiques 2 à 9), son supplice (le feu étant inopérant, elle est finalement décapitée) et la transformation de son âme en colombe au moment où elle expire ; les deux derniers distiques invitent l'auditoire à invoquer la sainte. Le texte présente donc un caractère littéraire qui dépasse le cadre traditionnel d'une prose de séquence.

La *Séquence de Sainte-Eulalie* a été essentiellement étudiée pour sa seule valeur de témoignage linguistique et historique. Son intérêt, à cet égard, réside en deux points : l'interférence de traits dialectaux du Centre avec des parlers du Nord, et la cœxistence de notre texte avec le *Ludwigslied*, le rapprochement de ces deux faits permettant d'avancer quelques hypothèses sur les premiers balbutiements du genre épique. L'examen des premiers monuments de notre littérature (*Eulalie*, *Poème de la Passion*, *Sponsus*, *Saint Léger* et *Saint Alexis*) permet d'avancer l'hypothèse de l'existence de trois « koinês » (domaines picardo-wallon, aquitain du Nord, et normand), dont les interférences supposent des contacts avec un parler extérieur, vraisemblablement du Centre – ce qui pourrait s'expliquer précisément par la diffusion dès cette époque d'œuvres épiques, dont le *Ludwigslied* serait l'écho dans le domaine germanique.

D. Boutet

SAINT-ÉVREMOND Charles de

Charles de MARGUETEL de SAINT DENIS, seigneur de SAINT-ÉVREMOND *(1614-1703)*

Saint-Évremond occupe, dans l'histoire de la littérature du XVIIe siècle, une place à part. D'abord parce que la moitié de sa vie s'écoula en exil. Ensuite et surtout parce qu'à cet éloignement géographique s'ajouta, bien plus déterminante, la marginalité qui résultait de ses prises de position : gentilhomme soucieux de conserver son image d'honnête homme, il adopta, dans sa vie comme dans son œuvre d'essayiste, une attitude d'amateur averti mais distant. Cette double distanciation fut propice à un regard critique sur la vie intellectuelle, littéraire et sociale de son temps. Humaniste inavoué, épicurien et sceptique, il représente un trait d'union entre l'âge des libertins érudits et celui des Lumières.

De l'ambition au repos dans l'exil

Cadet d'une famille de vieille noblesse normande, Saint-Évremond était destiné à la magistrature et reçut, dans cette perspective, une solide formation de base. Mais, à l'âge de dix-neuf ans, il abandonna cette voie pour se tourner vers la carrière des armes, où il fit bonne figure. Dans les années 1640, il appartint à l'état-major du prince de Condé (alors en pleine gloire) et se lia avec les membres de la plus haute noblesse, devenant notamment l'ami du maréchal-duc de Gramont. Il fut aussi en contact avec les plus éminents humanistes de l'époque : Gassendi – qui fut son maître –, mais aussi Heinsius, et, plus tard, il connut Spinoza et Vossius.

Ainsi se dessine sa double image de jeune noble aux mœurs libertines et d'érudit, libertin aussi en philosophie. Mais il est encore, à ce moment, un ambitieux. Brouillé avec Condé, il prend parti pour la Cour durant la Fronde, ce qui lui vaut d'être nommé maréchal de camp en 1652.

Cependant, la découverte d'une lettre où il critiquait la politique de Mazarin le met en péril d'emprisonnement, et il doit chercher refuge en Hollande (1665-1669) et en Angleterre (1661-1665 et 1670-1703).

Renonçant à toute ambition, il s'installe dans l'exil pour y vivre confortablement. Se vieillissant par anticipation, il se compose le personnage d'un épicurien sans âge, amateur de bons livres et de belles femmes, vivant dans la discrétion.

Ce temps est aussi celui de sa plus grande activité littéraire. Avant l'exil, il avait peu composé et moins encore publié : son œuvre principale était la *Comédie des académistes pour la réformation de la langue française* (1650), satire de l'Académie et de ses prétentions à régenter la langue. Mais, durant le temps de l'exil, il entretient une correspondance active avec des gens du monde et des gens de lettres à travers toute l'Europe, et surtout multiplie les opuscules sur les sujets les plus divers de littérature et de morale (ainsi que des pièces de vers fugitives dans le goût galant).

Une écriture désinvolte

« Je ne veux être ni critique ni auteur », proclame Saint-Évremond dans une lettre privée. De fait, ses travaux littéraires ne semblent suivre aucune méthode précise : il écrit selon les circonstances et les réflexions du moment, et la pensée progresse surtout par libres associations d'idées. Le désir de rester un mondain avant tout et le mépris à l'égard de toute pédanterie dictent cette écriture désinvolte. Mais la désinvolture est, en réalité, une esthétique raffinée.

Il n'écrivait pas pour le grand public. D'ailleurs, il ne se soucia pas d'imprimer ses œuvres : il les laissa imprimer. La liste des destinataires de ses ouvrages montre qu'il s'adressait à un petit cercle de « pairs » en talent, en raffinement et en mondanité. On y trouve, à côté de quelques savants (Vossius) et écrivains de premier plan (Corneille), surtout des personnalités de la haute aristocratie (les ducs de Gramont et de Créqui, la duchesse de Mazarin). Ces correspondants émérites servaient de relais vers le petit monde des « sages » et des esprits choisis. Il y a sans doute là une part de factice ; mais il est certain que l'œuvre de Saint-Évremond s'est élaborée à destination de lecteurs hors du vulgaire.

Aussi pratique-t-il (comme Méré, autre écrivain « honnête homme ») de préférence les formes brèves, et proches de l'art de la conversation : lettres, « réflexions », voire « pensées et maximes », tout au plus « dissertations » et « discours ». De façon significative, lorsqu'il lui arrive de former un projet plus ample il le réduit à un opuscule : ainsi les *Observations sur Salluste et Tacite* (1668), envisagées d'abord comme une critique en forme, se restreignirent à un commentaire limité. Sous les noms divers qu'il utilise pour les désigner, ses écrits correspondent, en fait, très exactement au genre de l'essai. Et si l'on considère sa production de façon globale, elle s'apparente bien aux *Essais* de Montaigne, dont il était un lecteur assidu.

Son attitude comporte cependant une part de paradoxe. S'adressant d'abord à des mondains, il ne prône pas la fréquentation des livres comme source de savoir. « Je n'ai jamais eu d'attachement à la lecture », prétend-il ; et d'ajouter : « Je cherche plus dans les livres ce qui me plaît que ce qui m'instruit. » Il précise même : « La connaissance des belles-lettres [...] regarde la conversation, polit l'esprit, inspire la délicatesse et l'agrément. »

Mais, malgré cet anti-intellectualisme affiché, la littérature est pour lui exercice de l'esprit plus que mouvement de l'émotion. L'agrément qu'il propose à ses lecteurs est donc avant tout celui de l'intelligence. Offrant des « réflexions » agréables, tout à l'opposé des lourds traités pontifiants, il recourt aux effets d'ironie, de prétérition, et son style est riche de formules lapidaires tout ensemble exemple et théorie : « Où l'esprit a si peu à faire, c'est une nécessité que les sens viennent à languir. »

Toujours fondée sur l'exercice de la raison, sur la recherche de l'expression juste, son écriture s'inscrit bien dans le fil de l'esthétique classique ; désinvolture et fantaisie n'y sont jamais négligence ou licence.

Un héritier des libertins

Élève de Gassendi et lecteur de Montaigne, Saint-Évremond a pour thème de réflexion favori l'homme et la société. D'où, dans le domaine littéraire, sa prédilection pour les historiens, qui donnent le récit des actions des hommes, et pour les auteurs tragiques, qui en donnent la représentation. D'où aussi, comme chez Montaigne, une extrême attention à soi-même. Mais il affirme que la conscience de soi passe surtout par l'image que l'on se construit : « L'idée qu'on a de soi par la simple attention à se considérer du dedans est toujours un peu confuse : l'image qui s'en exprime au-dehors est beaucoup plus nette, et fait juger de nous beaucoup plus sainement quand elle repasse à l'examen de l'esprit après s'être présentée à nos yeux. »

Le « connais-toi toi-même » se trouve de la sorte déplacé vers l'« être-là » et le « faire », et Saint-Évremond récuse l'idée d'un « être », d'une « nature humaine » éternels ou intemporels. Pour lui, ils varient au fil de l'histoire : « Ce n'est pas tant la nature humaine qu'il faut expliquer que la condition humaine qu'il faut représenter. »

Cette option, très moderne pour l'époque, le conduit à un scepticisme souriant mais impitoyablement ironique. Il se manifeste en particulier dans ses commentaires sur les ouvrages historiques : Saint-Évremond est un démolisseur de héros, s'ingéniant à discerner sous les images brillantes et les légendes créées par les historiographes bien-pensants les travers et les mesquineries des personnages les plus illustres ; un bon exemple en est la façon dont il démythifie Mécène, que tous les écrivains de son temps présentaient sous un jour avantageux en sa qualité de protecteur des lettres. Ou bien il conserve son admiration envers un grand homme, mais en la gauchissant : en César il remarque les mérites du cynisme, que les historiens et commentateurs évitaient de souligner.

Sceptique à l'égard de l'homme, il se forge une morale où les illusions généreuses n'ont pas de place. En disciple de l'épicurisme que Gassendi lui a enseigné, il fonde son éthique personnelle sur la recherche d'une volupté qu'il assimile à la sagesse, à l'art du divertissement modéré (il condamnait les éclats des libertins débauchés).

Son scepticisme est tout aussi profond en matière de religion (même s'il évitait de choquer ouvertement). Comme les libertins érudits, il déteste les jésuites (*Conversation du maréchal d'Hocquincourt et du P. Canaye*, 1665 ?) et leur prosélytisme (qu'il connaissait de première main, ayant été leur élève), dénonce les croyances en la sorcellerie et tous les fanatismes. Hostile à la métaphysique, il rejette l'esprit de système dans tous les domaines de la connaissance et opte pour l'humilité devant ce qui est inaccessible à l'entendement humain, pour l'acceptation d'un savoir limité. Cette attitude de doute critique apprise des libertins le rapproche de certains dissidents huguenots (Bayle) et prépare la voie aux Philosophes du siècle suivant.

Sa critique de la société n'est pas moins radicale. Gentilhomme de vieille souche, il n'hésite pas à dénoncer ce qui faisait la base même de l'idéologie nobiliaire, l'honneur érigé en valeur suprême et symbole de la défense du lignage. Il n'y voit qu'un art de feindre, qui dissimule mal la toute-puissance des penchants personnels : « C'est l'honneur qui s'efforce quelquefois de cacher les défauts du cœur, qui joue le personnage de la tendresse, qui sauve les apparences pour quelque temps, jusqu'à ce que l'inclination se réveille et qu'elle reprenne sa première vigueur. »

Pas plus que les valeurs de l'héroïsme nobiliaire, les valeurs nationales ne trouvent grâce à ses yeux. Ses *Observations sur le goût et le discernement des Français* (1683) remettent en question le chauvinisme culturel alors en vogue et entretenu par les dirigeants politiques. Avec lui naît une conception du cosmopolitisme qui, empruntant au siècle précédent l'image d'une « république des lettres » rassemblant sans souci des frontières tous les bons esprits, envisage une Europe des esprits libres où l'exil n'aurait plus de sens.

À l'égard de l'absolutisme, ses critiques ne sont pas moindres. Elles lui valurent le bannissement, et il les tint par la suite aussi secrètes que possible. Mais son attitude est typique de la duplicité pratiquée par les libertins. Il se déclare attaché au roi, qui incarne l'État. Il joint à ce respect celui de la religion d'État, qu'il tient pour un cadre nécessaire au peuple. Mais en secret, il incline au républicanisme. Ses commentaires critiques sur l'histoire récente (dont, bien sûr, la *Lettre* de 1659) ou ses *Réflexions* sur la république romaine (1663) laissent percer ses options, qu'il évita cependant de formuler en termes systématisés, soucieux de ne pas jouer, dans son exil, le personnage d'un opposant militant. Au contraire, il affirmait que la politique suivie par Louis XIV confirmait ses propres critiques contre Mazarin (*Lettre à Lionne*, 1668).

Un critique de goût

Les options éthiques et sociales de Saint-Évremond n'apparaissent, au fil de ses ouvrages, que de façon fragmentée ; ses options d'ordre esthétique s'y affirment de façon plus suivie. C'est d'ailleurs en sa qualité de critique qu'il jouissait auprès de ses contemporains de l'autorité la plus grande. Celle-ci était avant tout fondée sur sa qualité de « connaisseur ». Car s'il feignait de mépriser l'érudition, son savoir était reconnu et lui conférait les compétences d'un « docte ». Mais les critères sur lesquels il appuie ses jugements se veulent avant tout « mondains », et il se pose en critique de goût, non en théoricien.

Chez lui, le goût est indépendant de la mode : il est, au contraire, émanation de la raison. Ainsi, dans une lettre à Corneille, qui se plaignait d'être attaqué par les partisans de Racine (avril 1668), il met en avant, contre les opinions à la mode, l'avis du savant Vossius (favorable à Corneille) et enchaîne : « Serait-il arrivé du bon goût comme des modes, qui commencent à s'établir chez les étrangers quand elles se passent à Paris ? [...] Je crois que l'influence du mauvais goût s'en va passer, et la première pièce que vous donnerez au public fera voir par le retour de ses applaudissements le recouvrement de son bon sens et le rétablissement de sa raison. » Comme l'a montré Q.M. Hope, le bon goût selon Saint-Évremond s'ordonne autour de trois notions clefs : la délicatesse, le bon sens, le naturel. La délicatesse permet de discerner les qualités de l'expression, qui doit être aussi mesurée et exacte que possible. Le bon sens préserve les prérogatives de la raison. Le naturel défend les droits de l'émotion et du plaisir.

Car la donnée première, chez cet homme de raison, reste le mouvement de la sensibilité : un ouvrage n'est digne d'intérêt que s'il « touche » et « anime ». De ce fait, le goût de Saint-Évremond accorde une place prépondérante, parmi les genres littéraires, à la tragédie, plus que toute autre forme capable d'« enlever l'âme ». Mais cette réaction première ne fait pas disparaître les droits de la raison : d'où l'intérêt de Saint-Évremond pour les ouvrages historiques, qui fournissent à la raison un aliment pour la réflexion et au bon sens l'occasion de s'exercer pour juger des comportements humains. La délicatesse intervient comme art du discernement : elle lui inspire de la défiance à l'égard de la poésie, qu'il tient pour un langage inspiré et donc hors de raison (aussi ne la pratique-t-il lui-même que comme un jeu de société), et plus largement à l'égard de tout style trop abondant en figures et en hyperboles (d'où son hostilité aux caprices de l'écriture galante).

À partir de tels critères, les opuscules critiques de Saint-Évremond dessinent un champ de culture assez nettement tracé, privilégiant un petit nombre d'auteurs anciens et modernes. Parmi les Anciens (qui n'échappent pas à son regard critique), il distingue surtout les historiens : Plutarque, Salluste, Tacite. Il accorde cependant une place de choix au romancier Pétrone, en qui son ironie, son épicurisme et son souci de récuser toute illusion trouvent un prédécesseur. Parmi les Modernes, il apprécie particulièrement Montaigne, bien sûr, pour son analyse du comportement humain, et aussi Cervantès, qu'il tient pour un maître en matière de goût. Mais il porte son attention surtout vers le théâtre. Il a peu écrit sur la comédie, mais sa position en ce domaine est tranchée : seul Molière a su saisir le vrai caractère de la dramaturgie comique (*Sur les comédies*, 1677). Il s'est davantage consacré à la tragédie (cinq opuscules en traitent directement). Dans le conflit qui opposait les tenants de l'esthétique cornélienne et ceux de Racine, il a nettement pris position contre ce dernier (*Dissertation sur la tragédie d'« Alexandre »*, 1667) : il lui reproche son style trop « galant », et, surtout, il le blâme de présenter les personnages de l'Antiquité sous des aspects trop immédiatement inspirés des comportements contemporains ; en revanche, il loue Corneille d'avoir su bien pénétrer les mœurs et valeurs antiques et de construire des figures de héros qui se distinguent fortement des comportements ordinaires. En fait, son attachement à la dramaturgie cornélienne est complexe. Il tient sans doute, pour une part, à des considérations de « clan » littéraire. Mais il s'explique aussi, et davantage, par le rôle compensateur que jouait la tragédie cornélienne en face du déclin des valeurs de l'héroïsme nobiliaire : en en montrant la crise, mais aussi le dépassement par un effort de volonté hors du commun, elle était à ses yeux une affirmation de la possible réussite d'une quête éthique fondée sur l'exercice de la force de caractère individuelle.

L'œuvre critique de Saint-Évremond ne prend cependant jamais un caractère systématique : fait significatif, il n'intitule pas ses ouvrages « critique » ou – synonyme plus usuel à l'époque – « censure », mais « réflexions » ou « observations ». De fait, il préserve toujours les droits du « je ne sais quoi » [voir **Classicisme**]. Mais, par l'alliage original qu'il réalise du savoir érudit et de la distinction par le « bon goût », il apparaît comme un représentant exemplaire de l'attitude classique, autant ou plus que Boileau, lequel – solidarité de coteries littéraires oblige – ne l'appréciait pas. Son œuvre, à travers son aspect fragmentaire, ses facettes multiples, fait donc figure de synthèse des tendances de fond de son époque. Et dans l'ordre esthétique, comme dans ses contenus éthiques et philosophiques, elle joue un rôle de trait d'union entre les composantes de la pensée indépendante du XVIIe siècle et entre celle-ci et la critique historique et sociale du siècle suivant. La double distance instaurée par l'exil et par le regard ironique du sage lui confère à la fois ce pouvoir de synthèse et l'originalité d'une méditation toute personnelle.

	VIE		ŒUVRE
1614	**Janv. :** naissance, à Saint-Denis-le-Gast (près de Coutances), de Saint-Évremond. Il fera ses études chez les jésuites du collège de Clermont à Paris, puis à l'université de Caen.		
1633	Rencontre avec Gassendi ; devient son disciple.		
1640	Entre dans l'état-major du prince de Condé ; devient l'intime de ce dernier.		
		1643	*La Comédie des académistes pour la réformation de la langue française* (publiée sans nom d'auteur en 1650).
1649	Condé lui retire ses fonctions.		
1652	Nommé maréchal de camp pour avoir servi la Cour durant la Fronde.		
		1659	*Lettre au duc de Créqui sur la paix des Pyrénées* (contre Mazarin).
1661	Lors de l'affaire Fouquet, découverte de la lettre de 1659. Doit fuir en exil, en Angleterre, en Hollande (où il rencontre Vossius), puis à nouveau en Angleterre où il demeure jusqu'à sa mort (le 20 sept. 1703), à Londres. On ignore le détail de son existence durant cette période de l'exil.		
		1662	*Sir Politick Would-be*, comédie.
		1663	*Réflexions sur les divers génies du peuple romain dans les différents temps de la république.*
		1664	*Sur Sénèque, Plutarque et Pétrone.*
		1665 ?	*Conversation du maréchal d'Hocquincourt avec le P. Canaye* (à la suite d'un entretien auquel il a assisté en 1654).
		1667	*Dissertation sur le Grand Alexandre* (= la tragédie de Racine). Le libraire Barbin entreprend la publication des *Œuvres mêlées*, qui, par augmentations successives, se poursuivra jusqu'en 1701.
		1668	*Observations sur Salluste et Tacite.*
		1671	*À M. le Maréchal de Créqui qui m'avait demandé en quelle situation était mon esprit [...].*

VIE	ŒUVRE	
	?	*Sur les premières années de la Régence.*
	1672	*Sur les historiens français.*
	1677	*Sur les opéras ; Sur nos comédies [...].*
	1680 ?	*Pensées, sentiments et maximes.*
	1683	*Observations sur le goût et le discernement des Français.*
	1686	*De la retraite.* *Du merveilleux qui se trouve dans les poèmes des Anciens. Sur les Anciens.*

A. Viala

SAINT-EXUPÉRY Antoine de

***Antoine de SAINT-EXUPÉRY**, dit aussi **SAINT-EX** (1900-1944)*

Écrivain et aviateur, il « n'est pas essentiellement un homme de lettres, en particulier par la conception qu'il a de la littérature. Il est un homme d'action à qui l'action ne suffit pas » (R. Caillois). Né à Lyon dans une famille de l'aristocratie, il a perdu son père en 1904 ; il passe néanmoins des années heureuses à Saint-Maurice-de-Rémens (Ain), dans une propriété familiale. Plus tard, il suit les cours des jésuites de Notre-Dame de Sainte-Croix, au Mans, avant de fréquenter d'autres établissements catholique, en Suisse notamment ; à Paris, on le retrouve au lycée Saint-Louis (1917) et à l'école Bossuet (1919) pour préparer (sans succès) le concours de l'École navale. Très jeune, Saint-Exupéry avait reçu son baptême de l'air et contracté cette passion de voler qui ne le quittera plus ; elle s'affirme encore davantage durant son service militaire pendant lequel il obtient son brevet de pilote au Maroc (1921). Après un intermède tristement « rampant », Saint-Ex entre ensuite (1926) à la société Latécoère et y rejoint une équipe devenue légendaire : comme Mermoz et sous la férule de Daurat, il parcourt cette ligne presque « sacrée » qui va de Toulouse à Dakar. On lui attribue finalement l'escale de Cap Juby (1927), dans le désert mauritanien : un poste difficile où il s'agit de se concilier à la fois les Espagnols et les chefs indigènes tout en récupérant les pilotes accidentés ! Saint-Exupéry y découvre un isolement et une sorte d'ascèse propices à l'écriture.

Les ailes et la plume

Après *l'Aviateur* (nouvelle, 1926), *Courrier Sud* (1929, adapté pour le cinéma en 1937) est le premier livre de Saint-Exupéry : le roman montre l'impossible amour entre l'aviateur Bernis et une femme qui l'aime mais ne peut entrer dans son univers exigeant. Bernis finira comme bien d'autres dans les dunes du Sahara et l'on apprend sa mort dans le style dense des dépêches télégraphiques : « Pilote tué avion brisé courrier intact. Stop. » Avec *Vol de nuit* (prix Femina 1931, préfacé par Gide, adapté pour le cinéma en 1939), nous changeons de continent : cette fois, c'est l'Amérique du Sud où Rivière (Daurat) et ses pilotes ouvrent de nouvelles voies, malgré les tempêtes et les montagnes. L'auteur, d'ailleurs, ne se contente pas de parler de l'aventure ; il la vit, en tant que directeur de l'*Aeroposta Argentina*, avec des pilotes comme Guillaumet, perdu dans les Andes puis retrouvé. Après le dépôt de bilan de l'Aéropostale, Saint-Ex quitte la compagnie puis y revient pour des raisons d'argent ; il deviendra ensuite pilote d'essai et entre finalement à Air France au service de presse et de propagande : l'essentiel est de voler puisque c'est la seule manière de vivre vraiment... Expéditions et voyages se succèdent : l'Indochine, Moscou (pour un journal), le pourtour de la Méditerranée (avec des conférences) et surtout le raid Saigon-Paris (qui s'achève dans le désert : Saint-Exupéry et Prévot, le mécanicien, sont sauvés *in extremis* par un Bédouin) ; puis, en 1936-1937, l'Espagne pour des journaux, l'Afrique et l'Allemagne. En 1938, une tentative pour relier New York à la Terre de Feu se solde par un grave accident ; suivent divers voyages entre la France, l'Allemagne et les États-Unis. *Terre des hommes* (grand prix du Roman de l'Académie française 1939) évoque toujours la vie des aviateurs, mais sans le détour de la fiction et en reprenant en partie certains articles déjà publiés : Saint-Ex raconte Mermoz, l'Espagne, le désert, les beautés et les peurs de son métier. La traduction publiée aux États-Unis aura beaucoup de succès.

La guerre s'annonce et Saint-Exupéry n'échappe pas à la tourmente : il a tenu à entrer dans le service actif et appartient au groupe 2/33 de Grande Reconnaissance à qui il dédiera *Pilote de guerre* (1942). Après la débâcle, il passe en Afrique du Nord. Puis retour en France et, après divers voyages, départ pour les États-Unis. Il y publie *Pilote de guerre* (en feuilleton en anglais : *Flight to Arras*, puis en volume en anglais et en français), *Lettre à un otage* (1943) et le célèbre *Petit Prince* (illustré, en anglais puis en français, en 1943) avant de revenir en Afrique du Nord. Là, il remonte encore une fois dans un avion et effectue plusieurs missions : il a dépassé la limite d'âge mais s'obstine à voler et, lors de l'ultime mission qu'on l'autorise à effectuer, il disparaît en vol le 1er août 1944, au large de la Corse. Depuis plusieurs années, Saint-Exupéry travaillait à un grand roman-somme qui reste inachevé, *Citadelle* (publié en 1948). Il a aussi laissé des *Carnets* (1953), et d'autres textes (nouvelles, lettres, préfaces, etc.) regroupés dans divers volumes. En 1982 ont été publiés des *Écrits de guerre*.

Une morale de l'exigence

On a souvent fait de Saint-Exupéry un moraliste chargé d'enseigner aux hommes la vanité de leurs désirs, la pauvreté de leurs richesses : « En travaillant pour les seuls biens matériels, nous bâtissons nous-mêmes notre prison. Nous nous enfermons solitaires avec notre monnaie de cendre qui ne procure rien qui vaille la peine de vivre ». Le même Saint-Ex moraliste oppose notre monde d'opulence à la civilisation du désert, sobre, économe et belle. Et, dans le style même, le lecteur sent une recherche de la concision et de l'ellipse : avec notamment des phrases nominales, courtes et remplies d'information. Rien de trop : « Un poste français à vingt kilomètres : le seul. L'atteindre. Température de l'eau : 120. Dunes, rochers, salines sont absorbés. Tout passe au laminoir. Et allez donc ! Des contours s'élargissent, s'ouvrent, se ferment. Au ras des roues : débâcle » (*Courrier Sud*). Dans l'écriture, en effet, comme dans la vie, il s'agit d'éviter les facilités et d'atteindre l'essentiel : en ce sens, on peut dire que le style aussi relève d'une morale dont *le Petit Prince* donne l'expression la plus épurée ; allégorique mais très claire. Voici, passées en revue, toutes les figures ridicules de notre ordre social : le monarque « absolu » et « universel », le vaniteux, le buveur, le *businessman,* l'allumeur de réverbères et le géographe. Ce qu'ils représentent, chacun sur sa planète, est dérisoire : pouvoirs, possessions, savoirs, rien de tout cela ne tient devant l'amour et la poésie, devant ce que Giono aurait peut-être appelé les « vraies richesses », celles qui donnent un sens à la vie et sont méprisées des imbéciles ; « l'essentiel, dit le renard au Petit Prince, est invisible pour les yeux. [...] C'est le temps que tu as perdu pour ta rose qui fait la rose si importante ».

On voit donc tout le contresens qu'il y aurait à voir des aventuriers ou des surhommes (banals) dans ces aviateurs de Saint-Ex. S'ils croient à l'action, au métier, à l'amitié soudée par les dangers et la discipline, ce n'est pas vraiment au nom d'une morale « virile » et simpliste. Ils sont courageux, c'est entendu, mais ils sont surtout déçus par la planète qu'on leur offre, et l'avion leur permet de la voir différemment. Ils sont à la fois plus lucides et plus rêveurs : c'est là leur seule supériorité.

Morale donc : morale exigeante, difficile, mais certes pas ingrate ; car les vraies valeurs sont aussi de vrais plaisirs. Pour Saint-Exupéry, en effet, on ne saurait jouir du monde si la privation ne nous en apprenait pas le prix et la saveur ; une gorgée d'eau dans le désert, une escale entre deux longs trajets, des amis quittés puis revus longtemps après : il y a là des voluptés épicuriennes, subtiles mais bien réelles. Rien de plus somptueux d'ailleurs que ces étendues arides qui rendent mesquins les autres paysages ; lignes pures, jeux de couleurs, lieux vierges, silence, vent, sable et étoiles, l'esthétique rejoint ici l'éthique : « Un ciel pur comme de l'eau baignait les étoiles et les révélait. Puis c'était la nuit. Le Sahara se dépliait dune par dune sous la lune. [...] Sous nos pas assourdis, c'était le luxe d'un sable épais. Et nous marchions nu-tête, libérés du poids du soleil. La nuit : cette demeure... » (*Courrier Sud*). L'épreuve et la rigueur peuvent donc être des plaisirs, parce qu'elles nous rendent meilleurs. Grâce à elles, nous prendrons conscience de nous-mêmes, nous chercherons une direction. Ce qui apparaît en effet dans tous les récits de Saint-Ex, c'est la quête d'une signification : sans métaphysique abstraite, les personnages cherchent et/ou trouvent leur étoile. C'est là toute la différence avec les morales toutes faites et les propagandes diverses. Morale individualiste donc, mais aussi humaniste : « Rendre aux hommes une signification spirituelle, des inquiétudes spirituelles. [...] On ne peut plus vivre de frigidaires, de politique, de bilans et de mots croisés, voyez-vous ! On ne peut plus ! On ne peut plus vivre sans poésie, couleur ni amour. » Au fond, sur tous les tons, de l'allégorie du *Petit Prince* au « testament » de *Citadelle*, Antoine de Saint-Exupéry tient le même langage, répète la même leçon d'exigence : ne jamais s'abaisser, ne jamais déchoir. Ce n'est peut-être pas abuser de la métaphore que de voir là le conseil d'un aviateur : avant tout, ne jamais tomber, prendre de la hauteur.

A. Preiss

SAINT-GELAIS Mellin de

Mellin de SAINT-GELAIS**, dit **Mélin** ou **Merlin** ou **Mélusin
(1491-1558)

Poète officiel de la Cour de France de l'exil de Marot à sa propre mort, ayant réussi à garder cette place malgré l'ascension rapide de Ronsard, Mellin de Saint-Gelais est un étrange personnage : il n'a presque rien publié de son vivant et la seule édition « complète » de ses œuvres, faite en 1873, lui attribue trop de pièces qu'il faut redonner à Marot, Chappuys ou autres marotiques et poètes de Cour. Ce qui reste, avec quelque vraisemblance ou certitude, est néanmoins considérable, et mérite bien qu'avec Rabelais, Marot et ses contemporains, on s'y intéresse.

Par ses ancêtres, Mellin avait, plus que Nerval, quelque titre à se rattacher aux Lusignan et à la fée Mélusine, et Rabelais ou ses amis l'appellent volontiers Merlin. Si l'on ne sait de quel père (et de quelle mère !) il est le fils illégitime, on est sûr que son grand-père est Pierre de Saint-Gelais, seigneur important en Poitou, et dont la famille est bien vue de la jeune Louise de Savoie, duchesse d'Angoulême. C'est cette Cour aimable que quitte Octovian de Saint-Gelais (1468-1502), jeune homme brillant et l'un des meilleurs Rhétoriqueurs, pour élever son soi-disant neveu (1490). À vingt-six ans Octovian devient évêque d'Angoulême (1494) ; auprès de lui, Mellin apprend la poésie et reçoit une formation humaniste, avant de continuer ses études à l'université de Poitiers puis en Italie, aidé de l'appui de la famille légitime tout entière : étudiant en droit à Bologne, et sans doute à Padoue, il devient familier de la langue italienne et surtout de ses poètes, qu'il introduira en France. Partagé entre la Cour et des séjours lyonnais fréquents, il devient peu à peu, et pour des raisons un peu obscures, l'un des poètes les plus puissants et les plus respectés de la génération de Marot.

Il a vingt-quatre ans quand François Ier prend le pouvoir, et, avec son ami Marot, il compose pour et avec le roi. Entré dans les ordres, il devient aumônier du dauphin François (1524), puis, à la mort de celui-ci (1536), de son frère Henri, auquel il est définitivement attaché jusqu'à sa mort. Il a sans doute donné des leçons de musique et mathématiques aux enfants royaux. Il est aussi chargé de la bibliothèque royale de Blois, et la suit à Fontainebleau (1544) lorsqu'elle est rattachée à ce château. Il est assez haut placé pour ne pas se mêler trop directement aux querelles poétiques qui agitent, entre Lyon et Paris, les poètes hostiles ou favorables à Marot, et n'intervient qu'assez tard en faveur de ce dernier.

La mort de François Ier n'entame en rien son crédit : bien au contraire, l'accès à la toute-puissante Diane de Poitiers passe par lui, et on le vérifie bien quand un Italien de renom comme Simeoni lui fait sa cour pour être introduit auprès de la duchesse. Aucune fête de cour ne peut se dérouler sans qu'il en contrôle le scénario ou invente de charmants petits poèmes à fixer aux pattes d'oiseaux que les gentilshommes envoient vers leurs dames. Sa poésie s'inscrit partout, sur les livres d'heures, les portraits, les coffrets et boîtes précieuses : c'est comme si tous les objets de cette Cour raffinée devaient prendre parole, et sa parole. Il invente aussi de faire jouer des tragédies à l'antique devant la Cour, comme on le fait en Italie, et c'est ainsi qu'il traduit de Trissino la *Sophonisbe* (1554) pour les noces du marquis d'Elbeuf : les filles de la reine et des gentilshommes tiennent les premiers rôles. Cette représentation est aussi déterminante pour l'essor de la tragédie humaniste que le succès de la *Cléopâtre* de Jodelle au même moment, même si, effrayée de voir les malheurs des Grands, Catherine de Médicis refuse de poursuivre ce type de représentation.

Pourtant, ses premiers rapports avec la Pléiade ont été très difficiles, et malgré une réconciliation publique avec Ronsard (obligé en 1553 de lui offrir une ode longue et noble, où il s'excuse d'avoir parlé sous l'effet de la colère, l'« ire » si nuisible aux États), on ne peut affirmer que son animosité – il est alors âgé – ne se soit pas portée vers d'autres poètes comme Du Bellay et Magny. Tous pourtant lui offrent des poèmes avec un respect assez convenu. Seul Ronsard semble lui être resté fidèle après sa mort ; c'était pourtant lui que Mellin avait, par jalousie, le plus ridiculisé en lisant de façon bouffonne des vers de lui devant la Cour. Cette querelle a gâché une figure pourtant beaucoup plus intéressante : car Mellin fut lié à Rabelais, qui lui a repris l'une des deux longues énigmes du *Gargantua* (modifiée par Rabelais, ou par Mellin lui-même ?), et les poètes de Lyon trouvèrent en lui un arbitre et un modèle dans le traitement des modes italiens.

L'un des premiers, en effet, il traduit et adapte l'Arioste, l'Arétin, Pétrarque, et ses traductions de l'Arioste sont reprises pendant tout le XVIe siècle. Il est de ceux qui introduisent la tierce rime et le sonnet, et rédige lui-même en italien. Ses connaissances et sa pratique du luth lui donnent une réputation universelle de musicien. Proche des néo-latins, il traduit, comme Marot, des épigrammes de Martial, diffuse avec Salmon Macrin les poèmes d'Horace et indique ou conforte des modes, d'autant qu'il travaille souvent en collaboration : non seulement avec Marot (pour qui il écrit les *Blasons anatomiques* de « l'Œil » et du « Bracelet de cheveux » avant d'en composer d'autres pour lui-même), mais encore avec Chappuys et Héroët pour la tapisserie (devenue vitrail) de *l'Amour de Cupido et Psyché*, pour ne pas parler d'autres collaborations vraisemblables.

Certains de ses poèmes, comme la *Définition d'Amour* – imitée des Italiens –, serviront de modèle à Ronsard et Jodelle, et leur habileté métrique, comme la justesse humaniste de leur vocabulaire n'ont rien de méprisable. Mais c'est surtout les pièces courtes, comme rondeaux, huitains ou dizains, que Mellin affectionne, et il est bien difficile, quoi qu'on dise, de distinguer dans ces textes lestes ou polissons, qui ont beaucoup fourni aux recueils collectifs du XVIe siècle (recueils de poésie ou recueils de musique), ce qui est de Marot ou de Saint-Gelais : leur sens de l'économie facétieuse, qui s'illustre autrement dans la forme longue du coq-à-l'âne ou de l'énigme, les rapproche par le thème et le ton, des contes et nouvelles, ou de ce que deviendra la fable.

L'un des plus beaux textes de Mellin – le seul qu'il ait publié, quoique anonymement, en 1546, à Lyon – est pourtant un texte de prose dédié à une jeune damoiselle lyonnaise, un *Advertissement sur le jugement d'Astrologie* ; dans l'engouement général pour cette discipline qui a ses savants et ses charlatans, à ce moment plus qu'à tout autre, Mellin montre une distance philosophique merveilleuse ; on voit germer dans sa prose élégante, très moderne par le tour et le vocabulaire, l'aisance et l'agressivité de la prose philosophique du XVIIIe siècle. Il passait en effet pour être assez bon en astrologie. Mais vers quelles disciplines n'a-t-il pas dû se porter en secret, en bon humaniste rabelaisant ?

Esprit supérieur, langue supérieure, Mellin est un personnage décidément surprenant.

M. M. Fontaine

SAINT-GELAIS Octavian de

v. Rhétoriqueurs

SAINT-GEORGES DE BOUHÉLIER

Pseudonyme de ***Stéphane Georges de Bouhélier-Lepelletier*** *(1876-1947)*

Né à Rueil, il fut le fondateur et le chef du « naturisme », mouvement inspiré, dans les années 1890, par le désir de concilier la vérité et la beauté dans l'art en exaltant les mystères et les splendeurs de la Vie, de l'Univers et de la Nation. Tel est l'idéal esthétique et moral qui animait les premiers essais de l'écrivain : *l'Annonciation, livret de rêve et d'amour* (1893-1894), *la Vie héroïque des aventuriers, des poètes et des artisans* (1895), *l'Hiver en méditation* (1896) ou *les Éléments d'une Renaissance française* (1899).

Poète, il composa un recueil d'églogues, *Églé ou les Concerts champêtres* (1897), avant de s'élever à la poésie philosophique avec *les Chants de la vie ardente* (1902) ou *la Romance de l'homme* (1912), et de chanter patriotiquement les *Légendes de la guerre de France* en 1917, puis la *Fête triomphale* (1919) au lendemain de la victoire.

Romancier, il illustra la grandeur des misérables et les passions de l'amour dans *la Route noire* (1900), *l'Histoire de Lucie, fille perdue et criminelle* (1902) et *Julia ou les Relations amoureuses* (1903).

Dramaturge enfin, épris d'un théâtre à la fois populaire et solennel, réaliste et poétique, il écrivit des tragédies sur des sujets religieux (*la Tragédie du nouveau Christ*, en 1901, adaptée dans *le Roi sans couronne*, en 1906), modernes (*la Victoire*, 1898 ; *la Tragédie royale*, 1908 ; *les Esclaves*, 1911 ; *la Vie d'une femme*, 1919) ou antiques (*Œdipe, roi de Thèbes*, 1919), légendaires (*la Tragédie de Tristan et Yseult*, 1923) ou historiques (*le Sang de Danton*, 1931 ; *Napoléon*, 1933 ; *Jeanne d'Arc, la Pucelle de France*, 1934 ; *le Roi-Soleil*, 1938). Son chef-d'œuvre est *le Carnaval des enfants*, un drame émouvant créé avec succès au théâtre des Arts en 1910.

Aujourd'hui bien oublié, Saint-Georges de Bouhélier demeure un artisan représentatif et influent du lyrisme en prose (A. Gide écrivit *les Nourritures terrestres* en 1897) et du symbolisme au théâtre au début du XXe siècle.

M. Lioure

SAINT-JOHN PERSE

*Pseudonyme d'**Alexis SAINT-LEGER LEGER**, dit aussi **Alexis LEGER** (1887-1975)*

Les trois noms du poète, ou l'emblème d'une multiplicité qui se dérobe ! Évoquant, en 1960, le choix de son pseudonyme, Saint-John Perse affirme hautement sa volonté de n'être que dans son œuvre, de n'être que son œuvre : « Être (en littérature) comme ces navires à quai qui offrent seulement leur poupe à la curiosité des passants : un nom, un port d'attache, c'est là tout leur état civil. Le reste est aventure et n'appartient qu'à eux. »

Les trois noms du poète

Selon la chronologie, il y a d'abord le nom de l'état civil : Alexis Saint-Leger Leger. Le nom de celui qui naît à la Guadeloupe. Le nom primordial qui structure, qui enracine le moi dans un terroir, dans une généalogie. C'est le nom qui correspond aux souvenirs d'enfance, aux images qui deviendront obsédantes, aux espaces vécus-rêvés, à la prise de contact avec un monde matériel qui attire (l'aridité, le désert, le silence, la mer, les parfums, les corps) ou qui repousse (la pourriture, le visqueux, le graisseux, le mou…).

Apparaît ensuite (quand exactement ?) le deuxième nom du poète. Simplification, « francisation » peut-être, du premier : Alexis Leger. Dès 1906, en tout cas, le poète signe ainsi sa correspondance. C'est ce nom que retiendront les historiens de la France de l'entre-deux-guerres : ainsi se nomme en effet le diplomate qui sillonne le monde, le directeur de cabinet d'Aristide Briand, le secrétaire général des Affaires étrangères qui s'oppose avec acharnement à la politique dite d'apaisement à l'égard de Hitler, et qui, de ce fait, doit prendre, en 1940, le chemin d'un long exil américain. C'est aussi le nom du voyageur attentif aux évolutions et aux mutations du monde moderne, fasciné par la variété des traditions humaines et des organisations sociales.

Le 1er janvier 1924, *la Nouvelle Revue française* publie *Anabase*, sous la signature de SAINT-JOHN PERSE. C'est le troisième nom du poète, ou, plutôt, c'est le nom du poète : « Le nom choisi, écrit-il, ne le fut point en raison d'affinités, réminiscences, ou références d'aucune sorte, tendant à rien signifier ni suggérer d'intellectuel : échappant à tout lien rationnel, il fut librement accueilli tel qu'il s'imposait mystérieusement à l'esprit du poète, pour des raisons inconnues de lui-même, comme dans la vieille onomastique : avec ses longues et ses brèves, ses syllabes fortes ou muettes, ses consonnes dures ou sifflantes, conformément aux lois secrètes de toute création poétique ». Dont acte ! Un pareil nom, pourtant, ne peut empêcher le rêve, ou, si l'on veut, le jeu des connotations… Si l'adjectif, à l'initiale, rattache formellement le pseudonyme au nom premier, il suggère aussi une nostalgie d'ascèse, de sainteté sans Dieu (« Dieu est un mot que Saint-John Perse évite religieusement », remarquera perfidement mais subtilement Claudel !). Le lieu de cette aspiration ? Mais tout à la fois la création poétique, le langage, les navigations en solitaire sur l'Atlantique, les explorations des déserts chinois et américain, les retraites en forêt ou quelque part du côté du cap Hatteras, à proximité d'un phare désaffecté…

Et « John », certes, pour l'éclat et l'élan phonique d'une prononciation « à l'anglaise » (qu'on pense à la platitude d'un hypothétique Saint-Jean Perse !), mais aussi prénom d'ailleurs, à la fois exotique et familier comme cette Amérique qui occupera une telle place dans la vie et dans la rêverie du poète. Une Amérique de l'exil, mais aussi de l'enracinement (il ne reviendra en France qu'en 1957, lors de la publication d'*Amers*).

« Perse », enfin, tour à tour évocation d'une latinité perdue (Perse, le poète), d'un Orient raffiné et barbare (la Perse), d'un artisanat oublié (tout poème, au fond, ne serait-il pas cette « toile peinte et imprimée » par quoi Littré définit la « perse » ?), d'un bleu aux frontières du noir, couleur, comme on sait, des yeux d'Athéna, la déesse au regard « pers », couleur aussi de la haute mer, tant aimée et tant chantée par le poète.

À « Saint-John Perse », en tout cas, on imputera le culte de la pensée et de la poésie grecques (Empédocle, Homère, Pindare…), l'amour de la musique, une inlassable curiosité pour toutes les archéologies humaines, pour les secrets des pierres, des faunes et des flores, une fascination pour ces espaces sans limites où la griffe de l'homme ne laisse jamais qu'une trace éphémère… Troisième nom du poète à qui revient, bien sûr, cette œuvre brève (une dizaine de poèmes et guère plus de 400 pages dans l'édition de La Pléiade) mais qui donne le sentiment de viser – et d'atteindre – l'essentiel.

ŒUVRES POÉTIQUES (date des éditions originales)	
1911	*Éloges.*
1924	*Anabase.*

ŒUVRES POÉTIQUES (date des éditions originales)	
1944	*Exil* (édition intégrale, sous le titre *Quatre Poèmes – 1941-1944,* comprenant « Pluies », « Neiges » et « Poème à l'Étrangère »).
1946	*Vents.*
1957	*Amers.*
1960	*Chronique.*
1962	*Oiseaux.*
1969	*Chanté par celle qui fut là...*
1971	*Chant pour un équinoxe.*

Très vite, dans leur rareté, dans leur fulgurance, les poèmes de Saint-John Perse feront événement. Nul ne fut moins que lui « poète maudit ». Gide et Proust, Apollinaire et Breton... compteront parmi ses premiers admirateurs ; et le prix Nobel de littérature qui lui est décerné en 1960 apparaît, au fond, comme une consécration « naturelle », attendue... Il s'éteint à quatre-vingt-huit ans entouré de l'admiration universelle.

Une poésie oraculaire

Et le poète aussi est avec nous, sur la chaussée des
[hommes de son temps.
Allant le train de notre temps, allant le train de ce
[grand vent.
Son occupation parmi nous : mise en clair des messages. Et la réponse en lui donnée par illumination
[du cœur.
Non point l'écrit, mais la chose même. Prise en son
[vif et dans son tout.

(*Vents*, III, 6)

Telle est, en somme, la fonction vaticinante du poète. Perse n'a jamais cessé de la réaffirmer, dans la lignée de Hugo et de quelques autres. Comme le disait déjà l'auteur des « Mages », le poète est un « célébrateur » et un « révélateur »...

Aussi bien, dans son étoffe même, la poésie de Saint-John Perse revêt la solennité hautaine et hermétique du discours oraculaire. Historiquement, cette œuvre est, à peu de chose près, contemporaine des recherches les plus opposées : d'un Valéry, qui pratique une stricte versification ; d'un Claudel, dont elle est à la fois proche et éloignée ; des surréalistes, qui dissolvent toute forme fixe... Saint-John Perse, néanmoins, ne se laisse rattacher à aucune école. La « règle » qu'il se forge n'est qu'à son usage. Elle détermine une forme à la fois souple et stricte, un véritable instrument (au sens musical du terme) grâce auquel un souffle pourra se déployer, une voix résonner dans tous ses harmoniques.

Point de vers réguliers et/ou rimés, mais des séquences qu'on appellera, faute de mieux, « versets », tantôt lapidaires comme des *haïkaï*, tantôt luxuriants d'une prolifération très surveillée, très calculée. Rigoureusement cadencé, le verset persien s'enfle en crescendos, explose, diminue jusqu'au soupir, tout cela reposant sur de subtiles combinaisons d'assonances et d'allitérations, sur une scansion furieusement martelée, sur de lancinants effets d'échos intérieurs :

Toujours il y eut cette clameur, toujours il y eut
[cette fureur
Et ce très haut ressac au comble de l'accès, toujours, au faîte du désir, la même mouette sur son aile, la même mouette sur son aire, à tire-d'aile ralliant les stances de l'exil, et sur toutes grèves de ce monde, du même souffle proférée, la même plainte
[sans mesure
À la poursuite, sur les sables, de mon âme numide

(*Exil*, III)

Une telle poésie apparaît comme l'une des plus magistrales orchestrations de la langue française : elle vise sans cesse à l'hymne, au chant, aux effets choraux. Mais la danse ne lui est pas moins consubstantielle que la musique : elle scande, elle martèle le rythme impérieux d'un rituel jubilatoire. La mélopée appelle ici le déhanchement des corps, l'incantation fomente la transe :

Mer de Baal, Mer de Mammon ; Mer de tout âge
[et de tout nom !
Mer utérine de nos songes et Mer hantée du songe
[vrai,
Blessure ouverte à notre flanc, et chœur antique
[à notre porte,
Ô toi l'offense et toi l'éclat ! toute démence et toute
[aisance,
Et toi l'amour et toi la haine, l'Inexorable et
[l'Exorable,
Ô toi qui sais et ne sais pas, ô toi qui dis et ne dis
[pas...

(*Amers*, « Chœur », 5)

Un rituel de célébration

À dix-sept ans, Saint-John Perse écrit « Images à Crusoé ». Déjà s'y fait entendre un rêve d'insularité, de solitude absolue, de communion avec l'univers :

Crusoé ! – ce soir près de ton Île, le ciel qui se rapproche louangera la mer, et le silence multipliera
[l'exclamation des astres solitaires. [...]
... Crusoé ! tu es là ! Et ta face est offerte aux signes de la nuit, comme une paume renversée.

(*Éloges*, « Images à Crusoé », « la Ville »)

Et, jusqu'à la fin, cette poésie sera une inépuisable louange du monde. Et de l'homme dans le monde. Nulle coloration tragique ou, du moins, nul pessimisme irrémédiable dans cette vision du monde. Les derniers mots du poète font écho à l'exaltation de l'adolescent :

Un chant se lève en nous qui n'a connu sa source et qui n'aura d'estuaire dans la mort :

équinoxe d'une heure entre la Terre et l'homme.
(*Chant pour un équinoxe*)

Voilà pourquoi Saint-John Perse se fait si volontiers le nomenclateur du monde, comme si l'acte d'inventaire lui permettait de faire revivre, ou de perpétuer tout ce que relatent les vieilles chroniques, tout ce que savent les ouvrages érudits, tout ce que découvre l'œil aux aguets du poète-voyageur. Beautés, étrangetés, cruautés…, tout ce qui constitue le temps et l'espace des hommes.
D'où cette rhétorique de l'énumération, cette syntaxe en volutes scandée par la reprise d'un élément de coordination (« et », « ou », « ou bien »), d'une préposition (« avec »), qui permet au souffle de se reprendre. D'où l'importance et le sens de certaines marques d'oralité inspirées de la tradition pindarique du poème triomphal, telles ces interjections qui fouettent le discours :

Ha ! qu'on m'évente tout ce lœss ! Ha ! qu'on
m'évente tout ce leurre ! Sécheresse et supercherie
d'autels... Les livres tristes, innombrables, sur leur
[tranche de craie pâle...
(*Vents*, I, 4)

telles ces répétitions binaires à la finale, ou à l'initiale de la phrase :

Ouvrez, ouvrez au vent de mer nos jarres d'herbes
[odorantes !
(*Amers*, « Strophe », VII).

Il faudrait aussi mentionner ici les apostrophes, les impératifs, les optatifs, les invocations, l'utilisation du « et » au début des phrases ou des propositions :

... Et toujours il y a ce grand éclat du verre, et tout
ce haut suspens. Et toujours il y a ce bruit de gran-
des eaux. Et parfois c'est Dimanche, et, par les
tuyauteries des chambres, montant des fosses
atlantides, avec ce goût de l'incréé comme une
[haleine d'outre-monde,
C'est un parfum d'abîme et de néant parmi les moi-
[sissures de la terre...
(*Exil*, « Poème à l'Étrangère », III)

Tous ces procédés (n'ayons pas peur du terme : il n'a rien, ici, de péjoratif) fondent l'élan, la jubilation de cette célébration du monde. Qui plus est, par le dialogue qu'elle noue avec toute chose, une telle écriture métamorphose l'univers en une immense scène cosmique traversée par les personnages les plus étranges, rois et guerriers, prêtres et généalogistes, tragédiennes et prophétesses, figures de civilisations perdues, mais aussi démons et merveilles, pluies et neiges, vents et mers :

Les pluies vertes se peignent aux glaces des ban-
quiers. Aux linges tièdes des pleureuses s'effacera
[la face des dieux-filles.
Et des idées nouvelles viennent en compte aux bâtis-
seurs d'Empires sur leur table. Tout un peuple muet
se lève dans mes phrases, aux grandes marges
[du poème.
(*Exil*, « Pluies », V)

Dans sa richesse et dans ses particularités, le vocabulaire de Saint-John Perse contribue, lui aussi, à la solennité oraculaire du discours, à la célébration et à la ferveur. Il y a, d'un côté, le flou d'adjectifs banals et brefs qui ne paraissent avoir d'autre fonction que d'amplifier ou d'intensifier ce qu'ils qualifient : « grand », « haut », « vaste », « frais », « vert »…

Lève la tête, homme du soir. La grande rose des ans
tourne à ton front serein. Le grand arbre du ciel,
comme un nopal, se vêt en Ouest de cochenilles
rouges. Et, dans l'embrasement d'un soir aux sen-
teurs d'algue sèche, nous éduquons, pour de plus
hautes transhumances, de grandes îles à mi-ciel
nourries d'arbouses et de genièvre.
(*Chronique*, I)

Noms et verbes, par contraste, scintillent d'une précision souvent énigmatique : c'est qu'ils sont empruntés aux registres les plus divers, aux ouvrages des savants, aux manuels des techniciens, aux archéologies lointaines, aux rituels oubliés, etc. Combinaison paradoxale de l'exactitude et du mystère qui produit ce qu'on pourrait appeler l'« effet de grimoire » dont est, le plus souvent, chargée l'écriture de Saint-John Perse. De là une distance maintenue par rapport au lecteur ; de là, le rayonnement de texte sacré si caractéristique de cette poésie. À cet effet contribuent également l'utilisation de la majuscule et celle du pluriel, qui confèrent aux choses ou aux êtres évoqués une dimension atemporelle et fabuleuse :

Et c'est la Mer qui vint à nous sur les degrés de
[pierre du drame :
Avec ses Princes, ses Régents, ses Messagers vêtus
d'emphase et de métal, ses grands Acteurs aux
yeux crevés et ses Prophètes à la chaîne, ses Magi-
ciennes trépignant sur leurs socques de bois, la
bouche pleine de caillots noirs, et ses tributs de
Vierges cheminant dans les labours de l'hymne
(*Amers*, « Invocation », 6)

Une liturgie épique

Le goût de Perse pour l'archaïsme de rituels millénaires, pour l'étrangeté de pratiques incompréhensibles :

Les tatoueurs de Reines en exil et les berceurs de sin-
ges moribonds dans les bas-fonds de grands hôtels,
Les radiologues casqués de plomb au bord des lits
[de fiançailles
(*Vents*, III, IV)

tout cela pourrait lui faire encourir le reproche d'être l'épigone des Parnassiens et de leur pittoresque archéologique.

Mais, pour savante qu'elle soit (à la fois érudite par son matériau et raffinée par son élaboration), cette poésie, plus allusive que descriptive, plus onirique que figurative, frappe d'abord par la « présence » concrète, sensuelle parfois, et toujours évidente, irrécusable, de ses évocations les plus mystérieuses :

Nous enjambons la robe de la Reine, toute en dentelle avec deux bandes de couleur bise (ah ! que l'acide corps de femme sait tacher une robe à
[l'endroit de l'aisselle !).
Nous enjambons la robe de Sa fille, toute en dentelle avec deux bandes de couleur vive (ah ! que la langue du lézard sait cueillir les fourmis à l'endroit
[de l'aisselle !).

(*Anabase*, II)

De plus, s'il est vrai que Perse semble vouloir ressusciter les fastes perdus de l'humanité, cette remémoration n'est jamais que le premier volet d'un diptyque dont le second parlerait de la permanence de l'aventure humaine et de toutes les conquêtes de l'homme d'aujourd'hui. Il n'y a pas là trace d'une oscillation ou d'une hésitation : Saint-John Perse n'oppose pas hier à aujourd'hui ou à demain. Il contemple, fasciné, émerveillé, le mouvement même qui emporte l'humanité vers son avenir. Voilà pourquoi sa louange a le ton, le souffle et la dimension de l'épopée. À l'instar d'Ulysse, d'Énée ou du Rodrigue de Claudel, l'homme de Saint-John Perse ne s'accomplit que dans la transgression et l'arrachement : sans cesse, il franchit les limites, les frontières ; sans cesse, il s'arrache à ses racines, à son terroir, voire aux bras qui tentent de le retenir, pour se lancer dans l'Aventure par excellence, celle de la conquête et de la fondation. Certes, l'épopée persienne se passe de protagonistes, de héros individualisés dont la vie et la mort structureraient le récit. Chant épique mais non point narration, le poème de Saint-John Perse embrasse toute l'aventure humaine ; il dit la geste des

grands Usurpateurs de trônes et Fondateurs de colonies lointaines, [des] Prébendiers et [des] Marchands, [des] grands Concessionnaires des provinces d'étain, et [des] grands Sages voyageurs à dos
[de buffles de rizières

(*Amers*, « Invocation », 6)

Toutefois, derrière les grandes orgues de la liturgie épique, se perçoit une stridence plus secrète : l'aventurier, en effet, l'homme du désir irrépressible, le conquérant de l'inconnu, est partagé, déchiré parfois, entre un élan voué au dépérissement, à la mort, à l'oubli :

Mais qu'est-ce là, oh ! qu'est-ce, en toute chose, qui
[soudain fait défaut ?...

(*Exil*, V)

et la nostalgie de l'enracinement, voire de la fusion érotique. En l'homme de Saint-John Perse, il y a, bien sûr, quelque chose de nietzschéen ; mais, en sourdine, il laisse entendre le bruissement d'une solitude, la clameur d'une angoisse. Comme si cet homme, emporté par le tourbillon d'une aventure collective, n'en demeurait pas moins irréductiblement abandonné à soi, irrémédiablement séparé d'un paradis perdu à la conquête duquel il ne cesserait de repartir.

La poésie de Saint-John Perse est, certes, liturgie de l'« adhésion totale à ce qui est ». Mais cette adhésion se conquiert parfois sur un déchirement et sur un arrachement. Ce sont ces dissonances qui font de l'hymne persien le chant de l'homme d'aujourd'hui, le chant d'une conquête du monde toujours inaccomplie, le chant d'une conquête de soi toujours à recommencer :

Étranger, dont la voile a si longtemps longé nos côtes (et l'on entend parfois de nuit le cri de tes
[poulies),
Nous diras-tu quel est ton mal, et qui te porte, un soir de plus grande tiédeur, à prendre pied parmi
[nous sur la terre coutumière ?

(*Amers*, « Strophe », VIII)

J.-J. Roubine

SAINT-LAMBERT Jean-François de

Jean-François, chevalier, *puis* ***marquis de SAINT-LAMBERT***
(1716-1803)

Gentilhomme, philosophe, poète, nonchalant et dilettante, Saint-Lambert passa, un temps, pour un nouveau Virgile ; la postérité n'a guère retenu que les péripéties de sa vie amoureuse. Ni simple petit-maître ni talent de premier ordre, il mérite d'occuper une place entre Louis Racine et André Chénier, entre une élégance un peu sèche et une puissance verbale qui annonce déjà le romantisme.

Né à Nancy, élevé chez les Jésuites de Pont-à-Mousson, il entre au service de Stanislas Leszczynski, roi de Pologne, à la cour de Lunéville, protégé par Mme de Boufflers, la maîtresse du souverain, qu'il ne tarde pas à conquérir. Il brille au sein de la petite Cour, et ravit à Voltaire le cœur de Mme du Châtelet ; celle-ci mourra en mettant au monde un enfant, fruit de sa nouvelle liaison (1749). À Paris, il séduit Mme d'Houdetot, qui lui procure un brevet de colonel ; il participe aux dures campagnes allemandes de la guerre de Sept Ans (1756-1757), quitte l'armée pour des raisons de santé, et, disciple de D'Holbach et d'Helvétius, collabore à l'*Encyclopédie* (MANIÈRES ; GÉNIE ; LUXE, publié séparément en 1764 sous le titre *Essai sur le luxe*). Il donne des poésies fugitives, des contes et surtout un grand poème descriptif, *les Saisons* (1769), qui connaît un beau succès et lui ouvre, en 1770, les portes de l'Académie. En 1789, il publie un *Catéchisme universel*, synthèse de sa philosophie, où s'annonce la rigueur pré-positiviste des Idéologues : le renom que s'acquiert ce manuel à la fois théorique et pratique ne vaut à son auteur, sous la Révolution, ni honneurs ni ennuis. Retiré à Eaubonne, auprès de Mme d'Houdetot, celui que Jean-Jacques Rousseau estimait comme un « honnête homme et judicieux », meurt à quatre-vingt-sept ans, peu de temps après avoir été appelé à l'Académie restaurée par le Premier consul.

Les Saisons assurèrent longtemps la gloire de Saint-Lambert : maintes fois rééditées, elles sont, pour le sévère La Harpe, le chef-d'œuvre en France du genre descriptif ; Voltaire multiplie, devant ce « beau monument du siècle », des compliments hyperboliques. Mais beaucoup de contemporains restent insensibles à cet enthousiasme : « manque de verve et d'invention », tranche Diderot ; et Mme du Deffand : « Ce Saint-Lambert est un esprit froid, fade et faux ; il croit regorger d'idées, et c'est la stérilité même. » Le partage des appréciations reflète à la fois l'ambition du poème, sa prétention à la sublimité et les faiblesses de la réalisation : comme l'écrit l'encyclopédiste Naigeon, le poète « a prophétisé avant que l'Esprit fût descendu ». Dans son « Discours préliminaire », Saint-Lambert proclame son dessein, conçu avant le retentissement du poème de Thomson (dans sa traduction française de 1759) : la nature seule – à l'exclusion des règles des genres, ou des lieux communs mythologiques – doit guider l'écrivain-philosophe qui cherche « les rapports des effets et des causes », découvre « l'ordre de l'univers », varie les tableaux comme un peintre, en ménageant des contrastes de couleur et d'émotion : « La Nature, au commencement du printemps, est sombre et majestueuse ; bientôt elle est aimable et riante. Elle est grande, belle et touchante en été ; mélancolique en automne ; sublime et terrible en hiver. J'ai voulu ne donner à chacun de mes chants que le caractère de la saison que j'avais à peindre. »

Mais, homme du monde accompli, versificateur moraliste, Saint-Lambert est animé par un naturalisme trop froid, un rationalisme trop abstrait pour qu'une flamme illumine des suites d'alexandrins symétriques, rangés en compositions appliquées, soutenus par des élans rhétoriques laborieux ; cet échec manifeste dans la recherche du sublime – qui précède celui de Roucher dans *les Mois*, dix ans plus tard – ne saurait cacher les réussites dans la notation directe, picturale, des couleurs et des bruits de la nature. Thomson était un maître de la fresque, un large coloriste ; Bernis, dans *les Quatre Saisons* (1763), revient à l'orné et au gracieux ; Saint-Lambert, à ses meilleurs moments, inaugure une sorte d'impressionnisme pointilliste où il révèle une sensibilité fine et ingénieuse.

D. Madelénat

SAINT-MARTIN Louis-Claude de

(1743-1803)

Deux rencontres dominent la vie de cet homme que rien ne semblait appeler à de hautes destinées spirituelles. Sous-lieutenant en garnison à Bordeaux, il fit la connaissance de Martinès de Pasqually qui l'initia à sa théosophie judéo-chrétienne de l'Émanation, de la Chute et de la Réintégration et le reçut dans l'ordre qu'il avait fondé des Élus cohens (ou coëns). Il démissionna de l'armée et devint son secrétaire. Durant un séjour à Lyon, chez un autre élu cohen, Willermoz, il rédigea *Des erreurs et de la vérité, ou les Hommes rappelés aux principes de la science* (1775), prolongé par le *Tableau naturel des rapports qui unissent Dieu, l'homme et l'univers* (1782) : ensemble des analogies horizontales qui relient les choses entre elles et des analogies verticales qui font de l'homme l'image de Dieu. Mais la seconde rencontre décisive pour Saint-Martin, toute spirituelle, fut celle des œuvres du mystique allemand Jakob Bœhme (1575-1624) qu'il lut dans leur version originale, durant un séjour à Strasbourg dans les années 1788-1791. Il se détacha des activités sectaires et magiques qui occupaient nombre d'« illuminés » de l'époque, pour approfondir la « voie intérieure ». Parallèlement à ses ouvrages théoriques, *Ecce homo* (1792), la *Lettre à un ami ou Considérations politiques, philosophiques et religieuses sur la Révolution française* (1795) qui interprète la Révolution comme un châtiment rédempteur, destiné à régénérer la monarchie, *le Nouvel Homme* (1796), *De l'esprit des choses* (1800) et *le Ministère de l'homme-esprit* (1802), il composa des œuvres où l'inspiration théosophique prend une forme plus directement poétique : *l'Homme de désir* (1790) qui est son chef-d'œuvre, poème et prière au rythme ample des versets, *le Cimetière d'Amboise* (1797), et *le Crocodile ou la Guerre du Bien et du Mal arrivée sous le règne de Louis XV* (1799), « poème épico-magique » en prose qui n'est pas dénué d'ironie. Saint-Martin consacra une part importante de ses dernières années à traduire Jakob Bœhme. Longtemps limitée à un public restreint d'initiés, l'œuvre de celui qui avait choisi de s'appeler « le Philosophe inconnu » commence à s'imposer comme un des grands témoignages littéraires du tournant des Lumières.

[Voir aussi **Illuminisme et littérature**.]

M. Delon

SAINT-PIERRE, abbé de

Charles Irénée CASTEL, abbé de SAINT-PIERRE *(1658-1743)*

Normand, issu d'une famille d'ancienne noblesse, il fit ses études chez les jésuites, à Caen, et les continua à Paris, s'intéressant particulièrement aux sciences physiques et naturelles. La charge, qu'il avait achetée, de premier aumônier de Madame, mère du Régent (bien qu'il n'eût reçu que les ordres mineurs), et la protection de Mme de Lambert le firent admettre en 1695 à l'Académie française sans qu'il eût encore rien publié. En 1702, il devint abbé commendataire de Tiron. Il participa aux négociations de la paix d'Utrecht, en qualité de secrétaire du futur cardinal de Polignac, et commença d'élaborer ce qui allait être l'œuvre fondamentale de son existence, le *Projet pour rendre la paix perpétuelle en Europe* (3 vol., 1713-1717). Le *Discours sur la polysynodie* (1718), qui était un violent réquisitoire contre la politique de Louis XIV, lui valut d'être chassé de l'Académie française (seul Fontenelle eut le courage de voter contre l'exclusion).

De 1724 à 1731, il fut avec le marquis René-Louis d'Argenson et l'abbé Alary l'animateur du club de l'Entresol, qui se réunissait place Vendôme, chez le président Hénault, et où hommes politiques et diplomates, français et étrangers, échangeaient leurs idées dans un climat d'étonnante liberté.
Il eut une vieillesse longue et heureuse, soutenant infatigablement ses innombrables projets de réforme de la société, et faisant de nombreux séjours chez Mme Dupin, à Chenonceaux, où le jeune Jean-Jacques Rousseau eut l'occasion de le rencontrer.
L'inventeur du mot « bienfaisance », « cet homme rare, l'honneur de son siècle », selon Rousseau, passait, aux yeux de ses contemporains, pour un utopiste, un rêveur. Mais ce que le cardinal Dubois appelait « les rêves d'un homme de bien » apparaît plutôt comme un ensemble de projets élaborés par un réformiste très en avance sur son temps et non par un visionnaire chimérique. Il avait été un observateur attentif pendant « plus de cinquante ans, ou à la Cour ou dans la ville capitale », comme il le dit lui-même, et avait « connu personnellement la plupart des princes, des ministres, des généraux, et ceux qui ont fait les principaux personnages de [son] temps ». Aussi ses *Mémoires* sur « la réparation des chemins », « pour diminuer le nombre des procès », sur « l'établissement de la taille proportionnelle », ou ses *Projets* de « taille tarifée », « pour perfectionner l'éducation », et même « pour perfectionner l'ortografe [*sic*] des langues d'Europe », ne font-ils qu'anticiper des réformes raisonnables. Il le savait, d'ailleurs : « Mes projets subsisteront ; plusieurs entreront dans les jeunes esprits de ceux qui auront un jour part au gouvernement, et pourront être alors fort utiles au public futur. »
De ces projets, celui qu'il a conçu « pour rendre la paix perpétuelle en Europe » semble à la fois le plus généreux et le plus irréalisable. Il paraissait tel aux yeux de Leibniz, lui-même pourtant « européen » et iréniste convaincu, qui écrivait dans une lettre : « J'ai vu quelque chose du projet de M. de Saint-Pierre pour maintenir une paix perpétuelle en Europe. Je me souviens de la devise d'un cimetière avec ce mot : *Pax perpetua* ; car les morts ne se battent point, mais les vivants sont d'une autre humeur, et les plus puissants ne respectent guère les tribunaux ». Rousseau, malgré la sympathie et l'admiration qu'il lui porte, reproche à l'abbé de Saint-Pierre, dans son analyse critique du *Projet de paix perpétuelle*, de n'avoir « travaillé que pour des êtres imaginaires en pensant travailler pour ses contemporains ». Il est étrange de voir Rousseau donner des leçons de réalisme, lui qui aurait dû savoir mieux que tout autre que l'on ne travaille pour les hommes de l'avenir – et même pour les contemporains – qu'en accordant sa juste part à l'imagination. Et d'ailleurs, le bon abbé n'avait nullement une vision naïve et idyllique de l'humanité. Il ne faut pas oublier qu'il avait été fortement marqué par Hobbes, pour qui l'état de guerre de tous contre tous entraîne pour les hommes la nécessité, s'ils ne veulent pas périr, de remettre leurs droits individuels entre les mains d'un pouvoir unique et fort, chargé de faire régner l'ordre et la paix. Le *Projet de paix perpétuelle* ne fait que transposer cette analyse sur le plan des relations internationales. Pour échapper aux luttes épuisantes et stériles, les souverains de l'Europe chrétienne doivent constituer une ligue et former un « corps européen », qui garantira définitivement l'état territorial actuel des pays participants, s'érigera en tribunal européen pour juger des litiges et disposera de forces armées européennes pour faire respecter ses décisions. Rousseau, Bentham, Kant reprendront et développeront, à la fin du XVIIIe siècle, ces idées « conduisant vers le grand but, l'ultime perfection : la société des nations » (Kant). Pour n'avoir pas encore été réalisées, ou pour l'avoir été si mal, en sont-elles moins urgentes, moins « réalistes » ?
Il en va de même des idées politiques exprimées dans la *Polysynodie*. L'abbé de Saint-Pierre y critique l'absolutisme autoritaire et centralisateur de Louis XIV et de ses ministres, absolutisme qu'il qualifie de « vizirat ou despotisme oriental ». Il lui oppose une monarchie tempérée ou « aristomonarchie », dans laquelle le roi règne mais ne gouverne pas, et qui repose sur la multiplication des « Conseils » (polysynodie), dont les membres, élus par un scrutin perfectionné, seraient choisis à l'intérieur d'une « académie politique ». Ce système décentralisé, proche des idées de l'entourage du duc de Bourgogne (Fénelon, Chevreuse, Saint-Simon), et qui annonce Montesquieu, aurait peut-être sauvé la monarchie, et le « conseillisme » qu'il préconise n'a rien perdu de son actualité.

A. Pons

SAINT-PIERRE Jacques Henri BERNARDIN de *v.* BERNARDIN DE SAINT-PIERRE Jacques-Henri

SAINT-PIERRE Michel de

***Michel de GROSOURDY**, marquis de **SAINT-PIERRE** (1916-1987)*

Né à Blois, fils d'officier, Michel de Saint-Pierre fait ses études chez les Eudistes et à l'Institut catholique. D'abord manœuvre, puis matelot (cf. *la Mer à boire*, 1951), médaillé militaire, il se consacre, après 1945, à une carrière de romancier, sous le patronage de La Varende et de Montherlant. *Les Aristocrates* (1954, grand prix du roman de l'Académie française 1955) illustrent bien sa devise : « Me compromettre ». Une division binaire traverse en effet l'œuvre de ce rebelle respectueux des valeurs qu'il conteste ; la noblesse (*les Aristocrates*), la vocation d'écrivain (*les Écrivains*, 1957), l'autorité paternelle (*Ce monde ancien*, 1948, ou *la Nouvelle Race*, 1961, enquête sur la jeunesse suivie de *la Jeunesse et l'Amour*, 1970) la science moderne (*Docteur Erikson*, 1982), l'institution judiciaire (*le Double Crime de l'impasse Salomon*, 1984) sortent de ses romans à la fois malmenées et grandies. « Bourreau de soi-même » (cf. *Montherlant*, 1949), ce sanguin, amateur de sports violents canalisant l'énergie vitale, ne trouve la réconciliation que dans l'inconditionnelle obéissance. D'où le ton d'un ensemble d'ouvrages traitant de problèmes religieux, *les Murmures de Satan* (1959), *les Nouveaux Prêtres* (1964), *Sainte Colère* (1965), *la Passion de l'abbé Delance* (1978), donnant éloquemment la parole aux tenants de l'*aggiornamento* mais se rangeant sous l'autorité de Rome, voire de la tradition. Car cette œuvre se développe sous la fascination du pouvoir dans ses figures les plus diverses : emprise spirituelle du curé d'Ars (*la Vie prodigieuse du curé d'Ars*, 1959), volonté de puissance d'un P.-D.G. (*le Milliardaire*, 1970) ou du jeune militarisme israélien (*Sur les ailes de l'aigle*, 1975). Jamais la dichotomie n'apparaît mieux que dans cette analyse de l'« âme russe » qu'est *le Drame des Romanov* (1971), miroir de ses propres contradictions : « Son besoin effréné de réformes [...] et sa résistance à toute réforme d'où qu'elle vienne et quelle qu'elle soit. » Mais ces oppositions s'évanouissent dans la « connivence » entre l'auteur et la nature. Avec son œil de chasseur, il la peint, cette nature, dans toutes les nuances du jour et des saisons, observant avec humour manoirs croulants, salles d'armes, galeries d'ancêtres, saisissant couleurs, mouvements et formes en des phrases courtes relevées d'images tantôt précieuses (« ces nuages passant au fil du ciel comme des cygnes endormis »), tantôt cocasses : « La rosette luit à sa boutonnière comme un feu de position » (*Dieu vous garde des femmes*, 1955). La profusion même de ces notations témoigne d'un plaisir d'écrire, trait sans doute le plus attachant de cet amoureux de la langue française.

M.-A. de Beaumarchais

SAINT-POL ROUX

Pseudonyme de ***Paul Pierre Roux*** *(1861-1940)*

Poète symboliste, Saint-Pol Roux occupe une place à l'écart des modes, des écoles et des mouvements littéraires parisiens. Né près de Marseille dans une famille d'industriels, Paul Pierre Roux fait ses études à Lyon, suit quelques cours de droit avant de choisir, sans retour, la poésie. Dès 1884, il prend le nom de Saint-Pol Roux pour publier ses premiers vers ; à la même époque, il rencontre les grands noms de la poésie, Verlaine et Mallarmé (dont il devient l'ami). En 1886, il publie *Lazare, le Bouc émissaire,* et fonde avec quelques amis *la Pléiade,* avant de collaborer ensuite au *Mercure de France*, aux *Entretiens politiques et littéraires*, à *l'Ermitage*, etc. Pourtant, l'essentiel n'est pas là : même reconnu et publié (*l'Âme noire du prieur blanc*, *Épilogue des saisons humaines*, et première édition des *Reposoirs de la procession*, 1893), Saint-Pol Roux est en quête d'autre chose. Il préfère à Paris cette nature rencontrée en 1895 dans les Ardennes, où il écrit *la Dame à la faulx*, une tragédie qu'il refuse de « couper » comme le lui demande la Comédie-Française. Il s'installe ensuite en Bretagne, d'abord à Roscanvel, puis à Camaret, où il se fait construire un manoir. Il y vit entouré de sa femme, de ses enfants aux noms étranges (Cœcilian, Lorédan, Divine) ; il y reçoit des écrivains comme Segalen. Il travaille aussi beaucoup : *Anciennetés* paraît en 1903, et les trois volumes de la série des *Reposoirs de la procession* en 1901 1904 et 1907, sans parler de nombreuses œuvres inédites, notamment de drames, tels *les Pêcheurs de sardines* et *la Dame en or*, qui ont disparu. Après la guerre, les surréalistes seront sensibles à la richesse et à la modernité de Saint-Pol Roux, dont la vie désormais est marquée par de grandes douleurs : la mort d'un fils, d'abord, en 1915, celle de sa femme, puis, en 1940, l'Occupation, ce soldat allemand qui tue Rose, la servante, blesse et violente Divine, ces autres Allemands qui pillent, puis brûlent le manoir et détruisent les nombreux manuscrits de Saint-Pol Roux. Celui-ci, accablé, meurt en octobre de la même année, à l'hôpital de Brest.

Il y a dans cette poésie une étrangeté qui peut en rendre l'accès difficile. Rémy de Gourmont s'en était déjà aperçu lorsqu'il proposait – pour rire – un dictionnaire des métaphores de Saint-Pol Roux : « "Sage-femme de la lumière" veut dire "le coq". "Lendemain de chenille en tenue de bal" veut dire "papillon". "Péché qui tette" = "enfant naturel". » Ces images où l'on voit bien la transition entre symbolisme et surréalisme, parcourent le monde de rapprochements inattendus et brutaux. D'où une sorte de jeu baroque, de magie, où la signification ne se donne pas au premier abord. Il faut la découvrir et rendre ainsi au monde cette ingénuité dont parlait Saint-Pol Roux le Magnifique : grâce au poète, le monde est lavé, débarrassé de la « hideuse réalité », c'est-à-dire des clichés dont nous la déguisons. Le langage auquel ce libre jeu donne des possibilités nouvelles et dont le créateur, homme « radioactif », fait une source d'énergie devient alors la matière d'un art neuf. La poésie n'est donc pas que jeu verbal : elle appartient au « Grand Semeur d'idées [...] gonflant d'un lait nouveau les mamelles vidées. Et dorant les sillons d'un froment inconnu », embrassant tous les mots, joignant la métaphysique à la saisie des choses, créant ce que Saint-Pol Roux appela d'un beau mot : l'« idéoréalisme ».

A. Preiss

SAINT-RÉAL, abbé de

César Vichard, abbé de Saint-Réal *(1639-1692)*

L'abbé de Saint-Réal demeure une énigme. Son nom est encore célèbre, mais son œuvre est assez difficilement accessible. Éreinté par Sainte-Beuve, il a pourtant suscité l'enthousiasme de Bayle, de Voltaire (« le style est comparable à celui de Salluste, peut-être l'a-t-il surpassé »), de Schiller, qui s'inspira de lui pour son *Don Carlos*, surtout de Stendhal qui loue, en maints passages de sa *Correspondance*, ses qualités d'historien et de styliste.

Saint-Réal, né à Chambéry, est issu d'une famille de magistrats. Élève des Jésuites à Lyon, puis envoyé à seize ans à Paris, il y devient le disciple du P. Ménestrier, érudit et poète, et de Varillas, historien à la mode qui introduit dans l'histoire la méthode du doute philosophique. Très tôt, il fréquente les meilleurs milieux et se fait remarquer par son « esprit plein de feu », selon le témoignage du diplomate Courtin. Rentré à Chambéry, il rencontre Hortense Mancini et la suit à Londres (1676). On le retrouve en Savoie en 1679, historiographe de la Cour ; le duc Victor-Amédée le charge de différentes missions auprès du duc d'Orléans. Il espionne sans doute, dans l'entourage de Louvois, pour le compte de la cour de Savoie, vit à Paris en philosophe et revient à Chambéry, pour y mourir.

Les éditions complètes de ses œuvres (1722, 1730, 1740, 1757, en cinq, puis six volumes) lui attribuent trop : on fabriqua du Saint-Réal, car le public en réclamait. Aujourd'hui, il faut s'en tenir aux œuvres publiées de son vivant et, en dépit des mérites de sa *Vie de Jésus-Christ* (1678) et surtout de son *Discours de la valeur* (1688), de quantité de pages denses de sa réflexion psychologique, politique et morale, se souvenir surtout de *De l'usage de l'histoire* (1671), de *Don Carlos* et de l'*Histoire de la conjuration des Espagnols contre Venise* (1672). « Ce n'est pas tant l'histoire des faits qu'on doit chercher que l'histoire des hommes » : *Don Carlos* et sa *Conjuration des Espagnols* illustrent brillamment sa théorie. Le premier, six ans avant *la Princesse de Clèves*, rompt avec le réalisme galant, met l'accent sur les rapports de l'amour et de l'ambition, dépouille le récit, impose la forme brève au roman moderne. La *Conjuration des Espagnols*, son chef-d'œuvre, est un récit passionnant dont la politique assure tout l'intérêt et qui préfigure curieusement les meilleures œuvres de Sciascia. Après avoir, dans *Don Carlos*, lié les thèmes de l'amour, de la folie et de la mort dans une même vision désenchantée du monde, Saint-Réal ne veut plus s'attacher qu'au tragique de l'histoire à travers le mythe de la révolution manquée : « De toutes les entreprises des hommes, il n'en est point de si grandes que les conjurations. » On comprend que cette histoire de diplomate machiavélique et de mercenaires exaltés, de faux héros, victimes de l'Inquisition, et de courtisanes, ce roman de la vanité des passions, ait pu enchanter Casanova et Stendhal, dont J. Mondello a rappelé que Saint-Réal est le « maître oublié ». L'auteur du *Rouge et le Noir*, lui, a reconnu sa dette en attribuant à Saint-Réal l'origine de sa théorie du roman : « Un roman, c'est un miroir qu'on promène au long d'un chemin. »

B. Raffalli

SAINT-SIMON Claude Henri, comte de

(1760-1825)

Théoricien à la charnière de l'*Encyclopédie* et du socialisme, Saint-Simon semble mériter d'autres appréciations que celles d'auteur de « traités au titre interminable » ou de « chef de secte » qui ont parsemé trop d'histoires de la littérature. Engels n'hésite pas, quant à lui, à exalter dans son *Anti-Dühring* sa « largeur de vues géniale qui fait que toutes les idées non strictement économiques des socialistes postérieurs sont contenues en germe chez lui », et l'*Histoire littéraire de la France* des Éditions sociales le définit avec beaucoup de justesse comme un « homme presque seul », qui tenta « jusqu'à sa mort » de mettre sur pied « en d'innombrables brochures et opuscules » une « doctrine qui répondît aux questions posées par la société postrévolutionnaire ».

Saint-Simon, cousin éloigné du mémorialiste, illustre sa vie par une suite de comportements courageux : grand seigneur libéral, il se bat dans la guerre d'Indépendance américaine (« J'entrevis que la révolution d'Amérique signalait le commencement d'une nouvelle ère politique ») ; noble, il se rallie à la Révolution française, au point de se faire baptiser laïquement Claude BONHOMME. Libéral sous l'Empire et sous la Restauration, Saint-Simon se veut aussi « industriel ». Il fonde sous le Directoire une entreprise de messageries, spécule, fait fortune, se fait flouer par son associé, vit dans le dénuement sous l'Empire, véritable déclassé dans la bohème intellectuelle, est littéralement sauvé par son ancien valet, Diard, et acquiert peu à peu la figure d'un authentique prophète, en butte à l'incompréhension quasi générale. La fin de sa vie est cependant éclairée par l'amour de l'ouvrière Julie Juliand et l'amitié du banquier Olinde Rodriguès, un des tout premiers saint-simoniens.

De la construction d'un système...

Très tôt, il élabore une réflexion qui entend apporter à ses contemporains une méthode et une croyance : il s'agit de proposer au nouveau siècle une synthèse philosophique, scientifique et sociale, analogue à ce que fut l'*Encyclopédie* pour le siècle écoulé : « Aujourd'hui, le seul objet que puisse se proposer un penseur est de travailler à la RÉORGANISATION du système de morale, du système religieux, du système politique, en un mot du système des IDÉES ». Jusqu'à la Restauration, Saint-Simon établit les conditions théoriques et les méthodes de la réorganisation sociale plutôt qu'il ne la définit. Il expose ces conditions et ces méthodes dans les *Lettres d'un habitant de Genève à ses contemporains* (1802), clin d'œil à Rousseau, dans l'*Essai sur l'organisation sociale* (1804), l'*Introduction aux travaux scientifiques du XIXe siècle* (1807), l'*Histoire de l'homme* (1810), le *Mémoire sur la science de l'homme* (1813), pour ne citer que les principaux textes (inédits pour la plupart de son vivant). Le projet est clairement exposé : inclure l'étude de la Société idéale dans une science objective (c'est son disciple très dissident, Comte, qui forgera le mot « sociologie ») ; pour cela, il convient d'élaborer et de mobiliser une philosophie des sciences, qui doit dégager une théorie unitaire ou, mieux, organique, et une philosophie de l'histoire, définie comme intelligible et orientée selon le progrès, lequel procède par résolutions successives d'antagonismes.

Par la suite, Saint-Simon analyse son époque à la lumière de ces principes et fait paraître une floraison de brochures, parfois formées de simples notes cousues ensemble, et d'articles dans des périodiques éphémères, mais d'une importance capitale : les livraisons de *l'Industrie* (1816-1818), du *Politique* (12 numéros de janvier à mai 1819), de *l'Organisateur* (3 numéros de novembre 1819 à janvier 1820), sans oublier des textes essentiels comme les *Considérations sur les mesures à prendre pour terminer la Révolution* (1820), *Du système industriel* (1820-1822), le *Catéchisme des industriels* (1823-1824), *De l'organisation sociale* (1824).

… à la critique du système en place…

La pensée de Saint-Simon prend alors la forme d'une critique de l'ordre établi fondée sur une doctrine de la production combinée à une doctrine de ce que nous appellerions la technocratie. L'ensemble de son système vise, selon ses propres termes, à « donner à tous les membres de la société la plus grande latitude pour le développement de leurs facultés ».
Il oppose le travail de l'immense masse des travailleurs, ou « producteurs », voire « abeilles », constituant un vaste « parti national », à l'oisiveté des « frelons », ou « sangsues de la nation » qui forment la minorité rétrograde du « parti antinational ». Les 24/25e de la France constituent la classe industrielle, qui regroupe patronat dynamique, artisanat, salariat et paysannat. Le profit est moderne, la rente archaïque. Il convient donc de constituer la nation comme une « grande société d'industrie », le gouvernement étant le « chargé d'affaires de la société », l'État se bornant à « garantir les travailleurs de l'action improductive des fainéants et à maintenir la sécurité et la liberté dans la production ». Pour ce faire, Saint-Simon imagine un parlement à trois chambres : une chambre d'Invention, regroupant ingénieurs, artistes et poètes, une chambre d'Examen, réunissant les savants, et enfin une chambre d'Exécution, assemblée des chefs d'industrie – l'ensemble fonctionnant dans une fédération européenne siégeant à Genève.

… l'élaboration d'un catholicisme humanitaire

Il s'agit donc d'une utopie déployée à partir d'un gouvernement des Lumières modernes s'appuyant sur un peuple capable (c'est la théorie des « capacités ») : « la politique deviendra le complément de la science de l'homme ». Celui qui avait déclaré « Souvenez-vous que pour faire quelque chose de grand, il faut être passionné » devait logiquement aboutir au messianisme. Paru en 1825, le *Nouveau Christianisme* apparaît comme le testament spirituel de Saint-Simon, le complément des *Opinions littéraires, philosophiques et industrielles* de 1824. On y lit des pages exaltantes sur la philanthropie comme finalité du christianisme, sur Dieu comme vérité absolue et impératif social suprême, comme réunion du positif et du sublime ; Saint-Simon écrit là le poème de la ferveur scientiste : « Il est évident que le principe de morale : "Tous les hommes doivent se conduire en frères à l'égard les uns des autres", donné par Dieu à son Église, renferme toutes les idées que vous comprenez dans ce précepte : "Toute la société doit travailler à l'amélioration morale et physique de la classe la plus pauvre ; la société doit s'organiser de la manière la plus convenable pour lui faire atteindre ce grand but". »
On voit toute la fécondité de ces positions, qui s'épanouiront dans le catholicisme social et dans l'humanitarisme. Peut-être le chant humanitaire constitue-t-il la forme ultime de la pensée saint-simonienne : n'a-t-il pas commandé à Rouget de Lisle une nouvelle *Marseillaise*, *le Premier Chant des industriels* (1821) ? En voici le refrain :

Honneur à nous, enfants de l'industrie !
Honneur, honneur à nos heureux travaux !
Dans tous les arts vainqueurs de nos rivaux,
Soyons l'espoir, l'orgueil de la patrie (bis).

La pauvreté des vers illustre la carence littéraire de ce qui deviendra le saint-simonisme, alors que Saint-Simon plaçait les artistes au premier rang des hérauts de l'âge d'or : « Que les artistes transportent le paradis terrestre dans l'avenir, qu'ils le présentent comme devant être le résultat du nouveau système, et ce système se constituera promptement ». C'est qu'il est aussi, à sa manière, le précurseur d'un art soumis à l'idéologie : « Vous demandez à la poésie autre chose que des vers, autre chose que des chants à la musique et que des formes à la peinture. En un mot, vous n'avez plus qu'une pensée, pensée immense, à laquelle vous rattachez tout, et qui est devenue votre vie, celle d'un bonheur universel et d'une perfection indéfinissable », déclare-t-il à la jeunesse de 1825. Ce sera bien une des tentations du romantisme, mais, heureusement, il en sortira autre chose que la « turpitude » saint-simonienne du peintre Pellerin – « le Christ à la locomotive » – dans *l'Éducation sentimentale* de Flaubert.

G. Gengembre

Saint-Simon

SAINT-SIMON Louis, duc de

(1675-1755)

Plus célèbre et célébré que connu, Saint-Simon est de ces écrivains majeurs que le public pratique trop souvent en anthologie et que les spécialistes consultent à l'aide d'index : dans les deux cas, la cohésion monumentale de l'esthétique et de la pensée risque d'échapper au profit du pittoresque ou du document, également trompeurs. Autre malentendu : refusant les finalités des « belles-lettres » de son temps, né, dit-il, avec une vocation d'historien, il consacre sa longue existence à la création d'une méthode et d'une œuvre résolument historiques ; or, quand les historiens positivistes du XIXe siècle eurent scruté sans merci le détail des faits et, fascinés par le mythe du « Grand Siècle », condamné la prétendue haine du mémorialiste à l'égard de Louis XIV, Saint-Simon se trouva transféré dans le champ littéraire, dont les tenants l'admirèrent et l'étudièrent au nom de critères que sa vie et ses écrits récusent. Depuis peu, timidement, la nouvelle

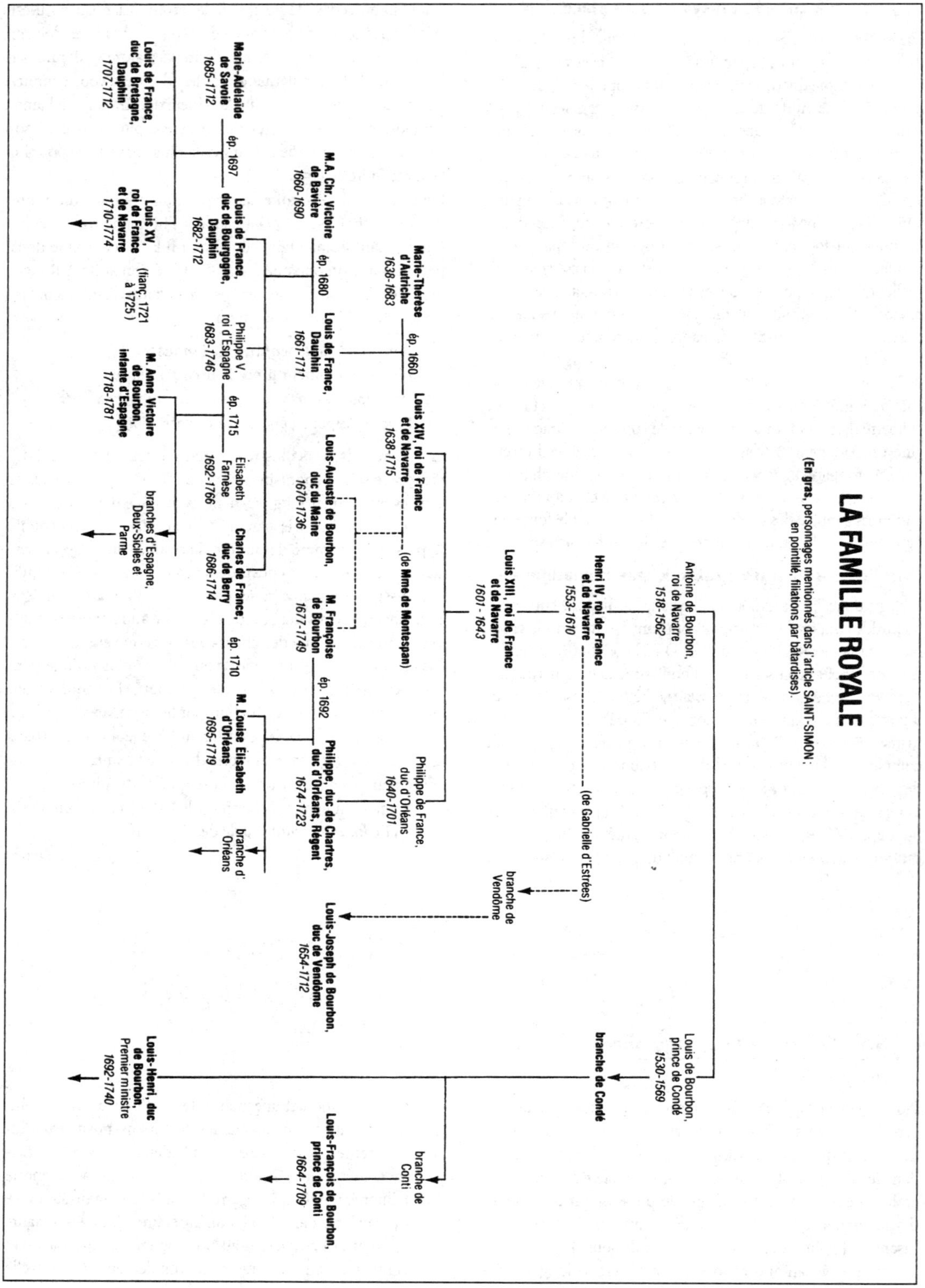
LA FAMILLE ROYALE
(En gras, personnages mentionnés dans l'article SAINT-SIMON ; en pointillé, filiations par bâtardises).
Antoine de Bourbon, roi de Navarre 1518-1562
Louis de Bourbon, prince de Condé 1530-1569
Henri IV, roi de France et de Navarre 1553-1610
(de Gabrielle d'Estrées)
branche de Vendôme
branche de Condé
Louis XIII, roi de France et de Navarre 1601-1643
Louis-Joseph de Bourbon, duc de Vendôme 1654-1712
branche de Conti
Marie-Thérèse d'Autriche 1638-1683
ép. 1660
Louis XIV, roi de France et de Navarre 1638-1715
(de Mme de Montespan)
Philippe de France, duc d'Orléans 1640-1701
Louis-François de Bourbon, prince de Conti 1664-1709
M.A. Chr. Victoire de Bavière 1660-1690
ép. 1680
Louis de France, Dauphin 1661-1711
Louis-Auguste de Bourbon, duc du Maine 1670-1736
M. Françoise de Bourbon 1677-1749
ép. 1692
Philippe, duc de Chartres, duc d'Orléans, Régent 1674-1723
Marie-Adélaïde de Savoie 1685-1712
ép. 1697
Louis de France, duc de Bourgogne, Dauphin 1682-1712
Philippe V, roi d'Espagne 1683-1746
ép. 1715
Elisabeth Farnèse 1692-1766
Charles de France, duc de Berry 1686-1714
ép. 1710
M. Louise Elisabeth d'Orléans 1695-1719
branche d'Orléans
Louis de France, duc de Bretagne, Dauphin 1707-1712
Louis XV, roi de France et de Navarre 1710-1774
(fianç. 1721 à 1725)
M. Anne Victoire de Bourbon, infante d'Espagne 1718-1781
branches d'Espagne, Deux-Siciles et Parme
Louis-Henri, duc de Bourbon, Premier ministre 1692-1740

école historique le reprend en compte, des spécialistes de la littérature et des idées acceptent de lui rendre son vrai domaine, celui de la politique et de l'historiographie. Saint-Simon n'aurait-il pas sa place dans un *Dictionnaire* littéraire ? Si, puisqu'on loue en lui un style de génie et que, plus profondément, l'ampleur idéologique et religieuse de son dessein, la délibération persuasive d'une écriture d'aspect aléatoire, mais strictement contrôlée, le rythme et l'unité de son univers l'inscrivent dans ce que notre temps – mais non le sien – appelle littérature. Enfin, il y a, sous l'Ancien Régime, chez les historiens, une rhétorique parallèle et contraire à celle des « poètes » et des « orateurs », et c'est celle qu'applique Saint-Simon.

Situation

L'accord se fait aussi mal sur la situation historique de Saint-Simon que sur son statut d'écrivain ; peintre du règne de Louis XIV, il passe pour un auteur du XVIIe siècle. Or, en 1700, il n'a que vingt-cinq ans ; l'essentiel de son œuvre s'élabore dans la décennie 1730, et le texte définitif des *Mémoires* de 1739 à 1750 : Saint-Simon appartient au XVIIIe siècle ; le renouvellement profond de notre image des Lumières rend cette concomitance moins inintelligible. C'est aussi un écrivain posthume : sa volonté expresse remet la parution de son œuvre à « plus d'une génération ou deux » après sa mort, survenue peu après celle de son ami Montesquieu ; en effet, après des éditions fragmentaires publiées à la fin du siècle, c'est au soleil de 1830 que les romantiques reçoivent les *Mémoires* et s'en emparent : de cette lecture le livre reste affecté jusqu'à nous. Mieux, le caractère tumultueux, évidemment non « classique », de cette œuvre a pu aujourd'hui susciter des interprétations par une rémanence « baroque » dont Saint-Simon, grand seigneur, serait l'archaïque témoin : on verra ce qu'il faut de prudence devant ces assimilations. Ainsi, ce contemporain de Rameau et de Voltaire peut se trouver, au choix, renvoyé à Louis XIII, à Louis XIV, à Balzac, voire à Proust. Car, autre complication, si le duc fut longtemps mal lu des critiques, il le fut admirablement des grands écrivains. Stendhal, Chateaubriand, Hugo, Michelet, Proust ont reconnu en lui un égal et, d'instinct ou de méditation, jeté sur lui des lueurs parfois si fortes que notre vue du mémorialiste en est marquée : Mauriac l'observait, il est un Saint-Simon d'après Proust, irréductible à celui qu'aima le XIXe siècle, parce que l'existence même de la *Recherche*, qui doit tant aux *Mémoires*, nous en a révélé des virtualités.

Un très grand seigneur

Fils unique d'un sexagénaire et d'une femme de trente-quatre ans, Louis de Saint-Simon, d'abord titré vidame de Chartres, est l'héritier précieux d'une maison de chevaliers du Vermandois qui remonte sans lacune au XIVe siècle et revendique une origine carolingienne, mais surtout d'un duché-pairie créé pour son père en 1635. Sa naissance le promet aux plus hautes charges du royaume ; son éducation, originale et exigeante, l'y prépare. Le père, favori de Louis XIII, n'a pas rejoint la cour de Louis XIV, mais, activement fidèle à la Couronne pendant la Fronde, conserve de vastes seigneuries (Saint-Simon, en Vermandois ; La Ferté-Vidame, dans le Perche ; La Rochelle) et de lucratifs gouvernements militaires (Senlis et Pont-Sainte-Maxence, en Valois ; la puissante citadelle de Blaye, sur la Gironde) ; la mère, Charlotte de L'Aubespine-Chasteauneuf, issue d'une dynastie de ministres, y ajoute Ruffec, en Angoumois, et des terres en Berry. Par le premier, il est cousin des Montmorency et des Condé ; par la seconde, des Mortemart, donc de Mme de Montespan. Louis XIV et la reine Marie-Thérèse le tiennent sur les fonts baptismaux à Versailles ; son compagnon de jeu et d'études est le duc de Chartres, neveu du roi et futur Régent, à qui le lie dès l'enfance une amitié définitive ; il « joue aux barres » avec les fils de France. Sa mère, peintre amateur et héritière des hautes traditions de la « robe », veille minutieusement à sa formation et passera sa vie avec lui ; son père lui inculque une religieuse gratitude pour Louis XIII, mais aussi une vive indépendance critique. Un gentilhomme de La Ferté-Vidame, d'origine protestante, est son gouverneur ; un oratorien féru d'histoire, son précepteur ; un jésuite le « forme à la religion » ; il apprend l'allemand, qu'il parle et écrit bientôt « parfaitement ». Surtout, il est remarqué tout jeune par l'abbé de Rancé, réformateur de la Trappe et voisin de La Ferté : Rancé et la Trappe demeureront pour Saint-Simon le maître et Le Havre spirituels ; enfin Malebranche, ami de ses parents, « s'intéresse à [ses] études » : adulte, il restera fidèle à un groupe d'anciens élèves du philosophe, épris de réformes politiques. Élevé à Paris, rue des Saints-Pères, et au château de La Ferté, il s'initie au monde dans le salon de la princesse des Ursins et – déjà – à Versailles. Il regimbe à l'enseignement littéraire, mais s'éprend d'histoire et de Mémoires, avec un goût marqué pour les époques récentes (« depuis François Ier ») et pour les témoignages de survivants : outre les récits obsédants de son père, il n'oubliera jamais Mme de Villesavin, octogénaire qui lui raconte ses souvenirs de la mort d'Henri IV.

Naissance des *Mémoires*

Sa première œuvre connue, écrite à quinze ans, relate une cérémonie où sans doute il représente son père (obsèques de la Dauphine, avril 1690). Élève d'une académie aristocratique où il affine son style de cavalier, d'escrimeur et de danseur, il obtient bientôt de son père d'« entrer dans le service ». C'est la présentation officielle à Louis XIV, le jour de la saint Simon 1691 (28 octobre), l'année obligée de formation aux Mousquetaires-Gris, les visites régulières à Versailles – et ses débuts de danseur : il sera seize années durant l'étoile des bals royaux. Il reçoit le baptême du feu au siège de Namur, au moment de la famine et des mutineries de 1692 ; jusqu'à la paix de Ryswick, il connaît de près la dure guerre de la Ligue d'Augsbourg. Capitaine à la campagne suivante, il perd son père en mai 1693, héritant du duché et des gouvernements ; tandis que la meute des créanciers assiège la succession, il combat à la sanglante victoire de Neerwinden, qui suscite sa seconde œuvre connue, une *Relation* pour sa mère et Rancé, qu'il insérera dans les *Mémoires*. Malgré ses dix-huit ans, il songe à se marier et souhaite ardemment l'alliance du vertueux duc de Beauvillier, gouverneur des Enfants de France, qui, malgré l'échec d'un projet de mariage entre sa fille et le jeune duc, devient pour lui un second père et l'introduit dans le groupe discret qui, autour de Fénelon et du duc de Bourgogne, prépare l'avenir. Bien qu'il serve comme colonel dans la cavalerie du maréchal de Luxembourg, Saint-Simon participe avec quinze autres ducs à un âpre procès de préséance contre celui-ci, et se fait muter à l'armée du maréchal de Lorge, sur le Rhin.

C'est là que, au repos dans un camp du Palatinat, séduit par le paysage rhénan et la lecture des *Mémoires* de Bassompierre, il entreprend, à dix-neuf ans, « d'écrire aussi ceux de ce que je verrais dans le désir et dans l'espérance d'être quelque chose, et de savoir le mieux que je pourrais les affaires de mon temps » (été 1694). Ces premiers *Mémoires* ne sont pas ceux que l'on connaît ; un long morceau, publié en 1969, montre un style violent et ampoulé, plein de souvenirs scolaires ; même choix des faits que dans le texte définitif, mais seul un paragraphe de portraits-express sera jugé digne d'y être conservé ; déjà Saint-Simon use des manchettes marginales – procédé emprunté à Bassompierre ou aux érudits – pour rythmer la narration. On ignore combien de temps le duc poursuivit ce travail : s'il dit en 1699 le voir « grossissant tous les jours » et sentir « quelque complaisance de le laisser après moi », s'il l'utilisa dans l'œuvre future, l'autographe semble avoir été détruit après usage, sans que rien nous indique sa taille et ses bornes ; on sait qu'il contenait au moins des « relations » et des « portraits » et on en a retrouvé un fragment.

Cette période féconde voit aussi son mariage avec la charmante Marie-Gabrielle de Durfort de Lorge, dix-sept ans (avril 1695), qui le fait gendre et neveu de deux maréchaux de France, petit-neveu de feu Turenne et cousin du roi d'Angleterre Guillaume III ; mariage arrangé, certes, mais qui suscite en lui une passion définitive, sans cesse approfondie. Le couple sera célèbre à la Cour pour sa parfaite union, et les *Mémoires* dédieront des hymnes récurrents à la tendre sagesse de Mme de Saint-Simon, dont la mort (1743) sera pour son mari une blessure incurable. La jeune femme, de santé fragile, n'aura que trois enfants, une fille et deux fils, tous maladifs.

La Cour et ses orages

Malgré ce bonheur évident, l'entreprise des pré-Mémoires combattrait-elle les affres de l'accès à l'âge adulte après la mort du père ? Les dernières années du siècle voient chez Saint-Simon un net malaise. Il commet ses premières imprudences devant l'acharnement de Louis XIV contre la pairie (procès Luxembourg, 1694-1696 ; conflits avec les princes lorrains, 1696, 1699, 1701). Surtout il adresse à l'abbé de Rancé deux interrogations vitales : il le consulte, en 1697, sur la forte inclination qu'il sent pour le jansénisme ; en 1699, sur la validité de son œuvre, qui met en péril la charité et son propre salut (et il lui soumet l'extrait évoqué plus haut). À l'en croire, l'abbé l'aurait détourné d'une adhésion militante au « parti » janséniste ; mais ses amitiés, ses options doctrinales, sa vision du monde et de l'Église resteront jusqu'au bout augustiniennes et gallicanes. Quant à l'anxiété de fond relativement aux *Mémoires*, on ignore quelle réponse y donna Rancé ; on perd la trace des pré-Mémoires après 1699, coïncidence qui peut ne tenir qu'à nos ignorances ; même si l'œuvre put changer de forme ou s'interrompre, Saint-Simon ne cessera jamais d'écrire.

Enfin, décision grave pour un grand seigneur, ulcéré par le licenciement de son régiment, puis par une promotion de généraux entachée de passe-droit, il se résout, en avril 1702, malgré la reprise de la guerre, à quitter l'armée.

Courtisan à plein temps, témoin toujours mieux informé de cette dramatique fin de règne, multipliant amitiés et alliances efficaces, brillant avec sa femme parmi la jeune génération de princes et de ministres (duchesse de Bourgogne, duc et duchesse d'Orléans, prince de Conti ; Chamillart, Desmarets, les Pontchartrain), assidu aux bals de Marly, logeant à Versailles ou à Fontainebleau, il traverse sa période mondaine. Mais l'inquiétude demeure et, devant les désastres militaires, devant l'entêtement de l'autocratie royale, se mue en indignation raisonnée. En public, celle-ci ne se traduit encore que par des foucades de cérémonial (où il entend, en fait, défendre la constitution non écrite, les traditions du royaume contre l'arbitraire louis-quatorzien) ; elle n'empêche pas sa désignation (1706) au poste d'ambassadeur à Rome, que les revers d'Italie ne permettront pas, finalement, de pourvoir. Il suit de l'intérieur la politique espagnole, par ses amis Louville et Mme des Ursins, et entame une correspondance secrète de vingt-trois ans avec le cardinal Gualterio à Rome : d'amitié en lecture, sa pensée mûrit, et son action se prépare. Admirateur du *Télémaque*, conquis par la *Dîme royale* de Vauban, protecteur de Boisguillebert, lié avec l'audacieux Boulainvilliers, il est sensible à l'effervescence qui se manifeste dans l'entourage de son ami le duc d'Orléans (Dubois, l'abbé de Saint-Pierre, Fontenelle) et surtout (ducs de Beauvillier et de Chevreuse, Fénelon de son exil) autour du duc de Bourgogne. C'est pour celui-ci, espoir des libéraux, qu'il prend parti en 1708 contre le Dauphin même et contre Vendôme, que protège Louis XIV ; il encourt la colère du roi pour avoir parié la chute de Lille ; il rédige des plans de réforme, dont il constate en 1709 l'analogie avec ceux de Chevreuse (et de Fénelon) : de ces « cahiers », aujourd'hui perdus, la matière reparaît dans les *Projets de gouvernement* de 1714. Les désastres de 1709 et leurs retombées politiques (disgrâce du duc d'Orléans, chute de Chamillart) le laissent sans appui face aux violentes « cabales » qui déchirent la Cour et au ressentiment du roi ; n'ayant plus son logis à Versailles, exclu de Marly, il se retire pendant six mois, songe à « tout quitter ». Un sursaut le ramène à la Cour, où, dans une audience épineuse (janvier 1710), il dissipe en partie la défiance du monarque. Il entreprend de rétablir le duc d'Orléans, en neutralisant le parti du Dauphin par un mariage princier favorable aux Orléans : il y réussit en juin 1710, où se conclut l'union du duc de Berry avec une Orléans ; Mme de Saint-Simon est dame d'honneur de la nouvelle mariée ; elle et son époux y gagnent un bel appartement à Versailles.

« Un magnifique et prochain avenir... »

Dix mois plus tard, la mort subite du Dauphin (avril 1711) bouleverse l'échiquier politique et ouvre à l'opposition de vastes champs : le duc de Bourgogne devient dauphin, et Louis XIV approche de soixante-treize ans. Une version des pages illustres filmant Versailles sous le choc est-elle écrite dès lors ? L'essentiel de l'activité de Saint-Simon paraît ailleurs. Conseiller occulte du jeune prince, il multiplie rencontres secrètes, projets chiffrés, nominations en prévision, entame une sourde lutte d'influence avec Fénelon (dont chacun sait qu'il sera fait ministre par son ancien élève) puis est pressenti pour éduquer les fils du futur roi. Fidèle aux Orléans, il s'ingénie à rapprocher le prince libertin du prince dévot. « Un magnifique et prochain avenir s'ouvrait devant moi. »

Nouveau coup du sort : en février 1712, la duchesse et le duc de Bourgogne meurent à six jours de distance ; leur fils aîné meurt en mars. Les espoirs que Saint-Simon avait mis dans le jeune couple sont balayés. Devant ces morts en série, l'idée du poison fait rage : la vieille Cour accuse le duc d'Orléans, tandis que Saint-Simon y voit la main du duc du Maine, bâtard chéri de Louis XIV et soutien des jésuites. Brisé, il lit dans le drame l'abandon de la France par un Dieu qu'irritent les crimes du régime absolu ; il s'enfuit à La Ferté et, à peu près dans le même temps où Couperin, ami du prince disparu, compose ses poignantes *Leçons de ténèbres*, il écrit une extraordinaire lettre anonyme *Au roi* (avril 1712), où, se qualifiant de « Nathan invisible », il adopte le ton et la méthode prophétiques, dénonce au vieux souverain les iniquités de son règne, l'adjure de les corriger avant de mourir à son tour et prédit la fin de la royauté. Porté au-dessus de lui-même par la violence du désespoir, Saint-Simon atteint ici des sommets d'éloquence et de témérité que les *Mémoires* ne retrouveront pas toujours et – qui sait ? – découvre sa propre puissance :

> *Attendrez-vous à changer la forme d'un gouvernement si ruineux que la matière, c'est-à-dire le royaume, ait manqué et qu'il n'y ait plus de monarchie [...] ? Quel compte, Sire, [...] quel compte qu'un règne de soixante et dix ans, pour soi tout seul en toutes manières, et jusqu'aux adversités mêmes par lesquelles Dieu essaie de vous rappeler à lui ; quel compte que tant de fleuves de sang dont vos ministres vous ont fait inonder l'Europe ; quel compte que tant d'autres déluges d'un sang d'une autre espèce mais non moins réel, je veux dire de tant de trésors que ces ministres vous ont fait répandre, et qui vous ont réduit à force d'en répandre, de les rechercher jusque dans les os de vos sujets, dont la nudité et la défaillance rend les champs incultes, tarit l'espèce du bétail et ne laisse plus en proie aux durs exacteurs des impôts que les restes de leurs maisons délabrées dont ils démontent la charpente pour être vendue à vil prix ! Ce ne sont point, Sire, des figures et des exagérations. Et si Votre Majesté les regarde comme telles, autre compte, Sire, plus terrible que tous les autres que vous vous préparez, puisque vous répondrez de ce que vous ignorez comme de ce que vous connaissez, puisque la vérité ne fuit point les Rois qui l'aiment et qui la cherchent...*

L'an 1712 forme charnière dans son œuvre et son existence. Certes, une fois jeté le cri de la Lettre et réunies de tendres *Collections sur feu Mgr le Dauphin*, Saint-Simon se ressaisit, travaille aux renonciations franco-espagnoles préalables à la paix (août 1712), étudie en historien le gouvernement par des Conseils au lieu de ministres (1713) ; le futur Louis XV, seul rescapé de l'hécatombe, étant né en 1710, une régence s'annonce : il faut bien la préparer. Mais, depuis qu'on a « enterr [é] la France », tout a goût de cendre (parlant de ce temps, il citera l'Écriture : « *Gustavi paululum mellis, et ecce morior*, j'ai goûté un peu de miel, et voici que je meurs »), tout devient signe : fin lamentable de Vendôme ; maladie du duc du Maine (effets du remords et châtiment) ; sainte mort de ses amis Chevreuse et Beauvillier (incapables de survivre à leur cher prince) ; et, surtout, promulgation de la bulle *Unigenitus* (8 septembre 1713), qui, après la « destruction militaire de Port-Royal des Champs », vient, en rallumant les persécutions religieuses, manifester, par jésuites interposés, le malheur français. Il n'oubliera pas son dramatique « bec-à-bec », dans un arrière-cabinet obscur de son logis versaillais, avec le puissant P. Tellier, confesseur du roi : en le relatant trente et un ans après, il trouvera tout naturellement l'accent du Pascal des *Provinciales*. Ainsi, la tragédie de 1712 semble fixer et les options religieuses de Saint-Simon et le sens de son œuvre : persuadé qu'il n'est plus, pour lui, de salut dans l'action politique, il apprendra à le chercher en écrivant l'histoire.

La Régence, ou le pouvoir trop tard

Mais le chemin sera long ; souvent, dans le feu de l'action, il oubliera que régence n'est pas règne, et qu'Orléans n'est pas l'« incomparable Dauphin » après qui Dieu ne permet que « replâtrages ». Si les *Projets de gouvernement* (1714) restent sous l'invocation du défunt, auquel il prête sans risque ses vues, les ultimes années du règne, marquées par la paix, l'*Unigenitus* et le testament du roi, voient sa lutte ouverte contre le duc du Maine (affaire du « bonnet »), à qui Louis XIV compte léguer le pouvoir réel, et ses efforts pour rallier à Orléans les groupes influents et pour lui faire adopter des plans radicaux : appel aux États Généraux, Conseils aristocratiques, refus d'honorer la Dette contractée envers la haute finance, retour au gallicanisme, suppression de la gabelle, des charges en survivance... Pour lui-même, refusant la présidence du Conseil des finances et le poste de gouverneur de Louis XV, il n'accepte qu'un siège de ministre d'État au Conseil de Régence.

On sait l'inoubliable récit qu'il fera de l'agonie du roi (14 août-1er septembre 1715) : on doute, vu l'activité qu'il déploie, qu'il ait pu l'ébaucher alors, et les *Mémoires* recourront à Quincy et à Dangeau pour retrouver le fil de ces jours critiques. Dès le 2 septembre, il siège à son rang de pair au lit de justice qui voit la défaite posthume de Louis XIV, et il y aide son ami à obtenir la cassation du testament et « la Régence en plein ».

Avec le gouvernement, il quitte Versailles pour Paris et son nouvel hôtel de la rue Saint-Dominique, d'où il se rend au Palais-Royal pour travailler avec le Régent, aux Tuileries pour siéger au Conseil ou faire sa cour au petit roi. Vers lui affluent les plaintes concernant des abus du règne passé. Mais bientôt son influence sur Orléans se heurte à celles de Dubois et du duc de Noailles ; ni les abolitions, ni la banqueroute, ni les États Généraux préconisés n'ont lieu, et il faut emplir les Conseils de personnages à ménager. Vaincu par Dubois sur l'alliance anglaise, par Law sur le papier-monnaie, Saint-Simon semble vouloir se cantonner dans les affaires gallicanes (il préside le bureau des Bulles en 1718) et dans les réformes fiscales (essai de « taille proportionnelle » avec un groupe malebranchiste, 1716-1719). En 1718-1719, le lit de justice au cours duquel le Régent réduit à l'impuissance le duc du Maine et les magistrats du parlement, puis la « conjuration de Cellamare » que fomente Maine évincé, le ramènent à l'action directe ; ce sera son dernier succès – et qui n'aura pas d'effet. Le libéralisme bourgeois a raison du libéralisme aristocratique. Le duc, qui ne jouera plus désormais qu'un rôle secondaire, peut tout à loisir écrire (1719-1720 ?) le récit du triomphal lit de justice, qu'il jugera digne de passer, révisé, dans les *Mémoires*, dont il constitue un des sommets :

> *Vers le tiers de cette lecture, le Premier Président, grinçant le peu de dents qui lui restaient, se laissa tomber le front sur son bâton qu'il tenait à deux mains et, en cette singulière posture et si marquée, acheva d'entendre cette lecture si accablante pour lui, si résurrective pour nous. Moi cependant je me mourais de joie ; j'en étais à craindre la défaillance ; mon cœur, dilaté à l'excès, ne trouvait plus d'espace à s'étendre. La violence que je me faisais pour ne rien laisser échapper était infinie, et néanmoins ce tourment était délicieux. Je comparais les années et les temps de servitude, les jours funestes où, traîné au Parlement en victime, j'y avais servi de triomphe aux bâtards, [...] à ce jour de justice et de règle [...]. Je me devais, je me remerciais de ce que c'était par moi qu'elle s'effectuait. J'en considérais la rayonnante splendeur en présence du Roi et d'une assemblée si auguste. Je triomphais, je me vengeais, je nageais dans ma vengeance : je jouissais du plein accomplissement des désirs les plus véhéments et les plus continus de toute ma vie. J'étais tenté de ne me plus soucier de rien.*
>
> (*Mémoires* pour 1718)

Sans entamer sa familiarité avec le Régent, la suppression des Conseils spécialisés, l'abandon du gallicanisme aggravent son isolement politique. Il saisit l'occasion de s'éloigner sans déchoir : en 1721-1722, il accomplit une longue ambassade à Madrid, dans le propos officiel de conclure le mariage de Louis XV avec l'infante, en fait de restaurer les relations franco-espagnoles et, secrètement, les relations franco-jacobites. Voyage marqué de mémorables visites (Loyola, Lerma, l'Escorial, Tolède, Ségovie, la Granja), de solides amitiés avec les Grands et les souverains et, à la faveur d'une variole, la rédaction de vastes pages (*Tableau de la cour d'Espagne*), qui entreront, remaniées, dans les *Mémoires*. Il en revient Grand d'Espagne, « établissement » destiné à son fils cadet, assuré ainsi de recueillir la grandesse quand l'aîné recueillera le duché.

La Régence s'achève tristement, avec le symbolique retour à Versailles, et le sacre du jeune roi, où Saint-Simon s'abstient de paraître. Déjà, auprès du Régent diminué et de Dubois mourant, pointent le duc de Bourbon, Fleury, et la finance qui les soutient. Déjà Saint-Simon a repris son *Tableau* espagnol et des travaux nobiliaires (*Mémoire des prérogatives que les ducs ont perdues*..., *Considérations sur l'Ordre* [du Saint-Esprit], *État des cardinaux*...). Pourtant, la mort du Régent, foudroyé par l'apoplexie dans l'impénitence finale (2 décembre 1723), l'atteint au fond : là encore, avec la douleur d'une intimité de toute la vie, il voit le doigt de Dieu :

> *On frémit jusque dans les moëlles par l'horreur du soupçon que Dieu l'exauça dans sa colère. On a vu, il y a peu, qu'il redoutait une mort lente qui s'annonçait de loin, et qui devient une grâce bien précieuse quand celle d'en savoir profiter y est ajoutée, et que la mort la plus subite fut celle qu'il préférait. Hélas ! il l'obtint...*
>
> (*Mémoires* pour 1723).

Le duc de Bourbon, s'emparant du pouvoir, écarte Saint-Simon, qui se laisse écarter : « Tout m'avait préparé à me survivre à moi-même. »

Traversée du désert

En fait, les années 1723-1728 seront pénibles. Outre l'abandon des actes politiques auxquels il croyait attacher son nom (rupture du mariage de Louis XV, rétablissement du duc du Maine), la mort de sa mère (1725) et celle de plusieurs amis très chers, Saint-Simon doit endurer l'ascension de Fleury. L'âpreté des poursuites antijansénistes (concile d'Embrun, 1727) et la disette de 1725 avec son cortège d'émeutes lui masquent l'essor économique et démographique qui s'affirme. Le brillant mariage de son fils aîné contraint Saint-Simon à se « raccommoder » avec son ennemi Noailles (1727) ; son accession à l'ordre du Saint-Esprit, manquée en 1724, vient trop tard pour le flatter (1728). Malgré l'attitude affectée dans les *Mémoires*, il tarde à se détacher des « affaires » : s'il a quitté la Cour, il voit toujours les ministres, et les nouvellistes citent son nom pour des postes vacants. Pire, il a du mal à trouver sa voie dans l'écriture : ses textes d'alors sont timides, disjoints. Seul un *Sommaire très court de l'Histoire de France* (1725 ?) montre un choix net de l'histoire générale, mais sans lendemain. Cette incertitude traduit et produit un grand malaise, qu'avoue une lettre à Valincour, dont il envie la paix studieuse :

Tout le suc, tout l'utile, tout le vrai s'y trouve sous le voile de la vie commune, sans l'étalage de la dévotion, ni les ragoûts et les inconvénients de la retraite. Je n'en connais point de plus effective ni qui accorde mieux le précis du devoir avec la sainte avarice du temps et son plus excellent emploi. Rien ne m'empêche ici d'en faire autant, que moi-même, et, ce qui est monstrueux, sans aucun des goûts, des désirs et des objets qui sont capables de troubler la solitude.

(La Ferté, 25 décembre 1728).

Les années fertiles

Comment, de ce vide, Saint-Simon passe-t-il à la soudaine fécondité de la décennie 1729-1739 ? Mystère. En 1729, le duc de Luynes lui prête le manuscrit du long *Journal* où, de 1684 à 1720, le marquis de Dangeau, courtisan modèle, avait chaque soir, dans un style fade, noté l'actualité. Résurrection du passé quotidien ? Fureur devant le conformisme adulateur de ces pages ? Saisie subite d'un guide événementiel dont la platitude garantit la sûreté ? Tout cela peut jouer, mais n'explique ni l'élan créateur de ces années, ni les tours qu'il prend. Saint-Simon met un secrétaire à la copie de Dangeau sur les pages de droite de trente-sept gros registres, et fera reporter sur les pages gauches les *Additions*, cursives ou démesurées, que, de 1729 à 1738, lui inspire l'insipide chronique. Réfutations, explications, récits, portraits, dissertations, les composants des futurs *Mémoires* sont là, accrochés à un nom ou à un fait du règne de Louis XIV ou de la Régence, et mainte page naîtra de ce réservoir.

Mais la conception initiale et l'effet sont radicalement opposés. D'un côté, des morceaux juxtaposés, sans structure d'ensemble, ou en structure ouverte : les *Additions* n'ont ni début ni fin, dépendent d'un texte extérieur – même s'ils le nient – et ne peuvent former de progression. De l'autre, un livre bâti, introduit et conclu, continu et autonome, qui intègre ses sources. Les *Additions* relèvent d'une tradition et d'une manière connues, celles du fragment savant, du texte sur un texte, de l'annotation devenue œuvre en confinant au commentaire courant, et dont le style doit, au prix de beaucoup d'art, produire un effet de rapide improvisation ; comme les érudits, le duc enrichit son travail de sommaires annuels et de tables alphabétiques. L'humanisme des XVIe et XVIIe siècles lui en offrait maints exemples : le plus direct semble avoir été celui des *Mémoires* de Castelnau augmentés des *Additions* de Le Laboureur (1659-1660 ; rééd. 1731). Au sortir d'une période difficile, Saint-Simon adopterait-il ce procédé pour repousser l'échéance d'une composition organisée, permettre l'amas de pages-matériaux et renaître au plaisir d'écrire sans tomber au cauchemar de construire ? On ne sait.

Solution insuffisante, puisqu'au même moment il expérimente longuement des formes historiographiques tout autres. D'une part, sous les titres austères de *Notes sur les duchés* (1730-1738 ?), d'*État détaillé de tout l'ordre du Saint-Esprit* (1733), d'*Alliances directes des seigneurs français avec des filles du sang de nos rois* (1737), de *Maisons d'Albret, d'Armagnac et de Châtillon* (1737), de *Grandes Charges de la Couronne* (1738-1739), de *Légères Notions des chevaliers de l'ordre du Saint-Esprit* (1739), il compose d'amples histoires de France dont le fil vertical est fourni par la suite des familles ou des dignitaires, et dont la vie violente et pittoresque, la charge politique qui les animent contrastent avec la neutralité des titres : telles de ses pages les plus fulgurantes s'y trouvent, et le préambule aux *Maisons d'Albret* contient sa confession la plus poussée d'alors :

Un grand loisir qui tout à coup succède à des occupations continuelles de tous les divers temps de la vie forme un grand vide qui n'est pas aisé à supporter ni à remplir. Dans cet état, l'ennui irrite et l'application dégoûte. Les amusements, on les dédaigne. Cet état ne peut être durable ; à la fin, on cherche malgré soi à en sortir. Ce qui rappelle le moins tout ce qu'on a quitté et qui mêle quelque application légère à de l'amusement, c'est ce qui convient le mieux. De médiocres recherches de dates et de faits pris par éclaircissement dans les livres, d'autres sortes de faits qu'on a vus ou qu'on a sus d'original sont de ce genre, quand ces autres faits qu'on trouve en soi-même ont quelque pointe, quelque singularité, quelque concordance fugitive et qui peut mériter d'être sauvée de l'oubli. L'esprit y voltige quelque temps sans pouvoir se poser encore, jusqu'à ce que le besoin de se nourrir de quelque chose contracté par une si longue habitude devienne supérieur au dégoût général ; et que, par l'affaiblissement des premiers objets à mesure qu'ils s'éloignent, il saisisse au hasard la première chose qui se présente à lui. Un malade repousse bien des plats sans vouloir y goûter, et plusieurs autres encore dont il n'a fait que tâter, et encore avec peine.

L'esprit languissant de vide, effleure ainsi bien des objets qui se présentent, avant que d'essayer son ennui sur pas un. À la fin, la raison se fait entendre.

D'autre part, se concentrant sur le règne de Louis XIV, il opère dans cette histoire encore chaude des coupes horizontales par offices : *Officiers de la Couronne de Louis XIV*, *Ducs-pairs de Louis XIV*, *Cardinaux français [...] de Louis XIV*, etc. (1738-1740), où le souci d'histoire immédiate des *Additions* s'unit à celui de prosopographie des autres écrits.

Les *Mémoires* vont être rédigés aussitôt après, et l'on serait tenté de voir là autant d'essais préparatoires ; rien de moins sûr. D'une part, le saut méthodologique restera grand, et seuls des matériaux pourront être transportés. D'autre part, ces écrits du duc sont à rapprocher de son projet (1731) de continuer la grande *Histoire généalogique* du P. Anselme (nouv. éd., 1726-1733) : le plan répond, en gros, aux rubriques de ses travaux d'alors, qui s'inscrivent dans l'essor des sciences auxiliaires de l'histoire, si puissant en ce premier tiers du XVIIIe siècle. Ainsi le passage aux *Mémoires* reste aussi ardu à expliquer que celui de la stérilité des années 1720 à la profusion des années 1730. Mais la production désormais intense suppose le sacrifice sans retour de l'ambition, naguère cuisante.

Le grand œuvre

Les *Notes sur les Duchés* et les *Additions à Dangeau* sont abandonnées en 1738-1739, et c'est en 1739 que Saint-Simon ouvre le chantier des *Mémoires* ; il a soixante-quatre ans, et il achèvera son travail en un formidable élan de onze ans. Les charges sous Louis XIV seront étudiées, conjointement, pendant un an ; à partir de 1740, les *Mémoires* l'emportent.

Sur cette décision, rien de sûr. La dernière *Note sur les duchés* menée à terme est celle, démesurée, qu'il consacre à *Saint-Simon,* et dans laquelle l'historien relate avec un grand luxe de détails sa vie et celle de son père : cette autobiographie à la troisième personne, jointe aux plongées louis-quatorziennes des *Additions* et des écrits sur les charges, peut avoir ranimé le vieux dessein de 1694-1699. Les drames religieux (la bulle *Unigenitus* devenue loi du royaume ; les convulsionnaires de Saint-Médard), la disette de 1738 peuvent avoir aiguisé le devoir de dénonciation. La réalité de l'âge et de la mort proche peut avoir surgi. Enfin la foison de livres flatteurs sur le règne précédent (dont le début du *Siècle de Louis XIV* de Voltaire, 1739) peut avoir exigé ce grand rétablissement de vérité, figure de Jugement dernier, que visent les *Mémoires*.

CHRONOLOGIE DE LA RÉDACTION DES MÉMOIRES

1739	Saint-Simon compose les années	**1691-1696**	des *Mémoires*
1740	"	**1697-1703**	"
1741	"	**1704-1708**	"
1742	"	**1708-1711**	"
1743	"	**1711**	"
1744	"	**1712-1714**	"
1745-1746	"	**1715**	"
1746	"	**1716**	"
1747	"	**1716-1720**	"
1748	"	**1721-1722**	"
1749	"	**1723**	"
1749-1750	Révision du texte, manchettes marginales, conclusion, table alphabétique.		

L'atelier

Sur les bureaux plats et les pupitres de ses deux bibliothèques (Paris et La Ferté), l'écrivain dispose d'une énorme masse de matériaux. Le *Journal* de Dangeau fournit la chronologie ; les *Additions*, un vivier de pages à récrire (et qu'il reprend sans cesse) ; la *Note* [...] *Saint-Simon*, un modèle autobiographique ; les écrits des années 1730, la matière d'*excursus* institutionnels ou généalogiques ; les pré-Mémoires, la trame des années juvéniles (au moins) ; des relations séparées (bataille de Neerwinden, Conseil sur la Triple-Alliance, lit de justice) sont insérées après révision ; pour nombre de discours et conversations, Saint-Simon hésite entre l'insertion (*Sur Mgr le duc de Bourgogne*, 1710 ; *Sur une tenue d'états généraux*, 1717) et la recréation (entretiens avec le P. Tellier, 1713 ; le duc du Maine, 1714 ; le duc d'Orléans, *passim*) ; des tableaux, souvent nommés « disgressions » (pairie et grandesse, 1701 ; pairie et parlement, 1714 ; Affaires étrangères, 1718), distendent la toile par leur ampleur : certains sont connus avant d'entrer dans les *Mémoires* (cour d'Espagne, 1721) ; d'autres peuvent être de vraies digressions nées du texte. L'œuvre intègre parfois des lettres (correspondance avec le Chancelier, 1711) ou des « analyses » de documents (Alberoni, 1708 ; cardinal de Bouillon, 1710) : fidélité à une tradition des Mémoires-recueils continue depuis le XVIe siècle, qui eût été plus sensible si l'appendice prévu de « Pièces », auquel Saint-Simon renvoie très souvent, nous fût parvenu. Enfin pour 1715-1718, il intègre ouvertement les *Mémoires* diplomatiques du ministre Torcy, dont la parfaite information lui paraît devoir décupler la valeur des siens.

Cette bigarrure, où un critique littéraire « classique » verra impuissance et mauvais goût, un postromantique exubérance « baroque », est, en fait, dans les cercles historiques d'Ancien Régime, gage de sérieux et d'acuité : le vrai historien est celui qui, écrivant sur pièces et cherchant à éclairer, sacrifie la symétrie, le fini scolaire ou courtisan à la richesse – en soi éloquente – de la matière. En ce sens, l'esthétique et l'éthique à l'œuvre dans les *Additions* continuent à régir les *Mémoires.*

Selon cette morale de l'historien, l'usage virtuose de matières si variées n'est possible que par une science sans défaut, ces « lectures immenses » qu'admiraient les amis de Saint-Simon. Sa bibliothèque frappe par sa taille et par son déséquilibre : de 6 à 7 000 volumes, où les lettres occupent une place réduite, les arts visuels et musicaux une place importante (le duc, danseur, fut aussi un fervent de portraits et un bâtisseur), mais où histoire et religion emportent tout. Le rayon religieux atteste une culture biblique et patristique poussée, où dominent Augustin et les travaux port-royalistes, mais privilégie l'histoire ecclésiastique et ses implications juridiques et politiques. Quant au rayon historique, il se veut exhaustif : libertins, réformés, ultramontains, Philosophes, Saint-Simon accueille tout, jusqu'à sa mort, du moment qu'il s'agit d'historiens : Mémoires et biographies comme histoires générales, in-folio érudits comme vade-mecum mondains ; il souscrit assidûment aux périodiques savants, aux recueils de documents ou de planches... À l'histoire pure s'ajoutent un vaste champ géographique (collection de livres de voyages constamment tenue à jour) et le bloc des sciences auxiliaires (« antiquités », inscriptions, numismatique, « monuments », armorial, généalogie). Enfin la masse des imprimés est doublée par un cabinet de manuscrits, où s'entassent factums, chartes, pièces volantes, inédits, chroniques médiévales, gazettes à la main, chansons satiriques, travaux d'érudits en copie, aux côtés des productions de l'écrivain.

Le cliché d'un Saint-Simon génie d'instinct, à qui les préjugés de caste et l'usage du monde tiendraient lieu de culture et de pensée tout en l'isolant dans l'archaïsme, ne résiste donc pas à l'examen ; ce grand travailleur lut Bayle, Locke, Voltaire et Montesquieu, autant que d'obscurs héraldistes ou des mémorialistes bien nés.

Facteurs unifiants

De ces fils disparates Saint-Simon tisse une étoffe unie : par quel prodige ? Avant tout, par la fermeté du dessein démonstratif : « le long gouvernement » de Louis XIV « a changé toute la face du royaume », et tout laisse présager « la dissolution prochaine de cette monarchie ». Puis par la constance du flot annalistique : sans pitié les années se poussent, jalonnées de leurs seuls millésimes et de manchettes qui, en marge, constituent un second texte, révélateur plutôt que redondant. Tradition antique et moderne, si ancrée dans le sentiment européen du temps, qu'il est permis au fleuve de charrier des blocs et de décrire des méandres : la beauté du rythme annuel tient au dosage d'exceptions qu'il admet, voyages historiques vers l'origine ou vers l'avenir. Par l'énergie de la vision du monde, pessimiste et brûlante, venue de générations d'humanistes dont le sérieux même nourrit le rire et la chaleur. Mais aussi, par l'aisance née de la conscience aristocratique : à la gravité tendue de la robe gallicane Saint-Simon accorde naturellement la haute désinvolture d'épée, sa promptitude, son dédain des règles et fausses fenêtres.

D'où ce que Hugo nomme son « beau style grand seigneur » et Stendhal son « cristal ». Le style de Saint-Simon, à la fois périodique et coupé, abstrait et imagé, trivial et soutenu, archaïque et néologique, « rapide » et « pourpensé », dérive autant de l'idéal de nudité aiguë, volontiers « mélancolique » (atrabilaire), propre à l'historiographie érudite du XVIe au XVIIIe siècle, dont Juste Lipse avait donné la théorie, dont de Thou et Bayle avaient fourni l'exemple, que de l'allure altière ou bonhomme, ironique ou musicale, propre aux Mémoires d'aristocrates les moins crispés, ceux d'avant la Fronde (Saint-Simon révère Sully). C'est en ce double sens, et non comme une pirouette irresponsable ou comme un hymne à la spontanéité, qu'il faut lire la conclusion des *Mémoires* sur le « style » et sa « négligence »,

> *emporté toujours par la matière, et peu attentif à la manière de la rendre, sinon pour la bien expliquer. Je ne fus jamais un sujet académique ; je n'ai pu me défaire d'écrire rapidement. [...] Pour bien corriger ce qu'on a écrit, il faut savoir bien écrire ; on verra aisément ici que je n'ai pas dû m'en piquer. Je n'ai songé qu'à l'exactitude et à la vérité. J'ose dire que l'un et l'autre se trouvent étroitement dans mes* Mémoires, *qu'ils en sont la loi et l'âme.*

Ces forces d'unité ont leur symbole dans la trompeuse clarté du manuscrit, où les ratures, nombreuses mais minuscules, ne portent que sur l'infime détail : sacrifiant ses brouillons, l'écrivain n'a voulu laisser qu'un texte superbement mis au net et révisé, prêt à l'impression. Elles durent être puissantes, puisque les *Mémoires*, une fois en route, résistent à tout.

Ainsi, lorsqu'en janvier 1743 meurt Mme de Saint-Simon, l'œuvre semble menacée. Atterré, Saint-Simon fuit vers un couvent ami, s'interroge à fond sur l'histoire, ses fins et sa légitimité ; juillet voit un grand texte où, non content de réfuter les sophismes opposés à l'histoire, l'auteur fait de celle-ci le fondement de la nature et de la grâce, le dessein divin sur l'homme, et donc un devoir majeur, « transcendant » ; ces pages deviennent le préambule des *Mémoires,* qui, coupés d'un rang de larmes cernant une croix, mais justifiés, se remettent en marche. Plus sereinement, quand, en 1745, Torcy lui livre ses *Mémoires*, c'est avec un désarmant naturel que, soumettant la forme au projet, Saint-Simon les mêle aux siens. Inversement, l'œuvre peut sans danger sécréter une autre œuvre : en 1746, l'ample tableau du règne de Louis XIV qui suit l'épisode de la mort du roi paraît n'avoir pas épuisé la pensée du mémorialiste ; daté de mai, son dernier grand écrit, le *Parallèle des trois premiers rois Bourbons,* explorant une forme rhétorique non encore abordée, étend l'analyse au XVIIe siècle entier, ce que le cadre des *Mémoires* eût interdit ; ce scrupule apaisé, ceux-ci repartent et achèvent leur cours.

Mort et résurrection

C'est un homme seul qui relie en onze portefeuilles armoriés l'œuvre terminée (173 cahiers, 2 854 pages in-folio). Après sa femme est mort son fils aîné (1746), ne laissant qu'une fille ; en 1754, le cadet disparaît sans enfants. Requis par son labeur, le vieil écrivain a cessé depuis 1748 de gérer ses biens et passé un contrat général avec ses créanciers ; en 1751, un premier testament a réglé la transmission de la grandesse (le duché est voué à s'éteindre) ; en 1754, c'est le testament spirituel : son cercueil, dans l'église de La Ferté, sera rivé à celui de sa femme par « anneaux, crochets et liens de fer [...], si étroitement [...] qu'il soit impossible de les séparer l'un de l'autre sans les briser tous les deux » ; tous les manuscrits iront à son cousin l'évêque de Metz, sans doute chargé de l'édition. Saint-Simon meurt à Paris, rue de Grenelle ; il est âgé de quatre-vingts ans.

L'existence des *Mémoires,* malgré ses précautions, est connue : déjà un libraire hollandais en a offert 100 000 livres aux créanciers, qui, alléchés, exigent que les papiers restent avec les autres biens, tous vendus à leur profit (la bibliothèque est dispersée dès août 1755). Pour les sauver, la famille ne peut plus que demander une confiscation royale : un ordre de Louis XV, et Choiseul impose leur dépôt aux archives des Affaires étrangères, le défunt ayant été ministre et ambassadeur (1760). C'est grâce à cette saisie d'allure arbitraire que l'œuvre complète a survécu : par-delà sa mort, Saint-Simon aura témoigné des contradictions de l'absolutisme.

PROUST ET SAINT-SIMON

Vers 1899. Proust aborde Saint-Simon (influence de Robert de Montesquiou ?) dans l'édition Chéruel, 1856-1858 (sommaires et chapitres imités dans le

deuxième pastiche, et dans la Recherche). *Projet de consacrer à Montesquiou un pastiche des Mémoires. Les relevés de tours, traits et métaphores (Carnets) et les références stylistiques et historiques (Correspondance) ne cesseront plus.*
1901 au plus tard. Recours à l'édition Boislisle (appendices compris). Dès lors, méditation des Mémoires *parallèlement – et en antidote – à celle de Ruskin.*
1904. « Fête chez Montesquiou à Neuilly, extrait des Mémoires *de Saint-Simon », pastiche (*le Figaro*).*
1904-1919. Plusieurs projets de nouveau pastiche.
1919 (entre les Jeunes Filles *et* Guermantes*).*
« Dans les Mémoires *de Saint-Simon », pastiche le plus long, le plus mimétique et le plus amoureux de la série l'*Affaire Lemoine *(l'ironie ne porte que sur l'hypertrophie du cérémonial chez Saint-Simon).*
Dans la Recherche. *26 mentions littérales de Saint-Simon, mais allusions et emprunts innombrables ; plus de 200 noms de personnages pris aux* Mémoires. *Le rôle de Saint-Simon est fondamental pour la découverte proustienne des grands axes temporels (histoire, hérédité, mécanismes sociaux), et surtout de l'idée que la beauté naît, non du pittoresque « observé », mais de la reparution de traits identiques, générateurs de lois, à travers le torrent des apparences contingentes.*

H. Himelfarb

SALACROU Armand

(1899-1989)

Né à Rouen dans une famille de petite bourgeoisie (son père était pharmacien), il passa son enfance au Havre où il fut au lycée le condisciple de Georges Limbour et du peintre Jean Dubuffet. Il fonde les Jeunesses socialistes du Havre, puis se rend à Paris, où il fait sa médecine ; il fut quelque temps – en 1920 – journaliste à *l'Humanité*, où il tint la rubrique spectacles. Amateur de peinture (il achète pour quelques francs des toiles de Modigliani, Miró, Masson, Dubuffet...), il abandonne la médecine pour la philosophie de l'art (il obtient un diplôme d'études supérieures sur Benedetto Croce). Ses premières pièces sont des échecs, mais sa situation s'améliore rapidement : en 1928 il entre au secrétariat de Charles Dullin, et, en 1929, devient à la fois un homme riche – grâce à ses prouesses dans le domaine de la publicité – et célèbre ; ses pièces à partir de *la Vie en rose* (1932) remportent un vif succès : *l'Inconnue d'Arras* (1935), *La terre est ronde* (1938) avant *les Fiancés du Havre* (1944), *l'Archipel Lenoir* (1947) et *Boulevard Durand* (1960). Proche des surréalistes au début de sa carrière, il ne participera pas au mouvement. Après la guerre, à côté d'autres réussites théâtrales, il collabore comme scénariste à *la Beauté du diable* de René Clair, publie un recueil de souvenirs (*Dans la salle des pas perdus*, 2 vol., 1974 et 1976) et une *Note sur le théâtre* (1978). Salacrou avait été élu à l'académie Goncourt (1948) dont il démissionna plus tard.

« Le malaise d'être vivant » (*Vie et mort de Charles Dullin*, 1953) est l'origine qu'il donne à cette œuvre dramatique si variée. « Pour rechercher des amis » une communication médiate lui convient : il sait seulement « faire parler » des personnages (*Interview de l'auteur par lui-même*, 1929). Pourtant le choix du théâtre peut paraître étrange, car le discours semble exclusivement centré sur le je : « À travers tous mes personnages je ne pense qu'à moi » (*Note sur « l'Inconnue d'Arras »*, 1955). L'évolution du théâtre de Salacrou semble la recherche d'une solution à cette incompatibilité et prend acte du rôle du public dans la communication théâtrale.

Parmi quatre thèmes majeurs, celui du moi prédomine ; mais l'extravagance des héros aux monologues exaltés (*le Casseur d'assiettes*, 1923) s'atténue avec l'insertion dans la société de personnages qui deviennent des « hommes comme les autres » : la solitude, d'abord affirmée brutalement, s'objectivise en aliénation sociale, mais elle demeure (*l'Archipel Lenoir*) ; la dimension métaphysique, expression de l'angoisse personnelle de l'auteur, se double parfois d'une réflexion sur les mœurs nouvelles (*Histoire de rire*, 1939), les appels à Dieu se font moins frénétiques. La satire de la bourgeoisie se précise en prenant appui sur une peinture naturaliste du milieu (*Un homme comme les autres*, 1936). Le dernier thème donne la clef de l'intrigue : passé manqué que les premiers héros voudraient revivre et modifier (*le Pont de l'Europe*, 1925) ; temps qui altère, à l'origine de cette faille entre le moi présent et le moi passé, faille concrétisée, parfois, par un dédoublement physique ; surgissement d'un passé – incarné par des vieillards ou des fantômes « évoqués » – qui brise le présent du héros. L'évolution des thèmes et de leur dosage ne modifie guère le contenu du message mais rend plus efficace la communication : le discours du moi gouverne toujours l'ensemble mais en s'appropriant la forme moins subjective du divertissement satirique (*les Invités du Bon Dieu*, 1953) ou du sujet historique (*La terre est ronde*).

Salacrou s'efforce aussi de modifier sa technique dramatique. Un rééquilibrage s'opère entre les personnages au profit du naturalisme ; les pâles figures entourant les premiers héros deviennent les partenaires d'un vrai dialogue. Dès *Atlas-Hôtel* (1929), le triangle boulevardier remplace le cercle initialement fondé sur un extravagant ; le lieu dramaturgique d'abord ouvert, voire saugrenu, se ferme, devient unique : on aboutit au salon bourgeois. Mais l'emprise du passé fait resurgir l'irrationnel : l'extérieur investit l'espace des *Nuits de la colère* (1947). De même si la temporalité acquiert des contours plus nets, le « retour en arrière » la travaille de l'intérieur et, dans *l'Inconnue d'Arras*, hypertrophie les instants d'une agonie. Ce jeu sur la temporalité est à l'origine des principales innovations de Salacrou.

Le passage d'une forme déroutante à une forme acceptable par un large public est le compromis choisi par l'auteur pour permettre la communication. Contrepoids nécessaire au cadre naturaliste qui les a intériorisés, les aspects subversifs ne détruisent pas la dimension traditionnelle, voire boulevardière de ce théâtre : ils restent simplement en « désaccord ». Traditionnelle par certains côtés, parente aussi du surréalisme par l'onirisme d'un univers où fantasmes et invraisemblances ont la part belle, c'est au « théâtre d'idées » que se rattache surtout l'œuvre de Salacrou. Le débat presque sartrien des *Nuits de la colère,* avec ses « salauds », en témoigne. Théâtre de la parole, aux dialogues savoureux, à la fois tragique et comique, il reste avant tout un théâtre littéraire. Faite pour « éveiller les assoupis » (*Vie et mort de Charles Dullin*), un dernier paradoxe de cette œuvre est son succès auprès d'un public qu'elle met en cause : la transmission du message est demeurée imparfaite.

L'Archipel Lenoir

SYNOPSIS

Le vénérable Paul-Albert Lenoir, propriétaire de la célèbre liqueur du même nom, est menacé d'un procès pour avoir séduit une jeune fille. La famille Lenoir décide de juger le coupable à huis clos, et le condamne à mort. Une série de sketches burlesques suit l'exécution de la sentence. Mais le grand-père, à la surprise générale, parvient à échapper à la mort, et un valet ingénieux contribue au dénouement en épousant la victime du vieillard. L'angoisse tragique a son contrepoids de comédie, de répliques bouffonnes entre des personnages ridicules ou odieux. Au désir de vivre forcené du vieux Lenoir répond le cynisme de son neveu, le prince Boresku : « Vous auriez pu ne pas être ».

F. Crépin

SALES François de

(1567-1622, canonisé en 1665)

L'optimisme humaniste, l'exigence spirituelle, le souci d'ordre et le désir d'une attitude à la fois ferme et chaleureuse caractérisent cette première génération d'ecclésiastiques de la Contre-Réforme dont François de Sales offre le modèle.

Né au château de Sales, près d'Annecy, dans une famille aristocratique, il étudie à Paris chez les Jésuites du collège de Clermont, puis à l'université de droit de Padoue. On le destine à une carrière mondaine, mais, après plusieurs crises spirituelles, il se fait prêtre (1592). Il exerce en Savoie, aux frontières du Genevois protestant. Dans sa mission de conversion des protestants du Chablais (1594-1598), il associe répression militaire et prédication fervente. Son zèle lui vaut d'être nommé coadjuteur de l'évêque de Genève (1599), puis évêque de Genève (1602) résidant à Annecy. Refusant toutes les offres qui lui sont faites d'être promu à Paris, il mène là une entreprise de réorganisation ecclésiastique et de charité (fondateur dès 1593 de la confrérie de la Croix, il organise avec Jeanne de Chantal l'ordre de la Visitation, de 1604 à 1618). Voulant faire l'éducation spirituelle de la société laïque, il pratique la prédication, suscite une activité de littérature religieuse (Académie florimontane, 1607) et publie lui-même beaucoup.

Son œuvre la plus célèbre, l'*Introduction à la vie dévote* (1609), adopte une attitude absolument novatrice ; elle vise à persuader l'élite sociale que la vie laïque peut et doit être une voie de salut, au prix d'une piété fervente :

> *Ceux qui ont traité de la dévotion ont presque tous regardé l'instruction des personnes fort retirées du commerce du monde ou du moins ont enseigné une sorte de dévotion qui conduit à cette entière retraite. Mon intention est d'instruire ceux qui vivent ès villes, ès ménages, en la Cour, et qui par leur condition sont obligés de faire vie commune quant à l'extérieur, lesquels, sous le prétexte d'une prétendue impossibilité, ne veulent seulement pas penser à l'entreprise de la vie dévote.*

Il pense surtout à développer la formation religieuse des femmes, qui retentira ensuite sur l'éducation des enfants. Optimiste (il croit au libre arbitre et à la possibilité d'en faire bon usage), il ne méprise ni la vie concrète ni les réalités de la psychologie, qu'il veut ordonner à des fins religieuses : par des analyses fines, il montre comment passer des inquiétudes et des défauts propres à la personnalité superficielle à la paix de l'intimité de l'âme, grâce à une succession d'exercices spirituels inspirés de ceux d'Ignace de Loyola. Sa spiritualité est exigeante pour le croyant, vise à la perfection, à la joie, par l'amour du prochain et l'abandon à Dieu, thèmes mystiques que développe et exalte le *Traité de l'amour de Dieu* (1616), destiné aux Visitandines.

Le style de François de Sales, où se reconnaît la marque de ses maîtres jésuites (Possevin), est typique de l'éloquence séduisante qu'utilise alors l'Église et marque un réel souci d'esthétique. Il le définit, dans une lettre sur la prédication, comme volontairement dépouillé d'ornements, d'érudition apparente et de vaine rhétorique. Mais si cette prose travaillée utilise une syntaxe facile à suivre (il faut instruire), la subtilité de la pensée repose sur le jeu des métaphores et des rythmes (il faut séduire et émouvoir). Les images sont souvent empruntées au monde naturel et familier : ainsi, la beauté de la nature peut suggérer celle de Dieu ; l'amour conjugal et surtout la confiance enfantine sont des figures de l'amour spirituel. Des allusions très fréquentes à la Bible (surtout au Cantique des Cantiques, aux Évangiles et aux Psaumes) achèvent de construire un univers symbolique aussi cohérent que celui de la poésie de dévotion. Cette savante construction intellectuelle cherche à susciter chez le lecteur le plaisir de l'imaginaire, qui l'apprivoise à la Vérité :

> *Par le moyen de cette imagination, nous enfermons notre esprit dans le mystère que nous voulons méditer, afin qu'il n'aille pas courant çà et là, ne plus ne moins que l'on enferme un oiseau dans une cage.*

L'influence de François de Sales sur ses contemporains est grande, soutenue par une correspondance exceptionnellement riche (plus de deux mille lettres, notamment à Jeanne de Chantal, Camus, Bérulle…), qui en fait un modèle du « directeur d'âmes » (cf. ses *Vrais Entretiens spirituels*, posth., 1629). Aussi, au-delà de son œuvre et de son action, faut-il parler d'une « spiritualité salésienne ». Alors que la Contre-Réforme évoluera vers des conceptions pessimistes de l'homme, ce modèle salésien se répand, passant du public d'élite à une large diffusion par le moyen d'extraits, de traductions (en dix-sept langues dès 1650). L'*Introduction* et les manuels de piété qui en dérivent deviennent ainsi, jusqu'au XIXe siècle, une lecture de plus en plus populaire.

A. Viala

SALLENAVE Danièle

(née en 1940)

Romancière, essayiste, traductrice, née à Angers de parents instituteurs. Danièle Sallenave a poursuivi dans sa ville natale de brillantes études au lycée Joachim-Du-Bellay, puis à Paris au lycée Fénelon. Elle intègre l'École normale supérieure de Sèvres, est reçue en 1964 à l'agrégation de lettres. Ainsi commence une carrière d'enseignante, au lycée Félix-Faure de Beauvais (1965-1968), puis à l'université de Parix-X-Nanterre. Mais pour Danièle Sallenave, la littérature signifie aussi recherche critique, engagement et création. Avant de devenir secrétaire générale des *Temps modernes* (1992-1996) et membre du jury du prix Femina, elle a figuré dans la mouvance de *Tel Quel*, s'est interrogée sur la sémiotique du texte et, de 1974 à 1978, a participé au comité de rédaction de la revue *Digraphe*. Elle a traduit Pasolini et Calvino (*Si par une nuit d'hiver un voyageur*, 1981), mais a surtout prolongé sa démarche théorique dans ses premiers écrits de fiction. *Paysage de ruines avec personnages* (1975) constitue une sorte de répertoire des fonctions que peuvent remplir la linguistique et tous les systèmes de signes réels et imaginaires dans le monde. *Le Voyage d'Amsterdam ou les Règles de la conversation* (1977) remet en cause la notion académique de phrase, en supprimant le point, et usant de mots leitmotive comme dans une partition musicale. Pourtant, son roman à ce jour le plus célèbre, *les Portes de Gubbio* (1980, prix Renaudot), renonce à ces expériences de « modernité ». Il emprunte la forme d'un journal, composé de cinq cahiers et rédigé dans une ville d'Europe de l'Est, en 1966-1967 par S., un professeur de musique. Celui-ci enquête sur Egon Kaerner, un compositeur marginalisé et mort fou, s'entretient parfois avec un certain F., archéologue sur le point de mourir. La réflexion sur la perception de soi et de l'autre, les rapports entre l'art, l'écriture musicale et le texte littéraire apparaissent comme les enjeux majeurs des recherches du narrateur. Cette bifurcation vers le roman humaniste et philosophique est *a posteriori* fort logique, car dans ses essais les plus récents (*le Don des morts*, 1991 ; *Lettres mortes*, 1995 ; *À quoi sert la littérature ?*, entretiens, 1997), Danièle Sallenave défend, contre une sociologie réductrice, la spécificité des Lettres, génératrices de pensée et de liberté, et qui seules peuvent engager l'être humain à comprendre les relations du moi avec le monde. Loin de consister en un « loisir distingué » parmi d'autres, dans une société où tout deviendrait « culturel », le livre demeure une « inlassable description » des choses dans laquelle « le sens se forme et se forge » (*le Don des morts*). Aussi appartient-il à l'œuvre écrite de ne pas se clore sur elle-même en préférant le mot à la chose, mais d'observer les signes que renvoie le monde. L'écrivain se passionne pour l'espace urbain (*Villes et villes*, 1991), parce que, à l'instar du livre, il impose, « dans le désordre du monde l'ordre d'une lecture possible » (*le Don des morts*). De là, ces notes de voyage consacrées à Prague et aux villes d'Europe orientale (*Passages de l'Est*, 1992), à Calcutta et à l'Inde dont il convient de restituer, par l'écriture, « la permutation des odeurs et des sons, la réversibilité des sentiments » (*le Principe de ruine*, 1994). De là encore, ces témoignages sur le Moyen-Orient en crise (*Carnets de route en Palestine occupée*, 1998).

Danièle Sallenave refuse de faire du Texte une sorte d'entité abstraite ou métaphysique, et, depuis *les Portes de Gubbio*, toutes ses fictions (*Un printemps froid*, nouvelles, 1983 ; *la Vie fantôme*, 1986 ; *Conversations conjugales*, 1987 ; *Adieu*, 1988 ; *les Trois Minutes du diable*, 1994 ; *Viol*, 1997 ; *l'Amazone du grand Dieu*, 1997) semblent autant de réflexions sur l'existence. Les personnages de la romancière tentent d'accéder à la conscience du monde, cherchent comment gérer ou réorienter la vie – cette « architecture aux styles mêlés » (*les Portes de Gubbio*) – que les conditionnements du milieu, du métier ou de l'époque leur ont fait spontanément accepter. Danièle Sallenave, à travers l'exemple et la variété de ses figures littéraires, veut amener le lecteur à trouver la voie de sa propre vérité.

J.-P. Damour

SALMON André

(1881-1969)

Né à Paris, fils d'un aquafortiste, André Salmon accomplit de simples études primaires. Il fréquente très tôt le milieu des poètes parnassiens et symbolistes. Puis, après un séjour à Saint-Pétersbourg en compagnie de son père, il commence à composer des vers. En 1903, il fait la connaissance de Picasso, fonde, avec Apollinaire et Max Jacob, une revue mensuelle : *le Festin d'Ésope* ; son premier recueil, *Poèmes*, paraît en 1905. Dès lors, il ne cesse d'écrire de la poésie, s'essayant également – à partir de 1912 – au roman (*Tendres Canailles*, 1912 ; *Bob et Bobette en ménage*, 1920). Son activité de critique et d'essayiste visera toujours à promouvoir la jeune peinture, notamment le cubisme, dont il restera, avec Apollinaire, l'un des principaux défenseurs (*la Jeune Peinture française*, 1913 ; *l'Art vivant*, 1920). Après avoir exercé, au lendemain du premier conflit mondial, les fonctions de chroniqueur judiciaire, il va collaborer à d'innombrables revues. Ses *Souvenirs sans fin* (1955-1961) soulignent son attachement à la vie des artistes du quartier Montparnasse. Consacré en 1964 par le grand prix de poésie de l'Académie française, il meurt à Sanary, âgé de quatre-vingt-huit ans.

Après les premiers recueils d'inspiration symboliste (*les Clés ardentes*, 1905 ; *le Douloureux Trésor*, 1907 ; *le Calumet*, 1910), la poésie (*Ventes d'amour*, 1921 ; *Vénus dans la balance*, 1926 ; *les Étoiles dans l'encrier*, 1952) et les romans (*Archives du club des Onze*, 1923 ; *Caporal Valentine*, 1932 ; *le Monocle à deux coups*, 1968) de Salmon vont osciller entre un lyrisme fortement teinté d'exotisme et un humour fondé sur des descriptions cocasses. Chez lui, le fourmillement de l'invention verbale, s'il ne remet pas en cause les structures formelles préexistantes du récit ou du poème (Salmon ne sera jamais un « surréaliste »), n'en donne pas moins naissance à un univers souvent baroque. La phrase fait vibrer les sens de chaque mot, dévoilant ainsi la part d'illusion que celui-ci recèle ; pour Salmon, l'écriture est un exotisme, non seulement parce qu'elle peut incidemment décrire, « dénoter » un ailleurs, mais aussi parce que les sons, les images inattendus font surgir « tous les coins farouches nourris d'angoisse et de lumière, de volupté sauvage et de nostalgie [...] dont nous avons tous rêvé » (*la Négresse du Sacré-Cœur*, roman, 1920). Cette nostalgie, aussi vivace dans les œuvres de Salmon que dans celles d'Apollinaire, suscite d'autres dimensions spatiales et temporelles, où la réalité n'est plus que le reflet d'un imaginaire sans bornes :

Je n'ai pas d'agenda, je n'ai plus de valises
Je clos les yeux pour voir de lointaines balises.

(*les Étoiles dans l'encrier*)

La parole poétique est une autre langue, qui, en fin de compte, ne saisit pas l'essence des choses, des êtres disparus – mais elle fait du poète un Voyageur définitif.

J.-P. Damour

SALMON MACRIN

***Jean* SALMON**, *dit* **SALMON MACRIN** *(1490-1557)*

Poète néo-latin, Jean Salmon, dit Salmon Macrin (du latin *macrinus*, « maigret », surnom qui lui aurait été attribué par François Ier), fut salué par ses contemporains comme l'Horace français et connut une gloire sans ombre sous les règnes de Louis XII, François Ier et Henri II.

Né en 1490 d'un père boulanger à Loudun, dans une famille de cette bourgeoisie d'artisans éclairés qui fut soucieuse de l'éducation de ses fils, il est, au cours de ses études parisiennes, en rapport avec Lefèvre d'Étaples ou avec des Italiens comme Aleandro et se lie très rapidement aux futurs Lecteurs Royaux, ainsi qu'à Guillaume du Bellay, son ami et protecteur fidèle. Ses charges auprès de divers personnages, puis, à partir de 1534, celle de valet de chambre du roi, le font voyager dans la France entière, où il se fait de nombreux amis, notamment à Orléans et Lyon (1534-1540). Lové dans l'amour protecteur de trois femmes, sa mère (d'où un surnom momentané de « Maternus » ?), la Vierge Marie (à laquelle il voue un culte fidèle) et la jeune Lodunoise Guillonne Boursault, épousée tardivement en 1528 et qui devient l'inspiratrice privilégiée de sa poésie sous le nom de Gelonis (« la Souriante »), Salmon Macrin, connu dès 1520, est célèbre par le *Carminum libellus* de 1528, les *Carminum libri quatuor* de 1530, l'*Epithalamiorum liber unus*, des livres d'hymnes (1537), d'odes (1537 et 1546). Loin d'être un « Apollon de collège » querelleur et vaniteux, il prouve sa capacité à rivaliser avec de nombreux et excellents poètes, dont Dorat, du Bellay, Saint-Gelais ou Denisot, pour la composition d'un « tombeau » poétique de sa Gelonis, en 1550.

La poésie française du XVIe siècle est incompréhensible si l'on ignore les lignes tracées par la poésie néo-latine du début du siècle. Pour sa part, Macrin a indiqué des directions fondamentales : la recherche d'une poésie chrétienne qui utilise l'Antiquité sans tomber dans le paganisme mythologique ; le retour à Horace et aux élégiaques latins, non sans un épicurisme modéré assez touchant ; le goût des épithalames et de tout ce qui a trait à l'amour conjugal ; enfin et surtout une poésie des paysages vécus dont tous s'inspireront. L'un des mérites de Macrin – et non des moindres, si l'on songe à la complexité de sa postérité – est d'être simple et direct ; il écrit dans une langue latine aisée et en utilisant des mètres variés. Sa simplicité est due sans doute à une intuition certaine et, comme il le recommande lui-même, à un travail acharné sur le texte. Le long poème qu'il a composé à la gloire d'Horace est une belle preuve de sa sensibilité aux valeurs antiques et à leurs possibilités d'adaptation au monde renaissant.

M. M. Fontaine

SAN ANTONIO

Pseudonyme de **Frédéric DARD** *(1921-2000)*

Romancier, scénariste et cinéaste, né à Jallieu (Isère). Fils d'un petit entrepreneur, Frédéric Dard débute modestement dans le journalisme à Lyon par l'intermédiaire de Marcel Grancher. Pendant la guerre, il entre en contact avec les grands journalistes parisiens repliés sur Lyon, mais les années d'après la Libération sont difficiles. Il monte à Paris, où il produit des livres alimentaires : ainsi naît le premier « San Antonio » (*Réglez-lui son compte*, 1949), roman policier d'inspiration anglo-saxonne mais qui ne se vend pas. Le second, en revanche, publié aux éditions « Fleuve noir », est un succès que confirmeront de façon vertigineuse les suivants. À partir de 1954-1955, Frédéric Dard écrit au moins trois ou quatre romans par an. Il signe du pseudonyme de SAN ANTONIO, nom du héros de ses récits, des romans dont la vente s'est chiffrée en dizaines de millions d'exemplaires (*le Standinge selon Bérurier*, 1965 ; *la Vieille qui marchait dans la mer*, 1988 ; *le Mari de Léon*, 1991 ; etc.). Il réserve son nom véritable à des romans dans l'esprit de la « Série noire », comme *Toi le venin* (1957) ou *le Monte-charge* (1961), avant d'évoquer les milieux de la haute politique (*Les clés du pouvoir sont dans la boîte à gants*, 1981). Il meurt à l'âge de quatre-vingts ans dans la belle demeure où il s'était retiré, près de Fribourg (Suisse).

C'est à n'en pas douter le très grand public qui consomme « San Antonio » (plus de 130 volumes jusqu'au posthume *Céréales Killer*, 2001), le public qui lit peu et qui précisément puise dans cette « trousse de secours de la pensée populaire » de quoi se moquer de la littérature. La trame policière n'est qu'un prétexte à l'avalanche des calembours et des à-peu-près ; les personnages principaux de cet univers à la Dubout sont le commissaire San Antonio, séducteur et astucieux, et son adjoint Bérurier, burlesque, affreux, sale mais jamais vraiment méchant. Une obscénité sans vergogne et une tranquille misogynie s'y ajoutent à l'appétit petit-bourgeois français pour la « bouffe », le vin et un individualisme monstrueusement égoïste. Cependant, des lettrés comme Cocteau, Rougemont, des universitaires comme Robert Escarpit... ont voulu voir en San Antonio un continuateur de Rabelais, un virtuose du langage et de la truculence littéraire. Et il est vrai que le verbe, le brassage de mots populaires, les calembours intarissables donnent à ce style « en pleine pâte » une saveur exceptionnelle. Mais, paradoxalement, l'homme Frédéric Dard est peut-être ailleurs : cet affamé de tendresse, ce boulimique de l'écriture évoque Céline – qu'il admire – quand il raconte ses flirts avec la mort, quand il décrit les « tartines de merde » de l'existence, quand il dit son amertume devant la « connerie universelle » ou encore l'horreur qu'il vécut lors du rapt de sa fille, au moment même où il écrit un roman sur ce sujet (*Faut-il tuer les petits garçons qui ont les mains sur les hanches ?*, 1985). L'obsession de la mort, la crainte des frustrations sentimentales – qui alimente l'antiféminisme –, le refuge auprès de la mère sont d'ailleurs des éléments très visibles, encore que travaillés par le comique insistant de la forme, dans la série des San Antonio.

M. P. Schmitt

Sand

SAND George

*Pseudonyme d'**Aurore DUPIN, baronne DUDEVANT** (1804-1876)*

Amantine Aurore Lucile (Amandine Aurore Lucie sur l'acte de baptême) Dupin, fille de Sophie Victoire Delaborde et de Maurice Dupin de Francueil – c'est-à-dire d'« une pauvre enfant du vieux pavé de Paris » et d'un membre de l'illustre famille de Saxe –, devint elle-même, par la disgrâce de son mariage, baronne Dudevant et, après quelque temps de collaboration littéraire avec Jules Sandeau, signa la plus grande partie de son œuvre du pseudonyme masculin de GEORGE (d'abord avec « s ») SAND avant d'être appelée – avatar ultime – la « bonne dame de Nohant ». Ainsi, Aurore Dupin manifeste par les seules variations et fantaisies onomastiques de ses titres (sans parler de ceux de ses livres) la diversité et l'ouverture de son destin. Plus de cent ans après sa mort, l'interrogatoire d'identité n'est pas terminé. Si certaines interprétations de ce qu'elle fut ont joué dans un sens réducteur, la tendance actuelle viserait plutôt à rouvrir l'éventail (celui du dessin aquarellé de Musset sur lequel se détache son visage) et le dossier (celui d'un procès en révision mené pendant toute sa vie). Mesure pour mesure : mieux vaut qu'elle soit le plus juste possible.

Aspects d'une vie

Ce bref aperçu donne une idée de tout ce que les fées (les « fadettes ») avaient mis de composite dans son berceau lorsqu'elle naquit, aux premiers temps de l'épopée napoléonienne, dans ce Paris où il est rare qu'elle ne soit pas revenue au moins une fois par an durant toute sa vie. Que l'on se reporte moins à sa mort à Nohant, quelques années après la fin du « cirque Beauharnais » (Victor Hugo), qu'au tableau comparé de sa vie et de son œuvre, et l'on ne peut qu'être étonné, admiratif ou moqueur, devant tout ce que cette femme a fait, écrit, réalisé. Et encore, il est impossible de répertorier ici tout ce qui le mériterait ; même le relevé des œuvres ne saurait être complet.

Privée très tôt de père (à quatre ans) et de mère (à qui on la soustrait), Aurore trouve à Nohant ce qui sera son point d'ancrage le plus constant. Si la tutelle de sa grand-mère paternelle s'exerce sur elle quelques années, bien vite elle doit affronter seule les tumultes de la vie. Seule ? Pas tout à fait. Les amis et les amitiés compteront pour elle beaucoup, amis berrichons ou parisiens, amis de quelques années ou de toujours, et, lorsque la mort fera des ravages dans leurs rangs, elle saura trouver dans les générations qui montent des relations qui les renouvellent. Avec ses amis, elle eut à ses côtés ses deux enfants, surtout Maurice, et ses petits-enfants. Rien, dans tout cela, qui ne ressortisse à cet esprit « bourgeois » dont la maison de Nohant fut le symbole et le lieu de ralliement : c'est là que défilèrent ou résidèrent Liszt, Marie d'Agoult, Balzac, Chopin, Delacroix, Flaubert…

Bourgeois ? Pas seulement ni même essentiellement. Bourgeois et artiste, si tant est que les deux notions soient conciliables dans l'esprit de l'époque et dans celui de George Sand. À Nohant, on peignait, on faisait de la musique, on parlait de littérature et de politique jusqu'à des heures avancées de la nuit, au point d'étonner les paisibles habitants du pays. Ce qui n'empêchait pas George Sand de travailler beaucoup à son œuvre. Cette fois, les apparences bourgeoises de la grande maison ont de la peine à dissimuler une vie trépidante, qui tirerait plutôt du côté de la vie de bohème, cette vie de bohème qu'elle a chantée mais aussi qu'elle a connue sur les routes.

Car elle n'hésite pas à se lancer sur les routes, dans les régions à proximité de Nohant (l'Auvergne, par trois fois) ou beaucoup plus loin, que la destination fasse partie d'un programme imposé par les circonstances (les Pyrénées) ou que Sand l'ait choisie pour s'évader avec un amant (Venise, Majorque), pour rejoindre des amis (en Suisse), pour se changer les idées (en Italie après la mort de sa petite-fille) ou pour assurer une convalescence (dans le Midi). Le voyage est souvent pour elle l'occasion de repartir d'un nouveau pas dans la vie. Et ce, en tirant profit pour son œuvre des pays ou des régions qu'elle est amenée à connaître, même rapidement.

Faut-il mettre en parallèle son vagabondage amoureux ? Avec George Sand, la marge entre l'amitié et l'amour était, semble-t-il, vite franchie, et si l'on a pu dire que son plus grand amour, en tout bien tout honneur, a été celui qu'elle a porté à son fils, il ne faut pas oublier les autres. Des premiers, Ajasson de Grandsagne, Aurélien de Sèze, au dernier véritable, Manceau, ex-graveur de son état, promu « secrétaire intime » et qui, arrivé à Nohant en 1849, mourut à Palaiseau en 1865. Il fut encore relayé par le peintre Marchal. Les contemporains et la postérité ont surtout retenu les grands noms de Musset, de Liszt (peut-être) et de Chopin, mais il ne faudrait pas négliger, à côté d'obscurs comme Malefille, ceux de l'avocat Michel de Bourges, du socialiste Pierre Leroux ou de l'acteur Bocage. Amitiés amoureuses, amitiés orageuses. La vie sentimentale de George Sand ne donne jamais l'impression d'avoir sombré dans l'atonie. Cette vie a connu sa grande époque du début de sa liaison avec Musset (1834) à la fin de sa liaison avec Chopin, terminée sans rupture en 1846 – une dernière rencontre eut lieu en 1848.

1848 (George Sand a alors quarante-quatre ans) pourrait représenter l'apogée de ses ambitions ou, au moins, de son influence politique. Là, elle agit dans l'ombre de la IIe République plus encore que sur le devant de la scène parisienne, inspirant Ledru-Rollin, participant à la rédaction ou au lancement de trois journaux (*Bulletin de la République*, *la Cause du peuple*, *l'Éclaireur*), rédigeant en particulier le fameux bulletin du 15 avril, qui est un appel au coup d'État. Trois mois d'intense activité... Bref éclat, suivi d'une rapide éclipse. George Sand ne restera pas indifférente aux événements qui suivront, fidèle à ses amis ouvriers ou artisans, intervenant auprès de Napoléon III pour obtenir la grâce de certains condamnés, admiratrice déclarée de l'œuvre de Victor Hugo. De toute façon, sa foi républicaine ne s'était pas découverte en un jour. Elle s'était lentement et passionnément formée à l'école de théoriciens comme Michel de Bourges, Lamennais, Pierre Leroux, le futur exilé de la grève de Samarez. Surtout, son socialisme ne resta pas un socialisme d'école, non seulement parce qu'elle brûla de jouer un rôle politique – elle y réussit au moins sporadiquement –, mais parce que l'idée socialiste irradia une grande partie de son œuvre littéraire.

Le domaine politique ne serait peut-être pas celui sur lequel il faudrait arrêter l'examen du « moi social » de l'écrivain George Sand, s'il n'était un de ceux autour desquels s'est cristallisé le procès qui a été instruit contre sa personnalité ou contre son personnage.

Le « cas » George Sand

L'acrimonie que ses détracteurs ont apportée dans leurs propos s'explique par le fait que George Sand fut une personne de chair et d'âme et qu'elle n'a cessé de déranger dans sa vie et par son œuvre. Triple procès.

Le scandale est arrivé et s'est perpétué. On a reproché à la femme sa vie dissolue, ses nombreux amants, ses fantaisies vestimentaires, ses théories sur l'amour ; on a vu en elle une dévoratrice d'hommes – « une goule », dira Henri Guillemin. Les qualificatifs ne lui ont pas manqué. Il ne suffisait pas à Baudelaire de la désigner comme « la femme Sand » ; il lui fallut aller jusqu'à l'insulte ignoble. Un des procureurs les plus acharnés a été Barbey d'Aurevilly. On ne pardonnait pas à Sand d'avoir osé être une femme, et ce qui lui a nui pendant si longtemps semblerait tourner aujourd'hui à son avantage. Le féminisme se portant bien, George Sand va mieux. Il est vrai que, avant le mot et avant la vogue qui s'est attachée à ce mot, son « féminisme » a été une réalité : ses héroïnes sont le plus souvent supérieures à ses héros. Cependant mieux vaut ne pas trop chercher à la « récupérer » : ses opinions sur le mariage étaient très nuancées ; sa conception de l'amour revêtait des formes très diverses. Une de ces formes, et non des moindres, a été l'amour des autres. Relent d'une imprégnation chrétienne qui, même reniée, n'en a pas moins fait partie du vocabulaire de l'écrivain ? Plutôt, semble-t-il, renouvellement en profondeur à travers les influences qu'elle a non seulement subies mais cherchées. George Sand, qui a été l'une des voix du socialisme du XIXe siècle, ne s'est pas contentée de répéter la leçon apprise, mais l'a modulée à sa façon dans des situations et des œuvres variées. Elle a voulu faire passer ses opinions dans ses romans, elle a tenu à ce que ceux-ci puissent être lus par le peuple (édition illustrée Hetzel) ; elle a préféré abandonner la *Revue des Deux Mondes* plutôt que d'édulcorer son *Horace*. Son passage à l'action ne s'est pas limité aux trois mois de 1848, et elle ne s'est pas compromise avec le régime impérial. Son grand homme, dans le domaine social et politique, a bien été Pierre Leroux, dont la personnalité et les rapports avec George Sand sont encore trop peu connus. Que reproche-t-on au socialisme de George Sand, socialisme qui a été constant et nuancé (elle écrivait, au lendemain de mai 1848 : « Je ne crois plus à l'existence d'une république qui commence par tuer ses prolétaires ») ? Au procès d'intention on peut toutefois trouver des... circonstances atténuantes : l'affadissement du socialisme dans certains romans champêtres, la grandiloquence de certaines déclarations, la légende ou la caricature de la bonne dame de Nohant.

Même si son féminisme et son socialisme ne sont pas du goût de tout le monde, la roue de l'Histoire, là encore, a plutôt tourné à son avantage. Quant à la troisième critique, qui vise l'écrivain, elle risque de garder plus de force ; George Sand a trop écrit, pense-t-on, et trop écrit facilement : « comme le pêcher donne des pêches », selon Barbey d'Aurevilly, et Nietzsche la considérait comme « une vache à écrire » – toujours les métaphores misogynes.

Il est vrai que son œuvre est énorme, que tout n'est pas de la meilleure veine, que son idéalisme moralisant prend souvent le dessus, que son style « coulant » rend maint discours monocorde. Il est non moins vrai que l'on n'a pas toujours pris la peine – ou le plaisir – de lire George Sand dans toutes ses productions, qu'on l'a trop réduite à quelques œuvres, et que, dans ses livres, on n'a pas été assez sensible à ce qu'il entrait de varié, qu'on a peu étudié sa technique romanesque et son écriture. Injustice à l'égard de George Sand : on se refuse à admettre que Flaubert ait pu l'admirer sincèrement. Jalousie envers elle : trop de succès de son vivant nuit ! La réhabilitation a peut-être commencé, au moins pour certaines œuvres et dans certains cercles, mais il reste beaucoup à faire. Prise entre les romanciers que la gloire a consacrés

(Balzac, Stendhal, Flaubert) ou que la postérité a redécouverts (Barbey, Huysmans) et les romanciers de littérature populaire qui, comme Eugène Sue, bénéficient d'un regain de faveur, sa situation est encore inconfortable. Le « cas » George Sand n'est pas réglé, mais les conditions d'une révision sont réunies.

À la recherche de l'œuvre perdue

Rechercher l'œuvre, c'est peut-être ce qu'il importe d'abord de tenter, en opposition avec la peau de chagrin au sort de laquelle elle semblait condamnée. Toute l'œuvre, rien que l'œuvre, pour ne pas se laisser abuser par les préjugés et les légendes. C'est ce qu'il importe de tenter, parce que c'est ce que George Sand a tenté : rien d'aussi peu figé que son œuvre ; rien d'aussi dissemblable d'elle qu'elle-même, dans le mouvement d'une vocation qui n'a cessé de se chercher.

Dès le début de sa vie d'écrivain, on sent une fièvre, une insécurité, une diversité de la création. Cette première période, qui n'est ni bleue ni rose, irait de sa collaboration avec Sandeau à la publication en ouvrage des *Lettres d'un voyageur* et à la parution de *Mauprat*, qui ouvre une nouvelle ère. De ces sept années (1830-1837) rien ne ressort que *Lélia* (ou l'impossibilité d'aimer), œuvre majeure, certes, mais qui ne constitue que la partie la plus visible de l'iceberg. George Sand est lancée, en tant qu'écrivain, par *Indiana*, roman exotique, avec lequel contraste *Valentine*, déjà un roman du Berry, cependant que l'Italie ne se laisse pas oublier avec *Leone Leoni*. Par rapport à ces romans – et à d'autres qui partent déjà dans plusieurs directions –, on ne peut pas passer sous silence *Rose et Blanche*, qui fut le fruit de sa collaboration avec Sandeau et qui fixe quelques traits d'une mythologie romantique qu'indique le sous-titre : *la Religieuse et la Comédienne*. Roman renié, comme il y aura un roman détruit (dont il reste au moins une chanson) : *Engelwald*. Aux romans s'adjoignent les nouvelles, qui sont loin d'être des bluettes : *Métella*, *la Marquise*. Roman ou nouvelle, *le Secrétaire intime*, qui semble sorti d'un conte d'Hoffmann, est tout prêt à passer dans les comédies de Musset : celui-ci s'en souviendra dans *Fantasio*, comme il utilisera l'esquisse qu'est *Une conspiration en 1537* pour créer *Lorenzaccio*. C'est dire que George Sand s'essaie aussi au théâtre : son *Aldo le rimeur*, injouable, certes, est loin d'être négligeable. Entrée à la jeune *Revue des Deux Mondes* (fondée en 1829), elle lui donne la plupart de ses premières œuvres, pleines de fraîcheur, mais aussi de vigueur ; c'est là que paraissent d'abord les *Lettres d'un voyageur*. Comment ne pas être étonné de la diversité de son jeune talent ? C'est en tout cas une période que l'on ne connaît pas assez.

La suite – l'essentiel de la trajectoire – n'est pas moins variée si l'on veut bien tenir compte de tout ce que George Sand a écrit. Il ne s'agit pas de refouler les œuvres les plus connues, mais de rappeler que *Mauprat*, à un bout, ou, mieux, *les Maîtres sonneurs*, au terme du cycle des romans champêtres, méritent autant l'attention que *la Mare au Diable*, *François le Champi* ou *la Petite Fadette*. Hantée par les problèmes religieux et par un certain « rêve monastique » hérité de son séjour chez les Augustines, George Sand est capable d'écrire un roman austère (sans personnage féminin) comme *Spiridion*, qu'elle achève à la chartreuse de Valdemosa, d'où devait sortir aussi *Un hiver à Majorque*. On a redécouvert *Consuelo*, « œuvre pascale » selon Alain, mais on oublie parfois de placer dans son sillage *la Comtesse de Rudolstadt*. La longueur n'est pas le lot nécessaire des grands romans de George Sand : l'intérêt peut se loger dans des œuvres plus réduites telles que *le Château des Désertes*, qui prend le relais de *Lucrezia Floriani*, où l'on a vu le roman de ses amours avec Chopin. Depuis, on a redécouvert encore *Jeanne ou la Ville noire* (avec ce titre, plus question de roman champêtre), mais combien d'autres mériteraient d'être sortis de l'oubli – ou commencent à l'être –, tel *Laura*, qui se situe aux portes de l'univers de Jules Verne. La trajectoire mériterait qu'on fasse un détour par une œuvre aussi ambitieuse que *les Sept Cordes de la lyre*, drame faustien, roman dialogué, voire par une œuvrette destinée au théâtre de Nohant, pleine de fantastique, *la Nuit de Noël*. Car s'il n'offre pas que des réussites, le théâtre de George Sand n'est pas méprisable, et non seulement celui de Nohant, mais celui qui fut joué sur les scènes parisiennes. Enfin, si elle ne cultiva pas la poésie comme genre, elle sut la trouver en particulier dans les formes les plus populaires de l'expression, celles des campagnes et des poètes ouvriers. Qui, dans son siècle, peut se vanter d'une telle ouverture d'esprit, d'intérêt et de talent ?

Si le terrain – et pas seulement le terroir – sur lequel cette course de fond a pris son rythme mérite d'être exploré dans sa quasi-totalité, il ne faut pas négliger non plus les derniers temps du parcours. George Sand écrivain ne disparaît pas avec les derniers grands titres que l'on connaît d'elle, ni même avec l'*Histoire de ma vie*, qui pourrait apparaître comme le bilan de sa carrière alors qu'il reste à son auteur vingt ans d'activité. George Sand ne cesse jusqu'à la fin de se renouveler. Quelle que soit la période de sa vie que l'on considère, toujours se manifeste l'extraordinaire vitalité de cette femme qui se retrouve en grand-mère (avec *Contes* à l'appui) comme elle l'était jadis en amazone, rassemble ses *Impressions et Souvenirs*, nourrit une grande correspondance littéraire avec Flaubert, va chercher dans les Ardennes le décor de son roman *Malgré tout*, etc. Certes, « ce n'est plus Lélia », mais si Barbey en est resté à *Lélia* dans l'admiration qu'il voulait bien concéder à George Sand, celle-ci ne s'est jamais enfermée dans un mode de personnage et dans un modèle de littérature.

	VIE		ŒUVRE
1804	**1er juill. :** naissance, à Paris, d'Amandine Aurore Lucile Dupin, future George Sand, fille de Maurice Dupin et de Sophie Delaborde, mariés à peine un mois auparavant. Baptême le 2.		
1808	Mort accidentelle de son père.		
1809	La petite Aurore passe sous la tutelle de Mme Dupin de Francueil, sa grand-mère : enfance à Nohant, séjours à Paris.		
1818-1820	Aurore en pension au couvent des Dames Augustines anglaises, à Paris.		
1821	Mort de Mme Dupin de Francueil.		
1822	Mariage d'Aurore avec Casimir Dudevant, rencontré chez des amis près de Melun.		
1823	Naissance, à Paris, de Maurice.		
1825	Voyage avec son mari dans les Pyrénées : elle rencontre Aurélien de Sèze (liaison platonique).		
1827	Liaison avec Ajasson de Grandsagne.		
1828	Naissance, à Nohant, de Solange.		
		1829	Rédaction du *Voyage chez M. Blaise,* première œuvre.
1830	**Révolution de Juillet.** Liaison avec Jules Sandeau. Dispute entre les époux Dudevant : Aurore vivra la moitié de l'année à Paris.		
		1831	Collaboration au *Figaro,* sous l'égide de son directeur, Henri de Latouche. **Déc. :** *Rose et Blanche*, en collaboration avec Sandeau, sous le pseudonyme de Jules SAND (chez B. Renault, 5 vol.).
1832	Rencontre, en pure et constante amitié, de François Rollinat. Début de la grande amitié avec Marie Dorval. Disputes avec Sandeau. **Déc. :** traité avec la *Revue des Deux Mondes.*	1832	**Mai :** *Indiana*, sous la signature de Georges SAND (chez J.-P. Roret et Henri Dupuy, en 2 vol.). Succès immédiat. **Nov. :** *Valentine* (chez Henri Dupuy et L. Tenré, en 2 vol.). **Déc. :** dans la *Revue de Paris,* « la Marquise », nouvelle.
1833	Rupture avec Sandeau. **Juin :** rencontre, chez Buloz, avec Musset, dont elle devient la maîtresse. **Août :** séjour des amants à Fontainebleau. **Déc. :** départ pour l'Italie.	1833	**Juill. :** *Lélia* (chez Henri Dupuy, L. Tenré, en 2 vol.). **Sept. :** dans la *Revue des Deux Mondes, Aldo le rimeur.* **Oct. :** dans la même, « Métella », nouvelle.
1834	À Venise, maladie de George Sand, puis de Musset. Rencontre du médecin Pagello : liaison. **Fin mars :** départ de Musset pour la France. Retour en France (août) avec Pagello, qui sera vite congédié. Retrouvailles avec Musset, puis séparation. Premier portrait de George Sand par Delacroix.	1834	**Mars :** *le Secrétaire intime* (chez Victor Magen, en 2 vol.). Dans la *Revue des Deux Mondes*, publication des premières « Lettres d'un voyageur ». **Sept. :** *Jacques* (chez Félix Bonnaire, en 2 vol.).
1835	**Avr. :** rencontre de Michel de Bourges, liaison. **Mai :** rencontre de Pierre Leroux. Début du procès de séparation avec Casimir Dudevant.	1835	**Mai :** *André* ; *Leone Leoni* (chez Félix Bonnaire et Victor Magen).
1836	Jugement en séparation. Liaison avec Charles Didier. **Fin août :** départ pour la Suisse avec ses enfants. Excursion à Chamonix. **Oct. :** retour à Nohant, puis à Paris.	1836	**Juill. :** *Simon* (chez Félix Bonnaire et Victor Magen).

	VIE		ŒUVRE
1837	Retour à Nohant. En févr.-mars, puis en mai-juil., séjours à Nohant de Liszt et Marie d'Agoult. Mort de la mère de George Sand.	1837	**Févr. :** collaboration au *Monde*, journal de Lamennais (« Lettres à Marcie »). **Févr.-mars :** *Lettres d'un voyageur* (chez Félix Bonnaire, en 2 vol.). **Août :** *Mauprat* (chez Félix Bonnaire, en 2 vol.).
1838	**Févr. :** séjour de Balzac à Nohant. **Juin :** début de la liaison avec Chopin, qui lui a été présenté par Liszt. **Nov. :** embarquement pour Majorque avec Chopin.	1838	**Avr. :** *la Dernière Aldini* ; *les Maîtres mosaïstes* (chez Félix Bonnaire).
1839	**1er juin :** retour de Majorque à Nohant, après séjours à Marseille et à Gênes. À partir d'oct., installation à Paris.	1839	**Févr. :** *l'Uscoque* ; *Spiridion* (chez Félix Bonnaire). **Sept. :** nouvelle édition de *Lélia*, très remaniée (chez Félix Bonnaire, en 3 vol.).
1840	**Août :** voyage avec les Viardot (Pauline Garcia) à Cambrai.	1840	**Janv. :** *Gabriel* ; *les Sept Cordes de la lyre* (chez Félix Bonnaire). **29 avr. :** première représentation de *Cosima* au Théâtre-Français. Échec. **Déc. :** *le Compagnon du tour de France* (chez Perrotin, en 2 vol.).
1841	Buloz refuse le roman *Horace*. Procès. Rupture avec Buloz et la *Revue des Deux Mondes*.	1841	**5 nov. :** premier numéro de *la Revue indépendante*, créée par Pierre Leroux, Louis Viardot et George Sand, laquelle y donne son *Horace*.
1842	**Juin :** premier séjour de Delacroix à Nohant. **Sept. :** installation à Paris, à proximité de Chopin.	1842	**Janv. :** *Un hiver à Majorque* (chez Souverain). **Sept. :** début de la publication de *Consuelo* (chez L. de Potter).
1843	**Juill. :** deuxième séjour de Delacroix à Nohant.	1843	**De mai à nov. :** fin de la publication de *Consuelo* (chez L. de Potter, en 8 vol.). **Déc. :** début de *la Comtesse de Rudolstadt*.
1844	**Août :** excursion dans les monts de la Marche. **Sept. :** premier numéro de *l'Éclaireur*, journal local d'opposition.	1844	**Juin :** fin de *la Comtesse de Rudolstadt* (chez L. de Potter, en 5 vol.). **Déc. :** *Jeanne* (chez L. de Potter, en 3 vol.).
1845	**Sept. :** excursion dans la région de Boussac (Pierre Leroux).	1845	**Juill. :** *le Meunier d'Angibault* (chez Desessart, en 3 vol.).
1846	**Juin :** excursion dans la Brenne. **Août :** dernier séjour de Delacroix à Nohant. **Sept. :** excursion dans la vallée de la Creuse. **Nov. :** fin des séjours de Chopin à Nohant. **Déc. :** développement du théâtre à Nohant.	1846	**Juin :** *Isidora* (chez Souverain, en 3 vol.) ; *Teverino* (chez Desessart, en 2 vol.). **Août :** *la Mare au diable* (chez Desessart, en 2 vol.).
1847	**Mai :** mariage, à Nohant, de Solange avec le sculpteur Clésinger. En juil., brouille du jeune couple avec George Sand.	1847	**Janv. :** *le Péché de M. Antoine* (chez Souverain, en 6 vol.). **Mars :** *Lucrezia Floriani* (chez Desessart, en 2 vol.). **Avr. :** début de la rédaction de l'*Histoire de ma vie*. **Juill. :** *le Piccinino* (chez Desessart, en 5 vol.).
1848	**Févr. :** journées de révolution, abdication du roi. De mars à mai, participation active à la vie politique issue de la révolution : collaboration au *Bulletin de la République*, création de *la Cause du peuple*, puis retour à Nohant. **Juin :** insurrection parisienne, réprimée par Cavaignac. **Juill. :** fin de *l'Éclaireur*. **10 déc. :** élection de Louis Napoléon Bonaparte à la présidence de la République.	1848	**Avr. :** le Théâtre-Français joue, de George Sand, *Le roi attend*.
1849	**Mai :** naissance de la petite-fille de George Sand, Jeanne Gabrielle Clésinger. Mort de Marie Dorval. **Oct. :** mort de Chopin. **Déc. :** arrivée à Nohant du graveur Manceau.	1849	**Août :** *la Petite Fadette* (chez Michel Lévy, en 2 vol.). **Nov. :** représentation de *François le Champi* à l'Odéon.
1850	Mort de Balzac.	1850	**Janv. :** *François le Champi*, roman (chez Alexandre Cadot, en 2 vol.). **Nov. :** *Histoire du véritable Gribouille* (chez Blanchard-Hetzel).

VIE		ŒUVRE	
1851	Installée rue Racine depuis le début de l'année, George Sand quitte Paris après le coup d'État du 2 déc.	**1851**	**Janv. :** représentation de *Claudie* à la Porte-Saint-Martin. **Sept. :** la collection des *Œuvres*, illustrées par Tony Johannot, commence à paraître chez Blanchard-Hetzel-Marescq. **Nov. :** *le Château des Désertes* (chez Michel Lévy, en 2 vol.).
1852	**Janv.-févr. :** démarches auprès du Président pour plaider la cause des condamnés. **2 déc. :** proclamation de l'Empire.		
1853	**Mars :** mort de Michel de Bourges.	**1853**	**Févr. :** *Mont-Revêche* (chez Cadot, en 4 vol.). **Juill. :** *les Maîtres sonneurs* (chez Cadot, en 4 vol.). **Nov. :** représentation de *Mauprat* à l'Odéon.
1854	**Févr. :** mort de Lamennais. **Déc. :** séparation des époux Clésinger.	**1854**	**Juill. :** *Adriani* (chez Cadot, en 2 vol.). **Oct. :** début de la publication dans *la Presse* de l'*Histoire de ma vie* (jusqu'en août 1855).
1855	**Janv. :** mort de la petite-fille de George Sand, Jeanne Clésinger. De mars à mai, voyage en Italie avec Maurice et Manceau. **Avr. :** mort de Jules Néraud, dit le Malgache.	**1855**	*Histoire de ma vie* (chez Victor Lecou, Cadot, en 20 tomes).
1856	**Mars :** quatre jours à Fontainebleau avec Manceau.	**1856**	Au cours de l'année, diverses représentations : *Lucie* ; *Françoise* ; *Comme il vous plaira.*
1857	**Mai :** mort de Musset. Pendant l'été, séjours à Gargilesse, dans la Creuse.	**1857**	**Mai :** *la Daniella* (Librairie nouvelle, en 2 vol.).
1858	Nouveaux séjours à Gargilesse. **Juin :** reprise des relations avec Buloz.	**1858**	**Mars :** *les Beaux Messieurs de Bois-Doré* (chez Cadot, en 5 vol.). Publication de *l'Homme de neige* dans la *Revue des Deux Mondes.* **Oct. :** *Légendes rustiques,* avec dessins de Maurice Sand (chez Morel et Cie).
1859	**Mai-juin :** voyage en Auvergne, tenue d'un *Journal* (qui restera inédit jusqu'en 1969 [cf. *Hommage à G. Sand,* P.U.F.]).	**1859**	**Mai :** *Elle et lui* ; *l'Homme de neige* (chez Hachette). **Nov. :** *Masques et Bouffons*, de Maurice Sand (chez Michel Lévy), avec préface de sa mère. **Déc. :** romans champêtres illustrés, avec édition originale de *Promenades autour d'un village* (chez Hachette, en 2 vol.).
1860	**Oct. :** George Sand victime du typhus.	**1860**	**Mars :** *Jean de la Roche* (chez Hachette) ; *Constance Verrier* (chez Michel Lévy).
1861	De févr. à mai, séjour à Tamaris en compagnie de Maurice et de Manceau, avec retour à Nohant par la Savoie (propriété de Buloz).	**1861**	**Févr. :** *la Ville noire* (chez Michel Lévy) ; *le Marquis de Villemer* (ibid.). **Sept. :** *Valvèdre* (ibid.). **Nov. :** *la Famille de Germandre* (ibid.).
1862	**Mai :** Maurice épouse Lina Calamatta, la fille d'un graveur ami de George.	**1862**	**Mai :** *Souvenirs et Impressions littéraires* (chez Dentu). **Juin :** *Tamaris* (chez Michel Lévy).
1863	**Juill. :** naissance, à Nohant, du fils de Maurice, Marc-Antoine, qui meurt l'année suivante. Le Saint-Office met toute l'œuvre de Sand à l'index.	**1863**	**Juill. :** *Mademoiselle de La Quintinie* (chez Michel Lévy).
1864	**Juin :** laissant Nohant à Maurice, George Sand va s'installer avec Manceau à Palaiseau.	**1864**	**Févr. :** représentation triomphale à l'Odéon du *Marquis de Villemer.* **Oct. :** *Théâtre de Nohant* (chez Michel Lévy).
1865	**Août :** mort de Manceau à Palaiseau.	**1865**	**Août :** *Laura* (chez Michel Lévy).
1866	**Janv. :** naissance, à Nohant, d'Aurore Dudevant. **Août et nov. :** séjours chez Flaubert à Croisset. **Sept. :** voyage en Bretagne.	**1866**	**Janv. :** *Monsieur Sylvestre* (chez Michel Lévy). **Août :** représentation du *Don Juan de village*, écrit avec Maurice.

VIE		ŒUVRE	
1867	**Août :** mort de François Rollinat. **Sept. :** voyage en Normandie.	**1867**	**Mars :** *le Dernier Amour* (chez Michel Lévy).
1868	**Févr.-mars :** séjour dans le Midi. **Mars :** naissance, à Nohant, de Gabrielle Dudevant. **Mai :** visite chez Flaubert, à Croisset. Installe un pied-à-terre à Paris, qu'elle gardera jusqu'à sa mort. **Déc. :** mort de Calamatta.	**1868**	**Juill. :** *Cadio* (chez Michel Lévy). **Août :** *Mademoiselle Merquem* (chez Michel Lévy).
1869	**Sept. :** voyages dans les Ardennes. **Déc. :** Flaubert à Nohant.	**1869**	**Sept. :** représentation de *la Petite Fadette*, opéra-comique.
1870	**Juill. : déclaration de guerre à la Prusse, suivie, en sept., de la capitulation de Sedan et de la proclamation de la République.**	**1870**	**Févr. :** représentation, sans succès, de *l'Autre*. **Mai :** *Pierre qui roule* ; *le Beau Laurence* (chez Michel Lévy). **Sept. :** *Malgré tout* (chez Michel Lévy).
1871	**Mars :** mort de Casimir Dudevant. **Mars-mai : insurrection de la Commune et répression versaillaise.** **Avr. :** mort de Pierre Leroux.	**1871**	**Sept. :** *Césarine Dietrich* (chez Michel Lévy). **Déc. :** *Journal d'un voyageur pendant la guerre* (chez Michel Lévy).
1872	**Juill.-août :** séjour à Cabourg avec sa famille.	**1872**	**Déc. :** *Nanon* (chez Michel Lévy).
1873	**Avr. :** Flaubert et Tourgueniev à Nohant. **Août :** voyage en Auvergne.	**1873**	**Mai :** *Impressions et Souvenirs* (chez Michel Lévy). **Nov. :** *Contes d'une grand'mère,* 1re série (chez Michel Lévy).
1874	**Juin :** court voyage à Paris.	**1874**	**Sept. :** *Ma sœur Jeanne* (chez Michel Lévy).
1875	**Juin :** court – et ultime – voyage à Paris.	**1875**	**Août :** *Flamarande* (chez Michel Lévy) ; *les Deux Frères* (ibid.).
1876	**8 juin :** mort de George Sand à Nohant. **10 juin :** inhumation.	**1876**	**Juin :** *la Tour de Percemont-Marianne* (chez Calmann-Lévy). **Sept. :** *Contes d'une grand'mère,* IIe série (chez Calmann-Lévy).
		1877	**Nov. :** *Nouvelles Lettres d'un voyageur* (chez Calmann-Lévy).
		1882-1884	*Correspondance* (chez Calmann-Lévy, 6 vol.).
		1926	*Journal intime* (chez Calmann-Lévy).

Des *Lettres d'un voyageur* à la *Correspondance*

« Née romancier », comme elle l'écrit en décembre 1842, George Sand n'en a pas moins manifesté un goût vif pour l'échange épistolaire. Ce goût peut même prendre une forme que d'aucuns jugeront indécente dans la mesure où, pour écrire à ses amis, régler ses affaires de cœur, elle n'hésite pas à recourir à la tribune des revues, puis à la devanture du libraire. C'est le cas des *Lettres d'un voyageur*, dont la première, datée du 1er mai 1834, est publiée dans la *Revue des Deux Mondes*, et dont l'ensemble est repris en volume en 1837.

Fragments d'un discours amoureux (à Musset et à d'autres) ou amical (à J. Néraud, à Rollinat), voire inamical (à Nisard), elles constituent un véritable *patchwork* non seulement parce que tous les sujets y sont abordés, mais parce que certaines reposent sur un montage de lettres. Les plus célèbres se rapportent aux voyages qu'elle effectua dans cette période qui fut pour elle une période de crise et d'instabilité : jamais la vie et le visage de Venise n'ont été aussi bien décrits que dans ces lettres (II et III) où elle estime devoir justifier devant l'opinion publique sa rupture avec Musset ; son expédition en Suisse (lettre X), à la rencontre de Marie d'Agoult et de Liszt, trouve en elle un narrateur pétillant d'esprit sur les sentiers du Mont-Blanc ou passionné de musique devant l'orgue de Fribourg. Mais le voyage n'est pas tout, dans ces lettres qui relatent aussi bien les retours et les séjours à Nohant, les temps de claustration, les journées de lectures. Elles font écho à ses tracas matrimoniaux, à sa liaison avec Michel de Bourges, comme elles répondent aux attaques dont son œuvre était déjà l'objet pour immoralité.

Tous les sujets sont portés par un talent qui passe lui-même par tous les tons. Les variations des « morceaux » qui se succèdent sont inégales, mais parfois aussi inégalables. George Sand sait jouer du *vivace* comme de l'*andante*, du grand lyrisme comme de la complainte. Elle peut évoquer l'ironie mordante de Voltaire (contre Talleyrand) ou annoncer la séquence proustienne : « En portant mes mains à mon visage, je respirai l'odeur d'une sauge… » Elle ne fait jamais mieux entendre sa musique propre que lorsque, sous le coup d'une émotion, elle va chercher des correspondances dans la nature : « Ce dernier regard du soleil au travers de mes vitres, c'est mon dernier espoir qui brille. Aimer ces choses, pleurer l'automne qui s'en va [...]. L'hiver de mon âme est venu, un éternel hiver ! » Comment Baudelaire ne l'a-t-il pas comprise ? On croirait entendre ces « mélodies les plus fantastiques de Schubert » que dans les nuits d'été de Nohant Liszt jouait au piano pour elle.

Nous sommes passés, sans solution de continuité, des *Lettres* au *Journal intime*, mais le vrai relais, dans le genre autobiographique (multiforme chez Sand), est pris par l'*Histoire de ma vie*, qui, pour être monumentale, n'est aucunement un monument élevé à sa gloire. George Sand n'est pas Chateaubriand. C'est en toute simplicité qu'elle remonte dans son passé, n'hésitant pas à inclure les lettres de son père, se contant et se racontant, certes, mais marquant une certaine gêne à trop parler de soi (ni égocentrisme ni, d'ailleurs, égotisme dans son romantisme) et prenant par là ses distances avec les *Lettres*. Son « pacte autobiographique », fondé sur « la notion de solidarité », elle l'a tenu.

Ce sens de l'autre, qui n'est pas si fréquent dans une œuvre autobiographique, c'est encore dans la banale lettre qu'il a trouvé le mieux à s'exprimer et à se concilier avec ce que George Sand avait envie de dire personnellement. D'où cette immense *Correspondance*. La grande œuvre de l'écrivain ? Certains le pensent. Mine de renseignements précieux, elle vit en elle-même, parce qu'elle est extraordinairement vivante. Elle s'ouvre par un billet adressé par Aurore à sa mère en 1812, à huit ans. Si l'on ne veut pas – si l'on ne peut pas encore – s'astreindre à tout lire de bout en bout, il n'est que de prendre au hasard ; on sera rarement déçu : tant se révèle toujours une qualité d'âme, d'art, qui ne laisse pas indifférent. On sera même surpris de trouver des accents qui rappellent ceux des *Lettres d'un voyageur*, quand ils ne les annoncent pas, comme cette lettre du 26 juin 1826 : « Il est un temps de l'année où je suis tout animal. Ces mois de mai et de juin exercent sur moi une influence dont je ne saurais me défendre... » Sans jeu de mots – quoique George Sand s'en permette –, ces correspondances sont peut-être le secret de toute sa « correspondance », qu'il s'agisse de celle qui est destinée à la publication ou de celle qui est réservée à un usage interpersonnel.

Consuelo et *la Comtesse de Rudolstadt*

Ces deux romans qui n'en font qu'un ne sont pas imposants seulement par la taille, qui dépasse les normes habituelles, mais aussi par la « matière » – comme on parle de la matière de Bretagne pour les romans de la Table ronde – qu'ils brassent. En des lieux d'Europe très divers que la romancière ne connaît en général pas directement, tout le XVIIIe siècle est convoqué : le siècle des Lumières y côtoie celui des « Illuminés » ; à la Venise musicale fait contrepoint la Vienne de Marie-Thérèse ; Voltaire est au rendez-vous de Sans-Souci sur le même plan que l'héroïne (imaginaire) connaît avec le jeune Haydn les hasards de la route ; on y descend le Danube comme on s'y enfonce dans les forêts de la Bohême où planent encore les ombres de Jean Hus et de Jean Ziska ; la fréquentation de la cour de Prusse se révèle plus redoutable que la séquestration de la secte des Invisibles, etc. On n'en finirait pas d'énumérer tout ce que contient cette somme, non plus que d'identifier tout ce qu'elle est : roman historique et roman-feuilleton, roman noir et roman idyllique, roman de la grand-route et roman de la prison, roman de formation et roman d'initiation, roman d'amour et roman de la sublimation... Jamais, semble-t-il, George Sand ne s'est autant abandonnée à l'entraînement du romanesque, pressée qu'elle était de fournir sa copie à la *Revue indépendante*, où le roman parut de février 1842 à février 1844 ; jamais, non plus, elle n'a soutenu une reconstitution-création d'autant de pilotis livresques. Quand on découvre la complexité avec laquelle la trame narrative marie les individus et les groupes, les données de l'Histoire et les produits de l'imagination, et quand on sait que, pour l'amour de Pierre Leroux, elle a voulu mêler son évangile socio-spiritualiste à ce qui était d'une autre époque, on doit reconnaître que, de fil en aiguille, d'annexion en connexions, la romancière a vraiment joué la difficulté et que l'œuvre, telle qu'elle parut en librairie, n'appelait guère la réussite.

Et pourtant elle tourne ! Bien plus : elle entraîne le lecteur sur les pas de Consuelo, dans son extraordinaire odyssée qui fait de la modeste élève du vieux Porpora non seulement la femme du mystérieux Albert de Rudolstadt, épousé sur son lit de mort, mais une des rares initiées du siècle, dont les retrouvailles avec Albert, ni mort ni ressuscité, se prolongent par l'étonnante « lettre de Philon ». Sur cette lancée, les rebondissements abondent, accélérant ou ralentissant le rythme du récit, lui donnant toutes les colorations, perturbant ou réorientant le cours pris par les événements. Ce mouvement, toujours recommencé, techniquement au point, fait moins penser à la rotation de la Terre sur elle-même (le récit ne se referme pas sur lui-même) ou à son déplacement dans l'espace (pas de centre par rapport auquel tout s'ordonnerait) qu'à la mise en place d'un système où éclateraient successivement mille soleils.

De ces mille soleils, au commencement était le conte : l'épisode vénitien fournit au récit les pages les plus délicieuses et ne sera jamais oublié. Tout est dans ce commencement où brille Aldébaran, l'étoile des Zingari, et, si la fin se perd dans la nuit des temps (« nous avons bien de la peine à suivre de loin l'étoile aventureuse de notre jeune couple », avoue la romancière avant de ne pas conclure : « de leur vie et de leur mort nous ne savons absolument rien »), entre ces deux extrêmes, le récit va d'illumination en illumination, étant entendu que le soleil noir brille souvent sur le destin de Consuelo et que celle-ci a plus d'une fois l'occasion de mettre à l'épreuve la vocation de son nom

(« Consuelo ?… Cela veut dire consolation »). Il serait vain de déduire de là, ou des conditions dans lesquelles le roman a été composé, que tout est laissé au hasard. Ni hasard ni nécessité. Un système propre. Une forme et une force en expansion.

Depuis que ce roman, non seulement double mais multiple, a été, selon le vœu d'Alain, redécouvert, bien des aspects en ont été éclairés. Ils visent tous à mettre en évidence la forte unité de l'œuvre dans la diversité de ses rayonnements. Ses premiers éditeurs modernes, L. Cellier et L. Guichard, ont surtout fait apparaître la place capitale qu'y tenaient la musique et l'occultisme, zénith et nadir de sa trajectoire. Dans leur sillage, on a vu se dessiner un certain mythe – central – de la femme, qui ne faisait pas que reprendre ce que la romancière avait déjà portraituré. Et, chose rare dans l'univers sandien, le mythe de la femme est équilibré par la mise en relief de la figure d'Albert, l'inspiré-inspirateur (rêve ou folie ?), qui doit beaucoup à Pierre Leroux, et par le passage des figures plus fugaces de Zdenko et de Gottlieb. La prééminence des personnages n'éclipse pas, dans une ténébreuse et profonde unité, la vertu des lieux et des voyages, qui concourent eux aussi au charme renouvelé du roman. Mais on sera peut-être plus particulièrement sensible à la rigueur et à la netteté de cette œuvre foisonnante, écrite dans le feu de l'improvisation. M. Donnard a pu montrer, par exemple, que, malgré quelques flottements bien compréhensibles, le calendrier était établi et suivi d'une façon assez ferme : d'avril 1748 à avril 1749 pour *Consuelo*, de février à juin 1750 pour *la Comtesse de Rudolstadt*. À partir d'une base comme celle-là, il est possible d'examiner de plus près le traitement du temps romanesque et de prendre un peu de recul pour dégager l'architecture de l'ensemble.
Si l'essentiel est là, la lecture attentive réserve d'autres surprises, car un tel roman est plus proche de l'art du voyage que de celui de l'architecture, et, dans le voyage, l'aventure – y compris l'aventure initiatique – recommence à chaque tournant, à chaque page. Système en expansion et structure continuellement et définitivement ouverte, c'est tout un. Ainsi en est-il, de nouveau, du destin posthume de cette œuvre, qui a été une grande révélation des dernières décennies. En aussi bon chemin, malgré la longueur, il faut bien prendre garde de ne pas s'arrêter à *Consuelo* mais aller vraiment au bout de *la Comtesse de Rudolstadt* : à cette partie de l'œuvre sont réservées les plus surprenantes révélations.

LA COMTESSE DE RUDOLSTADT

On ne raconte pas plus la *Comtesse* que *Consuelo*, mais, dans la mesure où George Sand a mis dans la bouche de Consuelo elle-même, aux chap. VII-VIII de la *Comtesse*, un résumé de ses aventures précédentes, c'est à cette suite seule que nous nous attacherons. De grands ensembles l'organisent.
Un an après son mariage avec Albert de Rudolstadt sur son lit de mort, Consuelo, qui a repris son nom et son métier, est à la cour de Prusse, partagée entre les faveurs et les tracasseries de Frédéric et mêlée bien malgré elle aux intrigues de palais. Devenue suspecte, elle est envoyée (chap. XIV) à la prison de Spandau, qui va être pour elle (elle tient alors son journal) l'occasion d'une prise de conscience dans tous les domaines, y compris le politique. Elle est tirée de sa prison par l'action des Invisibles. L'intermède de l'évasion (chap. XX-XXIII), pivot de l'action, lui fait découvrir l'amour en la personne du mystérieux chevalier qui l'a sauvée. Mais c'est pour se retrouver, quelque part en Allemagne, dans un château où elle est séquestrée. Prison pour prison, les deux épisodes se répondent et s'opposent. De sa seconde prison Consuelo ne sortira que par moments, pour participer (à partir du chap. XXVI) aux cérémonies maçonniques des Invisibles et franchir progressivement les étapes d'une initiation dont le contenu, politique et religieux à la Leroux, se cristallise dans la formule « Liberté. Fraternité. Égalité ». Tout un programme, mais aussi l'antithèse de la séquence initiale. Dans sa démarche personnelle, Consuelo est aidée par un confesseur qui n'est autre que la mère d'Albert, un Albert dont elle a acquis de plus en plus la certitude qu'il n'était pas mort, et qui se révèle être le même que le chevalier sauveur et aimé. C'est dans une atmosphère de songe d'une nuit d'été que le roman finit.
Pas tout à fait encore. Un « Épilogue », commentaire plus que récit, montre Albert et Consuelo en proie à la méchanceté des hommes et surtout des puissants ; Consuelo y perd même sa voix. La « Lettre de Philon » les retrouve en 1774, errant dans la région du Schreckenstein, parmi les humbles, et transmettant leur message spirituel à Spartacus-Weishaupt.

Les romans champêtres : *la Mare au diable*, *les Maîtres sonneurs*, etc.

Il fut un temps, pas très éloigné, où la production romanesque de George Sand se réduisait presque à la trilogie *la Mare au diable* (1846), *la Petite Fadette* (1849), *François le Champi* (1850). Cette réduction s'accompagnait d'une admiration que consacraient les distributions de prix et les programmes d'enseignement : George Sand, écrivain pour classe de quatrième ! Et cette admiration, Proust la partage, qui voit dans *François le Champi* l'« essence du roman », pour des raisons qui tiennent plus peut-être aux souvenirs d'enfance et à l'esthétique de la *Recherche du temps perdu* qu'à celle qui régit l'œuvre de George Sand. Celle-ci a bien failli mourir une seconde fois, et de cette réduction et de ces consécrations.

Qu'en est-il aujourd'hui ? Pour avoir disparu des programmes scolaires, George Sand a retrouvé une plus large audience, bénéficiant en particulier de l'essor du livre au format de poche. Le cycle même des romans champêtres s'est étendu, sans qu'il apparaisse souhaitable de fixer des limites précises de genre et de dates. Surtout il devient possible de les aborder autrement. Le plus célèbre d'entre eux : *la Mare au diable*, n'est ni le conte rose auquel on tendait à l'identifier ni le roman diabolique auquel son titre pouvait faire penser.

LA MARE AU DIABLE

S'adressant à son lecteur, « l'auteur » (donné comme tel) se met d'abord lui-même en scène dans la contemplation contrastée (à la Hugo) d'une composition d'Holbein et d'une scène de labour. Le roman, qui commence seulement au chapitre III – bien que le personnage principal en ait déjà été présenté –, va être l'histoire passée de Germain, « le fin laboureur », comme celui-ci la lui a racontée. Une histoire limitée dans le temps, puisqu'elle repose sur le choix d'une nouvelle épouse, et dans l'espace, puisque tout va se jouer dans l'aller et retour d'un bref voyage. Le temps et l'espace du récit, dans la brièveté de ses chapitres, ne sont pas plus développés. À l'instigation de son beau-père, Germain se décide à « reprendre femme » en la personne d'une riche veuve qui demeure à Fourche. Il se met en route avec son fils – ce qui n'était pas prévu – et avec une jeune voisine, la petite Marie, dont il a bien voulu se charger et qui doit « entrer en condition » (les temps sont durs) aux Ormeaux, à proximité de Fourche. Tout va se passer en l'espace d'une nuit et de quatre chapitres (VIII-XI) où une « promise » se substitue à une autre, la petite Marie à « la lionne du village » qui va devenir un repoussoir. Marie, revenue avec Germain après une déconvenue d'un autre ordre, acceptera-t-elle d'épouser Germain, plus âgé qu'elle ? Le roman ne tarde pas à apporter (chap. XVII) sa réponse positive ; quatre chapitres d'appendice, développant le récit des cérémonies du mariage, font quelque peu oublier Germain et sa jeune épouse.

À l'heure où la civilisation urbaine s'engoue si facilement pour les choses de la campagne, où les médias en multiplient les inventaires, où l'Université s'intéresse aux rites et aux rythmes de vie d'autrefois, *la Mare au diable* constitue un texte privilégié. C'est dans cet esprit que, au moins en partie, il a été écrit, et tout un supplément se présente comme un conservatoire des mœurs et coutumes d'un Berry resté plus « stationnaire » que d'autres provinces. De ce point de vue, on pourrait presque en commencer la lecture par la fin, c'est-à-dire par « les Noces de campagne ». L'amateur de niveaux de langue trouvera à s'exercer sur « le langage antique et naïf des paysans de la contrée », tel que la romancière le restitue en « une véritable traduction ». Bref, à la faveur d'une petite intrigue, ce sont les « façons de dire, façons de faire » du milieu paysan du XIXe siècle que nous avons là. La romancière a peut-être bien enjolivé ici, noirci ailleurs, mais, en gros, le tableau doit être assez fidèle : il a le mérite d'avoir été pris sur les lieux et dans les temps. *La Mare au diable* comme « ethnotexte ».

Ce n'est sans doute pas l'entrée principale dans une œuvre qui, avec ses dimensions modestes, la simplicité de sa structure, les dix-sept stations de ses chapitres, ressemble, de l'ouverture de son porche à son dénouement en abside, à l'église de Nohant. Un peu l'équivalent du Saint-André-des-Champs de la *Recherche.* Et de même que Proust, à propos de *François le Champi*, parle d'« essence du roman », de même nous pouvons dire que la *Mare* offre, dans ses quelque cent pages, la quintessence du romanesque… champêtre. Non pas un romanesque débridé ou chimérique : dans ce monde du travail et de la pauvreté, la mort impose d'abord sa présence à travers le tableau d'Holbein, et la menace en court à travers tout le roman, liée à la vie quotidienne. Mais un romanesque qui repose tout entier sur la question du remariage de Germain comme assurance sur la vie. C'est ce romanesque qui préside à l'expédition qui doit amener Germain à contracter un nouveau mariage avec une riche veuve des environs et qui, basculant autour de la péripétie d'une nuit à la belle étoile, lui fait découvrir la richesse morale de la jeune voisine qu'il a emmenée avec lui pour rendre service. L'aller et retour du roman est à l'image de cette inversion heureuse à laquelle l'enfant, Petit-Pierre, apporte la caution de l'innocence. La mare au diable aura été, contre ou selon toute attente, celle du bonheur.

Il se peut que l'art du secret ne soit pas la qualité majeure de cette œuvre. Tout est dit de ce que la romancière a voulu faire (« la mission de l'art est une mission de sentiment et d'amour »), de la façon dont elle veut qu'on la lise (le roman comme « parabole »), de l'antidote qu'elle prétend apporter à des œuvres comme *le Paysan perverti* et *les Liaisons dangereuses.* Le lecteur n'a guère de doutes sur l'issue du voyage, même si, ici ou là, il a un peu peur. Le rêve virgilien (« *O fortunatos nimium…* ») s'est enrichi d'une promesse messianique : « Un jour viendra où le laboureur pourra être aussi un artiste… » Dans cette attente, la romancière ne cherche pas à forcer son talent et préfère rester à l'unisson des êtres et des choses qu'elle décrit et raconte. Ainsi le roman, écrit en quatre jours, va, au pas de la Grise (la jument emblématique), son bonhomme de chemin. Il n'en aura pas moins traversé, « sous les grands chênes », des zones plus ombreuses : non qu'il faille privilégier nécessairement les ombres, mais c'est un fait qu'elles donnent de la profondeur au tableau, profondeur de cette nuit où s'entrecroisent, dans la nature et entre les êtres, la tombée du brouillard et la montée du désir.

Si l'on est plus porté vers ce que le roman champêtre peut avoir de vraiment mystérieux, symbolique, initiatique même, c'est aux *Maîtres sonneurs* qu'on s'adressera : rédigé en sept ou huit semaines et publié en 1853, ce roman, dans sa relation entre deux régions toutes proches (le Berry et le Bourbonnais, la plaine et la forêt, avec un clin d'œil du côté du pays de l'*Astrée*) et au fil des trente-deux veillées de sa narration, opère musicalement la synthèse des vertus du genre, véritable raccourci de *Consuelo* et de *la Mare au diable*, c'est-à-dire du grand roman et du « petit chef-d'œuvre » (Sainte-Beuve). Toute l'âme de George Sand résumée, son art porté à la perfection font des *Maîtres sonneurs* son maître roman, peut-être parce que son écriture, dans un récit qui donne une grande place au dialogue d'essence dramatique, atteint une qualité de poésie remarquable.

LES MAÎTRES SONNEURS

Autant l'intrigue de *la Mare au diable* est simple, autant celle des *Maîtres sonneurs* est complexe. Nous reproduisons ici le résumé proposé par Marie-Claire Bancquart :

« Étienne Depardieu raconte en 1828 cette histoire qui se déroule à partir de 1770, quand on l'appelait "Tiennet" et qu'il préparait au bourg de Saint-Chartier, dans l'Indre, sa première communion, avec sa cousine Brulette et Joseph, dit "Joset l'ébervigé". Tout en n'oubliant pas la pâle et charmante fillette inconnue qu'il a rencontrée au cours d'un voyage, Tiennet tombe amoureux de Brulette. Joset a la révélation de ses dons de musicien grâce à un muletier du Bourbonnais, Huriel, qui l'engage à aller apprendre auprès de son père, le grand bûcheux, le véritable art de la cornemuse.

« Dix-huit mois plus tard, Joset, malade, réclame Brulette, qui part le rejoindre avec Tiennet et Huriel. Joset est soigné par Thérence, en qui Tiennet reconnaît la fillette de jadis. Nombreux incidents, rixes avec un muletier, qu'Huriel tue ; voyage de retour jusqu'à Saint-Chartier.

« La famille d'Huriel s'installe dans le Berry. Huriel épouse Brulette et Tiennet Thérence, cependant que Joset, qui, non sans difficultés et violences, a forcé l'entrée de la corporation des maîtres sonneurs de Saint-Chartier, prend la route avec le grand bûcheux pour se donner tout entier et librement à la musique. Quelques mois après, le grand bûcheux revient seul : Joset a été assassiné dans le Morvan par un groupe de sonneurs que sa jalousie et son orgueil avaient provoqués ».

Certains passages, par le système d'opposition des couleurs que soulignent la forme (syntaxe, allitérations) et la poésie qui s'en dégage, font songer à tel passage de *Sylvie*. Il n'y a rien de scandaleux à faire le rapprochement entre George Sand et Nerval qui, dans une lettre du 5 novembre 1853, trois mois après la publication des *Maîtres sonneurs*, demandait à Maurice Sand des croquis pour illustrer sa nouvelle, qu'il définissait ainsi : « C'est une sorte d'idylle, dont votre illustre mère est un peu cause par ses bergeries du Berry ». Bel hommage à l'auteur des romans rustiques. En tout cas, il vaut la peine de pratiquer aussi sur eux et, en particulier, sur *les Maîtres sonneurs* le jeu de la « microlecture » (J.-P. Richard).

Le Château des Désertes

Ce roman de taille moyenne, achevé en 1847 et publié seulement en 1851 (après les retombées de la révolution de 1848), raconte l'histoire d'un jeune peintre, Adorno Salentini, qui est le fruit des amours « d'un pauvre ténor italien et d'une belle dame française ». Son itinéraire se croise avec celui d'artistes de la scène, Célio Floriani, les Boccaferri (père et fille), et le jeune homme se joint à eux jusqu'à constituer, pour un temps, une grande famille dans la solitude d'un château d'où sortiront deux jeunes couples : Adorno-Stella (sœur de Célio) et Célio-Cécilia (Boccaferri). Le roman s'articule lui-même, sur les pas du narrateur-héros, en deux parties sensiblement égales : un temps d'errance, où les êtres, lancés à la poursuite les uns des autres et d'eux-mêmes, se cherchent entre Turin et Vienne ; un temps de stabilité, où ils se trouvent dans l'isolement du château de la région briançonnaise, mais surtout en participant à une action théâtrale commune.

SYNOPSIS

Avec ses treize chapitres, ce roman, écrit à la première personne, suit pas à pas les aventures d'Adorno Salentini qui, à vingt-sept ans, n'a pas encore aimé ou qui, plutôt, se trompe d'amour avec la duchesse de… Dans les milieux artistiques de Turin qu'il fréquente, il rencontre Célio Floriani, qui emploie mal son talent d'artiste, et surtout la *seconda donna,* Cécilia Boccaferri, qui au lieu de chercher à briller, se fait, elle, le soutien et de Célio et de son père, le vieux Boccaferri, lequel s'adonne à la boisson. Adorno se sent attiré par Cécilia, mais quels sont les sentiments exacts de Célio pour la même Cécilia ? Le récit en reste à cette interrogation avec la disparition du groupe des Boccaferri et de Célio. Adorno cherche en vain Cécilia à Vienne. Le tournant du roman, juste en son milieu, se situe au chapitre VII, qui amène, par hasard, Adorno à proximité de Briançon, puis au château des Désertes, où se sont retrouvés – et où il retrouve, dans une tout autre situation – les Boccaferri et les enfants de la grande Lucrézia Floriani. Dès lors, dans le château mystérieux (pour les autres) et merveilleux (pour les intéressés), les événements et les sentiments prennent une nouvelle direction que précipite, au sens chimique du terme, l'expérience théâtrale commune. C'est la double surprise de l'amour, qui fait de Cécilia l'épouse de Célio et de Stella, sœur de Célio, l'épouse d'Adorno. Dans la métamorphose générale, le vieux Boccaferri lui-même aura joué un rôle non négligeable. Le plus beau rôle dans le roman est cependant celui que tient Cécilia.

Le théâtre, thème essentiel dans ce roman, obéit à une alternative qui correspond à la double articulation narrative : ou bien prostitution de l'art et de l'âme, ou bien respect de l'un et de l'autre. Car tout se tient, et tout tient à la qualité de ce que l'on fait et de ce que l'on est. Les conditions idéales de réalisation artistique et personnelle vont être offertes par le château des Désertes, où se retrouvent, par un jeu de coïncidences heureuses, les Boccaferri, devenus châtelains de Balma, Célio, avec ses frère et sœurs, et, ultime invité, Adorno, qui, de dépit, rentrait en France. À eux tous, ils vont monter, dans une partie secrète du château, un *Don Juan*, qui n'est ni celui de Molière ni celui de Mozart, mais une œuvre tenant des deux et qui est en outre imprégnée des idées d'Hoffmann, bref leur création. Et ce qu'ils créent dans l'allégresse de la communauté les crée en retour, c'est-à-dire leur fait découvrir non seulement la vérité de l'art, qui n'existe plus indépendamment de la vie, mais aussi la vérité de leur être profond et, en dernier ressort, de l'amour. Miracle du théâtre, qui n'est plus conçu comme le moyen vaniteux de se mettre en vedette – et alors de se perdre – mais comme l'occasion privilégiée d'une initiation.

Car c'est bien d'une initiation, là aussi, qu'il s'agit, bien que les rites n'en soient pas marqués, comme dans le château des Invisibles ou parmi les corporations de sonneurs. Si la représentation de *Don Juan* en constitue le prétexte, le texte du roman fait plus d'une fois penser à l'argument ou, au moins, à l'enjeu de *la Flûte enchantée.* Du jour où Adorno est introduit au château par les trois jeunes filles, le temps des épreuves négatives est fini et celui des révélations positives commence, mais, entre les deux, il y a – et il restera comme un talisman – l'air de *Don Juan* entendu à Turin. Le décor de neige et de nuit qui préside à l'avènement d'un autre type de relations ne saurait rester extérieur à l'évolution qui débouche sur un printemps radieux. Si, par le théâtre – un théâtre qui joue avec la mort et fait tomber les cloisons de la réalité –, on accède à une autre vie et à une autre réalité, c'est que ce théâtre est mis en œuvre par des êtres d'élite comme les Boccaferri (« Bouche de fer ») et que le lieu lui-même fait entrer par la « porte d'ivoire », comme dit le texte, « dans le sanctuaire des songes ». Est-on si loin, non seulement de *la Flûte enchantée*, mais aussi d'*Aurélia* ? En tout cas, d'une telle expérience on sort éprouvé, mais régénéré : « À l'heure où j'écris ces lignes », note *in fine* le narrateur, associant ainsi le temps de la narration à celui du narré, « Béatrice (la sœur, au nom prédestiné, de Célio et d'Adorno) cueille des camélias blancs et des cyclamens dans la serre pour les couronnes des deux mariées ». Le chemin parcouru depuis le début jusqu'à ces noces mystiques est immense.

Dans le récit de cette expérience réussie, on a vu – comme George Sand y invite dans sa notice de 1853 – la transposition des soirées de Nohant, au temps heureux de la présence de Chopin, lorsque la petite société, au cours de l'hiver 1846-1847, s'exerçait à la *commedia dell'arte*. Il ne faut pas manquer d'y voir également, reflété par le talent intuitif de George Sand, ce que le théâtre a toujours rêvé d'être.

Laura, voyage dans le cristal

Si *le Château des Désertes* n'est pas celui de la désertion, avec *Laura* nous sommes délibérément « ailleurs ». Le sous-titre est explicite : *Voyage dans le cristal*. Et quand on saura que ce *Voyage* a été publié la même année – 1864 – que le *Voyage au centre de la Terre* de Jules Verne, on se demandera si George Sand n'est pas sortie non seulement de ses (nos) horizons familiers, mais de la planète, voire d'elle-même. Où le voyage en imagination, à soixante ans, ne l'a-t-il pas menée ?

D'abord publié en deux parties dans la *Revue des Deux Mondes* (articulation que le lecteur ne doit pas perdre de vue), le roman a paru la même année en quatre chapitres, de longueur semblable, chez Michel Lévy.

SYNOPSIS

Après un préambule rapide où le narrateur-auteur fait la connaissance du marchand naturaliste bien tranquille qu'est M. Hartz, le récit est constitué essentiellement par la lecture d'« un manuscrit jauni », l'ancien journal de celui-ci. Alexis, *alias* M. Hartz, apprenti minéralogiste sans vocation, s'éprend de sa jeune cousine Laura venue en vacances chez son oncle, le savant Tungsténius ; rien que de banal, mais c'est déjà l'occasion d'une plongée dans le rêve – dans la géode – à la faveur d'un accident (un bris de vitrine). « Deux ans » plus tard (chap. II), malgré ses efforts, les affaires d'Alexis n'ont pas progressé puisque, au contraire, Laura doit épouser Walter, le compagnon à l'esprit pratique d'Alexis. Tout change avec le chapitre III. Pour se rendre digne de Laura, Alexis accepte de partir à la recherche de la géode polaire avec Nasias, le prétendu père de Laura. Expédition folle qui, après l'arrivée dans l'Eden (chap. IV), se termine par la mort accidentelle de Nasias, et d'où le ramène en douceur Laura, qui s'est substituée comme guide au terrible Nasias. Celui-ci n'était autre qu'un généreux donateur du musée d'histoire naturelle ; tout ne s'est passé que dans les arcanes de l'esprit d'Alexis, et celui-ci épousera Laura.

Nous basculons ici dans le monde de la minéralogie tel que l'aimaient, Hoffmann en tête, les romantiques allemands (amont du roman, si l'aval en est Jules Verne), et il est significatif que George Sand situe le lieu initial de son roman en Allemagne avant d'en déplacer l'action, à partir de Kiel, au pôle Nord et même dans un lieu hors de tout lieu, à la fois mer libre, paradis et volcan, où se découvrent des beautés de pierreries dont les noms n'ont cessé d'illuminer le roman : améthyste, rubis, saphir, béryl, diamant. De cette extravagante IIe partie le mentor est un certain Nasias, oncle (?) du héros, esprit démoniaque, qui n'hésite pas à sacrifier l'un après l'autre tous ses biens et qui s'abîmera finalement dans le cratère aux richesses fabuleuses. « Un conte des *Mille et Une Nuits* et la relation de voyage de Kane dans les mers polaires » sont d'ailleurs donnés allusivement comme des références possibles. Le retour de la Thulé fantastique devrait être impossible pour le jeune et sympathique Alexis si…

Si le roman était seulement le récit de cette équipée sauvage. De la petite géode brisée dans la boutique d'un marchand à la géode gigantesque contemplée avec ravissement au terme de l'expédition postpolaire, il y a tout et il n'y a que l'espace du rêve. Tout se passe – à la barbe de l'oncle Tungsténius – dans l'esprit fragile et transparent comme le cristal de « l'aide du sous-aide du cabinet d'histoire naturelle » – et se termine dans un bruit de « vitre brisée ». Cristal et verre, c'est tout le va-et-vient du roman. C'est au verre de la réalité que revient Alexis, guéri de ses hallucinations, retrouvant le jardin familier de Fischhausen, et ce retour porte un beau nom puisque cela s'appelle Laura, « la plus claire des gemmes », la cousine aimée dont la représentation, dans l'esprit d'Alexis, oscillait entre la fée et la garde-malade. Tout ce voyage dans le cristal pour un mariage petit-bourgeois ? On ne voit pas se dissiper « la vision du monde souterrain » sans être soi-même modifié, sans que la vie le soit, apte à se situer désormais entre « la cuisine et l'empyrée ».

Restent, de toute façon, la cuisine et l'empyrée du livre, écrit à un triple niveau : d'abord par Alexis, en proie à son rêve fou ; ensuite par Alexis devenant M. Hartz (un nom-programme) ; enfin par le narrateur-auteur du début. Voilà la vraie, la seule géode, cette « pierre précieuse dont l'intérieur est tapissé de cristaux ou d'incrustations », objet spéculaire du roman qui retrouve et recrée « les combinaisons de la forme et de la couleur » de la géode réelle et imaginaire. Objet spéculaire du génie de George Sand à un moment où on pourrait croire ce génie retombé.

H. Bonnet

SANDEAU Jules

(1811-1883)

« Premier romancier proprement dit » à être élu à l'Académie (1858), Jules Sandeau ne tiendra pas tout ce que semblait promettre *Rose et Blanche* (1831), roman qu'il signe avec George

Sand du pseudonyme Jules SAND. Brunetière déplore que « l'une des plus aimables imaginations de ce temps » se soit perdue du fait d'un tempérament « paresseux » et « infécond », ces qualificatifs ne s'appliquant certes pas à une production quantitativement abondante. *Marianna* (1839), en faisant admirer une héroïne dont « la fière chasteté et l'instinctive noblesse mêlaient au laisser-aller de toute sa personne des airs de vierge et de duchesse qui contrastaient d'une étrange façon avec son mépris des convenances et son ignorance du monde », révélait un peintre de l'amour romantique peut-être aussi inspiré que l'auteur du *Lys dans la vallée*. Jules Sandeau, il est vrai, ne verra jamais son indolence bousculée par les créanciers. Le second Empire consolidera même sa quiétude, le nommant conservateur de la Mazarine et bibliothécaire du palais de Saint-Cloud. Ses romans sont très nombreux : *Madame de Sommerville* (1834), *les Revenants* (1836), *Mademoiselle de Kérouarc* (1840), *le Docteur Herbeau* (1841), *Milla* (1843), *Vaillance* et *Richard* (1843), *Fernand* (1844), *Catherine* (1845), *Valcreuse* (1846), *Mademoiselle de La Seiglière* (1846, adapté au théâtre en 1851), *Madeleine* (1848), *la Chasse au roman* (1849), *Un héritage* (1849), *le Château de Montsabrey* (1853), *la Maison de Penarvan* (1858) ; son chef-d'œuvre, adapté au théâtre avec Augier, *Jean de Thommeray* (1873). Ces récits montrent une prédilection pour la légende vendéenne, pleine de radieuses et aristocratiques figures féminines, de folles passions sur fond de chevauchées, de prouesses d'amazones, d'ululements et de fusillades. Souvent portées à la scène grâce à l'aide d'Émile Augier, avec qui Sandeau partage le succès du *Gendre de M. Poirier* (1854) [voir **AUGIER**], adaptation du roman *Sacs et Parchemins* (1851), ses œuvres font au moins sa fortune, à défaut de sa gloire.

Certes, Sandeau se montre plus avide de sublime que ses collaborateurs littéraires, et le désespoir tout romantique de certains de ses personnages vaut mieux que les émois du boulevard : « Jeune, on se brise contre l'obstacle, et, plus tard, on devient soi-même l'écueil où se brise à son tour la génération qui nous suit » (*le Colonel Évrard*, 1855).

Mais, son style précieux, trop occupé d'effets littéraires, impose souvent à la métaphore, dans l'analyse psychologique notamment, des contorsions promises à mal vieillir : « Elle ignorait combien la passion est ingénieuse à se caresser avec les verges destinées à la corriger... ».

Chaque roman de Sandeau reste ainsi à l'état de projet nébuleux, approche tâtonnante du mystère des consciences, ébauche décevante d'une solennelle révélation pour laquelle l'écrivain ne parvient pas à allumer le flambeau de la simplicité.

D. Giovacchini

SANSAL Boualem

(né en 1945)

Écrivain algérien d'expression française. Haut fonctionnaire, Sansal est un écrivain tardif. Il a publié en France en 1999 son premier roman, *le Serment des barbares*. Autour d'une intrigue policière, c'est un tableau corrosif et accablé de l'Algérie contemporaine en proie aux barbaries antagonistes et complices des islamistes et de l'appareil d'État. Tromperies, massacres, corruption généralisée, utilisation des mythes – la révolution – et des croyances – l'islam – à des fins tyranniques. Mais Sansal va beaucoup plus loin que la simple dénonciation. Remontant audacieusement vers un passé occulté, celui de la colonisation et des combats de l'Indépendance, il fait du mensonge sur l'Histoire la clef de l'incapacité à construire le présent et l'avenir. Le roman est l'instrument qui doit débarrasser l'historiographie officielle de ses tromperies, de ses simplifications, de ses mythes héroïques pour oser montrer que la présence française n'était pas l'enfer, ni la guerre d'Indépendance le paradis des héros. Dans *l'Enfant fou de l'arbre creux* (2000), Sansal poursuit cette audacieuse reconquête de la mémoire en confrontant deux condamnés à mort enfermés dans un bagne : l'un, pied-noir, est venu en Algérie retrouver les traces de sa jeunesse ; l'autre, jeune islamiste, se rend compte trop tard qu'il a été leurré. Écrivain d'une renaissance de l'Algérie, Sansal utilise avec vigueur une rhétorique littéraire héritée de Rabelais : puissance de la fable, langue drue, recours à la farce et au sarcasme, images flamboyantes, mélange de parler populaire et de dialectique savante. La jeunesse inventive d'un discours humaniste contre les paroles gelées de la barbarie.

P. Lepape

SARASIN Jean-François

(1614-1654)

Ce poète fut le meilleur représentant de la littérature galante. Il eut une carrière sociale assez complexe. Son œuvre consiste surtout en textes épars, si bien qu'elle est aujourd'hui largement ignorée. Elle fut pourtant considérée, au XVIIe siècle, comme un modèle de goût et de distinction.

Sarasin était né en Normandie, près de Caen, où il fit ses études. Son père, avocat puis conseiller à la Cour des aides de Caen, n'était pas riche. Venu à Paris (1635), il chercha un « emploi » auprès de quelque grand personnage. Par ses origines, il se rattachait à la clientèle des ducs de Longueville. Il fut reçu à l'Hôtel de Rambouillet [voir **Préciosité**], où il se lia avec nombre d'écrivains, en particulier avec Ménage ; il y faisait figure de rival de Voiture, et les deux hommes se détestaient sourdement. Dans le même temps, Sarasin se construisait une carrière. Le ministre Chavigny le prit à son service et l'emmena en Italie (1639). Puis Sarasin se maria, avec une femme riche et âgée, mais dix-huit mois plus tard (1645), une décision de justice prononça la séparation des époux. Il fut introduit par Ménage chez le coadjuteur de Paris, Paul de Gondi (le futur cardinal de Retz), dont il devint un affidé. Mais en 1647, une satire contre un opéra de Rossi commandé par Mazarin lui valut un séjour à la Bastille. Puis, au début de la Fronde, Gondi le fit entrer chez le prince de Conti, alors son allié politique. Les deux clans ne tardèrent pas à se brouiller : Sarasin resta chez Conti, dont il devint le pamphlétaire contre son protecteur de la veille.

Il avait une réputation d'aventurier sans scrupules. Chez Conti, il était secrétaire et intendant. Ses détournements provoquaient de violentes colères du prince ; mais, en faisant le bouffon, Sarasin savait se faire pardonner. Il accompagna son maître nommé à la tête de l'armée de Catalogne et, durant le voyage, mourut à Pézenas, dans des circonstances restées mystérieuses. Le bruit courut que Conti l'avait frappé. On pensa aussi qu'un mari cocu l'avait fait empoisonner... Fin romanesque, en tout cas, pour une carrière à la fois banale (il était au service de Grands, comme tant d'autres hommes de lettres) et mouvementée : viveur et libertin, il se souciait plus de jouir que de faire fortune, de plaire que d'inspirer confiance.

L'œuvre de Sarasin se caractérise par la volonté de diversité et le refus de tout pédantisme. Non qu'il ait été incapable de travaux « sérieux », bien au contraire. En font foi ses études historiques (*Histoire du siège de Dunkerque*, 1649 ; *Histoire de la conspiration de Valstein*, *Histoire de Clovis* [en manuscrit]) et philosophiques (*Apologie pour la morale d'Épicure*, publiée en 1674). Ces dernières montrent quelles étaient ses opinions. Il fut aussi traducteur (*Vie d'Atticus*, de Cornelius Nepos, publiée en 1658). Les auteurs les plus considérés faisaient l'éloge de son talent, tel Guez de Balzac, qui le comparait à Salluste.

Pamphlétaire féroce, il composa des vers latins et des libelles contre le professeur de grec Montmaur, lequel avait à ses yeux le double défaut d'être un pédant et d'appartenir à une coterie rivale de celle de Gondi, et ridiculisa le poète Dulot, promoteur de la mode des bouts-rimés (*Dulot vaincu ou la Défaite des bouts-rimés*). Mais son succès reposait avant tout sur des ouvrages mondains : lettres et surtout poèmes. Parmi ceux-ci se détache la *Pompe funèbre de Voiture* (1649, dédiée à Ménage), récit allégorique composé à l'occasion de la mort de son confrère et rival. Cet ouvrage de pure fantaisie (on y voit Apollon faisant imprimer les faire-part des funérailles...) prend le deuil sur le mode humoristique. L'éloge de Voiture s'y mêle de perfidies, parfois à peine sensibles –

Voiture est mort, ami Ménage,
Voiture qui, si galamment
Avait fait, je ne sais comment,
Les muses à son badinage.
Voiture est mort, c'est grand dommage

– et parfois plus rosses, comme l'image autour du cher disparu de trente

Amours cocquets, qui sont de grands comédiens et qui ne ressentent jamais les passions qu'ils témoignent. Le défunt n'avait point eu de plus chers amis.

Littérature mièvre, préciosité vaine ? « Pour ses ouvrages, il n'y a rien d'achevé. S'il ne s'était pas jeté dans la plaisanterie, il eût été capable de quelque chose de grand. » (Tallemant des Réaux). De fait, Sarasin a été très imité, en particulier pour ce qui concerne sa *Pompe funèbre* et la façon dont il mêle dans ce texte les vers et la prose. Il a été très admiré et tenu pour l'égal de Voiture, par un public amateur de littérature distinguée. Ménage édita ses *Œuvres* (1656), avec un important discours critique de Pellisson. Sarasin se trouve là présenté comme le modèle de la littérature galante, capable d'aborder toutes sortes de sujets et de registres avec autant de réussite, toujours « souple » et toujours « heureux ». Dans ces écrits où le savoir est présent, mais dissimulé, et où le brio, l'ingéniosité et l'humour dominent, ses contemporains voyaient l'expression d'un goût raffiné, d'un idéal esthétique difficile à réaliser. La littérature n'est plus alors une visée en elle-même : elle participe d'une quête sociale de la distinction, ce que Pellisson appelait l'urbanité, et qu'on pourrait nommer « atticisme ». Or l'atticisme, vertu de l'honnête homme ou, mieux, du galant homme, est une composante essentielle du goût classique, et non seulement un jeu gratuit de préciosité.

A. Viala

SARDOU Victorien

(1831-1908)

Surnommé « l'Empereur du théâtre », adulé du public, Victorien Sardou, dramaturge plein de métier et d'opportunisme, montre assez de talent – ou de flair – pour que sa faveur survive au second Empire ; au point de devenir le représentant le plus complaisant d'une Belle Époque frivole, bourgeoisement hypocrite, frileusement calfeutrée dans les conventions et les stéréotypes.

Napoléon III le voit d'un bon œil ridiculiser les vieilles générations littéraires, romantiques et trop souvent libérales, dans *les Ganaches* (1862). Cependant, rien de plus léger que son premier succès, *les Pattes de mouche* (1861), dont l'intérêt réside dans la crainte de voir un billet compromettant tomber entre les mains d'un époux si naïf que celui-ci finit par le brûler lui-même. Apologie de la société moderne, le théâtre de Sardou dénonce sans méchanceté les mœurs évaporées, nuisibles à la paix familiale, entraînées par les progrès du luxe : « En l'an de grâce 1865, quelle est la fonction la plus ordinaire d'une maîtresse de maison ? C'est d'être sortie » (*la Famille Benoîton*, 1866).

La politique n'intéresse Sardou que dans la mesure où l'actualité en fait une mode. Une fois conjurées les grandes peurs de 1871, les braves gens peuvent applaudir en *Rabagas* (1872) la caricature de leur croque-mitaine, révolutionnaire corrompu, démagogue, prêt à toutes les trahisons et à n'importe quel crime quand ses ambitions sont en jeu, perfide agitateur de bas-fonds formés d'ouvriers paresseux et de pétroleuses dévergondées. Les problèmes sociaux préoccupent notre dramaturge chaque fois que des « thèses » partagent l'opinion. Mais il se garde de trancher et cherche à satisfaire tout le monde : le problème du mariage, traité de façon leste et joyeuse dans *Divorçons !* (1880), est abordé avec plus de gravité et de conformisme, la même année, dans *Daniel Rochat*.

Vite découragé par les échecs de *Patrie* (1869) – loué par Victor Hugo, hélas ! qui raffolait de ce genre de fours – et de *la Haine* (1874), Sardou – désormais académicien (1877), il est vrai – tempère ses velléités historico-épiques dans des formes moyennes, utilisant les recettes les plus éprouvées du pathétique où « à deux actes de comédie sont cousus deux actes de drame » (*Théodora*, 1884 ; *la Tosca*, 1887 [il est vrai immortalisée par l'adaptation de Puccini en 1900]…). *Thermidor* (1891), où l'on se demande avec émotion s'il faut substituer un autre dossier à celui de Fabienne Le Couteulx pour l'arracher des griffes du tribunal révolutionnaire, déplaît à l'idolâtrie que l'école républicaine voue à Saint-Just et à Robespierre et – à la suite d'une intervention à la Chambre des députés – se voit interdit, fournissant peut-être à son auteur une efficace publicité. Deux ans plus tard, *Madame Sans-Gêne*, vaudeville historique, triomphe et suffit à illuminer la vieillesse de Sardou, en dépit de l'inconsistance de ses dernières œuvres (*la Sorcière*, 1903).

Victorien Sardou, qui se vantait de composer ses pièces à partir d'expositions et de canevas empruntés à Scribe, n'aura pas même inventé les ingrédients de son succès. Il n'a cherché qu'à plaire, vite et facilement. *Théodora* a beau enflammer Octave Mirbeau (« Comme Shakespeare du haut de sa grandeur tragique, il sait nous faire respirer en même temps que les plus délicieux parfums de l'art idéal, les odeurs effrayantes d'humanité »), une fois disparus le public qui goûte et inspire son théâtre et le génie de Sarah Bernhardt et autres interprètes d'élite, capables de lui conférer dans l'esprit des contemporains une envergure supérieure, Sardou peut s'estimer heureux de la place que Zola lui assigne, parmi les bons « ouvriers », « qui sont de leur temps, qui travaillent suivant leur force à une formule qu'ils n'ont pas eu le génie d'apporter tout entière ».

D. Giovacchini

SARMENT Jean

Pseudonyme de ***Jean BELLEMÈRE*** *(1897-1976)*

Auteur dramatique, romancier et comédien. Après des études secondaires à Nantes, Jean Sarment entre au Conservatoire d'art dramatique de Paris, puis joue, aux côtés de Réjane et de Louis Jouvet, au théâtre Sarah-Bernhardt et au Vieux-Colombier. Il interprétera plus tard des rôles qu'il s'était destinés dans un grand nombre de ses propres textes. C'est Lugné-Pœ, chercheur obstiné de nouveaux talents, qui monte, à l'Œuvre, la première pièce de Jean Sarment, *la Couronne de carton* (1920). Le jeune auteur est, dès lors, considéré comme l'un des grands espoirs de sa génération ; on prononce même à son sujet le mot « génie ». Ayant acquis la maîtrise de son métier, Sarment va donner toute une série de pièces en demi-teinte où se manifeste une sensibilité délicate. On retiendra, entre autres : *le Pêcheur d'ombres* (1921), *le Mariage d'Hamlet* (1922), *Je suis trop grand pour moi* (1924), jouée à la Comédie-Française, véritable consécration pour cet auteur de vingt-sept ans ; *les Plus Beaux Yeux du monde* (1925), *Léopold le Bien-Aimé* (1927), créée par Jouvet.

À partir de 1928, Jean Sarment va modifier sa manière et s'orienter vers des directions variées, notamment vers la comédie légère et le vaudeville. Ces œuvres inégales connaîtront des fortunes diverses. Déjà *Madelon* (1925) attestait un changement de ton qui apparaît encore plus net dans *Sur mon beau navire* (1928), *Bobard* (1930), *le Plancher des vaches* (1931) ou *Peau d'Espagne* (1933). *Madame Quinze* (1935), qui évoque la figure de Mme de Pompadour, n'évite pas toujours les écueils du drame historique. *Mamouret* (1941), créé par Dullin, et *le Pavillon des enfants* (1955) sont pourtant de bonnes comédies. On doit également à Jean Sarment des adaptations de Shakespeare (*Beaucoup de bruit pour rien*, 1936 ; *Othello*, 1937) et de Schiller (*Don Carlos*, 1942), ainsi que des romans comme *Jean-Jacques de Nantes* (1922), *Lettres à Corysande* (1925), etc., et des poèmes (*le Cœur d'enfance*, 1922 ; *De la flûte au tambour*, 1930).

Ce sont surtout les premières pièces de Sarment qui méritent d'être retenues et qui manifestent le plus de dons originaux, bien que la parenté d'esprit de l'auteur avec ses maîtres favoris, Shakespeare, Musset, Laforgue et Pirandello – mais aussi, plus directement, Henry Bataille ou Porto-Riche –, y soit évidente. Dans ces œuvres, l'intrigue ne compte guère. Les personnages ont peu de consistance : ce sont des reflets, des silhouettes, des états d'âme. À vrai dire, ils apparaissent comme les tirages successifs d'un même original, le comédien-auteur. Celui-ci procède à des variations sur un certain nombre de leitmotive : le décalage cruel entre vie rêvée et vie vécue, l'échec navrant des idéaux de jeunesse, la vanité des ambitions excessives, l'ironie du sort qui se joue de nos projets – bref, toutes les formes d'un néo-romantisme désenchanté. L'entrevue finale des *Plus Beaux Yeux du monde*, dans laquelle les protagonistes comparent mélancoliquement ce qu'ils rêvèrent d'être et ce qu'ils sont devenus, symbolise bien l'attitude générale des personnages de ce théâtre. Certes, quelques-uns d'entre eux tentent de combattre ces fatalités en menant sciemment une vie imaginaire : ainsi dans *Peau d'Espagne*, un négociant lyonnais devient, pour une saison, lord Arthur Cowley, pair du royaume d'Angleterre. On devine où peuvent les mener ces tristes échappatoires. Plus dur sera l'obligatoire retour à une existence médiocre.

La destinée de ces malheureux héros, qui pourraient tous prendre pour devise le titre d'une des œuvres de l'auteur, *Je suis trop grand pour moi*, est parfois narrée par un poète de talent. Ces délicates broderies sont tissées par un artisan habile à dessiner les plus subtiles arabesques du sentiment. Ces bouffonneries tendres, ces railleries sur soi-même qui masquent une sensibilité toujours à vif sécrètent une poésie très particulière qui explique la séduction qu'a exercée l'œuvre de Sarment d'avant les années 1930. On pourra cependant regretter que l'auteur, parfois verbeux, se soit répété, au fil des ans, et, par ailleurs, ait trop vite renoncé, un peu à l'image de ses héros, à ses ambitions initiales.

H. Gidel

Sarraute

SARRAUTE Nathalie

Née ***Natacha* TCHERNIAK** *(1900-1999)*

Universellement reconnue comme l'un des piliers du nouveau roman, Nathalie Sarraute occupe, au sein de ce mouvement, une position bien particulière. Pionnière d'une « école » dont, en 1939, ses premiers textes ouvraient déjà les portes [voir **Nouveau roman**], elle s'est, d'emblée, attaquée à un domaine qui, inlassablement exploré en marge des évolutions qu'a pu connaître l'histoire du groupe, s'impose comme le sien propre : l'exploration des « tropismes », ces vibrations imperceptibles, ces glissements insoupçonnés qui modifient les rapports entre les êtres et affleurent sous le discours, le geste les plus banals, bouleversant l'équilibre psychologique et dramatique du roman traditionnel.

Entre la vie et les mots...

Nathalie Sarraute est issue d'un milieu d'intellectuels russes d'origine juive. Très tôt, la séparation de ses parents et de fréquents va-et-vient entre la France et la Russie vont amener l'enfant à pratiquer les deux littératures (cf. *Enfance*, 1983). À Paris, à Oxford et à Berlin, elle étudie les lettres, l'anglais, l'histoire, la sociologie. De retour à Paris, elle opte pour le droit et épouse un condisciple, Raymond Sarraute, dont elle aura trois filles. Avocats, les jeunes gens s'inscrivent au barreau, mais l'art et la littérature les passionnent également, et c'est sur les conseils de son mari que Nathalie Sarraute revient à ses premières inclinations : les dix-huit textes écrits entre 1932 et 1937 et publiés en 1939 sous le titre de *Tropismes* passent à peu près inaperçus ; ils contiennent pourtant en germe l'essentiel de l'œuvre.

Ce n'est qu'après la guerre, au sortir d'une difficile période de camouflage et de silence forcé, qu'un premier chef-d'œuvre : *Portrait d'un inconnu*, peut voir le jour, cautionné par une préface de Sartre (1948). Le succès n'en est pas acquis pour autant. En 1953, un deuxième roman, *Martereau*, recueille les seuls suffrages de quelques initiés ; tout aussi discrets ont paru dans différentes revues des articles, ceux-là mêmes qui, rassemblés en 1956 sous le titre *l'Ère du soupçon*, vont être considérés comme le premier manifeste du « nouveau roman »...

De fait, vers la fin des années 1950, se sont peu à peu reconnus puis regroupés ces romanciers de la dissidence, Beckett, Butor, Pinget, Robbe-Grillet, Simon : un nouveau climat d'effervescence littéraire qui permet en 1959 au *Planétarium* de consacrer son auteur comme l'un des écrivains les plus originaux de l'époque. En 1963, *les Fruits d'Or* obtiennent le prix international de Littérature. Les titres se succèdent : pièces de théâtre (à l'audience plus restreinte : *le Silence* et *le Mensonge*, 1964 et 1966 ; *Isma*, 1970 ; *C'est beau*, 1975 ; *Elle est là*, publié avec d'autres pièces dans *Théâtre*, 1978 ; *Pour un oui ou pour un non*, 1982), essais (*Paul Valéry et l'Enfant d'Éléphant*, 1947 ; *Flaubert le précurseur*, 1965) et surtout romans, qui circulent dans le monde traduits en vingt-deux langues et tirés à plus d'un million d'exemplaires : *Entre la vie et la mort* (1968), *Vous les entendez ?* (1972), *« disent les imbéciles »* (1976), *Tu ne t'aimes pas* (1989). *L'Usage de la parole* (1980) pourrait illustrer le rôle essentiel que la romancière attribue aux mots : traquer « cette parcelle de réalité encore inconnue » qui constitue, selon elle, le fondement du psychisme humain ; parallèlement, dénoncer l'inadéquate grossièreté du langage « installé » pour « capter » l'ondoiement de cette réalité complexe et « marécageuse »...

Conventions et soupçons : le personnage

Que, par postulat, tout roman mette en jeu des personnages devrait inciter tout romancier à une préalable remise en cause. Faute de quoi s'installent chez le lecteur doute, lassitude – pour tout dire : le « soupçon ». Car le héros traditionnel, celui, « si richement pourvu », des fictions balzaciennes, ou ces figures de « musée », tellement plus « vivantes que les gens vivants eux-mêmes », ces « blocs solides et durs » (*Portrait d'un inconnu*) dont Tolstoï étaie ses romans, n'ont plus pour le lecteur, décidément, que « la plate apparence du trompe-l'œil » (*l'Ère du soupçon*). C'est qu'il a, ce lecteur, « trop appris »... « Il a connu Joyce, Proust et Freud ; le ruissellement, que rien au-dehors ne permet de déceler, du monologue intérieur, le foisonnement infini de la vie psychologique et les vastes régions encore à peine défrichées de l'inconscient. Il a vu tomber les cloisons étanches qui séparaient les personnages, et le héros de roman devenir une limitation arbitraire, un découpage conventionnel pratiqué sur la trame commune que chacun contient tout entière, [...] il a vu nos actes perdre leurs mobiles courants et leurs significations admises, des sentiments inconnus apparaître et les mieux connus changer d'aspect et de nom » (*id.*). « Contours purs et fermes », « masques rassurants » (*Portrait d'un inconnu*), la prétendue « psychologie » héritée du XIXe siècle qui plaque sur des comportements inventés les grandes étiquettes classificatrices d'amour, d'ambition, d'avarice, de lâcheté, etc., est impuissante à déceler la pulsation secrète, les mouvements fugitifs d'approche et de fuite par lesquels s'appellent et se repoussent, au plus profond d'elles-mêmes, les « masses informes et flageolantes » qui constituent nos sensibilités.

C'est, en revanche, dans les héros tourmentés, contorsionnés des plus grandes pages dostoïevskiennes, comme l'« éternel mari », comme le vieux Karamazov virevoltant de pitrerie en mortification, que Nathalie Sarraute saisit l'ébauche de ces « mouvements sous-jacents » encore inexplorés, « contradictoires, évanescents », qu'elle considère comme autant de drames, plus subtils peut-être, mais non moins passionnants que les « grosses actions de premier plan » d'un roman de Dos Passos, par exemple, ou d'un film (*l'Ère du soupçon*, « De Dostoïevski à Kafka »).

En effet : que lire derrière « ces interrogations passionnées et ces réponses, [...] ces approches, ces reculs feints, ces fuites et ces poursuites, ces agaceries et ces frottements, ces chocs, ces caresses, ces morsures, ces étreintes... » (*id.*), sinon cette permanente nécessité du contact entre les êtres, ces liens qui se tissent, ventouses molles, tentacules avides ou fils soyeux d'araignées, barrières et ruptures, corps à corps acharnés et douloureux arrachements... ?

Vous ? Moi ?... ça n'existe pas...

Dans ce mouvement et cette mêlée, que devient désormais le personnage, dépouillé de ces couleurs nettes, de ce « prétendu caractère qui n'appartenait qu'à lui » et le dressait, inexpugnable, en « type humain » si réussi ? « Un simple support de hasard..., un portrait de [ces] états indéfinis que nous retrouvons, dit l'auteur, aussi bien en nous-mêmes » (*id.*). Des « ils », des « elles », épars et débordants, sous le rassurant vernis des lieux communs ; dont le plus commun, assurément, restait l'usage du nom. Cet anonymat, ces pluriels sont constants dans *Tropismes* ; dans *Portrait d'un inconnu*, le narrateur pense un instant à « leur donner au moins un nom, d'abord, pour les identifier... Mais non, je ne peux pas ; il est inutile de tricher... ». D'un « couple charmant », les Guimier, naît comme une gêne... « Oui, c'est bien cela, il fallait s'en douter. Ce sont des effigies. Ce ne sont pas les vrais Guimier » (*le Planétarium*).

Changement de perspective : ce n'est plus dans l'homme – dans ces « endroits obscurs de la psychologie » dont Nathalie Sarraute dénonce ironiquement l'illusion –, mais entre les hommes, là où s'agite « cette substance fluide qui circule chez tous, passe des uns aux autres, franchissant des frontières arbitrairement tracées » que le langage introduit sa recherche (cf. « Ce que je cherche à faire », dans *Nouveau Roman, hier, aujourd'hui,* 1972). Si constante, en effet, est l'interaction du moi sur le toi, du social sur l'individuel, que les « personnages » ne sauraient exister l'un sans l'autre. La « mère attentionnée » d'un jeune couple surprend entre ses enfants un regard complice, et c'est soudain un autre rôle qui se joue à travers elle : rire faux, voix glacée, agressive, qu'elle-même a peine à reconnaître (cf. *le Planétarium*).

Au contact d'autrui, d'étranges mutations se produisent : sur le visage obstiné de sa fille, le vieux, dans *Portrait d'un inconnu*, contemple « sa propre image grotesque. Sa caricature... », « son produit immonde ». « La parasite. La sangsue. Collée à lui, sans s'arracher à lui un seul instant, elle n'a cessé d'aspirer avec avidité tout ce qui sortait de lui... » Mais aussi des grimaces, des frétillements honteux... « Moi ? Mais "moi" ça n'existe pas, je viens de vous le dire... Il n'y a pas de moi ici, pas de vous [...] oui, vous comprenez, il n'y a pas moyen de coïncider avec ça, avec ce que vous avez construit... » (*« disent les imbéciles »*).

« Qu'est-ce que c'est ?... Laissez-moi voir... »

Conséquence attendue : l'éclatement du point de vue narrateur, ici en une succession de « je » qui, alternativement, prennent le relais, mouvements de conscience au sein desquels les revirements du même, non moins que l'objection de l'autre, contestent tout sens fixé. Est-ce du plus intime que s'énonce tel drame – la désolation de tante Berthe, l'angoisse du vieux, l'inquiétude du collectionneur, l'hésitation du jeune intellectuel – et, immédiatement revu et renvoyé, dans le miroir – déformant ? – du discours étranger ? De cette multiplicité de cadrages, *Martereau* nous offre le plus parfait exemple, produisant de la même scène quatre versions (Nathalie Sarraute : « Il aurait pu y en avoir quarante »). Quelle plus profonde subversion de ce « récit euphorique » dont parle Jean Ricardou ? Nulle « intrigue » : tout au plus quelques scénarios... De descriptions, pas davantage, qui figeraient formes ou couleurs. Nous savons depuis Proust que le monde des choses, comme celui de l'art, ne prend sens que dans l'unicité du regard qui l'investit. Mais telle courbe, un peu lourde peut-être, dans la statuette ancienne, l'aspect chatoyant ou vulgaire d'un papier, d'une tenture, appartiennent-ils aux objets ? Ce sont plutôt des occasions microscopiques, des pierres d'achoppement, de ces révélateurs au contact desquels s'amorce une réaction, un discours.

L'usure de la parole...

Discours, non dialogue. Le dialogue traditionnel introduisait une rupture injustifiée (tirets, guillemets, « dit » ou « répondit » Untel...) dans la continuité de ces mouvements qui, d'abord souterrains, affleurent peu à peu à la surface, cherchant les mots pour se dire. À quel point décevants, sous cet angle, les énoncés grossiers, décalés, inadéquats, des habituels échanges romanesques !

Rien, au contraire, ne devrait rompre le passage de la « sous-conversation » au dialogue. « C'est insensiblement, par un changement de rythme ou de forme, qui épouserait en l'accentuant sa propre sensation, que le lecteur reconnaîtrait que l'action est passée du dedans au-dehors » (*l'Ère du soupçon*, « Conversation et sous-conversation »). Or, le discours social, riche de mots tout faits, de catégories à toute épreuve – « sur ces mouvements innombrables, innommables, subtils et complexes, le langage convenu pose aussitôt la plaque de ciment de ses définitions » (« Ce que je cherche à faire », *op. cit.*) –, a pour mission de ne rien laisser filtrer qui dérange ou, simplement, qui questionne. Traditions, convenances, modes – le plus souvent, chez Sarraute, le monde presque proustien des bourgeois cultivés – au sein desquelles sentiments consacrés, lamentations sur le temps qu'il fait, respect des chefs-d'œuvre jouent, pareillement masqués, la comédie consentie du rassurant. Voici le grand maître – « qui n'a pas entendu dire de lui qu'il *est* l'intelligence ? » (*« disent les imbéciles »*) –, la romancière célèbre, l'amante éblouie, l'adorable grand-mère – « Tendresse. Pur amour. Détachement. Sérénité. Courage... » (*id.*) : la « parlerie » quotidienne (au sens de Heidegger), couverture d'un « ça » multiforme par le « on », affectionne les clichés, les étiquettes – et le verbe « être » : « Me voilà tel que je suis : oui, prévoyant. Je tiens ça de ma mère. Elle était ainsi. Avare, si vous préférez. Égoïste. Rancunier... etc. » (*id.*).

Jusqu'à ce qu'une fissure se dessine – le petit geste furtif qui trahit, chez le tendre amour, le ladre dissimulé (*Portrait d'un inconnu*), l'intonation mise dans un « C'est bien... ça » qui transforme le compliment en moquerie (*Pour un oui ou pour un non*) – ou qu'un naïf se risque, ô scandale, à émettre un doute : « Ah ! vous croyez ? Moi, je ne sais pas, mais il me semble... » Alors le monde s'écroule, les « amitiés » se disloquent, la monstruosité refait surface.

Nul lieu plus démuni, où la peur s'installe. On y crie – littéralement – à l'aide ; à bout de forces, on y appelle gardiens de l'ordre et infirmiers. « Vite. Menottes. Paniers à salade. Passages à tabac. Pas d'autre argument avec eux. Interdit de se moquer, compris ? » (*Vous les entendez ?*).

Dans et par le texte...

Nul lieu plus propre, aussi bien, à démystifier clichés et lieux communs : une grand-mère « nous sourit de son bon sourire... Comme elle est mignonne... elle est à croquer... C'est à ce moment que ça l'a pris tout d'un coup, il n'a pas pu se retenir, il s'est dressé, il a crié... » (*« disent les imbéciles »*). Chez Sarraute, l'écriture va donc se placer résolument en ces lieux mêmes de l'authentique où se forment les mots, « quelque part sur cette limite fluctuante qui sépare la conversation de la sous-conversation » (*l'Ère du soupçon*). Mais lesquels prendre pour dire « ça », cet « inexprimable », une fois refusés ceux des autres, qui « ne conviennent pas », qui « n'adhèrent pas »... ? « Mais ce n'est pas cela du tout »... alors comment ? « Comment le dire ? Où trouver ? Quels mots ? Il n'y a chez vous ici aucun choix. – Prends les tiens... – Impossible, je n'en ai pas, et si j'en avais ils ne parviendraient pas... » (*« disent les imbéciles »*).

Pour « suggérer l'innommable », en de multiples et patientes approches, une écriture presque exclusivement métaphorique va s'inventer : toute une flore, tout un bestiaire sont lâchés. Souffrances, agonies d'insectes épinglés (cf. *le Planétarium*), répugnance des contacts visqueux, jouissance des écrasements (cf. *Portrait d'un inconnu*). Parfois passe dans un mot – l'amour, la poésie – l'illusion fugitive d'un accord retrouvé... Ici des rires : « Des rires argentins. Clochettes. Gouttelettes. Jets d'eau. Cascades légères. Gazouillis d'oiselets... [...] De ces rires enfantins et charmants qui passent à travers les portes des salons... Amples housses de chintz aux teintes passées. Pois de senteur dans les vieux vases... » (*Vous les entendez ?*). Ainsi le texte se travaille-t-il lui-même, une image générant l'autre dans de vastes champs clos métaphoriques, où les mots en décousent au rythme toujours inachevé, syncopé, des affleurements, des découvertes, des suspens (ponctuation typiquement sarrautienne que ces points dits « de suspension »...). Le récit s'enlise dans le piétinement descriptif d'une prose hachée, répétitive («... ces phrases hachées, suspendues, cabrées devant le danger que leur ferait courir le souci de la correction grammaticale... » [« Ce que je cherche à faire », *op. cit.*]). La narration se ralentit dans l'écoulement d'un « présent démesurément agrandi ».

C'est que la véritable lutte dont rend compte, avec une permanence obstinée, le travail de Nathalie Saraute est cette lutte ambiguë, menée du « centre obscur » où l'œuvre se génère, contre le langage, mais en même temps avec lui. Refusant la solidité d'une théorie – « ce monde, demandait Robbe-Grillet au colloque de Cerisy, existe-t-il totalement avant le langage, ou est-ce que vous allez, par votre langage, le faire exister ? » – Nathalie Sarraute répondait : « Ça n'existe pas sans le langage, mais le langage sans ça ne peut pas exister » (*id.*). La production sarrautienne s'inscrit dans cette dialectique d'un « non-nommé qui oppose aux mots une résistance et qui pourtant les appelle, car il ne peut exister sans eux » (*id.*).

L'objet du roman en vient dès lors à se confondre avec le projet d'écrire : « Il se passe quelque chose, et je ne sais pas si c'est de l'amour, de la haine : cela m'est complètement indifférent. C'est uniquement ce mouvement et son influence sur les mots qui m'intéressent, son passage dans les mots, sans quoi le langage se figerait et m'ennuierait à mourir » (*id.*).

Oui. « Dans et par le texte », c'est-à-dire avec les mots, contre eux, les suscitant, les bousculant, les refusant, « produire au jour » « cette parcelle, si infime fût-elle d'innommé » (*id.*) qui, sans eux, resterait « matière morte » (*l'Ère du soupçon*).

A. Arnaudiès

	VIE	ŒUVRE
1900	**18 juill. :** naissance à Ivanovo (Russie) de Nathalie Tcherniak, seconde fille d'Ilya Tcherniak, chimiste, et de Pauline Chatounowski, tous deux d'origine juive.	
1902	Divorce de ses parents. Sa mère l'emmène à Paris, où elle se remariera.	
1905	**22 janv. : « dimanche rouge » à Saint-Pétersbourg.**	
1906	Retour en Russie, à Saint-Pétersbourg, avec sa mère. Éducation en russe et en français.	
1907	Son père quitte la Russie pour raisons politiques. Il s'établit à Paris, où il se remarie avec Vera Cheremetievski, fonde à Vanves une usine de colorants et fréquente les milieux antitsaristes.	

VIE		ŒUVRE	
1909	Rejoint son père à Paris. Élève à l'école communale de la rue d'Alésia.		
1910	Grâce à la mère de Vera, initiation au piano et aux classiques français et russes. Elle apprend l'anglais.		
1912	Entre au lycée Fénelon.		
1914	Vacances d'été près de Royan avec son père et sa mère. **Début de la Grande Guerre.** Sa mère rentre à Saint-Pétersbourg.		
1917	« Repliée » à Montpellier, où elle passe son baccalauréat. **Révolution d'Octobre en Russie.**		
1918	S'inscrit à la faculté des lettres de Paris. **11 nov. : fin de la guerre**.		
1920-1922	Installation de sa mère à Paris. Obtient une licence d'anglais. Études à Oxford puis à Berlin. Découvre Thomas Mann.		
1922	S'inscrit à la faculté de droit de Paris.		
1923	Fait l'ascension du mont Blanc. Découverte de Proust. **Automne :** rencontre Raymond Sarraute. Goûts partagés en histoire de l'art et en littérature. Ils découvrent Pirandello, monté par les Pitoëff.		
1925	Raymond et Nathalie licenciés en droit. Mariage. Ils s'inscrivent au barreau de Paris.		
1926	Découverte de Joyce et de Virginia Woolf.		
1929	Naissance de sa fille Anne.		
1930	Naissance de sa fille Claude.		
1932	Compose deux textes courts, futurs numéros II et IX de *Tropismes*. Décide de se consacrer à la littérature.		
1933	Naissance de sa fille Dominique.		
1935	Bref séjour en URSS avec Vera. Impression de terreur.		
1939	Écrit cinq textes courts, qui seront publiés en 1955 sous le titre « le Cercle » dans *Monde nouveau* et en 1957 dans la réédition de *Tropismes*.	**1939**	*Tropismes* (Denoël), refusé par Gallimard et Grasset.
1939-1940	**« Drôle de guerre »**. Raymond Sarraute est mobilisé.		
1940	**Automne :** radiée du barreau de Paris en application des lois antijuives.		
1941	Pour pouvoir continuer à exercer, Raymond Sarraute divorce de Nathalie. Ils se remarieront en 1956.		
1942	Installée à Janvry, près de Chevreuse. Sur dénonciation, manque d'être arrêtée. Sous une fausse identité, elle se réfugie à Parmain (Val-d'Oise) chez Mme Dieudonné, où elle écrit *Portrait d'un inconnu*.		
1944	**Printemps :** retourne à Paris. **Août : libération de Paris.**		

Année	VIE	ŒUVRE
1945	**8 mai : fin de la guerre**. Revoit Jean-Paul Sartre, rencontré durant l'Occupation.	
1946	Découverte, grâce à Sartre, de Faulkner et de Kafka.	**Janv. :** extraits de *Portrait d'un inconnu* dans *les Temps modernes*.
1947	Attaque de tuberculose pulmonaire.	**Janv. :** « Paul Valéry et l'Enfant d'Éléphant » dans *les Temps modernes* (éd. intégrale dans *Digraphe*, 1984). **Oct. :** « De Dostoïevski à Kafka », dans *les Temps modernes* (repris dans *l'Ère du soupçon*).
1948		*Portrait d'un inconnu* (Robert Marin éd.), refusé par Gallimard et Nagel.
1949	Achat, grâce à un héritage de son mari, d'une propriété à Chérence (Val-d'Oise), où elle écrira une partie de son œuvre. **Août :** mort de son père.	
1950		« L'Ère du soupçon », dans *les Temps modernes* (repris dans *l'Ère du soupçon*).
1953	**Mort de Staline**.	*Martereau* (Gallimard), d'abord publié en extraits dans *les Temps modernes*.
1954-1962	**Guerre d'Algérie.**	
1955		« Le Cercle », dans *Monde nouveau*.
1956	Mort de sa mère. **Oct. : soulèvement de Budapest**.	**Janv.-févr. :** « Conversation et sous-conversation » dans la *NRF* (repris dans *l'Ère du soupçon*). *L'Ère du soupçon* (Gallimard).
1957	Grave rechute de tuberculose. À propos de *Tropismes* et de *la Jalousie* de Robbe-Grillet, le critique E. Henriot utilise (péjorativement) l'expression « nouveau roman ».	*Tropismes*, éd. augmentée (Éd. de Minuit).
1958	**Retour au pouvoir du général de Gaulle.**	
1959	Premières conférences (Italie, Suisse), que suivront des dizaines d'autres dans le monde entier.	*Le Planétarium* (Gallimard).
1960	Signe le « Manifeste des 121 » sur le droit à l'insoumission en Algérie.	
1963		*Les Fruits d'Or* (Gallimard).
1964	*Les Fruits d'Or* reçoivent le prix international de littérature. Pour la première fois, N. Sarraute est traduite en russe.	*Le Silence* (Mercure de France), sa première pièce.
1965		« Flaubert le précurseur », dans *Preuves*.
1966		*Le Mensonge*, pièce radiophonique pour France Culture, publié dans les *Cahiers Renaud-Barrault*.
1967	Création du *Silence* et du *Mensonge* au Petit Odéon (mise en scène J.-L. Barrault).	
1968	**Mai : crise étudiante, politique et sociale.**	*Entre la vie et la mort* (Gallimard).
1969	**Georges Pompidou, président de la République.**	
1970		*Isma*, pièce radiophonique pour France Culture.
1971	Colloque de Cerisy réunissant plusieurs écrivains du « nouveau roman ». Malgré des divergences théoriques avec J. Ricardou, elle accepte d'y participer.	

	VIE		ŒUVRE
		1972	« Ce que je cherche à faire », communication au Colloque de Cerisy de 1971 (dans *Nouveau Roman, hier et aujourd'hui*, « 10/18 »). *Vous les entendez ?* (Gallimard).
1973	Création de *Isma* à l'Espace Pierre-Cardin (mise en scène Claude Régy).		
		1975	*C'est beau*, créé au théâtre d'Orsay (mise en scène J.-L. Barrault), et publié dans les *Cahiers Renaud-Barrault*.
1976	Docteur *honoris causa*, Trinity College (Dublin).	**1976**	*« disent les imbéciles »* (Gallimard).
		1978	*Théâtre* (Gallimard), avec un inédit : *Elle est là*.
1980	Création de *Elle est là* au théâtre d'Orsay (mise en scène C. Régy).	**1980**	*L'Usage de la parole* (Gallimard).
1981	**François Mitterrand, président de la République**.		
1982	Reçoit le grand prix national des Lettres.	**1982**	*Pour un oui ou pour un non* (Gallimard).
		1983	*Enfance* (Gallimard).
1985	**Gorbatchev au pouvoir en URSS. Début de la « perestroïka ».** Mort de Raymond Sarraute.		
1986	Création de *Pour un oui ou pour un non* au théâtre du Rond-Point (mise en scène S. Benmussa). **Juill. :** reprise de plusieurs de ses pièces lors du Festival d'Avignon.		
		1987	*Nathalie Sarraute. Qui êtes-vous ?*, entretiens avec Simone Benmussa (La Manufacture).
1989	Colloque de Cerisy consacré à l'œuvre de Nathalie Sarraute. Film de Cl. Régy, *Conversations avec Claude Régy* (La Sept).	**1989**	*Tu ne t'aimes pas* (Gallimard).
1990	Invitée en Russie par l'Union des écrivains, elle retourne à Ivanovo.		
1991	Docteur *honoris causa*, Oxford. **Désintégration de l'URSS.**		
1993	Création, au théâtre du Vieux-Colombier, du *Silence* et d'*Elle est là* (mise en scène J. Lassalle).		
1995	**Jacques Chirac, président de la République**. Exposition « Nathalie Sarraute. Portrait d'un écrivain » à la BNF. Film de J. Doillon avec I. Huppert pour la série « Un siècle d'écrivains » (France 3). Voyage à New York : dernières conférences à New York University et à Columbia.	**1995**	*Ici* (Gallimard).
1996	Fait don de ses manuscrits à la BNF. **Juin :** reçoit le grand prix de la SACD.	**1996**	Publication de ses *Œuvres complètes* dans la Bibliothèque de la Pléiade.
		1997	*Ouvrez* (Gallimard).
1999	**19 oct. :** mort à Paris de Nathalie Sarraute. Elle est enterrée à Chérence auprès de son mari.		

J.-P. de Beaumarchais

Tropismes

SYNOPSIS

Ce livre, dans sa réédition augmentée de 1957, juxtapose 24 textes brefs dont les actants sont désignés par les pronoms personnels de la troisième personne : une foule devant des vitrines (1) ; un homme que torturent les banalités du langage (2) ; dans le quartier du Panthéon, des personnages solitaires, sans souvenirs, sans avenir, heureux (3) ; un étrange ballet verbal, cruel et ludique, entre un homme et quelques femmes (4) ; une femme figée dans l'attente (5) : une femme impérieuse qui écrase autrui sous le poids des choses (6) ; une femme qui parle et souffre de se sentir jugée par un homme qui ne parle pas (7) ; un grand-père qui promène son petit-enfant (8) ; un homme qui parle à une femme pour qu'elle ne parle pas (9) ; des femmes dans un salon de thé (10) ; une femme assoiffée d'intellectualité (11) ; un professeur rationaliste du Collège de France (12) ; des femmes, acharnées à traquer une pièce de tissu (13) ; une femme sensible, croyante, qui s'attire les brusqueries d'autrui (14) ; une jeune fille heurtée par les inepties du vieillard qu'elle admire (15) ; un vieux couple (16) ; un jeune couple en promenade avec son enfant (17) ; la quiétude d'un cottage anglais (18) ; un faible, malmené par autrui, et qui se laisse faire (19) ; un homme rassuré et étouffé par les femmes qui l'entourent depuis son enfance (20) ; une femme trop sage traversée par le désir soudain de fuir et de choquer (21) ; un homme qui se défend d'être attiré par les objets (22) ; une femme qui, malgré elle, rejoint le cercle de sa famille qu'elle méprise (23) ; un homme épié (24).

L'ouvrage, passé à peu près inaperçu lors de sa publication en 1939, présente pourtant d'emblée au lecteur, sous une forme brève et frappante, le champ d'exploration privilégié de Nathalie Sarraute. Dès ces premiers textes, elle manifeste en effet une méfiance à l'égard du personnage traditionnel (un « trompe-l'œil » écrira-t-elle dans *l'Ère du soupçon*) et opte pour l'anonymat du personnage ; mais, contrairement à d'autres « nouveaux romanciers », elle s'attache au monde intérieur de ces êtres anonymes, aux « sources secrètes de l'existence humaine » (*id.*) qui tissent, invisiblement mais plus solidement que les apparences qui les masquent, les rapports humains.

Ici comme dans le reste de son œuvre, la notion de relation, de « partenariat » est primordiale pour N. Sarraute, qui n'étudie jamais un être par lui-même mais par l'intermédiaire de ceux auxquels il est lié. Au cœur de ces petits récits, donc, des situations empruntées à la vie quotidienne, banales, anodines, dont elle révèle l'envers, la face silencieuse qui affleure au fil de rares mots lancés plus qu'échangés, de gestes juste ébauchés. Le récit isole des moments éphémères et leur donne une densité nouvelle, pour tenter de capter les « tropismes », ces « mouvements subtils, à peine perceptibles, fugitifs, contradictoires, évanescents, de faibles tremblements, des ébauches d'appels timides et de reculs, des ombres légères qui glissent, et dont le jeu incessant constitue la trame invisible de tous les rapports humains et la substance même de notre vie » (*l'Ère du soupçon*, « De Dostoïevski à Kafka »). Il se crée ainsi une impression d'étirement du temps par le récit, qui essaie de rendre compte, en le décomposant, d'un foisonnement invisible de sentiments, de sensations, à la limite de la conscience. Pas ou peu de faits ou d'actes, tout au plus quelques paroles insignifiantes, des clichés : le récit met au jour ce qui se bouscule en deçà de l'attente et du silence. Et le quotidien le plus banal, le plus rassurant peut, grâce à ces petites scènes volontiers âpres, ironiques ou cruelles, révéler sa violence extrême, une souffrance insoutenable ou une détresse indicible.

Portrait d'un inconnu

SYNOPSIS

L'inconnu du portrait anonyme d'un musée hollandais, c'est la figure dans laquelle aime se reconnaître le narrateur de ce roman ; mais ce pourrait être chacun des trois personnages principaux, qui tous, à l'abri de leur anonymat, préservent une part inaccessible aux mots. Le narrateur, qui se désigne par la première personne, épie, poursuit deux personnages qui le fascinent : un vieillard avare et sa fille, vieille demoiselle mesquine, qui finit par s'émanciper par un mariage de raison. Le lecteur suit avec le narrateur, au gré de souvenirs ou de rencontres, les drames invisibles qui se jouent au sein de ce couple dérisoire et sordide qui se défait sous nos yeux sans jamais cesser de se faire souffrir. Mystérieusement impliqué mais distant, le narrateur met à nu ce qui se cache sous la surface de ces êtres, de leur relation mutuelle, de leur relation avec d'autres personnages esquissés çà et là : des mouvements secrets, invisibles, sursauts intérieurs évanouis à peine nés, obsessions, ressassements, pulsions, sensations indicibles que leurs paroles ou leurs gestes tout à la fois masquent et révèlent. C'est une véritable fascination, maladive, anormale qu'ils exercent sur lui, dont il tente, en vain, de se défaire, catalyseur privilégié malgré lui de ces courants secrets. Jusqu'à ce que le « vieux » l'attire dans ses rets, et, d'observateur des profondeurs cachées, le transforme à ses côtés en acteur de la comédie des apparences.

Pas plus que *Tropismes*, ce roman de Nathalie Sarraute, son deuxième ouvrage publié, n'éveilla l'attention des critiques ou des lecteurs lors de sa parution. La Préface de Sartre mettait pourtant l'accent sur la nouveauté de cet « antiroman qui se lit comme un roman policier ».

Le texte tout à la fois décrit et déjoue les pièges de la banalité, des lieux communs, qui constituent le terrain même de l'investigation de l'auteur, son enjeu. Les conversations, les situations sont empruntées au quotidien, ou font parfois référence aux conventions romanesques les plus courantes. Pourtant, dans sa manière de les mettre en scène, Nathalie Sarraute leur ôte tout caractère rassurant. Négligeant les guillemets, tirets et autres marques du discours direct et du dialogue, elle crée l'impression d'un flux ininterrompu et indistinct qui lie indissociablement monologues du narrateur, paroles par lui captées ou prononcées, souvenirs, échos intérieurs éveillés par ces paroles ou ces souvenirs. Le lecteur s'avance en terrain mouvant : les banalités quotidiennes révèlent un univers de sensations troubles et confuses qu'elles masquent mal. Cet univers, c'est celui des « tropismes », clé de voûte, « substance vivante de tous [l]es livres » de Nathalie Sarraute, qui n'avoue d'autre quête à mener au sein de l'écriture que celle de leur mise à jour tâtonnante. Ses personnages, nécessairement anonymes, ne sont que le simple support de ces « mouvements indéfinissables, qui glissent très rapidement aux limites de notre conscience [...] et produis [ent] en nous des sensations souvent très intenses, mais brèves » (Préface à *l'Ère du soupçon*, 1956).

Il s'établit ainsi un mouvement de va-et-vient entre les apparences (les paroles, les gestes de tous les jours, les lieux communs, les petites intrigues qui unissent les personnages) et ce monde inconnu que traque l'auteur avec son narrateur. Le texte progresse par glissements, par déplacements : déplacements temporels (du présent de la narration au passé des souvenirs du narrateur), déplacements dans l'espace (de la face émergée à la face immergée des êtres et des choses), déplacements enfin du point de vue du narrateur, d'abord externe, ce qui lui permet de capter ce monde des profondeurs, puis, dans les dernières pages du livre, interne, ce qui l'en éloignera : « Je mêlerai pieusement ma voix aux leurs [...]. Tout s'apaisera peu à peu. Le monde prendra un aspect lisse et net, purifié. » Ces déplacements insensibles, sinueux, sans marques définies s'accompagnent d'une importance particulière accordée au champ lexical du gluant, du visqueux ainsi qu'à celui du monde des insectes, qui caractérisent tous deux la vision « protoplasmique » de l'univers sarrautien.

Les Fruits d'Or

SYNOPSIS

Dès les premières pages du livre, *les Fruits d'Or* ne sont qu'un prétexte ; prétexte à une conversation sans intérêt, prétexte surtout à un rapprochement, par le truchement du langage, de trois personnages. Et puis ce livre, « de Bréhier » nous précise-t-on, prend une importance croissante. Il est au centre de toutes les conversations, de tous les débats d'idées, de tous les articles de presse. Chacun se doit d'avoir une opinion à son sujet ; chacun, du critique littéraire en vue au provincial naïf en passant par le grand professeur, l'écrivain ou le peintre connus, ou n'importe quel lecteur anonyme, critique, commente, sanctionne et tranche d'une sentence péremptoire : « C'est un livre admirable », « Une pure œuvre d'art », « Ce qu'on a écrit de plus beau depuis Stendhal... depuis Benjamin Constant », « C'est un très beau livre », « Un vrai petit joyau », « C'est le meilleur livre qu'on a écrit depuis quinze ans », « C'est quelque chose de tout à fait à part. Une sorte de miracle », « Je trouve ça assommant. C'est obscur, c'est abscons », « C'est si fabriqué », « Moi, *les Fruits d'Or*, j'ai trouvé ça d'un drôle », « Un humour féroce. [...] Macabre et candide », « Moi je trouve ça faible [...] Ce navet... Nul. Prétentieux. » Autour de ce livre dont le contenu n'est pas, ou si peu abordé (on en évoque une ou deux scènes, ou le style, au moyen de formules creuses), un consensus s'établit, qui crée un malaise chez celui qui n'y adhère pas tout à fait ou pas du tout. Puis, comme une baudruche se dégonfle, l'enthousiasme fait place au dédain, puis à l'indifférence commune qui annonce l'oubli : « La fosse commune... évidemment... c'est tout juste assez bon... Les bouquins de ce genre n'ont droit qu'à l'oubli. » « Vous en êtes encore... aux *Fruits d'Or*. »

Nathalie Sarraute se livre ici à une critique distante, ironique mais mordante, des milieux journalistiques (voir l'article de Brulé, qu'il écrit parce qu'il a lancé un adjectif en public, « Ad-mi-rable »), universitaires (voir les deux pédants au vocabulaire hermétique, ou le Maître qui change d'opinion en fonction de ses interlocuteurs), intellectuels et artistiques. Ce qu'elle critique surtout, ce sont les manifestations d'engouement collectif non fondé (aucune preuve ne saurait être apportée par les défenseurs des *Fruits d'Or*), c'est la notion même de chef-d'œuvre, fragile, aisément usurpée (après en avoir vanté l'originalité, on qualifie l'œuvre de pastiche, de copie, de puzzle empruntant sa valeur à d'autres œuvres), forcément dérisoire : « À tort ? À raison ? Qu'en savons-nous ? Durera-t-il ? Et entre nous, quelle importance ? »

Ce que met en évidence Nathalie Sarraute, c'est que, au sein de tous ces débats, *les Fruits d'Or* n'existent pas : l'œuvre n'est qu'un prétexte aux exhibitions personnelles de personnages qui s'en servent pour se mettre en valeur ou confirmer un certain rôle social ; un prétexte à des combats, des affrontements, c'est-à-dire à des rapprochements d'individus en clans rivaux qui s'opposent sur une opinion (c'est un navet/c'est une réussite), qui vainquent d'une formule : « Et puis, comme un coup de revolver dans leur nuque, ce bref claquement : "Mais tout cela, voyons, c'est fait exprès" [...] Miracle. En un instant, la situation se renverse. L'agresseur chancelle, il s'écroule, assommé. »

Fidèle à son projet, Nathalie Sarraute montre donc que les conversations, les relations entre les êtres ont une surface, une apparence de réalité (ici les débats d'idées) qui cachent autre chose, un monde de mouvements secrets, informes, d'incertitudes, de courants fluctuants, qui constituent la réalité, l'authenticité des rapports humains, leur trame secrète. On remarquera à ce propos l'importance dans le texte des moments où abondent les formules indéfinies ; « ça », « cela », « c'est comme », « cela à l'air », « quelque chose », etc. De plus, c'est par un vaste champ métaphorique qui privilégie les thèmes de la palpitation, de l'étouffement, de l'enlisement, du combat corps à corps, que l'écriture tente de cerner ces mouvements secrets ; les deux métaphores les plus remarquables, parce que fortes et réitérées, étant d'une part celle de l'hystérie, qui tire le phénomène de mode du côté de la folie, et d'autre part celle de l'illumination ou de la possession, qui le tire du côté de la religion, du prêche, de l'exorcisme, de l'acte d'une foi exacerbée.

Et si c'est entre ces deux extrêmes qu'oscille la prise de parole critique, c'est que Nathalie Sarraute ne fait rien d'autre que mettre en scène le débat de son époque, qui implique étroitement ses propres œuvres ainsi que celles de quelques autres (A. Robbe-Grillet ou M. Butor). Ainsi le débat soulevé par la langue elle-même qui, pour être « belle » ou « littéraire », doit pour certains être celle qui « tamise, raffine, épure, resserre entre ses contours fermes, un peu rigides, ordonne, structure, durcit ce qui doit durer » et non celle qui, à l'image de celle de Nathalie Sarraute elle-même, « laisse [...] passer ce qui est mou, flou, baveux, gluant » ; ainsi le débat sur le rapport qu'entretient la littérature avec le réel (ou avec quel réel ?), qu'entretiennent les mots avec la réalité (qui peuvent recréer la sensation ou bien la susciter véritablement) ; et surtout le débat sur l'essence de l'œuvre d'art, de l'œuvre littéraire (juge-t-on une œuvre sur une page ou sur son ensemble ? sur sa cohérence interne, sur la composition ? sur la langue ? sur son respect des valeurs « sacrées » de la littérature ou sur son originalité ? etc.), où Nathalie Sarraute s'implique très ouvertement, quand un de ses personnages dénigre cette recherche qui la caractérise : « Tout l'art [...] pour un romancier consiste [à] s'élever au-dessus de ces [...] "processus obscurs", comme on les nomme... si tant est qu'ils existent. »

En donnant à son roman le titre du livre, qui se situe apparemment aux antipodes de son œuvre et dont elle parle avec cette distance ironique, Nathalie Sarraute désamorce immédiatement tous les débats dont son roman pourrait être le centre ; elle annule toute critique à venir, positive ou négative. Cette mise en abyme est une forme de hors-jeu, qui constitue tout à la fois le paradoxe et la réussite de ce livre.

« disent les imbéciles »

SYNOPSIS

L'adorable « tableau de famille » que forment une grand-mère « mignonne à croquer » entourée de ses petits-enfants qui la câlinent « se craquèle », sous le poids précisément de cette expression entre guillemets qui, en définissant, en qualifiant, fige, emprisonne, réduit, délimite. Le roman passe ainsi en revue un certain nombre de phrases ou d'expressions, voire de mots, qu'il décortique, pour montrer quels sont leur pouvoir et leur sens véritable : « jaloux », « il aura un menton en galoche », « il nous montre », « c'est vous que ça juge » et surtout « c'est ce que disent les imbéciles ». Cette phrase recouvre à elle seule toute la diversité des mouvements qui s'agitent à l'intérieur des personnages anonymes, ou qui les portent vers et contre les autres. C'est cette phrase qui permet aux deux thèmes structurels de l'œuvre de se rejoindre : celui de l'identité (chacun pouvant s'éprouver comme vide, infini, sans limites, mais se sachant aussi défini par autrui au moyen d'un jeu de qualifications) et celui de la nature des idées (que l'on peut imaginer à l'état pur, isoler d'une quelconque paternité, ou au contraire qui sont possédées par leur « père » autant qu'elles le possèdent). Deux personnages s'affrontent, s'opposent, fusionnent jusqu'à se confondre, pour se séparer de nouveau, etc. ; deux maîtres, dont l'un est estimé parce qu'il a rejeté une idée quelconque avec mépris (« C'est ce que disent les imbéciles ») et l'autre parce qu'il a fini, après avoir dissocié les « imbéciles » et l'idée en question, par s'en voir attribuer la paternité.

Ce roman de Nathalie Sarraute est peut-être le plus achevé de ses livres, le plus rigoureux, qui illustre de la façon la plus pure ses préoccupations littéraires. Elle avance dans l'abstraction avec une logique, une précision toutes mathématiques, formant de véritables équations à partir de formules, organisant des démonstrations jusqu'aux « leçons » finales, exigeant de son lecteur la plus grande attention pour suivre les étapes de ses raisonnements méthodiques. L'abstraction tient au fait que les véritables acteurs du roman sont les mots, d'une part, et les idées, d'autre part, qui sont associés parce qu'ils forment l'échelle des valeurs : la métaphore de l'escalier, qui revient à plusieurs reprises dans le roman, est à cet égard significative. Sur cette échelle de valeurs, les personnages, anonymes, parfois difficiles à identifier, désignés par des pronoms qui, au sein de la même phrase peuvent varier, viennent se placer suivant une hiérarchie qui va des « imbéciles » aux « maîtres ».

L'auteur explore le langage pour lui-même : certains mots, certaines expressions ou phrases sont mis entre guillemets, isolés au sein du texte et étudiés, parfois sous deux angles différents. On rencontre ainsi, tout au long du roman, de micro-analyses stylistiques qui soulignent les différentes connotations d'un possessif, d'un verbe, d'un adjectif, d'un pronom, etc. Et le mot acquiert le pouvoir d'une arme (« La voici, l'arme la plus facile à manier [...]. Rien n'est plus étonnant que la rapidité, la force avec laquelle ce mot frappe »), d'un outil rassurant, d'un mur (« Vite, endiguons [...], amenons les mots fabriqués tout exprès »), d'un objet que l'on peut « se passer » et qui emprisonne l'informe, lui donne des limites et une définition. La phrase clé du texte, « disent les imbéciles », est par exemple tour à tour une prière, un exorcisme, le piège qui se retourne contre celui qui la prononce, la formule magique qui inverse à elle seule une situation. Et le texte rebondit sur ces expressions qui toujours impliquent un ou plusieurs interlocuteurs, progressant donc essentiellement par dialogues (ou monologues dont le sujet se dédouble) selon une véritable maïeutique.

Cette exploration du langage a pour enjeu essentiel la question de l'identité : existe-t-on dans, par les mots, ou hors d'eux, en deçà ou en delà ? N'est-on que cela, ce puzzle constitué plus ou moins subtilement par les qualifications d'autrui : « Avare [...]. Égoïste. Rancunier. Modeste. Franc. Amoral. [...] Je suis paresseux. Je suis coléreux. Je suis un grand timide. [...] Lui, c'est un compliqué. » La tentation est grande d'échapper au mot qui « juge », qui fait « loi », qui définit. À maintes reprises, le texte capte ces moments où l'identité des personnages oscille entre le rien et le quelque chose, qu'un pronom personnel suffit soudain à figer : « Il est lui. Je suis moi. Nous sommes nous [...] Vous êtes vous. Ils sont eux ». L'auteur use de la litanie, de la répétition (les formules sont nombreuses qui réapparaissent intactes au gré de la progression du roman, comme « tel qu'il est », « tous tels qu'ils sont », « chacun sa place », etc.) : il fait référence à des contes (*le Prince et le Pauvre*, *Gulliver*) qui mettent en scène des confusions ou des recherches d'identité ; il organise des « combats » d'identité au sein de dialogues (les interlocuteurs y parlent de leurs places respectives, mais se rejoignent, se fondent par la parole, pour s'éloigner sur un geste, tenter de se confondre dans une idée, etc.) ; il joue de la confusion pour mieux la mettre en scène, sans décider pour finir si les mots piègent ou libèrent, si une idée caractérise celui qui l'émet, ou est au contraire contaminée par celui qui s'en empare, s'il existe une identité personnelle rassurante, fixée une fois pour toutes à l'intérieur d'une hiérarchie qui distingue clairement les « imbéciles » des autres, de ceux qui sont enfin « quelqu'un ».

Pour un oui ou pour un non

SYNOPSIS

Deux amis de longue date se retrouvent. L'un demande à l'autre de lui expliquer pourquoi il s'est éloigné de lui, et l'autre lui répond qu'il lui reproche le ton quelque peu condescendant d'une réplique qu'il lui fit quelque temps plus tôt (« C'est bien... ça »). Faisant appel à un couple quelconque en guise de jury improvisé, chacun, retraçant la scène du « litige » initial, formule son accusation et sa défense devant ces inconnus perplexes, absolument étrangers au débat, qui les abandonnent rapidement. Cette mise au point, anodine apparemment, les conduit à se remettre personnellement et mutuellement en question, dans la mesure où ils en viennent à opposer deux systèmes de valeurs incompatibles. L'un représente en effet les valeurs sûres, solides, socialement reconnues (le mariage réussi, la paternité, l'épanouissement professionnel), tandis que l'autre (célibataire, non fixé professionnellement) représente l'instabilité, le choix de l'incertitude. Le premier craint vaguement de s'aventurer dans le monde du second ; le second étouffe dans celui du premier. L'apparente futilité de leur rupture disparaît : ce n'est pas « pour un oui ou pour un non » que leur amitié bascule, mais pour une incompatibilité profonde, une mise en danger mutuelle, presque une hostilité, qu'ils mettent au jour en évoquant le passé, en décortiquant leur relation.

Les individus tiennent peu de place dans le théâtre de Nathalie Sarraute ; ils sont désignés ici, comme dans *le Silence* (1964) ou *Isma* (1970), par des coordonnées, H1, H2, H3, F. C'est sur la relation qui les unit – ou les oppose – que l'auteur insiste. Les personnages sont des supports, des incarnations aussi peu caractérisées que possible (des paroles, des échanges) d'une position et d'un discours.

De même que dans son œuvre romanesque, ce sont les secrets des rapports humains, comme ce que cache ici, par exemple, une vieille amitié, qui importent. L'authenticité des relations, masquée par leur apparence, se révèle au hasard d'un geste, d'une expression, ou d'une simple intonation. Le malentendu sur lequel elles reposent suppose, pour être révélé enfin, une véritable dissection de ce signal. L'analyse de cette intonation à peine sensible l'enrichit d'une multiplicité de sens qui s'emboîtent comme les pièces d'un puzzle, qui se superposent comme les éléments d'une pyramide, dont elle serait le sommet affleurant, venant troubler la surface d'une amitié apparemment sereine. L'introduction du couple étranger obéit moins sans doute à une nécessité d'ordre dramatique (qui serait de rompre le huis clos à deux : elle le renforce, le précipite au contraire, catalyse les sentiments des personnages principaux) qu'à une unité thématique de l'œuvre ; elle oppose en effet ce couple, définitivement rivé à l'apparence des choses et aux opinions toutes faites, à ceux qui en viennent à atteindre l'en-deçà du langage, à n'en retenir que les failles qu'il révèle, par où s'engouffrent tous ces mouvements équivoques qui composent un être et ses relations à autrui.

Enfance

SYNOPSIS

Un écrivain vieillissant, riche d'une œuvre importante, s'apprête, guidé par un interlocuteur anonyme, à « évoquer des souvenirs d'enfance ». Dès les premières pages, le ton est donné : « C'est encore tout vacillant, aucun mot écrit, aucune parole ne l'ont encore touché, il me semble que ça palpite faiblement... hors des mots... comme toujours... des petits bouts de quelque chose d'encore vivant... je voudrais, avant qu'ils disparaissent... laisse-moi... » Ce récit de son enfance restera informel, discontinu, incomplet, et tentera de saisir, d'éclaircir, loin des « beaux souvenirs d'enfance », les moments clés, les sensations les plus importantes de sa vie de petite fille. Se juxtaposent ainsi toute une série de scènes courtes, d'impressions retrouvées grâce au dialogue avec cet interlocuteur omniprésent, qui recomposent, à partir de ces jalons essentiels, marquants quoique hésitants, l'enfance de Natacha Tcherniak. Une enfance déchirée entre deux pays et deux langues (la France et la Russie tsariste), deux familles (celle que forme son père avec sa seconde femme, Vera et leur bébé, Hélène ; et sa mère qui choisit de la laisser à son père pour rester avec Kolia, son second mari, en Russie). Une enfance sauvée par la lecture et le goût de l'étude. Une enfance comme les autres, dont on retient un jeu, un jouet, une amitié, une bêtise ; mais une enfance unique, où les mots et les sensations prenaient parfois une importance démesurée, d'où l'innocence semble absente, dont des pans entiers s'enfoncent dans l'ombre où tient à les laisser dormir, par peur de les trahir, la narratrice.

Cette autobiographie de Nathalie Sarraute renvoie sans doute davantage à l'ensemble de son œuvre littéraire qu'aux modèles autobiographiques traditionnels. Le choix de l'autobiographie s'accompagne en effet d'un recul immédiat que prend la narratrice par rapport à son récit, recul jalonnant l'œuvre, la structurant véritablement. Cette narratrice, active et critique, adopte comme principe architectural du texte – ce qui en fait l'originalité première – une discussion actualisée dans et par la forme dialoguée du récit, laquelle organise en définitive, plus qu'un échange : une dialectique.

Le dialogue souligne que la mémoire n'a d'autre champ que l'incertitude. L'introduction de la voix d'un interlocuteur (qui oscille entre l'ignorance et un savoir égal, voire supérieur à celui de la narratrice) matérialise le doute, le scepticisme, la fragile frontière où s'installe le monologue de la narratrice, entre la mémoire et l'oubli, et qu'illustre la métaphore de l'émergence et du surgissement que l'on rencontre à plusieurs reprises. L'expression de cette incertitude, qui l'emporte sur les repères sûrs (nom de lieux, de rues, de personnes, dates), passe par le recours à la modalisation sous toutes ses formes, dans un récit dont la ligne thématique directrice est celle du flou et de l'ombre où l'auteur s'efforce d'isoler quelques éclats lumineux. Modalisation qui ne surprend guère le lecteur familier de l'œuvre de Nathalie Sarraute, pas plus que ne le surprennent les phrases inachevées, l'usage des points de suspension, les réajustements progressifs qu'opèrent les mots pour se rapprocher de l'« impression » intacte, de la sensation originelle, au lieu de récapituler du « tout-cuit », « donné d'avance ».

L'incertitude marque jusqu'à la chronologie du récit : s'organisant selon le principe de la juxtaposition de scènes privilégiées – et donc de l'ellipse, de la discontinuité temporelle –, il tait autant qu'il dit. Sa cohérence est d'ordre interne : les scènes peu à peu se répondent, s'interpellent, se modulent, et donnent ainsi une sorte d'autonomie à un monde qui se clôt sur lui-même. Certes, quelques indications chronologiques apparaissent çà et là, mais incomplètes ou imprécises souvent. Le livre s'arrête où la certitude des dates, de la chronologie, de l'Histoire, va commencer. Car le propos de l'auteur n'est pas de se livrer à une herméneutique de l'individu, d'une personnalité, mais à chercher l'être qui existe hors des mots, lesquels ne sont qu'un leurre, qu'un piège. On retrouve bien là tout le propos de l'auteur de *« disent les imbéciles »*, roman auquel il est d'ailleurs fait allusion à deux ou trois reprises dans le récit.

De même le dédoublement, ou plutôt redoublement, de la voix narrative fait écho aux recherches de Nathalie Sarraute qui ne s'attache jamais à un personnage ou à une histoire, mais aux relations entre plusieurs personnages, elles seules permettant l'émergence des « tropismes » que son écriture se donne pour unique but de capter et de mettre au jour. La forme dialoguée souligne donc ici la démultiplication nécessaire de toute voix narrative dans l'autobiographie : l'interlocuteur déjoue les pièges de la langue, d'un mot, d'une image, et montre qu'on ne peut raconter sa vie sans se dédoubler entre celui que l'on a été et celui que l'on est devenu, qui raconte, tire les leçons, simplifie, explique, critique. Le dialogue signale l'ambiguïté de l'identité d'un narrateur, à la fois auteur et personnage. L'autobiographie de Nathalie Sarraute se caractérise ainsi par un double morcellement : celui de son histoire personnelle et celui des voix qui se chargent de la transmettre. Elle se signale aussi par sa tonalité, qui allie lyrisme et théâtralité. La langue adopte un mouvement de flux et de reflux, de progression par vagues, fondé sur la récurrence des images et des harmonies incantatoires, et berce le lecteur dans la poésie de son rythme. D'autre part le « récit d'enfance » est théâtralisé à l'extrême. Certes, les personnages sont rarement désignés (surtout l'interlocuteur dont le visage, le physique sont inexistants), jamais décrits. Le cadre de leurs échanges est passé sous silence : aucune « didascalie », aucun décor ; l'immobilité est de rigueur. Mais l'action n'existe pas en soi, ni hors des mots ni au-delà des voix ; elle n'est que cela, cet échange entre les protagonistes ; elle est dans cette émergence du mot, dans l'éclaircissement du rapport des mots aux faits du passé, que seul le dialogue autorise. La voix l'emporte sur l'écriture : points de suspension, d'interrogation ou d'exclamation, phrases hachées, incomplètes sont l'empreinte d'une voix plus que celle d'une main.

L'écriture de Nathalie Sarraute s'écarte donc avec vigueur de l'écriture autobiographique traditionnelle et de son sens. Elle n'adopte les codes de l'autobiographie que pour les détruire de l'intérieur, mettre en évidence leurs limites, leur impuissance à dire l'authenticité d'un individu et de son histoire. L'enfance, telle qu'elle nous livre ici la sienne, existe d'abord par ses zones d'ombre, ses résistances à une expression raisonnée, lucide, linéaire. *Enfance* n'est pas un « récit d'enfance », mais l'incapacité de réduire l'enfance au récit.

V. Stemmer

SARRAZIN Albertine

(1937-1967)

Le 17 novembre 1937, à Alger, l'Assistance publique donne le nom d'« Albertine Damien » à une enfant abandonnée. Celle-ci fut rapidement confiée à un couple âgé qui ne sut la comprendre. Placée dans une maison d'éducation surveillée de Marseille, elle passe le baccalauréat, mais profite du jour de l'oral pour s'échapper et gagner Paris, où elle vit de prostitution. Elle tente avec une amie une agression à main armée, qui échoue. Emprisonnée, elle s'évade de nouveau en 1957, mais se brise un os du talon – l'astragale – en tombant du mur d'enceinte. Elle est recueillie par Julien Sarrazin, avec qui se construira peu à peu un grand amour. Tous deux retournent régulièrement en prison (où ils se marient) et ne vivent pas souvent ensemble. C'est dans sa cellule qu'Albertine écrit ses deux premiers romans ; elle poursuit son activité littéraire après sa sortie, en 1960, sous la forme de nouvelles par exemple (*la Crèche*, posth., 1973). Dès 1965, date à laquelle Jean-Jacques Pauvert découvre Albertine Sarrazin, le succès de l'œuvre est considérable : elle sera traduite en près de vingt langues et diffusée à quatre millions d'exemplaires. L'incompétence de deux médecins met fin à la vie de l'écrivain à l'âge de trente ans ; Julien fonde les éditions Sarrazin en 1972.

Albertine doit d'abord la célébrité, en 1965, à *la Cavale* et surtout à *l'Astragale*, tous deux adaptés au cinéma, respectivement par M. Mitrani, 1971 et par G. Casaril, 1968, romans largement autobiographiques – au même titre que *la Traversière* (1966) – qui évoquent la vie cellulaire, « le milieu », les « planques » après l'évasion. Ces romans offrent l'image d'une jeune femme révoltée, aux prises avec la sévérité des lois et ne vivant que grâce à l'amour qu'elle porte à Julien. Ce témoignage de « taularde » emprunte à l'argot et à la gouaille populaire, sans se départir jamais d'un ton et d'un rythme très personnels. Mais, depuis l'adolescence, Albertine avait pratiqué l'écriture dans des journaux intimes (*Journal de prison* 1959, posth. 1972) ; elle y montre une femme lucide et fragile, qui médite sur l'amour, le désir et la mort, qui exprime avec pathétique l'ennui et la rage de vivre. Elle a également laissé des *Poèmes*, publiés en 1969, et de très nombreuses lettres (*Lettres à Julien*, 1971 ; *Lettres de la vie littéraire*, 1974).

M. P. Schmitt

Sartre

SARTRE Jean-Paul

(1905-1980)

À la mort de Sartre, l'image mythique d'un écrivain scandaleux, « pape de l'existentialisme ou de l'excrémentialisme », suscite encore des passions contraires et des ragots délirants. Quelques comparaisons dominent pourtant le discours des médias à cette occasion : le philosophe y figure comme le dernier des grands intellectuels témoins et consciences de leur temps depuis le siècle des Lumières, comme le Voltaire ou le Hugo du XIe siècle. Il joue après eux le rôle d'un maître à penser, à la fois créateur, vulgarisateur et animateur, d'un défenseur des libertés, théoricien et activiste ; il apparaît comme l'écho sonore de l'intelligentsia en France, en Europe, mais aussi aux États-Unis et dans le tiers-monde. La question qui a orienté la recherche de Sartre sur Flaubert se pose à son propre sujet : quel est le lien organique entre Sartre et son temps ? L'ampleur, la diversité, l'évolution d'une œuvre célèbre et méconnue permettent d'y voir le XXe siècle en raccourci.

« La vie, ce mouvement d'universalisation lente »

La vie de Sartre est un exemple éclatant de ce mouvement irrégulier vers l'universel qui, selon lui, définit la vie. La notion d'« universel singulier », récurrente et féconde dans son œuvre, repose sur la découverte par un « homme seul » de sa dimension collective. Elle explique à la fois son itinéraire intellectuel, son mode d'écriture et son succès. Toute son œuvre autobiographique écrite, transcrite ou filmée atteste l'exemplarité de cette vie : elle reflète aux lecteurs leur propre image, mais en gloire.

Orphelin de père à quinze mois, Sartre est élevé chez son grand-père maternel Charles Schweitzer – l'oncle d'Albert Schweitzer –, Alsacien, protestant, professeur d'allemand, issu d'une famille d'instituteurs, parfait représentant de sa profession dans ses goûts littéraires, ses options politiques et religieuses, son mode de vie, son ascension sociale. Jusqu'à dix ans, l'enfant mène une vie solitaire et citadine, loin de l'« école du peuple », au milieu des livres (cf. *les Mots*). Son seul héritage est culturel : lecture des classiques français et allemands, encouragée par le grand-père, bandes dessinées et films d'aventures découverts avec la complicité de la mère, premiers essais clandestins d'écriture plagiaire et fantasmes de gloire par l'écriture.

Ce paradis d'une enfance quasi incestueuse est détruit par le remariage de la mère. Sous la coupe de son beau-père polytechnicien, Sartre vit à La Rochelle les années les plus pénibles de sa vie, découvre, dès le seuil de l'adolescence, la violence et sa propre laideur, avant de trouver à Paris, aux lycées Henri-IV et Louis-le-Grand, puis à l'École normale supérieure, le milieu intellectuel qui convient à un fort en thème et qui protège le travail. C'est l'époque de l'acquisition d'une solide culture classique, des amitiés choisies (Nizan, Simone de Beauvoir).

Après un premier échec – inattendu – à l'agrégation de philosophie, Sartre est reçu premier. Mais ni le service militaire, ni son métier de professeur au Havre, puis à Laon, ni ce qu'il appellera son « mariage morganatique » avec Simone de Beauvoir, ni son année de recherches à Berlin, en pleine ascension hitlérienne, ni le succès du Front populaire, auquel il assiste en « spectateur enthousiaste », ni ses premières publications littéraires et philosophiques ne lui permettent d'accéder à l'« âge de raison ». Comme Roquentin, le héros de *la Nausée*, Sartre reste « un individu sans importance collective », méfiant à l'égard des idéologies qui se répandent – surréalisme, marxisme, psychanalyse –, refusant l'esprit de sérieux et les rôles sociaux, élaborant une morale de l'« homme seul ».

La crise de la maturité coïncide avec le bouleversement de la Seconde Guerre mondiale : Sartre mobilisé, puis prisonnier en Allemagne, découvre à travers la « drôle de guerre » et la captivité, l'« irruption de l'Histoire » dans sa vie individuelle et le décentrement de son univers culturel. Dès lors, qu'il monte une pièce de théâtre avec ses camarades de détention, qu'après sa libération, en 1941, il fonde avec Maurice Merleau-Ponty un groupe de résistance intellectuelle, qu'il collabore à des publications clandestines, qu'il rédige un traité philosophique ou des pièces de théâtre, écrire lui paraît une modalité de l'action – et la seule possible dans sa situation.

À la Libération, à un moment où les Français éprouvent « un besoin éperdu de grands hommes », la soudaine notoriété de Sartre en France et aux États-Unis achève de le transformer en « monument public ». Il doit compter avec son image et avec sa légende, avec les passions extrêmes qu'il suscite chez ses lecteurs – et chez ceux qui ne le lisent pas ; mais il découvre le pouvoir de cette image. Dès lors, son activité se partage entre l'animation intellectuelle sous diverses formes, la politique et l'écriture.

Éveilleur et diffuseur d'idées, Sartre a utilisé des moyens de communication variés et joué un rôle considérable. Sans croire, sauf à la fin de sa vie, à la possibilité d'une véritable écriture collective, il a animé ou cautionné des entreprises collectives : une revue « de réflexion et de témoignage », *les Temps modernes*, organe de l'existentialisme à ses débuts, puis tribune politique et champ d'essais littéraires, qu'il a fondée en 1945 et dirigée jusqu'à sa mort ; des collections chez Gallimard : « les Temps modernes », « la France sauvage » ; une agence de presse, puis un quotidien, *Libération*, qu'il lance en 1973, sans compter *Tout !*, *la Cause du peuple*, *Révolution* dont il assume un temps la direction. Il a parrainé dans des préfaces des œuvres d'écrivains, d'artistes et d'hommes politiques susceptibles de susciter un débat, parmi lesquels Jean Genet, André Masson, Fanon, Lumumba. Dans les conférences, les entretiens, les conversations qu'il prodigue sur tous les continents, il joue objectivement, quoiqu'il s'en défende, le rôle « d'un ambassadeur de la pensée française ».

Venu tard à la politique, sous l'occupation allemande, où il a rencontré des marxistes au groupe « Socialisme et liberté », Sartre se considère comme « incompétent sur le plan de l'action technique politique », mais il assigne aux intellectuels le devoir de « dénoncer l'injustice partout », et il procède, selon la ligne directrice des *Temps modernes*, « au coup par coup ». Au cours des émissions radiodiffusées de « la Tribune des *Temps modernes* » en 1947, et surtout au R.D.R. (Rassemblement démocratique révolutionnaire), « le parti de Sartre et de Rousset », il tente le regroupement d'une troisième force qui se situerait entre le stalinisme et le gaullisme. Mais il y renonce dès 1949, et, malgré l'hostilité des jdanoviens à son égard, il devient un « compagnon de route critique » des communistes au cours de la guerre froide et lors de la campagne pour la libération d'Henri Martin, déclarant son accord « sur des sujets précis et limités, à partir de ses principes et non des leurs », précisant ses positions dans « les Communistes et la paix » (*les Temps modernes*, I et II, en juillet, octobre-novembre 1952 ; III, en avril 1954). Ce choix le brouille définitivement avec Albert Camus dès 1952 et l'éloigne de Maurice Merleau-Ponty en 1953. Mais, en 1956, Sartre condamne l'intervention soviétique à Budapest et se sépare du Parti communiste français, dont il souhaite la déstalinisation (« le Fantôme de Staline », *les Temps modernes*, janvier 1957).

Dès 1953, *les Temps modernes* mènent, contre les guerres coloniales, un combat qui s'intensifie à partir de 1957. Sartre dénonce l'usage de la torture en Algérie, soutient le « réseau Jeanson », signe le « Manifeste des 121 », participe aux grandes manifestations de 1961-1962, se déclare solidaire du F.L.N. Il vit la guerre d'Algérie comme un drame personnel. Après l'Indépendance, il se rapproche du Parti communiste italien, reprend contact avec les communistes soviétiques, continue à s'intéresser à la révolution cubaine et aux problèmes du tiers-monde. En 1964, il refuse le prix Nobel, distinction qu'il juge politiquement attachée au monde de l'« Ouest ». En 1966-1967, il fait partie du « tribunal Russell » chargé d'enquêter sur les « crimes de guerre » américains au Viêt-nam. Dans le conflit israélo-arabe, il se trouve déchiré entre des amitiés contradictoires.

À partir de mai 1968, à cause de l'intervention soviétique à Prague et du mouvement étudiant en France – qui sera souvent considéré comme une « révolution sartrienne » –, Sartre remet en cause le socialisme soviétique et son propre statut d'intellectuel classique. Il se rapproche des maoïstes et met sa notoriété à leur service en assumant la responsabilité légale de publications menacées, en fondant le « Secours rouge », organisation de lutte contre la répression, en soutenant toute forme d'« illégalité légitime » dans des meetings, des manifestations, des appels, des procès populaires, des témoignages, des pétitions. Frappé de semi-cécité en 1974, il ralentit ses activités ; ses prises de position visent principalement à défendre les droits de l'homme, en condamnant la répression dans les pays de l'Est, en intervenant à l'Élysée, aux côtés de Raymond Aron, son ancien ami, en faveur des réfugiés d'Indochine. Cependant, il prépare avec Pierre VICTOR (pseudonyme de Benny Lévy) un ouvrage qui s'intitulera *Pouvoir et liberté*, projet très controversé qui manifeste au moins des constantes dans les préoccupations politiques de Sartre : une réflexion sur le rôle de l'intellectuel, sur la situation de l'individu dans l'Histoire, sur la violence et la fraternité.

Malgré cette action politique, dont le spectacle en France a parfois masqué l'œuvre de l'écrivain, Sartre a mené la vie réglée d'un grand travailleur intellectuel. *Les Mots*, les *Carnets de la drôle de guerre* témoignent de sa boulimie de lectures variées avant 1950, tant qu'il pense pouvoir trouver dans la littérature le secret du réel : pêle-mêle, des classiques, des romans d'aventures, des biographies, des romans policiers. Puis il se désintéresse de la littérature proprement dite et lit méthodiquement les témoignages et les livres d'Histoire qui servent à ses écrits. Mais la grande affaire de sa vie, c'est l'écriture, à laquelle il consacre six heures chaque jour ; écriture patiente, détendue, raturée et recommencée à loisir, quand il s'agit d'une œuvre littéraire, urgente et frénétique quand il est obligé de se droguer pour achever *Critique de la raison dialectique*. Il peut écrire *la Putain respectueuse* en quelques jours, mais la rédaction des *Chemins de la liberté* lui demande dix ans, l'élaboration de *l'Idiot de la famille* plus de vingt ans – et il ne parviendra pas à réaliser son programme. L'inachèvement est la règle de ses grandes entreprises, et son œuvre inédite reste considérable : entre autres une partie du tome II de *Critique de la raison dialectique*, et des notes pour le tome IV de *l'Idiot de la famille*. À l'œuvre écrite s'ajoute une œuvre transcrite à partir d'entretiens qui forment une interminable biographie dialoguée où l'écrivain tend à se confondre avec son image, le commentaire de la vie avec la vie même. La biographie de ce « tâcheron énorme » mène nécessairement à une bio-bibliographie.

« Je veux être Spinoza et Stendhal »

« Je ne voulais pas être philosophe, j'estimais que c'était perdre son temps » : à vingt ans, Sartre reste fidèle à sa vocation précoce de romancier, jusqu'à sa découverte de Bergson. Il fonde alors sa double carrière d'écrivain et de philosophe sur les ruines d'une utopie, celle d'un langage unique : « J'aurais rêvé de n'exprimer mes idées que dans une forme belle – je veux dire dans l'œuvre d'art, roman ou nouvelle ». C'est ce qu'il tente de réaliser dans les écrits qui suivent ses études philosophiques : « Er l'Arménien », vers 1927, « la Légende de la vérité », en 1929-1930. Ce sont des contes philosophiques inspirés des mythes platoniciens, rédigés dans un style compassé et désuet qui marque encore la première version du « Factum sur la contingence ». Après cet échec, Sartre distingue nettement, en pratique, puis en théorie, la « communication philosophique » et l'écriture littéraire.

La théorie qui se dégage des conférences et des entretiens postérieurs à 1960 éclaire après coup l'articulation de ces deux langages dans l'œuvre de Sartre. Selon lui, le discours philosophique et le texte littéraire s'opposent par leur finalité, leur objet, leur mode d'appréhension de cet objet, leur code, leur support et leur mode de production. Le discours philosophique vise à la communication pure, il prolonge la pratique pédagogique. Transcription directe d'une pensée, il s'écrit d'un jet. Il tend à l'univocité d'un langage technique, il admet le néologisme. Il n'étudie pas l'individuel en tant que tel et tente seulement de le rejoindre, par approximations notionnelles successives et laborieuses. En revanche, le langage littéraire ne se borne pas à la désignation, il produit un équivalent de l'objet, et l'écrivain aime les mots comme des objets, pour leur matérialité ; il veut rendre compte de « l'universel singulier » sur le mode du « vécu » et du non-savoir. Le mot « littéraire » est donc équivoque, c'est le mot de la langue commune, mot qui désinforme plus qu'il n'informe, qui renvoie à toute l'histoire de la langue et qui, déterminé par elle, interdit le néologisme. La phrase littéraire est polysémique, c'est « une manière de dire trois ou quatre choses en une », et le travail du style « ne consiste pas tant à ciseler une phrase qu'à conserver en permanence dans son esprit la totalité du livre entier ». La littérature implique donc un travail concret de réécriture sur palimpseste.

Pris entre ces deux langages irréductibles, le polygraphe tente de pratiquer une alternance rigoureuse, où la réflexion philosophique sert de travail préparatoire à la création littéraire : elle « donne les dimensions nécessaires pour créer une histoire ». Dans cette perspective, *Huis clos* a été préparé par les descriptions, dans *l'Être et le Néant*, de la « mauvaise foi », du regard, du corps pour-autrui. *Le Diable et le Bon Dieu* est éclairé par les développements sur l'Histoire, sur la générosité, sur la morale écrits en 1947-1948 et rassemblés dans *Cahiers pour une morale* (posth., 1983). *L'Idiot de la famille* est explicitement donné comme la suite et la finalité de *Questions de méthode*, et, en remontant plus haut encore, de *l'Imaginaire*. Cependant, Sartre refuse qu'on interprète son œuvre littéraire comme l'illustration ou la vulgarisation de son œuvre philosophique et qu'on la réduise à « quelque chose à comprendre ». *Huis clos* ne redit pas *l'Être et le Néant*.

Mais le lecteur constate aussi une circularité entre le texte littéraire et le texte philosophique. *La Nausée* est issue d'un « Factum sur la contingence » et décrit la découverte de cette notion sous la forme d'un roman d'aventures intellectuelles ; mais, en retour, la description de la racine de marronnier prépare, sur le mode narratif et en utilisant un vocabulaire technique réduit, les analyses de la quantité, de la qualité, de la « potentialité » et de l'« ustensilité » dans *l'Être et le Néant*. De la même façon, les biographies de Mallarmé et du Tintoret ont peut-être servi de support à la réflexion sur les relations entre l'individu et l'Histoire conceptualisée dans *Critique de la raison dialectique*. Tout se passe comme si Sartre ne pouvait construire un système conceptuel qu'en s'appuyant sur des récits concrets : « La prose littéraire contient déjà, mais condensée, et non consciente de soi, le sens que la philosophie aura à rendre ».

Dans le détail des textes, l'écrivain-philosophe n'a pas pu maintenir l'étanchéité entre les deux langages. « J'écris en tant de langues que des choses passent de l'une à l'autre » : tous ses écrits souffrent de « hernies » d'une langue dans l'autre, et « il y a toujours dans la philosophie une prose littéraire cachée ». En philosophe, Sartre s'est reproché d'avoir écrit dans *l'Être et le Néant* que « l'homme est une passion inutile » ; c'était à ses yeux une mystification, un abus de confiance, il lui aurait fallu dire cela avec des mots strictement philosophiques. Mais le relâchement de la censure philosophique permet par éclairs, dans *l'Être et le Néant*, des évocations lyriques d'expériences sensorielles fondamentales où Sartre dit s'être mis tout entier : la caresse, le désir, le regard, la sensation du visqueux… Quant aux grandes biographies, elles transgressent et dépassent dialectiquement l'opposition entre les deux langages, tout en en conservant les termes : ce sont à la fois des « romans vrais » et des approximations notionnelles d'un vécu singulier et universel, non censurés, écrits « en style » par inadvertance et par habitude : « Après cinquante ans d'écriture, on finit par être imbu de son propre style. »

L'écrivain : « un homme qui a plus ou moins choisi l'imaginaire »

L'œuvre de Sartre obéit à une autre alternance : entre l'acte et le fantasme, entre l'expansion et la contraction, entre l'écriture extravertie de l'engagement polémique et le retour sur soi, la fuite dans l'imaginaire. La théorie sartrienne oppose sans conciliation ces deux formes d'écriture. Tantôt la littérature est une forme de l'action, elle est dirigée vers le lecteur, elle modifie le réel en le dévoilant et en incitant à le changer ; c'est la thèse exposée dans « Qu'est-ce que la littérature ? », reprise et modifiée dans *Plaidoyer pour les intellectuels*, près de vingt ans plus tard. Tantôt la littérature se définit, comme l'imaginaire, par son pouvoir de néantisation : c'est « un trou dans l'être par où les êtres disparaissent ». Écrire, c'est rejeter le monde dans le non-être. Cette définition de 1950 fonde toutes les biographies de Sartre : les artistes et les écrivains sont des « travailleurs de l'imaginaire », occupés à détruire symboliquement le réel. Faute d'avoir développé dans une biographie de militant ou d'aventurier les relations de l'action avec l'imaginaire, Sartre ne donne pas les moyens d'expliquer l'alternance entre ces deux types d'écriture dans son œuvre. À moins de considérer que ses écrits engagés et polémiques ne sont pas des actes, mais des gestes simulant des actes, des « destructions symboliques qui laissent tout en l'état ». En tout cas, toutes les périodes d'intense activité politique que connaît Sartre lui permettent l'élaboration de grandes constructions fantasmatiques. Les années 1952-1956, bien qu'elles soient marquées par une intense activité politique, lui laissent le loisir et le désir de rédiger la première version des *Mots* et du « Flaubert ». Dans les années 1968-1970, qui inaugurent ses relations avec les gauchistes, Sartre récrit entièrement ce « Flaubert », en réactualisant à son sujet les thèses soutenues en 1940 dans *l'Imaginaire* : la conscience imageante est conscience de l'absence de l'objet, elle déréalise le réel ; pour Flaubert, déréaliser est la seule issue de sa passivité et de son impuissance. Si « l'homme est une fuite de gaz par laquelle il s'échappe dans l'imaginaire », l'itinéraire sartrien de 1940 à 1970 fournit la preuve de cette échappée irrépressible : il tient à cette notion, en même temps qu'il s'enfonce dans l'imaginaire d'un double.

Le lecteur de Sartre se laisse fasciner par cet univers « déréalisé », pour peu qu'il mette entre parenthèses les commentaires que l'auteur impose à ses constructions et qu'il lise le texte au ras des métaphores. Il voit surgir alors un monde apparemment chaotique et mouvant de figures mythiques, de scènes obsédantes, de métaphores développées en tableaux ou en récits inattendus, que les rationalisations sartriennes masquent ou refoulent : des crabes-mains, des visages-prairies, des verges bruissantes, des hommes-méduses, des hommes-livres, des vampires, des infanticides, des enfants cousus dans la peau des morts, des occupants occupés, des voix-millepattes, des voix-ruisseaux, des voix-boules de neige. Voilà, pêle-mêle, des images qu'une lecture orientée vers la recherche du message conceptuel considère comme des ornements négligeables, mais qu'une recherche systématique pourrait organiser en réseaux.

L'entreprise a été tentée. Une analyse freudienne (les travaux de Josette Pacaly), cherchant systématiquement la figuration de l'angoisse de castration, des régressions aux stades de l'analité ou de l'oralité, du refus de la rivalité œdipienne, rassemble en séries équivalentes des éléments apparemment disparates : par exemple, les hommes-livres, les menhirs, les grands fétiches maniables, les cadavres, les cercueils, les sacs d'excréments, les moules à nains. Elle permet de condenser sous une même symbolique des figures distinctes ou, au contraire, de distinguer sous un même motif des symboliques différentes. Une autre lecture, à la fois psychanalytique et historique (celle de François George), tente de rapprocher le cas de Sartre en rupture avec la Loi d'une situation collective : « La mort de Dieu a placé notre époque sous le signe du Père incertain. » Mais d'autres parcours sont possibles : le contenu imaginaire de cette œuvre immense est si riche dans le détail du texte que l'exploration, hors des interprétations imposées par l'auteur, en est à peine commencée.

« Le style, ce grand paraphe d'orgueilleux »

Écrivain philosophe, Sartre est souvent étudié en philosophe par les historiens de la littérature, qui cherchent dans ses œuvres la nature des liens qui unissent la métaphysique et l'écriture, en écrivain par les philosophes, dont beaucoup dénoncent chez lui l'éclectisme et les dérives conceptuelles. Réflexive et critique, l'œuvre déjoue la distance qu'essaie de prendre le lecteur et prête à la paraphrase. C'est pourquoi les études stylistiques des textes de Sartre sont relativement rares. Elles permettraient pourtant d'éclairer la réception exceptionnelle faite à cette œuvre : la position du sujet se manifeste dans « le style, ce grand paraphe d'orgueilleux ». C'est tour à tour celle d'un maître détenteur de vérité, celle d'un « miroir critique » reflétant les discours d'autrui, celle d'un lieu dévasté par « les grandes houles verbales » d'un langage baroque.

Exerçant « une espèce de magistère moral dans le monde entier », Sartre, dans ses essais, occupe la place d'autorité, dispensant l'enseignement ou l'anathème. En professeur, il tient un discours de vulgarisation, traduisant les termes techniques, simplifiant l'argumentation, réduisant l'inconnu au connu, étayant le raisonnement d'anecdotes, d'exemples, d'apologues. L'une des raisons de son succès, c'est peut-être d'avoir servi de médiateur auprès du public aux philosophies de Husserl et de Heidegger – et à ses propres recherches –, ou encore de porte-voix à des inconnus. En polémiste, il a recours à certains procédés du genre. Peu d'injures et d'invectives, mais du manichéisme, des jugements de valeur, des sophismes, des métaphores soutenant des raisonnements par analogie, toute une stratégie verbale qu'autorise la certitude d'avoir raison.

Et pourtant, la voix d'autrui s'entend avec la sienne. Depuis les premiers écrits, les plus proches des modèles scolaires, jusqu'aux dialogues hasardeux de la vieillesse, où l'interviewé se plie à la parole de l'interlocuteur, l'écriture et la parole sartriennes, qu'elles soient philosophiques ou littéraires, manifestent la même tendance au mimétisme. Usant de toutes les formes de reprises, références explicites, allusions, citations, réminiscences, stéréotypes, images réveillées, cette œuvre s'enracine dans une culture et une histoire, adresse à des destinataires différemment situés des signes de connivence multiples (et non perceptibles par tous), suscite une impression de déjà lu parfois difficile à préciser. Prenant avec ses modèles des distances variées, dans la simple imitation, le pastiche, la parodie, le mélange burlesque de modèles différemment valorisés, l'écriture sartrienne produit des effets de sacrilège ou, plus modestement, d'impertinence. Finalement, dans cette écriture seconde toujours entourée d'imperceptibles guillemets, le sujet ne s'engage pas tout entier, ni sans ironie. Même au plus fort de la polémique, écrire, parler, c'est assumer des rôles discursifs et, comme un acteur, répondre à l'attente du public. La célèbre formule de Rimbaud, Sartre la transpose en ces termes : « Je suis des autres. »

D'où vient alors le dynamisme de ce style ? D'une thématique et d'une rhétorique proches de l'art « baroque » tel qu'on le décrivait dans les années 1950, dominé par une esthétique de l'illusion, de l'instabilité, de la démesure et des révoltes imaginaires. Parmi les motifs récurrents et les métaphores obsédantes qui traversent l'œuvre, les doubles, les reflets, les miroirs, les comédies, les acteurs, les farces, les trucages identifient l'être et l'apparence. Manèges, toboggans, tourniquets, ludions, tempêtes et maëlstroms figurent l'instabilité. La rhétorique privilégie les figures du « baroquisme » : l'antithèse, l'alliance de mots contradictoires (oxymore), le paradoxe annulent l'incompatibilité des contraires, de même que la conduite de l'argumentation dialectique et le schéma privilégié des intrigues font passer d'un extrême à l'autre et retournent les contraires dans un mouvement perpétuel. L'accumulation et la période, pratiquées en virtuose, justifient l'analogie sartrienne entre la littérature et la musique, ces « images calmes du mouvement ».

	VIE		**ŒUVRE**
1904	Mariage de Jean-Baptiste Sartre, officier de marine, et d'Anne-Marie Schweitzer.		
1905	**21 juin :** naissance, à Paris, de Jean-Paul Sartre.		
1906	**Sept. :** mort de J.-B. Sartre.		
1906-1915	« Jusqu'à dix ans, je restai seul entre un vieillard et deux femmes ».		
		1912-1913	Écrit des « romans » plagiaires : « Pour un papillon », « Marchand de bananes ». Récrit en alexandrins les fables de La Fontaine.
1914	**Déclenchement de la « Grande Guerre ».**		
1915	Entre au lycée Henri-IV.		
1916	Rencontre Paul Nizan en classe de cinquième. Remariage de sa mère avec M. Mancy.		
1917	**Révolution bolchevique en Russie.**		
1917-1920	À La Rochelle : « les trois ou quatre plus mauvaises années de ma vie ».		
1918	**Armistice.**		
1920	De retour à Henri-IV, retrouve Nizan pour une inséparable amitié.		
1922-1924	Prépare le concours d'entrée à l'École normale supérieure au lycée Louis-le-Grand, prend goût à la philosophie.	**1923**	Publication de « l'Ange du morbide » et de « Jésus-la-Chouette, professeur de province » (*la Revue sans titre*).
1924	Entre à l'École normale supérieure avec Paul Nizan, Raymond Aron.		
1924-1928	Années heureuses à l'E.N.S. : travail, canulars, premiers essais romanesques.		
		1927-1928	Écrit « Une défaite », roman sur les amours de Nietzsche et Cosima Wagner ; « Er l'Arménien ».
1928	Échec à l'agrégation de philosophie.		
1929	Fait la connaissance de Simone de Beauvoir. Succès à l'agrégation de philosophie sur le sujet « Liberté et contingence ». Service militaire.		
1931	Professeur de philosophie au Havre jusqu'en 1936.	**1931**	« Légende de la vérité » paraît dans *Bifur*. Commence un « factum sur la contingence » (*la Nausée*).

	VIE		ŒUVRE
1933	**Hitler prend les pleins pouvoirs en Allemagne.**	**1933**	Achève une deuxième version de ce « factum » ; écrit *la Transcendance de l'ego.*
1933-1934	Boursier à l'Institut français de Berlin ; y découvre la phénoménologie, lit Husserl.		
1935	Fait l'expérience de la mescaline.		
1936	**Front populaire. Début de la guerre d'Espagne.** Quoique spectateur enthousiaste, ne vote pas aux élections qui verront la victoire du Front populaire. Est très affecté par la guerre d'Espagne. Professeur à Laon.	**1936**	Publication de *l'Imagination* (Alcan). Remet « Melancholia » (*la Nausée*) à Gallimard, qui le refuse.
1937	Nommé professeur au lycée Pasteur de Neuilly.	**1937**	Publication de *la Transcendance de l'ego* (Vrin). « Melancholia » est accepté par Gallimard.
1938	**« Anschluss ». Conférence de Munich.**	**1938**	Publication de *la Nausée* (Gallimard).
1939	**Début de la « drôle de guerre ».** **2 sept.** : mobilisé.	**1939**	Publication du *Mur* (Gallimard) et d'une *Esquisse d'une théorie des émotions* (Hermann). Travaille à *l'Âge de raison* et à *l'Être et le Néant.*
1940	Fait prisonnier à Padoux, transféré à Trèves.	**1940**	Publication de *l'Imaginaire* (Gallimard). À Noël, compose et met en scène avec ses compagnons de captivité « Bariona ou le Fils du tonnerre ».
1941	Libéré en se faisant passer pour civil, retrouve son poste de professeur au lycée Pasteur ; enseigne ensuite à Condorcet. Fonde avec Maurice Merleau-Ponty le groupe « Socialisme et liberté », le dissout en octobre.		
1943	Rejoint le Comité national des écrivains et collabore aux *Lettres françaises* clandestines et à *Combat.* Fait la connaissance d'Albert Camus.	**1943**	**2 juin :** première des *Mouches* au théâtre de la Cité. Publication des *Mouches* et de *l'Être et le Néant* (Gallimard). Écrit des scénarios : *Les jeux sont faits*, « Typhus ».
1944	**Libération de la France.** Fait le reportage de la libération de Paris dans *Combat.*	**1944**	**27 mai :** première de *Huis clos* au Vieux-Colombier.
1945	**Conférence de Yalta.** Envoyé spécial de *Combat* et du *Figaro* aux États-Unis. **29 oct. :** conférence sur « L'existentialisme est un humanisme ». Notoriété soudaine : « la célébrité, pour moi, ce fut la haine ».	**1945**	Publication de *Huis clos*, l'*Âge de raison* et *le Sursis*, chez Gallimard. **15 oct. :** premier numéro des *Temps modernes.*
1946	**Nov. :** première brouille avec Camus, jusqu'en mars 1947.	**1946**	Publication de *L'existentialisme est un humanisme* (Nagel), *la Putain respectueuse, Réflexions sur la question juive* (Gallimard). Première de *Morts sans sépulture* et de *la Putain respectueuse* au théâtre Antoine (8 nov.).
1947	**Oct.-nov. :** tribune des *Temps modernes* à la radio. Brouille avec Raymond Aron.	**1947**	Publication de *Situations I*, de *Baudelaire* et de *Théâtre I* (Gallimard).
1948	Rejoint le R.D.R. (Rassemblement démocratique révolutionnaire), partisan d'une troisième force. Prend position en faveur d'Israël. Traité d'« hyène stylographe » par Fadeïev, secrétaire de l'Union des écrivains soviétiques. Mis à l'index par le Saint-Office.	**1948**	Parution de *les Mains sales*, de *Situations II* (Gallimard) et de *l'Engrenage* (Nagel). **2 avr. :** première des *Mains sales* au théâtre Antoine ; la pièce suscite l'hostilité des communistes. Travaille à une Morale et à une étude sur Mallarmé.
1949	**Proclamation de la République populaire chinoise.** Démissionne du R.D.R., voyage à Cuba. Polémique avec François Mauriac.	**1949**	Publication de *la Mort dans l'âme*, de *Situations III*, d'*Entretiens sur la politique* avec David Rousset et Gérard Rosenthal (Gallimard) ; « Drôle d'amitié », extrait du tome IV des *Chemins de la liberté* (*les Temps modernes*). Commence une préface aux œuvres de Jean Genet.

	VIE		ŒUVRE
1950	**Janv.** : signe l'article de Maurice Merleau-Ponty révélant l'existence des camps de concentration soviétiques dans *les Temps modernes.* Ralentit son activité politique. **Début de la guerre de Corée.**		
		1951	**7 juin :** première de *le Diable et le Bon Dieu* au théâtre Antoine. Publication de la pièce chez Gallimard.
1952	Reprend une intense activité politique jusqu'en 1955 : intervient en faveur d'Henri Martin et, à cette occasion, se rapproche des communistes ; intervient contre la guerre froide. Se brouille définitivement avec Camus.	**1952**	Publication de *Saint Genet, comédien et martyr* (Gallimard), et de « les Communistes et la paix » (*les Temps modernes*). Interdit la représentation des *Mains sales* à Vienne.
1953	**Mort de Staline.** Commence ses séjours annuels à Rome.	**1953**	**14 nov. :** première de *Kean* au théâtre Sarah-Bernhardt. Publication de *l'Affaire Henri Martin* (Gallimard), ouvrage collectif. À la fin de l'année, projette d'écrire son autobiographie.
1954	Premier voyage en U.R.S.S., à Rome. Première crise d'hypertension.	**1954**	Publication de *Kean* (Gallimard).
1955	**Sept.-nov. :** voyage en Chine avec Simone de Beauvoir. Les divergences entre Sartre et Merleau-Ponty sont révélées dans *les Aventures de la dialectique* de Merleau-Ponty.	**1955**	**8 juin :** première de *Nekrassov* au théâtre Antoine.
1956	Fait la connaissance d'Arlette Elkaïm. **Intervention soviétique en Hongrie,** que Sartre condamne dans *l'Express.*	**1956**	Publication de *Nekrassov* (Gallimard). Entreprend, avec Roger Garaudy, de comparer les méthodes existentialiste et marxiste à propos de Flaubert.
1957	Proteste contre la torture en Algérie.	**1957**	Écrit « Des rats et des hommes », avant-propos au *Traître*, d'André Gorz. Sortie du film de Raymond Rouleau sur un scénario de Sartre (d'après A. Miller) : *les Sorcières de Salem.* Écrit une première version du « Tintoret ». Commence *Critique de la raison dialectique.*
1958	**Retour au pouvoir du général de Gaulle.** Participe à des manifestations antigaullistes, appelle à voter « non » au référendum du 28 sept. Nouvelle crise d'hypertension.	**1958**	Rédige pour John Huston la première version d'un scénario sur Freud. Travaille « furieusement » à *Critique de la raison dialectique.*
1959	**Révolution de Fidel Castro à Cuba.**	**1959**	**24 sept. :** première des *Séquestrés d'Altona* au théâtre de la Renaissance. Publication (*les Temps modernes*, puis Gallimard en 1960).
1960	Rencontre à Cuba Fidel Castro et Che Guevara. Reçu par Tito en Yougoslavie. Visite le Brésil. Signe le « Manifeste des 121 » sur le « droit à l'insoumission » dans la guerre d'Algérie, dépose au procès du « réseau Jeanson » (soutien au F.L.N. algérien). Saisie des *Temps modernes.*	**1960**	Publication de *Critique de la raison dialectique* (Gallimard), d'un article sur la mort de Camus (*France Observateur* ; *Situations IV*, Gallimard), d'un reportage sur Cuba, « Ouragan sur le sucre » (*France-Soir*).
1961	Manifestations, conférences de presse, meetings sur l'Algérie en France, en Italie, en Belgique. Premier plasticage au domicile de Sartre.	**1961**	Publication d'un article sur la mort de Merleau-Ponty (*les Temps modernes,* Gallimard). Préface *les Damnés de la terre* de Franz Fanon. Reprend son travail sur Flaubert. Écrit une seconde version du « Tintoret ».
1962	**Indépendance de l'Algérie.** Second plasticage au domicile de Sartre. Voyage en Pologne, puis en U.R.S.S., où il est reçu par Khrouchtchev.	**1962**	Sortie du film de Huston sur Freud ; Sartre fait retirer son nom du générique.
1963	Séjour à Moscou pour créer une communauté internationale d'écrivains ; à Prague.	**1963**	Publication des *Mots* (Gallimard).

	VIE		ŒUVRE
1964	Autorise à nouveau la représentation des *Mains sales.* Refuse le prix Nobel. Communique au colloque sur Kierkegaard à l'Unesco. Prend part au débat à la Mutualité sur « Que peut la littérature ? »	**1964**	Publication de *Situations IV*, *V* et *VI* (Gallimard).
1965	Adopte Arlette Elkaïm. Soutient, avec réserves, la candidature de François Mitterrand à la présidence de la République.	**1965**	Première des *Troyennes* (adaptées d'Euripide) au Théâtre national populaire. Publication des *Troyennes* (« Coll. du T.N.P. », Gallimard), de *Situations VII* (Gallimard).
1966	Fait partie du « tribunal Russell » sur les crimes de guerre américains au Viêt-nam. Conférences au Japon sur la fonction de l'intellectuel.	**1966**	Extraits du « Flaubert » et du « Tintoret » (*les Temps modernes ; l'Arc*).
1967	Voyage en Égypte, puis en Israël. Intervient à la première session du « tribunal Russell ». Refuse de participer au Xe Congrès des écrivains soviétiques en raison du procès de Siniavski et Daniel.	**1967**	Préface le numéro spécial des *Temps modernes* sur le conflit israélo-arabe. Sortie du film *le Mur* de Serge Roullet.
1968	**22 mars : première manifestation étudiante en France.** Prend position en faveur du mouvement étudiant ; en mai, participe à un débat à la Sorbonne et s'entretient avec Daniel Cohn-Bendit. **Intervention des troupes soviétiques en Tchécoslovaquie.** Sartre exprime son indignation dans *Paese Sera.*	**1968**	Première des *Mouches* et des *Mains sales* à Prague. Reprise de *Nekrassov* à Strasbourg. Reprise de *le Diable et le Bon Dieu* au T.N.P.
1969	Mort d'Anne-Marie Mancy, mère de Sartre. Participe avec Michel Foucault à un meeting, où il est contesté (« Sartre, sois bref »).		
1970	Prend la direction du journal *la Cause du peuple*, qu'il distribue dans la rue. Prend la parole devant les ouvriers de la régie Renault.		
1971	Collabore au journal *J'accuse,* prend la direction de *Révolution* ; fonde, avec Maurice Clavel, l'agence de presse *Libération.*	**1971**	Publication de *l'Idiot de la famille I* et *II* (Gallimard).
1972	Alexandre Astruc et Michel Contat commencent un film sur Sartre. Prépare le lancement du quotidien *Libération.*	**1972**	Publication de *Situations VIII* et *IX* (Gallimard), de *l'Idiot de la famille III.* Travaille au tome IV de *l'Idiot de la famille.*
1973	Conseille l'abstention aux élections (« élections, piège à cons »). **22 mai :** premier numéro de *Libération.* Gravement malade, Sartre, frappé d'une quasi-cécité, ne peut plus lire ni écrire.		
1974	Abandonne la direction de *Libération* pour raison de santé. Entreprend pour la télévision une série d'émissions sur l'histoire du XXe siècle, avec Simone de Beauvoir, Philippe Gavi et Pierre Victor. À Stuttgart, s'entretient avec Andreas Baader emprisonné et dénonce les conditions de sa détention.	**1974**	Publication de *On a raison de se révolter*, entretiens sur la politique avec Philippe Gavi et Pierre Victor. Abandonne le tome IV de *l'Idiot de la famille.* Enregistre, avec Simone de Beauvoir, des entretiens autobiographiques.
1975	Séjour au Portugal avec Simone de Beauvoir et Pierre Victor. En désaccord avec la rédaction d'*Antenne 2*, Sartre renonce à son projet d'émissions historiques.	**1975**	Publication dans *le Nouvel Observateur* de l'entretien avec Michel Contat : « Autoportrait à soixante-dix ans ». Entreprend, avec Pierre Victor, la rédaction de « Pouvoir et liberté ».
1976	« Bonne forme intellectuelle ». Signe divers appels, manifestes, lettres de soutien.	**1976**	Publication de *Situations X : politique et autobiographie* (Gallimard). Sortie du film *Sartre par lui-même*, réalisé par Alexandre Astruc et Michel Contat.
1977	Marche difficilement ; reste attentif à l'actualité politique.	**1977**	Publication de *Sartre*, texte intégral du film *Sartre par lui-même* (Gallimard).

VIE		ŒUVRE	
		1978	Reprise de *Nekrassov* au théâtre de l'Est parisien.
1979	Participe avec Raymond Aron à la conférence de presse du comité « Un bateau pour le Viêt-nam ».	1979	Publication, dans *Obliques*, n° 18-19, de « l'Engagement de Mallarmé », écrit en 1952.
1980	**15 avr.** : mort de Sartre à l'hôpital Broussais. Un cortège de 50 000 personnes suit son enterrement.	1980	Publication en mars, dans *le Nouvel Observateur*, de « l'Espoir maintenant », entretiens de Sartre et de Benny Lévy (véritable nom de Pierre Victor).
		1981	Publication, dans *Obliques*, d'une partie du scénario sur Freud écrit en 1959. Publication, à la suite de *la Cérémonie des adieux*, de Simone de Beauvoir, de ses *Entretiens avec Jean-Paul Sartre, août-septembre 1974* (Gallimard).
		1983	Publication des *Carnets de la drôle de guerre, novembre 1939-mars 1940*, de *Lettres au Castor et à quelques autres I et II*, de *Cahiers pour une morale* (Gallimard).
		1984	Publication de *Freud* (Gallimard), préfacé par J.-B. Pontalis.
		1986	Publication d'un second volume, inachevé, de la *Critique de la raison dialectique* (Gallimard).

LES « VRAIS ROMANS »

La vocation romanesque est, chez Sartre, la plus ancienne : dès qu'il sait écrire, il plagie, clandestinement et à toute vitesse, les récits d'aventures qu'il a lus ; ces « étranges romans, toujours inachevés, toujours recommencés ou continués, comme on voudra, sous d'autres titres, bric-à-brac de contes noirs et d'aventures blanches, d'événements fantastiques et d'articles de dictionnaires » constituent le modèle archaïque de son œuvre romanesque. Elle apparaît aujourd'hui comme une somme narrative, un vaste « roquentin » (« chanson composée de fragments d'autres chansons, de façon à produire des effets bizarres » et nom du héros de *la Nausée*), un montage de citations, de pastiches, d'exercices de style, de réminiscences, renvoyant à la culture française classique ou aux romanciers contemporains avec lesquels Sartre rivalise. Cette écriture bigarrée suscite des effets hugoliens de « grotesque sublime », ou flaubertiens de « grotesque triste », et, plus généralement, de sacrilège, d'ironie et de perpétuelle distance. Elle convient à des schémas d'intrigues carnavalesques, avec retournements de situations antithétiques et bouleversements des valeurs, à des motifs de fêtes tristes et de mauvaises farces, à des portraits de naïfs, de surnuméraires égarés dans des situations de vaudeville (même s'il s'agit de décrire une guerre mondiale).

Cette interprétation qu'autorisent *les Mots* n'invalide pas les lectures contemporaines de la publication qu'orientaient les « prière d'insérer » de ces récits, leur genèse et l'existence de textes philosophiques du même auteur. Les romans de Sartre ne sont pas des « romans à thèse », réductibles aux thèses que soutiennent leurs héros intellectuels, ni même des « idéologies passionnées » à la manière de Maurice Barrès ; mais plutôt des « expériences fictives et concrètes », destinées à soutenir une pensée philosophique et morale. Avant de concevoir une intrigue, des personnages et un style narratif, Sartre se désigne bien des sujets à traiter : la contingence, la liberté, et des aphorismes à illustrer : « le malheur, c'est que nous sommes libres », « l'existence, c'est la contingence », « fuir l'existence, c'est encore exister ». Mais il singularise ensuite les sujets de ces drames philosophiques, les insère dans des « situations extrêmes » et pourtant quotidiennes, les doue d'un comportement signifiant. Et les techniques narratives qu'il choisit renvoient, par un code implicite, à la métaphysique du romancier.

La Nausée

La première version de *la Nausée,* un « Factum sur la contingence » commencé en 1931, ressemblait à un conte philosophique rédigé par Sartre en 1929 : « la Légende de la vérité ». La deuxième version du « Factum » ainsi que la troisième version, intitulée « Melancholia » et achevée en 1936, introduisaient dans le récit un suspens policier, des épisodes naturalistes, des accents céliniens. D'abord refusé par Gallimard, le manuscrit fut accepté en 1937, mais amputé de quarante pages et publié sous le titre définitif, suggéré par Gaston Gallimard. Il obtint un succès d'estime auprès des critiques et un bon succès de librairie, sans être alors un *best-seller*. Le livre se présente comme le journal d'Antoine Roquentin, installé à Bouville pour rédiger l'histoire d'un aventurier du XVIIIe siècle, M. de Rollebon. Roquentin, affligé d'un trouble de la perception, s'interroge sur ses symptômes et découvre progressivement la notion métaphysique de « contingence », après avoir dénoncé tout ce qui donne à l'existence un sens illusoire : le sentiment d'aventure, l'expérience, la science historique, la description scientifique. Ayant pour objet, entre autres, la critique des « vernis culturels », des bibliothèques et des musées, le récit repose sur des modèles hétéroclites qui se détruisent par leur juxtaposition : la méditation philosophique, mais aussi la romance sentimentale, le journal d'un fou, la description naturaliste ; il est composé comme un montage de citations, de réminiscences et de pastiches, produisant l'effet ironique et burlesque d'un « comique métaphysique ».

SYNOPSIS

Après avoir fait de longs voyages, Antoine Roquentin s'est fixé à Bouville, au milieu des féroces gens de bien. Il habite près de la gare, dans un hôtel de commis voyageurs, et fait une thèse d'histoire sur un aventurier du XVIIIe siècle, M. de Rollebon. Son travail le conduit souvent à la bibliothèque municipale, où son ami l'Autodidacte, un humaniste, s'instruit en lisant les livres par ordre alphabétique. Le soir, Roquentin va s'asseoir à une table du « Rendez-vous des Cheminots » pour entendre un disque – toujours le même : *Some of these days.* Et parfois, il monte avec la patronne du bistrot dans une chambre du premier étage. Depuis quatre ans, Anny, la femme qu'il aime, a disparu. Elle voulait toujours qu'il y ait des « moments parfaits » et s'épuisait, à chaque instant, en efforts minutieux et vains pour recomposer le monde autour d'elle. Ils se sont quittés ; à présent Roquentin perd son passé goutte à goutte, il s'enfonce tous les jours davantage dans un étrange et louche présent. Sa vie même n'a plus de sens : il croyait avoir eu de belles aventures ; mais il n'y a pas d'aventures, il n'y a que des « histoires ». Il s'accroche à M. de Rollebon : le mort doit justifier le vivant.

Alors commence sa véritable aventure, une métamorphose insinuante et doucement horrible de toutes ses sensations ; c'est la Nausée, ça vous saisit par-derrière et puis on flotte dans une tiède mare de temps. Est-ce Roquentin qui a changé ? Est-ce le monde ? Des murs, des jardins, des cafés sont brusquement pris de nausée ; une autre fois, il se réveille dans une journée maléfique : quelque chose a pourri dans l'air, dans la lumière, dans les gestes des gens. M. de Rollebon meurt pour la seconde fois : un mort ne peut jamais justifier un vivant. Roquentin se traîne au hasard des rues, volumineux et injustifiable. Et puis, le premier jour du printemps, il comprend le sens de son aventure : la Nausée, c'est l'Existence qui se dévoile – et ça n'est pas beau à voir, l'Existence. Roquentin garde encore un peu d'espoir : Anny lui a écrit, il va la retrouver. Mais Anny est devenue une lourde femme grasse et désespérée ; elle a renoncé aux moments parfaits, comme Roquentin aux Aventures ; elle aussi, à sa manière, elle a découvert l'Existence : ils n'ont plus rien à se dire. Roquentin retourne à la solitude, tout au fond de cette énorme Nature qui s'affale sur la ville et dont il prévoit déjà les prochains cataclysmes. Que faire ? Appeler au secours d'autres hommes ? Mais les autres hommes sont des gens de bien : ils échangent des coups de chapeau, et ne savent pas qu'ils existent. Il va quitter Bouville ; il entre au « Rendez-vous des Cheminots » pour écouter, une dernière fois, *Some of these days,* et, pendant que le disque tourne, il entrevoit une chance, une maigre chance de s'accepter.

Le Mur

Publié en 1939, *le Mur* rassemble en recueil cinq nouvelles, dont deux inédites, « Érostrate » et « l'Enfance d'un chef ». Sartre en avait écrit une sixième en 1937, « Dépaysement », où un touriste appliqué découvre à Naples « la parenté immonde de l'amour et de la nourriture ». Mais elle ne s'intégrait pas à l'ensemble, dont l'auteur définit l'unité dans le prière d'insérer : « Personne ne veut regarder en face l'Existence. Voici cinq petites déroutes – tragiques ou comiques – devant elle, cinq vies ». Les quatre premiers récits placent les héros dans une « situation limite », exceptionnelle, décisive, exemplaire, à laquelle ils réagissent de façon paradoxale et logique, sur le mode de l'humour gris. Dans « le Mur », un républicain espagnol condamné à mort par les franquistes se détache de tout et livre un ami en croyant plaisanter. Dans « la Chambre », Ève tente en vain de partager la folie de son mari. Moderne « Érostrate », Paul Hilbert commet l'« acte surréaliste le plus simple » : il tire sur la foule puis se rend. Dans « Intimité », la femme frigide d'un impuissant renonce à quitter son époux pour un amant trop viril. Le dernier récit, « l'Enfance d'un chef », est un petit roman d'apprentissage ironique, une parodie de récit psychanalytique où Lucien traverse les phases de l'évolution sexuelle infantile et les tentations intellectuelles de l'entre-deux-guerres : surréalisme, psychanalyse, nationalisme, avant d'être prêt à devenir un chef d'industrie. Relu à partir des *Mots*, dont certains épisodes sont presque semblables, ce récit satirique propose une expérience fictive de l'auteur : en modifiant l'une des données de sa vie – la mort de son père –, il retrace l'un de ses possibles.

Les Chemins de la liberté

La somme romanesque des *Chemins de la liberté,* élaborée en une décennie, a été conçue en juillet 1938 comme la suite de *la Nausée* avec pour titre « Lucifer », pour sujet la liberté, pour épigraphe : « Le malheur, c'est que nous sommes libres ». Ensuite, les titres et l'organisation générale ont été progressivement modifiés, et l'ensemble est resté inachevé. *L'Âge de raison* et *le Sursis*, publiés ensemble en 1945, manifestent par leurs différences signifiantes le bouleversement produit par la Seconde Guerre mondiale. *L'Âge de raison*, achevé en 1941, décrit « dans la bonace trompeuse des années 37-38 » le cercle restreint de quelques vies individuelles « bien cloisonnées », qui se cherchent et se fuient pendant deux jours : pour préserver sa liberté inutile, Mathieu Delarue, professeur de philosophie, refuse de s'engager avec Marcelle, enceinte de lui, avec Brunet, militant communiste, et court Paris pour trouver l'argent nécessaire à l'avortement de son amie. Le récit est construit comme une pièce de théâtre, en chapitres obéissant à une unité d'action, de lieu, de point de vue. *Le Sursis*, achevé en 1944, décrit l'irruption de l'Histoire dans cet univers individualiste et ordonné, en septembre 1938, avec l'invasion de la Tchécoslovaquie, la mobilisation en France, les accords de Munich. Selon la technique du simultanéisme, mais sur un rythme accéléré, le récit morcelle le temps, l'espace, l'intrigue, tourbillonne de lieu en lieu, d'une histoire à une autre, parfois dans la même phrase, mêlant les personnages de *l'Âge de raison* à une foule de héros célèbres ou anonymes. *La Mort dans l'âme*, publié en 1949, situe l'action en juin 1940. La première partie décrit du point de vue de Mathieu la débâcle de son régiment, jusqu'à l'arrivée des Allemands et l'explosion du clocher où se trouve un groupe de soldats français. Dans la deuxième partie, centrée autour de Brunet, un groupe de prisonniers est emmené vers une destination inconnue ; entre eux s'élabore une sorte de fraternité, tandis que Brunet noue amitié avec Schneider. Le tome IV devait s'intituler « la Dernière Chance » ; les principaux personnages devaient y trouver leur liberté sous l'Occupation et dans la Résistance. Mais Sartre a renoncé à raconter dans la complexité de l'après-guerre la situation radicale de cette époque. De ce volume conclusif il n'a publié que deux chapitres, sous le titre de « Drôle d'amitié » (*les Temps modernes*, novembre-décembre 1949) : au stalag, en 1941, Brunet est déçu par le parti communiste, qui tarde à s'engager ; il apprend que Schneider est en réalité Vicarios, exclu du Parti en 1939, et découvre sa propre solitude à la mort de Vicarios.

« UN THÉÂTRE DE SITUATIONS »

Sous le titre *Un théâtre de situations*, Michel Contat et Michel Rybalka ont rassemblé dans la collection « Idées », en 1973, un ensemble d'articles et d'entretiens où, de 1944 à 1968, Sartre esquisse les principes de sa dramaturgie. Il a découvert l'écriture dramatique en même temps que l'Histoire et l'action collective en 1940, en captivité, où il a écrit, monté et joué, avec et pour les prisonniers du stalag, *Bariona ou le Fils du tonnerre*, mystère de Noël. Professeur à l'École d'art dramatique de son ami Charles Dullin en 1942-1943, il tire du théâtre grec classique et de l'*Esthétique* de Hegel sa conception d'un théâtre « austère, moral, mythique et rituel d'aspect », qui corresponde « aux besoins d'un peuple épuisé mais exigeant ». Refusant le « théâtre de caractères », psychologique et réaliste, Sartre propose donc, dans les années 1944-1947, un théâtre mythique, qui transpose les grandes questions de l'époque contemporaine pour permettre la réflexion, où « de grandes circonstances », des « situations limites » acculent les personnages à un choix vital, où les conflits de caractères soient remplacés par des conflits de droits. À ce contenu moral, mais non moralisant, conviennent une action brève et violente, centrée sur un événement, une mise en scène austère, un style clair, tendu, sobre, qui garde un peu de la « pompe » antique et transforme la représentation en cérémonie. Après 1950, Sartre tient compte, nuançant ses propos, du « théâtre critique », de Jean Genet, d'Antonin Artaud et surtout de Bertolt Brecht, dont pourtant il ne partage pas les principes artistiques.

Ce changement accompagne l'évolution de son œuvre. De 1943 à 1948, l'activité dramatique de Sartre est intense. Il écrit cinq pièces et suit de près leur mise en scène : *les Mouches* (1943), *Huis clos* (1944), *la Putain respectueuse* et *Morts sans sépulture* (1946), *les Mains sales* (1948). Il rédige en même temps de nombreux scénarios pour le cinéma : « Histoire de nègre », « l'Apprenti sorcier », « la Grande Peur », « Typhus » (1943-1944, inédits), *Les jeux sont faits* (1948, Nagel), *les Faux Nez* (1947, *la Revue du cinéma* n° 6), *l'Engrenage* (1948, Nagel). Ces œuvres coïncident, chez Sartre, avec la découverte de l'action collective, de la responsabilité de l'écrivain, du pouvoir des mots et, dans sa philosophie, avec la problématique de la liberté en situation. Après 1948, Sartre n'écrit plus qu'épisodiquement pour le théâtre et pour le cinéma : *le Diable et le Bon Dieu* (1951), *Nekrassov* (1955), *les Séquestrés d'Altona* (1959), et un scénario injouable, *Freud* (1959) ; mais il adapte pour le théâtre *Kean* d'Alexandre Dumas (1953) et *les Troyennes* d'Euripide (1965), et pour le cinéma *les Sorcières de Salem*, à partir d'une pièce d'Arthur Miller (1955-1957). Les pièces de cette époque ont perdu l'austérité, la concision et la rigueur des précédentes : le texte est plus brillant, la mise en scène plus fastueuse. Mais la finalité de l'œuvre ne change pas : elle consiste à « forger des mythes », à présenter des situations assez générales pour être interprétées à travers des situations particulières, à éloigner dans le temps et dans l'espace les problèmes contemporains : « la fin et les moyens, la légitimité de la violence, les conséquences de l'action, les rapports de la personne avec la collectivité, de l'entreprise individuelle avec les constantes historiques ». Ainsi, dans *les Mouches*, le repentir qu'impose Égisthe à la ville d'Argos fait allusion à l'idéologie pétainiste, et Oreste, dans cette intrigue à double entente, donne aux Français une leçon de liberté et d'audace. Dans *le Diable et le Bon Dieu*, le personnage du militant Nasty est prétexte à souligner l'analogie entre l'Allemagne de la Réforme, la guerre des Paysans, le millénarisme et la situation de guerre froide en 1951. Ce que présentent *les Séquestrés d'Altona*, c'est une condensation entre l'Allemagne au temps du nazisme et la France pendant la guerre d'Algérie, également coupables d'avoir pratiqué la torture. Une telle polysémie ne va pas sans malentendus. On a souvent interprété comme une profession d'anti-humanisme la célèbre réplique de *Huis clos* : « L'Enfer, c'est les autres » (en d'autres termes : « chacun est le destin de chacun »). *La Putain respectueuse*, qui « reflète l'impossibilité de résoudre le problème noir aux États-Unis », a eu des difficultés avec la censure de Chicago, qui y voyait une pièce anti-américaine. *Les Mains sales*, qui opposent l'idéalisme révolutionnaire de Hugo au réalisme de Hœderer, ont été reçues comme une « propagande hostile à l'U.R.S.S. », au point que Sartre en interdit la représentation sans l'accord des partis communistes intéressés. Parce que Gœtz cesse de provoquer un Dieu absent pour aller vers les hommes, on a vu dans *le Diable et le Bon Dieu* une « démonstration de l'inexistence de Dieu ». *Nekrassov*, dirigée contre l'anticommunisme de la presse, a été considérée comme une pièce « crypto-communiste » ; parce que Valera, personnage négatif, s'écrie : « Désespérons Billancourt », on a attribué à Sartre la consigne contraire, devenue célèbre.

Dans le « prière d'insérer » des *Mouches*, Sartre, peut-être pour abonder dans le sens de Charles Dullin, présente la pièce comme une « tragédie de la liberté », en opposition avec la « tragédie de la fatalité ». Cette définition, remise en cause en 1966, a souvent servi à interpréter l'action, les personnages, l'espace et le discours dramatiques dans le théâtre de Sartre. En effet, les « situations extrêmes » acculent à des actes de violence et de négativité – meurtres ou suicides. Dès le début, « les jeux sont faits », et le héros n'a plus qu'à assumer son choix. La question posée porte sur la culpabilité individuelle et collective et donne lieu à diverses formes de procès et de jugements. Les personnages, définis par leur situation conflictuelle, sont schématiques et excessifs ; séparés et marginaux, ils se divisent en militants et aventuriers, révoltés et soumis, mystificateurs et mystifiés. L'espace est claustral : ville close ou assiégée, enfer, prisons, chambres refuges, chambres de séquestration. L'acte unique de *Huis clos* est le modèle le plus clair de ce « Grand-Guignol métaphysique ».

Huis clos

SYNOPSIS

Garcin, un homme de lettres, Inès, une employée des postes, Estelle, une mondaine, sont successivement introduits dans le salon second Empire d'une sorte d'hôtel. En fait, hors de tous repères, sous une lumière électrique continue, morts tous trois, ils sont en enfer. Pourquoi ont-ils été réunis ? Les circonstances de leur mort sont différentes, aucun d'eux n'a la même origine sociale, ils ne se sont jamais rencontrés auparavant. Inès assure qu'il n'y a aucune erreur, aucun hasard : tous trois, tous les trois ont dû commettre une faute. Elle comprend que le bourreau, « c'est chacun de nous pour les deux autres ». Garcin propose alors une échappatoire : le silence. Mais Estelle ne peut s'empêcher de parler ni Inès, qui est homosexuelle, de tenter de la séduire, en vain : Estelle se tourne sans cesse vers Garcin qui, lui, voudrait tout oublier. Enfantillage, selon Inès ; car on a beau se taire, on ne peut s'empêcher d'exister. Devant l'échec du couple Inès-Estelle, la confrontation est relancée. Chacun se trouve en fait criminel : Inès a tué son amie, Estelle son fils illégitime, Garcin s'est conduit en lâche. Garcin propose une mutuelle pitié, qu'Inès refuse. Estelle accepte : elle trouvera dans les bras de Garcin la consolation, tandis qu'elle s'efforcera de lui faire oublier sa lâcheté. Mais la lucidité sarcastique d'Inès compromet le couple Estelle-Garcin. La porte s'ouvre lorsque Garcin en appelle à l'engloutissement dans les souffrances physiques ; il recule. Inès lui rappelle qu'un homme n'est que la somme de ses actes et que la lâcheté est le total de sa vie. Estelle a beau s'offrir de nouveau à Garcin, le regard dénonciateur de l'autre est toujours là. Indéfiniment liés, indéfiniment victime et bourreau, ils constatent que « l'enfer, c'est les autres ».

J.-M. Rodrigues

Pourtant, *Huis clos* peut apparaître comme une pochade développant un schéma boulevardier. Dès les premières pièces de Sartre, le mélange du grotesque et du sublime se rapproche du mélodrame ou du drame hugolien. Le dramaturge n'a pas perdu son goût d'adolescent pour les opérettes, les farces, les revues. Les épisodes burlesques alternent avec les dialogues les plus graves, les héros tombent parfois dans leur propre caricature, l'humour casse le lyrisme et le sérieux. Deux œuvres sont exclusivement ludique ou satirique ; l'étrange scénario des *Faux Nez* correspond à une mystification générale : un faux prince porte un faux nez pour ressembler au vrai prince mort au berceau, toute la Cour porte des faux nez pour que le faux prince ne s'aperçoive pas de son infirmité supposée ; dans *Nekrassov*, comédie satirique sur les mœurs journalistiques, un escroc se fait passer pour un ministre soviétique dissident ; la presse anticommuniste exploite la supercherie, et le canular atteint des proportions gigantesques.

Tragique ou comique, élaborée en référence au théâtre grec antique, la dramaturgie de Sartre n'innove pas : c'est un théâtre d'auteur qu'il écrit, même s'il modifie son écriture sous les directives de Charles Dullin, même s'il rédige *Huis clos* pour donner un rôle à des amis, *le Diable et le Bon Dieu* et *Kean* pour Pierre Brasseur (ce dernier à la demande du comédien). Bien que la parole sur scène ait à ses yeux la fonction d'un acte, il compose en rhétoriqueur, à partir d'un sujet et de répliques assemblées : une pièce, de son propre aveu, est « une conversation de gens qui se jettent à la figure des choses qu'ils ont à se dire », elle aboutit au livre. À part *Huis clos*, le théâtre de Sartre ne tente guère les metteurs en scène mais obtient de gros succès de librairie. Les nouvelles exigences du public, qui réclame un théâtre d'acteurs, ont sans doute incité Sartre à cesser de créer dans ce domaine après *les Séquestrés d'Altona*.

Les Mains sales

SYNOPSIS

Dans un État imaginaire d'Europe centrale, l'Illyrie, au moment de la débâcle allemande, un jeune homme de vingt-deux ans, Hugo Barine, se rend à sa sortie de prison chez Olga, une ancienne camarade communiste. Sur l'ordre du Parti, il a tué Hœderer, un dirigeant dont la ligne pragmatique d'alliance avec la bourgeoisie avait été jugée dangereuse. Hugo, témoin gênant, doit être liquidé. Olga obtient cependant un sursis afin d'examiner s'il est ou non « récupérable », d'autant que l'on ne sait si son crime était davantage passionnel que politique. Hugo revit donc pour Olga les événements qui ont conduit à son arrestation (tableau 1). Mars 1943, deux ans plus tôt. Dans l'Illyrie occupée, trois forces préparent la relève politique : la droite fascisante, la bourgeoisie nationaliste et libérale, le parti communiste clandestin scindé en deux tendances, l'une qui prétend que le Parti doit prendre seul le pouvoir, l'autre, représentée par Hœderer, qui propose une alliance provisoire avec les deux autres forces, au risque de trahir ses principes. Hugo, rejeton de la bourgeoisie passé au Parti, veut faire ses preuves. On le charge donc d'éliminer Hœderer (tableau 2). Hugo s'installe chez lui au titre de secrétaire, avec sa femme Jessica. Hœderer comprend qu'Hugo souffre de ne pas être reconnu par les militants prolétariens comme un des leurs parce qu'il est un « gosse de riches », un intellectuel, un « type qui ne travaille pas de ses mains ». Lui qui est passé directement de l'enfance à l'âge d'homme, il propose à Hugo de l'aider à franchir ce pas. Troublé, Hugo laisse passer plusieurs jours sans se résoudre à tuer Hœderer (tableaux 3 et 4). Sommé d'accomplir son contrat, Hugo est de plus en plus désemparé : tuer, c'est abstrait, mais tuer un homme, c'est obscène. Aussi tente-t-il de convaincre Hœderer que sa ligne trahit l'idéal révolutionnaire. Mais Hœderer lui montre qu'en faisant du Parti une fin et non un moyen, il s'enferme, par esprit de système, dans un idéal de pureté coupé du réel. Hugo a peur de se salir les mains, Hœderer, lui, a les « mains sales », car on ne saurait gouverner innocemment. Désemparé, Hugo transforme son incertitude en résolution : il tuera Hœderer (tableau 5). Prévenu par Jessica, Hœderer parvient à force de persuasion à désarmer Hugo à qui il explique qu'il a choisi un chemin difficile pour se prouver qu'il était capable d'agir, et lui propose encore de l'aider. Hugo est sur le point d'accepter lorsqu'il surprend Jessica, qui l'a provoqué, dans les bras de Hœderer. Hugo trouve alors la force de tirer sur celui-ci et le tue (tableau 6). Retour au présent. Interrogé sur les véritables motifs de son geste, Hugo ne parvient pas à les démêler : il devrait sentir le poids de son crime, et ne parvient à le considérer que comme un « assassinat sans assassin ». Olga lui propose de continuer à faire passer le meurtre pour un crime passionnel et lui offre de l'aider à réintégrer le Parti. Hugo apprend alors que ce dernier, depuis, a adopté la ligne d'Hœderer, désormais considéré comme un héros. Il est devenu un meurtrier encombrant. Comprenant qu'à la honte d'avoir tué celui qu'il admirait on lui demande d'ajouter la honte d'un crime pour rien, Hugo refuse l'offre d'Olga et se livre à ses tueurs en criant : « Non récupérable ! » (tableau 7).

J.-M. Rodrigues

LES ŒUVRES DE CIRCONSTANCE : CRITIQUE ET POLITIQUE

Dans *l'Être et le Néant*, la « situation » est définie comme « le visage singulier que le monde tourne vers nous », comme le donné « éclairé » par la finalité qui le dépasse, la contrainte assumée par la liberté qui lui donne sens. *Situations* désigne une série de dix volumes publiés de 1947 à 1976, rassemblant des articles, des essais, des reportages, des préfaces, des entretiens écrits ou enregistrés de 1938 à 1975. C'est, dans l'œuvre de Sartre, « la partie non philosophique la plus proche de la philosophie : critique et politique », celle dont Sartre souhaitait le plus vivement la survie. Ces textes de circonstance sont étroitement liés à l'actualité historique et aux relations amicales de l'auteur, ils manifestent « un lien vivant de rage, de haine, ou d'amour » entre celui qui les a produits et ceux qui les reçoivent.

Cet ensemble varié comprend, outre les entretiens autobiographiques présentés plus loin :

• **des articles et des préfaces de critique littéraire, philosophique, artistique** dans *Situations I* (1947, textes de 1938 à 1945 ; publiés dans la collection « Idées » sous le titre *Critiques littéraires*), *Situations IV, portraits* (1964, textes de 1948 à 1963), *Situations IX, mélanges* (1972, textes de 1964 à 1970). Les premiers articles de critique littéraire, écrits avant ou pendant la guerre, sont orientés par la recherche de la métaphysique sous-jacente aux techniques romanesques, notamment chez Faulkner, Dos Passos, Mauriac, Camus, et par la découverte d'écritures nouvelles aptes à exprimer le vécu de la contingence (chez les romanciers américains « du comportement » et dans *l'Étranger* de Camus) ou à réaliser un fantastique moderne (chez Blanchot). *Situations IV* rassemble des écrits de virtuose parmi les plus baroquisants de Sartre : « Un parterre de capucines », par exemple, qui décrit avec une débauche ludique de métaphores les squelettes décoratifs de Sainte-Marie de la Conception, à Rome ; ou « Des rats et des hommes », qui sert de préface au roman autobiographique d'André Gorz, *le Traître* : en mêlant brillamment la métaphore et le concept, l'emphase et l'ironie, Sartre montre comment un homme naît de l'écriture, comment un « auteur » est nécessairement divisé par « la criaillerie de la foule » qui l'habite ;

• **des manifestes littéraires** : *Situations II* (1948) rassemble les trois textes parus dans *les Temps modernes* où s'élabore la notion de « littérature engagée ». Les deux premiers surtout, « Présentation des *Temps modernes* » et « la Nationalisation de la littérature », sont issus d'une réflexion collective et définissent le programme de la revue. Ils s'opposent à la conception périmée d'une « littérature intempestive », qui se situerait au-dessus de la mêlée et ôterait à l'écrivain sa responsabilité. Ils définissent la « littérature engagée » non comme une littérature de propagande ou de parti, mais comme une littérature actuelle, s'adressant aux contemporains pour leur dévoiler le monde et « dissoudre les mythes dans un petit bain d'acide critique ». Le texte des conférences données au Japon en 1966 sur les intellectuels, « Plaidoyer pour les intellectuels » (*Situations VIII*), affine la théorie de la « littérature engagée », l'insère dans une description de l'intellectuel déchiré entre des aspirations à l'universel et les particularismes de sa classe et assigne pour tâche à l'écrivain de rendre compte de l'« universel singulier » ;

Situations II : « Qu'est-ce que la littérature ? »

SYNOPSIS

I « QU'EST-CE QU'ÉCRIRE ? » Les poètes, comme les peintres, les sculpteurs, les musiciens, considèrent les mots comme des choses et non comme des signes ou comme des outils. Pour le prosateur, le langage est action par dévoilement : « Parler, c'est agir ; toute chose qu'on nomme n'est déjà plus tout à fait la même ».

II « POURQUOI ÉCRIRE ? » « L'objet littéraire est une étrange toupie qui n'existe qu'en mouvement. Pour la faire surgir, il faut un acte concret qui s'appelle la lecture ». Écrire, c'est faire appel à la liberté du lecteur, lui dévoiler le monde et lui proposer la tâche de le changer.

III « POUR QUI ÉCRIT-ON ? » On n'écrit pas pour un lecteur universel ; on écrit pour ses contemporains, ses compatriotes, ses frères de race ou de classe. Tout livre est allusif et, par l'ensemble de ses présuppositions, dessine l'image du lecteur auquel il est destiné. La nature de ce public détermine celle du texte : quand un conflit oppose le public réel et le public virtuel de l'œuvre, cette déchirure impose au texte une tension interne. De l'écart entre le public idéal et le public réel naît l'idée d'universalité abstraite et de gloire littéraire. Dans une société sans classes, la littérature serait la Fête, le moment, dans l'action, de la conscience réflexive.

IV « SITUATION DE L'ÉCRIVAIN EN 1947 » Les écrivains français sont les plus bourgeois du monde. En 1947, le décalage s'est accentué entre le mythe d'une littérature dégagée des contingences historiques et l'irruption brutale de l'Histoire pendant la guerre. Acculés à leur historicité, les écrivains n'ont d'autre devoir que de créer une « littérature des situations extrêmes », « des grandes circonstances », qui ne donne pas le monde à voir mais à changer, qui démystifie son public et réalise son unité.

- **des reportages, des témoignages** sur l'Occupation, les États-Unis (*Situations III*, 1949, textes de 1944 à 1946), la Libération (*Combat*, avril-septembre 1944). Pour Sartre le reportage fait partie des genres littéraires et peut même devenir un des plus importants d'entre eux. Il compose ces reportages à partir d'un montage d'anecdotes signifiantes dont le commentaire dégage le sens et qui servent de base à la réflexion ;
- **des textes politiques** : précédant d'un an le premier volume des *Situations*, *Réflexions sur la question juive* (1946) est le meilleur exemple d'analyse phénoménologique d'une « situation » dont Sartre tire une leçon politique. Le livre commence par un portrait de l'antisémite : être juif, selon Sartre en 1946, c'est être conditionné par la passion haineuse et fascinée de l'antisémite et par la négation du démocrate, c'est être « délaissé dans la condition juive ». Le « Juif inauthentique » nie ou refuse cette situation ; le Juif authentique l'assume. Mais l'authenticité individuelle des Juifs ne résout rien : la vraie question n'est pas la question juive, mais la question de l'antisémitisme, qui concerne les non Juifs. Ce texte est l'un des plus célèbres, des plus efficaces et des plus discutés de Sartre. En 1966, il en a reconnu les limites : cette étude généralise abusivement la situation des Juifs en France dans l'entre-deux-guerres, elle souffre de l'absence d'une documentation historique solide sur l'antisémitisme et sur la culture juive, entièrement passée sous silence.

Les textes politiques des *Situations* se groupent en trois séries : « Colonialisme et néo-colonialisme » (*Situations V*, 1964, textes de 1954 à 1963) ; « Problèmes du marxisme » (*Situations VI*, 1964, textes de 1950 à 1954, et *Situations VII*, 1965, textes de 1953 à 1962) ; « Autour de 1968 » (*Situations VIII*, 1972, textes et entretiens de 1964 à 1970). La plupart d'entre eux sont des préfaces ou des « réponses », étroitement déterminées par l'ouvrage à présenter ou à réfuter. La préface aux *Damnés de la terre* de Franz Fanon offre un bon exemple de cette écriture polémique : elle s'adresse avec insistance aux Européens, et à eux seuls ; elle les insulte et les menace ; elle prophétise ; elle renverse les rôles du colon et du colonisé dans des scénarios imaginaires ; elle mime verbalement la violence qu'elle conseille.

LES BIOGRAPHIES : DES « ROMANS VRAIS »

Dans *la Nausée*, Roquentin renonçait à écrire la biographie de M. de Rollebon pour projeter un roman sur ce personnage ; Sartre adopte le trajet inverse. Après la guerre, sans achever *les Chemins de la liberté*, ce grand lecteur de biographies qui, depuis l'enfance, cherche dans la vie des autres une préfiguration de la sienne, projette ou achève, compulsivement, une série de vies d'écrivains illustres : non seulement les plus connues, celles de Baudelaire, de Mallarmé, de Genet, de Flaubert, mais encore, en fonction des circonstances, celles d'André Gorz, de Nizan, de Merleau-Ponty (*Situations IV*), de Kierkegaard (*Situations IX*). Tous des doubles de l'auteur, maudits et glorieux, tous orphelins du même père : Dieu, tous « travailleurs de l'imaginaire », comme l'est encore, dans une autre forme d'expression, le Tintoret vu par Sartre. Une seule exception confirme la règle de cette série : Henri Martin, « héros de la masse », mandaté par la volonté populaire, produit unique du rapprochement de Sartre avec le parti communiste français.

Ces biographies de grands créateurs tentent de répondre à la même question : « Comment devient-on un homme qui écrit ? », à l'aide d'une méthode qui concilie et dépasse le marxisme et la psychanalyse, qui puisse faire à la fois « connaître » et « comprendre » un individu dans sa singularité et dans sa généralité, dans la liberté de son « projet » existentiel et dans ses déterminations historiques et sociales. Cette méthode est ébauchée dans *l'Être et le Néant* : puisque l'homme est une totalité et non une collection, il s'exprime tout entier dans la plus insignifiante de ses conduites. Le nouveau Freud de « la psychanalyse existentielle » se donne pour tâche de déchiffrer par la « compréhension », dans une étude comparative des comportements dont l'œuvre fait partie, le « projet », le choix fondamental de l'individu à travers la symbolique qui lui est propre. Écrit en partie pour pouvoir traiter de Flaubert, « Questions de méthode » (publié en 1957 dans *les Temps modernes* et repris dans *Critique de la raison dialectique*) précise la finalité de la recherche biographique : trouver la relation entre la singularité de l'œuvre – et de l'homme que cette œuvre éclaire – et l'universalité de l'époque et de l'Histoire. Sartre y propose une méthode « progressive-régressive », un « va-et-vient de l'œuvre à l'homme et de l'homme à l'Histoire ».

Entre ces deux écrits méthodologiques, *Baudelaire* (écrit en 1944, publié en 1946 en introduction aux *Écrits intimes* de Baudelaire, repris en volume chez Gallimard en 1947) tente assez sommairement, à travers la grille des notions sartriennes de mauvaise foi et d'existence opposée à l'essence, de montrer pourquoi le poète des *Fleurs du mal*, en dépit des apparences, a eu la vie qu'il méritait : « il a choisi d'*exister* pour lui-même ce qu'il *était* pour les autres », de vivre à rebours dans une époque qui venait de découvrir l'avenir sous la forme du Progrès, d'être un survivant et de se défaire. L'étude sur Mallarmé – élaborée en 1948-1949, puis en 1952 – dont Sartre a publié deux extraits : un article-préface, « Mallarmé » (*Situations IX*), et « l'Engagement de Mallarmé » (*Obliques*, n° 18-19), paraît plus méthodique et plus originale dans sa thèse paradoxale : les poètes du XIXe siècle vivent dans l'illusion ; ils croient écrire contre la bourgeoisie et refléter la noblesse disparue, quand ils tendent le miroir aux grandes familles industrielles et commerçantes ; dans cette situation, à la fin du siècle,

Mallarmé choisit l'engagement le plus radical : « la destruction critique de la poésie par elle-même ».

De l'étude sur le Tintoret, écrite vers 1957, contemporaine de « Questions de méthode », il existe des fragments : « le Séquestré de Venise » (*Situations IV*), « Saint-Georges et le Dragon » (*Situations IX*), « Saint Marc et son double » (*Obliques*, n° 24-25). De ces textes brillants, touffus, ludiques se dégagent une méthode de lecture picturale, une théorie sur la perspective et la représentation de la troisième dimension, une analyse des relations entre un peintre et la ville qu'il incarne, des descriptions fantastiques de Venise, des rêveries vertigineuses sur l'espace, le regard, la pesanteur, l'obsession de la chute.

Saint Genet, comédien et martyr

Ce texte, dont le titre fait allusion à celui d'une pièce de Rotrou (*le Véritable Saint Genest, comédien païen*), constitue le premier tome des œuvres complètes de Jean Genet et leur sert de préface. À travers les représentations mythiques que donne Genet de sa propre histoire, Sartre prétend « rétablir les faits dans leurs significations vraies », reconstruire l'événement originel, l'« instant fatal » que Genet reproduit rituellement sous forme d'« histoire sainte ». Enfant abandonné, recueilli par une famille de paysans, Genet vole et se fait appeler voleur : mot vertigineux qui scelle un destin (livre I). Il reprend ce mot à son compte et décide de se vouloir voleur, dans une « perversion éthique et généralisée » qui le mène à l'homosexualité et à la trahison, dans une « conversion au Mal » (livre II). Mais le Mal est un non-être ; on ne peut ni être méchant, ni faire le Mal absolument, même par ascèse et sous une forme négative de sainteté. Le Mal se retourne en son contraire, en un « tourniquet » incessant. Genet ne peut en sortir que dans l'imaginaire, en esthète, à la recherche de la beauté, parce que celle-ci transforme l'être en apparence (livre III). Une dernière métamorphose change l'artiste en écrivain : « Résorber l'univers dans le langage, c'est détruire l'univers, mais créer le poète ». Ce livre est le plus baroque de l'œuvre sartrienne, par ses thèmes, ses images, sa rhétorique ; c'est aussi l'œuvre critique la moins théorique, la plus proche des textes qu'elle étudie et la plus mimétique.

L'Idiot de la famille : Gustave Flaubert, de 1821 à 1857

Ce texte est l'effet d'une longue animosité contre Flaubert, entretenue depuis la lecture précoce de *Madame Bovary* et manifeste dans les *Carnets*. Sartre projette dès 1943 de faire la « psychanalyse existentielle » de Flaubert, et il l'annonce dans *l'Être et le Néant*. Vers 1954, Garaudy lui propose de confronter les méthodes marxiste et existentialiste à partir d'un exemple, et Sartre choisit le cas Flaubert. Il écrit alors en trois mois une première version de mille pages. Il la reprend ensuite plusieurs fois et, en 1968-1970, la récrit complètement. Les tomes I et II paraissent en 1971, le tome III en 1972. La demi-cécité de Sartre a interrompu l'élaboration du tome IV et annulé le très vague projet d'un tome V. Cet ouvrage, qui fait suite à *Critique de la raison dialectique*, se présente comme un exemple de méthode totalisante par « empathie ». Il utilise conjointement des notions de psychanalyse non freudiennes, telle celle de passivité, et une étude marxisante de l'« esprit objectif ». L'ambition du propos, les limites chronologiques de l'étude, les projections narcissiques du critique sur son objet, les interprétations fantasmatiques là où le document fait défaut, la construction du livre « en spirale », la prolifération des analyses et leur complexité, tout cela a heurté le public français. L'opinion est plus favorable à l'étranger, surtout en Allemagne, où le texte a paru dans une édition critique très soignée.

SYNOPSIS

PRÉFACE. L'ouvrage tente de répondre à la question : « Que peut-on savoir d'un homme aujourd'hui ? » « Un homme n'est jamais un individu ; il vaudrait mieux l'appeler un *universel singulier* : totalisé et, par là même, universalisé par son époque, il la retotalise en se reproduisant en elle comme singularité ».

TOMES I et II. En suivant la chronologie sans la respecter, le texte dégage, à partir de la petite enfance de Flaubert, des soins d'une mère indifférente, de l'autorité d'un père écrasant, des démêlés de l'enfant avec les mots, sa « constitution » passive qui fonde sa névrose objective. Ensuite les étapes de la « personnalisation » mènent Gustave Flaubert de l'enfant imaginaire à l'acteur, de la geste au rôle, du poète à l'artiste, jusqu'à l'événement qui manifeste la névrose : la chute à Pont-Lévêque, doublement interprétée comme une tactique et une stratégie, comme un meurtre symbolique du père en réaction contre sa sévérité et comme stratégie de « qui perd gagne ».

TOME III. La névrose subjective de Flaubert, surgie de sa situation particulière et familiale, exprime la « névrose objective » des écrivains et du public de son temps. Férus de romantisme sous le triomphe de la bourgeoisie, les jeunes écrivains de 1840 ont perdu leur public et leur sujet ; ils ne peuvent apporter à cette contradiction qu'une solution : celle qui consiste à valoriser l'échec. L'écriture-névrose trouve sa caution dans une lecture névrotique : « *Noire,* la littérature des années 1850 convient exactement aux classes dominantes parce que celles-ci, dans l'entre-temps, ont été *noircies* par l'histoire qu'elles faisaient ». Flaubert et son temps ont la même « programmation », même si leurs rythmes sont différents : la crise de Pont-Lévêque préfigure le drame collectif de 1848.

TOME IV, à l'état de notes : il devait constituer une étude textuelle de *Madame Bovary* à partir de méthodes structurales.

Tome V, à l'état de projet : il devait réaliser la synthèse de l'ensemble, en étudiant l'itinéraire de Flaubert sous le second Empire.

Tous ces ouvrages inclassables, à la fois biographies, critiques littéraires, essais philosophiques et romans d'aventures existentielles, Sartre les présente comme des « fictions vraies », de « vrais romans » ou des « romans vrais ». Philosophe à la recherche du sens, le biographe soumet la chronologie à une logique dialectique, montrant dans l'élaboration d'un « projet fondamental » les contradictions d'une situation et leur dépassement. Historien, il cherche dans l'œuvre de quoi éclairer la vie, et dans la vie de quoi exprimer l'époque. Romancier, il construit une intrigue sur le modèle fondamental du « qui perd gagne » et supplée par l'imagination au défaut d'information. Écrivain, il prend appui sur le commentaire pour développer, sous le masque de l'interprétation, une fantasmagorie personnelle.

L'ŒUVRE AUTOBIOGRAPHIQUE

L'œuvre autobiographique de Sartre comprend non seulement le plus ciselé de ses écrits, *les Mots*, mais encore un vaste ensemble de commentaires biographiques dialogués, parlés, filmés, écrits, œuvres collectives où l'écrivain disparaît au profit de son image ou de son entourage.

Les Mots

C'est en 1953, en pleine période d'autocritique et de rejet de la littérature, que Sartre entreprend son autobiographie. Il en rédige la plus grande partie en 1954, sous le titre de « Jean sans Terre » : son mythe personnel ne semble pas dominé par la figure du Bâtard, comme l'affirme Francis Jeanson, mais par celle du déshérité. Cette version satirique et démythifiante fut reprise en 1963, adoucie et nuancée. C'est un récit de conversion, qui n'est pas destiné à ressusciter le passé, mais à en dégager le sens à la lumière de révélations récentes : « Jeté dans l'atmosphère de l'action, j'ai soudain vu clair dans l'espèce de névrose qui dominait toute mon œuvre antérieure ». Le narrateur tente de montrer, en évitant le détail gratuit, en utilisant le marxisme et « une certaine psychanalyse », comment un enfant, à une époque de subjectivisme et d'esthétisme, se voue à la littérature pour y trouver l'absolu. Il présente son cas comme exemplaire d'une génération et d'une classe : « À travers mon histoire, c'est celle de mon époque que je veux transcrire ». Conçu comme un adieu à la littérature, ce texte devait être rédigé « le mieux possible », « en style », et manifester avec emphase sa littérarité : dense, « dégraissé », il doit la richesse de ses significations aux relations multiples de chaque détail avec l'ensemble, aux allusions incessantes à l'œuvre entière et à toute une culture, à un jeu perpétuel de sous-entendus ironiques. Ce brillant a surpris les lecteurs du « philosophe engagé » et contestataire ; certains y ont vu le reniement d'un passé considéré comme scandaleux, le retour à une forme d'écriture savante et complice.

SYNOPSIS

I LIRE. « En Alsace, aux environs de 1880, un instituteur accablé d'enfants consentit à se faire épicier ». Son fils Charles, protestant, spiritualiste grossier, choisit une forme atténuée de sacerdoce, le professorat, épouse une catholique, réaliste fine et voltairienne. Jean-Baptiste Sartre rencontre leur fille, lui fait un enfant au galop et meurt. Entre un vieillard et deux femmes, « Poulou » vit dans la comédie familiale, en « caniche d'avenir », au paradis : « la culture m'imprègne et je la rends à la famille par rayonnement ». Il grandit au milieu des livres, les écoute parler par la bouche de sa mère, apprend à lire dans *Sans famille,* découvre le monde dans les dictionnaires, s'initie au culte des grands écrivains, s'enivre de la lecture clandestine des illustrés. Après quelques essais manqués de scolarisation, Poulou, « vermine sans foi ni loi », se cherche une raison d'être que lui refusent la comédie familiale et l'indifférence des parents en matière de religion. Il se réfugie dans l'imaginaire, répétant dans ses rêves éveillés les aventures lues et vues au cinéma, s'identifiant à Grisélidis, à Michel Strogoff et à Pardaillan.

II ÉCRIRE. « À peine eus-je commencé d'écrire, je posai ma plume pour jubiler ». Écrire, c'est d'abord récrire, plagier. Peu importe : la conscience émerge de l'écriture. Mais le grand-père s'en mêle et propose à l'enfant un avenir de professeur qui lui permettra d'être écrivain à ses heures de loisir. Poulou se résigne d'abord à ce destin modeste, puis se ressaisit, identifie l'écrivain à Pardaillan, se figure pour avenir un passé de grand écrivain sauveur de l'humanité, inconnu, méconnu, finalement transfiguré par la gloire. Deux ans plus tard, rien n'a réellement changé : malgré la guerre, malgré l'entrée au lycée et le bonheur d'avoir des camarades dans une société d'égaux, Poulou continue à chercher le salut dans la gloire littéraire. Mais l'adulte a changé : il a perdu « l'illusion rétrospective » et voit dans la littérature une activité comme une autre, une habitude et un métier. « Si je range l'impossible Salut au magasin des accessoires, que reste-t-il ? Tout un homme, fait de tous les hommes et qui les vaut tous et que vaut n'importe qui ».

La fin des *Mots* annonçait une suite décrivant la découverte de la laideur et de la violence, le remariage de la mère, les raisons de la « conversion ». Cette suite n'a jamais été écrite, mais parlée, transcrite, filmée, face à des interlocuteurs divers. Dans *Situations IX, Mélanges* (qui rassemble, en 1972, des entretiens de 1960 à 1970), dans *Situations X, Politique et autobiographie* (qui rassemble en 1976 des entretiens de 1975), dans *On a raison de se révolter*, où Sartre dialogue avec Philippe Gavi et Pierre Victor (1974), dans les « Entretiens de 1974 », qui suivent *la Cérémonie des adieux* de Simone de Beauvoir (1981), les interviews et les dialogues diversement transcrits servent de documents pour une biographie à venir. Ce sont des œuvres de collaboration avec des journalistes, puis, de plus en plus, avec des amis, qui orientent le ton de l'entretien et même le contenu du portrait ainsi élaboré. Enfin, la « Radioscopie » de Jacques Chancel (7 février 1973) et le film réalisé par Alexandre Astruc et Michel Contat, *Sartre par lui-même*, échappent encore plus à la maîtrise de l'écrivain mis en scène : la « radioscopie » le banalise, le film théâtralise une intimité dans un montage audiovisuel statique.

Après ces portraits officiels du grand écrivain figé dans sa célébrité, la publication posthume de deux textes intimistes fait surgir des croquis narquois pris sur le vif par un homme jeune qui redoutait le sérieux. Parmi les carnets que Sartre a tenus pendant sa mobilisation, entre septembre 1939 et juin 1940, cinq seulement, sur plus de quinze, ont été retrouvés. Arlette Elkaïm-Sartre, sa fille adoptive, les a publiés sous le titre *les Carnets de la drôle de guerre* (1983). Sartre, qui avait toujours méprisé la pratique du journal intime, s'y était résolu en cette circonstance exceptionnelle. Il s'agit d'un témoignage historique sur la guerre et d'une mise en question de soi ; il est destiné à compléter en différé l'échange épistolaire d'alors avec Simone de Beauvoir, limité par la censure. Il contient, « sous une forme libre et rompue », d'une alacrité stendhalienne, des « ragots, cancans, vaticinations politiques, humeurs », des anecdotes humoristiques sur la vie quotidienne à vingt kilomètres du front, des comptes rendus de lectures, des notes philosophiques et morales qui préfigurent *l'Être et le Néant*, des analyses introspectives, des autoportraits ironiques qui doivent « aider l'être présent à couler dans le passé », dans un simple rapport de soi à soi, sans qu'intervienne encore l'image que le public aura de l'écrivain. C'est, de toute l'œuvre sartrienne, celle qui donne la plus vive impression de naturel. Les *Lettres au Castor et à quelques autres*, écrites de 1926 à 1963 et publiées par les soins de Simone de Beauvoir en 1983, ont moins de spontanéité : elles obéissent aux contraintes des relations familières, se « cantonnent dans le drôle » et s'insèrent dans un dialogue dont nous n'avons pas la clé.

Si l'on ajoute à cet ensemble les textes qu'on peut relire dans une perspective autobiographique, notamment les écrits romanesques et les analyses phénoménologiques – ainsi que les œuvres biographiques de Simone de Beauvoir, puisqu'elles ont reçu l'*imprimatur* de Sartre –, voilà une somme autobiographique qui apparaît exemplaire par la diversité de ses supports, de son écriture, de ses destinataires, par son évolution, par la transformation dialectique d'un sujet individuel en image collective.

G. Idt

Satyre Ménippée

(1594)

« Immortel pamphlet » (Gustave Lanson) ou épopée bourgeoise qui marque une date dans l'histoire de la conscience nationale en France, la *Satyre Ménippée*, publiée en 1594, apparaît comme une marqueterie de pièces rapportées et jointes après coup. Œuvre collective due aux chanoines Jacques Gillot et Pierre Leroy, à l'humaniste Jean Passerat, à l'érudit helléniste Florent Chrestien, aux hommes de loi Gilles Durant, Nicolas Rapin et Pierre Pithou, elle reprend dans son mode de composition des formules qui paraissent héritées de la tradition scénique médiévale, alors que certaines des harangues qu'elle contient annoncent l'éloquence classique du siècle suivant. Œuvre charnière entre toutes, la *Ménippée* fonde la doctrine de la légitimité absolutiste, tout en recourant pour cela à la veine carnavalesque et populaire rénovée par Rabelais.

Une œuvre de circonstance

La *Ménippée*, qui se réclame de Lucien de Samosate et du rire « lucianique », naît dans le Paris des guerres civiles, au moment où la Sainte Ligue, sous l'égide du duc de Mayenne, vient de convoquer des États généraux « pour élire un roi » qui évincerait Henri de Navarre, héritier légitime du trône, mais chef du parti protestant (1593). L'assemblée voit très vite l'affrontement de camp : aux catholiques ligueurs, ou « zélés », hostiles à tout compromis et stipendiés par Philippe II, qui leur verse à profusion l'or de la Nouvelle-Espagne, s'opposent les « Politiques », catholiques modérés issus, pour la plupart, du milieu de robe et favorables à un rapprochement avec les huguenots. La *Satyre Ménippée* est l'œuvre de ce dernier clan. Elle se présente sous la forme d'une relation parodique et bouffonne des États, où l'adversaire est dépeint sous les traits les plus caricaturaux. Dans la capitale, métamorphosée en « spelunque [= grotte] de bêtes farouches », où l'on va jusqu'à déterrer et ronger les os des morts, bouchers et crocheteurs tiennent le haut du pavé. Les députés eux-mêmes sont « tous choisis de la lie du peuple, des plus mutins et seditieux, corrompus par argent ». Ce carnaval sinistre, d'où montent l'horreur et la hantise du populaire, sert de toile de fond à un jeu de marionnettes et de fantoches – Grands de la maison de Lorraine, dignitaires ecclésiastiques acquis à la Ligue, légat du pape – qui démentent, par l'incongruité ou le naïf cynisme de leurs propos, la dignité du pouvoir qu'ils prétendent usurper. Seul face à tous, le sieur D'Aubray, fougueuse incarnation de la doctrine et du style des « Politiques », prêche, en termes acérés et vibrants, le ralliement au « vray roy legitime, naturel et souverain seigneur, Henry de Bourbon, cy-devant roy de Navarre ». Le déséquilibre des tons employés ici et là et l'écart polémique qui sépare la grossièreté bouffonne des ligueurs de l'éloquence efficace du représentant du tiers état confèrent à l'œuvre son caractère engagé : en porte à faux sur l'événement, la *Ménippée* apparaît bien destinée, par sa structure même, à faire basculer l'Histoire dans le sens souhaité du retour au principe du monarque absolu et incontesté.

Macédoine et bigarrure

Le terme de « satyre » ne souligne pas seulement l'intention évidemment polémique de l'œuvre ; il signifie aussi, comme le veulent ses auteurs, un écrit « rempli de diverses choses », une sorte de macédoine littéraire mêlant la prose aux vers et la gravité à la farce. Composée sur le mode de ces « entremets de langues de bœuf salées » chers à Rabelais, la *Ménippée* présente un plan des plus lâches. Elle s'ouvre sur la parade de deux charlatans qui vantent les vertus prodigieuses du « Catholicon », cactée mexicaine et panacée merveilleuse, qui transmue en vertus les vices des ligueurs. Vient ensuite une procession burlesque, rapportée dans l'« Abrégé des Estats » : les moines y revêtent l'armure par-dessus le froc, brandissent pistolets et hallebardes. Dans la salle des États, où va s'ouvrir la séance, les tapisseries qui ornent les murs décrivent en termes allégoriques les crimes et les bassesses de la Ligue. À ce triple prélude, théâtral, belliqueux et plastique, succède la séance proprement dite, comportant au total sept harangues, livrées *in extenso*. Les six premières sont franchement parodiques : tour à tour le lieutenant général Mayenne, le légat pontifical – qui mêle à son italien maternel des bribes de latin macaronique –, le cardinal de Pelvé, l'archevêque de

Lyon, le recteur Roze, « fol » invétéré, et le soudard Rieux, député de la noblesse, parlent dans le brouhaha de cris divers et de bruits de corps mal contrôlés. Enfin, dans le silence revenu, s'élève la voix solitaire de D'Aubray, dont le discours occupe à lui seul la moitié de l'œuvre et s'achève en un hymne à la monarchie. Cette harangue solennelle et quelque peu emphatique, qui n'est pas sans évoquer Guillaume Du Vair, n'était nullement préparée par les facéties initiales. Elle porte le pamphlet à la hauteur d'un morceau de bravoure illustrant ce style grave et pathétique que cultive l'éloquence judiciaire de l'âge baroque. Le rythme de la *Satyre* se brise dans l'élan unique d'une voix qui prétend incarner la totalité nationale.

Théâtre et Histoire

Deux modes de la durée et, à travers eux, deux conceptions de l'Histoire rigoureusement antagonistes se font jour dans le contraste des six premiers discours et du septième. Les harangues de la Ligue obéissent à une stricte répétition. De l'une à l'autre, et en dépit de variantes personnelles attachées au type incarné par les protagonistes successifs – Mayenne, le « roi de cartes » ; Roze, le pédant insensé ; Rieux, le matamore cruel –, le même procédé de la franchise systématique qui fait avouer à chacun ses pensées les plus coupables engendre une manière d'itération burlesque. La Ligue, à travers ses représentants, apparaît vouée à un constant radotage par lequel elle achève de se rendre ridicule. Le temps où elle se meut est celui, itératif et cyclique, du Carnaval. Immanquablement, toux, rires et pets ponctuent la fin de chacune de ces harangues bouffonnes qui ne font guère progresser la situation. Il s'agit bien d'une « mommerie d'États », et, comme l'indique Pelvé, les orateurs ne cessent de célébrer, de bégaiement en redondance, la « fête des Innocents ou le jour des Roys ». Tout change avec D'Aubray, qui, brusquement, impose la logique d'une progression pensée dans les termes de l'Histoire dynastique et nationale. Reprenant le conflit des guerres de Religion depuis le début, il en reconstitue en toute rigueur la trame, pour aboutir en conclusion à une résolution politique précise : « Allons avec les François exposer nostre vie et ce qui nous reste de bien pour assister nostre Roy, nostre bon Roy, nostre vray Roy. »

L'espace ludique du cercle s'est donc brisé pour faire place à l'enchaînement irréversible d'une histoire en acte. Aux gestes impuissants de pantins désarticulés, la voix de D'Aubray substitue l'efficace d'un discours politique immédiatement traduisible en événements. La dynamique interne de cette longue harangue prononcée d'une traite est celle-là même de l'Histoire en train de se faire. Par contrecoup, le rituel spectaculaire dans lequel s'insèrent les acteurs de la Ligue – et l'on sait le rôle éminent dévolu, dans le Paris ligueur de l'époque, aux processions solennelles, aux parades et aux grands-messes – fait figure de parodie honteuse. Balayée en pleine confusion au terme de la séance, la suite carnavalesque de Mayenne finit dans les poubelles de l'Histoire. L'affirmation d'un destin national se révèle incompatible avec cette parade d'histrions vantant leur drogue sur les tréteaux de la foire.

Le monde renversé et le retour au bon sens

Le registre du « bas matériel grossier », pour reprendre le concept clé de Mikhaïl Bakhtine, occupe une large place dans la *Ménippée*. Les acteurs, D'Aubray excepté, y sont ramenés à leur bruyante épaisseur physique. Mayenne est une « belle pièce de chair », les assistants sont pris de quintes de toux et de brusques borborygmes. Il échappe au bien nommé recteur Roze « quelques rots odoriférants de l'estomac qui sentaient le parfum de sa colère ». Les grandes dames présentes émettent des « vents pseudo-catholiques », au risque de « conchier les États ».

Mais ce recours au style en apparence débridé de la farce n'est là que pour attester l'énormité d'un scandale. La grossièreté est destinée à rabaisser l'adversaire, à le ravaler juste au niveau de son ventre, mais, simultanément, elle témoigne d'une flagrante anomalie. La solennité royale, à laquelle prétend se hausser Mayenne, se travestit en une dérisoire mascarade. Les plus hautes institutions de la monarchie sont bafouées par l'indignité fondamentale de ceux qui en ont usurpé la charge : bouchers, bordeliers et cureurs de fosses. Dès lors, la *Ménippée* va développer de manière systématique le vieux *topos* du « monde à l'envers ». La monstrueuse réalité engendrée par le règne de la Ligue est la figure inversée, l'antithèse, le négatif de ce qui devrait être dans l'ordre normal des choses. L'archevêque de Lyon s'extasie devant cette complète métamorphose : « Car qu'y a-t-il au monde de plus admirable, et que peut Dieu mesme faire de plus estrange, que de veoir tout en un moment les valets devenus maistres ; les petits estre faicts grands ; les pauvres riches ; les humbles, insolents et orgueilleux ; veoir ceux qui obéissoient, commander… » Cette subversion généralisée touche même les simples objets, soudain détournés de leur usage habituel. C'est ainsi que les écritoires deviennent des mousquets, les bréviaires des rondaches, les capuchons des moines des casques et salades. Par là même, la Ligue se révèle pécher à la fois contre la nature et contre l'usage. Elle définit une diabolique et perverse contre-nature, où tout va cul par-dessus tête. Bien plus, en posant l'équivalence instantanée des termes les plus contradictoires, elle détruit toute logique du sens. En particulier, elle nie ce processus historique que, pour sa part, D'Aubray, le porte-parole du Tiers, s'attache à reconstituer. À la pensée magique des Ligueurs, qui raisonnent en termes d'*impossibilia*, celui-ci oppose la logique d'un processus lent, calqué sur la maturation végétale : « Le Roy que nous demandons est déjà fait par la nature. » Par cet appel décisif au principe naturel, la bourgeoisie incarnée en D'Aubray comprend son destin particulier comme celui de la nation tout entière, et ses intérêts privés s'identifient à l'universel.

F. Lestringant

SCARRON Paul

(1610-1660)

L'œuvre de Scarron conserve aujourd'hui une certaine notoriété grâce au *Roman comique* (1651-1657), qui en est le principal fleuron. Mais les autres productions de ce polygraphe prolixe sont quasi oubliées, et l'on a perdu de vue qu'il fut un des écrivains les plus actifs, les plus inventifs, les plus lus, et les plus discutés aussi, du XVIIe siècle. Son apport à la poésie (burlesque) et au théâtre comique a été aussi important que sa production romanesque.

Une existence difficile

Dans ses grandes lignes, la biographie de Scarron est conforme au type le plus fréquent de *cursus* littéraire réussi du XVIIe siècle. Né dans la bonne bourgeoisie parlementaire parisienne, il se tourne vers l'Église pour s'assurer des revenus : en 1629, il se fait abbé, ne prenant pourtant que les ordres mineurs. Il entre au service de l'évêque du Mans, s'installe dans cette ville, et y devient titulaire d'un canonicat. Entre-temps, un voyage à Rome a complété sa formation. Puis il revient à Paris, où il vit dans le monde littéraire et bénéficie de l'appui des puissants du moment : Gondi (le futur cardinal de Retz), puis, après la Fronde, le surintendant Fouquet sont ses protecteurs.

Pourtant, en un contraste assez brutal, il subit aussi de lourds handicaps. Il appartient à un milieu aisé, mais se trouve très tôt affligé d'une marâtre qui n'a de cesse de le dépouiller au profit de ses propres enfants. Le monde parlementaire est proche du pouvoir, mais Scarron père joue les opposants à Richelieu, qui finit par l'expédier en exil à Blois. L'héritage de Paul Scarron, maigre en biens matériels et surtout encombré de procès contre sa demi-famille, fut aussi encombré de la suspicion latente des autorités. Au moins l'héritage intellectuel comportait-il la solide formation scolaire usuelle dans ce milieu.

Devenu abbé et secrétaire d'évêque, Scarron n'en était pas moins, selon un paradoxe alors courant, libertin d'opinions et de mœurs. On a voulu attribuer à une vérole glanée dans la débauche la maladie qui, à partir de 1638, fit de lui un égrotant, paralysé des jambes et du dos. En fait, il s'agissait d'un rhumatisme tuberculeux incurable. Impotent, peu riche, il se maria pourtant avec une belle orpheline, Françoise d'Aubigné, petite-fille du poète Agrippa d'Aubigné, qui deviendra plus tard Mme de Maintenon ; par ce mariage, la jeune fille évitait que sa pauvreté ne la contraignît à se faire religieuse.

Quoique cloué chez lui, Scarron s'était acquis de la renommée parmi les écrivains et les mondains. Dans son appartement, il recevait Sarasin, Ménage, Marigny, Pellisson, Segrais. De grands seigneurs libertins fréquentaient cette espèce de salon, réputé pour l'humeur joyeuse de l'hôte. En fait, sous sa verve, Scarron dissimulait les inquiétudes que lui inspiraient la maladie, ses perpétuels soucis d'argent, ses rêves de départ vers les Amériques et des pays qu'il imaginait paradisiaques. L'auteur de l'œuvre la plus gaie du XVIIe siècle vécut dans la douleur physique la moitié de sa vie, dans l'insatisfaction et dans les difficultés matérielles la plupart de son temps.

Un polygraphe inventif

L'abondante production littéraire de Scarron s'explique à coup sûr par son goût d'écrire et sa facilité de plume ; mais le besoin d'argent y a aussi sa part. Selon une stratégie alors fréquente chez les écrivains peu fortunés, il mise tout à la fois sur le clientélisme (auprès de l'évêque du Mans), le mécénat (auprès de Fouquet) et les revenus tirés de ses droits d'auteur. Dans les deux premiers domaines, il obtient des résultats moyens. En 1640, quand il cède sa prébende du Mans, il en retire 3 000 livres, ce qui est peu ; de Fouquet il obtient 1 600 livres de pension annuelle, chiffre courant, à l'époque, pour de telles gratifications, qui n'assurent pas un train de vie très aisé. Ses droits d'auteur sont loin d'être négligeables : la IIe partie du *Roman comique* lui rapporta 1 000 livres, et, pour chacun des onze livres du *Virgile travesti*, il reçut autant. Son théâtre dut lui valoir des rentrées aussi importantes, et ses poésies des rétributions appréciables. Aussi faut-il le concevoir comme un écrivain « de profession », non comme un fantaisiste rédigeant au seul gré de l'inspiration. Sa tentative de 1655 pour lancer une *Gazette* concurrente de celle de Loret s'inscrit dans la même perspective (mais elle fut un échec). Malgré l'image d'aimable dilettante qu'il s'est plu à entretenir, Scarron appartient, en réalité, à ce type d'écrivain actif que Balzac incarnera plus tard. Poésie, théâtre, roman, journalisme même, pamphlet à l'occasion : il s'est essayé à presque tous les genres, au moins les plus « littéraires », et le plus souvent avec réussite. Deux caractéristiques dominent sa production : le comique et l'innovation.

On doit le considérer comme le véritable initiateur du burlesque en France, et comme son principal représentant. Au théâtre, il élabore un type de comédie romanesque et satirique à rire franc qui se distingue des productions antérieures dans le genre. Dans le roman, si la lignée réaliste et satirique avait déjà donné des œuvres de première importance – celles de Sorel, surtout –, Scarron apporte une manière de roman « burlesque » qui lui est propre. Mais en tous ces domaines, il privilégie le comique. Il en utilise toutes les sources et toutes les formes : situations, personnages (ou, plutôt, caricatures) et jeux de langage y concourent. L'essentiel cependant réside dans le travail du style. Verve, virtuosité de l'écriture, sens du rythme rapide et enlevé sont sensibles dans tous ses ouvrages. Certes – cela fait partie des « lois du genre » dans le registre comique –, il feint de négliger sa rédaction, de composer un peu au hasard. En fait, ses livres résultent d'un travail très calculé, et révèlent une maîtrise très savante des ressources de la langue. Les critiques se sont souvent laissés prendre à l'apparente négligence, d'autant que le style « bas et plaisant » (selon les termes de l'époque) passe facilement pour moins travaillé que le « soutenu ». Il faut donc y insister, si l'œuvre de Scarron est bien celle d'un fantaisiste, c'est au sens premier de ce terme : celle d'un imaginatif, d'un inventif, d'un écrivain véritable, n'hésitant pas à utiliser tous les registres du vocabulaire, tous les effets du style. Malgré des compositions souvent lâches, des intrigues embrouillées, ses écrits restent aujourd'hui tout à fait lisibles, portés qu'ils sont par la verve, le sens du trait qui fait mouche en peu de mots. Il en résulte une esthétique originale.

Le maître du burlesque

Si l'on ne tient pas compte de quelques vers de jeunesse, l'entrée de Scarron dans la vie littéraire date de 1643, avec le *Recueil de quelques vers burlesques*. Or c'est de la même année qu'il faut dater l'installation et le succès en France du burlesque. Il serait abusif de faire de Scarron l'inventeur de ce mode d'écriture, mais il en est sans nul doute un des principaux initiateurs. Dès 1644, avec le *Typhon ou la Gigantomachie*, il donna le modèle d'un des types d'ouvrages caractéristiques de ce registre : l'épopée écrite en style « bas ». Par la suite, il publia régulièrement des *Suites* de ses œuvres burlesques. On y trouve essentiellement des épîtres en octosyllabes, rédigées en langue familière, et des satires. De 1648 à 1653, il fit paraître sa parodie de *l'Énéide*, le *Virgile travesti*, qui obtint un franc succès.

Si le burlesque a ses « lois » (usage de l'octosyllabe, parodie des genres nobles), il a aussi ses nuances, et la manière burlesque peut sensiblement varier d'un auteur à l'autre. Celle de Scarron se caractérise par une audace calculée et une écriture en fait savante. Audace esthétique, quand il en rajoute sur la description des Harpies au chant III de son *Virgile* :

Chacune au dos sa paire d'ailes,
Les pattes en chapon rôti,
Le nez long, le ventre aplati.
Toutes trois ont long col de grue
Et longue queue de morue,
Les tétons flasques et pendants,
Et chacune deux rangs de dents.

Audace culturelle, encore plus grande, quand il fait de Didon, héroïne discrètement sensuelle chez Virgile, une mégère ripailleuse :

Didon demanda du tabac,
Mais elle n'en prit pas deux pipes,
Qu'elle ne vidât jusqu'aux tripes
Et ne s'en offusquât l'esprit.

(Chant I)

L'anachronisme (le tabac), en projetant le mythe antique dans l'univers contemporain des lecteurs, mettait face à face leur culture savante (la lecture des Anciens) et leur culture quotidienne (mœurs, nourriture). N'est-ce pas faire trop d'honneur au burlesque que de le vouloir lire de la sorte ? N'est-il pas simple jeu, passe-temps ? La parodie d'un des passages les plus célèbres de Virgile, le songe d'Énée au chant VIII, donne à penser que non :

Son Altesse mélancolique [Énée]
Au bord du Tibre pacifique,
Mais qui se dépacifia
Du jour que Turnus [roi ennemi d'Énée] se piqua,
Faisait des châteaux en Espagne
Songeant qu'il prendrait la campagne,
Ou si dans son fort enfermé,
À force de soldats armé,
De meurtres et de brigandages,
Il se ferait par les villages
Contribuer suffisamment
De quoi vivre commodément.

La mise en cause du héros que les doctrinaires du genre épique, alors actifs, présentaient comme l'ancêtre de la civilisation occidentale se fait par le jeu d'une écriture qui n'est pas sans rappeler Rabelais, et dont, quelques années plus tard, La Fontaine exploitera les ressources.

De tels ouvrages ne s'adressaient pas à un public populaire, mais bien aux nobles et bourgeois d'esprit « libre », voire « libertin », milieu auquel Scarron appartenait depuis sa jeunesse. C'est à ce public encore qu'il destinait, en 1655, sa *Gazette burlesque*. De même, lorsqu'il utilisa les ressources polémiques du burlesque en prenant part à la guerre de pamphlets contre le pédant Montmaur (dès 1643 ; affaire où se mêlent inimitiés littéraires et manœuvres du clan politique de Retz), il visait un public averti. Exception faite peut-être pour *la Mazarinade*, attaque féroce et grossière contre Mazarin en 1651, à destination populaire mais dont il a nié être l'auteur. En fait, Scarron semble n'avoir jamais eu d'attirance pour l'opposition politique ; il s'est même efforcé un temps d'obtenir la protection d'Anne d'Autriche. Et quand le burlesque devint un moyen de polémique politique, l'auteur du *Virgile* manifesta ses réticences et composa des *Satires* de facture « classique ».

Il reste que la verve burlesque, outre ses poésies, innerve toute son œuvre : le joyeux drille qu'il fut dans sa jeunesse y trouvait un mode d'écriture adapté à son tempérament.

La comédie romanesque et gaie

Scarron vint au théâtre à partir de 1645, à un moment où était en vogue la comédie « à l'espagnole », dont Corneille même avait donné une des pièces majeures avec *le Menteur*. Il trouva dans ce genre un terrain de prédilection. Ses comédies mêlent deux lignes d'intérêt. D'une part, on y suit les amours difficiles de jeunes couples galants : c'est la part du romanesque, d'ailleurs tempéré dans ses effets, sans les grands voyages, les naufrages, les exploits guerriers qui étaient alors monnaie courante. D'autre part, des personnages de bouffon viennent prendre part à l'action et apportent les moyens d'un franc comique. Ainsi, dans *Jodelet ou le Maître valet* (1645), le serviteur ridicule, Jodelet, est chargé par son maître, qui veut mettre à l'épreuve celle qu'il aime, de se faire passer pour lui ; sous les habits de son patron, le valet reste bien entendu goinfre, grossier et benêt, d'où les cascades de situations cocasses. En dramaturge avisé, Scarron mettait à profit le style de jeu d'un acteur, Jodelet (d'où encore *Jodelet duelliste*, 1647), dont le jeu comique était populaire en ce temps.

Son chef-d'œuvre théâtral fut *Dom Japhet d'Arménie*. L'intrigue y repose là aussi sur les amours d'un jeune couple, mais l'attention se porte surtout vers le personnage de Dom Japhet, ancien « fou » de la cour de Charles Quint et, en fait, un peu fou et visionnaire, que chacun berne à qui mieux mieux. Ainsi, dans l'épisode le plus célèbre, l'héroïne feint de lui accorder un rendez-vous nocturne. En s'y rendant, Dom Japhet se fait rosser par le jeune premier ; puis la belle l'enferme sur son balcon, où le père vient le surprendre et, sous la menace, le contraint à se dévêtir, pour que sa mésaventure soit entière et publique. En même temps, Scarron multiplie les mots d'auteur : alors qu'on le menace de lui tirer des pierres avec une fronde s'il refuse de livrer ses habits, Dom Japhet réplique :

Frondeurs, ne frondez pas, je vais vous les donner.
Voilà, pour commencer, la rondelle et l'épée.
Je me disais tantôt César, je suis Pompée.
César vint, vit, vainquit ; et moi je suis venu,
Je n'ai rien vu, l'on m'a battu, puis mis à nu.

À la date où fut créée la pièce (1653), il serait difficile de ne pas voir là, à côté de l'allusion burlesque à César, un clin d'œil au public en référence aux événements récents de la Fronde.

Pendant une dizaine d'années, Scarron fut le principal auteur de théâtre comique en France. Son apport est loin d'être négligeable. Il ne donne plus un comique en demi-teinte comme celui des comédies de Corneille, mais il apporte un rire franc, qui annonce la manière de Molière. Point d'étude de caractère chez lui pourtant, mais le sens de la caricature. Enfin, sa dramaturgie se distingue surtout par l'alliage qu'elle réalise entre le romanesque et l'effet burlesque, ce dernier empêchant que ne s'établisse une unité dans le ton « moyen », mais créant au contraire sans cesse de brusques ruptures qui contribuent à une démystification du beau langage et des beaux sentiments.

Roman comique

L'œuvre la plus connue de Scarron reste son *Roman comique*, qu'il rédigea lentement, faisant attendre sa deuxième partie et laissant la troisième à peine ébauchée. L'intrigue en est assez mince, et la composition déconcertante : souvent des faits essentiels de l'action sont relatés en quelques lignes, tandis que l'auteur s'attarde des pages durant sur tel ou tel détail cocasse.

SYNOPSIS

Le récit retrace les aventures d'une troupe de comédiens (c'est le premier sens de l'adjectif « comique ») dans la région du Mans. L'intrigue repose sur deux jeunes gens, « le Destin » et « l'Étoile », qui, pour échapper à des malveillants, se sont joints aux comédiens. Mais en fait, le texte progresse par une suite d'épisodes du voyage des comédiens où des personnages bouffons et provinciaux tiennent le premier plan : l'avocat avorton Ragotin, galant teigneux et bel esprit niais, Mme Bouvillon et le lieutenant de prévôté La Rappinière, qui tous portent bien leur nom, et voisinent avec des seigneurs malfaisants comme Saldagne. D'importants retours en arrière (histoire du Destin et de l'Étoile) et quatre « nouvelles » insérées dans le récit donnent à celui-ci une structure complexe.

Il y a dans ce roman une part de réalisme, non dans les personnages, qui ne sont que des caricatures (on a vainement cherché à en faire des personnages « à clefs »), mais dans le croquis de scènes de la vie provinciale. Le romanesque n'est pas absent, grâce à l'histoire des deux jeunes premiers, ainsi qu'aux « nouvelles » insérées dans le récit, et inspirées de la littérature espagnole : amours secrètes parfois touchantes, enlèvements, duels, poursuites… Mais l'essentiel réside, là encore, dans le côté burlesque. Les premières lignes proposent d'ailleurs explicitement au lecteur un pacte de lecture inspiré des conventions du burlesque, avec une rupture de ton et un changement du rythme de la phrase typiques de la manière de Scarron :

Le soleil avait achevé plus de la moitié de sa course, et son char, ayant attrapé le penchant du monde, roulait plus vite qu'il ne voulait. Si ses chevaux eussent voulu profiter de la pente du chemin, ils eussent achevé ce qui restait de jour en moins d'un demi-quart d'heure […]. Pour parler plus humainement et intelligiblement, il était entre cinq et six quand une charrette entra dans les Halles du Mans.

Et le burlesque domine tout au long du livre : bagarres nocturnes, insultes, déclarations d'amour ridicules parodient le style épique et le roman héroïque, notamment le *Cyrus* de Mlle de Scudéry. De plus, l'auteur intervient constamment, pour faire participer le lecteur à la progression de l'écriture ou pour attirer son attention sur les scènes comiques qu'il détaille. Nombre de ces procédés se retrouveront plus tard chez Diderot. Pour son époque, s'il appartient bien au même courant que Sorel ou Furetière, Scarron s'en distingue par l'alliage du burlesque et du romanesque, plus net chez lui que dans le *Francion*, par exemple, et qui, ici comme dans son théâtre, fait la spécificité de son esthétique.

Cette esthétique, d'ailleurs, pose un problème particulier. Du baroque elle a quelques traits, mais superficiels. Est-elle classique ? Sans doute pas, même si Scarron a donné des *Satires* de facture semblable à celle qu'utilisera Boileau (ce dernier, du reste, l'a plusieurs fois imité). En fait, ces deux concepts sont impropres à définir l'art de Scarron. Résultat paradoxal de l'influence italienne (le burlesque) et espagnole, celui-ci incarne surtout une des tendances du milieu « galant » illustré par Pellisson et Sarasin (ce que le burlesque ne contredit pas, au contraire) en y adjoignant, plus que tout autre, le sens de la fantaisie critique.

A. Viala

SCÈVE Maurice

(vers 1500 ?-1560 ?)

Le représentant le plus considérable de ce que l'on a appelé l'« École lyonnaise » connut, de son vivant déjà, une réputation d'hermétisme, qui, après l'avoir fait dédaigner, l'a paradoxalement servi. Replacé aujourd'hui à mi-chemin entre Lycophron et Mallarmé, ce poète de l'obscurité apparaît comme le chantre de la « poésie pure », anticipant de plus de trois siècles les voies ouvertes par le symbolisme. C'est à son extrême concision et à la densité de son verbe que Scève doit cette singulière résurrection qui a permis à nombre d'auteurs contemporains de se reconnaître en lui – non sans graves malentendus parfois. Un tel raccourci chronologique va en effet de pair avec une certaine méconnaissance de l'œuvre, l'une des plus complexes que la Renaissance ait produites. La célèbre *Délie* en représente sans doute la pièce maîtresse, mais l'églogue de *la Saulsaye* et le poème scientifique du *Microcosme* ne sont guère moins novateurs dans cet intervalle ouvert entre la Grande Rhétorique [voir **Rhétoriqueurs**] et l'école de la Pléiade [voir **Pléiade**], que l'« Apollon lyonnais » suffit à remplir.

Une présence discrète

Épris de solitude et préférant à la vie active la vie contemplative, comme il le proclamera plus tard dans *la Saulsaye*, Scève ne s'est mêlé que par intermittence à ses contemporains. D'où l'ombre qui entoure par exemple la date de sa naissance et celle de sa mort. Né sans doute avec le siècle, il est issu d'une riche famille de notables cultivés, lyonnaise de vieille souche. Pourvu d'une solide éducation, où la scolastique s'allie au néo-platonisme venu d'Italie, il sait le grec, le latin, l'italien et l'espagnol. Le premier événement intellectuel de son existence est l'identification qu'il croit avoir faite en 1533 du tombeau de la Laure de Pétrarque, dans une chapelle de l'église des frères mineurs d'Avignon. Cette trouvaille des plus suspectes, qui, sur le moment, ne suffit pas à le faire reconnaître, vaut surtout comme le signe d'un engagement au service de la poésie nouvelle. Mais on observe bien des flottements dans les débuts de sa carrière d'écrivain.

La Deplourable Fin de Flamecte

Œuvre de commande peut-être suscitée par un libraire-éditeur, *la Deplourable Fin de Flamecte* (1535) n'est qu'une traduction lourde et amphigourique du roman de Juan de Flores, lui-même inspiré de la célèbre *Fiammetta* de Boccace. L'« élégie » romanesque de *Fiammetta*, femme mariée séduite et abandonnée, qui chante longuement un amour malheureux mais toujours vivace, laissait une conclusion ouverte. Juan de Flores, après bien d'autres, avait saisi cette occasion pour conter, en la compliquant de maintes péripéties, la mort de l'héroïne. La version que donne Scève de cette séquelle combine, comme son modèle, le roman par lettres au roman-confession.

SYNOPSIS

Grimalte a été chargé par sa dame, Gradisse, de ramener l'inconstant Pamphile auprès de Flamecte. Malgré son dévouement, la quête de Grimalte échoue, et Flamecte meurt de chagrin. Le coupable doit être puni selon la volonté de Gradisse, qui lance à nouveau Grimalte jusqu'aux extrémités de la terre. Grimalte finit par rejoindre Pamphile, qui est devenu entre-temps un « homme sauvage », nu, hirsute et pleurant de douleur au milieu des bois. Grimalte, assiégé par les mêmes funèbres visions que Pamphile, décide de partager le purgatoire de celui-ci et renonce à venir rendre compte de sa mission.

Ce roman embrouillé et fertile en incohérences n'est pourtant pas sans intérêt. D'abord parce qu'il esquisse, à l'opposé de l'amour courtois, un nouvel art d'aimer, exaltant la vengeance et le donjuanisme (Pamphile) ; ensuite parce qu'on y trouve déjà, éparse et surprenante, la frappe scévienne de quelques vers de *Délie*.

Les *Blasons* de 1536 (« le Sourcil » et « la Larme ») et de 1539 (« le Front », « la Gorge », « le Soupir ») se rattachent à la tradition des Grands Rhétoriqueurs, et « le Sourcil » a même l'honneur d'être distingué par la duchesse Renée de Ferrare, alors la protectrice de Clément Marot. En 1536, sur l'invitation d'Étienne Dolet qui encourageait ses débuts littéraires, Scève prend une part importante au tombeau poétique que l'on dresse pour le dauphin François, et il compose à cette occasion plusieurs pièces latines et françaises, dont l'ample églogue d'« Arion ».

Mais c'est en marge de ces œuvres de circonstance que se développe son véritable itinéraire de créateur. Vers 1536, il s'est épris de Pernette Du Guillet, qui sera à la fois sa Délie, « objet de plus haute vertu », et « Belline la fière », cruelle amante qui se dérobe à ses avances. Mariée en 1537, elle inspire à Scève ce grand poème de l'absence que composent les 449 dizains de la *Délie* (1544). La mort de Pernette l'année suivante entraîne, semble-t-il, une retraite prolongée de Scève à l'Ile-Barbe, au confluent de la Saône et du Rhône, d'où il rapporte en 1547 un éloge limpide de la vie contemplative, *la Saulsaye* (ou « Saulaie »). Retourné temporairement à la ville et à la vie active, il organise en 1548 l'entrée solennelle du roi Henri II à Lyon. À partir de cette date, il se consacre en solitaire à la rédaction des trois livres de *Microcosme*, qui paraîtra en 1562, alors que sa discrète présence s'est peut-être déjà retirée.

Les gammes : le *Petit Œuvre*, les *Blasons*

Tout comme l'assez pâle traduction de *Flamecte*, le *Petit Œuvre d'amour et gaige d'amytié*, publié anonymement en 1538, ne laisse guère présager les réussites futures de Scève, si toutefois ce recueil hétéroclite, où sévissent dans leur plus folle ardeur les « Cupidons et Vénus », est bien de lui. Il est probable que les « écolières » du poète, Françoise Péchaud, la compagne charnelle, et Pernette Du Guillet, la sœur d'élection, ont collaboré à cette suite d'épigrammes, d'épîtres et d'élégies qui sont parfois le simple décalque de pièces empruntées à l'*Anthologie grecque*. La gauche âpreté avec laquelle est rendue la grâce un peu mièvre de l'original annonce pourtant la contention des dizains de la *Délie*. Cet « œuvre » initial – au sens alchimique du terme – aura du moins permis à Scève de pétrir une matière, moins pétrarquiste que classique, dont il tirera l'or de ses productions futures.

D'une plus grande perfection formelle, mais relevant d'un genre plus évidemment « médiéval », les *Blasons* de Maurice

Scève réalisent la paradoxale prouesse d'introduire la sentimentalité précieuse dans une veine ordinairement illustrée par des évocations anatomiques précises et triviales. L'inventaire du corps féminin s'édulcore ici jusqu'à l'abstraction. Non seulement Scève a choisi ses sujets parmi les moins physiques – mis à part la gorge, encore qu'elle évoque à ses yeux plutôt un bouclier ou un reliquaire que des appas très concrets –, mais il tisse sans cesse ce lien symbolique par lequel le « petit monde » du corps féminin est tout à la fois l'image et la condensation de l'univers créé. « Expliquer » la bien-aimée en en épelant une à une les grâces, c'est déjà, comme dans la *Délie*, décrire les cercles concentriques qui font coïncider, par élargissements successifs, la célébration de l'amour profane et la compréhension du grand Tout. Par là même, ces blasons de facture discrètement archaïque peuvent apparaître, à l'instar du « Front », comme la « table d'attente » où vont s'écrire de plus hauts desseins.

Dans le détail du vers, Scève a opéré une sorte de décantation des procédés de la Grande Rhétorique. Sans doute les équivoques et les « allusions » verbales lui restent-elles chères : le sourcil est un « sous-ciel » ; les seins où tombe la « Larme » sont évidemment « sacrés et saints ». De même, c'est à partir d'un jeu de mots sur « Monsieur le Dauphin » qu'est construite l'églogue marine d'« Arion » (1536), tandis que, par une allusion parallèle, le nom de Montecuculli, l'assassin présumé du fils aîné de François Ier, donne naissance au « crocodile », ennemi mortel, comme l'on sait, du cétacé. Cette attention portée au matériau verbal éloigne pourtant Scève des Rhétoriqueurs, dans la mesure où le jeu perd de sa gratuité, pour épouser, à force d'exactitude et de concision, le mouvement même de la pensée, ce « curieux désir » de la connaissance humaine.

L'évidence de la *Délie*

La *Délie*, qui inaugure en France la mode des *canzonieri* pétrarquistes et prépare son apogée avec la Pléiade, a valu à Scève une réputation d'hermétisme fort exagérée. On est allé jusqu'à voir dans le chiffre 449, qui est le nombre total des dizains, une formule cabalistique. La présence d'emblèmes figurés à l'ouverture de chaque « neuvaine » de dizains dans l'édition originale de 1544 a suscité également les hypothèses les plus extravagantes. Cette disposition, au demeurant, n'est pas fortuite : chaque série de neuf pièces développe un thème et ses variantes secondaires, et le médaillon qui l'introduit fournit une sentence, dont le dizain qui suit constitue la glose, filée dans le sens de l'érotique pétrarquiste.

L'inclusion de ces emblèmes que Scève a trouvés ailleurs, en particulier dans le recueil de Gilles Corrozet, indique la persistance de l'allégorisme des Rhétoriqueurs. Dans un livre qui fait alterner la gravure et le texte, les emblèmes remplissent à proprement parler la fonction de lieux communs : images connues, sentences figées, que la trajectoire solitaire du chantre de Délie réinvestit d'un sens personnel. C'est peut-être ici le point par lequel ce *canzoniere* se rattache le plus à la tradition antique et médiévale des *Arts de mémoire*, listes de concepts mis en peinture ou en théâtre, à une double fin pédagogique et poétique. Mais un tel catalogue d'emblèmes demeure en quelque sorte extérieur au dessin propre du poème. Ponctuée de ces cinquante images emblématiques, la chaîne de dizains ne compose pas véritablement une suite de chapitres. Elle n'obéit pas non plus à une progression linéaire, même si la naissance de l'amour, son développement contrasté de liesse et de larmes, sa conclusion dans la mort et l'espoir d'immortalité représentent les trois moments d'une aventure tout autant spirituelle qu'amoureuse. *Délie* n'est donc ni le roman d'une passion malheureuse et sublimée, ni même la montée vers la lumière d'une âme peu à peu dégagée des erreurs d'un désir trop mortel. Les Cupidons et Vénus, brutalement congédiés dès la dédicace, reviennent à la charge et menacent jusque dans la dernière neuvaine l'accomplissement du Grand Œuvre. La signification globale du poème est à rechercher, en fait, dans chacune des 449 unités qui le composent. Les dix vers décasyllabiques y tracent l'exacte mesure d'un carré où s'inscrit, sous la forme d'un trajet circulaire, la totalité contradictoire d'une expérience. Et c'est cette répétition inlassable de l'unité du dizain qui fonde la seule véritable structure de la *Délie*.

Pétrarque et Platon

Mis à part l'imitation bien marquée de l'*Anthologie grecque*, *Délie* est née de la confluence contradictoire du pétrarquisme et du néo-platonisme. Art de cour et technique amoureuse, le pétrarquisme enveloppe d'une galanterie décente les combats doux-amers d'Éros. Il s'accompagne de conflits toujours renouvelés et se nourrit volontiers d'une piquante jalousie. À l'inverse, le platonisme, qui pose la soumission de l'amant à l'aimée en tant qu'image de l'idée de beauté, implique une communion des âmes, une ferveur mutuelle qui exclut *a priori* toute espèce de déchirement.

Le paradoxal néo-platonisme de Scève, loin de dessiner un progrès vers un idéal – et *Délie* n'a rien de cet itinéraire mystique vers l'Idée dont elle n'est l'anagramme peut-être que par accident –, entretient un perpétuel conflit avec celui-ci. À chaque moment, en chaque dizain, s'affirme une manière de *concordia discors*, concorde discordante par quoi l'image intériorisée de l'aimée apparaît simultanément comme un foyer d'euphorie et comme la source de douloureuses dissensions intestines. L'« intrinsèque débat » qui agite le poète en tous sens, « ores à Poge, or à l'Orse », et le précipite par des alternatives de vie et de mort, de jour et de ténèbres, se passe de transcendance. Jamais, même durant l'accalmie d'une sublimation contrainte, l'humain n'est sacrifié au divin. Et l'on a la surprise de voir certaines formules typiquement platoniciennes ou ficiniennes revêtir une acception des plus concrètes : « Le bien du bien, qui tout aultre surmonte », s'applique à une réalité toute charnelle (dizain 133), et, dans un contexte voisin, « l'honneste désir » traduit de manière euphémique une violence purement physique (dizain 309).

L'abstraction apparente d'une telle poésie n'est donc que de surface et résulte, non pas d'une spiritualisation de la vie intérieure, mais de la concentration en un même point d'aspirations contradictoires. Au lieu d'offrir de la dialectique amoureuse une analyse explicative, le dizain maintient dans son cadre étroit la complication originelle des éléments constitutifs de la passion, ce repliement en soi du plaisir-douleur. D'où ces raccourcis d'expression, ces familles d'allégories – Amour, Mort, Malheur, Fortune, Fame [Renommée], Envie – qui combattent au sein du microcosme scévien et, par éclairs, la brusque focalisation sur le mouvement violent des corps :

Mais je sentis ses deux mains bataillantes,
Qui s'opposaient aux miennes travaillantes.

(Dizain 309)

Saulsaye, églogue de la vie solitaire (1547)

En contraste avec le relatif hermétisme de *Délie* et de *Microcosme*, *la Saulsaye,* « églogue de la vie solitaire », apparaît d'une poésie transparente et aisée. Cette longue églogue de 730 vers est inspirée du débat anti-aulique mis à la mode par les Italiens et illustré notamment par *l'Arcadie* de Sannazar. Deux personnages : Philerme, l'amoureux de la solitude, et Antire, son contradicteur, incarnent respectivement la vie champêtre et la vie citadine et mondaine. Philerme – un double de Maurice Scève – a fui la ville pour oublier les refus méprisants de la cruelle Belline et retrouver dans l'ombre de la saulaie l'apaisement qui lui manque. Cette vie en marge de la société humaine semble à Antire digne des bêtes, et la « Saulsaye épaisse » lui représente l'antichambre de la mort (« Sous douce horreur est de mort une espèce »). Le dialogue des deux amis, qui s'achève sur un éloge lyrique de la solitude par Philerme, encadre la lamentable histoire des nymphes changées en saules – d'où le titre – pour n'avoir pas su résister à l'appel trompeur des satyres. L'apologue, déjà conté par Marguerite de Navarre dans la *Fable du Faux Cuyder* (1543), et qui est une amplification des *Salices* de Sannazar, est rapporté par Antire pour convaincre le solitaire de la profonde déraison émanant des lieux sauvages où il se complaît morbidement. Philerme, pourtant, aura le dernier mot, et c'est avec une exaltation empreinte de mélancolie qu'il évoque, en écho assourdi à la première *Bucolique* de Virgile, la nature vide d'hommes des proches abords de Lyon :

Car la nuit vient, qui déjà nous encombre.
Vois tout autour le Dauphiné à l'ombre
Pour le Soleil qui, delà la rivière,
S'en va coucher outre le mont Fourvière.

Du microcosme au macrocosme

Déjà le blason du « Front » et maint dizain de *Délie* élargissaient le cercle passionnel pour inclure dans le corps de l'aimée l'image du grand monde : le front-firmament et le soleil des yeux ne constituaient que les éléments les plus attendus d'une analogie sans cesse réactivée entre microcosme et macrocosme. Si *Délie* se déroule encore dans le cercle étroit d'un univers interindividuel, *Microcosme* se situe d'emblée au niveau de la totalité.

Microcosme

Publiée seulement en 1562, l'œuvre la plus ambitieuse de Maurice Scève fut sans doute écrite entre 1555 et 1559 et achevée cette même année, au moment de la paix du Cateau-Cambrésis, comme l'indiquent les derniers vers. Épopée de la connaissance qui se situe dans la tradition du poème scientifique inauguré en France par les *Hymnes* de Ronsard (1555), *Microcosme* se compose de trois livres de 1 000 vers chacun, que clôt un tercet conclusif. Deux sonnets d'escorte, à l'ouverture et en finale, disent l'amertume de ce fruit tardif, « vert, et sans saveur », et l'avortement d'« un grand labeur d'étendue pleinière », qui aurait dû dépasser la réussite de la *Délie* et fut un demi-échec. En fait, le constat désabusé établi après coup par le poète s'accorde mal à l'optimisme qui émane de cet hymne à l'activité humaine.

SYNOPSIS

Le livre I conte le récit de la genèse du monde, puis de la Chute, jusqu'au meurtre d'Abel. L'évocation du crépuscule où Adam « fossoie un creux en terre » pour y coucher son fils mort forme le pivot de l'œuvre. Suivent en effet un songe prophétique d'Adam (livre II) et un récit d'Adam à Ève (livre III), qui décrivent, en un long catalogue enthousiaste, les progrès du savoir humain à travers les siècles. Après la misère de l'homme est venu le temps de sa dignité, de jour en jour affirmée.

Cette confiance dans la *dignitas hominis*, qui rappelle Pic de La Mirandole et affirme dans l'œuvre de Scève le triomphe de l'humanisme, s'encombre, il est vrai, du lourd arsenal des disciplines médiévales. La marche de l'humanité vers le savoir obéit strictement à l'austère cursus du *trivium* et du *quadrivium* : grammaire, logique et rhétorique précèdent les quatre arts libéraux à caractère mathématique (arithmétique, géométrie, musique et astronomie), tout comme dans l'enseignement universitaire du temps. Les livres II et III, qui démarquent fort étroitement par endroits la *Margarita philosophica* de Gregor Reisch, sont remplis de cette lente procession du savoir, à laquelle le verbe poétique confère parfois une énigmatique densité.

Conformément à une conception cosmologique héritée du philosophe Nicolas de Cues, par l'intermédiaire de Charles de Bovelles et de Lefèvre d'Étaples, Scève ouvre son poème sur l'unité absolue de Dieu, posée comme l'enveloppement – la *complicatio* – de toutes choses en un point :

Masse de Deïté en soymesme amassée
Sans lieu, et sans espace en terme compassée.

Au commencement, donc, était le centre : un centre actif et infiniment créateur, qui, par développement ou *explicatio,* va engendrer l'unité restreinte de l'univers créé, laquelle, à son tour, développe la multiplicité des objets du monde. C'est à décrire ce mouvement d'expansion que s'attache le début de *Microcosme*, mais le voici bientôt redoublé et répété dans ce petit monde que représente Adam, le premier homme. L'Adam-microcosme renferme en lui, par son infinie puissance génératrice, la *complicatio* de l'humanité tout entière. Et la suite du poème déploie très logiquement, sous la forme d'un songe (livre II) et d'un commentaire adressé à Ève (livre III), cette « explication », conçue par Adam dans l'état de sommeil, puis de veille, des générations futures. L'histoire du progrès humain, cette acquisition par étapes des sciences et des techniques, qui vont de l'agriculture à la navigation avec astrolabe et compas, était contenue en puissance dans le premier homme, de même qu'existait en lui, de manière latente, la « forme élégante et propre » de sa compagne. Le subterfuge de la prophétie qui remplit deux des trois livres de cette épopée du savoir n'est donc aucunement fortuit. Il apparaît comme l'illustration nécessaire du principe cusain de l'*explicatio*, à partir duquel le microcosme d'Adam engendre, par simple déploiement hors de lui, l'innombrable diversité de l'humanité laborieuse et féconde.

Dans l'Adam scévien se fondent deux traditions : d'une part, la tradition microcosmique, qui voit dans l'être humain un abrégé de l'univers ; de l'autre, la tradition adamique, pour laquelle le premier homme n'est pas seulement le père commun de l'humanité, mais, comme Moïse, l'initiateur et le précurseur de son avenir. Tout à la fois microcosme et *homo faber*, Adam aura finalement bénéficié de la Chute, qui l'a fait mortel, mais qui a rendu par là même illimitée sa liberté créatrice. Et Scève, renchérissant sur le thème augustinien, questionne, non sans délectation, Ève la fautive :

Diray-je, Ève, que trop tu fus pour toy friande,
Ou vrayement pour nous heureusement
[gourmande ?

L'heureux péché d'Ève a précipité Adam et sa postérité dans la voie féconde de la reproduction et de l'invention infinies. De la solitude originelle, le microcosme passe brutalement à la multiplicité d'« une infinité de mondes », innombrables monades que produira la semence d'Adam et qu'il commence d'apercevoir dans le reflet de son propre corps dédoublé dans les yeux désirants d'Ève (I, vers 213-218). Le crime de Caïn, l'affront de Nemrod érigeant la tour de Babel (livre II) viendront confirmer l'humanité dans cette marche forcée vers le progrès. Dès lors, le *Microcosme* de Scève quitte le domaine de la théologie pour renouer, en une ferveur toute terrienne, avec la cosmogonie matérialiste de Lucrèce, où il puise çà et là. Non que l'Adam scévien soit privé de Dieu ; il n'en est que séparé, dans la mesure exacte où l'*explicatio* se distingue de la *complicatio*. Et de fait, l'activité industrieuse de l'homme n'est que le développement du repos divin :

Ne vois-tu, ô Adam, que ton Dieu se dispose
A travailler en toy, comme en soy il repose ?

L'homme-microcosme que dépeint Scève a bien sa résidence sur la terre, et tous les arts qui sont ensuite évoqués avec l'exhaustivité et la pesanteur d'un « doctrinal de sapience » lui servent à arpenter et à régir son terrestre domaine, dans l'attente de la Rédemption que ses efforts lui préparent.

F. Lestringant

SCHEHADÉ Georges

(1907-1989)

Né à Alexandrie (Égypte) de parents libanais orthodoxes, Georges Schehadé a passé la majeure partie de sa vie à Beyrouth. Sa langue maternelle est le français. Après des études de droit, il a été secrétaire général de l'École supérieure des lettres de Beyrouth, qu'ont dirigée longtemps ses amis Gabriel Bounoure et Gaëtan Picon. Il a ensuite été chargé des questions artistiques à la Mission culturelle française au Liban. Georges Schehadé a obtenu le Grand prix de la Francophonie en 1986.

Poète, qui l'est plus ? Poète, qui l'est mieux ?... De par cette grâce, ou cet "état de grâce" dont il est fait mention dans le langage de toutes sectes. Poète jusqu'à se perdre lui-même dans le poème qui l'engendre.
Venu de ces contrées où toute architecture s'ordonne, simple et pure, autour d'une chambre très poreuse, infiniment vacante et nue. Issu de ces familles humaines où l'on ne sait des roses que l'essence, et de la perle que l'orient.

Ainsi débutait, en 1953, un hommage du grand Saint-John Perse à Georges Schehadé, qui se souvient d'avoir connu au Quai d'Orsay le poète d'*Anabase* au temps où celui-ci était secrétaire général des Affaires étrangères. Venu de Beyrouth, le jeune Schehadé rendait alors visite à ceux qui, de loin, l'avaient « découvert » : Saint-John Perse, Paul Eluard, Jules Supervielle, Max Jacob, André Breton... Ses premières *Poésies* avaient paru dans *Commerce,* avant d'être recueillies une première fois, en 1938, dans la blanche édition composée à la presse à bras de Guy Lévis-Mano (G.L.M.), lequel publia aussi, de Schehadé, *Rodogune Sinne* (1947), *Poésies II* (1948), *Poésies III* (1949), *l'Écolier sultan* (roman, 1950). Ces textes furent ensuite repris par Gallimard.
Durant ces années d'après guerre, Schehadé fréquente assidûment le groupe surréaliste, à Paris, où André Breton l'avait accueilli. Sa première pièce, *Monsieur Bob'le,* fut jouée au théâtre de la Huchette en 1951. Jean-Louis Barrault devait monter ensuite *la Soirée des proverbes* (1954), *Histoire de Vasco* (1956), *le Voyage* (1961). La Comédie-Française créa *l'Émigré de Brisbane* (1965). Schehadé a écrit également le scénario et les dialogues de *Goha,* film de Jacques Baratier (1957). On lui doit encore *L'habit fait le prince* (théâtre, 1973) et une *Anthologie du vers unique* (1977).

Une leçon de choses

Publier ses poèmes n'a pas toujours été le souci de Schehadé. Il les composait dans sa tête, les récitait à ses amis, les mêlant à ses récits de la vie quotidienne, toujours fabuleuse. Ses séances chez le coiffeur de Beyrouth ou dans les restaurants de Saint-Germain-des-Prés, les courses de chevaux ou les parties de poker, les journées de guerre ou de révolution (qui, dans son pays, n'ont pas manqué) sont pour lui matière d'épopées qui trahissent ses origines orientales. Mince et agile comme un personnage des *Mille et Une Nuits*, récitant de vieille race – celle qui inventa l'alphabet –, Georges Schehadé aurait pu être, à d'autres époques, un conteur de place publique. Sa naissance au sein d'une famille de grande bourgeoisie, le particularisme chrétien du Moyen-Orient et, surtout, son appartenance exclusive à la langue française en ont décidé autrement.

C'est peut-être pour se défendre d'un entraînement verbal auquel le prédisposaient son pays et sa générosité native, mais aussi sous l'influence des poètes qu'il aimait, de Mallarmé à Eluard, qu'en choisissant l'écriture, Schehadé a su filtrer les mots et les images comme personne. Aucun effort intellectuel n'apparaît cependant au cœur de cette alchimie, de cette préciosité dont la rhétorique est absente. La réalité, la vision du monde que traduisent ses poèmes sont aussi naturelles que les quatre éléments, non plus séparés mais réconciliés. Ses affirmations les plus subjectives nous paraissent aussi incontestables qu'une « leçon de choses ». Ainsi :

D'abord, derrière les roses il n'y a pas de singes
Il y a un enfant qui a les yeux tourmentés.

Ou encore, plus gravement :

– Pour nous la mort est une fleur de pensée.

Soudaine cristallisation des mots, naissance spontanée de la métaphore, affleurement du rêve dans la vie éveillée : la « poésie » de Schehadé n'est comparable à nulle autre, dans la mesure où elle abolit les distances entre ce qu'on nomme l'inspiration et la syntaxe, c'est-à-dire l'organisation conformiste du langage. Elle joue sur les deux tableaux de l'économie des moyens et de la spontanéité intérieure, que, sous des cieux plus brumeux, on nommerait l'inconscient. Bien que très contemporaine – et saluée comme telle par les amis surréalistes de Schehadé –, cette poésie a sa part de sagesse ancienne, voire « primitive », quand, par exemple, elle se fait proverbiale : « Le bonheur du cœur est une petite cuillère, un objet de tous les instants ». Ou lorsqu'elle énonce un précepte : « Mets à ton cou l'œil des cygnes ». Son lyrisme est affirmatif ; ses élans, ironiques. Elle porte en tout la marque d'une fraîche pudeur.

Le creuset méditerranéen

Aussi ne s'étonnera-t-on pas que le héros de la première pièce de théâtre de Georges Schehadé, *Monsieur Bob'le*, soit un sage qui illumine de ses aphorismes, dignes du bouddhisme zen, la petite ville imaginaire de Paola Scala, ni que le protagoniste de *la Soirée des proverbes*, Argengeorges, parte à la recherche de cette sagesse perdue à l'auberge des Quatre-Diamants… Car Schehadé est passé tout naturellement de la poésie au théâtre, et cela, dès 1939, bien qu'on ignore, à vrai dire, la date exacte de composition de *Monsieur Bob'le*, dont il a toujours su par cœur toutes les répliques. Jouée en 1951 par Georges Vitaly, à une époque où le théâtre poétique allait de soi, cette première pièce laissait penser que la France – ou du moins la langue française – avait trouvé son Lorca. La tendresse, l'humour tranquille des personnages, la familiarité d'un petit monde de villageois appartenaient bien au creuset méditerranéen, avec son étrangeté souriante et mélancolique, où la légende renaît à chaque instant de tous les gestes et de tous les mots, que ce soit en Grèce ou en Andalousie.

Un peu plus tard, *Histoire de Vasco* recommençait l'éternelle aventure de *Simplicius Simplicissimus*, celle de l'innocent, ici un petit coiffeur jeté malgré lui dans la guerre. Le romantique Lieutenant Septembre, le Mirador « à la clavicule musicale », les espions déguisés en femmes, un montreur de chiens empaillés entouraient Vasco, moins pour nous dire les horreurs de la guerre que ses dérisoires incarnations. Comme devaient le souligner et le préciser trois autres pièces, *le Voyage*, *l'Émigré de Brisbane* et *les Violettes* (1960), la vraie patrie de Schéhadé reste le rêve, le besoin d'évasion insatisfait, sans que jamais toutefois ces nostalgies se retournent contre la vie. Chez lui, les destins peuvent être contraires, les hommes ne sont jamais méchants… Comme il est dit dans *la Soirée des proverbes*, il s'agit surtout de favoriser « l'émancipation des mots ». Car ce sont les mots, en définitive, qui décident du sort des personnages, « tous bohémiens d'une profonde image », comme ils avaient décidé de l'aboutissement des *Poésies* ou de l'unique récit de Schehadé, *Rodogune Sinne*.

De son Liban natal Georges Schehadé aurait voulu faire une terre de paix. Il a fallu qu'y éclate la plus horrible des guerres pour que, après y avoir vécu de longs mois dans la plus grande insécurité, il se réfugie à Paris où s'achèvera sa vie. Les années passant, trop d'événements contraires ont eu raison de ce jaillissement de mots, de ce qu'il nommait comiquement « le jet d'eau grammatical ». Les œuvres de Schehadé se sont espacées. De temps à autre, un poème s'est ajouté à un autre poème pour constituer, en 1985, l'ultime recueil, mince et parfait, du *Nageur d'un seul amour*. Relativement brève, son œuvre poétique et théâtrale brille de cet éclat solitaire qu'il prévoyait à l'orée de son recueil *l'Écolier sultan* : « S'il neige, disait un ibis à l'oncle de ma mère, chaque plume de moi est une course dans le firmament ».

G. Dumur

SCHELANDRE Jean de

(1584 ?-1635)

Né d'une noble famille allemande d'origine protestante, Jean de Schelandre s'engage très jeune aux côtés de ses coreligionnaires pour défendre les Pays-Bas réformés contre l'Espagne. Cette guerre se termine en 1607. Le jeune homme, qui a déjà tâté de la poésie, publie en 1608, sous le pseudonyme de Daniel d'ANCHÈRES, son œuvre maîtresse, *Tyr et Sidon ou les Funestes Amours de Beliar et Mélie*. Cette tragédie à l'inspiration romanesque raconte principalement une histoire d'amour contrariée par diverses péripéties. Elle ne tranche guère sur la production contemporaine. Chœurs, monologues et longs récits alourdissent une œuvre qui tend cependant à respecter les règles traditionnelles.

Vingt ans plus tard, Jean de Schelandre publie une seconde version de *Tyr et Sidon* (1628), devenue tragi-comédie et accompagnée d'une importante préface de François Ogier en faveur des Modernes. Débarrassée du chœur néo-antique et d'une partie des récits, l'œuvre reçoit des vertus scéniques nouvelles tout en conservant la force et la vivacité de son langage. Tour à tour tragique, héroïque, burlesque, réaliste, le ton peut surprendre un lecteur d'aujourd'hui par ses variations abruptes et par sa franche verdeur. Ainsi, passe-t-on des considérations d'Abdolomin, roi de Sidon, sur la paix :

Ô paix, mon cher désir, qu'ai-je fait pour t'atteindre
Et pour ce grand brasier dans mon terroir éteindre !
Qu'ai-je fait pour changer nos douleurs en soulas,
Nos combats en moissons, en faulx nos coutelas !

aux injonctions de Phololine, lasse d'être mariée à un vieillard :

Zorote, ouvre ton front, ta ramure t'attend,
Je te la planterai si profonde en la tête
Qu'elle ne tombera qu'à la mort de la bête

voire aux inquiétudes très précises de Zorote :

Sentant du premier coup défaillir mon bâton,
Je chancelle, et ma main se retient aux tétons.

Directe et variée, cherchant à plaire au public et obéissant fort peu aux préceptes d'Aristote, cette seconde version de *Tyr et Sidon* mérite une redécouverte. Schelandre est aussi l'auteur d'une épopée, la *Stuartide* (1611), dédiée au roi Jacques Ier.

J.-P. Ryngaert

SCHLUMBERGER Jean

(1877-1968)

L'œuvre de Schlumberger, peu étudiée, reste encore largement ignorée. On sait qu'il fut mêlé à l'aventure de *la Nouvelle Revue française*, on retient qu'il fut critique (*Plaisir à Corneille*, 1936) et romancier, mais on connaît mal le rôle qu'il joua dans le monde des lettres. Le fait qu'il descende de Guizot, qu'il soit issu d'une famille protestante d'industriels alsaciens, tout cela a contribué à donner de lui une image austère bien peu conforme à la vérité : son œuvre est, en fait, souvent baignée d'humour.

Schlumberger a raconté dans *Éveils* (1950) les premières années de sa vie jusqu'à la guerre de 1914. Il sut se dégager du conformisme familial, de la religion, pour se déterminer seul. Son amitié pour Gide, qui, assez longue à prendre forme, s'établit solidement après son mariage, lors d'un séjour en Italie en 1903-1904, donne une idée de son désir de regarder au-delà de toutes les frontières.

En fait, ce prétendu solitaire s'est intéressé très tôt à la vie publique. Encore mineur, il est un des signataires de la pétition lancée par *l'Aurore* pour réclamer la révision du procès de Dreyfus. Il est également l'un des fondateurs des universités populaires. Et, plus tard, on le retrouve dans le journalisme, à *Vendredi* (de novembre 1935 à avril 1936), puis au *Figaro* (à partir de décembre 1937).

Il fut un passionné de théâtre, ce qui sans doute témoigne, sur un autre plan, de son goût pour les activités collectives. Il participa à la fondation du Vieux-Colombier. Mais comme auteur dramatique, il ne rencontra que des déceptions : les deux pièces de lui que monta son ami Jacques Copeau, *les Fils Louverné*, en 1913, et *la Mort de Sparte*, en 1921, n'eurent aucun succès.

C'est entre quarante-trois et cinquante-huit ans qu'il donne l'essentiel de son œuvre romanesque, en la protégeant de tout engagement. Deux exceptions toutefois : d'abord après la Grande Guerre, lorsqu'il défend contre Jacques Rivière l'idée que l'intellectuel doit se mettre au service de la nation. Il est alors bien près de se rallier à l'appel du « parti de l'Intelligence ». Mais il se reprend dans *le Camarade infidèle* (1922), en montrant, par une intrigue assez drôle, qu'aucun mythe ne mérite qu'on lui sacrifie la vérité. Ensuite en 1935, lorsque, par son *Histoire de quatre potiers*, il voudra exposer dans un récit au ton léger comment des êtres rejetés, dont un Français et un Allemand homosexuels, peuvent s'épanouir et être productifs au sein d'une collectivité.

Schlumberger n'est pas pour autant un moraliste : il se sent plutôt attiré par la psychologie et trouve dans la nouvelle (*les Yeux de dix-huit ans*, 1928, ou *Passion*, 1956) et le récit court l'outil d'analyse idéal. Même son long roman *Saint-Saturnin* (1931) est composé, en fait, d'une succession de tableaux, ce qui lui permet d'aborder le sujet sous différents angles et d'être fidèle à l'enseignement d'Ibsen, c'est-à-dire de concevoir des personnages « autour desquels on peut tourner ».

Schlumberger ne recule pas devant des cas limites : *l'Enfant qui s'accuse* (1919) présente un exemple saisissant de mythomanie enfantine ; dans *le Lion devenu vieux* (1924), songeant peut-être à Gide, il nous fait assister aux derniers instants du cardinal de Retz, dont l'Église cherche abusivement à récupérer la mémoire.

Mais cette recherche de l'originalité s'exprime surtout dans l'analyse des problèmes du couple et de la famille. Schlumberger a souvent choqué, à son époque. Il montre l'homme soucieux de maintenir son indépendance par rapport à sa femme (*le Mur de verre*, 1903), indifférent aux liens du sang (*l'Inquiète Paternité*, 1911), trouvant son équilibre dans la fugue (*Un homme heureux*, 1921). Quant à sa plus grande œuvre, *Saint-Saturnin*, même si le cadre sociologique – une riche bourgeoisie active – en apparaît aujourd'hui un peu désuet, elle est attachante par sa construction, qui met symboliquement en parallèle l'action et les saisons de l'année, et par la présentation très drôle des ravages que peut opérer la sénilité d'un patriarche au sein d'une famille, lorsque, au soir de sa vie, devenu veuf, il décide follement de renouer avec les affaires et la sexualité.

En fait, ce qui confère son unité et son originalité à l'œuvre de Schlumberger, c'est l'utilisation de la crise : celle-ci n'est plus structure dramatique, moteur d'une intrigue, par remplacement d'un équilibre par un autre ; elle est thème, refus d'un calme hypocrite, besoin de vérité, découverte de cette certitude que la meilleure façon de tenir, c'est encore d'avancer. Schlumberger est par là un romancier bien de notre temps.

C. Lesbats

SCHWARZ-BART André

(né en 1928)

André Schwarz-Bart est né à Metz d'un père colporteur, qui avait fait en Pologne des études rabbiniques. Sa famille fut en partie déportée et exterminée en camp de concentration. André Schwarz-Bart entra dans la Résistance en 1943 ; arrêté, il s'évada. À la Libération, muni d'un C.A.P. d'ajusteur, il exerça son métier près de Paris ; autodidacte, il obtint le baccalauréat en 1948. En 1950, manœuvre à mi-temps, il décide d'écrire. Il publie deux romans : *le Dernier des justes* (prix Goncourt 1959), puis *Un plat de porc aux bananes vertes* (1967), qu'il écrit avec son épouse guadeloupéenne Simone Schwarz-Bart. *La Mulâtresse Solitude* (1972) est le premier volume d'un cycle romanesque dont l'action doit se dérouler de 1760 à 1953.

Par un « cri écrit » (Cocteau), Schwarz-Bart tente de traduire de l'intérieur la déshumanisation d'une race persécutée, juive ou noire, privée de ses racines et de ses références culturelles et religieuses. « Seule une œuvre d'art fait sentir. Les cris, on ne les entend plus… et pour faire sentir quelque chose aux autres, il faut sentir au centuple soi-même ». « Emporté par le grand flot » auquel il ne comprend rien, l'individu renonce au langage, à la souffrance, accepte de « vivre en chien » et ne retrouve son âme qu'à la première larme échappée de ses yeux « qui ne pleuraient plus ». Des images étranges visent à faire participer le lecteur à ce désarroi. Fondées sur l'expérience directe du Juif et de la femme noire, sur une connaissance profonde de l'histoire, des légendes et des textes sacrés des deux communautés, ces œuvres associent la chronique au roman de mœurs et de caractère. Elles témoignent de la « présence » indestructible de ces innocents morts dans la foi de leur race, conscients du lien essentiel que la souffrance établit entre eux et leurs semblables.

M. P. Schmitt

SCHWARZ-BART Simone

(née en 1938)

L'écrivain André Schwarz-Bart découvrit avec ferveur les Antilles en même temps qu'il épousait Simone, originaire de la Guadeloupe. Les époux rédigèrent ensemble *Un plat de porc aux bananes vertes,* qui parut en 1967, et *la Mulâtresse Solitude* (1972). Mais c'est *Pluie et vent sur Télumée Miracle* (1973) qui manifeste l'originalité et l'autonomie du talent de Simone Schwarz-Bart : avec vivacité et tendresse, elle y suit la vie misérable d'une généalogie de femmes des Antilles, de la grand-mère à la petite-fille, affrontées à la pauvreté et au labeur. La description des dures conditions de la domesticité et du travail de la terre, acceptées avec un courage et une constance stoïques par des femmes qui conservent, au cœur de la misère, des trésors d'amour et de dévouement pour les leurs, fait penser au Zobel de *Diab'là* et surtout de *la Rue Cases-Nègres*. Le réalisme de Simone Schwarz-Bart, sans sacrifier à la mièvrerie d'un romanesque à base de pittoresque misérabiliste, est cependant adouci par rapport à Zobel. Le style, par contre, est plus élaboré, et sa langue est nourrie de sentences : « Je me disais que le cœur même du diable doit lui faire mal, à voir tout ce lot de misères et la malignité du nègre à forger du bonheur malgré tout ». Telle est bien la philosophie d'un livre qui, sans édulcorer le témoignage, laisse le souvenir d'un livre « heureux ».

Avec *Ti Jean l'horizon* (1979), roman fantastique conçu à partir de figures légendaires du folklore antillais transportées en Afrique, le projet de l'auteur est ambitieux. Il est aussi moins convaincant, notamment dans ses efforts pour restituer un style épico-africain : « Je suis un poussin qui n'a pas encore jeté la coquille de son œuf, mais permets-moi d'admirer la façon dont tu parles notre langue, étranger ». Le naturel de *Télumée* a fui ; ne reste que le ton sentencieux. En 1987, elle a donné une pièce de théâtre sur le thème de la séparation et de l'exil, *Ton beau capitaine*.

O. Biyidi

SCHWOB Marcel

(1867-1905)

Dédicataire, à la fois, d'*Ubu roi*, d'Alfred Jarry, et de l'*Introduction à la méthode de Léonard de Vinci*, de Paul Valéry, raffiné, passionné par toutes les marginalités, Marcel Schwob apparaît, dans la dernière décennie du XIXe siècle, comme un des princes de la vie littéraire parisienne : maître en toutes nuances dans le symbolisme décadent, inspirateur secret, juge subtil.

Issu d'une bourgeoisie juive où le goût des lettres est vif – son oncle, Léon Cahun, est romancier, historien, chroniqueur ; son père, Georges Schwob, a touché à la poésie, côtoyé Gautier, Baudelaire, Jules Verne –, Marcel Schwob, après des études fantasques au lycée Louis-le-Grand, des succès remarqués à la Sorbonne et un échec à l'agrégation, se livre à ses intérêts variés : la philologie grecque, sanscrite ou française, Villon et les coquillards, Schopenhauer, Poe, R.-L. Stevenson… ; à partir de 1890, il mène de front une carrière de journaliste-chroniqueur (il regroupera en 1896 ses meilleurs articles dans *Spicilège*), d'érudit (en 1889, l'*Étude sur l'argot français* inaugure une série de travaux sur Villon), de traducteur (il donne *Moll Flanders* de De Foe en 1895), et surtout de conteur (*Cœur double*, 1891 ; *le Roi au masque d'or*, 1892 ; *la Croisade des enfants* et *Vies imaginaires*, 1896). Avec *Mimes* (1894) il s'affirme comme un virtuose du néo-classicisme hellénisant et du poème en prose, genre périlleux qu'il illustre d'un chef-d'œuvre, *le Livre de Monelle* (1894). Son mariage avec l'actrice Marguerite Moreno, en 1900, couronne une réussite dont Schwob, sous le pseudonyme de LOYSON-BRIDET, dévoilera les coulisses journalistiques (*Mœurs des diurnales*, 1903), avant de sortir douloureusement de la scène, à trente-huit ans, après une longue réclusion qui avait fait de sa chambre du Palais-Royal le rendez-vous du Paris littéraire.

Le démon de la curiosité

Auteur à la mode, observateur aigu de la vie littéraire, découvreur de talents nouveaux – Jarry, qu'il est le premier à publier dans *l'Écho de Paris*, l'André Gide des *Cahiers d'André Walter* –, Marcel Schwob préférait déployer ses habiles quêtes dans le monde des livres, avec une prédilection pour l'étrange, l'inconnu, l'exception. Son anthologie d'articles, joliment nommée *Spicilège* (« glane d'épis »), suggère la diversité de ses visées : recherches érudites (biographie de Villon, légende de saint Julien l'Hospitalier, histoire des deux courtisanes grecques Plangôn et Bacchis), initiation du public français à Robert-Louis Stevenson et à George Meredith, brefs et denses essais, d'un style baudelairien, sur « la Terreur et la Pitié », « la Perversité », « le Rire », « l'Anarchie »... Paul Léautaud en souligne « les points de vue rares, les associations d'idées les plus subtiles, les remarques et les contrastes les plus ingénieux ». Il faudrait ajouter à ce florilège les études sur l'argot, sur Rabelais, mainte chronique d'actualité. Mais c'est dans les contes que s'épanouit une « curiosité extravagante de la vie humaine » : *Cœur double* nous conduit depuis les temps primitifs et mythiques jusqu'à la veille de l'époque contemporaine et, avec sa « Légende des gueux », évoque les exclus de l'Histoire sans la complaisance racoleuse d'un Richepin ou d'un Rictus. La préface du *Roi au masque d'or* dit assez le spectre coloré du recueil : « Un roi masqué d'or, un sauvage au mufle de fourrure, des routiers italiens à la face pestiférée et des routiers français avec de faux visages, des galériens heaumés de rouge, des jeunes filles subitement vieillies dans un miroir et une singulière foule de lépreux, d'embaumeuses, d'eunuques, d'assassins, de démoniaques et de pirates. » Une semblable promiscuité caractérise les *Vies imaginaires* : elles s'ouvrent avec la biographie d'Empédocle, guérisseur, évocateur des morts à la vie, englouti par un feu qui l'habitait déjà, et se referment sur MM. Burke et Hare, assassins inventifs, figures sinistres de la brume londonienne. Quel que soit le héros ou le siècle, Schwob manifeste un scrupule extrême dans le choix du détail, dans la vraisemblance historique et psychologique, dans l'appropriation du ton à l'esprit d'un temps.

La passion de l'art

Ces multiples excursions aux royaumes du bizarre risqueraient d'apparaître comme un divertissement de lettré, voire de dilettante, une promenade à travers les livres, si une haute exigence d'art ne transformait leur discontinuité en nécessité esthétique : la *libido cognoscendi*, gourmande concupiscence de l'esprit, ne se fixe en œuvres que grâce à une *libido dominandi* formelle qui choisit, structure et optimise quelques indices retenus pour leur efficacité émotive ou pour leur valeur symbolique. Sans doute l'écriture de Marcel Schwob contient bien des traits qui la datent : une propension à l'étrange, au précieux, à l'élégance et à l'éclat, issue du Parnasse, et que le symbolisme a exacerbée. Mais, si l'on compare cette écriture à celle que Gide ou Proust pratiquent à la même époque, elle frappe par sa simplicité, son économie de moyens, sa limpidité : des phrases courtes, sans surcharge ni lyrisme, une constante sobriété que rehaussent à la fois la précision toute classique des termes et la discrète présence d'un mot rare, le sonore exotisme des noms propres. À cette grâce légère s'accorde l'architecture du conte ou du fragment : un ordre sans effets oratoires ou complications rhétoriques, sobrement narratif ou strictement démonstratif, fort influencé par la manière sèche et analytique de Pœ ou de Stevenson, ce qui n'exclut pas, dans *la Croisade des enfants*, par exemple, une tendance au pastiche du style médiéval « naïf » accompagnée d'une complète plurivocité : les huit séquences traduisent, avec une éblouissante virtuosité stylistique, huit regards sur les moments d'un même événement.

Une telle esthétique de l'effet par la litote tient les choses à distance : comme chez Hokusai, Holbein (sous l'invocation desquels sont placées les *Vies imaginaires*) ou les préraphaélites, la netteté du détail impose une vision sans perspective, irréelle, et appelle chaque objet, chaque instant construits par le texte à une absolue, fantastique et fugitive présence. La reconstruction du réel par l'imaginaire accomplit ici une sorte de synthèse délicate entre le réalisme et le symbolisme : une fascinante passion de l'individualité collecte et juxtapose, dans un style impressionniste, des faits singuliers, murés dans leur unicité, monades énigmatiques ; mais cette multiplicité, douloureuse déchirure du tissu de l'être, renvoie, par l'analogie, à un mystérieux monisme, unité réparatrice : « Imaginez que la ressemblance est le langage intellectuel des différences, que les différences sont le langage sensible de la ressemblance. Sachez que tout en ce monde n'est que signes, et signes de signes. »

La soif de vie

Ce qui anime l'évocation des instants intenses où, avec une cruauté qui suscite la terreur sacrée, l'infinité des apparences révèle l'unique force qui déploie les séductions polymorphes – la « volonté » schopenhauérienne qui fonde les vouloir-vivre particuliers –, c'est une pathétique *libido sentiendi* : à travers « le roman des crises du monde intérieur et du monde extérieur » que composent les courts récits où viennent se fondre les données de l'histoire et ses propres fantasmes, Marcel Schwob connaît des vies plurielles ; ce « résurrectionniste » (pour reprendre l'expression d'Edmond de Goncourt) est un sensuel que ses temporaires aliénations comblent d'expériences voluptueuses. Sans cette « perversité » qui commence quand « l'homme conçoit qu'il y a d'autres êtres semblables à lui et leur sacrifie une part de son moi », les pèlerinages dans le passé ne seraient que de froides reconstitutions archéologiques, ne vibreraient pas d'une si poignante nostalgie de l'ailleurs et d'un si tragique désir de transgresser à la fois la clôture de l'individu et les bornes du temps ; les contes et les *Vies imaginaires* n'auraient pas ébloui Apollinaire (qui s'en inspirera dans *l'Hérésiarque et Cie* en 1910) ou l'Alfred Jarry de *Messaline* (1901).

Cette aspiration à l'autre, mêlée d'hédonisme et de pitié, culmine dans *le Livre de Monelle* : les amours du poète pour une prostituée tuberculeuse (thème romantique propice au poncif) se transposent en versets nietzschéens, en visions oniriques pour encadrer de délicates nouvelles consacrées à toutes les nuances de la nature féminine (« l'Égoïste », « la Voluptueuse », « la Perverse »...). Nulle confidence : Monelle, « celle qui est seule », est une figure à l'allégorisme hiératique ; elle sort de la nuit ; éphémère, elle ordonne et prescrit : « Il faut détruire les formes », tuer la pensée du passé et de l'avenir, oublier la raison et la connaissance de soi, et surtout ne vivre que dans l'instantanéité labile et fulgurante :

> *Pense dans le moment. Toute pensée qui dure est contradiction.*
> *Aime le moment. Tout amour qui dure est haine.*
> *Sois sincère avec le moment. Tout amour qui dure est haine.*

Ce culte grave de l'instant, du jaillissement sauvage de la spontanéité vitale, sera bientôt développé – ou dilué – dans *les Nourritures terrestres* de Gide et sensualisé par Colette. Sans doute la dernière partie du livre enrobe-t-elle la mort et la permanence idéale de Monelle dans une brume crépusculaire par trop symboliste ; du moins livre-t-elle mieux que toute confession l'angoisse et l'enfantine douceur d'un voyage hermétique aux portes de l'au-delà, d'un abandon à l'*amor fati*.

L'art, ici, comme dans l'œuvre entière de Marcel Schwob, est rédemption de la vie ; discret, sévère, armé d'érudition, il arrache la minute à son évanescence, le passé à sa nuit, le fantasme à son indécise incertitude ; la trouble ardeur qui l'anime s'épanouit et se nie en formes qui, sous la limpidité de leur perfection, glacent et captivent les passions, les jouissances, les effrois de l'existence. En cette paradoxale maîtrise des mots et des choses, un talent mineur, au souffle un peu court, trouve sa place et son prix.

D. Madelénat

SCRIBE Eugène

(1791-1861)

Dramaturge prolifique, Eugène Scribe est né à Paris, dans une famille de commerçants de la rue Saint-Denis. Orphelin de père, il est pensionnaire au collège Sainte-Barbe et suit les cours du lycée Napoléon. Malgré un prix au concours général et une place dans une étude d'avoué, Scribe délaisse bientôt le droit pour le théâtre : il fait représenter *le Prétendu sans le savoir ou L'occasion fait le larron* au théâtre des Variétés (1810), puis, avec un ami, *les Dervis* (1811). Scribe se spécialise alors dans la comédie à couplets, et, après quelques insuccès, ses refrains courent bientôt tout Paris. Il écrit également des livrets d'opéras et d'opéras-comiques et en vient peu à peu à collaborer avec les meilleurs compositeurs : Boieldieu pour *la Dame blanche* (1825), Gounod, Auber, Rossini, Donizetti et Meyerbeer. Sa popularité naissante lui vaut bientôt un contrat avec le directeur du Gymnase, pour lequel il écrira, seul ou en collaboration, plus de cent pièces, accueillies presque toutes avec faveur, et cela en France comme à l'étranger. Les titres marquent bien le genre d'ouvrages auxquels on a affaire : *l'Ours et le Pacha* (1820), *le Secrétaire et le Cuisinier* (1821), *la Loge du portier* (1823), *l'Héritière* (1823), *la Demoiselle à marier* (1826), *le Mariage de raison* (1826), *Malvina ou le Mariage d'inclination* (1828).

Scribe, pourtant, ne se contente pas de cette industrie florissante ; il a des ambitions plus hautes, et, tout en continuant d'être représenté au Vaudeville et au Gymnase, il donne bientôt le meilleur de son œuvre à la Comédie-Française : on y verra, entre autres, et parmi les œuvres les plus connues, *Bertrand et Raton* (1833), *la Camaraderie ou la Courte Échelle* (1837), *le Verre d'eau ou les Effets et les Causes* (1840), *Adrienne Lecouvreur* (1849), jouée par Rachel. Malgré ces succès, qui lui valent une fortune considérable, malgré l'Académie (1834), Scribe reste abordable et sympathique, du moins au dire de ses contemporains. Il travaille sans relâche. En 1858, il donnera encore, en collaboration avec Ernest Legouvé, *les Doigts de fée*. Il a soixante-dix ans quand la mort le saisit dans un fiacre.

Scribe est un auteur-symbole : dès la fin du XIXe, il paraissait démodé, et l'on ironisait déjà sur son écriture bâclée et remplie de clichés, sur ses personnages stéréotypés, sur sa philosophie des petites causes et des grands effets, sur ses collaborateurs et ses 400 pièces. De sorte qu'il paraît payer les succès énormes des années 1820, 1830 et 1840, lorsqu'il était le fournisseur attitré du Gymnase puis de la Comédie-Française, et que les débutants en foule s'empressaient autour de lui. Plus que l'écrivain, il est donc intéressant d'étudier dans Scribe le phénomène social qu'il représente, de comprendre comment il a pu séduire tant de spectateurs. Le label Scribe, en effet, à quelques exceptions près, a longtemps suffi au public, qui y voyait la garantie d'un divertissement sans vraie surprise, bien « ficelé » surtout. Le métier est en effet la qualité maîtresse de cet auteur, la seule peut-être, celle du moins qu'on lui a toujours reconnue : rien ne lui échappe dans l'art des préparations, dans celui des quiproquos, des entrées et des sorties ; le dialogue est souvent réussi, semé de quelques mots d'auteur (en même temps que de belles balourdises !). Inutile, par contre, d'y chercher la moindre innovation théâtrale : Scribe reprend les genres traditionnels, de la farce à la pièce historique, en passant par la comédie de mœurs, le mélodrame et le proverbe, et c'est pour en donner une version moyenne ; ses ouvrages restent toujours parfaitement conventionnels ; ses pièces à sujets contemporains décrivent quelques personnages un peu nouveaux mais dépourvus, bien sûr, de ce qui fait la richesse d'un type balzacien. Peut-être même doit-on chercher dans cette fadeur la clef des succès de Scribe : il y a là un théâtre facile, où le spectateur retrouve tout le charme discret et insignifiant du Boulevard.

A. Preiss

SCUDÉRY Georges de

(1601-1667)

Georges de Scudéry est, de nos jours, pratiquement inconnu. Quand son nom est évoqué, c'est plutôt à la suite de celui de sa sœur Madeleine, elle-même tirée périodiquement de l'oubli par l'évocation des fameux portraits extraits de ses romans. Pourtant, Scudéry a déployé de son temps une activité littéraire considérable, dans la plupart des genres à la mode. La vanité du poète ne suffit pas à expliquer sa gloire passée ni sa réputation de « matamore des lettres ».

Homme de guerre et homme de lettres

« La poésie me tient lieu de divertissement agréable, et non d'occupation sérieuse. Et quand même ce serait manquer que de se servir ensemble d'une épée et d'une plume, je tiens cette faute glorieuse, qui m'est commune avec César ». C'est en ces termes que Scudéry revendique énergiquement sa double vocation, que ses biographes se plaisent à développer.

Il est vrai qu'on n'a guère de renseignements sur la jeunesse du poète. Né au Havre, d'une famille originaire d'Apt, Georges, après la mort de ses parents, est élevé avec sa sœur par un oncle, près de Rouen. On sait qu'ensuite il vit longtemps à Rome. Puis la carrière militaire le retient de 1623 à 1630. Il sert dans les gardes françaises, se taille une réputation de vaillant capitaine dans plusieurs batailles. Il est possible que cette première image du poète fausse notre perspective, et que l'on ait tiré un parti excessif des déclarations fracassantes de l'ancien combattant devenu homme de lettres. Toujours est-il qu'on attribue à Scudéry une inépuisable vanité et toutes les rodomontades de celui qui ne sait plus quand il tient la plume et quand il manie l'épée. Un extrait de la préface dont il accompagne une édition des *Poésies* de Théophile de Viau, qu'il admire, donne le ton des défis qu'il multipliera par la suite : « Je ne fais pas de difficultés de publier hautement que tous les morts et tous les vivants n'ont rien qui puisse approcher des forces de ce vigoureux génie ; et si, parmi ces derniers, il se rencontre quelque extravagant qui juge que j'offense sa gloire imaginaire, pour lui montrer que je le crains autant que je l'estime, je veux qu'il sache que je m'appelle : de Scudéry ».

On retrouve cette vigueur provocante pendant la querelle du *Cid*, où Scudéry s'illustre sans ménager ses termes. Il vient à la rescousse de la toute jeune Académie française, où il n'entrera qu'en 1650, écrivant en tête de ses *Observations sur « le Cid »* (1637) : « Il est de certaines pièces, comme de certains animaux qui sont en la nature, qui, de loin, semblent des étoiles et qui, de près, ne sont que des vermisseaux ». Il est difficile de trancher entre la jalousie d'un auteur prenant ombrage de la gloire soudaine du jeune Corneille, dont il s'était dit l'ami, et du désir de plaire à Richelieu, qui orchestre la cabale. Toujours est-il que Scudéry attaque l'ouvrage, d'une plume qui, selon l'expression de Corneille, « n'avait jamais été taillée qu'à coups d'épée ». Son attitude lui valut, pour la postérité, une réputation de pédant obstiné, mais le posa un temps en théoricien du théâtre pour ses contemporains surtout quand, un peu plus tard, parut son *Apologie du théâtre* (1639).

En d'autres circonstances encore Scudéry se montre maladroit, ou victime d'une sincérité excessive. Au moment de la Fronde, il prend parti pour Condé contre Mazarin, affiche des opinions politiques hardies dans une période troublée. Il déplaît, il doit quitter Paris et les « samedis » de sa sœur pour s'exiler en Normandie. Il n'était pourtant de retour dans la capitale que depuis peu de temps. En 1642, il avait en effet accepté comme une aubaine (il n'était pas riche) le poste de gouverneur de Notre-Dame-de-la-Garde, à Marseille. Mazarin le dépossède en 1652 de cette fonction – et il ne la retrouvera pas, malgré les interventions de Mme de Rambouillet.

Marié en 1657, pendant son exil, à Mlle de Martin-Vast, il revient à Paris en 1660, à l'avènement de Louis XIV. Mais l'exubérant poète-homme de guerre n'a plus sa place au sein d'une génération qui se soucie fort peu de ses combats et de ses outrances. Lui qui avait toujours cherché à se maintenir dans le flot de la mode meurt figé dans l'image de son appartenance à la génération de Louis XIII.

Une œuvre surabondante

Bienheureux Scudéry, dont la fertile plume
Peut tous les mois sans peine enfanter un volume.
Tes écrits, il est vrai, sans art et languissants,
Semblent être formés en dépit du bon sens,
Mais ils trouvent pourtant, quoiqu'on en puisse dire,
Un marchand pour les vendre et des sots pour les lire.

Peut-être faudrait-il nuancer ces vers ironiques de Boileau et tenir compte des exigences nouvelles de la génération classique, qui aurait volontiers souhaité « passer au crible » les longues œuvres de ses prédécesseurs, pour n'en garder que quelques pépites. De fait, Scudéry est incontestablement un écrivain prolifique, et qui ne s'embarrasse guère de remettre son ouvrage sur le métier.

Comme beaucoup, il a tâté de la poésie ; il a publié des *Œuvres poétiques* en 1631 et un *Recueil* en 1649. On le sent proche de Théophile de Viau et nettement influencé par Marino, qu'il aurait peut-être connu en Italie et auquel il emprunte parfois des vers entiers. Mais, comme la plupart des écrivains de sa génération qui veulent se faire une place dans le monde littéraire, il travaille beaucoup pour le théâtre ; entre 1630 et 1643, il publie seize pièces dont onze tragi-comédies, genre qu'il affectionne et qui plaît beaucoup au public. Il subit l'influence de *l'Astrée* dans ses premières œuvres comme *Ligdamon et Lidias* (1630-1631) ; il écrit à peu près en même temps que Gougenot une *Comédie des comédiens* (1632-1635). Son *Prince desguisé* (1635) est tiré de l'*Adone* de Marino. Il s'essaie à la tragédie avec un sujet tiré de Plutarque (*la Mort de César*, 1635-1636). Mais périodiquement il revient à la tragi-comédie ; il tente de surpasser *le Cid* avec *l'Amour tyrannique* (1638-1639), met en scène des personnages historiques (*Eudoxe*, 1639 ; *Andromire*, 1640-1641) ; l'une de ses dernières tragi-comédies est tirée du roman de sa sœur, *Ibrahim ou l'Illustre Bassa*. Scudéry a travaillé pour le théâtre du Marais, surtout du temps de Montdory, avant 1637 ; plusieurs de ses pièces figurent aussi au répertoire de l'Hôtel de Bourgogne, comme l'atteste le *Mémoire* de Mahelot.

Les romans *Ibrahim ou l'Illustre Bassa* (1641), *Artamène ou le Grand Cyrus* (1649-1653), *Clélie* (1654-1660), *Almahida* (1660-1663) paraissent sous le nom de Georges, mais il semble bien que Madeleine en ait été le véritable auteur, encore qu'on soit mal renseigné sur une éventuelle collaboration du frère et de la sœur : Scudéry aurait excellé dans les récits de bataille, les événements guerriers... Quelle qu'ait été sa part dans ces œuvres immenses, Georges Scudéry ne cessa de versifier ; il composa, entre autres, en 1654, une épopée de 11 000 vers, *Alaric ou Rome vaincue,* en l'honneur de Christine de Suède.

Les jugements portés sur l'œuvre de Scudéry ne varient guère : il étire, il se répète, il multiplie les longues descriptions, les festons et les aventures à tiroirs. De fait, ses tragicomédies sont envahies par le romanesque : ainsi le *Trompeur puny* (1633), qui se déroule dans le palais du roi du Danemark, puis dans celui du roi d'Angleterre, accumule duels, rencontres inattendues et événements propices à des effets spectaculaires. Mais Scudéry ne s'écarte pas en cela des goûts de l'époque, pas plus que lorsqu'il s'inspire des exemples espagnols et italiens. Boileau condamne surtout sa tendance à « héroïser », sa difficulté à maîtriser une écriture improvisée et trop rapide, précieuse dans ses excès. Ce qui ne l'empêche pas d'avoir été un des poètes tragiques les plus applaudis de son temps. Une partie des charges qui l'accablent viennent de la génération classique, une partie de sa disgrâce de son souci de satisfaire à la mode avec trop d'enthousiasme. Si l'on entreprend de lire Scudéry, il faut garder à l'esprit qu'il est un exemple limite d'une sensibilité particulière et éphémère, appelée parfois « préciosité ».

J.-P. Ryngaert

SCUDÉRY Madeleine de

(1607-1701)

Madeleine de Scudéry reste connue, aujourd'hui, non tant pour son œuvre, qu'on ne lit plus, que comme représentante de la préciosité [voir **Préciosité**] et du romanesque. Aussi convient-il de rectifier d'emblée sa légende : elle fut avant tout la première des femmes de lettres, une romancière et une moraliste dont les ouvrages obtinrent en France et à l'étranger un très grand succès. S'il est vrai qu'elle figura en bonne place dans la chronique mondaine de son temps, que son salon et les jeux littéraires qu'on y pratiquait étaient célèbres, son importance tient surtout à une production littéraire très abondante, inscrite dans la dynamique du courant à la fois galant et moralisateur qui devint prépondérant au milieu du XVIIe siècle.

Sapho

Elle avait été préparée à un tel rôle par une éducation au-dessus de la moyenne. Fille d'un petit noble aventurier (capitaine des ports du Havre, il pratiqua la piraterie dans les Caraïbes) et ruiné, elle fut orpheline de bonne heure. Recueillie par un oncle, elle reçut de lui une instruction où la littérature et les langues vivantes étaient mises au premier rang. Comme nombre d'adolescentes de son temps, elle fut une dévoreuse de romans, et se passionna pour *l'Astrée*.

Sa jeunesse se déroula dans l'ombre de son frère [voir **SCUDÉRY Georges de**] : elle le suivit en Normandie, à Paris, puis à Marseille (1644-1647). Dans son sillage, elle entra en contact avec les milieux littéraires parisiens, notamment l'Hôtel de Rambouillet. Lorsqu'il entreprit de composer des romans, elle collabora avec lui (*Ibrahim ou l'Illustre Bassa*, 1641). Le séjour marseillais fut l'occasion de commencer *Artamène ou le Grand Cyrus* : il parut de 1649 à 1653, peu après le retour du frère et de la sœur à Paris ; son prodigieux succès, comme celui de *Clélie, histoire romaine* (1654-1660), imposa la gloire de la romancière. L'Hôtel de Rambouillet déclinait : Madeleine de Scudéry eut son propre salon, que fréquentaient les écrivains en renom, académiciens (Conrart, Chapelain, Pellisson...), mondains (Sarasin, Scarron, Isarn...). Ce cercle très lettré était lié au clan Fouquet. On y jouait à des jeux d'écriture, on y discutait de poétique et de psychologie amoureuse ; on y menait aussi des intrigues de coterie littéraire. Grâce à ces réunions des « samedis », celle qu'on surnommait Sapho, en souvenir de la grande poétesse de l'Antiquité, devint un véritable personnage : vieille fille laide mais spirituelle, tendre mais vertueuse, entourée de soupirants platoniques, dont le préféré était Pellisson.

Après la chute de Fouquet, auquel elle marqua son attachement, elle connut quelques années difficiles, mais sa renommée se maintint. Après avoir tenté de rénover sa manière romanesque (*Célinte*, 1661 ; *Histoire de Mathilde d'Aguilar*, 1667), elle composa des *Conversations morales* édifiantes (1680-1692) qui assurèrent la pérennité de sa gloire. Survivante d'un temps révolu, elle conserva une célébrité qui s'étendait à toute l'Europe lettrée, et qui faisait d'elle une sorte d'institution : quand l'Académie française décerna pour la première fois son prix d'éloquence, Madeleine de Scudéry en fut la lauréate (*la Gloire*, 1671) ; on envisagea même de l'élire académicienne (à défaut de l'être à Paris, elle le fut aux *Ricovrati* de Padoue) ; Louis XIV, qui la pensionnait, fit frapper en 1695 une médaille à son effigie.

La romancière de l'héroïsme galant : *Cyrus* et *Clélie*

Les deux romans-fleuves de Madeleine de Scudéry, *Cyrus* et *Clélie*, durent leur époustouflant succès à une formule simple : sous le masque d'une histoire « à l'antique », ils présentaient des portraits de contemporains célèbres. *Cyrus* offre une galerie des habitués de l'hôtel de Rambouillet, *Clélie* de ceux des « samedis » et de la clientèle de Fouquet. Ils piquaient ainsi la curiosité des nobles – et des bourgeois qui les imitaient – en leur offrant une image avantageuse d'eux-mêmes. Portraits, descriptions, récits d'exploits forment l'essentiel de ces narrations par ailleurs à peu près totalement dépourvues d'intrigue ; ils sont, d'autre part, prétextes à de fréquentes et longues conversations portant sur la mondanité, l'héroïsme, la morale amoureuse. Lorsque la romancière abandonna, après 1660, le jeu des « clefs » pour tenter de faire plus bref et plus vraisemblable, comme dans la nouvelle *Célinte*, l'« attirail baroque » (A. Niderst) des entretiens et descriptions devint plus lourdement visible encore.

SYNOPSIS

Il est impossible de résumer l'action de ces romans immenses (10 volumes et plus de 13 000 pages pour *Cyrus*, 10 volumes encore pour *Clélie*, histoire romaine). On peut tout au plus en esquisser le canevas.

Dans *Cyrus* – pour nous en tenir à cette œuvre – l'histoire débute par la charge des troupes du héros, Artamène, contre une ville où sa bien-aimée, Mandane, est captive. La ville brûle, mais le ravisseur de Mandane a fui avec sa proie. Au bout de 80 pages, on apprend, par un récit rétrospectif que fait un lieutenant, qu'Artamène n'est autre que Cyrus, roi des Perses. L'histoire se poursuit par une succession de poursuites et de batailles. Les procédés sont empruntés à l'épopée (début in medias res, récits intérieurs, rétrospections, etc.), qu'imite aussi le style (abus des épithètes homériques telles que « l'amoureux Artamène »...).

Au tome II de la *Clélie* figure la « carte de Tendre », élaborée au cours de l'hiver 1653-1654, par les habitués des « samedis ». Le pays de Tendre est parcouru par trois fleuves symbolisant les trois sortes d'amour : Inclination, Estime et Reconnaissance. Au-delà de la « Mer dangereuse », les « Terres Inconnues » de la Jouissance. À travers le pays, divers itinéraires symbolisent les stratégies amoureuses qui permettent d'éviter aussi bien la « Mer d'Inimitié » que le « Lac d'Indifférence ».

Une telle représentation ne prend tout son sens que si l'on sait que les cartes allégoriques étaient en vogue à cette époque : Tendre fut la plus célèbre, mais il y en eut des dizaines, y compris de parodiques.

Les transpositions de personnages contemporains sont transparentes : Cyrus, c'est Condé, et sa victoire sur les Massagètes est un récit de la bataille de Rocroi ; Mandane est la duchesse de Longueville, etc. Ces procédés sont repris dans la *Clélie*, où les descriptions (par exemple, Vaux-le-Vicomte, sous le nom de Valterre), portraits et conversations prennent encore plus de place.

Ces romans furent signés par Georges de Scudéry, mais le public savait que le véritable auteur était Madeleine. Dédiés à la famille de Condé, ils marquent l'attachement des Scudéry à leurs protecteurs, même quand ceux-ci se furent compromis dans la Fronde.

Dans ces cadres conventionnels, et sans souci du vraisemblable, les héros sont immanquablement beaux, braves et généreux, les héroïnes belles, spirituelles, vertueuses. D'où une monotonie que le style presque constamment hyperbolique ne rompt guère. D'où aussi un affadissement des caractères, dénoncé par Boileau dans son *Dialogue des héros de romans*. Mais il faut bien constater que cette esthétique vise avant tout à insinuer une morale. À la différence de ceux de Gomberville et La Calprenède, qui exaltaient les rêves héroïques, il s'agit surtout, ici, d'affirmer le code galant : respect des bienséances, dévotion à l'aimée, défiance envers les désordres de l'amour...

Moralisme, féminisme, urbanité

Cette morale se précisa et se confirma dans les *Conversations*, qui reprenaient des passages entiers des récits antérieurs. Deux volumes de cet ouvrage furent même utilisés par Mme de Maintenon dans son institution de jeunes filles de Saint-Cyr. L'idéologie prônée par Madeleine de Scudéry se caractérise d'abord par un souci de rigueur morale et de décence. Elle-même était d'ailleurs unanimement vantée pour sa vertu, même par un critique comme Boileau, très réservé à l'égard de son esthétique. Cette vertu n'est pas ignorance des débauches amoureuses alors courantes, mais réaction lucide. La « carte de Tendre », si elle est d'abord un jeu de salon, est aussi l'expression d'une recherche mélancolique de rapports fondés sur le respect de la femme. C'est là un des versants de la préciosité de Mlle de Scudéry. Somaise et l'abbé de Pure firent de Sapho et de son salon des parangons de cette mode en en soulignant surtout les aspects les plus superficiels. Mais des exigences plus profondes sont aussi perceptibles. Ainsi le prologue de *Célinte* se place dans la lignée de Marguerite de Navarre, et, comme chez celle-ci, l'interrogation sur la situation de la femme laisse percer l'inquiétude. La défiance envers les dangers de la passion conduit vers le rêve d'un amour idéal où la « prudence » contrôlerait l'« inclination », le désir. La liaison amoureuse est conçue alors comme une ascèse heureuse, et non plus comme une tyrannie de la jouissance poursuivie.

Cela retentit sur le code des bienséances mondaines et sur l'exigence d'un code de langage : l'un et l'autre doivent obéir au même souci d'urbanité, qui modère l'expression aussi bien que les mœurs, qui impose la réserve dans les manières aussi bien que la bienséance et l'abstraction dans le style. L'idéal mondain de l'honnêteté et sa forme raffinée : la galanterie, en proposant l'assimilation de ces codes au « naturel » en font une véritable morale mondaine. Par ce biais, le goût et les thèses littéraires qui nourrissent les conversations (aussi bien dans les romans que dans les œuvres morales) tendent à rejoindre, à travers l'attirail baroque, le goût classique.

Car si l'univers romanesque de Madeleine de Scudéry appartient au courant de sensibilité dit baroque [voir **Baroque**], celui-ci est travaillé de l'intérieur par une mélancolie, un désir de repos qui le rattachent aussi à l'urbanité que valoriseront les classiques. L'œuvre de la romancière apparaît ainsi comme significative d'un temps de transition, et ses dimensions de morale (thèses sur la mondanité et la morale amoureuse) et de critique (thèses sur l'esthétique littéraire) prennent de la sorte plus de relief que la dimension romanesque proprement dite. Les épithètes de « baroque » et de « précieuse » constamment appliquées à Madeleine de Scudéry doivent donc être considérées avec quelque circonspection, comme d'ailleurs l'opposition entre « baroque » et « classicisme ».

A. Viala

SCUTENAIRE Louis

Pseudonyme de **Jean SCUTENAIRE** *(1905-1987)*

Écrivain belge d'expression française, Scutenaire est né à Ollignies, près de Lessines (Hainaut), dans une famille d'employés ; il préfère cependant la compagnie des fils d'ouvriers carriers à celle des fils de notables. Passionné de lecture et d'ornithologie, il fait pourtant des études de droit. En 1927, Paul Nougé l'introduit auprès des surréalistes bruxellois ; tout en s'associant à nombre de leurs activités, il refusera de signer le tract *le Domestique zélé*, qui consacre l'exclusion d'André Souris du groupe surréaliste. En 1930, il épouse Irène Hamoir qu'il a rencontrée chez Marcel Lecomte. En 1941, il entre au ministère de l'Intérieur, où il restera jusqu'en 1970. Grand collectionneur, il montre une prédilection pour les toiles de Magritte, dont il s'est fait le thuriféraire (*René Magritte*, 1947 ; *Avec Magritte*, 1977).

Comme Nougé, Scutenaire s'est adonné avec délices au pastiche, à la contrefaçon, au plagiat, prenant le contrepied du travail de l'écrivain, jouant poétiquement de l'antilittérature, récusant l'inspiration facile ou l'invention médiocre au profit du jeu, du collage, du calembour. Ainsi en va-t-il dans un de ses premiers livres, *les Jours dangereux – les Nuits noires*, rédigé en 1934 (éd. 1972) et fait, selon l'auteur, « avec des sottises, des collages, des ficelles éculées, des détours, des fantaisies sentimentales, des trucs à la mode, de vrais non-sens et, par-ci par-là, quelques éclairs poétiques ».

Le même détournement des lieux communs, de la banalité quotidienne sous-tend *Mes inscriptions* (1945), recueil d'aphorismes, d'anecdotes, de citations, de calembours, de « choses que tout le monde pense et dit, mais que n'écrit personne », où Scutenaire déploie avec humour une vision du monde surréaliste : « Tous les moyens sont mauvais. Mais, pessimiste, qu'aviez-vous donc espéré ? » L'apparence désinvolte de la démarche cache en fait une maîtrise parfaite du code et des niveaux de la langue, qui peut aller jusqu'à une certaine préciosité. Ainsi dans ses textes poétiques, qui révèlent une grande habileté verbale et beaucoup de liberté d'esprit, notamment *le Bâton de Jean de Milan* (1970) qui rassemble des poèmes écrits entre 1918 et 1924, ou *les Vacances d'un enfant* (1947), recueil de souvenirs d'enfance qui n'a rien de surréaliste, même si on y retrouve, à côté de formules lapidaires qui évoquent *Mes inscriptions*, d'extraordinaires échantillons de parole brute, une grande attention à l'imagination et un souci de débusquer la poésie sous les oripeaux du quotidien. Depuis 1981 Scutenaire a publié trois nouveaux recueils d'« inscriptions », réunissant des textes de 1964 à 1980.

A. Spinette

SÉBILLET Thomas

(1512-1589)

Avocat au parlement de Paris, Sébillet s'intéresse plus à la poésie qu'au droit. Il aurait effectué, vers 1549, un voyage en Italie. Homme certainement très cultivé, estimé pour sa science, il a été en relation avec le chancelier Michel de L'Hospital, Étienne Pasquier, et surtout Du Bellay. Son *Art poëtique françois* (1548) précède d'un an la *Deffence et Illustration* et contient à peu près tous les éléments nouveaux que cette dernière prétendait apporter. Pourtant cet important traité venait confirmer la tendance marotique – les citations, les exemples sont empruntés le plus souvent à Marot et à Mellin de Saint-Gelais – et servir à « l'instruction des jeunes studieus et encore peu avancez en la poëtie françoise ». Mais Sébillet désire aussi rebuter les « gentils rimeurs » : il explique la place importante de la « divine afflation » qui inspire le vrai poète et il veut présenter autre chose qu'une simple méthode de versification. Sébillet fait un grand nombre de remarques d'ordre technique concernant les mètres, la prosodie, les rimes et leur alternance. Il confirme la disparition des anciens genres et atteste les nouveaux, comme le sonnet et l'ode. Il se fait l'apologiste d'un style « doux » et souligne les différentes filiations qui ont produit l'actuelle poésie française : les Anciens, bien entendu, qui doivent être imités, mais aussi le *Roman de la Rose* et les poètes contemporains, « pure source française ». Éclectique, cet ouvrage est suffisamment clair pour avoir irrité Du Bellay – qui ne lui a pas reconnu ses emprunts –, alors que Sébillet, dans son *Art poëtique*, déjà, prônait, avant la *Deffence*, la langue nationale et insistait sur le don poétique comme sur le métier. Sébillet donna aussi plusieurs traductions de poètes italiens, ainsi que l'*Iphigénie* d'Euripide, « tournée du grec en françois » (1549).

M.-L. Demonet

SEDAINE Michel Jean

(1719-1797)

L'homme était bon, irréprochable même ; Diderot lui eût donné sa fille s'il n'eût été trop vieux. Ses personnages sont, écrit George Sand, « les derniers bons Français du dix-huitième siècle, s'élançant, avec tant de calme qu'on ne s'en aperçoit pas d'abord, vers le siècle nouveau » (Préface de *Victorine*). Voilà qui ne donne guère envie au lecteur contemporain de lire Sedaine ou au metteur en scène de monter ses pièces. Ce ne sont certes pas les bons sentiments qui font la bonne littérature, mais, disons-le d'emblée, l'exemple de Sedaine montre qu'à tout le moins ils ne l'empêchent pas. L'ensemble de son œuvre témoigne de la transformation profonde et durable de l'esthétique dramatique autour des années 1760 : élaboration du drame bourgeois et de l'opéra-comique, mise en cause des frontières entre les genres traditionnels, naissance de la mise en scène au sens moderne du terme.

L'ouvrier du théâtre

Fils d'un entrepreneur des bâtiments du roi, Michel Jean Sedaine, après le décès de son père, est obligé d'apprendre le métier de tailleur de pierre et complète son instruction pendant ses loisirs. En 1752, il publie quelques poèmes (*Poésies fugitives*), mais rien dans ces petites pièces ne laisse encore prévoir une carrière littéraire, et c'est par amitié pour Jean

Monnet qu'il accepte en 1756 d'écrire pour l'opéra-comique, qui venait de perdre avec Vadé son auteur à succès ; il donne *le Diable à quatre ou la Double Métamorphose*, opéra-comique accompagné d'une musique de Philidor, dont le sujet anglais offrait une situation dramatique neuve au théâtre de la Foire. Le succès de cette pièce encourage Sedaine. Il écrit successivement *Blaise le Savetier* (1759), *l'Huître et les Plaideurs* (1759), *le Jardinier et son seigneur* (1761), dont les sujets sont inspirés de La Fontaine, sur des musiques de Philidor. En 1761, *On ne s'avise jamais de tout* (musique de Monsigny) est donné à Versailles devant le roi : c'est la consécration du théâtre de la Foire, qui va préparer sa fusion avec la Comédie-Italienne. Sedaine écrit, pour Monsigny, *le Roi et le Fermier* (1762) et, en 1764, *Rose et Colas*. En 1765, sa comédie *le Philosophe sans le savoir*, réplique aux *Philosophes* de Palissot, est acceptée par les Comédiens-français et, en 1766, c'est l'apogée de son succès ; on joue en même temps trois de ses œuvres : *Aline, Reine de Golconde* (sur une musique de Monsigny) à l'Opéra ; *le Philosophe sans le savoir* au Théâtre-Français ; *le Roi et le Fermier* aux Italiens. Sa production jusqu'à la Révolution est fort variée.

On en retiendra d'abord *la Gageure imprévue* (1768), une charmante petite comédie à mi-chemin entre Marivaux et Musset, librement inspirée d'une nouvelle de Scarron. On y voit une jeune marquise qui tente de tromper ce mal qui atteint les êtres sensibles, prisonniers des conventions sociales et mondaines : l'ennui. Par la suite, Sedaine écrivit encore quelques opéras-comiques, comme *le Déserteur* (mis en musique par Monsigny, 1769), *Richard Cœur de Lion* avec son célèbre « Ô Richard, ô mon roi ! » (1784) et *Guillaume Tell* (1791, tous deux mis en musique par Grétry) et une tragédie en prose, *Maillard ou Paris sauvé* (1786), qui fut longtemps interdite. Il fut élu à l'Académie en 1786 ; son succès ne se démentit point jusqu'à la Révolution (pour laquelle il eut, au début, de la sympathie). Mais il connut alors, et jusqu'à sa mort, un demi-oubli.

Le Philosophe sans le savoir : un « drame bourgeois » ?

Le héros de la pièce, Vanderk père, est un gentilhomme qui, après diverses aventures et des revers de fortune, s'est enrichi dans le commerce, comme les riches négociants qui ont fait la fortune de Nantes ou de Bordeaux. Le jour où, toute sa famille réunie autour de lui, il célèbre les noces de sa fille Sophie, son fils, qui est officier, s'apprête à se battre en duel avec un jeune homme qui a insulté à l'honneur des commerçants. La comédie est construite sur l'interférence de la noce et du duel à l'intérieur d'un espace bourgeois. La « philosophie » éthique de M. Vanderk père, la noblesse morale de Vanderk fils et de son adversaire assurent, avec le triomphe de la vertu, une issue heureuse à la pièce et un dénouement conforme aux règles de la comédie.

L'écriture de la pièce répond tout à fait aux exigences des théoriciens de la transformation du théâtre classique (tels Diderot ou, plus tard, Beaumarchais et Mercier) : la « situation » et les « conditions » déterminent les caractères et l'action. Tous les personnages sont des types sociaux dessinés avec une grande précision, tant par leur discours sur la scène que par les nombreuses didascalies qui aident à tracer leur image scénique. Sedaine indique soigneusement les éléments de décor et les objets qui situent socialement les personnages ; metteur en scène autant qu'auteur, il entend contrôler aussi les signes visuels. La pièce offre un bon exemple de ce mélange des genres que souhaitaient les Philosophes (et c'est pourquoi elle fut appelée « drame » quoique Sedaine lui-même l'ait appelée « comédie ») : l'action fait courir à l'un des héros un risque de mort, l'angoisse et les larmes font parfois place à la franche comédie (lorsque intervient le personnage caricatural de la tante de province, ridiculement imbue de préjugés aristocratiques), quelques personnages intermédiaires et nuancés provoquent chez le spectateur tantôt le sourire, tantôt l'émotion (Antoine et Victorine, amis plutôt que domestiques de leurs maîtres). Le public du temps admira surtout en Vanderk père le héros positif bourgeois. Son discours en l'honneur du commerce et des commerçants, dans l'esprit des *Lettres philosophiques* de Voltaire ou du livre de l'abbé Coyer, *la Noblesse commerçante* (1756), dénonce la dérogeance de la noblesse comme un préjugé d'un autre âge : « Je ne connais que deux états au-dessus du commerçant [...], le magistrat, qui fait parler les lois, et le guerrier, qui défend la patrie » (II, IV). On est donc tout à fait justifié à parler de « drame bourgeois ». « Oui, mon ami, oui, voilà le vrai goût, voilà la vérité domestique, voilà la chambre, voilà les actions et les propos des honnêtes gens !... » écrit Diderot après la représentation du *Philosophe*.

Mais ces enthousiasmes, ces évidences désignées ont oblitéré dans l'histoire littéraire les ambiguïtés (nombreuses) de la pièce. Il ne faut pas oublier que Vanderk est un noble ; il n'a, même au sens juridique, jamais vraiment dérogé, et l'épreuve aristocratique du duel à laquelle est soumis son fils vient prouver que « bon sang ne peut mentir ». Dans cette perspective, il est significatif que les hésitations de la censure (la pièce faillit être interdite) furent motivées, non par quelque excès d'audace idéologique dans ce drame, mais au contraire par le risque d'une apologie implicite du duel (et cela malgré une condamnation assez claire du duel par Vanderk dès la première version de l'œuvre). De plus, ce faux bourgeois, à mesure qu'il s'enrichit, convertit sa fortune en rente foncière, rachetant peu à peu les fiefs perdus. Héraut de la bourgeoisie plus que héros bourgeois, Vanderk apparaît comme un personnage paralysé, et toute l'action de la pièce est menée par son fils en dehors de l'espace scénique, domestique et bourgeois. La structure même de la pièce donne l'image d'un monde bourgeois inclus à l'intérieur du monde féodal qui le détermine en dernière instance et finit par le fracturer. Dans *le Philosophe sans le savoir*, Sedaine trace les chemins d'un compromis de classe entre noblesse et bourgeoisie ; mais ce compromis est organisé par la noblesse et ne remet pas véritablement en question l'ordre existant.

Sedaine et la révolution du théâtre

Le travail novateur et transformateur de Sedaine est tout à fait caractéristique de la situation du théâtre après 1760 ; au moment où les frontières entre les genres s'estompent, l'art du théâtre se fonde de plus en plus sur le « spectacle ». Sedaine sait, comme Diderot, qu'une pièce de théâtre est d'abord faite pour être représentée. Des témoignages de l'époque le présentent comme un admirable directeur d'acteurs, suggérant à ses comédiens d'ingénieux jeux de scène. Il contrôle les objets théâtraux, leur sens et leur fonction avec un art qui annonce Beaumarchais : des volets qu'on ouvre et qu'on ferme indiquent le temps qui marche, une montre passe d'un personnage à un autre, une clef ouvre et ferme l'intrigue. L'espace et le temps s'inscrivent dans des images. Sedaine sait aussi subordonner son texte à un spectacle global, et c'est là la qualité principale de ses livrets d'opéras-comiques. Ses vers de mirliton sont faits pour être chantés, les situations sont « polyphoniques » : dans *le Déserteur,* on entend la voix du jeune Alexis, désespéré, condamné à mort, se mêler à celle d'un ivrogne grotesque. Dans *les Femmes vengées* (1775), Sedaine – cent vingt-cinq ans avant Stanislavski – imagine de compartimenter la scène, juxtaposant trois lieux scéniques différents et trois groupes de personnages.

Héritier de Vadé et de Favart, Sedaine fait franchir au théâtre de la Foire, en lui donnant un contenu réaliste et moral (cf. *le Roi et le Fermier*), le pas décisif qui lui permettra d'accéder à la dignité de théâtre bourgeois. Héritier de la comédie larmoyante, Sedaine, malgré de nombreux échecs (sa tragédie en prose *Maillard* par exemple), donne au drame une structure fondamentale, que l'on retrouvera de *Lorenzaccio* à *l'Opéra de quat'sous* : l'organisation en tableaux, qui remplace les actes traditionnels. Bachaumont remarquait déjà (*Mémoires secrets,* 2 décembre 1765) dans *le Philosophe sans le savoir* des « défauts d'une espèce particulière » : «... chaque scène est si peu liée aux suivantes qu'on les supprimerait toutes successivement sans que la machine s'écroulât ». Sedaine venait d'« inventer » le drame ! Ces aspects profondément novateurs expliquent que *le Philosophe sans le savoir* fut joué régulièrement jusqu'en 1880 environ ; et l'on peut dire que l'influence de Sedaine dans l'histoire du théâtre français a été au moins aussi grande que celle de Diderot.

P. Frantz

SEGALEN Victor

(1878-1919)

Denses, abrupts, sans complaisances ni facilités, les écrits de Victor Segalen n'ont trouvé leur audience et leur rang qu'au lent fil des années qui éloignaient à tout jamais l'Occident, conquis par la machine et la matière, de l'Orient spirituel et immémorial de *Stèles* ou de *Peintures.* C'est qu'ils transgressaient les frontières admises entre les écoles, les genres et les tons, dans leur nostalgie d'un monde plein où s'accordent la gravité de la parole et l'éminence de l'acte.

De l'Extrême Occident à l'Extrême-Orient

Né à Brest, Victor Segalen, après des études chez les Jésuites, choisit la carrière de la médecine navale ; la littérature et la musique le passionnent : sa thèse sur *les Cliniciens ès lettres* (1902), consacrée aux névroses dans les œuvres contemporaines, le met en rapport avec Huysmans et Remy de Gourmont ; ceux-ci lui ouvrent les portes du *Mercure de France*, où il publie son premier article, « les Synesthésies et l'École symboliste » (1902), sur les racines psychophysiologiques de l'analogie poétique. Affecté à un navire mouillé en rade de Tahiti, il découvre l'Océanie, avec sa nature luxuriante et sa civilisation frappée à mort par le choc de l'Europe ; à Hiva-Oa, au cœur des Marquises, il acquiert les sculptures dont Paul Gauguin, qui vient de mourir, avait orné sa case, et il médite sur la métamorphose d'un art occidental éclairé par la culture polynésienne ; la vision grave et intérieure du peintre lui inspire *les Immémoriaux* (1907, sous le pseudonyme de Max ANÉLY), livre consacré aux Tahitiens d'autrefois et à l'agonie de leur savoir traditionnel. En poste à Brest de 1905 à 1909, Segalen publie une nouvelle, *Dans un monde sonore* (1907), que remarque Debussy, et il écrit pour le compositeur le drame d'*Orphée roi* (1921, posthume), qui ne sera jamais mis en musique. Mais l'Orient le reprend de 1909 à 1918 : il part pour la Chine, où il fait trois séjours (1909-1913 ; 1914-1915 ; 1917-1918), enseigne la médecine et accomplit plusieurs missions archéologiques couronnées d'importantes découvertes ; enthousiasmé par l'art et la langue de la Chine ancienne, il donne son chef-d'œuvre poétique, *Stèles* (1912), luxueusement imprimé à Pékin, avec des épigraphes en calligraphie archaïque ou classique, et un autre recueil, *Peintures* (1916), à mi-chemin entre le poème et le journal de voyage. Revenu à Brest en 1918, atteint d'une maladie mystérieuse, il meurt, seul, dans la forêt de Huelgoat, à l'âge de quarante et un ans. Après sa mort paraîtront un récit romanesque, *René Leys* (1921), *Odes* (1926), *Équipée. De Pékin aux marches thibétaines* (1929), ainsi que des textes scientifiques : *Mission archéologique en Chine* (en collaboration avec Gilbert de Voisins et Jean Lartigue, 1923-1924) et *l'Art funéraire à l'époque des Han* (1935, d'après des notes). Ainsi le fils de la pieuse Armorique semble n'avoir trouvé en Bretagne qu'un berceau, une tombe, et l'ennui de quelques haltes entre deux voyages ; mais, capté par les dieux et les démons de l'Orient auquel s'est dévouée son œuvre, il a porté dans sa passion une introversion tout à fait celtique : ce sens du symbole se marie harmonieusement aux formes pensives où se reconnaît l'empire du Milieu.

De la littérature à la réalité

Ces translations se traduisent par une critique des idéologies et des écoles qui se partagent l'espace culturel dans la première décennie du siècle. Hostile aux platitudes et aux myopies du réalisme, Segalen n'éprouve que mépris pour son temps, où il ne voit ni valeur ni progrès, mais décadence et uniformisation. Le clinquant de l'exotisme – celui de Loti dans *Madame Chrysanthème* (1887) ou de Mirbeau dans le trouble et décadent *Jardin des supplices* (1898) lui apparaît dérisoire. « J'habite, écrit-il dans *Équipée*, une chambre aux porcelaines, un palais dur et brillant où l'Imaginaire se plaît. » Le symbolisme ? Il en rejette la convention, le flou, l'inconsistance, la circularité livresque, les élégances frelatées, et veut une charnelle confrontation avec les choses : ainsi recueille-t-il, sur le terrain, les légendes des Maoris et s'enfonce-t-il au cœur de la Chine, jusqu'au Tibet, en adoptant la vie et les coutumes du pays (au contraire d'un Paul Claudel, sagement cantonné dans ses légations). Cette existence de méditation et de découverte pose la question essentielle du moment où s'épuisent réalisme et symbolisme : « L'imaginaire déchoit-il ou au contraire se renforce-t-il quand il se confronte au réel ? »

Claudel répond en chantant l'unité, retrouvée dans la foi, de la nature et de la surnature ; les surréalistes voudront réconcilier, dans la surréalité, le rêve et la vie. Segalen choisit la voie d'un exotisme essentiel qui est chemin vers la suprême réalité, et non déploiement de contrefaçons : ascèse du corps et de l'esprit vers « l'extrême lointain » de l'espace et du temps, vers des origines où « les mots sont dieux eux-mêmes ». Cela implique une dislocation du sensible accoutumé, un austère renoncement aux efflorescences de l'immédiateté, pour libérer les virtualités que nie l'opacité du fait brut ; un vide proprement mallarméen qui permette aux mots, ressuscités et réinstaurés dans leur divinité par un bain sacré à leurs sources primitives, de s'ordonner en dires distants, étranges, qui développent l'immanence inaccomplie de l'Être. « Éloge et pouvoir de l'absence » que dit mainte « stèle » : ni la description, qui « tue le geste comme un air glacé tue le souffle » ; ni la ressemblance, similitude « faite pour les sots » ; mais l'allégorie, le sens baudelairien de l'analogie universelle, qui ouvre « les Marches d'arrière-monde », les primes hypostases de l'Être.

L'entreprise commande une rupture des formes littéraires occidentales, un éclatement des couples conceptuels qui les fondent et les limitent : le sujet et l'objet, la vérité et la fiction… Comment définir *les Immémoriaux* ? Le roman du prêtre Térii, dépositaire des anciennes histoires, aux prises avec les missionnaires, ces « hommes aux nouveaux parlers », qui l'annexent ? l'évocation illustrée d'une vie tahitienne dont le bonheur se ternit au contact de la grisaille chrétienne ? une rhapsodie de mythes ? *Équipée*, donnée pour un « voyage au pays du réel », n'est qu'une expédition rêvée : odyssée imaginaire, elle confond et superpose souvenirs et désirs pour mieux atteindre une immatérielle réalité. *René Leys*, « roman » fondé sur les confidences d'un Français sinisé, Maurice Roy, qui se prétendait l'amant de l'Impératrice, maintient une constante ambiguïté sur le statut de la fiction : l'Empire où accède Leys est-il le « vrai », l'historique, ou, menteuse affabulation, le symbole d'un dedans et d'un au-delà ?

Un orphisme parménidien

Orphée, dans le drame d'*Orphée roi*, attire à lui – et à la connaissance dans l'extase – une Eurydice qui se spiritualise (tandis que la charnelle Ménade tente d'enfermer le héros dans les infernales obscurités de la matière) : image du poète entre la vacuité ontologique du *hic et nunc* sensible et la plénitude d'un « là-bas et jadis » qui reste immanent. La violente altérité d'un Orient symbolique, ailleurs-avant, fonctionne ici comme l'Algérie « homérique » de Delacroix ou l'Hiva-Oa de Gauguin : elle révèle la facticité des présences qui nous cernent et, une fois disparu l'inauthentique, manifeste l'Être total, éternel, immuable mais bruissant de toutes mobilités, le Tao des Chinois ou le Tout de Parménide. Loi et substance, il se pressent quand l'exercice de l'imaginaire s'unit à l'étreinte d'une réalité que ne domestique ni n'asservit l'habitude, et s'offre ainsi sous ses deux aspects, intérieur et cosmique : l' *ātman* et le *brahman* de l'hindouisme.

Les *Stèles* jalonnent cette quête. Inspirés des chroniques et de l'épigraphie chinoises, ces soixante-quatre poèmes en prose rappellent, par leur dimension et leur structure, le sonnet symboliste avec ses deux volets (image et idée) et, par leur style archaïsant et « sinisant », un goût du pastiche fréquent à l'époque décadente ; mais ils prennent possession de l'espace et de la psyché avec une incomparable autorité. Leur minéralité, assise aux frontières du ciel et de la terre, s'étoile de signes spirituels. Leur profusion abolit la figure de l'« auteur », impersonnalise et multiplie les voix de la poésie. Répartis selon un symbolisme spécifiquement chinois (six groupes : les cinq points cardinaux dont le dernier, « le milieu », désigne l'Empire ; et les « stèles au bord du chemin » qui marquent le dynamisme d'un voyage initiatique), ils retrouvent l'austère grandeur d'une poésie gnomique qui dit la loi ; car l'inscription, que Hegel donne pour la forme première de l'épique, la parole absolue, est prescription ; et l'Empire, emprise. Il faut « perdre le midi quotidien »,

> *Tout confondre, de l'orient d'amour à l'occident*
> *[héroïque, du midi face au Prince au nord trop amical*
> *[–, pour atteindre l'autre, le cinquième, centre et*
> *[Milieu*
> *Qui est moi.*

Au terme de ce pèlerinage où, comme dirait Jung, on ne perd le moi que pour trouver le « Soi », il faut atteindre la « cité violette interdite », foyer secret d'une Chine illuminée par le « désir imaginant », et inaugurer

> *Cette ère unique, sans date et sans fin, aux*
> *[caractères indicibles, que tout homme instaure en*
> *[lui-même et salue*
> *À l'aube où il devient Sage et Régent du trône de son*
> *[cœur.*

Le mot, pris dans la ferme architecture d'un verset emprunté à Claudel, dédicataire du recueil, se libère de toute coquetterie « fin de siècle » : il pèse sans poser, étrange, mais non étranger, grave sans emphase, trouvant son efficacité dans le dépouillement et les tours les plus simples. Rendu à son rôle de « berger de l'être », le langage, ici, est celui des « anabases » majeures de la poésie contemporaine, mais il conserve la grâce close, intimiste, du symbolisme : rare alliance de la grandeur et de la mesure, de l'extrême exotisme et de la plus pure proximité, à l'écoute de l'Un, dans les « remous pleins d'ivresse du fleuve diversité ». Elle met Victor Segalen, amant des hautes et primitives époques, précurseur de maint retour à l'Orient, au nombre des initiateurs et des maîtres qui ouvrent le nouveau siècle.

D. Madelénat

SEGHERS Pierre

(1906-1987)

Né à Paris, Pierre Seghers passe sa jeunesse en haute Provence, puis assure une série d'emplois variés et modestes. Tôt, il compose des poèmes et, en 1938, il publie lui-même son recueil *Bonne Espérance* à Villeneuve-lès-Avignon. Pendant la guerre, sa « haute époque », il fait entendre la voix des poètes à travers plusieurs revues : *Poètes casqués*, en 1939 et 1940, donne la parole aux poètes mobilisés ; *Poésie 40* (*41, 42*, etc.) rassemble les poètes de la Résistance. Installé en zone libre, il noue de solides amitiés avec Aragon, Elsa Triolet, Eluard, Pierre Emmanuel et une foule de jeunes poètes. Dès 1943, il est un membre influent du Comité national des écrivains, et c'est en 1944 qu'il publie le n° 1 (*Eluard*) de sa collection « Poètes d'aujourd'hui », appelée à un bel avenir (plusieurs centaines de milliers d'exemplaires vendus). Après la guerre, il poursuit ses activités d'éditeur en lançant de nouvelles collections. Il se sépare des Éditions Seghers en 1969, et se consacre à la poésie (*le Temps des merveilles*, en 1978, réunit ses œuvres de 1938 à 1978). Il écrit des chansons, rassemble des anthologies (deux *Livre d'or de la poésie française*, en 1961 et 1969 ; *Poètes maudits du vingtième siècle*, en 1985), s'intéresse au haïkaï ou à la poésie chinoise, organise des spectacles poétiques.

Plus encore que poète, Pierre Seghers est homme de poésie, en ce sens que l'aspect le plus original de son activité aura été de promouvoir, en l'éditant, l'œuvre de poètes contemporains qui sans lui seraient restés des inconnus pour le grand public. La Résistance lui fournit l'occasion de préciser le sens de son action : susciter l'image d'une flambée poétique liée à l'élan national. Cette conception, Seghers œuvrera en 1974 encore pour l'imposer dans *la Résistance et ses poètes*. Lui-même se fit le chantre de l'honneur national et de l'humanisme contre la barbarie. Depuis les années 1950, cependant, après une période de grand lyrisme amoureux, son inspiration s'est faite plus secrète et plus inquiète parfois : *Racines*, 1956 ; *Pierres*, 1958 ; *Dialogue*, 1966 ; *Dis-moi, ma vie*, 1973 ; *Fortune, infortune, fort une*, 1985. Historien d'art, il a laissé quelques essais inspirés sur Piranèse (1960), Clavé (1971), Victor Hugo visionnaire (1985). *Monsu Desiderio ou le Théâtre de la fin du monde* (1981) est un superbe ouvrage où il analyse les « compositions hallucinées » des deux peintres du XVIIe siècle réunis sous ce pseudonyme.

M. P. Schmitt

SEGRAIS Jean de

***Jean REGNAULD** (ou **RENAUD**), **sieur de SEGRAIS** (1624-1701)*

De Segrais La Bruyère disait : « Il fait revivre Virgile parmi nous, transmet dans notre langue les grâces et les richesses de la latine, fait des romans qui ont une fin, en bannit le prolixe et l'incroyable pour y substituer le vraisemblable et le naturel », résumant parfaitement l'œuvre d'un écrivain en qui Voltaire saluera « un très bel esprit et un véritable homme de lettres ».

Le Virgile français

« Une belle et jeune Clymène qui animerait le peu de génie qui est en moi et un grand maître savant connaisseur qui le soutiendrait et le dirigerait me pourraient faire parvenir à quelque gloire si, comme je vous l'ai dit, il y en a, en France, à faire des églogues ». Par ces lignes, en préface à son poème *Athys*, publié en 1653, Segrais définit avec esprit les limites du genre dans lequel il fait, avec succès, ses premières armes. Dans ce poème « épique et bucolique » il chante bergers et bergères qui s'aiment sur les rives de « l'Orne délicieuse aux tortueux détours », élevée au rang de « Celtique Méandre ». Six autres églogues, publiées en 1660, succéderont à l'*Athys*. Loués en latin par ses amis Ménage et Huet, ces *venustissima pœmata* abondent en « lieux sauvages et solitaires », « antres affreux », « noires forêts », « grottes obscures ». Ogier, dans une longue et savante dissertation, publiée en annexe des « Églogues » (dans les *Poésies diverses*, 1658), se demande s'il ne conviendrait pas d'améliorer « paisibles marais » en « humides marais ».

Le jeune Segrais baigne alors avec bonheur dans le milieu parisien de la création littéraire. Il est arrivé de Caen, où il est né, dans la suite du comte de Fiesque, auprès duquel il fait profession de poésie, en gentilhomme pauvre contraint de monnayer ses talents. À vingt ans, il avait déjà écrit une tragédie sur *la Mort d'Hippolyte* et un long roman, *Bérénice*, qui fut publié en 1648. La mode est à la poésie bucolique et galante, suivant le modèle de *l'Astrée*, et les « poètes de ruelles » rivalisent à qui produira élégies, épîtres, stances et sonnets. Si Segrais affirme que ses poésies sont « plus amoureuses que champestres », il a une façon bien à lui de traiter les thèmes imposés par la mode, et possède assez d'esprit et de sensibilité pour manier les poncifs avec habileté, voire avec humour. Son « Épître à une dame qui aimait un vieillard » est pleine de malice et de traits dignes de Molière, son sonnet allégorique « À la mer » (« Dangereux élément, mer trompeuse et changeante ») a des accents quasi baudelairiens.

Le père du roman moderne

En 1648, Segrais entra comme secrétaire des commandements au service de la Grande Mademoiselle, nièce de Louis XIII. Elle venait de produire deux romans à clés – publiés sans nom d'auteur en 1646 –, la *Relation de l'île imaginaire* et l'*Histoire de la princesse de Paphlagonie*. Ces deux courts récits se déroulaient dans un cadre de fantaisie. Avec le désenchantement qui suivit la Fronde, la littérature allait prendre le tournant du réalisme. Le doux et craintif Segrais, qui avait songé un moment, avec Scarron, à s'expatrier pour fuir l'incertitude des temps, avait perdu le goût de la pastorale. La nouvelle orientation de son art apparut avec la publication, en 1656, des *Nouvelles françaises ou Divertissement de la princesse Aurélie.* Six récits, racontés tour à tour par Mademoiselle et cinq de ses amis, à la façon de l'*Heptaméron* ou de Boccace, sont séparés par des intermèdes de discussions sur la théorie du roman, ses genres, ses lois, sa composition, la peinture des sentiments, le dénouement. On reconnaît au roman le droit à la poésie, à l'invention à plaisir, mais on réclame pour la nouvelle celui d'exploiter l'histoire, de se situer en des lieux précis, de décrire des mœurs existantes. Les *Nouvelles* sont chargées d'illustrer ces principes esthétiques. Certes, c'est un fait qu'elles se situent dans la Normandie médiévale, dans la Turquie du XVIIe siècle et même dans le Paris de la Fronde, mais on ne saurait parler de vérité historique. Quant à l'intrigue, on se demande ce qu'elle serait si elle ne visait pas à la vraisemblance : l'imbroglio de « Mathilde » commence avec un enlèvement qui a lieu dans l'intervalle de la naissance de deux jumeaux ! Ces récits foisonnant d'événements ont le charme de la concision et surtout une fin à la fois « souhaitable » et « surprenante », car l'art doit être « un agréable mensonge ». C'est peut-être avec « Floridon ou l'Amour imprudent » qu'on mesure le mieux l'enjeu des ambitions de Segrais. Racine, en effet, en a repris l'argument dans *Bajazet.* Segrais critiquera les héros de Racine, disant qu'« ils ont tous, sous un habit turc, les sentiments qu'on a au milieu de la France ». Les mœurs, dans sa nouvelle, sont, de toute évidence, plus bizarres que turques ; mais, en même temps, est posée la fonction de l'exotisme dans le roman moderne, double dépassement de la réalité vers le paradis et vers l'enfer, lieux où le réel peut se délivrer impunément de toute la familière étrangeté dont il est lourd.

Les rapports de Segrais et de Mademoiselle se gâtèrent lorsqu'en 1672 il intervint pour provoquer sa rupture avec Lauzun. Chassé, il fut recueilli par Mme de La Fayette et pensionné par M. de Longueville. Le premier roman de Mme de La Fayette, *Zaïde*, avec une préface de Huet sur l'histoire du roman, parut sous le nom de Segrais qui avoue y avoir eu « quelque part, mais seulement pour la disposition du roman, où les règles de l'art sont observées avec grande exactitude ». Il confirme ainsi ce qu'on pressentait dans les *Nouvelles,* à savoir que la part la plus précieuse, chez lui, est celle du théoricien, apportant la conception d'un système clos, qui obéit aux lois de sa propre architecture comme à la nécessité et scelle, dans son dénouement, l'accomplissement d'un destin. Si *la Princesse de Clèves* atteint d'emblée la perfection du genre, c'est peut-être aux leçons de composition de Segrais qu'elle le doit.

L'homme de lettres

Segrais était entré, dès 1662, à l'Académie française. Vieillissant, souffrant de surdité, il épousa une riche héritière normande et se retira à Caen en 1679. Le duc du Maine aurait souhaité l'attacher à sa cour, mais il refusa, disant que « dans un pays comme celui-là il fallait avoir bons yeux et bonnes oreilles ». Il s'occupa de traduire Virgile et se brouilla avec Huet, l'ami de toujours, pour un différend sur l'interprétation d'une difficulté du texte latin. Impénitent théoricien, il fit précéder sa traduction de *l'Énéide* (1668-1681) d'une préface où il exposait toutes les règles de l'épopée. Il animait chez lui les réunions de l'académie de Caen. C'était un causeur intarissable, qui savait captiver son auditoire par son esprit et la richesse de ses souvenirs. Un secrétaire recueillait ses paroles, et les *Segraisiana* parurent en 1721. Potins mondains, anecdotes historiques et littéraires, jugements esthétiques s'y suivent à bâtons rompus et font de ces *ana* le reflet de la vie littéraire d'une époque vue par un des hommes qui en comprit le mieux les aspirations.

O. Biyidi

SÉGUR, comtesse de

Née **Sophie Rostopchine** *(1799-1874)*

Romancière d'origine russe, née à Saint-Pétersbourg. Son père, Fedor Vassilievitch Rostopchine, gouverneur de Moscou en 1812, l'emmena en 1816 à Paris, la maria en 1819 au comte Eugène de Ségur, et lui acheta le château des Nouettes, dans l'Orne, où elle fera de longs séjours. Mère prolifique, puis épouse délaissée, enfin grand-mère gâteau, elle écrivit de 1856 à 1871 pour ses nombreux petits-enfants la vingtaine de romans qui l'ont rendue célèbre.

Nombre de ces ouvrages, destinés non seulement à être lus mais aussi à être joués en société, utilisent les procédés du théâtre : scènes d'exposition minutieuses, dialogues avec indications de mise en scène, monologues d'un pathétique outré (*Après la pluie le beau temps*, 1871 : « Rame ! C'est ton Rame ! », etc.), récits exotiques pouvant donner lieu à déguisements (*les Vacances*, 1859), rôles contrastés souvent jusqu'à la caricature. Car l'univers de Mme de Ségur est aussi stratifié que celui des nouveaux chemins de fer, où « blouses et bonnets ronds » se pressent en troisième classe tandis qu'en première paradent les crinolines (*les Deux Nigauds*, 1863). Au sommet, les châtelains, entourés d'enfants et de domestiques ; puis les fermiers et les artisans ; enfin les « pauvres », secourus par la châtelaine et par ses enfants, prêts à leur sacrifier « leurs petites économies » (*les Petites Filles modèles*, 1857). Lors des fêtes villageoises, le beau monde danse le « galop » avec les paysans (*Diloy le chemineau*, 1868), chacun retournant ensuite à sa « condition » (*Pauvre Blaise*, 1861). Chez ces châtelains souvent solitaires (les épouses sont mortes, ou les maris « aux eaux » pour une durée indéterminée), le bonheur conjugal est projeté dans un avenir incertain où il fait figure de récompense : les « bons enfants » se marieront bien, les méchants finiront aux mains des coquettes et des joueurs (*Quel amour d'enfant !*, 1866). Bonheur désigné, promis, mais rarement vécu et décrit : Jacques et Geneviève, le couple modèle d'*Après la pluie le beau*

temps, manquent d'être séparés par la mort de l'un (sur le champ de bataille de Mentana, où Jacques se bat pour le pape contre Garibaldi), ou par la folie de l'autre. Car la violence est partout : celle du monde extérieur, symbolisée par la guerre, celle aussi des enfants qui torturent les animaux (*les Malheurs de Sophie*, 1858), qui se « taquinent » cruellement (*le Général Dourakine*, 1864). Sous le fouet des marâtres (*les Petites Filles modèles*) ou sous le knout des policiers (*le Général Dourakine*), petits et grands vivent des supplices comparables à ceux que Sophie inflige à sa poupée...
Reste l'Eldorado, le Fleurville des *Petites Filles modèles*. Cependant les cheminées d'usine commencent à monter près des gentilhommières : Gaspard, un fils de paysan, fait fortune à la « fabrique » de M. Féréor (*la Fortune de Gaspard*, 1866). Ces nouveaux venus, considérés avec sympathie tant qu'ils imitent les vertus de la noblesse sans chercher à frayer avec elle, apparaissent comme des bouffons ou des escrocs dès qu'ils prétendent jouer à leur tour les aristocrates, tel le faux baron de Castelsot dans *Diloy le chemineau* : le modernisme pédagogique de la comtesse de Ségur, qui la conduit à décrire avec réalisme le monde du second Empire, s'accorde mal avec les nostalgies féodales de Sophie Rostopchine.
Providence pendant près d'un siècle des éducations aristocratiques, la comtesse de Ségur fit aussi, par son désintéressement d'auteur, la fortune de la Librairie Hachette et de sa « Bibliothèque rose ».

M.-A. de Beaumarchais

SEMPRUN Jorge

(né en 1923)

Écrivain espagnol d'expression française. En 1936 commencent pour Jorge Semprun, né à Madrid, des années d'exil entre La Haye (où son père représente la République espagnole), Genève et Paris. Élève au lycée Louis-le-Grand, entouré par la sollicitude du groupe Esprit, il termine ses études, s'appropriant la culture française à travers les poètes (Baudelaire) et les romanciers (Gide, Guilloux, Leiris, etc.). La lecture de Malraux le rend « perméable » au communisme, tout en le protégeant d'une allégeance aveugle. Pendant la guerre, il est résistant, déporté à Buchenwald (1943) et, à son retour, il participe aux activités du parti communiste espagnol avant d'en être exclu en 1964. Paraissent alors ses deux premiers romans écrits en français, *le Grand Voyage* (1964) et *l'Évanouissement* (1967), qui font revivre son expérience concentrationnaire et ses souvenirs du maquis dans une écriture discontinue dont les récits d'action, évoqués par des retours en arrière, laissent volontiers place à une réflexion métapsychologique, notamment sur la torture.
Fidèle au thème de la liberté opprimée, Semprun adapte ensuite pour la scène *le Vicaire* de Rolf Hochhuth (1964), et pour l'écran, son propre roman sur l'opposition communiste espagnole en exil, *La guerre est finie* (1966, film d'Alain Resnais). Pour Costa-Gavras, il écrit les scénarios de *Z* (1968), de *l'Aveu* (1970) ; pour Yves Boisset, celui de *l'Attentat* (1972). Il signera en 1983 une biographie de celui qui fut son interprète : *Montand, la vie continue*.
En 1969, Semprun revient à la littérature de fiction avec *la Deuxième Mort de Ramon Mercader* (prix Femina). Ce roman d'espionnage, dont l'intrigue complexe mêle suspects et policiers de tous bords, laisse éclater son désenchantement à l'égard du rêve communiste. La technique de l'écriture s'apparente à celle du Nouveau Roman, avec ses longues phrases coupées d'incidentes et de rétrospections intégrant le passé au présent dans la conscience du narrateur, technique à laquelle il reste fidèle dans *l'Autobiographie de Federico Sanchez* (1978), écrit d'abord en espagnol, et dans *Quel beau dimanche* (1980). En 1981, pour *l'Algarabie*, « roman posthume » d'un *alter ego* mort en exil dans un Paris fantasmatique livré à des bandes rivales, Semprun enrichit son écriture des nouveaux prestiges de l'histoire apocryphe, tandis que *la Montagne blanche* (1986) propose, à travers les destins de trois personnages, une méditation sur l'histoire à la manière d'un Milan Kundera. Entre 1988 et 1991, Semprun prend en charge le ministère de la Culture dans le gouvernement socialiste de Felipe González, affirmant ainsi sa réconciliation politique avec l'Espagne du post-franquisme.
Avec *l'Écriture ou la Vie* (1994), l'écrivain revient sur les années de Buchenwald. Mais ce récit à la première personne, sans aucune chronologie, est aussi une analyse des causes psychologiques qui lui ont fait différer pendant très longtemps l'approche autobiographique de la déportation. Comme en un débat avec lui-même, Semprun justifie le refoulement de son expérience, au moment du retour de captivité, par la nécessité d'oublier pour être en mesure d'écrire autre chose. Ce texte charnière libère, semble-t-il, son auteur, ouvrant devant lui la voie nouvelle d'une autobiographie limitée à l'avant-guerre. En effet, le dessein explicite de Semprun, dans *Adieu vive clarté* (1998), est de partir à la « découverte de l'adolescence et de l'exil, des mystères de Paris, du monde, de la féminité » sans permettre à Buchenwald de porter « aucune ombre » rétrospective sur cet avant. Ces souvenirs d'une initiation laissent filtrer l'angoisse du jeune homme déchiré entre sa mère-patrie et celle dont l'appropriation de la langue lui promet un nouvel enracinement. Mais il ne trahira pas pour autant son attachement aux grands maîtres espagnols (Antonio Machado, Rubén Darío, etc.).
Ainsi, marquée par la violence (de nouveau présente dans *le Mort qu'il faut*, 2001), l'œuvre de Semprun laisse-t-elle cependant, à l'orée du troisième millénaire, le testament d'un homme apaisé et d'un écrivain qui a maîtrisé avec bonheur les techniques formelles de son siècle.

M.-A. de Beaumarchais

SÉNAC Jean

(1926-1973)

Poète algérien de graphie française, telle est la définition que Sénac donnait de lui-même. Pied-noir né à Benisaf, un petit port d'Oranie, il débuta en littérature en 1954 sous la double caution d'Albert Camus qui accueillit les *Poèmes* dans sa collection « Espoir » chez Gallimard, et de René Char qui les préfaça d'un Avant-Propos : « Le vent ami tourne dans mes doigts les pages d'un cahier où une écriture de jeune homme s'établit en poésie ». Dans ces poèmes, Camus pouvait retrouver la sensualité des paysages méditerranéens qu'il avait célébrés (dans le poème « Noces », par exemple : « Tout ici est d'haleine vive [...]/Tout ici est suant de rêve »), et Char, son propre sens de l'aphorisme, du vers lapidaire (dans les « Proverbes de l'évidence » en particulier : « À cœur fermé l'œil voit plus clair »). Le jeune homme chante aussi le manque d'amour au Quartier latin (« Draps défaits/le vin versé/ l'amour exilé/l'amour de personne »).

Partisan de l'indépendance de l'Algérie, le début de la guerre lui fait rejoindre le camp de ceux qui luttent pour la libération de leur pays. Il participe à l'installation d'une imprimerie clandestine à Paris. Des recueils portent témoignage de cet engagement, *le Soleil sous les armes* et *Matinale de mon peuple*, parus en 1957 et 1961. « Poésie et Résistance » sont alors « comme les tranchants d'une même lame ». Ayant pleinement pris sa place dans les luttes pour l'indépendance, Sénac voulut participer à l'édification du nouvel État. Il s'installe dans sa « cave-vigie » à Alger, fonde l'Union des écrivains algériens, assure à la radio une émission hebdomadaire qui révèle les jeunes poètes du pays et que complète l'*Anthologie de la nouvelle poésie algérienne* (1970). Son lyrisme personnel s'épanouit dans *Avant-corps*, précédé de *Poèmes iliaques* et suivi de *Diwân du Noûn* (1968). Il y magnifie les beautés du corps adolescent et les incandescences du désir. Dans l'ambiguïté de l'adjectif « iliaque », l'écriture se fait exploration du sexe (la cavité iliaque) et voyage vers les îles. La culture arabe enrichit et renouvelle les ressources de l'expression française (le genre, par exemple, du Diwân).

L'Algérie ne devait pas rester cette terre idéale de l'engagement et du plaisir. L'intransigeance des choix politiques et amoureux de celui qui voulait être à la fois Jean Sénac et Yahia el Ouahrani (Jean l'Oranais) dérangeait les tentations bureaucratiques et intégristes de l'État algérien. Il ne reçut jamais la nationalité algérienne et perdit ses fonctions à la radio en 1972. Son assassinat chez lui le 30 août 1973 ne pouvait manquer de susciter les mêmes questions que celui de Pasolini. Il fallut attendre le dixième anniversaire de sa mort pour que lui soit rendue la place qu'il mérite. Tandis qu'en 1983 étaient organisées à Marseille une exposition et des rencontres internationales, qu'un Fonds Sénac était constitué aux Archives de la ville, de nombreux inédits paraissaient : *À corpoème*, suivi de *les Désordres* (1981), *Dérisions et vertiges* (1983), *le Mythe du sperme-Méditerranée* (1984), *Ébauche du père* [roman] (1989). Dans ces textes, Sénac renouvelle son hommage à Char, mais également à tous ceux dont « le poème ose et risque » : Rimbaud, Luis Cernuda. Le désir et le plaisir homosexuels s'y disent plus brutalement, parfois aussi plus ironiquement dans une utopique identification du corps et du poème : le « corpoème ». Sénac s'impose aujourd'hui comme « le plus grand poète francophone du Maghreb » (J.-P. Péroncel-Hugoz).

M. Delon

SÉNAC DE MEILHAN Gabriel

(1736-1803)

Écrivain, Sénac de Meilhan l'est à plusieurs titres : celui que Sainte-Beuve tenait pour un « grand esprit » (*Causeries du lundi*, tome X) fut tour à tour moraliste, critique, publiciste, polémiste, historien, poète et romancier. Ce fils d'un premier médecin de Louis XV avait commencé une importante carrière publique : maître des requêtes au parlement de Paris, intendant dans l'Aunis, puis en Provence (les allées de Meilhan, à Marseille, lui doivent leur nom), enfin dans le Hainaut, intendant général des Armées, il est disgracié par Necker, qu'il attaque dans ses *Considérations sur la richesse et le luxe* en 1787, où il développe des thèses proches de celles de Turgot.

Il se consacre alors à la morale, sur le mode sceptique et ironique, dans les *Considérations sur l'esprit et les mœurs* (1787), qui semblent illustrer sa formulation personnelle du *Si non e vero, e bene trovato* : « Rien n'a jamais fait effet sur moi comme vrai, mais comme bien trouvé » ; on peut recueillir au hasard des pensées comme : « L'amitié est à l'amour ce qu'une estampe est à un tableau », ou « La médiocrité en tout genre assure le bonheur », ou encore « Il semble que l'esprit des femmes n'ait pas assez de force pour ne s'attacher qu'aux choses. Elles y joignent presque toujours un objet sensible ».

Une traduction des *Annales* de Tacite, un roman dans le style voltairien, *les Deux Cousins*, en 1790, précèdent son émigration, qui, le menant de Londres en Allemagne, puis en Russie et enfin à Vienne, où il mourra, provoque la publication de deux ouvrages historiques – *Des principes et des causes de la Révolution* (1790), *Du gouvernement, des mœurs et des conditions en France avant la Révolution* (Hambourg, 1795) –, d'un recueil d'*Œuvres philosophiques et littéraires* (Hambourg, 1795), et surtout de son roman *l'Émigré*, en 1797, à Brunswick. Après sa mort, on publiera en 1813 ses *Portraits et Caractères du XVIIIe siècle*.

L'Émigré

SYNOPSIS

Par fidélité au roi, un jeune noble, le marquis de Saint-Alban, quitte la France en proie à la Révolution. Officier dans l'armée prussienne en 1792, il est blessé juste avant la reddition de Mayence. Recueilli par la famille du comte Lœwenstein, il tombe amoureux de la jeune épouse de ce dernier. Elle refuse de succomber. Là-dessus, Lœwenstein meurt. Mais, alors que tout devient possible pour les amoureux, le marquis doit rejoindre l'armée de Condé par devoir. Il est fait prisonnier, crie sa fidélité à sa cause devant le Tribunal révolutionnaire, concluant sa plaidoirie par le suicide. La comtesse en devient folle et meurt. Autour de l'intrigue, une galerie de portraits rompt heureusement le fil de cette insoutenable tragédie en montrant les réactions amusées des émigrés français devant les préjugés de la noblesse allemande, en décrivant les conséquences de la pauvreté sur le comportement des exilés ainsi que les expédients qu'ils inventent pour survivre tant bien que mal.

Dans cet ensemble d'ouvrages, Sénac de Meilhan développe une analyse des causes de la Révolution qui vaut mieux que les diverses élucubrations de l'époque sur ce sujet : la Révolution procède d'une corruption des mœurs et d'un affaiblissement du pouvoir monarchique, miné parce que ses soutiens naturels ne respectaient plus les principes fondamentaux de son organisation sociale. Sénac ne retient nullement l'hypothèse d'un complot machiavélique, ourdi par les Philosophes, les francs-maçons ou les orléanistes, et il accuse les ordres privilégiés d'avoir creusé leur propre fosse. « Le défaut de système, l'oubli des anciens principes, l'inattention à suivre, à saisir la marche de l'esprit humain peuvent avoir des suites plus fatales que la plus violente tyrannie… » (*Du gouvernement…*).

De plus, Sénac affirme le caractère irréversible de la Révolution, à la fois criminelle et facteur de progrès : « Les Français […] ont détruit, mais ils ont en même temps creusé, porté la lumière dans les routes les plus obscures, et ils en ont ouvert de nouvelles et forcé les barrières élevées par le préjugé » (*l'Émigré*). On voit donc que le roman se fait idéologique ; cet aspect cœxiste avec l'utilisation habile de conventions : lettres entrecoupées de récits, épisodes convenus dans une intrigue sentimentale qui fait jouer deux sensibilités, le bonheur contrarié, etc. La peinture des situations et des mentalités des émigrés organise autour de la figure centrale de Saint-Alban tout un monde et permet ainsi la constitution d'un type promis à une grande fortune littéraire : l'émigré qui devient un paria.

Sénac de Meilhan est donc à l'origine d'une littérature de l'exil, thème romantique par excellence, en écrivant un roman sentimental en une prose élégante très fin du XVIIIe (« J'ai été, il y a huit jours, chez la Comtesse, que j'ai trouvée lisant *Clarisse* ; elle laisse tout pour cette lecture, et a déjà passé plusieurs nuits entières, sans pouvoir la quitter. Personne n'est plus digne de sentir le prix de cet ouvrage que l'aimable Victorine. Rien n'échappe à son esprit, rien ne manque son effet sur son cœur » [lettre XLIX]). On retrouve cette distinction dans les poésies érotiques qu'on lui attribue et qui arborent les titres délicieusement évocateurs de *Foutromanie* (1780), *Foutriade* et *Masturbomanie*, priapées héroï-comiques, qui paraissent bien pâles aujourd'hui, mais qui témoignent des goûts multiples de ce polygraphe lucide, nostalgique d'une monarchie éclairée, témoin d'une transition qui ébauche le roman du moi, lui qui reprenait Pascal dans ses *Portraits* : « L'égoïste est ridicule, et le personnel haïssable ».

G. Gengembre

SENANCOUR Étienne PIVERT de

(1770-1846)

Nos contemporains ne lisent pas Senancour, rebutés qu'ils sont par l'austérité de sa manière, la hauteur où se tient sa pensée et – faut-il le préciser ? – le sombre univers des bibliothèques où ses œuvres, chichement rééditées, se morfondent. Lire Senancour oblige à emprunter les sentiers escarpés d'une originalité ombrageuse et difficile sur lesquels il nous a précédés. Trop d'écrivains ont mis à notre portée le vertige du Niagara ou l'exaltation des paradis perdus pour que nous nous risquions à les éprouver depuis les cimes d'où appelle ce triste Prométhée. Ses livres sont le domaine des universitaires et des érudits, qui ont tôt fait de l'ensevelir sous l'étiquette de « préromantique ».

Alceste en son désert

L'enfance sera pour Senancour la première école de la mélancolie. De santé délicate, il s'étiole dans le climat de pesante bigoterie dont l'entourent des parents âgés et mal accordés, jansénistes attardés en un siècle libertin. Son père, contrôleur des rentes de l'Hôtel de Ville, le destine à la prêtrise. Sa mère, « malheureuse par goût », dévote tracassière et rigoriste, l'astreint à une vie « casanière, inactive, ennuyée ». Il s'évade en lui-même pour goûter le « jeune enchantement d'un cœur vierge, qui veut ce qu'il désire, et ignore la vie », étonne par ses dons pour l'abstraction mathématique, première ébauche d'une quête philosophique que la mort seule interrompra : « Dès mon enfance, je me suis senti sous l'œil de l'inaltérable vérité ». L'adolescent a déjà emboîté le pas au promeneur solitaire.

Quand son père veut l'envoyer au séminaire, crises et lectures ont ébranlé la foi de Senancour. Sa mère l'aide à fuir en Suisse (14 août 1789). Les premiers tumultes de la Révolution l'accompagnent dans le Valais, où l'éprouve une nostalgie poignante. En plein désarroi, il se laisse marier (1790) à la fille de son logeur, Marie-Françoise Daguet. Il s'en repent aussitôt.

L'homme confie alors son désenchantement à l'écrivain : il écrit *les Premiers Âges, incertitudes humaines*, qu'il signe RÊVEUR DES ALPES (1792). À partir de ce texte qu'il développe, il écrit *Sur les générations actuelles, absurdités humaines* (1793), remarquant déjà : « Qu'importent d'ailleurs au public des rêves obscurs ? Tant d'hommes éveillés l'occupent glorieusement ! » Il rentre seul à Paris, publiant *Aldomen ou le Bonheur dans l'obscurité* (1795), « par le citoyen Pivert », et, ruiné, cherche vainement un emploi. Il repart, mais on l'arrête comme suspect, et il doit rejoindre la capitale, où il vit d'expédients misérables (1798). Il entreprend alors ses *Rêveries sur la nature primitive de l'homme* (1799-1800). À cette époque, il se sépare à l'amiable de sa femme (1803). La gloire se dérobe toujours.

René triomphe, mais *Oberman* (1804) passe inaperçu et ne sera ressuscité qu'en 1832 par Sainte-Beuve. On pourra alors découvrir ce passage : « Cherchons seulement à faire ce qui devrait donner la gloire, et soyons indifférents sur ces fantaisies du destin, qui l'accordent souvent au bonheur, la refusent quelquefois à l'héroïsme, et la donnent si rarement à la pureté des intentions ». Rancœur et misanthropie viennent assombrir l'isolement de Senancour. *De l'amour* (1806), plaidoyer pour le divorce, cause quelque scandale ; *Valombré* (1807), comédie, ne sera jamais portée à la scène. L'auteur s'efface pendant près de dix ans, après avoir donné une deuxième édition de ses *Rêveries* (1809). Il faut attendre 1819 pour voir paraître les *Libres Méditations d'un solitaire inconnu sur le détachement du monde et sur d'autres objets de la morale religieuse*, remanié en 1830. Suivront un *Résumé de l'histoire de la Chine* (1824) et un *Résumé de l'histoire des traditions morales et religieuses chez les divers peuples* (1825), dont la deuxième édition (1827) vaudra un procès à Senancour. Pauvre, à peine soutenu par quelques amis, il collabore à des publications (*le Mercure de France,* 1811-1819 ; *le Constitutionnel*, 1818-1830 ; *la France littéraire* de Quérard, 1831-1834), à des travaux d'érudition (*Biographie nouvelle des contemporains* par Arnault, Jay, Jouy, Norvin ; *Biographie universelle et portative* par Aucher et Boisjolin). En 1833, il achève son *Petit Vocabulaire de simple vérité*, publie une « deuxième édition » augmentée d'*Obermann* (le héros a gagné un *n* final), et donne *Isabelle*, roman par lettres.

La maladie qui le tourmente depuis longtemps le conduit à la paralysie. Il a grand besoin de l'affection de sa fille, Eulalie, pour parvenir aux bornes d'une existence désespérante. Sa triste vie est suivie d'un oubli total. Il meurt à soixante-seize ans, et c'est tout juste si la presse annonce son décès. En faisant graver sur la tombe de son père « Éternité, deviens mon asile » (phrase extraite des *Libres Méditations*), Eulalie espérait pour lui autre chose qu'un désert. Ne reconnaîtra-t-on jamais à Senancour que le mérite d'avoir bien prophétisé ses malheurs ? « Quel sera le refuge de celui à qui il est dit d'espérer ?… Aura-t-il cru en vain qu'au-delà de nos temps la pensée subsiste ? » (*id.*).

L'écriture est un songe

Un monde se défait. Délaissant les mythes de l'éveil promus par le « perfectibilisme » des Lumières, certains, comme Rousseau, Rétif de La Bretonne, Sébastien Mercier, guettent la vérité dans la pénombre, le nocturne ou le songe, éprouvant au sein des ténèbres le sentiment de cette sensible désagrégation des choses. *Les Rêveries du promeneur solitaire*, *les Nuits de Paris*, *Mon bonnet de nuit,* autant d'œuvres qui permettent de s'en convaincre. L'auteur des *Premiers Âges* est bien proche de cette attitude : « Peu m'importent les défauts nombreux qu'on trouvera dans mes écrits, si on les considère comme l'ouvrage d'un auteur éveillé ; car j'assure d'avance qu'au milieu de la désespérante incertitude qui nous entoure, je serais tenté de regarder tous les raisonnements humains comme la suite informe du songe de notre pensée ». Senancour ajoute : « Je ne suis ni travailleur ni logicien : mais je rêve souvent, et quelquefois j'écris mes rêves sans m'inquiéter de ce qu'ils peuvent avoir de décousu ou de répété ». Le « Rêveur des Alpes » sera l'inventeur d'une écriture plus que l'auteur d'une œuvre. Ni romancier, ni dramaturge, ni philosophe, Senancour veut réaliser le Livre des livres : « Ce que l'esprit humain pourrait effectuer de plus vaste, de plus beau, serait l'histoire de l'homme ; […] heureux […] le génie assez sublime pour ne pas se croire indigne d'un tel ouvrage. » Au bout de cette quête à la Rousseau commence le songe senancourien d'une perfection ne se satisfaisant qu'avec la totalité. Depuis *les Premiers Âges*, développés par *Sur les générations actuelles* et les *Rêveries sur la nature primitive de l'homme*, quatre fois remaniées, jusqu'aux *Libres Méditations*, deux fois récrites, depuis *Aldomen*, mûri en *Oberman*, jusqu'à *Valombré* et à *Isabelle*, se poursuit la recherche toujours plus exigeante d'une expression impossible, plaçant la nécessité de son dépassement dans la prévision même de ses échecs : « Celui qui conçoit un monde heureux et n'éprouve qu'un monde déplorable, qui toujours incité ne peut rien chercher et toujours consumé ne peut rien aimer, […] demande à chacun de ses accents une expression indicible pour des douleurs inénarrables » (*Rêveries*). Et Senancour déplore : « Je suis souvent réduit à des expressions peu justes, soit que je ne rencontre pas celles que je désirerais, soit qu'elles manquent en effet à la langue » (*id.*).

Constat des épreuves du cœur, le style sert alors une émotion toujours plus austère et dépouillée, réclamant à la musique les effets que l'écrivain se refuse à chercher dans les images et dans les épithètes. La prose poétique du romancier – « J'aime surtout l'étang lorsqu'il est agité » (*Aldomen*) – va peu à peu renoncer à ses dernières volutes pour donner essor à la mélodie rectiligne, aux rythmes plus nerveux, du moraliste : « Dans l'âge présent du monde, l'esprit humain ne s'arrêtera pas. La raison, devenue impartiale, exigera des sentiments élevés, une morale exacte, une croyance pure » (*Libres Méditations*). Plus Senancour écrit, moins il achève, jetant à la diable fragments, pensées, « fusées ». Outre l'âpreté de l'ermite parvient toujours au lecteur « l'expression d'un homme qui sent » (*Oberman*), et qui espère en sa parole : « L'imperfection de cet essai ne me décide pas à le détruire. Personne ne sentira plus que moi combien il manque d'attrait et de concision ; mais je le continue : pour le rendre moins défectueux, une époque différente me fournirait-elle des moyens nouveaux ? » (*Libres Méditations*).

L'imperfection de la parole senancourienne ouvre à son lyrisme les voies les plus fécondes : celles de l'inachèvement.

Un maître à douter

Précocement déchiré entre rationalisme et illuminisme, rendu défiant à l'égard des religions, Senancour a trouvé chez d'Holbach, Helvétius, Raynal, Saint-Martin ou saint Augustin plus d'inquiétude que de conviction : « L'homme fut en démence dès qu'il rêva dans l'intellectuel, malheureux dès qu'il mit de l'importance à ses songes informes. […] Substituer de telles illusions aux plaisirs, aux jouissances réelles et à la plénitude de la vie, oublier les lois de la nature et l'instinct primitif, dont le but est volupté, pour croire à une destination que rien ne prouve, voilà ce que j'appelle démence » (*Sur les générations actuelles*). La sensation alors se sacralise, appelant à remédier aux amertumes de l'éphémère par une éternité de plénitude, un véritable hédonisme : « L'art de la vie consiste à se reposer dans l'instant actuel, et à en jouir comme s'il était unique pour nous » (*Aldomen*).

Mais l'éternité se dérobe ; la nature elle-même manifeste aux yeux du solitaire qui l'interroge les signes évidents d'une dégradation obstinée de la fraîcheur des origines. Les symboles se dissolvent ; ainsi la légendaire triade celtique de la pérennité, présente en chaque recoin de Brocéliande (arbre vert, eau vive et granit inaltérable), se corrompt par sa redite obsédante dans le paysage senancourien. Quand le songeur aspire à se réfugier dans ce site magique, « dans un bois bien épais, où il y avait quelques rochers et de l'eau » (*Oberman*), il ne trouve qu'« arbres renversés par le vent et consumés par la vétusté », « vase » au fond d'un cours d'eau servile, domestiqué, qui « filtre à travers ces débris ». Le mythe a encore déçu, l'utopie a reculé ses frontières.

N'ayant trouvé qu'incertitudes et ténèbres, n'ayant découvert du sommet de ces Alpes, rêvées bienheureuses, que la promesse des cataclysmes et l'horreur du désert, Senancour est réduit à espérer le seul bonheur possible dans l'île déjà chère à Rousseau : « Île heureuse [...] dont [les] eaux protègent la solitude... Elles sont dignes de te servir d'enceinte, elles ne baignent que des terres libres ; et leur pureté [...] t'environne de cette quiétude et de ce calme animé qui n'ont rien de l'âpreté des déserts ni du triste silence des terres façonnées par l'homme et devenues arides et abandonnées » (*Rêveries*). Rêve vite sublimé par le désir d'opposer à la « destruction perpétuelle » – « semblable à l'eau qui s'élève en vapeurs invisibles pour retomber en torrents, le mouvement des êtres, perpétuellement reproduit, semble n'être qu'un perpétuel écroulement » (*id.*) – l'action bénéfique d'un législateur, nouveau Lycurgue émergé de sa vertueuse retraite pour établir ses lois sur quelque rivage béni de la Polynésie, chez un peuple assez neuf pour savoir encore jouir dans les simples bornes de son être. Oberman, en quête de cette chimère, appartient à un vaste courant intellectuel et affectif.

Oberman, « l'homme des hauteurs »

Oberman a-t-il tué Senancour ? Formé à l'école des pseudo-Mémoires et fausses correspondances, des livres clandestins, des philosophes anonymes, par prudence ou humilité l'auteur aime se cacher, signant RÊVEUR DES ALPES, CITOYEN PIVERT, SOLITAIRE INCONNU ; ou ne signant pas : *Valombré*, « par M. *** ». Le roman par lettres dramatise ce pacte du masque et de la plume : en suggérant une distance infranchissable entre celui qui écrit et son destinataire, il creuse l'abîme entre personnage et écrivain, élargit la faille ouverte par l'écriture dans la conscience.

Oberman

SYNOPSIS

Dans l'édition de 1804, le roman ne comprend que 89 lettres. Senancour en ajoutera deux autres par la suite. Oberman, c'est-à-dire l'« homme des hauteurs », s'adresse à un mystérieux ami dont on ne lira jamais les réponses. Dans les « Observations » qui la précèdent, l'auteur prétend n'être que l'éditeur de cette correspondance qui s'étend sur neuf années.

Jeune homme rebuté par la vie sociale, Oberman va chercher l'apaisement dans les montagnes suisses. « Pourquoi la terre est-elle ainsi désenchantée à mes yeux ? » (lettre I). Il décide de confier ses expériences à son ami (an I, lettres I-IX). Mais ses affaires le rappellent à Paris. Il cherche d'autres formes de solitude dans la forêt de Fontainebleau ou dans les livres qu'il dévore (an II, lettres X-XXV). Une aventure sentimentale le détourne à peine de l'ennui qui le ronge (an III, lettres XXVI-XXXV). Les années IV et V ne laissent qu'un bref fragment, méditation amère sur l'homme et son bonheur. Reparti vers Lyon et les vallées alpestres, Oberman croit avoir trouvé la paix qu'il attendait dans le climat romantique de la nature sauvage où il aime se promener à l'aventure. L'écriture lui paraît un moyen de lutter contre le temps et le vide de l'existence : « Si les heures que l'on passe à discuter sont ordinairement perdues, celles qu'on passe à s'écrire ne le sont point » (lettre XLIV). Il approfondit les maximes d'une sagesse austère et détachée des choses (an VI, lettres XXXVI-XLIX). Il erre encore entre Lyon et Paris (an VII, lettres L-LII), avant d'aller s'établir sur les hauteurs qu'il préfère à Imenstrom, dans un domaine rustique et isolé où il voudrait atteindre la tranquillité à laquelle il aspire : « Dans ma chambre bien close, j'oublierai tout le reste : je deviendrai étroit comme ma destinée, et peut-être je parviendrai à croire que ma vallée est une partie essentielle du monde » (lettre LXVIII). Il tente de convaincre son ami de le rejoindre (an VIII, lettres LIII-LXXIII). Mais l'ennui le reprend. Persuadé qu'il était « destiné à n'avoir que le songe de [son] existence » (lettre LXXXIX), il retombe dans le désespoir (an IX, lettres LXXIV-LXXXIX).

Double de son créateur mais étranger à lui-même, écho que nulle voix ne reconnaît, Oberman n'attend pas de réponse. Chez lui, point de dialogue, de duo. En fixant son état civil, son espace et son temps propres – « Et maintenant j'ai tout quitté, me voici sur une terre étrangère » –, il rature aussitôt ceux de son confident : « Je crains que ma lettre ne vous trouve point à Chessel et que vous ne puissiez pas me répondre aussi vite que je le désirerais. » En confondant, à l'instar de ses contemporains, Senancour avec Oberman, on entérine une sorte de suicide littéraire. Voilà Oberman puisant réalité dans l'autonomie qui lui est offerte, et lançant ses bouteilles à la mer sans autre but que de conclure le testament d'une âme soucieuse d'affermir sa conviction : « Il n'était plus d'autre terre que celle qui me soutenait sur le vide, seul, dans l'immensité. »

Bernardin de Saint-Pierre avait dévoyé le rousseauisme dans l'idylle et la pastorale. Senancour en restaure la dimension tragique et exigeante. Tandis que s'inscrit dérisoirement aux marges de ses lettres la chronologie grandiose du calendrier révolutionnaire, d'un monde refait par les hommes, le héros se débat dans un temps sans raison et sans fin : « Si nous vivions ensemble, si nous nous suffisions, je m'arrêterais là, je connaîtrais le repos, je ferais quelque chose sur la terre, et ma vie commencerait. Mais il faut que j'attende, que je cherche, que je me hâte vers l'inconnu et que, sans savoir où je vais, je fuie le présent comme si j'avais quelque espoir dans l'avenir ». Dès lors que les hommes ne l'ont pas appelé à fonder leur bonheur en dictant des lois immuables au désordre et à l'éphémère, que toute communauté le rejette, puisque aucun cœur ne veut battre à l'unisson du sien, il ne lui reste plus qu'à se rêver écrivain, ne régnant que sur l'étroit univers de ses livres : « La parole ne peut être corrigée, au lieu que l'on peut ôter des choses écrites ce qui choque à la lecture. »

Le repli dans l'objet littéraire est désormais total ; Senancour, n'existant plus que pour récrire, corriger ses œuvres, nous le prouve : la vie ne s'écrit plus, mais l'écriture se vit pour elle-même, en elle-même, seul domaine que la sensibilité puisse éprouver d'une absolue unité, où la conscience et le monde accordent leurs chants. Publié par malchance deux ans après *René*, *Oberman* avait, aussi précocement, su faire du cœur un paysage et inciter son auteur à imaginer une expression tout à fait neuve : « Les effets romantiques sont les accents d'une langue que les hommes ne connaissent pas tous, et qui devient étrangère à plusieurs contrées. On cesse bientôt de les entendre quand on ne vit plus avec eux ; et cependant cette harmonie romantique est la seule qui conserve à nos cœurs les couleurs de la jeunesse et la fraîcheur de la vie. »

Pour écrire comme il sent, Senancour a besoin d'un lecteur aussi audacieux que lui-même. Sur les sommets qu'il a gravis, Oberman n'a trouvé que « les glaces perpétuelles, [...] une neige [...] encroûtée que les étés n'ont jamais fondue » et l'impression que l'homme peut y vivre « d'une vie réelle dans l'unité sublime », au sein d'une nature exprimant « un ordre plus grand, une harmonie plus visible, un ensemble éternel ». Le feu reste inaccessible, le narrateur fait alors son bien de la glace. Tandis que son « cœur, encore fatigué du feu d'un âge inutile, est flétri et desséché comme s'il était dans l'épuisement de l'âge refroidi », qu'il se dit « éteint, sans être calmé », il accepte un simulacre capable de lui rendre l'« illusion infinie » et s'encourage à donner forme à son gouffre, à lui chercher un autre nom que néant.

D. Giovacchini

SENGHOR Léopold Sédar

(né en 1906)

Né à Joal-la-Portugaise (Sénégal), village christianisé, Senghor fit ses études primaires et secondaires en pays sérère, puis à Dakar. Il séjourne ensuite en France, où il poursuit des études supérieures de lettres classiques qui le conduisent à l'agrégation de grammaire en 1935. Professeur de l'enseignement secondaire, il est mobilisé en 1939, puis, en 1940, fait prisonnier en Allemagne, d'où il revient en 1942, libéré pour raison de santé. En 1945, membre de la S.F.I.O., il est élu député du Sénégal. Il quitte la S.F.I.O. en 1947 pour fonder le Bloc démocratique sénégalais. Après l'éclatement de la fédération du Mali dont il présidait l'Assemblée constituante, il est élu en 1960 président de la République du Sénégal. Il sera réélu en 1963, en 1968 et en 1973. Le 31 décembre 1979, il démissionne volontairement de ce poste, où il est remplacé, conformément à la Constitution, par le Premier ministre Abdou Diouf, lequel devient à son tour président de la République le 1er janvier 1980. Après avoir reçu d'innombrables distinctions universitaires – dans le monde entier –, Senghor est le premier Africain à être élu à l'Académie française (1983).

L'œuvre poétique de L.S. Senghor repose sur trois composantes principales. On relèvera d'abord un lyrisme individuel, où s'expriment tour à tour la solitude de l'exilé au cœur des villes blanches avec, en contrepoint, « le regret du Pays noir », dans *Chants d'ombre* (1945) notamment, puis, plus tard, la sérénité mais aussi les angoisses et les interrogations de l'homme parvenu à l'hivernage de la vie (*Lettres d'hivernage*, 1972 ; *Élégies majeures*, 1979). À ces composantes vient s'ajouter, présente dans chacun des recueils, une thématique amoureuse, et souvent érotique, qui constitue une des dimensions essentielles de cette œuvre.

Dans d'autres textes, ce lyrisme individuel s'efface pour céder la place à une évocation indignée et solennelle du destin des peuples noirs dont le poète lui-même, à travers l'épreuve de la guerre et de la captivité, a vécu un des épisodes les plus dramatiques. C'est ce thème surtout que développent les textes qui composent *Hosties noires* (1948), acte d'accusation lancé contre « l'Europe qui enterre le levain des nations et l'espoir des races nouvelles ».

L'expression du lyrisme individuel et la dénonciation de l'Occident ne paraissent cependant constituer qu'un préalable par rapport au projet qui mobilise, en fait, toute l'énergie du poète et donne son unité à l'ensemble de l'œuvre poétique : l'évocation des splendeurs de la civilisation négro-africaine. Cette civilisation, il s'agit d'abord pour le poète de la recréer en la nommant, et, sur ce plan, on sera sensible à tout ce qui, dans l'œuvre senghorienne, relève de ce que Sartre a appelé, dans « Orphée noir » (préface à L.S. Senghor, *Anthologie de la nouvelle poésie nègre et malgache [...]*, 1948), la « négritude objective », et qui se manifeste ici à travers l'image de cette société sérère patriarcale, riche, raffinée, vivant en parfaite harmonie avec le cosmos. Cette civilisation n'existe pas cependant sur le seul mode objectif ou descriptif. Elle est aussi une image mentale autour de laquelle se structure la personnalité de l'écrivain. Elle représente en particulier un espace et un temps que le poète n'aurait peut-être jamais dû quitter et se confond ainsi avec l'univers même de l'enfance : « Toi, seigneur du Cosmos, fais que je repose sous Joal-l'Ombreuse/Que je renaisse au Royaume d'enfance bruissant de rêves » (*Nocturnes*, « Élégie de minuit », 1961).

L'emploi du verset a conduit certains critiques à établir des rapprochements avec l'œuvre de Claudel ou celle de Saint-John Perse. En fait, la poétique senghorienne tend surtout à réinvestir dans le texte français un certain nombre de particularités propres aux langues africaines pratiquées par le poète (wolof, sérère, bambara, peul) et à l'usage poétique de celles-ci. On notera à cet égard la tendance de plus en plus marquée consistant à juxtaposer les substantifs et à supprimer certains mots de liaison. Sur ce plan, on se reportera à la postface d'*Éthiopiques* (1956), dans laquelle Senghor rappelle le rôle qu'a joué dans la genèse de son œuvre sa fréquentation de la poétesse Marône, ainsi qu'aux traductions qu'il a faites de poèmes africains traditionnels – celles-ci, malheureusement, n'ont pas été conservées dans l'édition de poche des *Poèmes* (1974). L'édition définitive de son *Œuvre poétique* (1990) contient vingt-six « poèmes perdus » jusque-là inédits.

L'autre versant de l'œuvre littéraire de Senghor est constitué par l'ensemble des textes réunis, pour l'essentiel, dans les cinq volumes de *Liberté I, II, III, IV, V* (1964, 1971, 1977, 1983, 1992), auxquels il convient d'ajouter un essai d'autobiographie intellectuelle, *Ce que je crois* (1988). Outre les textes proprement politiques, liés à l'activité publique de Senghor, trois axes principaux peuvent être distingués dans cette somme. D'une part, une définition de la culture négro-africaine, dont les manifestations concrètes (religion, organisation sociale, art) sont considérées comme découlant de la vision du monde propre à l'homme noir et du rapport que celui-ci entretient avec l'univers (« Éléments constitutifs d'une civilisation d'inspiration négro-africaine »). D'autre part, des réflexions sur le métissage culturel et la notion de « civilisation universelle ». Enfin, une lecture critique qui aborde les textes des principaux écrivains négro-africains et dans laquelle Senghor s'attache à souligner, à travers la mise en évidence de l'image et du rythme, la permanence d'un style et d'une esthétique proprement négro-africains (« Langage et poésie négro-africaine », « Tchicaya ou De la poésie bantoue à la poésie négro-africaine », « Peter Abrahams ou le Classique de la négritude », etc.).

Cet aspect de l'œuvre a suscité, à partir des années 1950 (cf. Cheikh Anta Diop, *Nations nègres et cultures,* 1954), un certain nombre de controverses et de critiques, qui devaient culminer lors du Festival panafricain d'Alger en 1969, et parmi lesquelles on retiendra plus spécialement les ouvrages de Marcien Towa (*Essai sur la problématique philosophique dans l'Afrique actuelle*, 1971, et *L.S. Senghor : Négritude ou servitude ?*, 1971), ainsi que celui de S. Adotévi (*Négritude et négrologues*, 1972).

Cette contestation, dirigée plus contre le théoricien ou le père de la négritude que contre le poète, fait place aujourd'hui à des analyses davantage soucieuses de situer la négritude dans son contexte historique concret, tendant en particulier à considérer celle-ci, ainsi qu'en témoignent les travaux de P. Hountondji (*Sur la philosophie africaine*, 1977) ou ceux de Mudimbé (*l'Autre Face du royaume*, 1973, et *l'Odeur du père*, 1982), comme un phénomène de contre-idéologie dont le surgissement était rendu nécessaire par l'existence même du système de domination coloniale.

B. Mouralis

Serments de Strasbourg

(IXe siècle)

Ce sont les serments prononcés le 14 février 842 par Louis le Germanique et par Charles le Chauve, petits-fils de Charlemagne et fils de Louis le Pieux, serments par lesquels ils s'alliaient contre leur frère Lothaire.

Ces serments, insérés par Nithard dans son *Histoire des fils de Louis le Pieux* (IXe siècle), constituent le premier témoignage connu de la langue romane d'oïl, qui n'est pas encore du français.

Ce texte a posé bien des problèmes linguistiques, problèmes d'autant plus délicats à résoudre qu'il nous est parvenu dans une copie postérieure d'un siècle et demi à l'original.

Plusieurs hypothèses ont été envisagées. L'aspect archaïque de la langue pourrait être le reflet d'une langue de cour répandue dans l'entourage des princes carolingiens, langue bâtarde où divers accents se seraient mêlés (E. Muret). On hésite plutôt actuellement entre deux autres hypothèses : celle d'une forte influence de l'aquitain du Nord et celle du franco-provençal. A. Castellani songe tout particulièrement à la région de Poitiers, capitale de fait des territoires de Charles le Chauve et extrémité septentrionale de l'aire linguistique occitane.

Les *Serments de Strasbourg*, malgré de nombreux latinismes, sans doute liés au caractère solennel et officiel du texte, présentent une structure graphique remarquablement solide et cohérente. Mais ils comportent encore, en dépit de leur brièveté, plusieurs difficultés non – ou mal – résolues.

Ces serments ont été prononcés successivement par les deux armées : ainsi s'explique qu'un acte diplomatique, en ce haut Moyen Âge, se soit trouvé rédigé en langue vulgaire et non pas en latin.

Près de deux siècles et demi plus tard, un nouveau témoin de l'état de cette langue, devenue ce que nous nommons l'« ancien français », sera un véritable chef-d'œuvre : *la Chanson de Roland.*

D. Boutet

SÉVIGNÉ, marquise de

née ***Marie de RABUTIN-CHANTAL*** *(1626-1696)*

Cas limite de la littérature, les *Lettres* de Mme de Sévigné posent le problème du domaine réel de la création, celui de la conscience de l'écriture, celui des frontières de l'œuvre conçue comme totalité et inachèvement. Si Mme de Sévigné est sans doute un des personnages les plus populaires de la culture française, si ses *Lettres* demeurent, en particulier pour les historiens, un vaste réservoir de citations, ces mêmes *Lettres* constituent une des œuvres les moins « lues », c'est-à-dire lues comme un texte imposant une durée et constituant une intégralité. C'est que, pendant trois siècles ou presque, les *Lettres* ont été souvent comprises comme un chef-d'œuvre d'esprit de société, et non comme l'expression d'une vision singulière du monde. Peut-être est-ce à Proust que nous devons la lecture nouvelle que notre temps a entreprise des *Lettres* de Mme de Sévigné. Il a, le premier, opposé à la Sévigné « de tout le monde » la Sévigné du « dedans », en découvrant dans les *Lettres* une œuvre qui, comme celle de Chateaubriand ou comme celle de Proust lui-même, réalise une recherche du temps perdu et dit inlassablement sa victoire sur l'absence et sur la mort.

La littérature ou la vie, la littérature et la vie ?

À cette question fondamentale pour tout écrivain, à laquelle Proust choisit de répondre « la vie d'abord et la littérature ensuite », Mme de Sévigné apporte un traitement singulier. À partir d'un événement simple, sa séparation d'avec sa fille, elle ne vivra plus que pour écrire ce vécu, si bien qu'il lui deviendra impossible de savoir si sa vie n'est pas littérature – ou plutôt écriture – ou si cette écriture, cette littérature ne lui tient pas lieu de vie. Tout dans son existence semblait, en tout cas, la pousser vers cette écriture, lieu à la fois de détachement et de coïncidences à soi-même, instrument d'isolement et de dialogue. La littérature la cerne de tous côtés : elle est la petite-fille de Jeanne de Chantal, auteur d'admirables lettres spirituelles ; elle sait que l'esprit est un apanage des Rabutin – on dit de son temps « rabutiner », comme on dira un jour « marivauder ». Son cousin Bussy-Rabutin se veut écrivain, historien, mémorialiste, moraliste. Son cousin Coulanges est poète et chansonnier. Mme de La Fayette, La Rochefoucauld, le cardinal de Retz sont au nombre de ses meilleurs amis : comment aurait-elle échappé à la littérature ?

Marie de Rabutin-Chantal est née à Paris. Par son père, elle appartient à une très ancienne et très noble famille de Bourgogne. Sa famille maternelle, les Coulanges, s'est enrichie dans les finances. Elle est orpheline de bonne heure : son père meurt en 1627, au siège de La Rochelle ; sa mère, en 1632 : elle a six ans. Pourtant, de son enfance, elle n'a que des souvenirs heureux. Elle échappe à l'emprise de sa sainte grand-mère Jeanne de Chantal, fondatrice de la Visitation, qui aurait souhaité faire d'elle une religieuse, et reçoit une éducation brillante chez les Coulanges, dans le milieu de la place Royale, apprenant le chant, la danse, l'équitation, les belles-lettres (la tradition veut qu'elle ait reçu les leçons de Chapelain et de Ménage), le latin, l'espagnol et l'italien. Elle épouse en 1644 Henri de Sévigné, de bonne noblesse bretonne, séduisant mais querelleur, dépensier et volage. En 1646 elle donne naissance à Françoise Marguerite (qui, en 1669, deviendra comtesse de Grignan) et, en 1648, à Charles, le « frater » ou le « compère » des *Lettres*. Pendant la Fronde, Henri de Sévigné – qui est parent du coadjuteur, futur cardinal de Retz – est du parti du duc de Longueville. Grâce à la dot de sa femme (100 000 écus), Henri de Sévigné peut acheter la charge de gouverneur de Fougères, mais, en 1651, il se bat en duel pour l'honneur de sa maîtresse, « la belle Lolo », Mme de Gondran, et il est tué. Mme de Sévigné, à vingt-six ans, est veuve, avec deux enfants à élever. Une partie de sa fortune a été préservée grâce à son oncle, l'abbé de Coulanges, dit le « Bien Bon », qui lui servira désormais d'homme d'affaires. Pendant les premiers temps de son veuvage, après une retraite aux Rochers, en Bretagne, Mme de Sévigné est très entourée : des poètes comme Marigny, Montreuil, Saint-Pavin la célèbrent ; de hauts personnages comme Turenne et Fouquet la courtisent. Elle compte parmi ses amis la Grande Mademoiselle, Mme de La Fayette, Mme Scarron, future Mme de Maintenon ; en 1657, Mlle de Scudéry trace d'elle dans *Clélie* un portrait fort séduisant sous le nom de princesse Clarinte. En 1661, après l'arrestation de Fouquet, chez qui la jeune femme a connu La Fontaine et Corneille (deux de ses auteurs favoris), on découvre dans les papiers du surintendant des lettres de Mme de Sévigné, que Louis XIV lit et trouve très « plaisantes ». En 1663, Mlle de Sévigné danse à la Cour dans le *Ballet des Arts* et, l'année suivante, dans le *Ballet des Amours* : Mme de Sévigné paraît très préoccupée de marier au mieux sa fille adulée. En 1665, Bussy-Rabutin, dans l'*Histoire amoureuse des Gaules,* fait un portrait très dur de sa cousine, qui lui a refusé l'argent nécessaire pour lever des troupes. Une longue querelle s'installe entre eux, joute oratoire brillante qui, après les relations à Pomponne sur le procès de Fouquet, apparaît un peu comme les gammes de l'art de Mme de Sévigné, lequel ne se déploiera dans toutes ses nuances que lorsque, après le mariage de Françoise Marguerite, « la plus jolie fille de France », celle-ci doit quitter Paris pour suivre son époux, le comte de Grignan, nommé lieutenant général du roi en Provence. Elle laisse sa mère désemparée, le 4 février 1671. C'est le début de la fameuse correspondance entre la mère et la fille, dont nous ne connaissons que les lettres de la mère. Désormais, la vie de Mme de Sévigné ne connaîtra pour grandes dates que celles des séparations et des retrouvailles avec Mme de Grignan. « Il faut se consoler et s'amuser en vous écrivant ». Une petite-fille, Marie-Blanche, est née en 1670 ; un petit-fils, Louis Provence, naît en 1671. En 1673-1674, Mme de Sévigné rejoint sa fille en Provence, et, en 1674-1675, Mme de Grignan est à Paris avec sa mère. En 1676, Mme de Sévigné est en Bretagne, auprès de son fils. Atteinte d'un rhumatisme, elle va le soigner à Vichy, et Mme de Grignan retrouve sa mère à Paris. Les deux femmes sont ensemble jusqu'en 1679, à peu près sans interruption : c'est dire que les plaintes de Mme de Sévigné sur sa séparation éternelle d'avec sa fille relèvent de l'amplification littéraire. Entre 1681 et 1684, la mère et la fille se retrouvent à Paris. Charles de Sévigné épouse en Bretagne Marguerite de Mauron, dont il n'aura pas d'enfants. Mme de Sévigné passe un an aux Rochers pour ses affaires. On se réunit à nouveau à Paris en 1685, et, en 1688 seulement, Mme de Grignan retourne en Provence. Le « Bien Bon » est mort en 1687. De Bretagne, Mme de Sévigné se rend à Grignan pour rejoindre sa fille et elle y séjourne jusqu'en 1691, date de son retour à Paris avec les Grignan. En 1694, Mme de Sévigné reste seule, mais c'est la dernière séparation, puisque la mère rejoint sa fille après quelques mois. On marie Louis Provence au début de l'année 1695 et Pauline (la benjamine, née en 1675) épouse la même année le marquis de Simiane. Mme de Sévigné meurt au château de Grignan au printemps de l'année suivante, emportée par la petite vérole.

Le roman des *Lettres*

Les *Lettres* de Mme de Sévigné constituent sans doute un ouvrage involontaire. À l'origine, on sait le dégoût de l'aristocrate de se trouver mêlée à la littérature autrement que par la dédicace louangeuse ou le poème de circonstance : « Être dans les mains de tout le monde, se trouver imprimée… Quand je me vis donnée au public et répandue dans les provinces, je vous avoue que je fus au désespoir... », écrit en 1668 Mme de Sévigné ; mais il est vrai que c'est à propos de son portrait dans l'*Histoire amoureuse des Gaules*. Il n'est pas sûr qu'elle se fût beaucoup offensée des éditions si nombreuses qui allaient être données de ses lettres ; en 1680, lorsque Bussy songe à joindre quelques réponses de sa cousine aux siennes, afin de prouver au roi combien les Rabutin ont d'esprit, elle s'inquiète – mais c'est en auteur : « Toute mon espérance, c'est que vous les aurez raccommodées. Croyez-vous aussi que mon style, qui est toujours plein d'amitié, ne se puisse mal interpréter ? » Mais Bussy la rassure : « Je n'ai pas touché à vos lettres, madame ; Le Brun ne toucherait pas à un ouvrage du Titien. »

Les recueils de lettres de l'époque – que ces correspondances soient authentiques ou fictives – contiennent maints exemples de cette sorte de protestation. Ce n'est pas Mme de Sévigné, mais une Mme de V. qui, en 1668, déclare : « Quoi, Bon Dieu, rendre mes lettres publiques, moi qui pour l'ordinaire ne prends pas la peine de les relire et qui n'ai pour toute science qu'un peu d'usage du monde ! » Des travaux comme ceux de Marc Fumaroli ont bien établi que l'esthétique mondaine de la négligence marque justement le tournant capital de l'histoire de la rhétorique française et permet les débuts de la prose moderne. On sait aussi que la lecture de lettres – et surtout de lettres proches de la chronique, comme celles de Mme de Sévigné – ne se bornait pas à leur seul destinataire, mais que ces lettres circulaient dans des cercles choisis, connus de l'épistolière, seulement préoccupée de la juste appréciation de ses écrits par une élite capable d'apprécier nuances et allusions : « Il faut un esprit naturel et du monde pour pouvoir s'accommoder de mes lettres... » Mais Stendhal pensait-il autre chose de ses *happy few* ?

Les éditeurs du XVIIIe siècle qui firent entrer Mme de Sévigné dans la littérature ne se sont pas encombrés de beaucoup de scrupules. L'histoire des *Lettres* à partir du moment où elles sortent des coffres de Grignan est un vrai roman policier. Des autographes communiqués par Mme de Simiane, petite-fille de l'épistolière, à son cousin Aimé Nicolas de Bussy (à moins qu'il ne se soit agi de l'abbé de Bussy, ami de Voltaire) furent tirées plusieurs copies, base des premières éditions. La première, en 1725, se présente comme un choix assez mince « contenant des particularités de l'histoire de Louis XIV », morceaux célèbres qu'ont repris à leur compte les manuels scolaires, autres grands responsables de l'image de Mme de Sévigné « journaliste » à laquelle on a voulu longtemps réduire cette femme étonnante : mort de Vatel ; mariage de Mademoiselle ; arrestation de Lauzun ; mort de Turenne ; passage du Rhin. La « Sévigné de tout le monde ». Mais une deuxième édition, en 1726, fait apparaître la mère passionnée et, derrière les formes de la civilité la plus exquise, un tempérament parfois méchant. Mme de Simiane prend ombrage de ces éditions subreptices, et, à son instigation, le chevalier Perrin entreprend une édition corrigée selon ses exigences : quatre tomes paraissent en 1744, quatre autres en 1754 : six cent quatorze lettres au total, assez soigneusement datées, mais le texte authentique est défiguré dans les deux collections ; dans la première, du fait des censures de Pauline de Simiane : le « petit bouchon » est devenu une sévère janséniste offusquée par les audaces de sa grand-mère ; dans la seconde, du fait des corrections intempestives de Perrin au nom d'un faux bon goût qui s'en prend aux verdeurs de l'expression, adoucissant, maquillant, effaçant, supprimant les « culs sur la selle », les « pétoffes », les « bobilloner », les « brillotter », toute une sève et toute une invention verbale qui font l'un des mérites des *Lettres*.

La découverte, en 1818, du manuscrit Grosbois servit de base à la première édition moderne, l'édition Hachette, laquelle, en 1878, s'enrichit de deux volumes d'inédits, à la suite de la découverte d'une copie de meilleure qualité, dite le « Capmas ».

L'ensemble corrigé ne devait être connu du grand public qu'en 1953, avec la première édition de la Pléiade, due à Gérard Gailly ; mais c'est seulement depuis 1978 que nous disposons, grâce à Roger Duchêne, d'un texte vraiment critique puisque publié dans tous ses états : les originaux ayant pour la plupart été brûlés à l'instigation de Mme de Simiane, on comprend que le texte de Mme de Sévigné soit présenté dans cette édition à peu près comme un texte de l'Antiquité : presque jamais absolument authentique, mais le plus près possible de la réalité d'origine.

L'univers des *Lettres*

Il suffit de lire les *Lettres* de Mme de Sévigné dans ce dernier texte de la Pléiade, enfin dégagé de toute altération, de lire non plus en extraits, mais d'un bout à l'autre, cette suite extraordinaire de lettres-journaux (plus de mille) – tout ensemble « prairies » et « landes », selon l'expression de l'épistolière elle-même –, pour sentir le ridicule de l'expression rebattue de « spirituelle marquise » : élans du cœur, commérages, cris d'angoisse (« Embarquée dans la vie sans mon consentement »), badinage, méditation religieuse parfois digne de Pascal, commentaire continu de la culture de son temps mais aussi affaires d'argent, conseils de médecine, propos sur la mode – tout le tissu de la vie anime la libre forme de la lettre chez Mme de Sévigné, une lettre qui ne connaît les règles épistolaires que pour les mieux transgresser chaque fois qu'elles gênent la transparence du dialogue. Car là est le vrai sujet des *Lettres* : plus encore que l'expression d'une tendresse maternelle sans exemple et toujours diversifiée, plus que la chronique d'un temps qui n'est jamais que le double et parfois la métaphore de la chronique d'un moi, les *Lettres* sont surtout l'histoire construite et dominée d'une communication heureuse. Ainsi l'« esprit », pour Mme de Sévigné, est-il moins la spontanéité, le chant de l'oiseau que la conquête d'une forme, la littérature elle-même, seule arme de séduction et de triomphe sur le temps pour cette femme séparée de l'objet aimé. La régularité de la relation épistolaire lui permet de fixer elle-même son destin en le décrivant. Le monde entier s'organise autour de cette passion déchirante (mais aussi entretenue par le langage, comme source d'unité du moi) : ainsi sur le paysage réel de Paris vient, dans les lettres de 1671, se superposer le paysage imaginé de Provence. Le temps comme chez Proust éclate, illuminant un univers chargé d'opacité : « Dans l'absence, on est libéral des heures, on avance dans un temps auquel on aspire. »

Contrairement à la légende encore tenace qui fait d'elle une mondaine (cette « bonne snob » de Sévigné dont parle Brichot dans la *Recherche du temps perdu* ou cette « Mère-la-Joie » qu'a évoquée Jules Lemaitre), Mme de Sévigné est le plus solitaire des écrivains : hantée sans doute par sa séparation d'avec « un être de fuite » (« il est vrai que je suis quelquefois blessée de l'entière ignorance où je suis de vos sentiments, du peu de part que j'ai à votre confiance [...] et plus que tout cela, ma bonne, admirez la faiblesse d'une véritable tendresse : c'est qu'effectivement votre présence, un mot d'amitié, un retour à une douceur, me ramène et me fait tout oublier ») ; au-delà du combat qui se livrait en elle, amie des jansénistes, entre l'amour du Créateur et celui de la créature – ce conflit du bonheur et du salut qui est aussi un sujet des *Lettres* –, restait le papier où dire les péripéties de cette lutte. Le jour où Mme de Sévigné s'étonna de se découvrir un tel pouvoir (« Eh quoi, ma fille, j'aime à vous écrire : cela est épouvantable, c'est donc que j'aime votre absence ! »), elle comprit en même temps qu'elle était prisonnière de l'écriture. Pourtant les *Lettres* ne prétendent pas réaliser l'autoportrait idéal dont a rêvé le XVIIe siècle : chargé de toutes les incidences de l'accidentel et de l'éphémère, pure durée sensible. Se défiant des pièges du discours solitaire, Mme de Sévigné s'écrit sous le regard de sa fille (deux fois sa création) ; elle n'ignore jamais que, pour être, il lui faut être déchiffrée, et que le texte n'est rien si, d'écrit, il ne devient texte lu. Toutes les *Lettres* tendent à la résolution de cet écart. Mais surtout, protégée par l'intimité du rapport épistolaire, Mme de Sévigné procure au lecteur moderne ce livre parfait de la totalité du vécu, plénitude et vacuité, harmonie et dissonance, livre toujours « à venir » selon l'expression de Maurice Blanchot.

Les images d'un écrivain

De son temps, c'est la femme d'esprit, la femme du monde brillante dont ses contemporains ont fait l'éloge. Elle appartient déjà à la littérature mais en portrait ou comme personnage de roman, à travers la littérature des autres : « Elle chante, elle danse, et a l'esprit fort vif et fort agréable [...] Elle est brusque et ne peut se tenir de dire ce qu'elle croit joli, quoique assez souvent ce soient des choses un peu gaillardes ; même elle en affecte et trouve moyen de les faire venir à propos », écrit le malveillant Tallemant des Réaux. Cependant, Mlle de Scudéry analyse à travers le personnage certains traits du style : « [...] Jamais nulle autre personne n'a su mieux l'art d'avoir de la grâce sans affectation, de l'enjouement sans folie, de la propreté [= ordre, netteté] sans contrainte, de la gloire sans orgueil et de la vertu sans sévérité. »

Au XVIIIe siècle, les *Lettres* deviennent un modèle de civilité accomplie : « Cette femme, par son aisance, ses grâces naturelles, la douceur de son esprit, en donnait par sa conversation à qui n'en avait pas [...] et savait extrêmement de toutes sortes de choses, sans vouloir jamais paraître savoir rien » (Saint-Simon). Cependant, dès le jugement hâtif de Voltaire, une image se fixe et va commander pendant longtemps l'opinion : « Mme de Sévigné, la première personne de son siècle pour le style épistolaire, et surtout pour conter des bagatelles avec grâce ; ses lettres, remplies d'anecdotes, écrites avec liberté et d'un style qui peint et anime tout, sont la meilleure critique des lettres étudiées où l'on cherche l'esprit ».

Ce n'est qu'au XIXe siècle que l'œuvre, le livre des *Lettres* est considéré : « Les chefs-d'œuvre de l'esprit humain cèdent le pas à cette conversation éternelle. C'est le classique des portes fermées » (Lamartine). Mais on continue à voir en elle une admirable diseuse de riens : « Mme de Sévigné restera toujours le vrai style, elle a tant de charmes et de grâce ; mais quand on a beaucoup lu, il ne reste rien » (Napoléon). Plus tard, les critiques, réagissant contre la thèse d'une spontanéité charmante, tentent de faire apprécier la constructrice d'une esthétique : « Elle écrivait naturellement : ce qui ne veut pas dire négligemment. Le plus souvent, même avec sa fille, Mme de Sévigné surveille son inspiration, choisit et fait l'effort pour dégager ses qualités et les grâces qu'elle se reconnaît » (Lanson).

Enfin, les plus grands créateurs du XXe siècle savent découvrir dans les *Lettres* une annonce de la sensibilité littéraire moderne, orientée vers le romanesque. « Tout en lisant, je sentais grandir mon admiration pour Mme de Sévigné. [...] Je fus ravi par ce que j'eusse appelé un peu plus tard (ne peint-elle pas les paysages de la même manière que lui les caractères ?) le côté Dostoïevski de Mme de Sévigné », écrit Proust. Et Virginia Woolf : « Cette grande dame, cette robuste et féconde épistolière qui, à notre époque, aurait sans doute été un romancier parmi les plus grands, prend plus de place aujourd'hui dans la conscience vivante des lecteurs que toute autre personne de son époque... »

B. Raffalli

SIMENON Georges

(1903-1989)

Simenon est sans doute plus un écrivain international qu'un auteur belge ou français. Grâce aux très nombreuses traductions et aux adaptations filmiques de ses romans, son œuvre a connu et connaît un rayonnement quasi universel. Le secret de ce rayonnement réside en partie dans la mise au point d'une formule romanesque simple et efficace, éminemment transposable. Mais paradoxalement, si l'œuvre de Simenon plaît au monde entier, c'est peut-être surtout parce qu'elle fixe l'image du petit-bourgeois occidental et traditionnel enfermé dans sa province ou dans son quartier. Cette image, avec ce qu'elle porte de nostalgique, a su rassembler des publics fort variés.

Né à Liège, Simenon est lui-même d'origine petite-bourgeoise. Son père était employé dans une compagnie d'assurances, son grand-père paternel tenait boutique de chapelier. En choisissant, à l'âge de seize ans, la voie du journalisme (il assure d'abord la chronique locale à *la Gazette de Liège*), le jeune Georges Simenon marque une rupture avec son milieu en même temps qu'avec le *cursus* scolaire. Cette rupture le conduira à Paris en 1919. C'est là qu'il commence une carrière littéraire, l'assortissant de travaux de secrétariat et de journalisme. Les débuts n'ont rien de glorieux : Simenon écrit et publie, sous divers pseudonymes et en grand nombre, des fictions relevant de la « littérature populaire » – contes galants, récits licencieux, romans d'aventures et de crime. Mais, à partir de 1930-1931, prend naissance ce qui va véritablement constituer l'œuvre, avec en particulier *le Relais d'Alsace* et plusieurs « Maigret », dont *Pietr-le-Letton* (1931). Simenon inaugure ainsi deux séries : celle des romans dits psychologiques et la série policière, que lance avec bruit l'éditeur Fayard. Il va les accroître toutes deux pendant quarante ans, sans jamais sortir de la ligne qu'il s'est tracée. Cela donnera au total plus de deux cents volumes, publiés par différents éditeurs. Mais l'existence de Simenon ne se réduit pas à la rédaction et à la gestion d'une œuvre prolifique : Simenon a parcouru en bateau les fleuves et canaux de France, de Belgique, d'Allemagne... Il a vécu dans la province française avant de séjourner successivement en plusieurs points du Canada et des États-Unis, de 1945 à 1955. De retour en Europe, il choisit la Suisse pour y fixer sa résidence luxueuse, à la mesure de sa réussite matérielle. Il a vécu son dernier âge à Lausanne dans une retraite plus austère, confiant au magnétophone impressions, réflexions et souvenirs.

Maigret et les « petites gens » : l'art du « roman moyen »

Georges Simenon occupe un statut incertain dans le champ des lettres françaises. Parti de la littérature populaire et industrielle, il s'est imposé comme un écrivain original mais sans être entièrement admis au sein de la littérature « légitime » (en dépit de la caution que lui ont apportée quelques grands noms, de Gide à Henry Miller). Le caractère sériel de sa production comme l'emploi d'un modèle romanesque daté, issu de la tranche de vie réaliste, semblent l'éloigner de l'art novateur. La trajectoire suivie par l'écrivain est pourtant remarquable. Simenon commence par prendre appui sur un genre considéré comme trivial, le roman policier. Mais il restitue ce genre à la vraie problématique romanesque en refoulant à l'arrière-plan ce qui le définit ordinairement : la résolution d'une énigme. De là l'épaisseur nouvelle donnée au héros enquêteur. Le commissaire Maigret présente trois caractéristiques : il est à lui seul un univers ; il triche avec sa fonction officielle pour mieux faire passer une vision du monde ; il apparaît comme un double du romancier dans son rôle investigateur. C'est donc en le dénaturant que Simenon ennoblit un « genre bas » ; c'est aussi en se référant à un roman de facture plus classique qui soit à même d'intégrer une donnée criminelle. Au total, l'auteur de *La neige était sale* (1948) rejoint ainsi de proche en proche la littérature cultivée et contribue à aménager, dans l'entre-deux-guerres, le domaine multiforme du « roman moyen », production de qualité pour un vaste public. À ce niveau, il excelle, compensant ce que son œuvre peut avoir de stéréotypé par un ton de vérité et une intensité rares dans la reproduction du réel.

L'univers de Simenon est avant tout celui des « petites gens », de leur vie plate et restreinte. Sur ce fond de grisaille, des accidents se produisent, des déviances se font jour, s'exprimant tantôt dans un procès de dégradation, tantôt dans une tentative de sortie – avortée en général – de personnages cherchant à échapper à leur univers terne : un monde de la frustration et de la résignation. Pour l'ampleur de son œuvre et la variété des types qu'il met en scène, on a parfois comparé Simenon à Balzac. À vrai dire, il n'est guère préoccupé par les antagonismes entre classes et groupes sociaux. Son sujet est plutôt l'individu, tantôt saisi dans son trajet solitaire (de nombreux « étrangers » à la Camus peuplent l'œuvre), tantôt en butte aux siens, à sa famille (et l'on pense à Mauriac, mais aussi à l'homme Simenon, qui a été douloureusement fils, puis père). Cela dit, l'écrivain apparaît bien comme le porte-parole d'une classe, la petite bourgeoisie traditionnelle des entrepreneurs et des commerçants, des paysans – auxquels on peut ajouter quelques représentants des professions libérales. Il perçoit cette classe avec sympathie et ressentiment tout à la fois. Quoique fonctionnaire, Maigret lui-même a quelque chose du petit entrepreneur et de l'artisan dans la façon dont il opère et dans celle dont il conçoit les choses. N'incarne-t-il pas aussi le petit bourgeois frustré auquel le destin accorde des satisfactions rêveuses en l'autorisant à parcourir en voyeur faussement désabusé le monde trouble des bas-fonds et de la déchéance ?

Que l'œuvre de Simenon soit lestée d'une forte charge fantasmatique ne saurait surprendre. L'écrivain a lu certains grands textes de la psychanalyse, et il en a fait son profit. Il n'a pas cessé de rendre son imagination tributaire des années d'enfance et de jeunesse, années qui ont formé l'inconscient et nourri la mémoire. Roman autobiographique et d'atmosphère liégeoise, *Pedigree* (1948) apparaît ainsi, au centre de l'œuvre et de la carrière, comme le roman clé et le roman matrice de toute la production. *Pedigree* éclaire l'œuvre entière dans ses images obsédantes, dans ses thèmes récurrents et la fait apparaître comme une vidange de l'être au moyen de la fiction. Plus directement autobiographiques encore, *les Mémoires intimes* (1981) et la dizaine de volumes de « Mes dictées » (1975-1985) : *les Petits Hommes* (1976), *Je suis resté un enfant de chœur* (1979), *Jour et Nuit* (1981), *les Libertés qu'il nous reste* (1981), etc.

Pedigree

SYNOPSIS

PREMIÈRE PARTIE. Le 12 février 1903, Élise Mamelin ressent les premières douleurs. Le petit Roger naît à minuit dix, un vendredi 13. Son père, Désiré, date la naissance du 12. Si Élise est d'une nature inquiète, Désiré, employé dans une compagnie d'assurances, est un homme heureux. Tous les matins, du haut de son impressionnante stature, il fait halte chez sa mère, où tous les fils mariés s'arrêtent quotidiennement saluer la mère Mamelin qui n'aime pas Élise, trop fragile. La vie du jeune couple est parfaitement réglée et l'insouciance de Désiré, qui se contente de ce qu'il a, contraste avec les angoisses permanentes d'Élise. De la rue Léopold, ils déménagent rue Pasteur, passent leurs dimanches après-midi chez un beau-frère ou une belle-sœur, se soumettent aux rituels imposés par la famille. Léopold, le frère aîné d'Élise, prend l'habitude de venir s'installer dans le fauteuil d'osier de la cuisine lorsque Désiré est absent. Élise noie dans des activités ménagères ritualisées ses rêves de confort, de sécurité.

DEUXIÈME PARTIE. Elle finit par obtenir de Désiré qu'ils louent une grande maison où Élise aura des étudiants-locataires. C'est la rue de la Loi, où bientôt, Mlle Pauline, Mlle Frida, M. Saft, M. Chechelowski s'installent, ne laissant à Désiré que l'espace minimal pour vivre. Roger, lui, a la rue, ses amis, ses jeux sous l'étroite surveillance de sa mère qui astique, cuisine, sert des repas à ses locataires, espionne et gagne à droite et à gauche quelques sous qu'elle dépose sur un livret d'épargne pour « quand elle sera veuve » : une obsession qui ne la quitte pas. Roger entre à l'école des Frères juste en face. Lorsque la guerre de 1914 éclate, la maison de la rue de la Loi se vide de ses locataires. Les Allemands ont envahi la ville.

TROISIÈME PARTIE. Roger fréquente désormais le collège Saint-Louis ; sa mère, en le destinant à la prêtrise, a obtenu le demi-tarif pour ses études. En août 1915, Roger connaît ses premiers émois amoureux avec Renée. Il décide de renoncer aux études classiques et affirme qu'il veut devenir officier : il fréquentera ainsi le collège Saint-Servais, tout près du collège de Renée. Il hait sa famille, le milieu mesquin et pauvre qui est le sien, la ville froide et grise dont il arpente les rues le dimanche après-midi en direction du Carré où les jeunes filles se pavanent avant de se laisser coincer dans l'ombre des maisons. La famille vit désormais rue des Maraîchers. Roger lit énormément et apporte à tante Cécile, immobilisée par la maladie, des romans sentimentaux avant de puiser dans la caisse les quelques sous qui lui permettent de se payer une paire de chaussures jaunes. Honteux de sa condition sociale, il se révolte, délaisse l'école et la maison, imite un jour le comportement des dandys, le lendemain se met en sabots pour se rapprocher de la vie des petits artisans. À force de mauvaises fréquentations, il se laisse entraîner dans des déviations qui confinent au désespoir jusqu'au moment où la crise cardiaque de son père le « libère » d'une existence où il ne se retrouve plus. 1918 : c'est l'armistice. Roger a seize ans. Dégrisé, seul, il doit travailler, se conformer au rôle qu'on attend de lui. Quelque chose d'irréversible s'est opéré. Sa vie désormais est ailleurs.

Pedigree mis à part, quels sont les textes essentiels ? La marque de Simenon se distribue de façon sensiblement égale sur toute l'œuvre et, la qualité résidant dans le ton plus que dans l'intrigue, un récit en vaut un autre. Le cinéma a rendu célèbres certains titres : *la Nuit du carrefour* (Jean Renoir, 1932), *le Voyageur de la Toussaint* (Louis Daquin, 1942), *la Marie du port* (Marcel Carné, 1950), *le Chat* (Pierre Granier-Deferre, 1970), *l'Horloger de Saint-Paul* (Bertrand Tavernier, 1973 ; adaptation de *l'Horloger d'Everton*). Mais, il faut en convenir, l'œuvre n'a pas suscité de grands films, et l'on a trop vu Jean Gabin caricaturer lourdement le héros simenonien. Il faut donc en revenir aux textes et sortir du lot comme particulièrement typiques *le Chien jaune* (1936), *L'homme qui regardait passer les trains* (1938), *Maigret aux assises* (1960), *Une vie comme neuve* (1960) et *le Bourgmestre de Furnes* (1939), l'histoire d'un bourgeois qui, arrivé à l'accomplissement personnel à l'intérieur d'une vie routinière, décide soudain de rompre les amarres pour découvrir l'envers des choses, un autre monde. Avec talent, le romancier y dépouille de sa carapace sociale un homme assez quelconque. Mais le vrai génie de Simenon ne réside ni dans le style, neutre et efficace sans plus, ni dans l'élaboration narrative : il se trouve bien plutôt dans cet entre-deux que constitue l'art de rendre et de transcrire, de noter et de coder les comportements ordinaires et les gestes professionnels, toute la « mise en scène de la vie quotidienne ».

J. Dubois et C. Pont-Humbert (synopsis)

SIMON Claude

(né en 1913)

Claude Simon, prix Nobel 1985 : il aura fallu la récompense d'une institution littéraire internationale pour qu'un large public français peu à peu découvre un auteur souvent contesté ou rejeté pour « confusionnisme », « hermétisme » ou « artificialité », pour qu'on lise enfin une œuvre depuis longtemps traduite, répandue, connue dans plus de dix-huit pays. Considéré dans les années 1960 comme l'un des principaux représentants du Nouveau Roman, devenu aujourd'hui une référence majeure de la « modernité » littéraire, Claude Simon mène une vie discrète, éloignée des manifestations de l'intelligentsia culturelle et qui, depuis 1945, se confond avec la pratique même de l'écriture.

De l'expérience vécue au roman

Né à Tananarive d'un père officier colonial, Claude Simon passe son enfance à Perpignan avant de suivre, à partir de 1924, des études secondaires à Paris, au collège Stanislas. Il complète cette formation à Oxford puis à Cambridge, est attiré par la peinture, et devient l'élève d'André Lhote. Mais en 1932 commence une période de voyages à travers l'Europe, seulement interrompue, en 1934-1935, par le service militaire ; Simon visite l'Allemagne, l'U.R.S.S., l'Italie, la Grèce. Attiré par l'Espagne républicaine, il côtoie la révolution, expérience décisive, qui ne cessera de transparaître dans les romans ultérieurs, du *Sacre du printemps* (1954) aux *Géorgiques* (1981) et plus particulièrement dans *le Palace* (1962). Vient ensuite la guerre, qu'il effectue dans la cavalerie, au 31e dragons que l'état-major lance à l'assaut des chars allemands : situation dérisoire et apocalyptique qui, transposée, alimentera elle aussi abondamment la fiction. Prisonnier en 1940, Claude Simon s'évade d'Allemagne et parvient à rejoindre Perpignan.

Il commence à écrire après ces expériences qui l'ont convaincu qu'« il n'y a aucun sens à tout cela » et que – comme pour Shakespeare – « si le monde signifie quelque chose, c'est qu'il ne signifie rien – sauf qu'il est » (*Discours de Stockholm*, 1986, prononcé à l'occasion de la remise du prix Nobel). Son premier roman, *le Tricheur*, paraît juste après la Libération, en 1945.

Il publie ensuite *la Corde raide* (1947), *Gulliver* (1952), *le Sacre du printemps* (1954), *le Vent, Tentative de restitution d'un retable baroque* (1957), *l'Herbe* (1958). Mais ce sont *la Route des Flandres* (1960, prix de *l'Express*) et *Histoire* (1967, prix Médicis) qui, avant la consécration du Nobel, le révèlent aux lecteurs français.

La Route des Flandres

SYNOPSIS

Georges, personnage déjà présent dans *l'Herbe,* évoque la campagne des Flandres, au début de la guerre de 1940. Avec ses compagnons d'armes Blum et Iglésia, servant comme lui dans les dragons, il évoque, au hasard de la mémoire, les moments du passé : le sentiment d'apocalypse des soldats perdus dans la pluie, l'indifférence agressive de la nature, la dérive du temps, la mort du capitaine de Reixach, abattu sur son cheval, et descendant d'un autre Reixach – aïeul également de Georges –, et retrouvé « suicidé » dans de troubles conditions. Sont également l'objet d'une recherche obsédante les relations obscures de Corinne (la très jeune femme du capitaine) et d'Iglésia (alors valet d'écurie), puis les rapports amoureux que Georges lui-même aura, des années plus tard, avec Corinne, dans un hôtel anonyme. Les personnages s'éclairent et s'obscurcissent alternativement, la figure centrale du texte demeurant le temps – ultime mot du roman – que le narrateur tente vainement d'élucider, et qui surgit à plusieurs niveaux s'interpénétrant dans la même phrase, dans un carrousel de fantasmagories et d'anamnèses.

Histoire

SYNOPSIS

Histoire est d'abord l'histoire privée d'un personnage, reflet plus ou moins précis de précédentes figures romanesques et de situations autobiographiques. Au départ, la vision d'un arbre, près des fenêtres du narrateur, à partir de quoi s'organise et se désorganise le passé du « Je » ; passé banal, à travers lequel paraissent des moments de l'Histoire elle-même (la guerre d'Espagne à Barcelone, la campagne des Flandres encore). Défilent aussi, au hasard des années, quelques figures marquantes (mais pour quel obscur et inconscient motif ?) : Lambert, le copain de classe ; l'adipeux et morne Paul ; la séduisante Corinne, avant son mariage avec Reixach (prolongement de *la Route des Flandres*) ; Hélène, la jeune épouse ; l'oncle Charles, érudit et marginalisé ; la mère, évoquée dans les dernières pages ; Henri, le père, dont ne subsistent que quelques mots conventionnels inscrits sur des cartes postales envoyées de tous les pays du monde. La description de ces cartes, les lyriques monologues intérieurs s'entrecroisent et s'achèvent sur une interrogation (« moi ? »), comme si la coïncidence entre l'être humain, sa vie et sa mémoire, n'était qu'incertains et précaires assemblages de mots.

Depuis ses débuts littéraires, la vie de Claude Simon se partage entre la création romanesque et la viticulture – entre Paris où, notamment, de 1968 à 1970, l'écrivain a été membre du jury du prix Médicis, et Salses, dans les Pyrénées-Orientales, où il possède une propriété familiale. Comme l'attestent ses œuvres les plus récentes (*l'Invitation*, 1988 ; *l'Acacia*, 1989 ; *le Jardin des plantes*, 1997 ; *le Tramway*, 2001), il n'a jamais cessé de faire de sa vie la matière de ses récits de fiction. À l'instar de Proust dans *À la recherche du temps perdu*, Claude Simon relate dans *l'Acacia* la naissance d'un écrivain, au terme d'un apprentissage qui ressemble fort à son itinéraire personnel.

L'Acacia

SYNOPSIS

Trois personnages (un capitaine décédé en août 1914, sa veuve et leur fils) qui ne sont jamais désignés par un prénom, un nom, ni la moindre initiale sont l'objet d'un récit morcelé en douze chapitres. Des fragments de chronologie alternent, comme surgis d'une mémoire imparfaite et correspondant, pour chacun des protagonistes, à des moments de souffrance, d'indécision ou d'incompréhension face à l'Histoire. Ainsi reconstruit-on peu à peu l'évolution des personnages : la riche famille de propriétaires dans laquelle entre le « capitaine » grâce à son mariage (chap. V, VII) ; la mobilisation puis la mort de ce dernier, le 27 août 1914 (chap. III, IX) ; les démarches de sa veuve qui, en 1919 (chap. I), tente de retrouver le corps du soldat disparu sur l'apocalyptique théâtre des opérations, et qui mourra quelques années plus tard d'un cancer ; la mobilisation et la guerre que, vingt-cinq ans après son père, le fils va connaître à son tour. Brigadier dans un régiment de cavalerie (chap. IV, VI, VIII), il sera marqué de façon indélébile par la tragique et dérisoire débâcle de mai 1940 (chap. II, X). Au terme de tous ces chaos historiques (chap. XI), le récit s'achève sur la période 1940-1941 (ch. XII). Le brigadier, évadé du stalag, est recueilli par deux vieilles parentes et, après une difficile réadaptation à la vie, il s'assoit « à sa table » pour écrire, face au grand acacia qui pousse dans le jardin.

Espace, temps, récit

Les livres de Simon, comme les œuvres de Proust, Joyce et Faulkner qui les ont initialement suscités, font du Temps l'objet même de l'écrit. Non que la temporalité constitue un « thème », un « sujet » romanesque privilégié ; elle détermine plutôt l'émergence, l'existence du signifiant littéraire : la phrase et le style révèlent un mode spécifique de perception temporelle.

Pourtant le temps du récit ne peut en aucune manière épouser ou reproduire, de près ou de loin, le temps réel, la durée pure. Claude Simon réfute l'illusion recherchée par le roman conventionnel issu du naturalisme, qui tente, d'action verbale en action verbale, d'établir un lien de causalité « réaliste » entre les événements (l'écriture serait description du monde parce que sa linéarité, son souci de chronologie exacte « imiterait la nature »). Chez Simon, au contraire, l'hiatus est total entre l'univers du récit et la temporalité extérieure. Le temps et l'espace demeurent de toute façon de purs phénomènes : non pas des réalités que l'écrivain, par quelque pseudo-pouvoir démiurgique, saisirait en elles-mêmes, mais un agrégat d'impressions reçues par une subjectivité, « un trouble magma d'émotions, de souvenirs, d'images » (*Discours de Stockholm*). Le passé – généralement objet du discours romanesque – ne peut être dit selon une autre ordonnance que celle de la pulsion, des associations semi-conscientes de souvenirs. Ultimes prolongements du roman proustien, du transport dans le temps opéré par la petite madeleine et le pavé de l'hôtel de Guermantes, les livres de Claude Simon ne cessent de placer l'espace et le temps sur deux plans : un plan subjectif où, suivant le(s) narrateur(s), le récit se forge ses propres lois de causalité internes : le temps devient l'espace chaotique du discours, une « progression bizarre et saccadée [...] faite apparemment d'une succession de fragments solidifiés » (*le Palace*). Expression directe de la perception d'un personnage obscur, il s'agit là d'un temps où « les éléments éclatés, dissociés se regroupent selon le foisonnant et rigoureux désordre de la mémoire » (*Histoire*). L'écrivain introduit en second lieu un plan objectif, dont l'existence demeure irréductible aux schémas de pensée humains : instance inquiétante, dissolvante, souvent associée à l'eau stagnante, bourbeuse et éternelle comme le chaos originel, ou à la pluie « corrosive et pourrissante » (*Gulliver*, 1952), « fine poussière d'eau [...] délayant les arbres, les maisons » (*la Route des Flandres*), symbolique ténuité de l'imperceptible, inconcevable temps « naturel » qui, quoi que l'on dise sur lui, demeure pour l'homme le néant, le vide absolu, inexistant hors des cadres de la mémoire. Tous les narrateurs de Claude Simon voient dans les « lois naturelles » d'éphémères, insaisissables phantasmes tournoyant dans notre esprit, n'ayant de vie que pour lui, et s'évanouissant lorsqu'il croit les saisir (*le Sacre du printemps*).

Le même sentiment s'empare de l'entendement humain lorsqu'il est confronté au paysage ; nul accord n'est possible entre la « psyché » et l'espace naturel qui demeure un lieu immuable, indifférent à la pensée ou à l'affectivité. Ainsi, dans *l'Herbe* (1958), la « folle végétation envahissante » ne fait que souligner la déchéance de Sabine et son mari ; dans la seconde partie des *Géorgiques*, l'inaliénable beauté du paysage hivernal renforce encore la misère de la cavalerie en décomposition, par le contraste des « lueurs rose et jade d'un ciel boréal lavé de tout nuage » et des taudis emplis de purin, de crasse et de punaises où se réfugient les hommes. De même, les marches de soldats, dans *la Route des Flandres*, *Histoire* ou *les Corps conducteurs* (1971), s'effectuent au milieu d'un cosmos sourd à la souffrance humaine et qui conduit à la solitude paranoïaque, « comme si la nature tout entière complice des assassins [...] s'était soudain muée en quelque chose d'à la fois indifférent et perfide, verte, étincelante dans le soleil » (*Histoire*).

Ce constat philosophique, aux résonances existentielles, selon lequel Être pur et Néant pur se confondent pour l'Être-au-monde, le refus des fallacieuses croyances humanistes en l'union de l'homme et de la nature sous-tendent l'organisation générale du discours romanesque. Les mots, la syntaxe vont sécréter un espace et une temporalité obéissant au seul présent de l'écriture, parce que celle-ci n'est capable de créer qu'elle-même : « ce que l'écriture nous narre, c'est sa propre aventure » (*Entretiens*, 1972), c'est-à-dire la façon dont les « choses cœxistent et s'interpénètrent dans notre conscience » (*id.*).

Cette imbrication des espaces et des temps crée dans la trame romanesque une perpétuelle dialectique entre la continuité linéaire, inhérente au langage, et la discontinuité du passé aboli retrouvé dans l'anamnèse. Paradoxale symbiose, que Claude Simon réalise de deux manières : soit par une sorte de monologue intérieur, hérité de Joyce et Faulkner, fait de longues phrases étirées, sans césures, qui repoussent le point au plus loin, ou l'éliminent – car « la phrase courte coupe ce qui n'est pas coupé dans la réalité mentale » (*id.*) ; soit par une combinaison de motifs relevant d'époques et de lieux différents, qui apparaissent ou disparaissent au gré du « hasard », selon l'émergence du souvenir qu'un mot ou une image catalysent : ainsi de *Triptyque* (1973), de *Leçon de choses* (1976), ou du premier chapitre des *Géorgiques* qui d'une phrase à l'autre transporte le lecteur de la Révolution française à la Révolution espagnole, en passant par la campagne des Flandres de 1940.

Les Géorgiques

SYNOPSIS

Somme de toutes les expériences précédentes, *les Géorgiques* commencent par entremêler les événements auxquels sont confrontés trois personnages : un général de la Révolution française, figure autoritaire et léonine ; O., engagé dans la guerre d'Espagne après ses études en Angleterre ; et celui qu'on devine peu à peu être le narrateur, double lointain du « héros » d'*Histoire,* mobilisé une nouvelle fois dans la cavalerie en 1940. Séparant ensuite ces différents plans pour les développer l'un après l'autre, le texte prend l'allure d'une enquête historique : les personnages sont unis par une destinée à la fois commune et distincte, par un arbre généalogique approximatif (le narrateur est un descendant du général). Le passé familial tourne, à mesure qu'il se dévoile, au mythe (le général, tel Romulus, a un frère renégat et tous deux ont été élevés par Batti, sorte de nourrice exclusive et de louve amoureuse) et révèle les lois ataxiques, dérisoires ou mystérieuses de l'Histoire. Mais, parallèlement au récit survolté des événements, apparaissent les lettres que le général envoyait à Batti, et qui constituent « les Géorgiques » : conseils donnés pour l'exploitation d'un domaine où le général ne revient presque jamais, mais qui symbolise l'immutabilité des saisons et de la nature opposée à la dérive catastrophique de l'Histoire.

Il est alors symptomatique que Simon fasse un usage si obsédant du participe présent, mode qui s'emploie dans tous les contextes – passé, présent, futur –, et situe l'action au moment même de l'énonciation, en une perpétuelle et diffuse concomitance de l'écrit et du souvenir.

De la sorte, après *le Sacre du printemps*, les repères chronologiques précis disparaissent souvent, témoignant par leur absence du flottement de la conscience hors de toute rationalité spatio-temporelle : « Mais était-ce le soir (ou la veille, ou le matin ?) » (*le Palace*) ; « Mais j'ai déjà vu ça quelque part [...] Mais quand ? Et où donc ? » (*la Route des Flandres*) ; « ... quelque part dans le temps grisâtre l'espace grisâtre » (*Histoire*).

Le mythe de l'Histoire

Il s'ensuit que l'être humain ne peut ni saisir, ni diriger les lois de l'Histoire, concept omniprésent chez Claude Simon et titre ambigu de son plus célèbre roman, qui confond le récit particulier d'un passé – d'une « histoire » individuelle – et son inscription dans la logique universelle du temps.

Les doubles romanesques de l'écrivain se trouvent confrontés à des événements dont les causes demeurent indiscernables. Ainsi des situations de guerre, dont aucune analyse ne peut restituer les lois ou les significations précises : « [...] le rôle dérisoire et mortel qu'on lui a fait jouer : impression qu'on s'est moqué de lui, "on" recouvrant non pas un ou plusieurs personnages, quelque catégorie humaine ou sociale (politiciens, généraux), mais une sorte de vague et facétieuse entité (l'Histoire ?), impersonnelle, stupide et impitoyable » (*le Jardin des plantes*).

Loin d'être une science, l'Histoire est élevée au rang de mythe, devenant le signe de tout devenir insaisissable. Ce sont d'ailleurs des signes (objets, vêtements, êtres porteurs d'un sens aboli) qui révèlent la présence de l'Histoire et les métamorphoses capricieuses, cycliques et dérisoires de leurs signifiés, seules preuves qu'un changement s'est opéré. Ainsi, l'« Inventaire » du *Palace* décrit des objets qui indifféremment ont servi aux milliardaires anglo-saxons, aux demimondaines argentines puis ont été réquisitionnés pour l'usage de très provisoires gouvernements révolutionnaires : « Ces périodiques migrations de matelas et de pendules façonnent peu à peu la mystérieuse Histoire ».

Tout roman de Claude Simon est un livre de sémiologue, décrivant longuement les objets, comme si de leur accumulation hétéroclite, délirante ou baroque surgissaient les bribes incertaines des pensées et des idéologies d'autrefois. Comme si, en eux-mêmes, ils possédaient le mystère du temps, de la chronologie invisible de l'histoire que les narrateurs ne peuvent nommer exactement. « Le destin – ou quoi d'autre ? : l'interne logique de la matière ? ses implacables mécanismes ? » (*les Géorgiques*). De là pour le lecteur l'impression que dans les longues phrases de l'écrivain, comme dans les cascades de subordonnées proustiennes, s'accumulent des moments arbitraires de l'Histoire, convoqués par une « logique » qui réunit ordre et désordre, progressions et rétrogradations où s'égarent les personnages, « l'Histoire se mettant à tournoyer sur place, sans avancer, avec de brusques retours en arrière, d'imprévisibles crochets, errant sans but, entraînant tout ce qui se trouvait à portée de cette espèce de tourbillon ».

Mais cet incompréhensible jeu de signes, qui se substitue à une chronologie événementielle, ne mène pas à la redécouverte du temps perdu, ni à la calme résurrection, dans la conscience, d'un passé enfin maîtrisé et déchiffré ; *la Route des Flandres*, en une sorte d'antithèse du *Temps retrouvé*, s'achève sur la vision d'un « monde arrêté figé s'effritant se dépiautant s'écroulant [...] comme une bâtisse abandonnée, inutilisable livrée à l'incohérent, nonchalant, impersonnel et destructeur travail du temps ». Un processus de destruction semble en effet miner la civilisation, comme si l'être humain et les objets qui l'entourent étaient abîmés, détériorés de l'intérieur par le signe de l'Histoire : l'univers romanesque de Claude Simon est envahi par les décombres, la pourriture, les choses flétries ou réduites à l'état de détritus. De même, les personnages de vieillards en lente décomposition y sont omniprésents : le père et la mère de Georges dans *l'Herbe*, les vieux parents réunis pour le concert familial dans les trois premiers chapitres d'*Histoire*, l'arrière-petite-fille du général dans *les Géorgiques* hantant le « pharaonesque tombeau » à quoi le temps a réduit son château de famille. Toutes ces figures romanesques se trouvent en fait parées d'une fonction hautement symbolique : « La terne existence d'une vieille dame c'est l'Histoire elle-même, la matière même de l'Histoire » (*l'Herbe*) ; les signes d'usure corporelle induisent la perception instantanée d'un temps immobile et fuyant à la fois. L'Histoire, c'est finalement le roman du signe, le déchiffrement de ses valeurs successives ou surimprimées ; le récit peut alors naître de cette archéologie : *Leçon de choses* débute par l'examen d'un lieu clos, d'où vont naître plusieurs narrations parallèles.

Leçon de choses

SYNOPSIS

Au départ, la description d'une pièce en décombres, aux papiers peints déchirés. Le roman va naître de « l'expansion » de ce « spectacle », mêlant une scène de guerre (des soldats réfugiés dans la maison guettent, armés d'une mitrailleuse, les mouvements de l'ennemi), le travail de réfection de la pièce par deux maçons, la naissance et l'aboutissement érotique d'une idylle adultère sur les côtes normandes, à l'époque impressionniste. Un livre pédagogique, *Leçons de choses,* est le prétexte de ces deux derniers développements, ainsi que des reproductions de toiles de Boudin et Monet dans *l'Illustration.* Des « divertissements » reproduisent le véhément et populaire monologue intérieur des soldats. Au terme de l'œuvre, les personnages de la toile impressionniste reparaissent dans la pièce détruite et découvrent les traces lointaines d'une guerre : la hiérarchie des situations romanesques s'évanouit, par une mise en abyme qui, dans la fragmentation et le tournoiement des scènes, clôt le livre sur lui-même, et sur les personnages et les époques fugitivement apparus.

Orion, les images et les mots

Si le discours romanesque se confond avec l'émergence de l'Histoire, c'est que l'écrivain use des mots comme des objets, qu'il en est de la phrase comme du réel : l'écriture obéit à une logique du signe littéraire. Le romancier « n'a rien à dire » (*Discours de Stockholm*) et les mots qu'il trace ne témoignent pas du « vécu », ni de la réalité extérieure ; mais ils produisent des sens, correspondent, étymologiquement parlant, à une « poétique », à un « faire ». Ici intervient le mythe d'Orion, spécifique de Claude Simon, mythe de la création, de la génération du Texte ; l'écrivain « progresse laborieusement, tâtonne en aveugle, s'engage dans des impasses, s'embourbe, repart » (*id.*), tout comme le chasseur de la mythologie grecque, devenu figure stellaire : « Quelque part [...] solitaire et aveugle dans le vide immense, Orion poursuit sa marche » (*les Corps conducteurs*). Ce n'est pas la thèse ou le message qui importent, et les lecteurs d'*Histoire* ou de *la Bataille de Pharsale* (1969) ne peuvent laisser de remarquer le « prosaïsme », la banalité des situations : un adulte se revoit traduisant des versions latines, dépeint de vieilles cartes postales de famille, décrit de sa fenêtre l'envol des pigeons, revoit des scènes guerrières à mille lieues de l'héroïsme... Seule la constitution formelle d'un Texte, conçu comme un « carrefour de significations » (*Discours de Stockholm*) mais en soi dépourvu de « sujets » et de finalité précise, de commencement et de fin, épouse le rythme de l'Histoire.

Ce mythe de création possède également une signification érotique, et assimile les mots et l'amour à une même démarche ; les scènes de coït, nombreuses, figurant dans presque chaque livre de Simon, récurrentes ou répétées, portent l'acte sexuel au niveau symbolique : ruée agressive d'un phallus toujours métaphoriquement associé à l'« œil aveugle » d'Orion, « saillie » vers le sexe abyssal de la femme, pulsion essentielle (« non pas l'amour, pas même le plaisir, mais le rut, l'assouvissement, la délivrance » [*les Géorgiques*]) qui mène le couple aux confins d'Éros et de Thanatos, mêle les sensations de vie superlative et d'anéantissement total : « morts elle et moi assourdis par le vacarme de notre sang se ruant refluant et grondant » (*la Route des Flandres*). Le mouvement de l'amour et celui du Texte peuvent, dans l'incertitude totale où se trouve l'homme face au cosmos, au Réel, à la Vie, reproduire, dans leurs errances et leurs égales contradictions, dans leur mode d'expression propre, la confrontation avec la réalité. Reprenant Novalis à son compte, Simon voit dans le texte une matière propre à refléter « le jeu étrange des rapports entre les choses » (*Discours de Stockholm*).

Vers une nouvelle pratique romanesque

La « poétique » de Claude Simon va donc produire du sens et non exprimer une signification, concevoir une « matière » verbale sans structure définie, se contentant d'un jeu, d'une « harmonie », faite « d'associations, d'assonances » et, « comme en peinture ou en musique, de contrastes, d'oppositions ou de dissonances » (*id.*). Conception qui inclut la philosophie de l'auteur non dans une théorie (les textes « théoriques » de Simon se réduisent à des réflexions sur la littérature : lettres, entretiens, préface d'*Orion aveugle* [1970] et *Discours de Stockholm*), mais dans une pratique textuelle ; le roman « reflète » mais ne révèle rien, ne tire pas de conclusion, n'a aucun rapport avec « un traité raisonné de philosophie, de sociologie ou de théologie » (*id.*).

Ainsi s'est peu à peu évanouie la notion traditionnelle de récit, que Simon conservait encore, comme cadre structurel, dans ses premiers romans (*le Tricheur* ; *la Corde raide*, 1947 ; *Gulliver* ; *le Sacre du printemps*) ; et l'image, le tableau, la photographie, la scène statique sont devenues les composantes fondamentales de la fiction. Moments figés dans le souvenir, dont *l'Herbe*, *la Route des Flandres*, *le Palace* et *Histoire* vont présenter les multiples combinaisons possibles, faisant réapparaître, livre après livre, ces instants-phares de la conscience, et les personnages qui leur sont liés comme le capitaine de Reixach, lointain descendant de l'aïeul du narrateur, tué sur son cheval pendant la campagne des Flandres (*la Route des Flandres*), ou l'oncle Charles, figure cultivée, précepteur de latin occasionnel et amoureux d'un modèle dont la photographie est l'objet de multiples interprétations et fantasmagories (*Histoire*). À la continuité d'une action se substitue ainsi une succession d'instantanés, d'images fixes seules retenues par l'inconscient : « Wack son cheval et moi-même formions un groupe d'objets entre lesquels les distances ne se modifiaient que lentement lui se trouvant à présent exactement au-dessus du cheval dont il venait d'être arraché enlevé » (*la Route des Flandres*). Comme l'Achille de Paul Valéry, cité en exergue de la première partie de *la Bataille de Pharsale*, comme Orion dans *les Corps conducteurs*, le texte dans sa linéarité progresse « immobile à grands pas », entité oxymorique, toujours dérivant dans son signifié, toujours issu d'un signifiant fixe.

À partir de *la Bataille de Pharsale*, Claude Simon va délibérément construire les fragments romanesques qui produiront l'histoire sur le mode pictural ou musical : comme dans un tableau abstrait – la peinture restant pour l'écrivain le symbole privilégié de l'expressivité artistique –, comme dans une partition sérielle, quelques motifs, présentés initialement puis combinés suivant des lois toujours renouvelées, vont faire émerger « du romanesque », sans personnages précis et nommés, sans narrateur repérable, sans pronom personnel explicite, la description suffisant au lecteur pour qu'il constitue, bribes après bribes, l'histoire. Ce principe est nettement posé dans le « Générique » de *Leçon de choses* : « La description (la composition) peut se continuer ou être complétée à peu près indéfiniment selon la minutie apportée à son exécution, l'entraînement des métaphores proposées, l'addition d'autres objets visibles dans leur entier ou fragmentés par l'usure, le temps, [...] sans compter les diverses hypothèses que peut susciter le spectacle. » Jeux de miroirs entre les interprétations nées des images, mises de scènes imbriquées les unes dans les autres, des romans comme *les Corps conducteurs*, *Triptyque* ou *Leçon de choses* reposent sur une circulation de signes, d'où surgissent, aléatoires, les signifiés ; les mouvements saccadés d'un lapin écorché et agonisant appellent dans *Triptyque* l'image d'un couple nu au plus fort de l'acte amoureux, établissant une connexion implicite entre l'érotisme et la mort ; une scène de coït sera par contre, dans *Leçon de choses*, convoquée par une gravure représentant « l'action des vagues sur les côtes » : l'association des images suggérera le mythe panthéiste qui inscrit l'amour dans la nature de la mer.

C'est donc bien l'aventure des mots et tout ce que la subjectivité, sollicitée par le verbe comme par un élément fétiche, trouve signifiant qui définissent le romanesque chez Claude

Simon. La description, qui fondait déjà le roman balzacien, se passe à présent de toute règle narrative, laissant deviner une histoire fluctuante que le lecteur reconstitue, s'il le veut, entre les mots, au gré des fantasmagories et des symboles. Le récit n'est plus l'élément premier, mais une simple connotation du discours romanesque ; l'essentiel réside dans le foisonnement verbal, les répétitions, récurrences, concomitances et surimpressions signifiantes qui établissent un nouveau réalisme : le texte n'est pas « vrai » parce qu'il s'identifie à un référent extérieur au livre, mais parce qu'il épouse le mouvement du désir et de la pensée intérieure ; il crée en somme un réalisme de la subjectivité.

On a souvent jugé cet art pessimiste, anormalement coupé du monde, le roman « simonien » révélant la vacuité, la relativité ou l'inanité de tout système moral, idéologique ou philosophique confronté à l'existence et aux choses. En fait Claude Simon entraîne le langage humaniste dans la même dérive que l'univers, qu'il tente vainement de plier à ses codes d'énonciation. Dédaignant de faire du Livre un absolu métaphysique, et du sens romanesque une « fable » ou une thèse didactique, l'écrivain, progressant sur « les sables mouvants » de la création littéraire, a surtout mis en relief « le désir d'écrire suscité par la fascination de la chose écrite » (*Discours de Stockholm*).

Il ressort de cette concentration sur les potentialités du mot un langage qui allie l'incertitude signifiante à un lyrisme à la fois puissant, mouvant et chaotique. L'écrivain ne peut tout à fait restituer « cette majesté pour ainsi dire cosmique de la matière livrée à ses seules lois, s'attirant, se repoussant ou se fracassant dans une sauvage et majestueuse lenteur » (*le Tramway*) ; mais il en transpose le rythme et l'harmonie dans le roman, suscitant une nouvelle poétique de la matière verbale.

J.-P. Damour

SIMONIN Albert

(1905-1980)

Une autobiographie inachevée, les *Confessions d'un enfant de La Chapelle* (1977), permet de suivre les années de jeunesse de ce Parisien du peuple. Il fait toutes sortes de métiers avant de devenir chauffeur de taxi, expérience qui lui inspire *Voilà taxi !* en 1935 (rédigé avec Jean Bazin). Journaliste, romancier (sous divers pseudonymes), ouvrier typographe à la Libération, c'est *Touchez pas au grisbi* publié dans la « Série noire » (1953), préfacé par Mac Orlan, qui le rend célèbre. En 1954, *Le cave se rebiffe* confirme ce succès. La suite de sa production littéraire se composera, en 1957, d'un dictionnaire d'argot (*le Petit Simonin illustré par l'exemple*), de *Du mouron pour les petits oiseaux* (1960), de la suite romanesque des *Hotu* (1968-1971), de *l'Élégant* (1973), etc. Simonin a également signé de nombreux scénarios de films (*les Tontons flingueurs, Mélodie en sous-sol,* etc.).

Policiers, les romans de Simonin le sont par le statut des personnages et les enjeux (affaires de gangsters). Mais l'auteur se montre plus proche du *thriller* américain que du roman policier traditionnel. Le récit, soigneusement construit, met en scène des personnages qui s'écartent des stéréotypes : subtils composés de méfiance et de pudeur, de cynisme et de nostalgie, ces solitaires mènent la vie aventureuse des hors-la-loi non parce qu'ils sont violents ou se révoltent, mais parce qu'ils rêvent d'une vie sans souci. Une mythologie prend forme chez Simonin, autour des « hommes » et des « caves », autour des objets fétichisés (costumes, champagne...) mais aussi à travers l'évocation nostalgique d'un Paris populaire d'avant guerre qui disparaît.

Un fort sentiment d'échec se dégage d'ailleurs de ces romans, qui prennent le plus souvent la forme de quêtes vaines. Le style de Simonin s'appuie sur l'argot, dont il exploite les ressources littéraires dans une langue drue, exacte, nerveuse. Le caractère narratif de ces romans a suscité diverses adaptations filmiques : *Touchez pas au grisbi*, de Jacques Becker (1954), est de très loin la meilleure.

M. P. Schmitt

SOLLERS Philippe

*Pseudonyme de **Philippe JOYAUX** (né en 1936)*

« Dans les bouquins d'aujourd'hui, j'apparais de temps en temps nommément, sous une forme caricaturale. *Femmes* (1983) fait problème ? Normal. » Sous cette laconique remarque de *l'Année du Tigre* (1999), son « Journal de l'année 1998 », Philippe Sollers se résigne (ou se plaît ?) à constater le rôle qu'il joue désormais dans le monde de la culture, de l'édition et des médias. Écrivain admiré à ses débuts, puis rapidement controversé en raison de ses engagements idéologiques ou esthétiques, artiste omniprésent sur les écrans de télévision mais qui, à l'instar de Guy Debord, stigmatise les illusions de « la société du spectacle », Sollers est incontestablement devenu en trois décennies une « figure » dans la « république des lettres ».

Philippe Sollers est né à Talence, dans la banlieue de Bordeaux – cette ville qui, a-t-il écrit, « représente la bouche et la langue, le *palais* qui sait goûter et juger » (*Théorie des exceptions*, 1986). Issu de la bourgeoisie, fils et neveu d'industriels, il poursuit ses études à Bordeaux, aux lycées Montesquieu et Montaigne, puis à Versailles, chez les jésuites, d'où il est renvoyé pour indiscipline et « lectures interdites ». Il entre ensuite à l'ESSEC, mais depuis longtemps déjà l'écriture l'attire. En 1958, il publie *Une curieuse solitude*, qui lui vaut l'enthousiasme d'Aragon et de Mauriac. En 1960-1961, il est réformé de l'armée « grâce à l'intervention *in extremis* de Malraux, après une grève de la faim » (*l'Année du Tigre*), évite la guerre d'Algérie, réalisant une fois de plus ce qu'il considérera toujours comme une nécessité vitale : « L'écrivain doit passer son temps à se faire renvoyer de partout, parce que sinon, c'est l'intégration, la fin de l'aventure » (*Vision à New York*, entretiens, 1981). L'aventure pour Sollers, ce sera, de 1960 à 1983, la revue *Tel Quel*, fondée, notamment, avec Jean-Edern

Hallier, et dont il deviendra rapidement l'animateur essentiel. Cependant vont paraître les ouvrages qui ont fait de Sollers l'un des romanciers de la modernité : *le Parc* (prix Médicis 1961), puis *Drame* (1965), *Nombres* (1968), *Lois* (1972), *H* (1973), *Paradis* (1981) se succèdent, comme autant de remises en cause de la narration et du langage classiques. Mais en 1983 se produit une double rupture. Sollers fonde chez Gallimard une nouvelle revue, *l'Infini*, abandonnant de fait les voies maoïstes et gauchistes qui avaient souvent été prônées dans le *Tel Quel* des années 1960 et 1970. Et il publie *Femmes*, aussitôt soumis aux critiques et anathèmes. Le livre inaugure – si l'on excepte la parution de *Paradis* 2 (1986) – une nouvelle période romanesque. *Portrait du joueur* (1984), *le Cœur absolu* (1987), *le Lys d'or* (1989), *la Fête à Venise* (1991), *le Secret* (1992), *Studio* (1997), *Passion fixe* (2000) en marquent les principales étapes.

L'art et la guerre

La lecture critique, voire l'observation des événements contemporains sont chez Sollers étroitement liées à la production romanesque. Ses textes théoriques ne cessent de revendiquer la cohérence d'« un ensemble ouvert » d'essais, que jalonnent *Logiques* (1968), *l'Écriture et l'expérience des limites* (1971), *Théorie des exceptions* (1986), *Improvisations* (1991), et deux livres rassemblant les réflexions esthétiques menées par l'écrivain depuis 1987 : la *Guerre du goût* (1994) et *Éloge de l'infini* (2001). Dans ces deux derniers recueils, imposants et importants, Sollers évoque principalement des peintres (De Kooning, Cézanne, Bacon, Picasso...) et des écrivains fondamentaux (les « exceptions » : Sade, Baudelaire, Rimbaud, Mallarmé, Proust, Céline, Faulkner...) qui non seulement sont associés à l'émergence d'une « modernité », mais surtout ont affirmé avec force la liberté et l'individuation de l'artiste. Car pour Sollers, écrire, c'est bien mener une « guerre » contre tout ce qui « cherche à réduire le langage, à le canaliser, à l'enrôler, à le surveiller » *(Éloge de l'infini)*. Sollers conteste la nécessité de tout soumettre au champ du « social », où la spécificité de chaque parole d'artiste est neutralisée, gommée par la « loi du marché », tout comme le sexe et l'amour sont contrôlés par la biologie : « Tout est permis, en principe, mais rien n'est possible » *(id.)*. L'écrivain tente donc de « constituer une véritable histoire, vivante et verticale, de l'art et de la littérature » *(la Guerre du goût)*, et de poser le problème de la lecture « dans un monde qui programme, jour après jour, en même temps que celle des corps, sa destruction » *(id.)*. Ainsi s'expliquent, quelles que soient les réorientations stratégiques, les diagonales et les tracés obliques qu'opère désormais sa pensée sur l'échiquier numérisé et informatisé de la culture, la fidélité indéfectible qu'il voue au roman, instrument par excellence de la pensée : « Le romanesque réfléchit et raconte l'ouverture de l'existence poétique, l'interdiction ou la dégradation sociale qu'on lui inflige, la répression ou la falsification dont elle est l'objet – mais aussi ses grandes libertés, sa ténacité, ses lueurs » *(id.)*.

Le roman en mouvement

Après *Une curieuse solitude* – qui s'inscrivait dans la tradition humaniste de l'éducation érotique et sentimentale d'un jeune homme de bonne famille –, les romans de Sollers vont constituer autant d'étapes contre l'uniformisation culturelle, contre la soumission du Texte à l'académisme du moment. *Le Parc* remet en cause la linéarité narrative, combine, comme le faisaient les « nouveaux romanciers » dans les années 1960, des motifs récurrents dans la trame du récit. Avec *Drame* – selon son auteur, « un roman chinois », « un essai de recherche de la narration la plus "vide" possible » *(Improvisations)* –, avec *Nombres* et *Lois*, la signification du texte, instable, glisse de fragments en fragments. Les découvertes de la sémiologie et du structuralisme des années 1970 apparaissent de plus en plus manifestes dans *H* ou *Paradis*. Il s'agit là de multiplier la polysémie textuelle, d'éliminer la ponctuation et la notion de phrase, de rétablir une « voix », de rendre le corps lisible. Alors, selon Barthes (*Sollers écrivain*, 1979), s'instaurent « des mouvements syntaxiques, des bribes d'intelligibilité, des taches de langage », qui visent à dissoudre les repères de lecture traditionnels – « sujets » ou « thèmes ». De même, « présenter le plus de niveaux possible de ce à quoi on peut arriver en faisant jouer le langage » *(Théorie des exceptions)* devient l'objet des deux *Paradis*.

Cependant, loin d'évacuer le sens de ses textes, Sollers le fait surgir, excessif, pléthorique, dans *Femmes* : des situations autobiographiques à peine voilées ; une galerie de personnages « à clefs » sous les traits desquels on reconnaissait aisément des intellectuels célèbres (Lacan, Barthes, Althusser, Hallier) ; des assertions abruptes, énoncées dans une langue célinienne, contre les « idées correctes et convenues » qui commençaient à poindre dans les années 1980 sous couvert de modernité ou de socialisation ; et les débordements sexuels joyeusement obscènes du narrateur (un journaliste américain qui interroge parfois un certain S., romancier parisien) se mêlent aux sarcasmes déversés sur les névroses et les hystéries ambiantes, sur la religion du Féminisme et de la Maternité.

Sollers va donc, après ce livre, privilégier les éclats baroques d'une écriture toujours en mouvement, dont les rapides juxtapositions lexicales, les phrases nominales, les brisures soudaines vont multiplier les jeux de miroirs, les aperçus inédits, les propos « scandaleux ». Sollers, en quelque vingt ans, a ainsi constitué une série de fictions qui mettent volontiers en scène un double, écrivain comme lui – comme lui soucieux de « décalages, désertions, absences » (*Studio*, 1997) –, et qui visent à détourner les étiquetages commodes. Ainsi l'aspect « réactionnaire », « misogyne », « papiste » que les commentateurs ont voulu voir dans les aphorismes provocateurs de *Femmes* ou le narcissisme affiché de *Portrait du joueur* servent de masques. La finalité en est classique, mais aussi fidèle à l'esprit de *Tel Quel* : pourfendre les images fausses, les mythologies menant à l'ennui ou au nihilisme, les illusions idéologiques telles que l'idéalisme, l'angélisme et leurs corollaires actuels – la surveillance moralisatrice et la sexualité obligatoire.

« L'humanité avait en somme un dernier espace de liberté dans cette petite chose interdite et muette… Le sexe… C'est fini ; on vous dira comment il *faut* jouer avec ça… » *(Femmes)*. Au romancier, il appartient de déjouer les dispositifs de pouvoir et les censures de plus en plus sophistiqués que les sociétés occidentales mettent en place : « Plus rien n'est vraiment dit ou entendu, mais tout se répète, s'écoute. Pas de pensée, mais pullulement de signaux, écume d'écume, réduction maniaque et raidie » (*la Fête à Venise*, 1991).

Pour résister à toutes les normalisations et au lourd héritage du « dix-neuviémisme » kitsch, bourgeois et religieux, Sollers construit un imaginaire hanté par les arts, le « goût » et le libertinage. Il organise, loin des « sectes », « partis » ou « familles », une clandestinité épicurienne *(Passion fixe)*. Il réinvente un esprit des Lumières, en faisant du XVIIIe siècle qui « a encore tout à nous dire » *(Éloge de l'infini)* son époque mentale, et de Venise l'un des lieux récurrents de ses livres, un monde « hors du temps » où l'art et la vie peuvent réellement procurer la jouissance aux corps et aux esprits singuliers. *Le Cœur absolu, la Fête à Venise, le Secret* forment une sorte de nouvel *Envers de l'histoire contemporaine*, et relatent les actes et les conversations de sociétés occultes, vouées aux jeux, aux plaisirs, aux stratégies. Il n'est pas rare que de grandes figures du XVIIIe siècle, auxquelles le romancier a par ailleurs consacré des articles et des essais enthousiastes (*les Surprises de Fragonard*, 1987 ; *le Cavalier du Louvre, Vivant Denon (1747-1825)*, 1995 ; *Sade contre l'Être suprême*, 1996 ; *Casanova, l'admirable*, 1998), déterminent l'imaginaire de Sollers. Elles génèrent quelquefois le pastiche – *les Folies françaises* (1988) imitent en leurs premières pages la vivacité et la concision de *Point de lendemain*, la célèbre nouvelle de Vivant Denon –, mais inspirent surtout une poétique. La langue romanesque se transporte aux confins de l'essai, de la fiction autobiographique, du conte érotique, du dialogue esthétique. Le style veut recréer une « féerie » atemporelle, qui associerait Casanova et Céline, les libertins des Lumières et les inventeurs du XXe siècle.

Le roman n'est donc pas resté chez Sollers le champ d'application de théories « textuelles », ni devenu un univers clos, n'ayant pour objet que sa propre élaboration. Cette œuvre hédoniste vouée, dans son principe même, à de nouvelles mues, expose avec irrévérence les éléments d'un « gai savoir ». Tout décalage, toute contradiction assumée, tout mouvement inattendu de la pensée et du moi sollersiens sont conçus comme une victoire sur l'aliénation sociale : « Les jugements à votre sujet finissent par se contredire à chaque instant et s'annulent : vous êtes sauvé » *(Studio)*.

J.-P. Damour

SOMAISE Antoine BAUDEAU de

(XVIIe siècle)

Somaise (ou Somaize) n'a fait qu'une brève apparition dans la vie littéraire : une demi-douzaine d'ouvrages, presque entièrement consacrés à la préciosité [voir **Préciosité**], groupés sur quatre années, puis il disparaît. On ignore tout de sa biographie ; il a indiqué lui-même qu'il était secrétaire de la connétable Colonna ; il l'a peut-être suivie en Italie à partir de 1663, ce qui expliquerait sa « disparition ».

Somaise est un écrivain médiocre mais qui ne manque pas d'aplomb, habile à exploiter l'actualité pour se faire connaître. En 1657, il critique durement une tragi-comédie de Boisrobert, *Théodore*, pour attirer l'attention sur son nom. En 1660, lorsqu'une polémique se déclenche à propos des *Précieuses ridicules* de Molière, il compose en hâte un quasi-plagiat, *les Véritables Précieuses*, qu'il tente de faire éditer joint au texte de Molière, dont son libraire avait dérobé une copie. Molière évita *in extremis* le piratage. Après cette publication, Somaise donne derechef : *les Précieuses ridicules* mises en vers, *le Procès des Précieuses*, comédie en vers burlesques, et un *Dictionnaire des Précieuses*, où il recense des expressions de leur langage. Suit en 1661 un second *Dictionnaire*, avec un nouvel inventaire d'expressions typiques et des notices sur les principaux membres du mouvement précieux, accompagnées d'une « clef ». Sans vergogne, Somaise accuse Molière d'avoir volé ses *Précieuses* à l'abbé de Pure ; sans rigueur, son *Dictionnaire* entasse des locutions en les isolant de leur contexte et en les dénaturant ; sans cohérence, il opère des distinctions mal fondées entre diverses catégories de précieuses (les prudes, les coquettes, les véritables…). Sans doctrine précise, il se montre médisant ou flatteur envers les gens qu'il cite, selon qu'ils peuvent ou non lui être utiles.

Reste que ses notices, en général bien informées, sont un document utile, et que ses ouvrages, qui eurent un fort succès passager, éclairent un aspect du phénomène social que fut la préciosité.

A. Viala

Songe du Verger (le)

(1376)

Ce texte, rédigé pour Charles V en latin (*Somnium viridarii*) en 1376, puis en français, est un traité de droit public enveloppé dans une fiction courante en matière d'exposé didactique, le songe sur le thème du débat d'un clerc et d'un chevalier. Après une réflexion sur la vérité du rêve et une présentation au roi, l'auteur, comme au début d'une œuvre lyrique, s'endort : « Il me fut avis que je veis une merveilleuse advision dans ung verger qui estoit très délectable […] car là vous veis en vostre majesté royale assis ; et lors regarday que au costé de vostre majesté aviés deux roynes » ; une inscription nous apprend qu'il s'agit de Puissance temporelle et Puissance spirituelle. Le roi leur conseille de choisir des avocats. Dès lors, le cadre littéraire passe au second plan, au profit d'une discussion qui est, en quelque sorte, le bilan d'une querelle née en 1296 entre Philippe le Bel et Boniface VIII, querelle qui avait alimenté en son temps de nombreux pamphlets. Quatre cent soixante-huit chapitres, un par réplique, développent les arguments sur les rapports entre le pouvoir civil et l'Église, tout en examinant au passage quelques problèmes étrangers (la question bretonne, à propos de laquelle on demande la saisie du duché ; le retour du pape à Rome : « il semble que le pape de Rome par raison doit plus eslire demeure en France que a Rome pour la plus grande convenance et ressemblance que France a a tout le monde » ; la succession par les femmes). L'intérêt principal – et l'unité – de l'ouvrage est cependant la conception de la royauté qui s'y élabore, en un temps où Oresme, par exemple, un autre conseiller du roi, définissait la notion d'un roi serviteur de l'État, dont il a la souveraineté par la grâce de Dieu, dans les limites de l'intérêt général et pour le bien du peuple. Ainsi, nous lisons dans le *Songe* que « le roy est estably [...] par la volonté et ordonnance du peuple ». On voit se profiler l'idéal d'une monarchie tempérée, opposée à la « tyrannie » que les théologiens avaient depuis longtemps évoquée : « Quand les œuvres du prince ne tendent pas au commun bien du peuple, mais à son propre et singulier profit, il doit estre appelé tyran, il ne seigneurie pas justement ». Ainsi le roi ne peut pas se livrer à d'injustes levées mais il conserve le droit de percevoir des taxes extraordinaires pour une cause juste (défense du pays), et il peut être déposé s'il fait mauvais usage de cette prérogative. L'*altercatio* s'achève par la défaite du clerc. Le narrateur se « réveille » et conclut : « Le songe donques soit véritable ou fantastique, j'ai recité sans rien laisser a mon povoir ne d'un costé ne de l'autre » (II, 152) ; l'*explicit* attribue le texte à un « membre du Conseil du roi », qu'on a essayé en vain d'identifier : Raoul de Presles ? Évrart de Trémangon ?...

Le *Songe* a connu une grande faveur jusqu'à la Révolution dans les milieux gallicans. Il est typique de l'époque de Charles V, par l'intérêt qu'il porte aux problèmes de la cité (cf. Oresme), mais surtout par l'idée qui s'en dégage d'un État abstrait dont le roi n'est pas propriétaire mais usufruitier, idée qui fournit les bases théoriques de l'extension du pouvoir central. Depuis Philippe le Bel, l'idéologie de la souveraineté s'est formée contre les prétentions temporelles des papes. Mais il faudra attendre Louis XI pour que la monarchie centralisée soit vraiment en place.

A. Strubel

SONY LABOU TANSI

Pseudonyme de ***Marcel SONY*** *(1947-1995)*

Écrivain congolais de langue française, né à Kimwanza (Zaïre). Après de bonnes études à Brazzaville (Congo), il devient professeur de français et d'anglais avant d'être nommé au ministère congolais de la Recherche scientifique. Aidé et soutenu par son confrère et aîné Sylvain Bemba, il s'intéresse très tôt au théâtre. Sa première pièce, *Conscience de tracteur*, est créée en 1973. L'année 1979 est décisive dans sa carrière. Les Éditions du Seuil publient à Paris son roman *la Vie et demie*, et il fonde à Brazzaville le « Rocado Zulu Théâtre ». Dès lors, il se partage entre la création dramatique et romanesque.

L'imaginaire de Sony Labou Tansi se coule naturellement dans la fable. Ogre despotique, le « Guide providentiel » de *la Vie et demie* croit se débarrasser de l'opposant Martial en le réduisant en un « pâté » dont il gave épouse et enfants de la victime. Mais une tache indélébile de « sang noir » souillera sa couche, le « haut du corps » de Martial le poursuivra de ses apparitions intempestives, tandis que la belle Chaïdana, fille du supplicié, se prostitue à tous les « pontes » du régime pour les liquider l'un après l'autre. La démesure caractérise ce texte qui dénonce un dictateur ubuesque tout en évoquant symboliquement, à travers Martial, des personnages historiques tels André Matswa au Congo ou Simon Kibangu au Zaïre, tous deux à l'origine de cultes messianiques alors très répandus.

Sony l'Africain se complaît dans cette féroce critique sociopolitique, que formalise son roman *l'État honteux* (1981) où despotisme et bêtise riment avec « grotesque ». Mais Sony, citoyen du monde, généralise le problème du Mal en soulignant l'universelle « barbarie de l'homme à l'endroit de l'homme » : « En matière de sottise, vous ne sauriez descendre plus bas que la Crucifixion, croyez-m'en » (*les Yeux du volcan*, 1988). Les folies meurtrières du continent noir ne sont que « reprises et singeries » de comportements inventés ailleurs ou auparavant. Quelques figures féminines, rédemptrices et vengeresses, incarnent cependant l'opposition militante aux forces du mal : Chaïdana, à sa manière (*la Vie et demie*), et surtout la courageuse Estina Bronzario osant agir seule, sans attendre la police (*les Sept Solitudes de Lorsa Lopez*, roman, 1985). La vertu, le respect des contrats (cf. Dadou dans *l'Anté-peuple*, grand prix littéraire d'Afrique noire 1983) ont aussi leur place dans cet univers romanesque, mais l'amoralité ambiante les voue le plus souvent à l'échec.

Le mal n'est pas moins omniprésent dans le théâtre de Sony. Dieu n'ayant créé qu'une « ébauche » de l'homme, aujourd'hui dégradée en « débauche », le vieux savant de *Conscience de tracteur*, tel Noé, veut « recommencer » une humanité nouvelle. Mais le dénouement dénoncera l'illusion d'un retour de l'homme à sa nature originelle, sans Histoire, avec pour tout bagage « une âme et une conscience de tracteur » ... La science-fiction se mêle au prophétisme dans cette vision apocalyptique d'une humanité dévoyée. Mais le mal est aussi nonsens. Dans l'univers délirant de *Je soussigné cardiaque* (1976) et de *la Parenthèse de sang* (1978), un absurde jeu de bascule peut à tout moment faire d'un héros un traître, d'un vivant un mort, la parole ne permettant plus de communiquer. Restent la souffrance, dernier signe que l'on vit encore, la violence, dernier moyen de se faire entendre mais qui mène l'instituteur Maillot, héros de *Je soussigné cardiaque*, au poteau d'exécution.

Dans ses pièces suivantes, le dramaturge se libère quelque peu d'un militantisme aussi sombre (*Antoine m'a vendu son destin*, 1986 ; *Qui a mangé madame d'Avoine Bergotha ?*, 1989). Cultivant le registre de la dérision, le dialogue brillant de *Sa Majesté le ventre* (publié dans *l'Autre Monde*, posth., 1997) propose une satire de la tyrannie nourrie par la complaisance que les sujets du despote mettent à le servir. Arbitraire et lâcheté sont les deux faces d'un même fléau, et la leçon prend valeur universelle.

Car toujours, qu'il s'exprime par le roman ou par le théâtre, Sony Labou Tansi, au-delà de l'Afrique, s'adresse à l'ensemble de la communauté humaine. Mais la force de son message tient à ce qu'il l'inscrit dans sa propre culture, sans recours « au grec et au latin » *(l'Autre Monde)*. L'écrivain applique ce principe à la construction de ses récits et à son écriture émaillée d'images détournées de leur forme usuelle (« Il y a anguille sous cœur », *l'Anté-peuple)*, scandée par un rythme parfois psalmodique et des répétitions entêtantes (le « loque-père », la « loque-mère », etc., *la Vie et demie)*. Pour dénoncer le mal africain au sein du malheur universel, cet amoureux des mots (« Les mots me charment / Me font signe », poème, dans *l'Autre Monde)* a su construire dans notre langue un langage qui n'appartient qu'à lui.

M.-A. de Beaumarchais

SOREL Charles

(1599 ?-1674)

La Vraye Histoire comique de Francion (1623) fut le roman – et peut-être l'œuvre littéraire – le plus souvent réimprimé et sans doute le plus lu au XVIIe siècle. Pourtant son auteur, Charles Sorel, est aujourd'hui peu connu. Cela tient au fait qu'il échappe aux catégories usuelles de l'histoire littéraire. Mais cet esprit indépendant fut un novateur, qui a ouvert plusieurs perspectives de la création et de la critique littéraires modernes.

Une carrière discrète

Un simple regard sur la chronologie de la carrière et de l'œuvre de Sorel suffit pour constater que sa vie reste peu connue ; les seuls repères chronologiques un peu détaillés dont nous disposions sont les dates de ses œuvres (et encore utilise-t-il souvent l'anonymat…). Son existence fut délibérément discrète. Ses rares amis ont laissé à son sujet de maigres indications (dans les lettres de Gui Patin notamment) : elles donnent l'image d'un homme de santé fragile, effacé, taciturne. De fait, si son œuvre est abondante, sa carrière fut modeste.

Issu d'un milieu bourgeois parisien, formé au collège puis dans le monde de la justice, Sorel se consacra vite à la littérature. En 1635 – suivant une pratique de succession d'oncle à neveu très fréquente dans les milieux lettrés à cette époque –, il reprit à son oncle Charles Bernard une charge d'historiographe de France. Cette profession lui permettait de concilier son goût pour la littérature avec l'obtention d'une pension, peu élevée mais suffisante pour compléter ses ressources personnelles. On ne lui connaît pas d'autre emploi. Il n'était pas riche, et, lorsque sa charge fut supprimée, ses dernières années s'écoulèrent dans la gêne.

Il avait pourtant débuté brillamment dans le monde littéraire, se faisant remarquer très jeune ; ce qui lui valut d'être appelé à collaborer avec un auteur en renom comme Théophile de Viau et avec un débutant d'avenir comme Saint-Amant, pour le livret d'un ballet de cour. Il fut, dans ces années, protégé par des Grands (Marcilly, Cramail), mais ne mena pas auprès d'eux une carrière animée comme l'étaient celles de ses collaborateurs d'un moment. Il fréquenta les cercles littéraires, les groupes de libertins et Gassendi, plus tard les salons où la galanterie était à l'honneur, le cercle réuni autour de Marolles. Il s'engagea, avec virulence, dans certaines controverses. Ainsi, lorsque Guez de Balzac publia ses *Lettres* (1624), il le critiqua violemment, sans doute parce qu'il lui gardait rancune de n'avoir pas soutenu Théophile de Viau lorsque ce dernier avait été poursuivi en justice. Plus tard, il polémiqua contre l'Académie et son historien, Pellisson (*Discours sur l'Académie*, 1654), et contre Furetière : sa *Relation de ce qui s'est passé au royaume de Sophie* (1663) est une réponse à la *Nouvelle allégorique des troubles survenus au royaume d'Éloquence* de Furetière (1658).

Malgré cela, on ne peut le ranger dans aucun clan de l'époque. Même s'il fut l'ami de Théophile, de Gui Patin, de Gassendi, il n'était pas libertin, au moins de façon avouée. Sa discrétion est celle d'un indépendant, et la rançon de son indépendance fut de n'être pas soutenu par une quelconque coterie ou chapelle littéraire.

VIE		ŒUVRE	
1599 ? (ou 1602 ?)	Naissance, à Paris, de Charles Sorel, fils d'un procureur. La famille, originaire de Sézanne, vit bourgeoisement. Études à Paris, sans doute au collège de Lisieux ; devient ensuite clerc chez un procureur.		
		1616	*Épithalame* pour le mariage de Louis XIII.
1620	Est un protégé (et au service ?) du comte de Cramail.		
		1621	*Histoire de Cléagénor et Doristée* (roman).
		1622	*Le Palais d'Angélie* (roman).
		1623	*Les Nouvelles françaises.* Collabore au ballet de cour des *Bacchanales*, avec Théophile de Viau, Saint-Amant et Du Vivier. *La Vraye Histoire comique de Francion* (roman).
		1626	*Orphise* (roman).

VIE		ŒUVRE	
		1627	*Le Berger extravagant* (roman).
		1628	*Avertissement sur l'Histoire de la monarchie française.*
		1629	*Histoire de la monarchie française* (en collaboration avec son oncle Charles Bernard).
		1634	*Pensées chrétiennes.* *Suite de Polyxène* (roman ; attribution contestée).
1635	Achète la charge d'historiographe de son oncle. Fréquente Gui Patin, Gassendi, les libertins érudits.		
		1641	*La Science universelle.*
		1642	*La Maison des jeux* (réédition partielle en 1669, sous le titre *Récréations galantes*).
		1644	*Les Lois de la galanterie.*
		1646	*Histoire de Louis XIII* (en collaboration avec Charles Bernard).
		1648	*Polyandre* (roman).
		1654	*Discours sur l'Académie française.*
		1658	*Traité des droits du roi de France.*
1663	Suppression des pensions d'historiographe par Colbert ; Sorel, sans ressources, est recueilli par un de ses neveux.	1663	*Relation de ce qui s'est passé au royaume de Sophie* (critique littéraire).
		1664	*La Bibliothèque française* (histoire et critique littéraires ; réédition en 1667).
		1671	*De la connaissance des bons livres* (histoire et critique littéraires).
1674	**7 mars :** mort, à Paris, de Charles Sorel.		

Un polygraphe prolixe

Son œuvre est abondante. Elle ne comporte pas moins de quarante et un titres (non compris ceux qui lui ont été attribués sans preuve certaine), dont plusieurs gros volumes in-4°. Les genres les plus divers y sont abordés. La poésie ne l'a guère attiré ; c'est toutefois par des vers qu'il se fit connaître d'abord. Par la suite, il composa aussi bien des discours, des œuvres mêlées dans le registre galant, des *Lettres morales et politiques* (1641), des ouvrages de science et même d'épistémologie (*De la confusion et des erreurs des sciences*, 1641) que des livres de morale chrétienne (*Pensées chrétiennes*, 1634 ; *la Perfection de l'homme*, 1655). Mais ses domaines de prédilection sont l'Histoire – conformément à son emploi d'historiographe –, la critique et l'histoire littéraires, et surtout le roman, qui domine très nettement dans la première partie de sa production.

Cette diversité d'écriture est en partie dictée par la mode : Sorel compose des vers de ballet de cour lorsque ce genre a sa plus grande vogue ; des « Conversations » galantes une génération plus tard, quand les salons apprécient ce type d'ouvrage. Elle est aussi due à la formation et aux habitudes des lettrés de l'époque, qui, « doctes » par formation, n'en doivent pas moins déférer aux attentes d'un public soucieux en majorité d'agrément et de divertissement, tout en donnant des gages aux puissants dont ils reçoivent leurs subsides.

On pourrait croire qu'en touchant de la sorte un peu à tout, Sorel n'a donné jamais que des productions superficielles. Mais, soit facilité de plume (il déclare, dans l'« Avertissement » du *Francion* (1623), qu'il en a rédigé chaque jour l'équivalent de trente pages d'imprimerie), soit conséquence d'un énorme travail (assez peu mondain, il consacrait sans doute de longues heures à l'étude), ses écrits ne paraissent nullement bâclés ou insignifiants. Et si ses ouvrages historiques et scientifiques semblent aujourd'hui bien dépassés, ses romans et ses travaux de critique restent non seulement lisibles, mais d'un réel intérêt.

Un initiateur du roman moderne

À ses débuts, Sorel composa des romans marqués par le goût alors dominant pour l'héroïsme et le registre pastoral. Mais très vite il se tourna vers un romanesque tout différent et se fit le promoteur en France de l'anti-roman et de l'histoire comique.

« Anti-roman » : le terme apparaît dans l'intitulé de *l'Histoire du berger Lysis* (1633, mais l'attribution à Sorel en est contestée) et transparaît à travers le titre même du *Berger extravagant* (1627), dont la page initiale annonce qu'on y « voit les impertinences des romans et de la poésie ». Ces ouvrages visent avant tout à dénoncer les fictions alors en vogue, l'héroïsme et les « bergeries » de convention. Ils touchaient donc directement au principe du romanesque héroïque, qui était la liberté de fiction sans souci du vraisemblable. Sorel connut un certain succès avec de tels ouvrages, et *le Berger extravagant* eut maintes rééditions. Cependant, après la parution de ce livre, il se détourna de la littérature de fiction pendant vingt ans (si l'on met à part la *Suite de Polyxène*, 1634, d'attribution contestée). Il y revint avec le *Polyandre* (1648), qui appartient à un genre différent, celui de l'histoire comique.

C'est avec des histoires comiques que Sorel connut son plus grand succès (le *Francion*) et son plus rude échec (le *Polyandre*). L'histoire comique (l'adjectif était destiné à marquer la distinction d'avec l'« héroïque ») vise d'abord à la critique, le plus souvent par la gaieté, mais sans mettre celle-ci au premier plan de façon exclusive :

> *La vraye histoire comique, selon les préceptes des meilleurs Auteurs, ne doit estre qu'eune peinture naïfve de toutes les diverses humeurs des hommes, avec des censures vives de la pluspart de leurs défaux, sous la simple apparence de choses joyeuses.*
>
> (« Advertissement » de *Polyandre*)

Ainsi le roman « comique » repose sur un principe esthétique opposé à celui du roman héroïque : celui-ci propose des modèles idéaux de perfection ; celui-là critique des travers présentés d'une façon « réaliste ». Cela ne signifie pas que Sorel ait récusé tout héroïsme, et le *Francion* met en scène de jeunes nobles et de grands seigneurs, parfois sous des habits de bergers (pris volontairement, quand Francion et Clérante veulent se mêler à une noce paysanne, ou par force, quand Francion est contraint de se faire embaucher comme pâtre...), mais le plus souvent dans leur éclat de grands seigneurs.

L'originalité des histoires comiques tient d'abord à leur variété de contenus, et surtout à leur liberté – de sujets, de composition, de langage. À côté d'amourettes idylliques, les scènes érotiques et même paillardes abondent. Ainsi Francion, après une débauche amoureuse collective, part à la recherche d'une inconnue pour qui il s'est pris de passion à la seule vue de son portrait. Arrivé dans une auberge, il assiste aux querelles du tenancier avec son épouse. Pour les réconcilier, il leur fait subir un « congrès », c'est-à-dire une épreuve devant témoin de leurs capacités sexuelles. La femme refuse ; Francion

> *la prist luy-mesme, et la jeta sur un lict ; puis il commanda à Robin [le mari] de commencer la besogne. Il se monstra prompt à obéyr, après que le chevalier eust chassé ses serviteurs et fut demeuré tout seul dans la chambre. Faites un peu de trefves, dit Francion, que je voye la longueur, la grosseur et la roydeur de votre lance, auparavant que vous entriez en la bataille, où elle sera réduite en mauvais poinct...*

Sujets licencieux et personnages typiques vont de pair. Le récit entraîne son lecteur à travers toutes les catégories et conditions sociales : prostituées, maquerelles, juges corrompus, demi-fous et poètes miséreux, aussi bien qu'honnêtes gens. Regard gai mais virulent sur le monde, l'histoire comique s'inscrit dans la lignée de Rabelais et du roman picaresque espagnol.

Francion

SYNOPSIS

La Vraye Histoire comique de Francion relate la jeunesse d'un gentilhomme breton. Il est envoyé au collège à Paris, devient ensuite poète et homme de confiance d'un grand seigneur. On suit ses aventures amoureuses jusqu'à un voyage en Italie où, après diverses péripéties dues à la jalousie de ses rivaux, il épouse la femme de ses rêves.

La structure du récit brise la linéarité de l'histoire. Le roman débute par une expédition de Francion pour séduire une jeune femme ; blessé en grimpant chez elle, il est recueilli par un gentilhomme (livres I et II) ; il lui raconte sa jeunesse, ses études, son rôle auprès de Clérante, le grand seigneur qu'il sert (livres III à VI). Le récit retrouve ensuite l'ordre chronologique pour le voyage en Italie (livres VII à XII). La complexité structurelle est encore accrue par divers récits enchâssés : anecdotes rapportées par le héros lui-même ou souvenirs racontés par des personnages secondaires.

La variété règne dans les personnages : jeunes nobles, grands seigneurs, mais aussi paysans, bourgeois, pédants de collège (dont Hortensius, le professeur de Francion, qui occupe une place importante) et entremetteuses (Agathe, l'affreuse vieille...). Variété aussi des événements : scènes de collège, de Cour, duels, agressions nocturnes, procès, soirées de débauches, séductions amoureuses... Variété enfin dans le style. Toutes les ressources du vocabulaire et tous les registres sont utilisés, avec des pastiches de discours pédants qui raillent les recherches de Guez de Balzac. Sorel ne décrit pas, préfère l'action, le récit mimétique, le style direct et la première personne. De plus, il maintient constamment des effets comiques.

Au fil des rééditions, Sorel a gommé peu à peu les audaces de son texte, pour se conformer à l'évolution du goût vers plus de « bienséance » et à l'attitude plus rigoureuse des autorités.

Lorsqu'il perd de son alacrité, ce genre de récit laisse voir à l'excès ses procédés, car il garde bien des traits conventionnels. Ainsi le *Francion* reprend du modèle épique la division en douze livres, le début *in medias res*, les retours en arrière..., mais sa verve et la diversité du propos les rendent peu sensibles. Dans le *Polyandre* (et ce fut sans doute la cause de son échec), la variété des situations est délaissée, et l'action se cantonne dans le milieu bourgeois, où défilent des personnages stéréotypés (le Parasite, l'Alchimiste, le Poète grotesque...). L'effet critique est alors affaibli, l'effet comique affadi.

La critique de Sorel est d'ordre social et humain ; elle évite les domaines politique et religieux. Pas de libertinage philosophique chez lui, et, si les défauts des Grands sont montrés, les structures de la monarchie ne sont pas attaquées. Au total, ses histoires comiques sont des tentatives de roman psychologique et social complet, écrit sur un mode allègre, plaisant, volontiers cru (même si les éditions révisées du *Francion* l'édulcorent). Au XVIIe siècle, le *Francion* a – avec des nuances – une lignée dans *le Roman comique* de Scarron, *le Roman bourgeois* de Furetière. Aujourd'hui, avec les romans de Marivaux, avec *Jacques le Fataliste* de Diderot, il apparaît comme une des sources du roman moderne. On le qualifie de « réaliste » (terme vague !). Il l'est par rapport à son temps. Il est surtout un récit qui vise à mettre en jeu tous les aspects de la vie sociale et individuelle. Et, à travers la gaieté de l'ensemble, la nature humaine et les mœurs apparaissent peu engageantes et sont sévèrement jugées.

Un initiateur de la critique et de l'histoire littéraires

Après l'échec du *Polyandre*, Sorel renonça au roman. Il se consacra à des questions érudites (philosophie ; travaux historiques, conformes aux vues de la monarchie) et se mêla davantage aux polémiques littéraires. Sa participation au mouvement « galant » a son importance, car il figure parmi les premiers qui aient écrit à ce sujet. Mais l'essentiel de ses vues en matière de critique se trouve dans deux ouvrages de la fin de sa vie : *la Bibliothèque française* (1664) et *De la connaissance des bons livres* (1671).

Son attitude à l'égard de la littérature s'est modifiée depuis ses œuvres de jeunesse. À ses débuts, il affichait du dédain à l'égard des travaux de plume. À la fin de sa carrière, il affirme hautement la dignité de l'écrivain et son droit à tirer de son travail de légitimes revenus. Cela correspond à une modification des structures du public. Au début du siècle, les horizons d'attente étaient surtout ceux des nobles, lesquels affichaient un mépris du savoir qui dissimulait leurs propres ignorances, et se montraient désireux avant tout de divertissement. Par la suite, le modèle de l'honnête homme s'est imposé. Ce public nouveau, instruit sans érudition, curieux de littérature moderne, est en quête d'ouvrages de référence. C'est à lui que Sorel destine ses deux derniers livres, qui font ainsi œuvre de vulgarisation en même temps que de théorisation.

La Bibliothèque française est une bibliographie critique de la production en français des XVIe et (surtout) XVIIe siècles. Elle vise à affirmer la grandeur de cette littérature. Le classement adopté fait une part prépondérante aux ouvrages « sérieux », mais valorise aussi la littérature de fiction ; après les sections Grammaire, Éloquence, Philosophie, Dévotion, Morale, Politique et Histoire, Poésie et Roman ont leur place. Fait notable à cette date, les auteurs du XVIe siècle sont présentés élogieusement. Cet ouvrage est pratiquement la première histoire littéraire moderne importante.

De la connaissance des bons livres constitue un second volet de la même entreprise : à la bibliographie pratique fait suite une petite « poétique pratique », et plus précisément une poétique pratique de la lecture et du jugement critique plus que de la production et de l'écriture. D'emblée, Sorel restreint son champ d'observation :

> *Il ne faudra point s'étonner si je ne touche pas beaucoup aux livres de Théologie, de Philosophie et des autres sciences ; les uns doivent être estimés sacrés à cause des matières qu'ils traitent, les autres sont laissés à examiner aux docteurs de leurs facultés. Il faut parler principalement de nos livres de Morale, de Politique, d'Histoire et de ceux qui concernent la vie civile, et même qui sont pour le divertissement assez utiles dans notre police.*

Cette délimitation (définition) du champ du littéraire est déjà toute proche de celle qui a cours aujourd'hui. Passant ensuite en revue les divers genres et la manière dont on peut en juger, Sorel dénonce les vaines fictions, les romans héroïques et pastoraux et les discours galants ou libertins. Mais il prend aussi la défense des fictions comme moyen de satisfaire l'esprit quand le monde l'agresse et de former la jeunesse, pourvu qu'on en écarte les mauvais romans (il soutient, bien sûr, les « romans comiques »). Entre les mains du public mondain, un tel ouvrage prenait valeur d'un vade-mecum, d'un guide de lecture. À sa date, un tel propos n'est pas unique. Le mérite de Sorel est de dégager avec netteté les vues alors dominantes. Il s'appuie sur une solide érudition de fond, mais sans jamais en faire un étalage rebutant et en retrouvant dans ses ouvrages de critique le même style alerte et clair qui fait l'agrément de ses récits.

A. Viala

SOULIÉ Frédéric

(1800-1847)

Dans les années 1840, Frédéric Soulié fut aussi célèbre que Sue, Balzac et Dumas ; seul Eugène Sue, à la faveur des *Mystères de Paris* et du *Juif errant*, finit par le dépasser en réputation et par le nombre des lecteurs.

Né à Foix, étudiant à Nantes, il venait de la province pour achever à Paris ses études de droit : destinée commune d'un jeune bourgeois. Rêvant de succès littéraires, il publia en 1824 un volume de vers, *Amours françaises*. Petit signe de révolte : il sympathisa avec les *carbonari* ; puis, porté par le droit, il tâta de l'administration, fut un peu postier, devint un peu journaliste ; il dirigea une entreprise de scierie ; enfin, il se tourna vers le théâtre : en 1828, il fit représenter à l'Odéon une tragédie en cinq actes et en vers, *Roméo et Juliette*. Le pari théâtral le rendit au moins célèbre ; il fit la connaissance de Dumas. Les journaux s'ouvrirent à lui : d'abord, dans les années 1830, *la Mode* et *le Voleur* de Girardin ; ensuite, les grands titres à public familial *la Gazette des enfants*, *le Magasin littéraire* (1834), *le Musée des familles* (1836). Déjà, en 1832, Soulié a abordé le roman, avec *les Deux Cadavres*, roman « noir » qu'il situe en partie dans le pays d'origine du genre, l'Angleterre : il y loge la Révolution de 1830, s'efforce d'y montrer, dans son travail et ses révoltes, le peuple ; le tout copieusement agrémenté de sang et de meurtres. À la même époque, il connaît des succès à la scène avec *Clotilde* (1832), *l'Homme à la blouse* (1832). Mais tout en poursuivant son œuvre théâtrale (*Diane de Chivry*, 1839 ; *le Fils de la folle*, 1839 ; *la Closerie des genêts*, qui triomphe en 1846), il se voue surtout au feuilleton-roman : en 1837, ce sont les deux premières parties des mémorables *Mémoires du Diable.* Soulié entre alors dans quelques grands journaux aux publics à la fois homogènes et divers : tous de bourgeoisie, mais grande ou petite. Il collabore au digne *Journal des débats*, où il publie, entre autres, les feuilletons-romans *le Maître d'école* (1839), qui a pour héros un instituteur nommé Brutus et pour intrigue essentielle un déshonneur familial, une recherche de paternité et, évidemment, une reconnaissance ; *les Quatre Sœurs*, distillées en vingt-sept livraisons (1841) ; *Eulalie Pontois* (1842), un des premiers « romans judiciaires » (on dirait aujourd'hui « policiers »), où l'accusée est une femme : originalité puissante. Aux *Débats* encore : *Au jour le jour* et *les Drames inconnus* (1845). Soulié donne d'autres « feuilletons » à *la Presse* (de Girardin) et au *Siècle* (famille Bertin) ; public plus petit-bourgeois, plus « démocratique ». Malgré les différences de public, le contenu des feuilletons ne semble guère varier : la lecture du feuilleton unifie les classes. À *la Presse* donc, entre autres romans : *la Comtesse de Monrion* (1845), qui – chose rare – se prétendait « roman de mœurs », et *le Duc de Guise*, qui se voulait roman historique. Au *Siècle*, Soulié donne *le Château des Pyrénées* (1842) et *les Aventures de Saturnin Fichet* (1846-1847), roman historique dont l'action se situait sous la Révolution française (Dumas continuera, mais fera mieux, une dizaine d'années plus tard). Le journal *le Messager* fournit à ses lecteurs *Huit Jours au château* (1842-1843), « de Frédéric Soulié », au moment où celui-ci vient d'achever une *Physiologie du bas-bleu*, avec vignettes, qui va inspirer les caricatures de Daumier dans *le Charivari* : ni l'un ni l'autre n'aimaient les femmes de lettres… On voit quel polygraphe était Soulié ; on voit qu'il était (Ponson du Terrail fera de même sous le second Empire) capable d'écrire presque simultanément pour plusieurs journaux plusieurs feuilletons-romans. Certains « écrivains » (ceux qui ne se commettaient pas dans le feuilleton) pensaient, un peu avant 1848, que le feuilleton « dépolitisait » – comme nous dirions – ses lecteurs ; Joseph Méry lançait : « Si j'étais le roi Louis-Philippe, je ferais des rentes à Dumas, à Sue et à Soulié pour qu'ils continuent toujours *les Mémoires du Diable.* Il n'y aurait plus jamais de révolutions. »

La révolution survint, en février. Mais voyons de plus près ces *Mémoires du Diable* de célèbre mémoire. Les deux premières parties parurent en 1837 (et Balzac crut devoir y riposter par la première partie de *Splendeurs et Misères des courtisanes*) ; la publication entière s'étala sur 1837 et 1838. *Les Mémoires du Diable* prétendaient – ce fut l'idée initiale de Soulié – mêler tous les effets dramatiques hérités du roman noir et du mélodrame ; on y trouve donc un lacis d'enfants abandonnés, de fausses paternités, d'incestes involontaires ; tous effets qui peuvent se ramener à un ressort essentiel : la recherche d'une identité. Avant que celle-ci soit retrouvée, un monde de la métamorphose, agencé en tableaux successifs et discontinus, fait surgir, mourir, reparaître des personnages, qui, tous – quand du moins ils sont vivants –, parlent haut et fort. Avec Soulié, on n'est pas dans le monde de la litote.

Les personnages eux-mêmes se ramènent à des stéréotypes simples, « parlants » : la femme, souvent dévoratrice et fatale (elle dévore déjà l'artiste), l'orphelin ou le bâtard, le plébéien amoureux « au-dessus de sa classe », le hobereau et le bourgeois ; des métiers typiques : le forgeron (un de ses feuilletons publié en volume en 1858 porte même le titre *les Forgerons*), le prêtre, le maître de forges, la prostituée… Soulié a conscience des inégalités sociales, tente de peindre « le peuple » (on trouve des détails sur la journée de travail et sa paie de 40 sous). Bref, l'œuvre est teintée d'un fouriérisme diffus, comme celle de Sue et d'autres (mais « socialisme » serait un grand mot ici). Elle est servie par un style clair, cursif, subordonné au bon fonctionnement du « roman-drame » (Soulié utilise cette formule), une certaine habileté à imbriquer les tableaux et à donner l'impression d'un mouvement. En 1836, Soulié avait proclamé qu'il ferait un « tableau des hideurs de la société », avec le crime, l'inceste, l'adultère et la ruse. Programme ambitieux que *les Mémoires du Diable* s'efforcent de réaliser : « "Suis-moi donc, si tu l'oses, reprit Lionel, dont la raison était perdue ; fille de Zizuli, veuve adultère de Gérard de Roquemure, tu es la fiancée incestueuse du fils de Zizuli." Et, soit que tous deux répétassent avec éclat horrible ces paroles fatales, soit qu'une voix infernale les prononçât à côté d'eux, il sembla un moment que tous les échos du château de Roquemure fissent retentir les mots *adultère, meurtre* et *inceste.* Alors Lionel s'enfuit. » Le succès des *Mémoires du Diable* fut immense. Soulié n'en prit pas moins un emploi de sous-bibliothécaire à l'Arsenal. Il mourut à quarante-sept ans. Hugo, le jour de l'enterrement, célébra son sérieux, son ardeur au travail, sa réussite dans tous les genres, roman, poésie, drame ; il a eu, et il le savait, ajouta le poète, « une mission ».

R. Bellet

SOUMET Alexandre

(1788-1845)

Il est difficile d'assigner à Soumet une place sur l'échiquier des mouvements et des esthétiques et un rang à son talent. Ce fonctionnaire, nommé auditeur au Conseil d'État en 1808, bibliothécaire de divers palais royaux par la suite, entre sagement dans la carrière littéraire en chantant Napoléon et le roi de Rome, la renaissance du christianisme (*l'Incrédulité*, 1810), les embellissements de Paris, la découverte de la vaccine et surtout, en une célèbre élégie (*la Pauvre Fille*, 1814), les plaintes d'une enfant abandonnée. Quand paraît *De l'Allemagne* de Mme de Staël, Soumet rompt brusquement avec ce néoclassicisme modernisé : dans une brochure véhémente (*les Scrupules littéraires de Mme la baronne de Staël*, 1814), il

tonne contre le chauvinisme et les timidités du goût français. Côtoyant les premiers groupes romantiques, conseillant et protégeant ses cadets, il reste fidèle – comme Casimir Delavigne – aux formes traditionnelles de la tragédie, qu'il tente de rénover (*Clytemnestre* et *Saül*, 1822 ; *Cléopâtre*, 1824 ; *Jeanne d'Arc*, 1825...). Ses réussites dramatiques assurent son élection à l'Académie (1824).
Quand le drame romantique s'impose et que la révolution de 1830 le prive de ses emplois, le poète abandonne la scène et consacre dix années à composer une œuvre grandiose, *la Divine Épopée*, qu'il publie en 1840. En douze chants et douze mille vers, imitant tour à tour *le Paradis perdu* de Milton et *la Messiade* de Klopstock, il chante la descente aux enfers du Christ qui, en une nouvelle Rédemption, ouvre aux damnés les portes du ciel. Ce livre étrange, dantesque, émaillé de hardiesses bizarres et de mièvreries, plein de disparates, n'obtient qu'un succès d'estime : son caractère visionnaire et prophétique annonce cependant le Victor Hugo de l'exil. Revenu au théâtre avec *le Gladiateur* (1841) et *Jane Grey* (1844), Soumet publiera encore un poème épique, *Jeanne d'Arc* (1846, posthume). Ses ouvrages manquent de vigueur et de puissance : une gamme de moyens thématiques et stylistiques limités s'essouffle à servir de trop vastes desseins. La « concurrence » des esthétiques romantiques semble avoir imposé à ce tempérament élégiaque des ambitions excessives, disproportionnées à sa naturelle vocation.

D. Madelénat

SOUPAULT Philippe

(1897-1990)

Dans *l'Histoire d'un Blanc* (1927), Soupault a brièvement décrit sa famille de grands bourgeois et raconté ce que furent son enfance et son adolescence. Il évoque sa solitude et son ennui, mais aussi ses premières lectures passionnées qui lui servent de refuge, ses vacances à Cabourg, où Proust était son voisin, ses voyages en Allemagne et en Angleterre, les découvertes intellectuelles qui exaltent sa sensibilité : Rimbaud, Rilke, Whitman...
Pour lui, comme pour bien d'autres jeunes gens, la guerre fut le révélateur des lâchetés, des égoïsmes ou des hypocrisies dont firent preuve de trop nombreux représentants des milieux qui prétendaient défendre les « valeurs éternelles » de l'Homme et de la Patrie. En tout cas, le désespoir, la révolte qu'elle suscita en lui expliquent sans doute pour une grande partie son désir d'écrire des poèmes et de rencontrer ceux qui incarnaient alors l'avant-garde et l'esprit de non-conformisme. C'est grâce à Apollinaire que ses premiers vers parurent dans *Sic* en 1917, année où fut également publié son premier recueil, *Aquarium*, qui révèle déjà ce « sens aigu du moderne » dont Breton parlera plus tard à son propos.
Présenté à Breton par l'auteur de *Calligrammes*, Soupault rencontra ensuite Aragon et Fraenkel, animés du même désir d'en découdre avec l'institution littéraire officielle et ses critères de sélection. Et si, en mars 1919, la revue *Littérature* qu'ils ont fondée peut encore paraître relativement inoffensive en publiant des auteurs en voie de consécration (Gide, Valéry, Reverdy, Max Jacob, Cendrars, Léon-Paul Fargue, André Salmon, Jean Paulhan), elle ne va pas tarder à révéler ses véritables objectifs en se lançant totalement dans l'aventure dada [voir **Dada**]. Mais si Soupault ne fut pas le moins inventif dès lors qu'il s'agissait de faire scandale, il n'en continua pas moins une œuvre poétique toujours dominée par l'influence de l'« esprit nouveau » tel que l'avait défini Apollinaire. En témoignent des recueils comme *Rose des vents* (1920) et surtout *Westwego* (1922), qui fait une place importante au thème du mal de vivre et de l'errance mélancolique si répandu dans la littérature de ces années d'après guerre. D'autre part, le fait qu'il ait été avec Breton l'auteur des *Champs magnétiques* (1919, éd. 1920) – et notamment le principal responsable de « la Glace sans tain » – montre bien avec quelle facilité il peut s'affranchir des modes d'expression préétablis.
Le surréalisme ne parviendra pas, pourtant, à mobiliser totalement l'énergie de Soupault, qui reste très attaché à son indépendance et qui, de surcroît, aussi compréhensif soit-il à l'égard de ce mouvement, répugne à lui sacrifier un certain nombre de ses amitiés et de ses admirations littéraires. D'ailleurs, les revues dont il assume la direction, tels *les Écrits nouveaux* et surtout *la Revue européenne*, ainsi que les nombreuses chroniques qui paraissent sous son nom, sont révélatrices de son éclectisme et de sa curiosité pour des auteurs et des œuvres de tendances et de pays très différents (américains et russes en particulier). En outre, le nombre et la diversité de ses essais (sur Charlot, Apollinaire, Lautréamont, Baudelaire, William Blake, James Joyce, Labiche, Musset...), la multiplicité de ses centres d'intérêt extralittéraires : peinture (le Douanier Rousseau, Lurçat, Uccello), cinéma (il écrivit de nombreuses chroniques critiques et fut l'auteur d'un scénario : *le Cœur volé*), jazz, chanson, opéra, ses activités de grand reporter ou de conférencier qui l'amènent à parcourir la planète en tous sens, ou de directeur et de producteur d'émissions radiophoniques (à Radio-Tunis ; puis en France, avec Jean Chouquet), sont caractéristiques d'une personnalité qui s'épanouit plus dans le mouvement – ses ennemis diront dans l'agitation (cf. Breton, *Second Manifeste du surréalisme*) – que dans la méditation et l'approfondissement de quelques grands thèmes de réflexion.
Ses romans sont, à cet égard, très significatifs. Alacrité, fébrilité, brillant, ouverture d'esprit leur confèrent un charme particulier et semblent les avoir protégés du vieillissement. La plupart d'entre eux mettent en scène des personnages qui acceptent de jouer le jeu social tout en étant conscients de sa futilité et qui finissent par courir le monde pour chercher – en vain – à fuir l'ennui et à se fuir eux-mêmes. Romans de l'insatisfaction, de l'échec comme il s'en écrivit beaucoup à la même époque, et dans lesquels il est facile de reconnaître tel ou tel trait de leur auteur, mais qui échappent à la banalité précisément par leur vivacité et par le sens de l'humour qui s'y manifeste, ainsi que par les grands mouvements de lyrisme poétique dont ils sont parfois parcourus (*le Bon Apôtre* et *À la dérive*, 1923 ; *le Voyage d'Horace Pirouelle* et *En joue !*,

1925 ; *le Nègre*, 1927 ; *les Dernières Nuits de Paris*, 1928 ; *les Moribonds*, 1934).

La satire sociale n'est absente d'aucun de ces romans. Cependant, c'est surtout dans *les Frères Durandeau* (1924), qui frôla le prix Goncourt, que Soupault décrivit avec le plus d'exactitude les rapports de force et d'intérêt qui divisent et soudent en même temps les différents membres d'une grande famille bourgeoise. Plus tard, avec *le Grand Homme* (1929), il s'en prit aux méthodes et au comportement impitoyables qui assurèrent la réussite industrielle et sociale de son oncle Louis Renault.

Les bouleversements entraînés par la Seconde Guerre mondiale, les réalités dramatiques ou surprenantes avec lesquelles son activité de reporter le mettaient en contact, lui faisant prendre conscience du caractère artificiel et limité de la fiction romanesque, expliquent sans doute en grande partie qu'il ait préféré à celle-ci le récit documentaire, l'essai ou le témoignage autobiographique (*le Temps des assassins*, 1945 ; *Profils perdus*, 1963 ; *Mémoires de l'oubli*, 1981 et 1986).

Tous ces écrits ne sauraient cependant faire oublier que Soupault, aussi variées et intéressantes qu'aient pu être ses activités, est toujours resté avant tout un poète, même si son œuvre, dans ce domaine, n'est pas des plus abondantes. En 1926, le recueil intitulé *Georgia, épitaphes, chansons*, plus tard les *Poésies complètes 1917-1937* (où l'on trouve notamment *Chansons* ; *Bulles, billes, boules* ; *Étapes de l'enfer* ; *Sang joie tempête*) montrent que, là encore, Soupault peut tantôt jouer sur le registre de la légèreté, de la désinvolture, du modernisme, tantôt, au contraire, sur celui de la gravité et du lyrisme, qu'il s'agisse d'exprimer les tourments ou les joies de l'amour ou bien les secrètes inquiétudes de l'être humain face à la mort et à la vieillesse :

L'automne sur le toit fait un bruit de pigeons
l'or coule
Il est midi
Les arbres ont peur
La mort vole
L'odeur de l'agonie
comme une trop lente musique
sème des gouttes de sang
Une femme dort
près d'une fleur gonflée d'eau.

Après la guerre, si sa voix se fait plus ample dans les *Odes* (1946) qu'il dédie aux grandes villes martyres, elle retrouve vite ses accents intimistes dans *l'Arme secrète* (1946) ou dans *Sans phrases* (1953), avec de nouveau une prédilection marquée pour l'humour et la fantaisie (*Chansons du jour et de la nuit*, 1949).

Ce talent protéiforme, s'est également exercé dans le domaine du théâtre avec la même spontanéité, le même goût de l'insolite (*Tous ensemble au bout du monde*, 1943 ; *la Fille qui faisait des miracles*, 1951 ; *le Rossignol de l'empereur*, 1957) mais aussi le même sens de la grandeur (*le Triomphe de Jeanne*, 1956) ou du mystère (*Rendez-vous !*, 1956) que dans les autres formes d'expression.

En définitive, si l'œuvre de Soupault se ressent parfois de la hâte et de l'improvisation qui ont souvent présidé à son élaboration et si l'on peut penser qu'elle aurait gagné à emprunter simultanément moins de directions, elle reste très représentative de notre époque par son dynamisme, son ouverture, et très attachante par son côté à la fois chaleureux et lucide.

R. Navarri

SOUVESTRE Pierre *v.* ALLAIN Marcel

SOUZA, madame de

***Adélaïde* FILLEUL, *comtesse de* FLAHAUT,** *puis* ***marquise de* SOUZA** *(1761-1836)*

Orpheline, elle sortit de couvent à dix-huit ans pour épouser le comte de Flahaut, quinquagénaire qu'elle suivit à la Cour. Durant la Révolution, elle émigra, perdit son mari sur l'échafaud et se retrouva sans ressources à Londres. Elle se tourna alors vers la littérature et fit paraître *Adèle de Senanges* (1794). Elle voyagea en Suisse et en Allemagne, avant de revenir à Paris, d'ouvrir un salon littéraire et d'épouser en secondes noces un diplomate et littérateur portugais, le marquis de Souza, éditeur des *Lusiades* de Camoëns et traducteur des *Lettres portugaises*. Elle publia *Émile et Alphonse* (1799), roman épistolaire comme *Adèle de Senanges*, *Charles et Marie* (1801), roman en forme de journal intime, *Eugénie de Rothelin* (1808), roman-Mémoires à la première personne, *Eugénie et Mathilde* (1811), roman à la troisième personne. Elle s'essaya encore au genre historique avec *la Comtesse de Fargy* (1822) qui ramène le lecteur au début du XVIIIe siècle, et *Mademoiselle de Tournon* (1821) qui le plonge dans le XVIe de *la Princesse de Clèves*. Dans les années où s'affirme le romantisme, ces romans perpétuent, selon la formule de Sainte-Beuve, « une école de politesse, de retenue, de prudence décente jusque dans les passions jeunes, d'autorité aimable et maintenue sans échec dans la vieillesse ». Mme de Souza traite les mêmes thèmes que les autres romancières de l'Empire, Mme de Staël, Mme Cottin ou Mme de Krüdener, mais tout reste chez elle en demi-teintes. Une trop grande différence d'âge entre deux époux forme la trame d'*Adèle de Senanges* comme de *Claire d'Albe* de Mme Cottin ; mais chez cette dernière, elle déchaîne les violences du cœur et du corps tandis que Mme de Souza parvient à dénouer la crise. C'est *Eugénie et Mathilde,* drame de l'émigration, qui échappe peut-être le plus au conformisme moral et esthétique et laisse apprécier quelques paysages de la mer du Nord et quelques belles scènes de passion. Il fallait la Révolution pour jeter l'héroïne dans les bras du beau comte polonais Ladislas, mais il en aurait fallu plus pour que la romancière se départît de son classicisme et de sa discrétion.

M. Delon

SPONDE Jean de

(1557-1595)

Ignorée, pour ainsi dire, en son siècle et récemment redécouverte, la poésie religieuse de Jean de Sponde, qui n'est jamais effusive ni dévote, représente l'un des joyaux les plus solitaires de l'âge baroque. Mais au lieu de revêtir l'ampleur des larges visions de D'Aubigné ou de Du Bartas, elle relève d'une sorte de baroque contenu, où l'économie des images est sous-tendue par les exigences d'une logique essentiellement abstraite. Par là, elle s'apparenterait à l'œuvre contemporaine d'un John Donne et au courant des poètes « métaphysiques » anglais.

Les échecs d'un mélancolique

Né à Mauléon, au Pays basque, Jean de Sponde est le fils d'un avocat calviniste devenu secrétaire de Jeanne d'Albret, reine de Navarre. Après des études au collège de Lescar, où il reçoit d'un disciple de Ramus des leçons d'anti-aristotélisme, sa soif d'humanités le conduit à Bâle en 1580, pourvu d'une bourse par Henri de Navarre. Il y fait la connaissance de Simon Goulart et de La Roche-Chandieu, pasteurs et polémistes véhéments – et poètes à leurs heures –, y découvre l'alchimie de Paracelse et s'attire les foudres de Théodore de Bèze pour sa conduite et ses opinions hétérodoxes. Cependant, il compose ses amples *Méditations sur les Psaumes* (1588), dont le ton annonce en plus d'un endroit le Pascal des *Pensées*. L'ouvrage constitue peut-être le chef-d'œuvre de ce genre édifiant et lyrique inauguré en 1581 par Théodore de Bèze et illustré depuis par Philippe Du Plessis-Mornay (1586). Publié à la suite, le recueil modestement intitulé : *Essay de quelques pœmes chrestiens* renferme les « Stances de la Cène » et surtout les « Douze Sonnets de la mort », où l'art de Sponde atteint à sa plus haute densité. Il avait également composé avant cette date un recueil plus traditionnel d'*Amours*, qui devait paraître après sa mort.

Conseiller et maître des requêtes de Henri IV, il est prisonnier de la Ligue à Paris en 1589, puis, libéré, devient lieutenant général de La Rochelle, où il se heurte aux velléités d'indépendance des bourgeois de la ville. Pour oublier les soucis de cette charge élevée mais ingrate, il rédige un *Commentaire d'Hésiode*. En 1592, il se démet de ses fonctions, et, à la suite d'entretiens avec le cardinal-convertisseur Du Perron, il se rallie au catholicisme peu après le roi, en septembre 1593. Le reste de ses forces est employé à des ouvrages de justification, qui achèvent de le discréditer auprès de ses amis d'hier. C'est ainsi qu'il publie la *Reponse d'un catholique apostolique romain au protestant de reformation* (1593) et la *Déclaration des principaux motifs qui conduisent le sieur de Sponde [...] à s'unir à l'Église*, où il prétend réfuter de Bèze. Ce zèle de néophyte est sans profit pour lui. Tombé en disgrâce auprès de Henri IV et retiré à Bordeaux, il meurt d'une pleurésie à l'âge de trente-huit ans.

Illustration d'un thème : les *Amours*

Le dessein poétique de Sponde semble s'esquisser dès les « Sonnets » qui ouvrent le recueil des *Amours*. Négligeant les riches ressources de Ronsard et de ses disciples et dédaignant le plus souvent de filer la métaphore, le poète ramasse son thème autour d'un fort contraste logique – petitesse du monde et infini du « ciel d'amour » (sonnet III), désir de prendre le disputant au désir d'être pris (IX), constance et inconstance. Une impérieuse dialectique conduit le fil des vers jusqu'au paradoxe ou au retournement final : ainsi, dans le sonnet VII, l'amant, après avoir rêvé d'être semblable aux « mignardes colombelles » pour voler d'une traite jusqu'à l'objet de son désir, découvre soudain dans ces plumages et dans ces ailes qu'il a suscités le symbole de cette inconstance qu'il repousse :

> *Mais quoy ? je le souhaite, et me trompe d'autant.*
> *Ferois-je bien voller un amour si constant*
> *D'un monde tout rempli de vos aisles ensemble ?*

Le même débat argumentatif anime, mais en de plus vastes mouvements, la lente et langoureuse « Elegie ». La glace et le feu, le volcan et la neige qui recouvre ses pentes construisent l'espace d'une tension apparemment irréductible. Au terme, l'absence apporte dans la douleur sa perfection à l'amour, et le refrain qui ponctue de sa basse mouvante la délibération :

> *Mourez, mes vers, mourez puisque c'est vostre envie.*
> *Ce qui vous sert de mort me servira de vie,*

s'achève sur un silence. Il n'est que ce mutisme pour dépasser le heurt contradictoire des éléments, et que la mort pour affirmer par contraste l'éternité de l'amour.

Sponde a beau évoquer ailleurs, pour peindre sa fièvre, « cent peintres dans ce cerveau,/Qui grotesquent mes fantasies/De feu, de terre, d'air et d'eau », son art n'a rien de la surabondance baroque d'un D'Aubigné ou d'un Du Bartas, où concourent tous les objets de l'univers. À l'expansion proliférante il oppose la contention d'un art où les éléments de la nature ne sont convoqués dans leur diversité que pour se heurter et s'annuler terme à terme. Dès lors, l'écriture poétique s'élabore en porte-à-faux sur le vide, la parole n'est possible que sur fond de silence.

Condensation : « Stances » et « Sonnets de la mort »

Dans l'*Essay de quelques pœmes chrestiens*, et en particulier dans les « Stances de la mort », cette poétique de la négation trouve un sens plus profond dans la mesure où elle rejoint la vérité révélée. Renoncer à la « flammeuse vie » et à ses clartés douteuses, c'est gagner, à travers l'écran nocturne de la mort, la « plus vive lumière » de l'au-delà. De la sorte, la plainte élégiaque poursuivie sur le mode du *taedium vitae* (« Je m'ennuye de vivre ») est appelée à s'abolir dans le renoncement à toute parole. Le consentement à la vraie vie passe par le désir d'un anéantissement :

> *Fondez-moi ceste chair, et rompez moy ces os :*
> *Il faut passer vers vous à travers mon martyre.*

Les « Douze Sonnets de la Mort » représentent la condensation extrême de ce mouvement par lequel, dévoyé « en voie de mort » quand il obéit à la chair, mais tendant d'un désir constant – et impuissant – à l'immortalité, le croyant n'est sauvé que lorsque, à bout d'espoir, il s'en remet à Dieu. C'est alors que, dans l'incommensurable vis-à-vis de sa petitesse et de la grandeur infinie de Dieu, la conscience de soi devient conscience de son néant. Mais, par là même, ce silence suprême est celui de la Rédemption et de la paix retrouvée. Ce cheminement, qui suit assez fidèlement le dogme calviniste, n'est pas pour autant exprimé dans les termes du sermon. Par une extrême économie des images et le recours constant à l'ellipse, les « Sonnets de la Mort » parviennent à une sorte de désincarnation surréelle :

Et qui sont ces valets, et qui sont ces Seigneurs ?
Et ces Ames d'Ebene, et ces Faces d'Albastre ?

où la poésie retrouve sa pleine valeur de langue sacrée.

Floraison : les *Méditations sur les Psaumes*

Rythmé dans le balancement des « Stances », cristallisé dans les « Sonnets de la Mort », le lyrisme spondien donne toute son ampleur dans les *Méditations sur les Psaumes*, exercice pénitentiel devenu traditionnel chez les calvinistes, mais auquel il est conféré pour la première fois toute une dimension poétique. Les *topoi* de la fragilité humaine (psaume XIV ou LIII), ou ceux de l'immensité divine (psaume XLVIII) que l'imagination même ne saurait embrasser, permettent à Sponde de conduire, dans un style entrecoupé et anti-cicéronien, de libres digressions, où les mots et les thèmes s'engendrent les uns les autres en des volutes tourbillonnantes : « Tout cest homme icy n'est que du vent qui va, qui vient, qui tourne, qui retourne, du vent certes, qui s'eslance en tourbillons qui lui saboulent le cerveau, qui l'emportent, qui le transportent » (psaume L). Variations sur le thème de l'inconstance « noire » (J. Rousset), ces *Méditations* sont ponctuées de maximes fortement frappées : « Rien de si miserable que l'homme, mais rien de si superbe », à partir desquelles s'échafaudent de nouvelles spirales vertigineuses, comme dans cette quête de l'Infini, poursuivie de palier en palier – de la Terre à l'Étoile, de l'Étoile au Ciel, du Ciel à l'Univers – jusqu'à ce saut impossible pour embrasser l'être illimité du Créateur (psaume XLVIII). Par ces périodes asymétriques et les raccourcis d'une expression hallucinée s'affirme une radicalité chrétienne pour qui la métamorphose et le mouvement disent le péché de l'homme face à Dieu qui est permanence.

F. Lestringant

Staël

STAËL, madame de

Germaine NECKER, baronne de STAËL-HOLSTEIN *(1766-1817)*

Fille de Necker et des Lumières, Mme de Staël s'est heurtée à une époque où les femmes ne recevaient guère le droit à la parole, surtout s'il s'agissait d'une parole philosophique ou politique. Penseur et écrivain, elle fut en prise directe sur une Histoire tumultueuse. Elle en donnera une interprétation passionnante, en même temps qu'elle relancera une littérature malmenée par la Révolution et l'Empire, tant par ses analyses théoriques que par ses ouvertures européennes ou par sa propre production romanesque.

Des salons à l'exil

Issue d'un milieu brillant, Germaine Necker est très tôt confrontée à la politique active. Fille très aimante d'un banquier genevois protestant, l'un des hommes les plus considérés de son temps et recours d'une monarchie déclinante, elle côtoie dans le salon de sa mère encyclopédistes et Philosophes et se prend d'enthousiasme pour Rousseau. La première fracture sera le mariage : elle épouse M. de Staël-Holstein, un baron suédois qu'elle n'aime pas, mais qui, ambassadeur de Suède, introduit sa jeune femme à la cour. Très vite, elle entretient une liaison avec Louis de Narbonne, premier d'une longue série d'amants, avec lesquels elle tentera de connaître ce bonheur qui lui fera si souvent défaut.

Si elle est d'abord favorable à la Révolution, dont les premiers temps lui paraissent favoriser ce progrès auquel elle aspire, Mme de Staël doit quitter une France de plus en plus livrée aux débordements. Après avoir risqué sa vie lors des massacres de septembre 1792, elle se rend à Coppet en Suisse, sans cesser de s'intéresser à la politique française et à ses amis en danger. Elle rencontre le Suédois Ribbing, puis Benjamin Constant. Rentrée en 1795, avant d'être de nouveau chassée, Mme de Staël, qui compte déjà plusieurs œuvres à son actif, est devenue républicaine. Les vicissitudes de la vie politique sous le Directoire ne la font pas dévier : elle est favorable à une république modérée et raisonnable, fondée sur les idéaux des Lumières. Elle croit que le coup d'État de Brumaire va instaurer un ordre conforme à ses vœux. Il n'en sera rien. Bonaparte la déteste, et la condamne à l'exil à plus de quarante lieues de Paris. Il n'a apprécié ni le *De la littérature* (1800), rigoureuse analyse de la fonction moderne de l'écrivain et des conditions de production de la littérature, ni *Delphine* (1802), ni les positions politiques de Mme de Staël ou de ses amis.

Mme de Staël est donc contrainte de parcourir l'Europe. D'Allemagne en Italie, d'Autriche en Russie puis en Angleterre, elle rencontre tout ce qui compte intellectuellement, et reçoit à Coppet une bonne partie de cette élite, opposée à l'Empire. Se fonde ainsi l'un des plus brillants et des plus actifs cercles intellectuels de l'Europe moderne, qui restera sous le nom de « groupe de Coppet » : Constant, Sismondi, Bonstetten, Schlegel, bien d'autres encore y multiplieront les échanges. Fuyant les armées napoléoniennes, approfondissant sa réflexion, Mme de Staël, dont le roman *Corinne* (1807) n'a guère arrangé les affaires auprès du pouvoir impérial, publie à Londres *De l'Allemagne* en 1813, après que la première édition eut été mise au pilon à Paris (1810). Elle évoquera ces tribulations dans *Dix Années d'exil*, paru après sa mort en 1821.

Ayant obtenu dès 1800 la séparation d'avec M. de Staël, Mme de Staël a en 1812 un fils de John Rocca (elle l'épousera secrètement en 1816). Elle revient à Paris après la chute de Napoléon. Elle est alors au sommet de sa gloire. L'Empereur tente en vain de se la concilier durant les Cent-Jours. Elle reste à Coppet, où elle s'est précipitée en apprenant le retour de l'« Ogre ». Elle revient en France après Waterloo, sans cesser de voyager entre Coppet et l'Italie. Très active, elle est frappée par la maladie, et meurt à Paris le 14 juillet 1817. Ses *Considérations sur les principaux événements de la Révolution française* paraissent en 1818.

Une intellectuelle exemplaire

Républicaine, antiterroriste, opposante au Consulat et à l'Empire, animatrice du « groupe de Coppet », voyageuse, philosophe, théoricienne de la littérature, écrivain, féministe avant la lettre… Mme de Staël fut tout cela, et plus encore. Elle se situe à la charnière des Lumières et du romantisme. Politiquement libérale, elle est l'introductrice la plus efficace d'une pensée et d'une esthétique nouvelles, entre Montesquieu et Novalis, où dominent le culte du sentiment et la douleur de la condition humaine.

Tout au long de sa vie et de son œuvre, Mme de Staël a célébré la liberté. Elle en a aussi montré les limites et les contradictions, notamment grâce à la figure emblématique du génie – qu'il s'agisse de l'image de son père ou de ses personnages, comme Corinne – victime des intérêts ou de l'oppression. Les aspirations de Mme de Staël ne rencontrent pas l'époque, trop obscurantiste encore. Les véritables lumières incarnées dans le corps politique et social sont encore à venir. Et cet avenir illuminé, progressivement construit par les hommes et les femmes éclairés, verra aussi le progrès de la littérature.

Son œuvre est optimiste et tragique à la fois. Optimiste dans ses aspects théoriques, où l'héritage des Lumières est enrichi et métamorphosé par l'expérience historique. Pessimiste dans ses romans, où le conflit de l'individu et de la société – drame personnellement vécu par Mme de Staël – se conclut par la mort des héroïnes. Témoin et acteur de la fin d'un monde comme d'une aube éclatante et sombre à la fois, Mme de Staël n'inaugure pas le romantisme des vaincus de l'Histoire, mais, contradictoirement, celui de l'ambition prométhéenne et celui de la déréliction des êtres d'exception. Elle a pensé et écrit une philosophie de l'énergie et de la nostalgie. Elle fut un moment de la conscience humaine et un moment décisif de la conscience féminine. Des femmes, elle a mis en scène la défaite, mais elle a aussi promis l'avènement.

VIE		ŒUVRE	
1766	**22 avr. :** naissance, à Paris, d'Anne-Louise-Germaine Necker.		
1768	Jacques Necker débute dans la carrière politique comme ministre de la République de Genève auprès du roi de France.		
1769	Il devient directeur de la Compagnie des Indes.		
1776	Les Necker voyagent en Angleterre avec leur fille, âgée de dix ans. Jacques Necker est nommé directeur des Finances adjoint.		
1777	Jacques Necker devient directeur général des Finances.		
1778	Attaché d'ambassade à Paris, le baron de Staël-Holstein, âgé de vingt-neuf ans, entreprend des démarches pour épouser Mlle Necker, qui n'a que douze ans.	**1778**	Composition d'une comédie : *les Inconvénients de la vie de Paris.*
1783	Mlle Necker refuse un projet d'union avec William Pitt. Avec ses parents, elle passe l'été en Suisse.		
1784	M. Necker achète le château de Coppet près de Genève, en pays de Vaud. La famille Necker s'y installe en sept., après un été à Beaulieu.		
1784-1785	**Oct. 1784-sept. 1785 :** voyage dans le midi de la France. Les Necker séjournent à Avignon, Montpellier, Lyon ; ils finissent par s'arrêter dans la région parisienne.		
1786	**6 janv. :** la famille royale signe le contrat de mariage entre M. de Staël, devenu ambassadeur, et Mlle Necker. Le 14 janv., le mariage est célébré à la chapelle de l'ambassade de Suède. **31 janv. :** Mme de Staël est présentée à la Cour.		

	VIE		ŒUVRE
1787	**13 avr. :** un ordre du roi (qui sera révoqué deux mois plus tard) exile Necker, que sa fille accompagne à Châteaurenard, puis de Fontainebleau au château de La Rivière. **22 juill. :** naissance, à Paris, de Gustavine, premier enfant de Mme de Staël.		
1788	**Automne :** Mme de Staël rencontre le comte Louis de Narbonne. Début d'une liaison.	**1788**	Publication, à petit tirage, des *Lettres sur le caractère et les écrits de Jean-Jacques Rousseau,* commencées en 1786.
1789	Après la mort de la petite Gustavine le 7 avril, Mme de Staël assiste à la séance d'ouverture des États généraux. Son père, exilé le 11 juill., est rappelé le 30. À l'Hôtel de Ville, Mme de Staël assiste à son apothéose, événement essentiel dans sa vie. **Oct. :** elle assiste aux émeutes et au retour de la famille royale à Paris.	**1789**	**Août :** *Courte réplique à l'auteur d'une longue réponse.*
1790	Fête de la Fédération, à laquelle Mme de Staël assiste, s'attirant de vives critiques de la part de la presse royaliste. **31 août :** naissance, à Paris, d'Auguste, premier fils de Mme de Staël. **3 sept. :** démission de Jacques Necker, qui part pour la Suisse, où le rejoindra Mme de Staël ; celle-ci y séjournera jusqu'à la fin de l'année.	**1790**	*Éloge de M. de Guibert* (publié, en partie, dans la *Correspondance littéraire*). **Oct. :** publication, à petit tirage, des pièces *Sophie ou les Sentiments secrets* (rédigée en 1786) et *Jane Gray* (rédigée en 1787).
1791	Mme de Staël prend une part active dans l'élaboration de la nouvelle Constitution, et travaille à introduire Narbonne dans le gouvernement. Il est nommé à la Guerre le 6 déc.	**1791**	« À quels signes peut-on connaître quelle est l'opinion de la majorité de la nation » (*les Indépendants*, 16 avr., article non signé).
1792	**Mars :** à la suite d'une campagne menée par les Girondins et Mme de Staël, après le renvoi de Narbonne, le ministère tombe. **Juill. :** plan d'évasion proposé au roi par Mme de Staël, Narbonne et Malouet ; la reine refuse. **Août :** Mme de Staël sauve plusieurs amis mis en accusation. **Sept. :** en quittant Paris pour la Suisse (où naîtra son second fils, Albert), Mme de Staël échappe de justesse au massacre, place de l'Hôtel-de-Ville.		
1793	**20 janv.-25 mai :** séjour en Angleterre (Juniper Hall, Surrey) avec quelques amis (Lally-Tollendal, Narbonne, Montmorency, Talleyrand). Mme de Staël travaille à son premier grand ouvrage, *De l'influence des passions.* **Juin :** retour en Suisse, où elle rencontre Ribbing, à qui elle s'intéresse. Elle offre l'hospitalité à des amis émigrés.	**1793**	**Sept. :** *Réflexions sur le procès de la reine.*
1794	Mme de Staël fait sortir de France plusieurs amis menacés de mort. **15 mai :** décès de Mme Necker à Beaulieu. Rupture avec Narbonne. **18 sept. :** première rencontre, chez les Cazenove d'Arlens, de Benjamin Constant.	**1794**	*Zulma* (nouvelle rédigée en 1786). *Réflexions sur la paix adressées à M. Pitt et aux Français.*
1795	**25 mai :** Mme de Staël rouvre à Paris son salon, fréquenté par Constant. **Oct. :** le Comité de salut public exile Mme de Staël, sur dénonciation, après les journées de vendémiaire. Elle passera toute l'année en Suisse, après avoir vainement tenté d'obtenir sa grâce. Elle y achèvera *De l'influence des passions.*	**1795**	**Avr. :** *Recueil de morceaux détachés* (contenant l'*Épître au malheur* ; l'*Essai sur les fictions* ; *Mirza, Adélaïde et Théodore* ; *Histoire de Pauline,* nouvelles). **3 juin :** publie dans les journaux une profession de foi républicaine. **Fin juill. :** impression des *Réflexions sur la paix intérieure,* qui, en raison des événements, ne sont pas publiées.
1796	**22 avr. :** un mandat d'arrêt est signé par le ministre de la Police contre Mme de Staël pour le cas où elle reviendrait en France. **Fin déc. :** interdite de séjour à Paris, Mme de Staël est autorisée à retourner en France. Elle réside à Hérivaux, chez Constant, qui, avec sa collaboration, écrit *Des réactions politiques* (publ. 1797).	**1796**	**Sept. :** *De l'influence des passions sur le bonheur des individus et des nations* (publ. à Lausanne).

	VIE		ŒUVRE
1797	**Juin :** naissance, à Paris, de sa fille Albertine. Activités politiques. **Juill. :** Talleyrand, qui, grâce à elle, a pu revenir en France, devient ministre des Relations extérieures. **Sept. :** coup d'État de fructidor (Barras). Mme de Staël sauve plusieurs amis menacés. **6 déc. :** elle rencontre Bonaparte pour la première fois. Plus tard, elle tentera, en vain, de le dissuader d'envahir la Suisse.		
1798	**Janv. :** Mme de Staël revient en Suisse et assiste, impuissante, à l'occupation du pays de Vaud par l'armée française. Elle passe l'été et l'automne à Saint-Ouen, revient à Genève puis à Coppet, où elle commence *De la littérature.*	**1798**	Compose *Des Circonstances actuelles qui peuvent terminer la Révolution et des principes qui doivent fonder la République en France,* qui restera inédit jusqu'en 1906.
1799	Mme de Staël est expulsée de Saint-Ouen (où elle pensait passer l'été) en juil. et se retire à Coppet jusqu'en nov. ; puis elle retourne à Paris. **24 déc. :** Constant est nommé au Tribunat.		
1800	Mme de Staël étudie l'allemand. **Mai :** elle quitte Paris pour Coppet, où elle commence *Delphine.* **Déc. :** séjour à Paris. Séparation d'avec M. de Staël.	**1800**	**Avr. :** *De la littérature considérée dans ses rapports avec les institutions sociales.* Une 2e édition paraît en novembre.
1801	**Mai :** Coppet. **Nov. :** Paris.		
1802	**Avr. :** conspiration de Bernadotte et de Moreau ; Mme de Staël y prend part. **9 mai :** M. de Staël meurt à Poligny, après que Mme de Staël l'a ramené malade à Coppet. **Déc. :** Bonaparte lui interdit Paris. Hiver à Genève. Scènes avec Constant. Elle fait la connaissance de Sismondi.	**1802**	**Déc. :** *Delphine.*
1803	**3 oct. :** ordre d'exil (à quarante lieues de Paris). **24 oct. :** partie pour l'Allemagne accompagnée de Constant, Mme de Staël s'arrête à Metz, chez Charles de Villers, et décide d'écrire un ouvrage sur l'Allemagne. **13 nov. :** Francfort. **13 déc.-1er mars :** Weimar. Mme de Staël est reçue à la Cour de Saxe et rencontre Goethe, Schiller et Wieland.		
1804	**8 mars-18 avr. :** Berlin, Mme de Staël est reçue à la Cour de Prusse et dans les salons et rencontre August Wilhelm Schlegel, qu'elle invite en qualité de précepteur de ses enfants à la suivre à Coppet. **9 avr. :** mort de Jacques Necker. Sa fille ne l'apprend que le 22, à Weimar. **19 mai :** retour à Coppet. **11 déc. :** Mme de Staël part pour l'Italie en compagnie de Schlegel et, pendant trois semaines, reste à Milan, où elle rencontre notamment le poète Monti.	**1804**	**Automne :** *Manuscrits de M. Necker*, précédés de *Du caractère de M. Necker et de sa vie privée.*
1805	**3 févr. :** Rome, Naples et, de nouveau, Rome, où elle séjourne jusqu'en mai ; puis ce sera Florence, Venise et enfin, de nouveau, Milan après que Napoléon aura été couronné roi d'Italie. Retour à Coppet en juin. Elle refuse la nouvelle proposition de mariage que lui fait Constant. **Été :** Coppet devient le centre international d'une culture cosmopolite et d'une réflexion politique de tendance libérale. Liaison de Mme de Staël avec Prosper de Barante, fils du préfet de Genève. **21 août :** visite, à Coppet, de Chateaubriand. Auguste de Staël part pour Paris préparer l'École polytechnique (qu'il réussira mais que l'Empereur lui interdira d'intégrer). **Hiver :** Genève.	**1805**	**Hiver :** Mme de Staël compose le drame *Agar dans le désert.*

VIE		ŒUVRE	
1806	Pérégrinations autour de Paris. Mme de Staël s'installe près d'Auxerre ; en sept. à Rouen ; en nov. près de Meulan, où elle achève *Corinne* et en corrige les épreuves.		
1807	**Avr. :** après quelques jours passés clandestinement à Paris, Mme de Staël revient à Coppet. Été brillant à Coppet et à Ouchy, en compagnie de nombreux amis. Elle travaille à *De l'Allemagne*, monte et joue plusieurs pièces de théâtre. **Déc. :** départ pour Vienne. Son fils Auguste ne réussit pas à obtenir sa grâce auprès de l'Empereur lors d'une entrevue à Chambéry.	**1807**	**1er mai :** *Corinne ou l'Italie.* **Automne :** Mme de Staël rédige *Geneviève de Brabant* (drame, publié en 1820).
1808	Hiver très brillant à Vienne, qu'elle quitte le 22 mai. À Pyrna et à Toeplitz, elle rencontre Gentz, ce qui indispose encore un peu plus Napoléon contre elle. **Début juill. :** Coppet. Après Mme de Krüdener, c'est Zacharias Werner qui séjourne à Coppet. Fin de l'année à Genève.		
1809	Problèmes sentimentaux entre Mme de Staël, Constant et Charlotte de Hardenberg, dont Mme de Staël apprend le mariage secret. **Sept. :** création à Coppet de la pièce de Zacharias Werner *le 24 Février.* **Hiver :** Coppet.		
1810	**Févr. :** renforcement de la censure. **Avr. :** l'éditeur Nicolle commence à imprimer *De l'Allemagne.* **3 juin :** Napoléon renforce les mesures contre les opposants. **24 sept. :** Mme de Staël, qui se trouvait en France depuis avr. (Blois, château de Chaumont, château de Fossé), est obligée de retourner à Coppet dans les quarante-huit heures et doit remettre manuscrits et épreuves de *De l'Allemagne,* qui sera mis au pilon les 14 et 15 oct. Elle s'installe à Genève pour l'hiver et y rencontre John Rocca, un jeune officier genevois, grand blessé de la guerre d'Espagne, qui s'éprend d'elle.		
1811	**Mai :** Schlegel met en sûreté à Vienne un jeu d'épreuves de *De l'Allemagne.* Mme de Staël commence la rédaction de *Dix Années d'exil.* **Août :** excursion à Val-Sainte, avec Rocca et Montmorency-Laval (en mission clandestine), qui était passé dans l'opposition catholique. Au retour, il est exilé. **Sept. :** Mme Récamier vient à Coppet. Elle est immédiatement exilée et se retire à Châlons-sur-Marne.		
1812	**Janv.-mars :** Genève. Mme de Staël commence les *Réflexions sur le suicide* et *Richard Cœur de Lion.* **7 avr. :** naissance secrète de Louis Alphonse Rocca, fils de Mme de Staël et de John Rocca. **23 mai :** Mme de Staël quitte Coppet et gagne l'Angleterre en passant par Vienne, Saint-Pétersbourg et Stockholm, où elle arrive en automne.		
1813	**27 mai :** Mme de Staël part pour Londres. **Juin :** Angleterre, séjour à Londres. Mme de Staël retrouve des amis ; elle rouvre son salon. **12 juill. :** officier dans l'armée suédoise, son fils Albert est tué en duel à Doberan. Son action politique prend de plus en plus d'ampleur. Elle se fait l'agent de liaison de Bernadotte, à qui elle songera pour le trône de France. Elle commence à écrire des *Considérations sur la Révolution.*	**1813**	*Réflexions sur le suicide.* *De l'Allemagne* paraît en français à Londres, où Mme de Staël édite et réédite plusieurs autres ouvrages en 1813 et 1814.

VIE		ŒUVRE	
1814	Abdication de Napoléon. **12 mai :** Mme de Staël revient à Paris et s'installe à Clichy, où elle reçoit généraux, ministres et souverains. **19 juill. :** Coppet. De nombreux amis (surtout des Anglais) sont reçus chez elle. **30 sept. :** retour à Paris.		
1815	**10 mars :** Coppet devient à nouveau son refuge, lorsqu'elle apprend la nouvelle du débarquement de Napoléon. **Sept. :** elle se rallie aux Bourbons après les Cent-Jours. Les deux millions prêtés au roi par son père lui sont remboursés après vingt ans de démarches. Départ pour l'Italie avec sa fille. Elle passe l'hiver à Pise.		
1816	**20 févr. :** mariage de sa fille Albertine avec Victor, duc de Broglie, à Pise. Été à Coppet. Lord Byron se joint souvent à ses amis. **10 oct. :** elle épouse secrètement Rocca.	**1816**	*De l'esprit des traductions*, publié en italien (trad. P. Giordani) dans la *Biblioteca italiana.*
1817	**21 févr. :** elle est victime d'une attaque, qui la laisse paralysée. **14 juill. :** mort, à Paris, de Mme de Staël. **28 juill. :** inhumation à Coppet.		
1818	Mort de John Rocca le 30 janv.	**1818**	*Mémoires sur la vie privée de mon père.* *Considérations sur les principaux événements de la Révolution française* (rééd. 1843, 1881, 1983).
		1820	*Œuvres complètes*, éd. par son fils Auguste de Staël. Y figurent notamment une *Épître sur Naples*, des pièces de théâtre (*Agar dans le désert*, rédigé en 1805-1806 ; *Geneviève de Brabant*, rédigée en 1808 ; *la Sunamite*, rédigée en 1808 ; *le Capitaine Kernadec*, rédigé en 1810 ; *la Signora Fantastici*, rédigée en 1811 ; *le Mannequin*, rédigé en 1811 ; *Sapho*, rédigée en 1811), des traductions (Goethe, Schiller...).
		1821	*Œuvres inédites*, éd. par Auguste de Staël. On y trouve *Dix Années d'exil*, rédigé en 1810-1813.
1827	Mort d'Auguste de Staël.		
1838	Mort d'Albertine, duchesse de Broglie, ancêtre d'une lignée de personnages illustres.		
		1906	*Des circonstances actuelles qui peuvent terminer la Révolution et des principes qui doivent fonder la République en France.*

Premières œuvres

Après des œuvres théâtrales, dont *Sophie ou les Sentiments secrets* (trois actes en vers, écrits en 1786) qui traite notamment de la prise de conscience tragique de l'amour interdit – Mlle Necker éprouve un fort attachement pour son père, et Mme de Staël lui vouera un véritable culte –, ou *Jane Gray* (tragédie historique en cinq actes et en vers avec scènes sanglantes et scènes sensibles, écrite en 1787), Mme de Staël, qui ne renoncera jamais à l'écriture théâtrale, et qui compose aussi des nouvelles (dont *Mirza*, 1795), publie des *Lettres sur le caractère et les écrits de Jean-Jacques Rousseau* (1788). Du Philosophe, elle retient avant tout le rapport qu'il établit entre raison et sentiment, et le concept de mélancolie, lié au progrès. Elle n'adhère pas, en revanche, à la thèse rousseauiste de la relégation des femmes dans l'espace domestique, ni au système pédagogique de l'*Émile.*

C'est la sympathie qui gouverne l'appréhension staëlienne de Rousseau. Mme de Staël réfléchit autant sur elle-même que sur l'écrivain qui la touche de plus près. L'imaginant à travers ses lectures, elle en trace un portrait fondé sur le jeu des regards, ceux d'autrui fixés sur lui, celui qu'il porte sur son âme, celui qu'elle jette elle-même sur lui. Plutôt qu'une apologie du Genevois, ces six lettres en construisent l'explication. Surtout, Mme de Staël prend conscience d'une dimension nouvelle du temps dans la littérature, de la valeur du souvenir et du sentiment. Elle exprime également toute l'espérance qu'avait suscitée la philosophie des Lumières, et que 1789, si proche, va tenter de réaliser. Rousseau redouble ainsi la figure du père, le philosophe annonce l'homme d'action, ces deux faces du génie.

Révolution et littérature

Comme si elle traitait à sa façon ce grand problème qu'énonça un des représentants les plus éminents d'une Révolution au parcours si opposée à son propre idéal, Mme de Staël affronte en 1796 le thème du bonheur, cette « idée neuve en Europe » selon Saint-Just. Après des *Réflexions sur le procès de la reine* (1793), où elle disculpe Marie-Antoinette comme femme et comme mère, Mme de Staël s'attache à définir le rôle des passions.

De l'influence des passions sur le bonheur des individus et des nations

SYNOPSIS

Une première section traite des différentes passions (amour de la gloire ; ambition ; vanité ; amour ; jeu ; avarice ; ivresse ; envie et vengeance ; esprit de parti ; crime) et les place dans une perspective allant de l'individu à la société, en prenant en compte la situation historique. Puis « Des sentiments qui sont l'intermédiaire entre les passions et les ressources qu'on trouve en soi » décrit les liens qui existent entre les passions asservissantes et ce qui dépend de soi, autrement dit les sentiments qui permettent le bonheur : amitié, tendresse filiale, tendresse paternelle, tendresse conjugale, religion. « Des ressources que l'on trouve en soi » traite de la philosophie, de l'étude et de la bienfaisance, avant la conclusion qui affirme qu'il faut rechercher la liberté intérieure, seul garant du bonheur, alors que la liberté extérieure est octroyée par la générosité d'autrui.

Analyse des passions et réflexion morale : l'ouvrage parle autant de questions générales que d'une expérience personnelle. Consolation mise en texte par une femme à un moment cruel de sa propre vie, ce traité aboutit à la définition de la philosophie comme résultat d'un acte de courage. Il faut apprendre à se délivrer du joug des passions pour participer enfin à l'ordre universel. Les romans reprendront les thèmes de la passion, de la souffrance et du désenchantement, ainsi que le conflit de l'individu et de la société, celui de la femme dans le monde et du génie méconnu par les hommes dont il est le bienfaiteur.

Si les *Réflexions sur la paix adressées à M. Pitt et aux Français* proposent dès 1794 quelques-uns des éléments de l'analyse staëlienne de la Révolution (les deux partis, le dogmatisme des royalistes, la nécessité d'une union des républicains modérés, le refus du jacobinisme) tout en appelant à la paix si nécessaire à la liberté, si les *Réflexions sur la paix intérieure* (1795) envisagent un compromis entre les deux partis, les *Circonstances actuelles*... (1798-1799) s'imposent comme un livre capital, dont la publication en 1906 permettra de mesurer les enjeux.

Mme de Staël y dresse le bilan de la Révolution, y énonce des directives, y offre des solutions. Articulation dialectique de la théorie et de la pratique, prenant en compte une gestion raisonnable du passé tout en définissant les voies de l'avenir : l'ouvrage développe l'une des plus fortes expressions de ce républicanisme libéral et musclé où se reconnaîtra une partie notable du siècle. Traité de sociologie politique, traité de politique républicaine, traité de l'*Homo republicanus*, il affirme la puissance de la raison, tout en en dévoilant les ombres terrifiantes, et examine les conditions d'un affermissement de la République, sous la forme d'une dictature éclairée et provisoire, ainsi que la mission de l'écrivain et de la philosophie dans une société régénérée.

En 1818, paraîtront de façon posthume les *Considérations sur les principaux événements de la Révolution française*, testament politique de Mme de Staël. Ce dernier ouvrage l'inscrit définitivement dans la pensée libérale française, appuyée sur la Révolution, même si elle y loue le système politique anglais.

Le drame des passions, la femme et la société, ou l'écriture romanesque

Avant d'entreprendre ses deux grands romans, Mme de Staël avait publié dans le *Recueil de morceaux détachés* (1795) un « Essai sur les fictions », que Gœthe devait traduire pour la revue de Schiller, *Die Horen*. Elle y affirme que le roman est de tous les genres littéraires celui qui a le plus grand avenir. Sa souplesse, sa liberté lui permettent de mettre en scène les mouvements complexes du cœur en rapport avec les situations sociales, intellectuelles ou morales. Conformément à ce programme, Mme de Staël mobilise les ressorts du romanesque au service de sujets inscrivant des questions politiques, religieuses, philosophiques. L'implication autobiographique y est forte, mais elle ne détermine pas la dynamique de ces fictions. Importe avant tout la figure de la femme, glorieuse comme représentante idéale d'une nation ou de l'art, malheureuse dans une société faite par et pour les hommes.

Delphine

SYNOPSIS

Élevée par un tuteur qui lui a donné son nom, Delphine d'Albémar a trouvé en lui un modèle. Homme des Lumières, combattant de la guerre d'Amérique, il a su apprendre à sa protégée à réfléchir par elle-même et à s'affranchir des préjugés ou du joug de l'opinion. À sa mort, Delphine a acquis un esprit de libre examen, mais sa liberté et son indépendance n'empêchent pas qu'elle se laisse entraîner par sa bonté à faire ce que les autres et sa propre raison condamnent.

Venu d'Espagne pour épouser une Mathilde de Vernon qu'il ne connaît pas, Léonce rencontre la cousine de cette inconnue : il s'agit de Delphine, jeune, riche et veuve, dont la générosité a rendu possible le mariage de Mathilde. Léonce tombe amoureux de Delphine, et en est aimé. De nombreux obstacles se dressent sur le chemin de leur bonheur. Jalousies, intrigues, événements politiques (nous sommes sous la Révolution entre 1790 et 1792) : tout conspire à opposer les amants. Compromise pour sauver l'honneur d'un ami, Delphine perd son amant. Jaloux et dépité, il épouse Mathilde. Une fois Delphine disculpée, Léonce retrouve pour elle sa passion d'antan, mais ne peut, par principe, se résoudre au divorce. En effet, Léonce est fidèle aux opinions de son milieu, tout en comprenant la nécessité du changement.

Dévorée de chagrin, Delphine entre en religion. Devenu veuf à son tour, Léonce part à sa recherche, et, désespéré, se jette dans la guerre civile. Il est fusillé par les révolutionnaires. Delphine se suicide, vaincue par les forces rétrogrades, alors que Henri de Lebensei, un de ses amis porteur des idées nouvelles et raisonnables, est tourné vers l'avenir.

Roman épistolaire, *Delphine* (1802) se place dans la lignée de *la Nouvelle Héloïse* et de *Werther*. Mise en évidence du conflit entre l'individu et la société, conflit exacerbé par la condition féminine et le poids de l'opinion, théâtre des salons finissants, le roman est construit sur la lutte entre les conservateurs et les libéraux. Si elle se situe dans le camp des forces de l'avenir, Delphine est victime de son sexe. La femme n'est rien par elle-même : tel est le terrible constat que fait Mme de Staël. Épouse, mère, elle ne peut exercer la fonction, l'action directes d'un homme. Un homme doit savoir braver l'opinion, une femme s'y soumettre : elle est donc esclave de l'opinion.

La forme épistolaire est adoptée pour montrer la « passion réfléchissante ». L'échange permet la confrontation des points de vue, la multiplication des regards, l'affinement de l'analyse. Seul à tenir en main les confessions intimes et à pouvoir juger faux-semblants ou accents de sincérité, le lecteur est à même de lire dans toutes les âmes. Il voit progressivement se dessiner la conclusion idéologique du roman : si la société contraint à la dissimulation, son fonctionnement aliénant provoque le désenchantement de l'héroïne. Le roman se fait alors la mise en scène d'une longue souffrance.

Corinne ou l'Italie

SYNOPSIS

Malade physiquement et moralement, Oswald, lord Nevil, voyage en Italie durant l'hiver 1794-1795. À Rome, il rencontre Corinne, célèbre poétesse, lors de son couronnement au Capitole. Séduit par sa beauté, par son charme et par ses dons, il apprend d'elle qu'elle est d'origine italienne. Elle lui fait découvrir l'Italie, et un sentiment profond les unit. Hanté par le remords d'avoir désobéi à son père, qui ne lui a pas pardonné avant de mourir, Oswald raconte son histoire. Il a noué une idylle avec une femme jugée indigne de lui. Corinne, de son côté, a quitté l'Angleterre à la suite d'une mésentente avec sa belle-mère et parce qu'elle ne pouvait supporter la rigidité de l'opinion. C'est en Italie qu'elle trouve l'environnement propre à contenter ses goûts artistiques.

Rappelé par son régiment, Oswald retourne en Angleterre. Alors qu'il voulait y réhabiliter Corinne, il se laisse reprendre par les préjugés, et finit par épouser Lucile, la demi-sœur de Corinne. Ignorant tout, Corinne le rejoint en Écosse la veille du mariage. Elle se sacrifie et rentre en Italie. Elle chantera un dernier chant, avant de mourir dans les bras des époux accourus vers elle.

Tableau d'une Italie terre des arts présentée comme lieu magique, comme monde à explorer – et Corinne est le meilleur et le plus inspiré des guides – dont la découverte est un enchantement et une évasion, le roman est aussi une apologie du sentiment comme valeur suprême. L'amour y est condamné par la société et ses préjugés. Si *Delphine* se déroulait en France, et reflétait les problèmes de la société française bouleversée par la Révolution, *Corinne* (1807) s'élargit à l'Europe. Anglo-italienne, l'héroïne est génialement douée. Elle vit à l'unisson d'un pays et d'un peuple qui la révère. Revenir en Angleterre au nom de l'amour implique pour elle de contraindre son génie. Retourner en Italie après avoir fait le sacrifice de son amour signifie que son génie ne pourra plus s'y épanouir, car le renoncement sentimental est décidément trop pénible.

Cette contradiction fonde le destin tragique de Corinne. La logique dramatique explique qu'Oswald soit anglais. Il vient d'une terre de liberté constitutionnelle, cette Angleterre qu'admire tant Mme de Staël. Mais Corinne est l'idole d'une terre de liberté artistique et personnelle. L'homme des traditions et du devoir tombe amoureux de la femme de génie inadaptée à l'Angleterre. Préjugés contre sentiment : on devine l'issue. Il est significatif que Mme de Staël fasse de l'Angleterre une société conservatrice pour les besoins d'un roman tout en oppositions. L'image fictionnelle traduit un déchirement idéologique : les femmes anglaises paient le prix de la liberté politique.

Italienne, Corinne l'est aussi comme militante de l'unité d'un pays encore divisé. De là une nouvelle contradiction, non exploitée par le roman, mais située à son horizon « historique » : si l'Italie accède à la liberté politique de type anglais, ne risque-t-elle pas de ressembler à l'Angleterre ? Sans doute le climat, l'Histoire, les mentalités, la culture s'y opposeraient. En fait, fusionnent en Corinne les qualités des deux nations : le Nord et le Midi. À l'éclat solaire répond la mélancolie, au sens moral, le sens du beau. Le génie de l'héroïne tient aussi à cela : elle est une figure de l'harmonie poétique, de l'intelligence et de la sensibilité. L'amour vient perturber cet équilibre.

Il répondait pourtant à une attente. Quand il apparaît, il inonde le roman de ses vertus. Il est promesse de bonheur. « Quel bonheur de ne plus tenir à la vie que pour un autre, de ne trouver dans son cœur que dévouement et générosié, de ne plus sentir en soi-même qu'une affection profonde, de retrouver l'amour dans les arts, dans la poésie, dans la nature, d'aimer par la pensée, d'aimer par le cœur, d'étendre la sphère de ses idées pour varier de plus de manières un sublime sentiment qu'un seul mot peut exprimer, mais pour lequel toutes les paroles du monde ne sont encore que misères ; de se plaire dans les romans, dans les poésies, dans tous les chefs-d'œuvre de l'imagination qui relèvent de l'amour, de chercher jusqu'au dernier jour à conserver quelque charme, quelque douceur, quelque enthousiasme qui fasse d'une association de la terre un lien renouvelé par le ciel, un hymne à deux qui pourra traverser le tombeau même et retentir encore sur l'autre rive du temps » : le roman illustre parfaitement ces lignes exemplaires écrites dans *De l'Allemagne* (voir ci-dessous).

Écrit du point de vue d'un narrateur omniscient, *Corinne* contient de nombreuses descriptions motivées par la découverte de l'Italie ainsi que des discours-monologues, voire des dissertations critiques. La réflexion politique et esthétique occupe une grande place, avec tous les problèmes d'intégration à l'écriture fictionnelle que cela implique. La présence massive des beaux-arts impose la contemplation du beau, qui fait éprouver le sentiment de l'infini et celui de la divinité. Roman des correspondances, *Corinne* accorde aux ruines une valeur particulière. Évoquant mélancoliquement la mort, elles renvoient aussi à l'apocalypse révolutionnaire. L'angoisse du néant semble pénétrer tout le texte, et installer définitivement le pessimisme dans ce roman de l'union illusoire d'amants que tout sépare.

Les œuvres phares

De la littérature considérée dans ses rapports avec les institutions sociales

Avec *De la littérature*…, Mme de Staël reprend en 1800 le programme politico-littéraire déjà élaboré en 1798-1799 dans les *Circonstances actuelles*…, ouvrage resté inédit du fait de la conjoncture (le coup d'État de Brumaire), en investissant dans la théorie des productions de l'esprit humain tout un appareil conceptuel hérité de Montesquieu, des Lumières, de l'Idéologie, et repensé selon l'événement révolutionnaire. Si elle ne « pressent » pas notre définition moderne de la littérature, si elle ne « prépare » pas autant qu'on a bien voulu le dire le romantisme par l'insistance sur l'intériorité, la mélancolie ou l'originalité du moi, Mme de Staël écrit là un grand livre sur la philosophie de l'Histoire (d'où l'épigraphe empruntée à Volney) et sur celle de l'histoire de l'esprit.

SYNOPSIS

Intitulée « De la littérature chez les Anciens et les Modernes », la première partie compare entre elles les productions littéraires de la Grèce et de Rome, en les rapportant à leurs régimes politiques – une démocratie, une aristocratie –, puis analyse l'importance des invasions nordiques et du christianisme pour le développement ultérieur de la littérature, notamment par l'évolution du goût. La diversité des littératures s'explique aussi par le climat : le climat brumeux du Nord enveloppe les civilisations scandinave, germanique, anglo-saxonne ; l'ensoleillement éclaire celles du Midi (la Grèce, Rome, la France, l'Espagne, l'Italie). Ossian s'impose comme le premier modèle de la littérature du Nord, Homère brille au Midi.

La deuxième partie, « De l'état actuel des Lumières en France et de leurs progrès futurs », si elle applique la loi des climats au cas particulier de la France, démontre qu'une littérature nouvelle doit correspondre aux temps nouveaux. Elle sera caractérisée par le nécessaire affranchissement à l'égard des modèles anciens, elle donnera un rôle essentiel aux femmes, privilégiera la philosophie et la peinture de la nature ou des passions. Inventant un style propre à frapper l'imagination et le cœur, cette littérature républicaine se nourrira du meilleur des ferments, la liberté, propice au progrès intellectuel et à la diffusion des lumières.

Cherchant les lois qui déterminent l'histoire de la « littérature », Mme de Staël ne saurait réduire celle-ci à son sens moderne, c'est-à-dire aux œuvres qu'elle appelle d'imagination, et elle y inclut la littérature d'idées. Parmi les concepts mobilisés pour penser la transformation historique des œuvres écrites depuis Homère, les plus importants sont la nation, la géographie, les coupures majeures (dont bien entendu la Révolution), les genres, les institutions sociales (formes politiques, religion, mœurs, statut des femmes), la « perfectibilité ».

De la littérature participe pleinement d'un « moment 1800 », où se distinguent la pensée contre-révolutionnaire d'un Louis de Bonald et le *Génie du christianisme* de Chateaubriand. Une formule bonaldienne rassemblerait leur problématique commune : la littérature est l'expression de la société. Érigé rétroactivement en manifeste du romantisme, l'ouvrage de Mme de Staël intervient avant tout dans un débat brûlant en ces années postrévolutionnaires : que peut la littérature ? qu'est-ce qu'un écrivain dans la société ? qu'est-ce qu'écrire ? quel est l'objet même de la littérature ?

De l'Allemagne

Ayant posé les bases d'une approche nouvelle de ces problèmes, Mme de Staël donne avec son *De l'Allemagne* (censuré en 1810, publié à Londres en 1813, diffusé à Paris en 1814) un essai encore plus novateur, où elle replace dans l'espace culturel allemand la plupart des concepts qui structuraient *De la littérature*.

SYNOPSIS

Une première partie traite « De l'Allemagne et des mœurs des Allemands ». À une vue d'ensemble du pays, Mme de Staël ajoute le tableau d'un peuple sentimental et doux, où fleurissent musiciens, savants et philosophes. Étudiant les mœurs des différentes provinces, et en particulier l'esprit chevaleresque et son influence sur les sentiments, elle chante les louanges des vertus ancestrales, célébrées dans l'union d'un peuple. Le passage le plus significatif est sans doute le chapitre consacré à la fête d'Interlaken.

« De la littérature et des arts » définit le génie des écrivains allemands. Mme de Staël oppose à la poésie classique française la poésie romantique allemande, née de la chevalerie et du christianisme. Parmi les concepts les plus riches, il faut insister sur celui de goût. Mme de Staël compare la clarté française à l'originalité allemande, la beauté du style à la profondeur de la pensée, et les règles dramatiques à l'expression du sentiment ou des passions fortes. Elle présente notamment les drames de Schiller et de Gœthe, puis les romans de Gœthe ou les écrits de Jean-Paul Richter, avant d'examiner les œuvres historiques et les beaux-arts.

« La Philosophie et la Morale » aborde la philosophie allemande, comparée aux systèmes français et anglais. La pensée de Kant, de

Fichte, de Schelling se trouve étudiée aussi en fonction de l'influence qu'elle exerce sur l'ensemble des productions intellectuelles et artistiques allemandes. Mme de Staël s'intéresse également aux divers systèmes de morale.
Enfin, dans « La Religion et l'Enthousiasme », Mme de Staël expose le goût des Allemands pour le mysticisme et le sentiment de l'infini. L'œuvre de Novalis occupe une grande place. L'enthousiasme, dimension capitale de l'âme allemande, est présenté comme étant nécessaire au bonheur, à l'inspiration littéraire, à la création artistique.

Célébration du génie d'un peuple qui se définit culturellement en attendant de s'incarner politiquement, l'ouvrage exprime la nécessité où se trouve désormais la littérature de se régénérer. L'originalité d'une nation découverte lors des voyages et des rencontres, facilitées par l'apprentissage de la langue, permet à Mme de Staël de définir l'Allemagne comme lieu de la modernité. Placé devant la crise française – aggravée par le despotisme napoléonien, et à laquelle *De la littérature* tentait d'apporter des solutions –, *De l'Allemagne* réagit contre la « stérilité dont notre littérature est menacée » (« Préambule »). Il s'agit donc de tracer de nouvelles orientations pour la création. Le refus d'un classicisme usé (et replacé dans son contexte politique et culturel) permet à Mme de Staël d'exalter le romantisme, dont elle présente la première définition consistante. À l'imitation doit succéder l'inspiration. Élargissement de l'horizon littéraire, dépassement sans reniement aucun de l'héritage des Lumières (qui marquaient si fortement *De la littérature*) : la pensée de Mme de Staël prône un échange culturel entre les nations, qui entrerait pleinement dans la perspective de la « perfectibilité ». Elle favorise aussi la prise en compte de l'individu, qui prend le pas sur la société dans l'univers allemand, et pose ainsi les fondements d'une poésie moderne, définie comme « apothéose du sentiment » (II, 10). On voit comment le mouvement romantique français trouvera à se nourrir dans ces pages décisives. On mesure aussi tout ce que la vision française de l'Allemagne devra à ce texte, dont on pourrait évidemment relever les lacunes ou les interprétations contestables, mais qui s'impose comme l'un des grands livres fondateurs du XIXe siècle français. [Voir **Romantisme**.]

G. Gengembre

Stendhal

STENDHAL

*Pseudonyme de **Henri Beyle** (1783-1842)*

Stendhal est sans doute de tous les écrivains du XIXe siècle celui qui a le moins vieilli : celui que nulle distance de langue, de style, de goût ne sépare d'un lecteur jeune, celui qu'une rigoureuse incrédulité et un solide ancrage dans le positivisme (pour lui, les mathématiques, l'économie politique, la linguistique existent) ont préservé des nuées idéologiques et religieuses de son temps. Son mot peut-être le plus profond, « le génie poétique est mort, mais le génie du soupçon est venu au monde », était prophétique ; comme son refus du vers, ou sa mise à mort du style noble. Aussi a-t-il accédé à la position d'un « classique » de la modernité ; pour Paul Valéry, il est le seul romancier « intelligent », pour Gide, il a réconcilié la tradition et la modernité dans une écriture à la fois réservée et enthousiaste ; il est médité comme exemple (Jean Prévost, en 1942, sous-titre son *Stendhal* « Essai sur le métier d'écrire et la psychologie de l'écrivain »), imité dans les années 1950 (Giono, Vailland, Nimier…) et devient – avec le seul *Rouge et le Noir*, il est vrai – l'un des écrivains les plus « scolaires » sous nos yeux.

Mr. Myself

Mais la position de Stendhal a été marquée à partir des origines par une ambiguïté : s'agissait-il d'Henri Beyle ou de « Stendhal » ? du romancier tardif (il publie son premier roman à quarante-quatre ans), sans vigueur créatrice (il avoue : « j'ai très peu de génie immédiat »), ou de l'homme, de la personnalité presque mythique qui a fasciné autant, sinon plus, que l'écrivain ? Être « stendhalien » implique, du lecteur à l'auteur, une exceptionnelle relation de complicité, d'idolâtrie, de mimétisme. La publication, dans les années 1888-1892, du *Journal*, des autobiographies, puis des œuvres inédites, a approfondi et aussi recouvert l'image du romancier-essayiste. Stendhal, jusque-là énigmatique, livrait par écrit tous ses secrets (le toupet, le dentier, les cravates et même les bottes qu'il s'enjoint d'acheter au cas où il serait nommé préfet en 1830), les détails de sa personne (grâce aux marginales et à sa manie de tout noter sur tout, d'écrire sur ses livres comme sur ses bretelles, ses pantoufles, son boîtier de montre) ; il devenait l'écrivain le mieux connu, suivi au jour le jour par le critique ; offert à une insatiable curiosité personnelle, il devenait l'Égotiste, l'*Ego*, ou l'Individu en tout point exceptionnel, qui invitait chaque lecteur promu son semblable, son frère, entré dans la clôture des *happy few*, à se sentir comme lui, un « Unique Soi-même », un Moi tranché et tranchant. Tout lecteur devenait un initié ; le culte de Stendhal était le culte du Moi généralisé. Devenu le moraliste de la modernité, Stendhal enseignait aux « âmes d'élite » l'authenticité, la générosité, l'énergie ; était « œuvre » toute trace de ce moi suprême, toute son œuvre disait l'héroïsme du Moi.

Ce culte de ceux que Valery Larbaud a nommés méchamment « les Beylants » avait au moins le mérite de souligner l'unité fondamentale de l'œuvre et du Moi stendhaliens. Entièrement voué à la première personne, unissant le moi-narrateur et le moi-personnage dans les romans, renvoyant du style à l'homme, établissant celui-ci dans la position fascinante d'un être impatient, souverain, railleur, habile à plaire et soucieux de déplaire (« stendhaliser », c'est « scandaliser »), le corpus stendhalien explore toutes les dimensions de l'Individu, au nom d'un immanentisme cohérent du moi révolté que Stendhal a élaboré à partir des pensées critiques, individualistes et utilitaires du XVIIIe siècle (Helvétius, les Idéologues, Rousseau, Bentham). Ses mots clés (« être soi », la « chasse au bonheur », l'énergie) impliquent que l'homme n'a pas d'autre fin que lui-même, la perfection et l'intensité de sa particularité, l'accord avec soi et la satisfaction de soi : « avoir sa propre estime » ; « Qu'y a-t-il de réel pour chaque être si ce n'est sa propre existence » ; « Tout ce qui en vaut la peine dans ce monde est soi ». Pas d'autre loi que celle de son moi : « le désir du bonheur [...], le vrai moi de l'homme ». Pas d'autre faute que de déserter son unicité, sa « singularité », pour coïncider avec « les autres » (c'est la vanité), un principe externe et contraignant (la vertu), un modèle imposé (c'est l'hypocrisie) ; l'existence sociale est disqualifiée en tant que productrice d'« hommes-copies » et comme puissance de cœrcition et de dévitalisation ; ennemis, amis, « les autres » travaillent inexorablement à assimiler le moi, à le rendre moins Moi. Déicide, régicide, parricide, Stendhal voit en tout dogme et en toute autorité une usurpation ou un outrage, il est un ennemi de l'État, qu'il n'accepte que sous la forme d'une tyrannie héroïque (Napoléon) ou d'un libéralisme radical, tout en se méfiant de ce que la démocratie, par sa passion égalitaire, implique d'uniformité des mœurs et des esprits.

Tout Moi est donc un « privilégié » : c'est ce que suppose l'étrange « brevet » conféré par Dieu le 10 avril 1840 à Moi. Mais il n'est pas facile d'être soi. Stendhal a tout autant exploré le versant triomphal de l'individu autonome et autocréateur que son versant misérable. Son œuvre romanesque n'est-elle pas vouée à décrire les souffrances et les angoisses de l'amour-propre ? Ni l'état de passion, où l'égoïsme se sacrifie, ni le « naturel », où il sait, selon la tradition de l'« honnêteté » classique, mondaine et aristocratique, se masquer, jouer de lui-même, se mettre à distance de soi, ne sont accessibles sans une sorte de conversion. Le moi, dans le monde stendhalien, est captif de lui-même, fasciné par son reflet et par sa perfection : le mythe de Narcisse est sans doute la grande figure de l'univers beyliste. Fasciné par lui-même et horrifié de n'être que lui-même, donc révolté contre ses limites, son égoïsme, sa « petitesse », le moi connaît la hantise du regard-jugement d'autrui, les affres de la timidité qui a peur d'avoir peur, les chutes de l'orgueil (montrer « soi inférieur »), la paralysie par les scrupules, ou par la pureté juvénile, les craintes de la belle âme, la déception et la déréliction dans la réalité. Mais aussi, soucieux de sa transparence, Stendhal identifie être soi à être conscient de soi, dans une stricte et lucide comptabilité de ses mouvements, motifs et désirs : l'analyse, moyen d'être de « bonne foi » avec soi et de débusquer « l'hypocrisie dans les idées », de délivrer par la « logique » le moi de tout affaiblissement de son être qui lui viendrait d'un obscurcissement de lui-même, l'analyse est l'arme du bonheur : du bonheur d'être soi et à soi. Mais « quel œil peut se voir » ? Ce projet de transparence rend le moi suspect à lui-même, étranger à soi et paralyse le désir ou « le vouloir », cette forme d'adhésion suprême à soi, proche de l'« énergie », où la liberté du moi devient nécessité.

Le moi, le masque et le jeu

Dans ce romantisme du Moi-Sujet, le Moi oscille entre la conscience et l'inconscience, entre la lucidité et l'égarement dans l'énergie, l'extase, le saisissement imaginaire. Le révolté proteste contre l'identité : la sienne en particulier. Avec « Stendhal » (qui a usé de plus de cent pseudonymes), le masque (faux noms, déguisements, « rôles », tartuferie, passion du théâtre), l'amour du secret (celui qu'on organise ou celui qu'on subit : espions, policiers, etc.) deviennent des données immédiates du romantisme. « Ce mélange de dandy, d'officier, d'artiste, d'homme du monde, de penseur original, d'humoriste, de touriste, d'excentrique et d'ironique, que fut cette Chimère fabuleuse qui répondait au nom de Beyle... ou plutôt qui n'y répondait pas » (Barbey d'Aurevilly). Le beylisme implique cette extériorité ludique du moi par rapport à lui-même, cette pluralité indéterminée d'existences en surnombre comme une certaine passion de se contredire, de se surprendre, de penser par paradoxes, antinomies, fragments, saillies, d'évoluer entre des pôles antithétiques, qui se posent, s'opposent sans synthèse possible : « sécheresse/tendresse » ; raison/folie ; France/Italie ; démocratie/aristocratie ; passion/ironie. Évadé de lui-même, Stendhal à la fois proteste contre les conduites fausses qu'engendre la société (hypocrisie, vanité) et s'y précipite en les amplifiant. Le problème du jeu, dans tous les sens du mot, domine l'univers de Stendhal et constitue l'unité des problèmes du moi et des problèmes de l'écrivain ; réalité et théâtre s'échangent pour lui ; jeune homme, il utilise ses leçons d'art dramatique dans ses projets de séduction ; pour l'homme politique qu'il devient, la société est un grand jeu réglé. Scandaleusement pour les bonnes consciences, en particulier en politique, Stendhal joue avec la vérité, en fait le résultat d'un jeu, soit d'une attitude de détachement, soit d'une aptitude à rompre les systèmes, à forcer les concepts et les éléments clos, à découvrir le sens par un mouvement incessant d'effraction et de raillerie. L'art entre dans ce jeu d'ouverture continuelle du sens qui est l'ironie romantique.

Un romancier tardif et imprévu. Du romanesque au roman

La carrière littéraire de Stendhal est déconcertante : constituée d'époques successives – époque d'apprentissage largement stérile sous l'Empire, dominée par l'expérience du

Journal ; puis époque des voyages et de la théorie esthétique qui, peu à peu, redécouvre la littérature, mais par le biais du théâtre ; époque enfin où le roman domine avec l'autobiographie, mais sans éliminer le récit de voyage –, elle semble manquer de continuité, d'unité, et, surtout, rien n'y annonce le romancier. Tant de préparations théâtrales (et pour rien…), et à aucun moment le moindre projet romanesque, la moindre réflexion sur le roman !

Il y a néanmoins une unité dans la démarche stendhalienne, et Maurice Bardèche a pu dire que Stendhal allait vers le roman comme vers « une solution inévitable ». En se déplaçant sans cesse, en dehors des genres, des projets, des « poétiques » constituées, l'œuvre beyliste n'en est pas moins fidèle à un Beau originel – et personnel – défini par des modèles (Shakespeare, Cimarosa, Mozart, le Tasse, Corneille, Molière, Cervantès), à des refus premiers (l'école néo-classique, le « groupe » de Chateaubriand) et, plus profondément, à une esthétique générale qui contient les catégories littéraires et définit en substance une poétique ; Stendhal a ainsi analysé son passage au roman : plus que le genre de la biographie d'artiste, il peut dire « le vrai », c'est-à-dire l'individuel, « un vrai un peu détaillé » ; il spécifie l'histoire dans le sens de la singularité ; alors que la comédie – à laquelle Stendhal n'a renoncé que vers 1830, et dont le roman est, dans les nouvelles conditions de la société démocratique, le successeur (d'où la recherche d'un roman-comédie, ou comique) – souffre de l'inculture et de la division politique du public, le roman apparaît comme le vrai genre individualiste par la lecture méditative et solitaire qu'il requiert (il unit les *happy few*), son invention, sa mobilité. Stendhal, grand lecteur de romans, est d'emblée, et pour sa vie même, voué au romanesque, dans lequel il se meut comme dans une dimension continue et intrinsèquement romantique ; « le roman de la vie », l'espagnolisme essentiel, tout ce qui est grandes idées, grands sentiments, grands exploits, telle est la sphère de l'idéal, de l'imaginaire, qui à son tour suppose la rêverie extatique, la générosité utopique, la foi dans les possibles surhumains de l'homme ; à la fois idéal à vivre et horizon de l'art, beauté de l'homme et de l'œuvre, sublime comme poétique et comme absolu de l'homme, tout cela est, pour Stendhal, « romanesque » ; c'est le « ciel » esthétique et héroïque de son univers, de son « bonheur ». Il va vers le roman par le romanesque ; le roman, c'est l'incarnation du romanesque dans la vie réelle, le songe fondamental appelé à prendre forme. L'unité de ses métamorphoses, c'est le rapport entre cet « idéal » presque indicible et les divers langages ou conduites (l'amour-passion) qui peuvent le capter. Le passage de l'absolu au relatif et au réel, cet abaissement des « filets trop hauts », cette réduction du sublime révolté contre toutes les limites aux conditions de la vie et du langage, c'est cela qui fait l'unité de « Beyle » et de « Stendhal » et l'unité des écrits de « STENDHAL ».

VIE		ŒUVRE	
1783	**Janv. :** naissance, à Grenoble, d'Henri-Marie Beyle.		
1790	Mort de sa mère, née Henriette Gagnon.		
1791	Séjour aux Échelles (Savoie), chez son oncle.		
1792-1794	« Tyrannie Raillane » : il a pour précepteur l'abbé Raillane. Terreur à Grenoble et emprisonnement de son père, Chérubin Beyle.		
1796	Henri Beyle entre à l'école centrale de l'Isère.		
1797-1798	Passion pour l'actrice Virginie Kubly et complot contre l'arbre de la Fraternité.		
1799	**30 oct. :** Henri Beyle part pour Paris sous prétexte de préparer l'École polytechnique. En nov., il est logé chez ses cousins Daru.		
1800	Au début de l'année, il travaille avec Pierre Daru au ministère de la Guerre. Le 7 mai, il part pour l'Italie ; il arrive à Milan le 7 juin. En oct., il est sous-lieutenant au 6e dragons.		
1801	Après diverses garnisons il est affecté à l'état-major du général Michaud.	**1801**	**18 avr. :** début du *Journal* (publ. 1888). Essais dramatiques.
1802	Retour à Grenoble, en congé de convalescence. À Paris en avr. Il démissionne de l'armée. Amoureux de Victorine Mounier, d'Adèle Rebuffel ; amant de la mère de cette dernière, Mme Rebuffel.	**1802**	Ébauche d'une *Pharsale*.
1803	Paris, puis Grenoble. Lectures, travail ; passion pour le théâtre.	**1803**	Début des *Deux Hommes*, comédie philosophique.

VIE		ŒUVRE	
1804	Leçons d'art dramatique ; amoureux de Mélanie Guilbert, jeune actrice (« Louason » au théâtre). Découverte de Destutt de Tracy.	**1804**	Début de *Letellier*, satire des journalistes et de la « Réaction ».
1805	Toujours travail et amours ; il suit Mélanie à Marseille, où elle a obtenu un engagement ; elle y devient sa maîtresse.		
1806	Échec des projets de fortune par la banque ou l'« épicerie » (c'est-à-dire le commerce) ; pris d'une frénésie d'ambition, Henri Beyle renoue avec les Daru ; il se retrouve à Paris en juill. En oct., il part pour l'Allemagne, devient adjoint provisoire aux commissaires des guerres ; on l'envoie à Brunswick.		
1807	Vie administrative, amours avec Mina de Griesheim ; il est titularisé dans son emploi.		
1808	Il devient intendant de l'Empereur dans le département de l'Ocker. Retour à Paris en nov.	**1808**	*Voyage à Brunswick.*
1809	Campagne de Wagram. Séjour à Vienne, mission en Hongrie.		
1810-1811	Paris ; nommé auditeur au Conseil d'État en août ; amoureux de sa cousine, la comtesse Daru. Bientôt nommé inspecteur de la comptabilité et des bâtiments de la Couronne, il est, en 1810-1811, au sommet de sa carrière d'ambition. Vie de dandy et de « fat ».		
1811	Il courtise Mme Daru et vit avec une actrice, Angélina Bereyter. Voyage au Havre. **29 août :** départ pour l'Italie. **7 sept. :** deuxième arrivée à Milan. Angela Pietragua, déjà aimée en 1800, devient sa maîtresse ; voyage en Italie. Retour à Paris en nov.	**1811**	*Consultation pour Banti.* Premier projet et début de première rédaction de l'*Histoire de la peinture en Italie.*
1812	À Paris, jusqu'au départ pour la Russie le 23 juill. À Moscou le 14 sept. Henri Beyle fait toute la retraite ; il arrive épuisé à Kœnigsberg à la fin de l'année.	**1812**	Perte d'une partie de son manuscrit de la *Peinture*.
1813	Nouvelle campagne ; bataille de Bautzen ; nommé intendant de la province de Sagan (Silésie) en juin. Malade, il obtient un congé, qu'il passe en Italie.	**1813**	Projet de publier son *Voyage en Italie.*
1814	En mission à Grenoble, menacé par l'invasion. Beyle reconnaît le rétablissement des Bourbons et espère en vain une place de ses protecteurs. Arrivée à Milan en août ; amours tumultueuses avec Angela.	**1814**	**Mai** : il commence la traduction des *Lettres sur Haydn* de Carpani. Travaille à son *Histoire de la peinture en Italie.*
1815	Année milanaise.	**1815**	**Janv.** : publication des *Vies de Haydn, de Mozart et de Métastase* (sous la signature de Louis-Alexandre-César BOMBET).
1816	Milan toujours. Rencontre avec les « romantiques » italiens, avec Byron, découverte de l'*Edinburgh Review.*		
1817	Séjours à Rome, Naples, Grenoble, Paris ; en août, premier voyage à Londres. Retour à Milan.	**1817**	**2 août** : publication de l'*Histoire de la peinture en Italie* (signée M.B.A.A.). **13 sept.** : publication de *Rome, Naples et Florence en 1817,* par M. de STENDHAL, officier de cavalerie. **Nov.** : projet d'une *Vie de Napoléon.*
1818	**4 mars** : début « d'une grande phrase musicale », la passion pour Métilde Dembowski.	**1818**	Projets de pamphlets romantiques ; travaille à la *Vie de Napoléon* (publ. 1929). **Août** : *Journal de voyage* (dans la Brianza avec Vismara). **Oct.** : projet d'une seconde édition de *Rome, Naples et Florence* : Stendhal commence *l'Italie en 1818.*
1819	Folies et malheurs d'amour. Séjour à Grenoble pour la mort de son père et l'élection de l'abbé Grégoire.		

	VIE	ŒUVRE
1820		Stendhal travaille jusqu'en mars à *De l'amour,* dont il égare le manuscrit.
1821	**13 juin** : Stendhal, désespéré, quitte Milan. Retour à Paris. Deuxième voyage en Angleterre en oct.	Il récupère et reprend *De l'amour.*
1822		Publication du *De l'amour.* Stendhal commence à collaborer à diverses revues anglaises.
1823	Voyage en Italie jusqu'en mars 1824.	**8 mars** : mise en vente du premier *Racine et Shakespeare.* **18 nov.** : publication de la *Vie de Rossini.*
1824	Liaison avec Clémentine Curial (Menti). Stendhal fréquente les cénacles romantiques.	Dans le *Journal de Paris*, article sur le Salon de 1824 et début d'une chronique musicale.
1825		Publication en mars du second *Racine et Shakespeare*, et du *Nouveau Complot contre les industriels* en décembre.
1826	Projets de théâtre. Rupture en mai avec Menti ; Stendhal, désolé, voyage en Angleterre.	**Janv.-févr.** : entreprend la rédaction d'*Armance.*
1827	Voyage en Italie à partir de juill. Stendhal s'aventure à Milan ; il est bientôt expulsé.	**24 févr.** : publication de la nouvelle édition de *Rome, Naples et Florence.* **18 août** : mise en vente d'*Armance.*
1828	Année difficile à Paris. Stendhal, sans ressources, postule un emploi.	Il écrit une « scène historique », *Henri III* (publ. 1952).
1829	Liaison avec Alberthe de Rubempré (« Mme Azur »). En sept., Stendhal voyage dans le midi de la France.	**5 sept.** : publication des *Promenades dans Rome.* **25-26 oct.** : à Marseille, Stendhal a la première idée du *Rouge.* **13 déc.** : « Vanina Vanini » dans la *Revue de Paris.* Stendhal écrit *Mina de Vanghel* (publ. 1853).
1830	Giulia Rinieri, qui lui a fait de singulières avances en janv., devient sa maîtresse en mars. Stendhal corrige les épreuves du *Rouge* pendant les « Trois Glorieuses ». Dès l'installation du nouveau régime, il sollicite un poste. Le 25 sept., il est nommé consul à Trieste (qui fait partie des États autrichiens). Il quitte Paris le 6 nov. Mais l'*exequatur* lui est refusé.	Projets dramatiques. En mai et juin dans la *Revue de Paris,* « le Coffre et le Revenant », puis « le Philtre », nouvelles. **13 nov.** : publication du *Rouge et le Noir.*
1831	Jusqu'au 31 mars, Stendhal est à Trieste, qu'il quitte pour le poste de Civitavecchia, où il arrive le 17 avr. Il reste lié à Giulia, qu'il a demandée en mariage.	Il écrit *le Juif* (publ. 1855) et, à la fin de l'année, « San Francesco a Ripa » (publ. *Revue des Deux Mondes*, 1853).
1832	Stendhal passe toute l'année en Italie ; il doit remplir de fastidieux états comptables pour le corps expéditionnaire d'Ancône.	**20 juin-4 juill.** : *Souvenirs d'égotisme* (publ. 1893). **Sept.-oct.** : *Une position sociale* (publ. 1927).
1833	Découverte de vieux manuscrits italiens, sur lesquels Stendhal commence à travailler. Mariage de Giulia Rinieri. Congé de Stendhal à Paris ; retour en déc. À Lyon, Stendhal rencontre Musset et George Sand en route pour Venise.	
1834	Toute l'année se passe en Italie ; projets de mariage.	Stendhal entreprend la rédaction de *Lucien Leuwen* (publ. 1894).
1835	Difficultés et tracasseries administratives, mais en janv. Stendhal est fait chevalier de la Légion d'honneur.	**23 nov.** : il délaisse *Lucien Leuwen* et commence la *Vie de Henry Brulard.*
1836	**26 mars** : Stendhal se voit attribuer un congé qui va durer trois ans. Il est à Paris de mai à déc.	Il abandonne la *Vie de Henry Brulard* (publ. 1890). Il retravaille un peu à *Lucien Leuwen,* aux manuscrits italiens.

VIE		ŒUVRE	
1837	Stendhal entreprend en mai un long voyage en France.	**1837**	Projet des *Mémoires sur Napoléon* (publ. 1876). **1er mars** : « Vittoria Accoramboni », dans la *Revue des Deux Mondes*, sans signature. **Mai** : projet du *Rose et le Vert* (publ. 1928). **1er juill.** : « les Cenci », dans la *Revue des Deux Mondes* (non signé).
1838	Nouveau voyage en France en mars, suivi d'un second en oct.	**1838**	**30 juin** : publication des *Mémoires d'un touriste.* **15 août** : dans la *Revue des Deux Mondes,* « la Duchesse de Palliano », signée F. de LAGENEVAIS. **16 août** : « première idée » de la *Chartreuse,* que Stendhal écrit du 4 nov. au 26 déc., après avoir composé une moitié de « l'Abbesse de Castro » qu'il finit après le roman.
1839	Son congé se termine le 24 juin ; Stendhal arrive à son consulat de Civitavecchia le 10 août. Il se rend à Naples avec Mérimée.	**1839**	**1er févr. et 1er mars** : publication de « l'Abbesse de Castro » (même revue, même signature). **6 avr.** : publication de *la Chartreuse de Parme.* Nouveaux projets : *Suora Scolastica* (publ. 1921) ; *Trop de faveur tue* (publ. 1913) ; *le Chevalier de Saint-Ismier* (publ. 1912) ; *Féder ou le Mari d'argent* (publ. 1855). **Oct.-déc.** : première version de *Lamiel* (publ. 1889 et, surtout, 1929). **28 déc.** : publication en volume de *l'Abbesse de Castro* et des trois autres « chroniques » parues sous le nom de STENDHAL.
1840	Stendhal en Italie s'éprend d'un amour passionné pour une jeune Romaine, qu'il nomme « Earline ».	**1840**	Ébauche de *Don Pardo* (publ. 1933). Publication des *Idées italiennes sur quelques tableaux célèbres,* ouvrage du peintre Abraham Constantin et de Stendhal. Stendhal reprend *Lamiel* et écrit « les Privilèges » (publ. 1861). L'article fameux de Balzac sur la *Chartreuse* l'aide et le gêne dans la correction du roman.
1841	**15 mars** : attaque d'apoplexie. Congé. Stendhal est à Paris le 8 nov.		
1842	Il prépare une série de nouvelles pour la *Revue des Deux Mondes* ; mais, le 22 mars, à 7 heures du soir, rue Neuve-des-Capucines, il est frappé d'apoplexie. Il meurt dans la nuit sans avoir repris connaissance. Il est inhumé le 24, au cimetière Montmartre.		

L'apprenti écrivain. L'expérience du *Journal*

Des années d'apprentissage de Stendhal (1799-1814) demeure surtout son *Journal* : commencé en 1801, il expire lentement dans les années 1812-1817. Époque de projets grandioses, nombreux (dont une épopée, *la Pharsale*, des tragédies), ratés, ces premières années ont produit (entre autres) deux comédies restées inachevées : *les Deux Hommes* (1803-1804), qui, sur le modèle de la grande comédie noble et moraliste, opposent l'éducation selon la philosophie à l'éducation selon « le monde » ; *Letellier* (1804-1805, puis des reprises périodiques, jusqu'en 1830), satire du classique et « jésuitique » Geoffroy et du « bon parti » de la réaction. Officiellement, Beyle est auteur de comédies, s'initie au théâtre, apprend la déclamation, vit, selon son souhait, au milieu des actrices.

Letellier, c'est le « chef-d'œuvre inconnu » de Stendhal, car c'est le chef-d'œuvre qui se nie lui-même. Écrasé par l'ombre des grands modèles classiques, incapable de rompre avec eux, comme de les imiter et de s'en tenir aux catégories reconnues (le vers, la grande comédie, les caractères), à la fois servile et révolté, le futur romantique (il l'est déjà, mais n'ose pas, ne peut pas s'affranchir) découvre l'écriture dans la stérilité. Comme il veut atteindre la perfection, il glisse de l'invention, malaisée, à la réflexion sur l'invention, au journal qui réfléchit l'œuvre au lieu de la faire, à la recherche de la méthode créatrice infaillible et fondamentale qui l'interdit. Cette expérience première d'inhibition créatrice et d'éloignement de la littérature s'accompagne de deux autres : une enquête et une réflexion globales sur la littérature, l'homme, la société, la philosophie (recueillies dans le prétendu *Journal littéraire*, cahier de notes de lectures et d'essais) et une enquête sur soi ; l'originalité de l'être garantit celle de toute création. L'ambiguïté de ces débuts (théâtre, *Journal littéraire*, *Journal* et *Correspondance*) vient de ce que Stendhal ne perd jamais de vue la finalité littéraire de toutes ses lectures (par ex., les Idéologues) et démarches intimes : dans le *Journal*, il se constitue en écrivant, mais il écrit aussi pour se constituer. Le « beylisme », dont il se réclame en 1810-1811, se définit comme un « anti-rousseauisme » moral (renoncer au chimérisme actif) et esthétique (avoir la « grâce »). Ce qui vaut pour le vrai vaut pour le Moi – et aussi pour le style, but ultime et premier peut-être.

À coup sûr, cet apprentissage est dominé par la rencontre avec Helvétius, Hobbes puis avec les Idéologues : l'Idéologie au sens strict, avec Destutt de Tracy et ses épigones ; dérivée, avec Maine de Biran ; psycho-pathologique, avec Pinel ; physiologique, avec Cabanis ; historique et ethnologique, avec Volney ; sans compter ceux qui en ont été les précurseurs : Lancelin, Brissot, Condorcet ; enfin les disciples émancipés comme Mme de Staël. Cette non-philosophie « prépositiviste », dont les postulats individualistes édifient une politique libérale et sont acceptés par Stendhal en matière d'économie politique (Tracy, J.-B. Say, A. Smith, Malthus), fournit à notre auteur une méthode générale, l'analyse, et une « philosophie d'ensemble » positiviste et expérimentale ; elle étaie l'égotisme, établit la possibilité du « Connais-toi », d'une transparence générale du moi pour lui-même, dans la mesure où la conscience de soi est presque un moment de la sensibilité, où le bonheur est fonction de la conscience que le moi a de lui-même. *Se savoir*, c'est *être* plus et mieux *soi*. À coup sûr, en se pliant à la méthode « idéologique », Stendhal espère conjurer en lui le vague des passions et la passion du vague ; leur substituer le réel (le détail, le fait) ; atteindre l'idéal du beyliste pressé de se corriger, sinon de se mortifier (par le recours sévère à la « logique », exclusive de toute équivoque hypocrite, mais aussi de toute « folie » d'imagination), et de ne croire qu'à « ce qui est ». On a trop opposé l'Idéologie à l'enthousiasme ou à la sensibilité « romantiques » ; elle n'est pas le « sec » opposé au « soupir » de l'amant. Stendhal en déduit une méthode littéraire, et il oriente l'Idéologie vers l'élaboration d'une esthétique. Apparaît déjà l'ambiguïté des thèses de l'école réaliste, qui réclame et le constat du fait et la fidélité à la sensation subjective : l'Idéologie contient un subjectivisme (ce qui est, c'est ce qu'on sent), aussi bien qu'une prise de conscience de soi par l'effort – et par l'énergie –, une autonomie du sujet et de l'imagination (née de la sensation intérieure, de la production originale des images par l'organe interne), un relativisme généralisé de toute valeur ; bien que physiologistes et aliénistes redoutent la passion, de nature idolâtre et chimérique, ils enseignent à Stendhal la vertu visionnaire de la passion, dont la folie n'est que l'excès. [Voir **Idéologues (les)**.]

La première œuvre (ou non-œuvre) de Stendhal, c'est son *Journal* : face au naufrage de la littérature canonique, face à la mise en doute de ses pouvoirs qui conduit très vite Beyle à s'intéresser à la musique et à la peinture, le *Journal* est seul accessible. Écrivant pour lui seul (ou pour quelques amis), sans sujet, sans composition, dans la liberté de son « naturel », Stendhal se place à la jonction d'une expérience morale, spirituelle et formelle. C'est moins lui-même qu'il trouve que son style, ou lui-même par l'*habitus* d'un style. La fin du *Journal*, c'est l'accès de Stendhal à l'écriture : le Journal du voyage en Italie de 1811 est sans doute la première œuvre qu'il ait préparée pour une éventuelle publication. Par la suite le *Journal* lui sert de réserves pour ses œuvres.

Le *Journal*, miroir du Narcisse, activité de redoublement de soi, de multiplication de la joie d'être soi, lui sert à se raconter, à faire la somme de ses instants (pour les comprendre, se juger, s'identifier dans ses constantes), le bilan de ses actes et impressions (de théâtre, d'amour) ; il tend alors à se corriger lui-même, à rectifier son passé et à établir son chemin de vie, c'est-à-dire à édifier son naturel, un moi élu, apte à plaire, un moi meilleur. L'activité du Narcisse devient maïeutique : un des axes de ce devenir est la « dérousseauisation », qui n'est pas seulement un effort pour se libérer de l'influence de Rousseau, mais une intention active de ne pas sombrer dans la délectation morose « du mal du siècle », de la mélancolie satisfaite d'elle-même. L'idéologie enseigne la dure contrainte du réel et les limites du moi, et Beyle s'apprend à lui-même l'impossibilité d'être parfait à soi tout seul et pour soi seul ; leçon de sociabilité, le *Journal* explore l'hypocrisie et sa contrepartie, la nécessité de se situer en acte, par l'expression, parmi les autres. Les leçons de déclamation, la pratique séductrice, l'ambition sociale (qui élargit la perception du réel comme théâtre), l'école de la mondanité (savoir converser, conter, plaire, faire rire) sont des moyens de styliser le vécu, de le jouer, donc font le lien entre l'intimisme et le style-Moi. Le *Journal* échoue ; il ne peut dire le Moi, et l'insuffisance du langage dissuade Stendhal de se confier tout entier au papier ; il ne peut dire que des Moi, des identités partielles, fragmentaires, fictives ; aussi évolue-t-il vers les alibis, caches, déguisements et mensonges, vers des rôles ; Beyle y devient des pseudonymes, des personnages, comme le *Journal* de lui-même évolue vers le journal de campagne, puis de voyage ; vers l'œuvre égotiste, vers le style naturel (une rhétorique de la négligence, de la liberté, de l'insouciance, du caprice, de l'immédiateté spontanée qui refuse le système au profit de l'adhésion à l'instant).

Critique d'art et activité « romantique »

De son premier livre à son premier roman, Stendhal élabore une œuvre (vies d'artistes, critique d'art, théorie romantique, traité sur l'amour, journaux de voyage, ébauches historiques sur Napoléon, pamphlets politico-littéraires) qui est méconnue, peu étudiée, insituable, en apparence livrée à une érudition de fantaisie ou d'emprunt, à la confession égotiste déguisée ou fictive, à une critique d'art très subjective et sans compétence. Stendhal, qui s'est voulu « romantique » dès que le mot est apparu dans les années 1810-1813, se livre à une activité romantique globale : romantique par le voyage (l'Italie est le pays du romantisme ou du romanesque réalisé), par la vie dans l'art, par l'expérience passionnelle, par le dilettantisme du Moi-artiste qui défie la critique des professionnels, par une situation d'exil et d'errance en marge des monarchies restaurées, il vit tout haut le *Romantik* et en propose une théorie générale, bien mieux unifiée qu'on ne le croit, et portant sur tous les arts, du ballet au « paysage ». La Scala de Milan est le haut lieu de cette vie esthétique généralisée.

Surprenant romantique qui refuse les romantiques de la Restauration, ne veut pas du vers, ni du drame, s'en tient à la « tragédie historique » sans mélange des genres, n'apprécie que Béranger, et Paul-Louis Courier, défend la pureté de la langue, n'aime ni Balzac, ni George Sand, ni Alexandre Dumas, ni Delacroix, confondu avec l'école du laid, qui, enfin, affirme son goût pour Canova et, en musique, s'en tient à Cimarosa et à Mozart, au Rossini de 1815 ; qui blasphème la musique allemande et accepte difficilement Bellini. On l'a donc dit « classique » ou « réaliste ». Ou double. Quant à sa compétence, la cause était désespérée dès lors qu'il déclarait son aversion pour l'harmonie, opposée à la mélodie, ou déchiffrait les tableaux en fonction de leur sujet et de leur valeur dramatique.

Les travaux récents insistent, au contraire, sur la compétence picturale et musicale de Stendhal, sur sa familiarité avec « ses » peintres, sur sa vaste expérience de la musique de son temps, y compris la musique instrumentale et allemande ; véritable spécialiste de l'opéra italien (de ses grandes premières, de ses vedettes, de ses compositeurs), critique reconnu (de 1824 à 1827 au *Journal de Paris*, entre autres), bien moins ignorant qu'il ne l'a fait croire, il a sa place dans l'intelligence de Mozart et dans l'appréciation de Rossini, comme dans l'analyse de Léonard de Vinci (peintre de la mélancolie), du clair-obscur corrégien ou de la violence michelangélesque. Cohérente, sa critique repose sur quelques principes : l'expression (qui destitue les formes arrêtées, dessin, sculpture, et le Beau antique), la modernité (inventer pour un public en constante évolution, subordonner le Beau à l'opinion seule), le relativisme (donner du plaisir réel à une société, à une époque, à un individu), le dilettantisme (pas d'autre critère que l'émotion du critique). Stendhal fonde une critique historique (l'art expression d'une époque), subjective (le principe de sélection du réel et de construction de l'œuvre, autrement dit l'idéal, est propre au Sujet créateur), qui admet la convergence des arts, leur hiérarchie (selon ce qu'ils apportent de plaisir physique, de liberté extatique et imaginaire, d'où le privilège du clair-obscur, du chant, et le refus de l'abstraction harmonique), qui affirme enfin leur principe unique : la passion, la subjectivité indifféremment émue et inspirée.

De l'Amour ou l'érotique de Stendhal

Le dilettante est aussi un spécialiste de l'Éros : amant par état, il explore la dimension commune de l'amoureux et de l'artiste. *De l'Amour*, œuvre insituable, fait le lien entre l'expérience vécue (l'amour malheureux pour Métilde), le roman (l'amour-passion est le fait romanesque fondamental, explicitement renvoyé à ses sources littéraires et au mythe *courtois*) et l'esthétique : l'amant, comme l'artiste, est un inspiré ; l'amant invente son Beau ; la beauté du désir et celle de l'art n'en font qu'une. *De l'Amour*, sorte de roman embryonnaire où la réalité est à peine déguisée, fait la synthèse de l'expérience amoureuse de Stendhal ; c'est une confession, un plaidoyer peut-être auprès de Métilde, un effort pour guérir ou pour raisonner, qui met à distance la passion et la traite comme un phénomène ; d'où la construction du traité selon une « grille » idéologique qui analyse la naissance de l'amour et ses lois, puis fait varier le sentiment en fonction des causes externes qui le déterminent (tempéraments, nations, régimes politiques) et aboutit à des propositions de réforme des mœurs qui visent non à un « féminisme », mais à une plus profonde entente amoureuse des sexes. La cristallisation (« opération de l'esprit qui tire de tout ce qui se présente la découverte que l'objet aimé a de nouvelles perfections ») rend la beauté relative au seul désir de l'individu et oriente celui-ci vers un être unique, inépuisable, imaginaire et réel ; radicalement idéaliste, l'érotique de Stendhal tend à dissocier et à unir l'âme et le corps (Werther contre Don Juan), la promesse toujours renouvelée (le premier serrement de main de la femme aimée est le plus grand plaisir possible) est un réenchantement de la réalité.

Le romantisme littéraire : les deux *Racine et Shakespeare*

La polémique littéraire de Stendhal (*Racine et Shakespeare*, les essais de pamphlets de 1818-1819 nés de l'expérience milanaise et de la lecture de l'*Edinburgh Review*), ses notions dispersées sur la « théorie » littéraire déçoivent : sa position, vigoureuse dans la négation (contre les unités, contre le vers), dans l'affirmation moderniste (être romantique, c'est être de son temps ; tout le monde a été romantique, sauf les purs imitateurs), ne semble conduire qu'à un réalisme informel, à ce « vérisme » ou à cette « esthétique du miroir » qui contredit son esthétique. Le refus du style, le recours « naturaliste » aux modèles, le culte des « petits faits vrais », l'opposition du « détail » authentique à toute stylisation convenue ou idéalisante, l'appel à la seule vérité (quitte à rejeter la bassesse des peintres flamands et la trivialité de Molière) semblent en parfaite discordance avec l'Idéal et avec l'esthétique du Sujet. Est-ce à dire que la « vérité » s'oppose à la beauté, et le « réaliste » au « romantique » ? D'accord en fait dans le même « soupçon » à l'égard des formes et des signes (ils ne doivent relever que de l'objet ou du sujet purs), les deux tendances sont, chez Stendhal, confondues dans la synthèse du roman et du style beylistes ; le « réel » est le contrepoint du romanesque, la diction par l'action et le détail sert à la rêverie, le vérifiable se joint au sublime. Ce qui fait l'unité de l'esthétique de Stendhal, c'est le refus des significations achevées et closes (le « sec ») au profit d'une « promesse » de sens.

Armance

Longtemps dédaigné, mis à la mode de nos jours comme utilisation romanesque d'un cas de pathologie sexuelle, *Armance* emprunte ses données au roman (non publié) de Mme de Duras, *Olivier ou le Secret*, roman d'un impuissant, imité par Henri de Latouche (en guise de mystification), puis par Stendhal, qui écrit en plein désespoir d'amour après la rupture avec Menti. Roman d'inspiration « classique », qui renvoie à *la Princesse de Clèves* (rapports des amants et du « monde », combat du devoir et du désir, de l'estime de soi et des passions, diction détachée et élégante), il présente une innovation radicale : le recours aux faits précis d'une actualité politique ou journalistique (le « milliard des émigrés », les « jésuites », la « nouvelle religion »), l'insertion des protagonistes dans des données sociales et dans les contraintes de l'Histoire ; Octave de Malivert et Armance témoignent pour le drame moral des « jeunes privilégiés » qui ressentent l'injustice de leur situation. Octave, héros de l'anomalie, est le plus « romantique » des personnages de Stendhal : victime d'une « impossibilité » amoureuse, il est plus profondément victime d'une impossibilité d'être ; il se sent un « monstre », retranché de toute similitude, hors de toute parole ; souverainement « singulier », et étrange, il oscille, dans son attitude envers les hommes, entre la méchanceté active et l'angélisme désintéressé et ascétique. Selon la donnée empruntée, Stendhal a fait son « babilan » amoureux et aimé ; l'amour le sauverait, le réconcilierait, s'il pouvait avouer son état, se fier à autrui, ce dont l'écartent une surenchère de scrupules et toutes les formes du malentendu. Mais c'est un roman-énigme : Stendhal a méthodiquement contourné, évoqué de loin – de trop loin peut-être – le mal d'Octave ; il n'en montre que le côté « moral » et laisse au lecteur le soin de lire au-delà du texte et des symptômes. Le cas exceptionnel d'Octave est signifié par des déplacements analogiques qui disent indirectement, de biais, l'impuissance sans que le roman puisse jamais se réduire à un rapport banal et univoque de cause à effet. Membre d'une noblesse mourante, privilégié culpabilisé par l'Histoire – et par sa lucidité –, « enfant du siècle » que la raison a délivré et inhibé, noble authentique que la réalité dégoûte et déçoit, héros de la pureté, du devoir, bourreau de lui-même par vertu, Octave accumule tous les motifs de perdre confiance en soi et de se désavouer ; motifs qui expliquent son mal ou sont explicables par lui. Mais, au fond, Stendhal n'a-t-il pas voulu le laisser, ce mal, mystérieux et inexplicable ? Roman-clinique, où Stendhal se souvient de ses lectures de Pinel et de Cabanis, *Armance* (qui fait écho au chapitre des « fiascos » dans *De l'Amour*) montre un héros victime (ou favorisé – telle est l'ambiguïté) d'un excès d'intériorité, d'imagination, de sensibilité, et qui ne peut se réaliser dans l'extériorité. Le roman de l'impuissant est aussi bien son apologie, et avec lui celle du plus pur amour.

SYNOPSIS

Octave de Malivert, jeune homme très remarquable, mais très étrange, que le « milliard des émigrés » vient brusquement d'enrichir, se rend-il compte que son souci de regagner l'estime de sa belle et scrupuleuse cousine Armance de Zohiloff dissimule un sentiment d'amour pour elle ? Il croit qu'elle le méprise depuis sa récente richesse, et il ne supporte pas cette idée. Avec désespoir il doit s'avouer qu'il l'aime ; mais il ne peut, il ne doit pas aimer – et cela, en raison d'un serment qu'il s'est fait. Blessé dans un duel et croyant mourir, il croit pouvoir lui avouer cet amour ; Armance, qui se fait un scrupule insurmontable de sa pauvreté, s'engage à ne jamais l'épouser. Dès lors, les deux jeunes gens connaissent un bref et pur bonheur. Mais Armance est compromise par des parents méchants, et Octave doit l'épouser. Fera-t-il l'aveu décisif ? Il préfère ne rien dire, épouse Armance et s'embarque immédiatement pour la Grèce, où il va aider les insurgés contre les Turcs ; il se suicide en vue des côtes grecques et n'avoue que dans une lettre. « Armance et Mme de Malivert prirent le voile dans le même couvent. »

Le Rouge et le Noir

Octave est peut-être le plus révolté des personnages de Stendhal : il ne s'explique bien que par rapport à Julien Sorel. *Le Rouge et le Noir*, né d'un fait divers, l'affaire du séminariste Berthet (guillotiné en 1828), et, accessoirement, de l'affaire Lafargue (un ouvrier qui tue sa maîtresse infidèle), donc d'une histoire vraie, est bien une « chronique de 1830 », où Stendhal reprend toutes les observations politico-sociales dont il a nourri ses « Chroniques pour l'Angleterre », et résume toute l'évolution de la Restauration (les Valenod après les Rénal, Polignac après la Congrégation) : vraie tranche d'Histoire, la deuxième partie suit pas à pas l'actualité (cf. les projets de « Note secrète » prêtés par la presse à Polignac). La critique « rougiste » a découvert les « pilotis » innombrables (ainsi le duc de Fitz-James pour le marquis de La Mole) et rendu aux modèles ce qui leur revenait (Mathilde imaginée selon Giulia Rinieri et Mary Grasset). Le titre (allusion au jeu, aux partis politiques, à l'Empire opposé à la Restauration cléricale, opposition du sang et de la prêtrise ?) n'est peut-être qu'une énigme proposée au lecteur. C'est sa violence qui fait du *Rouge* l'une des œuvres clés du XIXe siècle ; ses contemporains l'ont ressenti comme plus tard on ressentira le « réalisme » : comme une œuvre cruelle, laide, une dissection de l'âme qui l'attriste et la flétrit ; Balzac l'a rangé parmi les produits de « l'école du désenchantement ». Jules Janin a vu dans Julien un « monstre », et dans tout le roman un parti pris d'horreur ; Mérimée a déploré ces « plaies du cœur humain trop salopes pour être vues ». Défi à une certaine modération littéraire, ce roman d'un héros bas et fort, d'un sublime sombre et sanglant (« michelangélesque », a-t-on dit), offrant sans atténuation des laideurs morales et physiques, était-il aux limites du supportable ? La beauté du laid relève d'une nouvelle poétique.

Au premier chef, la laideur est sociale ; c'est le social qui constitue le lieu de l'exil et de l'aliénation. Une stricte bipolarité oppose, dans les trois étapes de Julien, les non-valeurs (vanité, mensonge, conformisme, égoïsme pharisien) des nantis, notables, possédants, à la protestation généreuse du jeune homme et à sa puissante affirmation destructrice. Avec lui, les seules valeurs sont dans le refus, ou dans l'hypocrisie provisoire et tactique où Julien feint de jouer le jeu social pour le faire exploser ou pour s'en protéger. L'interprétation classique (Léon Blum, Maurice Bardèche) renvoie à la société la responsabilité de la falsification. Julien apparaît alors comme l'« image de la rébellion moderne ». Le XIXe siècle avait vu la valeur universelle et prophétique du personnage : « tous les jeunes gens à un moment donné ont été plus ou moins Julien Sorel » (Rochefort) ; c'était pour Paul Bourget un « plébéien en transfert de classe », un déclassé préfigurant les communards.

Que Stendhal ait corrigé les épreuves de son roman pendant la révolution de 1830 était symbolique : c'est le roman de la révolution. En parlant des « deux cent mille Julien Sorel qui peuplent la France », Stendhal a donné à son ambition, à son énergie, à sa puissance une valeur collective. Son refus de manger à l'office était celui de Rousseau et de Mme Roland. Son assaut de la « société », ses conquêtes, ses dons, ses mérites, sa déclaration de guerre sociale disaient bien l'irrésistible ascension d'une « jeune France », née d'elle-même, et brisant une société de caste et de dogme. Julien, aux yeux de Mathilde en particulier, est inséparable d'un contexte de révolution et de révolte.

Seulement cette face « sociale » de Julien, visible et bien cernée, ne rend pas compte d'un personnage en qui la part d'insaisissable et d'inconnu est essentielle ; la poétique du sublime à l'œuvre dans ce roman plus tragique que social en fait un être plus obscur que clair. Son ambition, dictée par des motifs non pas « économiques », mais de dignité, de « délicatesse », d'orgueil surtout, tend à une sorte de démesure imaginaire ; Julien, loin d'être une victime sociale, réussit toujours. C'est un rêveur, un chimérique qui a besoin d'un avenir illimité et qu'aucune carrière ne contient. Son projet d'ascension par l'Église est historiquement irréaliste. Révolté surtout par toute humiliation, d'une « infériorité » maintenue agressivement, invoquée comme distance et comme arme, Julien ramène la « conscience de classe » aux affres de l'amour-propre et de la vanité, l'inscrit dans les limites du simple ressentiment ou l'égare dans une entreprise de guerre du Moi contre tous les autres.

D'une part c'est un « ingénu », ou comme Rousseau un « ouvrier », que ses ignorances, ses timidités, ses gaucheries, son innocence de cœur placent en deçà de la corruption sociale qu'il met en accusation par la seule expression de ses sentiments et par ses mérites. Réel dans une société de conventions et d'obligations, il est plus profondément un Étranger : héros sans filiation, qui s'est voulu « isolé », sans liens avec les hommes, et né de lui seul ; son hypocrisie (toujours en échec parce que systématique) est un effort de rupture avec les autres (il ne veut que leur mentir) et de création souveraine de soi ; prêtre incroyant, auteur d'un immense défi latent envers les vérités reconnues, on a pu le rapprocher de l'empereur Julien l'Apostat ou voir dans ce « charpentier » un Christ parodique. Le meurtre final, à la fois nécessaire et inexplicable, le sauve de toute définition sociale et ambitieuse. Le flagrant délit est le contraire même de la stratégie arriviste.

L'œuvre accepte pour le dépasser le romanesque moderne de l'ambition et de l'ascension sociale. Elle ne l'intègre que comme passion (infinie) et non comme besoin, et en le mettant en conflit avec le romanesque traditionnel de l'amour. Julien ne comprend-il pas, à la fin, qu'il s'agissait même d'une « fausse passion » ? Voulait-il être grand ou tendre ? Le personnage de Julien, parti de l'âpre tension haineuse de son « rôle de plébéien révolté », s'inscrit dans une courbe, un mouvement de formation romanesque qui le conduit au bonheur amoureux de la prison et à l'héroïsme simple et « naturel » de sa mort : cet apaisement acquis, grâce à l'expérience d'une maîtrise de soi que lui donnent et le dandysme parisien et la reconquête de Mathilde, transforme et parachève – après le « meurtre » de Mme de Rênal – le héros ; la prison est le moyen et le symbole de cette conversion du personnage à la générosité – et à la pure « poésie ».

La disproportion entre sa naissance et son génie, son désir et la réalité, entre lui-même et ses virtualités inconnues fait de Julien Sorel un « peut-être », un être au-delà des limites, au-delà du bien et du mal ; elle lui assigne son destin, et son sens comme héros du sublime.

M. Crouzet

SYNOPSIS

PREMIÈRE PARTIE. Présentation de Verrières (chap. 1). Le maire, M. de Rênal (2). Le vieux curé, l'abbé Chélan. Décision de M. de Rênal d'engager Julien Sorel, le fils du charpentier, comme précepteur de ses enfants (3). Présentation du charpentier et de Julien (4). Caractère de Julien ; sa visite à l'église (5). Sa timidité devant Mme de Rênal ; première leçon aux enfants (6). Pitié de Mme de Rênal ; son intérêt innocent pour Julien (7). Sa jalousie envers Élisa, la femme de chambre, lui fait entrevoir qu'elle aime Julien. Un soir, sous le tilleul, il effleure sa main (8). Le devoir lui impose de recommencer. Sévérités de M. de Rênal. Le portrait de Napoléon caché dans la paillasse ; nouvelle jalousie de Mme de Rênal (9). En guise d'excuse, Julien obtient de M. de Rênal une augmentation (10). L'idée d'« adultère » terrifie Mme de Rênal (11). Julien rend visite à son ami Fouqué (12). Après avoir songé à conquérir Mme Derville, Julien fait une déclaration à Mme de Rênal (13). Ses imprudences ; se jugeant humilié, il songe un instant à modifier ses projets (14). Il pénètre dans la chambre de Mme de Rênal ; sa froideur après la réussite de sa tentative (15). Mme de Rênal est partagée entre le remords et le regret de n'avoir pas connu Julien plus tôt (16). Susceptibilité et méfiance de Julien ; avec le temps, il oublie un peu son ambition pour céder au bonheur (17). Un roi en visite à Verrières : Julien est nommé garde d'honneur ; sa joie et celle de Mme de Rênal. Étonnem ent de Julien devant les mimiques de l'évêque d'Agde (18). La maladie de son plus jeune fils réveille les remords de Mme de Rênal, mais cette crise augmente l'amour de Julien. Une lettre anonyme (19). Mme de Rênal a l'idée de composer de fausses lettres pour détourner les soupçons de son mari (20). La vanité blessée de M. de Rênal ; le sang-froid de sa femme (21). Julien dîne chez les Valenod ; rivalité de Valenod et de Rênal (22). Une soirée de gaieté grâce aux histoires de Geronimo. Mme de Rênal accepte sans égoïsme que Julien quitte Verrières (23). Besançon. La rencontre d'Amanda Binet (24). Le séminaire. Julien s'évanouit lors de son entretien avec l'abbé Pirard (25). Grossièreté de ses compagnons du séminaire. Une visite de Fouqué. Julien victime de l'espionnage de l'abbé Castanède et protégé par l'abbé Pirard (26). En dépit de ses précautions, il multiplie les imprudences (27). Une procession ; Julien entrevoit Mme de Rênal (28). Le jour de l'examen, il est victime du jansénisme de son protecteur, l'abbé Pirard ; la tendresse que celui-ci inspire à Julien ; politesse de l'évêque (29). Le marquis de La Mole accepte, sur le conseil de l'abbé Pirard, d'engager Julien comme secrétaire. Julien retourne à Verrières, de nuit, pour revoir Mme de Rênal (30).

SECONDE PARTIE. Recommandations de l'abbé Pirard à Julien avant sa présentation à l'hôtel de La Mole (1). Courtoisie du marquis ; Mathilde de La Mole, sa fille, déplaît à Julien (2). Les bontés du fils du marquis (3). Julien s'initie aux subtilités de l'étiquette de l'hôtel (4-5). Un malentendu le conduit à provoquer un chevalier en duel, et donne à M. de La Mole l'idée de le faire passer pour le fils naturel d'un gentilhomme (6). Familiarité croissante de M. de La Mole (7). Lors d'un bal donné à l'hôtel de Retz, Julien scandalise des jeunes gens bien élevés et s'attire l'admiration de Mathilde (8). Dans la bibliothèque ; Mathilde froissée de l'indifférence de Julien, puis effrayée par la violence de ses propos (9). Elle porte le deuil de son ancêtre, Boniface de La Mole. « M'aime-t-elle ? » (10). Les pensées de « l'héritière la plus enviée du faubourg Saint-Germain » : « J'aime, c'est clair » (11). De ce moment, elle cesse de s'ennuyer (12). Elle écrit à Julien ; craignant d'être victime d'un complot, celui-ci prend ses précautions (13). Échange de lettres ; le rendez-vous (14). Julien hésite à s'y rendre (15). Quand Mathilde s'est donnée à lui, Julien éprouve plus d'étonnement que de bonheur ; elle-même a le sentiment d'avoir accompli un devoir (16). Julien la menace d'une épée ; bonheur de Mathilde (17). Son mépris soudain désespère Julien (18). Il s'introduit dans sa chambre ; un bonheur indescriptible. Nouvelle froideur de Mathilde (19). Le vase brisé ; tourmenté par son amour, Julien est de plus en plus malheureux (20). La note secrète : Julien, homme de confiance du marquis de La Mole, dans une conspiration d'« ultras » (21-23). À Strasbourg ; les conseils de stratégie amoureuse du prince Korasoff : Julien fait la cour à Mme de Fervaques – et lui adresse une correspondance assidue (24-28). Mathilde vaincue (29-31). Elle annonce à son père qu'elle est enceinte (32). M. de La Mole hors de lui ; les projets de Mathilde (33). Les dispositions du marquis : M. Julien Sorel de La Vernaye, nommé lieutenant de hussards. Joie sans bornes de Julien (34). Une lettre de Mme de Rênal dénonce l'ambition de Julien ; celui-ci se précipite à Verrières, et, dans l'église, tire sur elle deux coups de pistolet (35). La prison. Mme de Rênal est vivante. « Elle vivra pour me pardonner et pour m'aimer », pense Julien (36). Visite de l'abbé Chélan et de Fouqué (37). Les menées secrètes de l'abbé de Frilair (38). Julien éperdument amoureux de Mme de Rênal ; ses projets pour l'enfant que porte Mathilde (39). Mme de Rênal écrit aux jurés pour tenter de sauver Julien (40). Le procès ; Julien condamné à mort (41). Malgré les supplications de Mathilde, il refuse de faire appel (42). Les larmes de Mme de Rênal (43). M. Sorel rend visite à son fils. Résolution de Julien devant la mort (44). Mathilde jalouse jusqu'à l'égarement de Mme de Rênal. Elle ensevelit la tête de son amant. Mme de Rênal ne survit que trois jours à Julien (45).

P.-L. Rey

Le moment autobiographique

Après le *Rouge* s'ouvre pour Stendhal une phase d'indécision sinon de stérilité ; pendant des années il n'achève aucune œuvre. Ses notes le montrent désireux de changer de « manière » romanesque et de ne pas renouveler la diction tendue et sombre du *Rouge*. De ses nombreux essais romanesques il ne mène à terme que la *Chartreuse de Parme* et les récits italiens devenus les *Chroniques italiennes*. Ce relatif délaissement de l'invention romanesque se joint à un regain de l'intérêt égotiste, manifesté par le retour de Stendhal sur son passé, par son projet d'autobiographie qui aboutit aux *Souvenirs d'égotisme* (1832) et à la *Vie de Henry Brulard* (1835-1836), lesquels encadrent *Lucien Leuwen*, lui-même nourri de ses souvenirs, en particulier des amours avec Métilde. Les deux ébauches autobiographiques maintiennent dans l'indicible les grands moments, fastes ou néfastes, du beylisme : les amours de Milan, après lesquelles commencent les *Souvenirs* qui racontent la vie parisienne de Stendhal (1821-1830) ; l'arrivée à Milan, que ne peut décrire le dernier chapitre de *Brulard* (qui s'en tient à la période 1783-1800). Les *Souvenirs* sont pénétrés du « fantôme » de Métilde, et ils se présentent comme le récit d'un deuil mélancolique et d'un lent retour à la vie. Ils vont du « fiasco » avec Alexandrine à l'aventure heureuse avec la petite prostituée de Londres. S'affirmant désireux de répondre à la question « Quel homme suis-je ? », Stendhal élabore (rapidité de l'écriture, hardiesse des aveux, négligence du récit) une diction de la sincérité. Se connaître (par son passé, ainsi que par la stabilité de son moi) devient se ressembler à son insu dans l'acte de « s'écrire ». *Brulard*, autoportrait du peintre, se présente comme une libre mise en scène de soi, où, évitant toute construction narrative de sa vie, toute référence à des Mémoires, Stendhal fait du souvenir, de son retour, de son interprétation, du travail de la mémoire, le vrai centre de sa narration. C'est moins une vie racontée qu'une vie revécue du point de vue de l'enfance, authentifiée par les croquis qui la réactualisent, par la fidélité à la mémoire du sentiment, plus que du fait ou de la date, à l'image pure distincte de tout sens rapporté. Sans jamais se rétracter ni censurer son passé, Stendhal confirme son identité par sa continuité, et par la découverte que fait l'homme mûr (*Brulard* est l'œuvre de la cinquantaine) de la vraie signification de ses faits et gestes. C'est encore l'histoire d'un deuil (la perte de sa mère) et d'une résurrection : l'arrivée en Italie. Entre les deux, le sombre drame d'un enfant tyrannisé et haineux. Inventeur de l'« Œdipe », Stendhal se découvre enfant incestueux et parricide, enfant sans père, enfant d'une lignée maternelle. Cette mythologie négatrice est la caution d'un Moi fort (ou faible ?) et qui rapporte sa singularité à son absence d'origines ordinaires ; mais, en racontant qu'il est né révolté, Stendhal, par l'intermédiaire de ce nouveau pseudonyme (Brulard), n'est pas sans faire quelque retour sur cette révolte même.

Lucien Leuwen

Les deux grands romans de la deuxième manière de Stendhal, *Lucien Leuwen* et *la Chartreuse de Parme*, sont moins âpres et moins négatifs que *le Rouge et le Noir* ; dans l'un et l'autre, un héros moins exceptionnel et plus heureux se trouve doublé d'un mentor « politique », d'un « père » favorable et protecteur, et s'insère plus activement dans l'ample fresque politique qui se déploie autour de lui. Le romanesque inclut la présence au monde et à la politique : c'est cette présence qui sépare et unit les valeurs romanesques et les non-valeurs de la réalité. *Lucien Leuwen* a pour point de départ le manuscrit d'un ouvrage intitulé *le Lieutenant*, soumis à Stendhal par une de ses amies, Mme Gaulthier. Stendhal semble avoir repris les données du *Lieutenant* dans la première partie de son roman (l'épisode de Nancy). Au centre de *Lucien Leuwen*, le contraste absolu : d'une part, l'épisode amoureux, du romanesque le plus purement traditionnel, c'est l'« amour de loin » ; l'amant respectueux, l'héroïne chaste s'aiment dès la première vue (une chute de cheval sous les fenêtres de Mme de Chasteller, au nom significatif), s'adorent sans jamais se l'avouer ; plus l'héroïne aime, plus elle se rend inaccessible, par un scrupule d'honneur qui est un scrupule d'amour. Lucien aime éperdument une maîtresse qu'il « n'a pas eue » (comme Stendhal avec Métilde) et demeure fidèle à son souvenir, à son image, qui inspire sa vie dans la deuxième moitié du roman. D'autre part, un roman intensément social (on l'a dit balzacien) : Lucien, fils de banquier, dispose de tous les atouts possibles, mais, comme privilégié, il manque d'énergie et de personnalité ; et un roman intrinsèquement et cruellement politique, où le héros est confronté non seulement au choix politique (être républicain malgré sa fortune), aux événements politiques (la grève réprimée par son régiment), mais aussi à la politique comme action, comme « coquinerie » indispensable, et peu reluisante : la trame de l'action est donc l'activité politique de Lucien au ministère de l'Intérieur, celle de son père à la banque et à la Chambre. Le roman transpose les grands et petits événements politiques d'une période qui correspond, en gros, à son élaboration. C'est sans doute le plus grand roman politique du siècle, et plus encore le roman du politique, du pouvoir, de ses ressorts : la vanité, l'avidité ; les puissants sont des voleurs, le pouvoir a été volé en 1830, le pouvoir libéral est un vol en soi. La notion ironique de formation romanesque unit les deux aspects en contrepoint : Lucien est un jeune homme comblé, donc mal parti, l'exact opposé d'un Julien. Pour être, il lui faut déchoir, mériter ce qu'il a, gagner « sa propre estime » en se risquant lui aussi dans le combat de la vie ; destiné à être soi en se dépouillant de son amour-propre et de son idéalisme, il est formé successivement par le heurt aves ses camarades de régiment, où il doit se poser en s'opposant ; par la mascarade allègre qui le fait entrer dans les salons légitimistes de Nancy, où il apprend à jouer son rôle dans la partition sociale ; par la « coquinerie » politique, où il apprend que le courage est le même en tout danger, et que l'effort exercé sur les autres pour les faire agir est l'épreuve et la preuve du Moi ; par l'amour surtout, qui délivre l'âme de toute crispation vaniteuse, qui annihile l'amour-propre, et qui achemine Lucien vers l'héroïsme de disponibilité et d'humilité final. C'est l'effort qui fait le héros : ici effort sans grandeur, mais non sans courage. Pour faire ses classes d'immoralité et de volonté, Lucien est aidé par un mentor cynique, le docteur du Poirier, et par son père, personnage qui incarne l'ironie, le jeu (le jeu de la Bourse) et le machiavélisme.

Stendhal a-t-il réussi dans *Lucien Leuwen* le roman « comique » qu'il cherchait à écrire ? A-t-il réussi le « comique » de la politique, surmonté l'« odieux » des faits pour les ramener aux schèmes ordinaires de la comédie (les mots de parti remplaçant les mots de caractère) ? Le comique est dans le récit, dans les personnages conscients des rôles qu'ils voient jouer ou qu'ils jouent, dans le texte lui-même, qui est un jeu perpétuel.

SYNOPSIS

Selon le plan initial de l'auteur, le héros, fils d'un riche banquier parisien, et chassé de Polytechnique pour son républicanisme, devait, vers 1833, traverser trois milieux : Nancy (une ville de province parmi d'autres), où il est sous-lieutenant de lanciers, où il fréquente les salons légitimistes et où il s'éprend de Mme de Chasteller ; il en est chassé par la ruse du docteur du Poirier, qui simule un faux accouchement de l'héroïne ; Paris, où il est le secrétaire de M. de Vaize, ministre de l'Intérieur, lié à son père par des spéculations (favorisées par l'utilisation malhonnête du télégraphe), et qu'il doit servir dans de douteuses besognes (affaires de Bourse, d'agents provocateurs, de truquages d'élections) ; Rome, où il parvenait comme attaché d'ambassade après la mort et la ruine de son père. À la fin il devait sans doute épouser Mme de Chasteller. Stendhal a esquissé une première version des deux premières parties, corrigé et dicté les dix-huit premiers chapitres intitulés le Chasseur vert (publiés sous ce titre en 1855), et décidé de ne pas écrire la dernière étape. Édité pour la première fois en 1894, le roman est donc sans doute achevé, mais bien loin d'une rédaction finale ; même le titre de Lucien Leuwen est incertain, Stendhal ayant aussi pensé à l'Orange de Malte, le Télégraphe, l'Amarante et le Noir, les Bois de Prémol, le Rouge et le Blanc.

Chroniques italiennes

C'est en 1833 que Stendhal a la révélation, sans doute chez ses amis romains les Caetani, de manuscrits italiens du XVIe et du XVIIe siècle, qu'il fait copier et que très vite il entreprend d'adapter – renouvelant ainsi le genre des « histoires tragiques » des grands recueils de « nouvelles » comme ceux de Bandello. Il est persuadé que ces récits de « faits divers » et scandaleux, plus ou moins arrangés à des fins satiriques, sont d'authentiques documents, écrits par des témoins réels, et constituent donc une littérature au degré zéro d'une parfaite véracité. Vrais donc (mais non « vraisemblables » pour le moderne), ces histoires d'horreur et de témérité, ces exemples de la beauté du crime (il sélectionne les crimes « généreux », suscités par la passion) et du sublime noir et sanglant. Historien par sa fidélité aux mœurs et usages, parodiste du fait qu'il s'institue lui-même dans ses récits chroniqueur, Stendhal remanie profondément ses modèles par la vigueur elliptique et la nudité de l'écriture ; il les réinvente, et il invente au-delà d'eux comme dans *l'Abbesse de Castro*, chef-d'œuvre de la pseudo-chronique. Cette horreur sobre et laconique est un défi au « romantisme » et à l'humanitarisme douceâtre des Droits de l'Homme : quel Homme, et quels droits ? Qu'il s'agisse de Francesco Cenci, héros « sadien » de toutes les transgressions, des vengeances familiales, des crimes d'honneur et d'amour, du statut anarchique des bandes armées et des « brigands », ou des tortures et supplices codifiés par la Justice, ces récits nous entraînent dans une autre normalité, où règnent la loi du talion et le droit du plus fort ; le meurtre et la cruauté ne sont pas hors la loi, mais une autre loi, celle qui, pour Stendhal, se confond avec le désir, le Moi et sa passion naïve (« italienne »), libre de toute mauvaise conscience et surtout de toute pensée réflexive.

Avec *l'Abbesse de Castro* (dont l'invention est contemporaine de celle de la *Chartreuse*), véritable « conte d'amour et de forêts » comme le jeune Henri Beyle en a rêvé en lisant l'Arioste, Stendhal oppose l'amour absolu de Jules aux défaillances vaniteuses et sensuelles d'Hélène, victime de sa mère et de ses doutes ; Jules, ce héros intrépide et d'un pétrarquisme subtil, ramène Stendhal aux sources du romanesque, à l'exploit d'amour, de foi et de chevalerie.

SYNOPSIS

Sous le titre général de *Chroniques italiennes* qui n'est pas de Stendhal, on a regroupé les nouvelles suivantes, dont la plupart figuraient déjà dans l'édition R. Colomb (M. Lévy, 1855) : *l'Abbesse de Castro, Vittoria Accoramboni, les Cenci, la Duchesse de Palliano, San Francesco a Ripa, Vanina Vanini, Trop de faveur tue* (publ. 1913), *Suora Scolastica* (publ. 1921).

Jules Branciforte, fils d'un soldat d'aventure, originaire d'Albano, aime Hélène de Campiréali, fille d'un patricien ; elle l'aime aussi ; le jeune homme s'engage à la respecter à condition qu'elle jure sur la croix qu'elle sera à lui quand il le lui demandera. Ils sont définitivement séparés quand Jules, par malheur, tue le frère d'Hélène au combat des Ciampi : la vengeance des Campiréali le poursuit. Hélène, mise au couvent de Castro, refuse d'obéir à son serment, et Jules échoue à s'emparer du couvent. Il s'exile, va combattre sous un faux nom dans l'armée espagnole, et Hélène, mal informée, le croit mort. Devenue abbesse de son couvent, elle cède avec dégoût aux désirs de son évêque. Condamnée pour cette faute, elle est jetée dans un profond cachot. Or Jules revient ! Hélène, qui peut s'évader et le revoir, préfère se poignarder dans sa prison. Seul l'épisode des amours de l'abbesse et de son procès provient d'une « chronique » véritable : tout le reste est une chronique fictive (*l'Abbesse de Castro*).

Seuls trois récits relèvent de l'adaptation directe des manuscrits :

Vittoria Accoramboni a épousé le neveu du futur pape Sixte Quint ; un soir il est assassiné mystérieusement, et la rumeur de crime accuse le prince Orsini, qu'elle épouse justement. Veuve une seconde fois, elle est à son tour assassinée à Padoue par une troupe d'hommes masqués conduite par le frère de son mari. La nouvelle se termine par le procès et l'exécution des assassins (*Vittoria Accoramboni*).

Béatrice Cenci (*les Cenci*) a déterminé sa belle-mère et ses frères à faire tuer Francesco Cenci, père incestueux et dénaturé ; l'essentiel de la nouvelle est constitué par le récit du procès et de la mort de l'héroïque jeune fille.

Dans *la Duchesse de Palliano* sont successivement relatées la mise à mort de la duchesse par son mari et son frère (elle est convaincue d'avoir un amant) et l'exécution du duc et de son frère, le cardinal Caraffa, une fois disparu le pape Paul IV, lequel avait fait leur fortune.

La Chartreuse de Parme

La Chartreuse de Parme est née d'un projet de récit napoléonien (la bataille de Waterloo) et de l'intérêt particulier que Stendhal avait porté dès 1834 à un manuscrit italien qui racontait les débuts d'Alexandre Farnèse (les Farnèse ont régné à Parme), futur pape sous le nom de Paul III. La vie de Fabrice (sujet des Farnèse ressuscités par le roman) reprend les épisodes principaux de la vie d'Alexandre. Le roman est né dès que Stendhal conçoit l'idée lumineuse de transposer la chronique à l'époque actuelle. C'était se placer dans une position de synthèse de toute son œuvre divisée en côtés (France/Italie, héroïsme sublime et réalisme strict ; roman comme *romance* et comme *novel*), réunir dans une somme d'italianité tous les éléments d'actualité et d'Histoire profonde, de vérité et de légende propres à l'espace-temps italien indifféremment archaïque et moderne.

Œuvre de synthèse et d'harmonie, sommet et achèvement de l'œuvre stendhalienne, le roman a été salué par la critique comme un miracle littéraire : improvisé en cinquante-deux jours (du 4 novembre au 26 décembre 1838), en un état de grâce devenu légendaire, il est l'exemple du « bonheur d'écrire », du bonheur de revivre (la vie milanaise, Parme et le Corrège), du bonheur de vivre des « âmes d'élite » imaginaires. Depuis Balzac on s'interroge sur la magie de ce roman, sur son charme et sa lumière : pour G. Durand, il est la perfection du genre, une sorte d'archétype de l'imaginaire, qui en offre les principaux symboles (mystique/épique) et, surtout, laisse s'épanouir dans sa plénitude bienheureuse la trajectoire du héros exemplaire. Heureux et tragique, rayonnant et déchirant, c'est le roman de l'extrême joie et de l'extrême douleur, unies, accordées. Dans l'Italie stendhalienne, la réalité se fait naturellement roman. D'où, sans doute, la possibilité de traiter la société comme un théâtre et comme un jeu, et d'auréoler le malheur et la souffrance de majesté tragique. Toutes les « valeurs » et tonalités que *Lucien Leuwen* avait voulu unir sont ici développées et fondues. Roman politique du XIXe siècle qui décrit l'esprit des gouvernements de la Sainte-Alliance et ne cesse jamais d'être proche des réalités (la tour Farnèse imaginée d'après la forteresse du Spielberg à Brno, le duc de Modène toujours présent sous le prince de Parme), c'est aussi la « chronique » d'une Italie atemporelle où les mœurs « énergiques » du Moyen Âge prolongent leur archaïsme héroïque dans l'ère moderne ; l'épisode de la Fausta est, au reste, adapté aussi d'un « manuscrit » italien ; la pratique de la violence spontanée, l'illégalité foncière de la vie permettent au roman de demeurer proche, comme roman d'aventures ou de cape et d'épée, de ses modalités les plus traditionnelles : roman picaresque, roman de chevalerie, roman « don quichottesque ». La *Chartreuse* se présente, en fait, comme un confluent de tous les univers romanesques, de tout un romanesque radical, et, au-delà encore, du théâtre, de l'*opera-buffa,* de l'histoire. La Tour Farnèse c'est aussi le château Saint-Ange, et l'évasion de Fabrice reprend les épisodes de celle de Benvenuto Cellini. L'esprit de la quête domine l'aventure de Fabrice ; orienté par des présages et par le message obscur de l'astrologue, l'abbé Blanès, il va vers un avenir à la fois inconnu et certain, qui est la découverte de l'amour en prison, où se réalise la très vieille métaphore médiévale de la « prison d'amour ». Parme, principauté typique du XIXe siècle, est aussi la cité du Corrège, et des héroïnes « corrégiennes » de Stendhal. À la Tour, symbole d'oppression mais aussi d'amour mystique, s'oppose la Cour, symbole de la société, lieu de l'intrigue et de la politique. Si la vie de Fabrice est une quête de l'Aimée, il est averti que la réalité, à la Cour, doit être traitée en jeu. Roman du pouvoir, la *Chartreuse* évoque aussi bien le carbonaro tyrannicide Ferrante Palla, poète, conspirateur et brigand, et, autour de Mosca, la distribution du pouvoir et les ressorts de l'action politique dans le microcosme de la Cour. Ce que Stendhal a défini comme destinée romanesque exemplaire atteint ici une sorte de pureté : Fabrice réussit la carrière du héros stendhalien. Casse-cou, puis amant parfait, aventurier, puis ascète, il évite le piège des faux amours (la Sanseverina), il traverse la « politique » avec aisance, il parvient au faîte des grandeurs « mondaines », mais il peut renoncer à tout pour les valeurs absolues d'amour et de foi.

M. Crouzet

SYNOPSIS

LIVRE I. L'armée française entre à Milan le 15 mai 1796. Deux ans plus tard, au château de Grianta, naît Fabrice del Dongo, héros de l'histoire (chap.1). Sa tante Gina, devenue veuve du comte de Pietranera, vient s'installer à Grianta en 1814 ; elle se croit, à trente ans, au seuil de la vieillesse. Apprenant le retour de Napoléon de l'île d'Elbe, Fabrice court combattre à ses côtés (2). Il participe, avec la bravoure de l'inexpérience, à la bataille de Waterloo, où il aperçoit le général d'A..., que la marquise del Dongo avait hébergé à Grianta alors qu'il n'était que le lieutenant Robert. Sur la route du retour, il croise la toute jeune Clélia Conti, arrêtée par des gendarmes en compagnie de son père (3-5). Gina épouse le duc de Sanseverina, un homme âgé et discret, qui mourra bientôt ; elle s'installe à Parme, où se trouve le comte Mosca, amoureux d'elle et futur Premier ministre (6). Elle y est rejointe par Fabrice, dont la tendre intimité avec sa tante rend Mosca fou de jalousie (7). Fabrice va pourtant s'éprendre, mais par caprice, de la petite actrice Marietta. Puis, au risque de se faire arrêter (son frère aîné ayant dénoncé aux autorités autrichiennes son équipée à Waterloo), il retourne en cachette à Grianta voir le vieil abbé Blanès, son père spirituel, qui lui a jadis enseigné l'astronomie et qui lui prédit la prison (8-10). Attaqué par Giletti, l'amant de Marietta, Fabrice le tue et doit s'enfuir à Ferrare, puis à Bologne, où il retrouve Marietta. Par jeu, il courtise une cantatrice, la Fausta, et blesse grièvement son rival (11-13).

LIVRE II. La Sanseverina menace le prince de quitter la cour de Parme, dont elle fait tout le charme, si Fabrice est inquiété, mais Mosca, par esprit courtisan, fait échouer cette opération de chantage. Condamné à douze ans de forteresse sous prétexte qu'il a tué Giletti, mais en réalité pour des raisons politiques, Fabrice est incarcéré dans la tour Farnèse ; il a pu, en y pénétrant, apercevoir Clélia Conti dont le père est désormais gouverneur de la citadelle. Clélia s'apitoie sur le sort de ce jeune prisonnier, qu'elle croit – comme tout le monde – l'amant de sa tante (14-15). En dépit de ses efforts pour fléchir Rassi, le ministre de la Justice, Mosca subit la rancune de la Sanseverina. Dans sa prison, Fabrice connaît un étrange bonheur. Il observe bientôt, de sa fenêtre, Clélia qui vient tous les jours nourrir ses oiseaux (16-18). D'abord effarouchée par les signes joyeux du prisonnier, Clélia, cédant à la pitié, accepte de correspondre avec lui (19). Fabrice risquant d'être empoisonné, la Sanseverina a préparé son évasion avec l'aide de Ferrante Palla, poète de génie, fou amoureux d'elle ; mais il faut l'intervention énergique de Clélia pour que Fabrice accepte ce projet qui le privera de voir de la fenêtre de sa cellule celle dont il est devenu éperdument amoureux (20-21). L'évasion réussie, la duchesse donne à Ferrante Palla le signal de l'exécution du prince, tandis que Clélia est rongée par le remords d'avoir comploté contre son père. Le prince est exécuté. Inconsolable de ne plus voir Clélia, Fabrice passe désormais ses journées en face de la citadelle, et finit par se constituer de nouveau prisonnier (22-24). Follement inquiète des dangers qui le menacent, Clélia s'introduit dans sa cellule et se donne à lui, mais elle fait vœu à la Madone de ne plus jamais le voir. La Sanseverina, de son côté, a promis ses faveurs au nouveau prince s'il fait libérer Fabrice. Fabrice libéré, Clélia, devenue à son corps défendant marquise de Crescenzi, demeure fidèle à son vœu (25-26). Ayant acquitté sa dette envers le prince, la Sanseverina quitte à jamais Parme et va s'établir à Naples où elle épouse Mosca. Fabrice, à qui a été promis l'archevêché de Parme, s'est mis à prêcher ; le chagrin l'a rendu méconnaissable et ses sermons bouleversent les foules (27). Clélia, qui s'est rendue à l'un de ses sermons, lui donne un rendez-vous dans l'obscurité et, trichant avec son vœu, reprend avec lui de tendres relations. Ils ont un fils, Sandrino, dont la mort précoce apparaît à Clélia comme un châtiment céleste. Clélia meurt ; Fabrice, retiré à la chartreuse de Parme, ne lui survit qu'un an ; la Sanseverina elle-même ne survit que peu de temps à ce neveu qu'elle adorait (28).

P.-L. Rey

Lamiel

La critique est embarrassée pour passer de la *Chartreuse* à ces scènes de la vie de la campagne et du demi-monde parisien qui constituent la partie rédigée de *Lamiel*. Cette dernière œuvre traduit-elle une certaine chute du génie stendhalien ? Est-elle trop informe et contradictoire pour être analysée (à force de méditer son roman, Stendhal fait passer l'intérêt principal de Lamiel à Sansfin et semble s'orienter vers une peinture de la monarchie de Juillet) ou faut-il y voir l'ébauche d'une nouvelle manière romanesque : un réalisme plus cru, tournant au cynisme ou à la caricature ou, pour les épisodes politiques (l'affaire des pétards miraculeux), les scènes de farce (Sansfin et les lavandières), les personnages-marionnettes (Fédor, d'Aubigné, le dandy vaniteux), au grotesque ? Enfant trouvée, « fille du diable », Lamiel est à coup sûr une héroïne hors la loi – un « Julien Sorel féminin », a-t-on dit, bien que, fille et garçon à la fois, et ne s'intéressant à l'amour que par curiosité et caprice, elle fasse aussi penser à Octave. C'est encore le récit d'une quête (qu'est-ce que l'amour ?) et d'une formation inversée : fille de la nature, éduquée au naturel par Mme de Miossens, à l'esprit libertin par Sansfin, elle devait être convertie au désir par un bandit, et parvenir, dans le crime et la mort, au dévouement absolu de la passion.

SYNOPSIS

La jeune Lamiel a été adoptée par le bedeau de Carville, en Normandie ; c'est une jeune rebelle, qui admire les brigands Cartouche et Mandrin et méprise ses « parents », bêtes et dévots. Elle est protégée par la châtelaine de Carville, Mme de Miossens, qui l'engage comme lectrice, et par un affreux bossu plein d'esprit, le docteur Sansfin, ivre de vanité et de cynisme ; celui-ci lui donne une éducation libertine inspirée de Laclos et compte bien profiter le premier de ses leçons. Mais Lamiel préférera découvrir l'amour en payant un quelconque paysan. Elle « enlève » Fédor de Miossens, le fils de sa protectrice, puis le quitte pour aller à Paris et mener une vie de fille galante. Indifférente à l'amour, devait-elle pourtant le trouver dans les bras de Valbayre, assassin de bon ton inventé d'après Lacenaire ? Le plan de Stendhal de 1839 allait jusque-là ; mais les nombreuses reprises et amplifications du plan primitif tentées entre 1839 et 1842 ne dépassent pas le séjour de Lamiel à Carville.

M. Crouzet

SUARÈS André

(1868-1948)

Celui qui fut considéré un moment comme l'égal de Valéry, de Claudel et de Gide semble aujourd'hui sortir d'un long oubli ; on en était presque venu à considérer ce contemplateur des génies, cet orgueilleux condottiere, comme un polygraphe ou un styliste. Notre temps, sevré d'héroïsme et de modèles, apprécie mieux, désormais, des voyages entrepris parmi les plus hauts paysages spirituels, et des accents qui révèlent une constante volonté de grandeur.

L'homme de lettres

La vie d'André Suarès est presque tout entière dans ses livres et ses innombrables articles : on a même l'impression qu'elle y trouve un but, une sorte de salut, en s'y recueillant par l'intermédiaire des milliers de pages des carnets et cahiers encore inédits, témoins immédiats des émotions journalières. Né à Marseille (la même année que Claudel et Jammes, un an avant Gide), il entre à l'École normale supérieure en 1886, mais échoue à l'agrégation. En 1888, à Marseille, au cours d'une nuit mystique, sa voie lui est révélée : l'art, au prix de la vie elle-même. Il commence alors de publier poèmes et portraits, atteint la notoriété avec *Images de la grandeur* (1901), *le Livre de l'émeraude* (1902), sur l'âme de la Bretagne éternelle, collabore à toutes les revues importantes, devient l'ami de Valéry, de Claudel et de Romain Rolland. La mort de son frère lui inspire un cri de douleur (*Sur la mort de mon frère*, 1904) et assombrit encore la sensibilité orgueilleuse, l'ombrageuse solitude que reflètent ses essais et recueils poétiques de l'avant-guerre : *Voici l'homme* (1905), *le Bouclier du zodiaque* (1908), *Sur la vie* (1909). Un séjour en Italie nous vaut *Vers Venise* (1911), première partie du *Voyage du condottiere*, que suivront *Fiorenza* et *Sienne la bien-aimée* (1932). Les ouvrages de critique, de réflexion, de confidence lyrique se succèdent alors avec régularité ; mentionnons quelques jalons : *Trois Hommes (Pascal, Ibsen, Dostoïevski)* [1913] ; *Remarques* (1917-1918), méditations esthétiques ; *Debussy* (1927) ; *Puissances de Pascal* (1927) ; *Gœthe, le grand Européen* (1932) ; *Trois Grands Vivants (Cervantès, Tolstoï, Baudelaire)* [1937]. Israélite, adversaire du nazisme, Suarès doit mener une existence précaire et clandestine pendant la guerre ; il meurt en laissant une masse d'inédits qui paraissent peu à peu (*Hélène chez Archimède*, 1949 ; *Présentation de la France*, 1950...).

Le portraitiste

La ligne directrice de cette longue et féconde carrière est la recherche tendue de l'altitude : Suarès aime la lumière cruelle des terres provençales, le combat éternel des falaises d'Armorique contre les déchaînements de l'océan, la souffrance mystérieuse et tellurique d'une Bretagne hantée de rêves et d'effrois, « riche d'âme et gueuse d'écus ». En Italie, le « condottiere » ne s'arrête ni au pittoresque superficiel, ni aux souvenirs classiques, ni aux mélancolies de la décadence vénitienne : disciple de Barrès, il va droit aux lieux où souffle l'esprit, aux effervescences et aux fièvres, mystiques ou démoniaques, du Moyen Âge et de la Renaissance ; celui qui « rêve d'être conquis en conquérant » cherche des « professeurs d'énergie » parmi les saints, les aventuriers sans mesure, les princes artistes et assassins. Cet affrontement violent, partial mais profondément authentique, donne tout son prix aux « portraits » ou aux méditations sur les grandes œuvres : celles des peintres (Véronèse, Rembrandt…), des musiciens (Wagner, Debussy…), et surtout des écrivains (Cervantès, Pascal, Chateaubriand, Gœthe, Baudelaire, Nietzsche, Dostoïevski, Tolstoï…) ; Sainte-Beuve, inventeur en France du « portrait littéraire », en avait fait une enveloppante caresse, une séduisante quête élégiaque, destinées à capter l'intimité et l'ipséité du modèle : à cette attitude ancillaire de l'âme seconde s'oppose l'abrupte agressivité de Suarès, qui embrasse et déchire, aime et hait à la fois. Ainsi sur Gœthe :

> *Que d'efforts dans toute cette facilité ! Que de lourde complaisance à soi-même ! Et parfois de doctorale niaiserie dans ce rire béat !*

Un certain accent

L'obsession du néant cerne la pensée de Suarès. Les poèmes recueillis dans *le Bouclier du zodiaque* chantent un désir éperdu d'amour cosmique : « Je consumerai la matière dans l'ardeur d'une présence immortelle. Aux cendres de l'athanor et de l'affreuse épaisseur, je chercherai le grain d'une éternelle certitude ». Mais à ces élans – qui rappellent, sur un mode tragique, ceux des *Nourritures terrestres* de Gide – ne répondent que la mort et le deuil de toute joie : « Je me couchais sur le flanc de la terre, je la baisais […]. Et voici qu'au réveil ma femme sent ténébreusement la mort. » Ce nihilisme n'épargne ni les religions constituées, ni les illusions politiques, ni l'éventail des poses littéraires (la sentimentalité romantique, le verbalisme symboliste…) ; il débouche sur ce constat : « Je doute passionnément, c'est ma nature ; et j'ai la passion de vivre. Quelle contradiction ! » La communion avec ceux qui exhaussent la vie à une pleine et universelle signification ; l'écriture d'un élan vers l'Être, d'un salut par l'art, voilà qui sert à Suarès de foi et de religion : en ce culte du surhomme, de la forme belle imposée à la trouble obscurité de l'existence, se retrouvent bien des thèmes et des accents nietzschéens, transfigurés par une mystique de l'intuition et de l'émotion qui emprunte beaucoup à Bergson (*Valeurs,* 1936). L'effort pour échapper à l'inanité d'un moi réduit à la pure individualité ne va pas sans une grandiloquence véhémente, une fébrilité heurtée, qui lassent, et laissent une impression d'artifice : la litote gidienne, la majesté fluviale de Claudel, le calme océanique de Saint-John Perse nous ont habitués, au sortir du symbolisme, à un style plus discret, moins entiché d'effets paroxystiques et d'épanchements heurtés. Mais en ces volumes brûlants, voués au déchiffrement du génie, à la méditation sur le monde et sur l'art, au voyage intérieur, et riches en images justes, en aphorismes brillants, retentissent des accords anachroniques et tout à fait singuliers dans la littérature du XXe siècle : admiration éperdue des intercesseurs, amour charnel de la beauté, héroïsme égotiste d'un défi jeté aux compromissions et aux démissions modernes.

D. Madelénat

Sue

SUE Eugène

Pseudonyme de ***Marie-Joseph SUE*** *(1804-1857)*

Issu d'une riche famille de chirurgiens, chirurgien surnuméraire lui-même à dix-sept ans, « sous-aide provisoire aux hôpitaux temporaires de la 11e division militaire » à dix-neuf, témoin de la bataille du Trocadéro les 30 et 31 août 1823, tel est le jeune Eugène Sue. On ne devine guère dans ces débuts l'un des romanciers les plus importants du XIXe siècle, souvent exclu encore des anthologies de « grands » écrivains et à qui on reproche toujours d'avoir sacrifié l'esthétique à la cause sociale. Comme si ce sacrifice était si patent. Comme si l'écriture du roman-feuilleton restait une marque sinon d'infamie, à tout le moins de vulgarité. Comme si le didactisme incontestablement présent dans plusieurs des romans populistes et populaires d'Eugène Sue était à ce point rédhibitoire (Balzac ou Hugo en seraient-ils exempts ?). Les jugements de valeur n'ont d'autre valeur que celle de leurs critères. L'engouement dont a joui Eugène Sue est suffisamment éloquent pour les remettre à leur place.

Au commencement était le dandy

Un « propos dramatique » représenté à Toulon en 1825, des articles dans un petit journal en 1826, la tentation de la peinture en 1828 après avoir bourlingué sur les mers du Sud et des Antilles et assisté, à Navarin le 20 octobre 1827, à la grande bataille navale contre les Turcs : de tels débuts ne signalent guère à l'attention de la naissante génération romantique un jeune homme qui attend 1829 pour se tourner décidément vers le théâtre et la presse (un vaudeville, la collaboration à *la Mode*, fondée par Émile de Girardin en octobre). Renonçant définitivement à la peinture en 1830, entamant une liaison avec Olympe Pélissier, courtisane en vogue, qui pose pour la *Judith* d'Horace Vernet et qui inspirera à Balzac le personnage de Foedora *(la Peau de chagrin)*, héritant d'une coquette fortune de son père décédé le 23 avril 1830, Eugène se jette en même temps dans l'écriture de fiction et la vie mondaine. Un romancier est né, suivant de près le lion de la Restauration aux cheveux bleu-noir, bouclés et parfumés, aux yeux bleu clair, à la taille grande et un peu épaisse, portant cravate noire à triple tour et boutons d'or, affectant de chiffonner son jabot d'une main pendant que l'autre se tient sur la hanche, « fanfaron de vices, désolé de s'appeler Sue, faisant du luxe pour se faire grand seigneur », comme le décrit Balzac à Mme Hanska, qui s'y connaissait et qui lui aussi faisait peindre de fallacieuses armoiries sur sa voiture. Puisque nous arrivons à la période d'écriture romanesque, disons que la tradition critique distingue dans la production littéraire d'Eugène Sue les romans mondains, maritimes et sociaux comme elle oppose chez le personnage le dandy et le socialiste.

Dandy, il l'est comme on peut l'être en ces années 1830, avec tigre et tilbury. Socialiste, il le deviendra en 1841, même si on lui contestera longtemps la sincérité de son engagement. Rien ne prédisposait en effet le filleul de Joséphine de Beauharnais, le grand bourgeois, l'habitué des salons aristocratiques – l'un des seuls parmi les écrivains du temps (Chateaubriand et Lamartine sont reçus pour leur naissance plus que pour leur talent) –, le membre du Jockey Club reçu dès sa fondation en 1834 (il en sera radié en 1847, punition infligée au socialiste à une époque où le terme voulait dire quelque chose), le propriétaire de Mameluk qui court à Chantilly le 24 avril 1835, l'esthète raffiné vivant dans un luxueux écrin, le favori des femmes (la comtesse de Rauzan a des faiblesses pour lui, il fréquente chez Mme Récamier et Sophie Gay, Marie d'Agoult le voit d'un œil fort doux), le disciple des penseurs contre-révolutionnaires, le contempteur des « fous », des « méchants » qui « avec quelques mots vides ou retentissants [...] ont jeté en France, en Europe, les germes d'une épouvantable anarchie » (préface de *la Vigie de Koat-Ven*, 1833), à devenir le héraut des déshérités et leur député en 1850. Un jouisseur monarchiste qui découvre le peuple : le raccourci est rapide, trop rapide. Avant d'être sacré roi du roman-feuilleton, Eugène Sue a fait ses preuves d'écrivain avec une série de romans dignes d'être redécouverts.

Du romancier de la mer...

Lancé dans la vie parisienne, fréquentant salons et coulisses, chroniqueur de bon ton, Eugène Sue commence donc en 1830 une carrière de romancier maritime et devient le Fenimore Cooper de la marine. S'inspirant de ses voyages et de son expérience de chirurgien, il publie coup sur coup *Plik et Plok* (qui reprend notamment *Kernok le pirate* de 1830), *Atar Gull* (1831), *la Salamandre* (1832, que *le Siècle* donnera plus tard en feuilleton) et *la Vigie de Koat-Ven* (1833, dont Desnoyers et trois autres auteurs tireront en 1837 un drame, intitulé *Rita l'Espagnole*), avant de se consacrer à une *Histoire de la marine française* en cinq volumes. Pleins de bruit et de fureur, ces romans ne cèdent pas aux facilités d'un exotisme de pacotille. Ils décrivent brutalement des rapports de force, orchestrent une symphonie de sang, de volupté et de mort, où se donne peut-être à lire l'expérience du chirurgien. On peut privilégier *la Salamandre*, très représentative du genre.

La Salamandre

Saluée par un article élogieux de Balzac dans la *Revue des Deux Mondes*, *la Salamandre* connut un grand succès, au point que Liszt songea à mettre en musique le chapitre relatant l'agonie des naufragés sur leur radeau. Les cinquante-cinq chapitres titrés portent en exergue des citations littéraires (Montaigne, Diderot, Bossuet, Pascal, Lamartine, Janin, Legouvé...).

SYNOPSIS

Ancien officier de marine émigré qui a fort peu navigué, M. Formon tient en 1815 un bureau de tabac à Paris. La Restauration lui restitue son titre de marquis de Longetour et son brevet de capitaine. Il doit prendre le commandement d'une corvette, *la Salamandre*, qui mouille à Saint-Tropez, sous les ordres du lieutenant Pierre Huet. Paul, son fils, aime Alice, recueillie par sa tante, Mme de Blène, et convoitée par Szaffie, être monstrueux et fascinant, « meurtrier spiritualiste ». Tout ce beau monde embarque pour Smyrne. On essuie un typhon, on échappe à un combat avec des pirates, puis le mousse Misère, souffre-douleur de l'équipage, provoque un naufrage pour se venger. Pierre Huet prend en charge les opérations de sauvetage après avoir enfermé le capitaine incapable. Le radeau des survivants sera recueilli, ainsi que le marquis – tombé aux mains du dey – et récupéré par un consul anglais. Au retour, un procès inique condamne Pierre à mort pour mutinerie. Paul, dont l'amour a été cruellement déçu, refuse de devenir l'élève spirituel du sulfureux Szaffie, à qui Alice s'est donnée, et se suicide. Un mois après, le marquis et Szaffie sont reçus dans un salon ; le monde égoïste et aveugle triomphe, blâmant ceux que la haine des émigrés fait murmurer.

Flamboyantes descriptions maritimes, multiples péripéties, présence d'un personnage au cynisme démoniaque – qui émut beaucoup le public –, affreuses avanies sur un radeau rappelant celui de *la Méduse*... Eugène Sue convoque tous les prestiges de l'aventure et les relève d'une pointe de roman noir. Sur l'élégante corvette, « si leste, si preste de formes, si carrée de voilure, si élancée de mâture » et sur le fatal radeau se déroulent une histoire d'amour et celle d'une séduction infernale, ainsi qu'une lutte pour la légitimité du pouvoir. Mais la distance ironique instaurée par la solennité des exergues allège la densité romanesque, ainsi que le style soulignant plaisamment ses propres effets et les adresses au lecteur. Par ailleurs, Eugène Sue use et abuse de la digression, signalant avec humour le procédé : « On pardonnera, je l'espère, cette bien longue et bien aride digression. » Le dernier chapitre teinte légèrement le roman d'une couleur politique ambiguë, mais la misogynie s'affiche sans ambages. Sa « nature de femme » a fait céder Alice aux avances de Szaffie, et ce dernier propose un pacte à Paul. Il lui apprendra à faire souffrir les femmes : « Tu as pleuré du sang, elles pleureront du sang ».

… au romancier de l'Histoire

En phase avec les grandes tendances du roman de son époque, Eugène Sue se doit de se tourner vers le roman historique, une veine qu'il exploitera jusqu'en 1842 (*le Marquis de Létorière*, 1838 ; *Godolphin Arabian*, 1838 ; *Kardiki*, 1839 ; *Jean Cavalier ou les Fanatiques des Cévennes*, 1840 ; *Aventures de Hercule Hardi ou la Guyane en 1772*, 1840 ; *le Colonel de Surville, histoire du temps de l'Empire*, 1840 ; *le Commandeur de Malte*, 1841 ; *le Morne au diable ou l'Aventurier*, 1842).

Latréaumont

C'est *Latréaumont*, publié en 1837 chez Gosselin, qui inaugure et illustre le mieux cette composante de l'œuvre. Aidé de Prosper Goubaux, l'auteur en tirera un drame en cinq actes, représenté le 26 septembre 1840 au Théâtre-Français, et qui connaîtra quatorze représentations. Sue met en scène les mystères du Grand Siècle et prend ses distances avec le milieu monarchiste. Isidore Ducasse saura se souvenir du titre pour se choisir un pseudonyme, peut-être motivé par ces propos de la Préface : « Il n'existe rien dans ce monde d'absolu, rien de fixe, en mal ou en bien. »

SYNOPSIS

Précédé d'une Préface où Eugène Sue affirme qu'il a obéi « à toutes les exigences, à tous les développements de cette donnée entièrement historique, avec la plus scrupuleuse abnégation d'invention », le roman commence par une exposition. Un spadassin frondeur, Jules Duhamel de Latréaumont, abuse de la confiance d'un Hollandais, Van den Enden, en reçoit des lettres et des secours pour favoriser une rébellion incertaine, revient en France pour trouver un grand seigneur mécontent, qui s'avère être Louis de Rohan, le grand veneur, tombé en disgrâce, mais préfère « partager sa molle oisiveté » au lieu d'agir. Cinq ans après, la conspiration s'organise enfin. Mais les conspirateurs sont victimes d'une délation. Latréaumont est mortellement blessé lors de son arrestation. Sous forme de dialogues de théâtre, la fin du roman narre la fin des autres conspirateurs.

Si Jules Duhamel de Latréaumont a réellement existé, et, mêlé à la Fronde, a participé à un complot pour installer une république en France avec la complicité de la Hollande, le propos d'Eugène Sue semble d'abord viser le statut de Louis XIV, déchu de son piédestal : « Grâce à la flatterie cynique et effrontée qui n'a pas craint d'affubler ce prince du sobriquet de Grand, on a confondu la perruque, la taille, les talons et le mérite. » Tout le roman met en scène un monarque hautain, médiocre et vindicatif. Derrière ce portrait au vitriol, le roman est en fait une étude en scepticisme. En effet, les principaux acteurs du drame, réunis par hasard, servent avant tout à dévoiler le néant des valeurs.

Les êtres sont gouvernés autant par l'idéal que par la faiblesse, la cruauté que l'héroïsme. À ce désordre des individus correspond celui du roman, volontairement désarticulé pour que chacun des personnages vive sa vie autonome. Lien du complot, Latréaumont traverse le roman, et ses apparitions fulgurantes bouleversent l'existence d'autrui tout en permettant à la fiction de varier ses éclairages. Par sa démesure, son magnétisme, son côté démoniaque, il appartient à une longue lignée de héros romantiques. Lors de sa première rencontre avec Rohan, dans une scène grandiose et irradiée, qui convoque les prestiges du fantastique et du roman noir, son étrangeté jette un terrifique et sombre éclat. Dans ces « Mystères de Versailles », il annonce alors Maldoror.

Ayant commis cette œuvre qualifiée par la critique parisienne de « roman républicain », le dandy bien-pensant de 1830, la coqueluche des salons parisiens s'aliène les milieux monarchistes et connaît la ruine. Ayant dilapidé la majeure partie de son héritage, il se retire dans la solitude à Souesmes, en Sologne. Une nouvelle phase de sa carrière d'écrivain va s'ouvrir.

Le maître du roman-feuilleton

« C'est le feuilleton […] qui met en relation public et roman, provoque une demande toujours renouvelée, renforce la pression de l'imaginaire collectif sur celui du romancier. C'est lui qui forge les conditions de l'échange culturel, avec lesquelles doit compter tout romancier, celui qui cherche à investir les lieux communs de l'imaginaire et de l'idéologie comme celui qui tente de les subvertir » (L. Queffélec). Inséparable de la révolution que connut la presse en France, le roman-feuilleton tire son nom de celui donné au dernier tiers de la feuille imprimée. Il est réservé à une rubrique régulière. Quand le roman va l'occuper, son succès sera tel qu'il sera simplement appelé le « feuilleton ». Très populaire, le genre a fait évoluer le roman. En se pliant aux goûts des lecteurs, en adoptant un rythme et des procédés d'écriture adaptés à la périodicité, il doit tenir le lecteur en haleine. De là la dramatisation, le recours systématique aux péripéties, mais aussi la morale conventionnelle et la simplification des personnages tendant à devenir des types. D'ailleurs, la loi Riancey de 1850, en taxant les journaux coupables de publier des feuilletons, les contraint à augmenter leur diffusion en flattant le goût du très grand nombre, et donc à accentuer le stéréotypage. Il n'empêche que *les Misérables* (1862) continueront d'emprunter au feuilleton nombre de procédés, ce qui démontre l'influence décisive du genre sur la littérature.

Un héros mythique, solitaire, nimbé de mystère, ayant un crime à expier ou une vengeance à accomplir et qui joue le rôle de la Providence dans le champ que lui offre la société ou l'Histoire : voilà le centre autour duquel s'organise le feuilleton canonique. Ce héros incarne la Loi, et il réunit le pouvoir et le savoir. Souvent aristocrate, il séduit par ses qualités et par ses vertus. Ambivalent, force du Bien sachant adopter la posture du Mal, il circule aisément entre le grand monde et les bas-fonds, quand il n'est pas un protecteur combattant le persécuteur. Dès lors, le roman obéit à une structure simple, héritée du mélodrame : de la rupture de l'ordre au retour à l'ordre, parcours durant lequel le héros effectue le trajet de sa quête au terme de laquelle il obtient l'objet de son désir. Sur cette trame simple se disposent de multiples intrigues bourgeonnantes. Le roman se compose de mille fils divers tissant un ensemble socio-historique mythifié où s'imposent les figures féminines angéliques ou dégradées, héroïnes chastes et pures, ou femmes fatales.

Un tel dispositif évoque l'esthétique théâtrale romantique, avec l'alternance du comique et du tragique, la mise en scène de la violence, la recherche de la couleur locale, le goût du spectaculaire, le privilège de l'émotion, la rhétorique de l'emphase, le recours au cliché. Le style s'accorde évidemment à cette esthétique. Son expressionnisme, son usage systématique du contraste, son rythme, ses dialogues servent une action fortement dramatisée, toujours expliquée au lecteur par un jeu de rappels et d'annonces soulignant les rapports des différentes intrigues.

La réprobation des critiques officiels et des conservateurs est à la mesure de son succès. Le feuilleton ne reçoit aucune reconnaissance culturelle. Accusé d'être non seulement un vulgaire produit de consommation mais aussi d'être pervertisseur et criminogène, il est en passe d'être condamné à cause de la révolution de 1848, en laquelle certains voient la tragique conséquence de sa vogue. Le timbre Riancey, impôt prohibitif sur les journaux publiant des feuilletons, est chargé de l'exécuter. Il n'y parviendra pas, et le feuilleton continuera de plus belle sous le second Empire.

Due à Émile de Girardin, la révolution de la presse à bon marché (1836) avait permis cette explosion du roman-feuilleton. Démocratisation de la lecture quotidienne et conversion au socialisme d'Eugène Sue : l'Histoire fait de ces clins d'œil ! La baisse du prix de vente grâce à l'introduction de la publicité implique l'accroissement du nombre des lecteurs et leur fidélisation. Le découpage d'un roman en tranches quotidiennes n'a pas d'autre finalité. Les auteurs spécialisés en tireront une loi d'écriture : terminer chaque fragment quotidien par un suspense, dont le dénouement peut être retardé par une digression.

Alexandre Dumas, Frédéric Soulié : tels sont les grands noms du genre quand Eugène Sue se lance dans le « feuilleton-roman » – terme consacré alors. Deux journaux se font une concurrence effrénée : *la Presse* et *le Siècle* de Dutacq, qui applique le premier la recette inventée par Girardin en publiant en août 1836 le *Lazarilles de Tormes* en quatre fragments. En octobre, Honoré de Balzac fait paraître *la Vieille Fille* dans *la Presse* en douze feuilletons. Il publiera vingt romans sous cette forme. Frédéric Soulié donne au *Journal des débats* le début de ses *Mémoires du Diable* en 1837. À partir de mai 1838, dans *le Siècle*, Dumas entre à son tour dans la course avec *le Capitaine Paul*, apportant au journal 5 000 abonnés en trois semaines. En septembre 1839, Sainte-Beuve dénonce dans la *Revue des Deux Mondes* la « littérature industrielle ». Tous les grands journaux veulent leur part d'un marché à la croissance exponentielle. Les grands auteurs ne répugnent pas à se commettre. George Sand donne treize romans en feuilletons entre 1844 et 1858.

Alors qu'il traversait une crise de scepticisme, Eugène Sue s'était lancé dans l'arène en confiant à *la Presse* en décembre 1837 et mai-juin 1839 des extraits d'*Arthur, le journal d'un inconnu*, publié en volume en 1838 chez Gosselin. On peut parler d'« autobiographie morale » à propos de ce journal intime, où le héros, un jeune noble rongé par le doute sur qui pèse l'image d'un père misanthrope, sème le malheur autour de lui. Après des aventures qui aboutissent toujours au même navrant résultat se produit le miracle d'une rencontre avec une naïve et fraîche jeune fille. Mariée contre sa volonté à un pirate, elle s'est enfuie. Arthur et Marie ont un enfant. S'ouvre alors la perspective d'une vie heureuse, mais le lecteur sait déjà qu'Arthur, Marie et l'enfant ont été massacrés par le pirate. Combinant plusieurs genres (romans frénétique, maritime, exotique, mondain et confessions), précédée en 1835 d'un roman de mœurs – *Cécile ou Une femme heureuse* –, cette fiction, transition entre les premiers romans pessimistes où l'individu se révoltait et les œuvres optimistes imprégnées de militantisme social, forme diptyque avec *Mathilde, Mémoires d'une jeune femme*, dont les deux premières parties paraissent dans *la Presse* de décembre 1840 à septembre 1841 et que Gosselin publie en volume en 1841. On parle de « romans mondains » à propos d'*Arthur* et de *Mathilde* : il s'agit de romans de mœurs par lesquels Eugène Sue, rentré à Paris à la fin de 1838 et installé rue de la Pépinière, signe définitivement sa rupture avec le monde des salons et l'intelligentsia conformiste tout en écrivant des romans encore « fashionables ». Ce blasphémateur ne prend-il pas la défense du divorce dans *Mathilde*, ce roman qui « ne fut point estimé à sa valeur », selon Dumas ?

Mathilde

Premier vrai succès d'Eugène Sue, qui peut désormais vivre de sa plume, *Mathilde* est à la fois un roman de mœurs, un roman noir et un roman psychologique.

SYNOPSIS

Le roman se présente comme un récit autobiographique adressé par l'héroïne éponyme à un ami, le colonel Ulrik. Orpheline, ayant connu une enfance malheureuse, elle a épousé Gontran de Lancry, un viveur, tenu par le démoniaque Lugarto, à laquelle Mathilde doit échapper. Trompée, perdant l'enfant qu'elle attendait, elle sacrifie un nouvel amour, Rochegune, pour le bénéfice de la fille d'une amie, qui, abusée par Lugarto, meurt de chagrin en croyant Mathilde la maîtresse de son mari. Tout s'arrange cependant : Gontran est tué en duel, Lugarto meurt victime du dernier piège qu'il avait tendu à Mathilde, laquelle épouse enfin celui qu'elle aime, Rochegune, alias Ulrik.

Tout en reprenant les recettes du mélodrame, *Mathilde* offre au lecteur un roman d'apprentissage au féminin. L'héroïne est victime de son enfance et de mauvais choix, mais elle parvient à faire le bon en la personne de Rochegune. Son éducation sentimentale donne lieu à une analyse romanesque des passions.

Séduit, le public écrit au romancier, qui découvre ainsi une nouvelle relation avec les lecteurs, relation qui s'épanouira avec *les Mystères de Paris*. Ces romans, auxquels s'ajoute *l'Aventurier ou la Barbe-bleue* (*la Patrie*, 1841-1842), valent donc à Eugène Sue une telle notoriété qu'il voit s'ouvrir les colonnes du *Journal des débats*. Il y publie le roman qui lui assure un immense succès. Entre-temps, il s'était converti au socialisme.

Ayant en effet assisté le 25 mai 1841 à la représentation d'un drame de Félix Pyat (1810-1889) donné au théâtre de la Porte-Saint-Martin (*Deux Serruriers*), il rend visite à un ouvrier nommé Fugères, qui invite les deux auteurs à dîner. Selon F. Pyat, Sue, illuminé, se serait écrié à la fin du repas : « Je suis socialiste ! » Il restera désormais fidèle à ce nouvel engagement, qu'il exposera ainsi en 1850 à l'occasion de l'édition de ses *Œuvres complètes* : « Il m'a fallu passer par les théories aussi fausses que désolantes dont sont empreints mes premiers ouvrages, pour arriver, à force de travaux et d'observations, aux théories socialistes qui, seules, ont valu à mes derniers livres un succès si au-dessus du peu qu'ils valent, et par le fond et par la forme. » Sans se départir d'une élégante désinvolture, le dandy réoriente sa vie.

Les Mystères de Paris

Roman mondain par son intrigue, roman d'aventures, roman populiste, *les Mystères de Paris* sont publiés du 19 juin 1842 au 15 octobre 1843.

SYNOPSIS

Déguisé en ouvrier, errant dans les bas-fonds de la Cité, le prince Rodolphe de Gérolstein sauve Fleur-de-Marie, dite la Goualeuse, brutalisée par le Chourineur. Les deux misérables lui racontent leur histoire. Une enfance malheureuse les a conduits, lui au meurtre, elle à la prostitution. Rodolphe entreprend de le sauver de cette déchéance. Ayant bravé violemment l'interdit jeté par son père contre une aventurière qu'il aimait, Sarah MacGregor, le prince a voué sa vie au salut des bons et au châtiment des méchants. Pour délivrer Fleur-de-Marie, il doit affronter un couple de criminels, la Chouette, à qui la Goualeuse avait été confiée toute enfant, et le Maître d'école, que Rodolphe fera aveugler, et qui tuera la Chouette, coupable d'avoir voulu le trahir. Aidé du Chourineur, Rodolphe parcourt Paris et secourt d'autres opprimés, comme la méritante famille ouvrière des Morel, victimes du notaire Ferrand, ou l'honnête François-Germain, qui pourra épouser Rigolette, grisette amie de Fleur-de-Marie, ou encore Clémence d'Harville, femme de son meilleur ami, engagée dans un calamiteux adultère. Il se révèle que Fleur-de-Marie n'est autre que la fille de Rodolphe et de Sarah, que son père croyait morte. Il ne s'agit plus que d'épouser *in extremis* l'agonisante Sarah, tuée par la Chouette, de faire de Fleur-de-Marie la princesse Amélie, d'épouser Clémence d'Harville, devenue veuve entre-temps, de pleurer le Chourineur, qui a sauvé Rodolphe d'un assassin pour s'acheminer vers un *happy end*. Celui-ci est hélas impossible, car Fleur-de-Marie ne peut oublier sa honte. Elle entre en religion et meurt, rachetant la faute de son père.

Mise en scène des marginaux de la capitale, de ses classes dangereuses, de ceux que Dumas appellera en 1854 « les Mohicans de Paris », chargée de pittoresque social, apologie du surhomme rédempteur, la fresque fait avant tout appel à l'émotion. S'il montre tout un peuple de l'ombre, s'il propose un nouvel exotisme, s'il offre à la bourgeoisie un plaisir trouble à fréquenter sans danger la canaille, Eugène Sue met-il sur le marché autre chose qu'un produit fascinant ? La magie du mélodrame alliée aux prestiges du roman noir, l'imbrication du roman de mœurs dans les rebondissements du roman d'aventures, la tenue en haleine du lecteur par le savant découpage des épisodes, tout est en fait mis au service d'une intention sur laquelle le lectorat et les milieux conservateurs ne se sont pas trompés. Même si l'auteur prend ses précautions dans l'Avant-propos en présentant à ce public une excursion chez les sauvages ou les barbares qui sont maintenant parmi nous, même s'il s'efforce de le convertir à une charité sociale bien comprise et une philanthropie de bon ton, il impose quelque chose d'inouï. Mettre en lumière tant les maux dont souffrent les basses classes que la corruption des nantis, introduire le langage de la rue dans la littérature, c'est bien la chose nouvelle. L'irruption massive du peuple dans le roman révolutionne la littérature. Il est plaisant qu'un tel événement se produise dans les colonnes du quotidien d'Armand Bertin – tout dévoué à la cause de la finance et appui du gouvernement en place – et au feuilleton duquel ni Balzac ni Dumas n'avaient eu droit. On mesure à la fois la consécration d'Eugène Sue et l'étonnement des milieux dirigeants. Et puis, comme l'écrit Dumas, « [Sue] se mit à aimer le peuple, qu'il avait peint, qu'il soulageait, et qui, de son côté, lui faisait son plus grand, son plus beau succès ».

Malgré les sept heures que dure sa représentation, le drame tiré du roman par Sue et Goubaux fait un malheur au théâtre de la Porte-Saint-Martin à partir du 13 février 1844. Sue enfonce Dickens à Londres. Il gouverne l'Europe, inondée de ses traductions. On assiste à une floraison de romans portant le mot « mystère » dans leur titre, des *Mystères de Londres* de Paul Féval aux *Vrais Mystères de Paris* de Vidocq. Victor Hugo entame *les Misères*, qui deviendront *les Misérables*. Des écrivains, Sand, Lamartine…, écrivent leur admiration, mêlant ainsi leur plume à celle de onze cents lecteurs, dont les lettres sont conservées par la Bibliothèque historique de la Ville de Paris. Le courrier des lecteurs ne se limite pas aux félicitations adressées à l'auteur. Il contient des demandes d'aides financières, de conseils ou d'adresses de nécessiteux à secourir, des informations signalant des cas sociaux, et même des sollicitations d'expertise de tableaux. On lui envoie des cadeaux, on s'inquiète de sa santé. On suit avec anxiété la progression de l'œuvre, on s'inquiète des pannes d'inspiration. On souhaite rencontrer les personnages, qui ne peuvent être que réels. Des lectrices insistent pour obtenir de prometteurs rendez-vous. D'aucuns offrent leurs services pour guider l'inspiration, voire la suppléer. Il en est pour tenter d'infléchir le sort de la malheureuse Fleur-de-Marie. Francis Lacassin voit là l'invention du courrier du cœur. C'est peut-être oublier le courrier envoyé à Jean-Jacques Rousseau à l'occasion de *la Nouvelle Héloïse*, mais le phénomène de société est indéniable.

Celui que Balzac nommera « le Suif errant » tout en se mettant à l'unisson de ses recettes dans *Splendeurs et Misères des courtisanes*, le « colosse de papier trempé dans de l'encre empoisonnée » selon Barbey d'Aurevilly, suscite un engouement extraordinaire. L'événement littéraire et social des *Mystères de Paris* a été salué par Théophile Gautier : « Tout le monde [les] a dévoré[s], même les gens qui ne savent pas lire : ceux-là se les font réciter par quelque portier érudit et de bonne volonté ; les êtres les plus étrangers à toute espèce de littérature connaissent la Goualeuse, le Chourineur, la Chouette, Tortillard et le Maître d'école. Toute la France s'est occupée pendant plus d'un an des aventures du prince Rodolphe, avant de s'occuper de ses propres affaires. Des malades ont attendu pour mourir la fin des *Mystères de Paris* ; le magique "la suite à demain" les entraînait de jour en jour, et la mort comprenait qu'ils ne seraient pas tranquilles dans l'autre monde s'ils ne connaissaient le dénouement de cette bizarre épopée. »

Certes, plus tard, la critique marxiste aura beau jeu de dénoncer un roman paternaliste et mystificateur. Certes, le débat politique suscité par le roman ne permettra pas de dépasser la récupération moralisatrice et mettra surtout en avant le danger présenté par l'étalage de passions exacerbées et par l'expression d'espoirs irréalisables. Il n'en reste pas moins que l'impact du livre fait triompher le roman populiste tout en fournissant à l'imaginaire une inépuisable quantité de thèmes et de figures, dont la diffusion sous toutes les formes atteste de la puissance évocatrice. D'assiettes en chansons, de lithographies en coiffures, *les Mystères de Paris* envahissent la France. Oui, jamais peut-être enthousiasme pour une œuvre ne fut plus universel que pour ce roman.

Véron, le directeur du *Constitutionnel*, saisit l'occasion pour sauver son journal moribond. Il signe avec Eugène Sue un traité de quinze ans, pendant lesquels l'écrivain devait produire dix volumes par an en échange de cent mille francs (multiplions par trois pour un équivalent en euros). Eugène Sue peut payer ses dettes et acheter un château en Sologne, qui lui sera tant reproché, où il mène pendant quelques années une vie patriarcale et rustique tout en travaillant d'arrache-pied, s'astreignant en outre à une marche quotidienne pour combattre sa tendance à l'obésité.

De l'épopée du paria...

Le Juif errant

Le Juif errant continue sur la lancée missionnaire des *Mystères de Paris*. Paru dans *le Constitutionnel* du 25 juin 1844 au 26 août 1845, alors que Dumas a connu un énorme succès avec *les Trois Mousquetaires* et *le Comte de Monte-Cristo*, ce roman renchérit encore sur *les Mystères de Paris* et fait passer le nombre des abonnés de 3 600 à plus de 40 000. Eugène Sue reçoit cent mille francs (*les Mystères de Paris* ne lui en avaient rapporté que 26 500). Il combine les recettes de la fiction populiste et sociale avec le mythe du Juif errant, qu'Edgar Quinet avait traité dans *Ahasvérus* (1833). Jusqu'alors, seuls quelques romans critiques sans succès et une chanson de Béranger avaient véhiculé cette légende en France, légende colportée sous forme d'un opuscule de quelques pages (*Admirable Histoire du Juif errant, qui depuis l'an 33 jusqu'à l'heure présente ne fait que marcher*) et surtout utilisée par Goethe et Schubert. Chez Quinet, la fable du Juif errant devient mythe littéraire, récit d'une palingénésie progressive. Tout erre, du cosmos à l'homme, et la suite des âges se résout en multiples réfractions d'une Passion de l'humanité. Retournement de la légende donc, où l'interminable marche d'Ahasvérus devient quête initiatique de l'absolu. Racheté par l'amour de Rachel, idéal intercesseur, le Juif est ainsi conduit à une illumination progressive et une réconciliation. Si avec le pardon du Christ glorieux, le Juif reçoit la mission d'être le nouvel Adam d'une humanité assurée de la rédemption, le Christ devant revivre une Passion et une mort nouvelles, il parachève le mythe où s'allient l'histoire sainte et personnelle du Poète, le progrès de l'humanité vers l'émancipation par l'esprit et l'élan du cosmos. En 1834, Merville et Maillan présenteront un *Ahasvérus* à l'Ambigu-Comique, panorama de l'histoire du monde, où Satan apparaît sous les traits de Louis-Philippe, et où le Juif, roi de l'argent écrasant les opprimés, manipule diaboliquement la comédie. Aux antipodes de Quinet, on s'oriente vers l'antisémitisme socialiste de Toussenel (*les Juifs, rois de l'époque*, 1845). Parmi les réécritures du mythe, signalons *Isaac Laquedem* d'Alexandre Dumas, qui paraît à partir du 10 décembre 1852 dans *le Constitutionnel*. Eugène Sue s'inscrit dans la réécriture du mythe, y adjoignant la polémique anti-jésuite contemporaine.

SYNOPSIS

Après un Prologue faisant se rencontrer le Juif errant et sa sœur Hérodiade, le lecteur est plongé dans le combat mené entre les héritiers de Marius de Rennepont, protestant persécuté au XVIIe siècle, descendant du Juif, et les jésuites, désireux de s'accaparer une immense fortune. Liés aux Dagobert, sept descendants sont convoqués le 13 février 1832 pour que leur soit remis ce trésor. Il s'agit de Rose et Blanche Simon, filles d'un maréchal d'Empire ; Djalma, prince indien ; Gabriel Rennepont, prêtre proche du peuple ; François Hardy, manufacturier fouriériste ; Adrienne de Cardoville, aristocrate éclairée, et l'ouvrier dissipé Jacques Rennepont. Face à eux, les noirs corbeaux, dirigés par l'abbé d'Aigrigny, curé mondain, et le vieux mais énergique Rodin. Prêts à tout, les jésuites ne parviennent pourtant pas à éliminer physiquement les héritiers, protégés par le Juif errant et sa sœur Hérodiade. Le rendez-vous est reporté en juin 1832. Rodin prend la direction des opérations, profite du choléra qui sévit à Paris et fait mourir tous ses adversaires sauf Gabriel. En un ultime retournement, Rodin, devenu général des jésuites, meurt assassiné et le trésor est détruit par son gardien. Mis au ban de l'Église pour hétérodoxie, Gabriel se réfugie dans la famille de Dagobert. Pardonnés, le Juif errant et Hérodiade trouvent enfin le repos éternel : le Peuple et la Femme peuvent entrevoir leur libération.

Ancêtre du roman anticlérical de la IIIe République par sa virulence anti-jésuite, le texte tire une grande partie de son succès du contexte particulièrement favorable à la dénonciation de l'ordre noir assimilé à une secte nocive. Du 10 mai au 14 juin 1843, sur ce thème, Edgar Quinet avait donné au Collège de France des leçons, rassemblées et publiées la même année à Paris dans la deuxième partie du volume de Michelet, *Des jésuites*, qui réunit les six leçons du cours donné par l'historien. Quinet y traite de la dégénérescence pharisienne de l'Église romaine, étape du divorce entre Église et Foi, cette dégradation progressive du christianisme moderne, qui devient impérialiste avec *l'Ultramontanisme* (1844). La Révolution énonce un nouvel Évangile, et son idéal est plus proche du christianisme que l'Église. Ces idées, et surtout leur succès, vaudront à Quinet la suspension de ses cours en 1847, suite à l'offensive conjuguée du « parti prêtre », des libres-penseurs et du gouvernement. Il y définit la fonction du jésuitisme : « Briser, l'une par l'autre, la monarchie par la démocratie, et réciproquement. » L'examen de leur « philosophie dans l'ordre temporel » conduit à cette conclusion : les jésuites plongent les chrétiens dans la servitude – « le pape seul est quelque chose, le reste n'est qu'une ombre ». Son propos diffère de la perspective adoptée par Michelet, qui exalte un authentique Moyen Âge pluriel contre celui des jésuites, monolithique et despotique, stratégie qui vise à accuser le jésuitisme de matérialisme symbolique et de régression asiatique. Pour Quinet, il s'agit de dénoncer dans ce despotisme la mort du christianisme. « Mélange de la dévotion de l'Espagne et de la politique de l'Italie », de la piété et du machiavélisme, le jésuitisme a corrompu l'ordre spirituel, il menace l'ordre temporel. Mal rampant, il consiste à « donner aux apparences les signes de la réalité ». Contre ces « messagers de mort », vérité et liberté doivent prévaloir, avec une éducation qui fasse concourir famille, patrie et humanité, ces « trois foyers de vie », ouvrant le « chemin de l'unité ».

Le livre d'Eugène Sue ne saurait se réduire à cette orchestration de la légende noire des jésuites. Il est aussi et peut-être surtout une grande œuvre romantique, ce que confirmera le mélodrame tiré du roman, donné à l'Ambigu-Comique le 23 juin 1849. Le héros allégorise la « race des travailleurs ». Maudite, celle-ci marche à la rédemption par l'expiation. Hérodiade symbolise la Femme, qui sera rédimée en même temps. L'on a bien affaire à une épopée humanitaire, qui aboutira aux *Mystères du peuple*.

Ainsi, à partir de 1844, Eugène Sue trouve-t-il la voie du roman populaire chargé de faire arriver jusqu'aux masses les idées généreuses. On comprend mieux la différence entre roman populaire et roman-feuilleton. L'expression « roman populaire » apparaît en 1823 dans un supplément de *la Petite Bibliographie biographico-romancière ou Dictionnaire des romanciers* du libraire Pigoreau, lequel affirme qu'il faut des romans « pour l'artisan dans sa boutique, pour la petite couturière dans son humble mansarde, pour la ravaudeuse dans son tonneau, il en faut pour les petits esprits ». Elle se répand surtout après 1848 et l'éditeur Barba lance en 1849 une collection de « Romans populaires illustrés » en livraisons à vingt centimes, et en 1850 le « Panthéon populaire illustré », également à quatre sous. En 1861, Champfleury publie *la Littérature populaire en France* et, en 1905, année de sa consécration définitive, Arthème Fayard fonde la collection « Le Livre populaire illustré ». On remarquera ainsi que le roman-feuilleton, et seulement à partir de la monarchie de Juillet, n'est qu'un mode de diffusion parmi d'autres du roman populaire, et que le roman populaire lui survivra jusqu'à nos jours. Les formules éditoriales du roman populaire sont nombreuses, des fascicules ou des périodiques aux collections reliées.

… à l'épopée du peuple

Après son roman « jésuitophobe », Eugène Sue se retire en Sologne en 1845 et y entame un nouveau roman populaire. Il connaît l'échec avec *Martin l'enfant trouvé ou les Mémoires d'un valet de chambre* (*le Constitutionnel*, 1846-1847), premier roman dont le héros est un plébéien (« Nul n'a droit au superflu tant que chacun n'a pas le nécessaire », proclame l'épigraphe). Il ne renonce cependant pas et entreprend *les Mystères du peuple ou Histoire d'une famille de prolétaires à travers les âges* (1849-1857), véritable épopée prolétarienne, qu'il doit cependant faire alterner avec des romans moins engagés auxquels il est contraint pour raisons financières et contractuelles, comme *les Sept Péchés capitaux* (1847-1851) ou *le Diable médecin* (1850).

Avec la révolution de 1848, Eugène se range du côté des socialistes. À l'occasion des élections législatives, il publie un manifeste, *le Républicain des campagnes*. Battu dans le Loiret le 23 avril, il prend la défense des insurgés de juin. Puis c'est un pamphlet contre la candidature à la présidence de Louis Napoléon Bonaparte, *le Berger de Kravan*. En 1849, il collabore au journal fouriériste et socialiste de Considérant, *la Démocratie pacifique*. Beaucoup de ses amis sont arrêtés ou prennent la fuite lors des émeutes de juin 1849. Candidat socialiste à une élection partielle le 28 avril 1850, il est élu député de la Seine par 127 812 voix contre 119 726 au candidat conservateur. Gêné par les opinions un peu trop ostensibles de son auteur fétiche, *le Constitutionnel* refuse de publier les deux derniers *Péchés capitaux*. Eugène les propose alors au *Siècle*.

Revenant au roman de mœurs, il donne à *la Presse Fernand Duplessis ou les Mémoires d'un mari*, interrompu par le coup d'État. Arrêté le 2 décembre 1852, il est remis en liberté le 9 janvier. Bien que n'étant pas victime de la proscription, il s'exile à Annecy, dans une Savoie dépendant alors du royaume de Piémont-Sardaigne. *Le Constitutionnel* liquide judiciairement son contrat avec son auteur, qui obtient quarante mille francs de dédit. *La Presse* publie *la Marquise Cornélia d'Alfi*, roman inspiré par la vie de son auteur à Annecy. Sue s'obstine à manifester son opposition au nouveau régime, et son pamphlet *Jeanne et Louise ou les Familles des transportés* (5 janvier 1853) lui vaut l'interdiction de rentrer en France. Il persiste et signe en 1857 *la France sous l'Empire*, publié à l'occasion des élections législatives, et aussitôt saisi par la police impériale. Du 28 mars au 25 juillet paraissent *les Fils de famille*, le dernier roman-feuilleton publié du vivant d'Eugène Sue, qui voyage en Allemagne, Hollande et Angleterre avant de revenir à Annecy, où la maladie le frappe le 26 juillet 1857, entraînant rapidement la mort, survenue le 3 août. Craignant les manifestations, les autorités piémontaises retardent les obsèques jusqu'au 9. En une ultime et cruelle ironie, Vidocq meurt cette même année, ainsi que l'écrivain qui fut peut-être le plus populaire avant Eugène Sue, le chansonnier Béranger, notamment auteur dès 1830 d'une *Complainte du Juif errant*. Parmi toute cette dernière production, l'ouvrage le plus important et le plus significatif demeure *les Mystères du peuple*, interdits par le gouvernement de Napoléon III et dont la dernière des cent vingt livraisons paraît le 28 juin 1857, avec une lettre d'adieu aux abonnés. Reprenant à son compte la vieille idée du combat entre les Gaulois, ancêtres du peuple, et les Francs, dont est issue la noblesse, Sue brosse dans ce roman un tableau historique allant de 57 av. J.-C. à 1848, mettant en scène les mêmes familles rivales. En dix-huit épisodes, la lutte des classes s'inscrit dans une logique ethnique. Les Lebrenn (du celte *brenn*, « chef militaire »), Gaulois heureux et libres dans une société égalitaire, féministe avant la lettre et fraternelle, sont asservis par les Romains, puis par les Francs. Leurs descendants reconquièrent lentement leur liberté et leurs droits au cours des siècles. Dans la lignée de l'historiographie micheletienne, il s'agit de mettre en lumière une Histoire occultée. Dans celle de l'historiographie d'Augustin Thierry, il s'agit de restituer à la Gaule sa prééminence et sa grandeur. Appelant les prolétaires à reprendre le pouvoir à leurs oppresseurs, il identifie Gaulois colonisés et classes populaires, classes dominantes et conquérants. Certes, tout en annonçant le roman populaire d'un Ponson du Terrail, mais sans oublier que le genre ne sera plus sous-tendu par une idéologie socialiste (il faudra attendre l'anarchiste Michel Zevaco pour retrouver une telle imprégnation militante), *les Mystères du peuple* se soldent par un échec illustré par le massacre général final. De type fouriériste (on trouve dans le roman une fabrique conçue comme un phalanstère), l'association des bons ne peut vaincre la ligue des méchants. Certes, les jésuites dominent toujours le monde à la fin du roman, et la rédemption, pourtant annoncée comme elle l'était dans les dernières pages du *Juif errant*, se fera encore attendre. Il n'en reste pas moins que l'ensemble délivre un message généreux de fraternité mêlée de souvenirs napoléoniens, de préceptes déistes et d'humanitarisme utopique. Par rapport aux *Mystères de Paris* et au *Juif errant*, l'évolution est remarquable. Il n'est plus ici de prince rédempteur ni d'aristocrate progressiste, mais tout se déroule dans un héroïque milieu plébéien puis prolétaire. D'autant que l'épopée convoque comme il se doit merveilleux et légende, manichéisme et homérisme, et s'organise comme une geste embrassant les temps modernes, orientée par la Providence et la prédestination. Eugène Sue prend ainsi place parmi les poètes épiques du romantisme français.

VIE		ŒUVRE	
1804	**5 pluviôse an XII (26 janv.) :** naissance à Paris de Marie-Joseph Eugène Sue, fils de Jean-Joseph Sue, médecin, et Marie-Sophie Tison de Rilly.		
1816	Eugène entre au collège Bourbon (ex-lycée Bonaparte et actuel lycée Condorcet).		
1820	**14 févr. :** mort de la mère d'Eugène.		
1821	Eugène quitte le collège et devient assistant de son père.		
1822	À l'occasion de la guerre d'Espagne, son père l'envoie dans des hôpitaux militaires.		
1825	Eugène passe à l'hôpital militaire de Toulon.	**1825**	Il collabore à un impromptu dramatique joué à Toulon : *Sur le sacre de Charles X.*
1826-1827	Il embarque et participe à la bataille de Navarin (20 juill. 1827).	**1826**	**23 janv. :** premier d'une série d'articles anonymes publiés dans *la Nouveauté.*
1828	Il fréquente l'atelier du peintre Théodore Gudin.		

VIE		ŒUVRE	
		1829	Collaboration à *la Mode* et début de l'amitié avec Émile de Girardin. *Monsieur le marquis, esquisses de 1815*, vaudeville en collaboration.
1830	**21 avr. :** mort du docteur Sue. Eugène abandonne la médecine et la marine, s'installe à Paris et commence une orageuse liaison avec Olympe Pélissier.	1830	Parution dans *la Mode* de *Kernok le Pirate* et de *El Gitano*. *Monsieur Crinet*, comédie. *Le Fils de l'homme, souvenirs de 1824*, comédie en collaboration.
1831	Il fréquente le salon de Marie d'Agoult, dont il est amoureux.	1831	Premier livre, *Plik et Plok*, réunissant les textes publiés dans *la Mode*, puis *Atar Gull*. *Le Secret d'État*, pièce en collaboration. *La Salamandre* ; *la Coucaratcha* (recueil de nouvelles).
1833	Admission au Jockey Club.	1833	*La Vigie de Koat-Ven.*
		1835	*Cécile ou Une femme heureuse.*
		1835-1837	Sue commence une *Histoire de la marine française depuis le XVe siècle jusqu'à nos jours.*
		1837	*Latréaumont.* **11 nov. :** parution dans *le Commerce* d'une nouvelle qui inaugure une longue carrière de feuilletoniste.
		1837-1839	Parution dans *la Presse* d'*Arthur, le journal d'un inconnu.*
1838	Eugène quitte momentanément la vie mondaine.	1838	Parution dans *la Presse* d'*Arabian Godolphin, biographie d'un cheval.*
1839	**Retour à Paris et liaison avec Marie d'Agoult.** **1er sept. :** Sainte-Beuve consacre un article à E. Sue dans la *Revue des Deux Mondes.*	1839	*Kardiki*, dans *la Presse* ; *l'Art de plaire*, dans le *Journal des débats*, édité en volume sous le titre *le Marquis de Létorière, Arabian Godolphin* et *Kardiki* paraissant sous le titre de *Deleytar.*
		1840	*Jean Cavalier ou les Fanatiques des Cévennes.* *Aventures d'Hercule Hardi ou la Guyane en 1772* (*la Presse*) ; *le Colonel de Surville, histoire du temps de l'Empire* (*le Constitutionnel*) ; *Latréaumont*, drame de E. Sue et Prosper Goubaux (Théâtre-Français, 26 septembre).
1841	Félix Pyat fait connaître la misère du peuple à E. Sue.	1841	*Mathilde, Mémoires d'une jeune femme* (*la Presse*). *Le Commandeur de Malte.* *La Prétendante*, comédie en collaboration avec Dinaux. *Les Pontons*, drame en collaboration avec Dinaux.
		1841-1842	*L'Aventurier ou la Barbe-bleue* (*la Patrie*).
		1842	*Paula Monti ou l'Hôtel Lambert* (*la Presse*), qui paraît aussi en librairie, comme *le Morne au diable ou l'Aventurier et Thérèse Dunoyer*. **24 sept. :** *Mathilde*, drame de E. Sue et F. Pyat (Porte-Saint-Martin). **Du 19 juin 1842 au 15 octobre 1843 :** *les Mystères de Paris* (*Journal des débats*).
		1844	**13 févr. :** *les Mystères de Paris* de Sue et Goubaux sont représentés le à la Porte-Saint-Martin. Préface à *Une voix d'en bas*, recueil poétique du savetier Savinien Lapointe. *Pierre le Noir ou les Chauffeurs*, drame en collaboration avec Dinaux.
		1844-1845	*Le Juif errant* (*le Constitutionnel*, du 25 juin 1844 au 26 août 1845).

VIE		ŒUVRE	
1845	Installation en Sologne.		
		1846-1847	*Martin l'enfant trouvé ou les Mémoires d'un valet de chambre* (*le Constitutionnel*) Parution en librairie des *Comédies sociales et Scènes dialoguées.*
		1847	*Les Sept Péchés capitaux* (*le Constitutionnel*, jusqu'en 1851). *Le Trésor du pauvre*, drame en collaboration avec Desnoyers. *Martin et Bamboche*, d'après *Martin l'enfant trouvé*, drame.
1848	Sue adhère en mars au parti républicain socialiste. Il est battu aux élections dans le Loiret.	1848	Publication et diffusion gratuite dans le Loiret du *Républicain des campagnes*. *Le Morne au diable*, drame.
		1849	*Le Berger de Kravan ou Études socialistes et démocratiques sur la République.* Sue commence *les Mystères du peuple ou Histoire d'une famille de prolétaires à travers les âges*, paraissant sous forme de livraisons. *Le Juif errant*, drame.
1850	Élection à la députation à Paris.	1850	*Le Diable médecin* (*la Presse*). *Les Enfants de l'amour, la Bonne aventure* (*le Siècle*). Il commence *Fernand Duplessis ou les Mémoires d'un mari.*
		1851	*Miss Mary ou l'Institutrice* (*la Presse*). *Les Misères des enfants trouvés.* *La Bonne Aventure.* *Trois Pères*, comédie.
1852	Exil à Annecy à la suite du coup d'État	1852	*L'Amiral Levacher* (recueil de nouvelles).
		1852-1853	*Gilbert et Gilberte* (*le Siècle*).
1853	Dernier amour d'Eugène, la comtesse de Solms arrive en Savoie.	1853	*Jeanne et Louise ou les Familles de transportés*, publié au profit des familles d'exilés en Belgique. *La Famille Jouffroy* (*le Siècle*).
		1854	*La Marquise Cornélia d'Alfi.*
1856	Voyages en Allemagne, en Hollande et en Angleterre.	1856	*Lettres sur la question religieuse*, publiées en 1857 à Bruxelles. *La France sous l'Empire* (Londres). Achèvement des *Mystères du peuple. Les Fils de famille.* Projet des *Mystères du monde ou l'Esclavage, le Prolétariat et la Misère chez tous les peuples en 1850*, qui devaient rassembler tous les héros survivants des *Mystères de Paris*, du *Juif errant* et des *Mystères du peuple*. Ils ne seront jamais écrits.
1857	**3 août :** mort d'Eugène Sue à Annecy.	1857	*Une page de l'histoire de mes livres* (Bruxelles).
		1858	Parution posthume dans *le Siècle* des *Secrets de l'oreiller.*

G. Gengembre

SULLY PRUDHOMME

Pseudonyme de ***René François Armand PRUDHOMME*** *(1839-1907)*

Poète et philosophe, maître penseur et prix Nobel, Sully Prudhomme a été une haute figure littéraire au tournant du siècle. Né à Paris, il y reçoit une éducation chrétienne qui le marque profondément ; il fait ses études secondaires au lycée Bonaparte et passe un baccalauréat scientifique, avant d'en préparer un autre – de lettres, cette fois. Alors qu'il se dirigeait au départ vers une carrière dans l'industrie, il choisit de faire son droit et se retrouve ensuite dans une étude de notaire qu'il quitte bientôt pour se consacrer à la littérature. Dès sa vingtième année –

il travaillait alors au Creusot comme ingénieur à la société Schneider –, il avait commencé à écrire des vers et entrepris la traduction du *De natura rerum* de Lucrèce (publiée en 1869, précédée d'une longue préface). Le romantisme, à l'époque, n'est plus l'horizon indépassable des jeunes poètes, et l'on constate dans ces premiers essais une sorte de tentative pour y échapper, notamment par une poésie moins « expansive », plus méditative. Sur ce point, on voit bien en tout cas pourquoi Sully Prudhomme est publié dans la première série du *Parnasse contemporain* : bon nombre de ses poèmes sont parnassiens – plus, peut-être, sur le plan de la forme que sur celui de la stricte doctrine –, et c'est, bien sûr, chez l'éditeur Lemerre que paraîtront ses œuvres : *Stances et poèmes* (1865), *les Épreuves* (1866), *les Écuries d'Augias, les Solitudes* (1869), *les Croquis italiens* (1872), *les Destins* (1872).

La guerre de 1870, à laquelle il participe, est la source pour lui d'une inspiration nouvelle : *Impressions de la guerre* (1872) en est issu directement, ainsi que *la France* (1874) et divers poèmes publiés dans *le Prisme* (1886) et *Épaves* (1908). On peut d'ailleurs constater que les thèmes de Sully Prudhomme évoluent vers un registre plus philosophique et moral : après *les Vaines Tendresses* (1875), il publie *la Justice* (1878) et *le Bonheur* (1888). Le poète, ici, devient un penseur qui versifie, tout en rédigeant – en prose – des études critiques, sociologiques ou philosophiques sur l'expression dans les beaux-arts, l'art des vers, le problème des causes finales, la vraie religion selon Pascal, la psychologie du libre arbitre, le lien social..., donnant même, en 1901, son *Testament poétique*. C'est ce Sully Prudhomme-là, académicien depuis 1881, que couronne en 1901 le prix Nobel de littérature : admiré, encensé, cité dans les anthologies poétiques, surtout pour l'illustre « Vase brisé », il devient une sorte de sage, de divinité tutélaire des lettres.

Du Parnasse à la poésie philosophique, le passage était facile : dès les premiers recueils de Sully Prudhomme, on constate son goût pour les allégories et les symboles. Il écrit en définitive une poésie d'idées, ornée si l'on veut de quelques métaphores, mais dissertant volontiers sur l'habitude, sur la forme et ses mutations, sur le monde des âmes (dont on cherche le Newton), sur Dieu même, cet espoir improuvable. Car les grands, les très grands sujets ne font pas peur à Sully Prudhomme, bien qu'il ait parfois quelque peine à les étreindre ; n'est pas Hugo qui veut, et l'on peut préférer, dans la production de cette époque, ces pièces par exemple où il essaye, comme beaucoup de parnassiens, de saisir un objet, de le décrire dans sa réalité secrète et mystique : il crée alors certaines atmosphères, étranges ou mélancoliques, et qui disent peut-être son regret d'un Dieu auquel il ne croit plus.

Chez Sully Prudhomme on n'échappe pas à la leçon, religieuse, scientifique ou morale : cette poésie, délibérément, se veut didactique et se réclame d'auteurs comme Lucrèce. La fin du *Prisme* s'intitule d'ailleurs « Majora canamus » et s'ouvre sur un sonnet à la philosophie, dont il attend

Le mot de [sa] naissance et de [sa] destinée.

Sully Prudhomme, en chaque objet, trouve le départ d'une étude ou d'une quête, et c'est ce qui lui permet de s'identifier à ceux qu'il exalte, Colomb, Archimède ou Hegel, ceux qui, comme lui, cherchent la « nature des choses ».

A. Preiss

SUPERVIELLE Jules

(1884-1960)

Supervielle occupe, par la richesse et l'abondance de son œuvre, une place importante parmi les auteurs du XXe siècle. Comme René Char ou Saint-John Perse, il ne relève d'aucune « école » particulière, ne s'insère dans aucun courant littéraire dûment répertorié. Par sa diversité et son originalité, il suscite bien des interrogations, inspire bien des analyses que ne saurait épuiser le cadre d'un article de quelques pages. Aussi s'est-on limité à indiquer ici quelques directions de recherche et à reconstituer dans ses grandes lignes le cheminement qui a permis l'émergence d'une écriture.

De la conscience de la mort au perpétuel voyage

Poète, dramaturge et romancier de langue française, Jules Supervielle naît le 16 janvier 1884 à Montevideo (Uruguay), ce qui lui conférera la double nationalité. Ses parents, Jules Supervielle et Maria Munyo de Supervielle, originaires tous deux du sud-ouest de la France, ont émigré à Montevideo et y ont fondé une banque. À l'âge de huit mois, l'enfant accompagne ses parents en France où ils meurent brusquement, à Oloron-Sainte-Marie, pour avoir absorbé de l'eau empoisonnée. Supervielle, recueilli d'abord par sa grand-mère, retourne en 1886 en Uruguay avec son oncle et sa tante qui l'élèveront comme leur fils. Cette période d'heureuse insouciance, qui conjugue la sécurité de la banque familiale et les libres espaces de la pampa, est interrompue en 1893 lorsque l'enfant apprend par hasard l'identité de ses véritables parents ; il gardera de cette révélation la nostalgie d'une enfance innocente et la hantise d'un passé incertain. Sa scolarité à Paris au lycée Janson-de-Sailly le déçoit profondément ; il se distrait de son ennui en écrivant ses premiers poèmes (parus en 1900 sous le titre de *Brumes du passé*) et en attendant les vacances au pays natal. Après son baccalauréat, obtenu en 1902, il est incorporé au 46e R.I. : les nerfs éprouvés par d'épuisantes marches, il souffre d'insomnies et sera versé dans le service auxiliaire. Il hésite longuement dans le choix d'un cursus universitaire (droit, sciences po, beaux-arts) et finit par opter pour l'étude des langues étrangères (licence d'espagnol). Son mariage avec Pilar Saavedra (le 18 mai 1907), en Uruguay, lui procure une certaine stabilité affective : de cette union heureuse naîtront six enfants. Mobilisé lors de la Grande Guerre, il est affecté à l'intendance, puis au 2e Bureau où il utilise sa connaissance des langues étrangères. À l'abri du besoin grâce à la fortune familiale, Supervielle retrouve, après l'armistice, son appartement parisien du 47, boulevard Lannes. De santé délicate, il mène une existence paisible, partageant sa vie entre la littérature et les séjours en Uruguay. Son activité créatrice devient alors intense et se diversifiera peu à peu : les recueils se succèdent à un rythme soutenu après la parution de *Débarcadères* (1922) où le poète adopte le vers libre ; l'écrivain se tourne également vers le roman (*l'Homme de la pampa*, 1923), le conte (*l'Enfant de la haute mer*, 1931) et abordera même le genre théâtral (*la Belle au bois*, 1932).

Il participe quelque peu à la vie littéraire parisienne sans adhérer cependant à aucun courant défini et sous la seule influence de ses amitiés personnelles ; lié avec Jacques Rivière, puis avec Jean Paulhan, l'éternel découvreur de talents, il est accueilli à la *N.R.F.* Il correspond avec Gide, Valéry, Rilke, devient l'ami de Marcel Arland et d'Henri Michaux. Surpris par la Seconde Guerre mondiale en Uruguay, le poète s'y établit, collaborant aux diverses revues de la France libre (*Poèmes de la France malheureuse*, 1941). À son retour en France, en 1946, il connaît des difficultés financières en raison de la faillite de la banque familiale ; le gouvernement uruguayen le tire de la gêne en le nommant attaché culturel honoraire avec traitement, auprès de son ambassade parisienne. Le poète, dont la santé s'est encore altérée (troubles cardiaques, puis pulmonaires), trouve un exutoire à son angoisse de la mort dans la création littéraire : plus que jamais ses poèmes portent la trace d'une véritable fascination pour le corps humain et ses mystères (*le Corps tragique*, 1959). Les distinctions affluent, assurant enfin à Supervielle une consécration officielle : nommé officier de la Légion d'honneur (1946), il reçoit le prix des Critiques (1949), le grand prix de Littérature de l'Académie française en 1955, le prix international de poésie Etna-Taormina (1957). Il siège au jury du prix Fénéon et du prix Rivarol (1956) et, succédant à Ronsard, se voit sacré « Prince des Poètes » juste avant de mourir, le 17 mai 1960, des suites d'une bronchite, dans son appartement parisien du quai Louis-Blériot. Il est inhumé à Oloron-Sainte-Marie.

L'œuvre : l'autobiographie et le mythe personnel

L'examen de l'œuvre de Supervielle appelle d'abord quelques remarques : si l'écrivain s'est essayé à tous les genres littéraires, il est cependant évident que c'est son œuvre poétique qui lui a conféré la célébrité et qui reste quantitativement son domaine de prédilection (une quinzaine de recueils dont les plus célèbres demeurent *Débarcadères* ; *Gravitations*, 1925 ; *le Forçat innocent*, 1930 ; *les Amis inconnus*, 1934 ; *la Fable du monde*, 1938 ; *Oublieuse Mémoire*, 1949). Ses pièces de théâtre (*la Belle au bois* ; *Bolivar*, 1936 ; *Robinson*, 1948 ; *Schéhérazade*, 1949 ; *les Suites d'une course* et *l'Étoile de Séville*, 1959), pour intéressantes qu'elles soient par les thèmes qu'elles développent, n'ont pas obtenu de succès notable après la mort du poète, et, du reste, il y témoigne d'une certaine difficulté à s'adapter aux règles de l'art dramatique. Les œuvres narratives frappent par leur brièveté et leur caractère volontairement métaphorique ; ses quatre romans (*l'Homme de la pampa* ; *le Voleur d'enfants*, 1926, adapté au théâtre en 1949 ; *le Survivant*, 1928 ; *le Jeune Homme du dimanche et des autres jours*, 1952) constituent de courts récits qui narrent, sur un mode qui confine au fantastique, les hantises de personnages à la recherche de leur personnalité profonde ; les contes (*l'Enfant de la haute mer* ; *l'Arche de Noé*, 1938 ; *Orphée et autres contes*, 1946) se caractérisent par un recours grandissant au mythe et, comme nombre d'écrivains modernes, Supervielle y présente, dans un langage simple et épuré, sa vision du monde, en reprenant des récits de la mythologie grecque ou biblique.

L'Enfant de la haute mer

SYNOPSIS

« L'Enfant de la haute mer » évoque l'étrange existence d'une enfant de douze ans, seule au milieu d'une petite ville perdue dans l'Atlantique (« Comment cela tenait-il debout sans même être ballotté par les vagues ? »). La fillette s'acquitte de toutes les tâches qui peuvent donner un semblant de vie aux rues, aux maisons et aux boutiques. Un jour, elle lance un vain appel au secours à un cargo qui passe et s'éloigne. La dernière page nous apprend que l'existence désolée de l'enfant a surgi du « cerveau d'un matelot » : un jour qu'il traversait l'Atlantique, celui-ci a pensé, « avec une force terrible », à la petite fille de douze ans qu'il avait perdue.

« Le Bœuf et l'Âne de la crèche » raconte les destinées à la fois proches et divergentes des deux animaux qui ont assisté Jésus à sa naissance. « Ahuri et incompréhensif », le bœuf entoure d'une sollicitude pataude le divin Enfant, tandis que l'âne fait preuve d'une prosaïque efficacité. Le premier se laissera aller à une extase mystique dans laquelle il dépérira et s'éteindra doucement, et le second emmènera Jésus et ses parents en Égypte.

« L'Inconnue de la Seine » évoque la descente d'une jeune noyée dans le séjour des profondeurs, parmi la colonie des « Ruisselants ». Mais la nostalgie qu'elle éprouve des « choses de là-haut » la met à l'écart des autres, et elle ne tarde pas à rompre ses attaches pour regagner des « eaux moins profondes ».

Les héros des « Boiteux du ciel » sont des ombres qui reproduisent dans leur séjour céleste les conditions de leur vie terrestre, à ceci près que toute matérialité y est désespérément absente. Charles Delsol retrouve Marguerite Desrenaudes, une jeune fille devant laquelle il s'asseyait tous les jours à la bibliothèque de la Sorbonne. Un jour qu'il propose de lui porter sa serviette, il trouve celle-ci étrangement consistante, et d'authentiques dictionnaires s'en échappent : un même bouleversement s'empare de Charles et Marguerite, qui unissent leurs lèvres à la grande stupéfaction des Ombres du ciel.

« Rani » raconte le sort du cacique d'un village indien, chassé par les siens après que le feu l'eut défiguré et rendu méconnaissable.

Dans « la Jeune Fille à la voix de violon », l'héroïne parle avec des accents de violon, jusqu'au jour où sa première expérience amoureuse « détruit en elle ces accords singuliers ».

Sir Rufus Flox, le héros des « Suites d'une course », est un gentleman-rider qui se transforme rapidement en cheval après une chute mortelle de sa bête dans la Seine. Il en informe sa fiancée, dont il devient le cheval de trait. Un jour que celle-ci attelle à son ex-compagnon un tilbury où elle prend place à côté d'un jeune homme, le cheval renverse le couple et provoque la mort de l'« intrus ». Puis il redevient un homme.

Dans « la Piste et la Mare », un marchand ambulant turc s'arrête chez le fermier Juan Pecho, et montre à toute la famille le contenu de ses sacoches. Devant le refus du Turc de baisser le prix d'un rasoir mécanique, Juan Pecho le tue et jette son corps dans la mare. Quelques jours plus tard, la police vient l'arrêter. Il ne sait pas d'où la dénonciation a pu venir, puis se souvient qu'au moment du crime, seul un chien était présent.

À la lecture, l'unité thématique des livres de Supervielle s'avère profonde : l'aspect autobiographique et les préoccupations personnelles prédominent largement, même si elles restent sous-jacentes. C'est pourquoi sans doute l'écrivain n'a pu se reconnaître dans aucune « école », récusant modèles et influences. Même s'il avoue son admiration pour quelques grands maîtres (Hugo, Mallarmé, Rimbaud, Lautréamont, Apollinaire, Claudel, Saint-John Perse, et surtout La Fontaine), c'est souvent pour s'en démarquer (voir, sur ce point, les entretiens radiophoniques avec Robert Mallet des 8 et 15 mai 1956). Dès *Débarcadères*, les principales caractéristiques formelles de sa poétique sont mises en place – on constate tout au plus une épuration grandissante du style –, ainsi que ses thèmes favoris qui seront sans cesse repris et développés tout au long d'une œuvre profondément unique, unitaire et originale. Pour Supervielle plus que pour tout autre poète, la tâche du critique, c'est redécouvrir « le sens d'une vie qui s'organise à partir de la conscience qu'elle prend d'elle-même » (G. Poulet).

L'angoisse existentielle

Un nombre étonnamment élevé de questions émaille le discours de l'écrivain. À travers les exercices de grammaire auxquels se livre, dans *l'Enfant de la haute mer*, la petite fille (« Êtes-vous ? Pensez-vous ? Parlez-vous ? ») s'exprime une surprise permanente devant le sentiment de l'existence des autres et de soi-même. Sans trêve se pose à Supervielle la question de l'identité : « Qui est là ? Quel est cet homme qui s'assied à votre table ? » (« Apparition », *Débarcadères*). Il baigne dans la conscience de son étrangeté face au monde et à lui-même, il est le « Hors-venu » ; les choses, les gens, son propre visage lui semblent insolites (« Vers seize ans, j'avais peur de me regarder dans la glace »). Et ce phénomène engendre en lui la sensation tragique d'une solitude et d'une distance d'autant plus grandes qu'il ne peut accéder à la bienheureuse inconscience : « Ma cervelle allumée, et je ne puis l'éteindre » (« la Nuit », dans le recueil *1939-1945, Poèmes,* publié en 1946). Son rapport au réel se définit dans une dialectique d'éloignement et de rapprochement, de perte et de retrouvailles, de l'excessive plénitude à la totale vacuité. Son écriture ne cessera de transcrire ce perpétuel mouvement de va-et-vient entre l'homme et ce qui l'entoure. Car la poétique de Supervielle – et cet aspect a été parfois dédaigné par la critique – se fonde sur la souffrance d'une culpabilité et l'angoisse d'un « manque à être » : « Nous n'avançons que dans nous-mêmes, l'angoisse nourrit notre histoire » (« Arbres dans la nuit et le jour », *1939-1945*). Un entretien avec Etiemble se fait largement l'écho de ce sentiment : « Le remords, le repentir, le sens de la culpabilité, si je connais ça ! Parce que je ne peux pas supporter le remords, qui me tue, j'ai tout respecté, tout pris au sérieux, même le mariage » (« Dieu, la critique et l'art », dans *Supervielle*, 1960). De cette quête et reconquête – incessantes et nécessaires – du sens de l'existence va naître une œuvre dont l'accent particulier a été universellement souligné.

L'anarchie de la mémoire

La perception du temps se présente au poète sous les aspects d'une ambivalence assez remarquable : trop fixe ou trop mobile, tantôt il constitue un bloc compact que l'esprit cherche en vain à dissocier et à organiser, tantôt il échappe à toute saisie. La « tyrannique mémoire de notre enfance » (*Boire à la source*, 1933) rappelle sans cesse l'être humain à son passé, lui restitue malgré lui des faits qu'il aimerait oublier. « Empêtré dans la glu d'un jour passé », l'homme demeure prisonnier de tous les états successifs de son Moi dont il n'a pu se libérer : « Je ne parviens pas à me désembourber des différents âges que j'ai eus à Paris et je suis dans un même temps, un lycéen, sa serviette sous le bras, un adulte avec des vers plein les poches et un homme mûr devenu auteur dramatique. Sorte d'ubiquité dans le temps, et peut-être un bout de drap d'éternité que j'essaie de tirer à moi, dans l'obscur de l'être ». Métamorphosé en une sorte de poupée gigogne condamnée à l'impuissance et à la paralysie, il demeure l'esclave du passé et ne sait jouir de l'événement présent, trop plein qu'il est de lui-même pour percevoir l'extérieur : « Le moment présent est un cadeau dont je n'ai pas su profiter » (*la Fable du monde*).

À d'autres moments, la temporalité est perçue comme un objet friable que l'esprit ne parvient pas à saisir. L'« oublieuse mémoire » ne nous restitue du passé que des bribes dénuées de sens et sans aucune cohérence. Contempler la mère morte ne suggère au poète que de nouvelles interrogations et accroît sa sensation d'avoir subi une perte irréparable. Si le passé reste, comme Eurydice, caché dans l'ombre à jamais, le présent est vécu comme une perpétuelle fuite, car la mémoire ne sait pas garder la trace des expériences vécues :

Pâle soleil d'oubli, lune de la mémoire,
Que draines-tu au fond de tes sourdes contrées ?
Est-ce donc là ce peu que tu donnes à boire
Ces gouttes d'eau, le vin que je te confiai ?
Et que vas-tu faire encore de ce beau jour d'été
Toi qui changes tout quand tu ne l'as pas gâté ?

(*Oublieuse Mémoire*)

Coïncider avec le réel dans le présent s'avère impossible, aussi Supervielle remet-il à plus tard le moment de la prise de conscience et de la compréhension d'un monde énigmatique : « Au lieu d'accepter le moment présent pour ce qu'il est, la pensée ne le considère que comme une version provisoire à laquelle anticipativement elle apporte déjà additions et retouches » (G. Poulet).

Le moment à venir devient souvent l'objet d'une interrogation anxieuse : « Homme égaré dans les siècles, trouveras-tu jamais un contemporain ? » (« Solitude », *les Amis inconnus*) ou d'un désir avide, traité d'une manière sadomasochiste : « Ah s'il avait su poignarder l'avenir pour voir ce qu'il avait dans le ventre ! » s'exclame l'« Homme de la pampa » qui entretient d'ailleurs avec son volcan, nommé Futur, un curieux rapport d'amour et de haine entremêlés.

« Le cruel don de l'ubiquité »

La problématique de l'espace tend à s'articuler chez Supervielle sur un mode parallèle à celle du temps, avec une ambiguïté similaire : trop vide ou trop plein, il le submerge, le fascine ou l'angoisse. Ce voyageur, qui passa son existence dans une oscillation perpétuelle entre la France et l'Amérique du Sud, est l'homme des grands espaces : l'Océan, la pampa uruguayenne et Paris, la cité protéiforme, l'attirent et le repoussent tour à tour.

Certes, avec sa vie sauvage et naturelle, ses animaux et ses végétaux si caractéristiques qu'évoquent de nombreux poèmes de *Gravitations,* la pampa du pays natal constitue un point d'ancrage ; elle alimente largement la nostalgie de Bigua (*le Survivant*) et de Guanamiru (*l'Homme de la pampa*). Espace du refuge et de l'authenticité des sensations, elle est souvent évoquée par contraste avec le monde parisien : celui-ci reste, en effet, incompréhensible et hermétique à ces hommes qui ne rêvent que de sincérité et de vérité. Il est manifeste, cependant, qu'elle existe surtout négativement, par tout ce qu'elle n'est pas ; elle est le lieu privilégié d'une fuite devant le temps, devant l'histoire, devant le Désir : « Elle se défend de ressembler à ces paysages manufacturés d'Europe, saignés par les souvenirs » (« Retour à l'estancia », *Débarcadères*). C'est dans cet espace quasi désertique qu'à l'instar des anachorètes Bigua cherche à oublier les dangereuses tentations de la chair (son amour pour la jeune Marcelle). Cette immensité favorise le recueillement et les retrouvailles avec soi-même, très provisoirement car les anciennes hantises resurgissent avec la sensation du vide : « À mesure qu'il avance, il se sent de plus en plus dénué » (*le Survivant*, 1928).

À l'inverse, Paris semble trop peuplé, trop animé, trop polymorphe, pour être appréhendé dans sa totalité. Le monde parisien, qui ne nourrit que des sentiments artificiels, qui ne procure que d'illusoires sensations, frustre et déçoit le naïf Guanamiru : il se réfugiera dans ses rêves et ses hallucinations. Les étendues marines s'avèrent plus dangereuses encore : « Devant la mer sous mes yeux je ne parviens à rien saisir… Trop d'océan, trop de ciel en long en large en travers… Je ne sais plus où je suis, je ne sais plus où j'en suis » (*Oublieuse Mémoire*). Le Moi s'est dissous dans cette vacuité et cette perpétuelle mouvance, sans parvenir à les fixer par la parole : « Elle se veut toujours informulée » (« Cette mer qui a tant de choses à dire… », *Oublieuse Mémoire*). Cet espace qui ne cesse d'apparaître en creux, la tentation est grande de le peupler de fantasmes ou de mirages (cf. *l'Enfant de la haute mer*) qui font perdre à l'être ses repères et lui donnent la sensation vertigineuse d'exister partout en même temps, comme en témoigne la mort par éclatement de Guanamiru. Telle est au fond la grande misère de Dieu : « Tout est en moi dans sa masse importune » (« Dieu parle à l'homme », *la Fable du monde*).

« Tu mourus de pansympathie, une maligne maladie »

C'est par ces vers énigmatiques que Supervielle inaugure avec humour sa propre épitaphe (« À moi-même quand je serai posthume », inédit, dans Claude Roy, *Supervielle,* 1949). Ce réel fugitif suscite chez le poète et ses personnages un désir démesuré, celui de vouloir « saisir » par le toucher ou le regard les objets et les gens qui sont perçus comme dispersés, éparpillés au sein d'un univers dénué de sens. L'écrivain, au reste, recourt volontiers dans ses textes les plus angoissés à des énumérations de mots sans lien sémantique apparent : « Saisir, saisir le soir la pomme et la statue » (« Saisir », *le Forçat innocent*). Pour donner au monde une logique et une cohérence internes, il met en œuvre un processus d'identification (la « pansympathie ») qui l'amène à fusionner avec l'objet de son désir. Les quelques scènes amoureuses que l'on peut lire dans son œuvre en témoignent : « J'entrais par tous les pores dans ma bien-aimée, je me fondais en elle, sous ses vêtements, quel délice !… J'étais devenu ce beau visage, ces bras fermes et ronds, cette gorge dont j'avais si souvent essayé de deviner les formes, ce ventre, ces cuisses admirables qui perdaient brutalement tout mystère pour moi… » (*le Jeune Homme du dimanche et des autres jours*). Et dans ce mouvement même, le désir disparaît : « Mon aimée s'était changée pour moi en du déjà vu, du déjà connu, et depuis très longtemps. J'étais arrivé à la satiété de cette chair sans en avoir connu les voluptueux prémices. Ce qui me restait de l'homme était submergé en elle et ne gardait quelques forces de présence que pour me faire souffrir. Il y avait là un châtiment monstrueux pour une faute que nul n'avait commise » (*id.*). Aussi le désir, malgré une évidente sensualité, est-il rarement vécu de façon positive : il vient, en effet, briser les fragiles structures sur lesquelles le Moi s'était laborieusement établi. La féminité ne peut être sentie que négative, aussi dévorante que la rêverie dans laquelle le poète s'absorbe. Le désir qu'inspire l'adolescente Marcelle à Bigua lui fait perdre la raison et aboutit à une haine paranoïaque de la Femme : « Il hait toutes les femmes, mères, épouses, sœurs, avec leurs affreuses jupes qu'elles poussent dans la vie, les maisons et les appartements, pour le besoin qu'elles ont d'intervenir dans la misérable existence des hommes et de les obliger à faire ce qu'elles veulent, ce qu'elles couvent, ces poules de malheur ! » (*le Survivant*).

Ainsi le mouvement du Désir, par les dérèglements qu'il cause, mènera-t-il le plus souvent à la folie et à la mort. Supervielle reprend ici la vieille problématique grecque de l'*ubris,* mais, étrangement, l'homme ne remet pas en cause la démesure même de son propre désir comme le faisaient les tragiques de l'Antiquité, suivis en cela par toute une tradition humaniste ; il transfère à l'objet même de sa quête (la femme, les choses, l'espace, le temps, etc.) un caractère destructeur qui ne l'écarte que davantage du réel.

Figures de la folie

Le thème de la folie est omniprésent dans l'œuvre de Supervielle, qui définit du reste l'homme de génie comme « celui qui devrait être fou, et qui ne l'est pas, mais au prix de quelles souffrances ! » (*Entretiens* avec Robert Mallet). Lui-même avoue avec humour : « En ne me dévorant pas tout cru, ma rêverie m'a prouvé que, si j'étais une bonne pâture pour la poésie, j'étais tout de même trop coriace pour le cabanon » (« Chercher sa pensée », II, *N.R.F.*, avril 1959). Des différents aspects que présente la déraison dans l'œuvre du poète, certains relèvent d'une tradition bien établie, comme le dédoublement (Apestègue, dans *le Jeune Homme du dimanche et des autres jours*) ou la métamorphose (Guanamiru, qui devient un géant dans *l'Homme de la pampa*).

C'est bien plutôt dans la perception du corps humain que l'écrivain fait preuve d'originalité. L'angoisse naît ici de la sensation de l'anarchie du vivant. Véritable univers intérieur, le corps possède une vie autonome, dangereuse, devant laquelle l'homme reste impuissant : Guanamiru se sent devenu « la proie d'une véritable panique osseuse et cellulaire » qui aboutit à l'éclatement de « mégalomanie éruptive ». Le corps et ses organes vitaux sont mis à distance, perçus comme étrangers : « Ce cœur dont je suis l'hôte, il ne sait rien de moi » (« Cœur », *le Forçat innocent*) ; objectivés ou personnifiés, ils provoquent une hantise dont témoignent des métaphores évocatrices : les nerfs deviennent des « poignards » (*Oublieuse Mémoire*) ; la thématique du sang et du cœur s'avère, à cet égard, particulièrement riche et toute mention de ces symboles de vie amène à une prise de conscience de la fragilité de l'Homme, voué à la mort.

« Rien ne consent à mourir... »

Paradoxalement, la caractéristique essentielle de la Mort est son impossibilité : Guanamiru, après son explosion, continue à vivre par fragments dispersés. La thématique du suicide par noyade est largement représentée et l'eau apparaît, de nouveau, comme l'élément du désespoir où la conscience, évidée par ses propres désirs, tend à s'anéantir. Mais, invariablement, on aboutit à une mort ratée : Robinson n'est qu'un faux naufragé, Bigua sera miraculeusement repêché ; tout comme Achille aux Enfers, « l'Inconnue de la Seine » ne trouve au fond des eaux qu'une autre vie, terne et sans relief, et elle regrette tout ce qu'elle a fui en se suicidant ; elle en viendra même à souhaiter « mourir tout à fait » (« l'Inconnue de la Seine », *l'Enfant de la haute mer*). Dieu lui-même envie l'homme de pouvoir mourir, parce qu'il peut ainsi sentir la valeur de l'existence :

Chacun de vous sait faire un mort sans avoir eu
[besoin d'apprendre,
Un mort parfait que l'on peut tourner et retourner
[dans tous les sens,
Où il n'y a rien à redire.
Dieu seul vous survit, lui seul survit entouré par un
[grand massacre
D'hommes, de femmes et d'enfants...

(« Tristesse de Dieu », *la Fable du monde*)

Par un saisissant renversement dialectique, le tragique de l'humanité se mue en une source inépuisable de richesse. C'est par la conscience de sa finitude, par la connaissance de ses limites que l'Homme parvient à jouir de l'existence. Supervielle, à sa manière, inaugure une nouvelle forme d'humanisme, peu ambitieuse, mais réaliste, qui s'oppose à l'euphorie des thèses de la Renaissance.

Le réel apprivoisé

Le vertige de la mort disparaît lorsque l'Homme « reprend contact avec la grande famille des choses concrètes » (*le Survivant*) et qu'il apprend à sélectionner quelques pôles fixes qui marquent son acquiescement aux valeurs positives du monde, quitte à passer par un certain conformisme (« Pour vivre en paix avec moi-même, j'essayai de me trouver un conformisme », *l'Insolite et le Solite*, inédit, dans Etiemble, *Supervielle*). Le spectacle de la table familiale constitue le meilleur recours contre la tentation du vide :

Voici Pilar, elle m'apaise, ses yeux déplacent le
[mystère.
Elle a toujours derrière elle comme un souvenir de
[famille
Le soleil de l'Uruguay qui secrètement pour nous
[brille.
Mes enfants, mes amis, leur tendresse est circulaire
Autour de la table ronde, fière comme l'univers.

(« Apparition », *Débarcadères*)

C'est dans cette perspective que se justifie l'attachement au pays natal (nulle trace de nationalisme chez Supervielle), l'amour des enfants (qui, par leur pureté, parviennent à une compréhension immédiate des valeurs du monde), le culte des arbres qui peuvent s'enraciner, le recours à l'affectivité qui sécurise. Le meilleur témoignage de cette démarche est le poème « Hommage à la vie » (*1939-1945*) :

C'est beau d'avoir élu
Domicile vivant
Et de loger le temps
Dans un cœur continu...

La modestie, l'humilité, la patience du poète, dont on a souvent parlé, doivent beaucoup à cette connaissance des limites à ne pas dépasser si l'on ne veut pas sombrer dans la folie, et son œuvre, à l'encontre de celle des surréalistes, se pose comme une victoire sur l'irrationnel : « Et peut-être dois-je le meilleur de ma sagesse à ce que j'ai eu souvent à dompter un peu de folie » (*En songeant à un art poétique*, 1951). Dès lors, la création passe par une régulation des facultés de la perception, qui, loin de chercher à tout embrasser, ne choisissent dans la réalité que ce qu'elle offre de significatif, afin de l'ordonner et lui ôter un caractère d'étrangeté : « Choses du monde, de grandeur différente, mais sur un seul rang, un

homme vous passe en revue » (*le Survivant*). Il faut enlever au fantastique son aspect terrifiant au moyen de l'humour qui suppose une lucidité dans la distance ; aussi les récits de Supervielle sont-ils toujours empreints d'une certaine drôlerie qui désamorce le tragique de la situation.
Le créateur s'assimile à un « horloger » qui règle minutieusement la mécanique de la pensée, tout en lui conservant souplesse et précision (*En songeant à un art poétique*) ; on renoue ici avec un certain classicisme, et l'on comprend que Supervielle ait partagé avec Mallarmé et Paul Valéry le goût du travail et de la discipline dans l'écriture poétique. Celle-ci vise à rendre « précieuses » (au sens étymologique du terme : « donner du prix ») les choses et les personnes qu'elle décrit, en les choisissant avec soin et en les individualisant ; on note, d'ailleurs, que la langue de l'écrivain ira sans cesse vers l'épuration et qu'il fait un usage fréquent du singulier, de préférence au pluriel. La poétique vise à l'essentialité, dans un mouvement de « cristallisation de la pensée en images et en concepts qu'on voudrait originaux et frappants » (*Entretiens* avec Robert Mallet). Elle récuse cependant toute forme d'hermétisme et d'abstraction qui feraient obstacle à une compréhension immédiate : on est bien loin de l'« Alchimie du Verbe » de Rimbaud. Il s'agit plutôt de trouver « le mot qui sécrète la chose » (*l'Homme de la pampa*), et c'est par le pouvoir de la parole que le monde se crée.
On conçoit que Supervielle ait été, comme Cocteau, fasciné par le mythe d'Orphée, celui qui parvient, par la musique de ses vers, à apaiser les forces brutales de la Nature. On peut aisément mettre en évidence les similitudes frappantes entre les mythes de la tradition orphique et les problématiques du poète moderne : la marginalité, l'exigence de pureté, la hantise du sang et de la viande, l'interdiction de jeter un regard en arrière, la mort par démembrement du corps, le goût de la musique… (cf. en particulier « le Hors-venu », *les Amis inconnus*). Le vrai poète est celui qui a pu s'enfoncer dans les profondeurs des Enfers, contempler la nuit et la mort, et revenir à la surface de la terre pour restituer par la parole poétique l'essentiel de cette expérience.

A.-C. Bruneval et P. Mari (synopsis)

Surréalisme

Surréalisme

De 1919, date de l'écriture par André Breton et Philippe Soupault des *Champs magnétiques*, jusqu'en 1969, date de la dissolution du groupe par lui-même, s'est développé, en France, avec des ramifications à l'étranger – ou des « reconnaissances » *a posteriori* –, un mouvement poétique et plastique original qui a pris le nom de surréalisme en 1923-1924 – d'abord pour qualifier les proses automatiques, alors abondamment produites –, et dont la figure centrale, résistant aux avatars successifs du groupe, a été le poète André Breton (1896-1966).
Le terme est emprunté à Apollinaire, qui l'a employé pour désigner l'invention métaphorique pratique : « Quand l'homme a voulu imiter la marche, il a créé la roue, qui ne ressemble pas à une jambe. Il a fait ainsi du surréalisme sans le savoir. » Ce double mouvement, imaginaire et pratique – qui part des mots et s'inscrit dans le réel –, est bien au cœur du projet surréaliste, tout au long de son histoire. Le mot surréalisme, cependant, recouvre aujourd'hui trop souvent une nébuleuse confuse par excès de sens. En utilisant l'adjectif pour désigner des œuvres ou des conduites qui reflètent tantôt de l'onirisme, tantôt une certaine érotique, ou encore de l'humour noir, parfois du fantastique, on brouille les contours d'un champ complexe et même composite. Mais souvent aussi, une opposition trop forte est établie entre une « avant-garde » française, qui serait représentée par Georges Bataille ou Antonin Artaud, et le surréalisme de tendance bretonienne. Il est de fait que, dans le corps du mouvement surréaliste français, semble s'être enkystée, dès l'origine, une avant-garde qui prônait surtout la productivité de l'arbitraire (moins les chances incertaines d'un « impossible » quasi chosifié chez Bataille que celles de l'*incipit* chez Aragon – comme le dit admirablement *Je n'ai jamais appris à écrire ou les Incipit*, 1969) et qui concevait un temps discontinu : catastrophique. La richesse extrême du premier surréalisme a rendu difficile le clivage de l'après-guerre, où une avant-garde poétique et plastique a tendu tardivement à se développer de façon autonome, en s'opposant à un surréalisme taxé d'arrière-garde.
En fait, à la suite de Breton, le courant majoritaire du surréalisme français se fonde sur une conception anagogique du temps et propose une résurgence originale de pensée « participationnelle » – ou pensée « magique » – : participation aux activités collectives d'un groupe, comme relation de participation de l'homme au monde. C'est pourquoi ce mouvement doit être abordé par son mode de vie plutôt que par ses œuvres ou même ses hommes. La meilleure plongée dans le surréalisme peut venir d'une lecture, même au hasard, dans ses revues (*Littérature* et surtout *la Révolution surréaliste*, *le Surréalisme au service de la révolution*, *Minotaure*, *VVV*…, des périodiques moins célèbres, mais non moins fascinants : *Néon*, *la Brèche*, *l'Archibras*…) ; cette plongée peut être suivie d'une lecture des *Tracts surréalistes et déclarations collectives*, tels qu'ils s'offrent aujourd'hui en deux tomes, de consultation aisée (Éd. Losfeld, 1980-1982) ; elle doit enfin porter une certaine attention aux « environnements » et « actions » qui tou-

jours accompagnèrent ses expositions : non point activités marginales, mais rivages où le groupe ancre ses projets.

Dans ce flux, les activités, en particulier les activités esthétiques, apparaissent comme de simples « moraines » (voir Pierre Naville, dans le n° 3 de *la Révolution surréaliste,* 1925) ou comme les produits d'un « bricolage » au sens fort que Claude Lévi-Strauss donne à ce terme. La permanence est apportée par le groupe, dont les limites sont fortement soulignées : les exclusions (nombreuses et retentissantes) et les réintégrations (plus rares) ne sont pas les moments regrettables ou épisodiques d'une histoire qui pourrait s'écrire sans elles ; elles en sont une composante essentielle. Par ce moyen, c'est à une « exaspération » (Julien Gracq) des limites du groupe que l'on procède, indispensable si le groupe a bien pour rôle de limiter, de borner le champ aimanté où s'affinent et s'aiguisent les sensibilités, où se rodent les idées.

On lira plus loin une chronologie, nécessairement sommaire, des épisodes marquants de l'histoire du groupe et de ses activités : nous serons plus libres ainsi de nous en tenir à une définition un peu plus diversifiée. Quelles sont donc les valeurs essentielles par rapport auxquelles se fixe le projet surréaliste ?

Les valeurs offensives : le jeu de l'imaginaire et du langage

• Le surréalisme est-il un humanisme ? Aux yeux du surréalisme, la personne humaine est incommensurable car irréductiblement subjective. Si l'humanisme est en lutte contre tout ce qui dépasse l'homme – Dieu, la matière, la raison –, alors le surréalisme peut être dit humaniste – et l'on suivra en cela le philosophe Ferdinand Alquié, à condition d'abandonner ce que l'usage a apporté à la signification de ce terme en le chargeant de modération et de confort intellectuel.

Dieu : bien loin de s'en tenir à un anticléricalisme, le surréalisme se pose comme antithéologique, d'où la raideur contre ceux qui, comme Michel Carrouges (*André Breton [...]*, 1950), avaient tenté de définir le mouvement comme compris dans les rets d'une théologie négative, et si un hommage est rendu par Breton à Maître Eckhart (« Maître Eckhart mon maître dans l'auberge de la raison... »), c'est justement par une rationalisation de sa pensée.

La matière, posée comme une chose en soi : si le surréalisme se dit matérialiste, c'est de façon « dialectique » (troisième partie des *Vases communicants*, 1932) ; son point de départ est non pas l'homme lui-même, mais un certain rapport entre l'homme et l'objet. D'où un certain monisme.

La raison, dans la mesure où elle serait transcendante à l'homme : qu'on se reporte aux attaques contre la logique dans le premier *Manifeste* (1924). Le surréalisme, qui pourfend toutes les formes de positivisme, veut « rendre à la raison humaine sa fonction de turbulence et d'agressivité » (Gaston Bachelard, cité en 1937 par Eluard) : une raison qui, dès lors, n'exclurait pas l'irrationnel.

À une raison étroite, à une conception bornée ou dépendante de l'homme, le surréalisme oppose tout ce qui peut briser les certitudes acquises et le confort intellectuel (René Crevel, *l'Esprit contre la raison*, 1927) : la révolte devant les conditions faites à la liberté humaine, l'insolite, l'Éros.

• Sur la révolte, en particulier en son sens politique, les positions successives des surréalistes ont été exposées [voir **BRETON**] : elles tentent, on le sait, de concilier Marx avec les utopistes (Charles Fourier), tout en gardant intact le rêve libertaire. La révolution des esprits et celle de la société sont inscrites dans la fondation même du surréalisme, mais jamais les surréalistes n'admettent de subordonner la première à la seconde. Le dialogue avec le Parti communiste français fut nourri, entre 1925 et 1935, mais les difficultés furent grandes avec ceux qui choisirent un engagement extrême : d'où la rupture du mouvement avec Aragon en 1932, avec Eluard en 1938, avec Tzara après la guerre.

Or, dans le jeu tendu entre la subjectivité et l'insertion sociale de l'individu, il s'agit d'inventer de nouveaux modes de penser : le surréalisme est allé jusqu'à tenter de créer un mythe nouveau. Puisque, dans les sociétés dites primitives, les mythes sont la projection inconsciente de l'explication du système social et cosmogonique, on peut tenter de former des modèles mythiques, à l'appel desquels répondraient des sociétés nouvelles. Projet grandiose, pour lequel seules des préfaces furent écrites : « Préface à une mythologie moderne », d'Aragon, dans *le Paysan de Paris* (1924), ou évocation du mythe des Grands Transparents dans *Prolégomènes à un troisième manifeste du surréalisme ou non*, de Breton (1942).

• Percevoir l'insolite, c'est percevoir un décalage entre le prévu et le donné, mais ce décalage est toujours perçu dans le surréalisme comme un excédent, grâce auquel devient efficace le merveilleux (« Équation de l'objet trouvé », dans *Documents 34*, repris dans *l'Amour fou* de Breton, texte III). C'est que l'objet trouvé objective mon désir. Il y a là un retournement du système causal tel qu'il fonctionne dans le discours rationnel quand ce dernier prend ses modèles dans les sciences mathématiques : plus proche de la conception de la cause dans les modèles physico-biologiques, le hasard « objectif » (« rencontre d'une finalité externe et d'une finalité interne », *l'Amour fou*, et « Limites non frontières du surréalisme », 1937, repris dans *la Clé des champs*, 1953) accorde une part essentielle à l'inconscient et à sa prise en charge par l'imaginaire.

De là tout un système de pensée lyrique, qui éloigne fortement le surréalisme de la pensée freudienne (dont on pouvait le rapprocher par la référence à l'« inconscient »). « Imagination n'est pas don mais par excellence objet de conquête » (« Il y aura une fois », dans *le Surréalisme au service de la révolution*, n° 1, 1930). Tout tient à la relation entre le vécu et le signe. À l'origine, un signe sans signification : le nom de Nadja, les mots du poème « Tournesol », le chiffre 22 sur la fenêtre de la prison où Benjamin Péret est enfermé en 1940. Plus tard, les événements donnent sens au signe : la rencontre de Suzanne donne à « Nadja » le sens : le prénom Nadja dérive de *nadejda* qui, en russe, signifie « espérance » ; la rencontre de Jacqueline illustre « Tournesol » ; Benjamin Péret est libéré le 22 juillet. L'écart temporel qui sépare le signe de son sens est une sorte d'instant élargi, une « zone événementielle », bourrée de désir (ou de son envers, la peur).

Toute la magie surréaliste consiste donc à faire se lever les signes : « appâts » qui sont des appels à un changement de vie (*l'Amour fou*) ; rêves, racontés dans les revues avec un scrupule qu'on a pu dire scientiste, et analysés parfois (*les Vases communicants*, première partie), mais déchiffrés précisément comme des signes (l'impératif de vivre, à la différence du déchiffrement freudien) ; signes écrits de l'écriture automatique, préjugée continue dans l'inconscient de l'homme, et dont la fonction est complexe (manifester la créativité dans toute sa profusion et, par un procédé de « dumping », mettre l'écrivain professionnel à bas de son piédestal ; fournir la matière d'une autoanalyse et unifier la personnalité du scripteur ; mais aussi dessiner les linéaments d'un désir et, par là, d'un avenir). « Dans l'écriture automatique, ce n'est pas à proprement parler le mot qui devient libre, mais le mot et ma liberté ne font qu'un » (Maurice Blanchot, *la Part du feu*).

• Être disponible aux sollicitations de l'Éros, c'est attendre de l'aventure un surcroît d'être, par une transgression des tabous qui les annulerait (*l'Amour fou*, V). L'érotique surréaliste, fondée sur l'idée que l'amour ouvre à la liberté, donne toute sa place à la sexualité ainsi qu'aux « perversions ». Mais la défense de Sade reste partout ambiguë. Les surréalistes admettent-ils l'acte sadique ? En fait, par l'éloge lyrique de Sade, ils signifient plutôt la profonde intrication de la violence et de l'amour (même si chez Robert Desnos – *la Liberté ou l'Amour !* –, dans certains textes d'Eluard, ou, plus tard, chez Jean Benoît, la célébration de Sade va loin). Chez eux, un autre climat se découvre souvent : celui de l'indifférence – le genre « sec » chez Aragon (*le Libertinage*) ou chez Marcel Duchamp, plus mystique chez Breton ou Benjamin Péret (préface à l'*Anthologie de l'amour sublime*). Le tabou à transgresser est aussi celui du silence (voir l'enquête *Recherches sur la sexualité,* dans *la Révolution surréaliste*, n° 11, 1928), bien que, plus tard, le groupe ait pris position avec force contre l'éducation sexuelle à l'école, au profit de l'initiation, qui préserve dans l'amour et dans la sexualité toute leur charge émotive.

Le modèle intérieur et sa prégnance dans l'art

La pensée surréaliste tend à inverser le principe du réalisme, qui fonde l'art occidental en bon nombre de ses formes. Partir du « réel » pour en donner une vision sublimée : l'erreur est grossière. Déjà le jugement de réalité doit être critiqué. La perception la plus banale est sélective, infiniment subjective, et déjà lyrique. Tel est le regard que nous portons sur le monde des villes, où des lieux nous sollicitent plus que d'autres, ou sur les choses : dans l'objet perçu s'inscrit déjà l'usage que l'on peut en faire. Nul « dualisme de la perception et de la représentation » (Breton), puisque tout est représentation.

Qu'un artiste doive se soumettre au conditionnement de la culture, lequel s'exprime dans l'esthétique majoritaire de son temps, voilà qui paraît donc le comble de l'absurde. « L'œil existe à l'état sauvage », lance en liminaire *le Surréalisme et la Peinture* de Breton (1928, 1947, 1965). Dénués de valeur sont les critères formels que notre civilisation dresse comme un barrage devant l'art, par le moyen des marchands de tableaux et des critiques. Ce que l'esthétique traditionnelle examine dès lors comme des productions marginales, où se révèlent des carences (l'art « populaire » ou « naïf », l'art des primitifs, l'art des enfants, l'art des fous), le surréalisme le place au centre de sa recherche. Certes, le cubisme et Apollinaire avaient admiré la statuaire africaine, mais en tant que technique de figuration. Les surréalistes admirent dans les arts « primitifs » (océaniens surtout, indiens, polynésiens...) une création authentiquement collective et magique, à laquelle seule notre émotion nous permet d'accéder par sympathie. Les psychiatres, dès le début des années 1920, s'étaient intéressés à l'expression artistique des malades mentaux ; mais le surréalisme seul y voit « un réservoir de santé mentale » (Breton, 1949), par congruence absolue avec le « modèle intérieur » de chaque individu.

C'est là en effet la clé de toute authenticité pour l'artiste. « L'œuvre plastique (mais on pourrait extrapoler : toute œuvre artistique), pour répondre à la nécessité de révision absolue des valeurs réelles sur laquelle aujourd'hui tous les esprits s'accordent, se référera donc à un modèle purement intérieur ou ne sera pas » (A. Breton).

Les techniques prônées par le mouvement pour laisser surgir ce modèle intérieur ne valent que comme des moyens (« Si vous écrivez, suivant une méthode surréaliste, de tristes imbécillités, ce sont de tristes imbécillités », dit Aragon dans le *Traité du style*). On citera, entre autres : le frottage, découvert par Max Ernst en 1925 ; le collage, qui est une sorte de métaphore plastique (à la différence du collage cubiste : voir Aragon, *la Peinture au défi*, 1930, dans *les Collages*, 1965) ; la « méthode » paranoïaque-critique de Salvador Dali, ou « objectivation critique et systématique des associations et interprétations délirantes ». L'absence d'équivalent musical original de cette problématique issue des arts plastiques explique peut-être l'inexistence d'une musique surréaliste (cf. l'intervention d'André Souris au colloque de Cerisy en 1966, *Entretiens de Cerisy*, 1968). Quoi qu'il en soit, aucune de ces techniques n'aurait de sens si elle n'était intimement liée à l'automatisme pictural, qu'il soit rythmique (le plus fécond ?) ou symbolique (reconstituant l'image mentale par une « copie » attentive). Enfin, le pont établi entre le modèle intérieur et la perception est fort solide lors de la fabrication d'objets – mode d'expression typiquement surréaliste, qui se meut entre les deux pôles du *ready-made* de Marcel Duchamp (où la subjectivité triomphe dans la signature d'un objet manufacturé) et de l'objet rêvé fabriqué (Brauner, Meret Oppenheim, Paalen, Tanguy...).

Tout se passe comme si l'automatisme – et non l'écriture automatique au sens étroit du terme – était le creuset où se fonde l'authenticité des activités surréalistes, où l'imaginaire se ressource, comme puissance néguentropique, d'où naissent les images les plus fortes [voir la théorie de l'image surréaliste à l'article **BRETON**], et à partir de quoi se propage le hasard objectif.

Encore faudrait-il davantage différencier, à l'intérieur du surréalisme, les conceptions diverses du langage et de l'imaginaire. Toute une pente du surréalisme, représentée par Aragon, Marcel Duchamp, Michel Leiris, mais que manifestent aussi certains aspects de Breton, postule que c'est le jeu des mots, leur investigation hasardeuse ou le glissement des signifiants entre eux qui sont porteurs des plus grandes inventions : les techniques sont alors le pastiche, le collage, l'*incipit*, la perturbation des formes figées de la langue (Eluard et Péret), le « glossaire » à la manière de Leiris. L'invention naît dans les intervalles du temps, succession d'instants dont toute la promesse est de ne pas durer (Misochronopoulos est le nom d'un personnage des *Aventures de Télémaque*, d'Aragon). Au contraire, chez Breton (surtout), chez Benjamin Péret ou chez René Crevel, il semble que ce soit le jeu des choses qui soit fascinant, à travers celui des mots, et aussi le décalage entre les êtres : de là naît la liberté de l'homme – et son angoisse. La durée est à réinventer, toujours, car seuls les instants cumulés s'électrisent soudain dans la tension du désir.

Une valeur défensive : l'humour noir

L'ensemble des activités surréalistes répond à un espoir tenace, plein de défi, dans les pouvoirs de l'homme. Mais l'évidence de l'absurdité du monde (et la bêtise humaine) conduit à un « mode de pensée tendant à l'épargne de la dépense nécessitée par la douleur » (André Breton). Le surréalisme a ici bien des ancêtres, auxquels rend hommage l'*Anthologie de l'humour noir* de Breton (première édition : 1939, différée par la censure ; ajouts en 1947), qu'ils aient manifesté leur révolte par la subversion des formes du langage (Jean-Pierre Brisset) ou de l'invention (Raymond Roussel) ou par l'absurdité fascinante des remèdes proposés à l'absurdité du monde (Swift, Xavier Forneret, G.C. Lichtenberg, Lewis Carroll, Alfred Jarry, Jacques Vaché...). Les contemporains cependant ne le cèdent en rien à ces ancêtres, qu'il s'agisse de Marcel Duchamp, d'Alberto Savinio (frère du peintre Giorgio De Chirico), de Salvador Dali, de Leonora Carrington ou de Gisèle Prassinos.

Chaque fois, Breton met l'accent sur l'attitude en face de l'existence qu'impliquent ces propositions apparemment formelles. Les narrations surréalistes abondent aussi en ces concrétions humoristiques. Il s'agit surtout de rendre concrets les « êtres-de-langage » proposés : l'humour est bien « objectif » (= tendant à s'objectiver) – pour reprendre l'expression de Hegel réfléchissant sur l'art romantique allemand. Breton mettait en parallèle en 1937 l'humour « objectif » et le hasard objectif (dans « Limites non frontières du surréalisme »), et distinguait ainsi l'humour surréaliste de la conception freudienne (*le Mot d'esprit et ses rapports avec l'inconscient*). Puis l'adjectif « noir » fut préféré, précisément pour éviter un parallélisme trompeur avec le hasard objectif. Ce dernier, s'il existe, induit des événements, au lieu que l'humour ne manifeste qu'une « inaccommodation convulsive » au monde (Marco Ristič) : si, grâce à son jeu, la subjectivité sort victorieuse de son affrontement au monde, c'est dans la contradiction avec le monde.

Dans les hautes terres du songe campent les surréalistes, mais ce qui les distingue d'autres songeurs, c'est peut-être que leur campement recherche la clôture, que leur inspiration trouve sa source dans l'automatisme, et qu'ils cherchent à prendre au piège le hasard sous la forme du « hasard objectif ». Ainsi se définit la conduite de vie et de pensée du surréalisme bretonien ; l'absence de l'un de ces caractères définit d'autres formes de surréalisme (ainsi le mouvement belge ne croit pas à l'existence du hasard objectif, et de là découlent nombre de différences).

Mais l'exposé de ces intentions globales a gommé ce qu'elles ont eu, dans leur richesse, de tâtonnant et de contradictoire. Il reste donc à découvrir l'insolence et les fulgurances des textes, des œuvres plastiques et des hommes. Il faut lire, et sans garde-fou critique, pour l'insolence le *Traité du style* d'Aragon, et pour les fusées inventives *la Liberté ou l'Amour !* de Robert Desnos, *Histoire de famille* de Georges Limbour (dans *Soleils bas*), *l'Amour fou* de Breton ou *les Gisants satisfaits* de Joyce Mansour. Il faut regarder les toiles de Max Ernst, de Victor Brauner, d'Yves Tanguy – plus près de nous, celles de Théo Gerber ou de Leonora Carrington. Malgré la vulgarisation des idées surréalistes et la vulgarité de l'œuvre de certains épigones, on ne peut qu'être capté par l'étrangeté de l'onirisme latent et par la luisance de ces toiles et de ces textes obscurs et parfaits.

ÉVÉNEMENTS POLITIQUES ET DIVERS		ARTS		VIE CULTURELLE	
1919	Traité de Versailles. Écrasement de la révolution allemande. Moscou : fondation de la IIIe Internationale.	**1919**	Max Ernst : premiers « collages ». Marcel Duchamp : *L.H.O.O.Q.* Joan Miró arrive à Paris.	**1919**	Suicide de Jacques Vaché. Fondation de *Littérature*. Écriture des *Champs magnétiques* (première « écriture automatique ») par André Breton et Philippe Soupault.
1920	La Chambre « bleu horizon ». Congrès de Tours : rupture entre socialistes et communistes. Débuts de la « T.S.F. »	**1920**	Max Ernst expose ses « collages » à Paris.	**1920**	Saison dada à Paris avec l'arrivée de Tristan Tzara en janvier. Disparition d'Arthur Cravan. Arrivée de Benjamin Péret dans le groupe surréaliste.

ÉVÉNEMENTS POLITIQUES ET DIVERS		ARTS		VIE CULTURELLE	
1921	Russie soviétique : la N.E.P. Allemagne : Hitler à la tête du parti nazi. Fondation du P.C. chinois. Indépendance de l'Irlande.	**1921**	Man Ray : *Rayogrammes.* Marcel Duchamp : *Why not sneeze, Rrose Sélavy ?* Max Ernst peint *Œdipus-Rex.*	**1921**	Arrivée de René Crevel dans le groupe surréaliste. Breton rend visite à Freud. Paul Eluard écrit *les Nécessités de la vie et les Conséquences des rêves.* B. Péret écrit *le Passager du transatlantique.*
1922	U.R.S.S. : Staline secrétaire général du parti communiste. Italie : Mussolini marche sur Rome et prend le pouvoir.	**1922**	Max Ernst peint *Au rendez-vous des amis.*	**1922**	Rupture avec Dada. *Littérature* commence une nouvelle série. Se rallient au groupe : Robert Desnos, Jacques Baron, Roger Vitrac, Pierre de Massot... À partir de sept., période des « sommeils » hypnotiques.
1923	Poincaré élu président du Conseil. Occupation de la Ruhr. Allemagne : inflation. Hitler tente un putsch à Munich et échoue.	**1923**	André Masson peint *les Quatre Éléments.*	**1923**	André Masson fréquente le groupe de Breton. Breton publie *Clair de terre* ; B. Péret, *Au 125 du boulevard Saint-Germain* ; P. Eluard écrit *Mourir de ne pas mourir.*
1924	France : élection du « Cartel des gauches ». L'anarchiste Germaine Berton assassine le responsable des Camelots du roi. Début de la guerre du Maroc. L'U.R.S.S. est reconnue par la France. Mort de Lénine. Allemagne : publication de *Mein Kampf.* Italie : le député socialiste Matteotti est assassiné par les fascistes.	**1924**	Joan Miró commence *le Carnaval d'Arlequin* ; Max Ernst peint *Deux enfants sont menacés par un rossignol.*	**1924**	Antonin Artaud, Raymond Queneau, ainsi qu'André Masson et ses amis (Michel Leiris, Georges Limbour...) se rallient au groupe de Breton. Aragon publie les nouvelles du *Libertinage* ; Breton, *le Manifeste du surréalisme,* suivi des proses automatiques de *Poisson soluble.* Fondation de la revue *la Révolution surréaliste.*
1925	U.R.S.S. : Trotski est éliminé par Staline. Accords de Locarno.	**1925**	Première exposition surréaliste à Paris. Max Ernst réalise les premiers « frottages ».	**1925**	A. Artaud joue un rôle important dans l'activité surréaliste ; à la fin de l'année, le problème de l'engagement communiste se pose pour le groupe. Adhésion du « groupe de la rue du Château » (Jacques et Pierre Prévert, Marcel Duhamel, le peintre Yves Tanguy) et de Pierre Unik. René Crevel publie *Mon corps et moi.*
1926	L'Allemagne entre à la S.D.N. Pie XI condamne « l'Action française ».	**1926**	Ouverture à Paris de la Galerie surréaliste. Y. Tanguy peint *l'Orage* ; A. Masson, *la Chasse aux oiseaux* ; René Magritte, *les Signes du soir.*	**1926**	Aragon publie *le Paysan de Paris* ; P. Eluard, *Capitale de la douleur* ; R. Crevel, *la Mort difficile* ; R. Desnos, *C'est les bottes de sept lieues cette phrase : je me vois.* Pierre Naville : *la Révolution et les Intellectuels. Que peuvent faire les surréalistes ?*
1927	États-Unis : exécution de Sacco et Vanzetti. Fondation de la Fédération anarchiste internationale. Chine : guerre civile entre Chang Kaï-chek et les communistes.	**1927**	André Masson réalise les « tableaux de sable » et Francis Picabia les « transparences ». Magritte vient à Paris.	**1927**	Aragon, Breton, Eluard, Péret et Unik adhèrent au parti communiste français. Rupture avec Vitrac et avec Artaud, qui publie *À la grande nuit ou le Bluff surréaliste.* R. Desnos publie *la Liberté ou l'Amour* ; A. Breton, *Introduction au discours sur le peu de réalité.*

ÉVÉNEMENTS POLITIQUES ET DIVERS		ARTS		VIE CULTURELLE	
1928	U.R.S.S. : premier plan quinquennal. Salazar arrive au pouvoir au Portugal. Chine : Chang Kaï-chek est élu président du gouvernement nationaliste chinois.	**1928**	A. Breton publie la première édition du *Surréalisme et la peinture.* Rapprochement avec Picasso. Exposition à Paris, « le Sacre du Printemps ».	**1928**	Aragon publie le *Traité du style* ; Georges Bataille, *Histoire de l'œil.* En Belgique, revue *Variétés,* dirigée par E.L.T. Mesens. Rapprochement du groupe de Breton avec René Daumal, Roger Vailland, Roger Gilbert-Lecomte et le peintre Joseph Sima (groupe de la revue *le Grand Jeu*).
1929	U.R.S.S. : expulsion de Trotski. États-Unis : krach à Wall Street. Début de la crise économique mondiale.	**1929**	Salvador Dali peint *le Grand Masturbateur* ; R. Magritte, *l'Usage de la parole* ; Picasso, *Buste de femme au fauteuil rouge.* Max Ernst réalise *la Femme 100 têtes.* Exposition à Zurich, Kunsthaus.	**1929**	Giorgio De Chirico publie le long récit *Hebdoméros.* Publication d'une enquête sur l'amour dans *la Révolution surréaliste.* A. Breton écrit le *Second Manifeste du surréalisme*, qui consacre l'échec du rapprochement avec R. Daumal et ses amis, la rupture avec Baron, Desnos, Leiris, Limbour, Prévert, Queneau, l'éloignement de Masson et Tanguy. Ont adhéré de nouveaux venus : René Char, S. Dalí, Georges Hugnet, Georges Sadoul, André Thirion.
1930	Suicide de Maïakovski. Indochine : révolte de Yen-Bay.	**1930**	Ralliement d'Alberto Giacometti. Aragon publie *la Peinture au défi.* Mort de Wölfli et de Filiger.	**1930**	Breton et Eluard : *l'Immaculée Conception* ; J. Prévert : *l'Ange garde-chiourme* ; R. Desnos : *Corps et biens.* Fondation de la revue *le Surréalisme au service de la révolution.* Contre Breton sont publiés *Un cadavre* et, par Desnos, *Troisième Manifeste du surréalisme* (cf. *Nouvelles Hébrides*). Buñuel et Dali réalisent le film *l'Âge d'or.*
1931	Espagne : début de la République après l'abdication d'Alphonse XIII. Chine : agression japonaise en Mandchourie. France : Exposition coloniale.	**1931**	Giacometti et Dali : « Objets à fonctionnement symbolique ». Arp réalise les premiers « papiers déchirés ». Exposition surréaliste à Hartford, Conn., U.S.A.	**1931**	Breton fait paraître *l'Union libre.*
1932	Pacte de non-agression franco-soviétique. Assassinat du président Paul Doumer.	**1932**	Victor Brauner adhère au surréalisme. Picasso peint *les Dormeuses.* Exposition surréaliste à New York, Galerie Julien Levy.	**1932**	Rupture avec Aragon, ainsi qu'avec Alexandre, Sadoul, Unik. Ralliement de Georges Bernier, Roger Caillois, Maurice Henry, Jules Monnerot... A. Breton publie *les Vases communicants* et le recueil de poèmes *le Revolver à cheveux blancs.* Paul Eluard publie *la Vie immédiate* ; Tristan Tzara, *Où boivent les loups* ; R. Crevel, *le Clavecin de Diderot.*
1933	Allemagne : Hitler devient chancelier. Incendie du Reichstag. Le Japon et l'Allemagne quittent la S.D.N.	**1933**	Miró peint « d'après collages ». Kandinsky est invité d'honneur par les surréalistes au Salon des Surindépendants.	**1933**	A. Breton : *le Message automatique* ; R. Crevel, *les Pieds dans le plat.* Dernier numéro de la revue *le Surréalisme au service de la révolution.*

	ÉVÉNEMENTS POLITIQUES ET DIVERS	ARTS	VIE CULTURELLE
	(suite 1933) États-Unis : fin de la prohibition (qui a commencé en 1919). Chine : début de la « Longue Marche ».		*(suite 1933)* Fondation de la revue *Minotaure,* où publient de plus en plus les surréalistes (enquête sur la rencontre dans le numéro 3/4).
1934	France : émeute fasciste du 6 févr. ; contre-manifestation les 9 et 12. Expulsion de Trotski. U.R.S.S. : assassinat de Kirov. 1er Congrès des écrivains soviétiques, où Jdanov impose le « réalisme socialiste ». Autriche : le chancelier Dollfuss est assassiné par les nazis.	Publication par Marcel Duchamp de *la Boîte verte.* Max Ernst peint les *Jardins gobe-avions.* Première exposition de Victor Brauner à Paris. Exposition surréaliste à Bruxelles, palais des Beaux-Arts.	B. Péret publie les poèmes *De derrière les fagots* ; René Char, *le Marteau sans maître* ; Gisèle Prassinos, ses premiers poèmes.
1935	France : alliance avec l'U.R.S.S. U.R.S.S. : début des « procès de Moscou ». Naissance du « stakhanovisme ». L'Italie agresse l'Éthiopie.	Expositions internationales du surréalisme à Copenhague et aux Canaries. Paalen adhère au surréalisme.	Congrès des écrivains pour la défense de la culture. Suicide de R. Crevel. Breton publie *Position politique du surréalisme,* qui consacre la rupture définitive avec le P.C. Contre le fascisme, fondation de *Contre-Attaque,* avec G. Bataille.
1936	France : gouvernement de « Front populaire », avec Léon Blum. Accords Matignon. Espagne : début de la guerre civile. Le poète García Lorca est assassiné. L'Allemagne réoccupe militairement la Rhénanie.	Exposition surréaliste à Londres. Paris : exposition d'objets surréalistes. New York : *Fantastic Art, Dada and Surrealism,* au Museum of Modern Art.	B. Péret publie *Je ne mange pas de ce pain-là* ; P. Eluard, *les Yeux fertiles.*
1937	France : Exposition universelle. Chine : agression japonaise. U.R.S.S. : second procès de Moscou.	Arrivée à Paris de Leonora Carrington et de Hans Bellmer. Exposition surréaliste au Japon.	A. Breton publie *l'Amour fou* ; P. Eluard, *les Mains libres.* Internement d'Antonin Artaud.
1938	Allemagne : l'*Anschluss* permet à Hitler d'annexer l'Autriche. Les accords de Munich révèlent la faiblesse des démocraties. U.R.S.S. : troisième procès de Moscou. Mexico : fondation de la F.I.A.R.I.	Expositions internationales du surréalisme à Paris, puis à Amsterdam. Matta : premières *Morphologies psychologiques.*	A. Breton et P. Eluard : *Dictionnaire abrégé du surréalisme* ; A. Breton et L. Trotski : *Pour un art révolutionnaire indépendant* ; Nicolas Calas, *Foyers d'incendie* ; Julien Gracq, *Au château d'Argol.*
1939	Espagne : victoire du général Franco. Pacte germano-soviétique. Débuts de la Seconde Guerre mondiale : la « drôle de guerre ». Mort de Freud, à Londres.	S. Dalí est exclu du groupe surréaliste. Matta et Tanguy arrivent aux États-Unis et Paalen au Mexique. Jacques Hérold peint *les Têtes.* Max Ernst est expulsé de France.	Leonora Carrington publie *la Dame ovale* ; Aimé Césaire, *Cahier d'un retour au pays natal.* P. Eluard rompt avec le surréalisme.
1940	France : débâcle de mai-juin. **18 juin :** de Londres, le général de Gaulle lance aux Français un appel à la résistance. **1er juill. :** le gouvernement s'installe à Vichy. Invasion par l'Allemagne du Danemark, de la Norvège, des Pays-Bas, de la Belgique, du Luxembourg. Mexique : assassinat de Trotski.	Exposition internationale du surréalisme à Mexico. Wifredo Lam entre en contact avec les surréalistes (à Marseille). Joan Miró peint *les Constellations.*	B. Péret est incarcéré à la prison de Rennes ; il s'échappe à la faveur de la débâcle. Rassemblement des surréalistes à Marseille. A. Breton se voit interdire par la censure la diffusion de l'*Anthologie de l'humour noir,* puis de *Fata Morgana.*

ÉVÉNEMENTS POLITIQUES ET DIVERS		ARTS		VIE CULTURELLE	
1941	Agression allemande contre l'U.R.S.S. Agression japonaise à Pearl Harbor. Entrée en guerre des États-Unis.	**1941**	Ernst et Masson gagnent les États-Unis. Breton publie *Genèse et perspectives artistiques du surréalisme.*	**1941**	Breton gagne les États-Unis ; Péret, le Mexique. En France, fondation de *la Main à plume.* Picasso publie *le Désir attrapé par la queue.*
1942	Afrique du Nord : débarquement allié. France : l'Allemagne envahit la zone non occupée.	**1942**	Mort de Styrsky. Exposition internationale du surréalisme à New York. Max Ernst : *le Surréalisme et la Peinture.*	**1942**	À New York, A. Breton fonde avec Marcel Duchamp la revue *VVV.* À Yale, il prononce une conférence : « Situation du surréalisme entre les deux guerres ».
1943	U.R.S.S. : bataille de Stalingrad. Débarquement allié en Sicile. Capitulation de l'Italie.	**1943**	W. Lam peint *la Jungle* ; A. Masson, *Paysage iroquois.*	**1943**	En France, Michel Leiris publie *Haut Mal* ; André Pieyre de Mandiargues, *Dans les années sordides.*
1944	Débarquement allié en Normandie. Libération. De Gaulle est élu président du gouvernement provisoire.	**1944**	À New York, numéro spécial de la revue *View* consacré à Marcel Duchamp. Matta peint *le Vertige d'Éros* ; Ernst, *l'Œil du silence.*	**1944**	A. Breton écrit *Arcane 17,* qui paraîtra l'année suivante. En Roumanie, Gherasim Luca et Trost animent le groupe surréaliste roumain.
1945	Conférence de Yalta. Allemagne : prise de Berlin. Mort de Hitler. Italie : exécution de Mussolini. Japon : bombe atomique américaine sur Hiroshima et Nagasaki. Fin de la Seconde Guerre mondiale.	**1945**	À New York, exposition des « Constellations » de Miró.	**1945**	Mort de R. Desnos et de P. Unik. Jules Monnerot publie *la Poésie moderne et le Sacré.* A. Breton visite l'Arizona et le Nouveau-Mexique et découvre la culture « pueblo ». Conférences en Haïti. Au Mexique, B. Péret publie *le Déshonneur des poètes,* en réponse à la glorification de la poésie de la Résistance.
1946	France : exécution de Pierre Laval. Indochine : insurrection du Tonkin. Début de la guerre avec la France. Grèce : guerre civile.	**1946**	Toyen peint *le Mythe de la lumière* ; Dorothea Tanning, *Eine kleine Nachtmusik.*	**1946**	Breton revient en France au printemps. A. Artaud sort de l'asile de Rodez. Revue « surréaliste » : *la Révolution la nuit* ; numéro spécial des *Quatre-Vents* : « l'Évidence surréaliste ». Jean Ferry publie les nouvelles du *Tigre mondain.*
1947	Madagascar : insurrection contre la France. Inde : indépendance accordée par la Grande-Bretagne. Les États-Unis accordent une aide aux pays européens (plan Marshall).	**1947**	Exposition internationale du surréalisme à Paris puis à Prague. W. Lam peint *Bélial.*	**1947**	Hans Richter réalise le film *Dreams that Money Can Buy* (avec Alexandre Calder, Marcel Duchamp, Max Ernst, Fernand Léger et Man Ray). Tract *Rupture inaugurale.* Un nouveau groupe surréaliste se reforme autour de Breton et Péret, avec Sarane Alexandrian, Jean-Louis Bédouin, Alain Jouffroy, Stanislas Rodanski, Jean Schuster..., et se rapproche de Pieyre de Mandiargues. A. Artaud publie *Van Gogh ou le Suicidé de la société.*
1948	Inde : assassinat de Gandhi. Tchécoslovaquie : par le « coup de Prague », les communistes s'emparent du pouvoir. Yougoslavie : Tito rompt avec l'U.R.S.S. Création de l'État d'Israël.	**1948**	Expositions internationales du surréalisme à Prague et à Santiago du Chili. Suicide d'Arshile Gorky. Exclusion de Matta et de Brauner. À Paris, fondation de la	**1948**	Premier numéro d'une nouvelle revue : *Néon.* Mort de A. Artaud. A. Breton publie les poèmes de *la Lampe dans l'horloge.* Exclusion de S. Alexandrian

ÉVÉNEMENTS POLITIQUES ET DIVERS		ARTS		VIE CULTURELLE	
			(suite 1948) « Compagnie de l'art brut » (Breton, Dubuffet...).		*(suite 1948)* et de A. Jouffroy. Adhésion de Gérard Legrand.
1949	Chine : victoire communiste de Mao Tsé-toung. États-Unis : « chasse aux sorcières ». Hongrie : procès Rajk. Pacte atlantique.	**1949**	Développement du groupe « Cobra », dans le nord de l'Europe. Adhésion du peintre Adrien Dax.	**1949**	A. Breton publie *Flagrant Délit.* Adhésion du poète Jean-Pierre Duprey.
1950	Tchécoslovaquie : exécution de Kalandra. Extrême-Orient : début de la guerre de Corée.	**1950**	En Suède, fondation du groupe des Imaginistes (M.W. Svanberg).	**1950**	Le groupe publie l'*Almanach surréaliste du demi-siècle* ; Julien Gracq, *la Littérature à l'estomac* ; J.-P. Duprey, *Derrière son double.*
1951	La Chine s'empare du Tibet. États-Unis : exécution des époux Rosenberg.	**1951**	Collaboration des surréalistes à la revue *Arts.* Rupture avec Jacques Hérold, Marcel Jean...	**1951**	Aimé Césaire : *Discours sur le colonialisme.* À Prague, suicide de Karel Teige. Rupture avec Patrick Waldberg, avec Albert Camus. Collaboration des surréalistes au *Libertaire* (jusqu'en janv. 1953).
1952	Révolte des Mau-mau au Kenya.	**1952**	Simon Hantaï adhère au surréalisme. À Paris, ouverture de la galerie surréaliste « À l'étoile scellée ».	**1952**	Mort de P. Eluard et de Pierre Mabille. Adhésion de José Pierre. Fondation du journal *Médium* (feuille). A. Breton prononce une série d'*Entretiens* radiophoniques, qui seront publiés ensuite en volume. J. Gracq publie *le Rivage des Syrtes* et refuse le prix Goncourt qui lui a été attribué.
1953	U.R.S.S. : mort de Staline. Extrême-Orient : armistice en Corée.	**1953**	Mort de Heisler et de Picabia. Le peintre suédois Svanberg se désolidarise du groupe des Imaginistes et adhère au surréalisme.	**1953**	A. Breton publie le recueil d'articles *la Clé des champs.* Premiers contacts avec Joyce Mansour. Fondation du mouvement *Phases* par Édouard Jaguer. Ado Kyrou publie *le Surréalisme au cinéma.* Jeu de « l'un dans l'autre ».
1954	Viêt-nam : défaite française à Diên Biên Phu. Accords de Genève. Début de la guerre d'Algérie.	**1954**	Exclusion de Max Ernst, après que ce dernier a reçu le grand prix de la Biennale de Venise. Yves Tanguy peint *Nombres imaginaires.*	**1954**	Lancelot Lengyel publie *l'Art gaulois dans les médailles.*
1955	Autonomie du Maroc et de la Tunisie. Conférence de Bandoeng.	**1955**	Mort d'Yves Tanguy. Exposition *Pérennité de l'art gaulois,* au Musée pédagogique. Adrien Dax : « Impressions en relief ».	**1955**	Joyce Mansour publie *Déchirures.*
1956	U.R.S.S. : XXe congrès du P.C.U.S., où commence la « déstalinisation ». Pologne : insurrection de Poznan. Hongrie : insurrection, matée par l'U.R.S.S. Égypte : nationalisation du canal de Suez. Intervention franco-britannique.			**1956**	Fondation de la revue *le Surréalisme, même.* Adhésion de Radovan Ivsic, J. Claude Silbermann... B. Péret : *Anthologie de l'amour sublime.* Tract *Hongrie soleil levant* après l'intervention de l'U.R.S.S. en Hongrie.

ÉVÉNEMENTS POLITIQUES ET DIVERS	ARTS	VIE CULTURELLE
1957 U.R.S.S. : Khrouchtchev devient le dirigeant suprême. L'U.R.S.S. lance le premier « spoutnik ». Indépendance de la Malaisie et du Ghana.	**1957** A. Breton et G. Legrand : *l'Art magique*. Suicide de Dominguez.	**1957** R. Benayoun : *Anthologie du non-sens* ; Hans Bellmer : *Anatomie de l'image*.
1958 France : putsch du 13 mai à Alger. Début de la Ve République.	**1958** Les surréalistes découvrent l'œuvre de Laloy. K. Klapheck : *la Mère sévère*.	**1958** Fondation de la revue d'opposition *le 14-Juillet*, par Dionys Mascolo et Jean Schuster. Octavio Paz : *Aigle ou soleil*.
1959 Cuba : Fidel Castro renverse la dictature de Batista et oriente son pays vers un régime de type socialiste. France : Charles de Gaulle est élu président de la Ve République. Congo belge : émeutes.	**1959** Suicide de Paalen au Mexique. Jean Benoît : exécution du testament du marquis de Sade. Réconciliation avec V. Brauner et Matta. Exposition internationale du surréalisme à Paris sur le thème d'Éros.	**1959** Mort de B. Péret ; suicide de J.-Pierre Duprey. A. Breton publie les poèmes de *Constellations*.
1960 Congo : intervention de l'O.N.U. France : « déclaration des 121 » sur le droit à l'insoumission dans la guerre d'Algérie. L'U.R.S.S. rompt avec la Chine.	**1960** Exposition internationale du surréalisme à New York.	**1960** Joyce Mansour : *Rapaces*.
1961 L'U.R.S.S. rompt avec l'Albanie. Premier vol spatial (Gagarine). France : attentats de l'O.A.S.	**1961** Exposition internationale du surréalisme à Milan. Ralliement de Camacho. Gironella : *Transfiguration et mort de la reine Mariana*.	**1961** Fondation de la revue *la Brèche*. J.-L. Bédouin : *Vingt Ans de surréalisme*.
1962 Indépendance de l'Algérie accordée par les accords d'Évian. Crise de Cuba. Concile Vatican II.	**1962** Exposition au musée des Arts décoratifs à Paris : *l'Objet*. Rapprochement avec Pierre Alechinsky.	
1963 États-Unis : assassinat du président Kennedy. L'Irak et la Syrie entrent en révolution.	**1963** Hervé Télémaque : *Portrait de famille*. Adrien Dax : *Au festin des nautiles*.	**1963** Mort de T. Tzara. Rapprochement avec Ted Joans, poète noir américain.
1964 U.R.S.S. : chute de Khrouchtchev. Les États-Unis interviennent au Viêt-nam. États-Unis : révoltes des étudiants à Berkeley.	**1964** Silbermann : « Enseignes sournoises ». Camacho : *la Cassure de l'œuf*.	**1964** J.-L. Bédouin : *la Poésie surréaliste*. Paul Nougé : *Carnet secret de Feldheim*.
1965 États-Unis : révolte noire à Los Angeles. France : élection présidentielle, de Gaulle est mis en ballottage.	**1965** Exposition internationale du surréalisme à Paris : « l'Écart absolu ». Jean Benoît : *le Nécrophile*.	**1965** Benayoun : *Érotique du surréalisme*. J.-P. Duprey : *la Fin et la Manière* (posthume).
1966 U.R.S.S. : procès de Siniavsky et de Daniel. Pays-Bas : les « provos ».	**1966** Mort de V. Brauner, d'Arp, de Giacometti.	**1966** Décade sur le surréalismeà Cerisy-la-Salle. Mort d'André Breton.
1967 Chine : fin de la révolution culturelle. Viêt-nam : bombardements américains dans le Nord. Guerre des Six Jours au Moyen-Orient. Bolivie : « Che » Guevara est tué. Grèce : régime des « colonels ».		**1967** Fondation de la revue *l'Archibras* (dont le premier numéro avait été préparé avec A. Breton). Jean Schuster : *À l'ordre de la nuit, au désordre du jour*. Plusieurs membres du groupe sont invités à Cuba.

ÉVÉNEMENTS POLITIQUES ET DIVERS		ARTS		VIE CULTURELLE	
1968	France : journées de mai. Tchécoslovaquie : intervention de l'U.R.S.S. après le « printemps de Prague ».	1968	Mort de Marcel Duchamp. Expositions surréalistes à Prague, Bratislava et Brno.	1968	Jean Schuster : *Flamboyant de Cuba, arbre de la liberté.* Bounoure : *l'Événement surréaliste.*
1969	France : retrait de De Gaulle. Georges Pompidou devient président de la République.			1969	Une certaine dispersion du groupe peut s'observer, avec la publication du septième (et dernier) numéro de *l'Archibras.* Cependant, quelques-uns fonderont encore *Coupure,* dont le dernier numéro paraîtra en janv. 1972. Jean Schuster : *Archives 57/68.*

J. Chénieux-Gendron

Symbolisme

Les historiens du symbolisme soulignent toujours, par des avertissements liminaires, la difficulté, voire l'impossibilité de leur tâche. Le symbolisme semble en effet refuser les définitions et instaurer dans la littérature l'amour du flou et de l'indicible. Dès lors, qui est symboliste ? Certes, vers 1890, une bonne part de la littérature française est probablement justiciable de l'adjectif.

Mais à prendre une telle extension, le concept ne définit plus rien de précis, surtout quand on l'applique ensuite à des écrivains aussi différents que Gide, Proust, Claudel ou Valéry. L'école symboliste, déjà problématique, se dissout dans le vaste courant symboliste : elle s'y noie comme une Ophélie préraphaélite. D'autant qu'on peut estimer les « précurseurs » du symbolisme ou ses héritiers plus importants que les symbolistes eux-mêmes – ceux, du moins, de stricte observance. Après tout, faut-il vraiment considérer Baudelaire, Rimbaud et Mallarmé comme les précurseurs d'Éphraïm Mikhaël ou de Vielé-Griffin ? N'est-il pas plus juste de considérer ceux-ci comme des épigones de ceux-là ? Il y a là tout le danger des reconstitutions *a posteriori*, des préhistoires trop finalistes : c'est ainsi qu'on trouvera dans les ancêtres du symbolisme Edgar Poe, Nerval, Aloysius Bertrand, une bonne part des littératures allemande et anglaise, les poètes baroques, sans parler des Latins, des Grecs, de tous les métaphysiciens enfin qui ont touché au symbole, depuis les penseurs de l'Inde jusqu'à Swedenborg en passant par Platon – avec pour résultat de faire du symbolisme une de ces tendances éternelles de l'art qui évitent aux critiques de penser vraiment.

Pourtant, on ne peut pas dire non plus que le symbolisme n'existe pas, qu'il n'est qu'une manière commode de dénommer la modernité de 1890. Même si le public y range parfois des auteurs comme les Goncourt ou les frères Rosny, les symbolistes, eux, savent mieux ce qu'ils rejettent et ce qu'ils admirent. Ce qu'ils rejettent : l'enseignement, la déclamation, la fausse sensibilité et la description objective – en fait, surtout, le positivisme et la rationalité, une certaine façon de décrire le monde « platement », sans mystère. Ce qu'ils admirent : la poésie de ces précurseurs qu'ils préfèrent appeler leurs maîtres – Baudelaire, le père fondateur, et surtout Mallarmé et Verlaine. Ce sont ces deux derniers noms qu'on retrouve dans les actes de naissance officiels du symbolisme, dans l'article de Moréas donné au *XIX*^e^ *Siècle* en août 1885 et, bien sûr, dans son célèbre manifeste publié un an plus tard dans le *Supplément littéraire* du *Figaro* : Moréas y admire en Mallarmé le sens du mystère et de l'ineffable, tandis que Verlaine est loué d'avoir brisé « les cruelles entraves du vers que les doigts prestigieux de M. Théodore de Banville avaient assoupli auparavant ». Avec Lamartine et Vigny, avec Rimbaud aussi, ils forment le panthéon « symboliste », puisque le mot est utilisé explicitement : « Les poètes décadents – la critique, puisque sa manie d'étiquetage est incurable, pourrait les appeler plus justement des symbolistes – sont MM. Stéphane Mallarmé, Paul Verlaine, Laurent Tailhade, Charles Vignier et le signataire de cet article » (Moréas). Il y a donc une nouvelle école poétique, succédant au romantisme et au Parnasse : elle résume son esthétique dans le « symbole » et y met même tant de choses qu'une boutade de Valéry, citée par Pierre Brunel, prétend que le symbolisme est l'ensemble des gens qui ont cru que le mot « symbole » avait un sens. En tout cas, ce mot fait florès puisque Moréas voit naître un concurrent avec René Ghil, dont l'école se veut « symbolique et harmoniste » (en attendant d'être « évolutive et instrumentale » !). Cet engouement n'est pas fortuit ; le symbole est en effet dans l'air depuis longtemps ; remarqué dans les « Correspondances » de Baudelaire, repris dans de nombreux textes de l'époque, et en particulier chez Mallarmé, on le retrouve finalement dans les *Déliquescences* d'Adoré Floupette (1885), une charge contre ces décadents que Moréas transforme en symbolistes [voir **Décadence**].

Les origines

Le symbolisme a en effet été précédé par le « décadisme », dont il se distingue peut-être par un côté « mallarmiste » plus accentué – une rigueur théorique plus grande aussi. Inventé par Anatole Baju à partir d'un sonnet sans doute parodique de Verlaine (« Je suis l'Empire à la fin de la décadence »), le mot désigne alors une attitude esthétisante dont Huysmans, inspiré par le personnage de Robert de Montesquiou, donne la caricature dans *À Rebours* (1884). Dans cette mouvance se situent les *Complaintes* (1885) de Laforgue et les *Poètes maudits* (1883), où Verlaine présente Corbière, Rimbaud et Mallarmé. C'est autour de ces admirations que se regroupent les décadents, dont les plus connus sont Laurent Tailhade, Jean Lorrain, Jules Renard en ses débuts et Ernest Raynaud, l'auteur de *la Mêlée symboliste* (1918). Ils sont, dit Verlaine, « amateurs de l'obscur, propagateurs de théories abstruses, absconses, et, par quelle étrange association d'idées ? pessimistes et schopenhauriens [...] ». Ils partagent en outre des options politiques révolutionnaires et même anarchistes : « Les Décadents, affirme leur organe, ne sont pas une école littéraire. Ils n'ont qu'à détruire, à tuer les vieilleries ». Sur un plan verbal, leur dandysme extravagant se manifeste par le goût des mots rares, des néologismes – un recueil en donnera la liste – qui leur permettent d'être « les mahdis clamant éternellement le dogme élixirisé, le verbe quintessencié du décadisme triomphant ». On citera enfin ces revues où s'épanouissent les fleurs vénéneuses du décadisme et qui confirment le plus souvent la définition de Verlaine : la *Revue indépendante*, où les décadents font bon ménage avec les naturalistes, *le Chat-Noir*, et *Lutèce* surtout, qui prend la suite de *la Nouvelle Rive gauche*. Dirigée par L. Trézenik, elle publie Willy, Paul Adam, Rachilde, Henri de Régnier et Vielé-Griffin – Moréas et Tailhade aussi, membres éminents du cercle des Zutistes fondé par Charles Cros.

En remontant ainsi le temps, on en arrive en effet à ces cénacles étranges qui ont pour nom les Hydropathes, les Hirsutes, les Zutistes, et où les futurs décadents cohabitent avec des artistes sans appartenance précise : cette arrière-garde du romantisme semble être éclectique, et on en aura la preuve avec la *Revue du monde nouveau*, où écrivent Mallarmé, Léon Dierx, Villiers de L'Isle-Adam, Germain Nouveau et Zola, avec la *Renaissance* aussi, où les parnassiens se mélangent aux talents les plus divers : Hugo, Michelet, Sainte-Beuve, Rimbaud, Catulle Mendès, Verlaine, Mallarmé, Charles Cros. Peu à peu, on en arrive à cet immédiat après-guerre dont on fait l'origine du symbolisme. Le raisonnement est le suivant : la défaite de 1870 aurait été la défaite de la pensée française, à laquelle les bons esprits auraient voulu remédier par une réflexion sur les thèses de l'idéalisme allemand, sur Kant et Schopenhauer, ce qui expliquerait le côté brumeux (!), en tout cas métaphysique et pessimiste, de la nouvelle école ; après tout, Villiers est hégélien, et Louis Villette constate, dans *le Décadent*, « le surblaséisme d'une civilisation schopenhaueresque ». Dans ces conditions, rien ne s'oppose à ce que Bergson, assimilé d'ailleurs abusivement au symbolisme, devienne le continuateur logique de Kant et – pourquoi pas ? – de Goethe, d'Hoffmann ou de Novalis. On parle même en 1891 du fichtéisme de Villiers et de Mallarmé. L'explication reste pourtant insuffisante, même si l'on y ajoute en vrac la *Philosophie de l'inconscient* de Eduard von Hartmann, la lecture des romans russes ou l'exemple de Louis II de Bavière. Peut-être faut-il s'interroger alors sur le côté musical du symbolisme. Attentif à tous les arts, le symbolisme est particulièrement proche de la musique, de l'œuvre de Wagner, par exemple, déjà goûtée par Baudelaire. La *Revue wagnérienne*, créée en 1885, publie un « Hommage » de Mallarmé et un sonnet de Verlaine intitulé « Parsifal » ; elle compte, parmi ses collaborateurs, Moréas, Verhaeren, Maeterlinck et Régnier. De même, et en dépit des réticences de Mallarmé et de Maeterlinck, on n'oubliera pas le symbolisme de Debussy préludant à *l'Après-Midi d'un faune* et composant *Pelléas et Mélisande*.

Le vers libre et les revues

Pourtant, c'est peut-être sur un plan littéraire que cette correspondance musicale est la plus claire : la musique existe dans l'écriture, grâce notamment au vers libre, dont le succès a été tel que le symbolisme est devenu pour certains le vers-librisme, censé apporter dans la poésie la musique que l'alexandrin est jugé incapable de transmettre. Ses promoteurs se réfèrent, pour le défendre, à Horace, à La Fontaine, à Verlaine, bien sûr, et à son « Art poétique ». Encore faut-il noter que Mallarmé et Verlaine ne suivent pas toujours les audaces de leurs cadets. Ceux-ci, poursuivant l'entreprise d'Hugo, disloquent « ce grand niais d'alexandrin » et découvrent, comme Mallarmé, qu'il n'y a pas de prose : « Il y a l'alphabet, et puis des vers plus ou moins serrés, plus ou moins diffus. Toutes les fois qu'il y a effort au style, il y a versification ». Dès lors, pourquoi ne pas « assouplir » le vers, multiplier les formules, varier le nombre des syllabes et la place de la césure, remplacer la rime par l'assonance et ne pas exclure l'hiatus ? Ainsi libéré, le vers suit désormais le rythme de l'artiste. C'est du moins de cette façon que les contemporains lisent certains textes des *Illuminations* en 1886, ainsi que *les Palais nomades* de Gustave Kahn. Celui-ci est considéré comme le maître du vers libre, malgré les recherches de Moréas et de Marie Krysinska, malgré les innovations de Laforgue et de Walt Whitman. La formule conquiert bientôt une bonne part du symbolisme, et Mallarmé peut énumérer, parmi les tenants du vers « polymorphe » : Moréas, Vielé-Griffin, Kahn, Morice, Verhaeren, Mockel, orchestrant chacun leur musique personnelle.

On comprend alors à quel point il est difficile de parler du symbolisme. Le mot suggère une cohérence, des théories stables : or, l'individualisme littéraire ne peut être le dogme que d'une communauté éphémère. Le symbolisme éclate en groupes fluctuants, en « wagnériens », néo-parnassiens, partisans d'Ibsen et de Maeterlinck, « verlainiens » et « mallarmistes », en cénacles et en œuvres particulières. Faire son histoire revient alors à rassembler les monographies de différents auteurs, à suivre leur trajet personnel, politique, mystique ou stylistique, à voir comment chacun invente « son » symbolisme. Une démarche possible consisterait à étudier comment naissent et meurent les dizaines de revues qui succèdent aux *Taches d'encre*, au *Décadent* de Baju, au *Scapin* d'Alfred Vallette, à la *Décadence artistique et littéraire* de René Ghil, au *Symboliste* de Moréas, Kahn et Adam, à *la Vogue* de Léo d'Orfer : il y aura les *Écrits pour l'art*, *la Plume*, qui naît en 1889, *l'Ermitage*, *les Entretiens politiques et littéraires*, *la Revue blanche*, *la Conque* et le *Mercure de*

France, qui, lui, durera et générera une maison d'édition, celle où paraîtront les *Poètes d'aujourd'hui* d'Adolphe Van Bever et Paul Léautaud.

Il se produit donc une sorte de marée symboliste qui enlève presque au concept toute détermination ; cela au point que le symbolisme va se renier lui-même : Baju lance un « manifeste socialiste » sans lendemain, Moréas conduit la réaction « romane », et le tournant du siècle amène bientôt le naturisme, l'humanisme, une tentative même (en 1905) de néo-symbolisme. De schisme en schisme, le symbolisme se morcèle, et l'on aperçoit peu à peu la richesse « dionysiaque », la vitalité de ce mouvement qu'on croyait au départ évanescent et débile.

Quintessences et synesthésies

Ce qui précède semble exclure toute définition du symbolisme en soi. Il reste cependant que les symbolistes, au-delà de leur diversité, ont de nombreux goûts communs. Aussi apparaît-il nécessaire de recenser ces constantes, ne serait-ce que pour bien comprendre l'originalité de chaque écrivain. On constate alors que, malgré ses allures démodées, le symbolisme est le premier mouvement littéraire moderne. Cela se voit d'abord à sa religion de la littérature, à sa volonté aussi d'en exclure toute référence à une réalité extérieure à l'artiste. Le néo-kantisme de cette fin du XIXe siècle définit le monde comme la représentation que nous en avons. Dès lors, la littérature s'oppose aux réalismes que sont le naturalisme et même le Parnasse.

Ce que les symbolistes retiennent ainsi de Mallarmé, ce n'est pas son admiration pour Zola, c'est la rupture que constituent son œuvre, son langage. D'une certaine manière, il n'y a pour eux littérature qu'à partir de cet écart fondamental avec la commune manière de parler, qui est aussi une manière vulgaire de penser. Ils veulent donc cultiver leur différence. Le héros d'*À Rebours*, Des Esseintes, ne fait que pousser à l'extrême les options de la nouvelle école, sa fascination pour ce qui est étrange, bizarre, rare, exotique, raffiné, subtil : en termes de littérature, ce snobisme, car c'en est un, aboutit à la recherche du mot rare, à l'érudition ésotérique, mythologique et sensuelle, à l'hermétisme, qui est la conséquence logique de tels choix. Les symbolistes pensent être plus proches de l'ineffable en se faisant peu intelligibles : et, là encore, ils sont en accord avec eux-mêmes puisqu'ils révèrent l'individu et sa sensibilité unique. Le public se résume alors à quelques cercles de *happy few* capables de comprendre les références et d'entrer dans le jeu.

Car c'est une autre caractéristique du symbolisme que de tourner parfois au jeu, à son propre pastiche : ces lettrés ont trop lu pour ignorer que la littérature est aussi procédés – et ils imitent bientôt leur propre manière : le « Pur Concept » de Moréas est aussi un pastiche de Mallarmé, et Tailhade emprunte le pseudonyme de Mitrophane CRAPOUSSIN pour chanter le poète « chapé d'amour, quand il s'assoit / Sous les pilastres / De la crypte jaune où l'encens / Monte en flocons évanescents / Parmi les astres ». Constamment, nous sommes au bord de la mystification, de la parodie et du masque. Cela tient d'abord au fait, comme l'a dit Jacques Rivière, que le symbolisme « est un art d'extrême conscience, l'art de gens qui savent terriblement ce qu'ils pensent, ce qu'ils veulent, ce qu'ils font » : cette littérature est élaborée, pensée, au risque de devenir artificielle. Mais il y a aussi une autre raison, qui ne contredit pas la première : le fait que, justement, l'artifice joue un rôle important dans cette thématique : fards, dominos, théâtre et acteurs (voir Sarah Bernhardt !) et, en général, tout ce qui dénature, tout ce qui tourne autour de l'ambigu, du déguisement – à opposer aux certitudes primaires des réalistes, à leur science « bornée ».

D'où l'importance du rêve, qui bouleverse les cadres. Les symbolistes aiment les légendes, qu'elles soient antiques ou médiévales, qu'elles soient grecques, celtiques ou scandinaves ; ils aiment les mythes, qui donnent à leur poésie un côté inactuel, éternel peut-être. Orphée, Narcisse et Salomé sont mis à contribution pour installer le mystère. Ce monde-ci, les symbolistes le remplacent par un arrière-monde, que recèle le mot le plus banal. Et le travail du poète consiste à trouver de nouvelles associations, qui paraissent arbitraires jusqu'au moment où l'on y aperçoit une logique : le « Sonnet des voyelles » est repris par René Ghil, qui en fait une théorie de l'audition colorée et de l'instrumentation verbale. La synesthésie devient ainsi le fin mot de cette esthétique, attachée par ailleurs aux correspondances entre les arts. Si bien que l'objet disparaît, « au profit, disait Mallarmé, de l'effet qu'il produit » et qui n'existe lui-même qu'en rapport avec d'autres effets, selon une subtile alchimie de l'impalpable (lequel, en régime symboliste, s'appelle aussi l'absolu). Par là, on aboutit logiquement à l'idée de symbole : rien n'existe par soi, tout est pris dans un réseau de correspondances, horizontales et verticales ; horizontales, lorsqu'elles associent deux éléments appartenant à des registres sensuels différents ; verticales, lorsque chaque mot renvoie à des arcanes d'un degré supérieur. Pour cela, le poète doit avoir saisi l'unité synthétique du monde, les analogies qui le parcourent et dont la connaissance appartient au voyant, au véritable « savant ».

Le sacré et la mort

Il y a là le début d'une mystique, et le mot ne doit pas effrayer quand on a lu le Verlaine de *Sagesse*, quand on a vu aussi *le Jardin sacré* de Puvis de Chavannes, les œuvres d'Odilon Redon ou de Gustave Moreau, quand on se souvient enfin des élucubrations ésotériques de certains marginaux du symbolisme comme le « sâr » Péladan. Peu importe, d'ailleurs, l'origine de cette mystique : les symbolistes y accueillent aussi bien la Vierge et les saints que les tritons, les dryades, sans parler des divinités germaniques du wagnérisme. La nature est habitée de présences, de voix que le poète écoute et dont il retranscrit, selon Baudelaire, les « confuses paroles ». Littérature de religion et religion de la littérature : le poète est logiquement un « hiérophante », un mage en contact avec le divin, dont il faut analyser les oracles, sujets eux aussi à des herméneutiques compliquées, incertaines. Rien n'est ici stable ni simple, et l'on comprend qu'un des thèmes du symbolisme soit l'arabesque, symbole de l'harmonie sinueuse, flexible que cherchent ces artistes (et qui aboutit au style nouille des années 1900).

Pourtant ce mot d'harmonie, qui suggère l'idée d'équilibre, antinomique de celle de décadence (et du pessimisme inguérissable auquel elle est associée), est ici d'un emploi hasardeux. Car les symbolistes voient leur fin de siècle comme une fin de civilisation, et ils la comparent – rejoignant en cela les naturalistes – à la chute de l'Empire romain. L'équilibre des siècles d'or laisse donc la place à l'outrance et à la perversion : perversion érotique avec l'exaltation de l'androgyne ; perversion, peut-être, d'un style tarabiscoté, de « mauvais goût ». Du moins est-ce ainsi que ses ennemis considèrent le symbolisme, y découvrant même l'œuvre inquiétante des métèques. Sans doute est-il plus juste de mettre en rapport ces dénaturations et ces pessimismes avec l'idée de mort qu'ils traduisent. On comprend mieux alors pourquoi les symbolistes sont en règle générale languides, tristes et malades. Si les crépuscules et les automnes leur plaisent, c'est parce qu'ils représentent la mort du jour et de l'année, parce qu'ils manifestent un trouble et une altération.

Et c'est bien là qu'on doit chercher, finalement, la raison de cette « modernité » des symbolistes : la littérature est pour eux un exil. Il n'est pas besoin d'une sociologie littéraire approfondie pour montrer que cette conception de la littérature dépend aussi de la place de l'artiste dans la société : plus peut-être que ses devanciers, l'artiste symboliste choisit d'être une exception, et cette attitude, qui aboutit au culte du moi aussi bien qu'au snobisme, est délibérément désespérée. La littérature en effet n'est plus porteuse de quelque progrès que ce soit pour le monde réel : n'existant que pour elle-même, elle n'a bientôt plus que d'elle-même à parler, de son regret de ce qu'elle a perdu, à la limite même de sa stérilité et de son silence.

CHRONOLOGIE

1868	Préface de Théophile Gautier à l'édition posthume des *Fleurs du mal* (1re éd. 1857).
1871	« Sonnet des voyelles » d'Arthur Rimbaud (publié dans *Lutèce* en 1883).
1872	*Le Coffret de santal* de Charles Cros.
1873	*Les Amours jaunes* de Tristan Corbière. Sortie d'*Une saison en enfer* (500 ex.). Réédité par la revue *la Vogue*, en 1886.
1876	*L'Après-Midi d'un faune* de Mallarmé.
Vers 1880	Création de divers cénacles esthétiques : les Hydropathes, Jemenfoutistes, Zutistes, etc.
1880-1881	*Sagesse* de Verlaine.
1882	L'« Art poétique » de Verlaine dans *Paris-Moderne*. Revues : *le Chat-Noir* et *la Nouvelle Rive gauche* (qui deviendra *Lutèce* en 1883).
1883	« Langueur », sonnet de Verlaine ; *les Poètes maudits*, essai, du même.
1884	*À Rebours*, de Huysmans. *Les Syrtes*, de Moréas.
1884-1885	Revues : *la Revue indépendante*, *les Taches d'encre*, *le Scapin*, *la Revue wagnérienne*.
1885	Publication d'*Axël* de Villiers de L'Isle-Adam dans *la Jeune France*. Les *Complaintes* de Laforgue. *Les Déliquescences*, publiées sous le pseudonyme d'ADORÉ FLOUPETTE par Gabriel Vicaire et Henri Beauclair.
1886	**18 sept. :** « Un manifeste littéraire » par Moréas, dans le *Supplément littéraire* du *Figaro*. Les *Cantilènes* de Moréas publiées chez Léon Vanier, l'éditeur des symbolistes. Les *Illuminations* (et *Une saison en enfer*) de Rimbaud, publiées dans *la Vogue*, créée la même année. ***(suite 1886)*** *Traité du verbe* de René Ghil
1886-1887	Revues : *la Pléiade*, *le Décadent*, *la Décadence*, *le Symbolisme*, *les Écrits pour l'art*.
1888	*Petit Glossaire pour servir à l'intelligence des auteurs décadents et symbolistes*, de Paul Adam.
1889	*Les Grands Initiés*, d'Édouard Schuré. *Essai sur les données immédiates de la conscience*, d'Henri Bergson.
1889-1890	Revues : *la Plume*, le *Mercure de France*, *l'Ermitage*, les *Entretiens politiques et littéraires*.
1890	*Tête d'Or*, de Paul Claudel.
1891	Banquet organisé pour *le Pèlerin passionné* (1890) de Jean Moréas. « Enquête sur l'évolution littéraire » de Jules Huret, dans *l'Écho de Paris*. *Les Cahiers d'André Walter*, d'André Gide. « Manifeste de l'école romane », de Jean Moréas, dans *le Figaro*.
1893	*Pelléas et Mélisande*, de Maurice Maeterlinck.
1894	*Le Livre de Monelle*, de Marcel Schwob.
1896	*Le Livre des masques*, de Rémy de Gourmont (2e série en 1898).
1897	Préface de Gustave Kahn à la réédition de ses *Palais nomades*.
1902	*La Cité des eaux*, d'Henri de Régnier. *Symbolistes et Décadents*, de Gustave Kahn.
1905-1906	Revues : *Vers et Prose*, *la Phalange*.
1908	Fondation de *la Nouvelle Revue française*.
1918	La *Mêlée symboliste*, d'Ernest Raynaud.

A. Preiss

T

TABARIN

*Pseudonyme d'**Antoine GIRARD** (ou **Jean SALOMON** ?) [1584-1626 ou 1633]*

Bateleur et farceur célèbre de la place Dauphine, au début du règne de Louis XIII. Le surnom Tabarin désigne un emploi théâtral peut-être créé par Tabarini, chef d'une troupe de baladins italiens ayant circulé en France à la fin du XVIe siècle. Antoine Girard reprit le personnage avec un tel succès que Tabarin devint un nom commun, synonyme de farceur (*Dictionnaire universel* de Furetière, 1690). Dès 1622, Tabarin s'installe à Paris, où il triomphe jusqu'en 1625, jouant devant une foule bigarrée de laquais, chambrières, écoliers, mais aussi de bourgeois et gentilshommes en promenade. Son associé, qui se fait appeler Mondor, semble être son frère Philippe, docteur en médecine ; Antoine est également maître opérateur (vendeur de remèdes) : il a donc étudié et n'est pas sans culture. Les représentations allient en effet le théâtre au commerce : après le spectacle, on vend aux badauds remèdes et onguents ; le vendredi, les dialogues entre Mondor et Tabarin font place à une petite farce à plusieurs personnages. La formule est simple mais lucrative : après 1625, Tabarin se retire et acquiert une seigneurie près de Montargis. Il marie sa nièce à Gaultier-Garguille, autre farceur fameux et comédien à l'Hôtel de Bourgogne. Contrairement à une légende tenace, il n'est pas mort assassiné.

On possède deux recueils contemporains de son œuvre : le *Recueil général des rencontres et questions tabariniques avec leurs réponses* et l'*Inventaire universel des œuvres de Tabarin* (1622), soit, au total, quatre farces et cent cinquante-six dialogues entre Mondor et Tabarin. Celui-ci improvisait, l'authenticité des écrits n'est donc pas assurée, mais sans doute sont-ils fidèles à l'esprit sinon à la lettre des textes prononcés.

Du théâtre populaire médiéval la farce tabarinique conserve une verve crue et spontanée encore admise à cette époque (cf. les farces à l'Hôtel de Bourgogne) : ici, une tirade sur le haut-de-chausses (« l'arrière-boutique reculée de toutes mes conceptions culiques »), là, une énigme (« Pourquoi les femmes ont-elles les fesses plus grosses que les hommes ?... [Parce que] l'enclume doit toujours être plus grosse que le marteau ») ; grossièreté et scatologie sont omniprésentes, et tout sujet est ramené au bas corporel, c'est-à-dire au grotesque (au sens de M. Bakhtine). Le schéma dramatique s'inspire des procédés et canevas de la *commedia dell'arte* : personnages typifiés (Mondor, le docteur pédant ; Tabarin, le valet impertinent, reconnaissable à son manteau blanc [*tabar*, en italien] et à son chapeau multiforme) ; situations triviales (vieux galants et femmes légères) ; jeu du sac et du bâton ; chansons égrillardes ; Matamore jargonnant (« Som il capitanio Rodomont, la bravura, la valore de toto el mondo ») – ce sont là de solides ficelles de la *vis comica* que Molière ne négligera pas (cf. *les Fourberies de Scapin*).

Mais ce comique porte aussi la trace d'une culture : échos de Rabelais (« avoir la coupe testée ») ; inventions verbales (« voilà huit jours que ne je n'ai point excrémentopharmacopolé ») ; surtout, contraste permanent des propos scatologiques (Tabarin) et du vocabulaire savant (Mondor) : « Notre être est de soi labile, Tabarin, et ne peut demeurer en une même consistance. » Le maître use de la logique scolastique du *pro* et du *contra*, manie substances et espèces aristotéliciennes. Rhétorique savante aussitôt dégradée par les saillies de Tabarin.

Ainsi, à l'instar de Rabelais, Tabarin intègre-t-il le savoir dans la farce. Comme l'écrit le bibliophile Leber : « C'était un géant dans sa petite sphère. »

G. Declercq

TABOUROT Étienne

***Étienne TABOUROT, seigneur DES ACCORDS** (1549-1590)*

Comment écrire ou plutôt comment récrire, puisque aussi bien tout a été dit ? L'œuvre de Tabourot, au travers des objets variés auxquels elle s'attache, en dépit d'un ton volontiers plaisant et d'une allure ludique, cherche à dissiper, avec le secours de la pédagogie, cette inquiétude devant les mirages du langage où elle est née.

Étienne Tabourot a vu le jour dans une famille bourgeoise particulièrement cultivée. Autour de lui tout le monde écrit, se passionne pour l'architecture, la peinture, la musique, à commencer par son oncle Jean Tabourot. Le neveu étudie tout d'abord à Paris, au collège de Bourgogne (autour de 1564), puis à Toulouse, où sa dissipation attire l'attention des autorités universitaires. De retour à Dijon, après un crochet par Paris et un voyage en Italie, il occupe diverses fonctions municipales dont il paraît se déprendre vers 1580. La Ligue interrompt sa retraite studieuse. Il meurt à peine quadragénaire, laissant une œuvre qu'il faudra tenir pour inachevée.

Poésie ou rhétorique ?

L'examen des premières publications de Tabourot éclaire d'un jour vif l'orientation particulière de ses curiosités. Qu'il traduise en latin « la Fourmi » de Ronsard ou « le Papillon » de Belleau, qu'il réunisse sous un nom d'emprunt (Jean des PLANCHES), dans *le Premier Livre de la Synathrisie* (1567), à ses premiers exercices poétiques – dont plusieurs, remaniés, réapparaîtront dans *les Touches* – un pot-pourri d'emprunts à Germain Colin, à Du Bellay, à Saint-Gelais, à Ronsard..., pour ne rien dire des versions de l'italien de Pulci et Cornazzano, ou qu'il édite le *Dictionnaire des rimes françoises* (1572) de Jehan Le Fèvre, premier du genre et, selon Colletet, « misérable azile des mauvais et stériles poëtes », le jeune écrivain s'affirme moins poète que passionné par les problèmes que pose l'expression poétique.

Les Touches (1585, pour les trois premiers livres ; 1588, pour les deux derniers) ne dissipent pas ce sentiment. Ainsi nommées par analogie avec « une espèce de légère escrime [...] qui perce à grand'peine la peau et ne peut vivement entamer la chair », elles se veulent d'abord morceau d'éloquence composé « par esbat ». Tabourot prend ses sujets et parfois même le mouvement de ses épigrammes chez Martial, ou dans sa propre *Synathrisie*, se souvient ailleurs de Marot et même de Théodore de Bèze. Il ne vise aucun but moral, sinon par accident. On ne se montrera donc pas surpris de lire plusieurs de ces « touches » dans les *Bigarrures* (1583) qu'elles grossissent.

Car ce dernier titre, où « sont diverses matières et sans grande curiosité ramassées », qui « donne trop dans les bagatelles » au sentiment de Bayle, est construit comme une œuvre ouverte, trouée (le premier livre est suivi d'un quatrième), à butiner plutôt qu'à lire (« à chascun de choisir seulement ce qui luy viendra à gré et laisser le surplus »). Beaucoup cependant, et non des moindres, ont étudié dans cette « grammaire plaisante », de Sorel au Balzac des *Contes drolatiques*, de Swift à Hugo. C'est que Tabourot enseigne, sous des dehors badins, l'essentiel : « Tout en me jouant, j'apprends aux plus grossiers, par ridicules et joyeux discours, des figures de Rhetorique, lesquelles s'apprennent quelques fois ès Ecoles, par les Regens, à grands coups de fouët. » Poursuivant un dessein plus concerté qu'il ne l'avoue, il examine tout à tour les « lettres », les rébus, les équivoques, les contrepèteries, les anagrammes ; autant de domaines où le langage manifeste son autonomie, exhibe des possibles qui surprennent l'intention du locuteur et souvent la pervertissent. Tabourot aime le vers qui « se change aisément en 72 sortes », les *carmina figurata*, les notations musicales ou sténographiques. Avec obstination, il tisse un discours muet sur le sens mais bavard sur les ingéniosités qui le dérobent.

Des contes qui ne disent mot

Aux *Bigarrures* Tabourot agrège, dès 1585, les *Apophtegmes du sieur Gaulard*, suivis, en 1588, des *Escraignes dijonnoises*. Ces deux recueils se rattachent, pour le premier à la tradition facétieuse des *motti*, des *burle* ; pour le second, à celle des *Évangiles des quenouilles*. Il n'a garde de contrevenir aux lois, bien établies, qui les régissent. *Realia* à l'appui, il sait actualiser le « matériel roulant » d'anecdotes traditionnelles qu'il utilise. Et, sous ce rapport, l'entreprise est réussie : il est vrai qu'à ce moment les écrivains de premier plan désertent le genre narratif bref, abandonné à la cupidité des libraires, et que la plume de Tabourot, précise, nerveuse, truculente, sans difficulté tranche. C'est pourquoi plutôt que d'insister sur leur qualité, sur l'authenticité de l'atmosphère que restituent les *Escraignes* ou sur la ferme concision des *Apophtegmes*, l'une comme l'autre mises en évidence par Gabriel Pérouse, il y a lieu de s'interroger sur leur nécessité. Remarquons tout d'abord que plusieurs des « mots » des *Apophtegmes* sont, en fait, des épigrammes en prose, réécritures de « touches » qui elles-mêmes dérivaient de la *Synathrisie*, comme si Tabourot, sans le dire, s'était livré à un « art de la fugue » en raccourci, fruit de ses recherches sur l'expression. D'autre part, tout comme le philologue des *Bigarrures*, le conteur des deux recueils affirme ne se soucier que de plaire ; le Ligueur dépose les armes, moque, comme au bon vieux temps, les cordeliers libidineux et propose d'oublier dans le rire les saccages des reîtres. Ses personnages, inguérissables pétomanes, manifestent pour le « bas matériel » cher à M. Bakhtine le même intérêt que ceux de Du Troncy, de Du Verdier ou de Tabarin – ce dernier plagie du reste Tabourot abondamment. Dès lors, on est porté à soupçonner Tabourot d'avoir conté moins par humeur récréative que par souci d'éprouver ses propres moyens d'écrivain, au terme (que la mort n'a pas voulu provisoire) d'un itinéraire qui avait pris sa source dans la rédaction de cahiers de « lieux communs » et que ne cessait d'animer une curiosité pour l'écriture plus profonde et plus grave qu'on ne l'a longtemps cru.

M. Simonin

TAHUREAU Jacques

(1527-1555)

Tahureau appartient à la fois à l'histoire des idées et à celle de la littérature. Disparu à vingt-huit ans, il laisse une œuvre poétique intéressante mais aussi, sous le titre de *Dialogues [...] non moins profitables que facetieus*, un livre neuf, important et bizarre que dévora, si l'on en croit le nombre des rééditions, le public cultivé de la seconde moitié du XVIe siècle.

Né au Mans, Tahureau effectue sous les armes le voyage d'Italie, noue à son retour des liens avec la Brigade, se marie, et meurt aussitôt après dans son Maine natal.

Le poète (*les Premières Poésies*, Poitiers, 1554 ; *Sonnets, Odes et Mignardises à l'Admirée*, quelque temps après) n'occupe pas encore la place qui lui est due. Si son premier recueil porte, au travers de ses épigrammes, l'influence marquée de Marot, Tahureau a tôt fait d'assimiler les *Folastries*, puis les *Odes*. Des imitateurs – déjà nombreux à ce moment – de Ronsard, il est l'un des plus originaux : Marcel Raymond le range « bien au-dessus de certains poètes beaucoup plus connus, au-dessus de Jodelle, de Magny et peut-être de Baïf ». De sa génération il refuse l'érudition indiscrète, l'abus des latinismes et, d'une manière plus générale, la prolixité. Il est vrai que, dans l'une de ses dernières pièces (imprimée à la suite d'une *Oraison [...] au roi*, où il fait l'éloge de la langue française, supérieure selon lui au latin et au grec), il ne voit plus dans les vers qu'une occupation passagère :

La Muse, quelquefois contente,
La Muse flate le loysir ;
Mais il n'y faut mettre l'attente,
Ni tout le but de son désir.

Des *Dialogues* parmi d'autres

C'est à la rédaction des *Dialogues*, et non à la poésie, que Tahureau occupe ses dernières années. L'ouvrage ne verra le jour qu'en 1565, dix ans après sa mort. Depuis 1550, le genre dialogique en français prolifère : Peletier du Mans, Pontus de Tyard, Claude de Taillemont, Louis Le Caron – pour ne citer que ceux que Tahureau a pu connaître imprimés – l'ont illustré. À l'image de plusieurs de ses contemporains, Tahureau le conçoit plus comme un cadre commode que comme un procédé heuristique : ses deux interlocuteurs, le Démocritic, dans le rôle du maître, et le Cosmophile, dans celui du disciple, ne s'affrontent guère. Une certaine intimité règne entre eux. Comme il s'agit surtout de faire prendre conscience au lecteur des vices du temps, le disciple posera les questions convenables auxquelles le Démocritic répondra par des développements dont la longueur (certains atteignent quinze pages) est peu compatible avec le genre pratiqué.

Il est vrai que les convictions de Tahureau sont ici les données et non les conquêtes de la conversation. Première cible du satiriste, qui s'inspire du *Contra amores* de l'italien Platina : les femmes, « un malheureux et abominable sexe ». Plutôt que gaulois, le trait est parfois grossier :

> *...ce dont je me fache le plus est dequoy ces pauvres sottes estiment leur honneur estre caché entre leurs cuisses, le logeant en un lieu tant sale et deshonneste, et croy que c'est la raison pour laquelle elles en font le plus souvent part à quelque gros vilain et lourdaud de valet et plustost qu'à un honneste gentilhomme qui le meriteroit.*

L'auteur songe-t-il aussi à l'une des nouvelles de Marguerite de Navarre ?

Tahureau passe ensuite à la dénonciation des faux savants et à celle des autorités, qui forme la seconde moitié du volume. Les avocats sont des « vautours déguisés en robes longues », les médecins, des « pipeurs de merde et humeurs d'urine », les philosophes, de « fins fous spéculatifs, chahuans timonistes du genre humain ». Ni Cornelius Agrippa ni Jérôme Cardan, qu'il renvoie – non sans sagacité – dos à dos, ne trouvent grâce à ses yeux. Son respect va aux seuls satiristes, Lucien, Érasme, Rabelais ; ce raccourci à lui seul signale une belle perspicacité chez le jeune homme.

Les qualités aperçues chez le poète se retrouvent, émancipées de tout carcan, chez le prosateur. Son langage sera, s'il le faut, « rude et mal poli, aimant mieux qu'il sente un peu du vulgaire, ainsi que c'est le vrai naturel du Dialogue, qu'estant (comme celui de beaucoup d'autres livres) trop affecté » ; il y gagnera en images qui demeurent. D'une beauté offusquée par les fards : « il ne la voit plus souvent qu'en peinture ». Ou encore, à la manière de Rabelais : «... voi un peu comment il deguise ce fol, et de la grace qu'il a masqué ce pauvre nom de sage au plus grand triboullet qui fut onques tribouillé de couilles humaines ».

De la terre à l'esprit

Sa biographie le montre assez, Tahureau est d'abord, comme Noël Du Fail, l'homme de sa terre mancelle. Au monde rural, dont il est proche, il prend ses proverbes : « Qui ne peut à un moulin aille à l'autre. » Il en tire un bréviaire politique conservateur : les courtisans sont des émigrés ; les robins, aidés des Italiens, des voleurs. Ce qui sied au noble, ce sont les antiques libertés, que tout paraît menacer. Aucune de ses certitudes toutefois qui ne soit traversée d'inquiétude. Il place haut la gloire militaire pour sa classe mais peint d'un trait amer et dérisoire sa propre expérience.

Cette pensée déconcertante d'un anti-courtisan qui loue dans les *Amadis* le bréviaire des « muguets », ou d'un anti-Italien qui reçoit les néologismes ultramontains, trouve son point d'ancrage dans la fonction qu'il réserve au savoir : « l'esprit humain [...] encores que naturellement il soit fort de la raison, si est-ce qu'il n'est remparé et poli par ce qu'il peut retenir de l'instruction des autres [...], il demeurera tout ainsi qu'un tableau de cire ou de marbre tout grossier et sans aucune forme laquelle soit digne d'estre regardee ». Cet aveu, qui assigne un rôle éminent mais borné à la raison, interdit de voir en Tahureau le fidéiste ou le rationaliste qu'ont imaginé certains critiques. Tout au plus apparaît-il grisé par ses lectures, gouverné par elles comme c'est si souvent le cas à ce moment de notre Renaissance. Sans doute émet-il, par la bouche du Démocritic, quelques idées un peu fortes sur la religion trop étroitement rapportée à la coutume, mais il est facile de montrer qu'il les a prises dans l'air du temps et non parmi ses convictions.

En vérité, à la volupté de penser Tahureau préfère celle de dire ; chez lui, le conteur – le lecteur aussi – l'emporte toujours sur le philosophe : « ce n'est pas [sa] vocation de dogmatizer ».

M. Simonin

TAILHADE Laurent

(1854-1919)

Poète puis pamphlétaire, anarchiste puis catholique, Laurent Tailhade a suivi un itinéraire surprenant. Né à Tarbes, d'un père magistrat austère et d'une mère dévote, il fait ses études au lycée de Pau, puis part pour Toulouse. Couronné par l'académie des jeux Floraux, cet étudiant en droit va s'intéresser surtout à la littérature. Après un premier et bref intermède conjugal, il monte à Paris, et son argent file rapidement entre les mains des cafetiers, des croupiers et de ses nouveaux amis. Tailhade, qui fait paraître en 1880 son *Jardin des rêves* préfacé par Banville, rencontre à cette époque Moréas, avec qui il ne tardera pas à se brouiller, Verlaine, Barrès, Jean Lorrain puis Rachilde. Grâce à Henry Bauër, il entre alors à *l'Écho de Paris*, auquel ses chroniques acides, parues sous le pseudonyme de TYBALT, valent notamment un procès avec les curés des Hautes-Pyrénées. N'importe : Tailhade ne se laisse pas démonter et travaille beaucoup. On voit sa signature dans *le Décadent*, dans *la Pléiade*, et dans *le Mercure de France*, ainsi que sur la couverture de ses nouveaux recueils : *Un dizain de sonnets* (1882) et *Vitraux* (1891). Ce n'est pourtant qu'avec les poèmes satiriques d'*Au pays du mufle* (1891), salués par Mallarmé, qu'il devient célèbre. Le tempérament batailleur qu'on y découvre (et dont il fera bientôt preuve au moment d'une conférence mouvementée sur Ibsen) le pousse à prendre des attitudes politiques extrêmes, à professer avec virulence l'anticléricalisme et l'anarchisme, y compris après un attentat en 1894, où il perd un œil. Naturellement, au moment de l'affaire Dreyfus, cet admirateur de Jaurès et de Zola s'attaque à ceux qu'il pourfend depuis toujours, et publie à cette occasion *À travers les groins*, 1899 (qu'on retrouve dans ses *Poèmes aristophanesques*, 1904), puis *Imbéciles et Gredins*, 1900. Sur sa lancée, Tailhade ira d'ailleurs plus loin puisqu'un de ses articles, paru dans *le Libertaire* du 15 septembre 1901, au moment de la visite du tsar Nicolas II, lui vaut d'être condamné pour provocation au meurtre. Après un séjour en prison, Tailhade se retrouve bientôt sans argent et, surtout, malade de cette toxicomanie dont *la Noire Idole* (1907) porte témoignage. Il change alors complètement d'opinions et, dans des articles que publie *le Gaulois* d'Arthur Meyer, renie l'anarchie. Mais cette palinodie, pas plus que ses articles de critique, ses souvenirs ou la réédition de ses poèmes, ne change rien au sort de Tailhade, qui meurt pauvre et un peu oublié à Combs-la-Ville.

Malgré sa conversion, Tailhade reste surtout connu pour les livres de son époque anarchiste et polémique. Et l'on doit reconnaître qu'il montre là un véritable talent : en effet, il n'est pas toujours facile d'être méchant, de l'être surtout avec art ; en cela, certains poèmes de Tailhade peuvent faire penser à Juvénal, surtout lorsqu'il attaque la « décadence » de son temps, et, avec brio, vilipende les vieilles actrices, les bourgeois stupides en goguette et les moines malodorants. À Juvénal certes (et à Pétrone, dont il traduit le *Satiricon*), mais aussi à Huysmans pour la complaisance de certaines descriptions, pour cette fascination du laid comme matière de l'œuvre d'art : la Seine charriant des chiens crevés, les vieilles, « la mouche des cacas sur le lilas » et, « comme un porc que l'on châtre, le calicot folâtre ». Tailhade montre en effet une jouissance particulière à trouver l'épithète ou l'image percutantes : il traite Moréas de « graeculus » et compose une « ballade touchant l'ignominie de la classe moyenne ». Il y a souvent chez lui une férocité qu'on peut mettre en rapport avec son goût pour la corrida ; mais, en bon *aficionado*, Tailhade exécute sa mise à mort dans les règles de l'art, c'est-à-dire avec esprit et générosité. Car son agressivité épargne toujours des figures comme Rabelais, Diderot, Balzac ou Zola – Oscar Wilde aussi et, en général, les insurgés, les souffrants et les bannis (que défend le Jésus anarchiste de Tailhade). Mais cette révolte, cette dénonciation permanente, perd, par son excès même, un peu de son efficacité, tourne au procédé. Tailhade, a-t-on dit, est un rhéteur, capable, et on l'a vu, de retourner ses injures contre ses amis d'hier. Faut-il alors mettre en doute sa sincérité ? Mieux vaut peut-être comprendre que cette révolte est dans la logique d'une attitude esthétique. Puisque l'artiste n'existe que par opposition à la société, puisque son langage même doit être exceptionnel, rien d'étonnant à ce qu'il s'engage sur le terrain politique et à ce que le dandysme de la forme se fasse imprécatoire : « Vous tomberez au pourrissoir, comme un tas de fumier qui souillait la pureté du ciel et dont l'orage seul des révoltés en marche peut laver la sournoise, la féroce, la ténébreuse puanteur. »

A. Preiss

TAILLEMONT Claude de

(1526-après 1558)

L'un des plus étonnants poètes de la Renaissance lyonnaise, Claude de Taillemont, auteur de deux œuvres rares et secrètes, *Discours des Champs Faez* et la *Tricarite*, n'a jusqu'ici guère tiré avantage de la vogue de Maurice Scève, dont il fut l'ami et le disciple le plus original, voire le plus extravagant. Malgré la réelle douceur, et la densité mallarméenne de ses vers, malgré les trouvailles narratives et les débats passionnés de sa prose, il est le premier responsable de l'oubli dans lequel il est injustement maintenu : ayant eu la malencontreuse idée de mener trop loin le goût de son époque pour les réformes de l'orthographe, il a publié sa *Tricarite* (« Tricharites », c'est-à-dire « les trois grâces en une seule personne ») dans une orthographe si affamée d'exactitude et de nuances, si intimement mêlée à ses propres expériences italiennes et lyonnaises, que celle-ci en est devenue littéralement illisible ; l'œil et l'oreille refusent le travail auquel ils sont conjointement soumis, puisque aussi bien on ne lit plus la poésie à voix haute, comme le voulaient ces poètes-musiciens. Une fois publiée dans l'orthographe conventionnelle, ses autres mérites éclatent immédiatement.

La vie de Taillemont est mal connue, son appartenance à une riche famille de notables lyonnais ne suffit pas à le situer avec précision. Né en 1526, il séjourne longtemps en Italie, trouve ses affaires mal en point à son retour à Lyon, vers 1547. On considère généralement, sur des témoignages un peu tardifs, qu'il a collaboré avec Maurice Scève, alors en plein succès, aux fêtes d'entrée de Henri II à Lyon, en 1548 : il aurait donc été déjà célèbre dans une ville qui ne manquait pas de bons auteurs. On constate aussi sa participation aux *Œuvres* de Louise Labé par deux sonnets signés, selon sa belle devise, « Devoir de voir », et la mention de son nom dans un acte notarié de 1558 ; on sait enfin que ses œuvres furent l'une et l'autre dédiées à Jeanne d'Albret : Taillemont, comme tant de Lyonnais, devait-il quelque chose à Marguerite de Navarre ? Celle-ci est, en tout cas, louée dans un chant de la *Tricarite*.

Au demeurant, toute l'œuvre est à l'honneur des dames, de Marguerite de Bourg tout particulièrement, et de Clémence Viole, dont il est le fervent serviteur. Des poètes, il ne loue que Scève, « le père de nos vers », mais il paraît avoir été lié au cercle des Bugnyon, Tyard et Des Autels. Il est probable qu'il n'ignore pas Jodelle. Rien, en tout cas, qui permette d'établir le moindre échange avec la Pléiade naissante ; et si quelqu'un, hors de Lyon, présente quelque similitude avec lui, c'est peut-être l'indépendant Maclou de La Haye.

Le *Discours des Champs Faez, à l'honneur et exaltation de l'Amour et des dames,* écrit sans doute en 1550, et publié en 1553, eut au moins trois rééditions (1571 à Paris, 1576 à Lyon, 1585 à Paris de nouveau), et des conteurs comme Jacques Yver ont bien connu l'œuvre. Elle offrait en effet de rares récits, assez originaux, non tant par la trame (des amours tragiques ou contrariées), ou le lieu (l'Égypte, contée par un chevalier de Malte ; un royaume de Perse légendaire) que par une atmosphère sentimentale excessive, qui privilégie la description d'un beau corps souffrant ou de visages « négligemment ombragés » et ruisselants de larmes, dont les moindres mouvements sont notés. Mais les *Champs Faez* sont avant tout un « discours », organisé à la manière du grand dialogue italien sur les questions d'amour, illustré alors, aux yeux des Lyonnais, par Leone Ebreo, que viennent de traduire Tyard et Sauvage, et par Bembo : c'est à ce dernier que Charles Fontaine compare, très justement, Taillemont dans son poème liminaire. Comme Bembo, Taillemont fait se rencontrer trois hommes, Philastes (*alias* l'auteur lui-même), Thimoe, et Thélème (comme l'abbaye du même nom), et trois femmes : Eumathe, la belle reine de cette petite société, savante – comme son nom l'indique – en mathématiques, mais aussi en astronomie et en musique ; près d'elle, deux jeunes parentes, Carite et Cyprine, aussi gaies que les jeunes femmes de Bembo. On parle « d'expérience », car faire « le récit des passions », comme le dit Philastes, est devenu l'objet de l'écriture, centrée sur une aventure intérieure si accaparante que changer de femme aimée n'est pas changer d'amour : pour l'amant qu'on dirait volage, « la pensée n'est-elle pas toujours en son cerveau ? » Et puis, l'amour n'est pas le désir, même si le désir procède d'amour. Par ailleurs, dans une ligne plus française, Taillemont prend concrètement la défense des femmes, dénonçant les couvents, véritables prisons où les familles enferment leurs filles par souci d'économie ; dénonçant aussi le mariage, institution souvent injuste. Les récits et poèmes que contiennent les *Champs Faez* croisent tous ces débats pour les illustrer.

Mais là ne sont pas les seuls intérêts de l'œuvre ; « champs fées », ils le sont par la beauté des lieux décrits, un château et ses alentours : chambres et salons, vergers et labyrinthe, étangs et bois, où se déroulent les débats, mêlés de danses et de banquets, de pêche et de chasse ; la « musique sauvage » du rossignol rejoint celle des instruments, ou celle des jets d'eau que la fontaine symbolique disperse au vent sur l'architecture raffinée des jardins. Ici, le débat ne dirige plus le décor : celui-ci, au contraire, envahit tout, prolifère en mille détails sensuels qu'une prose poétique donne à savourer avec délectation, comme le fera plus tard la *Bergerie* de Belleau. Certes, Taillemont ne boude aucune des formes du plaisir, mot que sa plume aime à reprendre.

Le même « Devoir de voir » va se satisfaire dans les étranges poèmes de la *Tricarite, Hombre de plus rare beauté* (1556) ; il est lié au même goût des recherches musicales : Taillemont n'écrit pas de sonnets ; il invente un poème de douze vers, et presque toujours de douze pieds, comme Scève écrivait des dizains en décasyllabes, avec la même recherche du carré. Comme chez Scève aussi, le système (très varié, et italien) des rimes est fondé sur une symétrie à partir du centre, créant ainsi un effet de miroir. Enfin, le poème est gouverné par le nombre trois de l'inspiratrice tricéphale : à un premier groupe de poèmes pétrarquisants succède une étincelante série de véritables « blasons » du corps féminin, auxquels succède l'élan très platonisant et mystique vers les perfections célestes, où il rejoindra les chantres de Cassandre, d'Olive et de Pasithée : Ronsard, Du Bellay et Tyard. Cette édification exacte et purement architecturale s'inscrit dans des vers minutieux, dépourvus d'affectivité apparente ou d'humour, d'une densité constante ; là règnent le minéral, l'éclat, les contacts savants. Ainsi de l'œil :

Sous le voile nerveux de peau mince étendue...
Amis, je vis d'amour le Ciel à découvert :
Dedans un cerne ou rond de jaspe gris, et vert,
Errant, et pullulant en bluettes ardentes,
Par le vague serein des nacres évidentes...

ou, comme il l'écrit :

Par le vágoe serein des nácres evidantes.

M. M. Fontaine

TAINE Hippolyte

(1828-1893)

Aujourd'hui, Taine est un mal-aimé. Les usuels purgatoires et discrédits posthumes prennent, dans son cas, des proportions peu communes. Rarement rééditées depuis plusieurs décennies, ses œuvres sont devenues introuvables ; la place que lui concèdent manuels et histoires littéraires va se réduisant comme une peau de chagrin. Peu d'auteurs illustreraient davantage la distinction chère à Thibaudet entre situation et présence : on reconnaît à Taine une place dans l'évolution intellectuelle du XIXe siècle français, on ne songe plus guère à le lire. À cela bien des raisons : la réaction de rejet des maîtres de la génération précédente est un phénomène naturel ; Taine en aura pâti, mais plus que d'autres, et en proportion même de l'autorité qu'il avait su acquérir. Proscrit de l'Université, il n'en symbolise pas moins l'académisme universitaire, car le contenu de son œuvre correspond à celui de la culture scolaire de son siècle. Le sens politique de ses livres majeurs paraît ambigu : victime de l'Empire autoritaire, constant dans l'affirmation d'un libéralisme vigilant et inquiet, il aura fait l'objet, au prix de bien des ignorances et de contresens multiples, d'une « récupération » par les défenseurs de la tradition et par les tenants de l'ordre établi. Initiateur de disciplines nouvelles, de par sa situation médiane entre l'encyclopédisme romantique et la fragmentation des spécialités, il sera bien vite jugé à l'aune des progrès de ces mêmes disciplines : sociologue avant que la sociologie n'existe vraiment comme science indépendante, il apparaît englué dans la psychologie à tout lecteur de Durkheim et incorrigiblement « idéaliste » aux tenants de Marx. Résultat instable du volume oratoire et d'un vocabulaire approximatif, sa clarté trompeuse accrédite les soupçons de simplisme qui s'attachent à un touche-à-tout, à un vulgarisateur. La diversité de ses curiosités offre un éclatant exemple de pluridisciplinarité, mais qui décourage la recherche universitaire.

La vie d'un homme d'étude

Sa biographie présente peu d'intérêt ; on s'est essayé, récemment, à l'écrire sans pouvoir découvrir ces détails qui humaniseraient la figure officielle de pur penseur qu'il a voulu laisser. Une enfance endeuillée par la disparition prématurée d'un père avoué à Vouziers et appesantie par les attentions exigées d'une mère envahissante, des études vite brillantes et couronnées par des succès au concours général et par l'entrée à l'École normale supérieure à la tête de la fameuse promotion de 1848 : sa jeunesse est celle d'un bon élève que de vastes programmes de lectures et un enthousiasme pour la philosophie spinoziste puis pour la psychologie font passer à côté des événements de 1848. En 1851, Taine échoue à l'agrégation de philosophie, malgré des épreuves brillantes et – pense-t-il avec ses proches – pour avoir pris le contre-pied des thèses de l'orthodoxie spiritualiste. Professeur en province, il reste suspect et songe à se replier sur les disciplines littéraires après la suppression de l'agrégation de philosophie : un *Essai sur les Fables de La Fontaine* (devenu, en 1861, *La Fontaine et ses Fables*) et une thèse complémentaire en latin, *De personis platonicis*, lui valent d'être reçu en 1853 docteur ès lettres, mais après avoir quitté l'Université. Décidé à vivre de répétitions et, dès que possible, de sa plume, il concourt pour les prix académiques, place des articles dans les revues et accepte d'écrire un guide sur les eaux des Pyrénées, qui deviendra en 1855 le *Voyage aux Pyrénées*. Le succès de son brûlot sur et contre *les Philosophes français du XIXe siècle* (devenu en 1868 *les Philosophes classiques du XIXe siècle en France*) dans lequel il pourfend l'éclectisme, va faire de lui un des maîtres de la nouvelle génération, dont le positivisme supplante l'esprit de 1848. Car, si sa lecture de Comte est tardive et importe moins que ses études attentives d'Aristote et surtout de Spinoza et de Hegel, Taine passe pour positiviste, et même pour matérialiste, en raison de son zèle à insérer la connaissance des phénomènes humains dans les perspectives ouvertes par les sciences de la nature. Illustrée par des formules provocantes et qui font mouche (« L'homme est un théorème qui marche », « Le vice et la vertu sont des produits comme le vitriol et le sucre »), cette orientation pèse sur la grande *Histoire de la littérature anglaise* qu'il rédige méthodiquement de 1857 à 1863 et qui fait de lui l'un des créateurs de la littérature comparée. Une aventure avec une femme de lettres allemande, ancienne compagne de Heine et qui signe Camille SELDEN, égaye quelques années durant une existence qui semblait vouée à la lecture, à l'étude et à la production régulière d'essais de critique et d'histoire. La trentaine passée, Taine sort davantage ; il voyage, fréquente le monde et en tire des observations qu'il publiera, en particulier des *Notes sur Paris. Vie et Opinions de M. Frédéric-Thomas Graindorge* (1867). Le succès vient et, avec lui, des fonctions d'examinateur à Saint-Cyr mais aussi de professeur d'esthétique aux Beaux-Arts : une *Philosophie de l'art* (1865) et un *Voyage en Italie* (1866) en découleront. À la veille de la guerre de 1870, il achève son traité de la connaissance, *De l'intelligence*, médité depuis près de vingt ans, et songe à écrire une ample étude de la littérature allemande. Mais les chocs de la défaite et de la Commune l'affectent profondément et lui donnent le sentiment d'un devoir à remplir, celui de chercher dans le passé national les sources de la décadence et les moyens, s'ils existent, d'y remédier. Pendant près de vingt ans, Taine s'enferme, l'hiver aux Archives, l'été dans la propriété savoyarde qu'un mariage bourgeois venant conforter ses droits d'auteur lui a permis d'acquérir. La publication régulière des volumes des *Origines de la France contemporaine* (1876-1891) le range parmi les maîtres du genre historique, mais suscite de multiples controverses ; car chacun des éléments de sa construction le brouille avec un des partis qui tiennent le haut du pavé, sans toutefois empêcher son élection, en 1878, à l'Académie française ni diminuer encore une influence que tous, de Barrès à Bourget, en passant par France et Zola, s'accordent à saluer en 1893 lorsque la mort interrompt ce grand œuvre historique et sociologique en même temps qu'elle semble marquer la fin d'un âge.

À l'école de la science

Un âge dominé par le culte de la science. Taine en partage la célébration avec ses contemporains, mais en lui conférant une expression d'une acuité particulière. Toute sa vie, Taine s'est fait une certaine idée de la science ; idée logique, pour ne pas dire logicienne : la science, c'est l'organisation du savoir ; enivré de la rigueur géométrique de l'*Éthique*, Taine a d'abord caressé le rêve d'établir une géométrie métaphysique sans sortir de l'*a priori*, par voie purement déductive. Rêve qui débouche sur trop d'apories : avant même d'avoir médité l'hégélianisme, Taine a reconnu la place nécessaire de l'expérience, mais en cherchant à combiner rationalisme et empirisme. Dans l'étude de l'histoire naturelle, il a été fasciné par la classification, qui permet, une fois l'investigation effectuée, de présenter des résultats tels qu'on puisse déduire d'un caractère fondamental les particularités et le détail d'un organisme. Sur la base de cette rencontre de la logique et de la biologie s'approfondit un idéal de rigueur scientifique distinguant recherche et exposition : l'induction sert à dégager des caractères généraux desquels le savant doit, dans une seconde étape, celle de l'exposition, déduire la diversité des cas concrets, rationalisés dès lors par ce parcours conceptuel. Procédés logiques applicables à tous les domaines du réel, et notamment à l'étude des œuvres de l'esprit humain, et qui définissent une conception formellement unitaire de la science.

Cette conception assure l'unité de l'œuvre, par-delà l'extrême diversité des centres d'intérêt : récits de voyages et recueils d'observations constituent les éléments d'une enquête dont les volumes plus construits fournissent l'exposition rationalisée et qui, achevée, pourrait se présenter comme une hiérarchie de propositions et de concepts. En critique, la « faculté maîtresse », qui permet d'ordonner les traits des individualités créatrices, n'est autre qu'une transposition de l'essence des logiciens ; la comparaison des caractères des œuvres majeures d'une époque donnée permettra d'abstraire et d'induire un trait dominant, dont il s'agira ensuite de ventiler les sources et composantes historiques en faisant la part respective de la race, du milieu et du moment ; contrairement à bien des interprétations fallacieuses, ces trois notions représentent moins des facteurs effectifs que des points de vue, des perspectives sur l'« état moral élémentaire » d'une époque. Ce ne sont pas des êtres en soi, ce sont des cadres de classement. Car le nominalisme philosophique de Taine permet de mieux comprendre le sens de son œuvre critique et historique : dans le domaine de l'humain, pas plus que dans celui de la nature, les caractères généraux n'ont d'existence autonome. À ce nominalisme s'ajoute un véritable pragmatisme du concept : Taine choisit les traits qu'il érige en caractéristique dominante en raison de leur expressivité significative bien plus que de leur généralité logique, anticipant sur la notion de « type idéal » analysée par Max Weber. À ce parti pris l'on doit une œuvre parcourue d'êtres de raison, de personnages symboliques et stylisés.

Le sens de l'humain

Cette critique de logicien est aussi celle d'un psychologue, car Taine ne méconnaît point la spécificité des faits culturels et humains. Il traite les documents non en vestiges mais en messages et cherche les acteurs derrière les actions. Son formalisme scientifique s'accompagne ainsi d'un souci et d'une pratique de l'herméneutique. Par-delà la matérialité des faits et des œuvres, l'interprétation psychologique permet de comprendre le sens des conduites et le vécu de leurs acteurs. De là l'assouplissement des formules déterministes dans lesquelles la postérité enfermera Taine : plutôt que d'expliquer les événements par les événements, il cherche à comprendre les hommes en dégageant leurs mobiles et leurs valeurs ; il s'attache moins aux faits qu'à la manière dont les hommes les intériorisent. Cet équilibre entre le scientisme et l'humanisme fait de lui le père fondateur des sciences humaines en même temps que l'artisan d'une extension du champ de la littérature.

Car il n'oublie jamais d'être écrivain. Sa logique est grosse d'une rhétorique à double postulation : dans la collecte des matériaux dominent raccourcis, ellipses, intuitions discontinues et images fulgurantes ; dans la démonstration triomphent construction méthodique et amplification oratoire. Son éclat sent l'apprêt et trahit l'effort ; ses perfections ne sont point spontanées. De là, peut-être, sa valeur pédagogique : du *La Fontaine et ses Fables* et de la *Philosophie de l'art* on tirerait aisément la théorie du paragraphe, les exemples d'un manuel de composition française et la philosophie du style d'idées. Ce n'est pas là le moindre usage qu'on peut encore faire de ce grand professeur d'ordre.

J. T. Nordmann

TALLEMANT DES RÉAUX Gédéon

(1619-1690)

L'histoire littéraire tend à oublier Tallemant des Réaux, faute de parvenir à le classer. Conteur d'anecdotes parfois douteuses, honnête échotier, mémorialiste ou historien irremplaçable : la postérité s'entend mal à le définir. Pourtant les *Historiettes* sont abondamment citées dans la plupart des ouvrages se référant au XVIIe siècle, mais rarement traitées comme un ensemble. D'ailleurs, une longue période de silence, puis d'autocensure, fit que la première édition vraiment complète des *Historiettes* ne vit le jour qu'en 1960, grâce à Antoine Adam.

Le jeune Gédéon Tallemant voit le jour à La Rochelle dans une famille de banquiers huguenots. Il fait ses études à Bordeaux, puis du droit à Paris, où son père, dont la fortune ne cesse de croître, s'installe en 1634. Il ne s'intéresse guère aux affaires et mène la vie agréable d'un jeune homme aisé qui a du goût pour les arts. Il savait, dit-on, le latin, le grec, l'espagnol, l'italien. En 1638, il entreprend un voyage à Rome avec l'abbé de Retz. De retour à Paris, il poursuit sa vie nonchalante et curieuse. Sa fréquentation des salons lui permet d'entretenir des contacts avec les beaux esprits du temps, tels Chapelain, Conrart, Gombauld, puis, plus tard, Maucroix, Pellisson, Furetière, La Fontaine, qui n'a encore rien publié. Reçu à l'Hôtel de Rambouillet, il restera lié à la maîtresse des lieux jusqu'à la mort de celle-ci. En 1646, il épouse une toute jeune fille, également issue d'une famille de banquiers.

Il faut attendre 1657 pour que Tallemant des Réaux – qui jusque-là n'a composé que des vers, et fait figure de poète de salon – entreprenne, hors de tout conformisme, la rédaction d'« historiettes ». De 1660 à 1670, il connaît une période très difficile : la banque familiale est en faillite, et il se trouve ruiné. Sa femme demande la séparation de biens, abjure le protestantisme et embrasse la religion catholique. Après 1670, la situation matérielle de Tallemant paraît s'être améliorée, et il reprend la vie commune avec son épouse. Mais il semble que son horizon se soit définitivement assombri et qu'il souffre de l'atmosphère qui empoisonne le règne de Louis XIV et restreint les libertés. En 1685, trois mois avant la révocation de l'édit de Nantes, il abjure à son tour le protestantisme. Mais sa fille, Charlotte, qui avait refusé de renoncer à sa foi, est arrêtée en 1686, puis expulsée de France. Tallemant meurt quelques années plus tard, au milieu des déchirements familiaux.

Aucune œuvre de Tallemant ne parut de son vivant. On a de lui le brouillon d'une tragédie, *Œdipe,* et des notes en marge des *Œuvres* de Voiture, dont il avait entrepris une édition. Ses *Historiettes* furent d'abord enterrées dans la bibliothèque de ses héritiers. On commence seulement vers 1820 à parler de ce manuscrit composé entre 1657 et 1659 et comportant dans les marges des ajouts postérieurs. La première édition, prudente et incomplète, ne paraît qu'en 1834-1835. Bien des passages ont été supprimés, et elle fait pourtant scandale tant elle remet en question les idées reçues sur le XVIIe siècle. Certains critiques y virent même un faux ou l'ouvrage d'une « imagination déréglée ».

L'œuvre se présente sous forme d'une série de « mini-biographies » de longueur variable selon les personnages en cause, chacune d'elles n'excluant ni les renvois, ni les redites, ni les détours. Tallemant mêle l'important et l'anecdotique, l'essentiel et l'accessoire – autant qu'on puisse en juger à partir de ce qui demeure un brouillon nourri de nombreux ajouts. En tête de l'ouvrage, Tallemant présente ainsi son projet : « J'appelle ce recueil les *Historiettes* parce que ce ne sont que petits Mémoires qui n'ont aucune liaison les uns avec les autres. J'y observe seulement, en quelque sorte, la suitte du temps, pour ne point faire de confusion [...]. Je prétens dire le bien et le mal sans dissimuler la vérité, et sans me servir de ce qu'on trouve dans les histoires et les mémoires imprimez. » Il ne dissimule rien, en effet, et on comprend qu'il ait pu choquer des historiens du XIXe siècle ou des esprits sérieux qui y cherchaient – en vain – des synthèses ou une organisation traditionnelle de l'information. L'historiette consacrée à Louis XIII commence, par exemple, de la façon suivante :

> *Louis XIII fut marié encore enfant. En s'allant coucher le soir de ses noces, il dit : Gare, je m'en vais bien luy pisser dans le corps. En effet, on dit qu'il n'y fit que de l'eau toute claire.*

Ce qui n'empêche pas Tallemant, ailleurs, de risquer des développements psychologiques généraux, ou des jugements comme celui-ci porté sur Henri IV :

> *Il n'estoit ny trop liberal ny trop reconnoissant. Il ne louoit jamais les autres et se vantoit comme un Gascon. En recompense, on n'a jamais veu un prince plus humain ny qui aimast plus son peuple.*

Les *Historiettes* souffrirent longtemps de leur mauvaise réputation ainsi que des éditions partielles, qui mettaient en valeur les portraits les plus galants. A. Adam réhabilitera Tallemant des Réaux en prouvant que son travail ne se limita pas – contrairement à ce que l'on crut longtemps – à une mise en ordre d'anecdotes, de confidences ou de ragots. Non négligeables, les témoignages directs ont été complétés (ou confirmés) par d'autres sources, formant une documentation écrite très complète ; Tallemant a lu non seulement les historiens de son temps, mais aussi les textes inédits qui permettaient d'interroger leurs sources : libelles, feuilles volantes, Mémoires, ouvrages circulant discrètement ou maintenus dans l'ombre à cause de leur précision et de leur absence de respect pour l'ordre existant. En dépit de quelques erreurs inévitables, on peut considérer les *Historiettes* comme l'ouvrage d'un historien digne de foi et comme un témoignage d'une rare véracité sur les soixante premières années du XVIIe siècle.

J.-P. Ryngaert

TARDIEU Jean

(1903-1995)

L'auteur dramatique a acquis une certaine notoriété dans les années 1950. Mais on le compara un peu trop rapidement à Ionesco, oubliant de voir qu'il y avait un poète derrière cet apprenti sorcier du langage – c'est d'ailleurs sous la forme d'un recueil de poèmes inédits, de toutes les époques, qu'il donnera en 1986 une singulière autobiographie, *Margeries*. Né à Saint-Germain-de-Joux (Jura), d'un père peintre et d'une mère musicienne, Jean Tardieu suivit, dès 1923, les « Entretiens d'été » de Pontigny et vit, en 1927, *la Nouvelle Revue française* publier pour la première fois les vers qu'il avait écrits.

À la lecture des poèmes composés entre 1938 et 1961, *Accents* (1939), *le Témoin invisible* (1943), *Jours pétrifiés* (1947), *Monsieur Monsieur* (1951), *Une voix sans personne* (1954) et rassemblés dans *le Fleuve caché* (1968) – que suivront *Formeries* (1976), *Comme ceci, comme cela* (1979) –, on s'aperçoit que leur auteur, élargissant une expérience personnelle qui lui fit connaître en 1921 une véritable stupeur d'exister, crée un univers insolite qui n'est pas sans rappeler celui d'Henri Michaux. « L'homme qui ne comprend rien » – c'est le titre d'un poème – s'adresse à nous, pour nous demander :

> *Telle chose vient*
> *Telle autre se passe*
> *Telle autre s'en va*
> *Ne trouvez-vous pas*
> *Qu'on n'y comprend rien ?*

Des images reviennent régulièrement : « espace », « gouffre », « cendre », « abîme », « fumée »... Elles n'entament pas le mystère du monde et se contentent d'en faire une donnée aussi immédiate et sensible que la couleur des objets. Tel était déjà, pour Hölderlin, l'univers abandonné des dieux. Comme le poète allemand, dont il a traduit quelques fragments et à qui il a dédié un « Tombeau », Jean Tardieu est conscient que les mots sont loin d'être univoques, et que leur force progressivement s'émousse, provoquant l'évanescence des choses qu'ils désignent. Comme lui donc, il assigne à la poésie une ambition urgente : « Parle ! Mais parle un langage inconnu » (« Médium anonyme »).

Ses pièces de théâtre sont très brèves et ne mettent en scène qu'un nombre restreint de personnages. Elles s'adaptaient donc parfaitement aux « théâtres de poche » apparus au lendemain de la Libération, ancêtres de nos cafés-théâtres actuels. Ces « drames-éclair », ainsi que les nomme leur auteur, qui seront regroupés sous les titres de *Théâtre de chambre* (1955), *Poèmes à jouer* (1960), *Une soirée en Provence* (1975), et auxquels s'ajouteront une fable politique plus ambitieuse, *la Cité sans sommeil* (1984), lui permettaient d'explorer systématiquement les possibilités offertes par le théâtre au poète qu'il restait toujours : *la Politesse inutile, le Meuble, la Serrure, le Guichet* ou *Faust et Yorick* donnent ainsi une série d'instantanés carnavalesques de notre société ; l'humour devient nettement plus grinçant lorsque est dénoncée la vacuité des conversations tenues par les mélomanes (*la Sonate et les Trois Messieurs*) ou la bêtise de certains admirateurs de la sculpture moderne (*la Société Apollon*). Mais Jean Tardieu évoque aussi d'autres illusions : celle de l'espoir (*Qui est là ?*), celle du lyrisme, qui nous fait aimer voir la nuit par les yeux de l'autre (*le Sacre de la nuit*), celle de la connaissance de soi (*Monsieur moi*), celle du souvenir, qui prétend ressusciter des êtres (*Une voix sans personne*).

Le poète, dans *Monsieur Monsieur,* se livrait à « six études pour la voix seule » : étude de pronoms, de syllabes, de voyelles, de rythme et de voix enfantine notamment. Le dramaturge poursuit ces expériences sur les mots, afin de mieux saisir les limites de leur pouvoir. De même que les gestes (*Un geste pour un autre*), ils apparaissent terriblement arbitraires, puisque interchangés ils n'empêchent pas les personnages et le public de se comprendre : « Mes trois plus jeunes tourteaux ont eu la citronnade [...], j'ai passé des puits à surveiller leur carbure, à leur donner des pinces et des moussons » (*Un mot pour un autre*). Les mots n'ont pas besoin non plus d'être « recherchés », car les membres d'une famille peuvent user, pour communiquer, d'un vocabulaire infantile (*Ce que parler veut dire*), et le partenaire clownesque de *Monsieur moi* parvient à s'exprimer par de simples interjections. *Eux seuls le savent* illustre la difficulté pour un spectacteur de comprendre de quoi parlent, au théâtre, les personnages et l'auteur. Parmi les obstacles auxquels se heurte Lui pour rejoindre Elle, dans le métro, l'Ouvrier n'est pas le moins redoutable, qui dit : « Il y a mots et mots : les siens et les vôtres. C'est pas les mêmes » (*les Amants du métro*). Mais le langage est aussi tout-puissant : dans *le Temps du verbe,* Robert, en ne parlant qu'au passé, parvient à abolir le présent et le futur et à ébranler l'équilibre des proches venus pour tenter de le guérir. La tentation musicale est grande, quand on veut maîtriser les mots : dans *Conversation-sinfonietta* et dans *l'ABC de notre vie,* Jean Tardieu orchestre les voix des personnages en s'inspirant de la structure d'une symphonie et d'un concerto.

L'humour dont il ne se départ jamais ne doit pas nous faire oublier que toutes ces tentatives ont un grave enjeu, celui de la poésie, qui est de traduire et de communiquer : d'ailleurs l'une des pièces recueillies dans *Poèmes à jouer, Rythme à trois temps ou le Temple de Ségeste,* ne se présente-t-elle pas comme « un essai de poésie sur scène » ? Et l'un des deux personnages d'*Une soirée en Provence* ne finit-il pas par « mettre en lambeaux » le dictionnaire, parce qu'obéissant à l'exhortation formulée dans le poème « Médium anonyme », il veut « aller jusqu'au bord du non-sens, faire bouger les mots, les allumer, les éteindre, les forcer à produire des étincelles jamais vues » ?

D. Mortier

TCHICAYA U TAM'SI Gérald Félix

(1931-1988)

Le fils du député congolais Jean-Félix Tchicaya, en ajoutant à son nom : U Tam'si, s'est désigné lui-même comme « le-petit-oiseau-qui-chante-de-la-maison », selon Jahn, et comme « la-petite-feuille-qui-parle-pour-son-pays », selon L. Kesteloot ; il a, en tout cas, voulu ainsi s'affirmer comme poète. Après s'être cherché dans une vie de bohème, il publie ses premiers recueils de poésie, *le Mauvais Sang* (1955), *Feu de brousse* (1957), *À triche-cœur* (1958). On a parlé, à propos de Tchicaya, de l'influence de Césaire et de celle des surréalistes, et il est certain que, dès ses premiers recueils, il se jette à corps perdu dans une débauche de langage. Poser le problème de la signification serait faire preuve d'une grossièreté béotienne, l'important est que la matière verbale « décolle » au moins de temps en temps, que des traits saisissants jettent des lueurs, qu'on sente sous la pâte l'unité d'une personnalité. Ce don, Tchicaya le possède, mais il en use peut-être avec trop de libéralité.

De 1957 à 1960, Tchicaya écrit pour la radio une centaine de contes. Lors de l'indépendance du Congo belge, il dirige, pendant six mois, le journal *Congo* au pays de Lumumba. Il publie à ce moment *Épitomé* (1962), recueil poétique préfacé par Senghor, lequel souligne « le caractère insolite du message » ; « mots de tête », dit Tchicaya, qui avoue ainsi ce que la poésie doit à une fermentation cérébrale pathologique. Avec *le Mauvais Sang,* il avait mis sa vocation sous l'évident patronage de Rimbaud, dont le génie fracassant n'en finit pas de fasciner les apprentis sorciers du langage. Dans *Épitomé* on glane, çà et là, quelques signes – « Je gagne à triche-cœur/ Vienne un meilleur tricheur que moi », « Les feux de brousse surtout donnent de mauvais rêves » – qui permettent de remonter le fil de l'inspiration, mais la question de la gratuité de l'hermétisme peut être posée. Si Tchicaya était vraiment pessimiste, il saurait que rien n'est plus rare que la grâce. Il offrira encore à l'exploration du lecteur les poèmes recueillis dans *le Ventre* (1964), *Arc musical* (1970), *la Veste d'intérieur,* suivis de *Notes de veille* (1977).

D'autres chemins de l'écriture l'ont tenté. Une exploration des ressources des folklores africains lui a fourni la matière d'une anthologie de *Légendes africaines* (1967). Tchicaya a enfin abordé le théâtre : dans *le Zulu* (1977), il revient, à son tour, sur le mythe de Chaka, le « Napoléon africain » du début du XIXe siècle, thème obsessionnel de la poésie et du théâtre africains. Plus remarquable aurait pu être la bouffonnerie sanglante mise en scène dans *le Destin glorieux du maréchal Nnikon Nniku* (1979) : comme beaucoup d'autres artistes de son continent, Tchicaya y pose la question de l'absurdité terrifiante des dictatures. Mais ces jeux verbaux, tels ceux du titre, sont par trop simplistes : « Tout va mal chez nous parce qu'on a vendu pour rien notre pays aux Baincus, aux Noichis » ; et constater que « le délire du pouvoir, la folie mégalomane, la bêtise insondable, la terreur enfin, voilà ce que subissent les peuples quand un caporal dérisoire devient maréchal aux pleins pouvoirs » est un peu court comme

réflexion : c'est en rester au niveau des organes à penser de l'intelligentsia européenne. Enfin, dans la trilogie romanesque *les Cancrelats* (1980), *les Méduses* (1982), *les Phalènes* (1984), l'écrivain fait revivre l'histoire de son pays depuis la fin du XIXe siècle jusqu'au seuil de l'indépendance.
Tchicaya a-t-il ou n'a-t-il pas « ce pouvoir d'authenticité qui transmue l'étrangeté en vérité » (J. Gaucheron) ? Une réticence subsiste au moment d'acquiescer. Les fantasmes qui animent les nouvelles de *la Main sèche* (1980) montrent l'esthétique de Tchicaya fondée sur « une lumière qui n'est jamais trop extravagante pour qu'on la trouve suspecte ».

O. Biyidi

TENCIN, madame de

***Claudine Alexandrine* GUÉRIN *de* TENCIN,** *dite* **Mme de TENCIN**
(1682-1749)

Romancière, née à Grenoble dans une famille de robe. Contrainte à seize ans de prendre le voile chez les dominicaines, elle n'attendit pas son retour à l'état laïc (1712) pour se rendre à Paris et briller chez sa sœur Mme de Ferriol, où elle rencontra Fontenelle, Prior et lord Bolingbroke. Cette « intrigante accoutumée à faire tous les usages possibles de son corps et de son esprit pour parvenir à ses fins » (Villars) devait être bientôt la cible des nouvellistes et le vivant symbole de la corruption du temps. On lui prêta de nombreux amants, d'Argenson, l'abbé Dubois, le Régent ; du chevalier Destouches elle eut un fils tôt abandonné, le futur d'Alembert (1717). Le conseiller La Fresnais se suicida chez elle après l'avoir par testament accusée de sa mort : l'aventure lui valut quatre mois de prison, d'où elle sortit avec un non-lieu. Défier l'homme sur son propre terrain : telle paraît être la raison de ce libertinage tapageur, associé à un goût du pouvoir qu'elle assouvit d'abord dans l'ombre de Dubois en aidant à la carrière de son frère Pierre de Tencin (1679-1758) : abbé (1712), mêlé aux spéculations de Law, dont il reçoit l'abjuration (1719), archevêque d'Embrun (1727), Pierre ferraille contre les jansénistes tandis que sa sœur, à Paris, cabale pour le parti jésuite au point d'être exilée par le nouveau Premier ministre, Fleury (1730). En 1733, après la mort de Mme de Lambert, dont elle recueillit les commensaux, son salon prit un tour plus philosophique et littéraire : autour des « Sept Sages », dont Fontenelle, Marivaux, Duclos, se nouent intrigues académiques (Marivaux lui devra son siège) et débats d'idées. Signe de cette « reconversion » (J. Decottignies) : en 1735, Mme de Tencin publie anonymement, avec un succès immédiat, son premier roman, les *Mémoires du comte de Comminge,* puis en 1739, *le Siège de Calais.* Sans oublier pourtant son « grand objet » : obtenir pour son frère, désormais cardinal-archevêque de Lyon (1740), la succession de Fleury. En 1742, elle atteint au faîte de sa puissance : le pape Benoît XIV est son ami, et Pierre de Tencin est nommé ministre d'État. Parmi ses partisans, le maréchal de Richelieu, avec qui elle entretient une correspondance confidentielle dans une langue colorée, souvent familière : « Amelot et Maurepas s'en donneront les violons » ; Voltaire y est surnommé « le géomètre » ; Mme du Châtelet, « la vieille comtesse » ; quant à Louis XV, « ce qui se passe dans son royaume paraît ne pas le regarder »..., sauf, apparemment, les intrigues de Mme de Tencin, qu'il déteste : Fleury mort en 1743 ne fut pas remplacé, le cardinal resta ministre et sa sœur retourna à sa « ménagerie » (aidant financièrement le lancement de *l'Esprit des lois* en 1748) et au roman avec *les Malheurs de l'amour* (1747) et les *Anecdotes de la cour et du règne d'Édouard II,* achevées par Mme Élie de Beaumont et publiées en 1776. La *Bibliothèque universelle des romans* publia en 1786 une prétendue œuvre de jeunesse, *l'Histoire d'une religieuse écrite par elle-même,* dont l'attribution demeure aujourd'hui contestée.
Héritière de Catherine Bernard et de Mme de La Fayette (pour La Harpe, les *Mémoires du comte de Comminge* sont « le pendant de *la Princesse de Clèves* »), Mme de Tencin s'attache à décrire le conflit de l'amour et du devoir en un temps où la « sensibilité » est désormais reconnue comme une valeur : ses romans « insurrectionnels » dénoncent avec violence les pères abusifs et les marâtres indignes, qui contraignent leurs enfants au renoncement et à la mort. Couvents, grands chemins, châteaux où règnent des parents tyranniques : l'amour n'a plus de lieu pour s'épanouir, sinon précisément cet espace d'écriture et d'évasion (ou d'illusions) que lui offre le roman lui-même, transposé dans l'histoire sous la forme d'une circulation amoureuse de lettres et de portraits, signes et substituts d'une passion qui ne peut s'assouvir. Mais l'obstacle est aussi intérieur : séparés par la société, les amants le sont également par leurs scrupules, leur jalousie et, paradoxalement, par cette « malheureuse sensibilité » (*Anecdotes*) qui les aveugle l'un sur l'autre et suscite les pires malentendus : « S'il ne m'avait point offensée, s'il n'aimait rien ! Mais il m'a offensée, mais il aime ! » (*le Siège de Calais*). Dans ces romans rétrospectifs (*Mémoires du comte de Comminge, les Malheurs de l'amour*) qui alternent descriptions rapides et maximes pessimistes, la découverte de la vérité se paye d'un échec affectif (sauf dans *le Siège de Calais*) auquel le moi, saisi d'un vertige d'autopunition, a lui-même contribué : là se trouvent peut-être leur dimension autobiographique et, assurément, leur modernité.

Mémoires du comte de Comminge

SYNOPSIS

Le texte se présente, comme il est de tradition, sous la forme d'un « manuscrit trouvé dans les papiers d'un homme après sa mort », dont l'auteur se donne pour l'éditeur : « On a donné le manuscrit tel qu'il était, et sans y avoir rien changé. »
À la suite d'un conflit d'intérêts, le comte de Comminge, père du narrateur, voue une haine mortelle à son cousin, le marquis de Lussan, père d'Adélaïde. Le narrateur, sous une fausse identité, rencontre celle-ci fortuitement ; il en tombe amoureux et parvient à susciter son amour ; il se bat en duel pour elle et la sauve d'un accident. Mais le comte de Comminge refuse toute idée de mariage, malgré l'intercession de son épouse, et fait enfermer son fils. Afin que son amant recouvre sa liberté, Adélaïde décide d'épouser le peu attirant

marquis de Benavides ; après quelques mois de désespoir, le narrateur se rend, en qualité de peintre, chez le marquis ; celui-ci le surprend un jour aux pieds d'Adélaïde, pourtant restée fidèle à son devoir. Il blesse Benavides, puis se réfugie dans un couvent. Quelques années plus tard, un religieux mourant révèle qu'il n'est autre qu'une femme déguisée : Adélaïde, que son mari a fait passer pour morte et qu'un « mouvement inconnu » a conduite dans le même couvent, sans jamais révéler son identité au narrateur afin de ne pas troubler son « repos ». Désespéré de l'avoir à nouveau perdue, il se retire pour toujours dans l'« ermitage » du couvent.

J.-P. de Beaumarchais

THARAUD Jérôme *et* Jean

*Pseudonymes respectifs d'**Ernest** (1874-1953) et **Charles THARAUD** (1877-1952)*

Hommes de lettres, Ernest et Charles Tharaud, fils d'un notaire de Saint-Junien (Haute-Vienne), firent leurs études au lycée d'Angoulême. Puis Ernest réussit le concours d'entrée à l'École normale supérieure, où il fut le condisciple de Charles Péguy, avant d'être nommé lecteur à l'université de Budapest ; quant à Charles, il devint le secrétaire de Maurice Barrès. Les deux frères voyagèrent abondamment à travers l'Europe, ainsi qu'au Maroc, où ils suivirent Lyautey, et ils débutèrent par des reportages publiés dans les *Cahiers de la Quinzaine* de Charles Péguy. Leur carrière littéraire commence véritablement avec un roman, *Dingley, l'illustre écrivain* (1902), sorte de roman d'actualité relatant la guerre des Boers, pour lequel ils reçoivent en 1906 le prix Goncourt et qui va leur conférer la célébrité. Ils écriront en collaboration une grande quantité d'ouvrages, l'un rédigeant d'un premier jet, au gré de son inspiration, l'autre révisant et corrigeant après coup. Ils furent élus à l'Académie française, Jérôme en 1938 et Jean en 1946.

Leur œuvre se compose surtout de récits de voyage dans les pays d'Afrique du Nord et en Palestine : *la Fête arabe* (1912), *Rabat ou les Heures marocaines* (1918), *Marrakech ou les Seigneurs de l'Atlas* (1920), *le Chemin de Damas* (1923), *l'An prochain à Jérusalem* (1924), *Fez ou les Bourgeois de l'Islam* (1930), *les Cavaliers d'Allah* (1935). Ils laissèrent aussi quelques écrits romanesques dont *Dingley*, mais surtout *la Maîtresse servante* (1911), étude sociale et psychologique, dans la veine des romans naturalistes, d'une grande famille du Limousin ; enfin, dans *Notre cher Péguy* (1926) et *Mes années chez Barrès* (1928), ils rassemblèrent leurs souvenirs sur ces deux écrivains.

Les livres de Jérôme et Jean Tharaud correspondent très exactement aux besoins d'un pays qui vient de se muer en puissance coloniale avec toute la bonne conscience possible et qui se découvre une passion pour l'extérieur, en particulier pour l'exotisme. Leurs récits de voyage, qu'ils évoquent l'Afrique du Nord ou le Moyen-Orient, dépeignent ces régions d'une manière apparemment objective, sans analyse historique ; ils abondent donc en descriptions pittoresques, lourdes de détails caractéristiques qui unissent impressions prétendument « prises sur le vif » et une érudition des plus classiques : « Il fallait bien une chapelle dans ce sanctuaire forestier ! Naturellement elle est là, bien humble, plutôt laide, quatre pauvres murs de terre sèche, et un toit en tôle ondulée. À côté, une cloche suspendue à deux piquets. J'agite le battant, et le bois entier retentit d'un admirable son, clair comme un vers de Lamartine » (*le Chemin de Damas*). Ces textes visent, en fait, à dépayser le lecteur en lui montrant des contrées étrangères sous les dehors les plus merveilleux – les plus stéréotypés aussi. Ainsi les clichés abondent quand il s'agit de décrire l'Ailleurs, l'univers différent de celui du narrateur et du lecteur : « [la maison de la nourrice] se composait d'une pièce unique, avec deux grands lits dans le fond, d'un grenier, où l'on montait par une échelle, et d'une étable pour les bœufs et les moutons » (*Fumées de Paris et d'ailleurs*, 1946). Les détails choisis sont toujours signifiants et élaborent une image dont la finalité semble bien être de rassurer le lecteur sur la supériorité de la civilisation occidentale moderne, en lui offrant des spectacles on ne peut plus sécurisants par leur fidélité aux « mythologies » ; les deux frères croient, en particulier, aux « races », et les comportements psychologiques deviennent pour eux le fruit d'une nature : « La secte, le schisme, l'hérésie y sont une floraison naturelle de l'âme. [...] Le commerce excepté, rien n'intéresse ici davantage », disent-ils de la Palestine, dans *le Chemin de Damas*.

Fidèles à une certaine forme d'humanisme, ils rêvent d'un « homme de lettres » vivant à l'écart des événements, dégagé de toute idéologie politique et de toute réflexion philosophique. Ainsi la littérature moderne leur paraît-elle confuse, en raison des contestations qu'elle développe à l'égard de la société ; elle se démarque trop de la « clarté » de Loti, de Barrès, d'Anatole France, de « tous ces vieux maîtres de mon temps » et engendre, selon eux, l'ennui par ses prétentions à l'intellectualisme : « Dans les livres et les journaux littéraires, philosophes et romanciers sociologues me semblent tenir une place beaucoup plus grande que naguère. Et ce n'est pas, à mon goût, ce qui les rend plus agréables » (*Fumées de Paris et d'ailleurs*). De telles positions, en matière de critique littéraire, contribuent à donner un caractère quelque peu anachronique et inactuel à l'œuvre des frères Tharaud.

J.-P. Damour

Thèbes (Roman de)

(composé vers 1152-1154)

Roman en vers d'un clerc anonyme de l'Ouest de la France (qui appartenait sans doute à ces ateliers littéraires œuvrant pour Henri II Plantagenêt auxquels on doit aussi le *Roman d'Énéas*), conservé par cinq manuscrits. Ces derniers permettent de distinguer une version courte et une version longue : la version courte, probablement la plus ancienne, comporte 10 562 vers ; la version longue a fait l'objet d'additions parfois tardives.

Le *Roman de Thèbes* est le plus ancien texte romanesque conservé recourant au couplet d'octosyllabes à rimes plates ; il compose avec le *Roman d'Énéas* et le *Roman de Troie* (tous deux postérieurs) la trilogie des romans dits « antiques » dont il définit les caractéristiques littéraires. Il adapte en langue romane la *Thébaïde* de Stace, une épopée latine du Ier siècle.

SYNOPSIS

Un Prologue fixe les grandes lignes du récit et définit le public aristocratique auquel il s'adresse (v. 1-32). Il est suivi par un résumé du drame d'Œdipe (v. 33-536), nécessaire à l'intelligence de l'histoire de ses fils, objet de la narration ; il rappelle les composantes essentielles du mythe : l'oracle, le meurtre du père, l'inceste commis avec la mère et la malédiction divine appelée par Œdipe sur ses fils Étéocle et Polynice. Les deux frères ne pouvant s'entendre, la gestion alternative du fief paternel est confiée d'abord à l'aîné, Étéocle ; Polynice rejoint Argos où il épousera la fille du roi Adraste. Étéocle vit ce mariage comme une agression et refuse de rendre le fief ; il tente d'assassiner Tydée, l'ambassadeur de son frère. La guerre ayant éclaté, les Argiens prennent Montflor, un château avancé, et assiègent Thèbes. Le récit rapporte ensuite les escarmouches et les combats opposant les deux camps. Combats entrecoupés par l'évocation des amours d'Antigone et de Parthénopée, d'Ismène et d'Aton, puis par la déploration des « veuves » lors de la mort des deux héros. Une des tours de la cité étant livrée par Daire le Roux, Thèbes sera prise et dévastée par Capanée ; les ultimes combats n'épargneront la vie d'aucun Grec. Étéocle et Polynice s'entre-tueront, leurs cendres continuant à se combattre après leur mort. Le texte s'achève en rappelant que la mort des fils est la conséquence du péché contre nature du père.

Cette adaptation en « roman » du poème épique de Stace s'inscrit dans cet intérêt renouvelé pour la culture antique qu'on a appelé la « Renaissance du XIIe siècle » et qui se manifeste par la volonté de faire connaître, à un public ignorant le latin, les œuvres constituant l'ordinaire des clercs. Le Prologue déclare vouloir ne s'adresser qu'à un public aristocratique, et cette histoire de deux frères s'opposant pour la possession d'un fief, pour héritée de l'Antiquité qu'elle soit, ne devait pas laisser indifférent l'auditoire qu'on peut supposer au texte. La geste d'Étéocle et Polynice, c'est avant tout l'histoire d'un héritage rendu impossible, plus par une gestion alternative annuelle du fief, incompatible avec le système féodal, que par une malédiction divine. Indéniablement, l'auteur a épousé la cause du cadet (Polynice), de ces puînés, de ces « jeunes » exclus de l'héritage paternel et contraints d'effectuer un riche mariage pour s'établir, dans lesquels on a vu le public principal des œuvres romanesques qui leur renvoyaient un écho de leurs préoccupations. Provisoirement exilé, Polynice épouse la fille du roi Adraste, qui a prévu, lui, de partager son fief entre ses deux gendres. Le portrait d'Étéocle, rusé et cruel, campé par l'auteur constitue une dénonciation du droit d'aînesse, mais aussi la reconnaissance du bien-fondé de l'argument qui le légitime : le refus de la partition du fief, à laquelle Étéocle ne feindra de consentir, sur les conseils de Jocaste, que pour mieux la rejeter. L'opposition des deux frères, qui fait aussi écho à celle d'Abel et Caïn, offre un support mythique aux tensions internes à la classe chevaleresque et plaide implicitement pour une pacification des relations sociales que le roman courtois prendra ultérieurement en charge. Ce premier roman définit donc clairement les enjeux idéologiques de l'histoire du genre au XIIe siècle.

À l'histoire des frères ennemis telle que la livrait la *Thébaïde*, l'auteur médiéval a ajouté, outre un court Prologue, un « avant-texte » de cinq cents vers rapportant l'histoire d'Œdipe. Geste significatif qui procède d'un souci de rendre intelligible à un public non averti le malheur des fils en le rapportant à celui du père, en le resituant dans la perspective de la transmission d'une faute, d'un héritage moral. Faute double : un parricide doublé d'un inceste. Deux versants d'une même faute dont les effets sont étudiés à travers des destins individuels et l'histoire collective d'une cité. Paradoxalement, l'inceste en lui-même intéresse peu l'auteur médiéval qui ne semble pas s'effrayer outre mesure de cette transgression sexuelle majeure. Jupiter, le maître des dieux, n'est-il pas l'époux et le frère de Junon (v. 9459-9460) ? Si, conformément à la tradition, Œdipe se châtie, Jocaste ne paraît guère en proie à une insurmontable culpabilité qui la conduirait au suicide ; elle recouvre même une forme de dignité morale et sert d'intermédiaire entre les deux frères. L'auteur illustre l'inceste de manière plus anthropologique que psychanalytique ; il s'intéresse au parcours de la faute au fil des générations et à la destruction de toutes formes de sociabilité, à la perte de Thèbes, la ville emblématique prise et « gastée », devenue une « terre gaste », une terre dévastée et stérile. L'inceste dénoue le lien social le plus élémentaire, le lien fraternel, et brouille la parenté. Le discours tenu ici par le roman est celui de l'Église qui, à la même époque, traque l'inceste dans les alliances matrimoniales et annule le mariage d'Aliénor d'Aquitaine et de Louis VII pour consanguinité. Le parricide d'Œdipe semble davantage intéresser l'auteur, notamment parce qu'il souligne l'articulation chronologique et logique (v. 24-25) entre les deux forfaits, parce qu'il fait du meurtre du père le paradigme de toute violence. Le rappel de l'histoire d'Œdipe a pour fonction de cerner la violence inaugurale qui fonde les relations de parenté.

Amplifications et allègements

La référence œdipienne possède une valeur emblématique : elle permet de cerner le travail de l'écriture. L'auteur médiéval ne traduit pas la *Thébaïde* de Stace, il l'adapte ; il ne se sent pas astreint à la fidélité, abrège là, amplifie ailleurs à partir d'autres sources, restructure l'œuvre et en change radicalement la signification. Bref, il met à mort le modèle de l'illustre devancier pour asseoir l'autorité de son propre texte. *Thèbes* supprime nombre de scènes mythologiques dont se délectait la *Thébaïde*, notamment les conseils des dieux, incompatibles avec la mentalité chrétienne. Encore significatives dans *Thèbes*, les interventions des dieux dans le destin des hommes deviendront anecdotiques dans les autres « romans antiques ». De même ont été sacrifiées les longues énumérations caractéristiques de l'épopée antique : on ne retrouve pas, par exemple, l'évocation des descendants de Cadmus qui figurait dans le modèle latin. Ce travail d'abrègement a modifié l'économie générale du récit : lorsque les Argiens quittent les terres du roi Lycurgue pour marcher sur Thèbes, nous sommes chez Stace au début du chant VII, soit à la moitié de l'œuvre, mais au vers 2843 de *Thèbes*, soit à peine au tiers. Les allègements favorisent la concentration du récit sur ce qui paraît essentiel à l'adaptateur médiéval et à son public : la guerre entre Argiens et Thébains. En contrepoint, certains épisodes du poème latin sont amplifiés. Le seul chant IX de la *Thébaïde* a été l'objet d'un développement presque aussi conséquent que les six premiers chants ; y apparaissent des épisodes étrangers au poème latin : celui du ravitaillement (v. 6897-7286), et surtout celui de la trahison et du procès de Daire (v. 7287-8172) qui, dans la version longue, atteint deux mille cinq cents vers. Ces étoffements révèlent les préoccupations de l'auditoire médiéval qui règlent toujours peu ou prou le travail d'écriture ou de réécriture. La trahison de Daire, délié de son hommage par Étéocle, conduit à un procès féodal qui n'était probablement pas sans faire écho aux préoccupations ou aux inquiétudes d'un auditoire de chevaliers souvent empêtrés dans les relations d'homme à homme et les querelles juridico-militaires qu'elles engendraient.

Naissance du roman ?

L'originalité de l'auteur de *Thèbes* se mesure aussi à son souci de différenciation des personnages masculins qui échappent au modèle héroïque de la chanson de geste. Distingué par la préférence de l'auteur, Polynice, plein de noblesse, s'oppose à son frère, cruel et calculateur ; Tydée est un rude et généreux combattant, Hippomédon un vrai stratège, Parthénopée un jeune guerrier séduisant dont la mort tire des larmes même à Étéocle… Autre signe de rupture avec l'épopée : l'apparition de personnages féminins, véritables acteurs au sein du récit. Loin de son modèle mythique, Jocaste incarne la reine mère qui siège au conseil des barons et sert d'ambassadrice auprès des Argiens. Ses filles, Antigone et Ismène, sont bien différenciées : l'une affiche de la réserve, tandis que l'autre se veut plus délurée et proclame en toute liberté la dimension charnelle de son amour. Argia, Déiphilé et Salemandre possèdent moins d'envergure. Les personnages féminins introduisent dans le récit l'amour et une nouvelle façon de le dire, empruntée par les autres « romans antiques » et appelée à constituer bientôt cette rhétorique courtoise qui nourrira le développement du genre. La nouveauté de *Thèbes* vient aussi des portraits féminins, brossés à partir de recettes d'école, qui figent le récit et offrent des moments de contemplation esthétique qu'ignorait l'épopée. Là où il prend de la liberté par rapport à son modèle et à l'épopée, là où il innove, l'auteur de *Thèbes* donne naissance au genre romanesque en lui fournissant une écriture. Et c'est la fécondité du genre, à l'époque médiévale et au-delà, qui constitue la véritable postérité du *Roman de Thèbes*, dont il existe une version en prose tardive. En deçà, les remaniements de la version longue témoignent de son succès, tout comme les emprunts thématiques et formels que lui feront l'*Énéas* et *Troie*, Chrétien de Troyes et ses imitateurs.

J.-C. Huchet

THÉOPHILE *v.* VIAU Théophile de

THEVET André

(1516 ?-1592)

Natif d'Angoulême, Thevet entre au couvent des cordeliers de cette ville, où il acquiert une formation intellectuelle assez hétéroclite et le goût du « navigage » : « Dieu le Créateur aime les viateurs », et « nous sommes tous en ce monde viateurs », déclare-t-il dans sa *Cosmographie de Levant* (1554 et 1556). Visiter les contrées étrangères constitue donc le premier devoir du chrétien et du « philosophe », titre que Thevet, imitant en cela son maître Pline l'Ancien, aime à se donner.

Son premier long voyage le conduit, de 1549 à 1553, dans les pays du Levant : Turquie, Égypte et Terre sainte, alors réunies au sein de l'Empire ottoman. Le pèlerinage au Saint-Sépulcre de Jérusalem devient le prétexte à la chasse aux « singularités » : médailles antiques, que le voyageur collectionne et qui vont constituer le matériau initial des *Vrais Portraits et Vies des hommes illustres* publiés en 1584, vieux parchemins, animaux empaillés, tel ce crocodile appelé par les contemporains la « beste de Thevet », et surtout une provision d'anecdotes fabuleuses, souvent empruntées à Pline ou à Solin, mais que le cordelier prétend confirmer par sa propre expérience. Le bric-à-brac qui remplit les pages de la *Cosmographie de Levant* mêle à des détails croqués sur le vif (un cortège de pleureuses sur une route de Chypre, les ablutions rituelles dans une mosquée du Caire) les légendes traditionnelles des Pygmées combattant contre les grues ou du fameux basilic qui tue de son seul regard. Ce désordre n'est pas gratuit ; il ne fait que traduire l'inépuisable variété de la Création divine et représente par là même l'hommage dû à l'Auteur de toutes choses.

L'inventeur de la « France Antarctique »

En 1555, Thevet, à qui son précédent voyage a valu une certaine notoriété, accompagne au Brésil le chevalier de Villegagnon, qui se propose d'établir sur les rivages de Guanabara – l'actuelle baie de Rio – une colonie française destinée à y concurrencer l'expansion portugaise et à servir de refuge aux huguenots fuyant les persécutions. L'entreprise, commencée sous les auspices de Coligny, devait échouer à la suite des dissensions religieuses opposant catholiques et protestants de la colonie et face à la riposte militaire des Portugais. Le cordelier, en dépit d'un séjour écourté en terre brésilienne, allait faire fonction de chroniqueur officiel de l'expédition. De retour dès l'été 1556, après à peine dix semaines passées à Guanabara, malade et craignant pour ses jours, Thevet ne tardait pas à mettre à profit sa convalescence en rédigeant, sans doute à partir de notes remises par Villegagnon et recueillies auprès des « truchements » – marins normands séjournant parmi les sauvages et parlant leur langue –, le texte des *Singularitez de la France Antarctique*, publié à la fin de l'année 1557. Cette relation connut un succès immédiat : illustrations d'une qualité exceptionnelle (bois gravés attribués à Jean Cousin), où apparaît pour la première fois l'anatomie idéalisée du « bon sauvage », informations de première main (énoncées toutefois dans un style assez lourd) valurent à l'œuvre plusieurs rééditions et traductions ; quant à son auteur, il reçut les charges de « cosmographe du roi » et de « garde du cabinet des curiosités », qu'il devait exercer jusqu'à sa mort.

À partir de ce moment, Thevet semble mener une existence sédentaire. Il amasse les documents les plus rares, tels que le *Codex Mendoza*, manuscrit aztèque aujourd'hui conservé à la Bodleian Library d'Oxford et qui porte l'*ex-libris* du cosmographe ; il compile des récits de voyages d'origines très diverses pour dresser son *Grand Insulaire*, resté inédit – sorte de catalogue cartographique de toutes les îles du monde –, et la *Cosmographie universelle* (1575), destinée à rivaliser avec l'ouvrage homonyme de l'Allemand Sebastien Münster, dont François de Belleforest donnait la même année une version augmentée. Témoignent de la gloire que connaît alors Thevet les louanges versifiées que lui adressent, à chaque œuvre nouvelle, les plus éminents poètes de la Renaissance, Dorat, Ronsard, Du Bellay, Baïf, Jodelle, mais aussi les attaques nourries dont il est l'objet de la part de concurrents géographes moins fortunés : Belleforest, Jean de Léry, La Popelinière.

Le premier des ethnographes

On a souvent reproché à Thevet une extrême naïveté, qui lui aurait attiré les brocards de ses contemporains, une étroitesse d'esprit et une obstination de pédant ridicule. Si l'on considère la seule partie de l'œuvre de Thevet à lui avoir survécu, et qui se rapporte aux premiers habitants du Brésil, de telles accusations tombent d'elles-mêmes. De tous les voyageurs du XVIe siècle, français ou portugais, il est l'un des rares à prêter une attention minutieuse à la société tupinamba. Sans s'arrêter aux épisodes les plus voyants de la vie indigène, comme la guerre ou le festin cannibale, il accorde de longs chapitres de sa *Cosmographie* à l'organisation sociale des Tupi, à leurs rites de passage, à leurs croyances. Le récit des mythes relatifs à la cosmogonie et au déluge, unique dans les relations de cette époque, a pu servir de matériau d'analyse pour l'ethnologie moderne : Alfred Métraux, Claude Lévi-Strauss et, plus récemment, Pierre Clastres ont dit leur dette à l'égard du cordelier voyageur. Plus précis que son adversaire Jean de Léry, mais sans faire preuve à l'endroit du « sauvage » de la même intelligence et de la même générosité, Thevet s'est vu trop rapidement taxé d'ethnocentrisme. Certes, il lui arrive d'appeler les Indiens « pendards » ou « brutaux », quand il s'agit de stigmatiser leur ivrognerie ou leur insolente nudité, mais de tels qualificatifs, dont le cosmographe est coutumier, ne présupposent jamais une infériorité de nature. La meilleure preuve en est la création de ce véritable mythe de l'homme sauvage « fleuronné de raritées fort exquises » qu'incarne le chef Quoniambec, géant des bords de Guanabara, esprit « rayonné de plusieurs vertus », et que Thevet n'hésite pas à comparer, en dépit de ses appétits cannibales et de la simplicité édénique de son costume, aux souverains de l'Ancien Monde.

F. Lestringant

THIERRY Augustin

(1795-1856)

« Pharamond, Pharamond » : le nom d'Augustin Thierry fait aussitôt remonter cette rauque antienne du chant que Chateaubriand met dans la bouche des Francs. Avide de lire *les Martyrs*, le jeune Augustin s'est dérobé à la promenade du collège de Blois. Ébranlé pour toujours par l'émerveillement des évocations qu'il y lit, le voilà dédié à l'Histoire. L'anecdote est forte de trois indications significatives : l'élan intellectuel de l'historien capital que va devenir Thierry prend sa source dans un envoûtement littéraire ; l'attention vétilleuse portée au romantisme des noms et à leur orthographe restituée est un de ses traits marquants ; enfin, l'homme est tout de passion et d'enthousiasme, et tant la forme de son œuvre que le sens qu'elle prend dans une vie qu'on dirait aujourd'hui « engagée » sont empreints de ce caractère.

La pensée de Saint-Simon, dont, avant Auguste Comte, il devient secrétaire et « fils adoptif » de 1814 à 1817, retient la générosité inventive du jeune et très brillant normalien. D'emblée, il se porte au premier rang des libéraux rebutés par la Restauration, qu'il vilipende de 1817 à 1820 dans *le Censeur européen* – le titre du journal sied fort bien à sa double posture intellectuelle.

Ce visionnaire des épopées de jadis, ce prédicateur d'une réorganisation de la société européenne (avec Saint-Simon, 1814) s'impatiente des ornières dans lesquelles est tombé le débat politique et entend régler quelques problèmes théoriques majeurs en cherchant dans les origines les arguments décisifs.

> *En 1817, préoccupé d'un vif désir de contribuer pour ma part au triomphe des opinions constitutionnelles, je me mis à chercher dans les livres d'histoire des preuves et des arguments à l'appui de mes croyances politiques. En me livrant à ce travail avec toute l'ardeur de la jeunesse, je m'aperçus bientôt que l'histoire me plaisait pour elle-même, comme tableau du temps passé, et indépendamment des inductions que j'en tirais pour le présent. Sans cesser de subordonner les faits à l'usage que je voulais en faire, je les observais avec curiosité, même lorsqu'ils ne prouvaient rien pour la cause que j'espérais servir ; et toutes les fois qu'un*

> *personnage ou un événement du Moyen Âge me présentait un peu de vie ou de couleur locale, je ressentais une émotion involontaire. Cette épreuve, souvent répétée, ne tarda pas à bouleverser mes idées en littérature.*

Ainsi est-il conduit dès 1825 – il a trente ans – à publier l'*Histoire de la conquête de l'Angleterre par les Normands,* chef-d'œuvre littéraire qui développe en outre, en pleine lumière, l'interprétation libérale de la théorie des races. La qualité littéraire du récit, dont Augustin Thierry fait l'un des atouts les plus sûrs du genre historique, vaut à cet ouvrage un succès immédiat. Ce qu'il incombe à l'Histoire d'apporter de capital, selon Thierry, à la méditation de ses contemporains, c'est le vrai. Dans un univers littéraire torturé par les contorsions les plus extravagantes de la fiction – le romantisme tâtonne encore –, au cœur d'un débat politique vicié par le mensonge ou la dissimulation, l'histoire est une lice où faire triompher le vrai. Le vrai, c'est-à-dire sans doute la véracité factuelle, la vérification documentaire, la véridicité des épisodes – la vérité scientifique, en un mot, des assertions ; et Thierry, grand lecteur et archiviste rigoureux, ne cessera de rétablir, redresser, corriger les leçons retenues avant lui. Mais c'est aussi et surtout la vraisemblance, la plénitude et l'exactitude à la fois, de l'imaginaire suscité par le récit. Ce n'est pas tout que de raconter correctement, il faut aussi restituer, rendre à sa sauvage identité un monde qui ne saurait rien emprunter du nôtre.

> *À mesure que j'avançais dans la lecture [des chroniques d'époque], à la vive impression que me causait la peinture contemporaine des hommes et des choses de notre vieille histoire se joignait un sourd mouvement de colère contre les écrivains modernes, qui, loin de reproduire fidèlement ce spectacle, avaient travesti les faits, dénaturé les caractères, imposé à tout une couleur fausse ou indécise.*

« Peinture » est le mot favori de cet aveugle précoce (dès 1833) pour qui la richesse et la chaleur de l'écriture participent de la même exigence que la rigueur scientifique, dont il fut, pour sa génération et un cercle d'élèves, le premier maître. Toute son œuvre s'ordonne autour de cette passion du vrai. Amené au Moyen Âge par le courant romantique qui en fait une ère d'authenticité, de stabilité, à opposer aux troubles récents aussi bien qu'aux fadeurs contemporaines – qu'on songe à Mathilde de La Mole, rêvant de vivre sous Henri III –, cette passion du vrai l'amène à en retourner toutes les parures conventionnelles : non, la France médiévale n'était pas l'embryon de la grande nation, mais l'espace mouvant du parcours belliqueux de peuples divers, la frontière d'une lutte entre Celtes romanisés et Barbares germains, le champ clos de querelles dynastiques enchevêtrées ; non, le Moyen Âge n'est pas le berceau d'une monarchie bénigne et chrétienne, modèle à retrouver, mais la première arène d'une lutte des classes dans la filiation de laquelle la Révolution n'était qu'une étape, et que, devenu « le peuple », le tiers état n'a pas fini de mener.

Peindre l'époque mérovingienne telle qu'elle fut dans sa singularité, et, par là, dénoncer les faussaires, mais, au-delà d'eux, l'esprit de fausseté qui pervertit le temps présent : tel est le propos des *Récits des temps mérovingiens* (1840).

> *Dans les matières historiques, la méthode d'exposition est toujours la plus sûre, et ce n'est pas sans danger pour la vérité qu'on y introduit les subtilités de l'argumentation logique. L'insurrection de Laon et les guerres civiles de Reims, naïvement racontées, en diront plus qu'une théorie savante sur l'origine de ce tiers état, que bien des gens croient sorti de dessous terre en 1789.*

Ainsi le souci du style, qui fut extrême chez Augustin Thierry, est-il au principe même de sa philosophie de l'Histoire. Amener les événements les plus sauvages, les caractères les plus barbares à s'inscrire dans la coulée d'une langue retenue, c'est démontrer que les plus violentes foucades de l'Histoire sont susceptibles d'être tenues en main par l'intelligence pourvu que celle-ci s'attache à la vérité des forces en présence desquelles elle se trouve, et dissipe les illusions interprétatives d'idéologies complaisantes.

L'opération stylistique menée à bien sur l'époque la plus farouche et la plus bouleversée de l'histoire nationale apparaît alors comme une démonstration qu'il est possible de maîtriser, par une intelligence positive, les soubresauts qu'a amenés la Révolution française ; mais aussi comme un plaidoyer implicite pour une conduite raisonnée de l'histoire humaine future. Convaincu à ses débuts qu'on trouverait comme premier ressort de cette maîtrise réfléchie de l'Histoire la logique des races et le droit des conquêtes, Augustin Thierry abandonne jusqu'à ce résidu de théorie, pour faire parler directement l'Histoire, les sources, en publiant le *Recueil des monuments inédits pour servir à l'histoire du Tiers-État* (1849-1856).

« Lorsque je commençai, un livre de génie existait, celui de Thierry. Sagace et pénétrant, délicat interprète, grand ciseleur, admirable ouvrier, mais trop asservi à un maître. Ce maître, ce tyran, c'est le point de vue exclusif, systématique, de la perpétuité des races. Ce qui fait, au total, la beauté de ce grand livre, c'est qu'avec ce système, qu'on croirait fataliste, partout on sent respirer en dessous un cœur ému contre la force fatale, l'invasion, tout plein de l'âme nationale et du droit de la liberté » : tel que le définit Michelet, Thierry est resté campé dans le souvenir : écrivain raffiné, théoricien obstiné – l'historien faisant, entre ces deux déterminations, défaut.

Or c'est peut-être, au contraire, par la conjonction des deux puissances métaphoriques d'un style témoignant pour l'empire de l'intelligence et d'une philosophie disant que l'Histoire, habitée et mue par des énergies agonistiques, n'est pas passive, que Thierry est au premier chef historien. Sans doute la science moderne peut-elle négliger ses livres, et ses théories sont-elles caduques. Reste le plaidoyer global d'une œuvre et d'un homme pour un effort de justesse dans l'appréhension du cours des choses, monument exemplaire de la génération d'après la Révolution, et exemple monumental à l'usage de notre temps :

> *Si, comme je me plais à le croire, l'intérêt de la science est compté au nombre des grands intérêts nationaux, j'ai donné à mon pays tout ce que lui donne le soldat mutilé sur le champ de bataille. Quelle que soit la destinée de mes travaux, cet exemple, je l'espère, ne sera pas perdu. Je voudrais qu'il servît à combattre l'espèce d'affaissement moral qui est la maladie de la génération nouvelle ; qu'il pût ramener dans le droit chemin de la vie quelqu'une de ces âmes énervées qui se plaignent de manquer de foi, qui ne savent où se pendre et vont cherchant partout, sans le rencontrer nulle part, un objet de culte et de dévouement. Pourquoi se dire avec tant d'amertume que, dans le monde constitué comme il est, il n'y a pas d'air pour toutes les poitrines, pas d'emploi pour toutes les intelligences ? L'étude sérieuse et calme n'est-elle pas là ? et n'y a-t-il pas en elle un refuge, une espérance, une carrière à la portée de chacun de nous ? Avec elle, on traverse les mauvais jours sans en sentir le poids, on se fait à soi-même sa destinée : on use noblement la vie. Voilà ce que j'ai fait et ce que je ferais encore si j'avais à recommencer ma route : je prendrais celle qui m'a conduit où je suis. Aveugle, et souffrant sans espoir et presque sans relâche, je puis rendre ce témoignage, qui de ma part ne sera pas suspect : il y a au monde quelque chose qui vaut mieux que les jouissances matérielles, mieux que la fortune, mieux que la santé elle-même, c'est le dévouement à la science.*

Ph. Ratte

THOMAS *v. Tristan et Iseut*

THOMAS Henri

(1912-1993)

Henri Thomas, qui signa également Simon HERTA, est un écrivain complet : poète (de *Travaux d'aveugle*, 1941, à *Trézeaux*, 1989), romancier et nouvelliste (*les Déserteurs*, 1951 ; *la Nuit de Londres*, 1956 ; *la Relique*, 1969 ; *les Tours de Notre-Dame*, 1977 ; *le Croc des chiffonniers*, 1985), essayiste (*la Chasse aux trésors*, 1961 ; *Sous le lien du temps*, 1963 ; *Tristan le dépossédé*, 1972 ; *le Migrateur*, 1983), traducteur de Shakespeare, de Pouchkine, de Melville, de Jünger, de Goethe, de Kleist… Écrivain comblé également, par le prix Médicis 1960 (*John Perkins*) et le prix Femina 1961 (*le Promontoire*). Son écriture est dominée par l'omniprésence de la première personne du singulier. À peine déguisée : il n'est pas impossible de suivre la ligne de crête de cette œuvre dans la série des romans qui mettent en scène un Paul Souvrault qui ressemble à Henri Thomas comme un frère, *le Seau à charbon*, 1940 ; *la Nuit de Londres*, 1956 ; *la Dernière Année*, 1960 ; *Une saison volée*, 1986. Confession ? non ; mais constat d'un témoin – qui évite la sécheresse –, et rapport, qui se veut neutre, de la quête passionnée d'un monde absent, d'un sacré que nous masque la nuit profonde. Rien de plus simple, en apparence, que son style. Mais il faut être vigilant : l'écriture, chez Henri Thomas, n'est jamais si simple que quand elle s'acharne à saisir l'instant, à l'éterniser, que quand elle s'efforce de rassembler tout le réel, et, sous le couvert du transparent, de rendre compte de sa complexité et de ce point obscur où la réalité verse dans l'imaginaire, où, frappant de toute sa force la surface du monde, la mort y creuse des abîmes. Il y a chez Thomas une tension de l'écriture vers cet extrême, et une volonté de faire face. Aussi simple, semble-t-il, est sa parole poétique, injustement cachée par la réussite du romancier. Or Henri Thomas est avant tout un poète, le compositeur de petites pièces rimées, à la musique obsédante – presque des comptines. Mais derrière la voix douce et pudique frémit l'angoisse d'un être pour qui le poème est « déchirure », « souffle d'un naufrage », « mausolée des formes mortes », et à qui il faut rendre sa valeur profonde.

B. Conort

THOU Jacques Auguste de

(1553-1617)

Par son ampleur (4 950 pages in-folio), par la réputation flatteuse dont elle a toujours été entourée, l'*Historia sui temporis* (traduite en 1734 sous le titre d'*Histoire universelle*) du président de Thou forme un de ces monuments de la littérature unanimement respectés mais peu fréquentés. Bien qu'elle soit rédigée en latin, elle doit être comptée au nombre des œuvres éminemment françaises, tant en raison de la personnalité de l'écrivain que de la signification de son entreprise. Ce haut magistrat a manifesté pendant les guerres civiles son attachement à la monarchie et à l'unité françaises, menacées par les prétentions espagnoles et romaines. Consacrée aux années 1543-1607, inspirée par un désir d'affirmation de la conscience nationale, cette *Histoire*, dédiée au roi, est destinée à consolider la victoire de Henri IV sur les fauteurs de division et de discorde. La publication des premiers livres en 1604 a constitué un événement politique et littéraire dont l'importance n'a pas échappé aux contemporains. Elle est apparue comme une collaboration à l'œuvre de redressement et d'unification du royaume, comme un plaidoyer en faveur de la tolérance et de la liberté nécessaires aux savants et aux lettrés.

Jacques Auguste de Thou, fils du premier président Christophe de Thou, appartient à l'une de ces grandes familles de parlementaires au sein desquelles « la succession aux plus hautes charges de l'État s'apparente à la transmission des fiefs dans les familles nobles ». Il reçoit auprès de maîtres comme Lambin, Cujas et Hotman la double formation juridique et humaniste qui assure aux membres de sa caste leur prééminence politique et leur autorité intellectuelle. Un voyage en Italie (1573-1574) avec l'ambassadeur Paul de Foix complète cette éducation. Sa carrière est alors celle d'un grand serviteur de la Couronne ; pendant les troubles, il s'acquitte de diverses missions auprès des Réformés et dans les États voisins. En 1594, il négocie l'entrée de Henri IV à Paris. Président à mortier du Parlement en 1595, il collabore à la préparation de l'édit de Nantes ; il fait partie de la commission de réforme de l'Université de Paris. Sa position éminente dans la haute administration, le magistère qu'il exerce au sein de la république des lettres facilitent la réalisation d'un projet conçu de longue date ; l'interdépendance des politiques européennes et le caractère international des arts et des sciences l'ont convaincu de rassembler dans une histoire totale les faits humains contemporains. Le choix de la langue latine, le refus catégorique de toute traduction en langue vulgaire soulignent cette volonté d'universalité.

Les premiers livres de l'*Historia sui temporis* furent accueillis par un concert de louanges dans toute l'Europe cultivée. Mais, en dépit de son impartialité, de la prudence qu'il s'était imposée – allant jusqu'à l'autocensure – et malgré les efforts de ses amis et protecteurs, de Thou fut condamné par Rome en 1609. On ne lui pardonnait pas les jugements modérés sur les Réformés, la condamnation de la Saint-Barthélemy, l'inspiration gallicane et irénique de l'ouvrage. Ses censeurs lui reprochent, par exemple, d'avoir présenté la mort d'un protestant comme un passage *in meliorem vitam*, comme s'il pouvait échapper à la damnation éternelle. Affecté par cette mesure qu'il espérait éviter, de Thou poursuit néanmoins son entreprise et publie en même temps des *Mémoires* (1614), qui sont une réponse à ses ennemis et une défense de son *Histoire*. Après sa mort, P. Dupuy et N. Rigault en donnent une édition complète en cinq volumes (1620).

Considérée comme un modèle insurpassable du genre historique par la hauteur de ses vues, sa probité, la majesté de son style, l'*Histoire universelle* a pris place dans toutes les bibliothèques du XVIIe siècle. Au siècle suivant, de Thou a fait figure de victime de l'intolérance et du fanatisme. La grande édition de Londres, en 1733, a voulu rendre hommage à un champion de la pensée libre, à un précurseur des Lumières. L'*Histoire* de De Thou nous apparaît aujourd'hui comme une enquête encyclopédique menée avec objectivité pour recenser les événements importants concernant la société humaine dans les années 1540-1610. Elle est marquée par un souci de rationalisation dans l'enchaînement et l'explication des faits, par le refus des *a priori* théologiques et mythiques. À cette volonté de connaissance intellectuelle libérée de la passion et des préjugés correspond une esthétique de la sobriété qui répugne aux ornements stylistiques et à l'ostentation. À la description et à la présentation (*ecphrasis*) où triomphe la rhétorique des Jésuites, aménagée pour plaire et séduire, de Thou oppose l'éloquence grave et austère des magistrats gallicans, qui donne à comprendre.

Par bien des aspects, l'*Histoire universelle* est l'héritière de l'historiographie antique. Elle reste imprégnée de moralisme et de providentialisme, elle s'attache encore à décrire des événements singuliers ayant eu pour acteurs des personnalités de premier plan. Les discours placés dans la bouche des protagonistes sont encore une concession à la tradition. Mais la recherche et l'examen critique de sources variées, la volonté de rationalisation et de sécularisation installent cet ouvrage à l'origine de l'Histoire moderne par l'application de principes et de méthodes qui sont encore les nôtres. Il représente en outre l'une des dernières tentatives pour concilier la rigueur de l'érudition et l'agrément de la narration, avant que soit consommé, au XVIIe siècle, le divorce entre les savants et les écrivains, entre une histoire rhétorique à vocation mondaine et une histoire scientifique réservée aux chercheurs et aux érudits.

M. Chopard

TILLIER Claude

(1801-1844)

Ce journaliste et pamphlétaire ne fit jamais retentir de ses rugissements que son Nivernais natal, dans les limites duquel il accomplit sa vie. Il restera pourtant l'un des romanciers français les plus célèbres à l'étranger, tant M. Benjamin Rathery, l'immortel personnage de *Mon oncle Benjamin* (1843), y aura fait d'adeptes, ambassadeur d'un certain génie bien gaulois, leste, galant et un tantinet subversif. Cette œuvre est devenue, hors de nos frontières, un classique, sur lequel des générations d'écoliers ont acquis les premières bribes de notre langue et ont échafaudé une vision parfois bien simpliste de notre pays, patrie de la Révolution, des jolies femmes et des séducteurs en guenilles.

Ce « roman du cœur et de la tête, écrit dans une langue pittoresque et savoureuse, puisée aux sources vives de l'esprit français » (Marius Guérin), contient de fait tout l'esprit du pamphlétaire anticlérical et humaniste qui tonne régulièrement dans *l'Association*, journal dont il est rédacteur en chef (1840-1843). Tout jeune, Tillier avait signalé son âme frondeuse en participant à une révolte des lycéens de Bourges lors du retour de Louis XVIII en 1814. Cinq années sous les armes, en Espagne notamment (1823), achèvent de tremper ce caractère de « lutteur intrépide, vivant et souffrant pour ses idées, jusqu'à ce qu'il meure à la tâche ». Dans des articles cinglants, il pourfend les agioteurs des valeurs nationales : « À aucune autre époque on n'a plus parlé de patriotisme ; c'est un tison de bois vert qui pétille avec grand bruit et ne jette aucune flamme. » On exagère sans doute en voulant faire de Claude Tillier un Paul-Louis Courier moins poli et littéraire mais plus convaincu de la justesse de sa cause. On ne peut refuser toutefois à ce styliste rigoureux une ironie âpre et, somme toute, efficace quand, réfléchissant sur le genre pamphlétaire, il remarque : « Si j'avais donné à mes petits livres le titre de Sermons, tous ces badauds qui m'appellent l'infâme pamphlétaire m'appelleraient le pieux Claude. » Combien ces qualités éclatent dans l'art du conteur, on l'apprécie en découvrant les trois nouvelles (*Comment le capitaine eut peur* et *Comment le chanoine eut peur*, 1841 ; *De l'Espagne*, posth., 1903) et le roman (*Belle-Plante et Cornélius*, 1846) qui constituent toute son œuvre. Au sein du rayonnement de la littérature française, Claude Tillier sourit d'avoir encore son mot à dire : inconnu chez lui et pourtant éternel, une dernière boutade.

D. Giovacchini

TINAN Jean de

***Jean* Le Barbier *de* Tinan,** *dit* ***Jean de* Tinan** *(1874-1898)*

Romancier et chroniqueur, Tinan n'appartient pas à une catégorie définie ou à une école : mort très jeune à Paris, où il était né, il n'a pas laissé une œuvre considérable. Plus qu'un auteur il est une de ces figures qui hantent la fin du siècle, dans un décor à la Toulouse-Lautrec. Un père baron et amateur d'art l'orienta vers la lecture de Nietzsche (Tinan, plus tard, sera antidreyfusard), des ambitions littéraires mal acceptées par sa famille : après ces débuts classiques, Tinan donne un premier livre (*Un document sur l'impuissance d'aimer*, 1894 ; édition définitive, 1920), puis publie un conte, *Érythrée* (1896), commence alors à fréquenter le milieu des arts et des lettres, rencontre Marcel Schwob, Félicien Rops, Willy et Colette, Pierre Louÿs surtout dont il devient l'ami. Il vit une existence assez bohème entre les cafés du Quartier latin (ou d'ailleurs) et les aventures qu'on retrouvera dans ses romans.

C'est en effet une « problématique » très autobiographique que développent *Penses-tu réussir ? ou les Diverses Amours de mon ami Raoul de Vallonges* (1897), ou encore *Aimienne ou le Détournement de mineure* (1899), un roman inachevé. On a aussi de lui *l'Exemple de Ninon de Lenclos amoureuse* (1898), roman censé être écrit par R. de Vallonges, ce double transparent de l'auteur. Enfin, Tinan a tenu la chronique des divertissements de nuit au *Mercure de France* : obligé de sortir tous les soirs, miné par une liaison malheureuse, par la fatigue et par la maladie, il meurt à vingt-quatre ans.

Un seul grand thème dans tous ses écrits : « l'impuissance d'aimer », ou, pour préciser les choses, ce qu'il appelle « l'affolement [...] entre le sexe et la tendresse » d'un homme se cherchant sans se trouver à travers les femmes qu'il rencontre. On en découvrira une jolie galerie dans *Penses-tu réussir ?*, où Tinan avoue s'être transposé – « à peine » ; dans *Aimienne* aussi, où l'idéal se révèle sous la forme d'une très jeune fille rencontrée par hasard. Qu'il ait affaire aux grandes cocottes ou aux grisettes, à la femme mariée ou à la sylphide, le héros de Tinan ne parvient pas à réconcilier l'amour sacré et l'amour profane. Il y a là toute « la sensibilité d'un jeune homme de ce temps » (dont parle Tinan dans une préface adressée à Barrès), à mi-chemin entre le spleen et le cynisme, amoureux de toutes les femmes et fasciné par elles.

On retrouve cette fascination lorsqu'il évoque Ninon de Lenclos ou Cléo de Mérode, et même lorsqu'il descend jusqu'aux gigolettes des restaurants de nuit. Tinan adore en effet ce demi-monde, ce monde trouble qu'on croise dans les bals, les cafés-concerts, et dont il fait la chronique. Dans ses noctambulismes du *Mercure de France*, il évoque la voix d'Yvette Guilbert, les danses de Loïe Fuller, sublime dans ses voiles vaporeux, tout un Paris de la nuit et du spectacle, clowns, acrobates et chanteurs. Ce qui peut plaire chez Tinan, c'est donc cette atmosphère d'époque, légèrement faisandée : elle permet en tout cas de passer sur le côté un peu inconsistant ou « poseur » de ses livres, sur ses pages bâclées ou encombrées de références littéraires.

A. Preiss

TINAYRE Marcelle

Née ***Marcelle* Chasteau** *(1872-1948)*

Marcelle Chasteau épousa, en 1889, le graveur Julien Tinayre, qui mourut en 1923. À treize ans, elle fit paraître, sous un pseudonyme, son premier ouvrage, *Vive les vacances !* (1885). Puis, protégée par Ludovic Halévy, elle devint une « nouvelle princesse des lettres », l'une des *prime donne* des années 1900. Riche, illustre, égalée par ses admirateurs à George Sand, elle fut d'une inlassable fécondité. Elle produisit toute une suite de romans qui débattaient de problèmes sentimentaux et moraux : *Avant l'amour* (1897), *Hellé* (1899), *l'Oiseau d'orage* (1900), *la Maison du Péché* (1902), *la Vie amoureuse de François Barbazanges* (1904), *la Rançon* (1910), etc. Marcelle Tinayre était féministe ; elle donna vie à une longue galerie d'héroïnes, sensibles, souvent révoltées contre l'ordre social. Dans *la Maison du Péché*, elle voulut peindre « le conflit entre les droits de la chair et les droits de l'âme » – c'est-à-dire entre l'amour et le jansénisme.

Parallèlement à ces livres au message ambitieux, elle consentit à la confection d'œuvres plus faciles, voire purement commerciales : elle donna ainsi des chroniques de mode, effectua des reportages, procura des éditions de textes. Elle publia *Châteaux disparus* (sur les anciennes demeures de Paris), *Madame de Pompadour*, *Napoléon et la reine Hortense*, une petite *Histoire de l'amour*...

Ses grands romans portent évidemment la marque de leur âge et ne sauraient parler aux femmes d'aujourd'hui des problèmes qui les préoccupent et ses petites publications, qui contiennent bien des erreurs, sont tombées dans l'oubli : ce qui reste de Marcelle Tinayre, c'est finalement un certain bonheur d'expression, un style simple et vivant, assez entraînant, rarement ennuyeux.

A. Niderst

TIROLIEN Guy

(né en 1917)

Comme René Maran, son aîné, ou Paul Niger, son contemporain, Tirolien est un Antillais qui fit, en Afrique, une carrière d'administrateur des colonies. Mais, contrairement à Maran et à Niger dont la vie fut troublée et l'œuvre profondément marquée par cette rencontre, il a vécu sans problème cette situation qui s'est prolongée en une carrière au service de l'O.N.U. qu'il représenta au Mali, au Cameroun, au Gabon. Son œuvre, et ses liens personnels avec Senghor qu'il rencontra en captivité en Allemagne au début de la Seconde Guerre mondiale, le rattachent à la poésie de la négritude. La fortune qu'a connue sa « Prière d'un petit enfant nègre » dans les anthologies, comme expression d'une revendication noire passablement aseptisée mais néanmoins touchante –

Les nègres vous le savez n'ont que trop travaillé
Pourquoi faut-il de plus apprendre dans des livres
Qui nous parlent de choses qui ne sont point d'ici

– fait oublier la minceur d'une œuvre composée d'un recueil de poésie : *Balles d'or* (1961), d'un recueil de nouvelles, *Feuilles vivantes au matin* (1977), et d'un livre d'entretiens avec M. Têtu, *De Marie-Galante à une poétique afro-antillaise* (1991). Le rythme ample de l'alexandrin anime une poésie qui se veut cependant libre. L'auteur puise dans le fonds antillais une histoire tourmentée et un pittoresque spécifique qui suscitent des images flamboyantes. L'ensemble, fond et forme, n'est dénué ni de sensibilité, malgré les effets parfois faciles, ni de talent.

O. Biyidi

TOCQUEVILLE Alexis de

Alexis Clérel de Tocqueville *(1805-1859)*

Porté très jeune à la plus haute notoriété par *De la démocratie en Amérique* (1835-1840), mort prématurément sur le chef-d'œuvre inachevé de *l'Ancien Régime et la Révolution* (1856), Alexis de Tocqueville ne le cède en gloire qu'à La Fayette parmi ceux de nos grands hommes qui, aux États-Unis, ont apporté le témoignage de ce que représentait pour la France l'idéal démocratique. Ses deux célèbres ouvrages ainsi que sa volumineuse *Correspondance* et ses *Écrits et discours politiques* s'ordonnent autour d'une problématique toujours actuelle : dans l'instabilité générale des communautés humaines, à quelles conditions de fait et de droit une société bénéficie-t-elle de cette structure privilégiée où égalité et liberté s'équilibrent ? L'originalité de Tocqueville tient à ce qu'il apporte au dossier des démocraties les contributions séparées de l'analyse synchronique (sociologie : *De la démocratie en Amérique.* Pourquoi en Amérique la société démocratique est-elle libérale ?) et de l'interprétation diachronique (histoire : *l'Ancien Régime et la Révolution.* Pourquoi dans la désintégration générale des institutions de l'Ancien Régime en Europe, est-ce en France que s'est produite la Révolution ?). Tocqueville peut se lire selon trois ordres de préoccupations : le passage par deux livres de première grandeur pour qui s'intéresse à la Révolution américaine ou à la Révolution française, ces deux ouvrages à leur tour, contribuant par leur complémentarité à éclairer le développement de la pensée philosophico-politique depuis Montesquieu. Mais l'œuvre du sociologue, de l'historien, ne doit pas faire oublier le génie du mémorialiste des *Souvenirs* (écrits à Sorrente en 1850-1851, publication posthume en 1893) dont les pages renferment une des relations les plus vivantes de la chute de la Monarchie de Juillet et des journées de juin 1848.

Un aristocrate libéral

Arrière-petit-fils de Malesherbes du côté de sa mère, Alexis de Tocqueville naît à Verneuil dans une famille d'aristocrates normands. Sauvé de l'échafaud par le 9 Thermidor, son père supporte malaisément le règne de l'« usurpateur », mais sera préfet et pair de France sous la Restauration. Cependant, au cours de ses études, le jeune Alexis lit les écrivains du XVIIIe, Montesquieu notamment, qui font naître en lui le goût du libéralisme. Après son droit (1829-1830) et un voyage en Italie, nommé magistrat, il doit sans enthousiasme et sous l'œil réprobateur de sa famille légitimiste prêter serment à la Monarchie de Juillet. Bientôt, à sa demande, il s'embarque pour l'Amérique (1831) en compagnie de Gustave de Beaumont, avec mission d'étudier le système pénitentiaire aux États-Unis. Les notes prises pendant cette expédition qui le mène jusqu'au Canada reflètent le soin d'entomologiste qu'il apporte à une enquête dépassant largement les limites d'un rapport sur les prisons. Il observe les « mœurs des Américains », analyse leurs institutions, rapporte des anecdotes ainsi que ses rencontres avec les minorités ethniques et ses entretiens avec des hommes éminents.

Rentré en France, s'étant acquitté de sa mission (*Du système pénitentiaire aux États-Unis et de son application en France*, 1833), Tocqueville complète l'enquête menée sur le terrain par d'abondantes lectures, un voyage en Angleterre, où il voit Henry Reeve, John Stuart Mill, et une visite de l'Irlande. Enfin paraît *De la démocratie en Amérique* (deux premiers tomes en 1835). Le succès est immédiat et ouvre à l'écrivain les salons de la duchesse de Dino, de Madame Récamier à l'Abbaye-aux-Bois. Devenu tout jeune l'ami de Chateaubriand, de Royer-Collard, de J.-J. Ampère, Tocqueville est élu à l'Académie française (1841).

Mais chez cet aristocrate, le service public demeure une obligation morale. Après un premier échec (1837), il est élu député de Valognes (1839), circonscription où se dresse le château familial. De son propre aveu, le nouveau parlementaire ne retrouve pas à la tribune le succès rencontré par son livre et confessera plus tard sa déception : « Je n'y possédais pas ce qu'il fallait pour jouer là le rôle brillant que j'avais rêvé » (*Souvenirs*). De grands dossiers lui sont cependant confiés. On lui doit plusieurs rapports favorables à l'abolition de l'esclavage ainsi qu'à l'émancipation des Noirs et, après deux voyages en Algérie et une étude des méthodes anglaises, un vaste tour d'horizon sur les problèmes de la colonisation. Sa volumineuse correspondance avec Gobineau contient une éloquente condamnation de la doctrine de l'inégalité des races.

Le député de Valognes accueille la Révolution de 1848 avec des sentiments mêlés. Lassé par la « médiocrité » de la Monarchie de Juillet, il se rallie à la IIe République et entre à l'Assemblée nationale constituante avec, derrière lui, la solide majorité de son électorat normand. Mais le « combat de classe », l'ambition socialiste « d'altérer l'ordre de la société » – qu'il avait prévus dans un célèbre discours de janvier 1848 (« [...] Ne voyez-vous pas que leurs passions, de politiques sont devenues sociales ? ») – lui déplaisent vivement lors des journées de Juin (cf. *Souvenirs*). Il y voit la preuve que la société française est encore incapable de liberté politique. En 1849, il accepte la charge de ministre des Affaires étrangères mais sa santé précaire l'oblige à se démettre après 4 mois. Opposé à toutes les tyrannies, il se retire définitivement de la vie politique après le 2 décembre.

Ainsi, c'est au coup d'État qu'il doit les loisirs nécessaires pour mettre en chantier un ouvrage dont le dessein datait d'un séjour à Sorrente (1850). Ce devait être une œuvre dans laquelle il entreprendrait de retracer l'évolution de la société française depuis la fin de l'Ancien Régime jusqu'à la chute de l'Empire. Une note critique d'André Jardin analyse la méthode d'écriture du sociologue devenu historien et montre l'ampleur des sources auxquelles celui-ci fit appel, notamment le fonds de documents venant de l'ancienne généralité de Tours où Tocqueville résida momentanément à l'époque de ses nouvelles recherches. Seul paraîtra du vivant de l'auteur, au milieu d'un immense concert d'éloges, le premier volume de *l'Ancien Régime et la Révolution* (1856) qui s'arrête précisément « au seuil de cette Révolution mémorable ». Après la mort de Tocqueville, Gustave de Beaumont se chargera d'une première et contestable édition de ce qu'aurait été, d'après les archives laissées par l'écrivain, la suite du même ouvrage. Ce travail a été repris par André Jardin, et publié sous le titre *Fragments et notes inédites sur la Révolution* (1953).

La démocratie introuvable

Il ne faut jamais oublier, dans le personnage que fut Tocqueville, le rapport qu'entretiennent sans cesse, en et par lui, la science et la politique. Son œuvre autant que sa vie tournent autour de « l'invention » de la démocratie, et c'est ce qui lui donne, par rapport à Montesquieu notamment, son registre propre. La carrière littéraire et politique de Tocqueville commence après 1830, c'est-à-dire après cette révolution qui voit La Fayette restaurer ce que voulait être la Révolution de 1789, ramener au point de départ le cycle parcouru depuis cette date à travers toutes les formules possibles du politique : de l'institution d'une société civile en 1789 à la restauration du droit divin avec Charles X en passant par la République, la Terreur ou la tyrannie. La Monarchie de Juillet aborde donc dans un esprit de conclusion ce que 1789 inventait comme une extraordinaire audace de l'Histoire : faire vivre les hommes entre eux sans qu'aucune transcendance spirituelle ou séculière vienne en fixer les conditions. Conséquent avec ces débuts, le régime de Juillet esquive complètement le problème difficile d'une définition de sa légitimité, s'attachant uniquement à pratiquer la gestion sociale et économique de la France. Auguste Comte écrit alors ses plus belles pages de philosophie industrielle, Adolphe Thiers a précisément fini de raconter la Révolution comme un récit, et l'historien Guizot n'exhorte plus qu'à l'enrichissement par le travail et par l'épargne.

Sur cet environnement politique et intellectuel se détache la double rupture qu'apporte l'ouvrage dont Tocqueville publie la première partie en 1835.

Première rupture : au lieu de maintenir son sujet dans les bornes où l'a cantonné l'idéologie de la Monarchie de Juillet – à savoir : l'étude du microcosme pénitentiaire comme prototype d'une société policée et comme instrument de l'ordre social –, Tocqueville traite sa matière dans toute son ampleur. Il étudie la « constitution » américaine en donnant à ce mot la pluralité de sens qui en fait la matrice de tous les aspects de l'Amérique. *De la démocratie en Amérique* est une « autopsie » complète des États-Unis, dégageant les lois, les mœurs, les croyances qui rendent libérale la démocratie de ce pays, tout en liant indissociablement ces différents facteurs, il faut le noter, à une situation géographique et historique particulière.

Deuxième rupture : elle consiste à faire ricochet, et, partant du cas singulier qu'offre l'Amérique, à poser ce problème de la démocratie que notre pays, précisément, refuse de voir tant il en garde de funestes images ; problème que pourtant il a été, en 1789, le premier à poser. « Ce n'est donc pas seulement pour satisfaire une curiosité d'ailleurs légitime que j'ai examiné l'Amérique [...]. J'avoue que dans l'Amérique, j'ai vu plus que l'Amérique : j'y ai cherché une image de la démocratie elle-même » (*De la démocratie en Amérique*, « Introduction »).

Par là, dira-t-on, Tocqueville rejoint Montesquieu. Mais à y regarder de plus près, le problème qu'il pose est de tout autre portée. Pour Montesquieu, la démocratie est l'une des formes de gouvernement parmi lesquelles « l'Esprit des Lois » peut s'incarner. Elle est donc une formule codifiée, avec ses principes, ses exemples, ses séquences. Au contraire, la démocratie de Tocqueville n'est pas une figure géométrique. Elle est un problème, elle est le mouvement dont la pensée de l'écrivain aura pour unique objet, vingt années durant, de trouver et de maîtriser les commandes. À ses yeux, en effet, la démocratie ne peut être isolée comme objet pur d'étude : en Amérique, n'est-elle pas inséparable des spécificités locales (distance de l'Europe, peuplement original, superficie gigantesque...) ? Dans l'Ancien Régime sous lequel pourtant « on ne rencontre pour ainsi dire pas de grands événements qui depuis sept cents ans n'aient pas tourné au profit de l'égalité » (*id.*), elle est occultée dans son progrès par la rémanence de l'absolutisme ; enfin, elle n'est guère plus lisible dans la Révolution que, significativement, Tocqueville fait rouler jusqu'à son époque. En définitive, on en connaît surtout les trois contraires : la dictature de Robespierre, celle de Bonaparte et – plus tard – de Napoléon III. C'est donc en écrivant un « non-traité » de la démocratie que Tocqueville pose le problème de celle-ci, d'une manière qui ramène indéfiniment à la réflexion vivante, à la politique démocratique. De cas d'école qu'elle était pour Montesquieu, la démocratie est devenue avec Tocqueville l'enjeu quotidien des choix publics. Deux leçons s'imposent alors à l'esprit rigoureux qui part à sa recherche :

– qu'elle ne se capture pas au filet de l'esprit seul, qu'elle échappe à toute prise, car elle est le fait de la vie ;
– que l'Histoire n'est plus le matériau offert au ciseau de l'écriture pour en tailler des bustes et des frises : elle est irréductible aux portraits et aux récits. L'écriture, dans son rapport à l'Histoire, est une opération de thématisation destinée à fonder des attitudes dans l'Histoire.

D'où les deux styles contrastés de Tocqueville, d'une part celui des *Souvenirs*, d'autre part celui de ses deux principaux ouvrages. L'écriture des *Souvenirs* est libre, et si l'aphorisme y apparaît de loin en loin, le récit, le portrait (notamment celui, fameux, de Louis-Philippe), la métaphore, les séries d'adjectifs, surgissent naturellement sous la plume de l'auteur. En revanche, *De la démocratie en Amérique* aligne des formules frappées, des phrases brèves s'enchaînant en proportions calculées pour amener le lecteur à la maxime qui condense une idée-force. De même, dans *l'Ancien Régime et la Révolution*, l'argument majeur qui sous-tend chaque chapitre est une rectification très documentée de quelque idée reçue sur l'épisode révolutionnaire. L'étude historique devient donc le support de conclusions dont ni la nature, ni la portée ne sont de « l'histoire » en tant que discipline documentaire, et, bien loin de proposer au lecteur une « peinture » des événements, elle le contraint à réformer l'acception irréfléchie du mouvement historique dans lequel il se trouve pris.

Une épistémologie induite

Par cette approche de l'Histoire, Tocqueville fonde trois attitudes génératrices d'une science humaine.

La première impose d'une manière originale, en un siècle où les écrivains ambitionnent avant tout de « toucher » leurs contemporains par des récits vraisemblables, le principe que l'Histoire a un ordre de réalité intrinsèque et que l'analyse doit en être conduite scientifiquement avec pour seule référence les documents appartenant à cette réalité.

La deuxième en résulte : puisque l'Histoire ne se laisse pas réduire à la continuité d'un récit, la politique n'a pas de ligne dans laquelle se fondre. Il devient donc possible d'agir en politique (« Instruire la démocratie, régler ses mouvements, substituer peu à peu la science des affaires à son inexpérience », *De la démocratie en Amérique*, « Introduction »), de peser sur les réalités sans devoir pour cela bouleverser un ordre universel reconnu, ni se cramponner à des données acquises. Ainsi, l'abandon du récit historique signale que, par-delà conservatisme, révolutions et contre-révolutions, l'on peut conduire le changement, ordonner le mouvement. C'est le fondement même des sciences humaines, et de leur intervention dans la conduite d'une pratique politique.

La troisième attitude est capitale : elle situe le principe de réalité hors du champ théorique, en refusant de boucler l'analyse en un système. Tocqueville, en effet, ne procède que par touches. Si fortement charpentés que soient ses principaux ouvrages, et si ferme que soit sa propre option en faveur d'un système libéral capable d'autorité, ses deux livres ne comportent que des éléments. Ce qu'ils apportent permet l'intelligence de ce qui se passe. Mais à aucun degré il n'y a substitution de l'interprétation aux réalités vivantes.

Ce renvoi du magistère de la théorie vers les aléas du cours des choses est aussi l'effet du décentrement qu'opère Tocqueville vis-à-vis des idées qui semblent « coller » aux réalités. C'est ainsi qu'il revoit complètement la périodisation de la Révolution, qualifiant « d'époque transitoire et assez peu intéressante » la décennie séparant les réformes administratives de Loménie de Brienne en 1787 de l'œuvre de Bonaparte, situant les prémices de la Révolution au fond de l'Ancien Régime, et son aboutissement au-delà de son propre temps, le « développement graduel de l'égalité des conditions » (*id.*) n'étant pas appelé à s'immobiliser dans des délais prévisibles.

L'idéologie, qu'on pourrait dire intérieure, des mouvements historiques s'en trouve également disqualifiée comme principe de lecture des réalités. À sa place, Tocqueville introduit une dialectique de l'évolution et des systèmes d'analyse. Ainsi interprète-t-il l'évolution de l'Ancien Régime par l'affaiblissement puis la démission de la noblesse, au profit d'une polarité entre absolutisme royal et extrémisme égalitaire de l'esprit public. L'intérêt d'une telle analyse réside tant dans le respect de l'infinie diversité de l'ordre du réel que dans celui des exigences critiques du champ théorique. En effet, les objets de l'histoire qu'elle caractérise sont d'une part la « constitution » du pays, à savoir son organisation juridico-politico-socio-administrative, et d'autre part des catégories mentales simples, des principes à la Montesquieu, tels l'aristocratie, la caste, le peuple, etc… Entre ces acteurs de l'évolution, Tocqueville propose une intrigue. Mais jamais celle-ci ne se donne ni pour la logique interne de l'évolution, ni pour le dispositif infaillible de l'intelligence. Le sujet historique majeur demeure la « constitution » d'un peuple, c'est-à-dire non seulement son organisation, mais aussi, tout à la fois, son génie, ses mœurs, son histoire sédimentée, la conscience qu'il en a. On ne pourra jamais en écrire l'histoire, la traiter comme un « texte », non plus qu'en fixer l'anatomie puisqu'elle est à la fois la structure de la vie et la vie même. L'analyse de l'historien ne se prévaut pas de la force de conviction que lui prêterait une véracité scientifique : elle se propose comme un instrument d'exploration d'un problème d'actualité ou comme l'outil intellectuel du choix politique. Appartenant au registre du débat théorique, elle n'a aucune qualité pour imposer le poids d'une prétendue objectivité historique.

Par là Tocqueville est beaucoup plus qu'un historien lucide, qu'un théoricien politique modéré et même qu'un modèle épistémologique. Il apporte à l'épistémologie des sciences humaines une contribution primordiale en disjoignant l'ordre des réalités et celui de l'analyse. Celle-ci constitue un appareil verbal structuré, dont le champ est donné par le débat qu'ont les hommes vivants entre eux. La modalité selon laquelle analyse et réalité se confrontent n'est jamais celle de la pensée pure mais celle du gouvernement, de l'administration, des rapports sociaux, de l'action.

Cette conception de l'Histoire est le meilleur symbole d'une carrière qui effectivement cumule deux grands débats sociologico-historiques polarisés sur la thèse de la démocratie avec, dans l'intervalle, neuf années d'action politique. À l'opposé de l'historiographie idéologique, révolutionnaire, marxiste ou d'Action française, l'Histoire selon Tocqueville en appelle à un comportement historique réfléchi et à la démocratie comme condition, et d'exigence d'une telle réflexion, et de permission pour un tel comportement.

En contre-épreuve, le récit des *Souvenirs*, délassement de l'esprit, retracés pour le seul plaisir de l'auteur, d'outil d'analyse et d'action devient « miroir » avec l'ambition de véracité que donne l'illusion de capter un reflet.

Ph. Ratte

TORREILLES Pierre

(né en 1921)

Pierre Torreilles est né en Camargue. Il entreprend des études universitaires de lettres et de théologie, puis, durant le second conflit mondial, rejoint le maquis et participe aux combats de la Résistance. Après la guerre, il se fixe à Montpellier ; il collabore alors à de nombreuses revues, et, en 1950, on publie ses premiers recueils : *Noces d'Ea et Nin-Ki*, que suit *Solve et Coagula* (1953). Depuis, sa production poétique s'est régulièrement accrue : *l'Arrière-pays clos*, 1961 ; *Répons*, 1963 ; *Mesure de la Terre*, 1966 ; *Voir*, 1968 ; *Le désert croît*, 1971 ; *Denudare*, 1974 ; *Espace délité*, 1974 ; *Menace innominée*, 1976 ; *Pratique de la Poésie*, 1977 ; *les Dieux rompus*, 1979 ; *Margelles du silence*, 1986 ; *Parages du séjour*, 1989 ; *Venant à stance*, 1990 ; *Où se dressait le cyprès blanc*, 1992 ; *la Semence de l'eau*, 1998 ; *Ce qui heurte à nos mots*, 1999 ; *Quelque chose qui vient de loin*, 2000.

La poésie de Torreilles est avant tout essentialiste : nulle anecdote, nul souci de pittoresque provençal dans ces vers courts, à la syntaxe parfois brisée. L'espace lyrique n'y est peuplé que de quelques figures simples, aux connotations multiples : l'homme, la rose, l'herbe, le cyprès, l'oiseau… :

Le ventre des cyprès
Ruisselle de pollen
Sur nos visages l'or
Est aussi soudain que la nuit…

(*Denudare*)

Torreilles présente un monde assez hiératique, où rien n'est jamais « décrit » ; le langage s'attache plutôt à tirer des choses leur mystère en les nommant, à saisir l'Être même du réel. Mais cette quête, qui se veut proche de celles d'Héraclite et d'Heidegger, se heurte vite au néant : « Il n'est que silence au cœur du cri des choses, nul langage n'y pourra retracer la parole des dieux » (*Denudare*). La poésie de Torreilles se trouve le plus souvent en situation tragique : le poète, incapable d'atteindre la Vérité, percevant qu'il existe « une parole entre les mots » (*les Dieux rompus*), qui seule possède la connaissance, ressent toute l'impuissance du verbe ; figée dans le sens du mot, la chose s'évade. L'ultime démarche – cratylienne – de la poésie serait alors de découvrir « les mots d'avant le sens », ceux qui épouseraient la forme du réel.

Éprouvant une fascination pour le monde mallarméen, Torreilles voit dans les « blancs » qu'il laisse entre ses vers, et même entre les mots de chaque phrase, une réponse à sa démarche. C'est par son épuisement que la parole poétique peut espérer atteindre le vrai : « La disparition du sens qui l'avait indiqué/Le désigne en retour silencieusement. »

Ainsi, la poésie « éclatée » de Torreilles devient une sorte d'utopie linguistique ; enfermée dans ses problématiques ontologiques, elle ne se constitue que pour mieux signifier la mort de toute écriture.

J.-P. Damour

TORTEL Jean

(1904-1993)

Poète, né à Saint-Saturnin-lès-Avignon (Vaucluse). Bien que refusant un « débordement de confidences-confessions, assez encombrant », il accepte de livrer les principaux jalons d'un itinéraire au sein duquel l'espace réel, sans déterminisme abusif, apparaît comme essentiel à une respiration poétique dont l'univers méridional constitue la teneur privilégiée. Ainsi, après une enfance passée à Avignon, il est, de 1926 à 1934, fonctionnaire de l'Enregistrement à Gordes où, avec *Cheveux bleus* (1931), il fait ses « premières gammes poétiques » – c'est en 1928 que Jean Royère avait publié son premier poème dans la revue *le Manuscrit autographe*. Après quatre années d'« exil » professionnel à Toul, un poste qui lui est attribué à Marseille lui permet de regagner des climats plus propices. Cette période est marquée par un profond engagement à partir de 1938 dans l'aventure des *Cahiers du Sud*, fondés par Jean Ballard en 1925, qui éditent en 1942 *De mon vivant*, et dont Jean Tortel devient, à la Libération, membre du comité de rédaction. À partir de 1964, il vit retiré près d'Avignon. En 1987, il reçoit le grand prix national de Poésie.

Le titre d'un recueil de prose poétique publié en 1982, *le Discours des yeux*, pourrait constituer l'emblème de cette poésie qui est, consubstantiellement, travail du langage et du regard : « Et qu'avant le verbe il y ait la vue, signifie que dans un espace autonome, les mouvements dérangeants du désir tirent déjà l'objet hors du silence (hors du désert). » Les yeux, en effet, dont d'autres titres – *Naissances de l'objet* (1955), *Explications ou bien regard* (1960), *Limites du regard* (1971) – soulignent le contour primordial, sont voie d'accès toujours neuve et indéfiniment renouvelée au monde car « la tâche est de voir » et « chaque regard/Est le premier ou reste aveugle » (*Des corps attaqués*, 1979). Ils mettent à nu et circonscrivent, dans ce « vis-à-vis avec le paysage », un espace dont l'écriture vient prendre acte :

Derrière la vitre
Tout espace est rectangulaire.

(*Limites du regard*)

Le travail poétique est ici de l'ordre du constat plutôt que de la description. La nomination – « la parole une autre nudité si pure » –, comme captivée par les choses, restitue au monde sa vérité dépouillée et son évidence. Même la mort, envisagée sans détour, ne semble pas devoir troubler cette sérénité d'un espace problématique – car « insituable est le lieu » (*Arbitraires Espaces*, 1987) – mais accepté dans l'énigme toujours relancée des « c'est » et des « ça » :

C'est vert et bleu. Après ma mort
Ce sera vert et bleu.

(*Naissances de l'objet*)

Les tensions se font discrètes, effacées presque, car le poète « résiste à l'effusion ». Mais son rôle de témoin ne se confond pas avec une absence – un titre tel que *Des corps attaqués* manifeste cette implication totale et ses risques majeurs –, ni avec une passivité. Ainsi, le « jardin » – mot, thème, image si prégnants dans cette poésie – n'est pas simplement paysage extérieur, ou bien faudrait-il alors parler d'une page-paysage ; « humide et transformé », il est soumis au travail des « saisons » et de la « bêche », et le geste « méthodique » de transmutation poétique se mêle, pour le meilleur et pour le pire, à celui du jardinier opiniâtre :

La bêche méthodique
Tranche, éprouve, fragmente,
Dilate en avançant le sol
Taciturne que l'eau et l'air traverseront
En vue de la métamorphose [...]
Un mot, mais un autre à sa place,
Jardin rompu, la page déformée
Et moi, l'auteur de ce dégât.

(*Relations*, 1968)

Cette sorte de méticulosité est aussi comme un travail d'amour du monde, et du langage.
En effet, la poésie de Jean Tortel, qui proclame son admiration pour Scève (*l'Amour unique de Maurice Scève*, 1961), pour Malherbe (*le Préclassicisme français*, 1952), pour Francis Ponge (*Ponge cinq fois*, 1984), se veut également « art du langage ». Si la forme fixe et la rime ont été abandonnées après les premiers recueils – *Cheveux bleus* et *Votre future image* (1938) – et si le vers se déstabilise peu à peu pour devenir tout à fait libre à partir des années soixante, le travail du phrasé, loin de tout artifice, demeure essentiel, comme une sorte de rituel scandé par la réitération des majuscules qui, au début de chaque vers, amorcent « un recommencement après la rencontre avec le vide » : « Quant à la majuscule, je crois, en effet, qu'elle est nécessaire pour entrer dans le tracé, parce que chacune de ces unités verbales qui nous provoquent est une phrase », déclare Tortel à H. Deluy peu après la publication des *Solutions aléatoires* (1983). Ailleurs, pour reprendre la formule d'un poète au cheminement parfois proche de celui de Jean Tortel, la poésie peut opter pour le « parti pris » des mots. C'est ainsi que, dans *Relations*, Jean Tortel propose treize variations à partir de la fameuse phrase de Valéry, « La marquise sortit à cinq heures », ou une suite de poèmes engendrés à partir de textes tirés de manuels scolaires de dictées et lectures : dans tous les cas, le travail et la magie poétiques transfigurent, démultiplient la capacité signifiante et évocatrice des énoncés les plus banals et ouvrent aussi par là, toujours d'un même geste, à un autre regard.

A. Djourachkovitch

TOULET Paul-Jean

(1867-1920)

Établis à l'île Maurice, son père et sa mère étaient revenus à Pau, leur pays, pour la naissance de leur fils. Paul-Jean, confié à des parents, fit ses études à Pau, à Bayonne et à Saintes, puis s'embarqua à dix-huit ans pour l'île Maurice : trois années (1885-1888) de découvertes et de plaisirs – lectures, mondanités, opium et aventures féminines. Sur le chemin du retour, il passe un an à Alger (1888-1889), donnant des chroniques à *la Vigie algérienne,* des sonnets et deux comédies. Revenu en Béarn (1889-1898), il fait aussi de fréquents séjours chez sa sœur, au château de la Rafette, près de Libourne, voyage en Espagne, publie en 1898, dans *la Revue blanche,* un recueil de poèmes, *Entractes,* où il tente avec une virtuosité certaine d'appliquer au vers français les règles de la métrique gréco-latine : « À peine/chantait/le ruisseau/dans les joncs/»... (*Vers inédits,* posth., 1936). Sa fortune étant écornée par des années de dandysme et d'oisiveté, Toulet s'installe alors à Paris, décidé à vivre de sa plume, et fait paraître un premier roman, *Monsieur du Paur, homme public* (1898). Outre Curnonsky, véritable frère d'élection, ses amis se nomment Léon Daudet, Charles Maurras, Henri de Régnier, Émile Henriot, Jean-Louis Vaudoyer, Claude Debussy, tous séduits par sa conversation brillante et caustique. Il collabore à diverses revues, dont *la Vie parisienne* (1899-1907), qui publie de lui romans et nouvelles, *les Tendres Ménages* (1904), *les Demoiselles La Mortagne* (1905-1907), *Mon amie Nane* (1905), portrait d'une demi-mondaine gracieuse et désinvolte comme on en trouve dans les œuvrettes libertines de Willy, dont il devient l'un des « nègres » attitrés. Ailleurs, au *Damier,* à *la Grande Revue,* au *Matin,* il donne des reportages, notamment sur un voyage au Tonkin (1902-1903), des contes et des histoires courtes qui seront recueillis sous divers titres : *Comme une fantaisie* (1918), *Contes de Béhanzigue* (1920)... C'est encore dans des revues que paraissent, à partir de 1910, les premières « contrerimes », qui lui valent d'être reconnu dès 1913 comme le chef de file des poètes « fantaisistes », néo-classiques attachés à liquider l'héritage symboliste : Tristan Derème, Jean-Marc Bernard, Francis Carco. En 1913 et 1914, *le Divan* publie de nouveaux poèmes de Toulet et des fragments de ses *Trois Impostures,* pensées fugitives, esquisses de dialogues, portraits de femmes, d'une écriture tour à tour familière et précieuse. Cependant la maladie le contraint à se retirer à Guéthary, au Pays basque, où il travaille à l'édition des *Contrerimes* ; il a le temps de publier, avant de mourir, son chef-d'œuvre romanesque, *la Jeune Fille verte* (1918-1919), tableau satirique, nourri de souvenirs d'enfance, d'intrigues amoureuses et financières dans une petite ville béarnaise, et *les Contes de Béhanzigue* (1920). Paraîtront, posthumes, *les Contrerimes* (1921), et le texte complet de *l'Almanach des Trois impostures* (1922), une comédie, *le Souper interrompu* (1922), des *Notes d'art* (1924), *Lettres à soi-même* (1927, journal intime en forme de dialogue nostalgique ou amusé avec son double), sa *Correspondance* avec Debussy (1929), et des *Vers inédits* complétant *les Contrerimes*.

Sous ce titre fut publié un ensemble de textes comprenant soixante-dix « contrerimes » proprement dites, poèmes de un à neuf quatrains alternant les vers de huit et de six pieds, rimés A.B.B.A. S'y ajoutent quatorze « chansons », dont l'envoûtante « Dans Arle, où sont les Aliscams », douze « dixains », et cent neuf « coples », distiques ou quatrains isolés. Le trait dominant de cette poésie est donc sa concision : aucune pièce du recueil ne dépasse trente-six vers, alors que la prose de Toulet s'enfle volontiers de digressions, voire de complaisances d'écriture où peut se perdre le fil de la narration. Ici au contraire s'affiche une constante retenue, sensible à la fois dans le tour elliptique de l'expression, au prix d'archaïsmes (« la vie est plus vaine une image ») ou d'obscurités calculées ; dans la volonté de dénoncer, par une « chute » souvent bouffonne, l'illusion du lyrisme et des grands sentiments ; dans le procédé enfin de la « contrerime », inventée par Toulet, où l'hexasyllabe, fréquemment introduit par un relatif ou une préposition, vient comme l'écho étouffé d'une sensation ou d'un souvenir : « L'immortelle et l'œillet de mer/Qui pousse sur le sable » (XL), « Dans un palais d'aventurine/Où se mourait le jour » (XLIV). On peut reprocher à Toulet un goût trop exclusif de la jonglerie verbale, qui peut aller du mauvais calembour au pastiche parnassien : « Et le style d'or pur qui mon rêve a tracé » (LXXIII). Cette volonté affectée de ne pas être dupe d'une trop facile « inspiration », ces réticences qu'il manifeste devant les prétentions métaphysiques des poètes symbolistes, et qui lui font rimer « Dédale » avec l'argotique « que dale » *(sic)*, porter « le crincrin de la blague et le sistre du doute » dans la chasse gardée de l'élégie et de la nostalgie amoureuse, donnent aux *Contrerimes* une disparate (séduisante) que seul vient réduire le travail minutieux de la forme, par quoi Toulet s'inscrit dans la lignée de Gautier et de Moréas. Lucide, peut-être trop, le poète sait devenir poéticien pour définir, d'après Whistler, à la fois l'idéal et les limites de son art : « Une œuvre est parfaite où ne demeure nulle trace des moyens y appliqués. »

J.-P. de Beaumarchais

TOURNIER Michel

(né en 1924)

Depuis 1970, les œuvres de Michel Tournier ont assuré à leur auteur une célébrité un peu paradoxale. Alors que les « nouveaux romans », du moins selon les critères de l'Université, sont devenus des classiques, que la plupart des critiques et des sémiologues soulignent à quel point la littérature « moderne » s'attache à détruire le sens de l'œuvre, un écrivain s'impose qui recourt aux artifices les plus usuels de l'écriture ; peu importerait alors l'élaboration originale de la technique qui, de Flaubert à Robbe-Grillet, constituait le point de départ et l'aboutissement du langage littéraire et de ses significations multiples. L'écrit, se voulant explicite, consacrerait le retour d'un « message » transcendant la forme même de l'expression.

Il est cependant difficile de voir en cette œuvre, déployant, livre après livre, de nouveaux mythes, une simple collection d'« histoires », qui expliqueraient candidement ce qu'il faut comprendre. Tournier se plaît d'ailleurs lui-même à souligner l'ambiguïté de sa démarche : « Mon propos n'est pas d'innover dans la forme, mais de faire passer au contraire dans une forme aussi traditionnelle, préservée et rassurante que possible une matière ne possédant aucune de ces qualités » (*le Vent Paraclet*). Affirmation qui vise à mettre en garde le lecteur : *Vendredi ou les Limbes du Pacifique* n'est sans doute pas seulement une nouvelle version du mythe du bon sauvage, ni *les Météores* « une illustration du grand thème du couple humain » ; cette « matière » inquiétante qui compose les mythes exploités, falsifiés ou inventés par Tournier rappelle plus les romans philosophiques de la littérature allemande, de Novalis à Hermann Hesse, que le récit balzacien. La philosophie et la culture germaniques restent d'ailleurs pour l'écrivain des références majeures – et le titre d'un de ses ouvrages, *le Roi des Aulnes,* souligne notamment un rapprochement avec un poème de Goethe.

De la philosophie au roman

De fait, Tournier fut très tôt initié par sa famille à ce qu'il appelle la *Germanistik.* Son père, directeur général du Bureau international des éditions de musique, et sa mère étaient d'anciens universitaires germanistes.

Né à Paris, le futur romancier commence ses études au collège Saint-Eremberg de Saint-Germain-en-Laye (1935-1937), et devient ensuite pensionnaire chez les pères d'Alençon, expérience d'un an qui lui inspirera les années de collège d'Abel Tiffauges dans *le Roi des Aulnes* et d'Alexandre Surin dans *les Météores.* Puis, étudiant à la faculté de droit et de lettres de Paris, il soutient un D.E.S. de philosophie à la Sorbonne. En 1946, il obtient d'être un des premiers chercheurs français à retourner dans une Allemagne « qui fumait encore de la guerre à peine terminée » (*le Vent Paraclet,* 1977) et, jusqu'en 1949, il travaille à l'université de Tübingen. À cette date, il revient en France et se présente à l'agrégation de philosophie. Mais il n'est pas même admissible, et cet échec marquera pour lui un changement d'orientation radical. Renonçant à tenter de nouveau « ce bachot hypertrophié, bouffi, ubuesque » (*le Vent Paraclet*), renonçant à la carrière d'enseignant qui semblait s'offrir à lui, Michel Tournier entre à la radio française (alors R.T.F.) comme producteur et réalisateur, fonctions qu'il occupera jusqu'en 1954. Puis, durant quatre ans, il devient attaché de presse à Europe 1. C'est ensuite que Michel Tournier entre réellement en littérature : de 1958 à 1968, il dirige le service littéraire des éditions Plon, et surtout il commence la rédaction de *Vendredi ou les Limbes du Pacifique* (qui sera publié en 1967) et du *Roi des Aulnes* : longue maturation durant laquelle il s'efforça de donner l'équivalent littéraire de « ces sublimes inventions métaphysiques » que sont le *cogito* de Descartes, ou le schématisme kantien (*le Vent Paraclet*).

Le philosophe prend sa revanche. *Vendredi*, dès sa parution, est un succès, et son auteur reçoit le grand prix de l'Académie française en 1967.

Vendredi ou les Limbes du Pacifique

SYNOPSIS

Au matin du 30 septembre 1759, suite au naufrage de la *Virginie*, Robinson se retrouve seul sur une île inconnue, déserte, du Pacifique, quelque part entre l'archipel Juan Fernandez et les côtes du Chili. N'ayant pu s'enfuir sur l'*Évasion*, bateau qu'il a fabriqué, et ayant récupéré dans l'épave de la *Virginie* ce qu'il pouvait en sauver, il entreprend de survivre sur l'île qu'il a rebaptisée Speranza, après lui avoir donné le nom de Désolation (chap. 1-2), et décide de la « civiliser ». Pour lutter contre la solitude et la tendance à la régression infantile qui le pousse à se plonger dans une souille, il s'astreint pour demeurer « humain » à nombre d'activités matérielles et intellectuelles, dominant ainsi Speranza et lui-même en y faisant régner un ordre rationnel. Toutefois, le manque de relations affectives et sexuelles le mène à voir en Speranza une mère, une épouse (3-6). C'est alors qu'il sauve involontairement un Indien Araucan que ses congénères allaient dévorer : il le baptise du « nom du jour de la semaine où [il] l'[a] sauvé : Vendredi » (7). Bien qu'il se montre serviteur docile, Vendredi n'adhère manifestement pas aux valeurs de Robinson. Un jour, par inadvertance, en fumant la pipe près de barils de poudre, il fait exploser toute l'œuvre de son maître (9).

Désormais, Vendredi apprendra à Robinson à vivre autrement, l'entraînera vers un ordre différent. L'âme aérienne de Vendredi ouvre Robinson vers l'air, le ciel, le soleil ; Robinson et Vendredi deviennent les Gémeaux de la Cité solaire, unanimes. L'arrivée de la goélette *Whitebird*, vingt-huit ans, deux mois et dix-neuf jours après le naufrage de la *Virginie*, détruit cette harmonie. Vendredi, victime de sa fascination pour les voiles et les gréements, eux aussi de nature éolienne, part sur le *Whitebird*. Robinson, délibérément resté sur Speranza, se découvre seul au matin. Désespéré de cette trahison, il gagne l'amas rocheux qui masque l'entrée de l'alvéole de Speranza mère, lorsqu'en surgit Jaan, le mousse du *Whitebird*, aussitôt rebaptisé Jeudi : l'éternité sereine des Dioscures peut reprendre…

Le prix Goncourt, qui en 1970 couronne *le Roi des Aulnes*, confirme définitivement la notoriété de l'écrivain.

Le Roi des Aulnes

SYNOPSIS

« ÉCRITS SINISTRES D'ABEL TIFFAUGES ». Dans une sorte de journal (du 3 janvier 1938 au 4 septembre 1939), Abel Tiffauges évoque les brimades et humiliations reçues au collège Saint-Christophe et l'étrange protection dont il bénéficie de la part du fils du concierge, Nestor ; son métier de garagiste place de la Porte-des-Ternes ; ses amours malheureuses avec Rachel ; son goût pour les enfants et la fausse accusation de viol portée contre lui par la petite Martine, etc. Il laisse entendre surtout, parmi ses très nombreuses réflexions sur le monde, combien il se sent monstrueux, un « ogre » de plus en plus voué à la « phorie » [en grec, l'action de porter], détenteur d'une « force ténébreuse » qui le lie au destin du monde et lui sauve la vie par deux fois.

II. « LES PIGEONS DU RHIN ». Mobilisé à Nancy, il devient colombophile militaire avant d'être fait prisonnier en juin 1940.

III. « HYPERBORÉE ». Il se retrouve au camp du Moorhof, dans une Prusse-Orientale avec laquelle il se sent d'étranges affinités, et réussit à se façonner un petit espace de liberté relative.

IV. « L'OGRE DE ROMINTEN ». À l'automne, il est transféré au service du pavillon de chasse de Göring, le Jägerhof, et devient valet de chasse du Grand Veneur du IIIe Reich. En avril, il demande à être affecté à la forteresse de Kaltenborn, une « napola », prytanée pour 400 adolescents de douze à dix-huit ans (les *Jungmannen*).

V. « L'OGRE DE KALTENBORN ». Il s'occupe d'abord du ravitaillement, fréquente le laboratoire du raciologue SS Blättchen, puis devient recruteur de jeunes enfants pour la napola et, après le départ de Blättchen, maître du laboratoire. Il constate, dans ses « Écrits sinistres » dont il reprend la rédaction, que, depuis sa mobilisation, les signes les plus divers n'ont cessé de se multiplier autour de lui. Maintenant il se sent véritablement devenu ogre.

VI. « L'ASTROPHORE ». Abel Tiffauges, hanté par le légendaire roi des Aulnes, a choisi définitivement la Prusse-Orientale. Lors de l'attaque de la forteresse de Kaltenborn par les Russes, Abel s'enfuit, portant sur ses épaules Éphraïm, un enfant juif qu'il a recueilli, et disparaît dans la vase des marécages en voyant « une étoile d'or à six branches qui tournait lentement dans le ciel noir ».

Depuis lors, Michel Tournier se consacre presque totalement à la littérature, publiant des romans (*les Météores*, 1975 ; *Gaspar, Melchior et Balthazar*, 1980 ; *Gilles et Jeanne*, 1983 ; *la Goutte d'or*, 1986 ; *Éléazar ou la Source et le buisson*, 1996) ou des contes et des nouvelles (*le Coq de bruyère*, 1978 ; *le Medianoche amoureux*, 1989), des *Petites Proses* (1986), aussi, et, plus tardivement, une pièce, *le Fétichiste* (1997) – « un acte pour un homme seul » –, représentée dès 1974 ; il collabore aux *Nouvelles littéraires*, au *Monde*, au *Figaro* et, depuis 1972, il siège à l'académie Goncourt. Parallèlement à cette activité, Tournier, passionné de photographie, a participé aux Rencontres internationales d'Arles et a publié des « images et proses » : ensemble de textes commentant librement les œuvres de photographes divers (*Des clefs et des serrures*, 1979) et, plus particulièrement, d'Édouard Boubat (*Vues de dos*, 1981 ; *Journal de voyage au Canada*, 1985) ou de Minkkinen (*Waterline*, 1994).

Tournier est aussi l'auteur exigeant et subtil de textes destinés aux enfants : *Vendredi ou la Vie sauvage* (1977) qui fait plus qu'« adapter » son premier roman, *Pierrot ou les Secrets de la nuit* (1979), *Barbedor* (1980), *Que ma joie demeure* (1982), *les Rois mages* (1983), *la Couleuvrine* (1994). Essayiste enfin, Tournier exprime ses préoccupations littéraires et commente la genèse de ses principales œuvres dans *le Vent Paraclet* ; il explique sa conception de l'écriture et son rapport privilégié à la littérature allemande dans *le Vol du vampire* (1981) ; il s'interroge sur la peinture et l'image contemporaines dans *le Tabor et le Sinaï* (1988) ; il compose un petit traité sur les catégories complémentaires ou antinomiques de la pensée (*le Miroir des idées*, 1994 et 1996), ou encore consacre ses *Célébrations* (1999 et 2000) aux signes culturels et aux faits divers les plus anecdotiques qui, tous, constituent « la richesse inépuisable du monde ».

Mythes et métaphysique

« Le passage de la métaphysique au roman devait m'être fourni par les mythes » : tel est l'exposé de principe que formule l'auteur dans *le Vent Paraclet* ; et de fait il n'est chez lui aucun roman, aucune nouvelle qui ne fasse intervenir des mythes : mythe de Robinson Crusoé dans *Vendredi*, mythe de la gemellité dans *les Météores*, mythe des Rois mages dans *Gaspar, Melchior et Balthazar*, figures mythiques de la Pucelle et du démoniaque maréchal de Rais dans *Gilles et Jeanne*. Mais le plus souvent, le romancier récrit une version totalement différente, modifie la leçon traditionnelle ; ainsi les mythes bibliques changent-ils souvent de perspective – seule chance, pour Tournier, de survie réelle d'une mythologie – : dans « la Famille Adam » (*le Coq de bruyère*), au mythe de la Genèse se mêle celui, plus platonicien, de l'androgyne (Adam serait un être bisexué que Dieu aurait scindé en deux moitiés mâle et femelle, toujours en recherche d'elles-mêmes) ; l'opposition entre Caïn et Abel, qui recouvre la distinction entre sédentaire et nomade, s'achève par la gloire de Caïn, chez qui Jéhovah, « fourbu par la vie nomade », vient finalement résider ! Éléazar, le pasteur irlandais, reproduit, en 1845, l'Exode et les tribulations de Moïse, en traversant d'est en ouest les États-Unis avec sa famille – « frappé par la similitude évidente des mots *Canaan* et *Californie* » (*Éléazar ou la Source et le buisson*). À la fin de *Gaspar, Melchior et Balthazar,* Tournier introduit un quatrième Roi mage, Taor, personnage issu d'une légende purement orale et très schématique, qui ne figure pas dans les textes sacrés ; peu importe : c'est le philosophe métaphysicien qui s'exprime dans ces fallacieux récits : « À un niveau supérieur, le mythe, c'est toute une théorie de la connaissance ; à un étage plus élevé encore, cela devient morale, puis métaphysique, puis ontologie, etc., sans cesser d'être la même histoire » (*le Vent Paraclet*).

Dès lors, pour Tournier, le personnage, tout comme l'homme, n'est qu'un animal mythologique ; vivant dans un réseau serré d'histoires et d'images qui définissent son existence et qui l'orientent de façon décisive. Il appartient à l'écrivain de modifier « ce bain d'images » dans lequel vivent les contemporains.

Une littérature de l'initiation

Vue sous cet angle, la littérature a pour fonction essentielle de former, d'« initier ». Tournier souligne fréquemment l'importance de ce mot, qu'il préfère au terme « éduquer ». Le romancier ne saurait être, à l'image de l'ennuyeux professeur, le pédagogue qui ne fournit qu'une information contraignante : il doit montrer toutes les étapes, tous les cheminements complexes de la connaissance de soi et du monde. Tous les héros de ses romans sont ainsi « initiés » soit par un autre personnage – Robinson découvre ses relations affectives avec son île et avec le cosmos grâce à Vendredi ; Abel Tiffauges prend conscience de sa « phorie », de sa vocation de « porteur » grâce à Nestor –, soit par un voyage, revêtant l'aspect traditionnel de la quête – les trois Rois mages partent à la recherche du Christ pour connaître le mystère de l'art, du pouvoir et de l'amour ; un quatrième, Taor, adolescent sans personnalité parti à la recherche d'un « rahat loukoum », découvre l'amertume « salée » de l'existence, la profondeur du monde : « Depuis que j'ai quitté la côte de Malabar, chaque chose, chaque animal, chaque homme possède un sens apparent, lequel en cache un second, lequel déchiffré trahit la présence d'une troisième signification, et ainsi de suite ; et il en est de même pour moi » (*Gaspar, Melchior et Balthazar*). Ainsi pour les personnages de Tournier – comme pour ses lecteurs –, « tout est signe. Mais il faut une lumière, ou un cri éclatant, pour percer notre myopie ou notre surdité » (*le Roi des Aulnes*). Au romancier incomberait donc la tâche de révéler le sens caché des choses ; à travers le fourmillement des récits légendaires, il s'agirait, ni plus ni moins, de saisir une essence.

Une fausse transparence

Cependant, tout se passe comme si, au moment de dévoiler la signification claire du mythe, but de la quête initiatique, Tournier repoussait l'échéance du sens ; il semble qu'établir une vérité stable répugne au romancier. L'explication ne fait le plus souvent que désarmer le lecteur ; souvent parce que les sens sont si évidents que le but de la quête paraît dérisoire : « À vrai dire, le second degré est tellement transparent qu'il se confond avec le récit naïf. » Cette remarque de l'auteur sur son récit « Amandine ou les Deux Jardins » pourrait s'appliquer à l'ensemble des contes et nouvelles du *Coq de bruyère* : le sens n'est que le prétexte à un jeu littéraire. À l'inverse, « le second degré » s'obscurcit parfois dans la contradiction. Dans *Gaspar, Melchior et Balthazar,* Jésus mêle des attributs incompatibles : grandeur et petitesse, puissance et innocence, plénitude et pauvreté. Cette sorte d'antithèse non résolue, qui recouvre quelquefois ce que les rhétoriciens appellent « oxymore », trouve chez Tournier son accomplissement dans la figure conjointe du nomade et du sédentaire : « J'étais [...] un voyageur sédentaire », déclare Balthazar, comme le pourraient affirmer Vendredi ou Abel Tiffauges ; dans le monde antilogique du roman, il n'y a, pour finir, rien de clair : la vie reste en soi indéchiffrable et l'être-là des choses n'en révèle jamais l'essence absolue.

Le roman du possible

Ainsi les longs romans de Tournier présentent-ils des sens qui prolifèrent, se contredisent sans jamais paraître définitifs ; c'est que, pour Tournier, l'œuvre romanesque doit être une pluralité de significations possibles : celles-ci doivent être suspendues, éventuelles et, selon le mot de Barthes, « rôder » en nomades, sans jamais s'établir comme vérités.

Il faut sans doute ainsi expliquer la prédilection qu'avoue l'écrivain pour les personnages non seulement « marginaux », mais surtout inclassables, comme Alexandre, figure privilégiée des *Météores,* sorte d'« éboueur aristocrate » au statut social et culturel incertain ; inclassables comme tous les enfants et les « pervers » qui peuplent les œuvres de Tournier ; car les uns et les autres ont à ses yeux l'immense avantage de ne pas être définitivement intégrés dans une structure sociale, familiale – et donc mentale – précise. Ils sont vraiment les « héros du possible », à la sexualité en devenir. Pour ne parler que des adultes, « Abel Tiffauges se révèle comme un grouillement de perversions larvées » (*le Vent Paraclet*) : vampirisme, anthropophagie, coprophilie, fétichisme, etc. Et si Alexandre aime tant son métier de « prince de la gadoue », s'il vit dans les terrains vagues où s'entassent les déchets, les objets inutiles et hétéroclites, c'est que « toutes ces formes couvertes de signes » constituent « toute une littérature bavarde et sans objet » qu'il n'en finit pas de déchiffrer. Toutes ces « choses » d'une société expriment des sens pléthoriques mais diffus. Les gadoues des *Météores* ne sont pas si éloignées des terrains vagues et des décombres des *Projet pour une révolution à New York* et autres *Souvenirs du Triangle d'or* : chez Robbe-Grillet aussi les sens abondent pour mieux s'abolir dans l'insignifiance.

De la même façon, la « régression » de Robinson, dans *Vendredi,* peut s'expliquer par une perte de conscience des signes et des conventions de la société « civilisée » ; à la fin de l'ouvrage, le déraciné retrouve la joie de l'instant, d'un temps sans orientation et sans utilité, loin du sens que les hommes lui donnent.

Le romancier sera pervers ou ne sera pas

À tous ces pervers qui refusent les normes du langage et de la société Tournier s'associe étroitement, en se définissant comme « pervers polymorphe », formule que Freud utilisait pour désigner un stade de la psychologie enfantine. Il s'agit de « brouiller » la réalité romanesque pour offrir au lecteur une multiplicité d'interprétations possibles. Au reste, l'écrivain est convaincu que, pour paraphraser une célèbre formule de Barthes, « l'auteur propose et le lecteur dispose » ; en effet, « Un roman peut certes contenir une thèse, mais il importe que ce soit le lecteur, non l'écrivain, qui l'y ait mise » (*le Vol du vampire*).

L'œuvre de Tournier ne tente donc pas d'éliminer la signification conventionnelle du mot, perspective que l'écrivain juge vaine ; mais cette pléthore de mythes, de matière romanesque l'apparente à certains romans de Günter Grass : univers foisonnant que son instabilité sémantique préserve de la classification, donc de la mort. Le romancier demeure l'être imprévoyant et imprévisible dont les œuvres, comme les pas du quatrième Roi mage, « miment la progression d'un esprit en quête de vérité, une vérité toujours en reflux ». La littérature, comme l'existence, reste pour Tournier une errance sans signification établie.

J.-P. Damour et L. Acher (synopsis)

TRIOLET Elsa

*Née **Elsa KAGAN** (1896-1970)*

Née à Moscou, Elsa Kagan fait des études d'architecture en Russie et y publie ses premiers romans, encouragée par Gorki. Belle-sœur de Maïakovski (cf. la *Correspondance, 1921-1970* d'Elsa et de sa sœur Lili Brik, épouse du poète, 2000), elle traduit plusieurs de ses poèmes en français et rencontrera grâce à lui (après un voyage à Berlin avec son premier mari, André Triolet) Louis Aragon, dont elle partagera la vie à partir de 1928. Sa première œuvre en français, *Bonsoir Thérèse,* paraît en 1938 ; l'année suivante, elle publie un livre de souvenirs, *Maïakovski, poète russe.* Au cours de la Seconde Guerre mondiale, elle prend une part active à la Résistance et participe à la création du Comité national des écrivains et des *Lettres françaises,* auxquelles elle collaborera régulièrement. De cette époque datent deux romans, *Mille Regrets* (1942) et *le Cheval blanc* (1943), et un recueil de nouvelles, d'abord publiées clandestinement, *Le premier accroc coûte deux cents francs* (prix Goncourt 1945), qui contient « les Amants d'Avignon », « la Vie privée ou Alexis Slavsky, artiste peintre » et « Cahiers enterrés sous un pêcher ». Son œuvre ultérieure restera imprégnée du souvenir de ces temps douloureux, qu'il s'agisse d'une protestation devant le risque de guerre nucléaire (*le Cheval Roux,* 1953), d'une chronique ironique sur l'exil comme *le Rendez-vous des étrangers* (1956), du roman *le Monument* (1957), qui marque sa rupture avec le stalinisme, ou du cycle romanesque de *l'Âge de nylon,* où elle apparaît comme un écrivain réaliste-socialiste affirmant ses idéaux démocratiques : *Roses à crédit* (1959), *Luna-Park* (1959), *l'Âme* (1963). Les éditions Robert Laffont entreprirent, à partir de 1964, la publication des *Œuvres romanesques croisées* d'Elsa Triolet et d'Aragon. Après la traduction d'une *Anthologie de la poésie russe* (1965), elle donna encore *Écoutez voir* (1968), *la Mise en mots* (1969), *Le rossignol se tait à l'aube* (1970). Elsa Triolet est morte à Saint-Arnoult-en-Yvelines, à l'âge de soixante-treize ans.

Dans l'œuvre d'Elsa Triolet, le fantastique et la part du rêve tiennent une place importante : souvenirs d'une Russie mythique dans cette sorte de conte merveilleux qu'est l'enfance de Louise (« Cahiers enterrés sous un pêcher ») ; personnages hors du commun : Blanche, l'énigmatique protagoniste, toujours absente, qui nourrit la quête de Justin dans *Luna-Park,* ou Jenny Borghèse, vedette internationale, héroïne surdouée de *Personne ne m'aime* (1946) ; retranchement dans le monologue intérieur et l'espace onirique comme dans *Le rossignol se tait à l'aube.* De fait, Elsa Triolet semble avoir eu très tôt un goût très prononcé pour les récits invraisemblables, le merveilleux du monde moderne et l'évocation d'amours passionnelles, sinon d'aventures idylliques. Héritière de la fantaisie slave et du surréalisme, qu'elle a traversé, Elsa Triolet, surtout dans ses premiers romans, fuit le réel.

C'est la guerre, avec le rôle que les femmes ont dû jouer sur les plans historique et politique, la découverte de la souffrance, de l'injustice et de l'horreur, qui marque dans l'œuvre d'Elsa Triolet une coupure très nette entre ces deux univers incompatibles : celui de l'idéal et de l'âme et celui des contraintes matérielles, de la misère et du mal. Ce déchirement profond est indiqué avec force dans l'avant-propos, bref et sobre, de « la Vie privée ou Alexis Slavsky, artiste peintre » : « J'ai envie de parler de la rose et du rossignol, d'une belle nuit, d'une belle journée et d'une belle vie, du bonheur et de drames fragiles, faciles et inconsistants [...] Mais la vie me tient par le poignet, et je tombe, je tombe, comme si j'avais une pierre au cou, jusqu'au fond de la réalité. »

« La Vie privée ou Alexis Slavsky, artiste peintre »

SYNOPSIS

Alexis et sa maîtresse Henriette ont dû fuir Paris au moment de la démobilisation (I). Ils s'installent à Lyon (II) et passent l'hiver 40 repliés sur eux-mêmes (III). Les amis qu'ils rencontrent ne leur apportent que des nouvelles alarmantes sur Paris (IV). Malgré les soins que lui prodigue Henriette, Alexis s'aigrit et cesse de peindre (V). Leur vie privée, à la merci des perquisitions, se réduit comme une peau de chagrin (VI-VII). Ils se réfugient un temps dans les Basses-Alpes (VIII). Une intrigue amoureuse s'y noue entre le peintre et une jeune femme dont le mari est absent (IX). De retour à Lyon le couple Alexis-Henriette est brisé par cette fugitive liaison. Alexis se met à boire (X). Ils doivent quitter leur pension (XI). Alexis rencontre une seconde et dernière fois Catherine (XII). Il n'y a pas d'amour heureux : le couple Henriette-Alexis est blessé dans son cœur comme cette ville désolée par la guerre (XIII). Resté seul alors qu'Henriette est partie à la recherche d'un nouvel abri, Alexis est opéré d'urgence d'une péritonite (XIV). Il quitte Lyon et rejoint Henriette à la campagne (XV-XVI) où ils doivent partager une triste maison avec une vieille femme envahissante (XVII). Alors que la guerre va s'achever, ils rencontrent Louise qui leur parle du combat qu'elle mène dans la Résistance pour la liberté et la dignité (XVIII). Celle-ci sera arrêtée. Mais le sacrifice des Résistants aura-t-il été vain ? Alexis se remet enfin à peindre (XIX).

Ainsi l'œuvre d'Elsa Triolet est-elle avant tout un témoignage sur la déshumanisation provoquée par l'Occupation, le cortège d'horreurs qui ont accompagné l'invasion nazie : déportation, torture, collaboration, et une célébration lyrique de la Résistance, plus particulièrement du courage des femmes (cf. « les Amants d'Avignon »). Partiellement autobiographique, la prise de conscience des difficultés de la vie, mais aussi du prix de la solidarité (« Je pensais à Jenny, s'écrie la narratrice de *Personne ne m'aime*. Personne n'aime personne ? oh, fraternité des années héroïques de la Résistance ! Elle existait, elle était la plus forte »), de la détresse des humbles, bref du « monde réel », est donc apparue chez Elsa Triolet comme chez Aragon à la suite du traumatisme de la Seconde Guerre mondiale. De même que celui-ci a tourné le dos aux mots et aux jeux gratuits du surréalisme à partir du *Roman inachevé*, de même Elsa Triolet s'est désormais intéressée aux choses, et non plus seulement à la magie du langage romanesque jusque dans *le Grand Jamais* (1965), où l'analyse sociologique se mêle à la réflexion métaphysique.

Soucieuse de véhiculer un message et de s'engager, l'œuvre d'Elsa Triolet, malgré ses qualités d'invention au niveau de l'intrigue, n'échappe alors à aucun des pièges du néoréalisme : lourdeur et didactisme, personnages servant à la démonstration, écriture conventionnelle, etc. Aussi est-ce dans la spontanéité des récits écrits pendant la clandestinité de la Résistance qu'Elsa Triolet a su donner le meilleur d'elle-même en rejoignant, sur le plan romanesque, le lyrisme avec lequel Aragon a exprimé le drame de l'amour déchiré.

B. Valette

Tristan et Iseut (les romans de)

(XIIe-XIIIe siècles)

Comme l'histoire légendaire d'Arthur à laquelle elle est très tôt liée, la légende de Tristan et d'Iseut, qui a donné naissance dès le Moyen Âge au mythe de l'amour fatal, de la passion menant inéluctablement à la mort, est essentiellement d'origine celte.

De la légende aux récits français du XIIe siècle

Le nom de Tristan est celui d'un héros royal d'origine picte (peuple du nord de l'Écosse), Drust, fils de Talorc (dont la forme galloise sera Drystan ou Trystan) à qui s'est attaché le motif du combat pour la délivrance d'une princesse livrée à un monstre afin de satisfaire aux exigences d'un tribut. Remontent sans doute au stade picte des lieux comme le Léonois (le Lothian), patrie du héros, ou la forêt du Morois, analogue à la région du Moray (en Écosse). Ce sont les conteurs gallois – à en juger par les mentions des *triades* galloises – qui ont rattaché le héros picte à l'histoire d'Arthur et de ses plus anciens compagnons et en ont fait l'amant de la reine Essylt, femme du roi March. Ce sont eux surtout qui ont dû façonner l'histoire des amants sur le modèle d'un des plus célèbres récits irlandais d'enlèvement (*aithed*), celui de Diarmaid et de Grainne. Ce récit raconte en effet comment Grainne, épouse du vieux roi Finn, s'éprend de Diarmaid et l'oblige, en le soumettant à un enchantement (une *geis*), à s'enfuir avec elle dans la forêt où ils sont bientôt poursuivis par le roi. Diarmaid qui, par fidélité envers Finn a d'abord respecté Grainne, finit par consommer leur union (épisode de l'eau aventureuse). Au cours de ses aventures compliquées, le couple est à plusieurs reprises protégé par un personnage de l'autre monde, Oegrin, qui intercède en leur faveur auprès de Finn. Les analogies sont nombreuses entre Diarmaid et Grainne (et d'autres récits irlandais comme Deirdre et Neisu) et l'histoire de Tristan et Iseut. Mais on a à juste titre insisté sur les différences qui séparent au plan culturel, idéologique, psychologique, artistique, les sagas irlandaises des récits français. Ces rapprochements permettent cependant d'entrevoir comment les conteurs gallois ont utilisé des schèmes narratifs et un type de représentation essentiellement tragique de la passion pour donner corps à la légende de Tristan, donner à des personnages, Tristan, Marc, Iseut, que rien à l'origine ne reliait, une histoire commune. Ont également apporté leur contribution à la formation de la légende la Cornouailles anglaise – le roi Marc, dont le nom signifie « cheval » dans toutes les langues celtes, est plus précisément lié à cette région et à la forteresse de Tintagel – mais aussi la Bretagne continentale où se déroule la partie finale de l'histoire, le mariage de Tristan avec Iseut aux Blanches Mains et la mort des amants. Signalons enfin la présence dans l'histoire de nombreux motifs que l'on retrouve aussi bien dans la mythologie classique que dans les contes populaires ou dans les traditions d'origine orientale. Repérer les sources de l'histoire ne saurait cependant être une fin en soi ; ce qui importe, c'est leur utilisation contextuelle et les modifications dont ils font alors l'objet.

P. Gallais a soutenu la thèse de l'origine orientale du *Tristan*. De fait, il existe entre l'histoire de Tristan et le récit persan de *Wis et Ramin* des analogies remarquables au niveau des situations narratives, des personnages, des motifs utilisés. Il semble cependant difficile de conclure, avec P. Gallais, à un « lien de parenté directe » entre les deux œuvres. Cette théorie en effet fait trop bon marché de l'ancrage celte de la matière du *Tristan*, de ses liens anciens avec la matière de Bretagne ; elle ne tient pas assez compte non plus du contexte culturel et littéraire dans lequel s'est élaborée l'histoire, contexte marqué par une interrogation multiple sur la nature de la passion d'amour et sa place dans la nouvelle société courtoise.

C'est très certainement à la cour anglaise d'Henri II Plantagenêt, couronné en 1154 ou, déjà, dans ses domaines continentaux (Normandie, Anjou) ou ceux de son épouse, Aliénor, duchesse d'Aquitaine, comtesse de Poitiers, que la légende de Tristan s'est transmise des conteurs bilingues gallois et bretons aux conteurs français. Plusieurs textes signalent ainsi l'existence d'un célèbre conteur gallois, Bledhericus/Bréri, dont, selon Thomas (v. 2119 et suiv.), la version du *Tristan* aurait fait autorité. Quoi qu'il en soit de Bréri, il semble certain que c'est dans l'ouest de la France, dans un milieu où, dès le début du XIIe siècle, les troubadours exaltent une nouvelle éthique de l'amour, la *fin'amor*, et où vers 1150 apparaissent simultanément le roman antique (*Thèbes* puis *Énéas*) et le roman breton (sous la forme, encore proche de la chronique, du *Brut* de Wace) que s'est diffusée oralement mais aussi, vraisemblablement, a été mise en écrit l'histoire des amants de Cornouailles. On peut en effet déduire des allusions relativement anciennes (vers 1130-1150) des troubadours à l'amour de Tristan et des allusions des écrivains eux-mêmes à leurs sources qu'il existait vers le milieu du XIIe siècle, antérieurement donc aux textes conservés, non pas un récit unique, archétype de tous les récits ultérieurs, comme a tenté de le démontrer J. Bédier et, après lui, toute une génération de critiques, mais une sorte de *vulgate* de l'histoire, faisant dans une large mesure autorité, imposant un schéma narratif d'ensemble tout en tolérant de très sensibles variantes. Ainsi s'expliquerait à la fois le respect, par tous les conteurs du *Tristan*, d'une trame commune tout comme leurs divergences sur tel ou tel épisode.

Les récits français et les adaptations étrangères (XIIe-XIIIe siècles)

Nous n'avons gardé aucune trace d'un roman de *Tristan* écrit par un certain La Chievre et que mentionne la Branche II du *Roman de Renard*, ni du conte du roi Marc et d'Iseut la Blonde que cite Chrétien de Troyes au nombre de ses œuvres antérieures dans le prologue de *Cligès*. Quant aux deux grandes versions conservées, celle de Thomas et celle de Béroul, il ne nous en reste que des fragments très mutilés et c'est à travers des adaptations étrangères, celle d'Eilhart d'Oberg, en moyen haut allemand (vers 1170-1190), la traduction en prose norroise, très résumée mais très fidèle, qu'a faite frère Robert (en 1226) du récit de Thomas, l'adaptation beaucoup plus libre et de toute manière inachevée qu'a faite de Thomas également Gottfried de Strasbourg (vers 1210) que l'on peut tenter de reconstituer les parties perdues des récits français.

De la version complète de l'histoire composée vers 1175 par Thomas, un clerc vivant en Angleterre et qui a très certainement écrit pour la cour des Plantagenêts, il ne reste que des fragments (3 144 vers) donnant la seconde partie du récit, l'exil de Tristan, son mariage (non consommé) avec Iseut aux Blanches Mains et la mort des amants. On date de 1176-1180 environ le fragment (de 4 485 vers) qui nous reste de la version de Béroul, un conteur d'origine normande mais qui a peut-être vécu en Cornouailles anglaise. Le récit de Béroul donne trois moments essentiels de l'histoire des amants : leurs amours à la cour de Marc, épiées et dénoncées par un entourage hostile (épisode initial du rendez-vous sous le pin), période que clôt l'épisode du flagrant délit et d'Iseut livrée aux lépreux ; la vie dans le Morois, à laquelle met un terme l'affaiblissement du pouvoir du philtre, qui permet le retour d'Iseut à la cour de Marc ; l'épisode du serment ambigu et de Tristan déguisé en lépreux qui marque le triomphe d'Iseut et inaugure une période de retrouvailles secrètes entre les amants. Le fragment s'interrompt au moment où Tristan tue ses deux derniers ennemis et il est impossible de savoir quel était le dénouement adopté par Béroul, dénouement identique à celui que donne Eilhart ou mise à mort de Tristan par le roi Marc.

Se greffent respectivement sur les récits de Thomas et de Béroul deux récits brefs, la *Folie d'Oxford* et la *Folie de Berne*, qui sont fondés sur le motif récurrent dans le texte tristanien du « retour » du héros sous un déguisement. Ici la folie feinte sert de prétexte aux jeux les plus audacieux sur le langage. S'y déploie librement un discours érotique chargé de fantaisie et tout particulièrement poétique, dans la *Folie d'Oxford* (évocation du palais de verre). Ces textes sont également très précieux pour notre connaissance de l'histoire car Tristan y évoque, pour se faire reconnaître de la reine, les principaux épisodes de leur passé commun.

C'est aussi sur le motif d'un retour de Tristan auprès d'Iseut, d'une brève nuit d'amour, qu'est enté le *Lai du Chèvrefeuille* de Marie de France qui s'achève sur l'espoir d'une possible réconciliation entre Marc et le héros. *Chèvrefeuille* est surtout une mise en scène de l'écriture même du lai (de la légende), ici faite par le héros lui-même, tandis que la baguette de coudrier où est gravé le nom du héros et à laquelle s'enlace le chèvrefeuille, qui meurt s'il en est séparé, est emblématique d'une passion qui est et exige une fusion totale des cœurs et des corps.

Deux textes enfin, l'un de la fin du XIIe siècle, le *Domnei des Amanz*, l'autre de 1230 environ, la *Continuation de Perceval* par Gerbert de Montreuil, racontent deux « retours » de Tristan qui dans les deux cas se ménage une entrevue avec Iseut en imitant le chant des oiseaux (*Domnei*) ou en se déguisant en ménestrel (Gerbert). Cependant, le seul récit du XIIe siècle à partir duquel on peut proposer une vue d'ensemble de l'histoire reste la version d'Eilhart.

RECONSTITUTION DE L'HISTOIRE DE TRISTAN ET ISEUT

Les enfances du héros*. Fils de Rivalen, seigneur de Léonois et de Blanchefleur, sœur du roi Marc de Cornouailles, Tristan perd sa mère à sa naissance. Soigneusement élevé par Gouvernal, il vient achever son éducation à la cour de Marc et, pour son premier exploit de chevalier, triomphe du Morhout (l'oncle d'Iseut), libérant ainsi la Cornouailles du tribut qu'elle rendait à l'Irlande. Atteint d'une blessure empoisonnée, le héros s'embarque à l'aventure sur une nef sans rame ni gouvernail et aborde en Irlande où la fille du roi, Iseut, experte dans l'art de guérir, le soigne mais (dans cette version du moins) sans jamais le voir. De retour en Cornouailles, pour dissiper la haine naissante des barons de Marc, il part en quête de la princesse aux cheveux d'or, la seule épouse qu'acceptera Marc (qui désire faire de Tristan son héritier). Le héros se retrouve de nouveau en Irlande, livre un combat contre un dragon qui dévaste le pays et obtient ainsi, pour son oncle, la main d'Iseut. La jeune fille, qui a reconnu en Tristan le meurtrier du Morhout (scène du bain), l'épargne cependant pour qu'il l'aide à démasquer le sénéchal du roi qui prétend avoir tué le monstre.*

De la scène du philtre au retour de la forêt du Morois*. En mer, Tristan et Iseut boivent par mégarde le philtre d'amour que la reine d'Irlande avait confié à Brangain. Pour éviter que les jeunes gens ne meurent littéralement d'amour (le pouvoir du philtre est tel qu'ils doivent ou s'unir ou mourir), Brangain et Gouvernal favorisent leur réunion. Au soir des noces, Brangain se substitue à Iseut dans le lit de Marc. Cependant, les ennemis de Tristan (et à leur tête Andret, autre neveu de Marc) dénoncent au roi l'adultère du couple. Les amants déjouent un premier piège, tendu par les barons et le nain (le rendez-vous épié), mais sont plus tard surpris en flagrant délit (la fleur de farine). Tristan échappe au bûcher en sautant par la fenêtre d'une chapelle et libère Iseut que Marc venait de livrer à une troupe de lépreux. Le couple se réfugie dans la forêt (du Morois, selon Béroul), rejoint par le chien Husdent à qui Tristan apprend à chasser à la muette. Le pouvoir du philtre rend d'abord le couple insensible aussi bien aux tourments physiques de « l'aspre vie » qu'aux exhortations de l'ermite Ogrin à se repentir, ou au geste de Marc qui, les surprenant endormis, les a épargnés et s'est laissé persuader de leur innocence. Au bout de trois ans cependant, le philtre cessant son effet, les amants, soutenus par Ogrin, décident de revenir à la cour. Marc reprend Iseut mais ordonne à Tristan de s'exiler. Béroul, qui suit la même trame qu'Eilhart depuis le rendez-vous épié, s'en écarte ici définitivement pour conter l'épisode du serment ambigu et de Tristan déguisé en lépreux et la mort des deux barons.*

L'exil, les retours, la mort*. Chez Eilhart donc, mais aussi chez Thomas (le premier fragment s'ouvre avec le départ en exil du héros), Tristan finit par se rendre en Petite-Bretagne ; en récompense du secours qu'il a porté à son père, le roi Hoël, Kahedin lui fait épouser sa sœur, Iseut aux Blanches Mains ; mais Tristan ne peut se résoudre à consommer le mariage. C'est cette partie de l'histoire, la moins structurée, qu'étoffent et étirent chez Eilhart les multiples « retours » de Tristan (un seul chez Thomas) auprès de la reine, sous des déguisements variés. C'est également là que peuvent s'insérer « chronologiquement » les* Folies *et le* Lai du Chèvrefeuille*. Mortellement blessé (dans des circonstances qui diffèrent d'Eilhart à Thomas), Tristan envoie chercher Iseut pour le guérir. La reine s'embarque aussitôt mais lorsque sa nef est en vue, la seconde Iseut annonce – par inadvertance chez Eilhart, par jalousie chez Thomas – que la voile est noire. Tristan meurt, désespéré. Iseut meurt à son tour sur le corps de son amant.*

Au plan des structures narratives, la caractéristique essentielle du récit tristanien est sa forme biographique. Les récits (Eilhart, Thomas et sans doute Béroul) configurent une histoire totale qui va de la naissance du héros, voire de l'histoire de ses parents, très développée chez Thomas, à sa mort et à celle d'Iseut. Les romans de *Tristan* sont ainsi la première manifestation d'un type de structure dont le développement, du XIIe au XIIIe siècle, est lié au développement même du genre romanesque.

La tonalité de l'histoire comme la pente du destin du héros sont données d'emblée par un jeu de mots, celui par lequel l'enfant reçoit de sa mère son nom, donc le sort qui lui est réservé : « tu t'appelleras Tristan car c'est dans la tristesse que tu nais ». À ce premier jeu de mots fait écho celui que fait Iseut après avoir bu le philtre et qui associe la *mer*, l'élément qui tour à tour réunit et sépare le couple, l'*amer* (l'amertume du philtre) et l'*amer* (le verbe « aimer »). Jeux de mots qui, bien entendu, ne peuvent avoir été inventés que par un conteur français.

La scène et le motif clé de cette structure sont, dans tous les récits, la scène et le motif du philtre. Quelle que soit la version considérée, le philtre provoque et désigne ce que les textes appellent « amour » mais qui est plus exactement la forme paroxystique d'un désir réciproque, qui ne laisse au couple d'autre alternative que la jouissance ou la mort et qui est perçu comme une force extérieure, aliénante et mortelle. À l'exclamation de l'Iseut de Béroul :

> *Il ne m'aime pas, ne je lui*
> *Fors par un herbé don je bui*
> *Et il en but, ce fu pechiez* **[ce fut un grand malheur]**

fait écho celle du Tristan de Thomas :

> *El beivre fud la nostre mort*
> *Nus n'en avrum jamais confort.*

En représentant le désir amoureux sous les espèces d'une force extérieure et magique, narrateurs et héros peuvent à l'évidence plaider non coupables devant Dieu, devant son représentant, Ogrin, comme devant la société. Les amants peuvent, ils doivent même, pour défendre leur vie, préserver leur amour. Par la force – mais Tristan ne peut jamais se faire devant Dieu le champion de son amour, le combat judiciaire lui est toujours refusé – et surtout par la ruse, par le recours à un langage truqué, que manipule avec virtuosité Iseut, ou grâce au déguisement, dont la maîtrise appartient à Tristan.

Il n'est pas surprenant que Dieu, au moins chez Béroul et Eilhart, soit du côté des amants ; mais il n'y a rien d'étonnant non plus à ce que le scandale de cet adultère soit dénoncé par l'ensemble de la société, par les représentants de la loi religieuse (Ogrin) et sociale (les barons). Mais il est manifeste que les barons et leur allié le nain ne sont mus que par la jalousie – une jalousie que ne dissimule même pas la seconde Iseut chez Thomas –, que par leur désir de supplanter Tristan auprès de Marc, d'évincer le trop populaire et trop brillant vainqueur du Morhout. Tout est donc mis en œuvre pour disculper les amants et inviter le public à se ranger à leur côté, contre les tenants de l'ordre moral et religieux. Mais c'est en fait sur un autre plan que celui de l'innocence ou de la culpabilité des amants, et cette fois d'une manière différente d'un récit à l'autre, que sont mis en question, dans le texte tristanien, et l'alibi qu'est le philtre et le pouvoir d'un amour fondé sur le seul désir.

Version « commune », version « courtoise »

La tradition critique répartit en deux groupes les romans de *Tristan* : la version « commune », composée des textes qui reproduisent la *vulgate*, Béroul, Eilhart, *Folie de Berne* ; la version dite « courtoise » de Thomas et de ses successeurs (*Folie d'Oxford*, Gottfried de Strasbourg, frère Robert). Si l'opposition entre version commune et version courtoise, faute d'avoir suffisamment distingué les notions de courtoisie et de *fin'amor*, a suscité des débats un peu vains sur la courtoisie de Béroul ou le caractère non courtois de Thomas, la répartition des textes en deux groupes reste justifiée. Le roman de Thomas diverge du récit de Béroul tant au plan de la chronologie, de la structuration du récit et de sa tonalité générale qu'au plan du projet et des techniques narratives. De ce point de vue, est pertinente la distinction proposée par J.-Ch. Payen entre la version « épique » de Béroul et la version « lyrique » de Thomas. Au récit de Béroul dont l'unité narrative est d'abord l'épisode centré sur les temps forts de l'histoire, récit pris en charge par un narrateur qui, par ses nombreux commentaires et adresses au public, l'invite à manifester avec lui sa sympathie pour les héros et oriente continûment le sens de l'histoire, s'oppose un texte qui, du moins dans les fragments qui nous restent, réduit à l'essentiel la narration. Thomas fait en revanche une large place aux monologues lyriques à la tonalité douloureuse, inspirés de la poésie occitane, et s'interroge longuement sur la nature de l'amour, du désir, de la jalousie. Le fragment sur le mariage puis celui de la salle aux images font ainsi alterner monologues de Tristan et interventions du narrateur envisageant les « cas » de ces quatre victimes de l'amour que sont Tristan, Iseut mais aussi Marc et la seconde Iseut et invitant le public à juger qui a la meilleure part ou qui souffre le plus. Il semble surtout que Thomas ait voulu concilier les données traditionnelles de l'histoire avec l'éthique de la *fin'amor*. À l'amour fatal qui lie malgré eux les amants de Béroul, Thomas substitue un amour d'élection dans lequel le philtre ne fait que sceller l'élan spontané, librement consenti, des amants l'un vers l'autre, dès le premier séjour en Irlande (épisode de ce fait transformé par Thomas).

Par des cheminements différents, les deux textes convergent cependant pour donner une image finalement négative de la passion. Béroul insiste bien plus que Thomas sur le caractère asocial de l'amour : après la scène du philtre, l'amour retient Tristan à la cour de Marc, loin de l'aventure héroïque ; le Morois, l'espace où les amants vivent librement leur passion, est aussi celui d'une régression, d'un retour intenable à la vie sauvage ; l'affaiblissement du philtre, qui marque sans doute le moment où la passion peut enfin se plier aux contraintes sociales, installe le couple dans un univers de ruse et de mensonge où l'atmosphère courtoise que créent un instant Arthur et sa cour masque mal la violence et la crudité du langage et de la conduite des amants tandis que s'impose l'image obsessionnelle de Tristan lépreux. Dans le texte de Thomas, qui abolit pratiquement le conflit entre l'amour et la loi dans lequel J. Bédier a vu le fondement même de la version commune, où les amants ignorent tout sentiment de culpabilité et où les obstacles extérieurs sont beaucoup moins puissants, le fragment du mariage, en développant longuement le motif du *change*, de la *novelerie* (de l'inconstance) montre comment Tristan lui-même (mais non Iseut) ne peut échapper aux pièges du désir, de la convoitise sexuelle (à l'égard de la seconde Iseut) et de la jalousie. Jalousie qu'il ressent en évoquant l'image d'Iseut livrée au bon plaisir de Marc mais qu'il suscite aussi chez sa femme et qui entraîne sa mort et celle de la reine. L'épilogue de Thomas confirme cette vision négative en s'adressant à tous les amants pour les prémunir, à travers l'histoire exemplaire du couple, contre l'inconstance, l'injustice, les peines, les douleurs et « encuntre tuiz engins [tous les pièges] d'amur ».

Le devenir du mythe

L'histoire de Tristan et d'Iseut, le mythe d'une passion fatale, source de douleur et de mort, a exercé très tôt et de façon durable une influence considérable. L'attestent non seulement les allusions relevées et les récits déjà cités mais aussi les multiples versions et adaptations étrangères qui en ont été faites en Allemagne, en Angleterre, dans les pays scandinaves, etc.

Cependant, dès le XIIe siècle, une réaction contre le mythe se dessine avec l'œuvre de Chrétien de Troyes, essentiellement le *Cligès*, souvent qualifié d'anti-Tristan, et *le Chevalier de la Charrette*. L'image idéale de Lancelot, amant de la reine Guenièvre, mais pour qui l'amour demeure la source vive de la prouesse et qui ignore les tentations du *change*, l'image d'une chevalerie qui ordonne la passion d'amour à sa recherche de la gloire mais aussi au bien de la société, voire à la défense du pouvoir royal, se superposent et s'opposent à celle des amants de Cornouailles. Dans le premier quart du XIIIe siècle enfin, le *Tristan en prose* tente de modeler le mythe tristanien sur celui de Lancelot. Écrit dans le sillage du *Lancelot en prose*, cet immense roman d'amour et de chevalerie fait de Tristan, à l'image de l'amant de Guenièvre, un chevalier errant en quête d'exploits. Il accentue ainsi la dimension héroïque du personnage et semble d'abord reprendre à son compte l'idéal chevaleresque et sentimental de son modèle. Mais, à la différence de Lancelot, la prouesse de Tristan ne s'exerce que lorsqu'il doit préserver son amour ou lorsqu'il est, malgré lui, éloigné d'Iseut. Le caractère dérisoire de l'errance chevaleresque comme l'absurdité de la passion sont mis en évidence à travers des personnages comme Dindan, Kahedin, Palamède, etc. En faisant surtout du roi Marc l'ennemi de Tristan (dans ce roman, Tristan meurt tué par son oncle), le ou les auteurs du *Tristan en prose* dénoncent finalement l'utopie sur laquelle est fondé le *Lancelot*, l'impossibilité de bâtir une société sur les seules forces du désir. Plusieurs fois remanié et amplifié, le *Tristan en prose* a connu jusqu'au XVIe siècle un immense succès. Traduit et inséré dans des compilations italienne (*la Tavola Ritonda*), espagnole et portugaise (les *Demandas* ou quêtes *du saint Graal*), dans la *Compilation de Rusticien de Pise*, il forme une part importante du *Morte Darthur* de l'écrivain anglais Thomas Malory (fin du XVe siècle). Les très nombreux manuscrits qui nous l'ont conservé, les éditions imprimées faites au XVIe siècle témoignent du succès qu'a connu tout au long du Moyen Âge ce texte, seule version française intégrale que nous possédions, et par lequel s'est transmise au cours des siècles et jusqu'à la redécouverte, au XIXe siècle, des romans en vers, l'histoire des amants de Cornouailles. [Voir aussi **CHRÉTIEN DE TROYES, *Lancelot en prose*** et **MARIE DE FRANCE**.]

CHRONOLOGIE DES RÉCITS FRANÇAIS ET DES PREMIÈRES ADAPTATIONS ÉTRANGÈRES

Milieu du XIIe siècle	Existence de la version « commune » ou *vulgate*, non conservée, de l'histoire.	**Vers 1210**	Version de Gottfried de Strasbourg.
Avant 1175	Version de Thomas.	**Vers 1220**	Tristan menestrel dans la *Continuation Perceval* de Gerbert de Montreuil.
Vers 1170-1190	Version d'Eilhart d'Oberg.	**Vers 1226**	Version norroise de frère Robert.
Vers 1176-1180	Version de Béroul et *Lai du Chèvrefeuille* de Marie de France.	**Vers 1230-1235**	Première version, perdue, du *Tristan en prose*.
Vers 1200	*Domnei des Amanz* et *Folies Tristan* d'Oxford et de Berne.	**Vers 1240**	Seconde version du *Tristan en prose*.

E. Baumgartner

TRISTAN Flora

*Pseudonyme de **Flore TRISTAN-MOSCOSO** (1803-1844)*

Comment qualifier Flora Tristan ? Féministe, républicaine, écrivain ou paria, comme elle le dit elle-même ? Peut-être est-ce le beau mot de militante qui lui rend le mieux justice.

Flora Tristan, c'est d'abord un itinéraire mouvementé : des origines mi-françaises, mi-péruviennes, un mariage (1821) avec le peintre et lithographe André Chazal, chez qui elle était ouvrière, des déboires conjugaux après la naissance de deux enfants, une séparation dramatique… Ce début dans la vie l'amène à quitter la France pour se placer comme dame de compagnie en Angleterre, puis à se rendre au Pérou pour retrouver sa famille paternelle, en 1833. De retour en France en 1835, elle publie la *Nécessité de faire bon accueil aux femmes étrangères* et prend contact avec Fourier.

D'autres séjours en Angleterre, les relations avec Owen et Cabet, les réunions de *la Gazette des femmes* vont de pair avec la rédaction des *Pérégrinations d'une paria* (1838), des *Promenades dans Londres* (1840), de *l'Union ouvrière* (1843). À partir de ce moment, la vie de Flora se confond avec les tournées de propagande qu'elle effectue dans toute la France pour faire connaître ses propositions et inciter les ouvriers à s'unir. Elle meurt d'épuisement entre deux meetings à Bordeaux.

Celle qui rédigea elle-même son épitaphe : « "Elle a parlé à des sourds", cela dit tout ce que j'ai souffert », fut véritablement une femme-guide, qui ne devait être suivie qu'après sa mort. On ne peut que reconnaître avec elle qu'elle est « une femme à part » : quasi illettrée au moment de son mariage, elle devient une femme de lettres en contact avec tous les milieux, partie prenante dans le mouvement des idées sous la Restauration et la monarchie de Juillet, et qui finit par découvrir le peuple ouvrier et la place toute particulière que la femme y occupe.

Dans son curieux roman, *Méphis* (1838), elle fait du prolétaire un « Méphistophélès qui passe les nuits dans l'agitation et la fièvre à rêver le mal et les jours à le faire », mais son héros, Méphis, écrit « la Femme guide de l'humanité », ouvrage dans lequel il déclare : « La mission de la femme [est] d'inspirer l'homme, d'élever son âme au-dessus des vaines opinions du monde, de l'obliger, par la constance de ses efforts, à se rendre capable de grandes choses. » De cette femme, « génie inspirateur de l'homme », on retrouve la trace dans *l'Union ouvrière* : « Dans la vie des ouvriers, la femme est tout. Elle est leur unique providence. Si elle leur manque, tout leur manque. »

La prédication et l'exhortation de Flora Tristan s'exercent dans la lucidité ; il s'agit de dire aux ouvriers leur grandeur, mais aussi « la vérité sur leurs défauts, leurs vices ». Ce qui prévaut, toutefois, c'est le constat qu'« aujourd'hui, le travail crée tout, fait tout, produit tout, et cependant il n'a aucun droit, ne possède rien, absolument rien ». Hélas ! Flora ira de déception en désillusion au cours de son exténuant périple : seuls les canuts de Lyon lui réserveront l'accueil qu'elle mérite ; cette âme d'élite rencontre enfin l'élite ouvrière, celle qui avait payé de son sang le droit de parler, celle pour qui ce credo semble écrit : « Je veux que la classe ouvrière réclame au nom du droit, afin qu'elle n'ait plus aucun prétexte de réclamer au nom de la force ».

G. Gengembre

TRISTAN Frédérick

*Pseudonyme de **Frédérick Tristan BARON** (né en 1931)*

Lauréat du prix Goncourt pour son roman *les Égarés* (1983), connu comme directeur des *Cahiers de l'Hermétisme*, Frédérick Tristan Baron, né à Sedan, hérite d'une affaire familiale de textile, sise à Castres. Sa vie professionnelle se double d'une précoce vocation littéraire : « Mon problème a été de trouver le quart d'heure quotidien pour ne jamais couper le fil de l'écriture. » Il adopte des pseudonymes dont la finalité ne se borne pas à protéger son anonymat : « le fait de changer de nom amène à changer d'écriture ». Il est cette Danielle SARRERA dont les vers ingénus entrent dans une anthologie, ce Jean MAKARIE qui signe des articles philosophiques et, en définitive, il choisit comme nom d'auteur ses prénoms amputés de son patronyme. Ses lectures le conduisent des mystiques allemands (Jakob Böhme) à Thomas Mann (il dirige le *Cahier de l'Herne* consacré à cet auteur) et aux surréalistes. Tristan cultive aussi un goût pour l'ésotérisme, latent dans ses livres (notamment *la Cendre et la Foudre*, prix du roman fantastique d'Avoriaz, 1983).

Son œuvre trahit avant tout une angoissante recherche d'identité. Dès *le Dieu des Mouches* (1959), un roman néo-gothique ayant pour épigraphe le *Larvatus prodeo* cartésien, Tristan crée un monde dont les personnages se présentent masqués. *Naissance d'un spectre* (1969), *le Journal d'un autre* (1975), *le Fils de Babel* (1986) évoquent l'énigme de l'être « sous les masques successifs de notre ignorance et de notre dissimulation », allant parfois jusqu'au vertige existentiel : notre « vrai visage » existe-t-il ? Et s'il existe, ne faudra-t-il pas, le dernier masque arraché, « encore un miroir pour le voir » ? (*Naissance d'un spectre*). D'où la conception d'une littérature du dévoilement, cherchant à capter la mobilité de l'être par la technique indirecte de l'érotisme, de la gémellité, du double (*les Égarés*) ou du souvenir démultiplié entre plusieurs témoins (*Stéphanie Phanistée*, 1997). C'est pourquoi, chez Tristan, le récit, riche en événements, est toujours initiatique : à travers l'autre, le narrateur découvre sa propre singularité sans pour autant satisfaire l'aspiration à une identité qui se dérobe (*le Fils de Babel*).

Conteur (*le Singe égal au ciel*, 1972 ; *la Geste serpentine*, 1978 ; *Géants et gueux de Flandres*, 1979 ; *l'Ange dans la machine*, 1990), chroniqueur de périodes charnières de l'histoire (la Renaissance, dans les *Tribulations héroïques de Balthasar Kober*, 1980 ; les années 1930 dans *les Égarés* et *Pique-nique chez Tiffany Warton*, 1998 ; les années 1950 dans *la Proie du diable*, 2001), Tristan voit dans les mythes le travestissement d'une vie souterraine tout comme il démasque sous l'illusion de l'immobilisme les tressaillements annonciateurs de guerre ou de profonds changements dans les mœurs. À mi-chemin entre roman policier et fable, *l'Énigme du Vatican* (1995) exprime à merveille cette duplicité universelle : si la légende et la réalité s'y entrecroisent sans fin, dans deux types d'écriture différents, c'est que tout est mystère – l'origine d'un manuscrit apocryphe longtemps perdu, l'identité de celui qui en a rédigé le contenu fabuleux, la personnalité de ceux qui cherchent à déchiffrer l'énigme de sa réapparition.

Cette « œuvre singulière indifférente aux modes » (C. Bonnefoy) fait écho au désarroi d'une fin de millénaire obsédée par les difficultés de la communication et de la décomposition du moi.

M.-A. de Beaumarchais

TRISTAN L'HERMITE

Pseudonyme de ***François L'Hermite, seigneur du Solier***
(1601-1655)

Après avoir été un des auteurs les plus admirés de ses contemporains, Tristan L'Hermite a connu un oubli injustifié. La redécouverte des auteurs libertins à la fin du XIXe siècle (publications de F. Lachèvre) et, plus récemment, la remise en honneur du baroque ne lui ont rendu que partiellement justice. Son œuvre, d'ailleurs, ne peut être enfermée dans ces deux mouvements. Plus original et plus nuancé, Tristan n'a été reconnu pour un auteur de premier rang que depuis les années 1960, où de nouvelles publications et l'activité de l'Association des amis de Tristan L'Hermite ont entrepris de rendre sensible et accessible la richesse de son œuvre. À partir des années 1980, des metteurs en scène de qualité, notamment J.-M. Villégier, ramènent vers son théâtre un vaste public.

Un aristocrate qui fait « profession d'écrire »

François L'Hermite est né d'une ancienne famille de la Marche, riche surtout d'un passé prestigieux : les généalogistes du XVIIe siècle lui donnaient pour ancêtres Pierre L'Ermite, le prédicateur de la première croisade, et Tristan L'Hermite, le grand chambellan de Louis XI. Son père, Pierre L'Hermite, qui a été royaliste dans une province ligueuse, est compromis dans une affaire criminelle en 1591 ; gracié en 1595 par Henri IV, mais ruiné, il rétablit sa situation en épousant Élisabeth Miron, dont la famille est puissante. François, leur fils aîné, est élevé par sa grand-mère, puis placé à cinq ans comme « gentilhomme d'honneur » d'Henri de Verneuil, fils bâtard d'Henri IV. Des jeux de son enfance avec les jeunes princes et leurs pages, il gardera nombre d'amitiés qui seront plus tard des atouts importants. L'éducation que lui dispense Claude Du Pont l'initie aux lettres : il apprend par cœur récits mythologiques, fables et romans (*l'Astrée*). Son roman *le Page disgracié* (1642), sans être une véritable autobiographie, nous renseigne sur son enfance (farces et dissipation), ses aventures d'adolescent (après un duel à treize ans, il serait parti vers l'Angleterre, l'Écosse, la Norvège), et sur ses vrais débuts dans les lettres, au service de l'historien Scévole de Sainte-Marthe, puis de grands seigneurs (le duc de Mayenne ; Gaston d'Orléans, qu'il suit au siège de Montauban en 1622 ; le duc de Guise).

On sait peu de chose de sa vie privée. Sa carrière reflète les vicissitudes politiques et les heurs ou malheurs de ses protecteurs. Tristan est un homme de clientèle, malchanceux dans ses choix ; *les Vers héroïques* (1648), les dédicaces et certaines lettres montrent qu'il cherche des protecteurs, aides passagères que lui valent ses liens familiaux ou amicaux, aides intermittentes (Gaston d'Orléans), aides durables et efficaces (le duc de Saint-Aignan, le duc de Guise, le chancelier Séguier). Pourtant, il semble s'être mal résolu aux contraintes du clientélisme. La « profession d'écrire », à laquelle il se voue dès 1624 (en adoptant le nom de Tristan), est une façon de marquer son autonomie. Ainsi, il travaille activement à faire reconnaître les droits des auteurs (vente de ses manuscrits de poésie à un libraire ; appui à Quinault pour obtenir un pourcentage sur la représentation d'une pièce). Sa vie a servi à illustrer le mythe du génie pauvre, mais il compte, en fait, parmi les écrivains favorisés ; plus dépensier (joueur) que pauvre, il est surtout peu assidu à faire sa cour aux grands, ce qu'il justifie à la fois par son caractère, sa morale, et sa fonction même de poète :

> *En effet, Monsieur, il semble que la mesme planète qui nous dispose à faire des vers nous vienne imposer la paresse [...]. Comme il est difficile d'embrasser la vie active et la contemplative tout à la fois, il est mal aisé de se rendre grand courtisan et grand écrivain tout ensemble. L'art des Muses demande trop de repos, et celuy de la Cour trop de révérences. De moy qui suis né trop libre pour faire le mestier des esclaves, j'ay suivy jusqu'à cette heure la Cour sans me la proposer pour eschole. Jamais je n'ay fait le dessein d'acquérir du bien pource que je n'ay jamais fondé de bonheur sur les richesses.*
>
> (Lettre au comte de Moret)

Il privilégie donc sa carrière littéraire. Son goût précoce pour les lettres l'a vite lié avec d'autres écrivains : dès 1625 il est l'ami de Théophile de Viau, de Hardy, de Faret, de Saint-Amant, plus tard de D'Assoucy et de Scarron. Le succès vient aussitôt à ses deux premières œuvres importantes : en 1633, *les Plaintes d'Acante* lui valent une réputation de poète docte et mondain, puis, en 1636, *la Marianne* est l'un des événements littéraires qui passionnent le public. Rapidement considéré comme un maître à qui poètes débutants et seigneurs demandent des vers, Tristan ne connut pas pour autant un succès constant. Il a pratiqué la polygraphie, normale au XVIIe siècle, sans échec marquant, mais ses *Lettres meslées* (1642), genre à la mode, innovent peu, et la critique moderne ne confirmera pas le succès que le public accorda à l'*Office de la Sainte Vierge* (1646). Pour trois genres cependant, Tristan apparaît comme un maître, et cela seul suffirait à lui assurer une place exceptionnelle.

Tradition et innovation : la poésie de l'amour tragique

La poésie d'amour de Tristan vaut par son harmonie plus que par son originalité. Ce genre très codifié oblige à redire à l'infini la douleur de ne pas être aimé et la louange de la femme à travers des stéréotypes. Tristan reprend les scènes mises à la mode par Théophile de Viau : la belle matineuse, la belle malade, la belle en deuil... Dans cette poésie fort savante, inspirée de Marini, mais aussi d'Ovide, de Ronsard, de Malherbe ou de Racan, la variation des formes de vers, l'usage des stances donnent une expression toujours harmonieuse. Deux thématiques « modernes » apparaissent en contrepoint : quelques traits de cynisme libertin ou burlesque et, surtout, des accents de violence morbide, suscitant parfois des décors fantastiques. Mais le ton particulier de Tristan est dans la description de la nature et d'un rapport au monde tout de douceur et en demi-teintes. Le spectacle de la beauté féminine, des eaux, des plantes vivantes constitue un type de *locus amœnus*, un paradis pastoral, une nostalgie d'ordre et de « sympathie », qu'illustrent *les Plaintes d'Acante* et « le Promenoir des deux amants ». L'inquiétude amoureuse s'y module en rêverie :

Soit qu'à l'ombre d'un bois je tombe en resverie,
Soit que sur un lac escarté
Je contemple des eaux la molle oisiveté.

(les Plaintes d'Acante)

Dans l'art théâtral, Tristan montre des aspects plus puissants de son talent et de sa philosophie. Il est plus qu'un « précurseur » de Racine (qui le pille) ou de Corneille, et sa *Marianne*, juste après la *Sophonisbe* de Mairet, a établi le prestige du genre tragique.

Marianne

Dans ce modèle de la tragédie, l'unité d'action se lie à la cohérence psychologique, et cela bien mieux que chez Hardy, dont l'influence sur Tristan fut si forte.

SYNOPSIS

Hérode aime sa femme Marianne [« Mariamne »], fille du souverain de Judée qu'il a fait assassiner ; elle ne lui obéit qu'avec horreur. Le frère et la sœur d'Hérode, Phérore et Salomé, qui le trouvent épouvanté par un rêve tragique (acte I), font injustement accuser Marianne de complot par un échanson (acte II). La reine, innocente, refuse de se défendre et dit sa haine. Hérode la soupçonne aussi d'adultère : fou de jalousie, il la condamne à mort (acte III). Marianne s'apprête à mourir avec courage, malgré l'intervention de sa mère et le regret de laisser ses enfants (acte IV). Hérode pense à pardonner ; quand on lui annonce la mort de Mariamne, il sombre dans le délire, les hallucinations et implore le ciel de le punir (acte V).

L'originalité de la pièce tient à l'unité d'action et à la concentration de l'intérêt sur le personnage d'Hérode (auquel l'acteur Mondory donnait une ampleur scénique exceptionnelle). Tous les éclats de la passion amoureuse servent la logique du récit : Hérode ayant conquis un pouvoir solide s'acharne contre un suprême obstacle – l'obstination de Marianne à ne pas l'aimer et à ne pas reconnaître sa légitimité –, avec l'intransigeance de ceux qui méprisent la vie et ignorent les passions. La conclusion de la pièce est tout issue de la philosophie stoïcienne :

Ô prince pitoyable en tes grandes douleurs !
Toi mesme es l'artisan de tes propres malheurs [...]
Tu sais donner des lois à tant de nations,
Et ne sais pas régner dessus tes passions.

Les autres pièces de Tristan présentent des caractéristiques semblables à celles de ce premier chef-d'œuvre. L'unité de lieu n'est pas respectée et nécessite un décor à compartiments ; la durée, imprécise, est courte. Les thèmes généraux restent ceux de la génération baroque : contraste entre la démesure du héros, qui veut dépasser les limites humaines, et la vertu persécutée ; morale stoïcienne ; mise en œuvre de l'admiration, de la pitié et de la terreur. L'écriture, proche de celle des poèmes (stances), abonde en images et figures. Mais diverses caractéristiques dites classiques sont en place. D'abord, la simplicité de l'action (même si cette action est double, comme dans *la Mort de Sénèque* : complot contre Néron, et drame personnel du philosophe dont l'élève est devenu un monstre). Puis le respect des sources historiques, qu'elles soient modernes (la *Cour sainte* du père Caussin inspire *la Marianne*, *la Mort de Chrispe* et *la Mort de Sénèque* ; les récits de l'ambassadeur en Turquie, de Cézy, inspirent *Osman*) ou antiques (Tacite, Sénèque ou Xénophon pour *Penthée*). Enfin la collaboration étroite entre l'écrivain et les comédiens : Mondory et la troupe du Marais, puis l'Illustre-Théâtre de Madeleine Béjart et Molière.

Le Page disgracié : l'innovation incomprise

Le *Page disgracié* est un roman neuf, drôle et émouvant. Cette œuvre se veut une contribution à la définition du genre romanesque, ainsi que l'explique l'« Adresse à Thirinte » (le dédicataire, Henri de Verneuil, mais aussi tout lecteur) : selon les principes de l'« histoire comique » dont le *Francion* de Sorel vient de donner le modèle, Tristan critique l'irréalité des romans, et il adopte un ton gai pour présenter une description de mœurs réelles et variées. Péripéties et personnages pittoresques abondent ; le plus facétieux reste, bien sûr, le page, dont les « postiqueries » font enrager précepteurs et fâcheux, et dont les talents multiples et la séduction sont compromis par la dissipation et la mauvaise fortune. Mais la fantaisie est plus restreinte que dans *Francion*, les milieux sociaux décrits sont moins disparates, la bienséance est de règle, même dans les épisodes lestes ; la continuité du récit se trouve bien assurée, encore que chaque chapitre tende à constituer une unité de narration. Mais surtout *le Page disgracié* donne une nouvelle finalité à l'« histoire comique » par l'utilisation de la première personne ; nous le lisons même comme une autobiographie, si nous en croyons la « clef » où Jean-Baptiste L'Hermite a mis des noms réels sur les personnages anonymes de son frère. Le narrateur, au surplus, « ne prétend que se plaindre ». *Le Page disgracié* serait donc le premier vrai récit d'enfance, et un des premiers « romans d'apprentissage » de notre littérature. Ni défense de soi ni apologie officielle, le récit cherche, par le souvenir, à opérer une auto-analyse rétrospective. Certes, la véridicité du récit doit avoir des limites : bien des passages du séjour en Angleterre semblent issus des romans les plus sentimentaux, ou les plus symboliques (l'idylle des deux adolescents se déroule dans la grotte du parc d'un luxueux château). Le choix de l'écriture autobiographique est exceptionnel au XVIIe siècle (et, en l'occurrence, n'a pas été apprécié par le public) : même en se plaçant sous le patronage de Montaigne, Tristan ici invente un genre, une nouvelle thématique (la confrontation entre la vie et l'imaginaire enfantin nourri de littérature), et une attitude nouvelle de l'auteur par rapport à son texte (la nostalgie de l'adulte qui recrée et harmonise son passé).

A. Viala

SYNOPSIS

PREMIÈRE PARTIE. Un prélude, adressé à un certain Thirinte, insiste sur la véracité de ce qui va suivre. Le page commence son récit par le tableau de ses origines et de sa naissance. Après une éducation rapide et nourrie de la lecture de romans, le jeune garçon, de naissance noble, mais pauvre, se retrouve au service d'un prince de son âge (Henri de Bourbon). Différents épisodes relatent la vie à la cour, avant que le jeune page ne soit contraint de fuir pour avoir blessé grièvement un lieutenant de la garde du prince. Voulant gagner l'Angleterre, il rencontre un « philosophe » alchimiste sur le chemin de Rouen, qui lui donne une poudre magique. Arrivé à Londres, où il a fait promettre au philosophe qu'il le rejoindrait, le page est placé chez une grande dame pour le service de sa fille, dont il devient amoureux et qu'il charme en lui récitant des romans qu'il connaît par cœur. Ses faveurs lui attirent la haine d'un rival, écuyer de la maison. Malgré l'espoir qu'il conserve de revoir le magicien à Londres, le page suit les deux femmes en Écosse, où il vit le parfait amour avec la jeune fille. Tout bascule lorsque, menacé constamment d'assassinat par ses rivaux, il se voit soupçonné d'avoir voulu empoisonner sa maîtresse. Emprisonné, le jeune page parvient à s'évader.
SECONDE PARTIE. Dans sa fuite, le page échange ses dernières lettres avec sa maîtresse et la suivante de celle-ci, Lidame, qui l'avertit de se sauver au plus vite. Déguisé, il s'embarque alors sur un navire qui fait le commerce avec la Norvège. Au cours du voyage, il se lie avec un jeune seigneur écossais qui lui raconte deux histoires tragiques. Revenu en France, il est la dupe de deux escrocs sur la route de Rouen à Paris ; ruiné, il rencontre par bonheur un « avare libéral » qui lui donne des émeraudes. Puis, de déconvenue en déconvenue, il échoue dans une entreprise amoureuse à cause de la jalousie d'un rival, tombant malade à cause d'une « noire mélancolie » pendant presque une année. Passé au service de Scévole de Sainte-Marthe, il trouve enfin répit et réconfort. Le page sert ensuite le marquis de Villars, prétexte à la description de la vie dans l'entourage d'un grand seigneur, agrémentée d'anecdotes pittoresques, ainsi qu'à plusieurs épisodes comiques autour du personnage d'un nain, « espion major de la maîtresse de la maison ». Après une aventure en compagnie d'« écoliers », il passe au service d'Henri de Lorraine, duc de Mayenne, avant de revenir à la cour de Louis XIII. Le récit s'achève sur la guérison d'une fièvre que le jeune page a contractée durant le siège de Montauban : il est alors âgé de « dix-huit ou dix-neuf ans ».

E. Bury

L'écriture de la mélancolie

La variété de l'œuvre de Tristan ne doit pas faire croire à sa disparité : son monde imaginaire est d'une cohérence très forte, qui dépasse les simples coïncidences de composition (lettres écrites en même temps que des poèmes, par exemple). Son principe d'unité est la mélancolie ; ce mot, souvent répété dans les textes, désigne pour le XVIIe siècle à la fois un tempérament, une thématique, une destinée, et une composante de tout art. L'œuvre module ses nuances consciemment, depuis les analyses physiologiques (des annotations sur *les Plaintes d'Acante* renvoient au médecin Du Laurens), jusqu'à la découverte que la vie intérieure a plus de puissance que la vie réelle. D'où une valorisation du souvenir et de l'imaginaire :

> *Et dans mon souvenir vous estes si bien peinte*
> *Que les traits dont vous me charmez*
> *Me sont mieux découvers quand j'ai les yeux fermés...,*

une apologie de la rêverie douce ou érotique, où brutalement le cauchemar se déploie : meurtre fantasmé du rival (« Et l'ayant terrassé je lui mange le cœur »), suicide, sensation d'être un mort-vivant (hallucinations nées de la fièvre, au siège de Montauban) ; très souvent les images sont de feu, de torture et de sang :

> *Ceste escriture fume ; elle est encore ardente [...]*
> *Voy nager dans le sang ma raison désolée.*

Les personnages d'Hérode (*Marianne*) et de Néron (*la Mort de Sénèque*) mettent en évidence l'inquiétude et la folie qui mènent à la destruction :

> *Ô Ciel qui me veux mal et que je veux braver !*
> *Du piège que tu tends on ne se peut sauver ;*
> *Tu prépares pour moy quelque esclat de tonnerre,*
> *Mais avant je perdray la moitié de la terre.*

Les pièces plus souriantes (*Amaryllis* ou *le Parasite*) sont fondées sur le travestissement, les fausses identités, l'amour qui s'égare. La vie apparaît comme une construction illusoire, où l'amour d'autrui est aussi fragile que l'amour de soi :

> *Panche la teste sur ceste onde*
> *Dont le christal paroist si noir ;*
> *Je t'y veux faire apercevoir*
> *L'objet le plus charmant du monde [...]*
> *Je tremble en voyant ton visage*
> *Flotter avecque mes désirs.*

La tristesse naît à la fois de la désillusion et du sentiment d'irréalité. L'aversion devant la brutalité des faits sociaux, la solitude intérieure, l'envahissement par le songe expliquent en partie la réserve de Tristan vis-à-vis des institutions de son temps et la concentration de son activité dans l'écriture.
Ainsi Tristan est-il plus qu'un simple « précurseur » du théâtre classique : novateur, original dans sa façon de lier l'écriture à la biographie spirituelle, il sait, par-delà les modes et les modèles de son temps, affirmer la liberté profonde de l'écrivain.

	VIE		ŒUVRE
1601	Naissance au château du Solier de François, fils de Pierre L'Hermite et d'Élisabeth Miron.		
1606	Page d'Henri de Verneuil.		
1614 ?	Début d'une période de voyages.		
1619	Secrétaire de Scévole de Sainte-Marthe.		
1621	Entre au service de Gaston d'Orléans (il y restera jusqu'en 1634) ; il fréquente les milieux littéraires ; il suit les divers déplacements de son maître.		
		1622	Participe au *Tombeau de Scévole de Sainte-Marthe*.
		1624	Poèmes pour les *Œuvres* de Hardy.
		1626	Écrit *la Maison d'Astrée.*
1627	Siège de La Rochelle.	**1627**	*La Mer*, ode.
1631	Exil en Lorraine dans la suite de Gaston d'Orléans.		
1632	Exil en Flandres dans la suite de Gaston d'Orléans.		
1633	Mission en Lorraine.	**1633**	*Les Plaintes d'Acante,* éd. à Anvers.
1634	Mission en Angleterre. Retour en France. Il n'est pas repris dans la maison de Gaston d'Orléans ; fréquente l'hôtel de Mme de Modène, les ducs de Saint-Aignan et de Guise.	**1634**	*La Peinture de son Altesse Sérénissime,* pour l'infante Isabelle. *Églogue maritime,* pour Henriette de France.
		1636	*Marianne,* tragédie (publ. 1637).
		1637	*Penthée,* tragédie (publ. 1639).
		1638	*Les Amours* (rééd. 1662).
1640	De nouveau au service de Gaston d'Orléans (il y restera jusqu'en 1642).		
		1641	*La Lyre.*
		1642	*Lettres meslées.* *Le Page disgracié.*
1644	Se lie avec l'Illustre-Théâtre.	**1644**	*La Folie du sage,* tragi-comédie (publ. 1645). *La Mort de Sénèque,* tragédie (publ. 1645). *La Mort de Chrispe,* tragédie (publ. 1645).
1645	Au service de la duchesse de Chaulnes.		
1646	Au service du duc de Guise.	**1646**	*L'Office de la Sainte Vierge* (rééd. 1653, 1656, 1664).
		1647	*Osman,* tragédie (publ. 1656).
1648	Entre à l'Académie française avec l'appui du chancelier Séguier.	**1648**	*Les Vers héroïques.*
1650	De nouveau au service de Gaston d'Orléans.		
1652	De nouveau au service du duc de Guise.	**1652**	*Amaryllis,* pastorale, adaptation de la *Célimène* de Rotrou (publ. 1653).
		1653	*Le Parasite,* comédie (publ. 1654).
		1654	*La Renommée, à S.A. le duc de Guise.*
1655	**7 sept.** : il meurt de phtisie à l'hôtel de Guise.		

A. Viala

Troie (Roman de)

(apparu vers 1165)

Postérieur au *Roman de Thèbes* et au *Roman d'Énéas* [voir **Thèbes (Roman de), Énéas (Roman d')**], le *Roman de Troie* est, lui aussi, inspiré par la cour des Plantagenêts, comme en témoigne l'éloge vibrant que fait Benoît de Sainte-Maure, son auteur, d'Aliénor d'Aquitaine au milieu du roman. Avec ses 30 316 octosyllabes, c'est de loin le plus long des romans antiques. Benoît s'y appuie sur deux ouvrages fort tardifs relatifs à la guerre de Troie, ouvrages très secs qui n'ont pu constituer pour lui qu'un simple canevas : le *De excidio Trojae* de Darès le Phrygien (VIe siècle), pour les 24 000 premiers vers, et l'*Ephemeris belli Trojani* de Dictys de Crète (IVe siècle), pour les 6 000 derniers. Le choix de ces deux textes, en dépit de leur aridité comme source de l'œuvre – alors que ses devanciers puisaient à des textes littéraires de qualité comme *la Thébaïde* de Stace ou *l'Énéide* – manifeste la préoccupation historique de Benoît. Celui-ci pense en effet s'entourer du maximum de garanties en préférant Darès et Dictys à Homère ; en bon historien du Moyen Âge, il accorde la priorité de principe aux témoins oculaires, aux auteurs de « journaux de siège ». Tout cela prouvant l'indissociabilité de l'Histoire et du roman au milieu du XIIe siècle. À partir de ces sources, d'une incroyable pauvreté, Benoît complète, supplée, développe, comme ses devanciers dans *Thèbes* et dans *Énéas*. Comme l'auteur de *Thèbes*, il prend les choses plus tôt que sa source et complète Darès sur le choix de la Toison d'or, surtout en contant les amours de Jason et de Médée, épisodes absents chez Darès ; comme l'auteur de l'*Énéas*, il cherche à émouvoir par des épisodes amoureux de sa façon comme ceux qu'il consacre aux amours successives de Briséida ; comme lui encore, il aime les développements autour de « merveilles » de divers ordres, tels son *excursus* géographique sur l'Orient et les Amazones ou son développement sur la « Chambre de beautés » et ses automates.

On peut légitimement être effrayé par ce long roman encore imprégné de l'épopée : il nous décrit plus de vingt-deux batailles marquées par des kyrielles de mêlées et de combats singuliers, ces batailles étant chaque fois séparées par des trêves. Tout cela constitue un ensemble de récits qui peut sembler pesant, mais qui prouve que le genre plaisait encore au public courtois de cette génération ; ainsi la deuxième bataille, qui ne comptait que 14 lignes chez Darès, s'y étend sur 2 600 vers (vers 7641-10186). Tout cela trahit, dans la thématique et dans la technique, l'influence de la chanson de geste, dont Benoît sait cependant s'affranchir. L'inspiration courtoise est sensible dans ces combats qui ont désormais de belles spectatrices ; formellement, la technique littéraire des chansons de geste fait place à d'autres procédés littéraires inspirés par les *artes*, tels que le recours fréquent à l'anaphore, à des figures fondées sur la répétition, etc.

En outre, le schéma répétitif épique du *Roman de Troie* ne saurait dissimuler son caractère romanesque, surtout en raison de l'importance des portraits et de la place que vient y prendre l'amour. Avec les amours de Jason et de Médée, d'Hélène et de Pâris, de Briséida pour Troïlus puis Diomedès et d'Achille pour Polyxène, la peinture de la passion prend une importance non négligeable et confère à l'inspiration du *Roman de Troie* sa véritable nouveauté. C'est ainsi que Benoît paraît avoir inventé de toutes pièces les doubles amours de Briséida, occasion d'une diatribe contre l'inconstance féminine ; c'est aussi le prétexte à de beaux morceaux : scène de séparation (vers 13261 *sqq.*) ; scène de *donoi* – équivalent médiéval du flirt – entre l'héroïne et Diomedès (vers 13529 *sqq.*) ; monologue de Briséida, qui se rend à l'amour du héros gravement blessé... L'aventure amoureuse s'y double de l'aventure guerrière, les deux amis de Briséida étant rivaux au combat. Ainsi voit-on un cheval passer d'une main à l'autre, l'amie donner successivement un gonfanon à chacun des chevaliers ; Troïlus, malheureux en amour, est heureux au combat : il blesse son rival et le met en garde contre l'infidèle (vers 20080 *sqq.*). Voilà qui constitue, à l'intérieur du *Roman de Troie*, un véritable noyau romanesque qui a inspiré plusieurs générations d'écrivains jusqu'à Shakespeare.

Un domaine qui n'a pas été négligé non plus par Benoît de Sainte-Maure, c'est celui des merveilles, notamment avec la description de la Chambre de beautés. Hector, le célèbre héros de l'Antiquité, est déposé dans une chambre sans ornements mais habitée par quatre automates d'une prodigieuse complexité. Le premier dispose d'une sorte de miroir de vérité ; le deuxième est une sorte de jongleresse-magicienne capable de mille tours ; le troisième est un automate musical qui répand des sons délicieux à l'aide des douze instruments dont il joue simultanément ; le quatrième renseigne les visiteurs sur la conduite de leurs actes en tenant un encensoir où brûle, sans flamme, une pierre inextinguible. Nous avons alors affaire à une véritable symphonie baroque du merveilleux et du fantastique. La prédilection pour les automates, chère aux romans antiques, se retrouve ici associée au goût pour les pierres précieuses les plus rares. Orientalisme et même byzantinisme, chatoiement fascinant des joyaux, tout éclate et éblouit dans la magie de ce lieu édénique. Il y a là une synthèse baroque, insérant l'orientalisme médiéval et sa sophistication dans un cadre antique. On trouve nombre d'autres épisodes curieux dans le *Roman de Troie*, tel celui du manteau de Briséida, confectionné « par nigromance et par merveille » (vers 13342), ouvrage d'un exotisme singulier : l'étoffe en vient d'Inde, sa fourrure provient de curieux animaux d'Orient, les *dindialos*, que capturent les Cynocéphales. Comme l'auteur d'*Énéas*, dans ce même registre, Benoît cède à la mode qui consiste à décrire d'extraordinaires tombeaux, comme celui d'Hector, ainsi que l'embaumement.

La vogue extraordinaire du *Roman de Troie* au Moyen Âge est attestée par le nombre très élevé de ses manuscrits (trente-neuf) ; le succès de la matière de Troie s'apprécie, un siècle plus tard, dans le *Roman de Troie* en prose et dans l'*Historia destructionis Trojae*, sous le titre de laquelle le Sicilien Guido de Colonna a repris l'œuvre de Benoît de Sainte-Maure. Il est dommage que celle-ci présente bien des longueurs pour un lecteur moderne.

A. Petit

TROYAT Henri

Pseudonyme de **Lev TARASSOV** *(né en 1911)*

Né à Moscou, Lev Tarassov a six ans lorsque, avec sa famille, il quitte la Russie en 1917 pour un exil définitif (cf. *Étrangers sur la terre*, 1990) ; en 1920, il arrive en France. Licencié en droit à Paris, naturalisé, il devient rédacteur à la préfecture de la Seine et conservera cet emploi jusqu'en 1943. Passionné de littérature, il publie en 1936 son premier roman, *Faux Jour*, qui reçoit le prix Populiste. *L'Araigne* (prix Goncourt 1938) lui apporte une popularité qui ne cessera de croître, surtout à partir de 1947 : sans abandonner le roman (*la Neige en deuil*, 1958 ; *Grimbosq*, 1976 ; *le Pain de l'étranger*, 1982), la nouvelle (*le Geste d'Ève*, 1964 ; *les Ailes du diable*, 1966) ou les récits de voyages, il édifie de grands cycles romanesques. Dix volumes ont pour cadre la France (*Tant que la terre durera*, 1947-1950 ; *les Semailles et les Moissons*, 1953-1957 ; *les Eygletière*, 1965-1967), onze autres la Russie (*la Lumière des justes*, 1959-1963 ; *les Héritiers de l'avenir*, 1968-1970 ; *le Moscovite*, 1973-1975). Le réalisme des tableaux historiques, étayé sur une documentation solide et minutieuse, assaille le lecteur. Mais l'histoire n'est qu'un contrepoint aux drames individuels. Ces récits foisonnent de personnages qui se relaient au rythme des générations successives et dont l'aventure s'insère à travers les tourmentes d'une époque, celle de la France contemporaine jusqu'à la Libération, celle de la Russie tsariste jusqu'à la révolution d'Octobre.

Depuis 1977, Troyat (élu à l'Académie française en 1953) s'est fait historien de la Russie avec les biographies de ses tsars : *Catherine la Grande* (1977), *Pierre le Grand* (1979), *Alexandre I*er (1981), *Nicolas II le dernier tsar* (1982), *Nicolas I*er (2000). Ici encore, ses lecteurs apprécient le conteur, le « romancier tout court ». Il a également consacré plusieurs ouvrages à des écrivains russes (*Dostoïevski*, 1940 ; *Pouchkine*, 1946 ; *Tolstoï*, 1965 ; *Gogol*, 1971 ; *Tchékhov*, 1984 ; *Tourgueniev*, 1985 ; *Gorki*, 1986), mais aussi français (*Flaubert*, 1988 ; *Zola*, 1992).

Le réalisme, chez Troyat, n'exclut jamais l'espérance, le sentiment supplée à la métaphysique. La banalité des détails et des propos, l'ampleur du récit créent une impression de vraisemblance et de familiarité. L'auteur ne se met pas en scène, sauf dans l'autobiographie *Un si long chemin* (1976) et peut-être aussi, de façon indirecte, dans *la Fille de l'écrivain* (2001), récit d'un difficile passage de relais entre un vieil académicien à l'imagination en voie de tarissement et un jeune romancier en vogue qui lui a « pris » sa fille… D'une façon générale, Troyat se refuse à tout jugement sur ses personnages, répugne au psychologisme, ce qui n'exclut pas, parfois, un climat d'étrangeté : il privilégie volontiers les exaltés, les êtres ambigus, ceux qui ont *le Front dans les nuages* (1977) ou poursuivent leur rêve nostalgique (*le Bruit solitaire du cœur*, 1985), les vies intérieures « habitées » par un disparu (*Le mort saisit le vif*, 1942 ; *Viou*, 1980), les personnages tragiques (*la Dérision*, 1983) que l'on retrouve encore dans *Toute ma vie sera mensonge* (1988), *À demain Sylvie* (1986), *le Troisième Bonheur* (1987), *la Gouvernante française* (1989), *la Femme de David* (1990), *Youri* (1992). Les dénouements ne sont que provisoires : la vie, comme l'espèce, continuera « tant que la terre durera ».

« Il y a un phénomène, un miracle Troyat, de fécondité, de force, de lisibilité », écrit B. Poirot-Delpech en 1977 ; d'audience aussi : ses livres sont des *best-sellers* : l'indifférence, voire le mépris de la critique « intellectuelle » n'y sauraient rien changer.

M. P. Schmitt

TROYES Nicolas de

(1re moitié du XVIe siècle)

Le *Grand Parangon des nouvelles nouvelles*, rédigé entre mai 1533 et 1537 par un sellier champenois dont nous ne savons rien, est resté inédit jusqu'au XIXe siècle. Il constitue un document exceptionnel pour l'histoire du conte populaire et pour celle de la nouvelle littéraire ; seules méritent de lui être comparées – mais elles sont d'un moindre intérêt – les *Cent Nouvelles nouvelles* (titre consacré mais non autorisé) du chaussetier messin Philippe de Vigneulles, écrites entre 1505 et 1515 mais imprimées en 1972 seulement.

Comme le fera un peu plus tard Marguerite de Navarre, Nicolas de Troyes a rassemblé – autour d'un pont en construction – une compagnie nombreuse (128 personnages) qui conte 180 nouvelles. Nous n'en savons pas plus sur ce cadre, car le premier volume du manuscrit est perdu. Dans l'esprit exhaustif des « états du monde » médiévaux, les devisants appartiennent aux milieux les plus divers : noblesse, magistrature, commerce. Certains, tel le célestin (entendons le mari entremetteur), servent surtout à actualiser la fonction facétieuse, dominante dans le recueil. Nicolas de Troyes leur prête son bagage littéraire, « retiré de plusieurs livres » et de sources orales. Au *Décaméron* et aux *Cent Nouvelles nouvelles* sont empruntées 132 nouvelles sur le total conservé. Les autres fournisseurs ont un rôle plus discret : à part les *Gesta Romanorum*, lus dans les *Fantaisies de Mere Sotte* de Gringore, encore souvent mis à profit, les autres modèles (*la Célestine* de Rojas, les *Quinze Joyes de mariage*, les *Chroniques* de Froissart ou les *Chroniques de Merlin*) sont d'un emploi très limité. Le *Grand Parangon des nouvelles nouvelles* nous fait voir ainsi quelques-uns des titres qu'un artisan possédait dans sa bibliothèque ; si l'on ajoute que ces ouvrages sont tous des imprimés, comme on a pu le démontrer, nous aurons alors une idée exacte et surprenante de la diffusion précoce des produits des presses.

Notre sellier ne se borne pas à copier ses modèles. L'examen de ses interventions édifie : la langue de la traduction Vérard du *Décaméron* lui paraît-elle archaïque ? il la rajeunit. La couleur locale du texte encore trop italienne ? il la francise. Chez lui, les hobereaux des *Quinze Joyes de mariage* deviennent des bourgeois. À travers ses choix se lit une esthétique : c'est ainsi qu'il retient surtout, dans les *Cent Nouvelles nouvelles*, celles qui mettent en œuvre un comique de situation de préférence au comique verbal. Il est vrai que plusieurs caractères paraissent dériver des mystères, par exemple ces diables

(nouvelle 97) qui se proposent de dévorer les soldats affamés et qui sortent tout droit du *Mystère des Apôtres*.
Nicolas de Troyes non seulement adapte les nouvelles qu'il a lues mais aussi rédige celles qu'il a « ouyes racompter à plusieurs bons compaignons » : tout cela forme un ensemble hétérogène où se côtoient le « matériel roulant » du folklore (anecdotes, narrations édifiantes, motifs orientaux ou indo-européens, contes de fées ou d'animaux) et faits divers contemporains. C'est un véritable laboratoire que ce *Grand Parangon*, où s'écrivent et se récrivent des récits issus de traditions indépendantes mais qui sont en train de perdre leurs traits distinctifs au profit d'un genre, la « nouvelle française de la Renaissance », qui intègre, en les dépassant, les genres narratifs qui l'ont précédé.
Témoin la recherche de l'effet de réel, moins sensible dans les *Cent Nouvelles nouvelles* mais que l'on retrouvera tout au long du XVIe siècle. Nicolas de Troyes campe des décors plausibles : taverne, boutique de marchand, potence, couvent ou alcôve. Ses personnages ont les mots et le maintien de leur rang : pour rapporter les propos d'un grand, notre auteur sait pasticher le style curial. Attitude plus spontanée que concertée de la part du conteur, on le voit bien à son écriture : « La langue du *Grand Parangon*, document très intéressant pour la connaissance du français courant de la première moitié du siècle, ne saurait prétendre à la dignité d'une prose artistique » (K. Kasprzyk). De l'oralité le style de Nicolas a retenu un mélange de langueur – redondances, redoublements sont nombreux – et de vivacité ; les images familières, les métaphores érotiques abondent alors que l'on ne rencontre pas d'italianismes.
Ainsi *le Grand Parangon*, œuvre singulière et authentique écrite par un homme du peuple, avec les mots de la tribu, encore indemne – comme l'étaient les *novelliere* italiens du *quattrocento* – de l'acculturation accélérée à laquelle seront voués les recueils commerciaux commandés par les libraires, est-elle en train de trouver dans notre patrimoine la place tonique et importante qui lui est due.

M. Simonin

T'SERSTEVENS Albert

(1886-1974)

Écrivain d'origine belge (naturalisé français en 1937), né à Uccle, près de Bruxelles. Il vient faire ses études à Paris et se lie avec Blaise Cendrars (cf. *L'homme que fut Blaise Cendrars*, 1972), Morand, Cocteau, Picasso, Fernand Léger (« ce génial fumiste »), Poulenc, Auric. Après des *Poèmes en prose* (1911) et une incursion dans le journalisme, t'Serstevens découvre sa vocation : le voyage. D'Italie il rapporte un récit à peine romancé, *le Vagabond sentimental* (1923) ; de ses pérégrinations à travers la France, l'Europe centrale, le Moyen-Orient, il tire une trilogie romanesque, *l'Homme seul*, incluant *les Sept parmi les hommes* (1919), reviviscence d'une légende chrétienne, *Un apostolat* (1920), satire d'une tentative de communauté saint-simonienne, et *Beni Ier, roi de Paris* (1926), regard cocasse d'un Huron sur la vie parisienne. Parcourant aussi les mers, il rédige, entre deux courses dans le Pacifique, des récits d'aventures marines à l'aide d'archives habilement mêlées à ses propres souvenirs : *les Corsaires du roi* (1930), *l'Or du « Cristobal »* (1936), avec ses flibustiers « lancés sur la route monotone vallonnée par l'alizé qui pousse devant lui des flots toujours égaux », *Ceux de la mer*, nouvelles (1937), etc.
Mais, rompant progressivement avec cette « littérature pour lecteurs paresseux », t'Serstevens se consacre à des relations de voyage, « itinéraires » écrits à la première personne, alliant le souci d'exactitude dans la peinture des mœurs, des sites archéologiques, la nomenclature des musées, à un esthétisme de la description rappelant les *Portraits de ville* de Morand : *l'Itinéraire espagnol* (1933), *l'Itinéraire yougoslave* (1938), *l'Itinéraire portugais* (1940), *Mexique, pays à trois étages* (1955), *le Périple des archipels grecs* (1963), récits à la fois érudits et pittoresques, traversés d'anecdotes vécues mais aussi de réflexions critiques, morales et politiques, invitant le lecteur à un voyage hors de ses habitudes par un renouvellement de son « capital de vision et de jugement ». L'humour non plus n'est jamais absent, et l'auteur s'amuse de découvrir au marché de Mexico l'étalage des couronnes mortuaires, notant qu'à la fin de sa vie il lui reste encore « 8/10 de la terre à visiter ».
S'aidant largement de l'expression photographique et graphique (plusieurs de ses ouvrages sont illustrés par son épouse, Amandine Doré), annonçant ainsi notre civilisation de l'image et du voyage guidé, cet émule de Cendrars aura su renouveler la littérature exotique et lui ouvrir de nouveaux domaines.

J. Burin des Roziers

TURNÈBE Odet de

(1552-1581)

Fils aîné de l'helléniste Adrien Turnèbe, cet enfant prodige complète et publie à quatorze ans deux ouvrages que son père a laissés inachevés. Après avoir étudié le droit à Toulouse en 1571-1572, il est reçu avocat au parlement de Paris. À Poitiers, où il s'est rendu pour les Grands Jours de 1579, il fréquente le salon de Madeleine et Catherine Des Roches et compose des poèmes en diverses langues sur la facétieuse puce de ces dames. De retour dans la capitale, il est nommé président de la cour des monnaies de Paris. Il meurt à vingt-neuf ans d'une fièvre soudaine. Il laissait ce qui reste sans doute la meilleure comédie française de la Renaissance, *les Contens*, dont le manuscrit, rédigé l'année même de sa mort, fut publié en 1584. Par ses traits formels – cinq actes, unité de lieu et de temps – et par ses personnages conventionnels – jeunes amoureux, vieillard sot et libidineux, soldat fanfaron, entremetteuse matoise –, la pièce se situe dans la tradition de la *commedia erudita*, rejeton moderne du théâtre de Plaute et de Térence. Turnèbe s'est inspiré parfois d'assez près des modèles de Jacques Grévin et de l'Italien Parabosco, tout en conférant à son langage une vivacité et un naturel sans équivalents. Les amours contrariées de Geneviefve et Basile dégénèrent en imbroglio où le badinage un peu fade se relève à tout moment de franches gauloiseries. Le « contentement » auquel le titre fait allusion est psychologique et social, mais d'abord sexuel. Un souteneur, des laquais voyeurs et délurés ne font pas mauvais ménage avec une vieille dévote cynique et de jeunes amoureux aux calculs très terre à terre. Ainsi, quand Eustache, le soupirant éconduit, recule devant le chancre qu'on lui peint sur le « téton » de sa belle, il trouve un prompt réconfort dans les offres de Saucisson, « écornifleur et maquereau » de sa connaissance.

F. Lestringant

TYARD Pontus de

(1521-1605)

« La lyre, la mitre, l'astrolabe pourraient figurer sur le tombeau » de Pontus de Tyard, écrit Valéry dans la seule étude de *Variété* qu'il consacra à un poète du XVIe siècle, voyant en lui, sinon un poète insigne, du moins l'un de ces esprits passionnés et actifs qui s'illustrèrent dans tant de domaines des arts et des sciences. Parmi eux, Pontus est l'un des plus secrets.

« Curieux » et « solitaire »

Sa vie semble placée sous le signe d'une solitude mélancolique dont il se fit, tout jeune, une « province », selon sa devise. Mais cette solitude est celle de l'âme – et de la contemplation nocturne des astres, auxquels il dévoua une grande partie de sa vie. Car l'homme s'est toujours entouré de « curieux », de savants, de poètes, créant les rencontres les plus rares, s'intégrant aux groupes les plus choisis, pénétrant les cénacles les plus proches des rois.

Né à Bissy, près de Mâcon, dans une famille de noblesse ancienne (sa mère appartient à la famille du chancelier de France, Ganay), il est destiné à l'Église ; il est fait chanoine avant 1552, après des études à Paris. Jusqu'en 1554, sa vie, très active, se partage entre Mâcon et Lyon. Très lié à Maurice Scève, et subissant fortement l'influence de son aîné en poésie, ainsi que celle des milieux italiens et savants de Lyon, il écrit ses premiers vers, sans doute autour de 1543, traduit déjà Pétrarque et prépare l'imposante traduction du *Dialogue de l'amour* de Léon Hébreu, l'un des plus importants parmi les textes italiens qui élaborent la nouvelle conception des conduites amoureuses. En 1548, il s'éprend d'une jeune fille qu'il nommera Pasithée et qui est la fille d'une grande dame lyonnaise, savante en mathématiques et en astronomie, Marguerite de Bourg. À elle sont dédiés, anonymement – car la médisance menace les âmes incomprises du vulgaire –, tous les textes qu'il publie jusqu'en 1555 : *les Erreurs amoureuses* de 1549, 1551, 1555, la traduction de Léon Hébreu de 1551, *Solitaire Premier* (1552) et *Solitaire Second* (1555), ses « proses », dans lesquelles il se fait dialoguer lui-même avec elle et leurs amis, sous des pseudonymes, et dans des paysages charmants, où ils accompagnent leurs réflexions d'incessants concerts de musique. Tyard voyage un peu plus loin à partir de 1555 : à Dieppe, il rencontre un astrologue célèbre ; il fréquente aussi très probablement la Cour et vers 1556 prépare, pour le château de Diane de Poitiers, à Anet, des légendes poétiques qui seraient le scénario d'un ensemble de peintures, les *Douze Fables de fleuves et fontaines* (publiées en 1586), savantes et maniéristes comme les tableaux auxquels elles étaient destinées. Lorsqu'il est de retour à Mâcon, abandonnant sa devise, « Amour immortelle », qui signait jusqu'alors toutes ses œuvres, il se consacre à des travaux philosophiques et scientifiques : le *Discours du temps* (1556), *l'Univers ou Discours des parties et de la nature du monde* (1557), *Mantice ou Discours de la vérité de divination par astrologie* (1558), les « Éphémérides de la huitième sphère » (*Ephemerides octavae spherae*, selon leur beau titre latin) en 1562. À la même époque, et sans doute grâce à des intermédiaires comme Charles Fontaine, d'autres Parisiens ou voyageurs de passage à Lyon, comme son ami Peletier du Mans, il est accepté par les poètes de la Pléiade, et Ronsard l'intègre à la liste des esprits qu'il entend diriger ; mais Tyard est sans doute souvent loin de Paris. Vers 1568, il fréquente cependant l'Académie de musique de Baïf, ayant toujours été porté vers la pratique et la méditation de cet art. Il rencontre Catherine, maréchale de Retz, qui tient le salon le plus brillant de Paris, et à qui il est presque nécessaire de dédier des vers amoureux. C'est ce que fit Jodelle, et Tyard l'imite, offrant à cette « docte et vertueuse demoiselle » (Pasithée avait aussi mérité ces épithètes) ses derniers vers, les *Nouvelles Œuvres poétiques* de 1573, rassemblées en *Œuvres poétiques complètes* avec *les Erreurs amoureuses*, ainsi qu'il le fera encore en 1587 pour la presque totalité de ses *Discours philosophiques* déjà publiés auparavant.

Protonotaire apostolique dès 1553, il doit à la fréquentation des rois, auxquels il est successivement fidèle – malgré les troubles qui bouleversent la France de Charles IX, de Henri III et de Henri IV –, d'avoir été nommé évêque de Chalon-sur-Saône en 1578. Il est, sous Henri III, l'un des membres les plus éminents de la fameuse Académie du Palais, y jouant le rôle de « philosophe naturel », donnant un jour au roi une leçon d'astronomie. Menacé par la Ligue pour ses positions légitimistes et tolérantes, il n'en connaît pas moins une longue et sereine vieillesse épiscopale, vouée aux travaux ecclésiastiques, linguistiques (traitant, en latin, des étymologies grecques et hébraïques de la langue française) et politiques (prenant la défense de la dynastie contre les prétentions du clan de Lorraine). Cette dernière image de Tyard a faussé pour la postérité le portrait du poète « misérablement maigre », passionné et productif, des premières années. Il meurt, retiré sur sa terre de Bragny, à quatre-vingt-quatre ans.

« Les beaux escrits des amoureuses plumes »

Ce vers dit toute l'ambiguïté d'une poésie qu'on a exagérément qualifiée de savante ou de platonicienne. Certes, elle doit au Platon de la Renaissance – celui qui est pensé contradictoirement par des esprits aussi différents que Bembo et Ficin – la volonté constante d'élever l'âme vers la beauté idéale et de sublimer l'amour humain ; mais d'autres éléments, qui n'ont rien de platonicien, contribuent largement à cette sublimation si chèrement payée : toute l'élégante servitude imposée par les codes d'une société nombreuse, attentive à elle-même, n'attendant que de la sophistication la plus charmante la nécessaire acceptation des contraintes. La poésie de Tyard en est – au moins autant que celle de son ami Scève – l'expression la plus dense. Le style peut bien changer, de la concision scèvienne du premier livre des *Erreurs* (« Errances ») à la syntaxe libérée par l'influence de Ronsard, déjà sensible dans le recueil de 1551 : la constante demeure d'un feu toujours tenu secret et que seule révèle, presque magiquement, la lecture à voix haute. Ainsi de ces vers :

Ô calme nuit qui doulcement composes
En ma faveur l'ombre mieux animée
Qu'oncques Morphée en sa salle enfumée
Peignit du rien de ses métamorphoses...

(III, XXI)

Sonnets, chansons, faits pour l'accompagnement du luth, ou pour la récitation solitaire, ou pour la réponse à la dame que l'on a le droit de voir, de baiser sur la bouche et de quitter sans autre demande. La « plume » aime pour le poète.

Le savoir du monde

L'œuvre savante et philosophique de Tyard n'est pas plus facile à saisir. Le lecteur hésite à juger non seulement la valeur « scientifique » de l'auteur, sa volonté de rendre le savoir accessible au vulgaire – ou, au contraire, de le tenir secret –, mais encore la nature même des textes.

Cependant Tyard est réellement un des hommes les plus savants de son temps, dominant – mieux qu'on ne l'a dit souvent – plusieurs langues (outre le latin obligé, l'italien, le grec et l'hébreu). Il connaît parfaitement les encyclopédies de la période qui lui est antérieure, se tient au courant des travaux (non publiés) de Copernic, que tantôt il critique (son système solaire, bien sûr) et tantôt il approuve ; il connaît nécessairement Giordano Bruno, qui rend visite, comme lui, à l'Académie du Palais ; il a lu un nombre considérable – non repéré encore – d'ouvrages parus en Italie. Sa conception du monde, axée sur le calcul mathématique et les petites expériences de physique, à la manière du XVIIIe siècle, n'est pas toujours fondée sur la toute-puissante analogie. Ce qui paraîtra plus tard mondain est ici œuvre de solitaire. Que de nuits passées à mesurer patiemment la position des étoiles, pour donner les 276 pages de tableaux des *Éphémérides de la huitième sphère* ! Cela, l'*Univers* le dit bien, et son propos est très exactement encyclopédique.

Si Tyard a bien souvent, par ailleurs, méprisé le peuple sot et médisant, il a tenu à « vulgariser », à faire connaître – en utilisant la plus belle langue du temps, la mieux scandée et construite, dans le vocabulaire le plus sobre et précis – le contenu d'un savoir qui, selon lui, devait venir en pleine lumière.

Enfin, pour servir un tel propos, s'il avait cru d'abord que la forme italienne du dialogue philosophique (et du dialogue avec la femme aimée, gracieuse, joueuse et savante) pouvait convenir à la démarche de découverte, peu à peu – et c'est déjà presque le cas dans l'*Univers* –, ce dialogue s'amenuise au profit de l'expression, moins vivante mais plus cohérente, de l'exposé systématique. Cette tendance, pourtant, était déjà sensible dans les progressions de *Solitaire Premier* et *Solitaire Second* lorsqu'ils démontraient avec une logique rigoureuse les propriétés ascensionnelles de la poésie et de la musique.

Si l'œuvre poétique reste à écouter, l'œuvre philosophique est peut-être encore à lire.

M. M. Fontaine

TYSSOT DE PATOT Simon

(1655-1738)

D'origine protestante, il naquit à Londres et suivit sa famille à Rouen, puis en Hollande, où elle s'établit définitivement. Professeur de mathématiques à l'École Illustre de Deventer, il mena une existence sans histoire jusqu'à la publication, en 1726, de ses *Lettres choisies,* qui le firent accuser de spinozisme et d'impiété. Malgré la défense qu'il présenta dans la *Préface* de ses *Œuvres poétiques* (1727), il fut révoqué et se retira à Ijsselstein, où il mourut.

Son œuvre la plus connue est un récit utopique ou « voyage extraordinaire », les *Voyages et aventures de Jacques Massé,* composés sur le modèle de l'*Histoire des Sévarambes,* de Denis Vairasse, et publiés sans nom d'auteur, entre 1714 et 1717 (la date, 1710, et le lieu de publication, Bordeaux, indiqués sur la page de titre, sont fictifs). Le royaume de Butrol, dans la Terre australe, obéit aux lois de la raison, de l'ordre et de la symétrie. On y parle un langage simplifié et rationalisé, d'où les exceptions sont proscrites, et qui peut s'apprendre en six mois. Tyssot réserve ses audaces à la religion. « Tout ce qui ne se démontre pas m'est suspect » : les récits de la Bible, les dogmes chrétiens sont des supercheries destinées à asservir le peuple. Comme Spinoza l'a prouvé, il n'existe pas de substance purement spirituelle, et Dieu n'est que le nom de la substance incréée. On retrouve le même esprit violemment antichrétien dans un autre roman utopique, *la Vie, les Aventures et le Voyage au Grœnland du révérend père cordelier Pierre de Mésange* (1720), qui décrit un royaume communiste situé sous le pôle boréal et contient une satire de la résurrection du Christ.

A. Pons

TZARA Tristan

*Pseudonyme de **Samuel ROSENSTOCK** (1896-1963)*

Avant de prendre, en 1915, le pseudonyme qui devait le rendre célèbre, il fut d'abord un brillant lycéen, aussi doué pour les sciences que pour les lettres, dans la capitale de sa Roumanie natale. Il y écrivit des poèmes d'inspiration et de facture néo-symbolistes qu'il jugea par la suite « trop doux et trop sucrés » (lettre à Jacques Doucet, 1922), et dont la plupart furent traduits et publiés en 1965 (par Cl. Sernet).

À Zurich jusqu'en 1920, puis à Paris jusqu'en 1923, Tzara fut ensuite l'infatigable et omniprésent animateur du mouvement dada [voir **Dada**], organisateur principal de ses « soirées », de ses spectacles, de ses manifestations et de ses expositions, collaborateur actif de ses revues, conférencier intarissable (sur l'art ancien et l'art moderne, le cubisme, l'expressionnisme, l'art nègre, etc.), correspondant avec de nombreux artistes italiens, allemands et surtout français (Max Jacob, Apollinaire, Reverdy, Picabia, puis Breton, Eluard...), théoricien enfin du dadaïsme avec ses *Sept Manifestes dada* (1re édition collective en 1924) et auteur de textes qui subvertissent allégrement les critères traditionnels de la poésie et du théâtre : *la Première Aventure céleste de M. Antipyrine* (1916 ; *la Deuxième Aventure céleste* sera jouée en 1920 et publiée en 1938), *Poèmes nègres* et *Poèmes simultanés* (1916-1917), *Vingt-Cinq Poèmes, Vingt-Cinq et Un Poèmes* (1918), *Cinéma calendrier du cœur abstrait* (1920), *le Cœur à gaz* (1922).

Après sa rupture avec Breton et le groupe *Littérature* (qui va devenir le groupe surréaliste [voir **Surréalisme**]), l'activité de Tzara sera plus strictement littéraire, et son œuvre, tout en restant largement tributaire – surtout sur le plan de la forme – des trouvailles rendues possibles par la révolte dadaïste, prendra un ton plus lyrique et plus sentimental. Cette évolution est déjà sensible dans le recueil de poèmes intitulé *De nos oiseaux* (1923) et dans la « tragédie » en quinze actes *Mouchoir de nuages* (écrite en 1924 et jouée en 1926) qui, à partir d'une intrigue relativement cohérente, permet à l'auteur de jouer sur plusieurs registres du discours (déclamation poétique, dialogue de boulevard, commentaire critique, entre autres) et d'introduire à la scène des innovations dramaturgiques non négligeables (en particulier, les interventions directes des comédiens en tant que tels). *L'Indicateur des chemins de cœur* (1928), *l'Homme approximatif* (1931) qui reprend des poèmes écrits entre 1925 et 1930, et enfin *Où boivent les loups* (1933) montrent encore plus nettement que Tzara est définitivement passé des textes instantanés et provocants à un chant organisé qui se déroule avec ampleur et qui, en utilisant une gamme très large d'images empruntées à la nature cosmique et terrestre, sert de support à une méditation très douloureuse sur le propre passé du poète et sur la destinée humaine :

La tête rampe entourée d'échos sur la trace des
[beuglements fumigènes
que les volcans ont sillonnés le long des migrations
[de prospecteurs
là-haut où tout n'est que pierre et gazouillis fragile
[d'inconsolés soleils...

(*l'Homme approximatif*)

On comprend qu'à cette époque Tzara ait pu se réconcilier avec les surréalistes et contribuer à la réflexion philosophique et esthétique du groupe avec son « Essai sur la situation de la poésie » (*le Surréalisme au service de la Révolution*, décembre 1931), qui établit une distinction entre la « pensée dirigée », rationnelle, d'où procède la poésie « moyen d'expression » prémédité et volontaire, et la pensée « non dirigée », qui se manifeste en particulier dans les rêves mais aussi dans la poésie « activité de l'esprit », qui peut prendre de multiples formes et qui n'est pas l'affaire des « spécialistes », même si les romantiques et les surréalistes ont essayé – en s'appuyant notamment sur l'exemple des enfants, des primitifs ou des « fous » – de montrer toute sa fécondité. Au demeurant, pour Tzara, cette poésie consubstantielle à la vie quotidienne ne pourra vraiment s'épanouir que dans la société post-capitaliste, libérée de toutes ses contraintes sociales, esthétiques et morales.

Cette thèse va désormais orienter les activités théoriques et créatrices du poète à la recherche d'une définition d'un « homme nouveau » qui puisse réconcilier les exigences spécifiques du surréalisme et celles du marxisme. On la retrouve dans les notes qui accompagnent le recueil intitulé *Grains et Issues* (1935) et dans les textes mêmes, en prose ou en vers, qui le composent. Textes violents et graves qui tentent d'explorer l'inconscient et le rêve à la fois par l'analyse et par la méthode des associations spontanées, où l'image devient le moyen de connaissance privilégié. Textes prophétiques aussi, où se développe la vision paroxystique d'une révolution destructrice et régénératrice qui rendra à chacun la possibilité de vivre la plénitude de ses désirs.

Parallèlement, l'engagement politique de Tzara va se préciser et l'amener à s'éloigner une fois de plus des surréalistes. À partir de 1935, il milite activement au sein de l'A.E.A.R. (Association des écrivains et des artistes révolutionnaires), notamment pour la défense de la culture espagnole et de tous ceux que menace le péril fasciste. Dans *Midis gagnés* (1939 ; nouvelle édition augmentée, 1948) comme dans les recueils qui suivront, et qui comprennent de nombreux poèmes écrits au cours de son existence clandestine pendant la guerre (*Entre-temps, le Signe de vie, Terre sur Terre,* en 1946 ; *Phases, Sans coup férir,* en 1949 ; *Parler seul,* en 1950 ; *la Face intérieure,* en 1953 ; *À haute flamme, la Bonne Heure, Miennes, le Temps naissant,* en 1955 ; *le Fruit permis,* en 1956 ; *Frère Bois,* en 1957 ; *la Rose et le Chien,* en 1958 ; *De la coupe aux lèvres, Vigies,* en 1962), cet engagement ne débouche cependant jamais sur une poésie platement manichéenne ou étroitement liée aux circonstances. Pour Tzara, en effet, « du particulier il s'agit de passer à l'universel ». D'autre part, comme en témoigne la réédition de ses œuvres de l'époque dadaïste, et même s'il reproche au surréalisme d'avoir trahi ses ambitions révolutionnaires (*le Surréalisme et l'Après-Guerre,* 1947), il ne renie en rien les efforts des avant-gardes de l'entre-deux-guerres pour lutter contre la sclérose du langage poétique et libérer l'imagination.

Ainsi son œuvre reste-t-elle constamment soucieuse de donner à l'expérience collective la densité de l'expérience vécue et de concilier ses convictions humanistes, son désir de clarté et le nécessaire renouvellement de l'invention verbale. Ses différents essais sur Picasso et sur les arts plastiques, ses préfaces aux œuvres de Corbière, de Rimbaud ou d'Apollinaire, les recherches sur les anagrammes de Villon et de Rabelais qui occupèrent la fin de son existence confirment d'ailleurs, directement ou indirectement, cette conception de la liberté en art et des rapports entre la subjectivité et l'objectivité, conception très éloignée à maints égards de celle des tenants du réalisme socialiste dans les années 1950-1960, et cela bien que Tzara ait adhéré au Parti communiste français en 1947. En effet, si pour lui le peintre ou le poète ne peuvent plus se contenter de la révolte pure comme au temps de Dada, s'ils doivent être totalement engagés dans les grandes luttes émancipatrices de leur époque, ce n'est pas pour se soumettre aux impératifs de « la circonstance », aussi vaste que soit l'acception du terme. Leur devoir est de « représenter la conscience contemporaine », mais pour l'aider dans sa « conquête sur l'informe » et sur « l'obscurité » (« Picasso et la peinture de circonstance »). Et c'est en ce sens que l'art doit être à la fois connaissance – mais connaissance intuitive, fondée sur le plaisir esthétique qui mobilise le désir et l'imagination – et moyen de transformer le monde.

Cette vision prométhéenne peut paraître aujourd'hui conventionnelle et dépassée. Elle ne doit pas cependant occulter une œuvre qui reste, sous ses multiples facettes, extraordinairement novatrice, surtout – et ce n'est pas un hasard – dans sa phase la plus négativiste, c'est-à-dire la mieux protégée contre tous les stéréotypes.

R. Navarri

U

Urfé Honoré d'

(1567-1625)

La vie d'Honoré d'Urfé a provoqué d'autant plus de commentaires qu'elle pouvait, aux yeux de beaucoup d'historiens, livrer les « clefs » de *l'Astrée*. Ils s'employèrent à trouver dans les aventures guerrières et amoureuses du romancier les personnages et les signes éclairant les péripéties du grand roman. Leur tâche, aujourd'hui bien discutée, était rendue plus tentante encore par le caractère romanesque d'une partie de l'existence de l'auteur, familier des champs de bataille et des luttes compliquées qui déchiraient l'époque, et tardif époux de sa belle-sœur après une intervention du pape Clément VIII, qui fit annuler le mariage de celle-ci avec Anne d'Urfé.

Un homme de guerre érudit

Marseillais de naissance, Honoré d'Urfé est issu d'une famille installée dans le Forez, très ouverte à l'esprit de la Renaissance et aux influences italiennes. Il fait ses études au collège de Tournon, qu'il quitte vers 1584, et c'est là qu'il aurait écrit ses premiers vers, *la Sireine*, un poème pastoral qui obtint un vif succès.

Jusqu'en 1590 se situeraient, selon le romancier lui-même, divers épisodes amoureux, des aventures de jeunesse assez vagues qu'il qualifie de « folies », et qu'il aurait, par la suite, transposées dans *l'Astrée*. Puis il s'engage dans la Ligue, s'attache au duc de Nemours, participe à des coups de main, à des pillages, à des expéditions guerrières. Deux fois fait prisonnier par les troupes royales, et deux fois libéré – notamment grâce à l'intervention de sa belle-sœur, Diane de Châteaumorand –, il finit par s'exiler en Savoie en 1595. Il a déjà écrit le premier livre de ses *Épîtres morales* (publ. en 1598, le second paraissant en 1603), et il aurait terminé dès cette époque un premier jet de *l'Astrée* dont l'intrigue centrale est bâtie.

Au service de la maison de Savoie dans les dernières années du siècle, il continue à lutter contre les troupes françaises. Ses relations avec la Cour ne changent qu'après son mariage avec sa belle-sœur, en 1600. En 1603, une fois le souvenir des guerres civiles estompé, il devient gentilhomme ordinaire du roi et entame alors une vie plus tranquille. Il voyage beaucoup, devient l'ami de Malherbe, fréquente l'Hôtel de Rambouillet, se fait une réputation légitime de curieux et d'érudit. Le grand seigneur engagé dans les luttes politiques a fait place à l'écrivain connu et respecté, à l'homme du monde que l'on rencontre dans les cercles à la mode. Cette double image de guerrier et d'écrivain explique peut-être la relative lenteur avec laquelle fut écrit son grand ouvrage et les profondes évolutions que celui-ci subit en chemin.

L'Astrée, un monument du roman pastoral

La première partie de *l'Astrée* fut publiée en 1607, alors qu'elle avait été commencée, pense-t-on, dix-sept ans auparavant. La deuxième partie fut publiée en 1610, la troisième en 1619. Un fragment de la quatrième paraît en 1624, désavoué par l'auteur. Cette quatrième partie sera publiée en 1627 par Balthazar Baro, secrétaire de d'Urfé, dont il prétend posséder les brouillons authentiques. Puis Baro composa une cinquième partie, conforme selon lui au plan initial du roman (1628). Entre-temps, un certain Borstel de Gaubertin avait déjà fait paraître une suite de son cru. C'est assez dire le succès de l'œuvre, et l'engouement qu'elle suscite.

Balthazar Baro (1590-1650)

Né à Valence autour de 1590, issu d'une famille de noblesse de robe, docteur en droit en 1615, Balthazar Baro se confronte à l'écriture en devenant le secrétaire d'Honoré d'Urfé. La postérité le connaît d'ailleurs mieux pour le travail qu'il fit sur la cinquième partie de l'Astrée *que pour ses propres ouvrages. Membre de l'Académie dès ses origines (sa présence y est attestée en 1635), il poursuit une carrière juridique de 1635 à 1639, où il est « procureur du roi au présidial de Valence », tout en vivant à Paris.*

Baro est l'auteur d'une dizaine de pièces, dont certaines sont perdues. En 1628, on joue de lui Celinde, *dédiée au duc de Vendôme, son protecteur, une des seules comédies, avec* la Bague de l'oubli *de Rotrou, qui soient publiées entre 1627 et 1630. Cette comédie développe une « pièce dans la pièce ». En 1632, il publie une pastorale qui confirme l'évolution du genre à l'époque : empruntée à un épisode de* l'Astrée, *l'intrigue manifeste une certaine tendance au respect des unités sans renoncer à des scènes spectaculaires ; c'est cette* Clorise *que joue Montfleury dans le premier acte du* Cyrano *d'Edmond Rostand. La pièce eut un certain succès, puisqu'elle connut une réédition en 1634. Par la suite, de 1642 à 1650, Baro publia une série de pièces parfois appelées « poèmes dramatiques », qui correspondent aux canons de la tragi-comédie redevenue à la mode peu avant 1650.*

Avec *l'Astrée*, d'Urfé se place dans la tradition de la pastorale européenne, et suit les grands modèles italiens et espagnols : l'*Arcadia* de Sannazar (1502), la *Diana* de Montemayor (1582), la *Galatea* de Cervantes (1584). L'historien lancé à la recherche des sources trouve une quantité considérable d'emprunts fondus dans un roman-fleuve de cinq mille pages divisé en cinq parties. L'imaginaire de *l'Astrée* semble nourri de tous les grands récits qui l'ont précédé. Le thème de la quête amoureuse et les différentes histoires qui s'entrecroisent font entrer l'œuvre dans une tradition qui dépasse le roman pastoral et la font s'inscrire, comme le souligne Gérard Genette, dans toute la tradition courtoise. Mais – et ce n'est pas le moindre intérêt de l'ouvrage – d'Urfé, qui s'appuie sur toutes les conventions du genre, s'attache aussi à placer ses bergers dans un cadre et des situations qui n'échappent pas, comme on pourrait le croire, aux préoccupations réelles de ses contemporains. Le plaisir que l'on trouve toujours à sa lecture vient probablement de ce jeu constant entre les artifices les plus affirmés et les observations les plus précises : l'univers utopique de *l'Astrée* est fondé sur l'idéal amoureux d'une époque, sur la quête réelle d'un mode de vie satisfaisant.
Ainsi, *l'Astrée* prend place dans un cadre précis : la plaine du Forez, entre Rhône et Auvergne, dans la vallée du Lignon, berceau de la famille de l'auteur. Les descriptions que d'Urfé en donne montrent un souci d'observation qui rompt avec la tradition : « Mont-Verdun est un grand rocher qui s'élève en pointe de diamant au milieu de la plaine du côté de Montbrison, entre la rivière Lignon et la montagne d'Isoure. Qui s'il était un peu plus à main droite du côté de Laigneu, les trois pointes de Marcilly, d'Isoure et de Mont-Verdun feraient un triangle parfait. »
Cependant, ce lieu « réel », ces paysages familiers à l'auteur deviennent aussi un espace de convention reprenant tous les motifs pastoraux. Bergers et bergères parcourent ses vallées, se réfugient dans ses grottes, dressent des temples rustiques dans ses forêts.

Ce cadre géographique correspond à un cadre historique aussi précis (le Ve siècle après Jésus-Christ) et pourtant aussi vague, en tout cas suffisamment lointain pour autoriser les anachronismes suscités par les méandres du récit. Le Forez est provisoirement à l'écart d'une Gaule imaginaire ravagée par les guerres. Il est peuplé de druides, de nymphes, de bergers, d'une société à la hiérarchie bien définie dans laquelle on peut retrouver les contours de celle du début du XVIIe siècle. Ce sont les bergers qui sont les véritables héros du roman. Ces anciens nobles ont choisi, « d'un mutuel consentement », de renoncer aux ambitions sociales et de « s'acheter par cette douce vie un honnête repos ». Cet état exceptionnel de disponibilité les rend vacants pour tous les entretiens amoureux, pour toutes les méditations sur le parfait amour.
G. Genette parle, à propos du Forez astréen, d'une « utopie progressive et concentrique : au cœur d'un monde en guerre, un royaume paisible ; au cœur de ce royaume paisible, une retraite édénique ».
L'univers de *l'Astrée* est construit pour le rêve, pour l'utopie, même si la quête amoureuse qui occupe les bergers est des plus sérieuses. C'est d'ailleurs en des termes idylliques, et en entrant joliment dans le jeu des conventions, que Théophile Gautier en évoquait le décor : « D'adorables petits agneaux crêpés et poudrés, avec un ruban rose et une clochette d'argent au cou, bondissent en cadence et exécutent le menuet au son des pipeaux. Les bergers ont des souliers à talons hauts, ornés de rosettes prodigieuses, un tonnelet avec des passequilles, et des rubans partout ; les bergères étalent sur le gazon une jupe de satin relevée de nœuds et de guirlandes… »
L'Astrée relève bien de cette imagerie pastorale, de ce souriant Éden qui amuse le lecteur contemporain. Mais à l'intérieur de ce paradis pittoresque, la quête implacable de l'idéal amoureux occupe des bergers qui n'ont plus d'autre préoccupation que la recherche entêtante et parfois douloureuse du bonheur.

Une métaphysique de l'amour

Il faudra servir, souffrir, et n'avoir des yeux ni de l'amour que pour moi ; [...] Je suis soupçonneuse, je suis jalouse, je suis difficile à gagner et facile à perdre, et puis aisée à offenser et très malaisée à rapaiser. Le moindre doute est en moi une assurance : il faut que mes volontés soient des destinées, mes opinions des raisons, et mes commandements des lois inviolables.

(l'Astrée, I)

Cette lettre qu'Astrée adresse à Céladon au début du roman définit d'emblée la nature de la relation amoureuse et les exigences qu'elle impose, qui vont jusqu'à la mort si l'objet aimé le souhaite. Sans ces lois qui fixent la manière dont le parfait amant entre au service de celle qu'il aime, il est impossible de comprendre pourquoi Céladon attend obstinément un signe d'Astrée pour oser réapparaître en sa présence. Banni une fois, il se jette dans le Lignon, les bras croisés, montrant ainsi sa soumission et son désir de dépasser les exigences mêmes de sa maîtresse.
Honoré d'Urfé développe une conception très élevée de la relation amoureuse, dont on trouve déjà des traces dans ses *Épîtres morales*, nourries des principes stoïciens et platoniciens. L'amour est exigeant, il ignore la raison, la prudence, la médiocrité. Il réclame un engagement total, une soumission absolue et un sacrifice sans calculs de la personne. Silvandre en donne une définition où l'amant se perd dans l'objet aimé, disparaît pour reparaître en autrui selon une conception proprement mystique : « C'est mourir en soi pour revivre en autrui, c'est ne se point aimer que d'autant que l'on est agréable à la chose aimée, et bref, c'est une volonté de se transformer, s'il se peut entièrement en elle » (*l'Astrée*, I).

Céladon évoque de son côté la quête amoureuse comme la grande nostalgie platonicienne des âmes autrefois unies en Dieu, et qui, une fois séparées, cherchent à se réunir, à reconstituer par la fusion l'unité primitive : « Que depuis quand il [Dieu] envoie les âmes dans les corps, il mène celles des femmes où sont les pierres d'aimant qui ont touché celles des hommes, et celles des hommes à celles des femmes, et leur en fait prendre une à chacune… » (*ibid.*).

Cette conception de l'amour est proche de la tradition courtoise, elle se confond parfois avec une religiosité imprécise. La quête de la perfection amoureuse élève l'âme, l'amour est un héroïsme ; aimer, c'est se sacrifier.

L'Astrée eut un succès considérable : son influence sur les contemporains s'exerça de façon durable et profonde. Le roman fut pillé, plagié, abondamment cité, servit de référence à des dizaines de romanciers, à des dramaturges, à Corneille et à Racine eux-mêmes. Bien au-delà des emprunts, cette œuvre du sentiment pesa sur une bonne partie du siècle en proposant une conception de l'amour, un idéal de vie qui ne cessèrent de faire rêver.

L'Astrée

SYNOPSIS

PREMIÈRE PARTIE. Dans la Gaule du Ve siècle apr. J.-C., déchirée par les guerres incessantes, la région du Forez est miraculeusement épargnée. Au bord de la rivière Lignon s'est établie à l'écart des intrigues de la cour de Marcilly, où règne la reine Amasis, et des violences guerrières du bouillant Polémas, une société pastorale constituée de bergers et de nymphes. Le berger Céladon aime la bergère Astrée, malgré la rivalité de leurs deux familles. Trompée sur la fidélité de son amant par un rival (Sémire), Astrée le chasse. De désespoir, Céladon se jette dans le Lignon ; tout le monde le croit alors noyé. En fait, il a survécu, recueilli par trois nymphes, la princesse Galathée (fille d'Amasis, aimée de Polémas, qu'elle n'aime pas) et ses deux suivantes, Léonide et Sylvie. Elles étaient venues sur les bords du Lignon pour chercher l'époux que le devin Climanthe avait prédit à Galathée (il s'agit en fait d'un faux oracle inventé par Polémas pour séduire la princesse). Celle-ci s'éprend de Céladon et veut le garder auprès d'elle dans le palais d'Isoure. Tombé malade, Céladon est alors soigné par le druide Adamas que sa nièce Léonide a fait venir, à la suite d'un long périple qui donne lieu à une série de récits rétrospectifs (livres IV à VIII). Adamas, qui sait par un oracle que son propre bonheur dépend de l'union d'Astrée et de Céladon, parvient à le faire échapper du palais d'Isoure, déguisé en nymphe.

DEUXIÈME PARTIE. Céladon vit retiré dans la forêt ; tout à son amour pour Astrée, qu'il ne reverra que si elle y consent, il lui élève un temple dans la nature. Une lettre laissée auprès du berger Silvandre, qu'il avait trouvé endormi, attire Astrée et ses compagnons vers la retraite où vit Céladon. Ils y découvrent le temple dressé en l'honneur d'Astrée, où se trouvent les « tables d'Amour » (livre V). Le lendemain matin, Céladon surprend Astrée endormie à proximité de sa grotte et lui laisse une lettre ; mais le style ambigu de celle-ci renforce Astrée dans sa conviction que Céladon est mort. Elle lui élève un autel et lui rend les honneurs funèbres. Entre-temps, le druide Adamas, qui tient à réunir Céladon et Astrée, le persuade de revenir parmi les bergers sous le déguisement de sa fille, Alexis, qui était alors pensionnaire au couvent des druides. Les livres XI et XII donnent ensuite lieu à des récits concernant la cour de l'empereur Valentinian ; on suit deux belles princesses, Eudoxe et Placidie, dans leurs aventures à travers le monde méditerranéen. La deuxième partie s'achève sur l'attente du retour de la « belle Alexis » parmi les bergers.

TROISIÈME PARTIE. Frappée par la ressemblance d'Alexis avec Céladon, Astrée éprouve une amitié passionnée pour la jeune fille. Les fêtes du Gui sont l'occasion pour Adamas et Alexis de vivre chez Astrée. Céladon-Alexis y partage alors une douce intimité avec celle qu'il aime, conservant toutefois le secret de sa véritable identité. Le livre XII, qui contient l'« histoire de Childéric, de Silviane et d'Andrimarte », infléchit le cours des événements avec l'irruption de la menace militaire qui pèse sur Marcilly, et qui éclatera avec les menées de Polémas dans la partie suivante.

QUATRIÈME PARTIE. Allié au roi des Burgondes (Gondebaud), Polémas entreprend d'attaquer Marcilly. Adamas y organise la défense, sur la demande de la reine Amasis. Grâce à lui, Climanthe, agent de Polémas, est démasqué ; il se tue dans sa prison. Polémas, pour se venger de ses échecs militaires, enlève Astrée, qui, par jeu, avait revêtu les habits d'Alexis ; Céladon, toujours déguisé, se précipite à sa suite et devient à son tour otage de Polémas. Utilisés comme boucliers humains lors d'un assaut contre Marcilly, les deux jeunes gens sont délivrés *in extremis* par Sémire, qui trahit ainsi Polémas pour racheter le mal qu'il leur avait causé.

CINQUIÈME PARTIE. Avec la fin de la guerre, réglée grâce à un combat singulier entre Lindamor (amant de Galathée) et Polémas (qui est tué), cette partie, centre de nouveau l'intrigue sur l'amour : le lieu principal en est la fontaine de la Vérité d'amour, qui révèle à ceux qui la regardent le visage de la personne qu'ils aiment. Cette fontaine enchantée est gardée par des lions et des licornes qui tuent ceux qui s'en approchent. Seul le sacrifice de parfaits amants rompra le sortilège ; Astrée fait alors le projet de se livrer aux fauves. Elle s'y rend avec Diane, autre bergère éprouvée par un amour malheureux, tandis que Céladon et Silvandre (amoureux de Diane) y vont de leur côté. Amour apparaît alors, au milieu d'un orage prodigieux, et permet les heureuses retrouvailles de tous ces amants, après une dernière péripétie concernant l'identité de Silvandre : c'est Paris, le vrai fils d'Adamas, que tous les oracles destinaient à Diane. Tout s'achève donc dans la félicité des noces, y compris celles de l'inconstant Hylas avec Stelle l'inconstante.

J.-P. Ryngaert et E. Bury (synopsis)

V

VACHÉ Jacques

(1896-1919)

Peu de gens ont connu Vaché, et ce n'est que soixante ans après sa mort que les souvenirs d'un de ses intimes sont venus nuancer quelque peu la figure légendaire tracée par André Breton. Né à Nantes, et tandis qu'il était encore lycéen, Vaché avait fondé avec quelques amis de petites revues animées par un esprit qui annonçait déjà Dada. Blessé au cours de la Grande Guerre, il fait la connaissance de Breton à l'hôpital de Nantes où celui-ci est interne. Convalescent, il se distingue par ses provocations vestimentaires. Lors d'une permission, en 1917, il pénètre, en uniforme de l'armée britannique, revolver au poing, dans la salle où l'on donne *les Mamelles de Tirésias* d'Apollinaire, et il menace de tirer sur les spectateurs pour protester contre cette pièce trop « littéraire » à son goût. Il meurt, à vingt-trois ans, d'une trop forte absorption d'opium.

Il n'y a pas à proprement parler d'« œuvre » littéraire de Vaché : il a laissé essentiellement des lettres et des dessins adressés pendant la guerre à Aragon, à Théodore Fraenkel, à Breton. Dans cette correspondance, il se montre un fervent admirateur de Jarry, dont il s'inspire en définissant l'« umour » comme « une sensation [...] de l'inutilité théâtrale (et sans joie) de tout ». Ces quelques feuillets exercèrent une véritable fascination sur Breton et, à travers lui, sur le groupe surréaliste : la publication par Breton lui-même des *Lettres de guerre* (1919) en témoigne. Il y avait là l'expression dandy du refus dada de tout, la marque d'une « désertion à l'intérieur de soi-même » (Breton). Dans ce qu'il considérait comme une attitude exemplaire, le chef de file du mouvement surréaliste puisa le modèle d'une hauteur et d'une insoumission radicale à opposer aux médiocrités et à l'absurdité de l'existence.

M. P. Schmitt

VADÉ Jean-Joseph

(1719-1757)

Né à Ham, employé dans l'administration fiscale du Vingtième en province, puis à Paris où le duc d'Aiguillon fit de lui son secrétaire, il se fit connaître à partir de 1745 comme auteur de chansons, de poésies légères et surtout comme créateur du genre poissard, qu'il illustra par un roman épistolaire, les *Lettres de la Grenouillère* (1749), des poèmes, *les Quatre Bouquets poissards, la Pipe cassée* (1755), « poème épitragipoissardihéroïcomique », des vaudevilles, parodies et opéras-comiques généralement destinés aux théâtres de la Foire : *le Poirier* (1752) ; *la Fileuse* (1752), parodie de l'*Omphale* de La Motte ; *le Trompeur trompé* (1754), peut-être une des sources du *Mariage de Figaro* ; *Jérôme et Fanchonnette* (1755) ; *Nicaise* (1756), *les Racoleurs* (1756), etc. Empruntant leur argot aux harengères et aux « pêcheux » parisiens, aux « forts » du Pont-aux-Blés, le « Corneille des halles » (Grimm) revigore ainsi le langage trop artificiel des parades et donne une saveur d'authenticité à des schémas dramatiques traditionnels. Faut-il déjà parler de naturalisme ? En fait, le projet de Vadé est ambigu. « J'nous aimerons tant que l'corps nous battra dans l'âme » : la poésie naïve des *Lettres de la Grenouillère* entre un « pêcheux » et une blanchisseuse efface leur caractère parodique et démontre que les sentiments raffinés peuvent se passer de « bonne » littérature ; en revanche, *la Pipe cassée, les Quatre Bouquets poissards* juxtaposent la voix sereine et policée du narrateur et celle, donnée ainsi en spectacle, de poissardes ou de fleuristes en colère. Car le genre, destiné aussi à un public de bonne compagnie, impose d'emblée le choix des sujets : des querelles et des charivaris qui justifient l'émergence d'un « bas langage » supposé livrer sa quintessence dans l'échange d'injures, « vilain coulis d'emplâtre », « vierge de corps de garde »... Parfois, Vadé semble rendre sa parole à ce petit peuple ; plus souvent, il le donne simplement à voir d'une façon caricaturale, comme utilisateur inconscient ou malhabile du langage de l'élite : « Je tombe de scribe en sillabe », « C'est donc pour me t'nir le bec dans l'eau qu'il m'envoie comm'ça des émisphères ». Dès lors, l'écriture poissarde risque à son tour de sombrer dans la convention : en témoigneront les innombrables et médiocres « catéchismes poissards » et autres *Vadeana* du XIXe siècle. En réalité, la meilleure part de l'héritage se trouverait plutôt chez des inventeurs comme Vian ou Queneau, qui n'auraient sans doute pas renié la « violicence » de *Jérôme et Fanchonnette* ou le « berviage vachique » des *Racoleurs*.

J.-P. de Beaumarchais

VAILLAND Roger

(1907-1965)

Roger Vailland est né à Acy-le-Multien (Oise). Il fait ses études à Reims, puis à Paris (licence en philosophie). Il participe au mouvement surréaliste et fonde avec René Daumal la revue *le Grand Jeu* (1928). Devenu journaliste, il fait des reportages, notamment au Proche-Orient. Pendant la guerre, il entre dans la Résistance aux côtés du Parti communiste français, qu'il quittera en 1956 lors des événements de Hongrie. Ses romans paraîtront pour la plupart après la Libération : *Drôle de jeu*, qui obtiendra le prix Interallié en 1945, *les Mauvais Coups* (1948), *Bon pied bon œil* (1950), *Beau Masque* (1954), *325 000 Francs* (1955), *la Loi*, que couronnera le prix Goncourt en 1957, *la Fête* (1960), *la Truite* (1964). Mais Roger Vailland est aussi un homme de théâtre (*Héloïse et Abélard*, 1947 ; *Monsieur Jean*, 1959) et un essayiste (*le Regard froid*, 1963) ; quant au journaliste, ses écrits seront recueillis dans *Chronique des années folles à la Libération* et *Chronique d'Hiroshima à Goldfinger* (1984). *La Loi* a été portée à l'écran en 1958 par Jules Dassin (avec Gina Lollobrigida, Melina Mercouri, Yves Montand et Marcello Mastroianni) et Joseph Losey a réalisé en 1982 *la Truite* (avec Isabelle Huppert). Roger Vailland est mort à Meillonas, dans l'Ain, où il s'était retiré pour écrire. Il avait cinquante-huit ans. Par la suite seront publiés des *Écrits intimes* (1968) et des *Lettres à sa famille* (1972).

Roger Vailland occupe dans la littérature contemporaine une place ambiguë : politiquement engagé, voire militant, il semble soumettre sa pensée aux grandes lignes des revendications sociales dérivées du marxisme. Mais en même temps, il affirme un idéal individualiste et un égotisme proches de la tradition aristocratique. Stylistiquement, il semble hésiter entre la légèreté d'un Stendhal, qu'il admire, et la nécessité de créer une écriture nouvelle pour traduire les grands bouleversements du monde moderne.

L'engagement politique

Roger Vailland a pu apparaître comme un « apôtre de la solidarité ». Son engagement est double : en temps de guerre, contre les forces de l'oppression (cf. le personnage de Marat, sorte de double de l'auteur dans *Drôle de jeu*, écrit pendant et d'après la Résistance) ; en temps de paix, contre l'injustice sociale et l'exploitation des masses laborieuses. Il y a du Zola, voire du Victor Hugo, dans sa description du travail des ouvriers et sa réflexion sur leur condition misérable.

325 000 Francs

SYNOPSIS

1954 : une course cycliste amateur se déroule dans la région ouvrière de Bionnas (Jura), important centre français de production d'objets en matière plastique. Bernard Busard est blessé mais gagne l'épreuve (chap. I). Marie-Jeanne, une jeune fille du village qui vit seule avec sa mère dans une semi-pauvreté, semble amoureuse de Bernard. Mais des problèmes d'argent font obstacle à leur mariage (II). Bernard, pour la conquérir, essaye alors de trouver les 325 000 francs qui leur permettront de réaliser leur rêve : acheter un snack-bar sur la nationale 7 (III). Il décide de travailler trois fois par jour quatre heures sur une presse de l'usine locale pendant six mois. Mais Chatelard, le chef du syndicat, entrave d'abord son projet (IV). L'usine, les problèmes du capitalisme patriarcal, de la rentabilité, sont exposés (V). Juliette, qui avait remis le bouquet au vainqueur de la course cycliste, se rapproche de Bernard. Mais il résiste (VI). Une grève risque à nouveau de compromettre le projet de Bernard. Étant enfin parvenu à réunir l'argent, il peut épouser Marie-Jeanne. Mais le dernier jour, succombant à la fatigue, Bernard commet une imprudence : l'énorme presse hydraulique lui arrache le bras (VII). Quelque temps plus tard, on retrouve Marie-Jeanne triste et résignée, Bernard alcoolique : ils ont été obligés, au lieu de réaliser leur rêve, de prendre la gérance d'un bistrot louche de Bionnas (VIII).

325 000 Francs n'est pas seulement un reportage sur la vie dans les usines de plastique au début de la seconde moitié du XXe siècle ; c'est aussi un pamphlet contre le capitalisme, le paupérisme, l'aliénation qu'ils engendrent, etc. Les « temps modernes » sont représentés sous un aspect mythique, infernal. Le style répétitif ou les brusques ruptures narratives du passé simple au présent tentent de reproduire ce qu'il y a d'inhumain, de machinal dans les gestes imposés aux ouvriers au nom du rendement. Ceux-ci sont condamnés à se droguer pour maintenir les cadences et, évidemment, à enfreindre les règles de sécurité, ce qui leur est le plus souvent fatal.

La sensibilité à l'injustice, au poids de la hiérarchie sociale, aux conflits qui résultent de la division en classes est omniprésente dans l'œuvre de Roger Vailland. On la retrouve aussi bien, transposée dans un autre contexte, dans un livre d'imagination comme *la Loi*.

La Loi

SYNOPSIS

Porto Manacore, petit port des Pouilles. Soixante heures du mois d'août 1956 et un foisonnement de personnages reliés par des aventures imbriquées. Trois figures principales : Matteo Brigante, racketteur de tout Manacore ; don Cesare, propriétaire féodal, jouisseur, homme cultivé ; Mariette, dix-sept ans, peut-être sa fille, gérant sa virginité avec une liberté farouche.

Cinq actes se dégagent. Le premier est le « jeu de la Loi » : le gagnant a le droit de révéler ce qu'il sait de la vie privée des perdants. La virginité de Mariette, dont Matteo Brigante mime le rapt, est l'enjeu profond des parties jouées devant nous. Le deuxième est le vol, en signe de défi, du greffoir de Matteo Brigante par des gamins de la ville. Le troisième est le premier vrai rendez-vous d'amour de Francesco, fils de Matteo, avec donna Lucrezia, femme du juge, dans une caverne de la baie. Le quatrième concerne le commissaire puis Matteo Brigante, tous deux d'accord dans leur conception de l'amour (faire la loi à l'autre), pour une fois tous deux victimes : le commissaire se laisse acculer à devenir le jouet des provocations de sa maîtresse ; Matteo Brigante, le violeur de vierges, se fait marquer par Mariette, armée du greffoir. Le cinquième est la mort de don Cesare, occasion d'un bilan apaisé-apaisant de sa vie, la main sur le sein que Mariette lui offre. Un bref épilogue élargit le temps à deux années et consacre l'échec de chacun des personnages qui tous plient et s'avilissent.

Cinq actes, un seul en réalité, celui de la « Loi » qui rattrape tout le monde et qui régit la multiplicité des faits qui tissent le roman : événement matriciel donc, figure allégorique du roman dans son entier.

D. Malézieux-Pastol

L'affirmation de soi

Toutefois la lutte des classes n'est qu'un aspect de la violence qui caractérise les rapports interpersonnels tels que les conçoit Roger Vailland : dichotomie entre êtres faibles et personnages chanceux, à qui tout réussit, antagonismes psychologiques qui débouchent sur la « souveraineté » d'un leader (*la Fête*). Aussi a-t-on reproché à Vailland le cynisme de certains de ses personnages dont le libertinage, le goût pour le plaisir égoïste, la propension à la recherche individuelle du bonheur sont des traits autobiographiques, contradictoires avec la prédication morale et politique qui s'exprime par ailleurs.

De fait, loin d'être immoral, Roger Vailland est à la recherche, en ces années de désarroi qui suivent la Libération, d'une autre morale, d'une autre échelle de valeurs. Face à la décadence de l'Occident et au reflux de l'ordre traditionnel (« – La morale bourgeoise fout le camp, dit Rodrigue. – C'est le propre des sociétés en décomposition. À la limite, il y a autant de morales que d'individus. Le bénéfice, c'est la tolérance. Il n'y a plus de scandale possible » [*Bon pied bon œil*]), Roger Vailland tente de se réfugier dans un monde idéal où la violence n'est que l'envers d'une force spontanée, nietzschéenne, d'une « vertu », dont seuls sont capables quelques personnages hors du commun, telle la fragile Mariette, d'abord flagellée, humiliée, qui arrive à réduire à sa merci ses anciens tortionnaires (*la Loi*).

Par-delà les notions de bien et de mal, la sympathie de Vailland se porte paradoxalement vers ces libertins, auxquels il a consacré des essais (*Laclos par lui-même*, 1953 ; *Éloge du cardinal de Bernis*, 1956), et dont il semble garder la nostalgie malgré son engagement politique en faveur de l'égalité sociale.

B. Valette

Valéry

VALÉRY Paul

(1871-1945)

Pour le meilleur et pour le pire, Paul Valéry, bercé par le symbolisme et le positivisme, fut le penseur de la IIIe République et son poète. Ce méditatif fut un mondain, ce Montaigne attentif à ses neurones plus qu'à ses humeurs et à ses lectures entra à l'Académie, gravit comme distraitement les échelons de la Légion d'honneur, inaugura, célébra, préfaça, professa. Il cultiva comme un divertissement combinatoire la poésie, où Mallarmé, « victime et lévite », voyait un sacerdoce ; sur tous les sujets il émit des réflexions claires et défendables, toujours ingénieuses et parfois pénétrantes, si nombreuses qu'il est difficile de ne pas s'équiper de quelques-unes. Il fut le champion du travail, de la conscience, de la raison et de la latinité contre l'inspiration, l'inconscient, l'irrationnel et le germanisme ; il donna l'image tutélaire et rassurante du sage, sceptique à l'égard des passions, antiobscurantiste et tolérant, ennemi des fanatismes comme de l'anarchie. Bref, Valéry fut une « idole » pour les médecins cultivés, les professeurs de terminales et les inspecteurs généraux. Il laissa s'établir par nonchalance un stéréotype admiré mais réducteur ; il n'est pas sûr que la postérité suive ses contemporains dans leur culte et le tienne quitte de ses faiblesses.

La conversion

La vie de Valéry serait d'une grande banalité et justifierait le mépris qu'il affichait pour la biographie et l'anecdote, s'il n'y avait sa conversion initiale. Cette conversion présente de troublantes analogies avec la fameuse « nuit du 23 novembre 1654 » que consigne le *Mémorial* de Pascal et, en même temps, se situe à son antipode exact. Alors que Pascal, tout entier donné à l'orgueil de l'intelligence et à la *libido dominandi* du savant, craque soudain et bascule dans l'univers de l'émotion, de l'affectivité et de l'incarnation, Valéry, insupportablement tourmenté par une passion douloureuse et obsédante pour une certaine Mme de Rovira, se raidit au cours de sa « nuit de Gênes » et décide d'évacuer l'affectivité et de tout soumettre à l'intellect. L'histoire de sa vie est alors celle d'une lente guérison qui, de « la Soirée avec Monsieur Teste » à *Mon Faust*, l'amène à atténuer peu à peu l'intransigeance de sa déconnexion et la rigidité de son idolâtrie pour la pensée pure, à baisser ses défenses antiseptiques et à consentir à la tendresse humaine.

La pensée

Ce qui caractérise la pensée de Valéry, c'est d'abord l'hostilité à l'égard de la modernité dans les mœurs, dans l'art et dans les sciences humaines. À la stridence obnubilante de la vie urbaine en quête d'excitations toujours renouvelées il oppose la solitude vouée aux pensées fines et la nage virile dans une mer immémoriale. À l'exaltation de la femme il oppose une misogynie farouche. Il ne voit dans l'art moderne que dégénérescence et succession de modes, refuse le cubisme, le surréalisme, prône un néo-classicisme auquel le déphasage confère des allures alexandrines. Défiant à l'égard de l'outrecuidance des historiens, des mythes des sociologues et des plongées de la psychanalyse, il ignore superbement la pensée de Marx et raille volontiers celle de Freud. S'il flirte avec la physique et la médecine modernes, c'est moins en humble postulant qu'en égotiste intéressé à cautionner d'une analogie scientifique tel ou tel de ses aphorismes. Valéry reconnaît lui-même que toute sa pensée s'est élaborée entre 1892 et 1895. Cette calcification précoce a dommageablement limité sa disponibilité intellectuelle et l'a fait penser dans un champ qui n'a que les apparences de l'intemporel.

Le fragment

Pour s'être trop voulue sans date, la pensée de Valéry commence à dater et intéresse plus par son prodigieux mécanisme que par ses assertions circonstancielles dont une perpétuelle autocritique borne le développement ; ce qui frappe en effet dans cette pensée, c'est son caractère fondamentalement fragmentaire, son aspect de bouffées intuitives, de formulations spasmodiques. Seule une élaboration coûteuse donne du lisse et de la continuité à certains discours ; de nombreux recueils (*Tel quel*, par exemple) et les *Cahiers* conservent l'incohérence du jet initial. Valéry a de la peine à coordonner, à systématiser, essentiellement parce qu'il subodore la validité des pensées opposées, qu'il est conscient des exclusions qu'implique tout système, du mensonge que devient vite une vraisemblance subjective. La même aversion pour la gratuité et la fiction se manifeste dans sa haine du genre romanesque, auquel il se refuse à conférer la dignité esthétique.

La poésie

Comme c'est tout l'homme, quelque esthétique qu'il professe, qui fait la poésie, la poésie de Valéry résiste mieux à l'usure, malgré la désuétude de la forme, que le reste de son œuvre. La polysémie du langage poétique étant aujourd'hui admise une fois pour toutes, les débats dans lesquels on dénonçait ou louait son obscurité sont caducs. Reste une « fête de l'intellect » qui est aussi, par les rythmes, les sonorités, les allitérations, les images, une fête de la sensualité ; ici la vigilance sait se mettre à l'écoute des mouvements secrets et n'offusque jamais parfaitement le désir ni la tendresse.

	VIE		ŒUVRE
1871	**30 oct. :** naissance, à Sète (orthographié « Cette » jusqu'en 1927), d'Ambroise Paul Toussaint Jules, second fils de Barthélemy Valéry, vérificateur principal des douanes, originaire de Corse, et de Fanny Grassi, fille du consul d'Italie et descendante de vieilles familles de Gênes et Venise.		
1878	Collège de Sète.		
1883	Première communion.		
1884	La famille s'installe à Montpellier. Paul entre au lycée de la ville. Il découvre Gautier, Baudelaire, Hugo.	**1884**	Premiers vers, sur un cahier d'écolier.
1887	Mort du père. Baccalauréat. Séjour chez une tante à Gênes. Dessine, peint, versifie.	**1887**	Écrit des sonnets et deux petites pièces de théâtre.
1888	Seconde partie du baccalauréat. Début d'études de droit. Vif intérêt pour l'architecture.		
1889	S'intéresse aux mathématiques, à la physique, à la musique. **Sept. :** lit *À rebours* de Huysmans, qui lui fera découvrir Verlaine, Mallarmé, les Goncourt. **Nov. :** volontariat au 122e R.I. (Montpellier).	**1889**	« Rêve », premier poème publié de Valéry, dans la *Revue maritime*. **Oct. :** « Élévation de la lune », dans *le Courrier libre*. Compose plus de 80 poèmes.
1890	**Mai :** se lie d'amitié avec Pierre Louÿs ; une abondante correspondance s'ensuivra, et Louÿs lui ouvrira les portes du Tout-Paris littéraire.	**1890**	**Oct. :** « la Marche impériale », dans *la Revue indépendante*.
1891	Reçu à sa seconde année de droit. **Sept. :** séjour à Paris, où il fait la connaissance de Gide et de Mallarmé.	**1891**	« Narcisse parle », dans le n° 1 de *la Conque*, la revue de Pierre Louÿs (13 poèmes paraîtront dans les livraisons suivantes). Poèmes également dans *l'Ermitage, la Syrinx*.
1892	Rêve de vivre à Paris. Reçu à sa troisième année de droit. Crise sentimentale aiguë. Une idolâtrie amoureuse lui rend la vie presque insupportable. **Sept. :** chez sa tante, à Gênes. **4-5 oct. :** « nuit effroyable », où il décide d'observer et de vaincre sa sensibilité et d'immoler toutes les idoles à celle de l'intellect. **Nov. :** Paul et sa mère séjournent à Paris auprès de l'aîné, Jules.		

	VIE		**ŒUVRE**
1893	**Oct. :** retour à Montpellier.		
1894	**Mars :** s'installe à Paris, dans une chambrette de la rue Gay-Lussac. **Juin :** séjour à Londres.	**1894**	Commence à écrire « la Soirée avec Monsieur Teste » et entreprend la rédaction du premier de ses 261 « cahiers » de notations.
1895	**Juin :** reçu au concours de rédacteur au ministère de la Guerre. **Sept.-oct. :** visite le nord de l'Italie.	**1895**	*Introduction à la méthode de Léonard de Vinci.* Commence l'étude qui s'intitulera « le Yalou ».
1896	Fréquente Marcel Schwob, Heredia, Gide ; rencontre Degas.	**1896**	« La Soirée avec Monsieur Teste », dans *le Centaure.* « Été », « Vue », dans *le Centaure.*
1897	Relations étroites avec Mallarmé. **Mai :** entre au ministère de la Guerre comme rédacteur.	**1897**	« La Conquête allemande », essai sur l'expansionnisme allemand, dans *the New Review.* « L'art militaire », dans le *Mercure de France.*
1898	**Sept. :** très éprouvé par la mort de Mallarmé. **Déc. :** fait connaissance des demoiselles Gobillard et Manet.		
1899	**Déc. :** s'installe rue de Beaune.		
1900	**31 mai :** épouse Jeannie Gobillard, nièce de Berthe Morisot, elle-même belle-sœur d'Édouard Manet. Voyage de noces en Belgique et Hollande. **Juill. :** quitte le ministère de la Guerre pour devenir le secrétaire particulier d'Édouard Lebey, un des administrateurs de l'agence Havas. **Oct. :** Valéry, sa femme et sa belle-sœur s'installent 57, avenue Victor-Hugo. Ému par l'*Orphée* de Glück, qui lui rappelle les ambitions poétiques qu'il a reniées.	**1900**	**Déc. :** « Anne » (daté 1893), dans *la Plume.*
1901	**Juill. :** s'installe avec sa femme 40, rue de Villejust.		
1903	**14 août :** naissance de son fils Claude.		
1904	**Sept. :** visite chez Gide, à Cuverville.		
1905	**Sept. :** vacances à Montivilliers, en Normandie.		
1906	**7 mars :** naissance de sa fille Agathe. **Sept. :** vacances à Fontenay.	**1906**	**Janv. :** *la Soirée avec Monsieur Teste* rééditée dans *Vers et Prose,* la revue de Paul Fort. Un tirage à part constitue l'édition originale.
1907	**Sept. :** vacances chez son frère, à Plaisance, dans l'Aveyron.		
1908	Crise intellectuelle : ses idées les plus originales ont été découvertes par autrui. **Juin :** Valéry entreprend un premier classement des notes contenues dans ses *Cahiers,* et recopie à la main près de 1 000 feuilles selon des rubriques analytiques. **Sept. :** Au Mesnil, propriété de la famille Manet. Va voir Monet à Giverny.		
1909	Soucieux pour la santé de sa femme.	**1909**	« Études », article sur le sommeil et le rêve, dans *la Nouvelle Revue française.*
1910	Fréquente les Godebski, mécènes ; rencontre Ravel. **Août :** retrouve Gênes après quinze ans ; visite Florence. **Sept.-oct. :** Le Mesnil.		
1911	Fréquente Odilon Redon et ses amis. **Août :** séjour en Bretagne avec les Godebski.		
1912	Gide et Gaston Gallimard insistent pour qu'il leur donne un ouvrage, et lui rendent le goût de la poésie. Valéry commence à revoir ses anciens poèmes et entreprend *la Jeune Parque.* **Sept. :** vacances à Granville.		

VIE		ŒUVRE	
1913	S'intéresse à la construction et la décoration du Théâtre des Champs-Élysées ; assiste à la première du *Sacre du printemps.* **Juill. :** vacances à Perros-Guirec.		
1914	**Juill. :** passe par Montpellier et Sète pour se rendre à la Preste, où sa femme fait une cure. **3 août : déclaration de guerre de l'Allemagne à la France.** **Août-sept. :** Banyuls-sur-Mer.		
1915	Valéry s'attend à être mobilisé et reste à Paris.	**1915**	**Août :** le *Mercure de France* réédite l'article de 1896 : « la Conquête allemande ».
1916	Travaille toujours à *la Jeune Parque.* Naissance de son second fils, François.		
1917	**Juill. :** visite chez Gide à Cuverville. Écrit une ode à « *l'Hêtre* suprême ».	**1917**	**30 avr. :** *la Jeune Parque,* à la N.R.F. (600 ex.). **15 oct. :** « Aurore », dans le *Mercure de France.*
1918	**Juin :** quitte Paris bombardé pour L'Isle-Manière (Manche) ; écrit ou achève des poèmes. **Sept. :** vacances en Bretagne. **11 nov. : armistice.**		
1919	**12 avr. :** conférence de Fargue sur Valéry ; lectures par Breton, Fargue, Gide, Adrienne Monnier. **Sept. :** vacances dans les Landes.	**1919**	**Mars :** « la Pythie », dans les *Écrits nouveaux.* « Cantique des colonnes », dans *Littérature* n° 1. **15 juin :** *la Soirée avec Monsieur Teste,* plaquette, à la N.R.F. **Sept. :** « Fragments du Narcisse », dans la *Revue de Paris.* **Oct. :** *Introduction à la méthode de Léonard de Vinci,* plaquette, à la N.R.F.
1920	**Avr. :** Jacques Rivière « fixe la figure » du « Cimetière marin » en en ravissant le manuscrit. **Sept. :** séjour en Dordogne. Travaille à la préface d'*Adonis.* Se plaint d'être très sollicité pour des publications.	**1920**	**1er juin :** « le Cimetière marin », dans *la Nouvelle Revue française,* n° 81. **3 juill. :** *Odes,* à la N.R.F. (« Aurore », « la Pythie », « Palme »). **31 août :** *le Cimetière marin,* plaquette, chez Émile-Paul frères. **Déc. :** *Album de vers anciens 1890-1900,* aux Amis du livre (Adrienne Monnier & Cie), plaquette de 46 p. (1 150 ex.).
1921	Valéry est désigné par une enquête de la revue *Connaissance* comme le plus grand des poètes contemporains. Rilke découvre son œuvre avec enthousiasme. Valéry rêve d'un nouveau classement des *Cahiers.* Dès 1922, il fera transcrire séparément chaque note, par des dactylos successives.	**1921**	**27 janv. :** « Autour de Verlaine », dans *le Gaulois.* **6 juill. :** « Ébauche d'un serpent », dans *la Nouvelle Revue française.* **30 sept. :** « Eupalinos ou l'Architecte », dans *Architectures,* luxueux recueil collectif, à la N.R.F. (500 ex.). **1er déc. :** « l'Âme et la Danse », dans un numéro spécial de *la Revue musicale* : « le Ballet au XIXe siècle ».
1922	**Févr. :** mort de M. Lebey. Valéry se retrouve sans situation. Il vivra de sa plume et de conférences. Une carrière mondaine et officielle commence. Il entreprend le classement des notes de ses *Cahiers.* **Nov. :** conférences en Suisse sur la poésie, le langage, la crise de l'esprit, Mallarmé.	**1922**	**10 févr. :** *le Serpent,* plaquette, à la N.R.F. **25 juin :** *Charmes,* à la N.R.F.
1923	**Févr. :** conférences à Bruxelles sur Baudelaire, ses précurseurs, sa postérité. **Août :** vacances à Châteauneuf-les-Bains en Auvergne. Nommé chevalier de la Légion d'honneur. **Oct. :** conférences à Londres sur Baudelaire et Hugo.	**1923**	**8 avr. :** *Eupalinos ou l'Architecte,* précédé de *l'Âme et la Danse,* in-4°, à la N.R.F.
1924	Conférences en France, en Belgique. **Avr. :** fait connaissance de Rilke à Sierre. **13 avr. :** conférences à Milan ; rencontre d'Annunzio. **20 avr. :** à Rome, voit défiler les fascistes. Dirige, avec Larbaud et Fargue, la revue *Commerce,* fondée par la princesse Bassiano.	**1924**	**11 janv. :** *Fragments sur Mallarmé,* chez Ronald Davis. **20 juin :** *Variété,* à la N.R.F. Reproduction en fac-similé du *Cahier B 1910,* chez Champion.

	VIE		**ŒUVRE**
1925	Conférences à Lyon et Nice. Repos chez la comtesse de Béhague, dans sa villa « la Polynésie », sur la presqu'île de Giens. **Juin :** croisière en Méditerranée sur le cuirassé *Provence,* offerte par le ministre de la Marine. **19 nov. :** élu à l'Académie française. **21 nov. :** mariage de son fils Claude.		
1926	**Juin :** préface le catalogue d'une exposition Berthe Morisot. **Août :** promu officier de la Légion d'honneur. Vacances sur le Léman. **Oct. :** conférences à Vienne, Prague, Berlin.	**1926**	**Mars :** *Rhumbs (Notes et autres),* au Divan, puis à la N.R.F. et chez Champion. **Avr. :** *Narcisse,* plaquette, chez Stols, à Maestricht.
1927	**18 mai :** mort de sa mère à Montpellier, enterrement à Sète. **23 juin :** réception de Valéry sous la Coupole, au fauteuil d'Anatole France. Discours. Gabriel Hanotaux lui répond. **16 juill. :** mariage d'Agathe Valéry avec Paul Rouart, fils d'un éditeur de musique.	**1927**	**Févr. :** *Essai sur Stendhal,* chez Schiffrin, puis chez Mermod. *Autres Rhumbs,* aux Éditions de France, puis à la N.R.F.
1928	**Juin :** projette *Amphion* avec Ida Rubinstein et Honegger.		
1929	**Août :** croisière en Méditerranée, sur le yacht de la comtesse de Béhague : Barcelone, Bastia, Civita Vecchia, Rome, Cagliari, Naples, Capri. **Nov. :** suit les conférences d'Einstein.	**1929**	**Sept. :** *Littérature,* aux Amis du livre. *Charmes,* avec commentaire d'Alain, à la N.R.F. **Déc. :** *Variété II,* à la N.R.F.
1930	Rencontre Rabindranath Tagore et des savants (Perrin, Langevin, Louis de Broglie...). **Juill. :** accepte à Genève de diriger l'Institut de coopération intellectuelle à la S.D.N.	**1930**	**Juin :** *Choses tues,* chez Lapina.
1931	**22 janv. :** réponse au discours de réception de Pétain à l'Académie. **Mai :** tournée de conférences en Scandinavie. **23 juin :** première d'*Amphion* à l'Opéra. **8 sept. :** promu commandeur de la Légion d'honneur.	**1931**	Début de la publication des *Œuvres complètes* (11 tomes échelonnés jusqu'en 1939 ; un douzième en 1950). **Mars :** *Pièces sur l'art,* chez Maurice Darantière (400 ex.). **Mai :** *Moralités,* chez Adrienne Monnier. **Juin :** *Regards sur le monde actuel,* chez Stock.
1932	**30 avr. :** *Discours en l'honneur de Goethe,* en Sorbonne. **18 juin :** *Triomphe de Manet,* préface au catalogue de l'exposition du peintre. **11 et 13 juill. :** préside la distribution des prix à la Maison d'éducation de la Légion d'honneur à Saint-Denis et au lycée Janson-de-Sailly. **Nov. :** conférence en Belgique ; reçu par le roi et la reine.	**1932**	**10 mars :** *l'Idée fixe* (offert par les Laboratoires Martinet au corps médical).
1933	**Mai :** Madrid, Barcelone. **15 mai :** Gênes, puis Florence, Rome, Naples. Reçu par Mussolini. **21 juill. :** nommé administrateur du Centre méditerranéen de Nice.		
1934	**11 mai :** première de *Sémiramis* à l'Opéra, musique d'Arthur Honegger.	**1934**	*Sémiramis,* mélodrame en trois actes, à la N.R.F.
1935	**2 janv. :** naissance de Martine Rouart, sa petite-fille. **Juin :** reçoit le grand cordon d'Isabelle la Catholique ; est élu membre de l'Académie des sciences de Lisbonne ; préside la distribution des prix du collège de Sète. Mme Lucien Cain poursuit la transcription des *Cahiers* (jusqu'en 1945, elle en transcrira un grand nombre, répartissant les extraits selon un classement de 31 rubriques indiqué par Valéry).		
1936	**Fin avr.-début mai :** croisière et conférences en Algérie et Tunisie. **28 mai :** conférence à Liège. **5 juin :** conférence au Polytechnicum de Zürich. **Juin :** entretiens à Budapest. Rencontre Horthy. **Fin oct.-nov. :** Varsovie, Cracovie, Munich, Strasbourg.	**1936**	**Janv. :** *Variété III,* à la N.R.F. **Févr. :** *Degas Danse Dessin,* chez Ambroise Vollard.

	VIE		ŒUVRE
1937	Nommé à une chaire de poétique au Collège de France ; leçon inaugurale le 10 déc. ; grande foule.		
1938	**29 mars :** mort de son frère Jules. **Août :** vacances à « la Polynésie ». Écrit la « Cantate de Narcisse ». **Nov. :** promu grand officier de la Légion d'honneur.	**1938**	**Nov. :** *Variété IV,* à la N.R.F. **Déc. :** *Existence du symbolisme,* chez Stols.
1939	Cours sur Edgar Poe au Collège de France. **3 sept. : déclaration de guerre de la France à l'Allemagne.** **5 sept. :** s'installe au Mesnil. Son fils François est mobilisé.	**1939**	**30 sept. :** *Mélange,* illustré par l'auteur, tiré à 100 ex. pour les Bibliophiles de l'Automobile-Club.
1940	Cours au Collège de France sur divers sujets. **23 mai :** se réfugie à Dinard. **22 juin :** les Allemands à Dinard. **Juill. :** écrit *Mon Faust.* **21 sept. :** rentre à Paris. Cours sur la grammaire au Collège de France.		
1941	**9 janv. :** fait sous la Coupole un courageux éloge de Bergson, qui vient de mourir. **4 août :** on lui confirme de Vichy qu'il est destitué de son poste au Centre méditerranéen de Nice. Cours au Collège de France.	**1941**	*Mauvaises Pensées et autres,* aux *Cahiers du Sud* et chez Corti. **Mai :** *Tel quel* (I), à la N.R.F. *Mélange,* édition courante, à la N.R.F. *Études pour « Mon Faust »* (123 ex.), à la Société des Cent-Une (femmes bibliophiles). **Juin :** « Discours sur Bergson » paraît dans *la Suisse contemporaine.*
1942	**Janv. :** conférences à Bruxelles et Mons. **Avr.-mai :** conférences à Lyon, Montpellier, Sète, Rodez. Transpose *les Bucoliques* en alexandrins non rimés (publ. en 1955, avec des « Variations sur les *Bucoliques* »).	**1942**	**Sept. :** *Mauvaises Pensées et autres,* éd. augmentée, à la N.R.F.
1943	Cours sur la science au Collège de France. Adhésion au Front national des écrivains. **Oct. :** expose ses eaux-fortes chez Christofle.	**1943**	*Tel quel* (II), à la N.R.F.
1944	**14 janv. :** *la Cantate de Narcisse,* musique de Germaine Tailleferre, est jouée au Conservatoire. **25 août : libération de Paris.** **10 déc. :** discours sur Voltaire en Sorbonne.	**1944**	**Mars :** *Variété V,* à la N.R.F. **2 sept. :** « Respirer », article dans *le Figaro.* **17 nov. :** *Variations sur ma gravure,* illustré d'eaux-fortes de l'auteur.
1945	Valéry est très souffrant. **20 juill. :** mort de Valéry, à soixante-quatorze ans. **24 juill. :** obsèques nationales, sur l'insistance du général de Gaulle. **27 juill. :** inhumation au cimetière marin de Sète.	**1945**	*Discours sur Voltaire.* **Févr. :** *« Mon Faust » (Ébauches),* à la N.R.F. (in-4° à 120 ex.). **15 mai :** *Discours sur Bergson.* **Sept. :** *Regards sur le monde actuel,* éd. augmentée.
		1946	*Mon Faust,* édition courante, à la N.R.F. *L'Ange,* à la N.R.F.
		1955	Traduction des *Bucoliques* en édition de luxe, illustrée par Jacques Villon (245 ex.).
		1956	Édition courante des *Bucoliques,* à la N.R.F. Début de l'édition en fac-similé des *Cahiers* par le C.N.R.S.
		1968	*Œuvres,* t. I, dans la Bibliothèque de la Pléiade.
		1970	*Œuvres,* t. II, dans la Bibliothèque de la Pléiade.
		1973	*Cahiers,* t. I, dans la Bibliothèque de la Pléiade (édition selon le reclassement entrepris par Valéry depuis 1922).
		1974	*Cahiers,* t. II, dans la Bibliothèque de la Pléiade.

Introduction à la méthode de Léonard de Vinci

Valéry avait vingt-trois ans quand il publia cet article en revue, en 1894. L'article sera repris en recueil (dans *Variété*), mais il nous a paru préférable d'en parler ici, au seuil d'une production intellectuelle qu'il commande décisivement.

Rappelons d'abord, pour éviter tout malentendu, que Valéry récuse l'approche biographique et l'érudition. Il se propose de représenter, sous le nom de Léonard, le pouvoir de l'esprit, la nature de ses démarches : « J'osai me considérer sous le nom de Léonard », avouera-t-il en 1919. Les toiles, les fresques, les sculptures, les dessins, les plans, les calculs et les inventions de Vinci serviront seulement comme répertoire d'exemples épisodiques. L'œuvre même intéresse moins que sa génération.

Il est malaisé de résumer un texte d'une extrême densité et qui, calquant son objet, ambitionne intrépidement l'universalité et parle de tout. Nous nous bornerons à spécifier quelques idées essentielles.

Valéry exclut d'emblée la déplorable dichotomie entre « esprit de finesse » et « esprit de géométrie » : au départ, les opérations de l'esprit sont mouvantes et irrésolues. Ce n'est qu'ultérieurement, par les sélections opérées sur les langages et les symboles, que la pensée s'orientera vers l'un des deux versants de la production symbolique, c'est-à-dire ce qu'il est convenu d'appeler « les Lettres et les Arts » ou « les Sciences et les Mathématiques ». Entre Poésie et Science, le cloisonnement est factice, les curiosités et les passe-temps de l'esprit étant universels. Léonard symbolise le refus de la spécialisation mutilante. Lieu des analyses, l'esprit se caractérise par ses ressources métaphoriques et ses capacités combinatoires. Il faut reconnaître l'indistinction et l'égalité initiales des pensées, la légitimité de toutes leurs combinaisons, même les plus hasardeuses. La *méthode* consiste à les exciter, à les voir avec précision, à explorer toutes leurs implications. Le passage à la limite est à la base de toute généralité, comme le raisonnement par récurrence en mathématiques. Ce « drame intérieur » (au sens scénique du terme) de la genèse des œuvres, dans lequel tout est théâtre au regard de la conscience accomplie, laisse rarement des traces : leur effacement accrédite abusivement les notions de perfection et d'auteur-Dieu. Les *Carnets* de Léonard et les *Pensées* de Pascal sont des documents d'autant plus remarquables.

Les sciences et le calcul des probabilités ordonnent le chaos, appréhendent les combinaisons régulières, qui se ramènent à la continuité de lois visibles. Mais seule une part de ce qui existe peut se ramener à cette continuité ou périodicité. Les « visions » du génie (de Léonard, par exemple) comblent les vides, établissent des relations entre choses dont nous échappe la loi de continuité, c'est-à-dire intraduisibles dans notre système de pouvoir. L'apparente facilité du génie n'est pas inspiration spontanée ; elle résulte d'un don d'observation des phénomènes, qui se refuse à penser selon un lexique mais non selon la rétine, qui privilégie les impressions et qui les combine. À force d'errer parmi les problèmes que toute sensation lui pose, l'esprit créateur élabore des combinaisons d'une complexité croissante. Peu tendre pour les philosophes, Valéry leur reproche de combiner les systèmes antérieurs au lieu de partir des impressions.

Ce jeu général de la pensée aboutit à la joie de la construction. L'œuvre est « le lieu des modalités d'une "matière" ou "loi" dont la continuité est postulée ». C'est une naïveté de se gargariser de mots creux comme « le beau », « la vie », « le mystère », et une erreur de juger d'un tableau dans le même esprit que l'on juge la réalité : il faut partir des formes et structures. De même, l'artiste se fourvoie qui prétend « rendre » le réel : une « réalisation » est un artifice concerté à partir de matériaux et à partir de l'esprit du public ; Edgar Poe a établi clairement les caractères de cette machination qu'est l'œuvre d'art.

On le voit, ce texte capital, d'une écriture forte et dépouillée, contient en germe, à des degrés divers, de nombreux éléments que la critique génétique, le formalisme, l'empirisme existentialiste et le structuralisme exploiteront plus tard ; il programme ce que Valéry lui-même, avec plus ou moins de tension (plus dans *Monsieur Teste,* moins dans *Eupalinos*), développera au long de son existence. Ses *Cahiers* seront l'équivalent moderne des *Carnets* de Léonard.

Monsieur Teste

Le « cycle Teste », dont dix pièces ont été rassemblées en 1946 sous le titre *Monsieur Teste* (des inédits sont probables), compte 65 pages d'une grande densité. Il s'ouvre en 1896 avec la publication dans *le Centaure* de « la Soirée avec Monsieur Teste », une vingtaine de pages qui domineront la vie intellectuelle de Valéry. Un narrateur, qui ressemble comme un frère au Valéry de vingt-trois ans, y résume d'abord, avec une sécheresse expéditive, sa haine de la facilité, son dégoût de la banalité du quotidien, son mépris des ambitions et des réussites littéraires et intellectuelles, qu'il estime fondées sur la faiblesse de se soucier des effets à produire, sur une gloriole niaise : « Chaque esprit qu'on trouve puissant commence par la faute qui le fait connaître. » Le personnage fictif de Monsieur Teste, qui emprunte à Vinci, à Descartes, à Mallarmé, à l'ami Kolbassine, professeur et échéquiste, ainsi qu'à l'Auguste Dupin des histoires policières de Poe, va incarner l'intelligence sans compromissions. Quadragénaire parfaitement inconnu, et d'une raideur militaire, Teste s'est adonné à une « gymnastique intellectuelle sans exemple ». Il a cherché les lois de l'esprit, « les limites et le mécanisme de la plasticité humaine ». Cet esprit impeccable n'a pas d'opinions ; ce pur cerveau a renoncé à lire et à écrire ; il « opère tout ce qui se pense ». S'il voulait, il ferait sauter le monde ; mais il ne peut vouloir, puisque son intelligence annule par la prévision les chances de l'action. Clairvoyant mais paralytique, chimère et monstre, Teste incarne dans la continuité fictive un type de fonctionnement intellectuel qui ne peut se prolonger dans un être de chair. Il est le témoin imaginaire (*testis*, en latin, signifie « témoin ») d'une pureté mentale inaccessible et obsédante. « Pourquoi M. Teste est-il impossible ? C'est son âme que cette question. Elle vous change en M. Teste ». Gide voyait en Teste l'incarnation d'une éthique, et Teste hante la conscience d'André Breton au moment du « lâchez tout » de 1923. Mais ni Breton ni Valéry n'ont tout lâché, et Teste n'est pas resté un texte « testamentaire ». Ce qui fait que les retours de Teste sous la plume de Valéry, des décennies plus tard (par la « Lettre de Madame Émilie Teste » et la « Lettre d'un ami » en 1924, les « Extraits du Log-book de Monsieur Teste » en 1926, etc.), ajoutent au portrait plus de traits que de force.

Album de vers anciens

Album de vers anciens 1890-1900 parut en 1920 en plaquette dans les *Cahiers des amis du livre* d'Adrienne Monnier. Il fallait une robuste confiance en soi pour publier, au lendemain d'une guerre qui avait changé la face du monde et tandis que, à la suite d'Apollinaire, Tzara, Picabia et Breton renouvelaient l'esthétique, des poèmes vieux d'un quart de siècle et plus, même largement retouchés. Dans l'édition de 1931, définitive, qui comporte cinq pièces supplémentaires, le recueil compte vingt poèmes et une prose, écrits entre 1890 et 1900 ; plus de la moitié avaient paru à l'époque dans *la Conque, l'Ermitage, la Syrinx* et *le Centaure*. L'*Album* s'ouvre sur les vingt-cinq vers de « la Fileuse », dont les tercets symboliques développent une métaphore de l'écriture. Suivent neuf sonnets où se mêlent les influences du Parnasse et du symbolisme. Dans leur marbre sonore, « Hélène » et « César » attestent l'emprise de Heredia, tandis que les ennéasyllabes chastement homosexuels du « Bois amical » portent la marque verlainienne (mais Valéry a écarté du recueil, comme trop catholiques, « la Suave Agonie » et « le Jeune Prêtre »). Le thème sensuel de la dormeuse et de la baigneuse se décore d'iris, de harpes, de lunes et de cygnes et, en unissant attitudes plastiques, rêverie fluide et symbolisme de la grâce évanescente, marie aux fées de Mucha les nymphes de Mallarmé, auquel « Valvins » rend hommage.

Au-delà du maniérisme à la Chénier, de la préciosité symboliste et de la tristesse musicale, la personnalité méditerranéenne du jeune poète s'affirme avec le superbe « Été » et les quatre-vingt-quatorze vers panoramiques de « Profusion du soir, poème abandonné », tandis que les longs fragments de « Narcisse parle » et « Air de Sémiramis » laissent pressentir la préoccupation dominante de la vie intérieure, l'intimité de soi à soi, l'orgueilleux refus de la servitude amoureuse et l'ambition architecturale qui nourriront les poèmes futurs.

La Jeune Parque

Entreprenant en 1913, sur les instances de Gide, de Louÿs et de Rivière, de rassembler ses poèmes de jeunesse, Valéry se laissa aller à commencer un poème nouveau dont la croissance imprévue l'occupa presque trois ans. *La Jeune Parque* (1917), qui faillit s'appeler *Psyché*, fut écrite *sub signo Martis*, dans l'écho de Verdun et l'anxiété des lendemains : « Je m'assimilais à ces moines du premier Moyen Âge qui écoutaient le monde civilisé autour de leur cloître crouler, qui ne croyaient plus qu'en la fin du monde ; et toutefois qui écrivaient difficilement, en hexamètres durs et ténébreux, d'immenses poèmes pour personne. » Commencé comme un exercice d'une trentaine de vers, « un récitatif d'opéra à la Gluck », le poème crût et se développa par fragments remis vingt fois sur le métier – il y eut parfois plus de trente états successifs. Valéry s'est à plusieurs reprises exprimé sur la gageure que constituent son sujet et les contraintes classiques élues : « C'est une rêverie dont le personnage en même temps que l'objet est la “conscience consciente”. Figurez-vous que l'on s'éveille au milieu de la nuit, et que toute la vie se revive et se reparle à soi-même [...]. Sensualité, souvenirs, paysages, émotions, sentiment de son corps, profondeur de la mémoire et lumière ou cieux antérieurs revus, etc. Cette trame qui n'a ni commencement ni fin, mais des nœuds, j'en ai fait un monologue auquel j'avais imposé avant de l'entreprendre des conditions de “forme” aussi sévères que je laissais au fond de liberté. Je voulais faire des vers non seulement réguliers mais césurés, sans enjambement, sans rimes faibles. » L'obscurité de *la Jeune Parque* ne résulte pas d'une intention délibérée d'hermétisme, mais des raccourcis et ellipses qu'exige l'harmonie, de « l'accumulation sur un texte poétique d'un travail trop prolongé », du conflit entre l'abstraction menaçante et la sensualité nécessaire et, surtout, de la difficulté de rendre en mots les états fugaces et complexes d'un être vivant, une suite de « substitutions psychologiques » déroulée dans les limites d'une nuit. Entre la mer mouvante et l'éternité muette des astres, une vierge racinienne monologue à voix basse, une sœur méditerranéenne d'Hérodiade, tourmentée par le désir amoureux, regrettant l'insouciance instinctive, divisée entre les blandices de la chair et la paralysante lucidité de l'intelligence, attendrie de larmes, tentée par l'orgueil ou par le suicide et retrouvant, à l'aube, après les affres du nihilisme, le panthéisme solaire et le « délice de naître ».

Un concert de louanges accueillit d'emblée cet ouvrage et mit Valéry au rang des plus grands. Les exégèses pullulèrent. Sagement, Valéry conseille, dans « le Philosophe et la Jeune Parque » :

Connaissez donc en vous le fond de mon discours :
C'est de vous que j'ai pris l'ombre qui vous éprouve.
Qui s'égare en soi-même aussitôt me retrouve.

Charmes

Préparé en 1920 par *Odes* (« Aurore », « la Pythie », « Palme »), publié en 1922, complété et réorganisé en 1926, enrichi d'une préface de l'auteur en 1928, le recueil prend sa figure définitive en 1929 et rassemble les œuvres maîtresses de la maturité de Valéry. Le titre joue sur les deux sens du latin *carmina* : « poèmes », mais aussi « sortilèges, envoûtements ». Si la première édition donne approximativement les pièces selon l'ordre alphabétique des titres, les suivantes font alterner pièces majeures (« Fragment du Narcisse », « la Pythie », « Ébauche d'un serpent », « le Cimetière marin ») et pièces de moindre ampleur entre « Aurore » et « Palme », qui sont le même poème dédoublé. Cette disposition, qui ménage au lecteur des contrastes bienvenus entre la brièveté et le développement, la grâce et la rigueur, la légèreté et la gravité, est-elle aussi une composition organique qui ferait de l'ensemble un « poème de poèmes » ? Dès 1927, Émilie Noulet croyait déceler dans le recueil le drame de la création intellectuelle ou artistique, de sa genèse à son accomplissement, et attribuait à chaque poème une fonction allégorique. En 1956, Daniel Gallois développa sur d'autres bases cette thèse organiciste. J. Duschesne-Guillemin et P.-O. Walzer, par contre, sont restés sceptiques, avec tout autant d'arguments. C'est que bien des pièces courtes (comme « la Dormeuse », « la Fausse Morte », « Intérieur »), dans leur grâce précieuse et galante, se satisfont d'un sens unique, tandis que d'autres (comme « l'Abeille », « les Pas », « les Grenades », « le Vin perdu », « Ode secrète ») sont des matrices de sens infiniment accueillantes à toutes les interprétations symboliques. Entre ces deux pôles (rhétorique et poétique, pour le dire brièvement) se situent les autres poèmes, où s'expriment musicalement une esthétique et une philosophie. Apologie de la lucidité, du calcul studieux et de la volonté perfectionniste, le « Cantique des colonnes » chante la perfection apollinienne de l'art grec. Mimésis, en vingt-deux dizains, des convulsions et du délire de l'inspirée, « la Pythie » fait l'éloge, dans le vingt-troisième, du langage poétique réfléchi, discipliné et équilibré, seul moyen d'accéder à l'universalité d'un lyrisme objectif : à sa façon, « la Pythie » récuse la transe et l'automatisme que préconisent à la même époque les surréalistes. « Aurore » évoque l'amorce matinale de la méditation poétique, « Palme » représente l'achèvement de l'œuvre lentement mûrie. « Au platane » dépeint les rapports de l'homme et de la nature, le mystère du végétal à jamais enchaîné au sol et qui ne peut, comme fait l'homme, se libérer de la matière par l'effort spirituel. « Ébauche d'un serpent » paraphrase l'épisode de l'Éden évoqué dans la Genèse et met en scène le machiavélisme du Tentateur biblique : le Malin a la parole et, avec une bonhomie vulgaire, décrit la vulnérabilité des humains et la tentation d'Ève. Mais le poème s'achève sur l'exaltation de l'ambition luciférienne : fauteur sans doute de désordre et de mort, l'arbre de la science n'en hisse pas moins jusqu'au divin ce quasi-néant, ce « roseau pensant » qu'est l'homme. Enfin, le plus célèbre des poèmes de *Charmes*, « le Cimetière marin », module musicalement les thèmes philosophiques de l'Être absolu (l'en-soi, le dieu de Parménide et de Zénon symbolisé par le ciel et le soleil), de l'être relatif (le pour-soi, l'homme, incarné par le poète et symbolisé par l'agitation marine) et du non-être (la mort, évoquée par l'appareil funèbre du cimetière de Sète). La pensée se déplace constamment entre ces trois points, concepts philosophiques attirants et repoussants à la fois, métaphorisés par le cadre matériel ; elle conclut sur l'acceptation joyeuse des turbulences d'ici-bas, le refus des soifs d'absolu pathologiques. « Valéry est notre Lucrèce », disait Alain à propos de ce poème dont le lyrisme et la musique tempèrent l'aridité spéculative. L'écriture valéryenne est, dans *Charmes*, plus classique que jamais, au point qu'on a évoqué Malherbe ou Jean-Baptiste Rousseau là où l'auteur reconnaît sa dette à Hugo. L'heptasyllabe confère sa fluidité impaire à « Aurore », à « Poésie », à « Palme » ; l'alexandrin tend à s'effacer, et l'exercice des odes réside surtout dans les séquences de dizains d'octosyllabes (« la Pythie », « Ébauche d'un serpent ») et de sizains de décasyllabes, dont on sait que c'est le mètre le plus énergiquement structuré de notre langue (« le Cimetière marin »).

Poésies

Sous ce titre parut, de 1929 à 1941, l'ensemble formé de l'*Album de vers anciens*, *la Jeune Parque*, et *Charmes*. À partir de 1942 y furent ajoutés *Cantate du Narcisse*, *Amphion*, *Sémiramis* et de brèves *Pièces diverses de toute époque* (les éditions actuelles en restituent quatre à *Mélange*, où elles avaient paru premièrement). La *Cantate du Narcisse*, distincte des « Fragments du Narcisse » et de « Narcisse parle » des recueils précédents, fut écrite en vers libres, d'avril à novembre 1938, pour servir de libretto à une cantate de Germaine Tailleferre. Narcisse, « le plus beau des hommes », dédaigne les nymphes, qui l'aiment, le sollicitent, puis, de dépit, entreprennent de le déchirer. Il sera transformé en fleur.

Amphion est un « spectacle fortement conventionnel et destiné à produire une émotion quasi religieuse », une liturgie plus qu'un mélodrame, dont Valéry écrivit le livret en vers libres pour le musicien Arthur Honegger et la danseuse Ida Rubinstein. La légende thébaine est connue : autre figure d'Orphée, Amphion aurait reçu la lyre d'Apollon et bâti les murailles de Thèbes par le seul charme de la musique : les pierres se soulevaient d'elles-mêmes pour prendre leur place. Ici, la prosodie fluide du livret, la forte musique d'Honegger et les prestiges de la machinerie et de l'éclairagisme d'opéra collaborent pour célébrer la pure et lumineuse splendeur de l'architecture grecque (Valéry fait chanter, du reste, le « Cantique des colonnes » par un chœur de muses caryatides).

Sémiramis, ballet-mélodrame en trois actes et deux interludes, également confié à Arthur Honegger et Ida Rubinstein, fut créé le 11 mai 1934. C'est un autre exemple de ce que Valéry lui-même appelait « antiquaillerie avec mimes, danse, chant et orchestre ». Ennemi du vérisme spécieux des opéras du XIXe siècle, Valéry reprend le thème qu'il avait déjà traité dans « Air de Sémiramis », imagine un spectacle barbare et grandiose où l'inflexible souveraine de Babylone fait immoler l'amant qui a cru la dompter, chante l'orgueil qui la divinise et s'évapore dans l'incandescence du dieu Soleil auquel elle se voue.

Variété

La parution de *Variété*, où Valéry réunit des essais, préfaces, dissertations, discours, commentaires sur les sujets les plus divers, s'échelonne sur vingt ans, de 1924 à 1944 : *Variété* proprement dit en 1924, *Variété II* en 1929, *Variété III* en 1936, *Variété IV* en 1938, *Variété V* en 1944. Ce dernier recueil fournissait une table de classement des matières traitées, selon six rubriques : « Études littéraires » ; « Études philosophiques » ; « Essais quasi politiques » ; « Théorie poétique et esthétique » ; « Enseignement » ; « Mémoires du poète ». À juste titre, Jean Hytier a pris le parti, dans son édition de la Pléiade, de regrouper les textes selon ce classement. Si la « variété » due aux hasards du synchronisme y perd, la pensée y gagne en cohérence. Nous renvoyons donc, pour le détail des cinq recueils, au tableau pages suivantes.

Les « Études littéraires » occupent dans cette édition 357 pages et donnent un admirable exemple de ce qu'on appelle la « critique de maître ». Ennemi de l'histoire littéraire dont « les prétendus renseignements ne touchent presque pas à l'arcane de la génération des poèmes », Valéry s'intéresse à « l'acte même des muses », s'attache à « déterminer les conditions et les contraintes que l'auteur s'est imposées ou qui se sont imposées à lui ». On ne s'étonnera pas qu'une centaine de pages soit consacrée à l'initiateur Mallarmé, algébriste du langage, dont l'emprise fascinante sur Valéry n'a jamais cessé, et d'autres au symbolisme, « qui voulut reprendre à la musique son bien », à Verlaine, à Huysmans, à Verhaeren. Autre pôle des réflexions valéryennes, le classicisme français, avec Pascal, dont le vibrato abusif l'agace, avec La Fontaine, « industrieuse arachne », dont *Adonis* et *Daphnis et Alcimadure* l'enchantent, avec Bossuet, dont la grandiose rhétorique le fortifie dans la conviction que seule la forme garantit la survie, avec Racine, dont la Phèdre jugée « animale » lui inspire des commentaires bizarrement ignorants du jansénisme. Au passage, Valéry réhabilite le R.P. Cyprien de la Nativité, traducteur de saint Jean de la Croix. D'excellentes réflexions sur Stendhal, Nerval et « Hugo, créateur par la forme », complètent ce palmarès qui boude un peu Baudelaire. Parmi les contemporains, seul Proust, parmi les auteurs étrangers, seul Goethe figurent dans *Variété* ; mais on n'oubliera pas d'ajouter les « Variations sur les *Bucoliques* », que Valéry mit en préface à sa traduction des églogues de Virgile. L'ensemble reste dans le cadre d'une vision assez traditionnelle et modérée des humanités, d'où sont exclus, plus par répugnance naturelle que par manque d'acuité, la plupart des romanciers, les grands baroques (Rabelais, Shakespeare) et les météores hétérodoxes (Lautréamont, Rimbaud).

190 pages d'« Études philosophiques » s'attachent d'abord à Descartes, champion du courage de l'esprit, tourné vers l'expérience des puissances de son seul moi, et à Poe, dont le poème cosmogonique *Eureka* révéla au jeune Valéry la passion scientifique. Le théosophe Swedenborg donne l'exemple d'une évolution psychique de la pensée spéculative vers l'acceptation d'évidences mystiques et vers la jonction systématique de cette double multiplicité, et fournit un prétexte à sonder le sens du mot spirituel. Le courageux discours sur Bergson, prononcé à l'Académie alors que l'antisémitisme officiel sévissait, exalte la haute figure de l'homme pensant. « L'Homme et la Coquille », à propos d'un modeste mollusque, médite sur la forme, sur les causes et les fins, le hasard et la nécessité, la géométrie et la biologie. Un autre essai réfléchit sur notre corps, ou plutôt sur nos corps : celui de la cénesthésie ; celui qu'on voit dans le miroir ; celui de l'anatomie ; celui enfin, imaginaire ou seul réel, qui est en relation intime et consubstantielle avec son milieu inconcevable : le cosmos. D'autres études abordent le problème du rêve, de la vertu, des mythes, de la peur des morts.

Les « Essais quasi politiques » comptent 175 pages et s'ouvrent sur « Une conquête méthodique », article de 1897 dans lequel le jeune Valéry décrit avec une froideur incisive la façon dont le commerce allemand investit les marchés mondiaux avec une discipline et une méthode quasi militaires. Quelques mois après la fin de la Grande Guerre, Valéry publie ses deux lettres sur « la Crise de l'esprit », dont l'*incipit* est demeuré célèbre : « Nous autres, civilisations, nous savons maintenant que nous sommes mortelles ». Il y définit le modernisme comme un carnaval, « la libre coexistence dans tous les esprits cultivés des idées les plus dissemblables », et montre l'Hamlet européen méditant devant ce désordre et appréhendant « une parfaite et définitive fourmilière ». Les qualités de l'homme européen, qui ont fait la prééminence de l'Europe dans le monde, se répandent sous forme de savoir. Dès lors, l'égalisation des connaissances et des techniques ne va-t-elle pas rendre la force proportionnelle aux masses ? En 1932, « la Politique de l'esprit » constate le décalage entre la puissance techno-industrielle du monde moderne et son impuissance à triompher des hypothèques historiques, à inventer une politique, une morale, un idéal et des législations en harmonie avec les modes de vie nouveaux et les exigences de la raison. Cette incohérence grève toute la structure fiduciaire de notre civilisation. L'esprit lui-même, menacé par le confort et l'obnubilation de la sensibilité, perd le goût de l'effort et le loisir de mûrir des œuvres admirables. En 1933, « Inspirations méditerranéennes » définit, à partir de souvenirs d'enfance, l'origine marine et solaire de la civilisation occidentale. En 1935, le « Bilan de l'intelligence » développe et affine des idées esquissées dès

VARIÉTÉ						
	« Études littéraires »	**« Études philosophiques »**	**« Essais quasi politiques »**	**« Théorie poétique et esthétique »**	**« Enseignement »**	**« Mémoires du poète »**
Variété (1924)	« Au sujet d'*Adonis* » « Variation sur une Pensée » « Hommage à Marcel Proust »	« Au sujet d'*Eurêka* »	« La Crise de l'esprit »	« Introduction à la méthode de Léonard de Vinci » « Note et digression » « Avant-propos à *la Connaissance de la Poésie* »		
Variété II (1929)	« Sur Bossuet » « Oraison funèbre d'une fable » « Préface aux *Lettres persanes* » « Stendhal » « Situation de Baudelaire » « Passage de Verlaine » « Stéphane Mallarmé » *« Le Coup de dés »* « Dernière Visite à Mallarmé » « Lettre sur Mallarmé » « Souvenir de J.K. Huysmans »	« Fragment d'un Descartes » « Le Retour de Hollande » « Petite Lettre sur les mythes » « Études et fragments sur le rêve »				
Variété III (1936) [1]	« Je disais quelquefois à Stéphane Mallarmé… »	« La "peur des morts" »	« La Politique de l'esprit » « Le Bilan de l'intelligence » « Inspirations méditerranéennes »	« Questions de poésie » « Léonard et les philosophes »		« Au sujet du *Cimetière marin* » « Commentaires de *Charmes* »
Variété IV (1938)	« Remerciement à l'Académie française » « Discours en l'honneur de Goethe »	« Descartes » « Rapport sur les prix de vertu »	« Réponse au remerciement du maréchal Pétain à l'Académie française » « Discours de l'histoire »	« Discours sur l'esthétique »	« Discours prononcé à la Maison d'éducation de la Légion d'honneur de Saint-Denis » « Discours prononcé à l'occasion de la distribution des prix du collège de Sète »	

VARIÉTÉ						
	« Études littéraires »	**« Études philosophiques »**	**« Essais quasi politiques »**	**« Théorie poétique et esthétique »**	**« Enseignement »**	**« Mémoires du poète »**
Variété V (1944)	« Cantiques spirituels » « Sur Phèdre femme » « La Tentation de (saint) Flaubert »	« L'Homme et la Coquille » « Discours aux chirurgiens » « Réflexions simples sur le corps » « Une vue de Descartes » « Seconde vue de Descartes » « Swedenborg »		« Poésie et pensée abstraite » « Première leçon du cours de poétique »	« L'enseignement de la poétique au Collège de France »	« Fragments des mémoires d'un poème » « Le Prince et la Jeune Parque »
Textes ajoutés dans ***Variété*** tome D des ***Œuvres*** (1934)			« Note sur l'idée de dictature (2) » « Une conquête méthodique » « Note (ou l'Européen) » « Propos sur l'intelligence » « Petits textes autour de la politique »			
Textes ajoutés dans ***Variété*** tome G des ***Œuvres*** (1937)	« Pontus de Tyard » « Durtal »					
Textes ajoutés à ***Variété*** dans le t. 1 des ***Œuvres*** (La Pléiade, 1957)	« Villon et Verlaine » « Voltaire » « Victor Hugo, créateur par la forme » « Souvenir de Nerval » « Stéphane Mallarmé » (conférence de 1933) « Sorte de préface » « Existence du symbolisme » « Mallarmé » « Discours sur Verhaeren » « Discours sur Henri Bremond » « Souvenirs littéraires »	« Discours sur Bergson »	« Lettre sur la société des esprits » « Préface à *la Lutte pour la paix* » « Réponse à une enquête (sur la chose littéraire et la chose pratique) »	« Discours au Pen Club » « Propos sur la poésie » « Nécessité de la poésie » « Philosophie de la danse » « Notion générale de l'art » « L'Invention esthétique »		« Calepin d'un poète »

[1] Variété III *comprenait* Amphion *et* Sémiramis, *qui rejoignirent ensuite* Poésies.

(2) *La « Note sur l'idée de dictature » passa, sous le titre « l'Idée de dictature », à* Regards sur le monde actuel.

1925 dans « Propos sur l'intelligence » : la sensibilité de l'homme moderne, intoxiquée par la vitesse, par l'intensité des innombrables excitations nouvelles, devient obtuse, indifférente à la laideur. Dans les États totalitaires, la jeunesse est endoctrinée ; en France, l'éducation est tiraillée entre l'humanisme classique et la science, et corrompue par la course aux diplômes, l'absurdité de l'orthographe, l'indifférence à la prosodie et à la musique de la langue. Les médias procurent une débauche d'informations qui finissent par se confondre dans la grisaille. La liberté de l'esprit « devient illusoire par le seul effet de la vie moderne ». Valéry conclut en conseillant d'exercer son intelligence comme le sportif ses muscles.

« Théorie poétique et esthétique » reprend d'abord l'*Introduction à la méthode de Léonard de Vinci* de 1895 et les compléments ultérieurs et les fait suivre de divers essais où Valéry développe ses vues sur la poésie et sur la danse.

« Mémoires du poète » propose des développements analogues, mais explicitement appuyés sur les ouvrages et sur l'expérience vécue par Valéry poète.

Les trois discours de vulgarisation réunis sous le titre « Enseignement » ne formulent rien qui ne soit plus subtilement développé dans les autres rubriques.

Rassemblant les textes les plus élaborés et les plus argumentés de Valéry sur le monde contemporain, l'exercice de la pensée et le travail de l'artiste, *Variété* est la meilleure voie d'accès à l'univers intellectuel d'un esprit rigoureux, perspicace et pessimiste tentant de prendre la mesure d'une prodigieuse mutation culturelle.

Eupalinos ou l'Architecte

Ce fut d'abord une gageure formelle : il s'agissait d'écrire, pour un monumental album de projets et plans d'architecture, une préface commandée de 115 800 signes, dont les caractères et l'ordonnance étaient déjà rigoureusement déterminés. Valéry adopta la forme élastique du dialogue, jadis illustrée par les *Dialogues des morts* de Fontenelle. Parsemant sa prose élégante d'allusions érudites et malicieuses aux dialogues platoniciens, Valéry fait dire à Socrate mort, conversant aux Enfers avec son fidèle Phèdre, le contraire de ce que disait Socrate vivant. Phèdre rapporte à Socrate quelques propos d'Eupalinos (nom imaginaire qui figure quelque architecte du miracle grec), pour qui certains édifices « parlent » et d'autres « chantent », et qui a combiné avec les soins les plus exquis des temples dont la beauté ravit les âmes. Piqué, Socrate commence à « divaguer » sur l'emprise singulière qu'exercent l'architecture et la musique, qui « enferment l'âme dans ses actes et dans les productions de ses actes ». Ces productions sont « les exemples, çà et là disséminés, d'une structure et d'une durée qui ne sont pas celles des êtres mais celles des formes et des lois ». Suit une méditation sur les formes qui naissent du hasard (l'objet roulé par les flots pendant des millénaires), sur celles qui résultent de la croissance naturelle (l'arbre), sur celles enfin que l'homme projette en vue de son corps (les formes utiles) ou de son âme (les formes belles). L'artiste de génie substitue « à la nature contre laquelle s'évertuent les autres artistes, une nature plus ou moins extraite de la première, mais dont toutes les formes et les êtres ne sont enfin que des actes de l'esprit ». Le pittoresque Phénicien Tridon illustre ici le recours de l'ingénieur aux modèles mathématiques. Le dialogue s'achève sur une autocritique de Socrate : il regrette d'avoir cherché Dieu par les seules pensées, qui ne sont que verbiage et tautologie. « C'est dans les actes, et dans la combinaison des actes, que nous devons trouver le sentiment le plus immédiat de la présence du divin. » Si Socrate revivait, il serait constructeur et choisirait d'être un homme et non un esprit. La démiurgie du constructeur marie l'intelligible et le sensible, elle fonde un humanisme qui « met sans effort l'homme au-dessus de sa nature » ; elle s'oppose à l'inhumanité des dieux égyptiens, qui rappelle le monstrueux et lucide silence de M. Teste.

L'Âme et la Danse

Cette œuvre (1921), « manière de ballet dont l'image et l'idée sont tour à tour les coryphées », répond à une commande de *la Revue musicale*. Elle alterne la description lyrique et la spéculation. Le médecin Éryximaque, Phèdre et Socrate commentent et louangent un ballet auquel ils assistent. Qu'est-ce que la danse ? Pour Phèdre – qui suit là le Mallarmé des *Divagations* –, elle est métaphore, écriture corporelle, « poème dégagé de tout appareil du scribe », elle est une mimésis de la mer, ou encore des jeux, des feintes, des grâces et des emportements de l'amour. Dans un apparent coq-à-l'âne, Socrate interroge Éryximaque sur les remèdes à l'ennui de vivre qui s'empare de « la vie toute nue quand elle se regarde clairement ». « Les délires non mélancoliques », répond le médecin : ivresse, amour, sentiment de puissance… Pour Socrate, agir et danser sont les meilleures évasions. La danse est à ses yeux l'« acte pur des métamorphoses », la « délivrance de notre corps tout entier possédé par l'esprit du mensonge et de la musique, qui est mensonge, et ivre de la négation de la nulle réalité » : le corps, jaloux de la liberté et de l'ubiquité de l'esprit, « remédie à son identité par le nombre de ses actes », s'emporte comme la flamme en figures innombrables. Plus éphémère et plus illusoire que la construction de l'architecte, la construction de la danseuse procède du même désir de s'arracher à l'accablante réalité et de faire briller ce qu'il y a de divin dans l'humain.

L'Idée fixe ou Deux Hommes à la mer

Commandée par les Laboratoires Martinet pour un public médical, et dédiée à l'ami qu'était le docteur Henri Mondor, *l'Idée fixe* (1932) s'apparente plus aux dialogues de Diderot qu'aux dialogues platoniciens, à la fois par le brio spirituel du style, par sa vivacité intellectuelle et par sa constante référence à l'état contemporain des sciences expérimentales, qu'une pensée capricante harcèle de questions, d'hypothèses et d'extrapolations. Par sa forme même, ce dialogue démontre une des thèses de Valéry, à savoir qu'il ne peut exister d'idée fixe (l'idée étant un mouvement et non un état), mais seulement des idées récurrentes. La mise en scène imagine que le narrateur, en proie à une pénible obsession sentimentale, cherche à s'en débarrasser par une activité mobilisant toutes ses capacités d'attention, la marche sur des rochers au bord de la mer, et, au cours de sa promenade, retrouve un célèbre médecin parisien de sa connaissance. Le dialogue s'engage à propos des « idées fixes » et se poursuit à bâtons rompus sur les rapports de l'organisme et de l'intellect, sur le lapsus et le rêve, sur la « nébuleuse mentale » qui précède les formulations précises, sur ce que les freudiens nomment inconscient ou subconscient – et que Valéry, ennemi de la psychanalyse, préfère appeler l'« implexe » ou capacité de connexion –, sur les « perroquets à chasser » – c'est-à-dire les mots tels qu'« Esprit », « Univers », etc., à bannir pour leur vague –, sur les muscles, les neurones, sur la théorie d'Einstein, sur le contraste entre l'incertitude d'une science moderne dépouillée de son triomphalisme positiviste, et l'efficacité permanente de ses applications. Embrassant beaucoup, mais vite et avec quelque mondanité facile, ce dialogue étincelant permet de se faire une idée de ce que pouvait être la conversation de Valéry. En sourdine résonne un thème plus grave : l'analyse perpétuelle est une réaction contre l'hypersensibilité, un remède à l'angoisse, l'île où Robinson se réfugie pour échapper à ses semblables et au chaos. La polysémie moqueuse du second titre s'explique ainsi : deux hommes sur une plage, mais aussi deux hommes se débattant pour mettre un peu d'ordre dans l'océan de l'informe.

Regards sur le monde actuel et autres essais

L'édition définitive (1945) a pour table des matières : « Avant-propos » (1931), « Grandeur et décadence de l'Europe » (1927), « De l'histoire » (1928), « Fluctuations sur la liberté » (1938), « l'Idée de dictature » (1934), « Au sujet de la dictature » (1938), « Souvenir actuel » (1938), « l'Amérique, projection de l'esprit européen » (1938), « Images de la France » (1927), « Fonction de Paris » (1937), « Présence de Paris » (1937), « le Yalou » (1895), « Propos sur le progrès » (1929), « Pensée et art français » (1939), « Notre destin et les lettres » (1937), « la Liberté de l'esprit » (1939), « La France travaille » (1932), « Métier d'homme » (1937), « Coup d'œil sur les lettres françaises » (1938), « Économie de guerre de l'esprit » (1939), « Fonction et mystère de l'Académie » (1935), « le Centre universitaire méditerranéen » (1933). Ces essais (dont certains avaient paru dès 1931 dans une première édition différemment composée) ne se distinguent pas substantiellement des « essais quasi politiques » qui parsèment *Variété*. Recueil de textes écrits au jour le jour en fonction de l'actualité et des commandes, *Regards sur le monde actuel et autres essais* témoigne à la fois de la sagacité de Valéry quand il réfléchit sur le long terme, et de sa cécité sur ce qui se fomente durant l'entre-deux-guerres. Ainsi, le constat inaugural que « le temps du monde fini commence », les réflexions sur la difficulté d'écrire l'histoire (« Avant-propos », « De l'histoire »), sur la culture méditerranéenne, ou sur les conséquences de la dissémination du savoir européen dans le tiers monde (« Grandeur et décadence de l'Europe ») sont d'une parfaite lucidité. En revanche, « Fluctuations sur la liberté » est une dissertation bien abstraite sur le libre arbitre et l'état de droit, contemporaine de l'écrasement des républicains espagnols. Alors que sévissaient Staline, Mussolini et Hitler, de pâles et insuffisantes pensées sur la dictature envisagent le cas Salazar. Il est ahurissant de ne rien trouver de spécifique dans ces *Regards*…, ni sur la révolution soviétique et ses suites, ni sur le fascisme et le nazisme, ni sur la guerre d'Espagne, ni sur Gandhi et les craquements des empires coloniaux. Les espoirs naïfs sur l'avenir de l'Académie, les développements élégants mais peu originaux sur l'esprit de notre littérature, le caractère français et les mérites universels de Paris ne sauraient pallier ces lacunes. Une circonspection excessive, quelque myopie et la prudence diplomatique ont conduit ici à la pusillanimité. Et ce n'est certes pas à cet ouvrage qu'il faut se référer pour prendre une vue exacte des années 1930.

Degas Danse Dessin

Valéry, alors âgé de vingt-deux ans, fit, vers 1893, grâce à l'entremise d'Henri Rouart, la connaissance d'Edgar Degas (1834-1917), qu'il se figurait comme une sorte de M. Teste, et le découvrit plus complexe qu'il ne l'avait imaginé. Il fréquenta avec une espèce de fascination ce solitaire vieillissant, mordant, quinteux, irascible et passionné pour son art. Valéry, que Degas appelait l'« Ange », exprima sa fidélité et sa ferveur une quinzaine d'années après la mort du peintre. En 1934, *Degas Danse Dessin* est en chantier ; il paraîtra chez Ambroise Vollard, en 1936, dans une luxueuse édition illustrée de vingt-six gravures hors texte reproduisant des compositions de Degas, puis, en 1938, en édition courante. Valéry se propose modestement d'accompagner ces images d'« un peu de texte » « qui n'ait avec les dessins que les plus lâches liaisons ». Un certain nombre de ces trente-deux fragments rapportent des « traits » de Degas, soit entendus par Valéry, soit transmis par Ernest Rouart, Berthe Morisot ou la rumeur publique. Tout en méprisant la méthode biographique, Valéry ne laisse pas d'être curieux d'anecdotes révélatrices et de les compiler : « Ce qui m'intéresse n'est pas toujours ce qui m'importe », dit-il pour s'excuser de brosser ainsi par touches espacées un portrait de l'homme, en qui il admire surtout l'exigence intraitable, la haine des facilités, le goût flaubertien du labeur et des contraintes qu'on s'impose. Diverses digressions à caractère de méditation esthétique se greffent sur cette reconstitution psychologique. Elles portent sur la danse (érotisme des « saccades ondulatoires » des méduses) ; sur la photo (qui manifesta la fausseté des

« mouvements probables » attribués par les peintres aux chevaux) ; sur le nu (qui se banalise, alors qu'aux temps de Titien, de Rembrandt et d'Ingres il symbolisait la beauté) ; sur l'art moderne (qui a aboli l'idée de hiérarchie entre les genres, ainsi que les « critères, plus ou moins illusoires, de jugements objectifs », entraînant le relâchement des artistes et la recherche du « choc ») ; sur le paysage (décor chez les classiques, il devient plaisir de l'œil chez les impressionnistes, envahit la peinture, fait péricliter le portrait et la partie intellectuelle de l'art) ; sur le grand art (qui, à l'encontre de l'art moderne intoxiqué par la course à l'intensité croissante, mobilise toutes les facultés de l'artiste et du spectateur) ; sur le cubisme, le romantisme et, naturellement, sur le dessin, dont l'application métamorphose la vision routinière, subordonne à l'œil le corps tout entier, pour une appropriation parfois forcenée de la figure et de la forme.

Pièces sur l'art

Ce recueil, publié en 1931, étoffé en 1934 et 1936, s'enrichit en 1938, dans le tome II des *Œuvres,* de la pièce essentielle qu'est *Degas Danse Dessin.* Les autres textes, fort courts, sont souvent mineurs, suscités par les circonstances et les amitiés. On y voit un Valéry attentif à la spécificité des matières et des techniques célébrer le verrier, le céramiste, la brodeuse, l'imprimeur, le relieur, le récitant et la cantatrice, le graveur et le sculpteur, ou bien encore rêver sur la diction des vers, la diérèse, la poésie chinoise, les concerts Lamoureux, la mer, l'« infini esthétique ». La peinture n'est pas oubliée : « Préambule », qui ouvrait en 1935 le catalogue d'une exposition de cinq siècles d'art italien, oppose à la futilité anxieuse et fébrile de l'art moderne la simplicité robuste, la discipline tranquille, la vertu de maîtres qui, de Cimabue à Tiepolo, surent unir avec une rigueur savante l'imitation du réel et l'affirmation de leur sensibilité. À propos des « Fresques de Paul Véronèse », Valéry oppose pareillement la surabondance et la pléthore des décorateurs baroques à l'anémie de notre époque. Berthe Morisot, Corot, Manet sont les derniers auxquels il reconnaît du mérite. Il est très regrettable que ce contemporain de Matisse, de Picasso, de Braque, de Chagall, de Klee ait été comme aveugle à leur génie : il n'a vu dans leur œuvre qu'une perversion, et dans l'attention qu'on leur portait que le fruit de cabales littéraires et le symptôme de l'abrutissement général. Prisonnier de son système, Valéry n'a pu en transgresser les limites.

« Mon Faust » (Ébauches)

Valéry avait soixante-neuf ans quand il reprit le personnage mythique de Faust ; il n'avait certes pas l'intention de composer une œuvre dramatique, mais celle d'emprunter la forme dialoguée pour promener le lecteur parmi ses préoccupations intellectuelles. Dans *Lust [ou] la Demoiselle de cristal*, premier volet de « *Mon Faust* », Méphistophélès rend visite à Faust : il a perçu dans cette docte tête « si abstruse, si compliquée, si brouillée de connaissances bizarres, si pénétrée d'analyses extrêmes, pétrie de tant de contradictions, à la fois super-délirante et extra-lucide » un certain « désir ou besoin de me voir ». Cet appel est en liaison confuse avec la « demoiselle de cristal », la troublante Lust, secrétaire un peu trop désirable : troublé, Faust aspire non pas à la passion, car l'« Éros énergumène » l'épouvante, mais à une tendresse qui n'exclut pas la sensualité. Il croquera le fruit avec la belle Lust, tandis que Méphistophélès ricane : « Convulsion grossière, ha ha ! » D'autres éléments meublent la pièce : un dialogue où Faust explique au diable que les progrès de la science, l'incrédulité devant l'immortalité de l'âme, la notion du péché, les valeurs traditionnelles ont réduit sa puissance et son rôle ; une scène où Méphisto tente vainement de séduire, par l'entremise de trois démons, un disciple endormi. La comédie reste inachevée, le quatrième acte manque ; mais les brouillons qui en subsistent nous montrent un Faust enflammé, plaçant la tendresse, « qui est l'amour toujours à l'état naissant », au-dessus de tous les autres biens. Cette acceptation de la faiblesse humaine, de l'« irremplaçable complicité des autres » (Claude Roy) à la fin d'une vie dominée par l'orgueil intellectuel, le mépris du sexe et une bonne dose de misogynie, tout cela ne laisse pas d'émouvoir et fut tenu par la critique pour testamentaire. *Lust* est suivi de *le Solitaire, ou les Malédictions d'Univers.* Cette féerie dramatique nous montre Faust dialoguant au sommet d'une montagne avec un ermite plein de mépris pour l'esprit et ses ouvrages. Projeté dans le vide par le solitaire, Faust, amnésique, est recueilli par des fées et soigné dans leur palais. Elles s'efforcent de le séduire, mais il repousse leurs avances, non plus avec l'ingénuité complaisante de Narcisse, mais avec la lassitude amère de l'homme revenu de tout :

J'en sais trop pour aimer, j'en sais trop pour haïr,
Et je suis excédé d'être une créature.

Histoires brisées

« Recueil paradoxal de fragments, de commencements, de sujets qui se sont prononcés à diverses époques de ma vie », et promis, par hostilité à la littérature de fiction, à ne connaître ni développement organisé ni achèvement, les contes et apologues d'*Histoires brisées* (1950) sont des germes atrophiés de romans, des ébauches de situations psychologiques ou allégoriques. Il arrive que Valéry peigne la femme (Calypso, Héra) ou s'essaye à la voix féminine (Emma, Élisabeth, Rachel). Robinson, dans l'île parfaite qu'il s'est aménagée, ne sait à quoi employer ses loisirs (« Robinson »). L'imagination utopique esquisse « l'île Xiphos », où une tête parlante rend des oracles ; la ville de Dick *Bouchedor*, d'où tous les bruits et les journaux sont proscrits ; Bételgeuse, dont la langue est d'une articulation si difficile que les mots les plus importants y sont presque imprononçables ; le pays de la forme, où l'on punit les sophismes comme des délits. Tous ces semblants narratifs disent l'impossibilité du récit dès lors que son producteur méprise la convention qui le lierait au destinataire.

Mélange. Tel quel. Mauvaises Pensées et autres

Nous regroupons sous la même rubrique trois ouvrages dont le caractère est essentiellement aphoristique. En 1939, *Mélange* mariait quelques poèmes (dont la « Cantate du Narcisse ») aux proses. La poésie versifiée disparaît des recueils suivants. Nul ne résume mieux que Valéry lui-même le caractère de *Tel quel* : aphorismes, formules, fragments, propos, boutades, « mainte remarque ou impression venue à l'esprit, çà et là, le long d'une vie, et qui s'est fait noter en marge de quelque travail ou à l'occasion de tel incident dont le choc tout à coup illumina une vérité instantanée, plus ou moins vraie ». Nous sommes donc dans le domaine de la pensée jaillissante, qui s'impose sans avoir été appelée par des enchaînements conscients, de la pensée marginale par rapport aux discours suivis et aux déductions, de la pensée fragmentaire puisqu'elle est livrée « telle quelle » et que nous sommes privés de ce qui la précéda et de ce qui aurait pu la suivre, et surtout de la pensée « invérifiable » et proposée comme telle à notre méditation. L'auteur s'excuse à l'avance des contradictions qu'on y trouvera et du désordre qu'il n'a pas eu le loisir ou le courage d'organiser. Les rubriques donc, où se répartissent les maximes, sentences et apophtegmes, sont fort approximatives, et cela d'autant plus que *Tel quel* regroupe des recueils antérieurs eux-mêmes discontinus et désordonnés : *Tel quel I* (1941) reprend *Choses tues* (1930), *Moralités* (1931), *Littérature* (1929), dont l'édition Gallimard, avec ses larges images, ses belles italiques et ses bois de Démétrios Galanis, avait unifié la présentation, et le *Cahier B 1910,* reproduit en fac-similé en 1924. *Tel quel II* (1943) regroupe *Rhumbs* (1926), *Autres Rhumbs* (1927), *Analecta* (1926) et *Suite* (1930).

Mauvaises Pensées et autres (1941) assume plus visiblement encore l'arbitraire de sa construction en répartissant ses bribes et fragments en vingt sections, répertoriées de A à T. Les thèmes, fort variés, touchent principalement à l'intelligence (son fonctionnement, ses limites), aux caractères, aux mœurs et à la littérature. Les formules recourent tantôt à la sécheresse algébrique (« Celui qui n'a pas nos répugnances nous répugne »), tantôt à la définition métaphorique (« La théologie joue avec la “vérité” comme un chat avec une souris »), parfois au sarcasme ou à la mise en acte, qui masque le concept sous le percept de l'anecdote ou de la fable. La forme crée la pensée. La meilleure preuve en est le pastiche antithétique et subversif qu'Eluard et Breton fabriquèrent en 1929 à partir des trente-neuf premières réflexions de *Littérature,* et publièrent dans *la Révolution surréaliste* sous le titre « Notes sur la Poésie ». Là où Valéry écrit, par exemple : « Quelle honte d'écrire sans savoir ce que sont langage, verbe, métaphores, changement d'idée, de ton ; ni concevoir la structure de la durée de l'ouvrage, ni les conditions de sa fin ; à peine le pourquoi et pas du tout le comment ! Rougir d'être la Pythie… », les surréalistes substituent le mot « fierté » au mot « honte » et concluent : « Verdir, bleuir, blanchir d'être le perroquet… »

Cahiers

Ce titre recouvre deux publications différentes : d'une part, les 29 volumes dans lesquels le C.N.R.S. a reproduit, de 1957 à 1961, en 26 600 pages, les 261 cahiers de notes que Valéry rédigea entre 1894 et 1945 ; d'autre part, la synthèse qu'il entreprit d'en faire sans jamais l'achever, et dont la Bibliothèque de la Pléiade publia, en deux volumes en 1973, un choix surabondant.

Pendant cinquante ans, Valéry consacra toutes les aubes, ou presque, de ses journées à l'exercice de la pensée, à une gymnastique intellectuelle de trois à quatre heures, dont il consignait le fruit dans des cahiers. De ce journal d'analyse et d'auto-analyse Valéry n'a distrait, de son vivant, que de rares fragments, comme le *Cahier B 1910,* ou *Tel quel.* Il se défiait des systèmes rigides qui résolvent, concluent et figent ; il redoutait de se livrer trop. Il n'en a pas moins entrepris d'organiser ses réflexions en système. Un premier essai, en 1908, aboutit à recopier à la main des passages (près de 1 000 feuilles) sur le fonctionnement mental et à les classer sous des rubriques à caractère formel (« notion d'opération », « invariance des éléments », etc.). À partir de 1921, Valéry cultiva l'espoir d'un nouveau résumé ; de 1922 à 1925, une longue série de dactylos transcrivirent chaque passage des *Cahiers* sur une feuille volante. Après 1930, Valéry travailla à annoter ces feuillets, et à les classer selon une liste de rubriques. À sa mort, il laissait un ensemble de dossiers contenant des dizaines de milliers de pages dactylographiées. Certains dossiers avaient été complétés, organisés et polis dans le plus grand détail, d'autres revus assez sommairement ; d'autres encore paraissaient en attente. Nous connaissons donc clairement les 31 rubriques et 215 sous-rubriques sous lesquelles Valéry prévoyait de regrouper la formulation de son système ; mais l'articulation qu'il aurait adoptée nous échappe. C'est donc avec un arbitraire inévitable que Judith Robinson a disposé les chapitres de l'édition de la Pléiade. Le premier tome dessine un autoportrait en trois volets (*Ego,* l'homme ; *Ego scriptor,* l'écrivain ; *Gladiator,* l'ascète intellectuel) et le fait suivre des rubriques « Langage » (critique de l'outillage terminologique reçu), « Philosophie », « Système », « Psychologie », « Soma et CEM » (c'est-à-dire le corps et les relations possibles Corps-Esprit-Monde extérieur), « Sensibilité », « Mémoire » et « Temps ». Le second tome rassemble « Rêve », « Conscience », « Attention », « le Moi et la personnalité », « Affectivité », « Éros », « Thêta » (tout ce qui relève de la mysticité), « Bios » (nos sentiments biologiques), « Mathématiques », « Science », « Art et esthétique », « Poïétique », « Poésie, Poèmes et PPA » (petits poèmes abstraits), « Sujets », « Homo », « Histoire-Politique » et enfin « Enseignement ». Un index analytique permet au lecteur d'autres parcours à travers ces deux tomes. Ce qui ressort de cette publication, c'est la cohérence intellectuelle de la pensée de Valéry et, plus encore, le fond de timidité nerveuse, d'anxiété pathologique en face d'autrui et de la sexualité, contre lequel Valéry édifia le refuge et le rempart de la solitude protectrice et de l'ascèse compensatoire.

J.-Ch. Gateau

VALINCOUR

Jean-Baptiste Henri du TROUSSET, sieur de VALINCOUR

(1653-1730)

Né à Paris, Valincour composa, dans sa jeunesse, quelques ouvrages de vers. Il se fit connaître, à vingt-cinq ans, par ses *Lettres à Madame la Marquise de… sur le sujet de la « Princesse de Clèves »* (1678), pour lesquelles il reçut peut-être l'aide du Père Bouhours. L'abbé de Charnes répliqua dans ses *Conversations sur la critique de la « Princesse de Clèves »*. Valincour publia encore, en 1681, un petit livre d'histoire, *Vie de François de Lorraine, duc de Guise*. Bossuet le fit entrer, en 1685, chez le comte de Toulouse. Il servit fidèlement ce prince, qui le fit nommer secrétaire général de la marine avant de le choisir comme « secrétaire des commandements ». C'était un honnête homme, sincèrement religieux –, l'ami, d'ailleurs, de Racine et de Boileau. Dans la querelle des Anciens et des Modernes [voir **Querelle des Anciens et des Modernes**], il se fit – mais avec une louable modération – le défenseur de l'Antiquité. Il fut reçu à l'Académie française en 1699, à l'Académie des sciences en 1721.

Bien que Fontenelle ait loué sa biographie du duc de Guise, on ne retient aujourd'hui de lui que sa critique de *la Princesse de Clèves*. Critique un peu vétilleuse, parfois un peu mesquine, qu'on s'est plu de nos jours (peut-être trop facilement) à rabaisser. Valincour n'a pas tort lorsqu'il relève dans l'œuvre de Mme de La Fayette des facilités ou des invraisemblances, des gaucheries ou des lourdeurs d'expression. Peut-être est-il moins bien inspiré dans ses notations sur la psychologie des personnages. La nature même du « réalisme » de Mme de La Fayette semble lui avoir échappé. Mais, comme Fontenelle l'a dit, Valincour ne cherchait pas à « s'opposer à la juste admiration du public » ; il voulait simplement apprendre à celui-ci « à ne pas admirer jusqu'aux défauts » et ouvrir le champ à « des discussions fines et délicates ».

A. Niderst

Vallès

VALLÈS Jules

(1832-1885)

Quand il n'était pas ignoré ou maudit, Jules Vallès était, dans les manuels de littérature, relégué dans le coin des « écrivains réalistes ». La moindre lecture révèle pourtant que ses œuvres sont avant tout une littérature du sujet et dérivent de l'autobiographie la plus passionnée. En vérité, la force unique de l'œuvre paraît être dans la « couture » (l'image est de Vallès) de l'histoire d'un homme avec l'histoire du siècle, effectuée par un style unique, sans doute trop moderne pour son temps.

De la province sans histoire à l'histoire qui se fait à Paris

La Haute-Loire, d'où partit Vallès, fut, sous sa plume, la référence sociale dont on parle toujours et le « pays » où l'on ne revient jamais : les deux se tiennent. Sa famille, déjà, tente de s'évader : en Haute-Loire la parcelle paysanne est une des plus petites de France. Comment s'évade-t-on ? Par le séminaire et la prêtrise : ce fut la voie de l'oncle (le grand-oncle, qui devint curé de Chaudeyrolles) ; ce faillit être la voie du père, Louis Vallez, qui, lui, parvint à être professeur.

On se libère aussi, on entre en (petite-)bourgeoisie en se libérant du service militaire : Louis Vallez acheta, en 1826, pour 2 000 F, « un homme », un remplaçant (c'est le mot noble – le mot courant est « cochon vendu » : Vallès en fera un titre célèbre). On enseigne à l'enfant – la mère y veille dès le plus jeune âge – à mettre toutes ses « économies » dans une tirelire : pour « acheter un homme », à vingt ans. Tyrannie de la conscription. On est à la frontière des classes, entre la paysannerie et la petite-bourgeoisie. Le père, lui, a décroché et vit dans le monde culturel de l'Antiquité, que dominent l'autorité et le culte des pères ; la mère, mal acculturée, est hantée par la volonté de paraître bourgeoise, mais conserve, tenace coquetterie, des morceaux de parler auvergnat et l'amour des bourrées, qu'elle exhibe hors de propos. Le fils reproche à ses parents de l'avoir poussé hors du monde paysan, en l'étouffant de vêtements, de culture et de bonnes manières. Il y aura toujours en Vallès une sorte d'angoisse des origines : se disant vellave (un peu), cévenol (plus souvent), « auverpin » (surtout), il se veut, envers et contre tout, naturalisé Parisien. Naturalisé par l'Histoire (car elle est histoire des villes), par le journalisme, par la Révolution, par l'écriture. Toujours il revendiquera farouchement les sols volcaniques du Massif central, en affirmant que leur plus grand mérite, historique, aura été de chasser ses fils vers la Ville pour qu'ils y surgissent, lave réveillée et chaude, en grands révoltés. Il écrit dès 1864 : « Pays curieux que ce Velay, où les torrents ont fait les chemins et où les volcans grondent sous la neige ! Race étrange dont les fils portent au cœur un besoin terrible de liberté. […] Je raconterai un jour l'histoire obscure et terrible de quelques-uns » (*le Progrès de Lyon*).

Le journaliste

D'autres écrivains du XIXe siècle ont été journalistes avant d'être écrivains ; certains, une fois devenus écrivains, ont voulu faire oublier leur apprentissage et leur exercice journalistiques de l'écriture. Vallès, lui, non seulement n'a jamais renié sa première destinée de journaliste, mais l'a suivie et confirmée pendant tout le temps où il fut écrivain et romancier, jusqu'à sa mort. Sa « vocation » de journaliste se détermine à partir de l'échec universitaire : échec, en ce sens, salutaire. Mais il y a là plus qu'une revanche professionnelle : l'échec de la carrière universitaire – celle du père – l'aida à substituer au beau langage appris, culturel, « classique », une écriture neuve qui rompt en visière avec un style dont il connaissait parfaitement les rythmes, les figures et les tropes : écriture capable de jouer avec le sacré convenu, filtré par l'institution scolaire, de juxtaposer autant que de coordonner, de se fonder sur des ruptures et des discontinuités. Or, la rapidité des notations, le goût de paragraphes courts, le sens aigu du présent d'écriture et de lecture, tout cela venait du journalisme et de son *tempo* propre. Le premier ouvrage (1857), non signé, de Vallès, *l'Argent*, est de l'ordre du pamphlet ; l'auteur brandit un titre parabalzacien et prézolien pour encadrer les pages d'un manuel technique du bon boursier avec une introduction et une conclusion déjà très « vallésiennes » ; apologie fracassante de l'argent, qui permet la puissance, l'aisance et le rire ; sarcasmes contre la pauvreté qui humilie, avilit et mortifie. Lyrisme si provocant en faveur de l'argent, qu'on est peut-être en face d'une immense antiphrase. De 1861 à 1866, Vallès écrivit sous la houlette, entre autres, de Villemessant (au *Figaro*) et de Girardin (de *la Liberté*) : mais *le Figaro* fut son véritable banc d'essai, Villemessant était un « gaillard » tandis que Girardin n'était qu'un « triste ». En 1867, Vallès parvint à fonder son propre journal, au nom cher entre tous, *la Rue* : il vécut à peine un an, et mourut sous les menaces judiciaires et politiques. Entre 1857 et 1870, on lut « du Vallès » dans une vingtaine de journaux : du *Figaro* à *la Marseillaise* de Rochefort, à travers le *Nain jaune*, *le Progrès de Lyon* et *le Peuple*. Il est symptomatique qu'avant la Commune de Paris les deux seuls livres signés Jules VALLÈS aient été *les Réfractaires* (1865) et *la Rue* (1866). Tous deux sont faits entièrement d'articles de journaux récents, taillés mais non remaniés, regroupés en chapitres et en ensembles thématiques : longs articles du *Figaro* surtout, repris tels quels dans *les Réfractaires* ; petits articles événementiels, regroupés dans *la Rue*. Même dans l'éparpillement des chroniques de *la Rue*, on retrouve sans peine des constantes : éléments autobiographiques à peine déguisés (enfance, famille, école), tension plus ou moins dramatique entre la Ville, Paris, foyer social, juridique, politique et littéraire, et la province, espace respiratoire, terrien, pétri de traditions et de souvenirs, focalisé par la Haute-Loire. C'est aussi le journal qui, avant 1870, publie la première ébauche de *l'Enfant* : le feuilleton *le Testament d'un blagueur* (dans le journal *la Parodie* d'André Gill, 1869). Après la Commune de Paris, qui fut pour Vallès un creuset social, politique et littéraire, le long exil anglais représente la maturation des chefs-d'œuvre : il n'est aussi qu'une série de tentatives pour écrire, de Londres, dans les journaux de Paris ; parfois pour créer des journaux. Jusqu'à l'amnistie de 1881, l'essentiel – deux parties sur trois – de la trilogie romanesque de *Jacques Vingtras* passa effectivement par l'épreuve du journal, par l'écriture de feuilleton, avant de se faire livre. Enfin, outre les collaborations à de grands journaux comme *le Voltaire* (« *le Figaro* des républicains ») de 1881 à 1883, outre les collaborations parallèles de 1883-1885, Vallès fut, jusqu'à sa mort, rédacteur en chef du journal *le Cri du peuple* : grand journal socialiste, le plus vivant, sans doute, de l'époque ; Vallès laissa l'idéologie à Jules Guesde et prit pour lui la chronique des événements politiques et littéraires – dualité et complémentarité qui firent la force du journal.

Il y a plus qu'une solidarité de fait entre le journaliste et le romancier Vallès ; Vallès a cherché et trouvé dans le journalisme l'échange le plus immédiat, le plus affectif, entre l'écriture et la lecture d'un texte : l'opposé du rapport froid, différé, lointain et anonyme qui lui paraissait être celui du livre avec son lecteur. Plus : il a cherché dans le journalisme la complicité chaude avec un public large, populaire, parfois même avec tout « un peuple ». Pour Vallès, le journalisme pouvait être le signe et le porteur d'une immense fraternité, suppléant largement aux carences affectives de l'enfance et de la famille. Vallès a donc été passionnément journaliste, sans chercher à faire carrière ; le journalisme était la chronique de la rue : rue pittoresque, rue combattante, selon les temps. Dans le journalisme il a aimé plutôt la typographie et les typographes que la grande machinerie qu'il devenait déjà. Michelet jugeait que son enfance avait manqué de fêtes ; pour Vallès, le journalisme était une sorte de fête de la plume, qui rachetait toute une enfance ; son triomphe – et le triomphe de la fête – devait être la rencontre avec la Révolution, cette révolution spécifiquement parisienne que fut la Commune de Paris.

Le romancier et la Commune

Avec *l'Insurgé*, Vallès est le romancier de la Commune de Paris ; mais le livre, tout comme *l'Enfant* et *le Bachelier*, n'a été écrit – et n'a pu être écrit – qu'après l'événement. Tout se passe en effet comme si la Commune et sa suite, l'exil, avaient permis aux souvenirs d'une vie de se coaguler, de s'organiser en récit, en autobiographie réelle et fictive. La Commune avait été éprouvée par Vallès comme un incomparable présent, rachetant tout un passé (« toi, gamin tu seras un homme libre », écrit *le Cri du peuple* de 1871, formule reprise par *l'Insurgé*), et projetée, en dépit de la défaite, vers un avenir sans date. Vallès l'avait aussi éprouvée comme la rencontre d'un moi, qui s'était forgé dans le regret d'avoir perdu son peuple d'origine, et d'un peuple parisien, innombrable et chaude famille d'humiliés. Le sang de la Commune avait scellé cette rencontre ; et, du reste, le sang parcourt toute la trilogie, qui s'ouvre et se clôt sur des images de sang. Paradoxalement, la Commune de Paris a libéré en récits d'extraordinaires et multiples scènes comiques, très fortes dans *l'Enfant* ; plus rares, plus amères, d'un rire de dérision, et souvent autocensurées dans *le Bachelier* ; plus rares encore dans *l'Insurgé* : car le récit se rapproche du présent de l'écriture et de l'événement crucial, la Commune. Mais la Commune n'a sans doute aussi réussi à libérer le livre que parce qu'au cœur du journalisme vallésien, même s'il était un contre-livre, même s'il était destiné à témoigner pour les victimes du livre, on trouvait, flottant ici ou là, au fil du journal émietté et parcellisé dans le temps, une nostalgie assez forte du livre, de sa constance et de sa pérennité. Enfin, la Commune de Paris a libéré, en récit continu et discontinu, un style. Certes, le journalisme avait déjà fait jouer des ruptures, dans une phrase qui restait souvent de structure classique. Certes, il n'y a pas d'insurrection grammaticale dans le style de Vallès. Mais *l'Enfant* surtout, premier volet de la trilogie romanesque, révèle un retour du mot vers le cri, une présence du corps dans la phrase, une insertion des onomatopées, une incursion des argots, une équation du mot et de la sensation, du mot et de la couleur, une force souvent nominale de l'adjectif et une fonction « essentielle » du verbe (fût-il le verbe « avoir » ou plus encore le verbe « être »), une surimpression de voix diverses, qui marquent un grand écrivain (Vallès fut d'ailleurs, historiquement, plus vite reconnu par les écrivains dits de droite, plus sensibles à la « forme », que par les républicains). Il y a plus, et *le Bachelier* comme *l'Insurgé* accentuent cette tendance : Vallès joue avec le langage – les jeux de mots, la bousculade des figures classiques, les métaphores prises à la lettre et subverties. Par-dessus tout, la force des images, la constante de certaines symboliques comme la symbolique liquide : l'eau, le vin, le lait, l'encre, le sang. En vérité, Vallès est un écrivain de l'instantané, un grand impressionniste, mais, au moins autant, un expressionniste et un symboliste du concret. C'est là sa part « sacrée » ou sacralisante (au niveau des mots) ; l'envers, en quelque sorte, d'une pensée farouchement désacralisante, dénudant les tabous, les « religiosismes » (le mot est de lui), les idolâtries, les mystiques ou « mystagogies » (encore un mot de lui), qu'ils soient religieux, laïques ou révolutionnaires. En quoi encore il fut « écrivain ».

	VIE	ŒUVRE
1776	Naissance de Jean-Louis Vallez, grand-père de Jules Vallès.	
1787	Naissance de Thomas Vallez, frère de Jean-Louis.	
1807	Naissance, à Vourzac (Haute-Loire), de Louis Vallez, père de Jules Vallès.	
1827	Thomas Vallez est nommé curé de Chaudeyrolles (Haute-Loire). Le soldat Louis Vallez trouve, moyennant 2 000 F, un remplaçant à la conscription, le soldat Grégoire, d'Espaly (Haute-Loire). Le paiement est garanti par son père, « propriétaire-cultivateur » à Ceyssac.	
1829	Mariage de Louis Vallez et de Marie-Louise Julie Pascal, « ménagère » à Ceyssac.	
1832	**11 juin :** naissance, au Puy, de Louis Jules Vallès (l'acte utilise déjà – erreur sans doute – un s), fils de « Louis Vallès, instituteur » et de Julie Pascal ; il est le troisième enfant, mais les deux garçons qui le précédaient sont morts très jeunes.	
1835	Naissance de la sœur de Jules Vallès, Marie-Louise Julie.	
1837-1839	Jules Vallès à l'école « maternelle » de Mlle Labre.	
1837-1840	Louis Vallez devient maître d'études provisoire au Collège royal du Puy.	
1839	**Oct. :** Jules Vallès entre au Collège royal du Puy. **Déc. :** Louis Vallez est nommé maître élémentaire provisoire au Collège royal du Puy.	
1840	**Août ? :** Jules Vallès obtient le « deuxième prix d'excellence » en « classe préparatoire ». **Déc. :** Louis Vallez est nommé maître élémentaire de septième au Collège royal de Saint-Étienne. Il y enseignera jusqu'en 1845 les grammaires française et latine, l'histoire sainte, le grec.	

VIE		ŒUVRE
1840-1841	Jules Vallès poursuit sa scolarité au Collège royal de Saint-Étienne.	
1845	**Oct. :** Louis Vallez est nommé professeur de sixième au Collège royal de Nantes ; il gagne 760 F par an. **Déc. :** voyage de la famille Vallez vers Nantes ; en diligence, jusqu'à Orléans ; ensuite, par bateau à vapeur.	
1846	**Janv.-juill. :** Jules Vallès est en classe de troisième au Collège royal de Nantes.	
1847	Jules Vallès obtient un deuxième prix d'excellence en classe de seconde. **Avr. :** Louis Vallez, reçu à l'agrégation de grammaire depuis l'été 1846, est nommé professeur de sixième au Collège royal.	
1847-1848	Jules Vallès est en classe de rhétorique. Il emporte un premier prix d'excellence, un premier prix de vers latins, un deuxième prix de discours latin, un premier accessit de discours français.	
1848	**Janv. :** suspension du cours de Michelet au Collège de France. **Févr. :** les nouvelles arrivent, par télégraphe, de la **révolution parisienne.** **Juin : l'insurrection ouvrière, après fermeture des Ateliers nationaux, est écrasée.** Arrestations et déportations. **Août :** Jules Vallès échoue au baccalauréat. **Sept. :** il part pour Paris, afin de faire une seconde « rhétorique » au lycée Bonaparte et de préparer à la fois le baccalauréat et l'École normale supérieure.	
1849-1850	Jules Vallès fait sa philosophie au lycée de Nantes.	
1850	**Avr. :** Jules Vallès échoue au baccalauréat, à Rennes, « sur les facultés de l'âme ». **Oct. :** retour à Paris.	
1851	**Mars :** le cours de Michelet au Collège de France, rétabli après févr. 1848, est de nouveau interdit. Manifestations étudiantes. **Juin :** le « Comité des jeunes » projette d'enlever Louis Napoléon Bonaparte. **Nov. :** réunions nombreuses et impuissantes du « Comité des jeunes » contre le prince-président. **2 déc., 7 heures :** A. Ranc vient annoncer à Jules Vallès le **« coup de maillet », c'est-à-dire le coup d'État.** On cherche des fusils. Échec pour soulever le peuple. **21 déc. : plébiscite sur l'Empire**. Jules Vallès quitte Paris. **21 déc. :** Louis Vallez obtient d'un médecin de Nantes un certificat attestant que Jules Vallès est « atteint d'aliénation mentale » et le fait admettre (31 déc.) à l'asile d'aliénés de Nantes.	
1852	**Début janv. :** un médecin de l'asile de Nantes confirme « l'aliénation mentale » de Jules Vallès et même décèle « une faiblesse d'intelligence avec lésion organique du cerveau ». **Fin janv. :** Ranc et Arnould menacent Louis Vallez d'un scandale si Jules Vallès n'est pas libéré. **Févr. :** le médecin de l'asile de Nantes note une « amélioration » de l'état de Jules Vallès. Il quitte l'asile le 2 mars. **Mars-avr. :** Jules Vallès reste dans sa famille à Nantes. **Mai :** Jules Vallès passe et obtient son baccalauréat à Poitiers.	

	VIE		ŒUVRE
1853	**Janv. :** Vallès vient s'inscrire en droit à Paris. Il rencontre Ch. Dacosta, Ch. Longuet. **Févr. :** Marie-Louise Julie Vallez est transportée à l'hospice Saint-Jacques de Nantes. **Juin : complot dit « de l'Hippodrome » contre Napoléon III.** **Juill. : complot dit « de l'Opéra-Comique » contre Napoléon III :** nouvel échec. Les étudiants impliqués, Vallès, Collineau, Poupart, Ranc, sont écroués à Mazas. Ils sont libérés après quelques jours, sauf Ranc, qui est condamné à un an de prison. **Sept. :** la maladie de Marie-Louise Vallez s'aggrave ; elle sera bientôt internée. Louis Vallez est nommé professeur de sixième au lycée impérial de Rouen. La famille Vallez se disloque.	**1853-1855**	Débuts journalistiques de Jules Vallès. Entre autres : à *lc Naïade*, au *Pierrot*, au *Journal des demoiselles*, au *Journal de la Cordonnerie*. Articles sans doute perdus.
1855	Vallès est engagé comme secrétaire par Gustave Planche. Il fréquente les cabinets de lecture.		
1856	Duel Jules Vallès-Louis Davyl. Vallès lit *le Manuel du spéculateur à la Bourse* et prépare *l'Argent*.		
1857	Mort de Louis Vallez (l'acte de décès écrit bien Vallez), à Rouen. Mort de Gustave Planche.	**1857**	**Juill. :** Vallès publie, sans le signer, *l'Argent*, chez Ledoyen ; *l'Argent* est précédé d'une lettre dédicatoire au financier Mirès. Éloges du *Figaro*. **Août-nov. :** Vallès signe MAX des chroniques à la revue *le Présent*.
1858	Marie-Louise Vallez est transférée à l'asile de Montredon, près du Puy. À la suite de ses articles intitulés « Figaro à la Bourse », Jules Vallès a un duel avec un boursier. Vallès est blessé.	**1858**	**Févr.-mars :** Vallès signe MAX quelques articles au journal autographié de Henri Rochefort *la Chronique parisienne*. **Avr.-mai :** Jules Vallès signe encore MAX quelques articles « financiers » au *Figaro*, intitulés « Figaro à la Bourse ».
		1859	Vallès écrit, avec Louis Davyl, une comédie, *les Amours de paille*, et un drame, *le Neveu de Vautrin* ; pièces non représentées.
1860	Vallès est engagé comme expéditionnaire à la mairie de Vaugirard ; il y restera quatre années (avec une interruption en 1862).	**1860**	**1er nov. :** premier grand article de première page au *Figaro*, signé, intitulé « le Dimanche d'un jeune homme pauvre ».
1861	Vallès voudrait entrer au journal *l'Opinion nationale* ; il suit les affaires criminelles des tribunaux.	**1861**	**14 juill. :** grand article de première page, signé, intitulé « les Réfractaires », dans *le Figaro*. **2 nov. :** grand article de première page, signé, intitulé « les Morts », dans *le Figaro*. **7 nov. :** grand article de première page, signé LA CASAQUE BLANCHE, dans *le Figaro* ; il entre dans la série des *Lettres de Junius*.
1862	Premières rencontres avec Hector Malot. Jules Vallès, très endetté, quitte, en fin d'année, la mairie de Vaugirard, pour Caen.	**1862**	**26 janv. :** Jules Vallès publie le poème « l'Habit vert » dans *le Boulevard*, de Carjat. **9 oct. :** grand article de première page, signé, intitulé « les Victimes du livre », dans *le Figaro*.
1862-1863	**Hiver :** Vallès, « pion » au Collège de Caen, suit les cours de la Faculté. Il échoue à la licence.		
1863	**Sept. :** Jules Vallès retourne à la mairie de Vaugirard.		
1864-1865	Vallès et Émile Zola envoient, de Paris, des articles aux deux journaux libéraux lyonnais, Vallès au *Progrès*, Zola au *Salut public* ; quand l'un des journaux est suspendu par le préfet, l'autre est servi aux abonnés. Vallès, après le 30 janv., est évincé brutalement du *Progrès de Lyon*.	**1864**	**14 févr. :** à partir de cette date, et jusqu'en janv. 1865, Vallès publie un article par quinzaine au *Progrès de Lyon*. **Juill.-août :** quatre articles au *Figaro*, intitulés « Confessions d'un saltimbanque » et signés ASVELL.
1865	**15 janv. :** salle du Grand Orient de France, 16, rue Cadet, Vallès prononce une conférence sur Balzac ; Victor Duruy demande au préfet de police d'interdire désormais la salle à Jules	**1865**	**13 avr. :** Vallès est chargé de faire un numéro entier du *Figaro* ; c'est l'article « les Irréguliers de Paris ».

	VIE	ŒUVRE
	(suite 1865) Vallès ; une enquête est ouverte sur son appartenance à l'administration municipale. **22 mai :** Vallès est admis à la Société des gens de lettres, après rapport de Champfleury. **Août :** Vallès part pour l'Angleterre ; il y demeure jusqu'en oct., comme correspondant de *l'Époque*, le journal d'Ernest Feydeau. **Nov.-déc. :** Vallès entre au journal *l'Événement*, de Villemessant, et quitte *l'Époque*.	*(suite 1865)* **Oct. :** Vallès donne à *l'Époque* le feuilleton « Jean Delbenne ». **Fin nov. :** Vallès publie, chez Achille Faure, son premier ouvrage signé, *les Réfractaires*, constitué surtout à partir de grands articles parus, de 1861 à 1865, au *Figaro*. **Mi-déc. :** collaboration à peu près hebdomadaire à *l'Époque*.
1866	**Juill. : victoire de la Prusse à Sadowa.** Grands échos dans la presse. **Nov. :** voyage de Vallès à Lyon et à Saint-Étienne (visite d'une mine). Rencontre avec Pierre Dupont. Escapade « au pays », à Chaudeyrolles.	**Janv.-mai :** Vallès donne à *l'Événement* un article par semaine, intitulé souvent « Chronique ». Il entre à *la Liberté* d'Émile de Girardin : très peu de temps, et pour de rares articles. **Juin :** Vallès publie, chez Achille Faure, l'ouvrage *la Rue*, qu'il a composé à partir notamment de ses articles de 1865-1866 au *Figaro*, à *l'Événement*. **Mai-sept. :** Vallès écrit au *Courrier français*. **Oct. :** (jusqu'en 1867), Vallès écrit au *Nain jaune*.
1867	**1er juin :** Vallès fonde *la Rue* (siège : 59, rue de Richelieu). Reprise d'*Hernani*, après des années d'interdiction. **Sept. :** voyage de Vallès en Périgord, chez Alcide Dusolier. Mort du curé de Chaudeyrolles, l'abbé Thomas Vallez. **Oct. :** Vallès voudrait fonder un journal hebdomadaire, *le Pavé de Paris*. Le projet échoue.	**Juin :** premiers articles dans *la Rue* (Vallès y écrira jusqu'à la fin du journal [janv. 1868]). **Août :** Vallès écrit à *la Situation* (jusqu'en janv. 1868), en même temps qu'à *la Rue*. **Nov. :** article célèbre, « Cochons vendus », pour le n° 27 de *la Rue*. Le numéro est interdit.
1868	**18 janv. :** fin de *la Rue*, après que le visa ministériel a été refusé pour le n° 34 (sur Proudhon). Vallès condamné à un mois de prison le 21 févr., puis en oct. à deux autres mois et 2 000 F d'amende, par la 6e Chambre correctionnelle pour un article sur la police dans *le Globe*.	**Janv.-févr. :** Vallès écrit dans *le Globe*. **Mai :** au *Figaro*, quelques « Lettres d'un irrégulier ». Vallès collabore aussi à l'hebdomadaire *l'Art*. **9 sept. :** grand article dans *le Courrier de l'intérieur*, « Un chapitre inédit de l'histoire du Deux-Décembre ». Dans *le Paris*, « Journal de Sainte-Pélagie » (deux numéros).
1869	**Févr. :** Vallès fonde *le Peuple* ; il en est le rédacteur en chef (le journal meurt le 18 févr.). **Avr. :** affiliation de Jules Vallès à la loge écossaise 133, rattachée à la Grande Loge de France. **Mai :** Vallès fonde un nouveau journal, *le Réfractaire*, qui tient trois jours. Élections législatives. Vallès candidat, à Paris, contre Jules Simon et Lachaud. **Oct. :** voyage à Waterloo, pour un article destiné au *Grand Dictionnaire universel du XIXe siècle* de Pierre Larousse.	**Févr. :** le nouveau journal de Vallès, *le Peuple*, annonce *Histoire de Vingtras* « par Jules Vallès » ; rien ne paraît. **Sept.-oct. :** Vallès donne un feuilleton romanesque, *Un gentilhomme*, dans le journal de Rousset, *le National*. **Oct.-déc. :** publie, dans *la Parodie* d'André Gill, la première ébauche de *l'Enfant*, intitulée « le Testament d'un blagueur ».
1870	**10 janv. :** assassinat du journaliste Victor Noir par Pierre Bonaparte. **Mai : plébiscite à propos des réformes de Napoléon III.** 7 350 000 « oui », 1 500 000 « non ». **Juill. :** procès de l'Internationale à la 6e Chambre. Vallès y assiste. **19 juill. : déclaration de guerre à la Prusse.** **Août :** Vallès arrêté après une manifestation pacifiste place Vendôme. **30 août :** après le soulèvement blanquiste de La Villette, Vallès, avec quelques amis, demande à Michelet d'intervenir en faveur des condamnés. **3-4 sept. : capitulation de Sedan et déchéance de Napoléon III.** **Fin sept. :** formation du Comité central des vingt arrondissements de Paris (Vallès, Chassin, Longuet...). **Oct. :** manifestation contre le gouvernement de la Défense nationale. Vallès, avec 30 gardes nationau , occupe la mairie du XIXe arrondissement.	

	VIE		ŒUVRE
1871	**5 janv. : début des bombardements prussiens sur Paris.** **7 janv. :** Vallès, Tridon, Vaillant rédigent et font placarder l'« Affiche rouge », qui, déjà, proclame « Place au Peuple ! Place à la Commune ! » **12 févr. : l'Assemblée nationale se réunit à Bordeaux.** **22 févr. :** Vallès fonde le journal *le Cri du peuple.* **1er mars : entrée des Prussiens à Paris, après l'accord Thiers-Bismarck.** *Le Cri du peuple* paraît encadré de noir. **18 mars : Thiers donne l'ordre d'enlever les canons de Montmartre ; deux généraux chargés de l'opération sont fusillés par les Parisiens révoltés. Début de la Commune de Paris.** **21 mars :** *le Cri du peuple* (interdit depuis le 12 mars) reparaît ; il tire à 100 000 exemplaires. Suspension du *Figaro* et d'autres journaux ; Vallès condamne cette mesure. **26 mars :** élections à la Commune de Paris (230 000 électeurs, soit 54 p. 100 des inscrits). Vallès élu du XVe arrondissement. **Mars-avr.** : la Commune décrète la remise des trois derniers termes de loyer et la séparation de l'Église et de l'État. La guillotine est brûlée. Interdiction du travail de nuit dans les boulangeries. **1er mai :** création d'un Comité de salut public. Vallès membre de la commission de l'Enseignement de la Commune. **15 mai :** conflit violent entre la « majorité » et la « minorité » de la Commune. **21 mai** : dernière réunion de la Commune ; président : Jules Vallès ; assesseur : Courbet. On y annonce que les versaillais pénètrent dans Paris. **21-28 mai** : « Semaine sanglante ». Incendie de Paris. Exécution des six otages (dont Mgr Darboy). **28 mai** : Vallès à la barricade de Belleville, rue de Paris. Mort de Varlin. Dernière lettre de Vallès à sa mère. Le soir, il s'enfuit de Paris, déguisé en ambulancier. **28 mai-10 juin :** on fusille deux faux Vallès ; « il est mort lâchement », écrit la presse versaillaise. Sanglante répression : entre 20 000 et 30 000 exécutions capitales. **Sept.-oct.** : Vallès atteint la Belgique, puis gagne l'Angleterre.		
1872	**Janv. :** Vallès fonde à Londres le « Cercle d'études sociales ». **9 mars :** mort, à Farreyrolles, de la mère de Jules Vallès (il l'apprendra en juin). **Mai :** Jean Richepin publie *les Étapes d'un réfractaire*, brochure hostile à Jules Vallès. **4 juill. :** à Versailles, le 6e conseil de guerre condamne à mort – par contumace – Jules Vallès, pour son appartenance à la Commune.	1872	**Nov.-déc. :** Vallès écrit sa pièce *la Commune de Paris.* Il la lit à des amis réfugiés politiques en Suisse mais ne la publie pas. **Déc. :** Vallès reprend sa correspondance avec Hector Malot.
1873	**Janv. :** Vallès demande à Malot de présenter à l'acteur Boucicaut, à Paris, pour représentation éventuelle, sa pièce *la Commune de Paris.* **Juin :** Vallès tente de lancer, à Londres, un journal illustré. Il fonde un collège, le *French Athenaeum.*		
1874	**Mai :** à Paris, la Société des gens de lettres exclut Jules Vallès. **Juin :** arrivée à Londres de Jourde et de Rochefort, évadés de Nouvelle-Calédonie. **Juill.** : testament des Goncourt.	1874	**Mars-avr. :** grand article de Vallès sur le roman de Hugo *Quatrevingt-Treize* dans l'*Examiner* de Londres, puis dans la *Revue franco-anglaise.* **Nov. :** Vallès publie deux numéros d'une revue, *the Coming P.*
1875	**Janv. :** à Londres, Vallès s'installe au 38, Berners' Street. Il y restera plusieurs années. **Déc. :** mort, à Londres, d'une petite fille, Jeanne-Marie, que Vallès a eue d'une institutrice anglaise.	1875	**Janv. :** Vallès rêve à une « grande machine romanesque », roman en plusieurs volumes, « à la Dickens, à la Chatrian... »

	VIE		ŒUVRE
		1876	**Févr.-mai :** Vallès rédige *Jacques Vingtras I* (c'est-à-dire *l'Enfant*), premier volet d'une grande *Histoire d'une génération.* **Juill. :** Tourgueniev confie à Zola qu'il cherche à faire écrire Vallès dans une revue de Saint-Pétersbourg. Vallès envoie à Hector Malot une vingtaine de chapitres de *Jacques Vingtras I.* **Août :** Vallès donne au journal parisien *l'Événement*, en les signant Z, une série de chroniques intitulées « la Rue à Londres ». **Sept. :** première confidence de Vallès sur un *Vingtras II* et un *Vingtras III.*
1877	**Avr. :** reparution, à Paris, des journaux *la Marseillaise* et *la Lanterne* (Rochefort). **Mai :** la **crise du 16 mai** retarde la parution en feuilleton de *Vingtras I.* **Juin :** Vallès reconnaît avoir reçu du journal *le Siècle* 1 500 F en trois fois, sur le manuscrit de *Vingtras I.*	**1877**	**Févr.-mars :** Vallès écrit, en signant Jean LA RUE, des articles au journal parisien *le Radical.* **Nov. :** *le Siècle* annonce la publication prochaine des feuilletons successifs *Sans famille* d'Hector Malot et *Jacques Vingtras* par DE LA CHAUSSADE.
1878	**Août-sept. :** voyage à Jersey. **1er sept. :** retentissant article de Zola sur les romanciers français dans *le Messager de l'Europe* de Saint-Pétersbourg. Vallès désespère de voir prononcer l'amnistie.	**1878**	**Mars-avr. :** Vallès collabore au journal russe *Slovo* (il signe PASCAL deux articles sur l'Angleterre). **Juin :** Vallès prescrit au *Siècle* le titre *Jacques Vingtras I* et le sous-titre « les Beaux Jours de mon enfance ». **25 juin-3 août :** *Jacques Vingtras* paraît enfin en feuilleton dans *le Siècle.* Les abonnés protestent. **Juill. :** trois articles au journal *la Marseillaise*, que Vallès signe Jean LA RUE. Vallès commence, au journal *le Voltaire*, une série d'articles, signés UN RÉFRACTAIRE (jusqu'à fin 1878). **Août :** Vallès reçoit du *Siècle* 1 800 F (en sus des 1 500 F déjà reçus) pour le feuilleton *Jacques Vingtras I.* **Oct. :** Vallès édulcore *Vingtras II* avant de l'envoyer à Hector Malot pour *le Siècle,* qui refuse le manuscrit. **Nov. :** l'éditeur Charpentier propose l'édition en volume de *Vingtras I.* Vallès projette d'écrire *les Réfractaires de Londres.*
1879	**Janv. : démission de Mac-Mahon**. **Avr. :** une demande de grâce, formulée par Vallès, est rejetée. Vallès fait un voyage à Bruxelles. **Juill. :** voyage de la Comédie-Française à Londres. Vallès cherche à rencontrer Sarah Bernhardt. **Août :** Vallès à Bruxelles, pour mettre au point un nouveau journal, *la Rue.* Il souhaiterait que Zola vienne voir une représentation de *l'Assommoir.* **Oct. :** congrès ouvrier de Marseille (Jules Guesde).	**1879**	**13 janv.-13 mai :** le journal *la Révolution française* publie le feuilleton *Mémoires d'un révolté* (première version du *Bachelier*), signé Jean LA RUE. **Juin :** J. Lemer (Lemerre) publie *les Enfants du peuple.* **Nov.-déc. :** vie (cinq numéros) et mort du journal *la Rue*, publiée à Paris, dirigée de Londres. **Déc. :** début du feuilleton « le Candidat des pauvres » dans *le Journal à un sou* de Tony Révillon. Charpentier publie le volume *Jacques Vingtras* « par Jean LA RUE », avec la fameuse dédicace qui sera celle de *l'Enfant.*
1880	**Janv. :** Vallès est encore à Bruxelles. Il y rencontre Clemenceau, qui vient de fonder à Paris le journal *la Justice.* **Avr. :** à Bruxelles encore sont présentés à Vallès le docteur Guebhard et Mme Rehn (« Séverine »). **10 juill. : la loi d'amnistie est votée, puis promulguée.** **11 juill. :** les proscrits de Londres apprennent et célèbrent l'amnistie. **12 juill. :** arrivée de Rochefort à Paris. **13 juill. :** Vallès arrive gare Saint-Lazare, avec Benoît Malon ; ils sont accueillis par Clemenceau, André Gill, Tony Révillon, Hector Malot... **14 juill. : première fête républicaine, proclamée fête nationale.** 15 oct. : Juliette Adam fonde *la Nouvelle Revue.*	**1880**	**Janv.-juin :** Vallès collabore régulièrement au *Voltaire* (« Notes d'un absent »). **Juin-juill. :** le journal *la Justice* publie le feuilleton « les Blouses ».
1881	**5 janv. :** Vallès, Louise Michel, Lissagaray, Vaillant aux obsèques de Blanqui. **27 mars :** l'assemblée générale de la Société des gens de lettres vote la réintégration de Vallès (119 voix contre 6). **Juin :** Vallès fait un séjour à Londres, sans doute avec Séverine et le docteur Guebhard.	**1881**	**Févr.-avr. :** collaboration régulière au *Citoyen de Paris.* **Mars :** troisième édition, chez Charpentier, de *Jacques Vingtras* (396 pages) ; pour la première fois apparaissent le sous-titre « l'Enfant » et la signature Jules Vallès.

	VIE		ŒUVRE
	(suite 1881) **Sept. :** voyage en Haute-Loire. Conférence à Saint-Étienne le 24 sept. Passage au Puy et à Farreyrolles. Dernière rencontre de tante Mariou.		*(suite 1881)* **Avr.-mai :** première édition, chez Charpentier, du *Bachelier,* assorti de la célèbre dédicace, au prix de 3,50 F le volume ; 434 pages. **Juin :** début de la correspondance Jules Vallès-Séverine. **Oct. :** Vallès collabore régulièrement au *Réveil* (jusqu'en févr. 1883). Nouvelle édition des *Réfractaires,* chez Charpentier (3,50 F).
1882	**Janv. : chute du ministère Gambetta.** **Févr. :** mort de tante Mariou à Farreyrolles (cf. article du *Réveil,* 28 févr.). **23 juin :** E. d'Hervilly divulgue, dans le journal *le Bien public,* le testament secret des Goncourt. **Oct. :** voyage de Vallès à Nantes, avec Léon Séché. Attentat anarchiste au restaurant du théâtre Bellecour, à Lyon. **Déc. :** Vallès à Londres (enquête pour *la Rue à Londres*).	**1882**	**Janv. :** début, au *Gil-Blas,* des articles intitulés « Journal d'Arthur Vingtras » (ils s'échelonneront sur six mois). **Mars-juill. :** Vallès travaille à *Vingtras III,* futur *l'Insurgé.* **Juin :** début, au journal *la France,* des articles intitulés « le Tableau de Paris » (ils s'échelonneront jusqu'en août 1883). **1er août-15 sept. :** première version de *l'Insurgé,* dans quatre numéros successifs de *la Nouvelle Revue* de Juliette Adam.
1883	**Janv. :** procès des accusés du « complot de Lyon » (Kropotkine, E. Gautier...). **Mars :** manifestations, avec attaque de boulangeries ; Louise Michel arrêtée. **Juill.-août :** voyage à Londres, pour l'édition de *la Rue à Londres.* **28 nov. :** premier article, violent, de Jules Guesde, au *Cri du peuple.*	**1883**	**8 janv. :** article sur Gambetta (mort récemment) dans *le Réveil.* **5 févr.** : reprise, dans *le Réveil,* de l'article de 1867, « Cochons vendus ». **Mars-août :** articles hebdomadaires dans *la France* ; titre : « le Tableau de Paris ». **28 oct. :** premier numéro du *Cri du peuple,* premier article de Vallès (rédacteur en chef) dans ce journal. **Déc. :** Vallès corrige les épreuves de *la Rue à Londres.*
1884	**Févr. :** Vallès ressent les premières atteintes du diabète : très fatigué, il décide de se faire soigner. **Mars :** loi Waldeck-Rousseau sur les syndicats. **Août :** Vallès, en traitement au Mont-Dore, rencontre Zola, qui le trouve très atteint. **18 nov. :** Vallès écrit à Hector Malot : « Je suis très malade [...]. J'ai encore des ressources dans ma nature de paysan. »	**1884**	**Févr. :** début de collaboration au journal *le Matin* ; Vallès y écrit régulièrement (et parallèlement au *Cri du peuple*). Vallès prévoit la parution de *l'Insurgé* pour mai. **Oct. :** Vallès travaille, avec Séverine, à *l'Insurgé.* *La Rue à Londres* (avec eaux-fortes et dessins d'Auguste Lançon), dédicace à Mme Rehn (Séverine), et réédition de *Jacques Vingtras, l'Enfant,* avec eaux-fortes de Renouard.
1885	**15 janv. :** *le Matin* annonce la démission de Vallès (pour désaccord avec la direction). **22 janv. :** perquisition au journal *le Cri du peuple* et au domicile de Vallès. **14 févr. :** décès de Vallès, au 77, boulevard Saint-Michel, chez le docteur Guebhard. **16 févr. :** *le Cri du peuple,* entouré de noir, annonce en première page : « La Révolution vient de perdre un soldat, la littérature un maître. Jules Vallès est mort. » Les funérailles de Vallès ont lieu le même jour. Suivent « le corbillard des pauvres », parmi environ 50 000 citoyens, J.-B. Clément, Ch. Longuet, Paul Lafargue, Tony Révillon, Léon Cladel, G. Clemenceau, A. Houssaye, Rochefort, Vaillant...	**1885**	**7 janv. :** dernier article dans *le Matin,* « Amnistie » (en faveur de Louise Michel). **19 janv. :** dernier article dans *le Cri du peuple* : « la Préfecture de police ».
		1886	**Mai :** parution, chez Charpentier, de *l'Insurgé, 1871,* avec un portrait au trait de Vallès.
		1914	Nouvelle édition, non illustrée, de *la Rue à Londres.*
		1930	*Souvenirs d'un étudiant pauvre* (Gallimard).
		1932	*Le Tableau de Paris* (Gallimard). *Un gentilhomme* (Gallimard).

Les Réfractaires

Premier livre signé de Vallès (1865) ; il dira plus tard (*l'Insurgé,* chapitre VI) que cet ouvrage fut lancé contre Murger et le « murgérisme » ; l'idée lui en serait venue le jour des obsèques de Murger (1861). À vrai dire, Vallès confond volontairement le livre et l'article de 1861 (« les Réfractaires ») qui lui donna son titre. L'ouvrage regroupe les plus longs articles publiés de 1857 à 1865, presque tous dans *le Figaro.* Les articles du journaliste sont devenus chapitres : presque tous « grands » par la dimension et par le contenu. Les personnages que Vallès appelle « les réfractaires » ne constituent pas cette « bohème de désespérés et de menaçants » dont l'écrivain parle dans *l'Insurgé* ; ce sont de paisibles bohèmes littéraires, devenus marginaux, – les signes du malaise d'une société plus que des prérévolutionnaires. Vallès a emprunté le nom des « réfractaires » paysans du premier Empire pour le transposer, de la province campagnarde à la ville et du passé au présent du second Empire. Le livre rendit le nom si célèbre que Vallès, dès lors, fut souvent appelé « le réfractaire » (Sainte-Beuve lui-même lui écrivit en 1866 : « Mon cher réfractaire ») et qu'il assuma le nom : pour lui-même et pour le titre d'un journal resté à l'état de projet.

Vallès choisit trois personnages à la frontière du réel (ils ont existé, ils sont nommés) et du mythique : ils vivent de rêves historiques (le panhellénisme, par exemple) et, surtout, ils écrivent ; presque des maniaques de l'écriture (exemple : Poupelin, dit « Mes papiers ») ; à leur façon, des « victimes du livre ». « Les Victimes du livre », tel est précisément le titre d'un autre chapitre des *Réfractaires,* issu d'un article du *Figaro* ; chapitre capital : on y trouve une étonnante « analyse » de la lecture et des « effets de lecture » : livres d'enfance, livres classiques, livres d'aventures, maritimes ou terrestres ; livres romantiques, passionnés et passionnels ; livres roses, livres bleus, livres rouges. Le livre d'aventures, qui va de *Robinson Crusoé* aux romans de Fenimore Cooper ou de Gustave Aimard, tourne, presque toujours, au réquisitoire contre l'autorité familiale, contre le père ; Vallès a cette formule, imitée de Hugo, « Le Livre tuera le père ». « Le Bachelier géant », autre chapitre, projette le mythe d'un géant physique et intellectuel devenu inadapté et « anormal », monstre scolaire, qui s'enfuit de l'école pour devenir « géant » chez les saltimbanques : alors monstre lucratif, il dit ses souvenirs de collège ; il se venge en tours de force et en tours de langue (il a appris les langues anciennes) de certains spectateurs, pions de collège et collégiens. « Le Bachelier géant » actualise un mythe scolaire assez fort. Autres chapitres notables : « les Irréguliers de Paris », qui présentent une galerie populiste des demi-réfractaires, aussi pittoresques que les réfractaires ; « Un réfractaire illustre » (il s'agit de Gustave Planche) ; « les Morts », célébration de réfractaires morts ; « le Dimanche d'un jeune homme pauvre », âpre image du dimanche d'un jeune intellectuel affamé.

L'Enfant

Appelée d'abord, à Londres, du nom de son personnage central, *Jacques Vingtras I,* cette œuvre maîtresse, produit de l'exil, émerge d'un vaste projet romanesque qui eût été l'*Histoire d'une génération* ou l'*Histoire de vingt ans* (la vingtaine d'années allant de 1848 à 1871). *L'Enfant,* écrit en quatre mois, en 1876, ne put paraître en feuilleton (*Jacques Vingtras I*), au journal parisien *le Siècle,* qu'en 1878, dans une situation républicaine enfin rétablie et grâce aux constants bons offices d'Hector Malot : encore fut-ce sous un pseudonyme (Vallès, communard, était interdit de nom) ; en 1881, l'œuvre parut enfin, en volume, chez Charpentier, sous la signature de Vallès et avec la célèbre dédicace jetée à la double face de la société : la famille et l'école.

L'Enfant évoque les seize premières années de la vie de Jules Vallès, devenu « Jacques Vingtras », de l'enfance au baccalauréat parisien, en quatre espaces inégaux correspondant aux habitats successifs de la famille : Le Puy, Saint-Étienne, Nantes, Paris. Mais les récurrences de temps et de lieux compliquent, brouillent et vivifient ce bel ordre spatio-temporel. Si Le Puy et sa région se suffisent (ils représentent et la première enfance et la petite ville ouverte sur la campagne), s'il faut les vacances à Chaudeyrolles, des évasions livresques et quelques fêtes pour faire éclater la claustration stéphanoise, les souvenirs récurrents les plus heureux de Saint-Étienne envahissent volontiers la maudite période de Nantes (elle est celle de l'adolescence et du baccalauréat)... L'œuvre avance ainsi, par déplacements géographiques ou par retours de mémoire, d'espaces clos en espaces ouverts : tout espace clos étant, par nature, fait pour s'ouvrir, de gré ou de force, à l'enfant. *L'Enfant* va aussi de la naissance réelle, biologique (chapitre « Ma mère »), à la seconde et vraie naissance, d'évasion, loin de la mère et de l'enfance, vers Paris (chapitre « Délivrance »). Terrible processus. La famille est réduite à la triade sacrée, Père, Mère, Fils ; triade boiteuse, pitoyable ou grotesque selon les cas, car le sommet, officiellement, culturellement paternel, est fallacieux ; l'autorité maternelle, qui est regard, commande ou bloque tout : le Père, bien sûr, mais aussi l'Enfant, corps et âme. Père ou Fils, on est libre si la mère est sortie, si elle ne peut voir, ou si elle dort. Mais Vallès a su montrer que la famille « autoritaire » n'est composée que de victimes ; l'enfant est la victime toujours « sous la main ». La famille intériorise les servitudes sociales, professionnelles ou de classe : notamment la difficulté de s'insérer et de se faire accepter dans la petite bourgeoisie. Le père agit en Père, par principe « romain » : comme dans les livres « classiques ». La mère fonctionne par principe quotidien et pragmatique : la fessée est une « leçon de choses » ; les pauvres ne doivent pas « s'écouter » ; la nature, chez les pauvres, doit être matée. Vallès ne crie pas : « Familles, je vous hais ! » ; il a représenté – y compris au sens théâtral et cathartique – l'enfant en victime des victimes. Un jeu sensible des causalités est littérairement mis en scènes, et souvent en scènes comiques, qui sans cesse dédramatisent. Il suffit de confronter Mme Vingtras et Mme Lepic de *Poil de Carotte* (les humoristes taquinaient Jules Renard, qui cachait sa dette, en lui susurrant : « Poil de Vallès ») pour voir la pesanteur humaine de la première et la sécheresse un peu abstraite de la seconde. *L'Enfant* sait être un livre de révolte sans être un livre de révolté ni le livre de l'enfance d'un révolté. Ce « roman » d'une enfance est, en fait, moins simple qu'il y paraît : ni roman réaliste ni réductible à une autobiographie (qu'il est aussi) ; son « Je », qui est « Jacques », est complexe : ni tout à fait enfant, ni adulte, ni l'écrivain au présent, il est proche et toujours distancié.

SYNOPSIS

Le récit s'organise en vingt-cinq courts chapitres. « Ma mère » fait le portrait d'un personnage sournois, oppressif et injuste qui ne cesse de fouetter son fils (chap. 1). Celui-ci a cependant dans « la Famille » un certain nombre d'oncles et de tantes plus agréables et pittoresques, des cousines aussi, qu'il regarde énamouré (2). « Le Collège » est une autre oppression : on y mange mal, on y est surveillé et puni. Un philosophe ridicule prétend apprendre au narrateur les preuves de l'existence de Dieu (3) ! Le narrateur décrit aussi les rues et les magasins de « la Petite Ville », ainsi que « la Toilette » ridicule dont sa mère l'affuble (4-5). Aux « Vacances » en revanche, Jacques Vingtras retrouve un univers naturel, plein de liberté et de sauvagerie (6). « Les Joies du foyer » ne lui proposent que des plaisirs peu chers ou gâchés (7), même si un cirque égaie la grisaille du quotidien (8, « le Fer-à-cheval »). C'est à « Saint-Étienne » qu'une nouvelle nomination amène la famille du narrateur : occasion d'une scène entre le mari et sa femme (9). Il y a heureusement de « Braves Gens », un cordonnier et une épicière grâce auxquels on peut parfois jouer (10). « Le Lycée » est pénible : Jacques y apprend la sournoiserie et l'ennui, malgré Robinson Crusoé (11). « Frottage », « gourmandise », « propreté » sont d'autres « joies » de la famille : il faut manger ce que l'on n'aime pas et laisser ce qu'on préfère (12) ! « L'Argent » est épargné férocement (13). Un « Voyage au pays » donne un peu plus de liberté : on y mange et aime à son gré (14). D'où certains « Projets d'évasion » (15), quand il faut rentrer à la maison, agitée par « Un drame » : celui des infidélités du père (16). « Souvenirs » rappelle deux chagrins du narrateur (17). Puis c'est « le Départ » vers Nantes où la mère du narrateur ne cesse de faire honte à son fils tout en exploitant cruellement ses domestiques successives (18). « Louisette », la fille d'un ami de la famille meurt des mauvais traitements de son père (19). Le narrateur rapporte aussi, dans « Mes humanités », ses réussites hypocrites de bon élève (20) prêt, cependant à une aventure (21, « Madame Devinol ») à la suite de laquelle il est envoyé à « la Pension Legnagna » de Paris (22). Après son échec, « Madame Vingtras à Paris » vient chercher son fils (23) avant « le Retour » à Nantes (24) et « la Délivrance » : même s'il prend la défense de son père dans un ultime affrontement avec celle-ci, Jacques trahit les ambitions de ses parents en voulant devenir ouvrier (25).

Le Bachelier

Intitulé d'abord par Vallès *Jacques Vingtras II*, conçu à Londres dès 1877, l'ouvrage parut en feuilleton sous le titre « Mémoires d'un révolté » (Vallès avait songé à « Te voilà bachelier »), non point dans *le Siècle*, qui le refusa, mais dans le journal *la Révolution française*. Car, venant après les émois et les scandales provoqués par *l'Enfant* auprès des pères de famille lecteurs et abonnés du *Siècle*, il fut le livre le plus autocensuré par Vallès. *Le Bachelier* est l'envers, « réaliste » et amer, du mythique « Bachelier géant » de 1865 (cf. *les Réfractaires*). Mais il était moins le roman d'une éducation scolaire que d'une éducation politique ; ou plutôt, celle-ci incluait l'échec d'une éducation scolaire et de son produit « classique », le romantisme quarante-huitard. De Londres, Vallès en exposa la philosophie à Malot : « On n'est qu'un blagueur et un fou d'espérer vivre *sur son éducation* » (mai 1879, souligné par lui). L'école fabrique des « victimes du livre », un demi-prolétariat de bacheliers ou d'artistes « misérables », souvent dupes de la bohème murgérienne où ils se complaisent. *Le Bachelier* couvre, historiquement, les années 1850 à 1857 (année de *l'Argent* et de la mort du père). Il comporte des failles béantes : 1848 et ses suites sont généralement escamotés ; peu de chose sur Vingtras candidat-bachelier ; rien sur l'asile de Nantes, où le père Vallez fit, en 1852, interner le fils ; peu d'événements et peu d'histoire, somme toute, si l'on excepte le coup d'État. On peut cependant distinguer de grands « moments », qui tous sont d'« éducation », et de grands espaces, souvent distanciés par l'ironie et le grotesque : la vie de bohème étudiante, démythifiée ; un grand chapitre, malheureusement amputé par Vallès, « Journaliste » : antithèse de l'idéal et de la révolte, du style appris et du style à pratiquer, etc. ; l'épisode du mariage provincial refusé ; le héros vaincu par l'attraction irrésistible de Paris et de ses dangers ; la trahison finale, à la fois culturelle et politique : on se fait pion, et pion de l'Empire ! Ce livre, traversé par les tiraillements de la faim et des humiliations, par la lueur des tentations de suicide, est le livre de la négation et de l'échec ; le dernier chapitre se clôt sur le cri désespéré jeté à soi-même : « Sacré lâche ! »

SYNOPSIS

Jacques Vingtras, le narrateur, fait ses adieux à son proviseur et part pour Paris. Il est libre, mais sans argent, et ne trouve pas tout de suite les correspondants qui pourraient l'aider. Lorsqu'il parvient à s'assurer quelques ressources, il organise un budget serré qui est celui de toute une bohème étudiante. Il a un amour, et aussi des amis avec lesquels il va assister au cours de Michelet, qui est finalement supprimé par les autorités. Une manifestation s'organise, interrompue par des arrestations. Les discussions politiques continuent cependant : on songe à fonder un journal, on rencontre les membres des sociétés secrètes et on organise un comité dont Jacques est le président (chap. 1-11).

Survient le coup d'État de Louis Napoléon Bonaparte. Les jeunes étudiants ne trouvent aucun ouvrier pour les suivre et défendre la démocratie. C'est alors le retour chez les parents, à Nantes. Jacques, très abattu, y rencontre un ami, Legrand, qu'il veut aider à passer son bac. Un héritage inattendu lui permet de revenir à Paris où les choses ont bien changé entre-temps : sa fiancée aime ailleurs et les anciens camarades sont moins ardents. L'argent fond vite ; Jacques est obligé de se réfugier dans une toute petite chambre et de chercher divers travaux : il devient surveillant, secrétaire, toujours mal payé ; grâce au crédit d'un tailleur, il peut donner quelques leçons dans la bonne société avant que la politique le reprenne : un attentat est organisé contre Napoléon III, mais il échoue. Jacques est arrêté, puis libéré. Il reprend alors de petits métiers dans la presse et l'édition, écrivant des nouvelles et des articles que l'on refuse. Il apprend que ses parents se sont quittés en raison d'une infidélité du père ; il revoit sa mère au Puy, est sur le point de se marier, puis revient poursuivre son existence à Paris où la misère sera responsable d'un duel avec son ami Legrand. Il accepte finalement de « se rendre » et d'apprendre le conformisme nécessaire pour survivre, quitte à se venger plus tard ! (12-33)

L'Insurgé

Il fut rêvé et sans doute ébauché à Londres, comme *Jacques Vingtras III* ; mais il fut vraiment conçu et rédigé à Paris, après l'amnistie, entre 1881 et 1882, puis entre 1882 et 1885 ; Vallès avait besoin d'être à Paris pour écrire ce livre de sa révolte à Paris et de la révolution de Paris. Une notable partie fut publiée, en 1882, dans la *Nouvelle Revue* de Juliette Adam ; puis, absorbé par *le Cri du peuple*, et malade, Vallès ne put terminer le livre pour Charpentier : il fut publié, posthume, en mai 1886, grâce à « Séverine », son amie et collaboratrice (qui, contrairement à ce qu'on a cru et dit, ne lui infligea pas de modifications de son cru). *Le Bachelier* s'arrêtait sur l'année 1857 ; *l'Insurgé* ne reprend pas le fil du temps : il va de la fin de 1862 à mai 1871, fin de la Commune de Paris. Il couvre donc huit années, en trente-cinq chapitres ; mais il s'organise, comme souvent chez Vallès, sur des dissymétries : dix-sept chapitres pour la période 1862-1870 ; dix-huit chapitres de la chute de l'Empire, septembre 1870, à mai 1871 ; à l'intérieur de cette dernière période, douze chapitres sont consacrés à la Commune, de mars à mai ; sur ces douze, sept représentent la seule « Semaine sanglante ». On voit que Vallès bouscule le temps objectif et privilégie ce qu'il veut, surtout ce qui est le plus proche de son présent d'écriture. Car la Commune est, pour Vallès, un présent perpétuel et vivant, qu'il s'est incorporé, et qu'il emporte partout. Le livre est dédicacé non à des lecteurs éventuels, mais aux héros du grand événement historique, la Commune, qui est le sujet, le cœur et la fin du livre : moins un pouvoir et un temps, qu'une révolte des humiliés et des « souffrants », « la grande fédération des douleurs ». *L'Insurgé*, qui se clôt sur la défaite, n'est pourtant pas un livre de vaincu : victoire de l'esprit, victoire d'une culture non « classique » mais ouvrière, victoire d'une espérance, elle est telle parce qu'elle a ouvert une ère nouvelle, par ce qu'elle a osé proclamer et tenter. Le livre se ferme sur une image symbolique, associant des éléments clés de l'imaginaire vallésien (ciel, couleur, sang, vêtement) et joignant la Nature et l'ouvrier de Paris : le ciel « d'un bleu cru, avec des nuées rouges. On dirait une grande blouse inondée de sang ». *L'Insurgé* est peut-être l'ouvrage le plus fulgurant de Vallès : en tout cas, le pendant et le répondant de *l'Enfant*. « L'insurrection » vallésienne y mûrit, lentement et par bonds. Lentement, dans le journalisme du *Figaro* et de *la Liberté* (portraits inoubliables de Villemessant et de Girardin, grands « patrons » de presse), puis de *la Rue*. Les chapitres défilent, de plus en plus pressés par l'Histoire : prison de Sainte-Pélagie, élections de 1869, assassinat de Victor Noir, Vallès commandant de la garde nationale... ; puis la Commune. *L'Insurgé* est sans nul doute notre plus grand livre sur la Commune : « roman » et histoire imbriqués, roman de vision passionnée et latérale, d'engagement et de distance, de révolution et d'ironie (rare alliance), à l'écriture fragmentée, et qui dépasse l'autobiographie bien que « Jacques » en ait disparu au profit d'un « je », qui n'est plus celui de *l'Enfant*, et d'un « il » appelé « Vingtras ». Plusieurs chapitres sont constitués par des articles écrits à chaud, pendant la Commune même, au *Cri du peuple* ; Vallès les a insérés là, purs présents collés dans le récit : les hommes de l'Internationale, « le Parlement en blouses », « le Travail en manches de chemise, simple et fort » ; ou la proclamation de Vallès, le 26 mars 1871, au gamin de Paris : « Fils des désespérés, tu seras un homme libre... »

SYNOPSIS

Le récit s'organise en trente-cinq courts chapitres sans titre. Jacques Vingtras est pion en province. Il se contente d'une petite vie tranquille, mais ses propros séditieux le font renvoyer. Revenu à Paris, il devient auxiliaire d'état civil de la Ville de Paris. Il connaît la pauvreté, mais un de ses articles est accepté par le *Figaro*. Il parle aussi de Balzac lors d'une conférence qui cause son renvoi pour offense au gouvernement. Il se retourne alors vers les patrons de presse : Girardin est décevant, mais Villemessant, le directeur du *Figaro*, lui offre pour un temps la place de Rochefort. Il ne plaît pas et fonde alors *la Rue* avec quelques collaborateurs : le journal est bientôt condamné et Vingtras se retrouve en prison où il fait le portrait de ses compagnons d'infortune à Sainte-Pélagie, émouvants et ridicules. Mais l'opposition elle-même n'est pas homogène et les socialistes s'affrontent aux républicains modérés comme Jules Simon, dont Vingtras devient l'adversaire lors d'une élection (chap. 1-12).

On voit Vingtras sommant les députés de Paris, animant la manifestation qui accompagne l'enterrement de Victor Noir. Éclate alors la guerre contre la Prusse et le pacifisme de Vingtras lui vaut d'être arrêté. Relâché, il se mêle aux discussions politiques et aux projets divers qui agitent Paris. Après la défaite de Sedan, la République est proclamée le 4 septembre 1870. Il fréquente Belleville et les socialistes qui essaient de s'imposer dans le désordre ambiant. On le considère alors comme un révolutionnaire et on lance contre lui des accusations contradictoires de collaboration avec l'Empire et de menées insurrectionnelles (13-24).

C'est bientôt la Commune : se met en place, difficilement, un Comité central qui vit dans le lyrisme, l'urgence et l'affrontement, avec des ministres inexpérimentés ! Le narrateur s'engage physiquement dans la lutte et, lors de la Semaine sanglante, commande différents points de résistance, notamment au Panthéon. Il voit ou apprend les incendies volontaires, les exécutions sommaires, les trahisons, les déroutes diverses qui l'obligent finalement à se déguiser en médecin, puis à se cacher dans Paris avant de fuir définitivement (24-35).

R. Bellet et A. Preiss (synopsis)

VALOIS Marguerite de *v.* MARGUERITE DE NAVARRE

VAN DER MEERSCH Maxence

(1907-1951)

Né à Roubaix, il fut avocat à Lille pendant deux ans, se tourna ensuite vers le journalisme et la littérature. Un immense succès populaire accueille la publication de son premier roman : *la Maison dans la dune* (1932). Dans un esprit proche du populisme, Van der Meersch y dénonce l'exploitation et la misère du « peuple brutal, pittoresque et pitoyable » du Nord et de la Flandre, miné par la maladie et l'alcoolisme. En 1933, *Quand les sirènes se taisent* retrace le sombre récit d'une grève. Il épouse les grands idéaux des années 30 : à l'égoïsme, à l'orgueil et à la cupidité des « pharisiens » il oppose le dévouement, le désintéressement et l'esprit de sacrifice de l'aumônier et du bon patron (*Invasion 14*, 1935), du médecin modeste (*Corps et Âmes*, 1943), du « chic type », militant de la Jeunesse ouvrière chrétienne (*Pêcheurs d'hommes*, 1940). Paternaliste, il prône la femme au foyer, la famille nombreuse, la vie saine loin des villes. Tous ses romans montrent la faiblesse de l'homme victime de sa sensualité, et l'avilissement, les remords, les souffrances de la femme qui cède à « la fougue de l'amour charnel » (*l'Empreinte du dieu*, prix Goncourt 1936), et sa rédemption dans le renoncement au péché (*Maria, fille de Flandre*, 1937). Van der Meersch est aussi l'auteur d'une *Vie du curé d'Ars* (1942) et de *la Petite Sainte Thérèse* (1947). Plus encore que les thèmes de l'écrivain chrétien de *Femmes à l'encan* (1945) ou de la trilogie de *la Fille pauvre* (1948), ce sont le manichéisme simpliste, un ton mélodramatique et un discours moralisateur qui expliquent le rapide vieillissement de cette œuvre, dont les qualités narratives certaines ont suscité des adaptations au théâtre ou au cinéma.

M. P. Schmitt

VAUGELAS Claude de

Claude FAVRE, baron de PÉROUGES, seigneur de VAUGELAS

(1585-1650)

Traducteur et surtout grammairien, Vaugelas représente le type originel du législateur de la langue. Son rôle au XVIIe siècle, à un moment où se fixe et se codifie le français moderne, est, à ce titre, essentiel. À travers ses *Remarques sur la langue française, utiles à ceux qui veulent bien parler et bien écrire*, en effet, c'est toute une ligne d'action à l'égard des questions linguistiques et, plus largement, culturelles qui est en jeu. C'est pourquoi on ne peut réduire son apport à celui d'un grammairien érudit et cantonné dans un domaine étroit d'études ; au contraire, ses travaux permettent de saisir un lien constant entre les problèmes linguistiques et les questions esthétiques et sociales.

Une carrière médiocre

Le père de Vaugelas était magistrat, « juge mage », en Bresse, où Claude Favre vit le jour à Meximieux. Cette famille de robe avait depuis peu accédé à la noblesse. Le père était un lettré, poète à ses heures. Il se chargea de diriger lui-même l'instruction de son fils. Il appartenait, d'autre part, au cercle des amis de François de Sales, disposant là d'un important réseau de relations, en même temps qu'il affirmait avec l'Académie florimontane [voir **SALES**] une piété, laïque mais solide, dont son fils semble avoir hérité.

Ce dernier entreprit une carrière moins provinciale. Entré au service de la maison de Savoie, du duc de Nemours Genevois – cousin du duc de Savoie régnant –, ses emplois de secrétaire le firent voyager vers Turin, puis vers Paris. Il se fixa dans la capitale et, mettant à profit les recommandations dont il disposait, tâcha de se placer dans l'entourage des grands. Interprète du duc de Mayenne en Espagne (1613), précepteur des enfants du prince de Carignan, gentilhomme de la maison du roi et chambellan de Gaston d'Orléans, il semble avoir bien réussi.

Mais il était toujours en quête de subsides et vécut assez gêné. Un temps il porta la soutane (bien qu'il n'eût reçu que les ordres mineurs), pour pouvoir prétendre aux bénéfices ecclésiastiques. Puis il espéra un beau mariage ainsi que de bonnes pensions (celle de son emploi de chambellan lui était mal payée) ; François de Sales lui en fit obtenir une au titre des services rendus par son père dans une mission diplomatique. Reste que le portrait du personnage social de Vaugelas tel que le dressait Tallemant est marqué par le manque d'aise – autant que par le manque d'aisance, d'ailleurs, une incurable naïveté caractérisant tous ses actes.

Il était pourtant bien vu et bien reçu dans le monde des salons et de la littérature. Il était considéré comme un disciple du cardinal Du Perron, de Coëffeteau et de Malherbe. Il put se poser en égal des écrivains de la génération qui vint au premier plan dans les années 1630 : Chapelain, Balzac, Perrot d'Ablancourt… À l'Hôtel de Rambouillet, sans l'apprécier autant que Voiture, on le tenait en estime [voir **Préciosité**]. Dans le monde proprement littéraire, en dépit d'une œuvre assez mince (une traduction des *Sermons* de Cristobal de Fonsecas en 1613, une autre de Quinte-Curce, à laquelle il travailla jusqu'à sa mort et ses *Remarques* en 1647), il jouissait d'une certaine autorité, et il fut parmi les premiers académiciens (décembre 1634).

Vaugelas traducteur

La part directement littéraire de son œuvre relève donc exclusivement de la traduction, genre alors en vogue. Il se plaçait dans la lignée d'Amyot et Coëffeteau et, au nom de l'enseignement reçu de Du Perron et de Malherbe, se posait en héritier et en mainteneur de la traduction puriste. Dans ses travaux, l'influence humaniste se prolonge. Tant dans sa version de l'Espagnol Fonsecas que dans sa traduction de *la Vie d'Alexandre* de Quinte-Curce, il travaille avant tout en grammairien. Il se fait le défenseur d'une traduction minutieusement fidèle, dans une langue moderne très épurée.

De la sorte, il se trouve à l'opposé des tenants des « belles infidèles » alors en vogue. Il va même jusqu'à se montrer critique à l'égard de Perrot d'Ablancourt, le traducteur le plus admiré, qui donne, concernant l'histoire d'Alexandre le Grand, une version d'Arrien concurrente de celle de Quinte-Curce. Leurs divergences, assez minimes quant au fond, portent sur des points précis de langue et de style. D'Ablancourt est plus élégant, Vaugelas se veut plus rigoureux, raffinant sur l'exactitude grammaticale. Il s'en tient, comme son ami Faret, à la tradition malherbienne en ce qu'elle a de plus strict.

Les *Remarques* et l'instauration d'une norme linguistique

Dès sa fondation, l'Académie française reçut mission d'élaborer un dictionnaire et une grammaire. Bien qu'il s'agît d'un travail collectif, une certaine division des tâches s'imposa. Vaugelas se vit chargé du dossier, mais, rebuté par la lenteur du travail collectif et désireux de faire valoir ses propres recherches, il publia séparément ses *Remarques,* tirées de ses notes préparatoires. L'ouvrage fut bien accueilli ; au cours du XVIIe siècle, il connut cinq rééditions – augmentées, à partir de 1657, des « Observations » de Patru.

Cette première grammaire du français classique présente un caractère paradoxal. Elle ne procède pas d'une démarche systématique, mais progresse de façon pragmatique, au fil des observations des difficultés indiquées par les hésitations de l'usage ; mais ces observations sont toujours normatives.

Le critère fondamental, en effet, n'est pas l'usage dans sa diversité, mais bien le « bon » usage, dont la validité repose sur une discrimination sociale : Molière, dans *les Femmes savantes* (1672), lexicalisera – ironiquement – l'expression « parler Vaugelas ». Le bon usage, c'est avant tout celui de la « plus saine partie » de la nation, qui se trouve essentiellement à la Cour, et, de façon moindre, à la Ville (c'est-à-dire à Paris). La norme est donc le parler de la noblesse parisienne : le peuple et les provinciaux sont exclus et condamnés à s'aligner sur le modèle ainsi défini. Si la Ville et la Cour ne sont pas en accord sur un point de vocabulaire ou de prononciation, la préférence va à la Cour.

Restent des cas où les difficultés ne peuvent être résolues par la référence à un milieu somme toute peu savant. Un nouvel ordre de références intervient alors : les bons auteurs. Et si la difficulté est trop rebelle, il faut, en dernière instance, faire appel aux « savants », aux érudits.

La démarche de Vaugelas donne la priorité à la langue qui se parle ; les spécialistes de l'écrit (les « bons auteurs » et les « savants ») n'interviennent qu'en second lieu. Elle aboutit de la sorte à établir comme norme la langue des « honnêtes gens », et il est remarquable que le grammairien se situe, y compris dans ses relations personnelles, dans le même milieu que Faret, comme lui continuateur de Malherbe, et auteur de *l'Honnête Homme ou l'Art de plaire à la Cour* (1630). Il est remarquable aussi que le travail de Vaugelas ait été prolongé et revu par Patru, qui passa de son vivant pour le modèle de l'honnête homme, qui ne fut guère ami de Vaugelas et se montra critique à son égard, mais se situait comme lui dans la lignée de l'« honnêteté » et du modernisme.

Car, et c'est un point important, l'entreprise des *Remarques* est résolument moderne. Vaugelas condamne les archaïsmes et les tours vieillis, tant dans le vocabulaire et dans la prononciation que dans les constructions syntaxiques. De là résultent deux conséquences considérables. D'une part, la classe dominante impose une norme linguistique qui sert ses intérêts politiques et sociaux : l'unification linguistique du pays contribue à son unification politique, – cela a été dit maintes fois, mais il n'est pas inutile de le rappeler. Depuis Malherbe, il était usuel de se gausser des provincialismes parmi les écrivains, et les ridicules des Gascons, tant de vocabulaire que de prononciation, étaient constamment évoqués. D'autre part, il s'instaure une habitude de considérer que les termes « bas » (triviaux) mais aussi les mots techniques n'ont pas droit de cité chez les « honnêtes gens » et moins encore dans la littérature. Les implications esthétiques sont évidentes : limitation du lexique et limitation des sujets vont de pair. Les *Remarques* participent du même mouvement que le souci des « bienséances ».

Il est bon, d'ailleurs, de les replacer dans la perspective d'ensemble des travaux linguistiques du XVIIe siècle. Elles prennent rang après l'enseignement de Malherbe, lui-même influencé par les vues de Du Perron, dans le courant général du modernisme et du purisme. Elles précèdent la *Grammaire* de Port-Royal (1662), qui apportera une description systématisée. Elles se trouvent à l'origine des travaux sur le Dictionnaire, qui, après bien des atermoiements et des rebondissements, aboutiront à la publication concurrente des *Dictionnaires* de Richelet (c'est-à-dire du groupe de Patru) – le plus puriste –, de l'Académie et de Furetière. Mais Furetière fait place aux termes techniques et à l'encyclopédie, tant et si bien que l'Académie éditera un *Dictionnaire des termes d'art et de sciences* (1694) dirigé par Thomas Corneille (qui fut lui aussi un éditeur, un commentateur et un critique de Vaugelas). À travers ces concurrences, mises à jour et critiques, les prescriptions de Vaugelas ont été soigneusement nuancées, rectifiées. Il reste que les productions essentielles des ouvrages de linguistique à destination du grand public au XVIIe siècle apparaissent comme un long commentaire des *Remarques,* reconnaissant ainsi à leur auteur, même quand elles le contestent, un rôle d'initiateur. Le terme est à prendre en son sens strict. Il ne faut pas surestimer Vaugelas : il ne crée pas la norme, il l'enregistre – et encore, avec souvent bien de la subjectivité. Mais en retour, on ne peut non plus négliger l'étape essentielle qu'il représente dans l'instauration d'un code langagier.

A. Viala

VAUQUELIN DES YVETAUX Nicolas

(1567-1649)

Issu d'une famille honorable (il est le fils du poète Vauquelin de La Fresnaye), ayant reçu une excellente éducation, Nicolas Vauquelin ne s'est pas immortalisé par des œuvres d'une grande importance littéraire. Mais il fut le précepteur du jeune Louis XIII et, à ce titre, joua un rôle notable à la cour de Henri IV. Plus tard, ses contemporains le rendirent célèbre malgré lui en ironisant sur ses aventures amoureuses.

Le jeune Vauquelin occupa d'abord une charge importante, héritée de son père, dans la magistrature à Caen. Il fut lieutenant général du bailli de 1595 à 1600. Mais il brûlait de se rendre à la Cour, et il y fut introduit par le maréchal d'Estrées. Il sut plaire à Henri IV, qui le nomma très vite précepteur du duc de Vendôme, puis du Dauphin, malgré l'opposition de la reine et la jalousie des courtisans (1609). Il jouissait d'un certain pouvoir à la Cour, et ce fut lui, par exemple, qui introduisit Malherbe auprès du roi. Cependant, on raillait les insuffisances du précepteur, on critiquait ses mœurs. Il faut dire qu'il ne professait guère de sentiments religieux, et qu'il était surveillé par les envoyés du pape. Il tomba en disgrâce et fut renvoyé dès la mort de Henri IV. Il s'installa alors au faubourg Saint-Germain et défraya la chronique galante en menant une vie fantaisiste et raffinée en compagnie d'un couple, les Du Puy, dont l'épouse ne le quittait guère.

L'œuvre de Nicolas Vauquelin est surtout liée aux circonstances. Il publie des *Harangues* (1595) quand il est magistrat, des vers galants ou de commande quand il est courtisan. En 1604, il publie *l'Institution du prince*. Il confie ses vers à divers collecteurs de poésie et ne publie – en 1606 – qu'un petit *Recueil*, destiné à quelques amis. Georges Mongrédien dit de son œuvre qu'elle est « un exemple frappant de l'influence desséchante des réformes de Malherbe sur les petits poètes dont l'inspiration n'était pas la principale qualité. De beaux vers bien polis, bien roides, bien réguliers et ternes, mais plus rien de la souplesse, du relief ni de l'originalité des vers du XVIe siècle ».

J.-P. Ryngaert

VAUQUELIN DE LA FRESNAYE Jean

(1535 ou 1536-1607)

Vauquelin de La Fresnaye entame sa carrière poétique au moment où la révolution ronsardienne s'établit, et il l'achève alors que Malherbe forge sa doctrine.

Né à La Fresnaye-au-Sauvage, près de Falaise (ou à Caen), dans une famille noble à demi ruinée, il fréquente les universités de Paris, Angers et Bourges, mais c'est à Poitiers, au milieu d'un cénacle actif où se retrouvent Tahureau, Scévole de Sainte-Marthe, La Péruse et bien d'autres, que s'affirme sa vocation. Tout au long de sa vie il conduira de front une brillante carrière de magistrat, couronnée par une charge de président au présidial de Caen, et son activité d'écrivain.

À vingt ans, Vauquelin publie ses *Deux Premiers Livres des Foresteries* (1555), où il verra plus tard un péché de jeunesse. Il avait rêvé, sous l'influence des *Odes*, d'« enfler ses vers » ; Ronsard l'en a dissuadé. C'est à l'églogue, qui connaît alors en France un vif développement, qu'il donnera ses soins. Le jeune poète a lu Théocrite, Virgile et l'*Arcadie* de Sannazar, récemment traduite par Jean Martin. Mais c'est surtout aux *Premières Poésies* de Tahureau et aux *Amours de Méline* de Baïf que font penser ses *Foresteries*. Vauquelin campe ses « folastries » libertines dans une nature heureuse que le rythme de ses vers, la richesse (parfois intempérante) de son lexique savent animer.

C'est toutefois à son *Art poétique* (*Art poétique français, où l'on peut remarquer la perfection et le défaut des anciennes et des modernes poésies*), publié en 1605 mais dont la rédaction s'étend sans doute sur près de trente ans, que Vauquelin de la Fresnaye doit l'essentiel de sa réputation. Comme ses prédécesseurs Vauquelin a lu l'*Épître aux Pisons* d'Horace, mais, fait nouveau à cette époque, il a feuilleté Aristote. Sur plus d'un point, il est fidèle au programme de la *Deffence* de 1550 [voir **DU BELLAY**], qu'il s'agisse de favoriser le renouvellement de la langue ou de fixer des règles au poème dramatique. Il place, comme on l'attend, le genre épique au plus haut.

> *Car toute poësie il contient en soy même*
> *Soit tragique ou comique, ou soit autre poëme.*

Mais, instruit par l'expérience, il police un peu plus son Parnasse : il chasse les dieux « souvent odieux », appelle de ses vœux des sujets « chrestiens » où

> *Les Anges à milliers, les âmes éternelles*
> *Descendroient pour ouïr [des] chansons immortelles.*

Avocat de la « douceur » et de la « clarté » françaises, il prend parti pour Desportes contre Du Monin.

L'*Art poétique*... réserve une place particulière à notre histoire littéraire. On sent ici l'aboutissement des recherches conduites par Claude Fauchet et Étienne Pasquier. Pour Vauquelin comme pour ses contemporains, il s'agit, par ce moyen, moins de connaître notre patrimoine que de l'utiliser pour fonder la dignité de notre littérature en établissant son antiquité contre les « prétentions » des Italiens.

Non seulement Vauquelin annonce Boileau, mais on voit mal pourquoi l'on s'obstine à nier que le Législateur du Parnasse a lu l'*Art poétique* du Normand, alors que plusieurs réminiscences textuelles trahissent cette filiation.

M. Simonin

VAUTHIER Jean

(1910-1992)

Lors de la reprise triomphale de *Capitaine Bada* (1952) par Marcel Maréchal en 1966 puis en 1986 et de celle du *Personnage combattant* (1955) par Jean-Louis Barrault en 1971, on put s'apercevoir que les pièces de Jean Vauthier avaient traversé sans dommage les années qui les séparaient de leurs dates de création, conservant intactes l'originalité et la force qui avaient alors assuré leur succès.

L'œuvre ne retient pas grand-chose de la trame de l'existence quotidienne vécue par l'auteur. Tout au plus relèvera-t-on que le scénario du film *les Abysses* (1963), inspiré de l'histoire des sœurs Papin, situe l'action dans la région bordelaise, où Jean Vauthier, né à Grâce-Hollogne, près de Liège, en Belgique, a vécu à partir de 1921. En outre, le personnage de Simon, le producteur de radio dans *le Rêveur* (1960), témoigne peut-être du souvenir de personnes rencontrées lorsque Vauthier fut maquettiste à l'Agence Havas, puis rédacteur et dessinateur au journal *Sud-Ouest*. Enfin, ce n'est sans doute pas un hasard si cet homme, obligé après la mort de son père en 1944 de subvenir aux besoins de sa famille, avec la lourde charge, notamment morale, d'un frère aîné devenu paralytique à la suite d'un accident, met fréquemment en scène des créateurs empêchés de réaliser leurs projets. Bada est étouffé par la tendresse d'Alice ; le « personnage combattant » ne parvient pas à retrouver l'inspiration de sa jeunesse ; Georges, le « rêveur », se heurte à l'incompréhension et à l'absence de scrupules du couple formé par Simon et Laurette ; Marc, dans *les Prodiges* (1958), n'a pas d'ambition littéraire, mais, à cause, entre autres, de sa vieille nourrice Berthe, il ne peut vivre avec Gilly la belle histoire d'amour à laquelle il aspire.

Jean Vauthier est un auteur dramatique qui n'accepte pas les privilèges – à son avis exorbitants – que se sont octroyés les metteurs en scène au cours du XXe siècle. Hanté par la crainte que ceux-ci interprètent à leur guise les textes qu'il écrit, il multiplie les indications scéniques extrêmement précises et même les commentaires, scène après scène, avant de lutter pied à pied pendant les répétitions. Selon lui, « le travail de l'auteur, dans les nouvelles orientations du théâtre, ne s'arrête qu'après la bonne interprétation de son œuvre ; il n'existe presque pas jusque-là ».

Sa prétention n'est pas excessive, dans la mesure où, un peu à la manière d'Antonin Artaud, il compose patiemment un texte théâtral qui veut être total, c'est-à-dire qui intègre, à côté des paroles, les cris, les sons et les gestes, l'ensemble constituant une véritable partition, que l'acteur interprétera avec autant – mais pas plus – de liberté que le musicien jouant une œuvre musicale.

Quand, pour répondre à des commandes, il adapte des pièces anciennes, Jean Vauthier dessine en quelque sorte la « situation » de son théâtre. *La Nouvelle Mandragore* (1952) révèle combien il est éloigné de la sèche satire de Machiavel, et *le Massacre à Paris* (1972) combien lui sont étrangers le schématisme et l'incohérente vision historique de Marlowe. En revanche, de la *Médée* (1967) de Sénèque, de *Roméo et Juliette* (1971) ou du *Roi Lear* (1984) de Shakespeare, et d'*Arden de Faversham* il propose des versions qui sont fidèles aux sources tout en faisant preuve d'une originale qualité d'écriture.

Qu'ils soient empruntés à d'autres ou inventés, les héros de Jean Vauthier sont toujours héroïques, car ils manifestent une volonté de dépassement. René Dupont, dit « Bada », est un martyr de l'idéal, avec ses dix-huit mille pages à écrire. Raymond Ducousso, *alias* « le personnage combattant », ne se satisfait pas des succès faciles remportés par ses derniers romans. Georges – le « rêveur » – ne veut pas oublier le rêve intense et magnifique qu'il a fait. Ces chercheurs de sublime évoluent dans un monde qui leur est hostile, mais qui n'a rien de particulièrement contemporain. S'ils appartiennent à notre époque, c'est surtout parce que leurs tentatives ne se donnent libre cours qu'à travers la parole et à travers un discours mimé qui est déjà du théâtre. Bada n'hésite pas, trois heures durant, à user du calembour comme de la métaphore lyrique, poussant à bout la logique du personnage de théâtre, qui n'existe que pour autant qu'il parle. Moins comique, le romancier du *Personnage combattant* tente d'utiliser la magie des mots pour appeler les objets à son secours, et il ne comprend la vanité de son désir de retour en arrière qu'après l'intervention brutale d'un mystérieux garçon d'étage, venu interrompre son long soliloque. Georges, dans *le Rêveur,* n'est pas seulement un poète attaché à un songe, c'est aussi un remarquable comédien et un metteur en scène qui s'efforce de diriger Simon et Laurette. Le théâtre dans le théâtre apparaît d'ailleurs explicitement avec *le Sang* (1968), puisque Vendice, le héros de *la Tragédie du vengeur* de Cyril Tourneur, devient Angelo, un acteur et un régisseur aussi mégalomane que Bada, et avec *Ton nom dans le feu des nuées, Élisabeth* (1968), où une actrice nous est présentée incarnant, devant une équipe de la télévision, le fantôme de l'épouse meurtrière créée par l'auteur anonyme d'*Arden de Faversham.*

La parole et le théâtre sortent grandis de cette incarnation en des personnages qui en font un usage immodéré et dont l'auteur sait souligner les innombrables faiblesses. Leur toute-puissance est en effet complète : non seulement ils auront permis à ces êtres d'exister pendant quelques heures, mais encore ils leur auront fourni l'occasion – si rare par ailleurs, selon Jean Vauthier – de se montrer intransigeants. Rendus complémentaires par un patient travail, ils ont permis à l'auteur d'atteindre son objectif : « ne pas faire une œuvre de bibliothèque hors du sang battant ».

D. Mortier

VAUTRIN Jean

*Pseudonyme de **Jean HERMAN** (né en 1933)*

Après des études à l'I.D.H.E.C., Jean Herman devient réalisateur de films (*la Quille,* 1961 ; *Adieu l'ami,* 1967) et de feuilletons télévisés, puis, en 1974, décide de renoncer à ce « premier métier raté » pour choisir la voie de l'adaptation, du scénario et du dialogue, en collaboration parfois avec M. Audiard. Il signe ainsi une vingtaine de scénarios, dont ceux de *Garde à vue* (César du meilleur scénario, 1981), du *Marginal* (1982), de *Rue barbare* (1983), ou – adaptés de ses propres romans – de *Canicule* (1983) et *Billy-ze-Kick* (1985).

C'est en 1973 que Jean Vautrin, se sentant attiré par l'écriture, publie dans la « Série noire » *À bulletins rouges*, roman où s'affrontent tragiquement, au cours d'une campagne électorale, de jeunes banlieusards marginaux et des groupes politiques – décor de « ville-achélème » que l'on retrouvera dans *Bloody Mary* (1979), où Locomotive-Baba NDoula, laveur de carreaux à Sarcelles, découvre en gros plan les pittoresques habitants de chaque étage d'un building. Car le « grand ensemble », selon Vautrin, renvoie l'image dérisoire, mais non dénuée d'humour, de notre société, une société dans laquelle, en contrepoint de la violence raciste des adultes (*Un monsieur bien mis,* 1997), les enfants débordent de vie, de malice, d'esprit d'à-propos, de bon sens et de folie, de cruauté et de tendresse. Après « Zulie-Berthe » qui zozote, « follement en avance pour [son] naze », très éprise d'Hippo qui s'amuse à « truquer les zens » en donnant des ordres à Billy-ze-Kick, tueur imaginaire (*Billy-ze-Kick,* 1974), voici Haïm, le héros de *Groom* (1980), qui refuse d'avoir plus de douze ans, voyage dans sa tête et rédige un étrange journal où défilent tous les « je » qu'il se joue à lui-même. Voici encore Chim, alias Aniello Della Croce, gangster en Amérique, dans *Canicule* (1982) ; et Benjamin, l'enfant autiste qui « explore la jungle de son angoisse » dans *la Vie Ripolin* (1986), récit qui vire au poème tragique, aux bleus au cœur et à la confession-cri.

En 1989, *Un grand pas vers le Bon Dieu* (prix Goncourt), qui emmène le lecteur dans la Louisiane des Cajuns, marque un tournant dans son œuvre. En effet, après la quête de l'enfance jusque-là omniprésente dans ses romans et dans ses nouvelles (*Patchwork,* 1983 ; *Baby Boom,* 1985, petits chefs-d'œuvre de cruauté), l'écrivain élargit son inspiration à la fois dans l'espace, avec *le Roi des ordures* (1997), histoire d'un truand de haut vol qui règne sur les décharges publiques de Mexico, et dans le temps, avec des évocations romancées de la Commune (*le Cri du peuple,* 1999) ou de l'Europe des années 1930-1940, qui sert de cadre tragi-comique aux *Aventures de Boro* (1988-2000, 5 vol. parus), personnage de photographe aventurier créé avec Dan Franck.

Toutes ces destinées se disent dans un langage truculent, réinventé, qui multiplie les anglicismes et se plaît aux alliances inattendues de sons et de sens. Si, chez Vautrin, le verbe devient polisson, effronté, ce n'est jamais pour défier la morale mais seulement pour le plaisir du rire ; s'il s'émiette, s'il grimace, s'il frappe, c'est pour traduire la hantise du mutisme qui grève les domaines interdits ou les violences inavouées. Quelle qu'elle soit, lyrique, amusée ou porteuse de révolte, la langue de Vautrin s'adapte parfaitement à la composition cinématographique de ses romans ; et si, souvent, elle déroute ou mystifie le lecteur, c'est pour mieux éviter la banalité d'un trop facile exotisme social ou culturel.

Ch. Lavigne

VAUVENARGUES

Luc de CLAPIERS, marquis de VAUVENARGUES

(1715-1747)

« L'homme est aujourd'hui en disgrâce chez tous ceux qui pensent... » : c'est pourtant un bien fragile champion que la tradition moraliste a choisi en la personne de Vauvenargues pour relever l'image du héros déchu et faire réentendre, en ce milieu du XVIIIe siècle, le « bruit et les désordres de la vertu » sur une scène marquée par près d'un siècle de terrorisme augustinien. L'histoire littéraire, de son côté, n'a pas manqué de saisir avec Vauvenargues l'aubaine d'une figure de transition ; elle a su percevoir dans cette œuvre incertaine, écrite dans l'ombre et la fascination des grands textes classiques, mais désespérément fidèle, comme la vie même de l'auteur, à une vision héroïque de l'homme, l'écho de quelques idées et sentiments nouveaux.

« Mourir sans avoir vécu... » (Rousseau)

Luc de Clapiers est né à Aix-en-Provence dans une famille de petite noblesse, peu fortunée. Sa correspondance laisse supposer une enfance difficile, doublement affectée par une santé précocement fragile, qu'aggraveront plus tard les attaques de la petite vérole et les misères de la guerre, et, d'un autre côté, par une autorité paternelle mal supportée, qui explique, sans doute, l'audace et la nouveauté de certaines maximes en faveur du légitime besoin de liberté de l'enfance : « Le premier soupir de l'enfance est pour la liberté. »

Il entreprend tout naturellement, en 1735, une carrière militaire à laquelle le destinaient sa naissance et ses ambitions (« La plus belle gloire est celle des armes ») ; mais, après dix années de campagnes qui ne lui ont apporté qu'un surcroît de misères physiques (il a les jambes gelées lors de la retraite de Prague), il donne, en 1744, sa démission de capitaine au régiment du roi et tente vainement d'entrer dans la diplomatie, où il pensait pouvoir tirer parti de sa connaissance des hommes et de l'« intrigue ». Il s'installe, en 1745, à Paris, attiré dans la capitale par ce que lui en écrit Voltaire, alors bien en Cour.

La réussite dans le monde des lettres n'était certainement pas celle que Vauvenargues avait rêvée. En dehors d'une lecture passionnée de quelques ouvrages de l'Antiquité et malgré les encouragements de son ami Mirabeau, le père du célèbre orateur, qui avait décelé en lui des dons de « philosophe », ses incursions dans la création littéraire s'étaient limitées à la rédaction de quelques pages édifiantes destinées à l'éducation d'un jeune garçon noble, Hippolyte de Seytres, qu'on lui avait confié à l'armée. La mort de son élève au siège de Prague en août 1742 lui inspira une *Oraison funèbre* qu'on peut considérer comme son premier investissement dans la littérature.

Mais c'est la rencontre avec Voltaire, coïncidant avec la ruine définitive de ses espérances guerrières, qui lui fit entrevoir la possibilité d'une revanche sur le mauvais sort. Voltaire, de son côté, fut sans doute sensible aux marques d'estime et d'admiration qui lui venaient de ce jeune aristocrate, capitaine au régiment du Roi (obscur et pauvre, certes – mais ce sont les plus arrogants !), et répondit par des éloges et des encouragements aux essais critiques que Vauvenargues lui avait fait parvenir. Ce fut le début d'une amitié à laquelle Voltaire resta fidèle jusqu'à la mort de son ami. Marmontel, dans ses *Mémoires,* publiés en 1806, se fit l'écho des rencontres entre Voltaire et Vauvenargues et de leurs conversations, assurant du même coup à Luc de Clapiers une relative gloire posthume.

«… aimer les vieilles vérités »

Il y a une vérité de l'homme, et on doit pouvoir la dire sans se lasser, sans lasser : comment la vérité, même indéfiniment redite, pourrait-elle lasser ? Et il y a une morale du moraliste, qui est de dire aux hommes la vérité, et d'en accepter les risques. Risques professionnels s'entend, pour qui se pique d'écrire : la simplicité, les répétitions, la trivialité, la clarté… Il faut aussi accepter qu'il y ait des vérités bonnes à dire, que le discours moraliste puisse être autre chose qu'une démolition systématique de l'homme. Une confusion pernicieuse, qu'il s'agit maintenant de dénoncer, car on finirait par croire qu'elle va de soi, s'est établie entre discours moraliste et discours de ruse, discours sur l'homme et discours contre l'homme. On en connaît les responsables : ce sont les grands maîtres et précurseurs du genre, Pascal et La Rochefoucauld. Et pourtant… « si on n'écrivait que ce qu'on pense », si on décidait que « le livre bien neuf et bien original [est] celui qui [fait] aimer les vieilles vérités » ? Ainsi pourquoi ne pas écrire une *Introduction à la connaissance de l'esprit humain* (1746 ; rééd. posth., revue et corrigée, 1747), où les vertus, les valeurs, les catégories mentales et esthétiques trouveraient clairement et sagement leurs places et leurs définitions : la grandeur d'âme, l'amitié, l'imagination, le bon sens, l'esprit étendu, l'esprit profond, le goût, la finesse, les passions, l'amour-propre (qui n'est pas le monstre pervers imaginé par La Rochefoucauld), etc. ? On sourit aujourd'hui devant une telle naïveté taxinomiste, s'agissant d'un domaine aussi incertain ; mais, au même moment, Diderot classe les planches de son *Encyclopédie,* Buffon les espèces de son *Histoire naturelle…* Vauvenargues est aussi de son siècle.

La Bruyère a cru « qu'on ne pouvait peindre les hommes assez petits », son ouvrage manque d'« élévation » mais aussi d'ambition. Ne pourrait-on pas, animé d'une vision plus juste et plus complète du caractère humain et à la lumière des certitudes théoriques récemment établies, imaginer de nouveaux « Caractères » ? Par exemple un Ménalque à l'esprit moyen mais sûr, vif mais sans profondeur, un Lycas à l'âme fière et hardie mais tempérée par un esprit profond, un Hégésippe faible et fort à la fois, et sincère dans ses artifices, etc. ? Lorsque les notions sont lexicalement définies, toutes les combinaisons – et les contrariétés – sont possibles. Le résultat en est que la lecture des « Caractères » de Vauvenargues est parfaitement indigeste, mais l'Homme cesse d'être un monstre incompréhensible.

L'enjeu des *Maximes*

La maxime est le fleuron du discours moraliste. Le duc de La Rochefoucauld l'a portée à un degré de perfection et d'ingéniosité formelles décourageant toute prétention à rivaliser avec lui… À moins de décider que « les grandes pensées viennent du cœur » et de montrer que, derrière la séduction persuasive de leur forme, ces illustres *Maximes* cachent d'habiles et coupables artifices ou, au mieux, des « vérités qui courent les rues ». Il est vrai qu'on n'échappe pas si facilement aux ruses du langage, et Vauvenargues fait souvent – contre son gré ? – l'expérience de la malignité de la forme brève : quelques-unes de ses meilleures maximes n'auraient pas été désavouées par La Rochefoucauld ; celle-ci, par exemple :

> *Si nous voulons tromper les hommes sur nos intérêts, ne les trompons pas sur les leurs.*

C'est donc le langage que Vauvenargues met d'abord en accusation, et la raison, dont, traditionnellement, il procède. Mais la vérité, elle, n'est heureusement pas « si usée que le langage ». Affirmer l'authenticité des vertus, la légitimité de l'amour de la gloire et même d'un certain amour de soi, la force neuve du sentiment, c'est aller contre l'usure de la langue, en renouvelant l'acte d'autorité – ou de foi – qui fonde le sens des mots :

> *Quand je parle des vertus, je ne parle point de ces qualités imaginaires qui n'appartiennent pas à la nature humaine ; je parle de cette force et de cette grandeur d'âme qui, comparées aux sentiments des esprits faibles, méritent le nom que je leur donne.*

On rencontrera souvent, chez Vauvenargues, cet emploi emphatique de la première personne, qui se veut argument de vérité, et une rhétorique de l'émotion qui n'est pas sans évoquer le lyrisme de Rousseau :

> *Nous sommes susceptibles d'amitié, de justice, d'humanité, de compassion et de raison. Ô mes amis ! qu'est-ce donc que la vertu ?*

« Vivre comme si on ne devait jamais mourir… »

Une telle démarche devait naturellement conduire le moraliste à souhaiter franchir ce qu'il appelait « les limites du langage ». Lorsque la vérité est en butte à l'insuffisance ou à la malice des mots, et qu'elle ne trouve plus guère une émouvante et fragile épiphanie que dans le mouvement d'indignation ou de conviction qui anime un discours ou ponctue une phrase ; lorsque l'amour de la gloire n'est plus que cette fugitive lueur qui colore un visage d'adolescent, et que la vertu cesse d'être discours pour devenir spectacle (Maximes 623, 757, 758), alors s'impose, au-delà des mots, la nécessité de l'action (« L'homme ne peut jouir que par l'action »). Il faut prouver, contre les nouveaux sophistes de la morale, la vertu en la pratiquant, comme on prouve le mouvement en marchant. Mais ici on quitte le domaine de la littérature… Le paradoxe, tragique, est que, né trop pauvre pour obtenir les emplois que sa fierté exigeait, trop laid (on ne possède pas de portrait de Vauvenargues, mais il a évoqué en termes douloureux sa disgrâce physique) pour approcher les femmes qu'il aurait voulu aimer, trop faible (« Nul n'est faible par choix ») pour prouver sa bravoure sur les champs de bataille à des chefs qui l'ignoraient, Vauvenargues soit resté fidèle jusqu'au bout à une gloire qui s'est toujours refusée à lui. Quand, âgé de trente ans, malade et infirme, il s'installe à Paris pour se consacrer aux lettres, il lui reste deux petites années de vie pour faire la preuve que sa pensée était à la hauteur de ses ambitions :

> *J'aime à croire que celui qui a conçu de si grandes choses n'aurait pas été incapable de les faire ; la fortune qui l'a réduit à les écrire me paraît injuste.*

Telle qu'elle est, maladroite et inachevée, l'œuvre de Vauvenargues hésite à la frontière de deux époques. Prisonnière dans sa forme des prestigieux modèles du classicisme, la réhabilitation qu'elle opère d'un univers moral, dont il était devenu banal et rentable de mettre en doute les valeurs, annonce des idées et des besoins nouveaux. Nous, les Modernes, dans ce débat de moralistes, nous avons choisi Pascal et La Rochefoucauld, les « habiles » et les maîtres de ruse ; la lecture de Vauvenargues, à défaut de gratifications esthétiques, pourrait-elle susciter en nous un peu de mauvaise conscience ?

F. Suzzoni

VEIRAS Denis

Denis VEIRAS** ou **VEIRASSE** ou **VAIRASSE** ou **VAYRASSE

(1635-1685 ?)

Ce n'est qu'assez récemment que la postérité a rendu justice à Denis Veiras. Son nom fut longtemps absent de la plupart des grands dictionnaires (seul, au XIXe siècle, Prosper Marchand lui consacre une assez longue notice). Si l'homme reste mal connu, on sait du moins qu'il est l'auteur d'un livre qui figure parmi les plus originaux de son temps, l'*Histoire des Sévarambes,* relation de voyage fictif (1677-1679) qui porte en elle des idées et des rêves plus proches du siècle des Lumières que de celui de Louis XIV.

De famille protestante, il naquit sans doute à Alais ; on le dit parfois avocat, mais *la France protestante* de Haag (rééd. 1966) nous apprend qu'il suivit d'abord la carrière des armes et qu'une seule campagne, qu'il fit en Piémont, suffit à l'en dégoûter. Il quitta le service, étudia le droit et fut reçu docteur. Passé en Angleterre, il se mêla d'intrigues politiques et se fit expulser. Rentré en France, il reprit du service et, en 1672, fit la guerre de Hollande. Sa religion nuisit peut-être à son avancement, car il renonça à nouveau à l'état militaire et vécut de leçons de français et d'anglais. Rien ne prouve cependant qu'il fut obligé de changer de religion après la révocation de l'édit de Nantes.

L'*Histoire des Sévarambes ou peuples de la Terre Australe, contenant une relation du gouvernement, des mœurs, de la religion et du langage de cette nation inconnue jusqu'à présent aux peuples de l'Europe*, se donne comme une traduction de l'anglais. L'auteur présumé est un certain capitaine Siden (anagramme de Denis). La première partie de l'ouvrage parut en 1677 (2 volumes) et la seconde partie (3 volumes) en 1678-1679 : ce fut un grand succès. L'*Histoire des Sévarambes* fut rééditée en 1682 à Bruxelles et à Amsterdam, traduite en flamand, en allemand, en italien. Il s'agit, comme l'auteur l'indique lui-même, d'une fiction ingénieuse dans le genre de *la République* de Platon, de l'*Utopie* de Thomas Morus, de l'*Atlantis* de Bacon. Elle devance de plus de vingt ans le *Télémaque* de Fénelon, annonce de très loin les « îles » de Marivaux et le *Candide* de Voltaire ; derrière la célébration d'un pays utopique se cache une satire violente de la France de Louis XIV.

L'œuvre se divise en cinq parties : la première faisant le récit du voyage et du naufrage du capitaine, la deuxième rapportant l'histoire de Sévarias, législateur et fondateur de l'État des Sévarambes, la troisième s'attachant aux lois et aux mœurs, la quatrième aux religions et la dernière à la grammaire de la langue sévarambe (Veiras est par ailleurs l'auteur d'une très originale *Grammaire méthodique,* parue en 1681). Chez les Sévarambes, on lutte contre l'orgueil par l'égalité des citoyens : « tous les sujets doivent également contribuer aux dépenses publiques » ; contre l'avarice (les biens sont mis en commun) ; contre l'oisiveté (le travail est obligatoire pour tous). Les femmes sont élevées comme les hommes. Ni guerres ni conquêtes chez les Sévarambes. Le divorce est permis. La religion est naturelle, sans mystère ni miracles ; elle est aussi nationale, mais il « est interdit de violer la liberté des consciences ».

Une œuvre d'inspiration spinoziste, estime Antoine Adam ; en tout cas, une œuvre audacieuse et forte, qui inaugure la « crise de la conscience européenne ».

B. Raffalli

VENAILLE Franck

(né en 1936)

Né à Paris, Franck Venaille fait peu d'études, exerce divers métiers, s'initie à la littérature en autodidacte. À son retour de la guerre d'Algérie, il fonde une revue ronéotypée, *Chorus*, « la revue politique qui donne le plus de place à la poésie » (1962-1963). Puis il collabore à une quinzaine d'autres revues, notamment *Action poétique*, qu'il quitte pour relancer une série imprimée de *Chorus* (1968-1972), avant de créer *Monsieur Bloom* en 1978. S'il rompt avec son militantisme communiste, il ne renonce pas à sa volonté d'agir sur le monde, en se faisant poète de la réalité quotidienne. Il est l'enfant du jazz, du cinéma, du réalisme urbain, du « polar » américain, dont il lui arrivera pourtant de s'évader par des chemins inattendus (*le Sultan d'Istamboul*, 1991 ; *le Tribunal des chevaux*, 2000). Des peintres comme Monory, Le Boul'ch ou Klasen produisent les images qu'aime sa poésie, où l'importance du vécu personnel – parents, amours, hantise du suicide – motive un pessimisme, une lassitude qui l'ont fait comparer à Laforgue. Franck Venaille, en poésie, dit la blessure, la tristesse d'une société où les choses et les femmes se consomment sans idéal : « je voudrais être noir juif et pédéraste mais je ne suis qu'un homme ordinaire. C'est cela, communiste et désespéré », écrit-il dans *Papiers d'identité* (1966). Traversée par l'obsession du sexe et de la mort (*la Tentation de la sainteté,* 1985), par le fantasme de l'indifférenciation sexuelle (« Dorothée BIS » dans *l'Apprenti foudroyé*,

1969), par la quête de l'intériorité, la poésie de Venaille est remarquable par l'authenticité de son accent, par une sorte de justesse d'expression où la souffrance intime découvre exactement ses mots (*Journal de bord*, 1962 ; *Pourquoi tu pleures, dis pourquoi tu pleures ? Parce que le ciel est bleu. Parce que le ciel est bleu*, 1972 ; *Caballero hôtel*, 1974 ; *Jack-to-Jack*, 1981).

A. Djourachkovitch

VENTADORN Bernart de
v. BERNART DE VENTADORN

VERCEL Roger

Pseudonyme de **Roger CRÉTIN** *(1894-1957)*

Né au Mans, Roger Crétin fait des études de lettres à la faculté de Caen lorsqu'il est mobilisé en 1914 ; il se bat en France, puis en Orient, en qualité d'officier. Après la guerre, il enseigne au collège de Dinan. En 1930, avec la publication de *Notre père Trajan,* le jeune professeur entame, sous le nom de Roger VERCEL, une carrière littéraire qui, pendant plus de vingt ans, sera jalonnée de succès. Un ouvrage que lui inspire son expérience militaire, *Capitaine Conan,* lui vaut en 1934 le prix Goncourt. À partir de 1935, avec la parution de *Remorques,* dont Jean Grémillon tirera un film remarqué en 1940, Roger Vercel va chercher son inspiration dans les récits d'aventures maritimes : il tenait, paraît-il, sa documentation des marins terre-neuviens qui hivernaient à Saint-Malo. De ses voyages aux États-Unis en 1955 et aux Antilles en 1956, il rapporte une documentation qui lui permettra d'écrire *l'Été indien* (1955) et *l'Île des Revenants* (1956) avant de mourir à Dinan à soixante-trois ans.

Outre ces romans, Vercel avait publié *Au large de l'Éden* (1932), *le Maître du rêve* (1933), *Rencontrées sur l'épave* (1936), *Jean Villemeur* (1939), *l'Aurore boréale* (1947), *Ceux de la « Galatée »* (1949, premier volume d'une trilogie, *la Fosse aux vents*, comportant aussi *la Peau du Diable* [1950] et *l'Atalante* [1951]).

À la lecture, les ouvrages de Roger Vercel apparaissent d'une étonnante cohérence, la source d'inspiration étant, de fait, presque toujours constante : des navires parcourant les mers, grands voiliers ou chalutiers de pêche. Il semble que le « roman maritime » ait été un genre fort à la mode entre les deux guerres, et les romanciers d'aventure ont alors tous plus ou moins des réminiscences de *Pêcheur d'Islande* de Pierre Loti. Les œuvres de Vercel obéissent aux critères du genre : une intrigue relativement simple, dont la base est presque toujours psychologique (dans *Jean Villemeur* par exemple, le héros s'embarque aux côtés de son père, capitaine d'un chalutier, car il ne peut supporter davantage le spectacle des infidélités de sa mère) ; ensuite, un réalisme du « vécu », que des descriptions du travail effectué sur les navires et l'usage d'un vocabulaire technique approprié se chargent de fournir ; enfin, des moments de suspens destinés à tenir l'attention du lecteur en éveil – sur la mer, il n'est pas bien difficile au romancier de dénicher une tempête ou une nuit de brouillard. Les livres de Roger Vercel ne recèleraient donc rien de particulièrement original ; seule, l'idée qu'il se fait du héros (qu'il s'agisse d'un marin ou, plus rarement, d'un soldat) paraît lui appartenir en propre. Le héros a beaucoup de traits de l'aventurier-type, qui relève plus ou moins d'un mythe de la virilité : autorité, courage, présence physique, confiance en soi et modestie ; le portrait du capitaine Conan illustre bien cette perspective : « C'est un petit breton, un Malouin râblé, à épaules larges, avec de gros bras durs et une tête ronde [...]. Il a gardé le béret, l'uniforme bleu marine, la fourragère rouge des chasseurs à pied, son corps d'origine. Cinq étoiles et trois palmes se touchent sur le ruban trop court de sa croix de guerre. Légion d'honneur » (*Capitaine Conan*). Pourtant, ces êtres d'élite ont quelque chose d'ambigu ; en fait, ils n'existent, la plupart du temps, que par leur fonction et ne se révèlent capables d'actes héroïques que poussés par leur instinct, dans des circonstances précises qui leur permettent de s'illustrer. Une fois qu'ils sont sortis de leur monde de héros par l'effet des circonstances ou d'un choc psychologique, leur personnalité s'effrite, surtout lorsqu'ils ont gagné la tranquille sécurité d'une vie de famille bourgeoise : la guerre terminée, le capitaine Conan devient une sorte « d'énorme maquignon, un visage de graisse tombante, jauni par la cirrhose, une paupière bouffie et pesante, les plis des mentons dans le col ». Le commandant de chalutier Villemeur, après l'annonce de la mort de sa femme, se transforme en une sorte d'épave alcoolique, incapable de diriger son bateau.

Cette philosophie de la grâce d'état, assez banale et dans le goût d'une époque, semble assigner à Vercel une place précise et qu'il ne saurait transcender.

J.-P. Damour

VERCORS

Pseudonyme de **Jean BRULLER** *(1902-1991)*

Né à Paris, Jean Bruller se fait d'abord connaître comme dessinateur et peintre et publie divers essais (*Hypothèse sur les amateurs de peinture,* 1927 ; *Vingt et Une Recettes pratiques de mort violente,* 1928 ; *Un homme coupé en tranches,* 1929).

Mais son pseudonyme, VERCORS, entre dans la légende avec la parution clandestine en 1942 d'une nouvelle écrite l'année précédente, *le Silence de la mer,* suivie de *Ce jour-là* (1943), de *la Marche à l'étoile* (1943), de *l'Imprimerie de Verdun* (1945). Relatant des épisodes de l'Occupation – pendant laquelle Vercors fut, avec Pierre de Lescure, le fondateur des Éditions de Minuit clandestines (cf. *la Bataille du silence*, 1967) –, écrits dans un style retenu où l'émotion fuse soudain en romantiques métaphores, ces récits disent l'amertume d'un humanisme déçu, en deuil d'une France idéale, mère de la civilisation, vénérée par l'ennemi même, dégradée pourtant par la collaboration : pour l'otage juif Muritz, traîné au supplice par ses compatriotes, le pire n'est pas la mort mais la fin d'un rêve, « un amour assassiné » (*la Marche à l'étoile*).

Après la guerre, avec *les Armes de la nuit* (1946), *les Yeux de la lumière* (1948), *Plus ou moins homme* (1950), *la Puissance du jour* (1951), l'œuvre de Vercors demeure fidèle à la cause d'un humanisme vivifié par l'existentialisme : l'imaginaire querelle anthropologique d'un roman à suspense, *les Animaux dénaturés* (1952), rend caduque toute définition *a priori* de la nature humaine, cette « dignité à conquérir » au prix d'efforts et de larmes. Engagement qui s'exprime aussi dans l'adhésion de Vercors au communisme, avec lequel il rompt lors des événements de Budapest (1956). Il se tourne ensuite vers le théâtre (*Zoo ou l'Assassin philanthrope*, adaptation des *Animaux dénaturés*, 1964), le conte merveilleux, enfin l'histoire : *Moi, Aristide Briand* (1981), « essai d'autoportrait » à la première personne, ouvre une ambitieuse série, *Cent Ans d'Histoire de France* ; en 1982 paraît le tome 2, *les Occasions perdues ou l'Étrange Destin*, qui couvre la période 1932-1942, et, en 1984, le tome 3, *les Nouveaux Jours. Esquisse d'une Europe*, sur les années 1942-1962. Jamais pourtant l'écrivain et son public n'ont retrouvé la connivence nouée au temps du *Silence de la mer*, prolongée par la belle adaptation au cinéma de Jean-Pierre Melville (1947).

Le Silence de la mer

SYNOPSIS

Pendant la Seconde Guerre mondiale, un homme qui vit avec sa nièce se voit imposer l'hébergement d'un officier allemand, Werner von Ebrennac. Francophile, courtois et cultivé, il vient les saluer chaque soir, et se heurte à leur silence. Cette réserve ne le désarme pas : « Je suis heureux, leur dit-il, d'avoir trouvé ici un vieil homme digne. Et une demoiselle silencieuse. » En affrontant quotidiennement leur mutisme, il réussit à faire naître chez l'oncle une estime mêlée de sympathie, et, chez sa nièce, un sentiment proche de l'amour. Un séjour dans le Paris de l'Occupation ouvre pourtant les yeux du jeune Allemand sur les objectifs et la mentalité de ses compatriotes : leur bassesse, leur mépris, leur désir de domination. Conscient cependant que son devoir lui prescrit de lutter aux côtés de son peuple, il demande à rejoindre une division sur le front de l'Est. Quand il vient prendre congé de ses hôtes et leur explique les raisons de son départ, la jeune fille sort pour la première fois de son silence et murmure « Adieu ».

M.-A. de Beaumarchais et C. Carlier (synopsis)

VERHAEREN Émile

(1855-1916)

L'huilerie de son oncle, jouxtant la maison familiale, et le large Escaut contrasté des abords d'Anvers constituent, dès l'enfance du poète, les assises des deux grands pôles imaginaires, cosmiques et industriels qui se partageront l'œuvre à venir. Les premières années de Verhaeren, qui naît à Saint-Amand [Sint-Amands], s'y immergent tout entières. Elles se déroulent à l'ombre d'un monde familial aisé – mais moins policé que celui de nombre de ses futurs pairs – et dominé par les femmes. Après un passage à l'institut Saint-Louis de Bruxelles, l'adolescent entre au collège Sainte-Barbe de Gand ; il y côtoie Georges Rodenbach et écrit ses premiers vers. L'huilerie familiale ne l'intéressant guère, il entame en 1875 des études de droit à Louvain, où il rencontre notamment Albert Giraud et Iwan Gilkin, en compagnie desquels il collabore à une revue estudiantine, *la Semaine des étudiants* – ainsi qu'Edmond Deman, son futur éditeur. C'est de la fusion de cette revue, sabordée par les autorités ecclésiastiques, avec son homologue bruxellois, *la Jeune Revue littéraire*, où écrivait Max Waller, que naîtra *la Jeune Belgique*. Sa devise : « Soyons nous », entendait déjà affirmer la nécessité d'une indépendance des arts… Docteur en droit en 1881, Verhaeren devient stagiaire chez l'avocat Edmond Picard, dont les idées socialisantes achèvent la transformation idéologique du poète, entamée à Louvain. Dès cette époque, son intérêt pour la peinture s'affirme et s'exprime dans le *Journal des beaux-arts et de la littérature*, où ses positions détonnent. Il se lie d'amitié avec Khnopff et James Ensor, auxquels il consacrera les premières monographies importantes, ainsi qu'avec Théo Van Rysselberghe, qui immortalisera plusieurs fois les traits du poète. Cette connivence procède de l'extraordinaire capacité visuelle de Verhaeren. Pour l'exprimer librement, celui-ci passe en 1882 à la revue *l'Art moderne*, que dirige Edmond Picard. Cette collaboration ne l'éloigne toutefois pas des Jeune-Belgique, que des positions strictes en matière de perfection formelle opposeront souvent aux partis pris d'engagement et de lisibilité défendus par Picard. Nouvel exemple de la double nature, oscillatoire et non contradictoire, du futur poète des *Forces tumultueuses* et de *la Multiple Splendeur*…

Sa vie se confond désormais avec les phases successives de sa production littéraire. À noter toutefois que le mariage du poète, en août 1891, avec le peintre Marthe Massin, une Liégeoise, contribue largement à l'apaisement de l'homme, à son éloignement des zones mortifères du symbolisme, à son engagement progressiste envers la cité nouvelle et la célébration du monde. Ce rôle salvateur de sa femme, essentiel psychanalytiquement, ne se démentira plus jusqu'à sa mort. Il l'amène même, en 1894, à renoncer à la passion qui le porte vers Marie Van Rysselberghe, la future « petite dame » de Gide. Alors que sa réputation nationale et internationale s'accroît, le poète se fixe dans la simplicité, en 1899 à Paris, puis au « Caillou-qui-bique », dans le sud du Hainaut. Devenu l'apôtre d'une culture humaniste de l'enthousiasme généreusement ouverte au monde mais enracinée jusqu'à l'exaltation, Verhaeren reçoit de plein fouet le camouflet de l'agression allemande du 2 août 1914. Cette mise à mort du rêve de l'internationalisme ouvrier, auquel le poète avait voulu donner son âme, comme la désolation sinistre qui triomphe sur sa Flandre natale ravivent la vieille anxiété dont il avait pu se croire libéré et l'engagent plus que jamais dans l'adhésion pathétique à sa patrie martyre, dont il devient véritablement le barde. Sa mort accidentelle en gare de Rouen, où il est happé le 27 novembre 1916 par l'express de Paris qu'il s'efforçait de prendre en marche pour rejoindre Marthe, n'est pas sans évoquer le sort tragique des héros rebelles de son théâtre qui s'offrent à l'holocauste dans un mélange aveugle d'espoir absolu et de désespoir. Du petit cimetière de Wulveringen (près de Furnes) où elle avait été déposée durant la guerre, la dépouille mortelle de Verhaeren fut solennellement transférée, le 7 octobre 1927, dans son village natal, où, ultime possession mythique, elle repose au bord de l'Escaut : sobre et solennelle comme l'antique passeur d'eau dont il avait voulu fixer la forte – et désormais illusoire – présence.

Entre les deux termes, presque superposés, de cette boucle scaldienne, Verhaeren a donné plus de vingt recueils, quatre pièces et de nombreuses proses. Dans un premier temps, le code parnassien enserre des croquis visuels qui égrènent leur truculence charnelle dans *les Flamands* (1883) et leur austère âpreté dans *les Moines* (1886). La Belgique conformiste s'émeut de ces visions naturalistes où le jeune auteur parcourt en fait, à ciel ouvert, les deux versants de son héritage culturel, paillard et mystique. Suivent les grands recueils « noirs » qui coïncident avec une grave crise morale et le décès des parents du poète. *Les Soirs* (janvier 1888), *les Débâcles* (novembre 1888) et *les Flambeaux noirs* (1891) opèrent dans l'œuvre un formidable saut qualitatif : non seulement ils libèrent le vers mais ils cessent d'être purement descriptifs pour devenir visionnaires. L'enlisement sublime d'une subjectivité menaçant folie s'y rythme en vers saccadés et haletants, truffés de néologismes, au sein d'images rurales littéralement hallucinées. Si le ressassement thématique apparente alors Verhaeren aux symbolistes, son martèlement plastique se révèle déjà expressionniste. Cette synthèse instable domine le troisième mouvement de l'œuvre, où le poète met en acte et transfigure, d'un côté, la mort des campagnes et de leurs croyances, de l'autre, la potentialité transformatrice du monde industriel. Cela donnera *les Campagnes hallucinées* (1893) scandées par les « Chansons de fou », et *les Villages illusoires* (1895), plus nostalgiques, où resurgit à tout jamais la Flandre scaldienne, ainsi que le lyrisme progressiste des *Villes tentaculaires* (1895), tendues vers le futur. Le premier drame de Verhaeren, *les Aubes* (1898) – que Meyerhold mettra en scène en 1921 – cherche à synthétiser ce passage révolutionnaire capable d'abattre l'ancien monde. Mais la puissance tourbillonnante de l'écriture, son adaptation souple aux spectacles de masse concernent étrangement la vieille part de folie des campagnes perdues, alors que le triomphe de la cité nouvelle se profère dans une métrique classique empêtrée de considérations humanistes qui sclérosent la pièce. À la même époque, Verhaeren analyse avec acuité la peinture et le destin maudit de Rembrandt.

Préparé par *les Heures claires* (1896) et illustré par *les Visages de la vie* (1899), un mouvement s'achève ; les deux nouveaux domiciles du couple le concrétisent. La contradiction tragique de la révolte va désormais faire place à une double célébration où l'accent Verhaeren se reconnaîtra à une certaine hypertrophie. D'un côté, l'exaltation prophétique de l'avenir de l'homme, capable de dominer le monde – et non d'être dominé par ses forces obscures –, donne *les Forces tumultueuses* (1902), *la Multiple Splendeur* (1906) et *les Rythmes souverains* (1910). L'obsession du poète de posséder l'horizon y rejoint le vaste mouvement de mondialisation de la société occidentale, qu'il transpose et idéalise. De l'autre – contrepoint de l'universalisation –, Verhaeren célèbre en cinq recueils, échelonnés de 1904 à 1911 et rassemblés sous le titre générique *Toute la Flandre,* le singulier pays qui sous-tend son imaginaire : la Flandre scaldienne des plaines et des « villes à pignon ». C'est le moment où il donne une excellente étude sur *James Ensor* (1908) et un bien médiocre essai consacré à un autre peintre flamand, *Pierre-Paul Rubens* (1910). Ces vastes cycles d'exacerbation optimiste du monde sont toutefois compensés par des drames historiques comme *le Cloître* (1900), *Philippe II* (1901) et *Hélène de Sparte* (1912), qui sont scéniquement faibles mais entretiennent dans l'œuvre la veine névrotique des poèmes hantés par la folie. De leur côté, *les Heures d'après-midi* (1905) et *les Heures du soir* (1911) assurent à l'écrivain son autre site d'enracinement – apaisant, cette fois – : le culte de Marthe. L'ultime période de l'œuvre voit Verhaeren exalter sa patrie mise à feu et à sang : c'est l'heure de *la Belgique sanglante* (1915) et des *Ailes rouges de la guerre* (1916).

Le cycle s'achève ainsi, dans un fléchissement stylistique certain, sur l'image nodale du martyre et sur l'effondrement des illusions. Maintes traces de cette hantise sont visibles dans l'œuvre – et particulièrement dans le théâtre, où la figuration dramatique dévoile clairement les obsessions parricides du héros et leur lien au besoin de purification ; la volonté d'instaurer une fratrie capable de restaurer la tendresse et la miséricorde maternelles, et la nécessité pour l'impur héraut de la révolte de disparaître et de laisser à autrui le soin d'achever sans lyrisme la stabilisation du sursaut. Une telle structure explique le type d'engagement qui fut celui de Verhaeren et éclaire le parcours de cette œuvre qui « régressa » peu à peu vers un classicisme stylistique pour lequel elle n'était pas faite, au lieu d'accentuer dans la langue les secousses transformatrices qu'elle y avait esquissées. Elle s'accorde sans doute assez adéquatement à l'esthétique expressionniste, dont Verhaeren est un des rares représentants en langue française. Elle a d'autre part trouvé dans le paysage scaldien des abords de l'embouchure de quoi alimenter en permanence sa hantise d'un horizon fuyant où disparaître et se posséder en même temps ; et, dans l'écoulement vaste et sournois du fleuve, de quoi étayer et enraciner, tout au long des recueils, les angoisses du poète. C'est sur cette profonde unité imaginaire, servie par un rythme accumulatif courant vers l'horizon, que se déploient les valeurs de miséricorde attachées aux mondes qui meurent. Et aussi ces valeurs de transfiguration accordées à l'univers que la justice sociale était censée lever miraculeusement. Dans cette perspective, l'exaltation de l'énergie et de l'enthousiasme, plus liée qu'il n'y paraît au dynamisme capitaliste de l'époque, supplée aux « bavures » formelles que Verhaeren suspecta d'autant moins que la cause était noble et juste.

M. Quaghebeur

Verlaine

VERLAINE Paul

(1844-1896)

Le premier poème publié de Verlaine a paru en 1863 dans *la Revue du progrès moral* ; un an plus tard, cette revue était saisie pour outrage à la morale religieuse. Ce paradoxe pourrait être pris comme emblème d'une alliance des contraires qui, à chaque instant ou presque, arrête et surprend celui qui cherche à comprendre Verlaine. La douceur s'allie à la violence : ce fils câlin, le tendre fiancé de *la Bonne Chanson*, tente à plusieurs reprises de tuer sa mère et sa femme. L'ordure s'allie à la pureté : le chantre des priapées, le poète d'*Hombres* (posth., 1904), se présente volontiers, dans *Amour*, comme un nouveau Lohengrin ou comme un nouveau Parsifal :

J'étais, je suis né pour plaire aux nobles âmes,
Pour les consoler un peu d'un monde impur,
Cimier d'or chanteur et tunique de flammes,
Moi le Chevalier qui saigne sur azur,
Moi qui dois mourir d'une mort douce et chaste
Dont le cygne et l'aigle encor seront jaloux,
Dans l'honneur vainqueur malgré ce vous néfaste,
Dans la gloire aussi des Illustres Époux !

D'autres analyseront la psyché de Verlaine, le « complexe de Gwynplaine » – l'Homme qui rit de Hugo –, le besoin d'une mère (c'est elle qu'il recherche dans les deux mégères qui entourent les derniers mois de son existence), le besoin d'un fils, qui fait – autre paradoxe – que sa paternité s'exprime mieux quand il chante Lucien Létinois, son ex-élève, dans un thrène quasi hugolien (*Amour*, I) que lorsqu'il s'adresse à ce petit Georges qu'il ne sut pas garder (*Sagesse*, I, 18). D'autres s'étonneront des élans d'héroïsme de ce faible, de la compromission communarde de celui qui fut plus tard boulangiste. Mais est-elle à prendre ou à laisser, cette « Ballade en l'honneur de Louise Michel » (4 décembre 1886) dont l'héroïne de la Commune le remercia et qu'on serait tenté pourtant d'interpréter comme ironique, ne fût-ce qu'en raison de la platitude du refrain :

Louise Michel est très bien.

Une manière ambiguë

Cette incertitude, qui nous déconcerte tant, pourrait bien être la caractéristique majeure d'un poète toujours prêt à jouer avec sa propre manière, « la manière de Paul Verlaine » (*Parallèlement*).

Dans le sillage de Baudelaire et de son « livre saturnien,/Orgiaque et mélancolique », Verlaine publie en 1866 un recueil de *Poèmes saturniens*. On y trouve condamné, dans des vers dignes de Leconte de Lisle, le divorce de l'Action et du Rêve, de l'Harmonie et de la Force. Comme Nerval, comme Gautier, le poète place son inspiration spleenétique sous le signe de la *Melancholia* de Dürer, et le *Nevermore* qu'il se plaira tant à répéter est un écho d'Edgar Poe. Bien plus tard, il se moquera de cette manière :

C'est à cause du clair de la lune
Que j'assume ce masque nocturne
Et de Saturne penchant son urne
Et de ces lunes l'une après l'autre,

poussant l'accumulation des assonances, le jeu sur les équivoques jusqu'à la fatrasie. Mais fallait-il prendre tout à fait au sérieux les vers liminaires des *Poèmes saturniens* avec – comme l'a justement fait observer Jacques Robichez – « le recours narquois aux parenthèses bavardes », avec la maligne mise en place d'« une Influence maligne » ? Continuant cette parodie de lui-même, Verlaine se moque en 1885

Des romances sans paroles [qui] ont,
D'un accord discord ensemble et frais,
Agacé ce cœur fadasse exprès.
Ô le son, le frisson qu'elles ont !

Mais la fatrasie du dernier vers n'exclut pas l'intelligence, d'une manière qui, dès 1872 – et le temps de l'émulation poétique au cours du vertigineux « voillage » avec Rimbaud –, fut essentiellement volontaire. Les alliances de contraires, les oxymores, ce n'est pas seulement dans la caricature qu'on les trouve (« accord discord »), mais tout aussi bien, et même mieux, dans le modèle, depuis le titre même (*Romances sans paroles*), repris d'une des *Fêtes galantes* (« À Clymène »), jusqu'à l'évocation de la neige qui « luit comme du sable », ou du « Sahara de prairies » qu'on découvre du wagon aux abords de Malines.

Et le recueil *Sagesse* n'est-il que « mensonge », retour d'une enfance fardée, seul plaisir, dernier recours laissé au prisonnier, le temps d'un loisir douloureux ? Ce n'est peut-être ni un hasard ni une injustice si Claudel confiait à Gide n'avoir « jamais beaucoup aimé *Sagesse*, où la jonglerie de Verlaine reste toujours apparente et gâte les pièces, même les mieux venues ». On sait en effet que Verlaine n'a pas hésité à « baptiser » des vers qui n'avaient rien de religieux et étaient d'ailleurs antérieurs à sa conversion, que son ton trop dévot sonne parfois faux (pièces XI à XIV de la première partie), que l'imagerie antique ou médiévale est parfois pesante. Et s'il est vrai que *Sagesse* contient de grandes beautés, ce sont encore des beautés apprêtées – les allégories de la pièce V, le retour de la « chanson bien douce » et du « frisson d'eau » dans la pièce XVI, les reprises dans la série « Mon Dieu m'a dit ».

Verlaine lève-t-il enfin le masque quand il fait de « la dernière Fête galante » – dans *Parallèlement* – un « embarquement pour Sodome et Gomorrhe » ? Mais c'est encore, peint d'une nouvelle couleur, un masque de Watteau, un de ces clichés qu'il aima, un déguisement fantasque. Et le « jeu de dupes » était transparent dans le recueil de 1869. Le marquis et l'abbé n'y étaient pas plus ingénus que Pierrot, que Clitandre ou que le poète lui-même : qu'on songe à ces parodies du style précieux que sont « Lettre » ou « Dans la grotte », à toutes ces chansons pour une Elle qui ne peut que rester anonyme...

Une situation ambiguë

L'ambiguïté d'un ton mi-plaisant mi-sérieux explique l'étrange situation de Verlaine dans l'histoire littéraire de son temps, dans l'histoire artistique et dans sa postérité même.

Quand Verlaine revint à Paris en 1882 après la vente de la ferme de Juniville, ou en 1885 après la vente de la ferme de Coulommes, le climat littéraire avait changé. L'heure était moins à la fantaisie qu'à une Décadence qui, avec l'ineffable Anatole Baju, allait se prendre diablement au sérieux [voir **Décadence**]. On sait comment Verlaine fut appelé au secours de ce « décadisme » et qu'il n'hésita pas plus à se compromettre ici qu'ailleurs. On sait aussi comment le sonnet « Langueur », d'abord publié le 26 mai 1883 dans la revue de Rodolphe Salis, *le Chat-Noir*, puis en 1884 dans le recueil composite *Jadis et Naguère*, fut brandi comme un drapeau par les Décadents. Ne commençait-il pas par cette noble déclaration : « Je suis l'Empire à la fin de la décadence » ?

Mais le sonnet était dédié à Georges Courteline, il suivait une évidente parodie (« la Princesse Bérénice ») et précédait le plaisant « Pantoum négligé ». Celui qui parle et qui s'identifie à l'Empire à la fin de la décadence est d'ailleurs un bouffon, qui, au cœur même du désastre, s'amuse encore à composer des « acrostiches indolents » et insolents. On a cru saisir dans ces vers « le plus intime de Verlaine » : mais c'est parce que, comme dans les autres parodies, se font entendre des échos affaiblis d'une ariette oubliée ou d'un poème de *Sagesse* ; c'est parce qu'à peine voilé s'exprime le dépit amoureux (« Un esclave un peu coureur qui vous néglige »). Si « Monsieur Prudhomme », en 1883, était présenté comme une « satirette », « Langueur » ne retrouve, en fait d'émois amoureux, que ceux du *Satiricon*.

Verlaine a également été pris au sérieux par les artistes de son temps, en particulier par les musiciens. Parfois par des compositeurs qui, comme lui, avaient le sens de la parodie (Chabrier), mais bien plus souvent par des compositeurs graves, tels Ernest Chausson ou Gabriel Fauré. Dès 1879, les *Romances sans paroles* deviennent sur un piano mondain des élégies d'où tout pittoresque est absent. Trop fade à nos yeux pour être parfaitement honnête (mais ce que nous savons de l'union de Verlaine et de Mathilde Mauté suffit pour la démythifier), *la Bonne Chanson* devient encore, sous la plume de Fauré, ce qu'elle aurait dû être : un splendide cycle amoureux, digne du *Dichterliebe* de Robert Schumann. Et, composées sur des poèmes des *Fêtes galantes*, les *Cinq Mélodies de Venise, op.* 58 ont la pureté des confessions, le galbe des offrandes, la grâce des plus tendres effusions.

Verlaine, « ce sorcier de village », ce « vieux vagabond des routes et des faubourgs » (Anatole France), a été une célébrité de son temps. Si l'Académie française ne lui a pas ouvert ses portes, il a succédé à Leconte de Lisle comme « Prince des poètes » en 1894. Les jeunes écrivains se sont réclamés de lui. Enfin il a eu, à l'étranger, une influence qu'on a du mal à mesurer. On le traduit en hongrois ou en japonais. Le modernisme d'un Rubén Darío est inconcevable sans lui. En France même, il a fait les délices des sensibilités lassées par le romantisme lamartinien. Mais cette gloire elle-même ne va pas sans paradoxe. Le prosateur, plutôt médiocre, plein de tics agaçants, a connu une diffusion injustifiée. Il aguichait un public curieux, épris de scandale ou de demi-scandale, par ses confessions ou par le récit de ses « prisons ». Il se faisait l'avocat des « poètes maudits », en particulier de son ancien compagnon Rimbaud, sans toujours bien les comprendre : nul n'a été plus injuste que lui à l'égard de la dernière manière poétique de Rimbaud, celle des poèmes de 1872, de ces « espèces de romances » qu'il avait pourtant vues naître en même temps que ses propres *Romances sans paroles*.

Le poète même n'a été – et n'est encore – connu qu'à travers une sélection. Ce n'est pas un hasard si, du vivant de Verlaine, en 1891, la Bibliothèque Charpentier publiait déjà un *Choix de* [ses] *poésies*. Ce n'est pas un hasard non plus si une édition récente – et d'ailleurs excellente – de ses *Œuvres poétiques* ne retient que les huit recueils poétiques publiés entre 1866 et 1889 (*Poèmes saturniens*, *Fêtes galantes*, *la Bonne Chanson*, *Romances sans paroles*, *Sagesse*, *Jadis et Naguère*, *Amour*, *Parallèlement*). C'est probablement trop (car tout n'est pas de la même qualité à l'intérieur de ces recueils) et trop peu (car le talent éclate même dans les vers les plus scandaleux). Verlaine lui-même était d'ailleurs conscient de l'unité de son œuvre quand il écrivait, en 1890 : « Plus on me lira, plus on se convaincra qu'une sorte d'unité relie mes choses premières à celles de mon âge mûr : par exemple, les *Paysages tristes* ne sont-ils pas, en quelque sorte, l'œuf de toute une volée de vers chanteurs, vagues ensemble et définis, dont je suis peut-être le premier en date oiselier ? »

Une musique ambiguë

Verlaine n'est ni Tamino ni Monostatos. Mais il pourrait bien être ce Papageno poète qu'il nous présente dans cet autoportrait. Et, au risque de retomber dans la banalité, c'est bien à cette « volée de vers chanteurs » qu'il faut revenir. « De la musique avant toute chose » : le premier vers de son « Art poétique » est resté célèbre, et la musique est considérée comme l'essence même de la poésie verlainienne. Encore convient-il de préciser qu'il s'agit d'une musique ambiguë ou, mieux encore, d'une ambiguïté (devenue) musicale.

Prenons, dans le premier recueil de Verlaine, « Mon rêve familier ». C'est un poème parnassien – qui fut d'ailleurs publié d'abord dans *le Parnasse contemporain*. C'est un sonnet régulier, et en alexandrins. Mais Verlaine y cultive déjà cette équivoque qu'il poussera plus tard très loin (d'où la rime « m'aime »/« même »). Le premier vers, qui, apparemment, ne pose aucun problème, peut être scandé de deux façons. Soit comme un alexandrin classique, à hémistiches égaux :

Je fais souvent ce rêve/étrange et pénétrant

soit comme un vers ternaire romantique :

Je fais souvent/ce rêve étrange/et pénétrant

Dans le premier cas, le jeu des accents met en valeur le rapport de deux sonorités différentes (« rêve », « -trant »), celui dont plus tard s'enchantera Claudel ; dans le second cas, au contraire, c'est une assonance redoublée, une chaîne de sons analogues ou identiques qui se crée (« -vent », « -trange », « -trant »). On trahirait la poétique de Verlaine à privilégier l'une ou l'autre de ces scansions. Car c'est sur leur ambiguïté même qu'il joue, dans un poème qui est d'ailleurs tout entier un poème de l'ambiguïté, du rêve, à la fois « familier » et « étrange », ordinaire et toujours neuf, de la voix aimée disparue et toujours vivante dont « un » vers final de vingt-quatre syllabes épouse l'inflexion, à la fois rompue et in-finie :

Et, pour sa voix, lointaine, et calme, et grave, elle a
L'inflexion des voix chères qui se sont tues.

Le troisième vers de « Dans la grotte » (*Fêtes galantes*)

Et la tigresse épouvantable d'Hyrcanie

passait auprès du tout jeune Rimbaud et des poètes fin de siècle pour un modèle d'audace, une manière de mettre un bonnet rouge aux traités de versification. La scansion classique s'y révèle impossible (il faudrait couper le mot central). La scansion romantique elle-même s'y montre incommode, même si les trois accents sont remarquablement nets, et même si la progression par bonds est bien celle de la tigresse. Et l'assonance trop musicale s'estompe (les deux premiers -*i* sont à des places non accentuées) au profit d'une allitération grondante (« tigresse »/« Hyrcanie »), volontairement grossie dans cette déclamation délibérément théâtrale, dans ce pastiche d'une préciosité devenue dérisoire.

La musique des *Fêtes galantes* n'est pas aussi mélodieuse qu'on l'a dit, et qu'a pu le laisser croire l'adaptation fauréenne. Avec beaucoup de finesse, Fauré lui-même avait choisi d'exposer en majeur le « mode mineur » de « Clair de lune ». Et c'est à Debussy et à Ravel qu'est revenu le soin de mettre en musique une pièce en vers impairs comme « Pantomime » ou un poème-conversation comme « Sur l'herbe ». C'est qu'il y fallait l'art exquis de la dissonance, qui est bien celui de Verlaine. Comme l'a fait observer Jean-Pierre Richard, le poète « si amoureux pourtant de bercement et d'harmonie, cultive [...] la dissonance, il recherche le timbre criard, la fausse note, [...] il choisit tout ce qui, dans le mariage tonal des sensations, grince, heurte, provoque un malaise, une gêne qui soit en même temps un éveil ». C'est le « couac » final d'« En patinant », dans les *Fêtes galantes* :

Les deux mains dans votre manchon,
Tenez-vous bien sur la banquette,
Et filons ! – et bientôt Fanchon
Nous fleurira – quoi qu'on caquette !

Dans les *Romances sans paroles*, les « hérésies de versification » dont Verlaine se vantera auprès de son ami et exécuteur testamentaire Edmond Lepelletier (renonciation à l'alternance des rimes masculines et féminines, préférence accordée à la rime pauvre, parfois même refus apparent de la rime) sont probablement moins importantes – moins significatives, en tout cas – que l'usage ambigu des mots à diérèse (« L'ariette, hélas ! de toutes lyres »/« Le piano que baise une main frêle »), le jeu sur les mots qui atténue d'un sourire un *pathos* trop voyant (« Est-il possible – *le fût-il* –/Ce fier exil, ce triste exil »), les ruptures de ton (« Simples fresques », II), de strophes (les quatrains divisés en distiques dans « Spleen »), de mots (l'enjambement « en sorte/Que » dans « Streets », II). Si Verlaine reproche à Mathilde (« Child Wife ») de pousser « d'aigres cris poitrinaires », alors qu'elle n'était que chant, il se venge en cherchant la musique de la dissonance, fondement de cet « accord discord » qui est l'essence même de son art.

C'est pourquoi il ne faut pas négliger les œuvres plus tardives de Verlaine. Les vagabondages avec Rimbaud ne peuvent plus, en 1888, s'exprimer dans l'extase d'une romance, mais à la faveur d'un décalage constant entre un passé enthousiasmant et un présent morne : la régularité du vers (d'ailleurs impair) est secouée par les parenthèses désenchantées, le charme de l'évocation brisé par le sarcasme de la rime quasi équivoquée :

Les courses furent intrépides
(Comme aujourd'hui le repos pèse !)
Par les steamers et les rapides.
(Que me veut cet at home obèse ?)

De la musique, Verlaine a peut-être retenu, plus qu'une mélodie facile et toujours grêle, l'art des modulations et un chromatisme aigu qui fait de chaque note une sensible. En cela, il était bien accordé à l'art musical de son temps, de la même manière que peut être qualifiée d'impressionniste (beaucoup plus que de symboliste) sa manière, quand sa poésie rase la prose (dans « Bournemouth », par exemple). D'autres, en effet, se sont souciés de mettre de la prose en poésie. Lui, il a plutôt voulu nous rendre sensibles aux mille et une ruptures possibles de l'instrument poétique et aux délices d'une lyre qui tend à se désaccorder.

P. Brunel

VIE		ŒUVRE
1844	**30 mars :** naissance, à Metz, de Paul-Marie Verlaine, fils de Nicolas Verlaine, lieutenant du génie, et d'Élisa Dehée.	
1851	Installation des Verlaine à Paris.	
1853	**Oct. :** Paul entre comme interne à l'institution Landry, rue Chaptal.	
1855	**Oct. :** il entre en septième au lycée Bonaparte (actuel lycée Condorcet), tout en restant interne à l'institution Landry.	

	VIE		ŒUVRE
1862	Baccalauréat. Vacances près de Douai, chez sa cousine Élisa Moncomble. Inscription à l'École de droit.		
1863	Accueilli dans le salon de la marquise de Ricard, il fréquente les poètes parnassiens.	**1863**	Publication du sonnet « Monsieur Prudhomme » dans *la Revue du progrès moral.*
1864	Renonçant aux études de droit, il commence une carrière de « poète-fonctionnaire » : expéditionnaire à la mairie du IXe arrondissement, puis à la préfecture de la Seine...		
1865	Mort de son père.	**1865**	« Dans les bois » et « Nevermore », dans *l'Art.*
		1866	Sept poèmes dans *le Parnasse contemporain* ; *Poèmes saturniens*, chez Lemerre.
1867	Mort d'Élisa Moncomble.	**1867**	Publication des *Amies*, à Bruxelles.
1868	Il fréquente le salon de Nina de Villard.		
1869	Il scandalise par son ivrognerie, tentant même de tuer sa mère. Il demande la main de Mathilde Mauté, demi-sœur de son ami Charles de Sivry.	**1869**	*Fêtes galantes.*
1870	**11 août :** mariage. Au début du siège de Paris, il s'engage dans la garde nationale.	**1870**	*La Bonne Chanson.*
1871	Demeuré en fonction pendant la Commune, il est révoqué (le 11 août) et loge rue Nicolet chez ses beaux-parents ; c'est là qu'il héberge quelque temps Rimbaud, en sept. Scènes de violence avec sa femme ; naissance (30 oct.) de son fils Georges.		
1872	Mathilde quitte Verlaine (janv.) et n'accepte de reprendre la vie conjugale que s'il rompt avec Rimbaud. Retour de Rimbaud à Paris (mai), et départ à deux (le 7 juill.) pour la Belgique, d'où ils gagneront l'Angleterre. Vaines sollicitations de Mathilde et de la mère de Verlaine.	**1872**	Émulation poétique : Verlaine compose les « Ariettes oubliées » et les « Paysages belges », Rimbaud les poèmes du printemps et de l'été 1872, d'une forme très libre.
1873	**Avr. :** retour. Verlaine, craignant d'être incarcéré comme communard, se réfugie à Namur, puis à Jéhonville, dans les Ardennes. **Fin mai :** Verlaine et Rimbaud repartent pour Londres. **Juill. :** après une dispute, Verlaine gagne Bruxelles, où Rimbaud le rejoint, ainsi que la mère de Verlaine. Le 10, il tire deux coups de revolver sur Rimbaud. Il est arrêté, condamné à deux ans de prison et (oct.) incarcéré à Mons.		
1874	Jugement de séparation entre Verlaine et Mathilde. Verlaine demande l'assistance de l'aumônier de la prison et reçoit la communion.	**1874**	Les *Romances sans paroles* sont publiées à Sens ; Verlaine écrit des sonnets, qu'on retrouvera dans *Sagesse.*
1875	Libéré (janv.), il ne parvient pas à se réconcilier avec Rimbaud, alors à Stuttgart (févr.), et gagne l'Angleterre, où il est engagé comme professeur à Stickney, dans le Lincolnshire.		
1876	**Oct. :** il enseigne au St. Aloysius College de Bournemouth.		
1877	**Oct. :** il est engagé à l'institution Notre-Dame de Rethel.		
1878	Il se lie avec un de ses élèves, Lucien Létinois.		
1879	Congédié, il emmène Létinois en Angleterre et enseigne à Lymington.		
1880	Il s'installe avec Létinois dans une ferme près de Rethel, avant le départ du jeune homme pour le service militaire.	**1880**	Publication de *Sagesse.*

VIE		ŒUVRE	
1882	Vente de la ferme ; retour de Verlaine à Paris, où il reprend contact avec les milieux littéraires parisiens. Il demande en vain sa réintégration dans les bureaux de la Ville de Paris.	**1882**	« Art poétique » paraît dans *Paris moderne*, que vient de fonder Vanier.
1883	Mort de Létinois, atteint de typhoïde (7 avr.). Verlaine s'installe avec sa mère dans une autre ferme, près de Rethel.	**1883**	Plusieurs poèmes sont publiés dans *Lutèce* et dans *le Chat-Noir* (« Langueur »).
		1884	*Les Poètes maudits. Jadis et Naguère.*
1885	À la suite de violences exercées sur sa mère, il est incarcéré pendant trois mois à Vouziers, puis revient à Paris, où il s'installe avec sa mère dans le sordide hôtel du Midi, rue Moreau.		
1886	**Janv. :** mort de sa mère ; malade, Verlaine est par deux fois hospitalisé. Rencontre de Cazals. Remariage de Mathilde.	**1886**	*Mémoires d'un veuf.*
1887	Très longue hospitalisation.		
1888	Diverses hospitalisations, entre lesquelles Verlaine s'installe 14, rue Royer-Collard. Charles Morice : *Paul Verlaine.*	**1888**	Publication d'*Amour.*
1889	Il loge rue de Vaugirard. Cure à Aix-les-Bains, entre deux hospitalisations.	**1889**	*Parallèlement.*
1890	Il se lie avec Philomène Boudin, sans renoncer à ses pratiques homosexuelles.	**1890**	*Dédicaces ; Femmes.*
1891	Diverses hospitalisations ; mort de Rimbaud.	**1891**	*Bonheur ; les Uns et les Autres ; Chansons pour elle.*
1892	Il vit avec Eugénie Krantz ; divers séjours à l'hôpital, puis en Angleterre.	**1892**	*Mes hôpitaux ; Liturgies intimes.*
1893	Conférences en Belgique ; candidature à l'Académie française.	**1893**	*Élégies ; Odes en son honneur ; Mes prisons.*
1894	**Août :** Verlaine est élu « Prince des poètes ». Divers séjours à l'hôpital.	**1894**	*Dans les limbes ; Épigrammes.*
1895	Entre ses séjours à l'hôpital, il vit avec Eugénie Krantz.	**1895**	*Les Confessions* ; Préface aux *Poésies complètes* de Rimbaud.
1896	**8 janv. :** mort de Verlaine.		

Poèmes saturniens

Le recueil paraît à la fin 1866, chez Lemerre, mais à compte d'auteur et grâce à Élisa, la cousine de Verlaine. Il rassemble des poèmes dont la date de composition est évidemment difficile à déterminer malgré l'affirmation (très sujette à caution) de Verlaine selon laquelle l'essentiel aurait été écrit durant les années de lycée. Quoi qu'il en soit, on retrouve dans le livre un certain nombre de textes déjà parus : en 1863 (un seul) et surtout dans le premier *Parnasse contemporain* publié quelques mois avant les *Poèmes saturniens*. En tout, le recueil offre une quarantaine de textes distribués en quatre grandes parties (« Melancholia », « Eaux-fortes », « Paysages tristes » et « Caprices ») encadrées d'un « Prologue » et d'un « Épilogue », l'ensemble étant précédé de vingt vers définissant l'esprit « saturnien » : la « fauve planète, chère aux nécromanciens » a conféré au Poète une « Imagination, inquiète et débile », en lutte contre la Raison, se complaisant surtout dans un registre nocturne, onirique et morbide : malheurs, bile, poison, mort et destin.

Une tonalité que tente d'expliquer le « Prologue » : le Poète est exilé dans un monde laid et hostile où l'Action a divorcé du Rêve. Aux « Chanteurs » ne reste donc plus que le Beau, l'Azur, l'Idéal et surtout le regret d'un pouvoir enfui. En l'occurrence, le Parnasse demeure, semble-t-il, mais parfois déjà biaisé ou perverti, pastiché même dans certaines pièces comme « Çavitrî » :

Ni, Çurya, tes rais cruels, ni la langueur
Que Tchandra vient épandre à minuit sur les
[cimes...

L'histoire (« César Borgia », « la Mort de Philippe II »), le mythologisme décoratif, l'art pour l'art, tout cela est donc à la fois présent et distancié. L'intérêt du recueil, cependant, est ailleurs, probablement dans certains climats plus subtils, plus propices que le décor parnassien à l'expression lyrique. On s'aperçoit alors que la description n'est pas une fin en soi, que le monde ne se donne pas si facilement ; d'où peut-être l'écran de la référence picturale dans « Eaux-fortes » ou dans l'allusion à la *Melancholia* de Dürer : il y a là un second degré qui est à la fois un raffinement et une altération de la perception. Même jeu ici que dans « Nevermore » (« Souvenir, souvenir, que me veux-tu ?... ») ou dans « Mon Rêve familier » (« Je fais souvent ce rêve étrange et pénétrant... ») : il s'agit moins de montrer que d'évoquer, de faire aussi sentir un trouble ou un malaise. Les titres en disent assez : « Melancholia », où l'on trouve « Résignation », « Lassitude » et « l'Angoisse », « Eaux-fortes » avec « Cauchemar » ou « Effet de nuit », enfin « Paysages tristes » qui comprend entre autres « Soleils couchants », « Crépuscule du Soir mystique », « Nuit de Walpurgis classique » et bien sûr la fameuse « Chanson d'automne » :

Les sanglots longs
Des violons
De l'automne
Blessent mon cœur
D'une langueur
Monotone.

On voit bien la cohérence des thèmes saturniens : ce qui domine, à travers les ombres, les crépuscules vénéneux et les automnes dorés, c'est une sorte d'atmosphère morbide, presque mortuaire : « la splendeur triste d'une lune » (« le Rossignol »), « les grands nénuphars entre les roseaux » (« Promenade sentimentale »), l'exhalaison maladive (et très baudelairienne !) « de parfums lourds et chauds ». Parfois même, le mauvais rêve vire au cauchemar, avec gibets, squelettes et chats-huants : un beau noir après les ors du couchant. Parfois aussi, il s'éclaire et veut qu'après l'hiver

Refleurisse l'enchanteresse
Gloire des jardins et des champs...

(« Sub Urbe »)

Mais ce désir même est évidemment émis dans le poème sur le mode du regret, de la nostalgie : il y a là une fracture qui renvoie à une « psychologie » malheureuse où l'ironie n'est que la politesse d'un certain désespoir. On voit donc bien la nouveauté des *Poèmes saturniens* : ils révèlent une voix dont la seule cohérence est celle de l'émotion, du déchirement, du *nevermore* (deux poèmes portent ce titre) ; non pas le moi triomphant et quelque peu anonyme de l'artiste parnassien, victorieux de la forme, mais la voix dolente d'un poète vraiment « exilé ».

Fêtes galantes

Toujours chez Lemerre, le recueil sort en 1869 : il contient bien sûr certains poèmes déjà publiés, notamment le premier de la série, « Clair de lune », que *la Gazette rimée* fit paraître sous le titre prémonitoire de « Fêtes galantes ». On compte en tout vingt textes dont l'unité est probablement plus nette que celle des *Poèmes saturniens,* à la fois dans les thèmes et dans la manière. Nous sommes cette fois dans un XVIIIe de convention dont le décor peut rappeler Watteau et les personnages, Marivaux : ce ne sont qu'Arlequins, abbés qui divaguent, marquis et Célimènes, masques et bergamasques, faunes en terre cuite et singes en brocart ! Quelques titres, là aussi, donnent une idée du climat choisi : « Pantomime », « les Ingénus », « Fantoches », « Cythère », « Mandoline » et le célèbre « Colloque sentimental » :

Dans le vieux parc solitaire et glacé,
Deux formes ont tout à l'heure passé.

On voit bien l'intérêt et les raisons d'un tel choix : assez lointaine pour apparaître comme un autre monde, révolu et légèrement exotique, l'époque est en même temps assez proche pour qu'on puisse la regretter. Elle correspond également dans ses préoccupations et dans ses éclairages favoris à la poétique verlainienne : inquiétude et douceur de vivre, esprit et sensualité, il y a là des déséquilibres, des sentiments mêlés dont le charme animait déjà quelques poèmes saturniens. Car les *Fêtes galantes* jouent la difficulté : en fait, Verlaine ne part pas vraiment à la recherche de la couleur « vraie » d'une époque, il ne vise pas, comme les Goncourt, à la ressusciter. Il fixe plutôt les fantasmes d'une imagination nostalgique, aussi bien dans le rêve imprécis :

Rires oiseux, pleurs sans raisons,
Mains indéfiniment pressées,
Tristesses moites, pâmoisons,
Et quel vague dans les pensées !

(« En patinant »)

que dans le sourire spirituel ou la farce :

Pierrot, qui n'a rien d'un Clitandre,
Vide un flacon sans plus attendre,
Et, pratique, entame un pâté.

(« Pantomime »)

L'amour même est différent en ces temps exquis et vagues : trompeurs et coquettes s'y lutinent librement et les nuances du sentiment n'empêchent pas l'allusion drue (cf. « les Coquillages »).

Tout cela évidemment pourrait sembler « léger » s'il ne se jouait pas, justement, quelque chose d'important dans cette légèreté ; au-delà des « à la manière de », du faux Watteau et de tout l'arsenal XVIIIe, on découvre une sorte de fascination : une passion d'abord pour l'irréel qui pousse Verlaine à multiplier fantoches et comédiens, spectres et statues, masques de carnaval ; l'envie ensuite de saisir l'impalpable, la magie d'une image : une œillade, un étang ridé par le vent, l'éclair soudain d'une nuque ou d'un « bas de jambe » aperçu. Au fond, il n'y a de durable et de profond que ce qui semble fragile et superficiel : le temps perdu resurgit dans l'instant privilégié, l'émotion aussi de ce que J.-P. Richard appelle une poésie du « fané ». On comprend mieux alors les nouveautés de la technique poétique de Verlaine, qui tente certaines expériences, non par goût de l'audace gratuite mais pour fixer précisément certaines sensations jusqu'à présent inexprimées et donc inédites ; allitérations obsédantes, vers rompus, ellipses, césures inattendues, interjections nombreuses, utilisation du dialogue ou de la forme épistolaire : autant d'effets de l'art qui visent au naturel et n'atteignent la désinvolture que par une élaboration extrême :

– Je voudrais être petit chien !
– Embrassons nos bergères, l'une
Après l'autre. – Messieurs ! eh bien ?
– Do, mi, sol. – Hé ! bonsoir, la Lune !

(« Sur l'herbe »)

La Bonne Chanson

Publié chez Lemerre en décembre 1870, le recueil avait été achevé dès le début de l'année. Il intervient à un moment important de la vie de Verlaine, qui épouse Mathilde Mauté de Fleurville et lui dédie « ce petit livre/Où plein d'espoir chante l'Amour »... (dédicace manuscrite du 5 juillet 1870).

On trouve un peu plus loin dans le même texte une strophe qui définit bien l'esprit de ces poèmes :

Espérons, ma mie, espérons !
Va ! les heureux de cette vie
Bientôt nous porteront envie
Tellement nous nous aimerons !

Vingt et un poèmes sans titre composent donc une sorte d'offrande nuptiale, à quoi l'on a coutume d'ajouter trois « Vieilles "bonnes chansons" » un peu lestes et composées vers la même époque (inédites jusqu'en 1895).

Ces noces se veulent d'abord une réconciliation avec le bonheur : elles doivent révéler un nouvel homme qui dit adieu aux « poings crispés », à la « colère », aux méchants et aux sots. J. Borel, dans son introduction au recueil, remarque d'ailleurs que ce revirement du signifié a son écho dans le signifiant ; il y aurait là ce que le critique appelle un « prodigieux recul » par rapport aux œuvres précédentes : « le mot-son le cède à nouveau au mot-signe, le suggéré à l'explicite, au concept l'image ou le chant ». Il serait paradoxal cependant de ne voir dans ces poèmes qu'un recul ou un refus : ces poèmes expriment surtout une adhésion au monde, on l'a vu ; ils installent une magie heureuse à opposer aux climats ambigus d'autrefois. Les présences qui peuplent les paysages sont en effet complices d'un amour euphorique qu'elles encouragent :

La lune blanche
Luit dans les bois ;
De chaque branche
Part une voix
Sous la ramée...
Ô bien-aimée.

(VI)

Au malaise succède donc l'harmonie, et l'on pourrait montrer cette évolution dans tous les registres : les couleurs (plus franches), la saison (juin et non septembre), l'heure du jour (le matin doux et non le crépuscule). Désormais, en effet, le monde n'est plus vide : « Elle » l'habite, l'anime et lui donne un sens. Et cette figure féminine est aussi solaire, elle éclaire la nature en même temps qu'elle incarne un rêve : on l'attend, on l'espère, on la désire, c'est autour d'elle que tout s'organise. Ce qui fait sa force, c'est qu'elle n'est pas qu'un corps, elle est aussi une voix et un nom qui rend suave le « rhythme *(sic)* du wagon brutal », fait entendre son « doux accord patricien » et donne l'accord premier à la musique du poète. Le monde, dès lors, peut bien être laid, s'opposer à ceux qui s'aiment, leur union sera la plus forte et les bons sentiments font pour une fois bon ménage avec la bonne poésie ; c'est d'ailleurs sur ces deux valeurs de l'adjectif que joue le titre : *la Bonne Chanson* est bien sûr l'expression d'un bonheur, mais elle est aussi bonheur, bonheur d'écriture, adéquation idéale entre une forme maîtrisée et un état d'âme. Accord rare aussi entre deux éléments contradictoires : ce que J.-P. Richard appelle la poésie « inoffensive » et les « rêveries grivoises » ; leur mariage ou plutôt la tension qui les lie aboutit à ce que le même critique nomme la « fadeur » de Verlaine, l'équilibre savoureux de toutes les saveurs.

Romances sans paroles

Paru en 1874, le recueil comprend vingt-trois poèmes organisés en trois sections : « Ariettes oubliées » (9), puis « Paysages belges » (6), à quoi il faut ajouter « Birds in the night » et enfin « Aquarelles » (7). Le titre, quant à lui, n'est pas inédit puisqu'il constituait le deuxième vers d'« À Clymène » dans les *Fêtes galantes* : malgré l'évolution et la rencontre évidemment essentielle de Rimbaud, il y a donc dans les *Romances sans paroles* la reprise d'une tradition intime. Après l'intermède de *la Bonne Chanson*, Verlaine renoue avec l'inspiration des *Fêtes galantes* et de certains poèmes saturniens, dans « Melancholia » par exemple. Le regret et l'exil (le mot revient souvent) succèdent à la possession heureuse : l'ariette est « oubliée », l'âme « se lamente » et

Il pleure dans mon cœur
Comme il pleut sur la ville ;
Quelle est cette langueur
Qui pénètre mon cœur ?

(*Ariettes oubliées*, III, précédé d'une phrase de Rimbaud)

Aucune cause explicite à ce désarroi, mais, au contraire, des angoisses et des questions :

Et mon cœur, mon cœur trop sensible
Dit à mon âme : Est-il possible,
Est-il possible – le fût-il –,
Ce fier exil, ce triste exil ?

(*Ariettes oubliées*, VII)

Un chant dolent, donc, et qui trouve bien sûr un secret plaisir à dire les peines de l'âme, à chercher dans le monde des métaphores de ce vague-au-cœur : fumée, lune morte, sable et pluie, airs anciens, bruits confus, des motifs « solubles dans l'air », immatériels, mais qui peuvent aussi se charger de tout un poids de sentiments inexprimables.

Certains lieux ont un peu la même vertu et, après « Ariettes oubliées », ce sont les « Paysages belges » et les « Aquarelles ». Curieux mélanges que la Belgique ou l'Angleterre verlainienne : aucun exotisme, mais le sentiment d'être en pays de connaissance, et probablement parce que l'errance qui les a fait découvrir est au cœur même de ce lyrisme. L'exil intérieur trouve un écho dans ces voyages, dans ces tableaux transitoires découverts d'un compartiment de chemin de fer :

Gares prochaines
Gais chemins grands [...]
Quelles aubaines,
Bons juifs-errants !

(« Walcourt »)

On sent donc quoi ?
Des gares tonnent,
Les yeux s'étonnent,
Où Charleroi ?

(« Charleroi »)

D'où l'accent mis sur tout ce qui bouge et fuit : le train, le vent qui passe dans les herbes, l'avoine qui siffle, le buisson qui « gifle/L'œil au passant », le manège de chevaux de bois, le navire démâté : autant d'images qui décrivent un parcours ou transmettent un vertige. On pourrait retrouver dans « Aquarelles » quelques éléments du même ordre : le titre, d'ailleurs, de la série est révélateur si l'on accepte que la fluidité transparente de l'aquarelle est elle aussi vertigineuse, moins lumineuse que propice à fixer des visions, des sensations fugitives ou quelque *flash* mémoriel (« Streets », I et II), cette tristesse indéfinissable qui, en anglais, se dit *spleen* (cf. le deuxième poème de la série) : le choix de ce climat permet les associations bizarres, les ruptures de ton et de vers et même ce qu'un critique (L. Morice) a appelé « l'obscurité » de certaines de ces pièces.

« Green », le poème le plus connu d'« Aquarelles » imagine, certes, une étape rassurante dans ce voyage difficile et inquiétant :

Voici des fruits, des fleurs, des feuilles et des [branches
Et puis voici mon cœur qui ne bat que pour vous.
Ne le déchirez pas avec vos deux mains blanches
Et qu'à vos yeux si beaux l'humble présent soit [doux [...]
Souffrez que ma fatigue à vos pieds reposée
Rêve des chers instants qui la délasseront.

Il n'en reste pas moins que la tonalité générale est bien celle de l'inquiétude, dans « Child Wife » par exemple, où la problématique personnelle s'énonce clairement. Ce n'est plus le présent glorieux de *la Bonne Chanson*, mais le regret du passé ou le futur triste d'un amour qui aura échoué. Désir ou regret, la constante, en tout cas, qu'on peut déceler dans le recueil est une sorte de dépossession multiple ; la parole même n'assure plus la cohésion d'un moi qui semble avoir perdu ses repères : *la Bonne Chanson* reposait sur l'accord d'une musique et d'un langage : cette fois, les romances sont « sans paroles », à la fois étouffées et vertigineuses, plaintives et vite arrêtées.

Sagesse

Le livre fut publié à Paris en 1880, à compte d'auteur et chez Palmé. Il comporte trois parties : une de vingt-quatre poèmes d'abord, puis quatre autres poésies dont une divisée en 8 sonnets et un demi-vers séparé, enfin une dernière partie composée de vingt et un poèmes. Le recueil a une unité très forte dans le ton religieux et même catholique : les poèmes, cependant, qu'on y trouve ont été écrits à des époques très différentes et, de plus, *Sagesse* ne rassemble qu'une partie de la production verlainienne entre 1873-1874 et 1880. Au départ, en effet, on trouve un manuscrit intitulé *Cellulairement* et datant de 1875 : certains de ses éléments seront repris dans *Sagesse*, mais aussi, plus tard, dans *Jadis et Naguère*, dans *Parallèlement* et *Invectives*. *Cellulairement*, comme son nom l'indique, recueillait les textes rédigés en prison après le coup de feu du 10 juillet 1873. Il y a là une rupture dans la biographie qui explique en partie l'inspiration chrétienne de *Sagesse* et d'*Amour* (dont il faut voir, pourtant, qu'elle n'est pas la seule en ces années 1870). *Sagesse* marque donc une étape importante : le tout est de ne pas considérer ce recueil comme le résumé d'une période pleinement homogène.

En apparence, cependant, il s'agit d'une conversion sans retour. Dans sa préface datée du 30 juillet 1880, Verlaine sépare deux temps, un avant et un après : « [l'auteur de ce livre] a longtemps erré dans la corruption contemporaine, y prenant sa part de faute et d'ignorance. Des chagrins très mérités l'ont depuis averti, et Dieu lui a fait la grâce de comprendre l'avertissement ». On pourrait donc voir *Sagesse* comme une sorte de symétrique divin de *la Bonne Chanson* : dans un premier temps, et sous diverses formes, on voit s'opérer la rédemption du pécheur : c'est tantôt le Malheur, tantôt la Prière personnifiés qui viennent l'arracher à ses fautes et à la laideur du monde ; plus tard, ils demanderont à Dieu de sauver cet « enfant de colère ». L'antithèse est claire : aux séductions du monde, à la vie atroce et futile, aux « faux beaux jours » et à l'Infâme, à la raison et aux sciences, il faut préférer l'Amour. On a l'impression, dans certains poèmes, d'une sagesse un peu courte et qui se perd dans l'abstraction : cette sagesse-là peut apparaître comme trop sage, et le lecteur habitué aux audaces des *Fêtes galantes*, aux climats troubles des *Poèmes saturniens*, est assez surpris devant ces « Mea Culpa » à répétition, devant ce passé renié et réduit à une série de péchés capitaux ; voici l'Orgueil, la Haine et la Chair face à l'Amour, au Devoir et à la Croix, face à la Charité.

Reste bien sûr que la voix est toujours présente et la plainte toujours émouvante. Elle s'enrichit même de motifs nouveaux avec la figure du Christ et celle du Seigneur, celle de la Vierge surtout à qui Verlaine s'adresse, en quête de plénitude : il semble bien qu'elle comble ce vide ou réponde à ces questions qu'on sentait par exemple dans *Romances sans paroles*. La Prière, l'Invocation ou le Psaume offrent d'ailleurs de nouveaux modèles à transmuer en poésie. Mais l'inquiétude, pour autant, n'a pas disparu totalement et c'est dans la dernière section qu'on la sent revenir avec le plus d'acuité, dans la Chanson de Gaspard Hauser (III, 4) et aussi dans le plus connu des poèmes de *Sagesse* :

Le ciel est, par-dessus le toit,
Si bleu, si calme !
Un arbre, par-dessus le toit,
Berce sa palme

(III, 6)

Le climat pourrait paraître apaisé et bien tranquille, mais cette tranquillité même n'existe pas vraiment pour celui qui la contemple : elle est un ailleurs regretté :

Dis, qu'as-tu fait, toi que voilà,
De ta jeunesse ?

(*id.*)

J.-P. Richard marquait cependant, dans la conclusion de son texte sur la « Fadeur de Verlaine », l'évolution parcourue : « le péché de la jeunesse perdue est [...] racheté au moment même qu'il est reconnu et avoué. Tout s'explique et se réaccorde dans l'harmonie d'un ordre divin » (*Poésie et profondeur*).

Jadis et Naguère

À la cohérence apaisée de *Sagesse*, on oppose souvent la diversité et le désordre de *Jadis et Naguère*, publié en 1884 chez Vanier qui devient l'éditeur attitré de Verlaine. La date de parution ne doit cependant pas être prise au sens strict dans la mesure où le recueil est composé de poèmes écrits, là encore, à diverses époques : des années 1860 aux années 1880 en passant par l'épisode déjà mentionné de *Cellulairement*. Pour autant, *Jadis et Naguère* n'est ni incohérent ni négligeable, et d'abord parce qu'il contient des textes essentiels pour l'œuvre de Verlaine et pour l'histoire littéraire en général. On ne peut oublier, en effet, l'« Art poétique » où la nouvelle génération décadente puis symboliste cherchera son credo. Deux grandes parties dans le livre : *Jadis,* composé lui-même d'un « Prologue » suivi de « Sonnets et autres vers », de « Vers jeunes » puis d'« À la manière de plusieurs ». *Naguère,* beaucoup plus court, offre aussi un « Prologue » et cinq grands poèmes dont on retient surtout « Crimen amoris ».

Avec *Jadis*, nous sommes dans un vaste *patchwork* qui juxtapose le poème politique, la petite comédie en vers « dans un parc de Watteau » (« les Uns et les Autres »), le sonnet d'amour, le poème social (dans « Vers jeunes ») et les « Images d'un sou », gravures coloriées et populaires avec Malbrouck et Cadet-Roussel ; jusqu'aux pastiches dans « À la manière de plusieurs » : on se souvient entre autres du fameux sonnet « Langueur » où l'époque trouve un nom de baptême pour la nouvelle école et la nouvelle sensibilité :

Je suis l'Empire à la fin de la décadence.

Diversité, donc, et kaléidoscope avec notamment un certain nombre de textes écartés autrefois parce qu'ils ne correspondaient pas à l'esprit des recueils précédents. Mais c'est justement au milieu de l'ensemble des styles verlainiens possibles qu'on trouve un « Art poétique » (écrit en 1874 mais publié seulement en 1882) : comme s'il s'agissait de synthétiser une recherche, de trouver le mode fondamental sur lequel joue toute cette lyre. Rappelons les points essentiels de cette théorie qui n'en est pas une, que l'œuvre même de Verlaine excède souvent et contredit parfois. La poésie est avant tout « musique » :

De la musique avant toute chose
Et pour cela préfère l'Impair
Plus vague et plus soluble dans l'air,
Sans rien en lui qui pèse ou qui pose.

Reste évidemment à préciser les moyens de cette ambition : l'harmonie résulte en l'occurrence d'un subtil déséquilibre, qu'il s'agisse de l'Impair, de la Nuance ou de la méprise que Verlaine recommande dans le choix des mots. D'où un écart qui sauve de la convention la pensée ou le vers et leur fait retrouver le naturel. On fuira au contraire l'harmonie artificielle ou l'excès : ce que Verlaine appelle la Pointe assassine, l'Esprit cruel et le Rire impur, la Rime surtout, « bijou d'un sou/Qui sonne creux et faux sous la lime ». La sensation qui métaphorise le mieux la bonne poésie est alors celle de l'envol puisque le vers réussi échappe aux lois strictes et fait échapper le lecteur à la plus stricte d'entre elles : la pesanteur. Nous sommes dans l'aérien, dans l'Azur que *Sagesse* anime ailleurs de saints et de figures divines : mais, pour l'instant, l'antithèse haut-bas reste laïque et oppose la nature à l'éloquence, à la « littérature » au sens le plus péjoratif du terme. Le poème en soi n'est évidemment pas un art poétique traditionnel et il met en pratique ses propres exigences de légèreté et de nuance ; il n'en constitue pas moins une référence capitale, qui pose en particulier les valeurs essentielles du vrai symbolisme : non pas un vague idéal, mais plutôt un idéal du vague composé de toutes les nuances sensuelles de la réalité dont le poète possédera ainsi les arcanes.

Après *Jadis*, *Naguère* est plus conforme à l'esprit et aux thèmes de *Sagesse*, la conversion surtout : au Mal et à ses séductions (luxes et luxures), à ses figures diaboliques (les Satans de « Crimen amoris ») ou pseudo-diaboliques (« Don Juan pipé »), il faut préférer l'Amour universel ; il faut aussi brûler ce qu'on a adoré, se purifier ainsi et s'offrir à Dieu, car nous sommes dans un univers manichéen qui ne répond pas vraiment à la poétique subtile évoquée plus haut. On peut apprécier cette évolution comme une déchéance, on peut y voir aussi le choix délibéré d'exprimer un sentiment vrai, de tenter une expérience de plus dans l'exploration de tous les registres poétiques et amoureux : de l'érotisme cru à l'oraison pure en passant par le chant d'amour offert à Dieu (les poèmes consacrés à Lucien Létinois dans *Amour*).

A. Preiss

Verne

VERNE Jules

(1828-1905)

Universellement lu et célébré, Jules Verne reste pourtant méconnu car son œuvre, depuis qu'elle est apparue, souffre de concours qui, s'ils ont contribué à établir la légende du romancier nantais, ont dans le même temps singulièrement limité sa portée. Ainsi le sort abusif accordé à quelques titres, toujours mis en avant par les amateurs d'anticipations, a relégué dans l'ombre de nombreux récits d'inspiration très différente mais tout aussi attachants. Aux éditeurs successifs de ces histoires, dès l'origine si richement présentées qu'elles sont devenues objets de spéculation, est également due en majeure partie l'opinion qui voit dans l'auteur des « Voyages extraordinaires » un homme ayant exclusivement écrit pour un public d'adolescents. Sans être inexacte, cette image de Jules Verne relève d'une simplification abusive qui ne résiste pas à l'examen de textes, très nombreux, inédits encore ou difficiles d'accès, aux intentions multiples et parfois secrètes.

Un paisible bourgeois ?

Dissimulé de tempérament, Jules Verne n'a guère désiré porter au grand jour les orages qui ont troublé son existence. Hormis les quelques lettres où le jeune homme supplie sa mère de lui trouver une épouse, où l'adulte fustige la conduite de son fils – conduite qu'il a lui-même contribué, involontairement, à rendre répréhensible –, les confidences sont rares dans les œuvres qu'il destine au public. Écrits à soixante ans passés, les *Souvenirs d'enfance et de jeunesse* restent muets sur la fugue romanesque dont il fut à onze ans le malheureux héros. C'est la tradition qui rapporte que le jeune garçon, amoureux de Caroline Tronson, prit la place d'un mousse de la *Coralie* pour se rendre aux Indes et rapporter à sa cousine des bijoux de corail ; que le voyage se termina brutalement, aux deux sens du terme, à Paimbœuf. Indirects, partant délicats à interpréter, sont les maigres échos de cette aventure, tant dans le chapitre de *Vingt Mille Lieues sous les mers* (1869) intitulé « le Royaume du corail » que dans l'épisode de *Famille-sans-nom* (1889) où une *Caroline* se fracasse au pied des chutes du Niagara. Tout aussi lointains sont les liens qui existent entre l'intrigue policière d'*Un drame en Livonie* (1904) et l'assassinat dont faillit être victime l'homme de lettres, agressé en 1886 et blessé de deux balles par un neveu aliéné. Une discrétion analogue, observée dans le très beau *Château des Carpathes* (1892), dont on pense qu'il est l'hommage rendu à une chère disparue, laisse planer le doute sur le nom et le nombre des probables maîtresses qui ont marqué une vie sentimentale riche et secrète. Affaiblis donc ou rendus méconnaissables, les aveux de cette sorte ne pouvaient, il est vrai, se multiplier dans un genre aussi particulier que le « roman de la science ».

Ce genre romanesque, sous la plume de Jules Verne, n'est pas condamné à l'impassibilité. Il conserve intact le mouvement des passions qui l'ont fait naître. L'une des plus constantes fut, avec la musique, l'attrait qu'exercèrent les voyages sur le Nantais élevé à deux pas d'un port grouillant encore de baleiniers et de trois-mâts. Outre ces navires traditionnels, il n'est guère de moyens de locomotion moderne qu'il n'ait connus. « Emporte-moi, wagon ! Enlève-moi, frégate ! », le vers de Baudelaire pourrait être la devise du romancier, tout autant que celle de nombre de ses personnages. Le notable d'Amiens appartient au cercle limité des personnes qui prirent le baptême de l'air au XIXe siècle. À l'image de Phileas Fogg, de Claudius Bombarnac, de Michel Strogoff, il est un usager inconditionnel du chemin de fer, dont l'extension rapide coïncide avec sa vie d'écrivain. Il n'oublie pas qu'avant cette période ferroviaire les pyroscaphes lui ont fait connaître sur la Loire, de Tours à Paimbœuf, les joies paisibles de la navigation fluviale qu'il revit dans *la Jangada* (1881), *le Superbe Orénoque* (1898), *Wilhelm Storitz* (1910) et *le Pilote du Danube* (1908). Il fait partie surtout de la génération de ceux qui, épris de liberté, ont « chéri la mer ». Ses périples nombreux sur l'océan Atlantique, en Méditerranée, dans la Baltique, accomplis à bord du *Great-Eastern* en 1867 ou avec les *Saint-Michel I, II* et *III* (jusqu'en 1886), lui ont permis d'atteindre des rivages demeurés inconnus de la grande majorité de ses compatriotes. L'euphorie qui fut celle du propriétaire de yacht se devine à travers l'enthousiasme de certaines lettres, mais aussi dans les propos dithyrambiques tenus par les marins qu'il a campés, tout aussi appliqués que lui dans l'exercice de la manœuvre, et partageant son goût pour les régions maritimes qu'ils parcouraient. Car le navire demeure, dans la pensée de Jules Verne, le mode de locomotion idéal. Malgré la multiplicité des montures – y compris l'éléphant et l'autruche – et les innombrables véhicules – bicyclette, automobile, kibitka, brouette, traîneau à voile – qu'il emprunte, la préférence du globe-trotter des « Voyages extraordinaires » va au vaisseau – modeste ou gigantesque, en acier ou de bois –, dû à l'ingéniosité des hommes ou à la générosité de la nature, tels le glaçon du *Pays des fourrures* (1872), d'*Un drame en Livonie* ou de *Michel Strogoff* (1876), et l'arbre gigantesque au sein duquel se réfugie l'équipage du *Duncan*. Dans le domaine de la fiction, l'amphibie est la machine de rêve grâce à laquelle sont autorisées à tout moment les traversées aquatiques. Ainsi du *Steam-House*, dans la vallée du Gange, et de l'*Épouvante* sur les grands lacs américains. L'*Albatros* et le *Victoria* ne sont du reste, pour Robur et Fergusson, que des bâtiments qui voguent avec alacrité dans les airs, confusion qui établit, en définitive avec éclat, l'influence qu'exercèrent sur l'esprit du romancier les bateaux à voile puis à vapeur.

L'écrivain qui commença sa carrière en livrant au public *les Premiers Navires de la marine mexicaine* (1851) resta toute sa vie un « enfant amoureux de cartes et d'estampes ». Assisté d'excellents dessinateurs, il ne leur laissa pas souvent le soin d'établir les plans qui accompagnent deux fois sur trois ses romans. Il trouva là matière à satisfaire son besoin d'évasion. N'ayant jamais franchi l'équateur ou le cercle arctique autrement qu'en contemplant son atlas et le globe qui surplombait sa table de travail, il prête aux régions qui s'étendent au-delà de ces limites les prestiges des *terrae incognitae*. Les capricieux contours de certaines frontières, le jeu des couleurs utilisées dans les relevés font naître devant ses yeux des formes fantastiques : la Russie des tsars devient un ours, l'Antarctique un sphinx et l'Argonne un gigantesque insecte. C'est sous l'aspect d'un papillon, d'un dragon, d'une feuille que se présentent les îles imaginaires où abordent, après d'autres, les naufragés de *Deux Ans de vacances* (1888), de *l'Île mystérieuse* (1874) et de *Seconde Patrie* (1900).

« Ce que je fais là, un autre l'a fait », déclare Lidenbrock, qui emprunte les pas d'Arne Saknussemm, son prédécesseur sur le chemin du centre de la terre. Une dette de reconnaissance entraîne semblablement les conquérants des pôles, Hatteras au nord, Nemo au sud, à dresser le méticuleux catalogue des explorateurs qui les ont précédés sur la voie du succès. Auteurs de journaux, héros à tout le moins de relations circonstanciées, les Jacques Arago, Humboldt, Bougainville, Chaffanjon, d'autres encore – tous copieusement sollicités également dans l'*Histoire des grands voyages* (1878), ouvrage de vulgarisation – ont manifestement favorisé les rêves d'évasion du romancier. Ces habitués des revues comme le *Tour du monde*, dont la seconde moitié du XIXe siècle fut si prodigue, ont tous figuré en bonne place dans la bibliothèque de Jules Verne.

La lecture n'est pas seulement pour le vulgarisateur une nécessité. Elle répond à un penchant irrésistible que, du reste, les premiers rôles verniens partagent avec leur créateur. Comme lui, ils connaissent l'art de conjuguer les impressions ressenties au spectacle grandiose donné par les phénomènes naturels et l'explication rationnelle de ceux-ci, apprise dans les ouvrages consultés avant le départ. Ces derniers étaient devenus de plus en plus nombreux à partir du moment où, sur le conseil d'Alexandre Dumas, Jules Verne, engagé en 1852 comme secrétaire du Théâtre-Lyrique, avait commencé à se documenter sérieusement. Herschell, François Arago, Humboldt, Milne-Edwards, Élisée Reclus sont les savants auxquels il a dès lors le plus volontiers recours, sans négliger les vulgarisateurs comme Camille Flammarion, Maury, Jean Macé, Simonin. La plupart de tous ces noms figurent d'ailleurs au catalogue de la bibliothèque du capitaine Nemo, qui, selon toute vraisemblance, reproduit celle qui devait être à la disposition de l'auteur de *Vingt Mille Lieues sous les mers*. À bord du *Nautilus*, avec Michelet, George Sand, Victor Hugo, la littérature est sur un pied d'égalité avec les sciences et techniques. Cet hommage au romantisme, que confirment diverses prédilections de Verne – goût pour le grandiose, sentiment de la nature, préférence pour le gothique, toute-puissance accordée au magnétisme, fascination exercée par l'inventeur doté d'intentions démoniaques –, ne se limite pas à cette liste de célébrités. Chateaubriand, fréquemment vanté, maintes fois imité dans les descriptions du Niagara, Alexandre Dumas père, dont le *Monte-Cristo* servit de modèle à *Mathias Sandorf* (1885), Charles Nodier, voire Théophile Gautier – qui semble avoir été, dès 1866, le premier critique vernien perspicace – pourraient aussi bien y figurer. Au même titre que Chamisso, cité dans *Voyage au centre de la terre* (1864), Hoffmann, pris pour modèle dans *Une fantaisie du docteur Ox* (1872). Et sans omettre les Anglo-Saxons, fort prisés alors : Shakespeare, Ossian, Byron, Walter Scott, Fenimore Cooper, le père du roman maritime, et Poe, auquel Verne, l'un des premiers, consacra une étude dans *le Musée des familles*. Vastes, et surtout étendues au domaine littéraire, furent les lectures de cet écrivain qui n'a pas trouvé de meilleur moyen que le roman pour faire partager au lecteur son savoir et ses goûts.

Le besoin d'écrire apparaît très tôt chez ce garçon né dans un milieu ami des lettres, formé aux humanités les plus classiques par ses maîtres du petit séminaire puis du Collège royal de Nantes. L'attestent un talent d'épistolier précoce, particulièrement à l'œuvre dès qu'il devient opportun de convaincre de Paris un père désireux de voir son fils achever des études de droit, et plus encore la durée d'un malentendu dont le souvenir persiste toujours au temps où l'auteur de *Famille-sans-nom* dote de traits autobiographiques un jeune clerc, poète impénitent. Longue et sinueuse fut la voie qui devait conduire Verne à devenir, à partir de sa rencontre avec Jules Hetzel, en 1862, un romancier à part entière. Jusqu'à cette date, il sacrifie volontiers aux usages d'une famille friande de poèmes occasionnels, aux bonnes manières d'une société qui apprécie les chansons accompagnées au piano. Enfin l'ami d'Alexandre Dumas et le secrétaire de Jules Seveste a longtemps, comme ses contemporains, cru que sa carrière serait celle d'un dramaturge. En font foi les multiples manuscrits de comédies, tragédies, drames, vaudevilles, opéras, opéras bouffes, composés seul ou avec le concours d'Aristide

Hignard, un compatriote nantais, de Charles Wallut, de Michel Carré, pièces dont certaines eurent l'heur d'être éditées, comme *les Pailles rompues* (1850) ou *les Châteaux en Californie* (1851), et d'être jouées, comme *Monsieur de Chimpanzé* (1860). Cette activité poétique et dramatique ne restera pas sans lendemain et ne cessera pas non plus du jour au lendemain. Le romancier ne renoncera jamais ni à concevoir les dialogues entre ses personnages dans l'optique de la scène, ni à recourir aux jeux de mots, ni à ponctuer de coups de théâtre les intrigues de ses récits. À ses adaptations pour des salles à grand spectacle du *Tour du monde en quatre-vingts jours* (1872), des *Enfants du capitaine Grant* (1865), de *Michel Strogoff* il dut d'ailleurs la majeure partie de sa célébrité sinon de sa fortune.

Les « Voyages extraordinaires »

En 1862, Hetzel, revenu d'exil, en quête d'un collaborateur chargé d'assurer la partie romanesque du *Magasin d'éducation et de récréation*, qu'il s'apprête à fonder avec Jean Macé, s'attache les services de Jules Verne en publiant *Cinq Semaines en ballon* (1862). Celui qui n'était pour le public que l'auteur de quelques nouvelles, d'ailleurs remarquables, *les Premiers Navires de la marine mexicaine*, *Un voyage en ballon* (1851) – inspiré de Poe –, *Martin Paz* (1852), *Maître Zacharius* (1854), toutes parues dans *le Musée des familles* dirigé par le Breton Pitre-Chevalier, connaît enfin le succès. Il produira chaque année un ou deux romans (selon leur volume), et ce pendant plus de quarante ans, conformément au rythme fixé par ses éditeurs, Jules Hetzel fils prenant la succession de son père disparu en 1886.

Toutefois, le romancier n'a jamais vraiment suivi à la lettre le plan d'ensemble méthodique que traçait l'« Avertissement de l'éditeur » placé en tête des *Voyages et Aventures du capitaine Hatteras* dès qu'ils parurent en volume en 1866 :

> *Les ouvrages parus et ceux à paraître embrasseront ainsi dans leur ensemble le plan que s'est proposé l'auteur, quand il a donné pour sous-titre à son œuvre celui de* Voyages dans les mondes connus et inconnus. *Son but est en effet de résumer toutes les connaissances* géographiques, géologiques, physiques, astronomiques *amassées par la science moderne, et de refaire, sous la forme attrayante et pittoresque qui lui est propre, l'histoire de l'univers.*

Certaines des disciplines ici énoncées ne feront qu'une timide apparition, le romancier se bornant, la plupart du temps, à des rudiments – ainsi de la physique dans *Hector Servadac* (1877) et de la géologie dans *Voyage au centre de la terre*. Seule la géographie, étendue à ce qui aujourd'hui appartient à l'anthropologie, a véritablement inspiré l'auteur des *Enfants du capitaine Grant*.

Les « Voyages extraordinaires », titre général qui n'apparaît qu'en 1866 également, et qui n'est pas de Jules Verne, désignent de surcroît moins un projet concerté de ce dernier qu'un résultat escompté par Jules Hetzel. Sans prendre véritablement un caractère irréparable, une certaine opposition a présidé aux rapports des deux hommes, qui a conduit le premier à s'évader du cadre tracé par le second. Plutôt que de saturer méthodiquement une case nouvelle, l'écrivain se réserve le droit de passer outre ou de rebrousser chemin. Cette démarche, dont la courbe s'apparente à celle d'une spirale et se retrouve dans le trajet que suivent le *Nautilus* ou les concurrents du *Testament d'un excentrique* (1899), explique les récurrences qui caractérisent l'écriture vernienne : autocitation, retour des personnages dans la trilogie, dans le cycle du Gun-Club, dans *Maître du monde,* suite de *Robur le Conquérant* ; descriptions inchangées des mêmes météores ; zones géographiques privilégiées (Afrique, Méditerranée, chutes du Niagara, Floride, Pacifique Sud) ; ou reprises d'intrigues antérieures, *le Pays des fourrures* recopiant en mineur celle des *Voyages et Aventures du capitaine Hatteras*, *Deux Ans de vacances* celle de *l'Île mystérieuse*.

L'ensemble – plus de soixante numéros –, en dépit de sa présentation uniforme qui le désigne à l'attention des collectionneurs, n'est pas un tout homogène. Le recueil intitulé *le Docteur Ox* ne reprend pas toutes les nouvelles écrites pour *le Musée des familles* (*le Comte de Chanteleine,* par exemple, est écarté pour des raisons politiques). *L'Épave du « Cynthia »*, écrit en collaboration avec Paschal Grousset, n'a pas été retenu dans la liste des « Voyages extraordinaires », alors que le furent *les Cinq Cents Millions de la bégum* et *l'Étoile du Sud,* composés dans des circonstances analogues.

D'autres noms que ceux de Jules Verne ont apporté leur contribution à l'entreprise. Celui de Paul Verne, le frère marin, se lit au bas de deux relations, la première, la *Quarantième Ascension française au mont Blanc,* complétant *le Docteur Ox,* la seconde, *De Rotterdam à Copenhague,* insérée dans le volume de *la Jangada.* Bien qu'il n'apparaisse jamais, celui de Michel Verne mériterait de figurer aux côtés de celui de son père pour la quasi-totalité des titres posthumes. Profitant de la publicité d'un patronyme, il publia en 1910 dans *Hier et demain* « la Journée d'un journaliste américain en 2889 » et « l'Éternel Adam », en 1907 un roman, *l'Agence Thomson and Co.*, et, de 1905 à 1914, sept autres manuscrits, qu'il remania parfois entièrement. Amicale, fraternelle, filiale – diverses furent donc les collaborations qui ont permis à Jules Verne et plus encore à son éditeur de mener à bien la publication d'une somme romanesque dont l'unité répond surtout à des motifs commerciaux.

Un écrivain libéral

Dans leur grande majorité, les « Voyages extraordinaires » reprennent, parfois avec des améliorations sensibles, des récits parus en livraisons dans des quotidiens tels que *le Temps, le Soleil* ou *l'Union bretonne* et, pour une quarantaine d'entre eux, dans le bimensuel qu'était *le Magasin d'éducation et de récréation* qui ne leur survécut pas. Du feuilleton le romancier, qui se lia avec des spécialistes du genre – André Laurie, Adolphe d'Ennery –, connaît toutes les ressources. Tout un art du suspense, rendu exemplaire avec *le Tour du monde en quatre-vingts jours*, un recours régulier aux épisodes spectaculaires que sont évasions, résurrections, naissances d'enfants posthumes, retrouvailles, ajournements de décès, un penchant prononcé pour l'inouï des nouvelles découvertes sont mis au service des préoccupations de la bourgeoisie d'alors : volonté d'imposer des critères occidentaux au reste de la planète, suprématie de l'homme blanc dans l'échelle humaine, foi puis méfiance face au progrès, nécessité d'avoir un héritier sain de mœurs et d'esprit. Passé quelques bouffonneries légères dignes des opérettes d'Offenbach – lequel écrivit une musique pour *le Docteur Ox* et plagia Verne dans *le Voyage dans la Lune* (1875) –, un certain conformisme moral règne dans ces aventures où les rôles sont toujours parfaitement distribués.

Les sympathies que l'écrivain a pu entretenir avec d'anciens communards comme Élisée Reclus et Paschal Grousset, la séduction qu'il prête à un Nemo ne peuvent faire oublier que l'idéologie anarchisante a satisfait un jeune homme impétueux, qui suivit en 1848 avec intérêt quelques séances de l'Assemblée constituante. En fait, Verne devait s'affirmer comme un partisan de Thiers puis, plus tard, comme un antidreyfusard. Nourri au sein d'une famille rigoriste, Verne a gardé de sa jeunesse une foi vague, voltairienne puisqu'elle admet quelques atteintes anticléricales, dénuées, il est vrai, d'acrimonie. Appartenant à la classe des privilégiés qui ont alors la double possibilité de suivre des études secondaires et d'accéder à l'enseignement supérieur, cet éducateur n'est guère favorable à une instruction complète pour tous. Il reste sur ce point timoré et demeure satisfait du système en place, qu'il ne songe même pas à étendre aux jeunes filles. La hiérarchie sociale qu'il souhaite doit à ses yeux, qui sont ceux d'un positiviste, réaffirmer les distinctions établies par le savoir : d'où ces utopies où l'ingénieur commande à une communauté d'êtres disciplinés jusqu'au mutisme (*Vingt Mille Lieues sous les mers*, *l'Île mystérieuse*, *le Pays des fourrures*, *les Indes noires* [1877]). Le peuple de Jules Verne n'est pas différent de celui que se représentait la bourgeoisie de 1848 : il ne comporte plus d'esclaves, mais ignore la lutte des classes ; il jouit des libertés conquises par les mouvements nationaux accordées avec un retard prudent (*l'Archipel en feu*, [1884], *Mathias Sandorf*, *P'tit Bonhomme* [1893], *Famille-sans-nom*). Modéré, tel fut donc dans l'ensemble le penseur qui, dans une lettre, se déclarait non sans ostentation « catholique et breton ». Cette attitude s'accommode fort bien, en outre, de la République – et de son fonctionnement – à partir de 1871. Sans qu'il y ait véritablement contradiction, en collaborant au *Magasin d'éducation et de récréation*, d'inspiration libérale, en rendant visite au comte de Paris (en 1878 et 1880), désigné comme l'auteur remarquable de l'*Histoire de la guerre civile en Amérique* dans *Nord contre Sud* (1887), le notable d'Amiens peut à la fois courtiser le milieu orléaniste et se présenter sur une liste républicaine aux élections municipales de 1888. Cette tentative pour concilier les vues de l'esprit et la réalité – tentative consciencieuse, du reste, et qui se prolongea jusqu'en 1904 – ne fut pas très combative. Elle permit au conseiller d'intervenir à propos de quelques améliorations d'urbanisme, de prononcer d'inévitables allocutions et de satisfaire, avant toute chose et à bon compte, une irrépressible envie de spectacles en tous genres dont certains égayent différentes scènes de *César Cascabel* (1890), de *Claudius Bombarnac* (1892) et de *l'Île à hélice* (1895). Cette activité, pondérée s'il en fut, donne la véritable mesure de l'engagement politique de l'écrivain.

La timidité de Verne est surtout perceptible lorsqu'il lui faut envisager la cité de l'avenir. Malgré les altérations sensibles qu'il a fait subir à la tradition de la robinsonnade, qu'il étend aux dimensions d'une colonie humaine, malgré certains emprunts indiscutables au socialisme utopique – notamment au pamphlet écrit par Saint-Simon contre les frelons (« Nina-Ruche, la Nouvelle Aberfoyle ») –, l'utopie vernienne n'est guère peuplée. Il ne s'agit pas toujours d'une agglomération à l'urbanisme moderne tel qu'il se présente à France-Ville (*les Cinq Cents Millions de la bégum*) ou à Antekirtta. Le port aéré de San Diego dans *Mistress Branican* (1891), l'immense propriété de James Burbank gérée avec libéralisme suffisent le plus souvent au bonheur d'un rêveur qui se contente de modèles empruntés à la réalité et préfère les satisfactions authentiques goûtées à bord d'*Une ville flottante* aux innovations insensées de *l'Île à hélice*. Les lieux utopiques qu'envahit le machinisme n'inspirent au conseiller municipal d'Amiens que crainte ou raillerie, comme c'est le cas dans la pochade *Une ville idéale* (1875), digne de l'humour conservateur de Robida. Aux mains du savant, un abri naturel risque de devenir un repaire de brigands (*Face au drapeau* [1896], *Maître du monde* [1904]) et la mégapole une cité maudite. Une explosion guette l'éphémère existence de ces fictions, au fur et à mesure que le pessimisme gagne un auteur accablé par les déboires à partir de 1886 et de moins en moins persuadé que les progrès scientifiques embellissent les utopies.

« Le roman de la science »

Les prévisions de Jules Verne sont, du reste, beaucoup moins audacieuses que ne le pense ordinairement le grand public. La conquête de la Lune est un thème littéraire ancien, remis à la mode peu de temps avant que le créateur de Michel Ardan ne s'en empare. Le *Victoria* de Fergusson est la réplique contemporaine du *Géant* de Nadar ; le train pneumatique est une invention vieille de vingt ans l'année où paraît *Un express de l'avenir* (1893) ; le sous-marin et l'hélicoptère existaient déjà à l'état de prototypes lorsque furent écrits *Vingt Mille Lieues sous les mers* et *Robur le Conquérant* (1886). Il est vrai que les héros verniens sont impatients de mettre à contribution les inventions nouvellement apparues ; les unes, comme l'automobile, la bicyclette, l'ascenseur, les rayons X (*le Testament d'un excentrique*), promises à un bel avenir, les autres appartenant aux folles découvertes dont le XIXe siècle fut si prodigue – ainsi du scaphandre insubmersible du capitaine Boyton. Attentif – mais seulement attentif – à l'actualité technologique, le romancier ne le fut pas moins aux travaux scientifiques. Sa participation au *Magasin d'éducation et de récréation* le mit nécessairement en relation avec des savants célèbres tels que Henri Sainte-Claire Deville, Faraday, Arago, Henri Garcet, Berthelot…

Toutefois, s'il a largement propagé l'idéal encyclopédique de la brillante phalange conduite par Hetzel, il semble malgré tout avoir partagé l'étonnement fasciné de ses contemporains devant les spectacles naturels. Un mélange de rationalité et d'émotion se devine dans ses descriptions de phénomènes électriques, de catastrophes volcaniques, et dans l'émerveillement que suscite en lui la magnificence des météores polaires. Héritier des idées chères à la génération de Michelet, il n'est pas loin de penser qu'une grande source vitale, difficile à analyser, cerne le globe et préside à son évolution. Parvenus au centre de ces « points suprêmes » – l'expression est de Michel Butor – que sont les pôles, la « mer Lidenbrock », l'Atlantide, les explorateurs verniens sont les spectateurs méticuleux et enthousiasmés des manifestations de cette force irrésistible qu'ils ne cherchent guère à s'expliquer. Sauf à retracer l'histoire complète de la planète, exercice dans lequel excellent ces voyageurs qui profitent de leur périple pour accomplir le tour des connaissances.

Ces rêveries cosmiques sont de surcroît favorisées par ces machines à explorer le temps que sont les mobiles verniens. Grâce au *Nautilus*, à l'*Albatros*, au ballon, Aronnax, Uncle Prudent et Phil Evans, les cinq naufragés de l'air ont le loisir d'assister à la formation de la Terre comme à sa future transformation. Le prisonnier de Nemo est plongé dans l'ère primaire la nuit où il traverse une forêt en voie de minéralisation, au même titre que Lidenbrock ou Hatteras qui assistent au travail plutonien qui date des origines. La Terre explosera-t-elle sous l'effet de la lutte que se livrent depuis toujours l'eau et le feu, à l'image d'une chaudière que refroidit trop rapidement un liquide ? Imitera-t-elle son satellite, se refroidira-t-elle après disparition des sources d'énergie ? Telles sont les interrogations que se pose le savant des « Voyages extraordinaires », prompt à imaginer, comme Cyrus Smith, une évolution imprévisible qui tiendrait à une vie occulte de la matière. L'imagination qui voit dans une ceinture de coraux équatoriale un continent providentiel pour les hommes que le froid a chassés des zones tempérées, la fantaisie même qui exclut à dessein toute preuve par les chiffres (*Sans dessus dessous*) ou se moque ouvertement de la vraisemblance (*Voyage au centre de la terre*, *Hector Servadac*) se mêlent si ingénieusement au didactisme et à la précision dans ces aventures qu'il faut bien, avec Jean-Jacques Bridenne, parler à leur sujet de « merveilleux scientifique ».

Les fameuses nomenclatures – qui diminuent en nombre et en longueur avec le temps – sont aussi les indices romanesques de cet étrange mélange. Elles sont le fruit d'un compromis entre l'érudition, que le lecteur du XIXe siècle attendait, et la volonté, héritée de la tradition de Rabelais notamment, de ne laisser échapper aucune des manifestations particulières de la vie. Les descriptions, qui trouvaient grâce aux yeux du critique sévère qu'était Hetzel, concilient sans cesse des exigences apparemment contradictoires. À la précision jugée indispensable par l'honnête homme, au propos démonstratif qui part de la géologie pour aboutir à l'anthropologie, se mêlent des accents persuasifs qui flattent les sens. Les grottes basaltiques deviennent des cathédrales que fait résonner la musique des vents, les îles du Sud sont de paradisiaques pays de cocagne, la banquise offre au regard les formes et les reflets des cités orientales. Sous l'action de la lumière, tous ces théâtres naturels que baigne toujours la mer assurent l'harmonieux mariage de l'eau et du feu produisant ces geysers et ces arcs-en-ciel qu'affectionne la thématique vernienne. La péripétie traduit dans un autre ordre du texte romanesque le souci de faire coïncider le hasard et la pédagogie. Ainsi l'évasion de Mathias Sandorf n'est possible qu'avec la complicité de phénomènes produits par le tonnerre et dûment expliqués. Harry Drake attire quant à lui les foudres du ciel pour avoir imprudemment brandi au cours d'un duel sur le *Great-Eastern* une épée fatalement conductrice. À l'onde de résonance provoquée par un coup de canon providentiel un scaphandrier doit la macabre remontée du noyé désespérément recherché. Maintenue à tous les niveaux du discours, l'hésitation entre l'intention didactique et la bonne marche de l'intrigue donne au récit de Verne sa tension particulière, sans que jamais la vraisemblance n'apparaisse comme fantaisiste.

	VIE	ŒUVRE
1828	**8 févr. :** Jules Verne naît à Nantes, dans l'île Feydeau. Son frère Paul naît l'année suivante.	
1831	Faraday découvre l'électromagnétisme. Victor Hugo publie *Notre-Dame de Paris*.	
1837	Jules et Paul Verne fréquentent l'école Saint-Stanislas. Le futur écrivain se distingue en géographie et en musique. Morse découvre le télégraphe. Première ligne de chemin de fer entre Paris et Saint-Germain.	
1839	Durant l'été, fugue de Jules Verne, embarqué clandestinement sur la *Coralie*. Pierre Verne, averti par des témoins, rejoint son fils à Paimbœuf et le ramène à Chantenay. Daguerre améliore les techniques de la photographie.	
1840	Jules et Paul Verne quittent l'école Saint-Stanislas pour le petit séminaire de Nantes. Dumont d'Urville découvre la terre Adélie.	

	VIE		ŒUVRE
1844	À l'automne, Jules entre en rhétorique au Collège royal de Nantes. Il sera reçu bachelier en 1846. Premiers romans maritimes de Gabriel de La Landelle. Grandville illustre *Un autre monde* de Taxile Delord.		
1847	Premier voyage de Jules Verne à Paris, où il passe ses examens de droit. Première déception amoureuse.		
1848	**Journées de juin :** Jules Hetzel est chef de cabinet lorsque Cavaignac noie dans le sang la révolution populaire. **3 août :** Jules Verne a passé à Paris son second examen de droit. Il a retrouvé son cousin, le mathématicien Henri Garcet. Il a pu apercevoir Hugo siégeant à l'Assemblée. Débuts de la vie parisienne de Jules Verne, placée sous le signe de l'amitié, de la vie mondaine et des lettres.		
1850	Le jeune licencié en droit songe de plus en plus à une carrière d'auteur dramatique. Il fréquente Alexandre Dumas, qui fait représenter *les Pailles rompues* sur la scène du Théâtre-Historique. Vacances à Nantes, où la pièce est également représentée. Barth explore la boucle du Niger, et Livingstone se prépare à voyager en Afrique australe.		
1851	Jules Verne soutient sa thèse de droit, mais préfère écrire pour le théâtre. Il rencontre Jacques Arago, le frère de l'astronome.	**1851**	*Le Musée des familles*, que dirige le Breton Pitre-Chevalier, publie de Jules Verne une pièce : *les Châteaux en Californie*, et deux nouvelles : *Un drame au Mexique (les premiers navires de la marine mexicaine)* et *Un voyage en ballon.*
1852	Jules Seveste prend Jules Verne comme secrétaire au Théâtre-Lyrique. Expériences du pendule de Foucault au Panthéon.	**1852**	*Martin Paz*, nouvelle « historique », paraît dans *le Musée des familles.*
1853	*Colin-Maillard,* opérette dont la musique est due à Aristide Hignard, est représenté au Théâtre-Lyrique. L'assistant de Seveste écrit alors presque exclusivement pour la scène, et souvent en collaboration avec Michel Carré et Charles Wallut. Attendent dans ses cartons *Monna Lisa, les Compagnons de la Marjolaine, le Fils adoptif, la Tour de Montlhéry, les Heureux du jour.*		
1854	Paul Verne, engagé dans la marine depuis 1848, participe à la guerre de Crimée. Pierre et Sophie Verne songent à marier leur fils aîné, qu'ils font revenir à Nantes au début de l'année. Celui-ci décline les propositions qui lui sont faites et, en avril, refuse de succéder à son père qui met son étude d'avoué en vente. Il n'est pas non plus décidé à remplacer Seveste, décédé, à la direction du Théâtre-Lyrique. Henri Sainte-Claire Deville réussit la synthèse de l'aluminium. Le docteur Guépin publie *la Philosophie du XIXᵉ siècle, étude encyclopédique sur le monde et l'humanité.*	**1854**	**Avr.-mai :** *Maître Zacharius ou l'Horloger qui a perdu son âme*, une nouvelle fantastique, paraît dans *le Musée des familles.*
1855	Jules Verne, qui écrit toujours pour le théâtre, visite l'Exposition universelle.	**1855**	*Un hivernage dans les glaces,* nouvelle inspirée d'un voyage accompli quatre ans plus tôt, paraît dans *le Musée des familles.*
1856	L'écrivain rencontre sa future femme au mariage d'un ami. Il songe à s'établir en devenant agent de change. Il sollicite à cet effet la compréhension généreuse de son père, qui se laisse persuader. Hetzel, en exil à Bruxelles, publie *les Contemplations* de Victor Hugo.		
1857	**10 janv. :** mariage avec Honorine du Fraysse de Viane, une jeune veuve, mère de deux filles. Jules Verne est agent de change chez Eggly, rue de Provence à Paris. Burton, Speke et Grant commencent à explorer la région comprise entre le lac Tanganyika et le lac Victoria.		

	VIE		ŒUVRE
1858	Baudelaire traduit *les Aventures d'Arthur Gordon Pym.* La navigation sous-marine suscite les recherches des inventeurs et l'intérêt du public mondain.	**1858**	**18 févr. :** les Bouffes-Parisiens accueillent une opérette en un acte, *Monsieur de Chimpanzé*, composée avec l'aide d'Aristide Hignard et de Michel Carré.
1859	Jules Verne effectue, en compagnie de son ami Hignard, dont le père est armateur, un voyage en Écosse, pays de ses ancêtres maternels. Lors de son passage en Angleterre, il visite le *Great-Eastern.* Il utilisera ses souvenirs dans *le Voyage en Écosse.* **11 mai :** expérience du sous-marin de l'ingénieur J.A. Conseil, à Paris. *De l'origine des espèces par voie de sélection naturelle* de Darwin. Dans « Pleine Mer », poème de *la Légende des siècles*, publiée par Hetzel, Hugo évoque l'épave du *Léviathan*, immense paquebot construit en 1853, qui sous le nom de *Great-Eastern* connaîtra une seconde carrière. Les travaux du canal de Suez sont entrepris. Nadar est alors secrétaire de Ferdinand de Lesseps. Les saint-simoniens voient nombre de leurs projets se réaliser.		
1860	Exploration de l'Australie. Hetzel rentre d'exil et s'installe sur la rive gauche, 18, rue Jacob.	**1860**	**1er déc. :** représentation de *l'Auberge des Ardennes*, opéra-comique en un acte auquel ont collaboré Hignard et Carré.
1861	**Début de la guerre de Sécession.** Jules Verne quitte sa femme enceinte pour s'embarquer, le 15 juin, avec Hignard, sur un cargo qui fait route vers la Norvège. **3 août :** naissance de Michel Verne. **Nov. :** l'écrivain se trouve à Nantes en famille.	**1861**	Trois comédies sont à mettre au crédit de cette année.
		1862	Grâce à Dumas et Brichet, Verne fait la connaissance de Jules Hetzel. Il lui soumet à l'automne le manuscrit de *Cinq Semaines en ballon*, qui sort en librairie le 24 déc.
1863	Vacances studieuses à Chantenay. Ponton d'Amécourt imagine l'hélicoptère. Vol du ballon *le Géant* de Nadar encouragé par Hugo et George Sand.	**1863**	« À propos du *Géant* », dans *le Musée des familles*, que dirige Wallut depuis le décès de Pitre-Chevalier.
1864	**La Ire Internationale est fondée à Londres.** Vacances familiales à Chantenay. Pie IX condamne les libertés modernes en faisant publier le *Syllabus.* *Laura*, dans la *Revue des Deux Mondes*, court roman de George Sand dont le thème est voisin de celui de *Voyage au centre de la terre.*	**1864**	**20 mars :** sortie du premier numéro du *Magasin d'éducation et de récréation* dirigé par Hetzel et Jean Macé : *les Anglais au pôle Nord* commencent à paraître en feuilleton. **Avr. :** dans *le Musée des familles*, fait rarissime, Jules Verne se révèle critique littéraire en consacrant une étude à « Edgar Poe et ses œuvres ». La première version du *Voyage au centre de la terre* sort en nov. *Le Comte de Chanteleine*, court roman historique, paraît dans *le Musée des familles.*
1865	Premier séjour au Crotoy.	**1865**	*Le Désert de glace*, puis *les Enfants du capitaine Grant*, dans *le Magasin d'éducation et de récréation.* *De la Terre à la Lune*, dans *le Journal des débats* de sept. *Les Forceurs de blocus*, dans *le Musée des familles.*
1866	Les Verne s'installent au Crotoy. Achat du *Saint-Michel I* et projet d'un *Voyage sous les eaux.* Zola, avec indifférence, dans *l'Événement*, puis Gautier, avec chaleur, dans *le Moniteur universel*, saluent l'apparition de Jules Verne au rang des romanciers. *Les Mondes imaginaires et les Mondes réels* de Camille Flammarion.	**1866**	**Janv. :** Verne entreprend la *Géographie illustrée de la France et de ses colonies.* **Nov. :** *les Anglais au pôle Nord* et *le Désert de glace* sont réunis en un volume sous le titre de *Voyages et Aventures du capitaine Hatteras.* Le livre s'ouvre par un « Avertissement de l'éditeur », dans lequel Hetzel fait état d'un vaste projet romanesque ; la mention « Voyages extraordinaires » apparaît pour la première fois en faux titre.

	VIE		ŒUVRE
1867	**Mars-avr. :** voyage en Amérique du Nord avec Paul Verne, à bord du *Great-Eastern. Une ville flottante* sortira quatre ans plus tard du journal tenu par le romancier à cette occasion. Inventions de la dynamite et de la dynamo. Louis Figuier commence à faire paraître ses *Merveilles de la science.*		
1869	Nachtigal et Rohlfs entreprennent d'explorer la partie orientale du Sahara. Séjour estival au Crotoy.	**1869**	*Vingt Mille Lieues sous les mers* commence à paraître dans *le Magasin d'éducation et de récréation.* Le *Journal des débats* fait paraître *Autour de la Lune.* Le romancier a préalablement communiqué son manuscrit à son cousin, le mathématicien Henri Garcet.
1870	Les Verne sont désormais fixés à Amiens. **Sept. : chute de l'Empire.** L'Assemblée élue, Verne est requis comme garde-côte au Crotoy.	**1870**	L'écrivain songe à un Robinson et met en chantier une *Histoire des grands voyages et des grands voyageurs.*
1871	**Commune de Paris.** Hetzel et Verne soutiennent la politique de Thiers. Ils resteront en relation toutefois avec deux anciens communards, Élisée Reclus et Paschal Grousset. Deux romans sont achevés, un troisième ébauché. Vacances à Chantenay. Mort de Pierre Verne.		
1872	Villiers de L'Isle-Adam imagine l'affichage céleste dans « la Découverte de M. Grave ». **Mars :** Verne est élu à l'Académie des sciences, lettres et arts d'Amiens.	**1872**	*Aventures de trois Russes et de trois Anglais en Afrique australe* et *le Pays des fourrures*, dans *le Magasin d'éducation et de récréation.* Avec *Une fantaisie du docteur Ox*, Verne collabore pour la dernière fois au *Musée des familles.* *Le Temps* publie *le Tour du monde en quatre-vingts jours.*
1873	**Avr. :** communication à la Société de géographie. Ascension à bord du *Météore*, relatée dans *Vingt-Quatre Minutes en ballon.*		
1874	Le *Saint-Michel II* succède au *Saint-Michel I.* Stanley, journaliste américain, part à la recherche de Livingstone. Il suit le cours du Congo.	**1874**	*L'Île mystérieuse*, dans *le Magasin d'éducation et de récréation.* **Nov. :** *le Tour du monde en quatre-vingts jours*, adapté pour la scène par Verne et Adolphe d'Ennery, est représenté au théâtre de la Porte-Saint-Martin. **Déc. :** *le Chancellor* paraît en feuilleton dans *le Temps.*
1875	Jules Verne participe aux séances de l'académie d'Amiens ; au cours de l'une d'elles, il fait une lecture d'*Une ville idéale.*		
1876	La conduite de Michel Verne laisse à désirer. L'enfant est confié à une maison de redressement. Invention du moteur à quatre temps. Le téléphone, grâce à Bell, devient une réalité.	**1876**	*Le Courrier du Csar*, qui devient *Michel Strogoff* après intervention d'Hetzel, soucieux de ménager les autorités russes, paraît dans *le Magasin d'éducation et de récréation.*
1877	**3 avr. :** grand bal costumé, sur le thème « De la Terre à la Lune », organisé par les Verne. Honorine, souffrante, renonce à y participer. L'écrivain se rend à Nantes en bateau avec son fils. Il achète le *Saint-Joseph,* futur *Saint-Michel III,* un yacht à vapeur. Les Verne décident d'habiter Nantes dans l'espoir que Michel se plaise au lycée et retrouve son équilibre. Simultanément, Edison et Charles Cros inventent le phonographe. *L'Assommoir* de Zola, jugé « infect [...] et prodigieux » par Jules Verne. Première version du *Tour de la France par deux enfants* de G. Bruno. Offenbach met en musique *le Docteur Ox.*	**1877**	*Hector Servadac*, dans *le Magasin d'éducation et de récréation.* L'œuvre provoque l'indignation du grand rabbin. **Mars-avr. :** *les Indes noires* en feuilleton dans *le Temps.*

	VIE		ŒUVRE
1878	**4 févr.** : Michel est embarqué comme mousse sur un navire en partance pour les Indes. Jules Verne correspond avec Aristide Briand. **De fin mai à fin août** : première grande croisière en Méditerranée du *Saint-Michel III.* **Mai** : ouverture de l'Exposition universelle. Edison invente la lampe à incandescence. Le Norvégien Nordenskjöld ouvre le passage du Nord-Est et débouche dans la mer de Béring. **22 déc.** : Zola critique sévèrement le succès de Verne dans *le Figaro littéraire*.	**1878**	*Un capitaine de quinze ans,* dans *le Magasin d'éducation et de récréation* ; parution de « la Découverte de la Terre », premier volet de l'*Histoire des grands voyages et des grands voyageurs.* **26 déc.** : première des *Enfants du capitaine Grant* au théâtre de la Porte-Saint-Martin.
1879	Second voyage en Écosse sur le *Saint-Michel III.* Siemens invente la locomotive électrique. Robida pastiche divers voyages verniens avec les *Voyages très extraordinaires de Saturnin Farandoul.*	**1879**	*Les Cinq Cents Millions de la bégum*, dans *le Magasin d'éducation et de récréation.* Il s'agit d'un manuscrit de Paschal Grousset, *l'Héritage de Langevol*, remanié par Verne. Pendant l'été, *les Tribulations d'un Chinois en Chine* paraissent en feuilleton dans *le Temps.* *Les Révoltés de la « Bounty »*, une nouvelle, et *la Maison à vapeur*, dans *le Magasin d'éducation et de récréation.*
		1880	**17 nov.** : première représentation de *Michel Strogoff* au Châtelet, pièce à grand spectacle à laquelle A. d'Ennery a une nouvelle fois collaboré avec Jules Verne.
1881	Grande croisière du *Saint-Michel III* en mer du Nord et dans la Baltique. Camille Flammarion publie *l'Astronomie populaire.*	**1881**	*La Jangada*, dans *le Magasin d'éducation et de récréation.*
1882	*L'Île au trésor* de Stevenson, qui fut parmi les premiers à parler de Verne. Robida illustre le *XX*e *Siècle* et *la Vie électrique.*	**1882**	*L'École des Robinsons*, dans *le Magasin d'éducation et de récréation.* **Mai et juin** : *le Rayon vert* en feuilleton dans *le Temps.* **25 nov.** : représentation du *Voyage à travers l'impossible,* extrapolation de Verne et de d'Ennery créée à partir de diverses figures des « Voyages extraordinaires ».
1883	L'écrivain intrigue auprès d'Alexandre Dumas fils et du comte de Paris pour entrer à l'Académie.	**1883**	*Kéraban le Têtu*, dans *le Magasin d'éducation et de récréation.* Jules Verne écrit une adaptation pour le théâtre de ce roman. La première a lieu le 3 sept., sans grand succès.
1884	Dernière grande croisière du *Saint-Michel III* : baie de Vigo, Algérie, Tunisie, Malte, Italie, qui donnera naissance à *Méditerranée* (titre primitif de *Mathias Sandorf*). Lors de son passage à Rome, le romancier a été reçu par Léon XIII.	**1884**	*L'Étoile du Sud* sort dans *le Magasin d'éducation et de récréation.* Une nouvelle fois, Jules Verne a travaillé à partir d'un projet de Laurie. *L'Archipel en feu* paraît également dans *le Temps.*
1885	Mort de Victor Hugo. *La Vie moderne* fait paraître *l'Ève future* de Villiers de L'Isle-Adam.	**1885**	Pour la dernière fois, le romancier collabore avec André Laurie : *l'Épave du « Cynthia »* paraît dans *le Magasin d'éducation et de récréation.* De juin à sept., *Mathias Sandorf* est publié en feuilleton dans *le Temps.* Un drame sera tiré du récit et joué deux ans plus tard. *Le Figaro illustré* publie une nouvelle fantastique, *Frritt-Flacc.*
1886	Les œuvres publiées par Verne au cours de l'année contrastent avec les souffrances physiques et morales qui l'accablent : perte probable d'une maîtresse ; vente de son yacht ; infirmité contractée à la suite des coups de feu que son neveu a tirés sur lui en mars. Alité, il ne peut assister aux obsèques de Jules Hetzel, le 17 mars à Paris. Turpin (le modèle de Thomas Roch, personnage de *Face au drapeau*) invente la mélinite.	**1886**	Publication de *Un billet de loterie* dans *le Magasin des familles*, et de *Robur le Conquérant* dans *le Journal des débats.*
1887	Mort de Sophie Verne, la mère de l'écrivain. Le romancier voit s'améliorer son état de santé ; il peut se déplacer en Belgique et en Hollande, où il lit *les Aventures de la famille Raton* en guise de conférence. Zamenhof invente l'espéranto. *Tribulat Bonhomet* de Villiers de L'Isle-Adam, où se décèle l'influence de *Voyage au centre de la terre.*	**1887**	*Nord contre Sud*, dans *le Magasin d'éducation et de récréation.* *Le Chemin de France* est le feuilleton du *Temps* en sept. Le récit sort peu après en volume, enrichi d'une nouvelle, *Gil Braltar.*

	VIE		ŒUVRE
1888	Élections municipales : Jules Verne est élu conseiller municipal d'Amiens sur une liste républicaine. L'écrivain se réconcilie avec son fils. Séjour à Antibes, durant lequel il songe, avec d'Ennery, à une adaptation des *Tribulations d'un Chinois en Chine.*	**1888**	Dans *le Magasin d'éducation et de récréation* : *Deux Ans de vacances.*
1889	**Crise boulangiste.** **23 juin** : Jules Verne inaugure le cirque d'Amiens. Exposition universelle : la tour Eiffel. Dunlop invente le pneu de bicyclette. *La Famille Fenouillard* de Christophe, allusion au *Tour du monde en quatre-vingts jours.*	**1889**	*Famille-sans-nom*, dans *le Magasin d'éducation et de récréation.* *Sens dessus dessous.*
1890	Vacances en famille près de Fécamp. Premier bond de l'« Avion » de Clément Ader. Branly met au point la T.S.F. E.J. Marey a découvert les principes du cinéma.	**1890**	Le cirque est le thème de *César Cascabel*, qui paraît dans *le Magasin d'éducation et de récréation.* À la demande d'une revue américaine, Verne écrit ses *Souvenirs d'enfance et de jeunesse*, qui resteront inédits de son vivant.
1891	L'encyclique *Rerum Novarum* condamne le modernisme. Mort de Barnum.	**1891**	*Mistress Branican*, un modèle de roman-feuilleton, présentant une noble héroïne féminine, dans *le Magasin d'éducation et de récréation.*
1892	**Scandale de Panamá.** L'écrivain, qui a été réélu conseiller municipal, accorde de plus en plus de place à la musique dans ses histoires.	**1892**	Le même périodique publie *le Château des Carpathes.* *Claudius Bombarnac*, feuilleton du *Soleil* à la fin de l'année.
1893	**Occupation du Congo.** Vacances avec la famille de son fils, près de Dinard. Le Suédois Nansen part à la conquête du pôle Nord.	**1893**	*P'tit Bonhomme*, dans *le Magasin des familles.* *Un express de l'avenir*, nouvelle écrite peut-être par Michel Verne, paraît dans *les Annales politiques et littéraires.* Le numéro de Noël du *Figaro illustré* fait paraître *Monsieur Ré-Dièse et Mademoiselle Mi-Bémol.*
1894	Campagne de réhabilitation des frères Rorique, qui serviront de modèle pour *les Frères Kip.* Le romancier dispose d'une certaine avance sur les obligations de son contrat : plusieurs titres attendent leur tour d'être édités. Le notable d'Amiens participe activement à la vie de société.	**1894**	*Les Mirifiques Aventures de Maître Antifer*, dans *le Magasin d'éducation et de récréation.*
1895	Vacances près de Dinard. **20 oct.** : l'écrivain reçoit la visite de De Amicis. Découverte des rayons X par Röntgen.	**1895**	*L'Île à hélice*, feuilleton du *Magasin d'éducation et de récréation.*
1896	L'écrivain est réélu conseiller général. Turpin intente en vain un procès à Jules Verne sous prétexte que celui-ci l'a pris pour modèle du savant fou de *Face au drapeau.* Premiers jeux Olympiques. Rosny aîné publie *les Profondeurs de Kyamo.*	**1896**	*Face au drapeau*, dans *le Magasin d'éducation et de récréation*, suivi de *Clovis Dardentor.*
1897	**Ruée vers l'or en Alaska.** La santé de l'écrivain s'altère. Décès de Paul Verne. *L'Homme invisible* de Wells.	**1897**	*Le Sphinx des glaces*, sorte d'hommage rendu à Edgar Poe par Jules Verne, d ans *le Magasin d'éducation et de récréation.*
1898	**« J'accuse » de Zola ;** Verne est antidreyfusard. *La Guerre des mondes* de Wells.	**1898**	*Le Superbe Orénoque*, dans *le Magasin d'éducation et de récréation.*
		1899	*Le Testament d'un excentrique*, dans *le Magasin d'éducation et de récréation.*
1900	Exposition universelle : Robida dessine les plans du Vieux Paris ; la fée Électricité, chantée par Verne, a son palais ; Michel Verne occupe un poste dans le comité d'organisation de cette manifestation. Troisième (et dernière) élection de Jules Verne au conseil municipal d'Amiens.	**1900**	*Seconde Patrie*, pastiche du *Robinson suisse*, dans *le Magasin d'éducation et de récréation.*
1901	Raymond Roussel rend visite à Jules Verne. *Les Premiers Hommes dans la Lune* de Wells.	**1901**	Dans *le Magasin d'éducation et de récréation* : *la Grande Forêt (le Village aérien)*, suivie des *Histoires de Jean-Marie Cabidoulin.*

VIE		ŒUVRE	
1902	Georges Méliès tourne *le Voyage dans la Lune.*	**1902**	Apparition de l'intrigue policière dans la production vernienne avec *les Frères Kip*, feuilleton que publie *le Magasin d'éducation et de récréation.*
1903	Jules Verne est atteint de cataracte. Gustave Le Rouge écrit *le Sous-Marin « Jules Verne ».*	**1903**	*Bourses de voyage*, dans *le Magasin d'éducation et de récréation.*
		1904	*Un drame en Livonie*, puis *Maître du monde*, dans le magazine d'Hetzel.
1905	**24 mars** : mort de Jules Verne.	**1905**	Hetzel publie *l'Invasion de la mer* et *le Phare du bout du monde.*
		1906	Fin du *Volcan d'or* avec le dernier numéro du *Magasin d'éducation et de récréation.* Parurent ensuite *l'Agence Thomson and Co.* (1907), *la Chasse au météore* et *le Pilote du Danube* (1908), *les Naufragés du « Jonathan »* (1909), *le Secret de Wilhelm Storitz, Hier et Demain* (1910), *l'Étonnante Aventure de la mission Barsac* (1914), romans et nouvelles dans lesquels la participation de Michel Verne fut plus ou moins importante.

Cinq Semaines en ballon

SYNOPSIS

Le sous-titre, « Voyage de découvertes en Afrique par trois Anglais », dissipe d'emblée tout mystère, comme par la suite les titres de chapitres, particulièrement informatifs.

Samuel Fergusson, savant et aventurier, projette d'apporter une contribution décisive à la connaissance de l'Afrique : il veut la traverser en ballon, d'est, depuis Zanzibar, en ouest, jusqu'au Sénégal. Il espère réussir grâce à l'invention d'un procédé lui donnant un contrôle absolu de la force ascensionnelle de son aérostat. Il entraîne dans son aventure Joe, son fidèle domestique, et un ami, Dick Kennedy, fameux chasseur écossais. C'est au milieu des manifestations d'effroi de l'obscurantisme indigène que le *Victoria* prend son essor, le 18 avril 1862 (chap. 1-11).

La première partie du voyage s'opère avec une merveilleuse facilité. Le ballon permet aux héros de se jouer de tous les obstacles et de braver des situations où des explorateurs ordinaires auraient sans doute péri, comme l'atteste le long martyrologe de leurs prédécesseurs, largement rappelé dans le cours du récit. Malgré la panique qu'ils sèment chez les sauvages, ils sont parfois considérés comme des dieux par les peuplades les plus barbares. Ils affrontent impunément un terrible ouragan. Ils sont remorqués par un éléphant. Ils finissent par découvrir les sources quasi mythiques du Nil, objet de tant de quêtes infructueuses avant eux, et assistent en toute sécurité à une guerre entre tribus anthropophages (12-20). De simples spectateurs des choses, les trois compagnons se transforment en acteurs, quand ils délivrent un missionnaire français, prisonnier de féroces cannibales. Le malheureux meurt de ses blessures. Ils l'enterrent dans un endroit désert où ils découvrent une gigantesque mine d'or. Première épreuve morale : comment résister à la fièvre du métal précieux, malgré le caractère désintéressé de l'aventure ? Joe ne peut s'empêcher de remplacer le lest par du minerai, même en sachant qu'il a peu de chances de conserver jusqu'au bout cette fortune. De fait, les premiers ennuis surviennent avec le survol du Sahara. En l'absence de vent, les voyageurs subissent les terribles souffrances de la chaleur et de la soif. Une tempête inespérée les emporte enfin et les dépose près d'une oasis. Ils doivent faire face à l'hostilité de plus en plus déclarée des indigènes qui n'hésitent pas à envoyer contre eux des pigeons porteurs de matières incendiaires capables de détruire le *Victoria*. Mais la nature est encore plus redoutable : des gypaètes, immenses rapaces, attaquent le ballon et crèvent son enveloppe extérieure. Samuel Fergusson et Dick Kennedy ne doivent leur salut qu'à l'héroïsme de Joe qui, pour ralentir leur chute, n'hésite pas à se jeter dans le lac Tchad tandis qu'une nouvelle bourrasque éloigne rapidement l'aérostat, désormais réduit à son enveloppe intérieure, privé d'une grande partie de sa force ascensionnelle (21-34). Heureusement, la Providence veille : à la faveur d'extraordinaires péripéties, Joe est retrouvé et sauvé *in extremis* par ses deux amis au moment où des cavaliers arabes s'apprêtaient à le capturer. Les aéronautes peuvent ainsi poursuivre leur course vers l'ouest, au-dessus du Niger, survoler Tombouctou, la ville interdite, approchant peu à peu du terme de leur expédition dans des conditions de plus en plus précaires. Perdant de l'altitude, ils échappent de justesse aux cruels Tolibas qui les prennent en chasse. Ils sont enfin recueillis, le 24 mai 1862, par des soldats français, sur les rives du fleuve Sénégal (35-44).

Voyages et Aventures du capitaine Hatteras

SYNOPSIS

PREMIÈRE PARTIE. « Les Anglais au pôle Nord ». Pendant l'été 1859, un étrange bateau, le *Forward*, se prépare à quitter Liverpool pour le pôle Nord. Il est commandé par Richard Shandon, secondé par James Wall et maître Johnson, deux vaillants marins, et accompagné par le bon docteur Clawbonny. Ils prennent la mer le 5 avril 1860 et commencent une périlleuse navigation au milieu des glaces. Tous obéissent, en fait, aux ordres écrits d'un mystérieux personnage. On s'aperçoit qu'il s'agit du fameux et intrépide capitaine Hatteras. Embarqué sous l'apparence d'un simple matelot, il a voulu dissimuler le plus longtemps possible son identité à son équipage, de crainte de l'effrayer à cause de sa trop célèbre témérité. Il a décidé d'atteindre le pôle (chap. 1-13). Au prix d'exploits sans nombre, le

Forward taille sa route, sur les traces des innombrables martyrs de la conquête arctique. À tout moment, la peur et l'influence néfaste de Shandon risquent de provoquer une mutinerie. Le navire est bientôt prisonnier de la banquise, forcé d'hiverner (14-24). Les privations et le froid entraînent mille maux. Seul Hatteras semble résister à tout. Faute de charbon, il faut se résoudre à brûler une partie des superstructures du brick, entraîné loin de toute base d'approvisionnement par la dérive des champs de glace. Le 6 janvier 1861, le capitaine laisse le commandement du *Forward* à Johnson et forme une expédition pour essayer de ramener du combustible. Tentative vaine : un homme meurt ; on découvre un explorateur américain, Altamont, agonisant dans les solitudes gelées ; toutes les provisions sont dévorées par les ours et les renards. Il faut donc revenir bredouille. Au retour, le navire est en flammes, incendié et déserté par les mutins. Hatteras, désormais, est sans ressources avec ses trois derniers compagnons, le docteur Clawbonny, le charpentier Bell et le fidèle Johnson, plus Altamont, presque mourant (25-32).
DEUXIÈME PARTIE. « Le Désert de glace ». On récupère les maigres vestiges épargnés par la destruction du *Forward*, et on rejoint plus au nord le *Porpoise*, navire d'Altamont, dont l'épave contient tout ce dont on a besoin pour survivre. Les cinq hommes se retrouvent ainsi parfaitement pourvus pour affronter les rigueurs de l'hivernage. Mais ils doivent encore combattre les ours féroces et les affres d'un climat effroyable (chap. 1-14). Seule la rivalité entre l'Américain Altamont et l'Anglais Hatteras trouble l'union de la petite communauté. Une chaloupe est construite avec les débris du *Porpoise*. Au cours d'une chasse, Altamont sauve la vie d'Hatteras. Les deux hommes deviennent les meilleurs amis du monde. Le 24 juin, tous partent en direction du nord. Ils retrouvent enfin la mer libre. Après quelques jours de navigation paisible, ils sont emportés par une tempête au cœur d'un épouvantable tourbillon. Hatteras disparaît. On le retrouve le 11 juillet, à moitié mort sur une île volcanique, marquant exactement l'emplacement du pôle. Pourtant, le hardi voyageur n'est pas encore satisfait : il veut atteindre le point mathématique où se croisent les méridiens, au sommet même du volcan. Altamont le sauve de justesse au moment où il devrait être englouti dans le cratère. Mais on s'aperçoit qu'il a perdu la raison (15-25).

Le retour est difficile. On retrouve les cadavres des mutins du *Forward*, victimes à la fois d'une nature hostile et de leurs propres errements. Le 10 septembre, un baleinier recueille les découvreurs du pôle. Dans la maison de santé où Hatteras est soigné, on remarque une curieuse manie du héros : comme mu par une force magnétique, il continue sans cesse à marcher vers le nord (26-32).

De la Terre à la Lune et Autour de la Lune

DE LA TERRE À LA LUNE

Privés de l'excitation de la guerre de Sécession, terminée en 1865, les membres du Gun-Club de Baltimore, passionnés de balistique et d'artillerie, applaudissent le projet de leur président, Impey Barbicane : expédier un obus sur la Lune. Jugée possible par les astronomes de l'observatoire de Cambridge, l'entreprise est aussitôt financée par une souscription internationale. Seul le capitaine Nicholl de Philadelphie, grand rival de l'artilleur Barbicane, parie sur un échec (chap. 1-10). On commence immédiatement en Floride la fabrication de la *Columbiad*, un canon long de 300 mètres ! Malgré d'immenses difficultés, l'opération est menée à bien grâce aux techniques les plus modernes (11-16). L'affaire se corse quand un original français, Michel Ardan, se déclare prêt à partir dans l'obus. Sur le point de s'entretuer pour régler leurs différends, Nicholl et Barbicane décident de l'accompagner dans cette folle équipée. Des essais montrent aux héros qu'ils peuvent réussir malgré tout. Un énorme télescope est installé dans les montagnes Rocheuses pour suivre leur extraordinaire voyage depuis la Terre (17-22). Soigneusement aménagé, le « wagon-projectile » emporte ses trois passagers, le 1er décembre 1860 au soir. Mais au lieu d'atteindre la Lune, il se satellise autour d'elle (23-28).

AUTOUR DE LA LUNE

Michel Ardan, Nicholl et Barbicane ont survécu à la terrible déflagration qui les a envoyés dans l'espace. Malgré la frayeur causée par un astéroïde qui manque de les pulvériser, ils fêtent dignement la réussite de leur départ (chap. 1-3). Cependant, les fantaisies de l'aventurier français n'empêchent pas l'esprit pratique et scientifique de ses compagnons américains de reprendre le dessus. Nicholl et Barbicane multiplient les observations les plus intéressantes sur la température de l'espace, la gravitation ou les effets de l'apesanteur. Mais ils constatent aussi que leur course a été déviée par leur rencontre avec le corps errant et qu'ils manqueront la Lune (4-9). En orbite autour d'elle, ils peuvent en tout cas considérablement enrichir leurs connaissances astronomiques. Ils découvrent notamment sur la face cachée de l'astre un volcan en activité. L'explosion d'un nouveau bolide éclaire à leurs yeux une atmosphère, des océans et une végétation comparables à ceux de la Terre (10-18). En essayant de déclencher leur chute sur la Lune au moyen de fusées, ils provoquent en fait leur retour précipité sur Terre. Tombés dans le Pacifique, les trois héros, miraculeusement saufs, sont recueillis et ramenés triomphalement aux États-Unis (19-23).

Les Enfants du capitaine Grant

SYNOPSIS

PREMIÈRE PARTIE. Le 26 juillet 1864, l'équipage du *Duncan*, superbe yacht de lord Glenarvan, gentilhomme écossais, découvre dans l'estomac d'un requin une bouteille contenant un message en trois langues. Malheureusement, à moitié rongé par l'eau de mer, il ne comporte que des informations lacunaires. À peine comprend-on que le capitaine Grant et deux matelots, seuls rescapés du naufrage du *Britannia*, sont prisonniers de cruels indigènes et attendent des secours depuis le 7 juin 1862. Des mots presque effacés semblent indiquer la Patagonie comme lieu de la catastrophe. Lord Glenarvan et son épouse, lady Helena, reçoivent alors la visite des deux enfants du capitaine Grant, Mary et Robert. Avec générosité, ils décident de les emmener à la recherche de leur père (chap. 1-4). Le *Duncan* part donc de Glasgow, aux ordres du capitaine John Mangles et de son second, Tom Austin. Le major Mac Nabbs, cousin de lord Glenarvan, s'est joint à l'expédition qui reçoit, en outre, le renfort imprévu d'un passager clandestin : l'éminent géographe français Jacques Paganel, aussi savant que distrait, embarqué par erreur. Ému par les raisons de l'entreprise, il décide de s'y associer (5-9). Lord Glenarvan et ses amis débarquent au Chili. Ils décident de suivre jusqu'à la côte argentine le 37e parallèle à travers la Patagonie. Ils affrontent ainsi en pure perte tous les dangers de la cordillère des Andes et des pampas. Tremblements de terre, rapaces, loups, inondations, caïmans, autant de périls surmontés grâce, notamment, à la science de Paganel, à Thalcave, un Patagon aussi brave que secourable, et à l'héroïsme du jeune Robert Grant (10-26).

DEUXIÈME PARTIE. Revenus sur le *Duncan*, tous méditent sur ce complet échec. Réinterprétant le message, Paganel convainc ses amis de la nécessité de poursuivre leurs recherches en Australie. Ils essuient une terrible tempête dans l'océan Indien, mais parviennent enfin sur le rivage occidental du continent australien. Ils y rencontrent un ancien marin du *Britannia*, le maître Ayrton, qui les persuade que le navire de Grant s'est bien perdu en Australie, mais sur la côte orientale. Malgré les soupçons du major Mac Nabbs et du capitaine Mangles, on décide de suivre Ayrton. Comme le yacht doit réparer ses avaries, on le laisse sous la responsabilité du second. Le voyage doit s'effectuer à travers les terres. En réalité, Ayrton est un mutin, chef d'une redoutable bande, plus connu sous le nom de Ben Joyce. Il désire, en fait, s'emparer du *Duncan*, quitte à éliminer pour cela son propriétaire et ses passagers (chap. 1-20). Son plan échoue en partie, grâce à la sagacité du major : le misérable est démasqué. Mais, embarqué sur le *Duncan*, il a sans doute pu le livrer à ses complices : en effet, quand Glenarvan et ses compagnons, ayant échappé aux embuscades des bandits d'Ayrton, arrivent enfin au rendez-vous qu'ils lui ont fixé, le navire a disparu (21-22).

TROISIÈME PARTIE. Désespérés, lord Glenarvan et ses amis se résignent à regagner l'Europe. Afin de s'en rapprocher, ils affrètent le brick *Macquarie* pour les conduire, sur les conseils de Paganel, jusqu'à Auckland, en Nouvelle-Zélande. Ils font naufrage sur les côtes inhospitalières de cette terre peuplée d'anthropophages. Ils ne tardent pas à être capturés par de féroces indigènes. Mais sachant mettre à profit les superstitions des cannibales, ils leur échappent à la faveur d'une ruse audacieuse du savant français, qui n'hésite pas à provoquer une éruption volcanique (1-15). Ils sont recueillis juste à temps par le *Duncan*. C'est une distraction providentielle du géographe qui l'a conduit dans ces parages : chargé d'écrire l'ordre adressé par Glenarvan à Tom Austin, le cher professeur, secrètement obnubilé par une nouvelle interprétation du message, a écrit « Nouvelle-Zélande » au lieu d'« Australie ». Obéissant, le brave second a de surcroît jeté Ayrton à fond de cale. Magnanime, lord Glenarvan accepte, en échange d'une confession complète, de ne pas le livrer à la justice mais de l'abandonner dans une île déserte pour lui offrir l'occasion d'expier ses crimes. C'est là qu'on retrouve Grant et ses deux matelots, à la grande confusion de Paganel : il aurait pu identifier aisément l'île Tabor s'il ne s'était pas obstiné à la nommer, d'après les cartes anglaises et allemandes, Maria-Thérésa. Il se console en épousant la cousine du major, Miss Arabella, tandis que le capitaine Mangles prend Mary Grant pour femme. Avec l'aide de lord Glenarvan, Robert Grant devient marin, comme son père (16-22).

Vingt Mille Lieues sous les mers

SYNOPSIS

PREMIÈRE PARTIE. Tout commence en 1866 : la peur règne sur les océans. Plusieurs navires prétendent avoir rencontré un monstre effrayant. Mais quand certains rentrent gravement avariés après avoir heurté la créature, la rumeur devient certitude. L'*Abraham Lincoln*, frégate américaine, se met en chasse pour débarrasser les mers de ce terrible danger. Elle emporte notamment le professeur Aronnax, fameux ichthyologue du Muséum de Paris, son domestique, le dévoué Conseil, et le Canadien Ned Land, « roi des harponneurs ». Après six mois de recherches infructueuses, le 5 novembre 1867, on repère ce que l'on croit être un « narval gigantesque ». Mais sa vitesse rend le monstre insaisissable et lorsqu'enfin on réussit à l'approcher pour le harponner, il aborde violemment le vaisseau et le laisse désemparé. Aronnax et Ned Land ont été précipités à la mer par le choc. Conseil s'est jeté à l'eau pour suivre son maître. Tous trois trouvent refuge sur le dos du narval. Ils s'aperçoivent alors qu'il s'agit d'un navire sous-marin (chap. 1-7). Faits prisonniers, les trois naufragés découvrent l'extraordinaire *Nautilus*, son mystérieux équipage au langage incompréhensible et son capitaine, Nemo, dont la nationalité et les intentions restent absolument énigmatiques. Ce dernier refuse de rendre leur liberté à Aronnax et à ses compagnons, et prétend les entraîner avec lui dans un tour du monde sous-marin. Ce misanthrope de génie a rompu tout commerce avec l'humanité. Cependant, il éprouve une certaine estime pour le savant français et veut lui faire connaître l'univers qu'il s'est approprié, dans les profondeurs océaniques, et celui qu'il s'est construit dans le *Nautilus*, véritable microcosme dont la bibliothèque et le musée renferment les plus belles créations de l'homme et de la nature (8-14). Prodigieux ingénieur, maître de la fabuleuse puissance de l'électricité, le capitaine Nemo a résolu tous les problèmes de la locomotion et de la vie subaquatiques. Il convie ses hôtes à d'extraordinaires promenades en scaphandre, dans les grands fonds. Il traverse en se jouant l'immensité du Pacifique, élucidant tous les secrets de la nature et dépassant tous les exploits des plus hardis voyageurs. Tempêtes, requins féroces, écueils ou cannibales sont bravés en toute impunité. D'abord séduit, Aronnax ne tarde pas à comprendre pourtant que le *Nautilus* ne sert pas seulement les desseins pacifiques d'un homme de science. C'est aussi une arme que Nemo utilise pour une terrible œuvre de vengeance (15-24).

SECONDE PARTIE. Profondément épris de justice, le capitaine n'hésite pas à sauver la vie d'un pauvre pêcheur de perles, au large de Ceylan. Passé en Méditerranée grâce à un étonnant tunnel creusé par la nature sous l'isthme de Suez, il prodigue aux Crétois insurgés contre les Turcs l'or qu'il puise à sa guise dans les épaves englouties. Il visite avec Aronnax les monuments submergés de l'Atlantide. Au centre d'un volcan éteint, sous un îlot perdu de l'Atlantique, il s'est aménagé une inexpugnable retraite (chap. 1-10). Après avoir atteint, dans la mer des Sargasses, les plus grandes profondeurs de l'océan, le *Nautilus* engage un combat titanesque pour sauver des baleines attaquées par des cachalots. Son voyage se poursuit jusque sous la banquise, au pôle Sud où Nemo plante son drapeau, un « pavillon noir, portant un N d'or écartelé sur son étamine ». Échappant de justesse à l'étreinte des glaces, les héros doivent même se battre à la hache et au harpon contre des calmars géants. Puis ils retrouvent les restes du *Vengeur*, vaisseau français coulé par les Anglais après une bataille héroïque en 1794 (11-20). C'est là qu'Aronnax, Conseil et Ned Land voient confirmés leurs soupçons. Le capitaine Nemo envoie par le fond un navire de guerre de nationalité inconnue, mais qu'il accuse d'appartenir à une « nation maudite » : « Je suis l'opprimé, et voilà l'oppresseur ! C'est par lui que tout ce que j'ai aimé, chéri, vénéré, patrie, femme, enfants, mon père, ma mère, j'ai vu tout périr ! Tout ce que je hais est là ! » Un climat de tristesse et de terreur s'installe à bord. Sans qu'on puisse savoir s'il s'agit d'une décision délibérée ou d'une simple négligence, le *Nautilus* se laisse entraîner, au nord de la Norvège, dans les redoutables tourbillons du Maelström. Ses trois passagers involontaires en profitent pour tenter une folle évasion. Miraculeusement sauvés, Aronnax et ses amis retrouvent leur liberté. Ils ne peuvent connaître avec certitude le sort du *Nautilus* sur lequel ils ont navigué huit mois (21-23).

Le Tour du monde en quatre-vingts jours

SYNOPSIS

Phileas Fogg est un membre aussi éminent qu'original du Reform-Club de Londres. Ce gentleman lance un défi audacieux aux autres membres de cette honorable association : il parie toute sa fortune – vingt mille livres – qu'il effectuera le tour du monde en quatre-vingts jours. Il se met donc en route avec son domestique français, l'habile Passepartout, le 2 octobre 1871, à huit heures quarante-cinq (chap. 1-4). Hélas, ce départ précipité éveille la méfiance de la police. Le détective Fix soupçonne Phileas Fogg d'être l'insaisissable individu qui a volé trois jours plus tôt cinquante-cinq mille livres à la Banque d'Angleterre. Il se lance aussitôt à sa poursuite (5-8). Phileas Fogg et Passepartout, cependant, utilisant les navires les plus rapides, laissent derrière eux Suez, Aden, et parviennent en Inde. Quand les trains font défaut, ils utilisent les services d'un éléphant. Ils échappent de peu à la fureur d'hindous fanatiques et sauvent la vie de la belle Aouda condamnée par un usage barbare à mourir sur le bûcher funéraire de son époux. Malgré les astuces de Fix pour les retarder, les contretemps et les tempêtes, les voyageurs s'embarquent pour Hong Kong puis pour Shanghai et Yokohama. C'est l'occasion d'étonnants chassés-croisés : perdu à Hong Kong, Passepartout est retrouvé au Japon, mêlé à une troupe d'acrobates (9-23). Ayant traversé le Pacifique, Fogg, Passepartout et Aouda arrivent à San Francisco et entreprennent de rejoindre New York par chemin de fer. Mais les troupeaux de bisons, les ponts effondrés, les Indiens hostiles et les chutes de neige contrarient leurs projets. C'est en traîneau à voiles qu'ils doivent faire une bonne partie de leur route. Malgré leurs efforts, ils manquent le paquebot qui devait les ramener en Angleterre (24-32). Phileas Fogg est obligé de louer un bateau, dont il doit brûler les superstructures pour alimenter les machines. Il parvient ainsi à Liverpool, où l'attend l'inspecteur Fix. Arrêté, le héros est vite reconnu innocent. Mais cet événement fâcheux l'amène à Londres avec cinq minutes de retard. Du moins, c'est ce qu'il croit : ayant accompli le tour du monde en sens inverse de la rotation terrestre, il a en fait gagné un jour sur la durée de son périple. Il est donc arrivé à temps pour remporter son pari et fait une entrée triomphale au Reform-Club, le 21 décembre 1871, trois secondes avant vingt heures quarante-cinq ! La prouesse lui a coûté aussi cher que la mise, il est vrai. Mais en épousant la charmante Aouda, il a gagné l'amour (33-37).

L'Île mystérieuse

SYNOPSIS

PREMIÈRE PARTIE. Le 24 mars 1865, un ballon emporté par un ouragan s'abat sur un rivage indéterminé de l'océan Pacifique. Il contenait cinq passagers dépourvus de toute ressource : l'ingénieur Cyrus Smith, accompagné de son fidèle serviteur noir, Nab, et de son chien, Top ; l'intrépide correspondant de guerre Gédéon Spilett ; le brave marin Pencroff et son protégé, un jeune orphelin du nom de Harbert Brown. Tous ont participé à la guerre de Sécession dans les rangs des nordistes. Prisonniers des sudistes à Richmond, ils se sont évadés en volant un aérostat. Mais la tempête les a amenés bien plus loin qu'ils n'avaient prévu. Et leur situation leur paraît d'autant plus inquiétante que Cyrus Smith, le plus savant et le plus ingénieux d'entre eux, semble avoir disparu dans la catastrophe (chap. 1-3). Ils ne tardent pas, cependant, à s'organiser pour survivre, trouvant à s'abriter, vivant de chasse et de cueillette, parvenant à faire du feu. Ils retrouvent même l'ingénieur, mystérieusement sauf, dans une grotte du littoral (4-8). Avec Cyrus Smith, tout devient plus facile. Utilisant au mieux tout ce que lui offre la nature, il permet à la communauté de se doter de moyens de plus en plus nombreux et efficaces pour coloniser son domaine. En même temps, il en pousse l'exploration aussi loin que possible : il s'agit d'une terre absolument déserte, apparemment inconnue des géographes, qu'il baptise l'« île Lincoln » (9-14). Les héros se lancent dans des entreprises de plus en plus hardies et délicates. Ils pratiquent la métallurgie, fabriquent des explosifs et réussissent, en abaissant les eaux d'un lac, à s'aménager une vaste demeure souterraine, « Granite-House ». Ils peuvent ainsi passer l'hiver dans un relatif confort. Cependant, certains faits ne manquent pas de les intriguer, comme la présence d'un grain de plomb dans la chair d'un cochon sauvage (15-22).

DEUXIÈME PARTIE. La construction d'une pirogue rend les explorations beaucoup plus aisées. Mais un événement, surtout, va profondément bouleverser la vie des robinsons : la découverte d'une caisse échouée sur la plage, contenant des outils, des vêtements, des livres, des armes et des ustensiles de toutes sortes. La provenance de ce trésor est inexplicable. Capables désormais de se défendre contre les plus terribles fauves, Cyrus Smith et ses compagnons s'aventurent sans crainte dans leur île. Ils peuvent ainsi récupérer les débris du ballon qui les a amenés et la précieuse étoffe qui le constitue (chap. 1-5). On parvient à domestiquer un singe. On fortifie les abords de Granite-House, on en assure l'accès par un ascenseur hydraulique et l'on met des vitres aux fenêtres. Cyrus Smith, grâce aux instruments récupérés, peut constater que l'île Lincoln est toute proche d'une autre terre, l'île Tabor. Tous projettent d'aller la visiter. On entreprend alors la construction d'un bateau (6-10). Le second hivernage peut être affronté dans des conditions bien meilleures. L'embarcation est bientôt achevée. Dès ses premiers essais, le *Bonadventure* donne toute satisfaction. Harbert pêche une bouteille renfermant un message : un naufragé attendrait des secours dans l'île Tabor. Les héros y rencontrent un être revenu à l'état sauvage qu'ils doivent ramener de force. Ils ne retrouvent leur route que grâce à un feu allumé par une main inconnue (11-15). Leur nouveau compagnon est un ancien mutin, le contremaître Ayrton, abandonné par lord Glenarvan dans l'île Tabor pour y expier ses crimes (voir *les Enfants du capitaine Grant*). Bourrelé de remords, Ayrton trouve la rédemption parmi ses sauveurs. Mais il affirme qu'il n'est pas l'auteur du message dans la bouteille. Ainsi renforcée, la petite société accomplit de nouveaux prodiges : Cyrus Smith réalise même un télégraphe électrique. C'est alors qu'un navire est signalé (16-20).

TROISIÈME PARTIE. Il s'agit, hélas ! d'un bateau pirate, le *Speedy*, commandé par un ancien complice d'Ayrton : l'infâme Bob Harvey. Le sort des six colons serait funeste si le brick ne sautait sur une mine. Qui l'a placée sous la coque ? Tout en récupérant ce qui peut l'être dans l'épave disloquée, Cyrus Smith s'ouvre de ses soupçons à ses amis : depuis leur établissement, une présence bienveillante n'a cessé de leur venir en aide. À ce mystère s'ajoute une inquiétude : six pirates courent toujours. Ils se mettent à tout ravager. Au cours d'un combat, Harbert est grièvement blessé. Il mourrait sans un médicament, lui aussi apporté par le protecteur invisible qui a également exterminé les derniers pirates et libérés Ayrton, leur prisonnier (chap. 1-13). On songe à construire un nouveau bateau et à faire face à un troisième hiver. Mais le mont Franklin, volcan qui domine l'île, entre en éruption. L'hôte inconnu se montre enfin : c'est le capitaine Nemo (voir *Vingt Mille Lieues sous les mers*), dont le *Nautilus* est caché depuis six ans dans une caverne communiquant avec Granite-House (14-15). L'extraordinaire personnage raconte toute son histoire. Il était jadis le prince Dakkar, souverain indien, et il participa avec foi à la révolte des Cipayes, en 1857. Vaincu, ayant vu toute sa famille massacrée, il projeta une terrible vengeance contre l'Angleterre. Il conçut donc son fabuleux sous-marin, semant la terreur sur les mers. Ayant perdu tous ses hommes, vieux et malade, Nemo a trouvé refuge dans son repaire de l'île Lincoln. C'est là qu'ému par les grandes qualités humaines des naufragés, il a décidé de les secourir. Il meurt après cette confession, léguant à Cyrus Smith et à ses amis une énorme fortune en diamants. Le *Nautilus*, à jamais bloqué dans sa caverne, lui sert de tombe (16-18). Cependant, l'île donne les signes d'une désagrégation de plus en plus imminente. Malgré leur hâte, les héros ne peuvent achever à temps leurs préparatifs. Les coulées de lave et les tremblements de terre ruinent toute leur œuvre. Bientôt, il ne reste plus de leur petite république qu'un rocher battu par les flots. Ils y sont miraculeusement recueillis par le *Duncan*, envoyé par lord Glenarvan afin de rapatrier Ayrton au terme de douze années d'expiation dans l'île Tabor. Une notice déposée par Nemo dans l'île a permis de les retrouver, quatre ans jour pour jour après leur dramatique atterrissage (18-20).

Michel Strogoff

SYNOPSIS

PREMIÈRE PARTIE. Une invasion tartare menace de couper la Sibérie du reste de la Russie. L'ennemi est commandé par un officier russe renégat, Ivan Ogareff. Le misérable projette de s'introduire traîtreusement dans Irkoutsk pour livrer la ville et le grand-duc, son gouverneur, frère du tsar. Un homme connu pour sa bravoure, Michel Strogoff, est envoyé en toute hâte pour déjouer ce plan. Natif de Sibérie, il connaît tous les dangers de sa mission (chap. 1). Deux journalistes, le Français Alcide Jolivet et l'Anglais Harry Blount, semblent suivre la même route, ainsi qu'une mystérieuse jeune fille. Le train les emporte vers Novgorod, à travers un pays frappé de terreur où le soupçon est dans tous les regards. La belle personne se nomme Nadia Fédor. Elle désire rejoindre son père, exilé. Strogoff la fait passer pour sa sœur et poursuit son voyage avec elle, par les fleuves et les chemins. Ils affrontent tornades et bêtes féroces dans les montagnes sauvages de l'Oural et atteignent Ekaterinenbourg. Sous l'identité du marchand Nicolas Korpanoff, le messager du tsar échappe à la vigilance des espions d'Ogareff. Mais tandis qu'on traverse l'Irtyche, les Tartares attaquent le bac et capturent les voyageurs (4-13). Laissé pour mort, Michel Strogoff est recueilli et soigné par un moujik d'Omsk, sa ville natale, occupée par les envahisseurs. Malheureusement, sa vieille mère, Marfa, le reconnaît et le signale involontairement à l'attention des sbires d'Ogareff. Sa mission devient donc beaucoup plus périlleuse, et il finit par tomber aux mains de l'ennemi, en même temps que les deux intrépides journalistes (14-17).

DEUXIÈME PARTIE. Mais les Tartares ne l'identifient pas dans la masse de leurs prisonniers. Jolivet et Blount sont libérés. Quant à Strogoff, il est mêlé au même convoi que sa mère et Nadia. Les deux femmes, épiées par la bohémienne Sangarre, créature d'Ogareff, font mine de ne pas le reconnaître. Le renégat décide alors de soumettre Marfa Strogoff au supplice du knout, pour obliger le héros à se dénoncer lui-même. Il le condamne à avoir les yeux brûlés par la lame d'un sabre chauffée à blanc. S'étant emparé de la lettre du tsar dont Strogoff était porteur, Ogareff veut prendre sa place. L'aveugle, désormais inoffensif, est abandonné à lui-même. Mais Nadia s'évade et le guide vers Irkoutsk. Un jeune homme, Nicolas Pigassov, les aide à traverser le Ienisseï et à arriver à Nijni-Oudinsk. Hélas ! les Tartares les capturent de nouveau. Par miracle, Strogoff et Nadia parviennent à tromper leur surveillance. Quant au pauvre Pigassov, ils le retrouvent dans la steppe, horriblement supplicié (1-9). Ils s'embarquent avec des Russes en exode sur un radeau pour tenter de rejoindre Irkoutsk à travers les eaux du lac Baïkal et de l'Angara. Les deux journalistes croisent de nouveau leur route. Il faut repousser des loups affamés et forcer le siège de la ville, courageusement défendue par le grand-duc. Même les exilés politiques, commandés par Wassili Fédor, père de Nadia, participent à la lutte. Mais Ivan Ogareff, se faisant passer pour Strogoff, est déjà dans la place. Il a fait enflammer du pétrole à la surface de l'Angara, pour incendier une partie de la ville et semer le trouble parmi ses défenseurs. Pourtant, contre toute attente, Nadia et le vrai Michel Strogoff arrivent à temps pour le démasquer. Le misérable croit qu'il aura tôt fait d'assassiner un aveugle. Mais il découvre avec terreur que cette cécité était feinte : au moment où le fer incandescent aurait dû lui ôter la vue, les larmes de Strogoff, se volatilisant sur la cornée, ont fait écran, et annihilé l'effet de la chaleur. C'est lui qui tue Ogareff. Nadia retrouve son père, réhabilité par le grand-duc pour avoir repoussé l'attaque des Tartares, définitivement mis en déroute par l'intervention d'une armée de secours. Nadia et Strogoff se marient avec la bénédiction de Fédor et de la mère du héros (10-15).

Les Cinq Cents Millions de la bégum

SYNOPSIS

Le docteur Sarrasin, savant et philanthrope, se découvre héritier de la bégum Gokool. Le voilà à la tête d'un capital de cinq cent vingt-sept millions de francs, somme fabuleuse en 1871. Son fils, Octave, est l'ami de Marcel Bruckmann, un jeune orphelin alsacien dont l'intelligence et l'énergie l'ont séduit sur les bancs du lycée Charlemagne. Tous deux ont combattu contre les Prussiens en 1870 et ont partagé l'amertume de la défaite. Ils achèvent leurs études pendant que le docteur Sarrasin, afin d'utiliser au mieux sa fortune, se propose de bâtir « une cité modèle sur des données rigoureusement scientifiques » ; « une ville de la santé et du bien-être » (chap. 1-3). Mais il apprend qu'il doit partager l'héritage avec le professeur Schultze, savant allemand profondément francophobe. Tandis que Sarrasin part édifier sur la côte californienne, en Oregon, la merveilleuse France-Ville, Schultze va construire à quelques lieues de là Stahlstadt, la Cité de l'Acier. Il s'agit de l'antithèse absolue de l'utopie du docteur Sarrasin : une usine cyclopéenne fabriquant des canons. Les ouvriers y travaillent selon une discipline militaire, sous la surveillance d'une police omniprésente. Encore enrichi par le commerce des armes, Herr Schultze prépare la destruction de France-Ville au moyen d'une gigantesque pièce d'artillerie. Son plan échoue grâce à Marcel, parvenu à s'introduire dans Stahlstadt pour en surprendre les secrets (4-9).

Prévenus, Sarrasin, Octave et leurs amis peuvent organiser leur défense. Précaution inutile : lancé avec une trop grande vitesse, l'obus incendiaire de Schultze devient un satellite de la Terre, parfaitement inoffensif. Lui-même meurt dans son laboratoire, victime de ses inventions démoniaques. Son empire ne lui survit pas (10-13). L'ironie du sort fait de Sarrasin l'unique héritier de Schultze. Dirigée par Marcel, Stahlstadt ajoutera ses forces à celles du Bien, et le courageux Alsacien épousera Jeanne, la fille du bon docteur.

Robur le Conquérant et *Maître du monde*

ROBUR LE CONQUÉRANT

Des phénomènes étranges étonnent l'opinion : on a entendu une trompette dans le ciel, aperçu de mystérieuses lueurs dans les nues, observé un curieux bolide survolant la Scandinavie. Un pavillon noir est découvert au sommet de plusieurs édifices célèbres et dans des lieux réputés inaccessibles. Pendant ce temps, le Weldon Institute de Philadelphie, dirigé par son président, Uncle Prudent, et son secrétaire, Phil Evans, fameux industriels et rivaux de toujours, projette de construire un ballon dirigeable de dimensions extraordinaires : le *Go Ahead*. L'assemblée est troublée par les propos d'un ingénieur inconnu, Robur, qui dénonce l'absurdité de cette entreprise : selon lui, les engins plus lourds que l'air devraient supplanter les ballons, incapables de braver la force des éléments. Il échappe de peu à la fureur des « ballonistes », irrités par cette provocation. Peu après, Phil Evans, Uncle Prudent et son valet noir, Frycollin, « poltron comme la lune », sont enlevés (chap. 1-4). Les trois malheureux se retrouvent prisonniers de Robur, sur un prodigieux vaisseau volant : l'*Albatros*. Utilisant l'inépuisable puissance de l'électricité pour mouvoir une forêt d'hélices suspensives et propulsives, Robur a construit un aéronef capable de se déplacer avec la plus grande agilité dans toutes les dimensions de l'espace. Pour confondre les partisans du plus léger que l'air, l'*Albatros* entreprend un tour du monde aérien. Aucune tentative d'évasion ne peut soustraire ses passagers involontaires à cette expérience (5-10). Malgré tous les obstacles, rien ne semble pouvoir inquiéter l'extraordinaire appareil de Robur. Uncle Prudent et Phil Evans profitent du survol de Paris pour jeter un message expliquant leur disparition. Leur hôte, cependant, montre une certaine humanité : il secourt des pauvres gens promis à un affreux sacrifice en l'honneur d'un roi du Dahomey et des naufragés perdus dans l'Atlantique. Un ouragan l'oblige toutefois à faire halte dans l'île Chatam pour réparer des avaries. Robur compte regagner ensuite l'île X, son repaire, au milieu du Pacifique. Mais ses prisonniers saisissent l'occasion pour s'évader, après avoir saboté l'*Albatros* (11-15). L'engin et son équipage sont précipités dans l'océan. Recueillis par des sauvages, Phil Evans et Uncle Prudent rejoignent Philadelphie. Ils achèvent le *Go Ahead* et lui font faire sa première ascension. C'est alors que l'*Albatros* resurgit. Robur a échappé à la mort et a pu reconstruire sa machine. En voulant lui échapper, les aérostiers font éclater leur ballon. Mais au lieu de se venger, leur adversaire les sauve et leur rend la liberté. Il disparaît alors, jugeant avoir clairement prouvé la supériorité de son invention, mais persuadé qu'elle représente un progrès que le monde n'est pas prêt à recevoir (16-18).

MAÎTRE DU MONDE

Le Great Eyry n'est qu'un médiocre sommet de la chaîne des Appalaches. Ce n'est pas un volcan. Pourtant il commence à émettre des grondements et des flammes. Le policier Strock ne peut expliquer ce phénomène, pas plus que les apparitions d'un mystérieux véhicule amphibie, aussi perfectionné qu'insaisissable. Les gouvernements offrent des fortunes à l'inventeur inconnu de cette fantastique machine. Mais il rejette ces propositions dans une lettre méprisante, signée « Maître du monde » (chap. 1-9). En voulant surprendre l'énigmatique personnage, Strock se retrouve prisonnier à bord de son appareil, l'*Épouvante*. C'est le fameux Robur, déjà célèbre en Amérique, qui, après l'avoir créé, s'en sert pour prouver à tous la supériorité de son génie. De fait, il brave impunément toutes les lois : son *Épouvante* est non seulement une automobile ou un navire assez rapide pour ridiculiser tout poursuivant, mais elle peut, à l'occasion, se transformer en sous-marin ou en avion, disposant dans les entrailles creuses du Great Eyry d'une base inexpugnable. Seule la folie de Robur le conduit à la catastrophe : décidant de voler au milieu d'une terrible tempête, il périt foudroyé avec son engin. Strock est le seul survivant du désastre (10-28).

Le Château des Carpathes

SYNOPSIS

Frik, berger du village de Werst, en Transylvanie, voit une fumée s'élever d'un château délabré, depuis longtemps abandonné. Le baron Rodolphe de Gortz, que tous tiennent pour mort, serait-il revenu ? C'est assez pour inquiéter toute la bourgade, où les superstitions, entretenues par le maître d'école lui-même, sont vivaces. Le juge Koltz, chef de la communauté, réunit tous les notables. Nic Deck, jeune et courageux forestier, amoureux de Miriota, la fille du juge, se déclare prêt à visiter le « burg » en compagnie du docteur Patak, sympathique fanfaron. Ce dernier a toujours raillé les craintes de ses concitoyens. Mais il se montre beaucoup moins confiant quand il s'agit, au dire de tous, de défier le diable en son antre. Surtout après les terribles menaces proférées par une voix mystérieuse au beau milieu de l'assemblée (chap 1-4).

Malgré la couardise de Patak, Nic Deck parvient jusqu'aux sinistres ruines. Pendant la nuit, une cloche sonne lugubrement, des mugissements retentissent, des lumières éclairent le donjon. Patak se sent cloué au sol par une force inexplicable. Alors qu'il tente de franchir la muraille en grimpant le long d'une chaîne, Nic tombe, comme foudroyé. On le ramène à moitié paralysé à Werst. Le récit du docteur ajoute à l'effroi général (5-7).

Cependant, deux voyageurs arrivent au village, le comte Franz de Télek et son serviteur fidèle, le soldat Rotzko. Ces histoires terrifiantes les amusent. Mais quand ils entendent parler du baron de Gortz, ils frémissent. Cinq ans plus tôt, Télek était à Naples, follement épris d'une cantatrice, la divine Stilla, morte sur scène le soir où elle faisait ses adieux au public : elle venait de promettre sa main au jeune comte. Le tenant alors pour responsable de la disparition d'une artiste qu'il idolâtrait, Gortz l'avait menacé. Puis il avait disparu avec son âme damnée, un savant borgne nommé Orfanik. Télek se croit donc obligé d'explorer le château des Carpathes (8-11).

Tandis qu'il cherche à y pénétrer, il voit apparaître la Stilla sur l'une des tours. Il envoie Rotzko chercher des renforts puis s'engage seul dans un passage : il est bientôt prisonnier d'une crypte où lui parvient la voix de la chanteuse morte. Franz réussit, malgré tous les obstacles, à surprendre Gortz et Orfanik occupés à d'étranges préparatifs : ayant réussi à l'attirer dans le « burg », ils veulent le faire mourir dans une gigantesque explosion, capable d'effacer toute trace de leurs manigances. Tout au long de l'histoire, ils ont utilisé les inventions géniales d'Orfanik : un téléphone secret pour faire entendre la voix du baron chaque fois que les villageois étaient réunis ; des appareils électriques pour éloigner les curieux ; un phonographe perfectionné et un ingénieux dispositif optique pour ressusciter la Stilla. Mais seul Gortz, fou de haine, périt dans le cataclysme qu'il a provoqué. Son complice est arrêté. Nic Deck, rétabli, épouse Miriota Koltz, pendant que Rotzko soigne Franz de Télek dont la raison a été gravement ébranlée par son aventure (12-18).

Ch. Robin et D. Giovacchini (synopsis)

VIALATTE Alexandre

(1901-1971)

De son vivant, ses traductions de Kafka, de Nietzsche et de nombreux auteurs allemands ont quelque peu éclipsé la renommée de Vialatte dans le domaine de la fiction. Aujourd'hui cependant, trois romans, écrits à de longs intervalles, *Battling le ténébreux* (1928), *le Fidèle Berger* (1942) et *les Fruits du Congo* (1951) – auxquels il convient d'ajouter *la Dame du Job* (posth., 1987) et des nouvelles, *Badonce et les Créatures* (1937) –, lui assurent une place de choix parmi les romanciers du XXe siècle. Mais son œuvre la plus captivante s'est construite au jour le jour, au fil des chroniques qu'il a livrées à divers journaux et revues, de *Paris-Match* ou *Marie-Claire* à *l'Écho de la mode* mais surtout à *la Montagne*, un quotidien de Clermont-Ferrand.

De Kafka à *la Montagne*

Fils d'un officier d'infanterie, Alexandre Vialatte est né à Magnac-Laval (Haute-Vienne) dans une famille auvergnate très attachée à sa province. S'intéressant à la littérature dans un milieu plutôt indifférent aux livres, il a la chance, à quinze ans, de rencontrer Henri Pourrat, l'auteur de *Gaspard des Montagnes*, qui lui fait découvrir Max Jacob, Léon-Paul Fargue, Valery Larbaud, Jules Laforgue. Il apprend l'allemand, termine des études de lettres, écrit des poèmes (*la Paix des jardins*, posth., 1990) et devient répétiteur au collège d'Ambert, qu'il quitte bientôt – grâce à une intervention de Pourrat auprès de Paulhan – pour rejoindre *la Revue rhénane*, où l'on trouve les signatures de Barrès, Giraudoux, Mac Orlan, et qui l'envoie en 1922 dans cette Allemagne dont il connaît et aime les poètes, Henri Heine par-dessus tout. Il restera dans ce pays jusqu'en 1928, assistant à l'incubation de l'idéologie nazie dont il rend compte dans les colonnes de *la Revue rhénane* : ses articles seront recueillis sous le titre *Bananes de Königsberg* (posth., 1985) avec ceux qu'il écrivit pour *l'Intransigeant*, dont il était aussi le correspondant. Un vocabulaire annonciateur du IIIe Reich, *führer*, *S.S.*, apparaît sous la plume du journaliste qui, par ailleurs, découvre Kafka dont il va se faire, soutenu par Paulhan, le traducteur et le héraut. Vers 1925, Vialatte avait esquissé un premier roman, *la Complainte des enfants frivoles* (posth., 1999). Trois ans plus tard, il publie *Battling le ténébreux*, une histoire d'adolescents rivaux, amoureux d'une même femme, et qui se termine par le suicide du plus faible.

Jusqu'en 1942, il n'écrit plus que de courtes nouvelles (*Badonce*) ou des romans qui n'aboutissent pas. Cet intermède est rempli par une chaleureuse relation épistolaire avec Paulhan (*Correspondance*, posth., 1997), de nouvelles traductions de Kafka mais aussi d'Hofmannsthal, de Nietzsche, de Brecht, et des articles dans *le Petit Dauphinois*. En 1937, Vialatte part pour l'Égypte comme professeur de français au lycée d'Héliopolis. Survient la Seconde Guerre mondiale. Prisonnier en juin 1940, il est astreint à une marche harassante qui le mène jusqu'à Besançon dans un tel état d'épuisement que sa raison chavire : transféré à l'asile de Saint-Ylie, près de Dôle, il en sortira brisé. Installé en Auvergne avec son épouse, il trouve alors dans l'écriture la meilleure des thérapies : entre juillet et septembre 1942, il rédige *le Fidèle Berger*, un roman largement inspiré par cette terrible épreuve, salué par Paulhan comme un « grand livre », mais qui passe relativement inaperçu. Sur sa lancée, cependant, Vialatte annonce à Paulhan qu'il commence un nouveau roman, *la Maison du joueur de flûte* (posth., 1986), suivi de *la Dame du Job*, puis de *Camille et les Grands Hommes* (posth., 1994), qui narre l'histoire d'une jeune et rêveuse provinciale. Aucun ne sera achevé ni publié du vivant de l'auteur. En revanche, Vialatte continue ses traductions (Kafka, Emil Ludwig) ; le journaliste reprend aussi du service : il écrit dans *les Lettres françaises* et dans *l'Époque*, dont il est devient tardivement le correspondant de guerre en Allemagne, où il n'arrive que pour assister à la capitulation.

En 1951 paraissent *les Fruits du Congo*, un roman ambitieux et baroque où se conjuguent rêves exotiques et illusions de l'adolescence. L'année suivante, abandonnant à jamais la fiction, il pose la première pierre de ce qui constitue peut-être son chef-d'œuvre : ses *Chroniques de « la Montagne »* (898 avec celles qui n'ont pas paru) où, en liberté, il laisse courir sa plume, jugeant avec flegme, riant sous cape, admirant sans réserve, jouant le naïf pour mieux prendre les cuistres, un feu d'artifice que les Clermontois et quelques autres auront le privilège de trouver dans leur quotidien presque jusqu'à la mort de l'auteur en mai 1971.

Un univers divisé

Des adolescents imaginatifs, une petite ville provinciale, son jardin public et son collège. Une femme au nom ou au passé mystérieux, du rêve, du désespoir : tels sont les ingrédients de *Battling le ténébreux,* de *la Dame du Job* ou des *Fruits du Congo.* Faut-il placer à part *le Fidèle Berger,* nourri de l'expérience du brigadier Alexandre Vialatte, fait prisonnier en juin 1940 ? Pourtant, entre ces quatre textes, se décèle une unité intime. Car l'univers des narrateurs auxquels sont confiés les récits éclate à chaque fois en mondes distincts dont le décalage est source de tragique, mais aussi d'ambiguïtés dont l'auteur exploite la cocasserie avec un humour souvent poussé au noir.

Ainsi le malaise de vivre du jeune garçon surnommé Battling à cause du cynisme provocant qu'il affecte pour masquer ses rêves est-il exaspéré par les rebuffades que lui inflige le monde des adultes. Ses professeurs sanctionnent l'outrance de ses dissertations, et la femme qui polarise l'attention des collégiens s'offense d'une gaucherie commise par timidité. La rupture se consomme alors entre la société mesquine de la petite ville et l'amoureux maladroit qui s'abandonne à l'autodépréciation, au désespoir, et finalement au suicide.

Même fossé entre les « grandes personnes » timorées de *la Dame du Job* et les enfants, soigneusement tenus à l'écart du monde adulte où se joue un drame de la jalousie. Désorientés par ce silence, Frédéric Lamourette et le narrateur s'inventent une mythologie inscrite dans le paysage : à la « belle dame » qui semble provoquer de « ténébreuses affaires » dans la garnison locale, ils substituent celle qui fume sur l'affiche du papier à cigarette Job, icône dont le « tabernacle » est une auberge perchée à l'horizon, frontière de l'ailleurs et de l'aventure. Moins tragique que pour Battling, cette coupure du monde induit plutôt une décomposition du moi lorsque les enfants escaladent les toits pour rendre à leur « Dame » un culte extatique. De cette enfance de « somnambule », Lamourette, mobilisé en 1940, gardera l'impression d'une étrange complicité entre le rêve et la réalité : blessé, il viendra mourir dans l'auberge où trône la « Dame » de ses illusions perdues.

Ce thème des adolescents mythomanes, le goût pour les états hallucinatoires et une profonde mélancolie gardent leur emprise sur Vialatte jusqu'à ces *Fruits du Congo* bâtis, comme *la Dame du Job,* autour d'une déesse du faux-semblant : la « Négresse » de l'affiche qui donne son titre au livre. Même transfiguration des paysages par la fantaisie des adolescents, même trouble devant les mystères de la femme (Dora, ou la négresse entourée de citrons d'or comme de fruits défendus), même aspiration vers l'ailleurs pour guérir d'un milieu oppressant, peuplé de personnages insolites – et même échec, évoqué avec une nostalgie infinie, d'un apprentissage vécu dans l'imaginaire et qui conduit le héros à la mort avant qu'il ait pu réaliser son rêve exotique.

Le Fidèle Berger aussi se présente comme un vaste retour en arrière sur un univers séparé du monde réel. Le récit progresse jusqu'à l'épisode du suicide de Berger, pour redescendre par paliers vers celui de sa prostration, puis du retour à la liberté et à la normalité. Mais, en contrepoint, revit l'angoisse du narrateur, possédé par ses visions et persuadé de se trouver à la merci d'un énigmatique pouvoir prêt à tout, s'imagine-t-il, pour lui arracher le secret qu'il a promis à son ami Planier de taire, mais dont il a oublié le contenu : cette « consigne de Planier », vide de tout message, devient dès lors le fil ténu d'une imprescriptible fidélité à la parole donnée et, finalement, à soi-même dans un monde devenu fou. D'où la logique absurde qui mène Berger au suicide : ce secret, « N'était-ce pas, dans le doute, une lâcheté de ne rien faire pour être sûr de le garder, s'il existait, et s'il lui revenait en mémoire ? ». Séparé de lui-même – sa raison tourne à vide –, le narrateur tombe peu à peu dans un état hypnotique traversé d'images obsédantes. L'affabulation n'est pas volontairement produite, ni le vertige provoqué, comme dans *la Dame du Job* ; ils s'imposent à une conscience affolée, persuadée qu'alentour la réalité délire.

De cet enfermement kafkaïen, Vialatte tire aussi un parti humoristique, une poésie de l'incongru qui fait l'unité de ses œuvres de fiction : pour tous ses personnages, le monde est magique et la réalité « truquée ». Dans *la Maison du joueur de flûte,* il livre les secrets de sa création littéraire : une alchimie de ses souvenirs et de ses songes. Le « joueur de flûte », c'est lui-même, « visionnaire émerveillé et séquestré par ses visions. Sa raison les nie, mais ses yeux les voient » (F. Besson). Des hôtes bariolés de la « maison », son art, dit Vialatte, fera une farandole « grave, ébouriffée, cousine de celle de Fellini ». Que sont, de même, *les Fruits du Congo* ? « Une foule de songes, un *minestrone* de sketches. La méthode du *patchwork* », répond l'auteur. C'est toute l'esthétique du « joueur de flûte ».

Un maître de la chronique

À partir de 1952, Vialatte renonce à la fiction romanesque pour donner, notamment au journal *la Montagne* (*Chroniques de « la Montagne »*, posth., 2000-2001), ces petits chefs-d'œuvre d'humour et de folie poétique, qui plongeront ses lecteurs dans un monde où Montaigne rejoint Alphonse Allais pour recenser les ridicules, les peurs, les anxiétés de l'homme.

L'absence de règles caractérise ces chroniques. Sous des titres apparemment référentiels (« Fantômas » ; « Au bon beurre », titre d'un roman de J. Dutourd) ou franchement énigmatiques (« Chronique de l'ordre inéluctable, ou de l'Ute en ire au bord du ru »), idées et fantasmes s'égrènent en liberté, dans une relative indifférence aux grands problèmes du monde – bien que l'on perçoive, sous-jacent, l'attachement de l'auteur à des valeurs dont les racines remontent jusqu'à la guerre de 1914-1918. Angelo Rinaldi voit en Vialatte un « réactionnaire ingénu » à la manière de Léautaud, un « conservateur que navre le mauvais choix des choses conservées ». Le chroniqueur gronde contre les absurdités du progrès qui « fait rage », avec des arguments de poète (aux mains de la science, « l'aubergine, légume grave, discret, pensif, modeste jusqu'alors, est devenue grosse comme une citrouille »), se gausse des mœurs modernes sur le ton d'une feinte admiration. De loin en loin, un nom de personne ou de lieu (Ramadier, Diên Biên Phu, fellagha) fait surgir l'événement politique, une prise de position s'esquisse. Mais, tout en restant fidèle à ses opinions, Vialatte ne s'« engage » pas dans les croisades de l'après-guerre.

En revanche, les chroniques conservent vivant le souvenir de ses contemporains et de ses aînés, qu'il les fustige d'un coup de patte (l'enfant-poète Minou Drouet, véritable tête de Turc), ou qu'il leur rende des hommages fervents, servis par son immense érudition : de Montaigne et Pascal à Paulhan, Pourrat, Audiberti, Carco, Heine et bien d'autres. Mais ce ne sont ni portraits en pied ni hagiographies ; plutôt des notes, des traits, des images d'où fusent de saisissants raccourcis : Chardonne ? « Un stoïcisme assez discret pour pousser l'aristocratie jusqu'à vouloir qu'elle ne soit pas remarquée. » Son panthéon intime compte aussi des peintres, Braque, Picasso et surtout Dubuffet. Il épingle les « types nationaux », Suisses, Anglais, Français, et bien sûr Auvergnats, avec un humour qui estompe la caricature et, de son bestiaire, tire des silhouettes humaines, tel le marabout, « mollets en roseau sec, un petit manteau noir "pour tout aller" et un tour de cou en lapin jaune. C'est la grand-mère ». Ainsi obtient-on, avec force appositions insolites, pirouettes et coq-à-l'âne, le panorama pointilliste d'une époque. Ces chroniques parlent de la civilisation, car « la civilisation consiste à donner du prix à l'homme, à ses manies et à ses rites, à ses snobismes » ; ce qui les rend si attachantes, c'est que Vialatte, attentif à la fragilité de l'homme, ne le voudrait pas « surhomme », mais plus humain.

M.-A. de Beaumarchais

VIAN Boris

(1920-1959)

Ingénieur, journaliste, chansonnier, dramaturge, romancier, musicien, comédien, etc., nommé « Équarrisseur de première classe » par le Collège de pataphysique, Boris Vian occupe au Panthéon littéraire une place insolite : peu connu à l'étranger (du fait des difficultés linguistiques suscitées par la traduction de son œuvre), méconnu de son vivant en tant qu'écrivain, il est, à partir des annés 1960, considéré à titre posthume comme le chantre de la jeunesse du Saint-Germain-des-Prés authentique. Depuis lors, lu et admiré par un public de plus en plus large, il entre – timidement, comme tous les auteurs inclassables et qui dérangent – dans les programmes scolaires, et son œuvre est abondamment disséquée par les exégètes contemporains.

Son écriture, nourrie de références culturelles, est parfois difficile d'accès. Parmi ses romans, seule *l'Écume des jours* (1947) comporte une structure narrative et un pathétique conformes à l'attente du lecteur. Quant à *J'irai cracher sur vos tombes,* roman publié sous le pseudonyme de Vernon SULLIVAN, il doit l'essentiel de son succès au scandale qu'il déclencha, lors de sa parution en 1946. Sans nier la part d'intellectualisme, voire de snobisme et de parisianisme que comporte l'œuvre de Boris Vian, force est de reconnaître que celle-ci, issue d'une imagination canularesque – comme ce fut le cas pour Alfred Jarry –, a su rejoindre, par sa fantaisie destructrice, la sensibilité et les préoccupations d'une jeunesse qu'écœuraient les valeurs établies et les maîtres chargés de les soutenir.

Un centralien doué

Boris Vian est né à Ville-d'Avray (cf. *Vercoquin et le plancton,* publié en 1946). Il y vit une enfance heureuse dans la propriété familiale. Puis des revers de fortune contraignent les Vian à vendre leur maison et à habiter des appartements de plus en plus modestes (cf. *les Bâtisseurs d'Empire,* 1959, et l'épuisement des « doublezons » dans *l'Écume des jours*). Au lycée Condorcet, à Paris, Boris Vian travaille en même temps la trompette et se passionne pour le jazz (à partir de 1947, il collaborera à la revue *Jazz-hot* ; cf. *En avant la zizique,* publié en 1958). Il entre à l'École centrale en 1939 et devient ingénieur à l'Association française de normalisation en 1943 (la critique de la bureaucratie paperassière et de la normalisation transparaît dans la quasi-totalité de son œuvre). Il fait la connaissance à Capbreton de Michelle Léglise, qu'il épousera en 1941, et de Jacques Loustalot (« le Major » dans diverses nouvelles et dans *Vercoquin*). Son père meurt accidentellement en 1944. En 1946, Boris Vian collabore, entre autres, aux *Temps modernes* (« Chronique du menteur »). Après le scandale de *J'irai cracher sur vos tombes,* il publie, sous son nom, *l'Écume des jours,* puis *l'Automne à Pékin* (1947) influencé par Ionesco et par Queneau, son ami depuis 1945, qu'il rejoindra en 1952 au Collège de pataphysique. Il devient le trompettiste et l'animateur d'une célèbre boîte de Saint-Germain-des-Prés, le « Tabou ». *Et on tuera tous les affreux,* qui s'inspire, comme *J'irai cracher sur vos tombes,* du « roman noir » *(hard boiled)* américain, est le dernier roman qui paraîtra sous le nom de Vernon SULLIVAN (1948). Vian divorce en 1952 ; en 1953, il publie le roman *l'Arrache-Cœur* ; en 1954, il se remarie avec Ursula Kubler. Il rédige la plupart des poèmes qui seront réunis dans *Je voudrais pas crever* (posth., 1962). Au cours de diverses tournées en province, il chante, notamment « le Déserteur », qui provoque des remous et est interdit ; il écrit des comédies musicales, des scénarios et joue quelques rôles dans divers films. Il crée deux opéras : *le Chevalier de neige,* musique de Georges Delerue, à Nancy, en 1957 ; *Fiesta,* musique de Darius Milhaud, à Berlin, en 1959. À la suite d'un œdème pulmonaire, Boris Vian meurt à trente-neuf ans.

Un monde inversé

L'univers de Boris Vian n'est pas un univers fantastique au sens où l'on entend ce mot dans les récits de science-fiction. C'est néanmoins un univers surnaturel, dans lequel le lecteur se trouve sans cesse mis en présence d'êtres étranges, d'événements merveilleux, de situations absurdes, d'objets insolites (le « pianocktail » de *l'Écume des jours*, la « machine à oublier le temps » de *l'Herbe rouge*, 1950). À la suite de Jean Cocteau ou même des premiers dadaïstes, Boris Vian commence par poétiser toute chose en débarrassant le quotidien de sa gangue de banalité. Ainsi le Major, qui a quitté un instant sa voiture du regard, la retrouvera-t-il en train de « brouter l'herbe au pied d'un pommier » (« les Remparts du Sud », dans *le Loup-garou*, posth., 1964). Les moindres gestes (ouvrir une porte, se raser, saluer quelqu'un) deviennent véritablement épiques. Le décor lui-même participe à cette dérision burlesque : tantôt Boris Vian décrit avec une minutie caricaturale les objets les plus courants, tantôt il invente un paysage purement imaginaire, fleuri de « calamines » et peuplé de « boucs de Sodome » ou de « maliettes » (*l'Arrache-Cœur*). Cet univers invraisemblable, qui n'est pas dénué d'intentions ironiques, est visiblement une création de langage, et correspond à une poétique. La parodie de la littérature « sérieuse », et plus particulièrement des romans réalistes, transparaît à chaque page. Mais Boris Vian ne se contente pas de démythifier l'institution littéraire et de remettre en question les valeurs établies. Il anime aussi un monde plein de fantaisie et de fraîcheur, plus proche du non-sens d'un Lewis Carroll que de la métaphysique de l'absurde – produit typiquement français : ainsi les métamorphoses sont-elles fréquentes (le loup en homme, *le Loup-garou* ; le psychanalyste en chat, *l'Arrache-Cœur*, etc.), et les animaux, comme la souris de *l'Écume des jours*, jouent un rôle en tout point identique à celui des êtres humains. L'anthropomorphisme se glisse jusque dans les objets, et, dans « l'Oie bleue » (*les Fourmis*, 1949), la pédale de l'accélérateur « revint en arrière à regret, car de sa place elle voyait un grand bout de chemin par le petit trou du plancher ». Boris Vian porte donc sur les choses un regard naïf, proche de l'imagination enfantine, qui fait surgir les aspects surréels du monde et débouche parfois sur une tendance au moralisme (« L'amour est aveugle », par exemple, dans *le Loup-garou*).

Le plaisir des mots

Le point de vue généralement pessimiste de Boris Vian est tempéré par une fantaisie verbale qui coupe court à toute prétention didactique. Boris Vian semble se servir du langage moins pour délivrer un message ou même transmettre une simple information que pour jouer avec les mots. Tantôt il les déforme à la manière de Jarry (« – Oh ! Oh ! persifla Jacquemort, vous me la baillez belle ! – Je ne baille personne, maréchala le ferrant » [*l'Arrache-Cœur*]). Tantôt il invente toutes sortes de néologismes (cf. les descriptions comiques de *l'Automne à Pékin*, par exemple), qui font songer aux inventaires de Prévert. Tantôt enfin il utilise, comme Queneau, toutes les ressources des divers niveaux de langue : ainsi, dans *l'Écume des jours*, le couple Nicolas-Colin repose-t-il essentiellement sur la tyrannie du langage jusqu'à ce que Colin s'écrie : « Pourquoi, peste diable bouffre, me parlez-vous toujours perpétuellement à la troisième personne ? » Ailleurs, Boris Vian n'hésite pas à utiliser des notations phonétiques qui font songer à l'auteur de *Zazie dans le métro* : « Ils zondit à la téessef, poursuivit la logeuse, que c'est un aréosol aphrobaisiaque » (« L'amour est aveugle »).

Boris Vian se plaît à pasticher les stéréotypes de la fiction réaliste ; il s'en prend aussi aux artifices du ton traditionnellement noble et « poétique », soit qu'il introduise un alexandrin inattendu dans la bouche d'un personnage (« Faites-vous, Nicolas, du fricandeau ce soir ? demanda Colin »), soit qu'il affecte une vulgarité systématique dans le texte de ses poèmes (« Je voudrais pas crever », par exemple, dans *Cantilènes en gelée*, 1950). Cette désinvolture contraste avec une tendance spontanée au lyrisme que l'on perçoit dans le choix de certaines images : le nénuphar comme métaphore de la maladie dans *l'Écume des jours*, l'évocation des effets de l'amour maternel dans *l'Arrache-Cœur*, la jalousie dans « l'Oie bleue », etc. Mais l'expression des sentiments est toujours limitée par l'auto-ironie.

Aussi, sur le plan narratif, Boris Vian refuse-t-il toujours la facilité des conventions romanesques et de l'illusion réaliste. Tous ses romans sont des pastiches du genre romanesque, directement avec la série « américaine » des Vernon Sullivan, indirectement avec ceux qui, à partir de *Vercoquin et le plancton*, sont, dans une certaine mesure, des « nouveaux romans » avant la lettre : on trouve dans ce livre, après le chapitre IV, le chapitre II (« C'est seulement le chapitre II puisque les aventures du Major ont commencé au chapitre précédent avec l'arrivée de Zizanie ») ; *l'Arrache-Cœur* présente une totale liberté à l'égard des repères chronologiques issus d'un calendrier ubuesque (« 55 janvril », « 67 novrier »…) ; dans *l'Automne à Pékin*, les « possibles narratifs » foisonnent à l'état pur (« PASSAGE Il y a lieu de s'arrêter une minute, maintenant, car cela va devenir noué et en chapitres ordinaires […]. Une s'appellera Cuivre, et l'autre Lavande, et les noms de certaines viendront après ; mais ni dans ce livre ni dans la même histoire »).

Une philosophie ?

Certains thèmes dominent l'œuvre de Boris Vian : soif de liberté, hypersensibilité à la souffrance, révolte contre le mal, qu'il soit dans la nature, comme la maladie et la mort, ou qu'il vienne des hommes, comme la barbarie, la cruauté et surtout la guerre. Mais on ne saurait sans risque de simplification dégager de l'ensemble de ses écrits une vision cohérente du monde et une pensée monolithique. Certes Boris Vian, qui avait vingt ans en 1940, est-il particulièrement sensible à la violence et à l'atrocité de la guerre, et c'est peut-être là qu'il faut voir la confirmation sinon l'origine du pessimisme que l'on se plaît à lui reconnaître. Mais si son antibellicisme apparaît dans des textes aussi célèbres que « la Java des bombes atomiques » ou « le Déserteur », il n'y a jamais chez lui – contrairement aux existentialistes, par exemple – de prise de position concrète et politique. Aussi a-t-on pu lui reprocher son désengagement, voire son attitude démobilisatrice. Son comique est destructeur (notamment dans son théâtre, et plus particulièrement dans la farce explosive *l'Équarrissage pour tous*, 1949, ou dans la pochade antimilitariste *le Goûter des généraux*, écrit en 1951, publié en 1962), son érotisme est provocateur (*J'irai cracher sur vos tombes* a suscité le scandale), son scepticisme débouche souvent sur le cynisme. Ignore-t-il pour autant les préoccupations morales les plus courantes ? La lecture de *l'Écume des jours* et de *l'Arrache-Cœur* suffirait à montrer que l'interrogation sur le Bien et le Mal est en fait une des préoccupations essentielles de Boris Vian : Dieu est sans cesse mis au banc des accusés. L'originalité de Vian est de répondre au silence de Dieu non pas par un système métaphysique (même si *l'Arrache-Cœur*, dont les similitudes avec les contes de Voltaire sont nombreuses, frôle à chaque instant l'allégorie morale), mais par la dérision et l'absurde. L'ironie hautaine des surréalistes est la seule arme que l'homme puisse manier pour se défendre contre l'angoisse. À cette question, qu'il pose en badinant dans la chanson « Je bois » : « La vie vaut-elle d'être vécue/L'amour vaut-il qu'on soit cocu ? », Boris Vian se garde bien d'apporter quelque réponse que ce soit.

B. Valette

L'Écume des jours

SYNOPSIS

Chick, grand collectionneur de « Jean-Sol Partre », a les faveurs d'Alise, dont le parfum trouble Colin. Mais celui-ci rencontre Chloé : ils vont se marier. Cependant, sans revenus suffisants, Chick ne peut épouser Alise. Colin lui offre vingt-cinq mille « doublezons », le quart de sa fortune. Son mariage avec Chloé se déroule avec faste, dans les effluves de l'hiver finissant. Mais, au cours du voyage de noces, Chloé prend froid et doit s'aliter. Le professeur Mangemanche diagnostique la présence d'un nénuphar dans le poumon droit. L'influence mortifère de la plante ne peut être combattue que par une profusion de fleurs. On l'opère ; mais le second poumon est rapidement atteint. Ruiné, Colin finit par trouver un emploi : il fait pousser des canons de fusils en leur transférant son énergie ; mais des fleurs d'acier viennent au bout des tubes. Chick continue à préférer sa passion pour Partre à Alise : il dilapide ainsi les fonds donnés par Colin. Alise tue Partre et met le feu à toutes les librairies. Pour recouvrer les impayés, les inspecteurs des impôts saccagent l'appartement de Chick et le tuent. Colin, après avoir été gardien des réserves d'or du pays, occupe maintenant le poste grassement rétribué d'annonceur de mauvaises nouvelles. Mais il est trop tard : Chloé meurt.

V. Anglard

L'Arrache-Cœur

SYNOPSIS

PREMIÈRE PARTIE. Ce 28 août, Jacquemort, psychanalyste de son état, aide Clémentine à accoucher de « trois jumeaux », les « trumeaux » Joël, Noël et Citroën... À Angel, le père, en butte à l'hostilité de l'accouchée, Jacquemort confie son projet de « psychanalyse intégrale » : se nourrir des passions et des désirs d'autrui. Au village, les paysans organisent de sordides « foires aux vieux » et maltraitent les jeunes apprentis. L'idée de honte les insupporte et ils s'en délivrent en rémunérant, avec de l'or qui a perdu toute valeur d'échange, La Gloïre voué à récupérer avec ses dents « les choses mortes » qu'ils jettent dans un étrange « ruisseau rouge ». Le curé fustige le matérialisme paysan et organise des messes à grand spectacle : la religion doit être « un luxe ». Quant à Jacquemort, il doit se contenter de lutiner la bonne, Culblanc, à défaut de pouvoir l'analyser.

DEUXIÈME PARTIE. Clémentine comprend que ses enfants deviennent autonomes. Jacquemort, toujours en quête de clients, entre dans la peau d'un « chat noir ». Le « 27 juinet », il surprend le brutal maréchal-ferrant en train de copuler avec un androïde, réplique exacte de Clémentine, à l'heure même où celle-ci connaît l'extase solitaire chez elle. Angel prend la mer sur un bateau à pattes de son invention. Et Clémentine décide de se dévouer corps et âme à ses « trumeaux ».

TROISIÈME PARTIE. Quelques années plus tard, les enfants s'amusent dans le jardin : ils avalent des chenilles bleues qui leur permettent de s'envoler. Au village, le curé organise des matches de boxe pour prouver l'existence de Dieu : il se bat contre son sacristain diabolisé pour la cause et le vainc par tromperie. Clémentine, de plus en plus angoissée, imagine les dangers qui guettent Citroën et ses frères, jusqu'aux plus invraisemblables. Elle fait abattre les arbres du jardin, puis finit par enfermer les « trumeaux » dans des cages douillettes pour qu'ils ne puissent plus s'envoler. Jacquemort a enfin trouvé un client à psychanalyser : La Gloïre dont il prend bientôt la succession.

D. Couty

Les Bâtisseurs d'Empire

SYNOPSIS

Quatre personnages surgissent dans une pièce bourgeoisement meublée. Terrorisés par un Bruit effrayant qui vient de l'escalier, le Père et la Mère houspillent leur fille, Zénobie. Dans un coin, se recroqueville le Schmürz, dépenaillé et brutalisé par le couple. Gardiens de l'ordre, les parents occultent leur passé. Zénobie ne saura pas pourquoi ils montent d'un étage, dans un appartement de plus en plus exigu, à chaque manifestation du Bruit. Cruche, la bonne, vaque à ses occupations (acte I). Dans un décor encore plus dégradé, Zénobie continue à s'interroger. Son jeune voisin est mort de s'être rebellé. Cruche s'en va. Zénobie sort un instant sur le palier ; la porte se referme : la jeune fille est perdue (acte II). Dans une mansarde, le Père exhorte la Mère à se hâter. On entend un râle. Seul, il récapitule, avec une fausse assurance, ses ultimes certitudes. Le Bruit se rapproche, le Schmürz meurt, le Père tombe par la fenêtre « et peut-être que la porte s'ouvre et qu'il entre, vagues silhouettes dans le noir, des Schmürz... » (acte III).

V. Anglard

VIAU Théophile de

***Théophile de VIAU**, dit aussi **THÉOPHILE** (1590-1626)*

Les biographes de Théophile de Viau hésitent souvent entre le pathétique et la remontrance. Le triste sort du poète emprisonné sous l'inculpation d'avoir publié des poésies hardies et licencieuses apitoie certains. D'autres, au contraire, estiment qu'il s'agit là d'une sorte de punition méritée pour un écrivain aux mœurs douteuses, habitué des cabarets, qui aurait dû s'occuper à faire d'autres vers au lieu de succomber à une vie facile. Au-delà des enluminures ou des silences pudiques, la vie de Théophile retient l'attention en raison de la soif de liberté qu'elle révèle, du refus de supporter la contrainte et de l'esprit de révolte qu'elle dénote.

Le poète emprisonné

Théophile est né près d'Agen, dans une famille noble engagée dans le protestantisme. On a dit, mais sans preuves certaines, qu'il aurait été poète à gages d'une troupe de comédiens. On a dit aussi qu'il aurait eu des relations homosexuelles, et cela semble probable, qu'en 1615 il aurait vécu une folle équipée dans les Provinces-Unies avec le jeune Guez de Balzac. Par la suite, on le trouve au service du comte de Candale, et il participe avec celui-ci à la guerre civile en épousant la cause des protestants. Pardonné une première fois, il mène à la Cour la vie brillante d'un jeune homme à la mode. À nouveau exilé en 1619, il revient en 1620, et il se bat cette fois dans l'armée royale. L'année suivante, sans doute celle où l'on joue pour la première fois *Pyrame et Thisbé* à la Cour, il lutte contre les protestants ; il se convertit au catholicisme en 1622. Ces curieuses oscillations entre les poussées de révolte et la soumission au pouvoir, entre le protestantisme et le catholicisme (mais que signifient pour lui ces soudaines conversions ?) s'achèvent en 1623 avec une requête du parlement. Théophile est accusé d'avoir participé à un ouvrage collectif de poèmes licencieux, *le Parnasse satyrique*. Il aurait écrit un poème dans lequel il se plaignait d'avoir contracté une maladie vénérienne, et qu'il terminait en faisant serment de s'adonner désormais à la sodomie (punie de mort à l'époque).

Même s'il ne s'agit que d'un prétexte, la justice poursuit son office, relancée par la vindicte des jésuites, qui règlent des comptes, à cette occasion, avec les libertins, suspects à la fois d'athéisme et d'insoumission à la monarchie. Théophile a pris peur et s'est enfui ; on le rattrape, et on l'emprisonne au Châtelet dans la cellule de Ravaillac. Il attend de 1623 à 1625 l'instruction de son procès, tandis que l'on examine son œuvre pour y déceler les preuves de sa révolte contre l'ordre moral. Théophile est alors un écrivain célèbre, et son procès fait du bruit. Cinquante-cinq opuscules se prononcent pour ou contre lui, montrant à l'évidence que le véritable sujet du débat dépasse la personne du poète. Celui-ci est finalement condamné, en 1625, à être banni de Paris, et, après divers séjours dans des demeures amies, brisé par son emprisonnement, il meurt l'année suivante dans la capitale, où il a enfin pu revenir.

La quête d'une écriture personnelle

Théophile de Viau, poète, eut un immense succès auprès de sa génération. Au cours du XVIIe siècle parurent quatre-vingt-treize éditions de ses poésies, contre seize de Malherbe. Pour la postérité, la perspective a été longtemps inversée, et elle le demeure peut-être encore. L'image d'un Théophile poète « baroque » et « libertin » n'est sans doute pas étrangère au long enfouissement de son œuvre, alors que celle d'un Malherbe rigoureux et ordonné continue à s'imposer au tournant de deux siècles.

L'ombre de Malherbe planait sans doute sur la poésie du jeune Théophile, qui évolue beaucoup entre 1610 et 1625. Dans « Élégie à une Dame » qui ouvre ses *Œuvres poétiques*, Théophile se réfère au maître avec fermeté, si bien qu'on interprète parfois ces vers comme le signe d'un respect convenu ou ironique :

> *Malherbe a tres bien ſait, mais il a ſait pour luy,*
> *Mille petits voleurs l'escorchent tout en vie :*
> *Quant à moy, ces larcins ne me ſont point d'envie,*
> *J'approuve que chacun escrive à sa ſaçon,*
> *J'ayme sa renommée et non pas sa leçon.*

En fait, cet hommage en forme de déclaration d'indépendance résume une des volontés de Théophile : écrire une œuvre originale, personnelle, jamais éloignée de l'inspiration sincère et spontanée. Il est « pour » Malherbe, sans doute, car il reconnaît son apport dans le domaine de la précision du langage, de la « technique ». Comme Malherbe, il est du côté des « Modernes », et il comprend très tôt, comme il va jusqu'à dire dès 1618, la nécessité de se dégager de la « sotte Antiquité ». Mais il n'entend être à la traîne de quiconque, pas plus de Malherbe que de Mathurin Régnier. Il s'agit pour lui d'échapper aux vers de circonstance, de laisser paraître, à travers les déclarations d'amour aux Philis et autres Cloris, des sentiments vraiment éprouvés. Comme plusieurs de ses contemporains ou de ses prédécesseurs auxquels on reconnaît une sensibilité baroque, Théophile revendique son originalité et ce que nous appellerions aujourd'hui sa « différence » :

> *Or, bien que la ſaçon de mes nouveaux escrits*
> *Diſſere du travail des plus ſameux esprits,*
> *Et qu'ils ne suivent point la trace accoustumée*
> *Par où nos escrivains cherchent la renommée :*
> *J'ose pourtant prétendre à quelque peu de bruict,*
> *Et croy que mon espoir ne sera point sans ſruict.*

Il défend même une sorte de désordre, une « confusion » qui lui semble liée au plaisir de l'écriture :

> *Je ne veux poinct unir le ſil de mon subject,*
> *Diversement je laisse et reprends mon object,*
> *Mon âme imaginant n'a point la patience,*
> *De bien polir les vers et ranger la science :*
> *La reigle me déplaist, j'escris conſusément,*
> *Jamais un bon esprit ne ſaict rien qu'aisément.*

Cette libre inspiration, on la retrouve dans l'absence de classement des poèmes rassemblés dans ses *Œuvres*. Des textes de Théophile circulaient dès 1610 ou 1611. On en retrouvait dans des recueils collectifs. Certains étaient signés, d'autres étaient anonymes ou faussement attribués. Quand, en 1621, les *Œuvres* paraissent enfin – chez Pierre Billaine –, avec en première partie le *Traicté de l'immortalité de l'âme*, on n'y trouve aucune tentative d'organisation par formes, pas non plus d'ordre chronologique certain. Même les « Odes » au roi et à Luynes ne figurent pas en tête du recueil de vers, comme le voudraient la tradition et la convenance. Il est vrai, dit-on, que l'auteur était alors absent de Paris. Quoi qu'il en soit, odes et sonnets côtoient les longs poèmes en alexandrins que l'auteur appelle « satires » ou « élégies », accompagnés de quelques épigrammes et de vers de ballet. Un semblant d'organisation ne se fait sentir que dans la seconde édition (1622).

Dans la première moitié de sa carrière, Théophile a pris plaisir à une contemplation passionnée de la nature ; il a composé toutes sortes de vers chantant l'amour, qu'on aurait tort d'appeler de la « petite poésie » :

Je veux faire des vers qui ne soient pas contraincts,
Promener mon esprit par de petits desseins [...]
Employer toute une heure à me mirer dans l'eau,
Ouyr comme en songeant la course d'un ruisseau,
Escrire dans les bois, m'interrompre, me taire,
Composer un quatrain sans songer à le faire.

Il entend mêler la vie et la poésie, comme dans cette épigramme de 1615 où Candale et les siens s'étaient joints aux protestants révoltés qui assiégèrent en vain Mirande :

Grâce à ce comte libéral
Et à la guerre de Mirande :
Je suis poëte et caporal,
Ô dieux que ma fortune est grande !

Bien entendu, il ne dédaigne pas non plus l'inspiration sensuelle :

Je baigneray mes mains folastres
Dans les ondes de tes cheveux,
Et ta beauté prendra les vœux
De mes œillades idolâtres.

La coupure entre ces diverses formes et une inspiration plus « élevée » n'est sans doute pas nette. C'est cependant plutôt dans la seconde partie de sa carrière que Théophile vise un plus vaste dessein dans des textes à l'inspiration philosophique :

Il faudroit inventer quelque nouveau langage,
Prendre un esprit nouveau, penser et dire mieux
Que n'ont jamais pensé les hommes et les dieux.

Dans les satires et les élégies, il développe plus librement son individualisme sceptique, médite sur le tragique de la condition humaine, exprime un pessimisme qui n'est pas sans rappeler celui de Montaigne. Il y retrouve le thème baroque d'une nature humaine abandonnée à tous les vents ; l'homme n'est rien dans un univers incertain où il est mené par ses passions et ses vanités. Même l'amour est une servitude douloureuse :

Toy que les élémens ont faict d'air et de bouë,
Ordinaire subject où le malheur se jouë [...]
Pour ne la point flatter d'une divine essence,
Voy la condition de ta sale naissance,
Que tiré tout sanglant de ton premier séjour,
Tu vois en gémissant la lumière du jour.

Ces textes graves peuvent s'expliquer par l'exil du poète ou ses difficultés personnelles. Plus profondément, ils correspondent à une vision du monde, celle des libertins et de certains poètes baroques qui revendiquent une philosophie du refus et du non-conformisme. Théophile dresse volontiers l'image d'un univers désertique, d'un monde contre nature où rien ne semble plus jamais être à sa place, comme dans cette ode (qui continue une tradition médiévale) :

Ce ruisseau remonte en sa source,
Un bœuf gravit sur un clocher,
Le sang coule de ce rocher,
Un aspic s'accouple d'une ourse.
Sur le haut d'une vieille tour,
Un serpent deschire un vautour,
Le feu brusle dedans la glace,
Le Soleil est devenu noir,
Je voy la Lune qui va cheoir,
Cet arbre est sorti de sa place...

On comprend mieux l'acharnement des jésuites et du pouvoir contre un poète qui entend interroger l'Univers, se refuse aux certitudes toutes faites et à l'ordre préétabli. Condamné pour des vers érotiques qu'il n'avait peut-être pas écrits, il n'est pas attaqué sur ses écrits avoués, ceux, justement, qui ne pouvaient que déplaire aux pouvoirs en place. Voilà une raison supplémentaire pour lire aujourd'hui Théophile d'un œil curieux.

Pyrame et Thisbé : le miroir d'une sensibilité nouvelle

Pyrame et Thisbé est l'unique œuvre dramatique de Théophile, bien qu'on lui en ait attribué quelques autres. On ne sait pas bien pourquoi, en dépit de son succès, le poète aurait renoncé au théâtre. Peut-être faut-il le croire quand il invoque la « contrainte » qu'il n'aurait pas supportée :

Autrefois, quand mes vers ont animé la scène,
L'ordre où j'étais contraint m'a bien fait de la
[peine.
Ce travail importun m'a longtemps martyré ;
Mais enfin, grâce aux dieux, je m'en suis retiré.

Car le succès de cette tragédie fut considérable. L'œuvre fut publiée soixante-treize fois entre 1626 et 1698 et inspira nombre de dramaturges. Elle fut également bien reçue au théâtre puisqu'en 1634 elle figure encore au répertoire de l'Hôtel de Bourgogne. La pièce aurait été composée au début de 1621 et publiée en 1623. Jouée sans doute une première fois devant la Cour l'année de sa composition, elle l'est à nouveau à la sortie de prison de Théophile. L'année suivante, une représentation est donnée à Rambouillet devant la marquise et ses proches. Scudéry déclarait en 1635, à propos de *Pyrame* : « Excepté ceux qui n'ont point de mémoire, il n'est personne qui ne [la] sçache par cœur ».

Ce succès étonne certains commentateurs, qui soulignent la pauvreté dramatique de l'intrigue et la maladresse de la composition. Ils estiment l'exposition trop longue et inutilement répétitive. Surtout, ils critiquent la multiplication des obstacles mis à l'amour des amants et leur inefficacité. La catastrophe ne vient d'aucun des périls inutilement dressés, mais d'une méprise tragique et de l'apparition d'un lion due au hasard. L'opposition des parents est purement formelle, tout comme le songe prémonitoire de la mère de Thisbé ou le motif – qui se révèle inutile – du roi rival. L'intérêt de la pièce est ailleurs que dans sa composition. Il est probable qu'elle est apparue comme très « moderne » auprès de la génération de 1620, à côté des œuvres de Hardy et de Garnier, qui pouvaient sembler sentencieuses, empêtrées de rhétorique et de mythologie. Relativement directe, traitée avec sincérité, l'histoire des amours contrariées de très jeunes amants, même tirée des *Métamorphoses* d'Ovide, trouvait un écho immédiat dans un public prêt à s'enflammer pour des héros qualifiés parfois de « romantiques » avant la lettre. J. Scherer souligne avec raison que la pièce se passe totalement de localisation historique ou géographique, qu'elle trouve sa force dans son abstraction, et qu'elle est la contestation de toutes les autorités. La représentation devait également contribuer au succès, si l'on en croit le décorateur Mahelot, qui prévoit dans sa notice la fameuse scène du « mur » (« il faut, au milieu du théâtre, un mur de marbre et pierre fermé ») et l'irruption du lion, contribuant au pathétique (« un antre d'où sort un lion du costé de la fontaine, et un autre à l'autre bout du théâtre, où il rentre »).

Le lecteur moderne peut trouver un réel plaisir à *Pyrame*. Les gloses ironiques sur le poignard hardiment personnalisé par Théophile :

Ha ! voici le poignard qui du sang de son maître
S'est souillé lâchement ; il en rougit, le traître

ont peut-être occulté ce que l'invention poétique a de sincère et d'original – et fait oublier les voies et moyens de la rhétorique symbolisante de l'époque. Thisbé évoque l'éveil de l'amour et des sens avec une agressivité qui défie la vieille Bersiane et développe du même coup un thème cher à Théophile :

Nos esprits sans l'amour assoupis et pesants,
Comme dans un sommeil passent nos jeunes ans ;
Auparavant qu'aimer on ne sait point l'usage
Du mouvement des sens ni des traits du visage.

(I, I)

Pyrame, plus passionné encore que la jeune fille, rêve d'une ressemblance absolue entre les amants, d'une sorte de fusion qui se manifeste même dans l'apparence physique :

N'ayant tous deux qu'un but de peine et de plaisir,
Semblables de l'humeur, de l'âge et du désir ;
Et si j'osais flatter encore mon visage,
On nous pourrait tous deux connaître en une [image.

(II, I)

On a dit souvent la violence avec laquelle se manifeste la passion des jeunes gens :

Mais je me sens jaloux de tout ce qui te touche,
De l'air qui si souvent entre et sort par ta bouche ;
[...]
Ton ombre suit ton corps de trop près, ce me [semble,
Car nous deux seulement devons aller ensemble.
Bref, un si rare objet m'est si doux et si cher,
Que ta main seulement me nuit de te toucher.

(IV, I)

L'apparition finale du poignard sanglant ne peut d'ailleurs être comprise que dans un contexte quasi hallucinatoire où c'est le paysage entier qui a changé de couleur, à l'image du buisson de mûres blanches :

Même, au lieu de donner de la rosée aux fleurs,
L'aurore à ce matin n'a versé que des pleurs,
Et cet arbre, touché d'un désespoir visible,
A bien trouvé du sang dans son tronc insensible,
Son fruit en a changé, la lune en a blêmi,
Et la terre a sué du sang qu'il a vomi.

(V, II)

Le succès de *Pyrame et Thisbé* et, au-delà, l'attachement de ses contemporains pour Théophile s'expliquent par la rencontre d'une sensibilité à fleur de peau et du désir d'un public d'entendre l'expression d'une passion violente et hardie. Théophile avait osé se passer d'une grande partie des habitudes rhétoriques, des canons du théâtre et de la tradition, pour laisser parler le désir et la sincérité des amours juvéniles.

Cependant, la place de Théophile de Viau dans l'histoire de la poésie française est surtout celle d'un très grand lyrique.

SYNOPSIS

ACTE I. Thisbé monologue à l'écart de chez elle. Elle aime Pyrame, mais la haine qui oppose les deux familles rend impossibles leurs amours. La vieille Bersiane la cherche pour la réprimander. Suit un débat sur la jeunesse et la vieillesse (sc. I). Narbal, père de Pyrame, se plaint à Lidias, son confident, des amours de son fils (sc. II). Le Roi, de son côté, est également amoureux de Thisbé. Il veut écarter son rival et confie ses intentions à Syllar (sc. III).

Acte II. Pyrame confie à Disarque qu'il aime Thisbé et qu'il lui sera fidèle malgré l'opposition de leurs familles (sc. I). Pyrame et Thisbé se parlent à travers la fissure du mur qui sépare leurs maisons, et ils renouvellent leurs serments (sc. II).

Acte III. Deuxis et Syllar sont envoyés par le Roi pour attaquer et tuer Pyrame. Deuxis a des scrupules, que Syllar s'efforce de lever. Un combat à l'épée les oppose au jeune homme. Syllar s'enfuit, et Deuxis est tué (sc. I). Double rapport au Roi. Échec du Messager envoyé près de Thisbé ; échec de Syllar, qui rend compte du combat contre Pyrame. Le Roi envisage de faire mourir les amants (sc. II).

Acte IV. Pyrame et Thisbé décident de fuir la vengeance du Roi. Ils se donnent rendez-vous au tombeau de Ninus (sc. I). La mère de Thisbé raconte à sa confidente qu'elle a fait un songe horrible et qu'elle ne s'opposera plus désormais au bonheur de sa fille (sc. II). Arrivée la première au rendez-vous, Thisbé s'effraie d'un lion, s'enfuit et perd son voile.

Acte V. Pyrame trouve le voile sanglant. Il croit que Thisbé a été attaquée et dévorée par un lion, et se suicide (sc. I). Thisbé découvre le corps de son amant et le suit dans la mort (sc. II).

J.-P. Ryngaert

VICAIRE Gabriel *v.* Décadence

Vie de saint Alexis

(composé vers 1040)

Ce poème relate la vie d'un noble romain du IVe siècle converti à l'ascétisme chrétien. Formé de 125 strophes de cinq décasyllabes construites sur une seule assonance, il témoigne d'une technique très élaborée. L'influence de la rhétorique, quoique discrète, est profonde. La structure strophique, fixe, favorise la brièveté et la rapidité ; l'auteur suggère plus qu'il ne décrit. Le procédé de la variation sur un thème et l'ébauche d'un style formulaire annoncent l'art prochain des chansons de geste. Ainsi est posé le problème (non résolu) de la part de la littérature hagiographique dans la naissance des épopées en langue vulgaire.

D. Boutet

VIELÉ-GRIFFIN Francis

(1863-1937)

Poète symboliste, Vielé-Griffin est né à Norfolk, aux États-Unis, d'un père architecte engagé dans les rangs nordistes. En 1872, ses parents divorcent, et il suit sa mère en France, où il apprend vite la langue de son nouveau pays. Au collège Stanislas, il rencontre Henri de Régnier ; il s'essaie à la peinture et fréquente des artistes comme James Whistler et des poètes comme Jules Laforgue. Il est un assidu du Chat-Noir où il passe plus de temps qu'à la faculté de droit. Il écrit ses premiers vers en 1886, *Cueille d'avril*, est goûté de Mallarmé et de Verlaine, dont il fait ses maîtres ; il collabore à la *Revue indépendante*, où il donne des traductions de Whitman et de Swinburne. Suivront *les Cygnes* (1887), *Ancaeus* (1887), poème dramatique, et *Joies* (1889). Peu à peu, Vielé-Griffin devient le champion du symbolisme et du vers libre : de 1890 à 1892, il défend ses idées dans les *Entretiens politiques et littéraires,* une revue qu'il fonde avec Henri de Régnier, puis Bernard Lazare et Paul Adam. On y publie aussi bien Bakounine que le jeune Valéry, Verhaeren ou Gide. De la même époque datent un second recueil des *Cygnes* (1892), *la Chevauchée d'Yeldis* (1893), son œuvre majeure, puis *la Clarté de vie* (1897), *Phocas le jardinier* (1898), écrits dans cette Touraine à qui il dit adieu dans *Partenza* (1899). Outre son œuvre de poète à laquelle il faut ajouter *l'Amour sacré* (1903), *Sapho* (1911) et un important cycle grec – *la Lumière de Grèce* (1912), *la Voie d'Ionie* (1914) –, on n'oubliera pas la participation de Vielé-Griffin à des revues comme *Lutèce*, l'*Ermitage* ou le *Mercure de France*, où il défend et illustre le symbolisme. C'est à cette tâche, d'ailleurs, que Vielé-Griffin consacre la fin de sa vie, éclairée encore par les nouveaux poètes, comme Breton et Eluard, qui lui adressent leurs œuvres.

Sa célébrité, Vielé-Griffin la doit d'abord au vers libre, dont il exploite toutes les ressources : bien sûr, la nouveauté de la formule paraît émoussée aujourd'hui, mais nous devons quand même tenter de comprendre l'effet qu'elle produisait sur les lecteurs de l'époque. Il est certain que ce style, pourtant souvent obscur, paraissait « naturel » : la phrase s'y déroule selon une syntaxe apparemment proche de la prose, mais sans que la confusion soit possible. Car nous sentons bien qu'un rythme très étudié soutient la strophe ou le verset, et que la prosodie n'a pas disparu : elle s'est au contraire affinée, compliquée, et mêle le pair et l'impair selon une musique venue de Verlaine. De sorte que, souvent, ces poèmes si « naturels », mais si élaborés et si composés, y gagnent une sorte de solennité que l'alexandrin, trop mécanique, avait perdue ; brusquement, le poète fait réentendre une langue liturgique, sacrée, inspirée peut-être, agrémentée aussi d'archaïsmes et de mots rares. En cela, d'ailleurs, Vielé-Griffin est bien un symboliste : pour lui, le monde n'existe que s'il est parcouru de cette « âme » qui relie par des correspondances toutes nos impressions, qui fait sentir en toute chose une sorte de secret murmuré par les arbres, les feuilles et les branches, par la vie « riche du lyrisme éternel, prodigue comme la terre puissante, profonde et voluptueuse comme le Mystère ». [Voir aussi **Symbolisme**.]

A. Preiss

VIENNET Jean Pons Guillaume

(1777-1868)

Ce littérateur éclectique, fils d'un conventionnel, maniera la plume aussi belliqueusement que le sabre par lequel il s'illustre dans les guerres de la Révolution et de l'Empire. Celui qui sera un ennemi juré des romantiques, artilleur de marine, tire ses premiers boulets contre les Anglais. Prisonnier (1797), il fourbit jusqu'en 1810 deux tragédies, *Alexandre* et *Clovis* – le manuscrit de ce dernier, faute de lui valoir la gloire, arrête une balle sur sa poitrine à la bataille de Leipzig. Au terme d'une seconde captivité, Viennet entre à l'état-major du duc de Berry (1815).

C'est dans les lettres et dans la politique que désormais il frappe d'estoc et de taille, offrant aux feux de la censure une *Épître aux chiffonniers sur les crimes de la presse* (1827), si impertinente qu'elle lui attire une prompte disgrâce. La même année, il est élu par Béziers, sa ville natale, député de l'opposition libérale ; Louis-Philippe fera de lui un lieutenant-colonel, un académicien (1833) et un pair de France. Toujours tempêtant contre les « hugolâtres », il rompt avec la franc-maçonnerie à laquelle il était affilié. Et ses ennemis se gausseront, quand il mourra pieux et repentant.

Juste retour des choses : égratigné dans *Racine et Shakespeare*, Viennet, pour qui Stendhal n'est qu'un « aventurier », avait béni « l'attaque d'apoplexie qui nous en a délivrés le 24 mars 1842 ». C'est un fait : les furieuses charges qu'il mène contre les romantiques s'embarrassent peu de nuances. Si *la Tour de Montlhéry* (1828), roman historique, lui vaut d'être comparé à Walter Scott, Viennet – qui a traité cet insulteur de Napoléon de « boutiquier boiteux » – ne s'en estime pas flatté. Persuadé d'avoir montré la voie du bon sens dans ses comédies (*les Serments*, 1839), drames (*Michel Brémond*, 1846 ; *Richelieu*, 1859) ou romans (*le Château Saint-Ange*, 1834), il est sûr de pouvoir s'appuyer, dans sa marche à la gloire, sur deux solides « béquilles » (*sic*) : son *Journal* (publié en 1955) et ses *Fables*.

Il n'en anathématise qu'avec plus de virulence « ces jeunes fous, dont les doctrines saugrenues nous préparent une littérature absurde ». Vigny ? « Quand la vogue en sera passée, il [n'en] restera qu'un sot et un fat dont la postérité se moquera ». Victor Hugo ? Son théâtre est « un des scandales de notre siècle littéraire », œuvre d'un « esprit malade » ; « [sa] politique est aussi abominable que sa littérature », puisque « le titre même [*Le roi s'amuse*] est une insulte à la royauté ». Sainte-Beuve fera de la « stupidité » de Viennet un objet d'étude, tant il méprise celui qui lui voue une haine implacable : pour interdire l'accès de la Coupole à l'auteur de *Volupté*, « esprit méchant », Viennet vote pour Vigny, « romantique inoffensif ». Quand Sainte-Beuve, athée, refuse la définition du mot « âme » proposée par Villemain, Viennet lui saute à la gorge en pleine Académie.

Victor Hugo sourit de certains passages de *Clovis*, pleins de « vérités triviales trivialement exprimées », et conseille aux acteurs « de ne pas prononcer ce vers :

> *Applaudir de nos Francs l'agonie et la mort*

de façon que le spectateur entende "la colique et la mort" », car « M. Viennet n'a pas besoin qu'on rende ses vers ridicules ».

D. Giovacchini

VIGENÈRE Blaise de

(1523-1596)

On sait que Blaise de Vigenère, né à Saint-Pourçain, a pris part à la guerre contre les Impériaux à la fin de ses études (1543). Il a aussi participé aux combats menés par la ligue de Smalkalde et accompagné l'envoyé de France à la diète de Worms (1545). Sa vie restera marquée par la faveur constante de la Cour : son orthodoxie et sa prudence la méritaient. Il voyage pendant deux ans, en Allemagne et aux Pays-Bas, puis séjourne à Rome (1549), où il rencontre Michel-Ange et étudie les palais. À partir de 1551 et jusqu'à 1555, il assiste aux guerres allemandes avec le duc de Nevers, dont il est le secrétaire depuis 1547. En 1560, il se met au grec et à l'hébreu avec Turnèbe, Dorat, Genébrard (ligueur et hébraïsant) et les frères Guy et Antoine de La Boderie. L'influence de l'ésotérisme postélien sera très sensible dans ses écrits, même si Vigenère ne l'avoue guère. Secrétaire d'ambassade à Mantoue, il remplit des missions pour Catherine de Médicis. Il séjournera en Italie jusqu'en 1569, mais les deux premiers livres de son *Traité des chiffres*, qui promettaient un chapitre sur l'éducation et des « règles de notre parler », lui sont dérobés à Turin.

Il semble qu'il se soit alors définitivement attaché à la maison des ducs de Nevers, où il fréquente des alchimistes, dont Jacques Duclo, comme lui au service de Louis de Gonzague. Henri III lui donne la charge de secrétaire de la chambre du roi. À plusieurs reprises, Vigenère manifeste sa profession de foi catholique, tout en restant modéré. Monarchiste, il a toujours soutenu la couronne et son savoir a été reconnu par tous.

Une œuvre disparate...

Blaise de Vigenère a laissé une œuvre abondante et variée, à l'image du siècle. Traditionnellement, on la classe en traductions sans commentaires (saint Bonaventure, 1606 ; la *Jérusalem* du Tasse, 1595) ; en adaptations et éditions d'anciens textes (*Villehardouin*, 1584 ; *Chroniques et Annales de Pologne*, 1573 ; l'*Histoire mémorable... du roi Charles VII*, 1594) ; en traductions accompagnées de commentaires ou d'annotations (César, 1584 ; Chalcondyle, 1577 ; Cicéron, 1575 ; Onosandros, posth., 1605 ; Philostrate, 1578 ; Sixte V, 1590 ; Tite-Live, 1583) ; et en ouvrages plus « originaux », d'intérêt politique (*Discours sur l'histoire du roi Charles VII*, pamphlet anonyme attribué à Vigenère, 1594 ; *la Somptueuse Entrée du roi Henri III à Mantoue*, 1576) ou scientifique (*Traité des chiffres*, 1586 ; *Traité des comètes*, 1578 ; *Traité du feu et du sel*, posth., 1618). Ces derniers textes, petits monuments d'érudition, se distinguent mal des compilations. Enfin, d'autres écrits de Vigenère sont perdus (dont un *Traité de l'or et du verre*).

« Sans doute ne fut-il pas une personnalité dominante, un esprit original » (D. Métral) : Vigenère cependant mérite l'attention par la valeur qu'il accorde à l'expérience. Son pragmatisme peut le rapprocher de Montaigne. Il semble qu'il ait pratiqué des expériences alchimiques, dont il donne les recettes dans un souci généreux de vulgarisation : certaines peuvent prendre place dans l'histoire de la chimie. Sans méthode particulière, Vigenère énonce le principe d'un réalisme empirique : « lesquelles démonstrations sensibles sont bien plus à propos [ce semble] pour nous introduire la connaissance de quelque chose que beaucoup d'argumentations frivoles, vaines et fantastiques à guise de chimères, qui ne nous apprennent non plus que ce que l'on voudroit escrire en l'air avec le doigt [...] car tout cela ne marque rien en notre appréhension, qui y puisse demeurer imprimé » (*Traité des comètes*). Il se réclame des Arabes et des « philosophes chimiques », qui ne croient, contrairement aux aristotéliciens et aux « ratiocinateurs », que ce qu'ils ont expérimenté. La traduction d'Onosandros lui fournit l'occasion d'insérer des pages de géométrie élémentaire, et le *Traité des chiffres*, si spéculatif, insiste sur l'intérêt pratique de posséder un code de communication secret. Dans ce même livre, il conteste la validité des expériences de Heinrich Cornelius Agrippa et de Jean Trithème sur la transmission de pensée. Cependant cohabitent dans ces différents ouvrages à la fois les récits de manipulations réelles et leur évidente utilisation à des fins idéalistes ou symboliques : on y trouve des techniques de combustion des métaux en même temps qu'un cumul exhaustif des vertus idéales du feu.

La traduction commentée des *Images* de Philostrate ne constitue pas véritablement un ouvrage de critique artistique. Dans ses annotations, Vigenère ne donne pas une philosophie de l'art, mais plutôt une description des tableaux, laissant une large place à la technique. L'influence de cette œuvre sera sensible encore dans la première moitié du XVIIe siècle. La compétence de Vigenère fait de lui un bon vulgarisateur des différents styles et des recherches archéologiques du temps.

Ces préoccupations pratiques n'enlèvent pas pour autant à Vigenère sa place dans le courant encyclopédique, pythagoricien et spiritualiste de la Renaissance. Dans la lignée de Pic de La Mirandole et de Georgius Venetus (François Zorzi), il se laisse emporter dans un syncrétisme alliant des aperçus scientifiques, des connaissances cabalistiques (*Zohar*) et un mysticisme dont témoignent la traduction des *Psaumes* et le *Traité de la pénitence* (1587). Son rationalisme justifie des visions plus hautes et plus occultes du monde et de la science. Le *Traité des chiffres* est certainement l'ouvrage le plus remarquable de Vigenère : bien que touffu et peu méthodique, il contient des tables des différents alphabets et rend évidente la primauté de l'écriture, fidèle image de la raison humaine et divine. En ce sens, il suit la tradition cabaliste, à l'égard de laquelle il émet cependant certaines réserves : l'hébreu ne doit pas être considéré comme un moyen de connaissance directe de la nature. Vigenère exprime son admiration sans faire des chiffres ou « secrètes manières d'écrire » une façon privilégiée d'atteindre Dieu. Cette distinction entre l'explication matérielle des phénomènes et la prudence à garder dans leur interprétation est encore plus claire dans le *Traité des comètes* : Vigenère avoue que les astres sont « plus significatifs que causants ». Avertissements de Dieu, ils ne doivent pas nous plonger dans les hasards de l'astrologie divinatrice.

... au service d'une pensée touffue

Ses ouvrages ne sont pas exempts de contradictions, et Vigenère donne souvent des sources sans les accorder entre elles. On arrive fréquemment chez lui à un classement de lieux communs, sans ordre ni cohérence interne. Le discours de Vigenère, bien structuré pour la phrase, est inhabile à former un ensemble plus long. Il se répète à l'intérieur d'un même livre et d'un livre à l'autre. Vigenère prend plaisir à la digression : non pas à la manière de Montaigne, chez qui l'association d'idées ne désarticule pas l'ensemble du texte, mais par incapacité à contrôler une érudition prodigieuse. L'auteur ne cesse d'émailler ses pages, sans divisions ni soustitres, de « pour en revenir à notre propos » : conscient d'être submergé, car tout sujet fournit plusieurs occasions de parler du monde, de Dieu, des Anciens et des secrets de la nature. Vigenère possède pourtant l'art du détail. Souvent comparé à Amyot, il est un des premiers théoriciens de la traduction, avec Dolet. Il se défend d'être un compilateur, mais ne prétend pas non plus à la fidélité. Adaptateur, il a su enrichir la langue d'un vocabulaire étendu et technique. L'adaptation de Villehardouin, véritable traduction « intralinguale » (C. Buridant), offre un sémantisme assez large ; la suppression des paragraphes est, chez lui, un reflet de cette allergie à la classification. Mais la valeur de ces traductions n'a été contestée qu'à la fin du siècle suivant (notamment par Bayle) : délaissant les éloges de Du Verdier et de Simon Goulard, le XVIIe siècle n'a pas manqué de relever les contresens et de souligner les obscurités de Vigenère. Son style quelque peu gonflé, sa syntaxe appuyée et hiérarchisée sont passés de mode. Et les images ne sont pas, chez lui, d'une grande originalité ; fidèles à la tradition néoplatonicienne, elles se rapportent souvent à la lumière ou au feu et sont moins métaphoriques que symboliques : « nostre entendement se laissera descuire par le feu de l'amour divin ». Vigenère réussit mieux lorsqu'il traduit les *Psaumes* : soucieuse de suivre le texte hébreu, la forme est ramassée et proche de la manière de Baïf ; les artifices rhétoriques sont délaissés.

Ainsi Vigenère apparaît-il comme un modèle des curiosités diverses d'une époque où les livres avaient l'ambition d'imiter la variété des choses.

M.-L. Demonet

VIGNEULLES Philippe de

(1471-1528)

Conteur et chroniqueur, né à Vigneulles, près de Metz, Philippe a fait lui-même le récit de sa vie dans un *Journal* et dans une *Chronique de la ville de Metz* fort précieux pour l'historien. D'origine modeste, autodidacte et assez aventureux, il travaille quelque temps comme apprenti drapier, à Metz ; avec quelques compagnons, il part à pied pour Rome en 1486, s'arrête en chemin au service d'un chanoine de Genève, traverse l'Italie en changeant souvent de maître, séjourne un moment à Naples, revient en conduisant des chevaux au roi de France, mais abandonne le convoi en route aux abords de Lyon. Au bout de ces cinq années d'errance picaresque, le revoilà drapier dans sa bonne ville prise par la guerre ; malgré quelques nouvelles aventures (il est fait prisonnier en Lorraine), sa vie va s'écouler à Metz – dont il devient l'un des plus riches marchands –, entre deux foires, deux pèlerinages et quelques épidémies : lorsqu'il ne peut plus bouger, cet homme actif écrit, malheureux de ne point connaître le latin depuis son enfance, mais très curieux de livres – y compris des livres italiens rapportés de son périple. Cette passion d'écrire, jointe à la modestie de son savoir, le mène dans deux voies : la *Chronique* de sa ville, forme traditionnelle, où il mêle ses expériences personnelles aux légendes historiques, et la nouvelle, où son recueil (*les Cent Nou-*

velles nouvelles) constitue l'un des maillons les plus intéressants de la littérature française, derrière *les Cent Nouvelles nouvelles* bourguignonnes du XVe siècle, qu'il connaît bien, et avant tout le développement de ce genre illustré par Bonaventure Des Périers et Marguerite de Navarre.

S'il reprend le titre des nouvelles bourguignonnes (en ajoutant d'ailleurs une dizaine de titres au corpus habituel d'une centaine) et s'il semble se souvenir de Boccace ou d'autres conteurs italiens, c'est sans doute à son propre goût pour les anecdotes vécues sous ses yeux, et pour une tradition orale qui peut bien être à l'origine de farces réelles, qu'il doit le plus. Son inspiration est à la fois très convenue et très surprenante quand le rire doit naître de bons tours qui ne concernent pas un public cultivé et humaniste : non que leur caractère obscène ou scatologique soit très prononcé (la tradition humaniste en connaît bien d'autres), mais leur insignifiance même nous révèle bien davantage à quel point ce rire n'est plus le nôtre, en particulier dans le cycle des nouvelles aux vengeances anodines, où le non-sens se développe mieux que le comique. Malgré les quelques retouches que l'auteur a apportées à son manuscrit – confessant son peu de métier –, la raideur du style et l'état fragmentaire d'un assez grand nombre de nouvelles contribuent à dérouter encore plus le lecteur.

Tel qu'il est, cependant, ce texte naïf et bonhomme vient conforter la thématique traditionnelle anticléricale et antiféministe, à laquelle il donne la vigueur d'un regard lucide sur le réel : on voit ainsi s'opposer à une hiérarchie ecclésiastique plus cultivée et plus sensée une cohorte de frères prêcheurs rapaces et bavards (les « questains ») ; plus que les gros bourgeois de Metz, Vigneulles décrit tout le menu peuple des campagnes et de la ville au travail, peuple dont les trajets, les objets, les habitudes sont bien présents. Enfin, quoique dans ses facéties il préfère de loin le récit d'un bon tour à un bon mot, Vigneulles aime jouer du latin déformé, des jargons et, surtout, de son parler de la région de Metz, sur lequel il est l'un des meilleurs témoins que l'on puisse imaginer.

M. M. Fontaine

Vigny

VIGNY Alfred de

(1797-1863)

Le mot que Proust prête à Oscar Wilde (« On ne lit plus guère Vigny de nos jours ») appelle la nuance. Si, vers 1830, Vigny soulevait moins d'enthousiasme que Hugo ou Lamartine par exemple, son œuvre, en contrepartie, a connu moins de désaffection. Poète rare et exigeant, écrivain qui fit très tôt figure de classique parmi la cohorte romantique, il a lentement conçu puis élaboré des livres difficiles, orgueilleux et essentiels, qui semblent presque réservés à une certaine élite de connaisseurs. Balzac admire et envie son double talent de versificateur et prosateur, Proust le tient pour le plus grand poète (avec Baudelaire) du XIXe siècle, René Char reconnaît en lui un « ascendant ».

Vigny fut l'homme d'une grande idée qu'il cherchera sans cesse à formuler avec toute l'exactitude philosophique et la puissance poétique possibles. Si, chez lui, les motifs ne varient guère d'un texte à l'autre, ils se creusent et s'approfondissent avec le temps. Ainsi, ce que l'œuvre perd en étendue, elle le gagne en profondeur et en densité. Et comment dire l'idée, sinon par la qualité d'une « expression » qui atteint parfois des sommets et qui finit par définir l'auteur dans son existence même ? Pour Baudelaire, Vigny était, « littéralement parlant, le fils de ses œuvres ». Celles-ci fondent, en effet, une noblesse originale que confère la langue poétiquement maîtrisée. De la Touraine, où il a vu le jour, Vigny dira plus tard : « Le berceau de la langue est là, près du berceau de la monarchie » (*Cinq-Mars*). Le désir de remonter aux origines mythiques et politiques de la France correspondra toujours chez lui à la tentative de se fixer à demeure sur le sol natal de la poésie.

« Et moi aussi je suis en dissidence… »

Né dans une atmosphère de fin de race, baptisé par un prêtre réfractaire, le seul enfant survivant de cette mère de quarante ans et de ce père de soixante ouvre les yeux sur un monde qui appartient déjà au passé. Le chevalier de Vigny, ancien soldat de la guerre de Sept Ans, convoque souvent dans ses récits les figures héroïques d'une époque exaltante et exaltée. En baisant chaque soir la croix de Saint Louis, son fils jure fidélité à la famille royale, alors détrônée. La mère d'Alfred, objet d'une constante vénération, lui enseigne la musique et la peinture et, suivant les principes de Rousseau, l'éduque rudement (« Elle avait pour moi la grave sévérité d'un père »). Homme du XVIIIe siècle, fier d'une double noblesse qu'il fait remonter très loin, égrenant avec ivresse et nostalgie le chapelet des anciens titres liés à son nom (« seigneur de Tronchet, de Moncharville, des deux Émerville, d'Isy, de Frêne, de Tonville, de Folleville, de Gravelle et autres lieux »), Alfred de Vigny, d'emblée, ne coïncide pas avec son temps.

La noblesse ne sera pour lui qu'une mauvaise fée. C'est elle qui inspire les sarcasmes et les violences de ses camarades à l'institution Hix de Paris, qu'il fréquente à partir de 1807 :

« Je me sentais d'une race maudite, et cela me rendait sombre et pensif. » Les résultats scolaires traduisent les désarrois et les incertitudes du jeune garçon. Excellent élève, il néglige rapidement son travail, puis quitte la pension à treize ans pour passer sous la direction très libre d'un précepteur, l'abbé Gaillard, qui, tout en respectant ses goûts, l'encourage à lire énormément, lui fait traduire Homère en anglais et lui communique sa passion pour les mathématiques. De cette époque datent les premières œuvres de circonstance de Vigny, qui en écrira durant toute sa jeunesse.

En préparant l'École polytechnique au lycée Bonaparte, Vigny écoute de loin les dernières clameurs de l'Empire. Le lycée vit au rythme des combats, dont le jeune homme n'a sous les yeux qu'une copie pauvre et affaiblie : « Nos précepteurs ressemblaient à des hérauts d'armes, nos salles d'étude à des casernes, nos récréations à des manœuvres et nos examens à des revues. » Le métier de soldat l'attire naturellement. À la chute de l'Empire, il a dix-sept ans ; ses parents lui achètent un brevet de Gendarme du roi. Mais, à l'horizon du métier, la fuite remplace la gloire : Vigny fait partie de l'escorte qui accompagne la pitoyable échappée de Louis XVIII pendant les Cent-Jours. En 1816, il est affecté au 5e régiment de la Garde royale, cantonné à Versailles. Sous-lieutenant à Vincennes, lieutenant à Courbevoie, capitaine au 55e de ligne à Strasbourg, il part enfin pour Bordeaux et séjourne avec son régiment dans les Pyrénées, avec en vue une intervention possible en Espagne. Mais rien ne se réalise, et Vigny, déçu, reconnaît son inaptitude à la vie militaire : « J'étais bien déplacé dans l'armée. » Les journées de garnison, mornes et pesantes, ont effacé le rêve des combats. « Spectateur plus qu'acteur », le jeune homme subit le mauvais destin qui lui est réservé et s'aperçoit que nul avenir n'éclaire pour lui le métier de soldat : « Mon inutile amour des armes, la cause première d'une des plus complètes déceptions de ma vie. »

Après une brève liaison avec Delphine Gay, vite écartée par Mme de Vigny, il épouse en 1825 une jeune Anglaise rencontrée à Pau, miss Lydia Bunbury. Mais la maladresse de Lydia dans les salons du faubourg Saint-Germain, sa santé fragile, son indifférence à la poésie sont autant de signes de l'échec auquel cette union est vouée.

Depuis quelques années, Vigny s'est tourné vers la gloire littéraire. Multipliant les essais, l'ami de Victor Hugo, alors directeur du *Conservateur littéraire*, publie, en mars 1822, un recueil de *Poèmes* qui lui vaut un succès d'estime. Prévoyant d'écrire une « théogonie chrétienne » qui « achèverait l'œuvre du Dante et de Milton, continuée par Chateaubriand », et prendrait Hésiode et Ovide pour modèles, il entame avec le christianisme un débat qu'il poursuivra toute sa vie.

En 1826, Vigny publie les *Poèmes antiques et modernes* et *Cinq-Mars*, qui, malgré les critiques de Sainte-Beuve, obtient un grand succès. Considéré comme le rival français de Walter Scott, il rencontre celui-ci à Paris en novembre 1826. Ses activités littéraires se multiplient. Traduisant *Roméo et Juliette* – en collaboration avec Émile Deschamps –, il offre Shakespeare au public français. Tout en approfondissant les questions que pose la création littéraire dans *Réflexions sur la vérité dans l'art* (1827), texte placé en préface à *Cinq-Mars*, il continue de traduire le dramaturge anglais ; *le More de Venise*, adaptation d'*Othello*, est représenté au Théâtre-Français en octobre 1829. Vigny souhaite ouvrir la scène nationale à une « tragédie moderne » au style mélangé, « familier, comique, tragique, et parfois épique », produisant « un tableau large de la vie ». Mais, là encore, la déception suit l'effort et l'espoir. Vigny poète constate les limites du théâtre, trop vaste et trop bruyant pour faire entendre une voix profonde et recueillie : « cet orgue aux cent voix qu'on appelle théâtre, je ne me décide jamais à le prendre pour faire entendre mes idées ». *Shylock*, tiré du *Marchand de Venise*, n'est pas joué, et *Hernani*, en 1830, consacre le triomphe de Hugo, en position maintenant, de chef de file des romantiques. Vigny se raidit, et l'isolement, autant qu'un destin, devient une obsession : « Oh ! fuir ! fuir les hommes et se retirer parmi quelques élus, élus entre mille milliers de mille » (*Journal d'un poète*, 1830).

Pour Marie Dorval, dont il fait la connaissance en 1830 et avec qui il se lie, il écrit son premier drame, *la Maréchale d'Ancre*, dont « l'idée même est l'abolition de la peine de mort en matière politique ». À la première représentation, pourtant, le 25 juin 1831, c'est Mlle George qui tient le rôle principal. Une comédie suit en 1833, *Quitte pour la peur*, proverbe en un acte, qui permet à Marie de prendre sa revanche. La dernière pièce de Vigny, *Chatterton*, obtient un succès considérable et lui assure une popularité nouvelle. Ce sommet de l'art dramatique, d'abord refusé par le comité de lecture, est finalement joué à la Comédie-Française en 1835, avec Marie Dorval dans le rôle de Kitty Bell.

Vigny s'intéresse de plus en plus aux questions sociales et politiques. Les journées de juillet 1830 le confirment dans sa propre condamnation du règne de Charles X. Par loyalisme aristocratique, il commande cependant, en août, une compagnie de la Garde nationale, tout en manifestant une profonde sympathie pour le saint-simonisme. Après une entrevue décevante avec Louis-Philippe le 11 février 1831, il se rapproche de Lamennais et, dans le poème « Paris », témoigne d'une fascination toute balzacienne pour la vie moderne :

> *Œuvre, ouvriers, tout brûle ; au feu tout se [féconde !*
> *Salamandre partout !... Enfer, Éden du monde !*
> *Paris, principe et fin ! Paris, ombre ou flambeau !*
> *Je ne sais si c'est mal, tout cela ; mais c'est beau.*

Le besoin de solitude se fait de plus en plus pressant. Hanté par un message à délivrer, par le souci de cohérence pour son œuvre, par la conscience aiguë de son rôle de poète, il s'empresse de brûler des manuscrits de jeunesse, « dans la crainte des éditeurs posthumes », lorsqu'en 1832 il est atteint par le choléra. En octobre 1835 paraît le dernier ouvrage inédit publié en librairie du vivant de Vigny : *Servitude et Grandeur militaires*, bilan d'une vie et d'un siècle qui lui fait défaut. Les lectures se multiplient, notamment celle de Julien l'Apostat, qui sera le héros de *Daphné*. Un voyage en Angleterre de juillet à septembre 1836, la rupture avec Marie Dorval (1838), l'édition définitive des *Poèmes* (1837), la mort de sa mère enfin (21 décembre 1837) ferment une époque. Vigny se replie sur lui-même et trouve refuge dans la vie de l'esprit : « Je vis clairement que les événements ne sont rien », dit le capitaine Renaud dans *Servitude et Grandeur militaires*, « que l'homme intérieur est tout ».

En septembre 1838, il s'installe en Angoumois, au Maine-Giraud près de Blanzac, d'où il écrit, le 2 octobre, à Busoni : « Je suis chez moi depuis huit jours avec Mme de Vigny dans un vieux manoir au milieu des roches et des bois. J'y rêve et j'y écris même quelque chose de mes rêves. » Après une période de production soutenue, de 1822 à 1837, commence un long silence, interrompu seulement, de temps en temps, par la publication de poèmes dans la *Revue des Deux Mondes*. Laissant loin derrière les précipitations de la jeunesse, il se met à l'écoute et à l'épreuve du temps : « Je ne fais pas un livre, il se fait ; il mûrit et croît dans ma tête, comme un fruit. »

À Londres, où il séjourne pour veiller à la succession de son beau-père, mort après avoir déshérité Lydia, il rencontre au printemps 1839 Louis Napoléon Bonaparte. De retour à Paris, Vigny s'engage avec courage et persévérance dans le combat de la propriété littéraire, qui lui tient particulièrement à cœur. Sous forme de lettre ouverte aux députés, il publie, dans la *Revue des Deux Mondes*, « De Mademoiselle Sédaine et de la propriété littéraire ». L'article est suivi immédiatement d'un projet de loi déposé par le ministre de l'Instruction publique, Villemain, et appuyé par Lamartine. Le 23 mars 1841, lors d'une séance à laquelle assistent Vigny et Balzac, les députés repoussent le projet. L'écœurement de Vigny pour les politiciens atteint son comble.

À cette époque, Vigny fait déjà figure de classique. La première édition des *Œuvres complètes*, publiée en 1837, est épuisée en quatre ans ; l'édition Charpentier de 1841, en dix ans. Détaché maintenant du saint-simonisme, cherchant une place reconnue dans l'élite officielle, il pose sa candidature à l'Académie française, dont font déjà partie Lamartine (depuis 1830) et Hugo (depuis 1841). À l'appui de cette ambition académique, la *Revue des Deux Mondes* publie, en 1843, « la Sauvage », « la Mort du loup », « la Flûte », et, en 1844, « le Mont des Oliviers » et « la Maison du berger ». Après cinq candidatures malheureuses, Vigny est élu le 8 mai 1845, au fauteuil du vaudevilliste Étienne. Refusant de faire l'éloge de Louis-Philippe dans son discours de réception – en échange d'un siège à la Chambre des pairs –, il doit subir l'accueil mesquin et venimeux du comte Molé.

En 1848, la disparition du « trône de carton » le fortifie dans ses analyses politiques. Mais deux mois plus tard, candidat aux élections à l'Assemblée en Charente – il néglige de faire campagne et ne présente aucun programme précis –, il est battu. Après les journées de Juin, il s'installe au Maine-Giraud et souhaite qu'on lui écrive « à Alfred de Vigny, vigneron ». Partageant son temps entre les soins donnés à sa femme, perpétuellement souffrante, et un travail acharné (« Je suis un étudiant perpétuel »), coupé du monde (« Ma conscience est une forteresse »), il poursuit une longue et solitaire méditation : « Croyez bien que mon silence n'est jamais un repos. »

Le coup d'État du 2 décembre 1851 lui apporte de nouveaux espoirs, rapidement déçus. Invité à dîner par le prince-président à Angoulême le 10 octobre 1852, il s'imagine – à tort – bientôt membre du Sénat impérial. En 1854, Vigny, qui n'a rien publié depuis dix ans et ne publiera rien d'autre jusqu'à sa mort, fait paraître dans la *Revue des Deux Mondes* « la Bouteille à la mer ». Luttant contre la dégradation physique, dénonçant à la police les hommes qui « pensent mal », il commence une pénible vieillesse, illuminée seulement par la présence de compagnes attentives, Louise Colet, Augusta Bouvard, et par l'admiration et le respect d'amis comme Louis Ratisbonne, qui deviendra son exécuteur testamentaire, et Charles Baudelaire. Le 10 mars 1863, il achève « l'Esprit pur », son poème le plus serein et le plus optimiste, qui atteste sa réconciliation avec le monde. Moins d'un an après sa femme, qui succombe à une congestion le 22 décembre 1862, Vigny, après de terribles souffrances – il est atteint d'un cancer de l'estomac –, s'éteint ; il a soixante-six ans. Il sera inhumé au cimetière Montmartre, sans qu'aucun discours, suivant sa volonté, soit prononcé.

La vie d'Alfred de Vigny s'est déroulée sous le signe de l'amertume, de la déception et des ambitions brisées. Mais de cette trajectoire personnelle il reste aussi l'image d'une fidélité inaltérable à tout un passé – « Qu'est-ce qu'une grande vie, sinon une pensée de jeunesse exécutée par l'âge mûr ? » (*Cinq-Mars*) – et de la crispation douloureuse d'un écrivain qui, désirant désespérément être écouté (« Je veux écrire pour les hommes de mon temps, avec le langage et l'esprit de mon temps et, s'il se peut, au profit de mon temps »), fut rarement entendu.

« L'indépendance fut toujours mon désir et la dépendance ma destinée »

Leitmotiv du *Journal d'un poète*, l'idée de destinée est au centre de la réflexion de Vigny. De l'« Ode au malheur » (1820), qui accuse « l'antique fatalité », à *la Maréchale d'Ancre*, dont l'« Avant-propos » souligne la place tenue dans « cette composition » par « la Destinée, contre laquelle nous luttons toujours », du roman de *Cinq-Mars* au poème des « Destinées » qui inscrit la providence chrétienne dans la suite de la fatalité antique, la destinée nomme le malheur premier de l'homme. Les souffrances humaines participent toutes de cette cause fondamentale. Ainsi le pouvoir absolu, dont Vigny dit, dès 1824, qu'il est « l'anarchie politique et la barbarie », est-il désigné par les mêmes images de pesanteur et de puissance que les « froides déités » :

J'ai senti sur mon cœur peser ce doigt d'airain
Qui porte au bout du monde à toute âme qui pense
Les épouvantements du fatal souverain.

(« Wanda »)

L'indifférence de la divinité, qui se lit dans l'impassibilité hautaine de la nature et dans le silence de Dieu, est à la source de la cruauté et de l'injustice. La rupture des rapports entre Créateur et créature fonde l'être de l'homme. Au fatalisme de Samson (« ce qui sera, sera ! ») s'oppose le raidissement du Jésus du « Mont des Oliviers », qui fait peser « l'accusation » sur la « Création ». Innocentes victimes du « Dieu jaloux » (« Moïse »), de l'« immense exécuteur » (« le Déluge »), toute une série de personnages, comme la fille de Jephté ou Éloa, représentent l'être humain par excellence qui, abandonné de Dieu, lance « un reproche désespéré au Créateur ».

La littérature exprime et formule cette angoisse et ces souffrances. Les œuvres des hommes n'ont, en effet, posé qu'une seule question, résumée « par les deux mots qui ne cesseront jamais d'exprimer notre destinée de doute et de douleur : Pourquoi ? et Hélas ! » (*Stello*). La condition humaine est, aux yeux de Vigny, celle d'un prisonnier et d'un condamné. Dès 1821, dans le poème « la Prison », il fixe et résume l'idée en une image significative que le XXe siècle développera largement : celle du cachot, qui figure non seulement la vie mais aussi la mort. Il n'est pas permis au Masque de fer, par exemple, enfermé sa vie durant, d'espérer en la mort une délivrance : « La captivité le suivit au cercueil. » « Dans cette prison nommée la vie » (*Journal*, 1832), il ne reste à l'homme qu'à prendre conscience – une conscience toute pascalienne – de son isolement et de son impuissance. « Condamnés à la mort, condamnés à la vie, voilà deux certitudes. »

La figure du poète résume en elle toute la misère et toute la dignité humaines, dans la mesure où, exilé de tous, celui-ci cherche à hauteur d'homme la beauté et la vérité. Le poète appartient à « la race toujours maudite par les puissants de la terre » (*Stello*). Par nature, il est étranger au Pouvoir, car « tout ordre social est basé sur un mensonge », alors que « les beautés de tout Art ne sont possibles que dérivant de la vérité la plus intime » (*Stello*). À la fois libre et pauvre, il est essentiellement incompris, socialement méprisé et banni. Si Chatterton meurt de faim, si les poètes n'ont pas beaucoup de lecteurs, l'urgence impose d'aider le créateur d'abord matériellement. C'est tout le sens du combat mené par Vigny en faveur de la propriété littéraire : « Je trouve que la poésie est reconnue la plus mauvaise des industries et le plus beau des arts. Sur trente-quatre millions que nous sommes, trois mille *dilettanti* à peine l'aiment et l'achètent » (« De Mademoiselle Sédaine… »). Il ne s'agit ici que d'assurer « une meilleure et plus digne existence » à l'écrivain.

Vigny ne s'enferme donc pas dans un pessimisme total. Il faut, en attendant des jours meilleurs, assumer sa condition avec courage et lucidité. En homme du XIXe siècle, accordant au progrès toute sa confiance, Vigny prévoit que l'humanité sortira progressivement d'une nuit qui est pourtant son élément : « "Nous vivons dans la mort", a dit le prophète, et elle est comme l'atmosphère naturelle de l'homme », mais « l'espèce humaine est en marche pour des destinées de jour en jour meilleures » (*Discours de réception à l'Académie française*).

Poésie et philosophie

Plus qu'un thème littéraire ou un motif poétique, la destinée s'affirme donc comme l'idée mère à partir de laquelle les œuvres se développent. Chez Vigny, en effet, primauté est toujours donnée à la pensée. Partant toujours « du fond de l'*Idée* », l'écrivain se veut poète et penseur. « Il y a deux choses à admirer dans les écrits des hommes, leur Poésie ou leur Philosophie » (*Journal*). Dans le rapport unissant la littérature, c'est-à-dire la poésie ou l'imagination, à la philosophie (la pensée, le système), Vigny reconnaît la difficulté centrale, permanente et insistante de son métier d'écrivain : « Philosophie, imagination, deux qualités qu'il faut unir pour faire un roman du premier ordre » (*Journal*). Toutes les préfaces, tous les écrits théoriques répètent et modulent la formule de l'Avant-propos à *la Maréchale d'Ancre* : l'art est une fable, mais une fable philosophique.

L'idée est particulièrement développée en 1827 dans un texte capital, souvent négligé ou mécompris par la critique : dans les *Réflexions sur la vérité dans l'art*, Vigny aborde les questions dont débattent à l'époque Hugo dans la Préface de *Cromwell* et Vico dans la *Scienza nuova* (que traduit alors Michelet). Cherchant dans les personnages historiques l'occasion de figurer non un individu mais une essence, Vigny est amené à « faire céder parfois la réalité des faits à l'IDÉE que chacun d'eux doit représenter ». De Chatterton, par exemple, il dit, dans une lettre de 1839 : « J'écartais à dessein les faits exacts de sa vie pour ne prendre que ce qui la rend un exemple à jamais d'une noble manière ». Distinguant le fait vrai de la fable symbolique, il affirme que la vérité dont l'art se nourrit est « la vérité d'observation sur la nature humaine, et non l'authenticité du fait ». La beauté, qui participe de la vérité et non du vrai, doit recueillir et résumer la réalité visible en choisissant, pour mieux la lire, le « signe caractéristique » dans tout ce que l'histoire du passé ou du présent donne à voir. La poésie, comme la vérité, a donc rapport à l'idée ou, mieux, à l'idéalité : « L'ART ne doit jamais être considéré que dans ses rapports avec la BEAUTÉ IDÉALE. » Toute production littéraire ne vit que de « types », témoignages d'un mouvement créateur qui, s'appuyant sur le monde réel, construit un autre univers offrant du premier la concentration, la réduction et l'expression la plus profonde puisqu'il en montre les lignes de force essentielles en négligeant les accidents, devenus alors insignifiants. Les reproches qu'on a pu faire (Pouchkine en 1837 va jusqu'à parler d'« absurdités ») visant le peu de réalité historique des personnages de *Cinq-Mars*, de *Stello* ou de *Chatterton* restent en marge des véritables questions, et ils n'ont de sens que dans un projet et un système qui ne sont assurément pas ceux de Vigny. Mais, s'il proclame la liberté de l'imagination, Vigny la subordonne toujours à l'idée, les deux instances fusionnant finalement dans le symbole.

« Substituant partout aux choses le symbole », comme le Christ du « Mont des Oliviers », Vigny, dans ses œuvres, connaît les réussites les plus incontestables quand le récit coïncide parfaitement avec le symbole. Dans *les Destinées*, à côté des faiblesses évidentes de poèmes comme « la Sauvage » ou « la Flûte », où l'intérêt se dilue dans une suite de descriptions ou d'épisodes peu convaincants, un tableau unique, dans « la Mort du loup », « le Mont des Oliviers » ou « la Colère de Samson », sait concentrer et retenir l'intérêt. « La Mort du loup », par exemple, n'a rien du récit de chasse, et l'on a souvent souligné les invraisemblances du poème à cet égard. Seules comptent, en fait, la fonction symbolique du détail et la vérité imaginaire du symbole.

Quand le poème se contente d'illustrer en vers une idée, il peut se résumer et perd alors toute charge poétique ; quand, au contraire, le récit développe également et inséparablement ses possibilités narratives et symboliques, il maintient intacte la tension nécessaire à l'œuvre d'art. Et si Vigny n'est pas poète dans les strophes de « la Maison du berger » consacrées au chemin de fer, ce n'est pas parce qu'il parle de charbons et d'essieu, c'est parce qu'il en parle de manière non poétique.

La religion nouvelle

Contrairement à Hugo, qui, selon le mot de Baudelaire, est un « génie sans frontière », Vigny se distingue par une réticence à toute forme d'expansion. Invitant chacun à reconnaître ses propres limites (« Tout homme a vu le mur qui borne son esprit », dit-il dans « la Flûte »), il incarne un certain romantisme critique. Il est, de fait, parmi les poètes du début du XIXe siècle, celui qui a le plus réfléchi aux problèmes de la création. Cette réflexion, qui alimente perpétuellement la production, annonce l'attitude des poètes modernes et conduit précisément à Baudelaire, à Mallarmé et à Valéry. Poète difficile, Vigny n'a rien d'un improvisateur. Manifestant le désir toujours plus aigu d'élaguer ce qui, dans son œuvre, lui semble superflu (il ne garde, dans l'édition de 1837 des *Poèmes antiques et modernes*, que « les seuls qu'il juge dignes d'être conservés »), il recherche peu à peu la densité et la concentration.

La volonté de rareté définit finalement la poésie elle-même. Vigny assimile cette dernière à la perle, dont elle a tout à la fois la dureté, la pureté, la luminosité et le pouvoir de réflexion. L'image de la perle est minutieusement choisie. Vigny voit dans sa lente et progressive élaboration l'assurance de sa perfection. Loin d'être, comme pour Sainte-Beuve, « une production maladive des coquilles sous-marines » (*Revue des Deux Mondes*, 1835), la perle représente pour Vigny l'aboutissement idéal d'un incomparable processus : « Chaque flot travaille lentement à la rendre plus parfaite, chaque flocon d'écume qui se balance sur elle lui laisse une teinte mystérieuse à demi dorée, à demi transparente, où l'on peut seulement deviner un rayon intérieur qui part de son cœur » (*Servitude et Grandeur militaires*). Le cristal poétique se distingue donc de la parole parlementaire et des divers jeux verbaux. Il donne aux œuvres d'imagination une solidité supérieure à celle des œuvres de pensée pure. Par son unicité et sa permanence, la forme poétique assure la survie d'une idée qui, elle, n'est pas irremplaçable. Mais si la vraie poésie se trouve dans le vers « et non ailleurs », tout se jouera sur la réussite technique. Or, trop souvent la mise en poésie de l'idée reste plate, Vigny achoppant, selon l'expression de Jean-Pierre Richard, sur l'« inertie rocailleuse du prosaïsme », dont les dixième et onzième strophes de « la Bouteille à la mer » sont un exemple parmi d'autres.

La poésie, « perle de la pensée », la protège et la rend lumineuse « par l'éclat de son cristal préservateur ». À la recherche de « l'union intime de la pensée d'un homme avec sa langue maternelle » (*Lettre à lord* ***), Vigny exalte la puissance énergétique de la poésie qui naît du travail approfondi sur les mots et leur pouvoir d'éveil. Dans une lettre à Adolphe Dumas de 1859, il invite chacun à prendre en considération « le pouvoir d'un mot mis en sa place, et tous les horizons que peut ouvrir à l'imagination le choix d'une seule épithète, l'éclair d'un seul vers qui résume une page de prose ».

Mais souffrant de voir le livre, « écrit dans la solitude, l'étude et le recueillement », lu « à la promenade, au café, en calèche, entre les causeries, les disputes, les verres, les yeux et les éclats de rire, ou pas du tout » (*Stello*), il se fait de la littérature une conception de plus en plus religieuse. Vigny, qui dit avoir « la charité et l'espérance », mais « pas la foi » (*Journal*, 1840), redistribue les fonctions accordées aux trois personnes de la Trinité. Alors que le Père domine et écrase presque toujours l'homme, le Fils apparaît dans une proximité essentielle à l'humain. Mais le rôle historique de Jésus demeure un échec, et c'est au Saint-Esprit que revient l'importance décisive – sa place s'accentuant sensiblement après « la Maison du berger » en 1844. Le Saint-Esprit du christianisme se change en esprit pur poétique : c'est lui le « vrai Dieu », le « Dieu fort », le « Dieu des idées » (« la Bouteille à la mer »). Dans le poème « l'Esprit pur », Vigny énonce en une formule la distance prise avec le *Pater* : « Ton règne est arrivé, PUR ESPRIT, roi du monde ! »

Celui qui permet à l'Esprit de parler est le Poète, qui, selon le Chatterton de *Stello*, « cherche aux étoiles quelle route nous montre le doigt du Seigneur », qui dit « une parole neuve » (« le Mont des Oliviers ») et qui sait que « l'Invisible est réel » (« la Maison du berger »).

Vigny a créé la religion de l'esprit pur, et, avant Mallarmé, il revendique pour la poésie un caractère sacré. À cet égard, on peut dire qu'il fut mécompris. Désiré Nisard exprime l'opinion générale quand il reproche à Vigny de parler en poète, c'est-à-dire différemment des autres hommes : « Le style de M. de Vigny a des veines de bonheur. Il a de l'invention dans sa grâce et son élégance. Mais la peur du commun le rend parfois obscur et bizarre. Quand la pensée qui vient au poète est à tout le monde, il faut, de gré ou non, qu'il se résigne à la dire comme tout le monde » (« Essai sur l'École romantique », *Études d'histoire et de littérature*, 1891). Par l'importance accordée au sens étymologique des mots, par l'emploi d'expressions impersonnelles : « Il se fit un grand cri » (« les Destinées »), « Il est sur ma montagne une épaisse bruyère » (« la Maison du berger »), par la préférence donnée au substantif, l'écrivain offre à l'événement évoqué un hiératisme que le langage quotidien reste impuissant à lui conférer. Le poète, comme Éva, doit rompre avec « toutes les villes » et « partir courageusement, loin du profane insultant » qui, comme les Parisiens dans *Daphné*, « ces Barbares de Paris du dix-neuvième siècle où nous sommes tombés aujourd'hui », jette les livres dans la Seine pour noyer les pensées.

L'ESPRIT PUR s'incarne dans l'« écrit », qu'il soit poème, drame ou roman. Grâce à lui, les aïeux de Vigny trouvent existence et identité : « Si j'écris leur histoire, ils descendront de moi » (« l'Esprit pur »). Dans *les Destinées*, l'épigraphe « c'était écrit » trouve un écho, un renversement et un aboutissement dans le dernier poème : « Aujourd'hui, c'est l'ÉCRIT ». Remplaçant la fatalité de l'écriture par la libre et pure ouverture de l'écrit poétique, Vigny chante le début d'une ère nouvelle pour la poésie :

Le jour n'est pas levé. Nous en sommes encore
Au premier rayon blanc qui précède l'aurore
Et dessine la terre aux bords de l'horizon.

(« la Maison du berger »)

Miroir où le Poète peut se connaître et renaître toujours par la grâce des lectures à venir, l'art, finalement, est le destin que Vigny s'est donné à lui-même, par-delà les vicissitudes de la destinée.

Ce destin est la religion nouvelle : « L'art est la religion, le spiritualisme moderne : tendance vers une autre foi » (*Journal*, 1837). De fait, Stello récite son « credo » de poète (« je crois en moi »), et Chatterton, qui parle en termes religieux de son activité de poète (il a fait de sa chambre « la cellule d'un cloître », il a « béni et sanctifié » sa vie et sa pensée), adore la poésie, « cette muse religieuse », à l'égal d'une « sainte ». Sont donc, dans l'esprit et l'œuvre de Vigny, substituées successivement au christianisme la religion de l'honneur, qui « a été souvent assez puissante pour remplacer la foi chrétienne dans le cœur des hommes » (*Journal*, 1832), et la religion de l'art, dont l'autre nom est l'atticisme, qui, à la « laideur de la création », oppose les « beautés de l'art ».

On ne s'étonnera donc pas de voir, dans cette religion, le recueillement et le silence prendre la place essentielle. Même si trop souvent, chez Vigny, le silence parle pour faire l'éloge du silence, il en vient, après avoir dans un premier temps défini l'attitude de l'homme ferme et courageux devant le « silence éternel de la Divinité », à ne faire qu'un avec la parole poétique elle-même : « Le silence est la poésie même pour moi. »

VIE		ŒUVRE	
1797	**27 mars** : naissance, à Loches, de Alfred-Victor de Vigny, fils du capitaine Léon Pierre de Vigny, ancien soldat de la guerre de Sept Ans, et de Jeanne-Marie-Amélie de Baraudin.		
1798	Les parents d'Alfred de Vigny s'installent à Paris, à l'Élysée-Bourbon, devenu immeuble à appartements ; ils y resteront six ans.		
1807	Demi-pensionnaire à l'institution Hix.		
1810-1811	Poursuite des études, sous la direction du préceptorat de l'abbé Gaillard.		
1811-1814	Vigny prépare Polytechnique au lycée Bonaparte (aujourd'hui lycée Condorcet). Fréquente le monde monarchiste du faubourg Saint-Germain. Lit Corneille, Eschyle, Pascal.		
1814-1815	Entre au Ier régiment des Gendarmes du roi, où il sert jusqu'au licenciement de cette unité, le 1er sept. 1815. Pendant les Cent-Jours, fait partie de l'escorte qui accompagne le roi en fuite.		
1816	Affecté au 5e régiment de la Garde royale. Vie de garnison à Versailles. **25 juill.** : mort de son père.	**1816**	Ébauche de deux tragédies : *Julien l'Apostat* et *Antoine et Cléopâtre*.
1817-1819	En garnison à Vincennes. Le 17 août 1819 a lieu l'explosion relatée dans *Servitude et Grandeur militaires*.		
1820	Rencontre de Victor Hugo, dans le salon de la famille Deschamps.	**1820-1821**	Dans *le Conservateur littéraire* : article sur Byron ; un premier poème (« le Bal »).
1822	En garnison à Courbevoie. Nommé lieutenant à l'ancienneté. Témoin de mariage de Hugo.	**1822**	Mise en vente des *Poèmes*, sans nom d'auteur (mars). Poème en plaquette : « le Trapiste » (*sic* !).
1823	Fréquente le salon de Mme Ancelot, où il fait la connaissance de Delphine Gay. Promu capitaine au 55e de ligne. Le régiment stationne à Strasbourg, puis est dirigé sur Bordeaux. À l'étape d'Angoulême, Vigny visite sa tante au Maine-Giraud. Rencontre Marceline Desbordes-Valmore. À la fin de l'année, le régiment s'installe près de la frontière espagnole.	**1823**	Dans *la Muse française* : « Dolorida » ; « Sur la mort de Byron ». Dans les *Tablettes romantiques*, dirigées par Abel Hugo : « la Prison » ; « la Neige ».

	VIE	ŒUVRE
1824	En garnison à Orthez, puis à Oloron ; au printemps, congé de trois mois qu'il passe à Paris. En sept., rencontre à Pau miss Lydia Bunbury. Après s'être longuement opposé, le père de la jeune fille donne son consentement au mariage.	« Le Déluge », « Moïse », « le Cor ». Vigny prépare *Cinq-Mars*. *Éloa ou la Sœur des anges* est publiée en avril.
1825	Mariage civil, célébré le 3 févr., puis religieux au temple protestant de Pau le 8 févr., enfin le 15 mars à la Madeleine, à Paris. Mise en congé de l'armée.	« Le Cor » est publié dans les *Annales romantiques*.
1826	**6 nov. :** visite à Walter Scott, de passage à Paris.	**Avr.** : *Cinq-Mars. Poèmes antiques et modernes.*
1827	**22 avr. :** Vigny réformé définitivement.	Traduction de *Roméo et Juliette*, en collaboration avec Émile Deschamps. *Réflexions sur la vérité dans l'art*, qui serviront de préface à la réédition de *Cinq-Mars*.
1829	**20 avr. :** lecture, chez Mme d'Agoult, du poème « la Frégate la "Sérieuse" » : incompréhension des auditeurs.	*Lettre à Lord ***.* **Mai** : seconde édition, « revue, corrigée et augmentée » des *Poèmes*. **24 oct.** : première représentation du *More de Venise,* traduit d'*Othello*, au Théâtre-Français. *Shylock,* tiré du *Marchand de Venise,* reçu à l'Ambigu-Comique, ne sera pas joué.
1830	Les journées de Juillet ne le surprennent pas. Élu chef de bataillon dans la Garde nationale. S'intéresse au saint-simonisme. Fait la connaissance de Marie Dorval, chez qui il donne lecture, le 5 oct., de *la Maréchale d'Ancre*.	
1831	**11 févr. :** entrevue avec Louis-Philippe. **Août** : début de la liaison avec Marie Dorval.	« Paris » (sous-titré : « Élévation »). La *Revue des Deux Mondes* publie « l'Almeh » (fragments). « Lettre parisienne », dans *l'Avenir.* **25 juin :** *la Maréchale d'Ancre* représentée à l'Odéon, avec Mlle George dans le rôle principal. **Oct.-déc. :** publication des deux premières parties de *Stello* dans la *Revue des Deux Mondes.*
1832	**Avr.** : Vigny est frappé par le choléra. Il détruit plusieurs manuscrits « dans la crainte des éditeurs posthumes ».	« Les Amants de Montmorency », dans les *Annales romantiques.* **Juin** : édition complète de *Stello.*
1833	La mère de Vigny est victime d'une attaque de paralysie. **21 avr. :** Marie Dorval débute au Théâtre-Français. **30 avr. :** Vigny est fait chevalier de la Légion d'honneur.	**1er mars** : publication, dans la *Revue des Deux Mondes*, de la première partie de *Servitude et Grandeur militaires.* **30 mai** : *Quitte pour la peur* donné à l'Opéra pour la représentation au bénéfice de Marie Dorval.
1834		**1er avr. :** publication, dans la *Revue des Deux Mondes*, du deuxième épisode de *Servitude et Grandeur militaires.* Ébauche d'une suite à *Stello.* **Août :** *Chatterton* lu au comité de la Comédie-Française. Le roi intervient personnellement. Le rôle de Kitty Bell est attribué à Marie Dorval.
1835		**12 févr. :** première représentation de *Chatterton.* **Oct. :** *Servitude et Grandeur militaires* en librairie.
1836	**9 juill.-14 sept. :** voyage à Londres.	
1837	Difficultés entre Marie Dorval et Vigny. Infidélités des deux côtés. **21 déc. :** mort de la mère de Vigny.	Rédaction de *Daphné.* Édition définitive des *Poèmes.*
1838	Rupture définitive avec Marie Dorval (sept.). Installation au Maine-Giraud. **Nov.** : départ pour Londres pour régler les droits de succession de son beau-père, qui vient de mourir.	**Oct. :** « la Mort du loup ».
1839	À Londres jusqu'au printemps. Admis à l'*Athenaeum Club.* Assiste, enthousiaste, à une représentation de *la Tempête* avec Mac Ready. Rencontre Louis Napoléon Bonaparte dans le salon de lady Blessington. Fait la connaissance de Carlyle.	**Avr.**, à Londres : « la Colère de Samson ». **Nov. :** « le Mont des Oliviers ».

VIE		ŒUVRE	
1840	Reprise d'anciennes relations mondaines avec Mme d'Agoult, qui vient de rompre avec Liszt.		
1841	Projets de candidature académique.	**1841**	Article, dans la *Revue des Deux Mondes* du 15 janv., sur la propriété littéraire.
1842	Premiers échecs à l'Académie française.	**1842**	« La Sauvage » (mars) ; « la Flûte » (nov.).
1843	Nouveaux échecs à l'Académie, où Vigny est battu, entre autres, par Sainte-Beuve et par Mérimée.	**1843**	Vigny achève « la Maison du berger ». Publications dans la *Revue des Deux Mondes* : en janv., « la Sauvage » ; en févr., « la Mort du loup » ; en mars, « la Flûte » ; en juin, « le Mont des Oliviers », présenté comme « le prologue des poèmes philosophiques de M. Alfred de Vigny ».
1844	Nouveaux échecs académiques.	**1844**	**Juill :** publication dans la *Revue des Deux Mondes* de « la Maison du berger ».
1845	**8 mai :** élection à l'Académie française, au fauteuil du vaudevilliste Étienne.		
1846	**5 janv.** : le ministre Villemain propose à Vigny d'inclure dans son discours de réception un éloge de Louis-Philippe, en échange d'un siège de pair avec pension. Vigny refuse superbement. **29 janv. :** réception de Molé. Vigny se sent insulté. **14 juin** : réception par Louis-Philippe et sa famille.		
		1847	Achève en sept. « la Bouteille à la mer » ; en nov. « Wanda ». Rédaction des *Mémoires.*
1848	Assiste à la chute de Louis-Philippe : « Trois journées avaient renversé la branche aînée ; pour la branche cadette, il suffit de trois heures. » Échec sévère d'une candidature à la députation comme défenseur d'une « république sage ». Après les journées de Juin, s'installe au Maine-Giraud.		
1849	**Avr. :** nouvel échec électoral. **Oct.-déc. :** Vigny est directeur de l'Académie, c'est-à-dire président de séance. Mort de Marie Dorval.	**1849**	**Août :** achève « les Destinées ».
1850	Retour en Charentes au printemps.		
1852	Accueille sans déplaisir le coup d'État de déc. 1851 et le plébiscite qui suit : « Sept millions de votes viennent de frapper d'un coup de massue le communisme. » **10 oct. :** rencontre quasi officielle avec le prince-président.		
1853	Départ définitif du Maine-Giraud.	**1853**	Reprend « la Bouteille à la mer ».
1854	Liaison avec Louise Colet, qui vient de rompre avec Flaubert.	**1854**	La *Revue des Deux Mondes* publie « la Bouteille à la mer ».
1856	Vigny croit découvrir un complot contre l'empereur et le dénonce.		
1857	Fait la connaissance de Louis Ratisbonne, qui deviendra son exécuteur testamentaire.	**1857**	Écrit les billets de « Wanda ».
1858	Liaison avec Augusta Bouvard, jeune institutrice.		
		1859	Dernière édition des *Poèmes antiques et modernes.*
1861	Premières atteintes du cancer de l'estomac, dont il mourra.		
1862	Relations avec Baudelaire. **22 déc.** : mort de Lydia, victime d'une congestion.	**1862**	« Les Oracles ». Ajout de la strophe « le Silence » au « Mont des Oliviers ».
1863	**17 sept.** : mort d'Alfred de Vigny. Funérailles à Saint-Philippe-du-Roule. Inhumation au cimetière Montmartre.	**1863**	« L'Esprit pur ». **27 mai :** plan définitif des *Destinées.*

VIE	ŒUVRE	
	1864	Publication de « la Colère de Samson » et du recueil des *Destinées.*
	1867	Le *Journal d'un poète*, publié par Louis Ratisbonne.
	1912	*Daphné*, publié par Fernand Gregh dans la *Revue de Paris.*

Poèmes antiques et modernes

L'ouvrage connut plusieurs éditions du vivant de Vigny. En 1822, le jeune officier publie quelques « poèmes » ; le titre est trouvé en 1826 ; après une troisième publication en 1829, où les dates des poèmes figurent pour la première fois, l'ouvrage, tel qu'il se présente aujourd'hui, est arrêté en 1837. Au fil des éditions, les poèmes s'ajoutent, disparaissent et parfois reviennent : Vigny retranche définitivement, par exemple, dès 1826, le poème « Héléna », consacré à l'esclavage de la Grèce contemporaine, qui figurait en tête du recueil de 1822.

Organisée en trois grandes divisions : « Livre mystique », « Livre antique », « Livre moderne », l'œuvre obéit à un projet d'ensemble que Vigny définit dans la Préface de 1837 : « Une pensée philosophique est mise en scène sous une forme Épique ou Dramatique. » La très grande variété de rimes, de vers, de strophes, témoigne du plaisir que Vigny prend à composer cette poésie, tantôt grave, tantôt légère, dont il cherche à explorer toutes les voies. De l'octosyllabe du « Malheur » aux strophes mélangées de décasyllabes et de pentasyllabes de « Madame de Soubise », Vigny donne à lire une poésie aérée et vivante qui se cherche en cherchant à nommer sa forme : « la Neige », par exemple, est sous-titrée d'abord « Ballade », puis, en 1829, « Conte », enfin, en 1837, « Poème ».

Deux types d'inspiration gouvernent le recueil. Une poésie intimiste d'abord, d'inspiration médiévale, avec « la Neige » et « le Cor » – poésie sensuelle et plastique aussi, où Vigny se plaît à décrire le corps féminin à travers le thème de la femme au bain. Nulle inquiétude religieuse ici, l'image du cristal n'est, dans « le Bain », daté de 1821, qu'une manière de dire les reflets et les douceurs d'une nudité agréable à regarder :

Mais, soutenue enfin par une esclave noire,
Dans un cristal liquide on croirait que l'ivoire
Se plonge, quand son corps, sous l'eau même [éclairé,
Du ruisseau pur et frais touche le fond doré.

D'autre part, une veine plus grave de poèmes philosophiques, où Vigny emprunte le plus souvent la forme du récit, du dialogue ou du monologue, développe le thème de la révolte et de la protestation contre l'injustice du destin. La « Femme adultère » tente de « Surprendre d'un regard le grand secret des cieux », et ce regard interrogateur est déjà presque une accusation.

Vigny, un des premiers poètes, au XIXe siècle, à prendre la Bible comme thème d'inspiration et de réflexion, montre un Dieu jaloux du destin des hommes et qui, dans « le Déluge », livre à l'engloutissement les deux justes en même temps que tous les pécheurs. « La Prison » exalte le refus de s'abaisser devant la destinée cruelle imposée par Dieu. Et, avec « Moïse », Vigny crée un mythe personnel, celui de l'homme de génie incompris qui élève une plainte vers la divinité indifférente :

Hélas ! je suis, Seigneur, puissant et solitaire,
Laissez-moi m'endormir du sommeil de la terre !

« Éloa » propose une réflexion sur la présence du mal dans le monde, mais la leçon est ambiguë. L'ange, né d'une larme du Christ, est pris de pitié pour Lucifer, qui apparaît comme le côté nocturne et véritablement poétique du monde :

Moi, j'ai l'ombre muette, et je donne à la terre
La volupté des soirs et les biens du mystère.

Satan entraîne Éloa au royaume des ombres, comme si l'appel divin n'avait qu'un faible pouvoir de résonance pour qui connaît l'attirance invincible de l'inconnu.

Cette série de poèmes graves et profonds culmine dans les deux « Élévations », véritables méditations sur la souffrance et sur la mort, où la démarche mène d'une « image toute terrestre » à « des vues d'une nature plus divine ». Et c'est le cri pessimiste du narrateur de « Paris » qui ferme le recueil : « *Pour longtemps le monde est dans la nuit !* ».

Ainsi se met en place une pensée qui occupera Vigny sa vie durant. Évoquant « Moïse » dans une lettre de 1838, il parlera de la « tristesse » du poème, « dont le sentiment se continue dans *Stello* ». Par-delà la chronologie, le premier recueil est bien une ouverture à l'œuvre entière.

Les Destinées

Cet ouvrage, assurément le plus lu et le plus étudié aujourd'hui parmi ceux de Vigny, celui qui compte les poèmes les plus célèbres, a provoqué la déception de la critique du temps. Si Sainte-Beuve parle de « déclin » et Leconte de Lisle de « décoloration », c'est que leur préférence va nettement au premier recueil.

Vigny, pourtant, inscrit les onze poèmes des *Destinées* dans la perspective des *Poèmes antiques et modernes*, dont ils sont, à bien des égards, la suite et l'approfondissement. « Paris », la dernière pièce du précédent recueil, évoquait « la souffrance et la mort » ; « la Mort du loup » dégage pour l'homme une leçon morale qui se résume en deux verbes, souffrir et mourir :

Fais énergiquement ta longue et lourde tâche
Dans la voie où le Sort a voulu t'appeler,
Puis, après, comme moi, souffre et meurs sans [parler.

Vigny, qui a réfléchi à plusieurs plans possibles, ne s'est jamais arrêté à un ordre précis. Paul Bénichou a même démontré le caractère interchangeable de la place des poèmes. C'est que l'unité est à chercher non dans le plan, mais dans la substance même des poèmes, qui tournent tous autour de la même préoccupation. Le titre de « Poèmes philosophiques » est le premier auquel a songé Vigny. Il adopte, en 1849, celui de *Destinées*. Le thème central est, en effet, celui de la destinée humaine, avec pour corollaire la solidarité avec les créatures malheureuses. Vigny pensait diviser le recueil en deux parties ; les « destinées envoyées par la fatalité » devaient précéder les « destinées envoyées par la grâce ». Cette bipartition se retrouve dans le poème éponyme du recueil.

Mais, si le plan n'est pas définitivement explicable dans ses détails, l'ensemble laisse toutefois apparaître un mouvement clair qui va du désespoir à l'espoir, des destinées subies et exécrées à leur dépassement volontaire et heureux par l'ESPRIT PUR, à l'appel aux futurs lecteurs qui, « de dix en dix années », assureront à l'œuvre l'immortalité.

Étudiés dans leur ordre chronologique, les poèmes montrent l'évolution d'une conscience aux prises avec les questions qui d'emblée se donnent à elle pour capitales. De 1838 à 1841, Vigny écrit « la Mort du loup », « la Colère de Samson » et « le Mont des Oliviers » : c'est le temps du refus, l'apologie du silence et du stoïcisme. Une période d'ouverture suivra, qui correspond à la candidature académique : des poèmes comme « la Sauvage » font entendre l'éloge sans réserve de la civilisation. Enfin, la sérénité s'affirme progressivement, de 1845 à 1863, la confiance en l'humanité s'épanouit. Il faut souligner ici l'importance centrale de « la Maison du berger » : avant ce poème, les rimes sont continues ; après, domine la forme strophique. Renouveau de la technique poétique, donc, mais aussi concentration très ouvragée de la pensée :

« J'aime la majesté des souffrances humaines. »
Ce vers est le sens de tous mes poèmes philosophiques.
L'esprit d'humanité ; l'amour entier de l'humanité et de l'amélioration de ses destinées.

(*Journal*, 1844)

À cette fermeté spirituelle correspond une forme délibérément choisie et longuement travaillée. À l'idée de froide pesanteur, par exemple, convient au mieux, dans « les Destinées », la *terza rima*, héritée de Dante, image même de l'enchaînement fatal. L'utilisation du dialogue, du monologue, du récit, l'effet calculé – et le plus souvent, réussi – de l'enjambement et de la rime témoignent d'une technique parfaitement maîtrisée de la forme dramatique. L'alexandrin n'est pas disloqué gratuitement, mais exploité dans toutes ses ressources et subordonné à la plus juste expression du tableau ou de la pensée. Mais le vers ne resterait qu'un instrument de démonstration laborieux, avec des faiblesses et des limites que la critique a souvent signalées, s'il ne s'échappait parfois vers un art dépouillé de tout souci d'expressivité, vers le chant d'une langue qui à elle seule est toute la poésie, comme dans « la Colère de Samson », « le Mont des Oliviers » ou « la Maison du berger ».

« La Maison du berger »

Publié en juillet 1844 dans la *Revue des Deux Mondes* et présenté alors comme « le prologue » du volume des *Poèmes philosophiques,* ce poème fut longuement préparé et médité. Vigny y travailla pendant six ans au moins, rédigeant d'abord le début et la fin, puis étoffant l'ensemble. Le plus long et le plus célèbre poème de Vigny représente, avec ses 336 vers, le cinquième du recueil des *Destinées*. C'est une somme, un condensé de la poésie de Vigny, où la versification la plus plate côtoie certains des plus beaux vers d'amour de la langue française.

Le poème s'ouvre sur une invitation au voyage. Loin des villes maudites, incarnations modernes de la destinée, le poète engage Éva à partir, afin de préserver le sacré qu'elle porte en elle et que profane la foule. Face à la tristesse de la science qui appauvrit le monde par la banalisation qu'elle opère de l'homme et des choses, la Rêverie, elle, sœur de la Poésie, privilégie « chaque objet visible », « interroge tout », étudie enfin les « secrets divins ». Partir, c'est donc chercher la pureté dans une nature accueillante où « les grands bois et les champs sont de vastes asiles ». Au sein des « colonnes profondes » de la forêt, parmi les « beaux lis » et les « saules », le sacré peut être préservé. La nature, cependant, temple d'abord, se métamorphose en « impassible théâtre », en cruelle divinité qui réclame des sacrifices, de la même façon que le chemin de fer accepte, nouveau Moloch, les voyageurs immolés dans son « ventre brûlant ». Refus de la ville, angoisse devant la nature permettent de trouver dans la poésie le lieu authentique du sacré. À l'opposé du « coquet madrigal », de la chanson à boire ou du discours parlementaire, la véritable poésie se reconnaît à la « gravité » toute religieuse qui lui est propre.

Cette glorification de la poésie coïncide avec l'exaltation de la femme. Si la nature représente l'éternité dédaigneuse, la femme est la fragilité, l'éphémère et l'indolence. Elle incarne donc la condition humaine, avec son cortège admirable d'amour et de souffrances. Préférer l'homme au divin revient à faire l'apologie de ce qui passe :

Plus que tout votre règne et que ses splendeurs [vaines,
J'aime la majesté des souffrances humaines :
Vous ne recevrez pas un cri d'amour de moi.

Dans cette maison à hauteur d'homme, le poète voit les « choses créées » dans le regard d'Éva et, du même coup, y lit son propre amour des idées.

« La Maison du berger » est incontestablement la grande réussite de Vigny et l'un des sommets de la poésie du XIXe siècle. C'est ce poème de Vigny, et lui seul, qu'Eluard retient dans son anthologie (*Le meilleur choix de poèmes est celui que l'on fait pour soi. 1818-1918*). Si la technique poétique n'est pas toujours heureuse, la cohérence et la richesse de l'ensemble doivent beaucoup à l'emploi d'un type de strophe que Vigny adopte et travaille à l'époque. Cette strophe de sept vers voit la même rime revenir en deuxième, quatrième et septième position. Toujours masculine, cette rime charnière impose, par son retour répété et sa position finale, l'idée de la strophe. Sans cesse, donc, le poème se déploie pour aussitôt se replier, comme la maison roulante attend que « les grands pays muets » s'étendent d'eux-mêmes devant sa porte, en larges « tableaux humains ». Ce mouvement d'avancée aussitôt contrariée par celui de repliement participe essentiellement à la beauté du poème.

Mais la réussite de Vigny n'est nulle part aussi grande que dans le finale, véritable « chant » dont tout le reste n'était que le « récitatif » préparatoire. Dans le clair-obscur de l'incertitude et de la tristesse, Éva pleure son amour, la mort menace et rappelle le caractère précieux du moment présent. La poésie déborde ici de très loin la marche des idées : rien n'est dit clairement, mais les images s'imposent par la charge d'émotion qu'elles libèrent, et tout emporte, selon l'expression d'André Breton, « au-delà du sens appréciable des mots ».

ÉVA

Éva : le nom apparaît dans le Journal *en 1838, date de la rupture avec Marie Dorval. Six ans plus tard, « la Maison du berger » sera dédiée « À Éva », de même qu'en 1863 « l'Esprit pur ». Pendant les vingt-cinq années qui séparent la première et la dernière apparition d'Éva, Vigny, creusant l'énigme, élabore une figure de femme qui est aussi une figure de la poésie.*

Marie Delaunay naît en 1798. Elle épouse en 1814 Louis Étienne Allan, dit Dorval, le régisseur de la troupe théâtrale à laquelle appartenaient ses parents. Actrice inégale, au dire des contemporains, elle incarne d'instinct tous ses rôles. Remariée à Jean Toussaint Merle, elle joue en 1830, quand Vigny la rencontre, Antony, *d'Alexandre Dumas père, au théâtre de la Porte-Saint-Martin. Vigny est vite ému par une vivacité et une grâce qu'il se plaira à décrire, et dont George Sand a fixé l'image : « Elle était mieux que jolie, elle était charmante ; et cependant elle était jolie, mais si charmante que cela était inutile. » Le prestige dont Marie s'entoure pour qui sait la voir fait d'elle plus qu'une femme. Dans un galant madrigal adressé à l'actrice, Vigny dévoile en elle la présence du cristal :*

Reine des passions, qui deux fois savez vivre,
Pour vous le jour, pour tous le soir [...]
Vivez dans l'art divin et dans la poésie
Comme un phénix dans un cristal.

Pendant sept ans, de 1831 à 1838, persista cette liaison orageuse, entrecoupée d'infidélités réciproques. L'attitude décevante de Marie pour l'homme d'honneur qu'était Vigny, les dégoûts et les tristesses qui s'ensuivirent ne sont pas étrangers à « la Colère de Samson ». Mais, au-delà de la dénonciation d'une nature fourbe et dissimulatrice, par-delà l'accident biographique, le poème propose une image de la femme conçue dans son essence même. Si « plus ou moins la femme est toujours DALILA », elle est aussi, et dans le même temps, Éva, la féminité incarnée dans la fragilité. Nulle solution de continuité, à cet égard, entre « la Colère de Samson » et « la Maison du berger ». Car Vigny, dans ces deux poèmes, vise, plus qu'une hypothétique nature féminine, la représentation archétypale d'une essence où se fondent les données de l'expérience vécue et l'admirable sentiment d'une présence incontournable. « Une femme est toujours un enfant », dit le titre du vingt-septième chapitre de Stello, *affirmant, derrière le sourire entendu, que Vigny conçoit ses affirmations sur le plan de la généralité et de l'idéalité. C'est sur cette figure intangible, soulignée par une absence presque totale de matérialité, sur cette « Femme qui n'est pas née et ne mourra jamais », que Vigny envisage un moment de clore son œuvre.*

C'est pourquoi Éva n'est pas autre chose que la poésie même, sa condition et sa réalisation. Subordonnant la nature à la beauté, incarnant l'enthousiasme dans toute sa pureté, elle est la médiatrice par excellence grâce à laquelle le monde peut être :

Que m'importe le jour, que m'importe le monde ?
Je dirai qu'ils sont beaux quand tes yeux l'auront [dit.

Face au Dieu jaloux, l'amour de la femme magnifie la condition humaine. Le monde entier, avec ses questions et ses doutes, entre en poésie. Un texte reproduit par Henri Guillemin, intitulé « Enchaînement et suite des idées philosophiques de ces poèmes », ne laisse à ce sujet guère de doute : « Éva. Ainsi nous avons parlé de la Grâce et de la Fatalité. Toi qui es si parfaite, que je vois au-dessus de moi entre la terre et le ciel, toi qui me réponds d'égal à égal. » Éva est bien le miroir du poète. Vigny songea même à faire du recueil entier des Destinées *une série de « lettres à Éva ». Il a médité pour « la Maison du berger » une « réponse d'Éva » dans laquelle celle-ci, répétant que « le monde est encore à conquérir sur la Barbarie », s'adresse au poète en le nommant « Stello », retrouvant et consolidant ainsi l'unité d'un dialogue jamais perdu entre le poète et la poésie. L'ESPRIT PUR du poète, déjà présent littéralement dans « la Maison du berger », parlera dans la pièce finale des* Destinées, *ultime réponse d'Éva à la question poétique par excellence de Vigny.*

Tout à la fois moteur de la poésie, incarnation féminine d'une pensée fondamentale de l'auteur et fille de l'œuvre, Éva s'affirme comme le rêve même de Vigny, rêve cristallisé d'un écrivain, où fusionnent au mieux l'image, qui échappe aux classifications, et l'idée, qui ne peut jamais réellement se dire autrement que par la poésie.

Cinq-Mars

Sous la double influence du roman noir de langue anglaise (Lewis, Ann Radcliffe, Maturin) et du roman historique de Walter Scott, tous deux fort en vogue en France à partir de 1820, *Cinq-Mars*, publié en 1826, reçut un accueil des plus chaleureux du public contemporain, avide de cette alliance si romanesque de l'histoire de France, avec laquelle l'auteur prit certaines libertés, et d'un onirisme troublant et mystérieux qui invite encore et toujours à la lecture.

D'une époque, *Cinq-Mars* offre l'attachante peinture, par-delà toutes les invraisemblances historiques qui permettent, par exemple, à Descartes, Grotius, Milton, Corneille et Molière de confronter leurs idées en matière d'art et leurs vues sur le monde chez la fourbe mais accueillante Marion de Lorme. En cette fin de demi-siècle, la France souffre de la faiblesse de caractère presque maladive, du « néant » d'être de son roi. Incapable de gouverner le pays, Louis XIII encourage, quoi qu'il en ait et malgré de pauvres sursauts de fermeté, la puissance de son Premier ministre, dont Vigny reconnaît le génie politique moderne, mais à qui manquent « l'élévation native de l'âme et la sensibilité généreuse du cœur ». Le portrait de Richelieu, dont la « bouche presque sans lèvres » indique « la méchanceté », selon les lois de la physiognomonie de Lavater, se précise à travers l'image de ses serviteurs, tel Laubardemont, « espèce d'oiseau de proie que le Cardinal envoyait toujours quand sa vengeance voulait un agent sûr et prompt ». Le monde de Richelieu est celui de la trahison : les deux plus fidèles hommes de main du Premier ministre, Laubardemont et le père Joseph, aspirent secrètement à leur ruine réciproque ; le père Joseph, manipulé par Richelieu, tente même de s'allier à Cinq-Mars contre le Cardinal. Cette description se prolonge par l'évocation d'un monde souterrain où songes prémonitoires, cauchemars et folie, accusations de sorcellerie jalonnent un univers politique où le pouvoir, celui de Richelieu comme celui de Cinq-Mars, s'exerce à travers toutes les formes du mensonge, de l'espionnage, de la conjuration et des crimes perpétrés dans l'ombre.

Dans ce monde privé de lumière, où dominent les « méprises » et la « confusion », l'entreprise du jeune Cinq-Mars, qui tente de restituer à la noblesse ses droits perdus, est d'emblée vouée à l'échec. Le noble, ici, n'est pas encore un paria, mais la société déjà l'engage dans une existence au dénouement inévitablement tragique. Au fil des vingt-six chapitres, qui isolent de longues scènes où les personnages sont saisis en acte et à travers des dialogues très denses, le lecteur assiste à la lente évolution d'un personnage qui accepte le sort que lui assigne de naissance la société. Victime d'une « sensibilité maladive des organes » et d'une « perpétuelle agitation du cœur », abandonné surtout par la femme qu'il aime et dont l'amour fonde ses actions, il se donne sciemment à la mort. Cinq-Mars, en véritable héros de Vigny, finit par vouloir le destin qui lui était réservé et consent à « se perdre en connaissance de cause ». En cela il s'oppose à Richelieu, à qui Vigny, certes, reproche d'avoir engagé la noblesse dans un processus d'affaiblissement dont elle ne se relèvera plus, mais aussi de ne pas être à la hauteur de ses ambitions, de manquer le grandiose du génie.

L'œuvre, telle qu'on peut l'aborder aujourd'hui, dépasse donc le premier projet de Vigny (« un traité sur la chute de la féodalité ») pour se lire comme un véritable roman dégageant les rapports de l'homme et du monde. De même que Cinq-Mars concentre en lui le drame de son époque et épouse ainsi l'histoire de France, de même les personnages secondaires épousent l'histoire de Cinq-Mars et reviennent périodiquement dans le roman, à la fois comme d'utiles instances narratives et comme des compagnons symboliques : Jacques de Laubardemont vit son tragique destin, qui, inséparable d'une haine absolue du monde et de lui-même, le conduit à la mort ; Gondi, brave et sympathique aventurier, voit sa préparation minutieuse de l'évasion de Cinq-Mars se heurter à une absurde fin de non-recevoir de la part du condamné ; l'abbé Quillet, ancien précepteur de Cinq-Mars, retrouvé à Loudun, puis à Paris, témoin des moments capitaux de la vie de son élève, l'assiste, lui aussi impuissant, dans ses derniers instants.

« Il n'y a pas de livre que j'aie plus longtemps et plus sérieusement médité », dit Vigny en 1837 dans le *Journal d'un poète*. Mais, malgré l'importance que l'auteur lui accordait, *Cinq-Mars* fut le premier et le dernier roman historique de Vigny. Les critiques dénonçant l'invraisemblance objective et la réalité historique déformée finirent par convaincre l'écrivain. Le roman ne peut échapper à ces questions, auxquelles se mesureront, chacun à sa manière, Balzac et Stendhal trois et quatre ans plus tard. La présence simultanée de la littérature et de l'histoire, de la fiction et du réel, dans une œuvre romanesque correspond à une ambiguïté que Vigny ne lèvera jamais : « si je n'ai pas écrit un second roman historique, c'est parce que j'ai reconnu qu'il est vulnérable par un point, le vrai réel des faits » (*Journal d'un poète*, 1859).

SYNOPSIS

Juin 1639, en Touraine. Autour de la maréchale d'Effiat, une assemblée de vieux nobles se plaint amèrement de la politique de Richelieu, qui détruit avec « acharnement » les « grandes maisons ». Avant de partir rejoindre Louis XIII au siège de Perpignan, Cinq-Mars, le fils de la maréchale, est témoin de l'arrestation du maréchal de Bassompierre, qui refuse de s'enfuir, et fait ses adieux à Marie de Gonzague, duchesse de Mantoue (chap. I).

Cinq jours plus tard, à Loudun, Cinq-Mars assiste au procès inique du prêtre Urbain Grandier, mené par M. de Laubardemont, au service du Cardinal, et dont la nièce, supérieure du couvent, prend la défense de l'accusé. Le prêtre est torturé puis brûlé vif devant le peuple en colère et Cinq-Mars, qui tente de le délivrer (chap. II à V). Le jeune homme quitte Loudun pour Narbonne, où il fait la connaissance de Richelieu, entouré de ses courtisans et de ses espions, assisté de son âme damnée, le père Joseph. Un message provoque le départ soudain de Richelieu pour Perpignan, où l'attend le roi, aux prises avec l'armée espagnole (chap. VI et VII). À Perpignan, le jeune abbé de Gondi provoque en duel M. de Launay, un homme du Cardinal ; il demande à Cinq-Mars et à son ami de Thou d'être ses témoins. Louis XIII, dont Vigny souligne l'« air un peu égaré », reçoit froidement Richelieu. Mais celui-ci reconquiert facilement le roi en le trompant sur le sort de sa mère exilée, Marie de Médicis (chap. VIII). Après la victoire de Gondi sur M. de Launay, la bataille éclate : Cinq-Mars et quelques compagnons pénètrent dans le bastion espagnol et font prisonniers deux officiers (chap. IX). Le jeune homme, après avoir reçu les félicitations du roi (chap. X), sauve de la pendaison les deux Espagnols et s'attire la jalousie de Richelieu. Louis XIII laisse au Cardinal le soin de soutenir le siège et part pour Paris avec Cinq-Mars (chap. XI). Alors que Richelieu médite avec « une terreur singulière et inconnue » sur son destin et sur le « pouvoir sans bornes qui rend la créature coupable envers la créature », on arrête une femme qui venait le tuer : Laubardemont reconnaît en elle sa nièce, l'ancienne supérieure de Loudun (chap. XII). L'un des Espagnols prisonniers, qui avoue être le propre fils de Laubardemont, Jacques, crie sa haine pour son père et pour les hommes en général, avant de s'enfuir (chap. XIII).

Deux ans plus tard, à Paris. Les victoires remportées par le Cardinal-Premier ministre ont grandi sa puissance, mais l'émeute soulève le peuple mécontent. Gaston d'Orléans, frère du roi, promet de combattre Richelieu (chap. XIV). Marie avoue à la reine qu'elle est fiancée à Cinq-Mars (chap. XV). Le jeune homme, dont la conduite inquiète ses amis et particulièrement de Thou, arrive au Louvre sous les acclamations du peuple (chap. XVI). Dans les appartements de la reine, la conspiration s'organise, mais l'idée d'une alliance avec l'Espagne indigne Anne d'Autriche (chap. XVII). Cinq-Mars, qui agit pour l'amour de Marie, confie à de Thou son projet de signer le traité avec l'Espagne, si les circonstances l'exigent (chap. XVIII).

Lors d'une partie de chasse à Chambord, Cinq-Mars adjure Louis XIII de se débarrasser de Richelieu. Apprenant la trahison du roi, qui part pour Perpignan avec Richelieu, il décide de conclure le fameux traité (chap. XIX). Chez Marion de Lorme, où sont réunis les écrivains marquants de l'époque, Cinq-Mars expose ses desseins devant les conjurés enthousiastes, malgré la présence parmi eux d'un traître (chap. XX). Le lendemain, le père Joseph parvient à surprendre les secrets de Cinq-Mars dans l'église Saint-Eustache, où le jeune homme avait convié Marie pour l'épouser (chap. XXI). Deux mois plus tard, dans les Pyrénées, Jacques de Laubardemont, porteur du traité avec l'Espagne, parvient, accompagné par la religieuse de Loudun, chez le contrebandier Houmain. Son père le surprend et provoque la mort successive de sa nièce, devenue folle, et de son fils (chap. XXII). À Saint-Germain, la reine tente d'éloigner Marie – que le roi de Pologne demande en mariage – de Cinq-Mars, dont la réussite semble de plus en plus compromise, le frère du roi abandonnant la conspiration (chap. XXIII).

À Perpignan, Cinq-Mars, comprenant par une lettre de la reine qu'il a perdu Marie, décide d'arrêter la conjuration. À Narbonne, Richelieu obtient du roi la promesse de faire exécuter Cinq-Mars, qui vient de lui-même se livrer, précédé de peu par de Thou (chap. XXIV). Septembre 1642 : les deux amis, prisonniers dans un château près de Lyon, refusent l'alliance contre Richelieu que leur propose le père Joseph. Ils rejettent de même l'offre d'évasion que la reine leur fait parvenir. Laubardemont, avant d'être lui-même exécuté, les condamne à mort. À ses amis, qui attendent un signe de lui pour provoquer une émeute et le délivrer, Cinq-Mars ne répond pas, et il marche à l'échafaud (chap. XXV). Le même jour, à Paris, Marie s'évanouit en apprenant sa mort. Divers mouvements populaires secouent la capitale.

Le jeune Corneille rencontre Milton sur le Pont-Neuf ; le poète anglais évoque la figure d'un « homme qui n'a pas encore paru », mais dont il devine l'ambition « misérable » : s'emparer, comme Richelieu, du pouvoir royal, mais en le prenant, lui, au grand jour. « Il se nomme Cromwell » (chap. XXVI).

Stello

« Je l'ai dit et pensé souvent, *Stello* a donné le vertige à la critique », écrit Vigny en 1832, année de la publication en librairie de cette « première consultation du docteur Noir ». Ce roman, où Vigny conte, adaptée aux besoins de la thèse, l'histoire de trois poètes assassinés par le Pouvoir – Gilbert, Chatterton et André Chénier –, vaut par la démonstration et par la forme, étonnamment moderne.

Deux hommes confrontent leurs idées : le docteur Noir, tenant de l'« analyse » qui « désespère le Faible mais conduit le Fort », et le poète Stello, qui, dans son fameux credo, affirme le caractère prophétique et sacré du poète, dont il trouve en lui-même preuve et justification : « Je crois en moi, parce que je sens au fond de mon cœur une puissance secrète, invisible et indéfinissable, toute pareille à un pressentiment de l'avenir et à une révélation des causes mystérieuses du temps présent. » Les personnages sont donc fortement schématisés, et la stylisation, ressortissant à la nécessité d'être clair, ne refuse pas la caricature. L'indifférence médiocre et glacée de Robespierre (« On voit beaucoup d'hommes de bureau qui lui ressemblent, et aucun grand caractère de visage n'apportait l'émotion avec sa présence »), la naïveté et la suffisance de Saint-Just font écho à la légèreté criminelle de Louis XV et au béotisme du lord-maire de Londres, comme elles s'opposent à la pitié généreuse de Stello et à la fermeté lucide du docteur Noir. Il s'agit de démontrer, c'est-à-dire d'exposer et d'expliquer.

Or, ce roman philosophique a la vivacité d'allure des contes du XVIIIe siècle. Nouveau Candide, Stello est avant tout ce que dit son nom (« Stello est né le plus heureusement du monde et protégé par l'étoile du ciel la plus favorable ») et découvre le monde en perdant ses illusions. Le récit avance avec une désinvolture calculée et savourée qui permet, par exemple, à Stello d'interrompre souvent le docteur Noir : « Si je vous laisse faire, vous me direz de quelle manufacture était la soie qui servit à nouer la rosette de ses souliers ; pernicieuse habitude de narration, qui gagne d'une manière effrayante ». Le ton de *Jacques le Fataliste* résonne dans ce récit très frais où s'exprime le bonheur manifeste de conter. Le jeu sur les mots, les énumérations infinies où les termes s'appellent l'un l'autre, les digressions soudaines qui ne cherchent pas à se justifier permettent à ce roman de dénoncer lui-même les conventions d'écriture ou les prétentions réalistes qui président à tout récit : « Tous deux restèrent en face l'un de l'autre pendant trois heures quarante-quatre minutes, tristes et silencieux comme Job et ses amis. »

La vérité du poète – et spécifiquement du poète moderne – est trouvée dans l'individualité, inséparable d'une solitude acceptée et revendiquée. Pour échapper au Pouvoir – monarchie absolue, monarchie constitutionnelle ou Terreur républicaine –, il faut refuser les préjugés collectifs. Allant jusqu'à plaider la liberté de se contredire (« Je ne suis pas toujours de mon opinion »), *Stello* se donne ainsi à lire comme une tentative généralisée de libération. S'il est aussi beau, et même plus, de se dévouer à la poésie qu'à une opinion politique, c'est que, grâce à un recul spirituel nécessaire, maîtrisé ici par l'écriture, l'art reste, selon Vigny, la seule activité contemporaine où peut encore fleurir la liberté. [Voir aussi **Romantisme**.]

SYNOPSIS

CHAP. I-III. Pour soulager Stello, victime du spleen et de la migraine, « horriblement las » de tout, le docteur Noir entreprend de conter « trois petites anecdotes ».

CHAP. IV-XII. « Histoire de Gilbert ». Le docteur Noir, évoquant Mlle de Coulanges et Louis XV, est interrompu plusieurs fois dans sa narration par Stello, qui se lance dans un éloge lyrique de la poésie (chap. VII : « Un credo »). Le docteur Noir rencontre un jeune poète, en qui il reconnaît la Folie (chap. VIII). Appelé chez le roi pour une puce qu'on croit enragée, il prie Louis XV de porter secours au jeune homme : refus du roi, qui met à la porte le docteur (chap. IX). Un soir, le docteur est appelé au chevet d'un agonisant : c'est Gilbert, qui meurt sur le grabat d'une petite pièce dont il a avalé préalablement la clef (chap. X-XII).

CHAP. XIII-XVIII. « Histoire de Chatterton ». Stello est vivement impressionné par le récit du docteur, alors que celui-ci est toujours plus impassible (chap. XIII). Une jeune Anglaise protège chez elle, à Londres, un adolescent (chap. XIV), qui, voyant ses espérances déçues, projette de se tuer (chap. XV). Des considérations sur la manière de conter une histoire interrompent le « drame » (chap. XVI). Suite du récit : le lord-maire, venu voir Kitty Bell, ne prend pas au sérieux Chatterton qui jette ses manuscrits au feu (chap. XVII). Chatterton s'empoisonne après avoir fait don de son corps au docteur Noir. Kitty Bell le suit dans la mort. On apprend que le lord-maire proposait à Chatterton une place de premier valet de chambre (chap. XVIII).

CHAP. XIX-XXXVI. « Histoire d'André Chénier ». Tandis que Stello manifeste un violent sentiment de désespoir (« L'homme a rarement tort, et l'ordre social toujours »), le docteur Noir commence son troisième récit (chap. XIX). Un soir de 1794, sous la Terreur, on frappe chez le docteur : M. de Chénier, « honnête vieillard » et suspect royaliste, demande au docteur de sauver son fils André, emprisonné (chap. XX-XXIII). Le docteur, à la prison Saint-Lazare, approche les victimes de la Terreur, au centre desquelles rayonne Mme de Saint-Aignan (chap. XXIV-XXVII). Il rencontre André Chénier : la sympathie est immédiate ; « entre gens qui sentent, rien de superflu comme les paroles » (chap. XXVIII). Chez Robespierre : le docteur évoque, devant le chef révolutionnaire, la solitude radicale dans laquelle celui-ci s'enferme. Robespierre l'inscrit sur une liste de condamnés (chap. XXX). Saint-Just arrive, suivant de peu le frère de Chénier. Robespierre annonce qu'André Chénier passera prochainement devant le Tribunal révolutionnaire (chap. XXXI-XXXIV). Le docteur Noir cache Joseph Chénier, qui assiste, impuissant, « un soir d'été », à la mort de son frère (chap. XXXV). Un « tour de roue » amène la chute de Robespierre (chap. XXXVI).

CHAP. XXXVII-XLII. Leçons et morale. Stello évoque l'« ostracisme perpétuel » dont sont victimes les poètes : « des trois formes de Pouvoirs possibles, la première nous craint, la seconde nous dédaigne comme inutiles, la troisième nous hait et nous nivelle comme supériorités aristocratiques » (chap. XXXVII). L'excellence de l'imagination, la fusion, dans l'art, de la beauté et de la vérité obligent à proclamer l'irréductible antinomie du Pouvoir et de la Poésie (chap. XXXVIII-XXXIX). D'où l'« ordonnance » du docteur Noir : il faut « séparer la vie poétique de la vie politique », travailler dans la solitude à une belle œuvre, aussi éloignée de l'inconstance du rêve que des facilités de la vie quotidienne, en se gardant de toute illusion (chap. XL). Stello s'endort au moment où les étoiles disparaissent (chap. XLI). Ainsi s'achève cette « première consultation », où, à travers Stello et le docteur Noir, ont dialogué le « sentiment » et le « raisonnement » (chap. XLII).

Chatterton

Salué lors de sa création comme un événement, *Chatterton*, drame en trois actes, fut représenté pour la première fois au Théâtre-Français, le 12 février 1835. Portée à la scène, l'histoire de Chatterton, déjà évoquée dans *Stello*, acquiert un relief et une force de conviction que le public contemporain, sensibilisé à la question du suicide, perçoit immédiatement.

À la source de l'œuvre, comme toujours, une « vérité morale », inséparable ici d'une « question sociale » d'actualité : « J'ai voulu montrer l'homme spiritualiste étouffé par une société matérialiste », déclare Vigny dans un texte qui servira de préface à l'ouvrage imprimé, « Dernière Nuit de travail ». Entre Chatterton, le poète par excellence, et John Bell, le « spéculateur heureux », le « juste selon la loi » pour qui « tout doit rapporter », se dresse l'obstacle majeur de l'incompréhension, dont est responsable une société qui s'impose à travers les termes d'« argent », d'« utilité » et d'« intérêt ». Le poète devrait pouvoir compter sur les autres hommes pour lui permettre d'œuvrer à sa propre tâche ; or, non seulement la société l'ignore, ne sachant reconnaître ses grandeurs, mais elle lui interdit de parler, en lui refusant les conditions d'existence décentes : Chatterton souffre de la faim – et Vigny tenait au tableau de ce dénuement (« J'espère être assez positif. Ceci n'est pas de l'idéologie »). Porteur d'une leçon morale consubstantielle à l'action, *Chatterton* se lit d'abord comme une accusation précise : « ce suicide fut un homicide de la société ».

Une action réduite à l'essentiel, des personnages en qui s'allient clarté et complexité, une prose dramatique limpide permettent au message de s'exprimer et de s'épanouir en poésie. Le résumé du drame que propose Vigny renvoie à une intrigue particulièrement épurée : « C'est l'histoire d'un homme qui a écrit une lettre le matin et qui attend la réponse jusqu'au soir ; elle arrive et le tue ». Mais, par-delà ce schématisme voulu, s'affirme l'événement majeur qui rend possibles la condamnation de la société et la peinture d'une solitude essentielle : « ce drame repose dans le mystérieux amour de Chatterton et de Kitty Bell », dit un texte explicatif de l'auteur : « Sur les représentations du drame ». La pièce, de fait, se concentre progressivement sur le tableau de cette passion qui cherche à s'exprimer et à s'expliquer (« expliquez-moi le trouble où me jette ce jeune homme »). D'abord « pitié », puis « sympathie silencieuse et profonde », l'amour de Kitty Bell pour le jeune homme devient passion absolue, signe d'un accord natif, fondé sur la souffrance, entre femme et poète. Tous deux subissent également cette aimantation qui fait que l'un, en l'absence de l'autre, parle sans cesse de lui et aspire à le voir. Tous deux enfin sont rejetés dans une même solitude, dont la mort ne les sauvera pas. La lente révélation de l'amour au fil des scènes aboutit à la découverte de l'isolement indépassable de Chatterton, qui, par deux fois au cours du IIIe acte, apparaît seul sur scène.

Si Chatterton s'enferme dans un soliloque qui exprime son éloignement de la réalité, les autres personnages font entendre chacun une voix personnelle qui réactive la sienne par modulation ou contraste. Au style très imagé de Chatterton, tour à tour mélancolique ou exalté, s'oppose le langage de John Bell, le mari de Kitty, langage fait de lieux communs, témoignant de préoccupations tristement utilitaires. Chez lui, comme chez M. Beckford, le maire de Londres, les mêmes mots reviennent, trahissant l'égoïsme et le mépris de celui qui force la poésie à demeurer dans la banalité et le silence. À la violence verbale de John Bell répond le dialogue grave et sensible de Kitty Bell et du quaker. Ce dernier, par sa présence sur scène, par l'emploi de formules centrées sur une métaphore simple et significative (John Bell est « une espèce de vautour qui écrase sa couvée »), ne cesse de commenter ou d'expliquer l'action comme un chœur antique et contribue largement à donner au drame une dimension proprement tragique.

Reprise périodiquement par la Comédie-Française, la pièce fut proposée en 1977 par le Théâtre national de Strasbourg dans une mise en scène très exigeante de Jean Jourdheuil. Cette pièce très écrite ne prend sens et beauté que représentée ; elle doit être conçue – et reçue – comme un spectacle. La musique d'une prose ouvragée, l'émotion contenue ou déchaînée des personnages, le dépouillement de l'intrigue, qui confine au classicisme, font de *Chatterton* la plus grande réussite de Vigny dramaturge, et peut-être aussi du théâtre à l'époque romantique.

SYNOPSIS

ACTE I. Appartement de John Bell. Sur le conseil d'un vieux quaker, ami des Bell, Kitty Bell accepte que sa fille Rachel conserve la Bible offerte par Chatterton, locataire d'une modeste chambre dans la maison (sc. I). Des ouvriers viennent, sans succès, demander à l'industriel John Bell la grâce d'un des leurs, qui, blessé, a été congédié. John Bell entreprend de justifier, devant le quaker, fortement réprobateur, l'idée d'une vie entièrement gouvernée par le calcul et le profit (sc. II). Reprochant à sa femme une erreur dans ses comptes (sc. III), il effraie par sa violence Rachel, à qui le quaker prédit une « vie d'esclave » (sc. IV). Chatterton, qui vient d'écrire une lettre et qui a résolu « d'être [lui]-même jusqu'à la fin », s'entretient longuement avec le quaker, à même de définir la source de ses souffrances : « en toi, la rêverie continuelle a tué l'action » (sc. V). John Bell, préoccupé de la disparition de six guinées, questionne toujours sa femme, mais accepte de remettre l'affaire au lendemain. Kitty s'interroge sur les sentiments encore confus qui l'attirent vers Chatterton (sc. VI).

ACTE II. Chatterton, qui pense avec désespoir avoir été reconnu par son ancien ami lord Talbot, évoque devant le quaker la personne, pour lui sacrée, de Kitty Bell (sc. I). Il refuse avec « orgueil » une invitation de John Bell, qui le tient maintenant pour un « personnage de considération » (sc. II). Arrivée de lord Talbot et de ses amis : ils ironisent sur la sauvagerie de Chatterton, insultent le quaker et offensent grossièrement Kitty Bell (sc. III). Une telle insolence laisse Chatterton et Kitty Bell désemparés. Devant le quaker désolé, Kitty se met à douter de Chatterton, qui, lui-même, devenu comme fou, éprouve le sentiment d'être rejeté par le monde entier, y compris la jeune femme : « Il n'y a personne sur la terre à présent qui ne me soit étranger » (sc. IV). Le quaker dévoile le mal de Chatterton, hanté par l'idée du suicide, le « crime des crimes », à une Kitty Bell bouleversée, qui s'enfuit quand le quaker évoque la passion du jeune homme pour elle (sc. V).

ACTE III. Dans sa chambre, « sombre, petite, pauvre, sans feu », Chatterton réfléchit à Kitty Bell (« Il est certain qu'elle ne m'aime pas ») et à son propre destin de poète incapable d'atteindre la perfection (« ce poème-là n'est pas assez beau »). Constatant son échec, il ne voit son avenir que dans la mort (sc. I). Il expose devant le quaker la décision qu'il a prise de se tuer ; le quaker, pour le sauver, lui révèle l'amour de Kitty Bell (sc. II) puis invite la jeune femme à considérer le départ du poète comme une nécessité (sc. III). Lord Talbot revient, porteur de mauvaises nouvelles : Chatterton, accusé de plagiat, est en outre menacé d'emprisonnement pour dettes. Tandis que son mari veut chasser ce locataire devenu indésirable, Kitty tente de lui venir en aide en priant lord Talbot d'intervenir auprès de son parent, M. Beckford, le maire de Londres (sc. IV). Chatterton est prêt à accepter l'aide du maire, qui représente à ses yeux l'Angleterre : « c'est sur l'Angleterre que je compte » (sc. V). Devant un lord-maire paternaliste, fermé à la poésie et qui le sermonne (« Vous vous êtes amusé à faire des vers, mon petit ami ; c'est bon pour une fois, mais il ne faut pas continuer »), Chatterton se résigne à demeurer incompris et consent « à tout » (sc. VI). Resté seul, il prend conscience de sa situation : ce que M. Beckford lui offre, c'est « une place de premier valet de chambre dans sa maison ». Devant tant de « sarcasmes » et d'« humiliations », il appelle la mort comme une délivrance, avale une forte dose d'opium et déchire ses poèmes « dans l'attitude grave et exaltée d'un homme qui fait un sacrifice solennel » (sc. VII). Dans un premier et dernier duo d'amour avec Kitty Bell, il reconnaît qu'« il n'est plus temps » (sc. VIII). Le poète mort, Kitty s'éteint dans les bras du quaker. John Bell, interdit, se souvient qu'il projetait, peu de temps auparavant, d'expulser Chatterton (sc. IX).

Servitude et Grandeur militaires

L'ouvrage, publié à la fin de 1835, réunit trois nouvelles qu'on a pu lire d'abord dans la *Revue des Deux Mondes* en mars 1833, avril 1834 et octobre 1835. De ces trois histoires, centrées chacune sur un personnage qui fait un récit attachant de sa vie au narrateur, Vigny a réalisé l'unité en les cimentant par un projet d'ensemble, défini dans des chapitres qui tirent les leçons, avant ou après le récit, et qui replacent l'aventure écoutée dans une perspective plus générale.

Le soldat, le noble, le poète, rejetés par la société utilitaire, appartiennent chacun à une race maudite « comme la race juive ». La figure du soldat, mise en scène dans l'œuvre, incarne effectivement une idée fondamentale de Vigny, représentée ailleurs par le noble (*Cinq-Mars*) et par le poète (*Stello, Chatterton*). Vigny lui-même souligne cette mise en perspective en accordant au militaire une place seconde, mais non secondaire : « Ce qu'il y a de plus beau après l'inspiration, c'est le dévouement ; après le Poète, c'est le Soldat ». Lui aussi est dédaigné par le Pouvoir et par la Nation. Dans une société qui fait remplir à ses soldats des tâches indispensables à ses intérêts, mais qui camoufle ces tâches comme autant d'actions honteuses (en 1830, par exemple, l'expédition d'Algérie se déroule dans l'indifférence générale), il y a urgence à réhabiliter l'armée, dernier domaine où l'on rencontre encore « ces hommes de caractère antique, poussant le sentiment du devoir jusqu'à ses dernières conséquences, n'ayant ni remords de l'obéissance ni honte de la pauvreté ». À « ceux qui vont mourir », selon la formule romaine, Vigny dédie son livre.

L'examen de la condition militaire moderne dégage un conflit essentiel entre la guerre et l'armée, met au jour une discordance vécue puis analysée. Se cherchant désespérément, le soldat ne se trouve nullement dans la guerre « maudite de Dieu et des hommes mêmes qui la font et qui ont d'elle une secrète horreur ». À la guerre, considérée comme un divertissement pascalien, un étourdissement qui permet d'échapper à l'ennui et au néant, Vigny oppose l'armée, au sein de laquelle la passion peut encore s'exprimer, « une passion qui ne tient ni de l'amour de la gloire ni de l'ambition », et avec elle le sens même de l'existence humaine, « sorte de combat corps à corps avec la destinée ». D'où le motif central repéré dans la notion d'obéissance qui amène « le calme parfait du soldat et de l'officier », l'abnégation de soi-même produisant des « vertus qui sont plus rares dans les classes libres et actives », mais aussi transforme le militaire en meurtrier : « quelle différence y a-t-il entre moi et un assassin ? », demande le capitaine Renaud.

Mais l'armée, finalement, apprend aux hommes à être eux-mêmes, à vouloir leur destin, c'est-à-dire, ici, leur servitude. Face à Napoléon, qui joue la comédie et se déguise (« Bonaparte, c'est l'homme, Napoléon, c'est le rôle », dit le *Journal* en 1833), face au « séidisme » qui, mal français par excellence, produit « quantité de petits et de grands tyrans », Vigny exalte la réflexion et la dignité personnelles. Renaud, au terme de son éducation et de sa formation, reconnaît « que les événements ne sont rien, que l'homme intérieur est tout ».

Vigny pousse ainsi plus avant l'analyse de l'armée et du soldat dans le monde moderne. Opérant une véritable réduction phénoménologique du phénomène militaire (grâce à laquelle apparaît clairement que tout militaire est un homme, mais que tout homme n'est pas un militaire), il creuse la question jusqu'à sa plus simple et sa plus pure formulation : « Que nous reste-t-il de sacré aujourd'hui ? » La réponse, qui vaut maintenant pour tout homme, libère ce terme ultime qu'est le sens de l'honneur, cette « conscience exaltée », cette « pudeur virile », à la fois vertu de la vie et « poésie du devoir ». L'armée est poétique dans l'honneur, nouvelle religion qui prend naturellement la place vide du christianisme : « l'honneur est la seule religion aujourd'hui vivante dans les cœurs mâles et sincères ».

Toute la démonstration, où l'idée prime la réalité des faits, selon les principes de la préface à *Cinq-Mars*, aboutit donc à la mise en valeur de l'homme en tant que tel, qui trouve, où et quand il le peut, des raisons toujours plus fortes d'être fidèle à lui-même.

SYNOPSIS

Les deux premiers livres sont consacrés aux « Souvenirs de servitude militaire ».

LIVRE PREMIER. Le narrateur a rassemblé ses souvenirs personnels pour montrer au grand jour les « souffrances » et le courage d'une « race d'hommes » négligée par la société contemporaine. Une enfance pénétrée des récits de guerre paternels, une adolescence électrisée par l'épopée napoléonienne déterminent un amour pour la gloire des armes alors que la France commence à s'en guérir (chap. I). L'armée de métier moderne n'est que l'instrument d'un Pouvoir qui la réduit à sa fonction utilitaire et qui rejette le soldat dans l'anonymat (chap. II). L'Homme « s'efface sous le Soldat », mais trouve une véritable « majesté » dans l'abnégation et le sacrifice. Reconnaissant dans l'« obéissance passive » la cause principale de la misère des armées permanentes, le narrateur entame un récit exemplaire (chap. III) : « Laurette ou le Cachet rouge ».

Mars 1815 : le narrateur accompagne Louis XVIII en fuite sur la route d'Artois et de Flandre. Tout en méditant sur « le sentiment ineffable du Devoir », le jeune officier rencontre un vieux commandant, qui traîne dans une petite charrette une femme (chap. IV), et qui lui conte l'« histoire du cachet rouge ». Commandant le brick le *Marat* sous la Révolution, et chargé de conduire à Cayenne un jeune homme déporté par le Directoire pour « trois couplets de vaudeville », il se prend d'affection pour son prisonnier et pour sa jeune femme : « j'avais fini par les regarder comme mes enfants ». Arrivé près de l'équateur, le commandant ouvre une lettre portant un cachet rouge : le Directoire lui ordonne de fusiller son prisonnier. Révolté, il obéit pourtant à l'ordre, par discipline. Mais, pour échapper au rôle de « bourreau » que lui fait jouer un gouvernement « d'assassins et de voleurs », il quitte la marine et recueille la femme du condamné, Laurette, devenue folle (chap. V). Le narrateur quitte ses compagnons à Béthune. Dix ans plus tard, il apprend que le vieux soldat a été tué à Waterloo, après avoir vécu incompris de ses compagnons. L'« espèce de vieille folle » qui l'accompagnait « mourut, furieuse, au bout de trois jours » (chap. VI).

LIVRE DEUXIÈME. L'auteur demande que l'on reconsidère « l'humiliation de l'obéissance passive », mais il reconnaît qu'elle soulage le soldat « du poids énorme de la responsabilité » (chap. I).

« La Veillée de Vincennes ». Un soir de l'été 1819, à Vincennes, le narrateur, jeune lieutenant, évoque devant son ami Timoléon d'Arc la passion particulière au soldat, passion qui n'est autre que « l'amour du danger » (chap. II-III). Dans un climat de « bonté », d'« amour » et de « pudeur », un vieil adjudant, sa fille et un jeune homme jouent de la musique et chantent (chap. IV). Devant les deux officiers, l'adjudant raconte sa jeunesse difficile, où furent néanmoins conciliés le métier de soldat et l'amour de Pierrette, la petite compagne devenue une grande chanteuse grâce à Marie-Antoinette, au poète Sedaine et au musicien Grétry (chap. V à X). Depuis la mort de Pierrette en couches, l'adjudant a fait toutes les campagnes de l'armée française (chap. XI). Son récit achevé, il émet le désir de vérifier le magasin de poudre : ses compagnons tentent de l'en dissuader. Peu après, une terrible explosion réveille la garnison (chap. XII). Dans les débris, on trouve le corps déchiqueté de l'adjudant, pillé par un soldat, dessiné au crayon par le narrateur montrant à ses inférieurs dans quel mépris il faut tenir « la vie », « la mort » et « soi-même », et oublié « trop vite » par le roi Louis XVIII venu féliciter les soldats (chap. XIII).

Commencent alors, avec le LIVRE TROISIÈME, les « Souvenirs de grandeur militaire ». La vie guerrière compte « deux sortes » de beauté : « celle du commandement et celle de l'obéissance » (chap. I). À l'appui de l'idée selon laquelle les « plus pures grandeurs » du soldat ne sont pas liées à la guerre, intervient le troisième récit : « la Vie et la Mort du capitaine Renaud ou la Canne de jonc ».

Lors de la « nuit mémorable » du 27 juillet 1830, le narrateur rencontre sur les Boulevards le capitaine Renaud, qui lui raconte les « trois grandes époques » détenant « le sens de sa vie » (chap. II). Emmené par son père en Égypte, encore enfant, il est présenté à Bonaparte, qui le renvoie en France pour le faire étudier (chap. III). Malgré une lettre de son père qui, prisonnier des Anglais, lui conseille de se méfier de Bonaparte, il devient page de l'Empereur (chap. IV). En 1804, à Fontainebleau, il assiste, derrière un rideau, à l'entrevue de Napoléon, tout à son égoïsme et à son hypocrisie, et du pape, modèle de dignité et de lucidité : « Commediante, tragediante » (chap. V). Renaud, envoyé en mer pour combattre l'Angleterre, voit son navire couler et est fait prisonnier par l'amiral Collingwood, dont il va partager la vie pendant de longues années. Au cours de cette « seconde époque », il saura reconnaître chez le vieux lord « la véritable grandeur », qui naît du dévouement non à un homme, mais « à la Patrie et au Devoir » (chap. VI). Troisième époque : finalement libéré par les Anglais, ayant refusé de s'évader pour ne pas manquer à sa parole, il s'aperçoit, de retour à Paris, que Napoléon le blâme d'être resté homme d'honneur (chap. VII). Il participe aux guerres de l'Empire, et, à Reims, en 1814, lors de l'enlèvement d'une redoute, il tue un jeune Russe de quatorze ans. De l'enfant il conserve la canne de jonc, qui lui est un remords toujours présent. Le capitaine, las de la guerre, pense maintenant à quitter l'armée (chap. VIII). Le lendemain, un enfant de quatorze ans blesse mortellement le capitaine Renaud, qui s'éteint avec le sentiment d'avoir fait son devoir et d'être, en même temps, puni par Dieu (chap. IX). Dans un chapitre de « conclusion », l'auteur explique le dessein de l'ouvrage : montrer la condition du soldat, « autre Paria moderne », dont l'essence est à chercher dans le sentiment de l'Honneur, foi qui règne en souveraine dans les armées, et seule manifestation du sacré qu'il nous reste (chap. X).

Journal d'un poète

Si les écrits de Vigny expriment « la part la plus choisie » de ses idées, le *Journal d'un poète* donne à lire, selon l'ordre chronologique, une série de réflexions, de jugements et de considérations qui furent toujours au départ de l'œuvre. Incomplets, regroupés à la hâte sous un titre inventé par Louis Ratisbonne après la mort de Vigny, les soixante-dix carnets que l'écrivain a remplis de 1823 à 1863 exposent, indissolublement liés, la présence d'un homme à son époque et le corps à corps d'un écrivain avec la littérature.

Hormis une mère difficile, mais adorée, et une Marie Dorval élevée à la dimension d'un mythe aussitôt qu'aimée, les figures de la vie privée n'apparaissent guère. Vigny ne laisse place ni à la confidence ni à la confession et interprète les faits biographiques sur un plan très large qui leur donne sens et intérêt : l'évocation de sa vie de soldat lui permet de considérer plus justement l'armée et l'État, sa haine des « emplois publics » s'explique par la grandeur que l'homme en général puise dans son caractère ou son génie, les « fragments de Mémoires » présentent les souffrances de l'individu rejeté d'emblée par la société comme un corps indésirable et étranger.

De l'indépendance de ce caractère résulte le « sauvage bonheur » de cette vie, et, si la solitude est une constante de l'homme, c'est qu'elle garantit l'honnêteté de l'écrivain. Les bilans, souvent dressés en fin d'année ou à la suite d'un événement particulier, soulignent un besoin très profond d'explication, de justification et d'apaisement, même si, avec le recul, telle notation prête à sourire : « Dirigeant toujours ma conduite d'après des principes d'honneur et de conscience, je considère que j'ai bien fait de m'être rendu chez le roi Louis-Philippe » (1846). L'attention portée aux individus côtoyés, aux écrivains contemporains, aux Français – en général plus propres aux frivolités de salon qu'au travail sur eux-mêmes –, les efforts pour énoncer, à partir d'observations précises, un jugement informé sur les divers régimes politiques disent combien Vigny fut d'abord un regard : « Voir est tout pour moi. Un seul coup d'œil me révèle un pays, et je crois deviner, sur le visage, une âme » (1826).

Le *Journal d'un poète* présente, dans son entier, les lignes de force d'une vie consacrée à la pensée, comprise elle-même dans l'horizon d'un système constamment repris et médité. Manifestant un goût et un talent très sûrs pour la formule synthétique, l'écrivain, tout en élaborant une parole à travers les répétitions et les tâtonnements, affermit son projet créateur et expose les conditions (« Il faut avoir le temps de rêver ») et les exigences (« chaque œuvre nouvelle est presque comme un début. Aussi n'est-ce pas une carrière que celle des lettres ») de l'écriture. Compte rendu d'une existence, le *Journal d'un poète* est avant tout le témoignage irremplaçable sur un poète pour qui « le seul beau moment d'un ouvrage est celui où on l'écrit ».

G. Vannier

VILDRAC Charles

Pseudonyme de ***Charles MESSAGER*** *(1882-1971)*

Il était le fils d'un éditeur et journaliste qui avait été déporté après l'écrasement de la Commune. Dès sa jeunesse, il fut l'ami de Georges Duhamel, dont il épousa la sœur Rose en 1905. C'est avec Duhamel et Arcos qu'il vint, en janvier 1907, s'installer à l'« abbaye » de Créteil, « groupe fraternel d'artistes ». Vildrac fut avant tout un poète : *Poèmes* en 1905, *Images et mirages* en 1908, *le Livre d'amour* en 1910, *les Chants du désespéré* en 1920 (inspirés par la Grande Guerre), etc. Il publia deux traités, d'ailleurs contradictoires, sur la versification, *le Vers-librisme* (1901) et les *Notes sur la technique poétique* (1910), écrites en collaboration avec Georges Duhamel. Il fit représenter six pièces de théâtre, montées par Copeau, Jouvet ou Pitoëff : *le Paquebot « Tenacity »* (1920), *Michel Auclair* (1922), *Madame Béliard* (1925), *le Pèlerin* (1926), *la Brouille* (1930), *l'Air du temps* (1938). On lui doit aussi maints écrits en prose, entre autres *Russie neuve* (1937), où il rend hommage à la révolution communiste et glorifie les progrès de l'U.R.S.S. sous le régime de Staline, *Lazare* (1946), des ouvrages pour les enfants, *Amadou le Bouquillon* (1952), des essais de critique d'art (sur Othon Friesz, en 1927, en collaboration avec André Salmon et Fernand Fleuret ; sur Henri Matisse, en 1954), des *Pages de journal* (1968).

Dans cette œuvre multiforme, quelques constantes se découvrent. Charles Vildrac a toujours écrit pour témoigner et pour enseigner. Humaniste attentif au sort des humbles (tels les deux ouvriers typographes en instance d'émigration du *Paquebot « Tenacity »*), révolté par l'injustice et la violence, il peut toucher par l'évidente sincérité de son message et son inlassable générosité. Se réclamant, en poésie, de Verlaine, de Verhaeren, de Walt Whitman, il a cherché un art dépouillé de toute éloquence, de toute déclamation. Il a tenté un messianisme moderne bien différent du messianisme hugolien, encore qu'il en soit l'écho. On a pu aussi rapprocher ce lyrisme de celui de Jules Romains, mais Charles Vildrac s'est tenu à l'écart de l'unanimisme. Ses poèmes furent admirés par des hommes aussi différents qu'André Suarès, Max Jacob, Paul Eluard. Sans doute ont-ils quelque peu vieilli par leur excessif didactisme, qui ne va pas toujours sans naïveté dans l'invention et dans le développement des symboles. Son théâtre, plus modeste, plus intimiste, est plus en accord avec la sensibilité contemporaine.

A. Niderst

VILLARS, abbé de

Nicolas Pierre Henri II de MONTFAUCON, abbé de VILLARS
(vers 1635-1673)

Parent de dom Bernard de Montfaucon, de petite noblesse languedocienne, ce cadet de Gascogne commence au séminaire diocésain des études qu'il poursuivra à l'université de Toulouse. À vingt-deux ans, d'obscurs événements le forcent à fuir vers Paris. De janvier à septembre 1661, il est embastillé pour distribution de « libelles contre le roi et l'État ». Revenu à Toulouse, il y tue un parent, Paul de Ferrovil. Ce meurtre et ses suites lui valent deux condamnations (1662, 1668) par défaut et sont très vraisemblablement à l'origine de son assassinat sur la route de Lyon.

Violent et sans scrupules, Villars a marqué la vie littéraire de son époque par une pratique des lettres à l'image de son caractère : habile à provoquer le scandale (il sera interdit de prédication) et à tirer profit des modes, il publie en 1670, avec grand succès, *le Comte de Gabalis ou Entretiens sur les sciences secrètes*, où il expose les doctrines ésotériques avec humour et en multipliant les anecdotes curieuses ; l'œuvre est rééditée dès 1671. Villars passe du conte philosophique à la critique littéraire avec *la Critique de Bérénice* (1671), où il qualifie l'œuvre de Racine de madrigal testamentaire, scandé par les « hélas » de Titus ; applaudissements de Mme de Sévigné ; mais le *Tite et Bérénice* de Corneille n'est pas plus épargné : Domitie et Bérénice sont présentées comme deux harengères ; Tite, comme un fanfaron. Dans *De la délicatesse* (en cinq dialogues, 1671), Pascal est accusé, au nom de la raison, de favoriser l'athéisme ; enfin dans *la Suite du Comte de Gabalis* (1708, posthume), le cartésianisme est attaqué. Deux romans encore, en 1670, *l'Amour sans faiblesse* (d'Anne de Bretagne) selon la mode des historiettes galantes sur trame historique, et *le Geomyler,* histoire d'amour dans une Arabie de fantaisie qui, sur un ton leste et licencieux, prend le contre-pied de la tradition romanesque des amours chastes et tendres.

Entourée d'une aura de scandale et de mystère, l'œuvre de Villars est, par essence, une œuvre d'opposition, non seulement aux modes littéraires mais encore aux courants esthétiques et philosophiques (l'orthodoxie chrétienne, le jansénisme pascalien, le cartésianisme, la tragédie classique, la tradition romanesque) : point commun aux différentes productions d'une œuvre éclectique tant par les genres que par les thèmes qu'elle aborde.

La Critique de Bérénice est un pamphlet, auquel Racine répondra dans sa préface, mais c'est aussi un document sur la réception du théâtre racinien. La critique au nom des règles fait apparaître en creux la nouveauté dramaturgique de Racine : l'amour comme thème dominant ; la réduction du nombre de personnages ; et, surtout, une sensibilité « féminine » sous le signe du tendre et du délicat. Le succès du *Comte de Gabalis* repose tout d'abord sur l'originalité de son contenu : la vie des Sylphes, Gnomes et Salamandres ; leur mariage avec les hommes (avec maintes « preuves » extraites de l'histoire biblique) ; le secret du jeûne (par dépôt de terre sur le nombril) ; la conversation de saint Antoine avec le Sylphe. D'autre part, un sens aigu des possibilités dramatiques du dialogue donne une note comique à des propos dont la grandiloquence est sans cesse soulignée par le narrateur, auditeur autant amusé qu'étonné. Car cet exposé de secrets « fort bizarres et bien récréatifs » vise à l'amusement du lecteur : au Comte, qui lui recommande la chasteté, le narrateur répond par « un grand éclat de rire ». Le comique est-il masque obligé d'un exposé ésotérique ? La vogue de l'ésotérisme est bien attestée, y compris parmi les hommes de science, et Villars a probablement eu des contacts avec des « initiés » de la kabbale. Mais l'usage qu'il fait des thèmes ésotériques est une véritable ironie critique : la grandiloquence du Comte va à l'encontre d'une adhésion du lecteur à des doctrines exposées d'une manière grotesque. Le texte se présente comme une réfutation de l'ouvrage de Paracelse (le fondateur de la médecine hermétique), *Liber de nymphis, sylphis, pygmaeis et salamandris et de coeteris spiritibus*. L'ironie de Villars assigne à la science les limites de l'expérience. Ce rationalisme, marqué d'un scepticisme historique (qui annonce Bayle et Fontenelle), ébranle le merveilleux chrétien : le péché originel n'est autre que l'acte de chair, Cham n'a pas « découvert » son père mais l'a châtré, les Pères ont pris des sylphes pour des anges… Il y a là un jeu littéraire démythificateur, exprimé dans un style (prévoltairien) qui abandonne la période : « Il presse, il sollicite, il persévère ; après plusieurs mois il touche, il se fait aimer, il persuade, et enfin il est heureux » (conquête d'une demoiselle par un sylphe).

L'originalité de Villars a suscité de nombreux plagiats et des emprunts, dont celui d'Anatole France (*la Rôtisserie de la reine Pédauque* et le personnage de Jérôme Coignard). S'opposant aux courants littéraires dominants de son époque, Villars crée un nouveau merveilleux, raisonnable et fantaisiste à la fois, qui marque l'émancipation d'une littérature à mi-chemin entre le conte féerique et le roman, fondée sur un dialogue déjà proche de celui du *Neveu de Rameau*.

G. Declercq

VILLEDIEU, madame de

*Pseudonyme de **Marie Catherine DESJARDINS** (1640-1683)*

Mme de Villedieu est, avec Mlle de Scudéry, l'autre femme de lettres à succès du XVIIe siècle. Pensionnées l'une et l'autre pour leur activité littéraire personnelle – tardivement et modestement, il est vrai, en ce qui concerne Mme de Villedieu –, elles représentent parfaitement deux époques de la profession de romancière, comme le font si bien Corneille et Racine pour la tragédie. Si le nom de l'une a mieux franchi l'épreuve du temps, l'œuvre de l'autre est peut-être plus propre à reconquérir le public moderne.

Toutes les faveurs des Muses

La précocité et la variété des dons que Mlle Desjardins manifesta pour la littérature ont de quoi étonner. Aux alentours de ses vingt ans, elle se fit connaître comme poétesse, auteur dramatique, romancière. On sait peu de chose de son enfance et rien de sa formation. La protection des Rohan, au service desquels sa mère avait été, et le voisinage, à Paris, de Voiture ne suffisent pas à expliquer comment cette fille d'origine modeste, fille d'un prévôt de la maréchaussée du Maine, fut en mesure de briller par son esprit dès ses premiers essais. Elle y parvint surtout grâce à un talent d'une vigueur exceptionnelle. Dès 1658 paraît un sonnet d'elle, suivi, en 1660, de quinze poèmes et bientôt d'un recueil à son nom qui témoigne de la maturité de son art et de son expérience psychologique. Les accents élégiaques, l'authenticité des sentiments, l'harmonie de l'expression en sont remarquables. Le goût d'écrire des poèmes ne la quittera jamais. Quand elle n'écrira plus que des romans, elle insérera de temps en temps une élégie dans la narration, ou une énigme, ou quelque autre pièce de bravoure. Ce mélange se trouve dans la première œuvre qu'elle publia en 1660, *le Récit en vers et en prose de la farce des Précieuses*, dont l'agrément la fit connaître. Tentée par le théâtre, elle écrivit, sur un argument fourni par d'Aubignac, la tragi-comédie de *Manlius Torquatus*, représentée à l'Hôtel de Bourgogne en 1662. Corneille partit en guerre contre ce Manlius qui ne sacrifie pas son fils conformément à la donnée historique. D'Aubignac prit sa défense, il s'ensuivit une guerre de quatrains. Cependant Mlle Desjardins faisait jouer en 1663 une tragédie, *Nitetis*, histoire de la reine de Perse, épouse de Cambyse. En 1664, elle donna, à la troupe de Molière cette fois, une tragi-comédie, *le Favori*. « Mlle Desjardins écrit bien ; ses vers sont partout également forts », louèrent les critiques. Elle publia aussi, en 1670, un recueil de sept *Fables ou histoires allégoriques*, dédié au roi. Transposé dans le domaine animal, on y trouve le monde des *Contes* de La Fontaine.

L'amour comme sujet et comme objet

Obtenant un succès de goût pour sa poésie, un succès d'estime pour son théâtre, Mlle Desjardins, qui signa Mme de VILLEDIEU à partir de 1669, rencontra l'engouement du public avec ses romans. Elle était manifestement née pour éprouver, pour observer et pour décrire les effets de l'amour. À dix-huit ans, elle avait rencontré, sous les traits d'Antoine Bouesset de Villedieu, capitaine d'infanterie, l'unique et tumultueuse passion qui se poursuivra jusqu'à la mort de Villedieu à la guerre, en 1667. Leur situation matrimoniale ambiguë a fait couler beaucoup d'encre. La réalité est à la fois complexe et sordide. Villedieu n'épousa pas Mlle Desjardins ; elle était pauvre. Les années 1664 à 1667, au cours desquelles l'armée fut envoyée successivement en Provence, pour un embarquement en Barbarie, puis en Hollande, virent Marie Catherine suivre l'amant ingrat. Il se lièrent par une promesse de mariage qui autorisa Mlle Desjardins à se faire appeler Mme de Villedieu. Cette promesse fut rompue d'un commun accord peu avant la mort du capitaine, qui épousa ailleurs. Avant son départ, il avait, pour se procurer quelque argent, vendu à Barbin les lettres reçues de cette femme renommée pour son esprit et son talent. Elles parurent en 1668, contre le gré de leur auteur, qui les trouvait « trop tendres pour être exposées à d'autres yeux qu'à ceux de l'amour même ». Formant triptyque avec ces *Lettres*, on peut placer d'un côté le *Portrait de l'illustre Justinien*, portrait de Villedieu tracé par Mlle Desjardins en 1660, et de l'autre son *Portrait par elle-même*, pour le *Recueil des portraits* de Mlle de Montpensier (1659) ; on a alors toute la matière psychologique qui enfantera le monde romanesque spécifique de Mme de Villedieu.

Dans une première période, Mlle Desjardins publie des romans qui, conservant le cadre mythique, les noms antiques et les aventures dynastiques du roman héroïque, n'en introduisent pas moins un univers tout autre que celui de l'idéalisme sentimental de la période précédente des *Astrée* et des *Clélie*. Dans *Alcidamie* (1661), inspirée d'une aventure réelle survenue chez les Rohan – qui se brouillèrent à cette occasion avec leur protégée –, derrière la lassante hyperbole des descriptions, le caractère conventionnel des personnages (« l'illustre Théocrite », « la charmante princesse »), on trouve un jeu sentimental mené par l'instinct, entravé par la ruse et la tromperie. On trouve aussi des poncifs romanesques qui se révéleront, dans la suite de son œuvre, des motifs signifiants de première importance : la naissance illégitime et secrète, les travestis, le sanglier furieux. *Lisandre* et *Anaxandre* (1663) sont de cette veine. *Carmante*, malgré la date de parution (1668), appartient à cette inspiration où se mêlent le cadre traditionnel : « Jamais la délicieuse Arcadie n'avait été favorisée d'un jour si beau », et la peinture de sentiments plus réalistes : « J'ai aimé ce berger avec toute l'ardeur qu'il pouvait exiger de moi raisonnablement. »

Avec *Cléonice* (1669) naissent Mme de Villedieu et un roman galant au style railleur, d'un humour discrètement parodique, qui déclare « s'éloigner de la fable et du prodige ». Car « si le héros est attaqué par vingt cavaliers et qu'il ne soit défendu que par trois ou quatre, il sera contraint de leur céder ». Ce héros n'en possède pas moins des « qualités éminentes ». Le romanesque et une certaine histoire se confondent alors, la romancière cherchant dans les historiens la phrase, l'anecdote qui pourront donner lieu à une extrapolation sentimentale. Mme de Villedieu fournit une énorme production de recueils de nouvelles à sujet historique : *le Journal amoureux* (1669), *les Annales galantes* (1670), *les Amours des grands hommes* (1671), *les Exilés de la cour d'Auguste* (1672). Qu'importe si elle « trahit gravement l'histoire » (M.-Th. Hipp). En décelant la passion amoureuse comme moteur unique des événements, elle répond à la demande la plus naïve du public de tous les temps, en même temps qu'elle émet une thèse que Freud énoncera avec moins de naïveté. Si Alcibiade, Ovide se prêtent à la démonstration, Solon, Socrate et Caton lui-même, utilisé à contre-emploi, témoignent que « les hommes sont les hommes, quelque soin qu'ils prennent pour s'élever au-dessus de la nature ».

Les *Mémoires d'Henriette Sylvie de Molière*, roman épistolaire, parurent de 1671 à 1674 sans nom d'auteur. Les deux volumes primitifs furent suivis de deux fois deux volumes de « suites aux aventures ». La fiction le permettait, le succès l'exigeait. L'ensemble constitue un mythe exploratoire de la condition féminine d'une redoutable puissance. Aussi Mme de Villedieu, prudemment, déclare-t-elle que ces « folles aventures » sont « pour rire ». L'héroïne, qui ne sait pas qui elle est, a un père réel, un père fictif, suggérés comme identiques, et un père adoptif (et violeur). Elle échappe à ce dernier en le tuant, car elle a « méprisé tous les divertissements du sexe » et appris à « monter à cheval et à tirer un pistolet ». Elle échappe en même temps à un sanglier furieux. Dans sa fuite, elle rencontre une mère qui est à la fois réelle, adoptive, puissante et protectrice. L'ultime aventure consistera à recueillir son héritage. Un mari, vieux et riche, un insaisissable amant qui ne deviendra mari que pour mourir constituent les jalons vers le dénouement final, qui est un départ pour le couvent. La narration est endiablée, d'innombrables et scabreux quiproquos naissent des travestis. La fiction est traitée avec désinvolture. Englesac, tout à coup encombrant, se noie-t-il ? « Il ne serait pas juste ni dans les règles que le héros d'une histoire qui doit ressembler à une belle fable fût mort tout à fait avant que d'avoir achevé ses aventures. Nous le ressusciterons, s'il vous plaît, quand il sera temps, et il se trouvera que les flots l'avaient seulement emporté. » Cette « belle fable » est bien passionnante.

L'amour déchu

Les dernières œuvres de Mme de Villedieu sont grinçantes. La dégradation des héros est totale. Le naturalisme prend une couleur janséniste. Ne dit-on pas qu'elle mourut adepte de la Petite Église ? Dans les *Désordres de l'amour* (1675), recueil de nouvelles, on trouve une marquise de Termes vertueuse, méprisante et glacée qui ne ressemble pas que par son célèbre aveu à la princesse de Clèves.

Œuvre mineure que celle de Mme de Villedieu ? Il y a, bien sûr, la hâte de l'écriture – elle dit d'une dame qu'« elle avait été autrefois très jeune et très belle » –, les incorrections, le fatras romanesque. Mais elle possède une vigueur dans la réflexion morale, un bonheur d'expression qui en auraient fait l'égale des plus grands si elle avait eu les moyens de ne publier que par goût esthétique. Dans le *Portrait des faiblesses humaines*, publié après sa mort (1685), on voit jusqu'où pouvait aller son regard : « On ne peut lire cet endroit de l'histoire grecque sans être touché des malheurs que les faiblesses dont Aspasie a rendu tant de grands hommes capables attira (*sic*) sur un million d'innocents qui n'avaient aucune part dans le secret de la politique et qui, toutefois, dans ces sortes d'occasions, portent toujours la peine des crimes qu'ils ne commettent pas. »

O. Biyidi

VILLEHARDOUIN Geoffroi de *v.* GEOFFROI DE VILLEHARDOUIN

VILLERS Charles de *v.* Romantisme

Villiers de L'Isle-Adam

VILLIERS DE L'ISLE-ADAM Auguste

(1838-1889)

« Accoutré, pour la risée de la populace littéraire, d'un nom sublime dans lequel il meurt, tout son effort est de s'élancer hors de l'affreux monde où une Providence carnassière le claquemura » : ainsi Léon Bloy décrit-il le personnage de Bohémond de L'Isle-de-France dans *la Femme pauvre*. Le pseudonyme est aussi transparent que l'évocation elle-même : comment ne pas reconnaître, dans ce portrait d'un écrivain fier et brisé, répliquant à la médiocrité de son temps par des sentences hautaines et les troublantes suggestions d'une imagination intarissable, celui qui fut l'un des plus proches amis de Bloy ? Villiers de L'Isle-Adam fit en effet, d'un tel élan hors d'un monde dont il refusait la corruption et les valeurs trompeuses, la principale dynamique d'une œuvre étonnamment diverse et profuse. Mais la férocité de ses sarcasmes, qui chez lui faisaient pendant à des rêveries somptueuses et au travail minutieux du styliste, le confronta à un échec commercial d'autant plus douloureux qu'il dut supporter toute sa vie une situation matérielle difficile. Du moins sa verve et son intransigeance lui valurent-elles la reconnaissance immédiate des principaux artistes de son époque, des parnassiens aux symbolistes – avant qu'André Breton ne salue en lui l'un des grands maîtres de l'*humour noir*.

Splendeur et misère d'un « survenu »

Villiers de L'Isle-Adam naît en Bretagne dans une famille aristocratique que ruinent les spéculations de son père ; la pauvreté et de nécessaires compromissions marqueront une vie consacrée, non sans douloureuses contradictions, à l'affirmation d'une noblesse intransigeante. Régler des soucis trop prosaïques, ce sera d'abord pour Villiers s'abandonner à de grandioses ambitions. À plusieurs reprises, il projette de faire un riche mariage susceptible d'assurer sa fortune : il épousera finalement la très modeste Marie Dantine à l'article de la mort, afin de légitimer *in extremis* son fils Victor. Ses ambitions sont également politiques : « Ce qu'il voulait, ce survenu, en effet, je pense sérieusement que c'était : régner », souligne Mallarmé au début du « médaillon » consacré à son ami récemment disparu, faisant allusion au fait qu'il se serait porté candidat au trône de Grèce en 1863. Les élections municipales de 1881, auxquelles il participe dans le camp légitimiste, lui vaudront en tout cas une nouvelle déception. Mais ses ambitions sont surtout littéraires, bien sûr, et Villiers ne cessera de rêver à un succès théâtral qui lui procurerait richesse et renommée. Après la publication confidentielle de sa première pièce, *Elën* (1865), son drame *la Révolte* est créé au théâtre du Vaudeville en 1870 : le public est dérouté et scandalisé, la pièce retirée de l'affiche après cinq représentations. Plus tard, Villiers décide de remanier le texte, refusé par les théâtres, de sa pièce *Morgane* (1866) : la nouvelle version, *le Prétendant* (1875), provoquera un nouveau refus. Et si l'écriture du drame *le Nouveau Monde* lui permet d'obtenir en 1876 le deuxième prix *ex æquo* d'un concours important, il devra attendre près de huit ans pour voir sa pièce représentée – et devenir un nouvel échec commercial. Enfin, la publication de l'état définitif de son grand drame *Axël* sera posthume (1890). Autant dire que Villiers ne devait pas jouir davantage de la gloire du dramaturge que de la fortune ou du pouvoir.

L'ambitieux roman *l'Ève future* (1886), qui fait de l'inventeur Thomas Edison un Faust moderne, ne rencontrera pas non plus le succès. Mais l'écrivain connaîtra tout de même une certaine notoriété grâce à des textes brefs et incisifs. La publication de ses *Contes cruels* (1883) est d'autant plus remarquée que Huysmans en fait bientôt l'une des lectures favorites de son héros esthète et décadent, des Esseintes, dans *À Rebours*. Suivent d'autres recueils : *l'Amour suprême* (1886), *Histoires insolites* et *Nouveaux Contes cruels* (1888), qui confirment sa maîtrise de cette forme resserrée à l'extrême. Car Villiers sait en quelques traits susciter une atmosphère singulière ou évoquer un personnage pittoresque ; souvent, ses contes sont tendus vers une pointe finale ou un dénouement inattendu qui déconcerte le lecteur. C'est que son écriture foncièrement inquiète et dérangeante s'emploie à ébranler toutes les certitudes contemporaines : qu'il ridiculise les innovations de la science, qu'il dénonce l'esprit mercantile et étroit d'un Bourgeois écrasant le génie sous le poids de son « sens commun » ou tourne en dérision les mœurs corrompues d'une société sans idéal, Villiers porte avec chacun de ses textes un coup d'une cruauté roborative.

Certes, son inclémence a un prix. Jusqu'à la fin de sa vie, il doit lutter pour vendre ses contes et ses chroniques à la presse. Paul Claudel, qui le rencontre chez Mallarmé en 1887, fait ainsi le portrait d'un écrivain prématurément vieilli et luttant contre la misère : « Il a de cinquante à cinquante-cinq ans, mais il en paraît beaucoup plus ; il est usé, fini, à la veille de la mort. Il est dans une gêne extrême, il doit courir d'une salle de rédaction à l'autre pour réussir à placer, de très loin en très loin, quelque fantaisie funambulesque et profonde. » Plusieurs des *Contes cruels* témoignent d'ailleurs des blessures de l'écrivain ; tandis que « la Machine à gloire » suggère que le succès d'une pièce ne dépend plus que des seuls stratagèmes commerciaux, la confrontation d'un écrivain avec le directeur d'un journal dans « Deux Augures » a pour enseignement cette morale amère : « La seule devise qu'un homme de lettres sérieux doive adopter de nos jours est celle-ci : SOIS MÉDIOCRE ! » Mais ce grand admirateur de Wagner sait bien quelle hostilité peut provoquer une œuvre novatrice et insoucieuse des modes dominantes. Et il peut compter sur le soutien d'amis convaincus de son génie : Mallarmé et Catulle Mendès, plus tard Huysmans et Léon Bloy encouragent l'écrivain dont la conversation les éblouit. De fait, Villiers de L'Isle-Adam laissera avant tout le souvenir d'un causeur brillant et infatigable : « Toujours il apportait une fête, et le savait », se rappellera Mallarmé.

Dès l'œuvre de jeunesse *Isis* (1862), Villiers avait énoncé ce douloureux constat : « Plus de jeunesse et plus d'idéal. » Cependant, nulle résignation dans une œuvre déchirée entre révolte et évasion, entre l'exigence d'un combat contre toutes les « idées reçues » et le désir constamment ravivé d'un ailleurs : du grotesque Tribulat Bonhomet de *Claire Lenoir* (1867), virulente caricature du Bourgeois contemporain, au sublime renoncement d'*Axël*, ne cesse en effet de s'exprimer une même insoumission.

Le « génial mélange » d'une œuvre protéiforme

Autant certaines œuvres frappent le lecteur par la cohérence d'une thématique et l'approfondissement d'une écriture, autant celle de Villiers de L'Isle-Adam déconcerte par son apparent éparpillement et son caractère foncièrement protéiforme. De la poésie aux contes, des pièces de théâtre au roman philosophique, l'écrivain paraît inlassablement éprouver de nouvelles formes littéraires, tandis que ses virulentes dénonciations du monde contemporain s'accompagnent d'évocations historiques empruntant aussi bien à la culture antique qu'aux traditions médiévales. De même, l'humour ravageur de tel « conte cruel » côtoie de longs développements métaphysiques ou une exaltation lyrique marquée encore par le modèle romantique. On saurait d'autant moins réduire l'œuvre de Villiers à une forme unique qu'un même recueil de textes, comme les *Contes cruels* ou *l'Amour suprême*, peut mêler la satire de « la Machine à gloire » et la prose poétique d'inspiration parnassienne de « l'Annonciateur », la veine fantastique de « Véra » et le vers presque verlainien du « Conte d'amour ». Bien plus : c'est parfois le même texte qui fait alterner les inspirations les plus diverses et confronte le lecteur à de brusques changements de tonalité, de la douceur élégiaque à la charge burlesque. Non seulement le récit fantastique *Claire Lenoir* est suspendu par une longue digression philosophique qui fait perdre de vue l'intrigue principale, mais l'horreur de cette histoire rappelant les plus terribles inventions d'Edgar Poe est associée à la bouffonnerie d'une violente satire de la bourgeoisie positiviste. On comprend que Verlaine ait pu parler à propos d'un tel récit d'« un génial mélange d'ironie, de métaphysique et de terreur » ; mais, plus largement, l'œuvre de Villiers ne cesse de nous apparaître comme un « génial mélange » que l'on ne saurait réduire à une esthétique précise sans lui infliger l'épreuve d'un cruel lit de Procuste.

C'est pourquoi, si certains traits peuvent dominer son œuvre, ils ne l'emprisonnent pas pour autant. Par exemple, la préciosité qui caractérise fréquemment son écriture ne contrarie en rien l'efficacité de sa verve burlesque telle qu'elle se manifeste à travers le personnage de Tribulat Bonhomet, pas plus qu'elle n'exclut un jeu avec les tournures argotiques, comme dans sa pièce *l'Évasion*. Certes, on se doit de souligner l'importance particulière de l'écriture théâtrale pour Villiers, comme en témoignent jusque dans ses romans les longs dialogues de *l'Ève future* ou de *Claire Lenoir*, qui pourraient avoir été écrits pour la scène. Mais, inversement, un véritable poème en prose peut suspendre l'action de la pièce, comme le long récit d'une rêverie d'opium dans *Elën*. D'ailleurs, l'esthétique théâtrale de Villiers est elle-même des plus indécises : aux multiples rebondissements du *Prétendant*, largement tributaire du drame romantique, succèdent la sobriété et l'économie d'effets de *la Révolte*.

En vérité, le propre de son écriture paraît tenir à sa foncière instabilité et à son incapacité à se fixer dans une forme définie. Si la postérité a surtout reconnu en Villiers de L'Isle-Adam un maître de la forme brève, c'est d'abord parce que ses *Contes* et ses *Histoires* se prêtaient particulièrement bien à d'incessantes variations de *timbre*. « Quelle marque d'une aptitude au vers, n'était le despotisme d'autres ambitions ! » écrivait Mallarmé à la lecture des poèmes intégrés au recueil des *Contes cruels*. En fait, au-delà de la seule poésie, n'est-ce pas l'œuvre tout entière de Villiers de L'Isle-Adam qui révèle un tel despotisme d'ambitions contradictoires ? Reste que, de ce déchirement entre de multiples registres, l'écrivain a su faire l'inépuisable moteur d'une écriture sans cesse appelée vers de nouvelles terres.

On se gardera bien toutefois de déduire de telles hésitations formelles l'absence d'unité d'une œuvre profondément fidèle à ses premières intuitions. Que l'on considère tel vers de ses *Premières Poésies*, publiées à compte d'auteur alors que l'écrivain avait à peine vingt ans : « J'ai soif d'un paradis dont je suis exilé. » Il serait abusif d'y reconnaître seulement un poncif romantique, quand s'énonce ici une tension jamais démentie dans son œuvre, y compris dans sa pièce posthume *Axël*, vers un ailleurs susceptible de le délivrer d'un monde qui lui apparut soumis à l'idéologie frauduleuse du Progrès, à une Science triomphante et à la recherche effrénée du profit.

Une révolte contre l'ordre bourgeois...

Par-delà sa diversité, l'œuvre de Villiers n'a en effet cessé de relancer le même combat contre les valeurs contemporaines. Invariablement l'écrivain a repris sa dénonciation d'une société bourgeoise dans laquelle toute aspiration vers l'Idéal et la Beauté a été rejetée pour consacrer la seule réussite commerciale. Certes, on sait que la lutte de l'écrivain contre la Bourgeoisie traverse tout le XIXe siècle, de Théophile Gautier à Léon Bloy ; reste que Villiers donne à cette guerre une intensité particulière, comme s'il pouvait faire sienne la provocante déclaration du bagnard de *l'Évasion* : « J'aime l'bourgeois, moi, ça m'allèche. » Et la guerre sera d'autant plus acharnée que l'écrivain s'estime en position de *légitime défense* : à la manière des cygnes sacrifiés par Tribulat Bonhomet ou des lions torturés dans l'une des *Histoires insolites*, l'artiste apparaît toujours dans son œuvre victime de l'acharnement de ses contemporains.

Ainsi, la littérature présente peu de charges aussi violentes que celle de *la Révolte*. Cette pièce au titre éloquent, créée en 1870, apparaît comme un véritable règlement de comptes, attaquant jusqu'aux fondements mêmes d'une société bientôt confrontée au désastre du second Empire. Aussi est-ce bien la *révolte* d'un écrivain contre son temps qui se lit à travers l'affrontement de Félix, bourgeois grotesque uniquement préoccupé par ses comptes, et de son épouse Élizabeth qui le dénonce comme un « homme [qui] a bu comme de l'eau toute [s]a beauté ». Prolongeant en un sens l'attaque portée par Flaubert et Baudelaire, Villiers donne à voir avec cette pièce une lutte de l'esprit libre et esthète contre le matérialisme bourgeois : il y a dans l'héroïne de *la Révolte* comme une lointaine parente de Mme Bovary, qui aurait échangé toute illusion contre une terrible lucidité. Quant au personnage de Félix, il incarne pour Villiers l'assurance et l'insensibilité du « Sens-Commun », « l'arme de ceux qui sont incapables de faire usage de leur pensée », ainsi qu'il le précise dans la « Préface » de la pièce.

Créé dès 1867, mais inlassablement retravaillé ensuite par Villiers, le personnage de Tribulat Bonhomet lui permet d'appuyer, avec toute la férocité du caricaturiste, chacun des coups portés dans *la Révolte*. « Inclinons-nous devant ce divin Sens-Commun qui change d'avis à tous les siècles » : l'ironie de Césaire Lenoir confronté aux certitudes de Bonhomet résonne clairement comme un écho de celle d'Élizabeth face à Félix. C'est que la *bonhomie* sereine de l'un redouble, si l'on peut dire, la *félicité* satisfaite de l'autre. Personnage-narrateur de *Claire Lenoir*, héros de plusieurs nouvelles, Bonhomet a bien été conçu par Villiers comme une arme vengeresse. La correspondance de l'écrivain révèle son projet d'utiliser ce personnage pour faire du bourgeois « ce que Voltaire a fait des "cléricaux", Rousseau des gentilshommes et Molière des médecins ». Ne lui prête-t-il pas cette formule révélatrice : « À moi seul j'ai la physionomie de mon siècle, dont j'ai lieu de me croire l'ARCHÉTYPE » ? L'onomastique est d'ailleurs significative du camp choisi par Villiers : Bonhomet partage naturellement le scientisme simpliste de M. Homais et l'étroitesse d'esprit de M. Prudhomme. À travers ce personnage, il ne s'agissait pas seulement de ridiculiser un certain type bourgeois – mais bien de lui porter le coup de grâce. Que l'on songe à la conclusion de l'ensemble consacré en 1887 à Tribulat Bonhomet : Dieu rend celui-ci à la vie afin qu'il inspire « quelqu'une de ces pages de feu, de honte et de vomissement, que, de siècle en siècle, l'un de mes soldats crache, en frémissant, au front de vos congénères ». On ne saurait traduire plus nettement l'enjeu du projet de Villiers : répondre, au confort et à l'assurance du Bourgeois, par l'incandescence et la brutalité d'une condamnation sans appel – répliquer, au leurre d'un Progrès, par le ton implacable d'un Jugement dernier.

C'est que l'on ne saurait réduire la guerre menée par Villiers au furieux champ de bataille de *la Révolte*. L'ordre bourgeois décrédibilisé, reste à ruiner l'idéologie dominante de son temps. De fait, tandis que Félix est surtout caractérisé par un souci mercantile qui efface toute considération étrangère au profit, Bonhomet incarne, lui, toutes les convictions d'une époque. D'ailleurs, la relative complaisance avec laquelle l'écrivain évoquera, à la fin de ses *Histoires insolites*, la possibilité pour un groupe d'anarchistes de faire exploser Paris pourrait bien en dire long sur sa volonté de dynamiter par ses écrits les valeurs dégradées d'une société jugée irrémédiablement corrompue.

… et une guerre contre le positivisme

Ce sont, en premier lieu, les prétentions de la science et le règne du positivisme qui sont visés par l'écrivain. Dès *Isis*, Villiers s'était appliqué à dénoncer les prétentions abusives de la science, consacrant une longue note à « certaines réflexions au sujet de l'authenticité du progrès » ; si l'ouvrage était dédié au comte Hyacinthe du Pontavice de Heussey, Villiers entendait bien combattre les convictions positivistes de son ami. Réduire le monde à un objet d'études reviendrait à en nier la beauté et à sacrifier tout principe vital : tel sera l'enseignement de l'une de ses *Histoires insolites*, dans laquelle « l'Héroïsme du docteur Hallidonhill » consiste à tuer l'un de ses patients pour comprendre la raison de sa guérison inattendue. De la même manière, Césaire Lenoir meurt de l'absurde remède que lui inflige Tribulat Bonhomet persuadé d'agir « sous la garde des bons génies de la vraie Science ». Un tel mépris pour l'assurance et la bonne conscience du scientisme explique son intérêt pour les recherches du docteur Crookes, évoquées dans l'une des nouvelles de *l'Amour suprême*. Ce scientifique anglais, qui avait été amené par ses travaux sur le spiritisme à admettre des phénomènes surnaturels, apportait à Villiers de précieux arguments dans sa dénonciation des prétentions positivistes, comme si la science elle-même reconnaissait ses limites.

Par ailleurs, dans sa lutte contre la pensée dominante de son temps, Villiers de L'Isle-Adam trouve en Hegel un allié considérable, qui sera plusieurs fois cité dans son œuvre, de *Claire Lenoir* à *l'Ève future*. Telle déclaration d'*Isis* a donc bien la valeur d'une profession de foi définitive : « La théorie de l'idéalisme hégélien semble sans appel. » Cependant, l'écrivain retient avant tout de la philosophie de Hegel, dont il a essentiellement eu une connaissance indirecte, les bases d'un idéalisme selon lequel « toute réalité suppose une imagination antérieure qui l'a pensée », ainsi qu'il l'affirme également dans *Isis*. C'est dire que Villiers fait d'abord de la pensée hégélienne une arme contre le positivisme, opposant au leurre d'une connaissance objective de la réalité la conviction que « le monde n'a de significations que selon la puissance des mots qui la traduisent et celle des yeux qui le regardent », pour reprendre les mots de *la Révolte*.

À cet égard apparaît très significative la confrontation de Tribulat Bonhomet, ardent défenseur du progrès scientifique, et de Césaire Lenoir. Celui-ci, qui se réfère à Hegel comme à un « Titan de l'Esprit humain », résume sa théorie de l'idéalisme absolu en une formule saisissante : « L'IDÉE est donc la plus haute forme de la Réalité : – et c'est la Réalité même. » L'embarras et la mauvaise foi de Bonhomet, ébranlé par cet exposé de « la dialectique hégélienne », ne permettent guère de douter des propres sympathies de l'écrivain. Aussi la conclusion de *Claire Lenoir* est-elle une manière de trancher le débat d'une manière aussi ironique que révélatrice : ce sont précisément ses instruments scientifiques qui démontrent à Bonhomet la justesse de la thèse qu'il avait si vivement combattue.

L'apport de cet idéalisme ne se limite pas au seul débat philosophique. Souvent, l'intrigue même du récit repose sur le postulat que seule importe la réalité telle qu'elle a été appréhendée, voire recréée par le sujet. Il est ainsi précisé dans *l'Ève future* que la complexité technologique de la femme artificielle ne suffirait pas à faire illusion si son compagnon ne voyait d'abord en elle un être vivant : « Si tu doutes de moi, je suis perdue », confie l'Andréide à celui dont elle doit partager la vie. C'est également l'enseignement de « Véra », l'un des plus beaux textes des *Contes cruels* : après la mort de sa femme, le comte d'Athol parvient à poursuivre une vie commune avec la disparue désormais « faite de volonté et de souvenir » – jusqu'au moment de doute qui suffit à briser le « mirage terrible ». Pour autant, il serait évidemment abusif de lire dans ce texte une illustration de la pensée hégélienne. En fait, l'écrivain semble avoir surtout retenu du philosophe la confirmation d'une intuition qui apparaît comme la vraie « morale » de « Véra » : « Les Idées sont des êtres vivants ! »

L'opposition de Villiers aux ambitions de la Science se manifeste également par la forte affirmation de son catholicisme : les certitudes positivistes seraient de peu de poids confrontées au mystère impénétrable de la création divine. Dans les *Histoires insolites*, « la Maison du bonheur » stigmatise ainsi une époque « qui s'efforce d'enfanter, pour la gloire d'un prestigieux Avenir, le monstre d'une chimérique Humanité décapitée de Dieu ». Certes, la foi de cet apôtre de Hegel apparaît souvent peu orthodoxe : le couple Lenoir, qui confronte l'hégélianisme de Césaire et le christianisme de Claire, est révélateur d'un déchirement qui caractérise d'abord l'écrivain lui-même. De plus, sa fascination pour le surnaturel l'amène souvent à transgresser les limites d'un strict catholicisme, si bien que l'on est parfois tenté de lui attribuer, selon une expression de son « Conte de fin d'été », « un christianisme un peu somnolent ». En somme, hégélianisme, christianisme et occultisme correspondent moins ici à des doctrines précises qu'ils ne constituent un arsenal destiné à combattre le scientisme par tous les moyens.

Il est vrai que, encouragé par Léon Bloy, Villiers s'efforce de plus en plus d'apparaître comme un écrivain catholique et royaliste, jusqu'à la forte affirmation de son texte sur « les Expériences du docteur Crookes » : « Nous nous en tenons, comme toujours, à la Parole, à l'Esprit seul de l'Évangile : il est, strictement, sans discussions ni réserves, notre unique doctrine. » Les textes rassemblés dans *l'Amour suprême* en 1886 confirment dans leur ensemble une telle résolution : tandis que « l'Instant de Dieu » est dédié au pape, « le Droit du passé » exprime un violent rejet de la République tenue indirectement pour responsable du désastre militaire de 1870. L'affirmation outrancière de sa foi peut même se doubler de détestables plaisanteries antisémites, comme dans « Notre Seigneur Jésus-Christ sur les planches » de *Chez les passants* ou dans « la Céleste Aventure » des *Histoires insolites*.

Pourtant, même en considérant ses derniers textes, sa foi n'apparaît pas dénuée d'ambiguïté : le conflit qui oppose Sara à un prêtre fanatique a ainsi été maintenu dans la dernière version d'*Axël*. En fait, même les textes de *l'Amour suprême* témoignent d'un intérêt pour l'ésotérisme et le spiritisme que ne peut dissimuler tout à fait telle formule cinglante : « Il est évident que je ne parle, ici, qu'au seul point de vue de la Foi chrétienne, ne reconnaissant la valeur d'aucun autre point de vue, d'ailleurs, en cette question – comme en toutes autres. » Rien de si évident, à vrai dire : l'incapacité de Villiers de L'Isle-Adam à se tenir à une forme littéraire unique semble s'accompagner d'une impossibilité à enfermer sa pensée dans un système clos et bien défini. Sa pensée trouverait donc sa richesse, bien moins dans sa cohérence et l'approfondissement d'un questionnement, que dans ses hésitations mêmes. D'autant que l'écrivain se sait préservé du risque d'une vaine dissipation par cette exigence jamais démentie : la dénonciation d'une époque dont toutes les valeurs lui paraissent contrarier une libre aspiration vers l'Idéal – un Idéal qui n'est jamais mieux défini qu'en négatif.

Ironie et cruauté

Le négatif de l'Idéal, ce sont les mœurs contemporaines, dont la satire donne à Villiers l'occasion d'affirmer toute la *cruauté* de son écriture. En effet, à la frappe directe du pamphlétaire, il préfère souvent les armes plus retorses de l'ironie et de la parodie. C'est pourquoi il est essentiel que Tribulat Bonhomet soit non seulement le personnage central, mais aussi le narrateur de *Claire Lenoir*. Le choix de la focalisation révèle une volonté d'attaquer l'idéologie dominante *de l'intérieur* : la fausse neutralité de l'écrivain, qui nous contraint à partager le point de vue d'un bourgeois positiviste, vise avant tout à mettre à nu les stéréotypes et les mécanismes d'un discours. Par ailleurs, dans les nouvelles de Villiers, le commentaire du narrateur est souvent, de par sa formulation ironique, une manière d'occuper les positions de l'ennemi pour les saper plus efficacement, comme avec « la Légende moderne » des *Histoires insolites* qui feint de célébrer « cette indiscutable suprématie qu'exercera toujours, espérons-le, le Sens commun riche sur la Pensée pauvre ».

Plusieurs de ses *Contes cruels* reposent sur un procédé voisin. « L'Appareil pour l'analyse chimique du dernier soupir » et « le Traitement du docteur Tristan » parodient une rhétorique publicitaire exploitant une exaltation scientiste que finissent par dénoncer ses excès mêmes : « Ô magie ! Voici qu'enfin les plus subtils instruments de la science deviennent des jouets entre les mains des enfants ! » De même, dans *l'Amour suprême*, c'est en imitant le ton d'une réclame que Villiers répond à la nouvelle loi sur le divorce de 1884 : le texte qui vante l'« intelligente entreprise » de « l'Agence du Chandelier d'or », spécialisée dans les fausses situations d'adultère, permet de faire ressortir l'immoralité qui serait favorisée par le législateur. Des Esseintes ne s'y trompera pas, auquel Huysmans prêtera dans *À Rebours* une profonde admiration pour cette « poignante ironie » glorifiant « toute l'ordure des idées utilitaires contemporaines, toute l'ignominie mercantile du siècle ».

Mais la satire de Villiers repose également sur la fantaisie de ses inventions qui rappelle parfois celle de « la Science de l'amour » de son ami Charles Cros. Qu'il imagine un « Affichage céleste » qui permettrait d'exploiter avec profit un ciel inutile à une époque sans idéal, ou qu'il propose une « Machine à gloire » qui pousserait jusqu'à l'absurde la logique commerciale gouvernant désormais toute création artistique, Villiers s'emploie à révéler les tics de ses contemporains et, en quelque sorte, les rouages d'une société sans âme. Certes, plusieurs passages de son *Ève future* semblent trahir une secrète fascination pour le progrès technologique, comme si son imagination était encouragée par cela même qu'il lui importe de dénoncer. Mais la contradiction n'est qu'apparente. En réalité, Villiers s'attaque bien moins à la science et à ses réalisations qu'à la dévotion dont elle est l'objet et à l'attitude mercantile qu'elle serait chargée de servir. D'ailleurs, le personnage d'Edison n'est guère complaisant à l'égard des prétentions scientistes : l'intelligence visionnaire de l'inventeur s'oppose, autant que le génie de l'artiste, à la froideur du savant sans conscience comme au cynisme du marchand sans scrupule.

L'évasion

À ce monde dont il refuse l'idéologie positiviste et les préoccupations mercantiles, Villiers ne réplique pas seulement par l'affrontement des idées et les assauts de ses satires, mais aussi par une fuite dans l'univers de ses fictions. En ce sens, les références à l'Histoire, les évocations de mondes exotiques ou le surgissement du fantastique ont pour lui un même enjeu : sortir d'une société contemporaine dont les valeurs ne lui inspirent que railleries et gagner un ailleurs soumis aux seules lois de l'imaginaire. Il est à cet égard remarquable que plusieurs personnages de Villiers règnent sur un espace coupé du monde extérieur, tant par sa situation géographique que par une organisation presque féodale ; l'héroïne d'*Isis*, retirée dans un château imprenable, et le personnage d'Axël, pouvant défier toutes les armées d'Allemagne depuis son fief situé au cœur de la Forêt-Noire, apparaissent en effet comme des doubles de l'écrivain recréant grâce à l'écriture un espace affranchi des contingences du monde contemporain. À la manière de Flaubert édifiant avec *Salammbô* « une thébaïde où le dégoût de la vie moderne [l]'a poussé » (lettre à E. Feydeau, 29-30 novembre 1859), Villiers paraît s'employer, dès lors qu'il ne s'attaque pas aux mœurs de son temps, à s'en protéger derrière les remparts de la fiction.

Certes, le recours à l'Histoire est parfois ambigu. Telle évocation historique peut être une manière de prolonger la satire de la société contemporaine, comme dans « Impatience de la foule » qui s'appuie sur l'injustice des habitants de Sparte pour mieux dénoncer la tyrannie de l'opinion publique. Cependant, les tableaux d'autres lieux et d'autres temps sont le plus souvent pour Villiers une manière de contrebalancer les sarcasmes suscités par l'actualité. Que l'on songe, dans « Souvenirs occultes », à ce guerrier « excédé, jeune encore, de la vue ainsi que du fastidieux commerce de ses proches, [qui] s'exile pour jamais » et parcourt les Indes à la recherche de trésors cachés : entre le désir baudelairien de « trouver du *nouveau* » et la tentation mallarméenne du départ, Villiers s'inscrit clairement dans une lutte de l'Artiste contre son époque dont on sait l'importance pour le XIXe siècle. La longue nouvelle d'« Akëdysséril », qui clôt le recueil de *l'Amour suprême*, illustre bien cette recherche d'évasion. Et l'intensité des passions qui animent les personnages, l'effet d'étrangeté créé par l'accumulation de termes aux graphies déconcertantes, les longues descriptions enfin des architectures grandioses de Bénarès et de paysages de l'Inde expliquent « l'éblouissement » de Mallarmé à la lecture de cette pièce d'anthologie de la prose symboliste. De même, la cruauté médiévale de « la Reine Ysabeau », le tableau biblique de « l'Annonciateur » qui referme les *Contes cruels* et la fable chinoise de « l'Aventure de Tsë-i-la » témoignent d'un même désir d'échappée hors de la réalité contemporaine.

Pour Villiers de L'Isle-Adam, le fantastique a également la double fonction de favoriser une fuite par la rêverie et de répliquer au matérialisme de son temps. Un passage de *l'Ève future* est à cet égard des plus révélateurs : « Nous vivons dans une époque où le *positif* seul a droit à l'attention. Le fantastique n'existe pas ! » La remarque n'apparaît pas dénuée d'ironie, puisqu'elle est attribuée à Edison, le génial inventeur qui semble accomplir toutes les promesses de la science. Elle n'en désigne pas moins l'importance pour l'écrivain d'une inspiration qui, à la suite de Gautier et de Poe, puisse plonger le lecteur dans un univers lui interdisant toute certitude. D'ailleurs, la femme artificielle créée par Edison ne repose pas seulement sur une prouesse technologique : l'Andréide se révèle à la fin de l'ouvrage animée par l'esprit de l'étrange Sowana, de sorte que ce texte, que l'on a pu présenter comme l'un des premiers ouvrages de la science-fiction moderne, relève également du récit fantastique.

Mais le fantastique pratiqué par Villiers vise surtout à faire partager au lecteur l'angoisse éprouvée par un personnage, comme s'il s'agissait de combattre l'assurance d'un siècle par trop *positif*. « Ceux qui nient les spectres ne connaissent pas le monde », affirmait déjà le prince Forsiani dans *Isis*. La chute de *Claire Lenoir* est de nouveau exemplaire : l'ophtalmoscope de Tribulat Bonhomet lui révèle que la science, qui lui semblait garantir une vérité stable, n'est en fait « qu'un leurre de l'Inconnu qui nous guette et nous attend ». Le cri qui échappe alors au personnage est significatif de l'enjeu du fantastique pour l'écrivain : « Mais… alors, – où sommes nous ? » Telle est précisément la réaction que Villiers s'efforce de provoquer chez son lecteur : une peur et un égarement susceptibles de le délivrer de ses convictions arrêtées sur le monde. La nouvelle de « Catalina », dans *l'Amour suprême*, repose également sur l'effroi d'un narrateur qui n'ose « positivement pas ajouter créance au témoignage affolé de [s]es prunelles ». Car importe moins la véritable nature du bruit qui réveille le personnage en sursaut – un python d'une dizaine de mètres enfermé dans sa chambre – que ce moment de panique durant lequel vacillent toutes les certitudes. On comprend qu'il s'agit toujours pour Villiers de rappeler sur quelles bases fragiles et illusoires repose le confort du monde bourgeois. La « révolte » d'une épouse ou l'irruption de l'« insolite » ont ainsi en commun leur capacité à ébranler une sérénité trompeuse en nous rendant à une profonde angoisse existentielle. Aussi, comment n'être pas tenté d'appliquer à Villiers de L'Isle-Adam lui-même ce surnom qui donne son titre à l'une de ses *Histoires insolites* : « l'Inquiéteur » ?

Inquiéter le lecteur – mais pour mieux le « faire penser », selon l'ambitieuse devise de la *Revue des lettres et des arts* fondée par Villiers. Certes, certaines obsessions morbides de l'écrivain, en particulier son étrange fascination pour la guillotine qui traverse plusieurs de ses textes, peuvent être rapprochées d'un imaginaire décadent qui a privilégié de telles images de supplice et de décollation – des tableaux de Gustave Moreau au redoutable *Jardin des supplices* d'Octave Mirbeau. Mais, pour Villiers, ces évocations témoignent d'abord d'une volonté de se confronter à l'énigme de la mort que ne saurait dissiper aucune réponse de la science. Par ailleurs, la cruauté dont Villiers a fait l'une des marques propres de son œuvre a généralement pour effet d'abattre les masques rassurants et de faire s'effondrer la façade civilisée derrière laquelle se déchaînent la violence des passions et la barbarie des mœurs. « Le Navigateur sauvage » des *Histoires insolites* le rappelle : le « sauvage » n'est pas toujours celui que l'on croit ; l'intrépide Tomolo Ké Ké, massacré par des matelots de la Cannebière, en fait la cruelle expérience. Dès lors, faut-il attribuer la cruauté de ses récits à la seule complaisance du conteur – ou celui-ci ne s'efforcerait-il pas plutôt de dévoiler le vrai visage d'un monde dont l'illusoire Progrès tient surtout au raffinement de son maquillage ? Quand Villiers évoque, dans ses *Nouveaux Contes cruels*, une victime de l'Inquisition soumise à une terrible « Torture par l'espérance », ne livre-t-il pas également une implacable allégorie de son temps ? En fait, le conteur ne cesse jamais d'être un moraliste qui, par la cruauté de son écriture, affirme à la fois sa lucidité et son refus des concessions.

Amour suprême et désir condamné

Les personnages féminins de Villiers illustrent bien le tiraillement constant de son œuvre entre raillerie et rêverie, entre la satire corrosive de ses contemporains et la tension vers un Idéal impossible. C'est ainsi que les nombreux personnages de courtisanes s'inscrivent parfaitement dans le tableau d'une société qui favoriserait un rapport de commerce, fondé sur la tromperie et le cynisme, au détriment d'une relation amoureuse authentique. Ce renversement des valeurs qui caractériserait le monde moderne trouve l'une de ses expressions les plus frappantes avec le conte des « Demoiselles de Bienfilâtre », dans lequel l'héroïne déshonore sa famille en renonçant par amour à la prostitution. Antonie, une autre courtisane des *Contes cruels*, choisit de placer une boucle de ses propres cheveux dans son médaillon : on ne saurait mieux dire un absurde repli sur soi et l'incapacité d'une véritable ouverture à autrui. Et c'est une femme sournoise et calculatrice qui, dans *l'Ève future*, provoque le suicide d'un ami d'Edison et pousse l'inventeur à créer son Andréide – comme si la femme la plus artificielle n'était pas la moins naturelle...

Une telle galerie de portraits est significative. Mais on se gardera bien d'attribuer uniquement à une misogynie de l'écrivain cette cruauté du trait. Ces femmes vénales et intéressées sont d'abord le produit d'une époque dont Villiers ne cesse de dénoncer le matérialisme et l'utilitarisme. L'homme n'apparaît d'ailleurs pas moins coupable de cette dégradation des sentiments, comme dans le conte « Virginie et Paul » : le lyrisme des premières lignes est progressivement corrompu par les préoccupations prosaïques des deux jeunes amoureux, de sorte que la voix « argentine » du rossignol et l'éclat « argenté » de la lune renvoient bien davantage aux soucis pécuniaires du futur couple qu'à l'exaltation désormais périmée d'un Bernardin de Saint-Pierre.

Il est vrai que, dans plusieurs de ses œuvres, la femme représente une force mauvaise qui tend à perdre le héros en quête de son idéal – véritable *femme fatale*, suggèrent les évocations de la cruelle Akëdysséril et d'Elën au « visage magnifiquement fatal ». De fait, un caprice de celle-ci provoque le renoncement de Samuel, comme le souligne l'une des dernières phrases de la pièce : « Parce que cette enfant a voulu se distraire, à tout hasard, oui, peut-être qu'une œuvre sublime [...] sera retardée ou perdue pour l'humanité entière. » De même, les jeunes gens du *Nouveau Monde* doivent faire face aux manœuvres diaboliques de Mistress Andrews, femme maudite gouvernée par un sang parricide : « Je suis de celles que l'amour rend funeste », déclare le personnage le plus sombre de l'œuvre de Villiers – et le plus proche d'un certain imaginaire fin de siècle. Cependant, de tels personnages n'ont de sens que dans un violent jeu d'antithèses qui célèbre également la grandeur d'autres figures féminines.

Dans l'univers foncièrement pessimiste de Villiers, toute relation sentimentale est condamnée par avance. Le rêve de « la Maison du bonheur » présente en effet le seul couple heureux de son œuvre – si l'on excepte le bonheur conjugal de « l'Étonnant Couple Moutonnet » de *Chez les passants* et celui de « la Belle Ardiane » des *Histoires insolites* qui se révèle des plus paradoxaux, puisqu'il se gagne par le crime ou la cruauté. Les héroïnes ambitieuses d'*Isis* ou du *Prétendant*, associant également la détermination d'une virilité guerrière et la féminité d'une séduction raffinée, ne risquent-elles pas de sacrifier leur « grand rêve de puissance » en cédant à l'amour ? De toute manière, l'amour idéal conçu par l'écrivain ne saurait s'accommoder des contingences matérielles et ne pourrait que s'affaiblir dans la durée. C'est la leçon des « Amants de Tolède » des *Histoires insolites*, qui évoque une usure irréversible de la passion amoureuse chez deux jeunes gens après une étreinte forcée de quarante-huit heures... On comprend dès lors le sens du rêve formulé dans *l'Ève future* « d'éterniser une seule heure de l'amour, – la plus belle, – celle, par exemple, où le mutuel aveu se perdit sous l'éclair du premier baiser ».

C'est pourquoi ne peut s'affirmer, dans l'œuvre de Villiers, qu'une alternative désespérée. La femme aimée sera parfois une femme interdite, comme l'héroïne de la nouvelle « l'Amour suprême », qui décide de se consacrer à Dieu, ou « l'Inconnue » des *Contes cruels* que sa surdité isolera à jamais des hommes : « Bien que vierge, je suis veuve d'un rêve et veux rester inassouvie. » Ou bien l'amour s'accomplira seulement avec une « mort des amants » qui, comme dans « Véra », peut faire songer au fameux modèle baudelairien. La jeune mariée de *l'Évasion* laisse ainsi échapper ce cri révélateur : « D'être si heureux, cela donne envie de mourir ! » Ce « rêve d'une volupté seulement accessible à des cœurs immortels », selon les mots d'« Akëdysséril », traverse en effet l'ensemble de l'œuvre de Villiers, jusqu'à la mort qui, dans sa dernière œuvre, unit Axël et Sara souverainement dédaigneux « de ce leurre misérable qu'on appelle "vivre" ». Comme une ultime repartie de l'écrivain insoumis à une Providence carnassière.

	VIE		ŒUVRE
1838	**7 nov.** : naissance à Saint-Brieuc de Jean-Marie-Mathias-Philippe-Auguste de Villiers de L'Isle-Adam, fils du marquis Joseph-Toussaint.		
1843	La mère de l'écrivain introduit une demande de séparation de biens, qui sera prononcée en août 1846, à la suite de spéculations hasardeuses du marquis.		
1847-1855	Les études de Villiers se déroulent en Bretagne dans différents établissements. Il n'obtient aucun diplôme universitaire.		
1855	Villiers fait ses premiers séjours à Paris et commence à fréquenter les cafés et les milieux littéraires.		
		1858	Publication des *Deux Essais de poésie.*
1859	Villiers habite désormais Paris avec sa famille, mais fera de fréquents voyages en Bretagne. Il fréquente le salon de son cousin Hyacinthe du Pontavice de Heussey, auquel sera dédié *Isis.*	**1859**	Publication des *Premières Poésies.*
1862	Pour l'éloigner de Louise Dyonnet, avec laquelle Villiers entretient une liaison depuis 1861, sa famille lui impose un premier séjour à l'abbaye de Solesmes. Il y sera de nouveau envoyé l'année suivante.	**1862**	Publication d'*Isis* à compte d'auteur.
1864	Rupture avec Louise Dyonnet. Il fait la connaissance de Flaubert et surtout de Mallarmé, qui restera jusqu'à sa mort son meilleur ami. Il fréquente également les futurs Parnassiens.		
		1865	Publication hors commerce d'*Elën.*
		1866	Publication hors commerce de *Morgane.* Collaboration au *Parnasse contemporain.*
		1867	Villiers fonde la *Revue des lettres et des arts* qui paraîtra jusqu'en mars 1868 et dans laquelle est publiée *Claire Lenoir.*
1869	Villiers fait un voyage en Allemagne en compagnie de Catulle Mendès et de Judith Gautier ; il rend visite à Wagner qu'il admirera toujours profondément.		
1870	Villiers assiste à Weimar au festival wagnérien organisé en l'honneur du tsar Alexandre II.	**1870**	Première représentation de *la Révolte* au théâtre du Vaudeville ; la pièce est retirée de l'affiche après cinq représentations. Le texte de la pièce est publié la même année.
1871	Villiers éprouve tout d'abord certaines sympathies pour la Commune. La situation financière de sa famille devient très précaire. Villiers fera de nombreux projets de riches mariages qui seront tous des échecs.		
		1872	Publication de la première partie d'*Axël* dans *la Renaissance littéraire et artistique.*
1873	Villiers se rend à Londres en décembre dans l'espoir d'épouser une riche héritière. Le projet échoue et Villiers revient à Paris après quelques jours.		

VIE		ŒUVRE	
		1874	*Morgane* est refusée par le théâtre de la Porte Saint-Martin.
		1875	Villiers participe à un concours commémorant le centenaire de l'indépendance des États-Unis, pour lequel il écrit le drame *le Nouveau Monde*. Sa pièce obtiendra le deuxième prix *ex æquo* – le premier prix ne sera pas décerné.
		1879	Collaboration à l'hebdomadaire légitimiste *la Croix et l'Épée*.
		1880	Publication de la pièce *le Nouveau Monde* qui n'a encore jamais été représentée. *L'Ève nouvelle*, premier état de *l'Ève future*, est partiellement publiée en feuilletons dans *le Gaulois* et, dans une version quasi intégrale, dans *l'Etoile française*.
1881	Villiers se présente sans succès comme candidat légitimiste aux élections municipales dans le XVIIe arrondissement. Naissance du fils naturel de Villiers et de Marie Dantine, Victor.	**1881**	*Le Prétendant*, nouvelle version de son drame *Morgane*, est refusé par la Comédie-Française.
1882	Mort de la mère de Villiers.		
		1883	Publication des *Contes cruels*. La création du *Nouveau Monde* au théâtre des Nations est un échec : la pièce est retirée après dix-sept représentations. Début d'une collaboration au *Figaro*.
1884	Amitié avec Bloy et Huysmans qui vient de publier *À Rebours* ; Villiers fait partie des auteurs préférés du héros, des Esseintes.	**1884**	Début d'une collaboration au *Gil Blas*.
1885	Mort du père de Villiers.	**1885**	*L'Ève future* paraît en feuilletons dans *la Vie moderne* et *Axël* dans *la Jeune France*.
		1886	Publication du roman *l'Ève future*, du conte « Akëdysséril » et du recueil de contes *l'Amour suprême*.
		1887	Publication de l'ensemble *Tribulat Bonhomet*, qui reprend le récit *Claire Lenoir*. Création du drame *l'Évasion* au Théâtre Libre d'Antoine ; la pièce aurait été écrite en une seule nuit dès 1870.
1888	Tournée de conférences en Belgique.	**1888**	Publication des *Histoires insolites* et des *Nouveaux Contes cruels*.
1889	Villiers, atteint d'un cancer de l'estomac, est hospitalisé. Il épouse Marie Dantine le 14 août afin que soit légitimé son fils Victor. Il meurt le 18 août à onze heures du soir.		
		1890	Publication posthume d'*Axël* et de *Chez les passants*, recueil de contes et de chroniques.
1901	Victor de Villiers de L'Isle-Adam meurt à Paris sans descendance.		

Isis

« **L**'Œuvre se définira d'elle-même, une fois achevée », écrit le jeune écrivain dans la dédicace d'*Isis*. Seulement, l'œuvre en question restera inachevée et son sens général incertain. En effet, ce texte publié en 1862 devait initialement inaugurer une vaste série de romans philosophiques, comme en témoignent ici les prémisses d'une intrigue ambitieuse annonçant de multiples rebondissements.

SYNOPSIS

Villiers s'attache essentiellement, dans ces « prolégomènes » sans suite, à un trio de personnages singuliers. Un vieux diplomate cynique et désabusé, le prince Forsiani, décide d'encourager l'entrée dans le monde du jeune Wilhem, comte de Strally-d'Anthas, récemment arrivé à Florence ; c'est pourquoi Forsiani décide de présenter son protégé à l'influente Tullia Fabriana, femme secrète et redoutable, dont le portrait constitue une large part du texte. D'une beauté et d'une intelligence supérieures, l'héroïne a choisi de vivre loin des passions futiles de la société afin de se consacrer pleinement à de mystérieuses études. Servie par la fidèle Xoryl, retranchée dans un château piégé, Tullia se consacre à un projet ambitieux et occulte, dont seuls quelques éléments sont présentés au lecteur : au-delà d'un coup d'État audacieux, une rêverie de puissance qui apparaît sans limite gouverne la vie de la jeune femme – et l'encourage à faire de Wilhem un allié précieux dans une quête soudainement associée au désir impérieux d'un amour naissant.

On retient moins, de cette première œuvre en prose importante, une intrigue privée de ses développements nécessaires que la fascinante évocation d'une femme paradoxale associant la combativité et la séduction, la froideur de l'isolement et une ardeur passionnée. En ce sens, Tullia Fabriana annonce les grands personnages féminins des œuvres futures tout en restant préservée de l'échec par l'inachèvement du texte. En outre, on remarquera que l'intrigue est suspendue par de nombreuses digressions philosophiques ainsi que par une longue diatribe contre le Progrès et la société moderne auxquelles *Claire Lenoir* et les *Contes cruels* donneront bientôt une autre ampleur.

Elën

Au-delà d'une évidente influence de Musset et, plus largement, du drame romantique, se discernent déjà, dans cette première pièce de théâtre publiée par l'écrivain en 1865, tous les thèmes et les questionnements que son œuvre ne cessera d'approfondir. Certes, on a pu relever le caractère factice de l'intrigue et des ficelles parfois maladroites ; c'est que Villiers paraît s'attacher, davantage qu'à la construction dramatique proprement dite, à la peinture d'un Idéal trahi par un amour dégradé.

SYNOPSIS

La pièce fait se croiser deux intrigues bien distinctes, même si l'héroïne, courtisane aussi séduisante qu'inconstante, y occupe une place d'une égale importance. La jalousie de Mme de Walhburg est le principal moteur de la pièce : amoureuse d'Andréas qui a décidé de s'exiler après sa liaison malheureuse avec Elën, elle décide en effet de faire assassiner sa rivale. Le page d'Elën, le traître Tannucio, provoquera sa mort en lui tendant un bouquet empoisonné. Cependant, le sens général de la pièce repose essentiellement sur l'intrigue parallèle, la liaison éphémère et fatale d'Elën et de Samuel. Chef des étudiants allemands, ce jeune homme idéaliste, d'une intelligence supérieure, s'était résolument détourné, jusqu'à sa rencontre avec la courtisane, de toute aventure sentimentale susceptible de lui faire « perdre le sens de bien des choses élevées ». Les trois jours passés avec la jeune femme capricieuse, qui s'est présentée sous une fausse identité, éveillent pourtant en lui un amour passionné. Mais les projets grandioses de Samuel ne survivront pas à sa cruelle désillusion quand il reconnaîtra, dans le cercueil de la courtisane, celle qui lui avait inspiré son premier amour. Dans la dernière scène, une réplique de son compagnon Goetz résonne comme la morale amère de la pièce : un désir futile peut briser à jamais une tension vers l'Idéal qui n'admet nulle distraction et que ne peuvent comprendre les esprits vulgaires.

L'exigence d'une quête vers l'Idéal qui exclut la moindre compromission et que menace toute intervention extérieure était déjà suggérée dans *Isis* et sera de nombreuses fois déclinée dans l'œuvre de Villiers de L'Isle-Adam, jusqu'au grand drame d'*Axël*. Cependant, le charme propre de cette pièce tient pour une large part au grand monologue de Samuel dans l'acte III ; ce long poème en prose autour d'une rêverie d'opium, qui suscitera l'admiration de Mallarmé, est en effet l'un des plus beaux textes écrits par le jeune Villiers.

La Révolte

La Révolte fut la première pièce de théâtre de Villiers à avoir été représentée, en 1870 ; elle fut aussi un échec cuisant dont l'auteur devait difficilement se remettre. C'est pourquoi, à l'occasion de la publication, il a fait précéder le texte d'une virulente « Préface ». Ironisant sur le Sens-Commun – « arme de ceux qui sont incapables de faire usage de leur pensée » –, Villiers réplique avec toute la hargne d'un homme blessé aux journalistes qui ont attaqué sa pièce. Mais on ne s'étonne guère aujourd'hui de l'accueil réservé à un texte aussi novateur que subversif, d'autant plus frappant que sa structure et son intrigue sont simplifiées à l'extrême. La « révolte » proclamée par le titre était d'abord celle de Villiers contre l'esthétique et les valeurs d'une société bourgeoise qui ne pouvait s'y tromper.

SYNOPSIS

La première scène repose sur la confrontation de Félix, caricature du mari bourgeois préoccupé par ses seuls profits, et de sa femme Élisabeth qui aspire à une vie plus fidèle à son idéal. Estimant avoir « purgé sa dette sociale » par sa participation aux affaires du ménage pendant quatre ans et demi, Élisabeth exprime son dégoût pour la vie pratique telle qu'elle lui a été enseignée par ses parents et son époux, résumant finalement sa révolte en un cri : « Je veux vivre ! » Se défendant d'avoir un amant, elle annonce son départ pour le soir même, résolue à abandonner son mari et son enfant. Après le départ d'Élisabeth, Félix apparaît aussi désespéré que dépassé par le discours de sa femme. Mais une scène muette montre le retour d'Élisabeth au domicile conjugal durant la nuit. La troisième et dernière scène donne les raisons de ce revirement qui a pour Élisabeth toute la valeur d'une abdication : quatre années de mariage auraient suffi à épuiser en elle toute possibilité d'émerveillement. Félix, lui, ne peut que se féliciter de ce retour à l'ordre après une révolte dont il n'a pas compris les enjeux. Les derniers mots d'Élisabeth, répondant à la pitoyable entreprise de réconciliation de son mari, donnent à la pièce une conclusion déchirante et amère : « Pauvre homme ! »

Malgré la dédicace à Alexandre Dumas fils, on ne saurait être plus éloigné du théâtre bourgeois de l'époque : la stylisation des personnages, la simplicité de l'intrigue, le contraste des tonalités et, surtout, l'attaque rageuse des principes d'une société bientôt remise en cause par le soulèvement de la Commune font de *la Révolte* une pièce des plus singulières. Par ailleurs, s'il s'est éloigné du modèle du drame romantique qui marquait profondément *Elën* et *Morgane*, Villiers prolonge en un sens la même description d'un idéal brisé, non sans avoir cette fois précisé sa cible : le bourgeois et l'assurance de son sens commun qui seront visés, avec les *Contes cruels* et *Tribulat Bonhomet*, par une ironie cinglante.

Le Prétendant

L'échec de *Morgane* de 1866 amène Villiers à proposer une nouvelle version de sa pièce en 1875, sous le titre *le Prétendant*. Mais, si certaines parties ont donné lieu à d'importantes révisions, l'intrigue reste la même à quelques détails près, s'attachant à une conspiration entreprise par une jeune aventurière dans le royaume des Deux-Siciles en 1793.

SYNOPSIS

Alors que Lady Hamilton jouit d'une influence considérable sur la famille royale, Morgane, duchesse de Poleastro, envisage de s'emparer du trône. Dans la forteresse où se déroule le premier acte, l'héroïne rencontre le prisonnier Sergius qui deviendra son amant et son allié dans son entreprise. Pour assurer leur fuite, elle fait tuer le marquis d'Ast, ambassadeur de Lady Hamilton, par son nouveau complice. Au cours du deuxième acte, elle peut ainsi le présenter aux différents conjurés comme le futur roi : Sergius est d'ailleurs d'origine royale et se présentera plus tard comme l'arrière-petit-fils de Conrad V. Détail de l'intrigue qui décidera finalement du drame, Sergius reconnaît en Sione, la filleule de Morgane, une jeune fille qu'il avait aimée autrefois et qui l'aime encore, d'un amour pur et sans espoir. Le troisième acte présente une fête au palais de Naples tout en suggérant en arrière-plan les progrès du complot. Finalement, malgré la vigilance de Lady Hamilton, le roi est fait prisonnier et la conspiration presque victorieuse : le plan minutieusement préparé par Morgane a été mené à bien et débouche à la fin de l'acte III sur les cris victorieux des conjurés. Au début de l'acte IV, tout paraît joué quand Lady Hamilton vient trouver Morgane pour la persuader d'une liaison clandestine entre Sergius et Sione. Trompée par le baiser d'adieu échangé entre les deux personnages, Morgane décide de saborder son entreprise et de se livrer aux soldats du roi. L'acte V a lieu dans l'abbaye où Sergius et Morgane doivent être exécutés. Lady Hamilton, elle-même amoureuse de Sergius, tente de convaincre les deux amants de préférer l'exil à une exécution imminente, provoquant leur refus dédaigneux ; Sergius la congédie d'une réplique définitive : « Mais vous croyez donc qu'il n'y a que la vie, madame ? » Alors que les rebelles restés acquis aux conspirateurs tentent de s'emparer de l'abbaye, les deux amants sont abattus après avoir refusé une dernière fois tout compromis. La pièce s'achève sur la conclusion désabusée prononcée par l'un des conspirateurs devant les corps des deux amants : « Vous avez tué les deux seuls êtres qui pouvaient encore donner au monde l'illusion de la royauté ! »

Cette intrigue complexe, riche de nombreux rebondissements, permet à Villiers de confronter en quelques scènes décisives la ferveur de l'idéal et l'amertume des illusions perdues. Tandis que le discours de Sergius paraît exprimer le rêve politique de Villiers (« Car ces hommes, ô peuple, sont plus grands que nous autres capitaines ; à nous de leur livrer le chemin, à eux de l'éclairer !... »), l'échec final traduit assez un profond pessimisme. Par ailleurs, cette pièce est pour Villiers une nouvelle occasion de décrire une ambition démesurée condamnée par l'aveuglement de la passion amoureuse. La ruse de Lady Hamilton est significative : elle sait Morgane vulnérable seulement par l'amour passionné qu'elle porte à Sergius, comme si la volonté de puissance et l'intensité du sentiment amoureux ne pouvaient que s'exclure mutuellement.

Le Nouveau Monde

Le drame du *Nouveau Monde* fut écrit par Villiers dans le cadre d'un concours visant à fêter le centenaire de l'Indépendance américaine. Distingué par un second prix *ex æquo* en 1876, il ne put voir sa pièce représentée qu'en 1883 ; et, de nouveau, il dut affronter l'échec. Il est vrai que l'intrigue de la pièce est passablement complexe, mêlant des épisodes de la guerre d'Indépendance et le récit d'une cruelle jalousie féminine – non sans recourir parfois à des ficelles quelque peu grossières.

SYNOPSIS

La pièce commence dans un château anglais, où la jeune Mary et sa tutrice Ruth Moore, comtesse Cecil, commentent les préparatifs du bateau *Espérance* en partance pour le Nouveau Monde. Mary est tombée amoureuse du chevalier de Vaudreuil, l'un des militaires français prêts à embarquer pour venir en aide aux colons révoltés. Ruth, si elle a épousé Lord Cecil, est toujours amoureuse de Stephen Ashwell qui, deux ans auparavant, est parti en Virginie sans jamais plus lui donner de nouvelles. Lord Cecil, souffrant de la froideur de sa femme, accepte de défendre les intérêts de l'Angleterre comme gouverneur de Virginie. Avant son départ, il propose le divorce à Ruth à condition qu'elle renonce à épouser un autre homme. Cependant, la procédure de divorce est interrompue par l'irruption de l'énigmatique Mistress Andrews, également amoureuse de Stephen et prête à toutes les calomnies pour écarter sa rivale. À la suite de la réaction très vive de son mari, Ruth décide d'accorder la main de Mary à Vaudreuil et de s'enfuir avec eux en Amérique. Le deuxième acte a lieu dans une auberge de Yorktown, où deux hommes de main au service de Mistress Andrews sont chargés de l'enlèvement de Ruth. Alors même que Stephen Ashwell fait son entrée dans l'auberge pour accueillir Vaudreuil et les soldats français au nom de George Washington, résonnent les cris de la jeune femme entraînée par ses ravisseurs. Au terme d'une brève poursuite maritime, Stephen peut enfin embrasser Ruth après deux ans de séparation. Le troisième acte présente la nouvelle vie des deux couples en Virginie : au bonheur de Mary et Vaudreuil répond celui de Ruth et Stephen enfin réunis. L'acte s'achève avec le soulèvement des colons commandés par Stephen : « Voici donc le moment où quelques hommes deviennent un peuple », commente Washington qui assiste à cette insurrection contre l'armée anglaise. Pour le quatrième acte, les mêmes personnages sont réunis dans un avant-poste des insurgés. Afin de perdre Ruth, Mistress Andrews la dénonce à Washington comme l'épouse du gouverneur anglais et l'accuse de trahison. Cependant, l'armée anglaise, également renseignée par Mistress Andrews, encercle l'avant-poste. Vaudreuil et Stephen parviennent à s'enfuir, abandonnant Ruth aux mains de Lord Cecil qui l'emmène avec lui. Le dernier acte se déroule dans le palais du gouverneur à Boston, où Lord Cecil doit organiser une ultime résistance face à l'avancée des troupes de Washington. Se devinant condamné, il fait ses adieux à sa femme qu'il s'est chargé de disculper auprès de ses amis. Mistress Andrews s'apprête alors à tuer sa rivale qui est sauvée *in extremis* par l'intervention de l'Indienne Dahu. La pièce se referme sur un tableau qui rassemble deux images : tandis que Lord

Cecil meurt au pied d'une statue du roi d'Angleterre, Washington salue l'aurore d'un Nouveau Monde.

Un résumé ne saurait rendre compte d'une intrigue aux multiples rebondissements, mêlant les registres les plus divers. Villiers apparaît effectivement décidé à profiter de toutes les ressources offertes par le théâtre : des épisodes essentiellement visuels, nécessitant d'importants dispositifs scéniques, alternent avec des scènes plus intimistes, tandis que certains passages reposent sur une utilisation importante de la musique qui rappelle l'admiration de l'écrivain pour Wagner. En outre, *le Nouveau Monde* associe de nombreux genres littéraires : si l'histoire d'amour s'inscrit dans un récit de guerre, le personnage du bourgeois Tom Burnett donne à l'œuvre une résonance satirique. Même le fantastique est présent à travers le personnage de Mistress Andrews : à sa mort, une « Main sanglante » s'imprime sur son visage et la désigne comme la dernière descendante d'une lignée maudite depuis un effroyable parricide. Cette hésitation formelle, favorisée il est vrai par le règlement du concours auquel devaient se soumettre les candidats, n'est pas sans répondre à une certaine indécision politique : la pièce traduit aussi bien une profonde sympathie pour l'insurrection d'un peuple qu'un attachement aux valeurs de « l'Angleterre féodale ». Villiers, qui s'était montré favorable au soulèvement de la Commune, ne serait-il pas bientôt un candidat légitimiste ?

Contes cruels

L'unité des *Contes cruels* est problématique, tant apparaissent changeantes la tonalité et l'inspiration des vingt-huit textes réunis par Villiers en 1883, mais composés durant une période d'une quinzaine d'années. Néanmoins, tous les contes présentent, sur les modes les plus variés, un même combat pour l'Idéal. Ainsi, la bourgeoisie est systématiquement tournée en dérision, son « sens commun » et son matérialisme représentant, comme dans *la Révolte*, les principaux obstacles à une approche poétique du monde. L'un des enjeux de ces contes est donc de dénoncer une « morale » singulièrement perverse qui valoriserait le seul mercantilisme au détriment d'une véritable noblesse des sentiments. C'est pourquoi plusieurs textes reposent sur un plaisant renversement des valeurs : dans « les Demoiselles de Bienfilâtre », une jeune fille déshonore ses parents en se détournant de la prostitution pour son fiancé désargenté ; dans « Deux Augures », un directeur de journal fait l'éloge de la médiocrité et refuse un article trop talentueux. La conclusion des « Brigands » en dit long sur le mépris de Villiers pour un monde à ce point soucieux de ses intérêts qu'il tend à se détruire lui-même : aveuglés par leur peur des voleurs, les bourgeois de deux communes voisines finissent par s'entre-tuer.

Les prétentions de la science et la recherche effrénée du profit sont également tournées en dérision à travers certaines inventions déconcertantes. Villiers imagine ainsi un nouvel essor de la publicité par « l'Affichage céleste » ou un perfectionnement de la « claque » dans les théâtres grâce à « la Machine à gloire ». Certaines trouvailles s'accompagnent d'une certaine noirceur, comme dans la présentation de « l'Appareil pour l'analyse chimique du dernier soupir », qui permet d'être blasé devant la mort. Mais nulle invention plus révélatrice que « le Traitement du docteur Tristan », consistant à délivrer le patient de toute aspiration vers l'au-delà au profit d'une indifférence qui « ne connaît plus de frontières ».

Cependant, d'autres contes opposent au positivisme triomphant les charmes du merveilleux et les pouvoirs de l'Idéal. Ainsi, le superbe conte « Véra » s'attache à l'amour « plus fort que la Mort » du comte d'Athol qui « vi[t] absolument dans l'inconscience de la mort de sa bien-aimée ». Et quelle meilleure réponse à la mesquinerie bourgeoise que le « mouvement *trop* noble » du duc de Portland, frappé par la lèpre lors d'un voyage en Orient et condamné à une vie d'isolement ? Enfin, l'un des plus beaux textes du recueil, le conte fantastique « l'Intersigne », oppose au matérialisme bourgeois et à l'assurance scientiste l'ambiance sombre et mystérieuse propre au folklore breton.

Mais la « cruauté » de ces contes est aussi celle d'un amour condamné à l'échec, qu'il se heurte à la vénalité et à l'égoïsme des courtisanes (« Antonie ») ou à la pureté des femmes interdites, comme celle de « l'Inconnue » retranchée dans sa surdité. L'amertume d'un amour déçu inspire surtout l'étonnant « Conte d'amour », ensemble de poèmes qui montre comment l'élan lyrique d'un « Éblouissement » initial est douloureusement brisé par la froideur d'une femme « pareille à ces tombeaux abandonnés ».

L'Ève future

Si le prétexte de cette histoire pourra rappeler certains contes consacrés à des inventions improbables ou burlesques, l'ampleur de la composition, l'importance des dialogues « philosophiques » et la somme de documentation réunie pour cet ouvrage en montrent assez le caractère très singulier dans l'œuvre de Villiers. D'ailleurs, entre la première esquisse en 1878 et la publication de l'état définitif en 1886, l'écrivain n'a cessé de remodeler ce projet important.

SYNOPSIS

Cette « légende moderne » met en scène un personnage réel, l'inventeur Thomas Edison, dont Villiers recrée librement le personnage, lui prêtant une maison futuriste remplie d'inventions étonnantes. Edison reçoit la visite de Lord Ewald, séduisant dandy qui lui a autrefois sauvé la vie. Le visiteur évoque son amour douloureux pour Miss Alicia, une actrice frivole et vulgaire dont l'absence de sensibilité et la « misère morale » s'accordent fort mal avec son impressionnante beauté. Le désespoir de Lord Ewald, amoureux d'une femme si médiocre, l'a décidé au suicide. Aussi Edison décide-t-il de l'aider en accomplissant son vœu de séparer le corps de cette femme d'une âme si vulgaire : il fabriquera pour lui une réplique parfaite de Miss Alicia – une « Andréide », qui présentera toute l'illusion de la vie : « Puisque nos dieux et nos espoirs ne sont plus que *scientifiques*, pourquoi nos amours ne le deviendraient-ils pas également ? » Il présente à l'aristocrate la mystérieuse Hadaly, femme artificielle qu'il modèlera à l'image de l'actrice. Edison aurait eu l'idée d'une telle invention en apprenant la déchéance de son ami Anderson séduit par une courtisane : « puisqu'en un mot la Femme elle-même nous donne l'exemple de se remplacer par de l'Artificiel, épargnons-lui, s'il se peut, cette besogne ». Non sans hésitation, Lord Ewald accepte la proposition d'Edison. Après trois semaines de travail, la réplique réalisée par Edison est si parfaite qu'elle abuse le jeune aristocrate : « c'était bien elle encore... mais transfigurée ! devenue enfin, digne de sa beauté même : l'identité idéalisée ». Réplique parfaite de Miss Alicia, l'Andréide semble même posséder une véritable sensibilité. Lord Ewald finit par se laisser convaincre de se retirer dans son château avec sa compagne artificielle. Mais un naufrage, dans lequel périt Miss Alicia, cause la perte de l'Andréide – sanction logique d'une entreprise prométhéenne et sacrilège. Lord Ewald écrit finalement à Edison qu'il ne prend le deuil « que de cette ombre ».

L'intrigue de *l'Ève future*, pensait Villiers, devait séduire le lecteur par son originalité ; elle nous frappe aujourd'hui par sa simplicité, voire par son caractère relativement statique. En effet, l'écrivain délaisse les multiples rebondissements et le rythme précipité du *Nouveau Monde* et, suivant une trame initialement prévue pour une nouvelle, donne une telle importance aux dialogues d'Edison et de Lord Ewald que souvent son écriture apparaît paradoxalement plus proche du modèle théâtral traditionnel. En outre, il entreprend d'écrire une œuvre très érudite qui mêle références mythologiques, littéraires, scientifiques et philosophiques. Ainsi, de nombreux chapitres sont consacrés à une explication détaillée du fonctionnement de l'Andréide, et les discussions des personnages, qui rappellent parfois le long débat de *Claire Lenoir*, témoignent du questionnement métaphysique d'un écrivain affirmant de nouveau un hégélianisme sans réserve.

Car Villiers semble avoir moins cherché à exploiter toutes les ressources de son intrigue qu'il ne s'en est servi pour approfondir des questionnements familiers. Et, si l'évocation satirique d'inventions incongrues propre aux *Contes cruels* cède la place à une description quasiment féerique des multiples trouvailles d'Edison, on se gardera bien de déduire de ce changement de ton un revirement du conteur devenu romancier : le génie prêté à l'inventeur volontiers philosophe, loin d'atténuer les coups portés au positivisme, les accentue au contraire – soulignant par contraste l'aveuglement du savant. La noirceur des personnages féminins est également significative, dès lors qu'on ne la rapporte pas à la seule misogynie de l'écrivain. De fait, à travers les portraits de Miss Alicia et de Miss Evelyn, Villiers poursuit la même charge contre la société moderne qui avait été lancée dès *Isis*. Miss Alicia, improbable « déesse bourgeoise », se distingue uniquement par sa beauté de Tribulat Bonhomet dont elle possède le sens commun triomphant, l'esprit trivial et l'absence de sensibilité esthétique : « Son idéal, remarque perfidement Lord Ewald, serait un ciel *terre à terre*. » Quant à Miss Evelyn, qui a séduit un ami d'Edison et l'a poussé au suicide, elle incarne un culte pervers de l'artifice dénoncé plus tard par Villiers, sur un autre plan et de manière plus souriante, dans « l'Amour du naturel » des *Nouveaux Contes cruels*.

Enfin, le roman se lit également comme une réflexion métaphysique sur la Création, puisque l'inventeur rivalise avec Dieu dont il s'efforce, en quelque sorte, de corriger les erreurs. Le désastre final signifie assez clairement le caractère sacrilège d'un tel projet : l'apprenti démiurge se voit ironiquement rappelé à l'ordre par un vengeur *deus ex machina*. Cette dimension de l'œuvre en fait un chaînon essentiel entre le *Frankenstein* de Mary Shelley et les innombrables êtres artificiels qui traverseront la littérature et le cinéma modernes, de la fameuse créature du *Metropolis* de Fritz Lang aux « répliquants » de Philip K. Dick.

L'Amour suprême

Le titre retenu par Villiers pour ce recueil, publié en 1886, apparaît trompeur et ne correspond guère à la diversité formelle et thématique de ces textes. Certes, l'expression est révélatrice d'une évolution de Villiers qui affirme plus nettement sa position d'écrivain catholique et royaliste : la nouvelle éponyme évoque la « douceur de ces êtres qui tiennent déjà de leur ange » à travers le portrait d'une jeune femme s'apprêtant à prononcer des vœux de carmélite, et un texte comme « les Expériences du docteur Crookes » surprend même par la vigueur intransigeante de sa profession de foi.

Cependant, c'est surtout l'attachement de Villiers à une actualité récente qui paraît le mieux caractériser l'inspiration du recueil. De fait, neuf des treize récits qui composent le recueil ont d'abord été publiés dans des quotidiens : on ne saurait donc s'étonner de l'importance donnée aux événements contemporains par un écrivain qui employait lui-même l'expression d'« actualiste ». C'est ainsi que les exécutions capitales, qui déjà avaient inspiré « le Convive des dernières fêtes » dans les *Contes cruels*, sont au centre du « Secret de l'échafaud » et de « l'Instant de Dieu », textes dans lesquels Villiers s'interroge sur une possible survie de la conscience à la décapitation. De même, une loi récente sur le divorce suggère à Villiers les deux satires d'« Une profession nouvelle » et de « l'Agence du Chandelier d'or ». Enfin, un texte tel que « les Expériences du docteur Crookes », évoquant de récents travaux sur le spiritisme, tient davantage de la chronique de journal que du récit. Ce recueil invite donc à nuancer la remarque de la notice consacrée à Villiers de L'Isle-Adam dans *l'Anthologie de l'humour noir* d'André Breton, selon laquelle « le passé et le futur accaparent toutes les facultés sensibles et intellectuelles du poète, détaché du spectacle immédiat ».

Pourtant, les deux nouvelles les plus marquantes échappent à cette inspiration journalistique. Tout d'abord,

« Catalina » évoque, un peu à la manière d'Edgar Poe, la terreur d'un voyageur réveillé en pleine nuit par un gigantesque python caché dans sa chambre. Ensuite, la longue nouvelle « Akëdysséril », qui clôt le recueil, marque une importante rupture de ton. Cherchant avec cette « légende hindoue » à rivaliser avec le Flaubert de *Salammbô*, Villiers associe un décor exotique et une écriture volontiers précieuse, entraînant son lecteur dans les méandres de longues phrases descriptives jusqu'à l'image de deux amants foudroyés par l'intensité même de leur étreinte.

Tribulat Bonhomet

Ce recueil de 1887 regroupe quatre nouvelles qui mettent en scène le personnage de Tribulat Bonhomet, caricature du bourgeois positiviste dont Villiers a fait l'une de ses cibles principales. On le voit ainsi tuer des cygnes pour jouir de leur chant, suggérer le recours aux tremblements de terre pour se débarrasser des poètes ou compter sur l'alcoolisme pour neutraliser les agitateurs politiques. Mais la majeure partie de l'ouvrage est constituée du long récit *Claire Lenoir*, l'un des textes les plus importants de Villiers, qui avait été publié dès 1867 dans *la Revue des lettres et des arts* et dont est présentée vingt ans après une version remaniée.

CLAIRE LENOIR

Narrateur du récit, Bonhomet rapporte tout d'abord sa discussion avec Sir Henry Clifton, qui aurait entretenu une liaison avec une femme mariée. Bonhomet s'interroge sur l'identité de cette femme : pourrait-il s'agir de Claire Lenoir, l'amie à laquelle il s'apprête précisément à rendre visite ? Le récit rapporte ensuite la longue discussion qui oppose le positivisme de Bonhomet aux pensées métaphysiques de Claire Lenoir et de son époux Césaire. Ce dernier, convaincu de l'immortalité de l'âme, suggère même que certains disparus pourraient continuer à influencer les vivants. Peu après, Bonhomet provoque la mort de Césaire en s'efforçant maladroitement de le délivrer de son accoutumance au tabac. Alors qu'il veille le corps de son ami en compagnie de Claire, Bonhomet est saisi d'une peur panique qui l'amène à fuir précipitamment la maison. Un an plus tard, Bonhomet apprend la mort de Henry Clifton, tué lors d'une expédition par un indigène polynésien. C'est alors qu'il retrouve Claire Lenoir, extrêmement affaiblie et ravagée par l'angoisse, qu'il assiste dans son agonie. Celle-ci avoue sa liaison avec Clifton et se déclare persuadée que son mari défunt, désormais instruit de cette aventure, s'apprête à se venger. À la mort de Claire, Bonhomet décide d'employer un ophtalmoscope pour découvrir quelle a été la dernière vision de son amie : il découvre alors l'image d'un indigène polynésien, ressemblant étrangement à Césaire, qui brandit la tête de Clifton. Le récit s'achève avec l'égarement de Bonhomet dont toutes les certitudes se sont brusquement effondrées.

Dans *l'Amour suprême*, le récit autobiographique « le Tzar et les grands-ducs » évoquait *Tribulat Bonhomet* comme un texte « d'une bouffonnerie énorme et sombre, couleur du siècle ». Il est vrai qu'aucun trait semble n'avoir été négligé par Villiers dans sa caricature outrancière du Bourgeois pédant, convaincu de l'infaillibilité de son sens commun et des pouvoirs de la science – dépassant par sa bêtise M. Homais et M. Prudhomme réunis. Faisant de son personnage le narrateur de *Claire Lenoir*, Villiers peut ainsi proposer une caricature d'autant plus redoutable qu'elle s'exerce sur chaque pensée du personnage dont le lecteur est invité à suivre la logique aberrante. De plus, revient au personnage de décrire lui-même son physique grotesque et de défendre des goûts littéraires ineptes, qui excluent ainsi les poètes jugés « un peu trop *dans les nuages* ». Cependant, on ne saurait réduire le texte complexe de *Claire Lenoir* à sa dimension satirique. Au scientisme obtus du héros répliquent en effet les arguments développés par le couple Lenoir. La longue discussion qui confronte les trois personnages est révélatrice d'un certain syncrétisme de la pensée de Villiers, le christianisme de Claire se mêlant à l'occultisme de son époux et à un hégélianisme plus développé que dans *Isis*. C'est qu'il importe surtout à l'écrivain d'opposer aux prétentions du positivisme l'affirmation d'un principe transcendant et la remise en cause d'une conception trop simpliste de la *réalité*.

Aussi l'intrigue elle-même participe-t-elle d'une stratégie visant à faire perdre tout point d'appui au personnage et à montrer la fragilité de ses positions. Tel est l'enjeu de l'angoisse qui submerge finalement Tribulat Bonhomet et de la peur que l'écrivain s'efforce de communiquer au lecteur : montrer l'insuffisance des certitudes d'une époque face au surgissement de l'irrationnel – et à l'irréductible énigme de la mort. Si Villiers de L'Isle-Adam s'inscrit clairement dans le prolongement de Poe (que Bonhomet ne manque pas de qualifier comme « le dernier mot du banal »…), il reprend l'*effet* de telle « histoire extraordinaire » afin de donner à sa démonstration la conclusion la plus efficace.

Mais, au-delà d'un combat idéologique, *Claire Lenoir* se donne également à lire comme une fascinante *histoire de l'œil*. Au début du récit, Bonhomet est saisi en voyant les yeux presque aveugles de Claire derrière ses « besicles couleur d'azur » ; et c'est en scrutant les yeux de l'héroïne après sa mort qu'il découvre la terrible vision qui le plonge dans l'Inconnu. L'effet de symétrie est d'autant plus marqué que, dans les deux cas, une majuscule et l'emploi de l'italique mettent en évidence les *Yeux* – qui donneront au texte son dernier mot. Ces yeux privés de vue, mais qui accueillent pourtant la vision la plus déconcertante, sont ainsi à l'image d'une héroïne que son nom prédispose évidemment à être déchirée entre la nuit et la clarté, bien loin de la plénitude lénifiante de Tribulat Bonhomet : « Voyez-vous, chère madame Lenoir, […] – je suis tout rond, moi ! », s'exclame le bourgeois satisfait avant que sa plongée « dans les grands yeux renversés » ne brise brutalement le cercle rassurant de son existence.

Axël

Villiers de L'Isle-Adam aurait travaillé le texte d'*Axël* jusqu'à sa mort, pendant plus de vingt ans. Après la publication de la première partie en 1872, une version intégrale avait été présentée par *la Jeune France* en 1885 et 1886, mais c'est à Huysmans que l'on doit la publication posthume de ce drame dans sa version définitive, en 1890. L'ampleur des remaniements et le temps consacré par Villiers à cette pièce disent assez l'importance qu'il lui accordait. De fait, si la postérité a surtout retenu l'écriture dense et acérée des *Contes cruels*, *Axël* apparaît bien comme l'un des sommets de son œuvre, qu'il ne sera pas abusif de lire comme un véritable art poétique.

SYNOPSIS

La première partie, « le Monde religieux », met en scène Sara, que ses parents ont confiée au cloître de Sainte-Apollodora avant de mourir. Elle est confrontée à l'Abbesse qui veut la consacrer à Dieu afin de la préserver des tentations du monde. Mais les supérieurs de l'abbaye s'inquiètent également des lectures de la jeune fille – et convoitent ses biens. Au long sermon de l'Archidiacre s'efforçant de la détourner des études et l'engageant à se tourner vers Dieu, Sara répond par un « non » catégorique qui prend une résonance sacrilège. La colère de l'homme d'Église incite Sara à le menacer d'une hache et à l'enfermer dans un tombeau avant de prendre la fuite. La deuxième partie, « le Monde tragique », nous entraîne dans un château isolé au cœur de la Forêt-Noire, la demeure d'Axël. L'un de ses parents de passage dans le château, le Commandeur Kaspar d'Auërsperg, se moque de l'influence exercée par maître Janus sur ce jeune homme que passionnent les sciences occultes et qui dédaigne les plaisirs de la vie. En l'absence d'Axël, l'intendant Herr Zacharias propose de faire une révélation au visiteur : durant les guerres napoléoniennes, le comte Ghérard, le père d'Axël, avait été chargé de mettre à l'abri les richesses de son pays et les avait précisément cachées aux alentours du château ; or, le comte fut tué dans une embuscade avant que son secret pût être connu. Ces informations étonnantes excitent la convoitise du Commandeur qui engage ensuite Axël à se lancer dans le monde. Quand le héros comprend que son secret a été dévoilé, il provoque en duel son visiteur qu'il frappe en plein cœur. La troisième partie, « le Monde occulte », est essentiellement constituée d'un dialogue entre Axël et maître Janus. Le jeune homme se refuse à devenir « une statue de pierre » et ne supporte plus l'ascèse imposée par le vieux maître : « Je veux vivre ! Je veux *ne plus savoir* ! », s'exclame-t-il face à Janus qui engage son disciple à plus de patience. À la question solennelle qui finalement lui est adressée (« Acceptes-tu la Lumière, l'Espérance et la Vie ? »), Axël répond par un « non » qui redouble celui de Sara face à l'Archidiacre. C'est d'ailleurs avec l'arrivée de la jeune fille dans le château que s'achève cette partie : il se trouve que Sara est une descendante des princes de Maupers, apparentés aux Auërsperg. « Le Monde passionnel », la quatrième et dernière partie, a lieu dans les souterrains du château. Axël y surprend Sara qui, grâce à ses lectures, a appris à déclencher l'ouverture d'un passage secret et peut ainsi dévoiler les richesses autrefois cachées par le comte. Le conflit qui oppose tout d'abord les deux héros évolue rapidement en une passion réciproque. Cependant, Axël refuse le voyage commun que lui propose Sara, estimant qu'une réalisation de leurs rêves ne pourrait que les dégrader : « La qualité de notre espoir ne nous permet plus la terre. » Aussi les deux « amants » décident-ils de boire ensemble une coupe de poison et de s'unir dans la mort alors que le jour se lève.

Cette pièce, que Mallarmé présentait comme le *testament* littéraire de Villiers de L'Isle-Adam, engage de multiples lectures. Ainsi, on a pu y retrouver des influences du drame romantique et des opéras de Wagner auxquelles se mêleraient des souvenirs de Faust. Toutefois, c'est d'abord comme un chef-d'œuvre du symbolisme que se donne à lire un texte dont Remy de Gourmont salua la « radieuse gloire verbale ». Le jeu complexe des symboles mystiques et ésotériques, le lyrisme de tirades souvent proches du poème en prose et la forte affirmation d'un idéalisme absolu expliquent aisément la lecture enthousiaste que les symbolistes feront de cette pièce. Mais, indépendamment des courants littéraires, *Axël* donne à Villiers l'occasion de rassembler de manière particulièrement frappante la thématique et les questionnements présentés par son œuvre. En effet, le conflit opposant Axël et le Commandeur n'est pas sans rappeler le combat de l'Artiste et du Bourgeois que son écriture n'a cessé de décliner. Tandis qu'Axël incarne une noblesse vertueuse et studieuse, le Commandeur a sacrifié les traditions familiales au profit d'intrigues frivoles et d'ambitions mesquines. Son matérialisme et son mépris de tout idéal incitent d'ailleurs Axël à le comparer à un « bourgeois ». « Laisse ici les chimères ! Marche sur la terre, comme il sied à un homme. Fais-toi craindre. Redeviens puissant. Main basse ! Il faut réussir ! », s'exclame l'aristocrate embourgeoisé qui, malgré une évidente différence de tonalité et de situation, n'est pas si loin d'un Tribulat Bonhomet. À n'en pas douter, l'épée qui frappe le Commandeur à mort est bien une métaphore de la plume d'un écrivain résolu à combattre sans concession l'esprit mercantile de son monde.

Au refus d'une vie corrompue et soumise aux plaisirs futiles répond l'isolement farouche du héros loin des compromissions de la société. À la manière de Tullia Fabriana dans *Isis*, Axël est retranché dans son vieux donjon « tout à fait inexpugnable », d'où il peut défier une armée entière. Il est significatif que le Commandeur remarque qu'« ici, l'on est en retard de trois cents ans » : le château d'Axël est un lieu en marge du monde moderne, un espace préservé de l'hypocrisie et des manœuvres intéressées prêtées à la société contemporaine. D'ailleurs, contrairement à Samuel face à Elën, Axël saura résister aux « instincts d'en bas » après une éphémère tentation. « Je suis ici dans mon héréditaire maison, foyer d'exil en un lieu d'exil, la patrie n'étant plus, pour moi, qu'un emplacement », affirme-t-il fièrement. Or, son œuvre ne fut-elle pas pour Villiers un tel « foyer d'exil » où, en rupture avec son époque, il put célébrer des valeurs d'autres temps ? Il y a bien, dans le personnage d'Axël, un portrait de l'écrivain vieilli et misérable en jeune aristocrate déterminé et hautain, comme si Villiers s'était employé jusqu'à la fin de sa vie à retravailler une image idéalisée de lui-même.

Par ailleurs, jamais ne furent si fortement affirmés par son écriture les principes d'un idéalisme absolu. « Sache une fois pour toujours qu'il n'est d'autre univers pour toi que la conception même qui s'en réfléchit au fond de tes pensées », ainsi que le rappelle maître Janus à son disciple qui saura, face à Sara, tirer l'ultime conséquence de cet enseignement. Puisque seule importe véritablement une réalité spirituelle, les promesses de l'amour et toutes les richesses du château ne sauraient avoir plus de valeur pour les amants que l'intensité d'un rêve dont la mort préservera la pureté. Cet idéalisme radical, qui trouve son accomplissement avec le suicide qui unit finalement Axël et Sara, éclaire l'anticléricalisme de la première partie. Non seulement l'Église est caractérisée par un discours dogmatique et autoritaire mais, alors que l'Abbesse voit un danger dans les études de Sara (« je la crois douée du don terrible : l'Intelligence »), l'Archidiacre dénonce les charmes de la jeune fille : « Ta beauté, c'est de l'enfer qui apparaît. » Villiers ne pouvait plus durement représenter le clergé qu'en lui attribuant un refus de l'Esprit et du Beau exaltés par son idéalisme. Le « non » opposé par Sara aux sollicitations de l'homme d'Église est ainsi révélateur d'une fondamentale incertitude de la pensée de Villiers qui, en 1886, pouvait écrire la vibrante profession de foi de *l'Amour suprême*.

Cependant, les nombreux effets de symétrie qui structurent la pièce rendent indissociables les renoncements de Sara et d'Axël, comme si Villiers avait tenu à mettre l'accent sur un double rejet des discours dogmatiques, qu'ils se fondent sur les textes saints ou sur des livres occultes. L'apparent pessimisme de la conclusion ne doit donc pas occulter une volonté de célébrer un dégagement de l'esprit hors des systèmes de pensée figés – même si, après les quatre « mondes » successivement évoqués dans les quatre parties de la pièce, ne subsiste plus que la solution d'un congé définitif, justifié par l'une des formules les plus saisissantes de l'œuvre de Villiers : « Vivre ? Les serviteurs feront cela pour nous. »

V. Hugotte

VILLON François

(1431 ou 1432-après 1463)

Villon a toujours eu des fidèles passionnés, pour des raisons souvent opposées. Clément Marot et Théodore de Banville ont admiré l'habile poète des ballades et des rondeaux émouvants ; Théophile Gautier trouve dans son œuvre des types amusants et singuliers ; Arthur Rimbaud chante le pur poète, le fol enfant qui a des rimes plein l'âme, des rimes qui rient et qui pleurent, qui nous font rire ou pleurer ; Jean Richepin exalte le marlou de génie, Francis Carco et Pierre Mac Orlan, le mauvais garçon un peu lâche, l'ami des prostituées, dévoré par la passion de la liberté, resté poète au fond de l'âme malgré ses turpitudes, terrorisé par le spectre du gibet, fasciné par le mal et la chute. Mais ce mauvais garçon a été élevé au sein de l'Église, dans la communauté de Saint-Benoît-le-Bétourné, aux côtés de son père adoptif Guillaume de Villon, dont il assume l'héritage spirituel : une admiration sincère pour Jeanne d'Arc et Du Guesclin, une hostilité acerbe contre les chanoines de Notre-Dame et les moines mendiants, une profonde imprégnation de la Bible, une adhésion aux idées des prédicateurs et des poètes de son temps (putréfaction du corps, universalité de la mort…). Il porte en lui un riche fonds de culture écrite et orale que, poète docte et non peuple, il utilise pour s'adresser aux lettrés ; il joue même l'ignorance, note André Suarès : « ingénu, non pas naïf ».

Tous ces visages de Villon comportent une part de vérité ; il faut les garder tous pour tenter de recomposer la personnalité de ce poète aux noms multiples (François de Montcorbier, François des Loges, Michel Mouton, François Villon), différent de ses légendes et de lui-même, des rimeurs de cour comme de ses compagnons de ribote.

Clerc et mauvais garçon

François de Montcorbier, qui deviendra Villon, naît à Paris, dans une famille pauvre. Très tôt orphelin de père, il est présenté à Guillaume de Villon, chapelain de Saint-Benoît-le-Bétourné, près de la Sorbonne, et professeur de droit religieux ; son « plus-que-père » lui donne nom, culture, vie sociale et religieuse. En 1443, Villon s'inscrit à la faculté des arts ; il est reçu bachelier en mars 1449. Le 4 septembre 1450, Guillaume de Villon, en procès avec le chapitre de Notre-Dame (que le poète n'épargnera pas), est emprisonné. Entre le 4 mai et le 26 août 1452, Villon obtient sa licence et sa maîtrise ès arts.

De 1453 à 1455, il participe à des chahuts d'étudiants de plus en plus audacieux, à des bagarres avec la police ; il hante les tavernes. Le 5 juin 1455, il blesse mortellement un prêtre, Philippe Sermoise, qui l'a pris à partie ; il se fait panser, sous le nom de Michel MOUTON, et s'enfuit. En janvier 1456, il obtient des lettres de rémission pour le meurtre de Sermoise. La nuit de Noël, il participe à un vol de 500 écus au collège de Navarre, avec Colin de Cayeux, Gui Tabarie, un moine picard, Damp Nicolas, et Petit Jehan. Il prétend avoir composé cette nuit-là le *Lais*, écrit en réalité juste avant le vol ou le lendemain, en hâte, pour se préparer un alibi ou pour excuser un méfait qu'il aurait commis dans un état de demi-inconscience.

Il quitte Paris, tout de suite après le vol – ou après sa découverte, en mars 1457. L'enquête commence les 9 et 10 mars. En mai, Pierre Marchand, curé de Paray, près de Chartres, peut-être indicateur de police, fait parler Tabarie, qui révèle que Villon s'est dirigé vers Angers dans le dessein de voler un religieux. Arrêté au milieu de 1458, torturé, Tabarie fait des aveux et met en cause Villon. Celui-ci mène une vie errante, sans que l'on puisse reconstituer son itinéraire, car les noms cités dans le *Testament* semblent n'avoir été choisis que parce qu'ils se prêtaient à des jeux de mots. Sans doute passa-t-il par les cours de Charles d'Orléans, à Blois (où il composa la ballade « Je meurs de soif auprès de la fontaine » et le « Dit de la naissance de Marie d'Orléans »), et de Jean II de Bourbon, à Moulins, où il aurait écrit, en échange de subsides, la

« Requête à Monseigneur de Bourbon ». Affilié à une bande de malfaiteurs, les Coquillards, comme ses amis Colin de Cayeux et Regnier de Montigny, il compose dans leur argot des ballades complexes (où Pierre Guiraud a pu trouver plusieurs niveaux de signification). Durant l'été de 1461, il subit, à Meung-sur-Loire, une rigoureuse captivité, est soumis à la question par l'eau, torturé dans une prison de l'évêque d'Orléans, Thibaut d'Aussigny. Pourquoi ? On ne sait : peut-être a-t-il commis un vol sacrilège, ou a-t-il fait partie d'une troupe de baladins. De cette période datent l'« Épître à ses amis » et le « Débat du Corps et du Cœur ». Le 2 octobre, il est libéré, à l'occasion du passage dans la ville de Louis XI. Il commence la composition du *Testament,* qu'il poursuit l'année suivante en y intégrant des pièces plus anciennes auxquelles il a pu donner un sens différent.

En 1462, il regagne Paris. Inculpé de vol en novembre et incarcéré au Châtelet, il est libéré le 7, après avoir promis de rembourser 120 écus d'or au collège de Navarre. À la fin du même mois, impliqué dans une bagarre au cours de laquelle le notaire pontifical François Ferrebouc ou Ferrebourg, qui s'était occupé du cambriolage de Navarre, avait reçu un coup d'épée de Robin Dogis, Villon est arrêté, torturé, condamné à être pendu. Il fait appel. Le 5 janvier 1463, le parlement casse le jugement et bannit Villon, « pour dix ans, de la ville, prévôté et vicomté de Paris ». Dans sa « Louange à la Cour », Villon remercie les membres du parlement et demande un délai de trois jours pour régler ses affaires ; dans la « Question au clerc du Guichet », il se félicite d'avoir demandé que fût cassée une sentence injuste.

Il disparaît alors, aux alentours de la trentaine, sans que l'on sache quand, ni où, ni comment il mourut. La légende s'empare de lui, le métamorphose en buveur, voleur, trompeur, farceur (« faisant des farces », « jouant des farces »), dans des œuvres comme les *Repues franches*, la *Grande Diablerie* d'Éloi d'Amerval, la *Vie et Trespassement de Caillette,* dans des testaments burlesques, dans le *Pantagruel* et le *Quart Livre* de Rabelais.

En 1489, Pierre Levet publie la première édition imprimée des œuvres de Villon ; elles obtiennent un vif succès : elles seront reproduites au moins neuf fois avant 1500 et plus de vingt fois avant 1553.

Le maître de la ballade

Si l'on a eu tort de réduire l'œuvre de Villon à quelques ballades comme celles des « Dames du temps jadis » ou des « Pendus », c'est pourtant, peut-être – à condition de les considérer dans leur ensemble –, le meilleur moyen pour aborder son univers poétique dont elles nous suggèrent, par la diversité des tons et des moyens employés, la richesse et l'habileté. Marot, d'ailleurs, accordait une place particulière aux ballades, dont il a loué la « veine belle et héroïque » à un moment où Villon passait encore pour un farceur malicieux.

Le poète n'a pas cherché à innover. Il conserve l'envoi de quatre à sept vers, qu'il adresse en général à un prince, jouant avec ce nom, ici employé au pluriel (« Princes à mort sont destinés »), là désignant Charles d'Orléans – « Prince amoureux des amants le greigneur » [le plus grand] –, ailleurs lui substituant d'autres personnages, les filles de joie, la Vierge Marie, Jésus-Christ, une grande dame, Ambroise de Loré – ou lui-même, interpellé par Fortune. Préférant les strophes carrées, huitains de huit syllabes qui constituent la trame du *Testament* et dizains de dix syllabes, il se limite, à l'ordinaire, à un seul schéma de rimes (*ababbcbc*, pour le huitain, *ababbccdcd,* pour le dizain), choisissant le plus souvent des rimes riches et rejetant les rimes faciles.

La difficulté technique de la ballade explique que beaucoup d'entre elles soient construites sur des énumérations, dont Villon a tiré le meilleur parti en ne se bornant pas à la reprise mécanique d'une recette. Ainsi a-t-il, dans la « Ballade des femmes de Paris », entrecoupé de remarques piquantes la longue litanie des noms propres, bien qu'il se soit efforcé d'en introduire le plus possible, comme il le souligne avec malice : « Ai-je beaucoup de lieux compris ? » Ainsi dans les trois ballades regroupées autour du thème *Ubi sunt... ?* (« Où sont passés ces illustres personnages ? ») et d'expressions voisines : « Dites-moi où ? »..., « Qui plus, où est »..., « Car où soit... » ; dans la « Ballade des dames du temps jadis », le procédé est au service de la plus parfaite harmonie des sons et de la plus pure poésie, tandis qu'une savante progession renforce la démonstration. À travers la mélancolie, les précisions cocasses et le caractère composite de l'évocation – ombres vagues, s'enfonçant dans la nuit, et personnages appartenant à la mémoire populaire, comme Héloïse et Jeanne d'Arc – laissent percer un léger sourire ; l'incantation des rimes caressantes et d'un refrain enveloppé d'une frange de rêverie suscite le retour d'un passé poétique. Au contraire, dans la « Ballade des seigneurs », prosaïque et sinistre comme l'agonie, Villon réussit à inclure une dizaine de contemporains, morts récemment de façon plus ou moins affreuse. Moins individualisée, la dernière pièce de ce triptyque est enveloppée de la magie du vieux français.

Cet excellent artisan du vers n'hésite pas à prouver son habileté en compliquant sa tâche par des acrostiches qui le désignent lui-même (« Ballade pour prier Notre-Dame », « Ballade de la grosse Margot ») ou indiquent les destinataires des poèmes (Marthe, dans la « Ballade à s'amie » ; Ambroise de Loré, dans la « Ballade pour Robert d'Estouteville »). Il lui arrive de donner au refrain un sens différent dans l'une des strophes (« Ballade à s'amie »). Mais surtout, très exigeant, il a exclu du *Testament*, quand il a constitué sa propre anthologie, les ballades construites sur des procédés qu'il jugeait faciles : énumération fondée sur le même hémistiche (« Je connois bien mouches en lait »), succession de proverbes commençant par le même mot (« Tant gratte chèvre que mal gist »), jeu des contradictions (« Ne bien conseillé qu'amoureux » ou « Je meurs de soif auprès de la fontaine »), et les pièces alourdies de références mythologiques (« Ballade au nom de la Fortune ») ou emphatiques (« Dit de la naissance de Marie d'Orléans »). Ce qui distingue Villon, c'est que cette habileté technique est au service d'une œuvre profonde, d'une étonnante diversité de tons et de sujets.

Les thèmes majeurs

Un premier ensemble se regroupe autour des spectacles de la vie quotidienne et des milieux que Villon a fréquentés. Le réalisme, plus ou moins appuyé, s'y teinte à l'ordinaire d'humour et d'ironie. Voici, autour de la belle qui fut heaumière (femme ou employée d'un fabricant et marchand de heaumes, de casques), les filles de joie et les femmes de médiocre vertu ; dans les tavernes et les bouges, toutes sortes de gens plus ou moins recommandables, que la « Ballade de bonne doctrine » énumère avec allégresse : coquillards, tricheurs, faux-monnayeurs, voleurs, amuseurs publics, baladins, acteurs, musiciens, ouvriers agricoles, palefreniers, teilleurs de chanvre ; et, dans « la Ballade de merci », un monde voisin d'oisifs et de snobs avant la lettre, de prostituées décolletées, de mauvais garçons bagarreurs, de troupes de sots et de sottes agitant marottes et vessies de porc. Ailleurs, il évoque la marche zigzagante de Cotart et, par une série de touches rapides, les attitudes caractéristiques de l'ivrogne, devenu un chevalier au service du vin et associé à Noé, à Loth et à l'« Archetriclin » des Noces de Cana ; ou encore la vie d'un bouge et les ébats d'un proxénète et de la grosse Margot, sans rassembler autant de détails répugnants que dans la « Ballade des langues envieuses ».

Le deuxième groupe, qui s'organise autour du thème de l'amour, traduit les expériences, les aspirations et les contradictions du poète. La « Ballade des folles amours », à grand renfort d'exemples empruntés à l'Antiquité païenne et biblique, dénonce les méfaits de la passion, qui rend « les gens bêtes », la démythifiant et la ridiculisant pour atténuer la douleur et le dépit du poète. Dans les « Contredits de Franc Gontier », qui refusent le retour à la vie campagnarde, la première strophe exprime une sensualité raffinée, le rejet des contraintes du travail, de la famille, du temps, de la morale et de la pauvreté, la recherche de tous les excitants qui peuvent décupler le plaisir dans un monde douillet et clos. Si la « Ballade à s'amie » est la mise en accusation d'une dame trop dure, la « Ballade pour Robert d'Estouteville », véritablement courtoise malgré des apparences égrillardes, exprime les aspirations les plus profondes du poète : issu du peuple, il rêve d'être noble par la naissance, les manières et le cœur ; vagabond sans famille, il regrette la paix d'un foyer heureux et fécond ; misérable, meurtrier d'un prêtre, emprisonné, abandonné de tous et accablé par ses ennemis, il souhaite le réconfort d'un amour sincère.

Le dernier groupe a pour motif l'obsession de la mort et de l'Au-delà, qui apparaît tant dans les trois ballades « *Ubi sunt... ?* » que dans la « Ballade pour prier Notre-Dame » et la « Ballade des pendus ». Villon hait la mort tout en se sentant attiré par elle ; il la voit omniprésente et toute-puissante, frappant également les princes et les petits (huitain XXXIX), vengeant les parias en accablant les grands. Cette égalité dans le destin ne masque pas l'effrayante souffrance de l'agonie, dont le poète, en une évocation impitoyable (huitains XL-XLI), suggère la douleur physique, l'angoisse, l'amertume, la solitude et les sueurs. Son regard s'attarde aussi sur le cadavre pourri, sur la décomposition du corps féminin, sur les pendus desséchés et noircis par les intempéries, agités sans cesse par le vent, « plus becquetés d'oiseaux que dés à coudre » (« Ballade des pendus ») ; et il donne la parole à ces malheureux qui, ballottant au haut du gibet, requièrent notre pardon, prient et préviennent.

Cet aperçu permet de déceler dans l'œuvre un mélange constant de réalisme et de poésie, de sérieux et d'ironie, de délicatesse et de grossièreté, dont la ballade qui clôt le *Testament* présente un bel échantillon.

Par les ballades, Villon a voulu rompre la monotonie d'une succession de huitains et manifester les multiples facettes de son talent. En outre, les ballades, qui comportent moins d'équivoques, d'antiphrases et de doubles sens que les huitains, peuvent recevoir, de leur place dans l'œuvre, une signification nouvelle. Ainsi la « Ballade à s'amie », écrite d'abord pour Marthe, fut insérée dans le *Testament*, offerte à la « chière rose », et prit un sens différent après les huitains grossiers qui dénoncent la cupidité et la sensualité de Catherine de Vausselles. De surcroît, elle est à interpréter en fonction de la « Ballade pour prier Notre-Dame », l'une et l'autre décasyllabiques, signées par des acrostiches et séparées par quatre huitains. L'une parle de la Dame du ciel, l'autre de la Dame de son cœur ; l'une exalte l'infinie bonté de la Vierge qui sauva Théophile – clerc comme Villon –, l'autre dénonce la dureté et la félonie de la « fausse beauté qui tant [lui] coûte cher » – et qui cause sa perte.

Les jeux linguistiques

Mais peut-être le vrai Villon est-il à chercher du côté d'un certain nombre de jeux linguistiques et poétiques qui font de son *Testament* un monde de la métamorphose et du carnaval, pour suggérer une philosophie de l'incertitude et de l'interrogation.

Bornons-nous à un échantillonnage de ces jeux qu'il n'est pas possible de présenter tous.

Le poète peut déformer les noms propres. En les féminisant : le juge Macée (huitain CXXII) devient « la petite Macée » parce qu'il est médisant et bavard comme une femme, ou réduit à la servitude par son épouse (*macé* désignait un homme niais, un mari trompé), ou suspect de mœurs particulières. En modifiant une syllabe, soit la première : *Trascaille* (qui *trace,* traque, les *cailles,* gibier ou prostituées) se mue en *Troussecaille* (qui charge de ses bagages une caille ou qui court les filles) ; soit la dernière : Michel Cudoe, grand bourgeois parisien, devient *Michaut Cul d'Oue* [oie], Michaut étant le sobriquet d'un personnage lubrique cité par Villon (vers 922), et la décomposition du nom de famille produisant une métamorphose partielle comme dans certains tableaux de Jérôme Bosch.

Le poète peut substituer un nom à un autre. Au huitain CXXXVII, il feint de se tromper sur le prénom du légataire, Jean de la Garde, et l'appelle Thibaud de la Garde. Ainsi établit-il une équivalence entre les deux prénoms et invite-t-il à prendre Jean dans un sens péjoratif. Les deux prénoms, en effet, désignaient les maris trompés ou ceux que gouvernaient leurs femmes.

Le procédé le plus fréquent consiste à insinuer des noms communs derrière des noms propres. Vieille habitude du Moyen Âge finissant : *aller à Montpipeau*, c'est *piper*, « tricher, tromper au jeu de dés » ; *aller à Rueil*, c'est *ruer*, « lancer un trait, frapper, abattre, perpétrer une agression à main armée » ; *aller à Angiers* (*Lais*, vers 43), c'est sans doute *engier*, *ongier*, « étreindre une femme ». Guillaume Charruau (huitain XCIX), à qui Villon lègue son *branc* [« épée » et « organe sexuel »], devient l'« homme de la charrue », le « laboureur de nature ». Dans le huitain CII, où l'accumulation des noms d'animaux et d'oiseaux invite à chercher dans ce registre, *Merebeuf* et *Louviers* (ou *Louvieux*) ne désignent pas seulement deux marchands de drap : *Merebeuf*, c'est le maire (le premier) des bœufs ; *Louviers*, c'est l'homme louvier, qui a les caractéristiques du loup, une sorte de loup-garou ; *Louvieux*, c'est le vieux loup. Il y a réduction dénigrante, dévalorisation sociale par animalisation.

À l'inverse, on peut suggérer un nom propre derrière un nom commun. A. de Loré apparaît, au vers 1388, derrière *le laurier souef* [« doux »]. Double éloge de la dame : le laurier *souef*, laurier commun dont les baies donnent une huile d'odeur agréable, est le symbole de l'action bienfaisante de l'épouse qui aide et apaise son mari ; le laurier de la gloire couronnait les poètes, les artistes, les savants.

Le poète, ailleurs, nous convie à retrouver dans un tour figé ses éléments, à retourner au sens originel, qui est dénigrant, ou à mesurer l'écart entre la dénomination et la réalité. Le huitain CVI contient un legs au prince des Sots, chef d'une troupe de comédiens qui jouaient des soties, pièces comiques à caractère politique. Or, très vite l'on se rend compte que Villon lui donne comme acteur un imbécile caractérisé dont les plaisanteries stupides ne font pas rire. Dès lors, n'est-ce pas faire du prince des Sots le premier des idiots plutôt que le chef d'une troupe d'acteurs ?

L'accumulation sémantique est fréquente. Villon lègue au seigneur de *Grigny* (« qui montre les dents », *grignos*, comme un chien menaçant) la tour de *Billy* (vers 1348). Tour en ruine, mais surtout tour où l'on *bille*, où l'on garrotte quelqu'un sur un *billot* de bois pour le torturer ; où l'on ramasse du *billon*, un peu d'argent (*Lais*, vers 319) ; où l'on *bille*, où l'on se réfugie, et qui est faite de *billes*, de morceaux et de débris de bois.

Villon ne dédaigne pas le recours à des noms propres qu'il charge de l'héritage littéraire du Moyen Âge, comme celui de *Rose* pour désigner la femme aimée. Ce nom, qui est celui de l'héroïne du *Roman de la Rose*, est inséré dans divers réseaux linguistiques : celui de la fleur épanouie qui va se faner rapidement, dans la « Ballade à s'amie » ; celui de la lettre R, lettre de l'hypocrisie et de la félonie, dont Villon souligne l'emploi dans une ballade « qui se termine tout par R » (vers 935) ; celui, antithétique, de la Rose mystique, la Vierge, et de la rose charnelle.

Ajoutons, pour finir, des jeux comme l'amalgame qui, dans la « Ballade de merci », lie les moines mendiants aux flâneurs et aux élégants qui font résonner leurs semelles de bois, aux filles de joie portant des cottes qui moulent leurs corps, aux jeunes présomptueux transis d'amour ; comme l'antiphrase qui fait de deux vieux chanoines de Notre-Dame deux « povres clerjons », « droits comme joncs » ; comme les nombreuses ambiguïtés syntaxiques : quand Villon dit de ses ennemis qu'il « les aime tout d'un tenant/Ainsi que fait Dieu le Lombard » (huitain LXXIV), on peut comprendre qu'il les aime comme Dieu aime l'usurier lombard (c'est-à-dire pas du tout), ou comme le théologien Pierre le Lombard aime la divine Trinité.

Un défilé de carnaval

Ces jeux ont pour fonction de transformer la seconde partie du *Testament*, qui certes imite avec minutie les actes du temps, en un grand défilé de carnaval, en une fête de la parodie et de la métamorphose dont les acteurs, souvent grotesques, nous sont évoqués par leur nom, que Villon a rendu signifiant, ou par un don, qu'ils portent ou tiennent entre leurs mains, ou par un détail, un trait du visage ou du corps, grossi jusqu'à la caricature. Cette procession burlesque, où les gens s'avancent par groupes, affranchit de la vérité dominante, abolit les rapports hiérarchiques et les tabous dans une égalité subversive. Celle-ci traduit le refus de l'immuable et de l'éternel au profit des formes changeantes qui reflètent la conscience du caractère relatif des vérités et des autorités, à travers les permutations et les détrônements bouffons.

Voici le début de cette parade, dont Gautier avait senti le caractère, puisqu'il introduisit sa galerie des *Grotesques* par le portrait de Villon : J. Marchant brandissant une épée et chantant un rondeau émouvant sur la mort de sa maîtresse, Jean Le Cornu pourvu de cornes, Baubignon affublé d'une belle bosse – qui avait la même signification satirique que les cornes –, Saint-Amand et sa femme chevauchant un âne rouge et une jument, puis s'identifiant à eux…, et, menant le jeu avec force grimaces, Villon, qui prend tous les masques, ceux du testateur mourant qui ressuscite, de l'amoureux transi, du chevalier élégant, du banquier, du pèlerin, du pédagogue, du médecin, du proxénète, du vieux singe…, et qui utilise diverses voix, celles du pirate Diomédès, d'une vieille femme qui autrefois vendait des heaumes, de sa mère, du grand seigneur Robert d'Estouteville.

Le jeu des masques, qui peuvent surprendre, émouvoir ou choquer, s'oppose à l'immobilité et met l'accent sur le renouveau social, historique, personnel ; le déguisement marque la rénovation du personnage social – mais se révéler différent et contradictoire, c'est ne rien révéler de soi en particulier. Le rire offre un monde différent et une vie autre, détruit les limites de ce monde, bouleverse l'ordre social et naturel, fait éclater l'univers du sérieux. Le texte littéraire devient le lieu de la décomposition du réel et, surtout, de sa métamorphose. Les gens changent de rôle. De là l'abondance des antiphrases : le temps d'un vers, de brutaux policiers deviendront « de bonnes et douces gens » (vers 1088), le répugnant Pernet de la Barre un jeune homme « beau et net » (vers 1096). La métamorphose s'opère devant nous, tantôt au long de l'œuvre :

l'évêque Thibaud d'Aussigny, qui bénit les rues au vers 7, se confond, au vers 737, avec l'ignoble et débauché favori du duc de Berry, Tacque Thibaud, pour devenir, au vers 1984, un de ces « traîtres chiens mâtins » dont Villon a été la victime ; tantôt dans un huitain : Pierre de Saint-Amand, mauvais cavalier, s'identifie ensuite à sa monture, à un « cheval blanc qui ne bouge », puis à un « âne rouge », tandis que sa femme devient une mule, puis une jument. Ces changements affectent la géographie, puisque Villon rapproche à Paris le mont Valérien et Montmartre, dans l'Ouest Saint-Generou et Saint-Julien-de-Voventes.

L'animalisation des personnages

Ces métamorphoses consistent souvent à animaliser les personnages. Totalement : le seigneur de Grigny, les persécuteurs de Villon et, l'espace d'un instant, Merebeuf et Louviers deviennent des chiens grondants – l'on retrouve fréquemment l'image défavorable du chien, envieux, querelleur, maussade, lubrique, paresseux, qui reflète chez Villon comme un complexe de Cerbère qu'éprouve l'homme errant, chassé par tous, en marge de toute vie normale ; les vieux chanoines de Notre-Dame se transforment en loirs qui hibernent ; J. James revêt l'aspect d'un pourceau, lui qui vient d'hériter d'une maison située rue aux Truies (vers 1818-1819). Partiellement, en sorte que nous retrouvons ces monstres hybrides chers au Moyen Âge et à Bosch : Michaut Cul d'Oue garde la tête d'un homme, mais prend le croupion d'une oie. Cette animalisation peut se développer au cours des vers consacrés à un légataire : Jean Riou reçoit des hures de loup, qu'il est invité à manger ; puis, au terme du développement, il s'identifie au loup, dans la fourrure duquel Villon lui recommande de s'envelopper – véritablement loup-garou, ou émule du lion Noble soigné par Renart.

Pourquoi cette animalisation ? C'est, pour une part, un moyen d'introduire les activités physiologiques du corps, de tout ramener au domaine corporel, qui est universel, au boire et au manger, à la digestion, à la vie sexuelle, au « bas corporel » qui rabaisse l'orgueil de l'homme, mais qui régénère – et qui conjure la mort. Aussi n'est-on pas étonné de découvrir, dans le même temps, de nombreux dons (dans les « Testaments ») et mots dont le sens était équivoque au Moyen Âge : l'épée, appelée *branc* dans le texte pour permettre un jeu supplémentaire avec le *bran*, « excrément », la *guisarme* (« hallebarde »), la lance ; la charrue ; le grès, « la pierre », et le manche de houe ; le nez de Genevois, symbole phallique ; le mortier et la *potence* (le pilon), qui ne sont pas seulement les attributs de l'épicier et de l'apothicaire ; des passages qui invitent à l'acte charnel et citent nommément les organes sexuels (huitain CXI) ; l'évocation de réalités vulgaires (Roman du Pet-au-Diable, chaise percée, étron de mouche) ; et le geste final du poète : « ce jura il sur son couillon » (vers 2002).

Le *Testament* est donc la grande fête des *Michaut* et des *Jean*, les premiers prenant les femmes des seconds. Il se rattache à une double tradition médiévale, à une tradition philosophique héritée du *Roman de la Rose* de Jean de Meung, au sujet de qui l'on a parlé de « phallicisme chrétien », et, en remontant plus haut, de la pensée chartraine, mais aussi à une tradition jongleresque liée aux fêtes populaires (carnaval, fête des Fous et fête de l'Âne, processions burlesques, fêtes agricoles...).

Des jeux cruels

Toutefois, ces jeux n'ont rien d'innocent : Villon les charge de sa rancune et de sa vengeance ; ils ont une fonction dénigrante, qui tend à rabaisser les puissants. Bon vivant qui est souvent un mauvais plaisant, le poète demeure l'exclu et le déchu qui cherche à se venger de ceux qui lui ont nui et aspire à retrouver la protection d'un milieu clos pour le défendre contre les agressions de l'extérieur, comme le manifeste la récurrence des images du château, de la maison et même de la maison close, de la chambre bien fermée. Cette position marginale, cette solitude du renié confèrent au texte du *Testament* une sorte de frénésie. Ce que le poète créait naguère, au temps du *Lais*, n'a plus aucun rapport avec le discours vengeur et raffiné du *Testament*. Parce qu'il a eu à subir la mauvaise et cruelle justice de la société, la parole est sentie, elle aussi, comme un instrument de la justice.

De là, à côté d'une philosophie optimiste, pour une part héritée, et d'un rire qui annonce Rabelais, la satire grinçante d'un homme amer que le désespoir menace, dépossédé, vieilli, trompé, rejeté de la vie. Les jeux verbaux tendent à dénoncer les tares, la sottise, les prétentions, la méchanceté, l'hypocrisie des gens respectables, qu'il cherche à ridiculiser, reprenant des critiques traditionnelles, en introduisant de nouvelles, toujours acerbes, pourfendant les riches égoïstes, les juges et les enquêteurs trop sévères, les policiers suspects, faisant écho à la colère et au scepticisme populaires.

Griefs personnels, certes : les uns lui ont nui, en l'emprisonnant à Meung-sur-Loire, comme Thibaud d'Aussigny ; en le jugeant, comme François de La Vacquerie, Jean Laurens, Michaut Du Four et d'autres, dans l'affaire du collège de Navarre ; certains ont été impliqués dans l'histoire d'amour de Villon qui a (peut-être) trop aimé Catherine et qui a été trompé avec d'autres : Itiers Marchant, Jean Le Cornu, François Perdrier, Noël Jolis, si l'on en croit Tristan Tzara et ses anagrammes. Griefs à l'égard des protecteurs dont il attend des secours (communauté de Saint-Benoît, R. d'Estouteville, voire Louis XI) et de son milieu universitaire.

La plupart du temps, il ressasse les mêmes accusations : ivrognerie, mœurs anormales, débauche ou impuissance, infortunes conjugales, avarice, méchanceté, hypocrisie. Mais les procédés sont divers. Villon se sert des sens multiples pour transformer un legs en une attaque d'une cruauté raffinée, souvent ambiguë : donner son *brant*, son épée, à Itiers Marchant, c'est plus ou moins lui souhaiter la mort, l'accuser de débauche ou d'impuissance. Il joue sur les noms : Thibaud d'Aussigny, devenu Tacque Thibaud, est taxé de cupidité, d'injustice, d'incompétence et d'homosexualité. Il caricature un personnage, comme l'ivrogne J. Cotart, révèle des scènes honteuses (la rossée de François de La Vacquerie) ou des détails répugnants, les scrofules sur les jambes de Jacques Ra-

guier. Il fait des dons qui se retournent contre leurs bénéficiaires : Jean Le Cornu reçoit une maison qui lui tombera sur la tête et qui, rendez-vous des mauvais garçons, lui vaudra des coups mortels.
Souvent, il utilise conjointement l'antiphrase et la symbolique. Le *jeune* Marle du vers 1266 est peut-être le vieux Jean de Marle, riche financier qui mourut en 1462, tandis que se profile l'image du *merle*, symbole du diable dans la *Légende dorée* (« Vie de saint Benoît ») et oiseau chanteur, lié au printemps et à l'éveil de l'amour dans le *Roman de la Rose*, ou, selon le *Bestiaire* de Pierre de Beauvais, gardé en cage par l'homme à cause de son chant. Cocasse disproportion entre le vieil homme et l'oiseau chanteur, emblème de l'amour évoqué dans le même huitain qui se termine par ce vers : « Car amans doivent estre larges » (vers 1273).

Une philosophie de l'incertitude

Ce dernier exemple signale les difficultés que nous rencontrons : faut-il prendre par antiphrase l'adjectif *jeune* ou lui conserver son sens immédiat ? Quelle valeur symbolique faut-il retenir ?
Cette complexité est sans doute voulue. Cet humour meurtrier transforme le monde en quelque chose d'extérieur qui échappe à nos prises, le sol se dérobe dans un vertige croissant, nous ne voyons plus rien de stable autour de nous ni en nous : l'individu profond, inépuisable, changeant, devient flou, incertain, composite, comme le monde, fait de pièces et de morceaux contradictoires. Cette recherche de l'ambiguïté, cette polyvalence sémantique, syntaxique et symbolique, reflète une attitude que l'on peut qualifier de philosophique. Ces mots suspects qui comportent plusieurs plans de significations, cet émiettement du langage visent à rendre évidente l'incertitude du monde. Il est quasiment impossible d'appréhender la réalité, les êtres humains, le langage. Qui sont les légataires ? Des amis, comme il est dit en clair, ou des ennemis égoïstes, comme les legs nous invitent à le penser souvent ? Des débauchés ou des impuissants ? Qu'en est-il de l'amour ? Est-il possible ? Est-ce un jeu érotique ou une duperie ? Qu'est-il lui-même, derrière ses masques ? Que désignent les mots ? Où est l'apparence ? Où est la réalité ?
On comprend aujourd'hui l'importance de certains vers que leur allure paradoxale a fait négliger, mais qui offrent une des clés et du *Testament* et de la seconde moitié du XVe siècle :

Rien ne m'est sûr que la chose incertaine...
Doute ne fais, fors en chose certaine...

C'était aussi l'un des motifs favoris de la cour de Blois. Au fond, les étranges ballades des « Menus Propos » avec le refrain : « Je connais tout fors que moi-même », des « Contre-Vérités », qui détruisent le manichéisme du bon sens (« Il n'est service que d'ennemi ») et du « Concours de Blois » (« Je meurs de soif auprès de la fontaine »), ces trois ballades révèlent l'homogénéité du monde villonien et expriment la philosophie du *Testament*, vision d'un monde ambivalent, brisé, éclaté en parties contradictoires entre lesquelles le poète ne peut choisir. Pour le signifier, Villon a eu recours à une formule où l'on n'a vu, à tort, que l'expression de son caractère ou de son évolution : c'est le fameux « Je ris en pleurs », qui appartient aussi à son temps. Pour Villon, le monde est à la fois amitié et haine, rire et sérieux, amour profond et louche aventure. Seuls l'entrelacement et le mélange du bouffon et du grave, de l'ironie et du pathétique peuvent traduire cette vision de l'opacité et de l'incertitude universelles. Le « rire en pleurs » est une attitude esthétique, destinée à charger d'une plus profonde signification chaque vers du *Testament*.
Les jeux sur les mots dans la poésie de Villon ne sont rien moins qu'anodins : ils révèlent l'attitude d'un homme en face d'un monde instable et difficile, aux apparences trompeuses, où le déraciné, l'être dé-fixé a éprouvé la fausseté du langage, échouant dans sa tentative de réintégrer le groupe, dans ses recours à des idéaux et des refuges rassurants : la chevalerie, l'amour courtois, l'amitié. À travers la philosophie optimiste de Jean de Meung et la joie débridée des carnavals populaires s'insinue l'inquiétude d'une civilisation à bout de souffle, prête à céder la place à la fougue et à la vitalité de la Renaissance.

J. Dufournet

VILMORIN Louise de

(1902-1969)

Née à Verrières-le-Buisson (Essonne), d'une ancienne famille lorraine, elle commença à écrire en 1933, sur les conseils d'André Malraux (*Sainte-Unefois,* 1934), qui lia avec elle une longue amitié. Son nom, sa présence distinguée, ses mots d'esprit indéfiniment répétés (« Aujourd'hui, il n'y a plus que les prêtres qui se marient ») représentèrent longtemps la « femme de lettres » dans les manifestations mondaines, littéraires et artistiques. Elle traduit *le Roi David* de Duff Cooper (1948) ; en 1958, elle écrit avec Louis Malle le scénario des *Amants* et, en 1960, consacre un essai au peintre Ubeda ; elle collabore à plusieurs ouvrages sur la peinture (de 1967 à 1969). Elle avait reçu en 1955 le grand prix littéraire de Monaco.
Son œuvre romanesque se bâtit autour d'aventures sentimentales dans le monde clos et suranné des salons, des châteaux ou des lieux élégants : *le Lit à colonnes* (1941), *Madame de* (1951), *Julietta* (1951) seront portés à l'écran. Citons aussi *la Fin des Villavide*, 1937 ; *le Retour d'Érica*, 1946 ; *les Belles Amours*, 1954 ; *Histoire d'aimer*, 1956 ; *la Lettre dans un taxi*, 1958 ; *Migraine*, 1959 ; *le Violon*, 1960 ; *l'Heure Maliciôse*, 1967. La frivolité y apparaît comme un art de vivre, un moyen d'échapper au tragique et à la vulgarité. Derrière le bon goût et le savoir-vivre se cache pourtant la cruauté. Dans l'engrenage de leurs mensonges, les êtres révèlent leur vérité. La construction rigoureuse de ces récits, leurs paradoxes (« Veuve, on est moins seule », « Ne dis pas la vérité. J'ai confiance ») leur confèrent une dimension dramatique dans la tradition du XVIIIe siècle.

Dans ses poèmes gracieux, malicieux parfois, depuis *Fiançailles pour rire* (1939) jusqu'à *Solitude, ô mon éléphant* (1972), en passant par *le Sable du sablier* (1945) et *l'Alphabet des aveux* (1954), la féerie des rêves se mêle à la nostalgie d'une enfance maladive et solitaire :

Et je vois mon destin dans l'entrelacs des ronces.

Mêlant inlassablement les thèmes des fleurs, des oiseaux, de l'amour et de la mort, elle est, aux yeux de beaucoup, un poète mondain un peu démodé qui a su séduire un public bourgeois essentiellement féminin. Malraux, plus sensible encore à l'écoute de ses vers qu'à leur lecture, affirmait cependant qu'elle avait su donner « l'âme et la voix à un enchantement désespéré » (préface à *Poèmes*, 1970).

M. P. Schmitt

VINAVER Michel

Pseudonyme de ***Michel GRINBERG*** *(né en 1927)*

Michel Vinaver s'est d'abord livré à des expériences sur le genre romanesque. *Lataume* (1950) retrace patiemment, à la manière des romans policiers, et en trente-cinq séquences, une semaine de la vie d'un personnage ainsi nommé, et dont nous suivons les faits et gestes tout au long de la minutieuse succession des heures. *L'Objecteur* (1951) raconte comment un jeune soldat, qui s'enfuit de prison après avoir été condamné pour refus d'obéissance, provoque une série de perturbations tant dans le milieu militaire qu'il a précipitamment quitté que parmi les civils qu'il a rejoints. Quarante-huit heures s'écoulent seulement entre la première et la dernière ligne de ce roman (adapté pour la scène en 2001), dont l'action nous est présentée comme contemporaine.

À partir de 1955, Michel Vinaver s'est consacré exclusivement au théâtre, ayant eu la chance de voir Roger Planchon monter sa première œuvre, *les Coréens* (1956). La seule pièce véritablement « historique » qu'il ait écrite est une adaptation, pour le Théâtre national populaire, de *la Fête du cordonnier* (1959) du dramaturge élisabéthain Thomas Dekker ; il a également adapté *les Estivants* de Gorki (1983) et *le Suicidé* de N. Erdman (1984). Ses œuvres originales, elles, se situent résolument dans le présent ou dans un passé très proche, encore d'actualité au moment où elles furent composées et même créées. *Les Coréens* ont pour sous-titre *Aujourd'hui* et relatent un épisode de la guerre de Corée, terminée en 1953. La guerre d'Algérie est une des causes de la chute du gouvernement présidé par Letaize, dans *les Huissiers* (1958). *Iphigénie Hôtel* (1960), dont les personnages sont pourtant empruntés partiellement à un roman de Henry Green, *Loving*, montre comment les vacances grecques de certains de nos compatriotes ont été troublées par les événements qui ramenèrent le général de Gaulle au pouvoir en 1958, tandis que *Par-dessus bord* (1972) raconte l'absorption d'une entreprise familiale, Ravoire et Dehaze, par une société multinationale et *À la renverse* (1980) l'effondrement du marché de la crème à bronzer après une série d'émissions TV dénonçant le rôle cancérigène du soleil. Philippe, que les policiers viennent arrêter à la fin de *Dissident, il va sans dire* (1978), est visiblement un militant gauchiste. *L'Ordinaire* (1982) s'inspire d'un fait divers abondamment commenté dans les médias, un accident d'avion dont les rescapés durent, pour survivre, se résoudre au cannibalisme...

Mais, face à l'actualité, l'auteur a la même attitude qu'Arthur Adamov ou Roger Planchon devant l'Histoire : il ne cherche pas, comme les romantiques, à mettre en scène des événements spectaculaires, préférant s'attacher à leurs répercussions sur la vie quotidienne de ceux qui n'en sont ni les instigateurs ni les acteurs principaux. Dans *les Coréens,* ni les soldats du corps expéditionnaire de l'O.N.U., ni les villageois ne savent où se situe exactement le front des combats. Le petit personnel des ministères, dans *les Huissiers*, tire des journaux ses informations sur les grandes « affaires » du moment. Quant aux touristes d'*Iphigénie Hôtel*, ils ne peuvent que spéculer à partir des nouvelles fragmentaires qui leur parviennent.

Ce théâtre au présent a manifestement pour objectif de nous inciter à renoncer à quelques idées reçues. L'histoire de Belair prouve que la désertion n'est pas nécessairement un acte honteux ou lâche (*les Coréens*) ; celle de Mlle Lhospitallier et de M. Veluze, que les vacances ne suffisent pas à transformer les gens médiocres en héros (*Iphigénie Hôtel*). *Par-dessus bord* souligne qu'une opération de concentration économique bouleverse nécessairement aussi la vie privée des personnes dès lors qu'on les manipule comme des pions, tandis qu'à l'inverse une tragédie individuelle peut ébranler un trust apparemment tout-puissant (*À la renverse*) ; *Dissident, il va sans dire* conteste que l'incompréhension entre parents et enfants soit inéluctable ; *Nina, c'est autre chose* (1978) présente un ménage à trois qui n'a rien de risible.

Michel Vinaver a toutefois le souci de ne pas effaroucher son public en le provoquant, et il est convaincu, d'abord, qu'il n'y a pas de raison commune susceptible de gouverner tous nos actes ; ensuite, que personne ne croit plus vraiment aux « lendemains qui chantent » – sinon peut-être quelque roi de la finance saisi par une vague rêverie égalitaire (*King*, 1999). Autant de raisons qui l'incitèrent à se méfier de l'exemple de théâtre épique proposé par Brecht. Il préféra assigner à ses pièces la tâche de susciter ce qu'il appelle une « émotion délivrante » et essaya de concilier les idées de Brecht avec celles de Stanislavski, à un moment où celles-ci étaient systématiquement perçues comme opposées (cf. ses *Écrits sur le théâtre*, réunis en 1998).

Concrètement, cette « émotion délivrante » n'est pas communiquée par des personnages dont l'auteur s'efforcerait de reconstituer l'histoire ou d'expliquer psychologiquement le comportement. Le spectateur, par exemple, ne sait pas comment Belair s'est retrouvé dans le corps expéditionnaire envoyé en Corée, ni comment Philippe a pu entrer dans la « dissidence ». Importent davantage les relations entre ces êtres fictifs, tout ce qui les sépare ou les relie étant l'objet de la mise en scène. Des *Coréens* au *Théâtre de chambre* (qui regroupe *Dissident* et *Nina*), et aux pièces suivantes, *les Travaux et les Jours* (1979), *À la renverse, l'Ordinaire, les Voisins* (1986), un nouveau réalisme théâtral se dessine, qui fait penser à celui d'un auteur allemand comme Kroetz : peinture d'une vie quotidienne qui n'est pas stéréotypée et qui, tout en tenant compte des situations sociales, varie selon les personnages d'un même groupe. J.-P. Sarrazac a parlé à ce propos d'un « théâtre minimal ». Au public de trouver lui-même comment se situer par rapport à ces héros, de dégager ses propres conclusions, car le didactisme brechtien est ici écarté. Aucune cohérence, même cachée, n'est postulée par avance : la mécanique sociale (cf. *Portrait d'une femme*, 1986), aussi bien que la mécanique privée, est constamment grippée ; les frottements et les frictions sont inhérents à la vie de tous les jours.

Le langage joue un rôle essentiel dans cette originale stratégie dramatique. Pas de professions de foi, d'épanchements lyriques. Ce qui est dit est moins important que le fait même que cela soit dit, et les silences sont de précieux messages. Par le jeu des coupures, des interruptions, des ellipses et des « déponctuations », bref, par le recours au montage de la langue, Michel Vinaver parvient à convertir la banalité en rareté, à donner une forme, donc un sens, à ces fragments éparpillés qui constituent notre réalité quotidienne.

D. Mortier

VITET Ludovic

*Pseudonyme de **Louis Vitet** (1802-1873)*

Critique, historien, inventeur de genres nouveaux, Ludovic Vitet révèle une riche personnalité, et il laisse une œuvre qui mériterait d'être plus souvent citée chaque fois qu'il s'agit de mieux comprendre l'héritage romantique. Sainte-Beuve n'a-t-il pas vu en lui « un des écrivains qui ont le plus contribué comme critiques à l'organisation et au développement des idées nouvelles dans la sphère des arts » ?

On se souvient du très brillant inspecteur général des monuments historiques (1830), qui, soutenu par Guizot et Casimir Périer (dont il épousa la nièce), jeta les bases d'une archéologie moderne et rigoureuse et, un des premiers, fit connaître l'étendue du patrimoine français. On a tout à fait oublié qu'il fut secrétaire général d'un obscur ministre du Commerce, Duchâtel ; puis vice-président de l'Assemblée législative, incarcéré après le coup d'État du 2 décembre ; enfin, député de la Seine-Inférieure (1871), ayant foi en une « république conservatrice ».

L'écrivain ne paraît pas avoir laissé de trace plus profonde. Pourtant Vitet fut, à son époque, aussi écouté dans les lettres que dans la politique. En 1825, deux ans avant le coup de tonnerre de *Cromwell*, il clame dans les colonnes du *Globe* son impatience de voir venir un « 14-Juillet » littéraire, promu par les romantiques, ces « nouveaux encyclopédistes ». Pour illustrer ses principes, il conçoit une trilogie de « scènes historiques », *les Barricades, les États de Blois, la Mort d'Henri III* (1826-1829), œuvres regroupées à partir de 1844 sous le titre commun *la Ligue*.

Stendhal aurait sûrement approuvé les sujets choisis et plus encore les intentions déclarées : « Ce que j'ai voulu faire, c'est de l'histoire en action ». Niant avoir écrit en pensant au théâtre, Vitet affirme que les « effets de scène », malgré tout perceptibles dans ces œuvres qui ont voulu « peindre des faits historiques autrement que par un simple récit », attestent simplement que « l'histoire recèle une poésie intérieure ».

On songe à Manzoni quand on lit les volumineux commentaires que Vitet consacre à enraciner historiquement chaque événement, chaque personnage, chaque costume, à justifier tout ce que la couleur locale répand dans ses dialogues, volontiers archaïsants : « Tête-Dieu ! mon compère, je n'y comprends goutte à leur maudite politique », s'exclame un certain capitaine Saint-Paul. Rien d'étonnant de la part d'un philologue érudit, découvreur de *la Chanson de Roland* et soucieux de faire comprendre « ce qu'il y a d'homérique dans notre chant de Roncevaux ».

On reconnaît une démesure presque hugolienne dans l'interminable liste de personnages des *Barricades* (cinquante-sept, sans compter les figurants) ou dans sa splendide indifférence à l'égard des contingences étriquées de la dramaturgie : « Tous les ordinaires se précipitent sur le cadavre de Jacques Clément et le lancent dans la cour. »

Ses accents frondeurs assurent à la trilogie de *la Ligue* un succès que Vitet, académicien (1845), pilier de la société « juste-milieu », ne retrouvera pas quand il publiera *les États d'Orléans* pour se consoler de 1848. De fait, en s'offrant comme laboratoire des doctrines les plus controversées du romantisme, les œuvres de Vitet semblent revendiquer d'elles-mêmes l'éphémère curiosité qu'elles inspireront.

En renonçant à faire paraître davantage ce qu'*Hernani* porte audacieusement aux yeux et aux oreilles du spectateur, en refusant à la scène ce qu'il écrit comme du théâtre, l'écrivain ne finit-il pas par persuader son public du néant de ce qu'il a pourtant créé ?

D. Giovacchini

VITRAC Roger

(1899-1952)

À bien des égards, Roger Vitrac possède, aux yeux du lecteur contemporain, toutes les caractéristiques d'un écrivain maudit : sa vie privée ne fut guère heureuse, sa carrière littéraire se signala, dans l'ensemble, par une série d'échecs et de ruptures ; son œuvre, marquée par ces éléments négatifs, semble avoir déconcerté par ses audaces formelles le public de l'époque. Aujourd'hui, même si Roger Vitrac ne paraît plus « d'avant-garde », on s'accorde à voir en lui un précurseur.

Un écrivain maudit

Né à Pinsac (Lot), dans une famille de propriétaires terriens, Roger Vitrac conservera toute sa vie la nostalgie d'une petite enfance vécue dans la chaleur maternelle et la pleine nature ; très tôt, des dissensions internes mineront son entourage, et

Vitrac gardera de cette expérience la vision d'un monde adulte totalement perverti. Durant ses études à Paris, au collège Chaptal, il découvre les œuvres d'Alfred Jarry. Après son retour en 1920 dans le Lot, il épouse une cousine, mais, au bout de six mois, ce mariage se révèle être un échec. Et c'est au cours de son service militaire, où il fut incorporé dans un régiment spécial composé d'étudiants, que Roger Vitrac entra véritablement dans le monde littéraire, prenant part, notamment, à plusieurs manifestations du groupe dadaïste. Son activité devient alors débordante : il organise une troupe théâtrale, fonde une revue à l'existence éphémère : *Aventure*, écrit sa première pièce, *la Fenêtre vorace*, et un recueil de poèmes d'inspiration symboliste, *Faune noir* (1922). Pourtant, très vite, Roger Vitrac se rallie à André Breton et au groupe surréaliste, dont il sera exclu, en 1926, par l'auteur de *Nadja*, qui n'appréciait pas son esprit frondeur et son refus des règles. Il écrit néanmoins des pièces de théâtre (*les Mystères de l'amour*, 1926), des poèmes (*Connaissance de la mort*, 1926 ; *Humoristiques*, 1927 ; *Cruautés de la nuit*, 1927) inspirés par les techniques surréalistes (écriture automatique, transcription de récits oniriques) et qui témoignent de son goût pour l'humour et de sa fascination pour les images morbides ; on notera aussi son essai sur *Chirico* (1927). Vitrac est alors l'ami d'Antonin Artaud ; ensemble ils ont fondé le théâtre Alfred-Jarry et montent plusieurs spectacles qui n'iront pas d'ailleurs sans causer de véritables scandales. Cette association va trouver son couronnement avec la création en 1928 de *Victor ou les Enfants au pouvoir*, que l'on tient à ce jour pour le chef-d'œuvre de l'écrivain. Cette pièce, qui dénonce les tares de la famille bourgeoise à travers le drame vécu par un enfant exceptionnellement lucide pour ses neuf ans, offre la vision la plus synthétique et la plus réussie de l'univers littéraire de Vitrac. Mais elle ne connaîtra vraiment le succès que lors de sa reprise en 1962 par Jean Anouilh. En 1934, le compte rendu peu élogieux que fit Artaud du *Coup de Trafalgar* consacra la rupture entre les deux hommes. Dès lors, sans abandonner le théâtre (*le Camelot*, 1936 ; *les Demoiselles du large*, 1938 ; *le Loup-garou*, 1940), Vitrac aura surtout une activité de journaliste, à *Comœdia*, à *l'Intransigeant*, en même temps qu'il écrira des dialogues de films, et il connaîtra enfin une certaine sécurité matérielle. Cependant, sa santé s'est altérée – il a dû entrer, en 1934, en clinique pour y subir une cure de désintoxication –, et il est atteint en 1947 d'hémiplégie. Il meurt à cinquante-deux ans après avoir fait jouer *le Sabre de mon père* (1951) et rédigé une dernière pièce, *le Condamné* (posth., 1964), qui montre à la fois sa lucidité et son désespoir.

Une contestation pessimiste du réel

Le théâtre de Vitrac peut paraître l'un des plus pessimistes de notre siècle : il prétend, en effet, dénoncer l'absurdité du monde d'une façon plus radicale encore que celui d'Alfred Jarry ou d'Eugène Ionesco (auquel il s'apparente par la technique dramatique).

L'attitude de l'écrivain face à l'existence se caractérise par une sorte de fatalisme qui lui fait accepter sans révolte, mais non sans dérision, d'être, si l'on peut dire, marqué par le destin : « Enfin, pour parler net, je n'ai jamais été attiré que par les fous en puissance ou par les morts de moins de trente ans ». La société des adultes lui semble devoir être *a priori* rejetée, en totalité : en se laissant mourir, l'enfant génial Victor, à sa manière, refuse d'accepter les conventions du monde bourgeois, immoral, cruel, où les plus jeunes sont les jouets de leurs parents à moins qu'ils n'en soient les souffre-douleur – comme c'est le cas pour la petite Esther, que sa mère ne cesse de gifler. Selon une théorie assez largement répandue parmi les écrivains surréalistes, l'enfant, seul, a gardé assez de pureté et d'intelligence pour savoir ôter le masque du monde adulte, si bien ordonné, si rationnel, si réussi en apparence : « J'ai neuf ans. J'ai un père, une mère, une bonne [...] J'ai une brosse à dents individuelle à manche rouge. Celle de mon père a le manche bleu. Celle de ma mère a le manche blanc [...] J'ai un livret de caisse d'épargne, où l'oncle Octave m'a fait inscrire cinq francs le jour de mon baptême... » (*Victor ou les Enfants au pouvoir*, acte I, scène I). Mais les parents, avec un bel ensemble, se livrent à l'adultère, tiennent des propos délirants quand il est question de patriotisme, utilisent les enfants comme exutoires à leur agressivité et, pour finir, les « tuent » par inconscience et égoïsme.

La folie du monde est générale, et Victor, le fils prodige, dont la personnalité est si affirmée au début de la pièce, sent peu à peu son identité disparaître : « Mais, à la fin, qui suis-je ? Suis-je transfiguré ? Ne m'appelé-je plus Victor ? » (*Victor*, acte II, scène IV). Même *le Lapin*, l'organe de la déception, du mirage, de l'illusion, « garenne où on peut écrire en liberté » (*le Camelot*, acte I, scène V), anti-journal destiné à exprimer la dérision, finirait par être récupéré par les valeurs de la société bourgeoise (il aura un million de lecteurs, devra se mêler aux affaires publiques et, comble de l'horreur, donnera des pronostics exacts pour les courses de chevaux) si son directeur, le Camelot, un marginal étonnamment lucide, n'y mettait bon ordre en imaginant un gigantesque canular où il détruira lui-même l'édifice qu'il avait construit. On le constate : il n'y a pas d'issue, seuls les enfants ou les marginaux détiennent la vérité ; mais, entre l'individu qui rêve d'authenticité absolue, qui aspire à être reconnu, enfin, comme une personne (ce que Victor appelle « L'UNIQUAT »), et la société pervertie, mais rusée et toute-puissante, il n'y a pas d'entente possible ; la seule solution réside dans l'autodestruction, ultime possibilité de liberté.

Le pessimisme de Vitrac est aussi radical au sujet du langage, qui lui paraît incapable d'exprimer véritablement le sens des choses : « J'écris comme je parle, pour ne rien dire. Je considère la parole et le langage écrit comme infiniment inutiles », confie-t-il dans une interview en 1923. Quant à l'œuvre littéraire, elle naît au hasard des situations que l'écrivain a bien voulu mettre en place au départ. Ainsi Arcade, le personnage central du *Coup de Trafalgar*, déclare-t-il : « J'ai tout bâti sur la faible connaissance que j'ai de vous, que vous avez de moi, et j'ai laissé se dénouer le drame dans l'ignorance générale, persuadé que cette ignorance prendrait figure. » Sans doute, on retrouve dans cette conception de l'œuvre littéraire où le sens – s'il y en a un – se décante tout seul, d'une façon arbitraire, en dehors de la volonté du créateur, une des théories essentielles de l'école surréaliste. La création n'est, en aucun cas, une finalité pour l'écrivain ; l'œuvre n'a pas d'existence en soi, elle est seulement destinée à provoquer chez le lecteur ou le spectateur un état d'excitation, et c'est par ce choc qu'elle acquerra un sens, d'ailleurs fugitif et purement subjectif, qui pourra aussi bien être détruit immédiatement.

Une dramaturgie de la provocation

Cette volonté de provocation forme la base de la technique dramatique de Vitrac, qui poursuit ainsi la tradition d'Alfred Jarry, mais certainement avec moins de vigueur et moins d'originalité ; car, d'une manière qui paraît finalement très contradictoire avec ses propres affirmations, c'est plus par le sens de sa parole que Vitrac provoque, que par des innovations dans la dramaturgie proprement dite ; sa conception des personnages dramatiques n'a rien de particulièrement révolutionnaire en profondeur, et s'ils sont sur la scène, c'est bien, quoi qu'il en dise, pour apporter « le message » de l'auteur ; le découpage en scènes et en actes est respecté, les décors, les costumes n'ont rien qui sorte de l'ordinaire, et, comme le « message » possède un contenu à la fois très absolu et très limité, il n'est guère étonnant que Vitrac soit demeuré finalement l'homme d'une seule œuvre.

L'essentiel de l'originalité de l'écrivain réside finalement dans l'utilisation qu'il fait du langage, car il s'est efforcé d'appliquer au théâtre les techniques jusqu'alors employées par les surréalistes dans le genre poétique. Vitrac joue ainsi sur toute la gamme des procédés qui permettent de désarticuler le langage cohérent et logique de la société ordinaire. Celui qui semble le plus couramment utilisé est, conformément à la tradition de l'écriture satirique, la parodie ; mais il recourt aussi aux réponses décalées en jouant sur la polysémie :

> *Mme LEMERCIER. – Hélène était la coqueluche de Trouville.*
> *ARCADE. – Hélène par contagion serait donc morte d'une mauvaise angine ?*
> *Mme LEMERCIER. – Fameuse angine, en effet, ma pauvre enfant s'est pendue.*
>
> (*le Coup de Trafalgar*, acte II, deuxième tableau)

Il affectionne les énumérations d'objets hétéroclites et les procédés d'écriture automatique, qui sont sources de rapprochements comiques et qui donnent la vision d'un monde éclaté où les objets sont, eux aussi, détournés de leur sens : « J'ai dit : la montre à bascule, qui fait un ; la chaîne en métal canari soudée au pyrogène, qui fait deux ; la gourmette à manger de la tarte, qui fait trois [...], le passe-lacet, qui peut servir de passe-boule ou de presse-purée, qui fait sept [...], et je donne par-dessus le marché le portrait équestre de Notre Saint Père le pape, la réduction en terre cuite de la casquette du chef de l'État » (*le Camelot*, acte I, scène IV).

La parole est même parfois réduite à des unités phonétiques, d'ailleurs porteuses de symboles et de références littéraires, qui s'élaborent uniquement à partir d'allitérations : « Ida Mortemart, croupissant comme la mer Morte. Ah ! Les bulles... et ça crève ! Ida, dada, Ida dada. Morte ? Mortemart ? J'en ai marre, marre, marre » (*Victor ou les Enfants au pouvoir*, acte III, scène I). L'écrivain va même, le cas échéant, jusqu'à utiliser des créations verbales pures : « Oh Thérèse, c'est une grivette, un clisson, un poularic, une vinoseille, un marisignan, un pirosthète, je l'appelle mon rivarsort, ma vachinose, ma gruesaille » (*id.*, acte III, scène V).

Sans doute, l'œuvre de Roger Vitrac souffre-t-elle d'un certain nombre de défauts – contradictions théoriques, audaces insuffisantes dans la remise en cause de la dramaturgie traditionnelle, absence de densité, longueurs inutiles dans les dialogues, problématiques quelque peu rebattues ou ne débouchant sur aucune conclusion –, mais elle n'en possède pas moins le mérite de nous offrir une application dans le genre théâtral des thèses du surréalisme et, dans son utilisation du langage, elle a frayé la voie à des dramaturges modernes comme Ionesco, Beckett et Tardieu.

J.-P. Damour

VIVANT-DENON *v.* DENON

VIVIEN Renée

Pseudonyme de ***Pauline Mary TARN*** *(1877-1909)*

À vingt ans, « en proie à l'existence » (*Haillons*, 1909), Renée Vivien quitte Londres, où elle est née, pour rejoindre le Paris « fin de siècle » et ses scandales : aussi, pendant bien longtemps, le poète, occulté, laissera place au personnage que nombre d'échotiers, de chroniqueurs, voire d'écrivains – et non des moindres – distillant des anecdotes, se plairont à évoquer. Renée Vivien, à travers eux, resterait avant tout l'amoureuse de cette autre grande figure parisienne : l'amazone Nathalie Clifford Barney.

Cependant, quoique très inégale, l'œuvre de la « poétesse de Sapho » (« Psappha de Lesbos », dont elle donne en 1903 une traduction) ne saurait être tenue pour négligeable. En effet, si Renée Vivien utilise les thèmes et les paradoxes des écrivains du décadentisme, c'est pour les détourner, et faire entendre une voix autre que celle d'une idéologie essentiellement masculine : en ce sens, la construction du mythe saphique qu'elle élabore comme la violente évocation de Lilith – la déesse de la Révolte et du Rêve – qu'elle emblématise marquent, semble-t-il, un passage obligé sur la voie de l'émancipation des femmes, particulièrement dans le domaine de l'écriture.

Celle qui « [osa] concevoir/Qu'une vierge amoureuse est plus belle qu'un homme » ne recueillera malheureusement pas les fruits qu'elle a contribué à faire mûrir : étouffée par la « double postulation » qu'elle hérite de Baudelaire et des préraphaélites, écartelée entre le désir charnel et la tentation spirituelle (cf. ses recueils de poèmes *Études et préludes*, 1901 ; *Cendres et poussières*, 1902), entre la limpidité de la Méditerranée à Lesbos et la pesanteur délétère des eaux chargées, brumeuses ou paludéennes, Renée Vivien ne pourra échapper au double visage de Vénus : haine et amour se composent sans recours dans son œuvre (*la Vénus des aveugles*, 1904).

Ainsi partagée, Renée Vivien tentera, mais en vain, de se retirer « sous la protection humble des violettes » (*Dans un coin de violettes*, 1909). Tous ses écrits, particulièrement le récit autobiographique *Une femme m'apparut*... (1904) et ses poèmes en prose (*Brumes de fjord*, 1902 ; *Du vert au violet*, 1903 ; *la Dame à la louve*, 1904), expriment avec déchirement l'impossibilité de trouver un lieu, une place où pouvoir demeurer – alors que la mort, seule, apparaît stable.

Contrairement à une opinion trop répandue, c'est avec la prose, libérée des contraintes d'un vers classique, que Renée Vivien atteint au plus haut de son art et réussit à rendre le climat mystique et sensuel, à dire la soif d'infini et l'harmonie impossible, qui sont si caractéristiques de sa quête.

L. Pinhas

VOISENON, abbé de

Claude Henri de FUZÉE, abbé de VOISENON *(1708-1775)*

Né au château de Voisenon près de Melun, il appartenait à l'ancienne noblesse. Malgré « une petite santé attachée à un très petit corps » (Casanova), il brilla bientôt dans les salons, que lui avaient ouverts son esprit et la protection de sa marraine, la célèbre nouvelliste Mme Doublet. Voltaire apprécie ses vers donnés à l'*Almanach des Muses*, et sa première comédie, *l'Heureuse Ressemblance* (1728), a du succès. Soudain changement de cap : il entre dans les ordres et, quelques années plus tard, se retrouve vicaire général à Boulogne auprès de son oncle Henriot, évêque du lieu. Mais en 1742 il interrompt une prometteuse carrière ecclésiastique, se fait nommer abbé titulaire de Saint-Jean-du-Jard, en Brie, et rentre dans le monde. On le voit à Montrouge, chez le duc de La Vallière (il sera surnommé l'« évêque de Montrouge ») ; à Étiolles, où règne la future Mme de Pompadour, qu'il comble de poèmes célébrant « les grâces de Vénus et l'âme de Socrate » ; à Sceaux, chez la duchesse du Maine ; au Palais-Royal, chez le duc d'Orléans, qui lui donnera un logement ; dans les sociétés dites « badines », le Bout-du-banc, le Caveau ; il noue une longue amitié avec les Favart, devenant l'amant de la femme et le collaborateur attitré du mari. Car cette vie de plaisirs se double d'une intense activité littéraire : seul cette fois, il donne des comédies, *les Mariages assortis* (1744), *la Coquette fixée* (1746), *le Réveil de Thalie* (1750), où des médecins ridicules doivent reconnaître les vertus curatives du bon vin, *les Magots* (1756), parodie de *l'Orphelin de la Chine* de Voltaire, *la Petite Iphigénie* (1757), autre parodie. Son inspiration le conduit aussi bien vers le genre « poissard » que vers la pastorale ; il compose même des oratorios tirés de l'Écriture, *les Israélites sur la montagne d'Horeb* (1758), *les Fureurs de Saül* (1759). Le voici de surcroît promu personnage officiel : académicien en 1762 – grâce à Mme de Pompadour –, il rédige à la demande de Choiseul des *Essais historiques* pour l'instruction du Dauphin, est nommé en 1771 ministre du prince-évêque de Spire ; et cela sans perdre de vue ses contemporains, qu'il égratigne dans des *Anecdotes littéraires, historiques et critiques* ou flatte dans d'innombrables poésies fugitives :

Vous parez le soir de ma vie
Des couleurs de votre matin...

Malheureusement, Voisenon est incapable de se dégager des modèles littéraires de son temps. D'une œuvre si diverse seuls émergent quelques contes libertins où, à grand renfort de fées, de génies et de métamorphoses, l'instabilité du paraître relaie le thème « réaliste » de l'inconstance des sentiments : le héros du *Sultan Misapouf* (1746) a été changé en baignoire, en lièvre, en renard avant de rencontrer la princesse Grisemine, elle aussi plusieurs fois transformée ; celui de *Zulmis et Zelmaïde* (1745) devient un petit chien pour n'avoir pas su contenter les désirs d'une fée. Bien sûr, ce n'est qu'un jeu, et la convention est à tout moment dénoncée : « Ceux qui savent la nécessité des événements dans un conte... ». Au lecteur de lever ces voiles orientaux pour jouir de scènes érotiques cachées sous des métaphores transparentes : « Je crus que la fée avait enchanté mon petit doigt, car il grossissait à mesure que je l'approchais de l'anneau » (*le Sultan Misapouf*). Parfois, cependant, l'abbé moralise, et il prêche la fidélité (*la Navette d'amour*, histoire « chinoise ») ; *l'Histoire de la Félicité* (1750) confère à la surprise des sens la sécheresse de l'attraction newtonienne : « Je la regardai, elle le remarqua ; je rougis, elle s'approcha. » Mais c'est aussi pour dénoncer avec un didactisme pesant les dangers du monde et la joie des retrouvailles conjugales après les orages de la jeunesse. Hélas, Voisenon s'essouffle vite, et son Thémidore n'est qu'un pâle émule du Meilcour de Crébillon. Comment, quand on n'a que du talent, suivre et décrire en ses méandres un moi que la philosophie du temps dit si fragile ? Le problème que pose le peintre de *la Coquette fixée* à propos de son modèle est celui de Voisenon lui-même :

L'esprit à chaque instant la change et la varie,
Et le peintre étonné, saisissant le pinceau,
Retrouve à chaque trait un visage nouveau.

J.-P. de Beaumarchais

VOITURE Vincent

(1597-1648)

Parmi les écrivains du XVIIe siècle, Vincent Voiture constitue un curieux paradoxe. D'un côté, ce mondain refusait de se poser en « auteur » ; de l'autre, il ne fut admiré, tant dans les salons et le grand public, que par des critiques et théoriciens aussi exigeants que Malherbe, Pellisson, Bouhours et Boileau. De fait, toute une partie de l'esthétique poétique et épistolaire de l'époque ne peut se comprendre si l'on ignore l'apport de Voiture.

La réussite mondaine

Sa trajectoire sociale conduisit rapidement ce fils d'un riche marchand de vins (Amiénois installé à Paris et fournisseur de la Cour) dans le monde nobiliaire. Durant ses études au collège de Boncour, il eut pour condisciple et ami le comte d'Avaux, qui l'introduira dans la bonne société et dans les allées du pouvoir. Dès 1626, il obtint un brevet de conseiller du roi, puis, en 1628, la charge d'introducteur des ambassadeurs auprès de Monsieur (Gaston d'Orléans), dont il devint « gentilhomme ordinaire » (1642) en même temps qu'il accédait aux fonctions hautement honorifiques de Maître d'hôtel du roi. Sa réussite auprès des grands s'explique par un art consommé de l'intrigue : il sert bien son maître, mais sait prendre ses distances aux moments opportuns, lors des conflits entre Monsieur et Richelieu, duquel il se fait bien voir. Il agira de même auprès de Mazarin. Cumulant charges et pensions, il s'enrichit, jusqu'à disposer du revenu considérable de 18 000 livres par an.

Il mène la même vie que les jeunes nobles galants, s'adonnant au jeu, à la mondanité, aux intrigues amoureuses (une liaison célèbre avec Mme de Sainctot ; au moins une paternité clandestine, qu'il dut reconnaître), et, malgré sa petite taille, se montre un redoutable bretteur, fort chatouilleux sur le point d'honneur (il eut quatre duels).

Le service des Grands l'entraîne à travers la France et l'Europe. Dans la suite de Gaston d'Orléans révolté contre le roi son frère, il séjourne en Lorraine (1629), à Bruxelles (1631), puis son maître l'envoie comme émissaire en Espagne (1632 ; au retour, il passe par Ceuta, Lisbonne et l'Angleterre). Plus tard, il parcourt l'Italie en qualité d'émissaire du roi (1638).

Mais son domaine d'élection reste Paris, et plus particulièrement le salon de l'Hôtel de Rambouillet, dont il fut, durant plus de vingt ans (1626-1647), l'amuseur et la vedette [voir **Préciosité**]. Il y est en contact avec Boisrobert, Guez de Balzac, Chapelain, Godeau ; par ailleurs, il connaît Tristan L'Hermite, comme lui au service de Gaston d'Orléans. Le monde littéraire lui est donc familier, d'autant que l'Académie – où il ne fut guère assidu – se l'agrégea dès sa fondation et que, lors de son voyage en Italie, il fut élu à l'Académie des humoristes de Rome.

Un poète de brio

Pourtant, il refusait d'être traité en écrivain et ne se préoccupait pas d'éditer ses œuvres. Pour lui, l'écriture était un moyen et un prolongement de la vie mondaine. Il se cantonna d'ailleurs dans la poésie de circonstance et la lettre galante.

Sa poésie relève de l'art du divertissement. Elle se caractérise par la recherche, le brio, l'humour et s'inscrit dans la lignée de la fantaisie marotique. Même pour faire sa cour à Mazarin il ne se départ pas de cette verve : en 1647, dans un sonnet sur la « comédie des machines » (*id est* un opéra) qu'avait commandée le ministre, il joue sur les métamorphoses des décors et conclut :

Quels honneurs te sont dus, grand et divin prélat,
Qui fait que désormais tant de faces changeantes
Sont dessus le théâtre et non pas dans l'État.

Outre les formes alors usuelles (sonnet, élégie...), il affectionne les formes archaïques (ballades, rondeaux... qu'il remet à la mode, de 1636 à 1639 notamment) : leurs jeux d'échos et de refrains conviennent bien à son écriture, fondée sur le jeu d'esprit. Il recourt aussi à des formes plus brèves encore (le « pont breton », par exemple) ou à des chansons sur des airs à la mode : le texte repose alors entièrement sur des jeux de mots.

Bon connaisseur de l'Espagne et de Góngora aussi bien que de l'Italie et de Marino, il leur emprunte thèmes et procédés. Ainsi, il se complaît dans les effets de miroir (« Stances écrites de la main gauche sur un feuillet [...] qui regardait un miroir »), de masques (« Stances sur sa maîtresse rencontrée en habit de garçon un soir de carnaval ») ou de métamorphoses (ainsi le sonnet célèbre de la « Belle Matineuse »). Les sujets sont souvent bien minces et banals, et l'hyperbole excessive. Sa poésie est avant tout un jeu formel, et la recherche d'un « ton ». Elle ne prend son sens que par l'humour, jusque dans ses aspects polissons, comme dans les « Stances sur une dame dont la jupe fut retroussée en versant dans un carrosse à la campagne » :

Philis, je suis dessous vos lois,
Et sans remède à cette fois
Mon âme est votre prisonnière :
Mais sans justice et raison
Vous m'avez pris par le derrière.
N'est-ce pas une trahison ?

(Première strophe)

Philis, cachez bien ces appas
Les mortels ne dureraient pas
Si ces beautés étaient sans voile.
Les Dieux qui règnent dessus nous
Assis là-haut sur des étoiles,
Ont un moins beau siège que vous.

(Dernière strophe)

Ce badinage ténu repose cependant sur une poétique savante et sur une grande attention aux faits de langue et de style. Quand Voiture écrit en « vieux langage », c'est en connaisseur de la modernité. S'il joue à l'écriture impromptu, c'est en exploitant une solide culture antique et moderne. D'où l'estime des critiques. D'où aussi le succès auprès des mondains ; sous les dehors de la familiarité facile, sa poésie est codée, fondée sur des allusions et demi-mots réservés à un public averti et qui faisaient discrimination entre les lecteurs ingénieux et les ingénus.

L'art de la lettre galante

Mais la plus grande gloire de Voiture s'imposa au lendemain de sa mort, avec la parution de ses *Œuvres*, constituées, pour les quatre cinquièmes, de ses *Lettres*.

Ses lettres amoureuses sont les plus conventionnelles ; elles furent les moins appréciées, et, dès la deuxième édition (1650), elles furent reléguées en fin de volume. D'un plus

grand intérêt sont les lettres mondaines et familières, traitant des sujets les plus divers.
Ce sont de « vraies » lettres, écrites pour des correspondants précis, et qui ne prennent sens que par rapport à la personnalité et à la situation de ces derniers (les amis et habitués de l'Hôtel de Rambouillet). Ce sont des lettres de style « galant » : elles adoptent le ton de la conversation familière, spirituelle et élégante, telle la célèbre « Lettre de la Carpe au Brochet » adressée à Condé pour le féliciter du passage du Rhin (1643). Dans un tel *éthos*, nombre de variations sont possibles : badinage, même sur des sujets graves, comme lorsqu'il invite le marquis de Pisani à rester prudent dans les combats :

> *À vous parler franchement, pour quelque cause que l'on meure, il y a toujours quelque chose de bas à être mort, et cela n'est point de notre corps [notre société] : empêchez-vous-en donc, Monsieur, le plus que vous pouvez,*

mais aussi émotion quand il écrit, encore à Condé, au lendemain de la bataille de Nordlingen (1645), pour, tout à la fois, le féliciter de sa victoire et déplorer la mort de Pisani dans ce combat.
Sous ses dehors familiers, cette correspondance est très travaillée. Mais elle garde une allure spontanée. En cela, elle s'oppose au modèle que constituait jusqu'alors l'art épistolaire de Guez de Balzac, aux lettres calculées, construites comme autant de petits discours presque indépendants de leurs destinataires avoués. Une polémique éclata d'ailleurs entre les tenants de l'une et l'autre manière.
Le succès des *Lettres* de Voiture fut immense : soutenu par les menées de son neveu Pinchesne, qui s'était fait son éditeur, il contribua à développer le style qui marque l'esthétique galante mais qui influença directement aussi tout le goût classique.
En effet, on qualifie souvent Voiture de « précieux » et/ou de « baroque ». Il y a là une part de vrai : il fut un modèle revendiqué et vanté par les ruelles précieuses. Mais son œuvre relève avant tout de la galanterie et, de façon originale, associe les formules abstraites et les images réalistes. Elle a influencé le goût de La Fontaine et de Racine, autant que celui des poètes mondains et du cercle de Mlle de Scudéry. En cela, elle participe aussi de ce complexe que l'on nomme l'esthétique classique, au moins comme un exemple accompli de l'urbanité du ton.

A. Viala

VOLNEY C. F.

Pseudonyme de **Constantin François CHASSEBEUF** *(1757-1820)*

Disciple des Philosophes, C. F. Volney dédia sa vie aux Lumières : une passion rationnelle l'entraîne à connaître, à enseigner, à éclairer. Après avoir entrepris des études de médecine, il se consacre à l'érudition, avec un mémoire *Sur la chronologie d'Hérodote* (1781). Il part pour le Levant, apprend l'arabe et, à son retour, publie un *Voyage en Égypte et en Syrie* (1787) précis, exact, sévère. L'ouvrage connaît un succès européen ; avec *les Ruines ou Méditations sur les révolutions des empires* (1791), Volney atteint au comble de la célébrité : utilisant ses souvenirs d'Orient et sa culture classique pour combattre la tyrannie et l'obscurantisme, il proclame le déisme tolérant, la liberté et l'égalité. Il a participé à l'effervescence intellectuelle qui prépare la Révolution ; député du tiers état à l'Assemblée constituante, il popularise les idées nouvelles en un opuscule structuré par questions et réponses (*la Loi naturelle ou Catéchisme du citoyen français,* 1793). Modéré, emprisonné sous la Terreur, libéré par les thermidoriens, il enseigne l'histoire dans les écoles normales et devient membre de l'Institut. Il visite les États-Unis (*Tableau du climat et du sol des États-Unis*, 1803) accepte de Bonaparte, après le 18-Brumaire, une place au Sénat, mais, opposé au pouvoir personnel et à la proclamation de l'Empire, il cesse bientôt de siéger. Retiré sur ses terres, nommé comte par Napoléon, puis pair de France par Louis XVIII, il poursuit des expériences d'agronomie, multiplie les travaux sur les langues orientales et développe une critique historique qui prépare l'épistémologie positiviste (*Recherches nouvelles sur l'histoire ancienne,* 1808-1814 ; *Discours sur l'étude philosophique des langues,* 1820 ; *l'Hébreu simplifié,* 1820).
Idéologue, héritier du rationalisme expérimental d'Helvétius et de Condorcet, ami de Cabanis et de Destutt de Tracy, Volney croit à la loi, à la religion et à la morale naturelles, au progrès et à la perfectibilité, à l'expansion illimitée de la démocratie. Le philologue minutieux se double d'un pédagogue, et ses multiples curiosités échappent à la gratuité par un souci constant de culture et d'éducation : la connaissance du passé et de l'étranger doit servir à l'édification d'un homme nouveau, conscient des erreurs qui le guettent, libéré des préjugés et du fanatisme qui sont le fruit de l'ignorance. Cette conviction fait la grandeur et les limites du *Voyage* : la tradition d'érudition minutieuse du XVIIIe siècle, l'attrait accru pour l'Orient (Anquetil-Duperron traduit le *Zend-Avesta* en 1771), le goût du pittoresque et de la couleur confluent dans cet ouvrage ; mais l'aspect historique et documentaire, la volonté de montrer l'horreur du despotisme ou les méfaits de l'apathie sociale et de l'anarchie politique l'emportent largement sur la représentation et l'évocation des lieux. Volney, philosophe et savant plus que poète, mesure, dessine, juge, mais ne peint pas. Dans *les Ruines,* quand il imagine qu'au milieu des vestiges de Palmyre le « Génie des tombeaux » lui apparaît pour lui révéler la cause de la chute des États (tyrannie, inégalité, intrigues des prêtres, perversité des religions dogmatiques) et lui montrer l'avenir radieux qu'ouvrent les actes de la Constituante, l'érudit tombe dans l'emphase : l'enflure rhétorique, les artifices d'un style sentimental et pseudobiblique desservent l'enthousiasme progressiste. Le charme des ruines, qu'exprime le peintre Hubert Robert, et qu'utilisent les « fabriques » des jardins anglais, résiste mal au parti pris didactique et à des affabulations froides ou laborieuses. Ainsi Volney exemplarise les contradictions du XVIIIe siècle finissant : une attirance préromantique pour les lieux qui portent à la rêverie et à la mélancolie, jointe à une sécheresse rationaliste qui empêche le songe de s'incarner en une forme littéraire convaincante. [Voir aussi **Idéologues**.]

D. Madelénat

Voltaire

VOLTAIRE

*Pseudonyme de **François Marie AROUET** (1694-1778)*

« Dites-nous, célèbre Arouet... » C'est un certain Rousseau, prénommé Jean-Jacques, qui interpellait ainsi le grand Voltaire, en 1750, dans son premier *Discours* – son premier ouvrage. Arouet : le nom des origines. Comme pour réveiller l'exigence d'une authenticité oubliée ou trahie. Aux yeux du citoyen de Genève, qui vient d'accomplir sa « réforme » personnelle, le « célèbre Arouet » représente les compromissions de la carrière courtisane et mondaine, les concessions et les facilités d'une œuvre trop mêlée au siècle, et qui risque donc de s'y perdre en succès tout transitoires. On admire, chez le débutant génial, une aussi fulgurante intuition de l'essentiel. En 1750, c'est vrai, au-delà des titres et des consécrations, Voltaire ne s'était pas pleinement accompli. Quatre ans plus tard, s'étant retrouvé sur la frontière « le cul entre deux rois », l'ex-historiographe de Louis XV, l'ex-maître en belles-lettres de Frédéric II se gratifie enfin d'un destin en allant se fixer aux portes de la « parvulissime République » – au grand dam du citoyen Jean-Jacques, entre-temps devenu « célèbre » à son tour. Ce choix tardif, à plus de soixante ans, d'une marginalité, d'un établissement dans les marges de l'ordre, fut presque discret dans une existence aussi publique. Mais on méconnaît, tant est vif le préjugé de l'« antipoète », l'authentique vibration de l'*Épître* de l'arrivée aux Délices (1755) célébrant la « Liberté », « âme des grands travaux » : texte non de circonstance, mais de fondation et de projet.

Un Voltaire côté cour, un autre côté jardin ? Une fidélité de vocation relie, en fait, de beaucoup plus loin, petites et grandes, les autres fractures de la biographie, les écarts d'une longue jeunesse, les embastillements, l'exil anglais, les prudentes retraites de Cirey et de Berlin, les errances alsaciennes – et jusqu'à l'interdiction de sépulture qui termine si dérisoirement l'histoire de l'homme Voltaire. Côté jardin, la contestation de l'ordre, tapageuse, spectaculaire : le combat pour une société plus libre, une justice plus juste, une tolérance de toutes les opinions et croyances, une humanité plus fraternelle, dans la conscience lucide des solidarités terrestres. Mais côté cour, déjà, la conformité à l'ordre n'était qu'apparence et tactique. Le poète lauréat, dans les allées du pouvoir, pensait en dissident ; en « philosophe », bien avant les *Lettres philosophiques* (1734). Rêvant déjà d'une modernisation « à l'anglaise » de la monarchie et de la société françaises – à preuve *la Henriade* (1728), portant en creux comme le modèle d'un nouveau contrat des rois et des peuples. Mais il rêvait aussi d'avoir une part active à cette œuvre de rénovation, d'où ces jeux de protections et d'influences, cette recherche de titres et de brevets (« brimborions » et « grelots », car l'esprit restait libre), et ces conseils aux hommes en place, et ces activités diplomatiques officieuses ou parallèles. Rêve d'un pouvoir réel ? Imagine-t-on vraiment Voltaire en grand commis de Louis XV ? (ou en éminence grise de Frédéric II ?) Affirmation, plutôt, d'un pouvoir de l'intelligence et du discours, capable d'accompagner ou de stimuler les mutations nécessaires de l'« esprit public » ? On en débat toujours. La Cour trancha par la double négative. Quoi qu'il fît ou écrivît, interdit ou toléré dans la capitale, admis ou non à Versailles, ses ouvrages d'ailleurs presque constamment censurés ou poursuivis, et souvent combattus par des plumitifs bien protégés, M. de Voltaire entra décidément très tôt dans le personnage du trublion et du mal-pensant. « Un auteur scélérat », selon la forte expression d'un premier magistrat le signalant en 1742 au cardinal et ministre Fleury.

Dans une lettre de jeunesse, Voltaire avait eu ce mot : « Je finirai par renoncer à mon pays ou à la passion de penser tout haut. » Côté jardin, cette « passion » se libère : les presses des Cramer vont débiter – pendant un quart de siècle – l'immense pot-pourri des positions, propositions et partis pris. L'œuvre se multiplie et s'élargit avec le temps. Elle se leste aussi. Mais les grandes « sommes » critiques de la vieillesse ont mûri longuement dans les silences forcés de la carrière mondaine : vingt ans pour *le Siècle de Louis XIV* (1752), quinze pour l'*Essai sur les mœurs* (1756), des dizaines d'années pour les travaux d'exégèse biblique. Ici encore, aucune discontinuité, non plus qu'entre *Mahomet* (1742), pour le fond, et les mémoires en faveur des Calas (1762). Tout au plus perçoit-on, dans ce développement d'une présence et d'une parole, une qualité nouvelle d'engagement, plus direct, plus immédiat, comme dicté par un sentiment d'urgence à l'approche de la mort. Mais une même logique de la dissidence, de l'action, de l'influence unit profondément l'œuvre et la vie. Projet d'« écrivant » peut-être plus que d'écrivain, selon la définition proposée par Roland Barthes : celui qui met sa plume au service d'une cause, pour interpeller, témoigner, intervenir. Enraciné dans son temps, plus détaché que ses grands contemporains de toute eschatologie d'une révélation posthume – ni *Confessions* pour l'innocence ni *Neveu de Rameau* pour la vengeance –, Voltaire réalise ce type de l'intellectuel alors appelé « philosophe », dont les discours et les écrits tendent à changer le monde, *hic et nunc*.

Polygraphie et philosophie

L'œuvre est immense, et d'une diversité confondante. Une épopée, deux poèmes burlesques, des milliers de vers dans tous les genres de poésie, une quarantaine de pièces de théâtre – tragédies et comédies –, des essais et des traités, des traductions et des adaptations, des plaidoyers et des pamphlets, d'énormes « œuvres alphabétiques », une dizaine d'ouvrages historiques, une vingtaine de romans et de contes, et des mélanges, des mélanges, des mélanges. « L'homme universel » : c'est l'un des titres légendaires, au bas des estampes de la vieillesse. La nouvelle édition de référence, actuellement en cours de publication à la Voltaire Foundation d'Oxford, comptera plus de cent trente-cinq volumes, avec ses notices et ses appareils critiques, mais aussi de nombreux inédits (des lettres surtout) encore inconnus de Beuchot et Moland au siècle dernier. Au *Catalogue général* de la Bibliothèque nationale, Voltaire est le seul écrivain à remplir tout un tome, et ce tome est lui-même divisé en deux forts volumes.

On s'interroge sur cette frénésie d'écrire. Elle a ses déterminations personnelles : une vitalité hors du commun, une présence au monde exceptionnelle, en amplitude et en intensité tout à la fois. Plus intimement, l'effroi d'un vide intérieur, une horreur de l'ennui, l'angoisse de la mort peut-être, contre lesquels la littérature – le travail, disait-il plus simplement – lui fut un divertissement et un refuge. Son public, d'autre part, le gâta. Voltaire fut réellement, en son temps, une puissance intellectuelle, dont les raisons et les jugements comptaient. Porté par une attente plus vague, il devint aussi, en vers et en prose, un « écho sonore » des grands événements du siècle, et même des moins grands, du tremblement de terre de Lisbonne à la chute de Minorque, de l'expulsion des Jésuites au renvoi de Turgot. Journaliste et communicateur, dirions-nous. On s'habituait à l'entendre dire son mot sur toute chose, on forçait son silence. D'où l'aspect rhapsodique de cette production, dans les derniers temps surtout, si on la rapporte à l'actualité.

Pour l'essentiel cependant, sujets et intérêts, la polygraphie voltairienne tient à l'instabilité de l'ordre idéologique où elle intervient, à l'éclatement même des foyers de l'inquiétude et de la curiosité philosophiques, à l'énormité de cette béance problématique appelée « philosophie des Lumières ». On peut contester la valeur des résultats, on le fait volontiers dans le cas de Voltaire. Ni doctrine, ni théorie, ni système : il n'y prétendait pas. Il affirme la vocation d'un bonheur terrestre, il interroge en déiste conséquent une loi morale inscrite dans la nature, il cherche à définir un ordre humain conforme à cette loi et à cette vocation – tels sont les principaux axes philosophiques de l'œuvre. Encore sa réflexion prend-elle assez volontiers la forme heuristique du dialogue, quand elle ne se donne pas franchement pour celle d'un *Philosophe ignorant* (1766). Mais dans cette entreprise d'invention de l'homme où se reconnurent les « Lumières », dans cet effort collectif pour penser ou repenser le monde et l'histoire comme les lieux d'un accomplissement humain, Voltaire joua sa partie avec passion, plume en main, pendant soixante ans.

Il y tint un triple rôle. Celui du vulgarisateur fut le plus constant. Expliqués par lui, Locke et Newton devenaient clairs même aux mondains, les démarches et les paradigmes des nouveaux savoirs plus accessibles, les grands débats d'idées assimilables. Plus qu'un autre – Grimm l'a bien dit –, Voltaire mérita « la haine et la persécution des sots » : « il a mis la philosophie à la portée de tout le monde ». Aux valeurs nouvelles il confère une sorte d'évidence ; à leur mise en œuvre une sorte d'urgence. L'exposé n'est pas neutre : il se donne souvent, dans sa brièveté variée en mille formes, comme un « évangile ». Mais la clarté voltairienne, ce « bon sens » que les bien-pensants surtout jugent « court », était en soi philosophique, comme résistance aux artifices langagiers et autres facticités mythiques – comme exigence au moins d'authenticité.

Le rôle d'intervenant lui est plus propre encore. Ses relations, mais son indépendance aussi, et le poids de son audience devant l'Europe entière, le mirent en situation, plus qu'aucun autre, d'articuler sur la réalité, d'inscrire quelquefois dans la réalité de véritables actions philosophiques. La plus spectaculaire fut la réhabilitation de Jean Calas, célébrée par tous les « frères », à juste titre, comme une victoire politique. Mais de l'envoi de *Mahomet* au pape jusqu'à cette étrange journée prérévolutionnaire du retour à Paris, à travers toute la série des *Avis, Requêtes, Mémoires, Manifestes, Suppliques* et autres *Remontrances,* une prise de conscience se développe, sinon une pratique toujours réaliste, des nouveaux pouvoirs de l'écrit.

Enfin, rôle moins personnel, mais qu'il remplit avec prédilection, Voltaire mit au service de la cause commune ses immenses talents de satirique et de polémiste. « Qui plume a, guerre a », aimait-il à dire. Bonne devise pour une carrière aussi bruyante et scandaleuse que la sienne. Aux querelles proprement littéraires du *Bourbier* (1714) et du *Préservatif contre Desfontaines* (1738) succédèrent bientôt les controverses de fond sur la physique et sur l'histoire, puis les grandes « batailles philosophiques » de la vieillesse, dont les aspects anecdotiques et personnels – ces fameux duels où le provoquèrent Fréron, La Beaumelle et le P. Nonnotte, ces opérations de guérilla où il se lança contre le P. Berthier, Chaumeix ou Lefranc de Pompignan – recouvrent en fait des enjeux de pouvoir, disputés entre « partis » comme on disait, entre groupes de pression, dont l'influence traversait les milieux de cour et de gouvernement. Répandue par toute l'« Europe française », couvrant d'ailleurs l'ensemble du champ alors ouvert à la littérature, portée par la passion d'expliquer et de convaincre, cumulant l'effet de masse et l'effet de dispersion, la production des Délices et de Ferney joua dans la diffusion des Lumières un rôle essentiel. On prête à Louis XV vieillissant ce mot excédé : « Ne fera-t-on pas taire cet homme ? » « Cet homme » : porte-parole, animateur et agitateur à la fois – presque à lui seul un contre-pouvoir.

Aujourd'hui, l'usage s'est établi de distinguer, dans l'espace complexe de l'œuvre, des parties « vivantes » et des parties « mortes ». « Vivants », paradoxalement, des écrits fugitifs, circonscrits même parfois à l'actualité du moment, tous plus ou moins liés cependant à l'activité la plus militante – ouvrages de fiction, articles et « facéties », lettres et pamphlets, formes brèves, souvent atypiques, dont la pertinence d'écriture paraît transcender les circonstances. Les grandes œuvres historiques, dans le champ culturel contemporain, sembleraient bénéficier plutôt d'une sorte de « survie ». « Morts », en revanche, les ouvrages de « genre », les travaux de l'« immortel » : le théâtre et la poésie, déjà moribonds il y a un siècle, les écrits historiques de commande et les opuscules académiques ou érudits, qui ne furent jamais bien « vivants ».

Bilan de fait, dont la rigueur peut s'appuyer sur des opérations positives de dépouillement, d'enquête, de statistique. Mais dans ces exclusions ou ces préférences, quel est le poids des routines de l'enseignement, des politiques d'édition, des divers conditionnements de la lecture ? Certains mépris ne vont pas sans injustice, ni d'ailleurs sans dommage pour une exacte compréhension de l'ensemble de l'œuvre. Les générosités, les passions et les tendresses du théâtre ignorées, Voltaire est décidément insensible – et dès lors, que peut valoir son théâtre ? D'où peut-être le déplacement des tréteaux de *Zaïre* vers *Zadig*.

La damnation du poète, de même, faut-il beaucoup d'humilité pour la supposer en partie révocable, s'il est vrai que de tant d'ouvrages oubliés plusieurs pourraient être méconnus ? Stendhal prophétisait curieusement : « En 1978, Voltaire sera Voiture ». Au moins lisait-il ces volumes de vers, avec quelque chose encore de l'étonnement des contemporains pour tant de talents réunis – « un poète, c'est Voltaire, et encore Voltaire », écrivait Diderot. « Morte », *la Henriade,* pour Stendhal déjà. « Morts » sans doute aussi les poèmes sentencieux, dont les vers d'« acier » plaisaient encore au jeune Hugo, et les stances chères au vieux Lamartine… Mais les *Satires* ? Le « classique » du genre, s'il en faut un, est-ce Boileau, est-ce Voltaire ? Et la joyeuse *Pucelle,* si utilement corrosive aussi contre les mythologies de l'Histoire ? Et ces épigrammes, et ces petits vers, auxquels Michelet trouvait la tonicité du café des terres volcaniques ? On eût étonné Voltaire en lui disant qu'on rouvrirait un jour à Ronsard le « Temple du goût ». Est-il lui-même en enfer ou en purgatoire ? La poésie n'était pas, en ce temps, un autre langage parlant d'un autre ordre – une blessure de l'homme et du monde. Mais pour les rites et les rimes du siècle, Voltaire fut poète, et bon poète. Il voulut même, alliant Philosophie et Imagination, s'élever plus haut – que Voiture, par exemple, en dépit du joli mot de Stendhal. À la chute d'Icare, faut-il mépriser l'envol ?

« Il se fera sans doute un jour une grande révolution dans les esprits »

« Pourquoi, seul de tous les animaux, l'homme a-t-il la rage de dominer sur ses semblables ? » Voltaire n'a cessé de poser et d'agiter cette grande question. Et surtout de combattre ce qu'il appelle ici « la rage de dominer ». Ailleurs, c'est « le despotisme de l'esprit » ou « la tyrannie sur les âmes » ; c'est surtout l'« Infâme », vertige de foi et d'absolu, qui force à opprimer et à contraindre : le thème majeur de l'œuvre, presque obsessionnel. Dès *la Henriade,* dans le fameux chant de la Saint-Barthélemy, c'est l'« Infâme », sans le nom, qu'il désigne et dénonce comme ce « pouvoir despotique » exercé sur les consciences fanatiques, et qui se soumet les volontés et les corps. Sa vie durant, il a voulu et rêvé, et préparé selon ses forces, un nouvel ordre purgé de ce Mal. Et donc débarrassé de toute doctrine et de toute Église. Mais il faudrait détacher ces mots de tant de références, si dérisoirement appauvrissantes, à son antichristianisme et à son anticléricalisme.

Ce que Voltaire répète à satiété, c'est tout simplement que l'homme, une fois fanatisé, est capable du pire. Comment n'eût-il pas tiré des réalités chrétiennes, en lisant l'histoire et même en regardant aller le monde, les analyses et les illustrations exemplaires ? Voltaire a étudié de près, avec sérieux, avec scrupule, l'esprit des croisades, les massacres de religion, le fonctionnement de la mécanique inquisitoriale, les génocides de l'évangélisation coloniale. Il a lu Las Casas, les *Manuels* en usage au temps de Torquemada, la moderne *Apologie de la Saint-Barthélemy* (1763), les réquisitoires dévots contre l'audace impie de l'inoculation, les brefs comminatoires des papes contre la liberté de conscience, les édits de censure du Roi Très-Chrétien. *De l'horrible danger de la lecture* : c'est le titre grinçant d'une de ses meilleures facéties. Mais danger de la littérature aussi : d'où la nécessité, en frappant, de « cacher sa main ». Ce qu'il appelle « être apôtre sans être martyr ». Un jour de juillet 1766, Voltaire fut brûlé dans le même bûcher que le corps mutilé du chevalier de La Barre : symboliquement, sous la forme d'un exemplaire du *Dictionnaire philosophique,* mais avec une valeur d'avertissement personnel fort précise. D'où l'acharnement, comme héroïque, de ses « Écrasez l'Infâme ». « Voltaire, comme ennemi du christianisme, est véritablement grand » : Stendhal a cette fois raison.

Ce qui donc demeure de plus essentiellement « voltairien », c'est la résistance aux vérités violentes. L'« Infâme » a cent visages. Cocasse avec Fox, le quaker « saintement fou ». Austère avec Pascal, dont l'auteur des *Lettres philosophiques* a tôt reconnu l'« air despotique ». Absurde et dérisoire avec Maupertuis, premier inquisiteur d'une orthodoxie scientifique. Haineux surtout, impitoyable, avec les assassins en surplis ou en toge. Voltaire a même craint, dans son propre « parti », cette raideur de pensée, cette pureté presque doctrinale du matérialisme naissant. Ce qu'il appelait « superstition », on l'appellerait volontiers, s'il fallait actualiser son combat, « mythologie » ou « mystique » – surtout en songeant aux archaïsmes les plus sombres, les rites de la Race et du Sang, la sacralisation des Pouvoirs et des Savoirs, le sacrifice du bonheur aux promesses d'un Avenir. De même, ce qu'il appelait « tolérance » n'est qu'un vieux mot pour une chose toujours neuve, revendiquée ici comme un droit au pluralisme ou à la différence, ailleurs comme le simple droit de penser, quelquefois seulement de vivre à défaut d'exister.

L'« Infâme » ? Toute idéologie à vocation totalitaire, institutionnalisée, intériorisée dans les consciences. Il est heureux, au fond, que le seul de tous les personnages de Voltaire qui soit devenu un type soit Séide, l'homme instrumental de *Mahomet*, robot d'un Guide (le mot est dans le texte) et d'une Doctrine. « Un esprit amoureux de son propre esclavage » : est-il meilleure définition de l'aliénation parfaite ? Sans prétendre annexer Voltaire à toutes les bonnes causes, on peut poser en fait que le « voltairianisme », historiquement antichrétien comme il devait l'être, loin d'avoir épuisé le sens d'une lutte, l'a en fait occulté : des mythes voltairiens font encore obstacle à d'autres lectures de l'œuvre de Voltaire.

Ironie et esprit

Voltaire est spirituel, et tout est dit. Finesse et légèreté, malice et concision, badinage et raillerie. Ironie surtout : le grand mot. L'ironie, depuis Voltaire, est en soi voltairienne. Entre les lignes même, des clins d'œil, des sourires en coin. Tous ces compliments, bien entendu, s'inversent : Voltaire n'est pas sérieux, il n'est pas profond, il n'est pas important, etc. On lui concède les droits du fou, mais c'est en réservant la part du vrai sage. Le fou ne peut toucher, ni retenir : tout au plus surprendre et amuser. « Il ne sait pas, prononçait Joubert, de quelles choses il faut rire et de quelles choses il ne faut pas ». La méprise est claire, d'où le mépris.

De quoi Voltaire rit-il donc le plus volontiers ? Des chimères qui donnent à l'homme une importance factice. L'infatuation d'une royauté sur la nature, la prétention d'avoir réponse à tous les pourquoi, la vision d'un salut à faire ou d'une prédestination. C'est renvoyer les bipèdes humains à l'exercice d'une pratique existentielle, au travail d'un devenir. Découragé parfois des balbutiements de l'histoire, et près de conclure que l'homme n'est au fond qu'une pauvre créature, à peine pensante, à peine agissante, Voltaire sourit encore, refusant à Pascal les compensations tragiques de la Faute et de la Grâce – on peut d'ailleurs penser que nos néotranscendances et néorédemptions laïques ou athées ne lui paraîtraient pas beaucoup plus sérieuses.

Il rit encore, du moins s'efforce-t-il d'en rire, des horreurs et des haines que déchaîne le fanatisme – l'abandon à quelque Absolu. Le récit des temps théocratiques, dans l'*Essai sur les mœurs,* est ainsi continuellement tiraillé entre « farce » et « barbarie » – « cette diversité d'abominations ne laisse pas d'être fort amusante »... C'est Flaubert qui parle du rire de Voltaire comme d'un « grincement ». Mot génial, de sympathie profonde, entre collectionneurs l'un de la bêtise bourgeoise, l'autre de la sottise superstitieuse. C'est bien en « grinçant » que Voltaire, dans ses mélanges d'actualité comme dans ses travaux historiques, parle des aberrations de la nature humaine, avec une sorte de dérision de détachement, en se raidissant contre des complaisances peut-être troubles.

Il rit aussi, bien sûr, de ses adversaires. Grossièrement parfois, en perdant toute « dignité » – ses amis le lui reprochaient. Et le plus souvent, c'est sans y avoir intérêt, vu la disproportion des raisons et la supériorité de sa cause. Mais il s'agit de priver l'adversaire de l'importance qu'il attendait d'un combat même perdu d'avance. Sa victime la plus joyeusement maltraitée fut Maupertuis, auquel tous les académiciens de Berlin devaient donner du « grand homme » dans leurs discours.

Et Voltaire rit enfin, faute impardonnable, de lui-même. Des étrangetés de sa vie, des disparates de son œuvre, des incertitudes de son influence, du culte même dont on commence à l'entourer de son vivant. « Je mourrai, si je puis, en riant » : l'a-t-on assez retourné contre lui, ce mot, depuis Musset ! Il dit pourtant tout le contraire de la négation cynique ou de la dérision absurde : non le « hideux sourire », mais la ténacité d'un engagement. Révoltant, le rire voltairien, au sens propre, contre des valeurs jugées fausses.

On ne saurait trop souligner, si l'on en étudiait mieux le style, la qualité idéologique de ce qu'on appelle ici communément « esprit ». Non pas un luxe ni un ornement, ni une concession aux modes ambiantes, mais plus essentiellement, chez Voltaire, une forme d'écriture : l'inscription stylistique et textuelle d'un projet d'action sur le monde. Encore le phénomène s'analyse-t-il à deux niveaux. Par rapport à un certain ordre ou désordre établi, qu'il conteste, l'engagement spirituel est lui-même idéologiquement marqué – parler des militaires comme d'« assassins enrégimentés », c'est juger une civilisation, à l'une des fractures précises du droit et du fait. Mais, plus radicalement, l'esprit interpelle l'idéologie, en tant que sens et valeur décidés d'avance. On connaît le slogan type du prêt-à-penser, tel qu'il encombre par exemple la cervelle moutonnière du jeune Candide : « Maître Pangloss m'avait bien dit que... » Mauvais maître, Pangloss. Rien de spirituel dans son enseignement : aucune ouverture au doute. Du beau parc où maître Pangloss s'égayait en secret, Voltaire écrit : « Le petit bois qu'on appelait parc... », et cette distance des mots à la chose dérègle soudain le discours d'autorité. Il suffit de varier et d'étendre l'écart : cet ordre inhumain qu'on appelle chrétien, ces iniquités que l'on nomme justice, ces demi-barbares qui se disent civilisés, cette présomption qui se veut science, ces Welches si glorieux du nom de Français, etc. Comme langage, et plus précisément comme jeu et travail sur la cohérence des discours prétendus vrais, l'esprit, loin d'être une contrainte, est ainsi une force de libération. Il n'oblige pas à voir les choses de telle ou telle façon ; il habitue à demander à voir. D'où l'extrême abondance, dans le grand texte voltairien, des litotes, euphémismes, antiphrases, ellipses, insinuations et autres signes ou relations d'implication du lecteur : l'allocution spirituelle se constitue en maïeutique, en ironie – mais au sens étymologique, c'est-à-dire qu'elle suscite ou ranime le pouvoir de mettre en question, de donner sens et valeur aux choses, en décidant librement desquelles il faut ou ne faut pas rire. « C'est à vous à juger si j'ai tort ou raison » : le rire du philosophe finit toujours par provoquer une responsabilité.

À propos du « mythologue », Barthes écrivait : « sa liaison au monde est d'ordre sarcastique ». À la fois archéologie et mythologie de la connaissance et de l'erreur, du préjugé, de la superstition, du fanatisme, on comprend que l'œuvre de Voltaire soit aussi souvent ponctuée de ce rire grinçant. S'il n'a pas fini de déranger, c'est tant pis et tant mieux. L'antidote est peut-être encore efficient contre le confort empoisonné des orthodoxies.

	VIE		ŒUVRE
Vers 1630	François Arouet quitte le pays ancestral de Saint-Loup, près d'Airvault (Poitou), pour ouvrir un commerce d'étoffes à Paris.		
1675	Son fils, François Arouet, s'établit notaire.		
1683	Mariage du notaire Arouet et de Marie Marguerite Daumard, fille d'un greffier du parlement de Paris.		
1694	**22 nov.** : baptême, en l'église Saint-André-des-Arts, de François Marie Arouet, déclaré « né le jour précédent ». En fait, Voltaire prétendra avoir vu le jour le 20 février 1694, et surtout être le fils d'un M. de Rochebrune, ancien officier, poète à ses heures, client du notaire et familier des Arouet. « Roman familial » ? Divers indices longtemps négligés paraissent étayer ses dires. Voltaire avait un frère et une sœur, ses aînés de neuf et huit ans.		
1701	**13 juill.** : mort de Mme Arouet. Me Arouet exerce la charge, importante et bien rémunérée, de receveur des épices à la Chambre des comptes.		
1704-1711	Brillantes études chez les jésuites du collège de Louis-le-Grand. Parmi ses condisciples, les frères d'Argenson, futurs ministres.		
Vers 1706	Le petit Arouet est introduit par son parrain, l'abbé de Châteauneuf, dans la société libertine du palais du Temple : sans doute écrit-il ou récite-t-il déjà des vers.	**1706 ?**	*Amulius et Numitor,* tragédie – des fragments en ont été retrouvés et publiés en 1820.
1709-1710	Classe de rhétorique. Double premier prix de discours et de poésie latine ; le jeune Arouet est présenté au grand Jean-Baptiste Rousseau, le premier poète du temps.	**1710**	*Imitation de l'Ode du R.P. Lejay sur sainte Geneviève,* par « François Arouet, étudiant en rhétorique au collège de Louis-le-Grand », poème publié par les soins des jésuites.
1711	Classe de philosophie. Retour sous le toit paternel. Inscription à l'École de droit.		
1712-1715	Affirmation de la vocation poétique et mondaine. Arouet fréquente les salons littéraires et académiques, puis les milieux de théâtre. Il renoue avec les libertins du Temple. Il est peu à peu admis dans les meilleures sociétés.	**1712**	*Le Vœu de Louis XIII,* ode pour le concours annuel de l'Académie – non récompensé, d'où les satires de 1714.
1713	**Printemps** : séjour à Caen, peut-être lié à l'apprentissage du droit. **Sept.** : départ pour La Haye, comme secrétaire de M. de Châteauneuf, le frère de son parrain, chargé des négociations préliminaires au traité d'Utrecht. Liaison avec une jolie huguenote, qu'il veut enlever et convertir, « Pimpette » du Noyer. **Déc.** : Arouet est renvoyé à Paris, sur plainte de Mme du Noyer. Fureur de Me Arouet, qui menace de le déshériter et de l'envoyer à Saint-Domingue.	**1713**	*Ode sur les malheurs du temps.*
1714	Stage assez distrait chez Me Alain, notaire à Paris. Arouet rencontre Thieriot, qui toute sa vie restera son ami et sera son agent littéraire à Paris. **Été** : séjour à Saint-Ange, chez M. de Caumartin, ancien intendant des finances. Arouet commence une tragédie : *Œdipe.*	**1714**	*Lettre à M. D***,* pamphlet contre le jugement de l'Académie ; *le Bourbier ou le Parnasse,* satire en vers contre La Motte et sa coterie.
1715	**1er sept. : mort de Louis XIV ; le duc d'Orléans devient Régent.** Arouet fréquente plus assidûment la société du Temple – petits vers et couplets libertins – et la cour de Sceaux, suspecte au pouvoir – contes galants et épigrammes politiques.	**1715**	*Le Vrai Dieu,* ode.

	VIE	ŒUVRE
1716	**Début mai** : Arouet est exilé de Paris pour avoir fait des vers sur les amours incestueuses du Régent. Exil doré à Sully-sur-Loire, chez le duc de Sully. **Oct.** : rappelé à Paris.	*Épîtres,* dont une au Régent pour obtenir son retour en grâce.
1717	Nouvelles pièces de vers contre le Régent. **16 mai** : Arouet est enfermé à la Bastille – il y restera onze mois. Il commence un poème épique à la gloire de Henri IV.	
1718	**14 avr.** : libéré, Arouet est exilé à Châtenay. Il renouvelle son identité en signant VOLTAIRE, anagramme de sa naissance roturière (A-R-O-V-E-T LE Ieune) ou jeu de syllabes sur le lieu des origines (AIR-VAULT). **Oct.** : il habite rue de la Calandre. **Nov.-déc.** : succès retentissant d'*Œdipe,* trente représentations en deux mois.	**18 nov.** : première d'*Œdipe,* tragédie qui sera publiée l'année suivante avec six *Lettres critiques* sur la théâtralité du sujet et son traitement comparé chez Sophocle, Corneille et... M. de Voltaire.
1719-1724	Période très mondaine. Tournée des châteaux : Sully, Vaux, Le Bruel, Richelieu, La Source (résidence de Bolingbroke, leader, alors exilé, du parti Tory), Ussé, La Rivière-Bourdet.	
1720		**15 févr.** : création d'*Artémire.*
1722	**1er janv.** : mort de Me Arouet. **22 janv.** : reçoit une pension du Régent. **Juill.-oct.** : voyage en Hollande avec Mme de Ruppelmonde. Brouille avec Jean-Baptiste Rousseau, en exil à Bruxelles. Première version de l'*Épître à Uranie.*	
1723	Le gouvernement refuse la permission d'imprimer la *Ligue,* que Voltaire voulait dédier au roi. Liaison avec Mme de Bernières. **Févr. : majorité de Louis XV.** **2 déc. : mort du Régent. Le duc de Bourbon devient ministre principal.** Voltaire est gravement atteint de la petite vérole au château des Maisons.	*La Ligue ou Henri le Grand*, première version de *la Henriade.*
1724	Voltaire habite rue de Beaune, chez Mme de Bernières. **Été** : aux eaux de Forges, avec le duc de Richelieu.	**6 mars** : première (et dernière) de *Mariamne.*
1725	**Mai** : protégé par Mme de Prie, la maîtresse du duc de Bourbon, Voltaire est chargé de plusieurs divertissements et représentations de théâtre pour les fêtes du mariage royal. **Sept.-nov.** : séjour à la Cour. Reçoit une pension de la reine. Projet de voyage en Angleterre.	**10 avr.** : création d'*Hérode et Mariamne* – c'est *Mariamne* remaniée. 27 représentations. **18 août** : création de *l'Indiscret,* comédie (9 représentations), aussitôt imprimé.
1726	**Févr.** : algarade avec le chevalier de Rohan-Chabot, qui fait bâtonner le poète par ses gens. **17 avr.** : Voltaire est mis à la Bastille sur plainte des Rohan – il cherchait un duel réparateur. **2 ou 3 mai** : Voltaire est autorisé à quitter la France pour voyager en Angleterre. Embarque à Calais. **Mai 1726-nov. 1728** : séjour en Angleterre. **Juill.**: bref voyage secret à Paris. **Sept.** : mort de la sœur aînée de Voltaire. Après des débuts difficiles, Voltaire s'adapte à l'exil. Il retrouve Bolingbroke. Il apprend l'anglais.	
1727	**Janv.** : il est présenté au roi George Ier.	**Déc.** : *Essay upon the Civil Wars of France and also upon the Epick Poetry of the European Nations from Homer down to Milton.*
Hiver 1727-1728	Séjour à Londres, dans la meilleure société.	
1728	**Mars-oct.** : invitations aristocratiques et travaux littéraires (*Histoire de Charles XII, Brutus, Lettres anglaises*). Nombreuses rencontres : Pope, Swift, Clarke, Thomson, Young... **Nov.** : départ feutré, assez mystérieux.	**Mars** : *la Henriade* est publiée à Londres en souscription, avec une dédicace à la reine d'Angleterre.

	VIE		ŒUVRE
Hiver 1728-1729	Séjour à Dieppe.		
1729	**Mars-avr.** : reprend pied à Paris, où il va séjourner habituellement jusqu'en 1733. Fructueuses opérations financières, assez tortueuses mais ne sortant pas de la légalité, sur des remboursements d'obligations par loterie. **Été** : séjour en Lorraine.		
1730	Achèvement de *Charles XII.* **20 mars** : mort indévote d'Adrienne Lecouvreur, son amie ou sa maîtresse, dont le corps est jeté à la voirie.	**1730**	**Mars** : *Ode sur la mort de Mlle Lecouvreur.* **11 déc.** : première de *Brutus,* aussitôt imprimé avec un *Discours sur la tragédie,* et dédié à Bolingbroke.
1730-1735	Voltaire édifie une fortune personnelle considérable en investissant dans le grand négoce et les fournitures aux armées.		
1731	**Janv.** : le gouvernement suspend l'impression de l'*Histoire de Charles XII.* **Mai-juill.** : Voltaire fait imprimer clandestinement l'ouvrage à Rouen. Le projet des *Lettres anglaises* prend forme. Liaison avec Mme de Fontaine-Martel.	**1731**	**Nov.** : publication de l'*Histoire de Charles XII.* Éditions remaniées et augmentées en 1733, 1739, 1748 et 1768.
1732	**13 mai** : première mention d'un projet historique sur le siècle de Louis XIV – projet qui mûrira vingt ans. Rédaction des vingt-quatre premières *Lettres philosophiques.*	**1732**	**7 mars** : première d'*Ériphyle.* **Mai-juin** : première édition collective des *Œuvres de M. de Voltaire* (Amsterdam, Étienne Ledet, 2 vol.). **13 août** : première de *Zaïre.* Succès triomphal. Impression en 1733, avec dédicace « à Mr Falkener, marchand anglais ».
1733	**Janv.** : mort de Mme de Fontaine-Martel. Polémiques autour du *Temple du goût,* affirmation provocante d'un goût indépendant. **10 mai** : premier logement personnel de Voltaire, rue du Long-Pont, près de Saint-Gervais. **Avr.-mai** : début de la liaison avec Mme du Châtelet, « la divine Émilie », femme passionnée, savante et forte, dont la mort seule le séparera seize ans plus tard. **Juin** : ajoute les « Remarques sur Pascal » aux *Lettres philosophiques.* Travaille à un opéra, *Tanis et Zélide* (non représenté). **Déc.** : achève *Samson,* opéra en cinq actes, musique de Rameau – imprimé en 1745, jamais représenté.	**1733**	**Mars** : *le Temple du goût.* Seconde édition remaniée en juin. **Été** : première édition française avouée de l'*Essai sur la poésie épique.* **Août** : publication à Londres des *Letters concerning the English Nation,* préoriginale des *Lettres philosophiques.*
1734	**Avr.** : à Montjeu-sur-Autun, au mariage du duc de Richelieu. **3 mai** : lettre de cachet contre l'auteur des *Lettres philosophiques.* Fuite à Cirey-en-Champagne, chez Mme du Châtelet – son port d'attache pendant plus de dix ans. **27 juin** : première allusion à la composition de *la Pucelle.*	**1734**	**18 janv.** : première d'*Adélaïde du Guesclin* (imprimée en 1765 seulement). **Avr.** : les *Lettres philosophiques* sont publiées simultanément à Londres (24 lettres) et à Paris (25 lettres).
1735	Achèvement du *Traité de métaphysique,* resté inédit jusqu'en 1785. Séjour à Cirey. **Mai** : séjour à la cour de Lorraine.	**1735**	**11 août** : première représentation de *la Mort de César,* par les élèves du collège d'Harcourt. Impression au début de 1736.
1736	**Mai-juill.** : séjour à Paris. Première allusion aux *Éléments de la philosophie de Newton.* Procès avec le libraire Jore. **Août** : début des relations épistolaires avec le prince royal de Prusse, le futur Frédéric II. **Sept.-oct.** : scandale du *Mondain,* dérision provocante du rigorisme chrétien. **Déc.-févr. 1737** : voyage en Hollande. Voltaire suit à Leyde les leçons publiques de s'Gravesande ; c'est probablement l'occasion de sa première rencontre avec la comtesse de Bentinck.	**1736**	**Janv.** : *le Comte de Boursoufle,* comédie jouée à Cirey, inédite jusqu'en 1761. **27 janv.** : première d'*Alzire ou les Américains* – aussitôt imprimé. **Août** : *la Crépinade,* satire contre J.-B. Rousseau. **10 oct.** : première de *l'Enfant prodigue,* comédie, imprimée en 1738. Publication de l'*Épître sur la calomnie.*
Mars 1737-mai 1739	À Cirey, loisirs studieux : philosophie, histoire, sciences, exégèse biblique, théâtre et vers. Correspondance très suivie avec Frédéric de Prusse.	**1737**	**Mai** : *Conseils à un journaliste.* Nouvelle édition des *Œuvres* (Bâle, 3 vol.).

	VIE		ŒUVRE
1738	Expériences sur la nature du feu : Voltaire et Mme du Châtelet rédigent séparément un mémoire pour le concours de l'Académie – aucun des deux ne sera récompensé. **Févr.** : mariage de la nièce aînée de Voltaire avec un M. Denis. Voltaire compose les premiers *Discours sur l'homme.* **Nov.** : polémiques contre Desfontaines et Jean-Baptiste Rousseau. Querelle de la *Voltairomanie.*	**1738**	*Le Préservatif,* satire contre Desfontaines. **Déc.** : publication des *Éléments de la philosophie de Newton.* Lettre-programme sur le futur *Siècle de Louis XIV* (« Lettre de M. de Voltaire à M. l'abbé Dubos »).
		1738-1739	*Discours en vers sur l'homme* – six discours, plus un septième réuni aux autres en 1745.
1739	**Mai** : voyages jusqu'en oct. 1741, résidence habituelle à Bruxelles, où Mme du Châtelet a un procès de famille à soutenir. Séjours en Hollande pour des travaux d'édition. **Août-oct.** : séjour à Paris. **Nov.-déc.** : saisie et suppression d'une impression des premiers chapitres du *Siècle de Louis XIV.* Voltaire reste mal vu du pouvoir depuis l'affaire du *Mondain.*	**1739**	**Printemps** : *Vie de Molière.* **Nov.** : *Œuvres de M. de Voltaire,* nouvelle édition (Amsterdam, Desbordes et Ledet, 8 vol.).
1740	**Janv.-mars** : révision de *Charles XII,* à partir de nouveaux documents. **31 mai** : **avènement de Frédéric II de Prusse.** Voltaire doit arrêter l'impression de l'*Anti-Machiavel,* dont il s'était chargé – en déc., Frédéric II envahira la Silésie. **11 sept.** : première rencontre avec Frédéric II, près de Clèves. **Sept.-oct.** : travaille à une édition corrigée de l'*Anti-Machiavel.* **Début nov.** : quitte La Haye pour Berlin. Premier séjour à la cour de Prusse. **Mi-déc.** : retour en Hollande.	**1740**	**8 juin** : première de *Zulime,* imprimée en 1761. **Oct.-nov.** : publication de l'*Anti-Machiavel,* de Frédéric II de Prusse, revu par Voltaire. **Déc.** : *la Métaphysique de Newton,* intégrée aux *Éléments* à partir de 1741.
1741	**La France s'engage dans les hostilités de la guerre de Succession d'Autriche.** Voltaire est à Bruxelles jusqu'à la fin d'oct. **Juin** : commence un essai sur l'histoire universelle (le futur *Essai sur les mœurs*). **Fin déc.** : retour à Cirey, par Paris.	**1741**	**25 avr.** : création de *Mahomet* à Lille, avec grand succès.
1742	**Frédéric II se dérobe à l'alliance française et signe une paix séparée avec l'Autriche.** **Août** : nouveau voyage à Bruxelles avec Mme du Châtelet. **Sept.** : nouvelle rencontre avec Frédéric II, à Aix-la-Chapelle. **Nov.** : retour à Paris.	**1742**	**9 août** : première de *Mahomet* à Paris – la pièce est interdite après la troisième représentation.
1743	**29 janv.** : **mort du cardinal de Fleury, Premier ministre depuis 1726.** Le comte d'Argenson, ancien condisciple de Voltaire, devient ministre de la Guerre. **Avr.** : échec de Voltaire à l'Académie française – le roi n'agréant pas sa candidature. Découverte de Vauvenargues, à qui il prodiguera encouragements et conseils. **Juin** : Voltaire est envoyé à Berlin pour sonder secrètement les intentions de Frédéric II dans une conjoncture militaire devenue délicate pour la France – mission dont il se tire honorablement, d'où le retour en grâce des années 1743-1747. **3 nov.** : Voltaire est élu à la Royal Society de Londres. **Nov.-avr. 1744** : long séjour à Paris.	**1743**	**20 févr.** : première de *Mérope.* Cette pièce sera un des plus grands succès de Voltaire au théâtre. **Printemps** : première édition avouée de *Mahomet.* **29 août** : première de *la Mort de César* à la Comédie-Française.
1744	**Printemps** : à Cirey, avec Émilie. Composition de *la Princesse de Navarre,* commande officielle pour le mariage du Dauphin. **Août** : retour à Paris, pour la préparation des fêtes. Voltaire s'intéresse vivement à sa jeune nièce, Mme Denis, veuve depuis quelques mois. Elle devient sa maîtresse en 1744 ou 1745. **18 nov.** : le marquis d'Argenson est nommé ministre des Affaires étrangères. Jusqu'à sa disgrâce en janv. 1747, il utilisera Voltaire pour rédiger ou réviser des mémoires diplomatiques.	**1744**	**Mars** : publication de *Mérope,* avec, à la suite, de *Nouvelles Considérations sur l'histoire.* **Nov.** : discours en vers *Sur les événements de l'année 1744.*

	VIE		ŒUVRE
1745	Commencent trois années brillantes de poète lauréat et courtisan. Versailles, Fontainebleau lui sont ouverts, et même Étiolles – il connaît personnellement Mme de Pompadour, la nouvelle favorite. **18 févr.** : mort d'Armand Arouet, frère de Voltaire. **27 mars** : Voltaire est nommé historiographe de France, avec une expectative pour la charge de gentilhomme ordinaire de la chambre du roi. **11 mai** : **victoire de Fontenoy.** **Juin** : projet d'une histoire de Pierre le Grand. **Août** : envoi de *Mahomet* au pape Benoît XIV, qui lui a fait remettre des médailles bénites. **Août-sept.** : ébauche d'une histoire de la guerre de Succession d'Autriche, à partir des archives officielles. **Déc.** : premiers rapports avec Jean-Jacques Rousseau, chargé de remanier *la Princesse de Navarre.*	**1745**	**23 févr.** : création, à Versailles, de *la Princesse de Navarre,* comédie-ballet en trois actes, livret de Voltaire, musique de Rameau. **Avr. 1745-juin 1746** : publication, dans le *Mercure de France,* de morceaux détachés du futur *Essai sur les mœurs.* **18 mai** : *la Bataille de Fontenoy,* poème. **27 nov.** : création du *Temple de la gloire* à Versailles, livret de Voltaire, musique de Rameau. **22 déc.** : représentation des *Fêtes de Ramire,* adaptation en un acte, par Jean-Jacques Rousseau, de *la Princesse de Navarre.*
1746	**25 avr.** : Voltaire est élu à l'Académie française, au fauteuil du président Bouhier. **9 mai** : réception académique. **Juin 1746-août 1747** : procès contre Travenol, fournisseur et diffuseur de pamphlets antivoltairiens. **Nov.** : reçoit son brevet de gentilhomme ordinaire. **13 déc.** : première lettre connue de Voltaire à d'Alembert.	**1746**	*Dissertation sur les changements arrivés à notre globe.* Édition des *Œuvres* en 6 volumes, chez J. Nourse, à Londres.
1747	Paris, Versailles et Fontainebleau. **28 mai** : mort de Vauvenargues. **Été** : séjour à Anet, chez la princesse du Maine. **Oct.** : mot imprudent au jeu de la reine. Retraite à Sceaux, auprès de la princesse du Maine. Les protections deviennent moins sûres, les cabales plus influentes : Louis XV n'aime pas Voltaire. Préparation d'une grande édition des œuvres, à paraître à Dresde.	**1747**	**Juill.** : publication de *Memnon, histoire orientale*, première version du futur *Zadig.* **Août** : représentation, à Anet, du *Comte de Boursoufle.* **15 déc.** : représentation, à Sceaux, de *la Prude*, comédie en cinq actes. Impression en 1759.
1748	Nouveau port d'attache : Lunéville, à la cour du roi Stanislas – Voltaire et Mme du Châtelet y passent toute l'année. **Mai-juin** : Versailles, en compagnie du roi Stanislas. Liaison de Mme du Châtelet avec Saint-Lambert. **16 oct.** : **paix d'Aix-la-Chapelle.**	**1748**	**29 août** : création de *Sémiramis,* éditée l'année suivante, avec, à la suite, *Des mensonges imprimés,* texte qui conclut à la fausseté du prétendu « testament du cardinal de Richelieu ». Publication du *Panégyrique de Louis XV.* **Sept.** : *Zadig.* Nouvelle édition des *Œuvres,* à Dresde, chez Conrad Walter, en 8 vol., où paraissent pour la première fois *le Monde comme il va* (conte), *Pandore* (opéra), des *Anecdotes sur Louis XIV,* des *Anecdotes sur Pierre le Grand,* etc.
1749	**Févr.** : retour à Paris, avec Mme du Châtelet. Installation rue Traversière. Voltaire travaille à un *Catilina,* qui doit rivaliser avec celui de Crébillon. Date probable de la rédaction du *Sermon des Cinquante,* son premier pamphlet contre le christianisme. **Juin** : début de la relation personnelle avec Diderot, qui a envoyé au « cher maître » sa *Lettre sur les aveugles.* **Juill.** : retour à Lunéville. **4 sept.** : Mme du Châtelet accouche d'une fille. **10 sept.** : mort de Mme du Châtelet. **Oct.** : retour à Paris par Cirey. Voltaire se jette dans le travail : *Catilina ou Rome sauvée* et *Oreste.*	**1749**	**16 juin** : *Nanine ou le Préjugé vaincu,* comédie en trois actes, aussitôt imprimé. **Automne** : *Recueil de pièces en vers et en prose,* où paraît pour la première fois *Des embellissements de Paris.*
1750	Voltaire installe chez lui, rue Traversière, sa nièce, Mme Denis. Projet d'un voyage à Berlin, où Frédéric II l'appelle depuis des années. **22 juin** : représentation privée de *Rome sauvée* chez la duchesse du Maine. **25 juin** : départ pour la Prusse – Voltaire ne reviendra à Paris qu'en févr. 1778. Accueil glacial à Compiègne, où il prend congé de la Cour.	**1750**	**12 janv.** : création d'*Oreste*, aussitôt imprimé. **Juin** : *la Voix du sage et du peuple*, contre les exemptions et privilèges fiscaux du clergé. **Sept.-févr. 1751** : quelques morceaux du futur *Essai sur les mœurs* sont publiés dans le *Mercure de France.*

	VIE		ŒUVRE
	(suite 1750) **Vers le 21 juill.** : arrivée à Potsdam. Voltaire se voit refuser par Louis XV la permission usuelle du double service : sa place d'historiographe lui est retirée, et il est « cédé » au roi de Prusse, dont il devient le chambellan – en fait le maître de rhétorique et le réviseur littéraire. Il est logé dans les châteaux royaux. Retrouve la comtesse de Bentinck, qui séjourne à Berlin jusqu'en 1754 : échange de services et intime amitié. **Déc.** : retour de la cour de Potsdam à Berlin.	**1750-1751**	Premiers *Dialogues philosophiques.*
1751	**Janv.-mars** : disgrâce royale ; procès (mal gagné) contre le banquier Hirschel. **Mars** : logement au Marquisat, près du château de Potsdam. Voltaire travaille au *Siècle de Louis XIV.* **Juin** : publication du premier volume de l'*Encyclopédie.* **Été** : ses amis parisiens le pressent de revenir. Efforts pour regagner les bonnes grâces de Mme de Pompadour. **30 sept.** : reprise de *Mahomet* à Paris, en dépit de la cabale dévote. **Déc.-févr. 1752** : querelle avec La Beaumelle – et inimitié définitive. **L'alliance prussienne se refroidit : Frédéric II s'attend et se prépare à une nouvelle guerre ; Versailles veut conserver la paix.**	**1751**	**Avr.-mai** : publication d'une nouvelle édition des *Œuvres* (Paris, Michel Lambert, 11 vol.). **30 sept.** : reprise de *Mahomet,* non représenté depuis 1742.
1752	**Janv.-mars** : démarches vaines pour obtenir la permission d'imprimer *le Siècle de Louis XIV* en France. **Avr.** : préparation d'une édition augmentée du *Siècle,* à paraître à Dresde. **Juill.** : Voltaire soutient secrètement Koenig dans sa querelle scientifique contre Maupertuis, président de l'académie de Berlin. **Août-sept.** : projet d'une « encyclopédie de la raison », plus portative et plus militante que l'*Encyclopédie,* et rédaction des premiers articles : c'est le futur *Dictionnaire philosophique* (1764). Achèvement d'un *Poème sur la religion naturelle.* **Sept.** : placements en rentes viagères chez le duc de Wurtemberg, en prévision d'un retour à Paris. **Oct.-nov.** : Voltaire communique à Versailles le manuscrit de son *Histoire de la guerre de 1741* : on lui demande d'en différer l'impression, mais avec des égards qui peuvent annoncer un retour en grâce. **Nov.-déc.** : querelle de l'*Akakia.* Frédéric II fait lacérer et brûler le pamphlet sur les places publiques (24 déc.).	**1752**	**Févr.** : *le Siècle de Louis XIV,* première édition, publié à Berlin. *Micromégas,* conte philosophique. **24 févr.** : création, à Paris, de *Rome sauvée.* **17 août** : première d'*Amélie ou le Duc de Foix,* à Paris. **Automne** : nouvelle édition des *Œuvres* (Dresde, Conrad Walter, 8 vol.). *Réponse d'un académicien de Berlin à un académicien de Paris,* contre Maupertuis. **Nov.** : *Défense de Milord Bolingbroke.* **Nov.-déc.** : *le Siècle de Louis XIV,* éd. augmentée (Dresde). **Déc.** : *Diatribe du docteur Akakia,* contre Maupertuis.
1753	**1er janv.** : Voltaire offre sa démission à Frédéric II, qui la refuse. Réconciliation fragile. **26 mars** : Voltaire quitte Potsdam avec un congé de six mois pour se rendre aux eaux de Plombières. **Mars-avr.** : séjour à Leipzig. Nouvelles attaques contre Maupertuis, dans des additions à l'*Akakia* et dans le *Supplément au Siècle de Louis XIV.* **Avr.** : Frédéric II fait publier qu'il a « chassé » Voltaire. **Mai** : le *Sermon des Cinquante* circule dans Berlin. **23 avr.-25 mai** : séjour à la cour de Gotha. Projet d'un ouvrage chronologique sur l'histoire de l'Empire. **26-31 mai** : halte à la cour de Cassel. **1er juin-6 juill.** : Voltaire est séquestré arbitrairement, sur ordre du roi de Prusse, dans la ville impériale de Francfort. Mme Denis, venue à sa rencontre, est également gardée à vue. Frédéric II se fait restituer les insignes de son service et ses ouvrages, imprimés ou manuscrits.	**1753**	**Janv.** : *le Siècle de Louis XIV,* édition pirate réalisée par La Beaumelle, avec des notes critiques et des pièces satiriques. **Mi-avr.** : *Supplément au Siècle de Louis XIV,* réponse à La Beaumelle.

	VIE		ŒUVRE
	(suite 1753) **Juill.-août** : lente retraite d'Allemagne, par Mayence et Mannheim. **Août-sept.** : indésirable à Paris, Voltaire s'arrête à Strasbourg. **Oct** : installation à Colmar. Sollicite à Versailles, par l'entremise de Mme Denis, la permission de rentrer à Paris. Projet d'achat d'une terre frontalière, projets de voyages : Voltaire se voit « entre deux rois le cul par terre ». Il travaille aux *Annales de l'Empire,* compose le conte de *Scarmentado* et réécrit ses lettres de Prusse à Mme Denis pour en faire une satire contre Frédéric II. **Déc.** : désaveu d'une édition pirate de l'*Essai sur les mœurs,* chargée d'attaques contre les puissances, à laquelle Frédéric II semble avoir mis la main.		
1754	À Colmar jusqu'en oct. **Janv.** : la permission de se rapprocher de Paris est refusée. **Mars** : Voltaire fait ses pâques. **Avr.-mai** : projet de séjour ou d'établissement en Suisse. Rédaction de quelques articles pour l'*Encyclopédie,* dans la rubrique « Littérature et morale ». **Juin** : séjour de deux semaines à l'abbaye de Senones. **Juill.** : retrouve aux eaux de Plombières Mme Denis et ses amis parisiens. Retour à Colmar avec Mme Denis. Travaille à l'*Orphelin de la Chine.* **Nov.-déc.** : départ pour Lyon, passage à Genève, séjour à Prangins.	**1754**	**Janv.-mars** : *les Annales de l'Empire.*
1755	**Mars** : installation en Suisse. Voltaire loue une propriété près de Lausanne et achète, aux portes de Genève, le domaine de Saint-Jean, aussitôt rebaptisé « les Délices », où il s'installe avec Mme Denis. **Mai** : bruits alarmants d'éditions pirates de *la Pucelle.* **Juill.** : plaintes du consistoire de Genève au sujet des représentations de théâtre données aux Délices. Voltaire travaille à son « histoire universelle ». **1er nov.** : **tremblement de terre de Lisbonne – 25 000 morts.** **Déc.** : composition du *Poème sur le désastre de Lisbonne.* Rédaction de nouveaux articles pour l'*Encyclopédie.*	**1755**	**Mai-juin** : *Épître, en arrivant dans sa terre près du lac de Genève.* **Août-sept.** : édition pirate, faite sur une copie volée, de l'*Histoire de la guerre de 1741.* **20 août** : *l'Orphelin de la Chine.* Publication en sept., avec une lettre à Jean-Jacques Rousseau sur les malheurs de la condition d'homme de lettres. **Oct.-nov.** : éditions pirates de *la Pucelle.*
1756	**Janv.-mai** : **renversement des Alliances.** **18 mai** : **déclaration de guerre de l'Angleterre à la France, début de la guerre de Sept Ans.** **Mai** : séjour à Berne. **Août** : séjour de d'Alembert aux Délices et préparation de l'article « Genève » de l'*Encyclopédie.* **Nov.** : Voltaire propose au ministère de la Guerre les plans d'un char d'assaut de son invention. **Déc.-janv. 1757** : intervention en faveur de l'amiral anglais Byng, condamné pour trahison après sa défaite de Minorque, sans succès.	**1756**	*Collection complète des Œuvres de M. de Voltaire* (Genève, Cramer, 17 vol.). Dans les « œuvres mêlées » se trouvent de nouveaux contes (*les Deux Consolés, le Songe de Platon, Histoire des voyages de Scarmentado*) et divers morceaux de « philosophie » (*Des embellissements de Cachemire, Lucrèce et Posidonius, Timon* – ce dernier texte dirigé contre le premier *Discours* de Jean-Jacques Rousseau). **Mars** : *Poème sur le désastre de Lisbonne* et *Poème sur la religion naturelle.* **Déc.** : article « Histoire » pour l'*Encyclopédie.* Première édition avouée de l'*Essai sur l'histoire générale et sur les mœurs et l'esprit des nations.*
1757	**5 janv.** : **attentat de Damiens contre Louis XV.** **Janv.-févr.** : contacts indirects de la cour de Russie ; Voltaire est chargé d'écrire une « histoire de Pierre Ier ». **Avr.-mai** : nouvelles difficultés avec le consistoire de Genève. **Août** : reprise active de la correspondance avec Frédéric II, qui cherche à faire une paix séparée avec la France – Voltaire est mêlé à ces pourparlers, mais le parti de la guerre l'emporte à Versailles. **5 nov.** : **défaite française de Rossbach : Frédéric II recouvre la Silésie.** **Déc.** : scandale de l'article « Genève » de l'*Encyclopédie.* Les pasteurs de Genève accusent Voltaire de l'avoir inspiré.	**1757**	Deuxième édition Lambert des *Œuvres,* Paris, 22 vol.

	VIE		ŒUVRE
1758	**Janv.-oct.** : rédaction de *Candide.* **Févr.** : d'Alembert se retire de l'*Encyclopédie.* **Été** : Voltaire livre à Diderot les derniers articles promis. Apporte des remaniements à l'*Essai sur les mœurs.* Travaille à son *Histoire de Russie.* Une cabale cléricale se développe à Genève pour faire expulser Voltaire des Délices. **Juill.-août** : séjour à Schwetzingen, chez l'Électeur palatin. Projet d'établissement en Lorraine, mais Louis XV en refuse la permission. **Sept.-oct.** : Voltaire reçoit aux Délices la comtesse de Bentinck. **Oct.** : Jean-Jacques Rousseau publie sa *Lettre à d'Alembert sur les spectacles,* réplique à l'article « Genève » de *l'Encyclopédie.* **Déc.** : **Choiseul appelé au ministère des Affaires étrangères** ; c'est un vieil ami de Voltaire. **Déc. 1758-févr. 1759** : acquisition de Ferney et Tourney. « J'ai quatre pattes au lieu de deux. »	**1758**	**Juill.** : première de *La femme qui a raison,* à Carouge. Impression en 1759.
		1758-1760	Rédaction des morceaux autobiographiques connus sous le nom de *Mémoires* (1784).
1759	**Janv.** : condamnation de l'*Encyclopédie* et révocation du privilège. **Juin** : « Il faut extirper l'infâme » (à Mme d'Épinay). **Juill.** : Voltaire écrit *Socrate,* pièce allégorique en prose contre les « anti-philosophes » – qui ne sera pas jouée. **Automne** : prête son concours à des pourparlers secrets entre Versailles et Berlin, sans plus de succès que l'année précédente. **Nov.** : le premier tome de l'*Histoire de Russie* est soumis à Saint-Pétersbourg. **Déc.** : aménagements à Ferney et Tourney.	**1759**	**Mi-janv.** : *Candide ou l'Optimisme,* publié simultanément à Paris, Londres et Amsterdam. **Févr.** : *Ode sur la mort de Mme la Margrave de Bayreuth,* avec une longue note, très virulente, contre les ennemis de la « philosophie ». **Juin** : *le Sermon des Cinquante,* tirage confidentiel, pour les amis sûrs. *Précis de l'Ecclésiaste* et *Précis du Cantique des Cantiques,* adaptations en vers faites à la demande de Mme de Pompadour. **Août ?** : publication de *Socrate.* **Oct.-nov.** : *Relation de la maladie, de la confession, de la mort et de l'apparition du jésuite Berthier.*
1760	Reprise du projet de *Dictionnaire philosophique.* **10 mars** : réception à l'Académie française de Lefranc de Pompignan, qui se livre à une violente attaque contre les nouveaux « philosophes ». **2 mai** : représentation à la Comédie-Française des *Philosophes* de Palissot, pièce satirique soutenue par les dévots et protégée par le ministère. **Juin** : Jean-Jacques Rousseau adresse à Voltaire une lettre haineuse et insultante. **Sept.-oct.** : nombreuses représentations théâtrales à Ferney et nouvelles plaintes du consistoire. **Nov.-déc.** : Voltaire recueille chez lui « Mlle Corneille », petite-nièce du grand tragique, abandonnée de tous dans sa misère. **Déc.** : installation définitive à Ferney. Début de divers procès et démêlés avec les jésuites d'Ornex, le curé de Moens et l'évêque d'Annecy.	**1760**	**Mars** : *Lettre civile et honnête.* **Avr.-mai** : campagne d'épigrammes contre Lefranc de Pompignan : les *Quand,* les *Qui,* les *Quoi,* les *Ah ! Ah !,* etc. **Mai** : publication du *Café ou l'Écossaise,* contre Fréron. **Été** : nouvelles satires, en vers et en prose : *la Vanité, le Pauvre Diable,* le *Plaidoyer pour Ramponneau, le Russe à Paris.* **26 juill.** : première de *l'Écossaise.* **Sept.** : *Dialogues chrétiens.* **3 sept.** : première de *Tancrède,* aussitôt imprimé avec dédicace à Mme de Pompadour. **Automne** : parution du premier tome de l'*Histoire de l'empire de Russie sous Pierre le Grand.*
		1760-1761	*Anecdotes sur Fréron.*
1761	**Mars-avr.** : Voltaire commence à préparer une édition commentée de Corneille, dont les profits serviront de dot à sa petite-nièce. **Mai** : entreprend la construction d'une église à Ferney, dont la dédicace sera strictement déiste, *Deo erexit Voltaire.* Prépare une édition abrégée du *Testament* du curé Meslier. **Oct.** : le pape lui envoie pour l'église de Ferney des reliques de saint François. Intervention en faveur du pasteur Rochette, condamné à mort par le parlement de Toulouse pour exercice du culte interdit.	**1761**	**Janv.-févr.** : *Lettres sur « la Nouvelle Héloïse ».* **Mars** : *Appel à toutes les nations de l'Europe* et *Parallèle d'Horace, de Boileau et de Pope. Épître à Mme Denis sur l'agriculture. Rescrit de l'empereur de la Chine.* **Mai** : *Conversation de M. l'intendant des Menus en exercice avec l'abbé Grizel.* **Été** : *Petit Avis à un jésuite* et *la Balance égale.* **Sept.** : *Lettres de Charles Gouju.* **Nov.** : *Sermon du rabbin Akib.* **Déc.** : *les Chevaux et les Ânes ou les Étrennes des sots.* Publication de *Zulime.*

	VIE		ŒUVRE
1762	**19 févr.** : exécution du pasteur Rochette à Toulouse. **Fin mars** : Voltaire apprend la nouvelle de l'exécution, à Toulouse, d'un huguenot condamné pour le meurtre de son fils : début de l'« affaire Calas ». **31 mars** : fermeture des collèges de jésuites en France. **17 mai** : célébration, à Toulouse, du bicentenaire des massacres de la Ligue. **9 juill. : prise du pouvoir par Catherine II en Russie.** **26 juill.** : « Écrasez l'Infâme » – naissance du slogan, dans une lettre à Damilaville. **Août** : **dissolution de l'ordre des Jésuites.** Voltaire travaille au *Dictionnaire philosophique* et compose le *Traité sur la tolérance.* **Déc.** : le second tome de l'*Histoire de Russie* est sous presse. Voltaire s'intéresse au cas Sirven, réplique du cas Calas.	1762	**18 janv.** : création de *l'Écueil du sage,* comédie imprimée en 1763 sous le titre *le Droit du seigneur.* *Extrait des sentiments de Jean Meslier.* **Avr.-mai** : première édition avouée de *la Pucelle.* **Juill.-août** : requêtes et mémoires divers en faveur des Calas. *Éloge de M. de Crébillon.* **30 sept.** : première d'*Olympie,* à Schwetzingen. Impression en 1763.
1763	**10 févr.** : **traité de Paris, mettant fin à la guerre de Sept Ans.** **12 févr.** : mariage de Mlle Corneille. **7 mars** : le Conseil du roi autorise la révision du procès Calas. Voltaire suit de très près l'action judiciaire et mène une campagne d'opinion à l'échelle européenne.	1763	Publication du second volume de l'*Histoire de la Russie.* **Été** : *Catéchisme de l'honnête homme.* **Août** : publication de *Saül,* tragédie en prose, jamais représenté. **Nov.** : *Traité sur la tolérance. Instruction pastorale de l'humble évêque d'Aléthopolis. Lettre d'un quaker à Jean-Georges Lefranc de Pompignan.*
1764	**Févr.** : intervention en faveur de protestants condamnés aux galères. **Mars** : Pierre Sirven et sa femme sont brûlés en effigie à Mazamet – ils se sont réfugiés en Suisse. Voltaire propose (en vain) au ministère l'établissement d'une colonie de huguenots en Guyane. **15 avr.** : **mort de Mme de Pompadour.** **4 juin** : arrêt de cassation du procès Calas. **Automne** : Voltaire travaille à une édition augmentée du *Dictionnaire philosophique.*	1764	Les *Commentaires sur Corneille* sont mis à la disposition des souscripteurs. **17 mars :** création d'*Olympie* à la Comédie-Française. **Mars-nov. :** collaboration à la *Gazette de l'Europe.* **Mai :** les *Contes de Guillaume Vadé,* recueil de *Mélanges,* dont certains inédits, comme le *Discours aux Welches, le Blanc et le Noir, Jeannot et Colin,* des contes en vers. **Juill. :** lancement du *Dictionnaire philosophique portatif.* Des éditions augmentées paraîtront en déc. 1764, en 1765, 1766 et 1769. **5 juill. :** première d'*Octave* (*le Triumvirat*), imprimé en 1767. **Déc. :** *Sentiment des citoyens,* en réponse aux *Lettres écrites de la montagne* de J.-J. Rousseau.
1765	**9 mars** : réhabilitation des Calas. Voltaire relance l'affaire Sirven. **21 mars** : Voltaire revend « les Délices ». **Août** : le chevalier de La Barre, jeune Abbevillois de vingt ans, mutile un crucifix au cours d'une goguette. **Nov.-déc.** : Voltaire intervient dans les troubles civils de Genève entre « bourgeois » et « citoyens ».	1765	Recueil de *Nouveaux Mélanges,* contenant de nombreux inédits, dont *le Pot-pourri, De l'horrible danger de la lecture,* le *Dialogue du chapon et de la poularde,* etc. **Avr. :** *la Philosophie de l'histoire,* dédiée à Catherine II de Russie – et qui deviendra l'introduction à l'*Essai sur les mœurs.* **Oct. :** *Mandement du Révérendissime Père en Dieu Alexis.*
1766	Défenseur des « natifs » (fils ou descendants d'étrangers immigrés à Genève), Voltaire suggère à Versailles des actions en leur faveur. **Mai** : condamnation et exécution de Lally-Tollendal, défenseur malheureux de Pondichéry, accusé de trahison – Voltaire travaillera à sa réhabilitation. **1er juill.** : exécution, à Abbeville, du chevalier de La Barre, sa grâce ayant été refusée. Voltaire se réfugie en Suisse et propose au « parti » encyclopédique de se replier à Clèves. Diderot refuse. **Nov.** : composition des *Scythes.*	1766	*Questions sur les miracles. Dialogue du douteur et de l'adorateur. Dernières Paroles d'Épictète. Les Idées de La Mothe Le Vayer.* **Avr.-mai :** *le Philosophe ignorant,* avec de petits opuscules. **Mai :** *Lettre curieuse de M. Robert Covelle* et *Lettre au docteur Pansophe.* **Fin juill. :** *Extrait d'une lettre d'Abbeville du 7 juillet 1766.* **Sept. :** *Commentaire sur le livre « Des délits et des peines »* de Beccaria.
1767	**Févr.** : **blocus de Genève par l'armée française.** Le ravitaillement de Ferney est coupé. Voltaire propose au ministère d'établir des « natifs » à Versoix et d'y créer un port pour concurrencer Genève. **Mai** : **les jésuites expulsés d'Espagne.**	1767	**26 mars** : création des *Scythes.* **Mars-avr.** : *Questions de Zapata. Honnêtetés littéraires. Anecdotes sur Bélisaire.* **Mai** : *Examen important de Milord Bolingbroke. Homélies prononcées à Londres en 1765.* **Juill.** : *la Défense de mon oncle.* **Sept.** : *l'Ingénu. Charlot ou la Comtesse de Givri,* « pièce dramatique ». **Déc.** : *le Dîner du comte de Boulainvilliers.*

	VIE		ŒUVRE
1768	**Mars** : l'appel de Sirven est rejeté par le Conseil du roi. Voltaire se brouille avec Mme Denis et l'expédie à Paris ; il veut vendre Ferney – et ne le fera pas. Pendant l'absence de Mme Denis, vie retirée, absorbée dans les travaux littéraires. **3 avr.** : Voltaire fait ses pâques dans son église de Ferney, mais moins discrètement que les années précédentes, d'où une vive polémique avec l'évêque d'Annecy. **Juin** : début des travaux de Versoix.	**1768**	Commencement de la nouvelle édition Cramer des *Œuvres* in-4° (Genève, 1768-1777, 45 volumes). **Févr.** : *l'Homme aux quarante écus. Sermon prêché à Bâle par Josias Roselle.* **Mars** : *Relation du bannissement des jésuites de la Chine. Lettre de l'archevêque de Cantorbury. La Princesse de Babylone.* **Mars-avr.** : *Lettre anonyme écrite à M. de Voltaire.* **Avr.** : *la Guerre civile de Genève ou les Amours de Robert Covelle.* **Mai** : *Profession de foi des théistes. Les Droits des hommes et les usurpations des papes. Épître aux Romains. Conseils raisonnables à M. Bergier pour la défense du christianisme.* **Juin** : *les Colimaçons du R.P. L'Escarbotier.* **Sept.** : *Remontrances du corps des pasteurs du Gévaudan.* **Oct.** : *l'ABC ou Dialogues entre A, B, C. Homélie du pasteur Bourne. Les Trois Empereurs en Sorbonne, par l'abbé Caille. Précis du Siècle de Louis XV*, à la suite d'une édition augmentée du *Siècle de Louis XIV* en 4 vol. **Déc.-févr. 1769** : *les Singularités de la nature. Entretiens chinois. Le Pyrrhonisme de l'histoire. La Canonisation de saint Cucufin.*
1769	Campagnes de réhabilitation (Sirven, Martin...). **31 mars** : Voltaire fait à nouveau ses pâques, en feignant l'agonie. **Oct.** : retour de Mme Denis à Ferney. Dans ces dernières années, le seigneur de Ferney prend son rôle très au sérieux : tracé de nouveaux chemins, assèchement de marais, promotion de l'industrie locale, développement de l'agronomie, représentations et remontrances auprès de l'administration et du gouvernement. Il réalise une partie de sa fortune en prêts fonciers aux « colons » émigrés de Genève. Il veille personnellement au respect de la tolérance entre ses administrés catholiques et protestants.	**1769**	*La Raison par alphabet*, édition définitive du *Dictionnaire philosophique*, en 118 articles. **Mars** : *Épître à Boileau. Épître à Saint-Lambert. Épître à l'auteur du livre des Trois Imposteurs.* **Mai** : *le Cri des nations. Histoire du parlement de Paris. Lettres d'Amabed. Collection d'anciens Évangiles.* **Juill.** : *Procès de Claustre.* **Été** : *les Guèbres*, tragédie (non représentée). **Août** : *Tout en Dieu. De la paix perpétuelle. Instruction du gardien des capucins de Raguse à frère Pediculoso partant pour la Terre sainte.* **Oct.** : *Dieu et les hommes.* **Fin 1769** : *les Adorateurs.*
1770	Voltaire reprend la grande revue de ses connaissances et de ses ignorances, de ses goûts, de ses idées, de ses doutes : deux années de *Questions sur l'« Encyclopédie »*, son dernier grand effort. **Févr.** : création à Ferney de manufactures de montres et de bas de soie. **Mai** : souscription publique pour la statue de Voltaire par Pigalle. **Sept.** : des serfs de Saint-Claude, battus par leurs maîtres chanoines, viennent demander protection à Ferney. Début de la campagne pour l'affranchissement des « serfs du Mont-Jura » – succès posthume en 1789. **Déc.** : **chute de Choiseul.**	**1770**	**Mai** : *Sophonisbe, tragédie de Mairet réparée à neuf* (représentée en 1774). **Août** : *Dieu, Réponse au « Système de la nature »*, réfutation du matérialisme holbachique. *Au roi en son conseil...*, requête en faveur des serfs de l'abbaye de Saint-Claude.
		1770-1772	*Questions sur l'« Encyclopédie », par des amateurs* (9 vol.).
1771	Voltaire soutient la **réforme Maupeou des parlements.** **25 nov.** : acquittement définitif de Sirven.	**1771**	*Les Peuples aux parlements. La Méprise d'Arras*, défense de Montbailli.
		1771-1772	*Lettres de Memmius à Cicéron.*
1772	**Partage de la Pologne** – et grande désillusion du rêve de « despotisme éclairé ». **23 nov.** : mort de Thieriot.	**1772**	**Début** : *les Pélopides*, tragédie (non représentée). **Printemps** : *le Dépositaire*, comédie. *Sermon du papa Chariteski.* **Juin** : satires en vers (*les Systèmes, les Cabales*). *Stances pour le 24 août 1772.* **Août** : *Il faut prendre un parti. Épître à Horace.*
1773	**Févr.-mars** : premiers accès graves de strangurie. Voltaire y restera sujet : sa capacité de travail est très diminuée.	**1773**	**Janv.** : *Discours de Me Belleguier, ancien avocat.* **Mars** : *les Lois de Minos*, tragédie. **Sept.** : *Fragments historiques sur l'Inde.* **Nov.** : *la Tactique*, réquisitoire en vers contre la guerre. **Nov.-janv. 1774** : *le Taureau blanc*, en feuilleton dans la *Correspondance littéraire.* Texte revu édité au printemps 1774.

	VIE		ŒUVRE
1774	**Avr.** : vaines démarches pour faire réhabiliter un complice du chevalier de La Barre – succès posthume en 1788. **10 mai : mort de Louis XV. Avènement de Louis XVI. Ministère de Turgot.** Voltaire appuie les premières mesures du nouveau règne.	**1774**	**15 janv.** : création de *Sophonisbe.* **Mars** : le *Journal des Dames* publie le conte du *Crocheteur borgne.* **Printemps** : *Dialogue de Pégase et du vieillard.* **Août** : *De l'« Encyclopédie ».* **Fin 1774-début 1775** : *Don Pedre,* tragédie, avec, à la suite, l'*Éloge historique de la Raison.*
		1774-1775	*De l'âme, par Soranus, médecin de Trajan.*
1775	**Mai : dans la « guerre des Farines »,** Voltaire soutient Turgot. Voltaire procède à la révision complète du dossier La Barre et lance *le Cri du sang innocent.* En vain : la réhabilitation est refusée – succès posthume sous la Convention. **Déc. :** édit de Turgot accordant au pays de Gex un régime d'autonomie fiscale pour les droits indirects : le seigneur de Ferney est ovationné à la réunion des états de Gex.	**1775**	**Printemps** : *Mémoire sur le pays de Gex.* **Mai** : *Diatribe à l'auteur des « Éphémérides ».* **Juill.** : *Histoire de Jenni ou le Sage et l'Athée. Le Cri du sang innocent,* nouvelle requête pour la révision du procès La Barre. **Sept.** : édition des *Œuvres complètes,* dite « encadrée », Genève, Cramer et Bardin, 40 vol. Plusieurs morceaux nouveaux dans la section « Mélanges » : *Aventure de la mémoire, les Oreilles du comte de Chesterfield...*
1776	**12 mai : renvoi de Turgot.** **4 juill. : déclaration d'indépendance des États-Unis d'Amérique.** **Août** : Lekain, séjournant à Ferney, joue tous les grands rôles du théâtre de Voltaire.	**1776**	**Mars** : *Remontrances du pays de Gex au roi. Lettres chinoises, indiennes et tartares.* **Été** : *Sophronime et Adélos. La Bible enfin expliquée,* exégèse de quarante années. *Commentaire historique sur les œuvres de l'auteur de « la Henriade ».* **25 août** : lecture publique à l'Académie française de la *Lettre de M. de Voltaire à l'Académie française,* réquisitoire contre la « shakespearomanie ».
		1776-1777	*Un chrétien contre six juifs.*
1777	**Juill.** : Joseph II d'Autriche passe par Ferney, mais sans s'arrêter, par respect pour sa mère. **4 oct.** : grandes réjouissances à Ferney pour la Saint-François.	**1777**	**Avr.-juill.** : collaboration au *Journal de politique et de littérature.* **Oct.** : *Commentaires sur l'« Esprit des lois ». Prix de la justice et de l'humanité,* manifeste en faveur d'une humanisation du Code criminel. **Nov.** : *Dialogues d'Évhémère* (12 entretiens).
1778	**5 févr.** : Voltaire quitte Ferney pour Paris. **10 févr.** : arrivé à Paris, il loge chez M. de Villette, rue de Beaune. Suivent les rites de la gloire, députations de l'Académie et de la Comédie-Française, visites de cérémonie, promenades et bénédictions. **Fin févr.** : épuisement et crachements de sang. **2 mars** : Voltaire se confesse, signe une profession de foi, obtient l'absolution et refuse la communion. **30 mars** : rétabli, il assiste à une séance de l'Académie, réunie en son honneur, et à une représentation triomphale d'*Irène,* sa dernière tragédie. **7 avr.** : il est reçu à la loge des Neuf Sœurs et vraisemblablement initié au grade de maître. **7 mai** : il présente à l'Académie le plan d'un nouveau dictionnaire. **Mi-mai** : nouvelles attaques de strangurie, crachements de sang, épuisement. Lente extinction à partir du 18. **26 mai** : reçoit l'annonce de la révision du cas Lally-Tollendal. **30 mai** : mort de Voltaire. Il laisse une déclaration autographe : « Je meurs en adorant Dieu, en aimant mes amis, en ne haïssant pas mes ennemis et en détestant la superstition. » **2 juin** : l'interdiction de sépulture est déjouée par les proches. Le corps de Voltaire, embaumé et transporté à l'abbaye de Scellières en Champagne, est inhumé en terre chrétienne. **Juin** : censure générale au sujet de la mort de Voltaire ; interdiction de célébrer à son intention la messe de requiem, d'usage à l'Académie ; interdiction de représenter ses pièces. **Été** : Catherine II fait acheter la bibliothèque de Voltaire – qui est toujours conservée à Saint-Pétersbourg.	**1778**	**Janv.-févr.** : Voltaire commence la révision de ses œuvres pour une nouvelle édition à paraître. **16 mars** : première d'*Irène.* Impression à tirage réduit pour les académiciens, à qui la pièce est dédiée.

VIE		ŒUVRE	
		1779	Impression d'*Ériphyle*.
		1784	*Mémoires pour servir à la vie de M. de Voltaire, écrits par lui-même.*
		1785-1789	*Œuvres de Voltaire*, édition dite « de Kehl », préparée par Beaumarchais, Condorcet et Decroix, 70 vol. in-8°. Sont publiés pour la première fois le *Traité de métaphysique*, la tragédie d'*Agathocle*, le conte *Cosi sancta* et de très nombreuses lettres.
1787	**Édit de tolérance.**		
1791	**11 juill.** : translation solennelle des restes de Voltaire au Panthéon. On remit à l'affiche ce soir-là *Nanine ou le Préjugé vaincu*.		
		1834	*L'Envieux*, comédie en trois actes et en vers.

Zaïre

En 1978, pour les célébrations du bicentenaire de sa mort – comme en 1994 pour le tricentenaire de sa naissance –, le nom de Voltaire devait revenir à l'affiche. Allait-on reprendre *Zaïre*, la dernière rescapée du grand naufrage de son théâtre, sa seule pièce deux fois centenaire au répertoire ? Les registres de la Comédie-Française attestaient 488 représentations depuis le 13 août 1732, jour de la première. Mais on ne l'avait plus jouée depuis 1936. Verrait-on la 500e de *Zaïre* ? Ce fut *Zadig*, ce fut *Candide*, adaptés pour la circonstance – aventure imprévisible pour ces générations de spectateurs qui avaient frémi et pleuré aux amours impossibles de Zaïre et d'Orosmane, et vibré avec Mlle Gaussin, avec Lekain et Mlle Clairon, avec Talma, Rachel, Mounet-Sully et Sarah Bernhardt.

SYNOPSIS

La scène est à Jérusalem dans le palais d'Orosmane, sultan de Palestine, à l'époque de la croisade de Saint Louis.

Tous les bonheurs sont promis à la jeune et belle Zaïre, naguère esclave des sultans. Née de parents chrétiens inconnus, élevée au palais dans la religion musulmane, elle aime le jeune et puissant Orosmane, elle en est aimée, elle sera demain son unique épouse (I, II). Survient Nérestan, chevalier chrétien, de retour de France. Autrefois captif lui aussi, mais libéré sur parole, il apporte la rançon de dix de ses frères ; il demande à racheter Zaïre, sa compagne d'enfance, et le vieux prince Lusignan, dernier des souverains chrétiens de Jérusalem et prétendant au trône de Palestine – demandes qu'Orosmane repousse, tout en lui accordant la grâce de cent captifs.

Lusignan est pourtant libéré : Zaïre a fléchi pour lui la rigueur d'Orosmane. Le vieux prince revoit enfin le jour, il retrouve ses compagnons d'armes. Mais soudain, en Nérestan et Zaïre, ses sauveurs, il reconnaît ses deux enfants, perdus depuis vingt ans – cette émotion l'achèvera. Accablée d'étonnement, pressée par les siens, Zaïre consent à professer la foi de ses ancêtres et jure de conserver le secret de ses origines (II, III).

De son frère Nérestan, que le sultan lui a permis de revoir une dernière fois, Zaïre apprend (III, IV) que la loi des chrétiens lui interdit d'aimer Orosmane – « Je suis chrétienne, hélas ! » – ; elle doit aussi lui promettre de recevoir le baptême qu'il fait préparer secrètement pour elle, et de différer jusque-là l'« hymen odieux ». Affligée, éperdue, elle repousse, sans pouvoir s'expliquer, les avances du sultan (III, VI), ce qui suscite dans l'esprit d'Orosmane les plus furieux soupçons contre Nérestan, qu'il croit son rival.

Orosmane et Zaïre se revoient pourtant (IV, II). À nouveau réunis dans l'aveu d'une passion toujours partagée – « Zaïre, vous pleurez ?... Zaïre, vous m'aimez !... » –, ils restent séparés par l'inviolable secret de Zaïre, qui lui fait demander de différer d'un jour le mariage – Orosmane, rasséréné, y consent. Mais une lettre que Nérestan adressait à sa sœur est interceptée ; elle est rédigée à mots couverts. Dans la convocation au baptême, Orosmane lit un billet de rendez-vous et se croit outrageusement trahi (IV, V). Il rappelle Zaïre, mais sans s'expliquer à son tour, et seulement pour jouir du spectacle de sa « perfidie ». Zaïre lui renouvelle toute sa tendresse en s'effrayant de ses duretés (IV, VI). Déchiré, Orosmane doit s'avouer qu'il aime encore Zaïre, et qu'il espère la voir sortir innocente de l'épreuve à laquelle il va la soumettre en lui faisant rendre le billet de Nérestan.

Désespérée du choix qu'elle doit faire, Zaïre demande à Dieu lumière et soutien. Elle se rendra au lieu du baptême, pour révéler ensuite à son amant « le secret de sa vie » (V, III). Orosmane l'y attend, tout vibrant de vengeance, tout frémissant d'un amour qu'il ne peut vaincre. En l'entendant appeler Nérestan, il se jette sur elle et la poignarde (V, IX). Puis, découvrant son erreur, il se tue après avoir accordé à Nérestan la liberté de tous les captifs chrétiens (V, X).

Au sens technique du mot, *Zaïre* est bien un chef-d'œuvre. Une démonstration de maîtrise et de métier. Presque trop parfaite ou trop facile – Voltaire se vantait ingénument d'avoir esquissé sa pièce en une journée, de l'avoir écrite en trois semaines : mauvais signes peut-être, si l'on vise mieux que le faire.

L'action, très classiquement nouée autour d'un conflit d'exigences, est d'une simplicité lumineuse : c'est l'instinct du bonheur contrarié et brisé par un interdit religieux. Mais le grand rituel du sacrifice tragique est ici réglé par des péripéties, et qui s'inscrivent – innovation alors sensationnelle – dans l'historicité du passé national. Expéditions de croisés, chute des royaumes francs de Syrie, séparations et retours, reconnaissances et rencontres, et cette lettre interceptée enfin, d'une ambiguïté fatale : l'antique Destin, désacralisé, se fait événement et surprise – ce n'est pourtant pas encore le Hasard, bateleur des mélodrames, qui épuisera ces situations neuves de « la voix du sang » et de « la croix de ma mère ».

De même le développement des caractères principaux, les uns typés (Nérestan, l'intransigeant soldat du Christ ; le vieux Lusignan surtout, prince déchu, tendre père et martyr de sa foi – ce fut le rôle favori de Voltaire acteur), les autres plus dramatiques (Orosmane, partagé entre générosité et jalousie, mi-Othello mi-Pyrrhus ; Zaïre, déchirée entre des fidélités contraires, d'amante et presque d'épouse, de fille et de chrétienne), toute cette psychologie en action s'ordonne en fait à un nouveau pathétisme. « Il tire son poignard, et il pleure », écrit Voltaire, presque parodiquement, dans une réécriture romanesque de sa pièce. Des émotions sont données à voir : les tourments du noble Orosmane, les désarrois surtout de Zaïre, femme victime, alanguie de douleur et d'amour ; et si le cadre reste héroïque, la sympathie est à mesure d'homme. L'appareil de la grande diction racinienne, devenue le code du genre, ne masquait déjà plus bien, aux yeux d'un Schlegel, ce relâchement général des tensions tragiques : Voltaire n'avait pas eu les moyens de sa poétique.

Mais cette humanisation de la tragédie, ce choix de la pitié contre la terreur s'inscrivent aussi – inconsciemment sans doute, pour une part – dans le grand projet d'une valorisation de l'immanence. « Odieux », l'amour de la chrétienne et du musulman ? Oui, pour la foi pure et dure des antiques croisés. Aux âmes sensibles des Lumières, la tendre Zaïre présente autrement son bel infidèle : « Pardonnez-moi, chrétiens : qui ne l'aurait aimé ? » Depuis le fameux couplet du premier acte sur la contingence des religions jusqu'au dénouement qui réunit dans la mort le couple séparé, toute la dynamique de la pièce tend justement à subvertir l'interdit en réclamant les droits de l'amour et du bonheur profanes. Sacrifice inutile que celui de Zaïre. Elle ne meurt pas convertie au Dieu de ses origines, elle ne meurt pas baptisée ; elle meurt coupable, chair aimante et corps désirable sous les voiles de l'hymen. Aux lieux mêmes de la Passion du Christ, sa mort interpelle un ciel resté sourd aux prières humaines. La seule conversion du dénouement est voltairienne, c'est celle du terrible Nérestan, qui, frappé des vertus de l'hérétique Orosmane, entrevoit le nouvel évangile de tolérance et de pitié.

On s'étonne que *Zaïre* ait pu passer pour une pièce « chrétienne », jusqu'à être jouée parfois dans le saint temps de Pâques en alternance avec *Polyeucte* – des barnabites de Montargis la firent même représenter en 1736 par leurs pieux collégiens. Plus vigilant, un obscur journaliste dévot s'indignait fort d'y trouver la grâce divine aussi inopérante : l'auteur n'avait-il pas voulu faire plutôt « le revers de *Polyeucte* » ? Comme refus des transcendances mutilantes, *Zaïre* est peut-être même, et d'une façon exemplaire en ce siècle des Lumières, le revers de la tragédie : le « voltairianisme » est anti-tragique.

Lettres philosophiques

Au départ, conçu à Londres même en 1726-1727, le projet d'une sorte de reportage sur l'Angleterre moderne. Repris au retour en France, et repensé au long d'une genèse de plus de quatre années, l'ouvrage fut exécuté dans un esprit tout différent. Transcendant le détail des oppositions nationales, l'enquête s'inscrit dans la perspective d'une dynamique générale de l'histoire : en Angleterre s'annoncent et s'amorcent des temps nouveaux, définis par de nouveaux rapports de l'homme et du monde, par un nouvel ordre de valeurs et de finalités. D'« anglaises », les « lettres » projetées devenaient « philosophiques », évolution parachevée par l'adjonction, tardive mais essentielle, de « Remarques sur les *Pensées* de M. Pascal » (Lettre XXV). Au moment de publier l'ouvrage, Voltaire joua de cette polyvalence même, en le donnant sous trois titres : *Letters concerning the English Nation* (préoriginale, Londres, août 1733), *Lettres écrites de Londres sur les Anglais et autres sujets* (originale, Londres, avril 1734) et *Lettres philosophiques* (Rouen, avril 1734, première édition augmentée de la Lettre XXV) – prudent camouflage, renforcé par l'anonymat, plutôt qu'astuce de lancement.

SYNOPSIS

Sept lettres d'enquête religieuse, dont quatre sur la secte des quakers, si nouvelle et si curieuse : leur doctrine et les « singularités » de leur façon d'être (I), leurs pratiques (II), expliquées par un sage vieillard ; leur histoire aussi, développée depuis « le patriarche Fox » (III) jusqu'à Penn, le « législateur » américain – les quakers anglais s'assimilant peu à peu au protestantisme (IV). Défilent ensuite les anglicans, « Église dominante », mais soumise à la loi laïque (V), puis les presbytériens, les sociniens, etc. – toutes sectes tolérées et donc, par force, tolérantes (VI-VII).

Quatre lettres sur l'ordre et l'esprit publics : les pouvoirs du souverain, des seigneurs et du peuple sont réglés par une Constitution (VIII), expression d'une liberté nationale laborieusement dégagée au prix de longues luttes (IX). La puissance de l'État est assurée par la prospérité d'un grand négoce, auquel s'associe la noblesse (X) ; et la même émancipation à l'égard des anciens préjugés a fait adopter aussi, l'exemple venant de haut, l'inoculation de la variole, nouveauté décisive pour la santé publique (XI).

Six lettres sur « les hommes célèbres qu'a portés l'Angleterre » : Bacon, « le père de la philosophie expérimentale » (XII) ; « le sage Locke », analyste de la raison humaine, et qui « ose douter », écartant le romanesque des systèmes (XIII) ; le grand Newton surtout, qui a continué et dépassé Descartes (XIV) et jeté de nouvelles lumières dans la structure de l'univers (XV), dans l'optique (XVI), dans la géométrie et la chronologie (XVII) – véritable « esprit créateur », capable de « débrouiller le chaos ».

Sept lettres de bilans littéraires et de réflexions sur la culture : sur les tragiques anglais, réguliers mais froids, et dont les ouvrages sont moins goûtés que les « farces monstrueuses » de Shakespeare (XVIII) ; sur quelques bons auteurs comiques (XIX) ; sur les seigneurs qui ne dédaignent pas d'écrire (XX), bons poètes quelquefois (XXI), à qui « leurs ouvrages font plus d'honneur que leur nom » ; sur Pope et sur Swift, le Boileau et le Rabelais anglais (XXII) ; sur la considération que l'on a outre-Manche pour les intellectuels et pour les talents (XXIII) ; sur les académies enfin, la Société royale telle qu'elle est, et les académies de France telles qu'elles devraient être (XXIV). La dernière lettre porte « sur les *Pensées* de M. Pascal » : des « remarques critiques » appliquées une à une à cinquante-sept passages de Pascal, pour soutenir « le parti de l'humanité contre ce misanthrope sublime » (XXV).

L'œuvre fonctionne globalement comme une sorte de « défi anglais ». « En Angleterre, communément, on pense » – entendons bien qu'en France on rumine, on bégaie, on essaye au mieux de penser, dans l'encombrement pesant des doctrines fanatisantes, des préjugés nobiliaires, des traditions d'autorité, des interdits et des tabous. D'où cet autre regard, pour définir une société bloquée : « En vérité, nous sommes d'étranges gens ». L'écart initial de l'étrangeté s'est insensiblement inversé, à mesure que se trouvait naturalisé, sous les traits composés d'un vieux quaker, de Penn, de lady Montague, de Locke, de Newton et de Rochester, le type d'un *homo anglicus*, plus libre et plus tolérant, plus égal, plus entreprenant, plus capable d'assumer les finalités naturelles de la connaissance, de la sociabilité, de l'activité.

Aux « étranges gens », aux *Welches* que nous sommes, dira bientôt Voltaire, d'entrer s'ils le veulent dans la voie qui mène à un âge adulte de l'humanité. Car l'histoire se fait – et c'est par où les *Lettres* ont la ferveur et la clarté d'un manifeste. « Fini » pour les Anglais de « s'égorger pour des syllogismes » ; leur régime équilibré de gouvernement, c'est « d'efforts en efforts » qu'ils l'ont « établi » ; « la grandeur de l'État », ils ont su la « former ». Ainsi préfigurent-ils – quoique l'enquête se défende, par quelques notations critiques, des excès de l'anglomanie – le devenir d'une civilisation de l'homme.

Excursus trop voyant, la lettre sur Pascal donne en fait à l'œuvre ses assises profondes. Aux contemplations vertigineuses de la métaphysique, elle oppose les obligations morales de la présence au monde et aux autres ; à la solitude ontologique, le sentiment des parentés humaines ; à l'obsession du salut, l'instinct du bonheur et du plaisir. Radicalement antichrétien, et pourtant authentiquement religieux, c'est le postulat du déisme voltairien, cette intuition qu'un Dieu cautionne la nature humaine, qui vient fonder, après coup, le « défi anglais », en légitimant la prise en charge de l'ici-bas, l'invention des savoirs, des conduites et des valeurs, la responsabilité de créer un « bien-vivre ».

Problématique et programme des Lumières, ce petit livre est bien l'un des maîtres livres du siècle. Diderot ouvre sa carrière en le saluant dans ses *Pensées philosophiques*, et c'est à sa lecture, si l'on en croit les *Confessions*, que Rousseau se sentit devenir écrivain. Réception exemplaire, aussi bien, pour l'ordre établi. Déféré par « les gens du roi » à la justice du parlement, l'ouvrage fut lacéré et brûlé comme « contraire à la Religion, aux bonnes mœurs et au respect dû aux Puissances » (10 juin 1734). Le même arrêt ordonnait naturellement des enquêtes et des poursuites. L'imprimeur de l'édition française fut jeté en prison, puis interdit. Prévenu à temps, Voltaire trouva refuge en Lorraine, où il essaya de se faire oublier – mais une dizaine d'éditions pirates se succédèrent en deux ans. Le scandale diminuant, Paris lui fut rouvert, et même la Cour après quelques années. Mais contre l'auteur d'une telle « bible de l'impiété » (!), tous les réfutateurs bien-pensants le rappelaient complaisamment, la sentence de 1734 restait exécutoire. D'où l'étrange clandestinité du livre après 1739 : il survécut comme texte, mais toujours morcelé, au fil des éditions collectives, entre plusieurs sections des « Mélanges » ; l'œuvre, elle, avait disparu, et ne devait retrouver sa forme originelle qu'en 1818 avec la réédition de Beuchot. Autre anomalie pourtant, et non la moindre : dans le même temps, les fameuses « lettres philosophiques, politiques, critiques, poétiques, hérétiques et diaboliques », comme Voltaire aimait à les appeler, restaient lisibles dans l'une des trois traductions anglaises dont il s'imprima plusieurs dizaines de milliers d'exemplaires entre 1734 et 1778.

Histoire de Charles XII. Le Siècle de Louis XIV. Essai sur les mœurs et l'esprit des nations

Trois livres majeurs, parmi de nombreux autres écrits historiques de commande ou de circonstance. Trois livres charnières surtout, dans l'élaboration du champ mental appelé *histoire*. « Enfin Voltaire vint… » : mot sans doute excessif, mais qui tente tous les historiens de l'histoire. C'est que Voltaire a plus que pressenti : il a pensé et amorcé des mutations essentielles.

Il n'était d'histoire que des pouvoirs, et non des hommes. L'ancien modèle monarchique, même distancié par la narration, commande encore le *Charles XII* (1731). Mais on passe vite de l'« histoire des rois » à l'« histoire de la nation ». Penché sur les archives officielles qu'on lui ouvre, l'historiographe de Louis XV reste étonné : « N'y a-t-il donc eu sur la terre que des princes ? » – cela s'adresse à un ministre. Du *Charles XII* au *Siècle* (1752) et à l'*Essai* (1756), l'histoire se décentre. « Siècle » et non « règne » de Louis XIV. Il s'agit de « peindre », annonce hardiment le premier chapitre, « non les actions d'un seul homme », mais « l'esprit des hommes » du temps – on comprend, rien que par là, la disgrâce de l'historiographe. « L'esprit des hommes » : « l'esprit des nations », dit le titre de l'*Essai*. De telles formules menaient à une autre histoire : l'histoire des civilisations – le mot allait naître. Voltaire s'attacha à en cerner le champ problématique dans des « Remarques » et autres « Considérations », et dans le grand article « Histoire » de l'*Encyclopédie*. Réflexion dispersée, mais d'une cohérence méconnue. Et c'est lui qui le premier intégra dans une pratique de l'histoire tout ce non-événementiel des activités économiques, des réalités de finances, des évolutions démographiques, des structures sociales et des représentations culturelles. Les fameux « États » de l'*Essai*, panoramas périodiques des mentalités, des arts et des techniques, firent école dans toute l'Europe. « Humanisation » de l'histoire. « Tiers-étatisation » aussi bien, en un temps où l'« homme » tendait à se définir à partir des valeurs du « moyen ordre », selon l'expression du *Siècle*. En face du Louvre, de Marly et de Versailles, Voltaire met le canal de Languedoc, ce « monument » du grand règne « plus glorieux par son utilité ».

Mais c'est à la « mythistoire » chrétienne, couronnée par Bossuet – *ad usum Delphini* justement –, que s'ordonnait plus essentiellement le modèle « monarchique ». Il n'est, au fond, d'histoire que de Dieu, si les princes ne sont ici-bas que les commis de ses divines volontés – et voués le jour venu à lui rendre des comptes. D'où la subordination du temps humain à l'éternité d'un projet providentiel et à l'établissement du Royaume. Reprenant le récit à Charlemagne, là où Bossuet l'avait laissé, Voltaire multiplie les ruptures. Par un *excursus* en forme de flèche du Parthe, il fait remonter son histoire universelle aux Chaldéens, aux Chinois, aux Indiens – au-delà des saintes origines bibliques. Il soumet d'autre part, et systématiquement, l'histoire du christianisme à une lecture politique. Et c'est à tous les peuples qu'il étend le même regard nouveau – réducteur, il est vrai, car, dans cette relation de l'historien « civilisé » aux hommes « autres », interfère une anthropologie normative de la « nature universelle » –, mais un regard dépris de toute référence sacrée, donc foncièrement immanent et contingent : historique enfin. Humanisée aux dépens des rois, l'histoire à la Voltaire est ainsi laïcisée : c'est l'autre versant d'une même révolution « philosophique ».

La facilité du récit, avec les survols de l'*Essai* surtout, fait illusion. Déchargée de tous *impedimenta*, la narration cache les minuties de l'érudition la plus laborieuse. Voltaire s'est interrogé très scrupuleusement, il faut le redire contre sa réputation très surfaite de légèreté, sur les conditions de production et de validation du discours historique. Dans sa pratique, il se montre infiniment plus critique qu'on ne l'était ordinairement alors. *« Vide, quaere, dubita »*, lance-t-il aux confrères négligents et crédules. Quant à lui, réellement, il a recueilli à la source, quand il le pouvait, informations et traditions, il a douté, cherché les preuves, les documents, les témoignages, recoupé et confronté les faits avant de les considérer comme établis. « Examiner plus que transcrire », dit-il encore – en bon disciple de Bayle. Tout ce travail positif, dans le *Charles XII*, dans le *Siècle* surtout, a été largement reconnu par ses successeurs. Et même pour l'*Essai*, ouvrage de seconde main, la documentation se révèle, en y regardant de près, beaucoup plus sérieuse et plus étendue qu'on ne l'avait préjugé.

À la base de cette méthode critique : la conscience toujours lucide que l'homme est un animal « superstitieux » – nous dirions « mythifiant ». L'histoire, Voltaire l'a compris, n'est que le discours d'« une » vérité, celle d'un homme, d'une nation, d'un temps. Il a lu dans un manuel scolaire hollandais des choses étonnantes sur les campagnes de Louis XIV, et il sait que, pour les Anglais, 40 000 Français sont morts à Fontenoy. Il a même vu, gravée à Londres, la médaille de la prise de Carthagène dont l'armée anglaise avait levé le siège. De quoi ne viser modestement, même pour l'histoire moderne, qu'une « extrême probabilité ». Il sait d'ailleurs que tout pouvoir entretient ou produit les fables qui lui sont utiles. Son enquête sur le passage du Rhin, dans le *Siècle*, reste le prototype exemplaire de non moins utiles démythifications : le formidable Tholus n'était qu'une bicoque de gabelous, et la barre prodigieuse un gué délicat. Sans doute y a-t-il, au fond, plus d'exigence que de résignation dans la célèbre définition qui ouvre l'article encyclopédique : « L'histoire est le récit des faits donnés pour vrais. »

Dieu évacué hors de l'immanence terrestre, des responsabilités nouvelles apparaissent. Plus de finalité, mais comment rationaliser les causes ? Plus de finalisme, mais quel sens donner au devenir des hommes ? Aucun dogme, aucun système chez Voltaire. Sa réflexion sur la causalité ne produit pas de modèle explicatif. Elle fait intervenir, souvent ponctuellement, « petites causes » et « lois naturelles », « instincts », « passions » et « intérêts », « génie » des peuples et « coutumes » d'un temps – outillage conceptuel aussi modestement que consciencieusement bricolé. Difficile, à qui voit si bien la fragmentation des faits, d'y projeter un ordre défini, d'adhérer à un sens de l'histoire. Globalement solidaire de l'optimisme des Lumières, la lecture voltairienne du temps n'est pas la plus prégnante. En perspective, elle distingue des progrès : pour les connaissances et les compétences, la politesse et la sociabilité, les pouvoirs sur la nature, l'homme moderne, en moyenne, vaut mieux que le contemporain de Charlemagne. Mais ces progrès ne sont ni définitivement acquis ni sûrement transmissibles, car la « nature humaine » comporte le meilleur et le pire. L'« amour de l'ordre » qui habite l'espèce a besoin d'être entretenu, excité, réveillé, et l'ordre créé par l'homme n'est qu'un accomplissement à poursuivre.

Pour les « révolutions » utiles qui restent à faire, l'histoire est précisément, pense Voltaire, une pédagogie. Elle aide à prendre conscience des erreurs et des désordres anciens, et des véritables vocations à assumer. Aussi la narration se double-t-elle toujours chez lui, plus ou moins explicitement, d'un discours interprétatif destiné à former l'« esprit public ». Voltaire n'est certes pas le modèle de l'historien neutre. L'angélisme d'une impartialité d'écriture lui est totalement inconnu, ce qui nuit (à tort) à ses authentiques efforts d'impartialité dans la recherche. À mesure qu'il raconte, il s'engage et juge, il approuve et réprouve. Au moins sait-on toujours de quel lieu il parle : celui d'une « philosophie de l'histoire » (l'expression paraît venir de lui) qui investit les hommes de la responsabilité d'un devenir – celui d'un humanisme, alors subversif, qui soustend l'ensemble de l'œuvre.

Candide ou l'Optimisme

Publié simultanément à Paris, Genève et Amsterdam, *Candide* parut en janvier 1759. La genèse, pour le projet au moins, remonte vraisemblablement à l'hiver 1757-1758. La rédaction semble s'être étendue, par périodes, sur toute l'année 1758. Une copie de travail publiée en 1959 fait en tout cas justice de la légende tenace du conteur honteux qui n'écrit que par boutade et improvisation : ce « manuscrit La Vallière » de *Candide* présente de nombreuses corrections et variantes, dont certaines autographes, des sutures et des ajouts, et même deux états primitifs du chapitre sur Paris (XXII). Une vingtaine d'éditions, deux traductions anglaises, une italienne parurent en moins d'un an. Succès étonnant, disait l'auteur, pour une pareille « couillonnerie »... Sous l'affectation d'humilité, il faut lire enfin l'orgueil et le plaisir. Cette « couillonnerie », proverbiale à peine lue, bientôt imitée et plagiée à l'envi, promettait d'aller à la postérité aussi sûrement que *la Henriade* et *Zaïre*. Voltaire en révisa le texte à plusieurs reprises, principalement pour pimenter le chapitre parisien de nouvelles anecdotes et d'attaques contre les « anti-philosophes » (édition augmentée de 1761).

SYNOPSIS

Le petit Candide, neveu (mais bâtard) du baron de Thunder-ten-Tronckh, esprit simple (mais droit), a grandi dans le château natal, en Westphalie, ébloui par la puissance du maître, par les sophismes optimistes du docteur Pangloss, par les rondeurs touchantes de sa cousine Cunégonde – et convaincu, par conséquent, de l'excellence de la Création. Ses premiers ébats, surpris derrière un paravent, le font chasser de cet Éden : le voilà jeté dans le vaste monde (I). Enrôlé de force dans une ville voisine et dressé à la schlague (II), il assiste à une « boucherie héroïque », il déserte, et découvre en Hollande le sectarisme après la guerre (III). Il retrouve son ancien précepteur, rongé par la vérole, rescapé de la destruction totale du beau château : Cunégonde est morte, violée par les soldats (IV). Recueillis par un bon anabaptiste qui les fait travailler à son négoce et les mène avec lui en Portugal, Candide et Pangloss essuient devant Lisbonne une horrible tempête et voient périr leur bienfaiteur ; ils subissent un épouvantable tremblement de terre (V) ; ils sont déférés à l'Inquisition pour des discours suspects : Pangloss est pendu, Candide « fessé » (VI). Une vieille le soigne et le conduit bientôt chez une belle dame : c'est Cunégonde, miraculeusement sauvée (VII), et devenue la maîtresse, équitablement partagée, d'un banquier juif et du Grand Inquisiteur (VIII). Le double meurtre de ces deux rivaux, expédiés l'un après l'autre par « le doux Candide » (IX), contraint les deux héros à s'embarquer pour le Nouveau Monde, terre des renaissances (X). La vieille leur raconte, en attendant, les aventures qui l'ont conduite, elle fille d'un pape et d'une princesse, à perdre la moitié de son derrière et à se faire servante (XI-XII). À peine arrivés à Buenos Aires, les deux amants sont à nouveau séparés : Cunégonde reste entre les mains du gouverneur, qui s'est pris pour elle d'une passion furieuse (XIII), tandis que Candide, fuyant toujours l'Inquisition, passe avec son valet Cacambo chez les jésuites du Paraguay. Il y retrouve le frère de Cunégonde, lui aussi miraculeusement indemne (XIV), et à qui sa beauté, fort appréciée de ses supérieurs, a valu la plus grande fortune ; mais, le jeune baron refusant à un bâtard la main de sa sœur, Candide le tue d'un coup d'épée (XV). Nouvelle fuite avec Cacambo, à travers le pays des sauvages Oreillons : à deux doigts d'être mangés, ils sont graciés comme ennemis des jésuites (XVI). Une rivière les projette, par une voûte secrète, dans l'Eldorado, « le pays où tout va bien », qu'ils visitent pleins d'étonnement : mœurs paisibles, déisme sans dogmes ni clergé, monarchie éclairée, civilisation active, heureuse et créatrice. Ils en repartent pourtant, hissés par-dessus les montagnes avec cent moutons chargés d'or et de pierreries, et portés par un rêve de puissance et d'amour : ils achèteront un royaume et reprendront Cunégonde (XVII-XVIII). Dans leur route vers Surinam, ils perdent un à un presque tous leurs moutons. En approchant de la ville, ils rencontrent un esclave noir affreusement mutilé, et le disciple de Pangloss en maudit presque l'optimisme. Ils se séparent : Cacambo va racheter Cunégonde au gouverneur de Buenos Aires, Candide ira l'attendre à Venise. Après avoir été dupé et volé par un négociant, Candide s'embarque pour l'Europe, en compagnie d'un savant pauvre et persécuté à qui il paye son voyage (XIX). La traversée se passe en disputes sur l'ordre du monde et la nature de l'homme, le savant Martin se disant persuadé que tout va de travers (XX-XXI). À Paris, Candide est friponné de toutes les façons. Il trompe Cunégonde avec une fausse marquise, il est trompé par une fausse Cunégonde et finit par fuir une arrestation injuste (XXII). En longeant les côtes anglaises, il assiste à l'exécution d'un amiral condamné pour défaite (XXIII). Il aborde à Venise avec Martin : la belle Cunégonde n'y est pas. Il retrouve Paquette, ancienne suivante de la baronne de Thunder-ten-Tronckh, qui paraît s'amuser en la compagnie d'un théatin joufflu, mais ses confidences, et celles de frère Giroflée, découvrent des misères cachées (XXIV). Une visite au seigneur Pococurante, dont le bonheur est proverbial, révèle de même, sous le brio du dilettante, le dégoût et l'ennui du blasé (XXV). Enfin, au milieu d'un souper de carnaval avec six malheureux rois détrônés et désargentés, Candide voit reparaître Cacambo (XXVI) : Cunégonde l'attend sur les bords de la Propontide, elle est esclave, et horriblement enlaidie. On vole vers Constantinople, et Candide croit reconnaître parmi les galériens le docteur Pangloss et le jeune baron : ce sont eux en effet ; il les rachète au patron du navire (XXVII). On écoute, en continuant le voyage, les aventures du sophiste mal pendu et du jésuite mal tué (XXVIII). On aborde en Propontide, Candide rachète Cunégonde et la vieille. Il n'aime plus Cunégonde, mais il l'épousera par devoir, malgré le refus réitéré du frère (XXIX), dont on se débarrasse en le renvoyant aux galères. Candide achète, avec les derniers diamants d'Eldorado, une petite métairie, où tous ses compagnons, et Paquette et Giroflée revenus par hasard, sont enfin réunis : ils y vivront passablement, après avoir renoncé aux vaines curiosités métaphysiques, en cultivant ensemble leur jardin (XXX).

C'est l'œuvre de Voltaire la plus lue et la plus commentée, c'est aussi l'un des trois ou quatre textes français les plus universellement connus – *Candide* a été traduit en ukrainien, en chinois, en serbe, en croate, en espéranto, etc. La tradition culturelle et scolaire en a fait – avec tous les risques propres à ce genre de sacralisation – le chef-d'œuvre voltairien, la quintessence d'un art et d'une pensée, le conte philosophique par excellence.

Le titre, restitué dans ses trois termes, emblématise au moins le genre. « *Candide* », pour les plaisirs de la fiction : un protagoniste, et donc une histoire – mi-quête amoureuse, mi-enquête philosophique, sur le modèle du conte d'apprentissage. « *L'Optimisme* », pour la fonction de réflexion – le mot, très technique, désignait alors la doctrine leibnizienne de l'excellence de la Création divine : « Le Tout est bien. » Et ce petit « *ou* » enfin, faussement anodin, qui fait jouer d'emblée l'un sur l'autre les deux plans fictionnel et fonctionnel, en générant une problématique de l'alternative et de l'équivalence. *Candide ou*/(et) (comment) (peut-on) (opter pour/persévérer dans) *l'Optimisme* ? Un inventaire pandémoniaque de ce prétendu « Tout est bien » illustre à satiété les formes diverses du mal, de la souffrance, de la violence, du désordre. C'est le premier niveau de cohérence du texte, les incohérences mêmes de la fable signalant des failles du monde. Il faut les besicles de Pangloss, et sa fausse candeur – celle de l'intellectuel garant d'un ordre truqué – pour vouloir lire absolument la relativité des choses, donc pour nier leur réalité – aussi Pangloss devient-il borgne. Pour la vraie candeur du disciple, avec son regard effaré, rivé au réel, l'agression multipliée du mal ne peut être éludée – et ses yeux finissent par s'ouvrir. L'enseignement du maître rejeté, l'existence reprend ses droits sur la doctrine : l'optimisme n'était que « la rage de soutenir que tout est bien quand on est mal ».

Candide n'est pas un « Tout est mal ». D'abord parce que les malheurs et les horreurs ne sont ici, contre toute lecture romantique, qu'une algèbre de la réalité, purs signes dépourvus de toute complaisance affective. Aucune larme à verser sur la vérole de Pangloss ou sur la mutilation de la vieille. Le narrateur s'ingénie, au contraire, à forcer ou fausser les plaintes pathétiques des personnages, à transgresser ou clicher les codes romanesques, à produire en amont des événements, à mesure qu'il les déroule, une prévisibilité qui les neutralise, bref à tenir toujours le lecteur à distance, en position de « surconscience ». Mais surtout Voltaire en a réellement – c'est la cohérence profonde de l'œuvre – à tous les « Tout est » qui détournent l'homme de ses finalités concrètes. Aux absolus spéculatifs et aux dogmatismes bien conditionnés. Peut-être même à un certain intellectualisme déjà, car Martin perd enfin le beau rôle, lui l'homme au regard clair, lorsqu'il se met à « conclure », contre Pangloss mais à sa façon, que « tout est mal ». Dérisoirement accroché au titre de l'ultime chapitre, ce mot de « conclusion » provoque et déçoit les amateurs de leçons toutes faites.

Au moins peut-on « être mieux ». Vivre mieux plutôt, la volonté d'exister libérant justement des aliénations ontologiques. Une fois détruit l'Éden chimérique de Thunder-ten-Tronckh, l'histoire de Candide présente deux lieux où l'on « vit », qui sont aussi les deux seuls lieux où la terre se trouve (textuellement) « cultivée » : le premier est l'Eldorado ; le second, la petite métairie turque, achetée avec les derniers « cailloux » d'Eldorado. Par un effet calculé de déceptivité, suivant la bonne pédagogie du conte philosophique, le second jardin renvoie au premier. Existence larvaire et cellulaire pour les rescapés de tant d'enchaînements désastreux. Existence plus riche d'humanité et de culture pour les survivants des Incas. Mais la métairie de Candide peut se lire, sinon comme un Eldorado de poche, du moins comme la figure minimale du même rapport au monde. Ici et là, un travail s'accomplit sur le réel, une pratique s'élabore ou s'établit, qui s'ordonne au processus d'une « civilisation » de l'homme – il faut redonner au mot son sens actif : les Eldoradiens eux-mêmes, à la différence des habitants d'Utopie, ne se reposent pas dans une perfection. Et ce travail, cette pratique sont d'autre part solidaires dans l'un et l'autre jardin, les hommes ayant plus à démêler, dans la contingence de leur histoire, entre eux qu'avec Dieu. Au modèle d'organisation théocratique et féodale que représentait la baronnie originelle se substitue ainsi un nouvel ordre de vie et de valeurs. La noblesse la plus réactionnaire, en la personne du jeune baron, en est chassée, tandis que Giroflée, ancien moine théatin, n'y est admis que défroqué, et reconverti en menuisier : signes possibles d'une intertextualité de la parabole du « jardin de Candide » avec le grand discours idéologique de l'illustration de la Bourgeoisie.

L'Affaire Calas

Le 10 mars 1762, un marchand d'étoffes toulousain nommé Jean Calas, âgé de soixante-trois ans, fut exécuté en place publique. Soumis à la question ordinaire et extraordinaire, il eut ensuite les membres brisés à coups de barre et resta exposé deux heures sur la roue, puis il fut étranglé, son corps brûlé sur le bûcher, ses cendres dispersées. Il expiait le meurtre de son fils aîné Marc-Antoine, vingt-huit ans, trouvé pendu cinq mois plus tôt dans la boutique paternelle. Crime religieux, avaient décidé les juges du parlement de Toulouse, confirmant l'instruction et la sentence des capitouls : le protestant Calas, avec la complicité de sa femme et d'un autre fils, d'une servante et d'un visiteur, avait supprimé son fils pour l'empêcher de réaliser son projet d'apostasie catholique.

Huit jours après l'exécution du père, les mêmes juges bannissaient le second fils Calas et prononçaient trois relaxes. Étrange contradiction, qui fut aussitôt présentée comme l'effet de la plus généreuse clémence.

En réalité, s'il est une chose que démontre clairement le dossier original du procès, c'est que la présomption de culpabilité avait commandé toute l'enquête, et qu'elle était bientôt devenue conviction, puis verdict, par l'interaction complexe de multiples facteurs : le fanatisme populaire et clérical, l'intolérance institutionnelle de la monarchie très-chrétienne, mais aussi la déficience des lois criminelles, le carriérisme ou la démagogie des magistrats, les pressions de la raison d'État. Aucune preuve dans cet énorme dossier, aucun indice sérieux, pas même du prétendu projet de conversion du fils : un tissu de témoignages sollicités et orientés. Calas reste une figure du Maudit, de l'Autre. Il fut sacrifié à deux mois de la célébration solennelle du bicentenaire d'un grand massacre local de huguenots – il fut « immolé à l'ordre public », écrit un juriste moderne au terme d'une étude strictement technique. Mais il mourut en attestant le ciel de son innocence, sans l'aveu qui eût justifié le jugement et chargé ses complices, d'où l'indulgence aberrante du second verdict.

De cette « bavure », Voltaire fit une « affaire ». Les courageux efforts du synode de Languedoc, les démarches officieuses des autorités genevoises pouvaient-ils empêcher l'étouffement total ? En tout cas, c'est de Ferney que partit, dès le début d'avril, l'indispensable campagne d'opinion.

L'action de Voltaire, telle qu'on la suit au fil de la correspondance et dans la stratégie des factums, présente ce mélange de passion et de raison, d'idéalisme et de réalisme, de rouerie et de sincérité qui caractérise toute l'œuvre militante. Bouleversé par les cris du supplicié, convaincu par les larmes des survivants, il a d'emblée l'intuition de l'innocence de Jean Calas : Marc-Antoine s'est suicidé – thèse qu'il imposera. Mais Voltaire a des doutes, qu'il n'écarte pas. Il s'informe secrètement sur place, il accumule et recoupe entre eux des rapports et des témoignages écrits, il interroge lui-même la veuve et un autre fils, réfugiés à quelques lieues de Ferney – par un excès de prudence, il les fait même espionner ! Puis, définitivement convaincu, il s'enfonce dans le maquis du dossier, épluchant les charges, les dépositions et les arguments, excitant ou modérant selon les circonstances le zèle du collectif confessionnel et juridique mis sur pied pour plaider à Paris la cassation de l'arrêt de Toulouse ; et en même temps, il lance et relance les grands thèmes de la tolérance, de la religion épurée, des droits de la défense, de l'humanisation de la justice – campagne dont le *Traité sur la tolérance* (1763) fut l'arme maîtresse. Il introduit « la veuve Calas » dans les meilleures maisons de la capitale et dans l'antichambre des ministres, il mobilise en faveur de « la malheureuse famille » les émois des âmes sensibles, le snobisme des blasés, le pathétique des estampes et la force persuasive des idées, soulignant les progrès de la procédure par des lettres ostensibles et par des collectes de fonds, soulevant en vagues successives l'opinion française et européenne. Jusqu'à la victoire finale : le 7 mars 1763, l'appel est autorisé ; le 4 juin 1764, le jugement définitif est renvoyé devant une instance exceptionnelle ; le 9 mars 1765, enfin, les inculpés du premier procès sont tous acquittés et la mémoire de Jean Calas réhabilitée, trois ans après l'exécution – « le plus beau cinquième acte », Voltaire l'a dit lui-même, de tout son théâtre. Plus que l'affaire Sirven et que l'affaire du chevalier de La Barre, entre autres cas d'injustice ou d'abus dont Voltaire s'occupa par la suite, l'affaire Calas marque une date et une référence. Parce qu'elle constitue justement l'archétype de ce phénomène d'opinion, à la fois prise de conscience et crise de conscience collective, qu'est une « affaire ». Elle illustre aussi, du moins pour l'histoire moderne, la capacité d'intervention et d'action directe de l'écrivain dans sa communauté sociale et politique, l'irruption de l'intellectuel dans la cité. En février 1778, dans les rues et sur les quais, c'est « l'homme aux Calas » que Paris célébrait, tandis que Versailles ignorait le Virgile et le Sophocle français : indice d'un nouveau statut, à la fois réel et symbolique, de la littérature, et d'autres responsabilités à prendre.

Traité sur la tolérance

SYNOPSIS

C'est, en vingt-cinq chapitres ou « articles », une défense et illustration de l'idée de tolérance.

Une « Histoire abrégée de la mort de Jean Calas » (I) rattache l'ouvrage à l'actualité la plus immédiate et la plus exemplaire. Mais, plus largement, l'étude raisonnée de l'histoire et l'analyse politique des réalités religieuses obligent à condamner l'intolérance comme contraire à tous les intérêts d'un État (II à V). Et la liberté de conscience est aussi un « droit naturel » premier (VI). Les anciens Grecs la respectaient (VII). Les Romains, de même, ne punirent les premiers chrétiens que comme factieux (VIII-IX), et du moins ne furent-ils pas aussi cruels que les chrétiens modernes entre eux (X-XI). L'Ancien Testament révèle aussi dans le judaïsme « la plus grande tolérance au milieu des horreurs les plus barbares » (XII-XIII). Quant aux Évangiles, une fois écartées les interprétations controversées ou abusives, ils enseignent l'indulgence, la patience, la douceur (XIV-XV) : « Si vous voulez ressembler à Jésus-Christ, soyez martyrs, et non pas bourreaux ».

Les arguments et les mobiles de l'esprit de secte sont illustrés dans deux intermèdes de fiction – un dialogue et une lettre (XVI-XVII). Car c'est seulement lorsque la paix civile est menacée par des fanatismes particuliers que la non-tolérance est « de droit humain » (XVIII) – ce qu'illustre un autre intermède de fiction (XIX). Pour l'ordre public, s'il est vrai que la crainte superstitieuse peut être bonne en mettant un frein aux passions criminelles, l'émancipation des esprits est meilleure encore, parce qu'elle élimine « la superstition de haïr son prochain » (XX). Moins soumis à l'absolu des dogmes, les cœurs se tournent vers la vraie religion, celle des vertus utiles, de la justice et de l'indulgence (XXI).

D'où l'appel final à « la tolérance universelle » (XXII), couronné par une « Prière à Dieu » pour lui demander de faire souvenir à tous les hommes « qu'ils sont frères » (XXIII).

Trois *post-scriptum* – les deux premiers ajoutés pendant l'impression même de l'ouvrage, le troisième à l'occasion d'une nouvelle édition faite en 1765 – réinscrivent le débat dans l'actualité la plus concrète : un « saint libelle » contre la tolérance vient tout juste de paraître, et Voltaire le feuillette, plume en main, réfutant un à un les arguments de ce « petit code de persécution » (XXIV) ; puis il apprend la nouvelle de l'arrêt pris en Conseil d'État le 7 mars 1763, qui ouvre la possibilité d'une révision du verdict Calas, décision qu'il consigne et commente aussitôt avec éloge (XXV) : de même il enregistrera dans un « article spécial », en le célébrant comme une ouverture sur l'avenir, l'arrêt de réhabilitation du 9 mars 1765 – « une ombre de paix laisse reposer toutes les sociétés chrétiennes après des siècles de carnage ».

La Correspondance

On a longtemps considéré d'un regard oblique la correspondance de Voltaire. On y cherchait, on y trouvait des éléments pour la biographie, des traits pour un portrait, des matériaux pour l'étude des autres textes, seuls dignes du nom d'« œuvres ». Une telle correspondance ne s'étudie pas, disait-on : « elle se lit ». Texte lu, texte lieu : traversé, inventorié, parcouru. Tradition d'ailleurs très ancienne ici que celle de l'« extrait ». Du vaste corpus on tirait à coups de citations une « Poétique », un « Esprit », une « Rhétorique » de Voltaire. Légitime en son principe, l'opération de coupe est extensible : une morale, une philosophie, une politique sont également lisibles. À condition de ne plus prendre le texte comme une surface, mais dans l'épaisseur même de ses déterminations, dans la variation complexe d'une pratique épistolaire. L'énormité de la tâche décourage encore les constructions interprétatives, et même les essais de typologie générale ; mais, avec le renouvellement des critiques textuelles et l'élaboration progressive d'un modèle épistologique, un autre regard est devenu possible, sous lequel la correspondance de Voltaire ne sera plus un commentaire plus ou moins marginal de la vie et de l'œuvre, mais œuvre elle-même de langage et de projet.

Le caractère formel le plus général en est peut-être précisément, plus marquée avec le temps, l'imbrication du projet public et du langage privé – de la parole et de l'écriture. Voltaire écrit un jour à son ami Thieriot qu'on fait à Paris depuis quelque temps « des choses bien horribles avec la plume et le canif ». « Avec la plume » : son innocente *Pucelle* est constamment lutinée et pervertie par des copistes infidèles. « Avec le canif » : un illuminé du nom de Damiens vient d'attenter à la vie du roi. L'amalgame paraît un peu libre, même dans une lettre familière. Or c'est là justement une lettre ostensible, que le compère Thieriot fera mettre sous main dans le *Mercure* : une sorte de bilan des derniers progrès de l'« esprit de philosophie et de tolérance ». La désinvolture du trait doit désamorcer le soupçon de publicité, et donc renforcer l'impact de l'éloge ; et le calcul est naturellement réversible, au second degré : si la lettre fait scandale une fois publiée, on pourra dénoncer le détournement d'une correspondance privée, voire désavouer des altérations du texte – ce fut le cas. Dualité typique, ici portée jusqu'à la duplicité, d'une certaine pratique épistolaire, où le discours de la communication est traversé par une visée d'influence et de pouvoir. Elle domine des séries entières : les échanges avec les grands de ce monde, la correspondance avec Frédéric II surtout, toujours plus ou moins travaillée par le modèle pédagogique du prince « éclairé » ; et toutes ces lettres calculées pour solidariser leurs destinataires, comme par la pression d'une écriture plus ou moins ostensible, avec l'« esprit du siècle » : tous ces compliments qui mobilisent les tièdes, ces confidences qui impliquent les neutres, ces instructions qui galvanisent les hésitants, ces beaux brevets de « philosophie » et de « tolérance » qui affilient de nouveaux adeptes au parti des Lumières. Correspondance séculière, correspondance d'« écrivant », qui interfère avec l'œuvre publique, et dont, justement, les pièces vedettes circulaient au jour le jour, récitées à l'heure de la toilette et des visites ou insérées à chaud dans les gazettes manuscrites. En ce qu'elle a de plus personnel, au temps des grandes campagnes de la vieillesse, la pratique voltairienne de la lettre tient de l'éditorial.

LA CORRESPONDANCE. QUELQUES DONNÉES DE FAIT

*21221 : c'est sur ce numéro que se termine la dernière édition de la correspondance de Voltaire (*Œuvres complètes*, vol. LXXXV-CXXXV, 1968-1977). Deux fois plus de textes que n'en comptait l'édition Moland (1877-1883), cinq fois plus que l'édition de Kehl (1785-1789). De ce nombre, 15 000 lettres sont de Voltaire, 3 000 de ses correspondants, 3 000 de tiers. Selon le mot peu voltairien d'un ancien éditeur, le corpus s'enrichira « jusqu'au jugement dernier » – des dizaines de lettres ont déjà été découvertes et publiées depuis l'achèvement de cette édition dite « définitive ».*

La première lettre connue – des vœux familiaux – est datée du 29 décembre 1704 et signée « Zozo AROUET » – mais son authenticité n'est pas bien assurée. La dernière est du 26 mai 1778, c'est un billet de compliment au fils Lally-Tollendal sur la réhabilitation de son père – Voltaire mourut quatre jours après.

La date la plus fournie est celle du 1er mars 1768, avec treize lettres de Voltaire et une à lui adressée. Voltaire dit souvent ailleurs qu'il vient d'« écrire vingt lettres », de « dicter trente lettres » : chiffres ronds, ou emphatiques ?

Considérée dans le temps d'une vie, cette correspondance présente une accélération étonnante, effet probable des conditions (sociologiques entre autres) de sa conservation matérielle, mais aussi conséquence directe des voyages et des retraites, et surtout de l'extension parallèle des relations et des activités. On a 29 lettres de Voltaire pour l'année 1725, 91 pour l'année 1735, 160 pour l'année 1745, 368 pour l'année 1755, 515 pour l'année 1765 – et pour 1775, sa quatre-vingt-unième année, 433 lettres encore.

Les quatre principaux correspondants, dans l'état actuel du corpus, sont d'Argental, l'ami et le confident d'une vie (près de 1 200 lettres), et Gabriel Cramer, l'imprimeur et le complice pour tous les ouvrages publiés après 1755 (près de 900 lettres ou billets) ; puis Damilaville et Thieriot, avec 500 lettres chacun, le premier, agent de liaison pour la production clandestine ; le second, « trompette » de l'œuvre officielle. On a plus de 300 lettres de Voltaire à Frédéric II, le disciple émancipé ; à d'Alembert, le lieutenant sûr des combats philosophiques ; à Marie-Louise Denis, la nièce chérie, la compagne de la vieillesse ; à la comtesse de Bentinck, l'amie intime du séjour en Prusse ; à Jean Robert Tronchin, le banquier et le conseiller financier. Les autres ensembles importants sont des correspondances familiales (Mme de Fontaine, Florian), des correspondances d'amitié (Mme du Deffand, Cideville, le duc de Richelieu, la duchesse de Saxe-Gotha), d'affaires (Moussinot, Fabry, Hennin), de discussion d'idées (Bertrand, Moultou). La lacune la plus regrettable est celle de la correspondance avec « Émilie », dont on ne connaît presque rien : un billet de Mme du Châtelet, quelques lignes de Voltaire.

A. Magnan

W

WACE

(XIIᵉ siècle)

Auteur anglo-normand, il fut chanoine de Bayeux après 1165 et servit les ducs de Normandie. Son œuvre, rédigée pour la plus grande partie en couplets octosyllabiques (à l'exception de certains éléments du *Roman de Rou*), comprend des poèmes historiques ou pseudohistoriques (*Roman de Brut*, *Roman de Rou*) et des poèmes hagiographiques (*Vie de sainte Marguerite*, *Conception Nostre Dame*, *Vie de saint Nicolas*). Ces derniers sont essentiellement des traductions de *Vies* latines. Dans la *Vie de sainte Marguerite*, le style de Wace est encore dépouillé : pas d'interrogations oratoires, pas de rhétorique pompeuse, pas de redondances. Mais il évolue peu à peu : l'introduction devient prologue, les ornements apparaissent en même temps que les explications d'auteur. Dès la *Conception Nostre Dame* se manifeste l'un des procédés caractéristiques de l'œuvre à venir : la répétition immédiate d'une même phrase. La *Vie de saint Nicolas* voit fleurir la juxtaposition de synonymes, souvent soulignée par des allitérations (« Et desconfit et despesçat », vers 362). L'apostrophe à l'auditeur devient également plus fréquente. Surtout, on y constate pour la première fois (mais est-ce volontaire ?) le procédé de la brisure du couplet d'octosyllabes (le second vers du couplet se rattachant syntaxiquement au couplet suivant, ou le premier au précédent). Cette nouveauté est encore rare : on sait que Chrétien de Troyes passe pour en être sinon l'initiateur, du moins le premier divulgateur.

Wace atteint vraiment sa maturité poétique avec ses deux œuvres historiques. Le *Roman de Brut* est une adaptation de l'*Historia regum Britanniae* de Geoffroi de Monmouth ; son importance pour l'histoire littéraire est considérable, puisqu'il s'agit du premier texte roman consacré – en partie seulement – à la légende arthurienne. À cette source principale s'ajoutent quelques textes sacrés et, sans doute, les *Gesta regum Anglorum* de Guillaume de Malmesbury ; mais on peut supposer que Wace avait également connaissance de traditions (orales ? écrites ?) sur le roi Arthur et sur la Table ronde, pour la première fois mentionnée dans notre littérature. Ainsi est né un débat de spécialistes sur l'origine du roman breton, débat voisin – quoique moins bruyant – de celui qui sévissait sur l'origine des chansons de geste. Aux certitudes d'E. Brugger (1917) sur l'existence d'une tradition littéraire a répliqué la critique serrée d'E. Faral (1929). Les savants se sont ainsi répondu pendant un demi-siècle, jusqu'à R.S. Loomis et M. Delbouille. Si l'on en croit ce dernier, Wace pourrait bien être l'initiateur véritable de la légende arthurienne en France. Mais l'acuité de ce débat ne doit pas faire oublier les qualités propres de l'œuvre : le vocabulaire descriptif est abondant et précis, et le style donne du relief aux événements comme aux tableaux. L'Histoire s'efface quelque peu devant le romanesque. Mais la psychologie reste sommaire et stéréotypée. Au surplus, le *Brut*, par ses comparaisons, ses illustrations, ses exemples, nous renseigne largement sur la vie quotidienne au XIIᵉ siècle : Wace préfère le réalisme aux descriptions fastueuses et irréelles. On est d'autant plus étonné de constater que l'influence de Wace sur le développement de la littérature arthurienne est plutôt limitée : Chrétien de Troyes, par exemple, ne lui a pratiquement rien emprunté.

Le *Roman de Rou* retrace l'histoire des ducs de Normandie. Commencé en 1160 en l'honneur d'Henri II Plantagenêt et pour son instruction (« Que nostre rois Henri la congnoissëet sace »), l'ouvrage est d'emblée hostile au roi de France, qui est présenté comme l'ennemi héréditaire. Le travail accompli est considérable (11 400 vers), mais il est interrompu à l'année 1106 : peut-être Wace a-t-il été découragé par la concurrence de Benoît de Sainte-Maure, à qui le roi venait de confier le même travail. Le *Rou* brille davantage par ses qualités littéraires que par ses qualités historiques ; il constitue cependant un témoignage remarquable sur les mentalités et la civilisation du XIIᵉ siècle, en particulier sur certains usages juridiques. C'est dire l'intérêt de ce texte pour les historiens modernes.

L'œuvre de Wace est l'une des plus importantes du XIIᵉ siècle. Elle témoigne de la vitalité de la littérature normande et de son degré d'achèvement dans l'ordre littéraire. Même si l'essentiel de cette production suit d'assez près des modèles latins, le talent et l'imagination du poète historiographe transfigurent ces sources pour en faire un travail original : peut-être le plus achevé de son siècle sur le plan stylistique.

D. Boutet

WEIL Simone

(1909-1943)

Née à Paris, élève d'Alain, dont elle subit très fortement l'influence jusqu'au début des années 30, elle entre à l'École normale supérieure de la rue d'Ulm en 1928, passe l'agrégation de philosophie en 1931 et commence une carrière de professeur de lycée, mais ne tarde pas à s'intéresser en priorité à la question sociale et à ses implications politiques. Elle s'engage dans le syndicalisme révolutionnaire, publie en 1933, dans *la Révolution prolétarienne*, sous le titre « Perspectives », un brillant pamphlet contre le règne de la bureaucratie, notamment en U.R.S.S., et rédige en 1934 un long mémoire sur « les causes de la liberté et de l'oppression sociale ». Mais elle perd confiance dans les mouvements révolutionnaires et syndicaux, et prend un an de congé pour s'engager comme ouvrière d'usine, afin d'avoir une approche concrète des problèmes du travail. Les écrits qui rendent compte de cette expérience – qui fut aussi celle du malheur – ont été rassemblés en 1951 dans *la Condition ouvrière*. En 1936, Simone Weil se rend en Espagne aux côtés des républicains, et cette nouvelle expérience la confirmera dans une conception assez pessimiste, sinon de la nature de l'homme, du moins de son comportement habituel spontané, surtout dans une situation de pouvoir et dans un état d'ivresse collective.

Accablée par ces deux épreuves, elle a alors trois contacts avec le catholicisme, entre 1935 et 1938. Au début de la guerre, elle écrit deux articles importants. Dans l'un, « Quelques réflexions sur les origines de l'hitlérisme », repris en 1960 dans *Écrits historiques et politiques,* elle esquisse une philosophie politique qu'on retrouvera plus tard dans ses études sur la civilisation occitane, puis dans une perspective sur l'histoire de France. Elle y oppose le libre développement des cités et des provinces à l'impérialisme de la Rome antique. Celui-ci est à ses yeux totalitaire, comme Israël avant l'exil, l'Église de l'Inquisition et l'absolutisme de Louis XIV. Dans l'autre, « l'*Iliade,* ou le poème de la force », repris dans *la Source grecque* (2e éd. 1953), elle fait l'éloge d'une franchise lucide qui dévoile la puissance de la force et ne travestit pas la peur de la mort. On voit déjà dans sa conclusion ce qui fera pour Simone Weil la valeur éminente du christianisme : d'avoir représenté, dans la détresse du Christ sur la croix, le malheur sans fond qui peut être le lot de tout homme, si innocent et juste qu'il soit. Sa métaphysique religieuse se construit à partir de là. L'impersonnalité du grand art et l'épreuve surmontée de la destruction du moi dans le malheur amènent l'âme à un état « dé-créé », où nous n'agissons plus par une décision de notre volonté, mais par « obéissance à Dieu ». Cette philosophie se développe en divers essais et dans les réflexions qui couvrent une quinzaine de cahiers, en 1941 et 1942, à Marseille puis à New York. Elle donne aussi une coloration religieuse aux projets politiques et sociaux que Simone Weil, à Londres, dans les derniers mois de sa vie, sera chargée de soumettre au gouvernement de la France libre.

Simone Weil a également tenté d'aborder des genres proprement littéraires. Ses poèmes laissent transparaître ses préoccupations majeures. L'un d'eux, « Nécessité », s'adresse aux astres et se termine ainsi :

Déchirez les chairs, chaînes de clarté pure.
Cloués sans un cri sur le point fixe au Nord,
L'âme nue exposée à toute blessure,
Nous voulons vous obéir jusqu'à la mort.

Le canevas d'une tragédie, intitulée *Venise sauvée*, et les parties rédigées, presque entièrement en vers blancs de diverses longueurs, valent surtout comme expression des idées de Simone Weil sur l'homme et sur la société. C'est par sa prose qu'elle est vraiment un écrivain. L'étude de ses manuscrits révèle un travail acharné pour atteindre la formulation la plus sobre, la plus exacte, la plus percutante. Simone Weil y parvient surtout dans les dernières œuvres, par exemple dans les « Cahiers d'Amérique », publiés en 1950 sous le titre *la Connaissance surnaturelle*. Elle possède aussi un certain don narratif, sensible notamment dans ce « Prologue » mystique qu'elle désirait voir publier en tête de ses fragments.

Simone Weil était connue avant la guerre parmi les élèves d'Alain – et dans les milieux syndicaux – pour ses analyses politiques, à la fois rigoureuses et déconcertantes pour beaucoup. Ses réflexions religieuses ne furent révélées au public qu'après sa mort, par une publication qui fit date, *la Pesanteur et la Grâce* (1947). Puis sa position en face de l'Église catholique retint l'attention. Depuis 1970, on songe davantage à approfondir sa pensée, plus cohérente que la dispersion de ses écrits le laisserait supposer mais étroitement liée à son existence. On se trouve ainsi devant une figure singulière, déroutante, dérangeante, et fascinante pour beaucoup.

Il y avait chez elle un refus tellement profond de se fixer une limite quelconque dans l'accomplissement de ce qui lui apparaissait comme une « obligation stricte » ou comme sa vocation propre, qu'elle n'a que trop rapidement brûlé ce qu'elle possédait d'énergie. Mais l'œuvre abondante qu'elle nous laisse constitue un axe de référence pour toute réflexion sur notre civilisation et dégage pleinement la métaphysique impliquée, autour de la notion de détachement, par des religions telles que le christianisme ou le bouddhisme.

G. Kahn

WEINGARTEN Romain

(né en 1926)

Par la liberté d'une écriture où jeux de mots, inventions et associations verbales rappellent avec humour les procédés de l'écriture automatique, Weingarten appartient à la frange surréaliste du « nouveau théâtre » né après 1945. Son discours rejoint également celui d'Artaud dans la poursuite d'une insaisissable réalité « du dedans ». Il enrichit ce double héritage d'un goût pour le merveilleux, entretenu grâce au rapport qu'il a su conserver avec le monde de l'enfance : ses pièces sont aussi de véritables féeries, tout imprégnées de fraîcheur et d'humour. Mais il dénonce par ailleurs la malignité et les ridicules de l'univers adulte avec un acharnement féroce dont la violence, cependant, est toujours tamisée par l'écran du rêve.

Un long apprentissage

Romain Weingarten garde de son enfance un souvenir « idyllique » : né à Paris, fils unique choyé, vivant souvent à la campagne, il s'intéresse tôt à la peinture, à la danse, aux arts plastiques. Dans le Paris de 1945, écrivant des poèmes marqués par l'influence d'Artaud (cf. *le Théâtre de la Chrysalide*, achevé en 1948, publié en 1950), le jeune homme assure sa subsistance grâce à des besognes artisanales (encadreur rue des Beaux-Arts, correcteur-typographe, etc.) et, à vingt ans, compose sa première pièce, *Akara*. Jouée en 1948 par des amateurs comme Roland Dubillard, Claude Sarraute et l'auteur lui-même, l'œuvre fait scandale. On parle d'un « *Hernani* 48 », mais Audiberti soutient la pièce, et Jean Marchat propose de la prendre aux Mathurins. Weingarten refuse : le silence retombe autour de lui. En 1960, *les Nourrices*, une « charge bouffonne et grinçante » du milieu des affaires, remporte auprès de la critique un succès d'estime. Mais il faut attendre 1966 pour que Weingarten triomphe enfin avec *l'Été* (joué au théâtre de Poche, après avoir été monté en 1965 en Allemagne). « Poème d'amour scénique » (J.-F. Adam), la pièce se situe dans un jardin merveilleux où, invisibles aux spectateurs, des amants s'enlaceront sous le regard de deux adolescents troublés et de deux chats goguenards. Ce succès amène une reprise remarquée d'*Akara* (1967) au Studio des Champs-Élysées. Puis, en 1970, c'est *Comme la pierre*, à la Comédie-Française, et *Alice dans les jardins du Luxembourg*, spectacle de « danse », si l'on entend par là « la gravitation d'un personnage autour d'un autre personnage immobile » : de la mère d'Alice d'abord, autour du lit où se dissimule sa fille, qu'elle tracasse et qui finit par la tuer ; d'Alice ensuite, autour de Dodu, œuf posé sur un socle de jardin public symbolisant « la surface lisse du vaste monde » que la petite fille doit affronter seule. Avec *la Mandore* (1973) et *Neige* (1979), les pièces de Weingarten s'enferment dans des espaces scéniques toujours plus confinés, soit un immeuble isolé pour « insalubrité » dont le public embrasse d'un seul coup d'œil l'ensemble des appartements (*la Mandore*), soit une cabane cernée par les frimas, véritable huis clos où se déploie autour d'un poète amoureux qui rêve à sa belle le ballet de trois sœurs en guenilles (*Neige*). Et *la Mort d'Auguste* (1982) n'est qu'un spectacle pour trois clowns.

Onirisme et réalité

Lisant en 1955 l'*Akara* de Weingarten, Ionesco s'étonne de trouver un précurseur en ce dramaturge dont l'œuvre n'est alors connue que de quelques rares amateurs. Un an avant *la Cantatrice chauve* (1949), Weingarten supprime toute intrigue, divisant ses pièces en tableaux souvent scandés par l'alternance du jour et de la nuit ; désarticulant le langage, il use d'onomatopées, invente des mots qui singent mécaniquement certains jargons (telles, dans *Akara*, ces annonces au cours d'une extravagante partie de cartes : « trigle dièse avec cynique jumelé », « quinte minette pointée avec mise de genre ») ; il anime les objets de mouvements spontanés, il crée des personnages humains qui, avec ou sans masques, sont en même temps des animaux.

Dans cet univers onirique, l'impossible devient normal (un chat avocat ? « on a vu des choses plus curieuses... » [*Akara*]) et s'impose au spectateur avec justement ce fort sentiment de réalité que donne le rêve à condition que l'insolite se détache sur du quotidien, ce que Weingarten obtient par un subtil dosage du saugrenu et de l'ordinaire. Éclairages jouant sur les éléments dépouillés du décor et les déformant, musique désaccordée avec la nature de la scène (une cantate de Bach se fait entendre, tandis que le père des trois sœurs de *Neige* disparaît dans un poêle), bruitages obsédants accentuent l'étrangeté de spectacles qui déclenchent un rire parfois contraint, voisin de la peur. En effet, arrachés aux normes de l'éveil, de la vie en société, les personnages de Weingarten obéissent à la logique pulsionnelle du rêve. On peut tout attendre de leurs instincts libérés : qu'une enfant tue sa mère puis sorte tranquillement avec son cartable (*Alice*) ; que deux matous se fassent les gendarmes d'un Ordre que ne dérangerait pas le Désir (*l'Été*)...

Cet onirisme contrôlé s'accommode des thèmes les plus variés, celui de la critique sociale en particulier, avec *les Nourrices*, où les apparentes incongruités du rêve dénoncent plus fortement que ne le ferait une description réaliste un monde en folie, travaillé par une agressivité qu'extériorisent, sur les planches, scènes bouffonnes et cauchemars. Une grande bourgeoise omet de porter la jupe de son élégant tailleur, un capitaliste cynique s'affuble d'une peau de tigre, dont il ne parvient plus à se défaire, sans que pour autant le jeu des acteurs perde le naturel qui rend la scène crédible : voilà le spectateur emporté parmi les bizarreries du rêve. Mais cette symbolique trahit les appétits d'une société où la femme est une « ogresse » et l'homme d'affaires un fauve. Lorsque avec *l'Été* ou *Neige* Weingarten aborde le thème de l'amour, restant fidèle à son écriture il se garde bien de faire platement naître quelque idylle devant nous. De l'amour il capte l'essence dans cette réalité en creux d'une présence-absence, poignante figure du rêve où l'émotion étreint le dormeur sans cristalliser en images : dans *l'Été*, le public ne verra jamais des amants qu'une symbolique bague perdue... Mais envahissant un jardin magique où chats, « lézard transparent », mouches-cupidons, etc., règnent avec tant d'aisance que le spectateur devient sans effort complice de la fiction, l'invisible amour sera médiatisé par le trouble qui peut se lire dans l'innocent étonnement de deux jouvenceaux : « Quand on est deux, on ne s'entend plus. Tu comprends ? On ne fait plus de bruit. On est comme la nuit... » Même présence-absence dans *Neige*, où l'amour se laissera seulement pressentir lorsque le jeune homme tendra les bras vers « quelqu'un que nous ne voyons pas » : « Toute puissance dramatique tient à l'allusion et non à l'expression », écrivait Weingarten dans « la Fête des fous » (*Cahiers Renaud-Barrault*, 1964).

Réveil et déréliction

Les pièces de Weingarten se terminent « à la frange de l'aube » ou au crépuscule, et presque toutes de la même façon : un cri, puis une lente mimique silencieuse. Au cinquième jour, les amants de *l'Été* quitteront l'Éden, abandonnant les enfants à la nostalgie et le jardin au silence ; le chat-« tzigane » d'*Akara* sera exterminé au bruit strident des sirènes dans un monde qui hait la « différence » ; les personnages des *Nourrices* connaîtront la déréliction des nantis que ne protège plus un statut social ; *Alice* fuira vers la solitude après un dernier cri de terreur, laissant Dodu, fantomatique, sous « la triste étoile du soir » ; et l'affrontement des hommes-rats, chiens ou oiseaux, dans *la Mandore*, précipitera leur chute dans une trappe ubuesque, d'où ils n'émergeront que pour une ultime et muette danse macabre avec draps et clochettes. Comme si la parole n'avait existé fugitivement que pour dire le malheur du monde ou l'inconstance du bonheur. Les personnages se taisent ensuite pour une dernière méditation, avant de retourner, animaux et hommes confondus, à un antérieur indicible. Si la « danse », comme Weingarten l'appelle, prend une place aussi importante dans ses pièces, si les « silences » sont aussi nombreux, par exemple dans *l'Été*, c'est que la parole tend vers le mutisme des origines. La gestuelle, dans le théâtre de Weingarten, signale donc une tension vers un état qui pourrait se dire autrement : « Retrouver la parole [...] par des moyens autres que ceux de l'écriture. » N'est-ce pas là une aspiration vers un paradis situé en deçà plutôt qu'au-delà de notre monde, comme l'enfance précède l'âge adulte ? Certains moments de grâce dans *l'Été* ou *Neige* en donnent une intuition approximative : ces instants où l'on est enfin silencieux « ensemble », cette fusion bienheureuse des amants vivant sans mot dire « l'accord parfait dans la façon de regarder les choses ». Une image rêvée du grand Accord rompu par les futilités du verbe.

M.-A. de Beaumarchais

WEYERGANS François

(né en 1941)

Romancier et cinéaste d'origine belge, fils de l'écrivain catholique Franz Weyergans. Reçu major à l'I.D.H.E.C. en 1960, il collabore aux *Cahiers du cinéma*, réalise plusieurs films, notamment *Je t'aime tu danses* (1972) sélectionné au Festival de Cannes, puis se tourne vers l'écriture de fiction. *Le Pitre* (1973), *Berlin mercredi* (1979), *les Figurants* (1980), *le Radeau de la Méduse* (1983), *la Vie d'un bébé* (1986), *Rire et pleurer* (1990), *la Démence du boxeur* (prix Renaudot 1992) révèlent un romancier qui cherche à appréhender la durée intérieure de ses héros, peuplée de souvenirs fuyants, de velléités, de désirs inassouvis. Mais, pour reconstituer ce puzzle psychologique, loin de tomber dans le flou, Weyergans s'oblige à une rigueur qui compense la fragmentation du temps et de l'être par l'exactitude des détails épargnés par l'oubli. Dans *le Radeau de la Méduse*, par exemple, tout est prétexte au héros, Antoine Dufour, pour ajourner la rédaction d'un scénario sur l'œuvre de Géricault, dont cependant l'inachèvement l'obsède. Conduite d'échec qui déclenche en lui une angoisse existentielle, voire des hallucinations difficilement neutralisées par l'humour. Mais, en même temps, le héros se révèle très bien documenté sur la genèse et la facture du *Radeau*. Lorsqu'il prend enfin l'irrévocable décision de rédiger son scénario, sa résolution est l'aboutissement d'une maturation intérieure qui lui a permis de mobiliser sa volonté d'écrivain. Métaphoriquement, le scénario est le radeau auquel le héros devra la survie de son moi.

François Weyergraf (*Franz et François*, 1997, grand prix de la Langue française), comme Antoine Dufour, ne parvient pas à terminer une biographie de son père, Franz, décédé vingt ans auparavant. Avec un désir de fidélité à l'image paternelle mais aussi de sincérité vis-à-vis de lui-même, le héros, frappé d'impuissance devant la difficulté de sa tâche, cherche à s'en détourner en imaginant d'autres récits plus « divertissants ». D'où cet état anxieux, décrit avec un humour souvent hilarant, masquant la difficulté de choisir entre un réquisitoire contre un père dont l'intégrisme moral a lourdement pesé sur son adolescence, et l'expression d'un véritable attachement filial. Cette crise fait la matière de ce livre déchirant et se dénoue par une réconciliation posthume. Veillant son père qui vient de décéder, François glisse son stylo dans la poche du défunt en signe de soumission : « Je le lui avais remis comme on remettait jadis les clefs d'une ville assiégée au vainqueur. »

Paru en 2001, *Trois Jours chez ma mère* met de nouveau en scène un héros désemparé. Son anniversaire, le passage du temps, la banalité de la vie font naître en lui un malaise qu'il cherche à analyser en faisant retraite.

Malgré la rassurante présence de l'humour, la lassitude persistante des héros de Weyergans – qui n'exclut pas une vie sexuelle intense – renvoie l'écho d'un certain mal de vivre lié peut-être à une fin de siècle qui a connu de vertigineux changements. Si en François Weyergraf on se permet d'apercevoir l'auteur sous le discours du narrateur, on comprendra qu'une des racines de cette angoisse ait pu se trouver dans la brusque mutation de la société, notamment catholique, en l'espace d'une seule génération.

M.-A. de Beaumarchais

WILLY *v.* COLETTE

Y

Yon** ou **Vengeance Fromondin (la)
*v. **Lorrains (cycle des)***

YOURCENAR Marguerite

*Pseudonyme de **Marguerite de CRAYENCOUR** (1903-1987)*

Poète (Les dieux ne sont pas morts, 1922), auteur de théâtre (Électre ou la Chute des masques, 1954 ; le Mystère d'Alceste, 1963...), de nouvelles (La Mort conduit l'attelage, 1934 ; Comme l'eau qui coule, 1982), essayiste (Sous bénéfice d'inventaire, 1962), romancière d'audience internationale (Mémoires d'Hadrien, 1951 ; l'Œuvre au noir, 1968), autobiographe enfin (le Labyrinthe du monde : Souvenirs pieux, 1974 ; Archives du Nord, 1977), Marguerite Yourcenar accroît encore la variété de son œuvre par son ouverture aux cultures les plus diverses, orientales ou occidentales, nordiques ou méditerranéennes : y voisinent des études critiques sur Mishima (Mishima ou la Vision du vide, 1980) et Thomas Mann, Selma Lagerlöf et Piranèse, des traductions de negro spirituals (Fleuve profond, sombre rivière, 1964) et de blues, de Henry James et Virginia Woolf, de poètes grecs d'abord traduits pour son seul plaisir (la Couronne et la Lyre, 1979). La dimension éthique et didactique que cet écrivain – parfois dit moraliste – assigne à son œuvre prend appui sur ce goût primordial de la lecture et le désir de le faire partager. La conviction que l'Histoire est une « école de liberté », un tremplin pour une méditation sur l'homme, explique aussi que la romancière privilégie dans ses fictions le passé – Antiquité, Renaissance ou début du XXe siècle (le Coup de grâce, 1939 et 1953) – tout en se révélant par ailleurs attentive à la réalité contemporaine.

Une liberté itinérante consacrée à la littérature

Née à Bruxelles d'un père français, Marguerite Yourcenar passe en France une enfance très aisée. Orpheline de mère, elle partage la vie cosmopolite de son père et, comme lui, restera longtemps une nomade (séjours en Europe et aux États-Unis, où elle enseigne en 1939). Hors de France pendant la guerre, elle s'installe définitivement sur l'île de Mount Desert (côte nord-est des États-Unis) en 1949. En 1951, le succès mondial inattendu des *Mémoires d'Hadrien* élargit brusquement – près de trente ans après ses débuts – un public d'abord limité ; des rééditions révisées de son œuvre paraissent à partir des années 1960. Elle obtient le prix Femina en 1968 pour *l'Œuvre au noir* ; une élection retentissante à l'Académie française en 1980 – elle est la première femme admise dans l'illustre Compagnie. On connaît mieux, depuis, cette personnalité discrète, que son indépendance place en marge du vedettariat littéraire. Mais elle préfère s'effacer et souligner plutôt – en classique – les modalités des rapports de son œuvre à son objet.

Littérature et Histoire : histoire d'une création

Mettre en doute la valeur documentaire d'une œuvre qui tend sans vergogne au lecteur les pièges de l'illusion réaliste serait faire preuve d'une prudence excessive : Marguerite Yourcenar utilise des documents authentiques souvent fruits d'une longue quête, en vue d'obtenir une exactitude factuelle mais aussi une meilleure compréhension des mentalités (*Alexis ou le Traité du vain combat*, 1929 et 1952). « La valeur humaine » d'une expérience, même fictive, « est singulièrement augmentée par la fidélité aux faits » (*Carnets d'Hadrien*). Ajoutons : par une plus grande particularisation. *Denier du rêve* (dans sa version primitive, en 1934), avec son symbolisme affiché, n'est qu'une étape ; la romancière s'attache ensuite, au prix d'une documentation minutieuse, à caractériser par le langage de ses personnages l'époque choisie et veille à la justesse du ton : ainsi vérifie-t-elle la fiabilité du style « togé » d'Hadrien en traduisant en grec certaines des pensées prêtées à cet empereur helléniste. Si la véracité anecdotique est soumise à la recherche d'une vérité humaine atemporelle – ce qui autorise quelques entorses –, cette quête ne peut aboutir sans une grande honnêteté intellectuelle que seconde l'érudition. Qualifions d'humaniste cette démarche, en dégageant ce terme du cadre de la culture occidentale, trop étroit pour celle qu'attirent aussi les sagesses de l'Orient (*Sur quelques thèmes érotiques et mystiques de la Gîta-Govinda*, 1957 et 1982).

Ainsi le fichier documentaire – dont on nous dévoile le contenu de bon gré – n'enferme pas la quintessence de l'œuvre. La clef pour accéder à celle-ci importe davantage, et reste pourtant mystérieuse, malgré la description qui nous en est faite : il faut, à l'instar des historiens romantiques, pénétrer à l'intérieur d'une figure historique ; mieux, l'accueillir en soi-même. Marguerite n'est pas Hadrien – l'érudition l'aide à limiter les phénomènes de projection – mais elle se forge une âme du IIe siècle, n'impliquant d'elle-même qu'un universel humain. Cette pratique se nomme « magie sympathique ». Le protagoniste n'est donc pas l'Histoire mais une créature que l'auteur puisse hanter. En conséquence prédomine la vision subjective d'un héros qui, issu d'une volumineuse masse documentaire, l'anime en retour. Marguerite Yourcenar autobiographe pratique aussi cet échange, se documentant sur ses ancêtres « pour triompher du sentiment d'irréalité », quitte à les « alimenter de [sa] substance » pour imaginer leur vie quotidienne – derrière laquelle la sienne demeure encore cachée. Le partage entre fiction et Histoire, « tissue de la même matière » (*Carnets d'Hadrien*), entre roman et roman historique perd de sa pertinence ; le Zénon fictif de *l'Œuvre au noir* est un « frère ». Une reconstitution est avant tout une création : don d'une âme à une matière figée, enfantement d'une créature. « L'art étant la seule possession véritable, il s'agit moins de s'emparer d'un être que de le recréer » (*le Temps, ce grand sculpteur*, 1983). Ces propos, prêtés à Michel-Ange, datent en fait de 1931 : un témoignage de lucidité critique.

Réconcilier « l'œuvre de l'esprit » et celle « de chair » (Rilke)

La présence ici, sur le plan thématique, d'un débat sur les rapports de l'âme et du corps a de quoi satisfaire les amateurs de « mise en abyme ». Mais, avec Marguerite Yourcenar, ce problème rebattu est abordé dans sa complexité. Chaque héros est aux prises avec les désirs du corps, qu'il s'agit de regarder en face. Au-delà de la diversité des sagesses illustrées, on trouve le rejet de tout ascétisme érigé en système (*Nouvelles orientales*, 1938 et 1963) ; l'authenticité recherchée passe par la reconnaissance des droits de la matière « puisque la chair est, après tout, le plus beau vêtement dont puisse s'envelopper l'âme » (*Feux*, 1936 et 1957).

La matière comporte aussi pour le créateur sa part de risque : le vertige de l'exhaustif menace parfois cette écriture, dans sa quête acharnée d'une essence, par le biais d'une pléthore de matière. L'ampleur de la documentation rend primordial le travail de synthèse ; tâche difficile, comme le montre *l'Œuvre au noir* : le parcours du héros prend son sens d'un morcellement devenu cohérent. L'écrivain voulant « rejointoyer [les faits] pour voir ce que va donner leur assemblage » (*Souvenirs pieux*) travaille à l'unité alchimique de la matière.

L'art n'est-il pas cette victoire sur la faille qui sépare la matière de l'essence ? On oserait même parler d'un démodé « bonheur de l'écriture » – à l'écart des modes, surtout. D'une sobriété classique (*le Coup de grâce*) ou d'une luxuriance expressive (*Feux*), le style de Yourcenar allie l'élégance à une grande richesse de vocabulaire : travail ciselé d'un auteur soucieux de perfection (ses « nouvelles versions » se font dans cette perspective) et qu'intéresse au plus haut point la matière du langage – comme le prouve son activité de traductrice. Ce travail du verbe ne produit que rarement des morceaux de bravoure superflus (l'écrivain s'en reproche un à propos des *Mémoires d'Hadrien*). La grande tenue des débats résulte de ce qu'elle fonde en fait : la valeur des héros. La sensibilité de Zénon l'alchimiste justifie la présence de morceaux de prose poétique dans un roman. Sereine dans son art – sans fatuité – et d'une extrême exigence, Marguerite Yourcenar paraît plus proche du peintre chinois s'absorbant dans la fleur qu'il dessine que de certains contemporains « soupçonnant » l'écriture. Non que l'œuvre naisse sans douleur mais « de tous les remords de l'homme, le plus cruel peut-être est celui de l'inaccompli » (*le Temps, ce grand sculpteur*). Écrire, donc, de son mieux.

L'Œuvre au noir

Le roman a pour point de départ une nouvelle, « D'après Dürer », publiée en 1934 dans le recueil *La Mort conduit l'attelage*.

SYNOPSIS

I. « LA VIE ERRANTE ». Sur un chemin de Picardie, venant tous deux de Bruges leur ville natale, se retrouvent et se séparent Henri-Maximilien Ligre et Zénon, son cousin bâtard, « l'aventurier de la puissance et l'aventurier du savoir ». Par une longue rétrospection, le récit focalise aussitôt sur le seul Zénon : sa mère Hilzonde, séduite par un gentilhomme italien, épousée par l'anabaptiste Simon Adriansen ; son oncle Henri-Juste Ligre – père d'Henri-Maximilien –, riche drapier qui le destine à la prêtrise. Mais l'intelligence aiguë de Zénon – partagé entre l'esprit de révolte et l'envie de parvenir, entre les livres et ce « savoir qui vient directement des choses » – le détourne de la théologie vers l'alchimie et la médecine. Retour à Hilzonde et Simon, installés désormais à Münster, la cité des « Purs », assiégée par les catholiques, et bientôt prise. Hilzonde est exécutée et Simon meurt peu après. Quelques années plus tard, la ville est frappée par la peste, et l'épidémie attire en ces lieux un médecin mystérieux en qui le lecteur reconnaît Zénon. Par la suite, une « conversation à Innsbruck » réunit Henri-Maximilien, devenu soldat de fortune et rimailleur d'occasion, et Zénon que ses recherches alchimiques et médicales obligent dorénavant à vivre en marge des pouvoirs. Après un bref *excursus* qui règle le destin aventureux du soudard-poète, on retrouve Zénon en Suède, puis auprès de Catherine de Médicis, et décidant enfin, pour fuir les poursuites de la Sorbonne, de revenir à Bruges.

II. « LA VIE IMMOBILE ». Installé à Bruges sous un nom d'emprunt, Zénon soigne les miséreux de l'hospice des Cordeliers tout en rêvant à l'*Opus nigrum* (qui donne son titre au roman), « cet essai de dissolution et de calcination des formes qui est la part la plus difficile du Grand Œuvre ». Cependant la Flandre est déchirée par les guerres de Religion, par la révolte des Gueux contre l'occupant espagnol ; Zénon tente de survivre, protégé par le prieur des Cordeliers dont il traite la maladie en contrepoint de longs entretiens où l'alchimiste dissimule face au prêtre assailli par le doute ; il doit aussi se garder de son assistant, frère Cyprien, gagné par les prestiges ambigus d'une secte « angélique ». Sans défense après la mort du prieur, Zénon, compromis par les aventures érotico-mystiques de Cyprien, est jeté en prison.

III. « LA PRISON ». Zénon ayant de lui-même révélé son identité, l'affaire des « Anges » cristallise contre lui, tant chez les doctes que dans le peuple, un ensemble de peurs et de rancunes étayées par des propositions impies extraites de ses livres. Dressant un tableau des doutes et des certitudes du savant, le narrateur retrace alors en quelques pages tout ce qu'un esprit libre et acéré peut connaître –

et vouloir connaître – en cette fin du XVIe siècle, compte tenu de l'état de la science et de l'horizon d'attente de son temps. Mais ce sont des vétilles et des calomnies sur la vie privée du médecin qui, pour le grand public, entraînent sa culpabilité. Enjeu d'intérêts politiques, Zénon est condamné pour athéisme et impiété ; refusant la rétractation qui lui vaudrait la vie sauve, il choisit de se donner la mort en s'ouvrant les veines, comme « les Anciens dont les héros périssaient de la sorte ».

F. Crépin et J.-P. de Beaumarchais (synopsis)

YVER Jacques

(vers 1548 ?-1571 ou 1572)

Conteur et poète, Jacques Yver est l'un des auteurs les plus lus de la fin de la Renaissance. Le destin n'a pas souvent aussi gracieusement réuni un nom de famille et l'œuvre d'une saison : ce *Printemps*, recueil unique, qui paraît en 1572, aussitôt après la mort de l'écrivain. Il semble que ses contemporains, s'ils apprécient l'œuvre, connaissent peu l'auteur, et sans doute n'a-t-il pas eu le temps de se faire connaître davantage : on le croyait d'abord né vers 1520, mais des études récentes proposent avec plus de raison la fin des années 1540. On comprend mieux que, comme bousculé par un sombre pressentiment, Jacques Yver donne à regret « congé à son livre », craignant pour ses vers, « petit columbeaux » mal appris à voler, l'injure de « l'hiver hérissé ».

Demeure un peu, demeure, où vas-tu, mon enfant ?
Où vas-tu, pauvre fol, ton aage te deffend
De t'en fuir si tost...

On imagine mal, en effet, un magistrat un peu mûr livrant sur le tard ce « printemps de liesse » plein d'exubérances incontrôlées – au demeurant bien daté, dans son style et ses préoccupations, de l'époque où parut l'ouvrage.

Yver est né dans une famille de notables fortunés, présents dans la vie municipale de Niort. Il a étudié le droit, et sa vie a peut-être ressemblé à celle de deux de ses plus gais personnages : Floradin et Claribel, étudiants en Italie et à Poitiers, hobereaux en leur pays, grands parcoureurs de chemins, et galants où qu'ils se trouvent ; sur le plan religieux, ils veulent bien « estre tout ce qu'on voudroit », montrent « casaque à deux endroits », portent selon les circonstances livre d'heures ou psautier huguenot, et « fuient vaillamment ». Comme toute la ville de Niort, la famille de Jacques Yver se partage entre les deux clans. À plus d'un détail, Yver semble appartenir aux catholiques « politiques », au parti de la conciliation. Les guerres de Religion sont en tout cas l'une des trames de son œuvre.

On peut être frappé du concours de circonstances qui fait vagabonder deux auteurs de *Printemps* dans la Saintonge des guerres de Religion : Yver et le tout jeune d'Aubigné, qui ferraille dans les rangs de l'armée protestante entre 1568 et 1570. Mais le tempérament d'Yver est fort éloigné de celui du futur auteur du *Baron de Faeneste* ; Yver ne songe qu'à « décevoir l'ennui » et « soulagier par aimable fréquentation les ennuis reçus durant cette misérable guerre civile, ou détremper le sel amer qu'en pourroit apporter la souvenance ». De toute façon, on connaît mal les amitiés littéraires de Jacques Yver : on sait seulement maintenant que son ami, Jean Thirmoys, est en relation avec Belleforest, traducteur – avec Boaistuau – des nouvelles tragiques de Bandello, dont s'inspire Yver. Pour le reste, l'activité littéraire intense qui règne en Poitou et Saintonge pendant toutes ces années explique assez qu'on n'ait pas affaire à un provincial attardé.

Ô saison, ô château...

Tel qu'il se présente, *le Printemps* est à la fois l'aboutissement d'une lignée italienne de débats sur l'amour comme de nouvelles tragiques, et un précurseur du roman français du XVIIe siècle. Si l'on ajoute que son style offre déjà les afféteries de la mode Henri III, en y joignant un sens aigu de la technicité et de la précision, et en maintenant l'humour hérité de Rabelais et de Du Fail, on comprend que son succès soit considérable dans toute la fin du siècle, et qu'il soit autre chose qu'un livre mondain écrit pour des mondains.

Depuis Marguerite de Navarre, la France adapte l'histoire-cadre italienne héritée de Boccace, mais elle a plus de difficulté à imiter le débat sur l'amour dont les *Azolains* de Bembo restent le modèle. Le Lyonnais Claude de Taillemont s'y est cependant essayé, avec beaucoup d'élégance, dans les *Champs Faez*, mêlant le débat sur l'amour et les femmes à quelques histoires tragiques. Malgré l'insuccès des *Champs Faez*, cette formule tente Jacques Yver, pour la dernière fois : avec plus de rigueur et un sens plus net de la narration continue, il centre son *Printemps* sur cinq « histoires » encadrées de débats, eux-mêmes mis en place avec beaucoup d'agrément.

Dans un château de Saintonge, si beau que le passant est contraint « à prendre haleine plus longue qu'il ne vouloit », quelques gentilshommes qui portent des noms à sortir du *Roman de la Rose* (Fleur d'Amour, Bel-Accueil et Ferme-Foy) et leurs dames (plus simplement : Marie, Marguerite et la Dame du château) cherchent à se distraire de la peste des guerres ; on joue aux cartes, on fait du cheval d'arçon, on danse, en réfléchissant à la courtoisie qu'on mettra dans tous ces gestes. Les histoires viennent pour « louer, non le seul nom de vertu », mais aussi les vertueux, et les « gracieuses et bien apprises damoyselles ». On change de ton et d'humeur à chaque histoire, quoique les quatre premières soient toutes tragiques. Le lecteur moderne y reconnaît bien des sources ; outre les conteurs italiens et français, quelques auteurs antiques, dont la période est friande (très souvent Plutarque), ou ces auteurs de récits de voyage, qui rapportent des histoires turques ou plus lointaines, fournissent à Jacques Yver un matériau varié dont il fait une phrase ou une histoire complète. Il devrait s'en dégager des leçons sur les malheurs de l'amour ; on condamne ou on loue, mais l'essentiel reste le goût des portraits : tel cet Éraste qui rougit comme « un à qui le masque est tombé sans y penser en une momerie », ressemblant, en plein combat, avec ses cheveux « escarmouchés », à une jeune damoiselle. Peu d'auteurs, à cette date, sont capables de mener une action dans des décors précis et avec une attention soutenue à la physiologie de leurs personnages, fussent-ils secondaires. Bien sûr, la Dame du château se propose, à la fin, de démontrer que l'« Amour est la plus parfaite vertu des vertus », qu'il mène à l'Idée des Idées et que « l'heureuse jouyssance par un ravissement engendre cette mort philosophicque que Platon appelle son extase », mais Jacques Yver n'a pas eu le temps de l'écrire.

Quand les *Amadis* ronsardisent

Le Printemps doit beaucoup, dans son goût pour les exploits chevaleresques mêlés de discours rhétoriques, aux *Amadis* [voir ***Amadis de Gaule***] qui lui fournissent cette charpente narrative, mais son style est une création tout à fait originale. Lui qui veut combattre l'influence des Italiens conçoit – toutes proportions gardées – sa prose comme la poésie de l'Arioste : ce chemin passe par Ronsard, et même par le Du Bellay des *Antiquités*. Il lui faut à la fois atteindre la technicité la moins complaisante (mais les mots qui lui viennent à la bouche sont ceux du chasseur, du cavalier ou du joueur de cartes) et introduire la métaphore poétique dans la prose. Une jeune demoiselle penche son visage en larmes « comme on voit un pavot aggravé de pluie baisser tristement la teste contre terre ». La nuit devient un « voile brun », et le combat un mélange « de nuées et de tonnerre », etc. Mais sa passion des images l'amène autant vers l'outil ou les expressions de la langue populaire (« il profitoit autant que s'il eût lavé un corbeau pour le blanchir »). La verve d'une langue axée sur le mouvement et l'image entraîne constamment le lecteur à travers les histoires les moins réelles, parce qu'il y reconnaît le parler de la vie la plus réelle. C'est ce que comprennent ses imitateurs immédiats, tel le Poissenot de *l'Esté*, qui utilisent ce schéma narratif et ce style pour les épopées de la vie quotidienne. Enfin, travaillant sur les relations entre description, action et psychologie, Yver prépare bien le roman du XVIIe siècle.

M. M. Fontaine

Z

ZÉVACO Michel

(1860-1918)

Michel Zévaco est né à Ajaccio. La première partie de sa vie est assez agitée ; il est d'abord professeur de lettres à Vienne, dans l'Isère, avant de démissionner (1881) et de s'engager dans l'armée : en sort *le Boute-charge*, « physiologie du quartier », publié en 1888. Zévaco aboutit l'année suivante à *l'Égalité* de Jules Roques : c'est un journal anarchisant qui lui permet de faire ses premières armes dans le feuilleton avec *Roublard et C*[ie] (1889) et plusieurs autres textes parus en 1889 et 1890. Zévaco y devient à la fois un écrivain et un militant ; il se présente aux élections, fonde des syndicats, écrit même, contre le ministre de l'Intérieur, un article violent (qui lui valut quatre mois de prison). Après cet épisode de *l'Égalité*, Zévaco écrivit périodiquement dans *l'En-dehors* de Zo d'Axa, et édita *le Gueux. Semences de révolte libre*, dont le premier (et peut-être bien le dernier) numéro parut en mars 1892. On sait par ailleurs que Zévaco collabora au *Courrier français* de 1892 à 1896, et qu'au moins deux de ses romans parurent dans un autre journal. On a enfin de lui un bref pamphlet contre les Jésuites, publié en 1899.

C'est toujours dans la presse que Zévaco va poursuivre sa carrière de romancier : d'abord dans *la Petite République*, organe socialiste, où il fait paraître *Borgia* (1900), *Triboulet* (1900-1901), *le Pont des Soupirs* (1901), le début du cycle des *Pardaillan* (1902-1904), *Fleurs de Paris* (1904), etc. Peu à peu, il devient un des grands du feuilleton et entre au *Matin*, journal bourgeois, où il est un des seuls, avec Gaston Leroux, a être payé un franc la ligne. C'est là qu'il publie *le Capitan* (1906), *Nostradamus* (1907), *l'Héroïne* (1908), *l'Hôtel Saint-Pol* (1909), la suite de la série des *Pardaillan* (à partir de *Pardaillan et Fausta* [1912], exception faite des deux derniers livres), ainsi que différents autres romans : une œuvre considérable que Fayard ou Tallandier éditeront en volumes.

Dans l'histoire du roman de cape et d'épée, Zévaco est, bien sûr, l'héritier du roman du XIXe siècle façon Dumas, et il respecte les règles du genre. D'où l'efficacité de ces livres où prolifèrent les coups de théâtre, les duels, les vengeances et les trahisons, tout l'arsenal du mélo adapté à l'écriture romanesque. Chaque personnage possède un rôle bien à lui : il personnifie l'avarice, ou la ruse, ou la noblesse, il est infâme ou merveilleux, rarement ambigu et toujours excessif. La nouveauté, peut-être, réside dans le caractère politique de ces héros – et Sartre, dans *les Mots*, le relève avec humour. Au fond, la chose est moins nouvelle qu'on ne pourrait le penser : chez Dumas, Louis-Philippe réapparaissait sous Louis XIII ; ici, c'est une IIIe République libertaire qui surgit sous Charles IX. Le contraste est amusant et ne nuit pas, au contraire, au plaisir qu'on peut trouver à suivre les récits de Zévaco : il enrichit ces romans en les rendant, au second degré, encore plus « historiques » et « populaires ».

A. Preiss

ZOBEL Joseph

(né en 1915)

L'enfance pauvre de Joseph Zobel, dans une bourgade de pêcheurs de la Martinique, Rivière-Salée, a donné à son œuvre la plus irremplaçable des qualités, cette vérité d'un vécu à la fois éprouvé dans la réalité et dominé par l'écriture, conjonction très rare – et pour cause – quand il s'agit des milieux les plus déshérités, qui sont plus souvent visités qu'habités par la littérature. Zobel fit ses études comme boursier, puis comme surveillant, et ensuite occupa un petit emploi administratif. C'est alors qu'il compose son premier roman, *Diab'là*, dont l'administration vichyssoise de la Martinique interdit la parution. L'édition qui paraît à Paris en 1946 est coiffée d'une préface de Georges Pillement qui vaut d'être citée comme exemple de style paterno-colon : « Quelles mœurs charmantes, quelles coutumes curieuses et sympathiques, quelle naïveté gentille, quelle fraîcheur d'âme ! »

L'âpre réalisme, que sous-tend une bouleversante tendresse, de *la Rue Cases-Nègres* (1950, adapté à l'écran en 1983 par Euzhan Palcy) hisse le roman populiste et régionaliste au plus haut niveau de la résonance humaine universelle. Hommage aux deux femmes pauvres – sa mère, sa grand-mère – qui ont élevé l'auteur, ce roman autobiographique fait passer, dans la nudité du récit le plus simple, plus de sens que bien des pesants traités. De cette époque antillaise datent également *les Jours immobiles* (1946) et un recueil de nouvelles, *Laghia de la mort* (1946), réédité en 1996. La première expérience française de Zobel est relatée dans *la Fête à Paris* (1953), roman republié en 1979 sous le titre *Quand la neige aura fondu*, et qui constitue la suite de *la Rue Cases-Nègres*. À partir de 1957, Zobel vit au Sénégal, où, après avoir été longtemps professeur de lycée, il anime les activités culturelles à la radio nationale avant de retourner en France. Il poursuit son œuvre de romancier et de nouvelliste avec *le Soleil partagé* (1964), *les Mains pleines d'oiseaux* (1978), *Et si la mer n'était pas bleue* (1982).

O. Biyidi

Zola

ZOLA Émile

(1840-1902)

L'œuvre de Zola est énorme, polymorphe et, en grande partie, mal connue sinon inconnue. Romancier, il a composé, outre *les Rougon-Macquart*, deux autres séries, *les Trois Villes* et *les Quatre Évangiles*, ainsi que cinq romans publiés de 1865 à 1868. On lui doit encore des dizaines de contes, des pièces de théâtre, des livrets de drames lyriques. Il fut critique d'art, critique dramatique, critique littéraire, journaliste parlementaire. Nous connaissons enfin, à ce jour, plus de 4 000 lettres, adressées à des correspondants français ou étrangers, et traitant des sujets les plus variés.

Cette énorme entreprise relève tout d'abord – il ne le cache pas – d'une formidable volonté de puissance : « Je vais empiler manuscrit sur manuscrit, puis, un jour, je les lâcherai un peu dans les journaux », écrit-il à son ami le peintre Paul Cézanne dès le 29 septembre 1862 – il a vingt-deux ans. Ou encore, à Valabrègue, un autre ami de jeunesse, le 4 avril 1867 : « Je travaille beaucoup, soignant certaines œuvres et abandonnant les autres, tâchant de faire mon trou à grands coups de pioche. »

À un moment où se développent l'édition et la presse, il faut, en effet, se faire une place : pour gagner de l'argent – ce qui fut pour lui, au moins jusqu'en 1878, jusqu'au succès de *l'Assommoir*, une obsession –, mais aussi pour s'imposer dans les genres les plus divers. D'où ses efforts constants de renouvellement, ne serait-ce que pour étonner et retenir l'attention du public : *le Rêve*, aux apparences de conte de fées, vient s'intercaler entre *la Terre* et *la Bête humaine* – deux *Rougon-Macquart* parmi les plus violents – comme *Une page d'amour*, œuvre « un peu popote, un peu jeanjean », selon les mots mêmes du romancier, se place entre *l'Assommoir* et *Nana*. Il y a, en Zola, comme on l'a remarqué, des traits de Nantas, personnage qui donne son nom à une nouvelle publiée en 1878 : « Tout jeune, il disait être une force. [...] Peu à peu, il s'était ainsi fait une religion de la force, ne voyant qu'elle dans le monde, convaincu que les forts sont quand même les victorieux » ; ou des traits d'Eugène Rougon, comme le souligne l'ami intime, Paul Alexis – « Eugène Rougon, ce chaste qui échappe à la femme et qui aime le pouvoir intellectuellement, moins pour les avantages que le pouvoir procure que comme une manifestation de sa propre force ».

Le jeune écrivain rêve de gloire et d'une aisance assurée : « Vous, aurait-il dit, non sans amertume, à Gustave Flaubert, vous avez eu une petite fortune qui vous a permis de vous affranchir de beaucoup de choses. » À la différence de la plupart des écrivains de son temps, Zola s'est fait seul.

C'est probablement le 27 mars 1847 que s'est jouée sa vie. Ce jour-là mourut l'ingénieur François Zola, au moment où commençaient enfin, après des années de tracasseries, les travaux du système de barrages et du canal alimentant en eau Aix-en-Provence, canal auquel il laissa son nom. Brillant auteur de nombreux projets, parfois très audacieux, François Zola n'avait pas encore eu le temps d'assurer aux siens une aisance matérielle définitivement assise. Pour eux commence alors une longue période de difficultés, voire de misère. Enfant unique, boursier sans relations ni fortune dans une petite ville de province conservatrice, puis déraciné à Paris, où il est venu rejoindre sa mère en février 1858 – autre événement déterminant de sa vie –, Émile Zola se sent très tôt investi d'une double mission : d'abord faire reconnaître par son œuvre à lui la grandeur – méconnue – de celle de son père : « Si l'avenir est large pour moi, si ma vie devient retentissante, le premier cri que je jetterai sera un cri d'indignation contre vous », clame-t-il aux Aixois dans *le Messager de Provence* du 19 août 1868. « Et mon père aura alors, dans mon œuvre, la mémoire éclatante de son nom ! » Ensuite, redonner à sa mère la condition sociale qu'elle a perdue avec la mort de son mari. Charge pesante, qui est une des explications des années d'incertitudes et de tiraillements qu'il vivra jusqu'à son entrée dans le jeu social comme employé, puis bientôt chef de la publicité, chez Hachette. Il a, en effet, troisième événement capital de sa vie, échoué, en 1859, au baccalauréat, tenu, en ce temps-là, pour « la sanction des études classiques et le signe visible de l'homme bien élevé » (A. Lesieur, dans *Revue de l'Instruction publique*, 10 avr. 1862). Il abandonne les études. Il ne peut qu'espérer un très modeste emploi dans quelque administration. Il refuse cette « vie de cheval de manège », comme il rejette les études classiques et l'avenir, souhaité par sa mère, qui l'aurait conduit à se faire « une position ». Il mène pendant deux ans – 1860-1861 – une vie de farniente et de bohème, miséreuse, mais enrichissante par tout ce qu'il a la liberté de découvrir.

Car, si les œuvres qu'il écrit alors (centaines de vers imités de Musset, contes en prose, qui sont autant de « longs rêves poétiques ») le montrent replié dans le souvenir idéalisé du passé et de la nature provençale, tout autre est sa vie. Il est fasciné par Paris, que les travaux d'Haussmann métamorphosent, et par le bouillonnement culturel et politique qui caractérise les années 1859-1860. Il fréquente les ateliers, reçoit ses amis, assiste aux « conférences de la rue de la Paix », fondées par des opposants à l'Empire, est un lecteur assidu du *Siècle*, cherche à entrer dans les équipes de journalistes républicains. Il lit beaucoup, découvre, entre autres, Michelet. En un mot, Émile Zola, qui a eu vingt ans en 1860, appartient à cette génération qui a ressenti, probablement plus que les autres, l'impression d'assister et de participer à l'enfantement de quelque chose de nouveau. Il ne milite pas, mais ses sympathies vont vers les opposants au régime et vers ceux – ce sont les mêmes – qui défendent l'« esprit nouveau ». Comme ceux de sa génération, il vit dans un véritable bain scientifique.

Les quatre années passées à la librairie Hachette, foyer de libéralisme et de positivisme, où il connut Taine, Littré, Émile Deschanel, Jules Simon et bien d'autres, confirmèrent ces choix.

Le projet zolien

Il a décidé de vivre de sa plume, d'être « homme de lettres ». De 1862 à 1868, il mûrit ce projet : ce sont six années d'intense activité intellectuelle, de réflexion, de recherche, d'essais, qui aboutiront, en 1867, à *Thérèse Raquin*, son premier grand roman, et, peu après, à la mise en place de la grande fresque des *Rougon-Macquart*, qu'il mettra vingt-cinq ans à écrire. Durant cette période, la réflexion critique l'emporte sur l'activité créatrice. Elle s'exprime à travers lettres et articles de journaux. Zola suit deux maîtres : Littré, pour lequel son admiration ne se démentira jamais, et Taine, auquel il reconnaît d'immenses qualités, mais dont l'esprit de système lui fait peur.

Il reprend à son tour la comparaison, constante à cette époque, du romancier ou du critique avec le médecin : romancier ou critique, « scalpel à la main », sont comme le médecin qui « fouille les chairs » du cadavre humain, en cherche les « ressorts avec passion » ; ils font l'anatomie de la névrose qui secoue le siècle – névrose morale et névrose sociale. Comme ses contemporains, en effet, Zola a conscience de vivre dans une époque de transition où s'accélèrent, d'une part, les mutations entraînées par la révolution de 1789 et la disparition de certaines valeurs sociales, morales ou religieuses, et, d'autre part, les découvertes scientifiques et leurs applications. Le roman doit s'attacher à l'étude de cette génération d'« esprits affolés et hystériques ».

Mais ce recours à la physiologie ne doit pas servir à « contenter les appétits grossiers de la foule ». Il doit aider à la grande enquête scientifique sur l'homme. Zola refuse aussi bien les œuvres qui se servent de la physiologie à des fins commerciales que celles qui, à l'opposé, se développent en pleine imagination, répondant aux goûts d'un public avide « de mensonge, de vertu et de grandeurs fausses ».

Si le romancier doit se fier aux seuls faits, il ne doit pas se borner à les accumuler. Son but est « la recherche de la vérité à l'aide de l'analyse des êtres et des choses ». En Littré, ce n'est pas l'érudition que Zola admire, mais la méthode : la déduction, l'« outil puissant » qui « lui a permis de classer scientifiquement les matières et de marcher droit et ferme dans cette immensité vague et trouble qu'on appelle un dictionnaire ». Aussi va-t-il tenter d'appliquer cet effort de rationalisation à la production de l'œuvre d'art en général et à la production d'une œuvre romanesque en particulier.

Toutefois, même s'il reconnaît l'influence déterminante du moment et du milieu sur le plan général et s'il est tenté par une énonciation mathématique du réel, il refuse, pour ce qui est de l'individu, d'en arriver aux conclusions ultimes de Taine, qui s'interdit de « parler de personnalité ». « Tempérament », « originalité », « personnalité », « individualité », « nature individuelle », ces termes reviennent constamment sous la plume de Zola.

Ce qu'il affirme, c'est le pouvoir du romancier, son rôle de constructeur. Le romancier est « un créateur qui tente, après Dieu, la création d'une terre nouvelle [...], qui essaie de nous dire ce qu'il a vu, de nous montrer dans une synthèse le monde et ses habitants. Mais il ne saurait reproduire ce qui est dans la réalité ; il n'a aperçu les objets qu'au travers de son propre tempérament ; il retranche, il ajoute, il modifie, et, en somme, le monde qu'il nous donne est un monde de son invention » (*le Salut public de Lyon*, 29 avril 1865).

Un tel pouvoir n'est pas illimité : « L'imagination est réglée par la vérité ; elle a pour inventer le vaste champ des réalités humaines » (*id.*). Le pouvoir du romancier est celui de monter une expérience en fonction d'une hypothèse qui soit la plus générale possible, qui puisse donc rendre compte du plus de réel possible, en empruntant aux sciences la méthode expérimentale, à laquelle Zola fait référence depuis 1866. Le recours au modèle scientifique ne signifie donc pas pour lui impassibilité, objectivité, soumission aux faits, etc. Rien, au contraire, de plus voulu, de plus concerté pour Zola que la création romanesque, qui est expérience non du réel mais d'une forme nouvelle, à partir d'une analyse nouvelle des hommes, entièrement expliqués par leur physiologie et le milieu dans lequel ils vivent. L'essentiel donc, pour lui, c'est le « regard » de l'écrivain, c'est-à-dire l'intensité et l'extension de sa vision, le choix de son hypothèse de départ, le travail romanesque consistant essentiellement dans le montage et le développement d'une expérience et non dans une description, qui se voudrait fidèle, du réel. Une fois l'hypothèse choisie, le « cas posé », Zola introduit en effet la rigueur de la déduction, de l'enchaînement des causes et des effets, qui vient corroborer la justesse de l'hypothèse initiale. Il insiste sur l'analyse des mécanismes qui produisent le personnage ; la logique de l'enchaînement des faits et des réactions devient un sujet constant de réflexion dans les dossiers préparatoires, car il s'agit de permettre au lecteur de comprendre, de remonter de l'effet à la cause.

Transposant dans le domaine de la création littéraire les théories de l'économie libérale, Zola affirme, dès 1865 : « Une œuvre d'art est un coin de la création vu à travers un tempérament ». Comme le note Henri Mitterand dans *le Discours du roman*, « le travail de l'énonciation est affirmé trois fois dans cette formule : dans "vu", dans "tempérament" et dans "à travers". C'est peut-être devant cet "à travers" que la critique d'aujourd'hui pourrait rester le plus longtemps en arrêt. Car tout tient à la structure et au fonctionnement du filtre par lequel passe la matière "naturelle et sociale", avant de devenir "matière scripturale" ».

L'ambition des *Rougon-Macquart*

C'est à la fin de 1867 ou au début de 1868 que Zola songe à étudier dans une suite de romans « les fatalités de la vie, les fatalités des tempéraments et des milieux ». « Je ne veux pas peindre la société contemporaine, affirme-t-il dans ses "Différences entre Balzac et moi", mais une seule famille, en montrant le jeu de la race modifiée par les milieux. [...] Ma grande affaire est d'être purement naturaliste, purement physiologiste. »

Aussi consacre-t-il l'année 1868 à lire de nombreux ouvrages de physiologie, parmi lesquels *la Physiologie des passions* de Charles Letourneau et le *Traité de l'hérédité naturelle* de Prosper Lucas. Il a trouvé dans l'hérédité le fil conducteur de sa fresque, l'« outil » lui permettant, à l'exemple de Littré ou de Taine, de « classer scientifiquement les matières ». L'hérédité de l'aïeule, tante Dide, se diversifie, grâce aux jeux des tempéraments et des milieux, en une infinité de possibles, qu'il explore par la construction de l'arbre généalogique de la famille dont chaque feuille deviendra un volume de la fresque [voir **arbre généalogique** ci-contre].

On s'est beaucoup gaussé de cette « prétention » scientifique, souvent réaffirmée à travers préfaces et articles ou dans les romans eux-mêmes. Elle a souvent fait condamner l'œuvre, alors qu'elle en était un des aspects les plus neufs. Dans la mesure d'abord où, par elle, Zola s'opposait – et s'oppose – à la tradition idéaliste, qu'il ne cesse d'attaquer avec virulence, faisant de son œuvre une entreprise de vérité, de dévoilement du corps social et de ses antagonismes, une exploration des zones troubles de l'être, des états subconscients, des vertiges auxquels on cède irrésistiblement, des coups de folie de la « bête humaine » et surtout de la plus terrible de ces puissances de la nuit, celle qui est au fond de tout, l'instinct de mort, « végétation sourde du crime au fond d'un crâne d'enfant » qui transforme tout à coup Jeanlin en un « chat sauvage » ou encore cette envie brutale de « manger » un homme qui saisit Étienne Lantier ; car l'instinct de mort, la folie sont toujours là, à guetter du fond des âges, pour les submerger, la raison et la lucidité.

En second lieu, ce savoir scientifique que Zola a accru au fil des années, lisant Claude Bernard, Darwin, Brown-Séquart, Weismann..., et qu'il fait passer dans *les Rougon-Macquart*, représente « à peu près l'état contemporain du savoir », comme le note Michel Serres, qui ajoute : « Je ne dis pas que la série des *Rougon-Macquart*, munie de son texte réflexif, constitue un ensemble de résultats purement scientifiques. Je dis seulement, mais c'est énorme, que les thèses, la méthode et l'épistémologie que je découvre ici sont fidèles à ce qu'il y a de meilleur, à ce que nous jugeons le meilleur, dans les travaux dits scientifiques de ce temps » (*Feux et signaux de brume. Zola*).

Et c'est dans le récit romanesque lui-même, et non pas dans les textes réflexifs d'accompagnement, qu'Alain de Lattre (*le Réalisme selon Zola*) comme Michel Serres retrouvent un système scientifique rendant compte de l'univers : modèle darwinien, en particulier, pour le premier ; lois de la thermodynamique, pour le second. Ce qui rend impossible toute comparaison entre Zola et Balzac. Balzac, note Alain de Lattre, centre tout sur et dans l'individu ; Zola ne décrit pas des singularités individuelles, mais « ce qui les enferme et les fabrique et les produit encore ». Le naturalisme selon Zola est autre chose qu'un réalisme compromis. Il vise « à trouver l'homme sous l'homme, et, sous chacun de ses désirs, le monde entier qui rêve ».

Un récit mythique

Selon une tradition qu'il a lui-même contribué à établir, la méthode de travail de Zola serait rationnelle et rigoureuse. Mais, si l'on étudie les dossiers préparatoires des œuvres, on se rend compte que l'ordre logique annoncé – documents, ébauche, plans, rédaction – n'est pas l'ordre réellement suivi : l'idée générale du roman et son ébauche préexistent aux documents et aux notes prises sur le terrain, ceux-ci servant essentiellement à authentifier celles-là. Ce qui ne signifie pas que Zola ne modifie jamais une idée initiale lorsque la documentation le nécessite : ainsi pour *Germinal*, dont le canevas, le rôle dévolu à Étienne et le sens du roman ont été bouleversés après le voyage fait par le romancier à Anzin. C'est ainsi qu'Étienne, longtemps conçu comme un meurtrier et l'amant de Catherine, devient le porte-parole de Zola et un héros révolutionnaire...

Le projet scientifique rigoureux est constamment subverti par les modèles narratifs et les stéréotypes préexistants, en particulier ceux du roman-feuilleton et du mélodrame, ainsi que le système préconstruit de la formation idéologique de l'écrivain et ses obsessions personnelles. Dans *Thérèse Raquin*, par exemple, roman dans lequel Zola réaffirme constamment son projet scientifique, l'étude physiologique du « cas » médical disparaît derrière la mythologie et les hantises personnelles de l'écrivain : peur de la Femme, peur de la fêlure, des forces incontrôlées et incontrôlables qui détraquent l'homme et le conduisent à la folie, hantise de l'émiettement physique et moral, de l'engrenage et de la mort, difficile acceptation de la vie trop « bourgeoise » menée entre sa femme et sa mère, que trahit, entre autres, une étonnante obsession du chiffre 3, etc.

Les lectures récentes, usant des ressources de la psychanalyse ou de l'analyse thématique, ont permis de dévoiler la richesse de cette œuvre où peut se lire le combat que mène un homme pour arriver à vivre – l'affrontement courageux de ses fantasmes, une exigence de clarté, un tâtonnement vers une guérison : l'histoire d'un être qui choisit de « vivre le corps comme une valeur problématique, comme un bien impossible et une abomination à conjurer », attitude « difficile et

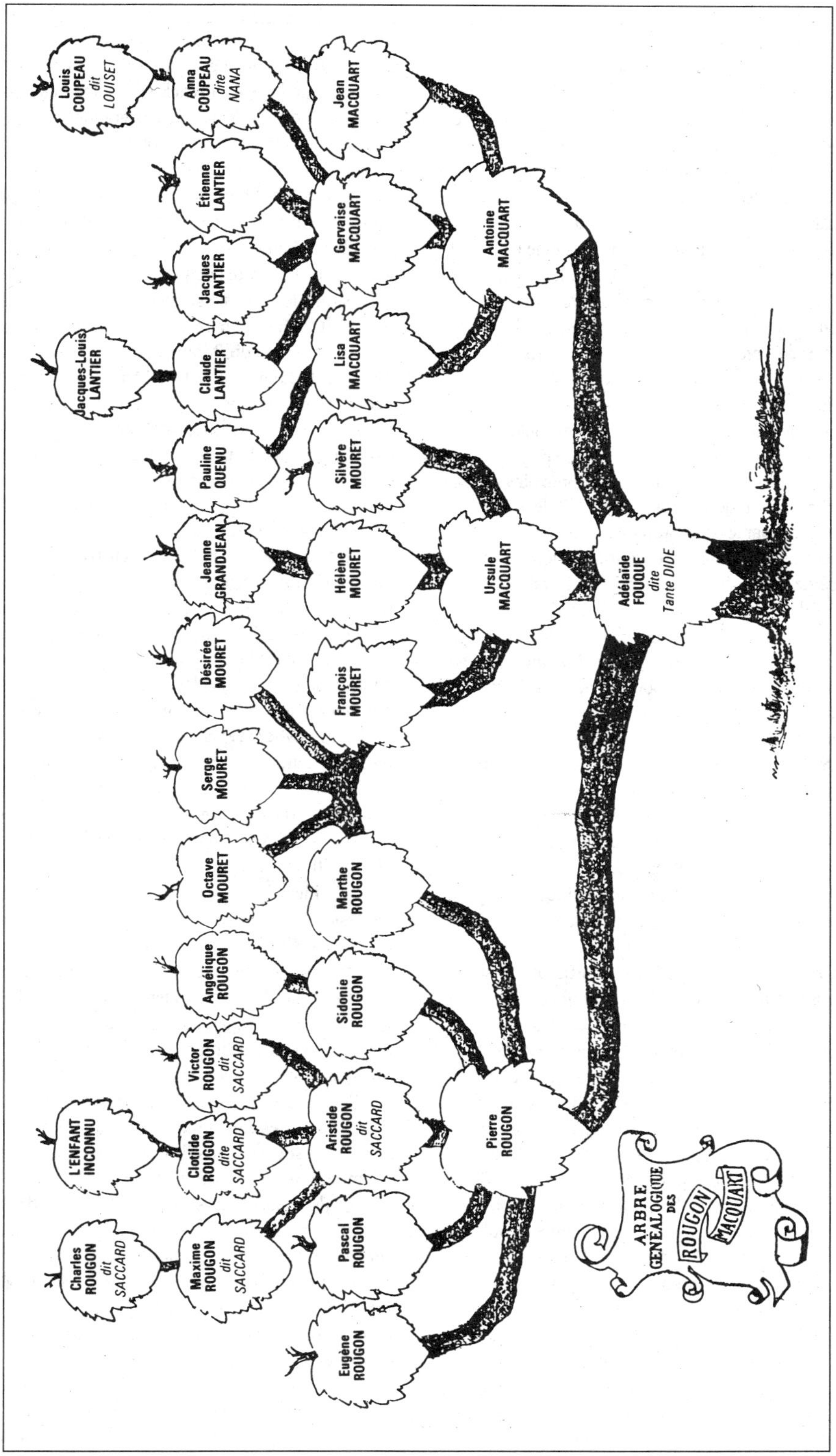
ARBRE GÉNÉALOGIQUE DES ROUGON MACQUART
Adélaïde FOUQUE dite Tante DIDE
Pierre ROUGON
Antoine MACQUART
Ursule MACQUART
Eugène ROUGON
Pascal ROUGON
Aristide ROUGON dit SACCARD
Sidonie ROUGON
Marthe ROUGON
François MOURET
Hélène MOURET
Silvère MOURET
Lisa MACQUART
Gervaise MACQUART
Jean MACQUART
Maxime ROUGON dit SACCARD
Clotilde ROUGON dite SACCARD
Victor ROUGON dit SACCARD
Angélique ROUGON
Octave MOURET
Serge MOURET
Désirée MOURET
Jeanne GRANDJEAN
Pauline QUENU
Claude LANTIER
Jacques LANTIER
Étienne LANTIER
Anna COUPEAU dite NANA
Charles ROUGON dit SACCARD
L'ENFANT INCONNU
Jacques-Louis LANTIER
Louis COUPEAU dit LOUISET

courageuse », surtout à cette époque, comme le note Jean Borie dans *Zola et les mythes*.

D'un autre côté, la critique thématique et la linguistique se sont attachées à déceler dans *les Rougon-Macquart* un répertoire complexe d'images, de symboles, de métaphores, des réseaux d'associations, des mythes, tout un jeu de corrélations lexicales, dont on peut suivre de roman en roman la récurrence et les transmutations successives, et qui révèlent une personnalité anxieuse et complexe, refusant de faire sienne la « pot-bouille » des bourgeois de la rue de Choiseul. Proie de forces obscures, l'homme, dans le monde des *Rougon-Macquart*, est aussi écrasé par les forces que déchaînent sa raison et son intelligence : machines, grands magasins, mines, Bourse, etc. Il est la proie de ses instincts ou, comme les ouvriers de *Germinal*, l'esclave des instincts des autres, qu'il lui faut satisfaire.

La société que peignent *les Rougon-Macquart* est, affirme Zola dans son titre, celle du second Empire, dominée par l'esprit de luxe et de lucre, par le goût du plaisir et du pouvoir : « Orgie d'appétits et d'ambition, note le romancier. Soif de jouir par la pensée surmenée, et par le corps surmené. Pour le corps, poussée du commerce, folie de l'agio et de la spéculation ; pour l'esprit, éréthisme de la pensée conduite près de la folie. »

Arrivé en 1858 dans un Paris livré à la spéculation, ayant travaillé quatre ans dans une entreprise d'édition en pleine expansion, Zola se fait une conception darwinienne de la société. Il la voit comme une lutte pour la vie dans l'ordre du biologique comme dans l'ordre du politique, combat des gras contre les maigres, des fauves contre les idéalistes. La société est une nature dénaturée, qui déplace les différences biologiques en inégalités de classes. Très tôt deux images apparaissent sous sa plume : celle d'une meute lancée à la curée, et celle, consécutive, de la pourriture, de la gangrène qui gagne le corps social promis à la débâcle.

S'il atteint, dans cette fresque, à la satire politique et à la satire sociale, Zola ne veut pas pour autant faire œuvre d'historien : « Je ne suis pas un archéologue qui dissèque les monuments, écrit-il à S. Sighele, je ne suis qu'un artiste. Je regarde et j'observe pour créer, non pour copier. Ce qui importe ce n'est pas l'exactitude pédante des détails, c'est l'impression synthétique. » Son œuvre, en effet, n'est pas faite, comme on l'a trop répété, à coups de fiches. Sa documentation, pour être importante, est parfois rapide. Elle ne vient, très souvent, que confirmer une idée générale ou un travail déjà très avancé. Il passa moins d'une semaine en Beauce, en mai 1886, alors qu'il avait déjà écrit l'ébauche de *la Terre*. Souvent, la documentation se borne à apporter des détails, des scènes vues, quelques traits caractéristiques. Toujours, elle se fait récit, habilement intégrée dans la fiction. Zola est avant tout un grand raconteur d'histoires. Étienne Lantier est un héros révolutionnaire qui fait son apprentissage de socialiste, mais c'est aussi, selon les modèles archétypaux du récit, le Héros en quête de la Femme et de la Justice.

En fait, ce qu'offrent *les Rougon-Macquart*, c'est la vision globalement juste d'une société, l'histoire ramassée de toute une époque et, au-delà, de l'homme, à travers un univers original qui s'exprime le plus souvent par des mythes. Ces romans transposent au niveau poétique les grands changements de structure de la seconde moitié du XIXe siècle : la naissance de l'âge industriel, la montée des masses, le développement du machinisme, des grandes villes – en un mot, l'entrée dans une civilisation où l'homme triomphe dans des créations souvent étonnantes et bénéfiques, mais où il est aussi, nouvel apprenti sorcier, souvent broyé par des forces qu'il ne peut pas, ou ne veut pas, contrôler.

Dans la mise en place de cet univers symbolique et mythique, le temps de l'écriture l'emporte souvent sur celui de l'Histoire, et la parole de l'écrivain sur celle du narrateur. Les anachronismes, tout à fait volontaires, se multiplient, le temps se resserre. Le grand magasin du Bonheur croît autant en cinq ans que ses modèles, le Louvre et le Bon Marché, en quelque trente années... Le roman devient, pour Zola, un exorcisme contre l'angoisse de la mort, les obsessions anciennes ravivées par la maladie, les deuils, la hantise de la page à écrire, de l'œuvre à achever. *La Conquête de Plassans*, histoire de la reconquête par le bonapartisme d'une petite ville passée au légitimisme, est une violente satire dirigée contre l'Ordre moral qui régnait au moment où Zola écrivait l'œuvre, en 1873-1874, et, plus généralement, contre l'Église et son ambition. *Germinal* est travaillé par les souvenirs de la Commune, des attentats anarchistes et des grèves de 1882-1883. Coupeau n'est pas un ouvrier que Zola a vu, « mais la projection fictive d'un propos d'époque – à plusieurs portées, d'ailleurs. Le discours de l'aliéniste sur le *delirium tremens* recoupe celui du sociologue moraliste sur le “mauvais ouvrier” ; et chacun d'eux se dissout dans les fantasmes d'un narrateur occupé à écrire vingt romans sur la folie » (H. Mitterand). Les scènes de violence entre Thérèse et Laurent, dans *Thérèse Raquin*, comme celles de *Germinal*, renvoient aux codes de représentation de la violence ouvrière dans un certain discours d'époque.

Un traitement habile de l'espace, qui obéit pareillement aux nécessités de la construction romanesque et non à une description fidèle du réel, une symbolique des couleurs, peut-être simpliste en elle-même, mais d'un emploi efficace, le recours aux grands mythes païens ou bibliques, la fréquente organisation d'un roman autour d'une ou deux images, qui se développent et s'irradient dans toute l'œuvre, lui donnant une grande cohérence – ainsi celle du labyrinthe dans *Germinal* (labyrinthe qu'est la mine mais aussi l'univers mental d'Étienne et des autres mineurs) –, la présence de forces fantastiques, souvent hostiles, douées d'une vie surréaliste (alambic ou maison ouvrière de *l'Assommoir* ; fosses de *Germinal* ; grand magasin ; parc ou soleil dans *la Faute de l'abbé Mouret* ; boue, crasse, etc.) contribuent à créer un univers où tout est signe et se fait signe. La structure des œuvres, par ses parallélismes, ses oppositions, ses répétitions de la même scène, du même détail, de la même image de chapitre en chapitre, sa soumission à une véritable manie du chiffre, contribue à en souligner la signification.

Ce que nous donne à lire Zola – et ce qui explique probablement son constant succès –, c'est, bien plus qu'un document, historique et technique, sur la seconde moitié du

XIXe siècle, l'investissement de ce savoir – méthodique et réel – par le rêve et le symbole, la subversion des « prétentions » scientifiques et sociologiques par l'épopée et le fabuleux, une œuvre à plusieurs étages, complexe, contradictoire, scandaleuse par ses mises en question et toujours riche d'interrogations. [Voir aussi **Naturalisme**.]

VIE		ŒUVRE
1795	**7 août :** naissance, à Venise, de François Zola.	
1819	**6 févr. :** naissance d'Émilie Aubert, fille de petits artisans beaucerons.	
1820	Le lieutenant Zola quitte l'armée ; docteur en mathématiques, il devient ingénieur.	
1821	Il quitte l'Italie.	
1824	Il est ingénieur en chef de la première ligne de chemin de fer construite en Europe, entre Linz et Budweis, en Haute-Autriche.	
1831-1832	François Zola est en Algérie, dans la Légion étrangère.	
1833	Il ouvre à Marseille un cabinet d'ingénieur. Il met au point plusieurs projets de grands travaux : docks, port, canaux d'irrigation, etc.	
1839	**16 mars :** mariage, à Paris, de François Zola et d'Émilie Aubert.	
1840	**2 avr. :** naissance, à Paris, 10 *bis,* rue Saint-Joseph, d'Émile Zola.	
1841	**Janv. :** le plan de fortification de Paris par forts avancés et non par ligne continue de remparts, mis au point par François Zola, est discuté au Parlement.	
1843	**Avr. :** les Zola s'installent à Aix-en-Provence, 33, cours Sainte-Anne, puis 6, impasse Sylvacanne. La ville d'Aix passe un traité avec François Zola pour la construction d'un barrage et d'un canal d'adduction d'eau potable.	
1847	**4 févr. :** début des travaux du canal. **27 mars :** mort de François Zola, qui laisse sa famille dans une situation matérielle très difficile. **Oct. :** Émile entre comme élève à la pension Notre-Dame. Il y a comme condisciples Marius Roux et Philippe Solari.	
1848	**24 févr. : chute de la monarchie de Juillet. Proclamation de la République.** **10 déc. : Louis Napoléon Bonaparte est élu président avec 74 % des suffrages.** Les grands-parents Aubert s'installent à Aix, chez leur fille.	
1849	Mme François Zola est à Paris pour régler la succession de son mari. Début d'une longue série de procès (qu'elle perdra en 1859) contre les actionnaires de la Société du Canal d'Aix.	
1851	**Mars-juill. :** séjour d'Émile et de sa mère à Paris. À Aix, la famille, de plus en plus endettée, va habiter des logements de plus en plus modestes. **2 déc. : coup d'État de Louis Napoléon Bonaparte.**	
1852	**Oct. :** Émile entre en septième au collège Bourbon, à Aix, comme pensionnaire. Il s'y liera à Paul Cézanne, Jean-Baptistin Baille, Louis Marguery. **2 déc. : proclamation de l'Empire.**	

	VIE		ŒUVRE
1854	**Mai : début de la guerre de Crimée (elle se terminera en mars 1856).** **10 sept. :** achèvement des travaux du canal Zola. **Nov. :** pendant l'épidémie de choléra, Émile lit de nombreux romans-feuilletons (Dumas père, Eugène Sue, Paul Féval, Élie Berthet, Emmanuel Gonzalès...).	**1854**	Le premier roman d'Émile Zola : *Un épisode sous les croisades.*
1856	**Oct. :** il entre en troisième. Il opte pour la section des sciences. Il lit Hugo, Musset, Lamartine. Il assiste à des représentations théâtrales *(la Dame blanche*, *la Tour de Nesle).* Longues promenades dans la campagne aixoise avec Cézanne et Baille.		
1857	**16 oct. :** mort d'Henriette Aubert, grand-mère d'Émile. Mme François Zola se rend à Paris pour faire reconnaître ses droits dans la Société du Canal d'Aix.		
1858	**Févr. :** Émile et son grand-père viennent à leur tour à Paris. La famille habite 63, rue Monsieur-le-Prince. Émile entre comme boursier au lycée Saint-Louis, en seconde. Il obtiendra le deuxième prix de narration française. **Mi-août-oct. :** vacances d'été à Aix. À son retour, il tombe gravement malade. Il lit Michelet, Barbier, Hégésippe Moreau, Dumas fils...	**1858**	Début d'une abondante correspondance avec ses amis restés à Aix. Poèmes : deux sont conservés (« À mon ami Paul » ; « À mes amis »). Premiers essais dramatiques : *Enfoncé le pion !*, comédie en trois actes et en vers (texte perdu) ; *Rollon l'archer*, drame en vers (le plan seul subsiste) ; *Annibal à Capoue*, tragédie en trois actes (le plan seul subsiste) ; *Il faut hurler avec les loups*, proverbe en un acte et en vers (texte perdu).
1859	**Janv. :** Émile entre en rhétorique. La famille emménage 241, rue Saint-Jacques. **Avr.-mai :** il visite le Salon. **3 mai : début de la guerre d'Italie.** **Août :** il échoue à l'oral du baccalauréat ès sciences. **Mi-août-fin sept. :** séjour à Aix. **Nov. :** échec à l'écrit de la seconde session du baccalauréat, passée à Marseille. Il abandonne ses études.	**1859**	Publication, dans *la Provence*, de trois poèmes d'Émile Zola : « le Canal Zola » (17 févr.) ; « À l'impératrice Eugénie, régente de France » (23 juin) ; « Mon follet » (4 août). Publication, dans *la Provence*, du conte « la Fée amoureuse » (29 déc. 1859 et 26 janv. 1860). Contes : « Une douzaine de boîtes d'allumettes » ; « Un corps sans âme » ; « les Grisettes de Provence » (textes perdus). Poèmes (en partie perdus) : « Ce que je veux » ; « Vision » ; « Nina » ; « Je dus m'éloigner d'elle » ; « Rodolpho ».
1860	**Avr. :** les Zola emménagent 35, rue Saint-Victor, dans une seule pièce. **Avr.-juin :** Émile Zola travaille comme employé aux docks. Il gagne 60 francs par mois.	**1860**	Poèmes : « Paolo » ; « la Mascarade » (perdu). Contes : « Un coup de vent » (perdu) ; « le Diable ermite » (en vers). Proverbe en vers : *Perrette*, un acte (jamais joué). Longues lettres à ses amis, dans lesquelles il analyse les livres qu'il lit. Premières réflexions esthétiques.
Oct. 1860-févr. 1861	Période de grands troubles physiques et moraux. Il ne trouve pas d'emploi. Il lit beaucoup (Molière, Dante, Bernardin de Saint-Pierre, George Sand, Shakespeare...). Il fréquente les ateliers en compagnie d'amis peintres.		
1861	**Févr.-avr. :** il loge, seul, 24, rue Neuve-Saint-Étienne-du-Mont. **7 avr. :** il sollicite la nationalité française. **Avr. :** il loge dans un hôtel meublé sordide, 11, rue Soufflot. Il y rencontre Berthe, qu'il évoquera dans *la Confession de Claude*. **Mai :** il visite le Salon avec Cézanne (qui fait son portrait) et fréquente les ateliers, où il se lie avec de nombreux peintres. Il assistera désormais à tous les salons officiels et aux manifestations organisées par les peintres de la jeune école. Mort de Louis Aubert, son grand-père. Année de misère physique et morale, mais aussi de farniente. Il cherche en vain un emploi. Il lit beaucoup (Molière, Montaigne, *la Légende des siècles,* Victor de Laprade). Il assiste aux conférences de la rue de la Paix.	**1861**	Poèmes : « le Nuage » (publié dans *le Journal du dimanche* du 17 oct.) ; « Doute » ; « Religion » ; « l'Aérienne ».
1862	**1er mars :** il entre comme employé à la librairie Hachette. Il deviendra très vite chef de la publicité. **Avr. :** il emménage au 7, impasse Saint-Dominique. **31 oct. :** il obtient la naturalisation française. Fin de l'année : il va habiter avec sa mère 62, rue de la Pépinière à Montrouge. Jusqu'en 1868, ils mèneront une vie très difficile sur le plan matériel.	**1862**	Contes : « le Baiser de l'ondine » ; « le Sang » ; « Carnet de danse » ; « les Voleurs et l'Âne ». Poèmes.

VIE		ŒUVRE	
		1862-1865	Il travaille à *la Confession de Claude*, roman en grande partie autobiographique.
1863	**3 mars :** il est dispensé du service militaire. **Juill. :** les Zola emménagent 7, rue des Feuillantines. Zola se fait de nombreuses relations parmi les auteurs de la librairie Hachette (Taine, Littré, Émile Deschanel...). Liens étroits avec le journaliste Géry-Legrand.	**1863**	Collaboration à différents journaux : *l'Athenaeum français* ; *la Revue du mois* (« Simplice » et « le Sang », sous le titre *Contes à Ninette*) ; *le Journal populaire de Lille*. Contes : « Celle qui m'aime » ; « Sœur des pauvres ».
1864	**Juill.-déc. :** les Zola habitent 278, rue Saint-Jacques. **28 sept. : fondation, à Londres, de l'Association internationale des travailleurs (Ire Internationale).** Zola réunit ses amis, peintres essentiellement, régulièrement chaque jeudi. Viennent : Baille, Cézanne, Roux, Solari, Pissarro, Chaillant, Pajot... Il ne perdra jamais cette habitude, quand il sera à Paris. **Vers la fin de l'année :** début de sa liaison avec Alexandrine Meley, sa future épouse.	**1864**	Comptes rendus des conférences de la rue de la Paix pour la *Revue de l'Instruction publique.* Collaboration au *Journal populaire de Lille*, à *l'Écho du Nord*. Contes : « le Carnet de danse » (publié dans *le Petit Journal* du 6 nov.) ; « Celle qui m'aime » (*l'Entr'acte* des 19 et 23 nov.). Les *Contes à Ninon* (chez Hetzel et Lacroix, fin nov.).
1865	**Janv. :** il emménage au 142, boulevard Montparnasse. Premiers contacts avec les frères Goncourt (févr.) et Sainte-Beuve (juin). Il lit Balzac et Taine.	**1865**	Collaboration au *Petit Journal*, au *Salut public de Lyon* (en particulier, compte rendu de *Germinie Lacerteux* des Goncourt ; « Proudhon et Courbet », « Gustave Doré »), au *Courrier du monde*, au *Figaro*, au *Grand Journal.* Poèmes et contes dans *la Revue française* (« Une tombe », 1er sept.), dans *la Vie parisienne* (« la Caque », 16 sept.), dans *le Journal des villes et des campagnes* (« Voyages dans Paris. Un souvenir du printemps de ma vie », 21 nov.). Roman : *la Confession de Claude* (Lacroix, fin nov.). Théâtre : *la Laide*, comédie en un acte (jamais jouée) ; *Madeleine*, drame en trois actes, joué pour la première fois au Théâtre-Libre le 2 mai 1889 (Zola en tirera, en 1868, le roman *Madeleine Férat*).
1866	**Janv.-mai :** Zola habite avec Alexandrine Meley rue de l'École-de-Médecine. **31 janv. :** il quitte la librairie Hachette. **Févr. :** il est amené par Duranty au café Guerbois, où se retrouvent les peintres impressionnistes ; il en deviendra l'un des fidèles. **Mai :** il fait la connaissance d'Antoine Guillemet et d'Édouard Manet. Il vient habiter, avec Alexandrine, 10, rue de Vaugirard. **Été :** il séjourne plusieurs fois à Bennecourt avec ses amis peintres et Baille (polytechnicien, astronome).	**1866**	Collaboration régulière à *l'Événement.* 1) Chronique littéraire : « Livres d'aujourd'hui et de demain » (125 articles du 1er févr. au 7 nov.) ; 2) « Mon Salon » (27 avr.-20 mai ; il défend Manet et les peintres de la nouvelle école) ; 3) « Marbres et plâtres » (19 août-7 nov.). Collaboration à la *Revue contemporaine,* au *Salut public de Lyon* (38 articles sur Balzac, les Goncourt, Michelet, Taine, Sainte-Beuve...), à *la Voie nouvelle* de Marseille, au *Figaro,* au *Grand Journal*, à *l'Illustration* (deux contes). *Mes haines* (Faure, 23 juin). *Mon Salon* (Librairie internationale, juill.). *Le Vœu d'une morte* : en feuilleton dans *l'Événement* (1er-26 sept.), en librairie chez Faure en nov.
1867	**1er avr. : ouverture de l'Exposition universelle de Paris.** **Avr. :** Zola, sa mère et Alexandrine Meley vont habiter 1, rue Moncey, aux Batignolles. **Fin sept.-11 oct. :** séjour à Marseille pour surveiller les répétitions du drame *les Mystères de Marseille.* **Oct. : loi Victor Duruy sur l'enseignement secondaire pour les filles.** **Hiver :** Manet peint le portrait de Zola.	**1867**	Collaboration très réduite aux journaux : *le Rappel* (1 article) ; *le Salut public* (1 article) ; *le Figaro* (7 articles) ; *la Situation* (1 article) ; *la Rue* (« Une cage de bêtes féroces », 31 août). *Édouard Manet* (chez Dentu, juin). Romans : *les Mystères de Marseille* (Imprimerie Arnaud, t. I, juin ; t. II, oct.) ; *Thérèse Raquin* (Librairie internationale, nov.). **5 oct. :** première à Marseille des *Mystères de Marseille*, drame en cinq actes, adapté du roman, avec la collaboration de Marius Roux ; succès relatif. (Texte perdu.)
1868	**9 févr. :** Zola assiste, chez Pasdeloup, à la première exécution de la « Marche nuptiale », tirée de *Lohengrin* de Wagner. **Avr. (?) :** les Zola emménagent dans un pavillon avec jardin, 23, rue Truffaut, aux Batignolles. **Printemps-automne :** plusieurs séjours à Bennecourt. **Juill.-août :** longue polémique avec *le Mémorial d'Aix* pour faire reconnaître la valeur de son père. **14 déc. :** il dîne chez les Goncourt. Année de gêne matérielle. Il fréquente régulièrement Manet, Monet, Antoine Guillemet, les « mardis » d'Arsène Houssaye, les « lundis » de Paul Meurice (à partir de nov.).	**1868**	Préface de la 2e édition de *Thérèse Raquin* (15 avr.). Journalisme : *Le Globe*, *le Figaro*, *l'Événement illustré* (59 articles, dont 7 sur le Salon), *la Tribune*, *le Gaulois.* Romans : *les Mystères de Marseille*, t. III, 11 juill. *Madeleine Férat* en feuilleton dans *l'Événement illustré,* sous le titre : *la Honte* (2 sept.-20 oct.) ; en volume à la Librairie internationale, 19 déc. Notes préparatoires et plans pour un cycle de dix romans, *Histoire d'une famille. – La Fortune des Rougon* : travail préparatoire.

	VIE		ŒUVRE
1869	**10 janv. :** première lettre de Zola à Flaubert ; début d'une étroite amitié. **4 févr. :** Zola est invité par Michelet. Printemps-automne : fréquents séjours à Bennecourt. **Juin :** les Zola s'installent 14, rue La Condamine, dans un pavillon avec jardin. Zola fréquente toujours le café Guerbois. Il figure sur la toile de Fantin-Latour, *l'Atelier aux Batignolles*. Début de ses liens avec Paul Alexis.	**1869**	Journalisme : Collaboration à *la Tribune* (32 articles), au *Gaulois* (58 articles) et au *Rappel* (15 mai). Romans : il remet à l'éditeur Albert Lacroix le premier plan des *Rougon-Macquart*. – *La Fortune des Rougon* : fin du travail préparatoire et (à partir du 1er avr.) rédaction. *La Curée* : ouverture du dossier préparatoire dès févr.
1870	**Printemps-automne :** séjours à Bennecourt. **31 mai :** mariage avec Alexandrine Meley. **19 juill. : déclaration de guerre à la Prusse.** **27 août :** Zola déjeune chez Edmond de Goncourt. **4 sept. : déchéance de l'Empire. La République est proclamée.** **7 sept. :** les Zola partent pour Marseille. **19 sept. : début du siège de Paris.** **11 déc. :** Zola part pour Bordeaux (sa femme et sa mère l'y rejoindront le 26). **22 déc. :** il est nommé secrétaire d'Alexandre Glais-Bizoin, membre du gouvernement de la Défense nationale.	**1870**	Journalisme : collaboration à *la Tribune*, au *Rappel*, à *la Cloche*, à *la Libre Pensée*. 27 sept. : Zola fonde à Marseille, avec Marius Roux, un quotidien à 5 centimes, *la Marseillaise* (ils le céderont à Gustave Naquet le 1er nov.). Romans : préparation et rédaction de *la Curée*. *La Fortune des Rougon* en feuilleton dans *le Siècle* (28 juin-10 août 1870 ; 18-21 mars 1871).
1871	À Bordeaux, Zola cherche à obtenir un poste de sous-préfet. **28 janv. : signature de l'armistice.** **12 févr. :** Zola cesse d'exercer ses fonctions de secrétaire de Glais-Bizoin. Il va se consacrer au journalisme. **1er mars : l'Assemblée ratifie les préliminaires de paix signés le 26 févr.** **14 mars :** les Zola reviennent à Paris. **18 mars : insurrection à Paris. La Commune.** **28 mars : proclamation solennelle de la Commune.** **10 mai :** Zola quitte Paris pour Bennecourt. **21-28 mai : Semaine sanglante.** **26 ou 27 mai (?) :** Zola revient à Paris. **31 août : Thiers est nommé président de la République.**	**1871**	Journalisme : collaboration comme journaliste parlementaire à *la Cloche* (« Lettres de Bordeaux », puis « Lettres de Versailles » : 159 articles à partir du 19 févr.) et au *Sémaphore de Marseille* (successivement « Lettres de Bordeaux, « Lettres de Versailles », puis « Lettres de Paris » : 202 articles). Romans : *la Curée* (la publication en feuilleton dans *la Cloche*, commencée le 29 sept., est suspendue par le Parquet le 5 nov.). *La Fortune des Rougon* : chez Lacroix et Verboeckhoven le 14 oct. Début de la préparation du *Ventre de Paris*.
1872	**22 juill. :** signature d'un contrat avec Charpentier, qui acquiert les droits des *Rougon-Macquart* contre un versement mensuel de 500 francs. Aux « dimanches » de Flaubert, Zola rencontre Daudet, Tourgueniev et Maupassant. Il va devenir un fidèle du salon Charpentier.	**1872**	Journalisme : collaboration à *la Cloche* (« Lettres de Versailles » ; puis « Lettres de Paris » : 209 articles), au *Sémaphore de Marseille* (288 articles) et au *Corsaire* (4 articles ; « le Lendemain de la crise » [24 déc.] provoque la suspension du journal). Romans : *la Curée*, chez Lacroix le 30 janv. et chez Charpentier le 14 oct. Deuxième plan des *Rougon-Macquart* (dix-sept projets au lieu de dix). Rédaction du *Ventre de Paris*.
1873	**Mai :** le sculpteur Solari expose au Salon un buste d'Émile Zola. **24 mai : Thiers ayant démissionné, Mac-Mahon est élu président de la République. Début du régime de l'Ordre moral.** **16 sept. : les troupes allemandes évacuent le territoire français.**	**1873**	Journalisme : collaboration à *l'Avenir national* (« Causerie dramatique et littéraire », 21 articles), au *Sémaphore de Marseille* (291 articles). Romans : *le Ventre de Paris* en feuilleton dans *l'État* (12 janv.-17 mars), puis chez Charpentier (19 avr.). *La Conquête de Plassans* : préparation et rédaction. *La Faute de l'abbé Mouret* : préparation (printemps). « Un bain », conte, dans *la Renaissance littéraire et artistique* (24 août). Théâtre : *Thérèse Raquin*, drame en quatre actes tiré du roman. Première au théâtre de la Renaissance, le 11 juill. (9 représentations) ; publication chez Charpentier le 23 août. La pièce fut jouée en province et à l'étranger et sera reprise plusieurs fois.
1874	**20 mars :** les Zola vont habiter 21, rue Saint-Georges (aujourd'hui rue des Apennins). **14 avr. :** premier « dîner des auteurs sifflés », qui réunira régulièrement Daudet, Flaubert, Goncourt, Tourgueniev et Zola.	**1874**	Journalisme : collaboration au *Sémaphore de Marseille* (296 articles). Romans et contes : *la Conquête de Plassans* en feuilleton dans *le Siècle* (24 févr.-25 avr.). Publication chez Charpentier le 27 mai. *La Faute de l'abbé Mouret* : rédaction pendant l'été. *Son Excellence Eugène Rougon* : préparation à partir de nov. *Nouveaux Contes à Ninon* chez Charpentier (9 nov.).

	VIE	ŒUVRE
	(suite 1874) **Fin de l'année :** création du repas mensuel, « le Bœuf nature », auquel assistent Zola, Alexis, Béliard, Boucher, Coppée, Coste, Dethez, Roux, Solari, Valabrègue... Début des relations de Zola avec Mallarmé.	*(suite 1874)* Théâtre : *les Héritiers Rabourdin*, première au théâtre de Cluny le 3 nov. (17 représentations) ; publication chez Charpentier le 26 déc.
1875	**30 janv. : vote, à une voix de majorité, de l'amendement Wallon qui institue la République.** **2 août-4 oct. :** vacances à Saint-Aubin (Calvados). **Fin de l'année :** troubles nerveux. Relations suivies avec Duranty.	Journalisme : collaboration au *Sémaphore de Marseille* (286 articles) et au *Messager de l'Europe* de Saint-Pétersbourg (9 articles, dont « Flaubert et ses œuvres »). Romans : *la Faute de l'abbé Mouret* chez Charpentier (27 mars). *L'Assommoir* : préparation (à partir d'août) ; début de la rédaction. *Son Excellence Eugène Rougon* : fin de la rédaction (sept.).
1876	**Janv.-mars : les républicains obtiennent la majorité aux élections sénatoriales** (30 janv.) **et législatives** (20 févr.-5 mars). **Avr. :** première rencontre de Zola avec Henry Céard. **17 juill.-6 sept. :** vacances à Piriac avec les Charpentier. **Fin de l'année :** première rencontre de Zola avec Léon Hennique.	Journalisme : collaboration au *Bien public* (« Revue dramatique » hebdomadaire, régulière à partir du 10 avr. ; 38 articles) ; au *Sémaphore de Marseille* (233 articles), et au *Messager de l'Europe* (11 articles, dont un sur Taine en févr.). Romans : *Son Excellence Eugène Rougon* en feuilleton dans *le Siècle* (25 janv.-11 mars) et chez Charpentier (25 févr.). *L'Assommoir* : publication dans *le Bien public* (30 avr.-7 juin) puis dans *la République des lettres* (9 juill. 1876-7 janv. 1877). Théâtre : *le Bouton de rose.*
1877	**16 avr. :** dîner offert, au restaurant Trapp, par Céard, Alexis, Hennique, Huysmans et Maupassant, à Flaubert, Goncourt, Mirbeau, Zola et Charpentier. **21 avr. :** les Zola emménagent 23, rue de Boulogne (aujourd'hui rue Ballu). **16 mai : Mac-Mahon contraint Jules Simon à démissionner ; il dissout la Chambre le 14 oct. Majorité républicaine à l'Assemblée. Mac-Mahon forme un ministère républicain modéré.** **27 mai-27 oct. :** vacances à l'Estaque.	Journalisme : collaboration au *Messager de l'Europe* (12 articles), au *Bien public* (« Revue dramatique et littéraire », 53 articles), à *la Vie littéraire* (4 articles), au *Sémaphore de Marseille* (99 articles). Romans et contes : *l'Assommoir* en librairie (24 janv.). *Une page d'amour* : recherches et rédaction. Publication en feuilleton dans *le Bien public* du 11 déc. 1877 au 4 avr. 1878. Théâtre : adaptation de *l'Assommoir*, en collaboration avec William Busnach et O. Gastineau.
1878	**1er mai-10 nov. : Exposition universelle.** **28 mai :** Zola achète à Médan, pour 9 000 francs, une petite maison avec jardin. Au cours des années suivantes, il l'agrandira considérablement et fera l'acquisition de terrains voisins (24 actes d'achat, entre 1878 et 1881. La propriété passe de 1 200 à 41 909 m^2). Il y résidera plusieurs mois par an. Salon : Manet expose un portrait d'Alexandrine Zola. **Juin :** le directeur de la presse accorde l'autorisation de colportage pour *les Rougon-Macquart.* **Juill. :** Maupassant achète pour Zola un bateau baptisé « Nana ». **Été-automne-hiver :** les Zola séjournent à Médan. Zola vient régulièrement à Paris pour régler ses affaires, assister à un dîner ou à une première. Liens étroits de Zola avec Alexis, Céard, Hennique, Huysmans, Maupassant : futurs coauteurs des *Soirées de Médan* ; avec Bourget et Vallès.	Journalisme : collaboration mensuelle au *Messager de l'Europe* (« la Jeunesse française contemporaine », mars ; « les Romanciers contemporains », déc.), au *Bien public*, puis, à partir du 5 juill., au *Voltaire* (« Revue dramatique et littéraire », 25 et 27 articles), à *la Réforme* (3 articles), au *Figaro* (2 articles). Romans : *Une page d'amour,* en feuilleton dans *le Bien public* jusqu'au 4 avr. En volume chez Charpentier, le 17 avr. (avec l'arbre généalogique des Rougon-Macquart, déjà paru dans *le Bien public* du 6 janv.). *Nana* : préparation dès le début de l'année. Rédaction à partir d'août. Théâtre : première, le 6 mai, au théâtre du Palais-Royal, du vaudeville en trois actes, *le Bouton de rose* (sept représentations). **Sept. :** *Théâtre* (*Thérèse Raquin, les Héritiers Rabourdin, le Bouton de rose*) chez Charpentier, avec une préface importante.
1879	**3 janv. :** les Zola rentrent à Paris. **30 janv. : démission de Mac-Mahon. Jules Grévy est élu président de la République.** **Févr. :** Zola, les Charpentier, Tourgueniev s'entremettent pour faire obtenir à Flaubert un poste de conservateur de bibliothèque. **Mars-avr. : amnistie partielle pour les condamnés de la Commune.** **29 avr. :** bal à l'Élysée-Montmartre pour fêter la centième de *l'Assommoir.* **Mai-déc. :** séjour des Zola à Médan.	Journalisme : collaboration au *Messager de l'Europe* (« le Roman expérimental », sept.), au *Voltaire* (81 articles), à *la Réforme* (« Daudet »), à *la Rue* de Vallès (« Une cage de bêtes féroces », 29 nov.), au *Figaro* (« la République et la littérature », 22 avr.). Romans : *Nana* (début de la publication en feuilleton dans *le Voltaire* le 16 oct ; simultanément, Zola en rédige les derniers chapitres).

	VIE		ŒUVRE
	(suite 1879) **8 juin :** Zola assiste au Grand Prix. Liens de Zola avec Coppée et Édouard Rod. Zola reçoit de nombreuses lettres de jeunes, auxquels il répond. Viennent à Médan, pour la journée ou pour des séjours, de nombreux amis ou relations (Goncourt, Daudet, les Charpentier, Alexis, Céard, Hennique, Huysmans, Maupassant, Cézanne...).		*(suite 1879)* Théâtre : *l'Assommoir* à l'Ambigu. Énorme succès à Paris, en province et à l'étranger. La pièce eut 350 représentations à Paris et plus de 500 en province. Janv. : Zola travaille avec Hennique et Busnach à une parodie de *l'Assommoir*, destinée au théâtre des Nouveautés. Le projet avorte. 14 avr. : centième de *l'Assommoir* ; matinée gratuite. Été-automne : Céard et Hennique travaillent à une adaptation de *la Conquête de Plassans* : *l'Abbé Faujas*, avec le concours de Zola. 3 oct. : deux centième de *l'Assommoir*, qui sera joué jusqu'au 17 nov., puis repris du 30 déc. 1879 au 18 janv. 1880. La pièce sera reprise plusieurs fois par la suite. Nov.-déc. : reprise de *Thérèse Raquin* en province, à l'initiative de Jenny Thénard.
1880	**Début janv. :** Zola, épuisé par la rédaction de *Nana,* tombe malade. « Douleurs nerveuses abominables. » **21 janv. :** les Zola reviennent à Paris. **28 mars :** journée passée à Croisset, chez Flaubert, avec Daudet, Goncourt, Maupassant et Charpentier. **8 avr. :** mort de Duranty. Zola est un de ses exécuteurs testamentaires. Il s'occupe de Pauline Duranty. **5 mai :** les Zola reviennent à Médan. **8 mai :** mort de Flaubert. Zola est « idiot de chagrin ». **11 juill. : amnistie totale pour les communards.** **14 juill. : première célébration de la fête nationale du 14 Juillet.** **Août :** séjour de Cézanne à Médan. **27 sept. :** Zola pose la première pierre d'un chalet dans une île de la Seine qu'il a acquise, face à sa maison. **17 oct. :** mort d'Émilie Zola, mère de l'écrivain. Elle est enterrée à Aix. Zola est bouleversé. **1er déc. :** les Zola reviennent à Paris. **21 déc. : loi Camille Sée, instituant un enseignement secondaire public et laïque pour les filles.** Liens avec l'architecte Frantz Jourdain.	**1880**	Journalisme : collaboration au *Messager de l'Europe* (8 articles, dont « l'Argent dans la littérature », mars), au *Voltaire* (60 articles jusqu'au 31 août), au *Figaro* (article hebdomadaire à partir du 6 sept.), à *la Réforme* (« Naïs Micoulin »), à *la Vie populaire* (« l'Attaque du moulin »). **Fin oct. :** *le Roman expérimental,* recueil d'études esthétiques et critiques déjà parues dans *le Bien public*, *le Voltaire* et *le Messager de l'Europe* [voir Naturalisme]. Romans et nouvelles : fin de la rédaction de *Nana* le 7 janv. et de la publication en feuilleton le 5 févr. ; en volume chez Charpentier le 15 févr. 17 avr. : *les Soirées de Médan* chez Charpentier. Théâtre : collaboration à l'adaptation de *Nana* par W. Busnach. Adaptation de *Renée*, d'après le roman *la Curée*, à la demande de Sarah Bernhardt.
1880-1896	**Pénétration française en Afrique noire.**		
1881	**Janv.-avr. :** la santé de Zola est toujours mauvaise. **9 et 16 janv. : élections municipales.** Zola est élu conseiller municipal de Médan. Il le restera jusqu'en 1898. **11 avr. :** les Zola s'installent à Médan. **12 mai : protectorat français sur la Tunisie.** **16 juin : loi instituant la gratuité de l'enseignement primaire.** **30 juin : loi sur la liberté de réunion.** **25 juill.-mi-sept. :** vacances à Grand-Camp (Calvados). **29 juill. : loi sur la liberté de la presse.** **Août : la gauche l'emporte aux élections. Gambetta forme un ministère.** **20 sept. :** Zola assiste à la reprise de *l'Assommoir* à l'Ambigu, puis repart pour Médan. Liens avec G. Thyébaut.	**1881**	Journalisme : collaboration au *Figaro* (jusqu'au 22 sept., hebdomadaire), à la *Revue littéraire et artistique* (1er déc.), à *la Vie moderne* (« le Capitaine Burle », 19 févr.), au *Globe* (10 articles), à *l'Art libre* (4 articles). Quatre autres recueils d'articles déjà publiés : *le Naturalisme au théâtre* (2 févr.) ; *Nos auteurs dramatiques* (11 avr.) ; *les Romanciers naturalistes* (6 juin) ; *Documents littéraires* (fin oct.). Romans : *Pot-Bouille*, travaux préparatoires à partir de févr. ; rédaction à partir du 16 juin. Théâtre : première de *Nana* le 29 janv. à l'Ambigu-Comique. Une adaptation pirate en fut jouée à Naples avant même que le feuilleton eût été achevé en France. Centième le 25 avr., suivie d'un bal et d'un souper offerts à la presse. Dernière le 31 mai. Juin : achèvement de *Renée*, qui sera refusée par la Comédie-Française.
1882	**14 févr. :** publication du livre de Paul Alexis, *Émile Zola. Notes d'un ami*, biographie revue par Zola. **15 févr. :** Zola est condamné par le tribunal civil de la Seine pour avoir utilisé, dans *Pot-Bouille,* le nom de Duverdy, qui est celui d'un avocat à la cour d'appel. Grande polémique dans les journaux sur la liberté de l'écrivain. **22 févr. :** les Zola reviennent à Paris. Ils déménagent du second au premier étage de leur immeuble, 23, rue Ballu. **Mars : loi Jules Ferry sur l'instruction publique, gratuite, laïque et obligatoire.**	**1882**	Journalisme : Zola a cessé toute collaboration régulière. Quelques textes isolés, souvent publiés antérieurement. *Une campagne* : recueil des articles parus dans *le Figaro* (Charpentier, févr.). Romans et nouvelles : *Pot-Bouille* (Zola achève la rédaction à la mi-févr., le roman est publié en feuilleton dans *le Gaulois* du 23 janv. au 14 avr. ; il paraît chez Charpentier le 12 avr.). *Au bonheur des dames* : préparation dès févr. ; rédaction à partir de mai ; publication en feuilleton dans *le Gil Blas* à partir du 17 déc. Nov. : *le Capitaine Burle* (nouvelles).

	VIE		ŒUVRE
	(suite 1882) **Début mai :** les Zola s'installent à Médan pour le reste de l'année. **Juin : krach de l'Union générale.** **16 juill. :** Zola fait partie de la commission scolaire du conseil municipal de Médan. **Sept. :** Cézanne passe le mois avec les Zola. **Oct.-nov. :** Zola de nouveau malade ; il paie « vingt ans de travaux forcés ». Sa femme a des « étouffements nerveux ».		
1883	**Vers le 10 févr. :** retour des Zola à Paris. (Ils y resteront jusqu'au 24 avr.) **18 juill.-15 sept. :** vacances à Bénodet. Zola rencontre le député de Valenciennes, Alfred Giard. **Nov. :** il assiste aux répétitions de *Pot-Bouille.* **26 nov.-21 déc. :** séjour des Zola à Paris. Puis séjour à Médan jusqu'au 8 janv.	**1883**	Romans et nouvelles : *Au bonheur des dames* (Zola achève la rédaction le 25 janv. ; la publication en feuilleton se termine le 1er mars ; le roman est publié chez Charpentier le 2 mars). *La Joie de vivre* : Zola reprend dès févr. un vieux projet de 1880. Il commence la rédaction le 25 avr., l'achève le 23 nov. Le roman paraît en feuilleton dans *le Gil Blas* le 29 nov. Nov. : *Naïs Micoulin,* recueil de nouvelles. Théâtre : *Pot-Bouille,* adaptation de W. Busnach avec la collaboration de Zola, à l'Ambigu. Les représentations se poursuivront jusqu'au 4 févr. 1884.
1883-1885	**Conquête du Tonkin, de l'Annam et du Laos.**		
1884	**23 févr.-3 mars :** voyage à Anzin pour la préparation de *Germinal.* Les mineurs sont en grève depuis le 19 févr. **21 mars : loi Waldeck-Rousseau sur les associations professionnelles.** **Mi-avr.-mi-juill. :** les Zola sont à Médan. **5 août-5 sept. :** séjour au Mont-Dore, où Mme Zola fait une cure. Les Zola reviennent à Paris (en passant peut-être par Néris-les-Bains, où Daudet se soigne). **Automne-hiver :** à Médan.	**1884**	Romans : *la Joie de vivre* (la publication en feuilleton s'achève le 3 févr. ; le roman sort chez Charpentier le 17 févr.). *Germinal* : préparation dès le début de l'année ; rédaction du 2 avr. 1884 au 23 janv. 1885 ; publication en feuilleton dans *le Gil Blas* à partir du 26 nov. Théâtre : trois pièces en nov., *l'Assommoir, Nana, Pot-Bouille,* chez Charpentier, sous la signature de W. Busnach, avec préfaces de Zola. Ce dernier touche la moitié des droits d'auteur (soit 750 francs pour un tirage de 1 500 exemplaires).
1885	**10 févr. :** retour à Paris (où les Zola vont rester jusqu'au 30 juin, Mme Zola souffrant d'un rhumatisme au genou). **7 mars :** interview de Zola dans *le Matin.* **Juill. :** les Charpentier passent plusieurs jours à Médan. **10 août-2 sept. :** séjour au Mont-Dore. **Automne-hiver :** à Médan. **27 oct. :** l'interdiction de l'adaptation théâtrale tirée de *Germinal* est confirmée par le ministre de l'Instruction publique Goblet et le Conseil des ministres. Protestation violente de Zola, qui pose, dans deux articles du *Figaro* (29 oct.-7 nov.), la question de la censure.	**1885**	Romans : *Germinal* (fin de la rédaction le 23 janv. et du feuilleton le 25 févr. ; chez Charpentier le 2 mars). *L'Œuvre* : préparation dès le 19 avr., rédaction du 12 mai 1885 au 23 févr. 1886 ; publication en feuilleton dans le *Gil Blas* à partir du 23 déc. *Notes sur le Mont-Dore* (rédigées au cours des deux séjours de 1884 et de 1885), projet pour un roman qui ne sera jamais écrit. Théâtre. Été : Zola collabore très activement à l'adaptation de *Germinal,* par W. Busnach.
1886	**5 janv. :** Zola, qui séjourne à Médan, vient à Paris pour assister au banquet Manet, donné pour célébrer l'anniversaire de l'exposition des œuvres du peintre. **Mars-avr. :** à Paris. **3-11 mai :** voyage en Beauce pour la préparation de *la Terre.* Les Zola reviennent à Médan, où ils resteront jusqu'à la fin déc. **11-18 sept. :** séjour à Royan chez les Charpentier, dans le chalet « la Guadeloupe ». **Automne-hiver :** à Médan.	**1886**	Romans : *l'Œuvre* (fin de la rédaction le 22 févr. et de la publication en feuilleton le 27 mars ; chez Charpentier en mars). *La Terre* : préparation dès mars ; rédaction du 16 juin 1886 au 18 août 1887. Théâtre : collabore, d'oct. à déc., avec W. Busnach à l'adaptation du roman *le Ventre de Paris.*
1887	**29 janv. :** à la suite de la campagne menée dans la presse par Zola, la Chambre discute de la censure et vote son maintien. **26 mai :** les Zola reviennent à Médan. **10 août :** *Manifeste des Cinq* contre *la Terre.* **1er sept.-10 oct. :** les Zola louent, à Royan, le chalet Albert. **Hiver :** à Paris ; mais les Zola passent les fêtes de fin d'année à Médan avec les Charpentier.	**1887**	Romans : *La Terre* (en feuilleton dans *le Gil Blas* du 29 mai au 16 sept. ; en volume chez Charpentier le 15 nov.). *Le Rêve* : préparation dès nov.

	VIE		ŒUVRE
			(suite 1887) Théâtre. 18 févr. : première, à l'Ambigu, du *Ventre de Paris*, drame en cinq actes et sept tableaux, signé par W. Busnach. 16 avr. : première de *Renée,* drame en cinq actes, au Vaudeville. 35 représentations. 30 mars : représentation de *Jacques Damour*, pièce tirée par Léon Hennique de la nouvelle de Zola. 12 mai : centième du *Ventre de Paris.* 23 déc. : première, au Théâtre-Libre, de *Tout pour l'honneur*, tiré par Henry Céard de la nouvelle de Zola « le Capitaine Burle ».
1888	**Agitation boulangiste tout au long de l'année.** **Févr.-avr. :** à Paris. **14 juill. :** Zola est fait chevalier de la Légion d'honneur. **24 août :** les Zola partent pour Royan, où ils resteront six semaines ; ils ont loué la villa « les Œillets » et emmènent avec eux une jeune lingère, Jeanne Rozerot. Le journaliste Victor Billaud initie Zola à la photographie. **11 déc. :** début de la liaison de Zola avec Jeanne Rozerot. Il installe Jeanne 66, rue Saint-Lazare.	**1888**	Romans : *le Rêve* (rédaction du 5 janv. au 15 août ; publication en feuilleton dans *la Revue illustrée* du 1er avr. au 15 oct. et chez Charpentier le 15 oct.). *La Bête humaine* : préparation dès l'automne. Théâtre. 21 avr. : *Germinal,* drame en cinq actes et douze tableaux, signé par W. Busnach, est enfin joué au Châtelet. Mais la pièce est si édulcorée que Zola refuse d'assister à la représentation. Elle ne sera jouée que dix-sept fois. Elle avait été représentée aux États-Unis dès 1886.
1889	**27 janv. : dissolution de la Ligue des patriotes.** **Févr. : faillite de la Compagnie du Canal de Panamá.** **Début mars :** voyage au Havre, en compagnie de Jeanne Rozerot. Zola visite la gare et, à Rouen, le palais de justice. **15 avr. :** Zola voyage de Paris à Mantes à bord d'une locomotive. Il a visité la gare Saint-Lazare en compagnie de l'ingénieur Pol Lefèvre. **1er mai :** Zola se présente pour la première fois à l'Académie française, au fauteuil d'Émile Augier. Il obtient quatre voix. Il se présentera à chaque élection nouvelle, jusqu'en 1897, sans succès. **6 mai-6 nov. : Exposition universelle.** Zola la visitera plusieurs fois. Le clou en est la tour Eiffel. **Été :** Jeanne Rozerot séjourne à Cheverchemont, en face de Médan, où sont les Zola. Ceux-ci reçoivent de nombreux amis. **10 sept. :** les Zola reviennent de Médan et s'installent à Paris, 21 *bis,* rue de Bruxelles, dans un vaste hôtel particulier de trois étages avec jardin. **20 sept. :** naissance de Denise, fille de Zola et de Jeanne Rozerot. **1er-15 oct. :** Zola est juré, pour la session de la cour d'assises de la Seine. **Fin de l'année :** à Médan.	**1889**	Romans : *la Bête humaine* (rédaction du 5 mai 1889 au 18 janv. 1890 ; en feuilleton dans *la Vie populaire* à partir du 14 nov.). *Le Vœu d'une morte* : réédition chez Charpentier le 13 oct. Zola a apporté un certain nombre de corrections à son texte. Théâtre. 2 mai : *Madeleine*, drame en trois actes (écrit en 1865), est jouée pour la première fois au Théâtre-Libre. Été-automne : Zola relit le texte du drame lyrique que Gallet tire de son roman *le Rêve.* W. Busnach tire de *la Bête humaine* un drame en cinq actes. Cette pièce ne sera jamais jouée.
1890	**17 avr. :** Zola visite la Bourse. **Mi-mai :** départ pour Médan. **15 oct. :** les Zola reviennent à Paris, après avoir passé l'été à Médan. Liens d'amitié avec le musicien Alfred Bruneau et le docteur Maurice de Fleury.	**1890**	Romans : *la Bête humaine* (en feuilleton jusqu'au 2 mars ; chez Charpentier début mars). *L'Argent* : en préparation dès mars ; rédaction du 10 juin 1890 au 30 janv. 1891 ; en feuilleton dans *le Gil Blas* à partir du 30 nov. Théâtre : Zola continue de travailler au *Rêve.* 5 sept. : reprise de *l'Assommoir* au théâtre des Menus-Plaisirs.
1891	**9 févr. :** Zola est admis, en qualité de sociétaire, à la Société des gens de lettres. **31 mars :** réponse à l'enquête de Jules Huret sur l'évolution littéraire [voir Naturalisme]. **5 avr. :** Zola est élu, pour trois ans, membre titulaire du Comité de la Société des gens de lettres. **6 avr. :** il en est élu président pour l'exercice 1891-1892. Il le restera jusqu'au 2 avr. 1894. **17-26 avr. :** voyage en Champagne et à Sedan pour préparer *la Débâcle.* **1er mai sanglant à Fourmies.**	**1891**	Romans : *l'Argent* (en feuilleton jusqu'au 4 mars ; chez Charpentier le 4 mars). *La Débâcle* : préparation dès mars ; rédaction du 18 juill. 1891 au 12 mai 1892. Théâtre. 18 juin : première, à l'Opéra-Comique, du *Rêve,* drame lyrique en quatre actes et huit tableaux, texte de Louis Gallet, musique d'Alfred Bruneau. Fin de l'année : Zola travaille à *l'Attaque du moulin,* drame lyrique en quatre actes, texte de Louis Gallet, musique d'Alfred Bruneau.

	VIE		ŒUVRE
	(suite 1891) **Mai :** Zola refuse la proposition d'un groupe de jeunes du Ve arrondissement de Paris de se présenter aux élections législatives. Été à Médan, où séjournent les Bruneau. **10 sept.-5 oct. :** voyage des Zola dans les Pyrénées. Premier séjour à Lourdes. **25 sept. :** naissance de Jacques, fils de Zola et de Jeanne Rozerot. Paul Alexis est son parrain. **30 sept. : le général Boulanger se tue sur la tombe de sa maîtresse.** **25 oct. :** discours pour l'inauguration du buste d'Emmanuel Gonzalès au cimetière Montmartre.		
1892	**Févr.-mars : attentats anarchistes. Arrestation de Ravachol** (31 mars). **1er mai :** discours de Zola au banquet de *la Plume*. **4 juin :** départ pour Médan, où les Zola passeront l'été ; visite des Bruneau. **20 juin :** discours à la fête des Félibres, à Sceaux. **29 juin :** Zola reçoit les palmes académiques. **Première quinzaine d'août :** Alexandrine Zola a découvert la liaison de son mari avec Jeanne Rozerot. Le couple voyage sur la côte normande. **18 août-6 oct. :** les Zola partent pour six semaines dans le sud de la France (Lourdes, Luchon, Carcassonne, Aix, Marseille, Monte-Carlo) et en Italie (Gênes, où Zola est invité à un grand banquet). Pendant son séjour à Lourdes, il rédige un journal, du 20 août au 1er sept., « Mon voyage à Lourdes ». **Sept.-nov. : *la Libre Parole* et *la Cocarde* accusent le gouvernement de compromission avec la Compagnie de Panamá. Scandale.** **10 déc. :** réponse de Zola à l'enquête du Dr Saint-Paul sur les cerveaux littéraires.	**1892**	Journalisme : « Chronique » sur *Cosmopolis* de Paul Bourget (*le Gaulois* du 7 déc.). Romans : *la Débâcle* (fin de la rédaction le 12 mai ; en feuilleton dans *la Vie populaire* du 21 févr. au 21 juill. ; chez Charpentier le 16 mai). *Le Docteur Pascal* : préparation dès mai ; rédaction à partir du 7 déc. *Lourdes* : début de la préparation pendant son voyage à Lourdes. Théâtre : Zola travaille toujours à *l'Attaque du moulin*. Il versifie la scène des adieux à la forêt. 20 mai : représentation unique, au Vaudeville, de *Thérèse Raquin*, au profit de l'œuvre de bienfaisance que dirigeait Mme Charpentier avec le concours de Mme Zola, « la Pouponnière ».
1893	**18 mai :** discours de Zola devant l'Association générale des étudiants de Paris (sur les « inquiétudes » de la fin du siècle et la « résurrection des vieilles doctrines religieuses et philosophiques »). **21 juin :** déjeuner littéraire, qui réunit 200 personnes au « Chalet des Îles » du bois de Boulogne, pour célébrer l'achèvement des *Rougon-Macquart*. Daudet, Goncourt et Huysmans n'y participent pas. **7 juill. :** discours de Zola aux obsèques de Maupassant. **14 juill. :** Zola est promu officier de la Légion d'honneur. **21 août :** Zola assiste au départ du « Train blanc » de la gare d'Orléans (pèlerinage à Lourdes). **22 sept. :** Congrès international de la presse à Londres (sur l'anonymat dans la presse). **9 déc. : l'anarchiste Auguste Vaillant lance une bombe en pleine séance de la Chambre des députés.**	**1893**	Romans : *le Docteur Pascal* (fin de la rédaction le 15 mai ; en feuilleton dans la *Revue hebdomadaire* du 18 mars au 17 juin ; chez Charpentier en juill.). *Lourdes* : suite de la préparation ; rédaction du 5 oct. 1893 au 21 juin 1894. Théâtre : *Lazare*, comédie lyrique en un acte, en prose ; Alfred Bruneau la mettra en musique dix ans après. 22 nov. : répétition générale, à l'Opéra-Comique, de *l'Attaque du moulin*. Journalisme. 24 déc. : « Lettre ouverte à la presse russe » sur la propriété littéraire (*le Temps*).
1894	**12 févr. : attentat d'Émile Henry, au café de l'hôtel Terminus.** **24 juin : assassinat de Sadi Carnot, président de la République, par Caserio.** **Été :** séjour à Médan jusqu'au 5 oct., coupé par un voyage chez les Fasquelle, avec les Xau, à Houlgate. Ces derniers séjourneront à Médan en sept. **15 oct. : arrestation du capitaine Dreyfus, accusé d'espionnage au profit de l'Allemagne.** **31 oct.-15 déc. :** voyage des Zola en Italie. Zola rédige un journal de voyage. Il prend de nombreuses photographies.	**1894**	Romans : *Lourdes* (en feuilleton dans *le Gil Blas* du 15 avr. au 15 août ; en volume chez Charpentier le 15 août). Le roman est mis aussitôt à l'Index. *Rome* : préparation dès le mois d'août. Théâtre : *Messidor*, drame lyrique en quatre actes et cinq tableaux en prose ; musique d'Alfred Bruneau. 27 janv. : les Zola, les Charpentier, les Fasquelle, les Xau, les Gallet, les Desmoulin assistent à une représentation de *l'Attaque du moulin* au théâtre de la Monnaie de Bruxelles.

	VIE		ŒUVRE
	(suite 1894) Au Vatican, il est guidé par le peintre Hébert, ancien directeur de la Villa Médicis. Le pape ne lui accorde pas d'audience, mais il est reçu à Rome par le président du Conseil Crispi (12 nov.) et par le roi (1er déc.). Sa femme est reçue par la reine le 4. **22 déc. : condamnation de Dreyfus à la dégradation militaire et à la déportation à vie.**		
1895	**5 janv. : dégradation du capitaine Dreyfus, dans la cour de l'École militaire.** **31 mars :** Zola est réélu membre du Comité des gens de lettres pour un an. **1er avr. :** il est élu président de la Société pour un an. **5 avr. :** discours de Zola au banquet présidé par Marcelin Berthelot. **Été :** à Médan. Zola loue, pour Jeanne Rozerot et ses enfants, une maison à Verneuil, où ils reviendront chaque année. **2 déc. :** discours de Zola à la Société des gens de lettres, à l'occasion de la mort d'Alexandre Dumas.	**1895**	Romans : *Rome* (rédaction du 2 avr. 1895 au 11 mars 1896 ; publication en feuilleton dans *le Journal* à partir du 21 déc.). Journalisme : collaboration hebdomadaire au *Figaro* (17 articles), du 1er déc. 1895 au 13 juin 1896 (« la Vertu de la République » le 24 déc.).
1896	**1er mars :** discours de Zola aux obsèques d'Arsène Houssaye. **18 avr. :** Zola va voir et entendre Mlle Couédon, la voyante de la rue de Paradis. **20 juill. :** discours de Zola aux obsèques d'Edmond de Goncourt. **Oct.-nov. :** Zola se prête à l'enquête médico-psychologique du Dr Toulouze sur les rapports de la supériorité intellectuelle et de la névropathie. **Nov. :** Bernard Lazare ne convainc pas totalement Zola de l'innocence de Dreyfus.	**1896**	Romans : *Rome* (publication en feuilleton jusqu'en mars ; chez Charpentier le 2 mai). *Paris* : préparation dès mai. Journalisme : article, dans *le Figaro* du 16 mai, contre Drumont et l'antisémitisme, « Pour les Juifs ». 23 mai : « Dépopulation ».
1897	**4 avr. :** Zola est réélu membre du Comité de la Société des gens de lettres, pour trois ans. **14 juill. : Scheurer-Kestner, vice-président du Sénat, annonce son intention de mener campagne pour la réhabilitation de Dreyfus.** **Été :** à Médan. **Fin oct.-début nov. :** Zola est mis en relation par Marcel Prévost avec Me Lebois. Ce dernier le présente à Scheurer-Kestner. Zola est convaincu de l'innocence de Dreyfus. Une tactique est mise au point. Articles dans *le Figaro.* **21 déc. :** discours de Zola aux obsèques d'Alphonse Daudet.	**1897**	Journalisme. Mars : *Nouvelle Campagne*, recueil des articles publiés dans *le Figaro*, chez Charpentier. 25 nov. : « M. Scheurer-Kestner » *(le Figaro).* 1er déc. : « le Syndicat » *(le Figaro).* 5 déc. : « Procès-verbal » *(le Figaro).* 14 déc. : Zola publie sa *Lettre à la jeunesse* sous forme de brochure. Romans. Du début de janv. au 31 août : rédaction de *Paris* ; en feuilleton dans *le Journal* du 23 oct. 1897 au 9 févr. 1898 ; en volume chez Charpentier en mars 1897. Théâtre : *Messidor*, sur la scène de l'Académie nationale de musique ; seize représentations. *L'Ouragan,* drame lyrique en quatre actes, musique d'Alfred Bruneau.
1898	**10-11 janv. : procès d'Esterhazy, qui est acquitté. Le colonel Picquart, accusé de faux, est arrêté.** **23 févr. :** procès pour diffamation intenté à Zola par le ministre de la Guerre, devant la cour d'assises de la Seine. Zola est condamné à 1 an d'emprisonnement et à 3 000 francs d'amende. (Cet arrêt sera cassé le 2 avr.) **9 juill. :** les trois experts Belhomme, Varinard et Couard gagnent leur procès en diffamation contre Zola, qui est condamné à un mois de prison, 10 000 francs de dommages et intérêts à chaque expert, et 1 000 francs d'amende. Peine confirmée le 10 août. **18 juill. :** deuxième procès Zola. La sentence du 23 févr. est confirmée. Départ précipité pour Londres. Pendant son exil, Zola recevra la visite de sa femme, de ses enfants, de Jeanne Rozerot et de plusieurs amis. **26 juill. :** Zola est radié de l'ordre de la Légion d'honneur. **31 août : suicide d'Henry.**	**1898**	Romans : *Paris* (publication chez Charpentier, 26 mars). *Fécondité,* premier des *Quatre Évangiles* : préparation dès janv. ; rédaction du 4 août 1898 au 27 mai 1899. Oct. : *Angéline* (nouvelle). 18 juill.-21 oct. : « Pages d'exil », notes prises par Zola au jour le jour. Journalisme : 6 janv., Zola publie une « Lettre à la France » (brochure). 13 janv. : « J'accuse », lettre ouverte de Zola à M. Félix Faure, président de la République (*l'Aurore*). Articles de Zola dans *l'Aurore* sur le déroulement de son procès (22 janv.-14 avr.) et pour défendre la mémoire de son père, attaqué les 23 et 25 mai par Ernest Judet dans *le Petit Journal* (« Mon père », 28 mai).
1899	**23 févr. : tentative de Déroulède pour entraîner le général Roget à marcher sur l'Élysée.** **5 juin :** retour de Zola en France.	**1899**	Journalisme : 5 juin, « Justice » *(l'Aurore).* 12 juin, « le Cinquième Acte » (*l'Aurore*). 29 sept., « Lettre à Mme Dreyfus » (*l'Aurore*). 19 déc., « Lettre au général de Galliffet et à M. Waldeck-Rousseau », dans *l'Aurore* (sur son père).

	VIE		ŒUVRE
	(suite 1899) **8 août-9 sept. :** à Rennes, procès en révision de Dreyfus, qui est à nouveau condamné à dix ans de détention.		(suite 1899) Romans : *Fécondité* (achevé le 27 mai, en feuilleton dans *l'Aurore* du 15 mai au 4 oct. ; chez Charpentier le 12 oct.). *Angéline* (nouvelle), publiée dans *the Star* (16 janv.) et dans *le Petit Bleu de Paris* (4 févr.). *Travail* : préparation dès juin. Théâtre : *l'Enfant-Roi,* comédie lyrique en cinq actes, musique d'Alfred Bruneau (première le 3 mars 1905, à l'Opéra-Comique ; douze représentations).
1900	**15 avr. :** ouverture de l'Exposition universelle. Zola prend de très nombreuses photographies. **14 déc. : loi d'amnistie pour tous les faits relatifs à l'« Affaire ».**	**1900**	Romans : *Travail* (rédaction du 15 mars 1900 au 6 févr. 1901 ; en feuilleton dans *l'Aurore* à partir du 3 déc.). Journalisme : dans *l'Aurore*, trois articles sur « François Zola » (23, 24 et 31 janv.) ; « Lettre au Sénat » (29 mai) ; « Lettre à M. Émile Loubet, président de la République » (22 déc.). Théâtre : projet de *la France en marche*, « histoire naturelle et sociale » de la France de la IIIe République, sous forme de drames.
1901	**9 juin :** banquet offert à Zola, en l'honneur de *Travail*, par les associations ouvrières. **2 juill. : loi sur la liberté d'association.** Liens d'amitié avec Maurice Le Blond, qui épousera la fille de Zola, Denise, en 1908.	**1901**	Romans : *Travail* (en feuilleton dans *l'Aurore* ; chez Charpentier en mai). *Vérité* : préparation à partir de mars ; rédaction du 27 juill. 1901 au 7 août 1902. Journalisme : 16 févr., *la Vérité en marche,* recueil des articles concernant l'affaire Dreyfus. 8 mars : « Qu'ils gardent l'argent » (*l'Aurore*). Théâtre : *l'Ouragan* à l'Opéra-Comique.
1902	**Été :** à Médan ; les Zola y reçoivent de nombreux amis. **28 sept. :** retour à Paris. **Nuit du 28 au 29 sept. :** mort de Zola par asphyxie, peut-être d'origine criminelle. **5 oct. :** funérailles de Zola ; oraison funèbre prononcée par Anatole France.	**1902**	Romans : *Vérité* (en feuilleton dans *l'Aurore* du 7 août 1902 au 15 févr. 1903 ; chez Charpentier en févr.). *Justice* : quelques notes et documents. Théâtre : *Sylvanire ou Paris en amour*, pièce en cinq actes (sera représentée avec une musique d'accompagnement de Robert Le Grand, le 13 janv. 1924).
1906	**12 juill. : réhabilitation de Dreyfus.**		
1908	Transfert au Panthéon des cendres de Zola.		

Les Rougon-Macquart

La Fortune des Rougon

La Fortune des Rougon est le roman des origines : origines de la famille et origines du second Empire. Premier volume de la fresque, il ouvre le cycle qui sera fermé, sur le plan historique et social, par *la Débâcle*, et, sur le plan familial, par *le Docteur Pascal*. Dans cette œuvre où se mêlent épopée, farce, tragédie, lyrisme, comédie, Zola pose les problèmes fondamentaux de la geste.

L'action proprement dite se déroule en quelques jours à peine, du 7 au 11 décembre 1851, mais plusieurs *flash-back* remontent le temps pour donner l'histoire de la famille et, plus particulièrement, celle de l'aïeule, tante Dide. Zola étudie l'hérédité qui pèse sur elle et qu'elle lègue à sa nombreuse descendance, dont il esquisse aussi l'histoire, anticipant ainsi sur le futur et posant à grands traits les romans suivants.

Roman de l'hérédité, *la Fortune des Rougon* est aussi une chronique familiale. Elle raconte la lutte entre les deux fils de tante Dide, Pierre Rougon et Antoine Macquart, le premier s'emparant de la fortune de sa mère au détriment de ses demi-frère et sœur, Antoine et Ursule ; c'est la première étape de l'ascension de la branche légitime de la famille. Le roman s'achève par la victoire de Pierre, qui, aidé de sa femme, l'ambitieuse Félicité, et de son fils Eugène (le futur ministre), devient un des notables du régime bonapartiste.

Car *la Fortune des Rougon* est aussi un roman historique, qui raconte le coup d'État du Deux-Décembre en province, « le viol brutal de la France » par la bourgeoisie et l'aristocratie alliées pour écraser paysans et ouvriers. « Famille de bandits à l'affût », les Rougon profitent de ces événements. Leur action mime, sur le mode grotesque, celle de Louis Napoléon Bonaparte et de sa « bande ». À Plassans comme à Paris, les nouveaux maîtres fondent leur pouvoir sur le sang et le vol.

S'il dénonce avec une ironie grinçante ces usurpateurs, Zola exalte les insurgés, républicains généreux, mais commandés par des incapables ou des ambitieux. Comme il existe des profiteurs de l'Empire, il existe des profiteurs de la République, souvent clabaudeurs, envieux et dangereux parce qu'ils entraînent, par leurs belles paroles, des esprits simples et idéalistes. Le jeune Silvère, neveu de Pierre et d'Antoine, est le premier d'une longue lignée de rêveurs enthousiastes et utopiques, autodidactes « affolés par la chimère du bonheur universel », qui se font dévorer dans ce monde de « loups ».

Sa figure ardente traverse les « honteuses comédies des Rougon et des Macquart ». Il aime Miette, la fille d'un bagnard, comme lui orpheline. Zola donne pour cadre à leur chaste idylle la campagne de Plassans et l'aire Saint-Mittre, extraordinaire cimetière désaffecté. Il laisse libre cours à ses souvenirs aixois ou à des rêveries qui reviendront, obsédantes, dans les œuvres à venir : rêverie de l'eau, alliance de l'amour et de la mort ; admiration, voire effroi, devant la vie secrète de la nature, le bouillonnement de la sève, devant l'éveil de la sensualité, etc. Les deux parias mourront : Miette sera tuée au milieu des insurgés écrasés par la troupe ; Silvère sera exécuté par le gendarme qu'il avait blessé, sans que ses oncles interviennent pour le sauver. Tante Dide, qui a assisté au meurtre de son petit-fils, devient folle, tandis qu'on fête la victoire dans le salon jaune des Rougon.

La Curée

« La meute d'appétits lâchés dans un flamboiement d'or et de sang » (*la Fortune des Rougon*) s'assouvit dans *la Curée*. Monté à Paris au lendemain du coup d'État, Aristide Rougon est prêt à tout pour réussir. Son flair d'oiseau de proie, son habileté de « poète des affaires », son absence totale de scrupules, et la chance, vont le servir. À peine veuf, il épouse une jeune bourgeoise, Renée Béraud Du Châtel, qui, séduite par un homme marié, est enceinte et dont il faut « laver la faute ». Sous un nom de guerre – « ce nom de Saccard, dont les deux syllabes sèches avaient sonné à ses oreilles, les premières fois, avec la brutalité de deux râteaux ramassant de l'or » –, Aristide va profiter de la politique de grands travaux menée par Haussmann pour échafauder une des plus grandes fortunes de l'Empire. *La Curée* est le roman de la spéculation foncière.

Au centre donc, Paris, lieu du drame moderne ; Paris mythique, cuve ou alambic où s'élabore l'avenir, grand corps mutilé, proie des affairistes de tout crin, mais aussi ville complice, mauvais lieu de l'Europe, monde du Mal et de l'inceste.

Cette ville, qui « n'était plus qu'une grande débauche de millions et de femmes », sert de cadre au drame de Renée, moderne Phèdre. « Louve affamée », elle est sans cesse en quête de jouissances nouvelles. L'inceste l'attire, elle aime le fils de son mari, Maxime. Ce dernier, petit crevé bientôt lassé par les exigences de sa belle-mère, fait un mariage de raison. Abandonnée par sa femme de chambre, sa seule « amie », ruinée par son mari, Renée mourra peu après d'une méningite aiguë.

Le Ventre de Paris

Au centre du roman, les Halles, omniprésentes, monstrueuses, qui fascinent Zola sur le plan esthétique – il en loue l'architecture audacieuse, il est séduit par leur vie fantastique et souvent barbare, par leurs débordements de nourriture, leurs couleurs violentes… – et sur le plan symbolique : ce ventre de Paris, organe colossal, déclenche en lui une rêverie de la matière, des fantasmes d'ensevelissement, une thématique du gras et du visqueux, de l'émiettement, qui lui sont propres.

Le roman est structuré par l'opposition des Gras et des Maigres, déjà esquissée dans *la Fortune des Rougon*. Après la course folle aux millions et aux plaisirs de *la Curée*, Zola peint « le contentement large et solide de la faim, la bête broyant le foin au râtelier, la bourgeoisie appuyant sourdement l'Empire, parce que l'Empire lui donne la pâtée matin et soir, la bedaine pleine et heureuse ballonnant au soleil » (« Ébauche » du roman).

Florent, rêveur inoffensif, arrêté par erreur au lendemain du Deux-Décembre et déporté à Cayenne, s'est échappé du bagne et, sept ans plus tard, revient à Paris, après de longues errances. Il retrouve son demi-frère, Quenu, qu'il a élevé à la mort de leur mère en sacrifiant ses propres études. Celui-ci, en son absence, a hérité de leur oncle puis épousé la belle et grasse Lisa, fille d'Antoine Macquart. Le couple tient une charcuterie prospère au centre des toutes nouvelles Halles centrales.

Comme Silvère, Florent est un « maigre », qui a rêvé, dans ses années de misère, une société de justice et d'amour. Chaque soir, au café Lebigre, il anime une société secrète dont plusieurs membres, ce qu'il ne soupçonne pas, sont des informateurs de la police. Il prépare une naïve insurrection contre l'Empire. Sa maigreur et sa douceur dérangent les « gras », qui les trouvent a-normales et le dénoncent ; la première à le haïr est sa belle-sœur Lisa, symbole de la petite bourgeoisie, honnête dans les affaires, mais cachant sous sa « chair calme » des « dessous formidables de lâcheté, de cruauté ». L'intrus sera de nouveau arrêté et déporté. Le quartier, un moment agité par les rumeurs les plus folles, retrouvera sa quiétude béate. « Quels gredins que les honnêtes gens ! » conclut Zola.

Cette satire amère s'adresse tout autant au passé, à l'histoire du second Empire, qu'au présent, au régime de l'Ordre moral. Les maigres – rêveurs politiques, dont Zola critique la naïveté, ou artistes, comme le peintre Claude Lantier – sont toujours dévorés par les gras, qu'ils dérangent.

La Conquête de Plassans

« Un des romans les plus forts de la littérature française » (Yves Berger), *la Conquête de Plassans* mène de front plusieurs thèmes apparemment disparates : histoire sociale et politique d'une petite ville de province, satire anticléricale, « drame physiologique de la femme dévote » (Zola), interrogations angoissées devant la folie et la décomposition des êtres. Ces fils se nouent pourtant dans une thématique unique : celle de l'usurpation. Une habile utilisation de la topographie souligne cette cohérence.

Prêtre bonapartiste, l'abbé Faujas est envoyé à Plassans pour reconquérir la ville, passée au légitimisme. Il loge chez Marthe et François Mouret. Il prend peu à peu possession de leur maison, mais aussi de la ville. *La Conquête de Plassans* est une succession de luttes de territoire.

L'étude des intrigues politiques sert de toile de fond à une violente satire dirigée contre le régime de l'Ordre moral, et contre le renouveau clérical qui caractérise l'époque où Zola a écrit le roman. L'écrivain entend dévoiler les machinations souterraines et les pouvoirs occultes de l'Église : pouvoir politique (Faujas fera élire Delangre, candidat agréé par le gouvernement) et pouvoir sur les esprits, en particulier sur les femmes et la jeunesse.

Mais l'abbé Faujas n'est pas un ambitieux ordinaire, c'est un « fort ». Fanatique et très habile, il est dévoré par la soif de domination. Ascétique, il n'a que mépris pour la femme, dans laquelle il ne voit qu'un moyen. Sans scrupules, il est prêt à tout, y compris à laisser enfermer un être sain d'esprit, Mouret, pour se débarrasser de lui. C'est sur Marthe que son pouvoir est le plus terrible. Âme faible, prédisposée au mysticisme par la lourde hérédité qu'elle a reçue des Rougon, elle délaisse bientôt ses enfants et sa maison, qui tombe aux mains des Trouche, parents de Faujas ; elle adore l'abbé, qui la repousse durement ; elle tombe dans un état de folie lucide. Quant à son mari, enfermé avec les fous, il devient fou. Il s'échappe de l'asile, met le feu à sa maison et périt carbonisé, ainsi que ses locataires. Au même moment, Marthe meurt chez sa mère, Félicité Rougon.

La Faute de l'abbé Mouret

Avec Serge, le fils des Mouret, « prédestiné à la prêtrise, à être eunuque, par le sang, par la race et par l'éducation », Zola veut étudier le grand combat de la religion et de la vie, de l'Église et de la Nature, de l'Ombre et de la Lumière. Ce drame se déroule en trois grands moments.

Serge, prêtre du petit hameau provençal des Artaud, est une « créature châtrée » : il a été transformé par le séminaire en cadavre vivant. Il voue à la Vierge Marie une dévotion très ambiguë.

Il tombe gravement malade. Son oncle, le docteur Pascal, le transporte au Paradou. Là, il re-naît à la vie, grâce à la jeune Albine. Nouveaux Adam et Ève, ils découvrent l'amour, guidés par la nature luxuriante du grand parc abandonné, nouvelle tentatrice – amour que Zola veut serein, même si l'éveil de la sensualité les angoisse et les sépare un moment. Mais ce bonheur est fragile, l'équilibre atteint dans le Paradou instable.

Le frère Archangias, « bouc qui ne se satisfait pas et qui hait la Femme », gendarme d'un Dieu de colère terrible et jaloux, pénètre dans le Paradou par une brèche du mur d'enceinte. Il plie Serge sous le poids du remords. Le jeune abbé revient dans son église, sourd aux prières d'Albine. La faute, pour Zola, est de la laisser mourir avec l'enfant qu'elle attend, car l'amour est la grande loi de la Nature.

Le Soleil, force de vie et source de lumière, est le personnage essentiel de ce drame, auquel il donne son rythme.

« Prodigieux poème hindou », selon les mots que Huysmans prête à Des Esseintes, *la Faute de l'abbé Mouret*, comme en marge des *Rougon-Macquart*, est aussi un des romans les plus personnels de l'écrivain. Il y poursuit, à travers un autre couple d'adolescents et une riche rêverie végétale, le rêve, déjà esquissé dans *la Fortune des Rougon*, d'un bonheur parfait parce que pur ; il y révèle, face à la sensualité, à la mort, au néant, des hantises qui ne disparaîtront qu'avec la naissance de ses propres enfants.

Son Excellence Eugène Rougon

Le roman a pour cadre le monde politique du second Empire : empereur et Cour impériale, ministres, députés, coteries diverses… Il donne à voir le pouvoir dans ses actes officiels (baptême du prince impérial, bals à la Cour, séances du Corps législatif ou du Conseil des ministres) ou dans ses arcanes (trafic des élections, intrigues, luttes d'influence) ; il pénètre le monde de la presse dont il montre les liens avec le politique.

Au centre de ce roman sur la politique – de quelque époque qu'elle soit –, Eugène Rougon, qui, comme l'abbé Faujas, aime le pouvoir pour le pouvoir. Cet homme fort « idolâtre son intelligence, aime son effort. Ce qu'il cherche dans le pouvoir, c'est la joie d'être supérieur » (« Ébauche »…). Alors que son frère Saccard n'était qu'un « jouisseur », Eugène est un dominateur. Le roman suit sa carrière, de chutes en apogées. Deux forces le minent : sa « meute », gens qu'il méprise, mais dont son orgueil a besoin et qui le tiennent prisonnier, et une femme.

Ce chaste, en effet, qui a peur de la Femme, se heurte à Clorinde, belle aventurière, aussi ambitieuse que lui et qui voudrait l'épouser. Rougon la repousse et la marie à l'une de ses créatures, Delestang. Clorinde ne rêve plus que vengeance. Elle devient la maîtresse de l'empereur et fait nommer son mari ministre de l'Intérieur en remplacement de Rougon. Trois ans plus tard, celui-ci refait surface : il est nommé ministre sans portefeuille, capable, pour satisfaire « son furieux appétit d'autorité », de « démentir en une heure toute sa vie politique », prônant l'Empire libéral après avoir été un des plus farouches partisans du despotisme.

L'Assommoir

L'œuvre raconte « la simple vie de Gervaise », la fille d'Antoine Macquart, depuis son arrivée à Paris, à vingt-deux ans, dans la force de la jeunesse, jusqu'à sa mort, lamentable, dix-neuf années plus tard. Tout le roman se passe dans le quartier de la Goutte-d'Or, au-delà de la barrière Poissonnière, aux frontières de Paris.

Gervaise a fui Plassans avec Auguste Lantier, ouvrier chapelier dont elle a deux fils, Claude et Étienne. Mais son mari l'abandonne très vite. Elle travaille comme blanchisseuse. Jolie, dure à la peine, elle épouse un ouvrier zingueur, Coupeau. À force de travail, le couple atteint une certaine aisance, mais Coupeau tombe d'un toit en voulant regarder sa fille Nana, et se casse une jambe. La maladie mange les économies du ménage. Il devient paresseux, se met à boire, a peur désormais de monter sur les toits. Grâce au forgeron Goujet, qui l'aime d'un amour chaste, Gervaise achète une blanchisserie, qui est très vite prospère. Mais Coupeau boit de plus en plus, Lantier revient et s'installe chez le couple ; Gervaise se laisse aller à la gourmandise et à la paresse. Sa déchéance morale s'accompagne d'une terrible déchéance physique. Elle se met à boire à son tour. Coupeau mourra à l'hôpital ; Gervaise, réduite à habiter une niche sous un escalier, sera trouvée morte de faim et de misère.

Enfermée dans un univers symbolique et mythique délimité par les abattoirs et l'hôpital, Gervaise est prise dans un engrenage. Son hérédité qui la pousse aux lâchetés, la misère qui transforme les hommes en bêtes, exacerbant méchancetés et jalousies ; les monstres aussi qui dévorent les ouvriers : l'alambic du père Colombe et la grande maison ouvrière, auxquels s'ajoutent la crasse, la boue, l'humidité, sont autant de forces maléfiques contre lesquelles, malgré ses qualités, elle ne peut rien.

Contre ce « choléra » de la misère, l'alcool et la nourriture offrent des tentations qui ne sont, en réalité, que des pièges nouveaux.

Roman noir, *l'Assommoir* est une œuvre de pitié, qui ne met pas en cause les structures de la société mais affirme la nécessité et l'urgence des réformes.

Une page d'amour

Hélène Grandjean, belle veuve honnête, vit seule à Passy avec sa fille Jeanne. Celle-ci, sur qui pèse la lourde hérédité de tante Dide, est, une nuit, frappée de convulsions. Le Dr Deberle la soigne. Il est séduit par Hélène, qui, elle aussi bouleversée, se laisse aller, non sans luttes, à l'amour. Mais, alors qu'elle est allée rejoindre le médecin et est devenue sa maîtresse, Jeanne, restée seule, a pris froid. Elle meurt d'une phtisie galopante, comme sa grand-mère Ursule Mouret, comme sa tante Marthe Mouret. Hélène s'accuse de cette mort. Elle épousera, quelques mois plus tard, un vieil ami, M. Rambaud. Après ce « coup d'étrange folie », elle retrouvera son calme et son honnêteté de Junon raisonnable. Mais avec quels regrets rentrés ?

« On dirait qu'on avale un verre de sirop, dit Zola de son titre, et c'est ce qui m'a décidé. » En fait, ce roman qui n'était pas prévu en 1868, et dans lequel il oublie la satire politique et sociale, n'a rien de la romance « nuance cuisse-de-nymphe », « un peu popote », dont il parle dans ses lettres. Il y traite plusieurs thèmes qui lui tiennent à cœur : éducation des filles (Hélène comme Mme Deberle sont conduites à l'adultère par ennui de la vie mondaine, par une certaine littérature – romans ou théâtre – qui les pousse aux chimères et à la curiosité de la « faute ») ; influence néfaste de la religion sur les femmes ; passage de l'enfance à l'adolescence, premiers éveils aux désirs, qu'il étudie en Jeanne, jalouse des « amis » de sa mère ; Paris, dont cinq grandes descriptions terminent les cinq parties de l'œuvre, en contrepoint au drame que vit Hélène ; enfin et surtout la passion, qui peut éclater tout à coup, dévorante, bouleversante – mais à ce point attirante pour Zola qu'il doit infliger à Hélène, pour sa « faute », une terrible punition, la mort de sa fille.

Flaubert l'avait bien compris qui lui écrivait : « Je n'en conseillerais pas la lecture à ma fille, si j'étais mère ! ! ! Malgré mon grand âge, le roman m'a troublé et *excité.* [...] Vous êtes un mâle. Ce n'est pas d'hier que je le sais. »

Nana

Zola a conçu *Nana* comme un pendant et une suite de *l'Assommoir.* « La désorganisation d'en haut » par la débauche, comme *l'Assommoir* est « la désorganisation d'en bas » par « la misère noire, le buffet sans pain, la folie de l'alcool ».

Nana Coupeau a fui, un soir d'hiver, la terrible misère de ses parents. Pervertie dès l'enfance par le milieu du quartier de la Goutte-d'Or, elle devient une des filles galantes les plus en vue du second Empire, avant de mourir, en juillet 1870, à dix-neuf ans à peine, pourrie par la vérole.

Poursuivant son inventaire systématique de la société du second Empire, Zola peint le monde galant. Mais plus qu'une « fille », Nana est un symbole, voire un « mythe », sans pour cela « cesser d'être réelle » (Flaubert).

« Nana, c'est la pourriture d'en bas, *l'Assommoir* se redressant et pourrissant les classes d'en haut », la « mouche d'or » vengeant, inconsciemment, « par son sexe seul », son enfance et les siens, détruisant tout ce qu'elle approche : elle ruine et déshonore le comte de Vandeuvres, Georges Hugon et son frère Philippe, Hector de La Faloise, le comte Muffat, qui accepte les pires bassesses.

Née l'année du coup d'État, mourant alors que retentissent les cris de « À Berlin ! À Berlin ! », Nana est l'émanation et l'incarnation de la société du second Empire, folle de son or et de sa chair, corrompue, détraquée dans toutes ses classes (la comtesse Muffat mène la même vie que Nana), roulant à la débâcle finale, l'horrible décomposition de la vérole ou les charniers de Sedan.

Nana est aussi Vénus. Le roman est le « poème sinistre des amours du mâle » (« Ébauche »...) et de la femme (Nana n'est pas indifférente aux avances de son amie Satin). Le sexe fait de l'homme une bête, la proie de dévoreuses. À travers son héroïne, Zola projette une image de la Femme fatale, à la fois terrifiante et séduisante, et il utilise certaines situations (des scènes de voyeurisme, en particulier) qui reviennent dans son œuvre depuis ses tout premiers romans, *la Confession de Claude* (1865) ou *Madeleine Férat* (1868).

Pot-Bouille

Zola n'avait pas songé, en 1868, à écrire un roman sur la « pot-bouille » de la petite bourgeoisie, « la cuisine de tous les jours terriblement louche et menteuse sous son apparente bonhomie ».

Pot-Bouille est un roman d'actualité qui prend position sur les problèmes de l'éducation des filles ; c'est aussi un règlement de comptes après les scandales soulevés par *l'Assommoir* et par *Nana*, une mise en question radicale de la « morale des convenances ».

Zola situe l'action rue de Choiseul, dans une maison bourgeoise, toute neuve, symbolique de cette petite bourgeoisie dont il entreprend une satire volontairement caricaturale et particulièrement amère : belle façade, vestibule et escalier d'un luxe violent, mais cour intérieure qui n'est qu'un boyau infect dans lequel les domestiques déversent les détritus, ou répandent des révélations ordurières sur leurs maîtres.

Le calicot Octave Mouret, qui arrive de Plassans, vient y loger. Il découvre la véritable vie que mènent, derrière leurs « belles portes d'acajou luisant », ses habitants : à tous les étages, ce ne sont que ménages désunis, ménages à trois, adultères, terrible chasse au mari, luttes autour d'héritages, misère morale et matérielle que l'on cherche à masquer, conduites honteuses comme celle du conseiller à la cour d'appel Duveyrier, qui mène une lamentable liaison avec Clarisse, veut se tuer parce qu'elle l'abandonne, se rabat sur la bonne des Josserand, ce « torchon d'Adèle », ou se félicite d'avoir fait condamner une ouvrière misérable qui a laissé mourir son nouveau-né, tandis qu'Adèle accouche, dans sa mansarde, d'un enfant dont Duveyrier est le père et qu'elle est obligée de laisser mourir à son tour.

Seule, Mme Hédouin, la patronne du magasin de nouveautés « Au bonheur des dames », un modèle de femme pour Zola, échappe à ces vilenies, par son activité et sa raison. Elle propose à Octave Mouret, dont elle a reconnu les qualités de vendeur, d'imagination et d'audace, un mariage qui est une véritable association.

Au bonheur des dames

Octave Mouret est veuf. Garçon pratique et actif, il va, en quelques années, faire du modeste commerce de sa femme, Mme Hédouin, un « grand magasin » moderne, une colossale entreprise qui, peu à peu, dévore tout le pâté de maisons et tue les petites boutiques du quartier.

Le sujet du roman est d'abord cette guerre sans merci entre le petit et le grand commerce. Zola veut « faire le poème de l'activité moderne [...], aller avec le siècle, exprimer le siècle, qui est un siècle d'action et de conquête, d'effort dans tous les sens ». En peignant l'activité joyeuse de Mouret et ses réussites, qu'il oppose à la médiocrité de Paul de Vallagnosc, fonctionnaire désabusé, il souhaite battre en brèche le développement du pessimisme en France mais aussi la crise de découragement qu'il traversait lui-même à l'époque où il composait l'œuvre.

Beau, riche, le séduisant patron du « Bonheur » traîne tous les cœurs après lui. Mais il ne voit dans la femme qu'une chair à faire de l'or, jusqu'au jour où il se laisse prendre par le charme d'une de ses employées, la modeste et vertueuse Denise, qu'il épousera à la fin du roman. Elle lui suggère un certain nombre de mesures visant à améliorer les conditions de travail des employés et aussi... leur efficacité.

Au bonheur des dames est un très bon documentaire sur un des phénomènes les plus caractéristiques du monde moderne (condition des employés ; acheteuses ; architecture du fer et du verre, qui séduit Zola ; organisation du magasin ; liaison avec la banque...). C'est un conte bleu, où l'amour, qui finit par triompher, cautionne un système que Zola admire pour ses réussites mais dont il déplore aussi les excès et les deuils qu'il provoque. Il lui fallait avant tout se persuader de la « puissance et de la gaieté de la vie », croire qu'il y avait « certainement des gens heureux de vivre dont les jouissances ne ratent pas et qui se gorgent de bonheur et de succès » (« Ébauche »...).

La Joie de vivre

Au contraire de *Au bonheur des dames*, *la Joie de vivre* est le roman des ratages, de l'angoisse devant l'impuissance de l'homme face à sa condition de mortel, une nouvelle tentative de Zola pour exorciser ses tendances au pessimisme et se libérer d'obsessions anciennes que ravivaient les circonstances (deuils, fatigue physique et morale...). C'est au fond de lui qu'il trouve les personnages et leur drame.

Pauline Quenu, orpheline de dix ans, est recueillie par des cousins, les Chanteau. Ceux-ci habitent un petit port désolé, ravagé périodiquement par de terribles tempêtes, et que Zola appelle, par dérision, Bonneville. Riche héritière, elle se laisse, par bonté, peu à peu dépouiller de sa fortune – par les Chanteau et par les pauvres, qui la volent – ainsi que de son cœur : elle aime son cousin Lazare mais il épouse Louise. Personne ne montre à la jeune fille la moindre reconnaissance de ses sacrifices continuels ; bien au contraire : Mme Chanteau se met à la haïr au point d'avoir peur, alors qu'elle agonise, d'être empoisonnée par elle.

Face aux méchancetés ou à l'égoïsme, Pauline oppose une grande vaillance. Malgré les douleurs et les morts (que Zola multiplie : crises intolérables de goutte de Chanteau ; accouchement difficile de Louise ; horrible agonie de Mme Chanteau ou du chien Mathieu, etc.), malgré ses échecs, elle reste confiante en la vie, qu'elle accepte telle qu'elle est. Elle met tous ses efforts à soutenir Lazare (auquel Zola a donné ses hantises, son angoisse devant l'émiettement continuel de toutes choses, et dont il a fait la proie de cruelles crises de désespoir). C'est elle qui sauve de la mort, par son acharnement, le bébé que Louise vient de mettre au monde – sa seule réussite. Encore ne sera-t-il qu'un enfant chétif, chargé de la lourde hérédité des Chanteau.

Germinal

Germinal est l'histoire d'une grève, « le soulèvement des salariés, le coup d'épaule donné à la société qui craque un instant, en un mot la lutte du capital et du travail ».

Étienne Lantier, « machineur » sans travail, arrive à Montsou. Il se fait engager au Voreux. Il va partager la vie des mineurs – une vie dont Zola montre, avec une grande force, l'inhumanité et l'injustice, par une thématique du noir, du rouge et du blanc, par l'utilisation de métaphores animales, par l'opposition rigoureusement menée entre la condition des mineurs et celle des bourgeois, par le recours aux grands mythes de l'Enfer et de ses supplices, ou du Minotaure, le monstre dévorant quotidiennement, au fond de son Labyrinthe, sa ration de chair humaine.

Mais à la différence de ses camarades, résignés depuis des générations à cet esclavage, Étienne se révolte. Il organise la lutte contre le Capital, crée une caisse de secours. La grève, provoquée par l'attitude de la Compagnie, éclate. Elle échouera après deux mois et demi de lutte. Mais les mineurs se sont comptés, les antagonismes sont devenus irréductibles, la troupe a tiré et fait de nombreux morts. La victoire du Capital n'est qu'apparente : « Des hommes poussaient, une armée noire, vengeresse, qui germait lentement dans les sillons, grandissant pour les récoltes du siècle futur, et dont la germination allait bientôt faire éclater la terre. »

Germinal est donc avant tout un roman de la révolte : révolte d'Étienne, mais aussi des Maheu, la famille de mineurs chez lesquels il loge, et de tous les autres. Zola montre la société déchirée par des tensions violentes, des combats désespérés, qui opposent Capital et Travail, mais aussi grand et petit capital. Le Voreux, la grande mine, dévore les hommes comme la petite mine de Deneulin. L'excès de misère libère un inconnu, des forces souterraines qui transforment la bande des mineurs exaspérés en un torrent dévastateur.

À ce roman social, sinon socialiste, Zola entrelace une intrigue romanesque : les amours d'Étienne et de Catherine Maheu, que lui dispute Chaval. Étienne finira par tuer son rival au fond de la mine : le nihiliste russe Souvarine a saboté le cuvelage, le Voreux s'est abîmé sous la terre, retenant prisonniers de nombreux mineurs. Seul Étienne sera sauvé, après des jours et des jours. Il quitte Montsou, à la fin du roman, pour aller, à Paris, travailler à l'émancipation des travailleurs.

L'Œuvre

C'est un roman « où mes souvenirs et mon cœur ont débordé », précise Zola à Céard. Il situe l'action dans le milieu des ateliers, qu'il a fréquenté depuis 1860. Le peintre Claude Lantier, figure centrale de *l'Œuvre*, est l'ami d'enfance du romancier Sandoz, auquel Zola a donné ses propres traits physiques ; sa jeunesse à Aix (« Plassans »), ses débuts à Paris, ses goûts, ses lectures, ses idées, son amour de Paris et surtout ses amis sont ceux de l'auteur. Autour de Claude et de Sandoz gravite en effet une bande de camarades, peintres, sculpteurs, architectes, musiciens, dans lesquels on reconnaît les proches de Zola : Baille, Alexis, Solari, Guillemet, Flaubert, Pissarro, Monet... Ils combattent pour imposer un art nouveau, chacun dans leur domaine. Zola décrit leurs réunions, leurs luttes, leurs conditions de vie difficiles, mais aussi les jalousies et les divergences qui peu à peu les séparent.

Dans le personnage de Claude, il a mis des traits de Cézanne et de Manet, mais aussi ses propres doutes : « Avec Claude Lantier, je veux peindre la lutte de l'artiste contre la nature, l'effort de la création dans l'œuvre d'art, effort de sang et de larmes pour donner sa chair, faire de la vie : toujours en bataille avec le vrai, et toujours vaincu, la lutte contre l'ange. En un mot, j'y raconterai ma vie intime de production, ce perpétuel accouchement si douloureux » (« Ébauche »...). Il a voulu incarner dans le jeune peintre son époque de recherches, de fièvres, de déséquilibre, d'impatience à secouer les traditions.

Mais Claude, à cause de sa lésion héréditaire (il est fils de Gervaise), n'arrive pas à se satisfaire. Il détruit tout ce qu'il fait. Sa femme, Christine, ne peut pas le retenir. Il s'éloigne d'elle de plus en plus, totalement absorbé par l'art. Le génie, pense Zola, doit être chaste. « Toute la virilité gardée pour l'œuvre. » Claude finira par se pendre devant une grande toile inachevée.

La Terre

La scène se passe dans un village de la Beauce, Rognes. C'est essentiellement à travers la famille des Fouan que Zola peint la vie des paysans : travaux des champs (labours, semailles, moisson, battage, vendanges...), « duel terrible et de chaque jour » avec la terre, conditions de vie, foires, veillées – où on lit *le Triomphe de Jacques Bonhomme* –, et surtout mœurs : sensualité précoce et débridée (incestes, adultères), avarice, passion de la terre qui va jusqu'au crime, comme chez les Fouan.

Le vieux Fouan et sa femme Rose partagent, de leur vivant, leur propriété entre leurs enfants – ce qui permet à Zola de poser la question de la propriété. Ceux-ci se disputent violemment et font des difficultés pour payer la rente promise à leurs parents. Le vieux Fouan sera finalement étouffé et brûlé par un de ses fils, Buteau, et par sa femme, Lise, qui s'emparent de ses économies. Lise avait déjà volontairement fait tomber sur une faux sa sœur Françoise, la femme de Jean Macquart, pour récupérer la maison de ses parents, que Françoise avait reçue en héritage. Françoise, qui était devenue la maîtresse de Buteau, meurt sans dire la vérité à son mari, qui reste un étranger à la famille. Jean Macquart, dépossédé par les Buteau, quitte Rognes pour s'engager : la guerre avec la Prusse va éclater.

Deux grands mythes sont à l'œuvre dans ce roman de la terre : celui du Retour éternel et celui de la Catastrophe. Aux petitesses et à l'impuissance de l'homme éphémère, Zola oppose l'immensité et la fertilité impassible de la terre – véritable « héroïne du livre » (Zola) –, le grand cycle éternel de la vie et de la mort.

Le Rêve

Un conte de fées, la réalisation du rêve d'une petite brodeuse pauvre, Angélique, qui épouse un prince charmant, Félicien de Hautecœur, telle est, à un premier niveau, l'intrigue du *Rêve*.

Est-ce, pour Zola, le besoin (réel) de se raconter de belles histoires (voir les premiers *Contes à Ninon*), d'entrer en plein paradis des merveilles ? Oui, mais pas seulement.

Le roman est nourri de fantasmes et de souvenirs – ceux de *la Fortune des Rougon* ou de *la Faute de l'abbé Mouret*, qui sont proches. Il dit, comme eux, le rêve d'un bonheur d'où le corps serait exclu et qui serait protégé à la fois du temps et des autres. Mais ce désir de pureté est folie. Le rêve coupe de la réalité ; il ne peut que conduire à la désillusion, voire à la mort, ceux qui s'y laissent aller, les mineurs de *Germinal*, Florent (*le Ventre de Paris*), Claude Lantier, qui préfère à sa femme bien réelle la figure du tableau qu'il peint (*l'Œuvre*). Zola fait mourir Angélique à la sortie de l'église, au moment où elle a atteint le sommet du bonheur absolu, passionné mais encore pur, comme étaient mortes Odette et Fleur-des-eaux (*Contes à Ninon*) ou Miette (*la Fortune des Rougon*).

Le Rêve se fait l'écho d'une crise que traversait le romancier : « Moi, le travail, la littérature qui a mangé ma vie, et le bouleversement, la crise, le besoin d'être aimé [...] Après toutes les recherches, il n'y a que la femme », avoue-t-il dans le « Dossier préparatoire » de l'œuvre. Il faut lutter contre cet appel de la nature qui pousse Angélique à rouvrir une porte condamnée pour rejoindre Félicien. Mgr de Hautecœur, le père du jeune homme, est entré dans les ordres à la mort de sa femme qu'il a follement aimée ; Hubertine, la mère adoptive de la jeune fille, s'est mariée malgré l'interdiction de sa mère et a été punie par la mort de son enfant : ils tentent tous deux de s'opposer aux amours de Félicien et d'Angélique. Mais « le milieu et l'éducation » ne suffisent pas à vaincre ce qui vient du fond des âges : « toute-puissance du péché originel, de l'hérédité », commente Zola.

Angélique, qui a rêvé d'être aussi pure que les saintes de *la Légende dorée*, sa seule lecture, mourra. Mais Hubertine est pardonnée de sa faute : elle attend un bébé.

La Bête humaine

Plusieurs thèmes s'y imbriquent. C'est d'abord le roman des chemins de fer. L'histoire se passe, en son entier, sur la ligne du chemin de fer de l'Ouest entre Le Havre et St-Lazare. Jacques Lantier est mécanicien sur « la Lison », sa locomotive, véritable être vivant qu'il aime comme on aime une femme.

Ayant aperçu un crime qui s'accomplissait dans un train, Jacques va être appelé à témoigner. Il rencontre Séverine, la femme du sous-chef de gare du Havre, Roubaud. Il comprend vite que le couple est coupable ; Séverine, pour obtenir son silence, devient sa maîtresse. Si Roubaud, poussé par une jalousie aveugle, a tué Grandmorin, c'est qu'il a appris que le vieux président était, depuis des années, le « protecteur » de Séverine. L'affaire sera étouffée pour éviter les retombées politiques, ce qui permet à Zola de faire une violente satire de la justice.

Ce qui attire Jacques Lantier en Séverine, c'est la criminelle. Lui-même est en effet sujet à des pulsions homicides qu'il ne peut pas contrôler. Il la tuera dans un de ces accès de folie meurtrière. Son désir de tuer, un instant endormi par la possession physique de la jeune femme, se réveillera quand elle lui racontera en détail l'assassinat de Grandmorin, Zola associant, ici comme ailleurs, amour, folie et mort : « Ce que je veux surtout marquer, c'est ce qu'il y a de sauvage au fond du coït, la mort dans l'amour, posséder et tuer ». Peut-être aussi veut-il châtier la femme d'une trahison originelle dont l'obscur souvenir se transmet de génération en génération.

À la différence de Thérèse Raquin et de Laurent, Jacques n'éprouve aucun « remords » à la suite de son crime, mais, au contraire, un immense soulagement. Dans ce roman noir, qui se déroule dans des espaces clos (chambres, compartiment de chemin de fer, tunnel), que tout contribue à rendre étouffants (nuit, neige, pluie, brume, regards qui épient), se libèrent ainsi des forces obscures, incontrôlées, qui viennent du fond des âges, d'une nuit préhistorique commune à tous les hommes, et qui cohabitent avec l'instinct de progrès. Cette association du progrès et de la mort est réalisée dans l'image finale du train fou qui emporte ses voyageurs vers la catastrophe, tandis que s'entretuent Jacques et son chauffeur Pecqueux, ce dernier ayant surpris sa femme avec Lantier.

L'Argent

À la richesse d'hier, la fortune domaniale, « la stagnation même de l'argent », Zola oppose la forme moderne de l'argent, la spéculation, « l'argent liquide qui coule, qui pénètre partout », « empoisonneur et destructeur », mais aussi sang vivifiant ou pluie fécondatrice, « ferment de toute végétation sociale ». Étape qui sera peut-être un jour dépassée si se réalisent les rêves d'un Sigismond Busch, étrange figure de socialiste utopique par l'intermédiaire duquel Zola évoque une « cité de justice et de bonheur », sans salaire ni gain, où l'argent n'aurait plus sa raison d'être.

Éloigné de Paris depuis plusieurs mois à la suite de mauvaises affaires, Saccard (le financier de *la Curée*) est bien décidé, à cinquante ans, à refaire fortune et à redevenir un des maîtres de la Bourse. Il crée la Banque universelle, monte au faîte de la gloire et de la puissance dans le Paris de l'Exposition universelle de 1867, grâce, en particulier, à une habile utilisation de la presse, et mène une terrible bataille contre le banquier juif Gundermann qui finit par l'emporter : la Banque universelle s'écroule, entraînant dans la ruine une foule de petits épargnants (Zola se souvient du récent krach de l'Union générale de Bontoux).

Poète des affaires, « capitaine d'aventures », joueur, habile, Saccard séduit par ses rêves (expansion de l'Occident, conquête de l'Orient et de ses richesses...) de nombreuses personnes, y compris et surtout Caroline Hamelin, qui deviendra sa maîtresse. Caroline – comme, dans *Pot-Bouille*, Mme Hédouin – est, pour Zola, une femme modèle : cultivée, active, raisonnable, courageuse, gaie ; elle aime Saccard pour son éternelle jeunesse, son goût de la lutte, parce que, malgré les morts et les malheurs qu'il provoque, il « fait de la vie ».

C'est elle qui donne la philosophie du livre : il faut aimer « la vie telle qu'elle est, dans sa force, si abominable qu'elle soit, avec son éternel espoir » parce que, « même malpropre [...] elle va à l'avenir ». C'était déjà la leçon de *la Joie de vivre*.

La Débâcle

Débâcle de l'armée française, à Sedan, face aux troupes prussiennes disciplinées, bien entraînées et équipées d'un armement moderne, mais aussi débâcle de l'Empire, « l'écroulement d'une dynastie », « l'effondrement d'une époque ».

Zola reprend, au lendemain de la crise boulangiste, et contre les légendes guerrières et cocardières, un sujet qu'il a déjà traité plusieurs fois, en particulier dans sa contribution aux *Soirées de Médan*, « l'Attaque du moulin ». Il veut montrer la réalité de la guerre, telle qu'elle est vécue par les soldats : leurs souffrances, leur peur, leur démoralisation à la suite d'ordres contradictoires ou d'une mauvaise intendance, le champ de bataille, le calvaire des prisonniers parqués par les Prussiens dans la presqu'île d'Iges, les malheurs des populations civiles. Il veut chercher les causes du désastre.

L'histoire de l'amitié entre deux soldats, Jean Macquart, le terrien, et Maurice Levasseur, l'intellectuel bourgeois, sert de fil conducteur au récit, qui comporte trois grandes parties : la marche des troupes de Mulhouse à Sedan, la bataille de Sedan ; les lendemains de la capitulation, le siège de Paris ; la Commune, née de la fièvre obsidionale, et la Semaine sanglante. Les deux hommes incarnent les deux France qui s'opposent : Jean, la France saine, sage, désireuse de paix ; Maurice, l'exaltée, s'emportant devant les injustices et les souffrances en des rêves fous et néfastes. Ils se retrouvent de chaque côté d'une barricade, pendant la Semaine sanglante. Jean est entré dans Paris avec les troupes régulières, Maurice lutte avec les communards. Jean porte, sans le savoir, un coup mortel à son ami, qui meurt, en rêvant qu'un feu purificateur va dévaster Paris et détruire la société pourrie, « dans l'espoir qu'une société nouvelle repousserait heureuse et candide, en plein paradis terrestre des primitives légendes ».

Le roman se termine sur une vision d'espoir : la branche pourrie de l'arbre a été coupée, Jean peut marcher « à l'avenir, à la grande et rude besogne de toute une France à refaire ». Comme dans l'éternel cycle de la Nature, la Vie renaît de la Mort.

Le Docteur Pascal

Le fils de Félicité Rougon a recueilli chez lui Clotilde, la fille de son frère Aristide Saccard, alors qu'elle avait sept ans. Il l'a élevée dans sa propriété de la Souleiade, à Plassans. Biologiste dont le grand renom est inconnu dans sa ville, il poursuit, tout en soignant quelques malades pour gagner sa vie, des recherches sur l'hérédité. Sa famille est son sujet d'étude privilégié. Elle lui offre, en raccourci, l'histoire de l'humanité entière. Différent des siens – au point qu'on l'appelle par son prénom –, il peut porter sur eux un regard objectif. Il est le témoin, le regard du romancier. Comme lui, créateur, il dresse en effet l'arbre généalogique des Rougon-Macquart, dont chaque feuille est un des volumes de la fresque.

Clotilde est endoctrinée par sa grand-mère, qui veut détruire ces révélations secrètes concernant la famille, effacer la tache originelle, la tare, la folie de tante Dide, et par la servante mystique Martine, qui ne voit dans les recherches de Pascal qu'œuvre diabolique. Elle traverse une crise de mysticisme, « la dévotion a gâté sa cervelle » : en Clotilde, Zola incarne la renaissance idéaliste de la fin du siècle.

Elle cherche donc à brûler les dossiers de son oncle ; mais Pascal la surprend. Il lui explique alors ses recherches : tout dire, pour tout connaître et tout guérir. Zola embrasse ainsi, en un vaste résumé, l'œuvre qu'il achève. Cette révélation de la vie et de ses lois est un tournant pour la jeune fille. Elle ne fréquente plus l'église ; délaissant tout idéalisme, croyant désormais en la science, elle va aider son oncle et devient sa maîtresse. Pascal, à cinquante-neuf ans, retrouve une seconde jeunesse. Nouveau couple biblique, ils vivent un grand amour. Le savant, cessant désormais de vouloir changer la nature, se contente de lui manifester une grande confiance : « Connais donc la vie, aime-la, vis-la telle qu'elle doit être vécue : il n'y a pas d'autre sagesse. » Il en arrive à se poser la grande question de la valeur de la science.

Pour faire cesser les ragots, et parce qu'il vit dans le dénuement, Pascal pousse Clotilde à partir. Très malade, il mourra sans savoir qu'elle attend un enfant de lui. Félicité, aidée de Martine, brûle les manuscrits du médecin, mais Clotilde sauve de l'holocauste l'arbre généalogique et quelques fragments de pages. Grâce à sa mémoire, elle pourra reconstituer l'histoire des Rougon-Macquart.

Le livre se termine sur une vision d'espoir : l'image de la jeune femme allaitant son fils, nouveau messie, peut-être.

Les Trois Villes

Ce cycle suit l'itinéraire spirituel d'un héros unique, Pierre Froment, en qui luttent le sang d'un père, illustre chimiste, et celui d'une mère dévote – image du combat qui oppose, en cette fin du XIXe siècle, la science au renouveau mystique. Avec cette trilogie, Zola se propose de faire le « bilan du siècle ».

Lourdes

Devenu prêtre pour répondre aux vœux de sa mère, Pierre Froment a perdu la foi. Il accompagne à Lourdes une amie d'enfance, Marie de Guersaint, dont le séminaire l'a séparé. Elle est paralysée à la suite d'une chute de cheval. Cinq jours de pèlerinage révèlent à Pierre l'exploitation systématique et honteuse, par les marchands, les hôteliers et une partie du clergé, du besoin d'illusion consolatrice qui pousse vers la grotte ceux qui souffrent. Il ne sera pas touché par la grâce. Marie retrouve l'usage de ses jambes. On comptera comme un miracle cette guérison, tout à fait explicable, d'un cas de paralysie par hystérie.

Pierre rentre à Paris persuadé qu'il faut « créer une religion nouvelle [...] qui ne fût pas un appétit de la mort », mais « qui comblerait l'espoir des hommes d'aujourd'hui ».

Rome

Révolté par la « scélérate et abominable misère » contre laquelle la charité est vaine, Pierre écrit *la Rome nouvelle.* Il faut, pense-t-il, que l'Église, qui est devenue, depuis des siècles, l'appui des riches et des puissants, prenne la tête d'un changement social. Il part pour Rome afin d'y défendre son livre. Mais il se heurte au Vatican, labyrinthe d'intrigues, de haines, d'ambitions allant jusqu'au crime, monde de la vénalité et de la pompe, et à un pape qui finit par le recevoir, à la sauvette, après des semaines d'attente, mais qui est opposé à tout changement. *La Rome nouvelle* est condamnée par l'Église.

Pierre ne peut que conclure à la faillite de la religion et de la charité.

Paris

Comment alors, tandis que s'étalent, face à une misère atroce (la maison ouvrière de la rue des Saules), une richesse insolente (celle des Duvillard) et débauchée (Paris est comparé à Sodome et Gomorrhe), tandis que la politique n'est plus qu'une « sale cuisine », établir une société de justice ? C'est la question que se pose Pierre. Il refuse les solutions proposées par les anarchistes ou par les collectivistes. Seule la science est gage de progrès : « La science seule est révolutionnaire, la seule qui, par-dessus les pauvres événements politiques, l'agitation vaine des sectaires et des ambitieux, travaille à l'humanité de demain, en prépare la vérité, la justice, la paix !.... »

Pierre quitte la soutane. Il trouve enfin le bonheur en épousant Marie, qui représente, dans son athéisme tranquille, la vie saine et féconde.

Les Quatre Évangiles

Fécondité ; Travail ; Vérité ; Justice

C'est aux quatre fils de Pierre et de Marie, nouveaux apôtres tous dotés d'un métier manuel, que va revenir le soin de semer la « bonne moisson future » et de créer la société de justice et de paix. Mathieu, dans *Fécondité*, aura douze enfants, et de multiples descendants qui essaimeront jusqu'en Afrique. Marc, dans *Vérité,* luttera contre l'obscurantisme de l'Église, qui viole les consciences, et préconisera la libération de l'homme et de la femme par l'instruction. Luc, dans *Travail*, bâtira, avec le concours de l'ingénieur Jordan, la cité nouvelle de Beauclair et l'usine modèle de la Crêcherie. Quant à Jean, il devait être le héros de *Justice*, œuvre que Zola n'avait qu'esquissée lorsqu'il mourut.

Geste épique, d'un « optimiste éclatant », dans laquelle le romancier se laisse aller à l'utopie et à ses rêves, se livrant « à tout [son] lyrisme et à toute [son] imagination ». « C'est la conclusion naturelle de toute mon œuvre : après la longue constatation de la réalité, une prolongation dans demain, et d'une façon logique, mon amour de la force et de la santé, de la fécondité et du travail, mon besoin latent de justice, éclatant enfin. Puis je finis le siècle, j'ouvre le siècle prochain. *Tout cela basé sur la science,* le rêve que la science autorise. »

Zola conteur

Zola a écrit près de cent contes et nouvelles. Cinquante-trois ont été publiés en recueils : *Contes à Ninon* (1864, son premier livre) ; *Esquisses parisiennes* (1866) ; *Nouveaux Contes à Ninon* (1874, textes écrits et publiés entre 1865 et 1873) ; *le Capitaine Burle* (1882) ; *Naïs Micoulin* (1883) – les textes rassemblés sous ces deux derniers titres ayant d'abord paru dans *le Messager de l'Europe* de 1875 à 1880. Quarante-deux autres contes ont été publiés dans des journaux, ou sont restés inédits jusqu'à une époque récente. De forme et de longueur très variables, les contes et nouvelles entretiennent des rapports étroits avec l'œuvre romanesque, dont ils suivent l'évolution.

Les huit *Contes à Ninon* ont été écrits de 1859 à 1864. Ils reflètent les hésitations du jeune Zola, tiraillé entre le rêve et la réalité. Le conte est d'abord pour lui une histoire merveilleuse, refuge contre les échecs multiples, compensation des difficultés (double échec au baccalauréat, chômage, difficultés matérielles ou psychologiques), comme le sont les poèmes écrits à la même époque (« Rodolpho »). Puis, conséquence de son abandon de la poésie – et de son entrée chez Hachette en 1862 –, il s'éloigne du merveilleux ; rêve et réalité se concilient, puis la réalité finit par l'emporter. Le narrateur regarde alors la société qui l'entoure et ses inégalités avec un œil critique. Dès les *Contes à Ninon* sont en place quelques-uns des thèmes et des mythes fondamentaux de l'univers zolien, qui seront repris et développés dans les romans et les autres contes et nouvelles : horreur de la guerre et de la violence, angoisse devant la sexualité, flots qui menacent de noyade, hantise de la souillure, appétits déchaînés, lutte universelle pour la vie, double image de la nature, à la fois positive et négative, etc.

Après les *Contes à Ninon*, Zola n'écrit plus que de rares contes de fées. Il s'est, à partir de 1865, lancé dans le journalisme. C'est à la publication en feuilleton, souvent dans des journaux à grand tirage comme *le Petit Journal,* qu'il destine désormais la plupart des textes qu'on range sous le titre « Contes et Nouvelles ». Aussi tiennent-ils fréquemment plus de la chronique rapidement rédigée, sous l'influence de l'actualité, que du conte ou de la nouvelle longuement élaborés. Ils sont de formes et de tons très variés : souvenirs (l'enfance passée à Aix, promenades dans Paris ou sa banlieue, en temps de paix ou de guerre), croquis, « profils parisiens », faits divers, anecdotes à valeur moralisatrice ou satirique, etc. Le regard est aigu, les descriptions pittoresques, l'ironie et la satire politique ou sociale y affleurent souvent, surtout à partir de 1868, moment où Zola entre dans les équipes de journalistes républicains. Certains de ces textes sont des canevas de romans (« Un mariage d'amour », sorte d'ébauche de *Thérèse Raquin*, ou « Histoire d'un fou », premier état de *la Conquête de Plassans*). D'autres, comme « les Quatre Journées de Jean Gourdon », long récit à la fois réaliste et symbolique, hésitent entre la nouvelle et le roman. D'autres encore sont de véritables farces.

Nouveau changement à partir de 1875. À cela plusieurs raisons. Zola ne s'adresse plus aux mêmes lecteurs : il écrit pour *le Messager de l'Europe*, revue de Saint-Pétersbourg, à laquelle il envoie chaque mois un texte de vingt-quatre pages. Les nouvelles prennent un autre ton : elles se font volontiers didactiques, présentant aux lecteurs russes des « visages » de la France sous forme d'analyse sociologique ou de reportages dramatiques ; elles s'allongent. Contemporaines de la rédaction de *l'Assommoir*, d'*Une page d'amour*, de *Nana*, elles suivent l'évolution qui caractérise la production romanesque zolienne et reflètent les réflexions théoriques qui l'accompagnent depuis 1875. Leur variété est grande : analyse sociologique (« Comment on meurt », « Comment on se marie »...), conte fantastique et macabre (« la Mort d'Olivier Bécaille »), bouffonnerie (« les Coquillages de M. Chabre »), comédie mondaine (« Madame Neigeon »), ironie amère (« Jacques Damour »), drame (« Naïs Micoulin »), etc.

ZOLA PHOTOGRAPHE

À mon avis, vous ne pouvez pas dire que vous avez vu quelque chose à fond si vous n'en avez pas pris une photographie révélant un tas de détails qui, autrement, ne pourraient même pas être discernés.

(Interview accordée par Zola à la revue anglaise *The King*, 1901)

C'est à Royan, pendant l'été de 1888, que le journaliste Victor Billaud initia Zola à la photographie. Elle devint bientôt pour lui une passion. Il posséda une dizaine d'appareils, dont un Kodak panoramique n° 4 qui, lancé en 1899, prenait des négatifs de 9 x 30 cm, couvrant un angle de 142°. Il se fit installer plusieurs laboratoires – un à Paris, un à Médan, un autre peut-être chez Jeanne Rozerot – pour développer ses épreuves et faire des agrandissements ; il essaya divers papiers de couleurs différentes, mit au point un déclencheur pour se photographier lui-même à distance. Il prit quelque six mille photographies, surtout à partir de 1895.

Ce sont d'abord des photographies-souvenirs : famille et amis (les Alexis, Bruneau, Charpentier, Dutar, Desmoulins, Laborde, Loiseau...) ; animaux familiers (le cheval Bonhomme, la vache Mouquette, les chiens Voriot ou Pinpin, etc.) ; scènes de la vie de tous les jours à Médan ou à Verneuil ; paysages de Médan et de ses environs ; rues et parcs de Paris ; villes anglaises ou italiennes ; Exposition universelle de 1900, dont il prit quelque 700 clichés.

Pour Zola, la photographie est plus qu'un aide-mémoire. C'est un langage dont il explore les possibilités, en refusant certaines conventions. Pour ses portraits, il renonce aux poses académiques, aux accessoires traditionnels (fonds, colonnes) ; il photographie ses modèles non seulement de face, mais souvent de profil, de trois quarts, presque de dos ; et le plus souvent dehors ; il recherche le détail, l'objet ou le geste révélateurs. Il vise le naturel, l'instantané. Reliant en album des photographies de ses enfants prises au cours de l'été 1897, il inscrit sur la couverture : « Denise et Jacques. Histoire vraie par Émile Zola. Juin-septembre 1897 ».

Comme ses romans, ses photographies révèlent combien il est proche de la démarche et de la technique des peintres, auxquels il fut très étroitement lié, surtout entre 1860 et 1870. Comme eux, il multiplie les paysages et les scènes de plein air. Il aime les vues plongeantes sur l'activité de la rue, les séries sur un même sujet, saisi à des heures et à des saisons différentes, les effets de brume et de neige, les jeux de l'eau et de la lumière. Mais ses « tableaux » restent toujours composés. Il sait jouer des volumes et des plans.

Il possède aussi un grand sens du cadrage et de l'angle, de l'instant révélateur. C'est un bon reporter. Photographe, il garde les qualités dont témoignent les notes hâtives qu'il a prises, sur le terrain, souvent au crayon, avant d'écrire tel ou tel roman : acuité du regard, sens de la « chose vue », du détail caractéristique, mais aussi étonnante volonté d'embrasser l'ensemble : lors de l'Exposition de 1900, il prit, des premier et deuxième étages de la tour Eiffel, une succession de vues, qui, mises bout à bout, donnent, très exactement, sur 360°, une vision complète du paysage.

La réception de Zola

La réception de l'œuvre de Zola a toujours été marquée par un divorce : accueil populaire chaleureux ; réticences, voire mépris, de la part des lecteurs bourgeois, mais surtout de la critique et des intellectuels.

Malgré le renouveau des études zoliennes, qui, depuis 1952, n'ont cessé de montrer l'intérêt et les multiples faces de son œuvre, Zola souffre toujours, dans certains milieux, d'ostracisme. Ses romans, cependant, rencontrèrent, à partir de *l'Assommoir*, un succès tout à fait exceptionnel, qui n'était pas seulement de scandale. Leurs lecteurs ne furent pas que des bourgeois ou des petits-bourgeois.

Une enquête faite aux Archives nationales montre qu'en son temps Zola est absent des bibliothèques officielles populaires, des envois de livres faits par le ministère de l'Instruction publique, des bibliothèques scolaires, qu'il n'est pas conseillé dans les catalogues types de bibliothèques populaires publiés par ce ministère à l'occasion de l'Exposition universelle de Paris en 1889 ; mais on le trouve dans les bibliothèques d'associations ouvrières, de sociétés de lecture, de bourses du travail et dans de nombreuses bibliothèques municipales, selon des critères évidents de répartition géographique et sociologique.

Certains romans, comme *Germinal*, furent repris en feuilleton dans des journaux socialistes, mais Zola ne fut pas un de leurs auteurs préférés. La presse socialiste, à cause de la formation de ses dirigeants, préférait les feuilletons d'auteurs contre lesquels Zola s'élevait.

Zola et ses œuvres

Il ne suffit pas à Zola d'écrire. Il lui faut vendre. Pour vivre. Pour être reconnu. Les lettres qu'il envoie ou reçoit le montrent particulièrement attentif à la publication de ses œuvres, n'oubliant jamais les leçons apprises alors qu'il était chef de la publicité chez Hachette. Quelques-uns de ses livres atteignirent les plus gros tirages de l'époque. Il reste un des auteurs les plus lus, en France comme à l'étranger.

PREMIERS TIRAGES ET GAINS[1]

Titre	Chiffre du premier tirage [2]	Droits d'auteur touchés par Zola
Le Rêve	44 000/40 000	0,60 c par ex. → 24 000 F.
Le Vœu d'une morte	16 500/15 000	0,50 c → 7 500 F.
Les Soirées de Médan (éd. illustrée)	1 430/1 300	455 F.
La Bête humaine	55 000/50 000	0,60 c → 30 000 F.
L'Argent	55 000/50 000	0,60 c → 30 000 F.
La Débâcle	66 000/60 000	0,60 c → 36 000 F.
Le Docteur Pascal	66 000/60 000	0,75 c → 45 000 F.
Lourdes	88 000/80 000	0,75 c → 60 000 F.
Rome	88 000/80 000	0,75 c → 60 000 F.
Nouvelle Campagne	6 600/6 000	0,50 c → 3 000 F.
Messidor	2 200/2 000	500 F. (somme fixe pour le 1er tirage ; pour les tirages suivants : 0,10 c)
Paris	88 000/80 000	0,75 c → 60 000 F.
La Fête à Coqueville	16 500/15 000	
Fécondité	77 000/70 000	0,75 c → 52 500 F.
Travail	77 000/70 000	0,75 c → 52 500 F.
La Vérité en marche	6 600/6 000	0,50 c → 3 000 F.
L'Ouragan	2 200/2 000	500 F. (somme fixe)

1. *Renseignements tirés du livre de fabrication de la Librairie Charpentier-Fasquelle.*
2. *Le premier chiffre indique le nombre total d'exemplaires tirés, le second celui sur lequel Zola a touché des droits d'auteur. Tableau tiré de* Trente Ans d'amitié. Lettres de l'éditeur Charpentier à Émile Zola, *Paris, P.U.F., 1981.*

À LA MORT DE L'ÉCRIVAIN, EN 1902, ON AVAIT TIRÉ

Titre	Nombre d'exemplaires	Titre	Nombre d'exemplaires
La Faute de l'abbé Mouret (1875)	52 000	*La Joie de vivre* (1884)	54 000
Son Excellence Eugène Rougon (1876)	36 000	*Germinal* (1885)	110 000
L'Assommoir (1877)	145 000	*L'Œuvre* (1886)	60 000
Une page d'amour (1878)	94 000	*Le Rêve* (1888)	110 000
Nana (1879)	193 000	*La Bête humaine* (1890)	99 000
Pot-Bouille (1882)	95 000	*L'Argent* (1891)	89 000
Au bonheur des dames (1883)	112 000	*La Débâcle* (1892)	207 000

C. Becker

Annexes

Du côté de l'institution

L'Académie française

L'académie Goncourt

Les principaux prix littéraires

L'Académie française

Instituée par Richelieu en 1635, l'Académie française compte 40 membres, recrutés par cooptation, qui se donnent pour tâche l'élaboration d'un *Dictionnaire* de la langue française dont la première édition parut en 1694. Elle décerne aussi des prix annuels, couronnant les travaux et les mérites les plus variés, parmi lesquels un grand prix du roman [voir ci-après]. Sur ses « fauteuils » siègent des personnalités appartenant le plus souvent au monde des lettres, auxquelles se joignent quelques représentants des domaines considérés comme les plus nobles de la culture et de l'action. Elle est installée depuis 1805 quai Conti, dans le Palais Mazarin, dont la « coupole » de l'ancienne chapelle abrite ses réunions solennelles.
N.B. : l'Académie a pris officiellement le relais des réunions qui rassemblaient chez Valentin Conrart, dès 1634, écrivains et beaux esprits ; aussi les premiers fauteuils ont-ils des titulaires antérieurement à la lettre patente de Richelieu qui fonde l'Académie française.

LES TITULAIRES DES QUARANTE FAUTEUILS DEPUIS LA FONDATION DE L'ACADÉMIE FRANÇAISE

PREMIER FAUTEUIL

1635 Pierre SÉGUIER
1643 Claude BAZIN de BEZONS
1643 Claude BAZIN de BEZONS
1684 Nicolas BOILEAU-DESPRÉAUX
1711 Jean d'ESTRÉES, archevêque de Cambrai
1718 Marc-René, marquis d'ARGENSON
1721 Jean-Joseph LANGUET DE GERGY, archevêque de Sens
1753 Georges-Louis LECLERC, comte de BUFFON
1788 Félix VICQ D'AZYR
1803 François-Urbain DOMERGUE
1810 Ange-François SAINT-ANGE, dit de
1811 François-Auguste PARSEVAL-GRANDMAISON
1835 Narcisse, Achille SALVANDY, comte de
1857 Émile AUGIER
1890 Charles de FREYCINET
1924 Émile PICARD
1944 Louis, duc de BROGLIE
1988 Michel DEBRÉ
1997 François FURET
1998 René RÉMOND

2e FAUTEUIL

1634 Valentin CONRART
1675 Toussaint ROSE
1701 Louis de SACY
1727 Charles de SECONDAT, baron de MONTESQUIEU
1755 Jean-Baptiste VIVIEN DE CHATEAUBRUN
1775 François-Jean, marquis de CHASTELLUX
1789 Aimar-Charles-Marie de NICOLAI
1803 Nicolas-Louis, comte FRANÇOIS DE NEUFCHATEAU
1828 Pierre-Antoine LEBRUN
1874 Alexandre DUMAS fils
1896 André THEURIET
1908 Jean RICHEPIN
1927 Émile MÂLE
1955 François ALBERT-BUISSON
1962 Marc, pasteur BOEGNER
1972 René, duc de CASTRIES
1987 André FROSSARD
1996 Hector BIANCIOTTI

3e FAUTEUIL

1634 Jacques de SERISAY
1654 Paul-Philippe de CHAUMONT, évêque de Dax
1697 Louis COUSIN
1707 Jacques-Louis de VALON, marquis de MIMEURE
1719 Nicolas GEDOYN, abbé
1744 François-Joachim de PIERRES, cardinal de BERNIS
1803 Roch-Ambroise CUCURRON, abbé SICARD
1822 Denis-Luc, comte FRAYSSINOUS, évêque d'Hermopolis
1842 Étienne-Denis, duc PASQUIER
1863 Jules DUFAURE
1881 Victor CHERBULIEZ
1900 Émile FAGUET
1918 Georges CLEMENCEAU
1930 André CHAUMEIX
1955 Jérôme CARCOPINO
1971 Roger CAILLOIS
1980 Marguerite YOURCENAR
1989 Jean-Denis BREDIN

4e FAUTEUIL

1634 Jean DESMARETS DE SAINT-SORLIN
1676 Jean-Jacques de MESMES, comte d'AVAUX
1688 Jean TESTU DE MAUROY, abbé
1706 Camille LE TELLIER, abbé de LOUVOIS
1719 Jean-Baptiste MASSILLON, évêque de Clermont
1742 Louis-Jules MANCINI-MAZARINI, duc de NIVERNAIS
1803 Gabriel-Marie LEGOUVE
1812 Alexandre-Vincent PINEUX DUVAL
1842 Pierre-Simon BALLANCHE
1848 Jean VATOUT
1849 Alexis de GUIGNARD, comte de SAINT-PRIEST
1852 Pierre-Antoine BERRYER
1869 François-Joseph, comte de CHAMPAGNY
1882 Charles de MAZADE
1894 José-Maria de HEREDIA
1906 Maurice BARRÈS
1925 Louis BERTRAND
1946 Jean THARAUD
1952 Alphonse JUIN, maréchal de France
1968 Pierre EMMANUEL
1985 Jean HAMBURGER
1994 Albert DECOURTRAY, cardinal
1995 Jean-Marie LUSTIGER, cardinal

5e FAUTEUIL

1634 Jean OGIER DE GOMBAULD
1666 Paul TALLEMANT le Jeune, abbé
1712 Antoine DANCHET
1748 Jean-Baptiste-Louis GRESSET
1777 Claude-François-Xavier MILLOT, abbé
1785 André MORELLET, abbé
1819 Pierre-Édouard LEMONTEY
1826 Joseph, baron FOURIER
1830 Victor COUSIN
1867 Jules FAVRE
1880 Edmond ROUSSE
1907 Philippe-Henri, marquis de SÉGUR
1920 Robert de FLERS
1927 Louis MADELIN
1956 Robert KEMP
1960 René HUYGHE
1998 Georges VEDEL

6e FAUTEUIL

1634 François LE MÉTEL DE BOISROBERT, abbé
1662 Jean RENAUD DE SEGRAIS
1701 Jean Galbert de CAMPISTRON
1723 Philippe NÉRICAULT-DESTOUCHES
1754 Louis de BOISSY
1758 Jean-Baptiste de LACURNE DE SAINT-PALAYE
1781 Sébastien-Roch Nicolas, dit CHAMFORT
1803 Pierre-Louis, comte ROEDERER
1816 Pierre-Marc-Gaston, duc de LÉVIS
1830 Philippe-Paul, comte de SÉGUR fils
1873 Charles de VIEIL-CASTEL
1888 Edmond JURIEN DE LA GRAVIÈRE, amiral
1892 Ernest LAVISSE
1923 Georges de PORTO-RICHE
1931 Pierre BENOIT
1963 Jean PAULHAN
1970 Eugène IONESCO
1995 Marc FUMAROLI

7e FAUTEUIL

1634 Jean CHAPELAIN
1674 Isaac de BENSERADE
1691 Étienne PAVILLON
1705 Fabio BRULART DE SILLERY
1715 Henri-Jacques, duc de LA FORCE
1726 Jean-Baptiste de MIRABAUD
1760 Claude-Henri WATELET
1786 Michel-Jean SEDAINE
1803 Jean-François COLLIN D'HARLEVILLE
1806 Pierre, comte DARU
1829 Alphonse de LAMARTINE
1870 Émile OLLIVIER
1914 Henri BERGSON
1945 Édouard LE ROY
1955 Henry DANIEL-ROPS
1966 Pierre-Henri SIMON
1973 André ROUSSIN
1988 Jacqueline de ROMILLY

8e FAUTEUIL

1634 Claude de MALLEVILLE
1648 Jean BALLESDENS
1675 Géraud de CORDEMOY
1684 Jean-Louis BERGERET
1695 Charles-Irénée CASTEL, abbé de SAINT-PIERRE
1743 Pierre-Louis MOREAU DE MAUPERTUIS
1759 Jean-Jacques LEFRANC, marquis de POMPIGNAN
1784 Jean-Sifrein MAURY, abbé, première élection
1803 Michel-Louis-Étienne REGNAUD DE SAINT-JEAN D'ANGÉLY
1816 Pierre-Simon, marquis de LAPLACE
1827 Pierre-Paul ROYER-COLLARD
1846 Charles, comte de RÉMUSAT
1875 Jules SIMON
1897 Albert, comte de MUN
1918 Alfred BAUDRILLART, cardinal
1946 Octave AUBRY
1946 Édouard HENRIOT
1959 Jean ROSTAND
1978 Michel DÉON

9e FAUTEUIL

1634 Nicolas FARET
1646 Pierre DU RYER
1658 César d'ESTRÉES, cardinal
1715 Victor-Marie d'ESTRÉES, maréchal
1738 Charles-Armand-René, duc de LA TRÉMOILLE

1741 Armand de ROHAN SOUBISE, cardinal
1756 Antoine de MALVIN DE MONTAZET, archevêque de Lyon
1788 Stanislas, marquis de BOUFFLERS
1815 Louis-Pierre-Marie-François BAOUR-LORMIAN
1855 François PONSARD
1868 Joseph AUTRAN
1877 Victorien SARDOU
1909 Marcel PRÉVOST
1945 Émile HENRIOT
1962 Jean GUÉHENNO
1979 Alain DECAUX

10e FAUTEUIL

1634 Antoine GODEAU
1673 Esprit FLÉCHIER, évêque de Nîmes
1710 Henri de NESMOND, archevêque de Toulouse
1727 Jean-Jacques AMELOT DE CHAILLOU
1749 Charles-Louis-Auguste FOUQUET DE BELLE-ISLE, maréchal de France
1761 Nicolas-Charles-Joseph TRUBLET, abbé
1770 Jean-François, marquis de SAINT-LAMBERT
1803 Hugues-Bernard MARET, duc de BASSANO
1816 Joseph, comte LAINÉ
1836 Emmanuel MERCIER DUPATY
1852 Alfred de MUSSET
1858 Victor de LAPRADE
1884 François COPPÉE
1909 Jean AICARD
1924 Camille JULLIAN
1934 Léon BÉRARD
1961 Jean GUITTON
2000 Florence DELAY

11e FAUTEUIL

1634 Philippe HABERT
1639 Jacques ESPRIT
1678 Jacques-Nicolas COLBERT, archevêque de Rouen
1708 Claude-François FRAGUIER, abbé
1728 Charles d'ORLÉANS ROTHELIN, abbé
1744 Gabriel GIRARD, abbé
1748 Antoine-René de VOYER d'ARGENSON, marquis de PAULMY
1788 Henri-Cardin-Jean-Baptiste, marquis d'ARGUESSEAU
1826 Charles BRIFAULT
1858 Jules SANDEAU
1884 Edmond ABOUT
1886 Léon SAY
1896 Albert VANDAL
1911 Denys, baron COCHIN
1922 Georges GOYAU
1940 Paul HAZARD
1946 Maurice GARÇON
1968 Paul MORAND
1977 Alain PEYREFITTE
2001 Gabriel de BROGLIE

12e FAUTEUIL

1634 Germain HABERT, abbé de CERIZY
1655 Charles COTIN, abbé
1682 Louis de COURCILLON, abbé de DANGEAU
1723 Charles-Jean-Baptiste FLEURIAU, comte de MORVILLE
1732 Jean TERRASSON, abbé
1750 Claude de THIARD, comte de BISSY
1810 Joseph-Alphonse ESMENARD
1811 Charles LACRETELLE jeune
1856 Jean-Baptiste BIOT
1863 Louis, comte de CARNÉ
1876 Charles BLANC
1882 Édouard PAILLERON
1900 Paul HERVIEU
1918 François, vicomte de CUREL
1930 Charles LE GOFFIC
1932 Abel BONNARD
1946 Jules ROMAINS
1973 Jean d'ORMESSON

13e FAUTEUIL

1634 Claude-Gaspard BACHET DE MÉZIRIAC
1639 François de LA MOTHE-LE-VAYER
1672 Jean RACINE
1699 Jean-Baptiste-Henri DE VALINCOUR
1730 Jean-François LERIGET DE LA FAYE
1731 Prosper JOLYOT DE CRÉBILLON
1762 Claude-Henri de FUSÉE, abbé de VOISENON
1776 Jean de Dieu-Raymond de BOISGELIN DE CUCÉ, cardinal
1804 Jean-Baptiste DUREAU DE LA MALLE
1807 Louis-Benoît PICARD
1829 Antoine-Vincent ARNAULT
1834 Eugène SCRIBE
1862 Octave FEUILLET
1891 Pierre LOTI
1924 Albert BESNARD
1935 Louis GILLET
1946 Paul CLAUDEL
1956 Wladimir, comte d'ORMESSON
1974 Maurice SCHUMANN
1999 Pierre MESSMER

14e FAUTEUIL

1634 François MAINARD
1647 Pierre CORNEILLE
1684 Thomas CORNEILLE
1710 Antoine HOUDAR DE LA MOTTE
1732 Michel-Celse-Roger de BUSSY-RABUTIN, évêque de Luçon
1736 Étienne LAURÉAULT DE FONCEMAGNE
1780 Michel-Paul-Gui DE CHABANON
1803 Jacques-André NAIGEON
1810 Népomucène LEMERCIER
1841 Victor HUGO
1886 Charles-Marie-René LECONTE DE LISLE

1894 Henry HOUSSAYE
1912 Louis-Hubert LYAUTEY, maréchal de France
1934 Louis FRANCHET D'ESPEREY, maréchal de France
1946 Robert, comte d'HARCOURT
1966 Jean MISTLER
1990 Hélène CARRÈRE D'ENCAUSSE

15e FAUTEUIL
1635 Guillaume BAUTRU
1665 Jacques TESTU DE BELVAL, abbé
1706 François-Joseph de BEAUPOIL, marquis de SAINTE-AULAIRE
1743 Jean-Jacques DORTOUS DE MAIRAN
1771 François ARNAUD, abbé
1785 Gui-Jean-Baptiste TARGET
1806 Jean-Sifrein MAURY, cardinal, 2e élection
1816 François-Xavier-Marc-Antoine, duc de MONTESQUIOU FÉZENSAC, abbé
1832 Antoine JAY
1854 Ustazade SILVESTRE DE SACY
1880 Eugène LABICHE
1888 Henri MEILHAC
1898 Henri LAVEDAN
1946 Ernest, baron SEILLIÈRE
1956 André CHAMSON
1984 Fernand BRAUDEL
1986 Jacques LAURENT (décédé en 2000)

16e FAUTEUIL
1634 Jean SIRMOND
1649 Jean de MONTEREUIL
1651 François TALLEMANT l'aîné, abbé
1693 Simon de LA LOUBÈRE
1729 Claude SALLIER, abbé
1761 Jean-Gilles du COETLOSQUET
1784 Anne-Pierre, marquis de MONTESQUIOU FEZENSAC
1803 Antoine-Vincent ARNAULT
1816 Armand du PLESSIS, duc de RICHELIEU
1822 Bon-Joseph, baron DACIER
1833 Pierre-François TISSOT
1854 Félix DUPANLOUP, évêque d'Orléans
1878 Edme-Armand-Gaston, duc d'AUDIFFRET-PASQUIER
1906 Alexandre RIBOT
1923 Henri ROBERT
1938 Charles MAURRAS
1953 Antoine, duc de LÉVIS MIREPOIX
1983 Léopold Sédar SENGHOR

17e FAUTEUIL
1634 François de CAUVIGNY DE COLOMBY
1649 François TRISTAN L'HERMITE
1655 Hippolyte-Jules PILET DE LA MESNARDIÈRE
1663 François-Honorat de BEAUVILLIERS, duc de SAINT-AIGNAN
1687 François-Timoléon, abbé de CHOISY
1724 Antoine PORTAIL
1736 Pierre-Claude NIVELLE DE LA CHAUSSÉE
1754 Jean-Pierre de BOUGAINVILLE
1763 Claude-François LYSARDE, abbé de MARMONTEL
1803 Louis-Marcelin, marquis de FONTANES
1821 Abel-François VILLEMAIN
1871 Émile LITTRÉ
1881 Louis PASTEUR
1896 Gaston PARIS
1903 Frédéric MASSON
1924 Georges LECOMTE
1959 Jean DELAY
1988 Jacques-Yves COUSTEAU
1998 Erik ORSENNA

18e FAUTEUIL
1634 Jean BAUDOIN
1650 François CHARPENTIER
1702 Jean-François de CHAMILLART
1714 Claude-Louis-Hector, duc de VILLARS, maréchal de France
1734 Honoré-Armand, duc de VILLARS
1770 Étienne-Charles, cardinal de LOMÉNIE DE BRIENNE
1803 Jean-Gérard, comte LACUÉE DE CESSAC
1841 Alexis, comte de TOCQUEVILLE
1860 Père Henri LACORDAIRE
1862 Albert, duc de BROGLIE
1901 Melchior, marquis de VOGÜÉ
1918 Ferdinand FOCH, maréchal de France
1929 Philippe PÉTAIN, maréchal de France
1952 André FRANÇOIS-PONCET
1978 Edgar FAURE
1990 Michel SERRES

19e FAUTEUIL
1634 François de PORCHÈRES D'ARBAUD
1640 Olivier PATRU
1681 Nicolas POTIER DE NOVION
1693 Philippe GOIBAUD-DUBOIS
1694 Charles BOILEAU, abbé
1704 Gaspard ABEILLE, abbé
1718 Nicolas-Hubert de MONGAULT, abbé
1747 Charles PINOT DUCLOS
1772 Nicolas BEAUZÉE
1789 Jean-Jacques BARTHÉLEMY, abbé
1803 Marie-Joseph CHÉNIER
1811 François-Auguste, vicomte de CHATEAUBRIAND
1849 Paul, duc de NOAILLES
1886 Édouard HERVÉ
1899 Paul DESCHANEL
1923 Auguste JONNARD
1928 Maurice PALÉOLOGUE
1946 Charles, comte de CHAMBRUN
1953 Fernand GREGH
1960 René CLAIR
1982 Pierre MOINOT

20e FAUTEUIL

1634 Paul HAY DU CHASTELET
1637 Nicolas PERROT D'ABLANCOURT
1665 Roger, comte de BUSSY-RABUTIN
1693 Jean-Paul BIGNON, abbé
1743 Armand-Jérôme BIGNON
1772 Louis-Georges de BRÉQUIGNY
1803 Ponce-Denis ÉCOUCHARD-LEBRUN
1807 François-Juste-Marie RAYNOUARD
1836 François-Auguste-Marie-Alexis MIGNET
1884 Victor DURUY
1895 Jules LEMAITRE
1919 Henry BORDEAUX
1964 Thierry MAULNIER
1990 José CABANIS
2001 Angelo RINALDI

21e FAUTEUIL

1634 Marin LE ROY DE GOMBERVILLE
1674 Pierre-Daniel HUET, évêque d'Avranches
1721 Jean BOIVIN le cadet, dit BOIVIN DE VILLENEUVE
1726 Paul-Hippolyte de BEAUVILLIERS, duc de SAINT-AIGNAN
1776 Charles-Pierre COLARDEAU
1776 Jean-François de LA HARPE
1803 Pierre-Louis LACRETELLE aîné
1824 François-Xavier-Joseph DROZ
1851 Charles, comte de MONTALEMBERT
1871 Henri d'ORLÉANS, duc d'AUMALE
1898 Eugène GUILLAUME
1905 Étienne LAMY
1920 André CHEVRILLON
1959 Marcel ACHARD
1975 Félicien MARCEAU

22e FAUTEUIL

1634 Antoine GÉRARD de SAINT-AMAND
1662 Jacques CASSAGNE, abbé
1679 Louis de VERJUS, comte de CRÉCY
1710 Jean-Antoine de MESMES
1723 Pierre-Joseph ALARY, abbé
1771 Gabriel-Henri GAILLARD, abbé
1803 Louis-Philippe, comte de SÉGUR
1830 Jean-Pons-Guillaume VIENNET
1869 Joseph, comte d'HAUSSONVILLE
1884 Ludovic HALÉVY
1909 Eugène BRIEUX
1933 François MAURIAC
1971 Julien GREEN
1999 René de OBALDIA

23e FAUTEUIL

1634 Guillaume COLLETET
1659 Gilles BOILEAU
1670 Jean de MONTIGNY, évêque de Léon
1671 Charles PERRAULT
1703 Armand-Gaston-Maximilien, cardinal de ROHAN
1749 Louis-Gui de GUÉRAPIN DE VAURÉAL, évêque de Rennes
1760 Charles-Marie de LA CONDAMINE
1774 Jacques DELILLE, abbé
1813 François-Nicolas-Vincent CAMPENON
1844 Marc GIRARDIN, dit SAINT-MARC GIRARDIN
1874 Alfred MÉZIÈRES
1918 René BOYLESVE
1927 Abel HERMANT
1946 Étienne GILSON
1979 Henri GOUHIER
1995 Pierre ROSENBERG

24e FAUTEUIL

1634 Jean SILHON
1667 Jean-Baptiste COLBERT
1684 Jean de LA FONTAINE
1695 Jules de CLÉRAMBAULT, abbé
1714 Guillaume MASSIEU, abbé
1722 Claude-François-Alexandre HOUTTEVILLE, abbé
1742 Pierre CARLET DE CHAMBLAIN DE MARIVAUX
1763 Claude-François LYSARDE, abbé de RADONVILLIERS
1803 Constantin-François CHASSEBŒUF, comte de VOLNEY
1820 Claude-Emmanuel, marquis de PASTORET
1841 Louis de BEAUPOIL, comte de SAINTE-AULAIRE
1855 Victor, duc de BROGLIE
1870 Prosper DUVERGIER DE HAURANNE
1881 Armand PRUDHOMME, dit SULLY-PRUDHOMME
1908 Henri POINCARÉ
1914 Alfred CAPUS
1923 Édouard ESTAUNIÉ
1944 Louis PASTEUR VALLERY-RADOT
1971 Étienne WOLFF
1997 Jean-François REVEL

25e FAUTEUIL

1634 Claude de L'ESTOILE
1652 Armand, duc de COISLIN
1702 Pierre, duc de COISLIN
1710 Henri-Charles, duc de COISLIN, évêque de Metz
1733 Jean-Baptiste SURIAN, évêque de Vence
1754 Jean LE ROND, dit D'ALEMBERT
1783 Marie-Gabriel-Florent-Auguste, comte de CHOISEUL GOUFFIER, 1re élection
1803 Jean-Étienne-Marie PORTALIS
1807 Pierre LAUJON
1811 Charles-Guillaume ÉTIENNE
1816 Marie-Gabriel-Florent-Auguste, comte de CHOISEUL GOUFFIER, 2e élection
1817 Jean-Louis LAYA
1833 Charles NODIER
1844 Prosper MÉRIMÉE
1871 Louis de LOMÉNIE
1878 Hippolyte TAINE
1894 Albert SOREL
1907 Maurice DONNAY

1946 Marcel PAGNOL
1975 Jean BERNARD

26e FAUTEUIL
1634 Amable de BOURZEYS, abbé
1672 Jean GALLOIS, abbé
1707 Edme MONGIN, évêque de Bazas
1746 Jean-Ignace LA VILLE, abbé de
1774 Jean-Baptiste-Antoine SUARD
1817 François ROGER
1842 Henri PATIN
1876 Gaston BOISSIER
1909 René DOUMIC
1938 André MAUROIS
1968 Marcel ARLAND
1987 Georges DUBY
1997 Jean-Marie ROUART

27e FAUTEUIL
1634 Abel SERVIEN
1659 Jean-Jacques RENOUARD DE VILLAYER
1691 Bernard LE BOVIER DE FONTENELLE
1757 Antoine-Louis SÉGUIER
1803 Jacques-Henri BERNARDIN DE SAINT-PIERRE
1814 Étienne AIGNAN
1824 Alexandre SOUMET
1845 Louis VITET, dit Ludovic
1874 Elme-Marie CARO
1888 Paul-Gabriel, comte d'HAUSSONVILLE
1925 Auguste-Armand, duc de LA FORCE
1962 Joseph KESSEL
1980 Michel DROIT
2001 Pierre NORA

28e FAUTEUIL
1634 Jean-Louis GUEZ DE BALZAC
1654 Paul-Philippe HARDOUIN DE PÉRÉFIXE, archevêque de Paris
1671 François de HARLAY DE CHAMPVALLON, archevêque de Paris
1695 André DACIER
1722 Guillaume, cardinal DUBOIS
1723 Charles-Jean-François HÉNAULT
1771 Charles-Just, prince de BEAUVAU, maréchal de France
1803 Philippe-Antoine MERLIN DE DOUAI
1816 Antoine-François-Claude, comte FERRAND
1825 Casimir DELAVIGNE
1844 Charles-Augustin SAINTE-BEUVE
1870 Jules JANIN
1875 John LEMOINNE
1893 Ferdinand BRUNETIÈRE
1907 Henry BARBOUX
1911 Henry ROUJON
1918 Louis BARTHOU
1935 Claude FARRÈRE
1959 Henri TROYAT

29e FAUTEUIL
1634 Pierre BARDIN
1637 Nicolas BOURBON, chanoine de Langres
1644 François-Henri SALOMON DE VIRELADE
1670 Philippe QUINAULT
1689 François de CALLIÈRES
1717 André-Hercule, cardinal de FLEURY
1743 Paul d'ALBERT, cardinal de LUYNES
1788 Jean-Pierre CLARIS DE FLORIAN
1803 Jean-François CAILHAVA
1813 Joseph MICHAUD
1840 Marie-Jean-Pierre FLOURENS
1868 Claude BERNARD
1878 Ernest RENAN
1893 Paul-Armand CHALLEMEL-LACOUR
1897 Gabriel HANOTAUX
1944 André SIEGFRIED
1960 Henry de MONTHERLANT
1973 Claude LÉVI-STRAUSS

30e FAUTEUIL
1634 Honorat de BUEIL, marquis de RACAN
1670 François-Séraphin RÉGNIER DESMARAIS, abbé
1713 Bernard de LA MONNOYE
1728 Michel PONCET DE LA RIVIÈRE
1730 Jacques HARDION
1766 Antoine-Léonard THOMAS
1786 Jacques, Antoine, Hippolyte, comte de GUIBERT
1803 Jean-Jacques-Régis de CAMBACÉRÈS
1816 Louis-Gabriel, vicomte de BONALD
1841 Jacques-François ANCELOT
1855 Ernest LEGOUVÉ
1903 René BAZIN
1932 Georges LENOTRE
1935 Georges DUHAMEL
1966 Maurice DRUON

31e FAUTEUIL
1634 Pierre de BOISSAT
1662 Antoine FURETIÈRE
1688 Jean de LA CHAPELLE
1723 Pierre-Joseph THOULIER, abbé d'OLIVET
1768 Étienne BONNOT DE CONDILLAC, abbé
1780 Louis-Élisabeth de LA VERGNE, comte de TRESSAN
1783 Jean-Sylvain BAILLY
1803 Emmanuel-Joseph SIÉYES, abbé
1816 Trophime-Gérard, marquis de LALLY-TOLLENDAL
1830 Jean-Baptiste-Antoine-Aimé SAMSON DE PONGERVILLE
1870 Xavier MARMIER
1893 Vicomte Henri de BORNIER
1901 Edmond ROSTAND
1920 Joseph BÉDIER
1938 Jérôme THARAUD
1955 Jean COCTEAU
1964 Jacques RUEFF
1978 Jean DUTOURD

32e FAUTEUIL

1634 Claude FAVRE DE VAUGELAS
1649 Georges de SCUDÉRY
1667 Philippe, marquis de DANGEAU
1720 Louis-François-Armand DUPLESSIS, duc de RICHELIEU, maréchal de France
1788 François-Henri, duc d'HARCOURT
1803 Lucien BONAPARTE, prince de CANINO
1816 Louis-Simon AUGER
1829 Charles-Guillaume ÉTIENNE, 2e élection
1845 Alfred, comte de VIGNY
1865 Camille DOUCET
1896 Charles COSTA DE BEAUREGARD
1911 Hippolyte LANGLOIS, général
1912 Émile BOUTROUX
1922 Pierre de NOLHAC
1936 Georges GRENTE, cardinal
1960 Henri MASSIS
1971 Georges IZARD
1974 Robert ARON
1976 Maurice RHEIMS

33e FAUTEUIL

1634 Vincent VOITURE
1649 François-Eudes de MÉZERAY
1683 Jean BARBIER D'AUCOUR
1694 François de CLERMONT TONNERRE, évêque de Noyon
1701 Nicolas de MALÉZIEU
1727 Jean BOUHIER
1746 François-Marie AROUET, dit VOLTAIRE
1778 Jean-François DUCIS
1816 Raymond, comte de SEZE
1828 Prosper BRUGIÈRE, baron de BARANTE
1867 Père Joseph GRATRY
1873 René-Gaspard-Ernest SAINT-RENÉ-TAILLANDIER
1880 Maxime DU CAMP
1894 Paul BOURGET
1936 Edmond JALOUX
1950 Jean-Louis VAUDOYER
1964 Marcel BRION
1985 Michel MOHRT

34e FAUTEUIL

1634 Honorat de PORCHÈRES LAUGIER
1653 Paul PELLISSON
1693 François de SALIGNAC DE LA MOTHE FÉNELON
1715 Claude GROS DE BOZE
1754 Louis de BOURBON CONDÉ, comte de CLERMONT, abbé de Saint-Germain-des-Prés
1771 Pierre-Laurent BUIRETTE de BELLOY
1775 Emmanuel-Félicité de DURFORT, duc de DURAS, maréchal de France
1803 Dominique-Joseph GARAT
1816 Louis-François de BAUSSET, cardinal
1824 Hyacinthe Louis, comte de QUÉLEN, archevêque de Paris
1840 Mathieu, comte MOLÉ
1856 comte de FALLOUX
1886 Octave GRÉARD
1904 Émile GEBHART
1909 Raymond POINCARÉ
1935 Jacques BAINVILLE
1936 Joseph de PESQUIDOUX
1946 Maurice GENEVOIX
1981 Jacques de BOURBON BUSSET (décédé en 2001)

35e FAUTEUIL

1634 Henri-Louis HABERT DE MONTMOR
1679 Louis IRLAND, abbé de LAVAU
1694 Jean-François-Paul LEFÈVRE CAUMARTIN, évêque de Blois
1733 François-Augustin PARADIS DE MONCRIF
1771 Jean-Armand, comte de ROQUELAURE, évêque de Senlis
1818 Georges, baron CUVIER
1832 André-Marie-Jean-Jacques DUPIN
1866 Alfred-Auguste CUVILLIER-FLEURY
1888 Jules CLARETIE
1918 Joseph JOFFRE, maréchal de France
1931 Maxime WEYGAND, général
1966 Louis LEPRINCE-RINGUET (décédé en 2000)

36e FAUTEUIL

1634 Marin CUREAU DE LA CHAMBRE
1670 Pierre CUREAU, abbé de LA CHAMBRE
1693 Jean de LA BRUYÈRE
1696 Claude, abbé FLEURY
1723 Jacques ADAM
1735 Joseph SÉGUY, abbé
1761 Louis-René-Édouard, cardinal de ROHAN-GUÉMÉNÉE
1803 Jean DEVAINES
1815 Victor-Joseph-Étienne de JOUY
1847 Adolphe-Joseph SIMONIS EMPIS
1869 Auguste BARBIER
1882 Adolphe PERRAUD, cardinal
1906 François-Désiré MATHIEU, cardinal
1910 Louis DUCHESNE, protonotaire apostolique
1923 Henri BRÉMOND, abbé
1935 André BELLESSORT
1946 René GROUSSET
1953 Pierre GAXOTTE
1983 Jacques SOUSTELLE
1992 Jean-François DENIAU

37e FAUTEUIL

1635 Daniel HAY DU CHASTELLET, abbé de CHAMBON
1671 Jacques-Bénigne BOSSUET, évêque de Meaux
1704 Melchior, cardinal de POLIGNAC
1742 Odet-Joseph GIRY, abbé de Vaux et de St-Cyr
1761 Charles BATTEUX, abbé
1780 Antoine-Marin LEMIERRE
1801 Félix-Julien-Jean, comte BIGOT DE PRÉAMENEU
1825 Mathieu, duc de MONTMORENCY
1826 Alexandre, baron GUIRAUD

1847 Jean-Jacques AMPÈRE
1865 Lucien-Anatole PRÉVOST-PARADOL
1871 Camille ROUSSET
1893 Paul THUREAU-DANGIN
1914 Pierre de LA GORCE
1934 Maurice, duc de BROGLIE
1961 Eugène TISSERANT, cardinal
1972 Jean DANIÉLOU, cardinal
1975 Ambroise-Marie CARRÉ, Révérend Père

38e FAUTEUIL
1635 Auger de MOLÉON DE GRANIER
1636 Balthazar BARO
1650 Jean DOUJAT
1689 Eusèbe RENAUDOT, abbé
1720 Henri-Emmanuel, abbé de ROQUETTE
1725 Pierre de PARDAILLAN ANTIN, évêque de Langres
1733 Nicolas-François DUPRÉ DE SAINT-MAUR
1775 Guillaume-Chrétien de LAMOIGNON DE MALESHERBES
1803 François ANDRIEUX
1833 Adolphe THIERS
1878 Henri MARTIN
1884 Ferdinand, vicomte de LESSEPS
1896 Anatole FRANCE
1925 Paul VALÉRY
1946 Henri MONDOR
1963 Louis ARMAND
1972 Jean-Jacques GAUTIER
1986 Jean-Louis CURTIS
1996 François JACOB

39e FAUTEUIL
1636 Louis GIRY
1666 Claude BOYER, abbé
1698 Charles-Claude GENEST, abbé
1719 Jean-Baptiste DUBOS, abbé de Ressons
1742 Jean-François du BELLAY, abbé du RESNEL
1761 Bernard-Joseph SAURIN
1781 Jean-Antoine-Nicolas, marquis de CONDORCET
1803 Gabriel, abbé VILLAR
1826 Charles-Marie-Dorimond, abbé de FÉLETZ
1850 Désiré NISARD
1888 Eugène-Melchior, vicomte de VOGÜÉ
1911 Henri de RÉGNIER
1936 Jacques de LACRETELLE
1986 Bertrand POIROT-DELPECH

40e FAUTEUIL
1639 Daniel de PRIÉZAC
1662 Michel LE CLERC
1692 Jacques de TOURREIL
1714 Jean-Roland MALLET
1736 Jean-François BOYER, évêque de Mirepoix
1755 Nicolas THYREL, abbé de BOISMONT
1787 Claude-Carloman de RULHIÈRE
1803 Pierre-Jean-Georges CABANIS
1808 Antoine-Louis-Claude, comte DESTUTT DE TRACY
1836 François GUIZOT
1875 Jean-Baptiste DUMAS
1884 Joseph BERTRAND
1901 Marcelin BERTHELOT
1908 Francis CHARMES
1918 Jules CAMBON
1936 Lucien LACAZE, amiral
1956 Jacques CHASTENET
1978 Georges DUMÉZIL
1988 Pierre-Jean RÉMY

L'académie Goncourt

Exclusivement composée d'écrivains, au nombre de dix, qui se renouvellent par cooptation, l'académie Goncourt fut instituée par le testament d'Edmond de Goncourt, mort en 1896, et commença ses activités en 1903. Elle couronne, au mois de novembre, un ouvrage d'imagination en prose paru dans l'année : ce « prix Goncourt » assure généralement à son bénéficiaire de confortables tirages. Statutairement, le lauréat doit être désigné à l'issue d'un repas – aujourd'hui, un déjeuner au restaurant Drouant – où chaque académicien a son « couvert » attitré.

LES TITULAIRES DES DIX COUVERTS DEPUIS LA FONDATION DE L'ACADÉMIE GONCOURT

1er COUVERT
1900 Léon DAUDET
1942 Jean de LA VARENDE
1945 COLETTE
1954 Jean GIONO
1971 Bernard CLAVEL
1977 André STIL

2e COUVERT
1900 J.-K. HUYSMANS
1907 Jules RENARD
1910 Judith GAUTIER
1918 Henry CÉARD
1924 Pol NEVEUX
1939 Sacha GUITRY
1949 Armand SALACROU
1983 Edmonde CHARLES-ROUX

3e COUVERT
1900 Octave MIRBEAU
1917 Jean AJALBERT
1947 Alexandre ARNOUX
1973 Jean CAYROL
1996 Didier DECOIN

4e COUVERT
1900 J.-H. ROSNY aîné
1941 Pierre CHAMPION
1943 André BILLY
1971 Robert SABATIER

5e COUVERT
1900 Justin ROSNY jeune
1948 Gérard BAUËR
1967 Louis ARAGON
1969 Armand LANOUX
1983 Daniel BOULANGER

6e COUVERT
1900 Léon HENNIQUE
1936 Léo LARGUIER
1951 Raymond QUENEAU
1977 François NOURISSIER

7e COUVERT
1900 Paul MARGUERITTE
1919 Émile BERGERAT
1924 Raoul PONCHON
1938 René BENJAMIN
1949 Philippe HÉRIAT
1972 Michel TOURNIER

8e COUVERT
1900 Gustave GEFFROY
1926 Georges COURTELINE
1929 Roland DORGELÈS
1973 Emmanuel ROBLÈS
1995 Françoise CHANDERNAGOR

9e COUVERT
1900 Élémir BOURGES
1926 Gaston CHÉRAU
1937 Francis CARCO
1958 Hervé BAZIN
1996 Jorge SEMPRUN

10e COUVERT
1900 Lucien DESCAVES
1950 Pierre MAC ORLAN
1970 Françoise MALLET-JORIS

Les principaux prix littéraires

Il existe plusieurs dizaines de prix décernés annuellement ; mais quelques-uns seulement, et surtout dans le domaine romanesque – unique province de la littérature où fonctionne un « marché », compte tenu des habitudes de lecture actuelles –, exercent un réel pouvoir d'incitation. Les six que nous avons retenus, classés selon leur ordre de création, récompensent des romans français ou francophones ; mais seul le prix Nobel de littérature, qui couronne l'ensemble d'une œuvre, vaut à ses lauréats une véritable consécration internationale.

PRIX NOBEL DE LITTÉRATURE

Institué par le savant et industriel suédois Alfred Nobel (1833-1896), inventeur de la dynamite, le prix Nobel récompense, on le sait, outre des écrivains, des personnalités qui se sont illustrées dans différentes disciplines scientifiques ainsi qu'au service de la paix. Les premiers prix furent décernés en 1901 ; celui de littérature est placé sous la responsabilité de l'Académie suédoise. Voici la liste des Français ou francophones qui reçurent cette distinction.

1901 SULLY-PRUDHOMME.
1904 Frédéric MISTRAL.
1911 Maurice MAETERLINCK.
1915 Romain ROLLAND.
1921 Anatole FRANCE.
1927 Henri BERGSON.
1937 Roger MARTIN DU GARD.
1947 André GIDE.
1952 François MAURIAC.
1957 Albert CAMUS.
1960 SAINT-JOHN PERSE.
1964 Jean-Paul SARTRE (prix refusé).
1969 Samuel BECKETT.
1985 Claude SIMON.
2000 Gao XINGJIAN (naturalisé français).

PRIX GONCOURT (1903)

1903 John-Antoine NAU, *Force ennemie.*
1904 Léon FRAPIÉ, *la Maternelle.*
1905 Claude FARRÈRE, *les Civilisés.*
1906 Jérôme et Jean THARAUD, *Dingley, l'illustre écrivain.*
1907 Émile MOSELLY, *Terres lorraines.*
1908 Francis de MIOMANDRE, *Écrit sur de l'eau.*
1909 Marius et Ary LEBLOND, *En France.*
1910 Louis PERGAUD, *De Goupil à Margot.*
1911 Alphonse de CHÂTEAUBRIANT, *Monsieur des Lourdines.*
1912 André SAVIGNON, *les Filles de la pluie.*
1913 Marc ELDER, *le Peuple de la mer.*
1914 Adrien BERTRAND, *l'Appel du sol* (attribué en 1916 à un écrivain-combattant).
1915 René BENJAMIN, *Gaspard* (seul livre reçu par le jury).
1916 Henri BARBUSSE, *le Feu.*
1917 Henry MALHERBE, *la Flamme au poing.*
1918 Denis THEVENIN (Georges Duhamel), *Civilisation.*
1919 Marcel PROUST, *À l'ombre des jeunes filles en fleurs.*
1920 Ernest PÉROCHON, *Nêne.*
1921 René MARAN, *Batouala.*
1922 Henri BÉRAUD, *le Vitriol de lune* et *le Martyre de l'obèse.*
1923 Lucien FABRE, *Rabevel ou le Mal des ardents.*
1924 Thierry SANDRE, *le Chèvrefeuille* ; *le Purgatoire* ; *le Chapitre XIII* (trad. d'Athénée).
1925 Maurice GENEVOIX, *Raboliot.*
1926 Henry DEBERLY, *le Supplice de Phèdre.*
1927 Maurice BEDEL, *Jérôme, 60° latitude Nord.*
1928 Maurice CONSTANTIN-WEYER, *Un homme se penche sur son passé.*
1929 Marcel ARLAND, *l'Ordre.*
1930 Henri FAUCONNIER, *Malaisie.*
1931 Jean FAYARD, *Mal d'amour.*
1932 Guy MAZELINE, *les Loups.*
1933 André MALRAUX, *la Condition humaine.*
1934 Roger VERCEL, *Capitaine Conan.*
1935 Joseph PEYRÉ, *Sang et lumières.*
1936 Maxence Van der MEERSCH, *l'Empreinte du dieu.*
1937 Charles PLISNIER, *Faux passeports.* Écrivain belge.
1938 Henri TROYAT, *l'Araigne.*
1939 Philippe HÉRIAT, *les Enfants gâtés.*
1940 Francis AMBRIÈRE, *les Grandes Vacances.* Ce prix, non décerné en 1940, fut réservé à un écrivain-prisonnier (décision de 1941) et attribué en 1946.
1941 Henri POURRAT, *Vent de mars.*
1942 Marc BERNARD, *Pareils à des enfants.*
1943 Marius GROUT, *Passage de l'homme.*
1944 Elsa TRIOLET, *Le premier accroc coûte deux cents francs* (attribué en 1945).
1945 Jean-Louis BORY, *Mon village à l'heure allemande.*
1946 Jean-Jacques GAUTIER, *Histoire d'un fait divers.*
1947 Jean-Louis CURTIS, *les Forêts de la nuit.*
1948 Maurice DRUON, *les Grandes Familles.*
1949 Robert MERLE, *Week-end à Zuydcoote.*
1950 Paul COLIN, *les Jeux sauvages.*
1951 Julien GRACQ, *le Rivage des Syrtes* : l'auteur refuse le prix.
1952 Béatrix BECK, *Léon Morin, prêtre.* Écrivain belge.
1953 Pierre GASCAR, *les Bêtes* et *le Temps des morts.*
1954 Simone de BEAUVOIR, *les Mandarins.*
1955 Roger IKOR, *les Eaux mêlées.*
1956 Romain GARY, *les Racines du ciel.*
1957 Roger VAILLAND, *la Loi.*
1958 Francis WALDER, *Saint-Germain ou la négociation.* Écrivain belge.
1959 André SCHWARZ-BART, *le Dernier des justes.*
1960 Vintila HORIA, *Dieu est né en exil.* L'auteur, attaqué en raison de ses options politiques passées, se sent obligé de renoncer au prix qui n'est donc pas décerné au sens strict. Écrivain roumain.
1961 Jean CAU, *la Pitié de Dieu.*
1962 Anna LANGFUS, *les Bagages de sable.*
1963 Armand LANOUX, *Quand la mer se retire.*
1964 Georges CONCHON, *l'État sauvage.*
1965 Jacques BOREL, *l'Adoration.*
1966 Edmonde CHARLES-ROUX, *Oublier Palerme.*
1967 André PIEYRE DE MANDIARGUES, *la Marge.*
1968 Bernard CLAVEL, *les Fruits de l'hiver.*
1969 Félicien MARCEAU, *Creezy.*
1970 Michel TOURNIER, *le Roi des aulnes.*
1971 Jacques LAURENT, *les Bêtises.*
1972 Jean CARRIÈRE, *l'Épervier de Maheux.*
1973 Jacques CHESSEX, *l'Ogre.* Écrivain suisse.
1974 Pascal LAÎNÉ, *la Dentellière.*
1975 Émile AJAR (pseudo. de Romain Gary, seul écrivain à avoir donc obtenu le prix deux fois), *la Vie devant soi.*
1976 Patrick GRAINVILLE, *les Flamboyants.*
1977 Didier DECOIN, *John l'Enfer.*
1978 Patrick MODIANO, *Rue des boutiques obscures.*
1979 Antonine MAILLET, *Pélagie la Charrette.* Écrivain canadien.
1980 Yves NAVARRE, *le Jardin d'acclimatation.*
1981 Lucien BODARD, *Anne-Marie.*
1982 Dominique FERNANDEZ, *Dans la main de l'ange.*
1983 Frédérick TRISTAN, *les Égarés.*
1984 Marguerite DURAS, *l'Amant.*
1985 Yann QUEFFÉLEC, *les Noces barbares.*
1986 Michel HOST, *Valet de nuit.*
1987 Tahar BEN JELLOUN, *la Nuit sacrée.*
1988 Erik ORSENNA, *l'Exposition coloniale.*
1989 Jean VAUTRIN, *Un grand pas vers le Bon Dieu.*
1990 Jean ROUAUD, *les Champs d'honneur.*
1991 Pierre COMBESCOT, *les Filles du Calvaire.*
1992 Patrick CHAMOISEAU, *Texaco.*
1993 Amin MAALOUF, *le Rocher de Tanios.* Écrivain libanais.
1994 Didier VAN CAUWELAERT, *Un aller simple.*
1995 Andreï MAKINE, *le Testament français.*
1996 Pascale ROZE, *Chasseur zéro.*
1997 Patrick RAMBAUD, *la Bataille.*
1998 Paule CONSTANT, *Confidence pour confidence.*
1999 Jean ECHENOZ, *Je m'en vais.*
2000 Jean-Jacques SCHUHL, *Ingrid Caven.*

PRIX FEMINA (1904)

1904 Myriam HARRY, *la Conquête de Jérusalem.*
1905 Romain ROLLAND, *Jean-Christophe.*
1906 André CORTHIS, *Gemmes et moires.*
1907 Colette YVER, *Princesses de science.*
1908 Édouard ESTAUNIÉ, *la Vie secrète.*
1909 Edmond JALOUX, *Le reste est silence.*
1910 Marguerite AUDOUX, *Marie-Claire.*
1911 Louis de ROBERT, *le Roman du malade.*
1912 Jacques MOREL (Mme Edmond POTTIER), *Feuilles mortes.*
1913 Camille MARBO, *la Statue voilée.*
1914-1916 Pas de prix décerné.
1917 René MILAN, *l'Odyssée d'un transport torpillé.*
1918 Henri BACHELIN, *le Serviteur.*
1919 Roland DORGELÈS, *les Croix de bois.*
1920 Edmond GOJON, *le Jardin des dieux.*
1921 Raymond ESCHOLIER, *Cantegril.*
1922 Jacques de LACRETELLE, *Silbermann.*
1923 Jeanne GALZY, *les Allongés.*
1924 Charles DERENNES, *le Bestiaire sentimental.*
1925 Joseph DELTEIL, *Jeanne d'Arc.*
1926 Charles SILVESTRE, *Prodige du cœur.*
1927 Marie LE FRANC, *Grand-Louis l'innocent.*
1928 Dominique DUNOIS (Marguerite LEMESLE), *Georgette Garou.*
1929 Georges BERNANOS, *la Joie.*
1930 Marc CHADOURNE, *Cécile de la Folie.*
1931 Antoine de SAINT-EXUPÉRY, *Vol de nuit.*
1932 Ramon FERNANDEZ, *le Pari.*
1933 Geneviève FAUCONNIER, *Claude.*
1934 Robert FRANCIS, *le Bateau-refuge.*
1935 Claude SILVE, *Bénédiction.*
1936 Louise HERVIEU, *Sangs.*
1937 Raymonde VINCENT, *Campagne.*
1938 Félix de CHAZOURNES, *Caroline ou le Départ pour les îles.*
1939 Paul VIALAR, *la Rose de la mer.*
1940-1943 Pas de prix décerné.
1944 Éditions de Minuit (Collection « Sous l'oppression » inaugurée par *le Silence de la mer* de VERCORS).
1945 Anne-Marie MONNET, *le Chemin du soleil.*
1946 Michel ROBIDA, *le Temps de la longue patience.*
1947 Gabrielle ROY, *Bonheur d'occasion.*
1948 Emmanuel ROBLÈS, *les Hauteurs de la ville.*
1949 Maria LE HARDOUIN, *la Dame de cœur.*
1950 Serge GROUSSARD, *la Femme sans passé.*
1951 Anne de TOURVILLE, *Jobadao.*
1952 Dominique ROLIN, *le Souffle.*
1953 Zoé OLDENBOURG, *la Pierre angulaire.*
1954 Gabriel VERALDI, *la Machine humaine.*
1955 André DHOTEL, *Le pays où l'on n'arrive jamais.*
1956 François-Régis BASTIDE, *les Adieux.*
1957 Christian MÉGRET, *le Carrefour des solitudes.*
1958 Françoise MALLET-JORIS, *l'Empire céleste.*
1959 Bernard PRIVAT, *Au pied du mur.*
1960 Louise BELLOCQ, *la Porte retombée.*
1961 Henri THOMAS, *le Promontoire.*
1962 Yves BERGER, *le Sud.*
1963 Roger VRIGNY, *la Nuit de Mougins.*
1964 Jean BLANZAT, *le Faussaire.*
1965 Robert PINGET, *Quelqu'un.*
1966 Irène MONESI, *Nature morte devant la fenêtre.*
1967 Claire ETCHERELLI, *Élise ou la Vraie Vie.*
1968 Marguerite YOURCENAR, *l'Œuvre au noir.*
1969 Jorge SEMPRUN, *la Deuxième Mort de Ramon Mercader.*
1970 François NOURISSIER, *la Crève.*
1971 Angelo RINALDI, *la Maison des Atlantes.*
1972 Roger GRENIER, *Ciné-roman.*
1973 Michel DARD, *Juan Maldonne.*
1974 René-Victor PILHES, *l'Imprécateur.*
1975 Claude FARAGGI, *le Maître d'heure.*
1976 Marie-Louise HAUMONT, *le Trajet.*
1977 Régis DEBRAY, *La neige brûle.*
1978 François SONKIN, *Un amour de père.*
1979 Pierre MOINOT, *le Guetteur d'ombre.*
1980 Jocelyne FRANÇOIS, *Joue-nous España*
1981 Catherine HERMARY-VIEILLE, *le Grand Vizir de la nuit.*
1982 Anne HÉBERT (Québec), *les Fous de Bassan.*
1983 Florence DELAY, *Riche et légère.*
1984 Bertrand VISAGE, *Tous les soleils.*
1985 Hector BIANCIOTTI, *Sans la miséricorde du Christ.*
1986 René BELLOTO, *l'Enfer.*
1987 Alain ABSIRE, *l'Égal de Dieu.*
1988 Alexandre JARDIN, *le Zèbre.*
1989 Sylvie GERMAIN, *Jours de colère.*
1990 Pierette FLEUTIAUX, *Nous sommes éternels.*
1991 Paula JACQUES, *Déborah et les anges dissipés.*
1992 Anne-Marie GARAT, *Aden.*
1993 Marc LAMBRON, *l'Œil du silence.*
1994 Olivier ROLIN, *Port-Soudan.*
1995 Emmanuel CARRÈRE, *la Classe de neige.*
1996 Geneviève BRISAC, *Week-end de chasse à la mère.*
1997 Dominique NOGUEZ, *Amour noir.*
1998 François CHENG, *le Dit de Tiany.*
1999 Maryline DESBIOLLES, *Anchise.*
2000 Camille LAURENS, *Dans ces bras-là.*

GRAND PRIX DU ROMAN DE L'ACADÉMIE FRANÇAISE (1915)

Une « Commission du prix » formée d'une quinzaine d'académiciens propose un certain nombre de titres, parmi lesquels l'Académie choisit en séance plénière.

1915 Paul ACKER, pour son œuvre.
1916 AVESNES, *l'Île heureuse.*
1917 Charles GÉNIAUX, pour son œuvre.
1918 Camille MAYRAN, *Gotton Connixloo.*
1919 Pierre BENOIT, *l'Atlantide.*
1920 André CORTHIS, *Pour moi seule.*
1921 Pierre VILLETARD, *Monsieur Bille dans la tourmente.*
1922 Francis CARCO, *l'Homme traqué.*
1923 Alphonse de CHATEAUBRIANT, *la Brière.*
1924 Émile HENRIOT, *Aricie Brun ou les Vertus bourgeoises*
1925 François DUHOURCAU, *l'Enfant de la victoire.*
1926 François MAURIAC, *le Désert de l'amour.*
1927 Joseph KESSEL, *les Captifs.*
1928 Jean BALDE (Jeanne Alleman), *Reine d'Arbieu.*
1929 André DEMAISON, *le Livre des bêtes qu'on appelle sauvages.*
1930 Jacques de LACRETELLE, *Amour nuptial.*
1931 Henri POURRAT, *Gaspard des montagnes.*
1932 Jacques CHARDONNE, *Claire.*
1933 Roger CHAUVIRÉ, *Mademoiselle de Bois-Dauphin.*
1934 Paule RÉGNIER, *l'Abbaye d'Evolayne.*
1935 Albert TOUCHARD, *la Guêpe.*
1936 Georges BERNANOS, *Journal d'un curé de campagne.*
1937 Guy de POURTALÈS, *la Pêche miraculeuse.*
1938 Jean de LA VARENDE, *le Centaure de Dieu.*
1939 Antoine de SAINT-EXUPÉRY, *Terre des hommes.*
1940 Édouard PEISSON, *le Voyage d'Edgar.*
1941 Roger BOURGET-PAILLERON, *la Folie d'Hubert.*
1942 Jean BLANZAT, *l'Orage du matin.*
1943 J.-H. LOUWYCK, *Danse pour ton ombre.*
1944 Pierre de LAGARDE, *Valmaurie.*
1945 Marc BLANCPAIN, *le Solitaire.*
1946 Jean ORIEUX, *Fontagre.*
1947 Philippe HÉRIAT, *la Famille Boussardel.*
1948 Yves GANDON, *Ginèvre.*
1949 Yvonne PAGNIEZ, *Évasion.*
1950 Joseph JOLINON, *les Provinciaux.*
1951 Bernard BARBEY, *Chevaux abandonnés sur le champ de bataille.*
1952 Henri CASTILLOU, *le Feu de l'Etna.*
1953 Jean HOUGRON, *Mort en fraude.*
1954 Pierre MOINOT, *la Chasse royale.*
1955 Michel de SAINT-PIERRE, *les Aristocrates.*
1956 Paul GUTH, *le Naïf locataire.*
1957 Jacques de BOURBON BUSSET, *le Silence et la Joie.*
1958 Henri QUEFFÉLEC, *Un royaume sous la mer.*
1959 Gabriel d'AUBARÈDE, *la Foi de notre enfance.*
1960 Christian MURCIAUX, *Notre-Dame des désemparés.*
1961 PHAM VAN KY, *Perdre la demeure.*
1962 Michel MOHRT, *la Prison maritime.*
1963 Robert MARGERIT, *la Révolution.*
1964 Michel DROIT, *le Retour.*
1965 Jean HUSSON, *le Cheval d'Herbeleau.*
1966 François NOURISSIER, *Une histoire française.*
1967 Michel TOURNIER, *Vendredi ou les Limbes du Pacifique.*
1968 Albert COHEN, *Belle du Seigneur.*
1969 Pierre MOUSTIERS, *la Paroi.*
1970 Bertrand POIROT-DELPECH, *la Folle de Lituanie.*
1971 Jean d'ORMESSON, *la Gloire de l'Empire.*
1972 Patrick MODIANO, *les Boulevards de ceinture.*
1973 Michel DÉON, *Un taxi mauve.*
1974 Kléber HAEDENS, *Adios.*
1975 Non décerné.
1976 Pierre SCHOENDOERFFER, *le Crabe-tambour.*
1977 Camille BOURNIQUEL, *Tempo.*
1978 Pascal JARDIN, *le Nain jaune*,
et Alain BOSQUET, *Une mère russe.*
1979 Henri COULONGES, *l'Adieu à la femme sauvage.*
1980 Louis GARDEL, *Fort Saganne.*
1981 Jean RASPAIL, *Moi Antoine de Tounens roi de Patagonie.*
1982 Vladimir VOLKOFF, *le Montage.*
1983 Liliane GUIGNABODET, *Natalia.*
1984 Jacques-Francis ROLLAND, *Un dimanche inoubliable près des casernes.*
1985 Patrick BESSON, *Dara.*
1986 Pierre-Jean RÉMY, *Une ville immortelle.*
1987 Frédérique HÉBRARD, *le Harem.*
1988 François-Olivier ROUSSEAU, *la Gare de Wannsee.*
1989 Geneviève DORMANN, *le Bal du Dodo.*
1990 Paule CONSTANT, *White spirit.*
1991 François SUREAU, *l'Infortune.*
1992 Franz-Olivier GIESBERT, *l'Affreux.*
1993 Philippe BEAUSSANT, *Héloïse.*
1994 Frédéric VITOUX, *la Comédie de Terracina.*
1995 Alphonse BOUDARD, *Mourir d'enfance.*
1996 Calixthe BEYALA, *les Honneurs perdus.*
1997 Patrick RAMBAUD, *la Bataille.*
1998 Anne WIAZEMSKY, *Une poignée de gens.*
1999 François TAILLANDIER, *Anielka*,
et Amélie NOTHOMB, *Stupeur et tremblements.*
2000 Pascal QUIGNARD, *Terrasse à Rome.*

PRIX THÉOPHRASTE-RENAUDOT (1925)

1926 Armand LUNEL, *Niccolo Peccavi.*
1927 Bernard NABONNE, *Maïtena.*
1928 André OBEY, *le Joueur de triangle.*
1929 Marcel AYMÉ, *la Table aux crevés.*
1930 Germaine BEAUMONT, *Piège.*
1931 Philippe HÉRIAT, *l'Innocent.*
1932 Louis Ferdinand CÉLINE, *Voyage au bout de la nuit.*
1933 Charles BRAIBANT, *Le roi dort.*
1934 Louis FRANCIS, *Blanc.*
1935 François de ROUX, *Jours sans gloire.*
1936 Louis ARAGON, *les Beaux Quartiers.*
1937 Jean ROGISSART, *Mervale.*
1938 Pierre-Jean LAUNAY, *Léonie la bienheureuse.*
1939 Jean MALAQUAIS, *les Javanais.*
1940 Décerné en 1946.
1941 Paul MOUSSET, *Quand le temps travaillait pour nous.*
1942 Robert GAILLARD, *les Liens de chaîne.*
1943 Dr André SOUBIRAN, *J'étais médecin avec les chars.*
1944 Roger PEYREFITTE, *les Amitiés particulières.*
1945 Henri BOSCO, *le Mas Théotime.*
1946 Jules ROY, *la Vallée heureuse,*
et David ROUSSET, *l'Univers concentrationnaire* (prix 1940).
1947 Jean CAYROL, *Je vivrai l'amour des autres.*
1948 Pierre FISSON, *Voyage aux horizons.*
1949 Louis GUILLOUX, *le Jeu de patience.*
1950 Pierre MOLAINE, *les Orgues de l'enfer.*
1951 Robert MARGERIT, *le Dieu nu.*
1952 Jacques PERRY, *l'Amour de rien.*
1953 Célia BERTIN, *la Dernière Innocence.*
1954 Jean REVERZY, *le Passage.*
1955 Georges GOVY, *le Moissonneur d'épines.*
1956 André PERRIN, *le Père.*
1957 Michel BUTOR, *la Modification.*
1958 Édouard GLISSANT, *la Lézarde.*
1959 Albert PALLE, *l'Expérience.*
1960 Alfred KERN, *le Bonheur fragile.*
1961 Roger BORDIER, *les Blés.*
1962 Simone JACQUEMARD, *le Veilleur de nuit.*
1963 Jean-Marie LE CLÉZIO, *le Procès-verbal.*
1964 Jean-Pierre FAYE, *l'Écluse.*
1965 Georges PEREC, *les Choses.*
1966 José CABANIS, *la Bataille de Toulouse.*
1967 Salvat ETCHART, *le Monde tel qu'il est.*
1968 Yambo OUOLOGUEM (Mali), *le Devoir de violence.*
1969 Max OLIVIER-LACAMP, *les Feux de la colère.*
1970 Jean FREUSTIÉ, *Isabelle ou l'Arrière-Saison.*
1971 Pierre-Jean RÉMY, *le Sac du palais d'été.*
1972 Christopher FRANK, *la Nuit américaine.*
1973 Suzanne PROU, *la Terrasse des Bernardini.*
1974 Georges BORGEAUD, *Voyage à l'étranger.*
1975 Jean JOUBERT, *l'Homme de sable.*
1976 Michel HENRY, *l'Amour les yeux fermés.*
1977 Alphonse BOUDARD, *les Combattants du petit bonheur.*
1978 Conrad DETREZ (Belgique), *l'Herbe à brûler.*
1979 Jean-Marc ROBERTS, *Affaires étrangères.*
1980 Danièle SALLENAVE, *les Portes de Gubbio.*
1981 Michel DEL CASTILLO, *la Nuit du décret.*
1982 Georges-Olivier CHATEAUREYNAUD, *la Faculté des songes.*
1983 Jean-Marie ROUART, *Avant-guerre.*
1984 Annie ERNAUX, *la Place.*
1985 Raphaële BILLETDOUX, *Mes nuits sont plus belles que vos jours.*
1986 Christian GIUDICELLI, *Station balnéaire.*
1987 René-Jean CLOT, *l'Enfant halluciné.*
1988 René DEPESTRE, *Hadriana dans tous mes rêves.*
1989 Philippe DOUMENC, *les Comptoirs du Sud.*
1990 Jean COLOMBIER, *les Frères Romance.*
1991 Dan FRANCK, *la Séparation.*
1992 François WEYERGANS, *la Démence du boxeur.*
1993 Nicolas BRÉHAL, *les Corps célestes.*
1994 Guillaume LE TOUZE, *Comme ton père.*
1995 Patrick BESSON, *les Braban.*
1996 Boris SCHREIBER, *Un silence d'environ une demi-heure.*
1997 Pascal BRUCKNER, *les Voleurs de beauté.*
1998 Dominique BONA, *le Manuscrit du Port-Ébène.*
1999 Daniel PICOULY, *l'Enfant léopard.*
2000 Ahmadou KOUROUMA, *Allah n'est pas obligé.*

PRIX INTERALLIÉ (1930)

1930 André MALRAUX, *la Voie royale.*
1931 Pierre BOST, *le Scandale.*
1932 Simone RATEL, *la Maison des Bories.*
1933 Robert BOURGET-PAILLERON, *l'Homme du Brésil.*
1934 Marc BERNARD, *Anny.*
1935 Jacques DEBÛ-BRIDEL, *Jeunes Ménages.*
1936 René LAPORTE, *les Chasses de novembre.*
1937 Romain ROUSSEL, *la Vallée sans printemps.*
1938 Paul NIZAN, *la Conspiration.*
1939 Roger de LAFFOREST, *les Figurants de la mort.*
1940-1944 Pas de prix décerné.
1945 Roger VAILLAND, *Drôle de jeu.*
1946 Jacques NELS, *Poussière du temps.*
1947 Pierre DANINOS, *les Carnets du Bon Dieu.*
1948 Henry CASTILLOU, *Cortiz s'est révolté.*
1949 Gilbert SIGAUX, *les Chiens enragés.*
1950 Georges AUCLAIR, *Un amour allemand.*
1951 Jacques PERRET, *Bande à part.*
1952 Jean DUTOURD, *Au bon beurre.*
1953 Louis CHAUVET, *l'Air sur la quatrième corde.*
1954 Maurice BOISSAIS, *le Goût du péché.*
1955 Félicien MARCEAU, *les Élans du cœur.*
1956 Armand LANOUX, *le Commandant Watrin.*
1957 Paul GUIMARD, *Rue du Havre.*
1958 Bertrand POIROT-DELPECH, *le Grand Dadais.*
1959 Antoine BLONDIN, *Un singe en hiver.*
1960 Henry MULLER, *Clem*, et Jean PORTELLE, *Janitzia ou la Dernière qui aima d'amour.*
1961 Jean FERNIOT, *l'Ombre portée.*
1962 Henri-François REY, *les Pianos mécaniques.*
1963 Renée MASSIP, *la Bête quaternaire.*
1964 René FALLET, *Paris au mois d'août.*
1965 Alain BOSQUET, *la Confession mexicaine.*
1966 Kléber HAEDENS, *L'été finit sous les tilleuls.*
1967 Yvonne BABY, *Oui l'espoir.*
1968 Christine de RIVOYRE, *le Petit Matin.*
1969 Pierre SCHOENDOERFFER, *l'Adieu au roi.*
1970 Michel DÉON, *les Poneys sauvages.*
1971 Pierre ROUANET, *Castell.*
1972 Georges WALTER, *Des vols de Vanessa.*
1973 Lucien BODARD, *Monsieur le Consul.*
1974 René MAURIÈS, *le Cap de la Gitane.*
1975 Voldemar LESTIENNE, *l'Amant de poche.*
1976 Raphaële BILLETDOUX, *Prends garde à la douceur des choses.*
1977 Jean-Marie ROUART, *les Feux du pouvoir.*
1978 Jean-Didier WOLFROMM, *Diane Lanster.*
1979 François CAVANNA, *les Russkoffs.*
1980 Christine ARNOTHY, *Toutes les chances plus une.*
1981 Louis NUCÉRA, *Chemins de la Lanterne.*
1982 Éric OLLIVIER, *l'Orphelin de mer... ou les Mémoires de monsieur Non.*
1983 Jacques DUQUESNE, *Maria Vandamme.*
1984 Michèle PERREIN, *les Cotonniers de Bassalane.*
1985 Serge LENTZ, *Vladimir Roubaïev.*
1986 Philippe LABRO, *l'Étudiant étranger.*
1987 Raoul MILLE, *les Amants du Paradis.*
1988 Bernard-Henri LÉVY, *les Derniers Jours de Charles Baudelaire.*
1989 Alain GERBER, *le Verger du diable.*
1990 BAYON, *les Animals.*
1991 Sébastien JAPRISOT, *Un long dimanche de fiançailles.*
1992 Dominique BONA, *Malika.*
1993 Jean-Pierre DUFREIGNE, *le Dernier Amour d'Aramis.*
1994 Marc TRILLARD, *Eldorado 51.*
1995 Franz-Olivier GIESBERT, *la Souille.*
1996 Eduardo MANET, *Rhapsodie cubaine.*
1997 Éric NEUHOFF, *la Petite Française.*
1998 Gilles MARTIN-CHAUFFIER, *les Corrompus.*
1999 Jean-Christophe RUFIN, *les Causes perdues.*
2000 Patrick POIVRE D'ARVOR, *l'Irrésolu.*

PRIX MÉDICIS (1958)

1958 Claude OLLIER, *la Mise en scène.*
1959 Claude MAURIAC, *le Dîner en ville.*
1960 Henri THOMAS, *John Perkins.*
1961 Philippe SOLLERS, *le Parc.*
1962 Colette AUDRY, *Derrière la baignoire.*
1963 Gérard JARLOT, *Un chat qui aboie.*
1964 Monique WITTIG, *l'Opoponax.*
1965 René-Victor PILHES, *la Rhubarbe.*
1966 Marie-Claire BLAIS (Québec), *Une saison dans la vie d'Emmanuel.*
1967 Claude SIMON, *Histoire.*
1968 Elie WIESEL, *le Mendiant de Jérusalem.*
1969 Hélène CIXOUS, *Dedans.*
1970 Camille BOURNIQUEL, *Sélinonte ou la Chambre impériale.*
1971 Pascal LAINÉ, *l'Irrévolution.*
1972 Maurice CLAVEL, *le Tiers des étoiles.*
1973 Tony DUVERT, *Paysage de fantaisie.*
1974 Dominique FERNANDEZ, *Porporino ou les Mystères de Naples.*
1975 Jacques ALMIRA, *le Voyage à Naucratis.*
1976 Marc CHOLODENKO, *les États du désert.*
1977 Michel BUTEL, *l'Autre Amour.*
1978 Georges PEREC, *la Vie mode d'emploi.*
1979 Claude DURAND, *la Nuit zoologique.*
1980 Jean-Luc BENOZIGLIO, *Cabinet-portrait*, et Jean LAHOUGUE, *Comptine des Height* (l'auteur refuse son prix).
1981 François-Olivier ROUSSEAU, *l'Enfant d'Édouard.*
1982 Jean-François JOSSELIN, *l'Enfer et Cie.*
1983 Jean ECHENOZ, *Cherokee.*
1984 Bernard-Henri LÉVY, *le Diable en tête.*
1985 Michel BRAUDEAU, *Naissance d'une passion.*
1986 Pierre COMBESCOT, *les Funérailles de la sardine.*
1987 Pierre MERTENS, *les Éblouissements.*
1988 Christiane ROCHEFORT, *la Porte du fond.*
1989 Serge DOUBROVSKY, *le Livre brisé.*
1990 Jean-Noël PANCRAZI, *les Quartiers d'hiver.*
1991 Yves SIMON, *la Dérive des sentiments.*
1992 Michel RIO, *Tlacuilo.*
1993 Emmanuele BERNHEIM, *Sa femme.*
1994 Yves BERGER, *Immobile dans le courant du fleuve.*
1995 Andreï MAKINE, *le Testament français*, et Vassilis ALEXAKIS, *la Langue maternelle.*
1996 Jacqueline HARPMAN, *Orlanda*, et Jean ROLIN, *l'Organisation.*
1997 Philippe LE GUILLOU, *les Sept Noms du peintre.*
1998 HOMERIC, *le Loup mongol.*
1999 Christian OSTER, *Mon grand appartement.*
2000 Yann APPERRY, *Diabolicus in Musica.*

Index des œuvres

Le présent index recense près de 14 000 œuvres, que celles-ci soient simplement citées dans un article, étudiées d'une façon détaillée ou qu'un article leur soit consacré (c'est le cas pour les œuvres anonymes ou collectives).

Les titres commençant par un nombre ou un chiffre (romain ou arabe) sont insérés à la place déterminée par leur équivalent en lettres : *813* se trouvera entre *Huissiers (les)* et *Huit Femmes*.
Tous les titres sont composés en italique ; le caractère gras indique une œuvre dont l'étude est particulièrement développée : ***Abbesse de Jouarre (l')***.
Chaque titre renvoie (→) à un ou plusieurs articles :
– le plus souvent il s'agit du nom de l'auteur mentionné, après la flèche, en majuscules : *Rouge et le Noir (le)* → **STENDHAL** ;
– il peut aussi s'agir de renvois à des articles de synthèse consacrés aux courants et mouvements littéraires ; dans ce cas, leur intitulé s'inscrit, également en majuscules, toujours après le nom de l'auteur : *Manifeste du surréalisme* → **BRETON André, SURRÉALISME** ;
– si l'auteur d'une œuvre citée ne fait pas l'objet d'un article dans le dictionnaire, son nom est indiqué à la suite du titre, avant la flèche : *Romantisme français (le),* Pierre Lasserre → **ROMANTISME**. Il en va de même dans les rares cas où une œuvre n'est pas mentionnée dans l'article consacré à son auteur : *Cœur à barbe (le),* Tristan Tzara → **DADA (le mouvement)**.

Certaines œuvres, enfin, sont connues sous un titre usuel qui n'est pas leur titre complet : *Nouvelle Héloïse (la)* au lieu de *Julie ou la Nouvelle Héloïse* ; dans ce cas figure, à la suite du titre usuel, un renvoi – interne à l'index – au titre complet : *Nouvelle Héloïse (la)* → *Julie ou la Nouvelle Héloïse* ; à ce dernier titre on trouvera l'intitulé de l'article auquel il convient de se reporter : *Julie ou la Nouvelle Héloïse* → **ROUSSEAU Jean-Jacques**.

A

Adolphe → **CONSTANT Benjamin**
Adone (l') → **CHAPELAIN Jean**
Adonis → **LA FONTAINE Jean de**
Adorable Clio → **GIRAUDOUX Jean**
Adorateurs (les) → **VOLTAIRE**
À dos d'oiseau → **FOMBEURE Maurice**
Adramandoni → **MILOSZ O.V. de L.**
Adresse d'un citoyen de Paris au roi des Français → **SADE marquis de**
Adriana Sposa → **MALLET-JORIS Françoise**
Adriani → **SAND George**
Adrienne → **LATOUCHE Henri de**
Adrienne Lecouvreur, Legouvé et Scribe → **SCRIBE Eugène**
Adrienne Mesurat → **GREEN Julien**
Adrienne ou la Vie de Mme de La Fayette → **MAUROIS André**
Adultère sentimental (l') → **KAHN Gustave**
Adversaire (l') → **CARRÈRE Emmanuel**
Advision → **CHRISTINE DE PISAN**
Aegri sonnia → **ELSKAMP Max**
Aely → **JABÈS Edmond**
Æneide travestie (l') → **FURETIÈRE Antoine**
Aéroplane fantôme (l') → **IVOI Paul d'**
Aéroplanes (les) → **JOUVE Pierre-Jean**
Aërt → **ROLLAND Romain**
Affaire Clemenceau (l') → **DUMAS Alexandre (fils)**
Affaire Crainquebille (l') → **FRANCE Anatole**
Affaire Favre-Bulle (l') → **MAURIAC François**
Affaire Lerouge (l') → **GABORIAU Émile**
Affaire N'Gustro (l') → **MANCHETTE Jean-Patrick**
Affaire Redureau (l') → **GIDE André**
Affaires de Rome (les) → **LAMENNAIS Félicité de**
Affaires étrangères → **ROBERTS Jean-Marc**
Affaires personnelles → **ROBERTS Jean-Marc**
Affamée (l') → **LEDUC Violette**
Affiche (l') → **MARCEAU Félicien**
Afrique fantôme (l') → **LEIRIS Michel**
Agamemnon → **LEMERCIER Népomucène**
Agapes des dieux : Tritriva → **RABEMANANJARA Jacques**
Agar → **MEMMI Albert**
Agar dans le désert → **STAËL Mme de**
Agatha → **DURAS Marguerite**
Agathe ou le Petit Vieillard de Calais → **DUCANGE Victor-Henri-Joseph**
Agathise → **BALZAC Honoré de**
Agathocle → **VOLTAIRE**
Agathonphile ou les Martyrs siciliens → **CAMUS Jean-Pierre**
Âge d'airain (l') → **GREGH Fernand**
Âge d'amour (l') → **LANZMANN Jacques**
Âge de craie (l') → **PIEYRE DE MANDIARGUES André**
Âge de fer (l') → **GREGH Fernand**
Âge de nylon (l') → **TRIOLET Elsa**
Âge de raison (l') → **SARTRE Jean-Paul**
Âge d'homme (l') → **LEIRIS Michel**
Âge d'or (l') → **GREGH Fernand**
Âge d'or des maisons closes (l') → **BOUDARD Alphonse**
Âge ingrat (l') → **CABANIS José**
Âge ingrat (l') → **PAILLERON Édouard**
Âge mûr (l') → **GUILLEVIC Eugène**
Agence Barnett et Cie (l') → **LEBLANC Maurice**
Agence Thomson and Co. (l') → **VERNE Jules**
Agénor le dangereux → **LABICHE Eugène**
Âges (les) → **HOUDAR DE LA MOTTE Antoine**
Agésilas → **CORNEILLE Pierre**
Aggenèse → **CHAZAL Malcolm de**
Aglavaine et Sélysette → **MAETERLINCK Maurice**
Agneau (l') → **MAURIAC François**
Agnès de Méranie → **PONSARD François**
Agonie de la vieille (l') → **CAU Jean**
Agonie, récit → **BRAULT Jacques**
Agrégation d'un nom et d'un messie (l') → **ISOU Isidore**
Agréments du langage réduits à leurs principes (les) → **BATTEUX Charles**
Agrestes (les) → **LATOUCHE Henri de**
Agriculture et maison rustique → **ESTIENNE**
Agrippa ou le Faux Tiberinus → **QUINAULT Philippe**
Aguets → **CAMUS Renaud**
Ahasvérus ou le Juif errant → **QUINET Edgar, IDÉOLOGUES (les)**
À haute flamme → **TZARA Tristan**
Ah ! quel conte → **CRÉBILLON Claude**
Ah ! vous écrivez toujours ! → **DANINOS Pierre**
Aïe aïe de la corne de brume → **DELAY Florence**
Aigle à deux têtes (l') → **COCTEAU Jean**
Aigle de mer (l') → **PEISSON Édouard**
Aiglon (l') → **ROSTAND Edmond**
Aiguille aimantée (l') → **ELUARD Paul**
Aiguille creuse (l') → **LEBLANC Maurice**
Ailes du diable (les) → **TROYAT Henri**
Ailes rouges de la guerre (les) → **VERHAEREN Émile**
Ailleurs → **MICHAUX Henri**
Aimée → **RIVIÈRE Jacques**
Aimé Pache, peintre vaudois → **RAMUZ Charles Ferdinand**
Aimer → **GÉRALDY Paul**
Aimez-vous Brahms ? → **SAGAN Françoise**
Aimienne ou le Détournement de mineure → **TINAN Jean de**
Aïno → **BENOIT Pierre**
Ainsi finissent les grandes passions → **LOAISEL DE TRÉOGATE Joseph-Marie**
Ainsi soit-elle → **GROULT Benoîte et Flora**
Ainsi soit-il ! → **DUMAS Alexandre (père)**
Ainsi soit-il ou Les jeux sont faits → **GIDE André**
Air de la solitude → **ROUD Gustave**
Air du temps (l') → **VILDRAC Charles**
Air et les Songes (l') → **BACHELARD Gaston**
Airs → **JACCOTTET Philippe**
À Jaurès → **PÉGUY Charles**
Akara → **WEINGARTEN Romain**
À la cloche de bois → **APOLLINAIRE Guillaume**
À la colonne de la place Vendôme → **HUGO Victor, CÉNACLES ROMANTIQUES**
À la dérive → **SOUPAULT Philippe**
Aladin ou la Lampe mystérieuse → **DENNERY Adolphe**
À la feuille de rose, maison turque → **MAUPASSANT Guy de**

C

Carnets → **SAINT-EXUPÉRY Antoine de**
Carnets 1921-1944 → **GUILLOUX Louis**
Carnets 1944-1974 → **GUILLOUX Louis**
Carnets 1978 → **COHEN Albert**
Carnets de la drôle de guerre (les) → **SARTRE Jean-Paul**
Carnets de route en Palestine occupée → **SALLENAVE Danièle**
Carnets de voyage de Mme de Staël (les) → **STAËL Mme de**
Carnets d'Hadrien → **YOURCENAR Marguerite**
Carnets du Bon Dieu (les) → **DANINOS Pierre**
Carnets du grand chemin → **GRACQ Julien**
Carnets du major Thompson (les) → **DANINOS Pierre**
Carnets du vieil écrivain → **GUÉHENNO Jean**
Carnets en marge → **DUBILLARD Roland**
Carnets impudiques → **HALLIER Jean-Edern**
Caroléide → **ARLINCOURT Victor d'**
Caroline chérie → **LAURENT Jacques**
Carré blanc → **MANSOUR Joyce**
Carrefours des hasards → **CHEVALLIER Gabriel**
Carrière (la) → **HERMANT Abel**
Carrosse du Saint Sacrement (le) → **MÉRIMÉE Prosper**
Carte du pays de Braquerie → **BUSSY RABUTIN**
Cartouche → **BOULANGER Daniel**
Cartouche → **DENNERY Adolphe**
Carus → **QUIGNARD Pascal**
Casanova → **APOLLINAIRE Guillaume**
Casanova, l'admirable → **SOLLERS Philippe**
Casanova ou l'Anti-Don Juan → **MARCEAU Félicien**
Cascando → **BECKETT Samuel**
Cas de conscience d'un professeur (les) → **IKOR Roger**
Cas de M. Guérin (le) → **ABOUT Edmond**
Case de l'oncle Tom (la) → **DENNERY Adolphe**
Case du commandeur (la) → **GLISSANT Édouard**
Cases d'un échiquier → **CAILLOIS Roger**
Casimir mène la grande vie → **ORMESSON Jean d'**
Cassandre → **LA CALPRENÈDE sieur de**
Casse-cash → **CAUVIN Patrick**
Casse-cou → **PÉGUY Charles**
Casse-pipe → **CÉLINE Louis-Ferdinand**
Casseur d'assiettes (le) → **SALACROU Armand**
Cas Simenon (le) → **NARCEJAC Thomas**
Cassure (la) → **FAYE Jean-Pierre**
Cataclysme → **ROSNY J.H.**
Catalina → **DELAY Florence**
Catalogue raisonné de l'œuvre de Prud'hon → **GONCOURT Edmond et Jules de**
Catalogue raisonné de l'œuvre de Watteau → **GONCOURT Edmond et Jules de**
Cataractes de l'imagination, déluge de la scribomanie, vomissement littéraire, hémorragie encyclopédique, monstre des monstres, par Epiménide l'Inspiré, dans l'antre de Trophonius, au pays des visions → **CHASSAIGNON Jean-Marie**
Catéchisme de l'honnête homme → **VOLTAIRE**
Catéchisme des industriels → **COMTE Auguste**
Catéchisme des jésuites → **PASQUIER Étienne**
Catéchisme positiviste → **COMTE Auguste**
Catéchisme universel → **SAINT-LAMBERT**
Cathédrale (la) → **HUYSMANS**
Cathédrale interrompue (la) → **ROLLAND Romain**
Cathelin → **BOURNIQUEL Camille**
Catherine → **CHARDONNE Jacques**
Catherine → **SANDEAU Jules**
Catherine Blum → **DUMAS Alexandre (père)**
Catherine Howard → **DUMAS Alexandre (père)**
Catherine la Grande → **TROYAT Henri**
Catilinaires (les) → **NOTHOMB Amélie**
Cato christianus → **DOLET Étienne**
Caucase (le) → **DUMAS Alexandre (père)**
Cause des femmes (la) → **CARDINAL Marie**
Cause des peuples (la) → **HALLIER Jean-Edern**
Cause du beau Guillaume (la) → **DURANTY Louis-Émile**
Causes et les Effets de la perfection et de la décadence des lettres et des arts (les) → **CHÉNIER André**
Causeries → **ABOUT Edmond**
Causeries → **DUMAS Alexandre (père)**
Causeries du lundi → **SAINTE-BEUVE**
Cavale (la) → **SARRAZIN Albertine**
Cavalier du Louvre, Vivant Denon (1747-1825) [le] → **SOLLERS Philippe**
Cavalière Elsa (la) → **MAC ORLAN Pierre**
Cavalier Miserey (le) → **HERMANT Abel**
Cavaliers (les) → **KESSEL Joseph**
Cavaliers d'Allah (les) → **THARAUD Jérôme et Jean**
Cavalier seul (le) → **AUDIBERTI Jacques**
Caverne céleste → **GRAINVILLE Patrick**
Caves du Vatican (les) → **GIDE André**
Cécile → **CONSTANT Benjamin**
Cécile → **DUMAS Alexandre (père)**
Cécile ou Une femme heureuse → **SUE Eugène**
Cécile parmi nous → **DUHAMEL Georges**
Ceci n'est pas un conte → **DIDEROT Denis**
Cécité d'Homère (la) → **BERGOUNIOUX Pierre**
Ce formidable bordel → **IONESCO Eugène**
Ceinture dorée (la) → **AUGIER Émile**
Ceinture du ciel (la) → **IKOR Roger**
Ce jour-là → **DHÔTEL André**
Ce jour-là → **VERCORS**
Cela dépend de vous → **ROMAINS Jules**
Célanire cou-coupé → **CONDÉ Maryse**
Cela s'appelle l'aurore → **ROBLÈS Emmanuel**
Célébration du bois → **CLAVEL Bernard**
Célébrations → **TOURNIER Michel**
Céleste Ugolin → **RIBEMONT-DESSAIGNES Georges**
Célibataire (le) → **DORAT Claude-Joseph**
Célibataires (les) → **MONTHERLANT Henry de**
Ce lieu déshérité → **DHÔTEL André**
Célimare le bien-aimé → **LABICHE Eugène**
Célimène → **ROTROU Jean**
Celinde → **BARO Balthazar**
Célinte → **SCUDÉRY Madeleine de**
Celle qui n'était plus, Pierre Boileau, Thomas Narcejac → **NARCEJAC Thomas**

Claudius Bombarnac → **VERNE Jules**
Clavé → **SEGHERS Pierre**
Clavecin de Diderot (le) → **CREVEL René**
Clé (la) → **LABICHE Eugène**
Clé des champs (la) → **BRETON André, SURRÉALISME**
Clef de l'Apocalypse (la) → **MILOSZ O.V. de L.**
Clefs pour la Chine → **ROY Claude**
Clefs pour l'Amérique → **ROY Claude**
Clélie, histoire romaine, Madeleine et Georges de Scudéry → **SCUDÉRY Madeleine de, SCUDÉRY Georges de, PRÉCIOSITÉ**
Clémence et Auguste → **BOULANGER Daniel**
Cléomédon → **DU RYER Pierre**
Cléonice → **VILLEDIEU Mme de**
Cléopâtre → **BENSERADE Isaac de**
Cléopâtre → **LA CALPRENÈDE sieur de**
Cléopâtre → **SOUMET Alexandre**
Cléopâtre captive → **JODELLE Étienne**
Clérambard → **AYMÉ Marcel**
Clérambault → **ROLLAND Romain**
Clés de saint Pierre (les) → **PEYREFITTE Roger**
Clé sur la porte (la) → **CARDINAL Marie**
Cleveland → *Histoire de Monsieur Cleveland, fils naturel de Cromwell, écrite par lui-même ou le Philosophe anglais*
Cligès → **CHRÉTIEN DE TROYES**
Climats → **MAUROIS André**
Clindindin → **GÉRALDY Paul**
Clin d'œil de l'ange (le) → **MALLET-JORIS Françoise**
Cliniciens ès lettres (les) → **SEGALEN Victor**
Clio → **FRANCE Anatole**
Clio → **PÉGUY Charles**
Clique dorée (la) → **GABORIAU Émile**
Clitandre ou l'Innocence persécutée → **CORNEILLE Pierre, BAROQUE**
Clitophon → **DU RYER Pierre**
Clochemerle → **CHEVALLIER Gabriel**
Cloches de Bâle (les) → **ARAGON Louis**
Cloître (le) → **VERHAEREN Émile**
Clope au dossier → **PINGET Robert**
Cloportes (les) → **RENARD Jules**
Clorise → **BARO Balthazar**
Closerie des genêts (la) → **SOULIÉ Frédéric**
Clotilde → **SOULIÉ Frédéric**
Clotilde de Lusignan ou le Beau Juif → **BALZAC Honoré de**
Clovis → **VIENNET Jean Pons Guillaume**
Clovis Dardentor → **VERNE Jules**
Clovis ou la France chrétienne → **DESMARETS ou DESMARETZ DE SAINT-SORLIN Jean (Conversion de Clovis), QUERELLE DES ANCIENS ET DES MODERNES**
Club champenois (le) → **LABICHE Eugène**
Club des bonnes gens (le) → **REIGNY Louis Abel Beffroy de, dit le cousin Jacques**
Club des Lyonnais (le) → **DUHAMEL Georges**
Clymène → **LA FONTAINE Jean de**
Clytemnestre → **SOUMET Alexandre**
Coche (la) → **MARGUERITE DE NAVARRE**
Coco perdu → **GUILLOUX Louis**
Cocu (le) → **KOCK Paul de**
Cocu imaginaire (le) → *Sganarelle ou le Cocu imaginaire*
Cocu magnifique (le) → **CROMMELYNCK Fernand**
Code de la nature ou le Véritable Esprit de ses lois, de tout temps négligé ou méconnu (le) → **MORELLY**
Code Denis → **DIDEROT Denis**
Code des gens honnêtes → **BALZAC Honoré de**
Coelina ou l'Enfant du mystère → **DUCRAY-DUMINIL François-Guillaume**
Coelina ou l'Enfant du mystère → **PIXERÉCOURT Guilbert de**
Cœur (le) → **BERNSTEIN Henry**
Cœur à barbe (le) → **RIBEMONT-DESSAIGNES Georges**
Cœur à barbe (le), Tristan Tzara → **DADA (le mouvement)**
Cœur à gaz (le) → **TZARA Tristan, DADA (le mouvement)**
Cœur brûlé et autres romances → **LE CLÉZIO J.M.G.**
Cœur d'enfance (le) → **SARMENT Jean**
Cœur double → **SCHWOB Marcel**
Cœur innombrable (le) → **NOAILLES Anna de**
Cœur populaire (le) → **RICTUS Jehan**
Cœurs et visages → **BOVE Emmanuel**
Cœurs, passions, caractères → **GIONO Jean**
Cœur qui cogne (le) → **NAVARRE Yves**
Cœur volé (le) → **SOUPAULT Philippe**
Coffret (le) → **RODENBACH Georges**
Coffret de santal (le) → **CROS Charles**
Cognoissances nécessaires (les) → **BÉROALDE DE VERVILLE**
Colas Breugnon → **ROLLAND Romain**
Colère → **GRAINVILLE Patrick**
Colère (la) → **IONESCO Eugène**
Colère d'un franc-tireur (la) → **MENDÈS Catulle**
Colette Baudoche → **BARRÈS Maurice**
Colette et Lucas → **LIGNE prince de**
Coligny ou la Saint-Barthélemy → **BACULARD D'ARNAUD François Thomas de**
Colimaçons du R.P. L'Escarbotier (les) → **VOLTAIRE**
Colin et Colette → **BEAUMARCHAIS**
Colin-Maillard → **HÉMON Louis**
Colin-Tampon → **DENNERY Adolphe**
Collage (le) → **ALEXIS Paul**
Collages (les) → **ARAGON Louis, SURRÉALISME**
Collection complète des ouvrages publiés sur le gouvernement représentatif et la Constitution actuelle de la France, formant une espèce de cours de politique constitutionnelle, par M. Benjamin Constant → **CONSTANT Benjamin**
Collection d'anciens Évangiles → **VOLTAIRE**
Collections sur feu Mgr le Dauphin → **SAINT-SIMON Louis, duc de**
Collège Vaserman → **CHAILLOU Michel**
Collier de griffes (le) → **CROS Charles**
Collier de la reine (le), Dumas et Maquet → **DUMAS Alexandre (père)**
Colline → **GIONO Jean**
Colline inspirée (la) → **BARRÈS Maurice**
Colline oubliée (la) → **MAMMERI Mouloud**
Collision → **MERTENS Pierre**
Colloques d'amour → **PASQUIER Étienne**

Comparses → **RICHAUD André de**
Compartiment tueurs → **JAPRISOT Sébastien**
Comparutions → **ROMAINS Jules**
Compère général Soleil → **ALEXIS Jacques**
Compère Mathieu ou les Bigarrures de l'esprit humain (le) → **DU LAURENS**
Compères du roi Louis (les) → **FORT Paul**
Complaincte d'une Dame surprinse d'Amour → **HÉROËT Antoine**
Complainte → **ALAIN CHARTIER**
Complainte de l'Église desolee → **EUSTACHE DESCHAMPS**
Complainte de Semblançay → **MAROT Clément**
Complainte des enfants frivoles (la) → **VIALATTE Alexandre**
Complainte d'Outremer → **RUTEBEUF**
Complainte du cerf → **BOUCHET Guillaume**
Complainte Rutebeuf → **RUTEBEUF**
Complaintes (les) → **LAFORGUE Jules, DÉCADENCE**
Complaintes de quelques personnages désespérés → **RIVAUDEAU André de**
Complexe de César (le) → **DUTOURD Jean**
Comportement des époux Bredburry (le) → **BILLETDOUX François**
Composition d'histoire (la) → **DANINOS Pierre**
Compte rendu de congrès → **PÉGUY Charles**
Compte rendu de l'affaire des auteurs dramatiques → **BEAUMARCHAIS**
Compte rendu de mandat → **PÉGUY Charles**
Comptes amoureux → **FLORE Jeanne**
Comptes du monde adventureux (les), anonyme → **COMPTES DU MONDE ADVENTUREUX (les)**
Comte d'Amboise (le), Bernard et Fontenelle → **BERNARD Catherine, FONTENELLE Bernard de**
Comte de Boursoufle → **VOLTAIRE**
Comte de Chanteleine (le) → **VERNE Jules**
Comte de Gabalis ou Entretiens sur les sciences secrètes (le) → **VILLARS abbé de**
Comte de Monte-Cristo (le), Dumas et Maquet → **DUMAS Alexandre (père)**
Comte de Morcerf (le) → **DUMAS Alexandre (père)**
Comte des Formes (le) → **CINGRIA Charles-Albert**
Comte d'Essex (le) → **CORNEILLE Thomas**
Comte d'Essex (le) → **LA CALPRENÈDE sieur de**
Comte de Warwick (le) → **AULNOY Mme d'**
Comte Julien ou l'Expiation (le) → **GUIRAUD Alexandre**
Comte Oxtiern ou les Malheurs du libertinage (le) → **SADE marquis de**
Comtesse d'Alibre (la) → **LOAISEL DE TRÉOGATE Joseph-Marie**
Comtesse de Cagliostro (la) → **LEBLANC Maurice**
Comtesse de Charny (la) → **DUMAS Alexandre (père)**
Comtesse de Monrion (la) → **SOULIÉ Frédéric**
Comtesse de Rudolstadt (la) → **SAND George**
Comtesse de Salisbury (la) → **DUMAS Alexandre (père)**
Comtesse d'Escarbagnas (la) → **MOLIÈRE**
Comtesse de Tende (la) → **LA FAYETTE Mme de**
Comtesse d'Orgueil (la) → **CORNEILLE Thomas**
Comtesse Sarah (la) → **OHNET Georges**
Conception Nostre Dame → **WACE**
Concert eucharistique → **LA TOUR DU PIN Patrice de**
Concile féerique (le) → **LAFORGUE Jules**
Concorde des deux langages (la) → **LEMAIRE DE BELGES Jean, RHÉTORIQUEURS**
Concorde du genre humain (la) → **LEMAIRE DE BELGES Jean**
Condamné (le) → **VITRAC Roger**
Condamné à mort (le) → **GENET Jean**
Condition humaine (la) → **MALRAUX André**
Condition ouvrière (la) → **WEIL Simone**
Confession (la) → **JANIN Jules**
Confession (la) → **MAUPASSANT Guy de**
Confession catholique du sieur de Sancy (la) → **AUBIGNÉ Agrippa d'**
Confession dans les collines (la) → **RINALDI Angelo**
Confession de Claude (la) → **ZOLA Émile**
Confession de Diogène (la) → **GUÉRIN Raymond**
Confession de Lémuel (la) → **MILOSZ O.V. de L.**
Confession de minuit → **DUHAMEL Georges**
Confession d'un amant (la) → **PRÉVOST Marcel**
Confession d'un enfant du siècle (la) → **MUSSET Alfred de, MAL DU SIÈCLE**
Confession du pasteur Burg (la) → **CHESSEX Jacques**
Confession mexicaine (la) → **BOSQUET Alain**
Confession posthume (la) → **MARGUERITTE Paul**
Confession publique (la) → **RICHAUD André de**
Confessions (les) → **ROUSSEAU Jean-Jacques, MAL DU SIÈCLE, ROMANTISME**
Confessions (les) → **VERLAINE Paul**
Confessions de Dan Yack → **CENDRARS Blaise**
Confessions de la marquise → **DUMAS Alexandre (père)**
Confessions de Sylvius → **CHAMPFLEURY**
*Confessions du comte de*** (les)* → **DUCLOS Charles**
Confessions d'un enfant de La Chapelle → **SIMONIN Albert**
Confidence africaine → **MARTIN DU GARD Roger**
Confidences → **LAMARTINE Alphonse de**
Confidences de gargouille → **BECK Béatrix**
Confidences d'une aïeule (les) → **HERMANT Abel**
Confidences d'une biche (les) → **HERMANT Abel**
Confidences d'un joueur de clarinette (les) → **ERCKMANN-CHATRIAN**
Confidente (la) → **PRASSINOS Gisèle**
Confort d'ami (le) → **GUILLAUME DE MACHAUT**
Confort intellectuel (le) → **AYMÉ Marcel**
Confrontation (la) → **GUILLOUX Louis**
Congés (les) → **ADAM DE LA HALLE, JEAN BODEL**
Congrès de fantomologie (le) → **CHATEAUREYNAUD Georges-Olivier**
Congrès de Vérone (le) → **CHATEAUBRIAND François-René de**
Conjuration du comte Jean-Louis de Fiesque (la) → **RETZ cardinal de**
Connaissance de la mort → **VITRAC Roger**
Connaissance de l'Est → **CLAUDEL Paul**
Connaissance des noces → **RENARD Jean-Claude**
Connaissance du soir (la) → **BOUSQUET Joë**
Connaissance par les gouffres → **MICHAUX Henri**

Connaissance surnaturelle (la) → **WEIL Simone**
Connaissez-vous Maronne ? → **BOULANGER Daniel**
Conquérants (les) → **MALRAUX André**
Conquête de Constantinople (la) → **ROBERT DE CLARI**
Conquête de Constantinople (la) → **VILLEHARDOUIN Geoffroi de**
Conquête de Jérusalem (la) → **CROISADE (Cycles de la)**
Conquête de l'Angleterre (la) → **FORT Paul**
Conquête de Plassans (la) → **ZOLA Émile**
Conquêtes d'Alexandre (les) → **PEYREFITTE Roger**
Conquistadors (les) → **CASSOU Jean**
Conscience (la) → **DUMAS Alexandre (père)**
Conscience de tracteur → **SONY LABOU TANSI**
Conscience, instinct divin → **MAURIAC François**
Conscience malheureuse (la) → **FONDANE Benjamin**
Conseiller rapporteur (le) → **DELAVIGNE Casimir**
Conseils à un colonel (les) → **COURIER Paul-Louis**
Conseils à un jeune poète → **JACOB Max**
Conseils à un journaliste → **VOLTAIRE**
Conseils aux jeunes littérateurs → **BAUDELAIRE Charles**
Conseils raisonnables à M. Bergier pour la défense du christianisme → **VOLTAIRE**
Considérations sur la France → **MAISTRE Joseph de**
Considérations sur la mythologie grecque → **GIDE André**
Considérations sur la richesse et le luxe → **SÉNAC DE MEILHAN Gabriel**
Considérations sur l'assassinat de Gérard Lebovici → **DEBORD Guy**
Considérations sur le gouvernement de Pologne → **ROUSSEAU Jean-Jacques**
Considérations sur l'éloquence française → **LA MOTHE LE VAYER François de**
Considérations sur le projet de loi relatif aux élections adopté par la Chambre des députés → **CONSTANT Benjamin**
Considérations sur les causes de la grandeur des Romains et de leur décadence → **MONTESQUIEU**
Considérations sur les mesures à prendre pour terminer la Révolution → **SAINT-SIMON, Claude Henri de Rouvroy, comte de**
Considérations sur les mœurs de ce siècle → **DUCLOS Charles**
Considérations sur le sommeil, les songes et le somnambulisme → **MAINE DE BIRAN**
Considérations sur les principaux événements de la Révolution française → **STAËL Mme de**
Considérations sur l'esprit et les mœurs → **SÉNAC DE MEILHAN Gabriel**
Considérations sur l'Ordre → **SAINT-SIMON Louis, duc de**
Consolation à Cléophon → **MALHERBE François de**
Consolation à M. du Périer → **MALHERBE François de**
Consolation au premier président → **MALHERBE François de**
Consolations → **NERVÈZE Antoine de**
Consolations (les) → **SAINTE-BEUVE, ROMANTISME**
Consolations de ma captivité → **ROUCHER Jean Antoine**
Consolations des âmes justes → **MONCRIF François Augustin Paradis de**
Conspiration (la) → **NIZAN Paul**
Constance (la) → **LARIVEY Pierre de**
Constance Verrier → **SAND George**
Constantinople → **GAUTIER Théophile**
Constellations → **BRETON André, SURRÉALISME**
Consuelo, Leroux et Sand → **SAND George, LEROUX Pierre**
Consultation (la) → **MARTIN DU GARD Roger**
Consultation pour Banti → **STENDHAL**
Contacts et circonstances → **CLAUDEL Paul**
Contagion sacrée (la) → **HOLBACH Paul, baron d'**
Conte du Graal (le) → **CHRÉTIEN DE TROYES**
Contemplatio horae mortis → **PHILIPPE DE MÉZIÈRES**
Contemplations (les) → **HUGO Victor**
Contemplation suprême → **HUGO Victor**
Contemporaines ou Aventures des plus jolies femmes de l'âge présent (les) → **RÉTIF DE LA BRETONNE**
Contens (les) → **TURNÈBE Odet de**
Contes → **NOËL Marie**
Contes → **PERRAULT Charles**
Contes à Ninette → **ZOLA Émile**
Contes à Ninon → **ZOLA Émile**
Contes cruels → **VILLIERS DE L'ISLE-ADAM**
Contes d'ailleurs et d'autre part → **GRIPARI Pierre**
Contes d'Amadou Koumba → **DIOP Birago**
Contes d'Awa → **DIOP Birago**
Contes de Béhanzigue (les) → **TOULET Paul-Jean**
Contes de fées → **AULNOY Mme d'**
Contes de Guillaume Vadé → **VOLTAIRE**
Contes de Jacques Tournebroche (les) → **FRANCE Anatole**
Contes de la bécasse → **MAUPASSANT Guy de**
Contes de la Folie Méricourt → **GRIPARI Pierre**
Contes de la Maternelle → **FRAPIÉ Léon**
Contes de la rue Broca → **GRIPARI Pierre**
Contes de ma mère l'oye (les) → *Histoires ou Contes du temps passé*
Contes de Pantruche et d'ailleurs → **BERNARD Tristan**
Contes de Paris et de Provence → **ARÈNE Paul**
Contes des fées → **DUCRAY-DUMINIL François-Guillaume**
Contes d'Espagne et d'Italie → **MUSSET Alfred de**
Contes drolatiques → **BALZAC Honoré de**
Contes du chalet → **JANIN Jules**
Contes du chat perché (les) → **AYMÉ Marcel**
Contes du jour et de la nuit → **MAUPASSANT Guy de**
Contes du lundi (les) → **DAUDET Alphonse**
Contes d'une grand'mère → **SAND George**
Contes du whisky (les) → **RAY Jean**
Contes en prose → **DESBORDES-VALMORE Marceline**
Contes en vers → **DESBORDES-VALMORE Marceline**
Contes épiques → **MENDÈS Catulle**
Contes et dicts de notre temps → **GHELDERODE Michel de**
Contes et discours d'Eutrapel → **DU FAIL Noël**
Contes et fabliaux de la vieille Lituanie → **MILOSZ O.V. de L.**
Contes et facéties → **NERVAL Gérard de**
Contes et lavanes → **DIOP Birago**
Contes et nouvelles → **MUSSET Alfred de**
Contes et nouvelles en vers → **LA FONTAINE Jean de**
Contes et propos → **QUENEAU Raymond**
Contes et Romans populaires → **ERCKMANN-CHATRIAN**

D

Deux Étendards (les) → **REBATET Lucien**
Deux Étés → **ORSENNA Erik**
Deux Étreintes → **DAUDET Léon**
Deux Femmes un soir → **ROLIN Dominique**
Deux Forces (les) → **JOUVE Pierre-Jean**
Deux Frères (les) → **SAND George**
Deux Gougnottes (les) → **MONNIER Henry**
Deux Héritages ou Don Quichotte, moralité à plusieurs personnages (les) → **MÉRIMÉE Prosper**
Deux Hommes (les) → **STENDHAL**
Deuxième Couteau (le) → **BESSON Patrick**
Deuxième Lettre à M. Odilon Barrot → **CONSTANT Benjamin**
Deuxième Mort de Ramon Mercader (la) → **SEMPRUN Jorge**
Deuxième Sexe (le) → **BEAUVOIR Simone de**
Deux Maîtresses (les) → **MUSSET Alfred de**
Deux Martine ou le Procureur dupé (les) → **DUCRAY-DUMINIL François-Guillaume**
Deux Merles blancs → **LABICHE Eugène**
Deux Nigauds (les) → **SÉGUR comtesse de**
Deux Orphelines (les) → **DENNERY Adolphe**
Deux Papas très bien → **LABICHE Eugène**
Deux Pierrots (les) → **ROSTAND Edmond**
Deux Premiers Livres des Foresteries → **VAUQUELIN DE LA FRESNAYE Jean**
Deux Reines (les) → **DORAT Claude-Joseph**
Deux Reines (les) → **DUMAS Alexandre (père)**
Deux Rendez-vous (les) → **NERVAL Gérard de**
Deux Sœurs (les) → **ROLIN Dominique**
Deux Sources de la morale et de la religion (les) → **BERGSON Henri**
Deux Stuarts (les) → **LAYA Jean-Louis**
Deux Travestis → **COCTEAU Jean**
Deux Trouvailles de Gallus (les) → **HUGO Victor**
Dévadé → **DUCHARME Réjean**
Devenir ! → **MARTIN DU GARD Roger**
Devin de village (le) → **ROUSSEAU Jean-Jacques**
Devineresse (la) → **CORNEILLE Thomas, DONNEAU DE VISÉ Jean**
Dévirgineurs (les) → **DORAT Claude-Joseph**
De vive voix → **CAYROL Jean**
Devoir et l'Inquiétude (le) → **ELUARD Paul**
Dévotes d'Avignon (les) → **PÉLADAN Joséphin**
Dévotes vaincues (les) → **PÉLADAN Joséphin**
Dévouée (la) → **HENNIQUE Léon**
Diab'là → **ZOBEL Joseph**
Diable amoureux (le) → **CAZOTTE Jacques**
Diable à quatre ou la Double Métamorphose (le) → **SEDAINE Michel Jean**
Diable au corps (le) → **NERCIAT Andréa de**
Diable au corps (le) → **RADIGUET Raymond**
Diable boiteux (le) → **LESAGE**
Diable, Dieu et Autres Contes de menterie → **GRIPARI Pierre**
Diable en tête (le) → **LÉVY Bernard-Henri**
Diable et le Bon Dieu (le) → **SARTRE Jean-Paul**
Diable médecin (le) → **SUE Eugène**
Diable rose ou le Petit Courrier de Lucifer (le) → **DUCANGE Victor-Henri-Joseph**
Diablogues → **DUBILLARD Roland**
Diaboliques (les) → **BARBEY D'AUREVILLY Jules**
Diaboliques (les), Boileau-Narcejac → **NARCEJAC Thomas**
Diadème → **JOUVE Pierre-Jean**
Diadumène → **BENOIT Pierre**
Diagonales → **POIROT-DELPECH Bertrand**
Dialogue → **MARTIN DU GARD Roger**
Dialogue → **SEGHERS Pierre**
Dialogue avec 33 variations de Ludwig van Beethoven sur une valse de Diabelli → **BUTOR Michel**
Dialogue de la lecture des vieux romans → **CHAPELAIN Jean**
Dialogue de l'amitié (le) → **DIETRICH Luc**
Dialogue de l'amour et de l'amitié → **PERRAULT Charles**
Dialogue d'Éleuthère → **BENDA Julien**
Dialogue de l'ortografe et prononciacion françoese → **PELETIER DU MANS Jacques**
Dialogue de Pégase et du vieillard → **VOLTAIRE**
Dialogue de Sylla et Eucrate → **MONTESQUIEU**
Dialogue du chapon et de la poularde → **VOLTAIRE**
Dialogue du douteur et de l'adorateur → **VOLTAIRE**
Dialogue en forme de vision nocturne → **MARGUERITE DE NAVARRE**
Dialogue entre un prêtre et un moribond → **SADE marquis de**
Dialogues → **CHOISY abbé de**
Dialogues → **ROUSSEAU Jean-Jacques**
Dialogues bourbonnais → **GUILLAUMIN Émile**
Dialogues chrétiens → **VOLTAIRE**
Dialogues [...] non moins profitables que facetieus → **TAHUREAU Jacques**
Dialogues de bêtes → **COLETTE**
Dialogues des Carmélites → **BERNANOS Georges**
Dialogues des morts → **FONTENELLE Bernard de**
Dialogues d'Évhémère → **VOLTAIRE**
Dialogues et fragments philosophiques → **RENAN Ernest**
Dialogues moraux → **DES AUTELS Guillaume**
Dialogues philosophiques → **VOLTAIRE**
Dialogues sur le commandement → **MAUROIS André**
Dialogues sur l'éloquence → **FÉNELON**
Dialogues sur le quiétisme → **LA BRUYÈRE Jean de**
Dialogus de imitatione Ciceroniana → **DOLET Étienne**
Diamant du commandeur (le) → **PONSON DU TERRAIL Paul Alexis**
Diane → **AUGIER Émile**
Diane → **ROTROU Jean**
Diane de Chivry → **SOULIÉ Frédéric**
Diane de Lancy → **PONSON DU TERRAIL Paul Alexis**
Diane de Lys → **DUMAS Alexandre (fils)**
Diane française (la) → **ARAGON Louis**
Diane rousse (la) → **GRAINVILLE Patrick**
Diatribe à l'auteur des « Éphémérides » → **VOLTAIRE**
Diatribe du docteur Akakia → **VOLTAIRE**
Dickie roi → **MALLET-JORIS Françoise**
Dictamen De Bello Huguenotico et Reistrorum Piglamine ad sodales → **BELLEAU Rémy**
Dictateur (le) → **ROMAINS Jules**

F

Feuillets d'Hypnos → **CHAR René**
Feu, journal d'une escouade (le) → **BARBUSSE Henri**
Feu la mère de Madame → **FEYDEAU Georges**
Feu qui prend (le) → **CAYROL Jean**
Feu sur la terre (le) → **MAURIAC François**
Feux → **YOURCENAR Marguerite**
Feux du pouvoir (les) → **ROUART Jean-Marie**
Fez ou les Bourgeois de l'Islam → **THARAUD Jérôme et Jean**
Fiançailles (les) → **LACRETELLE Jacques de**
Fiançailles pour rire → **VILMORIN Louise de**
Fiancée de l'eau (la) → **BEN JELLOUN Tahar**
Fiancée du vent (la) → **BOUSQUET Joë**
Fiancée juive (la) → **CIXOUS Hélène**
Fiancés du Havre (les) → **SALACROU Armand**
Fibrilles → **LEIRIS Michel**
Fichier parisien (le) → **MONTHERLANT Henry de**
Fiction du lion → **EUSTACHE DESCHAMPS**
Fidèle (le) → **LARIVEY Pierre de**
Fidèle Berger (le) → **VIALATTE Alexandre**
Fidelle Tromperie (la) → **GOUGENOT**
Fiesta → **VIAN Boris**
Fièvre (la) → **LE CLÉZIO J.M.G.**
Figurante (la) → **FRAPIÉ Léon**
Figurants (les) → **DAENINCKX Didier**
Figurants (les) → **WEYERGANS François**
Figurations → **DEGUY Michel**
Figures détruites → **PLISNIER Charles**
Fil de fer → **RICTUS Jehan**
Fil de la vie (le) → **FOUCHET Max-Pol**
Fil de l'épée (le) → **GAULLE Charles de**
Fileuse (la) → **VADÉ Jean Joseph**
Filibuth ou la Montre en or → **JACOB Max**
Fille aux trois jupons (la) → **KOCK Paul de**
Fille aux yeux d'or (la) → **BALZAC Honoré de**
Fille d'Aristide (la) → **GRAFIGNY Mme de**
Fille de Christophe Colomb (la) → **DUCHARME Réjean**
Fille de courtisane → **MONTÉPIN Xavier de**
Fille de King-Kong (la) → **ARRABAL Fernando**
Fille de l'écrivain (la) → **TROYAT Henri**
Fille de l'exilé (la) → **PIXERÉCOURT Guilbert de**
Fille de Mai (la) → **LANOUX Armand**
Fille des chiffonniers (la) → **ANICET-BOURGEOIS**
Fille des chiffonniers (la) → **DENNERY Adolphe**
Fille du Bouscat (la) → **DELERM Philippe**
Fille du Cid (la) → **DELAVIGNE Casimir**
Fille du Marquis (la) → **DUMAS Alexandre (père)**
Fille du peuple (la) → **MICHEL Louise**
Fille Élisa (la) → **GONCOURT Edmond et Jules de**
Fille naturelle (la) → **RÉTIF DE LA BRETONNE**
Fille pauvre (la) → **VAN DER MEERSCH Maxence**
Fille qui faisait des miracles (la) → **SOUPAULT Philippe**
Filles à marier (les) → **FRAPIÉ Léon**
Fille sauvage (la) → **CUREL François de**
Filles de plâtre (les) → **MONTÉPIN Xavier de**
Filles du Calvaire (les) → **COMBESCOT Pierre**
Filles du feu (les) → **NERVAL Gérard de**
Filles-Fleurs → **KLINGSOR Tristan**
Filles, lorettes et courtisanes → **DUMAS Alexandre (père)**
Fillettes chantantes (les) → **SABATIER Robert**
Film → **BECKETT Samuel**
Films sans images → **CENDRARS Blaise**
Fil(s) perdu (le) → **RISTAT Jean**
Fils d'Avrom (les) → **IKOR Roger**
Fils de Babel (le) → **TRISTAN Frédérick**
Fils de famille (les) → **SUE Eugène**
Fils de Giboyer (le) → **AUGIER Émile**
Fils de Jerphanion (le) → **ROMAINS Jules**
Fils de la folle (le) → **SOULIÉ Frédéric**
Fils de Lagardère (le) → **FÉVAL Paul**
Fils de la lumière (les) → **PEYREFITTE Roger**
Fils de l'émigré (le) → **DUMAS Alexandre (père)**
Fils de l'homme (le) → **MAURIAC François**
Fils de l'homme, souvenirs de 1824 (le) → **SUE Eugène**
Fils de Louis XVI (le) → **BLOY Léon**
Fils de personne → **MONTHERLANT Henry de**
Fils de Titien (le) → **MUSSET Alfred de**
Fils du pauvre (le) → **FERAOUN Mouloud**
Fils ingrats (les) → **PIRON Alexis**
Fils Louverné (les) → **SCHLUMBERGER Jean**
Fils naturel (le) → **DIDEROT Denis**
Fils naturel (le) → **DUMAS Alexandre (fils)**
Fin d'Antonia (la) → **DUJARDIN Édouard**
Fin de Babylone (la) → **APOLLINAIRE Guillaume**
Fin de Chéri (la) → **COLETTE**
Fin de Lamiel (la) → **LAURENT Jacques**
Fin de la nuit (la) → **MAURIAC François**
Fin de l'ésotérisme (la) → **ABELLIO Raymond**
Fin d'Élyas → **CROISADE (Cycles de la)**
Fin de partie → **BECKETT Samuel**
Fin des alternances (la) → **JOUFFROY Alain**
Fin des ambassades (la) → **PEYREFITTE Roger**
Fin des amours de Faublas (la) → **LOUVET DE COUVRAY Jean-Baptiste**
Fin de Satan (la) → **HUGO Victor, ROMANTISME**
Fin des hommes (la) → **DRUON Maurice**
Fin de siècle → **HALLIER Jean-Edern**
Fin des temps ordinaires (la) → **DELAY Florence**
Fin des Villavide (la) → **VILMORIN Louise de**
Fin du monde (la) → **BOURGEADE Pierre**
Fin du monde (la) → **CENDRARS Blaise**
Fin d'un bluff (la) → **NARCEJAC Thomas**
Fin d'un Manoir (la) → **QUEFFÉLEC Henri**
Fin du Potomak (la) → **COCTEAU Jean**
Fin du Voyage (la) → **ROLLAND Romain**
Finie la comédie → **POIROT-DELPECH Bertrand**
Finis Latinorum → **PÉLADAN Joséphin**
Finita Comœdia → **ROLLAND Romain**
Fiorenza → **SUARÈS André**
Fiston (le) → **PINGET Robert**
Flagrant Délit. Rimbaud devant la conjuration de l'imposture et du truquage → **BRETON André**
Flamandes (les) → **VERHAEREN Émile**

G

Guerre des dieux anciens et modernes (la) → **PARNY Évariste Désiré, chevalier de**
Guerre des femmes (la), Dumas et Maquet → **DUMAS Alexandre (père)**
Guerre d'Espagne, de Bavière et de Flandre ou Mémoires du marquis D... (la) → **COURTILZ DE SANDRAS Gatien de**
Guerre des piscines (la) → **NAVARRE Yves**
Guerre de Transylvanie (la) → **CAMUS Renaud**
Guerre d'Italie ou Mémoires du comte D... (la) → **COURTILZ DE SANDRAS Gatien de**
Guerre du feu (la) → **ROSNY J.-H.**
Guerre du goût (la) → **SOLLERS Philippe**
Guerre du printemps 1981 (la) → **BLAIS Marie-Claire**
Guerre et la Paix (la) → **PROUDHON Joseph**
Guerre, Madame (la) → **GÉRALDY Paul**
Guetteur mélancolique (le) → **APOLLINAIRE Guillaume**
Gueule de pierre → **QUENEAU Raymond**
Gueuse parfumée (la) → **ARÈNE Paul**
Guichet (le) → **TARDIEU Jean**
Guide des chemins de France (la) → **ESTIENNE**
Guide des courtisans (la) → **NERVÈZE Antoine de**
Guidée par le songe → **BECK Béatrix**
Guigemar → **MARIE DE FRANCE**
Guignol's Band → **CÉLINE Louis-Ferdinand**
Guillaume d'Angleterre → **CHRÉTIEN DE TROYES**
Guillaume de Dole → **RENART Jean**
Guillaume le Bâtard, conquérant → **LA VARENDE Jean de**
Guillaume Tell → **ANTIER Benjamin**
Guillaume Tell → **LEMIERRE Antoine Marin**
Guillaume Tell → **SEDAINE Michel Jean**
Guimard (la) → **GONCOURT Edmond et Jules de**
Guingamor → **LAIS ANONYMES BRETONS**
Guirlande de Julie (la), collectif → **PRÉCIOSITÉ**
Gulliver → **SIMON Claude**
Gustalin → **AYMÉ Marcel**
Gustaphe ou l'Heureuse Ambition → **BENSERADE Isaac de**
Gustave ou le Mauvais Sujet → **KOCK Paul de**
Gustave ou le Napolitain → **ANICET-BOURGEOIS**
Gustave Wasa → **PIRON Alexis**
Guynemer, l'ange de la mort → **ROY Jules**
Guzla ou Choix de poésies illyriques, recueillies dans la Dalmatie, la Croatie et l'Herzégovine (la) → **MÉRIMÉE Prosper**
Gwendoline → **MENDÈS Catulle**
Gynographes ou Idées de deux honnêtes femmes sur un projet de règlement proposé à toute l'Europe pour mettre les femmes à leur place et opérer le bonheur des deux sexes (les) → **RÉTIF DE LA BRETONNE**
Gyroscope → **BUTOR Michel**

H

H → **SOLLERS Philippe**
Habanera → **MANET Eduardo**
Habits noirs (les) → **FÉVAL Paul**
Habit vert (l') → **AUGIER Émile**
Habit vert (l') → **FLERS Robert de**
Haendel → **ROLLAND Romain**
Haeres → **FRÉNAUD André**
Ha ha ! → **DUCHARME Réjean**
Haillons → **VIVIEN Renée**
Haine (la) → **SARDOU Victorien**
Haine de la musique (la) → **QUIGNARD Pascal**
Hain-Tenys mérinas (les) → **PAULHAN Jean**
Haldred → **BESSON Patrick**
Halifax → **DUMAS Alexandre (père)**
Halte catholique (la) → **GHELDERODE Michel de**
Hammerklavier → **REZA Yasmina**
Han d'Islande → **HUGO Victor**
Hans le Marin → **PEISSON Édouard**
Happy Birthday Sarah → **QUEFFÉLEC Yann**
Harangues → **BÈZE Théodore de**
Harangues → **VAUQUELIN Nicolas**
Harmonies de la nature → **BERNARDIN DE SAINT-PIERRE**
Harmonies poétiques et religieuses → **LAMARTINE Alphonse de, ROMANTISME**
Harmonies viennoises (les) → **CASSOU Jean**
Harmonika-Zug (l') → **ROUX Dominique de**
Harnais (le) → **PINGET Robert**
Harold aux longs cheveux → **MILLEVOYE Charles-Hubert**
Harricana → **CLAVEL Bernard**
Harrouda → **BEN JELLOUN Tahar**
Hasard → **LE CLÉZIO J.M.G.**
Hasard au coin du feu (le) → **CRÉBILLON Claude**
Hausse et la Baisse (la) → **MAUROIS André**
Haute École → **CUREL François de**
Haute-Fréquence → **BRETON André**
Haute Solitude → **FARGUE Léon-Paul**
Haute Surveillance → **GENET Jean**
Haut et Puissant Seigneur baron de Cramoisy (le) → **CHRISTOPHE**
Hauteurs de la ville (les) → **ROBLÈS Emmanuel**
Haut-Mal (le) → **LEIRIS Michel**
Hauts Faits de M. de Ponthau (les) → **HENNIQUE Léon**
Hauts Faits des jésuites (les) → **NERVAL Gérard de**
Hauts-Ponts (les) → **LACRETELLE Jacques de**
Hauts Quartiers (les) → **GADENNE Paul**
Hebdromadaires → **PRÉVERT Jacques**
Hébreu simplifié (l') → **VOLNEY Constantin François de**
Hécate → **JOUVE Pierre-Jean**
Hécate et ses chiens → **MORAND Paul**
Hécatombe à Pythagore (l') → **RISTAT Jean**
Hectares de soleil → **MALRIEU Jean**
Hector → **MONTCHRESTIEN Antoine de**
Hector Servadac → **VERNE Jules**
Heiligen Antonius → **GHELDERODE Michel de**
Héléna ou les Miquelets → **RÉVÉRONI SAINT-CYR**
Hélène → **PAILLERON Édouard**
Hélène chez Archimède → **SUARÈS André**
Hélène de Sparte → **VERHAEREN Émile**
Hélène ou le Règne végétal → **CADOU René Guy**
Héliogabale ou l'Anarchiste couronné → **ARTAUD Antonin**

Histoire de Guzman d'Alfarache (l') → **LESAGE**
Histoire de Jean de Bourbon, prince de Carency → **AULNOY Mme d'**
Histoire de Jeanne d'Arc → **BARANTE Prosper de**
Histoire de Jeanne, transsexuelle → **RIHOIT Catherine**
Histoire de Jenni ou le Sage et l'Athée → **VOLTAIRE**
Histoire de John Cooper d'Albany → **SACHS Maurice**
Histoire de la Bele Melusine, Jean d'Arras → **MÉLUSINE**
Histoire de l'Académie des sciences → **FONTENELLE Bernard de**
Histoire de la campagne française → **ROUPNEL Gaston**
Histoire de la Commune de Paris → **LANOUX Armand**
Histoire de la conjuration des Espagnols contre Venise → **SAINT-RÉAL abbé de**
Histoire de la conquête de l'Angleterre par les Normands → **THIERRY Augustin**
Histoire de la conspiration de Valstein → **SARASIN Jean-François**
Histoire de la Convention nationale → **BARANTE Prosper de**
Histoire de la félicité (l') → **VOISENON**
Histoire de la folie à l'âge classique → **FOUCAULT Michel**
Histoire de la forêt → **CAYROL Jean**
Histoire de la France → **MAUROIS André**
Histoire de la France → **MERCIER Louis-Sébastien**
Histoire de la France depuis la guerre → **PRÉVOST Jean**
Histoire de la guerre de 1741 (l') → **VOLTAIRE**
Histoire de la guerre de Hollande de 1672 à 1677 (l') → **COURTILZ DE SANDRAS Gatien de**
Histoire de la ligue de Cambrai → **DUBOS Jean-Baptiste, abbé**
Histoire de la littérature anglaise → **TAINE Hippolyte**
Histoire de la littérature dramatique → **JANIN Jules**
Histoire de la marine française depuis le XVe siècle jusqu'à nos jours → **SUE Eugène**
Histoire de l'amour → **MICHELET Jules**
Histoire de l'amour → **TINAYRE Marcelle**
Histoire de la nature des Oyseaux → **BELON Pierre**
Histoire de la peinture en Italie → **STENDHAL**
Histoire de la poésie française → **ROUSSELOT Jean**
Histoire de la poésie française → **SABATIER Robert**
Histoire de la Réforme → **MICHELET Jules**
Histoire de la Renaissance → **MICHELET Jules**
Histoire de la République romaine dans le cours du VIIe siècle → **BROSSES Charles de**
Histoire de la révolution de 1848 → **AGOULT Marie d'**
Histoire de la Révolution française → **MICHELET Jules**
Histoire de la roulette → **PASCAL Blaise**
Histoire de l'art dramatique en France depuis vingt-cinq ans → **GAUTIER Théophile**
Histoire de la rupture d'Abénamar et de Fatime → **BERNARD Catherine**
Histoire de la sexualité → **FOUCAULT Michel**
Histoire de la société française pendant la Révolution → **GONCOURT Edmond et Jules de**
Histoire de la société française sous le Directoire → **GONCOURT Edmond et Jules de**
Histoire de la Turquie → **LAMARTINE Alphonse de**
Histoire de la vie politique et privée de Louis-Philippe → **DUMAS Alexandre (père)**
Histoire de Leander et Hero → **MAROT Clément**
Histoire de l'empire d'Allemagne → **FRÉRON Élie**
Histoire de l'empire de Russie sous Pierre le Grand → **VOLTAIRE**
Histoire de l'Espagne franquiste → **GALLO Max**
Histoire de l'Europe → **BERL Emmanuel**
Histoire de l'Homme → **BUFFON**
Histoire de l'homme (l') → **SAINT-SIMON, Claude Henri de Rouvroy, comte de**
Histoire de l'œil → **BATAILLE Georges**
Histoire de Louis XI → **DUCLOS Charles**
Histoire de Louis XIII → **SOREL Charles**
Histoire de Lucie, fille perdue et criminelle (l') → **SAINT-GEORGES DE BOUHÉLIER**
Histoire de lynx → **LÉVI-STRAUSS Claude**
Histoire de Madame → **LA FAYETTE Mme de**
Histoire de Madame de Luz → **DUCLOS Charles**
Histoire de Marguerite d'Anjou → **PRÉVOST abbé**
Histoire de Marie-Antoinette → **GONCOURT Edmond et Jules de**
Histoire de Marie Stuart → **FRÉRON Élie**
Histoire de Mathilde d'Aguilar → **SCUDÉRY Madeleine de**
Histoire de ma vie → **CASANOVA DE SEINGALT Jacques**
Histoire de ma vie → **SAND George, ROMANTISME**
Histoire de mes idées → **QUINET Edgar**
Histoire de mes pensées → **ALAIN**
Histoire de miss Jenny → **RICCOBONI Mme**
Histoire de Mlle Virginie de La Tour → **BERNARDIN DE SAINT-PIERRE**
Histoire démocratique des peuples anciens et modernes → **PERDIGUIER Agricol**
Histoire de Monsieur Cleveland, fils naturel de Cromwell, écrite par lui-même, ou le Philosophe anglais → **PRÉVOST abbé**
Histoire de ne pas rire → **NOUGÉ Paul**
Histoire de Philippe de Valois et du roi Jean → **CHOISY abbé de**
Histoire de quatre potiers → **SCHLUMBERGER Jean**
Histoire de rats → **BATAILLE Georges**
Histoire de rire → **SALACROU Armand**
Histoire d'Ernestine → **RICCOBONI Mme**
Histoire des amants célèbres → **ESQUIROS Alphonse**
Histoire des amours de Cléante et de Bélise (l') → **FERRAND la présidente**
Histoire des causes premières, exposé sommaire des pensées des philosophes sur le principe des êtres → **BATTEUX Charles**
Histoire des compagnes de Maria → **RÉTIF DE LA BRETONNE**
Histoire des Constituants → **LAMARTINE Alphonse de**
Histoire des croyances et des idées religieuses → **ELIADE Mircea**
Histoire des deux Indes, Diderot, Raynal → *Histoire philosophique et politique des établissements et du commerce des Européens dans les deux Indes*
Histoire des ducs de Bourgogne de la maison de Valois → **BARANTE Prosper de**
Histoire des États-Unis → **MAUROIS André**
Histoire des Girondins → **LAMARTINE Alphonse de**
Histoire des grands voyages → **VERNE Jules**
Histoire de Sibylle → **FEUILLET Octave**

Histoire des institutions de l'ancienne France → **FUSTEL de COULANGES Numa**
Histoire des martyrs de la liberté → **ESQUIROS Alphonse**
Histoire des minéraux → **BUFFON**
Histoire des Montagnards → **ESQUIROS Alphonse**
Histoire des navigations aux terres australes → **BROSSES Charles de**
Histoire des oracles → **FONTENELLE Bernard de**
Histoire des origines du christianisme → **RENAN Ernest**
Histoire des Perses → **GOBINEAU Arthur de**
Histoire des promesses illusoires depuis la paix des Pyrénées → **COURTILZ DE SANDRAS Gatien de**
Histoire des Quadrupèdes → **BUFFON**
Histoire des quatre Gordiens → **DUBOS Jean-Baptiste, abbé**
Histoire des Sévarambes ou peuples de la Terre Australe, contenant une relation du gouvernement, des mœurs, de la religion et du langage de cette nation inconnue jusqu'à présent aux peuples de l'Europe → **VEIRAS ou VEIRASSE ou VAYRASSE Denis**
Histoire des Treize → **BALZAC Honoré de**
Histoire des troupes du Levant → **GAULLE Charles de**
Histoire des voyages → **PRÉVOST abbé**
Histoire des voyages de Scarmentado → **VOLTAIRE**
Histoire de Tobie et de Sara (l') → **CLAUDEL Paul**
Histoire de Vasco → **SCHEHADÉ Georges**
Histoire d'Hippolyte, comte de Douglas → **AULNOY Mme d'**
Histoire d'Ottar Jarl, pirate norvégien → **GOBINEAU Arthur de**
Histoire du berger Lysis (l') → **SOREL Charles**
Histoire du chevalier Des Grieux et de Manon Lescaut → **PRÉVOST abbé**
Histoire du ciel → **CAYROL Jean**
Histoire du Directoire et de la République française → **BARANTE Prosper de**
Histoire du juif errant → **ORMESSON Jean Lefèvre d'**
Histoire du marquis de Cressy → **RICCOBONI Mme**
Histoire du monde en neuf guitares → **ORSENNA Erik**
Histoire d'un amour → **NIMIER Roger**
Histoire d'un anneau enchanté → **O'NEDDY Philothée**
Histoire d'un Blanc (l') → **SOUPAULT Philippe**
Histoire d'un cabanon et d'un chalet → **DUMAS Alexandre (père)**
Histoire d'un casse-noisette → **DUMAS Alexandre (père)**
Histoire d'un conscrit de 1813 (l') → **ERCKMANN-CHATRIAN**
Histoire d'un crime → **HUGO Victor**
Histoire d'un désert → **CAYROL Jean**
Histoire d'une évasion → **GROULT Benoîte**
Histoire d'une génération → **VALLÈS Jules**
Histoire d'une Grecque moderne → **PRÉVOST abbé**
Histoire d'une religieuse écrite par elle-même (l') → **TENCIN Mme de**
Histoire d'un fonctionnaire → **DHÔTEL André**
Histoire d'un homme du peuple (l') → **ERCKMANN-CHATRIAN**
Histoire d'un merle blanc → **MUSSET Alfred de**
Histoire d'un paysan (l') → **ERCKMANN-CHATRIAN**
Histoire d'un voyage fait en la terre du Brésil → **LÉRY Jean de**
Histoire du Parlement d'Angleterre → **RAYNAL Guillaume Thomas François, abbé**
Histoire du parlement de Paris → **VOLTAIRE**
Histoire du peuple d'Israël → **RENAN Ernest**
Histoire du plébiscite racontée par un des 7 500 000 oui (l') → **ERCKMANN-CHATRIAN**
Histoire du roi de Bohême et de ses sept châteaux → **NODIER Charles**
Histoire du romantisme → **GAUTIER Théophile, CÉNACLES ROMANTIQUES**
Histoire du siège de Dunkerque → **SARASIN Jean-François**
Histoire du soldat → **RAMUZ Charles Ferdinand**
Histoire du stathoudérat → **RAYNAL Guillaume Thomas François, abbé**
Histoire du théâtre français → **FONTENELLE Bernard de**
Histoire du véritable Gribouille → **SAND George**
Histoire du vieux temps → **MAUPASSANT Guy de**
Histoire du XIXe siècle (l') → **MICHELET Jules**
Histoire en abrégé de Louis XIV → **BUSSY RABUTIN**
Histoire et destin → **ROUPNEL Gaston**
Histoire et secrets de la peinture en cire → **DIDEROT Denis**
Histoire et Utopie → **CIORAN Emil Michel**
Histoire généalogique de la maison de Rabutin → **BUSSY RABUTIN**
Histoire impartiale des Jésuites → **BALZAC Honoré de**
Histoire intellectuelle de Louis Lambert → **BALZAC Honoré de**
Histoire mémorable... du roi Charles VII → **VIGENÈRE Blaise de**
Histoire mémorable du siège de Sancerre → **LÉRY Jean de**
Histoire naturelle (l') → **BUFFON**
Histoire naturelle de l'âme → **LA METTRIE Julien de**
Histoire naturelle des estranges poissons marins → **BELON Pierre**
Histoire naturelle des oiseaux → **BUFFON**
Histoire parallèle des États-Unis et de l'U.R.S.S. → **ARAGON Louis**
Histoire philosophique et politique des établissements et du commerce des Européens dans les deux Indes → **RAYNAL Guillaume Thomas François, abbé**
Histoire populaire de la Révolution de 1789 à 1830 → **CABET Étienne**
Histoire primitive des peuples de la Russie → **POTOCKI comte Jean**
Histoire romaine → **MICHELET Jules**
Histoires → **PRÉVERT Jacques**
Histoire sainte → **PLISNIER Charles**
Histoires brisées → **VALÉRY Paul**
Histoires de France → **GUITRY Sacha**
Histoires de Jean-Marie Cabidoulin → **VERNE Jules**
Histoires de masques → **LORRAIN Jean**
Histoires déplaisantes → **DRIEU LA ROCHELLE Pierre**
Histoires des amans fortunez → **MARGUERITE DE NAVARRE, BOAISTUAU Pierre**
Histoires désobligeantes → **BLOY Léon**
Histoire secrète de la cour de Berlin → **MIRABEAU comte de**
Histoire secrète d'Isabelle de Bavière → **SADE marquis de**
Histoires épouvantables → **LEROUX Gaston**
Histoires insolites → **VILLIERS DE L'ISLE-ADAM**
Histoires magiques → **GOURMONT Remy de**

I

Itinéraire descriptif et historique de la Grande-Bretagne et de l'Irlande → ESQUIROS Henri Alphonse
Itinéraire de Paris à Jérusalem → CHATEAUBRIAND François René de
Itinéraire espagnol (l') → T'SERSTEVENS Albert
Itinéraire portugais (l') → T'SERSTEVENS Albert
Itinéraire yougoslave (l') → T'SERSTEVENS Albert
Ivre Œil (l') → PIEYRE DE MANDIARGUES André
Ivresse des intellectuels : pastis, whisky et marxisme (l') → CAU Jean
Ixe 13 → GOBINEAU Arthur de
Ixelles, mes amours → GHELDERODE Michel de

J

J'abats mon jeu → ARAGON Louis
Jacassin (le) → DANINOS Pierre
J'accuse → ZOLA Émile
J'accuse le général Massu → ROY Jules
Jack → DAUDET Alphonse
Jack-to-Jack → VENAILLE Franck
Jacob → EMMANUEL Pierre
Jacobin en mission (le) → PIXERÉCOURT Guilbert de
Jacobites (les) → COPPÉE François
Jacquerie, scènes féodales (la) → MÉRIMÉE Prosper
Jacques → SAND George
Jacques Damour → HENNIQUE Léon
Jacques le Fataliste et son maître → DIDEROT Denis
Jacques le Fataliste, hommage à Denis Diderot → KUNDERA Milan
Jacques ou la Soumission → IONESCO Eugène
Jacques Villon → ELUARD Paul
Jacques Vingtras → VALLÈS Jules
Jacquot-sans-oreilles → DUMAS Alexandre (père)
Jacquou le Croquant → LE ROY Eugène
Jadis et Naguère → VERLAINE Paul, DÉCADENCE
J'ai tué → CENDRARS Blaise
Jalousie (la) → ROBBE-GRILLET Alain, NOUVEAU ROMAN
Jalousie du Barbouillé (la) → MOLIÈRE
Jalousie imprévue (la) → FAGAN Barthélemy Christophe
Jaloux (les) → LARIVEY Pierre de
James Ensor → VERHAEREN Émile
Jane → DUMAS Alexandre (père)
Jane Gray → STAËL Mme de
Jane Grey → SOUMET Alexandre
Jangada (la) → VERNE Jules
Jap-Job → CAUVIN Patrick
Japoneries d'automne → LOTI Pierre
Jardin aux betteraves (le) → DUBILLARD Roland
Jardin d'acclimatation (le) → NAVARRE Yves
Jardin d'agrément (le) → ROLIN Dominique
Jardin de Bérénice (le) → BARRÈS Maurice
Jardin de Félicité → HABERT François
Jardin d'Épicure (le) → FRANCE Anatole
Jardin de plaisance et fleur de rhétorique (le), collectif → JARDIN DE PLAISANCE
Jardin des délices (le) → ARRABAL Fernando
Jardin des racines grecques → LAROUSSE Pierre
Jardin des racines latines → LAROUSSE Pierre
Jardin des rêves (le) → TAILHADE Laurent
Jardin des supplices (le) → MIRBEAU Octave
Jardinier et son seigneur (le) → SEDAINE Michel Jean
Jardins du consulat (les) → RINALDI Angelo
Jardins et les Fleuves (les) → AUDIBERTI Jacques
Jardins ou l'Art d'embellir les paysages (les) → DELILLE Jacques
Jardin sur l'Oronte → BARRÈS Maurice
Jason et la Toison d'or → ROUSSEAU Jean-Baptiste
Jaune bleu blanc → LARBAUD Valery
Jaune, le soleil → DURAS Marguerite
J'avais un ami → REZVANI Serge
Jazz → PAGNOL Marcel
Jean Barois → MARTIN DU GARD Roger
Jean-Bête à la foire → BEAUMARCHAIS
Jean Calas → CHÉNIER Marie-Joseph
Jean Calas → LAYA Jean-Louis
Jean Cavalier ou les Fanatiques des Cévennes → SUE Eugène
Jean-Christophe → ROLLAND Romain
Jean-Christophe à Paris → ROLLAND Romain
Jean de Florette → PAGNOL Marcel
Jean de La Fontaine → GUITRY Sacha
Jean de la Lune → ACHARD Marcel
Jean de la Roche → SAND George
Jean des Figues → ARÈNE Paul
Jean de Thommeray → SANDEAU Jules
Jean-Diable → FÉVAL Paul
Jean Flers → MARTIN DU GARD Roger
Jean-François les bas bleus → NODIER Charles
Jean Genet, le poète travesti → REDONNET Marie
Jean Hennuyer, évêque de Lisieux → MERCIER Louis-Sébastien
Jean-Jacques → APOLLINAIRE Guillaume
Jean-Jacques de Nantes → SARMENT Jean
Jean-Jacques, histoire d'une conscience → GUÉHENNO Jean
Jean le Bleu → GIONO Jean
Jean le Maufranc → ROMAINS Jules
Jean-Louis ou la Fille trouvée → BALZAC Honoré de
Jean-Louis Trabart, médecin → BOSQUET Alain
Jean-Luc persécuté → RAMUZ Charles Ferdinand
Jean Marais → COCTEAU Jean
Jeanne → SAND George
Jeanne d'Arc → DELTEIL Joseph
Jeanne d'Arc → LEBRUN Pierre Antoine
Jeanne d'Arc → MICHELET Jules
Jeanne d'Arc → PÉGUY Charles
Jeanne d'Arc → SOUMET Alexandre
Jeanne d'Arc au bûcher → CLAUDEL Paul
Jeanne d'Arc et l'Allemagne → BLOY Léon
Jeanne d'Arc, la Pucelle de France → SAINT-GEORGES DE BOUHÉLIER
Jeanne de La Tremblaye → MONTÉPIN Xavier de
Jeanne de Liennes → ROLLAND Romain
Jeanne et Louise ou les Familles des transportés → SUE Eugène

Jeanne Laisné ou le Siège de Beauvais → **SADE marquis de**
Jeanne, reine d'Angleterre → **LA CALPRENÈDE sieur de**
Jeanne, reine de Naples → **MAGNON Jean**
Jeanne, relapse et sainte → **BERNANOS Georges**
Jeanne Robelin → **GENEVOIX Maurice**
Jeannot et Colin → **VOLTAIRE**
Jeannot, Mémoires d'un enfant → **DUTOURD Jean**
Jean sans Terre → **GOLL Yvan**
Jean Santeuil → **PROUST Marcel**
Jean Sbogar → **NODIER Charles**
Jean Vilar → **ROY Claude**
Jean Villemeur → **VERCEL Roger**
J'écris Paludes → **POIROT-DELPECH Bertrand**
Jehan et Blonde → **BEAUMANOIR Philippe de**
Jehanne la Pucelle → **DUMAS Alexandre (père)**
Je l'entends encore → **CAYROL Jean**
Je m'accuse → **BLOY Léon**
Je m'appelle Sommeil → **FANCHETTE Jean**
Je m'en vais → **ECHENOZ Jean**
Je me souviens → **PEREC Georges**
Jemmy → **NERVAL Gérard de**
Je n'ai jamais appris à écrire ou les « Incipit » → **ARAGON Louis, SURRÉALISME**
Je ne mange pas de ce pain-là → **PÉRET Benjamin**
Je ne suis pas d'ici → **DHÔTEL André**
Je ne suis pas mort → **RICHAUD André de**
Je ne suis pas sortie de ma nuit → **ERNAUX Annie**
Je ne veux jamais l'oublier → **DÉON Michel**
Jenneval ou le Barnevelt français → **MERCIER Louis-Sébastien**
Je porte plainte → **IKOR Roger**
Jérôme et Fanchonnette → **VADÉ Jean Joseph**
Jérusalem → **LOTI Pierre**
Jérusalem à Carpentras → **LUNEL Armand**
Je sais des histoires → **BESSON Patrick**
Je soussigné cardiaque → **SONY LABOU TANSI**
Je sublime → **PÉRET Benjamin**
Je suis resté un enfant de choeur → **SIMENON Georges**
Je suis trop grand pour moi → **SARMENT Jean**
Je suis vivant et vous êtes morts → **CARRÈRE Emmanuel**
Jésus II → **DELTEIL Joseph**
Jésus-la-Caille → **CARCO Francis**
Jésus-la-Chouette, professeur de province → **SARTRE Jean-Paul**
Jésus, le Dieu qui riait → **DECOIN Didier**
Jésus le fils du charpentier → **CLAVEL Bernard**
Jésus vu par un musulman → **BÂ Amadou Hampaté**
Je t'aime → **GUITRY Sacha**
Je t'aimerai sans vergogne → **CHABROL Jean-Pierre**
Je t'apporterai des orages → **DORMANN Geneviève**
Jettatura → **GAUTIER Théophile**
Jeu avec le feu (le) → **ROBBE-GRILLET Alain**
Jeu d'Adam, anonyme → **JEU D'ADAM**
Jeu de boules des procureurs → **FURETIÈRE Antoine**
Jeu de la Feuillée → **ADAM DE LA HALLE ou ADAM LE BOSSU**
Jeu de l'amour et de la mort (le) → **ROLLAND Romain**
Jeu de l'amour et du hasard (le) → **MARIVAUX**
Jeu de la voyagère (le) → **LASNIER Rina**
Jeu d'enfant (le) → **OLLIER Claude**
Jeu de patience (le) → **GUILLOUX Louis**
Jeu de Robin et Marion → **ADAM DE LA HALLE ou ADAM LE BOSSU**
Jeu de saint Nicolas (le) → **JEAN BODEL**
Jeudi saint (le) → **MAURIAC François**
Jeudis de Charles et Lula (les) → **CARDINAL Marie**
Jeu du Pèlerin → **ADAM DE LA HALLE ou ADAM LE BOSSU**
Jeu du souterrain (le) → **MALLET-JORIS Françoise**
Jeune Alcidiane (la) → **GOMBERVILLE Marin Le Roy de**
Jeune Européen (le) → **DRIEU LA ROCHELLE Pierre**
Jeune Fille à marier (la) → **IONESCO Eugène**
Jeune fille au ballon rouge (la) → **ROUX Dominique de**
Jeune Fille bien élevée (la) → **BOYLESVE René**
Jeune Fille verte (la) → **TOULET Paul-Jean**
Jeune Fille Violaine (la) → **CLAUDEL Paul**
Jeune Homme (le) → **MAURIAC François**
Jeune Homme du dimanche (le) → **SUPERVIELLE Jules**
Jeune Homme et la Mort (le) → **COCTEAU Jean**
Jeune Homme vert (le) → **DÉON Michel**
Jeune Indienne (la) → **CHAMFORT Nicolas de**
Jeune Parque (la) → **VALÉRY Paul**
Jeunes Croyances (les) → **AICARD François**
Jeunes Filles (les) → **MONTHERLANT Henry de**
Jeunes-France, roman goguenard (les) → **GAUTIER Théophile, ROMANTISME**
Jeunes Hommes (les) → **CURTIS Jean-Louis**
Jeune Sibérienne (la) → **MAISTRE Xavier de**
Jeunes Saisons → **ROBLÈS Emmanuel**
Jeunesse → **AUGIER Émile**
Jeunesse → **GIDE André**
Jeunesse blanche (la) → **RODENBACH Georges**
Jeunesse d'Alban de Bricoule (la) → **MONTHERLANT Henry de**
Jeunesse d'Alexandre (la) → **PEYREFITTE Roger**
Jeunesse de Florian ou Mémoires d'un jeune Espagnol (la) → **FLORIAN**
Jeunesse de Louis XIV (la) → **DUMAS Alexandre (père)**
Jeunesse des mousquetaires (la) → **DUMAS Alexandre (père)**
Jeunesse de Théophile (la) → **JOUHANDEAU Marcel**
Jeunesse du commandeur (la) → **PRÉVOST abbé**
Jeunesse d'un clerc (la) → **BENDA Julien**
Jeunesse et Amours de Manuel Héricourt → **ADAM Paul**
Jeunesse et l'Amour (la) → **SAINT-PIERRE Michel de**
Jeunes Têtes et Jeunes Cœurs → **DESBORDES-VALMORE Marceline**
Jeune Vampire (la) → **ROSNY J.-H.**
Je universel (le) → **EMMANUEL Pierre**
Jeux → **DU BELLAY Joachim**
Jeux de glaces → **GENEVOIX Maurice**
Jeux de massacre → **IONESCO Eugène**
Jeux du tour de ville (les) → **BOULANGER Daniel**
Jeux et les Hommes (les) → **CAILLOIS Roger**
Jeux partis → **ADAM DE LA HALLE ou ADAM LE BOSSU**
Jeux rustiques → **DU BELLAY Joachim**
Jeux rustiques et divins(les) → **RÉGNIER Henri de**
Je vis où je m'attache → **NAVARRE Yves**

K

L

Lettres, notes et carnets → **GAULLE Charles de**
Lettres particulières → **COURIER Paul-Louis**
Lettres persanes → **MONTESQUIEU**
Lettres philosophiques → **VOLTAIRE**
Lettres portugaises → **GUILLERAGUES Gabriel-Joseph de, PRÉCIOSITÉ**
Lettres pour Élisa → **DE COSTER Charles**
Lettres sur la botanique → **ROUSSEAU Jean-Jacques**
Lettres sur la littérature → **BALZAC Honoré de**
Lettres sur « la Nouvelle Héloïse » → **VOLTAIRE**
Lettres sur la philosophie de Kant → **ALAIN**
Lettres sur la question religieuse → **SUE Eugène**
Lettres sur les Anglais et les Français → **MURALT Béat-Louis de**
Lettres sur les ouvrages et le caractère de Jean-Jacques Rousseau → **STAËL Mme de**
Lettres sur les voyages → **MURALT Béat-Louis de**
Lettres sur l'hérésie imaginaire → **NICOLE Pierre**
Lettres sur Paris → **BALZAC Honoré de**
Lettres sur quelques écrits de ce temps → **FRÉRON Élie Catherine**
Lettres sur Voltaire et Jésus-Christ → **BEAUMARCHAIS**
Lettres trouvées dans la neige → **CHARRIÈRE Mme de**
Lettre sur Jeanne → **ALAIN CHARTIER**
Lettre sur la comédie du « Misanthrope » → **DONNEAU DE VISÉ Jean**
Lettre sur la musique française → **ROUSSEAU Jean-Jacques**
Lettre sur la tolérance → **DIDEROT Denis**
Lettre sur les affaires du théâtre → **DONNEAU DE VISÉ Jean**
Lettre sur les aveugles à l'usage de ceux qui voient → **DIDEROT Denis, ENCYCLOPÉDIE**
Lettre sur l'esprit fort, De l'instinct divin recommandé aux hommes → **MURALT Béat-Louis de**
Lettre sur les sourds et muets à l'usage de ceux qui entendent et qui parlent → **DIDEROT Denis**
Lettre sur les voyages → **MURALT Béat-Louis de**
Lettre sur le théâtre d'aujourd'hui → **ROUSSIN André**
Lettre sur « l'Imposteur » → **DONNEAU DE VISÉ Jean**
Lettrines → **GRACQ Julien**
Leurres et lueurs → **DIOP Birago**
Leurs figures → **BARRÈS Maurice**
Lève-toi et marche → **BAZIN Hervé**
Léviathan → **GREEN Julien**
Le vin est tiré… → **DESNOS Robert**
Lèvres closes → **DIERX Léon**
Lévy → **BLOCH Jean-Richard**
Lewis et Irène → **MORAND Paul**
Lexicologie des écoles primaires → **LAROUSSE Pierre**
Lexique → **PERROS Georges**
L'existentialisme est un humanisme → **SARTRE Jean-Paul**
L'expérience continue → **NOUGÉ Paul**
Lézarde (la) → **GLISSANT Édouard**
Lézards dans l'horloge (les) → **LANOUX Armand**
L'habit fait le prince → **SCHEHADÉ Georges**
Liaisons dangereuses (les) → **LACLOS Pierre Ambroise Choderlos de**
Libera (le) → **PINGET Robert, NOUVEAU ROMAN**
Libérez Barabbas → **CESBRON Gilbert**
Liberté des libertés → **JOUFFROY Alain**
Liberté des mers (la) → **REVERDY Pierre**
Liberté grande → **GRACQ Julien**
Liberté ou l'Amour (la) → **DESNOS Robert**
Libertés qu'il nous reste (les) → **SIMENON Georges**
Libertinage → **ARAGON Louis**
Liberty Ship → **NARCEJAC Thomas**
Libre Arbitre (le) → **BOUFFLERS chevalier de**
Libres Méditations d'un solitaire inconnu sur le détachement du monde et sur d'autres objets de la morale religieuse → **SENANCOUR, ILLUMINISME ET LITTÉRATURE**
Libres Propos → **ALAIN**
Lidoire → **COURTELINE Georges**
Lien (le) → **GRAINVILLE Patrick**
Lieu des signes (le) → **NOËL Bernard**
Lieutenant Tenant → **GRIPARI Pierre**
Lieux de Marguerite Duras (les) → **DURAS Marguerite**
Lièvre de mon grand-père (le) → **DUMAS Alexandre (père)**
Ligdamon et Lidias → **SCUDÉRY Georges de**
Lignes de chance → **BERL Emmanuel**
Lignes intérieures → **CALAFERTE Louis**
Ligne verte (la) → **POURRAT Henri**
Ligue (la) → **VITET Ludovic**
Ligue ou Henri le Grand (la) → **VOLTAIRE**
Lilas du soir → **CADOU René Guy**
Lilith → **GOURMONT Remy de**
Liluli → **ROLLAND Romain**
Lily et Lily → **BARILLET et GRÉDY**
Limites de l'amour (les) → **FOUCHET Max-Pol**
Limites du regard → **TORTEL Jean**
Limitrophe → **CALAFERTE Louis**
Limonade toute était si infini → **CIXOUS Hélène**
L'incertitude qui vient des rêves → **CAILLOIS Roger**
L'inconnu n'est pas le n'importe quoi, dialogue avec R. Barthes → **RISTAT Jean**
Linge sale → **GRUMBERG Jean-Claude**
Lingères légères → **ELUARD Paul**
Lingot d'or (le) → **BERTRAND Aloysius**
Lion (le) → **KESSEL Joseph**
Lion amoureux (le) → **PONSARD François**
Lion devenu vieux (le) → **SCHLUMBERGER Jean**
Lionnes pauvres (les) → **AUGIER Émile**
Lions et renards → **AUGIER Émile**
Lire Marivaux → **ROY Claude**
Lisandre → **VILLEDIEU Mme de**
Lisandre et Caliste → **DU RYER Pierre**
Lis de mer (le) → **PIEYRE DE MANDIARGUES André**
Lise Fleuron → **OHNET Georges**
Lisière (la) → **GRAINVILLE Patrick**
Lit (le) → **ROLIN Dominique**
Lit à colonnes (le) → **VILMORIN Louise de**
Litanies de la rose → **GOURMONT Remy de**
Lit défait (le) → **SAGAN Françoise**
Lit de la merveille (le) → **SABATIER Robert**
Lit de Nicolas Boileau et de Jules Verne (le) → **RISTAT Jean**

M

Maison dont le chien est fou (la) → **MALLET-JORIS Françoise**
Maison d'os (la) → **DUBILLARD Roland**
Maison du bonheur (la) → **MARAN René**
Maison du jeune homme seul (la) → **BESSON Patrick**
Maison du joueur de flûte (la) → **VIALATTE Alexandre**
Maison d'un artiste (la) → **GONCOURT Edmond et Jules de**
Maison du Péché (la) → **TINAYRE Marcelle**
Maison du peuple (la) → **GUILLOUX Louis**
Maison jaune → **ROUX Dominique de**
Maison, la forêt (la) → **ROLIN Dominique**
Maison Nucingen (la) → **BALZAC Honoré de**
Maison Philibert (la) → **LORRAIN Jean**
Maison rose (la) → **BERGOUNIOUX Pierre**
Maison sans racines (la) → **CHEDID Andrée**
Maisons d'Albret, d'Armagnac et de Châtillon → **SAINT-SIMON Louis, duc de**
Maisons fugitives (les) → **MAURIAC François**
Maison Tellier (la) → **MAUPASSANT Guy de**
Maison Thüringer (la) → **ISTRATI Panaït**
Maître (le) → **IONESCO Eugène**
Maître Adam le Calabrais → **DUMAS Alexandre (père)**
Maître Cornélius → **BALZAC Honoré de**
Maître d'armes (le) → **DUMAS Alexandre (père)**
Maître de chimères (le) → **QUEFFÉLEC Yann**
Maître d'école (le) → **SOULIÉ Frédéric**
Maître de forges (le) → **OHNET Georges**
Maître de la Mitidja (le) → **ROY Jules**
Maître de la parole (le) → **LAYE Camara**
Maître de Milan (le) → **AUDIBERTI Jacques**
Maître de pension (le) → **DHÔTEL André**
Maître de Santiago (le) → **MONTHERLANT Henry de**
Maître du drapeau bleu (le) → **IVOI Paul d'**
Maître du monde (le) → **CAU Jean**
Maître du monde → **VERNE Jules**
Maître du rêve (le) → **VERCEL Roger**
Maître Guérin → **AUGIER Émile**
Maître objet → **BOSQUET Alain**
Maître Pierre → **ABOUT Edmond**
Maîtres (les) → **BARRÈS Maurice**
Maîtres (les) → **DUHAMEL Georges**
Maîtres d'autrefois → **FROMENTIN Eugène**
Maîtres de la peinture espagnole (les) → **DABIT Eugène**
Maîtres et Serviteurs → **MICHON Pierre**
Maîtres mosaïstes (les) → **SAND George**
Maîtresse (la) → **RENARD Jules**
Maîtresses de Louis XV (les) → **GONCOURT Edmond et Jules de**
Maîtresse servante (la) → **THARAUD Jérôme et Jean**
Maîtres sonneurs (les) → **SAND George**
Maître Zacharius ou l'Horloger qui a perdu son âme → **VERNE Jules**
Ma jeunesse → **MICHELET Jules**
Major de Strasbourg (le) → **DUMAS Alexandre (père)**
Malade (le) → **MARGUERITE DE NAVARRE**
Malade imaginaire (le) → **MOLIÈRE**
Maladie (la) → **GUITRY Sacha**
Maladie de la mort (la) → **DURAS Marguerite**
Maladie du sens (la) → **NOËL Bernard**
Mal Aimés (les) → **MAURIAC François**
Malatesta → **MONTHERLANT Henry de**
Mal de mer (le) → **DARRIEUSSECQ Marie**
Mal d'enfance (le) → **BOUSQUET Joë**
Mal des fantômes (le) → **FONDANE Benjamin**
Mal de vivre (le) → **DABIT Eugène**
Mal du soir (le) → **REVERDY Jean**
Malédiction paternelle (la) → **RÉTIF DE LA BRETONNE**
Malemort → **GLISSANT Édouard**
Malentendu (le) → **CAMUS Albert**
Malfaiteur (le) → **GREEN Julien**
Malgré tout → **SAND George**
Malheur d'aimer (le) → **ROY Claude**
Malheur des uns (le) → **BOULLE Pierre**
Malheur d'Henriette Gérard (le) → **DURANTY Edmond, RÉALISME**
Malheureux imaginaire (le) → **DORAT Claude-Joseph**
Malheurs de l'amour (les) → **TENCIN Mme de**
Malheurs de l'inconstance (les) → **DORAT Claude-Joseph**
Malheurs des immortels (les) → **DADA (le mouvement), ELUARD Paul**
Malheurs de Sophie (les) → **SÉGUR comtesse de**
Malicroix → **BOSCO Henri**
Malone meurt → **BECKETT Samuel**
Mal partis (les) → **JAPRISOT Sébastien**
Malpertuis → **RAY Jean**
Maltaverne → **MAURIAC François**
Malvina → **COTTIN Mme**
Malvina ou le Mariage d'inclination → **SCRIBE Eugène**
Mal vu mal dit → **BECKETT Samuel**
Maman Colibri → **BATAILLE Henry**
Maman revient pauvre orphelin → **GRUMBERG Jean-Claude**
Maman Sabouleux → **LABICHE Eugène**
Mamelles de Tirésias (les) → **APOLLINAIRE Guillaume**
Ma mère → **BATAILLE Georges**
Mamie, Pierre Boileau, Thomas Narcejac → **NARCEJAC Thomas**
Ma misogynie → **CAU Jean**
Mamma (la) → **ROUSSIN André**
Ma moitié d'orange → **BORY Jean-Louis**
Mamouret → **SARMENT Jean**
Mam'zelle Nitouche → **ACHARD Marcel**
Mam'zelle Nitouche → **MEILHAC Henri et HALÉVY Ludovic**
Manants du roi (les) → **LA VARENDE Jean de**
Manchon de Francine (le) → **MURGER Henri**
Manco Capac → **LE BLANC DE GUILLET**
Mandarine (la) → **RIVOYRE Christine de**
Mandarins (les) → **BEAUVOIR Simone de**
Mandement du Révérendissime Père en Dieu Alexis → **VOLTAIRE**
Mandore (la) → **WEINGARTEN Romain**
Mandrin → **ANTIER Benjamin**
Manège d'hiver (le) → **BOURNIQUEL Camille**
Manekine (la) → **BEAUMANOIR Philippe de**
Manette Salomon → **GONCOURT Edmond et Jules de**
Mangeclous → **COHEN Albert**

Muse au cabaret (la) → **PONCHON Raoul**
Muse du département (la) → **BALZAC Honoré de**
Musée de l'homme (le) → **NOURISSIER François**
Musée des antiques (le) → **BARBEY D'AUREVILLY Jules**
Musée du Louvre (le) → **GAUTIER Théophile**
Musée Grévin (le) → **ARAGON Louis**
Musée imaginaire (le) → **MALRAUX André**
Musée noir (le) → **PIEYRE DE MANDIARGUES André**
Muse frondeuse (la) → **PONCHON Raoul**
Muse gaillarde (la) → **PONCHON Raoul**
Muse juvénile (la) → **DUPONT Pierre**
Muse populaire (la) → **DUPONT Pierre**
Muses galantes → **ROUSSEAU Jean-Jacques**
Muses patriotiques ou Poème sur le mariage de Mgr le Dauphin (les) → **ROUCHER Jean Antoine**
Muse vagabonde (la) → **PONCHON Raoul**
Musica (la) → **DURAS Marguerite**
Musica deuxième (la) → **DURAS Marguerite**
Musiciens d'aujourd'hui → **ROLLAND Romain**
Musiciens d'autrefois → **ROLLAND Romain**
Musotte → **MAUPASSANT Guy de**
Musse ou l'École de l'hypocrisie → **ROMAINS Jules**
Mustapha et Zéangir → **CHAMFORT Nicolas de**
Mutacion de Fortune → **CHRISTINE DE PISAN**
Myosotis (le) → **MOREAU Hégésippe**
Mystère d'Alceste (le) → **YOURCENAR Marguerite**
Mystère de Ker-Even (le) → **DELLY**
Mystère de la chambre jaune (le) → **LEROUX Gaston**
Mystère de la charité de Jeanne d'Arc (le) → **PÉGUY Charles**
Mystère de la Nativité → **ANEAU Barthélemy**
Mystère de la parole → **HÉBERT Anne**
Mystère de la Passion (le) → **GRÉBAN Arnoul**
Mystère de la Passion → **MICHEL Jean**
Mystère des Actes des Apôtres → **GRÉBAN Arnoul**
Mystère des foules (le) → **ADAM Paul**
Mystère des saints Innocents (le) → **PÉGUY Charles**
Mystère en pleine lumière → **BARRÈS Maurice**
Mystère Frontenac (le) → **MAURIAC François**
Mystères → **CHASTELLAIN Georges**
Mystères de l'amour (les) → **VITRAC Roger**
Mystères de Londres (les) → **FÉVAL Paul**
Mystères de Marseille (les) → **ZOLA Émile**
Mystères de Paris (les) → **SUE Eugène**
Mystères des théâtres 1852 → **GONCOURT Edmond et Jules de**
Mystères du peuple ou l'Histoire d'une famille de prolétaires à travers les âges (les) → **SUE Eugène**
Mystères du vieux Paris (les) → **DENNERY Adolphe**
Mythe de l'éternel retour (le) → **ELIADE Mircea**
Mythe de Sisyphe (le) → **CAMUS Albert**
Mythe du Sperme-Méditerranée (le) → **SÉNAC Jean**
Mythe et l'Homme (le) → **CAILLOIS Roger**
Mythologie → **COCTEAU Jean**
Mythologies → **BARTHES Roland**
Mythologiques → **LÉVI-STRAUSS Claude**
Mythomane (le) → **ROUART Jean-Marie**

N

Nabab (le) → **DAUDET Alphonse**
Nada → **MANCHETTE Jean-Patrick**
Nadja → **BRETON André**
Nageur d'un seul amour (le) → **SCHEHADÉ Georges**
Nain jaune (le) → **JARDIN Pascal**
Naïs Micoulin → **ZOLA Émile**
Naissance à l'aube → **CHRAÏBI Driss**
Naissance de la bande → **ROMAINS Jules**
Naissance de la clinique : une archéologie du regard médical → **FOUCAULT Michel**
Naissance de l'Odyssée → **GIONO Jean**
Naissance des fantômes → **DARRIEUSSECQ Marie**
Naissance du jour (la) → **COLETTE**
Naissance d'une cité → **BLOCH Jean-Richard**
Naissance d'une culture, quatrièmes essais → **BLOCH Jean-Richard**
Naissance d'une passion → **BRAUDEAU Michel**
Naissance d'un spectre (la) → **TRISTAN Frédérick**
Naissances → **SUPERVIELLE Jules**
Naissances de l'objet → **TORTEL Jean**
Naïves Hirondelles → **DUBILLARD Roland**
Namouna → **MUSSET Alfred de**
Nana → **ZOLA Émile, NATURALISME**
Nana-Sahib → **RICHEPIN Jean**
Nanine ou le Préjugé vaincu → **VOLTAIRE**
Nanon → **SAND George**
Napoléon → **ANICET-BOURGEOIS**
Napoléon → **DUMAS Alexandre (père)**
Napoléon → **GALLO Max**
Napoléon → **QUINET Edgar**
Napoléon → **SAINT-GEORGES DE BOUHÉLIER**
Napoléon Bonaparte ou Trente Ans de l'histoire de France → **DUMAS Alexandre (père)**
Napoléon et la France guerrière, élégies nationales → **NERVAL Gérard de**
Napoléon-le-Petit → **HUGO Victor**
N'a-qu'un-œil → **CLADEL Léon**
Narcisse → **VALÉRY Paul**
Narcisse ou l'Amant de lui-même → **ROUSSEAU Jean-Jacques**
Natchez (les) → **CHATEAUBRIAND François René de**
Nathalie Granger → **DURAS Marguerite**
Nathanaël → **GROSJEAN Jean**
Nationalisme et problèmes malgaches → **RABEMANANJARA Jacques**
Nativité (la) → **MARGUERITE DE NAVARRE**
Naturalisme au théâtre (le) → **ZOLA Émile**
Nature chez elle (la) → **GAUTIER Théophile**
Nature, humanisme, tragédie → **ROBBE-GRILLET Alain**
Naturels du Bordelais (les) → **AUDIBERTI Jacques**
Naufrage de Méduse (le) → **RISTAT Jean**
Naufrage des îles flottantes ou la Basiliade du célèbre Pilpai. Poème héroïque en quatorze chants traduit de l'indien par M. M... → **MORELLY**
Naufragés du « Jonathan » (les) → **VERNE Jules**

Nausée (la) → **SARTRE Jean-Paul**
Navette (la) → **BECQUE Henry**
Navette d'amour (la) → **VOISENON**
Navettes → **OLLIER Claude**
Navigateurs de l'infini (les) → **ROSNY J.-H.**
Navire (la) → **MARGUERITE DE NAVARRE**
Navire Night (le) → **DURAS Marguerite**
Naz-en-l'air → **ALLAIN Marcel**
Nazis dans le métro → **DAENINCKX Didier**
Nécessité de faire bon accueil aux femmes étrangères → **TRISTAN Flora**
Nécessité d'esprit (la) → **CAILLOIS Roger**
Nécessités de la vie et les Conséquences des rêves (les) → **DADA (le mouvement), ELUARD Paul, SURRÉALISME**
N'écoutez pas, mesdames → **GUITRY Sacha**
Nécrologies → **MERTENS Pierre**
Nedjma → **KATEB Yacine**
Nef (la) → **BOURGES Élémir**
Nef des fous (la) → **LANOUX Armand**
Nef des princes (la) → **HUMANISME**
Néfertiti ou le Rêve d'Akhnaton → **CHEDID Andrée**
Négligent (le) → **DUFRESNY Charles**
Nègre (le) → **BALZAC Honoré de**
Nègre (le) → **SOUPAULT Philippe**
Nègres (les) → **GENET Jean**
Négresse blonde (la) → **FOUREST Georges**
Négresse du Sacré-Cœur (la) → **SALMON André**
Négresse et le Pacha (la) → **GAUTIER Théophile**
Négritude et humanisme → **SENGHOR Léopold Sédar**
Negromant → **LA TAILLE Jean de**
Neige → **WEINGARTEN Romain**
Neige en deuil (la) → **TROYAT Henri**
Nekrassov → **SARTRE Jean-Paul**
Nélida → **AGOULT Marie d'**
Ne lisez pas ce livre → **CAMUS Renaud**
Nell Horn → **ROSNY J.-H.**
*Nemrod et Cie* → **OHNET Georges**
Ne nous frappons pas → **ALLAIS Alphonse**
Néologie ou Vocabulaire de mots nouveaux, à renouveler ou pris dans des acceptions nouvelles → **MERCIER Louis-Sébastien**
Ne pas voir plus loin que le bout de son sexe → **MALET Léo**
Nerte → **MISTRAL Frédéric**
N'était-ce donc que cela ? → **MALRAUX André**
Neuf Chansons interdites → **ARAGON Louis**
Neuf Livres de poèmes → **BAÏF Jean Antoine de**
Neutre → **CIXOUS Hélène**
Neuvaine de Cythère (la) → **MARMONTEL Jean-François**
Neuvaine de la Chandeleur (la) → **NODIER Charles**
Neuvième Jour (le) → **BAZIN Hervé**
Neuvième Symphonie (la) → **ROLLAND Romain**
Nevermore → **REDONNET Marie**
Nevermore → **VERLAINE Paul**
Neveu de M. Duval (le) → **ARAGON Louis**
Neveu de Rameau (le) → **DIDEROT Denis**
Neveu de Vautrin (le) → **VALLÈS Jules**
Névralgies → **DAMAS Léon-Gontran**
Névroses (les) → **ROLLINAT Maurice**
New York → **JOUFFROY Alain**
New York → **MORAND Paul**
New York Party → **BOURGEADE Pierre**
Nez-de-Cuir → **LA VARENDE Jean de**
Nez d'un notaire (le) → **ABOUT Edmond**
Nez qui voque (le) → **DUCHARME Réjean**
Ni ange ni bête → **MAUROIS André**
Nicaise → **VADÉ Jean Joseph**
Nicette et Milou → **LE ROY Eugène**
Nichina (la) → **REBELL Hugues**
Nicodème dans la lune ou la Révolution pacifique → **REIGNY Louis Abel Beffroy de, dit le Cousin Jacques**
Nicolas Belavoir → **GOBINEAU Arthur de**
Nicole Arnaud → **PLISNIER Charles**
Nicolo-Peccavi, ou l'Affaire Dreyfus à Carpentras → **LUNEL Armand**
Nicomède → **CORNEILLE Pierre**
Ni de votre guerre ni de votre paix → **BRETON André**
Nietzsche en Italie → **POURTALÈS Guy de**
Nietzsche et le cercle vicieux → **KLOSSOWSKI Pierre**
Nihumim → **MILOSZ O.V. de L.**
N'importe où hors du monde → **BARRÈS Maurice**
Nina → **ROUSSIN André**
Nina, c'est autre chose → **VINAVER Michel**
Ninette à la cour → **FAVART Charles**
Nini patte-en-l'air → **DORIN Françoise**
Niobé → **ROLLAND Romain**
Nioque de l'avant-printemps → **PONGE Francis**
Nitetis → **VILLEDIEU Mme de**
Nitocris → **DU RYER Pierre**
Ni tout à fait la même, ni tout à fait une autre → **GROULT Benoîte et Flora**
Niveau de la mer (le) → **MERTENS Pierre**
Njeddo Dewa → **BÂ Amadou Hampaté**
Noble (le) → **CHARRIÈRE Mme de**
Noblesse des vaincus (la) → **ROUART Jean-Marie**
Noce et l'Enterrement (la) → **DUMAS Alexandre (père)**
Noce noire (la) → **FRÉNAUD André**
Noces → **CAMUS Albert**
Noces → **JOUVE Pierre Jean**
Noces barbares (les) → **QUEFFÉLEC Yann**
Noces corinthiennes → **FRANCE Anatole**
Noces d'argent (les) → **GÉRALDY Paul**
Noces d'Attila (les) → **ROLLAND Romain**
Noces d'Ea et Nin-Ki → **TORREILLES Pierre**
Noces de Catherine (les) → **DUBILLARD Roland**
Noces de deuil (les) → **HÉRIAT Philippe**
Nocturnes → **SENGHOR Léopold Sédar**
Noé → **GIONO Jean**
Noëllet (les) → **BAZIN René**
Noëls régionaux et Noëls contemporains → **POULAILLE Henry**
Nœud de vipères (le) → **MAURIAC François**
Noir animal → **QUEFFÉLEC Yann**
Noir de l'aube (le) → **ROY Claude**

Noire (la) → **CAYROL Jean**
Noire Idole → **TAILHADE Laurent**
Noisettes sauvages (les) → **SABATIER Robert**
Noix de coco → **ACHARD Marcel**
Noli → **BECK Béatrix**
Nomade immobile (le) → **MEMMI Albert**
Nomade j'étais, les années africaines d'Isabelle Eberhardt → **CHARLES-ROUX Edmonde**
Nombre d'or (le) → **HARDELLET André**
Nombres → **SOLLERS Philippe**
Nom d'Œdipe (le) → **CIXOUS Hélène**
Non → **IONESCO Eugène**
Non-lieu → **BOVE Emmanuel**
Nonnes (les) → **MANET Eduardo**
Nono → **GUITRY Sacha**
Nono → **RACHILDE**
Nono → **ROUPNEL Gaston**
Nord → **CÉLINE Louis-Ferdinand**
Nord contre Sud → **VERNE Jules**
Normance → **CÉLINE Louis-Ferdinand**
Nos actes nous suivent → **BOURGET Paul**
Nos auteurs dramatiques → **ZOLA Émile**
Nos égales → **MARGUERITTE Paul**
Nos enfants → **FRANCE Anatole**
Nos fils → **MICHELET Jules**
Nostalgie, camarade (la) → **BILLETDOUX François**
Nostalgie de la princesse → **BESSON Patrick**
Nostalgie des origines (la) → **ELIADE Mircea**
Nostradamus → **ZÉVACO Michel**
Notaire du Havre (le) → **DUHAMEL Georges**
Note conjointe sur M. Descartes et la philosophie cartésienne → **PÉGUY Charles**
Notes achriennes → **CAMUS Renaud**
Notes d'art → **TOULET Paul-Jean**
Notes d'enfance → **PERROS Georges**
Notes de travail en Ulster → **GATTI Armand**
Notes de veille → **TCHICAYA U TAM'SI**
Notes d'inconnaissance → **BOUSQUET Joë**
Notes d'un poète → **OSTER Pierre**
Notes d'un voyage dans le midi de la France → **MÉRIMÉE Prosper**
Notes d'un voyage dans l'ouest de la France → **MÉRIMÉE Prosper**
Notes d'un voyage en Auvergne → **MÉRIMÉE Prosper**
Notes d'un voyage en Corse → **MÉRIMÉE Prosper**
Notes et contre-notes → **IONESCO Eugène**
Notes et réflexions → **BEAUMARCHAIS**
Notes et souvenirs sur le Théâtre-Italien au XVIIIe *siècle* → **GUEULLETTE Thomas Simon**
Notes intimes → **NOËL Marie**
Notes marocaines → **COLETTE**
Notes philosophiques → **BALZAC Honoré de**
Notes pour un pluriel → **BOSQUET Alain**
Notes sur André Gide → **MARTIN DU GARD Roger**
Notes sur Chopin → **GIDE André**
Notes sur l'affaire Dominici → **GIONO Jean**
Notes sur la poésie → **RENARD Jean-Claude**
Notes sur la technique poétique → **DUHAMEL Georges**
Notes sur la technique poétique → **VILDRAC Charles**
Notes sur les duchés → **SAINT-SIMON Louis, duc de**
Notes sur les manières du temps → **CAMUS Renaud**
Notes sur les remarques de Vaugelas → **CORNEILLE Thomas**
Notes sur l'immortalité de l'âme → **BALZAC Honoré de**
Notes sur Paris. Vie et opinions de M. Frédéric-Thomas Graindorge → **TAINE Hippolyte**
Note sur les échecs → **NOUGÉ Paul**
Note sur le théâtre → **SALACROU Armand**
Note sur « l'Inconnue d'Arras » → **SALACROU Armand**
Note sur M. Bergson et la philosophie bergsonienne → **PÉGUY Charles**
Notion d'obstacle (la) → **ROYET-JOURNOUD Claude**
Notions et maximes sur le pouvoir → **DRUON Maurice**
Notre amour → **PEYREFITTE Roger**
Notre antéfixe → **ROCHE Denis**
Notre cher Péguy → **THARAUD Jérôme et Jean**
Notre cœur → **MAUPASSANT Guy de**
Notre-Dame-d'Amour → **AICARD François**
Notre-Dame de Paris → **HUGO Victor**
Notre-Dame de Paris par Victor Hugo → **GAUTIER Théophile**
Notre-Dame-des-Fleurs → **GENET Jean**
Notre France → **MICHELET Jules**
Notre inhabileté fatale → **FRÉNAUD André**
Notre jeunesse → **PÉGUY Charles**
Notre patrie → **PÉGUY Charles**
Notre père Trajan → **VERCEL Roger**
Notre prison est un royaume → **CESBRON Gilbert**
Nourrices (les) → **WEINGARTEN Romain**
Nourritures terrestres (les) → **GIDE André, ROMANTISME**
Nous → **ROY Claude**
Nous avons fait un beau voyage → **CROISSET Francis de**
Nous n'irons plus au bois → **CROMMELYNCK Fernand**
Nous trois → **ECHENOZ Jean**
Nouveau Bloc-notes (le) → **MAURIAC François**
Nouveau Christianisme → **SAINT-SIMON, Claude Henri de Rouvroy, comte de**
Nouveau Complot contre les industriels → **STENDHAL**
Nouveau Crève-Cœur → **ARAGON Louis**
Nouveau Dictionnaire de la langue française → **LAROUSSE Pierre**
Nouveau Locataire (le) → **IONESCO Eugène**
Nouveau Magasin français (le) → **LEPRINCE DE BEAUMONT Marie**
Nouveau Mémoire pour servir à l'histoire des Cacouacs, Jacob Nicolas Moreau → **ENCYCLOPÉDIE**
Nouveau Monde (le) → **VILLIERS DE L'ISLE-ADAM**
Nouveau Monde industriel et sociétaire → **FOURIER Charles**
Nouveau Narcisse (le) → **LAYA Jean-Louis**
Nouveau Nouveau Recueil → **PONGE Francis**
Nouveau Paris → **MERCIER Louis-Sébastien**
Nouveau Recueil (le) → **PONGE Francis**
Nouveau Roman (le) → **NOUVEAU ROMAN**

O

P

Partie belle (la) → **ROBERTS Jean-Marc**
Partie carrée → **GAUTIER Théophile**
Partie de campagne de M. Cornouillet, bijoutier parisien (la) → **CHRISTOPHE**
Partie de chasse de Henri IV (la) → **COLLÉ Charles**
Partie de trictrac (la) → **MÉRIMÉE Prosper**
Parti pris des choses (le) → **PONGE Francis**
Part maudite (la) → **BATAILLE Georges**
Partonopeu de Blois, anonyme → **PARTONOPEU DE BLOIS**
Parure (la) → **MAUPASSANT Guy de**
Parvenus (les) → **GENLIS Mme de**
Par vide nuit avide → **RENARD Jean-Claude**
Pas → **BECKETT Samuel**
Pas au-delà (le) → **BLANCHOT Maurice**
Pascal Géfosse → **MARGUERITTE Paul**
Pas de bile → **ALLAIS Alphonse**
Pas de la Mort → **CHASTELLAIN Georges**
Pas du silence (les) → **ROY Claude**
Pas effacés (les) → **MONTESQUIOU-FEZENSAC Robert de**
Pasiphaé → **MONTHERLANT Henry de**
Pas moi → **BECKETT Samuel**
Pas perdus (les) → **BRETON André**
Passacaille → **PINGET Robert**
Passage → **CAMUS Renaud**
Passage (le) → **REVERZY Jean**
Passage de Gibraltar (le) → **SAINT-AMANT**
Passage de la Main d'Or → **BRAUDEAU Michel**
Passage de Milan → **BUTOR Michel, NOUVEAU ROMAN**
Passage du Malin → **MAURIAC François**
Passage du poète → **RAMUZ Charles Ferdinand**
Passager du transatlantique (le), Péret → **DADA (le mouvement)**
Passagers du 113 (les) → **LANOUX Armand**
Passages → **MICHAUX Henri**
Passages → **NAVEL Georges**
Passages de l'Est → **SALLENAVE Danièle**
Passant (le) → **COPPÉE François**
Passavant → **BÈZE Théodore de**
Passé (le) → **PORTO-RICHE Georges de**
Passé empiété (le) → **CARDINAL Marie**
Passe-muraille (le) → **AYMÉ Marcel**
Passeport (le) → **BOURGEADE Pierre**
Passé simple (le) → **CHRAÏBI Driss**
Passe-temps → **BAÏF Jean Antoine de**
Passe-temps → **LÉAUTAUD Paul**
Passe-temps de l'homme et des oiseaux → **CAYROL Jean**
Passé vivant (le) → **RÉGNIER Henri de**
Pas si lent de l'amour (le) → **BIANCIOTTI Hector**
Passion → **SCHLUMBERGER Jean**
Passion de Gilles (la) → **MERTENS Pierre**
Passion de l'abbé Delance (la) → **SAINT-PIERRE Michel de**
Passion de peindre (la) → **ELUARD Paul**
Passion du général Franco (la) → **GATTI Armand**
Passion et mort de Saint-Exupéry → **ROY Jules**
Passion et vertu → **FLAUBERT Gustave**
Passion fixe → **SOLLERS Philippe**
Passions de l'âme (les) → **DESCARTES René**
Passion selon saint Jules (la) → **DORMANN Geneviève**
Passion simple → **ERNAUX Annie**
Passions partagées (des) → **MARCEAU Félicien**
Pas sur le sable (les) → **MARGUERITTE Paul**
Pasteur d'Ashbourn (le) → **DUMAS Alexandre (père)**
Pastiches → **GIRAUDOUX Jean**
Pastiches et Mélanges → **PROUST Marcel**
Pastorale comique (la) → **MOLIÈRE**
Pastorales → **FONTENELLE Bernard de**
Patchwork → **VAUTRIN Jean**
Pater Noster (le) → **MARGUERITE DE NAVARRE**
Pathelin (la Farce de Maître Pierre) → *Farce de Maître Pierre Pathelin*
Patrie ! → **SARDOU Victorien**
Patrie en danger (la) → **GONCOURT Edmond et Jules de**
Patrie humaine (la) → **MARGUERITTE Victor**
Patrimoine → **PLISNIER Charles**
Patriotes (les) → **GALLO Max**
Patrouille du conte → **GRIPARI Pierre**
Patte de velours (la) → **CARMONTELLE**
Patte du chat (la) → **CAZOTTE Jacques**
Pattes de mouche (les) → **SARDOU Victorien**
Pauca meae → **HUGO Victor**
Paul Claudel interroge l'Apocalypse → **CLAUDEL Paul**
Paul et Jean-Paul → **LAURENT Jacques**
Paul et Virginie → **BERNARDIN DE SAINT-PIERRE**
Pauline Roland ou Comment la liberté vint aux femmes → **GROULT Benoîte**
Paulina 1880 → **JOUVE Pierre Jean**
Pauliska ou la Perversité moderne → **RÉVÉRONI SAINT-CYR**
Paul Jones → **DUMAS Alexandre (père)**
Paul ou la Ressemblance → **NODIER Charles**
Paul Valéry et l'Enfant d'Éléphant → **SARRAUTE Nathalie**
Pausanias → **QUINAULT Philippe**
Pauvre Belgique → **BAUDELAIRE Charles**
Pauvre Blaise ! → **SÉGUR comtesse de**
Pauvre Christ de Bomba (le) → **BETI Mongo**
Pauvre Diable (le) → **VOLTAIRE**
Pauvre Fille (la) → **SOUMET Alexandre**
Pauvre France → **CAU Jean**
Pauvre Matelot (le) → **COCTEAU Jean**
Pauvres Fleurs → **DESBORDES-VALMORE Marceline**
Pauvreté Rutebeuf → **RUTEBEUF**
Pavé (le) → **RICHEPIN Jean**
Pavé d'amour (le) → **AICARD François**
Pavillon des amourettes ou Gaspard et les bourgeois d'Ambert (le) → **POURRAT Henri**
Pavillon des enfants (le) → **SARMENT Jean**
Paysage de ruines avec personnages → **SALLENAVE Danièle**
Paysage fer → **BON François**
Paysages avec figures absentes → **JACCOTTET Philippe**
Paysages du tout → **OSTER Pierre**
Paysages et Paysans → **ROLLINAT Maurice**
Paysan de Paris (le) → **ARAGON Louis**
Paysanne pervertie (la) → **RÉTIF DE LA BRETONNE**

Pierre qui roule → **SAND George**
Pierres → **CAILLOIS Roger**
Pierres → **HUGO Victor**
Pierres → **SEGHERS Pierre**
Pierres blanches → **REVERDY Pierre**
Pierres réfléchies → **CAILLOIS Roger**
Pierrette → **BALZAC Honoré de**
Pierrot héritier → **ARÈNE Paul**
Pierrot-la-Lune → **GRIPARI Pierre**
Pierrot mon ami → **QUENEAU Raymond**
Pierrot ou les Secrets de la nuit → **TOURNIER Michel**
Pierrot posthume → **GAUTIER Théophile**
Pierrot sceptique → **HENNIQUE Léon**
Piet Mondrian → **LÉVY Bernard-Henri**
Piéton de l'air (le) → **IONESCO Eugène**
Piéton de Paris (le) → **FARGUE Léon-Paul**
Pietr-le-Letton → **SIMENON Georges**
Pieuvre (la) → **CAILLOIS Roger**
Pigalle → **FALLET René**
Pigments → **DAMAS Léon-Gontran**
Pilate → **GROSJEAN Jean**
Pilote (le) → **PEISSON Édouard**
Pilote de guerre → **SAINT-EXUPÉRY Antoine de**
Pilote du Danube (le) → **VERNE Jules**
Pilules du diable (les) → **ANICET-BOURGEOIS**
Pincengrain (les) → **JOUHANDEAU Marcel**
Ping-Pong (le) → **ADAMOV Arthur**
Pinto ou la Journée de conspiration → **LEMERCIER Népomucène**
Pionniers de l'Empire (les) → **MARAN René**
Pipe cassée (la) → **RICTUS Jehan**
Pipe cassée (la) → **VADÉ Jean-Joseph**
Pique du jour (la) → **MERLE Robert**
Pique-nique chez Tiffany Warton → **TRISTAN Frédérick**
Piquillo, Dumas et Nerval → **DUMAS Alexandre (père), NERVAL Gérard de**
Piranèse → **SEGHERS Pierre**
Pirates des prairies (les) → **AIMARD Gustave**
Pirates du Rhône → **CLAVEL Bernard**
Piste oubliée (la) → **FRISON-ROCHE Roger**
Pitbull → **BOURGEADE Pierre**
Pitié (la) → **DELILLE Jacques**
Pitié de Dieu (la) → **CAU Jean**
Pitié pour les femmes → **MONTHERLANT Henry de**
Pitié suprême (la) → **HUGO Victor**
Pitre (le) → **WEYERGANS François**
P.J. Proudhon, sa vie et sa correspondance, 1838-1848 → **SAINTE-BEUVE**
Placard pour un chemin des écoliers → **CHAR René**
Place (la) → **ERNAUX Annie**
Place de l'étoile (la) → **MODIANO Patrick**
Place des Angoisses → **REVERZY Jean**
Place Royale (la) → **CORNEILLE Pierre**
Plage (la) → **DARRIEUSSECQ Marie**
Plage de Scheveningen (la) → **GADENNE Paul**
Plages de Thulé (les) → **LAUDE Jean**
Plaideurs (les) → **RACINE Jean**
Plaidoyer pour les intellectuels → **SARTRE Jean-Paul**
Plaidoyer pour Ramponneau → **VOLTAIRE**
Plaidoyer pour un rebelle → **ROBLÈS Emmanuel**
Plaies et les Bosses (les) → **PILHES René Victor**
Plain-Chant → **COCTEAU Jean**
Plainte contre inconnu → **DRIEU LA ROCHELLE Pierre**
Plainte contre inconnu → **NEVEUX Georges**
Plainte du Désiré (la) → **LEMAIRE DE BELGES Jean, RHÉTORIQUEURS**
Plaintes d'Acante (les) → **TRISTAN L'HERMITE**
Plaintes sur un compagnon mort → **JACCOTTET Philippe**
Plaisanterie (la) → **KUNDERA Milan**
Plaisir à Corneille → **SCHLUMBERGER Jean**
Plaisir d'amour → **FLORIAN**
Plaisir de rompre (le) → **RENARD Jules**
Plaisir du texte (le) → **BARTHES Roland**
Plaisirs de la capitale (les) → **ARAGON Louis**
Plaisirs des sports → **PRÉVOST Jean**
Plaisirs du gentilhomme champêtre → **RAPIN Nicolas**
Plaisirs du poète (les) → **MILLEVOYE Charles-Hubert**
Plaisirs et lectures → **CABANIS José**
Plaisirs et les Jours (les) → **PROUST Marcel**
Plait Renart de Dammartin contre Vairon son roncin → **RENART Jean**
Plancher des vaches (le) → **SARMENT Jean**
Plan de l'aiguille (le) → **CENDRARS Blaise**
Plan de preuves de la religion → **HOUDAR DE LA MOTTE Antoine**
Plan des travaux scientifiques pour réorganiser la société → **COMTE Auguste**
Plan d'une université pour la Russie → **DIDEROT Denis**
Planétarium (le) → **SARRAUTE Nathalie**
Planète des singes (la) → **BOULLE Pierre**
Plateau de Mazagran (le) → **DHÔTEL André**
Pléiades (les) → **GOBINEAU Arthur de**
Pleins Pouvoirs → **GIRAUDOUX Jean**
Pleureuses → **BARBUSSE Henri**
Pleurs (les) → **DESBORDES-VALMORE Marceline**
Plik et Plok → **SUE Eugène**
Pluche ou l'Amour de l'art → **DUTOURD Jean**
Pluie (la) → **BOUDJEDRA Rachid**
Pluie d'été (la) → **DURAS Marguerite**
Pluie et le Beau Temps (la) → **PRÉVERT Jacques**
Pluie sur la mer (la) → **IKOR Roger**
Plume → **MICHAUX Henri**
Plume raboutée (la) → **DIOP Birago**
Pluraliste, essai sur la discontinuité et l'hétérogénéité des phénomènes (le) → **ROSNY J.-H.**
Pluralité des mondes de Lewis (la) → **ROUBAUD Jacques**
Plus Beau Jour de la vie (le) → **LECLERCQ Théodore**
Plus Beaux de nos jours (les) → **ARLAND Marcel**
Plus Beaux Poèmes du monde (les) → **BOSQUET Alain**
Plus Beaux Yeux du monde (les) → **SARMENT Jean**
Plus de peur que de mal → **ARVERS Félix**
Plus Fort des pamphlets (le) → **RÉTIF DE LA BRETONNE**

Q

R

Rue Cases-Nègres (la) → **ZOBEL Joseph**
Rue des Archives → **DEL CASTILLO Michel**
Rue des boutiques obscures → **MODIANO Patrick**
Rue Deschambault → **ROY Gabrielle**
Rue des Mamours (la) → **LANZMANN Jacques**
Rue du capitaine Olchansky (la) → **CHAILLOU Michel**
Rue profonde (la) → **GADENNE Paul**
Rue sans nom (la) → **AYMÉ Marcel**
Rues dans l'aurore (les) → **DHÔTEL André**
Ruine presque cocasse d'un polichinelle → **BETI Mongo**
Ruines de Babylone (les) → **PIXERÉCOURT Guilbert de**
Ruines de Paris (les) → **RÉDA Jacques**
Ruines ou Méditations sur les révolutions des empires (les) → **VOLNEY Constantin François de**
Ruisseau des solitudes → **PIEYRE DE MANDIARGUES André**
Ruisseaux de Fontaine → **FONTAINE Charles**
Ruminations, proses d'un solitaire → **ROLLINAT Maurice**
Rupture inaugurale → **BRETON André**
Ruse (la) → **ADAM Paul**
Russe à Paris (le) → **VOLTAIRE**
Russie → **BARBUSSE Henri**
Russie neuve → **VILDRAC Charles**
Rustiques → **GIONO Jean**
Ruy Blas → **HUGO Victor**
Rymes → **GUILLET Pernette du**
Rymes et proses → **PASQUIER Étienne**
Ryno → **BARBEY D'AUREVILLY Jules**
Rythme à trois temps ou le Temple de Ségeste → **TARDIEU Jean**
Rythmes oubliés → **BARBEY D'AUREVILLY Jules**
Rythmes souverains (les) → **VERHAEREN Émile**

S

Sabbat (le) → **SACHS Maurice**
Sabina d'Herfeld ou les Dangers de l'imagination → **RÉVÉRONI SAINT-CYR**
Sabine → **LACRETELLE Jacques de**
Sabinus → **BOSCO Henri**
Sable du sablier (le) → **VILMORIN Louise de**
Sable et limon → **NAVEL Georges**
Sable mouvant → **REVERDY Pierre**
Sabotage amoureux (le) → **NOTHOMB Amélie**
Sabot rouge (le) → **MURGER Henri**
Sabots (les) → **CAZOTTE Jacques**
Sabre de mon père (le) → **VITRAC Roger**
Sac du Palais d'été (le) → **REMY Pierre-Jean**
Sacountala → **GAUTIER Théophile**
Sacre → **PLISNIER Charles**
Sacre de la nuit (le) → **TARDIEU Jean**
Sacre de Napoléon, 2 Décembre 1804 (le) → **CABANIS José**
Sacre du printemps (le) → **SIMON Claude**
Sacré et le Profane (le) → **ELIADE Mircea**
Sacré Goncourt ! → **LAINÉ Pascal**
Sacrifice d'Iphigénie (le) → **DENNERY Adolphe**
Sacrifice impérial → **JACOB Max**
Sacrifices de l'amour (les) → **DORAT Claude-Joseph**
Sacrilège malais (le) → **BOULLE Pierre**
Sacristain (le) → **BEAUMARCHAIS**
Sacs et Parchemins → **SANDEAU Jules**
Sade contre l'Être suprême → **SOLLERS Philippe**
Sade et Restif de La Bretonne → **BLANCHOT Maurice**
Sade, Fourier, Loyola → **BARTHES Roland**
Sade, mon prochain → **KLOSSOWSKI Pierre**
S'affranchir → **MARTIN DU GARD Roger**
Sagesse → **VERLAINE Paul**
Sagesse et la Destinée (la) → **MAETERLINCK Maurice**
Sagesse ou la Parabole du Festin (la) → **CLAUDEL Paul**
Sagouin (le) → **MAURIAC François**
Sagouine (la) → **MAILLET Antonine**
Saignée (la) → **CÉARD Henry**
Saint-Cosme vengé → **LA METTRIE Julien de**
Saint Dominique → **BERNANOS Georges**
Sainte-Bob → **DJIAN Philippe**
Sainte Colère → **SAINT-PIERRE Michel de**
Sainte-Colline → **CHEVALLIER Gabriel**
Sainte Europe → **ADAMOV Arthur**
Sainte Face (la) → **FRÉNAUD André**
Sainte Famille (la) → **COMBESCOT Pierre**
Sainte Lydwine de Schiedam → **HUYSMANS**
Sainte Marguerite de Cortone → **MAURIAC François**
Saintes Écritures (les) → **CHESSEX Jacques**
Sainte Unefois → **VILMORIN Louise de**
Saint Genet, comédien et martyr → **SARTRE Jean-Paul**
Saint-Glinglin → **QUENEAU Raymond**
Saint-Huberty, d'après sa correspondance et ses papiers de famille (la) → **GONCOURT Edmond et Jules de**
Saint-Louis → **ROLLAND Romain**
Saint-Magloire → **DORGELÈS Roland**
Saint-Matorel → **JACOB Max**
Saint Paul → **RENAN Ernest**
Saint Paulin, évêque de Nole → **PERRAULT Charles**
Saint-Preux → **AUDE Joseph**
Saint Quelqu'un → **PAUWELS Louis**
Saint-Saturnin → **SCHLUMBERGER Jean**
Saint-Simon l'admirable → **CABANIS José**
Saint Vincent de Paul → **SABATIER Robert**
Saisir → **SUPERVIELLE Jules**
Saison à Baïa (la) → **REBELL Hugues**
Saison des za (la) → **ROY Jules**
Saisons → **DELILLE Jacques**
Saisons → **SAINT-LAMBERT**
Saisons de l'esprit (les) → **ALAIN**
Saisons et la Mer (les) → **LAUDE Jean**
Saison violente → **ROBLÈS Emmanuel**
Sais-tu si nous sommes encore loin de la mer ? → **ROY Claude**
Salade → **LA SALE Antoine de**
Salade russe → **BESSON Patrick**
Salades de saison → **PERRET Jacques**
Salamandre (la) → **SUE Eugène**
Salammbô → **FLAUBERT Gustave**
Sale → **LA SALE Antoine de**

T

Temps des assassins (le) → **SOUPAULT Philippe**
Temps des merveilles (le) → **SEGHERS Pierre**
Temps des secrets (le) → **PAGNOL Marcel**
Temps difficiles (les) → **BOURDET Édouard**
Temps du mépris (le) → **MALRAUX André**
Temps d'un livre (le) → **JOUFFROY Alain**
Temps du verbe (le) → **TARDIEU Jean**
Temps et la Vie (le) → **ADAM Paul**
Temps immobile (le) → **SUPERVIELLE Jules**
Temps machine → **BON François**
Temps mêlés (les) → **QUENEAU Raymond**
Temps modernes (les) → **SARTRE Jean-Paul**
Temps mort (le) → **BELLETTO René**
Temps naissant (le) → **TZARA Tristan**
Temps perdu ou les Écoles publiques (le) → **MAUBERT DE GOUVEST Jean Henri**
Temps qu'il fait (le) → **ROBIN Armand**
Temps retrouvé (le) → **PROUST Marcel**
Temps sauvage (le) → **HÉBERT Anne**
Temps variable avec éclaircies → **ROY Claude**
Temps voulu (le) → **NAVARRE Yves**
Tendre comme le souvenir → **APOLLINAIRE Guillaume**
Tendres Canailles → **SALMON André**
Tendres Cousines → **LAINÉ Pascal**
Tendres Ménages (les) → **TOULET Paul-Jean**
Tendres Stocks → **MORAND Paul**
Ténèbre → **JOUVE Pierre Jean**
Ténèbres (les) → **DESNOS Robert**
Tentation → **RIHOIT Catherine**
Tentation de la sainteté (la) → **VENAILLE Franck**
Tentation de l'Occident (la) → **MALRAUX André**
Tentation de saint Antoine (la) → **FLAUBERT Gustave, DÉCADENCE**
Tentative amoureuse (la) → **GIDE André**
Tentative de solitude → **PRÉVOST Jean**
Térée → **LEMIERRE Antoine Marin**
Teresa → **DUMAS Alexandre (père)**
Ternove → **GOBINEAU Arthur de**
Terrain Bouchaballe (le) → **JACOB Max**
Terrains à vendre au bord de la mer → **CÉARD Henry**
Terraqué → **GUILLEVIC Eugène**
Terrasse à Rome → **QUIGNARD Pascal**
Terrasse de Lucrezia (la) → **MARCEAU Félicien**
Terrasses de l'île d'Elbe (les) → **GIONO Jean**
Terre → **DIETRICH Luc**
Terre (la) → **ZOLA Émile, NATURALISME**
Terre d'asile → **MERTENS Pierre**
Terre des hommes → **SAINT-EXUPÉRY Antoine de**
Terre des ombres → **LAINÉ Pascal**
Terre d'Espagne → **BAZIN René**
Terre du ciel → **RAMUZ Charles Ferdinand**
Terre du sacre (la) → **RENARD Jean-Claude**
Terre du temps → **GROSJEAN Jean**
Terre et le Sang (la) → **FERAOUN Mouloud**
Terre et les Rêveries de la volonté (la) → **BACHELARD Gaston**
Terre et les Rêveries du repos (la) → **BACHELARD Gaston**
Terre inhumaine → **CUREL François de**
Terre inquiète (la) → **GLISSANT Édouard**
Terre qui meurt (la) → **BAZIN René**
Terres de l'infini (les) → **FRISON-ROCHE Roger**
Terres étrangères → **ARLAND Marcel**
Terres indiennes → **FOUCHET Max-Pol**
Terre sur Terre → **TZARA Tristan**
Terreur prussienne (la) → **DUMAS Alexandre (père)**
Territoires → **FOLLAIN Jean**
Tessa → **GIRAUDOUX Jean**
Testament → **VILLON François, RHÉTORIQUEURS**
Testament amoureux (le) → **REZVANI Serge**
Testament de la guerre (le), Jean Molinet → **RHÉTORIQUEURS**
Testament de M. de Chauvelin (le) → **DUMAS Alexandre (père)**
Testament d'Orphée (le) → **COCTEAU Jean**
Testament d'un blagueur (le) → **VALLÈS Jules**
Testament d'un excentrique → **VERNE Jules**
Testament du Père Leleu (le) → **MARTIN DU GARD Roger**
Testament poétique → **SULLY PRUDHOMME**
Testament politique → **GOUGES Olympe de**
Testaments trahis (les) → **KUNDERA Milan**
Têtard (le) → **LANZMANN Jacques**
Tête à perruque ou le Bailli (la) → **COLLÉ Charles**
Tête contre les murs (la) → **BAZIN Hervé**
Tête coupable (la) → **GARY Romain**
Tête des autres (la) → **AYMÉ Marcel**
Tête d'obsidienne (la) → **MALRAUX André**
Tête d'Or → **CLAUDEL Paul, ROMANTISME**
Tête ouverte (la) → **CHESSEX Jacques**
Têtes d'expression → **MONTESQUIOU-FEZENSAC Robert de**
Têtes mortes → **BECKETT Samuel**
Teverino → **SAND George**
Texaco → **CHAMOISEAU Patrick**
Textes pour rien → **BECKETT Samuel**
Textes pour une figure → **CHEDID Andrée**
Textes pour un poème → **CHEDID Andrée**
Textes radiophoniques → **BLAIS Marie-Claire**
Textes sous une Occupation (1940-1944) → **MONTHERLANT Henry de**
Texticules → **QUENEAU Raymond**
Thaïs → **FRANCE Anatole**
Thanasse et Casimir → **MASSON Arthur**
Théagène → **DORAT Claude-Joseph**
Théagène et Chariclée → **HARDY Alexandre**
Théâtre/Roman → **ARAGON Louis**
Théâtre : mystère, comédies et ballets → **GAUTIER Théophile**
Théâtre à l'usage des jeunes personnes → **GENLIS Mme de**
Théâtre contemporain → **BARBEY D'AUREVILLY Jules**
Théâtre d'amour → **PORTO-RICHE Georges de**
Théâtre de campagne → **CARMONTELLE**
Théâtre de chambre → **TARDIEU Jean**
Théâtre de Clara Gazul → **MÉRIMÉE Prosper**
Théâtre de la Chrysalide (le) → **WEINGARTEN Romain**
Théâtre de la Foire ou l'Opéra-Comique (le) → **LESAGE**
Théâtre de la Nature universelle → **BODIN Jean**

Traité de la pénitence → **VIGENÈRE Blaise de**
Traité de la petite vérole → **LA METTRIE Julien de**
Traité de l'association domestique et agricole → **FOURIER Charles**
Traité de la vie élégante → **BALZAC Honoré de**
Traité de l'économie politique → **MONTCHRESTIEN Antoine de**
Traité de l'équilibre et du mouvement des fluides → **ALEMBERT Jean d'**
Traité de l'Espérance ou Consolation des Trois Vertus → **ALAIN CHARTIER**
Traité de l'existence de Dieu → **FÉNELON**
Traité de l'or et du verre → **VIGENÈRE Blaise de**
Traité de métaphysique → **VOLTAIRE**
Traité de morale → **CAU Jean**
Traité de morale → **MALEBRANCHE Nicolas de**
Traité des animaux → **CONDILLAC Étienne Bonnot de**
Traité des chiffres → **VIGENÈRE Blaise de**
Traité des comètes → **VIGENÈRE Blaise de**
Traité des droits du roi de France → **SOREL Charles**
Traité des écritures cunéiformes → **GOBINEAU Arthur de**
Traité des énergumènes → **BÉRULLE Pierre, cardinal de**
Traité des excitants modernes → **BALZAC Honoré de**
Traité des saisons (le) → **BIANCIOTTI Hector**
Traité des sections coniques → **PASCAL Blaise**
Traité des sensations → **CONDILLAC Étienne Bonnot de**
Traité des sons → **PASCAL Blaise**
Traité des systèmes → **CONDILLAC Étienne Bonnot de**
Traité d'histoire des religions → **ELIADE Mircea**
Traité du bonheur → **FONTENELLE Bernard de**
Traité du feu et du sel → **VIGENÈRE Blaise de**
Traité du monde → **DESCARTES René**
Traité du Narcisse (le) → **GIDE André**
Traité du style → **ARAGON Louis**
Traité du tout-monde → **GLISSANT Édouard**
Traité du triangle arithmétique → **PASCAL Blaise**
Traité du vertige avec la description d'une catalepsie hystérique → **LA METTRIE Julien de**
Traité du vide → **PASCAL Blaise**
Traité élémentaire d'analyse grammaticale → **LAROUSSE Pierre**
Traité sur la dysenterie → **LA METTRIE Julien de**
Traité sur la tolérance → **VOLTAIRE**
Traité sur les guerres civiles → **AUBIGNÉ Agrippa d'**
Trait pour trait → **COLETTE**
Traitté des Pompes funèbres → **LEMAIRE DE BELGES Jean**
Trajectoire → **JOUFFROY Alain**
Tra los montes → **GAUTIER Théophile**
Tramway (le) → **SIMON Claude**
Transatlantiques (les) → **HERMANT Abel**
Transcendance de l'ego (la) → **SARTRE Jean-Paul**
Trans-Europ-Express → **ROBBE-GRILLET Alain**
Transformationnisme et la Critique (le) → **FAYE Jean Pierre**
Transit A, Transit B → **BUTOR Michel**
Transmettre → **DEBRAY Régis**
Transsibériennes (les) → **LANZMANN Jacques**
Trappeurs de l'Arkansas (les) → **AIMARD Gustave**
Travail → **ZOLA Émile**
Travail d'homme → **ROBLÈS Emmanuel**
Travail du nom (le) → **ROYET-JOURNOUD Claude**
Travailleurs de la mer (les) → **HUGO Victor**
Travaux → **NAVEL Georges**
Travaux d'approche → **BUTOR Michel**
Travaux d'aveugle → **THOMAS Henri**
Travaux et les Joies (les) → **ROMAINS Jules**
Travaux et les Jours (les) → **VINAVER Michel**
Travelingue → **AYMÉ Marcel**
Travers → **CAMUS Renaud**
Traversée (la) → **MAMMERI Mouloud**
Traversée de la Mangrove → **CONDÉ Maryse**
Traversée de l'hiver (la) → **REZA Yasmina**
Traversée des Monts noirs (la) → **REZVANI Serge**
Traversée du pont des Arts (la) → **ROY Claude**
Traversées → **POIROT-DELPECH Bertrand**
Traversière (la) → **SARRAZIN Albertine**
Tre d'amor qui en mon cor repaire → **GACE BRULÉ**
Treille muscate (la) → **COLETTE**
Treize Cases du Je → **NOËL Bernard**
Treize Soleils de la rue Saint-Blaise (les) → **GATTI Armand**
Treize Sonnets de l'honnête amour → **DU BELLAY Joachim**
Treizième César (le) → **MONTHERLANT Henry de**
13e Hussard (le) → **GABORIAU Émile**
Treizième Lettre (la) → **JOUFFROY Alain**
Tremblement de terre de la Martinique (le) → **DENNERY Adolphe**
Trente Ans d'amour fou → **ROLIN Dominique**
Trente Ans de l'histoire de France → **DUMAS Alexandre (père)**
Trente Ans ou la Vie d'un joueur → **DUCANGE Victor-Henri-Joseph**
Trente à quarante → **CALET Henri**
Trente et un au cube → **ROUBAUD Jacques**
Trente et Un Poèmes de poche → **ALBERT-BIROT Pierre**
Trente et Un Sonnets → **GUILLEVIC Eugène**
Trente Mille Jours → **GENEVOIX Maurice**
Trente Millions de Gladiator (les) → **LABICHE Eugène**
37°2 le matin → **DJIAN Philippe**
Trente-Sept Médaillonnets du Parnasse → **BARBEY D'AUREVILLY Jules, PARNASSE**
Trente-Sept Sous de M. Montaudoin (les) → **LABICHE Eugène**
Trente-Six Ballades joyeuses → **BANVILLE Théodore de**
36e Dessous (le) → **DANINOS Pierre**
Trente-Trois Sonnets composés au secret → **CASSOU Jean**
Très-Haut (le) → **BLANCHOT Maurice**
Très humbles remontrances à la cohue au sujet de Denys le Tyran → **LA MORLIÈRE chevalier de**
Trésor dans la brousse (le) → **ROSNY J.-H.**
Trésor d'Arlatan (le) → **DAUDET Alphonse**
Trésor de la poésie chinoise → **ROY Claude**
Trésor de la poésie populaire française → **ROY Claude**
Trésor des contes (le) → **POURRAT Henri**
Trésor des humbles (le) → **MAETERLINCK Maurice**
Trésor du Félibrige (le) → **MISTRAL Frédéric**
Trésorière (la) → **GRÉVIN Jacques**
Trésors à prendre → **LEDUC Violette**

U

Un train en cache un autre → **ROUSSELOT Jean**
Un voyage au mont Athos → **AUGIÉRAS François**
Un voyage d'hiver → **REMY Pierre-Jean**
Un voyage en ballon → **VERNE Jules**
Un voyageur → **DRUON Maurice**
Un voyageur solitaire est un diable (1925-1929) → **MONTHERLANT Henry de**
Un vrai jardin → **CIXOUS Hélène**
Uranie → **DU BARTAS Guillaume**
Uranus → **AYMÉ Marcel**
Ursule Mirouët → **BALZAC Honoré de**
Usage de la parole (l') → **JOUFFROY Alain**
Usage de la parole (l') → **SARRAUTE Nathalie**
Usage des plaisirs (l') → **FOUCAULT Michel**
Usage du temps → **FOLLAIN Jean**
Usonie → **PRÉVOST Jean**
Usurier (l'), Thomas Corneille et Donneau de Visé → **CORNEILLE Thomas, DONNEAU DE VISÉ Jean**
Usurpation d'identité → **NARCEJAC Thomas**
Utilité du beau → **HUGO Victor**
Uwe Johnson, le scripteur de mur → **MERTENS Pierre**

V

Vacances (les) → **SÉGUR comtesse de**
Vacances de Camille (les) → **MURGER Henri**
Vacances du lundi (les) → **GAUTIER Théophile**
Vacances d'un jeune homme sage (les) → **RÉGNIER Henri de**
Vacances en Bosnie → **BESSON Patrick**
Vache enragée (la) → **GOUDEAU Émile**
Va dire au lac de patienter → **BORY Jean-Louis**
Va donc chez Törpe → **BILLETDOUX François**
Vagabonde (la) → **COLETTE**
Vagabond qui passe sous une ombrelle trouée (le) → **ORMESSON Jean d'**
Vagabond sentimental (le) → **T'SERSTEVENS Albert**
Vagadu → **JOUVE Pierre Jean**
Vague rouge (la) → **ROSNY J.-H.**
Vaillance → **SANDEAU Jules**
Vaincus (les) → **ROLLAND Romain**
Vaines Tendresses (les) → **SULLY PRUDHOMME**
Vainqueur de coupe (le) → **BOUDJEDRA Rachid**
Vaisseaux du cœur (les) → **GROULT Benoîte**
Va jouer avec cette poussière → **MONTHERLANT Henry de**
Valcreuse → **SANDEAU Jules**
Valentine → **SAND George**
Valentine ou le Pasteur d'Uzès → **DUCANGE Victor-Henri-Joseph**
Valentines → **NOUVEAU Germain**
Valentins (les) → **GUILLERAGUES Gabriel-Joseph de**
Valérie → **KRÜDENER Mme de**
Valeureux (les) → **COHEN Albert**
Valeurs → **SUARÈS André**
Valise trouvée (la) → **LESAGE**
Vallée aux loups (la) → **LATOUCHE Henri de**
Vallée des rois (la) → **MALRIEU Jean**
Vallée du paradis (la) → **ROBLÈS Emmanuel**
Vallée heureuse (la) → **ROY Jules**
Valmore → **LOAISEL DE TRÉOGATE Joseph-Marie**
Valmy → **ROLLAND Romain**
Valombré → **SENANCOUR**
Valse aux adieux (la) → **KUNDERA Milan**
Valvèdre → **SAND George**
Vamireh → **ROSNY J.-H.**
Vampire (le) → **DUMAS Alexandre (père)**
Vampire (la) → **FÉVAL Paul**
Van Gogh ou le Suicidé de la société → **ARTAUD Antonin**
Vanilliers (les) → **LIMBOUR Georges**
Vanité (la) → **VOLTAIRE**
Va-nu-cœur → **CROMMELYNCK Fernand**
Va-nu-pieds (les) → **CLADEL Léon**
Vapeurs, ni vers ni prose → **FORNERET Xavier**
Varais (les) → **CHARDONNE Jacques**
Variations sur les jours et les nuits → **REZVANI Serge**
Variations sur ma gravure → **VALÉRY Paul**
Variété → **VALÉRY Paul**
Variétés → **PÉRET Benjamin**
Varouna → **GREEN Julien**
Va savoir → **DUCHARME Réjean**
Vase (la) → **IONESCO Eugène**
Vase étrusque (le) → **MÉRIMÉE Prosper**
Vases communicants (les) → **BRETON André, SURRÉALISME**
Vathek → **BECKFORD William**
Vauban à Charleroi → **RÉVÉRONI SAINT-CYR**
Vaulascar → **BRAUDEAU Michel**
Vauriens du Pont-Neuf (les) → **AIMARD Gustave**
Vautrin → **BALZAC Honoré de**
Vaux étranges → **DHÔTEL André**
Va voir maman, papa travaille → **DORIN Françoise**
V comme Vietnam → **GATTI Armand**
Veillées des Antilles → **DESBORDES-VALMORE Marceline**
Veillées du château (les) → **GENLIS Mme de**
Veillées du Marais (les) → **RÉTIF DE LA BRETONNE**
Veillées noires → **DAMAS Léon-Gontran**
XX Cantos → **EMMANUEL Pierre**
Venant à stance → **TORREILLES Pierre**
Venceslas → **ROTROU Jean**
Vendanges de Suresnes (les) → **DU RYER Pierre**
Vendanges tardives (les) → **DORIN Françoise**
Vendredi ou la Vie sauvage → **TOURNIER Michel**
Vendredi ou les Limbes du Pacifique → **TOURNIER Michel**
Vendredi soir → **KARR Alphonse**
Vengeance des marquis (la) → **DONNEAU DE VISÉ Jean**
Vengeur (le) → **LEBRUN-PINDARE**
Venin (le) → **BERNSTEIN Henry**
Venise en hiver → **ROBLÈS Emmanuel**
Venises → **MORAND Paul**
Venise sauvée → **WEIL Simone**
Vénitienne (la) → **DUMAS Alexandre (père)**
Vénitienne (la) → **HOUDAR DE LA MOTTE Antoine**
Vent de la mémoire (le) → **CAYROL Jean**

Vœu d'une morte (le) → ZOLA Émile
Vœux d'un solitaire (les) → BERNARDIN DE SAINT-PIERRE
Vogue la galère → AYMÉ Marcel
Voici l'homme → SUARÈS André
Voie de l'Amérique (la) → REZVANI Serge
Voie de Paradis → RUTEBEUF
Voie des masques (la) → LÉVI-STRAUSS Claude
Voie d'Ionie (la) → VIELÉ-GRIFFIN Francis
Voie royale (la) → MALRAUX André
Voies de petite communication (les) → PAUWELS Louis
Voilà taxi ! → SIMONIN Albert
Voile (le) → RODENBACH Georges
Voile noire, voile blanche → CIXOUS Hélène
Voile tendue (la) → QUEFFÉLEC Henri
Voir → ELUARD Paul
Voir → TORREILLES Pierre
Voir Dit → GUILLAUME DE MACHAUT
Voir Naples → GRENIER Jean
Voisinages de Van Gogh (les) → CHAR René
Voisins (les) → VINAVER Michel
Voisins et les Voisines (les) → CARMONTELLE
Voiture embourbée (la) → MARIVAUX
Voix de Guernesey (la) → HUGO Victor
Voix du sage et du peuple (la) → VOLTAIRE
Voix du sang (la) → RACHILDE
Voix du silence (les) → MALRAUX André
Voix humaine (la) → COCTEAU Jean
Voix intérieures (les) → HUGO Victor
Voix libre → BOUSQUET Joë
Volcan d'or (le) → VERNE Jules
Vol de la Marseillaise → ROSTAND Edmond
Vol de nuit → SAINT-EXUPÉRY Antoine de
Vol d'Icare (le) → QUENEAU Raymond
Vol du feu (le) → REZVANI Serge
Vol du vampire (le) → TOURNIER Michel
Voleur (le) → BERNSTEIN Henry
Voleur (le) → DARIEN Georges
Voleur de hasards (le) → LANZMANN Jacques
Voleur de jeunesse (le) → ROUART Jean-Marie
Voleur d'enfants (le) → SUPERVIELLE Jules
Voleur de poèmes (le) → ROY Claude
Voleur d'étoiles (le) → GHELDERODE Michel de
Voleurs en Espagne (les) → MÉRIMÉE Prosper
Voleuse de Londres (la) → NEVEUX Georges
Volonté de savoir (la) → FOUCAULT Michel
Volpone → ROMAINS Jules
Voltairiade → CAZOTTE Jacques
Volte des vertugadins (la) → MERLE Robert
Voltige → HÉRIAT Philippe
Volupté → SAINTE-BEUVE, ROMANTISME
Volupté d'être (la) → DRUON Maurice
Vorge contre Quinette → ROMAINS Jules
Vorgine → CLAVEL Bernard
Vosges (les) → GAUTIER Théophile
Votre future image → TORTEL Jean
Vouivre (la) → AYMÉ Marcel
Voulez-vous jouer avec moâ ? → ACHARD Marcel
Vous les entendez ? → SARRAUTE Nathalie
Vous n'auriez pas vu ma chaîne en or ? → BESSON Patrick
Vous qui habitez le temps → NOVARINA Valère
Voyage (le) → BERNSTEIN Henry
Voyage (le) → SCHEHADÉ Georges
Voyage à Bourbonne et à Langres → DIDEROT Denis
Voyage à Brunswick → STENDHAL
Voyage à l'envers → RIVOYRE Christine de
Voyage à l'île de France → BERNARDIN DE SAINT-PIERRE
Voyage à Rodrigues → LE CLÉZIO J.M.G.
Voyage à Terre-Neuve → GOBINEAU Arthur de
Voyage à travers l'impossible → VERNE Jules
Voyage au bout de la nuit → CÉLINE Louis-Ferdinand
Voyage au centre de la terre → VERNE Jules
Voyage au Congo → GIDE André
Voyage autour de ma chambre → MAISTRE Xavier de
Voyage autour de ma Flandre → GHELDERODE Michel de
Voyage autour de ma marmite → LABICHE Eugène
Voyage autour de mon jardin → KARR Alphonse
Voyage aux Dardanelles (le) → DRIEU LA ROCHELLE Pierre
Voyage aux Pyrénées → TAINE Hippolyte
Voyage à Venise, Jean Marot → RHÉTORIQUEURS
Voyage chez M. Blaise → SAND George
Voyage d'Amsterdam ou les Règles de la conversation (le) → SALLENAVE Danièle
Voyage dans la haute et basse-Égypte pendant les campagnes du général Bonaparte → DENON, dit Vivant-Denon
Voyage dans la haute Pennsylvanie et dans l'État de New York → CRÈVECŒUR Michel Guillaume Jean de
Voyage d'automne (le) → ROY Claude
Voyage de Céline → PARNY, Évariste Désiré, chevalier de
Voyage d'Edgar (le) → PEISSON Édouard
Voyage de Gênes (le) → MAROT Jean, RHÉTORIQUEURS
Voyage de Hollande (le) → ARAGON Louis
Voyage de Hollande → DIDEROT Denis
Voyage de Mercure → FURETIÈRE Antoine
Voyage de Monsieur Perrichon (le) → LABICHE Eugène
Voyage de noces → MODIANO Patrick
Voyage de noces de Figaro (le) → MARCEAU Félicien
Voyage de Paris en Limousin (le) → LA FONTAINE Jean de
Voyage de Piron à Beaune → PIRON Alexis
Voyage des amants (le) → ROMAINS Jules
Voyage de Shakespeare (le) → DAUDET Léon
Voyage des morts (le) → AUGIÉRAS François
Voyage de Sparte (le) → BARRÈS Maurice
Voyage de Thésée (le) → NEVEUX Georges
Voyage de Venise (le) → MAROT Jean
Voyage d'Horace Pirouelle (le) → SOUPAULT Philippe
Voyage d'Italie : dictionnaire amoureux → FERNANDEZ Dominique
Voyage d'Italie ou Dissertations antiques, historiques, politiques et philosophiques sur les villes de Florence, Rome et Naples → SADE marquis de
Voyage du Condottiere → SUARÈS André, ROMANTISME
Voyage du père (le) → CLAVEL Bernard

W

X

Y

Z

Achevé d'imprimer sur les presses de

LTV
LA TIPOGRAFICA VARESE
Società per Azioni
Italie

Dépôt légal : octobre 2001
N° de projet : 0081555